TRAITÉ

THÉORIQUE ET PRATIQUE

DES

CONTRIBUTIONS DIRECTES

PAR

J. TARDIEU

AUDITEUR DE 1ʳᵉ CLASSE AU CONSEIL D'ÉTAT
COMMISSAIRE DU GOUVERNEMENT SUPPLÉANT PRÈS LA SECTION TEMPORAIRE DU CONTENTIEUX

Extrait du Répertoire général alphabétique du droit français

PARIS
LIBRAIRIE
DE LA SOCIÉTÉ DU RECUEIL Gᵃˡ DES LOIS & DES ARRÊTS & DU Jᵃˡ DU PALAIS
(ANCIENNE MAISON LAROSE & FORCEL)
22, RUE SOUFFLOT, 22
L. LAROSE, Directeur de la Librairie
1896

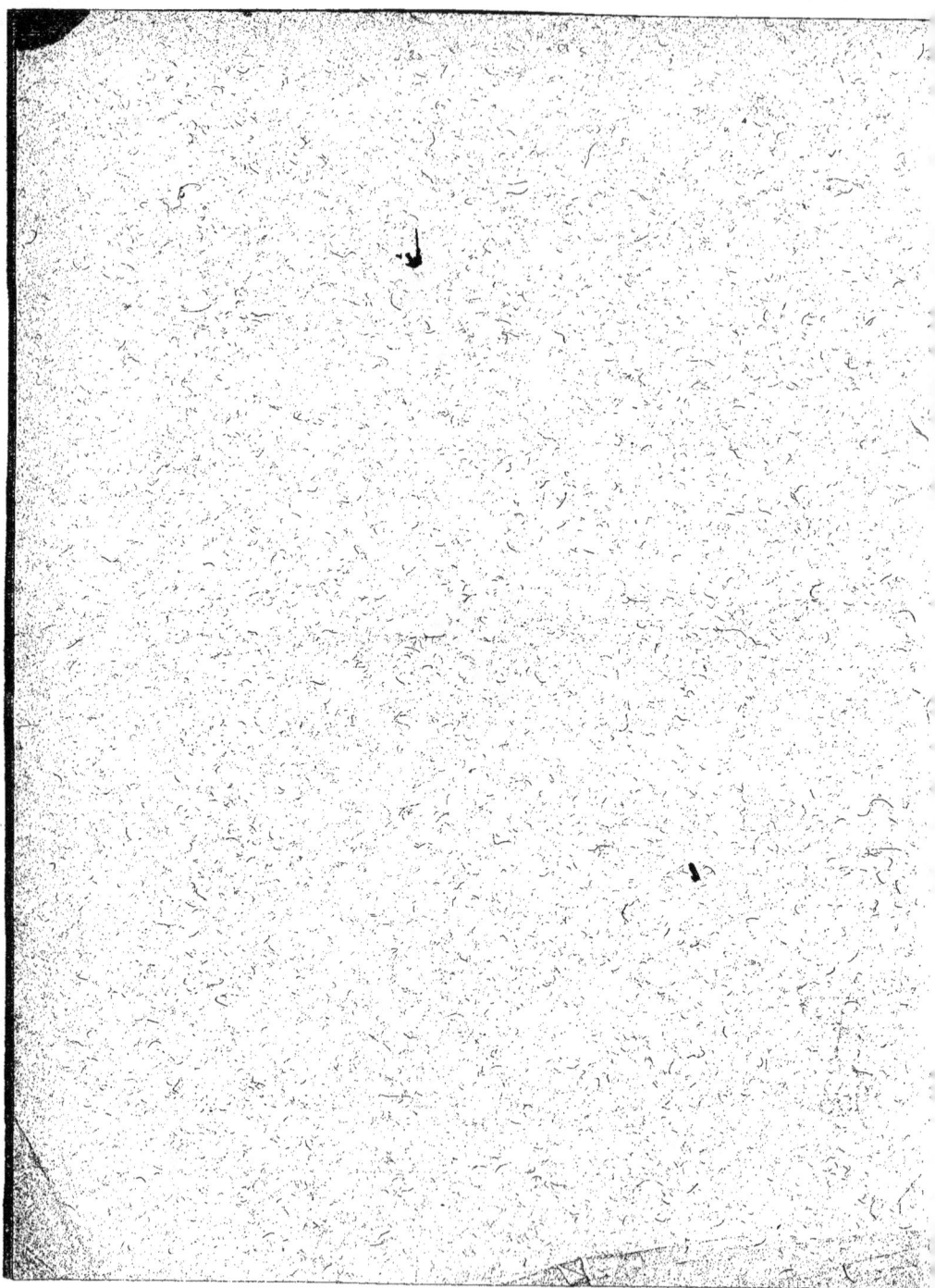

TRAITÉ

THÉORIQUE ET PRATIQUE

DÉS

CONTRIBUTIONS DIRECTES

IMPRIMERIE
CONTANT-LAGUERRE

BAR-LE-DUC

TRAITÉ

THÉORIQUE ET PRATIQUE

DES

CONTRIBUTIONS DIRECTES

PAR

J. TARDIEU

AUDITEUR DE 1ʳᵉ CLASSE AU CONSEIL D'ÉTAT

COMMISSAIRE DU GOUVERNEMENT SUPPLÉANT PRÈS LA SECTION TEMPORAIRE DU CONTENTIEUX

Extrait du *Répertoire général alphabétique du droit français*

PARIS

LIBRAIRIE

DE LA SOCIÉTÉ DU RECUEIL Gᵃˡ DES LOIS & DES ARRÊTS & DU Jᵃˡ DU PALAIS

(ANCIENNE MAISON LAROSE & FORCEL)

22, RUE SOUFFLOT, 22

L. LAROSE, Directeur de la Librairie

1896

TRAITÉ THÉORIQUE ET PRATIQUE

DES

CONTRIBUTIONS DIRECTES

<hr/>

LÉGISLATION.

I. LÉGISLATION GÉNÉRALE. — Décr. 7 oct. 1789 (*sur l'uniformité des contributions, ainsi que sur le temps de leur durée*); — Décr. 5-18 août 1791 (*relatif au paiement des sommes séquestrées et déposées*); — L. 2 mess. an VII (*sur les réclamations en matière de contribution foncière*); — L. 4 mess. an VII (*relative aux publications et affiches en matière de contribution foncière*); — L. 3 frim. an VIII (*ordonnant l'établissement de directions pour assurer le recouvrement des contributions directes*); — L. 27 vent. an VIII (*portant établissement des receveurs particuliers des finances*); — Arr. 24 flor. an VIII (*relatif aux réclamations en matière de contributions directes*); — Arr. 16 therm. an VIII (*contenant règlement sur le recouvrement des contributions directes et l'exercice des contraintes*); — Arr. 17 frim. an IX (*chargeant les préfets de surveiller la perception et l'emploi des deniers publics*); — L. 12 nov. 1808 (*relative au privilège du Trésor public pour le recouvrement des contributions directes*); — L. 28 avr. 1816 (*sur les finances*), art. 39, 43; — L. 25 mars 1817 (*sur les finances*), tit. 4, § 4, art. 71 et s., 77; — L. 15 mai 1818 (*sur les finances*), art. 31, 50, 51, 76; — L. 23 juill. 1820 (*relative à la fixation du budget des recettes de 1820*), art. 31; — L. fin. 21 avr. 1832 (*portant fixation du budget des recettes de l'exercice 1832*), art. 8 et s.; — Ord. 5 mai 1832 (*créant la recette centrale du département de la Seine*); — Ord. 8 déc. 1832 (*déterminant la responsabilité des comptables à l'égard du recouvrement des droits dont la perception leur est confiée*); — Ord. 31 oct. 1839 (*relative aux percepteurs des contributions directes*); — Ord. 28 févr. 1840 (*modifiant la précédente*); — Ord. 8 janv. 1841 (*relative à l'organisation de l'administration des contributions directes*); — L. fin. 4 août 1844 (*portant fixation du budget des recettes de l'exercice 1845*), art. 6, 8, 14; — L. fin. 3 juill. 1846 (*portant fixation du budget des recettes de l'exercice 1847*), art. 6; — L. fin. 8 août 1847 (*portant fixation du budget des recettes de l'exercice 1848*), art. 13, 14; — Décr. 30 avr. 1850 (*relatif à l'âge des candidats aux places de percepteurs des contributions directes*); — Décr. 19 févr. 1853 (*fixant une limite d'âge pour les receveurs généraux et particuliers des finances*); — L. 22 juin 1854 (*portant fixation du budget général des dépenses et des recettes de l'exercice 1855*), art. 16; — Décr. 19 nov. 1857 (*modifiant la classification des percepteurs des contributions directes*); — Décr. 31 mai 1862 (*portant règlement général sur la comptabilité publique*); — Décr. 21 nov. 1865 (*substituant aux receveurs généraux et aux payeurs dans chaque département des trésoriers-payeurs généraux*); — L. 29 déc. 1873 (*portant fixation du budget général des dépenses et des recettes de l'exercice 1874*), art. 2, 4, 5, 25; — L. 9 févr. 1877 (*abrogeant le mode de poursuite par voie de garnison individuelle*); — Décr. 23 juill. 1878 (*concernant la nomination des receveurs particuliers des finances*); — L. 7 avr. 1879 (*qui fixe à trente-*six le nombre des receveurs-percepteurs de Paris*); — L. 25 juill. 1879 (*relative au rétablissement des perceptions de ville*); — Décr. 15 nov. 1879 (*concernant l'avancement des percepteurs*); — L. 27 févr. 1884 (*relative aux cautionnements des percepteurs*); — L. 29 déc. 1884 (*portant fixation du budget ordinaire des recettes de l'exercice 1885*), art. 1 et s.; — L. 21 juill. 1887 (*concernant les contributions directes et taxes y assimilées de l'exercice 1888*), art. 2, 3; — L. 22 juill. 1889 (*sur la procédure à suivre devant les conseils de préfecture*), art. 11; — Décr. 18 juill. 1892 (*relatif aux perceptions réservées aux agents des contributions directes*); — L. 26 juill. 1893 (*portant fixation du budget général des dépenses et des recettes de l'exercice 1894*), art. 74; — Décr. 14 avr. 1894 (*relatif au recrutement des percepteurs surnuméraires et au classement des perceptions*).

II. LÉGISLATION SPÉCIALE. — A. CONTRIBUTION FONCIÈRE. — C. for. 21 mai 1827, art. 106, 109; — L. 3 frim. an VII (*relative à la répartition, à l'assiette et au recouvrement de la contribution foncière*); — L. 19 vent. an IX (*portant que les bois et forêts nationaux ne paieront point de contributions*); — L. 5 flor. an XI (*relative à la contribution foncière des canaux de navigation*); — L. 15 sept. 1807 (*relative au budget de l'État*); — Av. Cons. d'Et., 2 févr. 1809 (*sur deux questions relatives à la contribution foncière des héritages possédés à titre d'emphytéose*); — Décr. 15 oct. 1810 (*relatif à la contribution foncière des salins et marais salants et des salines*); — L. fin. 28 avr. 1816 (*sur les finances*), art. 25; — L. fin. 15 mai 1818 (*sur les finances*), art. 31, 50, 51; — L. fin. 23 juill. 1820 (*relative à la fixation du budget des recettes de l'exercice 1820*), art. 21 et s.; — L. fin. 31 juill. 1821 (*relative à la fixation du budget des dépenses et des recettes de l'exercice 1821*), art. 20 et s.; — Ord. 3 oct. 1821 (*pour la formation d'une commission en chaque département, chargée de proposer les bases d'une répartition de la contribution foncière*); — Régl. 15 mars 1827 (*sur le cadastre*); — L. 18 juill. 1836 (*portant fixation du budget des recettes de l'exercice 1837*); — L. 4 août 1844 (*portant fixation du budget des recettes de l'exercice 1845*), art. 2; — L. 12 août 1876 (*concernant le transport de la contribution foncière dans le cas de réunion de communes*); — L. 29 déc. 1884 (*portant fixation du budget ordinaire des recettes de l'exercice 1885*), art. 1, 2, 6; — L. 8 août 1885 (*portant fixation du budget général des dépenses et des recettes de l'exercice 1886*), art. 34, 35; — L. 2 déc. 1887 (*tendant à exonérer de l'impôt foncier les terrains nouvellement plantés en vignes dans les départements phylloxérés*); — Décr. 2 mai 1888 (*relatif à l'exemption d'impôt foncier accordée aux terrains plantés ou replantés en vignes*); — L. 8 août 1890 (*relative aux contributions directes et aux taxes y assimilées de l'exercice 1891*), art. 4, 5; — Décr. 21 juin 1892 (*relatif à l'exemption des terrains plantés ou replantés en vignes*); — L. 17 juill. 1895 (*relative aux contributions directes et aux taxes y assimilées de l'exercice 1896*), art. 15 et 16.

B. CONTRIBUTION PERSONNELLE-MOBILIÈRE. — L. 21 avr. 1832 (*portant fixation du budget des recettes de l'exercice 1832*), art. 21 et s.; — L. 4 août 1844 (*portant fixation du budget des recettes de l'exercice 1845*), art. 2; — L. 3 juill. 1846 (*portant fixation du budget des recettes de l'exercice 1847*), art. 5; — L. 29 déc. 1884 (*portant fixation du budget ordinaire des recettes de l'exercice 1885*), art. 7; — L. 17 juill. 1889 (*portant fixation du budget général des dépenses et des recettes de l'exercice 1890*), art. 2; — L. 8 août 1890 (*relative aux contributions directes et aux taxes y assimilées de l'exercice 1891*), art. 31.

C. CONTRIBUTION DES PORTES ET FENÊTRES. — L. 4 frim. an VII (*portant établissement d'une contribution sur les portes et fenêtres*); — L. 4 germ. an XI (*relative aux crédits ouverts pour les dépenses des années V, VI et suivantes, et à la fixation des contributions de l'an XII*), art. 19; — L. 21 avr. 1832 (*portant fixation du budget des recettes de l'exercice 1832*), art. 24 et s.; — L. 17 août 1835 (*portant fixation du budget des recettes de l'exercice 1836*), art. 2; — L. 18 juill. 1836 (*portant fixation du budget des recettes de l'exercice 1837*), art. 2; — L. 20 juill. 1837 (*portant fixation du budget des recettes de l'exercice 1838*), art. 3; — L. 4 août 1844 (*portant fixation du budget des recettes de 1845*), art. 34; — L. 13 avr. 1850 (*relative à l'assainissement des logements insalubres*), art. 8; — Décr.-loi, 17 mars 1852 (*portant fixation du budget général des dépenses et des recettes de l'exercice 1852*), art. 10; — L. 8 juill. 1852 (*portant fixation du budget général des dépenses et recettes de l'exercice 1852*), art. 13; — L. 30 juill. 1885 (*relative aux contributions directes et taxes y assimilées de l'exercice 1886*), art. 3 et s.; — L. 18 juill. 1892 (*relative aux contributions directes et taxes y assimilées de 1893*), art. 1.

D. CENTIMES ADDITIONNELS. — L. 26 germ. an XI (*relative au paiement des contributions assises sur les biens communaux*); — L. 25 mars 1817 (*sur les finances*), art. 45 et s.; — L. fin. 2 août 1829 (*relative à la fixation du budget des recettes de l'exercice 1830*), art. 4; — L. 21 mai 1836 (*sur les chemins vicinaux*), art. 2 et s.; — L. 20 juill. 1837 (*portant fixation du budget des recettes de l'exercice 1838*), art. 5; — L. 10 août 1871 (*relative aux conseils généraux*), art. 40 et s.; — L. 20 août 1881 (*relative aux chemins ruraux*), art. 10; — L. 21 déc. 1882 (*tendant à accorder des secours aux familles nécessiteuses des soldats de la réserve et de l'armée territoriale pendant l'absence de leurs chefs*), art. 1; — L. 5 avr. 1884 (*sur l'organisation municipale*), art. 141 et s.; — L. 19 juill. 1889 (*relative aux dépenses ordinaires de l'instruction primaire publique et les traitements du personnel de ces services*), art. 27, 28; — L. 22 mars 1890 (*relative aux syndicats de communes*), art. 177; — L. 8 août 1890 (*relative aux contributions directes et aux taxes y assimilées de l'exercice 1891*), art. 12; — L. 18 juill. 1892 (*relative aux contributions directes et aux taxes y assimilées de l'exercice 1893*), art. 18 et s.; — L. 15 juill. 1893 (*sur l'assistance médicale gratuite*), art. 27.

E. TAXES ASSIMILÉES. — a) TAXE DES BIENS DE MAINMORTE. — L. 16 janv.-20 févr. 1849 (*relative à l'application de l'impôt des mutations aux biens de mainmorte*); — L. fin. 30 mars 1872 (*relative aux droits de transmission sur les titres au porteur*), art. 5; — L. 20 févr. 1849 (*sur les sociétés anonymes ayant pour objet exclusif l'achat et la vente d'immeubles*), art. 14 déc. 1875 (*qui exempte de la taxe établie par la loi du 20 févr. 1849 les sociétés anonymes ayant pour objet exclusif l'achat et la vente d'immeubles*); — L. 29 déc. 1884 (*relative au budget des recettes de l'exercice 1885*), art. 2.

b) REDEVANCES SUR LES MINES. — L. 21 avr. 1810 (*concernant les mines, minières et carrières*), art. 33 et s., 37; — Décr. 6 mai 1811 (*relatif à l'assiette des redevances fixes et proportionnelles sur les mines*); — Décr. 11 févr. 1874 (*modifiant celui du 6 mai 1811, relatif à l'établissement de la redevance proportionnelle des mines*).

c) TAXE MILITAIRE. — L. 15 juill. 1889 (*sur le recrutement de l'armée*), art. 35; — L. 26 juill. 1893 (*portant fixation du budget général des dépenses et des recettes de l'exercice 1894*), art. 16; — Décr. 24 févr. 1894 (*portant règlement d'administration publique sur la taxe militaire*).

d) TAXE SUR LES BILLARDS. — L. fin. 16 sept. 1871 (*portant fixation du budget rectificatif de 1871*), art. 8, 10; — L. 18 déc. 1871 (*sur les recettes et les dépenses à autoriser provisoirement jusqu'au 1er avr. 1872*), art. 5; — Décr. 27 déc. 1871 (*portant règlement d'administration publique pour l'exécution des articles de la loi du 16 sept. 1871, relatifs à la taxe sur les billards publics et privés*).

e) TAXE SUR LES CERCLES. — L. fin. 16 sept. 1871 (*portant fixation du budget rectificatif de 1871*), art. 9, 10; — L. 18 déc. 1871 (*sur les recettes et les dépenses à autoriser provisoirement jusqu'au 1er avr. 1872*); — Décr. 17 déc. 1871 (*portant règlement d'administration publique pour l'exécution des articles de la loi du 16 sept. 1871, relatifs à la taxe sur les cercles, sociétés et lieux de réunion où se payent des cotisations*); — L. 5 août 1874 (*portant fixation du budget général des recettes et des dépenses de l'exercice 1875*), art. 7; — L. 8 août 1890 (*relative aux contributions directes et aux taxes y assimilées de l'exercice 1891*), art. 33; — Décr. 30 déc. 1890 (*portant règlement d'administration publique pour l'exécution de l'art. 33 de la loi du 8 août 1890, concernant la taxe sur les cercles*).

f) TAXE SUR LES CHEVAUX, VOITURES ET MULETS. — L. 2 juill. 1862 (*portant fixation du budget des dépenses et des recettes de l'exercice 1863*), art. 4, 7, 10 et s.; — L. 16 sept. 1871 (*portant fixation du budget rectificatif de 1871*), art. 7; — L. fin. 23 juill. 1872 (*relative aux contributions directes à percevoir en 1873*), art. 5 et s.; — L. 22 déc. 1879 (*qui fixe la contribution sur les voitures et les chevaux*); — L. 29 déc. 1884 (*portant fixation du budget ordinaire des recettes de 1885*), art. 3; — L. 17 juill. 1895 (*relative aux contributions directes et aux taxes y assimilées de l'exercice 1896*), art. 4.

g) TAXE SUR LES VÉLOCIPÈDES. — L. fin. 28 avr. 1893 (*portant fixation du budget général des dépenses et des recettes de l'exercice 1893*), art. 10 et s.

h) DROITS DE VÉRIFICATION DES POIDS ET MESURES. — L. 4 juill. 1837 (*relative aux poids et mesures*); — Ord. 17 avr. 1839 (*relative à la vérification des poids et mesures*); — Décr. 16 févr. 1861 (*relatif aux opérations de vérification périodique des poids et mesures à Paris*); — Décr. 26 févr. 1873 (*relatif à la vérification des poids et mesures*); — L. 5 août 1874 (*relative aux contributions directes de 1875*); — Décr. 7 févr. 1887 (*modifiant l'art. 2 de l'ordonnance du 1839, sur la vérification des poids et mesures*); — L. 21 juill. 1894 (*relative aux contributions directes et aux taxes y assimilées de 1895*), art. 5.

i) DROITS DE VÉRIFICATION DES ALCOOMÈTRES ET DENSIMÈTRES. — L. 7 juill. 1881 (*qui rend exclusivement obligatoire l'alcoomètre centésimal de Gay-Lussac et le soumet à une vérification officielle*); — L. 28 juill. 1883 (*relative à l'emploi de l'alcoomètre centésimal de Gay-Lussac*); — Décr. 27 déc. 1884 (*portant règlement d'administration publique pour l'exécution de la loi du 7 juill. 1884, sur la vérification des alcoomètres*); — L. 6 juin 1889 (*qui rend obligatoires la vérification et le poinçonnage par l'État des densimètres employés dans les fabriques de sucre pour contrôler la richesse de la betterave*); — L. 3 août 1894 (*rendant obligatoires la vérification et le poinçonnage par l'État des densimètres employés dans les distilleries pour contrôler la richesse de la betterave*).

j) DROITS D'ÉPREUVE DES APPAREILS A VAPEUR. — Décr. 30 avr. 1880 (*relatif aux générateurs à vapeur autres que ceux qui sont placés à bord des bateaux à vapeur*); — Décr. 9 avr. 1883 (*sur les bateaux à vapeur qui naviguent sur les fleuves, rivières et canaux*); — L. 18 juill. 1892 (*relative aux contributions directes et aux taxes y assimilées de 1893*), art. 6, 7; — Décr. 1er févr. 1893 (*sur les bateaux à vapeur qui naviguent sur mer*).

k) DROITS D'INSPECTION DES FABRIQUES ET DÉPÔTS D'EAUX MINÉRALES. — Ord. 18 juin 1823 (*portant règlement sur la police des eaux minérales*); — L. 21 avr. 1832 (*portant fixation du budget des recettes de l'exercice 1832*), art. 2; — L. 13 juill. 1886 (*concernant les contributions directes et taxes y assimilées de 1887*), art. 3; — Décr. 9 mai 1887 (*relatif à l'inspection des fabriques et dépôts d'eaux minérales*).

l) Droits de visite des pharmacies, drogueries et épiceries. — L. 21 germ. an XI (portant organisation des écoles de pharmacie); — Arr. 25 mess. an XI (relatif aux visites des pharmacies); — L. 23 juill. 1820 (portant fixation du budget des recettes de l'exercice de 1820), art. 17; — Décr. 23 mars 1859 (relatif à l'inspection des pharmacies).

m) Rémunération des délégués a la sécurité des ouvriers mineurs. — L. 8 juill. 1890 (sur les délégués à la sécurité des ouvriers mineurs); — L. 1er août 1890 destinée à assurer l'exécution de la précédente); — L. 8 août 1890 (relative aux contributions directes et aux taxes y assimilées de 1891), art. 34.

n) Frais des travaux de destruction des insectes et végétaux nuisibles. — L. 24 déc. 1888 (concernant la destruction des insectes cryptogames et végétaux nuisibles).

o) Frais des travaux exécutés d'office dans les mines. — L. 21 avr. 1810 (concernant les mines, les minières et les carrières), art. 47 et s.; — Décr. 18 nov. 1810 (portant organisation du corps des ingénieurs des mines), art. 89, 90; — Décr. 3 janv. 1813 (contenant des dispositions de police relatives à l'exploitation des mines), art. 20; — Ord. 26 mars 1843 (relative aux mesures à prendre quand l'exploitation d'une mine compromettra la sûreté publique ou celle des ouvriers, la solidité des travaux, la conservation du sol et des habitations de la surface), art. 4, 5; — Décr. 25 sept. 1882 (modifiant l'ordonnance précédente), art. 1.

p) Frais de déplacement et honoraires alloués aux ingénieurs pour leur participation a des travaux d'intérêt privé. — Décr. 7 fruct. an XII (concernant l'organisation du corps des ingénieurs des ponts); — Décr. 18 nov. 1810 (relatif à l'organisation du corps des ingénieurs des mines); — Décr. 13 oct. 1851 (portant règlement sur le service des ponts et chaussées), art. 6, § 4; — Décr. 24 déc. 1851 (portant règlement sur le service des mines), art. 6, § 4; — Décr. 10 mai 1854 (relatif au règlement des honoraires et frais de déplacement dus aux ingénieurs des ponts et chaussées et des mines pour leur intervention dans les affaires d'intérêt départemental, communal ou privé); — Décr. 27 mai 1854 (relatif aux mandats exécutoires délivrés par les préfets pour frais et honoraires auxquels donnent lieu les travaux d'intérêt public exécutés à la charge des particuliers).

q) Redevances imposées aux cultivateurs de tabac. — L. 28 avr. 1816 (sur les contributions indirectes), art. 180 et s.

F. Taxes perçues au profit des communes. — a) Taxes pour participation a des jouissances communales. — C. for., art. 109; — L. 5 avr. 1884 (sur l'organisation municipale), art. 133, 134.

b) Taxe sur les chiens. — L. 2 mai 1855 (relative à l'établissement d'une taxe municipale sur les chiens); — Décr. 4 août 1855 (portant règlement d'administration publique pour l'exécution de la loi précédente); — Décr. 3 août 1861 (modifiant les art. 5 et 10, Décr. 4 août 1855); — Décr. 22 déc. 1886 (modifiant les art. 7 et 9, Décr. règlement. 4 août 1855, relatif à la taxe municipale sur les chiens).

c) Taxes pour l'établissement, la réfection ou l'entretien du pavé et des trottoirs. — Av. Cons. d'Et. 25 mars 1807 (sur l'entretien du pavé des villes dans les rues non grandes routes); — L. 23 juin 1841 (portant fixation du budget des recettes de l'exercice 1842), art. 28; — L. 7 juin 1845 (concernant la répartition des frais de construction des trottoirs); — L. 19 juill. 1845 (portant fixation du budget des recettes de l'exercice 1846), art. 8.

d) Taxe de balayage. — L. 26 mars 1873 (qui convertit en une taxe municipale l'obligation imposée aux riverains des voies publiques de Paris de balayer le sol livré à la circulation).

e) Taxes pour travaux de salubrité effectués par les communes. — L. 16 sept. 1807 (relative au desséchement des marais).

f) Prestations en nature et subventions spéciales. — L. 28 juill. 1824 (relative aux chemins vicinaux), art. 5; — L. 21 mai 1836 (sur les chemins vicinaux); — L. 11 juin 1880 (relative aux chemins de fer d'intérêt local et aux tramways), art. 12; — L. 20 août 1881 (relative aux chemins ruraux), art. 9, 10, 11.

G. Taxes perçues au profit des établissements publics. — L. 7 frim. an V (qui ordonne la perception pendant six mois, au profit des indigents, d'un décime par franc, en sus du prix des billets d'entrée dans tous les spectacles); — L. 8 therm. an V (portant prorogation, de ce droit); — L. 7 fruct. an VIII (portant prorogation de ce droit); — Arr. 10 therm. an XI(prorogeant ce droit); — Décr. 8 fruct. an XIII (prorogeant ce droit); — Décr. 9 déc. 1809 (concernant les droits à percevoir en faveur des pauvres, des hospices, sur les spectacles, bals, concerts, danses et fêtes); — L. 25 mars 1817 (sur les finances), art. 13; — L. 16 juill. 1840 (portant fixation du budget des recettes de l'exercice 1841), art. 9.

H. Taxes perçues au profit des associations syndicales. — L. 14 flor. an XI (relative au curage des canaux et rivières non navigables ni flottables et à l'entretien des digues qui y correspondent); — L. 16 sept. 1807 (relative au desséchement des marais), art. 33 et s.; — L. 27 avr. 1838 (relative à l'assèchement et à l'exploitation des mines); — L. 17 juill. 1836 (sur le drainage), art. 4, 8; — L. 19 juin 1857 (relative à l'assainissement des landes de Gascogne), art. 1, 7; — Décr. 28 avr. 1858 (portant règlement d'administration publique pour l'exécution de la loi du 19 juin 1857, relative à l'assainissement et à la mise en culture des landes de Gascogne, art. 9 et s.; — L. 28 mai 1858 (relative à l'exécution des travaux destinés à mettre les villes à l'abri des inondations); — Décr. 15 août 1858 (portant règlement d'administration publique pour l'exécution de la loi du 28 avr. 1858); — L. 21 juin 1865 sur les associations syndicales; — L. 20 août 1881 (sur les chemins ruraux); — L. 15 déc. 1888 (relative à la création d'associations autorisées pour la défense des vignes contre le phylloxéra); — L. 22 déc. 1888 (modifiant celle du 21 juin 1865, sur les associations syndicales); — Décr. 19 févr. 1890 (portant règlement d'administration publique pour la formation d'associations syndicales en vue de combattre le phylloxéra); — Décr. 23 mars 1894 (portant règlement d'administration publique pour l'exécution des lois de 1865 et de 1888 sur les associations syndicales).

I. Contributions directes et taxes assimilées perçues en Algérie. — Ord. 17 janv. 1845 (concernant les dépenses et recettes de l'Algérie); — Ord. 2 janv. 1846 (sur l'administration et la comptabilité des finances en Algérie); — Décr. 4 nov. 1848 (fixant la dotation et les revenus des communes); — Décr. 13 juill. 1849 (établissant le droit des pauvres); — Décr. 5 juill. 1854 (relatif aux chemins vicinaux); — Arr. min. 30 juill. 1855 (établissant des centimes additionnels au principal des impôts arabes); — Décr. 4 août 1856 (établissant une taxe municipale sur les chiens); — Arr. min. 6 août 1856 (rendu pour l'exécution du décret précédent); — Arr. gouv. gén. 3 sept. 1862 (remplaçant pour les indigènes des territoires civils diverses taxes françaises par des centimes additionnels au principal de l'impôt arabe); — Sénatus-cons. 22 avr. 1863 (relatif à la propriété indigène), art. 4; — Arr. gouv. 3 juin 1863 (concernant la lezma des palmiers); — Arr. gouv. 4 août 1863 (concernant la capitation kabyle); — Arr. gouv. 8 mai 1868 (organisant le service du cadastre); — Arr. gouv. 16 avr. 1872 (relatif à l'assiette de l'impôt arabe); — Décr. 7 mai 1874 (rendant applicable le décret du 11 févr. 1874 relatif à l'établissement d'une redevance proportionnelle sur les mines); — Décr. 11 juill. 1874 (fixant les centimes extraordinaires à percevoir par addition au principal de l'impôt arabe pour les dépenses relatives à la constitution et à la constatation de la propriété individuelle indigène); — Décr. 21 nov. 1874 (qui crée une direction des contributions directes dans chacun des départements algériens); — Arr. gouv. 27 mars 1877 (portant organisation des répartiteurs); — L. 27 avr. 1881 (sur la responsabilité des communes), art. 5 et s.; — Décr. 26 août 1881 (concernant les attributions déléguées par le ministre des Finances); — Arr. gouv. 23 févr. 1883 (relatif à l'impôt zekkat); — L. 21 mars 1883 (relative au phylloxéra en Algérie); — Décr. 7 avr. 1884 (sur l'organisation municipale des indigènes); — L. 23 déc. 1884 (ayant pour objet l'établissement d'une contribution foncière sur les propriétés bâties en Algérie et à la constatation de la propriété individuelle indigène); — Décr. 21 nov. 1885 (concernant la lezma); — L. 28 juill. 1886 (ayant pour objet l'organisation des syndicats en Algérie pour la défense contre le phylloxéra);

— L. 5 mars 1887 (qui établit une taxe sur les vignes de l'Algérie); — L. 20 juill. 1891 (relative aux contributions directes et taxes y assimilées de 1892), art. 5; — Décr. 3 nov. 1892 (qui fixe les délais pour le recouvrement des droits en Algérie); — Décr. 28 juin 1893 (qui modifie le décret du 4 nov. 1848, instituant une taxe sur les loyers, en Algérie, en ce qui concerne les officiers); — L. 21 juill. 1894 (relative aux contributions directes et taxes y assimilées de 1895), art. 7, 8.

Bibliographie.

Aucoc, Conférences sur l'administration et le droit administratif, 1882-1886, 2e édit., 3 vol. in-8°, t. 1, p. 192, 220 et s., 526 et s. — Batbie, Traité théorique et pratique du droit public et administratif, 1885, 2e édit., 8 vol. in-8°, t. 6, p. 75 et s., 124 et s. — Béquet, Dupré et Laferrière, Répertoire de droit administratif (en cours de publication), 1882, 10 vol. in-4° parus, vis Cadastre, Impôts directs. — Blanche, Dictionnaire général de l'administration, 1884-1891, 3e édit., 2 vol. gr. in-8°, vo Impôts directs. — Block, Dictionnaire de l'administration, 1883, 3e édit., 1 vol. gr. in-8°, vo Contributions directes. — Cabantous et Liégeois, Répétitions écrites sur le droit administratif, 1882, 6e édit., 1 vol. in-8°, n. 294 et s., 524 et s. — Chauveau et Tambour, Code d'instruction administrative ou Lois de la procédure administrative, 1888-1889, 5e édit., 2 vol. in-8°, t. 2, p. 937 et s. — Colin (M.), Cours élémentaire de droit administratif, 1890, 1 vol. in-8°, p. 274 et s. — Cormenin, Droit administratif, 1840, 5e édit., 2 vol. in-8°, vo Contributions directes. — Cotelle, Cours de droit administratif appliqué aux travaux publics, 1862, 3e édit., 4 vol. in-8°, t. 4, p. 627 et s. — Ducrocq, Cours de droit administratif, 1881, 6e édit., 2 vol. in-8°, t. 2, n. 1120 et s. — Dufour, Traité général de droit administratif appliqué, 1868-1870, 3e édit., 8 vol. in-8°, t. 4, p. 96 et s., 354 et s. — Favard de Langlade, Répertoire de la nouvelle législation, 1823, 5 vol. in-4°, vo Contributions directes. — Foucart, Éléments de droit public et administratif, 1856, 4e édit., 3 vol. in-8°, t. 2, n. 885 et s. — Gérando (de), Institutes du droit administratif français, 1829-1830, 4 vol. in-8°, t. 4, p. 5 et s. — Hauriou, Précis de droit administratif, 1893, 2e édit., p. 553 et s. — Laferrière, Cours de droit public et administratif, 1860, 5e édit., 2 vol. in-8°, t. 2, p. 5 et s.; — Traité de la juridiction administrative, 1887, 2 vol. in-8°, t. 2, p. 250 et s. — Lerat de Magnitot et Huard-Delamarre, Dictionnaire de droit public et administratif, 2e édit., 2 vol. gr. in-8°, vo Contributions directes. — Macarel, Cours d'administration et de droit administratif, 1857, 3e édit., 4 vol. in-8°, t. 1, p. 423, 581 et passim. — Marie, Éléments de droit administratif, 1890, 1 vol. in-8°. — Merlin, Répertoire, 1827-1828, 5e édit., 18 vol. in-4°, vo Contribution publique; — Questions de droit, 4e édit., 8 vol. in-4°, vis Contribution foncière, Contribution des portes et fenêtres. — Say, Foyot et Lanjalley, Dictionnaire des finances, 1889, vis Cadastre, Contributions directes, Foncière (contribution). — Sébire et Carteret, Encyclopédie du droit, 20 livr. gr. in-8°, vo Contributions directes. — Sentupéry, Manuel pratique d'administration, 2 vol. in-8°, t. 1, n. 1045 et s. — Simonet, Traité élémentaire de droit public et administratif, 1890, 2e édit., 1 vol. in-8°, n. 862 et s. — Solon, Répertoire administratif et judiciaire ou règles générales sur les juridictions et la compétence, 1845, 4 vol. in-8°, t. 2. — Trolley, Traité de la hiérarchie administrative, 1854, 5 vol. in-8°, t. 5, p. 347 et s.

Allaigre, Manuel théorique et pratique à l'usage des percepteurs, receveurs municipaux, Le Vigan, 1887, 1 vol. in-8°. — Aucher, Code du contentieux des contributions directes, 1875, 1 vol. in-8°. — Auger, La petite guerre au cadastre, 1871, 1 vol. in-8°. — Bail, Du cadastre considéré dans ses rapports avec l'économie politique et la répartition des impôts, 1818. — Barrau, Observations et réflexions sur le cadastre, 1824. — Baulu-Ledoux, Mémoire sur les abus du cadastre suivi d'un projet sur son exécution parcellaire et d'un tableau indicatif des avantages qu'il offre au gouvernement et aux propriétaires, 1814. — Belmondi, Code des contributions directes, 1818, 3 vol. in-8°. — Besson, Traité pratique de la taxe de 3 p. 0/0 sur le revenu des valeurs mobilières. — Beugy-Puyvallé (de), Réflexion politique sur le cadastre considéré sous ses véritables rapports avec la propriété territoriale, 1818. — Bochin, Du cadastre dans ses rapports avec la propriété foncière, 1873, 1 vol. in-8°. — Bilbal (E.), Des impôts sur la propriété foncière en droit romain. De la contribution foncière en droit français, Grenoble, 1874, 1 vol. in-8°. — Bonjean, Du cadastre dans ses rapports avec la propriété foncière, 1866, 1 vol. in-8°; — Révision et conservation du cadastre, 1874, 2 vol. in-8°. — Bordenave-d'Abère (de), Mémoire sur le projet de procéder à une nouvelle répartition de l'imposition foncière entre les départements, 1818; — Addition au mémoire sur le projet de procéder à une nouvelle répartition de l'imposition foncière entre les départements, 1818. — Bouchet, Le cadastre et la répartition de la contribution foncière, 1878, Orléans, 1 vol. in-8°. — Boichoz, Histoire de la contribution foncière et du cadastre en France, 1836, 1 vol. in-8°. — Bouis (Et.), Réflexions sur la nécessité, les avantages et l'entretien d'un cadastre, 1817, 1 vol. in-4°. — Braine, De la révision du cadastre, Arras, 1869, 1 vol. in-8°. — Bretagne (M.-A.), Nouvelle étude sur le cadastre et les abornements généraux, avec recherches historiques, etc., 1870, Nancy, 1 vol. in-8°. — Breton, La réorganisation cadastrale et la conservation du cadastre en France, 1889, 1 vol. in 8°. — Brincard, La contribution foncière en France et le projet de loi sur le cadastre, 1876, broch. in-8°. — Bryon, Lettre d'un ingénieur-vérificateur du cadastre à M. Dupetit-Thouars, 1817, 1 vol. in-8°. — Buat de Sassegnies (du), Mémoire sur le cadastre, 1823, 1 vol. in-8°. — Cadet, Cadastre de la France, 1816, 1 vol. in-4°. — Ceccaldi, Contributions directes en ce qui concerne les militaires, 1869, 1 vol. in-8°. — Celières, Manuel du contribuable, 1887, 3e édit., 1 vol. in-18; — Traité pratique de l'impôt des voitures et chevaux, 1873, nouv. édit., 1 vol. in-8°. — Challuau, Du projet de loi sur le renouvellement et la conservation du cadastre, Nantes, 1846, 1 vol. in-8°. — Charpentier (E.), Les impôts fonciers répartis selon les revenus, 1891, 1 vol. in-8°. — Charvet, Observations sur les restrictions ministérielles relatives au cadastre, 1824. — Chauveau (Ad.), Impôt sur les voitures et les chevaux. Questions résolues, 1863, 1 vol. in-8°; — Code des contributions personnelle et mobilière et des portes et fenêtres, 1879, 1 vol. in-8°. — Cormerais (L.), De l'impôt foncier, 1865, 1 vol. in-8°. — Cornet-Dincourt, Des contributions directes sous les rapports financier et politique, 1829, 1 broch. in-8°. — Couder, Formulaire de la comptabilité des percepteurs et des receveurs des communes, 1867, 2e édit., 1 vol. in-8°. — Couppeys (Gaston), De l'impôt foncier et des garanties de la propriété territoriale, 1867, 1 vol. in-8°. — Déchérac, Manuel pratique du contribuable, 1889, 1 vol. in-16. — Delouze (H.), Réforme de l'impôt foncier, 1887. — Delfaux, Code manuel des percepteurs et des contribuables, 1867, 2e édit., 1 vol. in-8°. — Descamps, Étude sur les contributions directes contenant le résumé des règlements, instructions qui régissent les bases et le recouvrement de l'impôt, Lille, 1890, 1 vol. in-8°. — Desgarets, Mémoire sur l'administration. Conseils généraux. Communes. Contributions locales. Cadastre, 1821, 1 vol. in-8°. — Desbayres, De l'impôt des voitures et des chevaux, 1871, 1 vol. in-8°. — Deslignières et Lambert, Petit code rural des contributions directes, 1873, 6e édit., 1 vol. in-12. — Desorgues, Paiement de la contribution foncière par les améliorations de l'agriculture, 1821. — Destréguil (H.), Contribution directe. Le vérificateur des impôts, 1889, 1 vol. in-8°; — Commentaire sur les lois concernant la contribution foncière des propriétés bâties, 1892, 1 vol. in-8°. — Dictionnaire général des contributions directes, 1861, 2e édit., 2 vol. in-8°; — Dictionnaire des percepteurs, des receveurs municipaux et des établissements de bienfaisance, 1887, 2 vol. in-8°. — Dieu, Des divers systèmes de péréquation, 1875, 1 vol. in-8°. — Dilhan, Guide-Formulaire du contribuable en matière de contributions directes, Toulouse, 1867, 1 vol. in-8°. — Dobineau, Observations sur la contribution personnelle, mobilière, et de l'impôt des portes et fenêtres, Versailles, 1818. — Dochier, Recherches sur l'impôt foncier en Dauphiné pour servir à la confection du cadastre général, 1871, 1 vol. in-8°. — Dubois, Traité des comptes de gestion à l'usage des receveurs des communes, 1887, 1 vol. in-8°. — Duchâtel, A propos de l'impôt foncier, 1886. — Dufour (G.), Traité de l'impôt foncier, 1889. — Duhamel, Mémoire sur le perfectionnement du cadastre parcellaire, 1845, 1 vol. in-4°. — Dulaurens, Manuel du cadastre, Lyon, an XIII, 1 vol. in-8°. — Manuel des contribuables, 1 vol. in-8°. — Duperrey, Le cadastre, les contributions directes, 1881, 1 vol. in-8°. — Dupetit-Thouars, La vérité sur le cadastre français, et proposition d'un moyen de le remplacer, 1817, 1 vol. in-8°; — Toujours la guerre au cadastre français, 1822, 1 vol. in-8°. — Dupont (P.), Dictionnaire de la perception des contributions directes, 1876, 4e édit., 2 vol. in 8°. — Durieu,

Poursuites en matière de contributions directes, 1838, 2 vol. in-8°; — *Manuel des percepteurs et des receveurs municipaux des communes*, 3e édit., 1 vol. in-12; — *Code des perceptions municipales de Paris et des établissements publics productifs*, 1844, 1 vol. in-8°; — *Commentaire sur les poursuites en matière de contributions directes*, 1876, nouv. édit., 3 vol. in-8°. — D'Espaignol-Lafagette, *Considérations sur le cadastre de la France*, 1814. — Faivre, *Notice sur les contributions directes*, 1884, 1 vol. in-8°; — *Guide pratique du travail des mutations dans les communes*, 1863, 1 vol. in-8°. — Fédon (H.), *Traité pratique des contributions directes et des taxes assimilées*, 1888, 1 vol. — Fiquenel, *Manuel des contributions directes*, 1859, 2e édit., 1 vol. in-8°. — Fournier, *Traité des contributions directes*, 1885, 2e édit., 1 vol. in-12. — Frottier de Mont-Roui, *Mémoire sur la possibilité de faire exécuter très-promptement, très-économiquement et de la seule manière qui soit perpétuelle les deux cadastres des personnes et des propriétés foncières du royaume de France*, 1814. — Gachet (P.), *Les contributions directes, ce qu'elles sont, ce qu'elles pourraient être*, 1887. — Gaëte (de), *Mémoire sur le cadastre, et détails statistiques sur le nombre et la division des taxes de la contribution foncière*, 1817, 1 vol. in-8°. — Galais (G.), *Mémoire sur un moyen prompt pour atteindre, sans frais, la proportion la plus exacte qu'il soit moralement possible dans le répartement de l'impôt foncier*, 1814. — Garnier (L.) et Dauvert (P.), *La contribution foncière sur les propriétés bâties*, 1891, 1 vol. in-8°. — Gaure, *Le conseiller du contribuable*, 1894, 1 vol. in-8°. — Gaussorgues (F.), *Question des prestations*, 1889, 1 vol. in-8°. — Gaut, *Le nécessaire du percepteur des contributions directes, ou tableaux progressifs des taxes de ces contributions*, 1818. — Gautraye (de la), *Réflexions sur la répartition de l'impôt foncier en France*, 1815, 1 vol. in-4°. — Gervaise, *Traité de l'administration des contributions directes*, 1847, 2e édit., 1 vol. in-8°. — Gimel, *Le cadastre*, 1887, 1 vol. in-8°. — Girard, *Tableaux des contraventions et des peines en matière de contributions directes*, 1818. — Gorot, *Exposé sur la nécessité de réformer la commission des contributions directes de Paris*, 1823, 1 vol. in-4°. — Guibout, *De la révision du cadastre*, 1887, Alençon, 1 vol. in-18. — Guillaud, *Le code des répartiteurs*, 1894, 1 vol. in-18. — Guillon (Ch.), *Du cadastre suivant le nouveau mode*, 1824. — Hennet, *Du cadastre. Réponse à l'ouvrage intitulé : La vérité sur le cadastre*, 1 broch. in-8°; — *Éclaircissement sur le cadastre*, 1816, 1 vol. in-8°; — *Rapport au ministre des Finances, sur le cadastre*, 1817, 1 vol. in-4°. — Hupier (C.), *Le nouvel impôt sur la propriété bâtie*, 1891, 1 vol. in-8°. — Isoard, *Guide théorique et pratique du contribuable en matière de contributions directes*, 1871, 11e édit., 1 vol. in-18; — *De l'impôt sur les voitures et les chevaux. Commentaire de la loi des 2 juill. 1862 et 16 sept. 1871*, 1871, nouv. édit., 1 vol. in-8°. — Lairolle (E.), *Étude sur la contribution mobilière*, 1888. — Langlade, *L'impôt foncier en droit romain et en droit français, ancien et moderne*, 1877, 1 vol. in-8°. — Larade, *Traité des remises des percepteurs, receveurs municipaux, etc.*, 1 vol. in-8°. — Lasserre, *Manuel des contributions directes*, Bordeaux, 1873, 2e édit., 1 vol. in-18. — Lemercier de Jauvelle, *Répertoire général des contributions directes*, Rennes, 1885, 4e édit., 1 vol. in-8°. — Leplat-Duplessis, *Recueil des arrêts du Conseil d'État en matière des contributions directes*, 1857, 1 vol. in-8°. — Lerebours, *De la répartition de l'impôt foncier et du cadastre*, 1818. — Longuet (Ch.), *Le nec plus ultra sur le cadastre*, 1817, 1 vol. in-4°. — M..., *Sur le cadastre*, 1817, 1 vol. in-8°. — M. J.-B., *Le cadastre exécuté en six ans et sans frais, au moyen d'une meilleure organisation des agents des contributions directes*, 1818. — Marquiset (L.), *Note sur le moyen de subvenir aux frais de la réfection du cadastre*, 1891, 1 vol. in-8°. — Mathieu, *Le guide du contribuable*, 1822, 1 vol. in-12. — Maurage de Vigny, *Mémoire sur le cadastre, ayant pour objet l'économie des douanes, la perfection et l'accélération du travail*, 1814; — *Observations sur la décision du ministre en ce qui concerne l'inspection générale du cadastre*, 1814. — Mercier, *Réformes utiles à l'agriculture, révision du cadastre, dégrèvement d'impôts et protection*, 1886. — Mertiau de Müller (L.), *Étude sur l'impôt personnel et mobilier*, 1891, 1 vol. in-8°. — Michel, *Quelques réflexions sur un écrit intitulé : La vérité sur le cadastre français*, Périgueux, 1817, 1 vol. in-8°. — Millet, *Conférences écrites sur les contributions directes*, 1879, 2e édit., 1 vol. in-12. — Millié, *Du cadastre*, 1826. — Montaigne de Poncius, *Du cadastre, de son imperfection et de son insuffisance; proposition de nouveaux moyens pour opérer en peu de temps une juste réparti-

tion de l'impôt*, 1818, 1 vol. in-8°. — Noizet (F.-H.-V.), *Du cadastre et de la délimitation des héritages*, 1861, avec un appendice de 1863 (*Le cadastre simplifié et le cadastre de la saisie*). — Oyon, *Collection des lois, arrêtés, instructions et décisions, concernant les opérations prescrites par les arrêtés du 12 brum. an XI et 27 vend. an XII, pour parvenir à une meilleure répartition de la contribution foncière*, 1804, 3 vol. in-8°. — Parieu (Esquirou de), *Histoire des impôts généraux sur la propriété et le revenu*, 1856, 1 vol. in-8°. — Perroux, *Législation des contributions directes*, 1875, 3e édit., 1 vol. in-8°. — Petetin, *Instruction générale sur le service de la comptabilité*, 1874, 7e édit., 1 vol. in-8°. — Pierre, *Réflexions sur le cadastre*, Pontoise, 1823, 1 vol. in-8°. — Pinelli et Sexé, *Notions générales sur le service de la perception des contributions directes*, 1891, gr. in-8°. — Renaudice (E.), *Contributions directes sur les propriétés non bâties*, 1886. — Reverchon (E.), *De la taxe des biens de mainmorte*, 1855, 1 broch. in-8°. — Rivieulx, *De l'impôt territorial gradué, conservateur de la propriété*, 1816, 1 vol. in-8°. — Robernier (Félix de), *Examen critique du nouveau projet de loi sur le cadastre, comparé au système du terrier perpétuel*, 1846, 1 vol. in-8°. — Roche (Arthur), *Observations sur la contribution personnelle et mobilière*, 1826. — Rodde (J.-F.-V.), *Deux mots sur le projet de la nouvelle répartition de l'impôt foncier*, 1826. — Ruelle (Alexandre), *Considération sur le cadastre*, 1825. — Sabatier, *De la répartition de la contribution foncière*, 1819, 1 vol. in-4°. — Saurimont, *Code des contributions directes*, 1847, 1 vol. in-8°. — *Manuel du cadastre*, 1833, 1 vol. in-8°. — Serrier, *Répertoire général sur le service de la comptabilité des percepteurs, receveurs municipaux*, Barbezieux, 1887, 1 vol. in-8°. — Surrel (de), *Étude sur le cadastre*, 1881, Le Puy, 1 vol. in-4°. — Swarte (de), *Manuel du candidat à l'emploi de percepteur surnuméraire*, 1893, 8e édit., 1 vol. in-16. — Thomassin (Michel), *Considérations générales sur les contributions et le système des contraventions*, 1819, 1 vol. in-4°. — Tixier (Ern.), *De l'assiette de l'impôt foncier depuis les Romains jusqu'à nos jours*, 1875, 1 vol. in-8°. — Tronchon, *Opinion sur l'amendement qui a pour objet de faire intervenir les propriétaires les plus imposés d'une commune*, 1818. — Truchy de Basouche, *Du cadastre et de son amélioration, et des différents systèmes qu'on lui a opposés*, 1818. — Vignes (Edouard), *Traité des impôts en France*, 1872, 3e édit., 2 vol. in-8°. — Voisin (L.), *Des vices qui se glissent dans la répartition de la contribution mobilière*, 1820, 1 vol. in-8°. — X..., *De l'administration des contributions directes*, 1826, 1 vol. in-8°. — *Contributions directes. Documents relatifs aux poursuites*, 1860, 1 vol. in-8°. — X... (ingénieur des ponts et chaussées), *De la corvée et des prestations en nature*, 1818. — X..., *Documents relatifs aux contributions directes*, 1873, 1 vol. in-8°. — X..., *Encore un mot sur le cadastre*, 1819. — X... (fabricant d'Evreux), *Idée d'un nouvel impôt qu'on pourrait appeler capitation personnelle*, Rouen, 1816. — X..., *L'indispensable du percepteur et des contribuables*, 1823, 1 vol. — X..., *Manuel du contribuable*, 1879, 1 vol. in-32. — X..., *Manuel du percepteur et du contribuable*, 1817, 1 vol. in-8°. — X... (ancien receveur), *Manuel des percepteurs et des receveurs municipaux des communes*, 1822, 1 vol. in-12. — X..., *Méthode de la sous-répartition de la contribution foncière*, Rouen, 1822, 1 vol. in-8°. — X..., *Moyen de découvrir les rapports de répartition en revenu territorial, entre toutes les communes d'un État et entre les départements*, Evreux, 1820, 1 vol. in-8°. — X..., *Moyens d'opérer une forte réduction de la contribution sur les terres*, 1819, 1 vol. in-8°. — X..., *Moyens simples de rectifier la répartition de la contribution foncière*, Toulouse, 1817, 1 vol. in-8°. — X..., *Observation nouvelle sur l'impôt foncier*, 1814. — X..., *Observations sur le rapport de M. le commissaire royal du cadastre*, 1818. — X..., *Opinion sur le cadastre*, 1815, 1 vol. in-8°. — X..., *Quelques observations sur le cadastre*, 1818. — X..., *Des services qui dépendent de l'administration des contributions directes*, 1826, 1 vol. in-8°. — X..., *De l'utilité et de la nécessité de soumettre les chiens, les chats, les oiseaux, à une taxe personnelle*, 1818. — *Nouvelle évaluation du revenu foncier des propriétés non bâties; résultats généraux, avec atlas statistique* (publié par la Direction des contributions directes), 1883, 1 vol. in-8°. — *Documents statistiques sur l'état actuel du cadastre en France*, 1889, 1 vol. in-8°. — *Documents statistiques sur les cotes foncières*, 1889, 1 vol. in-8°. — *Instruction générale du 18 déc. 1853, sur les mutations*, 1880, 1 vol. in-8°. — *Instruction générale sur les mutations, du 2 mars 1886*, 1886, 1 vol. in-8°. — *Recueil des lois sur les contributions di-*

rectes, 1836 à 1840, 1838 à 1879, 1844 à 1872, 3 vol. in-8°. — *Recueil méthodique des lois, décrets, règlements, instructions et décisions sur le cadastre de la France*, 1811, 1 vol. in-4°. — *La réforme de la contribution foncière* (L. 8 août 1890), par un fonctionnaire de l'administration des contributions directes, 1890, 1 vol. in-8°. — *Travaux et rapports de la commission extra-parlementaire du cadastre* (ministère des Finances), 1894.

Mémorial des percepteurs (périodique). — *Bulletin des contributions directes et du cadastre*, depuis 1832. — *Un notaire doit-il les prestations en nature pour les clercs qui logent chez lui?* (Bioche) : J. de proc. civ. et comm., t. 34, p. 161. — *Les contributions directes et les taxes assimilées* : Bull. de stat. et de lég. comp. du min. des Fin., nov. 1888. — *Attributions des juges de paix en matière de contributions directes* : Corr. des just. de paix, année 1854, t. 1, p. 133. — *1° La voiture dont un cultivateur se sert, tant pour aller aux foires que pour d'autres courses nécessitées par son exploitation, mais qu'il emploie aussi quelquefois pour les promenades de sa famille, est-elle passible de l'impôt établi par la loi du 2 juill. 1862? 2° le cheval, attelé de temps à autre à la même voiture, mais qui est plus habituellement employé aux travaux de l'agriculture, est-il assujetti à la même contribution?* Corr. des just. de paix, année 1863, t. 10, p. 30. — *Les juges de paix sont-ils, de droit, compris parmi les personnes que la loi du 2 juill. 1862 exempte de l'impôt établi sur les chevaux et voitures de luxe, en raison des moyens de transport qui leur sont indispensables pour l'accomplissement de leurs fonctions ou pour l'exercice de leur industrie?* Corr. des just. de paix, année 1863, t. 10, p. 51. — *Les notaires et les huissiers sont-ils exemptés de l'impôt établi par la loi du 2 juill. 1862 pour les voitures et chevaux qui servent à l'exercice de leur profession? Dans quels cas y a-t-il lieu d'imposer ou d'exempter les voitures et les chevaux qui sont affectés au service personnel et à l'agriculture?* Corr. des just. de paix, année 1863, t. 10, p. 398. — *Un chien, exclusivement destiné par un curé à la garde du presbytère et de sa personne, est-il imposable comme chien de la deuxième catégorie* (Nœuvéglise) : Corr. des just. de paix, année 1874, t. 21, p. 94. — *Contributions directes. Paiement pour autrui. Prescription* : Corr. des just. de paix, année 1878, t. 25, p. 403. — *Contributions directes. Propriété foncière. Moyens de reconnaître le revenu vrai. Modifications proposées* (Petit) : Corr. des just. de paix, année 1879, t. 26, p. 50. — *De la péréquation de l'impôt foncier* : Écon. franç., année 1885, t. 2, p. 599 et s. — *Des impôts directs, de leur organisation financière et des projets de réforme dont elle est l'objet* (Garraud) : Fr. jud., 1ʳᵉ année, p. 180, 213, 350, 422, 443. — *Des centimes additionnels* (Mourreau) : Gaz. des Trib., 22 avr. 1829. — *Jurisprudence fiscale. De l'action des contribuables illégalement imposés* : Gaz. des Trib., 23-24 avr. 1888. — *La nouvelle évaluation des propriétés bâties* : J. des fonct., 8 déc. 1889. — *Du dégrèvement de l'impôt foncier* (Thier-

celin) : J. Le Droit, 28 juin 1867. — *Du cadastre, considéré au point de vue de la preuve de la propriété foncière* (Trémoulet) : J. Le Droit, 19 août 1868. — *De la nécessité de recourir à l'expérimentation pour résoudre la question du cadastre* (Trémoulet) : J. Le Droit, 11-12 juill. 1870. — *Réformes législatives. Loi ayant pour objet de porter de cinq à sept le nombre des membres de la commission de répartition des contributions directes de la ville de Paris* (A.-L.) : J. Le Droit, 28 avr. 1880. — *Rapport du 5 juill. 1890*, par M. Boutin, conseiller d'État, directeur général des contributions directes, sur les résultats de l'évaluation des propriétés bâties (années 1887-1889) : Journal officiel des 7 et 10 juill. 1890. — *De la réforme du cadastre et du crédit de la propriété foncière* (Lajubault) : Rec. de l'Acad. de lég. de Toulouse, année 1867, t. 16, p. 274. — *Critiques de décisions qui exemptent les frères des écoles chrétiennes, recevant subvention d'une commune, des contributions foncières pour les maisons d'école* : Rev. crit., t. 1, p. 485. — *Dissertation sur le même sujet* (Reverchon) : année 1852, t. 3, p. 181. — *Note sur le moyen de mettre le cadastre en rapport avec les transcriptions* (Labadens) : Rev. crit., t. 6, p. 75. — *Les sœurs chargées du service d'un hospice sont assujetties à la contribution personnelle et mobilière à raison des logements qu'elles y occupent* (Mimerel) : Rev. crit., t. 11, p. 122. — *Du cens ou cadastre sous l'empire romain* (Serrigny) : t. 20, p. 246. — *Enquête agricole. De la nécessité de rattacher à l'inscription cadastrale la preuve de la propriété foncière* (Trémoulet) : Rev. crit., t. 33, p. 523. — *Pétition adressée à l'Assemblée nationale sur la nécessité de recourir à une expérimentation pour s'assurer si le cadastre ne peut pas servir de titre à la propriété foncière* (Trémoulet) : Rev. crit., t. 37, p. 649. — *Contribution foncière* (Le Vavasseur de Précourt) : Rev. crit., années 1872-1873, p. 385. — *De l'impôt sur les voitures et les chevaux* (Serrigny) : Rev. crit., année 1875, p. 441. — *Examen doctrinal, jurisprudence administrative* (Gautier) : Rev. crit., années 1881, p. 545, 1882, p. 641, 1883, p. 529. — *Examen doctrinal, jurisprudence administrative, 1882-1883* (Wallon) : Rev. crit., année 1884, p. 1. — *Des impôts de quotité et de répartition, de leurs différences et des moyens à l'aide desquels ils suivent les progrès de la matière imposable* (Serrigny) : Rev. Fœlix, t. 14, p. 613. — *La réforme du cadastre* : Rev. gén. d'adm., année 1878, p. 181, 505. — *Notice historique sur la répartition de la contribution foncière en France* : Rev. gén. d'adm., sept.-déc. 1879, p. 34. — *Les dernières réformes et la jurisprudence en matière de contributions directes* (Albert Lavallée) : Rev. gén. d'adm., année 1885, p. 271. — *De la situation du cadastre français* (Gavard) : Rev. de lég. et de jurispr., t. 37, p. 280. — *De l'application du cadastre à la détermination exacte des propriétés immobilières* (Simon Delapland) : Rev. hist., année 1859, t. 3, p. 218 et s. — *Contribution mobilière. Bases de répartition* (de Felcourt) : Rev. Wolowski, t. 3, p. 215. — *De la situation du cadastre français* : Rev. Wolowski, t. 37, p. 280. — *Des réclamations après dégrèvement sur la contribution foncière* (Macarel) : Thémis, t. 3, p. 210.

TITRE I.

NOTIONS PRÉLIMINAIRES.

CHAPITRE I.

NOTIONS GÉNÉRALES ET HISTORIQUES.

1. — On appelle « contributions directes » toute imposition foncière ou personnelle, c'est-à-dire assise directement sur les fonds de terre ou sur les personnes, qui se lève par les voies du cadastre ou des rôles de cotisation, et qui passe immédiatement du contribuable cotisé au percepteur chargé d'en recevoir le produit (Instr. 8 janv. 1790, sur les assemblées primaires et administratives).

2. — On appelle ces impositions « directes » par opposition aux contributions indirectes, qui sont assises sur la fabrication, la vente, le transport et l'introduction des objets de commerce et de consommation; contributions dont le produit, ordinairement avancé par le fabricant, le marchand ou le voiturier, est supporté et indirectement payé par le consommateur. — Même instruction.

3. — Au moment où éclata la Révolution française, les impositions directes étaient la taille, la capitation, les vingtièmes, les décimes et la corvée. — V. sur les impôts sous l'ancien régime, Clamageran, *Histoire de l'impôt* ; Bailly, *Histoire financière de la France*; *Encyclopédie méthodique*; Calmon, *Les impôts avant 1789*; Ad. Stourne, *Finances de l'ancien régime*.

4. — I. *Des divers impôts directs sous l'ancien régime.* — La taille apparaît pour la première fois dans les actes du xie siècle. Elle était levée sur les serfs une ou plusieurs fois par an à la volonté du seigneur. On désignait aussi sous ce nom un droit seigneurial que par les vassaux francs ou serfs en certaines circonstances : quand le seigneur était prisonnier, ou que sa fille se mariait, ou que son fils était promu chevalier.

5. — Au début de la période féodale, le roi la percevait seulement dans ses domaines. Mais lorsque la royauté s'affermit, l'usage s'établit de percevoir une taille générale sur tous les vassaux de la couronne, lorsque le souverain avait une guerre à soutenir.

6. — Jusqu'au règne de Charles VII, elle conserva le caractère d'impôt exceptionnel et temporaire. A partir de cette époque (Édit du 2 nov. 1439), elle devint permanente comme l'armée qu'elle était destinée à entretenir. Par la même ordonnance, le roi saisissait seul le droit de la percevoir.

7. — La taille était à . origine consentie par les Etats généraux. A partir de 1614 jusqu'en 1789, elle fut imposée dans les pays de Langue d'oïl en vertu d'un édit du roi, arrêté dans son conseil. A certaines époques même, notamment sous le ministère de Louvois, elle fut établie en vertu d'une simple instruction ministérielle, quoique les édits créant des impôts nouveaux fussent soumis à la formalité de l'enregistrement des cours souveraines.

8. — Le taux de la taille était fixé arbitrairement ; ce fut seulement en 1780 que Necker fit rendre une déclaration disposant que la taille ne pourrait être accrue désormais qu'après l'enregistrement de cours supérieures (Déclar. 13 févr. 1780).

9. — Les contribuables se trouvaient donc à la discrétion du gouvernement. Toutefois certaines provinces qui avaient conservé leurs États avaient le privilège, sinon de pouvoir voter l'impôt, du moins de pouvoir en changer la nature; elles pouvaient, par exemple, convertir la taille en impôt indirect sur les consommations. Les États examinaient la demande, et la somme était votée à titre d'octroi dans les cas ordinaires et de dons gratuits dans les cas extraordinaires.

10. — Suivant les provinces, la taille était réelle, personnelle ou mixte. La taille réelle était assise sur les biens-fonds, la taille personnelle à raison de leurs facultés connues, de leur commerce et de leur industrie. La taille mixte portait tout ensemble sur les immeubles et sur les facultés. Cette

distinction était intéressante au point de vue des exemptions. Dans les pays de taille réelle, c'était la qualité des fonds qui décidait de l'exemption ou de l'assujettissement. Les fonds nobles étaient exempts, les fonds roturiers étaient imposés, même s'ils étaient possédés par des privilégiés. La taille personnelle frappait tous les revenus mobiliers ou immobiliers des contribuables, quelle que fût la nature des biens-fonds qu'ils possédaient ou celle de leur titre de propriété.

11. — Les exemptions avaient leur principe dans le régime féodal. La taille étant établie pour entretenir l'armée, les nobles, qui payaient de leur personne, en étaient exempts. Le clergé en était dispensé parce qu'il acquittait l'impôt sous une autre forme. Les exemptions s'étendirent à d'autres catégories de personnes : les officiers des cours supérieures, les commensaux du roi, l'Université, les gens de Finance. Des villes, des communautés, des corporations obtinrent des exemptions ou des abonnements. Au moyen-âge, les Juifs et les Lombards jouissaient de certains privilèges. Suivant l'état des finances, suivant surtout le caractère des rois et des ministres, ces exemptions étaient étendues ou restreintes. Dans les deux derniers siècles de la monarchie, on observe une tendance continue vers la restriction des privilèges. On limite le nombre des privilégiés. On oblige les prétendus nobles à justifier de leur qualité. On révoque de temps en temps les exemptions concédées depuis un certain nombre d'années. Les privilégiés eux-mêmes voient restreindre l'étendue de leur privilège. Beaucoup, en effet, prétendaient faire exempter tous les biens-fonds qui leur appartenaient. Il est décidé que l'exemption ne portera que sur la maison qu'ils habitent ou sur la terre qu'ils cultivent ou exploitent eux-mêmes. Les terres affermées seront imposées. La fraude consistant à faire cultiver les terres par des fermiers déguisés sous le nom de domestiques sera combattue et réprimée. L'exemption des nobles, du clergé, des magistrats est limitée à quatre charrues, celle des bourgeois, des villes franches, à deux charrues. Cette taille ainsi établie est dite *taille d'exploitation*.

12. — En 1694, les Etats du Languedoc sous l'inspiration de l'intendant de la généralité de Toulouse, M. de Bosville, proposent, afin de pourvoir aux besoins d'argent causés par la guerre, l'établissement d'une taxe, dite *capitation*, qui serait supportée par tous les sujets du roi.

13. — Cette taxe est établie par une simple déclaration royale du 18 janv. 1695. Supprimée à la paix de Riswick en 1697, elle est rétablie par la déclaration du 12 mars 1701.

14. — Tous les sujets sont soumis à cet impôt : ecclésiastiques et laïques, nobles et roturiers, militaires et civils, bourgeois des villes franches. Point d'autres exemptions que celles édictées en faveur des pauvres, des religieux-mendiants et des taillables dont les cotes sont inférieures à 40 sous.

15. — Le taux de la contribution est déterminé par le rang, la qualité et l'état des contribuables. A cet effet ceux-ci sont répartis en vingt-deux classes : à chaque classe correspond un article du tarif, qui est de 2,000 livres pour la première classe et descend jusqu'à 20 sous pour la dernière. Les contribuables qui pourraient, à raison de la diversité de leurs états, être rangés dans différentes classes, sont rangés dans celle dont la taxe est la plus élevée.

16. — Les fils de famille mariés et pourvus de charges sont imposés personnellement même s'ils habitent avec leurs parents. La cote des veuves est réduite de moitié, celle des mineurs, des trois quarts. Les maîtres doivent payer la capitation de leurs domestiques, sauf leur recours contre eux. Dans les pays de taille personnelle, les roturiers étaient imposés au marc la livre de la taille, les privilégiés à raison de leurs facultés évaluées par les intendants. Dans les villes franches, les artisans étaient

imposés au moyen d'une addition aux frais de jurandes ; les autres habitants, au moyen d'une estimation faite par les magistrats locaux.

17. — A Paris et dans les pays de taille réelle, la capitation avait pour base des présomptions tirées du nombre des domestiques, des chevaux ou des voitures, ou de la valeur des loyers. Le clergé se racheta en 1695 et en 1701 au moyen d'un secours extraordinaire annuel qu'il paya pendant les années de la guerre. Les pays d'Etats enfin furent autorisés à s'abonner.

18. — « La capitation dans les pays de taille réelle montait à la somme de 18,399,824 livres ; dans les pays de taille personnelle, elle atteignait le chiffre de 37,904,749 livres, au total 56,304,560 livres ». — Rapport sur la contribution foncière 1790, [cité par le *Dictionnaire des finances* de Léon Say, v° *Capitation*, p. 874]

19. — Une déclaration du 10 oct. 1710, établit un impôt du dixième sur les revenus de tous les sujets sans exception. Les privilégiés sont atteints comme les autres et confondus avec le reste de la nation.

20. — Les revenus de toute espèce sont imposés : revenus des biens ruraux, des maisons, des charges et offices, rentes constituées sur les particuliers, sur les communautés, sur l'Etat, appointements, pensions, profits des commerçants et des industriels.

21. — Les contribuables sont tenus de déclarer la valeur de leurs biens et le montant de leurs revenus. A défaut de déclaration, la taxe est doublée ; quadruplée, si la déclaration est reconnue fausse. Les contribuables ont le droit, du reste, de déduire le montant des dettes hypothécaires qui grèvent leur fortune.

22. — La déclaration de 1710 n'exemptant pas les biens du clergé, les trésoriers et receveurs lui firent subir la retenue du dixième. Mais dès l'année suivante ces biens furent exemptés. Quelques villes et provinces furent autorisées à racheter leurs parts. Le plus grand nombre des pays d'Etats s'abonnèrent.

23. — Maintenu jusqu'en 1719, rétabli de 1732 à 1735, de 1740 à 1749, l'impôt du dixième fut remplacé, en 1750, par un impôt du vingtième. Un édit de mai 1749, rendu sur la proposition de M. de Machault, déclare imposables tous les propriétaires ou usufruitiers, nobles et roturiers, privilégiés ou non privilégiés, même les apanagistes et les engagistes. Sont seuls exemptés les rentiers de l'Etat et les porteurs de quittances du Trésor. L'édit avait anéanti tous les abonnements, mais, en présence de la résistance des pays d'Etats, on dut y revenir. De même, dès 1751, on renonça à percevoir l'impôt sur les biens du clergé. Un second vingtième fut établi en 1756 et un troisième en 1760. Ce dernier ne fut perçu que de 1760 à 1763 et de 1782 à 1786. Un édit du 2 nov. 1777, supprime les vingtièmes d'industrie qui frappaient les fruits présumés du travail et de l'intelligence.

24. — « Necker évalue le produit des deux premiers vingtièmes à 55 millions de livres et celui du troisième à 21,500,000 livres ». — Léon Say, *Dictionnaire des finances*, v° *Contributions directes*, p. 1213.

25. — Exempté de taille à l'origine par la piété des rois, le clergé sut, pendant toute la durée de l'ancien régime, défendre et maintenir cette prérogative. Quand les nécessités financières étaient trop aiguës, le roi rendait un édit supprimant les exemptions du clergé. Celui-ci votait alors une somme déterminée et se rédimait de l'impôt. C'est ainsi qu'en 1561, lors du colloque de Poissy, les députés du clergé s'engagèrent à payer au roi, pendant dix ans, une somme déterminée qui reçut le nom de décimes. Cet engagement fut renouvelé périodiquement jusqu'en 1789. Dans les cas extraordinaires, le clergé faisait un don gratuit. Il s'affranchit ainsi de la capitation et des vingtièmes.

26. — « L'imposition, qui était primitivement de 1,300,000 liv., ensuite de 1,292,106 liv., par suite des rachats opérés par les diocèses de Bourges, Limoges et Reims, n'était plus, depuis 1723, que de 442,650 liv., parce que des rentes constituées au denier 12 avaient été réduites au denier 40. C'est cette somme qui figure dans le dernier contrat de rentes du 16 sept. 1785. Le contrat des rentes était signé chez le garde des sceaux et était ensuite revêtu de lettres patentes qui autorisaient l'imposition ». — Léon Say, *Dictionnaire des finances*, v° *Décime*, p. 1387.

27. — La corvée a son origine dans le droit féodal. Le seigneur pouvait exiger de ses vassaux un certain nombre de journées de travail, tant pour labourer ses terres, faire la moisson ou rentrer les récoltes que pour construire ou réparer les routes.

28. — Au xviii° siècle, à la corvée seigneuriale, qui avait garde de supprimer, vint s'ajouter la corvée royale. Elle fut établie par une simple instruction ministérielle du 13 juin 1738. Elle avait

pour objet la construction et l'entretien des routes ; elle comprenait les travaux qui n'exigent pas une compétence technique : extraction et transport des matériaux, terrassements, etc.

29. — Tous les taillables y étaient soumis de seize à soixante ans dans toutes les paroisses situées dans un rayon de quatre lieues de la route. Sa durée variait entre huit et cinquante jours. Le refus de corvée était puni d'amende et d'emprisonnement.

30. — Les privilégiés et leurs serviteurs en étaient exemptés ; les taillables au contraire ne pouvaient s'y soustraire, même à prix d'argent.

31. — Turgot, en qualité d'intendant de la généralité de Limoges, avait converti la corvée en contribution pécuniaire. Cet essai ayant réussi, quand il fut appelé aux fonctions de contrôleur général, il étendit cette mesure à tout le royaume (1776). Mais sa chute survenue peu de temps après empêcha la réalisation de cette réforme.

32. — En 1781, l'assemblée provinciale du Berry présenta un plan pour la suppression de la corvée, plan qui servit à Calonne pour dresser l'arrêt du Conseil du 6 nov. 1786. Cet arrêt décidait qu'à partir du 1ᵉʳ janv. 1787, les travaux des routes seraient exécutés pendant un an au moyen d'une prestation pécuniaire répartie au marc la livre des impositions régulières. Les notables acceptèrent la suppression de la corvée, qui, le 27 juin 1787, fut transformée en loi définitive par une déclaration royale.

33. — II. *Assiette et répartition des impositions.* — La taille était répartie dans chaque paroisse par des habitants choisis par leurs concitoyens. Une ordonnance de saint Louis de 1256 dispose que, dans les villes de son domaine, il sera élu « trente ou quarante hommes, ou plus ou moins, bons et loyaux, par le conseil des prêtres, des autres hommes de religion, ensemble des bourgeois et autres prud'hommes, selon la qualité et la grandeur des villes ; que ceux qui seront ainsi élus feront serment de choisir, ou parmi eux, ou dans le reste de la communauté, les douze plus capables d'asseoir la taille ; que ces douze feront pareillement serment que bien et léaument ils asseoiront ladite taille, et n'épargneront nul, ni ne grèveront nul, par amour ou par prière, ou par crainte ». — Isambert, t. 2, p. 480, note 1.

34. — Les Etats généraux de 1355 votent une taxe réglée pour toute personne en raison de ses revenus de toute nature. L'ordonnance du 12 mars 1355 détermine le mode d'assiette et de perception de ce subside. L'art. 10 s'exprime ainsi : « le subside sera levé par des députés choisis dans les provinces, par les trois Etats et il y aura en chaque cité trois particuliers députés, savoir : un de chaque Etat, lesquels auront un clerc avec eux et un receveur, et ordonneront certains collecteurs par les paroisses ; lesquels iront par les maisons et demanderont à chacun la déclaration de ses revenus et facultés. »

35. — « Il y aura à Paris six élus généraux qui auront le gouvernement sur tous les autres députés et seront leurs souverains, et de tous ceux qui se mêleront du subside ». Cette ordonnance ne s'appliquait qu'aux pays de Langue d'oïl. Sous le règne de Charles V, dans les provinces qui perdent leurs Etats, elles deviennent des officiers royaux, chargés seulement de répartir entre les paroisses le contingent de la taille et de juger les réclamations. Désormais la France se trouvera divisée en pays d'Etats et en pays d'élections.

36. — Dans les pays d'élections, les subsides étaient fixés et perçus sous l'autorité des élus généraux résidant à Paris, qui avaient reçu le titre de généraux des finances. Dans les pays d'Etats, les subsides consentis par les assemblées d'Etats de ces provinces étaient fixés et perçus sous leur autorité.

37. — Chaque année les états adressaient aux généraux des finances un état servant à constater les sommes qui avaient été imposées pour l'année courante dans chacune des paroisses de leur élection. D'après cet état le Conseil du roi, sur la proposition des élus généraux, déterminait les sommes à imposer pour l'année suivante. Les élus fixaient la somme à payer par chaque paroisse à raison des facultés des habitants. Le contingent ainsi fixé était réparti entre les habitants par des asséeurs choisis dans la paroisse. La répartition se faisait le fort portant le faible. Les élus étaient tenus, d'après des ordonnances de 1452 et de 1460, de faire chaque année une chevauchée dans les paroisses de leur élection pour se rendre compte des ressources de chacune d'elles et s'assurer que les asséeurs remplissaient régulièrement leurs fonctions.

38. — Afin de protéger les contribuables contre la partialité des asséeurs et pour éviter que ceux-ci ne profitent de leur auto-

rité temporaire pour se dégrever eux et leurs amis, diverses prescriptions sont édictées sous le ministère de Sully (Edit. de 1600). Il est interdit aux asséeurs de fixer leur cote et celles de leurs parents à un chiffre moindre que celui de l'année précédente. Pendant l'année de leur charge, les asséeurs seront en même temps collecteurs. Responsables en cette qualité de la rentrée de l'impôt et tenus d'avancer la taxe des insolvables, ils sont donc intéressés à ce que la taxe soit bien assise.

39. — C'est la même inspiration qui dicte l'édit de 1634, aux termes duquel les rôles doivent désormais comprendre deux catégories de personnes : les unes seront taxées par les asséeurs, comme par le passé ; les autres, qui, par leur qualité, leur situation, leur fortune, pourraient exercer une influence sur les asséeurs, seront taxées d'office par les élus. Les asséeurs collecteurs dressent le rôle de leur paroisse, et l'envoient ensuite aux élus, qui le vérifient, le rectifient au besoin et inscrivent les taxes d'office. Ceux-ci transmettent à leur tour les rôles aux bureaux des finances.

40. — La répartition de la taille entre les élections était faite primitivement par les élus généraux des finances créés par l'ordonnance du 12 mars 1355 et dont la réunion constituait la Cour des aides qui siégeait à Paris.

41. — Sous François 1er, le royaume fut divisé en généralités dans chacune desquelles fut établi un receveur général. Henri II plaça à côté du receveur général un trésorier des finances. En 1577, le nombre des charges ayant été considérablement accru, Henri III réunit ces officiers sous le nom de bureau des finances.

42. — Les membres des bureaux des finances faisaient annuellement, dans leur généralité, des tournées à l'effet de connaître les forces respectives des élections. Ils veillaient à ce que les élus fissent aussi chaque année les chevauchées qui leur étaient prescrites. Le Conseil du roi, qui déterminait auparavant le contingent des élections sur la proposition des généraux des finances, le fit sur l'avis des bureaux des finances. La répartition de la paroisse était toujours faite par des asséeurs, qu'on avait pris la précaution de choisir parmi les plus notables habitants.

43. — Dans les dernières années de son ministère, Richelieu établit dans chaque généralité un intendant de justice, police et finances, qu'il investit de pouvoirs très-étendus (Edit. de mai 1635). Ces fonctionnaires, chargés, entre autres attributions, de contrôler la confection des rôles, de veiller à ce que la répartition des impôts se fit équitablement, de taxer d'office les personnes qui, par leur influence, auraient pu se soustraire à l'impôt, parvinrent en peu de temps à accaparer tous les pouvoirs et à se substituer aux diverses autorités qui précédemment opéraient la répartition. Celles-ci subsistèrent, mais leur influence était annihilée. C'est ainsi que les intendants et leurs subdélégués dressaient les rôles sans consulter les élus, forçaient dans chaque paroisse le collecteur à signer ce rôle, et allaient même jusqu'à s'attribuer un pouvoir juridictionnel.

44. — Des instructions adressées par Colbert aux intendants nous font connaître le mécanisme de la répartition annuelle de l'impôt. Le brevet général des tailles était arrêté en Conseil du roi au mois d'août. Le 1er septembre, il était envoyé aux intendants, qui convoquaient les assemblées des taillables pour le premier dimanche d'octobre. C'est dans cette assemblée que les habitants de chaque paroisse désignaient les collecteurs et asséeurs. Toutes les nominations devaient être faites avant le 1er novembre. Les excuses, les causes d'exemptions devaient être présentées dans un court délai.

45. — Les rôles étaient dressés par les intendants avec le concours des députés ou syndics, dans les pays d'Etats et dans les pays d'élection, de concert avec des gentilshommes désignés par le roi. La capitation des officiers de la flotte était réglée par les intendants de la marine. A Paris, les rôles étaient dressés par le prévôt des marchands et les échevins.

46. — La répartition des décimes ecclésiastiques était faite par l'assemblée générale du clergé. Les assemblées de 1755 et de 1760 dressèrent un tableau de répartition, en vertu duquel tous les bénéfices étaient divisés en trois classes : la première comprenant les bénéfices qui n'imposaient que la résidence (abbayes ou prieurés séculiers et réguliers), les autres distinguées entre elles par l'importance de leurs revenus. La première classe devait payer le quart de son revenu, la seconde le sixième ; la dernière le vingt-quatrième. C'était une sorte d'impôt progressif. Dans chaque diocèse, le bureau des décimes déterminait les cotes personnelles ou collectives.

47. — « L'imposition était faite d'après un répartement arrêté par l'assemblée. La répartition du contingent assigné à chaque diocèse était faite par le bureau diocésain. Le dernier de ces répartements arrêté en 1765 divisait les bénéficiers en huit classes et était très-favorable aux évêchés. Un évêché de 36,000 livres de rente était imposé au sixième (2e classe), comme une cure de 1,800 livres : un évêché de 30,000 livres au septième, comme une cure de 1,500 livres ». — Léon Say, *Dictionnaire des finances*, v° *Décime*, p. 1387.

48. — III. *Perception.* — La perception de la taille, de la capitation et des vingtièmes était confiée dans chaque paroisse aux collecteurs nommés par les habitants, sauf dans les pays d'Etats où elle était adjugée à ceux qui s'en chargeaient au moindre prix. Cette fonction était peu recherchée. En effet les collecteurs étaient responsables du recouvrement de l'impôt, tenus de faire de leurs deniers personnels l'avance des cotes des contribuables en retard et des insolvables. A défaut de paiement dans le délai, ils pouvaient être emprisonnés. Leur rémunération consistait en remises qui étaient fixées à 6 deniers pour livre. Ils touchaient aussi des remises pour frais de quittances. Les fonds recouvrés étaient versés par eux dans la caisse de la recette particulière de l'élection.

49. — Les offices de receveur des tailles, qui étaient au nombre de quatre par élection avant 1661, furent réduits à deux à cette époque. Ces receveurs étaient chargés alternativement du recouvrement de l'impôt.

50. — Un édit du mois d'août 1775 supprima tous les offices anciens, alternatifs ou triennaux, et les remplaça par un seul office de receveur des impositions. Mais dès 1782, cette réforme disparut et on rétablit deux offices de receveurs particuliers des finances par élection. Les receveurs particuliers transmettaient la recette aux receveurs généraux de la généralité. Ceux-ci étaient au nombre de deux dans les pays d'élection, de quatre dans les pays d'Etats. Ils étaient rémunérés, par une remise de trois deniers pour livre, par la jouissance gratuite pendant un mois des fonds recouvrés, dont ils se servaient pour faire des escomptes. Passé ce délai, ils versaient le montant de la recette au Trésor.

51. — Dès 1710, les receveurs généraux avaient établi à Paris un bureau central et un caissier. Une déclaration du 10 juin 1716 forma un bureau siégeant à Paris, composé de douze receveurs généraux ayant la direction des recettes générales, et chargés d'opérer le recouvrement sur tous les points du royaume. Cet établissement fut rattaché à l'administration instituée sous le nom de *département des impositions*. Il comprenait tout ce qui avait trait à la fixation, à la répartition, à l'assiette, au recouvrement et à la comptabilité des impositions directes. Quand fut établi l'impôt du vingtième, un intendant fut chargé de cette administration.

52. — Le contingent de la généralité fixé, les receveurs généraux souscrivaient d'avance, pour la totalité ou pour partie de la somme à recouvrer, des mandats ou rescriptions qu'ils remettaient au Trésor. Ces rescriptions étaient négociées au fur et à mesure des besoins.

53. — Necker, jugeant trop onéreuse pour les contribuables et pour le Trésor l'existence de quarante-huit receveurs généraux, supprima ces offices et les remplaça par une compagnie de douze receveurs généraux. Mais cette réforme ne survécut pas à son auteur.

54. — Pour assurer le recouvrement de l'impôt, les divers agents que nous venons de passer en revue avaient à leur disposition des moyens aussi variés qu'efficaces. Sans parler des voies ordinaires de poursuites au moyen d'exploits dirigés individuellement contre les contribuables retardataires, on pouvait recourir, après discussion des biens du collecteur, à des poursuites collectives contre tous les contribuables de la paroisse. Le principe de la solidarité subsista jusqu'en 1775. Ces poursuites s'exerçaient, soit par la saisie et la vente des meubles et des bestiaux, soit par l'envoi de garnisaires ou, dans les circonstances les plus graves, d'un régiment qu'il fallait entretenir. En 1761, on organisa des poursuites administratives moins coûteuses. Les receveurs des finances décernaient les contraintes envers les paroisses en retard ; mais l'exécution en était confiée à des agents de poursuites rétribués par tous les retardataires. Les intendants étaient chargés de régler les salaires, de taxer les frais faits et de surveiller l'exercice des poursuites.

55. — IV. *Réclamations.* — Les réclamations pour cause de surtaxe étaient portées, en ce qui touche la taille, en première instance devant les élus et en appel devant la Cour des aides. Le

contentieux des autres impôts fut attribué aux intendants, sauf recours au Conseil du roi. En fait, il arriva souvent que les tribunaux d'élection se dépouillèrent de leur compétence en matière de taille au profit des intendants. Quand les élus résistaient, les intendants faisaient évoquer l'affaire en Conseil du roi. Ces empiétements firent au XVIIIe siècle l'objet de fréquentes remontrances de la Cour des aides. Les frais de réclamation comme ceux de poursuite étaient considérables et aggravés encore par les exactions commises à tous les degrés par les agents de la perception. La déclaration du 23 avr. 1778 tenta de réduire les frais de procédure auxquels étaient exposés les contribuables réclamants. A cet effet les réclamations furent dispensées des frais de timbre, de contrôle, de sceau et du ministère d'avocat. Le délai était de trois mois.

56. — Telle était avant la Révolution l'organisation de la France au point de vue des impositions directes. L'inégalité dans la répartition ; les exemptions dont bénéficiaient certaines classes de citoyens ; le mode de perception, grâce auquel une partie considérable du produit de l'impôt, au lieu d'être versé dans les caisses du Trésor, s'écoulait entre les mains des collecteurs et des receveurs ; les frais énormes qu'occasionnaient les poursuites et les réclamations ; en un mot tous les vices de ce système n'avaient pas échappé aux yeux des observateurs, et de bons esprits les avaient signalés : plusieurs même avaient indiqué des remèdes à cet état de choses.

57. — Vauban avait proposé de prélever la dîme de tous les produits et Boisguilbert d'établir, au moyen de déclarations émanées des contribuables et contrôlées par les agents du fisc, une taxe proportionnelle sur tous les revenus.

58. — Plus tard les physiocrates, partant de ce principe que toute richesse vient de la terre et que toutes les taxes retombaient en fin de compte à la charge de la propriété foncière, recommandèrent la conversion de tous les impôts en un impôt unique, qui serait demandé directement à la propriété. C'est cette idée que Turgot, disciple des physiocrates, essaya de faire triompher, sans pouvoir y parvenir.

59. — Après lui Necker tenta d'améliorer la répartition en la confiant à des assemblées élues dans les provinces. Un essai en ce sens eut lieu dans les généralités de Bourges, du Rouergue et de Moulins (Arr. Cons. d'Et., 12 juill. 1778, 11 juill. 1779 ; Edit 19 mars 1780. — Sur le rôle des assemblées provinciales, V. de Lavergue, *Ass. prov.*; Stourm, *Finances de l'ancien régime*) ; mais Necker fut renversé avant d'avoir pu étendre cette mesure aux autres pays d'élection.

60. — Cependant les événements se précipitaient : après quelques années d'emprunts répétés et de folles dépenses, quand M. de Calonne, à bout d'expédients, réunit l'assemblée des notables (1787), il reprit les projets de ses prédécesseurs et les soumit à l'approbation de cette assemblée.

61. — Deux projets lui furent présentés par le premier ministre. « Calonne, proposait de créer une subvention territoriale payable savoir : en nature, sur tous les fonds produisant des fruits, et en argent, sur les châteaux, parce, enclos et maisons. Ces dernières propriétés devaient être imposées à raison de leur superficie, estimée au taux des meilleures terres de la commune » (Gervaise, *Les contributions directes*, p. 21, 22). Ce projet, où on retrouvait la trace des projets de Vauban et de Turgot, fut modifié ; l'assemblée des notables n'en trouva pas de partisans, l'assemblée des notables émit l'avis qu'il devait être perçu en argent. Mais l'Edit d'août 1787, qui consacrait cette réforme, se heurta à la résistance du Parlement qui réclama la convocation des Etats généraux.

62. — L'autre projet avait pour objet d'étendre à tous les pays d'élection l'établissement des assemblées provinciales. L'assemblée approuva les projets et, conformément à son vœu, l'édit de juin 1787 ordonna que, dans toutes les provinces où il n'y avait pas d'Etats provinciaux, il serait établi une ou plusieurs assemblées provinciales et, suivant que les circonstances locales l'exigeraient, des assemblées de district et de communautés.

63. — Il ne fallait rien moins que la réunion de l'Assemblée nationale pour effectuer les réformes qui, à ce point de vue, étaient réclamées par la nation.

64. — L'Assemblée constituante posa ainsi des principes fondamentaux : l'égalité de tous les citoyens devant l'impôt ; le consentement de l'impôt par la nation ou par ses représentants.

65. — Les mots employés expriment eux-mêmes la révolution qui s'est faite. Le terme d'impôt est écarté comme impli-

quant l'idée du pouvoir absolu de la royauté et remplacé par celui de contribution, plus conforme au principe de la souveraineté du peuple et qui s'entend d'un tribut consenti par les sujets d'un Etat libre.

66. — Une *contribution commune*, lit-on, est indispensable pour l'entretien de la force publique. Elle doit être également répartie entre tous les citoyens, en raison de leurs facultés (Déclaration des droits de l'homme, art. 13).

67. — Les privilèges pécuniaires personnels, ou réels, en matière de subsides dans la déclaration des droits de l'homme, sont abolis à jamais. La perception se fera sur tous les citoyens et sur tous les biens de la même manière et dans la même forme, et il sera avisé au moyen d'effectuer le paiement proportionnel de toutes les contributions (Décr. 4 août-21 sept. 1789, art. 9).

68. — Aux termes de l'art. 14 de la Déclaration des droits, tous les citoyens ont le droit de constater, par eux-mêmes ou par leurs représentants, la nécessité de la contribution publique, de la consentir librement, d'en suivre l'emploi et d'en déterminer la quotité, l'assiette, le recouvrement et la durée. Au pouvoir législatif seul il appartient d'établir des impôts. Les contributions ne sont votées que pour un an.

69. — Les contributions publiques seront délibérées et fixées chaque année par le Corps législatif et ne peuvent subsister au-delà du dernier jour de la session suivante, si elles n'ont pas été expressément renouvelées (Const. 3-14 sept. 1791, tit. 5, art. 1).

70. — Ces principes posés par l'Assemblée constituante ont été respectés par les nombreuses constitutions que s'est donnée la France depuis 1789. La charte de 1814 (art. 49) et celle de 1830 (art. 41) établissaient, à l'égard de l'annualité, une distinction entre l'impôt foncier et les contributions indirectes. « L'impôt foncier, disaient-elles, n'est consenti que pour un an. Les impositions directes peuvent l'être pour plusieurs années ». Quoique l'impôt foncier fût seul dénommé dans ces articles, on les a toujours regardés comme s'appliquant à toutes les contributions directes. C'est pourquoi l'art. 17, Const. 4 nov. 1848, est ainsi conçu : « L'impôt direct n'est consenti que pour un an. »

71. — Aujourd'hui les principes que nous venons de rappeler sont tellement entrés dans les mœurs politiques des Français qu'ils ne sont pas reproduits dans nos dernières constitutions (celle de 1852 et celle de 1875). Il n'en faudrait pas conclure qu'ils ne sont plus en vigueur. Toute taxe doit être établie par une loi. Toute contribution directe est annuelle.

72. — Ces règles reçoivent chaque année une force et une sanction nouvelles de la disposition par laquelle, depuis la loi du 23 sept. 1814 (art. 19), se termine la loi de finances et qui est ainsi conçue : « Toutes les contributions, autres que celles qui sont autorisées par la présente loi, à quelque titre et sous quelque dénomination qu'elles se perçoivent, sont formellement interdites, à peine, contre les autorités qui les ordonneraient, contre les employés qui confectionneraient les rôles et tarifs et ceux qui en feraient le recouvrement, d'être poursuivis comme concussionnaires, sans préjudice de l'action en répétition, pendant trois années, contre tous receveurs, percepteurs ou individus qui auraient fait la perception. »

CHAPITRE II.

RÉGIME ACTUEL. — ÉNUMÉRATION DES CONTRIBUTIONS DIRECTES ET DES TAXES ASSIMILÉES.

73. — Les contributions directes sont : 1° la contribution foncière, qui comprend la contribution des propriétés non bâties et la contribution des propriétés bâties ; 2° la contribution personnelle et mobilière ; 3° la contribution des portes et fenêtres ; 4° la contribution des patentes.

74. — Au principal de ces quatre contributions viennent s'ajouter des centimes additionnels généraux, départementaux ou communaux, dont le nombre est fixé suivant les règles qui seront exposées plus loin.

75. — Enfin de nombreuses taxes ont été assimilées, pour le recouvrement, aux contributions directes.

76. — Les unes sont établies au profit de l'Etat, les autres au profit des communes ou de certains établissements publics, ou de communautés d'habitants.

77. — Taxes assimilées perçues au profit de l'Etat : 1° Taxe des biens de mainmorte (LL. 20 févr. 1849, 30 mars 1872, 30 déc. 1873, 29 déc. 1884); 2° redevances des mines (L. 21 avr. 1810; Décr. 6 mai 1811 et 11 févr. 1874); 3° Redevances à la charge des exploitants de mines pour la rétribution des délégués à la sécurité des ouvriers mineurs (LL. 8 juill. 1890, 8 août et 26 déc. 1890); Taxe sur les vélocipèdes (L. 28 avr. 1893); 4° Contribution sur les voitures, chevaux, mules et mulets (LL. 2 juill. 1862, 16 sept. 1871, 23 juill. 1872, 22 déc. 1879 et 29 déc. 1884); 5° Taxe sur les billards publics et privés (LL. 16 sept. 1871, 18 déc. 1871); 6° Taxe sur les cercles, sociétés et lieux de réunion (LL. 16 sept. 1871, 18 déc. 1871, 5 août 1874, 30 mars 1888, 8 août 1890; Décr. 30 déc. 1890; L. 26 juill. 1893; Décr. 24 févr. 1894); 7° Taxe militaire (L. 15 juill. 1889, art. 35); 8° Droits pour la vérification des poids et mesures (L. 4 juill. 1837; Ord. 17 avr. 1839; Décr. 26 févr. 1873; L. 5 août 1874); 9° Droits pour la vérification des alcoomètres (LL. 7 juill. 1881, 7 juill. 1882, 28 juill. 1883; Décr. 27 déc. 1884); 10° Droits pour la vérification des densimètres employés dans les fabriques de sucre (L. 6 juin 1889 et Décr. 2 août 1889); 11° Droits de visite chez les pharmaciens, droguistes et épiciers (L. 24 germ. an XI; Arr. 25 therm. an XI; Décr. 23 mars 1859; L. 31 juill. 1867); 12° Droits d'inspection sur les fabriques d'eaux minérales artificielles et les dépôts d'eaux minérales naturelles ou artificielles (L. 21 avr. 1832, art. 2; L. 19 juill. 1886; Décr. 9 mai 1887).

78. — Taxes perçues au profit des communes, des établissements publics et des communautés d'habitants : 1° Taxes de pâturage, de pacage; 2° Taxes pour l'entretien du taureau commun ou pour le salaire du pâtre commun ou du garde-vignes (L. 8 avr. 1884); 3° Taxes d'affouage; 4° Prestations en nature pour les chemins vicinaux et les chemins ruraux (LL. 28 juill. 1824, 21 mai 1836, 20 août 1881); 5° Subventions spéciales réclamées aux industriels pour dégradations extraordinaires causées aux chemins vicinaux (L. 21 mai 1836); 6° Taxes pour frais de pavage des rues (L. 11 frimaire an VII; Décr. 25 mars 1807; L. 25 juin 1841, art. 28); 7° Taxes pour frais de premier établissement de trottoirs (L. 7 juin 1845); 8° Taxes de balayage (L. 26 mars 1873); 9° Frais de travaux intéressant la salubrité publique (L. 16 sept. 1807); 10° Taxes pour l'exécution de travaux destinés à protéger les villes contre les inondations (L. 28 mai 1858); 11° Taxes municipales sur les chiens (L. 2 mai 1855; Décr. 4 août 1855, 3 août 1861 et 22 déc. 1886); 12° Taxes imposées pour la surveillance, la conservation et la réparation des digues et autres ouvrages d'art destinés à protéger les communautés de propriétaires et d'habitants contre la mer, les fleuves et les rivières (L. 16 sept. 1807); 13° Taxes pour les travaux de desséchement des marais (L. 16 sept. 1807); 14° Taxes pour le curage des cours d'eau non navigables ni flottables, l'entretien, la réparation et la reconstruction des ouvrages d'art qui y correspondent (L. 14 flor. an XI); 15° Taxes perçues au profit des associations syndicales autorisées par les lois du 21 juin 1865 et du 22 déc. 1888; 16° Taxes d'arrosage autorisées par le gouvernement (L. 23 juin 1857, art. 25); 17° Taxes syndicales pour les chemins ruraux (L. 20 août 1881); Dépenses de destruction des insectes, des cryptogames et autres végétaux nuisibles à l'agriculture (LL. 13 déc. 1888 et 24 déc. 1888, art. 4); 18° Taxes syndicales pour l'assèchement des mines (L. 27 avr. 1838); 19° Honoraires et frais de déplacement dus aux ingénieurs et agents des ponts et chaussées et des mines pour leur interven-

tion dans les affaires d'intérêt communal ou privé (Décr. 13 oct. 1851, 10 et 27 mai 1854; L. 30 juill. 1885); 20° Taxes de vidange (L. 11 juill. 1894); 21° Contribution spéciale destinée à subvenir aux dépenses des bourses et chambres de commerce et revenus spéciaux accordés auxdits établissements (LL. 23 juill. 1820 et 15 juill. 1880); 22° Droit des pauvres (Ord. 5 févr. 1716 et 17 mai 1732; LL. 16-24 août 1790 et 7 frim. an V; Décr. 9 déc. 1809 et 26 janv. 1864).

79. — En Algérie, il faut ranger parmi les contributions directes : 1° La contribution foncière des propriétés bâties (L. 25 juill. 1891); 2° La contribution des patentes; 3° Les droits de vérification des poids et mesures; 4° Les frais de visite des pharmacies, drogueries et épiceries; 5° Les centimes additionnels sur la contribution foncière des propriétés bâties (L. 23 déc. 1884); 6° La taxe sur les loyers (Arr. 4 nov. 1848); 7° Les impôts arabes (Zekkat, achour, hockorlezma); 8° Les frais de visite des vignobles (LL. 21 mars 1883, 28 juill. 1886 et 5 mars 1887); 9° Les prestations; 10° La taxe sur les chiens; 11° Les taxes syndicales; 12° Travaux exécutés aux usines établies sur les rivières dans l'intérêt du libre écoulement des eaux (LL. 22 déc. 1789, 12-20 août 1790, 28 juill. 1894); 13° Droit d'épreuve des appareils à vapeur (L. 18 juill. 1892); 14° Remboursement des dépenses ou travaux exécutés d'office dans les mines, minières et carrières (L. 21 avr. 1810, 27 avr. 1838, 27 juill. 1880; Décr. 3 janv. 1813 et 27 mai 1884).

80. — Nous étudierons successivement ces différents impôts.

81. — Les contributions directes se divisent en impôts de répartition et impôts de quotité.

82. — Les impôts de répartition sont ceux dont le total, fixé d'avance par la loi, est ensuite réparti entre les départements, les arrondissements, les communes et les contribuables. « Dans l'impôt de quotité, le produit à obtenir est, au contraire, incertain : la base seule est déterminée. On sait à l'avance quelle sera la somme à payer pour chaque contribuable dans chaque cas prévu, mais on ignore le nombre des citoyens qui se placeront dans des circonstances de nature à les assujettir au droit. Ce genre d'impôt tire son nom du seul élément connu, à savoir le quantum à payer par chacun de ceux qu'il atteint ». — Dufour, *Dr. admin. appliqué*, t. 4, p. 96, édit. 1868.

83. — La contribution foncière des propriétés non bâties, la contribution personnelle-mobilière et la contribution des portes et enêtres sont des impôts de répartition. La contribution foncière des propriétés bâties, les droits de patente et toutes les taxes assimilées aux contributions directes sont des impôts de quotité.

84. — De ce double mode d'imposition il résulte pour les contribuables des conséquences diverses. Dans l'impôt de quotité, il n'existe aucune solidarité entre les différentes cotes : les cotes mal imposées tombent en non-valeurs pour le Trésor public. Au contraire, dans les impôts de répartition, le total étant fixé d'avance, le Trésor ne doit rien perdre. En conséquence, si des cotes ayant été mal établies, il y a lieu d'accorder des décharges ou réductions, le montant en doit être reporté l'année suivante sur les autres contribuables de la commune.

85. — Le montant total des contributions directes pour 1895 est évalué à la somme de 469,683,367 fr., et le produit des taxes assimilées pour la même année à la somme de 35,531,540 fr.

86. — En Algérie, le montant total des contributions directes, y compris les taxes assimilées et les impôts arabes, est évalué à la somme de 9,053,188 fr.

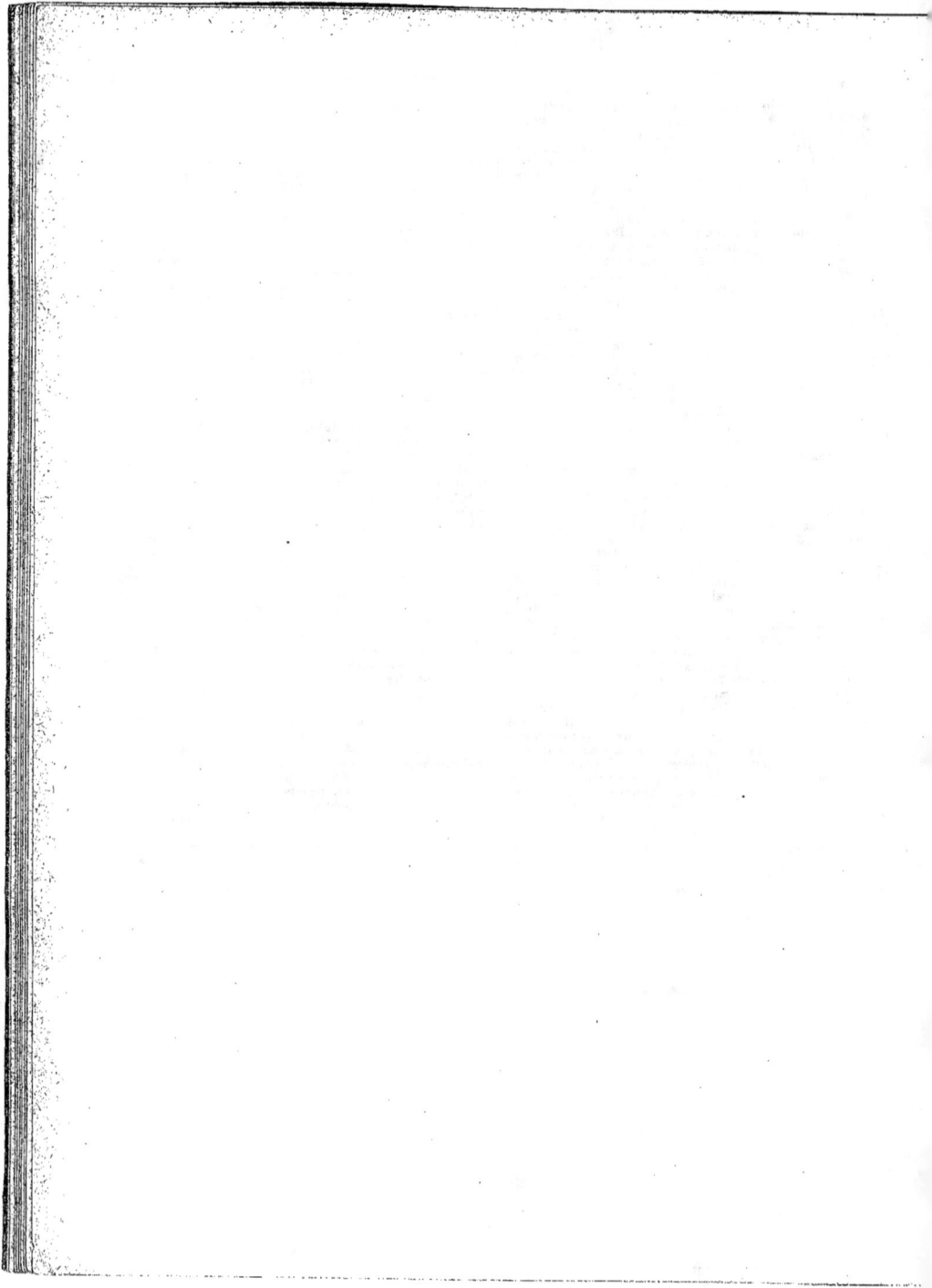

RÈGLES GÉNÉRALES S'APPLIQUANT A TOUTES LES CONTRIBUTIONS DIRECTES.

CHAPITRE I.

PERSONNEL.

Section I.
Service de l'assiette.

87. — Les fonctionnaires et agents qui concourent au recouvrement de l'impôt direct dépendent tous du ministère des Finances. Ils se divisent en deux catégories bien distinctes : la première comprenant ceux qui sont chargés de l'assiette et de la répartition de l'impôt et qui ressortissent à l'administration des contributions directes proprement dite; la seconde, dans laquelle se trouvent les agents chargés de la perception de l'impôt et qui dépendent plus spécialement du Trésor.

88. — Un fonctionnaire qui participe tout à la fois à l'assiette et au recouvrement des contributions directes, c'est le préfet. C'est lui, en effet, qui dirige toutes les opérations du cadastre; qui soumet au conseil général les états de répartement et de sous-répartement; qui rend tous les rôles exécutoires.

89. — Il faut encore citer parmi les autorités ou agents qui participent à l'assiette des contributions directes : les conseils généraux et conseils d'arrondissements qui font la répartition entre les arrondissements et les communes, et les répartiteurs qui font la même opération entre les contribuables de la commune.

§ 1. Administration centrale.

90. — L'administration des contributions directes a été organisée par la loi du 3 frim. an VIII, modifiée par les ordonnances des 8 janv. 1844 et 17 déc. 1844. Le service des contributions directes comprend le service central et le service extérieur.

91. — Le personnel de l'administration centrale se compose du directeur général, d'administrateurs, de chefs de bureau divisés en quatre classes, de sous-chefs répartis en trois classes, de commis principaux de 1re, 2e et 3e classe, de commis divisés en cinq classes (Décr. 1er févr. 1885, art. 33).

92. — Le personnel du service extérieur se compose de directeurs (4 classes), d'inspecteurs (2 classes), de commis principaux (2 classes), de premiers commis (3 classes), de contrôleurs principaux (hors classe, 1re et 2e classe), de contrôleurs (hors classe, 1re 2e et 3e classe), et de surnuméraires. En outre, dans les départements où le cadastre est en cours d'exécution, il existe un géomètre en chef, un triangulateur et des géomètres de 1re et 2e classe.

93. — La direction générale a été constituée par l'ordonnance du 8 janv. 1841. Supprimée pour quelques années peu de temps après, elle a été rétablie définitivement par le décret du 17 juin 1853. Le directeur général est assisté de deux administrateurs formant avec lui un conseil d'administration dont il a la présidence (Ord. 17 déc. 1844, art. 47; Décr. 17 juin 1853, art. 1).

93 bis. — Le directeur général dirige et surveille, sous les ordres du ministre des Finances, toutes les parties du service de l'administration des contributions directes. Il donne et signe tous les ordres généraux de service (Arr. 24 juin 1853, art. 1; Décr. 29 déc. 1879, art. 1).

94. — Le directeur général, les administrateurs et les directeurs de département sont nommés par le Président de la République, sur la proposition du ministre des Finances (Ord. 17 déc. 1844, art. 49; Décr. 1er févr. 1885, art. 31). Les chefs et sous-chefs de bureau, les commis principaux de l'administration centrale, les inspecteurs et les géomètres en chef sont nommés par le ministre des Finances (Ord. 17 déc. 1844, art. 50; Décr. 8 févr. 1882 et 1er févr. 1885, art. 31).

95. — Le directeur général nomme directement, en vertu d'une délégation du ministre, les commis ordinaires, expéditionnaires et stagiaires de l'administration centrale, les premiers commis de direction, y compris les commis principaux et les contrôleurs de toutes classes (Ord. 17 déc. 1844; Décr. 8 févr. et 12 août 1882, et 1er févr. 1885, art. 31).

96. — Le directeur général propose les candidats aux emplois d'administrateur, de directeur, de chef de bureau, d'inspecteur, de sous-chef de bureau, de commis principal à l'administration centrale et de géomètre en chef (Décr. 22 déc. 1881, art. 1; Arr. min. 24 juin 1853, art. 2).

97. — Enfin les surnuméraires sont nommés, sur les indications du directeur, par le préfet du département qu'habite leur famille (Décr. 13 avr. 1861, art. 5; Circ. 3 avr. 1862). Le préfet nomme aussi les géomètres ordinaires (Ord. 17 déc. 1844, art. 52).

98. — Le ministre statue sur les demandes de congé sans retenue à l'égard des agents à sa nomination et à celle du Président de la République; le directeur général prononce sur les autres demandes (Arr. 25 avr. 1854, art. 4).

99. — Les mesures de discipline comportent les peines suivantes : 1o réprimande; 2o radiation du tableau d'avancement; 3o retenue du traitement n'excédant pas la moitié du traitement ni la durée de deux mois; 4o rétrogradation; 5o mise en disponibilité d'office; 6o révocation.

100. — Les trois premières sont prononcées par le directeur général pour les commis ordinaires ou expéditionnaires, et par le ministre des Finances, sur la proposition du directeur général, pour tous les autres fonctionnaires. Les autres peines sont prononcées par l'autorité chargée de la nomination. Le conseil d'administration est toujours consulté (Décr. 1er févr. 1885, art. 36).

101. — Le travail de l'administration centrale est partagé entre deux divisions et un bureau central et du personnel qui est sous les ordres immédiats du directeur général. Un administrateur est placé à la tête de chaque division composée de deux bureaux (Ord. 17 déc. 1844, art. 47; Arr. min. 4 févr. 1880, art. 14).

102. — Les fonctionnaires et employés de l'administration des contributions directes, jusques et y compris les administrateurs, sont recrutés exclusivement dans le personnel de cette administration. Peuvent cependant être nommés dans l'administration à laquelle ils ont appartenu et à des emplois, soit de leur grade ou du grade assimilé, soit du grade immédiatement supérieur, s'ils ont droit à un avancement, les employés de tout grade du service du contrôle des administrations financières (Décr. 1er févr. 1885, art. 32). L'avancement a lieu au choix.

103. — Les fonctionnaires de l'administration centrale peuvent être nommés soit parmi les employés du grade inférieur de la même administration remplissant les conditions d'ancienneté exigées par le règlement, soit parmi les agents du service extérieur, d'après l'assimilation qui suit :

Administrateurs............	Directeurs de 1re cl.
Chefs de bureau de 1re et 2e cl.	Directeurs de 2e cl.
Chefs de bureau de 3e et 4e cl.	Directeurs de 3e cl.
Sous-chefs de 1re et 2e cl....	Inspecteurs de 1re cl.
Sous-chefs de 3e cl.........	Inspecteurs de 2e cl.
Commis principaux de 1re cl...	Contrôleurs principaux hors cl.
Commis principaux de 2e cl..	Contrôleurs principaux de 1re cl.
Commis principaux de 3e cl..	Contrôleurs principaux de 2e cl.
Commis de 1re et 2e cl......	Contrôleurs de 1re cl.
Commis de 3e et 4e cl.......	Contrôleurs de 2e cl.
Commis de 5e cl:..........	Contrôleurs de 3e cl.

(Décr. 1er févr. 1885, art. 33).

104. — Les traitements et les classes du personnel sont fixés comme il suit pour le personnel de l'administration centrale :

Directeur général..........	25,000 fr.	
Administrateurs...........	15,000 et 12,000 fr.	
Chefs de bureau, 1re classe.	10,000 fr.	
— 2e —	9,000 fr.	
— 3e —	8,000 fr.	
— 4e —	7,000 fr.	
Sous-chefs, 1re classe.....	6,000 fr.	
— 2e —	5,500 fr.	
— 3e —	5,000 fr.	

Commis principaux, 1re classe.	4,500 fr.	
— 2e —	4,000 fr.	
— 3e —	3,500 fr.	
Commis ordinaires et expéditionnaires, 1re classe..........	3,100 fr.	
— 2e —	2,800 fr.	
— 3e —	2,500 fr.	
— 4e —	2,200 fr.	
— 5e —	1,900 fr.	

(Décr. 1er févr. 1885, art. 30).

§ 2. Service extérieur.

105. — Le service extérieur des contributions directes comprend dans chaque département un directeur, un inspecteur, un premier commis de direction, et des contrôleurs et surnuméraires dont le nombre varie suivant les besoins du service.

106. — Le personnel du service extérieur se compose actuellement de 86 directeurs, 100 inspecteurs, 33 commis principaux, 48 premiers commis, 37 contrôleurs principaux hors classe, 210 contrôleurs principaux, 54 contrôleurs hors classe, 599 contrôleurs, 6 contrôleurs intérimaires, 230 surnuméraires; en tout 1,400 fonctionnaires.

107. — Le personnel en Algérie se compose de 3 directeurs, 7 inspecteurs, 1 commis principal, 2 premiers commis, 11 contrôleurs principaux, 13 contrôleurs, 2 surnuméraires.

108. — La création des directeurs, des inspecteurs et des contrôleurs remonte à la loi du 3 frim. an VIII qui remplaçait par cette organisation l'agence établie par la loi du 22 brum. an VI. Cette dernière loi avait été la première tentative faite pour mettre de la régularité dans un service voué depuis plusieurs années à l'anarchie et au désordre. Les surnuméraires ont été institués par un arrêté consulaire du 17 vent. an X et les premiers commis par une décision du directeur général du 9 déc. 1844.

1o Directeurs.

109. — Les directeurs sont divisés en quatre classes : celles-ci sont attachées à la personne et non à la résidence (Déc. min. 6 nov. 1854). Les traitements sont de 10,000 fr., pour la première classe, de 9,000 pour la deuxième; de 8,000 pour la troisième et de 7,000 pour la quatrième.

110. — Indépendamment de leur traitement fixe, ils touchent des frais de bureau et des indemnités diverses. Ces dernières leur sont allouées, soit à l'occasion de leurs déplacements, soit pour la confection des plans cadastraux (Règl. 15 mars 1827, art. 106), pour l'application des mutations sur les matrices cadastrales, pour frais d'impression des matrices générales et des rôles.

111. — Pour faciliter aux conseils généraux et aux conseils d'arrondissement la répartition des contingents, le directeur doit : 1o dresser un tableau présentant par arrondissement et par commune le nombre des individus passibles de la taxe personnelle, et le montant de la valeur locative des habitations; 2o un tableau indiquant le nombre des ouvertures imposables et leurs différentes classes, le produit des taxes d'après le tarif, le projet de répartition (Trolley, n. 628). Ces tableaux servent à fixer le contingent des arrondissements et des communes dans la contribution personnelle mobilière et la contribution des portes et fenêtres (L. 21 avr. 1832, art. 11 et 26). En fait, le directeur élabore les projets des conseils que les conseils départementaux se bornent à vérifier, à réformer ou approuver (Arr. 19 flor. an VIII, art. 5). Ces rapports et projets du directeur sont communiqués aux conseils par l'intermédiaire des préfets et sous-préfets (Circ. 3 août 1842). — Trolley, n. 628.

112. — Lorsqu'il s'agit de la révision du contingent des arrondissements et communes dans l'impôt foncier, le directeur doit relever aux bureaux d'enregistrement les actes de vente et les baux qui peuvent faire connaître la véritable valeur des propriétés foncières. Il est présent à l'assemblée qui arrête définitivement les résultats de ces recherches. Il lui fournit tous les éclaircissements dont elle peut avoir besoin (L. 31 juill. 1821 ; Ord. 3 oct. 1821). — Trolley, n. 628.

113. — Le directeur rédige tous les rôles pour le recouvrement des contributions directes et des taxes assimilées (L. 3 frim. an VIII, art. 5).

114. — Après l'émission du rôle général et au fur et à me-

sure de l'émission des rôles spéciaux, le directeur arrête et soumet à la signature du préfet un état indicatif du relevé des rôles réuni par commune et par perception. Un double est envoyé au ministre des Finances, un autre au trésorier-payeur général, et l'original est laissé à la préfecture (Circ. 17 juin 1840, art. 37). — Trolley, n. 641.

115. — Le directeur adresse les rôles et avertissements aux receveurs particuliers, qui les remettent aux percepteurs. Ceux-ci y ajoutent l'indication de leurs jours de recette et du lieu où ils feront la perception dans les communes (Déc. min. 30 janv. 1835 : Mémorial des percepteurs, 1835, p. 32).

116. — Sur chaque réclamation le directeur fait un rapport qui ne constitue qu'un avis. Il ne représente ni le Trésor, ni les contribuables, ni la commune. Il ne peut se pourvoir contre un arrêté qui fait grief au Trésor. Il ne peut que le signaler au directeur général qui fait un rapport au ministre, lequel se pourvoit s'il y a lieu (Trolley, n. 643). Il est chargé de notifier les arrêtés du conseil de préfecture aux réclamants. — Cons. d'Et., 29 mars 1895, Société des raffineries de la Méditerranée. — Il tient registre des dégrèvements accordés aux contribuables, expédie les ordonnances de dégrèvement et les lettres d'avis aux parties intéressées. — Trolley, n. 647.

117. — Sur les demandes en remise ou modération, il fait aussi un rapport et propose, à la fin de l'année, un projet de répartition du fonds de non-valeurs (Arr. 24 flor. an VIII, art. 27; Circ. direct. gén., 21 et 22 mars 1842 : Bull. des contrib. dir., 1842, p. 69). — Trolley, n. 648.

118. — En ce qui concerne le cadastre, les directeurs, outre qu'ils dirigent l'ensemble des opérations, sont spécialement chargés de la rédaction des états de section et des matrices cadastrales, de l'instruction des réclamations, de la liquidation des dépenses, de la formation des comptes et budgets, de l'application des mutations sur les matrices de la direction (Recueil méthodique).

119. — Ils rendent compte périodiquement à la direction générale de la manière dont les agents des divers grades s'acquittent de leurs fonctions. — Fournier et Daveluy, Contrib. dir., p. 446.

2o Inspecteurs.

120. — Les inspecteurs, recrutés parmi les contrôleurs et les commis principaux, sont divisés en deux classes. Les traitements sont de 6,000 et 5,000 fr. (Circ. 31 déc. 1884). Ils touchent, en outre, des frais de tournées fixés à raison de 125 fr. par contrôleur, avec un minimum de 1,000 fr. Il leur est accordé des indemnités spéciales pour travaux du cadastre, vérifications des pertes, et déplacements.

121. — La fonction principale des inspecteurs consiste à surveiller le travail des contrôleurs. Ils vérifient les bureaux des contrôleurs et les opérations effectuées par ces derniers pendant la tournée des mutations, ainsi que l'assiette des patentes.

122. — Les inspecteurs ont l'initiative de leurs vérifications, sous la seule condition d'informer à l'avance les directeurs de leurs projets, afin que ceux-ci puissent les modifier s'ils le jugent à propos. Toutes les vérifications doivent être faites à l'improviste et sans indiscrétion. Elles doivent, en ce qui touche la tournée des mutations, s'étendre au moins à trois communes pour chaque contrôle de 25 communes, à un dixième des communes par contrôle ayant moins de 25 communes, sans pouvoir descendre à moins d'une commune par contrôle. Le minimum des vérifications pour un département peut être réduit à 30 communes.

123. — En ce qui touche l'application des mutations, la vérification doit être entreprise après l'achèvement du travail par les contrôleurs. Le minimum des communes à vérifier est de trois par contrôle et du dixième pour les contrôles ayant moins de 25 communes. La vérification peut être effectuée par l'inspecteur dans son cabinet. Il a la faculté de déplacer les matrices communales et même de les faire venir à sa résidence.

124. — Quant au travail des patentes, la vérification porte sur une commune au moins par contrôle, choisie en dehors de celles où l'inspecteur s'est rendu pour l'examen des travaux de la tournée des mutations.

125. — A la suite de chaque tournée, l'inspecteur fait un rapport, qui est transmis à l'administration centrale après avoir été communiqué aux contrôleurs et annoté le directeur. Il consigne dans ce rapport ses appréciations sur la manière dont les contrôleurs s'acquittent de leurs fonctions, sur le mérite de ces

fonctionnaires, etc. Il n'a pas à leur adresser de blâme : c'est au chef de service seul qu'il appartient de le faire.

126. — L'inspecteur exécute toutes les opérations majeures dont le charge le directeur. Il le remplace au besoin pendant ses absences. Il supplée également les contrôleurs absents ou malades.

127. — Dans les cas graves, et surtout quand l'avis du maire et des répartiteurs et celui du contrôleur sont en désaccord, il peut être chargé de faire une contre-vérification. C'est encore lui qui est chargé de procéder à cette mesure d'instruction quand le conseil de préfecture le juge nécessaire. Il doit dresser un procès-verbal et faire un rapport. Il peut être chargé des opérations d'une expertise (L. 26 mars 1831).

128. — En matière de cadastre, il doit s'assurer que les géomètres se conforment aux instructions et que le géomètre en chef fait toutes les vérifications prescrites. Il doit faire des tournées relatives à l'arpentage et à la communication des bulletins pendant que les géomètres sont encore sur le terrain. Il provoque la réunion du conseil municipal pour la nomination des classificateurs et assiste à cette assemblée. Il surveille les travaux de l'expertise et instruit les réclamations formées contre le classement (R. 15 mars 1827, art. 82).

129. — Enfin, l'inspecteur est chargé « de recueillir toutes les données susceptibles de conduire à une meilleure répartition de l'impôt direct » (Instruction pour l'exécution de la loi du 3 frim. an VIII; Circ. 16 févr. 1854, 20 janv. et 11 juin 1881). — Fournier et Daveluy, p. 446.

3° Premiers commis de direction.

130. — Les premiers commis de direction sont choisis parmi les contrôleurs de première ou deuxième classe. Ils sont divisés en commis principaux et premiers commis, et chacun de ces grades est subdivisé en deux classes. Les traitements sont de 4,000, 3,500, 2,500 et 2,100. Ils touchent en outre une indemnité proportionnée à l'importance de la direction à laquelle ils sont attachés (Circ. 21 déc. 1872 et 31 déc. 1883).

131. — Les premiers commis sont placés sous l'autorité immédiate des directeurs; ils doivent prendre part à toutes les parties du service de la direction en surveillant et en assurant l'exécution des divers travaux qui s'y accomplissent. Ils ont la surveillance et la police des bureaux : c'est par leur intermédiaire que les directeurs communiquent avec les employés inférieurs. Ils ont la direction des surnuméraires. Ils surveillent avec soin le travail d'application des mutations sur les matrices de la direction. Ils sont les agents spéciaux de la confection des rôles généraux et des patentes; ils surveillent ces travaux, en coordonnent et en vérifient les résultats (Déc. min. 9 déc. 1844; Circ. 30 déc. 1847 et 30 mars 1870).

4° Contrôleurs.

132. — Les contrôleurs sont divisés en contrôleurs principaux hors classe avec 4,800 fr. d'appointements; contrôleurs principaux de Paris avec 4,500 fr.; contrôleurs principaux de première et deuxième classe avec 4,000 et 3,200; contrôleurs hors classe à 2,800 fr.; contrôleurs de première, deuxième et troisième classe, à 2,200, 1,800 et 1,500 fr.

133. — Les frais de tournées et de bureau sont réglés à raison de 800 fr. pour les contrôleurs ordinaires, 1,000 pour les contrôleurs principaux et 1,200 pour les contrôleurs de Paris. Il leur est alloué des indemnités pour le cadastre, les mutations, les matrices des rôles de diverses taxes assimilées, les vérifications des pertes et les déplacements (Circ. 21 déc. 1872 et 31 déc. 1883).

134. — Le nombre des communes varie dans chaque contrôle suivant l'étendue de la circonscription, la densité de la population, les difficultés plus ou moins grandes que présente la constatation de la matière imposable.

135. — L'attribution principale des contrôleurs est le relevé des mutations qu'ils font au cours de la tournée générale. Ils sont aidés dans ce travail par les percepteurs (Arr. 5 août 1853, art. 1). Ils parcourent chaque commune à la recherche de la matière imposable, tiennent compte des constructions nouvelles et de leurs ouvertures, consultent les registres de l'état civil, et relèvent les changements de résidence. Leur tournée finie, ils adressent un rapport au directeur. Puis ils procèdent à l'application des mutations sur les matrices.

136. — Une autre attribution des contrôleurs est l'examen des réclamations. Ils constatent les pertes collectives ou individuelles par suite d'événements extraordinaires, vérifient les états de cotes irrécouvrables ou indûment imposées, les expertises cadastrales, etc. — Fournier et Daveluy, p. 448.

5° Surnuméraires.

137. — Les surnuméraires ont été institués par arrêté du 17 vent. an X. Nul ne peut être admis sur la liste des candidats au surnumérariat si, au 1er janvier de l'année pour laquelle la liste est ouverte, il a moins de dix-huit ans et plus de vingt-quatre. Tout postulant doit rédiger lui-même une demande d'admission sous les yeux du directeur du département où réside sa famille, où il réside lui-même s'il est orphelin. Il doit justifier qu'il est pourvu du grade de bachelier ès-lettres ou ès-sciences. Le directeur adresse les demandes à l'administration qui examine le dossier, prononce l'admission ou le rejet de la candidature. Le directeur notifie la décision au postulant. Si elle est favorable, il lui remet une note résumant les règles relatives aux examens. Le candidat est appelé devant une commission spéciale pour y subir des épreuves écrites et orales. L'examen est subi à la même date par tous les concurrents, dans un certain nombre de chefs-lieux de départements désignés à l'avance. Les épreuves écrites consistent dans une dictée, une rédaction et une formation de tableaux. Les épreuves orales portent sur les mathématiques élémentaires et sur l'arpentage. L'administration procède à la révision des résultats obtenus et dresse la liste des candidats reconnus admissibles. Un candidat ne peut se présenter que deux fois au concours.

138. — La liste des admissibles est signée par le ministre. L'admission des candidats est alors notifiée au directeur et au préfet de leur département respectif. Cette notification entraîne pour le candidat l'obligation immédiate de travailler dans les bureaux de la direction où sa candidature s'est produite, en attendant qu'il soit investi du grade de surnuméraire. La nomination est faite par le préfet, sur la présentation du directeur. Les surnuméraires doivent prêter serment. Aussitôt après leur nomination, ils sont mis immédiatement et sans réserve sous l'action de l'administration, qui en dispose conformément aux besoins du service. Le surnuméraire est d'abord appelé à assister simplement aux opérations du contrôleur, ensuite à opérer conjointement avec lui et sous ses yeux; plus tard, à opérer seul sous la surveillance de l'inspecteur. Il subit deux examens successifs avant de pouvoir être nommé contrôleur. Les cent plus anciens surnuméraires touchent, depuis 1876, une indemnité annuelle de 600 fr. Ceux qui sont chargés d'un intérim ou de travaux divers touchent des frais de tournée ou des indemnités attachées à ces travaux (Arr. 18 juill. 1872; Circ. 27 juill. 1872). — Lemercier de Jauvelle, v° Surnuméraires.

139. — Une décision ministérielle du 31 janv. 1840 avait interdit d'une manière absolue le placement des agents des contributions directes dans la circonscription où ils étaient nés, ainsi que dans celles où ils possédaient des propriétés ou où habitait leur famille. Cette interdiction a été abrogée par une décision ministérielle qui laisse à l'administration le soin d'apprécier elle-même les cas dans lesquels les convenances du service peuvent ou ne peuvent pas se concilier avec les convenances des personnes. La circulaire du 4 avr. 1861, qui fait connaître cette décision, déclare que la faveur d'obtenir une résidence dans les conditions précédemment interdites ne sera accordée qu'à ceux qui l'auront méritée par un zèle éprouvé et qui auront donné des garanties sérieuses du tact, de la convenance et de l'indépendance de caractère avec lesquels ils sauraient surmonter au besoin les difficultés d'une situation parfois délicate. Elle ajoute que cette faveur serait retirée sans hésitation à ceux qui ne l'auraient pas justifiée par une conduite et une gestion sans reproche.

SECTION II.
Service du recouvrement.
§ 1. Administration centrale.

140. — Le service de la perception des impôts directs est confié à un personnel distinct de celui chargé de l'assiette, placé sous la direction non du directeur général des contributions

directes, mais du directeur général de la comptabilité publique,
et qui comprend dans chaque département un trésorier-payeur
général, des receveurs particuliers et des percepteurs. Les poursuites sont exercées, s'il y a lieu, par des porteurs de contraintes
placés sous la surveillance des receveurs particuliers.

141. — La direction générale de la comptabilité publique se
compose de neuf bureaux, dont les attributions ont été fixées
par l'art. 6, Ord. 17 déc. 1844. Nous ne parlerons ici que de
celles des deuxième et troisième bureaux.

142. — Le deuxième bureau, dit de la perception des contributions directes et de la comptabilité des communes et des
établissements publics, est spécialement chargé de la surveillance et de la direction du service de la perception et des poursuites; de l'établissement des situations mensuelles des recouvrements; de la suite à donner aux rapports des inspecteurs des
finances; de l'application du tarif des remises des percepteurs
et des nouvelles fixations des classes à chaque vacance; des
renseignements à fournir à la direction du personnel sur la gestion des percepteurs, receveurs municipaux et hospitaliers, sur
les demandes d'avancement de ces comptables et sur les nouvelles circonscriptions des perceptions; de la surveillance de la
gestion et de la comptabilité des receveurs des communes, des
établissements de bienfaisance; du règlement des indemnités à
allouer aux gérants intérimaires et aux agents spéciaux.

143. — Les attributions principales du troisième bureau, dit
de la comptabilité des trésoriers-payeurs généraux, sont le contrôle des écritures de ces fonctionnaires et des receveurs particuliers; la vérification, sur pièces justificatives, de leurs recettes
et de leurs dépenses; le contrôle des commissions allouées aux
trésoriers-payeurs généraux et aux receveurs particuliers des
finances; les propositions pour l'ordonnancement de ces dépenses; le contrôle des titres de perception et des crédits, l'examen et l'arrêté des comptes de gestion avant leur transmission
à la Cour des comptes; la correspondance avec les comptables
par suite de ces vérifications; l'apurement définitif des comptes
annuels et l'exécution des arrêts; la formation du résumé des
opérations des trésoriers-payeurs généraux à produire annuellement à la Cour des comptes, en exécution de l'ordonnance du
9 juill. 1826; la centralisation mensuelle et la récapitulation,
dans un bordereau unique, des résultats constatés par les écritures et bordereaux des trésoriers-payeurs généraux; l'établissement des situations périodiques de l'actif et du passif de ces
comptables, ainsi que du recouvrement des contributions directes
et des frais de poursuites; la rédaction des états et documents
divers à remettre au *bureau central* pour la tenue du journal et
du grand livre du Trésor; la vérification des avis de recettes
et dépenses adressées par les trésoriers-payeurs généraux à la
direction du mouvement général des fonds pour servir de base à
leur compte courant; le contrôle des mouvements de fonds qui
s'opèrent entre les trésoriers-payeurs généraux et les autres
comptables du Trésor, et la notification à la direction du contentieux des débets constatés à la charge des trésoriers-payeurs
généraux et des receveurs particuliers des finances. — Fournier
et Daveluy, p. 450 et s.; Josat, *Ministère des Finances.*

§ 2. Service extérieur.

1° Percepteurs.

144. — Nous avons dit que, sous l'ancien régime, la perception des impôts directs se faisait au moyen de la collecte
forcée. Un ou plusieurs habitants de la commune étaient investis, malgré eux bien souvent, des fonctions de percepteur et
devenaient responsables vis-à-vis de l'État du recouvrement des
impositions. Ce système ayant donné lieu à des abus sans nombre,
la Révolution le remplaça par un autre qui ne valait guère mieux :
celui de la mise en adjudication de la collecte. On autorisa les
municipalités à nommer percepteurs, pour une durée plus ou
moins longue, les citoyens qui se chargeraient du recouvrement
au moindre prix. Le rabais portait sur le montant des remises
allouées aux percepteurs. A défaut d'adjudicataire de bonne volonté, l'administration municipale désignait une personne connue
pour sa moralité et de la gestion de laquelle elle répondait. Au
milieu du désordre qui régnait dans toute l'administration à cette
époque, de graves abus se produisirent, les impôts rentrèrent
mal (L. 1er déc. 1790, tit. V).

145. — La loi des 5-15 vent. an XII substitua à ces fonctionnaires temporaires et nommés par les autorités locales des
fonctionnaires nommés à vie par le gouvernement et révocables
par lui à volonté. D'après cette loi, tous les percepteurs devaient
être nommés par le premier Consul, et il devait y avoir un percepteur dans chaque ville, bourg ou village. Toutefois, le préfet
pouvait proposer la réunion de plusieurs communes en une seule
circonscription, quand les circonstances l'exigeaient. Cette loi a
été remplacée par une ordonnance du 31 oct. 1839, modifiée elle-
même par un décret du 19 nov. 1857.

146. — I. *Recrutement.* — Nul ne peut, hors les cas exceptionnels que nous énumérerons plus loin, être nommé percepteur s'il n'a exercé pendant deux ans comme percepteur surnuméraire (Arr. min. 3 oct. 1873; Décr. 3 févr. 1876, art. 2).

147. — Indépendamment de la condition de deux années
d'exercice, aucun percepteur surnuméraire ne peut être proposé
pour une perception de cinquième classe, s'il n'est justifié par
la déclaration du receveur particulier, confirmée par celle du
trésorier-payeur général du département : 1° qu'il a travaillé
avec zèle et intelligence pendant la durée de son surnumérariat,
soit chez les receveurs des finances près desquels il a été placé,
soit dans les fonctions d'agent spécial ou de gérant intérimaire
qui lui auraient été confiées; 2° qu'il possède une connaissance
suffisante des règlements qui régissent le service et la comptabilité de la perception des contributions directes (Instr. 1859,
art. 1205).

148. — Aux termes d'un décret du 14 avr. 1894, les percepteurs surnuméraires sont recrutés par voie de concours unique
pour toute la France. Ils sont répartis entre les différents départements, celui de la Seine excepté, suivant la proportion
déterminée par le ministre des Finances. Leur nombre ne peut
dépasser 150. Tous les ans et suivant les besoins du service, le
ministre fixe la date du concours, le nombre des places disponibles et les centres d'examen.

149. — Nul ne peut concourir pour l'emploi de percepteur
surnuméraire s'il a moins de vingt et un ans ou plus de vingt-
sept ans au 1er janvier qui précède l'ouverture du concours. Les
candidats admis au concours sont nommés surnuméraires, au
fur et à mesure des vacances, d'après l'ordre de classement. Ils
restent pendant six mois dans les bureaux de la trésorerie
générale ou de l'une des recettes particulières du département
auquel ils sont attachés et sont adjoints ensuite à un percep-
teur-receveur municipal afin d'acquérir une connaissance pratique du service. La durée du surnumérariat est fixée à deux
ans au minimum. Les percepteurs surnuméraires comptant dix-
huit mois de stage au 1er janvier ou au 1er juillet de chaque
année sont astreints à subir un examen professionnel, dit de
classement, dont un arrêté ministériel fixe le programme et les
conditions (art. 1 à 7). Les résultats de l'examen professionnel
déterminent l'ordre dans lequel les percepteurs surnuméraires
seront titularisés comme percepteurs de quatrième classe. Les
surnuméraires qui n'ont pas obtenu un minimum de points et
ceux dont la conduite ou les notes auront laissé gravement à
désirer pourront être ajournés à l'examen suivant. Tout surnuméraire qui a été ajourné deux fois est rayé des cadres. La
nomination des percepteurs surnuméraires à des postes de quatrième classe a lieu dans toute l'étendue du territoire sans distinction de département.

150. — Les percepteurs surnuméraires ne sont admissibles
qu'aux perceptions de la dernière classe (Instr. 1859, art. 1204).
Toutefois, dans les départements où les perceptions de quatrième
classe ne forment pas le quart du nombre total des perceptions,
cette proportion des emplois accessibles aux surnuméraires est
complétée par les perceptions du produit le moins élevé dans la
classe immédiatement supérieure. Les percepteurs ainsi promus
n'ont néanmoins, pour l'avancement ultérieur, d'autres titres que
ceux qui sont inhérents à l'emploi de percepteur de cinquième
classe (Décr. 19 nov. 1857, art. 2; Instr. 1859, art. 1204; Décr.
14 avr. 1894, art. 15).

151. — Les percepteurs sont actuellement divisés en quatre
classes. Le ministre nomme d'office aux trois premières classes,
à moins que les préfets n'aient été spécialement autorisés à présenter des candidats (Instr. 1859, art. 1207; Décr. 14 avr. 1894).

152. — Les percepteurs de quatrième classe sont nommés :
deux tiers par le ministre des Finances sur une liste de trois
candidats dressée par le trésorier-payeur général et soumise par
lui au préfet, qui la transmet au ministre avec ses observations

(Instr. 1859, art. 1207; Décr. 13 avr. 1861, art. 5). Le dernier tiers des percepteurs de quatrième classe est, dans chaque département, nommé par le préfet sur une liste de trois candidats qui lui est soumise par le trésorier-payeur général (Instr. 1859, art. 1207; Décr. 13 avr. 1861, art. 5). Dans les départements où les perceptions de quatrième classe ne forment pas le quart du nombre total des perceptions, cette proportion est complétée, au point de vue du droit de nomination par les préfets, par les perceptions du produit le moins élevé de la troisième classe. Toutefois les percepteurs qui débutent par une perception de troisième classe n'ont que le titre de percepteur de quatrième classe (Instr. 1859, art. 1207; Décr. 13 avr. 1861; 14 avr. 1894, art. 13). Ce déclassement ne peut être utilisé que par les préfets pour exercer le droit de nomination qui leur a été conféré par décret du 13 avr. 1861.

153. — Les percepteurs sont aussi recrutés parmi certaines catégories de personnes dispensées des conditions du surnumérariat. Ces personnes sont : 1° les individus qui justifient de sept ans au moins de services administratifs rétribués directement par l'État ou de services militaires; 2° les individus que des blessures reçues dans un service commandé auraient mis hors d'état de continuer leur carrière; 3° les employés d'administration publique dont les fonctions auraient cessé ou cesseraient par suite de suppression d'emploi. Toutefois, ces admissions ne peuvent excéder la proportion du tiers des vacances dans les différentes classes (Ord. 31 oct. 1839. art. 8; Instr. 1859).

154. — Pour les agents des services financiers de l'Algérie, la durée des services exigée n'est que de cinq années (Instr. 1859, art. 1209).

155. — La limite d'âge pour l'admission des candidats dispensés des conditions du surnumérariat est fixée à cinquante ans, sauf pour les anciens militaires titulaires d'une pension de retraite, qui peuvent être admis jusqu'à l'âge de cinquante-cinq ans (Décr. 30 avr. 1850; Instr. 1859, art. 1212).

156. — 4° Deux ordonnances des 23 déc. 1844 et 9 déc. 1845 déclarent admissibles les services des maires et ceux des employés des préfectures, des sous-préfectures et des recettes des finances, bien que non rétribués directement par l'État. A l'égard de ces employés, les services ne sont comptés que s'ils ont été rétribués et rendus après l'âge de vingt et un ans accompli (Inst., art. 1209). Les receveurs municipaux spéciaux sont admis à concourir pour l'emploi des percepteurs. Ils doivent toutefois compter sept années de service en cette qualité, à dater de leur majorité (Décr. 24 juin 1879, art. 1).

157. — 5° Les sous-officiers subissant devant une commission instituée à leur corps un examen dont le programme a été fixé par le décret du 28 oct. 1874. Ils subissent ensuite un deuxième examen professionnel devant une commission spéciale composée d'un officier général, de deux officiers, du trésorier-payeur général et du directeur des contributions directes (Même décr., art. 8). La commission nommée en exécution de l'art. 24, L. 18 mars 1889, dresse, pour les vacances réservées, au fur et à mesure qu'elles se produisent, une liste de candidats. Les préfets doivent observer pour les nominations aux emplois de percepteur de deuxième classe l'ordre des propositions établies par la commission de classement. Il est fait mention des sous-officiers classés au Journal officiel et, à la fin de chaque année, aux termes de la loi du 18 mars 1889, un tiers des perceptions de quatrième classe est réservé : 1° aux sous-officiers ayant quinze ans de services, dont quatre dans le grade de sous-officier; 2° aux sous-officiers ayant passé dix ans sous les drapeaux dans l'armée active, dont quatre ans dans le grade de sous-officier. Ils ne sont admissibles à ces emplois que jusqu'à l'âge de quarante ans (art. 24). Il est publié, au même journal, un état général des emplois attribués aux sous-officiers, par chaque ministère, avec indication en regard des vacances qui s'y seraient produites (L. 18 mars 1889, art. 24).

158. — Les officiers et sous-officiers, officiers-mariniers réformés ou retraités par suite de leurs blessures ou pour infirmités contractées au service, peuvent profiter de la loi du 18 mars 1889 (art. 22), quel que soit le temps passé par eux au service, s'ils remplissent, d'ailleurs, les conditions d'âge et d'aptitude déterminées.

159. — 6° Enfin, les agents de l'administration des contributions directes, sur la présentation du directeur général, peuvent être appelés exceptionnellement aux fonctions de percepteur jusqu'à l'âge de cinquante-cinq ans. Des perceptions de 1re, 2e et 3e classes, dont le nombre ne peut être ni inférieur à quinze ni supérieur à vingt, leur sont annuellement réservées (Décr. 26 mars 1879, art. 1 et 2).

160. — Peuvent seuls obtenir des perceptions de 1re classe, les inspecteurs, les contrôleurs principaux hors classe, les contrôleurs principaux de Paris et les contrôleurs principaux de 1re classe; des perceptions de 2e classe, les contrôleurs principaux de 2e classe et les contrôleurs hors classe; des perceptions de 3e classe, les contrôleurs ordinaires. Ces dispositions sont applicables, par assimilation de grade, aux premiers commis de direction et aux agents de la direction générale des contributions directes. Elles sont applicables également aux agents en disponibilité et aux agents démissionnaires (Décr. 24 juill. 1892).

161. — II. Avancement. — Le stage minimum dans chaque classe, nécessaire pour pouvoir être promu à la classe supérieure, est fixé à : trois ans dans la quatrième classe ; cinq ans dans la troisième; six ans dans la deuxième; six ans dans la première. Peuvent, à titre exceptionnel, être promus directement : à la deuxième classe, les percepteurs comptant au moins neuf ans de services dans la quatrième classe; à la première classe, les percepteurs comptant au moins douze ans de services dans la troisième classe (Décr. 14 avr. 1894, art. 13).

162. — Les percepteurs qui ont passé six années consécutives dans la même classe peuvent, à titre exceptionnel, être promus à la classe supérieure à celle qui aurait pu leur être attribuée après trois ans d'exercice (Décr. 15 nov. 1879).

163. — L'avancement sur place peut être accordé aux percepteurs qui justifient du minimum de grade établi à l'art. 13, à la condition toutefois que le produit de leur emploi ait dépassé, pendant trois années consécutives, le maximum de la classe à laquelle ils appartiennent (art. 14). Si, au contraire, il survient, dans le produit d'une perception, une diminution qui le fait descendre dans une classe inférieure, le percepteur n'est pas déclassé; il conserve ses droits à l'avancement que lui donnait le classement existant à l'époque de sa nomination (Instr. 1859, art. 1206; Arr. min. 27 déc. 1861).

164. — Les demandes d'avancement dans les perceptions sont reçues et transmises au ministre des Finances par les préfets qui y joignent leurs observations; elles sont également accompagnées des observations des receveurs particuliers et des trésoriers-payeurs généraux. Ces demandes sont communiquées à la direction générale de la comptabilité publique et inscrites, s'il y a lieu, sur les listes d'avancement tenues à la direction du personnel (Instr. 1859, art. 1215).

165. — III. Division des perceptions. — Les perceptions dont le produit est supérieur à 13,000 fr. sont considérées comme perceptions hors classe. Les autres perceptions sont divisées, suivant l'importance de leurs remises, en quatre classes qui comprennent : la première, les emplois d'un produit de 8,001 à 13,000 fr.; la seconde, les emplois d'un produit de 5,001 à 8,000 fr.; la troisième, les emplois d'un produit de 3,001 à 5,000 fr.; la quatrième, les emplois d'un produit inférieur à 3,000 fr. (Décr. 14 avr. 1894, art. 12). Pour les perceptions où la recette des communes et des établissements de bienfaisance est réunie de droit à celle des contributions directes, la classe est déterminée à raison du produit total des émoluments résultant de ces différents services (Instr. 1859, art. 1197).

166. — D'après un arrêté du ministre des Finances, du 9 janv. 1841, le nombre et la circonscription des perceptions sont fixés, ainsi que le lieu de la résidence de chaque percepteur, par le ministre des Finances, sur le rapport du directeur général.

167. — Sauf les exceptions nécessitées par les circonstances locales, les perceptions sont formées de communes dépendant d'un même canton : en général, les cantons sont divisés en deux ou trois perceptions (Instr. 1859, art. 1198). Les questions relatives aux circonscriptions doivent être soumises au ministre sur les propositions des préfets. Elles ne peuvent être tranchées par les trésoriers-payeurs généraux. Les modifications apportées aux circonscriptions doivent être notifiées aux directeurs des contributions directes, avant la confection des rôles.

168. — A Paris, les percepteurs ont le titre de receveurs-percepteurs. Ils sont au nombre de trente-six (L. 17 avr. 1879).

169. — IV. Traitement des percepteurs. — Le traitement des percepteurs se compose de remises et d'allocations fixes qui leur sont accordées sur le total des opérations qu'ils effectuent. Ils touchent : 1° une allocation fixe pour chaque article des rôles généraux et supplémentaires. Cette allocation est de 22 cent. par article dans

3

les départements autres que ceux de la Corse et de la Seine, de 25 cent. dans ce dernier. En Corse, le taux des remises est fixé uniformément à 5 p. 0/0 (Arr. min. 20 déc. 1871 et 20 nov. 1874); 2° des remises proportionnelles au montant des rôles primitifs et supplémentaires calculés d'après les bases suivantes : 2 fr. p. 0/0 sur les premiers 20,000 fr.; 1 fr. 50 p. 0/0 sur les 280,000 fr. suivants; 0 fr. 50 p. 0/0, de 300.001 fr. à 600,000 fr.; 0 fr. 10 p. 0/0 de 600,001 fr. à 900,000 fr.; 0 fr. 05 p. 0/0 au-dessus de 900,000 fr. (Arr. min. 20 nov. 1874). A Paris les remises proportionnelles des receveurs-percepteurs sont calculées de la manière suivante sur la totalité des différents rôles, y compris les centimes communaux perçus au profit de la ville et les taxes assimilées aux contributions directes et perçues pour le compte du Trésor : 2 fr. p. 0/0 sur les premiers 500,000 fr.; 1 fr. p. 0/0 sur les 500,000 fr. suivants; 0 fr. 50 p. 0/0 de 1 million à 3 millions; 0 fr. 20 p. 0/0 au-dessus de 3 millions (Arr. 20 nov. 1874). Les remises proportionnelles sur le montant des rôles de chaque perception des arrondissements de Sceaux et de Saint-Denis sont calculées d'après les bases suivantes : 1 fr. 50 p. 0/0 sur les premiers 350,000 fr.; 0 fr. 50 p. 0/0 sur les 650,000 fr. suivants; 0 fr. 10 p. 0/0 au-dessus de 1 million (Arr. 20 nov. 1874). En outre il est alloué aux percepteurs : 1° une remise de 3 cent. par franc sur le montant des impositions communales et des impositions pour frais de bourses et de chambres de commerce (Instr. 1859, art. 1238); 2° une remise uniforme de 3 p. 0/0 sur le montant des rôles primitifs et supplémentaires des taxes assimilées (Même article); 3° une rétribution de 12 cent. par article de l'état matrice de la taxe municipale sur les chiens (Circ. 19 mai 1856); 4° une remise de 3 p. 0/0 sur le produit des souscriptions pour travaux d'intérêt commun dont ils peuvent être chargés, exceptionnellement, d'opérer le recouvrement.

170. — Quand ils sont choisis pour trésoriers par des associations syndicales, ils ont droit à des remises qui sont réglées par le ministre des Finances sur la proposition des syndicats et après l'avis des préfets (Arr. min. 2 févr. 1858).

171. — Enfin ils touchent une remise de 1 fr. 50 p. 0/0 sur les sommes qu'ils recouvrent en vertu de contraintes extérieures (Instr. 1859, art. 1137).

172. — V. *Obligations des percepteurs.* — Les percepteurs reçoivent l'avis officiel de leur nomination, soit directement du ministre des Finances, soit par l'intermédiaire du préfet du département. Ils sont informés en même temps de la fixation de leur cautionnement, qu'ils doivent immédiatement verser à la caisse du receveur des finances. Ils prêtent ensuite serment devant le préfet ou le sous-préfet, et le receveur particulier des finances procède à leur installation. Il est fait mention expresse dans le procès-verbal d'installation des justifications produites pour la réalisation du cautionnement. Ce n'est qu'après l'accomplissement de ces formalités que les percepteurs ont qualité pour exercer leurs fonctions auprès des contribuables, pour recevoir d'eux le montant de leur impôt et en donner quittance valable et, enfin, pour intenter contre eux, s'il y a lieu, les poursuites autorisées par les lois (Instr. 20 juin 1859, art. 1234, 1235, 1236, 1331).

173. — Les percepteurs, comme tous les comptables de deniers publics, sont tenus de fournir un cautionnement, qui est solidairement affecté aux diverses gestions dont un même comptable est chargé cumulativement (Ord. 17 sept. 1837, art. 11).

174. — D'après la loi du 27 févr. 1884, les cautionnements sont fixés dans chaque arrêté de nomination, d'après les bases suivantes : 1° les percepteurs et les percepteurs-receveurs municipaux fournissent un cautionnement égal à trois fois le montant des émoluments payés par le Trésor, les communes et les établissements de bienfaisance (art. 1); 2° celui des receveurs-percepteurs de Paris est fixé à quatre fois le montant des émoluments; 3° celui des percepteurs et percepteurs-receveurs municipaux de la Corse est réduit à deux fois le montant des émoluments (art. 2); 4° le cautionnement des receveurs municipaux spéciaux est fixé comme il suit : pour la 1re classe (qui comprend les receveurs ayant un traitement supérieur à 10,000 fr.) à sept fois et demie le montant du traitement, avec faculté de fournir, en rentes sur l'État, la portion excédant 40,000 fr.; pour la 2e classe (traitement supérieur à 5,000 fr.), à six fois et demie le montant du traitement, avec faculté de fournir, en rentes sur l'État, la portion excédant 20,000 fr.; pour la 3e classe (traitement de 5,000 fr. et au-dessous), à quatre fois et demie le montant du traitement, avec faculté de fournir, en rentes, la portion excé-

dant 10,000 fr. (art. 3). Les cautionnements doivent être réa avant l'installation des comptables (Instr. 1859, art. 1 Quand les percepteurs sont classés sur place, ils ne sont astreints à verser un supplément de cautionnement. Les rè relatives au remboursement des cautionnements sont tracées les art. 1274 et s. de l'instruction. — En ce qui concerne le r tant du cautionnement, V. *suprà*, v° *Cautionnement de titule ou comptables*, p. 680.

175. — Avant d'être installés dans leurs fonctions, les veaux percepteurs, receveurs de communes et d'établissem de bienfaisance doivent prêter serment devant le préfet o sous-préfet (Instr. 1859, art. 331). L'acte qui constate la p tation de serment est soumis à la formalité de l'enregistrem Le serment n'est pas renouvelé en cas de changement de dence; les percepteurs doivent seulement justifier qu'ils ont re cette formalité et faire enregistrer leur acte de prestation de ment, soit au greffe du tribunal civil, soit au greffe de la ju de paix de leur nouvelle résidence (L. 27 avril, 27 mai et 22 1791; Instr. 1859, art. 1234 et 1235).

176. — Après avoir prêté serment, les nouveaux titula reçoivent leur commission et se présentent devant le rece des finances de l'arrondissement dans lequel ils doivent exe leurs fonctions. Il est alors procédé à la remise du service l'installation suivant les règles tracées par les art. 1329 e (Instr. gén. 20 juin 1859).

177. — Les percepteurs sont tenus de résider au chef de leur perception, à moins qu'une ville ou commune étran à cette perception n'ait été désignée comme résidence par me organique; ils ne peuvent fixer leur résidence dans une a commune qu'en vertu d'une autorisation expresse du minis qui est accordée moyennant les conditions et dans les for déterminées par les art. 1247 et s. de l'instruction de 1859.

178. — Les percepteurs doivent exercer leurs fonctions sonnellement, et ne peuvent se faire représenter par un fo de pouvoirs que temporairement et dans les cas d'absence a risée, de maladie ou d'autre empêchement légitime.

179. — Les titulaires de perceptions d'une certaine im tance, qui veulent se faire aider par un ou plusieurs commis, doivent du moins conserver la direction de leur service, leur caisse, faire leurs tournées de recouvrement dans les c munes, et délivrer eux-mêmes quittance aux contribuables. L les villes où le bureau de perception est ouvert tous les jo le comptable peut déléguer des pouvoirs permanents à l'un de commis, mais à la condition expresse de n'en faire usage s'il y a, de la part du titulaire, empêchement légitime ou abse autorisée (Instr., art. 1268 et 1269).

180. — Les percepteurs peuvent toutefois être autorisé l'administration à se faire suppléer temporairement par des fo de pouvoirs. Ceux-ci doivent être agréés par le receveur finances. Ils sont munis d'une procuration du percepteur, peut être donnée sous seing privé, à condition d'être écrite papier timbré et d'être légalisée par le maire et le sous-pr Les percepteurs demeurent responsables des faits de leurs fo de pouvoirs, qui sont soumis à toutes les obligations impo aux comptables publics. Les fondés de pouvoirs, une fois agr ont qualité pour exercer, à l'égard des contribuables, toutes fonctions attribuées au percepteur lui-même (Instr. 1859, 1236, 1237, 1256, 1257, 1268; Circ. 8 juill. 1845). — Cons. d 17 janv. 1814, Pons, [P. adm. chr.]

181. — Chaque comptable ne doit avoir qu'une caisse, qu comptabilité, qu'un portefeuille. Cette règle est commune percepteurs, aux receveurs particuliers et aux trésoriers-pay généraux. Dans la caisse unique doivent être déposés tous fonds appartenant aux divers services dont le comptable est cha Il serait déclaré en déficit des fonds qui n'existeraient pas c cette caisse.

182. — Lorsqu'il se produit du désordre dans la comptab d'un percepteur ou des retards dans les versements qu'il faire, le receveur des finances a le droit d'établir près de lu agent spécial, ou de le suspendre de ses fonctions en met à sa place un gérant intérimaire. Ces agents n'ont ni le m caractère ni les mêmes pouvoirs. L'agent spécial n'est qu'un légué du receveur des finances. Sa mission consiste à dirig percepteur dans la régularisation de ses écritures et dans l' ploi de moyens propres à accélérer l'apurement ou la rentré l'arriéré. Cet agent ne remplace pas le percepteur. Les r registres et autres pièces de comptabilité ne lui sont remis

comme objets de contrôle et éléments de surveillance. Sa présence n'interrompt les relations du percepteur ni avec les maires ni avec les contribuables. Par cette raison il n'a pas besoin d'être accrédité auprès de l'autorité locale.

183. — Le gérant provisoire, au contraire, remplit par intérim les fonctions, soit d'un percepteur suspendu pour déficit ou autre grave désordre, soit d'un percepteur décédé, révoqué ou démissionnaire. Il exerce en son propre nom, reçoit les paiements, délivre les quittances, tient les écritures; il succède en un mot à toutes les attributions du titulaire, à toutes ses relations avec les maires et les contribuables. Un arrêté du préfet rendu sur la proposition du receveur, peut seul lui conférer ce caractère.

184. — L'agent spécial n'a aucun caractère officiel au regard des contribuables; les poursuites qu'il ferait de son chef seraient irrégulières. Au contraire le gérant provisoire est véritablement, tant que dure la suspension, le remplaçant légal du percepteur titulaire; il le représente pleinement pour tous les actes de la perception; c'est en son nom qu'ils doivent être faits et que les poursuites doivent être exercées (Instr. 1859, art. 1297, 1309, 1310; Instr. min. 9 févr. 1824). — Durieu, t. 1, p. 142 et s.

185. — En cas de vol commis dans sa caisse, aucun comptable public ne peut en obtenir décharge s'il ne justifie que ce vol est l'effet d'une force majeure; qu'outre les précautions ordinaires il avait eu celle de faire griller les fenêtres, si la pièce où sont les fonds est située au rez-de-chaussée. La déclaration doit être faite dans les vingt-quatre heures à l'autorité locale, faute de quoi le comptable demeure responsable.

186. — Le ministre des Finances statue sur les réclamations des percepteurs tendant à obtenir décharge de leur responsabilité, au vu des procès-verbaux d'enquête et autres pièces constatant les circonstances, et sauf à prendre préalablement l'avis de la section des finances du Conseil d'État. En cas de rejet de leurs réclamations, les comptables sont se pourvoir au Conseil d'État statuant au contentieux, contre la décision ministérielle, dans le délai de trois mois à dater de la notification de cette décision (Instr. 1859, art. 1271). — Fournier et Daveluy, p. 458.

187. — Le détail des attributions des percepteurs sera exposé dans les chapitres consacrés à l'étude des mutations et du recouvrement.

188. — VI. *Droits des percepteurs.* — Les percepteurs ne peuvent être révoqués que par le ministre des Finances. Dans certains cas ils peuvent être suspendus et remplacés par un agent intérimaire.

189. — Les percepteurs sont des fonctionnaires publics et en cette qualité ils jouissent de toutes les garanties accordées par la loi aux agents du gouvernement. Ainsi les injures, les outrages et les violences qui leur seraient faits dans l'exercice de leurs fonctions tomberaient sous l'application des art. 209 et s., C. pén., et de la loi du 23 mars 1822. — Poitiers, 29 janv. 1842, Chaveneau, [S. 42.2.129] — Trib. Narbonne, 21 nov. 1828, Bérot, [cité par Durieu, t. 2, p. 126]

190. — Le délit d'outrages publics commis envers un percepteur à l'occasion de l'exercice de ses fonctions est de la compétence de la cour d'assises et non des tribunaux correctionnels. — Trib. Grenoble, 26 juin 1883, [*Mémorial des percepteurs*, 1883, p. 523]

191. — Le percepteur insulté a qualité pour dresser procès-verbal. Mais ce procès-verbal ne vaut que comme dénonciation. Il n'est assujetti à aucune forme sacramentelle et n'est pas soumis à l'affirmation. — Durieu, t. 1, p. 495-496.

192. — Le percepteur doit être considéré comme étant dans l'exercice de ses fonctions toutes les fois qu'il accomplit un acte qui se rattache aux devoirs de son emploi. Ainsi décidé à l'égard d'un percepteur insulté au moment où il effectuait un versement chez le receveur. — Cass., 6 mars 1806, Tribert, [cité par Durieu, t. 1, p. 495]

193. — Depuis le 1er janv. 1854, les percepteurs sont soumis au régime des pensions civiles. Ceux qui étaient alors en fonctions peuvent faire valoir la totalité de leurs services admissibles pour constituer le droit à la pension; mais la pension n'est alors liquidée que pour le temps pendant lequel les comptables ont subi la retenue et sur les bases indiquées au dernier alinéa de l'art. 18, L. 9 juin 1853.

194. — Les percepteurs supportent donc, au profit du Trésor, les retenues de 5 p. 0/0 et celles du premier douzième de leur traitement ou de leur augmentation de traitement, confor-

mément à l'art. 3, L. 9 juin 1853, ainsi que les retenues pour cause de congé et d'absence et celles qui sont la conséquence de mesures disciplinaires. Ces retenues portent sur les trois quarts des émoluments, le dernier quart étant considéré par la loi comme indemnités de loyer et de frais de bureau (Instr. 1859, art. 342, 343 et 1246).

195. — VII. *Service des communes et établissements publics.* — Les percepteurs sont de droit les receveurs municipaux des communes de leur circonscription. Par exception, dans les communes dont le revenu excède 30,000 fr., ces fonctions sont confiées, si le conseil municipal le demande, à un receveur spécial, lequel, si le revenu ne dépasse pas 300,000 fr. est nommé par le préfet sur une liste de trois candidats présentés par le conseil municipal, et par décret du Président de la République, sur la proposition du ministre des Finances, si le chiffre du revenu dépasse 300,000 fr.

196. — Le revenu d'une commune est réputé atteindre 30,000 fr. ou 300,000 fr., quand les recettes ordinaires, constatées dans les comptes, se sont, suivant les cas, élevées à l'une de ces sommes pendant trois exercices. Il n'est réputé être descendu au-dessous que lorsque, pendant les trois dernières années, les recettes ordinaires sont restées inférieures à ces mêmes sommes (L. 5 avr. 1884, art. 156; Instr. 1859, art. 1217).

196 bis. — Les receveurs municipaux sont de droit receveurs des hospices et autres établissements de bienfaisance de leur commune, lorsque les revenus ordinaires de ces établissements ne dépassent pas le chiffre de 30,000 fr. Dans le cas contraire, la recette de ces établissements peut être confiée à un receveur spécial (Instr. 1859, art. 1217 et 1220).

197. — Les receveurs des communes, des hospices et des bureaux de bienfaisance sont rémunérés au moyen d'un traitement fixe arrêté par le préfet, sur la proposition du trésorier-payeur général (Décr. 27 juin 1876, art. 1). Ce traitement a été déterminé depuis 1877 par l'application du tarif des ordonnances des 17 avril et 23 mai 1839, par décr. 7 oct. 1850, à la moyenne des opérations tant ordinaires qu'extraordinaires de recettes et de dépenses effectuées pendant les cinq derniers exercices, déduction faite des opérations non passibles de remises pendant les mêmes exercices, et sans tenir compte du dixième en plus ou en moins dont les conseils municipaux et les commissions administratives auront augmenté ou réduit le tarif des ordonnances et décrets précités (art. 2). Les réclamations formées par les receveurs, les communes et les établissements contre le chiffre du traitement, sont soumises au ministre de l'Intérieur qui statue définitivement. Elles doivent être présentées dans le délai de deux mois à partir de la notification de l'arrêté du préfet (art. 4).

198. — Les conseils municipaux et les commissions administratives peuvent, avec l'approbation du préfet et après l'avis du trésorier-payeur général, élever d'un dixième le traitement de leurs receveurs, fixé comme il a été dit ci-dessus (art. 5).

199. — Les frais de bureaux ne sont supportés par les receveurs que jusqu'à concurrence du quart de leur traitement : le surplus est à la charge de la commune ou de l'établissement (art. 6).

200. — Aux termes de l'art. 7, même décr. 27 juin 1876, chaque fois que la moyenne des revenus ordinaires des cinq derniers exercices sera supérieure ou inférieure d'un dixième à celle des exercices qui auront servi à l'établir, le traitement pourra, sur la demande de la commune, de l'établissement ou du receveur, être révisé par le préfet, sauf recours au ministre de l'Intérieur. L'augmentation ou la réduction du traitement est déterminée au moyen de l'application du tarif double des ordonnances des 17 avril et 23 mai 1839, à tous les revenus ordinaires, quels qu'ils soient, formant la différence en plus ou en moins. Ce tarif est employé suivant les tranches dans lesquelles tomberaient lesdits revenus si l'on avait à calculer des remises conformément aux ordonnances précitées. Il a été jugé que cette disposition conférait au receveur, soit à la commune, le droit à la révision du traitement quand les conditions prévues au décret étaient réalisées. — Cons. d'Ét., 24 nov. 1893, Monié et Brigaud, [Leb. chr., p. 774]

201. — Un décret du 1er août 1891 a modifié sur ce dernier point le décret du 27 juin 1876 en disposant expressément que la révision du traitement du receveur communal serait toujours facultative pour le préfet et le ministre.

202. — Les remises à allouer aux receveurs des communes et des établissements de bienfaisance, autres que ceux de la ville

de Paris, portent sur les recettes et les dépenses tant ordinaires qu'extraordinaires et sont calculées tant sur les recettes que sur les dépenses de la manière suivante : sur les premiers 5,000 fr., à raison de 2 fr. p. 0/0; sur les 25,000 fr. suivants, à raison de 1 fr. 50 p. 0/0; sur les 70,000 fr. suivants, à raison de 75 cent. p. 0/0; depuis 100,000 jusqu'à 1 million, à raison de 33 cent. p. 0/0; sur toutes sommes excédant 1 million, à raison de 12 cent. p. 0/0 (Instr. 1859, art. 1239, 1240).

203. — Les receveurs spéciaux des hospices, des bureaux de bienfaisance, des asiles d'aliénés et des dépôts de mendicité sont assimilés aux receveurs municipaux spéciaux pour le calcul du montant de leur cautionnement; mais en ce qui concerne la nature et l'emploi de ce cautionnement l'ordonnance du 6 juin 1830 continue à être appliquée, c'est-à-dire qu'ils ont la faculté de fournir le cautionnement, soit en rentes, soit en immeubles, soit en numéraire à leur choix (L. 27 févr. 1884, art. 4).

204. — Les percepteurs qui sont en même temps receveurs des communes et des établissements de bienfaisance sont soumis aux retenues pour les trois quarts de la totalité de leurs émoluments personnels, payés soit sur les fonds de l'Etat, soit sur ceux des communes et des établissements.

2° Receveurs particuliers.

205. — Les receveurs particuliers existaient avant la Révolution. Supprimés par la loi des 14-24 nov. 1790, ils furent remplacés par des receveurs de district nommés par l'administration du district pour six ans, puis par des préposés aux recettes (L. 22 frim. an VI), enfin rétablis dans chaque arrondissement, à l'exception de l'arrondissement chef-lieu de département (L. 27 vent. an VIII).

206. — Les receveurs particuliers sont nommés par le Président de la République, sur la présentation du ministre des Finances (Décr. 23 sept. 1872, art. 1 et s.).

207. — D'après l'art. 4, L. 25 juill. 1879, ils sont recrutés, moitié parmi les percepteurs ayant cinq années au moins d'exercice, moitié parmi les fonctionnaires comptant au moins cinq années de services civils ou militaires.

208. — Aucun receveur particulier ne peut obtenir une recette d'une classe supérieure s'il ne compte trois ans d'exercice dans la classe immédiatement inférieure. Cette condition de trois années d'exercice n'est pas exigée pour les mutations qui peuvent avoir lieu dans la même classe (L. 25 juill. 1879, art. 4).

209. — Les cautionnements des receveurs particuliers sont fixés à cinq fois le montant de leurs émoluments de toute nature (L. 31 juill. 1867, art. 24). Le chiffre de ce cautionnement, fixé au moment de la nomination, est invariable pendant la durée de la même gestion. Il n'est modifié qu'en cas de changement d'attribution ou de résidence. Les receveurs doivent justifier de la propriété de la moitié au moins de leur cautionnement (Décr. 23 sept. 1872, art. 3).

210. — Avant d'être installés les receveurs doivent justifier de la réalisation de leur cautionnement et prêter serment, toutefois ils n'ont pas déjà rempli cette formalité comme receveurs d'un autre arrondissement (Instr. 1859, art. 1355).

211. — Le traitement des receveurs particuliers se compose actuellement : 1° d'un traitement fixe uniforme de 2,400 fr.; 2° de commissions également fixes, déterminées pour chaque arrondissement d'après l'importance des opérations effectuées pendant le dernier exercice réglé (Décr. min. 31 janv. 1885; Circ. comptab. publ. 10 févr. 1885).

212. — Les receveurs particuliers supportent, sur les trois quarts de leurs émoluments de toute nature, les retenues prescrites par l'art. 3, L. 9 juin 1853 : l'autre quart est considéré comme indemnité de loyer et de frais de bureau (Décr. 28 févr. 1866).

213. — Les receveurs particuliers doivent résider au chef-lieu de leur arrondissement et ne peuvent s'absenter qu'en vertu d'un congé accordé par le ministre des Finances. En cas d'absence dûment autorisée, ou d'empêchement légitime, ils peuvent se faire représenter par un fondé de pouvoirs agréé par le trésorier-payeur général et le sous-préfet, et dont ils doivent faire connaître le nom au ministre (Instr. 1859, art. 1359 et 1360).

214. — Les receveurs particuliers ne peuvent se livrer à d'autres opérations que celles que leur commandent leurs fonctions officielles; le trésorier-payeur général est tenu de s'assurer, par des vérifications semestrielles que chacun des receveurs particuliers sous ses ordres renferme sa gestion dans les limites qui lui ont été tracées.

215. — Les receveurs particuliers doivent constater, sommairement dans leurs écritures officielles et avec détail sur des livres spéciaux, tous les mouvements de leurs fonds particuliers; ces livres doivent être représentés au trésorier-payeur général lorsqu'il en juge l'examen nécessaire dans l'intérêt du service ou de sa responsabilité (Instr. 1859, art. 1191 et 1192).

216. — La gestion des percepteurs pour tous les services dont ils peuvent se trouver cumulativement chargés, est placée sous la surveillance et la responsabilité des receveurs particuliers. En cas de déficit ou de débet, le receveur est tenu d'en solder immédiatement le montant avec ses fonds personnels, sauf à être subrogé à tous les droits du Trésor sur le cautionnement, la personne ou les biens du reliquataire. Si le déficit provient de force majeure ou de circonstances indépendantes de la surveillance du receveur particulier, il peut obtenir la décharge de sa responsabilité : il a droit, en ce cas, au remboursement, en capital et intérêts, des sommes dont il a fait l'avance. Le ministre des Finances statue sur ces demandes après avis du préfet et de la section des finances du Conseil d'Etat et sauf recours au Conseil d'Etat par la voie contentieuse (Décr. 31 mai 1862, art. 338; Instr. 1859, art. 1285).

217. — Les receveurs des finances se font représenter les divers registres et pièces de comptabilité des percepteurs, toutes les fois que le bien du service l'exige; mais les règlements mettent en outre à leur disposition de nombreux moyens de surveillance et de contrôle. Ainsi les rôles des contributions directes ne parviennent aux percepteurs que par leur entremise, et il est de même de tous autres titres de recettes ou de dépenses. Si ces titres doivent être soumis à des formalités qui empêchent que l'original même ne soit remis au receveur des finances, doit au moins lui en être adressé une copie dûment certifiée (Instr. 1859, art. 1288). Les percepteurs tiennent un journal souché des recettes, dont ils détachent les quittances à délivrer pour tous les versements faits à leur caisse, et des registres qui constatent toutes les opérations de leurs services; les receveurs doivent prendre note de la remise qu'ils font successivement des volumes du journal à souche aux percepteurs et les vérifier à mesure qu'ils sont remplis. Les percepteurs remettent, d'ailleurs périodiquement aux receveurs des finances des bordereaux présentant leur situation avec le détail des valeurs de caisse et de portefeuille qui représentent l'excédent des recettes sur les dépenses, et l'existence de ces valeurs doit être soumis au visa du maire de la résidence du percepteur (L. 3 frim. an VII, art. 144). Enfin le percepteur est sujet à des vérifications à domicile ou peut être appelé au chef-lieu d'arrondissement avec ordre d'apporter ses rôles, ses registres et tous autres documents et pièces de comptabilité.— Fournier et Daveluy, p. 460.

218. — Les receveurs particuliers ont le droit d'exiger que le montant des recouvrements faits par les percepteurs sur les contribuables leur soit versé tous les dix jours. En vertu de la règle qui veut qu'il soit compté par exercice pour tous les recouvrements à effectuer en matière de contributions directes, les receveurs des finances doivent exactement appliquer les versements des percepteurs à l'exercice pour lequel les fonds sont versés par eux. Il est expressément interdit aux receveurs d'employer, pour solder les contributions par l'exercice expiré, des fonds provenant d'autres services ou avancés par les percepteurs; la marche à suivre, à cet égard, est tracée par les art. 1121 à 1127, 1671 et 2020 à 2022 de l'instruction générale du 2 juin 1859.

219. — Pour les envois de fonds à faire à la trésorerie générale, au Trésor public ou à d'autres comptables ou correspondants, les receveurs particuliers suivent les instructions du trésorier-payeur général (Instr., art. 1363).

220. — Le trésorier-payeur général peut, par mesure de précaution et de discipline, et lorsque les circonstances lui paraissent l'exiger impérieusement, placer un agent spécial près d'un receveur particulier, sauf à en informer immédiatement le ministre des Finances. Il peut même, en cas d'irrégularités graves ou de déficit, lui retirer le maniement des deniers publics et, suivant l'expression usitée en matière, lui fermer les mains. Le ministre doit être informé de cette mesure et il est procédé, s'il y a lieu, au remplacement du receveur particulier (Instr. 1859, art. 1380). Les agents spéciaux et in

térimaires des recettes des finances ont droit à une indemnité qui est réglée par le ministre, sur la proposition du trésorier-payeur général, et prélevée sur les bénéfices de l'emploi.

221. — Le ministre peut infliger aux receveurs des finances pour inconduite, négligence et manquement au service, une retenue dont le maximum est fixé à deux mois de traitement, déduction faite du quart pour frais de bureau (Instr. 1859, art. 1380).

3° *Trésoriers-payeurs généraux.*

222. — Les receveurs généraux des finances, établis autrefois dans chaque généralité et qui étaient au nombre de 44, sous Louis XVI, furent supprimés par la loi des 14-24 nov. 1790, qui les remplaça par les receveurs de district. Mais l'art. 133, Const. 5 fruct. an III, les rétablit sous le nom de receveurs des impositions directes du département. Enfin un décret du 21 nov. 1865 réunit les fonctions de receveur général et de payeur qui avaient été séparées jusqu'alors et conféra au fonctionnaire unique chargé de ces fonctions, le titre de trésorier-payeur général.

223. — Les trésoriers-payeurs généraux sont nommés par décret du Président de la République, sur la présentation du ministre des Finances (L. 13 brum. an VII; Décr. 21 nov. 1865). Les conditions d'admission ont été fixées par un décret du 22 juill. 1882, aux termes duquel deux tiers des vacances dans les emplois de trésorier-payeur général sont réservés aux receveurs particuliers et aux autres candidats appartenant ou ayant appartenu à un service ressortissant au ministère des finances. Un tiers des vacances est réservé au choix du gouvernement.

224. — Il y a dans chaque département un trésorier-payeur général. Toutefois une ordonnance des 3-24 mai 1832 a supprimé la recette générale du département de la Seine et les recettes particulières de Saint-Denis et de Sceaux, et a créé une recette centrale du département.

225. — Le cautionnement que ces fonctionnaires ont à fournir est fixé pour toute la durée de leur gestion, par le décret de nomination, sur le pied de huit fois le montant de leurs émoluments de toute nature soumis à retenue, s'ils sont inférieurs à 25,000 fr., et de douze fois s'ils sont supérieurs à ce chiffre. Il doit appartenir pour moitié au titulaire (L. 31 juill. 1867, art. 28; Décr. 23 sept. 1872, art. 3; L. 28 avr. 1893; Décr. 20 juin 1893).

226. — Après avoir versé son cautionnement le nouveau titulaire d'une trésorerie générale doit prêter serment, soit devant la Cour des comptes, s'il est à Paris, soit entre les mains du préfet du département (Instr. 20 juin 1859, art. 1391).

227. — Les trésoriers-payeurs généraux doivent résider au chef-lieu du département (excepté ceux du Finistère et du Var, qui résident à Brest et à Toulon). Ils ne peuvent s'absenter sans un congé du ministre des Finances.

228. — Ils sont autorisés à avoir des fondés de pouvoirs permanents qui doivent être agréés par le préfet et le ministre. Un trésorier-payeur général peut être autorisé à avoir simultanément deux fondés de pouvoirs, sous la condition que, s'ils sont autorisés à signer séparément, ils soient investis de pouvoirs parfaitement égaux et s'engagent le comptable uniformément, sans distinction d'attributions ou de circonstances éventuelles. Quand le nombre en est porté à trois, deux doivent toujours signer ensemble et non séparément et avoir des attributions entièrement égales à celles de la troisième. La faculté d'avoir des fondés de pouvoirs ne dispense pas les trésoriers-payeurs généraux de signer eux-mêmes leur correspondance officielle (Instr. 1859, art. 1392 et 1393).

229. — La signature des fondés de pouvoirs n'est pas accréditée auprès de la Cour des comptes et des différentes administrations avec lesquelles les trésoriers-payeurs généraux sont en relations.

230. — Les émoluments des trésoriers-payeurs généraux se composaient autrefois d'un traitement fixe de 6,000 fr., d'une commission fixe sur les recettes et les dépenses, de remises sur le produit des coupes de bois de l'État (Déc. min. 31 janv. 1885). Ils jouissaient en outre de diverses allocations à raison des opérations qu'ils effectuaient pour le compte de la Caisse des dépôts et consignations, de la Légion d'honneur, des communes, etc. Ils avaient droit à un prélèvement sur les bonifications allouées aux receveurs particuliers (Instr. 1859, art. 479). Un décret du 31 déc. 1889 a modifié ces émoluments. Les trésoriers-payeurs généraux sont actuellement divisés en cinq classes et touchent des traitements fixes qui sont de 25,000, 20,000, 16,000, 14,000 et 12,000 fr. Les commissions ou remises allouées sur le budget général de l'État et sur le budget annexe de la Légion d'honneur sont supprimées.

231. — Les trésoriers-payeurs généraux et les receveurs particuliers sont responsables du recouvrement des sommes imposées (LL. 24 nov. 1790 et 17 brum. an V); ils en dirigent et centralisent la perception et le recouvrement. Pour toutes les gestions confiées aux percepteurs, ils surveillent le recouvrement exact des produits aux échéances fixées par les titres et par l'administration, l'acquittement régulier et la justification des dépenses, la conservation des deniers, la tenue des écritures, la reddition et l'apurement des comptes. Ils ont, en outre, à percevoir directement certains produits du budget et à exécuter, dans chaque département, les opérations du service de la trésorerie (Décr. 31 mai 1862, art. 330). Ils examinent les rôles avant leur mise en recouvrement, vérifient les calculs et la légalité des taxes pour mettre leur responsabilité à couvert; s'ils découvrent des erreurs de calcul ou des illégalités dans les rôles, ils doivent les dénoncer aux directeurs des contributions directes et s'entendre avec eux pour faire opérer les rectifications (Instr. 17 juin 1840, art. 39).

232. — Voici, d'après l'art. 1369 de l'instruction générale du 20 juin 1859, comment s'exerce la surveillance des trésoriers-payeurs généraux sur leurs subordonnés : les receveurs particuliers sont tenus de remettre tous les dix jours au trésorier-payeur général copie du livre-journal dans lequel sont constatées toutes les opérations, et de l'état du dépouillement résumant les recettes par nature de produit; le sous-préfet de chaque arrondissement lui envoie, tous les dix jours, les talons de récépissés que les receveurs particuliers ont délivré pour chaque versement fait à leur caisse et qui ont été soumis au visa du sous-préfet; remise lui est faite, le 20 de chaque mois, ou plus souvent s'il le juge nécessaire, de la balance du grand livre que doivent tenir les receveurs; ceux-ci sont obligés de fournir à la trésorerie générale tous autres extraits ou bordereaux dont la production serait nécessaire pour contrôler leurs écritures et de dresser, tous les mois, un relevé détaillé des récépissés à talon qu'ils ont délivrés, de le certifier conforme à leurs écritures et de le remettre au sous-préfet de leur arrondissement. Deux fois par an, le trésorier-général payeur est, en outre, tenu de procéder, au domicile même des receveurs particuliers, à une vérification approfondie afin de s'assurer qu'ils ne négligent aucun des devoirs qui leur sont imposés. Il est tenu de procéder personnellement à ces vérifications, sauf à se faire assister, s'il le juge nécessaire, par un employé de ses bureaux. Les vérifications sont constatées par un procès-verbal, et il en est rendu compte au ministre des Finances (Instr. 1859, art. 1379).

233. — Les trésoriers-payeurs généraux sont eux-mêmes soumis à la surveillance du ministre et au contrôle des inspecteurs des finances qui vérifient leurs caisses et leurs écritures. — Trolley, n. 709.

234. — Les fonctions des trésoriers-payeurs généraux sont incompatibles avec celles de membres des conseils d'administration ou de censeurs de sociétés financières, industrielles ou commerciales, ayant leur siège soit à Paris, soit dans les départements. Il n'y a d'exception qu'en ce qui concerne les fonctions de régents de la Banque de France et des censeurs auprès des succursales de cet établissement ou celles d'administrateurs du Crédit foncier, sous la réserve de l'agrément du ministre (Déc. min. 9 févr. 1877).

235. — Les opérations de banque ne sont permises aux trésoriers-payeurs généraux que dans la limite des convenances du Trésor, c'est-à-dire qu'autant que les mouvements de fonds qui en résultent facilitent le service de la trésorerie (Instr. 1859, art. 1188). Il leur est interdit d'avoir avec leurs subordonnés des comptes d'intérêts réciproques pour les recouvrements et les versements qu'ils opèrent comme receveurs des deniers publics. Lorsque les receveurs particuliers placent leurs fonds chez les trésoriers-payeurs généraux, ils ne peuvent faire ces placements que comme correspondants particuliers (Instr., art. 1191), et les trésoriers-payeurs généraux ont le droit d'exiger qu'aucun retrait ou emploi des fonds particuliers placés par les receveurs particuliers à la trésorerie générale n'ait lieu, sur les produits de l'arrondissement, que d'après leur autorisation ou d'après les règles qu'ils auront établies.

236. — On appelle fonds particuliers des trésoriers-payeurs

généraux les fonds qui leur appartiennent et ceux qui leur sont confiés par des particuliers. Ces derniers fonds doivent être versés en totalité au Trésor. Il est interdit d'en faire tout autre emploi. Les avances faites au Trésor au moyen de ces fonds particuliers entrent dans le compte courant du trésorier-payeur général, et les conditions auxquelles sont soumises ces avances sont déterminées par des décisions annuelles du ministre des Finances, sur les propositions du directeur du mouvement général des fonds. — Fournier et Daveluy, p. 464.

237. — Les trésoriers-payeurs généraux disposent, sous leur responsabilité, des fonds reçus par les receveurs particuliers, soit qu'ils les fassent verser à la trésorerie générale, soit qu'ils les emploient sur les lieux, soit qu'ils en autorisent la réserve en leurs mains ou qu'ils leur donnent toutes autres directions commandées par les besoins du service (Décr. 31 mai 1862, art. 336). Ils doivent comprendre dans leurs comptes ceux des receveurs particuliers qui, eux-mêmes, embrassent la comptabilité des percepteurs, de sorte que les trésoriers-payeurs généraux sont seuls justiciables de la Cour des comptes (Décr. 31 mai 1862, art. 333 et 375).

238. — Les trésoriers-payeurs généraux sont responsables de la gestion des receveurs particuliers de leur département et aussi de celle des percepteurs. Il en résulte qu'ils sont comptables envers le Trésor de tous les rôles émis et que les autres agents ne sont, au point de vue de la comptabilité, que leurs préposés (Trolley, n. 702). Ils sont responsables envers le Trésor du débet des percepteurs, lorsqu'ils n'ont pas fait en temps utile les poursuites et les actes conservatoires qui doivent assurer leur solvabilité. — Cons. d'Et., 16 févr. 1811, Commune de la Fermeté, [S. chr., P. adm. chr.]; — 26 déc. 1839, Delambre, [Leb. chr., p. 599] — et surtout lorsqu'au lieu d'avertir le ministre du déficit qu'ils savaient exister dans la caisse de ces comptables, ils ont reçu d'eux des traites pour le montant du déficit. — Cons. d'Et., 26 janv. 1809, Costes, [P. adm. chr.] — Ils sont responsables même de la portion du débet qui n'était pas connue au moment du décret de responsabilité. — Même décision.

4° Porteurs de contraintes.

239. — La nécessité de confier à un personnel spécial la mission d'exercer les poursuites auxquelles peut donner lieu le recouvrement des contributions directes a toujours été reconnue. Déjà sous l'ancien régime, un Edit de sept. 1381 avait institué des sergents qui avaient seuls le droit d'exercer les poursuites pour le recouvrement des tailles. La déclaration du roi du 12 févr. 1663 confirmait ce principe en enjoignant aux commissaires départis et aux officiers des élections de fixer le nombre des huissiers et sergents employés au recouvrement des tailles et de taxer leurs frais. La loi du 2 oct. 1791 (art. 17) disposait que les receveurs de district remettraient chaque année aux directoires de district un état nominatif des porteurs de contraintes qu'ils se proposaient d'employer; que les directoires de district en fixeraient le nombre, les choisiraient parmi ceux qui avaient été proposés et leur donneraient des commissions. Les porteurs de contraintes prêteraient ensuite serment devant les directoires de district.

240. — Jusqu'en 1877, il existait deux catégories d'agents : les porteurs de contraintes institués par la loi des 26 sept.-2 oct. 1791 et l'arrêté du 16 therm. an VIII et les garnisaires, créés par la loi du 17 brum. an V. Les premiers agissaient dans tous les degrés de poursuites; les seconds n'étaient employés que dans la garnison collective ou individuelle (Arr. 24 déc. 1839, art. 28). La loi du 9 févr. 1877 ayant supprimé ce dernier mode de poursuites, les garnisaires ont disparu.

241. — D'après l'arrêté du 16 therm. an VIII, le nombre des porteurs de contraintes doit être calculé sur la population des communes composant l'arrondissement et il ne pouvait excéder celui de deux par quinze communes rurales. Dans les villes et gros bourgs, il était calculé proportionnellement à la population de vingt communes rurales (art. 23). Les porteurs de contraintes étaient nommés par le sous-préfet, sur la proposition du receveur particulier. Les choix du sous-préfet étaient soumis à l'approbation du préfet (art. 20). La commission n'était délivrée qu'après avoir été visée par le préfet (art. 21).

242. — Depuis le règlement du 21 déc. 1839, le nombre des porteurs de contraintes pour chaque arrondissement est réglé

par le préfet, sur la proposition du trésorier-payeur général. Le règlement a ainsi remis aux préfets l'exercice de l'attribution qui avait été déléguée aux sous-préfets de fixer le nombre des porteurs de contraintes. D'après l'art. 30 du même règlement, ces agents sont nommés par le sous-préfet et commissionnés par le préfet.

242 *bis.* — Dans les arrondissements où il ne se trouve pas de porteurs de contraintes ayant les qualités et les connaissances nécessaires, les sous-préfets autorisent les receveurs des finances à se servir des huissiers près les tribunaux pour l'exécution des actes réservés aux porteurs de contraintes, en se conformant, pour les frais, aux fixations arrêtées par le préfet. Les huissiers doivent, dans ce cas, être commissionnés porteurs de contraintes. Les huissiers ne sauraient être forcés d'accepter une commission de porteur de contraintes; mais ils peuvent être requis d'exercer contre les contribuables les actes de leur ministère; dans ce cas ils ont le droit de demander que leurs émoluments soient fixés d'après le tarif judiciaire (Règl. 1839, art. 35, 35 bis, 35 ter). — Av. Cons. d'Et., 13 août 1841.

243. — A Paris il existe deux classes d'agents : 1° les porteurs de contraintes administratives, chargés de distribuer les avertissements, les sommations sans frais et avec frais, de dresser les procès-verbaux d'insolvabilité et de perquisition; 2° les porteurs de contraintes judiciaires chargés de dresser et de signifier les actes de poursuites à partir du commandement inclusivement, sauf toutefois les procès-verbaux de vente. Ils peuvent encore dresser les procès-verbaux de perquisition et d'insolvabilité et faire les saisies-arrêts (Règl. préf. 24 déc. 1859, art. 32 à 35). Il existe aussi des porteurs de contraintes suppléants.

244. — Ni la loi, ni le règlement ne fixent nettement l'âge auquel on peut être nommé porteur de contraintes. L'art. 19, Arr. 16 therm. an VIII, porte que ces agents seront choisis parmi les citoyens de la municipalité sachant lire et écrire. Or dans la constitution d'alors, c'était à vingt et un ans qu'on acquérait la qualité de citoyen. La pratique s'est établie en ce sens, quoiqu'ils aient des fonctions analogues à celles des huissiers et que l'âge de vingt-cinq ans soit exigé des candidats à ces dernières fonctions. — Durieu, t. 1, p. 470.

245. — Aucun des individus attachés au service des autorités administratives, des receveurs et des percepteurs, ne peut remplir les fonctions de porteur de contraintes (Arr. 16 therm. an VIII, art. 19; Règl. 1839, art. 31). Cette disposition qui existait dans l'ancienne législation des tailles (Arr. cons. 4 juill. 1664, art. 16; Arr. de la Cour des aides, 5 oct. 1665, art. 13; Règl. 8 mai 1761), a pour objet d'exclure les domestiques des fonctionnaires et de relever la qualité des porteurs de contraintes. — Durieu, t. 1, p. 471.

245 *bis.* — Les porteurs de contraintes doivent résider dans la commune, chef-lieu de l'arrondissement, sauf les exceptions autorisées par le préfet (Règl. 1839, art. 32).

246. — La commission délivrée au porteur de contraintes doit indiquer l'arrondissement auquel il est attaché et dans l'étendue territoriale duquel il a qualité pour instrumenter. Tout acte de poursuite fait par un porteur de contraintes dans un autre arrondissement serait nul. — Trib. F..., 19 nov. 1875, (cité par Durieu, t. 2, p. 180] — Durieu, t. 1, p. 470.

247. — La commission doit encore mentionner que le porteur a prêté serment de remplir fidèlement les fonctions qui lui sont confiées (Déc. min. 14 déc. 1813). L'acte de prestation de serment fixe de 3 fr. (Déc. min. 3 flor. an XII).'' — Durieu, t. 1, p. 470.

248. — Les porteurs de contraintes, dans l'exercice de leurs fonctions, doivent être munis de leur commission. Ils la mentionnent dans leurs actes et la représentent quand ils en sont requis (Règl. 1839, art. 33; Arr. 16 therm. an VIII, art. 22). Cette prescription a pour objet de permettre à l'agent de justifier de sa qualité. Un porteur qui ne serait pas muni de sa commission et qui n'aurait pu la représenter sur la réquisition du redevable ne pourrait, s'il venait à être insulté dans l'exercice de ses fonctions, obtenir les garanties que lui assure l'art. 40 du règlement. — Durieu, t. 1, p. 473.

249. — Les porteurs de contraintes remplissent les fonctions d'huissier pour les contributions directes, et, en cette qualité, ils font les commandements, saisies et ventes, à moins qu'il n'existe des commissaires-priseurs dans le lieu où ils exercent leurs poursuites. Dans ce cas, les commissaires-priseurs sont chargés de préférence des ventes, conformément aux disposi-

tions de l'art. 31, L. fin. 23 juill. 1820, et ils sont tenus de se soumettre, pour le paiement de leurs frais, aux fixations déterminées par les préfets. Les porteurs de contraintes ne sont pas assujettis au droit de patente (Règl. 1839, art. 34).

250. — L'arrêté du 16 therm. an VIII (art. 18), attribue aux porteurs de contraintes un privilège exclusif pour instrumenter. Mais il est entendu que leur ministère n'est établi que pour la poursuite des droits du Trésor. Si des particuliers ont des significations à faire aux percepteurs ou receveurs, ils doivent avoir recours à des huissiers.

251. — Les porteurs de contraintes sont à la disposition du receveur particulier des finances dans chaque arrondissement, et ne peuvent être employés par les percepteurs que d'après son ordre (Règl. 1839, art. 32). Ainsi le percepteur n'a pas qualité pour faire agir le porteur de contraintes; mais quand celui-ci a été envoyé dans une commune pour y exercer des poursuites, il doit procéder sous la conduite et la direction du percepteur. C'est le percepteur qui donne l'ordre d'arrêter les poursuites. — Durieu, t. 1, p. 472.

252. — D'après l'art. 27, Arr. 16 therm. an VIII, les porteurs de contraintes ne jouissaient d'aucun traitement fixe et n'étaient payés qu'autant qu'ils étaient employés. Leur rémunération consistait uniquement dans le salaire résultant des actes de poursuites qu'ils exécutaient (Règl. 1839, art. 36). Ce salaire n'avait pas le caractère d'un traitement (Av. de la section des finances du Cons. d'Et., 13 oct. 1828, cité par Durieu, t. 1, p. 483). Il n'était rien alloué aux porteurs de contraintes pour frais d'aller et de retour. Le prix des divers actes de poursuites était déterminé par un arrêté du préfet de chaque département pris en exécution de la loi du 25 mars 1817 (Arr. 16 therm. an VIII, art. 27 et 28; Instr. compt. 1859, art. 105). Le recrutement des porteurs de contraintes devenant de plus en plus difficile à raison de l'insuffisance des salaires, on dut améliorer la situation de ces agents. Un arrêté du 14 sept. 1861 décida qu'ils recevraient, en sus des frais de poursuites taxés à leur profit, une indemnité annuelle fixe, payée sur les fonds du budget, à raison de 75 fr. par trimestre. Cette indemnité pouvait être portée à 400 fr. par an en faveur des agents qui mériteraient cette faveur par leurs bons services. Un nouvel arrêté du 14 mars 1884 a fixé à 400 fr. le chiffre normal de l'indemnité annuelle, qui peut être portée à 500 fr. pour les agents les plus méritants et même à 600 fr. pour ceux qui compteront dix années de service.

253. — Les porteurs de contraintes ne peuvent, dans aucun cas ni sous aucun prétexte, recevoir aucune somme des percepteurs ni des contribuables pour leur salaire ou pour les contributions, à peine de destitution. Les percepteurs qui leur remettraient des fonds en resteraient responsables, et les contribuables qui paieraient entre leurs mains s'exposeraient à payer deux fois (Règl. 1839, art. 38). Cette prohibition est la reproduction de dispositions analogues inscrites dans les anciens édits (Edit de mars 1600, art. 35; Édit de janvier 1634, art. 55; Arr. Cons. 4 juill. 1664, art. 12; Arr. Cons. 23 avr. 1718; Règl. 8 mai 1761; Arr. 16 therm. an VIII, art. 28 et 50). Elle est la conséquence de ce principe que le paiement ne libère le débiteur que s'il est fait à la personne qui a qualité pour le recevoir. Or seuls les percepteurs ont qualité pour recevoir les contributions directes et en donner quittance. — Durieu, t. 1, p. 487.

254. — Les porteurs de contraintes, en arrivant dans une commune, font constater au maire ou à leur défaut, par un conseiller municipal, sur la contrainte ou l'ordre dont ils sont munis, le jour et l'heure de leur arrivée, et de même, en se retirant, le jour et l'heure de leur départ (Règl. 1839, art. 37). L'omission de cette formalité aurait pour conséquence pour l'agent la perte de son salaire. — Durieu, t. 1, p. 486.

255. — Les porteurs de contraintes sont assujettis à tenir un répertoire coté et paraphé par le juge de paix du chef-lieu d'arrondissement et visé gratuitement pour timbre, par le receveur d'enregistrement; ils y portent tous les actes de leur ministère sujets au timbre et à l'enregistrement, soit gratis, soit payés, sous peine d'une amende de 5 fr. pour chaque omission. Indépendamment des détails prescrits par l'art. 50, L. 22 frim. an VII, ce répertoire doit contenir, dans une colonne distincte, le coût de chaque acte, d'après les fixations arrêtées par le préfet (Règl. 1839, art. 39). Cette obligation, que la loi de frimaire an VII n'imposait qu'aux huissiers, a été étendue par une décision ministérielle du 13 nov. 1807 aux porteurs de contraintes puisqu'ils font fonctions d'huissier. Les détails que doit contenir le répertoire sont, pour

chaque article, le numéro d'ordre, la date de l'acte, la nature, les noms et prénoms des parties et leur domicile, l'indication des biens, leur situation et le prix, lorsqu'il s'agit d'actes qui ont pour objet la propriété, l'usufruit ou la jouissance de biens-fonds, la relation de l'enregistrement et le montant des droits. — Durieu, t. 1, p. 489.

256. — Dans les dix premiers jours de chaque trimestre, le répertoire est présenté au receveur de l'enregistrement pour être revêtu de son visa. Le porteur de contraintes qui diffère cette présentation est puni d'une amende de 10 fr. pour chaque dizaine de retard. Il est tenu, en outre, de communiquer son répertoire, à toute réquisition, aux préposés de l'enregistrement qui se présentent chez lui pour le vérifier, à peine d'une amende de 50 fr. en cas de refus. Il le communique au percepteur, au maire, au sous-préfet chaque fois qu'il en est requis (Règl. 1839, art. 39). Les receveurs particuliers doivent se faire représenter le répertoire au moins deux fois par an, et y consigner les résultats de l'examen qu'ils en font (Instr. 1859, art. 107). Les amendes encourues pour contraventions relatives à la tenue du répertoire se prescrivent par deux ans (L. 16 juin 1824).

257. — Les porteurs de contraintes ont le caractère de fonctionnaires publics. Leurs actes font foi des énonciations qu'il est dans leurs attributions de constater. Ils ont, comme les huissiers, le droit de s'introduire dans le domicile des citoyens auxquels ils sont chargés de signifier leurs procès-verbaux, malgré la résistance qu'ils éprouveraient. — V. Paris, 2 août 1833, Henrion, [S. 33.2.479, P. chr.]

258. — Ils doivent, sous leur responsabilité, se conformer, pour la rédaction et la remise de leurs actes, ainsi que pour l'ensemble de leurs opérations, aux formalités prescrites par les lois et aux règles qui déterminent les jours, les heures et les lieux où l'on peut instrumenter. Ils doivent remettre eux-mêmes, à personne ou à domicile, l'acte qu'ils sont chargés de signifier, sous peine d'encourir, outre la suspension ou la destitution prononcée par l'autorité administrative, une amende qui ne peut être moindre de 2,000 fr., sans préjudice des dommages-intérêts envers la partie, et d'être même poursuivis criminellement et punis d'après l'art. 146, C. pén., en cas de fraude constatée. Ils doivent écrire correctement et lisiblement les copies des actes qu'ils signifient, sous peine d'une amende de 25 fr., indépendamment du rejet de la taxe lors du règlement des frais par le sous-préfet. Ils doivent mentionner au bas de l'original et de la copie de chaque acte le montant de leurs droits tels qu'ils sont fixés par le tarif. L'omission de cette formalité est l'une des causes passibles d'amendes mais n'entraîne pas la nullité de l'acte. Ils sont responsables de la nullité des poursuites occasionnées par leur faute et (Circ. min. 10 oct. 1831) des contraventions aux règlements sur le timbre et l'enregistrement. Un arrêté ministériel du 6 mai 1874 a déterminé les règles relatives au papier que devaient employer les porteurs de contraintes. — Durieu, t. 1, n. 475 et s.

259. — En cas d'outrage ou de rébellion contre les agents de poursuites, ils se retirent auprès du maire pour en dresser procès-verbal. Ce procès-verbal, visé par le maire, est enregistré et envoyé au sous-préfet, lequel dénonce le fait aux tribunaux, s'il y a lieu (Règl. 1839, art. 40; Arr. 16 therm. an VIII, art. 24). Les procès-verbaux doivent être affirmés (Arr. 16 therm. an VIII, art. 24). Ils font foi jusqu'à preuve contraire (Durieu, t. 1, p. 497). Dans un arrêt du 30 juin 1832, Ségand [P. 32.1. 577, P. chr.], la Cour de cassation a décidé que les porteurs de contraintes, étant huissiers des contributions directes, devaient, lorsqu'ils étaient dans l'exercice de leurs fonctions, être considérés comme des officiers ministériels, et que l'art. 224, C. pén., était, par conséquent, applicable aux outrages par paroles, gestes ou menaces, qui leur étaient adressés. Cette décision, qui est approuvée par MM. Fournier et Daveluy (p. 331) comme procédant d'une juste interprétation de l'art. 18, Arr. 16 therm. an VIII, a été critiquée par MM. Chauveau et F. Hélie (Théor. du C. pén., t. 3, p. 15].

260. — Les receveurs particuliers sont chargés de surveiller et de faire surveiller la conduite des porteurs de contraintes, de prendre, à leur égard, tous les renseignements qui pourront leur être fournis, soit par les percepteurs, soit par les contribuables, et de les adresser, sans délai, au sous-préfet. Celui-ci surveille lui-même et fait surveiller les porteurs de contraintes

par les maires et adjoints. Le directeur des contributions directes les fait également surveiller par les contrôleurs.

261. — Les contribuables peuvent porter directement leurs plaintes au sous-préfet, qui statue sommairement sur toutes celles qui lui parviennent contre les porteurs de contraintes; il peut même les révoquer, sauf, dans tous les cas, le recours au préfet (Arr. 16 therm. an VIII, art. 25). Si les délits donnent lieu, par leur nature, à des poursuites extraordinaires, le préfet adresse les pièces aux juges compétents (Même arr., art. 26).

CHAPITRE II.

ASSIETTE ET RÉPARTITION DES CONTRIBUTIONS DIRECTES EN GÉNÉRAL.

Section I.

Recensement de la matière imposable.

§ 1. Établissement des matrices des rôles.

262. — Nous avons à rechercher maintenant de quelle manière sont recensés tous les éléments imposables, comment les renseignements qui les concernent sont recueillis, centralisés, conservés et tenus au courant des changements qui surviennent chaque année. Cette étude portera sur la rédaction des matrices, et surtout sur l'opération si importante connue sous le nom de travail des mutations.

263. — Les matrices sont des volumes dans lesquels sont réunis, pour chaque commune, tous les renseignements dont l'administration a besoin pour dresser les rôles et assigner à chaque contribuable sa part dans les diverses contributions. Pour remplir leur office, il fallait qu'elles fussent tenues au courant des modifications qui se produisent dans la situation des contribuables. En effet, il eût été impossible de recommencer chaque année les travaux de recherche de la matière imposable. En conséquence, la loi du 22 brum. an VI décida qu'il serait ouvert un registre dit *livre des mutations*, dans lequel le secrétaire de l'administration municipale consignerait les déclarations de nature à affecter la matrice cadastrale. Les répartiteurs n'auraient plus qu'à faire le relevé de ces changements et la matrice modifiée continuerait à servir plusieurs années.

264. — On reconnut dès l'origine l'impossibilité de faire faire un travail si délicat par des agents aussi peu expérimentés, et l'instruction législative qui fait suite à la loi du 22 brum. an VI, et l'art. 39, L. 15 sept. 1807, montrent bien que, dans l'esprit du législateur, la formation du tableau des mutations devait être faite par les agents de l'administration, et que la mission des répartiteurs devait se borner à la surveillance, au contrôle du travail des agents.

265. — Indépendamment des matrices cadastrales, affectées uniquement à ce qui intéresse la contribution foncière des propriétés non bâties, il existe, dans chaque commune et à la direction, des matrices générales, qui, outre les indications déjà contenues dans les matrices cadastrales, contiennent tous les renseignements relatifs aux contributions foncière des propriétés bâties, personnelle-mobilière et des portes et fenêtres. Jusqu'en 1845, elles contenaient aussi les éléments nécessaires à l'établissement des rôles des patentes; mais, depuis cette époque, il est rédigé pour cette dernière contribution une matrice distincte.

266. — La matrice générale des contributions foncière, personnelle-mobilière et des portes et fenêtres est établie pour une durée de quatre ans. Elle présente, pour chaque contribuable : les nom, prénoms, surnoms, demeure et profession; le revenu net des propriétés bâties; le revenu cadastral des propriétés non bâties; la taxe personnelle et la valeur locative de l'habitation; le nombre et la nature des ouvertures imposables; les cotisations (Circ. 25 janv. 1817). Elle doit être établie dans un ordre alphabétique rigoureux. Les contribuables impersonnels, tels que l'État, les départements, les communes, etc., sont placés en tête de la matrice. Il ne doit pas être ouvert plusieurs articles à un même contribuable (Circ. 3 avr. 1828).

267. — Les propriétés appartenant à l'État doivent être désignées en ajoutant, après ces mots l'État, le gouvernement, le domaine public, le nom de l'administration chargée de gérer et d'exploiter les biens imposés : l'administration des contributions indirectes, s'il s'agit de bacs ou de canaux; celle des forêts, s'il s'agit de bois; celle de l'enregistrement et des domaines, s'il s'agit de biens productifs dont cette administration perçoit les revenus; celle des ponts et chaussées, s'il s'agit de canaux ou de chemins de fer en construction.

268. — Il est rédigé, par ordre alphabétique, une matrice spéciale pour les ouvertures imposables situées dans les banlieues des villes de 5,000 âmes et au-dessus et qui sont taxées d'après le tarif des communes rurales.

269. — Dans les villes d'une certaine étendue, l'ordre alphabétique ne doit pas être suivi : les contribuables doivent être rangés par arrondissement de perception, par rue et par numéro de maison (Circ. 25 janv. 1817).

270. — Dans les grandes villes et dans les villes d'une certaine importance, le ministre, sur la demande du préfet, autorise l'établissement de deux matrices générales, l'une pour les contributions foncière et des portes et fenêtres, l'autre pour les contributions personnelle-mobilière et des patentes (Circ. 3 avr. 1828).

271. — La feuille de tête de la matrice générale présente, pour chacune des quatre années de la durée de ce document : 1° pour la contribution foncière des propriétés bâties et des propriétés non bâties, le revenu imposable, le contingent en principal, centimes additionnels et réimpositions; les centimes le franc général et en principal; 2° pour la contribution personnelle-mobilière, le nombre d'habitants passibles de la contribution personnelle; le montant des loyers d'habitation; le prix des trois journées de travail; le produit de la contribution personnelle; le contingent en principal, centimes additionnels et réimpositions; l'excédent de contingent sur le produit des taxes personnelles, à répartir en cotes mobilières; les centimes le franc général et en principal; 3° pour la contribution des portes et fenêtres, l'indication des ouvertures, par catégorie; leur nombre; le tarif suivant la loi de chaque catégorie d'ouvertures; le produit résultant du tarif de la loi; le contingent total assigné à la commune; les centimes le franc; le tarif suivant le contingent; le produit des taxes d'après le tarif suivant le contingent.

272. — Au bas de la feuille de tête, à gauche, se trouve un cadre qui présente la récapitulation générale de la matrice; il donne, par année, le montant des trois contributions et le montant total du rôle; le nombre des articles du rôle; le nombre de cotes foncières de propriétés bâties et de propriétés non bâties; le nombre d'articles comprenant une cote personnelle seulement, une cote mobilière seulement, une cote personnelle et une cote mobilière; le nombre de cotes de portes et fenêtres.

273. — Dans un autre cadre à droite, sont présentées, par année, la division des sommes imposées entre l'État, le département, la commune, le fonds de secours, le fonds de non-valeurs, les réimpositions et frais d'avertissements; et aussi les proportions exprimant la part de l'État, du département et de la commune dans le montant total des trois contributions.

274. — Les préfets font payer les frais de copie sur les fonds communaux au moyen d'un prélèvement sur les dépenses imprévues et d'une allocation spéciale portée dans les budgets des communes (Circ. 19 mars 1819). La dépense de la copie est remboursée au directeur, à raison d'un centime et demi par article, y compris les frais de papier et d'impression. Le directeur ne doit être payé qu'après qu'il a justifié, sur les récépissés des maires, de la remise des copies aux maires (Circ. 18 févr. 1815).

275. — La communication des matrices générales déposées à la mairie ne peut être refusée aux contribuables (Déc. min. 7 juin 1865). Une copie de la matrice générale doit même être déposée à la mairie de chaque commune (Circ. 18 févr. 1818).

§ 2. Travail des mutations.

####### 1° Objet du travail des mutations.

276. — Le travail des mutations comprend : 1° la réception des déclarations de mutation des propriétés foncières; la rédaction et la vérification des feuilles sur lesquelles sont portées les parcelles, objet des changements; 2° la recherche des propriétés

non bâties devenues imposables ou ayant cessé de l'être; celle des constructions et des démolitions totales ou partielles, ainsi que des changements d'affectation susceptibles d'entraîner une modification du revenu net des propriétés bâties; 3° la formation de l'état des changements de la taxe des biens de mainmorte; 4° la formation des états de changements concernant la contribution des portes et fenêtres et la contribution personnelle-mobilière, ainsi que la constatation des rectifications qu'il y aurait lieu d'apporter à la désignation des noms, prénoms, profession ou qualités et demeures des contribuables; 5° la ventilation des baux; 6° l'établissement des matrices des patentes; 7° la rédaction ou la rectification de l'état-matrice des prestations; 8° les recherches complémentaires relatives à l'assiette de la contribution sur les voitures, chevaux, mules et mulets, de la taxe sur les billards publics et privés et de la taxe sur les cercles, sociétés et lieux de réunion; 9° l'application des mutations sur les matrices de la direction et sur celles des communes (Instr. 2 mars 1886, art. 1).

277. — Les règles relatives à ce travail considérable ont fait l'objet de circulaires innombrables adressées aux agents, qui ont été codifiées une première fois dans une instruction du 18 déc. 1853, laquelle a été elle-même remplacée par l'instruction du 2 mars 1886, qui ne compte pas moins de 200 articles.

2° *Tournées générales et spéciales.* — *Règles générales.*

278. — Le travail des mutations, dans les communes, est fait par le contrôleur et par le percepteur, dans les cas et conditions ci-après déterminés (art. 2).

279. — Une tournée générale a lieu chaque année pour l'exécution du travail des mutations; elle est précédée et suivie de tournées spéciales ayant pour objet les mutations foncières et l'établissement des matrices primitives des patentes des communes ayant 100 patentés ou plus.

280. — Les tournées spéciales concernant les mutations foncières sont faites par le percepteur. La tournée spéciale relative à l'établissement des matrices primitives des patentes est effectuée par le contrôleur, conformément aux prescriptions contenues dans l'instruction du 6 avr. 1881.

281. — Il est donné avis au maire du jour et de l'heure où l'agent chargé du travail doit se rendre dans la commune. Le maire porte les avis qu'il a reçus à la connaissance des habitants par les voies ordinaires de publication, et il convoque les répartiteurs pour prendre part au travail, dans le cas où leur concours est nécessaire (art. 6).

282. — Les époques des tournées sont arrêtées par le contrôleur des contributions directes, sur la proposition du contrôleur, lorsqu'il s'agit d'un travail dont ce dernier est personnellement chargé; elles sont arrêtées par les receveurs des finances pour les communes où les percepteurs doivent opérer. Les contrôleurs et percepteurs sont avertis par leurs chefs des jours et heures fixés pour leurs tournées (art. 5). A moins d'ordres contraires, la tournée générale s'ouvre le 1er mai de chaque année (art. 7).

283. — L'ordre de cette tournée est réglé par un itinéraire dressé par le contrôleur et soumis par lui au directeur qui le modifie s'il y a lieu, le communique au trésorier-payeur général pour recevoir ses observations, et l'arrête aussitôt qu'il lui est renvoyé (art. 8 et 9). Copie de l'itinéraire est ensuite transmise à l'inspecteur et au trésorier-payeur général; ce dernier le notifie aux percepteurs en les invitant à se rendre dans les communes aux jours et heures indiqués, pendant toute la durée du travail, à la réunion des répartiteurs et des contrôleurs, afin de leur donner les renseignements que leurs connaissances locales les mettent à même de fournir (art. 10).

284. — La notification de l'itinéraire au maire de chaque commune doit être faite par le directeur au moins dix jours à l'avance (art. 12).

285. — Dans la période comprise entre l'achèvement de la tournée ordinaire des mutations et la fin de l'année, puis, pendant le premier trimestre de l'année suivante, le contrôleur relève, dans chacun des bureaux de l'enregistrement : 1° tous les baux écrits (authentiques et sous seing privé) et toutes les déclarations de locations verbales relatifs à des chantiers ou à des propriétés bâties loués, soit seuls, soit avec des dépendances telles que cours, jardins, etc., ou avec des terrains en culture d'une étendue peu considérable; 2° les baux écrits d'un prix de 300 fr.

et au-dessus, qui, ne rentrant pas dans la catégorie définie au paragraphe précédent, comprennent parmi les propriétés louées, soit des maisons d'habitation autres que celles des fermiers, soit des bâtiments industriels; 3° les actes notariés, judiciaires, administratifs et sous seing privé portant translation ou attribution de propriété immobilière, par vente, échange, partage, donation, etc.; 4° les déclarations de succession immobilière dans le cas où il n'existe qu'un seul héritier (art. 14).

286. — Les déclarations de locations verbales relatives à des propriétés non bâties ou mixtes, quel que soit le prix de location, ne sont pas relevées, non plus que les baux à portion de fruits, dans le cas prévu au § 2, art. 14.

287. — Les relevés comprennent, non seulement les actes relatifs à des propriétés situées dans la division du contrôleur, mais encore les actes concernant des propriétés situées hors de la division. Si ces propriétés appartiennent à des départements étrangers, il est nécessaire d'ajouter le nom du département à celui de la commune. Le contrôleur consigne sur l'extrait toutes les indications qui peuvent faciliter la reconnaissance des parcelles au moment des mutations ou des ventilations, telles que : lieux-dits, nature de culture, contenance, noms de champs ou de parcelles, désignations cadastrales, etc., excepté toutefois lorsqu'il s'agit de partages comprenant un grand nombre de parcelles. Lorsque l'enregistrement indique qu'une propriété s'étend sur plusieurs communes dont les noms sont désignés, l'acte est relevé pour chaque commune sur un extrait séparé. Les baux à séries de prix donnent lieu à la rédaction d'autant d'extraits qu'il y a de prix différents (art. 17).

288. — Au jour indiqué par le chef de service, les contrôleurs retirent de chacune des liasses d'extraits qu'ils ont rédigées, les extraits de baux et d'actes translatifs de propriété concernant les communes autres que celles de leur circonscription, et les adressent à la direction. Le directeur distribue immédiatement entre les divisions de contrôle ceux de ces extraits qui doivent être utilisés dans le département et transmet les autres dans les départements qu'ils concernent. Cet échange des extraits entre contrôles et départements se fait partout du 20 au 25 mars (art. 20).

289. — Le contrôleur envoie directement aux percepteurs de sa circonscription, après les avoir enliassés par commune et réunis par perception, les extraits d'actes translatifs de propriété concernant les communes où ces comptables doivent recueillir les mutations (art. 23).

290. — Du 1er au 15 avril de chaque année, l'un des contrôleurs du chef-lieu est chargé de se transporter dans les bureaux de la préfecture, à l'effet de rédiger des extraits des décrets et arrêtés ayant autorisé les établissements de mainmorte, soit à accepter des legs ou donations consistant en immeubles, soit à aliéner des propriétés de même nature. Il consigne ces renseignements sur les bulletins qui sont remis au directeur, lequel les transmet aux contrôleurs qu'ils concernent. Ceux-ci sont tenus de les renvoyer, annotés de la suite donnée, avec les dossiers de mutations (art. 25).

291. — Le contrôleur opère les mutations foncières : 1° dans la commune de sa résidence; 2° dans les autres communes, en ce qui concerne seulement les nouvelles constructions, les additions de construction, les démolitions, les parcelles de propriétés non bâties devenues imposables ou ayant cessé de l'être et, d'une manière générale, en ce qui touche toutes les propriétés bâties ou non bâties dont le revenu cadastral est à évaluer, à supprimer ou à modifier (art. 26).

292. — Le percepteur fait les mutations dans les communes autres que celle où réside le contrôleur. Il peut se livrer à ce travail chaque fois que, se trouvant dans la commune, il est à même, soit à l'aide des déclarations des propriétaires, soit à l'aide de documents officiels ou authentiques, de constater les changements survenus dans les propriétés. Toutefois, il est tenu de faire, en outre, même dans les communes où il a ainsi opéré, deux tournées spéciales. La première a lieu immédiatement après que les mutations de l'année précédente ont été appliquées sur les matrices des communes, la seconde est fixée de manière que le travail soit terminé quinze jours au moins avant l'époque de l'arrivée du contrôleur dans la première commune de la perception (art. 27).

293. — Pour chacune de ces deux tournées spéciales, le percepteur prépare et soumet au receveur des finances l'itinéraire qu'il se propose de suivre. Le receveur des finances adresse au

4

maire de chaque commune, dix jours au moins à l'avance, des affiches faisant connaître les jours et heures où le percepteur se rendra dans la commune et dans chacune des communes limitrophes (art. 28).

294. — Aussitôt après l'achèvement de son travail, c'est-à-dire quinze jours au moins avant l'arrivée du contrôleur, le percepteur adresse au receveur des finances un état présentant pour chaque commune : 1° le nombre des extraits d'actes translatifs de propriété reçus, utilisés et restant à utiliser, ainsi que le nombre des parcelles recueillies pour les propriétés non bâties et pour les propriétés bâties; 2° le relevé des extraits restant à utiliser, avec indication des motifs pour lesquels il n'a pu en faire emploi. Les deux expéditions de cet état sont envoyées par le receveur des finances au trésorier-payeur général, qui en transmet une au directeur (art. 29).

294 bis. — Le percepteur tient aussi un cahier de notes qu'il porte avec lui dans les communes, et sur lequel il indique, soit d'après la demande des contribuables, soit d'après les faits parvenus à sa connaissance, les changements ou rectifications à opérer dans les rôles. Il y inscrit les divers renseignements qu'il a pu recueillir pour l'amélioration de l'assiette des contributions, notamment en ce qui concerne les constructions et les démolitions, les alluvions et les corrosions, les patentables à imposer et ceux à supprimer du rôle, etc. Il rédige tous les trois mois, pour chacune des communes de sa réunion, sur des cadres remis à cet effet par le directeur au trésorier-payeur général, un extrait du cahier de notes, et le fait parvenir au contrôleur par la voie hiérarchique; lorsque le cahier de notes n'a reçu aucune inscription, il est transmis un certificat négatif pour chaque commune (art. 33).

295. — A la réception de l'état, le trésorier-payeur général et le directeur examinent les causes d'ajournement des mutations, et, s'ils reconnaissent la nécessité de faire compléter l'opération avant l'arrivée du contrôleur, ils décident de concert qu'elle sera effectuée par un agent spécial, lequel sera envoyé dans les communes aux frais du comptable. Autant que possible, les agents spéciaux sont choisis parmi les surnuméraires de l'un ou de l'autre service (art. 30).

296. — L'agent spécial se rend immédiatement chez le percepteur qui doit être prévenu de son arrivée par le receveur des finances. Il reçoit du comptable tous les extraits d'actes translatifs de propriété relatifs aux communes où le travail est incomplet, ainsi que les feuilles de constatation déjà rédigées et les imprimés nécessaires.

297. — L'agent spécial se transporte successivement dans lesdites communes et, lorsque sa mission est remplie, il remet au percepteur les diverses pièces de mutation accompagnées d'une note indiquant le nombre de parcelles qu'il a recueillies dans chaque commune, ainsi que le nombre des kilomètres qu'il a parcourus par terre, par eau ou par chemin de fer, tant pour l'aller que pour le retour. Cette note est adressée au receveur des finances, qui la transmet au trésorier-payeur général (art. 31).

298. — L'agent spécial a droit aux allocations suivantes : 3 fr. par jour; 2 centimes et demi par parcelle et par nom substitué (propriétés non bâties); 3 centimes et demi par parcelle et par nom substitué (propriétés bâties); et, pour frais de voyage : 50 centimes par kilomètre de route de terre et 15 centimes par kilomètre parcouru par eau ou par chemin de fer.

299. — Le trésorier-payeur général fait immédiatement payer les allocations dues à l'agent spécial et il en opère la retenue sur les remises du percepteur. Ce dernier reçoit d'ailleurs la totalité de l'indemnité allouée pour la rédaction des feuilles de mutation, tant en ce qui concerne les feuilles établies par lui, qu'en ce qui concerne les feuilles établies par l'agent spécial (art. 32).

300. — Dans le cas où il s'élèverait quelque dissentiment entre les agents chargés de coopérer au travail des mutations, le directeur et le trésorier-payeur général se concerteraient pour le faire cesser; si ces chefs de service ne pouvaient eux-mêmes s'accorder sur l'un des points qu'ils sont appelés à régler, ils en référeraient respectivement à leur administration (art. 35).

3° *Tournée spéciale de la contribution foncière.* — *Réception des mutations foncières.*

301. — L'agent chargé d'opérer dans les communes doit être muni des extraits d'actes translatifs de propriété relevés dans les bureaux de l'enregistrement et des divers renseignements qui ont été fournis ou qu'il a recueillis concernant les mutations doit en outre se faire remettre : 1° l'atlas du plan parcellai[re], 2° les états de sections; 3° les matrices cadastrales des propriétés non bâties et bâties; 4° la matrice générale. Avant de rendre dans les communes, il informe, par des lettres, les propriétaires dont les mutations auraient été précédemment ajournées, du jour où il se trouvera à la mairie pour procéder à la réception des déclarations de mutations foncières et leur indique en même temps l'heure à laquelle ils devront s'y présenter, pour fournir les renseignements touchant leurs mutations.

302. — Au jour de la tournée spéciale, il prie, au besoin, le maire de faire publier de nouveau l'avis de son arrivée, et même de faire appeler individuellement les propriétaires qui ne se présenteraient point et dont les explications lui seraient nécessaires. Il procède alors à la rédaction des feuilles de mutation (art. 3[6]).

303. — La mutation peut avoir pour objet : 1° l'article entier d'un propriétaire; 2° des parcelles entières; 3° des portions de parcelles d'une seule classe; 4° des portions de parcelles de classes différentes (art. 37).

304. — Les feuilles de mutation indiquent les noms et prénoms des vendeurs, leur folio ou leur case à la matrice cadastrale, leur article à la matrice générale et le total du revenu (propriétés non bâties ou bâties) pour lequel ils sont compris dans le dernier rôle. Les mêmes indications suffisent pour les acquéreurs déjà imposés. A l'égard des contribuables qu'il s'agit d'inscrire pour la première fois aux matrices, il faut mentionner en outre leur profession ou qualité et leur demeure (art. 47).

304 bis. — Chaque feuille de mutation ne doit comprendre que des parcelles transférées d'un même article à un même propriétaire. Il faut par conséquent rédiger deux feuilles pour faire passer des parcelles inscrites sous le nom d'un même propriétaire à deux propriétaires différents, de même qu'il faut également rédiger deux feuilles pour porter à un même acquéreur des parcelles tirées de deux articles de la matrice (art. 39).

305. — Les propriétés acquises pour l'établissement des chemins de fer, qu'il s'agisse d'une ligne concédée ou d'une ligne exploitée par l'Etat, doivent être inscrites dans les matrices sous deux articles différents : l'un, comprenant les immeubles nécessaires à l'exploitation; l'autre, ceux qui, ne faisant pas partie de la voie ferrée ni de ses dépendances, sont susceptibles d'être aliénés (art. 40).

306. — Lorsque la mutation comprend une propriété bâtie, il est rédigé une première feuille pour le sol, le jardin et autres terrains acquis avec la propriété bâtie; puis une seconde feuille pour l'élévation des maisons ou usines. Le même mode de procéder doit être suivi en ce qui concerne les mutations ayant pour objet les chantiers et autres terrains affectés à un usage commercial ou industriel.

307. — Pour ces mutations, on porte sur la feuille la nature et le nombre des ouvertures, à moins qu'il ne s'agisse d'une propriété exempte de la contribution des portes et fenêtres, auquel cas on indique la distinction qui a motivé l'exemption (art. 4[1]).

308. — On ne doit pas procéder à la division d'un nom ou même d'une simple parcelle entre plusieurs copropriétaires lorsqu'il n'y a pas eu de partage effectif. Tant que les propriétés sont possédées en commun, elles sont imposables sous la désignation collective : N... (*Les héritiers de*) ou N..., et consorts. Il ne peut y avoir d'exception à cette règle que pour certaines espèces de propriétés qui, par leur nature, restent habituellement dans l'état d'indivision, telles que des pâturages, des prés, des bois, des cours ou aires; ces propriétés, lorsqu'elles appartiennent à des particuliers, peuvent être portées eux-mêmes à copropriétaires d'après les droits de chacun; si elles appartiennent à des communes, hameaux ou sections de commune, elles doivent être imposées au nom des communautés (art. 4[2]).

309. — Toute mutation doit être circonscrite, tant en contenance qu'en revenu cadastral, dans les quantités constatées par le cadastre (art. 45). Aucune mutation ne doit être opérée qu'après que l'identité des parcelles qui en sont l'objet a été constatée; cette constatation s'effectue, s'il est nécessaire, au vu du plan des états de sections et même du terrain (art. 46).

310. — En règle générale, les mutations foncières doivent être effectuées sur la déclaration des parties intéressées, dont la présence, d'ailleurs, est souvent indispensable pour la constatation de l'identité des parcelles. Toutefois, les mutations peuvent être opérées d'office et en l'absence des parties, soit

l'aide des extraits de l'enregistrement, soit sur la présentation d'un acte enregistré ou bien encore sur la production d'un certificat du receveur de l'enregistrement ou d'une note de notaire, s'il n'existe aucune incertitude sur la désignation des propriétés qui en sont l'objet. Il suffit, dans ce cas, que les feuilles mentionnent la nature et la date des actes (art. 48).

311. — L'agent qui fait les mutations foncières n'est pas seulement tenu d'effectuer les changements résultant de déclarations ou d'actes translatifs de propriété : il doit, en outre, effectuer la réunion des cotes multiples concernant un même propriétaire et opérer autant que possible la mutation des articles relatifs à des individus notoirement connus pour ne plus être propriétaires dans la commune, ou à des personnes décédées depuis plusieurs années et dont les héritiers n'ont pas demandé à demeurer dans l'indivision (art. 49).

312. — Si les mutations de propriété ne sont point constatées par des actes enregistrés dont il soit justifié, les feuilles doivent être signées par l'ancien et par le nouveau propriétaire.

313. — Il y a lieu également, lorsqu'une feuille de mutation a été rédigée au vu d'un acte, et bien que, dans ce cas, la signature des parties ne soit pas obligatoire, de faire signer cette feuille par celui ou ceux des intéressés qui se seraient présentés pour fournir des indications sur la mutation à opérer (art. 50).

314. — Lorsqu'il s'agit de rectifier une erreur d'attribution, de faire passer le sol d'une propriété bâtie au nom du propriétaire imposé pour l'élévation, de réunir les cotes multiples d'un même contribuable ou d'effectuer les autres changements mentionnés à l'art. 49, la mutation peut être opérée sur la signature des répartiteurs.

315. — Avant de transmettre les feuilles au directeur, le contrôleur donne avis, par lettre, des mutations de l'espèce au propriétaire à la parcelle rest nouvellement attribuée, si d'ailleurs ce propriétaire n'est pas intervenu. Il est fait sur la feuille de mutation, mention de l'accomplissement de cette formalité (art. 51).

316. — Les feuilles de mutation revêtues de la signature des parties intéressées ou de celles des répartiteurs doivent être datées. Cette formalité n'est pas exigée pour les feuilles établies en l'absence des parties au vu d'actes enregistrés (art. 52).

317. — Les causes des mutations, et autant que possible, la date des décès, des mariages, ainsi que la nature et la date des actes translatifs de propriété sont énoncées dans la colonne des feuilles intitulée : *Motifs des changements* (art. 53).

318. — Les propriétaires ont la faculté de se faire représenter pour les déclarations de mutation : leur délégation peut être donnée par simple lettre (art. 54).

319. — Le percepteur et le contrôleur ne signent que les feuilles qu'ils ont rédigées personnellement (art. 55).

320. — Les mutations s'opèrent directement du propriétaire imposé au propriétaire actuel, sans qu'il soit tenu compte des transmissions intermédiaires de propriété (art. 64).

321. — Les changements survenus dans le cadastre dans les natures de culture et dans la valeur des propriétés ne peuvent donner lieu à aucune rectification. Quant aux erreurs matérielles qui auraient pu être commises au moment du cadastre, elles ne peuvent être rectifiées qu'à la suite d'une décision du conseil de préfecture rendue sur la réclamation des intéressés (art. 66).

322. — Les accroissements et les pertes de matière imposable survenus dans les propriétés non bâties et les changements donnant lieu à une simple modification de revenu sont constatés dans la même forme que les mutations. Les feuilles rédigées à cet effet par le contrôleur donnent, d'avec les explications justificatives nécessaires, s'il y a lieu ou non de modifier les contingents (art. 68).

323. — Pour l'imposition d'une matière imposable nouvelle, on porte sur la feuille de mutation, dans l'espace réservé pour l'indication du nom de l'ancien propriétaire, ces mots : *Non imposé*. On inscrit le propriétaire à imposer comme acquéreur, et l'on désigne la propriété nouvelle avec toutes les indications propres à la faire figurer sur la matrice.

324. — Lorsqu'il s'agit d'une parcelle qui ne porte pas de numéro de place, ainsi qu'il arrive quand des portions de chemins ou de places publiques deviennent imposables, on la désigne par la lettre de la section à laquelle elle appartient et par un numéro d'ordre faisant suite au dernier numéro de la section

ou des parcelles de l'espèce déjà imposées antérieurement. En outre, on inscrit le numéro de la parcelle la plus voisine (art. 69). Le contrôleur joint au dossier des pièces de mutation un croquis visuel et coté, s'il est nécessaire, sur lequel chaque parcelle nouvelle est rattachée aux parcelles contiguës du plan cadastral (art. 70).

325. — Lorsque les terrains à imposer présentent une certaine importance, le contrôleur produit un plan géométrique au lieu d'un simple croquis visuel. Il y joint toutes les pièces d'arpentage qu'il peut avoir eu à établir pour la formation de ce plan (croquis, calculs trigonométriques, calculs de contenance), ainsi qu'une note explicative des travaux effectués.

326. — Le plan est ensuite vérifié par l'inspecteur, si le directeur juge que l'étendue du terrain ou les difficultés du levé rendent cette opération nécessaire. Le chef de service fait, de son côté, vérifier dans ses bureaux les calculs de contenance. Les plans de l'espèce peuvent être admis, en tout ou en partie, comme justifications d'arpentage. Ils sont en conséquence, lorsque le contrôleur en fait la demande, communiqués à l'administration avec les pièces énoncées ci-dessus et les résultats des vérifications opérées. Ces divers documents sont renvoyés au directeur pour être classés dans ses archives (art. 71).

327. — Pour la suppression d'une propriété non bâtie cessant d'être imposable, on inscrit comme *vendeur*, le propriétaire actuellement imposé; on porte dans l'espace réservé pour l'indication du nouveau propriétaire, les mots : *Non imposable*, et l'on transcrit, sur la feuille de mutation, la désignation détaillée de la propriété à supprimer.

328. — Lorsque les parcelles supprimées sont destinées à la création ou à l'agrandissement de propriétés d'utilité publique de la nature de celles qui sont désignées à l'art. 403 du Recueil méthodique, il convient d'indiquer sur la ligne de l'acquéreur le folio où elles doivent être retranscrites pour mémoire, par application de l'art. 105, L. 3 frim. an VII. On porte l'indication de la nouvelle destination de la parcelle dont s'agit dans la colonne de la nature de la propriété (art. 72).

329. — Les mutations pour cession de terrains affectés à la construction de routes, de chemins, de canaux appartenant à l'État et non concédés, etc., ainsi que les mutations pour l'imposition d'anciennes routes rendues à la culture ou de parcelles devenues inutiles pour la grande ou la petite voirie, sont opérées, sauf les vérifications qui seraient reconnues nécessaires, au moyen des états dressés par l'administration compétente et que le préfet doit remettre au directeur (Circ. min. Tr. publ. 5 nov. 1851). On ne doit pas perdre de vue, en faisant les mutations de l'espèce, que les propriétés nouvellement affectées aux canaux concédés et aux chemins de fer continuent d'être imposables en raison du revenu cadastral qu'elles avaient avant le changement de destination. Toutefois, lorsque quelque portion des canaux ou des chemins de fer est formée de terrains qui n'étaient pas encore imposés, on les évalue sur le pied des terres de même qualité, conformément à la loi du 5 flor. an XI et aux clauses ordinaires des concessions.

330. — Il n'en est pas de même pour les terrains non encore imposés et qui viendraient à être employés à un usage commercial ou industriel, tels que chantiers, etc.; ces terrains seraient cotisés, à raison de leur superficie, sur le même pied que les terrains environnants (art. 73).

331. — Le revenu cadastral d'une parcelle qui a subi une détérioration ou une dégradation pour une cause indépendante de la volonté du propriétaire peut être diminué; mais la modification du classement ne peut être effectuée que sur réclamation reconnue fondée par le conseil de préfecture. Ce fait ne peut affecter que la répartition individuelle (art. 74).

332. — Les répartiteurs déterminent pour les propriétés non bâties devenues imposables, la nature de culture et le classement qui doivent leur être attribués, et règlent également toutes les autres modifications à apporter aux revenus cadastraux. Ils signent les feuilles relatives à cet objet.

333. — Cependant, au lieu de faire signer chacune des feuilles par les répartiteurs, le contrôleur peut dresser un état collectif des parcelles ou portions de parcelles de propriétés non bâties devenues imposables ou ayant cessé de l'être, portant les noms des propriétaires, la section et le numéro du plan, la contenance et le revenu cadastral desdits terrains; puis faire signer cet état par les répartiteurs dont le travail est ainsi très-abrégé (art. 76).

4° Tournée spéciale de la contribution des patentes.

334. — C'est actuellement l'art. 25, L. 15 juill. 1880, qui charge les contrôleurs de procéder annuellement au recensement des patentables. Seul le contrôleur a qualité pour faire ce travail. Toutefois, pour pouvoir pénétrer, s'il y a lieu, au domicile des contribuables, il doit être assisté du maire ou de son délégué (L. 19 juill. 1791, t. 1, art. 8).

335. — Le recensement est la constatation des faits sur les lieux. C'est le moyen légal de rechercher les contribuables : aucun autre ne peut le remplacer. Cependant, certaines professions n'étant pas exercées d'une manière ostensible, il est nécessaire que les contrôleurs soient munis à l'avance de renseignements précis. Ils peuvent, à cet effet, faire des recherches dans les bureaux des diverses administrations publiques (Instr. 1881, art. 941 et s.). — Lemercier de Jauvelle, v° *Recherches.*
— Dans les communes qui comptent plus de cent patentés, le recensement des patentables doit faire l'objet d'une tournée spéciale. Dans les autres, le contrôleur procède au recensement, puis à la rédaction de la matrice, conformément aux prescriptions de l'instruction du 6 avr. 1881 (Instr. 2 mars 1886, art. 122).

336. — Muni des bulletins de recensement de l'année précédente et des renseignements qu'il a recueillis ou qui lui ont été transmis, et après avoir demandé au percepteur, qui doit se trouver dans la commune au jour fixé pour le travail, les renseignements qu'il peut avoir à lui fournir, le contrôleur, assisté du maire ou de son délégué, parcourt la commune (Instr. 1881, art. 105).

337. — Il constate à l'égard des patentables quels sont leurs commerces, industries ou professions, d'après quelles bases doivent être calculés les droits. Chaque établissement doit faire l'objet d'un bulletin séparé. Sur chaque article le maire doit être consulté. Il rédige les bulletins nouveaux et retranche ceux des patentables qui n'exercent plus. Il doit se mettre en relation avec les contribuables, provoquer leurs déclarations et leur fournir tous les renseignements nécessaires (art. 105 et 106).

338. — Le contrôleur procède ensuite à la rédaction de la matrice primitive des patentes en y inscrivant les patentables par ordre alphabétique ou par ordre de rues et de numéros de maison suivant les cas. Dans les communes ayant plus de 5,000 âmes et renfermant une banlieue, la matrice est divisée en deux parties, l'une concernant les patentables de l'agglomération, l'autre ceux de la banlieue (Instr. 1881, art. 110).

339. — La matrice est déposée à la mairie où, pendant dix jours, les parties intéressées peuvent en prendre connaissance et présenter leurs observations au maire. Ce délai expiré, le maire a un second délai de dix jours pour examiner la matrice et faire ses observations. Il transmet ensuite la matrice au directeur qui la vérifie, fait prendre des renseignements supplémentaires sur les articles contestés et adresse au préfet son avis motivé à ce sujet. Quand le préfet ne croit pas devoir adopter les propositions du directeur, il en est référé au ministre des Finances par le préfet. Le directeur averti par le préfet doit surseoir à l'établissement des taxes pour les articles contestés. Si la décision du ministre n'était pas connue avant l'époque de la confection des rôles, on réserverait les articles contestés pour un rôle supplémentaire (Instr. 1881, art. 113).

5° Travaux auxquels s'applique la tournée générale.

340. — Le contrôleur avant la tournée générale des mutations : 1° annote, sur la première page des états de changements de la contribution personnelle-mobilière, les réclamations relatives aux contributions directes, à la taxe des biens de mainmorte et à celle des prestations, enregistrées depuis la préparation de l'état de l'année précédente, lorsqu'elles sont susceptibles de motiver un changement à opérer pendant la tournée ; 2° forme, par commune, les dossiers complets des pièces qui lui seront utiles pour le travail des mutations (art. 77).

341. — Le contrôleur doit être présent dans chaque commune au jour et à l'heure fixés par l'itinéraire. Il est muni : 1° des réclamations, états de cotes indûment imposées et états de cotes irrecouvrables dont l'instruction ne serait pas encore faite; 2° des doubles des mêmes états relatifs à l'année précédente; 3° des

extraits du cahier de notes du percepteur; 4° des copies des croquis et des plans à joindre à l'atlas communal, ainsi que des extraits nécessaires pour l'inscription, sur les états de sections, des parcelles nouvellement imposées; 5° du registre ou des bulletins concernant les constructions nouvelles; 6° des extraits de baux et d'adjudications de coupes de bois relevés dans les bureaux de l'enregistrement; 7° à 13° des pièces relatives à la contribution des patentes et aux taxes assimilées; 14° du tableau des centimes le franc; 15° de l'état détaillé des propriétés vendues par le domaine et des états fournis par l'administration des ponts et chaussées ou par le service de la voirie; 16° de l'instruction générale sur les mutations, etc. (art. 78).

342. — Le percepteur doit se trouver aussi dans la commune au jour et à l'heure fixés par l'itinéraire. Il remet au contrôleur les extraits d'actes translatifs de propriété qui lui ont été transmis depuis la précédente tournée générale et qu'il a utilisés, puis ceux dont il n'a pu faire emploi. Il lui remet les feuilles de mutation qu'il a rédigées personnellement ou qui ont été rédigées par l'agent spécial.

343. — Le percepteur doit être muni des rôles de l'année courante et de ceux de l'année précédente, des cahiers de notes et des documents de toute nature qui peuvent faciliter ou rendre plus fructueux son concours au travail des mutations. Dans le cas où, par une cause de force majeure, le percepteur se trouverait dans l'impossibilité de se rendre dans la commune au jour et à l'heure fixés par l'itinéraire, il serait bon d'y envoyer les pièces qu'il devait remettre au contrôleur, de sorte que le travail des mutations ne pût éprouver ni retard ni obstacle (art. 79).

344. — Le contrôleur : 1° consulte le cahier de notes du percepteur. Il certifie sur ce cahier qu'il a pris connaissance des renseignements qui y ont été inscrits depuis la rédaction du dernier extrait trimestriel et en mentionne le nombre (art. 80). 2° Il vérifie, au vu des matrices et, au besoin, des états de sections et du plan, les feuilles de mutation établies par le percepteur ou par l'agent spécial. 3° Il rectifie immédiatement les erreurs matérielles. 4° Il compare les feuilles avec les extraits d'actes translatifs de propriété et demande des explications sur les points qui ont besoin d'éclaircissement (art. 81). 5° Il effectue, s'il ne l'a fait auparavant, les changements relatifs aux propriétés non bâties devenues imposables ou ayant cessé de l'être (art. 82). Lui seul a qualité pour effectuer ces mutations.

345. — Le contrôleur procède avec les répartiteurs à la constatation des mouvements de la matière imposable, en ce qui concerne les propriétés bâties. A cet effet, il parcourt le territoire : 1° pour constater les démolitions; 2° pour reconnaître les nouvelles constructions et les additions de construction, pour en recenser les ouvertures ou pour les évaluer; 3° pour prendre note des bâtiments en cours de construction ou d'agrandissement.

346. — Il assure en même temps l'exécution de la loi du 29 déc. 1884, en ce qui touche les terrains employés à un usage commercial ou industriel (art. 1). Cet article est ainsi conçu : « Les terrains non cultivés, employés à un usage commercial ou industriel, tels que chantiers, lieux de dépôt de marchandises et autres emplacements de même nature, soit que le propriétaire les occupe, soit qu'il les fasse occuper par d'autres à titre gratuit ou onéreux, seront cotisés à la contribution foncière : 1° à raison de leur superficie, sur le même pied que les terrains environnants; 2° d'après leur valeur locative, déterminée à raison de l'usage auquel ils sont affectés, déduction faite de l'estimation donnée à leur superficie. Les art. 82 et 88, L. 3 frim. an VII, et généralement toutes les dispositions relatives aux propriétés bâties, leur sont applicables, en tant qu'elles ne sont pas contraires au présent article. Dans les communes actuellement cadastrées, l'évaluation de la superficie des terrains dont il s'agit ne pourra être modifiée que si les opérations cadastrales sont renouvelées ou révisées. Dans les mêmes communes, les propriétés imposées à la contribution foncière, sous la dénomination de chantier ou sous toute autre désignation analogue correspondant à une destination commerciale ou industrielle, conserveront également leur revenu matriciel, sauf dans le cas de renouvellement ou de révision des opérations cadastrales. Seront imposés, conformément au présent article et en accroissement des contingents de la commune, de l'arrondissement et du département, les terrains se trouvant actuellement dans les conditions prévues au paragraphe 1. »

347. — En faisant la tournée annuelle des mutations, les répartiteurs ou les agents des contributions directes n'excèdent

pas leurs pouvoirs s'ils portent sur l'état, non seulement les mutations survenues, mais encore les propriétés qui auraient été précédemment omises. — Cons. d'Ét., 14 oct. 1827, Brémard, [P. adm. chr.]

348. — Dans les communes trop étendues pour que le parcours en puisse être fait en entier chaque année, le contrôleur doit se borner à parcourir l'agglomération et une partie de la banlieue, de manière que toutes les parties de la commune soient visitées au moins une fois tous les trois ans (art. 84).

349. — Le contrôleur inscrit sur un registre ou sur des bulletins à ce destinés : 1° le nombre des portes et fenêtres des nouvelles constructions et additions de construction à imposer ultérieurement à la contribution foncière ; 2° la valeur locative réelle et actuelle des bâtiments devenus imposables à la contribution foncière, estimée d'après le cours des loyers ; 3° le revenu cadastral des mêmes constructions, établi proportionnellement aux revenus cadastraux des autres propriétés bâties de la commune ; 4° les bâtiments en cours de construction ou d'agrandissement ; 5° les anciennes bases de cotisation des immeubles agrandis, notamment en ce qui concerne la contribution personnelle-mobilière. 6° Il note les maisons particulières louées pour un service public et temporairement exemptées de la contribution des portes et fenêtres (art. 85).

350. — Quel que soit le mode d'évaluation dont le contrôleur fasse usage pour l'imposition à la contribution foncière des constructions nouvelles ou des additions de construction, il ne doit pas perdre de vue que, dans tous les cas, la valeur locative destinée à servir de base à la modification du contingent mobilier doit être la valeur locative entière, vraie et actuelle des propriétés, estimée d'après le cours des loyers, ou, si elles sont louées, d'après leur prix de location, sans avoir égard aux évaluations matriciales qui servent de base à la répartition individuelle. Il peut arriver, par suite, que la comparaison entre la valeur locative et le revenu cadastral des constructions nouvelles ne fasse pas toujours ressortir des rapports identiques (art. 99).

351. — Le contrôleur doit faire figurer dans l'état qu'il est tenu de dresser les bâtiments qui, par suite de construction, reconstruction, addition de construction, démolition totale ou partielle ou changement d'affectation, donnent lieu à augmentation ou à diminution des contingents des contributions foncière, personnelle-mobilière et des portes et fenêtres, à condition qu'ils soient postérieurs aux époques à partir desquelles la loi a prescrit, en matière de propriétés bâties, la modification des contingents, c'est-à-dire au 1er janv. 1836 pour la contribution foncière et celle des portes et fenêtres, et au 1er janv. 1846 pour la contribution personnelle-mobilière.

352. — Il n'y a lieu d'inscrire sur cet état que les modifications qui résultent de la formation d'une matière imposable nouvelle ou de la disparition d'une matière imposable ancienne. On n'y porte point les changements résultants de simples réparations intérieures, de divisions ou de réunions qui n'ont pas modifié la consistance des bâtiments, ni les réductions prononcées par suite de réclamations, sauf en ce qui touche une construction nouvelle surévaluée et ayant déjà donné lieu à augmentation du contingent.

353. — On ne doit pas non plus inscrire les changements opérés dans les bases de la contribution des portes et fenêtres d'une maison ou d'une usine, en raison de l'addition ou de la suppression de quelques ouvertures, sans qu'il y ait eu modification de la consistance des bâtiments (art. 100).

354. — Les faux ou doubles emplois reconnus doivent être inscrits d'office sur l'état dans le cadre des démolitions (art. 101) ; de même les portes et fenêtres des maisons particulières affectées à un service public, ou qui acquièrent le caractère de manufacture. Lorsque ces maisons perdent cette affectation, on fait rentrer leurs ouvertures dans la matière imposable en opérant comme pour les constructions nouvelles. La même règle est applicable aux ouvertures des bâtiments qui perdent le caractère de manufacture (art. 102).

355. — Les règles édictées en ce qui touche les constructions et les démolitions de maisons sont applicables dans le cas de création ou de suppressions de chantiers, de lieux de dépôts de marchandises, etc. Toutefois on n'a pas à rechercher si les emplacements de cette nature sont ou n'ont affectés, depuis une époque antérieure à l'année 1836 à des usages industriels ou commerciaux. Du moment que cette destination remonte à plus de deux années, l'imposition qu'ils comportent par assimilation

avec les propriétés bâties entraîne toujours un accroissement du contingent. Il est à remarquer néanmoins que les terrains qui, maintenus par le cadastre dans la catégorie des propriétés non bâties, ont reçu une désignation ou un allivrement correspondant à leur affectation à des usages commerciaux ou industriels, doivent, en vertu du principe de la fixité des évaluations cadastrales, conserver, malgré tout changement de destination, leur dénomination et leur revenu cadastral primitifs (art. 107).

356. — Le contrôleur réunit les feuilles de mutation qu'il a rédigées à celles qui lui ont été remises par le percepteur (art. 108). Lorsque les feuilles ont été vérifiées, classées et numérotées, le contrôleur inscrit, dans l'ordre alphabétique, sur un état spécial les acquéreurs non encore portés sur les matrices cadastrales (art. 109).

357. — Le contrôleur rédige un état des changements à opérer dans les bases de la contribution des portes et fenêtres. Cet état comprend tous les changements, quels qu'en soient les motifs (mutations, constructions, démolitions ou rectifications). — Art. 113.

358. — Lorsqu'une maison ayant six ouvertures et au-dessus passe à plusieurs acquéreurs et que la part de chacun d'eux, ayant moins de six ouvertures, forme une maison tout à fait distincte du sol à la toiture, avec entrée spéciale, on doit appliquer à chaque part le tarif afférent aux maisons à moins de six ouvertures.

359. — Si, au contraire, la même maison est partagée par étages ou par chambres, les propriétaires de chaque étage ou de chaque chambre sont cotisés d'après le nombre des ouvertures ordinaires qu'ils possèdent.

360. — Par analogie, les fonctionnaires logés gratuitement dans des locaux qui comportent cinq ouvertures et au-dessous, et font partie de bâtiments de six ouvertures et au-dessus, appartenant à l'État, aux départements, aux communes ou aux hospices, doivent être cotisés à raison du nombre des ouvertures de leur habitation, taxées comme ouvertures ordinaires (art. 115).

361. — Pour la contribution personnelle-mobilière, on porte sur l'état les noms des derniers occupants, leurs bases de cotisation et les valeurs locatives correspondant aux propriétés démolies et les chiffres que comportent les propriétés nouvellement construites. Les valeurs locatives à consigner dans l'état sont celles pour lesquelles les propriétés démolies avaient été comprises dans le rôle à l'origine, et non celles qu'elles avaient au moment de leur démolition.

362. — Le contingent ne doit pas être modifié quand il s'agit de maisons qui avaient été omises ou qui étaient inhabitées depuis assez longtemps pour qu'il soit impossible de retrouver les bases de cotisation, ou qui, au moment de la démolition, étaient occupées par des indigents ou par des personnes non imposables à la contribution personnelle-mobilière.

363. — Par réciprocité on ne doit pas, lorsqu'il s'agit de constructions nouvelles, augmenter le contingent mobilier pour les locaux affectés au logement des personnes non passibles de la contribution personnelle-mobilière, telles que les indigents, les personnes qui ne séjournent que temporairement dans la commune, etc. On agira de même pour les locaux servant au commerce ou à l'industrie.

364. — Les dispositions qui précèdent ne sont pas applicables aux logements affectés à l'habitation d'individus dont la contribution personnelle-mobilière est prélevée sur les produits de l'octroi, si d'ailleurs ces individus sont en principe passibles de l'impôt (art. 104).

365. — Pour la constatation des changements survenus dans les bases de la contribution personnelle-mobilière, le contrôleur relève sur les registres de l'état civil les noms des habitants décédés depuis la dernière tournée générale : il relève également les noms des contribuables qui ont réclamé individuellement ou qui ont figuré sur les états de cotes indûment imposées ou irrecouvrables, ainsi que ceux des habitants qui ont été portés par le percepteur, soit sur les extraits de son cahier de notes, soit sur ce cahier lui-même, depuis la rédaction du dernier extrait trimestriel.

366. — Il appelle ensuite les noms et les bases de cotisation des contribuables dans l'ordre de leur inscription à la matrice générale et inscrit sur l'état les articles qui sont modifiés.

367. — Dans le cours de ce travail, il fixe l'attention des répartiteurs sur les habitants qui ont fait l'objet du relevé ci-dessus

mentionné, sur ceux qui ont quitté la commune et sur ceux qui ont changé d'habitation ou dont l'habitation a été agrandie ou réduite : il fait appliquer les décisions rendues par le conseil de préfecture sur les réclamations déjà jugées et fait délibérer les répartiteurs sur celles qui n'ont pas encore reçu de solution.

368. — L'appel doit comprendre tous les contribuables inscrits dans la matrice générale, qu'ils soient ou non imposés à la contribution personnelle-mobilière, afin de faire rectifier les désignations incomplètes, inexactes ou défectueuses en ce qui touche les noms, prénoms, professions ou qualités et demeures, de réparer les omissions et de provoquer la réunion des articles concernant le même contribuable. Dès que l'appel est terminé, le contrôleur se reporte aux registres de l'état civil (registres de mariages), à la liste alphabétique et aux notes du percepteur, pour proposer aux répartiteurs l'imposition, tant des nouveaux habitants que de ceux qui se sont mariés depuis la dernière tournée des mutations, ou qui ont été nouvellement assujettis à la contribution foncière ou à la contribution des portes et fenêtres; il consulte, au besoin, pour cette partie du travail, les listes électorales et les tableaux de recensement de la population (art. 116).

369. — Les contribuables dont la désignation sur la matrice générale est reconnue incomplète, inexacte ou défectueuse sont portés sur l'état, comme ceux dont les éléments de cotisation doivent être modifiés (art. 119).

370. — La substitution du nom d'une veuve à celui de son mari, du nom d'un héritier à celui de son auteur, et les autres changements de l'espèce relatifs à des articles comprenant un revenu cadastral constituent, non de simples corrections, mais de véritables mutations, qui ne peuvent être effectuées qu'au moyen de feuilles spéciales (art. 120).

371. — Dans les communes où il est rédigé annuellement, suivant l'ordre topographique, une matrice des contributions personnelle-mobilière et des patentes, le contrôleur rectifie les bases de cotisation de la contribution personnelle-mobilière sur les bulletins individuels, au fur et à mesure de l'avancement du travail, qu'il soit fait par recensement ou au moyen d'un simple appel des imposables.

372. — Pour ces communes, il dresse, à l'époque du travail des mutations foncières, un état des modifications à apporter aux noms, prénoms, professions ou qualités et demeures des contribuables inscrits dans la matrice des contributions foncière et des portes et fenêtres; il annote les réclamations relatives à ces contributions (art. 121).

373. — Lorsque le travail des patentes n'est pas réservé pour une tournée spéciale, le contrôleur procède au recensement des patentables, puis à la rédaction de la matrice des patentes, conformément aux prescriptions de la circulaire du 6 avr. 1881 (art. 122).

374. — Le contrôleur dépose la matrice des patentes à la mairie où, pendant dix jours, les parties intéressées peuvent en prendre communication et remettre au maire leurs observations. Passé un second délai de dix jours, le maire est tenu d'adresser la matrice au directeur, après y avoir consigné ses propres observations. Le contrôleur fait une liste spéciale des patentables non inscrits sur la matrice pour cause d'indigence notoire (art. 123).

375. — Le contrôleur profite aussi de la tournée générale pour procéder à la révision des états-matrices des taxes assimilées (art. 127 et 128).

376. — Le contrôleur range les extraits d'actes translatifs de propriété dans l'ordre des numéros et les divise en trois classes, savoir : 1° extraits utilisés et extraits non susceptibles de suite; 2° extraits concernant d'autres communes; 3° extraits restant à utiliser. Cette dernière comprend les extraits qui sont restés sans emploi, en tout ou en partie, faute de renseignements. Ces extraits font l'objet d'un relevé qui est joint au dossier de mutations (art. 129).

377. — Le contrôleur procède à la ventilation : 1° en ce qui concerne les propriétés non bâties et mixtes, des baux écrits de 300 fr. et au-dessus et des ventes de coupes de bois dont le prix moyen annuel se trouve dans les mêmes conditions; 2° en ce qui concerne les propriétés bâties, de tous les baux écrits ainsi que des déclarations de locations verbales, excepté lorsque le prix de ces dernières est, savoir :

Au-dessous de 50 fr. dans les communes de 2,000 âmes et au-dessous;

Au-dessous de 100 fr. dans les communes de 2,001 à 10,000 âmes;

Au-dessous de 150 fr. dans les communes de 10,001 à 25,000 âmes;

Au-dessous de 200 fr. dans les communes de 25,001 à 50,000 âmes;

Au-dessous de 250 fr. dans les communes de 50,001 à 100,000 âmes;

Au-dessous de 300 fr. dans les communes au-dessus de 100,000 âmes, sauf Paris;

Au-dessous de 500 fr. à Paris (art. 130).

378. — Le contrôleur est dispensé de ventiler les baux relatifs à des propriétés non bâties ou mixtes s'étendant sur plusieurs communes, à moins que les extensions ne consistent qu'en terrains de peu d'étendue, dont la valeur n'entre dans le prix total du bail que pour une faible part. L'administration laisse au directeur le soin d'apprécier, suivant les localités, la limite à laquelle on pourra s'arrêter. Par suite de l'inscription des propriétés bâties et non bâties sur des matrices distinctes, la ventilation des baux des propriétés mixtes se réduit, soit à la ventilation des terrains seulement lorsque la portion de fermage afférente aux terrains est plus élevée que celle des bâtiments, soit à la ventilation des bâtiments, quand la partie du bail relative aux bâtiments est la plus importante.

379. — Dans le premier cas, le contrôleur ne porte dans le cadre réservé à la ventilation que la contenance et le revenu cadastral des propriétés non bâties comprises dans le bail, et il détermine le recouvrement des mêmes propriétés en déduisant du prix total du bail la valeur locative des maisons ou usines, les frais d'entretien des bâtiments ruraux, s'il y a lieu, ainsi qu'il est expliqué dans l'art. 12 de l'instruction sur la nouvelle évaluation du revenu foncier des propriétés non bâties du 20 sept. 1879. Dans le cas contraire, il n'inscrit, dans la partie du cadre destinée à recevoir les indications cadastrales, que le revenu cadastral des bâtiments et il fait figurer parmi les déductions à opérer sur le prix du bail la valeur locative des terrains compris dans la location (art. 131).

380. — En ce qui concerne la ventilation des baux des propriétés bâties, on ne mentionne ni la contenance, ni le revenu cadastral du sol, dont il n'est pas tenu compte. Mais si une cour ou un jardin assez spacieux pour avoir par eux-mêmes une valeur appréciable se trouvent compris dans la location, on en estime la valeur locative et on la fait figurer parmi les déductions. Il n'y a pas lieu de ventiler les baux ou déclarations qui ne s'appliquent qu'à une fraction de maison, lorsqu'il est impossible d'assigner avec certitude un revenu cadastral distinct à cette fraction. Il est bien entendu, d'ailleurs, que si les extraits de baux de toutes les parties d'une maison se trouvaient à utiliser la même année, on devrait en réunir les prix et ventiler en bloc, sur l'un des extraits, l'ensemble des baux relatifs à l'immeuble.

381. — Dans certaines villes, où la plus grande partie des locations de maisons ne s'applique qu'à des fractions de ces propriétés, il pourrait arriver qu'un très-petit nombre seulement des baux fussent susceptibles d'être ventilés. Afin d'obvier à cette difficulté, il convient que les contrôleurs dans les divisions desquels elle se produit ouvrent, pour chaque immeuble destiné à être loué en plusieurs locations, un dossier dans lequel les baux et les déclarations de locations verbales afférents à cet immeuble seront classés au fur et à mesure de leur rédaction ou de leur réception. Lorsque le montant des prix contenus dans les baux et les déclarations ainsi réunis représentera la valeur locative de l'ensemble de l'immeuble, il sera procédé en bloc à la ventilation de ces documents; mais les actes non utilisés dans la période décennale qui suivra l'année dans laquelle ils auront été passés seront déposés dans les archives sans être ventilés. Lorsque des agents ont recueilli des baux représentant la presque totalité d'un immeuble, ils peuvent procéder à la ventilation en complétant au besoin les renseignements qu'ils ont entre les mains par la déclaration verbale du prix d'une ou de deux locations sans importance. Les baux à séries de prix donnant lieu à la rédaction d'autant d'extraits qu'il y a de séries de prix différents, il sera également ouvert des dossiers spéciaux pour chacune des années dans lesquelles devront être ventilés ceux des extraits de l'espèce qui ne peuvent être ventilés immédiatement. On rangera aussi dans ces dossiers les extraits de baux relatifs à des maisons nouvellement construites et non encore imposées à la contribution foncière.

382. — Tous les extraits classés dans ces dossiers seront conservés par les contrôleurs jusqu'à l'époque à laquelle ils pourront être ventilés ou à laquelle ils cesseront d'être susceptibles de ventilation comme ne se rapportant pas à la dernière période décennale; ils seront alors envoyés à la direction avec les extraits de baux de l'année courante (art. 132).

383. — Au fur et à mesure qu'il effectue les ventilations, le contrôleur note sur les extraits de baux les propriétés qui en font l'objet et il indique sur les extraits qui ne sont pas susceptibles de suite, les motifs qui n'ont pas permis d'en faire emploi. Il divise ces extraits en trois liasses comme il est prescrit pour les extraits d'actes translatifs de propriété (art. 133).

384. — Le contrôleur porte les différents *centimes le franc* sur la matrice générale et sur les matrices cadastrales, dans le cas où cette inscription n'aurait pu être effectuée plus tôt (art. 134).

385. — L'état des constructions et démolitions et les divers états de changements sont rédigés dans la commune et ne doivent être soumis à la signature des répartiteurs qu'après avoir été entièrement remplis.

386. — L'envoi des pièces au directeur doit suivre immédiatement l'achèvement du travail, soit de la commune, soit au plus de la perception ou de la portion de perception dont les communes se suivent sans interruption de l'itinéraire. Il est accompagné d'un bordereau daté et signé dans lequel le contrôleur certifie qu'il a procédé à la vérification de toutes les feuilles de mutation.

387. — Le contrôleur est tenu de renvoyer à la direction, avant d'entreprendre le travail d'une autre perception ou portion de perception, toutes les réclamations qui lui sont parvenues antérieurement au jour de la tournée et dont il a dû effectuer l'instruction dans les communes parcourues (art. 135).

388. — Dans la quinzaine qui suit l'achèvement de la tournée, le contrôleur rédige un rapport dans lequel il traite les points suivants : publication de l'époque de l'arrivée du contrôleur et apposition des affiches dans les communes; concours des maires, adjoints et répartiteurs; concours prêté par les percepteurs pendant le cours de l'année et pendant la tournée générale; nombre des extraits d'actes translatifs de propriété utilisés par eux et de ceux dont ils n'ont pas fait usage; mutations arriérées; articles à réunir; distribution des avertissements et mention y relatée de la date de la publication des rôles; état de conservation des pièces cadastrales; réparations dont elles auraient besoin; observations générales. Il adresse ce rapport au directeur (art. 137).

6° *Travail du directeur.*

389. — Le directeur examine les pièces qui lui sont transmises par le contrôleur. Il donne une attention particulière aux feuilles de mutation concernant les modifications de revenu cadastral, en vérifie les motifs et examine si le contrôleur a fait une juste application des principes en déterminant les cas qui doivent ou qui ne doivent pas influer sur la fixation des contingents.

390. — Il vérifie si les feuilles concernant des parcelles nouvellement ajoutées à la matière imposable sont accompagnées de croquis ou de plans contenant toutes les indications nécessaires.

391. — Il examine avec soin l'état des constructions nouvelles et le rapproche de ceux des deux dernières années, pour s'assurer qu'aucune des constructions nouvelles, qui avaient été imposées à la contribution des portes et fenêtres, n'a été omise à la contribution foncière. Si le travail est complet et régulier, le directeur fait appliquer les mutations sur les matrices; dans le cas contraire, le dossier est renvoyé au contrôleur pour être complété ou régularisé (art. 138).

392. — Le directeur fait procéder au travail de l'application des mutations sur les matrices cadastrales et sur la matrice générale de la direction.

393. — L'employé chargé de ce travail doit, en ce qui concerne les propriétés non bâties, vérifier si les folios de la matrice cadastrale et les articles de la matrice générale indiqués sur chacune des feuilles de mutation, sont exacts, rectifier les fausses indications, rechercher si les *acquéreurs* désignés comme nouveaux propriétaires ne sont pas déjà inscrits à la matrice; s'ils y étaient portés, il indiquerait sur les feuilles qui les concernent, leur folio et leur article. Il vérifie si la liste alphabétique dressée par le contrôleur présente exactement les noms de ces nouveaux

propriétaires et le nombre des parcelles qu'ils ont acquises (art. 139).

394. — Après la vérification des folios et des articles de matrice, l'employé inscrit, sur la matrice cadastrale, à l'aide de la liste alphabétique des contribuables nouveaux, les noms, prénoms, professions ou qualités et demeures des nouveaux propriétaires. Il assigne au nouveau propriétaire son folio d'inscription et porte celui-ci sur la liste alphabétique ainsi que sur les feuilles de mutation qui concernent ces propriétaires. Lorsqu'il s'agit d'un nouveau propriétaire dont le nom doit être substitué à celui d'un ancien propriétaire, on lui donne le folio de ce dernier (art. 140).

395. — L'employé s'occupe ensuite du travail relatif aux *vendeurs.* Il compare d'abord parcelle par parcelle, en suivant les feuilles de mutation, les désignations cadastrales qui y sont relatées avec les désignations correspondantes inscrites sur la matrice.

396. — En cas de différences ou d'erreurs signalées dans les feuilles de mutation, il se reporte aux états de sections afin de s'assurer de l'exactitude des désignations à substituer à celles qui étaient fautives; il opère ensuite les rectifications nécessaires. S'il se présentait quelque incertitude qui ne pût être levée au vu de ces pièces, le travail d'application serait suspendu, et la feuille de mutation contenant les désignations incertaines serait renvoyée au contrôleur pour être vérifiée, et, s'il y avait lieu, rectifiée immédiatement, à moins que le retard devant résulter de ce renvoi ne présentât trop d'inconvénient. Dans ce dernier cas, la mutation serait ajournée à l'année suivante. Il serait fait mention de l'ajournement sur la feuille de mutation, afin qu'au moment de l'application des mutations sur les matrices communales le contrôleur eût connaissance de l'ajournement et pût faire prendre les dispositions nécessaires pour compléter la mutation à la prochaine tournée générale. Les feuilles sont réadditionnées immédiatement après leur vérification (art. 141).

397. — L'employé inscrit successivement sur l'état de situation ancienne et nouvelle le folio de la matrice cadastrale, l'article de la matrice générale, les noms et prénoms, la situation ancienne en contenance et en revenu de chacun des articles (art. 142).

398. — A mesure qu'il a vérifié les parcelles vendues, l'employé les raie sur la matrice. Il indique dans les colonnes à ce destinées : 1° le folio des acquéreurs auxquels les parcelles doivent être portées; 2° l'année de la mutation, c'est-à-dire celle où le changement doit recevoir son effet au rôle (art. 144).

399. — L'exactitude des feuilles de mutation est vérifiée en les comparant au montant des diminutions inscrites sur l'état de situation et aux totaux de la matrice (art. 143).

400. — Après la vérification de toutes les feuilles par le vendeur, l'employé s'occupe du travail relatif aux *acquéreurs.* Il réunit toutes les feuilles d'un même acquéreur et classe les groupes de feuilles dans l'ordre des folios des acquéreurs (art. 146).

401. — Il inscrit successivement chaque acquéreur sur l'état de situation ancienne et nouvelle, porte son folio à la matrice cadastrale, son article à la matrice générale, ses nom et prénoms, sa situation ancienne en contenance et revenu (art. 147).

402. — Il transcrit sur la matrice cadastrale, à la suite de l'article de chaque acquéreur, les parcelles inscrites sur les feuilles de mutation. Il indique pour chaque parcelle : 1° le folio de la matrice d'où la parcelle est tirée; 2° l'année pour laquelle la mutation est opérée (art. 149).

403. — Dans le cas de substitution de nom, on ne transcrit pas le détail des parcelles qui doivent être attribuées à l'acquéreur, mais on écrit le nom de celui-ci en tête de l'article, après avoir rayé celui de l'ancien propriétaire, et en indiquant au-dessous ou à la suite du nom de l'acquéreur, l'année pour laquelle la mutation est opérée (art. 150).

404. — Les parcelles ajoutées, tant par suite de mutation proprement dite que par suite d'imposition nouvelle, ou par rectification ou de modification, les fractions de parcelles portées sur les feuilles de reste et retranscrites à la suite de l'article du même propriétaire, les noms des nouveaux propriétaires substitués à ceux des vendeurs, sont comptés au fur et à mesure et inscrits sur l'état de situation ancienne et nouvelle. On compte également les parcelles ou fractions de parcelles de propriétés non bâties ayant cessé de faire partie de la matière imposable par suite de corrosion, de destruction, d'annexion à une voie publique (art. 153).

405. — Quand toutes les parcelles sont retranscrites, l'employé achève l'état en y établissant les situations nouvelles et en additionnant toutes les colonnes. Si le travail est exact, les colonnes des diminutions doivent donner les mêmes résultats que celles des augmentations, et celles de la situation nouvelle, les mêmes résultats que celles de la situation ancienne (art. 154).

406. — La table alphabétique de la matrice est ensuite mise au courant par l'inscription des contribuables qui sont devenus propriétaires et la radiation de ceux qui ont cessé de l'être. L'employé opère en même temps sur la table alphabétique et dans le corps de la matrice, les rectifications indiquées par le contrôleur comme devant être effectuées sur la matrice cadastrale (art. 157).

407. — Les règles précédentes sont applicables au même travail concernant les propriétés bâties. Toutefois l'employé doit vérifier sur les feuilles de mutation, en même temps que les indications concernant la valeur locative, le nombre des ouvertures des maisons et usines.

408. — Quand les changements relatifs aux portes et fenêtres sont la conséquence d'une mutation de propriété, le nombre des ouvertures est rayé à l'article du vendeur et suit la parcelle mutée à l'article de l'acquéreur.

409. — Lorsque les changements résultent d'une rectification ou d'une modification quelconque ne devant pas donner lieu à retranscription du revenu de la propriété bâtie, on efface le nombre des anciennes ouvertures et on inscrit au-dessous le nombre nouveau, en indiquant l'année du changement. L'application de ces dernières mutations est faite au moyen de l'état des changements de la contribution des portes et fenêtres (art. 158).

410. — Le directeur fait procéder à l'application des mutations sur la matrice générale à l'aide des états de situation ancienne et nouvelle, ainsi que des états de changements des contributions personnelle-mobilière et des portes et fenêtres. Les contribuables sortants sont remplacés par les nouveaux contribuables dont les noms se rapprochent le plus du rang que ceux des premiers occupaient dans l'ordre alphabétique; il est fait exception toutefois pour les articles qui ne comprennent pas de noms de personnes, tels que ceux concernant l'État, le département, les communes ou sections de communes, les fabriques, les hospices, les compagnies de chemin de fer, qui doivent être inscrits et maintenus sans interruption en tête de la matrice. Aussitôt que les nouveaux contribuables sont portés sur la matrice générale, l'article qu'ils y prennent est inscrit en regard de leur nom dans les colonnes à ce destinées des états de situation ancienne et nouvelle, des états de changements et de la liste alphabétique.

411. — Il est recommandé de n'ouvrir qu'un seul article à la matrice générale à un même contribuable. Lorsque le nombre des contribuables à ajouter est plus grand que celui des contribuables à rayer, on porte à la fin de la matrice, dans l'ordre alphabétique, ceux qui n'ont pu être inscrits dans les cases vides. Quand le nombre des contribuables rayés est, au contraire, le plus considérable, on remplit les cases restées vides par les noms des derniers inscrits sur la matrice. Ces dispositions sont annotés, afin que plus tard le contrôleur opère, sur la matrice de la commune, de la même manière qu'il a été opéré sur celle de la direction.

412. — Les noms qui, par suite de déplacements, d'inscriptions nouvelles ou de rectifications, ne se trouvent pas rangés dans l'ordre alphabétique sont transcrits dans cet ordre à la fin de la matrice, sur un état qui renvoie à l'article qu'ils occupent dans la matrice. Les folios et les cases donnés sur les matrices cadastrales aux nouveaux propriétaires doivent être reportés très-exactement sur la matrice générale.

413. — L'addition de la matrice générale, après l'application des mutations, doit donner des résultats en concordance parfaite avec ceux des balances des états de situation ancienne et nouvelle et des états de changements (art. 159).

414. — Le directeur et le premier commis de la direction surveillent avec un soin particulier l'application des mutations sur les matrices. Chacun d'eux est tenu de vérifier personnellement le travail complet d'une commune, au moins, pour chaque applicateur, et de s'assurer, en comptant pour cette commune et pour quelques autres le nombre des parcelles retranscrites, que les nombres destinés à servir de base aux calculs des indemnités ont été établis avec exactitude par chacun des employés à

qui ce soin a été confié. Les résultats des vérifications du directeur et du premier commis sont consignés sur les états de situation ancienne et nouvelle (art. 160).

415. — Au premier de chaque mois, à partir du mois de juin jusqu'à l'entier achèvement de l'application des mutations sur les matrices de la direction, le directeur fait connaître à l'administration le degré d'avancement des travaux, par l'envoi d'un état de situation (art. 161).

416. — Le directeur fait une copie des croquis et des plans fournis par le contrôleur pour les parcelles nouvellement ajoutées à la matière imposable. Les copies des croquis et des plans sont envoyées au contrôleur avant l'ouverture de la tournée générale pour être jointes à l'atlas communal; les minutes classées par commune sont conservées à la direction.

417. — Le directeur opère l'inscription des mêmes parcelles sur les états de sections et transmet un extrait de ces inscriptions au contrôleur, afin qu'il puisse effectuer les mêmes additions sur les états de sections déposés à la mairie (art. 162).

418. — Le directeur vérifie, au fur et à mesure de la réception des dossiers de mutations, les ventilations faites par le contrôleur et lui renvoie celles qui auraient besoin d'être complétées ou régularisées. Quand le travail est complet et régulier, il transcrit par commune et par année les résultats de la ventilation des baux relatifs aux propriétés non bâties et des adjudications de coupes de bois, d'autre part les résultats de la ventilation des baux et des déclarations de locations verbales concernant les propriétés bâties. Ces derniers résultats sont ensuite totalisés, pour chacune des communes où il existe un nombre suffisant de baux de propriétés bâties, en vue de la mise au courant du carnet dont la tenue est prescrite par la circulaire du 20 avr. 1867.

419. — A l'aide de ce carnet, le directeur recherche chaque année, en éliminant des bases du calcul les baux qui remontent à plus de dix ans et en y ajoutant les baux récemment ventilés, quel est le degré d'atténuation que présente, dans les communes qui se trouvent dans les conditions sus-énoncées, le revenu cadastral des propriétés relativement au revenu net imposable. Le rapport ainsi obtenu, dit *proportion d'atténuation*, est communiqué aux contrôleurs avant l'ouverture de la tournée générale (art. 163).

420. — Immédiatement après l'application des mutations, le directeur réunit par commune : 1° les feuilles de mutations des propriétés bâties et non bâties; 2° la liste alphabétique des contribuables nouveaux; 3° les états de changements de la contribution des portes et fenêtres et de la contribution personnelle mobilière; 4° les états de situation ancienne et nouvelle.

421. — Ces pièces sont transmises par des envois successifs aux contrôleurs chargés de procéder à l'application des mutations sur les matrices des communes; cette transmission doit commencer au plus tard dans la seconde quinzaine d'octobre. Le directeur joint à ces envois, le cas échéant, les volumes de matrices cadastrales nouvellement ouverts pour être déposés dans les mairies (art. 164).

422. — Après la confection des rôles, il adresse à chaque contrôleur un relevé des centimes le franc qui ont servi pour le calcul des taxes des diverses contributions dans les communes de sa division (art. 165).

423. — Le directeur, après avoir examiné les rapports des contrôleurs et de l'inspecteur, et d'après les observations qu'il a faites lui-même pendant le cours du travail, informe le trésorier-payeur général de la manière dont les percepteurs ont rempli leurs obligations en ce qui touche le service des mutations. Il fait parvenir à l'administration les rapports des contrôleurs (art. 166).

424. — Les extraits des cahiers de notes des percepteurs, annotés par les contrôleurs, sont renvoyés à ces comptables, par l'intermédiaire du trésorier payeur général, afin qu'ils aient connaissance de la suite donnée à leurs propositions et qu'ils puissent fournir, s'il y a lieu, le complément des renseignements nécessaires pour permettre d'opérer, à la prochaine tournée, les changements non effectués (art. 167).

425. — Le directeur renvoie au contrôleur pour être déposés dans les archives du contrôle, après avoir été inventoriés, les extraits de baux et d'actes translatifs de propriété utilisés ou non susceptibles de suite. Il conserve jusqu'au 20 ou 25 mars les extraits qui ont figuré sur les relevés comme restant à utiliser (art. 168).

7° Application des mutations sur les matrices des communes.

426. — Le contrôleur procède à l'application des mutations sur les matrices des communes aussitôt qu'il a reçu du directeur les pièces nécessaires. Il doit terminer ce travail avant le 1er mars de l'année suivante.

427. — Il est autorisé à faire l'application à son bureau, et, dans ce but, à y faire venir les matrices cadastrales et les matrices générales déposées dans les mairies, où il est obligé de les réintégrer dans un délai de quinze jours au plus, sous peine de se voir retirer la faculté de les déplacer. Les frais de transport des matrices sont à la charge du contrôleur; il est responsable des détériorations que le déplacement pourrait leur faire éprouver (art. 169).

428. — Les contrôleurs sont autorisés à se faire aider dans le travail de l'application des mutations sur les matrices des communes. Quand ils veulent user de cette faculté, ils en avisent le directeur et lui fournissent, sur les personnes qu'ils comptent employer, tous les renseignements nécessaires. Ils sont tenus de surveiller le travail de leurs auxiliaires et en demeurent entièrement responsables.

429. — Le directeur peut, eu égard au nombre des parcelles à transcrire, aux travaux du contrôleur, à l'état de sa santé, à son aptitude et à la qualité de son écriture, l'obliger à se faire aider (art. 171).

430. — Le contrôleur doit exécuter son travail dans l'ordre qui lui est indiqué par la direction, de façon à assurer la conformité des matrices de la commune et de celles de la direction (art. 172 et s.).

431. — Dans le cas où il découvrirait une erreur susceptible de modifier la situation nouvelle donnée par le travail du directeur, il se bornerait à l'indiquer dans l'état sans toucher aux totaux défectueux, attendu que ces totaux, ayant servi de base à la confection du rôle, ne peuvent être rectifiés que par mutation ultérieure. Le directeur prendrait les mesures nécessaires pour faire opérer la rectification en temps utile (art. 175).

432. — Après avoir effectué les changements nécessaires sur les matrices cadastrales, il applique les mutations sur la matrice générale.

433. — Si au moment de l'application des mutations, il est nanti du relevé des *centimes le franc* que le directeur doit lui fournir immédiatement après la confection des rôles, il les inscrit sur la matrice générale et, en outre, les centimes le franc de la contribution foncière sur les états annexés aux matrices cadastrales pour recevoir cette inscription. Si le relevé ne lui était pas encore parvenu, les inscriptions seraient ajournées jusqu'au moment de son plus prochain passage dans la commune (art. 180).

434. — Aussitôt après l'application, le contrôleur renvoie les matrices dans les mairies. Cette réintégration doit être justifiée par des certificats des maires, énonçant la date du retrait et celle de la rentrée des pièces déplacées (art. 181). Cette réintégration doit être opérée au 1er mars.

435. — Au fur et à mesure qu'il a été procédé à l'application des mutations dans une ou plusieurs communes et sans que le nombre de celles-ci puisse jamais excéder le nombre des communes d'une perception, le contrôleur renvoie au directeur les pièces qui lui ont été communiquées pour l'exécution du travail (art. 182).

436. — Le 15 de chaque mois, à partir du mois de novembre, et jusqu'à ce que l'application des mutations sur les matrices des communes soit terminée, le contrôleur adresse au directeur un état présentant la situation de ce travail. C'est à l'aide de cet état que le directeur dresse l'état de situation qu'il transmet à l'administration.

437. — A partir du 15 janvier, le contrôleur fait parvenir, en même temps, au trésorier-payeur général un état indiquant les perceptions pour lesquelles les pièces cadastrales ont été réintégrées dans les mairies, afin que les percepteurs puissent recevoir l'ordre de procéder à leur première tournée spéciale (art. 183).

8° Surveillance et vérifications de l'inspecteur.

438. — L'inspecteur exerce sa surveillance sur les diverses parties du travail des mutations exécuté tant par les percepteurs que par les contrôleurs (art. 185).

439. — Il fait connaître les résultats de ses vérifications dans les formes et selon les règles déterminées par les instructions spéciales. Pour vérifier l'application des mutations, il peut dé-

placer les matrices communales et même les faire venir à sa résidence, à la condition de les réintégrer dans les mairies dans un délai de quinze jours. Toutefois, l'autorisation qui lui est donnée à cet égard ne constitue pas un droit et reste subordonnée à l'acquiescement des maires. Les frais de transport sont à sa charge et il est responsable des détériorations (art. 188).

9° Dépenses d'imprimés. — Règlement des indemnités. — Comptabilité.

440. — Les imprimés pour feuilles de mutation, pour bordereaux d'envoi aux percepteurs des extraits d'actes translatifs de propriété et pour croquis des parcelles devenues imposables sont à la charge du directeur (art. 189).

441. — Les affiches destinées à faire connaître aux contribuables l'époque des tournées spéciales des percepteurs et les lettres d'envoi de ces affiches sont fournies par le receveur des finances. Les percepteurs supportent la dépense des états présentant le compte d'emploi des extraits d'actes translatifs de propriété (art. 190).

442. — Sont à la charge du directeur : les imprimés pour relevés d'extraits de baux et d'actes translatifs de propriété; les cadres des états de constructions et démolitions, des états de changements, des listes alphabétiques des contribuables nouveaux, des extraits des cahiers de notes des percepteurs (art. 191). Tous les autres imprimés sont à la charge des agents qui les emploient (art. 192).

443. — Il est alloué, pour le travail des mutations, les indemnités ci-après relatées :

1° au percepteur et au contrôleur, pour la rédaction des feuilles de mutation :

Propriétés non bâties : 2 centimes et demi par parcelle transcrite ou supprimée de la matière imposable et par nom substitué;

Propriétés bâties : 3 centimes et demi par parcelle transcrite et par nom substitué;

2° au contrôleur, pour la fourniture et la vérification des mêmes feuilles :

Propriétés non bâties : 2 centimes par parcelle transcrite ou supprimée de la matière imposable et par nom substitué;

Propriétés bâties : 3 centimes par parcelle transcrite et par nom substitué;

3° au même agent, pour l'application des mutations sur les matrices communales et les frais de transport des matrices :

Propriétés non bâties : 2 centimes par parcelle transcrite ou supprimée de la matière imposable et par nom substitué;

Propriétés bâties : 3 centimes par parcelle transcrite et par nom substitué;

4° au même agent, 1 centime par parcelle des articles retranscrits par lui sur les matrices communales;

5° au directeur, pour l'application des mutations sur les matrices de la direction et pour la fourniture des imprimés destinés tant aux extraits de baux et d'actes translatifs de propriété à relever dans les bureaux de l'enregistrement qu'aux états de situation ancienne et nouvelle :

Propriétés non bâties : 3 centimes et demi par parcelle transcrite ou supprimée de la matière imposable et par nom substitué ;

Propriétés bâties : 5 centimes et demi par parcelle transcrite et par nom substitué;

6° au même agent : 2 centimes par parcelle des articles retranscrits en entier, pour cause de confusion (art. 193). Au total, 10 centimes par parcelle pour les propriétés non bâties et 15 centimes pour les propriétés bâties.

444. — Le contrôleur qui a transmis à la direction des feuilles entachées d'irrégularités de nature à motiver le renvoi des pièces, peut avoir à subir la retenue intégrale ou partielle de la portion d'indemnité afférente au travail reconnu irrégulier. Dans ce cas, le directeur expose les faits dans l'état sommaire des mutations, et l'administration se réserve, sur la proposition de ce chef de service, de fixer, s'il y a lieu, la quotité de la retenue à appliquer (art. 195). Lorsqu'un contrôleur aura mis de la négligence dans l'application des mutations, l'administration pourra, selon la gravité de ce cas, ordonner la révision du travail, soit par cet agent lui-même, soit, à ses frais, par un autre agent. Lorsqu'il aura été établi que le contrôleur s'est abstenu d'additionner les articles affectés de mutations, il sera, en outre, privé de toute indemnité afférente à l'application, sans préjudice des mesures plus sévères qui pourraient être prises à son égard (art. 196).

5

445. — Aussitôt que le directeur a terminé l'application des mutations, il adresse à l'administration l'état sommaire des mutations recueillies et des sommes à ordonnancer pour couvrir le montant de la dépense (art. 198).

446. — Il rédige et soumet, aussitôt que possible, à l'approbation du directeur général l'état détaillé de la dépense par commune et par agent, état qui doit être annexé, comme pièce justificative, au premier mandat délivré et rappelé sur les mandats subséquents. Cet état présente le montant intégral des indemnités revenant aux agents, d'après les taux fixés pour la rétribution de chaque partie du travail et sans aucune déduction pour les retenues; mais les mandats ne doivent énoncer que la somme à toucher par chaque agent (art. 199).

447. — Au 15 septembre de chaque année, le directeur établit, pour l'exercice qui vient d'être clos, le compte d'emploi des crédits mis à sa disposition pour servir à l'acquittement de la dépense relative aux mutations cadastrales; il adresse ce compte à la direction générale, après s'être assuré que le montant des paiements effectués est d'accord avec les écritures du trésorier-payeur général (art. 200).

Section II.

Fixation des cotes individuelles. — Règles particulières aux impôts de répartition.

§ 1. *Répartition du contingent entre les départements, les arrondissements et les communes.*

448. — La répartition du contingent entre les arrondissements rentre dans les attributions du conseil général. — V. les art. 37 et 38, L. 10 août 1871.

449. — Après la session du conseil général, les conseils d'arrondissement fixent les contingents (L. 10 mai 1838, art. 45). Les conseils d'arrondissement ont le droit de dégrever les communes qui leur paraissent surchargées et de reporter le montant du dégrèvement sur celles qui leur paraissent ménagées. Ils peuvent même accorder un dégrèvement qui aurait été refusé par le conseil général, et l'arrêté par lequel un préfet aurait rétabli d'office les contingents des communes, conformément à la délibération du conseil général, devrait être annulé par le ministre. Il n'en est pas de même, au contraire, si le conseil général a accordé à une commune un dégrèvement que lui avait refusé le conseil d'arrondissement. Celui-ci est tenu de s'incliner. S'il ne se conformait pas à cette décision, le préfet en conseil de préfecture ferait la répartition d'après la décision du conseil général et répartirait le dégrèvement accordé à la commune sur toutes les autres. La décision par laquelle un conseil général rejette le recours d'une commune contre la délibération du conseil d'arrondissement relativement au contingent de cette commune n'est pas susceptible d'être déféré au Conseil d'État pour une simple violation de loi. D'après la loi de 1838, reproduite par celle de 1871, la décision du conseil général est définitive, et il résulte des travaux préparatoires de la loi du 10 mai 1838, que l'intention du législateur a été de rendre impossible tout recours contre les décisions du conseil général en pareille matière. Donc, alors même que ces décisions violeraient une disposition de loi, ni la commune lésée ni même le gouvernement ne pourrait les faire tomber. — Cons. d'Et., 28 déc. 1894, Commune de Sérignac, [Leb. chr., p. 724]

450. — Le travail de répartition du conseil d'arrondissement doit être rédigé en triple expédition, arrêté et signé par les membres du conseil. Ces expéditions sont adressées au préfet, qui en transmet deux au directeur, lequel y porte les mouvements de la matière imposable et y applique les centimes additionnels au principal. La troisième est renvoyée au sous-préfet et sert à la rédaction des mandements destinés à faire connaître aux maires le contingent de leur commune.

451. — Des deux expéditions remises au directeur l'une est gardée par lui pour la confection des rôles, l'autre est rendue au préfet. Le préfet est tenu d'envoyer au ministre les délibérations prises par les conseils d'arrondissement avec un double des tableaux de sous-répartement. La direction générale vérifie ces opérations (Circ. min. 22 juill. 1840, et Circ. ann. du répartement). — Fournier et Daveluy, p. 83 et 84.

452. — V., en outre, sur les attributions du conseil d'arrondissement en cette matière, *Rép. gén. alph. du dr. français*, v° *Conseil d'arrondissement*, n. 69 à 87.

§ 2. *Répartition entre les contribuables. — Conseil des répartiteurs.*

453. — D'après l'art. 9, L. 3 frim. an VII, les répartiteurs sont au nombre de sept, savoir : l'agent municipal et son adjoint, dans les communes de moins de 5,000 habitants, deux officiers municipaux désignés à cet effet dans les autres communes, et cinq citoyens dont deux non domiciliés dans la commune. Aujourd'hui les maires et adjoints remplissent les fonctions administratives dans toutes les communes, quel que soit le chiffre de leur population. Ils font donc partie de la commission des répartiteurs dans toutes les communes. — Cons. d'Et., 24 nov. 1882, Rouget de l'Isle, [S. 84.3.63, P. adm. chr.]; — 1er déc. 1882, Taupin, [Leb. chr., p. 960] — La nomination des cinq citoyens répartiteurs est faite chaque année (art. 10). A cet effet, le conseil municipal dresse chaque année une liste contenant un nombre double de celui des répartiteurs et des répartiteurs suppléants à nommer; sur cette liste, le sous-préfet nomme les cinq répartiteurs visés dans l'art. 9, L. 3 frim. an VII, et les cinq répartiteurs suppléants (L. 5 avr. 1884, art. 61). Dans une lettre adressée par le ministre de l'Intérieur au préfet de la Vendée, le 31 mars 1885, il est dit que le sous-préfet peut choisir les répartiteurs titulaires parmi les personnes désignées par le conseil municipal pour être suppléants, et réciproquement. Cette opinion a été ratifiée par le Conseil d'Etat. — Cons. d'Et., 8 mars 1889, Ville de Saint-Pons, [S. 90.3.27, P. adm. chr.]

454. — Les propriétaires fonciers peuvent seuls être nommés répartiteurs. Il en résulte que la nomination comme répartiteur d'un contribuable qui ne serait pas imposé au rôle de la contribution foncière serait nulle. — Cons. préf. Haute-Loire, 18 juill. 1871. — La commission des répartiteurs doit comprendre trois propriétaires de la commune et deux propriétaires forains. Il a été jugé qu'un contribuable nommé répartiteur dans le lieu de sa résidence peut être nommé répartiteur forain dans une localité voisine (Cons. préf. Corrèze, 24 mai 1878). Mais cette décision nous paraît contraire à l'art. 16, L. 3 frim. an VII, qui est ainsi conçu : « Celui qui se trouverait nommé répartiteur par plusieurs communes la même année, déclarera son option au sous-préfet dans les dix jours de l'avertissement qui lui aura été donné de sa nomination; il sera remplacé sans délai dans les autres communes » (art. 16).

455. — Quelle est la sanction des prescriptions édictées par la loi relativement aux conditions d'aptitude des répartiteurs et à la composition de la commission? Il semble, d'une part, que la nomination irrégulière d'un répartiteur ne peut donner lieu à un recours direct au Conseil d'État par la voie contentieuse. C'est seulement à l'occasion du recouvrement des contributions et sous forme de demande en décharge que les contribuables d'une commune sont recevables à invoquer l'irrégularité de la composition. — Cons. d'Et., 9 août 1889, Borelly, [Leb. chr., p. 969] — Cette irrégularité doit-elle entraîner la décharge des contributions? Cette question nous paraît devoir être résolue par l'affirmative. Toutes les prescriptions de la loi relatives au choix et aux attributions des répartiteurs ont été édictées dans l'intérêt des contribuables. Il faut donc que ces garanties leur soient assurées. Le Conseil d'Etat a admis cependant la recevabilité d'un pourvoi formé par une commune contre l'arrêté du sous-préfet nommant les répartiteurs, qu'elle prétendait entaché d'excès de pouvoirs. — Cons. d'Et., 8 mars 1889, Ville de Saint-Pons, [S. 90.3.27, P. adm. chr.]

456. — Le sous-préfet fait notifier aux répartiteurs leur nomination dans les cinq jours de sa date (L. 3 frim. an VII, art. 12). Cette loi dispose que les fonctions de répartiteur ne peuvent être refusées que pour des causes qu'elle énumère (art. 13). Les causes légitimes de refus sont : 1° les infirmités graves et reconnues, vérifiées en la forme ordinaire en cas de contestation ; 2° l'âge de soixante ans commencés ; 3° l'entreprise d'un voyage ou d'affaires qui obligeraient à une longue absence du domicile ordinaire ; 4° l'exercice des fonctions administratives ou judiciaires ; 5° le service militaire de terre ou de mer ou un autre service public (art. 14). Tout citoyen domicilié à plus de deux myriamètres d'une commune pour laquelle il aurait été nommé

répartiteur pourra également ne point accepter (art. 15). Celui qui n'acceptera point les fonctions de répartiteur devra proposer par écrit au sous-préfet son refus motivé. Il le proposera dans les dix jours de l'avertissement qui lui aura été donné de sa nomination. Le sous-préfet prononcera dans les dix jours suivants : si le refus se trouve fondé, il le déclarera tel et remplacera sur-le-champ le refusant. Dans le cas contraire, il déclarera que le refus n'est point admis et que celui qui l'a proposé reste répartiteur (art. 17 et 18).

457. — Les art. 19, 20 et 21 édictaient certaines pénalités contre ceux qui se refusaient sans motif à remplir les fonctions de répartiteur. D'après MM. Fournier et Daveluy, ces dispositions seraient tombées en désuétude. Elles consistaient dans un blâme adressé publiquement au refusant et affiché à la porte de la mairie et, dans le cas où il ne comparaissait pas, dans une amende égale à la valeur de trois journées de travail. L'art. 22 prévoyait le cas d'empêchement temporaire survenu à un répartiteur et prescrivait son remplacement. Cette disposition est sans intérêt depuis l'institution des répartiteurs suppléants. La loi du 2 mess. an VII contient une autre sanction dans le cas où les répartiteurs se refuseraient à remplir leurs fonctions. « Les répartiteurs des communes ne pourront sous prétexte de surcharge et de demande en réduction ou en rappel à l'égalité proportionnelle, ou pour tout autre motif, se dispenser de faire chaque année les opérations qui leur sont attribuées par la loi du 3 frim. an VII et aux époques déterminées par cette loi, à peine de responsabilité solidaire et même de contrainte pour le paiement de tous les termes de la contribution foncière assignée à leur commune dont le recouvrement se trouverait en retard par l'effet de la non exécution de ces opérations dans les délais prescrits (art. 15).

458. — Les sept répartiteurs délibèrent en commun, à la majorité des suffrages. Ils sont convoqués et présidés par le maire ou par l'adjoint, ou à leur défaut par le plus âgé des répartiteurs (L. 3 frim. an VII, art. 23). Aucune disposition de loi ou de règlement n'oblige les répartiteurs à entendre les contribuables avant d'établir leur imposition. — Cons. d'Et., 7 août 1874, Carimantrant, [Leb. chr., p. 809]

459. — Le Conseil d'Etat a eu souvent à se prononcer indirectement sur la composition et le fonctionnement de la commission des répartiteurs. C'est ainsi qu'il a décidé qu'il n'existe aucune incompatibilité entre le mandat de conseiller municipal et la fonction de répartiteur. — Cons. d'Et., 24 déc. 1886, Mouton, [Leb. chr., p. 921]

460. — La présence dans la commission de deux propriétaires fonciers non domiciliés dans la commune est également prescrite à peine de nullité. — Cons. d'Et., 14 avr. 1889, Henry, [Leb. chr., p. 283]; — 21 nov. 1891, Oxner, [Leb. chr., p. 690]

461. — ... A moins que l'administration n'établisse qu'il a été impossible de trouver des répartiteurs remplissant ces conditions. — Cons. d'Et., 13 avr. 1877, Sengensse, [S. 79.2.90, P. adm. chr.]; — 8 déc. 1888, de la Valette, [S. 90.3.72, P. adm. chr.]

462. — Le Conseil d'Etat a décidé que les modifications apportées par une loi aux règles de nomination des répartiteurs ne pouvaient avoir pour effet de mettre fin aux pouvoirs des commissions nommées antérieurement à la promulgation de ladite loi. — Cons. d'Et., 9 août 1889, précité.

463. — Les répartiteurs continuent leurs fonctions jusqu'à la nomination de leurs successeurs. Les nouveaux répartiteurs doivent donner leur avis sur toutes les réclamations qui leur sont communiquées, lors même qu'elles se rapportent à des taxes assises par leurs prédécesseurs (Instr. 10 mai 1849, art. 39). Si, dans le cours d'une année, survient un renouvellement du conseil municipal, le maire, président de la commission, peut continuer à remplir ses fonctions jusqu'à l'installation du nouveau conseil (L. 5 avr. 1884, art. 81). — Cons. d'Et., 8 déc. 1888, de la Valette, [S. 90.3.72, P. adm. chr.]

464. — La commission des répartiteurs ne peut valablement fonctionner, ne peut prendre aucune délibération, ni donner aucun avis si cinq au moins de ses membres ne sont présents et n'ont signé la délibération. — Cons. d'Et., 4 nov. 1835, Commune de Cette, [Leb. chr., p. 6, 204]; — 13 juill. 1877, Chiniard, [Leb. chr., p. 684]; — 8 juin 1888, Jacob, [Leb. chr., p. 490]; — 8 déc. 1888, de la Valette, [S. 90.3.72, P. adm. chr.] — Parmi les cinq signatures exigées pour la validité de la délibération peuvent figurer celles du maire et d'un adjoint,

ou de deux adjoints. — Cons. d'Et., 29 mai 1874, Leclerc, [Leb. chr., p. 497]; — 24 nov. 1882, Rouget de l'Isle, [S. 84.3.63, P. adm. chr.] — Le moyen de nullité tiré de ce que l'avis des répartiteurs aurait été pris par moins de cinq membres peut être soulevé en tout état de cause et même pour la première fois devant le Conseil d'Etat. — Cons. d'Et., 30 nov. 1850, précité. — Mais lorsque la délibération des répartiteurs n'est signé que par quatre répartiteurs, l'irrégularité entraine la nullité de toute la procédure. — Cons. d'Et., 28 janv. 1835, Delimal, [Leb. chr., p. 13]; — 1er juill. 1840, Paul, [Leb. chr., p. 180]; — 27 avr. 1847, Caillard, [Leb. chr., p. 260]; — 30 nov. 1850, Fourneris, [S. 51.2.299]; — 7 juin 1855, Micaud, [Leb. chr., p. 399]; — 7 avr. 1858, Vaillier, [Leb. chr., p. 267]; — 20 juill. 1859, Fabre, [Leb. chr., p. 501]; — 21 août 1868, Mathieu, [Leb. chr., p. 950]; — 18 déc. 1874, Leblanc, [Leb. chr., p. 1003]; — 10 févr. 1888, Couture, [Leb. chr., p. 133]; — 31 janv. 1891, Husson, [Leb. chr., p. 72]; — 7 mars 1891, Giutton, [Leb. chr., p. 200]; — 21 nov. 1891, Oxner, [Leb. chr., p. 690]

465. — Lorsque la délibération des répartiteurs est entachée de nullité, il appartient au directeur de leur en faire prendre une seconde régulière. Il n'est pas nécessaire que le conseil de préfecture ait au préalable annulé la première. — Cons. d'Et., 23 déc. 1845, Cormier, [Leb. chr., p. 563]

466. — A Paris, une loi du 14 fruct. an II, sur l'administration de la commune de Paris, avait chargé de la répartition des contributions publiques une commission de quinze membres nommés par la Convention. Dès l'année suivante, une loi du 23 frim. an III rapportait cette loi et disposait qu'il y aurait à Paris, sous la surveillance du département, une commission composée de cinq membres, chargée des opérations qu'administrait la municipalité de Paris, relativement aux contributions directes. Un arrêté des consuls du 5 mess. an VIII compléta cette organisation par les dispositions suivantes : Art. 1. La commission des contributions directes de Paris tiendra lieu de répartiteurs dans cette ville. Art. 2. Les commissaires seront à la nomination du préfet du département de la Seine. Ce préfet réglera provisoirement le nombre de leurs employés, leurs traitements et l'aperçu de leurs frais de bureau, sauf l'approbation du conseil général du département. Cette dépense sera ordonnée par le préfet et acquittée sur les centimes additionnels destinés aux dépenses communales. Enfin une loi du 24 mars 1880 a porté de 5 à 7 le nombre des membres de la commission. A Paris, pour que les avis de la commission des contributions directes soient réguliers, il suffit que la majorité de ses membres soient présents. — Cons. d'Et., 26 juin 1866, Gouaux, [Leb. chr., p. 722]

467. — Par un arrêté réglementaire du 1er mai 1849, il a été créé dix-neuf commissaires répartiteurs adjoints. Ce nombre a été élevé depuis à quarante. Ils sont divisés en cinq classes, et assujettis à un examen pour lequel ils ne peuvent se présenter que s'ils ont plus de vingt-cinq ans et moins de quarante et s'ils sont pourvus du diplôme de bachelier. Un arrêté du préfet de la Seine, du 10 oct. 1878, a réglementé cet examen en vue d'assurer le meilleur recrutement des commissaires répartiteurs adjoints. Les candidats sont classés par ordre de mérite sur une liste sur laquelle le préfet choisit sans être tenu d'observer l'ordre. — Cons. d'Et., 9 août 1893, Jaubert de la Mothe, [Leb. chr., p. 683]

468. — Les traitements sont les suivants : président du conseil de répartition de 9 à 11,000 fr.; commissaires répartiteurs titulaires, divisés en 3 classes, de 6 à 8,000 fr.; commissaires répartiteurs adjoints, divisés en 5 classes, de 3 à 5,000 fr. — Pour l'organisation et le fonctionnement de cette commission, V. Block et de Pontich, *Administration de la ville de Paris*, p. 135 et s.; Fontaine, *Mémoire sur la commission de répartition des contributions directes de la ville de Paris*, 1877.

Section III.

Confection des rôles.

§ 1. Règles générales.

1° Travaux préparatoires.

469. — Avant de procéder à la confection des rôles, le directeur doit se livrer à une série de travaux préparatoires. Il doit

transmettre à l'administration, avant le 1er avril, l'état, arrêté par le préfet, des propriétés non bâties devenues imposables ou ayant cessé de l'être et donnant lieu à augmentation ou à diminution des contingents fonciers. L'administration fait connaître au directeur et au préfet, avant la session d'août des conseils généraux, les sommes à retrancher des contingents et celles à y ajouter (Circ. 28 juill. 1863).

470. — L'état des réimpositions doit être arrêté au 1er octobre. A cet effet, le directeur et le préfet doivent hâter le jugement des demandes pouvant donner lieu à réimposition afin qu'il soit statué avant le 1er octobre, de manière à éviter le retard d'une année qu'éprouverait la réimposition des dégrèvements pour les demandes qui ne seraient pas jugées à cette époque (Circ. 16 août 1884).

471. — L'état des frais d'expertise et de tierce expertise doit être arrêté par le préfet au 1er octobre; les frais d'expertise à la charge des communes sont classés avec les centimes ordinaires communaux (Même circ.).

472. — En ce qui touche les prélèvements de contribution personnelle-mobilière à effectuer sur les produits de l'octroi, le préfet doit convoquer les conseils municipaux assez tôt pour que leurs délibérations puissent être ratifiées avant la confection des rôles (Même circ.).

473. — Les préfets doivent demander aux conseils généraux de voter, dans leur première session, les impositions départementales extraordinaires qui doivent être soumises à la sanction législative, afin que la loi à intervenir puisse être rendue assez tôt pour que la confection des rôles n'éprouve pas de retard et pour éviter la confection de rôles spéciaux (Circ. min. Int. 7 mars 1884).

474. — Le préfet doit faire connaître au directeur, avant le 1er octobre, tous les centimes communaux, ordinaires, spéciaux et extraordinaires à comprendre dans les rôles (Circ. 16 août 1884). Il lui doit connaître les communes pour lesquelles il n'a pas encore obtenu les ordonnances collectives pour impositions extraordinaires, afin que le directeur retarde le plus possible la confection définitive des rôles de ces communes.

475. — Les délibérations des conseils municipaux et les actes portant autorisation d'impositions communales ne doivent pas se borner à déterminer les sommes que ces impositions doivent produire, mais désigner la quotité des centimes correspondant au montant de chaque imposition. C'est le nombre seul des centimes votés qui doit servir à la formation du rôle, et l'indication de la somme correspondante ne constitue qu'un simple renseignement (Circ. 5 déc. 1878).

476. — Les conseils généraux procèdent ensuite au répartement en indiquant sur les états le nombre de centimes additionnels départementaux, ordinaires et extraordinaires, votés par eux ou autorisés par les lois spéciales (Circ. 7 août 1867). Puis les conseils d'arrondissement effectuent le sous-répartement entre les communes.

2° Opérations matérielles de la confection des rôles.

477. — Aussitôt que les conseils électifs ont terminé leurs opérations, que le directeur a reçu les états de répartement et de sous-répartement, qu'il a arrêté l'état du montant des rôles et rédigé la feuille de tête du rôle pour chaque commune, il procède à l'application des taxes sur la matrice générale.

478. — Il calcule la proportion existant pour la contribution foncière des propriétés non bâties entre le contingent de la commune en principal et accessoires et son revenu imposable. Le centime une fois calculé, on dresse un tarif dont l'application au revenu de chaque contribuable est sa cotisation (Circ. 14 mai 1831).

479. — Pour la contribution personnelle-mobilière, on détermine le montant de la taxe personnelle : on déduit du contingent total le produit de cette taxe. Pour répartir le surplus en taxes mobilières, on le divise par le montant des loyers d'habitation et on applique le centime du franc obtenu à chaque loyer d'habitation pour avoir la cote de chaque contribuable (Même circ.).

480. — Pour la contribution des portes et fenêtres, on applique le tarif légal à chaque classe ou catégorie d'ouvertures, telle qu'elle figure en totalité à la récapitulation de la matrice, et l'on constate quel serait, d'après ce tarif, le produit général de la

contribution pour la commune. On divise le contingent effectif en principal et accessoires par le produit du tarif de la loi, et le centime du franc qui en résulte étant multiplié successivement par chaque taxe du tarif de la loi, détermine le tarif définitif pour chaque catégorie d'ouvertures (Même circ.).

481. — La confection des rôles comprend deux parties : 1° la transcription des noms, prénoms, professions, demeures et bases de cotisation, qui s'effectue à l'aide de la matrice générale et qui est entreprise dès que le travail des mutations a été terminé dans les communes et appliqué sur les matrices de la direction; 2° le report sur le rôle des taxes qui ont été cal culées sur la matrice générale.

482. — Le rôle doit être, quant aux noms qui y figurent, une copie exacte de la matrice. S'il y a désaccord entre le rôle et la matrice, c'est aux énonciations de cette dernière qu'il faut s'attacher de préférence. — Cons. d'Et., 20 juill. 1888, Irancastel, [Leb. chr., p. 657]

483. — La feuille de tête du rôle doit porter, en tête, la date de la loi de finances en vertu de laquelle le rôle est rendu exécutoire et recevoir la date des lois particulières, des décrets, des arrêtés et des votes qui ont autorisé des impositions extraordinaires (Circ. 23 août 1830).

484. — Les percepteurs ne sont plus tenus de représenter aux contribuables les feuilles de tête des rôles (Circ. 9 sept. 1844). Mais, par contre, les contribuables ont la faculté de prendre connaissance, à la mairie, d'un tableau sur lequel sont consignés tous les détails que contiennent les feuilles de tête (Circ. 20 juill. 1880).

485. — Les proportions suivant lesquelles les contributions sont partagées entre l'État, le département, la commune, les fonds de secours, non-valeurs et réimpositions, sont indiquées au-dessous de la contribution à laquelle elles s'appliquent (Circ. 16 août 1882).

486. — On porte d'abord sur la feuille de tête le principal de chaque contribution, puis les centimes additionnels généraux, départementaux et communaux, les frais de perception et les réimpositions. La réunion de ces divers totaux forme le montant total des contributions à comprendre dans le rôle : on y ajoute les frais d'avertissement et on obtient ainsi le total général du rôle (Circ. 16 août 1882).

487. — Chaque avertissement devant, aux termes de l'art. 6, L. 5 août 1874, énoncer les proportions entre la part de la contribution revenant à l'État, la part revenant au département, celle revenant à la commune et le total de la contribution réclamée au contribuable, ces proportions doivent être calculées en comparant successivement au total de chaque contribution : 1° la part de l'État, composée du principal et des centimes généraux, non compris les centimes pour secours et non-valeurs; 2° la part du département, composée de centimes départementaux de toute nature, non compris les centimes pour fonds de non-valeurs; 3° la part de la commune, composée des impositions communales de toute nature, les frais d'experts et des frais de perception, non compris les centimes pour fonds de non-valeurs et les réimpositions (Circ. 26 août 1874).

488. — La réunion des trois proportions relatives à une même contribution doit toujours donner un total inférieur à 100, la différence représentant la part afférente au fonds de secours et de dégrèvement; cette dernière part ne fait pas l'objet d'une proportion, mais d'une simple mention imprimée (Même circ.).

489. — Le directeur doit dresser un état du montant des rôles par département. La formation de cet état se fait en deux fois : la première partie est dressée vers la fin du mois de septembre et précède les travaux définitifs des rôles. Il n'est complété qu'après la confection des rôles de patente (Circ. 28 sept. 1844).

490. — Sur la feuille de tête de l'état du montant, il est établi un cadre dans lequel il y a à mentionner, pour chacun des impôts de répartition, les causes et le montant des changements apportés dans les contingents en principal déterminés par la loi de finances et les réductions accordées pour les nouvelles constructions. Le directeur doit expliquer, s'il y a lieu, les différences existant entre les résultats de ce cadre et ceux de la récapitulation des états de sous-répartement.

491. — On porte dans l'état le produit du principal, des centimes additionnels de toute nature, des frais de perception, d'avertissements.

492. — L'état se divise en deux parties. La première partie

se termine par un tableau qui présente, par contribution, le résumé général des rôles. Elle est signée par le directeur et arrêtée par le préfet. La seconde partie, consacrée exclusivement aux renseignements administratifs, n'est certifiée que par le directeur. Des copies de la première partie de l'état du montant sont adressées à l'administration, à la trésorerie générale et à la préfecture. L'administration seule reçoit copie de la seconde partie.

493. — Les rôles généraux et des patentes doivent en principe être terminés pour le 1er janvier. Toutefois dans les grandes villes le délai peut être un peu prolongé. Du 15 octobre jusqu'à l'entier achèvement du travail, le directeur et le préfet sont tenus d'adresser tous les quinze jours à l'administration, le premier un état de la situation de la confection des rôles, le second un état indiquant le nombre des rôles présentés à son visa et rendus exécutoires (Circ. 16 août 1884). .

494. — La confection des rôles est confiée spécialement aux premiers commis, qui doivent surveiller tous les travaux qu'elle comporte, en coordonner et vérifier les résultats. Ils opèrent, sous leur responsabilité, la liquidation et le paiement des dépenses qu'il s'y rapportent. Il leur est interdit de participer aux travaux rétribués de la confection des rôles. Il leur est alloué chaque année une indemnité pour ce travail (Circ. 30 mars 1870).

495. — Les personnes qui ont traité avec le premier commis pour la confection des rôles ne peuvent faire de sous-traité. Il leur est permis seulement de faire travailler leur famille (Circ. 9 avr. 1875).

496. — Le directeur doit veiller à ce que les rôles et les avertissements soient rédigés avec le plus grand soin. A cet effet, il ne doit employer que des expéditionnaires exercés. Il ne doit laisser sortir aucun rôle de ses bureaux avant de l'avoir fait collationner avec les matrices et avec les avertissements (Circ. 25 juin 1828 et 24 sept. 1829). Il est responsable de tous les faits qui se rattachent à la confection des rôles (Circ. 30 mars 1870).

497. — Le directeur doit, au fur et à mesure de la confection des rôles, soumettre à l'approbation du préfet les rôles généraux. Le préfet ne les admet et ne les rend exécutoires qu'après les avoir fait vérifier dans ses bureaux et les avoir reconnus exacts dans toutes leurs parties (Circ. 17 oct. 1828 et 24 sept. 1829).

498. — Il ordonne la rectification des erreurs matérielles qu'il constate. Si les erreurs portent sur les calculs ou si le rôle n'est pas écrit avec correction ou netteté, le préfet peut le renvoyer au directeur qui doit en faire confectionner un nouveau (Mêmes circ.). La vérification du préfet porte spécialement sur les impositions communales extraordinaires.

499. — Les frais d'impression et de confection des rôles ont presque toujours constitué une dépense de l'État. Toutefois, en ce qui touche les frais d'impression des rôles et formules de patentes, la loi du 13 flor. an X avait stipulé qu'ils seraient imputés sur les 10 cent. prélevés sur le principal et dont une partie était destinée aux communes. Ce système fut généralisé en 1883 pour les rôles des autres contributions. Pour faire participer les départements et les communes à cette dépense, on transporta les frais d'impression et de confection des rôles du budget général de l'État au budget sur ressources spéciales en les imputant sur le fonds de non-valeurs alimenté aussi bien par les centimes départementaux et communaux que par le principal. Mais la loi du 18 juill. 1892 a fait rentrer ces dépenses dans le budget de l'État.

§ 2. Différentes espèces de rôles.

1o Rôles primitifs ou généraux.

500. — Le rôle est le titre exécutoire qui permet à l'administration de recouvrer chaque année l'impôt direct. Nous avons à examiner maintenant les diverses espèces de rôles.

501. — Il existe plusieurs espèces de rôles. Jusqu'en 1818, on dressait un rôle distinct pour chaque nature de contribution directe. A cette époque, il fut décidé qu'il ne serait plus dressé par commune qu'un rôle unique comprenant, outre les quatre contributions directes, toutes les impositions locales autorisées avant la confection de ce rôle. Mais en vertu des circulaires des 9 et 28 sept. 1844, il a été dressé depuis 1845 un rôle pour les trois contributions : foncière, des portes et fenêtres et personnelle-mobilière, et un rôle séparé pour les patentes. Toutefois, dans les villes où il est formé chaque année une matrice distincte des contributions personnelle-mobilière et des patentes, il est établi un rôle séparé pour ces deux contributions et un autre rôle pour les contributions foncière et des portes et fenêtres. Enfin, depuis 1883, les rôles portent des indications distinctes pour les propriétés bâties et non bâties (Circ. 16 août 1882).

2o Rôles supplémentaires.

502. — Le rôle primitif devrait, en principe, être le seul : la faculté pour l'administration d'émettre des rôles supplémentaires est exorbitante et ne lui est reconnue par la jurisprudence du Conseil d'État que quand un texte formel la lui a attribuée.

503. — La première dérogation au principe général a été édictée par la loi du 19 vent. an IX, dans son art. 4, aux termes duquel les acquéreurs des bois de l'État en doivent la contribution foncière depuis la date de la vente ou de l'entrée en jouissance jusqu'à la fin de l'année. Le directeur rédige donc des rôles supplémentaires à la contribution foncière pour les acquéreurs des bois de l'État, mais en pratique il ne le fait que lorsque les ventes atteignent une certaine importance, par exemple si elles donnent lieu à une imposition de 5 fr. en principal. Le directeur ne comprend dans ces rôles que le principal et les centimes généraux pour fonds de non-valeurs et fonds de secours ; mais il n'y comprend pas les centimes départementaux et communaux auxquels l'État a déjà été assujetti dans les rôles généraux.

504. — On sait que les lois des 23 sept. 1814, 25 mars 1817 et 17 juill. 1819 ont disposé que les biens sortis du domaine de l'État pour entrer dans celui des particuliers viendraient en augmentation des contingents des départements, arrondissements et communes. Il semble bien, étant donné les circonstances dans lesquelles ces lois sont intervenues, et surtout la mention qui est faite de ces bois de l'État dans ces mêmes textes, que dans l'intention du législateur, ces biens devraient faire l'objet de rôles additionnels pour la période devant s'écouler de la vente jusqu'à la fin de l'année. L'administration semblait avoir interprété en ce sens ces dispositions (*Recueil des lois sur les contrib. directes*, chez Dupont, *cent. addit.*, p. 569). Mais, d'après M. Lemercier de Janville, la jurisprudence n'étant pas fixée sur ce point. il convient, dans le doute, de s'abstenir d'établir des rôles supplémentaires en ce qui concerne les biens sortis du domaine de l'État autres que les bois.

505. — En dehors des cas prévus par ces lois, il a été décidé par le Conseil d'État qu'aucune loi n'autorisait l'administration des contributions directes à émettre dans le courant de l'année des rôles supplémentaires, par exemple pour l'imposition à la contribution foncière de propriétés omises, — Cons. d'Et., 16 avr. 1856, Garnier, [S. 57.2.138, P. adm. chr.] — ... ou de terrains nouvellement formés. — Cons. d'Et., 7 janv. 1859, Lacombe, [Leb. chr., p. 7]; — 31 mai 1859, Collain, [S. 60.2.224, P. adm. chr.]; — 21 déc. 1859, Collain, [P. adm. chr.]

506. — Dans les cas où une propriété nouvellement imposable doit augmenter les contingents, le directeur en fait, pour l'année suivante, l'objet d'un rôle particulier au lieu de la comprendre dans le rôle général. De la sorte, l'imposition profite au Trésor au lieu de venir alléger les charges de la généralité des contribuables de la commune. La propriété doit être imposée par un rôle particulier jusqu'à ce que les conseils généraux et conseils d'arrondissement aient pu comprendre dans leurs opérations les accroissements de contributions constatés. Ce n'est que lorsque les contingents ont été modifiés que les rôles particuliers se fondent dans le rôle général (L. 8 août 1890, art. 10). — Cons. d'Et., 21 déc. 1859, précité.

507. — Les rôles supplémentaires proprement dits, c'est-à-dire ceux qui sont émis dans le courant de l'année après l'émission des rôles généraux, ne sont autorisés que par la loi qu'en ce qui concerne la contribution des patentes et certaines taxes assimilées, telles que la taxe des biens de mainmorte (L. 29 déc. 1884), la taxe militaire (L. 15 juill. 1889), les taxes sur les billards et les cercles (Décr. 27 déc. 1871), les droits de vérification des poids et mesures (Ord. 17 avr. 1839 art. 32), la contribution sur les chevaux et voitures (L. 29 déc. 1884).

508. — En ce qui concerne les contributions personnelle-mobilière et des portes et fenêtres, il ne peut être émis de rôles supplémentaires pour réparer les omissions ou saisir les con-

tribuables qui surviennent en cours d'année. — Cons. d'Et., 30 juin 1842, Loreau, [S 42.2.501, P. adm. chr.] — Mais il peut être émis des rôles supplétifs comprenant les contribuables omis aux rôles généraux de ces contributions et qui, dans les trois mois de la publication des rôles, ont demandé leur inscription (L. 21 avr. 1832, art. 28). Le montant en principal des cotisations extraordinaires du rôle supplétif doit venir en déduction du contingent de la commune pour l'année suivante (Même art.).

3° Rôles spéciaux.

509. — Il ne faut pas confondre les rôles supplémentaires avec les rôles spéciaux. Ces derniers sont dressés pour chacune des taxes assimilées dont l'assiette est confiée à l'administration des contributions directes.

510. — Les centimes additionnels aux contributions directes établis pour pourvoir aux dépenses ordinaires ou extraordinaires des départements et des communes doivent, en principe, être compris dans les rôles généraux. Toutefois l'administration des contributions directes ne peut se refuser à dresser des rôles pour les impositions départementales ou communales extraordinaires, quand le préfet l'y invite.

511. — Ces rôles spéciaux ont le double inconvénient de faire supporter aux contribuables des frais de confection et de compliquer le recouvrement. Aussi les directeurs sont-ils tenus, avant d'entreprendre la confection des rôles généraux, de s'enquérir, auprès des préfets, des communes qui seraient en instance pour s'imposer extraordinairement et de réserver pour la fin du travail les rôles de ces communes. Cette manière de procéder permet de comprendre dans les rôles généraux un nombre plus grand d'impositions communales de toute nature.

512. — De leur côté, les préfets ne doivent ordonner la confection de rôles spéciaux qu'autant que l'urgence de l'imposition n'en permet pas l'ajournement à l'année suivante.

513. — Les communes sont consultées sur la question de savoir si elles veulent recourir à des rôles spéciaux : ceux-ci, en effet, sont émis à leurs frais.

514. — Quand les revenus des communes sont insuffisants pour acquitter les contributions établies sur leurs biens, celles-ci constituent une dépense obligatoire qui doit faire l'objet d'une imposition extraordinaire portant sur toutes les contributions directes de la commune; à moins qu'il ne s'agisse de biens appartenant privativement à une section, cas auquel l'imposition ne doit porter que sur les cotes des habitants et propriétaires de cette section, au moyen d'un rôle spécial dressé par le directeur.

515. — Il n'est plus fait de rôles spéciaux pour les salaires de gardes champêtres; ces impositions sont comprises dans les rôles des quatre contributions directes.

516. — Sur la feuille de tête, le directeur indique distinctement l'objet, le montant et l'autorisation des diverses impositions extraordinaires contenues dans les rôles spéciaux, ainsi que la part que prend dans ces impositions chacune des quatre contributions directes.

517. — Il peut y avoir lieu de rédiger des rôles spéciaux pour des sections de communes quand, en vue de payer certains travaux intéressant toutes les sections, certaines sections dépourvues de biens sectionnaires ou de revenus suffisants demandent à solder leur part au moyen d'une imposition extraordinaire assise sur elles seules; ou encore lorsque des sections distinctes d'une commune sont restées solidaires de dettes antérieures au profit de la commune; ou lorsqu'il s'agit de répartir entre les habitants d'une section des impôts afférents aux propriétés appartenant exclusivement à cette section (Inst. min. Int. 9 mai 1845).

518. — Désormais la loi spéciale des contributions directes ne fait qu'autoriser les assemblées locales à homologuer les projets de répartement et les agents de l'administration à dresser des rôles.

4° Rôles auxiliaires.

519. — Quand les propriétaires ont usé de la faculté que leur confère l'art. 6, L. 4 août 1844, de faire payer par leurs fermiers la contribution foncière assise sur les biens que ceux-ci détiennent, le directeur doit dresser par commune un rôle dit rôle auxi-

liaire qui énonce la somme à payer par chacun des fermiers dénommés dans les déclarations.

520. — Il faut remarquer que le rôle auxiliaire n'est pas un véritable titre de perception et n'a aucun caractère exécutoire. Sa formation ne diminue en rien la responsabilité qui pèse sur les propriétaires. Nonobstant la délégation qu'ils ont faite sur leurs fermiers, ils restent débiteurs directs et sont en butte aux poursuites en cas de retard (Inst. 20 juin 1859, art. 82).

521. — Ces rôles ne sont signés que par le directeur; ils ne sont pas publiés; il n'est pas délivré d'avertissements.

§ 3. Emission et publication des rôles.

1° Emission des rôles.

522. — L'homologation des rôles par le préfet s'appelle l'émission. C'est l'acte qui donne aux comptables le droit de mettre le rôle en recouvrement. Cette opération ne peut être faite qu'après que la loi portant fixation du budget des recettes de l'exercice auquel s'appliquent les rôles en a autorisé la perception (Circ. 20 juill. 1880).

523. — Pendant quelques années les lois relatives aux contributions directes contenaient une clause restrictive, d'après laquelle les rôles, une fois confectionnés, ne pouvaient être rendus exécutoires et mis en recouvrement qu'en vertu de la loi générale sur le budget des recettes (LL. 13 juin 1878, 30 juill. 1879, 16 juill. 1880). A partir de la loi du 29 juill. 1881, la perception des contributions directes fut formellement autorisée dans la loi spéciale.

524. — L'autre mode de procéder avait l'inconvénient d'obliger le directeur à garder dans ses bureaux, jusqu'à nouvel avis de l'administration, ces rôles confectionnés et collationnés. Actuellement les rôles doivent, aussitôt après leur achèvement, être transmis à la préfecture pour vérification et homologation (Circ. 16 août 1884). Cependant l'art. 13 de la loi de finances de 1888 est revenu au système antérieur à 1881. La loi ne fait d'exception que pour les rôles de prestations. — V. encore art. 35, L. 8 août 1890.

525. — L'émission consiste dans une déclaration inscrite au bas du rôle et par laquelle le préfet certifie en avoir vérifié le contenu, en arrête le montant, mande aux percepteurs d'en faire le recouvrement et enjoint à tous les contribuables, à leurs représentants, fermiers, locataires, régisseurs et administrateurs, d'acquitter les sommes qui y sont contenues (Circ. 17 oct. 1828, 14 sept. 1829).

526. — L'émission des rôles doit avoir lieu dans les dix jours de leur réception par le préfet (Arr. 16 therm. an VIII, art. 13).

527. — C'est au préfet seul qu'appartient le droit de rendre exécutoires les rôles des contributions directes et de toutes les taxes assimilées sans distinction. Cette condition de l'approbation préfectorale est essentielle et caractéristique de la contribution directe, plus encore que la désignation nominative des contribuables. En effet, d'après l'art. 154, L. 5 avr. 1884, certaines recettes municipales sont recouvrées en vertu d'états nominatifs dressés par le maire et rendus exécutoires par le sous-préfet. Ces états n'ont pas une force exécutoire aussi grande que les rôles émis par le préfet. Une simple opposition du débiteur en arrête l'exécution, et les communes sont obligées de s'adresser à la juridiction compétente pour faire reconnaître l'existence de la créance et obtenir un titre exécutoire. — Cons. d'Et., 21 sept. 1859, Borsat de Lapayrouse, [P. adm. chr.]

528. — Il est à peine besoin de faire remarquer qu'un préfet ne peut rendre exécutoire un rôle de contribution assis sur des propriétés étrangères à son département. — Cons. d'Et., 9 sept. 1818, Forbin-Janson, [Leb. chr., p. 413]

529. — Il ne peut être dressé de rôles que pour les taxes qui ont été assimilées aux contributions directes par une disposition législative. Il est arrivé parfois que des communes ont voulu faire recouvrer au moyen de rôles nominatifs, soit des redevances établies pour la distribution d'eau aux habitants, soit le montant des dépenses faites pour la construction d'égouts. Le Conseil d'Etat n'a jamais admis la validité de ce mode de procéder. — Cons. d'Et., 25 juin 1875, Bon-Léonard, [P. adm. chr.]; — 21 mai 1886, Baillon, [Leb. chr., p. 438]

530. — Inversement, lorsque des taxes sont assimilées aux

contributions directes, il n'est pas permis aux communes de les recouvrer dans la forme prévue par l'art. 154, L. 5 avr. 1884. — Cons. d'Et., 21 sept. 1859, précité.

531. — L'émission des rôles est une opération administrative qui ne peut donner lieu à aucun recours par la voie contentieuse. Les contribuables ne sont pas recevables à se pourvoir pour excès de pouvoirs soit contre l'arrêté du préfet qui rend le rôle exécutoire... — Cons. d'Et., 14 déc. 1868, Fabien, [Leb. chr., p. 1016]; — 7 sept. 1869, Lepage, [Leb. chr., p. 843]; — 27 févr. 1880, Godard-Bellois, [Leb. chr., p. 214], — ... soit contre les délibérations des conseils municipaux ou contre les actes administratifs qui votent ou qui autorisent l'établissement de taxes.

532. — Ils ne peuvent pas non plus demander au conseil de préfecture de prononcer l'annulation d'un rôle. — Cons. d'Et., 14 août 1867, Delbrel, [Leb. chr., p. 767]

2° *Rédaction des avertissements.*

533. — La loi du 25 mars 1817 (art. 71) a disposé qu'indépendamment de la publication générale des rôles, chaque contribuable recevrait un premier avertissement lui indiquant la somme totale qu'il devrait payer, tant en principal qu'en centimes additionnels. Cet avertissement, d'après le même article, sera rédigé à mesure que les rôles se confectionneront et adressé en même temps que l'ordre pour la publication des rôles, pour être remis à chaque contribuable, moyennant 5 cent. pour les frais d'impression et de remise.

534. — Pour les droits de vérification des poids et mesures, les droits d'inspection des fabriques d'eaux minérales et les droits de visite des pharmacies, drogueries, etc., il n'est pas délivré d'avertissements particuliers aux contribuables; les percepteurs doivent leur faire remettre un avis qui tient lieu de sommation sans frais (Circ. 14 mars 1826).

535. — C'est le directeur qui fait procéder à la rédaction des avertissements (Ord. 19 nov. 1817, art. 1). Ceux-ci relatent en tête la date de la loi de finances (Circ. 12 mai 1830).

536. — Ces avertissements informent les contribuables que ceux-ci pourront prendre connaissance au secrétariat de la mairie, d'un tableau indiquant la division du montant de chaque contribution, entre l'Etat, le département et la commune, la nature, la quotité et le produit de divers centimes additionnels, la destination des impositions départementales et communales, et la date des lois, décrets, arrêtés ou délibérations qui les ont autorisées ou établies, enfin le montant des réimpositions. Ils contiennent encore la mention du droit qu'ont les contribuables de se faire délivrer des extraits de rôle par les percepteurs, moyennant 25 cent. par extrait (Circ. 20 juill. 1880). On y inscrit le centime le franc des contributions foncière et personnelle-mobilière (Circ. 9 sept. 1844), le délai de rigueur pour la présentation des réclamations (Même circ.). Le percepteur y ajoute la date de la publication du rôle. L'avertissement indique le douzième de la somme totale à payer (Circ. 12 mai 1830).

537. — Il est ajouté au verso de l'avertissement une mention demandée par l'administration de l'enregistrement, relative à l'enregistrement des baux à ferme et à loyer et des déclarations de locations verbales (Circ. 14 août 1876).

538. — Depuis la loi du 5 août 1874 (art. 6), chaque avertissement énonce les proportions existant entre la part de la contribution revenant à l'Etat, la part revenant au département, la part revenant à la commune, et le total de la contribution réclamée au contribuable. Cette disposition a pour objet de donner aux contribuables des indications faciles à comprendre sur la destination de leurs cotisations. La proportion est calculée pour chaque commune et pour chaque contribution.

539. — La part afférente au fonds de secours et de dégrèvement n'est pas indiquée sur l'avertissement : il en est seulement fait mention dans une note imprimée au-dessous des proportions (Circ. 26 août 1874).

540. — La loi du 18 juill. 1892, voulant rendre encore plus claires pour les contribuables les énonciations des avertissements, dispose qu'à partir du 1er janv. 1893, l'avertissement énoncera la part de contribution revenant à l'Etat, la part de contribution revenant au département ou à la commune. Ce n'est plus une simple proportion, mais des chiffres positifs qui sont indiqués sur l'avertissement.

541. — Les rôles, les avertissements et les formules de pa-

tentes sont transmis aux percepteurs par l'intermédiaire des receveurs des finances, dans la dernière quinzaine de décembre et, au plus tard, le 1er janvier, de manière que la publication puisse avoir lieu dans la première quinzaine de janvier. Il n'y a d'exception que dans les grandes villes, où le recensement des imposables n'est opéré qu'à la fin de l'année : les rôles doivent dans ce cas être adressés avant l'époque où le premier douzième devient exigible (Circ. 9 sept. 1844).

542. — En même temps, le directeur adresse le tableau dont nous avons parlé ci-dessus, qui contient toutes les indications dont les contribuables peuvent avoir besoin et doit leur être communiqué à toute réquisition (Circ. 21 sept. 1850 et 1er août 1883). Un avis inséré sur les avertissements fait connaître aux contribuables qu'ils peuvent prendre connaissance de ce tableau au secrétariat de la mairie (Circ. 16 juill. 1880).

3° *Publication des rôles.*

543. — Les percepteurs sont tenus de présenter immédiatement les rôles aux maires, qui en font la publication le dimanche suivant. Cette publication ne peut être différée sous aucun prétexte.

544. — Quand les rôles sont envoyés aux percepteurs, le préfet doit en ordonner la publication dans la commune; il doit en même temps, par un arrêté spécial inséré dans le Recueil des actes administratifs de la préfecture, annoncer leur mise en recouvrement et indiquer le délai dans lequel devront être présentées les réclamations et les états de cotes indûment imposées.

545. — Il prescrit qu'à l'expiration du délai de trois mois à partir de la publication des rôles, les registres ouverts dans les sous-préfectures pour l'inscription des réclamations seront clos (Circ. 22 déc. 1826 et 9 sept. 1844).

546. — A Paris, c'est le préfet de la Seine qui a qualité pour ordonner la publication des rôles et non les maires des arrondissements. — Cons. d'Et., 26 mai 1876, Paradan, [Leb. chr., p. 480]

547. — Les formes et délais de la publication des rôles sont encore régis par la loi du 4 mess. an VII dont l'art. 5 est ainsi conçu : « Le premier décadi après la remise du rôle au percepteur de la commune, les citoyens seront prévenus de cette remise par une affiche qui sera faite au chef-lieu de la commune et aux autres endroits accoutumés à la diligence du commissaire du directoire exécutif près l'administration municipale (aujourd'hui le maire), et au nom de cette administration. L'affiche portera avertissement aux citoyens que le rôle est revêtu des formalités prescrites par la loi; qu'il est entre les mains du percepteur, demeurant à ... et que chaque contribuable doit acquitter la somme pour laquelle il est porté audit rôle, entre les mains dudit percepteur, dans les délais de la loi; faute de quoi il y sera contraint. Cette affiche tiendra lieu de publication du rôle, il en restera minute signée du maire et de celui qui aura posé l'affiche. Elle sera sur papier non timbré » (art. 6). — Circ. 22 déc. 1826, 9 sept. 1844, 26 août 1874.

548. — En pratique, la publication des rôles généraux ne doit pas se faire avant le premier dimanche de janvier, alors même qu'ils auraient été transmis à la fin de décembre. Nous verrons au chapitre des réclamations que la publication anticipée du rôle a pour effet d'augmenter le délai des réclamations. Le maire certifie sur les dues du rôle que la publication a été faite tel jour (Circ. 9 sept. 1844).

549. — Si le maire refuse ou néglige de faire la publication du rôle, le préfet y fait procéder par un délégué spécial (L. 5 avr. 1884, art. 85).

550. — Les percepteurs dressent un état indiquant, pour chaque commune de leur perception, la date de la publication des rôles et le transmettent au directeur, par l'entremise du trésorier-payeur général (Circ. 9 sept. 1844).

551. — La date de la publication du rôle doit être inscrite sur chaque avertissement par le percepteur avant la distribution (Circ. 9 sept. 1844).

4° *Rectification des erreurs contenues dans les rôles.*

552. — Les contrôleurs ou les percepteurs ne peuvent faire aucun changement sur les rôles après qu'ils ont été arrêtés par le préfet. Immédiatement après la réception et l'examen des

rôles, les percepteurs rédigent les états des erreurs matérielles commises dans les rôles; ces états, transmis par l'intermédiaire du trésorier général, sont revêtus de l'avis du directeur, soumis à l'approbation du préfet et renvoyés aux percepteurs revêtus de la décision intervenue pour être annexés aux rôles (Circ. 31 déc. 1829).

553. — Ces demandes présentent un caractère exclusivement administratif. Ces erreurs matérielles qu'il s'agit de rectifier ne sont pas de nature à être portées sur les états de cotes indûment imposées (Instr. 1859, art. 55).

554. — Si un contribuable se plaint d'une erreur matérielle commise à son préjudice, le préfet prend, sur l'avis du directeur, un arrêté spécial qui est transmis au percepteur et annexé au rôle; à cette décision est joint un nouvel avertissement délivré gratis. — Cons. d'Et., 28 mai 1857, Gilles, [Leb. chr., p. 428]

555. — Une erreur matérielle commise dans le rôle, consistant, par exemple, dans une indication inexacte de la rue où se trouve une habitation, n'est pas un motif de décharge lorsque l'imposition est bien assise. — Cons. d'Et., 28 mai 1857, Gilles, [Leb. chr., p. 428]

556. — De même, il a été jugé qu'un contribuable imposé à raison d'un immeuble dont il se reconnaissait propriétaire ne pouvait demander décharge par le motif que l'avertissement avait ajouté à son nom celui de sa femme. — Cons. d'Et., 6 déc. 1889, Thaon, [Leb. chr., p. 1125]

557. — Les doubles emplois ne peuvent être rectifiés que par la juridiction contentieuse. Mais il ne faut pas confondre une erreur matérielle avec un double emploi. Par exemple, celui-ci n'existe pas si la cote mobilière du contribuable est indiquée sur le rôle comme relative à la contribution des portes et fenêtres. — Cons. d'Et., 29 janv. 1886, Verdier, [Leb. chr., p. 82]

558. — Si un conseil de préfecture, trompé par une similitude de nom, a cru à un double emploi et accorde décharge à un contribuable, il appartient au ministre de demander au Conseil d'Etat le rétablissement de ce contribuable sur le rôle.

559. — Il n'y a pas double emploi par le seul fait que deux articles du rôle visent le même immeuble, si l'un vise le sol et l'autre le bâtiment, ou l'une la maison d'habitation et l'autre les bâtiments ruraux. — Cons. d'Et., 28 déc. 1836, Morin, [P. adm. chr.]; — 4 déc. 1885, L. Abary, [Leb. chr., p. 920]

560. — Inversement, lorsqu'un contribuable prétend que les divers éléments compris dans sa cote auraient dû faire l'objet de cotes distinctes, sa réclamation doit être rejetée s'il n'établit pas qu'il soit surtaxé. — Cons. d'Et., 1er déc. 1864, Gherbraut, [Leb. chr., p. 937]

561. — En matière de contribution personnelle-mobilière, un contribuable n'est pas fondé à demander la réunion sous un même article du rôle de sa cote personnelle et de sa cote mobilière. L'établissement de deux articles ne peut lui causer aucun préjudice. — Cons. d'Et., 20 sept. 1863, Lemaître, [Leb. chr., p. 923]

562. — Lorsqu'un contribuable occupe un appartement situé dans deux maisons contiguës, entre lesquelles a été établie une communication, il peut être dressé qu'un seul article de rôle. — Cons. d'Et., 31 juill. 1874, Fabre, [Leb. chr., p. 742] — Mais s'il a été établi deux cotes distinctes, le contribuable ne peut s'en plaindre que si les deux cotes réunies forment un total supérieur à la valeur locative de son appartement. — Cons. d'Et., 15 avr. 1863, Vergelin, [Leb. chr., p. 353]

563. — Dans les villes où certains loyers sont exemptés, les contribuables habitant le même appartement peuvent avoir intérêt à faire diviser leur cote pour bénéficier chacun de l'exemption. Il appartient à la juridiction administrative d'apprécier si ces demandes sont fondées sur la réalité des faits ou ne sont qu'un moyen d'échapper au paiement de l'impôt. — Cons. d'Et, 10 juill. 1874, Lambert des Cilleuls, [Leb. chr., p. 654]

564. — Les rôles sont retirés des mains des percepteurs à la fin de la troisième année de l'exercice auquel ils se rapportent; ils sont remis aux receveurs des finances qui vérifient l'état des sommes restant à percevoir sur les rôles, et déposés aux archives de la sous-préfecture (Circ. 22 avr. 1828 et 30 janv. 1830.)

565. — Quand un rôle a été dressé irrégulièrement, il peut en être dressé un nouveau si les délais de prescription ne sont pas expirés. Un rôle de taxes de pavage mis en recouvrement par une société concessionnaire des travaux est nul. Seule la ville a qualité pour réclamer des taxes aux riverains. Il a été jugé qu'un nouveau rôle pouvait être émis et que les réclamations qui avaient pu être formées contre le premier ne dispen-

saient pas les riverains de se pourvoir dans les délais contre le second. — Cons. d'Et., 16 nov. 1877, Moret, [Leb. chr., p. 870]

566. — Mais si trois années se sont écoulées depuis la publication du premier rôle, la contribution ou la taxe à l'égard de laquelle les poursuites sont prescrites ne peut faire l'ob d'un nouveau rôle. — Cons. d'Et., 26 févr. 1892, Flinoy, [Leb. chr., p. 186]

§ 4. *Principe de l'annualité des rôles. Ses conséquences.*

567. — En énumérant les caractères généraux de l'impôt direct, nous avons dit qu'il était annuel. C'est un principe de notre droit constitutionnel toujours observé depuis 1791 que l'impôt n'est consenti par les représentants de la nation que pour une année. Il est inutile de rappeler l'origine de ce principe (V. *supra*, n. 68 et s.). Ce que nous nous proposons de rechercher ici, ce sont les conséquences qui en découlent, tant pour l'administration que pour les contribuables.

568. — D'abord, il ne peut être émis de rôles embrassant une période supérieure à une année. Cette question a fait l'objet d'un doute. Il a été jugé, que la loi du 1er mai 1822, d'après laquelle les bois et autres biens sortis du domaine de l'Etat et devenus imposables sont cotisés d'après des rôles particuliers, ne limitant pas le nombre des années pour lesquelles les rôles pouvaient être dressés, le ministre pouvait réclamer des propriétaires de bois nouvellement imposés le paiement de plusieurs années de contributions antérieures à la cotisation. — Cons. d'Et., 12 mai 1830, de Moustiers Mérinville, [Leb. chr., p. 540]

569. — Mais en 1857, la question s'est posée de nouveau devant le Conseil d'Etat et a été tranchée en sens contraire, par cette considération que « les rôles pour la contribution foncière sont annuels, et qu'il n'a pas été dérogé à cette disposition pour le cas où des immeubles cessant de faire partie du domaine de l'Etat et deviennent imposables ». — Cons. d'Et., 29 juill. 1857, Cie des chemins de fer de Dôle, [P. adm. chr.] — V. encore en ce sens, Cons. d'Et., 22 déc. 1852, Lemarié, [P. adm. chr., D. 53.3.22]

570. — Toutefois nous devons dire que la loi du 8 août 1890 (art. 10) a apporté une dérogation à cette règle en ce qui touche les constructions nouvelles, reconstructions ou additions de construction non déclarées qui auraient été omises. Cet article permet en effet à l'administration de réclamer aux propriétaires de ces maisons la taxe des années écoulées depuis leur achèvement pourvu que la taxe ne soit pas plus que quintuplée. En d'autres termes, on permet de réclamer en un seul rôle la taxe de cinq années. Il ne fallait pas moins d'une disposition formelle de loi pour rendre possible une faculté aussi contraire aux principes de notre droit fiscal.

571. — Un contribuable qui fait valoir une des causes d'exemption de contribution foncière édictées pour plusieurs années par la loi de l'an VII, ne peut réclamer cet avantage et le conseil de préfecture le bénéfice de cette exemption que pour l'année courante et non pour toute la durée de la période. — Cons. d'Et., 24 mars 1865, Tiger de Roufigny, [Leb. chr., p. 312]

572. — Une autre conséquence de l'annualité des rôles, c'est qu'ils doivent être émis et publiés dans l'année à laquelle ils se rapportent. Cette question a été tranchée par une décision du Conseil d'Etat à propos de la contribution foncière établie en Algérie par la loi du 23 déc. 1884. Le rôle foncier de l'année 1885 avait été rendu exécutoire par le préfet au mois de décembre de ladite année, mais n'avait été publié qu'au mois de janvier de 1886. Un grand nombre de contribuables ayant réclamé contre cette contribution et ayant obtenu décharge, le préfet et le maire d'Oran formèrent un pourvoi devant le Conseil d'Etat qui rejeta leurs requêtes par ces motifs que, d'après les lois qui régissent les contributions directes en France, les contributions directes sont établies pour chaque année; qu'il en résulte qu'elles doivent pouvoir être exigées du contribuable dans l'année à laquelle elles s'appliquent; que, d'ailleurs, cette publication tardive aurait nécessairement pour effet de priver les contribuables d'une libération par paiements partiels dont la loi a voulu leur assurer le bénéfice. — Cons. d'Et., 10 juill. 1891, Préfet et maire d'Oran, [Leb. chr., p. 538]; — 18 juill. 1891, Marty, [Leb. chr., p. 568]

573. — Toutefois un rôle ne sera pas irrégulier par cela seul qu'il aura été publié avec plusieurs mois de retard, par exemple en juillet ou août. — Cons. d'Et., 25 mars 1892, Mahmond, [Leb. chr., p. 304]

574. — Lorsqu'une ville a été autorisée à s'imposer extraordinairement en vue d'acquitter les intérêts d'un emprunt, le fait que cet emprunt n'aurait été émis qu'au mois d'avril n'entacherait pas d'irrégularité la perception des centimes faite dès le 1er janvier. — Cons. d'Et., 26 févr. 1892, Périer, [Leb. chr., p. 192]

575. — Il est vrai qu'en matière de patente, il peut arriver qu'un contribuable omis sur le rôle primitif ne soit ressaisi que par un rôle supplémentaire émis pour le quatrième trimestre de l'année et publié dans le courant de l'année suivante. La tardiveté de cette publication est la conséquence forcée de l'émission de rôles supplémentaires. Aussi le Conseil d'Etat a-t-il décidé qu'en pareil cas le rôle était valablement émis. — Cons. d'Et., 17 févr. 1863, Claverier, [Leb. chr., p. 139]; — 30 août 1865, Leca, [Leb. chr., p. 897]; — 12 mars 1868, Croisy, [S. 69.2.64, P. adm. chr.]

576. — Il a admis encore la légalité de ce procédé en ce qui touche le rôle de la redevance sur les mines. Mais c'est là une taxe spéciale qui ne peut être établie que d'après les résultats connus de l'exploitation de l'exercice précédent. En outre, cette taxe n'est pas payable par douzièmes. — Cons. d'Et., 13 juill. 1833, Giraud, [S. 54.2.248, P. adm. chr., D. 54.3.37]

577. — Une différence capitale à noter entre les taxes établies par l'Etat, les communes ou les associations syndicales en vue de recouvrer sur les particuliers le montant des dépenses faites dans l'intérêt général et les autres contributions directes, c'est que le principe d'annualité des rôles n'est pas applicable aux premières. L'établissement d'un premier pavage, la construction de trottoirs ou de digues, l'exécution d'un curage, etc., sont des dépenses une fois faites et qui ne se renouvellent pas chaque année. Il en résulte que l'Etat, les communes, les associations ne sont pas tenus de publier le rôle dans l'année même à laquelle se rapportent les taxes. Le Conseil d'Etat a décidé, par exemple, que pour les droits de voirie qui, à Paris, sont assimilés aux contributions directes (Décr. 27 oct. 1808), la confection des états tenant lieu de rôles ne devait pas nécessairement être faite dans un délai déterminé à peine de déchéance pour la ville. — Cons. d'Et., 5 mai 1876, Mosnier, [P. adm. chr.] — C'est ainsi qu'il a admis la validité de rôles de taxes de pavage émis plusieurs années après l'achèvement des travaux. — Cons. d'Et., 4 févr. 1881, Dazet, [S. 82.3.41, P. adm. chr.]; — 7 mars 1890, Boinvilliers, [Leb. chr., p. 248]

578. — Il a été décidé, de même, que les rôles des taxes de curage ne devaient pas nécessairement et à peine de nullité être dressés chaque année. — Cons. d'Et., 28 mai 1868, Duval, [S. 69.2.127, P. adm. chr., D. 69.3.73]

579. — La plupart des contributions directes sont établies d'après les faits existant au 1er janvier de l'année à laquelle elles se réfèrent. La situation des contribuables à cette date fixe les droits du Trésor à leur égard. Un contribuable imposé à la contribution foncière est donc fondé à réclamer décharge, s'il peut établir qu'au 1er janvier il avait vendu sa propriété. — Cons. d'Et., 29 juill. 1857, Ville de Lyon, [P. adm. chr.]; — 7 mai 1892, Montagne, [Leb. chr., p. 426] — ... ou que sa maison avait été démolie ou incendiée. — Cons. d'Et., 25 févr. 1881, Larrigan, [Leb. chr., p. 224]; — 10 mars 1882, Pagel, [Leb. chr., p. 233]; — 18 juill. 1884, Bonneau du Martroy, [Leb. chr., p. 611]; — 10 juill. 1885, Delamare, [Leb. chr., p. 655]; — 8 févr. 1890, Quatremain, [Leb. chr., p. 153] — ... ou transformée en bâtiment rural, ou que son usine n'était plus en état de fonctionner. — Cons. d'Et., 30 nov. 1852, Girardey, [P. adm. chr.] — 5 févr. 1863, Bougueret, [Leb. chr., p. 93] — C'est également au 1er janvier qu'il faut se placer pour apprécier l'état d'achèvement d'une construction nouvelle.

580. — En matière de contribution des portes et fenêtres, les contribuables peuvent demander décharge s'ils justifient qu'au 1er janvier leur maison était démolie. — Cons. d'Et., 5 févr. 1841, Dessaigne, [Leb. chr., p. 41]; — 27 déc. 1854, Albouy, [P. adm. chr.]; — 27 juin 1873, Morsan, [Leb. chr., p. 583] — ... inachevée ou inhabitable. — Cons. d'Et., 12 déc. 1851, Ragelin, [Leb. chr., p. 735]; — 7 juin 1833, Rossignol, [Leb. chr., p. 399]; — 9 avr. 1867, Saffrey, [Leb. chr., p. 360]; — 14 mai 1870, Vignon, [Leb. chr., p. 581]; — 6 oct. 1871, Dissert, [Leb. chr., p. 189]; — 10 mars 1882, précité; — 18 juill. 1884, précité; — 1er août 1884, Aumont, [Leb. chr., p. 674] — ... ou transformée en bâtiment rural. — Cons. d'Et., 27 déc. 1854, Breby, Sainte-Croix, [Leb. chr., p. 1041]; — 7 janv. 1876, Buteau, [Leb. chr., p. 11] — ... ou que certaines ouvertures avaient été sup-

primées. — Cons. d'Et., 24 juill. 1883, Soyer, [Leb. chr., p. 709]; — 11 mai 1888, Comté, [Leb. chr., p. 425] — ... ou qu'ils avaient quitté cette habitation. — Cons. d'Et., 7 août 1869, Brelet, [Leb. chr., p. 752]; — 26 mars 1870, Berthout, [Leb. chr., p. 359]; — 12 juill. 1882, Beaucard, [Leb. chr., p. 605]; — 8 août 1884, Catherinet, [Leb. chr., p. 720]; — 13 févr. 1885, Monin, [Leb. chr., p. 170] — ... ou que leur usine n'était plus en état de fonctionner. — Cons. d'Et., 8 nov. 1872, Clément, [Leb. chr., p. 546]; — 11 févr. 1887, Riscle, [Leb. chr., p. 127]

581. — De même, en ce qui touche la contribution personnelle-mobilière, il a été jugé qu'il y a lieu d'accorder décharge de la taxe personnelle établie sur un contribuable décédé avant le 1er janvier. — Cons. d'Et., 22 nov. 1836, de Pressy, [P. adm. chr.]; — 30 nov. 1848, Forêt de Morvan, [S. chr.]; — 11 janv. 1851, Héritiers Larhant, [Leb. chr., p. 217]; — 17 sept. 1854, Josselin, [Leb. chr., p. 833]; — 28 févr. 1856, Renard et Durand, [S. 56.2.734, P. adm. chr., D. 56.3.69]; — 11 févr. 1857, Fouleux, [Leb. chr., p. 117]; — 25 avr. 1861, Castel, [Leb. chr., p. 293]; — 11 févr. 1887, Harel, [Leb. chr., p. 127]

581 bis. — Qu'une femme mariée avant le 1er janvier n'est plus imposable en son nom l'année suivante. — Cons. d'Et., 9 juin 1876, Deléchelle, [Leb. chr., p. 531]

582. — De même on peut dire, sauf les réserves que nous ferons en étudiant les changements de résidence à propos de la contribution mobilière, que décharge est due pour une habitation abandonnée avant le 1er janvier. — Cons. d'Et., 19 mai 1843, Cambot, [Leb. chr., p. 203]; — 17 déc. 1875, de Chauton, [Leb. chr., p. 1018]; — 11 juin 1880, Gosset, [Leb. chr., p. 538]; — 8 août 1884, Bauchereau, [Leb. chr., p. 722]; — 18 mai 1887, Agaësse, [Leb. chr., p. 378]; — 20 janv. 1888, Champagne, [Leb. chr., p. 47]

583. — Jugé de droit en être déchargé celui qui, au 1er janvier, n'a pas d'habitation meublée à sa disposition, — Cons. d'Et., 4 août 1862, Descartes, [Leb. chr., p. 636] — ... celui qui a quitté une résidence avant le 1er janvier et ne s'est installé dans sa nouvelle résidence qu'après cette date. — Cons. d'Et., 30 mars 1864, Tramblay, [Leb. chr., p. 295]

584. — En revanche celui qui se trouve avoir au 1er janvier plusieurs habitations à sa disposition, alors même qu'il serait sur le point d'en quitter une, est imposable à raison des deux. — Cons. d'Et., 18 oct. 1832, Marmet, [P. adm. chr.]; — 11 janv. 1837, Brunet-Duplantin, [P. adm. chr.]; — 30 juin 1839, Charpentier, [Leb. chr., p. 354]; — 27 août 1839, Jayle, [P. adm. chr.]; — 20 nov. 1885, de Livry, [Leb. chr., p. 295]

585. — En vertu d'un usage en vigueur à Paris, les locataires ne prennent possession des locaux à bail que le 15 du mois, quoique les baux courent du 1er du mois. Par suite, un contribuable qui viendra à Paris s'installer dans un appartement le 15 janvier sera considéré comme le possédant depuis le 1er janvier et sa contribution mobilière devra être établie en conséquence. — Cons. d'Et., 28 avr. 1876, Helle, [S. 78.2.190, P. adm. chr., D. 76.3.83]; — 2 mars 1877, de Kermaingant, [D. 77.5.129]; — 5 mars 1880, Chambon, [S. 81.3.63, P. adm. chr.]; — 22 déc. 1882, Thomas, [Leb. chr., p. 1057]; — 24 mars 1891, Menguy, [Leb. chr., p. 264]

586. — Il n'y a pas de règle sans exceptions. La première conséquence que nous avons tirée du principe de l'annualité en comporte plusieurs : 1° La contribution foncière des propriétés non bâties est établie non d'après le revenu net existant au 1er janvier, mais d'après le revenu qui figure au cadastre. 2° De même, la contribution foncière des propriétés bâties est établie pour dix ans d'après la valeur locative de l'immeuble au jour de la clôture du procès-verbal des évaluations dans la commune. 3° La redevance proportionnelle sur les mines est établie sur le revenu net de la mine, calculé d'après les produits de l'exploitation pendant l'année précédente. 4° La taxe sur les cercles est également fixée sur le nombre des cotisations payées dans le cours de l'année précédente.

587. — La contribution établie d'après les faits existant au 1er janvier, est due pour l'année entière. Cette règle est applicable à toutes les contributions dont nous nous occupons en ce moment. Aucun événement survenant en cours d'année n'est de nature à dispenser les contribuables d'acquitter la totalité de leur contribution justement établie au 1er janvier. Ainsi décidé, en ce qui touche la contribution foncière, que les demandes fondées sur la démolition d'une maison, — Cons. d'Et., 8 févr. 1877, Legrand, [Leb. chr., p. 134] — ... ou sur sa transforma-

tion en bâtiment rural, — Cons. d'Et., 22 févr. 1878, Buteau, [Leb. chr., p. 197] — ... ou sur sa vente, — Cons. d'Et., 17 déc. 1875, précité. — ... ou sur la faillite du contribuable. — Cons. d'Et., 18 mars 1881, Bouillaux, [Leb. chr., p. 302]

587 *bis*. — De même des travaux d'amélioration de nature à motiver une exemption n'ont pas d'influence sur l'imposition de l'année courante qui reste due. — Cons. d'Et., 12 nov. 1892, Debacq, [Leb. chr., p. 761]

588. — En ce qui touche la contribution des portes et fenêtres, il a été jugé que lorsqu'un contribuable vient en cours d'année occuper un logement que son prédécesseur avait quitté avant le 1er janvier, aucun d'eux n'est imposable à raison de ce logement. — Cons. d'Et., 20 janv. 1869, de Marsilly, [Leb. chr., p. 57] — De même, on ne peut imposer une ouverture qui n'a été pratiquée qu'après le 1er janvier. — Cons. d'Et., 9 mai 1873, Paraclot-Sarrail, [Leb. chr., p. 397]

589. — Le Conseil d'Etat a rejeté des demandes en décharge de cette contribution fondées sur la démolition dans l'année d'une maison régulièrement imposée. — Cons. d'Et., 8 févr. 1878, précité; — 2 avr. 1892, Chaudé, [Leb. chr., p. 346] — ... sur sa transformation en bâtiment rural — Cons. d'Et., 7 juin 1855, Terpon, [D. 55.3.92]; — 20 juin 1855, Delisle, [D. 55. 3.92]; — 29 août 1871, Legrain, [Leb. chr., p. 133]; — 22 févr. 1878, précité, — ... sur des travaux qui la rendent inhabitable, — Cons. d'Et., 15 juin 1877, Druon-Druon, [Leb. chr., p. 586] — ... sur l'enlèvement du matériel qui garnit une fabrique, — Cons. d'Et., 15 juin 1877, précité, — ... sur la cessation d'exploitation d'une mine, — Cons. d'Et., 6 nov. 1885, Wagner, [Leb. chr., p. 813] — ... ou sur la vente de l'immeuble, — Cons. d'Et., 17 déc. 1875, précité; — 17 mai 1878, Chabut, [Leb. chr., p. 463] — ... sur son affectation à un service public, — Cons. d'Et., 9 mai 1860, Mercent, [Leb. chr., p. 373]; — 20 avr. 1883, Maïs, [D. 84.5.128] — ... ou sur le décès du contribuable, — Cons. d'Et., 7 févr. 1891, Liffort, [Leb. chr., p. 98] — ... sur la faillite du contribuable, — Cons. d'Et., 18 mars 1881, précité, — ... sur sa révocation, s'il est fonctionnaire, — Cons. d'Et., 16 mars 1850, Rachis, [P. adm. chr.] — ... sur son changement de résidence, — Cons. d'Et., 16 févr. 1853, Feignot, [Leb. chr., p. 196]; — 7 août 1874, Delavaud, [Leb. chr., p. 790]; — 1er août 1878, Paoli, [Leb. chr., p. 233]; — 12 mars 1884, Lefèvre, [Leb. chr., p. 224] — ... sur la suppression de certaines ouvertures. — Cons. d'Et., 14 juin 1847, Ilos, [Leb. chr., p. 375]; — 23 avr. 1852, Adam, [P. adm. chr.]; — 15 déc. 1852, Fecquerie, [Leb. chr., p. 599]; — 15 mai 1874, Augé, [Leb. chr., p. 438]

590. — En matière de contribution mobilière, si l'on ne doit pas imposer un contribuable à raison d'une habitation qu'il n'a occupée que postérieurement au 1er janvier... — Cons. d'Et., 2 févr. 1859, Gueynot-Boismain, [Leb. chr., p. 80], — il ne faut pas, d'autre part, accorder à un contribuable justement imposé, d'après les faits existants au 1er janvier, décharge ou réduction des douzièmes restant à échoir si son habitation vient à être démolie, — Cons. d'Et., 18 mai 1858, Sailhan, [Leb. chr., p. 387] — ... ou devient inhabitable par suite de travaux, — Cons. d'Et., 27 juin 1838, Moisset-Passepons, [P. adm. chr.] — ... ou si elle est sous-louée en partie, — Cons. d'Et., 26 déc. 1840, Henriet, [Leb. chr., p. 453]; — 31 mars 1847, Marchand, [P. adm. chr.]; — 10 nov. 1882, Rajon, [Leb. chr., p. 858] — ... ou si le contribuable vient à décéder, — Cons. d'Et., 20 juin 1844, Michel, [P. adm. chr.]; — 15 mars 1872, Vincent, [Leb. chr., p. 172]; — 4 avr. 1873, Lemelle, [Leb. chr., p. 301]; — 30 mai 1873, Galdin, [Leb. chr., p. 484]; — 21 févr. 1890, Anduran, [Leb. chr., p. 194]; — 7 févr. 1891, précité, — ... ou à tomber en faillite, — Cons. d'Et., 6 août 1868, Ripper, [Leb. chr., p. 955]; — 24 avr. 1874, Haillard, [Leb. chr., p. 361] — ... ou s'il cède les meubles qui garnissent son habitation, — Cons. d'Et., 5 févr. 1875, Gautier, [Leb. chr., p. 101] — ... ou s'il vient à être appelé sous les drapeaux, — Cons. d'Et., 18 juin 1872, Colas, [Leb. chr., p. 379] — ... ou s'il se trouve placé dans une situation qui lui confère l'exemption de contribution, telle que le poste d'agent consulaire, — Cons. d'Et., 18 mai 1864, Pagny, [P. adm. chr.]; — 31 mars 1847, Jacquier, [P. adm. chr.]; — 8 janv. 1867, Lauger, [D. 67.3.92] — ... ou l'emploi d'officier d'un corps de troupe, — Cons. d'Et., 24 avr. 1865, Maucourant, [Leb. chr., p. 485]; — 15 nov. 1889, Prax, [S. 92.3.8, P. adm. chr., D. 91.5.140] — ... ou, quand il s'agit d'un fonctionnaire, s'il vient à être révoqué, — Cons. d'Et., 22 févr. 1850, Delbrel, [S. 50.2.367, P. adm.

chr.]; — 8 mars 1851, Delebecque, [P. adm. chr.] — ... ou mis à la retraite, — Cons. d'Et., 6 mars 1861, Mounet, [Leb. chr., p. 153] — ... ou si, enfin, le contribuable change de résidence, — Cons. d'Et., 20 mars 1838, Daufresne, [Leb. chr., p. 58]; — 14 janv. 1858, Mognac, [Leb. chr., p. 68]; — 8 nov. 1872, Le Plé, [S. 74.2.158, P. adm. chr.]; — 12 mars 1886, Lefevre, [Leb. chr., p. 224]; — 14 janv. 1887, Dambroise, [Leb. chr., p. 24]; — 28 févr. 1890, Ricard, [Leb. chr., p. 227]; — 14 mars 1891, Vérial, Mattli, [Leb. chr., p. 264]; — 13 févr. 1892, Meissemaecker, [Leb. chr., p. 155]

591. — Dans le cas de changement de résidence il en est ainsi alors même que, dans la commune où il est venu s'établir, le contribuable a été imposé. — Cons. d'Et., 22 mars 1855, Pagès, [Leb. chr., p. 217] — ... ou, sans être porté au rôle, a consenti à payer la contribution du précédent locataire. — Cons. d'Et., 17 mai 1839, Gallais, [Leb. chr., p. 364]; — 20 janv. 1882, Guignard, [Leb. chr., p. 59]; — 4 août 1882, Jalabert, [Leb. chr., p. 749]; — 8 août 1884, Ville d'Aurillac, [Leb. chr., p. 720]

592. — Le conseil de préfecture n'a pas le droit, dans ce dernier cas, de décider que le contribuable n'acquittera sa contribution que pour la période qu'il a passée dans la commune, et que le surplus sera mis à la charge de son successeur. — Cons. d'Et., 16 févr. 1853, Peignot, [Leb. chr., p. 196]

593. — Par application du même principe, la prise de possession, en cours d'exercice, d'un logement d'une valeur locative inférieure à celle qui a servi de base à l'imposition, ne peut donner droit à une réduction correspondante. — Cons. d'Et., 2 août 1851, Lambert, [P. adm. chr.]; — 18 juin 1859, Daufloux, [Leb. chr., p. 428]; — 28 juin 1865, Colle, [Leb. chr., p. 673]; — 8 mai 1866, Rivel, [Leb. chr., p. 441]; — 13 juill. 1883, Derrieu, [Leb. chr., p. 650]; — 6 nov. 1885, Bastanti, [Leb. chr., p. 816]; — 17 déc. 1886, Saint-Agy, [Leb. chr., p. 896]; — 25 févr. 1887, Martin, [Leb. chr., p. 171]; — 20 juill. 1888, Castagné, [Leb. chr., p. 657]; — 31 janv. 1890, Flatteel, [Leb. chr., p. 95]; — 19 févr. 1892, Pupin, [Leb. chr., p. 168]

594. — La loi du 15 juill. 1880 (art. 28) apporte une triple dérogation au principe de l'annualité. En cas de construction d'établissement, la patente sera, sur la demande du cédant ou du cessionnaire, transférée à ce dernier. En cas de fermeture des magasins, boutiques et ateliers, par suite du décès ou de faillite déclarée, les droits ne seront dus que pour le passé et le mois courant. L'art. 2, Décr. 27 déc. 1871, admet que la taxe sur les billards puisse être transférée en cas de cession d'établissement.

595. — Une autre conséquence du principe d'annualité des rôles, c'est que la contribution d'une année forme une entité absolument distincte de celles de l'année qui précède et de l'année qui suit. Par suite, des propriétés ou des contribuables considérés les années précédentes comme exemptés, peuvent être imposés. — Cons. d'Et., 6 nov. 1885, Société des frères de Marie, [Leb. chr., p. 813] — Il appartient à l'administration de réparer les omissions qu'elle constate. La non-imposition pendant une année ne confère donc aucun droit pour les années suivantes. — Cons. d'Et., 23 févr. 1877, Bandesson de Vieuxchamps, [Leb. chr., p. 172]; — 22 mars 1878, Champagne, [Leb. chr., p. 320]; — 6 août 1886, Rivier, [Leb. chr., p. 711]; — 24 juin 1887, Sorlin, [Leb. chr., p. 498]; — 28 déc. 1888, Cazaux, [Leb. chr., p. 1038] — A l'inverse, le contribuable qui a payé sans réclamation les cotisations établies pour une année, peut demander sa décharge pour la même cotisation l'année suivante. — Cons. d'Et., 18 juin 1859, Leconte, [Leb. chr., p. 426]; — 12 août 1862, Rivière, [Leb. chr., p. 647]

596. — Il a été décidé à maintes reprises, en matière de contribution mobilière, que les répartiteurs avaient le droit de réviser chaque année les bases de cette contribution, afin d'établir une proportion plus exacte entre les contribuables, et que ceux-ci n'étaient dès lors pas fondés à se plaindre d'être surtaxés par le seul motif que la valeur locative servant de base à leur cote mobilière était supérieure à celle de l'année précédente, alors qu'aucune modification n'avait été faite à l'état de la maison. — Cons. d'Et., 10 janv. 1839, Tison, [Leb. chr., p. 13]; — 29 juill. 1847, Commune de Mesnil, [Leb. chr., p. 507]; — 23 juill. 1862, Offroy, [Leb. chr., p. 589]; — 31 mars 1870, Thévenin, [Leb. chr., p. 390]; — 14 mai 1870, Lebarbauchon, [Leb. chr., p. 585]; — 14 mars 1873, Monet, [Leb. chr., p. 241]; — 7 avr. 1876, Leroy, [Leb. chr., p. 353]; — 5 mars 1880, André, [Leb. chr., p. 251]; — 16 juill. 1886, Corbin, [Leb. chr., p. 627]; — 28 juin 1889,

Vaultier, [Leb. chr., p. 785]; — 9 nov. 1889, Brienne, [Leb. chr., p. 1015]; — 8 mars 1890, Cadillac, [Leb. chr., p. 269]; — 17 mai 1890, Mathevon, [Leb. chr., p. 512]; — 13 déc. 1890, Dieuzeide, [Leb. chr., p. 967]; — 14 mai 1891, Gaborit, [Leb. chr., p. 370]; — 26 déc. 1891, Journot, [Leb. chr., p. 803]; — 19 févr. 1892, Gressin, [Leb. chr., p. 168]; — 26 févr. 1892, Dessommes, [Leb. chr., p. 191]; — 27 févr. 1892, Hébert, [Leb. chr., p. 227]; — 25 mars 1892, Simonnot, [Leb. chr., p. 309]; — 27 mai 1892, Lefrançois, [Leb. chr., p. 489]

597. — La réclamation faite pour une année ne dispense pas le contribuable d'en former une nouvelle l'année suivante, alors même qu'il aurait obtenu gain de cause. — Cons. d'Et., 6 août 1863, Rousset, [Leb. chr., p. 631]; — 28 juin 1870, de Gardonne, [Leb. chr., p. 818]; — 26 mai 1876, Martin, [Leb. chr., p. 483]

598. — Le conseil de préfecture ne peut se refuser à ordonner l'expertise réclamée par le contribuable en se fondant sur ce qu'il en a été fait une sur une réclamation identique du même contribuable pour l'exercice précédent. — Cons. d'Et., 8 janv. 1836, Lecordier, [P. adm. chr.]

599. — D'autre part, le conseil de préfecture qui a ordonné une expertise sur la réclamation afférente à un exercice peut, sans attendre le résultat de cette expertise, statuer sur une réclamation afférente à la même contribution pour un exercice subséquent. — Cons. d'Et., 19 nov. 1832, Lefèvre, [Leb. chr., p. 478]; — 22 juill. 1887, Société financière de Paris, [D. 88.3.116]

600. — De même, les décisions rendues sur les réclamations afférentes à la contribution d'une année ne créent aucun droit, soit en faveur, soit à l'encontre des contribuables pour les années suivantes. — Cons. d'Et., 30 sept. 1830, Dauchez-Huret, [P. adm. chr.]; — 17 avr. 1834, Charles, [P. adm. chr.]; — 23 févr. 1839, Boiris, [S. 39.2.255, P. adm. chr.]; — 22 juin 1843, Lagillardaie, [S. 44.2.514, P. adm. chr.]; — 22 janv. 1849, Yornault, [P. adm. chr. D. 49.3.49]; — 31 mai 1854, Seillière, [D. 54.3.83]; — 11 déc. 1856, de Lamure, [P. adm. chr.]; — 7 févr. 1890, Guénard, [Leb. chr., p. 429]

601. — Le fait que le ministre des Finances a laissé acquérir l'autorité de la chose jugée à un arrêté qui accorde un dégrèvement à un contribuable ne l'empêche pas l'année suivante de se pourvoir contre l'arrêté qui statue de même sur la réclamation du même contribuable. — Cons. d'Et., 8 janv. 1836, Asile royal de la Providence, [P. adm. chr.]

602. — Il existe toutefois une dérogation aux principes que nous venons d'énoncer en matière de contribution foncière. Ici le principe de la fixité des évaluations cadastrales prévaut contre le principe d'annualité. C'est pourquoi il a été jugé que lorsqu'une demande en descente de classe avait été rejetée pour une année, elle ne pouvait plus être renouvelée les années suivantes que dans le cas où se produisaient des faits nouveaux. — Cons. d'Et., 1er août 1834, Aujoin, [Leb. chr., p. 563]; — 25 avr. 1866, Mattei, [Leb. chr., p. 400]; — 17 juin 1868, Georjon, [Leb. chr., p. 673]; — 27 avr. 1871, Beaunier, [Leb. chr., p. 20] — Plusieurs décisions ont même admis qu'il était possible dans ce cas d'opposer aux réclamants l'exception de chose jugée. — Cons. d'Et., 6 mars 1835, Trubert, [P. adm. chr.]; — 10 déc. 1856, Lauzun, [D. 57.3.45]

603. — Jusqu'à la loi de 1890, cette dérogation au principe d'annualité n'existait que pour la contribution foncière des propriétés non bâties. La jurisprudence admettait qu'à l'égard des propriétés bâties, les réclamations pouvaient être renouvelées chaque année. — Cons. d'Et., 6 mars 1835, Trubert, précité; — 20 févr. 1880, Abeille, [Leb. chr., p. 193] — Mais la loi du 8 août 1890 a restreint le droit des contribuables des propriétaires. D'après l'art. 7 de cette loi, l'évaluation ne pourra être contestée que dans les six mois de la publication du premier rôle et les trois mois de la publication du rôle suivant. Quant aux années qui s'écouleront depuis l'expiration de ce délai jusqu'à la prochaine révision décennale, l'évaluation ne pourra plus être contestée que dans le cas de destruction totale ou partielle ou de transformation en bâtiment rural. Il faut en conclure que l'on pourrait opposer l'exception de chose jugée aux réclamations qui se produiraient pendant cette période et qui ne seraient pas motivées sur un changement apporté à l'immeuble. Il a été jugé que le contribuable qui, lors de l'émission du premier rôle, a exercé son droit, et fait réviser par les tribunaux administratifs le travail des évaluations, en ce qui le concerne, a épuisé son droit et ne peut plus contester la valeur locative les années

suivantes. — Cons. d'Et., 21 avr. 1894, Quinquet de Maujour, [Leb. chr., p. 282]

Section IV.

Matrices et rôles des taxes assimilées.

604. — Les taxes assimilées aux contributions directes se divisent en deux grandes catégories : celles dont l'assiette est confiée à l'administration des contributions directes et celles dont l'assiette est confiée à d'autres agents. La première catégorie comprend : 1° les taxes sur les biens de mainmorte; 2° sur les billards; 3° sur les cercles; 4° sur les chevaux et voitures; 5° la taxe militaire; 6° les taxes pour frais d'établissement ou d'entretien des bourses et chambres de commerce; 7° les redevances sur les mines; 8° les droits établis pour la vérification des poids et mesures; 9° des alcoomètres; 10° des densimètres; 11° les droits de visite des pharmacies, épiceries et drogueries; 12° les droits d'inspection des fabriques et dépôts d'eaux minérales; 13° les impôts arabes (zekkat, achour, hockor, lezma); 14° les redevances pour la rétribution des délégués à la sécurité des ouvriers mineurs. Elle comprend encore certaines taxes municipales telles que : 15° la taxe sur les chiens; 16° la taxe des prestations; et, en Algérie: 17° la taxe sur les vignes; 18° la taxe sur les loyers.

605. — La seconde catégorie comprend : 1° les taxes de pâturage; 2° d'affouage; 3° les taxes établies par les communes pour le salaire du pâtre commun; 4° ou du garde-vignes; 5° ou pour l'usage du taureau commun; 6° les taxes de pavage; 7° les taxes pour le premier établissement de trottoirs; 8° les taxes d'empierrement dans les villes où le décret du 26 mars 1852 est en vigueur; 9° les taxes de balayage; 10° les droits de voirie à Paris; 11° les taxes établies pour acquitter les travaux d'endiguement, de desséchement de marais ou de curage, effectués par l'administration par application des lois du 14 flor. an XI et du 16 sept. 1807; 12° les taxes établies pour acquitter les travaux exécutés dans les villes en vue de la salubrité, en vertu de la loi du 16 sept. 1807; 13° ou pour les mettre à l'abri des inondations en vertu de la loi du 28 mai 1858; 14° les taxes perçues au profit des associations syndicales autorisées; 15° les taxes établies pour acquitter les dépenses de destruction des insectes, végétaux et cryptogames nuisibles à l'agriculture; 16° les taxes dues pour travaux de protection exécutés dans les mines ou aux ouvrages établis sur les cours d'eau; 17° les honoraires dus aux ingénieurs par les particuliers qui les emploient; 18° ou aux gardes-mines pour l'épreuve des machines à vapeur; 19° les frais de levé de plan des carrières; 20° les débets des cultivateurs de tabac; 21° le droit des pauvres; 22° les subventions industrielles.

§ 1. Taxes dont l'assiette est confiée à l'administration des contributions directes.

1° Taxe sur les biens de mainmorte.

606. — A l'aide de la matrice cadastrale, le contrôleur, assisté du maire et des répartiteurs, dresse le relevé des propriétés soumises à la taxe, en distinguant les revenus des propriétés bâties de ceux des propriétés non bâties (Circ. 10 mars 1849 et 5 déc. 1882).

606 bis. — Chaque année, au moment de la tournée des mutations, le contrôleur relève les changements qui peuvent affecter des biens appartenant à des établissements de mainmorte. Il s'assure, en consultant les modifications qui ont dû lui être envoyées à ce sujet par le directeur, si tous les changements qui ont pu survenir dans la consistance des biens dont il s'agit, par suite de donations, acquisitions, aliénations, échanges, etc., dûment autorisés, sont compris dans les mutations constatées. Au cas contraire, il fait immédiatement compléter les mutations par le percepteur. Il recherche également, s'il n'y a pas eu d'omissions dans le relevé sommaire précédemment établi, ou si des établissements n'auraient pas été imposés, faute d'avoir été légalement reconnus, ne seraient pas devenus imposables depuis la formation de ce relevé, ou enfin, dans le cas où des établissements ne figureraient que pour la nue propriété, si les

personnes désignées comme usufruitières·existent encore (Instr. 2 mars 1886, art. 110).

607. — Le contrôleur doit aussi s'assurer que le relevé présente les mêmes résultats que les matrices cadastrales et rétablir la concordance si elle n'existe pas.

En faisant ce rapprochement il veillera à ce que le revenu cadastral inscrit dans le relevé sommaire en ce qui touche les immeubles des compagnies de chemins de fer qui sont susceptibles d'être aliénés, concorde avec le revenu de ces immeubles porté à la matrice de la contribution foncière (art. 111).

608. — A la suite de ces diverses investigations, le contrôleur dresse, s'il y a lieu, un état de changements à opérer au relevé des biens de mainmorte. Il consigne sur l'état les indications nécessaires pour que le directeur puisse au besoin dresser une matrice supplémentaire pour les propriétés devenues passibles de la taxe au cours de l'année ou omises au rôle primitif (art. 112).

609. — En vue d'assurer l'imposition en temps utile des biens passibles de la taxe, un des contrôleurs du chef-lieu, dans chaque département, est chargé par le directeur de se transporter dans les bureaux de la préfecture, afin de rédiger les extraits, décrets et arrêtés autorisant les communes et les établissements publics à accepter des legs et donations consistant en propriétés foncières (Circ. 30 nov. 1881).

610. — Le directeur vérifie les relevés, rédige les matrices, et met ces pièces annuellement au courant, à l'aide des états de changements fournis par les contrôleurs et préalablement vérifiés par lui.

611. — Il est ouvert à la matrice un article pour chaque numéro du relevé. La matrice est divisée en deux séries : la première, pour les cotisations de plus de 15 cent.; la seconde, pour les cotisations de 15 cent. et au-dessous, qui ne doivent pas figurer sur les rôles (Circ. 3 déc. 1882).

612. — Le directeur fait déterminer, chaque année, les centimes le franc en principal de la contribution foncière, l'un pour les propriétés bâties, l'autre pour les propriétés non bâties; il fait calculer, à nouveau, ce principal; et y applique la taxe et les décimes de l'enregistrement et, à l'aide des matrices, il rédige les rôles et les avertissements, qui sont homologués, publiés et recouvrés comme en matière de contributions directes (Circ. 10 mars 1849; 30 déc. 1880; 5 déc. 1882).

613. — Le directeur doit attendre, avant de faire confectionner les rôles, que l'administration lui ait notifié le nombre des décimes de l'enregistrement à appliquer à la taxe (Circ. 30 mars 1872). Il ne porte dans les rôles que les taxes supérieures à 15 cent. (Circ. 31 mai 1850).

614. — Le Conseil d'État ayant refusé à l'administration, par une décision du 22 déc. 1876, Cⁱᵉ des chemins de fer de l'Ouest, [S. 79.2.28, P. adm. chr. D. 77.3.39], le droit d'émettre des rôles supplémentaires, le gouvernement a fait insérer dans la loi de finances du 29 déc. 1884 la disposition suivante : « Les propriétés qui, dans le cours de l'année, deviennent imposables à la taxe représentative des droits de transmission entre-vifs et par décès, créée par la loi du 20 févr. 1849, y sont assujetties à partir du premier du mois pendant lequel elles en sont devenues passibles, et sont cotisées par voie de rôle supplémentaire. Sont également imposables, par voie de rôle supplémentaire : les propriétés passibles de ladite taxe qui ont été omises au rôle primitif; mais les droits ne sont dus qu'à partir du 1ᵉʳ janvier de l'année pour laquelle le rôle primitif a été émis. (art. 2).

614 bis. — Les taxes des rôles supplémentaires doivent être calculées à raison des mêmes centimes le franc que ceux employés pour les rôles primitifs.

615. — Il est alloué au directeur 5 cent. par article de rôle et 3 cent. par avertissement (Circ. 10 mars 1849).

2° Taxe sur les billards.

616. — Les possesseurs de billards sont tenus d'en faire la déclaration à la mairie de la commune où se trouvent ces billards, du 1ᵉʳ octobre de chaque année au 31 janvier de l'année suivante (Décr. 27 déc. 1871, art. 3). La déclaration est inscrite sur un registre spécial; elle est signée par le déclarant. Il en est délivré un récépissé, mentionnant le nom du déclarant, la date de la déclaration et le nombre des billards déclarés (art. 4).

617. — Le 1ᵉʳ février, les maires doivent détacher du registre les déclarations reçues et les transmettre au directeur avec un bordereau nominatif (Instr. 6 janv. 1872). Le directeur classe les déclarations reçues et les adresse aux contrôleurs aussitôt que possible.

618. — Le contrôleur, au cours de la tournée des mutations, vérifie les déclarations reçues et y supplée au besoin. Pour toutes les communes où il n'a pas à se rendre avant le 1ᵉʳ avril, il rédige les matrices d'après les déclarations, sauf vérification ultérieure. Il rédige les états-matrices par commune et les adresse, avant le 1ᵉʳ avril, au directeur avec les déclarations.

619. — Le directeur vérifie, additionne et récapitule les états-matrices. Il renvoie les déclarations aux contrôleurs, avant le 1ᵉʳ mai, afin que ceux-ci profitent de la tournée des mutations pour compléter leurs vérifications (Instr. 6 janv. 1872 et 2 mars 1886).

620. — Dans la tournée générale des mutations, ou plus tard, s'il y a lieu, les contrôleurs rédigent des matrices supplémentaires pour les faits omis ou déclarés inexactement, mais non pour les faits nouveaux survenus dans le cours de l'année (Instr. 6 janv. 1872). Il est alloué aux contrôleurs 10 cent. par article de matrice (Circ. 3 nov. 1874).

621. — L'état-matrice présente, d'une part, les noms, prénoms, professions et résidences des redevables, et, d'autre part, le détail des bases d'imposition (Décr. 27 déc. 1871, art. 7).

622. — Les rôles des taxes sur les billards sont établis par le directeur par perception et émis avant le 1ᵉʳ mai (Instr. 6 janv. 1872). Lorsque les faits pouvant donner lieu à des doubles taxes, motivées par l'omission ou l'inexactitude des déclarations, n'ont pas été constatés en temps utile pour entrer dans la formation du rôle primitif, il est dressé dans le cours de l'année un rôle supplémentaire (Décr. 27 déc. 1871, art. 6). Ils sont émis en cours d'année.

623. — Il est alloué au directeur 50 cent. par commune pour un état-matrice, 10 cent. par article de rôle, 3 cent. par avertissement. Quand une ville est divisée en deux perceptions, elle est comptée pour deux communes (Instr. 6 janv. 1872 et 3 nov. 1874).

3° Taxe sur les cercles.

624. — D'après le décret du 30 déc. 1890, qui a modifié celui du 27 déc. 1871, les gérants, secrétaires ou trésoriers des cercles, sociétés et lieux de réunions où se payent des cotisations doivent faire, chaque année, du 1ᵉʳ au 31 janvier, à la mairie des communes dans lesquelles se trouvent lesdits établissements, une déclaration indiquant : 1° le nombre des abonnés, membres ou associés et le temps pendant lequel ils ont fait partie du cercle, de la société ou de la réunion dans le cours de l'année précédente, ainsi que le montant correspondant de leurs cotisations avec mention spéciale des droits d'entrée compris dans ces cotisations; 2° les bâtiments, locaux et emplacements affectés à l'usage de l'établissement pendant l'année précédente (art. 1).

625. — La déclaration du gérant, secrétaire ou trésorier est inscrite sur un registre spécial et signée par le déclarant; il en est délivré récépissé. Lorsque la déclaration est effectuée par un fondé de pouvoir, le fait est relaté sur le registre et sur le récépissé (art. 2).

626. — Le 1ᵉʳ février, les maires doivent détacher du registre les déclarations reçues et les transmettre au directeur, qui les classe et les adresse aux contrôleurs avec les matrices de l'année précédente.

627. — Le contrôleur rédige les états-matrices par commune; il profite de la tournée des mutations pour les chevaux et voitures, ensuite de la tournée générale des mutations pour vérifier les déclarations. Il trouve dans les préfectures et sous-préfectures les statuts ou règlements qui y sont déposés par les gérants en vue d'obtenir l'autorisation d'ouvrir des réunions.

628. — Il recherche dans les préfectures, sous-préfectures et mairies, les renseignements nécessaires pour permettre d'apprécier quelles sont les sociétés non imposables (Instr. 6 janv. 1872 et Circ. 3 nov. 1874). D'autre part, les gérants, secrétaires ou trésoriers des cercles, sociétés ou lieux de réunion sont admis à produire, à l'appui de leurs déclarations, leurs livres, comptes, bilans et tous autres documents de nature à permettre d'en apprécier l'exactitude (Décr. 30 déc. 1890, art. 4). Les agents ne peuvent exiger la production de ces justifications (Instr. 21 janv. 1891).

629. — Le contrôleur rédige les matrices avant le 1er avril, d'après ses vérifications et pour les communes où il ne s'est pas rendu, d'après les déclarations, sauf examen ultérieur. L'état-matrice présente, d'une part, les noms, prénoms, professions et résidence des redevables, et, d'autre part, le détail des bases d'imposition (Décr. 27 déc. 1871, art. 6).

630. — Ces matrices sont adressées avant le 1er avril au directeur qui, avant le 1er mai, renvoie les déclarations pour que le contrôleur puisse, dans la tournée des mutations, constater les faits omis ou déclarés inexactement et dresser, dans ce cas, des matrices supplémentaires (Instr. 6 janv. 1872). Il est alloué au contrôleur 10 cent. par article de matrice (Instr. 6 janv. 1872).

631. — Le directeur rédige les rôles par ressort de perception (Décr. 27 déc. 1871, art. 6). Ils doivent être émis avant le 1er mai (Instr. 6 janv. 1872).

632. — Lorsque les faits pouvant donner lieu à des doubles taxes n'ont pas été constatés en temps utile pour entrer dans la formation du rôle primitif, il est dressé dans le cours de l'année un rôle supplémentaire (Décr. 27 déc. 1871, art. 5).

633. — Les rôles ont trait aux faits survenus l'année précédente : sauf au cas de dissolution ou de fermeture du cercle en cours d'année. Le gérant est soumis à une nouvelle déclaration et le directeur, après vérification des contrôles, dresse aussitôt un rôle supplémentaire (Décr. 30 déc. 1890).

634. — Il est alloué au directeur 30 cent. par commune ayant un état-matrice, 10 cent. par article de rôle, 3 cent. par avertissement. La première des indemnités n'est due qu'une fois par exercice (Instr. 6 janv. 1872).

4° Taxe sur les voitures, chevaux et mulets.

635. — Les contribuables sont tenus de faire la déclaration des chevaux et voitures qu'ils possèdent et d'indiquer les communes où ils ont des habitations, en désignant celles où ils ont des éléments de cotisation en permanence. Les déclarations sont valables pour toute la durée des faits qui y ont donné lieu; elles doivent être modifiées dans le cas de changement de résidence hors de la commune ou du ressort de la perception, et dans le cas de modifications survenues dans les bases de cotisation (L. 2 juill. 1862, art. 11, § 1 et 2).

636. — Les déclarations sont faites sur des formules déposées à la mairie par le directeur. Il en est donné récépissé (Instr. 31 oct. 1862, art. 24).

637. — Les déclarations sont faites ou modifiées, s'il y a lieu, le 15 janvier au plus tard de chaque année, au maire de l'une des communes où les contribuables ont leur résidence (L. 2 juill. 1862, art. 11, § 3).

638. — Les déclarations de faits entraînant des suppléments de droits, tels que changement de résidence, acquisitions, dans le cours de l'année, d'éléments donnant lieu à une taxe plus élevée, nouvelle affectation des éléments déjà imposés, doivent être effectuées dans le délai de trente jours, à partir de la date à laquelle se sont produits les faits de nature à motiver l'imposition de nouvelles taxes ou de supplément de taxe (L. 23 juill. 1872, art. 9, § 2; Circ. 21 sept. 1872).

639. — Chaque année le préfet doit rappeler aux contribuables, dans le mois de novembre ou les premiers jours de décembre au plus tard, les obligations que la loi leur impose, par un avis inséré au *Recueil des actes administratifs* et par des affiches qui sont apposées et publiées dans toutes les communes (Instr. 31 oct. 1862, art. 23; Circ. 9 déc. 1872 et 26 déc. 1879).

640. — Le 16 janvier de chaque année, les maires adressent au directeur les déclarations reçues. Ils donnent immédiatement avis aux contrôleurs des déclarations supplémentaires faites en cours d'exercice (Instr. 31 oct. 1862, art. 26 et 35).

641. — Le directeur fait dépouiller les déclarations reçues; il en extrait, dans des bulletins particuliers, les faits qui peuvent être utiles dans d'autres communes que celles où les déclarations ont été reçues; il transmet à ses collègues les extraits concernant des communes étrangères au département (art. 27).

642. — Il classe par contrôle les déclarations reçues, les extraits qu'il en a rédigés et ceux qu'il a reçus d'autres départements. Il dresse un itinéraire pour les contrôleurs et le notifie aux maires (art. 27).

643. — L'itinéraire comprend toutes les communes pour lesquelles il a été déclaré de la matière imposable; il doit être

réglé de telle sorte que les rôles puissent être confectionnés et mis en recouvrement dans les premiers jours d'avril (art. 28). Il envoie ensuite à chaque contrôleur les déclarations et les extraits qui le concernent (art. 29).

644. — Le contrôleur établit des bulletins destinés à tenir lieu de matrice-minute, contenant, pour chaque contribuable, ses noms, prénoms, profession et demeure, ses bases de cotisation ainsi que les changements successifs que ces bases éprouvent (Circ. 21 mars 1873).

645. — Le contrôleur, muni des bulletins, des déclarations et des extraits de déclaration, se transporte dans les communes; il vérifie les déclarations et supplée d'office à celles qui n'ont pas été faites dans les délais ou qui sont inexactes ou incomplètes. Il rédige l'état-matrice de concert avec le maire et les répartiteurs; il y consigne toutes les indications nécessaires pour justifier ses propositions, notamment en ce qui concerne les doubles taxes. Il adresse ces états-matrices au directeur (L. 2 juill. 1862, art. 11, § 4; Instr. 31 oct. 1862). Lorsque les répartiteurs refusent de prêter leur concours pour la rédaction des états-matrices, le contrôleur peut procéder seul.

646. — En cas de contestation entre le contrôleur et le maire et les répartiteurs, il est statué, sur le rapport du directeur, par le préfet, sauf référé au ministre des Finances, si la décision est contraire aux propositions du directeur et sans préjudice pour le contribuable du droit de réclamer après la mise en recouvrement du rôle (L. 2 juill. 1862, art. 11, § 5). Dans le cas où il en est référé au ministre, le directeur suspend l'établissement des taxes contestées et les comprend plus tard, s'il y a lieu, dans les rôles supplémentaires (Instr. 31 oct. 1862, art. 38).

647. — Les art. 8 et 9, L. 23 juill. 1872, prévoyant l'imposition en cours d'année pour faits nouveaux et l'augmentation des taxes primitivement établies à raison de modifications survenues dans les bases de cotisation, le contrôleur doit, dans les diverses tournées de mutations qu'il fait dans les communes, rédiger des matrices supplémentaires (Instr. 31 oct. 1862 et 21 mars 1873).

648. — Il est alloué au contrôleur 6 fr. par commune dans laquelle il a été fait des rôles et 10 cent. par article de rôle. La première indemnité n'est due qu'une fois par exercice.

649. — Le directeur vérifie les états-matrices, les fait régulariser au besoin et applique le tarif légal aux bases de cotisation arrêtées (Instr. 31 oct. 1862, art. 38). Il lui est alloué 1 fr. par commune et 15 cent. par article de rôle (art. 46).

650. — Les rôles primitifs doivent être émis dans les premiers jours du second trimestre. Les rôles supplémentaires doivent émis comme en matière de patente. Les derniers doivent l'être au plus tard le 31 janvier de la seconde année (art. 51). Sur les rôles et les avertissements supplémentaires on doit indiquer le nombre des mois pour lesquels les taxes sont calculées et le motif des impositions (Instr. 31 oct. 1862 et 21 sept. 1872).

651. — La loi du 23 juill. 1872 n'autorisant l'émission de rôles supplémentaires que pour les faits nouveaux, — Cons. d'Et., 24 mars 1865, Renouard, [Leb. chr., p. 323] — et le Conseil d'État refusant d'étendre cette faculté à la réparation des omissions, le gouvernement a fait insérer dans la loi de finances du 29 déc. 1884 la disposition suivante : « Sont imposables au moyen de rôles supplémentaires et sans préjudice des accroissements de taxes dont ils seraient passibles pour défaut ou inexactitude de déclaration, les possesseurs de voitures, chevaux, mules ou mulets, pour ceux de ces éléments d'imposition qu'ils possédaient depuis une époque antérieure au 1er janvier et dont l'imposition aurait été omise dans les rôles primitifs. Les droits ne sont dus qu'à partir du 1er janvier de l'année pour laquelle le rôle primitif a été émis » (art. 3).

5° Taxe militaire.

652. — Les décrets du 30 déc. 1890 (art. 9) et du 24 févr. 1894 (art. 8) confient l'assiette de cette taxe aux agents des contributions directes, assistés par les maires. Dans le cas de dissentiment entre les maires et les agents des contributions directes, le directeur soumet la difficulté au préfet avec son avis motivé. Si le préfet n'adopte pas les propositions du directeur, il en est référé au ministre des Finances.

653. — Chaque année le directeur charge un ou plusieurs contrôleurs d'effectuer à la préfecture, le relevé des hommes passibles de la taxe, à l'aide des listes du recrutement cantonal, des

procès-verbaux des opérations des conseils de révision en ce qui touche les exemptés, les dispensés, les ajournés, les hommes classés dans les services auxiliaires (Instr. 9 mars 1891). Ces opérations doivent être entreprises aussitôt que les opérations des conseils de révision sont définitivement arrêtées, de manière à être achevées avant le 15 octobre de l'année pendant laquelle a lieu l'appel de la classe (Circ. 14 mars 1891). Les renseignements recueillis sont consignés sur des bulletins individuels.

654. — Outre ces indications, le directeur reçoit, par l'intermédiaire du préfet, des renseignements émanant de l'autorité militaire ou maritime en ce qui touche les jeunes gens qui, après incorporation, cessent de faire partie de l'armée active avant d'avoir accompli les trois années de service exigées par la loi.

655. — Les décrets du 30 déc. 1890 (art. 15-25) et du 24 févr. 1894 (art. 14, 24) indiquent la nature des renseignements qui doivent être fournis par chacune des autorités. Les préfets communiquent sans déplacement aux agents les listes du recrutement cantonal, les procès-verbaux des séances du conseil de révision relatives aux opérations concernant les hommes de la classe appelés à l'activité ainsi que les soutiens de famille et les ajournés, les déclarations de renonciation à la qualité d'inscrit maritime. Ils informent le service des contributions des engagements volontaires contractés conformément à l'art. 62 de la loi sur le recrutement (art. 16-18).

656. — Les conseils d'administration des corps de troupes et des dépôts des équipages de la flotte communiquent tous les renseignements relatifs aux circonstances comportant une abréviation de la durée du service militaire, telle qu'elle résultait des décisions du conseil de révision ou des actes d'engagements volontaires. Ces communications ont lieu par l'intermédiaire du préfet du département où l'intéressé a satisfait à la loi du recrutement et au moyen de bulletins individuels établis au moment même où se produisent les faits. Elles comprennent, notamment : 1º les concessions de congés par les chefs de corps, à titre de soutiens indispensables de famille, dans les conditions prévues à l'art. 22 de la loi ; 2º les dispenses accordées par l'autorité militaire ou maritime, en vertu des art. 1, § 3, et 35, Décr. 23 nov. 1889 ; 3º les réformés par congé nº 2, lorsque les hommes réformés ont moins de trois ans de service ; 4º les passages dans la disponibilité, en vertu des art. 39 et 46 de la loi ; 5º les non-présences sous les drapeaux résultant, soit de l'insoumission, soit de la désertion des hommes ayant moins de trois ans de service ; 6º les décès, les réformes par congés dits nº 1, les retraites pour blessures ou infirmités, lorsqu'il s'agit d'hommes ayant moins de trois ans de service (art. 18).

657. — Les conseils d'administration des corps de troupes et des dépôts des équipages de la flotte informent le service des contributions directes, par l'intermédiaire du préfet, des circonstances comportant un accroissement de la durée du service militaire telle qu'elle résultait des décisions des conseils de révision et des décisions de l'autorité militaire ou maritime dûment notifiées. Ces communications comprennent, notamment, les maintiens ou rappels sous les drapeaux prévus aux art. 24, 23, 47 et 81 de la loi sur le recrutement et par la loi du 26 juin 1890 (art. 19). Toute circonstance comportant une abréviation de la durée du service militaire, telle qu'elle résultait des faits notifiés en vertu de l'article précédent, donne lieu à de nouvelles communications (art. 20).

658. — Lorsqu'un homme ayant moins de trois ans de service militaire dans l'armée active vient à être inscrit sur les contrôles de l'inscription maritime, le commissaire de l'inscription maritime en donne avis au préfet du département où cet homme a son domicile. Cette notification a lieu dans les quinze jours de l'immatriculation (art. 21).

659. — La gendarmerie de chaque localité transmet immédiatement au préfet du département tous les renseignements qui lui sont fournis, en vertu de l'art. 35 de la loi sur le recrutement, relativement aux changements de domicile ou de résidence des hommes ayant moins de trois ans de service dans l'armée active. Ces renseignements sont communiqués par le préfet au service des contributions (art. 22).

660. — Les commandants des bureaux de recrutement sont tenus de répondre par des extraits individuels du registre matricule prévu à l'art. 36 de la loi sur le recrutement, aux demandes de renseignements qui leur sont adressées par les préfets pour servir à l'assiette ou au recouvrement de la taxe militaire. Ils communiquent les ajournements d'incorporation résultant des demandes qui seraient formées par les dispensés dans le cas prévu au dernier alinéa du § 1, art. 21 de la loi sur le recrutement modifié par la loi du 6 nov. 1890. Les commissaires de l'inscription maritime sont soumis aux mêmes obligations (art. 23).

661. — Les renseignements relevés à la préfecture et ceux qui sont fournis par l'autorité militaire ou maritime présentent, non l'indication du domicile actuel du contribuable, mais celle de la commune où il a satisfait à la loi sur le recrutement ; le directeur demande aux maires les renseignements nécessaires sur ce point, et après les avoir obtenus il inscrit sur les bulletins individuels le domicile au point de vue de la taxe et les fait parvenir au contrôleur.

662. — Toutefois, dans les villes où il existe une matrice spéciale pour les contributions personnelle-mobilière et des patentes, ces renseignements sont recueillis directement par les contrôleurs au cours de leur recensement annuel. A cet effet, le directeur leur communique les bulletins sur lesquels les contrôleurs consignent l'indication du domicile de l'assujetti et de celui de l'ascendant responsable.

663. — Lorsque les renseignements ainsi obtenus seront insuffisants pour fixer la situation du contribuable, ce qui arrivera toutes les fois qu'il sera imposable dans une commune autre que celle où sont domiciliés ses ascendants, le contrôleur adressera des bulletins de demande de renseignements. Ceux-ci devant être annotés dans les communes mêmes par les contrôleurs au cours de la tournée des taxes assimilées, leur communication doit être effectuée avant le 1er février.

664. — A son arrivée dans les communes pour la tournée spéciale des taxes assimilées, le contrôleur aura à recueillir les renseignements qui lui auront été demandés par ses collègues ; il devra ensuite compléter et réviser les bulletins individuels et procéder à la rédaction de l'état-matrice, avec l'assistance du maire. Cet état ne doit être définitivement arrêté qu'après la réception de la taxe due par les assujettis dont les ascendants ne sont pas domiciliés dans la commune, sans toutefois qu'on puisse dépasser le 10 avril.

665. — Le contrôleur porte sur l'état-matrice tous les redevables qui étaient domiciliés dans la commune à l'époque du 1er janvier. Il ne se borne pas à compulser les bulletins individuels, mais il examine les listes électorales, les tableaux du dénombrement et se livre aux investigations nécessaires pour vérifier les données présentées par les bulletins, et pour découvrir les hommes passibles de l'impôt qui auraient pu être omis sur les bulletins. Les bulletins dûment mis au courant servent de minute pour la formation de l'état-matrice.

666. — Le contrôleur inscrit sur l'état-matrice, pour chaque rôle, les noms, prénoms, professions et demeures, tant de l'assujetti que de l'ascendant reconnu responsable et dont la contribution personnelle-mobilière en principal constitue la cote de l'assujetti (Décr. 30 déc. 1890, art. 10). A cet égard, le contrôleur recherche si les ascendants du premier degré sont imposés à la contribution personnelle-mobilière ; si tous deux figurent aux rôles, il prendra pour élément de l'imposition de l'assujetti celle des deux cotes qui serait la plus élevée en principal. Ces recherches sont faites à l'aide de renseignements recueillis dans la commune quand les ascendants y résident, et dans le cas contraire, à l'aide des indications qui ont été fournies en réponse aux demandes de renseignements.

667. — Pour éviter que, chaque année, ces demandes de renseignements soient renouvelées dans le but de constater les modifications survenues, c'est l'agent qui aura fourni une première fois les renseignements, qui sera chargé d'en vérifier annuellement l'exactitude et de faire connaître à ses collègues les changements à y apporter.

668. — Pour que cette vérification soit facilitée, il est ouvert, dans chaque commune, un carnet sur lequel on inscrit tous les renseignements qui, émanant de la commune, auront été fournis en vue de l'assiette de la taxe militaire à établir au nom d'assujettis domiciliés hors de cette commune. Chaque année, au cours de la tournée générale des mutations, les diverses indications portées sur ce carnet sont révisées par le contrôleur, qui applique immédiatement les changements constatés et les consigne ensuite sur un bulletin de notification. Il rédige autant de bulletins qu'il y a de communes pour lesquelles on aura précédemment fourni des renseignements. Le contrôleur conserve les bulletins

concernant les communes de sa division ; il joint les autres au dossier des mutations de la commune. Le directeur garde ces derniers bulletins jusqu'à ce qu'il ait pu y inscrire la quotité de la taxe personnelle et le centime le franc en principal de la contribution mobilière pour l'année suivante, et les transmet alors aux contrôleurs intéressés.

669. — L'assujetti est imposé dans la commune de son domicile réel. Dans le cas où une fraction de la contribution personnelle d'un de ses ascendants doit venir en accroissement de la cote de l'assujetti, c'est sous le nom de ce dernier et dans la commune de son domicile réel que cette fraction doit être inscrite à l'état-matrice. Il n'est formé qu'un seul article pour les divers éléments dont se compose la cote totale de l'assujetti. Les jeunes gens qui ont établi leur résidence à l'étranger, les déserteurs, les insoumis, etc., sont imposables dans la commune où ils ont leur domicile au point de vue militaire.

670. — Lorsque l'assujetti ou ses ascendants sont soumis à plusieurs cotes mobilières, on ne tient compte pour chacun d'eux que de celle qui est inscrite au rôle du domicile réel, sans avoir égard aux prélèvements opérés sur les produits de l'octroi.

671. — Le contrôleur indique le nombre de trente-sixièmes exigibles pour les mois de service non accomplis, ainsi que la fraction de la contribution personnelle-mobilière en principal à imposer en raison du nombre des enfants vivants ou représentés.

672. — L'état-matrice est rédigé par ordre alphabétique, ou par ordre topographique dans les communes où ce mode aura été autorisé par le directeur général. On ne doit pas porter sur cet état les hommes présents sous les drapeaux au 1er janvier, ceux notamment qui seront appelés à jouir ultérieurement de dispenses (art. 21, 22 et 23 de la loi). Ils ne seront passibles de la taxe qu'après leur renvoi dans leurs foyers. Les bulletins qui les concernent sont annotés en conséquence.

673. — Quand un assujetti a changé de résidence avant le 1er janvier et que son nouveau domicile est connu, le contrôleur envoie au directeur un bulletin individuel avec les renseignements nécessaires pour que la taxe soit établie. Quand le nouveau domicile est inconnu, le contrôleur maintient ce contribuable sur l'état-matrice avec les bases de cotisation de l'année précédente (Décr. 30 déc. 1890, art. 12). L'art. 11, Décr. 24 févr. 1894, facilite sur ce point la tâche des agents. Ils maintiennent à l'état-matrice et aux rôles des communes où ils étaient imposés au 1er janvier précédent, et sur le pied de leur cotisation antérieure, les imposables qui, ayant quitté leur domicile antérieurement au 1er janvier, n'ont pas fait à la mairie, avant le 13 février, une déclaration du lieu de leur nouvelle résidence. L'obligation de la déclaration incombe à l'ascendant dans le cas où l'assujetti à raison duquel il est taxé, change de domicile ou a trente ans révolus.

674. — En ce qui concerne les individus qui seraient réputés indigents ou qui arguerait de leur état d'insolvabilité, le contrôleur recueille les renseignements nécessaires pour constater leur position et dresser la liste de ceux dont la situation devra être appréciée par le conseil municipal. Après la confection du rôle, cette liste est renvoyée au contrôleur qui annote les bulletins individuels en raison des indications qu'elle présente.

675. — Lorsque l'état-matrice est rédigé, le contrôleur le communique au maire, en l'invitant à y consigner, s'il y a lieu, ses observations et à l'adresser immédiatement au directeur. Quand le directeur ne croit pas qu'il doive être donné suite aux observations du maire, il soumet le dissentiment au préfet avec ses propositions motivées. Si le préfet n'adopte pas ces propositions, il en est référé au ministre des Finances (Décr. 30 déc. 1890, art. 9).

676. — Le directeur vérifie l'état-matrice. Il y ajoute les individus qui, inscrits sur la liste des présumés indigents dressée par le contrôleur, ne doivent pas, d'après la décision spéciale du conseil municipal, être exemptés de la taxe. Puis il calcule les cotisations et procède à la confection du rôle et des avertissements.

677. — Les cotisations omises aux rôles primitifs sont comprises dans des rôles complémentaires (Décr. 24 févr. 1894, art. 13).

6° Redevances des mines.

678. — En ce qui touche la redevance fixe, il existe, en vertu de l'art. 1, Décr. 6 mai 1811, dans chaque préfecture, un tableau de toutes les mines concédées existant dans le département.

679. — Ce tableau énonce le nom et la désignation de la mine concédée, sa situation, les noms, professions et demeures des concessionnaires, la désignation et la date du titre du concessionnaire, l'étendue de la concession exprimée en kilomètres carrés et fractions de kilomètre carré jusqu'à deux décimales, et la somme à percevoir (art. 2).

680. — Ce tableau arrêté par le préfet sert de matrice de rôle ; il est rectifié chaque année, soit par suite de mutation de propriété, soit en raison des réductions ou augmentations survenues en vertu de décisions légales, et est transmis, pour la confection des rôles, au directeur des contributions directes (art. 10).

681. — En ce qui touche la redevance proportionnelle, la matrice de rôle est dressée d'après des états d'exploitation (art. 16). D'après l'art. 17, il y a un état d'exploitation pour chaque mine concédée : la confection est divisée en deux parties, savoir : 1° la partie descriptive ; 2° la proposition de l'évaluation du produit net imposable.

682. — La partie descriptive des états d'exploitation est faite par l'ingénieur des mines du département, après avoir appelé et entendu les concessionnaires ou leurs agents, conjointement avec les maires et adjoints de la commune ou des communes sous lesquelles s'étendent les concessions, et les deux répartiteurs communaux qui sont les plus fort imposés. Elle comprend le nom et la nature des mines, le numéro des articles, les noms des communes, les noms, professions et demeures des concessionnaires, possesseurs ou usufruitiers ; la désignation sommaire des ouvrages souterrains entretenus et exploités, ainsi que celle des machines ; enfin la désignation des bâtiments et usines servant à l'exploitation (art. 18).

683. — Les mines dont la concession superficielle s'étend sur deux ou plusieurs communes sont portées sur les états d'exploitation au nom de la commune où sont situés les bâtiments d'exploitation, usines et maisons de directeur ; il en est de même des mines dont la concession superficielle s'étend sur les frontières de deux ou plusieurs départements (art. 21).

684. — Les exploitants, concessionnaires ou usufruitiers ou leurs ayants-cause sont tenus de remettre au secrétariat de la mairie, avant le 1er mai de chaque année, la déclaration détaillée du produit net imposable de leurs exploitations, faute de quoi l'appréciation a lieu d'office (art. 27).

685. — La déclaration de l'exploitant est soumise, le 15 mai au plus tard, à un comité de proposition (Décr. 6 mai 1811, art. 18 et 19) composé, dans chaque commune, du maire, des adjoints, des deux répartiteurs les plus fort imposés et de l'ingénieur des mines. Ce comité doit entendre le concessionnaire (art. 20).

686. — Les comités de proposition se réunissent, chaque année, avant le 15 mai, pour la confection des états d'exploitation ; ces états doivent présenter la quantité de matières minérales extraites pendant l'année précédente, le prix de vente ou le prix qui a été assigné si elle n'est pas vendue, le détail des diverses déductions opérées sur le produit brut et les quantités vendues dans l'année précédente, avec les différents prix de vente.

687. — L'ingénieur des mines fait un rapport sur chaque mine, qui est joint à l'état. Le tout est remis au préfet (Circ. 12 avr. 1849 et 6 déc. 1860).

688. — Le préfet et l'ingénieur des mines recueillent d'avance tous les renseignements qu'ils jugent nécessaires, notamment ceux concernant le produit brut de chaque mine, la valeur des matières extraites ou fabriquées, le prix des matières premières employées et de la main-d'œuvre, l'état des travaux souterrains, le nombre des ouvriers, les ports ou lieux d'exportation ou de consommation (art. 28). De son côté, le directeur peut employer les contrôleurs à recueillir des renseignements sur l'évaluation du produit net imposable des mines, afin d'éclairer la discussion dans les réunions du comité d'évaluation (Circ. 26 juin 1811 et 28 mars 1846).

689. — Les états d'exploitation sont transmis au directeur par le préfet pour être revêtus de ses observations. C'est lors de cette communication qu'il doit signaler les irrégularités commises dans le travail préparatoire des redevances, de manière à permettre de faire en temps utile les rectifications nécessaires. Il donne son avis motivé sur les chiffres du produit brut et du produit net adoptés par les comités de proposition (Circ. 12 avr. 1849).

690. — En pratique, le service des mines et celui des contributions directes doivent tâcher de se mettre d'accord avant la réunion du comité d'évaluation (Circ. 7 févr. 1877).

691. — Le directeur remet au préfet les états d'exploitation, le rapport de l'ingénieur des mines avec son avis motivé et la matrice des rôles préparée (Circ. 12 avr. 1849).

692. — Le préfet soumet le tout au comité d'évaluation qui est composé du préfet, de deux membres du conseil général désignés par le préfet, du directeur, de l'ingénieur des mines et de deux des principaux propriétaires des mines dans les départements où il y a un nombre d'exploitations suffisant (Décr. 6 mai 1811, art. 23 et 24).

693. — Ce comité est convoqué dans le courant du mois de juin; il est chargé de déterminer les évaluations définitives du produit net imposable de chaque mine et d'en faire porter l'expression au bas de chaque état d'exploitation; ses délibérations sont consignées dans un procès-verbal détaillé rédigé par l'un de ses membres; il arrête et signe les états d'exploitation et la matrice de rôle (art. 25). — Circ. 12 avr. 1849.

694. — Le comité procède aux appréciations du produit net imposable, soit d'office, soit en ayant égard aux déclarations des exploitants qui les auront fournies (art. 26), et aux renseignements recueillis par le préfet et l'ingénieur (art. 28).

695. — En cas de désaccord sur l'appréciation du produit net imposable, entre le comité d'évaluation et l'ingénieur des mines ou le directeur, il est statué par le préfet sur avis motivé du directeur. Si le préfet n'adopte pas les conclusions du directeur, il en est référé au ministre des Travaux publics, qui statue après s'être concerté avec le ministre des Finances (Décr. 11 févr. 1874, art. 1).

696. — Il a été jugé que, lorsque le produit net d'une mine a été déterminé par le comité d'évaluation, d'accord avec l'ingénieur des mines et le directeur des contributions directes, la décision du comité est définitive et ne saurait être modifiée par application du décret du 11 févr. 1874, bien que l'évaluation fixée soit ultérieurement reconnue insuffisante, soit par le service des mines, soit par celui des contributions. — Cons. d'Et., 15 nov. 1878, Cie de Mokta-el-Hadid, [D. 79.3.35]

697. — Ni les ingénieurs ni les agents des contributions n'ont le moindre pouvoir d'investigation dans les livres, registres et comptabilité de l'exploitant. Celui-ci n'est pas tenu de fournir une déclaration; encore moins est-il obligé de la faire sincère. Les agents de l'administration ne peuvent contredire cette déclaration que par des appréciations personnelles lesquelles ne reposent sur aucun renseignement officiel, mais seulement sur les renseignements officieux que les ingénieurs ont pu recueillir. — Aguillon, t. 1, n. 493.

698. — Les états d'exploitation et la matrice de rôle sont, ainsi que l'état certifié des abonnements aériens, transmis au directeur pour servir à la confection du rôle (Décr. 6 mai 1811, art. 29). Le directeur dresse un rôle unique pour les redevances fixe et proportionnelle : la cote se compose de la redevance fixe établie d'après l'étendue superficielle de la concession pendant l'année courante, de la redevance proportionnelle égale au vingtième du produit net de l'exploitation pendant l'année précédente, et de 10 cent. pour fonds de non-valeurs (Décr. 6 mai 1811, art. 36 à 39; Circ. 25 nov. 1828). Le directeur porte à l'article de chaque abonné le montant de son abonnement (art. 39).

699. — Lorsqu'une concession s'étend sur plusieurs communes, il n'est rédigé qu'un seul rôle (Ord. 22 janv. 1872). — Lemercier de Jauvelle, p. 808.

700. — Les rôles ne peuvent être émis qu'après la promulgation de la loi des finances. Ils ont pu qu'ils pouvaient être émis après l'expiration de l'année à laquelle ils se rapportent. — Cons. d'Et., 15 juill. 1833, Giraud, [S. 54.2.218, P. adm. cbr., D. 54.3.37] — Mais on ne peut comprendre dans la même rôle les redevances de deux années (Déc. adm. 15 sept. 1876 : Haute-Savoie). On ne peut non plus dresser de rôles complémentaires pour réparer les erreurs ou omissions commises dans le rôle primitif (Circ. IVe 581-1879).

701. — En ce qui touche les mines qui viennent à être concédées dans le courant de l'année, l'administration décide que elles sont imposables à la redevance fixe à partir du jour de l'institution de la concession. Quant à la redevance proportionnelle, elle est calculée d'après le revenu net présumé de la première année, sans avoir égard aux dépenses faites avant l'institution

de la concession. La fixation de ce revenu présumé doit être faite par le comité d'évaluation, convoqué spécialement dans ce but.

702. — Dans ce cas et dans celui où une concession reçoit une extension de périmètre en cours d'année, l'administration émet des rôles supplémentaires par analogie avec ce qui se pratique en matière de contribution foncière en vertu de l'art. 4, L. 19 vent. an IX (Circ. 12 avr. 1849; Décisions administratives rapportées par Lemercier de Jauvelle, p. 808). Par application de la jurisprudence constante du Conseil d'État, nous croyons que l'illégalité de ces rôles n'est pas douteuse.

703. — Il est alloué au directeur pour frais d'impression et de confection des matrices, rôles et états relatifs aux redevances des mines, une somme de 10 fr. par commune.

7° Droits sur la vérification des poids et mesures, des alcoomètres et densimètres.

704. — Les vérificateurs des poids et mesures prennent note de tous les instruments qu'ils vérifient sur un registre portatif qu'il font émarger par les assujettis (Ord. 17 avr. 1839, art. 19). Ils dressent les états-matrices (art. 50).

705. — Les états-matrices sont remis au directeur, par l'intermédiaire du préfet, à mesure que les opérations sont terminées dans les communes dépendant de la même perception et, pour les villes, dans chaque quartier ou arrondissement de perception, et au plus tard le 1er août de chaque année (Ord. 21 déc. 1832, art. 4; Ord. 17 avr. 1839, art. 50; Circ. 27 oct. 1873).

706. — Le directeur vérifie les états-matrices et signale au préfet les défectuosités qu'il peut remarquer dans le travail des vérificateurs (Ord. 17 avr. 1839, art. 51). Il ne peut corriger lui-même les erreurs que renferme ce travail.

707. — Il procède ensuite à la confection des rôles qui sont établis par perception (Ord. 18 déc. 1825, art. 18), aussitôt après la remise des états-matrices. Il lui est alloué 3 cent. par article de rôle (Déc. min. 6 sept. 1886; Circ. 14 mars 1887).

708. — Le rôle présente, outre le nom des assujettis, la rétribution due par chacun d'eux (Ord. 18 déc. 1825, art. 15). Sur la feuille de tête est portée la nomenclature des poids et mesures, sous leur dénomination métrique (Décr. 1873, tabl. C.).

709. — Le préfet fait connaître, par un arrêté spécial, que les rôles sont en recouvrement, que les taxes doivent être payées entre les mains des percepteurs, et qu'il est accordé trois mois à partir de la publication pour se pourvoir en réclamation (Instr. 1859, art. 264).

710. — Les rôles doivent être mis en recouvrement et publiés dans le cours de l'exercice pendant lequel la vérification a été faite, du 1er janvier au mois de septembre; mais ils ne peuvent être émis qu'après que la loi de finances en a autorisé la perception (Ord. 17 avr. 1839, art. 52).

711. — Avant la fin de chaque année, il est dressé des rôles supplémentaires pour les opérations qui, à raison de circonstances particulières, n'auraient pu être faites que postérieurement au 1er août (Ord. 1839, art. 52). Le montant de ces rôles fait partie des produits de l'année à laquelle ils appartiennent réellement, à condition qu'ils soient émis avant le 31 janvier de la seconde année de l'exercice.

712. — Les mêmes règles sont applicables aux rôles des droits établis pour la vérification des alcoomètres et densimètres, opération qui a été confiée aux vérificateurs des poids et mesures par les décrets des 27 déc. 1884 et 2 août 1889.

8° Droits de visite chez les pharmaciens, épiciers, droguistes et herboristes.

713. — Les éléments d'imposition sont recueillis par les membres des conseils d'hygiène et de salubrité et, à Paris et Montpellier, par les membres des écoles supérieures de pharmacie chargés de procéder à la visite des officines (Décr. 23 mars 1859, art. 1). Ces conseils et inspecteurs rédigent les matrices et les adressent aux directeurs auxquels il appartient d'en vérifier l'exactitude et de signaler au préfet les défectuosités qu'elles renferment (Circ. 12 mars 1868).

714. — Les mêmes règles sont applicables à la rédaction des matrices et des rôles des droits d'inspection des fabriques d'eaux minérales artificielles, eaux de seltz et eaux gazeuses, et des

dépôts d'eaux minérales naturelles ou artificielles, eaux de seltz et eaux gazeuses françaises ou étrangères, en vertu de l'art. 3, Décr. 9 mai 1887, aux termes desquels ces taxes, assimilées aux contributions directes, sont établies d'après les feuilles de visite des inspecteurs sur un rôle nominatif distinct et recouvrées au profit du Trésor dans les mêmes formes et suivant les mêmes règles que les droits de visite des pharmacies, drogueries et épiceries (Circ. 10 août 1887).

715. — Les rôles sont rédigés par les directeurs par ressort de perception. Le délai pour leur confection court jusqu'au mois d'août de la seconde année de l'exercice. Il n'est pas dressé d'avertissement individuel; les percepteurs remettent aux contribuables un simple avis qui tient lieu de sommation sans frais. Il est alloué au directeur 3 cent. par article de rôle (Même circ.).

9° Redevance pour la rétribution des délégués à la sécurité des ouvriers mineurs.

716. — D'après l'art. 16, L. 8 juill. 1890, le délégué dresse mensuellement un état des journées employées aux visites, tant par lui-même que par son suppléant. Cet état est vérifié par les ingénieurs des mines et arrêté par le préfet. A l'aide des états récapitulatifs des indemnités dues, qui lui sont remis par le service des mines, le préfet dresse l'état-matrice des redevances à recouvrer au profit du Trésor (Circ. min. Fin. 13 janv. 1891).

717. — Cet état-matrice sert à la confection des rôles mensuels qui sont dressés par le directeur. Ils sont établis par perception et doivent comprendre autant d'articles qu'il y a de circonscriptions. Aucune règle particulière n'est édictée pour la confection des avertissements (Circ. 19 janv. 1891).

718. — Il est alloué au directeur une indemnité de 10 cent. par article de rôle pour frais d'impression et de confection des états-matrices et des rôles, plus 3 cent. par avertissement.

10° Taxes sur les vignes en Algérie.

719. — D'après l'art. 2, L. 28 juill. 1886, les propriétaires de vignes sont assujettis à en faire une déclaration. Cette déclaration doit être faite à la mairie de la commune où sont situées les vignes. Elle doit mentionner les superficies en hectares et le nom des territoires de la commune où les vignes se trouvent. Les déclarations sont faites sur des formules à ce destinées mises à la disposition des propriétaires de vignes sur leur demande. Le maire constate la date du dépôt et en donne au déclarant un récépissé qui porte la valeur de la déclaration.

720. — A l'expiration du délai fixé pour recevoir les déclarations, les agents des contributions directes se rendent dans chaque commune, après avoir avisé le maire du jour de leur arrivée. Ils vérifient les déclarations, les comparent avec les renseignements qu'ils pourront recueillir et avec ceux que leur fournit l'autorité municipale; ils suppléent d'office, et sauf recours des contribuables devant le conseil de préfecture, aux déclarations qui n'auraient pas été faites ou qui seraient reconnues inexactes ou incomplètes.

721. — Enfin ils rédigent l'état-matrice, de concert avec le maire. Cet état-matrice est aussitôt envoyé aux directeurs (Arr. gouv. gén. 5 août 1886).

722. — Le directeur dresse le rôle qui est rendu exécutoire par le préfet (L. 28 juill. 1886, art. 2).

11° Impôts arabes.

723. — D'après une circulaire du 17 sept. 1844, c'était à l'autorité militaire qu'était chargée de procéder au recensement des contribuables dans tout le territoire. Quand l'Algérie a été divisée en territoire civil et territoire de commandement, un arrêté ministériel du 19 févr. 1859 a disposé que les bases qui doivent servir à établir l'assiette de l'impôt arabe seraient préparées par les préfets en conseil de préfecture et par les généraux en conseil des affaires civiles (art. 1).

724. — En territoire de commandement, les travaux préparatoires sont confiés aux chefs indigènes. Il est dressé une liste nominative des contribuables; en regard de chaque nom on indique

la nature et la quantité de matière imposable. Dans les provinces d'Alger et d'Oran, on porte les quantités de la récolte. Au commencement du printemps, les kaïds ou aghas fournissent des listes constatant, par tribu, l'étendue des terres cultivées et le nombre des bestiaux. Ces listes sont soumises à la commission consultative de la subdivision, qui arrête les rôles.

725. — En territoire civil, le recensement des contribuables est confié aux répartiteurs des contributions directes, qui, au commencement du printemps, assistés des adjoints et gardes champêtres indigènes, se rendent dans les douars pour recevoir les déclarations individuelles.

726. — Ils inscrivent à cet effet sur des bulletins de recensement, en regard du nom de chaque contribuable, les éléments d'imposition qui sont en sa possession. Plus tard ils font à l'improviste des vérifications pour s'assurer de l'exactitude des déclarations.

727. — Dans les départements d'Alger et d'Oran, ils font une nouvelle tournée à l'époque de la moisson pour constater l'état de la récolte. Ils prennent des renseignements auprès de l'autorité locale, des cultivateurs européens et des intéressés, et après s'être rendu compte du rendement probable de la moisson, ils indiquent leur constatation sur les bulletins de recensement. A l'aide de ces bulletins ils établissent les matrices de rôle.

728. — Les matrices sont transmises au directeur, qui est chargé de rédiger les rôles, ou de déterminer les tarifs de conversion en argent des cotisations individuelles (Décr. 8 mai 1872). — Béquet, *Rép.*, v° *Algérie*, n. 582 et s.

12° Taxe sur les chiens.

729. — Les possesseurs de chiens sont tenus de faire à la mairie une déclaration indiquant le nombre de leurs chiens et les usages auxquels ils sont destinés. Ces déclarations doivent être faites du 1er octobre de chaque année au 15 janvier de l'année suivante (Décr. 4 août 1855, art. 5).

730. — Ils ne sont pas tenus de la renouveler annuellement. Mais le changement de résidence du contribuable hors de la commune ou du ressort de la perception, ainsi que toute modification dans le nombre et la destination des chiens entraînant une augmentation de taxe, rend une nouvelle déclaration obligatoire (Décr. 3 août 1864, art. 1). Les déclarations sont inscrites sur un registre spécial; il en est donné reçu aux déclarants (Circ. 5 août 1855).

731. — L'art. 7, Décr. 4 août 1855, qui confiait la rédaction des états-matrices au maire et aux répartiteurs assistés du percepteur des contributions, a été modifié par un décret du 22 déc. 1886, ainsi conçu : « Le contrôleur des contributions directes est chargé de rédiger, de concert avec le maire et les répartiteurs, l'état-matrice destiné à servir de base à la confection du rôle. »

732. — Si le maire et les répartiteurs refusent de prêter leur concours pour la rédaction de l'état-matrice, le contrôleur procède à la formation de cet état qui, dans ce cas, est soumis au préfet par le directeur.

733. — En cas de contestation entre le contrôleur et le maire et les répartiteurs, il est statué, sur le rapport du directeur des contributions directes, statué par le préfet, sauf référé au ministre de l'Intérieur, si la décision était contraire à la proposition du directeur, et, dans tous les cas, sans préjudice du droit de réclamer après la mise en recouvrement du rôle (art. 7).

734. — Les contrôleurs procèdent à l'assiette de la taxe dans le cours de la tournée spéciale qu'ils font chaque année, pour la rédaction des états-matrices de la contribution sur les chevaux et voitures, des taxes sur les billards et sur les cercles.

735. — Cette tournée doit être entreprise le 1er février : l'application des mutations sur l'état-matrice des communes doit être terminée pour le 31 janvier au plus tard. L'ordre de la tournée est réglé par un itinéraire approuvé par le directeur, qui le notifie aux maires (Instr. 10 janv. 1887).

736. — Le contrôleur procède à la révision de l'état-matrice, en présence des répartiteurs. Il fait appel des noms et des bases de cotisation de tous les contribuables inscrits sur cet état. Les états-matrices sont renouvelés tous les quatre ans. Dans les villes comptant plus de 5,000 âmes de population agglomérée, il doit être fait usage de bulletins individuels et en conséquence les

7

états-matrices doivent être renouvelés tous les ans (Instr. 10 janv. 1887).

737. — Le contrôleur adresse au directeur les états-matrices rédigés; le directeur les vérifie et les récapitule; puis il fait procéder à la confection des rôles, qui doit être faite de manière que les rôles puissent être mis en recouvrement dans la première quinzaine d'avril. L'application des taxes aux bases de cotisation individuelle se fait directement sur le rôle. Il dresse et envoie au préfet un état du montant des rôles aussitôt après l'émission.

738. — Lorsque des faits pouvant donner lieu à des accroissements de taxe n'ont pas été constatés en temps utile pour entrer dans la formation du rôle primitif, il est dressé, dans le cours de l'année, un rôle supplémentaire (Décr. 4 août 1855, art. 11). Il n'est pas permis d'émettre des rôles supplémentaires pour réparer les omissions commises au rôle primitif. Le rôle supplémentaire prévu et autorisé par le décret de 1855 doit être dressé et publié avant la fin de l'année. — Cons. d'Et., 15 févr. 1864, Pichard, [Leb. chr., p. 127]

13° Taxe des prestations.

739. — Il est rédigé, pour chaque commune, un état-matrice de tous les contribuables qui peuvent être tenus au paiement des prestations. Cet état-matrice est rédigé par le contrôleur, assisté du maire, des répartiteurs et du receveur municipal (Instr. 6 déc. 1870, art. 81). Aussitôt après sa rédaction, il est envoyé au directeur.

740. — La révision de l'état-matrice constitue une partie du travail des mutations (Instr. 2 mars 1886, art. 1).

741. — Le receveur municipal doit prendre note de tous les changements dont il a connaissance, survenus dans la situation des contribuables : il note les individus non imposés par oubli ou erreur, et les erreurs signalées par les agents-voyers (Instr. 6 déc. 1870, art. 81). Le contrôleur fait l'appel de l'état-matrice et annote les changements survenus, tant parmi les redevables que dans le nombre et la nature des objets passibles de la prestation.

742. — Il consulte les registres de l'état civil afin de faire retrancher de l'état-matrice les prestataires qui auront accompli leur soixantième année avant le 1er janvier de l'année suivante et d'y faire ajouter les jeunes gens qui auront, avant la même époque, atteint l'âge de dix-huit ans. Dans le cours du travail, il profite de toutes les circonstances pouvant lui faire connaître l'âge des prestataires, pour annoter, dans la marge de l'état-matrice, la date de leur naissance.

743. — Le contrôleur consulte les registres des déclarations tenus dans les mairies pour le service des réquisitions militaires; il rapproche ensuite de l'état-matrice des prestations les bulletins relatifs à la contribution sur les chevaux et voitures et provoque la réparation des omissions que ce rapprochement peut faire découvrir.

744. — Il vérifie si les contribuables nouvellement portés au rôle de la contribution personnelle-mobilière figurent à l'état-matrice des prestations. En ce qui concerne les hommes soumis au service militaire, il doit inscrire sur l'état-matrice tous les individus habitant la commune au moment où cet état est révisé, quelle que soit leur situation au point de vue du service, pourvu d'ailleurs qu'ils remplissent les autres conditions exigées par la loi (Instr. 2 mars 1886, art. 128).

745. — Le contrôleur ne rédige pas d'état des changements, mais il applique ces changements sur les états-matrices eux-mêmes dans la commune.

746. — Le rôle devant être préparé avec le concours des répartiteurs, si la commission se trouve irrégulièrement composée, si par exemple aucun répartiteur forain (non domicilié dans la commune) n'a été convoqué à la réunion, le rôle est irrégulier. — Cons. d'Et., 13 juin 1891, Bariat, [S. et P. 92.3. 69, D. 92.3.119]

747. — Si le maire et les répartiteurs refusent de prêter leur concours à la rédaction de l'état-matrice, le contrôleur procède seul avec le receveur municipal. Dans ce cas, l'état-matrice doit être soumis par le directeur, avec son avis, à l'approbation du préfet (Instr. 6 déc. 1870, art. 83).

748. — Le contrôleur ne peut inscrire d'office certains habitants que le maire et les répartiteurs ont jugé à propos d'exempter. S'il remarque des exemptions contraires à la loi, il rend

compte des faits au directeur, qui soumet la difficulté au préfet. Il appartient encore au préfet, avant d'approuver les rôles et de les rendre exécutoires, soit de rétablir sur le rôle les individus indûment omis soit de rayer ceux qui auraient été indûment imposés. Toutes les difficultés relatives à la confection de l'état-matrice sont soumises au préfet (Instr. 6 déc. 1870, art. 83; L. 5 avr. 1884, art. 85). — Cons. d'Et., 27 juill. 1853, Commune de Triey, [Leb. chr., p. 800]; — 4 déc. 1885, Carnet, [Leb. chr., p. 918]

749. — Les états-matrices sont additionnés et récapitulés par le directeur et renouvelés par ses soins tous les quatre ans (Circ. 16 mai 1845 et 22 juill. 1880).

750. — L'état-matrice est transmis au directeur aussitôt après sa révision. Le directeur s'en sert pour confectionner le rôle en raison du nombre de journées votées ou imposées d'office et suivant la notification qu'il en a reçue du préfet (Instr. 6 déc. 1870, art. 85). Le préfet adresse chaque année au directeur, dans les premiers jours de juillet, un tableau général faisant connaître, par commune, la date des délibérations des conseils municipaux, le nombre des journées à imposer par délibération ou d'office, et la liste des communes qui n'ont pas besoin de recourir aux prestations.

751. — Le directeur attend, pour terminer son travail, que le conseil général, sur son avis et sur la proposition du préfet, ait fixé la valeur de chaque journée de travail. Il ne peut certifier exacts les rôles de prestations que lorsque la loi sur les contributions directes est promulguée. Nous avons dit qu'il était fait pour cette taxe une exemption au principe en vertu duquel les contributions directes établies en vertu de ladite loi ne peuvent être mises en recouvrement qu'après promulgation de la loi générale de finances (L. 8 août 1890).

752. — Le rôle présente, pour chaque article, le montant total en argent de chaque cote, et le détail de son évaluation, pour chaque espèce de journées; il porte en tête la mention de la délibération du conseil municipal qui a voté la prestation ou de l'arrêté du préfet qui a ordonné l'imposition d'office (Instr. 6 déc. 1870, art. 86). Il est arrêté et certifié par le directeur, rendu exécutoire par le préfet, envoyé avec les avertissements et publié comme les autres contributions directes (Même art.).

753. — Aucune disposition de loi n'autorise l'administration à émettre en cette matière de rôles supplémentaires. Le Conseil d'Etat, après avoir semblé admettre la régularité de ces rôles dans une décision du 23 déc. 1844, Brillant, [P. adm. chr.], — s'est depuis prononcé nettement et à plusieurs reprises en sens contraire. — Cons. d'Et., 9 juin 1876, Lamberthod, [S. 78.2. 276, P. adm. chr.]; — 4 mai 1877, Cie Lyonnaise des omnibus, [D. 77.5.72]; — 8 févr. 1878, Salot, [D. 78.5.104]; — 23 juin 1882, Arbey, [D. 83.5.79]; — 4 nov. 1887, Bouché, [Leb. chr., p. 674]; — 24 févr. 1888, Commune de Moyaux, [Leb. chr., p. 179] — V. supra, n. 508 et s.

754. — Il existe sur ce point un dissentiment entre le Conseil d'Etat et l'administration, qui admet que des rôles supplémentaires peuvent être rédigés avec l'assentiment du préfet toutes les fois qu'il s'agit de réparer les omissions importantes ou de donner satisfaction à une demande en réparation d'omission faite par l'intéressé. Cette jurisprudence du ministère de l'Intérieur provient d'une confusion. En effet, s'il est illégal de réparer les omissions du rôle primitif au moyen de rôles supplémentaires, il peut toujours être émis, comme en matière de contribution personnelle-mobilière, des rôles supplétifs sur la demande d'inscription formée par les contribuables eux-mêmes. — V. supra, n. 508 et s.

755. — Il est alloué au contrôleur 1 cent. 1/2 par article pour la rédaction ou la révision de l'état-matrice et l'examen des réclamations présentées par les contribuables, sauf l'année du renouvellement où le demi-centime est alloué au directeur (Instr. 1870, art. 100). Celui-ci touche dans tous les cas un demi-centime pour la régularisation des états-matrices, quand il n'est pas rédigé de rôle.

756. — Il est alloué au directeur 4 cent. par article pour les frais d'impression et la régularisation des états-matrices, les frais d'impression et de confection des rôles et des avertissements (Instr. 6 déc. 1870, art. 100).

757. — Les prestations autorisées par la loi du 20 août 1881 sur les chemins ruraux sont absolument indépendantes des celles afférentes aux chemins vicinaux. En conséquence, il doit être

rédigé pour cette taxe des rôles et des avertissements spéciaux. Toutefois comme les éléments d'imposition sont identiques, on se sert du même état-matrice (Circ. 27 août 1882). Il est alloué au directeur pour les frais d'impression et de confection de ces rôles une indemnité de 3 cent. 1/2 par article (Même circ.).

11° Taxe sur les loyers.

758. — Le conseil municipal nomme une commission de cinq membres, dont deux au moins choisis en dehors du conseil, pour procéder à un recensement général des contribuables. Cette opération terminée dans une réunion présidée par le maire ou l'adjoint, les commissaires rédigent la matrice du rôle et déterminent pour chaque habitant la valeur locative qui doit servir de base à son imposition. Le receveur municipal assiste à cette réunion avec voix délibérative; il remplit les fonctions de secrétaire. Les commissaires désignent ceux des habitants qui leur paraissent devoir être exemptés de la taxe. Le maire soumet le travail des commissaires au conseil municipal, qui arrête le rôle des contribuables. Ce rôle est ensuite adressé au préfet qui le rend exécutoire (Arr. gouv. 4 nov. 1848, art. 19, 20, 22, 24).

§ 2. Taxes dont l'assiette n'est pas confiée aux agents des contributions directes.

759. — Ces taxes, que nous avons énumérées (suprà, n. 605), peuvent se décomposer en trois groupes : taxes établies au profit des communes, taxes syndicales, taxes destinées à recouvrer sur les particuliers les dépenses faites par l'administration centrale ou locale dans un intérêt public.

1° Taxes de curage.

760. — Lorsqu'il n'existe pas d'association syndicale forcée ou autorisée chargée de procéder aux travaux de curage des canaux et des rivières non navigables ni flottables et que le préfet ordonne cette opération en vertu des pouvoirs qu'il tient des lois des 12-20 août 1790 et du 14 flor. an XI, ces travaux exécutés par l'administration font l'objet de rôles dressés par les ingénieurs et rendus exécutoires par le préfet. Pour les riverains qui auraient usé de la faculté d'exécuter eux-mêmes les travaux, on déduira de leurs taxes l'évaluation des travaux par eux exécutés (art. 9). — V. Modèle d'arrêté préfectoral n. 3, annexé à la circulaire du ministre des Travaux publics du 13 déc. 1878.

761. — Les règles applicables pour le recouvrement de la taxe de curage et pour les réclamations auxquelles elle peut donner lieu, sont les mêmes qu'en matière de contributions directes.

2° Travaux de destruction des insectes, végétaux et cryptogames nuisibles à l'agriculture.

762. — Lorsque le préfet a pris un arrêté pour arrêter ou prévenir les dommages causés par ces invasions et que cet arrêté a été approuvé par le ministre de l'Agriculture, les propriétaires, fermiers, colons ou métayers sont tenus d'exécuter sur les immeubles qu'ils possèdent ou qu'ils cultivent, les mesures prescrites par l'arrêté préfectoral. En cas d'inexécution dans les délais fixés, procès-verbal est dressé et le contrevenant est cité devant le juge de paix. A défaut d'exécution dans le délai imparti par le jugement, il est procédé à l'exécution d'office par les soins du maire ou du commissaire de police, aux frais du contrevenant. Les préfets délivrent aux percepteurs des mandats exécutoires pour assurer le recouvrement des dépenses faites (L. 24 déc. 1888).

3° Honoraires dus aux ingénieurs et agents des ponts et chaussées pour travaux d'intérêt public exécutés pour le compte des particuliers.

763. — Aux termes des décrets des 13 oct. 1851 et 10 mai 1854, les ingénieurs et les agents des ponts et chaussées

ont droit, tantôt simplement au remboursement de leurs frais de voyage et de séjour, tantôt à des honoraires. Dans le premier cas, ces frais font l'objet d'états énonçant la date du déplacement, la distance parcourue et le temps employé hors de leur résidence par chacun des ingénieurs et des agents placés sous leurs ordres. Quand ils ont droit à des honoraires, ceux-ci sont réglés par des certificats constatant le degré d'avancement des travaux (dirigés par eux) et le montant des dépenses faites.

764. — Les frais d'opération ou d'épreuve sont justifiés dans les formes prescrites pour la justification des dépenses en régie dans le service des ponts et chaussées. Le tout est soumis par l'ingénieur en chef à l'approbation du préfet, qui a vérifié les pièces, arrêté l'état des frais et honoraires et délivré un mandat exécutoire. L'état est notifié aux parties, accompagné d'une expédition des pièces justificatives (Décr. 10 mai 1854).

4° Tabacs.

765. — Quand la quantité de tabac livrée par les cultivateurs aux agents de la régie est inférieure à celle qui a été prise en charge par eux, le déficit fait l'objet d'un état dressé par le directeur des contributions indirectes qui le transmet au préfet pour être par lui rendu exécutoire. Cet état devient un rôle de contribution directe (L. 24 déc. 1814, art. 28 et L. 28 avr. 1816, art. 200).

5° Taxes communales.

766. — Les taxes particulières dues par les habitants ou propriétaires en vertu des lois et des usages locaux sont réparties par une délibération du conseil municipal approuvée par le préfet (L. 5 avr. 1884, art. 140).

767. — Le conseil municipal pose dans sa délibération les bases de la répartition; l'opération matérielle de la rédaction des rôles est confiée à l'administration locale (maire et receveur municipal), chargée d'exécuter les décisions du conseil. C'est ainsi que le Conseil d'Etat a jugé que, lorsqu'il existe un tarif de taxes de pavage voté par le conseil municipal et approuvé par décret, c'est à l'administration municipale qu'il appartient de dresser le rôle, conformément à ce tarif, sans que le conseil ait à faire une répartition spéciale pour chaque voie nouvelle. — Cons. d'Et., 25 juin 1875, Corpet, [S. 77.2.190, P. adm. chr., D. 76.3.5]; — 6 janv. 1882, Portefin, [S. 83.3.33, P. adm. chr., D. 84.5.577]

768. — Mais le rôle serait irrégulier s'il avait été établi d'office, soit par le maire, soit par le préfet, sans que le conseil municipal eût été appelé à en délibérer. — Cons. d'Et., 27 mai 1868, Pinelli, [S. 69.2.159, P. adm. chr.]; — 7 juin 1878, Imbert, Héraud et autres, [Leb. chr., p. 540] — L'approbation donnée ultérieurement au rôle par le conseil municipal ne couvrirait pas ce vice de forme. — Cons. d'Et., 12 août 1859, Lacave, [P. adm. chr.]; — 24 déc. 1861, Ville de Lyon. [D. 62.3.27]

769. — Le vote des taxes communales par le conseil municipal peut être implicite. Il peut résulter, par exemple, en ce qui touche les taxes de pavage, de l'approbation donnée par le conseil au traité passé entre la ville et les entrepreneurs et dont une clause met les frais du pavage à la charge des riverains. — Cons. d'Et., 6 janv. 1882, précité. Il peut résulter encore de l'inscription des taxes à recouvrer au budget des recettes de la commune. — Cons. d'Et., 25 juin 1875, précité.

770. — Les rôles dressés par l'administration municipale sont rendus exécutoires par le préfet.

771. — En matière de taxes communales, les rôles supplémentaires ne sont pas admis. Il a été jugé, par exemple, que lorsque des propriétaires non portés au rôle primitif envoyaient en cours d'année leurs bestiaux paître sur les pâturages de la commune, celle-ci ne pouvait les assujettir ces propriétaires à la taxe au moyen de rôles supplémentaires. Elle ne peut que leur faire dresser des procès-verbaux de contravention et leur réclamer devant les tribunaux judiciaires des indemnités pour le dommage causé. — Cons. d'Et., 6 juill. 1865, Commune de la Ferté-Imbault, [Leb. chr., p. 696]; — 1er févr. 1878, Hugues, [D. 78.3.53]; — 22 nov. 1878, Gumery, [Leb. chr., p. 909]; — 21 juill. 1882, Commune de Saint-Auban, [D. 83.5.97-98]

772. — Il a été jugé, de même, que quand une ville, au moment de l'établissement d'un rôle, a commis une erreur dans la

désignation du contribuable passible de la taxe, elle ne peut réparer cette erreur par l'émission d'un second rôle. — Cons. d'Et., 2 août 1878, Desportes, [Leb. chr., p. 772] — Cependant le Conseil d'Etat a semblé admettre la validité de rôles rectificatifs en matière de taxes de pavage. Il les mentionne sans se prononcer sur leur légalité. — Cons. d'Et., 26 févr. 1892, Flinoy, [Leb. chr., p. 186]; — 29 déc. 1894, Domant, [Leb. chr., p. 738]

6° Taxe d'affouage.

773. — Le préfet, immédiatement après avoir homologué le rôle d'affouage, l'adresse au receveur général, pour être transmis au receveur municipal. Ce dernier comptable délivre, à chaque ayant-droit, l'extrait qui le concerne, et dans lequel est indiqué le délai fixé pour le paiement de la taxe. Ce délai est déterminé par l'arrêté d'homologation, de manière que tous les bois délivrés ou vendus puissent être enlevés avant l'expiration du terme des vidanges réglé par le cahier des charges.

774. — A l'expiration du délai fixé, le receveur municipal transmet à l'entrepreneur de la coupe, l'état, visé par le maire, tant des habitants en retard de se libérer que de ceux qui ont acquitté la taxe, et cet entrepreneur demeure personnellement responsable envers la commune, du paiement des lots qui auraient été enlevés avant le paiement, à moins qu'il n'ait fait constater cet enlèvement, dans le délai de trois jours, par des procès-verbaux réguliers, et qu'il ne les ait envoyés immédiatement au receveur municipal. Celui-ci doit alors diriger des poursuites contre les débiteurs, d'après les règles établies pour les contributions directes, sans préjudice des poursuites correctionnelles auxquelles l'enlèvement furtif pourrait donner lieu, s'il présentait des circonstances qui lui donnassent le caractère d'un délit.

775. — Les poursuites administratives doivent être précédées d'une sommation gratis, laquelle, en cas de non paiement intégral, est promptement suivie d'une contrainte nominative qui comprend tous les débiteurs et; en vertu de cette contrainte, il est procédé successivement à la garnison, au commandement, à la saisie et à la vente, avec les formalités et dans les délais prescrits.

776. — Les poursuites doivent s'étendre à la fois aux affouagistes signalés par les procès-verbaux d'enlèvement de lots, et à ceux qui, portés sur l'état dressé à l'expiration du délai fixé pour le paiement des taxes, comme ne s'étant pas encore libérés, se seraient néanmoins emparés de leur lot, sans que le fait eût été constaté à la diligence de l'entrepreneur, le tout sans préjudice du recours à exercer contre ce dernier.

777. — L'obligation, imposée aux entrepreneurs des coupes, de ne délivrer les lots que sur la production de la quittance du receveur municipal et du permis du maire, est consignée dans les procès-verbaux d'exploitation. Les receveurs municipaux doivent se faire délivrer une expédition de ces procès-verbaux, qui forment le titre en vertu duquel ils auront à diriger les poursuites contre les entrepreneurs qui auraient encouru la responsabilité stipulée dans le cahier des charges.

7° Travaux de salubrité.

778. — Lorsqu'un décret rendu en la forme des règlements d'administration publique a autorisé une commune à exécuter des travaux de salubrité par application des art. 35 et s., L. 16 sept. 1807, les propriétaires voisins ou traversés par les égouts d'assainissement construits par la ville, peuvent être appelés à fournir une contribution en raison du bénéfice immédiat qu'ils tirent des travaux, et, de plus, s'ils drainent leurs terrains et veulent faire déboucher leurs collecteurs dans le réseau de la ville, ils peuvent être appelés à participer à la dépense, conformément à la loi du 10 juin 1854 sur le drainage (Debauce, Dict. trav. publ., v° Salubrité, n. 768). Les rôles sont dressés par l'administration municipale et rendus exécutoires par le préfet.

779. — Quand le décret qui autorise une commune à procéder à l'exécution de travaux de salubrité en lui réservant le droit de faire contribuer à la dépense les propriétaires intéressés, ne trace aucune règle pour la rédaction de l'état des terrains qui auront acquis des avantages immédiats par suite des travaux et pour la fixation des bases d'après lesquelles les rôles doivent être établis, c'est au préfet qu'il appartient de faire dresser ces rôles et de les rendre exécutoires.

780. — Tant qu'il n'a pas fixé la part de la dépense qui devra être mise à la charge des intéressés, ni les bases de la répartition entre eux de cette part dans la dépense, la taxe ne peut être réclamée. L'approbation qu'il donne à une délibération du conseil municipal fixant la part de la dépense à faire supporter par un propriétaire sans rechercher ni la plus-value acquise, ni le degré d'intérêt par rapport aux autres propriétés, ne peut tenir lieu du rôle. — Cons. d'Et., 3 déc. 1875, Rabourdin, [S. 77.2.342, P. adm. chr., D. 76.3.42]

8° Travaux destinés à mettre les villes à l'abri des inondations.

781. — Les règles précédentes sont applicables à l'émission des rôles destinés à recouvrer sur les propriétaires intéressés la part de dépense mise à leur charge dans les travaux exécutés pour protéger les villes contre les inondations (L. 28 mai 1858, art. 5; Décr. 15 août suivant).

9° Taxes syndicales.

782. — Les rôles des taxes perçues au profit des associations syndicales, forcées ou autorisées, et constituées par application des lois des 16 sept. 1807, 21 juin 1865, 22 déc. 1888, 27 avr. 1838, 2 août 1879 et 15 déc. 1888, 20 août 1881 et 4 avr. 1882, sont dressés par le syndicat chargé de l'administration de l'association (L. 21 juin 1865, art. 15).

783. — Les modèles d'association syndicale autorisée, annexés à la circulaire du ministre des Travaux publics du 13 déc. 1878, contiennent un article relatif à l'établissement des rôles. Ils sont préparés par le receveur et dressés par le syndicat, affichés pendant huit jours à la porte de la mairie de chaque commune intéressée; rectifiés, s'il y a lieu, par le syndicat, et rendus exécutoires par le préfet.

784. — Quand les commissions syndicales refusent de dresser les rôles, le préfet peut les faire dresser par un ingénieur. — Cons. d'Et., 23 nov. 1877, Fabre, Colombie, [D. 78.3.41] — De même quand un syndicat a cessé de fonctionner et qu'il n'en a pas été constitué un autre à sa place, le préfet peut charger un liquidateur de préparer le rôle. — Cons. d'Et., 2 juill. 1880, Seguin et autres, [D. 81.3.76]

785. — Le préfet seul a qualité pour faire dresser d'office les rôles d'un syndicat faute par celui-ci d'y avoir procédé. Le conseil de préfecture qui chargerait des experts de cette mission excéderait ses pouvoirs. — Cons. d'Et., 21 avr. 1848, Massonnel, [P. adm. chr.]

786. — Il a été jugé que l'absence de publication, avant la confection des rôles, de la liste des intéressés, publication prescrite par l'acte constitutif de l'association n'entraîne pas la nullité du rôle quand celui-ci a été publié régulièrement après son émission. — Cons. d'Et., 22 mai 1865, Deleage, [Leb. chr., p. 574]

787. — Les réclamations qui peuvent être formées contre les actes administratifs en vertu desquels une taxe est établie, par exemple contre l'homologation du classement des terrains compris dans le périmètre d'une association syndicale et contre l'estimation des propriétés faites par une commission spéciale, ne font pas obstacle à l'émission des rôles. — Cons. d'Et., 29 juin 1883, Syndicat supérieur de la rive gauche de l'Isère, [D. 85.3.13]; — 19 juin 1885, C⁰ P.-L.-M., [Leb. chr., p. 596]

788. — Quand le rôle est publié, il peut être mis en recouvrement et forme titre au profit de la personne morale qui l'émet. — Cons. d'Et., 27 juill. 1870, Nebout, [Leb. chr., p. 943] — Mais, d'un autre côté, il crée pour les contribuables un droit acquis et le préfet ne peut plus l'annuler pour lui en substituer un autre. — Cons. d'Et., 9 mai 1873, C⁰ P.-L.-M., [S. 75.2.124, P. adm. chr., D. 74.3.19] — ... Ni publier un rôle rectificatif du premier. — Cons. d'Et., 30 nov. 1888, Syndicat de Lancey, [S. 90.3.67, P. adm. chr., D. 90.3.4]

789. — Dans les associations syndicales formées sous l'empire de la loi du 16 sept. 1807, les rôles ne peuvent être émis tant que les bases de la répartition des dépenses n'ont pas été homologuées par la commission spéciale. — Cons. d'Et., 19 mai 1882, C⁰ P.-L.-M., [S. 84.3. 39, P. adm. chr., D. 83.3.104]; —

30 nov. 1883, Cie P.-L.-M., [Leb. chr., p. 871]; — 16 mars 1883, Cie P.-L.-M., [D. 84.3.61]; — 1er août 1884, Rey, [Leb. chr., p. 681]

790. — Il n'appartient pas non plus au syndicat de modifier, même avec l'approbation du préfet, les bases de la répartition sans que les nouvelles bases soient approuvées par une commission spéciale réunie à cet effet. — Cons. d'Et., 20 janv. 1888, Cie du Midi, [D. 89.5.34-35]

10° Droit des pauvres.

791. — Ce droit, quoique assimilé aux contributions directes, en diffère profondément. Il n'est pas perçu en vertu d'un rôle. Chaque spectateur l'acquitte en payant le prix de son billet qui se trouve majoré du montant de l'impôt. Les entrepreneurs de spectacles ne le supportent pas; ils sont simplement chargés de le percevoir et sont responsables du recouvrement. Pour assurer le recouvrement, un arrêté du Directoire du 29 frim. an V impose aux administrateurs et entrepreneurs de spectacles l'obligation d'envoyer, le primidi de chaque décade, le relevé de leurs registres d'entrée au bureau central du canton de Paris pour justifier du produit de cette perception; le bureau central pourra en faire vérifier l'exactitude. — Roche, Etablissements de bienfaisance, v° Spectacles, p. 754.

792. — Sur ce relevé, l'agent chargé du recouvrement (régisseur simple ou intéressé, fermier) établit le montant de la cote des entrepreneurs et leur adresse un avis. S'ils refusent de payer, contrainte est décernée contre eux par le régisseur ou le fermier, et le préfet la rend exécutoire. Mais le plus souvent ce droit est perçu par abonnement.

CHAPITRE III.

RECOUVREMENT DES CONTRIBUTIONS DIRECTES.

Section 1.

Perception.

§ 1. Comment s'opère la perception.

1° Par quelles personnes.

793. — Seuls les percepteurs ont titre pour effectuer et poursuivre le recouvrement des contributions directes appartenant au Trésor public et de toutes contributions locales et spéciales établies dans les formes voulues par la loi (Règl. 21 déc. 1839, révisé en 1859).

793 bis. — Les percepteurs ne peuvent exiger aucune somme des contribuables s'ils ne sont porteurs d'un rôle rendu exécutoire par le préfet et publié dans chaque commune par le maire (Règl. 1839, art. 9). Ils doivent vérifier si le rôle est revêtu de la formule exécutoire, car l'irrégularité du rôle entraînerait la nullité des poursuites faites contre les contribuables.

2° Envoi des avertissements.

794. — Immédiatement après la publication des rôles, le percepteur est tenu de faire parvenir aux contribuables les avertissements dressés par le directeur des contributions (Règl. 1839, art. 10), et, d'après l'art. 3, Ord. 19 nov. 1817, la distribution des avertissements doit suivre et non précéder la publication des rôles.

795. — Les sous-préfets et les maires doivent veiller à ce que les avertissements soient distribués sans retard (Ord. 19 nov. 1817, art. 3). Les contribuables ne doivent être soumis au paiement d'aucune espèce de rétribution. Les frais de confection et de remise des avertissements, fixés par l'art. 51, L. 15 mai 1818, à 5 cent. par article de rôle sont, en effet, ajoutés dans lesdits rôles au montant de chaque cote, de sorte que les contribuables les acquittent en même temps que la contribution. Il n'y

a donc plus rien à exiger de ces derniers. — Instr. gén. des fin., 20 juin 1859, art. 72. — Durieu, Poursuites en matière de contributions directes, t. 1, p. 162. — De ces 5 centimes 3 sont alloués à la direction pour les frais d'impression et de confection des avertissements, et 2 sont alloués au percepteur pour les frais de remise (Ord. 19 nov. 1817, art. 4). Les avertissements ne sont pas assujettis au timbre (LL. 10-17 juin 1791 et 13 brum. an VII, art. 16).

796. — En recevant les avertissements, les percepteurs doivent vérifier s'ils sont en concordance avec les indications du rôle, et, s'ils constatent des erreurs et des différences, ils en demandent la rectification par l'intermédiaire de leur supérieur. Ils ne peuvent rien changer aux avertissements (Instr. 1859, art. 55).

797. — Toutefois, avant d'opérer la distribution des avertissements, les percepteurs doivent énoncer sur chacun d'eux la date de la publication du rôle, la désignation du local où ils font la perception dans la commune, le lieu, le jour et l'heure où leur bureau est ouvert aux contribuables (Circ. 9 sept. 1844; Déc. min. 30 janv. 1835).

798. — La distribution des avertissements peut être faite par les porteurs de contraintes, par les gardes champêtres ou par la poste (Instr. 1859, art. 71). — Durieu, t. 1, p. 436.

799. — Les avertissements sont remis au domicile du contribuable s'il réside dans la commune, et, dans le cas contraire, à son principal fermier, locataire ou régisseur, et, à défaut, à la personne qui le représente. Quand le contribuable n'est pas domicilié dans la commune où il possède des immeubles et qu'il n'y a aucun représentant, le percepteur peut, dans le cas où le domicile du contribuable serait trop éloigné pour qu'il pût lui faire remettre l'avertissement, être autorisé par le receveur des finances à faire remettre l'avertissement par le percepteur du domicile du contribuable. — Durieu, t. 1, p. 436.

800. — L'avertissement concernant un particulier résidant à l'étranger est valablement adressé à un gérant, muni de pleins pouvoirs pour administrer en France les affaires du contribuable. — Cons. d'Et., 14 juin 1878, Priestley, [Leb. chr., p. 271]

801. — Lorsque, par suite du décès ou du changement de domicile des contribuables, les avertissements ne peuvent leur être remis, les agents chargés de la distribution sont tenus de rapporter les avertissements non distribués au percepteur qui, suivant les cas, exige le paiement immédat des héritiers ou fait parvenir les avertissements au nouveau domicile des contribuables, ou enfin comprend la cote dans ses états de cotes indûment imposées (Instr. 1859, art. 71).

802. — Les avertissements ayant pour objet les contributions foncières dues par l'Etat, pour les francs-bords des canaux par exemple, doivent être remis aux receveurs des contributions indirectes, qui les font parvenir aux directeurs et ceux-ci à l'administration. En principe, tous les avertissements et articles de rôle concernant l'Etat doivent indiquer l'administration chargée du paiement (Instr. 1859, art. 71).

803. — Les percepteurs sont tenus de délivrer, sur papier libre et sans retard, à toute personne portée au rôle, qui en fait la demande, l'extrait relatif à sa contribution et tout autre extrait de rôle ou certificat négatif. Ils ont droit à une rétribution de 25 cent. par extrait de rôle comme mandable. La même rétribution leur est due lorsque la délivrance de l'extrait de rôle a pour objet une réclamation en dégrèvement; mais, en ce cas, ils sont tenus de remettre, pour ladite somme, sur la demande du contribuable ou de son représentant, autant d'extraits qu'il y a de natures de contributions donnant lieu à la réclamation. La date de la publication des rôles doit être inscrite sur ces extraits (Instr. 1859, art. 60).

3° Divisibilité ou indivisibilité des contributions.

804. — Les contributions directes sont payables en douze parties égales, dont chacune est exigible le 1er du mois pour le mois précédent (Décr. 23 nov. et 1er déc. 1790, tit. 5, art. 5; Décr. 13 janv. et 18 févr. 1791, art. 47; L. 3 frim. an VII, art. 146; L. 3 niv. an VII, art. 50; Arr. 16 therm. an VIII, art. 2; Arr. 26 brum. an X, art. 3; Règl. 21 déc. 1839, art. 1; Instr. 1859, art. 61; L. 15 juill. 1880, art. 29).

805. — Les termes de paiement des contributions ayant été établis en faveur des contribuables, ceux-ci ont le droit de n'en

pas user, de payer plusieurs termes à la fois ou même la totalité de leur cote. Mais, en revanche, ils n'ont pas le droit d'exiger que le percepteur reçoive moins d'un douzième. L'art. 1244, C. civ., aux termes duquel le débiteur ne peut forcer le créancier à recevoir en partie le paiement d'une dette, même divisible, est applicable ici. — Durieu, t. 1, p. 99.

806. — La faculté donnée au contribuable de payer l'impôt par douzième ne doit pas faire considérer chaque cote, ainsi divisée, comme autant de dettes partielles dont les contribuables ne seraient grevés qu'à l'expiration de chaque mois. La division par douzième n'a d'autre objet que d'accorder des termes pour le paiement sans détruire l'unité de la dette. L'impôt est établi dès le commencement de l'année, et le contribuable le doit en totalité dès que le rôle est mis en recouvrement, bien que la loi lui accorde des délais pour s'acquitter; aussi un contribuable qui aurait payé, dans le premier mois de l'année, la totalité de sa cote, ne pourrait pas réclamer le remboursement des termes non échus, sous prétexte qu'il n'était tenu de payer que par douzième. On lui répondrait, avec l'art. 1186, C. civ., qu'il n'y a pas lieu de lui rembourser les sommes avancées, attendu qu'il n'a payé que ce qu'il devait. — Durieu, t. 1, p. 104.

807. — Lorsque les contribuables viennent acquitter leur contribution par douzième, c'est le percepteur qui doit établir le décompte du douzième échu.

808. — L'Etat, pour les domaines productifs de revenus et par suite imposables, est soumis, comme les autres contribuables, au paiement par douzième. C'est ainsi que tous les receveurs de l'enregistrement et des domaines, indistinctement, doivent acquitter séparément et de mois en mois, les contributions des biens dont ils ont la régie et perçoivent les revenus (Circ. 27 niv. an XII; Instr. 916). La contribution foncière des domaines régis par l'administration doit être entièrement soldée avant l'expiration de l'année que le rôle concerne (Instr. 919). Les quittances que les percepteurs leur remettront devront exprimer l'article de l'imposition, la nature du bien cotisé et être visées par le sous-préfet (art. 75 des Ordres généraux).

808 bis. — Quoique les fermiers aient été chargés de payer la contribution, le receveur doit néanmoins en faire l'avance, sauf à s'en faire rembourser aux époques de paiement du prix des loyers (Circ. 719). La contribution foncière doit être acquittée par les receveurs lorsque le bien taxé sous une seule cote est affermé par portions à plusieurs fermiers ou locataires (Circ. 2016). — Rolland et Trouillet, *Dictionnaire de l'enregistrement*; Durieu, t. 1, p. 430.

809. — Aux termes de l'art. 29, L. 15 juill. 1880, quand le rôle de la contribution des patentes n'est publié qu'après le 1er mars, les douzièmes échus ne sont pas immédiatement exigibles; le recouvrement en est fait par portions égales, en même temps que celui des douzièmes non échus. La cote est divisée en autant de fractions qu'il reste de mois à courir y compris celui de l'émission. Dans ce cas, le percepteur doit énoncer sur l'avertissement que la cote est payable par dixième, par neuvième ou par huitième, selon l'époque de la publication du rôle et indiquer le montant de cette fraction de la contribution (Instr. sur les patentes de 1881, art. 1255). Les dispositions de l'art. 29, L. 15 juill. 1880, s'appliquent à la contribution personnelle-mobilière dans les villes où cette contribution est comprise dans le même rôle que celle des patentes (Déc. min. 4 août 1845).

810. — Pour les rôles supplémentaires des patentes des troisième et quatrième trimestres, les percepteurs peuvent autoriser les contribuables qui y sont compris à diviser leur cote en deux ou trois termes (Instr. 1859, art. 61). Mais ce n'est là qu'une faculté. La cote entière est exigible.

811. — Les taxes assimilées aux contributions directes ne sont pas toutes divisibles par douzièmes. Ce caractère n'a été attribué qu'à la taxe sur les biens de mainmorte (Circ. 10 mars 1849), aux redevances sur les mines (L. 21 avr. 1810 et Décr. 6 mai 1811), à la taxe militaire, assimilée pour le recouvrement à la contribution personnelle-mobilière (Décr. 30 déc. 1890), à la taxe sur les loyers, à la taxe des prestations et aux redevances établies pour la rémunération des délégués à la sécurité des ouvriers mineurs, pour lesquelles les rôles sont mensuels. — Cons. d'Et., 28 juill. 1853, Giraud.

812. — En ce qui touche les taxes sur les billards, sur les voitures et chevaux, sur les chiens, et les taxes pour frais d'entretien des bourses et chambres de commerce, les règlements d'administration publique qui les concernent contiennent

des articles analogues à l'art. 29, L. 15 juill. 1880, sur la contribution des patentes.

813. — Enfin, la taxe sur les cercles, les droits de vérification des poids et mesures, alcoomètres et densimètres, les droits de visite des pharmacies, drogueries, fabriques et dépôts d'eaux minérales, les impôts arabes, la taxe sur les vignes, et d'une manière générale, toutes les taxes assimilées dont l'assiette est confiée à d'autres agents que ceux des contributions directes, soit payable en une fois. Toutefois aucune disposition législative ou réglementaire ne s'oppose à ce que le paiement soit réclamé en plusieurs fois. — Cons. préf. Seine, 25 févr. 1885, Hébert et Pourcheiraux. — Circ. 1885, 283.

814. — Même en ce qui touche les contributions pour lesquelles le paiement par douzième est admis par la loi, le législateur a apporté, dans certains cas particuliers, des restrictions à ce droit. Ainsi, la faculté de payer l'impôt des patentes par douzième n'existe que pour les commerçants domiciliés dans la commune. Les marchands forains, les colporteurs, les directeurs de troupes ambulantes, les entrepreneurs d'amusements et jeux publics non sédentaires, dont la profession n'est pas exercée à demeure fixe, sont tenus d'acquitter le montant total de leur cote au moment où la patente leur est délivrée (L. 15 juill. 1880, art. 29). On conçoit que ces nomades présentaient peu de garanties au Trésor, et en outre, la perception des douzièmes échus dans les différentes communes traversées aurait rendu le recouvrement et le contrôle singulièrement difficiles.

815. — Mais à quel moment ces patentables sont-ils tenus de se faire délivrer leurs patentes? Cette époque n'est pas indiquée par la loi. Le patentable ambulant ne peut cependant prolonger indéfiniment l'échéance de l'impôt, car, d'une part, en exerçant son commerce sans être muni d'une patente régulière, il s'expose à voir ses marchandises saisies et séquestrées (art. 33); d'autre part, rien n'interdit de le porter au rôle et de le poursuivre après l'échéance du premier terme.

816. — Les agents des contributions directes peuvent, sur la demande qui leur en est faite, délivrer des patentes avant l'émission du rôle, après, toutefois, que les requérants ont acquitté entre les mains du percepteur les douzièmes échus, s'il s'agit d'individus domiciliés dans le ressort de la perception, ou la totalité des droits, s'il s'agit des patentables désignés dans l'art. 29, s'il s'agit d'individus étrangers au ressort de la perception (L. 15 juill. 1880, art. 34).

817. — En cas de déménagement hors du ressort de la perception comme en cas de décès, de faillite, et de vente volontaire ou forcée, la contribution personnelle-mobilière est exigible pour la totalité de l'année courante (L. 21 avr. 1832, art. 22).

818. — De même, en cas de déménagement hors du ressort de la perception, comme en cas de vente volontaire ou forcée, la contribution des patentes sera immédiatement exigible en totalité (L. 15 juill. 1880, art. 30). Mais, à la différence de ce qui est prescrit pour la contribution personnelle-mobilière, en cas de fermeture des magasins, boutiques et ateliers, par suite de décès ou de faillite déclarée, les droits ne seront dus que pour le passé et le mois courant (art. 28, § 3). — Règl. 1839, art. 3 et 3 bis; Instr. 1859, art. 63.

819. — Le déménagement d'un contribuable hors des limites d'une perception ne rend immédiatement exigibles que les impositions afférentes à la contribution personnelle et à la contribution des patentes. — Trib. Perpignan, 27 déc. 1893, Trilles, [J. *La Loi*, 24 oct. 1894]

820. — Ces dispositions ne sont qu'une application du principe édicté par l'art. 1188, C. civ., d'après lequel le débiteur ne peut plus réclamer le bénéfice du terme lorsqu'il a fait faillite ou lorsque par son fait il a diminué les sûretés qu'il avait données par le contrat à son créancier. C'est ce qui arrive au cas de déménagement, de faillite, de décès, de vente des meubles.

821. — Le déménagement dans le ressort de la même perception ne rend pas la cote immédiatement exigible. Les sûretés du percepteur ne sont nullement diminuées. Le contribuable peut même transporter sa résidence dans une autre commune, si elle est comprise dans le même ressort de perception. Au contraire, le simple changement de quartier, dans les villes divisées en plusieurs perceptions, peut donner lieu à l'application des dispositions précitées.

822. — Le simple fait de n'être pas domicilié dans la com-

mune où on est imposé et de ne pas y avoir de représentant n'entraîne pas déchéance du bénéfice du paiement par douzièmes. La seule différence existant entre ce contribuable et celui qui a son domicile dans la commune, c'est que le premier, s'il tarde à acquitter les termes échus, pourra être poursuivi directement par voie de commandement (art. 59, Règl. poursuites). — *Mémorial des percepteurs*, 1885, p. 415.

823. — En cas de décès du contribuable, l'art. 21, L. 21 avr. 1832, dispose expressément que ses héritiers sont tenus d'acquitter le montant de sa cote. Le règlement de 1839 ajoute à cette obligation celle de payer l'intégralité de la cote si le percepteur le demande. D'après Durieu, les héritiers ne sont pas fondés à prétendre au bénéfice du terme, sous prétexte que le décès de leur auteur ne rend pas exigibles de plein droit les créances qui existaient contre le défunt. Il est certain que, par le fait du partage des meubles de la succession entre les héritiers, les sûretés du Trésor se trouvent diminuées. Et, comme les créanciers ont, en vertu de l'art. 878, C. civ., la faculté de demander la séparation des patrimoines, pour empêcher tout partage et se faire payer sur les biens de la succession, et que le Trésor est un créancier, il pourrait recourir à cette voie comme les autres, ceci est incontestable. Mais il est bien plus simple et plus conforme à la législation générale des contributions directes de lui permettre d'exiger le paiement de l'intégralité de la cote que de l'obliger à recourir à une procédure aussi lente. — Durieu, t. 1, p. 106.

824. — Dans le cas de faillite ou déconfiture du contribuable, le percepteur a le droit de se faire payer la contribution personnelle-mobilière en entier. Quant à la contribution des patentes l'obligation du contribuable est limitée au passé et au mois courant. Mais il faut qu'il y ait cessation de la profession. Si elle est continuée par la veuve ou les héritiers en cas de décès, par le syndic ou les créanciers en cas de faillite, la patente ne cesse pas d'être due. — Durieu, t. 1, p. 108, 109, *passim*.

825. — Enfin la vente volontaire ou forcée des meubles diminue évidemment les sûretés du Trésor, puisqu'elle fait disparaître le gage sur lequel le Trésor est privilégié. Le percepteur doit s'adresser au contribuable dès qu'il est informé de la vente, et, en cas de refus de celui-ci d'acquitter la totalité de sa cote, prendre des mesures conservatoires, ou, s'il y a lieu, poursuivre les meubles entre les mains de leurs détenteurs, ou s'adresser aux officiers ministériels qui auraient fait la vente. — Durieu, t. 1, p. 109.

826. — MM. Durieu (t. 1, p. 110) et Trolley (t. 2, n. 669), estiment que les règles édictées par la loi pour les contributions personnelle-mobilière et des patentes, doivent être appliquées par analogie pour les autres contributions. En ce qui touche la contribution des portes et fenêtres, la loi du 12 nov. 1808 l'assimile aux contributions mobilière et des patentes pour l'étendue du privilège. Quant à la contribution foncière, le privilège ne portant que sur les fruits des immeubles, il pourrait y avoir lieu de distinguer suivant qu'il s'agit du déménagement et de la vente volontaire ou forcée des meubles, cas auquel les sûretés du Trésor ne sont pas diminuées, ou qu'il s'agit du décès, de la faillite et de la vente volontaire ou forcée des immeubles ou des récoltes.

827. — Nous ne partageons pas sur ce point l'opinion de ces auteurs. Toutes les fois que le législateur a entendu déroger au principe de la divisibilité des contributions par douzièmes, il l'a dit expressément. C'est ainsi que nous trouvons des dispositions analogues à celles des art. 22, L. 21 avr. 1832, 28 et 30, L. 13 juill. 1880, en ce qui concerne la taxe sur les billards, la taxe sur les cercles, la taxe sur les chiens.

828. — En cas de déménagement du contribuable hors du ressort de la perception, la taxe ou la portion de taxe sur les billards restant à acquitter est immédiatement exigible. En cas de décès du contribuable, la taxe sont tenus au paiement de la taxe ou portion de taxe non acquittée (Décr. 27 déc. 1871, art. 2).

829. — Dans le cas de dissolution ou de fermeture, en cours d'exercice, d'un cercle, d'une société ou d'un lieu de réunion, la taxe est payée immédiatement. A cet effet, une déclaration spéciale est faite par le gérant, secrétaire ou trésorier, dans les dix jours de la dissolution; cette déclaration est immédiatement transmise par le maire au directeur des contributions directes, qui donne avis au redevable du montant de la somme à acquitter : le paiement doit avoir lieu dans les huit jours de la récep-

tion de cet avis (Décr. 27 déc. 1871, art. 4, et 30 déc. 1890, art. 3).

830. — En cas de déménagement hors du ressort de la perception, la taxe sur les chiens est immédiatement exigible pour la totalité de l'année courante (Décr. 4 août 1855, art. 4).

4° Où se font les paiements.

831. — Les contributions directes sont à la fois quérables et portables, en ce sens que les percepteurs sont tenus de se rendre, à des jours déterminés, dans les communes de leur perception autres que celles où ils sont obligés de résider (Règl. 1839, art. 26), et que les contribuables sont tenus de porter leur argent au bureau du percepteur.

832. — Sous l'ancien régime, la taille était une imposition quérable, la capitation et les vingtièmes des impositions portables. Les lois de la période révolutionnaire, en transformant notre régime fiscal, ne se prononcèrent pas expressément sur ce point. Toutefois, il est permis de penser que le législateur de l'an VII, en stipulant que les contribuables devraient acquitter leurs cotes entre les mains du percepteur, entendait décider que désormais les contributions seraient portables. Cela résulte encore de ce fait que le percepteur n'était plus tenu, comme sous l'empire des règlements sur la taille, d'accompagner le sergent ou chef de garnison pour travailler conjointement avec lui au recouvrement, et que l'agent de poursuite ne pouvait pas recevoir l'argent du contribuable.

833. — A la suite de la loi des 5-13 vent. an XII, qui permet la réunion de plusieurs communes en une seule perception, une circulaire ministérielle du 30 ventôse décida que, dans les villes, les contribuables se transporteraient au bureau que le percepteur doit tenir journellement ouvert à des heures fixes; et que, dans les communes peu populeuses, les percepteurs devraient se transporter au moins une fois par mois dans chacune d'elles. Sous l'empire de cette circulaire, les percepteurs allaient encore quérir l'impôt chez les redevables. C'est seulement par une circulaire du 9 juin 1824, que le ministre décida que les contribuables devaient, dans toutes les communes, porter l'impôt au bureau du percepteur. — Durieu, t. 1, p. 432 et s.

834. — Dans les communes autres que celle de leur résidence, les percepteurs doivent s'entendre avec les maires pour obtenir l'autorisation d'installer leur bureau provisoire dans une salle de la mairie ou de l'école. Les lois municipales ont toutes attribué aux administrations communales une surveillance spéciale sur le recouvrement des contributions directes. Les maires doivent donc faciliter autant que possible le travail des percepteurs. Les percepteurs n'ont cependant pas un droit positif à s'établir dans la maison commune. — Durieu, t. 1, p. 436.

835. — Le lieu choisi pour le bureau de perception dans chaque commune doit être indiqué, ainsi que les jour et heure de recette, dans l'affiche apposée pour la publication des rôles (L. 4 mess. an VII, art. 5). Les percepteurs sont tenus d'inscrire ces renseignements sur les avertissements (Déc. min. 30 janv. 1835; Instr. 1859, art. 71).

836. — Les jours du mois ou de la semaine où les percepteurs se rendent dans chacune des communes de leur arrondissement pour faire leur recette, doivent être déterminés à l'avance par le sous-préfet sur l'avis du receveur particulier. L'itinéraire ainsi fixé reste affiché constamment dans le bureau du percepteur et dans celui du receveur particulier (Instr. 1839, art. 73).

837. — Le bureau du percepteur doit être ouvert au public, aux heures adoptées pour les bureaux de la préfecture et de la sous-préfecture, c'est-à-dire en général, de neuf heures du matin à quatre heures du soir (Circ. compt. 3 mai 1862). Un percepteur n'est pas être tenu, en dehors de ces heures, de recevoir les sommes qu'un contribuable lui apporterait. Au contraire, le redevable poursuivi après la fermeture du bureau du percepteur dans une commune ne peut se plaindre du déplacement que lui impose la nécessité d'aller verser les termes échus au bureau du percepteur. Il est en faute de n'avoir pas profité du passage du percepteur dans la commune. — Durieu, t. 1, p. 461.

838. — L'instruction générale de 1839 (art. 73) admet que les percepteurs peuvent être dispensés par l'autorité supérieure de l'obligation de se rendre dans chaque commune de leur circonscription au moins une fois par mois. Mais la légalité de cette disposition n'a pas été reconnue par le Conseil d'État qui a annulé, pour excès de pouvoirs, un arrêté de sous-préfet confirmé

par le ministre des Finances, qui avait accordé une dispense de cette nature. — Cons. d'Et., 18 juin 1868, Jousnet, [S. 69.2.248, P. adm. chr., D. 69.3.13]

839. — A l'égard des officiers de terre et de mer, un décret du 12 juill. 1807, confirmé par l'art. 25, L. 31 juill. 1821, avait disposé que la contribution personnelle-mobilière serait acquittée par voie de retenue sur les appointements. Aujourd'hui que les officiers et les employés sont imposés dans la même forme que les autres contribuables, les dispositions du décret de 1807 et de la loi de 1821 ne sont plus applicables que lorsque l'officier est absent ou qu'il refuse de payer. — Cons. d'Et., 13 févr. 1892, Coppin, [Leb. chr., p. 157] — Lemercier de Jauvelle, v° *Officiers*.

840. — Le percepteur n'est pas fondé à exiger du contribuable qui vient payer ses contributions la représentation de son avertissement ou des quittances des versements antérieurs. La mention qui figure au verso des avertissements et d'après laquelle les contribuables doivent les représenter à chaque paiement n'a aucune force obligatoire. Le rôle est, en effet, entre les mains du percepteur et c'est au contraire le percepteur qui est obligé de le représenter au contribuable, puisque c'est le titre en vertu duquel ce comptable doit percevoir. Quant à la quittance, comme elle n'est pas indispensable pour prouver la libération du contribuable, que l'émargement sur le rôle suffit, on ne voit pas comment le contribuable pourrait être tenu de la représenter. — Durieu, t. 1, p. 163.

841. — Nous avons dit (*supra*, n. 808 et 808 *bis*) que les receveurs d'enregistrement et des domaines doivent faire l'avance des contributions qui frappent les domaines de l'État. La question s'éleva sur le point de savoir s'il y avait lieu, dans l'espèce, à quérabilité. D'après une décision ministérielle du 20 nov. 1821, la régie reconnaissait que la contribution est portable au bureau du percepteur, et elle obligeait le receveur de l'enregistrement à aller y effectuer le paiement; mais, par une décision en date du 18 avr. 1829, le ministre des Finances a, d'abord, adopté une jurisprudence différente, en ce qui concerne le paiement des contributions dues par les successions en déshérence. Il a réglé que, dans ce cas, les percepteurs se transporteraient, pour toucher l'impôt, au bureau de l'enregistrement, et depuis, l'instruction du 20 juin 1859 (art. 66), a décidé d'une manière générale que « le paiement des contributions à la charge de l'État, des départements ou des communes ayant lieu en vertu de mandats délivrés par des comptables publics, les percepteurs ont à en faire toucher le montant aux caisses de ces comptables ». — Durieu, t. 1, n. 431.

5° *Comment se font les paiements.*

842. — Les contributions directes sont payables en argent (Décr. 23 nov.-1er déc. 1790, art. 5; L. 6 fruct. an IV, art. 32; L. 18 prair. an V, art. 2; L. 3 frim. an VII, art. 18). Le percepteur ne peut être tenu d'accepter que des monnaies ou des billets ayant cours légal. Les pièces fausses doivent être cisaillées et rendues en cet état à leur porteur (Arr. min. 1er juin 1818 et 2 août 1845; Instr. 1859, art. 97).

843. — L'admissibilité dans les paiements de la monnaie de cuivre ou de billon a été, à différentes époques, l'objet de dispositions législatives. Cette législation a été définitivement fixée par le décret du 18 août 1810 (V. encore L. 18 avr. 1832, art. 6; Instr. 1859, art. 97). Ce décret porte, dans son art. 2 : « la monnaie de cuivre ou de billon, de fabrication française, ne pourra être employée dans les paiements, si ce n'est de gré à gré, que pour l'appoint de la pièce de 5 fr. »

844. — Une difficulté s'élève sur l'interprétation de ce texte. Quelques-uns prétendent que ces mots ont voulu déclarer qu'en thèse générale, on aurait toujours le droit d'en donner pour la somme de 5 fr. quel que fût le montant du paiement; par exemple, dans un versement de 6, 7 ou 8 fr., on pourrait faire admettre 5 fr. de pièces de cuivre; d'autres soutiennent, au contraire, que, par ces expressions « appoint de la pièce de 5 fr. », le législateur a entendu que, dans chaque paiement, on serait obligé de fournir des espèces d'or ou d'argent jusqu'à ce que la somme, formant le solde, ne fût plus assez forte pour composer une pièce de 5 fr. D'après ce système, dans un paiement de 6, 7 ou 8 fr., il faudrait donner 5 fr. en argent et on pourrait faire admettre 1, 2 et 3 fr. en cuivre. Une somme de 4 fr. 75 pourrait être versée tout entière en pièce de cuivre, 5 fr. ne pourraient au con-

traire être payés qu'en monnaie d'argent. Cette dernière opinion est la seule admissible ; elle résulte des termes et de l'esprit des décrets et a été reproduite à la tribune lors de la discussion du 6 mai 1852, avec l'assentiment général. — Durieu, t. 1, p. 147, 148.

845. — Il existe un mode spécial de libération pour les rentiers. Les lois du 28 vend. et du 22 flor. an VII avaient posé le principe que les intérêts de la dette publique seraient acquittés au moyen de bons au porteur ou délégations applicables, tant aux contributions directes qu'aux patentes. Toutefois, ces bons ne pouvaient servir à acquitter les centimes additionnels applicables aux dépenses administratives.

846. — La loi du 14 avr. 1819 (art. 6), a généralisé ce mode en disposant que tout propriétaire d'inscriptions directes ou d'inscriptions départementales, qui voudrait en compenser les arrérages, soit avec ses contributions directes, soit avec celles d'un tiers à ce consentant, pourrait en faire la déclaration au receveur général qui se chargerait de la recette desdits arrérages et de l'application de leur montant au paiement de ces contributions, dans quelque lieu qu'elles dussent être acquittées.

847. — Une ordonnance du 14 avr. 1819, faite pour l'exécution de la loi précitée, organise le service des compensations. Celles-ci s'opèrent par l'abandon des semestres de rentes échéant dans la même année et sans qu'il y ait lieu à décompter pour les différences d'échéances entre les rentes et les termes exigibles des contributions (art. 13).

848. — La compensation s'effectue par l'échange de la quittance des rentes contre la décharge équivalente du receveur général. Le titre dont la rente a été assignée au paiement des contributions directes est timbré des semestres employés à ce paiement (art. 14).

849. — Les déclarations à fin de compensation durent jusqu'à révocation expresse. Elles cessent néanmoins d'avoir leur effet, à défaut, par le rentier, de remettre au receveur général dans l'année qui suit l'échéance du premier terme de sa contribution annuelle (art. 15).

850. — Si la rente est plus forte que la contribution à payer, il est remis, pour le surplus, par le receveur général, des bons payables aux échéances des arrérages compensés; si c'est la contribution qui excède, le rentier acquitte cet excédent (art. 16).

851. — Les receveurs généraux se chargent de tous les détails nécessaires pour consommer la libération du contribuable, en adressant, soit au directeur des contributions, soit aux receveurs particuliers ou aux percepteurs, les renseignements nécessaires pour que la compensation soit annotée sur les rôles et le paiement émargé de manière qu'il ne puisse être exercé aucune action contre le contribuable. Le receveur général se charge des mêmes opérations pour les départements autres que le sien, et son intervention a, pour le contribuable, le même effet que dans son département. Les compensations pour les rentiers domiciliés dans le département de la Seine sont faites au Trésor (art. 17).

852. — Enfin, les contribuables peuvent se libérer de certaines contributions en opérant le délaissement des terrains à raison desquels ils sont imposés. L'art. 66, L. 3 frim. an VII, prévoit l'abandon, au profit de la commune, des terres vaines et vagues, des landes et bruyères et des terrains habituellement inondés ou dévastés par les eaux. L'abandon doit, pour être efficace, précéder l'émission du rôle. La loi du 21 juin 1865 (art. 14) reconnaît aussi la faculté de délaissement aux propriétaires des terrains compris malgré eux dans le périmètre d'une association syndicale ayant pour objet des travaux de desséchement de marais, de construction d'étiers et ouvrages nécessaires à l'exploitation des marais salants, d'assainissement de terres humides ou insalubres. La loi du 22 déc. 1888 généralise ce mode de libération. — V. *infrà*, n. 884.

853. — Si le percepteur avait à payer à un redevable de contributions une somme qui lui fût due par l'État, il pourrait opposer la compensation jusqu'à concurrence des contributions dues, à condition que les deux dettes fussent liquides. — Durieu, t. 1, p. 243.

853 *bis*. — Le contribuable au contraire ne peut opposer la compensation au Trésor. Cette question s'est présentée devant le Conseil d'État dans les circonstances suivantes : un contribuable imposé à la contribution mobilière et à la patente avait réclamé contre ces deux contributions. Il avait réclamé il avait versé les termes échus de la patente et non les termes échus de la contribution mobilière. Il obtient décharge de la contribution

des patentes. Mais sa réclamation relative à la contribution mobilière fut déclarée non-recevable à défaut par lui d'avoir joint à cette réclamation la quittance des termes échus. Il attaqua ce dernier arrêté par le motif qu'au moment où le conseil avait statué, le percepteur avait entre les mains une somme libre, celle qu'il avait versée pour payer la patente. Le Conseil d'Etat n'admit pas que ce changement d'affectation pût être invoqué par le contribuable, et maintint la déchéance. — Cons. d'Et., 5 avr. 1895, Bureau.

854. — Que faudrait-il décider dans le cas où le percepteur, créancier d'un particulier à raison de contributions dues par lui à l'Etat, aurait, en qualité de receveur municipal, à payer à ce même contribuable une somme qui lui serait due par la commune? Les deux parties en présence ne sont pas respectivement créancières et débitrices l'une de l'autre, puisque c'est l'Etat à qui il est dû tandis que c'est la commune qui doit; il ne peut donc pas y avoir compensation.

854 bis. — Toutefois, une distinction est ici nécessaire. Si les sommes que le percepteur devrait payer au redevable sont affectées du privilège du Trésor, pas de difficulté : usant du droit qu'il a de se faire payer par les tiers détenteurs sur simple demande, il se bornera à faire recette de la somme qu'il se délivrera comme receveur municipal au nom du contribuable. Mais, dans le cas contraire, où le Trésor n'a que les droits d'un créancier ordinaire, il pourra seulement, en qualité de percepteur, se faire signifier à lui-même, comme receveur municipal, une saisie-arrêt dont il suivra l'effet conformément aux règles ordinaires. — Durieu, t. 1, p. 244 et 245.

6º Quittances et émargements.

855. — Les percepteurs sont tenus de délivrer immédiatement quittance de toutes les sommes qui leur sont versées; ils doivent, en outre, émarger au rôle chaque paiement au moment même où il a lieu et en présence du contribuable. Cette double obligation résulte des lois des 26 sept. et 2 oct. 1791, art. 13, du 3 frim. an VII, art. 140 et 141, et de l'art. 310, Décr. 31 mai 1862. La dernière de ces obligations, renouvelée de l'édit de 1600, est sanctionnée par l'art. 142, L. 3 frim. an VII, qui punit le défaut d'émargement d'une amende de 10 fr. au moins et de 25 fr. au plus. Cette peine est appliquée par les tribunaux correctionnels, sur la dénonciation du contribuable ou du maire de la commune. L'émargement est indispensable, et les percepteurs ne doivent jamais s'en dispenser, même du consentement du contribuable. — Durieu, t. 1, p. 153.

856. — Le percepteur doit émarger sur les rôles auxiliaires des fermiers les paiements effectués par ceux-ci et en reporter chaque mois le total, à l'article des propriétaires dans le rôle général (Instr. 1859, art. 81).

857. — La délivrance de la quittance n'est pas prescrite avec la même rigueur que l'émargement. La loi des 26 sept. et 20 oct. 1791 et l'arrêté du 16 therm. an VIII ne l'exigent qu'autant qu'elle est requise par le contribuable. La loi du 3 frim. an VII, reproduite par l'instruction générale de 1859 (art. 74), et par le décret du 31 mai 1862 (art. 310), en font une obligation au percepteur. Toutefois, l'omission de cette formalité n'entraînerait pas l'application de l'amende. — Durieu, t. 1, p. 153.

858. — Les percepteurs ne peuvent exiger aucune rétribution pour la quittance, ils sont même obligés d'en délivrer sans frais aux contribuables autant de duplicata que ceux-ci en demanderont, s'ils en ont besoin pour justifier du paiement de leurs impôts (Décr. 10-20 juill. 1791). Dans ce cas ils doivent mentionner que ces quittances sont délivrées par duplicata.

859. — Les quittances doivent être extraites du livre à souche, dont la tenue est prescrite aux percepteurs pour toutes les recettes qu'ils effectuent (Instr. 1859, art. 75). Les quittances et duplicata ne sont pas soumis au timbre (Décr. 10-17 juin 1791, art. 10).

860. — Le contribuable qui produit la quittance du percepteur justifie de sa libération, alors même que cette quittance ne serait pas détachée du livre à souche et que l'émargement au rôle n'aurait pas eu lieu. C'est ce qui résulte de plusieurs avis du Conseil d'Etat des 19 avr.-8 oct. 1816 et 4 mai 1822, approuvés par le ministre des Finances et qui sont ainsi conçus : « Considérant que l'émargement au rôle, prescrit par les art. 141 et 142, L. 3 frim. an VII, et par l'art. 16, Arr. 16 therm.

an VIII, est une obligation imposée uniquement au percepteur, comme moyen de comptabilité et de surveillance pour l'administration; que si la loi a donné aux contribuables le droit de veiller à l'exécution de cette mesure et de dénoncer les contraventions en ce qui concernait les paiements qu'ils auraient effectués, on ne peut jamais leur faire un reproche de ne point avoir usé d'une faculté qui leur a été entièrement concédée dans leur intérêt, et pour que, dans le cas de la perte de leurs quittances, ils puissent toujours retrouver la preuve de leur libération ». Le Conseil d'Etat a même admis, dans cette espèce, que des quittances informes, délivrées par la femme du percepteur, devaient être admises à la décharge des contribuables.

861. — Inversement, quand un contribuable a perdu sa quittance, l'émargement au rôle suffit pour prouver sa libération. Cette conclusion ressort de l'art. 1331, C. civ., aux termes duquel les registres et papiers domestiques font foi contre celui qui les a écrits, dans tous les cas où ils énoncent un paiement reçu, et de l'art. 1332, qui dispose que l'écriture mise par le créancier à la suite ou en marge d'un titre qui est toujours resté en sa possession fait foi, quoique non signée ni datée par lui, lorsqu'elle tend à établir la libération du débiteur. — Durieu, t. 1, p. 156.

862. — Si l'émargement et la quittance ne concordent pas, il faut admettre l'énonciation la plus favorable au contribuable. Si, enfin, il n'existe ni émargement ni quittance, le contribuable qui prétend avoir payé ne peut plus, à défaut de preuves écrites, que déférer le serment au comptable, ou recourir à la preuve testimoniale si la somme en litige n'excède pas 150 fr. (art. 1341, C. civ.). — Durieu, t. 1, p. 157.

863. — Le Conseil d'Etat a décidé que le contribuable qui ne justifie par la production de la quittance réglementaire ni par aucun autre acte du paiement qu'il prétend avoir fait, et qui n'a pas été émargé sur les registres de la perception, n'est pas fondé à demander l'annulation des poursuites dirigées contre lui. — Cons. d'Et., 6 août 1875, Normand, [Leb. chr., p. 771]; — 21 juill. 1876, Ducatel, [S. 78.2.308, P. adm. chr., D. 77.3.2] — Dans cette seconde affaire, le Conseil d'Etat n'a pas admis comme preuve du paiement, le témoignage de la personne entre les mains de laquelle le redevable poursuivi prétendait avoir payé ses contributions, dont le montant était supérieur à 150 fr.

864. — Les percepteurs ne peuvent être autorisés à signer eux-mêmes, à l'avance en blanc, une certaine quantité de quittances qu'ils laisseraient à la disposition de leurs commis, afin que le recouvrement ne souffrît pas de leur absence, lorsqu'ils sont obligés de quitter la commune de leur résidence pour faire leurs tournées. — Durieu, t. 1, p. 142.

7º Imputation des paiements.

865. — Comment doivent être imputés les paiements faits par le contribuable? D'après les principes généraux du droit, le débiteur de plusieurs dettes a le droit de déclarer, lorsqu'il paie, quelle dette il entend acquitter (art. 1253, C. civ.). Mais, « lorsque le débiteur de diverses dettes a accepté une quittance par laquelle le créancier a imputé ce qu'il a reçu sur l'une de ses dettes spécialement, le débiteur ne peut plus demander l'imputation sur une dette différente, à moins qu'il n'y ait eu dol ou surprise de la part du créancier » (art. 1253). « Lorsque la quittance ne porte aucune imputation, le paiement doit être imputé sur la dette que le contribuable avait pour lors le plus d'intérêt d'acquitter entre celles qui sont pareillement échues, sinon sur la dette échue, quoique moins onéreuse que celles qui ne le sont point. Si les dettes sont d'égale nature, l'imputation se fait sur la plus ancienne : toutes choses égales, elle se fait proportionnellement » (art. 1256).

866. — Ces principes sont applicables à la matière qui nous occupe. Le contribuable a le droit de choisir la dette qu'il préfère acquitter : s'il a négligé d'user de ce droit, la loi supplée à son silence. Il n'appartient pas aux percepteurs d'enlever aux contribuables cette garantie de droit commun, en imputant eux-mêmes, à leur gré et contrairement à l'intérêt de ceux-ci, les versements qui leur sont faits. Ils doivent demander au contribuable débiteur de différentes cotes, quelle est celle qu'il entend acquitter et l'indiquer dans la quittance. — Durieu, t. 1, p. 150.

867. — Si, par exemple, un contribuable doit à la fois des

8

douzièmes échus et des frais de poursuites, quoiqu'en général les frais doivent être acquittés d'abord ; le contribuable peut exiger que le percepteur impute le paiement sur la dette principale. — Durieu, t. 1, p. 151.

868. — Il peut arriver qu'une contestation s'élève entre un percepteur et un contribuable redevable de cotes relatives à des exercices différents, le percepteur voulant, imputer le paiement sur les cotes les plus anciennes qui sont ou prescrites ou sur le point de l'être, le contribuable voulant au contraire acquitter les cotes nouvellement échues. Le percepteur ne peut s'opposer au vœu des contribuables. Il lui reste la faculté de le poursuivre pour la cote arriérée s'il en est temps encore. — Durieu, t. 1, p. 151.

869. — Un percepteur, qui était en même temps receveur municipal, avait cru pouvoir imputer sur des contributions arriérées les paiements que des contribuables prétendaient affecter soit à l'acquittement des cotes d'affouage afin d'obtenir la délivrance de leur lot, soit à celui de la patente. Cette prétention ne pouvait, d'après les principes ci-dessus établis, être accueillie. Mais rien ne se serait opposé à ce qu'après avoir reçu la taxe d'affouage et en avoir donné quittance, conformément à l'imputation demandée par le débiteur, le percepteur ne fît immédiatement saisir le lot de l'affouagiste pour le paiement des contributions dues par lui.

870. — Si le percepteur est créancier privé d'un contribuable, il ne peut imputer sur sa créance particulière les sommes que ce dernier verse pour les contributions dues au Trésor. En revanche, le contribuable qui serait créancier du percepteur ne pourrait refuser d'acquitter sa cote, sous-prétexte que le percepteur étant son débiteur, il y a compensation entre les deux dettes. — Durieu, t. 1, p. 151, 152.

871. — Dans le cas où le même contribuable a plusieurs cotes inscrites à son nom, soit dans le rôle de la même commune, soit dans les rôles d'autres communes du ressort de la perception, quelques comptables auraient voulu qu'au lieu de partager le douzième apporté par le contribuable en autant de fractions qu'il y a de cotes, et d'en appliquer une partie à chacune, ils pussent être autorisés à imputer les paiements successifs à une seule cote, jusqu'à ce que celle-ci fût entièrement soldée. — Durieu, t. 1, p. 432.

872. — C'est là évidemment une question d'imputation de paiement et l'on sait que cette imputation est toujours facultative pour le redevable. Si donc celui-ci exige que la somme qu'il verse soit émargée proportionnellement à ses diverses cotes, de manière à le libérer du douzième échu de chacune d'elles, le percepteur ne pourrait s'y refuser sans violer l'art. 1253, C. civ. Mais, même en cas de silence du contribuable, le percepteur devrait agir ainsi aux termes de l'art. 1256, in fine, C. civ.

873. — Il a d'ailleurs été jugé par le Conseil d'Etat que lorsqu'un contribuable versait une somme à valoir sur ses contributions, suffisante pour acquitter les termes échus de toutes ses cotes, la circonstance que le percepteur aurait imputé la somme versée sur une seule des contributions ne peut avoir pour effet de faire porter comme non-recevable, pour défaut de production de la quittance des termes échus, la réclamation formée par le contribuable contre une autre contribution. — Cons. d'Et., 30 avr. 1875, Martineau, [D. 75.3.104] ; — 17 févr. 1888, Chamaillard, [D. 89.5.142]

8° Exécution des dégrèvements.

874. — Lorsqu'il intervient en faveur d'un contribuable une décision soit des tribunaux administratifs, soit du préfet accordant un dégrèvement, le percepteur doit, à la réception des ordonnances de dégrèvement qui lui sont envoyées par le receveur des finances, en inscrire le montant à l'article de chaque contribuable, sur le rôle de l'exercice pour lequel elles ont été émises (Instr. 1859, art. 208).

875. — Il a été décidé qu'un percepteur avait le droit de retenir, jusqu'à due concurrence, sur le montant d'une ordonnance de dégrèvement délivrée au profit d'un contribuable en vertu d'un arrêté de conseil de préfecture, la somme due par ce contribuable pour une autre contribution. — Cons. d'Et., 9 août 1851, Bénassy, [P. adm. chr.]

876. — Lorsque les dégrèvements, réunis aux sommes qui auraient été payées précédemment par le contribuable, excèdent le montant de l'article de rôle auquel ils sont applicables, le reste disponible est imputé en paiement des autres articles que pourraient devoir les contribuables, soit sur contributions ou frais de poursuites, soit sur produits divers (Instr. 1859, art. 209).

877. — Il n'est pas délivré de quittance à souche au nom des contribuables dégrevés ; pour en tenir lieu, le percepteur écrit, au-dessous du nom de chacun d'eux, une déclaration faisant connaître avec détail l'emploi qui a été fait de la somme allouée en dégrèvement (art. 211).

878. — Les percepteurs sont autorisés à rembourser les excédants aux parties intéressées sur le produit de leurs recettes courantes (art. 212).

879. — Pour que l'inscription au rôle des ordonnances soit valablement constatée, ces ordonnances doivent être revêtues de la signature des contribuables (art. 214). Lorsque les contribuables dégrevés ne se présentent pas dans le délai d'un mois, fixé pour la rentrée des ordonnances, ou s'ils sont illettrés, absents, décédés ou imposés collectivement, cette formalité est remplie par le maire ou l'adjoint de la commune dans laquelle les contribuables ont leur domicile ; dans les grandes villes, les maires peuvent se faire suppléer par un employé spécialement délégué à cet effet. Les maires, adjoints ou délégués des maires se font remettre les déclarations souscrites au nom des contribuables pour lesquels ils sont intervenus et ils se chargent de les leur faire parvenir. Ils donnent, au bas de l'ordonnance, une reconnaissance de cette remise (art. 214).

880. — Les percepteurs n'ont point de remboursement à faire aux contribuables s'il s'agit de remises accordées pour des cotes jugées d'abord irrecouvrables et sur lesquelles des versements auraient été obtenus. Les ordonnances de cette nature ne sont émargées au rôle que pour la somme restant à recevoir. Cet émargement est certifié, cumulativement, pour tous les contribuables dégrevés, par le maire de la commune ou par son adjoint, et, dans les grandes villes, par les délégués des maires ; les percepteurs leur remettent les déclarations souscrites au nom des contribuables (art. 215).

881. — Les restitutions auxquelles les contribuables auraient droit pour des sommes versées par erreur en excédant de leurs cotes s'opèrent, soit par une imputation au rôle de l'exercice suivant, soit par une réduction de recette dans les écritures des percepteurs, sauf à ces comptables à en justifier, dans ce dernier cas, aux receveurs des finances, par les quittances spéciales qu'ils doivent se faire délivrer par les contribuables auxquels ils feraient un remboursement en numéraire (Instr. 1859, art. 212 et 213).

§ 2. Sur quelles personnes s'opère le recouvrement.

1° Contribuables.

882. — Qui est tenu d'acquitter l'impôt? En principe c'est l'individu qui figure sur le rôle. La contribution est une obligation personnelle, qui engage le contribuable sur tous ses biens meubles et immeubles et dont il ne peut se libérer que par le paiement.

883. — Cependant la loi du 3 frim. an VII contient deux articles qui, dans un cas spécial, admettent un autre mode de libération. Les terres vaines et vagues, les landes et bruyères et les terrains habituellement inondés et dévastés par les eaux, seront assujettis à la contribution foncière d'après leur produit net moyen, quelque modique qu'il puisse être ; mais dans aucun cas leur cotisation ne pourra être moindre d'un décime par hectare (art. 65).

884. — Les particuliers ne pourront s'affranchir de la contribution à laquelle les fonds désignés en l'article précédent devraient être soumis, qu'en renonçant à ces propriétés au profit de la commune dans laquelle elles sont situées. Mais ce paiement par voie de délaissement ne peut être étendu au delà du cas spécial prévu par ces articles, par exemple à des terres habituellement inondées. C'est ce qui a été décidé par un avis du Conseil d'Etat du 27 févr. 1812. D'ailleurs, même dans ce cas la cotisation des objets abandonnés, dans les rôles faits antérieurement à l'abandon, restent à la charge de l'ancien propriétaire (art. 66). Il doit la contribution de l'année courante. — V. supra, n. 852.

2° Règles particulières quand le contribuable est une personne morale.

885. — Les receveurs des communes, hospices et autres établissements publics sont tenus au paiement des contributions dues par ces communes ou établissements. Les quittances des percepteurs leur seront allouées en compte (Règl. 21 déc. 1839, art. 5). D'après l'art. 136-16°, L. 5 avr. 1884, les contributions dues par les communes constituent une dépense obligatoire. Leurs budgets ainsi que ceux des établissements publics doivent contenir un crédit pour la dépense des contributions annuelles.

886. — L'avertissement relatif à ces contributions est remis par le percepteur au receveur de la commune ou de l'établissement, qui doit, à la fin de chaque mois, demander à l'ordonnateur des dépenses un mandat pour le paiement du douzième échu, à moins que l'administration ne préfère acquitter l'impôt en une fois. Sur ce mandat, le percepteur reçoit la somme due et en délivre quittance. Si le percepteur est en même temps receveur de la commune, de l'hospice ou de tout autre établissement public, il doit se faire délivrer à lui-même un mandat par l'ordonnateur, en faire écriture et le quittancer. Il est de principe, en effet, que les receveurs des communes et des établissements publics n'effectuent de paiements que sur mandat des ordonnateurs (L. 11 frim. an VII, art. 31 ; Ord. 23 avr. 1823, art. 3, et 24 déc. 1826).

887. — Cependant s'il arrivait que la dépense des contributions eût été omise au budget de l'année en tout ou en partie et que le préfet eût oublié de la faire rétablir ou de l'inscrire d'office, le receveur pourrait acquitter sans mandat ces contributions, s'il avait des fonds en caisse, sauf à demander ensuite un crédit supplémentaire et à faire régulariser, par un mandat, les paiements effectués sur les seules quittances du percepteur (Instr. min. Int. 30 sept. 1824 ; Instr. 20 juin 1859, art. 63).

888. — En cas de refus du paiement des contributions par le receveur soit sur la présentation du mandat, soit sur la quittance du percepteur, dans le cas où le budget ne comprend pas de crédit, le percepteur ne peut procéder contre la commune comme à l'encontre d'un simple particulier. Il doit informer du refus son supérieur hiérarchique qui en rend compte au préfet, lequel prend ou provoque les mesures nécessaires. Il est de principe en effet que les créanciers des communes ou des établissements publics ne peuvent agir contre eux par voie d'exécution forcée et doivent s'adresser à l'autorité supérieure pour faire inscrire au budget un crédit suffisant pour l'acquittement de la dette. Cette règle est applicable au Trésor lui-même, ainsi qu'il a été décidé par un arrêt du Conseil d'État du 26 mai 1813 dont voici les termes : « Le Conseil est d'avis, qu'il est constant et reconnu que les communes ne peuvent rien payer qu'après qu'elles y ont été autorisées par leur budget annuel; que tout paiement fait sans cette autorisation est laissé au compte du receveur, d'après les dispositions précises de plusieurs décrets; qu'en conséquence, lorsqu'une commune est débitrice d'une administration, il n'y a lieu ni à délivrance de contrainte contre le receveur, ni à saisie-arrêt entre les mains des receveurs de la commune ou de ses débiteurs, puisque le receveur ne peut rien payer qu'en vertu d'autorisation au budget annuel; mais que le directeur de la régie doit se pourvoir par-devant le préfet, pour qu'il porte au budget, s'il y a lieu, la somme réclamée à la commune, afin que le paiement par le receveur soit autorisé ». — Durieu, t. 1, p. 130 et 131.

889. — Lorsque la commune n'a pas de ressources suffisantes pour acquitter ses contributions avec ses revenus ordinaires, il y a lieu, conformément à l'art. 149, L. 5 avr. 1884, de recourir à une imposition extraordinaire. Une circulaire du ministre de l'Intérieur du 9 mai 1845, reproduite par l'art. 65 de l'instruction de 1859, fait porter cette imposition extraordinaire sur les quatre contributions directes. La loi du 5 avr. 1884 consacre sur ce point la pratique administrative. D'après la loi du 26 germ. an XI, cette imposition devait porter uniquement sur les contributions foncière et personnelle-mobilière.

890. — Lorsqu'il s'agit de domaines utiles dont chaque habitant profite également et qui ne sont pas affermés ou des bâtiments d'un usage commun, la contribution due à raison de ces biens est répartie en centimes additionnels portant sur les cotes de tous les habitants inscrits sur les rôles (L. 26 germ. an XI, art. 2; L. 5 avr. 1884, art. 136).

891. — Si les biens communaux dont il s'agit sont des pâtu-

rages, il a été jugé que les taxes destinées à acquitter la contribution doivent être réparties en centimes additionnels et non sous forme de taxe par tête de bétail. — Cons. d'Ét., 9 août 1855, Queheille, [S. 56.2.313, P. adm. chr., D. 56.3.30]; — 4 mars 1858, Forin, [S. 59.2 55, P. adm. chr., D. 59.3.9] — Tous les habitants doivent y contribuer, même ceux qui auraient fait abandon de leurs droits d'usage. — Cons. d'Ét., 4 mai 1877, Communes de Gincla et de Montfort, [D. 77.3.85]

892. — Lorsque tous les habitants n'ont pas un droit égal à la jouissance du bien communal, la répartition de la contribution assise sur ce bien doit être faite par le maire, avec l'autorisation du préfet, au prorata de la part qui en appartient à chacun (L. 26 germ. an XI, art. 3).

893. — Si une partie des habitants a droit à la jouissance, la répartition de la contribution ne doit avoir lieu qu'entre eux et toujours proportionnellement à leur jouissance respective (art. 4).

894. — Si les contributions dues au Trésor sont assises sur des biens appartenant privativement à une section de commune ou aux habitants d'un hameau, l'imposition ne doit porter que sur les cotes des habitants et propriétaires de cette section, de ce village, de ce hameau, au moyen d'un rôle spécial dressé par le directeur (art. 3 et 4).

895. — C'est au maire qu'appartient le droit de faire la répartition des contributions dues par la commune. S'il s'y refuse, le préfet pourra, en vertu de l'art. 85, L. 5 avr. 1884, faire dresser ce rôle par un délégué spécial. Le percepteur n'aurait pas qualité pour dresser d'office. D'autre part, il ne pourrait porter ces cotes sur l'état des cotes irrecouvrables avant d'avoir employé tous les moyens que la loi met à la disposition de l'administration pour triompher des résistances des autorités locales. — Durieu, t. 1, p. 132.

896. — On a vu que les percepteurs sont tenus de faire toucher aux caisses des diverses administrations publiques le montant des contributions dues par l'État, les départements, les communes (Instr. 1859, art. 66).

3° Héritiers, légataires, veuves des contribuables.

897. — Nous avons dit qu'en principe, c'était le contribuable qui devait acquitter l'impôt. Il y a cependant des cas nombreux où la contribution doit être acquittée par d'autres que par l'individu porté au rôle, notamment par les héritiers ou légataires du contribuable.

898. — La contribution étant due pour l'année entière forme une dette de la succession, l'art. 24, L. 21 avr. 1832, ne fait qu'appliquer un principe général en disposant que lorsqu'un contribuable viendra à décéder en cours d'année, ses héritiers seront tenus d'acquitter le montant de sa cote personnelle-mobilière.— Cons. d'Ét., 20 juin 1844, Michel, [P. adm. chr., D. 59.3.9] — 15 mars 1872, Vincent, [Leb. chr., p. 172]; — 4 avr. 1873, Lunelle, [Leb. chr., p. 301]; — 30 mai 1873, Galdin, [Leb. chr., p. 484]; — 21 févr. 1890, Anduran, [Leb. chr., p. 194]

899. — L'art. 4, Règl. 21 déc. 1839, est plus général et va au delà de l'art. 24, L. 21 avr. 1832. Il est ainsi conçu : « Les héritiers ou légataires peuvent être poursuivis solidairement, et un pour tous, à raison des contributions de ceux dont ils ont hérité ou auxquels ils ont succédé, tant que la mutation n'a pas été opérée sur le rôle. »

900. — Lorsque le percepteur est informé du décès d'un contribuable, il doit s'adresser, avant le partage des biens, à la succession elle-même et inviter ceux qui la représentent, héritiers, légataires, veuves, curateurs, exécuteurs testamentaires, à acquitter les contributions dues, y compris celles de l'année courante. — Durieu, t. 1, p. 111.

901. — S'il peut craindre que les héritiers ne soient pas solvables, il peut, comme tout autre créancier, requérir du juge de paix l'apposition des scellés en vertu du rôle, qui est un titre exécutoire.

902. — Si déjà d'autres créanciers ont fait apposer les scellés, il peut former opposition aux scellés (art. 821, C. civ.), pour empêcher qu'ils ne soient levés hors de sa présence.

903. — Enfin, si le percepteur ne croit pas devoir user de ménagements envers la succession, il peut entamer directement les poursuites, dans les formes et délais prévus par la loi, sans qu'on puisse lui opposer les formalités et délais imposés aux créanciers ordinaires. Il a été reconnu en effet par la Cour de

cassation « qu'il y a toujours urgence à faire rentrer les sommes dues au Trésor public et que les changements qui surviennent dans l'état de ses redevables ne doivent apporter aucune altération à son privilège; qu'enfin, les droits du Trésor devant, d'après l'art. 2098, C. civ., être réglés par les lois qui leur sont propres, il en résulte que, lorsqu'il s'agit de l'exercice de ses droits, les lois générales ne peuvent être invoquées, s'il existe sur la matière des dispositions spéciales qui ont tracé des formes particulières de procéder ». — Cass., 9 janv. 1845, [S. et P. chr.] — Durieu, t. 1, p. 113.

904. — Quand la succession a été partagée entre les héritiers, quels sont les droits des percepteurs et quelles sont les obligations des héritiers? Sur ce point, la loi du 21 avr. 1832 est muette et ce silence est d'autant plus fâcheux que ni la Cour de cassation ni le Conseil d'État ne reconnaissent force de loi aux dispositions du règlement sur les poursuites. Ainsi la solidarité établie entre les héritiers par l'art. 4 de ce règlement pourrait être sérieusement contestée. En effet, l'art. 870, C. civ., dispose que les héritiers ne sont tenus qu'à raison de leur part dans la succession, et d'autre part, d'après l'art. 1202, la solidarité ne se présume pas. — Durieu, t. 1, p. 114.

905. — Toutefois, d'après Durieu (t. 1, p. 116), le percepteur ne sera pas obligé de diviser toujours sa créance entre tous les héritiers. En effet, la loi du 12 nov. 1808 (art. 1), confère au Trésor un privilège qui s'exerce sur les biens qui y sont soumis, *en quelque lieu qu'ils se trouvent*. Ce privilège sur les meubles a les mêmes effets que l'hypothèque sur les immeubles. Or, d'après l'art. 873, C. civ., chaque héritier, tenu des dettes personnellement pour sa part et portion, est tenu hypothécairement pour le tout, c'est-à-dire que, malgré le principe de la divisibilité des dettes, l'héritier détenteur d'un immeuble de la succession, sur lequel existe une dette hypothécaire, sera tenu pour le tout sur cet immeuble, sauf son recours contre ses cohéritiers. Il admet que le privilège du Trésor doit, eu égard aux termes absolus de l'art. 1 de la loi de 1808, permettre de réclamer à un des héritiers détenteur d'un meuble de la succession la totalité de la contribution due par le *de cujus*. L'action exercée dans ce cas contre l'héritier a le caractère d'une action réelle. C'est comme détenteur d'objets provenant du contribuable qu'il est tenu. On arrive ainsi, dans la plupart des cas, au même résultat que si la solidarité existait entre les héritiers.

906. — Mais si cette action réelle n'a pu être suivie, si, par exemple, le mobilier a été vendu ou se trouve insuffisant, le percepteur conserve contre les héritiers une action personnelle, en leur qualité d'héritiers. Seulement chacun d'eux n'est plus tenu que proportionnellement à sa part héréditaire. Le percepteur n'a plus de privilège particulier et doit suivre les règles et les formes prescrites aux créanciers ordinaires par la loi des successions. — Durieu, t. 1, p. 119.

907. — Les effets de ces deux actions sont différents. S'il est poursuivi comme détenteur d'objets provenant du contribuable décédé, l'héritier n'est tenu au paiement de la contribution qu'autant que la cote réclamée est privilégiée sur les biens qu'il a pris dans la succession et que jusqu'à concurrence de la valeur desdits biens; s'il est poursuivi en sa qualité d'héritier, il est tenu sur la généralité de ses biens personnels, non pas solidairement, mais seulement pour sa part et portion héréditaire. Ces deux actions peuvent être exercées concurremment ou séparément, soit à l'égard de tous les héritiers, soit à l'égard d'un seul. — Durieu, t. 1, p. 119.

908. — Si le percepteur ne peut, en cas d'insuffisance des biens provenant de la succession, réclamer à chaque héritier que sa part et portion, l'héritier ne peut refuser d'acquitter cette part. Il ne pourra, par exemple, opposer au percepteur un refus fondé sur ce que la contribution était privilégiée sur les récoltes et fruits d'un immeuble qui appartient à un autre cohéritier. — Durieu, t. 1, p. 120.

909. — Lorsque l'héritier n'accepte la succession que sous bénéfice d'inventaire, il ne peut jamais être contraint sur ses biens personnels au paiement des contributions. Ses biens ne se confondant pas avec ceux du défunt, il ne devient pas personnellement débiteur. Il n'est tenu que jusqu'à concurrence de la valeur des biens qu'il a recueillis. Le percepteur n'a dans ce cas que l'action réelle à sa disposition : il peut saisir et vendre les biens de la succession. Il n'y a pas lieu, même dans le cas où d'autres créanciers feraient opposition, d'attendre que l'ordre des paiements ait été réglé par le juge (art. 808, C. civ.), puisque

l'art. 1, L. 12 nov. 1808, dispose que la créance du Trésor passe avant toutes les autres. L'héritier bénéficiaire doit payer, sur la simple demande du percepteur, comme un simple détenteur des biens de la succession. Si ces biens sont insuffisants, le surplus de la cote resté impayé tombe en non-valeur.

910. — L'art. 4 du règlement met avec raison sur la même ligne les légataires et les héritiers. Toutefois, il faut distinguer entre les trois catégories de légataires : le légataire universel, à qui le défunt a légué l'universalité de ses biens, et le légataire particulier de biens, à qui il a légué une quote-part ou une espèce particulière de biens, par exemple, une moitié, un tiers ou un quart de la succession, ou tous les meubles ou tous les immeubles, ou une quotité déterminée de ces biens, sont tenus de la dette de la succession et y contribuent pour leur part et portion de la même manière que les héritiers légitimes. Ils peuvent donc, en l'espèce, être poursuivis soit en vertu de l'action réelle, soit en vertu de l'action personnelle.

911. — Et le légataire universel qui a acquitté sur la demande du percepteur les contributions dues par le testateur ne peut, lorsqu'il vient ensuite à répudier la succession, demander le remboursement des sommes payées par lui. — Cons. d'Et., 18 juill. 1884, Vᵉ Veyret, [D. 86.3.19]

912. — Quant aux légataires particuliers, ils ne sont pas tenus des dettes de la succession, ou plutôt ils n'en sont tenus qu'hypothécairement (art. 871 et 1024, C. civ.). D'après les principes posés plus haut, et en admettant que le privilège du Trésor ait les mêmes effets que l'hypothèque, c'est-à-dire confère une sorte de droit de suite, le légataire particulier pourra être poursuivi en vertu de l'action réelle, à raison de l'objet provenant de la succession dont il est détenteur. Mais si cet objet n'est plus entre ses mains, ou s'il est impossible de le reconnaître, ou sa valeur est insuffisante pour acquitter la contribution due, le légataire est libéré et ne peut être poursuivi personnellement. — Durieu, t. 1, p. 124.

913. — L'action réelle que le percepteur peut intenter contre le légataire particulier ne préjudicie en rien à celle qu'il peut exercer contre les héritiers et légataires universels et à titre universel. Si la poursuite dirigée contre le premier n'aboutit pas, il peut se retourner contre les autres et poursuivre chacun d'eux pour sa part et portion. Au contraire, si la succession s'est répartie entre des héritiers et des légataires universels ou à titre universel, les dettes se divisent entre les héritiers et légataires; ils ne pourraient être poursuivis que pour leur part héréditaire et la partie de l'impôt non recouvrée sur l'un ne retomberait pas sur les autres. — Durieu, t. 1, p. 125.

914. — Que faut-il décider lorsque la succession se partage entre un nu-propriétaire et un usufruitier? L'art. 608, C. civ., met les charges annuelles de la propriété à la charge de l'usufruitier. Par conséquent, l'action réelle du Trésor sur les fruits et récoltes de l'immeuble ne pourra s'exercer que contre l'usufruitier, sans préjudice toutefois de l'action personnelle dirigée contre le nu-propriétaire en sa qualité d'héritier. D'après Durieu (t. 1, p. 125), ce dernier ne serait même pas fondé à exiger que le percepteur s'adressât de préférence à l'usufruitier, attendu que la contribution étant une dette de la succession, les héritiers en sont toujours tenus personnellement; et de son côté, l'usufruitier ne pourrait obliger le percepteur à poursuivre d'abord les héritiers, puisque le Trésor a le droit de saisir ces meubles du redevable partout où il les trouve.

915. — Quant à la veuve, dans quels cas et dans quelle mesure est-elle tenue des contributions dues par son mari défunt? Est-ce à elle ou aux héritiers que le percepteur doit s'adresser? La solution de ces questions dépend du régime matrimonial auquel étaient soumis les époux. S'ils étaient mariés sous le régime de la séparation de biens, le mari étant seul obligé aux dépenses d'entretien et d'administration, la femme ne peut être personnellement grevée d'aucune dette de contribution, pour laquelle elle puisse être poursuivie après la mort de son mari.

916. — Si les époux étaient mariés sous le régime de la communauté légale, deux cas peuvent se présenter : ou bien la femme l'accepte; dans ce cas, elle est tenue des contributions jusqu'à concurrence de moitié et peut être poursuivie personnellement comme les héritiers; ou bien elle y renonce et, d'après l'art. 1494, C. civ., elle est déchargée de toute contribution aux dettes de la communauté. Dès lors, le percepteur ne peut s'adresser dans ce cas qu'aux héritiers.

917. — La circonstance que la veuve continuerait d'occuper l'habitation conjugale même après les délais qui lui sont impartis pour faire inventaire et délibérer sur son acceptation ou sa répudiation de la communauté, ne la rend pas débitrice personnelle, même de la contribution personnelle-mobilière. Les contributions de l'année courante sont une dette de la succession. — Durieu, t. 1, p. 127.

918. — Telles sont les obligations des héritiers en ce qui touche les contributions échues et celles de l'année courante imposées au nom de leur auteur. Mais que faut-il décider si, l'année ou les années suivantes, le contribuable décédé se trouve encore porté sur le rôle? Les héritiers doivent-ils obtenir décharge dans tous les cas, sous le prétexte que la cote ainsi établie constituerait un faux emploi? Sur ce point, il faut distinguer suivant la nature des contributions.

919. — En ce qui touche la contribution foncière, à laquelle on peut assimiler celle des portes et fenêtres, comme en définitive c'est l'immeuble qui est le débiteur de l'impôt et que la matière imposable subsiste toujours, comme, d'autre part, la détermination du nouveau propriétaire peut soulever des questions litigieuses très-délicates qu'il ne peut appartenir aux agents des contributions directes de trancher ni même de préjuger, l'art. 36, L. 3 frim. an VII, dispose que « la note de chaque mutation de propriété sera inscrite au livre des mutations, à la diligence des parties intéressées; elle contiendra la désignation précise de la propriété ou des propriétés qui en seront l'objet, et il y sera dit à quel titre la mutation s'en est opérée. Tant que cette note n'aura point été inscrite, l'ancien propriétaire continuera d'être imposé au rôle; et lui ou ses héritiers naturels pourront être contraints au paiement de l'imposition foncière, sauf leur recours contre l'ancien propriétaire ». — Cons. d'Et., 22 juill. 1835, Prat, [P. adm. chr.]; — 7 sept. 1848, Pluchon, [Leb. chr., p. 564]

920. — Il a été décidé que l'héritier d'un contribuable dont la qualité a été reconnue judiciairement, pouvait être poursuivi en paiement des contributions assises sur les biens de la succession, alors même qu'il ne serait plus propriétaire de ces biens, tant que la mutation n'était pas opérée sur le rôle, et sauf son recours contre le nouveau propriétaire. — Cons. d'Et., 1er nov. 1826, Héraud, [S. chr.]

921. — Toutefois, dans ce cas, l'art. 3, L. 2 mess. an VII, et l'art. 2, Arr. 24 flor. an VIII, donnent aux tiers poursuivis le moyen d'échapper à l'obligation d'acquitter l'impôt en désignant le nouveau propriétaire et en demandant la mutation de cote à son nom. La même solution est applicable au nu-propriétaire poursuivi qui pourra se refuser à payer la cote de l'usufruitier. — Cons. d'Et., 3 mai 1890, Guyon, [Leb. chr., p. 49] — De même, les cohéritiers peuvent demander que la cote de leur auteur, au lieu de rester indivise entre eux, soit répartie au prorata de ce que chacun d'eux a recueilli dans la succession.

922. — En ce qui touche la contribution personnelle-mobilière, il n'existe pas de disposition législative analogue à l'art. 36, L. 3 frim. an VII. La matière imposable étant, d'une part, la personne, d'autre part l'habitation personnelle du contribuable, il semble qu'après le décès de celui-ci, il n'y ait qu'à accorder décharge à ses héritiers d'une imposition mal établie. C'est ce que décide le Conseil d'Etat pour la contribution personnelle. — Cons. d'Et., 11 janv. 1851, Hoirs Larhaut, [P. adm. chr.]; — 17 sept. 1854, Josselin, [Leb. chr., p. 833]; — 28 févr. 1856, Renard, [D. 56.3.69]; — 11 févr. 1887, Harel, [Leb. chr., p. 127]

923. — Quant à la contribution mobilière, la jurisprudence a varié. A la suite de certaines décisions, que décharge soit due dans tous les cas pour la cote indûment portée au nom d'une personne décédée, alors même que les héritiers seraient personnellement imposables. — Cons. d'Et., 30 juin 1839, Héritiers Lentrait, [P. adm. chr.]; — 30 nov. 1848, Port de Morvan, [S. 50.2.495, ad notam]; — 15 févr. 1864, Pargny, [P. adm. chr.]; — 12 juin 1885, Barré, [Leb. chr., p. 569]

924. — Mais ces décisions nous paraissent contraires à la jurisprudence qui se dégage de nombreuses décisions dans lesquelles le Conseil établit la distinction suivante : lorsque, après le décès d'un contribuable, ses héritiers ont conservé à leur disposition son habitation meublée, ils doivent acquitter la taxe qui aurait été par erreur portée au nom du défunt sur le rôle de l'année qui a suivi celle de sa mort. — Cons. d'Et., 13 avr. 1836, de Vitrolles, [P. adm. chr.]; — 22 nov. 1836, de Pressy,

[P. adm. chr.]; — 22 déc. 1852, Boucher, [P. adm. chr.]; — 28 févr. 1856, Durand, [S. 56.2.734, P. adm. chr.]; — 11 févr. 1857, Perrin, [D. 56.3.69]; — 27 mai 1857, Dorléans, [Leb. chr., p. 412]; — 13 janv. 1858, Leclercq, [Leb. chr., p. 50]; — 5 mai 1858, Sanson, [Leb. chr., p. 339]; — 18 mai 1858, Gorlin, [Leb. chr., p. 388]; — 22 juin 1858, Marthe, [Leb. chr., p. 432]; — 11 févr. 1859, Nicolas, [Leb. chr., p. 127]; — 15 août 1860, Soyer, [P. adm. chr.]; — 9 juill. 1862, Gigou, [P. adm. chr.]; — 22 mai 1866, Pérat, [Leb. chr., p. 498]; — 31 mars 1868, Scellier, [Leb. chr., p. 355]; — 27 avr. 1872, Bertin de la Hautière, [Leb. chr., p. 251]; — 11 févr. 1876, Baudry, [Leb. chr., p. 142]; — 6 févr. 1880, Brodel, [Leb. chr., p. 148]; — 3 déc. 1880, Poubelle, [Leb. chr., p. 953]; — 5 août 1887, Bérilhe, [Leb. chr., p. 627]; — 20 janv. 1888, Laurent, [Leb. chr., p. 48]; — 7 juin 1888, Goblet, [Leb. chr., p. 716]

925. — Il en est ainsi alors même qu'en fait ils n'occupent pas le logement. Il suffit qu'il soit à leur disposition. — Cons. d'Et., 23 déc. 1842, Legendre, [S. 43.2.164]; — 31 mars 1848, Delafontan, [Leb. chr., p. 343]

926. — La contribution est due par le nu-propriétaire pour une maison qui reste meublée et à sa disposition après le décès de l'usufruitier. — Cons. d'Et., 15 août 1834, Druet-Desvaux, [S. 35.2.508, P. adm. chr.]

927. — De même, la veuve qui continue à occuper l'appartement qu'elle habitait avec son mari doit acquitter la taxe portée au nom du défunt. — Cons. d'Et., 28 févr. 1856, Renard, [P. adm. chr., D. 56.3.69]; — 10 déc. 1856, Lair, [Leb. chr., p. 690]; — 7 janv. 1857, Pérodeau, [D. 57.3.59]; — 22 avr. 1857, Yvelot, [Leb. chr., p. 302]

928. — Jugé également que lorsque la veuve d'un contribuable, décédé avant l'ouverture de l'exercice, continue d'occuper le logement du défunt, c'est elle et non pas l'héritier qui est tenue d'acquitter la cote mobilière inscrite au nom du de cujus. — Cons. d'Et., 2 août 1851, Cartial, [P. adm. chr.]

929. — Les héritiers qui conservent à leur disposition l'habitation meublée de leur auteur ne peuvent échapper à l'obligation d'acquitter la contribution assise sur ce logement en alléguant que la maison a été inhabitée ou mise en vente. — Cons. d'Et., 19 mai 1869, Houtang, [Leb. chr., p. 510], — ... ou qu'il a été impossible de trouver de locataire. — Cons. d'Et., 15 juin 1866, Blanc, [Leb. chr., p. 663] — ... ou que les meubles qui la garnissaient étaient insuffisants pour la rendre habitable. — Même décision. — ... ou qu'elle n'a été occupée qu'en partie. — Cons. d'Et., 15 juill. 1858, Jalabert, [Leb. chr., p. 782]

930. — Lorsqu'au contraire, l'habitation du défunt est dégarnie de ses meubles et ne reste pas à la disposition des héritiers, ceux-ci ne sont pas tenus d'acquitter l'impôt. — Cons. d'Et., 11 juill. 1864, Jacotot, [Leb. chr., p. 608]; — 30 janv. 1868, Chancy, [Leb. chr., p. 59]; — 8 mai 1867, Olivier, [Leb. chr., p. 454]; — 30 déc. 1869, Chassignet, [Leb. chr., p. 1034]; — 12 mars 1870, Frandlut, [Leb. chr., p. 284]; — 7 avr. 1870, Commune de Ranton, [Leb. chr., p. 429]; — 28 mai 1872, Zo, [Leb. chr., p. 333]; — 30 mai 1873, Pintre, [Leb. chr., p. 483]; — 12 juin 1874, Lebarbier, [Leb. chr., p. 546]; — 7 août 1874, Chiasson, [Leb. chr., p. 791]; — 5 nov. 1875, Lesueur, [Leb. chr., p. 860]; — 19 nov. 1875, Charrier, [Leb. chr., p. 903]; — 11 févr. 1876, Gicquelay, [Leb. chr., p. 135]; — 28 avr. 1876, Mondol, [Leb. chr., p. 393]; — 15 déc. 1876, Passerat, [Leb. chr., p. 884]; — 16 févr. 1878, Jaunet, [Leb. chr., p. 138]; — 5 nov. 1886, Toulan, [Leb. chr., p. 758]; — 26 nov. 1886, Ducos, [Leb. chr., p. 527]; — 5 août 1887, Bérilhe, [Leb. chr., p. 627]; — 28 déc. 1888, Lartigalot, [Leb. chr., p. 1038]

931. — C'est qu'il peut arriver quand un contribuable lègue tous ses immeubles à un héritier et ses meubles à un autre. Aucun d'eux n'est tenu de l'imposition. — Cons. d'Et., 5 déc. 1861, Dérouet, [Leb. chr., p. 866]

932. — Quand les héritiers se partagent la maison du de cujus, c'est la succession qui est tenue de l'imposition. L'un d'eux ne peut demander réduction de la taxe afférente aux locaux qu'il n'occupe pas. — Cons. d'Et., 18 juin 1866, Barthélemy, [Leb. chr., p. 693] — Il en est autrement si le de cujus est mort avant le travail des mutations. Dans ce cas, en effet, les agents des contributions auraient dû opérer la répartition de la cote entre les divers cohéritiers. — Cons. d'Et., 12 août 1863, Lemaître, [Leb. chr., p. 678]; — 20 sept. 1865, Lemaître, [Leb. chr., p. 923]

933. — Quand les cohéritiers habitent en commun le loge-

ment de leur auteur, ils doivent être tenus collectivement de la taxe, alors même que la succession aurait été liquidée avant l'ouverture de l'exercice. — Cons. d'Ét., 18 mai 1861, Ogier, [P. adm. chr.]

934. — Un contribuable imposé nominativement à la contribution personnelle n'est pas fondé à demander que cette cote soit réunie, sous un même article du rôle, à la contribution mobilière assise sur une succession dont il fait partie. Ces cotes ne concernent pas le même contribuable et ne peuvent être réunies. — Cons. d'Ét., 12 août 1863, précité.

4° *Fermiers et locataires.*

935. — Toutes les lois qui, depuis 1790, ont réglé la contribution foncière, contiennent une disposition obligeant les fermiers et locataires à payer, en l'acquit des propriétaires ou usufruitiers, la contribution foncière des biens qu'ils auront pris à ferme ou à loyer, et les propriétaires ou usufruitiers à recevoir le montant des quittances pour comptant sur le prix des fermages ou loyers, à moins que le fermier ou locataire n'en soit chargé par son bail (LL. 23 nov.-1er déc. 1790; 2 therm. an III, art. 9; 3 niv. an IV; 18 brum. an V, art. 8; 18 prair. an V, art. 27; 3 frim. an VII, art. 147).

936. — La loi du 12 nov. 1808 (art. 2), précisant leurs obligations, dispose qu'ils seront tenus de payer jusqu'à concurrence de tout ou partie des contributions dues par les propriétaires, sur la demande qui leur en sera faite et sur le montant des fonds qu'ils doivent. Les quittances des percepteurs pour les sommes légitimement dues leur seront allouées en compte. Enfin le règlement de 1839 ajoute que pour ces contributions, ils pourront être poursuivis comme les propriétaires eux-mêmes (art. 13).

937. — La loi du 26 germ. an XI a réglé la situation des fermiers de biens communaux. Les fermiers et locataires de biens communaux, mis en ferme ou donnés à bail, sont tenus de payer à la décharge de la commune et en déduction du prix du bail (sauf stipulations contraires du bail) le montant des impositions de tout genre assises sur ces propriétés (art. 1).

938. — Morgand (*Loi municipale*, t. 2, p. 387) émet l'avis que cette disposition a été abrogée implicitement par les avis du Conseil d'État, des 12 août 1807 et 26 mai 1813, qui obligent les créanciers des communes à s'adresser à l'administration supérieure pour obtenir le paiement de leurs créances. Nous ne partageons pas cette opinion. D'une part, les avis du Conseil d'État sont insuffisants pour abroger une disposition législative. En outre, la loi du 26 germ. an XI (art. 1), n'a eu d'autre objet que d'étendre aux fermiers de biens communaux l'art. 147, L. 3 frim. an VII, qui a été confirmé par la loi du 12 nov. 1808.

939. — Quelle est l'étendue de l'obligation des fermiers et locataires? Un jugement du tribunal de Nantes, du 23 avr. 1832 (Durieu, t. 1, p. 257, et t. 2, *Jur.*, p. 130), a décidé que les fermiers sont tenus d'avancer la contribution due par les propriétaires des biens qu'ils tiennent à ferme, pour même qu'ils ne doivent rien à leur propriétaire; que leur obligation s'étend non seulement à la contribution de l'année courante, mais à celle des années échues. Durieu critique sur ce point, et avec raison, le jugement du tribunal de Nantes. D'après cet auteur, il résulte de toutes les dispositions relatives à l'obligation des fermiers que celle-ci constitue une avance de leur part, et que, dès lors, ils ne peuvent être tenus que de la contribution de l'année courante.

940. — Il a été jugé qu'à l'expiration du bail, lorsqu'un fermier était remplacé, c'était le fermier entrant qui devait payer la contribution de l'année sur les fruits de l'année courante, par les motifs que la récolte de chaque année était légalement affectée au paiement de la contribution de l'année même, et que, depuis son établissement, cette contribution est acquittée, au 1er janvier de chaque année, par avance, sur les fruits à récolter. — Cass., 18 août 1813, Haussoulier, [S. chr.] — Durieu, t. 1, p. 261.

941. — Le fermier entrant, qui ne doit encore aucun fermage, ne peut être tenu de payer les contributions des années antérieures à sa jouissance. — Durieu, t. 1, p. 261.

942. — Pour l'année courante, le percepteur peut contraindre les fermiers à payer, par avance, sur le prix de leurs fermages ou loyers, le montant des douzièmes échus, à la décharge du propriétaire.

943. — Pour l'année échue, le percepteur peut encore les poursuivre directement, mais seulement jusqu'à concurrence des

sommes qu'ils doivent au propriétaire (L. 12 nov. 1808). Enfin, pour la dernière année, il ne peut plus agir que par voie de saisie-arrêt pour obtenir la délivrance des sommes appartenant au propriétaire que le fermier aurait entre les mains. En ce cas, la créance du Trésor n'étant plus privilégiée, le fermier n'est qu'un dépositaire ordinaire. — Durieu, t. 1, p. 263.

944. — Le fermier est tenu, comme l'héritier, de deux manières : réellement, à raison des objets mobiliers qu'il détient du chef du contribuable, et personnellement, en sa qualité de fermier. L'action réelle ne peut s'exercer contre lui s'il ne doit rien à son propriétaire ou s'il ne détient aucun objet mobilier qui lui appartienne. Mais l'action personnelle peut, même dans ce cas, être dirigée contre lui, puisqu'il est tenu de faire l'avance de la contribution foncière. Il pourra être poursuivi sur les récoltes pour l'année échue et l'année courante, et sur ses meubles particuliers pour cette dernière seulement. — Durieu, t. 1, p. 265.

945. — De même, le fermier qui, avant toute diligence du percepteur, a payé ses fermages, ne peut plus être tenu de payer la contribution de l'année échue. Mais pour l'année courante, peu importe qu'il se soit ou non libéré envers son propriétaire, il est tenu personnellement de faire l'avance de la contribution. Alors même que son bail lui ferait une obligation de payer ses fermages par anticipation, cette convention privée ne pourrait être opposée au Trésor et ne dispenserait pas le fermier de payer les douzièmes échus. — Durieu, t. 1, p. 266.

946. — C'est ainsi qu'il a été décidé par le Conseil d'État que les acquéreurs de neuf coupes successives de bois, qui en avaient payé d'avance le prix, étaient néanmoins tenus de payer l'impôt. Le Conseil les a considérés comme des fermiers. — Cons. d'Ét., 15 oct. 1826, Chambon et consorts, [S. chr., P. adm. chr.]

947. — Si le propriétaire se trouve débiteur du fermier et que celui-ci ait stipulé dans son bail la compensation de sa créance avec le prix de ses fermages à échoir, cette stipulation ne pourra être opposée au Trésor.

948. — Il en serait de même, si le propriétaire avait délégué à un tiers le prix des fermages, même avant toute poursuite du percepteur. — Durieu, t. 1, p. 267.

949. — Le fermier n'est tenu de faire l'avance de la contribution que pour celle de l'immeuble qu'il tient à ferme. Si un propriétaire à plusieurs domaines répartis entre divers fermiers, chacun de ceux-ci n'est tenu personnellement que pour la contribution de l'immeuble qu'il détient, sauf à être tenu réellement pour la contribution des autres terres, sur les fermages dont il se trouverait débiteur. Encore le percepteur ne pourrait-il agir que par voie de saisie-arrêt, car ces fermages provenant d'un autre immeuble ne seraient pas affectés par privilège à la créance du Trésor. — Durieu, t. 1 p. 267, 268. — Cette règle s'applique également, s'il s'agit d'un même domaine divisé en plusieurs exploitations.

950. — Si le fermier tient à bail plusieurs domaines et qu'il enserre toutes les récoltes dans la même grange, comment pourra s'exercer le privilège du Trésor? On peut admettre dans ce cas spécial que la quantité de fruits provenant de chaque ferme pourra être déterminée par la commune renommée (art. 1415 et 1504, C. civ.). — Durieu, t. 1, p. 277.

951. — Les locataires des maisons sont-ils soumis aux mêmes obligations que les fermiers de biens ruraux? Pas complètement, d'après Durieu. Quoique l'art. 147, L. 3 frim. an VII, et la loi du 12 nov. 1808 semblent les mettre sur le même pied, il existe entre la situation des uns et des autres des différences telles qu'il n'est pas possible de les assimiler entièrement. Les locataires ne sont pas tenus de faire l'avance des contributions; ils sont simplement obligés, comme tiers détenteurs, de verser entre les mains des percepteurs, jusqu'à concurrence des contributions échues, les sommes qu'ils doivent à leur propriétaire. Mais lorsqu'ils se sont libérés envers celui-ci, fût-ce même par anticipation, ils ne peuvent être poursuivis personnellement. Durieu adopte la même solution, quoiqu'avec hésitation à l'égard des principaux locataires. — Durieu, t. 1, p. 277.

952. — Les personnes logées gratuitement dans une maison ne peuvent être poursuivies pour paiement de tout ou partie de ces cotes. Il en serait de même de l'individu qui, créancier du propriétaire, recevrait, en compensation des intérêts de sa créance, le logement dans la maison du propriétaire. — Durieu, t. 1, p. 284.

953. — L'obligation pour le fermier d'acquitter la contribu-

tion de son propriétaire n'existe que si le percepteur lui en fait la demande. Quant au percepteur, il peut refuser le paiement que lui offrirait officieusement le fermier. — Cons. d'Et., 1er juill. 1839, Joly, [P. adm. chr.]

954. — Le propriétaire devant seul être inscrit au rôle, reçoit seul les avertissements. Une décision ministérielle, du 7 avr. 1819, autorisa les propriétaires à désigner aux percepteurs ceux de leurs fermiers qu'ils chargeaient de payer l'impôt à leur place. Une décision du 20 févr. 1838 restreignit ce droit et autorisa les percepteurs à refuser de faire l'inscription des déclarations toutes les fois que les émargements ne pouvaient être faits sur le rôle. La loi du 4 août 1844 conféra aux propriétaires, à titre de droit, ce qui ne leur avait été concédé jusqu'alors que par une faveur de l'administration. Tout propriétaire ou usufruitier ayant plusieurs fermiers dans la même commune et qui voudra les charger de payer à son acquit la contribution foncière des biens qu'ils tiennent à ferme ou à loyer, devra remettre au percepteur une déclaration indiquant sommairement la division de son revenu imposable entre lui et ses fermiers. — Cons. d'Et., 8 déc. 1857, Germain, [Leb. chr., p. 769] — Cette déclaration sera signée par le propriétaire et par les fermiers.

955. — Si le nombre des fermiers est de plus de trois, la déclaration sera transmise au directeur des contributions directes, qui opérera la division de la contribution et portera dans un rôle auxiliaire la somme à payer par chaque fermier. Les frais d'impression et de confection de ce rôle seront payés par les déclarants, à raison de 5 cent. par article.

956. — D'après une circulaire du 21 sept. 1844, les déclarations doivent présenter : l'article du propriétaire dans le rôle général ; son revenu cadastral total ; les noms, prénoms et demeures des fermiers ou locataires ; le revenu afférent aux propriétés que chacun d'eux tient à ferme ou à loyer ; et quand toute la propriété ne sera pas affermée, le revenu afférent aux biens que se sera réservés le propriétaire, de manière que l'addition des différentes portions reproduise exactement le total du revenu inscrit à la matrice. Par suite de la séparation des revenus des propriétés bâties et non bâties, le revenu afférent à chacune de ces sortes de propriétés doit être établi distinctement. Les déclarations doivent être remises au percepteur dans le courant du mois de décembre au plus tard ; celles qui parviennent au directeur passé le 3 janvier n'ont d'effet que pour l'année suivante. Elles servent tant qu'elles n'ont pas été retirées ou remplacées par de nouvelles déclarations faites dans la même forme.

957. — Ce n'est pas au conseil de préfecture, mais au préfet et en appel au ministre des Finances, que les propriétaires doivent porter leurs demandes tendant à obtenir la division de leur cote foncière entre leurs fermiers. — Cons. d'Et., 11 juin 1870, Guillot, [Leb. chr., p. 750]

958. — Nonobstant les délégations faites sur leurs fermiers, les propriétaires restent les débiteurs directs des sommes pour lesquelles ils sont inscrits au rôle principal, et supportent les poursuites que des retards de paiement rendraient nécessaires (Instr. 1859, art. 82).

959. — Le percepteur a le droit, si le recouvrement sur le fermier lui paraît incertain, d'inviter le propriétaire à acquitter directement l'impôt, nonobstant la délégation par lui faite. Le propriétaire ne peut repousser cette demande en invitant le percepteur à exercer des poursuites contre le fermier (Circ. 20 févr. 1838 ; Lett. min. 17 déc. 1831). — Durieu, t. 1, p. 275.

960. — L'art. 4, L. 17 juill. 1895, contient une disposition spéciale, relative aux locataires de chevaux et voitures. Aux termes de cet article, les voitures, chevaux, mules et mulets fournis par des loueurs, marchands ou carrossiers, à des particuliers qui les logent dans des locaux à leur disposition seront imposés au nom de ces derniers à la contribution sur les chevaux, voitures, mules et mulets, alors même que les voitures, chevaux, etc., seraient toujours entretenus aux frais des loueurs, marchands ou carrossiers et conduits par une personne à leur service. — L'art. 7, L. 23 juill. 1872, est modifié en ce sens.

5° Débiteurs et détenteurs de deniers provenant du redevable.

961. — Tous fermiers, locataires, receveurs, économes, notaires, commissaires-priseurs et autres dépositaires et débiteurs de deniers provenant du chef des redevables et affectés au privilège du Trésor public, seront tenus, sur la demande qui leur en sera faite, de payer, en l'acquit des redevables et sur le montant des fonds qu'ils doivent ou qui sont entre leurs mains, jusqu'à concurrence de tout ou partie des contributions dues par ces derniers. Les quittances des percepteurs, pour les sommes légitimement dues, leur seront allouées en compte (L. 12 nov. 1808, art. 2).

962. — En outre, en vertu du décret des 5-18 août 1791, les huissiers-priseurs, receveurs des consignations, commissaires aux saisies réelles, notaires séquestres et tous autres dépositaires de deniers, ne remettront aux héritiers, créanciers et autres personnes ayant droit de toucher des sommes séquestrées et déposées, qu'en justifiant du paiement des impositions mobilières et contribution patriotique dues par les personnes du chef desquelles lesdites sommes sont provenues. Seront même autorisés en tant que de besoin, lesdits séquestres et dépositaires à payer directement les contributions qui se trouveraient dues, avant de procéder à la délivrance des deniers. La dernière partie de ce décret se trouve reproduite textuellement dans l'art. 14 du règlement de 1839. Ces dispositions tirent leur origine de l'ancien droit et notamment de l'édit de mai 1749 relatif aux vingtièmes.

963. — L'énumération contenue dans l'art. 2, L. 12 nov. 1808, comprend tous ceux qui, à un titre quelconque, détiennent des deniers provenant du chef des redevables. On s'est demandé si les dépositaires publics, tels que la Caisse des dépôts et consignations, le Mont-de-piété ou le Trésor lui-même étaient tenus en vertu de l'art. 2 de la loi de 1808. L'affirmative est soutenue par Durieu (t. 1, p. 291), et cette solution a été consacrée par l'instruction ministérielle du 27 août 1845 qui enjoint aux payeurs de se conformer à l'art. 2, L. 12 nov. 1808, alors même qu'il existerait entre leurs mains des oppositions précédemment formées par d'autres créanciers du contribuable.

964. — Par application de ces principes, les percepteurs peuvent s'adresser par voie de sommation directe ou par voie de saisie-arrêt aux receveurs des postes pour faire acquitter les contributions sur les sommes provenant de l'encaissement de valeurs à recouvrer. — *Mém. des perc.*, 1891.476.

965. — Le percepteur peut s'adresser directement aux débiteurs du redevable. Ce droit n'est que l'application de l'art. 1166, C. civ., d'exercer les actions de leurs débiteurs. Quelle que soit la nature de la dette, il est certain que le débiteur peut être l'objet d'une demande directe du percepteur. Il en sera ainsi, par exemple, des clients d'un marchand qui n'aurait pas payé les droits de patente auxquels il est imposé.

966. — Les dispositions que nous étudions confèrent au Trésor un droit exceptionnel, celui de ne pas recourir à la procédure de la saisie-arrêt pour se faire délivrer les sommes que détiennent les débiteurs des contribuables. Dans le droit commun, le créancier, après avoir fait opposition entre les mains du débiteur au paiement des sommes par lui dues, doit s'adresser au tribunal civil pour faire décider que le tiers saisi versera entre ses mains les sommes dont il est détenteur du chef des redevables. Au contraire, le Trésor peut, après une simple sommation et sans autres formalités de procédure, contraindre le tiers débiteur à payer en l'acquit de son créancier.

967. — Il a été jugé que le percepteur qui réclame au syndic d'une faillite les impôts restant dus par le failli, n'est nullement obligé, comme les autres créanciers, de faire vérifier sa créance et de subir les formalités édictées par le Code de commerce en matière de faillite. — Cass., 9 mars 1808, Faill. Duquesnoy, [cité par Durieu, t. 2, *Jur.*, p. 76] — Nancy, 31 déc. 1875, Laporte, [S. 77.2.99, P. 77.454]

968. — Mais la loi a pris soin de limiter expressément ce droit exorbitant du Trésor au cas où les sommes détenues par le tiers saisi sont affectées au privilège du Trésor public. Quand le Trésor n'est pas privilégié, il doit agir par voie de saisie-arrêt. S'agit-il de cotes foncières, le percepteur ne pourra procéder par voie d'action directe que si les sommes détenues sont des fruits de l'immeuble soumis à la contribution. Avant de recourir à cette procédure, le percepteur devra commencer par rechercher si, à raison de la nature de la contribution et de l'origine des deniers, le Trésor est privilégié (Circ. 31 mars 1831). — Durieu, t. 1, p. 287.

969. — Il a été jugé que, dans le cas où le Trésor avait privilège sur les deniers existant entre les mains d'un tiers, le percepteur pouvait recourir à la procédure de la loi de 1808 et de-

vait obtenir délivrance des deniers sur sa simple demande, alors même qu'il existerait des oppositions précédemment formées par d'autres créanciers du contribuable. — Cass., 21 avr. 1819, Duret, [S. chr., P. chr.] — Durieu, t. 1, p. 288.

970. — L'art. 2, L. 12 nov. 1808, ne parle que des sommes d'argent. Que faut-il décider à l'égard des autres objets mobiliers qui sont affectés au privilège du Trésor? Le percepteur pourra toujours exercer le privilège du Trésor sur ces objets, mais il devra procéder par voie de saisie-exécution, de saisie-arrêt ou de saisie-revendication suivant les cas et non par voie de demande directe. En effet, l'argent est liquide et peut être versé entre les mains du percepteur, tandis que les objets mobiliers doivent être vendus au préalable. En pareil cas, le détenteur d'objets mobiliers ne peut être poursuivi personnellement. Aucune disposition législative n'a donné ce droit au Trésor. — Cons. d'Ét., 7 mai 1880, Nugues, [S. 81.3.74, P. adm. chr.] — Durieu, t. 1, p. 289.

971. — L'action directe du percepteur peut être exercée sans mise en demeure préalable adressée au contribuable, laquelle serait sans utilité et pourrait, même dans certains cas, nuire au recouvrement en provoquant des collusions entre le contribuable et le tiers détenteur. Cette mise en demeure n'aurait souvent d'autre résultat que de prévenir le redevable et de lui donner le temps de se faire remettre par le tiers détenteur les sommes que celui-ci a entre les mains, avant même que le percepteur eût pu faire sa demande. — Durieu, t. 1, p. 294.

972. — Quelle est la nature de l'action dirigée contre les tiers détenteurs? Il semble au premier abord que ce soit une action réelle. En effet, le tiers n'est tenu qu'à raison et qu'à concurrence des sommes qu'il doit ou qu'il détient. Il n'est pas personnellement débiteur de l'impôt. Mais en étudiant la loi de 1808 dans son texte et son esprit, on reconnaît qu'il s'agit d'une action personnelle, que la loi a entendu conférer au Trésor pour assurer la célérité du recouvrement. Ce qu'on a voulu éviter dans l'espèce, ce sont les lenteurs de la saisie-arrêt. Or, si le détenteur n'est pas tenu personnellement et qu'il conteste le dépôt ou la dette, le percepteur sera tenu de recourir à cette procédure et ne pourra pratiquer de saisie sur les biens du tiers détenteur. Si le percepteur ne peut saisir que les deniers du contribuable, la disparition de ces deniers rend la poursuite sans objet. Le législateur de 1808, en disposant que le tiers détenteur serait tenu de payer, a considéré que le fait de détention de sommes affectées au privilège du Trésor le constituait débiteur personnel du Trésor. Dès lors, les poursuites doivent être les mêmes que contre le contribuable en personne. — Durieu, t. 1, p. 295.

973. — Quand le percepteur est informé qu'un tiers est dépositaire ou débiteur de sommes provenant du chef d'un redevable dont il suspecte la solvabilité, il doit adresser à ce tiers une demande officieuse de paiement jusqu'à concurrence des sommes qu'il a entre les mains. Si le tiers refuse, le percepteur lui fait signifier une sommation sans frais par le porteur de contraintes. Cette sommation le met en demeure de payer sous peine d'y être contraint par les voies de droit et en même temps lui fait défense expresse, sous peine d'en être personnellement responsable, de se dessaisir, au préjudice du Trésor de toutes autres sommes dont il pourrait être dépositaire. Si le tiers refuse de payer sans motifs légitimes ou ne répond pas à la sommation, le percepteur demande au receveur des finances de décerner une contrainte nominative contre lui. Muni de cette contrainte, il fait alors procéder aux poursuites dans les formes ordinaires (Instr. 1859, art. 85). — Durieu, t. 1, p. 297.

974. — En principe, le débiteur est soumis aux mêmes poursuites que le détenteur. Toutefois, s'il s'agit d'une dette à terme, le Trésor ne pourrait exiger du débiteur qu'il payât avant l'échéance; car il n'est tenu que jusqu'à concurrence des sommes qu'il doit, et, d'après le Code civil, qui a terme ne doit rien. — Durieu, t. 1, p. 298.

975. — Il doit donc être spécifié, dans les actes de poursuites signifiés au débiteur, que les poursuites ne sont pas exercées pour le montant de toutes les contributions exigibles, mais seulement jusqu'à concurrence de la somme due ou détenue par lui. — Circ. comptab. publ., 26 nov. 1890 (*Mém. des perc.*, 1891.48).

976. — Si le tiers détenteur fait opposition aux poursuites, celles-ci s'arrêtent jusqu'à ce que l'autorité compétente ait statué. — V. *infrà*, n. 1208 et s., et chap. IV, sect. 1. § 6.

977. — L'art. 14, § 2, du règlement de 1839 et les lois des 5-

18 août 1791 et 12 nov. 1808 qu'il ne fait que rappeler, imposent aux commissaires-priseurs, séquestres et autres dépositaires revêtus d'un caractère officiel l'obligation de ne pas se dessaisir des sommes déposées chez eux sans que les contribuables du chef desquels elles proviennent aient justifié du paiement de leurs impositions. S'ils s'en dessaisissaient au préjudice du percepteur, ils pourraient être déclarés personnellement responsables.

978. — D'autre part, pour ne pas laisser peser sur ces dépositaires cette sorte de saisie-arrêt perpétuelle, la loi des 5-18 août 1791 les autorise à payer directement les contributions dues, sans attendre que la distribution soit réglée judiciairement. Enfin la loi du 12 nov. 1808 (art. 2) leur impose l'obligation de payer sur la demande du percepteur. Ainsi, alors même que le percepteur n'a fait aucune demande, ils ont la faculté de faire le paiement avant de se dessaisir des deniers. La loi du 12 nov. 1808 n'a pas abrogé sur ce point celle de 1791. La loi du 18 juin 1843, qui règle le tarif des commissaires-priseurs, leur alloue une vacation pour paiement des contributions, conformément aux lois des 5-18 août 1791 et 12 nov. 1808.

979. — La question de savoir si la loi du 12 nov. 1808 avait ou non abrogé celle de 1791 a longtemps divisé les tribunaux. Plusieurs tribunaux, se prononçant pour l'affirmative, décidaient que les dépositaires n'étaient plus tenus de se faire justifier du paiement des contributions avant de se dessaisir des deniers, mais étaient seulement obligés de payer, sur la demande du percepteur. — Trib. la Châtre, 28 janv. 1858, Bourgault, [D. 66. 3.78] — Trib. Bruxelles, 7 févr. 1866, Verniculen, [D. 66.3.410] — Trib. Lisieux, 31 mars 1870, Lepoissonnier, [S. 70.2.249, P. 70.934, D. 71.3.39]

980. — Il a été jugé encore que le syndic d'une faillite n'est obligé de payer les contributions directes du failli qu'autant qu'une demande régulière lui est adressée avant la répartition. — Trib. Seine, 7 janv. 1875, Hecaën, [D. 77.3.6]

981. — Mais la solution contraire a fini par l'emporter, et elle a été consacrée par la Cour de cassation. — Cass., 21 mai 1883, Montsarrat, [S. 83.1.401, P. 83.1.1024, D. 84.1.271] — Trib. Seine, 24 mai 1828, Lebailly, [cité par Durieu, t. 2, *Jur.*, p. 123] — Trib. Douai, 12 févr. 1864, Maguant, [S. 64.2.277, D. 66. 1.101] — Trib. Blois, 10 avr. 1866, Doumers, [D. 66.3.109] — Trib. Foix, 1er août 1866, Laffont, [D. 66.3.79] — Trib. Lonsle-Saulnier, 11 déc. 1882, Bourgeois, [D. 85.3.130] — Trib. Poitiers, 10 avr. 1888, Mirabeau, [*Mém. des perc.*, 1888.271] — Trib. Mirecourt, 30 avr. 1875, [*Mém. des perc.*, 1875.146] — Trib. Pont-Audemer, 1er août 1877, [*Mém. des perc.*, 1877.426] — Trib. Rouen, 29 nov. 1878, [*Mém. des perc.*, 1878.568] — Trib. Gex, 7 avr. 1879, [*Mém. des perc.*, 1879.363] — Trib. Châlon-sur-Saône, 19 mai 1881, [*Mém. des perc.*, 1882.40] — Trib. Lyon, 20 juin 1884, [*Mém. des perc.*, 1884.538] — Trib. Gaillac, 31 juill. 1888, [*Mém. des perc.*, 1889.192] — *Encycl. du droit*, v° *Contributions directes*, n. 326; Chauveau, *Journ. de dr. admin.*, t. 8, p. 376, et t. 10, p. 417; *Journal des percepteurs*, 1861, 208.

982. — L'obligation de payer n'existe, pour l'officier ministériel détenteur de deniers provenant du chef du redevable, qu'autant que la demande du percepteur s'est produite dans une forme régulière et légale, et non lorsque le percepteur n'a donné, relativement aux sommes encore dues, que des indications officieuses. — Trib. Foix, 1er août 1866, précité.

983. — Cette décision ne saurait, suivant nous, échapper à toute critique. En effet, la loi du 5 août 1791, imposant à tout dépositaire public l'obligation de ne pas se dessaisir sans s'être assuré du paiement des contributions privilégiées, ce juge, appelé à statuer sur une opposition aux poursuites faite par le dépositaire poursuivi, ne nous paraît pas avoir à rechercher si celui-ci a reçu du percepteur une demande régulière. — Trib. Pamiers, 14 févr. 1890, Saverdun, [*Mém. des perc.*, 1892.132]

984. — L'officier ministériel sommé de payer les contributions d'un redevable ne peut se soustraire à l'obligation de payer en prétendant que les créanciers de ce contribuable ont un droit de propriété sur les fruits saisis, ou un privilège qui prime celui du Trésor. Il peut les mettre en cause, mais non se substituer à eux pour faire valoir leurs moyens. — Riom, 4 mai 1852, Lamouroux, [D. 52.2.229]

985. — Le percepteur qui réclame les impôts dus par un contribuable tombé en état de faillite n'est pas obligé de faire vérifier sa créance et de subir les formalités édictées par le Code de commerce. Le syndic est obligé de payer sur sommation directe

ou de laisser vendre les meubles du failli jusqu'à concurrence de la créance du Trésor. — Trib. Chaumont, 6 févr. 1889, [*Mém. des perc.*, 1889.564]

986. — Il ne peut pas non plus alléguer que les poursuites du percepteur, faites en opposition à celles de créanciers saisissants, le mettent dans la nécessité de faire la consignation exigée par l'art. 657, C. proc. civ. En effet, il cesserait par ce fait d'être détenteur et par suite débiteur personnel du Trésor. Or, son obligation est de payer directement les contributions du redevable. — Même jugement. — V. aussi Trib. Sables d'Olonne, 7 juill. 1891, Perc. des Sables, [*Mém. des perc.*, 1891.280] — Trib. Toulouse, 31 déc. 1891, Dagazon, [*Mém. des perc.*, 1892. 309]

987. — Toutefois, il a été jugé que la loi des 5-18 août 1791 n'imposait aux officiers ministériels l'obligation de faire auprès du percepteur, avant de se dessaisir des deniers, une démarche destinée à assurer le paiement des impositions encore dues, que lorsque le versement devait être effectué entre les mains des créanciers ou autres ayants-droit, mais non lorsqu'il devait être fait à la Caisse des dépôts et consignations, où les deniers restaient soumis au privilège du Trésor. — Trib. Foix, 1er août 1806, précité.

988. — L'huissier qui a vendu le mobilier d'un contribuable n'encourt aucune responsabilité si le versement qu'il a effectué du produit de la vente entre les mains d'un créancier saisissant a eu lieu antérieurement à la publication des rôles. — Content. Fin., 2 juin 1892, [*Mém. des perc.*, 1892.537]

989. — L'énumération contenue dans la loi de 1791 n'est qu'énonciative. Elle se termine en effet par la formule générale : *et tous autres dépositaires de deniers*. Les syndics de faillite ne sont pas nommément compris dans cette nomenclature. Un règlement sur les poursuites, arrêté le 24 déc. 1839 par le préfet de la Seine, les mentionne parmi les dépositaires publics tenus des mêmes obligations que les commissaires-priseurs et autres. Il est vrai que le tribunal de la Seine, par le jugement du 7 janv. 1873, précité, avait subordonné l'obligation du syndic à la demande du percepteur, et que Durieu (t. 1, p. 303) inclinait à le considérer moins comme un dépositaire public que comme le représentant de la faillite. Mais la Cour de cassation a tranché la question en assimilant le syndic de faillite aux dépositaires publics. — Cass., 21 mai 1883, précité.

990. — La dénomination de receveur des consignations, qui se trouve aussi dans la loi des 5-18 août 1791, s'applique aujourd'hui à la Caisse des dépôts, aux receveurs des finances qui en font le service, au Trésor public, quand il est dépositaire de sommes appartenant aux particuliers. — Durieu, t. 1, p. 303 ; *Mém. des perc.*, 1888.88.

991. — Aux termes de l'art. 96 de l'instruction générale de la Caisse des dépôts et consignations, du 1er déc. 1877, la caisse, quand elle est saisie d'une demande du percepteur, se libère valablement entre ses mains du montant des sommes pour lesquelles le Trésor est privilégié, sur la remise d'un extrait des rôles certifié par le préfet ou le sous-préfet. Le percepteur délivre une quittance à souche, accompagnée d'un duplicata sur papier libre, énonçant la date et le nom de la consignation et les motifs du remboursement.

992. — Le trésorier-payeur général est un dépositaire public en ce qui touche les fonds destinés à rémunérer un entrepreneur de travaux publics qui serait redevable de la patente. En conséquence, une instruction du 11 déc. 1879 rappelle aux trésoriers-payeurs généraux qu'ils doivent se conformer aux prescriptions de la loi du 5 août 1791, alors même que des oppositions auraient été précédemment formées entre leurs mains par d'autres contribuables. — *Mém. des perc.*, 1891.162.

993. — Les huissiers qui procèdent aux ventes mobilières dans les endroits où il n'existe pas de commissaires-priseurs, quoique non dénommés dans la loi de 1791, sont soumis aux mêmes obligations que les autres dépositaires. Il n'y a pas à distinguer entre les ventes volontaires et les ventes forcées. — Riom, 4 mai 1852, Lamouroux, [D. 52.2.229] — Durieu, t. 1, p. 304.

994. — Il faut distinguer entre les dépositaires qui agissent en vertu d'un caractère public et ceux qui ne sont que les mandataires des particuliers. Les notaires peuvent avoir ce double caractère : quand ils procèdent à une vente judiciaire, ils sont officiers publics et, dès lors, tenus de toutes les obligations édictées par la loi de 1791. Quand, au contraire, ils procèdent à des ventes amiables, ils peuvent se dessaisir des deniers pro-

venant du chef des redevables sans s'assurer que les impositions sont acquittées. Ils n'encourraient de ce chef aucune responsabilité. En conséquence, lorsqu'un percepteur a connaissance d'une vente amiable de biens provenant d'un débiteur du Trésor, il doit se présenter à la vente et déclarer au notaire qu'il s'oppose à la délivrance des deniers et qu'il en requiert la remise après la vente, conformément à l'art. 2, L. 12 nov. 1808. — Trib. Segré, 21 août 1883, [*Mém. des perc.*, 1883.497]—Durieu, t. 1, p. 305; *Mém. des perc.*, 1883.444.

995. — Lorsque les commissaires-priseurs et les huissiers font des ventes de meubles à terme, droit qui leur a été reconnu par la Cour de cassation (Cass., 6 août 1861, Notaires de Cambrai, S. 61.1.682, P. 61.951, D. 61.1.409), on ne peut les contraindre à payer au percepteur le montant des contributions dues par le contribuable dont les meubles ont été vendus : car ils ne sont obligés qu'autant qu'ils ont ou qu'ils ont eu entre les mains, les deniers provenant de cette vente. Tant que le paiement n'est pas effectué, ils ne sont pas tenus. Le percepteur pourra leur faire défense de se dessaisir de ces deniers, mais il n'en pourra obtenir délivrance qu'à l'expiration du terme. — Durieu, t. 1, p. 307.

996. — Ce n'est toutefois que dans les ventes volontaires de meubles que les commissaires-priseurs et huissiers peuvent insérer dans leurs procès-verbaux des stipulations de terme (LL. 27 vent. an IX et 28 avr. 1816). Quand ils procèdent à une vente sur saisie, on applique les art. 624 et 625, C civ. L'adjudication doit être faite au plus offrant, qui doit payer comptant, et faute de paiement, l'effet mobilier doit être revendu sur le champ à la folle enchère de l'adjudicataire. Le commissaire-priseur est responsable du prix des adjudications. Il suit de là que, s'il a admis une stipulation de terme dans une vente forcée, le percepteur peut le contraindre à payer immédiatement les contributions du redevable. — Durieu, t. 1, p. 308.

997. — A l'égard des notaires, comme leur droit de faire des ventes à terme est incontestable, ils ne sont responsables et ne peuvent être contraints qu'à l'expiration du terme. — Durieu, t. 1, p. 308.

6o Acquéreurs.

998. — D'après l'art. 11 du règlement de 1839, l'acquéreur d'une propriété doit, en conséquence du privilège du Trésor, s'assurer que les contributions de cette propriété ont été payées jusqu'au jour de la vente. Cette obligation existe également pour tous adjudicataires d'immeubles vendus par autorité de justice.

999. — Quelle est la portée de cette prescription ? Quelle en est la sanction ? Quelle est l'étendue de l'obligation des tiers acquéreurs ?

1000. — Il faut remarquer que le Trésor, n'ayant pas de privilège sur les immeubles, ne peut suivre l'immeuble vendu entre les mains du nouvel acquéreur ni exercer un droit de préférence sur le prix. Quand il y a eu vente, volontaire ou forcée, et que le prix a été payé, le tiers acquéreur n'est plus responsable des contributions de l'ancien propriétaire.

1001. — D'anciennes décisions semblent admettre que l'adjudicataire, tout en ne devenant pas personnellement débiteur du montant des contributions arriérées dues par le précédent propriétaire, était tenu de représenter le prix. Il est bon de faire remarquer que sur ce prix, le Trésor ne pourra venir qu'en concurrence avec les autres créanciers. — Cons. d'Et., 2 juin 1815, Sauvet, [S. chr., P. adm. chr.] — *Sic*, Cormenin, *Dr. adm.*, 3e édit., v° *Contrib. dir.*, § 6.

1002. — Il a été décidé qu'un individu qui s'était rendu adjudicataire d'immeubles vendus sur saisie immobilière et qui, au moment de l'adjudication, étaient improductifs, ne pouvait être poursuivi comme responsable des contributions dues par les précédents propriétaires et avait droit au remboursement des sommes que le percepteur l'avait contraint de payer. — Cons. d'Et., 1er mai 1816, Morard, [S. chr., P. adm. chr.]; — 7 févr. 1890, Massebœuf, [S. et P. 92.3.61, D. 91.3.75]

1003. — Une circulaire de la direction générale de la comptabilité publique, du 15 mai 1888, a décidé que, tant que l'acquéreur n'était pas soumis au vendeur sur le rôle par voie de mutation de cote, il ne pouvait être poursuivi qu'indirectement, à titre de détenteur de fruits naturels ou civils produits par

l'immeuble et grevés du privilège du Trésor. L'acquéreur ne peut être actionné directement. Le percepteur doit viser directement les fruits par une saisie. L'art. 11 du règlement ne constitue qu'une recommandation destinée à avertir l'acquéreur qu'en ne s'assurant pas du paiement des contributions du vendeur, il s'expose à subir les effets du privilège sur les fruits de l'immeuble créés depuis la vente.

1004. — Non seulement, l'acquéreur n'est pas débiteur personnel des contributions échues de son vendeur, mais encore la loi du 3 frim. an VII (art. 36), dispose que, pour les contributions à échoir, le vendeur ou ses héritiers continuent à être imposables tant que la mutation n'a pas été opérée, sauf leur recours contre le nouveau propriétaire pour les contributions échues depuis son entrée en jouissance. Il n'est donc pas tenu personnellement sur le prix de l'immeuble vendu. — Cons. d'Ét., 27 janv. 1843, Chanard, [S. 43.2.208, P. adm. chr.]; — 25 mars 1892, Société des mines de Pontgibaud, [Leb. chr., p. 309] — Durieu, t. 1, p. 225.

1005. — Cependant la loi du 12 nov. 1808 ne subordonne pas l'existence du privilège du Trésor à la condition que l'immeuble existera toujours dans les mains du même propriétaire. Le privilège existe pour l'année échue et l'année courante sur les fruits et revenus de l'immeuble imposé. Peu importe que la propriété ait changé de maître. L'acquéreur sera tenu des contributions de l'année échue et de l'année courante sur les fruits et revenus de l'immeuble ou sur la portion du prix de vente afférente aux fruits. — Cass., 6 juill. 1832, Bourdeaux, [S. 52.1. 534, P. 52.2.377, D. 52.1.165]; — 26 mai 1886, d'Aviau de Piolant, [S. 86.1.256, P. 86.618] — Trib. Draguignan, 13 juill. 1843, [Durieu, t. 2, et Jur., p. 148] — Trib. Louviers, 27 juill. 1849. — Trib. Rouen, 23 mai 1851. — Trib. Saint-Jean d'Angély, 30 déc. 1869, Bigeon, [Durieu, t. 1, p. 224; t. 2, Jur., p. 166] — Sie, Paul Pont, Priv. et hyp., t. 1, n. 50; Aubry et Rau, t. 3, p. 185, § 263 bis.

1006. — Dans quelle forme le percepteur pourra-t-il exercer cette action? Les fruits et revenus affectés au privilège pourront être saisis. Les loyers ou fermages seront frappés d'opposition entre les mains des locataires ou fermiers. Le percepteur formera contre le nouveau propriétaire une instance en validité de saisie-arrêt. S'il existe des fruits ou récoltes, le percepteur fera opérer une saisie-brandon. Mais le nouveau propriétaire ne peut être poursuivi personnellement; sa situation est celle d'un tiers détenteur tenu, à raison de la possession de l'immeuble, au paiement de la dette privilégiée (art. 2170, C. civ.). — Durieu, t. 1, p. 225.

1007. — Quand l'acheteur n'a pas encore payé le prix de l'immeuble, le percepteur peut se faire colloquer à l'ordre sur la partie du prix qui représente, s'il y a lieu, les fruits récoltés. — Durieu, t. 1, p. 226.

1008. — Quand un immeuble doit être vendu aux enchères publiques, le percepteur peut, tant que l'adjudication n'est pas définitive, faire saisir les récoltes, alors même que la vente aurait lieu sur saisie immobilière. C'est ce qui résulte de plusieurs arrêts lesquels il a été décidé que les règles de la saisie ne sont pas applicables à la créance du Trésor sur les biens du redevable immobilier, et qu'en conséquence l'administration peut en poursuivre directement la vente, à l'exclusion des syndics. — Cass., 12 août 1811, Vanhove, [Durieu, t. 2, Jur., p. 84]; — 9 janv. 1815, Régie des droits réunis, [Durieu, t. 2, Jur., p. 89] — Paris, 29 août 1836, Kropff, [Durieu, t. 2, Jur., p. 138] — Durieu, t. 1, p. 226.

1009. — Il ne faut pas se laisser arrêter par cette considération que, d'après l'art. 685, C. proc. civ., quand des créanciers poursuivent la saisie des immeubles de leur débiteur, les loyers et fermages sont immobilisés à partir de la transcription de la saisie, pour être distribués avec le prix de l'immeuble, par ordre d'hypothèque. Le privilège du Trésor s'étend sur les fruits et récoltes, quel que soit leur caractère juridique. D'autre part la distribution par ordre d'hypothèque, prévue par l'art. 685, ne porte pas atteinte au privilège du Trésor, qui passe avant toute créance hypothécaire. — Durieu, t. 1, p. 227.

1010. — Que faut-il décider à l'égard des acquéreurs soit d'objets mobiliers, soit de fruits ou récoltes, affectés au privilège du Trésor? La vente éteint-elle le privilège du Trésor et à quelles conditions?

1011. — Il faut d'abord que la vente ait été faite de bonne foi; qu'elle ait acquis date certaine antérieurement à des actes

de poursuite ayant eu pour effet de mettre les meubles sous la main de la justice, c'est-à-dire à une saisie (la contrainte n'empêche pas le redevable d'aliéner de bonne foi et sans fraude son mobilier). — Cass., 18 mai 1819, Thuillier, [Durieu, t. 2, Jur., p. 101]; — 17 août 1847, Quentin, [Durieu, Jur., p. 131] — Nîmes, 9 juill. 1834, Lavondos, [Durieu, Jur., p. 133] — Limoges, 13 mars 1873, Monureau, [Durieu, t. 2, Jur., p. 173] — V. aussi Cons. préf. Aisne, 19 juill. 1832, [Durieu, Jur., p. 134] — Durieu, t. 1, p. 232.

1012. — Il faut encore que l'objet vendu ait été matériellement livré à l'acquéreur. D'après l'art. 1583, C. civ., ce n'est qu'entre le vendeur et l'acheteur que la validité de la vente est indépendante de la livraison des objets. Pour les tiers, c'est la tradition seule qui constitue la vente. Le percepteur peut donc prendre des mesures conservatoires quand il apprend que les meubles du redevable sont sur le point d'être enlevés. — Durieu, t. 1, p. 234.

1013. — Enfin, il faut que le prix ait été payé. Autrement si le prix est encore dû, c'est le cas pour le percepteur d'appliquer purement et simplement l'art. 2, L. 12 nov. 1808, et d'adresser à l'acquéreur une sommation directe d'acquitter, jusqu'à concurrence des sommes dont il est encore débiteur, les contributions du vendeur. — Durieu, t. 1, p. 232.

1014. — Quand un créancier obtient paiement de son débiteur, les fonds qu'il touche tombent immédiatement dans son patrimoine. Il en résulte que le percepteur, lorsqu'il apprend qu'il existe entre les mains de tiers des fonds provenant de redevables du Trésor et affectés à son privilège, doit exiger de ces tiers le paiement de la créance de l'État avant que ces fonds n'aient été remis aux mains d'un créancier plus diligent. En effet, ce créancier ne pourrait être poursuivi, les fonds étant par le fait même du paiement entrés dans son patrimoine et ne pouvant plus être considérés comme provenant du redevable du Trésor. — Trib. Seine, 2 janv. 1875, Cahuzac, [Durieu, t. 2, Jur., p. 177]

1015. — L'acquéreur d'un immeuble n'est pas tenu de payer la taxe mobilière inscrite au nom du vendeur. — Cons. d'Ét., 1er juill. 1839, Audap, [Leb. chr., p. 373]

1016. — Quelques comptables ont émis la prétention d'exiger le paiement de la patente due par un associé en nom collectif, décédé ou devenu insolvable, des autres associés ou du syndic de la faillite de la société. Ils se fondaient sur ce que le Trésor ayant privilège sur les meubles provenant du chef du redevable en quelque lieu qu'ils se trouvent, ils pouvaient exercer ce privilège sur la part qui revenait au redevable dans l'actif social. Le Conseil d'État a toujours repoussé cette prétention, en se fondant sur ce que les patentes des associés en nom collectif leur étaient personnelles et ne constituaient pas une charge de la société; sur ce que celle-ci, même qu'elle existait, fût-ce même à l'état de faillite ou de liquidation, était une personne distincte de chacun des associés; que, dès lors, l'actif social ne pouvait être considéré comme appartenant à chaque associé individuellement. — Cons. d'Ét., 30 juin 1869, Jammes, [S. 70. 2.256, P. adm. chr.]; — 22 févr. 1870, Bougeant, [P. adm. chr.]; — 22 déc. 1882, Percepteur de la deuxième division de Lille, [Leb. chr., p. 1054]

1017. — Les individus indiqués sur les rôles comme représentant du contribuable inscrit nominativement, ne peuvent être poursuivis personnellement pour le paiement de la contribution de leur mandant. La mention portée au rôle n'est qu'une indication donnée aux agents du recouvrement pour faciliter leur travail, mais ne peut faire considérer le représentant comme un contribuable inscrit sur le rôle. — Cons. d'Ét., 6 déc. 1878, Hardy-Minet, [D. 79.3.34]; — 3 juill. 1885, Talbot, [P. adm. chr.]

1018. — La personne qui, en cours d'année, succède à une autre dans un appartement, ne devient pas responsable du paiement des contributions de cette dernière. Cependant quelques règlements administratifs émanés des ministres de l'Intérieur et de la Guerre font à certains fonctionnaires l'obligation d'acquitter la contribution mobilière de leurs prédécesseurs.

7° Responsabilité du propriétaire et des principaux locataires.

1019. — En cas de déménagement hors du ressort de la perception, comme en cas de vente volontaire ou forcée, la con-

tribution personnelle-mobilière devient exigible pour la totalité de l'année courante. Les propriétaires et, à leur place, les principaux locataires doivent, un mois avant l'époque du déménagement de leurs locataires, se faire représenter par ces derniers les quittances de leur contribution personnelle-mobilière. Lorsque les locataires ne représentent pas ces quittances, les propriétaires ou principaux locataires sont tenus, sous leur responsabilité personnelle, de donner, dans les trois jours, avis du déménagement au percepteur (L. 21 avr. 1832, art. 22).

1020. — Dans le cas de déménagement furtif, les propriétaires et, à leur place, les principaux locataires deviennent responsables des termes échus de la contribution personnelle-mobilière de leurs locataires, s'ils n'ont pas fait constater, dans les trois jours, ce déménagement par le maire, le juge de paix ou le commissaire de police (L. 21 avr. 1832, art. 23).

1021. — Dans tous les cas et nonobstant toute déclaration de leur part, les propriétaires ou principaux locataires demeurent responsables de la contribution des personnes logées par eux en garni (art. 23).

1022. — Ces dispositions ont leur origine dans l'ancien droit. Ce sont les arrêts du Conseil du roi, en date des 24 févr. 1773 et 27 sept. 1783, qui ont créé cette obligation pour les propriétaires. Ils ont été confirmés et maintenus expressément par le décret des 5-18 août 1791. Toutefois, comme ces anciens arrêts n'étaient pas applicables dans toute la France, les lois du 26 mars 1831 et du 21 avr. 1832 généralisèrent l'obligation.

1023. — Jusqu'en 1844, ces dispositions étaient exclusivement édictées pour le recouvrement de la contribution personnelle-mobilière, et ne pouvaient être étendues à la contribution des patentes. — Cons. d'Et., 12 janv. 1844, Lallemand, [P. adm. chr.]; — 2 mars 1849, Bourgeois, [P. adm. chr.]

1024. — La loi du 25 avr. 1844 (art. 25), combla cette lacune et étendit à la contribution des patentes, mais en la modifiant légèrement, l'obligation des propriétaires et principaux locataires. Cet article est devenu l'art. 30, L. 15 juill. 1880. « En cas de déménagement hors du ressort de la perception, comme en cas de vente volontaire ou forcée, la contribution des patentes sera immédiatement exigible en totalité. Les propriétaires et, à leur place, les principaux locataires qui n'auront pas, un mois avant le terme fixé par le bail ou par les conventions verbales, donné avis au percepteur du déménagement de leurs locataires, seront responsables des sommes dues par ceux-ci pour la contribution des patentes. Dans le cas où ce terme serait devancé, comme dans le cas de déménagement furtif, les propriétaires et, à leur place, les principaux locataires deviendront responsables de la contribution de leurs locataires, s'ils n'ont pas, dans les trois jours, donné avis du déménagement au percepteur. La part de la contribution laissée à la charge des propriétaires ou principaux locataires par les paragraphes précédents comprendra seulement le dernier douzième échu et le douzième courant dû par le patentable. »

1025. — Les dispositions précitées obligent-elles tous les propriétaires sans distinction? Les termes dans lesquels elles sont conçues sont absolus et ne distinguent pas entre les propriétaires de maisons et les propriétaires de biens ruraux. Cependant, si l'on considère que ces articles ne sont que la reproduction des anciens arrêts du Conseil qui ne s'appliquaient qu'à Paris, il faut en conclure que les propriétaires de biens ruraux ne sont pas responsables des contributions personnelle et mobilière de leurs fermiers ou métayers. — Cons. d'Et., 27 janv. 1843, Chanard, [S. 43.2. 208, P. adm. chr.] — Cons. préf. Var, 4 juin 1833, [Durieu, t. 2, *Jur.*, p. 135]

1026. — Dans une espèce où un fermier, après avoir soldé toutes les contributions échues, avait quitté son domaine en y laissant un individu chargé de garder les lieux jusqu'à l'expiration du bail, il a été jugé que la responsabilité du propriétaire ne se trouvait pas engagée s'il laissait partir ce gardien alors du moins qu'il n'était pas forcé de faire la déclaration prescrite par les art. 22 et 23, L. 21 avr. 1832. — Cons. d'Et., 11 janv. 1889, Bulliard, [Leb. chr., p. 41]

1027. — Que faut-il entendre par principal locataire ? D'après Durieu et l'administration, c'est seulement celui qui a pris à bail une maison entière qu'il sous-loue ensuite à différents locataires. Il administre la maison; il en touche les revenus, il est en situation d'empêcher la sortie des meubles. L'obligation du propriétaire lui est dévolue. Il résulte des termes de la loi « les propriétaires et *à leur place* les principaux locataires », que, lorsqu'il

existe un principal locataire dans une maison, le propriétaire est déchargé de sa responsabilité. — Durieu, t. 1, p. 314.

1028. — Mais on ne peut considérer comme principal locataire le locataire particulier qui sous-loue son appartement : il doit seulement, en principe, garantir au propriétaire le paiement des loyers et des réparations locatives. Le propriétaire ne connaît pas le sous-locataire ; il n'a pas traité avec lui. Qui sera obligé si le sous-locataire déménage? Le propriétaire ou le locataire? D'après Durieu, le propriétaire doit dans ce cas être seul responsable envers le Trésor; mais il a un recours devant les tribunaux contre son locataire. — Durieu, t. 1, p. 313.

1029. — Dans une décision rendue conformément aux conclusions de M. le commissaire du gouvernement Chareyre, il faudrait étendre de principal locataire à tout individu qui sous-loue, même à une seule personne, la totalité des locaux loués par lui. — Cons. d'Et., 27 mai 1892, Maurin, [Leb. chr., p. 489]

1030. — Contrairement à l'opinion de Durieu, le Conseil d'Etat a décidé qu'un propriétaire ne pouvait être déclaré responsable de la contribution mobilière d'un sous-locataire. — Cons. d'Et., 7 juill. 1882, Barabino, [D. 84.3.12]; — 27 mai 1892, précité.

1031. — Si le contribuable déménage deux fois dans la même année, la responsabilité des deux propriétaires successifs se trouvera engagée et le percepteur pourra s'adresser indifféremment à l'un ou à l'autre (Durieu, t. 1, p. 314). Mais si, postérieurement à l'arrêté du conseil de préfecture qui a condamné le second propriétaire, le premier acquitte la contribution du locataire fugitif, le Conseil d'Etat doit annuler les poursuites dirigées contre le second propriétaire. — Cons. d'Et., 10 févr. 1894, Boutroux, [Leb. chr., p. 123]

1032. — La responsabilité du propriétaire n'est engagée qu'à l'égard de ses locataires. Il a été décidé qu'un propriétaire logeant gratuitement chez lui un membre de sa famille, n'encourait aucune responsabilité, pour n'avoir pas dans les trois jours averti le percepteur du déménagement de ce parent. — Cons. d'Et., 14 mars 1891, Peyricaud, [S. 93.3.35, P. adm. chr.] — V. *infra*, n. 1065 et 1066.

1033. — L'Etat, les départements, les communes, les établissements publics doivent être déclarés responsables de la contribution mobilière des fonctionnaires logés dans des bâtiments qui leur appartiennent. Ils doivent être soumis aux mêmes obligations que les autres propriétaires. — Durieu, t. 1, p. 315.

1034. — D'après Durieu (t. 1, p. 317), il n'y a pas à distinguer entre le cas où le déménagement a lieu dans le ressort de la même perception et celui où le contribuable quitte cette perception pour aller résider dans une autre. Il est vrai que, dans le premier cas, la cote reste payable par douzièmes, tandis qu'elle est exigible en totalité dans le second, mais l'obligation du propriétaire n'est pas corrélative de celle du locataire. Il est constitué gardien des meubles de son locataire et ne doit pas les laisser sortir de chez lui sans en avertir le percepteur. Le déménagement de son locataire engage donc dans tous les cas sa responsabilité.

1035. — Le Conseil d'Etat paraît ne pas avoir admis le système soutenu par M. Durieu. Il a décidé que, dans le cas où un locataire déménage sans quitter le ressort de la perception, le propriétaire ne peut, bien qu'il ait omis de déclarer ce fait au percepteur, être considéré comme responsable que du paiement des termes des contributions du locataire exigibles lors du déménagement. — Cons. d'Et., 8 nov. 1878, Pierlot, [S. 80.2.126, P. adm. chr., D. 79.3.37]

1036. — Alors même que le locataire reviendrait habiter dans la maison qu'il a précédemment quittée, la responsabilité du propriétaire, une fois née, subsisterait au retour du locataire, car celui-ci, en déménageant, a pu altérer ou diminuer le gage du Trésor et le propriétaire est en faute de ne s'y être pas opposé. — Durieu, t. 1, p. 319.

1037. — L'enlèvement de quelques meubles ne constitue pas un déménagement. Il faut qu'il soit assez considérable pour compromettre le privilège du Trésor. Tout dépend du nombre, de la valeur des meubles enlevés. C'est une question de fait. — Durieu, t. 1, p. 318.

1038. — Ainsi, la responsabilité du propriétaire n'est encourue quand un locataire disparaît en laissant tous ses meubles ou son matériel industriel dans l'établissement. — Cons. d'Et., 19 févr. 1863, de Calvière, [P. adm. chr., D. 63.3.19]

1039. — Il n'y a déménagement que si le locataire quitte la

maison. S'il ne fait que changer d'appartement dans la même maison, le propriétaire n'a aucune déclaration à faire. — Durieu, t. 1, p. 319.

1040. — Quelle est l'étendue de la responsabilité du propriétaire? Porte-t-elle sur tout l'arriéré de la contribution personnelle-mobilière? Durieu pense qu'il faut limiter l'obligation du propriétaire aux termes échus depuis que le contribuable est devenu son locataire. Ce n'est que du jour où, par l'entrée du locataire dans sa maison, il est constitué gardien des meubles de celui-ci que son obligation peut naître. La faire remonter au delà serait donner, en quelque sorte, un effet rétroactif à ces dispositions, qui, en raison de leur caractère pénal, doivent être interprétées restrictivement. Durieu admet cependant, pour le cas où la publication du rôle n'a eu lieu qu'après l'emménagement du locataire, que le propriétaire sera responsable de tous les termes échus de l'année courante. — Durieu, t. 1, p. 321.

1041. — Nous serions même disposé à admettre que le propriétaire est responsable de tous les termes échus dans la mesure compatible avec sa faute a compromis les intérêts du Trésor. Le privilège du Trésor s'exerce pour les contributions de l'année échue et celles de l'année courante. Le propriétaire, en laissant sortir de sa maison les meubles affectés à ce privilège, a compromis le recouvrement de la contribution de ces deux années. Dans une espèce où le locataire avait, dans le cours de la même année, opéré deux déménagements successifs, le second furtivement, le Conseil d'Etat a validé une contrainte dirigée contre le second propriétaire pour tous les termes échus depuis le début de l'année. Il a donc admis que la responsabilité du propriétaire s'appliquait à des termes échus antérieurement à l'emménagement du locataire. — Cons. d'Et., 10 févr. 1894, précité.

1042. — Que faut-il décider en ce qui touche les termes à échoir après le déménagement? Le propriétaire est-il responsable de la totalité de la cote? La raison de douter est celle-ci : l'art. 23, L. 21 avr. 1832, limite la responsabilité du propriétaire aux termes échus en cas de déménagement furtif; d'autre part, l'art. 22, qui édicte la responsabilité du propriétaire au cas du défaut de déclaration du déménagement non clandestin, dispose dans son § 1 que la cote personnelle-mobilière devient exigible pour la totalité.

1043. — Durieu (t. 1, p. 322), pense qu'il faut distinguer entre le cas où le locataire quitte et celui où il ne quitte pas le ressort de la perception. Dans le premier cas il ne devrait que les termes échus; dans le second il devrait la totalité. Il nous semble qu'en faisant cette distinction, cet auteur a perdu de vue les termes de l'art. 23, L. 24 avr. 1832, qui vise exclusivement le cas du déménagement furtif. Suivant nous, il suffit de lire les art. 22 et 23 pour en saisir le sens. En cas de déménagement dans le ressort de la perception, le gage du Trésor n'est pas compromis : la responsabilité du propriétaire n'est pas engagée. En cas de déménagement ordinaire hors du ressort de la perception, la cote devenant exigible en totalité, le propriétaire est tenu comme le locataire pour tous les termes à échoir jusqu'à la fin de l'année. Enfin en cas de déménagement furtif, sa responsabilité est limitée aux termes échus. — V. en ce sens les observations du service des contributions directes rapportées en note sous Cons. d'Et., 3 nov. 1882, Percepteur de Livry, [Leb. chr., p. 824]; — 9 juill. 1886, Grébert. [S. 88.3.24, P. adm. chr.] — Cons. préf. Nord, 25 oct. 1875, [*Mém. des perc.*, 1876.148] — Circ. compt. publ., 30 avr. 1891, [*Mém. des perc.*, 1891.193]

1044. — En ce qui touche la contribution des patentes, la loi elle-même a limité la responsabilité du propriétaire au dernier terme échu et au terme courant (L. 15 juill. 1880, art. 30). — Cons. préf. Pas-de-Calais, 5 août 1867, Thilley-Leborgue, [Durieu, t. 2, *Jur.*, p. 163] — En cas du double déménagement dans la même année, le Trésor peut réclamer deux douzièmes à chacun des propriétaires. — Cons. d'Et., 10 févr. 1894, précité.

1045. — Les propriétaires et principaux locataires sont-ils tenus de payer immédiatement la contribution aux lieu et place des locataires, ou bien ne sont-ils soumis qu'à une garantie subsidiaire, à défaut de paiement par les locataires? La loi se borne à dire qu'ils sont tenus sous leur responsabilité personnelle. Si le propriétaire n'est qu'un garant, il peut demander la discussion préalable du contribuable et exiger que celui-ci soit poursuivi avant tout recours contre lui-même. Dans l'autre hypothèse, le percepteur peut le poursuivre séparément et immédiatement.

1046. — Si on s'attache à l'esprit qui a inspiré ces dispositions, on est convaincu que l'intention du législateur a été de permettre de poursuivre immédiatement le propriétaire responsable d'avoir laissé évanouir le gage du Trésor, sans obliger l'administration à rechercher le contribuable disparu. Le propriétaire devient personnellement débiteur de l'impôt, qu'il doit payer en l'acquit du locataire, sauf son recours contre celui-ci. Telle était, d'ailleurs, la situation des propriétaires sous l'empire de l'arrêt du Conseil de 1783. Durieu invoque encore à l'appui de cette opinion, un argument tiré de ce que, dans la législation fiscale, la responsabilité implique pour celui à qui elle incombe l'obligation de faire l'avance, sauf son recours (Ord. 19 nov. 1826; Décr. 31 mai 1862, art. 358). — Durieu, t. 1, p. 324.

1047. — Les propriétaires étant débiteurs personnels doivent être poursuivis comme les contribuables eux-mêmes par voie de demande amiable suivie d'une contrainte et, le cas échéant, des actes successifs de poursuites établis par la loi. — Durieu, t. 1, p. 325.

1048. — Quelles formalités ont à remplir les propriétaires pour se soustraire à toute responsabilité? D'après l'art. 16 du règlement, quand il s'agit d'un déménagement ordinaire, ils doivent, un mois avant l'époque du déménagement, se faire représenter par leurs locataires les quittances de leur contribution personnelle et mobilière comprenant toutes les sommes exigibles à l'époque du déménagement et, à défaut de cette représentation, donner dans les trois jours avis du déménagement au percepteur. — Durieu, t. 1, p. 324.

1049. — L'époque du déménagement étant connue d'avance, le propriétaire doit, un mois avant ce terme, se faire représenter les quittances. Celles-ci doivent comprendre seulement les termes échus, si le déménagement a lieu dans le ressort de la perception, et toute la cote s'il a lieu hors de ce ressort. C'est dans le mois qui précède le déménagement effectif que cette représentation doit être exigée. A défaut de cette représentation, le propriétaire a trois jours pour avertir le percepteur. — Durieu, t. 1, p. 330.

1050. — Mais que doit faire le propriétaire si le locataire devance l'époque du déménagement, après avoir payé son terme d'avance? S'il fait sa déclaration immédiatement, le percepteur peut-il répondre qu'elle n'est pas valable, comme n'ayant pas été faite vingt-sept jours au moins avant le déménagement? Le propriétaire doit-il faire dresser un procès-verbal comme en cas de déménagement furtif, alors que le déménagement s'opère au grand jour et très-légalement? Suivant Durieu (t. 1, p. 332), le propriétaire doit, même dans ce cas, être déclaré responsable, par cette raison qu'il a le droit de s'opposer à la sortie des meubles tant que son locataire ne justifie pas d'un paiement suffisant pour mettre son propriétaire à l'abri de toute responsabilité.

1051. — Que faut-il décider si, après que le propriétaire a fait sa déclaration dans les trois premiers jours du dernier mois du bail, le locataire effectue son déménagement avant l'époque fixée? Le Conseil d'Etat a eu à se prononcer sur cette question dans une espèce où le propriétaire avait déclaré le déménagement plus de trois mois avant l'époque où il devait avoir lieu et où le percepteur n'avait accepté la déclaration qu'en stipulant qu'elle ne vaudrait que comme si elle avait été faite dans le délai légal. Le Conseil d'Etat a décidé que le déménagement n'ayant pas eu le caractère furtif, le propriétaire n'était pas tenu de faire une nouvelle déclaration. — Cons. d'Et., 5 nov. 1875, Lassave, [Leb. chr., p. 864]; — 21 juin 1890, Villedieu, [Leb. chr., p. 600]; — 14 mai 1891, Tarin, [Leb. chr., p. 377]

1052. — En ce qui touche la contribution des patentes, les dispositions ne sont pas les mêmes. Le propriétaire n'est pas tenu de se faire représenter les quittances. Il doit seulement donner avis au percepteur un mois avant l'époque fixée pour le déménagement. Si ce terme est devancé, il doit, comme en cas de déménagement furtif, en faire la déclaration dans les trois jours. (L. 15 juill. 1880, art. 30).

1053. — Quand le déménagement ne se fait pas furtivement, le propriétaire ne satisfait pas à son obligation en en donnant avis trois jours d'avance au percepteur. Ainsi décidé, à propos d'un déménagement effectué en vertu d'une résiliation consentie par le propriétaire. — Cons. d'Et., 29 déc. 1871, Giraud, [Leb. chr., p. 327]

1054. — Quelles sont les obligations des propriétaires et principaux locataires en cas d'enlèvement des meubles des loca-

taires par suite de vente volontaire ou forcée? Durieu (t. 1, p. 333) assimile sans hésiter la vente des meubles au déménagement ordinaire. S'il s'agit d'une vente sur saisie mobilière, il en aura eu connaissance par les affiches apposées à la porte de la maison. Sa responsabilité ne pourrait être dégagée par un procès-verbal de déménagement furtif.

1055. — La jurisprudence du Conseil d'Etat n'a pas suivi complètement l'opinion de M. Durieu, mais elle distingue suivant que l'enlèvement des meubles est fait à la requête des créanciers du locataire ou que c'est le propriétaire ou le principal locataire qui fait saisir et vendre à son profit lesdits meubles. Dans le premier cas, le Conseil a admis que les dispositions des lois de 1832 et de 1880 s'appliquaient. — Cons. d'Et., 26 déc. 1879, Floret, [Leb. chr., p. 852]

1056. — Au contraire, il a été décidé que, si l'art. 22, L. 21 avr. 1832, met sur la même ligne la vente des meubles en cas de déménagement au point de vue de l'exigibilité immédiate de la cote, il n'impose une déclaration au propriétaire qu'en cas de déménagement; que lorsqu'un propriétaire fait saisir et vendre les meubles de son locataire, il ne se trouve pas dans un des cas où le législateur a édicté la responsabilité des propriétaires. — Cons. d'Et., 7 mai 1880, Nugues, [S. 81.3.54, P. adm. chr.]; — 26 janv. 1889, de Cerjat, [S. 91.3.7, P. adm. chr., D. 90.3.47]; — 23 févr. 1889, Charpentier, [S. 91.3.25, P. adm. chr., D. 90. 3.47]; — 2 août 1890, Bernard, [Leb. chr., p. 746]; — 31 oct. 1890, Mérice, [Leb. chr., p. 807]

1057. — Quand le déménagement est furtif, le propriétaire doit se borner à le faire constater, dans les trois jours, par le maire, le juge de paix ou le commissaire de police. La déclaration doit être faite dans le délai de trois jours à compter du jour du déménagement et non compris ce jour. — Durieu, t. 1, p. 333.

1058. — A défaut de cette constatation, la responsabilité du propriétaire est engagée jusqu'à concurrence des termes échus de la contribution mobilière et de deux douzièmes de la contribution des patentes. — Cons. d'Et., 2 mars 1849, Bourgeois, [P. adm. chr.]; — 14 mai 1856, Devola, [Leb. chr., p. 349]; — 18 nov. 1863, Mallet, [P. adm. chr., D. 64.3.11]; — 9 juill. 1886, Grébert, [S. 88.3.24, P. adm. chr.]; — 21 janv. 1887, Bonnier, [D. 88.3.50]; — 16 nov. 1888, Herbert, [Leb. chr., p. 837]; — 7 déc. 1888, Lefebvre, [Leb. chr., p. 930]; — 2 août 1890, Goffinet, [Leb. chr., p. 746]; — 22 juill. 1892, Ribet, [Leb. chr., p. 638]

1059. — Le procès-verbal, rédigé sur papier libre, doit être remis au percepteur ainsi que l'avis du déménagement ordinaire. La remise au percepteur d'une expédition du procès-verbal de déménagement furtif, dressée dans le délai voulu, dispense le propriétaire ou le principal locataire de toute garantie si la remise est prouvée par une reconnaissance du percepteur (Règl. 1839, art. 16).

1060. — Si le percepteur refuse de recevoir la déclaration faite à l'époque prescrite et d'en délivrer une reconnaissance, elle peut lui être notifiée par ministère d'huissier; et, dans ce cas, les frais de l'acte sont à la charge du percepteur (art. 15).

1061. — Si, malgré l'absence de déclaration du déménagement d'un contribuable, le percepteur n'a pas perdu sa trace et a entamé des poursuites dans son nouveau domicile, le nouveau propriétaire de ce contribuable, voyant, par le fait de la saisie, diminuer le gage de ses loyers, peut-il s'opposer à la vente en soutenant que le percepteur doit préalablement poursuivre son ancien propriétaire coupable de l'avoir laissé déménager sans avertir le percepteur? Durieu (t. 1, p. 337) pense que la responsabilité du propriétaire, édictée dans l'intérêt du Trésor, ne peut être invoquée par les tiers. D'ailleurs, cette responsabilité ne décharge pas le contribuable qui reste débiteur principal.

1062. — Enfin, la loi du 21 avr. 1832 (art. 23), soumet les propriétaires logeant en garni à une responsabilité absolue du fait de leurs locataires, en ce qui touche la contribution personnelle-mobilière. Peu importe qu'il y ait déménagement ordinaire ou furtif. Il n'est même pas nécessaire qu'il y ait déménagement. L'étendue des obligations de ces propriétaires est la même que celle des autres. — Cons. d'Et., 16 nov. 1888, précité; — 14 juin 1890, Ville de Constantine, [Leb. chr., p. 575] — Sic, Serrigny, *Contributions directes*, n. 241; Fournier, n. 439.

1063. — Le propriétaire ou le principal locataire logeant en garni ne peut se soustraire à sa responsabilité en faisant les déclarations prescrites. Même dans ce cas, il doit payer pour

ses locataires. — Cons. d'Et., 5 févr. 1892, Bonnin-Courrault, [Leb. chr., p. 113]

1064. — Par la généralité de ses termes, la loi atteint non seulement les logeurs en garni, mais les personnes qui, accidentellement, louent leur maison ou un appartement tout meublé. C'est ainsi que le Conseil d'Etat a déclaré un contribuable responsable de la contribution personnelle-mobilière de la contribution de sa belle-mère logée chez lui en garni. — Cons. d'Et., 30 mars 1844, Maria Delhom, [P. adm. chr.]

1065. — Toutefois, il y a une grande part laissée à l'appréciation du juge sur le point de savoir si la personne logée en garni dans la maison d'un propriétaire doit être considérée ou non comme un locataire. Nous pensons avec Durieu que des parents qui logent chez eux leurs enfants majeurs ne sont pas responsables de leurs contributions, à moins qu'il ne fût établi que ces enfants paient un loyer. — Durieu, t. 1, p. 340. — V. *supra*, n. 1032.

1066. — A été jugé que la responsabilité du logeur en garni ne pouvait être étendue au cas où le logement est fourni gratuitement par un contribuable à son père, — Cons. d'Et., 7 nov. 1884, Jeanjean, [Leb. chr., p. 788] — ... ou à son frère. — Cons. d'Et., 14 mars 1894, Peyricaud, [Leb. chr., p. 220]

1067. — Les notaires, avoués, marchands, qui logent leurs clercs ou commis, pourraient être déclarés responsables des contributions dues par ces derniers. — Durieu, t. 1, p. 341.

1068. — La responsabilité du logeur en garni s'étend-elle avec la même rigueur à la contribution des patentes? Malgré le silence des lois de 1844 et de 1880 sur ce point, le ministre des Finances l'a soutenu. — V. Observations du ministre, sous Cons. d'Et., 7 nov. 1884, précité.

1069. — Cette question n'a pas encore été tranchée par le Conseil d'Etat. Il semble même incliner à ne pas imposer aux propriétaires logeant en garni d'obligations plus étendues qu'aux autres propriétaires. Ainsi, dans une espèce où un propriétaire avait été déclaré responsable de deux douzièmes de la contribution des patentes due par un locataire logé en garni, il s'est borné à constater que le propriétaire n'avait pas fait les déclarations prescrites par l'art. 30, L. 15 juill. 1880. — Cons. d'Et., 16 nov. 1888, Herbert, [Leb. chr., p. 837]

Section II.

Des poursuites.

§ 1. *Généralités.*

1o *Point de départ des poursuites.*

1070. — Le contribuable qui n'a pas acquitté, au 1er du mois, le douzième échu pour le mois précédent, est dans le cas d'être poursuivi (Règl. 1839, art. 20; Instr. 1859, art. 98).

1071. — Il va sans dire que les poursuites qui seraient exercées contre des contribuables avant que leur part contributive eût été fixée et que le rôle déterminant les bases de la répartition eût été émis, seraient irrégulières. — Cons. d'Et., 3 déc. 1875, Rabourdin, [P. adm. chr.] — A fortiori en serait-il de même pour des poursuites faites contre un individu qui ne serait pas imposé. — Cons. d'Et., 5 mai 1894, Rocamora, [Leb. chr., p. 325]

1072. — Les poursuites ne peuvent même être exercées aussitôt après l'échéance du terme. La loi accorde un délai de grâce aux contribuables en retard. D'après les lois des 23 nov.-1er déc. 1790 (tit. 5, art. 6 à 9), du 18 févr. 1791 (art. 49) et du 2 octobre suivant (art. 12), les contributions, quoique payables par douzièmes, n'étaient exigibles que par voie de contrainte qu'à la fin de chaque trimestre. La loi du 17 brum. an V abrogea ces dispositions qui furent remplacées par son art. 3, ainsi conçu : « Les contribuables qui n'auront pas acquitté le montant de leurs taxes en contribution directe, dans les dix jours qui suivront l'échéance des délais fixés par les lois, y seront contraints dans les dix jours suivants, par la voie des garnisaires envoyés dans leur domicile, et auxquels ils seront tenus de fournir le logement et les subsistances et de payer de plus 1 fr. par jour. Ce premier délai expiré, le paiement sera poursuivi par la saisie et vente des meubles des contribuables en retard, même des

fruits pendants par racines ». Cette disposition est toujours en vigueur.

1073. — Les percepteurs ne sont pas obligés de commencer les poursuites dès que le délai légal est expiré. Mais en ne le faisant pas ils engagent leur responsabilité. « Les percepteurs des communes ou des cantons sont responsables de la non-rentrée des sommes qu'ils ont été chargés de percevoir. Ils pourront être contraints, par la vente de leurs biens, à remplacer les sommes pour la perception desquelles ils ne justifieront point avoir fait les diligences de droit dans les vingt jours de l'échéance, sauf leur recours contre les contribuables (L. 3 frim. an VII, art. 148). — V. sur l'application de cette disposition aux autres contributions, Durieu, t. 1, p. 427, note.

1074. — D'après l'art. 8, L. 23 nov. 1790, l'art. 149, L. 3 frim. an VII, l'art. 17, Arr. 16 therm. an VIII et l'art. 18 du règlement sur la comptabilité publique, les percepteurs sont, pour le paiement des impôts directs, déchus, après trois ans écoulés, de tout recours contre les contribuables, et ne peuvent plus exercer de poursuites contre eux. — Trib. Saint-Nazaire, 19 mai 1894, Garry, [J. *Le Droit*, 4 oct. 1894]

1075. — Le percepteur étant contraint de solder, à l'expiration de la troisième année, les cotes non recouvrées sur les contribuables, et se trouvant, d'après les dispositions de l'art. 1250, C. civ., légalement subrogé, par l'effet de ce paiement, aux droits et actions qui appartenaient au Trésor, reste soumis aux mêmes exceptions que le Trésor, et notamment la prescription de trois ans peut lui être utilement opposée. — Même jugement.

1076. — Les retards apportés par les redevables dans l'acquittement de leurs impôts ne peuvent en aucun cas donner lieu à l'allocation d'intérêts moratoires, alors même que ces retards résulteraient de délais consentis par les percepteurs. — Cass., 12 juin 1810, Intérêt de la loi, [Durieu, t. 2, *Jur.*, p. 81]

1077. — D'après l'art. 51, L. 15 mai 1818, les préfets peuvent faire, sous l'approbation des ministres, des règlements sur les frais de poursuites en matière de contributions directes. Pour rendre plus facile et plus homogène l'exécution de cette loi, le ministre des Finances a fait procéder à la confection d'un règlement qui coordonne toutes les dispositions des lois diverses relatives aux poursuites, les complète et est destiné à servir de modèle aux règlements particuliers. Ce règlement, publié une première fois, le 16 sept. 1819, a été revu et publié le 26 août 1824, le 21 déc. 1839 et en 1859 à la suite de l'instruction générale sur les finances.

1078. — Le règlement, qui renferme tout ensemble des articles de lois ou de décrets, des instructions ministérielles ou administratives, n'a pas, malgré la délégation contenue dans l'art. 51, L. 15 mai 1818, force de loi dans toutes ses parties. Les tribunaux judiciaires et administratifs ont toujours refusé de lui reconnaître ce caractère et parfois même ont considéré comme illégales certaines de ses dispositions que nous indiquerons en temps et lieu. — Grenoble, 25 févr. 1882, Morel, [S. 84.2.61, P. 84.1.337, D. 82.2.230]

2° *Mesures préalables. — Sommation sans frais.*

1079. — Le percepteur ne peut commencer les poursuites avec frais qu'après avoir prévenu le contribuable retardataire par une sommation gratis huit jours avant le premier acte qui doit donner lieu à des frais (LL. 23 mars 1817, art. 71 et 72, et 15 mai 1818, art. 51). Cette sommation n'est pas un acte de poursuite, mais un second avertissement par lequel on invite le contribuable à s'acquitter dans la huitaine, sous peine d'y être contraint par les voies de droit. De ce qui précède, il résulte que la sommation sans frais n'est pas assujettie au timbre et ne doit pas nécessairement être rédigée, comme les actes de poursuites, sur papier de couleur. En pratique, elle est ordinairement imprimée sur papier vert.

1080. — Il a été jugé que la sommation sans frais n'est soumise à aucune forme spéciale et peut être adressée au contribuable sous forme de lettre missive. — Cass., 19 mars 1873, Legoubey, [S. 73.1.381, P. 73.944, D. 73.1.275]

1081. — Les percepteurs supportent tous les frais de confection et de distribution des sommations sans frais. Il ne leur est alloué aucune indemnité pour le travail qui en résulte pour eux et ils ne peuvent récupérer leurs débours contre les contribuables (Déc. min. 23 juill. 1822).

1082. — Si la sommation sans frais n'est pas un acte de poursuite, elle n'en est pas moins un préliminaire indispensable et absolument obligatoire pour les percepteurs. L'inaccomplissement de cette formalité vicierait les poursuites et en entraînerait l'annulation.

1083. — Toutefois, le redevable ne serait pas fondé à demander la nullité des poursuites sous prétexte qu'aucune preuve authentique de la notification de la sommation sans frais ne serait produite. Il suffirait que le percepteur prouvât par n'importe quel moyen que la notification a eu lieu.

1084. — La sommation gratis est donnée au domicile du redevable s'il réside dans la commune; s'il n'y réside pas, elle est remise à son principal fermier, locataire ou régisseur, ou, à défaut, à la personne qui le représente (Règl. 1839, art. 21). — Cons. d'Ét., 14 juin 1878, Priestley, [Leb. chr., p. 571]

1085. — Le délai de huit jours qui doit séparer la sommation gratis du premier acte de poursuite avec frais est un délai franc. La date de la remise de la sommation doit être constatée sur le rôle (Règl. 1839, art. 21 *bis*).

1086. — L'art. 21 du règlement ajoute que le percepteur n'est pas tenu de renouveler la sommation gratis dans le courant d'un même exercice. Cependant l'art. 26 du règlement particulier au département de la Seine dispose qu'elle doit être renouvelée lorsque le contribuable, après s'être libéré en totalité des sommes exigibles, devient débiteur de nouveaux douzièmes. — Fournier, n. 417.

1087. — On s'est demandé s'il était possible de concilier l'art. 3, L. 17 brum. an V, d'après lequel on ne peut commencer les poursuites que dix jours après l'échéance de chaque douzième avec l'art. 51, L. 15 mai 1818, qui exige un intervalle de huit jours entre la sommation sans frais et le premier acte de poursuite qui la suit. Durieu pense que, dès le lendemain de l'échéance, le percepteur peut envoyer une sommation gratis qui n'est pas un acte de poursuite, et huit jours francs après cet envoi, c'est-à-dire dix jours après l'échéance, entamer les poursuites contre le redevable. — Durieu, t. 1, p. 440; Dufour, t. 2, n. 1068. — *Contrà*, Foucart, t. 2, n. 848.

3° *Objet des poursuites.*

1088. — Les poursuites comprennent, sans division d'exercices, toutes les sommes dues par le même contribuable (Règl. 1839, art. 22). Par exemple, le percepteur peut poursuivre par le même acte le recouvrement des diverses contributions inscrites au nom du contribuable; il peut lui réclamer, non seulement les cotes de l'année courante, mais ce qui reste dû sur les cotes des années antérieures. Les frais précédemment faits sont également compris dans la poursuite.

1089. — Que faut-il décider à l'égard des douzièmes à échoir? Doivent-ils être compris dans la même poursuite? Il doit en être ainsi pour les douzièmes afférents à un même exercice, mais non pour ceux d'un exercice suivant. Dans ce dernier cas, c'est une nouvelle dette qui est née. Il faudra de nouvelles poursuites pour la recouvrer. La disposition de l'art. 22 du règlement doit donc être entendue en ce sens que les poursuites exercées au cours d'un exercice ne comprennent que les termes antérieurement échus et les termes à échoir pendant l'année de l'exercice courant (Av. min. Fin., 11 juill. 1833). — Paris, 20 janv. 1848, de Guioude, [S. 49.2.158, D. 49.2.167] — Grenoble, 25 févr. 1882, Morel, [S. 84.2.61, P. 84.1.337, D. 82.2.230] — Durieu, t. 1, p. 442.

1090. — Au surplus, les auteurs du règlement sont revenus à plusieurs reprises sur la situation que fait au percepteur et au redevable l'échéance de nouveaux douzièmes au cours des poursuites. « Lorsqu'un contribuable qui a été soumis à la garnison collective devient débiteur de nouveaux douzièmes pour avoir, depuis la date du bulletin de garnison, payé intégralement la somme qui était alors exigible, le premier degré de poursuites ne doit pas être répété pour ces nouveaux douzièmes. Il doit être procédé pour la totalité de la dette par les degrés de poursuites subséquents, à moins qu'il ne s'agisse de douzièmes appartenant à l'exercice suivant; il en est de même pour les poursuites des autres degrés qu'il y aurait lieu à exercer ultérieurement » (art. 43 *bis*).

1091. — La saisie est faite pour les termes échus des contributions et pour ceux qui seront devenus exigibles au jour de

la vente, quoique le commandement ait exprimé une somme moindre (art. 65). Cette disposition doit s'entendre des termes à échoir des contributions qui ont fait l'objet des trois premiers degrés de poursuite et non de ceux d'une contribution dont le rôle a été émis postérieurement au commencement des poursuites. — *Mém. des perc.*, 1887.32.

1092. — Nous devons signaler toutefois une décision de la cour de Grenoble qui, malgré ce dernier article, a déclaré nulle une saisie-exécution pratiquée pour une somme supérieure à celle indiquée dans le commandement. — Grenoble, 25 févr. 1882, précité. — Dans tous les cas, la nullité ne peut être que partielle. Il est de principe, en effet, que quand un acte de poursuite vise des termes non exigibles, il conserve toute sa valeur relativement aux douzièmes échus. — *Mém. des perc.*, 1885.14.

1093. — Si un acte de poursuite a été fait pour une somme supérieure aux contributions exigibles par privilège, l'opposition reconnue fondée pour partie entraîne le partage des dépens. — Trib. Pamiers, 14 févr. 1890, Perc. de Saverdun, [*Mém. des perc.*, 1892.152]

1094. — Il a été décidé que les différences existant dans les sommes indiquées sur la sommation sans frais et la sommation avec frais ne vicient pas cette dernière. — Cons. d'Et., 6 août 1886, Giraud, [Leb. chr., p. 709]

1095. — Il n'est pas permis de comprendre dans la même poursuite les sommes dont un particulier serait redevable à des titres différents; par exemple, un contribuable débiteur de sa cote d'imposition ne peut être sommé par le même acte de payer cette cote et de verser une somme dont il est débiteur à titre, par exemple, de fermier ou de tiers détenteur et qui provient du chef d'un autre redevable du Trésor. — Durieu, t. 1, p. 443.

1096. — Les poursuites peuvent être exercées collectivement pour les contributions directes et pour les taxes communales y assimilées (Circ. comptabilité publique, 26 janv. 1863 et 15 déc. 1864).

4° Contrainte.

1097. — En même temps qu'ils adressent aux contribuables retardataires la sommation gratis, les percepteurs dressent la liste nominative de ces contribuables et l'envoient au receveur particulier des finances en lui demandant de décerner contrainte contre eux (Circ. 26 déc. 1824).

1098. — Aucune poursuite donnant lieu à des frais ne peut être exercée dans une commune qu'en vertu d'une contrainte décernée par le receveur particulier de l'arrondissement, visée par le sous-préfet et qui désigne nominativement les contribuables à poursuivre. Cette contrainte est dressée en double expédition, dont l'une reste entre les mains du percepteur et l'autre est remise par lui à l'agent de poursuites (Règl. 1839, art. 23).

1099. — Quoique le rôle soit un titre exécutoire, le législateur n'a pas voulu donner aux percepteurs le droit de faire saisir et vendre les biens des redevables du Trésor, pour assurer la rentrée de l'impôt direct. Il a craint qu'une telle arme, laissée entre les mains d'agents subalternes, ne devînt un moyen de vexations pour les contribuables et une cause de troubles dans les localités. C'est pourquoi il a décidé que seuls les receveurs particuliers auraient le droit de décerner la contrainte, c'est-à-dire l'autorisation de poursuivre, par les moyens de droit, les contribuables en retard (Arr. 16 therm. an VIII, art. 30).

1100. — Quoique le sous-préfet soit appelé à viser les contraintes décernées par le receveur particulier, ce n'est pas lui qui est chargé de diriger les poursuites. Il n'aurait pas qualité notamment pour modifier la contrainte. Le contrôle du sous-préfet n'existe réellement que pour le règlement des frais. — *Mém. des perc.*, 1874.86.

1101. — Les percepteurs demandent aux receveurs particuliers qu'il soit décerné des contraintes contre les contribuables en retard, toutes les fois qu'ils le jugent nécessaire pour l'exactitude du recouvrement. Néanmoins, les receveurs particuliers peuvent d'office décerner ces contraintes en se conformant à l'ordre et aux règles établies pour les degrés de poursuite (Règl. 1839, art. 24).

1102. — L'arrêté du 16 therm. an VIII et l'art. 24 du règlement confèrent aux receveurs particuliers le droit de décerner des contraintes d'office pour le cas où les percepteurs useraient de trop de ménagements envers certains contribuables. Ils les

remettent directement aux agents de poursuite, qui doivent, avant de les mettre à exécution, les montrer aux percepteurs pour que ceux-ci opèrent la radiation des contribuables qui auraient fait dans l'intervalle le versement de leur débet (Instr. 1859, art. 1300).

1103. — Si le receveur particulier refuse de décerner la contrainte, le percepteur doit s'adresser au trésorier-payeur général par l'entremise du receveur particulier dans les formes prescrites par l'art. 1367 de l'instruction générale de 1859. — *Mém. des perc.*, 1870.459.

1104. — Les poursuites auxquelles un percepteur aurait procédé sans y avoir été autorisé par la délivrance d'une contrainte seraient nulles et il en supporterait les frais, sans préjudice des dommages-intérêts, à moins qu'il ne s'agit d'actes purement conservatoires tels que la saisie-arrêt. — Durieu, t. 1, p. 443.

1105. — La contrainte est exécutoire par elle-même et sans mandement des tribunaux (Av. Cons. d'Et., 16 therm. an XII, approuvé le 25 du même mois). D'après cet avis, les condamnations et les contraintes émanées des administrations, dans les cas et pour les matières de leur compétence, emportent hypothèque de la même manière et aux mêmes conditions que celles de l'autorité judiciaire.

1106. — Nous pensons avec Favard de Langlade (*Rép. de la législation nouvelle*, v° *Exécution des jugements*) et Durieu (t. 1, p. 446) qu'une distinction est nécessaire; et que, si les décisions juridictionnelles des tribunaux administratifs emportent hypothèque comme celles des tribunaux judiciaires, on ne peut attribuer le même effet aux contraintes décernées par certains administrateurs exerçant les droits et actions de l'Etat, contraintes qui ne sont que de simples exécutoires. — V. Foucart, t. 2, n. 849 et note.

1107. — Le système que nous adoptons a, d'ailleurs, été consacré par la Cour de cassation qui a décidé que l'hypothèque judiciaire n'était pas attachée aux contraintes que décerne la Régie de l'enregistrement pour le recouvrement des droits fiscaux. — Cass., 28 janv. 1828, Enregist., [S. chr., P. chr.] — Décidé de même pour les contraintes décernées pour l'administration des contributions indirectes. — Cass., 9 nov. 1880, [*Mém. des perc.*, 1881.327] — Paris, 16 déc. 1879, [*Mém. des perc.*, 1880.156] — Trib. Versailles, 6 août 1876.

1108. — Les percepteurs ne doivent délivrer au porteur de contraintes l'expédition de la contrainte qui lui est destinée, qu'après avoir vérifié la situation des contribuables et rayé et effacé les noms de ceux qui se seraient libérés dans l'intervalle. Dans les villes, les agents de poursuites doivent présenter chaque jour la contrainte au percepteur pour qu'il opère, s'il y a lieu, la radiation des contribuables libérés (Instr. 20 juin 1859, art. 100).

1109. — Toute contrainte doit être précédée d'un état nominatif des contribuables à poursuivre : elle est inscrite au pied même de cet état (Instr. 1859, art. 101). Le nom de chacun des contribuables portés sur les contraintes reçoit un numéro d'ordre, qui est reproduit sur les actes signifiés auxdits contribuables. Les contraintes indiquent, en outre, la date de la remise des actes et le nombre des contribuables à poursuivre (art. 102).

1110. — La contrainte délivrée par le receveur particulier n'est pas sujette au timbre ni à l'enregistrement (Règl. 1839, art. 25).

1111. — Elle est décernée collectivement pour celles des communes de l'arrondissement de perception où le recouvrement est arriéré; elle ne peut être spéciale que pour celles où une commune seule est en retard de paiement (Règl. 1839, art. 23). Une même contrainte produit ses effets dans toutes les communes qui y sont désignées.

1112. — En aucun cas, l'effet de la contrainte ne peut, à moins qu'elle ne soit renouvelée, se prolonger, pour chaque degré des poursuites, au delà de dix jours, employés, soit consécutivement, soit alternativement, à des poursuites contre une même commune; et les agents de poursuites doivent cesser leurs opérations plus tôt, si, d'après la situation des rentrées, le percepteur leur en donne l'ordre (Règl. 1839, art. 25). Ce délai de dix jours ne partira, pour chacune des communes de la même circonscription de perception, que du jour de la publication qui doit être faite de la contrainte, laquelle publication aura lieu dans les trois jours de la date de la contrainte ou, au plus, dans un délai calculé à raison d'un jour d'intervalle pour chacune des communes comprises dans ladite contrainte (art. 25 *bis*). Mais

depuis l'instruction générale de 1859, qui n'a pas reproduit ces dispositions, la durée des contraintes n'est plus limitée.

1113. — A l'arrivée d'un agent de poursuites dans une commune, le maire ou l'adjoint, ou, à leur défaut, un membre du conseil municipal, doit faire publier la contrainte décernée par le receveur particulier ; le jour de la publication est constaté par la date du visa du maire apposé sur ladite contrainte. En aucun cas on ne doit proclamer ni afficher les noms des contribuables portés en tête de ladite contrainte (Arr. 16 therm. an VIII, art. 40 ; Règl. 1859, art. 27).

§ 2. Degrés de poursuites.

1º Ancienne garnison. — Sommation avec frais.

1114. — D'après l'art. 41 du règlement de 1859, il y a quatre degrés de poursuites : 1º la garnison collective ou individuelle ; 2º le commandement ; 3º la saisie ; 4º la vente.

1115. — Avant le règlement de 1824, une sommation avec frais était le préliminaire obligé des poursuites administratives. Le règlement de 1859 n'en parlant pas, ce degré de poursuite s'est trouvé implicitement supprimé, sauf dans le département de la Seine, où l'art. 45 de l'arrêté préfectoral du 24 déc. 1859 l'avait maintenu. La supériorité de ce mode sur la garnison détermina le législateur à supprimer ce degré de poursuite et à le remplacer par la sommation avec frais qui devient le premier acte de poursuite (L. 9 févr. 1877).

1116. — Cette loi qui a supprimé purement et simplement la garnison individuelle et décidé que la garnison collective prendrait le nom de sommation avec frais n'a laissé qu'un intérêt historique aux dispositions qui réglaient cette phase des poursuites. Aussi ne ferons-nous que les indiquer brièvement.

1117. — L'usage d'envoyer au domicile du contribuable en retard des agents ayant le droit de s'y établir, de prendre place au feu commun, d'être nourris, éclairés et salariés, remonte à l'ancien régime. Ces garnisons étaient exécutées par des soldats.

1118. — L'ordonnance de l'intendant de la généralité de Paris, du 31 janv. 1740 (art. 10), distinguait la garnison individuelle, qui ne frappait que les redevables d'une certaine importance, de la garnison collective qui atteignait les petits contribuables qu'il était nécessaire de ménager. La loi du 17 brum. an V rétablit, en principe, la garnison. L'arrêté du 16 therm. an VIII l'organisa. D'après les art. 41 et suivants, le porteur de contraintes commençait par déposer chez les retardataires un bulletin de garnison collective ; puis quand il avait distribué tous ces avertissements dans les communes désignées, il recommençait sa tournée en s'installant chez les contribuables qui n'avaient pas payé sur l'avertissement, pendant un temps qui ne pouvait excéder deux jours. Un séjour dans une même commune ne devait pas être de plus de dix jours. La garnison au domicile des contribuables devait commencer par ceux les plus imposés et continuer en descendant aux moins imposés jusqu'à ceux qui payaient moins de 40 fr. de contributions et qui en étaient exemptés.

1119. — L'une et l'autre pouvaient être employées facultativement par le percepteur, à moins d'ordre contraire du receveur, c'est-à-dire que le percepteur pouvait employer d'abord la garnison collective et ensuite la garnison individuelle, ou recourir à cette dernière, mais sans pouvoir, dans ce cas, revenir à la garnison collective, pour la même dette (art. 43).

1120. — Lorsque la garnison individuelle avait lieu après la garnison collective elle ne pouvait être exercée que trois jours après celle-ci. Mais, si le percepteur commençait par elle, elle ne pouvait avoir lieu que huit jours après la sommation gratis (art. 49).

1121. — Le garnisaire ne pouvait rester plus de deux jours chez un redevable. Pendant la durée de la garnison, il ne devait exercer aucun autre acte de poursuite (Arr. 16 therm. an VIII, art. 41 ; Règl. 1859, art. 51). Il était absolument interdit aux porteurs de contraintes ou garnisaires de se loger à l'auberge aux frais des redevables, même sur la demande de ceux-ci.

1122. — Quand le contribuable se libérait le jour même où il recevait la garnison, le percepteur ordonnait à celui-ci de se retirer, et le contribuable ne devait que les frais d'une journée avec vivres et logement ou la représentation (art. 52). Le prix

de la journée de garnison à domicile était fixé en vertu d'un tarif (art. 53).

1123. — Les poursuites par voie de sommation avec frais sont employées contre les contribuables retardataires qui ne se sont pas libérés huit jours après la sommation gratis (art. 42, Règl. 1859). Il n'appartient pas aux percepteurs de passer aux degrés ultérieurs de poursuites avant d'avoir recouru à la sommation avec frais.

1124. — Le délai de huit jours qui doit exister entre la sommation sans frais et la sommation avec frais est un délai minimum édicté en faveur des contribuables. Celui-ci n'est donc pas fondé à se prévaloir de ce que ce délai aurait été dépassé pour soutenir que la sommation avec frais est nulle. — Cons. d'Et., 6 août 1886, Giraud, [D. 88.3.14]

1125. — En matière de taxe de curage, il a été décidé qu'une sommation avec frais pouvait être régulièrement signifiée à un contribuable qui avait reçu notification d'un extrait du rôle et n'avait pas acquitté la taxe dans le délai légal. — Cons. d'Et., 5 nov. 1886, Bodeau, [Leb. chr., p. 766]

1126. — Il n'est pas défendu de signifier une sommation avec frais un jour férié (Déc. min. 4 oct. 1833). — Durieu, t. 1, p. 504.

1127. — La sommation avec frais est notifiée à chacun des redevables par un acte ou bulletin imprimé sur papier jaune d'après un état nominatif dressé par le percepteur, remis à l'agent de poursuites et au pied duquel la contrainte est décernée (art. 46). Elle n'est pas soumise au timbre ni à l'enregistrement (Arr. 16 therm. an VIII ; Règl. 1859, art. 94).

1128. — Il a été jugé qu'une sommation avec frais n'était pas nulle par le seul fait qu'elle n'indiquait pas la date de la contrainte et qu'elle portait, non la somme représentant les douzièmes échus, mais la somme totale des impositions restant dues jusqu'à la fin de l'année. — Cons. d'Et., 6 août 1886, Giraud, [D. 88.3.14]

1129. — ... Qu'un contribuable ne pouvait demander l'annulation d'une sommation avec frais en se fondant sur ce que la signature du percepteur, au lieu d'être manuscrite, serait imprimée, — Cons. d'Et., 3 déc. 1886, Léchelle, [S. 88.3.44, P. adm. chr., D. 88.3.14] — ... ou sur ce que cette sommation n'indiquerait ni la somme due ni la personne à qui elle a été remise. — Même décision.

1130. — Les agents de poursuites remettent entre les mains des maires, qui en donnent récépissé sur la contrainte, les sommations qui n'auraient pu être signifiées, par suite de l'absence du contribuable et de toute autre personne apte à les recevoir (art. 47). Cette prescription n'est qu'une application de l'art. 68, C. proc. civ.

1131. — Le salaire de l'agent de poursuites employé aux sommations avec frais consiste en une somme fixe par sommation (art. 48). La fixation de ce prix est faite par le préfet dans son règlement général.

1132. — Le coût de la sommation avec frais s'abaisse jusqu'à 15 cent., pour les cotes de 10 fr. et au-dessous et n'est que de 1 fr. pour celle de 100 fr. et au-dessus. Dans le département de la Seine, le tarif est proportionnel à l'importance de la somme due.

Pour un débet de 10 fr. et au-dessous	0,25
au-dessus de 10 fr. et jusqu'à 35 fr.	0,50
— 35 fr. — 70 fr.	0,75
— 70 fr. — 100 fr.	1,00
— 100 fr. et au-dessus	1,25

(Règl. 21 déc. 1859, art. 52).

2º Commandement.

1133. — Le commandement n'a lieu que trois jours après l'exercice de la contrainte par sommation avec frais (Règl. 1859, art. 55). Ce délai est franc et commence à courir du jour de la remise de la sommation.

1134. — Aucun contribuable retardataire ne peut être poursuivi par voie de commandement, qu'en vertu d'une contrainte qui le désigne nominativement (Règl. 1859, art. 56).

1135. — Cet article apporte une restriction à l'arrêté du 16 therm. an VIII, qui, dans son art. 51, donnait au percepteur le droit de faire procéder à la saisie et à la vente, après l'expiration du délai de dix jours assigné à la durée de la garnison

collective, sans aucune autorisation nouvelle. Durieu admet la légalité de cette disposition et émet l'avis qu'un percepteur qui procéderait à la signification d'un commandement sans se munir d'une nouvelle contrainte, serait passible de tous les frais qui s'ensuivraient, sans préjudice des dommages-intérêts que pourrait lui réclamer le contribuable lésé par les poursuites. — Durieu, t. 1, p. 528.

1136. — Le percepteur doit donc adresser un état nominatif des redevables qui ne se sont pas libérés sur la sommation avec frais et demander au receveur particulier de décerner une nouvelle contrainte. Le receveur peut aussi la décerner d'office d'après l'inspection des rôles et la situation des poursuites (art. 56).

1137. — La disposition de l'art. 25 du règlement, qui donnait à l'effet de la première contrainte une durée maxima de dix jours, ne s'applique pas à la contrainte décernée avant le commandement. Une fois qu'elle est décernée, le percepteur peut s'en servir pour tous les actes subséquents, sans avoir besoin de la faire renouveler. — Durieu, t. 1, p. 528.

1138. — Cette contrainte comprend l'ordre de procéder à la saisie, si le contribuable ne se libère pas dans le délai de trois jours, à compter de la signification du commandement (art. 56).

1139. — Les commandements sont faits et délivrés par les porteurs de contraintes sur des imprimés conformes à un modèle annexé au règlement (art. 57). Ils sont imprimés sur papier bleu.

1140. — Le commandement est le premier acte de poursuite judiciaire. Les règles du droit commun deviennent applicables aux poursuites en matière de contributions directes. Il faut donc se reporter aux règles édictées par le Code de procédure civile.

1141. — Le commandement doit contenir, aussi bien sur la copie que sur l'original, les indications ordinaires des exploits, c'est-à-dire, énumérées par l'art. 61, C. proc. civ.

1142. — Indépendamment des formalités ordinaires des exploits, le commandement doit contenir notification du titre en vertu duquel se fait la poursuite, c'est-à-dire, dans l'espèce, les articles du rôle où est établie la cote du redevable et la contrainte décernée par le receveur particulier. Ces énonciations remplissent le but visé par l'art. 583, C. proc. civ. Il a été jugé qu'il n'était pas nécessaire, pour qu'un commandement fût régulier, d'y reproduire copie intégrale de la contrainte, mais qu'il suffisait qu'il contînt copie de la partie du rôle relative au contribuable et mentionnât la contrainte. — Cass., 12 févr. 1845, Ruel, [S. 45.1.222, P. 45.458, D. 45.1.161]

1143. — Le commandement doit indiquer encore le coût de l'acte, c'est-à-dire le salaire du porteur de contraintes et les droits de timbre et d'enregistrement (C. proc. civ., art. 67). L'inobservation de cette formalité n'entraînerait pas la nullité de l'acte, mais seulement l'application d'une amende pour l'agent. Cette amende est de 5 fr., payable au moment de l'enregistrement (Règl., art. 99).

1144. — Le commandement doit, à peine de nullité, être signé par le porteur de contraintes qui le signifie, non seulement sur la copie, mais aussi sur l'original.

1145. — Il doit contenir, conformément aux prescriptions de l'art. 584, C. proc. civ., élection de domicile par le percepteur, dans les communes où les exécutions doivent avoir lieu. En effet, les saisies effectuées pour le recouvrement des contributions directes doivent être faites d'après les règles édictées dans le Code de procédure civile (Règl. 1839, art. 60). Toutefois, cette prescription n'est exigée que dans le cas où le créancier poursuivant n'est pas domicilié dans le lieu où doit se faire l'exécution. — Trib. Chaumont, 6 févr. 1889, Royer, [Mém. des perc., 1889.564] — Au surplus, l'absence de cette mention sur le commandement n'entraînerait pas la nullité de l'acte. — Trib. Béthune, 24 déc. 1894, Dorlencourt, [Mém. des perc., 1893. 83] — Mém. des perc., 1871.367 et 1884.538.

1146. — Le commandement doit être signifié à personne ou à domicile. La signification peut être faite au redevable lui-même en quelque lieu que l'agent de poursuites le rencontre. En son absence, le porteur de contraintes doit signifier le commandement au domicile réel ou élu du redevable et remettre la copie de cet acte à ses parents ou serviteurs, ou, à leur défaut, à un voisin ou enfin au maire ou à l'adjoint de la commune (C. proc. civ., art. 68). Le porteur de contraintes doit, dans son procès-verbal, mentionner et constater l'absence du redevable ou de tout parent ou serviteur; le refus par les voisins de recevoir la copie de l'exploit; le visa par le maire de l'original de l'acte.

Toutes ces mentions sont prescrites à peine de nullité. — Orléans, 24 déc. 1890, Drouet, [Mém. des perc., 1891.52]

1147. — La copie de l'acte ne peut être remise entre les mains des commensaux, parents ou domestiques de la partie qu'autant qu'ils se trouvent au domicile du redevable. — Cass., 20 fruct. an XI, Lalande, [S. et P. chr.] — Bruxelles, 27 juin 1810, Gaubert, [S. et P. chr.] — Montpellier, 3 déc. 1810, Descoins, [S. et P. chr.] — Rennes, 9 août 1819, Decroix, [S. et P. chr.] — Toulouse, 22 déc. 1830, Lescazes, [S. et P. chr.] — Boncenne, Procédure.

1148. — Ce n'est qu'à défaut de parents et de serviteurs que l'acte peut être remis aux voisins. Il doit être fait mention de cette circonstance. — Cass., 25 mars 1812, Lambert, [S. et P. chr.]

1149. — Quand la remise est faite à un voisin, celui-ci doit signer l'original. Il ne peut être exigée à peine de nullité quand il s'agit du commandement, et qu'il appartiendrait aux tribunaux de fermer les yeux sur l'omission de cette formalité en considérant le voisin comme un commensal.

1150. — En aucun cas, il n'est nécessaire de désigner le voisin par son nom. — Cass., 20 juin 1808, Delamarre, [S. et P. chr.] — Besançon, 12 févr. 1810, Boutechoux, [S. chr.]; — 3 févr. 1835, Lathir, [S. 35.1.624, P. chr.]

1151. — En cas d'absence de parents, serviteurs ou voisins, ou sur leur refus de recevoir la copie de l'acte, le porteur de contraintes doit la remettre au maire ou à l'adjoint, qui visera l'original sans frais (art. 68, C. proc. civ.). Mention de ce visa doit être faite sur l'original et sur la copie, ainsi que de toutes les circonstances qui légitiment le recours au maire. — Durieu, t. 1, p. 536.

1152. — Le prix du commandement est fixé uniformément pour l'original et la copie signifiés, tous frais de timbre et de transport compris et indépendamment du droit d'enregistrement, lorsqu'il y a lieu à ce droit, conformément au tarif annexé au règlement (Règl. 1839, art. 58). Ce prix ne peut excéder 1 fr. 25 cent., non compris le droit d'enregistrement.

1153. — L'original du commandement est collectif pour tous les contribuables poursuivis le même jour dans la même commune (Règl. 1839, art. 58). Les vices de forme, qui vicient cet original collectif entraînent la nullité de toutes les copies signifiées ou seulement de quelques-unes, suivant que ces vices de forme portent sur une des conditions générales du commandement ou seulement sur les indications spéciales à l'un des contribuables y dénommés. — Durieu, t. 1, p. 543.

1154. — Lorsqu'un contribuable retardataire est domicilié hors du département dans lequel il est imposé, sans y être représenté par un fermier, locataire ou régisseur, il peut être procédé immédiatement contre lui par voie de commandement. Pour l'exécution de cette poursuite, le receveur particulier de l'arrondissement où le rôle a été mis en recouvrement décerne, à la requête du percepteur, une contrainte dite contrainte extérieure, qui, après avoir été visée par le sous-préfet, est transmise par le receveur général à son collègue du département où le contribuable a son domicile, afin qu'après l'avoir fait viser par le préfet de ce département, il en fasse suivre l'exécution par un porteur de contraintes, et en fasse opérer le recouvrement par le percepteur de la résidence du débiteur. Cette contrainte est accompagnée d'un extrait du rôle comprenant les articles dus par le contribuable (Règl. 1839, art. 59).

1155. — Lorsque le contribuable est domicilié dans le département, mais hors de l'arrondissement de sous-préfecture où il est imposé, la contrainte, visée par le sous-préfet, est envoyée, par le trésorier-payeur général, au receveur particulier de l'arrondissement où réside le contribuable (Règl. 1839, art. 60).

1156. — Les contraintes et extraits des rôles mentionnés aux deux articles précédents sont remis au percepteur de la résidence du contribuable, pour diriger les poursuites requises et effectuer le recouvrement des contributions exigibles. Les frais relatifs aux poursuites sont taxés par le sous-préfet, avancés au porteur de contraintes par le receveur particulier et remboursés par le percepteur de la résidence du contribuable. Ces frais entrent dans la comptabilité de ce percepteur comme ceux des poursuites qu'il exerce pour le recouvrement des sommes imposées sur ses rôles (Règl. 1839, art. 61).

1157. — Quand la contrainte doit s'exécuter dans un autre département que celui où elle a été décernée, il est nécessaire

qu'elle soit soumise au préfet du département où elle doit être exécutée, qui, en y apposant son visa, délivre un exécutoire. — Durieu, t. 1, p. 548.

1158. — Ce mode de recouvrement est exceptionnel et n'est applicable que dans le cas où le recouvrement ne peut avoir lieu dans la commune de l'imposition. Aussi, les percepteurs doivent-ils, en demandant au receveur particulier de décerner cette contrainte, joindre au dossier un certificat du maire constatant que le contribuable poursuivi n'a ni fermier, ni locataire, ni représentant qui puisse ou doive payer en son acquit. — *Mém. des perc.*, 1884.323.

1159. — Quand le contribuable est domicilié dans l'arrondissement, mais dans le ressort d'une autre perception, le percepteur du lieu de l'imposition peut poursuivre lui-même le recouvrement de l'imposition, à moins que la distance ne soit trop grande. Ce n'est que dans ce cas qu'il pourra recourir à la procédure des art. 59 et s. Le receveur particulier, étant chargé sous sa responsabilité de la rentrée des rôles émis dans son arrondissement, peut exiger le concours de tous les percepteurs placés sous ses ordres. Il peut donc, dans le cas qui nous occupe, imposer au percepteur du lieu habité par le contribuable retardataire l'obligation de poursuivre, pour le compte de son collègue, la rentrée de l'imposition due. Il doit en effet délivrer un extrait de rôle et délivrer une contrainte spéciale visée par l'autorité administrative (Lett. min. Fin., au préfet Loire-Inférieure, 16 juill. 1834). — Durieu, t. 1, p. 531.

1160. — D'après l'instruction générale du 20 juin 1839, les percepteurs doivent effectuer des recouvrements de contributions pour le compte de leurs collègues de l'arrondissement dont ils dépendent ou même d'un arrondissement voisin ; les poursuites doivent suivre l'ordre accoutumé : sommation sans frais et avec frais. Ce n'est que dans le cas où le redevable habite un autre département que cette instruction admet que les poursuites commencent par le commandement (art. 1130).

1161. — Même avec cette restriction nous avons peine à admettre la légalité de ces dispositions du règlement qui suppriment le premier degré de poursuites établi par la loi. C'est précisément lorsque le contribuable se trouve imposé dans une commune où il n'a pas de représentant, quand il ignore peut-être son imposition, qu'il est le plus nécessaire de l'informer par tous les moyens qui sont à la disposition du percepteur. En outre, les poursuites devenant judiciaires à partir du commandement, il résulte une complication de la dualité des compétences. Il importe donc à notre avis de ne pas omettre, dans ce cas, la sommation avec frais, qui permet au contribuable de porter l'ensemble de ses réclamations devant la juridiction administrative. Ce qui est vrai du contribuable porté au rôle s'applique à plus forte raison aux personnes non inscrites sur le rôle mais qui peuvent être tenues, à des titres divers, d'acquitter la cote du redevable.

1162. — Si le contribuable n'habite pas en France, on peut suivre, pour la signification du commandement, les règles tracées par l'art. 69, C. proc. civ., c'est-à-dire qu'à la requête du percepteur du lieu de l'imposition, le commandement sera affiché à la porte du tribunal de l'arrondissement et copie en sera donnée au procureur de la République qui visera l'original. On fera de même à l'égard de l'exploit de saisie et, à l'expiration du délai légal, le percepteur procédera à la saisie et à la vente des meubles.

1163. — Les contraintes à recouvrer en Algérie sont envoyées aux chefs de service des contributions diverses qui chargent des recouvrements les percepteurs placés sous leurs ordres (Instr. 1839. art. 1130; Décr. 21 nov. 1874). Quant au recouvrement en France des contraintes émises en Algérie, on procède par l'intermédiaire du trésorier-payeur.

1164. — Si, après que des poursuites sont entamées contre un contribuable placé dans la situation prévue aux art. 59 et s. du règlement, ce redevable se présente chez le percepteur du lieu de l'imposition pour acquitter sa cote, celui-ci est tenu de recevoir le paiement. Quant aux frais, le contribuable devra supporter ceux qui ont précédé le paiement et même ceux qui auraient été faits avant l'expiration du délai nécessaire pour arrêter les poursuites. Mais, ce délai expiré, les frais qui seraient faits seraient à la charge du percepteur qui aurait mis de la négligence à avertir le receveur particulier (Règl. 1839, art. 62). — Durieu, t. 1, p. 555.

1165. — Les frais sont taxés par le sous-préfet du lieu où se font les poursuites et d'après le tarif en usage dans le département. Il est alloué aux percepteurs une remise de 1 fr. 50 p. 0/0 sur les sommes qu'ils recouvrent en vertu de contraintes extérieures (Instr. 20 juin 1859, art. 1137).

3° Saisie.

1166. — I. *A quel moment on peut procéder à la saisie.* — La saisie des meubles et effets ou celle des fruits pendants par racines, est toujours précédée d'un commandement : elle ne peut avoir lieu que trois jours après la signification dudit commandement. Elle est effectuée en vertu de la même contrainte (Règl. 1839, art. 63).

1167. — La saisie ne peut avoir lieu moins de trois jours après le commandement, mais si on laisse écouler plus de trois jours entre le commandement et la saisie, faut-il renouveler le commandement? Le commandement qui précède la saisie-exécution ou la saisie-brandon n'est pas sujet à la péremption. En effet, le Code de procédure n'exige le renouvellement du commandement que pour la saisie immobilière quand trois mois se sont écoulés depuis la signification de ce commandement jusqu'à la saisie (C. proc. civ., art. 674). — Paris, 28 germ. an XI, Thierry, [S. et P. chr.] — Pau, 29 juin 1821, N..., [S. et P. chr.] — Durieu, t. 2, p. 9.

1168. — Cette opinion est confirmée dans une lettre du ministre des Finances en date du 4 août 1834, d'après laquelle, lorsqu'après le commandement, un percepteur a fait signifier un bulletin de garnison collective (ou sommation avec frais), le percepteur doit supporter les frais de cet acte irrégulier qui doit être considéré comme non-avenu, et ne peut empêcher de donner suite à la saisie.

1169. — Lorsqu'un contribuable a fait disparaître une partie des meubles et objets saisissables et qu'il les fait rentrer après la vente des objets saisis, se croyant à l'abri de toutes nouvelles poursuites, le percepteur peut faire saisir ces meubles sans avertissement préalable, en vertu du commandement primitif, lequel ne se périme pas, et comme continuation de la première poursuite. — *Mém. des perc.*, 1871.472.

1170. — Il ne peut être procédé à la saisie des fruits pendants par racines ou à la saisie-brandon, que dans les six semaines qui précèdent l'époque ordinaire de la maturité des fruits (Règl. 1839, art. 64; C. proc. civ. art. 626). La saisie-brandon est un mode spécial aux fruits de la terre quand ils sont encore pendants par racines, c'est-à-dire considérés comme immeubles; s'ils étaient coupés ou cueillis, il faudrait procéder par voie de saisie-exécution.

1171. — Une saisie-brandon, faite en dehors des six semaines qui précèdent l'époque de la maturité des fruits, serait nulle. — Cass., 29 août 1853, Giffard, [S. 53.1.631. P. 54.2.90, D. 53.1.258] — Bourges, 24 janv. 1863, de Santhon, [S. 63.2. 117, P. 69.775, D. 63.2.135] — Sic, Chauveau, sur Carré, *Lois de la proc.*, quest. 2114; Boitard et Glasson, 13e éd., t. 2, n. 876.

1172. — Il y a cependant controverse sur ce point : quelques auteurs prétendent, en effet, qu'il peut être procédé à la saisie-brandon avant cette époque. — Locré, t. 3, p. 72; Carré, n. 2114; Merlin, *Questions*, v° *Nullité*, § 4, art. 8; Thomine-Desmazures, n. 698; Rodière, 4e éd., t. 2, p. 235.

1173. — Cette seconde opinion se fonde surtout sur la facilité qu'il y a à évincer le saisissant par la vente de la récolte qui peut être faite sans aucun doute plus de six semaines avant la maturité.

1174. — Les bois peuvent être saisis-brandonnés. Quand il existe un aménagement, la coupe réglée peut faire l'objet d'une saisie-brandon dans les six semaines qui précèdent l'époque où on peut couper les bois. — Cass., 21 juin 1820, Lambert, [S. et P. chr.] — Durieu, t. 2, p. 12.

1175. — Dans les bois exploités par coupes jardinatoires, les arbres ont le caractère de fruits quand leur enlèvement est conforme à l'aménagement établi ou à la gestion d'un bon père de famille. — Trib. Limoux, 24 févr. 1891, Pons, [*Mém. des perc.*, 1891.477]

1176. — Les arbres d'une pépinière peuvent être saisis-brandonnés quand ils sont parvenus à maturité, c'est-à-dire lorsqu'ils sont exorus dans un plant dont l'existence remonte à plus de six ans. — Rouen, 1er mars 1839, Legendre, [S. 39.2. 421, P. 39.2.461]

1177. — S'il n'existe pas d'aménagement et que le propriétaire se borne à couper de temps en temps quelques arbres dans son bois, celui-ci pourra être saisi-brandonné en tout temps, rien n'indiquant l'époque de la maturité du bois. — Durieu, t. 2, p. 14. — *Contrà*, Déc. content. finances, 11 mars 1889.

1178. — Les arbres ne sont pas saisissables mobilièrement. Sont seuls considérés comme fruits, les arbres des pépinières arrivés à maturité et les bois aménagés en coupe réglée. Hors ces deux cas, ils font corps avec l'immeuble et le créancier ne peut les faire abattre. — Bioche, *Saisie-brandon*, n. 6.

1179. — II. *Formes de la saisie.* — Les saisies s'exécutent dans les formes prescrites pour les saisies judiciaires (tit. 8, liv. 5, C. proc. civ.), c'est-à-dire pour les saisies-exécutions (Régl. 1839, art. 66).

1180. — La saisie peut être faite sur des meubles appartenant au contribuable par indivis avec d'autres personnes, sans qu'il soit nécessaire d'adresser au préalable un commandement à ces dernières. Leurs droits ne seront pas lésés, car il leur appartiendra d'intenter une action en distraction des meubles saisis. — Chauveau, sur Carré, n. 1992 et s.; Durieu, t. 2, p. 16.

1181. — Si les poursuites étaient dirigées contre plusieurs contribuables, qui seraient propriétaires indivis de meubles à saisir, il faudrait adresser un commandement à chacun d'eux. — Cass., 15 févr. 1815, de Turenne, [P. chr.] — *Sic*, Pothier, *Proc. civ.*, 4ᵉ part., chap. 2, art. 4; Thomine-Desmazures, t. 2, p. 91; Durieu, t. 2, p. 17.

1182. — D'après l'art. 585, C. proc. civ., le porteur de contraintes doit être assisté de deux témoins français, majeurs, non parents ni alliés des parties ou de lui-même jusqu'au degré de cousin issu de germain inclusivement, ni leurs domestiques. Le fait que l'un des témoins ne serait pas français n'entraîne pas du reste la nullité de la saisie. — Bordeaux, 5 juin 1832, Lamarque, [S. 32.2.487, P. chr.]

1183. — Le procès-verbal de saisie doit contenir l'énonciation des noms, professions et demeures des témoins. Ceux-ci doivent signer l'original et les copies. Si le porteur de contraintes prenait des témoins illettrés, la saisie serait entachée d'un vice radical. — Durieu, t. 2, p. 18.

1184. — La mention de l'heure à laquelle la saisie a été effectuée n'est pas obligatoire, mais elle est utile, soit pour le cas où plusieurs saisies auraient été opérées le même jour, soit pour prouver que la saisie n'a pas été faite à une heure indue.

1185. — En vertu de l'art. 585, C. proc. civ., la partie poursuivante ne peut assister à la saisie. Le percepteur doit donc s'abstenir d'y assister.

1186. — Toutes les formalités édictées par l'art. 585, C. proc. civ., n'ont pas la même importance et leur inobservation n'entraîne pas toujours la nullité de l'acte. Les tribunaux apprécient et font le départ entre les formalités substantielles et celles qui ne le sont pas.

1187. — Un procès-verbal de saisie-exécution n'est pas nul par cela seul qu'il ne contient pas les professions et demeures des témoins. Au contraire, une saisie qui ne serait pas faite avec l'assistance de deux témoins serait entachée d'un vice radical. — Durieu, t. 2, p. 19.

1188. — Les formalités des exploits doivent être observées dans les procès-verbaux de saisie-exécution (art. 586, C. proc. civ.). Le procès-verbal de saisie doit contenir commandement itératif si la saisie est faite en la demeure du saisi.

1189. — Le porteur de contraintes doit désigner d'une manière détaillée, dans son procès-verbal, les objets saisis. S'il y a des marchandises, elles doivent être pesées, mesurées ou comptées suivant leur nature (art. 588, C. proc. civ.). — Carré, t. 2, p. 429; Durieu, t. 2, p. 21.

1190. — La loi ne défend pas de saisir en bloc une certaine quantité d'objets de même nature, par exemple, les grains qui sont dans une grange sans compter les gerbes. — Orléans, 15 avr. 1818, Boissy, [P. chr.]

1191. — Dans une bibliothèque, il n'est pas nécessaire de désigner par leur titre tous les livres qui s'y trouvent; il suffit de dénommer les principaux ouvrages. — Orléans, 24 août 1822, Lefloir, [S. chr., P. chr.] — L'argenterie doit être spécifiée par pièces, poinçons, et pesée (art. 589, C. proc. civ.).

1192. — Les deniers comptants peuvent être saisis par le porteur de contraintes, mais il doit faire mention du nombre et de la qualité des espèces. Ils doivent être déposés au lieu établi pour les consignations, à moins que le saisissant et le saisi ne conviennent d'un autre consignataire (art. 590, C. proc. civ.; Ord. 3 juill. 1816).

1193. — S'il n'y a pas d'opposants, le porteur de contraintes pourra remettre les deniers au percepteur à la requête duquel la saisie est pratiquée. — Durieu, t. 2, p. 24.

1194. — Le procès-verbal doit contenir l'indication du jour de la vente (art. 595, C. proc. civ.). Cette indication a pour objet d'économiser les frais d'une signification spéciale. Si elle est omise, la saisie ne sera pas nulle, mais le porteur de contraintes sera exposé à payer des dommages-intérêts au contribuable. — Bourges, 21 nov. 1836, [Durieu, t. 2, *Jur.*, p. 140]

1195. — Le porteur de contraintes doit rédiger son procès-verbal sur place (art. 599, C. proc. civ.). Si la saisie ne peut être achevée en une journée, le porteur de contraintes peut la remettre au lendemain en constituant un gardien. Il est bon de faire signer le procès-verbal à la fin de chaque vacation. — Carré, t. 2, n. 2056.

1196. — Le gardien doit signer le procès-verbal, tant l'original que la copie. S'il ne sait signer, il en sera fait mention et il lui sera laissé copie du procès-verbal (art. 599, C. proc. civ.). Toutefois, cette formalité n'est pas substantielle. — Toulouse, 1ᵉʳ sept. 1820, N..., [P. chr.] — Besançon, 17 déc. 1824, N..., [P. chr.] — Bourges, 26 août 1825, Labrousse, [P. chr.] — Bordeaux, 13 avr. 1832, Labraize, [P. chr.]

1197. — Si la saisie est faite au domicile de la partie, copie doit lui être laissée sur-le-champ du procès-verbal, signée des personnes qui ont signé l'original; si la partie est absente, copie doit être remise au maire ou à l'adjoint, ou au magistrat qui aura été requis pour l'ouverture des portes, et celui-ci visera l'original (art. 601, C. proc. civ.).

1198. — En cas d'absence de la partie, mais quand les portes ont été trouvées ouvertes, il n'est pas nécessaire de remettre une copie au maire ou à l'adjoint; il suffit de la laisser à l'un des parents ou serviteurs. — Liège, 14 févr. 1824, Steffens, [S. chr., P. chr.] — Berriat Saint-Prix et Carré pensent, au contraire, que toutes les fois que le saisi est absent, la remise de la copie au maire ou à l'adjoint s'impose. — Durieu, t. 2, p. 26.

1199. — Si la saisie est faite hors du domicile et en l'absence du saisi, copie lui sera notifiée dans le jour, outre un jour par trois myriamètres; sinon les frais de garde et le délai pour la vente ne courent que du jour de la notification (art. 602, C. proc. civ.). Cette notification est nécessaire pour que le saisi connaisse les causes de la saisie. — Durieu, t. 2, p. 27.

1200. — Cependant, le défaut de notification n'entraîne pas la nullité de la saisie, mais seulement la perte des frais de garde (Consult. content. fin. 8 févr. 1889). — Orléans, 26 déc. 1816, N..., [P. chr.] — Trib. Limoges, 2 mars 1889. — Le percepteur pourra se faire couvrir de ses frais par le porteur de contraintes auquel les frais irréguliers sont imputables (art. 105 du règlement). On peut aussi frapper le porteur d'une amende de 5 à 100 fr. (art. 1030, C. proc. civ.). — *Mém. des perc.*, 1891.346.

1201. — III. *Formes particulières de la saisie quand elle porte sur des fruits ou récoltes pendants par racines.* — Dans les cas où il y a lieu de procéder à la saisie-brandon, il n'est pas nécessaire que le procès-verbal contienne un commandement itératif parce que cette saisie est faite hors de la présence du saisi.

1202. — Quand les fruits à saisir se trouveront dans un héritage clos dont les portes seront fermées, le porteur de contraintes se conformera à l'art. 71 du règlement. Toutefois, il ne constituera de gardien aux portes que si les fruits sont coupés ou arrachés (art. 587 et 634, C. proc. civ.).

1203. — Le procès-verbal de saisie doit indiquer pour chaque pièce, la contenance et la situation, deux au moins de ses tenants et aboutissants, et la nature des fruits (art. 627, C. proc. civ.). L'assistance des témoins exigée pour la saisie-exécution n'est pas nécessaire pour la saisie-brandon. — Agen, 8 juin 1836, Rispals, [S. 37.2.228, P. 37.2.426] — *Sic*, Thomine-Desmazures, t. 2, n. 699; Carré et Chauveau, n. 2115; Rauter, *Cours de proc.*, n. 293.

1204. — Le garde champêtre, chargé, de par ses fonctions, de veiller à la conservation des récoltes, doit, en principe, être constitué gardien de la saisie-brandon, à moins qu'il ne rentre dans un des cas d'exclusion énumérés dans l'art. 598, C. proc. civ. Dans le cas où les récoltes saisies se trouvent sur des

communes contiguës, il n'est établi qu'un seul gardien autre que le garde champêtre (art. 628, C. proc. civ.).

1205. — Le garde champêtre, quand il est constitué gardien de la saisie, a droit au salaire accordé par le tarif. Il doit faire rapport des dégâts commis sur les biens et l'affirmer devant le juge de paix ou, à défaut, devant le maire de la commune.

1206. — Le procès-verbal de saisie-brandon doit être fait sans déplacement. Si les fruits ne pouvaient être saisis le même jour, on ferait un procès-verbal pour chaque journée. Lorsque le garde champêtre constitué gardien n'est pas présent, la saisie doit lui être signifiée. Il doit aussi être laissé copie au maire, qui doit viser l'original (art. 628, C. proc. civ.).

1207. — La saisie-brandon doit être dénoncée avec copie au saisi, comme dans la procédure de saisie-exécution (art. 634, C. proc. civ.). La dénonciation au saisi, au garde champêtre et au maire peut être faite par le procès-verbal de saisie, s'ils sont dans le même lieu, mais elle l'est par des actes séparés. Si la dénonciation est faite par le procès-verbal de saisie, le procès-verbal doit contenir indication du jour de la vente. Si elle a lieu par acte séparé, il n'est nécessaire de faire l'indication que par cet acte. Enfin lorsqu'entre cette signification et l'époque où l'on pourra vendre, il existe un trop long intervalle, il faudra faire au saisi une seconde signification, pour lui indiquer le jour précis de la vente. — Durieu, t. 2, p. 30.

1208. — IV. *Oppositions aux saisies.* — La saisie est exécutée nonobstant toute opposition, sauf à l'opposant à se pourvoir, devant le sous-préfet, contre le requérant (Règl. 1839, art. 67).

1209. — Les oppositions peuvent émaner du saisi qui allé-guera qu'il ne doit pas la cote pour laquelle il est poursuivi, ou qu'il est en réclamation à ce sujet devant la juridiction adminis-trative; qui prétendra avoir payé; qui soutiendra que les meu-bles appartiennent à un tiers; qui invoquera la prescription; ou enfin qui contestera la régularité des actes de poursuite. Dans tous ces cas, il doit être passé outre à la saisie, sauf à faire statuer sur ces réclamations en référé (art. 607, C. civ.).

1210. — Il en sera de même, d'après les art. 608 et 609, des oppositions qui émaneraient soit de créanciers du saisi, soit de tiers qui se prétendraient propriétaires des meubles. Ils ne peu-vent s'opposer qu'à la vente. — Durieu, t. 2, p. 32.

1211. — En principe, c'est le juge des référés qui connaît les oppositions aux saisies. Toutefois, dans l'espèce, comme il s'agit de l'exécution de contraintes administratives dont l'autorité ju-diciaire ne peut arrêter l'effet, à raison du principe de la sépa-ration des pouvoirs, il ne peut appartenir au président du tribu-nal de prononcer la suspension des poursuites. — Cons. d'Et., 28 juill. 1819, Ruyband, [S. chr., P. adm. chr.] — Paris, 28 janv. 1832, Ville de Paris, [cité par Durieu, t. 2, Jur., p. 129]

1212. — C'est pourquoi les oppositions doivent être soumises au sous-préfet, non pas pour qu'il juge les réclamations des con-tribuables, mais pour qu'il apprécie si, à raison de la nature des obstacles qui s'élèvent, il doit ordonner la suspension des pour-suites ou au contraire en autoriser la continuation. Cette décision du sous-préfet n'est d'ailleurs qu'un acte de tutelle et ne fait nullement obstacle à ce que le contribuable ou le tiers opposant s'adresse ensuite à l'autorité compétente pour faire valoir ses droits. — Durieu, t. 2, p. 34.

1213. — Les oppositions peuvent être formées par voie d'in-tervention dans l'acte même d'exécution, l'opposant requérant le porteur de contraintes, qui ne peut s'y refuser, de recevoir et d'insérer dans le procès-verbal même de saisie, les dires, dé-clarations et opposition du requérant qui signe le procès-verbal. Elles peuvent aussi être formées par acte séparé signifié au per-cepteur dans la forme ordinaire des exploits, par le ministère d'un huissier.

1214. — V. *Paiement ou offre de paiement au cours de la saisie.* — Si, au moment où le porteur de contraintes vient à ef-fectuer une saisie dans l'étendue de la commune du chef-lieu de perception, le contribuable retardataire demande à se libérer chez le percepteur, l'agent de poursuites doit, sur la déclaration écrite du contribuable, suspendre la saisie, et, sur le vu de la quittance du percepteur, il inscrit dans son procès-verbal le motif qui lui a fait suspendre son opération. Dans ce cas, le con-tribuable doit seulement le prix du timbre du procès-verbal, et, pour les vacations du porteur de contraintes, le prix d'une jour-née de vivres et de logement, ainsi que le salaire des assistants, d'après le tarif arrêté par le préfet (Règl. 1839, art. 68).

1215. — Si la saisie a lieu dans une commune autre que

celle du chef-lieu de perception, et que le contribuable demande également à se libérer chez le percepteur, le porteur de con-traintes s'établit en qualité de garnisaire au domicile du retar-dataire pendant tout le temps que celui-ci emploie à effectuer sa libération et, sur le vu de la quittance du percepteur, il inscrit dans son procès-verbal le motif qui lui a fait disconti-nuer la saisie. Dans ce second cas, le contribuable ne doit au porteur de contraintes, savoir : s'il justifie de la quittance du percepteur dans la première journée de l'opération, que le prix d'une journée de vivres et de logement et le salaire des assis-tants; et si cette justification ne peut être donnée que dans la journée du lendemain, que deux journées de vivres et de loge-ment (Règl. 1839, art. 68).

1216. — Dans les cas précités, le porteur de contraintes est tenu de faire mention, à la suite du procès-verbal de sus-pension de saisie, de la date de la quittance du percepteur et de la somme pour laquelle elle a été délivrée (Règl. 1839, art. 68).

1217. — A la fin de la seconde journée, si le contribuable retardataire n'a pas opéré sa libération ou n'en justifie pas, le porteur de contraintes exécute la saisie; alors le contribuable doit, indépendamment des frais de la saisie, deux journées de vivres et logement (Même art.).

1218. — La déclaration du contribuable qu'il entend se li-bérer sera inscrite par le porteur de contraintes dans son procès-verbal et signée par le contribuable ou, s'il ne sait pas signer, il sera fait mention de cette circonstance. — Durieu, t. 2, p. 38.

1219. — Si le contribuable ne porte au percepteur qu'un acompte, le percepteur peut l'accepter et suspendre les pour-suites, toutes choses demeurant en état, mais la suspension des poursuites n'est pas obligatoire dans ce cas (Circ. min. Fin. 31 mars 1831).

1220. — Les offres réelles suspendent-elles les poursuites? Le commandement portant élection de domicile dans la commune où ont lieu les poursuites, le saisi peut-il, après s'être présenté à ce domicile un jour autre que celui où le percepteur doit être tenu de venir recevoir les impôts dans les communes, prétendre que l'absence du percepteur équivaut à un refus de recevoir le paie-ment et qu'il est par suite autorisé à faire des offres réelles, suivies de consignation des deniers, le tout aux frais du comp-table? Nous ne le pensons pas. Il ne peut appartenir au contri-buable d'obliger le percepteur à revenir dans la commune et de rendre ainsi quérable une contribution déclarée portable par la loi. Les paiements doivent se faire au domicile réel du percep-teur, sauf le jour où il est tenu de venir dans la commune. — Cass., 23 mess. an IV, Mardelte, [P. chr.] — Durieu, t. 2, p. 42.

1221. — Mais si le contribuable a fait une offre de paiement et que le percepteur l'ait refusée, celui-ci peut être contraint à accepter le paiement par voie d'offres réelles et de consignation dont les frais retomberont sur sa charge. — Mém. des perc., 1870. 332, 1874.536.

1222. — Le percepteur a seul qualité pour recevoir des offres réelles. — Grenoble, 25 févr. 1882, Morel, [D. 82.2.230]

1223. — Les offres réelles doivent être faites par exploit d'huissier (art. 812, C. proc. civ.). Le contribuable ne peut exi-ger que le porteur de contraintes les reçoive sur son procès-verbal de saisie. Il se bornera à mentionner qu'il a suspendu la saisie, en se référant au percepteur, sans prétendre rien pré-juger sur l'acceptation des offres. — Durieu, t. 2, p. 45.

1224. — VI. *Revendications par un tiers des meubles saisis.* — La saisie ne doit porter que sur les meubles qui appartien-nent aux contribuables. S'ils sont la propriété de tiers, la loi du 12 nov. 1808 organise une procédure qui permet à ceux-ci de les revendiquer.

1225. — On peut saisir la machine appartenant au proprié-taire d'un domaine pour obtenir le paiement de la patente im-posée à l'individu qui exploite cette machine comme locataire. Il en serait autrement si l'exploitant était un associé du pro-priétaire ou son commis. — Mém. des perc., 1878.256.

1226. — Une femme est fondée à s'opposer à la vente de meubles qui lui appartiennent personnellement lorsque les pour-suites ont été dirigées seulement contre son mari. Le Mémorial des percepteurs estime que, s'il s'agissait du recouvrement de la contribution mobilière, la femme pourrait être poursuivie per-sonnellement en même temps que son mari. — Mém. des perc., 1875.198, 1881.210.

1227. — En cas de revendication des meubles et effets sai-

sis, l'opposition n'est portée devant les tribunaux qu'après avoir été, conformément aux lois des 5 nov. 1790 (art. 13 et s.) et 12 nov. 1808 (art. 4), déférée à l'autorité administrative. En conséquence, le percepteur se pourvoit auprès du sous-préfet, par l'intermédiaire du receveur particulier, pour qu'il y soit statué dans le plus bref délai (Règl. 1839, art. 69). — Trib. Cognac, 3 juill. 1889, Mauguy, [*Mém. des perc.*, 1891.542]

1228. — La loi du 5 nov. 1790 était relative à l'administration des biens nationaux. Son art. 15 dispose qu'il ne pourra être exercé aucune action contre le procureur général syndic en sadite qualité, par qui que ce soit, sans qu'au préalable on ne se soit pourvu, par simple mémoire, d'abord au directoire du district pour avoir son avis, ensuite au directoire du département pour donner une décision, aussi à peine de nullité. Les directoires devront statuer dans le mois. La remise et l'enregistrement de ce mémoire interrompront la prescription; et dans le cas où les corps administratifs n'auraient pas statué dans le mois, il sera permis de se pourvoir devant les tribunaux. Quoique les préfets, qui remplacent aujourd'hui les directoires de département, n'aient pas la direction des actions en matière de contributions directes comme ils l'ont en matière domaniale, la loi du 12 nov. 1808, dans son art. 4, disposa que lorsqu'en cas de saisie de meubles et autres effets mobiliers, il s'élèverait une demande en revendication de tout ou partie desdits meubles et effets, elle ne pourrait être portée devant les tribunaux ordinaires qu'après avoir été soumise, par l'une des parties intéressées, à l'autorité administrative, conformément à la loi du 5 nov. 1790. Le législateur a sans doute pensé qu'une revendication de meubles saisis, pouvant avoir pour effet de diminuer le gage du Trésor, intéressait l'Etat au même titre qu'une action relative à ses biens. L'accomplissement de ce mémoire était prescrite à peine de nullité de la demande. Elle incombe au revendiquant; l'art. 63 du règlement sur les poursuites, qui ordonne au percepteur de se pourvoir devant le sous-préfet, le dispense pas l'opposant de ce même mémoire. — Aix, 27 mai 1893, Favreau, [*Mém. des perc.*, 1893.329] — Trib. Narbonne, 2 janv. 1894, Guillon, [*Mém. des perc.*, 1894.288]

1229. — Le dépôt d'un mémoire préalable n'est exigé qu'à l'occasion de poursuites faites pour le recouvrement de contributions perçues au profit du Trésor. On ne l'exige pas lorsque qui s'oppose aux poursuites faites pour le recouvrement du droit des pauvres. — Trib. Apt, 13 juin 1893, [*Mém. des perc.*, 1894. 137]

1230. — A quelle autorité administrative doit être soumise cette action? On a longtemps cru que c'était au conseil de préfecture. — Cons. d'Et., 29 août 1809, Buquet, [S. chr., P. adm. chr.]; — 20 nov. 1816, Desmousseaux, [S. chr., P. adm. chr.]; — 9 avr. 1817, Hainguerlot, [S. chr., P. adm. chr.]; — 18 mars 1818, Cozenand, [S. chr., P. adm. chr.]; — 1er nov. 1820, Jobert, [S. chr., P. adm. chr.]

1231. — Mais en 1823 le Conseil d'Etat fut appelé à émettre sur cette question un avis d'après lequel c'est au préfet, chargé seul d'administrer et de plaider, et non au conseil de préfecture, qui n'a reçu aucune attribution à cet égard, que devait être soumis le mémoire préalable des particuliers. — Av. Cons. d'Et., 28 août 1823. — Cons. d'Et., 28 févr. 1836, Feyte, [S. 57.2.78, P. adm. chr.]; — 4 juin 1870, Christophe, [S. 72.2.88, P. adm. chr.] — V. aussi Serrigny, *Compét. adm.*, t. 2, n. 637.

1232. — Quelle est la nature de ce plaidant administratif? Ce n'est pas un recours, puisque le préfet n'a pas à rendre un jugement sur les prétentions respectives du percepteur et du tiers revendiquant, la loi disposant que les tribunaux judiciaires trancheront la difficulté. D'après Cormenin (*Quest.*), c'est une sorte de tentative de conciliation. Si le préfet pense que le procès ne doit pas être soutenu dans l'intérêt du Trésor, il fait droit à la prétention du revendiquant et donne des ordres pour que la distraction des meubles qui n'appartiennent pas au saisi, soit faite au profit de leur propriétaire. S'il juge, au contraire, qu'il y a lieu de soutenir le procès, il répond par un refus à la prétention du revendiquant ou bien il laisse passer sans répondre le mois dans lequel il doit statuer. A l'expiration de ce délai, le silence est considéré comme un refus et les parties peuvent saisir les tribunaux. — Durieu, t. 2, p. 49.

1233. — Le percepteur comme l'autre partie a qualité pour saisir le préfet. L'intérêt du Trésor exige que la contestation ne. traine pas en longueur. Il devra donc transmettre la revendication au receveur particulier qui la fera parvenir au sous-préfet. Aux

termes de l'art. 69 du règlement, le percepteur se pourvoit auprès du sous-préfet par l'intermédiaire du receveur particulier, pour qu'il y soit statué par le préfet dans le plus bref délai. Ce référé ne dispense pas le revendiquant du dépôt du mémoire. — Aix, 27 mai 1893, Javrian, [*Mém. des perc.*, 1893.329]

1233 bis. — Le dépôt effectué seulement à la veille des plaidoiries est tardif. — Trib. Saint-Pons, 8 juin 1894, Perc. de Saint-Clinian, [*Mém. des perc.*, 1894.475]

1234. — La revendication s'effectue au moyen d'un exploit signifié au gardien avec injonction de ne souffrir ni l'enlèvement, ni la vente des objets réclamés, jusqu'à ce qu'il ait été statué sur la revendication. Cet exploit est signifié au saisissant ou au saisi dans le délai des ajournements. — Besançon, 30 avr. 1814, N..., [P. chr.] — Trib. Cognac, 3 juill. 1889, [*Mém. des perc.*, 1891.542] — Il doit contenir l'énonciation des preuves de propriété, à peine de nullité (art. 608, C. proc. civ.). L'assignation doit être signifiée au domicile réel du saisissant.

1235. — La demande en revendication est jugée par le tribunal civil du lieu de la saisie, comme en matière sommaire (art. 608, C. proc. civ.). Le réclamant qui succombe peut être condamné à des dommages-intérêts envers le saisissant.

1236. — Si la revendication est admise, le jugement qui y fait droit est signifié au saisissant, à la partie saisie et au gardien, avec défense de procéder à la vente, soit de la totalité, soit de partie des objets saisis. Si le tiers ne justifie de sa propriété qu'après la vente, il lui est tenu compte, par le saisissant, de la valeur de l'objet.

1237. — Les frais de procès doivent être payés aux avoués ou huissiers par les receveurs particuliers, sur mémoire des frais dûment taxés par l'autorité judiciaire (Lettre min. Fin. au préfet des Bouches-du-Rhône, 11 déc. 1835).

1238. — Lorsque la revendication des meubles saisis ne se produit qu'après l'apposition des placards annonçant la vente, le revendiquant doit supporter les frais d'affiches et de publication comme peine de sa négligence. — Bioche, v° *Saisie-exécution*, n. 232.

1239. — Les frais de la revendication doivent être considérés comme les accessoires de la saisie-exécution, et, dès lors, le percepteur doit demander au tribunal l'autorisation d'en prélever le montant sur le prix de la vente des objets saisis, sauf au redevable à exercer ensuite une action récursoire, s'il y a lieu, contre le tiers qui, par une revendication mal fondée, a occasionné les frais (Dir. comptabilité, 17 sept. 1834).

1240. — VII. *Concours de saisies.* — Le porteur de contraintes qui, se présentant pour saisir, trouve une saisie déjà faite, se borne à procéder au récolement des meubles et effets saisis, et, s'il y a lieu, provoque la vente, ainsi qu'il est prescrit par les art. 611 et 612, C. proc. civ. (Règl. 1839, art. 70).

1241. — Le récolement est un procès-verbal qui constate que les effets saisis y sont compris, signale les manquants et saisit ceux qui avaient été omis. Il doit être fait avec l'assistance de deux témoins. — Durieu, t. 2, p. 52.

1242. — Si le précédent saisissant a compris dans la saisie des effets déclarés insaisissables par l'art. 592, C. proc. civ., le porteur de contraintes doit mentionner cette circonstance dans son procès-verbal, sauf à faire distraction de ces objets s'il procède à la vente aux lieu et place du premier saisissant.

1243. — Mais s'il s'agit d'objets déclarés insaisissables pour contributions arriérées, mais saisissables pour d'autres créances privilégiées énumérées dans l'art. 593, C. proc. civ., le porteur de contraintes devra faire distraction de ces objets compris dans le procès-verbal de la première saisie, pour réduire la vente à ceux que le règlement déclare saisissables pour contributions arriérées. Il agit dans l'intérêt de tous les créanciers et réalise pour tous le mobilier saisi, afin que la distribution des deniers se fasse ensuite entre eux suivant les droits et privilèges de chacun. — Durieu, t. 2, p. 53.

1244. — Les objets omis et saisis dans le récolement doivent être confiés au gardien de la première saisie. Si le porteur de contraintes constituait un autre gardien, les frais qui en résulteraient seraient considérés comme frustratoires.

1245. — Après un récolement des objets saisis et opéré, s'il y a lieu, la saisie de ceux qui avaient été omis, le porteur de contraintes doit faire sommation au premier saisissant de vendre le tout dans la huitaine (art. 611, C. proc. civ.). Cette sommation doit être faite par le procès-verbal même.

1246. — Lorsqu'il y a plus ample saisie, il doit être signifié

trois copies du procès-verbal contenant récolement et saisie des effets omis : au saisi, parce qu'il y a saisie (art. 601, C. proc. civ.); au gardien (art. 599, C. proc. civ.); au premier saisissant, parce que la seconde saisie, contenant récolement de la première, vaut à ce titre opposition sur les deniers de la vente (art. 611, C. proc. civ.), et que cet acte portant sommation de vendre, ce premier saisissant en a besoin pour faire procéder à la vente des nouveaux effets saisis. — Durieu, t. 2, p. 54.

1247. — Lorsqu'il n'y a que récolement, le porteur de contraintes doit donner deux copies, une première au saisi, une seconde au saisissant, puisque ce récolement vaut opposition. Il n'est pas besoin d'en donner une troisième au gardien, le récolement ne lui imposant aucune obligation nouvelle. — Durieu, t. 2, p. 54.

1248. — La saisie étant commune à tous les créanciers opposants, il fallait leur donner le droit de provoquer la vente des effets saisis (art. 612, C. proc. civ.). Lorsque le premier saisissant n'a pas obtempéré à la sommation qui lui a été faite par le porteur de contraintes de vendre dans le délai de huitaine, celui-ci peut, à l'expiration du délai, après avoir fait préalablement sommation au saisissant, procéder au récolement des effets saisis sur la copie du procès-verbal de saisie que le gardien est tenu de représenter, et immédiatement après la vente, sauf l'autorisation spéciale du sous-préfet. — Durieu, t. 2, p. 54.

1249. — Le porteur de contraintes peut encore procéder directement à la vente, quoique n'étant que second saisissant, lorsque la première saisie n'est qu'une saisie-gagerie, c'est-à-dire l'acte conservatoire par lequel le propriétaire ou principal locataire a fait saisir les objets garnissant la maison louée ou la ferme, comme étant affectés à son privilège (art. 2102). La saisie-exécution doit obtenir la préférence parce qu'il n'est pas besoin de la faire déclarer valable pour procéder à la vente et que la garde des objets saisis est confiée à un tiers et non au saisi. — Durieu, t. 2, p. 55.

1250. — Lorsque le saisi fait déclarer nulle la première saisie, le procès-verbal de récolement équivaut à une nouvelle saisie et le droit du Trésor devient indépendant de celui du premier saisi. — Durieu, t. 2, p. 55.

1251. — VIII. *Obstacles apportés à la saisie.* — Lorsque le porteur de contraintes ne peut exécuter sa commission parce que les portes sont fermées ou que l'ouverture en est refusée, il a le droit d'établir un gardien pour empêcher le divertissement.

1252. — Il se rend sur-le-champ devant le maire ou l'adjoint, lequel autorise l'ouverture des portes, y assiste et reste présent à la saisie des meubles et effets. L'ouverture des portes et la saisie sont constatées par un seul procès-verbal dressé par le porteur de contraintes et signé, en outre, par le maire ou son adjoint (Règl. 1839, art. 71; art. 587, C. proc. civ.).

1253. — La saisie serait nulle si le porteur de contraintes, ne trouvant personne au domicile du saisi, ou sur le refus qu'on ferait d'en ouvrir les portes, les ouvrait lui-même, quoique sans efforts ni fractures, et vînt même qu'elles ne seraient pas fermées à clef, et procéderait sans être assisté d'un officier public. — Poitiers, 7 mai 1818, Jardoinet, [S. et P. chr.] — Sic, Chauveau, sur Carré, quest. 2019 *quater.*

1254. — Pour qu'il puisse pénétrer dans la maison du saisi, il faut qu'il la trouve habitée et les portes ouvertes, ou que, du moins, l'ouverture des portes ait lieu sur sa simple réquisition. — Cass., 28 mai 1851, Dreux, [D. 51.1.138]

1255. — Si, entré d'abord sans obstacle dans la maison du saisi, le porteur de contraintes venait à être l'objet de menaces ou de voies de fait de la part du saisi ou de ses gens, il dresserait procès-verbal, établirait un gardien aux portes et se rendrait devant l'un des fonctionnaires indiqués dans l'art. 587, C. proc. civ., ou à la gendarmerie pour requérir main-forte. — Durieu, t. 2, p. 57.

1256. — Une demande verbale adressée aux fonctionnaires indiqués dans l'art. 587, C. proc. civ., suffit. S'ils refusent de faire droit à la réquisition du porteur de contraintes, celui-ci consignera le fait dans son procès-verbal et se rendra chez le percepteur, qui en référera au receveur particulier. — Durieu, t. 2, p. 58.

1257. — Si l'ouverture des portes ou des meubles exige l'intervention d'un serrurier, le porteur de contraintes devra le faire requérir par le fonctionnaire appelé pour assister à l'opération. Si la réquisition n'était faite que par lui, elle ne serait pas obligatoire pour l'ouvrier. — Cass., 20 févr. 1830, Sourrisseau, [S. et P. chr.]

1258. — L'officier public qui se sera transporté pour faire ouvrir les portes devra assister à toute la saisie et signer le procès-verbal (art. 587 et 591, C. proc. civ.). — Durieu, t. 2, p. 59.

1259. — IX. *Garde des objets saisis.* — Le procès-verbal de saisie fait mention de la réquisition faite au saisi de présenter un gardien volontaire. Le porteur de contraintes est tenu d'admettre ce gardien, sur l'attestation de solvabilité donnée par le maire de la commune (Règl. 1839, art. 72; art. 696, C. proc. civ.).

1260. — Le porteur de contraintes peut refuser pour gardiens : 1° le saisi, à moins qu'il n'y ait nécessité ou avantage à laisser les objets à sa garde, ce qui arriverait quand la valeur des objets est telle qu'elle serait excédée par les frais de garde; 2° les personnes incapables de s'obliger, mineurs, interdits, femmes mariées; 3° celles qui ne peuvent s'obliger par corps, telles que les septuagénaires, les femmes et les filles (art. 2066, C. civ.); 4° celles dont la solvabilité n'est pas constatée par le maire. — Durieu, t. 2, p. 61.

1261. — Si le saisi ne présente pas de gardien, le porteur de contraintes en établit un d'office, en observant les prohibitions portées par l'art. 598, C. proc. civ. (Règl. 1839, art. 73). Ces prohibitions concernent le saisissant, son conjoint, ses parents et alliés jusqu'au degré de cousin issu de germain inclusivement, et les domestiques.

1262. — Le saisi, son conjoint, ses parents, alliés et domestiques pourront être établis gardiens, de leur consentement et de celui du saisissant (art. 598, C. proc. civ.). Ce dernier doit être énoncé dans le procès-verbal.

1263. — Les témoins qui ont assisté le porteur de contraintes peuvent être constitués gardiens. — Metz, 20 nov. 1818, Médard, [S. et P. chr.]

1264. — Le gardien de la saisie est responsable des objets saisis, et doit s'opposer à l'enlèvement de ces objets; s'il ne peut y parvenir à lui seul, il pourra requérir la force armée pour lui prêter main-forte. — Durieu, t. 2, p. 63.

1265. — Les fonctions de gardien ne sont pas obligatoires et peuvent être refusées. C'est pourquoi les porteurs de contraintes doivent, en général, amener avec eux un homme de confiance qui leur sert de témoin pour la saisie et en est constitué le gardien. En aucun cas le gardien constitué d'office ne peut être contraint de se déplacer et de venir sur les lieux prendre la garde des objets saisis. Il a été jugé qu'un gardien constitué d'office n'était tenu de représenter les meubles saisis qu'autant qu'ils avaient été mis en sa possession et transportés à son domicile. — Toulouse, 31 juill. 1832, Verines, [S. chr.] — Durieu, t. 2, p. 63.

1266. — Le règlement n'exige pas que la solvabilité du gardien constitué d'office soit attestée par le maire. Il suffit qu'il soit majeur. — Durieu, t. 2, p. 64.

1267. — Les redevables ou autres personnes qui, par voie de fait, empêcheraient l'établissement du gardien ou enlèveraient ou détourneraient les objets saisis, doivent être poursuivis conformément aux art. 209 et 379, C. pén. (art. 600, C. proc. civ.). Le porteur de contraintes dresse procès-verbal des obstacles apportés à la saisie. Le gardien peut porter plainte des voies de fait au ministère public.

1268. — Le gardien que le percepteur est autorisé à établir d'office pour veiller à la conservation du gage de l'impôt en attendant les poursuites, n'est qu'un surveillant : il n'a ni le caractère, ni les droits du gardien placé par autorité de justice. Sa surveillance étant insuffisante, le percepteur devrait solliciter, par la voie du référé, l'établissement provisoire de gardiens ayant le pouvoir d'empêcher tout divertissement. — Douai, 31 mars 1881, [*Mém. des perc.*, 1881.180]

1269. — En cas d'enlèvement des objets saisis, le gardien doit, non seulement porter plainte, mais encore rechercher les auteurs de l'enlèvement et le lieu où les objets sont recelés, et dans ce but présenter requête en revendication, conformément à l'art. 826, C. proc. civ. Il a trois ans pour revendiquer ces objets (art. 2279, C. civ.).

1270. — Les porteurs de contraintes et percepteurs sont-ils garants et responsables des gardiens constitués d'office? Les tribunaux se sont divisés sur ce point. — Dans le sens de l'affirmative, V. Cass., 18 avr. 1827, Gauthier, [S. et P. chr.] — Paris, 20

août 1825, Gauthier, [S. et P. chr.] — Poitiers, 7 mars 1827, Augereau, [S. et P. chr.]—Dans le sens de la négative, V. Cass., 24 avr. 1833, Germain, [S. 33.1.415, P. chr.]; — 25 janv. 1836, Fionnier, [S. 36.1.286, P. chr.] — Caen, 12 déc. 1826, Roger, [S. et P. chr.] — Rouen, 3 déc. 1831, Dumart, [S. 33.2.434, P. chr.] — Rennes, 8 janv. 1834, Fischet, [S. 34.2.616, P. chr.] — Sic, Thomine-Desmazures, t. 1, n. 674 ; Chauveau, sur Carré, quest. 2062 ; Durieu, t. 2, p. 64.

1271. — Il ne peut être établi qu'un seul gardien. Dans le cas où la nature des objets saisis en exigerait un plus grand nombre, il y serait pourvu sur l'avis du maire de la commune (Règl. 1839, art. 74). Les gardiens sont contraignables par corps, pour la représentation des objets saisis (art. 75).

1272. — En cas de soustraction frauduleuse, les gardiens d'objets saisis, autres que le saisi lui-même, peuvent être poursuivis par la voie criminelle. Si c'est le contribuable qui a détruit, détourné ou tenté de détourner les objets saisis sur lui et confiés à sa garde, il est passible des peines portées à l'art. 400, C. pén. Il est passible des peines portées à l'art. 401, si la garde des objets saisis et par lui détruits ou détournés avait été confiée à un tiers (art. 76 bis).

1273. — Avant la loi du 22 juill. 1867, qui a aboli la contrainte par corps en matière civile, le gardien d'effets saisis qui ne les représentait pas pouvait être contraint par corps (art. 76 du règlem.). Cette disposition n'a plus aujourd'hui d'application.

1274. — Le gardien est tenu d'apporter à la conservation des objets qui lui ont été confiés tous les soins d'un bon père de famille (art. 1962, C. civ.). Il lui est interdit de se servir des choses saisies, à moins que ce ne soit pour leur conservation même, de les louer ou de les prêter, à peine de privation des frais de garde et de dommages-intérêts (art. 603, C. proc. civ.).

1275. — Il est responsable des détériorations survenues à ces objets par sa faute. — Cass., 31 janv. 1820, Luryet, [S. et P. chr.] — Si les objets saisis ont produit des fruits ou revenus, il en est comptable (art. 604, C. proc. civ.).

1276. — Enfin, il est tenu de les représenter quand il en est requis. Sa responsabilité cesse au moment où il les remet à l'agent chargé de les vendre. Il n'a pas à en effectuer le transport ; c'est au porteur de contraintes à s'en charger. — Durieu, t. 2, p. 68.

1277. — Le gardien est responsable envers le saisi de la valeur des objets confiés à sa garde ; envers le saisissant il n'est responsable que jusqu'à concurrence du montant de la créance. — Rennes, 19 nov. 1813, Nogues, [P. chr.] — Durieu, t. 2, p. 69.

1278. — Le saisi n'est responsable de la conservation des objets saisis sur lui qu'à la condition d'avoir été valablement constitué gardien de la saisie. — Mém. des perc., 1890.536.

1279. — Le gardien peut demander sa décharge si, par le fait du saisissant, la vente n'a pas été faite au jour indiqué par le procès-verbal de saisie. Si le retard provient d'obstacles indépendants des diligences du saisissant, ce n'est que deux mois après la saisie qu'il peut demander sa décharge, sauf au saisissant à faire nommer un nouveau gardien (art. 603, C. proc. civ.).

1280. — Pour se faire décharger de ses fonctions, le gardien doit demander sa décharge contre le saisissant et le saisi par une assignation en référé devant le président du tribunal du lieu de la saisie. Si la décharge est accordée, il est préalablement procédé au récolement des objets saisis (art. 606, C. proc. civ.). Le porteur de contraintes dresse un procès-verbal dont copie est remise au gardien déchargé et au gardien nouveau, au saisi et au saisissant. — Durieu, t. 2, p. 73.

1281. — Il a été décidé par le Conseil d'État qu'il n'appartenait qu'à l'autorité qui avait nommé le gardien de le changer ; qu'en conséquence, le président du tribunal excédait ses pouvoirs en autorisant un pareil changement. — Cons. d'Ét., 2 juin 1819, Sermet de Tournefort, [P. adm. chr.] — Cette décision est critiquée, avec raison suivant nous, par Durieu (t. 2, p. 73).

1282. — Le salaire des gardiens est fixé par le tarif de la préfecture, à raison du nombre des jours de garde. Le souspréfet en fixe la taxe (art. 103 du règlement). — Cons. d'Ét., 8 mars 1814, Mondoux, [S. chr., P. adm. chr.] — Ce salaire qui court, soit du jour de la saisie, quand elle est faite au domicile du saisi, soit du jour de la notification de cette saisie au débiteur, quand elle est faite hors de son domicile (art. 602, C. proc. civ.), doit être alloué au gardien jusqu'à sa décharge, à la condition toutefois qu'il ait veillé avec soin à la conservation des

objets. S'il en laisse détourner tout ou partie, il n'a droit à aucune indemnité. — Bordeaux, 21 déc. 1827, Lacombe, [S. et P. chr.]

1283. — Si le gardien n'a pas de quoi subsister, il peut exiger du saisissant l'avance de son salaire, ainsi que celle des frais qu'il pourrait avoir à supporter pour la nourriture d'animaux saisis. — Durieu, t. 2, p. 74.

1284. — En cas de nullité de la saisie, c'est le saisissant seul qui doit supporter le salaire du gardien, qui a été établi dans son seul intérêt. — Bordeaux, 17 mars 1831, Aoustin, [S. 31.2.282]

1285. — En cas de décès d'un gardien, ses héritiers sont tenus de prévenir le saisissant, pour qu'il pourvoie à la conservation des objets saisis (art. 2010, C. civ.); mais ils ne succèdent pas aux fonctions du gardien.

1286. — X. *Objets insaisissables.* — Ne peuvent être saisis pour contributions arriérées et frais faits à ce sujet : les lits et vêtements nécessaires au contribuable et à sa famille ; les outils et métiers à travailler ; les chevaux, bœufs, mulets et autres bêtes de somme ou de trait servant au labour ; les charrues, charrettes, ustensiles et instruments aratoires, harnais de bêtes de labourage, les livres relatifs à la profession du saisi, jusqu'à la somme de 300 fr., à son choix ; les machines et instruments servant à l'enseignement pratique ou à l'exercice des sciences et arts, jusqu'à concurrence de la même somme et au choix du saisi ; les équipements des militaires, suivant l'ordonnance et le grade.

1287. — Il est laissé au contribuable saisi une vache à lait, ou deux chèvres, ou trois brebis, à son choix, avec les pailles, fourrages et grains nécessaires pour la nourriture et la litière de ces animaux pendant un mois, plus la quantité de grains et de graines nécessaires à l'ensemencement ordinaire des terres. Les abeilles, les vers à soie, les feuilles de mûrier, ne sont saisissables que dans les temps déterminés par les lois et usages ruraux. Les porteurs de contraintes qui contreviennent à ces dispositions sont passibles d'une amende de 100 fr. (Règl. 1839, art. 77 ; Arr. 16 therm. an VIII, art. 52 ; L. 2 oct. 1791).

1288. — L'énumération de l'art. 17 est incomplète. Il faut y ajouter les objets que des décisions postérieures à l'arrêté du 16 therm. an VIII ont déclarés insaisissables. — Laferrière, p. 202 ; Foucart, t. 2, n. 832 ; Magnitot et Delamarre, v° *Contrib. directes;* Fournier et Daveluy, u. 431.

1289. — ... Et notamment les farines et menues denrées nécessaires à la consommation du saisi et de sa famille pendant un mois (art. 592-7°, C. proc. civ.).

1290. — Ne peuvent encore être saisis les objets que la loi déclare immeubles par destination (art. 524 et 525, C. civ.).

1291. — On ne peut saisir un manuscrit du vivant de l'auteur. Cet objet n'est pas dans le commerce. Après le décès de l'auteur, les tribunaux apprécieront. — Durieu, t. 2, p. 78.

1292. — L'amende de 100 fr., édictée par l'art. 77 du règlement, conformément à la loi du 2 oct. 1791 et à l'arrêté du 16 therm. an VIII, contre le porteur de contraintes qui aurait saisi des objets insaisissables, n'est applicable que pour les objets énumérés dans les lois et non pour ceux qui sont énumérés dans l'art. 592, C. proc. civ.

1293. — Indépendamment de l'amende que le saisi peut requérir contre le porteur de contraintes, il a une action civile pour obtenir la distraction des objets saisis à tort. Cette demande doit être instruite comme l'action en revendication des meubles saisis. — Cass., 29 août 1809, Buquet, [S. chr., P. adm. chr.]

1294. — La saisie d'objets insaisissables n'entraîne pas la nullité de la saisie. — Cass., 1er therm. an XI, Demarzet, [S. chr.] — Metz, 20 nov. 1818, Médard, [S. chr.]; — 10 mai 1825, Freminet, [S. chr.] — Mais elle expose le saisissant à des dommages-intérêts. — Cass., 1er therm. an XI, précité. — Durieu, t. 2, p. 83.

1295. — XI. *Procès-verbaux de carence.* — A défaut d'objets saisissables, et lorsqu'il sera constant qu'il n'existe aucun moyen d'obtenir le paiement de cote d'un contribuable, il est dressé sur papier libre un procès-verbal de carence, en présence de deux témoins. Ce procès-verbal doit être certifié par le maire. Il n'est pas soumis au timbre ni à l'enregistrement.

1296. — Le préfet décide, selon les différents cas d'insolvabilité, s'il y a lieu de mettre les frais de ce procès-verbal à la charge du percepteur, ou s'ils sont susceptibles d'être imputés,

comme la cote elle-même, sur le fonds de non-valeurs (Règl. 1839, art. 78).

1297. — L'insolvabilité des contribuables sera constatée, savoir : 1° pour les retardataires qui auraient primitivement été réputés solvables, et contre lesquels une saisie précédée de commandement aurait été intentée, par le moyen des procès-verbaux de carence prescrits par l'art. 78; ces procès-verbaux seront individuels ou collectifs, suivant le nombre des contribuables insolvables contre lesquels la saisie aurait été dirigée dans le même jour; 2° pour les contribuables dont l'insolvabilité serait notoire, au moyen de certificats des maires attestant l'indigence desdits contribuables, que les percepteurs devront obtenir au moment seulement où ils reconnaîtront cette insolvabilité (en exécution de l'arrêté du gouvernement du 6 mess. an X). Ces comptables conserveront ces certificats pour justifier du non-recouvrement des cotes et pour former, en fin d'exercice, leurs états de cotes irrecouvrables (art. 78 *bis*).

1298. — Les procès-verbaux de carence seront rédigés en double original et sur papier libre. L'un des doubles restera entre les mains des percepteurs, pour être joint comme pièce justificative à l'appui des états de cotes irrecouvrables ; l'autre double sera mis à l'appui des états de paiement du salaire des porteurs de contraintes, pour rester ensuite à la recette particulière (art. 78 *bis*).

1299. — Le salaire des porteurs de contraintes et des témoins pour les procès-verbaux de carence est fixé par le tarif annexé au règlement de 1839. Dans le cas où les témoins auraient été pris hors de la commune, leur salaire serait alloué comme si la saisie avait eu lieu, et conformément à la taxe réglée pour ce dernier acte (art. 78 *bis*).

1300. — L'arrêté du 6 mess. an X ajoute au cas d'insolvabilité du redevable celui où il aurait disparu sans laisser de trace. Le maire devra certifier le fait en constatant si le redevable a emporté ou laissé ses meubles. Dans ce second cas, le porteur de contraintes ni le percepteur ne pourraient procéder à la saisie. Il faudrait suivre la procédure du tit. IV, liv. I, C. civ., et faire nommer un représentant au contribuable pour pouvoir exercer les poursuites contre lui. — Durieu, t. 2, p. 90.

4° Vente.

1301. — I. *A quel moment on peut procéder à la vente.* — Aucune vente ne peut s'effectuer qu'en vertu d'une autorisation spéciale du sous-préfet, accordée sur la demande expresse du percepteur, par l'intermédiaire du receveur particulier (Règl. 1839, art. 79). L'avis du receveur et l'autorisation du sous-préfet sont placés à la suite de la demande du percepteur. Cette disposition est une garantie ajoutée par le règlement à celles que l'arrêté du 16 therm. an VIII avait établies en faveur des redevables.

1302. — Comment concilier cette exigence avec l'obligation imposée aux porteurs de contraintes, par l'art. 595, C. proc. civ., d'indiquer, dans le procès-verbal de saisie, le jour de la vente? Le porteur de contraintes devra indiquer le jour de la vente conformément à la loi et se pourvoir aussitôt devant le sous-préfet pour obtenir l'autorisation. Si celle-ci n'est pas accordée, et si la vente ne peut se faire au jour dit, le porteur de contraintes procédera conformément à l'art. 614, C. proc. civ. — Durieu, t. 2, p. 92.

1303. — Il n'est procédé à la vente des meubles et effets saisis et des fruits pendants par racines que huit jours après la clôture du procès-verbal de saisie (art. 80). Ce délai de huit jours doit être franc.

1304. — Si, sauf des cas exceptionnels, le délai ne peut être abrégé, il peut se trouver augmenté. La vente ne doit pas nécessairement avoir lieu à l'expiration du délai. D'après l'art. 617, C. proc. civ., la vente doit être faite le jour du marché ou un dimanche. Si le dimanche ou le jour du marché arrivent moins de huit jours après le procès-verbal de saisie, il faudra attendre la semaine suivante.

1305. — D'après l'art. 620, C. proc. civ., s'il s'agit de barques, chaloupes et autres bâtiments de mer du port de dix tonneaux et au-dessous, bacs, galiotes, bateaux et autres bâtiments de rivière, moulins et autres édifices mobiles assis sur bateaux ou autrement, il sera procédé à leur adjudication sur les ports, gares ou quais où ils se trouvent. Il sera affiché quatre placards au moins, et il sera fait, à trois divers jours

consécutifs, trois publications au lieu où sont lesdits objets. La première publication ne sera faite que huit jours au moins après la signification de la saisie. Dans les villes où il s'imprime des journaux, il sera suppléé à ces trois publications par l'insertion qui sera faite au journal, de l'annonce de ladite vente, laquelle annonce sera répétée trois fois dans le cours du mois précédant la vente. Le délai minimum est donc d'un mois dans ce cas.

1306. — Pour l'argenterie et les bijoux, ils ne peuvent être vendus qu'après trois expositions, soit au marché, soit dans l'endroit où sont lesdits effets (art. 624, C. proc. civ.).

1307. — Il a été jugé que la vente d'effets saisis pouvait valablement avoir lieu plusieurs années après le commandement ou le procès-verbal de saisie. — Paris, 28 germ. an XI, Thierry, [S. et P. chr.] — Pau, 29 juin 1824, N..., [S. et P. chr.] — Mais le saisi ou d'autres créanciers peuvent obliger le percepteur à faire procéder à la vente aussitôt après l'expiration du délai. — Pothier, *Proc. civ.*, 4° part., chap. 2, art. 7.

1308. — Si la vente se fait à un jour autre que celui indiqué par la signification, la partie saisie sera appelée, avec un jour d'intervalle, outre un jour pour trois myriamètres en raison de la distance du domicile du saisi, et du lieu où les effets seront vendus (art. 614, C. proc. civ.).

1309. — Le délai de huit jours peut être abrégé avec l'autorisation du sous-préfet, lorsqu'il y a lieu de craindre le dépérissement des objets saisis (art. 80). Durieu pense que cette autorisation est insuffisante et que le percepteur devra adresser une requête au président du tribunal civil pour se faire autoriser. — Durieu, t. 2, p. 93.

1310. — II. *Qui procède à la vente.* — Les ventes de meubles sont faites par les commissaires-priseurs dans les villes où ils sont établis (L. 23 juill. 1820, art. 31). Toutes autres ventes sont faites par les porteurs de contraintes, dans les formes usitées pour celles qui ont lieu par autorité de justice (tit. 9, liv. 5, C. proc. civ.; Règl. 1839, art. 81).

1311. — III. *Mesures préalables à la vente.* — Avant de procéder à la vente des meubles saisis, l'officier public qui en est chargé doit en faire la déclaration au bureau de l'enregistrement dans le ressort duquel elle a lieu, à peine de 20 fr. d'amende. Cette déclaration contient les noms, qualités et domicile de l'officier public, ceux du requérant, ceux de la personne dont les meubles sont mis en vente et l'indication du jour où elle aura lieu. Elle est datée et signée par l'officier public et il lui en est fourni une copie sans autres frais que ceux du papier timbré (LL. 22 pluv. an VII, art. 2, 3, 5, 7 et 16 juin 1824, art. 40). — Durieu, t. 2, p. 96.

1312. — Le porteur de contraintes somme le gardien de se trouver sur le lieu de la saisie pour délivrer les objets saisis. La vente est précédée d'un procès-verbal de récolement, qui ne doit contenir que l'énonciation des effets saisis manquants, s'il y en a (art. 616, C. proc. civ.). Le procès-verbal est fait avec l'assistance de deux témoins.

1313. — Lorsque le porteur de contraintes se présentant pour procéder au récolement et à l'enlèvement des meubles saisis, trouve les portes fermées, il ne peut recourir à la procédure indiquée dans l'art. 71 du règlement (Lett. min. Just. 6 févr. 1832). Il doit en référer au percepteur qui assignera le saisi en référé pour voir ordonner l'ouverture des portes. — Durieu, t. 2, p. 96.

1314. — La vente doit avoir lieu, à moins de circonstances exceptionnelles, aux jour et heure ordinaires des marchés ou un dimanche. Dans tous les cas, elle doit être annoncée un jour d'avance, par quatre placards au moins, affichés, l'un au lieu où sont les effets, l'autre à la porte de la maison commune, le troisième au marché du lieu et, s'il n'y en a pas, au marché voisin, le quatrième à la porte de l'auditoire de la justice de paix; et si la vente se fait dans un lieu autre que le marché ou le lieu où sont les effets, un cinquième placard sera apposé au lieu où se fera la vente. La vente sera, en outre, annoncée par la voie des journaux dans les villes où il y en a (art. 617, C. proc. civ.). Les placards indiqueront les lieu, jour et heure de la vente, et la nature des objets (art. 618, C. proc. civ.). Ils ne peuvent être apposés avant que l'autorisation de vendre n'ait été obtenue du sous-préfet (Lett. dir. compt. 16 nov. 1837).

1315. — Le porteur de contraintes doit afficher les placards, mais il ne peut les rédiger que s'il est chargé d'effectuer la vente. L'affichage est constaté par un exploit auquel est annexé un exemplaire du placard (art. 619).

1316. — Les annonces dans les journaux sont prouvées par la production même du journal avec la signature de l'imprimeur légalisée par le maire. Les frais d'insertion dans les journaux sont alloués, comme tous autres frais de poursuites, sur le vu des déboursés (Min. fin. 22 mars 1836).

1317. — L'inobservation de ces formalités n'entraînerait pas la nullité de la vente, mais exposerait l'agent de poursuites à des dommages-intérêts envers le saisi.

1318. — IV. *Opérations de la vente.* — Le porteur de contraintes doit être assisté de deux témoins sachant signer et domiciliés dans la commune où se fait la vente. L'adjudication est faite au plus offrant (art. 624, C. proc. civ.), sauf la vaisselle d'argent et les bijoux qui ne peuvent être vendus, l'une au-dessous de sa valeur réelle, les autres au-dessous de l'estimation (art. 621). — Durieu, t. 2, p. 100.

1319. — Si le porteur de contraintes ne peut vendre tous les effets dans le jour, il renvoie la vente au plus prochain jour de marché ou au prochain dimanche. Il en sera de même si aucun enchérisseur ne s'est présenté. — Durieu, t. 2, p. 101.

1320. — Si après deux tentatives, les objets saisis n'ont pu être vendus, il sera dressé un procès-verbal de carence.

1321. — Si la vente n'a pu avoir lieu parce que l'objet est avarié, le porteur de contraintes fera constater l'avarie et il sera fait mention au procès-verbal de la cause qui empêche la vente, sauf recours contre le gardien, si l'avarie peut être imputée à sa négligence. — Durieu, t. 2, p. 102.

1322. — Le prix des effets vendus doit être payé comptant. Faute de paiement, l'effet est revendu sur-le-champ à la folle enchère de l'adjudicataire, sans qu'il soit besoin d'aucune autorisation (art. 624, C. proc. civ.). Si le second prix est supérieur au premier, la vente en profite; s'il est inférieur, le premier adjudicataire est tenu de la différence, mais il faudra un titre exécutoire pour le contraindre au paiement, c'est-à-dire un jugement — Durieu, t. 2, p. 102.

1323. — Le porteur de contraintes ne peut rien recevoir au-dessous de l'enchère, à peine de concussion (art. 625, C. proc. civ.).

1324. — Le procès-verbal de vente contient, en outre de la copie de la déclaration préalable à la vente : 1° les nom, prénoms, qualités, demeure et élection de domicile du saisissant; 2° les noms et demeure de la partie saisie; 3° les nom, prénoms, demeure et immatricule du porteur de contraintes; 4° l'énonciation de l'article du rôle et de la contrainte en vertu de laquelle la saisie se fait; celle de la saisie même, celle des récolements et sommations au saisi, s'il en a été fait (art. 611, 612 et 614, C. proc. civ.); celle des placards, insertions, expositions et estimations; 5° les frais faits pour rapporter chez le saisi ceux qui n'auraient pas été vendus; 6° la mention de la présence ou du défaut de comparution de la partie saisie (art. 623, C. proc. civ.); 7° la mention que les adjudications ont été faites au plus offrant et dernier enchérisseur, et deniers comptants, ou sur folle enchère, faute de paiement (art. 624); 8° les noms et domiciles des adjudicataires (art. 625); 9° la mention du nombre des vacations employées à la vente.

1325. — À l'égard de la saisie-brandon, les formalités sont peu différentes. La vente ne peut avoir lieu que lors de la maturité des fruits. Si des grains saisis se trouvent en état d'être coupés avant qu'on puisse effectuer la vente, le percepteur assigne en référé la partie saisie pour faire ordonner qu'il sera autorisé à faire récolter et engranger en présence du saisi. La vente est faite, en général, sur les lieux. — Durieu, t. 2, p. 104.

1326. — Les porteurs de contraintes et commissaires-priseurs sont tenus, sous leur responsabilité, de discontinuer la vente aussitôt que le produit en est suffisant pour solder le montant des contributions dues et des frais de poursuites (art. 81). Ils doivent ensuite faire transporter sans délai, chez le saisi, les effets non vendus. Ils somment le saisi de leur donner décharge au bas du procès-verbal de vente et mentionnent cette réquisition, ainsi que la signature du saisi ou son refus. — Durieu, t. 2, p. 103.

1327. — Si des oppositions ont été faites à la saisie, le porteur de contraintes qui effectue la vente doit la continuer jusqu'à ce que le produit de la vente couvre, non seulement le montant de la contribution et des frais de poursuites, mais encore celui des oppositions (art. 622, C. proc. civ.).

1328. — La vente doit avoir lieu dans la commune où s'opère la saisie. Il ne peut être dérogé à cette règle que d'après l'autorisation du maire. Dans ce dernier cas, la vente s'opère au marché le plus voisin ou à celui qui est jugé le plus avantageux. Les frais de transport des meubles et effets saisis sont réglés par le sous-préfet (Règl. 1839, art. 82).

1329. — Cet article, d'après Durieu, ne déroge pas à l'art. 617, C. proc. civ., d'après lequel la vente se fait au plus prochain marché public. Il suppose qu'il existe un marché dans la commune. S'il n'en existe pas, il laisse au maire le soin d'apprécier s'il vaut mieux transporter les meubles au marché le plus voisin, ou user de l'exception prévue par l'art. 617, C. proc. civ., en autorisant la vente dans un lieu plus avantageux. Si le maire a pensé qu'il fallait suivre la règle générale, le porteur de contraintes y procède conformément à la loi. S'il a indiqué la maison du saisi ou tel autre lieu, le percepteur se pourvoit devant le tribunal civil de l'arrondissement, par simple requête, pour obtenir la permission de procéder à la vente sur le point indiqué. — Durieu, t. 2, p. 108. — Lett. min. Fin. 29 mars 1834.

1330. — Il est défendu aux porteurs de contraintes et percepteurs de s'adjuger ou de se faire adjuger aucun des effets saisis en vertu des poursuites faites ou dirigées par eux, sous peine de destitution (Règl., art. 83).

1331. — V. *Rôle du percepteur. Attribution des deniers provenant de la vente.* — Le percepteur doit être présent à la vente ou s'y faire représenter pour en recevoir les deniers. Il est responsable desdits deniers (art. 84).

1332. — Lorsque des tiers créanciers s'opposent à la délivrance des deniers au percepteur, de deux choses l'une : ou les deniers proviennent de la vente d'objets affectés au privilège du Trésor; dans ce cas, le percepteur peut exiger le versement immédiat des sommes dues au Trésor, par application de l'art. 2, L. 12 nov. 1808; ou bien les fonds proviennent de meubles non affectés au privilège et, dans ce cas, le commissaire-priseur ou le porteur de contraintes doit consigner les deniers qu'il a reçus (art. 656, C. proc. civ.).

1333. — L'inobservation, par le percepteur, de l'obligation qui lui est imposée par l'art. 84 du règlement n'autorise pas le redevable à demander la nullité de la vente. Cette disposition est édictée dans l'intérêt du Trésor, et les particuliers ne peuvent s'en prévaloir.

1334. — La présence du percepteur est nécessaire à plusieurs points de vue : il est utile qu'il assiste à la vente pour diriger le porteur de contraintes dans le cas où il surgirait un incident, par exemple si le redevable offrait de se libérer, si des tiers revendiquaient les meubles saisis, si une opposition était formée. Il indique exactement la somme due au Trésor au moment de la vente. En outre, étant présent, il peut entrer en possession immédiate des deniers et ne pas les laisser exposés entre les mains de l'officier public aux oppositions des créanciers. — Durieu, t. 2, p. 114.

1335. — Immédiatement après avoir reçu le produit de la vente, le percepteur émarge les rôles, jusqu'à concurrence des sommes dues par le saisi et lui en délivre quittance à souche. Il conserve en ses mains le surplus du produit de la vente jusqu'après la taxe des frais et délivre au contribuable une reconnaissance portant obligation de lui en rendre compte et de lui restituer l'excédent s'il y a lieu. Ce compte est rendu à la réception de l'état des frais régulièrement taxés, inscrit à la suite du procès-verbal de vente et signé contradictoirement par le contribuable et le percepteur (Règl. 1839, art. 85).

1336. — L'inscription du compte à la suite du procès-verbal de vente est l'application à la matière qui nous occupe d'un avis du Conseil d'État du 7 oct. 1809, approuvé le 20 du même mois, d'après lequel les quittances de prix de ventes peuvent être mises à la suite de l'acte qui y a rapport, sans qu'il en résulte une violation de la loi du 13 brum. an VII, laquelle interdit de faire deux actes sur la même feuille. — Durieu, t. 2, p. 118.

1337. — Si le contribuable ne sait pas signer, il faut distinguer, conformément à l'art. 1005 de l'instruction générale sur les finances du 20 juin 1859, suivant la quotité de la somme à restituer : si cette somme n'excède pas 150 fr., le percepteur pourra en effectuer le paiement, en présence de deux témoins qui signeront avec lui au bas du compte la déclaration du contribuable qu'il ne sait ou ne peut signer; mais si la somme excède ce chiffre, il faudra recourir à un acte notarié aux frais du contribuable. — Durieu, t. 2, p. 118.

1338. — En cas de contestation sur la légalité de la vente

11

et d'opposition sur les fonds en provenant, le percepteur procède ainsi qu'il est prescrit à l'art. 69 du règlement (art. 86). Il a été jugé que cette disposition du règlement ne visait que le cas où il s'agissait de difficultés relatives à la vente d'objets, soit revendiqués, soit indûment saisis. — Aix, 20 mars 1838, Romieu, [Durieu, t. 2, *Jur.*, n. 144]

1339. — Les contestations sur la distribution du produit de la vente ne sont plus recevables dès que le percepteur a reçu les deniers. Le Trésor en devient immédiatement propriétaire. — Durieu, t. 2, p. 120.

1340. — Toute vente faite contrairement aux formalités prescrites par les lois donne lieu à des poursuites contre ceux qui y ont procédé et les frais faits restent à leur charge (art. 87).

§ 3. Poursuites dirigées contre des tiers.

1° Saisie-arrêt.

1341. — I. *Dans quels cas il doit y être procédé.* — Nous avons dit précédemment que, dans certains cas, le percepteur pouvait réclamer à des tiers le paiement des contributions dues par la personne inscrite sur le rôle. Nous avons vu que pour le cas où des deniers provenant du chef du redevable et affectés au privilège du Trésor se trouvaient entre les mains d'un tiers, la loi du 12 nov. 1808 dispensait le percepteur de l'obligation de procéder par la voie de la saisie-arrêt et lui donnait le droit d'adresser au tiers détenteur ou au débiteur du redevable une sommation directe. Nous ne reviendrons pas ici sur cette procédure. — V. *supra*, n. 961 et s.

1342. — A défaut du paiement des contributions par un receveur, agent, économe, commissaire-priseur ou autre dépositaire et débiteur de deniers provenant d'un redevable, le percepteur fait, entre les mains desdits dépositaires et débiteurs de deniers, une saisie-arrêt ou opposition (Règl. 1839, art. 88).

1343. — La saisie-arrêt ou opposition s'opère à la requête du percepteur par le ministère d'un huissier ou d'un porteur de contraintes sans autre diligence et sans qu'il soit besoin d'autorisation préalable, suivant les formes réglées par le tit. 7, liv. 5, C. proc. civ.; il en suit l'effet conformément aux dispositions de ce Code (art. 89).

1344. — La saisie-arrêt n'est pas nécessaire lorsque le percepteur a fait constater de sommes ou la saisie-arrêt dans un procès-verbal de vente de récolte ou d'effets mobiliers, dressé par un officier ministériel (art. 89).

1344 bis. — Cette opposition sur le prix de la vente a pour objet de faire valoir les droits du créancier quand il s'agira de distribuer les sommes provenant de la vente des biens de son débiteur. Elle peut être faite soit par un exploit signifié au saisissant et à l'officier chargé de la vente (art. 609, C. proc. civ.), soit par une mention au procès-verbal de saisie ou de vente.

1345. — La procédure de la sommation directe ne pouvant être employée à l'égard des détenteurs de deniers provenant du chef des contribuables que lorsque ces deniers étaient affectés par privilège à la créance du Trésor, quand ce privilège n'existe pas, il faut avoir recours à la procédure de la saisie-arrêt.

1346. — II. *Formes de la saisie-arrêt.* — D'après les art. 557 et 558, C. proc. civ., la saisie-arrêt peut être pratiquée en vertu d'un titre authentique, et, à défaut de titre, en vertu d'une permission du juge. Le rôle est le titre en vertu duquel le percepteur pratiquera cette mesure conservatoire : il n'aura jamais à recourir à l'autorisation du juge. Il n'a pas même besoin de celle du receveur particulier (Instr. 1859, art. 99).

1347. — Suivant Durieu (t. 2, p. 123), l'autorisation du receveur particulier serait nécessaire lorsque le percepteur dénonce l'opposition au débiteur saisi et l'assigne en validité (art. 563, C. proc. civ.). En effet, toute poursuite doit être faite en vertu d'une contrainte. Or, la dénonciation de la saisie-arrêt au débiteur et l'assignation, ayant pour objet d'obtenir la délivrance forcée des sommes appartenant au redevable, constituent une véritable poursuite.

1348. — D'après l'art. 559, C. proc. civ., l'exploit de saisie-arrêt doit, indépendamment des formalités communes à tous les exploits, contenir : 1° l'énonciation du titre en vertu duquel la saisie est faite, c'est-à-dire l'article du rôle; 2° l'énonciation de la somme pour laquelle elle est faite; 3° l'élection de domicile

dans la commune où demeure le tiers saisi; le tout à peine de nullité.

1349. — La saisie-arrêt ne doit pas nécessairement être précédée d'un commandement de payer fait soit au redevable... — Montpellier, 5 août 1807, Joly, [S. et P. chr.] — ... soit au tiers saisi. — Pigeau, t. 2, p. 55.

1350. — Quand la saisie-arrêt doit être pratiquée sur une personne domiciliée hors du ressort de perception, le percepteur devra employer la procédure organisée par les art. 59 et 60 du règlement.

1351. — Les porteurs de contraintes ont le droit de faire les actes de saisie-arrêt, comme les autres actes de poursuites. Ce droit leur avait été contesté par la chambre des avoués de Poitiers. Mais le ministre des Finances se prononça en leur faveur (Let. min. Fin. 9 oct. 1833).

1352. — A fortiori, lorsque le percepteur a fait une saisie-arrêt, les actes de dénonciation de cette saisie et l'assignation en validité qui en est la suite peuvent être valablement signifiés par un porteur de contraintes. — Trib. Seine, 26 déc. 1878, [*Mém. des perc.*, 1879.66]

1353. — La saisie-arrêt doit être faite en parlant à la personne du tiers saisi, ou à son domicile. Une saisie faite à son mandataire serait sans effet.

1354. — Lorsqu'elle est formée entre les mains des receveurs, dépositaires ou administrateurs des caisses de deniers publics, elle n'est pas valable si l'exploit n'est fait à la personne préposée pour le recevoir, et s'il n'est visé par cette personne sur l'original ou, en cas de refus, par le procureur de la République (art. 561, C. proc. civ.).

1355. — Dans la huitaine de la saisie-arrêt, plus une augmentation de délai à raison de la distance existant entre le domicile du tiers saisi et du saisissant, d'une part, celui du saisissant et du débiteur saisi, d'autre part, est tenu de dénoncer la saisie-arrêt au débiteur saisi et de l'assigner en validité (art. 563 et 1033, C. proc. civ.; L. 3 mai 1862). Dans le même délai, il doit dénoncer la saisie-arrêt au débiteur saisi (art. 564, C. proc. civ.).

1356. — L'assignation en validité est donnée dans l'acte même de dénonciation; mais elle peut l'être par exploit séparé. Elle a pour objet de faire déclarer par le tribunal la saisie valable et de faire adjuger les deniers au saisissant. L'obligation donnée après l'expiration du délai de huitaine est nulle. — Toulouse, 22 mars 1827, Salvignol, [P. chr.] — Durieu, t. 2, p. 127.

1357. — Le défaut de dénonciation au tiers saisi de l'action en validité dans le délai de huitaine n'entraîne pas la nullité de la saisie-arrêt, mais il laisse au tiers le droit de vider ses mains (art. 565, C. proc. civ.). — Circ. comptab. publ., 26 déc. 1890, (*Mém. des perc.*, 1891.48).

1358. — La demande en validité n'est pas soumise au préliminaire de conciliation (art. 566, C. proc. civ.). Elle doit être portée devant le tribunal civil du domicile de la partie saisie (art. 566).

1359. — Le saisissant assigne ensuite le tiers saisi en déclaration affirmative (art. 568, C. proc. civ.). Le jugement qui reconnaît la saisie-arrêt valable, autorise en même temps le créancier à recevoir les sommes qu'il déclare devoir au saisi. Ce jugement a l'effet d'un transport ou d'une délégation sur un tiers. — Durieu, t. 2, p. 129.

1360. — Les fonctionnaires publics, receveurs, dépositaires et administrateurs de caisses ou de deniers publics, ne doivent pas être assignés en déclaration. Ils délivrent un certificat constatant qu'il est dû à la partie saisie, et énonçant la somme due si elle est liquide (art. 561 et 569, C. proc. civ.). S'il n'est rien dû ou si la somme due n'est pas liquide, il en sera fait mention (Décr. 18 août 1807, art. 6 et s.). Ce certificat s'obtient par sommation d'avoué.

1361. — Ces formalités, qui s'appliquent aux caissiers des villes, communes et établissements publics, ne s'appliquent pas aux officiers ministériels. — Thomine-Desmazures, t. 2, p. 76; Carré, n. 1957; Bioche, n. 124; Roger, *Saisie-arrêt.*

1362. — Le tiers saisi doit être assigné, sans citation préalable en conciliation, devant le tribunal qui doit connaître de la saisie, sauf à lui, si la déclaration est contestée, à demander son renvoi devant son juge (art. 570, C. proc. civ.). La déclaration est faite et affirmée au greffe, s'il est sur les lieux, sinon, devant le juge de paix de son domicile.

1363. — La déclaration affirmative est la révélation exacte

par le tiers saisi des sommes dont il est débiteur envers le saisi. Elle doit être affirmée sincère et véritable, mais non sous serment (art. 571 et 572, C. proc. civ.).

1364. — La déclaration doit énoncer les causes et le montant de la dette, les paiements d'acomptes, s'il en a été fait, l'acte ou les causes de la libération, et, dans tous les cas, les oppositions formées. Les pièces justificatives de la déclaration y sont annexées : le tout est déposé au greffe, et l'acte de dépôt est signifié par un seul acte contenant constitution d'avoué (art. 573 et 574, C. proc. civ.).

1365. — Si la déclaration n'est pas contestée, il ne doit être fait aucune procédure de la part du tiers saisi (art. 576, C. proc. civ.). Il peut faire des offres réelles et consigner. — Carré, t. 2, n. 1973 et 1981; Pigeau, t. 2, p. 371.

1366. — Le tiers saisi qui ne fait pas sa déclaration ou qui ne fait pas les justifications ordonnées par les art. 571-574, C. proc. civ., est déclaré débiteur pur et simple des causes de la saisie (art. 577, C. proc. civ.).

1367. — Le tiers saisi est obligé, s'il survient des saisies-arrêts après sa déclaration, de les dénoncer par extrait à l'avoué du premier saisissant (art. 575, C. proc. civ.). Toutefois, l'inobservation de cette formalité ne le constitue pas débiteur pur et simple des causes de la saisie, mais l'expose seulement au paiement des frais et à des dommages-intérêts, s'il y a lieu. — Contrà, Roger, *Traité de la saisie-arrêt.*

1368. — La saisie-arrêt peut porter aussi sur des effets mobiliers : dans ce cas, le tiers saisi est tenu de joindre à sa déclaration un état détaillé desdits effets (art. 578, C. proc. civ.). Cette déclaration équivaut à un procès-verbal de saisie et sert à la vente des objets sans qu'un nouveau procès-verbal d'exécution soit nécessaire (art. 579).

1369. — Le jugement qui déclare valable une saisie-arrêt de meubles n'accorde au saisissant que le droit de faire vendre ces meubles. Le prix qui en proviendra sera mis en distribution entre tous les créanciers qui se présenteront à la vente. — Durieu, t. 2, p. 134.

1370. — III. *Objets sur lesquels peut porter une saisie-arrêt.* — La saisie-arrêt peut porter sur toutes les choses mobilières qui sont dans le commerce, lors même qu'elles seraient incorporelles, présentes ou à venir (art. 2092, C. civ.).

1371. — Il a été jugé qu'on pouvait saisir-arrêter les bénéfices que fait un débiteur dans une maison, entre les mains des gérants et administrateurs. — Paris, 2 mai 1811, R..., [P. chr.]

1372. — On ne doit employer que la saisie-arrêt à l'égard des sommes dues à un individu, car on ne peut les appréhender par voie de saisie-exécution. Il a été décidé que le tiers qui a saisi-arrêté une créance à terme de son débiteur sur un tiers, peut la faire vendre par autorité de justice. — Paris, 5 août 1842, Tassain, [S. 44.2.154, P. chr.]; — 24 juin 1851, Soussignan, [S. 51.2.365, P. 51.2.228, D. 52.2.29] — Contrà, Roger, n. 168; Bioche, *Journ. de proc.*, 1842, n. 2342. — V. aussi Thomine-Desmazures, t. 2, n. 708.

1373. — Il suffit qu'une somme non encore due au saisi doive lui appartenir éventuellement ou conditionnellement pour qu'elle puisse faire l'objet d'une saisie-arrêt. — Orléans, 21 nov. 1822, Gaumier, [P. chr.] — Durieu, t. 2, p. 135.

1374. — Le percepteur peut saisir-arrêter entre les mains de tiers les sommes dues à un héritier bénéficiaire qui se trouve débiteur des contributions. — Cass., 9 mai 1849, Tresse, [S. 49.1.563]; — 1er août 1849, Durand, [S. 49.1.681]

1375. — On peut saisir-arrêter une créance transportée tant que le transport n'est pas signifié au débiteur et accepté par lui, à moins qu'il ne s'agisse d'effets de commerce ou de titres au porteur. — Durieu, t. 2, n. 137.

1376. — Ne peuvent faire l'objet d'une saisie-arrêt les objets déclarés insaisissables par la loi, les provisions alimentaires adjugées par justice, les sommes et objets disponibles déclarés insaisissables par le testateur ou donateur, les sommes et pensions pour aliments, alors même que le testateur ou l'acte de donation ne les déclare pas insaisissables, les pensions viagères stipulées par les parents en échange de l'abandon de leurs biens, les lettres confiées à la poste, les inscriptions de rente sur le grand livre de la dette publique, les parts de prises maritimes et les salaires des marins, la solde des troupes, les fonds des communes déposés à la Caisse des dépôts et consignations, les taxes des témoins, le tiers du produit du travail des détenus, la moitié des revenus des majorats, les cautionnements des comp-

tables, les sommes dues par l'État aux entrepreneurs de travaux publics, les pensions de retraite pour les quatre cinquièmes ou les deux tiers suivant le cas, les traitements dus par l'État, sauf pour la portion déclarée saisissable par les lois et règlements, les traitements et salaires des employés des particuliers pour la part déterminée par la loi du 12 janv. 1895. — Durieu, t. 2, p. 140 et s.

1377. — Les rentes sur particuliers sont saisissables, qu'elles soient perpétuelles ou viagères, suivant des formes particulières énoncées au titre X, C. proc. civ.

1378. — La saisie doit être précédée d'un commandement fait à la personne ou au domicile du débiteur, au moins un jour franc avant la saisie.

1379. — Elle doit contenir notification du titre (art. 636, C. proc. civ.).

1380. — La rente sera saisie entre les mains de celui qui la doit, par exploit contenant, outre les formalités ordinaires, l'énonciation du titre constitutif de la rente, de sa quotité, de son capital, s'il y en a un, et du titre de la créance du saisissant; les nom, profession et demeure de la partie saisie; élection de domicile chez un avoué près le tribunal devant lequel la vente sera poursuivie et assignation au tiers saisi en déclaration devant le même tribunal (art. 637, C. proc. civ.).

1381. — L'exploit de saisie vaut saisie-arrêt des arrérages échus et à échoir de la rente (art. 640, C. proc. civ.).

1382. — Dans les trois jours de la saisie, le saisissant doit la dénoncer à la partie saisie et lui notifier le jour de la publication du cahier des charges. Puis il est procédé aux formalités de la vente analogues à celles de la vente sur saisie-immobilière. L'avoué constitué par le Trésor dirige la procédure à partir de ce moment. — Durieu, t. 2, p. 161.

1383. — Lorsque la saisie-arrêt ou opposition doit être faite entre les mains d'un receveur ou tout autre dépositaire de deniers publics, le porteur de contraintes se conforme aux formalités prescrites par le décret du 18 août 1807 (Règl., art. 90).

2o Poursuites en cas d'urgence.

1384. — Lorsqu'un percepteur est averti d'un commencement d'enlèvement furtif de meubles ou de fruits, et qu'il y a lieu de craindre la disparition du gage de la contribution, il a le droit, s'il y a déjà eu un commandement, de faire procéder immédiatement, et sans autorisation, à la saisie-exécution par un porteur de contraintes, et, à son défaut, par un huissier des tribunaux (art. 91).

1385. — Cette disposition a pour objet de permettre au percepteur de ne pas observer le délai de trois jours franc qui doit exister entre le commandement et la saisie, aux termes de l'art. 63 du règlement. Le délai applicable sera le délai minimum de l'art. 583, C. proc. civ., c'est-à-dire un jour franc. — Douai, 31 mars 1881, [Mém. des perc., 1881.480]

1386. — Si le commandement n'a pas été fait, le percepteur établit d'office, soit au domicile du contribuable, soit dans le lieu où existe le gage de l'impôt, un gardien chargé de veiller à sa conservation, en attendant qu'il puisse être procédé aux poursuites ultérieures, qui commenceront sous trois jours au plus tard (art. 98). Ce gardien est un simple surveillant qui n'aurait pas qualité pour s'opposer à l'enlèvement des meubles, mais seulement pour les suivre et s'assurer de l'endroit où ils sont transportés.

1387. — Si le percepteur craint que le délai nécessaire pour faire décerner la contrainte et signifier le commandement ne laisse au contribuable le temps de soustraire au Trésor son gage, il peut s'adresser en référé au président du tribunal pour lui demander d'établir un gardien, lequel, étant installé par autorité de justice, aurait qualité pour s'opposer, même de vive force, à l'enlèvement des meubles. — Durieu, t. 2, p. 168.

1388. — Lorsque les meubles ont été enlevés et transportés chez un tiers, si la contrainte a déjà été décernée et le commandement signifié, le percepteur pourra faire procéder chez le tiers à une saisie-exécution.

1389. — Si le tiers s'oppose à l'exécution, le porteur de contraintes se retirera auprès du percepteur qui assignera le tiers en référé pour voir ordonner qu'il sera passé outre à la saisie. — Durieu, t. 2, p. 171.

1390. — S'il n'y a ni contrainte ni commandement, le per-

cepteur ne pourra procéder que par voie de saisie-arrêt, parce que, dans ce cas, il n'a pas entre les mains de titre exécutoire. — Durieu, t. 2, p. 172.

1391. — Si l'enlèvement des meubles se produisait après la saisie, le percepteur pourrait recourir à la procédure de la saisie-revendication, telle qu'elle est organisée par les art. 826 et s., C. proc. civ.

1392. — Enfin, le percepteur peut, à l'égard de colporteurs ou marchands forains débiteurs de leur patente, recourir à la saisie foraine, qui peut être pratiquée avec la permission du président du tribunal ou du juge de paix du lieu où sont les effets, sans titre exécutoire, sans commandement préalable. Il ne peut être procédé à la vente qu'après que la saisie a été déclarée valable (art. 822 et s., C. proc. civ.).

1393. — Lorsqu'une représentation est donnée un jour férié par une troupe de passage, le percepteur peut se faire autoriser par le juge à saisir la recette jusqu'à concurrence du montant du droit des pauvres. — Mém. des perc., 1887.306.

1394. — Lorsqu'il y a lieu d'appliquer les dispositions autorisées par les art. 91 et 92 du règlement, le percepteur en informe le maire de la commune du contribuable et en rend compte au receveur particulier en lui demandant ses intentions. Dans tous les cas, la vente ne peut être faite que dans la forme ordinaire (art. 93).

§ 4. Frais de poursuite.

1° Ce que comprennent les frais de poursuite.

1395. — I. Droits de timbre et d'enregistrement. — Les bulletins de sommation avec frais ne sont sujets ni au timbre ni à l'enregistrement (Règl. 1839, art. 94; Arr. 16 therm. an VIII, art. 29).

1395 bis. — Une décision de la Direction générale de l'Enregistrement, du 9 avr. 1894, exempte également des droits de timbre et d'enregistrement les sommations directes faites aux tiers détenteurs de deniers affectés au privilège du Trésor. — Mém. des perc., 1894.212.

1396. — Au contraire, les actes de commandement, saisie-arrêt, saisie-exécution, vente et tous autres actes y relatifs, doivent être sur papier timbré et enregistrés dans les quatre jours, non compris celui de la date (art. 95). C'est une des différences qui caractérisent et distinguent les poursuites administratives des poursuites judiciaires.

1397. — En vertu d'une instruction de l'enregistrement du 8 juin 1830, l'autorisation précédemment accordée aux agents des administrations des contributions indirectes et des douanes, de soumettre au timbre extraordinaire dans les chefs-lieux de département ou au visa pour timbre dans les autres bureaux, moyennant le paiement des droits, des formules imprimées pour leur service, est étendue aux formules imprimées destinées aux actes de poursuites ayant pour objet le recouvrement des contributions directes (Instr. 20 juin 1859, art. 106). — Durieu, t. 2, p. 178.

1398. — Si des changements étaient prescrits dans la rédaction des formules ou dans la couleur du papier, les receveurs d'enregistrement seraient autorisés à timbrer sans frais les nouvelles formules en échange des anciennes précédemment timbrées et non employées (Lett. min. Fin. au dir. gén. de l'enreg., 29 oct. 1830).

1399. — La règle du timbre de dimension est applicable aux actes de poursuites pour contributions directes aussi bien qu'aux actes faits par les particuliers. Si la dimension du papier employé pour les formules imprimées excède celle du papier fourni par la régie, il y aura lieu à la perception du droit de dimension au lieu du droit ordinaire de 50 cent.

1400. — Les originaux de commandements collectifs peuvent être rédigés sur la même feuille de papier timbré (Règl. 1839, art. 95 bis).

1401. — Quant au droit d'enregistrement, l'art. 68, L. 22 frim. an VII, avait déclaré passibles du droit fixe de 1 fr. les actes de poursuites et autres actes, tant en action qu'en défense, ayant pour objet le recouvrement des contributions publiques et de toutes autres sommes dues à l'État, ainsi que des contributions locales, pourvu qu'il s'agît de cotes ou créances excédant 25 fr.

1402. — Aujourd'hui le droit d'enregistrement n'est dû que pour les cotes excédant la somme de 100 fr. (Règl., art. 97; L. 16 juin 1824, art. 6); il avait été porté à la somme de 1 fr. 88 (L. 19 févr. 1874), mais la loi de finances du 28 avr. 1893 (art. 22), a réduit d'un tiers les divers droits d'enregistrement auxquels sont assujettis les actes extrajudiciaires non visés par les art. 6 et s., L. 26 janv. 1892. Cette mesure a pour effet de remettre en vigueur le tarif antérieur à la loi du 19 févr. 1874, c'est-à-dire 1 fr. 25 au lieu de 1 fr. 88. Dans un commandement collectif, il est dû autant de droits qu'il y a de cotes individuelles excédant 100 fr. S'il s'agit de cotes, droits et créances n'excédant pas la somme de 100 fr., l'exploit est enregistré gratis (Circ. compt. 3 mars 1874).

1403. — Sont soumis au droit d'enregistrement de 1 fr. 50, décimes non compris, les actes de commandement, de saisie-exécution, saisie-brandon, saisie-arrêt; les sommations à des tiers détenteurs; les récolements sur saisie antérieure; les requêtes pour obtenir de vendre dans un lieu autre que celui déterminé par la loi; les requêtes pour vendre à bref délai; les procès-verbaux d'apposition de placards annonçant la vente; les récolements précédant la vente; les sommations au saisissant de faire vendre dans le délai de huitaine; les requêtes pour saisir les meubles d'un redevable forain; les requêtes pour saisir un jour férié; les sommations à la partie saisie d'être présente à la vente quand elle n'a pas lieu au jour indiqué par le procès-verbal de saisie; les notifications de la saisie faite hors du domicile du saisi et en son absence; les dénonciations de la saisie-brandon au garde champêtre qui n'a pas été présent au procès-verbal; les citations au saisi et au propriétaire de la ferme qu'il exploite de comparaître devant le juge de paix pour faire nommer un gérant à l'exploitation; les assignations en référé; les requêtes pour obtenir l'autorisation d'assigner extraordinairement en référé; les exploits de saisie-arrêt; les exploits de dénonciation au saisi et d'assignation en validité; les exploits de dénonciation de la demande en validité et d'assignation en déclaration affirmative; les saisies de rentes; les exploits de dénonciation de ladite saisie à la partie saisie; les assignations au tiers saisi; les exploits d'opposition sur le prix de la vente des objets saisis; les requêtes pour apposition de scellés; les exploits d'apposition de scellés; les sommations au propriétaire, en cas de déménagement des locataires.

1404. — D'après Durieu (t. 2, p. 183), l'acte de vente est soumis au droit proportionnel de 2 p. 0/0 plus le dixième (L. 22 frim. an VII, art. 69, § 5; L. 19 févr. 1874). D'après Fournier et Davelluy (n. 440), les procès-verbaux de vente ne sont soumis qu'au droit fixe de 1 fr. 50 comme les autres actes (Instr. enreg. 21 févr. 1846; L. 28 févr. 1872). Une circulaire de la comptabilité publique, du 29 juill. 1893, confirme cette dernière opinion.

1405. — Les frais de saisie-arrêt, saisie-exécution, saisie-brandon, vente, et de tous les actes qui s'y rapportent sont fixés conformément au tarif annexé au règlement (art. 96).

1406. — Lorsque, dans le délai de quatre jours mentionné à l'art. 95, les contribuables se seront libérés intégralement, tous les actes de poursuites, les procès-verbaux de vente exceptés, non encore présentés à l'enregistrement, peuvent, quoique ayant pour objet le recouvrement de cotes excédant 100 fr., être admis à la formalité gratis. Dans ce cas, indépendamment de l'annotation sur le répertoire, déjà prescrite par la décision du 28 juin 1822, les porteurs de contraintes doivent faire mention sur l'acte de poursuites de la libération intégrale du redevable et faire certifier cette déclaration par le percepteur (art. 98).

1407. — L'exemption prononcée par cet article serait applicable au contribuable qui, compris dans un commandement collectif, se serait libéré avant l'enregistrement, alors même que les autres redevables compris dans le même acte n'auraient pas acquitté leurs dettes, et que le commandement subsisterait toujours à leur égard (Déc. min. Fin. 15 oct. 1829).

1408. — Les frais des poursuites effectuées contre un contribuable avant qu'il eût connaissance de l'imposition doivent, alors qu'il a acquitté le montant de sa contribution aussitôt après avoir acquis cette connaissance, lui être remboursés. — Cons. d'Ét., 17 juill. 1866, Berthomieu, [Leb. chr., p. 834]

1409. — II. Coût des actes. — Chacun des actes de poursuites, délivrés par les porteurs de contraintes, relate le prix auquel il a été fixé, à peine de nullité (art. 99). Durieu remarque que, malgré les termes de cet article, l'inobservation de cette formalité n'entraînerait pas la nullité de l'acte, mais le ferait rejeter de la taxe comme irrégulier. De sorte qu'en définitive, le por-

leur de contraintes, outre l'amende, supportera les frais de l'acte. — Durieu, t. 2, p. 188.

1410. — Les fixations déterminées pour le prix des divers actes de poursuites doivent être affichées dans chaque bureau de perception et à la mairie de chaque commune (art. 100; Arr. 16 therm. an VIII, art. 27).

1411. — III. *Frais d'impression.* — Les receveurs particuliers des finances font imprimer et fournissent aux porteurs de contraintes, dans leurs arrondissements respectifs, les formules des bulletins de sommation avec frais, de commandement, les états de frais et généralement tous les modèles d'actes et de procès-verbaux relatifs aux poursuites (art. 101).

1412. — Les actes de tous les degrés, sans exception, à distribuer aux contribuables, doivent être imprimés sur un papier de couleur différente pour chaque degré de poursuites. Les couleurs sont les mêmes dans tous les départements; chaque formule d'acte doit être revêtue du cachet du receveur particulier apposé à la main, et remise en compte, par ce dernier, aux agents de poursuites (art. 101).

1413. — Les actes de sommation sans frais sont sur papier vert, les sommations avec frais sur papier jaune; les commandements sur papier bleu; les saisies sur papier rouge; les ventes sur papier gris; les actes conservatoires sur papier blanc (art. 101 *bis*).

1414. — Tous les imprimés doivent être timbrés à l'extraordinaire par les soins des receveurs généraux qui font l'avance des frais de timbre pour ce qui concerne l'arrondissement du chef-lieu et qui se font tenir compte, par les receveurs particuliers, de ce qu'ils ont avancé momentanément pour les autres arrondissements (art. 101 *bis*).

1415. — Les frais d'impression déterminés d'avance par le préfet, sur la proposition du receveur général, sont payés par les receveurs particuliers, et supportés, soit par les agents de poursuites, soit par les percepteurs, soit enfin par les receveurs particuliers eux-mêmes, ainsi qu'il est réglé, pour chaque nature de frais, par la décision ministérielle du 23 juill. 1822, notifiée aux receveurs des finances par la circulaire du 2 août 1822. Il ne peut y avoir lieu à aucune répétition contre les contribuables pour le prix de ces imprimés (art. 101).

1416. — D'après cette décision, la sommation gratis est à la charge du percepteur (LL. 25 mars 1817 et 15 mai 1818); la sommation avec frais, à la charge de l'agent de poursuites, qui en est couvert par le salaire qui lui est alloué; l'état des redevables à poursuivre par voie de sommation avec frais, à la charge du percepteur; l'état des contribuables à poursuivre par voie de commandement, à la charge du percepteur; les originaux et copies des commandements, saisies, ventes, affiches, à la charge des porteurs de contraintes; l'état de paiement des frais de sommation avec frais, de commandement, de saisie, de vente, d'actes conservatoires, à la charge du percepteur; l'état général et trimestriel des frais faits dans chaque arrondissement, à la charge des receveurs particuliers.

1417. — Les frais d'impression des tarifs, des frais de poursuites sont à la charge de l'abonnement des préfectures par le motif que les arrêtés relatifs aux poursuites font naturellement partie des actes administratifs des préfets (Lett. min. Fin. 11 mars 1836).

2° *Liquidation des frais de poursuites.*

1418. — Les listes nominatives constatant les poursuites exercées par voie de sommation, l'état des commandements signifiés, et le bordereau des frais résultant de tous autres actes, doivent être dressés en double expédition, certifiés par les agents de poursuites, signés par le percepteur, et adressés au receveur particulier qui, après les avoir vérifiés, en arrête provisoirement le montant, et les remet au sous-préfet avec les pièces dont ils doivent être accompagnés.

1419. — Ces listes, états et bordereaux ne doivent comprendre que les frais résultant de la contrainte qui aura prescrit les poursuites. Ils indiquent les noms des retardataires, la somme pour laquelle chacun d'eux aura été poursuivi, la date des actes, le prix de chaque acte de poursuites, d'après les fixations arrêtées par le préfet.

1420. — Les porteurs de contraintes joignent à l'appui les originaux des actes de commandement, saisie et vente et la

contrainte ou autorisation en vertu de laquelle ils ont agi (art. 102; Arr. 16 therm. an VIII, art. 46).

1421. — Le sous-préfet, après vérification, arrête et rend exécutoires les états de frais. Il en tient registre et renvoie sans retard les deux expéditions au receveur particulier (art. 103; Arr. 16 therm. an VIII, art. 47). L'arrêté du sous-préfet emporte voie parée et les contribuables dénommés dans ces états peuvent être poursuivis comme ils le seraient en vertu du rôle. — Durieu, t. 2, p. 195.

1422. — Lorsque le receveur particulier, en vérifiant l'état des frais de poursuites par l'application des tarifs, reconnaît des abus dans les frais, il propose au sous-préfet de faire réduire à ce qui est légitimement dû à l'agent de poursuites. Le sous-préfet peut opérer d'office cette réduction, quand il le juge nécessaire (art. 104).

1423. — Les contribuables intéressés peuvent se pourvoir auprès du sous-préfet, pour faire rejeter les frais abusifs. Leurs réclamations, dans ce cas, constituent de simples renseignements propres à éclairer le sous-préfet et non un débat contentieux sur lequel il devrait statuer comme juge. Sa décision n'empêcherait donc point le contribuable et le porteur de contraintes de se pourvoir devant le conseil de préfecture, seul compétent pour prononcer au contentieux sur les frais en matière de contributions, sauf recours au Conseil d'État. — Durieu, t. 2, p. 196.

1424. — Doivent être rejetés et mis à la charge de l'agent qui les aura exécutés ou du comptable qui les aura provoqués : 1° les frais de poursuites sujets à l'enregistrement, non constatés par la production des actes originaux; 2° les frais à l'appui desquels n'est pas rapportée la contrainte ou l'autorisation spéciale du receveur particulier; 3° tous frais faits contre des contribuables notoirement insolvables, ou pour des taxes résultant d'erreurs évidentes sur les rôles, dont le percepteur aurait négligé de demander la rectification; 4° les poursuites de toute nature exercées arbitrairement ou dans un ordre contraire à celui qui est prescrit par le règlement (art. 105).

3° *Responsabilité des percepteurs et des agents de poursuites.*

1425. — Les percepteurs et porteurs de contraintes encourent une double responsabilité : d'une part, le sous-préfet peut refuser de leur allouer les frais qu'il considère comme frustratoires; d'autre part, les particuliers peuvent leur réclamer des dommages-intérêts s'ils ont procédé irrégulièrement.

1426. — Un percepteur a été condamné aux dommages-intérêts et aux dépens pour avoir fait poursuivre hors de son ressort un contribuable par un porteur de contraintes incompétent. — 19 nov. 1875, [cité par Durieu, t. 2, *Jur.*, p. 179]

1427. — Au contraire, le percepteur, qui de bonne foi perçoit avant la taxation des frais une saisie interrompue, dans la pensée que le porteur de contraintes a dressé procès-verbal de l'opération, ne commet pas une faute justiciable des tribunaux civils. La perception constitue simplement un excédent de versement dont la restitution ne peut être effectuée qu'en vertu d'une décision administrative la rejetant de la taxe. — Riom, 18 juill. 1891, [*Mém. des perc.*, 1891.480]

1428. — Les porteurs de contraintes sont responsables des nullités provenant de leur fait qui entachent les actes de poursuites, dans les termes des art. 17 et 1031, C. proc. civ. Il en est ainsi, par exemple, des nullités provenant des vices de forme que contiendraient les actes et de toutes celles provenant du mode d'exécution des poursuites. — Durieu, t. 2, p. 199.

1429. — Mais les nullités résultant de l'irrégularité même des poursuites, de l'inobservation d'un degré de poursuite ne peuvent être à la charge du porteur de contraintes, qui se borne à exécuter les ordres du percepteur. Celui-ci est donc responsable de tout ce qui se rattache à la direction ou au fond même des poursuites. — Durieu, t. 2, p. 200.

1430. — C'est ainsi qu'un porteur de contraintes qui n'avait pas constaté des états de paiement faite au cours d'une saisie dans les formes établies par l'art. 68 du règlement n'a pas été admis à faire entrer en taxe les actes de saisie interrompue (Déc. min. Fin. 3 déc. 1832).

1431. — De même un percepteur qui donne mainlevée d'une saisie-arrêt avant d'avoir été payé intégralement des sommes

pour lesquelles cette saisie avait été pratiquée, demeure passible des frais (Lett. dir. compt. 3 oct. 1831).

1432. — C'est le percepteur qui est responsable de l'irrégularité des poursuites résultant de l'erreur commise dans la contrainte qu'il a fait mettre à exécution, soit que cette contrainte ait été délivrée à sa demande, soit qu'elle ait été décernée d'office; il ne pourrait rejeter cette responsabilité sur le receveur particulier, car ce dernier, en décernant la contrainte, ne s'est fondé que sur les états qui lui avaient été fournis par le percepteur (art. 24, Règl.). Il n'en pourrait être différemment qu'autant que le receveur particulier n'aurait pas remis la contrainte décernée d'office au percepteur et l'aurait fait exécuter directement par le porteur de contraintes. — Durieu, *Mémorial des percepteurs*, t. 17, p. 121 et s.

4° Effet des réclamations sur les poursuites.

1433. — D'après une ancienne décision, les demandes en décharge ou réduction suspendaient de plein droit les poursuites. — Cons. d'Et., 10 mars 1807, Garnot, [S. chr.]

1434. — D'après la loi du 21 avr. 1832, les réclamations ne suspendent pas immédiatement et de plein droit les poursuites. Le contribuable doit, pour réclamer, acquitter les termes échus : la réclamation faite, il doit encore acquitter les trois termes suivants, et s'il ne le fait pas, les poursuites dirigées contre lui sont régulières et il n'est pas fondé à demander le remboursement des frais qu'elles entraînent. — Cons. d'Et., 23 août 1845, Lespérut, [P. adm. chr.]; — 20 avr. 1883, Ducrest, [D. 84.3. 114]; — 23 janv. 1885, Vébert, [D. 86.3.76]; — 24 déc. 1886, Laval, [D. 88.3.15]

1435. — Il en est de même pour les frais d'expertise que le contribuable a refusé de payer dans le délai d'un mois conformément à l'art. 225, L. 2 mess. an VII. Les poursuites faites pour le recouvrement de ces frais sont régulières. — Cons. d'Et., 17 juill. 1885, Carraud, [Leb. chr., p. 687]

1436. — Mais si, le délai de trois mois expiré, aucun jugement n'est intervenu sur sa réclamation, le contribuable a droit de suspendre le paiement des termes suivants. En conséquence, les poursuites qui seraient faites pour le recouvrement de ces termes seraient irrégulières et le contribuable est fondé à demander le remboursement des frais. — Cons. d'Et., 18 juill. 1855, Deguzon, [Leb. chr., p. 533]

1437. — Quand la réclamation d'un contribuable a été rejetée par le conseil de préfecture, le pourvoi au Conseil d'Etat n'ayant pas d'effet suspensif, les poursuites exercées par le percepteur sont régulières et le contribuable ne peut demander le remboursement des frais. — Cons. d'Et., 30 oct. 1848, Bénassy, [P. adm. chr.]; — 27 mars 1865, Nicolle, [Leb. chr., p. 349]; — 17 juill. 1885, précité.

1438. — Il serait ainsi alors même que le Conseil d'Etat jugerait la réclamation fondée. Les poursuites n'en seraient pas moins régulières et les frais de ces poursuites devraient rester à la charge du contribuable. — Cons. d'Et., 17 juill. 1885, précité.

1439. — En matière de taxes communales ou syndicales, il semble que le conseil ait une autre jurisprudence. Dans une décision rendue en 1877, le conseil, tout en reconnaissant que la ville et le syndicat avaient pu, malgré le dépôt d'une réclamation, poursuivre le recouvrement de taxes de balayage ou d'irrigation, a décidé qu'ils l'avaient fait à leurs risques et périls, et, les réclamations des contribuables étant fondées, il a mis les frais de poursuites à la charge de la ville et du syndicat. — Cons. d'Et., 9 mars 1877, Ville de Paris, [D. 78.3.28]; — 22 juin 1883, de Roys, [Leb. chr., p. 582] — Baudenet, *Rev. gén. d'adm.*, 1883, t. 2, p. 460.

1440. — Quand une décision ordonne le remboursement des frais de poursuites exercées irrégulièrement contre un contribuable, il n'en résulte pas que le percepteur doive supporter la charge de tous les frais d'opposition faits par le contribuable pour attaquer les poursuites. — Cons. d'Et., 9 août 1851, précité.

5° Recouvrement des frais de poursuites sur les contribuables.

1441. — La seconde expédition des états de frais rendus exécutoires par le sous-préfet est remise par le receveur particulier au percepteur qui en devient comptable envers le receveur

particulier et est chargé d'en suivre le recouvrement sur les contribuables y dénommés (art. 109).

1442. — Le percepteur est tenu d'émarger sur lesdits états les paiements qui lui sont faits pour remboursement des frais, et d'en donner quittance de la même manière que pour les contributions directes (art. 110).

1443. — Si le contribuable veut se libérer des frais sans attendre la taxe, il est admis à en consigner le montant entre les mains du percepteur, qui lui en donne une quittance détachée de son livre à souche, et émarge le paiement sur le double de la contrainte resté entre ses mains.

1444. — A la réception de l'état des frais taxés, le percepteur y émarge, jusqu'à concurrence des frais à la charge du contribuable, la somme provisoirement consignée par ce dernier; si elle excède, il tient compte de cet excédent au contribuable de la manière prescrite pour les excédents provenant des contributions directes. Si, au contraire, la somme consignée ne couvre pas le montant des frais taxés, il suit le remboursement du surplus, conformément à l'art. 109. Dans tous les cas, en transportant au rôle les états de frais taxés, il émarge les sommes versées sur ces frais par les contribuables (art. 110 bis).

1445. — Avant le règlement de 1839, le principe que les percepteurs ne doivent rien toucher sans être munis d'un titre exécutoire leur avait fait interdire, non seulement d'exiger le paiement simultané des contributions et des frais, mais même de recevoir ces frais quand le contribuable offrait de les payer. Mais la pratique a été plus forte que les prescriptions du règlement, et l'art. 110 bis a eu pour objet de la régulariser. — Durieu, t., 2, p. 206.

1446. — En aucun cas et sous aucun prétexte, les percepteurs ne doivent exiger ce paiement, sous les peines les plus sévères (Circ. 21 déc. 1839).

1447. — Quelques percepteurs avaient cru pouvoir, en vue de faciliter les recouvrements, faire avec les contribuables des espèces de transactions par lesquelles ils leur remettaient tout ou partie des frais de poursuites, moyennant le paiement immédial des termes restant à courir de la contribution, mais cette pratique a été condamnée par l'administration (Lett. dir. compt. 14 mai 1830). — Durieu, t. 2, p. 207.

1448. — Tout contribuable taxé est en droit d'exiger du percepteur la communication de l'état de frais sur lequel il est porté (art. 111).

1449. — Le percepteur prévenu d'avoir frauduleusement, soit avant, soit après la taxe, exigé des frais pour une somme plus forte que celle qui est fixée par le tarif ou arrêtée dans l'état de frais, est traduit devant les tribunaux pour y être jugé comme concussionnaire (art. 112; art. 174, C. pén.).

1450. — La poursuite pourrait avoir lieu, soit d'office par l'ordre de l'administration, soit sur la dénonciation du contribuable lui-même (Loi annuelle de finances : disposition finale).

1451. — Les originaux des actes de poursuites et autres pièces produites à l'appui restent déposés à la recette particulière pour y avoir recours au besoin (art. 106).

1452. — Mais cet article n'oblige pas le receveur particulier à conserver aussi dans ses bureaux une expédition des états de frais de poursuites arrêtés par le sous-préfet : des deux expéditions prescrites par l'art. 103 l'une est pour le percepteur, l'autre pour le trésorier-payeur général (Lett. min. Fin. 2 oct. 1833).

6° Paiement des salaires des agents de poursuites.

1453. — Le salaire et le prix des actes dus aux porteurs de contraintes sont payés par le receveur particulier, sur la quittance de ces agents, mise au pied d'une des expéditions des états définitivement arrêtés par le sous-préfet. Il est expressément défendu aux percepteurs de payer directement les salaires et actes de poursuites aux porteurs de contraintes (art. 107; Arr. 16 therm. an VIII, art. 28, § 3).

1454. — Les percepteurs qui enfreindraient cette prohibition, non seulement encourraient le blâme de l'administration et même la révocation suivant les cas, mais, de plus, s'exposeraient à perdre les sommes qu'ils auraient indûment avancées, si ces sommes n'étaient pas admises en taxe : dans ce cas, ils n'auraient d'autre recours qu'une action en restitution contre les agents qui auraient reçu. — Durieu, t. 2, p. 203.

1455. — Les receveurs particuliers sont tenus de constater

dans leurs écritures, à deux comptes spéciaux, la totalité des sommes payées par eux pour frais de poursuites, et des remboursements qui leur en sont faits par les percepteurs.

1456. — Ils doivent envoyer successivement à la recette générale une des expéditions des états de frais acquittés par les agents de poursuites. Ces pièces sont produites à la Cour des comptes par le receveur général, à l'appui de son compte annuel (art. 108).

1457. — Les receveurs particuliers ne doivent plus, comme sous l'empire de la circulaire du 23 avr. 1811, faire rembourser par les percepteurs le montant des frais payés aux agents de poursuites, avant que le recouvrement en ait été opéré sur les contribuables. L'instruction générale sur les finances décide, sur ce point, que les pièces justificatives des frais payés par les receveurs particuliers sont transmises aux receveurs généraux, qui restent chargés de cette avance jusqu'à l'époque du recouvrement par les percepteurs (Lett. dir. compt. 9 juill. 1827).

1458. — Ce mode de paiement doit être suivi à l'égard des frais de toute nature auxquels aura donné lieu la poursuite : par exemple, les frais de procès doivent être payés aux avoués ou huissiers par les receveurs particuliers, sur mémoire de frais dûment taxés (Déc. min. Fin. 11 déc. 1835).

1459. — A la fin de chaque trimestre, les receveurs particuliers doivent remettre au sous-préfet un état présentant, par nature de poursuites, les frais faits contre les contribuables en retard. Cet état est transmis au préfet par le sous-préfet : les receveurs particuliers en adressent un double, visé par ce dernier, au trésorier-payeur général du département, qui le transmet au ministère, après en avoir reconnu la conformité avec ses écritures (art. 113).

1460. — Indépendamment de la surveillance qui doit être exercée par l'autorité administrative sur les poursuites et les frais auxquels elles donnent lieu, le trésorier-payeur général et les receveurs particuliers sont tenus de prendre des informations sur la conduite des percepteurs et porteurs de contraintes dans l'exercice des poursuites effectuées contre les contribuables ; de s'assurer que lesdites poursuites ne sont faites que dans les cas prévus, dans les formes voulues et suivant les tarifs arrêtés, et de provoquer des mesures de répression contre les abus qui parviendraient à leur connaissance (art. 114).

§ 5. *Prescription.*

1° *Sur quoi porte la prescription.*

1461. — Les percepteurs qui ont laissé passer trois années, à compter du jour où les rôles leur ont été remis, sans faire de poursuites contre un contribuable, ou qui, après avoir commencé des poursuites, les ont abandonnées pendant trois ans, sont déchus de leurs droits contre les redevables. Passé ce délai, toutes poursuites leur sont interdites (L. 23 nov.-1er déc. 1790; L. 3 frim. an VII, art. 149 et 150; Arr. 16 therm. an VIII, art. 17; Règl. 1839, art. 18).

1462. — La prescription triennale s'applique à toutes les contributions et taxes assimilées. Il a été décidé notamment que lorsqu'un prestataire n'avait pas opté dans les délais légaux pour l'exécution en nature, sa taxe devenant de plein droit exigible en argent, la prescription pouvait être opposée au percepteur qui n'avait fait aucune poursuite pendant trois ans. — Cons. d'Et., 22 avr. 1848, Lippmann, [Leb. chr., p. 234]

1463. — Il a été fait application de cette prescription à des taxes établies pour l'exécution de travaux défensifs contre les rivières, — Cons. d'Et., 23 juin 1853, Hairault et autres, [P. adm. chr.] — ... à des taxes de pavage. — Cons. d'Et., 22 févr. 1855, Cie de l'entrepôt des douanes, [P. adm. chr., D. 55.3.67]

1464. — La prescription triennale ne peut être opposée qu'aux poursuites effectuées pour le recouvrement de la taxe, mais non à la taxe elle-même. Par exemple, il est arrivé souvent que des contribuables ont opposé cette prescription à des villes ou à des associations qui leur réclamaient le montant de travaux de pavage, ou de curage, ou de défense contre les inondations, plus de trois ans après l'exécution de ces travaux. Le Conseil d'Etat a toujours repoussé cette exception. Les villes, les associations ont trente ans pour réclamer les taxes. Mais une fois le rôle dressé et remis au receveur, celui-ci n'a plus

que trois ans pour poursuivre le recouvrement de la taxe. — Cons. d'Et., 21 avr. 1848, Massonnet, [P. adm. chr.]; — 26 nov. 1875, Fournier, [Leb. chr., p. 939]; — 5 mai 1876, Mosnier, [P. adm. chr.]; — 12 mai 1876, Pascal, [S. 78.2.219, P. adm. chr.]; — 2 déc. 1876, Montet-Thoré, [Leb. chr., p. 930]; — 1er juin 1877, Truchot, [Leb. chr., p. 507]; — 7 mars 1890, Boinvilliers, [Leb. chr.]

1465. — Quand le préfet a, sur la proposition des syndics d'une association, prononcé la suspension du paiement des taxes, aucune prescription autre que celle de droit commun ne peut être opposée aux percepteurs par les contribuables. — Cons. d'Et., 29 oct. 1823, Garriga, [P. adm. chr.]

1466. — Il a été décidé que lorsqu'une taxe de pavage avait été réclamée à un riverain par un rôle et que, par suite de la négligence du percepteur, cette taxe n'avait pas été recouvrée, il n'appartenait plus à la ville de mettre cette taxe en recouvrement au moyen d'un second rôle. — Cons. d'Et., 26 févr. 1892, Flinoy, [Leb. chr., p. 186]

1467. — Cependant, il semble que la prescription ne puisse être invoquée qu'en réponse à des poursuites. Supposons, par exemple, qu'un rôle émis, plus de trois ans s'écoulent sans poursuite, puis que la ville envoie un avertissement et que le contribuable s'adresse au conseil de préfecture pour demander décharge à raison de la prescription acquise; une telle demande sera rejetée, parce que la prescription ne s'applique pas à la créance, mais aux poursuites. — Cons. d'Et., 14 nov. 1879, Cie des entrepôts et magasins généraux de Paris, [S. 81.3.13, P. adm. chr., D. 80.3.29]; — 30 janv. 1880, Lemoult, [Leb. chr., p. 120]

1468. — En pareil cas, le riverain devrait, pour échapper à l'obligation, se refuser à payer, attendre les poursuites et opposer la prescription au percepteur en demandant l'annulation des poursuites, soit devant le conseil de préfecture, s'il s'agit d'une sommation, soit devant les tribunaux judiciaires, s'il s'agit d'un commandement. — Cons. d'Et., 5 mai 1876, Mosnier, [P. adm. chr.]

1469. — La prescription triennale n'est pas opposable au tiers qui, ayant payé pour un contribuable, lui réclame le remboursement des sommes qu'il a payées à sa décharge. Il a trente ans pour faire valoir son droit. — Cass., 22 janv. 1828, Bonis, [S. et P. chr.] — Nancy, 21 août 1826, Commune de Ménil-Latour, [S. et P. chr.]

1470. — Il a été jugé aussi que l'action ouverte pendant trois années aux contribuables contre les receveurs, percepteurs ou individus qui auraient fait la perception d'un impôt illégal (L. 15 mai 1818, art. 94) ne privait pas lesdits contribuables du droit de réclamer pendant trente ans à l'Etat le remboursement des sommes indûment perçues. — Cass., 19 août 1867, Douanes de la Réunion, [S. 67.1.433, P. 67.1164]

1471. — Les frais de poursuites sont soumis à la même prescription que les contributions. Mais quel est le point de départ du délai? D'après une circulaire ministérielle du 25 oct. 1834, c'est l'année pendant laquelle ils sont mis en recouvrement, quelle que soit d'ailleurs la date particulière donnée à chacun d'eux (Instr. 1859, art. 93 et 1585). — Durieu, t. 2, p. 207.

1472. — L'obligation des tiers tenus, dans certains cas, du paiement de la contribution, est prescriptible par trois ans, parce que leur obligation est née à l'occasion d'une dette de contribution et n'est que l'accessoire de l'obligation du contribuable. — Durieu, t. 1, p. 354.

1473. — L'action des porteurs de contraintes pour le salaire des actes qu'ils signifient et des commissions qu'ils exécutent se prescrit par un an (art. 2272, C. civ.). Cette prescription court du jour où l'acte ou la commission est terminé.

2° *Comment se calcule le délai de la prescription.*

1474. — Le point de départ est tantôt le jour de la remise du rôle au percepteur, tantôt le jour où les poursuites ont été suspendues. Dans le premier cas, la constatation du point de départ du délai est faite par un récépissé donné par les percepteurs sur un état d'émargement, que les receveurs particuliers transmettent aux directeurs des contributions directes (Circ. 29 nov. 1828; Instr. 1859, art. 53 et 54). Dans le second, le point de départ est la date du dernier acte de poursuite.

1475. — La remise des rôles aux percepteurs ayant lieu nécessairement avant le 1er janvier et les poursuites ne pouvant commencer que dans le courant du mois de février, il en résulte

que le délai de prescription court contre le percepteur pendant un temps où il ne peut agir contre le contribuable. — Durieu, t. 1, p. 345.

1476. — Il a été décidé que, pour faire courir le délai de la prescription contre un rôle de taxe de pavage, il ne suffisait pas que les ingénieurs eussent dressé l'état des sommes à réclamer aux propriétaires, mais qu'il fallait que le rôle eût été remis au receveur. — Cons. d'Et., 2 mars 1877, Ville de Paris, [S. 77.2. 340, P. adm. chr., D. 77.5.129]

1477. — La prescription se compte par jour et non par heure (art. 2260, C. civ.). Le jour du point de départ n'est pas compris dans le délai, mais il y a lieu d'y comprendre le dernier jour du terme (art. 2261, C. civ.), même si ce jour est un jour férié.

1478. — D'après Durieu, la contribution directe étant une créance payable par termes successifs, la prescription doit être comptée pour chaque douzième échu considéré isolément, et non pour la contribution de l'année entière. — Durieu, t. 1, p. 346.

3° Des interruptions de la prescription.

1479. — Quelles sont les causes d'interruption de la prescription? D'après l'art. 2244, C. civ., une citation en justice, un commandement ou une saisie, signifiés à celui qu'on veut empêcher de prescrire, forment l'interruption civile. Mais en matière de contributions directes, d'autres actes ont le caractère de poursuites ayant date certaine et tendant à l'exécution forcée du rôle.

1480. — La sommation gratis n'interrompt pas la prescription, parce qu'elle n'a pas le caractère d'un acte de poursuite, et constitue seulement un avertissement. D'autre part, n'étant pas nécessairement signifiée par un porteur de contraintes, elle n'a pas date certaine. — Durieu, t. 1, p. 347.

1481. — Il a été cependant décidé que des contribuables auxquels une sommation sans frais avait été adressée n'étaient pas fondés à soutenir qu'il n'avait été exercé contre eux aucune poursuite pendant trois années consécutives. — Cons. d'Et., 4 mai 1875, Coti et autres, [Leb. chr., p. 527]

1482. — Il en est de même de la contrainte, qui n'est pas un acte d'exécution, mais une simple autorisation de poursuivre. Sa publication n'interrompra pas la prescription.

1483. — Mais la sommation avec frais aura cet effet. Elle réunit tous les caractères assignés aux actes interruptifs de prescription. — Cons. d'Et., 4 mai 1870, précité.

1484. — La saisie-arrêt est un acte d'exécution : elle interrompt la prescription. — Lyon, 7 janv. 1868, Verdier, [S. 68.2. 170, P. 68.706] — Sic, Vazeille, t. 1, n. 205; Coulon, *Quest. de dr.*, t. 3, p. 582; Roger, *Saisie-arrêt*, n. 473 et s.; Boileux, t. 7, sur l'art. 2244; Taulier, t. 7, p. 466; Troplong, n. 570; Massé et Vergé, sur Zachariæ, t. 3, § 847, p. 300, note 9; Duranton, t. 21, n. 268.

1485. — La citation du redevable devant les tribunaux par le percepteur interrompt la prescription (art. 2244, C. civ.). Si un jugement de condamnation est obtenu, la prescription devient trentenaire. — Durieu, t. 1, p. 349.

1486. — Durieu (t. 1, p. 350) admet que le mémoire préalable qui, dans certains cas, doit être adressé au préfet (V. supra, n. 1228 et s.), a pour effet d'interrompre la prescription. Mais cette opinion est contredite et le plus sûr est d'accomplir dans le délai légal des actes de poursuite dont le caractère ne puisse être contesté.

1487. — Il a été décidé que le sursis aux poursuites ordonné par le préfet, quand ce sursis n'avait pas été demandé par le contribuable, n'empêchait pas celui-ci d'invoquer ultérieurement la prescription triennale. — Cons. d'Et., 12 févr. 1847, Association des vidanges d'Arles, [P. adm. chr.]

1488. — La prescription serait interrompue par un acte de poursuite qui serait irrégulier comme ayant été fait sans l'autorisation du receveur particulier. Mais il n'en serait pas de même si le vice entachant cet acte était un vice de forme intrinsèque. — Durieu, t. 1, p. 351.

1489. — L'assignation en justice nulle pour défaut de forme, le désistement du percepteur, la prescription de l'instance engagée, la perte de la cause font considérer l'interruption comme non avenue (art. 2247, C. civ.).

1490. — La réquisition des scellés ou l'opposition à leur levée ayant le caractère d'actes conservatoires, ne sont pas interruptifs.

1491. — Il en serait de même de réserves exprimées par le percepteur dans la quittance d'un acompte. — Cass., 23 janv. 1809, Cayre, [P. chr.]

1492. — Une maladie du percepteur, son décès, sa suspension, son déplacement n'interrompent pas la prescription, non plus que le décès, la faillite ou l'indigence constatée du redevable.

1493. — Un acte du redevable impliquant reconnaissance de la dette interrompt la prescription (art. 2248, C. civ.).

1494. — Les offres réelles faites par un débiteur, non seulement interrompent la prescription, mais le rendent non recevable à réclamer ensuite la prescription triennale. Elles le soumettent à la prescription générale de trente ans. — Paris, 29 juill. 1808, Fournier, [P. chr.]

1495. — L'interruption de prescription à l'égard du contribuable conserve-t-elle les droits du percepteur contre les tiers obligés? D'après l'art. 2249, C. civ., l'interpellation faite à l'un des débiteurs solidaires ou sa reconnaissance interrompt la prescription contre tous les autres, même contre leurs héritiers. L'art. 2250 ajoute « que l'interpellation faite au débiteur principal interrompt la prescription contre la caution ». Les tiers obligés de payer la contribution du redevable sont, suivant les cas, des débiteurs solidaires ou des cautions. Dans tous les cas, par conséquent, l'interruption de prescription faite à l'égard de l'un d'eux conserve les droits du Trésor contre les autres. — Durieu, t. 1, p. 354.

4° Caractère de la prescription.

1496. — Le contribuable peut renoncer au bénéfice de la prescription, mais seulement lorsqu'elle est acquise (art. 2220, C. civ.). Le paiement après prescription crée une présomption de renonciation à la prescription.

1497. — Les juges ne peuvent suppléer d'office le moyen de la prescription. Il faut qu'il soit opposé par le débiteur ou ses ayants-cause (art. 2223, C. civ.).

1498. — La prescription étant un moyen péremptoire de libération, aucun titre ne peut lui être opposé dès qu'elle est acquise et que le contribuable s'en prévaut : le percepteur ne pourrait même pas la combattre en déférant le serment, ainsi que l'art. 2275, C. civ., le permet dans les cas ordinaires au créancier vis-à-vis de son débiteur.

1499. — La raison de cette règle est que la prescription triennale en matière de contributions directes n'est pas fondée sur une présomption de paiement. Il serait inadmissible, en effet, étant donné notre système de comptabilité publique, qu'un contribuable se fût acquitté depuis trois ans sans que le percepteur eût passé écriture du recouvrement ou sans que l'administration supérieure eût découvert la dissimulation de recette.

1500. — En matière d'impôt, la prescription est une mesure d'ordre public. La loi n'a pas voulu que les termes de la contribution puissent, en s'accumulant, rendre plus difficile la position des contribuables et que les agents du fisc eussent indéfiniment entre les mains des titres de contrainte contre les citoyens. Aussi les textes de loi ci-dessus rappelés, ne portent pas le mot de prescription; ils déclarent que le percepteur est déchu de toute action. — Durieu, t. 1, p. 355.

5° Obligations et droits du percepteur à l'expiration de la période triennale.

1501. — D'après l'art. 95, Instr. 20 juin 1859, les percepteurs qui auraient laissé écouler trois années sans terminer le recouvrement, sont tenus de solder de leurs propres deniers le montant des cotes ou portions de cotes restant alors à recouvrer, et ils doivent en faire recette à titre de contributions directes, en s'en délivrant eux-mêmes une quittance à souche; ils demeurent créanciers particuliers des contribuables et sont subrogés aux droits du Trésor (Décr. 31 mai 1862, art. 320, 325, 326, 327).

1502. — Les percepteurs sont ainsi tenus envers le Trésor, alors même qu'ils auraient fait tous les actes nécessaires pour interrompre la prescription à l'égard des contribuables, et qu'ils auraient conservé leurs droits contre eux. — Durieu, t. 2, p. 357.

1503. — Le recours accordé au percepteur est fondé sur la subrogation légale, qui s'opère en sa faveur par l'effet du paiement qu'il a dû faire de ses deniers personnels aux lieu et place du contribuable. C'est une application de l'art. 1251, C. civ.

1504. — Les effets de cette subrogation sont de donner au

percepteur contre le contribuable les mêmes droits, actions et privilèges qui appartenaient au créancier primitif (art. 1250, C. civ.). Il pourra le poursuivre par voie de contrainte, d'après le mode prévu par le règlement. — Durieu, t. 1, p. 338.

1504 *bis.* — Inversement, le percepteur reste soumis aux mêmes exceptions que le Trésor lui-même : la prescription triennale peut donc lui être opposée. — Trib. Saint-Nazaire, 19 mai 1894, [*Mém. des perc.*, 1894.451]

1505. — L'instruction de 1859 (art. 95) dispose que, lorsque à l'expiration de la troisième année de leur émission, les rôles doivent être retirés des mains des percepteurs pour être déposés aux archives de la sous-préfecture, ces comptables doivent dresser un *état de restes à recouvrer*, qui leur servira de titre pour les poursuites qu'ils auront à faire en leur nom personnel.

1506. — Il n'est pas nécessaire que les extraits de rôles ou états de restes à recouvrer dressés, conformément à l'art. 95 de l'instruction de 1859, pour constater les sommes dont les percepteurs ont à suivre la rentrée pour leur compte personnel, soient revêtus de la formule exécutoire prescrite pour les rôles eux-mêmes, puisque ces rôles, étant déposés aux archives des sous-préfectures, seraient consultés s'il y avait lieu à contestation; il suffit que l'exactitude des relevés soit certifiée par la signature du sous-préfet (Déc. min. Fin. 20 juin 1827).

1507. — Toutefois, ces règles ne sont applicables qu'au cas de subrogation légale, c'est-à-dire au cas où le comptable a été forcé de payer la cote du redevable. Il n'en serait pas ainsi si le percepteur avait, par suite d'une convention particulière ou spontanément, avancé de ses propres deniers la contribution due, après émargement au rôle du contribuable débiteur. Il resterait créancier de ce dernier, mais n'aurait pas la subrogation légale et ne pourrait exercer les poursuites administratives, à moins que le comptable n'eût consenti, en sa faveur, un engagement par devant notaire, reconnaissant que sa dette envers le Trésor a été acquittée au moyen des deniers prêtés par le percepteur, et déclare expressément subroger ce comptable dans tous les droits et actions du Trésor à son égard (art. 1250, § 2, C. civ.).

1508. — Le percepteur, pouvant poursuivre par la voie administrative pour son compte personnel la rentrée des sommes qu'il a payées à la décharge du contribuable, demeure soumis aux mêmes principes et aux mêmes conditions de surveillance que lorsqu'il agit pour le compte du Trésor. C'est pourquoi ces avances et ces rentrées doivent être constatées dans les écritures des percepteurs (Instr. 1859, art. 1500).

1509. — Si pour obtenir paiement le percepteur devait recourir à l'expropriation forcée du redevable, il devrait se faire autoriser par le ministre des Finances. — Durieu, t. 1, p. 359.

1510. — Le percepteur ne peut exercer les droits du Trésor qu'autant qu'il est demeuré en fonctions. Lorsqu'il n'est plus en exercice, il agit comme simple créancier et son action doit être portée devant les tribunaux. — Cons. d'Et., 16 févr. 1826. Cleret, [Leb. chr., p. 13] — Aussi l'administration a-t-elle décidé qu'en cas de mutation de percepteurs, le dernier entrant poursuivrait la rentrée des cotes arriérées pour le compte de son prédécesseur (Circ. min. 24 janv. 1836). Le recours du percepteur contre le contribuable se prescrit par trois ans.

1511. — Quant aux tiers qui ont payé en l'acquit de contribuables, leur action en remboursement ne se prescrit que par trente ans. — Cass., 26 oct. 1894, Rabejac-Brun, [*Mém. des perc.*, 1894.453]

Section III.

Droits qui garantissent la créance du Trésor.

§ 1. *Privilège.*

1° Ce que garantit le privilège.

1512. — Le recouvrement des contributions directes est assuré par un privilège. Sous l'ancien régime, ce privilège était réglé pour chaque espèce d'imposition. Il était peu étendu et ne primait pas tous les autres. — Denisart, vᵒ *Privilège, Taille;* Pothier, *Proc. civ.*, part. 4, chap. 3, § 2.

1513. — Les lois qui établirent la contribution foncière et la contribution mobilière étaient muettes sur le privilège. La loi des 5-18 août 1791 édicta quelques obligations pour les séques-

tres et dépositaires, mais ces dispositions, qui n'équivalaient pas au privilège, n'étaient pas applicables à toutes les contributions.

1514. — La loi du 11 brum. an VII donna au Trésor, mais seulement pour le recouvrement de la contribution foncière, une hypothèque sur le fonds imposé, pour l'année échue et l'année courante. Enfin, lorsque le Code civil fut discuté, ses rédacteurs se refusèrent, tout en établissant, dans l'art. 2098, un privilège en faveur du Trésor pour le recouvrement, à le régler immédiatement dans le Code. L'art. 2098 dispose « que le privilège du Trésor et l'ordre dans lequel il s'exerce sont réglés par les lois qui les concernent. »

1515. — La loi annoncée dans l'art. 2098, C. civ., fut promulguée le 12 nov. 1808. L'art. 1 est ainsi conçu : « Le privilège du Trésor public pour le recouvrement des contributions directes est réglé ainsi qu'il suit et s'exerce avant tout autre : 1° pour les contributions foncières de l'année échue et de l'année courante, sur les récoltes, fruits, loyers et revenus des biens immeubles, sujets à la contribution; 2° pour l'année échue et l'année courante des contributions mobilières, des portes et fenêtres, des patentes et toute autre contribution directe et personnelle, sur tous les meubles et autres effets mobiliers appartenant aux redevables, en quelque lieu qu'ils se trouvent. »

1516. — Le privilège est un droit qui tient à la nature de la créance, qui s'ajoute aux droits ordinaires du créancier. Le créancier privilégié, outre le droit qu'il a, comme créancier, de faire vendre les biens de son débiteur, a, en tant que privilégié, le droit d'être payé de préférence aux autres. Ce droit particulier ne diminue en rien les droits du créancier qui sont ceux d'un créancier ordinaire sur les biens non frappés du privilège. Ce principe est consacré par l'art. 3, L. 12 nov. 1808. — Durieu, t. 1, p. 168.

1517. — Le percepteur qui agit au nom du Trésor pourra donc saisir et vendre tous les biens des redevables; mais s'il se présente d'autres créanciers, il ne sera payé par préférence que sur le produit des biens affectés au privilège conformément à la loi de 1808. — Durieu, t. 1, p. 168.

1518. — L'exercice du privilège a été limité à l'année échue et à l'année courante. Le but de cette disposition a été de ne pas entraver les transactions.

1519. — Si le percepteur réclame les trois dernières années d'impositions, il sera payé de préférence pour l'année échue et l'année courante et n'aura que les droits d'un créancier ordinaire pour la troisième. — Durieu, t. 1, p. 169.

1520. — L'année échue et l'année courante ne peuvent s'entendre que de l'année financière pour laquelle l'impôt a été établi, c'est-à-dire du 1ᵉʳ janvier au 31 décembre, et non d'une période de douze mois quelconque. — Durieu, t. 1, p. 170.

1521. — Les droits et privilèges attribués au Trésor pour le recouvrement des contributions directes s'étendent au recouvrement des frais dûment taxés (Règl. 1839, art. 17).

1522. — Il a été jugé que la poursuite des frais pouvait être faite en vertu du même commandement qui avait été signifié pour le principal. — Trib. Nantes, 15 janv. 1838, Leray, [cité par Durieu, t. 2, *Jur.*, p. 143]

1523. — Qu'ils soient faits pour une cote foncière ou pour une cote mobilière, les frais sont privilégiés sur tous les meubles du redevable, à titre de frais de justice. — Durieu, t. 1, p. 343.

2° Quelles contributions sont privilégiées.

1524. — Toutes les taxes assimilées aux contributions directes sont-elles privilégiées sans distinction? Durieu résout cette question affirmativement en critiquant un jugement du tribunal de Versailles du 10 mars 1837 (t. 2, *Jur.*, p. 140), par lequel il avait été décidé que les rétributions universitaires et le droit annuel de diplôme, taxes assimilées aujourd'hui supprimées, ne bénéficiaient pas du privilège établi par la loi du 12 nov. 1808.

1525. — Suivant cet auteur (Durieu, t. 1, p. 186), la loi de 1808 établit le privilège sur tous les effets mobiliers des contribuables pour les contributions personnelle-mobilière, des portes et fenêtres et des patentes et pour toute autre contribution directe et personnelle. Cette disposition est générale et s'applique aussi bien à celles qui intéressent directement l'État et sont versées dans les caisses du Trésor qu'à celles qui, sans entrer dans ces caisses, servent à alimenter, dans les localités, des services d'utilité générale, telles que les centimes additionnels départementaux et communaux, les taxes syndicales, les prestations, etc.

12

1526. — A l'appui de son opinion, Durieu invoque un arrêt de la Cour de cassation par lequel il a été décidé que les frais faits par l'Etat, par application de la loi du 14 flor. an XI, pour l'entretien et la réparation d'un barrage construit sur un cours d'eau en Algérie, devaient être recouvrés avec le même privilège que les contributions directes ordinaires. — Cass., 15 juill. 1868, Feydeau, [S. 68.1.448, P. 68.1193, D. 68.1.373]

1527. — Pour étendre le privilège établi par la loi du 12 nov. 1808 à toutes les taxes assimilées sans distinction, on se fonde encore sur un incident qui s'est produit au Corps législatif au cours de la discussion de la loi du 21 juin 1865 sur les associations syndicales (Séance du 20 mai : *Mon. off.*, 21 mai 1865). Un amendement ayant été présenté pour faire déclarer privilégiées les taxes d'endiguement, le commissaire du gouvernement fit remarquer qu'il n'était pas nécessaire de mentionner un privilège déjà établi par le seul fait de l'assimilation des taxes syndicales aux contributions directes. Et l'amendement fut repoussé à la suite de cette déclaration. — V. en ce sens, Trib. Gap, 3 mars 1882, [*Gaz. des Trib.*, 5 avr. 1882] — Trib. Lille, 16 mars 1885, Capon, [*Mém. des perc.*, 1883.207] — *Mém. des perc.*, 1849. 274, 51.84, 69.106, 82.262, 83.95, 85.210.

1528. — Il nous est impossible de partager l'opinion de M. Durieu. En effet, les privilèges sont de droit étroit et ne peuvent être attribués à des créanciers que quand une disposition de loi formelle les leur a expressément conféré. Ils ne peuvent être étendus par voie d'analogie à d'autres créanciers. Or, la loi du 12 nov. 1808 n'a attribué de privilège qu'au Trésor public, et non aux communes ni aux syndicats qui sont autorisés, dans certains cas, à percevoir des taxes en vertu de rôles nominatifs. L'assimilation de ces taxes aux contributions directes pour le recouvrement n'entraîne pas nécessairement l'attribution d'un privilège au créancier.

1529. — Nous trouvons la preuve de cette assertion dans la loi du 17 juill. 1856 sur le drainage, qui, voulant encourager et faciliter les travaux de cette nature et la constitution de syndicats, a conféré à ceux-ci un privilège pour le recouvrement de leurs taxes d'entretien. Cette disposition était superflue si les syndicats eussent été déjà en possession d'un privilège en vertu de la loi du 12 nov. 1808. En conséquence, si nous admettons que le privilège garantisse le recouvrement de toutes les taxes assimilées établies au profit de l'Etat, nous croyons qu'il ne faut pas l'étendre à toutes les autres taxes. — V. en ce sens, Dumesnil et Pallain, *Trésor public*, n. 613 *in fine*.

1530. — Notre opinion a pour elle l'autorité de la Cour de cassation qui a refusé de faire bénéficier les communes du privilège de la loi du 12 nov. 1808 pour le recouvrement de taxes de pavage ou de droits de voirie (assimilés à Paris aux contributions directes par le décret du 27 oct. 1808). — Cass., 31 mai 1880, Worms de Romilly, [S. 80.1.349, P. 80.852, D. 80.1.274] — 26 mai 1888, Ville de Paris, [*Mém. des perc.*, 1888.406] — 21 janv. 1891, Ville de Paris, [*Mém. des perc.*, 1892.247]

3° Sur quelle nature de biens est établi le privilège.

1531. — Sur quelle nature de biens est établi le privilège du Trésor? Le principe fondamental est qu'il ne s'étend pas sur les immeubles. M. Jaubert, auteur de l'*Exposé des motifs*, M. de Montesquiou, rapporteur au Corps législatif, ont proclamé ce principe en termes formels. La doctrine est unanime sur ce point et la jurisprudence constante. Il en résulte que la loi du 12 nov. 1808 a abrogé celle du 13 brum. an VII qui conférait au Trésor une hypothèque sur l'immeuble imposé à la contribution foncière. — Durieu, t. 1, n. 170; Persil, *Régime hypothécaire*, art. 2098, n. 28 et s.; Grenier, *Traité des hypothèques*, t. 2, n. 417; Troplong, *Hyp.*, n. 96; Duranton, t. 19, n. 230; Aubry et Rau, t. 3, § 263 *bis*, p. 185; Foucart, t. 2, n. 938 et s.

1532. — I. *Contribution foncière.* — Sur quels meubles porte le privilège? Ici il faut distinguer entre la contribution foncière, d'une part, et, d'autre part, toutes les autres contributions directes et taxes assimilées perçues au profit du Trésor.

1533. — Pour la contribution foncière le privilège porte sur les récoltes, loyers et revenus de l'immeuble imposé. D'après l'art. 582, C. civ., on sait qu'il y a trois espèces de fruits, les fruits naturels, industriels et civils. Mais on n'est pas toujours d'accord sur ce qu'il convient de ranger dans l'une ou l'autre catégorie.

1534. — D'après Durieu, le privilège du Trésor s'exerce, en ce qui concerne les fruits naturels, sur les bois, les arbustes, les foins, les herbages, les produits des mines, carrières et des sources d'eaux minérales; sur le produit et le croît des animaux employés à la culture auxquels le Code civil attribue le caractère d'immeubles par destination; sur le produit de la chasse et de la pêche; sur les pigeons des colombiers, le miel des ruches, le lait des vaches et des chèvres, les œufs des volailles. — Durieu, t. 1, p. 172.

1535. — En ce qui touche les fruits industriels, il s'exerce sur les fruits des arbres et des récoltes qui viennent par la culture : céréales, olives, raisins, noix, pommes et autres fruits; sur les légumes, les houblons, les fleurs et arbustes des pépinières, les fleurs et fruits des orangers et citronniers. — Durieu, t. 1, p. 173.

1536. — Le vin, le cidre et l'huile doivent être rangés parmi les fruits industriels (Ord. 1539, art. 102 et 103). — Pothier, *Contrat de louage*, part. 4, chap. 1, § 3. — Durieu, t. 1, p. 173.

1537. — Le privilège ne peut s'exercer sur la portion des fruits naturels ou industriels qui est destinée à être mise en réserve par l'exploitant pour l'ensemencement des terres ou la nourriture des bestiaux et qui est insaisissable (art. 592, C. civ.). — Durieu, t. 1, p. 174.

1538. — Mais il s'exerce sur toutes les récoltes de l'immeuble sans distinguer entre celles de l'année courante et celles des années antérieures que l'exploitant aurait conservées dans ses granges. — Durieu, t. 1, p. 176. — V. cependant, Cass., 18 août 1813, Haussoulier, [S. chr.]

1539. — En ce qui concerne les fruits civils, le privilège s'exerce sur les revenus en argent que donnent les propriétés rurales ou urbaines et toutes les exploitations immobilières : par exemple, sur les prix des baux à ferme, des terrains consacrés aux cultures ou aux exploitations de diverses espèces; sur le prix des loyers des maisons, usines, de la location des pressoirs, moulins, bacs ou des passages de rivières, d'écluses et de ponts mobiles; en un mot, sur le prix de la location de tous les immeubles.

1540. — Il s'exercerait sur les sommes que le propriétaire aurait à toucher pour la location d'un droit de chasse ou de pêche, d'un droit de pâturage ou de glandée, sur une redevance qu'il aurait stipulée à l'occasion de la cession temporaire d'un droit de passage, de prise d'eau ou d'appui. — Durieu, t. 1, p. 176.

1541. — Mais le privilège de la contribution foncière ne porte pas sur le prix de vente de l'immeuble imposé. Par suite, quand l'immeuble imposé est vendu et le prix doit être distribué entre les créanciers, le Trésor est primé par les créanciers privilégiés et hypothécaires, et vient en concours avec les créanciers chirographaires. — Cons. d'Et., 2 juin 1815, Chauvet, [S. chr.] — 23 juin 1819, Falcon, [S. chr., P. adm. chr.]; — 23 janv. 1820, Desjardin, [S. chr., P. adm. chr.]; — 19 mars 1820, Ogier, [S. chr., P. adm. chr.]

1542. — Toutefois, jusqu'à leur immobilisation, les intérêts du prix de vente d'un immeuble doivent être considérés comme des fruits et revenus soumis au privilège. — Trib. Meaux, 18 avr. 1888, Geoffroy, [*Mém. des perc.*, 1888.501] — Il n'en est pas ainsi, cependant, si l'immeuble est vendu sur expropriation. — Trib. des Andelys, 30 juill. 1889, [*Mém. des perc.*, 1891.160]

1543. — Le privilège ne s'exercerait pas si l'indemnité était stipulée pour l'établissement d'une servitude temporaire. En ce cas, elle serait le prix de cession d'un droit immobilier et ne serait pas affectée au privilège du Trésor. — Durieu, t. 1, p. 177.

1544. — On ne pourrait considérer comme fruits civils le prix stipulé en échange du droit, consenti par un propriétaire au profit d'un tiers, de prendre dans son fonds du minerai ou de la pierre, de la tourbe, de la glaise, du sable en quantité déterminée. Il n'aurait ce caractère que si la stipulation était faite pour une certaine durée de jouissance. — Durieu, t. 1, p. 177.

1545. — Le bail d'un champ au moment d'en faire la récolte, d'un bois au moment d'en faire la coupe, ne constituent pas des baux, mais des ventes de fruits (Lett. min. Just. 17 juill. 1813). Au contraire, il a été jugé qu'il fallait considérer comme un bail et non comme une vente de fruits la cession faite

pour plusieurs années, et moyennant une somme une fois payée, de l'écorce des chênes-lièges plantés sur un fonds. — Cass., 7 déc. 1819. — Durieu, t. 1, p. 177.

1546. — Le produit de la location d'un terrain servant de promenade pour y établir des bancs ou des chaises destinés au public, serait un fruit civil. Il n'en serait pas de même du produit de la location des bancs ou des chaises. — Durieu, t. 1, p. 178.

1547. — Les produits d'une représentation théâtrale, d'un concert, d'un bal qui ont été donnés dans un immeuble ne sont pas des fruits civils. — Durieu, t. 1, p. 178.

1548. — Si les récoltes avaient été assurées et qu'elles vinssent à périr, le privilège du Trésor ne s'exercerait pas sur le prix de l'assurance, qui n'est ni un fruit ni un revenu de l'immeuble, mais le résultat d'une stipulation particulière à l'assuré. — Durieu, t. 1, p. 178.

1549. — Le privilège de la contribution foncière ne porte pas sur le produit de la vente d'objets mobiliers appartenant au redevable. — Trib. Seine, 1er avr. 1879, de Lardenelle, [Mém. des perc., 1879.470] — Trib. Pamiers, 14 févr. 1890, Perc. de Saverdun, [Mém. des perc., 1892.152]

1550. — Le privilège du Trésor pour le recouvrement de la contribution foncière d'un contribuable ne porte pas sur les fruits et récoltes de tous les immeubles qu'il possède pris dans leur ensemble, mais la contribution foncière établie sur chacun de ces immeubles n'est privilégiée que sur les fruits et récoltes de cet immeuble.

1551. — Si un propriétaire possède plusieurs terres dans la même commune, le percepteur pourrait bien poursuivre sur les fruits de l'une des propriétés, le paiement intégral de toutes les cotes foncières du propriétaire; mais s'il survient d'autres créanciers, le percepteur ne sera payé par préférence sur les fruits de cet immeuble que jusqu'à concurrence de la cote y afférente. — Durieu, t. 1, p. 179.

1552. — Il a été jugé que le privilège s'exerce sur la récolte entière de l'immeuble imposé, sans en distraire la part du colon partiaire. — Trib. Montauban, 23 août 1834, Goben, [Durieu, t. 2, Jur. p. 136]

1553. — Les fruits et récoltes de l'immeuble imposé sont affectés au privilège du Trésor, alors même que l'immeuble aurait changé de maître. — Cass., 6 juill. 1852, Bourdeaux, [S. 52.1. 534, D. 52.1.165]; — 26 mai 1886, d'Avian de Piolant, [S. 86.1. 256, P. 86.1.618, D. 87.1.296] — Rouen, 1er févr. 1893, [Mém. des perc., 1893.268]

1554. — C'est ainsi qu'il a été admis par le tribunal d'Evreux, le 9 mars 1882 (Mém. des perc., 1883.433), que l'impôt foncier établi sur un bois pouvait être recouvré au moyen d'une saisie opérée sur les arbres abattus entre les mains de l'acquéreur, alors même que celui-ci aurait déjà payé le prix. — Rouen, 16 févr. 1884, [Mém. des perc., 1891.48]

1555. — Si l'immeuble a été vendu et que le prix ait été consigné à la Caisse des dépôts et consignations, le privilège du Trésor peut encore s'exercer sur les intérêts que paie la Caisse, tant qu'un ordre n'a pas été ouvert. Pour permettre aux percepteurs d'exercer dans ce cas le privilège du Trésor, une circulaire du ministre de la Justice, en date du 16 janv. 1889, décide que l'avenir les greffiers des tribunaux civils seront tenus de donner avis de l'ouverture d'un ordre au percepteur du lieu de la situation de l'immeuble dont le prix est distribué. — Mém. des perc., 1889.

1556. — Les locataires sont tenus par l'art. 2, L. 12 nov. 1808, de payer, sur le montant des sommes qu'ils doivent, l'impôt foncier assigné à leur propriétaire. Le privilège du Trésor n'étant soumis à aucune formalité d'inscription, le locataire reste comptable de son loyer vis-à-vis du Trésor alors même que le propriétaire aurait cédé et transporté ses loyers à un autre créancier et que celui-ci lui aurait notifié ces actes. — Trib. Seine, 27 déc. 1887, Dury, [Mém. des perc., 1888] — Circ. compt. publ., 26 déc. 1890, [Mém. des perc., 1891.48]

1557. — I. Contributions personnelle-mobilière, des portes et fenêtres, des patentes et taxes assimilées. — Le privilège relatif aux contributions autres que la contribution foncière s'exerce sur tous les meubles et effets mobiliers appartenant aux redevables en quelque lieu qu'ils se trouvent.

1558. — Le Code civil reconnaît et distingue deux espèces de biens mobiliers : les biens meubles par leur nature et les biens meubles par la détermination de la loi.

1559. — Sont meubles par leur nature les corps qui peuvent se transporter d'un lieu à un autre, soit qu'ils se meuvent par eux-mêmes, comme les animaux, soit qu'ils ne puissent changer de place que par l'effet d'une force étrangère, comme les choses inanimées (art. 528, C. civ.). Dans cette catégorie il faut comprendre les effets destinés à l'usage et à l'ornement des appartements, les tableaux, statues, bibliothèques, l'argenterie, les bijoux, les armes, le linge, les ustensiles de ménage, les chevaux, équipages et charrettes, les animaux domestiques, les denrées, l'argent comptant, les lingots de métal, etc. — Durieu, t. 1, p. 180.

1560. — Certains objets, quoique meubles par leur nature, deviennent immeubles par la destination que leur donne leur propriétaire ou par la disposition de la loi. C'est ce qui arrive pour tous les objets que le propriétaire d'un fonds y a placés pour le service et l'exploitation de ce fonds. Il en est ainsi, par exemple, des animaux attachés à la culture, des ustensiles aratoires, des semences données aux fermiers ou aux colons partiaires, des pigeons des colombiers, des lapins des garennes, des ruches à miel, des poissons des étangs, des pressoirs, chaudières, alambics, cuves et tonnes, des ustensiles nécessaires à l'exploitation des usines, des pailles et engrais (art. 524, C. civ.).

1561. — Il en est de même de tous les objets mobiliers qui ont été attachés au fonds à perpétuelle demeure, c'est-à-dire qui y sont scellés en plâtre ou en chaux ou à ciment, ou qui ne peuvent être détachés sans être fracturés et détériorés ou sans briser et détériorer la partie du fonds à laquelle ils sont attachés. Les glaces, tableaux et autres ornements sont réputés immeubles lorsqu'ils font corps avec la boiserie; les statues, quand elles sont placées dans une niche destinée à les recevoir, alors même qu'elles peuvent être enlevées sans fracture ni détérioration (art. 525).

1562. — Sont encore considérés comme immeubles les tuyaux servant à la conduite des eaux dans une maison ou autre héritage (art. 528, C. civ.).

1563. — Les animaux attachés au service d'un fonds par le propriétaire sont immeubles tant que subsiste l'effet de la convention. Mais ceux que le propriétaire donne à cheptel à d'autres qu'au fermier ou métayer sont meubles, ainsi que les animaux et ustensiles aratoires placés sur le fonds par le fermier (art. 522). — Liège, 14 févr. 1824. — Durieu, t. 1, p. 182.

1564. — Dans un fonds sont seuls considérés comme immeubles par destination les animaux rigoureusement nécessaires à l'exploitation de ce fonds. Les autres sont meubles. — Limoges, 15 juin 1820. — Bourges, 24 févr. 1839.

1565. — Quand le propriétaire vend, séparément du fonds, les objets considérés comme immeubles uniquement à raison de leur affectation, ces objets redeviennent meubles. — Cass., 19 nov. 1823. — Bourges, 31 janv. 1843.

1566. — Sont meubles, les animaux placés sur un fonds par le propriétaire pour être revendus. Il en est de même des pigeons de volière, des lapins de clapier, des poissons de vivier, ainsi que des abeilles quand elles n'ont pas été placées par le propriétaire pour l'exploitation du fonds.

1567. — Les moulins à eau et à vent sont immeubles quand ils sont fixés sur piliers et font partie du bâtiment (art. 519, C. civ.) : mais les bateaux, bacs, navires, moulins et bains sur bateaux et généralement toutes usines non fixées par des piliers et ne faisant point partie de la maison sont meubles (art. 531).

1568. — Sont meubles les constructions simplement posées sur le sol sans fondement ni pilotis, telles que les boutiques établies pour la durée des foires, etc.

1569. — Les chevaux employés dans l'intérieur des mines, sont, comme les machines employées à l'exploitation, considérés comme immeubles par destination (Duranton). Au contraire, ceux qui ne servent qu'au dehors pour transporter les matières extraites, sont meubles, parce qu'ils sont employés à l'exploitation de l'industrie et non du fonds (Toullier). Il en est de même des chevaux d'un moulin ou d'une brasserie. — Bruxelles, 22 janv. 1807. — Metz, 2 juin 1866.

1570. — Les récoltes pendantes par racines et les fruits des arbres ne sont meubles que lorsqu'ils sont coupés ou détachés (art. 520). De même, les coupes ordinaires de bois taillis ou de futaies mises en coupes réglées ne deviennent meubles qu'au fur et à mesure que les arbres sont abattus (art. 521).

1571. — Il en est ainsi des bois ou des récoltes sur pied, ou des fruits pendants par racines, vendus pour être coupés ou détachés. — Cass., 10 vend. an IV; — 26 janv. 1808; — 25 févr. 1812; — 8 mars 1820; — 9 août 1825. — Paris, 15 mai 1829. — Alger, 11 juin 1866.

1572. — De même pour les matériaux d'une maison vendue sans le fonds pour être démolie. — Cass., 9 août 1829.

1573. — Les matériaux provenant de la démolition d'une maison sont meubles, alors même que cette maison devrait être reconstruite avec ces matériaux. — Lyon, 23 déc. 1811.

1574. — Les arbres des pépinières, immeubles entre les mains du propriétaire, tant qu'ils ne sont pas arrachés, deviennent meubles quand ils sont transplantés dans un autre terrain pour y rester en dépôt.

1575. — Sont meubles les fleurs et arbustes plantés dans des caisses ou des pots, même quand ceux-ci sont mis en terre, à moins qu'il ne soit établi que le propriétaire les y a mis à perpétuelle demeure. — Caen, 8 avr. 1818.

1576. — Les oignons des fleurs ne sont meubles que quand ils n'ont jamais été plantés. Une fois mis en terre, ils deviennent immeubles et conservent ce caractère même après qu'ils sont déplantés et mis en serre pendant l'hiver.

1577. — Le même principe s'applique aux échalas.

1578. — Dans une brasserie, les tonneaux qui servent à transporter la bière chez les particuliers sont immeubles. — Douai, 4 févr. 1817. — Ceux qu'on vend à la bière sont meubles.

1579. — Sont meubles les presses d'une imprimerie, les métiers de tisserand, les mécaniques à filer le coton, quoique scellées dans les murs d'une fabrique, pourvu toutefois qu'on puisse les déplacer sans détérioration. — Bruxelles, 11 janv. 1812. — Lyon, 8 déc. 1826.

1580. — Une machine à battre qui est employée tout à la fois au service d'un domaine et à l'usage du public doit être considérée comme objet mobilier. — *Mém. des perc.*, 1878.256.

1581. — Les machines et décorations d'un théâtre doivent être considérées comme des immeubles par destination, parce qu'elles servent à l'exploitation du fonds. — Durieu, t. 1, p. 184. — Déc. min. Fin. 4 mars 1806.

1582. — Les objets qui garnissent un hôtel ou un café ne sont pas des immeubles par destination, à moins que cet établissement n'ait été installé dans un immeuble construit spécialement à cet effet à l'exclusion de toute autre industrie. — Nancy, 2 mars 1882, [*Mém. des perc.*, 1882.38]

1583. — Sont meubles par la détermination de la loi, les obligations et actions qui ont pour objet des sommes exigibles ou des effets mobiliers, les actions ou intérêts dans les compagnies de finance, de commerce ou d'industrie, encore que des immeubles dépendants de ces entreprises appartiennent aux compagnies. Ces actions ou intérêts sont réputés meubles à l'égard de chaque associé seulement, tant que dure la société. Sont aussi meubles par la détermination de la loi les rentes perpétuelles ou viagères soit sur l'État, soit sur des particuliers (Circ. art. 529).

1584. — Sont meubles les offices ministériels (Dalloz, v° *Offices*) quant au prix des charges. De même, la propriété littéraire, les produits des beaux-arts, les privilèges, les brevets d'invention et les droits attachés à toutes les productions du talent et de l'industrie. De même encore, les fonds de commerce, achalandages, marchandises et autres objets. — Cass., 3 fruct. an III. — Turin, 18 sept. 1811.

1585. — Il a été jugé, spécialement, que le produit d'un débit de tabac est affecté au privilège du Trésor. — Amiens, 27 nov. 1877, [*Mém. des perc.*, 1878.29]

1586. — Le privilège du Trésor peut également s'exercer sur les salaires des ouvriers. — Trib. Seine, 21 juill. 1877, [*Mém. des perc.*, 1877.496]

1587. — Tels sont les objets sur lesquels porte le privilège du Trésor pour les contributions autres que la contribution foncière. Si pour la contribution foncière, le privilège est spécial, il est général pour les autres et s'étend sur les fruits et récoltes des immeubles sur lesquels porte déjà le privilège spécial de la contribution foncière.

4° Droit de suite.

1588. — Le privilège du Trésor pour les contributions autres que la contribution foncière s'exerce sur tous les meubles du redevable, en quelque lieu qu'ils se trouvent. Le contribuable est tenu de payer ces contributions sur l'ensemble de sa fortune mobilière. Peu importe que ces meubles soient ou non dans l'appartement imposé, ils sont indifféremment affectés au privilège du Trésor. Ce privilège s'exerce même sur les valeurs mobilières qui lui adviendraient postérieurement à l'établissement de l'impôt et tant qu'elles lui appartiennent. — Cass., 17 août 1847, Quentin, [S. 48.1.45, P. 47.2.597, D. 47.1.311] — Paris, 29 août 1836, Kropff, [Durieu, t. 2, *Jur.*, p. 138]

1589. — Tous les biens d'un contribuable étant soumis au paiement de ses contributions, le percepteur peut diriger ses poursuites même sur les biens situés en dehors du ressort de sa perception, attendu qu'il agit en vertu d'un mandat du receveur particulier de l'arrondissement où se trouvent les biens. — Bordeaux, 5 juin 1832, Lamarque, [Durieu, t. 2, *Jur.*, p. 131]

1590. — Mais il ne s'exerce que sur les meubles qui appartiennent au redevable. Ainsi il a été jugé que les meubles faisant partie d'un usufruit ne pouvaient être saisis pour le paiement de la contribution personnelle-mobilière de l'usufruitier, puisqu'ils appartiennent au nu-propriétaire. — Rennes, 21 mai 1835, Héritiers R..., [Durieu, t. 2, *Jur.*, p. 138]

1591. — De même, le droit que possède le Trésor de s'adresser directement au débiteur d'un contribuable pour se faire payer par lui les contributions dues par ce dernier, malgré toutes les oppositions pratiquées entre les mains de ce débiteur par d'autres créanciers, doit s'arrêter en présence d'une opposition fondée sur ce que la créance, objet des poursuites, ne serait pas la propriété exclusive du contribuable, mais dépendrait d'une succession qu'il a recueillie concurremment avec les opposants. — Cass., 16 juin, 1880, André de Saint-Quentin, [S. 81.1.197, P. 81.1.487, D. 80.1.443]

1592. — Le privilège peut même s'exercer entre les mains de tiers auxquels le contribuable aurait remis des meubles en gage ou les leur aurait prêtés ou vendus, à condition, dans ce dernier cas, que le prix n'eût pas encore été payé. — Nîmes, 9 juill. 1832, Lavoudes, [Durieu, t. 2, *Jur.*, p. 133] — Caen, 15 janv. 1870, Béquet, [Durieu, t. 2, *Jur.*, n. 166] — Durieu, t. 1, p. 191.

1593. — Pour que le privilège du Trésor s'exerce entre les mains d'un tiers considéré comme détenteur de fonds provenant du redevable, il faut que les deniers saisis soient réellement la propriété du redevable. Il n'en sera pas ainsi dans le cas où le percepteur voudrait sommer le cessionnaire d'un office ministériel de lui verser le prix que son vendeur aurait cédé précédemment à ses créanciers. — Trib. Grenoble, 13 déc. 1887, Perral, [*Mém. des perc.*, 1888.345]

1594. — Quand un huissier vend sa charge avant de l'avoir payée et en transporte le prix à son vendeur, avant toute réclamation du percepteur, celui-ci ne peut faire valoir le privilège du Trésor qu'en vertu de l'art. 1167, C. civ. — Trib. Grenoble, 13 déc. 1887, précité. — *Mém. des perc.*, 1876.263.

1595. — Le privilège ne peut s'exercer sur le cautionnement des officiers ministériels quand celui-ci a été procuré par des bailleurs de fonds. Le privilège de premier ordre qui frappe le cautionnement au profit du Trésor s'applique au paiement des indemnités dues pour faits de gestion, et non au paiement des contributions dues par l'officier ministériel. — *Mém. des perc.*, 1876.263.

1596. — Le privilège du Trésor peut s'exercer sur les deniers provenant de la vente d'effets, de fruits et récoltes appartenant au redevable, alors même que ces meubles auraient été saisis au nom d'autres créanciers. — Riom, 4 mai 1852, Lamouroux, [P. 53.2.520, D. 52.2.229]

1597. — Il en serait ainsi alors même que la vente serait antérieure à l'époque où la dette de contribution a pris naissance. Le privilège dans ce cas subsiste tant que le prix est resté dans le patrimoine du redevable, notamment tant que le délai pour produire à une contribution ouverte sur le prix n'est pas expiré. On sait, en effet, que l'expiration du délai de production investit les créanciers produisant d'un droit exclusif sur les sommes en distribution. — Trib. Seine, 6 déc. 1890, [*Mém. des perc.*, 1891.65]

1598. — La déclaration de faillite a pour effet d'opérer en faveur des créanciers une sorte de mainmise sur tout l'actif du failli. La créance privilégiée du Trésor qui prendrait naissance postérieurement à cette déclaration de faillite ne pourrait s'exercer sur les biens du failli au détriment de la masse des créanciers.

— Cass., 30 avr. 1889, Faillite Gairraud, [*Mém. des perc.*, 1891. 362]

1599. — Le privilège ne peut s'exercer sur le prix de vente d'objets mobiliers qu'autant que ce prix est encore dû ; il s'éteint dès que le prix a été payé au vendeur ou cédé par lui à des tiers. — *Mém. des perc.*, 1876.233.

1599 bis. — Il a été jugé que le privilège n'atteint pas les meubles régulièrement aliénés de bonne foi et sans fraude avant toute poursuite (Cass., 17 août 1847), alors même que la vente, ayant acquis date certaine par son enregistrement, serait postérieure à la contrainte. — Cass., 18 mai 1819. — Rouen, 1er févr. 1893, [*Mém. des perc.*, 1893.268]

1600. — Quant au privilège de la contribution foncière, si les récoltes et fruits sur lesquels il s'exerce venaient à être déplacés et n'existaient plus sur l'immeuble sujet à la taxe, le percepteur aurait le droit de les suivre en quelque lieu qu'ils se trouvassent, à condition qu'ils fussent toujours en la possession du redevable. — Durieu, t. 1, p. 191.

5o Ordre dans lequel s'exerce le privilège du Trésor.

1601. — Dans quel ordre s'exerce le privilège du Trésor? Avant tout autre, dit l'art. 1, L. 12 nov. 1808. Cependant le droit du Trésor a donné lieu à des contestations. Le rang des privilèges se détermine par la qualité de la créance (art. 2091, C. civ.), il faut comparer la créance du Trésor avec celles des autres ayants-droit en présence desquels elle peut se trouver.

1602. — L'art. 2098, C. civ. dispose que le Trésor public ne peut obtenir de privilège au préjudice des droits antérieurement acquis à des tiers. Que faut-il entendre par ces mots « droits antérieurement acquis? » Il semble que la jurisprudence de la Cour suprême ait varié sur ce point. Elle a d'abord décidé que l'art. 2098 visait les droits acquis antérieurement aux lois qui ont établi le privilège du Trésor et non pas à tous les droits acquis antérieurement à la naissance de chaque créance privilégiée du Trésor. — Trib. Bordeaux, 2 févr. 1875, [*Mém. perc.*, 78.520] — Postérieurement elle s'est arrêtée à une solution contraire.

1603. — Aucune convention particulière entre un créancier et son débiteur ne peut influer sur le rang du privilège. La date de la créance ou celle des poursuites ne doivent pas non plus être prises en considération. — Durieu, t. 1, p. 193.

1603 bis. — Le privilège des frais de justice est considéré par tous les auteurs comme primant celui des contributions directes. En effet, l'art. 637, C. proc. civ., autorise l'officier ministériel qui a vendu le mobilier saisi à ne verser le produit de la vente à la Caisse des dépôts et consignations que déduction faite de ses frais. Il les prélève avant toute distribution du prix. — Grenier, *Hyp.*, t. 2, p. 23; Troplong, *Priv. et hyp.*, art. 2096, n. 33; Fournier, p. 346; Durieu, t. 1, p. 196.

1604. — Par frais de justice, il ne faut entendre que ceux qui ont été exposés dans l'intérêt commun des créanciers et non ceux qui auraient été faits par un créancier dans la poursuite d'une action à lui particulière. Ainsi dans une distribution par contribution, lorsqu'un créancier pour frais de justice demandera à être colloqué par préférence, les juges devront examiner si tous les créanciers qui seraient primés par lui ont profité des opérations qui ont nécessité les frais.

1605. — Conformément à cette opinion, la Cour de cassation a décidé qu'on ne devait faire supporter en rien les frais d'administration d'une faillite à un créancier privilégié, dont le privilège sur certains objets pouvait s'exercer, abstraction faite de la faillite. — Cass., 20 août 1821. — Trib. Pamiers, 14 févr. 1890, Perc. de Saverdun, [*Mém. des perc.*, 1892.152]

1606. — Bien qu'en général les frais de scellés et d'inventaires soient admis parmi les frais de justice privilégiés, ces sortes de frais ne doivent pas primer la créance de contribution directe, attendu que le percepteur pouvant, nonobstant scellés et inventaire, faire saisir et vendre les meubles du redevable, n'avait pas besoin de ces actes conservatoires. Il n'en serait autrement que si les scellés avaient été apposés sur la demande du percepteur. — Durieu, t. 1, p. 198. — Paris, 7 mars 1821, [cité par Durieu, en note, t. 1, p. 198] — Trib. Pamiers, 14 févr. 1890, Perc. de Saverdun, [*Mém. des perc.*, 1892.152]

1607. — Parmi les frais de justice qui primeront la créance du Trésor, il faut comprendre le coût du commandement, du procès-verbal de saisie-exécution, les frais de garde, les dépens ex-

posés à l'occasion d'une ordonnance de référé prescrivant la vente, le coût d'un acte extrajudiciaire contenant notification du jour de la vente, les frais de la vente elle-même et les honoraires du commissaire-priseur. — Paris, 12 déc. 1836, Marelle, [S. 57.2.64, P. 57.480, D. 59.5.306]

1608. — Le Trésor n'étant pas obligé de produire à la distribution, les frais particuliers de la procédure de distribution par contribution ne peuvent primer sa créance. — Durieu, t. 1, p. 198.

1609. — Ces principes sont aussi formulés avec beaucoup de force dans un avis du conseil de préfecture de l'Aisne, 19 juill. 1832, (cité par Durieu, t. 1, p. 199), et dont le dispositif est ainsi conçu : Les frais régulièrement faits pour parvenir à la vente de récoltes ou meubles vendus par suite de saisie sur un contribuable, soit à la requête du Trésor pour le paiement des contributions, soit à la requête d'un autre créancier, doivent être déduits et prélevés avant tout sur le produit de ladite vente, et c'est seulement sur le produit net de cette vente, après cette déduction, que le privilège créé par la loi du 12 nov. 1808 peut être exercé.

1610. — L'officier ministériel doit justifier au percepteur, au moyen d'un état taxé, de la quotité et de la nature des frais primant la créance du Trésor. — Trib. Toulouse, 31 déc. 1891, Daguzau, [*Mém. des perc*, 1892.309]

1611. — Les autres privilèges généraux de l'art. 2101, C. civ. sont primés par celui du Trésor. — Durieu, t. 1, p. 201.

1612. — Que faut-il décider quand le privilège du Trésor se trouve en concours avec un privilège spécial sur certains meubles? Les tribunaux et les auteurs se sont divisés sur la question de savoir si les privilèges spéciaux ne devaient pas, dans tous les cas, l'emporter sur les privilèges généraux. — En ce sens, V. Persil. — Cass., 20 mars 1849. — Paris, 27 nov. 1814; — 25 févr. 1832. — Rouen, 17 juin 1826. — Valette, *Privilèges*, n. 119.

1613. — Cette opinion a été combattue par Malleville; Tarrible (*Rép. de jurisprudence de Merlin*); Favard de Laglade; Troplong; Pont; Zacharie et ses annotateurs. — Limoges, 15 juill. 1813. — Rouen, 12 mars 1828; — 30 janv. 1851. — Bordeaux, 12 avr. 1853.

1614. — Pont et Durieu estiment que les privilèges généraux doivent toujours primer les privilèges spéciaux. Ils se fondent surtout sur l'art. 2105, C. civ. qui donne aux privilèges généraux de l'art. 2101 la préférence sur les privilèges spéciaux sur certains immeubles. D'après le même article, les privilèges généraux ne peuvent s'exercer sur les immeubles qu'à défaut de mobilier. Il n'y a donc pas de raison de placer les créanciers, privilégiés sur un objet mobilier, dans une situation plus favorable que ceux privilégiés sur un immeuble. — Pont, *Privilèges*, p. 144; Durieu, t. 1, p. 202.

1615. — En 1864, la Cour de cassation a adopté un troisième système, qui fait dépendre le rang du privilège, non de sa généralité ou de sa spécialité, mais du degré de faveur qui mérite la créance. — Cass., 19 janv. 1864, Boitel.

1616. — Même avec le système qui a triomphé devant la Cour de cassation, la disposition de la loi de 1808 suffit pour faire décider que le privilège du Trésor prime celui du propriétaire sur les meubles qui garnissent la ferme ou la maison louée. — Durieu, t. 1, p. 203.

1617. — Il en sera de même sur les récoltes produites par le fermier sur le fonds. Le propriétaire n'ayant qu'un privilège sur le prix à en provenir sera primé par le percepteur. — Durieu, t. 1, p. 203.

1618. — En cas de colonat partiaire, la circonstance qu'une partie du prix de ferme est payable en nature ne change pas la nature du droit du propriétaire sur la partie de la récolte qui doit lui revenir et ne peut le faire considérer comme un droit de propriété. Il n'a pas d'autre privilège que celui du locataire. — Durieu, t. 1, p. 204.

1619. — De même à l'égard des fruits civils, le propriétaire a beau avoir, en vertu de l'art. 1743, C. civ., une action directe sur le sous-locataire jusqu'à concurrence du prix de sa sous-location et être privilégié pour sa créance contre le principal locataire, il sera primé par le Trésor. — Durieu, t. 1, p. 205.

1620. — Il y a deux cas où le droit du propriétaire s'exercera de préférence à celui du Trésor. C'est d'abord quand les meubles qui garnissent la ferme ou l'appartement n'appartiennent pas au fermier ou au locataire. Le privilège du propriétaire

s'exercera sur ces meubles, à moins qu'il n'ait su qu'ils étaient la propriété d'un tiers. Il a été jugé, par exemple, que le privilège du propriétaire s'étendait sur les bestiaux donnés à cheptel à son fermier par un tiers. — Cass., 9 août 1815. — Au contraire, le Trésor n'aura aucun droit sur ces meubles, car il ne peut exercer son privilège qu'autant que les meubles sont la propriété du redevable. — Durieu, t. 1, p. 206.

1621. — Le second cas est celui prévu par l'art. 593, C. proc. civ., qui autorise certains créanciers qu'il énumère à saisir des objets, déclarés par l'art. 592 insaisissables, même pour créances de l'Etat. L'énumération comprend les créances pour aliments fournis à la partie saisie, ou sommes dues aux fabricants ou vendeurs des objets, ou à celui qui aura prêté pour les acheter, fabriquer ou réparer ; pour fermage ou moissons de terres à la culture desquelles ils sont employés, pour loyers de manufactures, moulins, pressoirs, usines dont ils dépendent et loyers des baux servant à l'habitation personnelle du débiteur. — Durieu, t. 2, p. 207.

1622. — Il a été jugé qu'un propriétaire ne pouvait empêcher les créanciers, même ordinaires, de son locataire, de faire saisir et vendre les meubles de celui-ci, sous prétexte que son gage se trouverait diminué par là. A plus forte raison ne pourrait-il s'opposer à l'exercice des droits du Trésor. — Durieu, t. 1, p. 207.

1623. — D'après Durieu (t. 1, p. 208), le privilège du Trésor prime aussi le privilège de l'aubergiste sur les effets du voyageur, du voiturier sur la chose voiturée, du créancier gagiste sur le gage. — Cass., 19 janv. 1864. — Caen, 15 janv. 1870. — Contrà, Duranton, Cours de droit français.

1624. — Le privilège du Trésor peut se trouver en présence du privilège de l'Etat, des communes et des établissements publics sur les cautionnements des comptables et du privilège des créances résultant d'abus et prévarications commis par des officiers ministériels dans l'exercice de leurs fonctions. Ces cautionnements sont affectés au premier privilège, les uns à la garantie des condamnations qui pourraient être prononcées contre les fonctionnaires en faveur des tiers intéressés, pour prévarications dans l'exercice de leurs fonctions ; les autres à la garantie de leur gestion comptable envers l'Etat, les communes, les établissements publics. — Tant que la gestion dure, par second privilège, au remboursement des fonds qui leur auraient été prêtés pour tout ou partie de leur cautionnement (L. 25 niv. an XIII, art. 1 ; Décr. 20 août 1808 et 22 déc. 1812).

1625. — Tant que la gestion dure, le cautionnement peut bien être l'objet d'opposition, mais les créanciers ne peuvent en obtenir la délivrance et le détourner de son affectation. Il n'est fait d'exception qu'à l'égard des créanciers pour faits de charge. Le percepteur sera donc primé par ces créanciers. Il ne pourra se faire délivrer sur le cautionnement, le montant des contributions dues. — Bordeaux, 18 et 25 avr. 1833. — Grenoble, 15 févr. 1833. — Dalloz, Rép., v° Cautionnement, n. 103 ; Roger, Saisie-arrêt, n. 333 ; Bioche, Cautionnement, n. 26. — Cass., 26 mars 1821 ; — 4 févr. 1822.

1626. — Quant à la partie du cautionnement qui a été fournie par des bailleurs de fonds, elle échappe au privilège du Trésor, car elle n'appartient pas aux contribuables. — Durieu, t. 1, p. 215 ; Mém. des perc., 1876.263.

1627. — Le privilège du Trésor prime encore celui des fournitures de semences et frais de récolte, et celui des frais faits pour la conservation de la chose. — Durieu, t. 1, p. 215.

1628. — Il en est de même du privilège du vendeur d'objets mobiliers non payés, sauf le droit qui lui est reconnu par l'art. 2102, de revendiquer l'objet vendu, auquel cas le Trésor perd tous ses droits sur lui. — Durieu, t. 1, p. 216.

1629. — Passent encore après le privilège des contributions directes celui des ouvriers employés par des entrepreneurs de travaux publics sur les sommes dues à ces derniers par l'Etat (L. 26 pluv. an II) ; celui des sous-traitants sur les sommes dues aux traitants par l'Etat à raison des fournitures faites au service de la guerre (Décr. 12 déc. 1806) ; celui des facteurs de la halle aux farines de Paris, pour le prix des farines livrées aux boulangers, sur le produit des sacs de farine formant le dépôt de garantie de ces derniers (Décr. 29 févr. 1811) ; enfin, les divers privilèges établis par le Code de commerce. — Durieu, t. 1, p. 216.

1630. — Le privilège du Trésor pour les contributions directes peut se trouver en concours avec d'autres privilèges conférés au Trésor pour les contributions indirectes (L. 1er germ.

an XIII) ; pour les douanes (L. 22 août 1791, tit. 13, art. 22) ; pour les frais de justice criminelle, correctionnelle et de police (L. 5 sept. 1807) ; pour les droits de timbre et amendes y relatives (L. 28 avr. 1816, art. 76) ; pour les droits de mutation par décès (L. 22 frim. an VII) ; enfin, avec le privilège sur les biens des comptables (L. 5 sept. 1807).

1631. — Le privilège des contributions indirectes ne s'exerce qu'après celui du propriétaire pour six mois de loyer (L. 1er germ. an XIII, art. 47). Il en est de même de celui des douanes (L. 22 août 1791, tit. 13, art. 22) qui, en outre, est primé par les divers frais privilégiés, c'est-à-dire, d'après la plupart des auteurs, les privilèges de l'art. 2101, C. civ. (Dalloz, Duranton, Troplong). Celui des frais de justice criminelle et autres ne s'exerce qu'après tous les privilèges de l'art. 2101 et de l'art. 2102 (L. 5 sept. 1807, art. 2). Il en est de même du privilège sur les biens des comptables (Même loi). Il suit de là que tous ces privilèges sont primés par celui des contributions directes. — Durieu, t. 1, p. 217 ; Mém. des perc., 1888.505.

1632. — Aux termes de l'art. 76 de la loi du 28 avr. 1816, les droits de timbre et amendes y relatives jouissent du privilège des contributions directes. Ces deux privilèges se trouvant au même rang, il y a lieu d'appliquer l'art. 2097, C. civ., et de payer ces créanciers par concurrence, au prorata du montant de leurs créances. — Durieu, t. 1, p. 218. — Le Mémorial des percepteurs (1889.296) estime au contraire que le privilège des contributions directes prime l'autre.

1633. — Enfin aux termes de l'art. 32 de la loi du 22 frim. an VII, la régie de l'enregistrement a, pour le recouvrement des droits de mutation par décès, une action sur les revenus des biens à déclarer, qui s'exerce en quelques mains que les biens se trouvent. Les auteurs se sont divisés sur le caractère et la partie de cette action, sur le point de savoir si elle conférait ou non un privilège au Trésor. Enfin, la Cour de cassation a résolu la question en décidant que le privilège existait, de manière à exclure au profit du Trésor le concours ou la lutte de toute créance rivale, qui ne serait pas protégée par un privilège d'un ordre supérieur. — Cass., 2 déc. 1862. — Durieu prouve que le privilège de la contribution directe doit primer celui des droits de mutation. — Durieu, t. 1, p. 218.

1634. — Le privilège de la contribution foncière peut se trouver en concours avec les privilèges spéciaux : 1° du propriétaire de l'impôt, lorsque le fermier est chargé par son bail du paiement de l'impôt ; 2° des fournitures de semences et frais de récoltes ; 3° des frais faits pour la conservation de la chose ; 4° de l'aubergiste et du voiturier ; 5° avec les privilèges généraux de l'art. 2101, C. civ., qui portent sur l'ensemble des meubles du redevable, s'étendent sur les fruits et récoltes des immeubles ; 6° avec les privilèges du Trésor.

1635. — Suivant Durieu, le privilège de la contribution foncière prime tous les privilèges primés par celui des autres contributions directes et ne doit le céder qu'au privilège des frais de justice, à celui des faits de charge et à celui du Trésor sur les cautionnements des comptables. Il l'emporte même sur les privilèges généraux de l'art. 2101. — Troplong ; Durieu, t. 1, p. 220.

1636. — Enfin, le privilège spécial de la contribution foncière peut se trouver en concours avec le privilège général de la contribution mobilière. Dans ce cas, les deux privilèges ayant même rang, les deux percepteurs seront colloqués par concurrence au prorata des cotes. — Durieu, t. 1, p. 221.

1637. — L'administration des contributions directes a certainement le droit de poursuivre l'expropriation forcée des biens des redevables (Av. Cons. d'Et., 27 févr. 1812).

1638. — Lorsqu'il y a lieu à l'expropriation forcée des immeubles des redevables, elle n'est poursuivie qu'avec l'autorisation du ministre des Finances sur la proposition du receveur particulier et l'avis du préfet (Règl. 1839, art. 12 bis).

§ 2. Autres droits appartenant au Trésor.

1639. — Le Trésor n'ayant pas de privilège sur les immeubles, Durieu admet qu'un percepteur peut, quand la réclamation d'un contribuable a été rejetée par un conseil de préfecture ou par le Conseil d'Etat, prendre une hypothèque judiciaire en vertu de cette décision. Dans ce cas, le Trésor deviendrait un créancier hypothécaire dans les termes du droit commun et primerait les créanciers chirographaires non privilégiés.

1640. — En pratique, cette procédure est rarement suivie. — Durieu, t. 2, p. 221.

1641. — Le privilège attribué au Trésor public pour le recouvrement des contributions directes ne préjudicie pas aux droits qu'il peut exercer sur les biens des redevables, comme tout autre créancier (L. 12 nov. 1808, art. 3; Règl. 1839, art. 12).

1642. — La contribution étant une dette personnelle, le contribuable est tenu sur tous ses biens, quelle qu'en soit la nature (art. 2092, C. civ.).

1643. — Seulement, s'il se présente d'autres créanciers, il ne sera payé par préférence que sur les biens spécialement affectés à son privilège. — Durieu, t. 1, p. 236.

CHAPITRE IV.

DES RÉCLAMATIONS.

1644. — Les réclamations auxquelles peuvent donner lieu l'assiette et le recouvrement des contributions directes sont nombreuses. Nous citerons en première ligne : 1° les demandes en décharge ou réduction formées par les personnes qui se prétendent indûment imposées ou surtaxées sur les rôles; 2° les demandes en inscription formées par celles qui se prétendent omises; 3° les demandes en mutation de cote ou en transfert, par lesquelles les réclamants demandent soit l'inscription à leur nom de cotes imposées au nom d'un tiers, soit l'inscription au nom d'un tiers des cotes qui ont été mises à leur charge, réclamations qui comportent à la fois une demande en décharge et une demande en inscription; 4° les demandes en rappel à l'égalité proportionnelle (nous ne les indiquons que pour mémoire); 5° les demandes en annulation de poursuites et en remboursement des frais auxquels elles ont donné lieu; 6° les demandes en remboursement formées par des personnes non inscrites sur les rôles et qui prétendent avoir été contraintes par poursuites illégales à payer des sommes qu'elles ne devaient pas; 7° les demandes en remise ou modération tendant à obtenir des dégrèvements à titre gracieux.

1645. — Nous parlerons ensuite des réclamations formées par les percepteurs relativement à leurs états de cotes indûment imposées. Quant aux réclamations auxquelles donnent lieu les opérations cadastrales, nous les examinerons en traitant de la contribution foncière.

Section I.

Des demandes en décharge ou réduction.

§ 1. Introduction des demandes.

1° Qui a qualité pour réclamer.

1646. — Qui a qualité pour demander décharge ou réduction? En principe, c'est le contribuable inscrit au rôle. Nul autre que lui, en effet, n'est intéressé à réclamer. Ce principe a été consacré à maintes reprises par la jurisprudence du Conseil d'État. — Cons. d'Ét., 8 juin 1850, Bouillon, [P. adm. chr.]; — 3 mai 1851, Hubert, [P. adm. chr.]; — 17 mai 1851, Fabrique de Saint-Mélaine, [P. adm. chr.]; — 31 mai 1851, Taulée-Barreyrac, [P. adm. chr.]; — 1er mars 1878, Tocquart, [Leb. chr., p. 236]

1647. — Le copropriétaire non inscrit au rôle n'a pas qualité pour réclamer. En cas de double emploi, c'est seulement celui qui est victime du double emploi qui peut réclamer. — Cons. d'Ét., 2 févr. 1894, Salinier, [Leb. chr., p. 92] — Ainsi, quand un immeuble appartient indivisément à plusieurs cohéritiers, si le rôle n'indique que le nom de l'un d'eux, les autres ne sont pas recevables dans leur réclamation. — Cons. d'Ét., 18 janv. 1878, Ferlet-Baudoin, etc., [Leb. chr., p. 53]

1648. — Mais quand il est établi que la réclamation émane du contribuable, il importe peu qu'une erreur se soit produite sur le rôle dans sa désignation, par exemple qu'il soit inscrit sur le rôle avec un prénom erroné. — Cons. d'Ét., 14 juill. 1876, Falet, [Leb. chr., p. 676] — ... ou qu'il ait signé sa réclamation avec un prénom autre que le sien. — Cons. d'Ét., 16 juill. 1886, Périssé, [Leb. chr., p. 629]

1649. — Nous avons vu, en étudiant les poursuites, que l'indication sur les rôles du nom d'un représentant du contribuable auquel les agents des contributions devaient adresser tous les avertissements, sommations concernant le contribuable lui-même, n'avait pas pour effet de faire considérer cet individu comme étant personnellement débiteur de l'impôt et de permettre au percepteur de le poursuivre. Cependant il a été décidé qu'une telle indication donnait à un gérant ou préposé qualité pour réclamer au nom de ses patrons. — Cons. d'Ét., 8 nov. 1890, Gilliard, [Leb. chr., p. 813]

1650. — La jurisprudence admet aussi la recevabilité de demandes en décharge ou réduction formées par des individus qui, quoique ne figurant pas nominativement sur le rôle, justifient qu'ils auraient dû y être portés. C'est ainsi que des patentables ont été admis à réclamer contre les taxes inscrites à tort au nom de leurs gérants ou préposés. — Cons. d'Ét., 17 mars 1853, Lagosse, [Leb. chr., p. 334]; — 20 déc. 1855, Cie d'Orléans, [Leb. chr., p. 763]

1651. — La veuve d'un contribuable qui, sans être héritière de son mari, est propriétaire de la plus grande partie du fonds de commerce à raison duquel il était imposé a qualité pour réclamer contre la taxe maintenue à tort au nom de son mari. — Cons. d'Ét., 1er juill. 1887, Bergès, [Leb. chr., p. 529]

1652. — Même décision à l'égard d'acquéreurs justifiant qu'antérieurement au 1er janvier ils étaient devenus propriétaires de l'immeuble maintenu, à tort, au nom de l'ancien propriétaire. — Cons. d'Ét., 31 janv. 1856, Guérin, [P. adm. chr., D. 56.3.69]; — 22 avr. 1857, Pagart, [S. 58.2.223, P. adm. chr., D. 58.3.19]; — 20 juill. 1888, Ville de Paris, [Leb. chr., p. 634] — Contra, Cons. d'Ét., 9 déc. 1845, Soucin, [S. 46.2.160, P. adm. chr.]

1653. — De même, il a été décidé qu'un gendre ayant, antérieurement au 1er janvier, succédé à son beau-père dans la direction d'une exploitation agricole, avait qualité pour réclamer contre les prestations maintenues à tort au nom de son beau-père. — Cons. d'Ét., 18 juill. 1855, Maniez, [Leb. chr., p. 537]

1654. — Enfin on a vu que, dans certains cas, les locataires qui élèvent des constructions sur le terrain loué, sont imposables personnellement à raison de ces constructions. Si le propriétaire du terrain a été imposé à tort, le locataire a qualité pour réclamer contre la taxe ainsi établie. — Cons. d'Ét., 24 nov. 1832, Mazin, [D. 84.3.43]

1655. — En matière de contribution des portes et fenêtres, les locataires ont qualité pour réclamer contre la cote, alors même que celle-ci est inscrite au nom du propriétaire. — Cons. d'Ét., 14 déc. 1853, Delépine, [S. 54.2.415, P. adm. chr.]; — 21 févr. 1855, Ponsard, [P. adm. chr.]

1656. — Un propriétaire de chiens a qualité pour réclamer décharge de la taxe imposée à tort au nom de son garde. — Cons. d'Ét., 28 avr. 1864, Glandaz, [P. adm. chr.]

1657. — Cependant le Conseil d'État a déclaré non recevable la réclamation d'un individu qui offrait de prouver par expertise qu'il était propriétaire d'un cheval et d'une voiture imposés à tort au nom de son père. — Cons. d'Ét., 12 janv. 1865, Capdeville, [Leb. chr., p. 38] — Cette décision peut s'expliquer par la raison que la réclamation équivalait à une demande en mutation de cote et que ces sortes de réclamations ne sont pas admises quand il s'agit de la contribution sur les chevaux et voitures.

1658. — Les mineurs, les incapables, les interdits ne peuvent réclamer que dans la personne de leurs représentants légaux. Le Conseil d'État a ainsi déclaré non recevable la requête d'un mineur faite sans l'assistance du tuteur. — Cons. d'Ét., 17 juin 1852, Joyaux, [S. 52.2.702, P. adm. chr., D. 52.3.44]

1659. — Cette décision est critiquée par MM. Fournier et Daveluy (Contrib. dir., p. 380), qui font remarquer que les actes faits par le mineur ne sont pas nécessairement nuls, mais peuvent donner lieu à rescision pour cause de lésion. Ils admettent que le mineur peut former une demande au moins toutes les fois qu'elle ne l'exposera pas à supporter des frais d'expertise.

1660. — En tous cas, sont recevables les réclamations formées au nom de contribuables par leurs représentants légaux, par exemple, par un père au nom de ses enfants mineurs. — Cons. d'Ét., 11 févr. 1857, Gadsden, [Leb. chr., p. 110] — ... par un tuteur au nom de son pupille. — Cons. d'Ét., 11 juin 1875, Maraud et Gatignan, [Leb. chr., p. 567]; — 5 nov. 1875, Lesueur, [D. 76. 5.137]; — 3 déc. 1886, Escudé, [Leb. chr., p. 855] — ... par un subrogé-tuteur à défaut du tuteur. — Cons. d'Ét., 18 juin 1859, Beurry, [S. 60.2.281, P. adm. chr., D. 60.3.22]

1661. — Une femme mariée séparée de biens et imposée nominativement au rôle a qualité pour réclamer contre cette imposition sans une autorisation de son mari. — Cons. d'Et., 23 mai 1860, Hurel, [P. adm. chr.]

1662. — Il a été décidé que le mari avait qualité, sans y être habilité par un mandat spécial, pour réclamer contre une contribution imposée au nom de sa femme antérieurement au mariage. — Cons. d'Et., 12 mars 1886, Vve Billaud, [Leb. chr., p. 221]

1663. — Un mari a qualité pour réclamer contre les taxes imposées à un contribuable dont sa femme est héritière. — Cons. d'Et., 12 août 1859, Pégouriez, [Leb. chr., p. 587]; — 30 mai 1873, Pintre, [Leb. chr., p. 483]; — 9 juill. 1886, Logassat, [Leb. chr., p. 585]; — 5 nov. 1886, Toulan, [Leb. chr., p. 758]; — 19 juill. 1890, Driéau, [Leb. chr., p. 699]

1664. — L'héritier a qualité pour réclamer contre la taxe inscrite au nom de son auteur, — Cons. d'Et., 17 sept. 1854, Josselin, [Leb. chr., p. 833]; — 26 nov. 1886, Ducas, [Leb. chr., p. 827] — ... tant en son propre nom qu'au nom de ses cohéritiers. — Cons. d'Et., 15 déc. 1876, Passerat, [Leb. chr., p. 884]; — 27 févr. 1892, Toujas, [Leb. chr., p. 223]

1665. — Les personnes publiques ne peuvent agir que par la personne de leur représentant légal, c'est-à-dire du ministre pour l'Etat, du préfet pour le département, du maire pour la commune. Ainsi ont été déclarées non recevables les réclamations faites par le directeur et la commission de surveillance d'une école normale primaire contre une taxe inscrite au nom du département. — Cons. d'Et., 26 mai 1863, Ecole normale de Carcassonne, [P. adm. chr., D. 63.3.55]

1666. — De même, le desservant est sans qualité pour réclamer contre l'imposition foncière établie sur le jardin dépendant du presbytère, lorsque la cote est inscrite au nom de la commune et que celle-ci ne lui a donné aucun pouvoir pour élever une contestation. — Cons. d'Et., 14 janv. 1858, Germond, [P. adm. chr., D. 59.3.74]; — 20 juill. 1858, Lesongeur, [P. adm. chr., D. 59.3.74]

1667. — Le directeur des contributions directes n'a pas qualité, après que le conseil de préfecture a statué sur la réclamation d'un contribuable, pour le saisir de conclusions nouvelles relatives aux frais d'expertise. — Cons. d'Et., 1er juill. 1887, Colette, [D. 88.3.124]

1668. — De même, un colonel d'artillerie, directeur d'un établissement appartenant à l'Etat, n'a pas qualité pour agir au nom de celui-ci. — Cons. d'Et., 31 mars 1874, Min. de la Guerre et directeur de l'artillerie à Alger, [Leb. chr., p. 314]

1669. — Un officier n'a pas qualité pour réclamer d'office, dans l'intérêt d'un de ses subordonnés, contre l'imposition de celui-ci à la contribution mobilière; mais la réclamation doit être déclarée recevable lorsqu'il établit qu'il avait reçu de celui-ci mandat de la former et qu'il n'a fait que la transmettre par la voie hiérarchique. — Cons. d'Et., 30 mai 1868, Durel, [D. 71.5.99]

1670. — Nous avons vu, en étudiant les poursuites, que certaines personnes pouvaient être tenues, en certains cas, de payer en l'acquit des contribuables. Toutes ces personnes, lorsqu'elles ont été mises en demeure de payer, peuvent, si elles se trouvent encore dans les délais légaux, réclamer décharge ou réduction des cotes inscrites au nom du contribuable. Ainsi jugé à l'égard d'un patron qui avait été mis en demeure de payer la contribution inscrite au nom d'un de ses commis. — Cons. d'Et., 7 nov. 1884, Létouzé, [Leb. chr., p. 751]

1671. — Mais c'est à la condition que ces personnes aient été l'objet de poursuites personnelles. Le paiement qu'elles auraient effectué volontairement et avant toutes poursuites ne leur donnerait pas qualité. — Cons. d'Et., 10 mars 1876, Chavernac, [Leb. chr., p. 235]

1672. — A plus forte raison, l'intention manifestée de payer la taxe du contribuable, même dans le cas où cette taxe serait maintenue, n'aurait pas cet effet. — Cons. d'Et., 1er sept. 1853, Petit-Poisson, [S. 56.2.318, P. adm. chr., D. 56.3.32]

1673. — La règle suivant laquelle un particulier n'est pas recevable à réclamer contre les contributions directes inscrites au nom d'un tiers, à moins d'avoir reçu de ce dernier un mandat à cet effet, s'applique même au cas où ce particulier a été condamné, par un jugement, à payer lesdites contributions en l'acquit de celui à qui elles ont été imposées. — Cons. d'Et., 22 janv. 1868, Louvet-Dorchin, [S. 68.2.360, P. adm. chr., D. 68.3.103]

1674. — Il a été décidé même que l'individu dont les meubles s'étaient trouvés compris dans une saisie pratiquée sur le contribuable, n'avait pas qualité pour réclamer contre au nom de ce dernier sans y être habilité par un mandat. Il a à sa disposition l'action en revendication prévue par l'art. 4, L. 12 nov. 1808. — Cons. d'Et., 23 févr. 1854, Geigy, [P. adm. chr.]

1675. — En dehors de ces diverses catégories de personnes, aucun tiers n'a qualité pour réclamer contre les cotes inscrites au nom d'un contribuable sans avoir reçu de celui-ci mandat de se pourvoir en son nom. — Cons. d'Et., 6 juin 1844, Beasse, [P. adm. chr.]; — 19 mars 1862, Taillard, [Leb. chr., p. 208]; — 23 nov. 1877, Massip et Brunel, [Leb. chr., p. 912]; — 7 nov. 1879, Pommier, [Leb. chr., p. 668]; — 30 avr. 1888, Hodau, [Leb. chr., p. 357]; — 31 oct. 1890, Foizy, [Leb. chr., p. 803]; — 4 juill. 1891, Gibert, [Leb. chr., p. 527]; — 18 mars 1892, Levêque, [Leb. chr., p. 287]

1676. — C'est par application de ce principe que le Conseil d'Etat décide que ni la parenté ni l'alliance ne donnent qualité pour réclamer aux lieu et place du contribuable inscrit, et qu'il déclare non recevables des réclamations formées par des parents au nom de leurs enfants majeurs. — Cons. d'Et., 31 juill. 1833, de la Bourdonnaye, [P. adm. chr.]; — 23 avr. 1849, Dubois, [P. adm. chr.]; — 8 févr. 1854, Jourdan, [P. adm. chr.]; — 24 avr. 1864, Couderc, [Leb. chr., p. 359]; — 11 mars 1887, Touriné, [Leb. chr., p. 216]; — 3 août 1888, Delattre, [Leb. chr., p. 700]

1677. — ... Notamment, par un gendre au nom de son beau-père, et réciproquement. — Cons. d'Et., 1er juin 1849, Legrand, [Leb. chr., p. 264]; — 14 août 1869, Egret, [Leb. chr., p. 811]; — 22 déc. 1882, Froger, [Leb. chr., p. 1063]

1678. — ... Par des enfants au nom de leurs parents. — Cons. d'Et., 18 juill. 1838, Bardiot, [P. adm. chr.]; — 31 janv. 1845, Delapalme, [P. adm. chr.]; — 24 mars 1849, Babeau, [Leb. chr., p. 178]; — 4 avr. 1873, Benoît, [Leb. chr., p. 292]; — 13 juill. 1883, Hugonnet, [Leb. chr., p. 648]

1679. — ... Par un frère ou une sœur. — Cons. d'Et., 2 août 1851, Grégoire, [P. adm. chr.]; — 24 déc. 1875, Barthet, [Leb. chr., p. 1043]; — 1er déc. 1882, Taupin, [Leb. chr., p. 960]

1680. — Les erreurs que les agents des contributions auraient pu commettre, soit dans la désignation du contribuable porté sur le rôle, soit dans la remise de l'avertissement ne peuvent donner qualité à un autre que le véritable contribuable. Ainsi il a été décidé que, lorsqu'une imposition s'appliquant à un contribuable avait été inscrite par erreur sous le nom et le prénom de son père, mais que, l'erreur ayant été reconnue, l'administration n'avait pas poursuivi ce dernier, il n'avait pas qualité pour demander décharge de la contribution. — Cons. d'Et., 22 avr. 1857, Viguier, [Leb. chr., p. 298]

1681. — De même, le Conseil d'Etat n'a pas reconnu qualité pour réclamer à un fils qui avait reçu par erreur l'avertissement destiné à son père. — Cons. d'Et., 3 févr. 1883, Verdié, [Leb. chr., p. 131]

1682. — En matière de prestations, un fils majeur qui, habitant avec son père, n'est pas imposable personnellement, mais forme un des éléments d'imposition de son père, n'est pas recevable à réclamer au nom de celui-ci contre cette imposition. — Cons. d'Et., 4 mai 1888, Albert, [Leb. chr., p. 402]

1683. — Un gendre n'a pas qualité pour donner désistement de la réclamation de son beau-père décédé, quand il ne justifie pas de sa qualité d'héritier. — Cons. d'Et., 9 mars 1888, Guerrapin, [Leb. chr., p. 240]

1684. — Nous avons vu plus haut que quand un contribuable décédait, l'obligation d'acquitter ses contributions incombait, tantôt à sa veuve, tantôt à ses héritiers. Là où existe la charge, là existe également le droit de réclamer. Il a été décidé qu'une fille n'avait pas qualité pour demander décharge d'une imposition inscrite à tort au nom de son père décédé, mais acquittée par la veuve, à laquelle seule incombait ce paiement. — Cons. d'Et., 10 juill. 1874, Beyries, [Leb. chr., p. 653]

1685. — Le nu-propriétaire ne peut réclamer au nom de l'usufruitier. — Cons. d'Et., 24 mai 1890, Commune de Douvres, [D. 91.5.145]

1686. — Les propriétaires n'ont pas qualité pour réclamer au nom de leurs fermiers, locataires ou colons, sans mandat de ceux-ci. — Cons. d'Et., 18 juill. 1860, Barbazan, [Leb. chr., p. 541]; — 21 nov. 1861, Cheyroux, [Leb. chr., p. 823]; — 1er sept. 1862, Saint-Père, [Leb. chr., p. 711]

1687. — Décidé de même à l'égard d'un propriétaire de domaines situés en Algérie qui réclamait contre les impôts arabes auxquels avaient été assujettis ses fermiers indigènes. — Cons. d'Et., 4 mai 1834, Fabus, [P. adm. chr.]

1688. — La mention portée sur l'avertissement : un tel (locataire) par un tel (propriétaire) ne suffit pas pour donner à ce dernier qualité pour réclamer au nom de son locataire. Cette mention ne peut engendrer aucune obligation pour le propriétaire. — Cons. d'Et., 27 mars 1863, Poret, [Leb. chr., p. 347]

1689. — Nous devons, toutefois, signaler deux décisions plus récentes qui semblent admettre une solution contraire. Dans la première (il s'agissait du représentant, à Paris, d'une maison de commerce lyonnaise), le fait qu'il était indiqué nominativement sur le rôle, l'a fait considérer comme investi d'un mandat général. — Cons. d'Et., 8 nov. 1890, Golliard, [Leb. chr., p. 815]

1690. — La seconde concernait un escompteur qui avait été considéré comme le correspondant d'un banquier d'une autre ville, et qui, indiqué sur le rôle comme devant payer en l'acquit de ce banquier, avait reçu ultérieurement des sommations sans frais à son nom. Le Conseil d'Etat lui a reconnu le droit de demander décharge de la responsabilité que la mention portée sur le rôle faisait peser sur lui. — Cons. d'Et., 6 janv. 1894, Fillon, [Leb. chr., p. 13]

1691. — Tant que la responsabilité personnelle du propriétaire n'est pas engagée ou dès qu'elle a cessé de l'être, il n'a pas qualité pour réclamer au nom de son locataire. Ainsi, il a été décidé plusieurs fois que, lorsqu'un locataire ou fermier avait quitté un logement avant le 1er janvier, le propriétaire, ne pouvant plus être déclaré responsable des contributions de l'année suivante, n'avait pas qualité pour réclamer contre elles, si elles avaient été maintenues à tort. En effet, il n'a aucun intérêt à réclamer. — Cons. d'Et., 11 juill. 1866, Chanelet, [Leb. chr., p. 793]; — 1er juin 1877, Rocaud, [Leb. chr., p. 512]; — 13 févr. 1880, Rover, [Leb. chr., p. 164]; — 25 juill. 1884, Guérin, [Leb. chr., p. 647]

1692. — De même, quand un propriétaire a averti le percepteur du déménagement du locataire, sa responsabilité étant désormais dégagée, il n'a pas qualité pour réclamer. — Cons. d'Et., 16 déc. 1877, Gros, [Leb. chr., p. 965]

1693. — Dans ces conditions, le paiement des contributions du locataire effectué volontairement par le propriétaire ne suffit pas à lui donner qualité. — Cons. d'Et., 28 janv. 1887, Cotard, [D. 88.3.142]

1694. — Il est un cas où la jurisprudence du Conseil d'Etat paraît assez indécise, c'est celui où un propriétaire, ayant fait saisir et vendre les meubles de son locataire, se voit privé de son gage par l'exercice du privilège du Trésor. Dans ces circonstances, il a été décidé à plusieurs reprises par le Conseil d'Etat que le propriétaire, ayant intérêt à contester les droits du Trésor sur les sommes provenant de la vente, avait par suite qualité pour demander décharge ou réduction des taxes imposées au nom du locataire. — Cons. d'Et., 22 mai 1874, Gripon, [S. 76.2.96, P. adm. chr., D. 75.3.42]; — 14 mars 1884, Charpin, [S. 86.3.1, P. adm. chr., D. 85.5.131]; — 14 mai 1886, Riverin, [S. 88.3.13, P. adm. chr., D. 87.3.93]

1695. — Cependant d'autres décisions ont rejeté dans des circonstances semblables le recours des propriétaires en se fondant sur ce que, d'une part, ils ne justifiaient d'aucun mandat et sur ce que, d'autre part, le paiement avait été effectué par l'officier ministériel chargé de la vente et non en vertu de poursuites dirigées personnellement contre le propriétaire par application des art. 22 et 23, L. 21 avr. 1832, et 30, L. 15 juill. 1880. — Cons. d'Et., 4 juill. 1879, Erhard, [Leb. chr., p. 554]; — 16 juill. 1886, Bernard, [Leb. chr., p. 623]; — 31 oct. 1890, Flament, [Leb. chr., p. 807] — Cette dernière jurisprudence a été consacrée par une décision rendue par l'assemblée du Conseil d'Etat statuant au contentieux. — Cons. d'Et., 27 mai 1892, Fontaine, [Leb. chr., p. 494]

1696. — La doctrine qui semble se dégager de ces dernières décisions, c'est que le propriétaire n'a qualité pour réclamer contre les impositions de son locataire que lorsqu'il a été contraint personnellement de payer en son acquit; mais qu'il n'est pas fondé à assimiler ce paiement effectué par lui-même le paiement effectué par un tiers détenteur de deniers provenant du chef du redevable. Nous verrons plus loin qu'en pareil cas, la jurisprudence ne reconnaît le droit de demander le remboursement qu'au contribuable ou à la personne même qui a payé

1697. — Un locataire principal n'est pas recevable en cette seule qualité à demander l'annulation de poursuites dirigées contre ses sous-locataires. — Cons. d'Et., 22 juin 1888, Caizergues, [Leb. chr., p. 530]

1698. — Les locataires et fermiers n'ont pas qualité pour réclamer au nom de leur propriétaire, alors même qu'une clause de leur bail les oblige à acquitter les impôts qui incombent également au propriétaire. — Cons. d'Et., 21 déc. 1843, Bittervoll, [P. adm. chr.]; — 15 mars 1844, Pouty, [S. 44.2.278, P. adm. chr., D. 45.3.70]; — 23 déc. 1844, Sage, [P. adm. chr.]; — 13 juin 1845, Perriat, [P. adm. chr.]; — 26 avr. 1851, Lachaud, [P. adm. chr.]; — 3 mai 1851, Hubert, [P. adm. chr.]; — 15 avr. 1852, Supérieure des sœurs de Saint-Joseph, [P. adm. chr.]; — 7 janv. 1857, Fournier, [P. adm. chr.]; — 5 janv. 1858, Nicoullaud, [D. 58.3.69]; — 25 avr. 1862, Sœuvre, [P. adm. chr.]; — 22 déc. 1863, Billot, [D. 64.3.19]; — 16 avr. 1868, Calippe, [Leb. chr., p. 437]; — 6 nov. 1885, Wagner, [Leb. chr., p. 813]; — 4 févr. 1887, Duroyon, [D. 88.3.141] — V. supra, n. 935 et s.

1699. — Les personnes qui acquièrent un immeuble ou un fonds de commerce en cours d'année n'ont pas qualité pour réclamer contre les contributions imposées au nom de leur vendeur. On trouve, il est vrai, une ancienne décision qui a admis un acquéreur à réclamer parce que l'adjudication avait mis les impôts à sa charge. — Cons. d'Et., 25 avr. 1834, Ivelin de Beville, [P. adm. chr.]

1700. — Mais cette décision est unique et au contraire celles qui refusent qualité à l'acquéreur, même lorsqu'il a pris à sa charge tous les impôts depuis son entrée en jouissance, sont fort nombreuses. — Cons. d'Et., 30 mai 1843, Dames de l'OEuvre du Bon-Pasteur, [P. adm. chr.]; — 4 juill. 1845, Ville de Troyes, [P. adm. chr.]; — 9 déc. 1845, Soucin-Camussat, [P. adm. chr.]; — 16 sept. 1848, Sénac, [Leb. chr., p. 593]; — 1er juin 1853, Bubot, [Leb. chr., p. 569]; — 15 déc. 1864, Prévost de Saint-Cyr, [Leb. chr., p. 997]; — 20 déc. 1866, Delahaye, [Leb. chr., p. 1166]; — 9 avr. 1867, Charpentier, [Leb. chr., p. 356]; — 7 août 1869, Vergne, [Leb. chr., p. 749]; — 26 déc. 1879, Tétu et Pougin, [Leb. chr., p. 844]; — 3 déc. 1880, Lemesle, [Leb. chr., p. 956]; — 1er déc. 1882, Hiver, [Leb. chr., p. 961]; — 5 mars 1886, Bourganel, [Leb. chr., p. 208]; — 23 déc. 1887, Lepesteur, [Leb. chr., p. 835]; — 5 avr. 1889, Awaro, [Leb. chr., p. 466]; — 7 févr. 1890, Dunoir, [Leb. chr., p. 125]; — 20 juin 1891, Trubiani, [Leb. chr., p. 476]; — 12 févr. 1892, Picard, [Leb. chr., p. 133]; — 25 mars 1892, Mines de Pontgibaud, [Leb. chr., p. 312]

1701. — Inversement, à l'égard des taxes qui ont un caractère réel, qui s'attachent à la possession, à la détention d'un fonds, telles que les taxes d'irrigation, de dessèchement, il a décidé que le propriétaire qui a souscrit l'engagement de son fonds n'a pas qualité pour réclamer décharge ou réduction des taxes auxquelles l'acquéreur de sa propriété est soumis en vertu de cet engagement. — Cons. d'Et., 19 déc. 1884, de Bernis, [Leb. chr., p. 916]

1702. — Il a été jugé qu'un associé en nom collectif a qualité pour réclamer décharge des droits de patente imposés à un associé secondaire résidant soit à l'étranger... — Cons. d'Et., 3 nov. 1882, Stamatiadis, [Leb. chr., p. 837] — ... soit même en France. — Cons. d'Et., 30 janv. 1892, Coullevy, [Leb. chr., p. 94]

1703. — Le Conseil d'Etat a même repoussé la demande d'un associé en nom collectif tendant à la mise en cause des héritiers de son associé, par le motif que le requérant avait qualité pour engager la société, et qu'après le décès de son associé il devait seul être mis en cause. — Cons. d'Et., 30 mai 1873, Jousserand, [Leb. chr., p. 481]

1704. — Mais après la dissolution de la société, le droit de l'associé de représenter ses associés et de réclamer en leur nom n'existe plus. — Cons. d'Et., 15 avr. 1863, Lacroix, [Leb. chr., p. 344]; — 8 juin 1877, Portalès, [Leb. chr., p. 548]

1705. — La situation est la même à l'égard des liquidateurs d'une société commerciale. S'ils peuvent réclamer au nom des associés contre les taxes à eux imposées pendant l'existence de ladite société, ils sont sans qualité pour le faire en ce qui touche les contributions des exercices postérieurs à la dissolution de la société. Ces impositions sont des dettes personnelles à chacun des anciens associés. — Cons. d'Et., 11 juin 1880, Rolland, [Leb. chr., p. 538]; — 3 févr. 1888, Société Laureau et Cie,

13

[Leb. chr., p. 111]; — 16 mars 1888, Onizille, [Leb. chr., p. 258]

1706. — La jurisprudence du Conseil d'Etat est la même à l'égard des syndics de faillite. Ils n'ont pas qualité pour demander décharge des contributions imposées au failli postérieurement à la déclaration de faillite, lesquelles constituent une dette personnelle du failli dont l'exécution ne peut être poursuivie sur l'actif de la faillite. — Cons. d'Et., 28 févr. 1870, Lambert, [Leb. chr., p. 208]; — 4 avr. 1873, Arnaud, [Leb. chr., p. 296]; — 1er mars 1878, Ferry, [D. 80.32]; — 12 août 1879, Gaudin, [S. 81.3.11, P. adm. chr., D. 80.3.2]; — 30 juill. 1880, Perret, [D. 81.5.100]; — 25 mars 1881, Bouquereau, [D. 82.5. 137]; — 13 nov. 1882, Lalande, [Leb. chr., p. 826]; — 8 août 1884, Planquette, [Leb. chr., p. 718]; — 9 avr. 1886, Trémois, [S. 88.3.5, P. adm. chr., D. 87.3.93]

1707. — C'est seulement dans le cas où le syndic aurait été mis en demeure d'acquitter ces impositions qu'il serait recevable, comme toute autre personne dans les mêmes circonstances, à réclamer soit la décharge, soit le remboursement. — Cons. d'Et., 28 févr. 1870, précité; — 19 nov. 1880, Beaugé, [Leb. chr., p. 897] — L'administrateur des biens d'un contribuable sans mandat n'a pas qualité. — Cons. d'Et., 3 août 1894, Perrier, [Leb. chr., p. 537]

1708. — L'avoué d'un contribuable ne trouve pas dans sa qualité d'officier public un mandat suffisant pour réclamer en son nom. — Cons. d'Et., 11 janv. 1853, Gérardin-Bailly, [D. 53.3. 41]; — 2 mars 1888, Robert pour Maupin, [Leb. chr., p. 213]

1709. — Ont été également rejetées pour défaut de qualité les réclamations faites au nom d'un contribuable d'une commune par le maire. Aucune disposition de loi ne l'autorise à se pourvoir d'office en faveur de ses administrés non plus que les répartiteurs. — Cons. d'Et., 29 juill. 1852, Labare, [Leb. chr., p. 332]; — 13 févr. 1856, Courtrix, [D. 56.3.45]; — 6 mai 1863, Robert, [Leb. chr., p. 410]; — 1er mai 1869, Bon, [Leb. chr., p. 402]; — 14 févr. 1873, Bourgeois, [Leb. chr., p. 158]; — 9 juin 1876, Bouquet, [Leb. chr., p. 529]; — 5 déc. 1884, Léotoing, [Leb. chr., p. 869]; — 24 juill. 1885, Peytavi, [Leb. chr., p. 708]

1710. — De même, l'ingénieur administrateur d'un canal d'irrigation placé sous séquestre n'a pas qualité pour demander au conseil de préfecture de décharger un intéressé des taxes inscrites à son nom. — Cons. d'Et., 6 août 1886, Sentupéry, [Leb. chr., p. 717]

1711. — Des officiers d'administration comptables n'ont pas qualité pour réclamer d'office au nom des sous-officiers placés sous leurs ordres. — Cons. d'Et., 15 avr. 1863, Ville d'Alger, [P. adm. chr.]

1712. — Quand une réclamation a été faite par le contribuable lui-même, un tiers, même non muni de mandat, est recevable à présenter des observations à l'appui de la réclamation. — Cons. d'Et., 6 juin 1866, Lejeune, [Leb. chr., p. 600]; — 8 nov. 1872, Aubinais, [Leb. chr., p. 559]; — 7 janv. 1876, Sève, [Leb. chr., p. 9]

1713. — Au surplus, quand une réclamation présentée au nom d'un contribuable par un tiers qui ne justifie d'aucun mandat, est renouvelée par le contribuable lui-même avant que l'arrêté du conseil de préfecture soit rendu, la réclamation doit être déclarée recevable. — Cons. d'Et., 9 juin 1866, précité; — 8 nov. 1872, précité.

1714. — Si le Conseil d'Etat exige qu'il soit justifié de l'existence d'un mandat, il se montre extrêmement large sur les conditions de la justification, l'époque où elle est faite et la nature du mandat.

1715. — Ainsi il admet que la justification de l'existence du mandat peut valablement être faite après l'expiration du délai de réclamation. — Cons. d'Et., 22 avr. 1857, Lemaître, [Leb. chr., p. 291]

1716. — ... Et même à l'audience publique du conseil de préfecture où la réclamation est appelée. — Cons. d'Et., 20 févr. 1867, Douare, [Leb. chr., p. 178]; — 30 août 1867, Grémont, [Leb. chr., p. 848]

1717. — ... Tant que le conseil de préfecture n'a pas statué. — Cons. d'Et., 8 avr. 1852, Ménager, [Leb. chr., p. 84]; — 21 févr. 1855, Ponsard, [P. adm. chr., D. 55.3.49]; — 5 déc. 1863, Chagnaud, [Leb. chr. p. 930]

1718. — ... Et même devant le Conseil d'Etat. — Cons. d'Et., 21 févr. 1853, Durot, [S. 55.2.528, P. adm. chr., D. 55.3.49]; — 9 juill. 1856, Miller, [Leb. chr., p. 456]; — 10 sept. 1856, Le-

couvey, [Leb. chr., p. 599]; — 4 mai 1859, Matrat, [Leb. chr. p. 322]; — 29 févr. 1860, Magnier, [Leb. chr., p. 156]; — 2 févr. 1873, Hemardinquer, [Leb. chr., p. 191]; — 2 déc. 1881 Ladieu, [Leb. chr., p. 951]; — 3 juill. 1885, Gaudry, [Leb. chr., p. 637]; — 8 nov. 1890, Tejada, [Leb. chr., p. 815]; — 14 nov. 1891, Bordenave, [Leb. chr., p. 670]; — 27 févr. 1892 de Châteaubrun, [Leb. chr., p. 229]; — 25 mars 1892, Parandier [Leb. chr., p. 310]; — 27 mai 1892, de la Forêt, [Leb. chr. p. 496]

1719. — Comment est-il justifié de l'existence du mandat La manière la plus simple est de produire la procuration elle même, mais nous pensons qu'il faut que ce mandat porte une date antérieure à l'arrêté du conseil de préfecture. — Cons. d'Et. 10 janv. 1863, Lotellier, [Leb. chr., p. 15]; — 30 août 1865, Léveel, [Leb. chr., p. 891]; — 7 nov. 1884, Labarde, [Leb. chr. p. 751]

1720. — Toutefois le mandat est établi par la production d'un acte, même postérieur à l'arrêté du conseil de préfecture, dans lequel le contribuable, en conférant au mandataire pouvoir d'agir en son nom devant le Conseil d'Etat, rappelle le mandat qu'il lu avait donné. — Cons. d'Et., 20 nov. 1856, Brissac, [P. adm chr.]; — 5 juill. 1859, Moulin, [P. adm. chr.]; — 18 juill. 1860 Griffaud, [P. adm. chr.]; — 31 août 1863, Touchet, [Leb. chr. p. 702]

1721. — Mais bien souvent le Conseil s'est montré moin exigeant encore, en se contentant de la déclaration du contr buable qu'il avait donné pouvoir d'agir en son nom devant le conseil de préfecture. — Cons. d'Et., 28 juin 1860, d'Esneva [P. adm. chr.]; — 8 janv. 1867, Bernard, [Leb. chr., p. 5]; — 18 juill. 1884, Bonneau du Martroy, [Leb. chr., p. 612]; — 2 janv. 1892, Molinié, [Leb. chr., p. 83]; — 22 janv. 1892, Lejus [Leb chr., p. 34]

1722. — C'est ainsi qu'il admet la validité du mandat vers dont l'existence est affirmée devant lui par une déclaration d mandant, surtout quand il existe des relations de parenté entre le mandant et le mandataire. — Cons. d'Et., 7 mai 1856, Niquit [P. adm. chr.]; — 20 sept. 1863, Godart, [Leb. chr., p. 920 — 22 juill. 1867, Bouchard, [Leb. chr., p. 710]; — 30 août 186 Labourdienne, [Leb. chr., p. 849]; — 19 mars 1870, Stave, [Lel chr., p. 318]; — 26 mars 1870, Bailly, [Leb. chr., p. 350]; — 15 déc. 1876, Jolivet, [Leb. chr., p. 876]; — 24 déc. 1886, Gra vil, [Leb. chr., p. 918]; — 28 déc. 1888, Lartigalot, [Leb. chr. p. 1039]

1723. — Le conseil a admis qu'un mandat général donné dans un inventaire à un notaire par des héritiers était suffisant — Cons. d'Et., 9 janv. 1861, Guillochin, [Leb. chr., p. 2]; — 2 avr. 1864, Pierrecy, [Leb. chr., p. 359]

1724. — Quand un individu réclamant au nom d'un contri buable a utilisé une procuration générale où le nom du manda taire est laissé en blanc, sa réclamation est recevable. — Cons d'Et., 3 nov. 1882, Milhas, [Leb. chr., p. 828]

1725. — Décidé, de même, à l'égard d'une procuration gé nérale pour gérer les biens du contribuable. — Cons. d'Et., 2 mars 1875, Doré, [Leb. chr., p. 278]

1726. — Une procuration notariée pour agir au nom d'un société, et notamment la représenter en justice, donne qua lité à celui qui en est porteur. — Cons. d'Et., 27 avr. 1883 Cie Lesage, [Leb. chr., p. 402]

1727. — Un mandat signé par l'un des héritiers suffit pou donner au mandataire qualité pour réclamer au nom de la suc cession. — Cons. d'Et., 3 nov. 1882, de Mallevoue, [Leb. chr. p. 828]

1728. — La question s'est posée de savoir si les procura tions données par des contribuables à des tiers pour les repré senter devant le conseil de préfecture étaient soumises à l formalité de l'enregistrement. Pour soutenir l'affirmative, le mi nistre des Finances invoquait l'art. 47, L. 22 frim. an VII, qu défend aux tribunaux de rendre aucun jugement sur des pièce non enregistrées. Mais le Conseil d'Etat a considéré qu'il avait été dérogé à cette règle générale par les lois spéciales aux con tributions directes, et notamment par l'art. 17, Arr. gouv. 2 flor. an VIII, et l'art. 28, L. 21 avr. 1832, qui dispensent les réclamants de tous frais autres que les frais de timbre et le honoraires des experts. Cette dispense du droit d'enregistrement qui n'est pas douteuse quant aux réclamations faites par le contribuables eux-mêmes, devait s'étendre aux pouvoirs donné à des tiers pour former ces demandes dont ils ne sont que l'ac-

cessoire. — Cons. d'Et., 21 févr. 1879, Pouillot, [S. 80.2.275, P. adm. chr.]

1729. — Il a été décidé qu'une procuration non enregistrée, portant simplement la signature du mandant, ni légalisée, ni précédée de la mention : bon pour pouvoir, qui est ordinairement exigée pour valider les conventions sous seing privé quand l'écriture du pouvoir n'est pas de la même main que la signature, était suffisante pour donner qualité au mandataire, alors que la signature n'était pas contestée. — Cons. d'Et., 28 févr. 1856, Noël, [S. 56.2.735, P. adm. chr.]

1729 bis. — Malgré ces décisions, l'administration de l'enregistrement ne s'est pas inclinée. Une décision du ministre des Finances du 30 août 1892, répondant à une question du ministre de l'Intérieur, pose en principe que les procurations doivent être timbrées et enregistrées, par le motif que la loi du 21 avr. 1832 ne prononce d'exemption qu'en faveur des actes *nécessaires* de la procédure et non des actes *facultatifs*; que les procurations rentrant dans la catégorie des actes pouvant faire titre sont assujetties au timbre de dimension; que ces actes étant joints au dossier pour être soumis au conseil de préfecture sont soumis au droit d'enregistrement.

1730. — Le mandat donné par un contribuable d'agir en son nom devant le conseil de préfecture n'implique pas pour celui qui l'a reçu le pouvoir de se substituer un autre mandataire, si la procuration ne renferme pas expressément cette faculté. — Cons. d'Et., 8 févr. 1890, Liébault, [S. et P. 92.3.64, D. 91. 3.71]

1731. — Le conseil de préfecture n'est pas libre d'opposer ou de ne pas opposer la fin de non-recevoir tirée du défaut de qualité. En statuant au fond sur une réclamation présentée par un individu sans qualité, il excède ses pouvoirs. — Cons. d'Et., 26 avr. 1851, Lachaud, [P. adm. chr.]

1732. — Lorsqu'au contraire le Conseil d'Etat admet que l'existence du mandat est justifiée devant lui, il statue immédiatement au fond sans renvoyer devant le conseil de préfecture, — Cons. d'Et., 24 mai 1878, Briffaut, [Leb. chr., p. 505]; — 6 juin 1879, Journiac, [Leb. chr., p. 453] — ... à moins que l'état de l'instruction ne lui permette pas de le faire. — Cons. d'Et., 1er juin 1877, Thibière, [Leb. chr., p. 513]

2° Conditions de validité de la réclamation.

1733. — I. *Signature.* — Les réclamations doivent être introduites par voie de requête ou de pétition. Elles doivent être signées par le réclamant ou par son mandataire, faute de quoi elles ne sont pas recevables. — Cons. d'Et., 8 nov. 1878, Bertrand, [Leb. chr., p. 862]

1734. — Lorsque la signature apposée au bas d'une requête est celle de la personne qui a écrit la demande et non celle du réclamant ou d'un mandataire spécial, cette demande doit être déclarée non recevable. — Cons. d'Et., 28 avr. 1876, Guigonet, [Leb. chr., p. 394]

1735. — La simple affirmation du contribuable que la réclamation produite et non signée par lui a été faite en son nom et par son ordre ne suffit pas pour couvrir le vice de forme. — Cons. d'Et., 8 nov. 1878, précité. — V. cependant Cons. d'Et., 23 mars 1865, Yvetot, [Leb. chr., p. 298]; — 30 janv. 1866, Challier, [S. 67.2.64, P. adm. chr.]; — 12 mars 1867, Lorin, [Leb. chr., p. 246]

1736. — Il en serait de même du pourvoi au Conseil d'Etat formé par le contribuable lui-même. — Cons. d'Et., 27 déc. 1878, Meyer, [Leb. chr., p. 1087]

1737. — Il faut alors que, pour échapper à la fin de non-recevoir opposée par le premier juge, que le contribuable produise un certificat du maire attestant que la réclamation émanait de lui. — Cons. d'Et., 20 déc. 1859, Puaud, [Leb. chr., p. 779]

1738. — Les réclamations dépourvues de signature sont recevables dans le cas où elles émanent d'individus illettrés. — Cons. d'Et., 2 sept. 1864, Laurenceau, [P. adm. chr.]; — 3 févr. 1875, Moutauriol, [Leb. chr., p. 102]

1739. — II. *Contenu de la réclamation. Personne à qui elle doit être adressée.* — Pour constituer une demande en décharge ou en réduction il faut que la requête présentée contienne l'exposé des faits et moyens sur lesquels se fonde le contribuable, ainsi que ses conclusions. Il faut que le réclamant indique par les termes mêmes de sa demande qu'il entend saisir le conseil de préfecture.

1740. — Il peut y avoir parfois lieu d'interpréter le sens d'une demande pour savoir si elle constitue une réclamation relevant de la compétence du conseil de préfecture. C'est ainsi qu'il a été décidé qu'une note ajoutée au bas d'une demande en décharge afférente à un exercice, et ainsi conçue : « me voilà de nouveau imposé pour 1842, il est donc bien important de faire cesser un pareil état de choses », ne peut être considérée comme une réclamation formelle pour l'exercice 1842 et que c'est avec raison que le conseil de préfecture n'a pas statué sur cet exercice. — Cons. d'Et., 26 avr. 1844, Bougon, [P. adm. chr.]

1741. — Il en est de même d'une note adressée au contrôleur de contributions directes, — Cons. d'Et., 13 janv. 1882, Maillet-Guy, [D. 83.5.141] — ... ou d'une demande de renseignements adressée au préfet, — Cons. d'Et., 6 juill. 1888, Canel, [Leb. chr., p. 614] — ... ou encore d'une réclamation adressée au préfet, mais sans intention manifeste de saisir le conseil de préfecture. — Cons. d'Et., 9 févr. 1872, Cosnard-Desclosets, [P. adm. chr.]

1742. — Il a été décidé, à propos des taxes de pavage, qu'un acte extrajudiciaire signifié à la ville par un des contribuables imposés, dans les trois mois de la publication des rôles, et par lequel il déclarait ne payer que contraint et forcé sous toutes réserves, ne constituait pas une demande en décharge. — Cons. d'Et., 3 déc. 1886, Société des briqueteries de Vaugirard, [Leb. chr., p. 846]

1743. — Il en est de même de la protestation dirigée contre l'établissement de la taxe, avant la publication du rôle et l'exécution des travaux, et notifiée au maire par acte d'huissier. — Cons. d'Et., 16 mars 1888, Lerunbert, [D. 89.5.354]

1744. — Un contribuable qui a formé une réclamation contre l'établissement d'un rôle de taxe d'arrosage avant la publication de ce rôle et se borne ensuite à envoyer son avertissement à la préfecture ne peut être considéré comme ayant régulièrement saisi le conseil de préfecture. — Cons. d'Et., 14 mars 1884, Joffre, [Leb. chr., p. 203]

1745. — Mais, sauf ce que nous venons de dire et sauf l'obligation du timbre dans certains cas, aucune forme sacramentelle n'est exigée pour les demandes en décharge. Une simple lettre au préfet peut constituer une demande régulière. — Cons. d'Et., 2 févr. 1825, Perdry, [P. adm. chr.]; — 7 avr. 1876 Charaux, [Leb. chr., p. 359]

1746. — III. *Timbre.* — La réclamation doit être écrite sur papier timbré si elle a pour objet une cote de 30 fr. ou au-dessus. En effet, la loi du 21 avr. 1832 (art. 28) n'exempte des frais de timbre que les réclamations afférentes à des cotes inférieures à ce chiffre. En conséquence, le conseil de préfecture doit, sans examiner le fond, déclarer non recevable la réclamation écrite sur papier libre si elle a pour objet une cote de 30 fr.

1747. — Cette obligation s'applique à toutes les natures de réclamations, comme à une demande en décharge de la responsabilité formée par un propriétaire. — Cons. d'Et., 29 déc. 1894, Corneau, [Leb. chr., p. 738]

1748. — La disposition de la loi de 1832 relative au timbre s'applique à toutes les contributions directes et taxes assimilées, à l'exception de la taxe des prestations en nature pour laquelle l'art. 3, L. 28 juill. 1824, dispose que les dégrèvements seront prononcés sans frais. Quelques décisions du Conseil d'Etat avaient cependant appliqué la règle générale aux réclamations des prestataires. — Cons. d'Et., 30 mai 1868, Commune de Vergué, [Leb. chr., p. 619]; — 30 mai 1873, Fouillot, [Leb. chr., p. 477] — Cette jurisprudence, critiquée par les auteurs (Aucoc, *Conférences*, t. 1, p. 313; Chauveau, *Instr. adm.*, 4e éd., t. 2, p. 159; Guillaume, *Voirie vicinale*, p. 137) comme contraire à la loi, aux intentions du législateur et aux instructions ministérielles annexées à la loi du 21 mai 1836, a été abandonnée définitivement en 1876 par le Conseil d'Etat. — Cons. d'Et., 15 déc. 1876, Commune de Sainte-Croix-Grand-Tonne, [P. adm. chr.]

1749. — Quel est le papier timbré qui doit être employé? D'après la loi du 13 brum. an VII, il existe deux espèces de timbres : le timbre imposé en raison de la dimension du papier employé et le timbre créé pour les effets négociables, qui est proportionnel aux sommes qui y sont mentionnées. Le Conseil d'Etat a décidé qu'une réclamation faite sur une feuille de papier au timbre proportionnel de 0,30 cent. ne satisfaisait pas aux prescriptions de la loi. En effet, l'art. 12, L. 13 brum. an VII, dispose que tous les papiers ou écritures privés ou publics devant être produits en justice pour demande ou défense, sont

assujettis au timbre de dimension. — Cons. d'Et., 29 avr. 1887, Picot, [Leb. chr., p. 337] — Le plus petit format du papier timbré de dimension étant la feuille de 0,60 cent., c'est sur des feuilles de papier de cette espèce que doivent être présentées les réclamations. — Teissier et Chapsal, *Cons. de préf.*, p. 41.

1750. — Par cote, il ne faut pas entendre le montant de l'article du rôle afférent à un contribuable et comprenant tous les éléments d'imposition qu'il possède dans une commune, par exemple toutes les maisons ou domaines dont il est propriétaire, tous les établissements qu'il exploite, etc. Le mot « cote » s'applique au montant de la contribution établie à raison de chaque élément distinct.

1751. — Il a été décidé, notamment, que lorsqu'un contribuable réclamait, sur papier libre, décharge d'une contribution foncière inférieure à 30 fr., assise sur une maison qu'il possédait dans une commune, cette réclamation était recevable alors même que le montant total de la contribution foncière qu'il devait acquitter dans la commune excédait 30 fr. — Cons. d'Et., 30 nov. 1852, Gérardey, [S. 53.2.366, P. adm. chr.]; — 12 sept. 1853, Commune de Sellières, [S. 54.2.288, P. adm. chr.]; — 23 mai 1873, Jalabert, [Leb. chr., p. 444]

1752. — De même, la taxe personnelle et la taxe mobilière, quoique réunies dans la répartition, forment deux cotes distinctes, parce qu'elles sont établies d'après des règles particulières à chacune d'elles. En conséquence, lorsque chacune d'elles est inférieure à 30 fr., et qu'elles n'excèdent ce chiffre que par leur réunion, le contribuable peut présenter valablement sa réclamation, soit contre l'une d'elles, soit contre toutes les deux, sur papier libre. Si la contribution mobilière excède 30 fr., la réclamation sera valable seulement pour la taxe personnelle. — Cons. d'Et., 18 janv. 1860, Véron, [Leb. chr., p. 37]; — 18 janv. 1860, Bridier-Rouyer, [S. 60.2.159, P. adm. chr.]; — 13 mai 1887, Agabsse, [Leb. chr., p. 378]; — 8 mars 1890, Boudier, [Leb. chr., p. 267]

1753. — En ce qui touche la contribution des patentes, une distinction est nécessaire entre le droit fixe et le droit proportionnel. Chaque droit fixe constitue une cote distincte. — Cons. d'Et., 8 avr. 1867, Pulicani, [Leb. chr., p. 349]; — 29 juin 1888, Dutrey, [Leb. chr., p. 572]; — 18 janv. 1890, Saintourens, [Leb. chr., p. 47]

1754. — Mais que faut-il décider à l'égard du droit proportionnel? Souvent il n'est que la conséquence et l'accessoire du droit fixe, quand il porte sur l'établissement où ce droit fixe est acquitté. Le contribuable qui réclame sur papier libre une réduction du droit proportionnel afférent à la profession qu'il exerce est non recevable si la réunion des droits fixe et proportionnel forme un total supérieur à 30 fr. Dans ce cas, c'est la réunion des deux droits qui constitue la cote. — Cons. d'Et., 9 juill. 1836, Choïn, [Leb. chr., p. 444]; — 19 mars 1864, Prigent, [Leb. chr., p. 277]; — 13 mai 1887, Rigaud, [Leb. chr., p. 378]

1755. — Mais il est des cas où le droit proportionnel est le seul droit qui puisse être assis sur un établissement, le droit fixe étant acquitté à l'établissement principal. Ne peut-on soutenir qu'en pareil cas chaque droit proportionnel constitue une cote distincte? Nous serions disposés à l'admettre. Cependant nous devons signaler une décision dans laquelle le Conseil d'Etat semble avoir admis l'opinion contraire à celle que nous venons d'émettre. Il s'agissait, dans l'espèce, d'un fabricant de sucre imposé dans une commune pour son établissement principal et possédant dans des communes voisines des râperies pour lesquelles il était imposé au droit proportionnel. Dans l'une de ces communes, le requérant avait deux râperies et demandait décharge de la taxe afférente à l'une d'elles, qu'il prétendait constituer un faux emploi. Le Conseil d'Etat a décidé que tous ces droits proportionnels formaient les éléments d'une cote unique, car il a refusé de faire bénéficier le requérant de la prolongation de délai accordée par l'art. 4, L. 29 déc. 1884, en ce qui concerne les cotes imposées par faux ou double emploi et il a admis le recours unique formé par le contribuable contre les divers arrêtés par lesquels le conseil de préfecture avait statué sur les réclamations afférentes aux droits assignés dans les diverses communes. — Cons. d'Et., 29 nov. 1889, Jaluzot, [Leb. chr., p. 1088]

1756. — Lorsque sur une même feuille de papier libre un contribuable réclame contre sa cote de patente supérieure à 30 fr. et contre la contribution établie pour frais d'entretien de bourse et de chambre de commerce, inférieure à ce chiffre, la

réclamation, non recevable pour la première, est recevable pour la seconde. — Cons. d'Et., 4 mai 1864, Oger, [Leb. chr., p. 400]

1757. — Quant à la contribution des portes et fenêtres, ce qui constitue la cote, c'est le montant de la taxe afférente à la maison entière. Si donc un contribuable demande décharge de la taxe qui lui est assignée pour quelques ouvertures, il ne pourra la former sur papier libre si le montant des taxes afférentes aux ouvertures de la maison excède 30 fr. — Cons. d'Et., 28 déc. 1859, Succursale de la Banque de France à Sedan, [P. adm. chr.]; — 4 mai 1883, Detuncq, [Leb. chr., p. 421]

1758. — Décidé, de même, à un autre point de vue que celui du timbre, que les divers éléments à raison desquels un contribuable est assujetti à la taxe des prestations constituent une cote unique. — Cons. d'Et., 3 févr. 1888, Lyonne, [D. 89. 5.141]; — 23 nov. 1889, Blanc, [D. 91.5.143]

1759. — Décidé encore que, lorsque la taxe à laquelle un contribuable est imposé dans une commune à raison des chiens qu'il y possède dépasse 8 fr., il ne peut réclamer sur papier libre décharge d'une somme inférieure à 30 fr. représentant la taxe afférente à quelques-uns de ses chiens. La cote est constituée par l'ensemble des chiens qu'il possède dans la même commune. — Cons. d'Et., 4 nov. 1887, Grut, [Leb. chr., p. 670]

1760. — D'une manière générale, c'est le montant de la cote portée sur le rôle qui détermine la nécessité de l'emploi du papier timbré et non le montant de la réduction demandée. — Cons. d'Et., 13 mai 1887, Rigaud, [Leb. chr., p. 378]; — 27 janv. 1888, Rigaud, [Leb. chr., p. 90]

1761. — La réclamation faite sur papier libre et relative à une taxe inférieure à 30 fr. n'est donc pas recevable si l'objet ainsi taxé ne constitue qu'un élément d'une cote unique comprise avec d'autres éléments ou un même article du rôle. — Cons. d'Et., 30 janv. 1892, Gautherin, [Leb. chr., p. 94]

1762. — Un contribuable ne peut, pour échapper à la fin de non-recevoir tirée du défaut de timbre, alléguer son ignorance de la loi. — Cons. d'Et., 3 août 1877, Prévoteau, [Leb. chr., p. 773]

1763. — La fin de non-recevoir, tirée de la présentation sur papier libre d'une réclamation ayant pour objet une cote de 30 fr. ou au-dessous, a été déclarée opposable à l'Etat lui-même considéré comme contribuable. — Cons. d'Et., 6 mars 1861, Min. des Fin., [P. adm. chr., D. 61.3.26]; — 13 mars 1862, Min. des Fin., [P. adm. chr.] — Instr. Enreg., n. 2607, 5 déc. 1878.

1764. — L'obligation de présenter sa réclamation sur papier timbré est exigée dans un intérêt purement fiscal. Aussi la jurisprudence du Conseil d'Etat admet-elle très-facilement les contribuables à régulariser une demande présentée à tort sur papier libre. Il n'en a pas toujours été ainsi. Pendant longtemps le Conseil d'Etat décidait que lorsqu'une réclamation, présentée à tort sur papier libre, n'avait pas été régularisée par la production d'une nouvelle requête sur timbre enregistrée avant l'expiration du délai de réclamation, elle devait être déclarée non recevable. — Cons. d'Et., 18 févr. 1854, Bernard, [Leb. chr., p. 128]; — 20 nov. 1856, Theurault, [P. adm. chr., D. 58.5.98]; — 27 janv. 1859, David, [Leb. chr., p. 60]; — 20 juill. 1859, Lambert, [Leb. chr., p. 501]; — 14 déc. 1859, Viret, [Leb. chr., p. 726]; — 28 déc. 1859, Succursale de la Banque de France à Sedan, [P. adm. chr.]; — 25 janv. 1860, Coltat, [Leb. chr., p. 57]; — 8 févr. 1860, Camion, [Leb. chr., p. 89]; — 25 avr. 1860, de Béville, [Leb. chr., p. 343]; — 10 mars 1862, Dietz, [Leb. chr., p. 174]; — 6 mai 1863, Aubry, [Leb. chr., p. 410]; — 4 juin 1870, Duplat, [Leb. chr., p. 696]

1765. — Mais cette jurisprudence rigoureuse a été abandonnée. Le Conseil d'Etat décide aujourd'hui que, tant que le conseil de préfecture n'a pas rendu son arrêté sur la réclamation, celle-ci peut être régularisée par la production d'une nouvelle demande écrite sur papier timbré. — Cons. d'Et., 11 janv. 1866, Lacombère, [S. 65.2.224, P. adm. chr., D. 65.3.57]; — 6 juin 1866, Lejeune, [Leb. chr., p. 599]; — 8 janv. 1867, Alata, [S. 67.2.368, P. adm. chr.]; — 13 avr. 1867, Delage, [Leb. chr., p. 389]; — 15 mai 1867, Autonorse, [Leb. chr., p. 487]; — 4 juin 1867, Bucaille, [D. 68.5.387]; — 7 avr. 1870, Séguin, [S. 72. 2.64, P. adm. chr.]; — 20 sept. 1871, Debect, [Leb. chr., p. 664]; — 24 avr. 1874, Girard-Blaison, [Leb. chr., p. 367]; — 28 juill. 1876, Ville de Paris, [Leb. chr., p. 713]; — 3 mai 1877, Eve, [D. 77.5.132]; — 27 déc. 1878, Lecaudey, [D. 79.5.105]; — 8 août 1884, Bardou, [Leb. chr., p. 722]; — 9 nov. 1888, Lampsin, [Leb. chr., p. 806]; — 13 déc. 1889, Verger, [Leb. chr., p. 1159]

1766. — Mais le vice de forme ne peut plus être réparé après l'arrêté du conseil de préfecture. — Cons. d'Et., 4 mai 1864, Oger, [Leb. chr., p. 400]; — 4 avr. 1872, Poppleton, [Leb. chr., p. 199]; — 8 nov. 1872, Lambin, [Leb. chr., p. 547]; — 11 mars 1881, Besancenot, [Leb. chr., p. 278]; — 4 juill. 1891, Pierre , [Leb. chr., p. 528]; — 9 avr. 1892, Laurent, Barrault, [Leb. chr., p. 396]

1767. — Le Conseil d'Etat a même relevé de la déchéance encourue des contribuables qui ne produisaient pas la réclamation régularisée , mais établissaient qu'ils l'avaient déposée à la préfecture où elle avait été égarée. — Cons. d'Et., 7 nov. 1873, Perdriou , [Leb. chr., p. 785] — Mais en pareil cas il faut des preuves : une simple allégation ne suffit pas. — Cons. d'Et., 23 nov. 1877, Jobey, [Leb. chr., p. 897]

1768. — La fin de non-recevoir résultant du défaut de timbre peut être soulevée d'office par le conseil de préfecture. Si ce vice de forme lui échappe et qu'il statue au fond, son arrêté doit être annulé par le Conseil d'Etat qui peut d'office relever la fin de non-recevoir. — Cons. d'Et., 17 janv. 1873, Giraud, [Leb. chr., p. 35]

1769. — Le rejet d'une réclamation par une fin de non-recevoir tirée du défaut de timbre n'empêche pas le réclamant, s'il est encore dans les délais légaux, de présenter à nouveau sa réclamation; le conseil de préfecture ne saurait lui opposer l'exception de chose jugée. — Cons. d'Et., 22 nov. 1836, de Pressy, [P. adm. chr.]; — 5 janv. 1858, Baruzzi, [P. adm. chr., D. 58.3.43]

1770. — Il n'y a pas lieu d'ordonner le remboursement des frais de timbre au contribuable qui triomphe dans sa réclamation. — Cons. d'Et., 14 juin 1866, Jeanson, [P. adm. chr.]; — 28 nov. 1873, Grandet, [Leb. chr., p. 877]; — 23 janv. 1880, Cie P.-L.-M., [Leb. chr., p. 87]; — 6 nov. 1880, Heilmann, [Leb. chr., p. 830]; — 11 nov. 1881, Deloynes, [S. 83.3.32, P. adm. chr.]; — 18 janv. 1884, Torterne, [S. 85.3.72, P. adm. chr., D. 85.3.60]

1771. — Une réclamation distincte doit-elle être faite pour chaque espèce d'impôt, ou bien le contribuable peut-il réunir dans la même requête toutes ses réclamations contre les diverses impositions qu'il prétend mal établies? C'est en ce dernier sens que s'est toujours prononcé le Conseil d'Etat jusqu'à présent. — Cons. d'Et., 11 oct. 1833, Parcheminy, [P. adm. chr.]; — 23 janv. 1880, Mougel Coudray, [D. 80.5.114]

1772. — Il a été décidé qu'un exploitant de mines n'était pas obligé de présenter une réclamation distincte pour les redevances auxquelles il était imposé à raison de chacune des concessions qu'il possédait. — Cons. d'Et., 26 août 1858, Cie des houillères de l'Aveyron, [P. adm. chr.]

1773. — Il est également permis de réclamer par une seule requête contre la même contribution afférente à deux exercices différents. — Cons. d'Et., 7 juin 1855, Maillard-Vathelet, [S. 55. 2.792, P. adm. chr., D. 56.3.3]; — 4 mai 1877, Augot, [Leb. chr., p. 425]

1774. — Le Conseil d'Etat a même décidé à plusieurs reprises qu'en demandant par une seule requête décharge ou réduction des diverses contributions auxquelles il était imposé dans plusieurs communes du même département, un contribuable ne violait aucune disposition de loi ou de règlement, mais seulement des instructions administratives qui ne pouvaient suffire pour lui fin de non-recevoir lui fût opposée. — Cons. d'Et., 21 sept. 1859, Piot et Cie des forges de Châtillon et Commentry, [S. 60.2.511, P. adm. chr.]; — 14 mai 1870, d'Hérisson, [S. 72.2.87, P. adm. chr., D. 71.3.75]

1775. — Il résulte de ce qui précède que lorsqu'une réclamation portant sur plusieurs contributions a été renvoyée par le préfet au contribuable pour la reproduise sur autant de feuilles qu'il existe de cotes distinctes et que ces requêtes ne sont enregistrées qu'après l'expiration des délais de réclamation, la déchéance ne peut être opposée. — Cons. d'Et., 13 mai 1852, Legendre, [P. adm. chr.]

1776. — Comme on le voit, la jurisprudence se montre très-large quand il s'agit d'un même contribuable réclamant contre plusieurs cotes. Il nous semble cependant qu'il faut distinguer suivant que ces cotes sont supérieures ou inférieures à 30 fr. Dans ce dernier cas, la jurisprudence du Conseil se montre avec raison libérale. Mais quand il s'agit de cotes supérieures à 30 fr., nous croyons qu'il faut exiger des réclamations distinctes pour chacune d'elles, ou tout au moins désintéresser le fisc en employant un papier d'une valeur suffisante.

1777. — Que faut-il décider à l'égard des réclamations collectives? Nous désignons ainsi celles qui concernent plusieurs contribuables ayant des intérêts distincts. En principe, les réclamations doivent être individuelles et nous serions disposés à condamner d'une manière absolue les réclamations collectives qui peuvent entraîner des complications dans l'instruction. Mais la jurisprudence du Conseil d'Etat, dans un sentiment de bienveillance pour les contribuables, ne rejette les demandes collectives qu'autant qu'elles lèsent les intérêts du Trésor. Ainsi, lorsque les cotes des réclamants sont égales ou supérieures à 30 fr., la réclamation écrite sur une feuille unique de papier timbré n'est recevable que pour le premier dénommé dans la requête ou, s'ils ne sont pas dénommés, pour le premier signataire. — Cons. d'Et., 1er déc. 1858, Bourgeois et autres, [S. 59.2.399, P. adm. chr.]; — 24 déc. 1863, Magnier et autres, [S. 64.2.151, P. adm. chr.]; — 8 août 1873, Barbe et autres, [S. 75.2.192, P. adm. chr., D. 74.3.24]; — 23 nov. 1877, Massip et Brunel, [D. 78.3.41]; — 25 mars 1881, Giraud , de Biliotti, [Leb. chr., p. 336]; — 20 mai 1881, Aldrophe, [S. 82.3.85, P. adm. chr., D. 82.5 138]; — 7 août 1883, El Hadj Omar ben Tabar, [Leb. chr., p. 752]; — 10 juin 1887, Fabre de Cahuzac, [Leb. chr., p. 462]; — 8 févr. 1890, Payen par Liébault, [Leb. chr., p. 152]

1778. — Si les cotes sont, les unes supérieures, les autres inférieures à 30 fr., la réclamation faite sur papier libre est recevable en ce qui touche ces dernières et non recevable à l'égard des premières. — Cons. d'Et., 22 févr. 1866, Ville d'Estaires, [S. 67.2.94, P. adm. chr., D. 66.3.88]

1779. — S'inspirant de l'esprit de la jurisprudence, M. Laferrière pense qu'une réclamation collective écrite sur une feuille de papier timbré vaut pour les contribuables qui y sont dénommés jusqu'à épuisement de la valeur du timbre. Que quatre contribuables, par exemple, aient employé une seule feuille de 2 fr. 40 ou quatre feuilles de 60 cent., le résultat pour le Trésor est le même. — Laferrière, *Traité de la juridiction administrative*, t. 2, p. 284, note 1.

1780. — Le Conseil admet à réclamer par une requête unique des individus agissant en même qualité et se fondant sur les mêmes moyens. — Cons. d'Et., 6 août 1870, Commune d'Orange, [Leb. chr., p. 1034]; — 14 mars 1873, Commune de Mauguio, [Leb. chr , p. 249]

1781. — Par application du principe posé (*supra*, n. 1706), le vice de forme résultant de la présentation d'une réclamation collective au mépris des dispositions législatives sur le timbre, peut être couvert par la présentation d'une requête distincte avant l'arrêté du conseil de préfecture. — Cons. d'Et., 16 août 1865, Cotret, [P. adm. chr.]

1782. — IV. *Quittance des termes échus.* — Aux termes de l'art. 21, Instr. 10 mai 1849, toute demande en décharge doit être accompagnée : 1° de l'avertissement; 2° de la quittance des termes échus. En ce qui touche l'avertissement, il a été décidé plusieurs fois par le Conseil d'Etat que cette prescription n'avait pas un caractère obligatoire, et que, par suite, une réclamation ne pouvait être déclarée non recevable par le seul motif qu'elle n'était pas accompagnée de l'avertissement. — Cons. d'Et., 16 avr. 1856, Moreau, [Leb. chr., p. 268]; — 27 mai 1857, Bernard, [Leb. chr., p. 410]; — 30 avr. 1862, Guéroult, [P. adm. chr.]; — 6 déc. 1862, Meynial, [S. 63.2.183, P. adm. chr.]

1783. — Quant à la quittance des termes échus, la loi fait de sa production une obligation aux contribuables. Cette proposition est prescrite à peine de nullité (L. 21 avr. 1832, art. 28). Toute réclamation qui n'est pas accompagnée de la quittance des termes échus doit être déclarée non recevable.

1784. — Le conseil de préfecture est tenu d'opposer d'office la fin de non-recevoir. S'il ne le faisait pas et statuait au fond, le Conseil d'Etat pourrait, s'il était saisi d'un recours contre cet arrêté, l'annuler de chef et opposer lui-même la fin de non-recevoir. — Cons. d'Et., 15 mai 1857, Ville de Paris, [P.adm. chr., D. 61.3.26]; — 11 juin 1870, Biros, [Leb. chr., p. 749]; — 12 août 1879, Giraud, [Leb. chr., p. 624]

1785. — La production d'une quittance inférieure au montant des termes échus ne suffit pas pour rendre la réclamation recevable. — Cons. d'Et., 13 déc. 1872, Voilqué, [Leb. chr., p. 702]; — 20 nov. 1874, Renon, [Leb. chr., p. 892]; — 17 mai 1878, Morel, [Leb. chr., p. 463 ; — 28 févr. 1879, Constantin, [Leb. chr., p. 487]; — 30 mai 1879, Laval, [Leb. chr., p. 423]; — 28 avr. 1882, Peignier, [Leb. chr., p. 398]; — 2 mars 1883, Valet, [Leb. chr., p. 230]; — 27 avr. 1883, Bizoueruc, [Leb. chr., p.

399¹; — 15 févr. 1884, Cazalegio, [Leb. chr., p. 218]; — 13 mars 1885, Valentin, [Leb. chr., p. 303]; — 19 mars 1886, Bouteau, [Leb. chr., p. 252]; — 2 juill. 1886, Nodonot, [Leb. chr., p. 538]; — 4 févr. 1887, Moussot, [Leb. chr., p. 102]; — 13 févr. 1892, Lataine, [Leb. chr., p. 157]; — 22 juill. 1892, Libessart, [Leb. chr., p. 636]

1786. — Il faut que la quittance produite s'applique à la contribution qui fait l'objet de la réclamation. Ainsi lorsque les acomptes versés par un contribuable ne s'appliquent que pour partie à une contribution, la réclamation formée contre celle-ci n'est pas recevable si ces sommes ne représentent pas le montant des termes échus. — Cons. d'Et., 6 mai 1881, Pelletier, [D. 82.3.104]

1787. — Mais quand un contribuable imposé à plusieurs contributions dans une commune, verse une somme à valoir sur ses contributions, sa réclamation est recevable si la somme versée est égale ou supérieure au montant des termes échus de toutes ses cotisations, alors même que le percepteur l'aurait imputée tout entière sur une seule. — Cons. d'Et., 17 févr. 1888, Chamaillard, [D. 89.5.142] — V. *suprà*, n. 873.

1788. — Lorsqu'une imputation spéciale ne résulte pas de la quittance délivrée, le paiement est présumé avoir été fait par le contribuable pour l'acquit des termes échus de toutes les contributions auxquelles il est imposé. — Cons. d'Et., 12 juin 1860, Roussel, [P. adm. chr., D. 60.3.59]; — 15 avr. 1863, Parpaite, [Leb. chr., p. 345] — V. *suprà*, n. 866 et s.

1789. — Il a été décidé de même, dans une espèce où il s'agissait d'un contribuable imposé dans deux communes différentes, mais dépendant du même ressort de perception. Le versement fait sans affectation spéciale par le contribuable s'applique à toutes les contributions, malgré l'imputation faite par le percepteur. — Cons. d'Et., 27 juill. 1888, Hamon, [D. 89.3.142]

1790. — Il a été décidé que lorsqu'un percepteur refusait d'imputer sur une contribution déterminée le versement fait par le contribuable, celui-ci devait s'adresser à l'autorité compétente pour apprécier les motifs de la résistance du comptable, mais ne pouvait se prévaloir de cette circonstance pour se dispenser de produire la quittance des termes échus. — Cons. d'Et., 11 févr. 1859, Bonnefond, [P. adm. chr., D. 59.3.53]; — 11 mars 1881, Lanoue-Perderiau, [Leb. chr., p. 278]

1791. — Toutefois, si c'est par suite du refus du percepteur de recevoir les acomptes offerts par le contribuable que les quittances ne sont pas produites, la réclamation est recevable. — Cons. d'Et., 3 mai 1878, Grandpoirier, [D. 78.5.160]

1792. — Doivent être déclarées non recevables les réclamations accompagnées d'une quittance afférente à une taxe autre que celle qui fait l'objet desdites réclamations. — Cons. d'Et., 1er août 1884, Poncic, [Leb. chr., p. 668]

1793. — ... Ou aux contributions de l'année précédente. — Cons. d'Et., 9 mai 1884, Cousin, [Leb. chr., p. 354]

1794. — ... Ou aux contributions imposées dans une autre commune dépendant d'un autre ressort de perception. — Cons. d'Et., 17 avr. 1851, Pajot, [Leb. chr., p. 264]; — 19 mars 1864, Dimin de la Brunetière, [P. adm. chr.]; — 20 mai 1865, Taniette, [Leb. chr., p. 563]; — 24 mai 1865, Radiguet, [Leb. chr., p. 584]; — 12 févr. 1864, Kœnig, [Leb. chr., p. 164]; — 11 févr. 1876, Héroult, [Leb. chr., p. 137]; — 23 févr. 1877, Dubarle, [Leb. chr., p. 167]

1795. — Il n'y a lieu de produire aucune quittance quand, au moment où la réclamation est présentée, aucun douzième n'est encore échu. — Cons. d'Et., 13 janv. 1858, Vergne, [S. 58.2.714, P. adm. chr., D. 58.3.39]; — 10 févr. 1858, Delmas, [P. adm. chr.]; — 17 mars 1858, Carré, [P. adm. chr.]; — 23 août 1858, Lecorps, [Leb. chr., p. 590]; — 14 janv. 1863, Quérel, [Leb. chr., p. 21]; — 7 févr. 1865, Lorin, [Leb. chr., p. 146]; — 2 août 1878, Chovet, [Leb. chr., p. 779]

1796. — A l'égard des contributions dont les rôles sont publiés dans le premier mois de l'exercice, la quittance du premier douzième ne peut être produite quand on réclame dans le second mois de l'exercice. — Cons. d'Et., 17 mai 1834, Decouclois, [Leb. chr., p. 434]; — 21 juin 1834, Albert, [Leb. chr., p. 556]

1797. — Pour savoir si la quittance produite est suffisante, il faut se placer, non au jour où la réclamation est formée, mais au jour où elle est enregistrée à la préfecture ou à la sous-préfecture. — Cons. d'Et., 24 juin 1857, Jeunelet, [Leb. chr., p. 485]; — 14 déc. 1859, Matis, [Leb. chr., p. 725]; — 24 févr.

1864, Aveline, [Leb. chr., p. 173]; — 23 mai 1873, Adel, [Leb. chr., p. 444]

1798. — Que faut-il décider à l'égard des rôles de patente o de contribution personnelle-mobilière publiés après le 1er mars On sait, qu'en pareil cas, les contributions ne sont plus paya bles par douzièmes, mais par dixièmes, neuvièmes, etc. On sa aussi que la loi sur les patentes permet d'imposer, au moyen d rôles supplémentaires, et depuis le commencement de l'exercice les patentables omis au rôle primitif. Supposons un rôle émi dans le courant d'un mois. Jusqu'au premier jour du mois sui vant, le patentable pourra réclamer sans produire aucune quit tance. — Cons. d'Et., 29 mai 1866, Gourdon, [Leb. chr., p. 636

1799. — Mais, après cette date, il devra payer le terme échu Le montant de ce terme devra représenter la moitié, le tiers, l quart, etc., de la contribution, suivant qu'il restera encore un deux ou trois mois à courir jusqu'à la fin de l'année, etc. — Cons. d'Et., 8 nov. 1872, Parienté, [Leb. chr., p. 523]

1800. — Le mois pendant lequel le rôle est publié est compt pour la division de la taxe. Par exemple, si le rôle est publié e mai, la taxe sera payable par huitième. — Cons. d'Et., 7 ma 1891. Roger, [Leb. chr., p. 199]

1801. — Enfin, si le rôle supplémentaire dans lequel un con tribuable est compris n'est publié que dans le courant de l'an née suivante ou si le rôle primitif ne parvient à la connaissanc du contribuable qu'après l'expiration de l'année de l'impositio la réclamation ne sera recevable que si le réclamant acquitte l totalité de la contribution. — Cons. d'Et., 7 janv. 1859, Poge d Chailloux, [Leb. chr., p. 5]; — 16 déc. 1887, Léyer, [Leb. chr p. 809]; — 24 mars 1891, Hennequin, [Leb. chr., p. 266]; — 27 mai 1892, Ytuarte, [Leb. chr., p. 494]

1802. — Toutefois, une décision récente semble admettre qu le contribuable peut, en pareil cas, réclamer sans produire d quittance. — Cons. d'Et., 18 juill. 1891, Marty, [Leb. chr., p. 568

1803. — La fin de non-recevoir tirée du défaut de produc tion de quittance peut être opposée à tout contribuable et à tout espèce de réclamation. Le Conseil d'Etat l'a opposée, par exemple à des mineurs réclamant contre la cote de leur auteur, alors qu le jugement du tribunal civil régularisant la tutelle n'était pas encore rendu. — Cons. d'Et., 12 mai 1882, Ticier, [Leb. chr. p. 455]

1804. — Il l'a opposée également à un syndic de faillite. — Cons. d'Et., 26 févr. 1867, Gaillard, [Leb. chr., p. 208]

1805. — A un contribuable étranger non domicilié e France. — Cons. d'Et., 18 févr. 1854, Gotusso, [P. adm. chr.

1806. — Et même à l'Etat. — Cons. d'Et., 6 mars 1861 Ministre des Finances, [P. adm. chr., D. 61.3.26]; — 24 déc 1880, Cie des Allumettes chimiques, [S. 82.3.42, P. adm. chr. D. 82.3.32]

1807. — Elle est opposable à des demandes fondées sur u faux emploi ou sur une imposition erronée, aussi bien qu'à celle qui contestent le principe même de l'imposition. — Cons. d'Et. 14 mars 1845, Quentin, [Leb. chr., p. 104]; — 28 févr. 1865 Peyte, [D. 56.3.47]; — 21 sept. 1859, Houllet, [Leb. chr., p. 628 — 23 nov. 1877, Bertrand, [Leb. chr., p. 897]; — 4 janv. 1878 Oustalet, [Leb. chr., p. 13]; — 25 janv. 1878, de Gabriac [Leb. chr., p. 84]; — 14 nov. 1879, Marguet, [Leb. chr., p. 644 — 27 févr. 1880, Hersent, [Leb. chr., p. 219]; — 20 janv. 1882 Montreuil, [Leb. chr., p. 57]

1808. — En matière de prestations, lorsque la taxe est de venue exigible en argent, faute par le contribuable d'avoir opt dans les délais légaux pour l'acquittement en nature, la fin d non-recevoir tirée du défaut de production de quittance est op posable à sa réclamation. — Cons. d'Et., 22 janv. 1868, Pagès [Leb. chr., p. 54] — ... à moins qu'il ne justifie qu'il n'a pas ét mis en demeure d'opter. — Cons. d'Et., 19 mars 1870, Blondel [P. adm. chr.]

1809. — Un contribuable ne peut, pour échapper à la fin d non-recevoir, alléguer son ignorance du nombre des termes échus — Cons. d'Et., 14 nov. 1879, Lacroix, [Leb. chr., p. 684] — ... ou son état de gêne qui l'empêchait de faire ce versement. — Cons d'Et., 7 juin 1855, Legay, [Leb. chr., p. 402]; — 6 mai 1863 Bourdil, [Leb. chr., p. 409]; — 9 nov. 1877, Valogne, [Leb. chr., p. 854]

1810. — Cette déchéance peut être opposée sans être pré cédée d'une mise en demeure de l'administration. — Cons d'Et., 9 janv. 1856, Cassagne, [Leb. chr., p. 2]

1811. — Le Conseil d'Etat a même admis que lorsqu'une

réclamation avait été instruite au fond, et qu'à la fin de l'instruction le directeur, s'apercevant pour la première fois du défaut de production de quittance, opposait la fin de non-recevoir, la réclamation pouvait être déclarée non recevable sans que cet avis du directeur fût communiqué au contribuable. — Cons. d'Et., 26 janv. 1854, de Wendel, [P. adm. chr.] — Cette décision qui paraît rigoureuse au premier abord, se justifie très-bien. Le conseil de préfecture ayant le droit d'opposer d'office la fin de non-recevoir, il importe peu que celle-ci soit ou non soulevée par le directeur.

1812. — Comme pour le timbre, la jurisprudence du Conseil d'Etat admet très-largement les contribuables à régulariser leur réclamation primitive. Ainsi, lorsqu'une réclamation est parvenue dans le délai légal à la préfecture, mais qu'elle a été renvoyée à son auteur pour être complétée par la production de la quittance des termes échus, elle est recevable même si elle ne revient régulièrement qu'après l'expiration du délai. — Cons. d'Et., 14 mars 1890, Busson, [Leb. chr., p. 279]

1813. — Il en est de même à fortiori, si la réclamation ayant été enregistrée à l'origine, la quittance est produite après l'expiration du délai légal. — Cons. d'Et., 16 févr., 1853, Commune de Fameck, [S. 53.2.733, P. adm. chr.]

1814. — Lorsqu'une réclamation a été déposée à la préfecture ou à la sous-préfecture avant l'échéance du premier douzième, mais que, par suite du renvoi qui en a été fait à un contribuable pour qu'il produise l'avertissement, elle n'est enregistrée qu'après l'échéance d'un douzième, il n'y a pas lieu de prononcer la déchéance pour défaut de production de la quittance du terme échu. — Cons. d'Et., 11 mai 1864, Braux, [Leb. chr., p. 434]

1815. — La production de la quittance peut être faite utilement devant le conseil de préfecture tant qu'il n'a pas statué. — Cons. d'Et., 5 mars 1832, Maire, [S. 32.2.383, P. adm. chr.]; — 8 avr. 1832, Ménager, [S. 33.2.733]; — 15 avr. 1852, Daviliers, [Leb. chr., p. 96]; — 15 déc. 1852, Chastel, [S. 53.2.432, P. adm. chr.]; — 21 juin 1862, Bourgeois, [S. 63.2.93, P. adm. chr.]; — 31 mars 1863, Guichard, [Leb. chr., p. 300]; — 3 juin 1865, Gilles, [Leb. chr., p. 604]; — 13 avr. 1867, Delage, [Leb. chr., p. 389]; — 25 avr. 1891, Maurel, [Leb. chr., p. 318]

1816. — Enfin, la production faite devant le Conseil d'Etat d'une quittance antérieure à l'arrêté du conseil de préfecture relève le contribuable de la déchéance encourue. — Cons. d'Et., 11 mai 1888, Carbillet, [Leb. chr., p. 429]; — 8 juin 1888, Vuillerme, [S. 90.3.37, P. adm. chr.]; — 28 déc. 1888, Clavier, [S. 89.3.84]; — 23 déc. 1892, Roux, [Leb. chr., p. 939]

1817. — Si la quittance a la même date que l'arrêté, la présomption est en faveur du contribuable. — Cons. d'Et., 7 déc. 1894, de Mortennurt, [Leb. chr., p. 653]

1818. — Le Conseil d'Etat a admis que le contribuable qui justifiant du paiement des termes échus effectué postérieurement à l'arrêté du conseil de préfecture, mais antérieurement à sa propre décision par laquelle il annulait l'arrêté du conseil de préfecture pour vice de forme et évoquait le fond, était relevé de la déchéance encourue. — Cons. d'Et., 13 févr. 1885, Moulin, [D. 86.5.126]; — 15 janv. 1886, Callot, [Leb. chr., p. 38]

1819. — Lorsque l'arrêté du conseil de préfecture, qui a statué sur la réclamation est annulé pour vice de forme, le contribuable peut rendre sa réclamation régulière en produisant la quittance des termes échus tant que le conseil de préfecture n'a pas rendu son nouvel arrêté. — Cons. d'Et., 8 févr. 1884, Trantwein, [D. 85.3.70]; — 7 nov. 1884, Létouzé, [D. 86.3.51]

1820. — Mais hors de ces cas exceptionnel, la production d'une quittance d'une date postérieure à celle de l'arrêté du conseil de préfecture ne relève pas le réclamant de la déchéance prononcée contre lui. — Cons. d'Et., 2 août 1890, Planson, [Leb. chr., p. 743]; — 8 août 1890, Alexandre, [Leb. chr., p. 774]; — 13 déc. 1890, Moindrat, [Leb. chr., p. 963]; — 27 déc. 1890, Razimbaud, [Leb. chr., p. 1018]; — 24 nov. 1891, Pourclut, [Leb. chr., p. 692]; — ... Même s'il avait fait avant l'arrêté un versement partiel. — Cons. d'Et., 13 janv. 1894, Legut, [Leb. chr., p. 36]

1821. — L'obligation imposée aux contribuables de produire la quittance des termes échus de la contribution contre laquelle ils réclament étant une conséquence de la divisibilité de la contribution en douzièmes, il s'ensuit que les contribuables qui réclament contre les taxes non divisibles ne sont pas tenus de produire de quittance à l'appui de leur demande. Ainsi décidé à l'égard de la taxe sur les cercles. — Cons. d'Et., 16 mars 1877, Cercle noyonnais, [P. adm. chr.]

1822. — ... Des impôts arabes. — Cons. d'Et., 12 juill. 1882, [Leb. chr., p. 658]; — 28 juill. 1882, [Leb. chr., p. 712]; — 4 août 1882, Min. Intérieur, [Leb. chr., p. 745]; — 21 mars 1883, Lévy, [Leb. chr., p. 308]

1823. — ... Des taxes de balayage. — Cons. d'Et., 9 mars 1877, Ville de Paris, [D. 78.3.28]

1824. — ... Des taxes de pavage et de trottoir. — Cons. d'Et., 3 août 1877, Ville de Paris, [D. 78.3.28]; — 9 avr. 1886, Oudin, [Leb. chr., p. 317]; — 1er mars 1866, Cosmao, [S. 67.2.31, P. adm. chr., D. 67.3.4]; — 4 mai 1870, Coti, [Leb. chr., p. 527]

1825. — ... Des taxes d'endiguement, d'irrigation ou de curage. — Cons. d'Et., 23 juin 1853, Hairault, [P. adm. chr.]; — 4 avr. 1862, Brunet, [Leb. chr., p. 283]; — 24 déc. 1863, Magnier, [Leb. chr., p. 876]; — 14 août 1867, Delbrel, [Leb. chr., p. 768]; — 28 juin 1869, Syndicat de l'Agly, [S. 70.2.256, P. adm. chr., D. 71.3.16]; — 6 août 1870, Commune d'Orange, [Leb. chr., p. 1034]; — 3 mars 1876, Chabbert, [Leb. chr., p. 220]; — 30 janv. 1892, Collin, [Leb. chr., p. 90]

1826. — Toutefois, en ce qui touche ces dernières taxes, l'acte constitutif du syndicat peut prescrire la divisibilité ou le paiement préalable à la réclamation. — Cons. d'Et., 1er déc. 1853, Haine, [Leb. chr., p. 973]

1827. — La requête doit être régulière. Si elle ne l'est pas, l'administration n'est pas tenue de mettre le contribuable en demeure de la régulariser. — Cons. d'Et., 13 févr. 1880, Cie d'Orléans, [Leb. chr., p. 165]; — 17 déc. 1880, Cie immobilière, [Leb. chr., p. 1021]

3° Délai des réclamations.

1828. — I. Durée du délai. — Les demandes en décharge ou réduction doivent être présentées dans le délai de trois mois, à compter du jour de la publication du rôle. L'art. 28, L. 21 avr. 1832, avait substitué, comme point de départ du délai, au jour de la publication (L. 2 mess. an VII, art. 17) celui de l'émission du rôle. Mais cette dernière date était le plus souvent inconnue aux contribuables, contre qui le délai de réclamation courait pendant un temps où il leur était impossible d'agir. Aussi l'art. 8, L. 4 août 1844, revint-il à la règle posée en l'an VII.

1829. — La disposition de l'art. 8, L. 4 août 1844, s'applique à toutes les contributions directes et aux taxes assimilées. Nous indiquerons toutefois certains délais exceptionnels relatifs à diverses contributions.

1830. — Si les réclamations ne sont pas recevables plus de trois mois après la publication des rôles, celles qui sont formées antérieurement à cette publication doivent aussi être rejetées comme prématurées. Elles ne dispensent pas le contribuable qui les a formées de les renouveler dans le délai légal à moins qu'une mise en demeure lui soit adressée à cet effet par l'administration. — Cons. d'Et., 21 juin 1854, Carlet, [S. 54.2 798, P. adm. chr., D. 55.3.12]; — 13 sept. 1855, Min. des Trav. publ., [P. adm. chr.]; — 27 mai 1857, Roset, [P. adm. chr.]; — 18 nov. 1863, Jancourt, [P. adm. chr.]; — 19 mai 1865, Constantin, [Leb. chr., p. 546]; — 14 août 1867, Delbrel, [Leb. chr., p. 768]; — 22 janv. 1868, Tardy, [Leb. chr., p. 71]; — 5 mars 1880, Cie le Phénix, [Leb. chr., p. 247]; — 6 mai 1881, Godard, [S. 82.3.83, P. adm. chr.]; — 16 nov. 1883, Petit séminaire de Bordeaux, [Leb. chr., p. 809]; — 26 avr. 1890, Saunier, [Leb. chr., p. 425]; — 27 déc. 1890, Ravazé, [Leb. chr., p. 1017]

1831. — Toutefois, on ne peut rejeter comme prématurée une demande en décharge ou en réduction formée entre l'émission du rôle et sa publication. — Cons. d'Et., 21 avr. 1864, Piquesnal, [P. adm. chr.]

1832. — Aucune réclamation n'étant recevable avant la publication des rôles, on ne peut faire grief à un contribuable de n'avoir pas protesté contre les actes qui ont précédé la confection du rôle. Ainsi, en matière de taxes syndicales, le fait d'un propriétaire de n'avoir pas produit d'observation au moment de l'enquête préalable à l'établissement des taxes, ne le rend pas irrecevable à former réduction ou décharge dans les trois mois qui suivent la publication du rôle. — Cons. d'Et., 29 janv. 1837, Gutzeit, [P. adm. chr.]; — 1er mars 1866, Cosmao, [S. 67.2.31, P. adm. chr., D. 67.3.4]; — 23 mai 1879, Syndicat de l'Arc, [Leb. chr., p. 412]

1833. — De même, le paiement intégral et sans réserve, effectué par le contribuable volontairement et sans aucune pour-

suite, ne constitue pas un acquiescement qui empêche son auteur de réclamer dans les délais légaux. — Cons. d'Et., 22 févr. 1866, Ville d'Estaires, [S. 67.2.94, P. adm. chr., D. 66.3.88]; — 29 janv. 1868, de Saint-Arcons, [P. adm. chr.]

1834. — A fortiori, en est-il ainsi d'un paiement non volontaire résultant d'une retenue opérée d'office sur le traitement d'un fonctionnaire occupant un poste aux colonies. — Cons. d'Et., 13 févr. 1892, Coppin, [Leb. chr., p. 157]

1835. — Comment peut-on établir la date de la publication du rôle? Sur ce point la jurisprudence du Conseil d'Etat est très-peu exigeante. Elle se contente d'un certificat du maire attestant que cette formalité a été accomplie à tel jour. — Cons. d'Et., 22 janv. 1868, Robiou, [Leb. chr., p. 53]; — 28 juin 1870, Rivaud, [Leb. chr., p. 816]

1836. — S'il s'agit de taxes syndicales, une déclaration du receveur du syndicat suffit. — Cons. d'Et., 9 nov. 1877, Drot, [Leb. chr., p. 845]

1837. — Le délai accordé aux contribuables pour réclamer est un délai franc, c'est-à-dire que ni le jour de la publication du rôle ni celui de l'échéance n'y sont compris. Par exemple, si un rôle est publié le 10 janvier, les réclamations seront recevables jusqu'au 11 avril inclusivement. — Cons. d'Et., 9 juill. 1846, Fantauzi, [S. 46.2.665, P. adm. chr.]; — 5 mars 1886, Huet, [Leb. chr., p. 212]; — 14 févr. 1891, Syndicat du canal sous le Béal, [Leb. chr., p. 130]

1838. — Mais le Conseil d'Etat n'applique pas aux délais de réclamation en matière de contributions directes le dernier paragraphe de l'art. 1033, C. proc. civ., aux termes duquel, si le dernier jour du délai est un jour férié, le délai est prorogé au lendemain. — Cons. d'Et., 17 févr. 1888, Chaffiot, [Leb. chr., p. 153]

1839. — Ce délai est un délai de rigueur. C'est dire que lorsqu'il est expiré, ni les agents de l'administration, ni les tribunaux administratifs, ne peuvent relever le contribuable de la déchéance encourue. Ces derniers doivent opposer la fin de non-recevoir d'office, s'il y a lieu, et ne peuvent, sans excès de pouvoir, statuer au fond sur la réclamation. — Cons. d'Et., 24 mars 1832, Bouillet, [P. adm. chr.]; — 10 févr. 1843, Mercier, [P. adm. chr.]; — 2 févr. 1844, Poiron, [P. adm. chr.]; — 5 mars 1843, Leigony, [P. adm. chr.]; — 17 janv. 1846, Chauvelot, [S. 46.2.343, P. adm. chr.]; — 12 mars 1847, Montrichard, [Leb. chr., p. 114]; — 20 déc. 1848, Thévenet, [Leb. chr., p. 704]; — 28 déc. 1850, Leidet, [Leb. chr., p. 975]; — 25 janv. 1851, Bérenger, [Leb. chr., p. 54]; — 27 févr. 1852, Mignot, [P. adm. chr.]; — 1er juin 1833, Macdonald, [P. adm. chr.]; — 18 févr. 1854, Tonneau, [P. adm. chr.]; — 31 mars 1859, Derouet, [Leb. chr., p. 240]; — 16 juill. 1863, Ville d'Alger, [Leb. chr., p. 541]; — 17 févr. 1888, Chaffiot, [Leb. chr., p. 153]

1840. — La fin de non-recevoir peut être soulevée en tout état de cause, même en appel. — Cons. d'Et., 9 nov. 1850, Bey, [Leb. chr., p. 803]

1841. — ... A moins que l'arrêté du conseil de préfecture qui aurait relevé le contribuable de la déchéance n'eût pas été attaqué dans les délais légaux. Dans ce cas, l'autorité de la chose jugée s'opposerait à ce que la fin de non-recevoir fût opposée. — Cons. d'Et., 8 juin 1847, Witasse, [P. adm. chr.]

1842. — Mais en revanche, le délai de trois mois est garanti aux contribuables pour présenter leurs réclamations et nul n'a qualité pour l'abréger. Il a été décidé par exemple, en matière d'affouage, que les réclamations présentées dans le délai de trois mois de la publication du rôle étaient recevables, alors même que l'autorité municipale avait fixé un délai inférieur. — Cons. d'Et., 21 févr. 1879, Ponsol, [Leb. chr., p. 151]

1843. — II. Point de départ du délai. — En ce qui concerne le point de départ du délai, les contribuables sont divisés en deux catégories : 1° ceux pour qui le délai de réclamation court du jour de la publication du rôle; 2° ceux pour qui il court seulement du jour de la connaissance acquise de l'imposition.

1844. — A. Délais ordinaires. — Le délai de réclamation court du jour de la publication des rôles à l'égard des contribuables qui résident habituellement dans la commune où ils sont imposés. — Cons. d'Et., 12 juill. 1878, Bessière, [Leb. chr., p. 666]; — 28 juin 1889, Champroux, [Leb. chr., p. 780]

1845. — Ces contribuables en effet ne peuvent ignorer qu'ils seront tenus d'acquitter leurs impôts annuels. D'autre part, l'époque à laquelle les rôles doivent être publiés est fixée par les règlements et connue à quelques jours près. Les contribuables

ne sont donc pas fondés à prétendre qu'ils ne connaissent leur imposition que par la remise qui leur est faite de l'avertissement et que, dès lors, le délai de réclamation ne doit courir que du jour de cette remise. — Cons. d'Et., 26 mai 1848, Vogin, [Leb. chr., p. 306]; — 20 avr. 1850, Génin, [S. 50.2.495, P. adm. chr.]; — 5 janv. 1853, Pillon, [Leb. chr., p. 1]; — 11 janv. 1853, Guillebaud, [Leb. chr., p. 60]; — 4 janv. 1853, Lebrun, [Leb. chr., p. 1]; — 28 nov. 1853, Dieuzy, [Leb. chr., p. 664]; — 4 juill. 1857, Lefebvre, [P. adm. chr.]; — 17 févr. 1863, Marchand, [Leb. chr., p. 131]; — 5 mars 1863, Lasnier, [Leb. chr., p. 213]; — 7 févr. 1865, Carté, [Leb. chr., p. 146]; — 5 déc. 1865, Cohen, [Leb. chr., p. 951]; — 21 août 1868, Lejeune-Delarche, [Leb. chr., p. 949]; — 29 déc. 1871, Gachassin, [Leb. chr., p. 326]; — 12 avr. 1878, Marassé, [Leb. chr., p. 391]; — 28 juin 1878, Maguin, [Leb. chr., p. 608]; — 12 août 1879, Gorsain, [Leb. chr., p. 622]; — 12 mars 1880, Raffin, [Leb. chr., p. 282]; — 23 mars 1880, Bousquet, [Leb. chr., p. 342]; — 18 nov. 1881, de Saint-Ours, [Leb. chr., p. 894]; — 31 juill. 1885, Dandène, [Leb. chr., p. 728]; — 11 janv. 1889, Portaillé, [Leb. chr., p. 40]; — 8 avr. 1892, Nevière, [Leb. chr., p. 366]; — 17 juin 1892, Mouflur, [Leb. chr., p. 551]

1846. — Par suite ils ne peuvent, pour échapper à la déchéance, alléguer qu'ils n'ont pas reçu d'avertissement. — Cons. d'Et., 21 avr. 1858, Barde, [Leb. chr., p. 312]; — 28 nov. 1870, Latourette, [Leb. chr., p. 1080]; — 17 déc. 1875, Huet, [Leb. chr., p. 1014]; — 22 déc. 1876, Roche, [Leb. chr., p. 921]; — 16 nov. 1877, Morelt, [Leb. chr., p. 870]; — 9 janv. 1880, Rougiéras, [Leb. chr., p. 5]; — 3 févr. 1883, Dehors, [Leb. chr., p. 130]; — 7 nov. 1884, Dury, [Leb. chr., p. 747]; — 17 juin 1887, Sion-Guedj, [Leb. chr., p. 473]

1847. — ... Ou que cet avertissement leur a été remis tardivement, c'est-à-dire après l'expiration des délais. — Cons. d'Et., 7 juin 1855, Hauguel, [Leb. chr., p. 406]; — 8 janv. 1875, Laplace, [Leb. chr., p. 13]; — 18 juin 1875, Carpentier, [Leb. chr., p. 594]; — 3 déc. 1875, Allier, [Leb. chr., p. 956]; — 17 déc. 1875, Huet, [Leb. chr., p. 1014]; — 28 avr. 1876, Laurenti, [Leb. chr., p. 389]; — 4 août 1876, Larre, [Leb. chr., p. 740]; — 13 avr. 1877, Henriot, [Leb. chr., p. 328]; — 22 mars 1878, Lerognon, [Leb. chr., p. 317]; — 3 mai 1878, Gaillard, [Leb. chr., p. 420]; — 8 nov. 1878, Leroux, [Leb. chr., p. 861]; — 17 janv. 1879, Delaplace, [Leb. chr., p. 13]; — 16 avr. 1880, Giafferi, [Leb. chr., p. 366]; — 11 juin 1880, Leclercq, [Leb. chr., p. 537]; — 6 nov. 1880, Vramant, [Leb. chr., p. 832]; — 13 juill. 1883, Vayssières, [Leb. chr., p. 648]; — 29 janv. 1886, Rouif, [Leb. chr., p. 81]; — 6 août 1886, Fréchède, [Leb. chr., p. 708]

1848. — ... Ou qu'ils l'ont égaré. — Cons. d'Et., 27 déc. 1878, Pagès, [Leb. chr., p. 1086]

1849. — Cette jurisprudence, parfaitement justifiée en ce qui touche les contributions qui doivent être acquittées chaque année, n'est-elle pas bien rigoureuse à l'égard de celles qui sont perçues, dans les mêmes formes que les contributions directes, à l'occasion d'une dépense effectuée et qui ne se reproduira plus, par exemple à l'égard des taxes perçues pour l'établissement du premier pavage ou des trottoirs, ou de celles que perçoivent les syndicats pour la construction d'ouvrages défensifs, etc.? Dans ce dernier cas, les contribuables ne savent pas, même approximativement, l'époque où le rôle sera publié. La publication du rôle, surtout dans les grandes villes, résultant de l'apposition d'un placard sur le mur de la mairie, peut échapper facilement à leur attention. Enfin il peut arriver que des communes ou des syndicats peu scrupuleux n'envoient aux intéressés leurs avertissements qu'après l'expiration du délai de réclamations. Il nous semble que des dispositions législatives dont l'application aboutit à une telle iniquité devraient être modifiées. Quoi qu'il en soit, la jurisprudence est fermement établie en ce sens que, même pour les taxes non annuelles, le délai court de la publication du rôle et non de la remise des avertissements. — Cons. d'Et., 17 mai 1890, Duverdy, [Leb. chr., p. 510]; — 29 déc. 1894, Domont, [Leb. chr., p. 744]

1850. — Le contribuable ne peut pas se plaindre non plus de ce que l'avertissement n'indique pas la date de la publication du rôle. La mention de cette date sur les avertissements est imposée aux percepteurs par les règlements administratifs et non par une loi. Les contribuables ne peuvent se prévaloir de l'inobservation de cette prescription pour soutenir que le délai ne court pas contre eux. — Cons. d'Et., 13 avr. 1853, Izernes,

[Leb. chr., p. 453]; — 17 mai 1859, Lacollonge, [S. 60.2.159, P. 60.702]; — 16 juill. 1863, Ville d'Alger, [Leb. chr., p. 541]; — 13 avr. 1877, Verdoix, [D. 78.5.352]; — 19 nov. 1880, Rambeaux, [Leb. chr., p. 894]; — 2 févr. 1883, Arnaud, [Leb. chr., p. 103]; — 26 déc. 1884, Portefin, [D. 85.5.352]; — 11 déc. 1885, David, [Leb. chr., p. 946]; — 14 janv. 1887, Delfini, [Leb. chr., p. 23]; — 4 juill. 1891, El-Arbi ben Touani, [Leb. chr., p. 325]; — 9 juin 1894, [Leb. chr., p. 39]

1851. — Aucune disposition législative n'exige non plus que l'avertissement indique la date de la délibération du conseil municipal qui a ordonné l'établissement de la taxe, — Cons. d'Et., 3 févr. 1843, Dommanget, [Leb. chr., p. 127] — ... ou le délai accordé pour former la réclamation. — Cons. d'Et., 16 mai 1884, Dommanget, [Leb. chr., p. 384]

1852. — Les contribuables ne peuvent pas se prévaloir des irrégularités ou inexactitudes qui vicient l'avertissement, soit pour contester le principe de l'imposition, soit pour repousser la déchéance. C'est ainsi qu'il a été décidé que des réclamants étaient mal fondés à se plaindre des inexactitudes commises, soit dans la désignation des contribuables (erreurs de noms ou de prénoms)... — Cons. d'Et., 10 sept. 1856, Lunyt, [Leb. chr., p. 598]; — 9 mars 1839, Cornut, [Leb. chr., p. 165]; — 24 juin 1808, Raymond, [Leb. chr., p. 720] — ... soit dans la désignation des éléments d'imposition. — Cons. d'Et., 29 nov. 1854, Rochoux-Daubert, [Leb. chr., p. 912]; — 22 déc. 1876, Propriété urbaine, [Leb. chr., p. 923]

1853. — Un contribuable ne peut pas davantage, pour échapper à la déchéance, invoquer son ignorance de la loi. — Cons. d'Et., 20 juin 1855, Maugin, [Leb. chr., p. 441]; — 15 févr. 1864, Simon, [Leb. chr., p. 131]; — 12 janv. 1865, Thibault, [Leb. chr., p. 37]; — 22 mai 1866, Avron, [Leb. chr., p. 493]; — 22 juill. 1867, Noguès, [Leb. chr., p. 708]; — 26 mai 1876, Berge, [Leb. chr., p. 479]; — 4 avr. 1879, Vaudon, [Leb. chr., p. 280]

1854. — ... Ni alléguer qu'une maladie l'a empêché de réclamer en temps utile. — Cons. d'Et., 29 nov. 1854, Hausmann, [Leb. chr., p. 898]; — 18 juin 1856, Doillet, [Leb. chr., p. 411]; — 6 août 1857, Flogny, [Leb. chr., p. 635]; — 23 juill. 1863, Nouguès, [Leb. chr., p. 558]; — 2 sept. 1863, Arlin, [Leb. chr., p. 736]; — 20 mars 1875, Savelli, [Leb. chr., p. 277]; — 4 août 1876, Cadars, [Leb. chr., p. 747]; — 9 nov. 1877, Débonnaire, [Leb. chr., p. 854]; — 14 févr. 1879, Ravoux, [Leb. chr., p. 129]

1855. — ... Ou qu'il a dû attendre, pour réclamer, la rentrée des sommes nécessaires pour acquitter les termes échus. — Cons. d'Et., 20 mars 1875, Gaggiom, [Leb. chr., p. 277]; — 6 nov. 1880, Gransaigne, [Leb. chr., p. 834]; — 11 mars 1881, Ailengry, [Leb. chr., p. 278]; — 15 juin 1883, Tarniquet, [Leb. chr., p. 558]

1856. — La déchéance tirée de la tardiveté de la réclamation est opposable même à un mineur. — Cons. d'Et., 18 nov. 1863, Simonet, [S. 64.2.118, P. adm. chr., D. 64.3.10]

1857. — ... A un détenu. — Cons. d'Et., 3 avr. 1861, Coutton, [Leb. chr., p. 220]

1858. — ... A un failli concordataire qui se fonde sur ce que, jusqu'à l'homologation de son concordat, il était sans qualité pour réclamer. — Cons. d'Et., 4 août 1868, Berdal, [Leb. chr., p. 830]

1859. — ... A un syndic de faillite. — Cons. d'Et., 18 juin 1880, Louvel, [Leb. chr., p. 566]

1860. — ... Au curateur d'une succession vacante. — Cons. d'Et., 8 août 1890, Braine, [Leb. chr., p. 771]

1861. — Le contribuable qui est domicilié dans une commune ne peut arguer d'une absence momentanée qu'il aurait dû faire au moment de la publication des rôles pour soutenir que le délai de réclamation ne courait pas contre lui. — Cons. d'Et., 6 juill. 1843, Maillard, [P. adm. chr.] — 13 déc. 1854, Bernard, [Leb. chr., p. 956]; — 9 mai 1855, Mauger, [Leb. chr., p. 322]; — 28 nov. 1855, Payan, [Leb. chr., p. 664]; — 28 mai 1856, Massot, [Leb. chr., p. 377]; — 22 juin 1858, Teste, [Leb. chr., p. 426]; — 25 janv. 1860, Duval, [Leb. chr., p. 56]; — 8 févr. 1860, Péraire, [Leb. chr., p. 88]; — 3 juin 1863, Gilbert, [Leb. chr., p. 480]; — 18 août 1864, de Taillasson, [Leb. chr., p. 795]; — 4 janv. 1866, Fouard, [Leb. chr., p. 1]; — 27 févr. 1866, Sué, [Leb. chr., p. 153]; — 16 août 1867, Rostaing, [Leb. chr., p. 790]; — 11 févr. 1870, Caillet, [Leb. chr., p. 64]; — 22 févr. 1870, Philippe, [Leb. chr., p. 121]; — 12 mars 1870, Petit, [Leb. chr., p. 283]; — 23 avr. 1875, Gal, [Leb. chr., p. 356]

— 7 mai 1875, Gente, [Leb. chr., p. 428]; — 4 juin 1875, Delcambre, [Leb. chr., p. 528]; — 4 août 1876, Robert, [Leb. chr., p. 746]; — 18 mai 1877, Guiol, [Leb. chr., p. 463]; — 8 mars 1878, Galland, [Leb. chr., p. 264]; — 27 févr. 1880, Rousseau, [Leb. chr., p. 218]; — 27 juill. 1883, Cattain, [Leb. chr., p. 688]; — 16 mai 1884, Claudon, [Leb. chr., p. 386]

1862. — Il ne peut se fonder non plus sur ce qu'il aurait présenté, contre son imposition au rôle d'un exercice antérieur, une réclamation qui devait valoir pour les exercices subséquents. A raison de l'annualité des rôles, les contribuables qui se prétendent mal imposés doivent, tant que cette imposition est maintenue sur les rôles, réclamer chaque année dans les trois mois de leur publication. — Cons. d'Et., 2 mai 1879, Goy, [Leb. chr., p. 334]; — 30 mai 1879, Carandas, [Leb. chr., p. 423]; — 28 nov. 1879, Landais, [Leb. chr., p. 753]; — 30 juill. 1880, Jacob, [Leb. chr., p. 691]; — 8 août 1884, Brugère, [Leb. chr., p. 717]; — 12 juin 1885, Michaud, [Leb. chr., p. 567]; — 24 mars 1891, Raffin, [Leb. chr., p. 265]; — 22 juill. 1892, Dizac, [Leb. chr., p. 635]; — 12 nov. 1892, Lehmann, [Leb. chr., p. 762]

1863. — Les contribuables ne peuvent donc échapper à la déchéance en alléguant qu'ils attendaient qu'il fût intervenu sur leur précédente réclamation une décision soit du conseil de préfecture... — Cons. d'Et., 1er juin 1853, Rieffel, [Leb. chr., p. 564]; — 17 sept. 1854, Laroulle, [D. 55.3.36]; — 27 janv. 1859, Dailly, [Leb. chr., p. 59]; — 31 mars 1859, Chapsal, [Leb. chr., p. 241]; — 3 mai 1861, Renaut, [Leb. chr., p. 333]; — 26 mars 1853, Bradier, [Leb. chr., p. 284]; — 9 avr. 1867, Gaillard, [Leb. chr., p. 356]; — 12 août 1867, Guillemot, [Leb. chr., p. 741]; — 30 août 1867, Richandeau, [Leb. chr., p. 848]; — 31 mai 1870, Menthe, [Leb. chr., p. 657]; — 31 juill. 1874, Leguillon, [Leb. chr., p. 737]; — 4 août 1876, Braudin, [Leb. chr., p. 747]; — 6 juin 1879, Vincent, [Leb. chr., p. 432]; — 2 juill. 1880, Boisset, [Leb. chr., p. 623]

1864. — Soit du Conseil d'Etat. — Cons. d'Et, 12 juin 1845, Douaire, [P. adm. chr.]; — 13 juin 1845, Thibaud, [P. adm. chr.]; — 26 mai 1848, Papon, [Leb. chr., p. 307]; — 17 mars 1853, Galand, [Leb. chr., p. 338]; — 13 avr. 1853, Izerius, [P. adm. chr.]; — 5 août 1854, Augier, [Leb. chr., p. 745]; — 10 déc. 1856, Condamy, [P. adm. chr., D. 57.3.44]; — 8 févr. 1869, Collain, [Leb. chr., p. 88]; — 26 mars 1863, Dugé, [Leb. chr., p. 284]; — 19 mai 1868, Genézy, [Leb. chr., p. 553]; — 31 mars 1870, Tiger de Rouffigoy, [Leb. chr., p. 392]; — 29 déc. 1871, Languillaume, [Leb. chr., p. 325]; — 18 juin 1872, Martin, [Leb. chr., p. 372]; — 19 juin 1874, Marie, [Leb. chr., p. 571]; — 26 mai 1876, Martin, [Leb. chr., p. 483]; — 26 janv. 1877, Tréfouel, [Leb. chr., p. 98]; — 21 déc. 1877, Montrefet, [Leb. chr., p. 1025]; — 25 avr. 1879, Salles, [Leb. chr., p. 316]

1865. — Ils ne peuvent même se prévaloir du dégrèvement qu'ils auraient obtenu l'année précédente à la suite de leur réclamation. — Cons. d'Et., 18 mai 1858, Fellion, [Leb. chr., p. 383]; — 9 mai 1860, Brincourt, [Leb. chr., p. 367]; — 15 févr. 1864, Simon, [Leb. chr., p. 131]; — 12 janv. 1865, Thibault, [Leb. chr., p. 37]; — 17 mars 1865, Thuault, [Leb. chr., p. 280]; — 24 mai 1865, Larigaldi, [Leb. chr., p. 582]; — 1er août 1865, Leplay, [Leb. chr., p. 722]; — 22 mai 1866, Avron, [Leb. chr., p. 493]; — 8 janv. 1867, Chasles, [Leb. chr., p. 4]; — 22 juill. 1867, Noguès, [Leb. chr., p. 708]; — 12 mars 1875, Lalande, [Leb. chr., p. 238]; — 23 févr. 1877, Henry, [Leb. chr., p. 163]; — 20 avr. 1877, Mollin, [Leb. chr., p. 361]; — 3 août 1877, Buffard, [Leb. chr., p. 771]; — 2 nov. 1877, Lateulère, [Leb. chr., p. 835]; — 27 déc. 1878, Pagès, [Leb. chr., p. 1086]; — 5 déc. 1879, Laithier, [Leb. chr., p. 775]; — 19 déc. 1879, Rallon, [Leb. chr., p. 846]; — 27 févr. 1880, Gentet, [Leb. chr., p. 218]; — 23 mars 1880, Frémont, [Leb. chr., p. 341]; — 11 juin 1880, Chabory, [Leb. chr., p. 536]; — 13 avr. 1881, Garnier, [Leb. chr., p. 429]; — 19 mars 1886, Castagné, [Leb. chr., p. 251]; — 11 mai 1888, Varigard, [Leb. chr., p. 424]; — 1er avr. 1892, Bédais, [Leb. chr., p. 333]

1866. — Si le contribuable ne peut échapper à la déchéance en invoquant une réclamation antérieure, il n'en doit être de même, à plus forte raison, s'il a cru devoir adresser sa réclamation à une autorité incompétente, par exemple aux tribunaux civils. — Cons. d'Et., 8 nov. 1872, Commune de Nicoy, [Leb. chr., p. 527]

1867. — ... Au préfet, sous forme de demande en remise. — Cons. d'Et., 11 déc. 1867, Lacroix, [Leb. chr., p. 911]

1868. — ... Ou encore s'il a réclamé verbalement auprès des agents de l'administration des contributions directes. — Cons.

14

d'Et., 7 févr. 1890, Guérin, [Leb. chr., p. 127]; — 21 nov. 1891, Gérard, [Leb. chr., p. 692]

1869. — Spécialement, la déchéance ne peut être évitée au moyen d'une réclamation adressée dans le délai au contrôleur. — Cons. d'Et., 27 mars 1863, Maudâtre, [Leb. chr., p. 346]; — 26 févr. 1875, Maurié, [Leb. chr., p. 190]

1870. — ... Ou au percepteur. — Cons. d'Et., 12 déc. 1866, Derrieu, [Leb. chr., p. 1119]; — 9 juin 1882, Sénégas, [Leb. chr., p. 538]; — 9 juill. 1886, Dommange, [Leb. chr., p. 580]; — 24 juin 1887, Achard, [Leb. chr., p. 496]

1871. — ... Alors même que celui-ci se serait chargé d'obtenir le dégrèvement en portant la cote sur un état de cotes indûment imposées. — Cons. d'Et., 28 nov. 1856, Brocard, [Leb. chr., p. 629]; — 14 août 1869, Pijon, [Leb. chr., p. 811]

1872. — ... Ou aurait engagé le réclamant à différer l'envoi de sa requête jusqu'à la remise de son avertissement qu'il n'aurait reçu que tardivement. — Cons. d'Et., 7 août 1885, Barral, [Leb. chr., p. 759] — Il pourrait, tout au plus, trouver dans ces faits un motif d'actionner le percepteur en dommages-intérêts pour l'avoir induit en erreur.

1873. — La déchéance serait opposable même si les agents de l'administration avaient reconnu le bien fondé de la demande. — Cons. d'Et., 25 juin 1880, Niquet, [Leb. chr., p. 596]

1874. — Il en serait de même si le contribuable s'était adressé dans le délai au maire, lequel se serait chargé de transmettre sa demande à la préfecture. — Cons. d'Et., 2 mars 1858, Leroy, [P. adm. chr.]; — 31 août 1863, Maillard et Besnier, [Leb. chr., p. 695]; — 30 juin 1869, Colonna d'Istria, [Leb. chr., p. 663]; — 20 févr. 1880, Patay, [Leb. chr., p. 192]

1875. — Quant à ceux qui prétendent repousser la fin de non-recevoir qui leur est opposée en alléguant que leur réclamation n'est que la reproduction d'une demande afférente à l'exercice courant, renvoyée en temps utile et qui a été égarée par la faute de l'administration, ils sont tenus de prouver leur assertion, faute de quoi leur demande est déclarée non recevable. — Cons. d'Et., 12 août 1867, Malo, [Leb. chr., p. 742]; — 8 janv. 1875, Girard, [Leb. chr., p. 13]; — 7 janv. 1876, Laporte, [Leb. chr., p. 15]; — 4 févr. 1876, Charpentier, [Leb. chr., p. 107]; — 17 mars 1876, Betschard, [Leb. chr., p. 263]; — 16 juin 1876, Vacher, [Leb. chr., p. 559]; — 30 juin 1876, Corbinaud, [Leb. chr., p. 612]; — 24 déc. 1880, Roux, [Leb. chr., p. 1059]; — 14 mai 1886, Moynat, [Leb. chr., p. 401]

1876. — La déchéance est opposable, même aux contribuables qui, avant le commencement de l'exercice, ont informé l'administration des changements qu'il y aurait lieu d'apporter dans leur imposition. — Il a été décidé notamment qu'une personne qui, avant le 1er janvier, avait informé le percepteur que, par suite de son prochain mariage, elle allait cesser d'avoir une habitation personnelle, était tenue de réclamer dans les trois mois de la publication du rôle où elle se trouvait maintenue. — Cons. d'Et., 30 avr. 1870, Bonnet, [Leb. chr., p. 511]

1877. — Décidé, de même, à l'égard de patentables qui avaient déclaré la cessation de leur commerce. — Cons. d'Et., 17 nov. 1870, Bidault, [Leb. chr., p. 1074]; — 12 févr. 1875, Gilliotti, [Leb. chr., p. 133]; — 23 févr. 1877, Baudry, [Leb. chr., p. 163]; — 2 nov. 1877, Castex, [Leb. chr., p. 835]; — 23 nov. 1877, Guinet, [Leb. chr., p. 896]; — 21 avr. 1882, Fontalirant, [Leb. chr., p. 347]; — 21 juill. 1882, Dubrugeaud, [Leb. chr., p. 694]; — 14 mars 1884, Bouyala, [Leb. chr., p. 195]

1878. — ... A l'égard d'un contribuable qui avait déclaré à la mairie la suppression d'une porte cochère à raison de laquelle il était précédemment imposé. — Cons. d'Et., 10 juin 1887, Mellereau, [Leb. chr., p. 464]

1879. — Les contribuables ne peuvent se soustraire à la déchéance en alléguant qu'ils étaient obligés d'attendre, pour réclamer, un événement qu'il ne dépendait pas d'eux de hâter. Par exemple, la déchéance a été opposée à un général qui avait attendu, pour réclamer, que l'intendant militaire eût terminé son enquête à l'effet de déterminer quelles étaient les pièces de l'hôtel de la division affectées à l'usage du général, afin de pouvoir joindre le procès-verbal à sa réclamation. — Cons. d'Et., 22 avr. 1857, Gudin, [Leb. chr., p. 290]

1880. — Elle a été opposée à un entrepreneur de travaux publics qui prétendait n'avoir pu réclamer avant que le ministre eût statué sur sa demande en résiliation de son marché. — Cons. d'Et., 9 déc. 1871, Baillehache, [Leb. chr., p. 263]

1881. — Il a été décidé de même à l'égard d'entrepreneurs de travaux publics qui alléguaient n'avoir su que tardivement, et après le règlement du décompte, que la quantité des travaux exécutés par eux serait inférieure aux prévisions du devis et que, par suite, leur imposition aurait dû être moins élevée. — Cons. d'Et., 23 mai 1884, Masse, [Leb. chr., p. 407]; — 1er août 1884, Mayoux, [Leb. chr., p. 673]; — 27 avr. 1888, Bousquet, [Leb. chr., p. 374]; — 1er févr. 1890, Gourrion, [Leb. chr., p. 115]; — 25 avr. 1891, Decroix, [Leb. chr., p. 317]; — 6 juin 1891, Laporte, [Leb. chr., p. 422]; — 27 févr. 1892, Fournis, [Leb. chr., p. 238]; — 17 mars 1894, Pietri, [Leb. chr., p. 234]

1882. — Un patentable dont l'industrie ne commença à s'exercer que plus de trois mois après la publication du rôle doit néanmoins réclamer dans les trois mois de cette publication. — Cons. d'Et., 22 déc. 1876, Loisel, [Leb. chr., p. 921]

1883. — De même, les contribuables dont le droit de patente est calculé d'après le nombre des ouvriers employés dans l'année ne peuvent attendre, pour réclamer, que l'année soit expirée, quoique ce soit à cette époque seulement qu'ils sauront exactement quel en a été le nombre. — Cons. d'Et., 11 déc. 1885, Letellier, [Leb. chr., p. 945]; — 9 mai 1890, Tassaux, [Leb. chr., p. 472]

1884. — Le conseil a rejeté par le même motif les réclamations de patentables qui prétendaient n'avoir pu réclamer que lorsqu'ils étaient certains, l'un que sa maison garnie ne pourrait être louée... — Cons. d'Et., 6 nov. 1885, Folliet, [Leb. chr., p. 811]

1885. — ... L'autre, que son pressoir ne fonctionnerait pas dans l'année. — Cons. d'Et., 30 avr. 1862, Choré, [Leb. chr., p. 350]

1886. — Un contribuable qui a loué sa maison à partir du 1er janvier au département pour y établir un service public, et qui demande l'exemption de la contribution des portes et fenêtres ne peut se fonder, pour repousser la déchéance, sur ce que le bail ne lui aurait été transmis par l'administration qu'après l'expiration des délais. — Cons. d'Et., 2 nov. 1871, Maquart, [Leb. chr., p. 214]

1887. — Le locataire d'une commune n'est pas recevable à alléguer que ce n'est qu'après l'expiration des délais qu'il a reçu de l'administration notification de la délibération du conseil municipal lui accordant, à partir d'une époque antérieure au 1er janvier, une diminution de loyer devant entraîner une réduction correspondante dans son imposition. — Cons. d'Et., 12 mars 1868, Lafabrègue, [Leb. chr., p. 278]

1888. — Le point de départ normal du délai des réclamations est la date de la publication du rôle de la contribution contre laquelle la réclamation est dirigée et non la date à laquelle naît le motif de réclamer. Ainsi l'impôt mobilier ne doit pas porter, en principe, sur les locaux professionnels assujettis au droit proportionnel de patente, et réciproquement. La réclamation contre l'imposition mobilière de locaux affectés à l'exercice de la profession doit être formée dans les trois mois de la publication du rôle mobilier et non dans les trois mois de la publication du rôle principal ou supplémentaire des patentes, lequel a cependant créé le double emploi. — Cons. d'Et., 20 avr. 1883, Aglaé, [Leb. chr., p. 373]; — 13 janv. 1888, Natier, [Leb. chr., p. 18]; — 27 juin 1891, Chevallier, [Leb. chr., p. 497]; — 22 déc. 1894, Valladon, [Leb. chr., p. 715]

1889. — Une demande en réduction de la taxe des biens de mainmorte n'est plus recevable si elle est formée seulement dans les trois mois de la notification de l'arrêté qui a accordé réduction de la contribution foncière afférente au même immeuble. — Cons. d'Et., 24 déc. 1862, Cie la Providence, [D. 63.5.97]

1890. — La circonstance qu'après l'expiration du délai de réclamation, une cause qui réduit la taxe réclamée à cessé, ne saurait ouvrir à celui-ci un nouveau délai de réclamation. — Cons. d'Et., 24 févr. 1870, Duwast, [Leb. chr., p. 170]

1891. — L'art. 3, L. 21 juill. 1887, qui donne au directeur des contributions directes le droit de saisir à toute époque le conseil de préfecture pour faire prononcer le dégrèvement de cotes imposées par double emploi, n'a pas pour effet de prolonger pour les contribuables victimes de ces doubles emplois les délais de réclamation. — Cons. d'Et., 15 janv. 1892, Bozée, [Leb. chr., p. 7]

1892. — La fin de non-recevoir tirée du défaut de réclama-

tion dans les trois mois de la publication du rôle est opposable même aux contribuables dont les demandes sont fondées sur l'illégalité de la taxe perçue. C'est ainsi, par exemple, qu'en matière de taxes syndicales, elle a été opposée à des réclamations fondées sur l'illégalité de l'acte administratif en vertu duquel les taxes étaient établies. — Cons. d'Et., 29 mai 1867, Dulioust, [Leb. chr., p. 527]; — 1er juin 1869, Lainé, [Leb. chr., p. 531]

1893. — ... Sur la composition irrégulière du syndicat qui les a votées et réparties. — Cons. d'Et., 2 juin 1864, Granier et Remondet, [Leb. chr., p. 548]

1894. — ... Sur l'illégalité des travaux pour lesquels elles sont perçues. — Cons. d'Et., 2 juin 1864, précité; — 1er juin 1869, précité; — 4 déc. 1874, Roland, [Leb. chr., p. 959]

1895. — ... Sur l'étendue du périmètre de l'association. — Cons. d'Et., 23 mars 1863, Petitjean, [Leb. chr., p. 308]; — 7 août 1874, Syndicat des travaux de desséchement des marais de la Haute-Deule, [Leb. chr., p. 828]

1896. — ... Sur les bases mêmes de la cotisation. — Cons. d'Et., 22 janv. 1868, Tardy, [Leb. chr., p. 71]

1897. — ... Sur l'estimation des propriétés syndiquées. — Cons. d'Et., 29 janv. 1868, de Saint-Arcons, [P. adm. chr., D. 70.3.23]

1898. — Nous venons de voir que le point de départ du délai de réclamation est la date de la publication du rôle pour les contribuables qui résident habituellement dans la commune, quels que soient les moyens qu'ils invoquent pour échapper à l'application de la déchéance. A ces contribuables il y a lieu d'assimiler ceux qui, sans être domiciliés dans une commune et sans y résider d'une manière habituelle, y possèdent une propriété. Il est évident que ces contribuables ne peuvent ignorer qu'ils doivent acquitter des impôts à raison de leurs propriétés. Ils doivent donc se faire tenir au courant de l'époque de la publication des rôles pour être en mesure de réclamer, s'il y a lieu. La règle d'après laquelle le délai de réclamation ne court que du jour de la connaissance acquise pour ceux qui n'ont ni domicile, ni résidence dans une commune ne peut s'appliquer aux contributions foncières et des portes et fenêtres qui supposent toujours l'existence d'une propriété. — Cons. d'Et., 19 déc. 1855, Foujols, [Leb. chr., p. 736]; — 24 nov. 1859, Fournel-Brunot, [P. adm. chr.]; — 16 janv. 1861, Belloncle, [P. adm. chr.]; — 4 janv. 1863, Goumand, [P. adm. chr.]; — 22 janv. 1868, Tardy, [Leb. chr., p. 71]; — 4 mars 1868, de Bellegarde, [Leb. chr. p. 244]; — 8 août 1873, Banque de France à Roubaix, [Leb. chr. p. 738]; — 4 févr. 1876, Bousquet, [Leb. chr., p. 105]; — 17 janv. 1879, Aerreyre, [Leb. chr., p. 12]; — 28 mars 1879, Puisnège, [Leb. chr., p. 243]; — 30 juill. 1880, Boyer, [Leb. chr., p. 691]; — 20 mai 1881, Lerenard, [Leb. chr., p. 525]; — 23 juin 1882, Contan, [Leb. chr., p. 597]; — 31 juill. 1883, Claret, [Leb. chr. p. 728]; — 7 août 1885, Barral, [Leb. chr., p. 759]; — 5 mars 1886, Dormois, [Leb. chr., p. 208]; — 24 juin 1887, Achard, [Leb. chr., p. 496]

1899. — La propriété qu'un contribuable aura conservée dans une commune suffira pour que le délai coure contre lui du jour de la publication des rôles, non seulement en ce qui touche la contribution foncière, mais pour toutes les autres taxes qui auront pu avoir été maintenues à son nom. — Cons. d'Et., 23 févr. 1877, Lavenas, [Leb. chr., p. 164]; — 13 févr. 1880, Cie d'Orléans, [Leb. chr., p. 164]; — 5 mars 1880, Cie d'assurances le Phénix, [Leb. chr., p. 247]; — 17 déc. 1880, Cie immobilière, [Leb. chr., p. 1024]

1900. — Il a été décidé que la déchéance pour défaut de réclamation dans les trois mois de la publication du rôle était opposable à un individu qui n'avait été déclaré adjudicataire des immeubles imposés qu'après l'expiration de ce délai. Le cahier des charges mettant les impôts à sa charge du jour de la saisie, il prétendait ne faire courir le délai que du jour de l'adjudication. — Cons. d'Et., 10 juin 1868, Camoin de Vence, [Leb. chr., p. 637]; — 21 avr. 1882, Marcoz, [S. 84.3.24, P. adm. chr.]

1901. — Décidé, de même, à l'égard de ceux qui, ne résidant pas dans une commune ou n'y résidant plus, y possèdent ou y conservent un établissement commercial qu'ils exploitent. — Cons. d'Et., 12 janv. 1844, Sacreste, [P. adm. chr.]

1902. — ... Ou une habitation meublée qui reste à leur disposition. — Cons. d'Et., 26 nov. 1852, Chevalier, [S. 53.2.363]; — 20 juin 1855, Méral, [Leb. chr., p. 427]; — 28 nov. 1855, Berdin, [Leb. chr., p. 665]; — 21 janv. 1857, Grandebarbe, [Leb. chr., p. 37]; — 5 janv. 1858, Perret, Leb. chr., p. 11]; — 29

mai 1861, Ligier, [Leb. chr, p. 435]; — 8 avr. 1863, Alexandre, [Leb. chr., p. 310]; — 15 févr. 1864, Ducrey, [Leb. chr., p. 430]; — 29 nov. 1872, Dulong, [Leb. chr., p. 654]; — 23 janv. 1874, Marquet, [Leb. chr., p. 77]; — 19 juin 1874, Monduit, [Leb. chr., p. 570]; — 4 févr. 1876, Bousquet, [Leb. chr., p. 105]; — 18 févr. 1876, du Seyron, [Leb. chr., p. 171]; — 9 juin 1876, Maœby, [Leb. chr., p. 528]; — 14 juill. 1876, Deboille, [Leb. chr., p. 675]; — 4 août 1876, Robert, [Leb. chr., p. 746]; — 9 mars 1877, Chassaigne, [Leb. chr., p. 245]; — 20 avr. 1877, Lignol, [Leb. chr., p. 360]; — 17 janv. 1879, précité; — 23 mars 1879, Lamouroux, [Leb. chr., p. 248]; — 26 avr. 1879, Laurent, [Leb. chr., p. 316]; — 2 mai 1879, La Roche, [Leb. chr., p. 334]; — 14 nov. 1879, Mathussières, [Leb. chr., p. 683]; — 6 févr. 1880, Serrari, [Leb. chr., p. 142]; — 21 avr. 1882, Perrier, Lezein, [Leb. chr., p. 347]; — 21 juill. 1882, Tullat, [Leb. chr., p. 694]; — 26 déc. 1883, Colibert, [Leb. chr., p. 1002]; — 6 août 1886, Weners, [Leb. chr., p. 708]; — 25 avr. 1891, Libera, [Leb. chr., p. 317]

1903. — Il en est de même pour celui qui est resté principal locataire d'une maison dans la commune qu'il a cessé d'habiter. — Cons. d'Et., 8 avr. 1868, Barbier, [S. 69.2.64, P. adm. chr.]; — 13 avr. 1877, Vollant, [Leb. chr., p. 328]

1904. — Le délai court de la publication du rôle pour celui qui, ne résidant pas dans une commune ou n'y résidant plus, y a conservé un représentant, préposé ou mandataire. Il est vraisemblable en effet que ce mandataire l'avertira en temps utile de son imposition. — Cons. d'Et., 13 févr. 1856, Balestrier, [Leb. chr., p. 132]; — 11 févr. 1857, Brun, [Leb. chr., p. 109]; — 18 janv. 1862, Salmon, [Leb. chr., p. 43]; — 29 avr. 1863, Billery, [P. adm. chr.]; — 11 févr. 1876, Brunswick, [Leb. chr., p. 135]; — 5 janv. 1877, Jacquot, [Leb. chr., p. 14]; — 27 avr. 1877, Huguet, [Leb. chr., p. 380]; — 17 juill. 1885, Moulard, [Leb. chr., p. 687]; — 5 févr. 1886, Regnauld, [Leb. chr., p. 111]; — 3 déc. 1886, Sentarelli, [Leb. chr., p. 850]

1905. — Il va sans dire que le contribuable qui change d'habitation dans l'intérieur d'une même commune n'a que trois mois à compter de la publication du rôle s'il est maintenu audit rôle à raison de son ancienne habitation, sauf, comme nous le verrons plus loin, le cas de double emploi. — Cons. d'Et., 18 juin 1859, Jourdan, [P. adm. chr.]; — 30 avr. 1862, Guibert, [S. 63.2.95, P. adm. chr.]; — 28 janv. 1869, Maury, [Leb. chr., p. 80]; — 8 avr. 1869, Garde, [Leb. chr., p. 333]; — 5 mars 1870, Saint-Saulieu, [Leb. chr., p. 237]; — 14 avr. 1870, Boursin, [Leb. chr., p. 461]; — 8 nov. 1878, Leroux, [Leb. chr., p. 861]; — 20 janv. 1882, Passerel, [Leb. chr., p. 56]

1906. — Comme nous venons de le dire, le délai de réclamation court de la publication des rôles pour les contribuables inscrits nominativement sur les rôles quand ils résident dans la commune ou que, sans y résider, ils y ont des attaches. Telle est la règle absolue contre laquelle aucune excuse ne peut être admise.

1907. — Mais la jurisprudence du Conseil d'État a été amenée à ne faire courir le délai pour un certain nombre de contribuables que du jour où ils avaient connaissance de leur imposition.

1908. — C'est d'abord ce qui se produit au cas où le rôle n'est pas publié ou l'est irrégulièrement. A défaut de publication, certaines décisions portent que le délai de réclamation ne court pas, même à partir de la remise de l'avertissement. — Cons. d'Et., 8 janv. 1875, Kirby et Carré, [Leb. chr., p. 5]; — 21 juin 1890, Commune d'Avosnes, [Leb. chr., p. 597]

1909. — Quand le rôle n'a pas été publié, le rejet par une fin de non-recevoir d'une première réclamation ne rend pas irrecevable comme tardivement présentée une seconde réclamation régulière. — Cons. d'Et., 28 juill. 1866, de Carbonnel, [Leb. chr., p. 894]

1910. — Mais des décisions plus nombreuses font courir le délai du jour où le contribuable est informé de sa cotisation, soit par la remise de l'avertissement... — Cons. d'Et., 9 juin 1849, Lefèvre, [Leb. chr., p. 319]; — 13 mai 1863, Franceschi, [Leb. chr., p. 522]; — 28 juill. 1866, précité; — 29 janv. 1868, de Saint-Arcons, [P. adm. chr.]; — 21 avr. 1868, Huet, [Leb. chr., p. 447]; — 24 févr. 1870, Durvast, [S. 71.2.232, P. adm. chr.]; — 9 févr. 1872, Cosuard Desclosets, [Leb. chr., p. 56]; — 14 nov. 1873, Gay Gilbert, [Leb. chr., p. 818]; — 9 avr. 1875, Belval, [Leb. chr., p. 300]; — 4 juill. 1879, Ville de Paris, [Leb. chr., p. 530]; — 5 déc. 1879, Cie de la Vieille-Montagne, [Leb. chr., p. 789]; — 16 mars 1888, Arizzoli, [Leb. chr., p. 257]

1911. — ... Soit par la notification d'un acte de poursuite. — Cons. d'Et., 28 juin 1869, Dieuzaide, [Leb. chr., p. 636]; — 18 janv. 1884, Demion, [Leb. chr., p. 52]

1912. — Le paiement effectué par le contribuable implique la connaissance de l'imposition et fait courir le délai de réclamation. — Cons. d'Et., 8 nov. 1872, Commune de Nicey, [Leb. chr., p. 526]; — 3 août 1877, Ville de Paris, [Leb. chr., p. 755]

1913. — Il est arrivé parfois, en matière de taxes communales, que des avertissements fussent adressés aux contribuables, et même que des poursuites fussent exercées contre eux avant que la publication du rôle eût été faite. En pareil cas les contribuables ont eu connaissance de l'imposition. Il leur appartenait de faire tomber les poursuites comme faites sans base légale, mais s'ils ont laissé passer trois mois à partir du jour où ils ont connu leur imposition, ils ont encouru la déchéance et la publication ultérieure du rôle ne saurait les en relever. — Cons. d'Et., 23 juin 1875, Corpet, [P. adm. chr., D. 76.3.51]; — 4 juill. 1879, Demion, [P. adm. chr., D. 80.3.19]

1914. — La publication irrégulière du rôle a les mêmes effets que le défaut de publication. Il a été décidé, notamment, que la publication du rôle effectuée avant qu'il eût été rendu exécutoire par le préfet ne faisait pas courir le délai. — Cons. d'Et., 1er juin 1869, Lainé, [Leb. chr., p. 531]

1915. — Il en est de même lorsque le rôle n'a été publié dans la commune qu'à son de caisse au lieu de l'être par voie d'affiches, conformément aux prescriptions de l'art. 5, L. 4 mess. an VII. Le délai ne court que du jour de la connaissance acquise. — Cons. d'Et., 4 août 1868, Roze, [S. 69.2.248, P. adm. chr., D. 70.3.93]; — 4 déc. 1874, Arcanger, [D. 75.5.125]; — 13 avr. 1877, Verdoix, [Leb. chr., p. 326]; — 25 avr. 1879, Contenot, [Leb. chr., p. 316]

1916. — Que faut-il décider au cas où le rôle serait publié un jour de la semaine au lieu de l'être publié un dimanche comme l'exige la loi du 4 mess. an VII? Le Conseil d'Etat a eu à se prononcer plusieurs fois sur cette question, mais il ne l'a jamais tranchée d'une manière formelle. Cependant il semble que, contrairement à l'avis du ministre des Finances qui voyait dans ce fait une irrégularité substantielle qui empêchait de faire courir le délai du jour de la publication du rôle, le Conseil d'Etat ait admis que le point de départ du délai de réclamation fût le jour de la publication ou tout au moins le dimanche qui a suivi. — Cons. d'Et., 21 nov. 1879, de Cosnac, [Leb. chr., p. 729]; — 12 janv. 1883, Langlois, [Leb. chr., p. 33]; — 26 déc. 1884, Gay, [Leb. chr., p. 944]

1917. — Le retard qui serait apporté à la publication d'un rôle ne pourrait avoir pour effet de faire courir le délai seulement du jour où le contribuable aurait été averti de son imposition. — Cons. d'Et., 2 mai 1879, Lejeune-Challié, [Leb. chr., p. 329]

1918. — Il en autre cas où, d'après la jurisprudence du Conseil d'Etat, le délai de réclamation ne doit courir que du jour de la connaissance acquise de l'imposition, c'est celui où le paiement de cette contribution est réclamé à une personne autre que celle qui est portée sur le rôle, par exemple à des héritiers. On relève, il est vrai, quelques décisions dans lesquelles le Conseil d'Etat a fait partir du jour de la publication des rôles, le délai de réclamation pour des héritiers habitant la même commune que leur auteur. — Cons. d'Et., 9 mai 1860, Delaforge, [Leb. chr., p. 367]; — 26 janv. 1877, Sabathé, [S. 79.2.64, P. adm. chr.]; — 30 mai 1879, Alix, [Leb. chr., p. 422]; — 1er août 1884, Jue, [Leb. chr., p. 673]

1919. — Mais bien plus nombreuses sont les décisions où les héritiers sont admis à former leurs réclamations dans les trois mois du jour où ils ont eu connaissance officielle de l'imposition assignée à leur auteur. — Cons. d'Et., 26 déc. 1870, Lavit, [Leb. chr., p. 1110]; — 8 nov. 1872, Le Réculley, [Leb. chr., p. 546]; — 10 déc. 1875, Martinet, [Leb. chr., p. 988]; — 11 févr. 1876, Gicquelay, [Leb. chr., p. 135]; — 28 avr. 1876, Moudot, [Leb. chr., p. 393]; — 4 avr. 1879, Rebaudy, [Leb. chr., p. 281]; — 6 août 1880, Veillet-Grandmaison, [Leb. chr., p. 723]; — 13 avr. 1881, Rocher, [Leb. chr., p. 440]; — 23 mai 1884, Arnaud, [Leb. chr., p. 407]; — 23 janv. 1885, Caradan, [Leb. chr., p. 70]; — 4 nov. 1887, Nougaret, [Leb. chr., p. 691]; — 4 nov. 1887, Corsetti, [Leb. chr., p. 671]

1920. — Décidé de même à l'égard d'une veuve qui n'avait pas continué l'exploitation de l'établissement à raison duquel son mari avait été imposé. — Cons. d'Et., 6 nov. 1885, Plaignet, [Leb. chr., p. 821]

1921. — ... Et généralement de tous ceux qui sont mis en demeure d'acquitter la taxe imposée au nom d'un tiers. — Cons. d'Et., 15 juin 1866, Cavex, [S. 67.2.208, P. adm. chr.]; — 22 juill. 1867, Schilz, [Leb. chr., p. 709]; — 6 déc. 1878, Hardy-Minch, [Leb. chr., p. 967]; — 6 mars 1885, Pinelle, [Leb. chr., p. 270]

1922. — Enfin le délai de réclamation courrait encore du jour où ils auraient eu connaissance officielle de l'imposition pour ceux qui, ayant quitté une commune avant le 1er janvier, sans y conserver aucune attache, y seraient cependant maintenus au rôle pour l'exercice suivant. « Si tout contribuable, est-il dit dans plusieurs décisions, doit réclamer dans les trois mois de la publication des rôles, ce délai, dans le cas où le contribuable a changé de résidence, ne court qu'à partir du moment où il a eu connaissance de son inscription aux rôles des deux communes, soit par l'émission du rôle de la commune dans laquelle il a établi sa nouvelle résidence, soit par l'avertissement à lui donné de son inscription au rôle de la commune de son ancienne résidence, puisqu'il ne peut obtenir sa radiation des rôles de la commune qu'il a quittée qu'en justifiant de son inscription aux rôles de la commune dans laquelle il s'est fixé ». — Cons. d'Et., 18 janv. 1843, Courbehaisse, [P. adm. chr.]; — 14 mars 1843, Huc, [P. adm. chr.]; — 19 mars 1845, Jullien, [S. 45.2.444, P. adm. chr.]; — 21 févr. 1855, Cresp, [S. 55.2.327, P. adm. chr.]

1923. — C'est ainsi qu'il a été décidé qu'un capitaine au long cours, imposé au rôle de la contribution après qu'il a quitté la France où il n'a laissé aucun représentant, est recevable à présenter sa réclamation dans les trois mois de son retour en France. — Cons. d'Et., 16 juill. 1862, Hermel, [P. adm. chr., D. 63.3.13]

1924. — Cette jurisprudence a été appliquée à un contribuable qui avait quitté une section d'une commune pour venir fixer sa résidence dans une autre section, parce qu'il était établi que des rôles distincts étaient dressés pour chacune d'elles. — Cons. d'Et., 23 janv. 1872, Brugnier, [S. 73.2.238, P. adm. chr., D. 72.3.65]

1925. — Elle l'a été également aux contribuables qui se trouvaient imposés dans une commune où ils n'avaient jamais eu aucun élément d'imposition. — Cons. d'Et., 20 mai 1843, Terrei-Deschênes, [P. adm. chr.]; — 11 janv. 1851, Larbant, [P. adm. chr.]; — 22 nov. 1851, Gassin, [P. adm. chr.]; — 24 mai 1863, Caccintolo, [Leb. chr., p. 581]; — 14 mars 1879, Jouffrey, [Leb. chr., p. 202]; — 27 juin 1884, Kaddouch, [Leb. chr., p. 510]

1926. — La connaissance acquise est établie par la remise constatée de l'avertissement. — Cons. d'Et., 19 mars 1870, Biachan, [Leb. chr., p. 316]; — 4 août 1876, Cadars, [Leb. chr., p. 746]; — 7 août 1885, Bellin, [Leb. chr., p. 758]; — 5 mars 1886, Lecœur, [Leb. chr., p. 207]

1927. — C'est à l'administration qu'il appartient de prouver que le contribuable a reçu l'avertissement plus de trois mois avant sa réclamation. L'incertitude, si elle existe, doit profiter au contribuable. — Cons. d'Et., 17 mai 1859, Ligier, [Leb. chr., p. 361]; — 15 août 1860, Charbonnières, [Leb. chr., p. 606]; — 16 déc. 1860, Chabot, [Leb. chr., p. 771]; — 29 déc. 1870, Duval, [D. 72.3.36]; — 5 mai 1876, Mosnier, [S. 78.2.191, P. adm. chr., D. 76.3.81]

1928. — Le fait que les livres d'un receveur municipal constatent l'envoi, à une certaine date, de lettres de rappel adressées aux contribuables, ne suffit pas à prouver que ceux-ci ont reçu, soit à cette date, soit antérieurement, des avertissements individuels. — Cons. d'Et., 27 nov. 1874, Commune de Vincennes, [Leb. chr., p. 918]

1929. — Si l'avertissement n'est pas parvenu au contribuable ou si sa date est incertaine, la connaissance acquise ne résulte que de la signification d'un acte de poursuite. — Cons. d'Et., 30 nov. 1852, Bernard, [Leb. chr., p. 533]; — 23 mars 1853, Lechallier, [Leb. chr., p. 353]; — 20 nov. 1856, Nogent, [Leb. chr., p. 634]; — 4 juin 1870, Boucot, [Leb. chr., p. 695]; — 7 avr. 1876, Braud, [Leb. chr., p. 354]; — 5 janv. 1877, Espiot, [Leb. chr., p. 14]; — 29 juin 1877, Coffignal, [Leb. chr., p. 633]; — 18 nov. 1881, de Saint-Ours, [Leb. chr., p. 894]; — 13 janv. 1882, Laussiaux, [Leb. chr., p. 31]; — 9 juill. 1886, Courtial, [Leb. chr., p. 585]

1930. — Elle résulte aussi du paiement de tout ou partie de la contribution. — Cons. d'Et., 23 avr. 1852, Fourgeaud,

[Leb. chr., p. 116]; — 8 août 1855, Bigault, [Leb. chr., p. 380]; — 5 mai 1858, Genost, [Leb. chr., p. 336]; — 26 déc. 1860, Mandemant, [Leb. chr., p. 799]; — 20 mars 1861, Crozier, [Leb. chr., p. 183]; — 25 avr. 1861, Dussoy, [Leb. chr., p. 291]; — 26 déc. 1861, Simon, [Leb. chr., p. 930]; — 19 mars 1862, Monnier, [Leb. chr., p. 206]; — 4 juill. 1862, Soc. agricole de Eysselle, [Leb. chr., p. 526]; — 15 avr. 1863, Hug, [P. adm. chr.]; — 30 mars 1864, Viel, [Leb. chr., p. 292]; — 14 avr. 1864, Syndicat de Lauterbourg, [Leb. chr., p. 343]; — 26 juin 1867, Gay, [Leb. chr., p. 599]; — 16 déc. 1868, Mousset, [Leb. chr., p. 1042]; — 8 nov. 1872, Commune de Nicey, [Leb. chr., p. 526]; — 15 nov. 1872, Albriet, [Leb. chr., p. 599]; — 13 févr. 1874, Sennetier, [Leb. chr., p. 151]; — 20 nov. 1874, Bruzaud, [Leb. chr., p. 891]; — 11 févr. 1876, Gicquolay, [Leb. chr., p. 135]; — 4 août 1876, Ville de Paris, [Leb. chr., p. 744]; — 2 mars 1877, Lair, [Leb. chr., p. 211]; — 13 avr. 1877, Henriot, [Leb. chr., p. 328]; — 21 déc. 1877, Baliracq, [Leb. chr., p. 1025]; — 26 juill. 1878, Dubois, [Leb. chr., p. 743]; — 13 déc. 1878, Gœury, [Leb. chr., p. 1012]; — 3 nov. 1882, Isambert, [Leb. chr., p. 823]; — 16 juill. 1886, Garbon, [Leb. chr., p. 618]; — 30 juill. 1886, Mines de Kef-oum-Théboul, [Leb. chr., p. 676]

1931. — Il a été décidé que le paiement de la contribution, effectué par un homme d'affaires, notaire, intendant, etc., sans qualité pour réclamer au nom du contribuable, ne pouvait empêcher celui-ci ou ses représentants légaux de se pourvoir dans les trois mois du jour où ils ont eu connaissance de la contribution. — Cons. d'Et., 5 nov. 1875, Lesueur, [D. 76.5.137]; — 23 mai 1884, Arnaud, [Leb. chr., p. 407]

1932. — Enfin, la jurisprudence fait encore résulter cette connaissance de la présentation d'une réclamation. — Cons. d'Et., 23 juin 1864, Duclos, [Leb. chr., p. 590]; — 26 août 1865, Canal Alaric, [Leb. chr., p. 858]; — 30 juin 1876, Maiguand et Heurtant, [Leb. chr., p. 614]

1933. — La jurisprudence du Conseil d'Etat a, on le voit, corrigé dans une mesure très-appréciable ce que l'application stricte de la loi du 4 août 1844 pouvait avoir de trop rigoureux. Mais, par une singulière anomalie, elle ne s'appliquait pas aux réclamations fondées sur un double emploi quand celui-ci résultait d'une double inscription au rôle de la même commune. — Cons. d'Et., 3 mai 1851, Tourette, [Leb. chr., p. 310] ; — 29 nov. 1854, Jeauffrau-Blœzoc, [Leb. chr., p. 897]; — 4 janv. 1855, Marot, [Leb. chr., p. 1]; — 4 juill. 1857, Ducros-Odrat, [S. 58.2.447, P. adm. chr.] ; — 22 juin 1858, Marot, [Leb. chr., p. 426]; — 22 mai 1866, Fouillard, [Leb. chr., p. 493]; — 12 févr. 1867, de Caupenne, [Leb. chr., p. 163]; — 26 mars 1870, Dussine, [S. 72.2.64, P. adm. chr.]; — 14 juill. 1876, Petit, [Leb. chr., p. 674]; — 18 mars 1881, Boutroux, [Leb. chr., p. 298]

1934. — En cas de double emploi, la réclamation présentée contre celle des deux impositions qui avait été justement établie ne suspendait pas le délai à l'égard de celle dont le contribuable aurait pu demander décharge. — Cons. d'Et., 15 déc. 1852, Scheidecker, [P. adm. chr.]; — 19 juill. 1854, Causse, [P. adm. chr., D. 55.3.10]; — 28 mai 1856, de Reboul, [P. adm. chr.]; — 4 juill. 1857, précité; — 8 déc. 1857, Delahaye, [Leb. chr., p. 769]; — 11 févr. 1858, Armand, [Leb. chr., p. 140]; — 31 mars 1859, Nanquette, [P. adm. chr.]; — 29 févr. 1860, Bonnemain, [Leb. chr., p. 135]; — 22 janv. 1862, Rivoiron, [Leb. chr., p. 50]; — 16 août 1867, Perret, [Leb. chr., p. 787]; — 2 août 1878, Grimon, [Leb. chr., p. 778]; — 4 févr. 1881, Bordago, [Leb. chr., p. 130]; — 3 févr. 1883, Delalande, [Leb. chr., p. 129]

1935. — De même, lorsqu'un contribuable fondait sa réclamation sur un faux emploi, le délai courait du jour de la publication du rôle et non de celui où il avait connaissance de son imposition. — Cons. d'Et., 25 juin 1852, Cie de chemins de fer d'Orléans, [P. adm. chr.]; — 19 juill. 1878, Reynaud, [Leb. chr., p. 708]; — 18 juin 1880, Lemoine, [Leb. chr., p. 566]

1936. — C'est ainsi que la déchéance pour défaut de réclamation dans les trois mois de la publication avait été opposée : à un contribuable qui alléguait qu'antérieurement au 1er janvier, il avait cédé à l'Etat l'immeuble pour lequel il avait été maintenu au rôle. — Cons. d'Et., 27 juin 1855, Remare-Leguay, [P. adm. chr.]

1937. — ... Ou que cet immeuble avait été démoli. — Cons. d'Et., 14 nov. 1873, Huguet, [Leb. chr., p. 808]; — 23 avr. 1875, Daguereau, [Leb. chr., p. 356]; — 17 mars 1882, Braconnier, [Leb. chr., p. 254]

1938. — ... A un contribuable prétendant qu'en qualité d'officier avec troupes, il échappait à la contribution personnelle et mobilière. — Cons. d'Et., 4 janv. 1878, de Villepin, [Leb. chr., p. 12]

1939. — ... A un patentable qui justifiait avoir, avant le 1er janvier, cessé sa profession. — Cons. d'Et., 18 juin 1873, Jallais, [Leb. chr., p. 593]; — 17 déc. 1875, Huet, [Leb. chr., p. 1014]; — 13 juill. 1883, Mercié, [Leb. chr., p. 648]

1940. — ... Ou vendu son établissement. — Cons. d'Et., 14 mai 1875, Rogot, [Leb. chr., p. 461]; — 5 nov. 1875, Dubos, [Leb. chr., p. 860]

1941. — ... A un contribuable assujetti aux prestations bien qu'il eût passé l'âge de soixante ans. — Cons. d'Et., 26 mars 1870, Richard, [Leb. chr., p. 348]

1942. — ... A un propriétaire qui soutenait n'avoir jamais possédé de chiens. — Cons. d'Et., 7 janv. 1876, Seigle, [Leb. chr., p. 5]

1943. — En Algérie, la déchéance avait été opposée à un contribuable français qui soutenait qu'en cette qualité il n'avait pas à prendre connaissance des rôles d'impôts arabes que seuls les indigènes devaient acquitter. — Cons. d'Et., 29 juill. 1881, Lévy-Abraham, [Leb. chr., p. 739]

1944. — La sévérité de cette jurisprudence et les plaintes qu'elle suscitait ont fini par attirer l'attention du législateur et l'ont déterminé à prolonger le délai de réclamation en cas de faux ou double emploi. Tel est l'objet de l'art. 4, L. fin. 29 déc. 1884, qui est ainsi conçu : « Dans le cas où, par suite de faux ou double emploi, des cotes seraient indûment imposées dans les rôles des contributions directes ou des taxes y assimilées, le délai pour la présentation des réclamations ne prendra fin que trois mois après que le contribuable aura eu connaissance officielle des poursuites dirigées contre lui par le percepteur pour le recouvrement de la cotisation indûment imposée. »

1945. — Il a été décidé que cette disposition ne pouvait être appliquée rétroactivement à des réclamations qui avaient déjà, au moment de la promulgation de la loi, encouru la déchéance. — Cons. d'Et., 30 nov. 1888, Ville de Paris, [Leb. chr., p. 886]; — 20 juin 1891, Triboulet, [S. et P. 93.3.76, D. 92.3.193]

1946. — D'après la loi nouvelle, en cas de faux ou double emploi, la remise de l'avertissement, des lettres de rappel du percepteur, même une sommation sans frais ne suffisent pas pour faire courir le délai de réclamation. Il faut que des poursuites aient été exercées par le percepteur contre le contribuable, c'est-à-dire qu'il est nécessaire que le percepteur ait été autorisé par une contrainte à lui adresser une sommation avec frais. Tant qu'aucun acte de poursuite n'a été signifié au contribuable, la déchéance ne peut lui être opposée. — Cons. d'Et., 19 nov. 1886, Aubrun, [D. 88.3.41]; — 28 janv. 1887, Lacoste, [Ibid.]; — 11 févr. 1888, Crapard, [Ibid.]; — 25 févr. 1887, Sottian, [Ibid.]; — 13 mai 1887, Curtelin et Paraillaux, [Ibid.]; — 10 juin 1887, Chalot, [Leb. chr., p. 458]; — 17 juin 1887, Bonnans, [D. 88.3.41]; — 24 juin 1887, Lamarque, [Ibid.]; — 1er juill. 1887, Bérard, [Ibid.]; — 16 mars 1888, Moitrier, [Leb. chr., p. 269]; — 17 mai 1889, Lopard, [Leb. chr., p. 603]; — 7 août 1889, Riaudel, [D. 91.5.142]; — 9 nov. 1889, Dupuy, [Leb. chr., p. 1008]; — 9 nov. 1889, Nau, [S. et P. 92.3.4]; — 13 déc. 1889, Verger, [Leb. chr., p. 1138]; — 15 nov. 1890, Ortoli, [Leb. chr., p. 837]; — 27 déc. 1890, Gess, [Leb. chr., p. 1014]; — 9 avr. 1892, Novelle, [Leb. chr., p. 392]

1947. — Toutefois, malgré les termes absolus de l'art. 4, L. 29 déc. 1884, le Conseil d'Etat a décidé que lorsqu'avant toutes poursuites, le contribuable a effectué un paiement total ou partiel de la cotisation indûment imposée, la connaissance de cette imposition se trouvant établie d'une manière certaine, c'est à partir de la date du paiement que court le délai de réclamation. — Cons. d'Et., 27 mai 1887, Bougardier, [D. 88.3.42]; — 4 nov. 1887, Hersant, [D. 88.5.138]; — 2 mars 1888, Schmidt, [D. 89.5.141]; — 20 avr. 1888, Raymond, [Leb. chr., p. 357]; — 2 nov. 1888, Vigoulète, [Leb. chr., p. 781]; — 31 janv. 1890, Bertrand, [Leb. chr., p. 95]; — 1er févr. 1890, Crespin, [S. et P. 92.3.59]; — 21 févr. 1890, Faucheux, [Leb. chr., p. 189]; — 22 févr. 1890, Foutel, [Leb. chr., p. 217]; — 18 avr. 1890, Collombet, [Leb. chr., p. 400]; — 8 août 1890, Bonnet, [Leb. chr., p. 760]; — 20 juin 1891, Marin, [Leb. chr., p. 476]; — 27 juin 1891, Maurois, [Leb. chr., p. 476]; — 7 nov. 1891, Siméoni, [Leb. chr., p. 642]; — 26 déc. 1891, Loucel, [Leb. chr., p. 802]; — 15 janv. 1892, Bozée, [D. 93.5.171]; — 16 janv. 1892, Chailan, [Leb. chr., p. 19]; — 23 juill. 1892, Jassin, [Leb. chr., p. 652]; — 23 juill. 1892,

Batany, [Leb. chr., p. 655]; — 3 mars 1894, Giraud, [Leb. chr., p. 175]; — 29 déc. 1894, Delamaire, [Leb. chr., p. 738]

1948. — Pour bénéficier de la prolongation de délai accordée par la loi de 1884, il ne suffit pas que le contribuable motive sa demande sur l'existence d'un faux ou double emploi. Il faut que cette obligation soit justifiée. D'où il suit que le juge de la réclamation est obligé de l'examiner au fond avant de pouvoir dire si elle est ou non recevable. — Cons. d'Ét., 2 mars 1888, précité; — 29 juin 1888, Ville de Pontarlier, [S. 90.3.41, P. adm. chr.]; — 26 déc. 1891, Landry, [Leb. chr., p. 802]

1949. — Il est une autre restriction qui résulte de la loi elle-même; elle ne parle que de cotes indûment imposées. Le Conseil d'État en a tiré cette conséquence que les réclamations ne peuvent bénéficier de la prolongation de délai que lorsqu'elles portent sur l'intégralité d'une cote. Sur le sens qu'il faut donner à ce dernier mot, V. supra, n. 1091 et s. Nous nous bornons à indiquer le résultat principal de cette jurisprudence, à savoir que les demandes en réduction ne peuvent jamais profiter du délai de la loi de 1884. — Cons. d'Ét., 3 févr. 1888, Lyonne, [D. 89. 5.141]; — 23 nov. 1889, Blanc, [D. 91.5.143]; — 29 nov. 1889, Jaluzot, [Leb. chr., p. 1083]; — 26 déc. 1891, Machelaud, [Leb. chr., p. 796]; — 30 janv. 1892, Gatellier, [Leb. chr., p. 91]; — 9 déc. 1892, Urtisberca, [Leb. chr., p. 875]; — 17 mars 1894, Ducouturier, [Leb. chr., p. 232]

1950. — Au contraire, une demande afférente à un des droits fixes auxquels le requérant a été assujetti est recevable dans les trois mois des poursuites. — Cons. d'Ét., 29 juin 1888, Dutrey, [D. 89.3.85]; — 18 janv. 1890, Saintourens, [Leb. chr., p. 45]; — 21 févr. 1890, Faucheux, [Leb. chr., p. 189]; — 23 déc. 1892, Roblat, [Leb. chr., p. 636]

1951. — Il en est de même d'une réclamation afférente à la contribution foncière d'un immeuble qui aurait dû faire l'objet d'une cote spéciale. — Cons. d'Ét., 7 mai 1892, Montagne, [Leb. chr., p. 426]

1952. — Une demande en réduction de patente, fondée sur une application erronée du tarif, ne peut bénéficier de la prolongation de délai établie par la loi du 29 déc. 1884. Ce n'est pas un faux emploi. — Cons. d'Ét., 2 juill. 1892, Jacquier, [Leb. chr., p. 595]

1953. — Le patentable qui, avant le 1er janvier, a cessé d'exercer sa profession est recevable à présenter sa réclamation dans les trois mois des poursuites. — Cons. d'Ét., 7 févr. 1891, Vanucci, [Leb. chr., p. 98]

1954. — Nous devons indiquer certains cas spéciaux où le point de départ du délai est modifié. On sait que les lois de finances autorisent chaque année les préfets à émettre les rôles de prestations en nature avant le 1er janvier. Quand, en vertu de cette autorisation, le rôle a été émis et publié avant le commencement de l'exercice auquel il se rapporte, une jurisprudence constante décide que le délai de réclamation ne court que du 1er janvier. — Cons. d'Ét., 18 avr. 1845, Potel, [Leb. chr., p. 190]; — 26 août 1846, Bertrand, [P. adm. chr.]; — 15 mai 1848, Ferté, [Leb. chr., p. 301]; — 22 avr. 1857, Parrot, [P. adm. chr.]; — 6 août 1864, Royer, [S. 65.2.88, P. adm. chr.]; — 15 nov. 1866, Bertin, [Leb. chr., p. 1051]; — 4 févr. 1876, Bousquet, [Leb. chr., p. 105]; — 3 août 1877, Richard, [Leb. chr., p. 768]; — 14 mars 1879, Morlet, [Leb. chr., p. 208]; — 3 déc. 1880, Tholinet, [Leb. chr., p. 950]; — 16 mai 1884, Descamps, [Leb. chr., p. 384]; — 8 août 1884, Sans, [Leb. chr., p. 743]; — 31 juill. 1885, Bagnère, [Leb. chr., p. 727]; — 5 févr. 1886, Lancelot, [Leb. chr., p. 109]; — 14 mai 1886, Pernelet, [Leb. chr., p. 400]; — 21 mai 1886, Luiné, [Leb. chr., p. 439]; — 6 août 1886, Fréchède, [Leb. chr., p. 707]; — 4 nov. 1887, Belorgey, [Leb. chr., p. 671]; — 27 janv. 1888, Robin, [Leb. chr., p. 89]; — 3 févr. 1888, précité; — 21 juin 1890, Allegret, [Leb. chr., p. 597]; — 8 nov. 1890, Martin, [Leb. chr., p. 811]; — 26 déc. 1891, Chevalier, [Leb. chr., p. 796]; — 29 janv. 1892, Bonjour, [Leb. chr., p. 65]; — 12 nov. 1892, Lefebvre, [Leb. chr., p. 759]

1955. — Mais cette jurisprudence n'est applicable qu'aux taxes annuelles. Quant à celles qui correspondent à des dépenses faites une fois pour toutes, comme les taxes de pavage, le délai court du jour de la publication des rôles, à quelque époque qu'elle ait eu lieu. — Cons. d'Ét., 23 janv. 1880, Chemin de fer P.-L.-M., [Leb. chr., p. 87]

1956. — Tout ce que nous venons de dire des délais de réclamation contre les taxes imposées dans les rôles généraux

s'applique à celles qui sont imposées au moyen de rôles supplémentaires. C'est du jour de la publication de ces rôles que court le délai. — Cons. d'Ét., 13 août 1851, Bisson, [Leb. chr., p. 622]; — 11 juill. 1879, Guillotin, [Leb. chr., p. 581]; — 14 mai 1880, Abbadie, [Leb. chr., p. 454]; — 5 déc. 1884, Thirard, [Leb. chr., p. 867]; — 27 nov. 1855, Lasvigne, [Leb. chr., p. 882]; — 9 juill. 1886, André, [Leb. chr., p. 585]; — 18 avr. 1890, Audiger, [Leb. chr., p. 400]; — 9 mai 1891, Dumas, [Leb. chr., p. 355]

1957. — Toutefois, il n'en est ainsi que s'il s'agit d'un rôle régulièrement publié. Nous avons dit plus haut qu'en matière de prestations en nature, les communes ne peuvent faire mettre en recouvrement des rôles supplémentaires. Si ce principe n'est pas observé, le propriétaire qui n'a pas été compris au rôle général et qui, par suite, est fondé à se considérer comme exempté pour l'année entière de ses prestations, n'est pas suffisamment averti par la publication d'un rôle supplémentaire irrégulièrement dressé. Il est donc fondé à réclamer dans les trois mois du jour où il a connaissance de son imposition. — Cons. d'Ét., 9 juin 1876, Lamberthod, [S. 78.2.276, P. adm. chr.]

1958. — Le Conseil d'État a admis comme pouvant donner ouverture à un nouveau délai de réclamation certains événements survenant en cours d'année, tels que la cessation de l'industrie du patentable. — Cons. d'Ét., 28 nov. 1873, Bruaux, [Leb. chr., p. 873]

1959. — ... La fermeture d'un établissement par mesure de police administrative. — Cons. d'Ét., 28 juin 1878, Bourlier, [Leb. chr., p. 609]

1960. — ... Le rachat d'une concession à raison de laquelle le contribuable était imposé. — Cons. d'Ét., 4 avr. 1872, Mestrezat, [Leb. chr., p. 199]

1961. — ... Ou la résiliation de son entreprise. — Cons. d'Ét., 10 mars 1882, Foy, [Leb. chr., p. 246]

1962. — ... Ou la décision par laquelle le ministre fixe la quantité des travaux à exécuter pendant un exercice par un entrepreneur de travaux publics par série de prix. — Cons. d'Ét., 27 mai 1863, Dufort, [Leb. chr., p. 588]

1963. — Nous avons dit que le plus souvent les centimes additionnels sont compris dans les rôles généraux. Cependant, il arrive parfois qu'ils fassent l'objet de rôles spéciaux. Mais comme ils sont toujours calculés d'après les bases établies au rôle primitif, le contribuable qui n'a pas réclamé dans le délai légal contre ces bases, n'est plus recevable à le faire à propos de la publication du rôle spécial. Il ne peut contester que la légalité ou la quotité des centimes additionnels. — Cons. d'Ét., 2 juill. 1880, Contamin, [D. 80.5.113]

1964. — Inversement, le contribuable qui a obtenu décharge ou réduction des taxes portées sur le rôle général peut, s'il est ultérieurement imposé à des centimes additionnels au moyen d'un rôle spécial établi d'après des bases vicieuses, réclamer sur ces centimes une réduction correspondante à celle qui lui a été accordée, et cela même plus de trois mois après la publication du rôle spécial. — Cons. d'Ét., 14 août 1869, Souquet, [S. 70. 2.280, P. adm. chr.]

1965. — Pour réclamer contre les centimes additionnels, on a trois mois qui courent de la publication du rôle général ou spécial et non du jour où le préfet approuve le budget dans lequel ils figurent. — Cons. d'Ét., 26 févr. 1875, Ménard Briaudeau, [Leb. chr., p. 190]; — 18 juin 1875, Fabien, [Leb. chr., p. 591]

1966. — Tels sont les délais dans lesquels doivent être présentées les demandes en décharge ou réduction des contributions directes. Les règles que nous venons d'indiquer s'appliquent à toutes les contributions et taxes assimilées sans exception. Il nous reste à indiquer certains délais spéciaux établis par diverses lois pour les réclamations relatives à quelques-unes des contributions directes.

1967. — B. Délais spéciaux. — a) La loi de finances du 21 juill. 1887 (art. 2) a organisé une procédure spéciale pour les réclamations relatives aux quatre contributions directes et à la taxe des prestations. Elle s'applique aussi à la taxe militaire (Décr. 30 déc. 1890).

1968. — Aux termes de cette disposition, tout contribuable qui se croira imposé à tort ou surtaxé, soit dans les rôles généraux des quatre contributions directes, soit dans ceux de la taxe des prestations en nature ou de la taxe militaire, pourra en faire la déclaration à la mairie du lieu de l'imposition dans le mois

qui suivra la publication du rôle. Cette déclaration sera reçue, sans frais ni formalités, sur un registre tenu à la mairie; elle sera signée par le réclamant ou son mandataire. Celles de ces déclarations qui, après un examen sommaire, auront pu être immédiatement reconnues fondées, seront analysées par les agents des contributions directes sur un état qui sera revêtu de l'avis du maire ou des répartiteurs, suivant les cas, ainsi que de celui du contrôleur et du directeur, et qui sera soumis au conseil de préfecture. Ainsi pour ces réclamations pas de droit de timbre, pas de quittance à produire. Les réclamants sont invités à joindre à leur déclaration leur avertissement, mais cette prescription n'a rien d'obligatoire.

1969. — Si le contribuable laisse passer le mois qui suit la publication du rôle sans faire sa déclaration à la mairie, il ne peut plus bénéficier de cette faculté. Il ne peut plus former qu'une réclamation dans les formes ordinaires. — Cons. d'Et., 22 nov. 1889, Miette, [Leb. chr., p. 1050]; — 24 mars 1891, Jeanperrin, [D. 92.3.88]

1970. — Si les agents de l'administration ne jugent pas la réclamation fondée, ils ne la portent pas sur l'état soumis au conseil de préfecture. En outre, si le conseil de préfecture estime que c'est à tort qu'une déclaration a été comprise dans cet état, les agents ne doivent pas l'y maintenir. Mais le conseil de préfecture doit s'abstenir de statuer sur les cotes ou portions de cotes qui auraient paru devoir être maintenues au rôle. Il se borne à prononcer les dégrèvements qu'il juge proposés avec raison par l'administration.

1971. — Comment se délai se combine-t-il avec le délai des réclamations ordinaires? Le législateur semble avoir eu l'intention de faire statuer le conseil de préfecture bien avant l'expiration du délai de trois mois de la publication des rôles. Mais en fait, les conseils n'étant pas tenus de statuer dans un délai déterminé, il est arrivé que des décisions sont intervenues après l'expiration des délais normaux. Se fondant sur la discussion qui s'était produite au Sénat, l'administration des contributions directes, par une circulaire du 19 nov. 1887, a décidé que les réclamations seraient recevables, au moins et en tout état de cause, jusqu'à l'expiration du troisième mois après la publication des rôles, d'après les règles actuellement existantes qui sont maintenues. De plus, l'art. 2, L. 21 juill. 1887, porte que les contribuables dont les déclarations n'auraient pas été portées ou maintenues sur l'état, et ceux sur la cote desquels le conseil de préfecture n'aurait pas eu à statuer, en seront avisés, et ils auront la faculté de présenter des demandes en dégrèvement, dans les formes ordinaires, dans un délai d'un mois à partir de la date de la notification, sans préjudice des délais fixés par les lois du 21 avr. 1832 (art. 28) et du 29 déc. 1884 (art. 4). Ainsi, si la décision du conseil de préfecture intervient plus d'un mois avant l'expiration du délai normal, le contribuable a jusqu'à l'échéance de ce délai pour réclamer. Si, au contraire, elle n'intervient qu'après l'expiration de ce délai, le contribuable a un mois à dater de la notification pour former sa demande. Passé ce délai, la déchéance est encourue. — Cons. d'Et., 26 avr. 1890, Bouquillon, [D. 91.5.143]; — 13 déc. 1890, Chatelain, [Leb. chr., p. 964]; — 26 déc. 1891, Morel, [Leb. chr., p. 802]; — 13 févr. 1892, Arnaud, [Leb. chr., p. 154]; — 27 févr. 1892, Monod, [Leb. chr., p. 223]

1972. — Les contribuables sur la déclaration desquels le conseil de préfecture n'a pas statué, qui en sont avisés par lettre, et ont ainsi la faculté de présenter des demandes en dégrèvement dans les formes ordinaires doivent s'adresser au conseil de préfecture et non au Conseil d'Etat. — Cons. d'Et., 23 nov. 1894, Duguot, [Leb. chr., p. 622]

1973. — *b)* En étudiant la contribution foncière nous indiquerons qu'en vertu de la loi du 15 sept. 1807 (art. 37), de l'ordonnance du 3 oct. 1821 et du règlement du 10 octobre suivant, les contribuables peuvent réclamer contre le classement de leurs fonds dans les six mois de la mise en recouvrement du premier rôle cadastral; passé ce délai, ils ne peuvent réclamer une révision du classement qu'en cas de perte de revenu provenant de causes postérieures et étrangères au classement et indépendantes de la volonté du propriétaire. Leurs réclamations doivent alors être présentées dans les six mois de la mise en recouvrement du premier rôle suivant cet événement.

1974. — *c)* La loi du 8 août 1890 sur la contribution foncière des propriétés bâties contient une disposition analogue. Elle dispose (art. 7) qu'après chaque évaluation décennale ou après la

première imposition d'une maison, le propriétaire aura six mois à compter de la publication du premier rôle pour contester l'évaluation.

1975. — *d)* Aux termes de l'art. 17, L. 21 juin 1865, un propriétaire compris dans une association syndicale constituée en vertu de cette loi, ne pourra, après le délai de quatre mois à partir de la notification du premier rôle des taxes, contester sa qualité d'associé ou la validité de l'association. — Cons. d'Et., 9 juin 1894, Créquy, [Leb. chr., p. 395]

1976. — Cette prescription, ne vise pas les syndicats constitués sous l'empire de la loi du 16 sept. 1807. — Cons. d'Et., 25 juin 1880, Beauregard, [Leb. chr., p. 602]

1977. — A l'égard de ces derniers, il a été décidé que la qualité d'associé ou la légalité de l'association ne pouvaient être contestées que pendant les trois mois qui suivaient la publication du premier rôle. — Cons. d'Et., 22 déc. 1882, Syndicat de Lancey à Grenoble, [D. 84.3.60]

1978. — Quant à l'art. 17, L. 21 juin 1865, le Conseil d'Etat en a fait l'application à des réclamations formées soit par des héritiers dont les auteurs auraient souscrit l'engagement qui les lait à l'association, et qui avaient laissé expirer les délais de réclamation ... — Cons. d'Et., 10 janv. 1872, Syndicat du canal du Bourg à Digne, [Leb. chr., p. 5]; — 23 févr. 1877, Roca, [Leb. chr., p. 196]

1979. — ... Soit par les associés eux-mêmes qui contestaient après coup l'étendue du périmètre de l'association. — Cons. d'Et., 6 août 1886, France, [Leb. chr., p. 718]; — 14 juin 1890, Martin et Pourroy, [Leb. chr., p. 578]

1980. — III. *Extension des demandes après l'expiration des délais.* — La réclamation une fois formée dans le délai légal ne doit pas être étendue après l'expiration de ce délai. Par exemple, celui qui a demandé originairement réduction du droit proportionnel de patente, ne peut, les délais expirés, demander décharge ou réduction du droit fixe. — Cons. d'Et., 20 juill. 1859, Larcade, [P. adm. chr.]; — 30 mars 1864, Bordet, [Leb. chr., p. 293]

1981. — Ni substituer une demande en décharge à une demande en réduction. — Cons. d'Et., 5 juill. 1859, Cangrain, [P. adm. chr.]; — 20 févr. 1869, Verdoix, [Leb. chr., p. 173]; — 30 déc. 1869, Claye, [Leb. chr., p. 1028]; — 18 déc. 1874, Denogeant, [Leb. chr., p. 1009]; — 18 févr. 1876, Pretty, [Leb. chr., p. 167]; — 3 mai 1878, Jourais, [Leb. chr., p. 420]; — 27 févr. 1880, Ouvré, [Leb. chr., p. 222]; — 30 juin 1882, Tellier-Volant, [Leb. chr., p. 625]; — 2 févr. 1883, Ali-Chérif, [Leb. chr., p. 97]; — 25 janv. 1884, Ville de Saint-Etienne, [Leb. chr., p. 76]; — 15 févr. 1884, Morin, [Leb. chr., p. 134]; — 9 mai 1884, Chemins de fer d'Orléans, [Leb. chr., p. 353]; — 23 déc. 1884, Glatigny, [Leb. chr., p. 933]; — 20 févr. 1885, Berthounieux, [Leb. chr., p. 202]; — 24 févr. 1888, Ranvoy, [Leb. chr., p. 187]; — 22 juill. 1888, Mathiaux, [Leb. chr., p. 552]; — 16 nov. 1888, Commune de Tartonne, [Leb. chr., p. 832]; — 18 avr. 1891, Parigot, [Leb. chr., p. 292]

1982. — ... Ou une demande de transfert à une demande en décharge. — Cons. d'Et., 19 mai 1876, Moreau, [Leb. chr., p. 460]; — ... Ou une demande en mutation de cote à une demande en réduction. — Cons. d'Et., 14 juin 1895, Lacroix.

1983. — Et d'une manière générale toute demande nouvelle, tout nouveau chef de demande présenté après l'expiration des délais doit être déclaré non-recevable. — Cons. d'Et., 27 févr. 1874, Louit, [Leb. chr., p. 197]; — 11 déc. 1874, Josseau, [Leb. chr., p. 969]; — 10 mars 1876, Villemeur, [Leb. chr., p. 241]; — 21 déc. 1877, Chéry, [Leb. chr., p. 1025]; — 20 avr. 1883, de Calen, [Leb. chr., p. 371]; — 16 mai 1884, Giraud, [Leb. chr., p. 388]; — 20 janv. 1888, Bourrié, [Leb. chr., p. 50]; — 8 août 1888, Sucrerie de Bray-sur-Seine, [Leb. chr., p. 736] — Par exemple, celui qui a demandé une réduction de valeur locative ne peut, en dehors des délais, soutenir que certains des bâtiments dont se compose sa cote, doivent être exemptés comme affectés à un service public. — Cons. d'Et., 22 mars 1895, Min. Finances.

1984. — Au contraire, le Conseil admet qu'un contribuable qui restreint après l'expiration des délais sa demande primitive, ne forme pas une demande nouvelle. Il en est ainsi, par exemple, des conclusions subsidiaires à fin de réduction présentées par celui qui demandait décharge. — Cons. d'Et., 3 juin 1863, Baton, [P. adm. chr.]; — 23 juill. 1863, Ducastaing, [Leb. chr., p. 559]; — 22 déc. 1863, Piquesnal, [S. 64.2.152, P. adm. chr., D. 65. 3.4]; — 2 nov. 1877, Ménard, [Leb. chr., p. 841]; — 21 juill.

1852, Basque, [Leb. chr., p. 695]; — 7 nov. 1884, Bion, [Leb. chr., p. 748]; — 8 nov. 1889, Nourry, [Leb. chr., p. 1003]

1985. — Lorsque le Conseil d'Etat annule un arrêté du conseil de préfecture qui a opposé à tort une fin de non-recevoir tirée de l'expiration des délais, il doit en principe évoquer l'affaire et statuer au fond sans renvoyer devant le conseil de préfecture. — Cons. d'Et., 28 janv. 1887, Lacoste, [D. 88.3 41]; — 11 févr. 1887, Crapard, [*Ibid.*]; — 13 mai 1887, Paralihoux, [*Ibid.*]; — 24 juin 1887, Lamarque, [*Ibid.*]; — 1er juill. 1887, Bérard, [*Ibid.*]

1986. — A moins qu'il n'ait pas dans le dossier des éléments de décision suffisants. — Cons. d'Et., 2 mars 1888, Ey-Reskibel-Houssine, [Leb. chr., p. 209]

4° *Dépôt des réclamations.*

1987. — Les réclamations doivent, dans le délai légal, déterminé d'après les règles que nous venons d'indiquer, être déposées et enregistrées à la sous-préfecture ou à la préfecture dans l'arrondissement chef-lieu (L. 21 avr. 1832, art. 28). Il n'est donc pas nécessaire qu'elles soient déposées au greffe du conseil de préfecture, ainsi que le prescrit l'art. 1, L. 22 juill. 1889, pour les autres contestations. Une réclamation adressée directement à la préfecture par un contribuable habitant une commune non comprise dans l'arrondissement chef-lieu, et qui ne parviendrait à la sous-préfecture qu'après l'expiration des délais, devrait être déclarée non recevable. — Cons. d'Et., 26 janv. 1877, Tréfouel, [Leb. chr., p. 97] — V. cependant Cons. d'Et., 13 mai 1852, Vaudron, [P. adm. chr.]

1988. — A Paris, les demandes peuvent être déposées dans les mairies de l'arrondissement où le contribuable est domicilié. — Cons. d'Et., 11 déc. 1856, de Martainville, [Leb. chr., p. 702]; — 18 mars 1892, Mazet, [Leb. chr., p. 287] — Mais il n'en serait pas de même dans les autres communes : le dépôt d'une réclamation à la mairie n'interromprait pas le délai.

1989. — La sous-préfecture à laquelle doit être adressée la réclamation n'est pas celle dans laquelle le contribuable a son domicile ou sa résidence, mais celle de la commune où a été établie la contribution litigieuse. — Cons. d'Et., 1867, Agostini, [Leb. chr., p. 60]

1990. — Pour savoir si une réclamation est recevable ou non, il faut se placer à la date de l'enregistrement et non à celle où elle a été envoyée par le contribuable. — Cons. d'Et., 1894, Loujerret, [Leb. chr., p. 645] — La date à laquelle elle a été enregistrée doit être considérée comme exacte, à moins que le réclamant ne prouve qu'elle est le résultat d'une erreur ou d'une négligence. — Cons. d'Et., 13 mai 1857, Leroi, [Leb. chr., p. 394]

1991. — Lorsque le contribuable établit, soit par les timbres, soit par un reçu de la poste, que la demande a dû arriver à la sous-préfecture avant l'expiration du délai, il y a lieu de présumer que c'est par suite d'erreur ou d'omission que l'enregistrement n'a eu lieu qu'après l'échéance du délai. — Cons. d'Et., 26 févr. 1877, Chanal, [S. 67.2.368, P. adm. chr.]; — 28 juin 1870, Hugues, [Leb. chr., p. 817]

1992. — A défaut d'enregistrement, la date de la réception à la sous-préfecture peut être établie par une mention écrite à la main sur la requête. — Cons. d'Et., 20 sept. 1865, Geyer, [Leb. chr., p. 919]; — 7 déc. 1883, Bergeron, [Leb. chr., p. 890]

1993. — Mais un contribuable ne peut se fonder sur les indications de ses papiers, livres de commerce ou autres, pour prouver que sa réclamation a été envoyée en temps utile. — Cons. d'Et., 5 nov. 1875, Saulière, [Leb. chr., p. 859]

1994. — La déchéance n'est pas opposable lorsqu'il est établi que la réclamation, enregistrée après l'expiration des délais légaux, était parvenue à la préfecture ou à la sous-préfecture en temps utile. — Cons. d'Et., 19 déc. 1855, Gallet, [P. adm. chr.]; — 28 févr. 1856, Boudy, [Leb. chr., p. 161]; — 8 févr. 1860, Pouilly, [Leb. chr., p. 89]; — 8 nov. 1872, Masse, [Leb. chr., p. 549]; — 8 janv. 1875, de Malortie, [Leb. chr., p. 12]; — 20 avr. 1877, Dubelloy, [Leb. chr., p. 362]; — 18 mai 1877, Brulard, [Leb. chr., p. 462]; — 6 juin 1879, Garnier, [Leb. chr., p. 452]; — 26 déc. 1879, Lefebvre, [Leb. chr., p. 847]; — 16 nov. 1883, Sucrerie de Meaux, [Leb. chr., p. 809]; — 16 mai 1884, Capdeville, [Leb. chr., p. 393]; — 21 févr. 1890, Valladon, [Leb. chr., p. 189]; — 18 avr. 1890, Imprimerie nouvelle, [Leb. chr., p. 400]

1995. — La déchéance ne peut être opposée si le réclamant prouve qu'il a envoyé dans les délais une première réclamation qui a été égarée dans les bureaux de la préfecture. — Cons. d'Et., 25 juin 1875, Barbier, [Leb. chr., p. 625]

1996. — Les règlements prescrivent aux sous-préfets d'enregistrer les réclamations, qu'elles soient régulières ou non, accompagnées ou non des pièces justificatives. Les demandes pouvant être régularisées ultérieurement, c'est la première arrivée à la sous-préfecture qu'il est important de constater. C'est ainsi que le Conseil d'Etat a déclaré recevables des réclamations, qui, parvenues une première fois dans les délais légaux, à la sous-préfecture, avaient été renvoyées aux contribuables, soit pour être complétées par la production de l'avertissement... — Cons. d'Et., 9 mars 1853, Duhaut, [Leb. chr., p. 289]; — 12 sept. 1864, Perrier, [Leb. chr., p. 906]; — 3 nov. 1882, Flerre, [Leb. chr., p. 823]

1997. — ... Ou de la quittance des termes échus. — Cons. d'Et., 30 avr. 1870, Héry, [Leb. chr., p. 512]; — 24 juin 1881, Heurtebise, [Leb. chr., p. 633]

1998. — ... Soit pour être reproduites sur des feuilles distinctes comme s'appliquant à des contributions différentes. — Cons. d'Et., 12 août 1863, Canquoin, [Leb. chr., p. 673]; — 19 mai 1868, Bernard, [Leb. chr., p. 552]; — 1er mai 1874, Fournez, [Leb. chr., p. 394] — ... Et qui, après cette régularisation, n'étaient revenues à la sous-préfecture qu'après l'expiration des délais.

1999. — Mais, il n'en serait pas de même, si le renvoi avait été motivé par le défaut d'affranchissement de la lettre. — Cons. d'Et., 19 nov. 1852, Lucas, [S. 53.2.365, P. adm. chr.]; — 26 déc. 1861, Pruvost, [Leb. chr., p. 930]; — 4 juin 1862, Girard, [Leb. chr., p. 439]; — 19 févr. 1875, Patuel, [Leb. chr., p. 167]; — 31 janv. 1891, Allendy, [Leb. chr., p. 72]

§ 2. *Instruction des réclamations.*

1° *Avis du maire et des répartiteurs ou du maire seul.*

2000. — Aussitôt après qu'elle a été enregistrée dans les bureaux de la sous-préfecture, la réclamation est adressée au préfet qui la transmet au directeur chargé d'en diriger l'instruction (Instr. 10 mai 1849, art. 23). Le directeur avant de faire procéder à l'instruction sur la demande, examine si elle est présentée dans les délais. S'il estime qu'elle est tardive, il la renvoie au préfet ou au sous-préfet avec un rapport motivé sur les faits relatifs à la déchéance, et après avis donné au réclamant, le conseil de préfecture statue et décide si la déchéance est ou non encourue. — Cons. d'Et., 8 juill. 1852, Houssaye, [S. 53.2.92, P. adm. chr.]

2001. — Toute réclamation doit être soumise au conseil de préfecture. Le préfet ne peut, sous prétexte qu'une demande est présentée en dehors des délais, refuser d'y donner suite (Instr. 1849, art. 27).

2002. — Les réclamations sont portées sur les registres par contrôle tenus à la direction; elles sont timbrées du numéro de l'enregistrement. En cas d'admission d'une réclamation portant sur plusieurs contributions comprises dans le même article de rôle, elle est inscrite autant de fois et sous autant de numéros qu'elle concerne de cotisations différentes. Les réclamations sont enregistrées au fur et à mesure qu'elles arrivent à la direction; elles sont immédiatement transmises aux contrôleurs, avec la feuille d'instruction, sur laquelle le directeur porte le nom de la commune, celui du réclamant, les bases de la cotisation, la date de la réception de la demande et le numéro d'enregistrement. Le directeur joint aux réclamations qui soulèvent des questions difficiles ou qui manquent de clarté, une note indiquant les faits à éclaircir et à constater avec un soin particulier. Dès que le contrôleur a reçu les réclamations, il les inscrit sur son registre, en suivant exactement l'ordre des numéros de la direction, et il analyse la demande sur la feuille d'instruction (Instr. 10 mai 1849, art. 30 à 34).

2003. — Aux termes de l'art. 29, L. 21 avr. 1832, la réclamation est renvoyée au contrôleur qui vérifie les faits et donne son avis après avoir pris celui des répartiteurs. Malgré la portée générale de cette disposition, il y a quelques distinctions à faire : les répartiteurs ne sont pas consultés sur toutes les demandes en décharge ou en réduction, à quelque contribution ou taxe qu'elles se rapportent. En principe, il semble qu'ils ne devraient

être appelés à donner leur avis que sur les impôts de répartition. A l'égard des impôts de quotité, leur avis est inutile. C'est ce que décide formellement l'art. 27, L. 15 juill. 1880, qui dispose que les réclamations en matière de patente seront communiquées au maire seul. — Cons. d'Et., 29 juin 1842, Hervier, [P. adm. chr.]; — 31 janv. 1853, Guillon, [P. adm. chr., D. 55.3.66]

2004. — Mais si l'avis du maire n'a pas été demandé, la procédure est nulle. — Cons. d'Et., 25 avr. 1891, Maurel, [Leb. chr., p. 318]; — 4 juill. 1891, Oxner, [S. et P. 93.3.85]

2005. — Toutefois, nous avons vu que les répartiteurs sont appelés à participer à la confection des rôles de certaines taxes assimilées, telles que la taxe sur les chevaux et voitures, sur les chiens, la taxe des prestations, etc. Il est d'usage de communiquer aux répartiteurs les réclamations auxquelles ces taxes donnent lieu.

2006. — A Paris, les réclamations sont communiquées à la commission spéciale des contributions directes, organisée par la loi du 23 frim. an III et l'arrêté du 5 mess. an VIII, qui remplit les fonctions dévolues dans les autres communes au maire et aux répartiteurs. Les maires des arrondissements n'ont pas qualité pour donner leur avis. — Cons. d'Et., 26 mai 1876, Paradan, [Leb. chr., p. 480]; — 16 juin 1876, Guibert, [Leb. chr., p. 561]; — 30 juin 1876, Lardel, Léger, Maignand, [Leb. chr., p. 612 et s.]; — 14 juill. 1876, Anglès, [Leb. chr., p. 676]; — 4 août 1876, Lamoureux, [Leb. chr., p. 748]; — 9 mars 1877, Degauchy, [Leb. chr., p. 251]; — 13 avr. 1877, Maignand, [Leb. chr., p. 334]; — 1er juin 1877, Paradan, [Leb. chr., p. 514]; — 29 juin 1877, Guillon, [Leb. chr., p. 635]

2007. — En Algérie, les réclamations doivent, à peine de nullité, être communiquées à la commission des répartiteurs qui est chargée de rédiger l'état-matrice des contributions. — Cons. d'Et., 2 juill. 1892, Chaumont, [Leb. chr., p. 593]

2008. — La communication de la réclamation aux répartiteurs, dans les cas où les lois ou règlements la prescrivent, est une formalité substantielle dont l'omission entraîne la nullité de l'arrêté. — Cons. d'Et., 27 nov. 1838, Comte de Montvalon, [S. 39.2.555, P. adm. chr.]; — 24 mars 1849, Duplessis, [P. adm. chr.]; — 9 sept. 1864, Commune de Berthonville, [S. 65.2.161, P. adm. chr.]; — 4 août 1876, Moutier, [Leb. chr., p. 746]; — 18 nov. 1887, Thaon, [Leb. chr., p. 721]; — 25 avr. 1891, Maurel, [Leb. chr., p. 317]

2009. — Il n'y a lieu d'établir aucune distinction suivant qu'il s'agirait d'une réclamation tardive. — Cons. d'Et., 27 nov. 1838, précité.

2010. — ... Ou portant sur une question qui échapperait à la compétence des répartiteurs : par exemple, sur le point de savoir si le réclamant se trouve dans un des cas d'exemption établis par la loi. — Cons. d'Et., 15 juill. 1842, Administration des domaines, [P. adm. chr.]

2011. — Si, dans une affaire concernant un impôt de répartition, le maire seul a donné son avis, l'arrêté doit être annulé. — Cons. d'Et., 2 juill. 1886, Perrier, [Leb. chr., p. 537]; — 23 nov. 1894, Grall, [Leb. chr., p. 621]

2012. — Que faut-il décider si, en matière d'impôt de quotité, une réclamation a été communiquée aux répartiteurs au lieu de l'être au maire seul? Quand le maire a exprimé son avis séparément, le fait que les répartiteurs ont été consultés à tort ne constitue pas une irrégularité suffisante pour entraîner l'annulation de la procédure. — Cons. d'Et., 31 janv. 1853, Guillon, [P. adm. chr., D. 55.3.66]; — 30 mai 1868, Peyron, [S. 69.2.247, P. adm. chr.]

2013. — Mais il en serait autrement, suivant nous, si le maire n'avait donné aucun avis sur la réclamation ou ne l'avait donné que comme faisant partie de la commission des répartiteurs. Il a été jugé que la participation aux avis de la commission des répartiteurs d'un adjoint ou d'un conseiller municipal délégué par le maire à l'examen des réclamations ne pouvait suppléer à l'avis individuel de ce magistrat, qu'exige l'art. 27, L. 15 juill. 1880. — Cons. d'Et., 4 juill. 1891, précité.

2014. — Nous avons dit déjà comment était nommée et composée la commission des répartiteurs. Il appartient aux contribuables qui contestent leur imposition de soulever un grief tiré de l'irrégularité de la composition de la commission, soit pour obtenir décharge d'une imposition établie par des personnes sans qualité, soit pour contester la validité de l'avis donné sur la réclamation. — Cons. d'Et., 23 juin 1868, Colle, [Leb. chr., p. 708]

2014 bis. — La loi du 8 août 1885 qui prescrit le recouvrement et l'évaluation des propriétés n'ayant pas exigé que ces évaluations fussent soumises aux répartiteurs, peu importe qu'en fait les commissions aient été irrégulièrement composées : les contribuables ne peuvent se prévaloir de cette circonstance pour demander décharge. — Cons. d'Et., 16 mars 1894, de Villiers, [Leb. chr., p. 211]

2015. — D'après la loi du 2 mess. an VII (art. 20), les répartiteurs doivent donner leur avis sur les réclamations dans les dix jours. Cet avis doit être motivé : s'ils estiment que la réclamation n'est fondée qu'en partie, ils exprimeront, sur chaque article, à quelle somme la réduction leur paraîtra devoir être réglée. Cependant la jurisprudence n'attache pas à l'observation de ces prescriptions la sanction de la nullité de la procédure. Ainsi décidé pour l'inobservation du délai de dix jours. — Cons. d'Et., 16 août 1865, Paradis, [S. 66.2.248, P. adm. chr.]

2016. — ... Et pour l'absence de motifs. — Cons. d'Et., 2 févr. 1850, Bucquet, [P. adm. chr.]; — 24 nov. 1882, Rouget de l'Isle, [S. 84.3.63, P. adm. chr., D. 84.3.39]; — 1er juill. 1887, Commune de Huppain, [Leb. chr., p. 525]; — 14 mars 1890, Gailhard, [S. et P. 92.3.84, D. 92.3.28]; — 26 juin 1890, Gailhard, [D. 92.3.82]

2017. — La circonstance que le maire et les répartiteurs donnent un avis favorable à une réclamation, fût-elle même relative à une taxe communale, ne suffit pas pour faire accorder décharge. — Cons. d'Et., 7 mars 1868, Fournion, [Leb. chr., p. 266]

2018. — La présence des répartiteurs sur le terrain lors de l'instruction n'est pas exigée. — Cons. d'Et., 23 nov. 1894, Constantin, [Leb. chr., p. 621]

2019. — Le contrôleur n'a pas le droit d'apporter aucune modification ou addition à l'avis des répartiteurs, à peine de nullité de la procédure. — Cons. d'Et., 25 mai 1894, Gorin, [Leb. chr., p. 358]

2° Avis des agents de l'administration des contributions directes.

2020. — Dès que les répartiteurs ont émis leur avis, le dossier est renvoyé au contrôleur qui, aux termes de l'art. 41, Instr. 10 mai 1849, ne peut se dispenser de vérifier les réclamations par lui-même dans la commune, à moins que le fait allégué ne soit établi d'une manière certaine. Si la réclamation soulève quelque question de principe, lorsqu'il s'agit, par exemple, d'une exemption légale d'impôt s'appliquant à une personne ou à une propriété, le contrôleur doit faire connaître les conditions dans lesquelles se trouve la personne ou la propriété et indiquer les dispositions législatives d'après lesquelles la demande doit être admise ou rejetée. Si la réclamation ne repose que sur des faits, le contrôleur doit constater avec précision l'état des choses : par exemple, lorsqu'une surtaxe est alléguée, soit dans la contribution foncière d'une maison, soit dans une cote mobilière, il doit établir par des comparaisons et des calculs que le revenu foncier ou le loyer d'habitation sont ou ne sont pas proportionnels aux autres revenus ou loyers de la commune. Si le réclamant prétend avoir été imposé pour une profession, une industrie ou un commerce autre que celui qu'il exerce, le contrôleur doit indiquer la nature et l'importance des opérations ou des travaux exécutés, la nature des marchandises trouvées en magasin, la nature des objets fabriqués et le mode de fabrication ; il doit, au besoin, mettre le commerçant en demeure de représenter ses livres de commerce, et, s'il obtient cette communication, relever les opérations faites pendant le cours d'une année au moins et en indiquer le nombre, la nature et l'importance. Dans le cas où le droit fixe contesté s'applique à un établissement industriel imposé en raison des moyens matériels de production, le contrôleur doit faire connaître, suivant l'espèce, le nombre des ouvriers, le nombre et la nature des métiers, machines, fours, fourneaux, la capacité des cuves, fosses, chaudières, etc. Pour les réclamations relatives au droit proportionnel, le contrôleur doit décrire les maisons, magasins et établissements ; indiquer la puissance des moteurs et établir la valeur locative soit directement, soit par comparaison, d'après des baux ou des prix de vente réguliers, qui peuvent être pris au dehors comme dans l'intérieur de la commune, soit enfin, d'après le prix de construction des bâtiments et le prix d'achat de l'outillage.

2021. — Si la réclamation primitive s'égare, le contrôleur peut, d'après ses notes, en faire une analyse sur laquelle le con-

seil de préfecture pourra statuer. Si, d'autre part, le réclamant est appelé à fournir de nouvelles observations, il n'y aura aucune irrégularité à procéder de cette manière. — Cons. d'Et., 4 déc. 1874, Labastié, [Leb. chr., p. 952]

2022. — Il est toujours loisible aux parties ae s'inscrire en faux contre les énonciations contenues dans le rapport du contrôleur. — Cons. d'Et., 17 janv. 1891, Shea, [Leb. chr., p. 47] — Mais cette procéduro n'est pas nécessaire, la preuve contraire pouvant résulter soit des rapports des experts, soit des observations nouvelles du réclamant.

2023. — Le conseil de préfecture ne peut prendre aucune décision sur une réclamation tant qu'elle n'a pas été soumise à l'instruction prescrite par l'art. 29, L. 21 avr. 1832. — Cons. d'Et., 17 mars 1825, Commune de Crolle, [S. chr., P. adm. chr.]; — 30 juill. 1840, Allard, [P. adm. chr.]

2024. — L'instruction des réclamations auxquelles donnent lieu certaines taxes assimilées, dont l'assiette est cependant confiée au service des contributions directes, est faite par des agents spéciaux. Par exemple, en ce qui concerne les droits de vérification des poids et mesures, des alcoomètres et densimètres, c'est le vérificateur des poids et mesures qui est substitué au contrôleur (Circ. 14 mars 1826).

2025. — Pour les droits de visite des pharmacies, drogueries, etc., et des dépôts et fabriques d'eaux minérales naturelles ou artificielles, l'instruction est confiée aux membres des conseils d'hygiène et de salubrité (Circ. 1868).

2026. — Enfin, en ce qui touche les redevances sur les mines et la taxe destinée à assurer le traitement des délégués à la sécurité des ouvriers mineurs, c'est l'ingénieur des mines qui instruit la réclamation; celle-ci est communiquée aussi au sous-préfet et au directeur des contributions (Décr. 6 mai 1811, art. 45 et 48). Quand il s'agit de la redevance proportionnelle, le directeur peut, s'il le juge nécessaire, faire intervenir le contrôleur (Décr. 26 juin 1811).

2027. — Le contrôleur renvoie, avec son avis, le dossier de la réclamation au directeur des contributions directes. Celui-ci se livre à l'examen des réclamations dès que les dossiers sont rentrés dans ses bureaux : il s'assure que l'instruction est régulière et conforme aux indications qu'il avait données au contrôleur en lui transmettant les dossiers. Si l'instruction est incomplète, ou si les faits ne paraissent pas suffisamment éclaircis, il renvoie le dossier au contrôleur et lui prescrit de retourner dans la commune et de procéder à un complément de vérification. Dans les cas graves, et surtout si l'avis du maire ou des répartiteurs se trouvait en contradiction avec les dires du contrôleur, le directeur chargerait l'inspecteur de faire une contre-vérification (Instr. 1849, art. 31).

2028. — Le directeur fait son rapport sur la réclamation dès qu'il a reconnu la régularité de l'instruction. Ce rapport doit contenir le résumé de toute l'instruction et la discussion des faits; les conclusions doivent être basées sur les lois, les règlements ou la jurisprudence applicables à l'espèce (Instr. 1849, art. 52 et 53). En fait, il arrive souvent que le directeur se réfère purement et simplement au rapport du contrôleur et se borne à en reproduire les conclusions. Il appartient au conseil de préfecture et au Conseil d'Etat de décider si le rapport du directeur est ou non suffisamment motivé. — Cons. d'Et., 30 juin 1876, Liger, [Leb. chr., p. 613]; — 13 avr. 1877, Maignaud, [Leb. chr., p. 334]; — 1er juin 1877, Paradan, [Leb. chr., p. 514]; — 29 juin 1877, Guillon, [Leb. chr., p. 635]

2029. — Le directeur peut réunir dans un seul rapport les réclamations d'un même contribuable afférentes à des exercices différents, pourvu que par ce fait l'instruction se trouve entachée d'aucune irrégularité. — Cons. d'Et., 30 déc. 1887, Berthier, [Leb. chr., p. 865]

2030. — Si le directeur est d'avis qu'il y a lieu d'admettre la demande, il fera son rapport et le conseil de préfecture statuera (L. 21 avr. 1832, art. 29). Le rapport est transmis avec le dossier directement à la préfecture, sans qu'aucune communication soit faite au réclamant. — Cons. d'Et., 29 nov. 1872, Picard, [Leb. chr., p. 652]; — 16 févr. 1894, Mouissort, [Leb. chr., p. 134]

3° Communication au réclamant de l'avis défavorable du directeur.

2031. — Si l'avis du directeur est contraire à la réclamation, il exprimera les motifs de son opinion, transmettra le dossier à

la sous-préfecture et invitera le réclamant à en prendre communication et à faire connaître dans les dix jours s'il veut fournir de nouvelles observations ou recourir à la vérification par voie d'experts (L. 21 avr. 1832, art. 29).

2032. — Ici commence une instruction nouvelle qui, à différence de la précédente, est contradictoire avec le réclamant. Le réclamant doit donc recevoir un avis du directeur l'informant que le dossier est déposé à la sous-préfecture et l'invitant à à prendre communication. L'accomplissement de cette formalité e obligatoire et prescrit à peine de nullité de la procédure. L's rêté qui statuerait sur la réclamation sans que le réclamant e été averti du dépôt du dossier à la sous-préfecture devrait ê annulé. — Cons. d'Et., 11 oct. 1833, Parcheminy, [P. adm. chr. — 10 mai 1889, Ornano, [Leb. chr., p. 559]; — 31 janv. 1890 Laforest, [Leb. chr., p. 93]; — 9 mai 1890, Ville, [Leb. chr., p. 469]; — 28 févr. 1891, Lécuyer, [Leb. chr., p. 171]; — 8 av 1892, Bouys, [Leb. chr., p. 366]; — 22 juill. 1892, Blondi [Leb. chr., p. 635]; — 6 août 1892, de Verdal, [Leb. chr., 692]; — 24 févr. 1894, Porin, [Leb. chr., p. 259]

2033. — Cette notification doit avoir lieu alors même que directeur proposerait de repousser la réclamation par une fin d non-recevoir tirée de la tardiveté, d'un vice de forme ou du dé faut de qualité du réclamant. Nous avons vu qu'en pareil cas, n'est pas nécessaire de procéder à la communication du dossie aux répartiteurs et au contrôleur. Il appartiendrait toutefois a conseil de préfecture de prescrire une instruction complète, ta sur le fond que sur la recevabilité, et, on le faisant, le conseil o préfecture ne commettrait aucun excès de pouvoir. — Cons d'Et., 17 mars 1853, Hulot, [P. adm. chr.]; — 20 juill. 185 Renouard, [P. adm. chr.]

2034. — Mais alors même que le conseil de préfecture s contenterait du rapport du directeur, il ne pourrait le faire va lablement qu'après notification de ce rapport au réclamant. - Cons. d'Et., 20 juin 1832, Chemin de fer d'Orléans, [P. adm chr.]; — 10 nov. 1853, Gaillard, [Leb. chr., p. 932]; — 9 m 1879, Blain, [S. 80.2.340, P. adm. chr.]; — 6 fév 1880, Jullien, [S. 81.3.53, P. adm. chr., D. 80.3.87]

2035. — Il en est de même encore lorsque le point sur lequ porte la contestation ne peut faire l'objet d'une expertise, s s'agit par exemple de savoir si, en droit, le réclamant se trouv dans un cas d'exemption légale. — Cons. d'Et., 15 juin 184 Fabrique de Saint-Epvre à Nancy, [S. 44.2.153, *ad notam*, adm. chr.]; — 20 juin 1844, Faissole, [S. 44.2.313, P. adm chr.]

2036. — La communication du dossier au réclamant est er core obligatoire si l'avis du directeur, sans être entièrement de favorable à la réclamation, ne conclut qu'à une réduction infé rieure à celle qui est réclamée. — Cons. d'Et., 19 mars 184 Péronnier, [P. adm. chr.]; — 12 avr. 1843, Brunel, [P. adm chr.]; — 18 juin 1862, Domin, [P. adm. chr.]

2037. — L'arrêté du conseil de préfecture doit être annu quand l'avis du directeur a été par erreur indiqué comme étan favorable à la réclamation et que, par suite, le contribuable n'y pas été averti du dépôt du dossier à la sous-préfecture. — Con d'Et., 13 juill. 1883, Cellarier, [Leb. chr., p. 648]

2038. — Il en doit être de même si, par suite du retard appor à la notification de l'avis du dépôt du dossier, le réclamant n' pu en prendre communication ou a envoyé ses observations tr tard pour que le conseil de préfecture ait pu en prendre util ment connaissance. — Cons. d'Et., 14 juin 1861, Forges c Franche-Comté, [Leb. chr., p. 490]; — 18 août 1862, Hardoui [Leb. chr., p. 695]; — 11 juill. 1864, Fraissinet, [Leb. chr., 603]; — 24 nov. 1869, Le Pelletier et Mandron, [Leb. chr., p. 911 — 14 avr. 1870, Verron, [Leb. chr., p. 462]; — 8 nov. 1872, Masso [Leb. chr., p. 549]; — 15 janv. 1886, Callot, [Leb. chr., p. 37 — 29 janv. 1886, Gœtz, [Leb. chr., p. 86]; — 10 févr. 1888, Be din, [Leb. chr., p. 133]; — 10 mai 1890, Bouguen, [Leb. chr p. 490]

2039. — La sous-préfecture où le dossier doit être dépos est celle de l'arrondissement où est situé l'objet de la réclamatio et non pas celle du domicile du réclamant. — Cons. d'Et., 1 août 1835, Gailliard, [S. 44.2.513, *ad notam*, P. adm. chr.]; 31 juill. 1867, Marchand, [Leb. chr., p. 716]

2040. — L'avertissement du dépôt du dossier à la sous-pré fecture peut être valablement donné par simple lettre. — Con d'Et., 4 juill. 1879, Chaumeil, [Leb. chr., p. 532]; — 3 août 188 Dubreuille, [Leb. chr., p. 713]; — 2 juill. 1886, Paquet, [Lel chr., p. 536]

2041. — En pratique, cet avis contient le résumé des motifs et des conclusions du directeur; mais la circonstance qu'il ne contiendrait aucun motif ne vicierait pas l'instruction. — Cons. d'Et., 2 mars 1877, de Kermaingant, [D. 77.5.132]

2042. — Lorsque le réclamant a chargé un mandataire du soin de suivre l'instance devant le conseil de préfecture et a fait élection de domicile chez lui, à qui doit être notifié l'avis de dépôt du dossier à la sous-préfecture? En principe, il vaut mieux faire la notification au mandataire, de manière à éviter toute difficulté. Cependant une jurisprudence constante décide que la notification faite en pareil cas au domicile réel du contribuable n'autorise pas le mandataire à demander la nullité de la procédure. — Cons. d'Et., 18 juin 1857, Lamy et Lacroix, [P. adm. chr.]; — 6 juin 1871, Robert-Arnandet, [Leb. chr., p. 46]; — 31 août 1871, René et Mascarel, [Leb. chr., p. 151]; — 29 nov. 1872, Rouillé-Glétrais, [Leb. chr., p. 655]; — 13 déc. 1872, Beaulieu, [Leb. chr., p. 701]; — 17 janv. 1873, Taillandier, [Leb. chr., p. 56]; — 18 juill. 1873, Fontaine, [Leb. chr., p. 646]; — 8 août 1873, Connin-Douine, [Leb. chr., p. 742]; — 7 nov. 1873, Linassier, [Leb. chr., p. 788]; — 28 nov. 1873, Beaulieu, [Leb. chr., p. 873]; — 17 déc. 1880, Aurégan, [D. 82.3.54]; — 23 juin 1882, Mio, [Leb. chr., p. 598]; — 9 nov. 1883, Merlet, [D. 83.3.68]; — 1er août 1884, Banque de prêts, [D. 86.3.22]; — 11 juin 1886, Duthuit, [Leb. chr., p. 510]; — 9 juill. 1886, Dussand, [Leb. chr., p. 579]; — 14 janv. 1887, Tudes, [Leb. chr., p. 23]

2043. — Il a été décidé que la notification de l'avis de dépôt d'une réclamation relative aux taxes assignées à une compagnie de chemin de fer à raison d'une gare était valablement faite au chef de cette gare considéré comme représentant la compagnie. — Cons. d'Et., 21 janv. 1863, Cie P.-L.-M. (Givors), [Leb. chr., p. 114]

2044. — Le dossier doit rester déposé à la sous-préfecture pendant dix jours à compter de celui où le réclamant a reçu l'avis du dépôt et non du jour où le dépôt a été effectué. — Cons. d'Et., 2 juill. 1847, Lamare, [D. 47.4.363]; — 16 sept. 1848, Vinchon, [Leb. chr., p. 592]; — 1er juin 1849, Merck, [P. adm. chr.]; — 20 mars 1852, de Gardonne, [P. adm. chr.]; — 7 août 1856, Millard, [P. adm. chr. D. 57.3.20]; — 9 avr. 1886, Rongiéras, [Leb. chr., p. 321]; — 4 févr. 1887, Vieillot, [Leb. chr., p. 66]

2045. — Si le conseil de préfecture statue avant l'expiration de ce délai, son arrêté doit être annulé. — Cons. d'Et., 1er août 1884, Banque de prêts à l'industrie, [D. 86.3.22]

2046. — Quant à la preuve de l'accomplissement de la formalité prescrite par l'art. 29, L. 21 avr. 1832, le Conseil d'Etat se montre très-facile. Il la fait résulter d'un simple certificat du maire ou du garde champêtre déclarant qu'à telle date l'avis a été remis au contribuable. — Cons. d'Et., 8 nov. 1872, Barthélemy, [Leb. chr., p. 550]; — 23 mai 1873, Benoît, [Leb. chr., p. 443]; — 30 mai 1873, Coste-Foron, [Leb. chr., p. 482]; — 4 déc. 1885, Liagre, [Leb. chr., p. 923]; — 18 déc. 1885, Chaigneau, [Leb. chr., p. 967]; — 21 janv. 1887, Gilles, [Leb. chr., p. 52]; — 29 janv. 1887, Jolissaint, [Leb. chr., p. 67]; — 10 juin 1887, Fabre de Cahuzac, [Leb. chr., p. 461]; — 2 déc. 1887, François, [S. 89.3.34, P. adm. chr., D. 88.3.94]; — 29 juin 1888, Lamarca, [Leb. chr., p. 578]; — 6 juill. 1888, Loire, [Leb. chr., p. 609]; — 29 janv. 1892, Saudax, [Leb. chr., p. 66]

2047. — Mais il n'a pas admis comme une preuve suffisante un bordereau portant que la remise serait effectuée le lendemain. — Cons. d'Et., 10 févr. 1869, Vassal, [Leb. chr., p. 138]

2048. — L'irrégularité provenant du défaut de notification de l'avis du directeur au contribuable peut être couverte par un supplément d'instruction. — Cons. d'Et., 25 oct. 1833, Maugars, [P. adm. chr.]

2049. — ... Ou par le silence du contribuable. Il a été décidé en effet que le ministre n'avait pas qualité pour relever cette irrégularité lorsque le réclamant ne s'en plaignait pas. — Cons. d'Et., 21 janv. 1887, Bourgeois, [Leb. chr., p. 57]

2050. — Lorsque le Conseil d'Etat s'est trouvé à annuler un arrêté parce que l'avis de dépôt du dossier n'a pas été notifié au contribuable, il doit en principe renvoyer l'affaire devant le conseil de préfecture pour y être statué après une instruction régulière. En effet, le contribuable s'est trouvé privé par cette irrégularité du droit de présenter au conseil de préfecture de nouvelles observations, soit écrites, soit verbales; il aurait pu demander l'expertise. Il ne peut être statué sur sa demande sans qu'il ait été mis à même d'user de tous les droits que la loi lui confère. — Cons. d'Et., 10 févr. 1869, Vassal, [Leb. chr., p. 138]; — 24 avr. 1874, Arcanger, [Leb. chr., p. 339]; — 31 juill. 1874, Gourrier, [Leb. chr., p. 739]; — 13 janv. 1894, Société des abattoirs de Lyon, [Leb. chr., p. 37]

2051. — Cependant le Conseil d'Etat peut évoquer l'affaire et statuer immédiatements'il juge la réclamation fondée. — Cons. d'Et., 5 mars 1870, Lacombe, [S. 71.2.231, P. adm. chr., D. 71.3.11]; — 13 févr. 1885, Monin, [D. 86.5.126]; — 15 janv. 1886, Calliot, [Leb. chr., p. 37]; — 6 juill. 1888, Chemin de fer P.-L.-M., [Leb. chr., p. 614]

2052. — On trouve même quelques décisions où le Conseil d'Etat a rejeté la réclamation du contribuable après avoir annulé l'arrêté du conseil de préfecture. — Cons. d'Et., 5 août 1848, de Poutand, [Leb. chr., p. 512]; — 12 févr. 1867, Supérieure des Sœurs de Saint-Vincent-de-Paul, [Leb. chr., p. 163]; — 29 janv. 1886, Goetz, [Leb. chr., p. 86]; — 9 juill. 1886, Regazzi, [Leb. chr., p. 579] — Mais nous croyons que ces décisions ne sont conformes ni aux principes du droit, ni à la jurisprudence du Conseil.

2053. — Quand le délai du dépôt est expiré, le dossier est renvoyé au directeur, avec les observations nouvelles du réclamant, s'il y en a. S'il n'en a pas été présenté, le sous-préfet certifie le fait et le directeur transmet aussitôt le dossier au préfet pour que le conseil de préfecture statue (Instr. 1849, art. 59 à 63).

2054. — Toutefois le silence gardé par le contribuable à la suite de l'avis du directeur ne peut être considéré comme un acquiescement aux conclusions de cet avis. — Cons. d'Et., 1er déc. 1849, Gillette, [Leb. chr., p. 650]; — 30 nov. 1852, Girardey, [Leb. chr., p. 534]; — 16 août 1865, Fortier, [Leb. chr., p. 832]

2055. — Si, au lieu de présenter de nouvelles observations dans le délai légal, le réclamant forme une nouvelle demande identique à la première, le conseil de préfecture peut se dispenser d'ordonner l'instruction de cette demande nouvelle. — Cons. d'Et., 13 févr. 1856, Fresnais de Coutard, [P. adm. chr.]

2056. — Si le réclamant présente de nouvelles observations, le directeur doit en faire l'objet d'une instruction nouvelle, sans qu'il soit cependant nécessaire de consulter à nouveau le maire ou les répartiteurs. — Cons. d'Et., 30 oct. 1848, Druet-Desnaux, [P. adm. chr., D. 49.3.38]; — 14 mai 1886, Papon, [Leb. chr., p. 404]

2057. — Les nouvelles observations présentées par le contribuable ne sont soumises ni au droit de timbre, ni au droit d'enregistrement.

2058. — Quand les observations nouvelles donnent lieu à de nouvelles vérifications, le directeur renvoie l'affaire au contrôleur ou, si l'affaire est grave, à l'inspecteur qui peut donner des estimations différentes de celles contenues dans le premier avis du contrôleur. — Cons. d'Et., 5 nov. 1886, Chemin de fer d'Orléans, [Leb. chr., p. 761]; — 29 juin 1889, Chemin de fer d'Orléans, [Leb. chr., p. 820]

2059. — Lorsque les agents de l'administration n'ont instruit une réclamation qu'au point de vue d'une demande en réduction alors qu'elle contenait des conclusions à fin de décharge, l'instruction étant incomplète il faut annuler l'arrêté et renvoyer l'affaire au conseil de préfecture. — Cons. d'Et., 21 mars 1891, de la Valette, [D. 92.5.196]

2060. — Le directeur fait un second rapport sur la réclamation. D'après l'art. 16, Instr. 10 mai 1849, il y a lieu de renouveler le dépôt à la préfecture de l'avis de ce dépôt au contribuable lorsque, par suite de l'instruction, il se produit contre la demande de nouveaux moyens, sur lesquels le pétitionnaire n'a pas été mis en demeure de s'expliquer. Mais ce n'est là qu'une prescription administrative et les contribuables ne sont pas fondés à se prévaloir de son inobservation pour demander la nullité de la procédure. — Cons. d'Et., 26 août 1858, Cie des houillères de l'Aveyron, [P. adm. chr.]; — 13 avr. 1877, Sengensse, [S. 79.2.96, P. adm. chr., D. 77.3.70]; — 8 févr. 1878, Heulin, [Leb. chr., p. 137]; — 4 nov. 1887, Crozet, [Leb. chr., p. 684]; — 27 janv. 1888, Reullon, [Leb. chr., p. 96]

§ 3. *Introduction et instruction des demandes relatives aux taxes assimilées dont l'assiette n'est pas confiée au service des contributions directes.*

2061. — Avant d'étudier les règles auxquelles sont soumises les expertises en matière de contributions directes, règles qui

s'appliquent à toutes les contributions et taxes assimilées à la seule exception des subventions spéciales, nous allons indiquer comment sont introduites et instruites les demandes en dégrèvement des taxes assimilées dont l'assiette n'est pas confiée au service des contributions directes.

2062. — La loi du 22 juill. 1889, relative à la procédure devant les conseils de préfecture, n'a, dans son art. 11, maintenu la procédure organisée par la loi du 21 avr. 1832 pour les réclamations relatives aux contributions directes et aux taxes assimilées auxdites contributions pour le recouvrement que pour celles de ces contributions ou taxes dont l'assiette et la répartition sont confiées à l'administration des contributions directes. A l'égard des autres taxes, établies soit par des ingénieurs, soit par des agents des communes ou des syndicats, les agents de l'administration des contributions n'intervenant pas dans l'instruction des réclamations auxquelles elles pouvaient donner lieu, il n'a pas paru utile de leur appliquer la procédure spéciale de la loi de 1832. Aussi l'art. 11, L. 22 juill. 1889, dispose-t-il que les réclamations relatives à ces taxes seront instruites dans les formes prescrites par les art. 1 à 9 de ladite loi.

2063. — Les réclamations peuvent être introduites de deux manières : soit par requête déposée au greffe du conseil de préfecture, soit par exploit d'huissier signifié à la partie adverse. « Les requêtes introductives d'instance concernant les affaires sur lesquelles le conseil de préfecture est appelé à statuer par la voie contentieuse doivent être déposées au greffe du conseil, sauf disposition contraire dans une loi spéciale. Ces requêtes sont inscrites, à leur arrivée, sur le registre d'ordre, qui doit être tenu par le secrétaire-greffier; elles sont, en outre, marquées ainsi que les pièces qui y sont jointes d'un timbre indiquant la date de l'arrivée. Le secrétaire-greffier délivre aux parties qui en font la demande un certificat qui constate l'arrivée au greffe de la réclamation et des différents mémoires produits » (L. 22 juill. 1889, art. 1).

2064. — Ainsi, les demandes en décharge ne peuvent être déposées à la sous-préfecture. Même l'enregistrement dans les bureaux de la préfecture d'une demande adressée sous forme de lettre, n'aurait pas pour effet d'interrompre la présomption et de lier l'instance. — Teissier et Chapsal, *Procédure*, p. 19.

2065. — La requête introductive d'instance doit contenir les noms, profession et domicile des demandeurs, les noms et demeure du défendeur, l'objet de la demande et l'énonciation des pièces dont le requérant entend se servir et qui y sont jointes (art. 2). Ces mentions ne sont pas prescrites à peine de nullité; mais il est évident qu'elles sont nécessaires. Ajoutons que la requête doit être signée par le requérant et que, si un mandataire a été constitué, son nom et sa demeure doivent être indiqués.

2066. — En principe, les requêtes présentées aux conseils de préfecture doivent être rédigées sur papier timbré, en vertu de la règle générale édictée dans les art. 12 et 24 de la loi du 13 brum. an VII, qui désignent comme passibles du timbre les pétitions et mémoires, même en forme de lettres, présentés au directoire exécutif, aux ministres, à toutes les autorités constituées et aux administrations et établissements publics, et défendent aux juges de prononcer aucun jugement et aux administrations publiques de rendre aucun arrêté sur un acte non écrit sur papier timbré. De ce que la procédure organisée par la loi de 1832 n'est plus applicable aux taxes qui nous occupent, faut-il conclure que les requêtes qui les concernent doivent être rédigées sur papier timbré, quel que soit le montant de la cote litigieuse? Nous ne le pensons-pas. L'exemption de timbre pour les réclamations relatives à des cotes inférieures à 30 fr., est une disposition générale aux contributions directes et taxes assimilées à laquelle la loi nouvelle n'a pas dérogé.

2067. — La loi de 1889 a imposé aux requérants une obligation nouvelle, qui consiste à joindre à leur requête autant de copies certifiées conformes qu'il existe de parties en cause, destinées à être notifiées à ces parties (art. 3). Cette prescription a eu pour objet d'épargner aux défendeurs l'obligation de faire un voyage pour venir prendre communication au greffe de la requête ou de constituer un mandataire. Ces copies sont dispensées du droit de timbre (Instr. enreg. 5 oct. 1889).

2068. — Lorsqu'aucune copie n'est produite, ou lorsque le nombre des copies n'est pas égal à celui des parties, ayant un intérêt distinct, auxquelles le conseil de préfecture aurait ordonné la communication prévue par l'art. 6, le demandeur est

averti par le secrétaire-greffier que si la production n'en est pas faite dans le délai de quinze jours à partir de cet avertissement, le conseil de préfecture déclarera la requête non-avenue (art. 3). Les demandes en décharge devant être présentées dans les trois mois de la publication du rôle, la non-production d'une copie de la requête dans le délai de quinze jours, à compter de l'avertissement, pourra souvent entraîner la déchéance de la réclamation. — Teissier et Chapsal, p. 25.

2069. — Le délai de quinzaine à compter de l'avertissement n'est pas un délai franc. Le jour de l'échéance y est compris, même si c'est un jour férié. Le délai ne s'augmente pas à raison des distances. — Teissier et Chapsal, p. 27.

2070. — Les parties peuvent faire signifier leur demande par exploit d'huissier. L'original de l'exploit doit être déposé au greffe dans le délai de quinze jours à dater de la signification à peine de péremption de l'exploit (art. 4). La partie supporte les frais de signification.

2071. — Immédiatement après l'enregistrement au greffe des requêtes introductives d'instance, le président du conseil de préfecture désigne un rapporteur auquel le dossier est remis dans les vingt-quatre heures. Dans les huit jours qui suivent cette transmission, le conseil de préfecture réuni en chambre du conseil règle, le rapporteur entendu, la notification aux parties défenderesses, des requêtes introductives d'instance. Il fixe, eu égard aux circonstances de l'affaire, le délai accordé aux parties pour fournir leurs défenses et désigne l'agent qui sera chargé de cette notification (art. 5 et 6). Au lieu d'être dirigée par des agents de l'administration, tels que les contrôleurs et les directeurs, l'instruction est dirigée par le conseil de préfecture lui-même.

2072. — Les décisions prises par le conseil de préfecture, pour l'instruction des affaires dans les cas prévus par l'article précédent, sont notifiées aux parties défenderesses, dans la forme administrative et dans les délais fixés par le conseil, par l'agent qu'il a désigné, en même temps que les copies des requêtes et mémoires déposées au greffe en exécution de l'art. 3. Il est donné récépissé de cette notification. A défaut de ce récépissé, il est dressé procès-verbal de la notification par l'agent qui l'a faite. Le récépissé ou le procès-verbal est transmis immédiatement au greffe du conseil de préfecture (art. 7). Ces règles s'imposent aussi bien à l'administration qu'aux particuliers ou aux communes et établissements publics. Les copies de la requête sont laissées entre les mains de la partie défenderesse.

2073. — Quant aux pièces justificatives produites à l'appui de la requête, les parties ou leurs mandataires peuvent en prendre communication au greffe, mais sans déplacement (art. 8).

2074. — Quand il y a eu constitution de mandataire, c'est chez lui que doivent être faites toutes les notifications qui interviennent au cours de l'instance. Toutefois, les notifications qui seraient faites au domicile réel du réclamant seraient néanmoins valables.

2075. — Lorsque le mandataire constitué est un avoué ou un avocat, il n'est pas tenu de justifier du mandat qui lui a été conféré. D'autre part, le président du conseil de préfecture peut autoriser, sur la demande de ces mandataires, le déplacement des pièces pendant un délai qu'il détermine (art. 8).

2076. — Le défendeur doit fournir ses observations dans le délai qui lui est imparti par le conseil de préfecture. Ce délai passé, le conseil peut statuer sans plus attendre. Toutefois, si le mémoire en défense arrive après l'expiration du délai, mais avant l'audience, il doit en tenir compte. — Cons. d'Et., 25 juin 1868, Commune de Fontenay-sous-Bois, [Leb. chr., p. 740]; — 15 déc. 1876, Jeantin, [Leb. chr., p. 909]; — 9 juin 1882, Syndicat de la Durance, [Leb. chr., p. 549]

2077. — Les mémoires en défense et les répliques seront déposés au greffe dans les conditions fixées par les art. 1-4 de la loi (art. 9, § 1). Ils seront à leur arrivée inscrits sur le registre d'ordre et timbrés : ils devront, comme la requête, être accompagnés d'autant de copies qu'il y a d'adversaire. Toutefois, nous pensons avec MM. Teissier et Chapsal (p. 36), que si l'on ne produit pas le nombre suffisant de copies des mémoires en défense ou en réplique, la sanction édictée à l'art. 3 n'est pas applicable.

2078. — Les mémoires en défense et en réplique étant déposés au greffe, la communication en est ordonnée par le conseil de préfecture, comme pour les requêtes introductives d'instance (art. 9, § 2).

2079. — Le défaut de communication au demandeur des observations en défense présentées, soit par les ingénieurs, soit par la commune, soit par le syndicat entraînerait, suivant nous, la nullité de l'arrêté. Il en était ainsi avant la loi de 1889. Nous ne croyons pas qu'elle ait modifié sur ce point l'état de choses antérieur. — Cons. d'Et., 24 juill. 1885, Briau, [Leb. chr., p. 714]

2080. — Lorsque les mémoires en défense ou en réplique ont été produits ou que les parties ont laissé passer les délais qui leur étaient impartis à cet effet, l'affaire est en état d'être jugée, à moins qu'il n'y ait lieu d'ordonner des vérifications au moyen d'expertises, d'enquêtes ou autres mesures analogues. Dans ces divers cas, le rapporteur fait un rapport écrit, qui se termine par des questions où sont formulés les points de fait ou de droit à résoudre. Ce rapport est envoyé avec le dossier au commissaire du gouvernement.

§ 4. Expertise.

1° *Caractères généraux de l'expertise en matière de contributions directes.*

2081. — La loi du 22 juill. 1889 est muette sur les expertises en matière de contributions. Mais nous venons de voir que, d'après l'art. 11 de cette loi, les réclamations relatives auxdites contributions continuent à être présentées et instruites dans les formes prescrites par les lois spéciales. Du rapprochement de cette disposition générale et du silence de la loi en ce qui touche l'expertise, on conclut que les règles établies par l'arrêté du 24 flor. an VIII, les lois des 21 avr. 1832 et 29 déc. 1884 subsistaient. Une déclaration formelle en ce sens avait été faite par le rapporteur de la loi au Sénat. (*J. off.* du 30 janv. 1889). Les expertises organisées par la loi nouvelle pour les affaires ordinaires soumises au conseil de préfecture paraissaient alors trop coûteuses et trop compliquées pour être appliquées aux demandes en décharge ou réduction qui portent souvent sur des sommes minimes. Une autre considération, d'après MM. Teissier et Chapsal (p. 174), avait dû déterminer le législateur : c'est que les experts n'ont pas seulement à apprécier des revenus ou des valeurs locatives. Il leur fait aussi faire des comparaisons et des déductions d'après les règles particulières déterminées par les lois et usages, que les experts peuvent ne pas connaître. Il faut donc que l'expertise soit dirigée par un agent de l'administration.

2082. — Cette dernière raison n'existe pas pour les réclamations relatives aux taxes dont l'assiette n'est pas confiée aux agents des contributions directes, et qui peuvent être considérées comme des affaires entre parties. Aussi dans une circulaire du 1er févr. 1890, le directeur général de ce service s'exprimait-il ainsi : « Il découle des termes de l'art. 11, L. 22 juill. 1889, que la procédure précédemment suivie pour l'expertise et la tierce expertise n'est modifiée que pour les réclamations portant sur les taxes assimilées dont l'assiette et la répartition n'appartiennent pas à l'administration des contributions directes ». A l'appui de cette opinion on alléguait qu'en disposant que les réclamations relatives à ces taxes seraient instruites suivant les formes prescrites par les art. 1 à 9 de la loi, le législateur avait entendu faire cesser pour ces taxes, au moins en ce qui touche la procédure, le bénéfice de l'assimilation aux contributions directes et les soumettre au droit commun. Il en résulterait qu'à l'égard de ces taxes, la tierce expertise organisée par la loi du 29 déc. 1884 serait supprimée et que l'expertise devrait être faite par un ou par trois experts.

2083. — Le Conseil d'Etat n'a pas adopté sur cette question l'avis émis dans la circulaire du 1er févr. 1890. Il a décidé que la dérogation de l'art. 11 au principe du maintien de la procédure spéciale aux affaires de contributions était expressément limitée aux art. 1 à 9, qui ne visent que l'introduction des instances. Il semblait qu'il y eût un grand intérêt à maintenir les formes simples et peu coûteuses de l'expertise organisée par la loi de 1832 à des demandes qui portent souvent sur des sommes infimes. Nous aurions peine à admettre que pour des taxes de pâturage ou d'affouage par exemple, le législateur eût entendu exiger la procédure compliquée organisée par les art. 13 et s., L. 22 juill. 1889. MM. Teissier et Chapsal (p. 102) se prononcent en ce sens.

2083 bis. — La loi du 17 juill. 1895 a modifié profondément les formes de l'expertise en étendant aux contributions les principes posés par la loi du 22 juill. 1889 pour les autres procès soumis aux conseils de préfecture : suppression de la tierce expertise; accomplissement de l'expertise par un ou trois experts. Avant d'exposer en détail les règles de cette nouvelle procédure, nous allons indiquer l'état de choses qu'elle vient remplacer.

2084. — I. *Nécessité de demander l'expertise.* — Nous avons vu que lorsque le directeur émet un avis contraire aux prétentions du réclamant, celui-ci doit être avisé du dépôt du dossier à la sous-préfecture et invité à faire connaître, dans le délai de dix jours, s'il veut recourir à la vérification par voie d'experts (L. 21 avr. 1832, art. 29). Ainsi la loi reconnaît au contribuable le droit de réclamer l'expertise, mais elle exige que cette mesure d'instruction soit demandée.

2085. — Il n'appartient qu'au conseil de préfecture de statuer sur les demandes d'expertise. Le préfet qui se saisirait d'une telle demande commettrait un excès de pouvoir. — Cons. d'Et., 31 mars 1867, Pinson, [Leb. chr., p. 161]

2086. — L'expertise n'étant qu'un des éléments de la décision que le conseil de préfecture doit rendre, lorsqu'elle n'est pas réclamée, le conseil ne peut être tenu de l'ordonner d'office et nul ne peut lui faire un grief d'avoir statué sans y avoir eu recours. — Cons. d'Et., 8 mars 1847, Giamo, [P. adm. chr.]; — 6 août 1875, Bourne, [Leb. chr., p. 771]; — 16 juin 1876, Guibert, [Leb. chr., p. 561]; — 14 juill. 1876, Auglès, [Leb. chr., p. 676]; — 3 août 1877, Marly, [Leb. chr., p. 791]; — 27 juill. 1888, Ollivier, [Leb. chr., p. 669]; — 2 mai 1891, Sarda, [Leb. chr., p. 341]; — 25 mars 1892, Mahmoud-ben-Soucki, [Leb. chr., p. 304]; — 21 mai 1892, Gauche, [Leb. chr., p. 470]; — 22 juill. 1892, Nachbaur, [Leb. chr., p. 635]

2087. — L'avis de dépôt du dossier à la sous-préfecture et l'invitation adressée au réclamant constituent une mise en demeure qui permet d'apprécier dans une certaine mesure le degré de confiance que le contribuable a dans la valeur de sa réclamation. S'il la croit fondée, il n'hésitera pas à demander l'expertise dont les frais seront mis à la charge de la partie adverse; si, au contraire, il ne juge pas à propos d'user des droits que la loi lui confère, il crée lui-même une sorte de préjugé contre sa demande.

2088. — Le Conseil d'Etat relève souvent dans ses décisions cette circonstance que le réclamant, mis en demeure de réclamer l'expertise, n'a pas usé de cette faculté. — Cons. d'Et., 28 janv. 1836, Schultz, [P. adm. chr.]; — 3 sept. 1836, Boubée, [P. adm. chr.]; — 9 déc. 1843, Leduc, [P. adm. chr.]; — 6 mai 1857, Duchemin, [Leb. chr., p. 343]; — 27 mai 1857, Cie de l'Horme, [Leb. chr., p. 421]; — 3 mars 1858, Barrau, [P. adm. chr.]; — 15 déc. 1868, Ducrocq, [Leb. chr., p. 1030]; — 6 janv. 1869, Hue, [Leb. chr., p. 6] — Si l'on considère le soin, les précautions multiples avec lesquelles sont assises les contributions, on ne trouvera pas excessif que jusqu'à ce qu'une expertise soit venue infirmer les évaluations faites par les agents de l'administration, celles-ci soient présumées exactes.

2089. — Il en est de même à plus forte raison s'il refuse l'expertise. — Cons. d'Et., 27 févr. 1840, Petit des Rochettes, [Leb. chr., p. 64]; — 18 mars 1841, François, [P. adm. chr.]

2090. — ... Ou si, après l'avoir demandée, il y renonce. — Cons. d'Et., 3 mars 1840, Sabatier, [Leb. chr., p. 76]; — 24 mars 1891, Taillandier, [Leb. chr., p. 263]; — 2 mai 1891, Chagot et Cie, [Leb. chr., p. 350]; — 21 nov. 1891, Van Gaver, [Leb. chr., p. 690]; — 22 juill. 1892, Chemin de fer d'Orléans, [Leb. chr., p. 635]

2091. — Toutefois, lorsqu'après avoir demandé une expertise, un contribuable s'est désisté de sa réclamation, mais d'une manière conditionnelle, si plus tard la condition ne se réalise pas, le conseil de préfecture ne pourra statuer au fond avant d'avoir ordonné l'expertise. — Cons. d'Et., 23 juill. 1838, Gatellier, [Leb. chr., p. 149]

2092. — Il faut que la demande d'expertise soit clairement et nettement exprimée. Il a été décidé, par exemple, que l'indication par un contribuable de quelques points de comparaison à l'appui d'une demande tendant à obtenir que sa cote fût ramenée à l'égalité proportionnelle n'équivalait pas à une demande d'expertise. — Cons. d'Et., 18 mars 1857, Lambert, [P. adm. chr.] — V. cependant Cons. d'Et., 12 août 1863, Moreau, [Leb. chr., p. 674]

2093. — Le fait d'invoquer dans une lettre le témoignage d'un tiers ne constitue pas non plus une demande d'expertise. — Cons. d'Et., 14 mai 1875, Defernez-Caron, [Leb. chr., p. 461]

2094. — Le conseil de préfecture peut également considérer que l'expertise n'a pas été demandée quand le réclamant a manifesté l'intention de n'y recourir qu'après un nouvel avis du directeur, ce nouvel avis n'étant pas obligatoire. — Cons. d'Et. 14 juill. 1876, Rouzée, [Leb. chr., p. 677]; — 29 juin 1877, Guillon, [Leb. chr., p. 635]

2095. — ... Ou s'est réservé de ne la demander qu'après le rejet de ses conclusions sur les questions de forme ou de légalité des taxes. — Cons. d'Et., 1er juin 1877, Paradan, [Leb. chr., p. 514]; — 9 août 1889, Borelly, [Leb. chr., p. 969]

2096. — ... Ou même après la décision du conseil de préfecture et du Conseil d'Etat. — Cons. d'Et., 19 mars 1880, Chéry et Leveau, [Leb. chr., p. 322]

2097. — Mais il n'est pas nécessaire que la demande soit expresse. La désignation de son expert faite par le réclamant indique suffisamment son intention de recourir à une vérification par voie d'experts et constitue une demande implicite et suffisante d'expertise. — Cons. d'Et., 13 nov. 1866, Liesse, [Leb. chr., p. 1053]; — 9 juin 1868, Burgault, [S. 69.2.192, P. adm. chr.]

2098. — En dehors de toute demande d'expertise formée par le réclamant ou par l'administration, le conseil de préfecture peut, s'il ne se trouve pas suffisamment éclairé, ordonner d'office qu'il sera procédé à cette mesure d'instruction, comme d'ailleurs à toutes celles qu'il jugerait utiles. — Cons. d'Et., 19 mai 1882, Durolle, [Leb. chr., p. 490]; — 26 févr. 1892, Vérité, [P. adm. chr., p. 189]

2099. — Le contribuable qui, dans sa demande introductive d'instance, a manifesté l'intention de réclamer l'expertise, au cas où il ne serait pas fait droit à sa réclamation, n'est pas tenu de renouveler cette demande au cours de l'instruction. Il a suffisamment fait connaître sa volonté de recourir aux moyens de vérification que la loi lui offrait. L'expertise lui était obligatoire. — Cons. d'Et., 25 mars 1848, Poulet-Malassis, [P. adm. chr.]; — 3 nov. 1853, Teinturier, [P. adm. chr., D. 53.3.48]; — 26 juill. 1854, Brivot, [P. adm. chr., D. 55.3.48]; — 6 mai 1857, Boyer, [D. 58. 3.21]; — 28 mai 1857, Bécane, [P. adm. chr.]; — 24 mars 1865, Bécourt, [Leb. chr., p. 313]; — 14 déc. 1868, Bouvet, [Leb. chr., p. 1018]; — 30 déc. 1869, Kars, [Leb. chr., p. 1030]; — 4 juin 1870, Sénéchault, [Leb. chr., p. 700]; — 29 mai 1874, Leclerc, [Leb. chr., p. 497]; — 13 juill. 1877, Dubreuil, [Leb. chr., p. 685]

2100. — Il en est de même du contribuable qui, dans ses observations en réponse au rapport du directeur, demande qu'il soit procédé à une expertise dans le cas où le conseil de préfecture ne se trouverait pas suffisamment éclairé par les pièces du dossier. — Cons. d'Et., 18 mai 1858, Cie des Trois-Moulins, [P. adm. chr.]

2101. — Une commune ne peut être admise à se pourvoir contre un arrêté qui a ordonné une expertise sur la réclamation d'un contribuable quand cette expertise est inutile et sans intérêt pour elle et que, par suite, elle ne peut être engagée malgré elle dans une opération dont les frais pourront retomber à sa charge. — Cons. d'Et., 13 avr. 1883, Commune de Sainte-Blandine, [D. 84.3.115]

2102. — II. *Obligation d'ordonner l'expertise réclamée. Cas où elle peut être refusée.* — En principe, l'expertise demandée est obligatoire.

2103. — Cependant il existe des cas assez nombreux où le conseil de préfecture peut, bien qu'elle soit réclamée, se dispenser de l'ordonner. Il peut agir ainsi notamment quand il juge la réclamation fondée. — Cons. d'Et., 10 sept. 1856, Dejust, [Leb. chr., p. 600]; — 4 déc. 1885, Rougane, [Leb. chr., p. 920]

2104. — Il en est de même lorsque la question soulevée par la réclamation est une question de droit qui échappe à la compétence des experts. Ainsi il a été décidé qu'un patentable qui reconnaissait l'exactitude des faits allégués par l'administration relativement à l'exercice de sa profession, mais cherchait à contester l'application qui lui était faite d'un article des tableaux annexés à la loi de patente, ne pouvait se plaindre de ce que le conseil eût statué sans ordonner l'expertise demandée. — Cons. d'Et., 28 mars 1860, Bastien, [Leb. chr., p. 256]

2105. — Il en est encore ainsi lorsque la question à résoudre est celle de savoir si l'ordonnance qui réglemente une usine sur un cours d'eau met les frais de curage à la charge de l'usinier. — Cons. d'Et., 15 mars 1889, Perrin des Iles, [Leb. chr., p. 363]

2106. — Cependant le Conseil d'Etat ne se montre pas disposé à étendre le domaine de cette exception. Il a décidé qu'alors même qu'un contribuable reconnaissait que certains locaux

étaient habitables, et qu'il se bornait à demander leur exemption des contributions foncière et des portes et fenêtres, à raison de leur affectation à un usage rural, l'expertise réclamée était obligatoire. — Cons. d'Et., 5 juill. 1859, Dupray, [Leb. chr., p. 470] — V. encore Cons. d'Et., 17 févr. 1865, Cie de l'Ouest, [Leb. chr., p. 206]

2107. — Jugé de même à propos d'une contestation portant seulement sur la proportion d'atténuation existant dans une commune entre le revenu réel et le revenu matériel, proportion qui est obtenue par une opération administrative, que l'arrêté du conseil de préfecture avait déclaré devoir échapper par sa nature aux appréciations des experts. — Cons. d'Et., 31 août 1860, Godin, [S. 61.2.432, P. adm. chr.]

2108. — Lorsque le conseil de préfecture prend pour base de sa décision les faits articulés par le réclamant à l'appui de sa demande, il peut statuer sans ordonner l'expertise réclamée. — Cons. d'Et., 22 avr. 1857, Maurouard, [S. 58.2.224, P. adm. chr.]; — 15 mai 1857, Farny, [P. adm. chr.]; — 3 oct. 1857, Forquet, [D. 58.3.66]; — 4 nov. 1887, Bourguignon, [D. 88.3. 133]; — 13 janv. 1888, Soyer, [Leb. chr., p. 20]; — 4 mai 1894, Jacquier, [Leb. chr., p. 305] — Sic, Chauveau, *Code d'instr. admin.*, t. 2, p. 171.

2109. — Il peut encore, et même il doit le faire, dans l'intérêt des contribuables aussi bien que de l'administration, quand il résulte de l'instruction que la demande n'est pas recevable, soit parce qu'elle a été présentée tardivement ou qu'elle est entachée d'un vice de forme... — Cons. d'Et., 20 juill. 1853, Renouard, [P. adm. chr.]; — 14 mars 1884, Bouyala, [D. 85.3. 96]; — 29 janv. 1886, Roullier, [D. 87.3.69]; — 30 nov. 1888, Ville de Paris, [Leb. chr., p. 887]

2110. — ... Soit parce qu'elle constitue une demande en remise. — Cons. d'Et., 19 avr. 1854, Perrin, [P. adm. chr.]

2111. — Le Conseil d'Etat est allé même jusqu'à annuler un arrêté qui avait ordonné une expertise sur une réclamation tardive. — Cons. d'Et., 29 nov. 1872, Jubel de Bourzac, [Leb. chr., p. 658]

2112. — Il a également déclaré frustratoire une expertise ordonnée pour déterminer le revenu cadastral d'une maison, alors que cette maison se trouvait encore dans la période d'exemption. — Cons. d'Et., 11 sept. 1858, Marcandier, [P. adm. chr.]

2113. — Il faut encore, pour que l'expertise soit obligatoire, que la demande en ait été faite dans le délai imparti par l'art. 29, L. 21 avr. 1832. Ce délai expiré, le conseil de préfecture peut, sans commettre aucun vice de forme, se dispenser de l'ordonner. — Cons. d'Et., 28 déc. 1836, Morin, [P. adm. chr.]; — 28 mars 1838, Guérin, [Leb. chr., p. 63]; — 16 janv. 1846, Bacon, [Leb. chr., p. 18]; — 31 mars 1847, Laurent, [Leb. chr., p. 149]; — 13 avr. 1853, Ricquier, [Leb. chr., p. 424]; — 21 juin 1854, Hébrard, [D. 55.3.12]; — 9 mai 1860, Besuchet, [S. 61.2.174, P. adm. chr.]; — 13 févr. 1862, Bartel, [Leb. chr., p. 101]; — 30 janv. 1866, Astraud, [Leb. chr., p. 58]; — 3 déc. 1875, Marotte, [Leb. chr., p. 970]; — 7 janv. 1876, Castan, [Leb. chr., p. 1]; — 29 juin 1877, Guillon, [Leb. chr., p. 634]; — 8 nov. 1878, Choquet, [Leb. chr., p. 863]; — 24 janv. 1879, Breton-Noël, [Leb. chr., p. 54]; — 16 avr. 1880, Sérieys, [Leb. chr., p. 364]; — 27 juin 1884, Société générale, [Leb. chr., p. 525]; — 27 févr. 1885, Cie la New-York, [Leb. chr., p. 236]; — 26 mars 1886, Godey, [Leb. chr., p. 289]; — 30 déc. 1887, Berthier, [Leb. chr., p. 863]; — 29 juin 1888, Gentil-Rode et Thivel, [Leb. chr., p. 577]; — 21 févr. 1890, Danguet, [Leb. chr., p. 114]; — 21 févr. 1890, Dhénin, [Leb. chr., p. 189]; — 28 nov. 1891, Nallet, [Leb. chr., p. 717]; — 26 déc. 1891, Richard, [Leb. chr., p. 802]; — 12 févr. 1892, Ruaudel, [Leb. chr., p. 133]

2114. — Il faut que la demande d'expertise soit parvenue à la sous-préfecture dans les dix jours de la réception de l'avis du dépôt du dossier. — Cons. d'Et., 4 avr. 1862, Rougel, [Leb. chr., p. 276]

2115. — Si le contribuable adresse sa demande à la préfecture, le retard résultant de cette erreur peut rendre ladite demande non recevable. — Cons. d'Et., 9 mai 1860, précité.

2116. — Mais si le retard est imputable à l'administration, l'arrêté doit être annulé et l'affaire renvoyée devant le conseil de préfecture. — Cons. d'Et., 7 août 1874, Guincestre-Taurin, [Leb. chr., p. 783]; — 7 févr. 1890, Froidefond, [Leb. chr., p. 127]; — 6 juin 1891, Carroz, [Leb. chr., p. 445]

2117. — Ce délai de dix jours a été fixé à raison de l'obli-

gation imposée aux conseils de préfecture de statuer sur les réclamations dans le délai de trois mois. — Cons. d'Et., 21 avr. 1868, Crestin, [Leb. chr., p. 448]

2118. — Si, après l'expiration du délai de dix jours dont il vient d'être question, le conseil de préfecture n'est plus tenu d'ordonner l'expertise, il peut néanmoins le faire s'il la considère comme utile et s'il ne se trouve pas suffisamment éclairé. — Cons. d'Et., 22 janv. 1864, Lesimple, [S. 64.2.278, P. adm. chr., D. 64.3.13]; — 15 févr. 1864, Poulet, [Leb. chr., p. 132]; — 24 févr. 1864, Guilbaud, [Leb. chr., p. 174]; — 3 mars 1864, Nadon, [Leb. chr., p. 216]; — 11 mai 1864, Mas, [Leb. chr., p. 435]

2119. — Le contribuable qui a laissé passer sans demander l'expertise le délai qui lui est imparti à cet effet par la loi n'est pas recevable à la demander pour la première fois devant le Conseil d'Etat. — Cons. d'Et., 29 juill. 1847, Desmichels, [P. adm. chr.]; — 23 avr. 1849, Dubois, [P. adm. chr.]; — 20 avr. 1850, Dupin, [Leb. chr., p. 372]; — 19 nov. 1852, Challe, [Leb. chr., p. 479]; — 16 févr. 1853, Briollet, [Leb. chr., p. 198]; — 19 avr. 1854, Grandjon, [Leb. chr., p. 300]; — 7 juin 1855, Société du gaz de Montélimar, [Leb. chr., p. 395]; — 10 sept. 1856, Villedieu, [Leb. chr., p. 601]; — 3 oct. 1857, Nalbert, [Leb. chr., p. 704]; — 12 août 1859, Gillet, [Leb. chr., p. 588]; — 12 juin 1860, Cⁱᵉ des moulins de Sapiac, [Leb. chr., p. 428]; — 19 mars 1862, Dieudonné, [Leb. chr., p. 208]; — 8 févr. 1865, Ziégler, [Leb. chr., p. 159]; — 26 févr. 1867, Thiérus, [Leb. chr., p. 209]; — 20 févr. 1869, Cochel, [Leb. chr., p. 174]; — 19 mars 1870, Ratton, [Leb. chr., p. 318]; — 8 nov. 1872, Taillé, [Leb. chr., p. 553]; — 4 févr. 1876, Bérenger, [Leb. chr., p. 109]; — 23 févr. 1877, Reffet, [Leb. chr., p. 108]; — 8 nov. 1877, Lefèvre, [Leb. chr., p. 868]; — 25 avr. 1879, Cazalan, [Leb. chr., p. 317]; — 12 mars 1880, Subtil, [Leb. chr., p. 288]; — 25 mars 1881, Marie, [Leb. chr., p. 333]; — 10 nov. 1882, Carré, [Leb. chr., p. 860]; — 8 juin 1883, Laque, [Leb. chr., p. 533]; — 8 févr. 1884, Boutteville, [Leb. chr., p. 114]; — 22 mai 1885, Vigneron, [Leb. chr., p. 529]; — 26 mars 1886, El-Arbi-ben-Zahra, [Leb. chr., p. 272]; — 11 mars 1887, Barillet, [Leb. chr., p. 216]; — 13 janv. 1888, Bonjour, [Leb. chr., p. 26]; — 28 juin 1889, Vauthier, [Leb. chr., p. 785]; — 17 janv. 1891, Haurie, [Leb. chr., p. 17]; — 16 janv. 1892, Lataste, [Leb. chr., p. 19]

2120. — Il en est de même si, après avoir demandé l'expertise devant le conseil de préfecture, il y a renoncé. — Cons. d'Et., 5 avr. 1878, Lederlin, [Leb. chr., p. 365]; — 7 nov. 1879, Guglielmi, [Leb. chr., p. 668]; — 9 nov. 1883, Brugère, [Leb. chr., p. 792]; — 1ᵉʳ déc. 1888, Larroux, [Leb. chr., p. 907]; — 21 févr. 1890, Morel, [Leb. chr. p. 189]; — 21 juin 1890, Richard, [Leb. chr., p. 398]

2121. — Mais, pour être valable, il faut que la renonciation à l'expertise émane de la personne même qui l'a demandée ou d'un mandataire régulièrement autorisé. — Cons. d'Et., 1ᵉʳ juill. 1887, Ali-ben-Barch, [Leb. chr., p. 522]

2122. — En ce qui touche les réclamations portant sur des taxes assimilées non soumises à l'examen du directeur des contributions, il n'y a pas de délai pour demander l'expertise. Toutefois, il semble résulter d'une décision du Conseil d'Etat qu'une demande d'expertise faite à l'audience même du conseil de préfecture est tardive et peut être repoussée. — Cons. d'Et., 22 août 1868, O' Tard de la Grange, [Leb. chr., p. 970]

2123. — III. *Conséquences du refus d'expertise.* — De ce que l'expertise, lorsqu'elle a été régulièrement demandée dans les délais légaux, est obligatoire pour le conseil de préfecture, il suit que l'arrêté qu'il rendrait au fond sans ordonner cette mesure d'instruction serait entaché d'une nullité radicale. Le contribuable serait renvoyé devant le conseil de préfecture pour être statué sur sa réclamation après expertise. — Cons. d'Et., 3 janv. 1834, Fouquet, [P. adm. chr.]; — 2 mars 1839, Cuenne, [P. adm. chr.]; — 8 févr. 1851, Denoyelle, [Leb. chr., p. 98]; — 17 juin 1852, Chapus, [Leb. chr., p. 244]; — 6 oct. 1871, Queudot, [Leb. chr., p. 188]; — 19 mai 1876, Chemin de fer du Nord, [Leb. chr., p. 463]; — 30 nov. 1883, Courot, [D. 85. 3.51]; — 6 nov. 1885, Brown, [Leb. chr., p. 811]; — 26 déc. 1885, Mauguière, [Leb. chr., p. 1002]; — 12 nov. 1886, Tinel, [Leb. chr., p. 776]; — 23 déc. 1887, Sève, [Leb. chr., p. 835]; — 8 févr. 1890, Chemin de fer d'Orléans, [Leb. chr., p. 151]; — 8 août 1890, Tournier, [Leb. chr., p. 773]; — 6 déc. 1890, Delorme, [Leb. chr., p. 930]; — 25 avr. 1891, Maurel, [Leb.

chr., p. 317]; — 5 févr. 1892, Guiraud, [Leb. chr.. p. 108]; — 21 mai 1892, Chemin de fer d'Orléans, [Leb. chr., p. 470]; — 10 déc. 1892, Galinier, [Leb. chr., p. 891]

2124. — Cette annulation peut être prononcée d'office par le Conseil d'Etat. — Cons. d'Et., 13 mai 1869, Lanfranchi, [Leb. chr., p. 461]

2125. — Si le conseil de préfecture a accueilli la demande formée par un contribuable sans ordonner l'expertise qu'il réclamait, et que plus tard, sur l'appel interjeté par l'administration, le Conseil d'Etat estime que le dégrèvement a été prononcé à tort, il ne peut réformer l'arrêté et statuer au fond qu'après avoir fait procéder à l'expertise.

2126. — Un conseil de préfecture ne peut se refuser à ordonner l'expertise qui lui est demandée en se fondant sur ce que cette mesure d'instruction aurait été faite sur une réclamation identique afférente à un autre exercice. — Cons. d'Et., 5 sept. 1842, Quenelle, [P. adm. chr.]; — 26 avr. 1847, Bertin, [P. adm. chr.]; — 7 mars 1861, Petin, [Leb. chr., p. 163]; — 8 mai 1867, Soubrier, [Leb. chr., p. 451]; — 23 avr. 1875, Delette, [Leb. chr., p. 904] — ... Alors même que cette expertise aurait eu lieu depuis l'introduction de la seconde réclamation. — Cons. d'Et., 17 août 1864, Chemins de fer de l'Est, Paris-Lyon-Méditerranée, [Leb. chr., p. 775]

2127. — ... Ou sur ce que le réclamant, étant inscrit au rôle de la contribution personnelle, était par cela même passible des prestations. — Cons. d'Et., 14 avr. 1870, Guégault, [Leb. chr., p. 463]

2128. — Un conseil de préfecture qui n'accorde pas au réclamant la réduction intégrale qu'il sollicite ne peut se dispenser d'ordonner l'expertise qu'il a demandée. — Cons. d'Et., 16 sept. 1848, Mauzaize, [P. adm. chr.]; — 8 avr. 1869, Docher, [Leb. chr., p. 334]

2129. — Quand, sans ordonner l'expertise réclamée, le conseil de préfecture a accordé au réclamant une réduction de sa contribution, au lieu de la décharge qu'il demandait, cet arrêté doit être annulé; cependant, si la réduction accordée n'a fait l'objet d'aucun recours de la part de l'administration, le bénéfice devra en être maintenu au profit du contribuable au cas où sa demande en décharge ne serait pas reconnue fondée. — Cons. d'Et., 30 avr. 1870, Bodin, [Leb. chr., p. 514]

2130. — On ne peut non plus refuser l'expertise à un propriétaire qui demande décharge de sa cote foncière, par le motif que sa demande aurait dû être présentée sous la forme d'une demande en mutation de cote, avec indication du nouveau propriétaire de la parcelle litigieuse. — Cons. d'Et., 9 mai 1860, Lebret, [Leb. chr., p. 370]

2131. — Nous avons dit que lorsque le conseil de préfecture statuait au fond sur une réclamation sans ordonner l'expertise demandée, son arrêté devait être annulé et l'affaire renvoyée devant lui pour y être statué à nouveau après instruction régulière. Cependant, dans certains cas, le Conseil d'Etat peut évoquer le fond de l'affaire. C'est ce qui a lieu notamment lorsque, depuis la décision du conseil de préfecture, il a été procédé à une expertise contradictoire. — Cons. d'Et., 17 juin 1852, Chapus, [Leb. chr., p. 241]; — 8 juill. 1852, Fauvel, [Leb. chr., p. 287]; — 28 mai 1857, Bastiat, [P. adm. chr.]; — 6 août 1863, Hergard, [Leb. chr., p. 630]

2132. — ... Ou lorsque le réclamant déclare accepter les résultats d'une expertise faite pour un exercice précédent. — Cons. d'Et., 14 déc. 1889, Capy, [Leb. chr., p. 1178]

2133. — Supposons maintenant que le conseil de préfecture ait ordonné l'expertise. Il ne peut plus statuer avant d'avoir eu sous les yeux le procès-verbal d'expertise, sans que son arrêté soit entaché de nullité. — Cons. d'Et., 3 août 1877, Barbet, [Leb. chr., p. 777]; — 28 janv. 1881, Porin, [D. 82.3.33]

2134. — Il n'en est pas ainsi, toutefois, si c'est par la faute du réclamant que l'expertise n'a pas eu lieu. Si, par exemple, celui-ci ne désigne pas son expert, le conseil de préfecture peut statuer au fond sans attendre. — V. *supra*, n. 2068.

2135. — Il peut à toute époque renoncer à l'expertise qu'il avait demandée. — Cons. d'Et., 10 avr. 1867, Duval, [Leb. chr., p. 373]

2136. — Mais quand elle a été abandonnée sur sa renonciation, il n'est plus recevable à soulever des griefs tirés des irrégularités dont elle aurait été entachée. — Cons. d'Et., 21 févr. 1890, Depagneux, [Leb. chr., p. 189]

2137. — On ne peut considérer comme ayant refusé une

expertise le contribuable qui s'est opposé à ce qu'elle fût poursuivie par un expert autre que celui qu'il avait désigné et qui avait été récusé à tort par le conseil de préfecture. — Cons. d'Et., 9 mai 1873, Taillandier, [Leb. chr., p. 394]; — 7 nov. 1873, Lelu, [Leb. chr., p. 786]

2138. — ... Non plus que celui qui s'est borné à protester contre l'opération en tant qu'elle s'appuierait sur des facultés présumées. — Cons. d'Et., 29 oct. 1839, Vintant, [P. adm. chr.]

2° Des experts.

2139. — I. Nomination. — D'après l'art. 29, L. 21 avr. 1832, deux experts étaient nommés, l'un par le sous-préfet, l'autre par le réclamant. Cette loi avait maintenu sur ce point l'arrêté du 24 flor. an VIII. Antérieurement à cet arrêté, c'était l'administration qui, en vertu de la loi du 2 mess. an VII, véritable code des réclamations en matière de contributions directes, nommait les deux experts.

2140. — Pendant longtemps cette dernière loi, qui contenait de très-nombreuses dispositions sur la nomination, la récusation des experts, les formes de l'expertise, était considérée comme applicable dans toutes celles de ses dispositions qui n'étaient pas inconciliables avec celles de l'arrêté du 24 flor. an VIII et la loi du 21 avr. 1832, qui traitaient aussi de l'expertise, mais d'une manière beaucoup moins complète. Mais en 1846, le ministre des Finances soutint que l'arrêté de l'an VII et la loi du 21 avr. 1832 avaient eu pour but d'abroger complètement la loi du 2 mess. an VII, et que, par suite, les formalités prescrites par cette dernière loi et non reproduites par les loi et arrêté ultérieurs cessaient d'être obligatoires. Le Conseil d'Etat s'était rangé à cette opinion. — Cons. d'Et., 30 juin 1846, Desmarets, [P. adm. chr.]

2141. — MM. Fournier et Daveluy (p. 389) estimaient que, s'il n'était plus possible de se prévaloir de l'inobservation de la loi du 2 mess. an VII, comme d'une cause de nullité, on devait encore la consulter à titre de raison écrite, et se conformer à celles de ses prescriptions qui ne faisaient autre chose qu'appliquer à la matière des contributions les règles essentielles de toute expertise. »

2142. — L'arrêté du 24 flor. an VIII avait établi des règles différentes pour l'expertise, suivant que la réclamation portait sur la contribution foncière ou sur la contribution personnelle et mobilière. Dans le premier cas, les experts étaient désignés, l'un par le sous-préfet, l'autre par le réclamant. Dans le second, ils étaient nommés tous deux par le sous-préfet. Ils prenaient le nom de commissaires (art. 10). La loi de 1832 avait unifié les formes de l'expertise en abrogeant sur ce dernier point l'arrêté du 24 flor. an VIII. — Cons. d'Et., 24 juin 1887, Lassalle, [Leb. chr., p. 493]

2143. — La désignation par le sous-préfet des deux experts rendait une expertise irrégulière et il y avait lieu de procéder à une nouvelle vérification. — Cons. d'Et., 4 juill. 1834, Salomon, [P. adm. chr.]

2144. — Aux termes de l'art. 16, § 2, L. 17 juill. 1895, toute expertise est faite par trois experts, à moins que les parties ne consentent qu'il y soit procédé par un seul. Si l'expertise est faite par trois experts, l'un d'eux est nommé par le conseil de préfecture, et chacune des parties est appelée à nommer le sien. Si les parties consentent à ce que l'expertise soit confiée à un seul expert, il est désigné par le conseil de préfecture.

2144 bis. — Seuls le réclamant et l'administration ont le droit d'avoir des experts. Un contribuable dont la propriété était située sur le territoire de deux communes limitrophes, réclamait contre la taxe qui lui avait été imposée dans l'une d'elles. L'autre commune, intervenant dans l'instance, soutenait qu'elle devait être représentée spécialement à l'expertise que le conseil de préfecture avait ordonnée à l'effet de déterminer la limite des deux communes d'après la propriété du réclamant. Le Conseil d'Etat n'a pas admis cette prétention. — Cons. d'Et., 16 juill. 1886, Commune de Sermaize, [S. 88.3.25, P. adm. chr.]

2145. — Aucune forme n'est prescrite pour le choix de l'expert par le réclamant. Si le réclamant n'a pas désigné son expert dans sa requête, ou dans les observations par lesquelles il demande l'expertise, le contrôleur le met en demeure de le choisir. Le réclamant peut faire cette désignation par une simple lettre adressée au sous-préfet ou au contrôleur. Le conseil de préfecture ne peut statuer sans que cette mise en demeure ait eu lieu. — Cons. d'Et., 24 nov. 1869, Vanoni, [Leb. chr., p. 912]

2146. — Si le réclamant tarde trop à nommer son expert, le conseil de préfecture peut, ou statuer sur sa réclamation sans expertise, — Cons. d'Et., 17 juin 1881, Crépaux, [Leb. chr., p. 626]; — 2 juill. 1892, Fournier, [D. 93.3.103]; — 11 nov. 1892, Bourdon, [Ibid.]; — ... ou désigner d'office un expert, — Cons. d'Et., 14 janv. 1863, Bougueret, [P. adm. chr.] — ... après, toutefois, avoir adressé une mise en demeure au contribuable. — Cons. d'Et., 31 janv. 1891, Husson, [Leb. chr., p. 72]; — 26 févr. 1892, Vérité, [Leb. chr., p. 189]

2147. — Le contrôleur invite le sous-préfet à nommer l'expert de l'administration. Cette nomination est faite par arrêté spécial. Si l'expert choisi par le sous-préfet ne peut remplir sa mission, le contrôleur ne peut lui en substituer un autre de son choix. Cette substitution entraînerait la nullité de l'expertise, car le sous-préfet a seul qualité pour désigner l'expert de l'administration. — Cons. d'Et., 19 janv. 1859, Trarieux, [P. adm. chr., D. 59.3.39]

2148. — L'arrêté du sous-préfet qui a désigné l'expert de l'administration se trouve implicitement rapporté par un autre arrêté qui nomme un autre expert en remplacement du premier. — Cons. d'Et., 15 nov. 1872, Jousserand, [Leb. chr., p. 607]

2149. — Quand, par suite d'une erreur ou d'une confusion, les personnes désignées par le sous-préfet comme experts de l'administration dans différentes réclamations n'ont pas effectué l'expertise dans l'affaire même pour laquelle chacune d'elles a été nommée, il y a lieu d'annuler la procédure. — Cons. d'Et., 2 juin 1843, Allain, [P. adm. chr.]

2150. — Aucune disposition législative ou réglementaire n'assujettit les experts à l'obligation de prêter serment. — Cons. d'Et., 8 sept. 1819, Defrance, [S. chr., P. adm. chr.]; — 25 nov. 1831, Torlerat, [P. adm. chr.]; — 14 févr. 1856, Leprince, [D. 56.3.47]; — 3 janv. 1838, Durand-Foujols, [P. adm. chr.]; — 7 juin 1839, Cie des mines de Cublac, [P. adm. chr.]; — 23 mai 1873, Benoit, [Leb. chr., p. 442]; — 25 juin 1884, Hadj-Ahmed, [Leb. chr., p. 587]

2151. — Le Conseil d'Etat décide même qu'un conseil de préfecture commet une illégalité en imposant cette obligation soit aux experts... — Cons. d'Et., 3 juin 1865, Oudin et Benoît, [S. 66.2.40, P. adm. chr., D. 66.3.32]; — 19 nov. 1875, Bauchalet, [Leb. chr., p. 902]; — 13 avr. 1877, Chagot, [Leb. chr., p. 343]; — 19 juill. 1878, Lucas, [Leb. chr., p. 709]

2152. — ... Soit aux agents de l'administration des contributions directes qu'il charge de procéder à une contre-vérification. — Cons. d'Et., 21 nov. 1871, Cancalon, [Leb. chr., p. 247]

2153. — II. Récusation. — Les experts peuvent-ils être récusés et dans quels cas? La loi du 2 mess. an VII contenait de nombreuses dispositions sur ce point. Elle exigeait que les experts fussent citoyens français jouissant de leurs droits politiques (art. 202). Elle excluait les parents en ligne directe des ascendants et leurs collatéraux jusqu'au degré de cousin issu de germains inclusivement, ainsi que les parents aux mêmes degrés de leur conjoint (art. 203); les personnes qui étaient en procès avec les parties intéressées ou y avaient été depuis moins de cinq ans (art. 205); ceux qui avaient des propriétés ou un usufruit dans la commune ou qui y tenaient des biens à ferme (art. 206); les ascendants, descendants, frères, oncles ou neveux de ces derniers (art. 207). — Cons. d'Et., 30 mai 1844, Dumont, [P. adm. chr.]

2154. — Les experts étant alors nommés tous deux par l'autorité qui statuait sur la réclamation, se trouvaient investis par là d'un caractère officiel. Leur avis devait avoir presque l'autorité d'un jugement. On conçoit donc que le législateur ait voulu soustraire cet avis à tout soupçon de collusion ou d'intérêt personnel. Avec le système inauguré en l'an VIII, les experts changent de caractère : ils ne sont plus les mandataires de la justice, mais en quelque sorte les avocats autorisés des parties. Les experts recevant leur mandat de deux autorités distinctes, et obligés d'agir dans des vues opposées, on n'avait plus besoin de se prémunir contre les abus pouvant résulter de leur connivence. C'est pourquoi la nouvelle législation n'a pas reproduit les dispositions que nous venons de citer et que la jurisprudence considère comme abrogées.

2155. — D'autre part, à l'exception d'une décision isolée qui a admis que les art. 283 et 310, C. proc. civ., aux termes desquels les experts qui ont bu, mangé et logé chez l'une des parties pendant leurs opérations peuvent être récusés, étaient applicables en matière de contributions directes (Cons. d'Et., 15

juin 1812, Lassis, P. adm. chr.), jamais le Conseil d'Etat n'a appliqué les dispositions du Code de procédure relatives à la récusation. — Laferrière, *Juridiction administrative*, t. 2, p. 290; Teissier et Chapsal, p. 181.

2156. — Le Conseil d'Etat a décidé que le fait que le tiers expert aurait bu et mangé avec l'une des parties n'était pas de nature à faire annuler la tierce expertise. — Cons. d'Et., 2 mars 1883, du Mas, [D. 84.3.95]

2157. — Cependant le Conseil d'Etat ne va pas jusqu'à dénier complètement aux parties le droit de récusation des experts. Les causes de reproche ne se trouvant énoncées dans aucune loi, il s'inspire uniquement des principes généraux de la procédure, et n'admet la récusation que s'il y a incompatibilité absolue entre la situation personnelle de l'expert et le mandat qui lui est confié. Ainsi il est certain qu'un réclamant ne peut être expert dans sa propre cause. Par application de ce principe, le Conseil a reconnu valable la récusation de l'expert du réclamant quand cet expert n'était autre que le mandataire du réclamant chargé par lui de suivre l'instance. — Cons. d'Et., 31 août 1871, Alizard et Jousserand, [S. 73.2.93, P. adm. chr., D. 72.3. 60]; — 14 févr. 1872, Tumeguin, [Leb. chr., p. 73]; — 29 nov. 1872, Rouillé, [Leb. chr., p. 655]; — 5 déc. 1873, Connin-Douine, [Leb. chr., p. 893]; — 1er mai 1874, Piédoye, [Leb. chr., p. 396]

2158. — Mais cette récusation n'est possible qu'à la condition qu'il y ait mandat régulier et dûment établi à l'effet de poursuivre la réclamation donnant lieu à l'expertise. — Cons. d'Et., 9 mai 1873, Taillandier, [Leb. chr., p. 394]; — 13 juin 1873, Mardalle, [Leb. chr., p. 525]; — 8 août 1873, René et Macarel, [Leb. chr., p. 741]; — 7 nov. 1873, Jousserand, [Leb. chr., p. 786]; — 6 févr. 1874, Seillon, [Leb. chr., p. 124]

2159. — Si, par exemple, le réclamant a présenté lui-même sa requête, la circonstance qu'il aurait fait élection de domicile pour toutes les notifications chez un tiers, fût-il même un agent de récusation, ne saurait avoir pour conséquence de faire récuser cet agent s'il l'avait choisi comme expert. — Cons. d'Et., 23 nov. 1877, Jeanmaire, [Leb. chr., p. 898]

2160. — L'indignité de la personne désignée comme expert peut être une cause de récusation. Mais il faut que les faits allégués contre l'expert aient fait l'objet d'une constatation judiciaire. — Même arrêt.

2161. — Le Conseil a encore admis la récusation d'un expert qui avait subi une condamnation correctionnelle pour avoir, dans une précédente instance, injurié les agents de l'administration des contributions directes. — Cons. d'Et., 27 mai 1887, Berthier, [S. 89.3.24, P. adm. chr., D. 88.3.94]

2162. — En ce qui touche l'expert de l'administration, le Conseil se montre très-peu favorable aux récusations. Il est de jurisprudence constante que la qualité de fonctionnaire salarié par l'Etat ou par la commune n'est pas une cause suffisante de récusation. C'est ainsi qu'il a été reconnu que l'administration pourrait valablement désigner pour son expert : un architecte communal. — Cons. d'Et., 27 déc. 1854, Maze, [Leb. chr., p. 1004]

2163. — ... Un secrétaire de mairie. — Cons. d'Et., 29 mai 1861, Loste, [Leb. chr., p. 440]; — 14 juill. 1876, Tournus, [Leb. chr., p. 680]; — 8 août 1884, Grasset, [D. 86.3.30]

2164. — ... Un agent-voyer. — Cons. d'Et., 14 juin 1861, Sarget, [P. adm. chr., D. 61.3.56]; — 24 avr. 1865, Gagout, [Leb. chr., p. 479]

2165. — ... Un conducteur des ponts et chaussées. — Cons. d'Et., 8 août 1873, Connin-Douine, [Leb. chr., p. 742]; — 7 nov. 1873, Linassier, [Leb. chr., p. 788]; — 28 nov. 1873, Beaulieu, [Leb. chr., p. 873]; — 13 févr. 1880, Colas, [Leb. chr., p. 168]; — 25 juin 1880, de Saint-Ours, [S. 82.3.2, P. adm. chr., D. 81. 3.60]; — 8 août 1884, Compin, [Leb. chr., p. 727]; — 9 déc. 1887, Terrier, [D. 88.5.339]; — 9 nov. 1888, Colcin, [Leb. chr., p. 802]; — 15 juin 1894, Guillemot, [Leb. chr., p. 406]

2166. — ... Un vérificateur des poids et mesures. — Cons. d'Et., 3 oct. 1857, Othon, [P. adm. chr., D. 58.3.27]

2167. — ... Un membre du conseil municipal. — Cons. d'Et., 18 juill. 1873, Guillemot, [Leb. chr., p. 645]

2168. — Quant aux répartiteurs, le Conseil fait une distinction. Il admet qu'ils peuvent être désignés comme experts dans les instances relatives à des taxes qu'ils n'ont pas contribué à établir, comme la contribution des patentes. — Cons. d'Et., 10 déc. 1886, Luccioni, [D. 88.5.358]

2169. — Mais il reconnaît qu'ils peuvent être récusés quand il s'agit d'une réclamation portant soit sur un impôt de répartition, soit une taxe assimilée telle que la taxe sur les chevaux et voitures. En effet, d'une part, ils ont déjà donné leur avis sur l'imposition contestée, lors de la confection des rôles et lors de la communication qui leur a été faite de la réclamation (V. *supra*, n. 1941 et s.). D'autre part, en tant que représentants de la collectivité des contribuables de la commune, ils ont un intérêt contraire à celui du réclamant. — Cons. d'Et., 30 janv. 1892, Dupuy, [D. 93.3.160]

2170. — Les seuls fonctionnaires qui puissent être récusés à raison même de leurs fonctions sont les agents de l'administration des contributions directes. — Cons. d'Et., 31 janv. 1845, Daudey, [S. 45.2.383, P. adm. chr.]

2171. — L'expert de l'administration ne peut être récusé pour cause de parenté, soit avec le maire... — Cons. d'Et., 27 févr. 1880, Séron, [Leb. chr., p. 220]

2172. — ... Soit avec le contribuable réclamant. — Cons. d'Et., 7 août 1885, Cureau, [Leb. chr., p. 762]

2173. — ... Soit avec l'expert de ce dernier. — Cons. d'Et., 18 mars 1881, Vidal, [Leb. chr., p. 300]

2174. — Il a été décidé encore qu'aucune disposition n'interdisait à l'administration de choisir son expert parmi les personnes non domiciliées dans l'arrondissement où s'élève la contestation. — Cons. d'Et., 25 avr. 1879, Pagès-Viala, [Leb. chr., p. 317]; — 6 juin 1879, Cabibel, [Leb. chr., p. 454]

2175. — D'après les art. 283 et 310, C. proc. civ., peuvent être récusés les experts qui ont donné des certificats sur les faits relatifs au procès. Cette cause de récusation n'est pas appliquée par le Conseil d'Etat à l'expert qui a déjà donné son avis sur une réclamation identique du même contribuable pour un exercice précédent. — Cons. d'Et., 19 déc. 1864, Clavier, [Leb. chr., p. 904]; — 12 févr. 1867, Devismes, [Leb. chr., p. 166]; — 20 juin 1879, Léger, [Leb. chr., p. 519]; — 5 mai 1882, Moreau, [Leb. chr., p. 429]; — 24 janv. 1891, Mouton, [D. 92.5.193]

2176. — Pour obtenir la récusation d'un expert il faut adresser des conclusions formelles à cette fin au conseil de préfecture. Une simple lettre adressée au contrôleur et dans laquelle le réclamant annoncerait l'intention de récuser l'expert de l'administration n'aurait aucun effet. — Cons. d'Et., 3 juin 1881, Boiscourbeau, [Leb. chr., p. 586]

2177. — En vue de permettre les récusations qu'elle prévoyait, la loi du 2 mess. an VII (art. 208 et s.) obligeait l'administration à notifier aux réclamants les noms des experts désignés. Mais depuis que cette loi a été implicitement abrogée, le Conseil d'Etat a décidé que cette formalité n'était plus obligatoire. — Cons. d'Et., 21 janv. 1876, Pays-Bonnet, [Leb. chr., p. 56]; — 23 mars 1880, Jorand, [Leb. chr., p. 341]; — 9 avr. 1886, Faure, [Leb. chr., p. 325]; — 2 déc. 1887, François, [S. 89.3.54, P. adm. chr., D. 88.3.95]

2178. — La récusation de l'expert doit être proposée au début même des opérations. A ce moment, les parties ayant connaissance du nom de l'expert doivent faire valoir les griefs qu'elles peuvent avoir contre lui et se refuser à prendre part à l'expertise dans ces conditions. Si elles se taisent et assistent à l'expertise, elles ne sont plus recevables à arguer du défaut de notification du nom de l'expert et de l'impossibilité où elles ont été de faire valoir leur droit de récusation. — Cons. d'Et., 5 oct. 1857, Otlien, [P. adm. chr., D. 58.3.27]; — 30 mai 1873, Piédoye, [Leb. chr., p. 368]; — 18 juill. 1873, Guillemot, [Leb. chr., p. 645]; — 4 juin 1886, Braine, [Leb. chr., p. 486]

2179. — A plus forte raison un moyen de récusation soulevé pour la première fois devant le Conseil d'Etat serait-il tardif. — Cons. d'Et., 30 avr. 1875, Blanchard, [S. 77.2.34, P. adm. chr., D. 75.3.97]; — 30 juill. 1880, Turquand, [D. 91.3.92]; — 9 déc. 1887, Terrier, [Leb. chr., p. 785]; — 20 avr. 1888, Dessein-May, [Leb. chr., p. 358]; — 30 nov. 1889, Rouquier, [Leb. chr., p. 1113]; — 22 févr. 1890, Commune de Chantes, [Leb. chr., p. 215]; — 9 nov. 1894, Gayda, [Leb. chr., p. 584] — Aucher, *Code du contentieux des contributions directes*, n. 243.

2180. — Mais si la demande de récusation a été présentée en temps utile, l'arrêté qui statuerait au fond sans examiner ces conclusions devrait être annulé. — Cons. d'Et., 30 janv. 1892, Dupuy, [D. 92.5.160]

2181. — A qui appartient-il de statuer sur la demande de récusation? Certains préfets avaient émis la prétention d'avoir hérité sur ce point des pouvoirs conférés par la loi du 2 mess. an VII aux administrations départementales. Mais il a été décidé que ces demandes avaient un caractère contentieux et, dès

16

lors, il n'appartenait qu'au conseil de préfecture de les examiner. — Cons. d'Ét., 31 août 1871, Alizard, [S. 73.2.93, P. adm. chr., D. 72.3.60]; — 14 févr. 1872, Tenneguin, [Leb. chr., p. 73]; — 29 nov. 1872, Rouillé, [Leb. chr., p. 655]; — 13 juin 1873, Lalange, [Leb. chr., p. 526]; — 1er mai 1874, Piédoye, [Leb. chr., p. 396]; — 27 mai 1887, Berthier, [S. 89.3.24, P. adm. chr., D. 88.3.93]

2182. — Cependant si le préfet a remplacé l'expert récusé et que le réclamant ait assisté à l'expertise et se soit présenté devant le conseil de préfecture sans se plaindre de cette irrégularité, celle-ci est couverte. — Cons. d'Ét., 17 janv. 1873, Taillandier, [Leb. chr., p. 36]; — 14 févr. 1873, Scillon, [Leb. chr., p. 157]

2183. — Le conseil de préfecture n'est pas tenu de donner acte de la récusation. Il peut la rejeter si les moyens invoqués ne lui paraissent pas fondés. — Cons. d'Ét., 2 déc. 1887, précité.

2184. — Quand la récusation est admise, celui qui en a fait l'objet ne peut procéder à l'expertise, alors même qu'un recours aurait été formé immédiatement contre l'arrêté du conseil de préfecture. S'il se présente néanmoins et assiste aux opérations, il ne pourra réclamer d'honoraires. — Cons. d'Ét., 12 juin 1874, Piédoye, [Leb. chr., p. 547]

2185. — Lorsque l'expert du réclamant est récusé, le conseil de préfecture ne peut nommer un expert d'office à sa place sans avoir préalablement mis le réclamant en demeure d'en choisir un autre. Cette mise en demeure résulte de la notification de la décision par laquelle la récusation a été admise. Si le réclamant ne répond pas à cette notification, le silence ne peut être interprété comme une renonciation à l'expertise; le conseil de préfecture nomme le remplaçant, mais ne doit pas statuer au fond. — Cons. d'Ét., 20 avr. 1877, Crépin, [Leb. chr., p. 363]; — 27 mai 1887, précité.

2186. — Un réclamant n'est pas fondé à se plaindre du défaut de notification d'un arrêté par lequel le conseil de préfecture lui donne acte de ce qu'il a désigné un expert pour le cas où le premier qu'il avait choisi serait récusé. — Cons. d'Ét., 15 nov. 1872, Jousserand, [Leb. chr., p. 607]

3o Opérations de l'expertise.

2187. — I. *Convocation.* — L'expertise devant être faite contradictoirement, le contrôleur, qui en fixe la date, doit en donner avis au réclamant, aux experts et au maire de la commune. Cette notification doit, aux termes de l'art. 23, L. 2 mess. an VII, être faite dix jours au moins avant le jour fixé pour les opérations. Le Conseil a décidé que ce délai était prescrit à peine de nullité. — Cons. d'Ét., 9 janv. 1874, Bernard, [Leb. chr., p. 6]

2188. — Le contribuable qui, le jour de l'expertise, se plaint de n'avoir pas été averti dans le délai prescrit par l'art. 23, L. 2 mess. an VII, et refuse pour ce motif de laisser procéder à l'expertise, est dans son droit. Si le conseil de préfecture statuait au fond sans que l'expertise ait eu lieu contradictoirement, son arrêté devrait être annulé. — Cons. d'Ét., 26 déc. 1870, Guglichni, [Leb. chr., p. 1109]; — 21 déc. 1877, Goullay, [D. 78.5.160]; — 7 nov. 1879, Guglichni, [Leb. chr., p. 668]

2189. — Mais l'irrégularité résultant de l'inobservation du délai de dix jours serait couverte par la présence de la partie et de son expert aux opérations de l'expertise. — Cons. d'Ét., 23 mars 1880, Jorand, [Leb. chr., p. 341]

2190. — Quand ni le réclamant ni son expert n'ont été avertis, ou quand l'un ou l'autre a été induit en erreur sur le jour de l'expertise par un avis inexact, le réclamant est fondé à demander qu'il soit procédé à une nouvelle expertise. — Cons. d'Ét., 19 avr. 1838, Carrère, [P. adm. chr.]; — 20 juill. 1859, Doré, [Leb. chr., p. 502].

2191. — L'avertissement doit émaner du contrôleur et non du maire; cependant s'il a été procédé autrement, cette irrégularité ne vicie pas l'expertise. — Cons. d'Ét., 23 mars 1880, précité.

2192. — II. *Personnes dont la présence à l'expertise est nécessaire.* — D'après l'art. 5, Arr. 24 flor. an VIII, se rendront sur les lieux avec le contrôleur, et, en présence de deux répartiteurs et du réclamant ou de son fondé de pouvoir, ils vérifieront les revenus, objet de la cote du réclamant et des autres cotes prises ou indiquées par le réclamant pour comparaison dans le rôle. Le contrôleur rédigera un procès-verbal des dires des experts et y joindra son avis (art. 6). En résumé, l'ex-

pertise est dirigée en principe par le contrôleur. — Cons. d'Ét., 16 mars 1877, Boillot, [Leb. chr., p. 272]; — 18 mars 1881, Vidal, [Leb. chr., p. 300]

2193. — Toutefois, en cas d'absence, de maladie ou d'empêchement du contrôleur, il peut être remplacé, soit par le contrôleur d'une division voisine... — Cons. d'Ét., 17 déc. 1875, Carbonnel, [Leb. chr., p. 1015]

2194. — ... Soit par l'inspecteur, qui, en vertu des règlements constitutifs de l'administration des contributions directes, est chargé de remplacer les contrôleurs empêchés et de faire toutes les opérations de vérification qui exigent un déplacement. — Cons. d'Ét., 24 juin 1857, Marcoul, [Leb. chr., p. 485]; — 24 févr. 1866, Levallois, [S. 66.2.376, P. adm. chr.]; — 18 juill. 1873, Cayrac et Serpantie, [Leb. chr., p. 647]; — 19 févr. 1875, Léger, [Leb. chr., p. 169]; — 25 avr. 1879, Pagès-Viala, [D. 80.5. 114]; — 24 mai 1890, Cherpin, [Leb. chr., p. 546]

2195. — En Algérie, en vertu d'une disposition spéciale d'un décret du 28 mai 1872, la mission confiée au contrôleur par l'arrêté du 24 flor. an VIII, peut être remplie par un répartiteur. — Cons. d'Ét., 23 juin 1880, Hadj-Ahmed, [Leb. chr., p. 587]

2196. — Une expertise ne peut être viciée par ce seul fait que le contrôleur en aurait dirigé une autre sur une réclamation précédente du même contribuable. — Cons. d'Ét., 24 nov. 1869, Grosos, [Leb. chr., p. 912]

2197. — La direction de l'expertise par un agent de l'administration est obligatoire et le conseil de préfecture qui déciderait que les experts devraient procéder sans l'assistance de cet agent commettrait une illégalité. — Cons. d'Ét., 13 avr. 1877, Chagot, [Leb. chr., p. 343]

2198. — Au jour et à l'heure fixés pour l'expertise, le contrôleur, les experts se rendent à la mairie de la commune, ainsi que le réclamant ou son fondé de pouvoir et deux répartiteurs désignés par le maire. — Cons. d'Ét., 30 déc. 1869, Henry, [Leb. chr., p. 1031] — Celui-ci doit être présent quand la réclamation porte sur un impôt de quotité. Il a la faculté d'assister aux opérations s'il s'agit d'un impôt de répartition. — Cons. d'Ét., 18 mars 1881, précité.

2199. — Quant aux répartiteurs, leur présence n'est pas nécessaire quand il s'agit d'un impôt de quotité, à moins qu'ils ne contribuent à l'établissement de la taxe. — Cons. d'Ét., 24 juin 1857, précité.

2200. — Le rôle du maire et des répartiteurs à l'expertise est purement passif : ils se bornent à assister aux opérations sans être appelés à donner leur avis. Aussi le Conseil d'État admet-il que l'on peut valablement désigner pour assister à l'expertise des répartiteurs dont les propriétés ont été indiquées comme termes de comparaison. — Cons. d'Ét., 28 août 1844, Grimoult, [P. adm. chr.]; — 26 mars 1870, Mazoyer, [Leb. chr., p. 351]; — 21 déc. 1877, Goullay, [Leb. chr., p. 1029]

2201. — Une expertise n'est pas irrégulière si le maire et les répartiteurs n'ont pas donné d'avis sur ses résultats. — Cons. d'Ét., 27 déc. 1890, Puzenat, [Leb. chr., p. 1014]

2202. — Au surplus, l'absence du maire et des répartiteurs ou de l'un d'eux n'a aucune importance et n'empêche pas de procéder aux opérations de l'expertise (art. 25, L. 2 mess. an VII). — Cons. d'Ét., 25 mars 1837, Ferradou, [P. adm. chr.]; — 17 déc. 1862, Lavocat, [Leb. chr., p. 789]; — 26 janv. 1870, Pradel, [Leb. chr., p. 29]; — 18 juill. 1873, Guillemot, [Leb. chr., p. 645]; — 23 juill. 1875, Cros-Mayrevielle, [Leb. chr., p. 712]; — 22 nov. 1877, Alveruhe, [Leb. chr., p. 898]; — 21 déc 1877, précité; — 7 nov. 1891, Armand, [Leb. chr., p. 642]

2203. — La présence du contribuable ou de son fondé de pouvoir n'est pas non plus indispensable. Il suffit que la convocation ait été adressée à l'un ou à l'autre. Si le mandataire n'a pas été convoqué, cette irrégularité est couverte par la présence du réclamant lui-même. Le réclamant qui a été régulièrement convoqué n'est pas fondé à demander une nouvelle expertise, si, pour une cause quelconque, il a été empêché d'assister à l'expertise. — Cons. d'Ét., 19 avr. 1834, Cottenot, [D. 55.5.203]; — 14 juin 1861, Tusson, [Leb. chr., p. 491]; — 8 mai 1866, Corbin, [Leb. chr., p. 440]; — 21 août 1868, Sarabayrousse, [Leb. chr., p. 950]; — 30 avr. 1875, Ricotier-Malicot, [Leb. chr., p. 381]; — 7 janv. 1876, Renault-Girault, [Leb. chr., p. 8]; — 10 mars 1876, Linassier, [Leb. chr., p. 236]; — 4 mars 1881, Janthoux, [D. 82.3.100]; — 6 août 1881, Garène, [Leb. chr., p. 656]; — 14 juin 1890, Martin et Pourroy, [Leb. chr., p. 578]

2204. — Pour que l'expertise soit contradictoire, il faut et il suffit que les experts soient présents et procèdent ensemble aux opérations. Lors donc qu'au jour indiqué pour l'expertise, l'un des experts est empêché par un motif sérieux d'y assister, les autres experts ne peuvent procéder seuls, à peine de nullité de l'expertise. La vérification doit être remise à un autre jour, et, si la cause qui a motivé l'absence de l'expert est de nature à se prolonger, ou si l'expertise ne peut être remise, la partie que cet expert représentait doit être mise en demeure de lui désigner un remplaçant, faute de quoi le conseil de préfecture en nommera un d'office. — Cons. d'Et., 17 sept. 1838, Morin d'Anvers, [Leb. chr., p. 193]; — 24 juill. 1847, Moustelon, [P. adm. chr.]; — 11 nov. 1852, Tainturier, [S. 53.2.366]; — 10 sept. 1856, Grand, [P. adm. chr., D. 57.3.32]; — 30 août 1861, Delage, [Leb. chr., p. 752]; — 14 janv. 1863, Bouguerel, [P. adm. chr.]; — 7 mai 1863, Parent, [Leb. chr., p. 422]; — 17 août 1864, Chemin de fer P.-L.-M., [Leb. chr., p. 776]; — 9 sept. 1864, Augé, [Leb. chr., p. 862]; — 26 déc. 1870, Guglichini, [Leb. chr., p. 1409]

2205. — L'expertise est contradictoire quand tous les experts ont signé le procès-verbal d'expertise. — Cons. d'Et., 16 déc. 1887, Ragut, [Leb. chr., p. 812]; — 22 nov. 1889, Brès, [Leb. chr., p. 1051]

2206. — Cependant, malgré l'absence de l'expert du réclamant, l'expertise peut être régulière si le réclamant lui-même a assisté aux opérations et n'a fait aucune protestation soit au cours des opérations, soit devant le conseil de préfecture. — Cons. d'Et., 18 déc. 1874, Benoît, [Leb. chr., p. 1009]; — 27 juill. 1888, Hirbec, [Leb. chr., p. 666]; — 3 mars 1894, Dupuis, [Leb. chr., p. 177]

2207. — L'irrégularité résultant de l'absence de l'expert du réclamant peut encore être couverte si cet expert a fait ultérieurement son rapport et l'a déposé entre les mains du réclamant. — Cons. d'Et., 25 févr. 1841, Rogère-Préban, [P. adm. chr.]

2208. — Une expertise n'est pas nulle, quoique le réclamant et son expert se soient retirés volontairement au cours des opérations. Elle est réputée contradictoire. — Cons. d'Et., 14 juin 1861, Tusson, [Leb. chr., p. 491]; — 24 juill. 1861, Romi, [Leb. chr., p. 635]; — 8 août 1873, Connin-Douine, [Leb. chr., p. 742]; — 3 déc. 1875, Cotton, [Leb. chr., p. 968]; — 25 avr. 1879, Pagès-Viala, [Leb. chr., p. 317]; — 18 mars 1887, Cahouet, [Leb. chr., p. 238]; — 7 nov. 1891, Arnaud, [Leb. chr., p. 642]; — 9 déc. 1892, Société immobilière marseillaise, [Leb. chr., p. 875]

2209. — Si un contribuable, après avoir réclamé l'expertise, s'oppose à ce qu'elle soit effectuée, il ne peut plus se prévaloir de ce que cette mesure d'instruction n'aurait pas eu lieu. — Cons. d'Et., 18 mars 1842, Trépied, [P. adm. chr.]; — 17 janv. 1872, Marcand, [Leb. chr., p. 51]; — 30 mai 1873, Piédoye, [Leb. chr., p. 480]; — 5 déc. 1873, Connin-Douine, [Leb. chr., p. 893]; — 4 mai 1881, Fauthoux, [Leb. chr., p. 249]; — 17 juill. 1885, Bouvy, [Leb. chr., p. 687] — Il serait inadmissible, en effet, que la mauvaise volonté d'un contribuable pût arrêter indéfiniment la marche de l'instruction. — Tessier et Chapsal, p. 186.

2210. — Il n'est pas indispensable que les experts soient présents pendant toute la durée des opérations. Il suffit qu'ils aient vérifié ensemble tous les objets sur lesquels porte la contestation. Si l'un d'eux a besoin d'un second examen pour affermir son opinion, et qu'une seconde visite sur les lieux soit nécessaire, l'absence des autres experts ne viciera pas l'expertise et ne l'empêchera pas de procéder seul. — Cons. d'Et., 17 déc. 1862, Lavocat, [Leb. chr., p. 788]; — 12 févr. 1863, Rolland, [Leb. chr., p. 109]

2211. — Une expertise ne serait pas viciée parce que les experts se seraient adjoint des particuliers, propriétaires ou habitants, au courant de la valeur des terres ou des loyers dans la commune et capables de leur donner sur ce point d'utiles renseignements. — Cons. d'Et., 15 janv. 1886, Arnaud et autres, [Leb. chr., p. 39]; — 9 avr. 1886, Faure, [Leb. chr., p. 326]

2212. — Le contrôleur commence par donner lecture aux experts de la réclamation, des avis émis par le maire ou les répartiteurs et par les agents de l'administration, afin qu'ils connaissent bien l'objet exact du litige. Cette formalité accomplie, l'expertise proprement dite commence. Pour remplir utilement leur mission, il faut que les experts aient une connaissance complète des bases de l'imposition et, à cet effet, ils doivent

visiter le fonds, la maison, ou l'établissement objet du litige pour y procéder à la vérification des faits (Arr. 24 flor. an VIII, art. 5). Cette visite sur les lieux est indispensable et quels que soient les documents qu'ils aient à leur disposition, les experts ne peuvent s'en dispenser, à peine de nullité de l'expertise. — Cons. d'Et., 18 oct. 1833, Curtille, [P. adm. chr.]; — 19 déc. 1838, Giraud-Fort, [Leb. chr., p. 241]; — 18 août 1862, Diémer, [Leb. chr., p. 695]; — 5 juill. 1865, Pascal, [Leb. chr., p. 681]; — 29 juin 1877, Launoy-Broyon, [D. 77.3.86]; — 23 janv. 1880, Aubry, [D. 80.3.114]; — 16 mars 1883, Société sucrière de Coulommiers, [Leb. chr., p. 273]; — 3 mars 1894, Poisson, [Leb. chr., p. 175]

2213. — Il ne faut pas cependant pousser trop loin la rigueur de ce principe et exiger absolument une visite sur les lieux qui serait inutile. Il a été décidé, par exemple, que les experts avaient pu valablement se dispenser de la visite sur les lieux dans un cas où la nature des faits à constater rendait cette mesure superflue. — Cons. d'Et., 23 mai 1873, Benoît, [Leb. chr., p. 442]

2214. — De même il a été décidé, à propos d'une réclamation relative à la taxe sur les chevaux et voitures, que la visite des experts au domicile était sans objet lorsque la contestation ne portait que sur l'usage de la voiture et non sur sa forme. — Cons. d'Et., 23 mars 1880, Jorand, [Leb. chr., p. 341]

2215. — Si le réclamant refuse de laisser visiter sa maison, il doit être considéré comme renonçant à l'expertise qu'il rend impossible et inutile. — Cons. d'Et., 4 mai 1881, Fauthoux, précité; — 17 juill. 1885, précité; — 15 janv. 1886, Tahan, [Leb. chr., p. 35] — V. supra, n. 2131.

2216. — Un patentable peut se refuser à donner aux experts communication de ses livres sans que l'expertise se trouve viciée par ce fait. — Cons. d'Et., 23 déc. 1884, Jacquier, [Leb. chr., p. 933]

2217. — Si le réclamant et son expert soutiennent que la comparaison de l'habitation objet du litige avec les autres habitations de la commune est inutile et que la valeur locative doit être déterminée uniquement à l'aide d'un bail authentique produit au dossier, les autres experts peuvent procéder seuls à la visite et à l'évaluation de la maison du réclamant. — Cons. d'Et., 25 août 1865, Chemin de fer du Nord, [Leb. chr., p. 843]; — 18 juin 1872, Pons, [Leb. chr., p. 381]

2218. — Ce n'est pas seulement sur l'objet de la contestation que doit porter l'examen des experts, mais sur les termes de comparaison qui sont invoqués de part et d'autre. Les experts sont rigoureusement tenus de visiter et d'examiner les fonds ou maisons que le requérant a indiqués à l'appui de sa réclamation. Le Conseil d'Etat a souvent déclaré des expertises irrégulières par le motif que plusieurs des termes de comparaison cités n'avaient pas fait l'objet de la visite des experts. — Cons. d'Et., 1er juin 1828, Noël, [P. adm. chr.]; — 28 août 1844, Grimoult et Roussel-Desfrèches, [P. adm. chr.]; — 8 août 1855, Demenu, [Leb. chr., p. 586]; — 13 févr. 1862, Galvaire, [S. 63.2.48, P. adm. chr.]; — 7 févr. 1865, Dégoutin, [S. 65.2.319, P. adm. chr.]; — 7 déc. 1877, Martin, [Leb. chr., p. 964]; — 24 janv. 1891, Mouton, [Leb. chr., p. 43]; — 14 mars 1891, Florens-Orville, [Leb. chr., p. 219]; — 6 juin 1891, Guillaume, [Leb. chr., p. 422]; — 21 juill. 1894, Dardouville, [Leb. chr., p. 504]

2219. — Mais si les experts sont obligés de visiter les points de comparaison cités par le réclamant, ils ne sont pas tenus de borner là leur examen. D'une part, le contrôleur peut inviter les répartiteurs à leur désigner d'autres cotes qu'ils devront visiter également, les deux parties ayant le même droit sur ce point. Le contrôleur pourra leur en désigner lui-même. — Cons. d'Et., 5 juin 1843, Barrès, [P. adm. chr.]; — 13 mai 1852, Ruelle de Belle-Isle, [P. adm. chr.]; — 25 avr. 1860, Bocquet, [P. adm. chr.]; — 26 janv. 1865, Mangars, [Leb. chr., p. 94]; — 30 août 1865, de Reverseaux, [Leb. chr., p. 893]; — 26 juin 1867, Ravard, [Leb. chr., p. 603]; — 27 févr. 1868, Reillet, [Leb. chr., p. 231]; — 7 août 1869, Cabissole, [Leb. chr., p. 751]; — 6 sept. 1869, Renard, [Leb. chr., p. 834]; — 9 mai 1873, Piccot, [Leb. chr., p. 400]; — 3 nov. 1882, Biscay-Libil, [Leb. chr., p. 817]; — 14 mars 1891, précité.

2220. — D'autre part, les deux parties peuvent être d'accord pour demander que l'examen porte sur d'autres cotes. — Cons. d'Et., 21 déc. 1877, Goullay, [Leb. chr., p. 1029]

2221. — Enfin, les experts peuvent eux-mêmes d'office prendre d'autres termes de comparaison que ceux qui leur sont indi-

qués. — Cons. d'Et., 9 juill. 1846, Degoul, [S. 46.2.666, P. adm. chr., D. 47.3.30]; — 24 nov. 1869, Daudée, [Leb. chr., p. 913]; — 18 mars 1881, Vidal, [Leb. chr., p. 300]

2222. — Le droit de désigner des termes de comparaison pourrait dégénérer en abus. Aussi les experts peuvent-ils réduire le nombre des cotes à examiner s'ils sont d'accord pour reconnaître que cet examen serait inutile et n'aurait d'autre effet que d'augmenter les frais.

2223. — Le Conseil a ainsi déclaré valable une expertise bien que les experts n'eussent visité que 35 maisons sur 64 que le réclamant avait indiquées. — Cons. d'Et., 10 juin 1887, Fabre de Cabuzac, [D. 88.5.140]; — 28 mars 1890, Mouton, [D. 91.5.144]; — 9 déc. 1892, Boué, [Leb. chr., p. 875]

2224. — L'expertise ne sera pas entachée d'irrégularité si les experts ne font porter leurs vérifications que sur les termes de comparaison choisis par le réclamant en dernier lieu avant le commencement des opérations. — Cons. d'Et., 29 juill. 1857, Pouzergues, [Leb. chr., p. 591]

2225. — L'expertise n'est pas viciée non plus par le fait que le propriétaire d'une des maisons citées comme points de comparaison s'est refusé à la laisser visiter. — Cons. d'Et., 6 nov. 1885, précité.

2226. — L'obligation des experts se borne à la visite des points de comparaison et à la vérification des évaluations qui leur ont été attribuées. Mais une fois qu'ils se sont acquittés de cette obligation, ils sont libres d'écarter ceux des points de comparaison qui leur paraissent mal choisis. — Cons. d'Et., 27 juin 1838, Mathieu, [Leb. chr., p. 122]; — 26 nov. 1852, Micaud, [Leb. chr., p. 521]; — 23 juin 1868, Lagrange, [Leb. chr., p. 711]; — 20 févr. 1869, Rivière, [Leb. chr., p. 176]; — 9 mars 1877, Hoffherr, [Leb. chr., p. 259]; — 27 févr. 1880, Séran, [Leb. chr., p. 220]

2227. — Il est essentiel que les experts comparent entre eux des éléments de même nature ou placés dans des conditions analogues. Il a été décidé qu'une expertise était irrégulière lorsque les experts s'étaient bornés à prendre au hasard un certain nombre d'habitations d'une ville, à comparer leur valeur réelle à leur loyer matricule et à établir une moyenne qu'ils avaient ensuite appliquée à l'habitation du réclamant. — Cons. d'Et., 11 déc. 1856, de Lamure, [D. 57.3.46]

2228. — Jugé que les experts avaient écarté avec raison des points de comparaison dont l'imposition était reconnue trop faible. — Cons. d'Et., 18 juin 1834, Simon, [P. adm. chr.]; — 27 févr. 1835, Lefeuvre, [P. adm. chr.]; — 17 mars 1833, Coulet, [P. adm. chr.]; — 10 juin 1835, de Ranglandre, [P. adm. chr.]; — 17 juin 1835, Dassonvillez, [P. adm. chr.]; — 21 avr. 1858, Mareau, [S. 59.2.192, P. adm. chr.]; — 28 juin 1860, Simon, [Leb. chr., p. 514]

2229. — Il n'est pas interdit de prendre pour termes de comparaison des maisons ayant moins de dix ans de date. — Cons. d'Et., 6 mars 1885, Castillon, [Leb. chr., p. 269]

2230. — Mais on doit écarter celles qui se trouveraient dans une situation exceptionnelle. Ainsi une maison d'habitation ne peut être comparée à une maison occupée en partie par des tentables. — Cons. d'Et., 4 juill. 1868, Coste-Foron, [Leb. chr., p. 770]; — 31 janv. 1873, Guillemot, [Leb. chr., p. 77]; — 6 nov. 1885, précité; — 5 août 1887, Ruelle, [Leb. chr., p. 627]; — 16 déc. 1887, Ragut, [Leb. chr., p. 812]

2231. — ... Ou sur laquelle aucune contribution ne serait assise. — Cons. d'Et., 7 août 1869, Cabissole, [Leb. chr., p. 751]

2232. — ... Ou qui, ayant reçu des additions de construction, se trouvaient encore dans la période d'exemption. — Cons. d'Et., 27 févr. 1868, Reillet, [Leb. chr., p. 231]

2233. — Il ne suffirait pas, pour que une réclamation fût admise, que la cote du réclamant fût exagérée par rapport à celle d'un autre contribuable de la même commune. Il faut qu'elle soit comparée avec celle de la généralité des contribuables de la commune. — Cons. d'Et., 26 févr. 1872, Oulnière, [Leb. chr., p. 107]

2234. — Quand il s'agit d'impôt de répartition, les termes de comparaison doivent être choisis dans le territoire de la commune où se trouve la cote litigieuse. — Cons. d'Et., 6 avr. 1836, William-Lée, [P. adm. chr.]; — 23 avr. 1837, Dutuit, [P. adm. chr.]; — 10 févr. 1858, Jackson, [P. adm. chr.]; — 9 juin 1868, Burgault, [Leb. chr., p. 630]

2235. — Au contraire, en matière de patente, les experts peuvent, sans commettre aucune irrégularité, prendre des points de comparaison en dehors de la commune. — Cons. d'Et., 18 juin 1880, Dermigny, [S. 81.3.102, P. adm. chr., D. 81.3.69]

2236. — Il a été décidé qu'un expert ne pouvait se refuser à évaluer une usine citée comme terme de comparaison, par le motif qu'elle était située en dehors de la circonscription du contrôleur. — Cons. d'Et., 29 nov. 1889, Lachèvre, [D. 91.5.144]

2237. — Lorsque le réclamant n'a désigné aucun terme de comparaison, les experts peuvent se borner à en prendre un : leur expertise ne sera pas par ce seul fait déclarée insuffisante. — Cons. d'Et., 23 juill. 1875, Cros-Mayreville, [Leb. chr., p. 712]

2238. — Ils peuvent aussi en pareil cas, et s'il n'existe pas dans la commune de point de comparaison, procéder par voie d'appréciation directe. — Cons. d'Et., 18 juill. 1873, Cayrac et Serpantie, [Leb. chr., p. 647]

2239. — Ce dernier mode est régulier, à la condition que l'évaluation par voie de comparaison soit reconnue impossible. Autrement cette dernière doit être préférée. — Cons. d'Et., 13 mai 1887, Chemin de fer d'Orléans, [Leb. chr., p. 380]

2240. — L'administration n'est pas tenue de communiquer aux experts les pièces relatives au taux d'atténuation usité dans la commune. — Cons. d'Et., 9 déc. 1892, Société immobilière marseillaise, [Leb. chr., p. 875] — .. Non plus que les notes prises au cours de l'instruction par les agents. — Cons. d'Et., 21 déc. 1894, de Mauroy, [Leb. chr., p. 704]

2240 bis. — Non plus cue les notes prises au cours de l'instruction par les agents. — Cons. d'Et., 21 déc. 1894, de Mauroy, [Leb. chr., p. 704]

2241. — Lorsque l'expertise n'a pas porté sur tous les chefs de la réclamation, l'arrêté doit être annulé et l'expertise complétée. — Cons. d'Et., 11 déc. 1874, Bertrand, Hallan et Yvonnet, [Leb. chr., p. 970]

2242. — Après la clôture de l'expertise contradictoire, les nouvelles vérifications auxquelles peut se livrer l'un des experts ne peuvent être prises en considération. — Cons. d'Et., 25 avr. 1890, Chemin du Midi, [Leb. chr., p. 415]

2243. — III. *Procès-verbal d'expertise.* — C'est le contrôleur qui est chargé de rédiger le procès-verbal de l'expertise (Arr. 24 flor. an VIII, art. 6 et 12). Lorsque l'expertise est dirigée par l'inspecteur, ce fonctionnaire a qualité pour rédiger le procès-verbal. — Cons. d'Et., 31 juill. 1874, Drianne-Lelief, [Leb. chr., p. 745]

2244. — Il n'est pas nécessaire que la rédaction du procès-verbal ait lieu séance tenante sur le lieu même des opérations de l'expertise, et en présence des personnes qui ont assisté à l'expertise. — Cons. d'Et., 5 août 1848, Vivent, [S. 49.2.60, P. adm. chr.]; — 29 juin 1850, Actionnaires du moulin de Bazacle, [Leb. chr., p. 626]; — 24 juin 1857, Marcoul, [P. adm. chr.]; — 25 août 1860, Rossignol, [P. adm. chr.]; — 7 août 1869, Cabissole, [Leb. chr., p. 751]; — 26 mars 1870, Mazoyer, [Leb. chr., p. 351]; — 13 juill. 1877, Chapuis, [Leb. chr., p. 686]; — 23 mai 1879, Goix-Lacroix, [Leb. chr., p. 409]; — 6 nov. 1880, Salinochi, [Leb. chr., p. 835]; — 22 déc. 1882, Jacob, [Leb. chr., p. 1037]

2245. — Ce que nous venons de dire de la rédaction du procès-verbal peut s'appliquer également à sa signature. — Cons. d'Et., 25 août 1860, précité; — 24 avr. 1865, Gayout, [Leb. chr., p. 479]

2246. — Il peut être signé en blanc par les experts. — Cons. d'Et., 26 mars 1870, précité.

2247. — Le procès-verbal doit contenir la description sommaire des opérations, indiquer l'heure à laquelle elles ont commencé et celle de leur clôture. Il doit mentionner en principe les dires des experts, les observations du réclamant, du maire et des répartiteurs. Enfin il se termine par l'avis motivé du contrôleur. — Cons. d'Et., 24 déc. 1886, Mouton, [Leb. chr., p. 921]

2247 bis. — Jugé toutefois que, lorsque les experts ont demandé à présenter des rapports séparés, il n'est pas nécessaire que le procès-verbal mentionne leurs avis. — Cons. d'Et., 21 déc. 1894, de Mauroy, [Leb. chr., p. 704]

2248. — Toutes ces prescriptions n'ont pas la même importance. Ainsi le procès-verbal doit, en principe, contenir les conclusions de chacun des experts. — Cons. d'Et., 6 juin 1879, Cabibei, [Leb. chr., p. 454]; — 3 juin 1881, Boiscourbeau, [Leb. chr., p. 586]; — 23 déc. 1881, Vidal, [Leb. chr., p. 1027]

2249. — Cependant si l'avis de l'un des experts n'a pas été consigné au procès-verbal, cette irrégularité peut être couverte

par la production du rapport de cet expert. — Cons. d'Et., 23 avr. 1875, Coulon, [Leb. chr., p. 361]; — 26 nov. 1886, Cie d'Orléans, [Leb. chr., p. 828]

2250. — Au contraire, l'insertion des observations, soit du réclamant, soit du maire ou des répartiteurs, n'est pas prescrite à peine de nullité. — Cons. d'Et., 25 août 1860, précité; — 19 févr. 1875, Léger, [Leb. chr., p. 169]; — 23 avr. 1875, Dubois, Leb. chr., p. 359]

2251. — Une erreur dans l'indication de l'heure de la clôture de l'expertise ne peut entraîner la nullité de l'arrêté rendu à la suite de cette expertise. — Cons. d'Et., 21 déc. 1877, Goullay, [Leb. chr., p. 1029]

2252. — Il en est de même de l'absence de cette mention. — Cons. d'Et., 18 mars 1881, Vidal, [Leb. chr., p. 300]

2253. — Mais l'avis motivé du contrôleur est indispensable et son absence vicierait la procédure.

2254. — Le contrôleur peut, sans commettre une irrégularité de nature à entraîner la nullité de l'expertise, dater son rapport du jour où cette opération a pris fin, alors même qu'en fait, il ne l'a rédigé que plusieurs jours après. — Cons. d'Et., 7 août 1869, précité.

2255. — L'arrêté du 24 flor. an VIII prescrivait qu'à la suite de l'avis du contrôleur, on devait prendre celui du sous-préfet. Aujourd'hui, dans la pratique, cette formalité n'est jamais remplie, et le Conseil d'Etat a maintes fois décidé que son inobservation n'entraînait pas la nullité de l'expertise. — Cons. d'Et., 10 mai 1851, Nicolaï de Bercy, [S. 51.2.591, P. adm. chr.]; — 5 oct. 1857, Othon, [P. adm. chr., D. 58.3.27]; — 18 juill. 1873, Cayrac et Serpautié, [Leb. chr., p. 647]; — 19 mai 1882, Darolle, [Leb. chr., p. 499]

2256. — Le procès-verbal doit, en principe, être signé par toutes les personnes qui ont assisté aux opérations. Le contrôleur doit donc, quand il ne l'a pas rédigé séance tenante, convoquer lesdites personnes pour qu'elles y apposent leur signature. Il n'est pas tenu d'en donner lecture. — Cons. d'Et., 21 déc. 1877, précité.

2257. — Si les experts ont signé par avance, ils peuvent se dispenser de se rendre à la convocation. — Cons. d'Et., 4 juin 1886, Ingouf, [Leb. chr., p. 482]

2258. — Si le réclamant, son mandataire ou son expert refusent de signer le procès-verbal, ce fait est mentionné, mais n'a aucune influence sur l'expertise, qui demeure régulière et valable si elle a été faite régulièrement. — Cons. d'Et., 25 mars 1858, Arvet, [Leb. chr., p. 933]; — 20 déc. 1866, Parel, [Leb. chr., p. 1167]; — 3 déc. 1875, Cotton, [Leb. chr., p. 968]; — 18 mars 1881, précité; — 31 janv. 1891, Husson, [Leb. chr., p. 72]

2259. — Le réclamant, qui a l'intention de critiquer la manière dont s'est effectuée l'expertise, doit avoir soin de ne pas signer le procès-verbal ou tout au moins d'y faire consigner des réserves, car plusieurs décisions du Conseil d'Etat ont déclaré non recevables à se plaindre des irrégularités d'une expertise ceux qui y avaient pris part et avaient signé le procès-verbal sans protestation ni réserve. — Cons. d'Et., 23 déc. 1884, Carraud, [Leb. chr., p. 933]; — 16 avr. 1886, Duval, [Leb. chr., p. 348]; — 10 juin 1887, Fabre de Cahuzac, [Leb. chr., p. 461]; — 16 déc. 1887, Ragut, [Leb. chr., p. 812]; — 30 déc. 1887, de Saint-Belin, [Leb. chr., p. 862]

2260. — Le réclamant qui a assisté à l'expertise et signé le procès-verbal n'est pas fondé à se plaindre de n'avoir pas été admis à assister à la délibération qui a suivi les constatations des experts, ni à la rédaction du procès-verbal. — Cons. d'Et., 28 nov. 1879, Grossoleil, [Leb. chr., p. 756]

2261. — IV. *Rapports des experts.* — Indépendamment du procès-verbal d'expertise, les experts peuvent, quand ils sont en désaccord, présenter des rapports séparés dans lesquels ils exposent et développent les arguments à l'appui de leurs conclusions. — Cons. d'Et., 18 juill. 1873, Cayrac et Serpantié, [Leb. chr., p. 647]; — 23 avr. 1875, Dubois, [Leb. chr., p. 359]; — 7 août 1875, Pétin-Gaudet, [Leb. chr., p. 799]; — 9 mars 1877, Hoffherr, [Leb. chr., p. 259]; — 4 janv. 1878, Linard, [Leb. chr., p. 13]; — 13 févr. 1880, Colas, [Leb. chr., p. 168]; — 18 mars 1881, Vidal, [Leb. chr., p. 300]; — 20 juill. 1888, Dudeffond, [Leb. chr., p. 654]; — 15 juin 1894, Guillemot, [Leb. chr., p. 405]

2262. — Ils ne sont pas tenus de rédiger les rapports séance tenante. — Cons. d'Et., 24 avr. 1865, Gayout, [Leb. chr., p.

479]; — 7 août 1869, Cabissole, [Leb. chr., p. 751]; — 9 avr. 1886, Faure, [Leb. chr., p. 326]

2263. — La loi du 2 mess. an VII, dans son art. 113, accordait aux experts un délai de cinq jours pour déposer leur rapport. Mais c'est là une prescription qui, alors même que cette loi serait encore considérée comme entièrement en vigueur, serait dépourvue de sanction. L'inobservation de ce délai ne saurait en aucun cas entraîner la nullité de l'expertise. Il suffit que le conseil de préfecture ait eu connaissance des rapports des experts avant le jour où il statue. — Cons. d'Et., 4 avr. 1873, Carabas, [Leb. chr., p. 294]; — 20 déc. 1878, Pesci, [Leb. chr., p. 1044]; — 13 mai 1887, Cie d'Orléans, [Leb. chr., p. 379]; — 27 mai 1892, Laborde, [Leb. chr., p. 488]; — 23 nov. 1894, Constantin, [Leb. chr., p. 624]

2264. — Mais le conseil de préfecture n'est pas tenu d'attendre, au delà du délai fixé par la loi du 2 mess. an VII, le dépôt des rapports des experts. Il peut statuer sur la réclamation sans commettre aucune irrégularité. — Cons. d'Et., 11 juin 1886, Lemenens, [Leb. chr., p. 513]

2265. — La circonstance qu'un des experts ne fournirait pas de rapport séparé n'aurait aucune influence sur l'expertise. Il s'agit d'une faculté qui leur est donnée par la loi, mais ils peuvent n'en pas user. La seule pièce essentielle de l'expertise est le procès-verbal. — Cons. d'Et., 25 avr. 1879, Pagès-Viala, [Leb. chr., p. 317]; — 10 juin 1887, Fabre, [Leb. chr., p. 461]

2266. — Les rapports des experts doivent être envoyés par eux au contrôleur, qui n'est pas tenu de dresser procès-verbal de ce dépôt.

2267. — Au cas où chaque expert rédige un rapport séparé, il n'est pas tenu de le communiquer aux autres. — Cons. d'Et., 9 avr. 1886, précité.

2268. — L'inexactitude de la date à laquelle le rapport des experts a été soumis au conseil de préfecture serait une irrégularité sans influence. — Cons. d'Et., 28 déc. 1877, Piédoye, [Leb. chr., p. 1055]

2269. — Les rapports des experts sont soumis aux droits de timbre et d'enregistrement (L. 13 brum. an VII, art. 12 et 24; L. 22 frim. an VII, art. 47). Toutefois, la formalité de l'enregistrement doit être accomplie gratuitement lorsqu'il s'agit de cotes au-dessous de 100 fr. (L. 16 juin 1824, art. 6). Le rapport du contrôleur, ainsi que le procès-verbal, n'est pas assujetti à ces droits. — Lemercier de Jauvelle, *Répertoire*, p. 1153.

2270. — V. *Communication à la partie des pièces de l'expertise.* — Jusqu'à la loi du 29 déc. 1884, il était de jurisprudence que, si le réclamant avait le droit de prendre connaissance des pièces de l'expertise au greffe du conseil de préfecture, aucune notification à cet effet n'était nécessaire. — Cons. d'Et., 16 juill. 1862, Lemaître, [S. 63.2.183, P. adm. chr., D. 65.3.94]; — 20 déc. 1866, Paret, [Leb. chr., p. 1168]; — 3 déc. 1875, Cotton, [Leb. chr., p. 968]; — 10 mars 1876, Linassier, [Leb. chr., p. 236]; — 23 juin 1880, Iladj-Ahmed, [Leb. chr., p. 587]; — 2 juill. 1886, Pacquet, [Leb. chr., p. 536]; — 6 juin 1891, Bonnet, [Leb. chr., p. 422]; — 7 nov. 1891, Robin, [D. 93.3.20].

2271. — Le Conseil reconnaissait même au contrôleur ou à l'inspecteur le droit de refuser au contribuable la communication des pièces de l'expertise et des rapports des experts avant l'envoi du dossier à la préfecture. — Cons. d'Et., 25 avr. 1879, précité.

2272. — Mais depuis que la loi du 29 déc. 1884 avait donné aux contribuables le droit de réclamer une tierce expertise au cas de désaccord des experts, il devenait nécessaire de leur donner avis de ce désaccord par une lettre les informant du dépôt des pièces de l'expertise, dans un lieu où il leur fût facile d'en prendre communication. — Cons. d'Et., 7 déc. 1894, Paget, [Leb. chr., p. 657] — Le Conseil d'Etat avait semblé d'abord se prononcer en faveur d'une communication obligatoire des rapports des experts. C'est ainsi qu'il avait annulé un arrêt rendu sans que le réclamant eût reçu cette communication. — Cons. d'Et., 7 mars 1890, Martinet, [D. 91.5.144]

2273. — Mais depuis il semblait être revenu un peu en arrière et n'exiger que la simple notification du désaccord des experts. Si par suite de l'ignorance où il avait été tenu de ce désaccord, le réclamant n'avait pu réclamer la tierce expertise, l'arrêté devait être annulé. — Cons. d'Et., 5 févr. 1892, Leber et Sauguin, [D. 93.3.21]; — 10 déc. 1892, Bion, [Leb. chr., p. 891] — On avait même admis que le contribuable, qui avait signé le procès-verbal où était constaté le désaccord des experts, ne pouvait ensuite se

plaindre de l'avoir ignoré par suite du défaut de communication des rapports des experts. — Cons. d'Et., 9 nov. 1894, Gayda, [Leb. chr., p. 581]; — 1er déc. 1894, Lefranc, [Leb. chr., p. 649]

2274. — Nous avons vu qu'à la suite de l'expertise le contrôleur est tenu de rédiger un avis motivé, qu'il transmet au directeur. Celui-ci rédige à son tour un second rapport qu'il envoie au préfet (Arr. 24 flor. an VIII, art. 6, 12, 27). Aucune disposition de loi ou de règlement ne prescrit de déposer ces nouveaux avis à la sous-préfecture ni d'en donner la communication au réclamant, même s'ils contiennent des indications nouvelles. Toutefois, dans ce dernier cas, l'instruction du 10 mai 1849 invite les agents à faire une nouvelle communication au réclamant : mais cette prescription n'a rien d'obligatoire. — Cons. d'Et., 30 juin 1839, Robert, [P. adm. chr.]; — 20 avr. 1850, Esnaud, [Leb. chr., p. 374]; — 19 avr. 1854, Bonnefond, [S. 54.2.553, P. adm. chr.]; — 29 nov. 1854, Cuvelier, [Leb. chr., p. 904]; — 23 juill. 1856, Laurence, [P. adm. chr.]; — 14 janv. 1858, Berthelost-Clay, [P. adm. chr.]; — 24 mars 1863, Tiger de Rouffigny, [Leb. chr., p. 312]; — 30 déc. 1869, Henry, [Leb. chr., p. 1031]; — 31 mars 1870, Magneville, [Leb. chr., p. 388]; — 31 août 1871, René et Macarel, [Leb. chr., p. 151]; — 23 juill. 1875, Cros-Mayrevielle, [Leb. chr., p. 712]; — 26 mai 1876, Delettre, [Leb. chr., p. 482]; — 30 juill. 1880, Turquand, [Leb. chr., p. 692] — Dans ce second avis le directeur peut se montrer moins favorable à la réclamation que dans le premier, sans que le réclamant puisse s'en plaindre. — Cons. d'Et., 20 déc. 1866, Paret, [Leb. chr., p. 1168]

2275. — Le conseil de préfecture n'est nullement lié par les estimations des experts. Celles-ci ne servent qu'à l'éclairer. Mais il est libre de fonder sa décision sur des renseignements recueillis en dehors de l'expertise. — Cons. d'Et., 16 févr. 1826, Commune d'Eroy, [P. adm. chr.]; — 19 déc. 1834, Vasilières, [P. adm. chr.]; — 27 févr. 1835, Lefeuvre, [P. adm. chr.]; — 24 févr. 1842, Delpon, [P. adm. chr.]; — 29 juin 1853, Meindre, [Leb. chr., p. 638]; — 20 juill. 1888, Dudeffand, [Leb. chr., p. 653]

4° Conséquences de l'irrégularité de l'expertise.

2276. — Le conseil de préfecture doit examiner si l'expertise a été régulière et si l'examen des faits a été suffisant. S'il ne lui apparaît pas que les formalités prescrites par la loi aient été observées ou si les rapports des experts ne contiennent pas tous les documents dont le conseil a besoin, il peut ordonner une nouvelle expertise qui devra avoir lieu dans les mêmes formes que la première. — Cons. d'Et., 29 mai 1822, Association des vidanges de Tréhon d'Arles, [S. chr., P. adm. chr.]; — 18 juin 1880, Dermigny, [S. 81.3.102, P. adm. chr., D. 81.3.69]

2277. — Quand une expertise est annulée et qu'il en est ordonné une autre, les experts nommés pour cette seconde vérification, fussent-ils les mêmes que dans la première, ne peuvent se dispenser de procéder à une nouvelle visite sur les lieux. — Cons. d'Et., 30 juin 1843, de Larouveraye, [P. adm. chr.]

2278. — Une demande de nouvelle expertise n'est pas recevable si elle est présentée pour la première fois devant le Conseil d'Etat. — Cons. d'Et., 17 janv. 1891, Daviau, [Leb. chr., p. 17]

2279. — Il n'appartient qu'au conseil de préfecture de décider si cette seconde expertise est nécessaire : elle n'est pas obligatoire et aucune disposition législative n'autorise les contribuables mécontents des résultats de la première expertise à réclamer comme un droit ce complément d'instruction, si la première n'a pas été irrégulière. — Cons. d'Et., 8 avr. 1868, Grosos, [S. 69.2.64, P. adm. chr.]; — 9 mai 1879, Delesalle, [Leb. chr., p. 371]; — 16 avr. 1880, Marie, [Leb. chr., p. 365]; — 29 juill. 1881, Godin et Delaherche, [Leb. chr., p. 755]; — 24 juill. 1885, Bidal, [Leb. chr., p. 708]; — 17 janv. 1891, précité.

2280. — Le Conseil d'Etat peut, en appel, réformer les décisions rendues par le conseil de préfecture au sujet de l'expertise. Et d'abord, si le conseil a accueilli la réclamation sans ordonner cette mesure d'instruction, le conseil peut la prescrire. — Cons. d'Et., 16 juin 1876, Supply, [Leb. chr., p. 562]

2281. — ... Et renvoyer le requérant devant le conseil de préfecture pour y être statué sur la réclamation après cette vérification. — Cons. d'Et., 2 juin 1843, Fournier, [P. adm. chr.]

2282. — Lorsque le Conseil d'Etat renvoie les parties devant le conseil de préfecture pour être statué après expertise régulière, l'expertise à laquelle il a été procédé avant la décision du Conseil

d'Etat n'est pas valable. — Cons. d'Et., 3 déc. 1875, Seillon, [Leb. chr., p. 966]

2283. — Si l'expertise a eu lieu devant le conseil de préfecture, mais qu'elle paraisse insuffisante au Conseil d'Etat, il peut en ordonner une nouvelle dans les formes ordinairement suivies devant sa juridiction, c'est-à-dire qu'il y sera procédé par trois experts désignés, l'un par la partie, le second par le ministre et le troisième par le président de la section du contentieux. — Cons. d'Et., 11 mai 1889, Mines d'Anzin, [Leb. chr., p. 594]

2284. — Si le conseil de préfecture a annulé une expertise comme insuffisante, et que le Conseil d'Etat ne soit pas du même avis, il peut tenir compte des résultats qu'elle a donnés, surtout s'ils ont été confirmés par une instruction administrative faite sur le pourvoi. — Cons. d'Et., 29 janv. 1839, de Jauzé, [P. adm. chr.]

5° Contre-vérification.

2285. — Avant la loi du 29 déc. 1884, le contribuable qui avait demandé l'expertise avait épuisé tous ses droits. Une jurisprudence constante décidait qu'il n'était pas recevable à demander une tierce expertise, aucune disposition législative ne prévoyant alors cette mesure d'instruction. Aussi le Conseil d'Etat annulait-il, comme entachés d'excès de pouvoirs, les arrêtés qui avaient fait droit sur ce point aux conclusions des réclamants. — Cons. d'Et., 14 juin 1861, Sarget, [P. adm. chr., D. 61.3.56]; — 5 août 1861, Augé, [P. adm. chr.]; — 3 mars 1864, Sellier, [Leb. chr., p. 215]; — 18 août 1864, Experton, [Leb. chr., p. 706]; — 10 janv. 1865, Lefortier, [Leb. chr., p. 16]; — 28 juin 1865, Joseph, [Leb. chr., p. 670]; — 27 févr. 1868, Rillet, [Leb. chr., p. 231]; — 8 avr. 1868, précité; — 23 mai 1870, Baudelot, [S. 72.2.88, P. adm. chr.]; — 31 mai 1870, Picard, [Leb. chr., p. 660]; — 12 juin 1874, Chaigeau, [Leb. chr., p. 549]; — 16 mars 1877, Boillot, [Leb. chr., p. 272]; — 13 avr. 1877, Bouysson, [Leb. chr., p. 333]; — 9 mai 1879, Mortamet, [Leb. chr., p. 370]; — 6 juin 1879, Arnould Drappier, [Leb. chr., p. 455]; — 6 févr. 1880, Houssin, [Leb. chr., p. 144]; — 28 mai 1880, Marquès, [Leb. chr., p. 492]; — 8 août 1884, Grasset, [Leb. chr., p. 725]; — 16 avr. 1886, Chemin de fer P.-L.-M., [S. 88.3.7, P. adm. chr.]

2286. — Il faut prévoir le cas où, après l'expertise, le conseil de préfecture n'aurait pas tous les éléments nécessaires pour statuer. Tel est l'objet de l'art. 29, L. 26 mars 1831, aux termes duquel le conseil peut, en pareil cas, ordonner une contre-vérification. Mais cette mesure est purement facultative pour le conseil. Il peut l'ordonner soit d'office, soit sur la demande des parties, mais celles-ci ne sont pas en droit de l'exiger. — Cons. d'Et., 10 nov. 1853, Vandenbulcke, [Leb. chr., p. 936]; — 4 juin 1862, Augé, [Leb. chr., p. 441]; — 16 juill. 1862, Lemaitre, [S. 63. 2.183, P. adm. chr., D. 65.3.94]; — 16 déc. 1869, Bozus, [Leb. chr., p. 981]; — 23 nov. 1877, Massu, [Leb. chr., p. 909]; — 19 juill. 1878, Lucas, [Leb. chr., p. 709]; — 25 juill. 1880, de Saint-Ours, [S. 82.3.2, P. adm. chr., D. 81.3.60]; — 4 févr. 1881, de Saint-Ours, [Leb. chr., p. 151]; — 15 févr. 1884, Lamy, [Leb. chr., p. 130]; — 4 avr. 1884, Daudin, [Leb. chr., p. 273]

2286 bis. — Le conseil de préfecture ne peut remplacer cette contre-vérification par une visite sur lieux dont il chargerait un de ses membres. — Cons. d'Et., 20 avr. 1884, Min. Finances, [Leb. chr., p. 264]

2287. — Les formes de cette mesure d'instruction sont fixées par l'art. 29, L. 26 mars 1831, qui est ainsi conçu : « Dans le cas où le conseil de préfecture aurait jugé nécessaire d'ordonner une contre-vérification, cette opération sera faite par l'inspecteur des contributions ou, à son défaut, par un contrôleur autre que celui qui aura procédé à la première instruction, en présence du maire ou de son délégué et du réclamant ou de son fondé de pouvoirs. L'inspecteur dressera procès-verbal, mentionnera les observations du réclamant, celles du maire, s'il s'agit d'une taxe, celle des répartiteurs, si la réclamation est relative à une contribution, et donnera son avis. Le directeur fera son rapport et le conseil de préfecture prononcera. »

2288. — Comme on le voit, la loi indique par qui cette mesure d'instruction doit être faite. Seuls, l'inspecteur ou un contrôleur ont qualité pour y procéder. En conséquence, le Conseil d'Etat a déclaré nulles les contre-vérifications dont le conseil de préfecture avait chargé un maire. — Cons. d'Et., 13 sept. 1864, de Beurges, [Leb. chr., p. 920]; — 28 févr. 1870, Fallot, [D. 71.3.48]

2289. — ... Un adjoint. — Cons. d'Et., 19 nov. 1852, Lefort, [Leb. chr., p. 468]

2290. — ... Un commissaire de police. — Cons. d'Et., 16 août 1865, Flogny-Tallon, [Leb. chr., p. 831]

2291. — ... Un ingénieur des mines. — Cons. d'Et., 13 mars 1872, Lemuth, [D. 75.3.115]

2292. — ... Un entrepreneur. — Cons. d'Et., 23 mars 1863, Teulet, [Leb. chr., p. 296]

2293. — ... Un conseiller de préfecture ou un sous-préfet. — Cons. d'Et., 22 juin 1877, Cercle catholique de Millau, [Leb. chr., p. 614]

2294. — ... Un juge de paix. — Cons. d'Et., 7 févr. 1848, Gougeon, [P. adm. chr.]

2295. — ... Ou toute autre personne étrangère à l'administration des contributions directes. — Cous. d'Et., 3 août 1850, Gilbert, [P. adm. chr.]

2296. — Lorsque le ministre ne s'est pas pourvu contre un arrêté qui chargeait d'une contre-vérification une personne sans qualité et que, d'autre part, il ne conteste pas la réduction qui a été accordée à la suite de cette opération au contribuable, il ne peut se prévaloir du défaut de qualité de l'agent qui y a procédé pour attaquer la disposition de l'arrêté qui a mis à la charge de l'Etat les frais de l'opération. — Cons. d'Et., 20 févr. 1869, Laporte, [Leb. chr., p. 174]

2297. — La contre-vérification doit avoir un caractère contradictoire. Cependant le Conseil d'Etat se montre moins rigoureux que lorsqu'il s'agit de l'expertise. Par exemple, il décide que lorsque l'inspecteur est venu trouver le réclamant, l'a invité à présenter ses observations et a consigné celles-ci dans son rapport, il importerait peu que le réclamant n'eût pas été mis en demeure d'assister à la contre-vérification. — Cons. d'Et., 21 juill. 1869, Pelardy de la Neufville, [Leb. chr., p. 700]; — 19 mai 1882, Darolle, [Leb. chr., p. 500]

2298. — Il semble même admettre qu'il suffise, pour que l'opération soit régulière, que le contribuable ou son mandataire ait reçu communication du rapport de l'inspecteur et ait été mis en mesure de le discuter devant le conseil de préfecture. — Cons. d'Et., 13 févr. 1866, Chemin de fer P.-L.-M., [Leb. chr., p. 92]; — 19 juill. 1867, Cie du Nord, [Leb. chr., p. 659]; — 14 mai 1886, Société des producteurs de fromages de Roquefort, [Leb. chr., p. 408]

2299. — En revanche, lorsque la contre-vérification a eu lieu en présence du contribuable et du maire, il n'est pas nécessaire que le rapport de l'inspecteur leur soit ensuite communiqué. — Cons. d'Et., 13 avr. 1833, Armand, [S. 54.2.78, P. adm. chr., D. 54.3.86]; — 31 mai 1854, Pinel-Pagès, [P. adm. chr., D. 54.3.86]; — 9 nov. 1877, Charrat, [Leb. chr., p. 854]

2300. — Lorsqu'un réclamant s'est fait représenter à la contre-vérification par un mandataire, il ne peut se prévaloir de son absence pour en demander une seconde. — Cons. d'Et., 1er avr. 1882, Cantagrel, [Leb. chr., p. 374]

2301. — Un procès-verbal dans lequel sont mentionnées les observations du réclamant, celles du maire ou des répartiteurs, suivant les cas, est dressé par l'inspecteur qui y joint son avis. Ce procès-verbal et les nouveaux avis émis à la suite de la contre-vérification ne doivent pas être nécessairement communiqués aux parties.

2302. — Quand le conseil de préfecture a ordonné qu'il serait procédé à une contre-vérification, il ne peut statuer au fond sans en attendre les résultats. — Cons. d'Et., 19 nov. 1852, Lefort, [Leb. chr., p. 468]

2303. — Il arrive souvent que, à la suite d'une expertise, le directeur ou le ministre des Finances charge l'inspecteur ou un contrôleur de procéder à une contre-vérification. Il ne faut pas confondre cette mesure d'instruction purement administrative avec celle que prévoit la loi du 26 mars 1831. Celle qu'ordonne le directeur n'est assujettie à aucune des formes que la loi exige pour l'autre. — Cons. d'Et., 25 nov. 1852, Peynaud, [Leb. chr., p. 496]; — 26 nov. 1852, Richier, [S. 61.2.175, ad notam, P. adm. chr.]; — 13 mai 1869, Leblanc-Duvernay, [Leb. chr., p. 459]; — 12 mai 1876, Fanien, [Leb. chr., p. 432]; — 21 déc. 1877, Goullay, [Leb. chr., p. 1029]; — 6 mars 1885, Castillon, [Leb. chr., p. 268]; — 17 juin 1887, Ollivier, [D. 88.5.138]; — 26 févr. 1892, Bouthors, [D. 93.5.173]

2304. — Il en serait de même du supplément d'instruction auquel il serait procédé à la suite d'un renvoi du dossier fait au directeur par le conseiller-rapporteur. — Cons. d'Et., 10 mai 1860, Legendre, [S. 61.2.175, P. adm. chr.]

6° Tierce expertise.

2305. — L'art. 5, L. 29 déc. 1884, avait eu pour objet de donner aux contribuables un droit que la jurisprudence leur refusait (V. suprà, n. 2205), celui de réclamer une tierce expertise. « Dans le cas d'expertise sur réclamation en matière de contributions directes ou de taxes assimilées, s'il y a désaccord entre l'expert de l'administration et celui du réclamant, ce dernier ou l'administration pourra réclamer une tierce expertise. Le tiers expert sera désigné, sur simple requête de la partie la plus diligente et sans frais, par le juge de paix du canton. Le tiers expert devra déposer son rapport dans la quinzaine de sa nomination, faute de quoi le conseil de préfecture pourra refuser de le comprendre dans la liquidation des dépens. »

2306. — Cette disposition de procédure avait été appliquée par le Conseil d'Etat, aussitôt après la promulgation de la loi, à des réclamations qui avaient été introduites avant cette promulgation devant le conseil de préfecture. — Cons. d'Et., 19 mars 1886, Castillon, [D. 87.3.84]; — 4 juin 1886, Mayeur, [Ibid.]; — 19 nov. 1886, Laroussarie, [D. 88.5.139]

2307. — Des termes de l'art. 5, L. 29 déc. 1884, il résultait que la tierce expertise n'avait pas lieu de plein droit en cas de désaccord des experts. Il fallait qu'elle fût demandée par l'une des parties. Une déclaration formelle en ce sens avait été faite par le rapporteur au Sénat, M. Casimir Fournier, dans la séance du 26 déc. 1884. — Cons. d'Et., 15 mars 1889, Fieschi, [S. 91.3.29, P. adm. chr., D. 90.3.63]; — 7 déc. 1894, Pajet, [Leb. chr., p. 657]

2308. — Il était même nécessaire que la demande fût accompagnée de l'accomplissement des formalités prescrites par la loi. Ainsi une demande de tierce expertise adressée au conseil de préfecture, ou une lettre par laquelle le contribuable demandait audit conseil un sursis, mais sans saisir avant l'audience le juge de paix, ne suffisaient pas pour que le conseil de préfecture fût obligé de surseoir au jugement du fond. — Cons. d'Et., 15 mars 1889, précité; — 9 nov. 1889, Couanet, [S. et P. 92.3.6, D. 91.3.145]; — 7 déc. 1894, Pajet, [Leb. chr., p. 657]; — 21 déc. 1894, de Mauroy, [Leb. chr., p. 704]

2309. — Le conseil de préfecture ne pouvait ordonner d'office cette mesure d'instruction. Si les parties ne la réclamaient pas, il ne pouvait ordonner, s'il y avait lieu, qu'une contre-vérification. — Cons. d'Et., 19 mars 1886, précité; — 16 avr. 1886, Chemin de fer P.-L.-M., [S. 88.3.7, P. adm. chr., D. 88.3.84]; — 1er avr. 1887, Arnaud, [S. 89.3.14, P. adm. chr., D. 88.3.75]; — 24 juin 1887, Lassalle, [D. 88.5.140]; — 16 juin 1893, Ve Bellière, [S. et P. 95.3.47]; — 7 nov. 1891, Robin, [D. 93.3.20]; — 7 déc. 1894, Min. Finances, [Leb. chr., p. 654]

2310. — Il n'appartenait même pas au conseil de préfecture de prescrire la tierce expertise sur la demande des parties. En cas de désaccord entre les experts chargés de donner leur avis sur une réclamation formée en matière de contributions directes, la partie qui voulait y faire procéder devait adresser au juge de paix une requête à fin de nomination d'un tiers expert. — Cons. d'Et., 9 nov. 1889, Couanet, [S. et P. 92.3.6]; — 16 juin 1893, Ve Bellière, [S. et P. 95.3.47] — Chareyre, Rev. d'adm., 1889, p. 446. — Le juge de paix nommait le tiers expert sans avoir à déterminer sa mission, et la partie notifiait alors au conseil de préfecture qu'elle avait demandé la tierce expertise et que le tiers expert était désigné. — Cons. d'Et., 1er avr. 1887, précité.

2311. — Le conseil de préfecture était tenu, dans ce cas, de surseoir à statuer jusqu'à ce que le tiers expert eût procédé à l'opération. — Cons. d'Et., 1er avr. 1887, Germain Duforestel, [S. 89.3.14, P. adm. chr., D. 88.3.75]; — 29 juin 1888, Nachbaur, [D. 88.3.86]

2312. — La loi de 1884 n'avait pas fixé le délai dans lequel la tierce expertise devait être demandée. Il résulte des travaux préparatoires que c'est à dessein que l'indication du délai avait été omise. Le législateur s'en était rapporté à la diligence des parties (Discours de M. Fournier, loc. cit.).

2313. — Le contribuable qui n'avait pas demandé la tierce expertise devant le conseil de préfecture, n'était pas recevable à la demander pour la première fois devant le Conseil d'Etat. — Cons. d'Et., 5 août 1887, Ruelle, [D. 88.3.112]; — 20 avr. 1888,

Dessein-May, [Leb. chr., p. 358]; — 26 déc. 1891, Bazin, [Leb. chr., p. 802]; — 27 févr. 1892, Faucher, [Leb. chr., p. 225]

2314. — Le juge de paix n'était pas tenu de s'en rapporter à la désignation des parties pour le choix du tiers expert. Son choix était absolument libre. — Cons. d'Et., 6 juin 1891, Guillaume, [S. et P. 93.3.62, D. 92.3.195]

2315. — La loi ne disait pas qui serait chargé de notifier au tiers expert sa nomination. En présence de ce silence, MM. Teissier et Chapsal pensaient (p. 198) « que le juge de paix, aussitôt son ordonnance de nomination rendue, doit en faire remettre copie au conseil de préfecture, qui fera connaître à la personne désignée le choix dont elle a été l'objet. Le conseil de préfecture est, en effet, chargé d'appliquer au tiers expert la sanction prévue par la loi : il est donc nécessaire qu'il sache exactement la date à laquelle le tiers expert a été informé de sa nomination. »

2316. — Le tiers expert, comme les experts, pouvait être récusé. Le Conseil d'Etat avait décidé que la demande de récusation devait être portée devant le conseil de préfecture. Il est de principe, en effet, que le juge du fond est juge de la régularité des mesures d'instruction, de la capacité des experts qui doivent être des collaborateurs. — Cons. d'Et., 23 déc. 1892, Nachbaur, [S. et P. 94.3.103, D. 94.3.11]

2317. — Il fallait que les motifs de récusation fussent sérieux. Le fait que le tiers expert était le collaborateur de l'architecte départemental ne suffisait pas à le rendre suspect de partialité. — Même arrêt.

2318. — Pour empêcher les lenteurs provenant de la négligence du tiers expert, la loi disposait que, s'il n'avait pas déposé son rapport dans la quinzaine de sa nomination, le conseil pourrait ne pas comprendre les frais et honoraires du tiers expert dans la liquidation des dépens.

2319. — MM. Teissier et Chapsal (p. 198) admettaient que, dans son arrêté de sursis, le conseil de préfecture pouvait impartir au tiers expert un délai passé lequel il pourrait statuer au fond.

2320. — Si le tiers expert ne déposait pas son rapport dans le délai prescrit, il pouvait bien être privé de ses honoraires, mais le contribuable ne devait pas souffrir de sa négligence. Ce retard n'autorisait pas le conseil de préfecture à déclarer le réclamant déchu du bénéfice de la tierce expertise. — Cons. d'Et., 23 déc. 1892, précité.

2321. — Le tiers expert n'était pas tenu de convoquer le contribuable ni les experts aux vérifications auxquelles il devait procéder. Les agents de l'administration ne devaient pas non plus y assister, à moins que le tiers expert ne l'eût demandé.

2322. — Le rapport du tiers expert était soumis aux droits de timbre et d'enregistrement, sauf, en ce qui touche ces derniers droits, les distinctions posées dans la loi du 16 juin 1824.

7o Expertise organisée par la loi du 17 juill. 1895.

2323. — Sur la proposition du gouvernement, le pouvoir législatif a introduit, dans la loi du 17 juill. 1895, un art. 16 qui modifie complètement la forme des expertises en matière de contributions directes. « En matière soit de contributions directes, soit de taxes assimilées aux contributions directes pour le recouvrement, et dont l'assiette et la répartition sont confiées à l'administration des contributions directes, toute expertise demandée par un contribuable en réclamation ou ordonnée d'office par le conseil de préfecture est faite par trois experts, à moins que les parties ne consentent qu'il y soit procédé par un seul. Dans ce dernier cas, l'expert est nommé par le conseil de préfecture. Si l'expertise est confiée à trois experts, l'un d'eux est nommé par ce conseil et chacune des parties est appelée à nommer un expert ». L'art. 29, L. 21 avr. 1832, est modifié en ce qu'il a de contraire à ces dispositions. L'art. 5, L. 29 déc. 1884, est abrogé.

2323 bis. — Nous avons vu supra, n. 2081 et s., que, malgré la controverse qui s'était élevée à ce sujet, le Conseil d'Etat avait décidé qu'il y avait lieu d'appliquer, au point de vue de l'expertise, les mêmes règles aux taxes incomplètement assimilées aux contributions directes. On peut donc se demander ce que fera le Conseil d'Etat en présence du texte de la loi de 1895, qui semble exclure du bénéfice de ses dispositions les taxes incomplètement assimilées. Nous pensons, pour notre part, qu'il y aura lieu d'unifier les deux sortes d'expertises, après comme avant la loi de 1895.

2323 ter. — En résumé, la loi de 1895 supprime la tierce expertise, ordonne que l'expertise soit faite par un ou trois experts, mais laisse subsister de l'ancienne législation tout ce qui concerne la nécessité de demander l'expertise, l'obligation de l'ordonner lorsqu'elle est demandée, la convocation des parties aux opérations, les personnes dont la présence est nécessaire, les fonctions du contrôleur, les rapports et la communication qui en est faite aux intéressés.

8o Frais d'expertise.

2324. — I. Qui doit les supporter? — L'expertise donne lieu à des frais qui constituent, avec les droits de timbre, les seuls dépens qui puissent être faits en cette matière. Qui doit supporter ces frais? Sous l'empire de la loi du 2 mess. an VII [art. 224], ils devaient être mis à la charge des réclamants si leur demande était rejetée ou si la réduction qui leur était accordée n'était pas supérieure à celle que leur avaient offerte avant l'expertise les agents de l'administration.

2325. — Mais l'art. 18, Arr. 24 flor. an VIII, abrogea cette disposition ; aux termes de cet article, les frais de vérification et d'experts durent être supportés par la commune quand la réclamation serait reconnue juste ; par le réclamant, lorsqu'elle aurait été rejetée.

2326. — Sur ce texte, la jurisprudence du Conseil d'Etat s'établit en ce sens que, pour que les frais d'expertise fussent supportés par le réclamant, il fallait que sa réclamation fût complètement rejetée. — Cons. d'Et., 25 mars 1846, Delettre, [Leb. chr., p. 164]; — 15 nov. 1889, Lefort, [Leb. chr., p. 1037]

2327. — Il a été décidé qu'il y avait lieu de considérer comme ayant complètement succombé dans sa demande celui qui, tout en obtenant gain de cause sur plusieurs points, perdait sur le seul point qui eût fait l'objet de l'expertise. — Cons. d'Et., 17 juill. 1867, Cie P.-L.-M. (Givors), [Leb. chr., p. 653]; — 27 févr. 1874, Mardelle, [Leb. chr., p. 198]; — 12 mars 1875, René et Macarel, [Leb. chr., p. 241]; — 8 juin 1877, Saint-Guilhem, [Leb. chr., p. 557]; — 28 déc. 1877, Gambin, [Leb. chr., p. 1057]

2328. — ... Que celui qui avait demandé l'expertise et avait vu ensuite sa réclamation rejetée ne pouvait alléguer, d'ailleurs, pour refuser de payer les frais, que cette mesure d'instruction était inutile. — Cons. d'Et., 27 avr. 1869, Colliot, [Leb. chr., p. 392]; — 19 nov. 1880 (sol. impl.), Vigouléti, [D. 82.3.19]

2329. — ... Ou qu'elle avait été faite irrégulièrement. — Cons. d'Et., 11 févr. 1876, Jany, [Leb. chr., p. 144]; — 26 mai 1876, Delettre, [Leb. chr., p. 482]; — 6 août 1880, Faciendini, [Leb. chr., p. 723]

2330. — ... Que le contribuable qui succombait devait supporter les frais même de l'expertise qui avait été ordonnée d'office par le conseil de préfecture. — Cons. d'Et., 28 mars 1888, Niquet, [Leb. chr., p. 330]

2331. — ... Que celui qui renonçait à l'expertise alors qu'elle était commencée devait en supporter les frais. — Cons. d'Et., 16 juill. 1870, Caruin, [Leb. chr., p. 908]; — 4 mars 1881, Fauthoux, [D. 82.3.100]; — 13 juin 1884, Crédit Lyonnais, [D. 85.5.131]; — 7 nov. 1884, Biou, [Leb. chr., p. 748]; — 19 janv. 1886, Tahau, [Leb. chr., p. 35]; — 13 janv. 1888, Bleichner, [Leb. chr., p. 25]; — 15 nov. 1890, Chalopin, [Leb. chr., p. 841]

2332. — ... Que, lorsque sur une réclamation il avait été procédé à deux expertises successives, la première ayant été faite irrégulière, le réclamant qui succombait en fin de compte devait payer les frais des deux expertises, alors même que l'irrégularité qui entachait la première était imputable à l'administration. — Cons. d'Et., 3 déc. 1867, Sœurs de l'instruction chrétienne, [Leb. chr., p. 893]; — 4 juill. 1879, Goullay, [Leb. chr., p. 557]

2333. — Mais que fallait-il décider au cas où la réclamation était accueillie partiellement? Quelques décisions semblaient avoir essayé de faire survivre le principe posé dans la loi du 2 mess. an VII, en considérant comme succombant dans sa demande celui qui avait exigé l'expertise malgré une offre de réduction faite par les agents de l'administration, offre qui, en définitive, était reconnue suffisante. — Cons. d'Et., 27 nov. 1835, Baret, [P. adm. chr.]; — 25 juill. 1848, Rossignol, [P. adm. chr.]; — 17 déc. 1875, Piédoye, [Leb. chr., p. 1016]

2334. — Mais la jurisprudence s'était depuis affirmée et fixée en ce sens que, du moment où une réduction, si minime qu'elle

fût, était accordée au réclamant, celui-ci devait être déchargé de toute part de frais, lesquels seraient supportés par la commune, s'il s'agissait d'impôts de répartition, et par l'État, s'il s'agissait d'impôts de quotité. — Cons. d'Et., 16 avr. 1856, Garnier, [S.57 ; 2.158, P. adm. chr.]; — 7 avr. 1858, Priol-Herve, [P. adm. chr.]. — 31 mai 1859, Commune des Islettes, [P. adm. chr.]; — 22 févr. 1878, Ville de Laon, [D. 78.5.159]; — 26 nov. 1880, Mohr-Rimhold, [Leb. chr., p. 918]; — 6 mai 1881, Marrast, [D. 82. 5.136]; — 16 déc. 1881, Péna, [Leb. chr., p. 983]; — 12 mai 1882, Cameau, [D. 83.3.123]; — 19 mai 1882, Guibaut, [Leb. chr., p. 496]; — 16 juin 1882, Maubourguet, [Leb. chr., p. 568]; — 23 juin 1882, Lourse, [Leb. chr., p. 598]; — 14 déc. 1883, Commune d'Estrennes, [Leb. chr., p. 915]; — 14 déc. 1883, Queveille, [Leb. chr., p. 915]; — 28 mars 1884, Lecoq, [Leb. chr., p. 250]; — 23 mai 1884, Audibert, [Leb. chr., p. 408]; — 13 juin 1884, Crédit Lyonnais, [D. 85.5.131]; — 9 janv. 1885, Lallement, [Leb. chr., p. 4]

2335. — Et les communes tenues de supporter les frais d'expertise ne pouvaient obtenir décharge de ces frais en établissant que la perte du procès était due à une faute commise au cours de l'instruction par un agent de l'administration. — Cons. d'Et., 27 mai 1892, Mongin, [Leb. chr., p. 488]

2336. — Lorsqu'une seule expertise avait été faite sur plusieurs réclamations relatives à la même contribution pour deux exercices différents, il suffisait que le réclamant eût obtenu gain de cause en ce qui touchait l'un de ces deux exercices pour que tous les frais dussent être supportés par l'administration. — Cons. d'Et., 22 déc. 1852, Guillard, [P. adm. chr.]

2337. — Le Conseil d'Etat n'admettait le partage des frais d'expertise entre les contribuables et l'administration que lorsque, la réclamation visant des contributions différentes ou des cotes distinctes et l'expertise ayant porté séparément sur chacune d'elles, le réclamant obtenait gain de cause pour les unes et perdait pour les autres. — Cons. d'Et., 12 août 1868, Chemin de fer P.-L.-M., [S. 69.2.248, P. adm. chr.]; — 26 déc. 1879, Descottes, [Leb. chr., p. 847]; — 6 août 1880, Bridet, [Leb. chr., p. 723]; — 19 nov. 1880, Guilhem, [Leb. chr., p. 895]; — 12 mai 1882, Cameau, [D. 83.3.123]; — 16 juin 1882, Robin, [Leb. chr., p. 568]; — 23 juin 1882, Esterlin, [Leb. chr., p. 598]; — 27 avr. 1883, Burnet-Aubertot, [Leb. chr., p. 403]; — 16 janv. 1885, Bidal, [Leb. chr., p. 42]; — 11 déc. 1885, Desportes, [Leb. chr., p. 948]; — 2 juill. 1886, Société générale, [Leb. chr., p. 537]; — 26 nov. 1886, Min. Finances, [Leb. chr., p. 828]; — 13 mai 1887, Cie d'Orléans, [Leb. chr., p. 379]; — 10 juin 1887, Fabre de Cahuzac, [Leb. chr., p. 461]

2338. — En 1884, le gouvernement inséra dans le projet de loi de finances un article par lequel l'art. 18, Arr. 24 flor. an VII, était abrogé et qui revenait au système de la loi du 22 mess. an VII. Mais cette disposition fut modifiée par les Chambres qui votèrent l'article suivant : « Les frais d'expertise et de tierce expertise seront, comme tous autres, supportés par la partie qui succombera, suivant l'appréciation du juge, dans les termes des art. 130 et 131, C. proc. civ. ». Le législateur a voulu laisser les juges apprécier en toute liberté quelle est la partie qui succombe.

2339. — Depuis cette époque la jurisprudence s'était inspirée des intentions du gouvernement et du législateur en considérant comme succombant dans leur réclamation ceux qui n'obtenaient pas un dégrèvement supérieur à celui qui leur était primitivement offert. — Cons. d'Et., 25 févr. 1887, Rédier, [D. 88.3.59]; — 2 déc. 1887, Moisan, [D. 89.3.26]; — 27 déc. 1890, Puzenal, [D. 92.5.194]; — 27 juin 1891, Chadefaux, [Leb. chr., p. 497]; — 14 mai 1892, Lalour, [Leb. chr., p. 449]; — 27 mai 1892, Mongin, [Leb. chr., p. 488]; — 6 janv. 1894, Guitton, [Leb. chr., p. 13]

2340. — Pour qu'il fût tenu compte des offres de réduction de l'administration, il fallait qu'elles fussent contenues dans les rapports écrits par les agents. Des offres verbales de réduction consécutives à ces rapports tendant au rejet de la réclamation ne pouvaient être prises en considération. — Cons. d'Et., 27 mai 1892, précité.

2341. — On partageait les frais quand la demande était partiellement accueillie. — Cons. d'Et., 3 août 1887, Ruelle, [D. 88. 3.112]; — 6 août 1887, Garène, [Leb. chr., p. 656]; — 1er juin 1888, Mélier, [D. 89.3.95]; — 22 juin 1888, Suault, [Leb. chr., p. 552]; — 16 nov. 1888, Cudruc, [Leb. chr., p. 836]; — 30 nov. 1888, Sœurs de Sainte-Catherine de Sienne, [Leb. chr., p. 890];

— 8 déc. 1888, Ville de Nantes, [Leb. chr., p. 948]; — 21 déc. 1888, Duvivier, [Leb. chr., p. 1000]; — 28 déc. 1888, Société des ponts et travaux en fer, [Leb. chr., p. 1010]; — 28 juin 1889, Chesney, [Leb. chr., p. 780]; — 9 août 1889, Innenarity, [Leb. chr., p. 969]; — 30 nov. 1889, François, [Leb. chr., p. 1113]; — 8 août 1890, Bernard, [Leb. chr., p. 779]; — 27 déc. 1890, Cie d'Orléans, [Leb. chr., p. 1018]; — 31 janv. 1891, Min. Agriculture, [Leb. chr., p. 76]

2342. — Cette disposition de la loi de 1884 a été remplacée par celle de l'art. 16, § 3, L. 17 juill. 1895, aux termes de laquelle « les frais d'expertise sont supportés par la partie qui succombe; ils peuvent, en raison des circonstances de l'affaire, être compensés en tout ou en partie ». C'est dire que les juges administratifs ont actuellement, comme sous l'empire de la loi de 1884, pleine latitude pour décider dans quelle mesure les dépens doivent être compensés, au cas où chacune des parties succombe partiellement dans ses prétentions.

2343. — Les frais de l'expertise ne peuvent être mis à la charge d'une partie sans que la partie adverse ait déposé des conclusions en ce sens. De même, lorsque le conseil de préfecture a décidé que lesdits frais seraient supportés par une partie, il faut des conclusions formelles dans le pourvoi au Conseil d'Etat pour que l'arrêté, réformé sur d'autres points, le soit aussi sur celui-là.

2344. — Sous l'empire de l'arrêté du 24 flor. an VIII, lorsqu'une réduction avait été accordée à un réclamant, et que, par suite, les frais d'expertise avaient été mis à la charge de l'administration, le ministre ne pouvait se pourvoir contre la partie de l'arrêté relative aux frais qu'en demandant aussi sa réformation sur le principal. — Cons. d'Et., 10 juill. 1885, Société sucrière de Toulis, [Leb. chr., p. 655]

2345. — Le conseil de préfecture peut statuer sur la contestation à laquelle donne lieu le règlement des frais d'expertise avant la décision du Conseil d'Etat sur le pourvoi formé contre l'arrêté qui a mis ces frais à la charge du requérant. — Cons. d'Et., 3 juin 1881, Boiscourbeau, [Leb. chr., p. 389]

2346. — Lorsqu'un contribuable s'est pourvu contre le règlement des frais d'expertise, mais que, postérieurement à sa requête, le Conseil d'Etat a mis ces frais à la charge de l'administration, le pourvoi doit être déclaré sans objet. — Cons. d'Et., 5 févr. 1886, Lefeuvrier, [Leb. chr., p. 111]; — 11 mai 1888, Morce, [Leb. chr., p. 430]

2347. — II. Liquidation des frais d'expertise. — Comment sont liquidés les frais d'expertise? L'arrêté du 24 flor. an VIII se bornait à dire qu'ils seraient réglés par le préfet, sur l'avis du sous-préfet (art. 19). L'instruction du 30 sept. 1831 ajoutait que le préfet statuerait sur un rapport du directeur. En pratique, les experts dressaient à la fin de leurs rapports l'état de leurs débours et honoraires. Le directeur l'examinait, y faisait, s'il y avait lieu, des réductions et soumettait ses propositions au préfet qui décidait. Lui seul avait qualité pour faire ce règlement. Il a été souvent décidé que le conseil de préfecture, qui ne se bornait pas à mettre les frais d'expertise à la charge d'une des parties, mais qui en fixait le montant, excédait les limites de ses pouvoirs. — Cons. d'Et., 30 mars 1844, Colombe Vitcoq, [P. adm. chr.]; — 6 juin 1844, Viard-Lanon, [P. adm. chr.]; — 31 mars 1847, Pinson, [P. adm. chr.]; — 7 févr. 1848, Marouat, [P. adm. chr.]; — 15 mai 1848, Gelquin, [Leb. chr., p. 288]; — 17 déc. 1877, Carbonnel, [Leb. chr., p. 1015]; — 28 déc. 1877, Piédoye, [Leb. chr., p. 1055]; — 28 mars 1879, Mathelin, [Leb. chr., p. 248]; — 5 mars 1880, Breton, [Leb. chr., p. 248]; — 26 nov. 1880, Dusserre, [Leb. chr., p. 919]; — 10 déc. 1880, Mathelin, [Leb. chr., p. 982]; — 18 mars 1881, Vidal, [Leb. chr., p. 300]; — 27 juill. 1888, Hirbec, [Leb. chr., p. 666]

2348. — Cet arrêté du préfet pouvait donner lieu à un recours contentieux, soit de la part des réclamants, soit de la part des experts. Ce recours ne devait pas être porté directement devant le Conseil d'Etat, mais devait être soumis d'abord au conseil de préfecture. — Cons. d'Et., 31 mai 1831, Taule Barreyrac, [Leb. chr., p. 399]; — 31 mai 1831, Commune des Islettes, [P. adm. chr.]; — 5 juill. 1859, Cangrain, [Leb. chr., p. 468]; — 16 juill. 1863, Féchoz, [S. 64.2.88, P. adm. chr., D. 63.3.82]; — 12 déc. 1866, Hacquard, [Leb. chr., p. 1126]; — 20 déc. 1866, Paret, [Leb. chr., p. 1168]; — 26 juin 1867, Grosos, [Leb. chr., p. 600]; — 4 avr. 1873, Debaigt, [Leb. chr., p. 293]; — 17 déc. 1875, Carbonnel, [Leb. chr., p. 1015]; — 21 déc.

17

1877, Goullay, [Leb. chr., p. 1029]; — 16 avr. 1880, Thévenin, [Leb. chr., p. 365]; — 3 juin 1881, Boiscourbeau, [Leb. chr., p. 589]; — 9 déc. 1887, Dufour, [Leb. chr., p. 783]; — 28 mars 1888, Niquet, [Leb. chr., p. 331]; — 31 oct. 1890, Gouault, [D. 92.3.195]; — 11 juill. 1891, Méder, [S. et P. 93.3.88]

2349. — Il appartenait alors à la juridiction administrative, saisie d'un recours contre l'arrêté du préfet réglant les frais d'expertise, de le réformer si elle jugeait qu'il avait mal apprécié le travail des experts. — Cons. d'Et., 14 juin 1878, Mathelin, [Leb. chr., p. 565]; — 21 nov. 1879, Audemard, [Leb. chr., p. 730]; — 25 févr. 1887, Salvat, [Leb. chr., p. 170]; — 5 août 1887, Ruelle, [Leb. chr., p. 627]

2350. — Le juge ne pouvait réduire d'office les frais d'expertise réglés par le préfet. Il était indispensable qu'il fût saisi de conclusions à cette fin par la partie condamnée à les supporter. — Cons. d'Et., 9 août 1889, Laborde, [Leb. chr., p. 966]

2351. — Les frais à la charge de la commune sont imposés sur le rôle de l'année suivante avec les centimes additionnels et comme charge locale. Ceux à la charge des contribuables sont acquittés par eux, en vertu de l'ordonnance du préfet, entre les mains du percepteur. Le percepteur fera néanmoins, dans tous les cas, l'avance de ces frais aux experts, sur le produit des centimes additionnels de la commune (Arr. 24 flor. an VIII, art. 19, 20, 21).

2352. — L'administration délivre aux experts des mandats de paiement des sommes qui leur sont dues. La forme de ces mandats ne peut faire l'objet d'un recours par la voie contentieuse. — Cons. d'Et., 28 déc. 1877, précité.

2353. — Du jour où les experts recevaient ce mandat de paiement courait pour eux un délai de trois mois pendant lequel ils pouvaient réclamer contre le règlement des frais. — Cons. d'Et., 9 avr. 1886, Malaval, [S. 88.3.4, P. adm. chr., D. 87.3.95]

2354. — Quant aux contribuables, le délai courait à leur égard du jour où ils avaient reçu notification de l'arrêté préfectoral, qui était un titre exécutoire contre eux. Ils devaient acquitter ces frais en une fois dans le délai d'un mois à compter de la notification (L. 2 mess. an VII, art. 225).

2355. — Lorsque le contribuable condamné à payer les frais d'expertise trouvait exagérées les allocations portées dans l'arrêté préfectoral et qu'il réclamait au conseil de préfecture, il semble que cette réclamation devait être communiquée aux experts ou à l'expert visé. Cependant le Conseil d'Etat n'exigeait pas cette formalité. Il avait admis que les honoraires alloués aux experts pouvaient être réduits sans qu'une mise en cause leur eût été adressée. — Cons. d'Et., 27 déc. 1890, Chassepère, [D. 92.5.195]

2356. — Il a été décidé qu'aucune disposition de loi ou de règlement ne prescrivait l'accomplissement des formalités prescrites pour l'instruction des demandes en décharge. — Cons. d'Et., 17 juill. 1885, Carraud, [Leb. chr., p. 687]

2357. — ... Et notamment la communication à l'expert de l'avis du directeur. — Cons. d'Et., 15 janv. 1886, Malaval, [Leb. chr., p. 29]; — 9 avr. 1886, précité.

2358. — ... Que les contribuables n'étaient pas recevables à attaquer la disposition de l'arrêté préfectoral décidant que les frais d'expertise seraient avancés aux experts sur les fonds communaux. — Cons. d'Et., 17 juill. 1885, précité.

2359. — La loi du 22 juill. 1889 a complètement modifié ce mode de procéder. Son art. 23 dispose que les experts joignent à leur rapport un état de leurs vacations, frais et honoraires. Cet état doit être sur timbre et feuille séparée (Circ. Int. 31 juill. 1890).

2360. — La liquidation et la taxe des frais d'expertise sont faites par arrêté du président du conseil de préfecture, même en matière de contributions directes ou de taxes assimilées, conformément au tarif fixé par un règlement d'administration publique (ce tarif a fait l'objet du décret du 18 janv. 1890); mais les experts ou les parties peuvent, dans le délai de trois jours à partir de la notification qui leur est faite dudit arrêté, contester la liquidation devant le conseil de préfecture, statuant en chambre du conseil (L. 22 juill. 1889, art. 23). Cette contestation, ajoute la circulaire du 31 juill. 1890, est une forme particulière de recours propre à la liquidation des frais d'expertise; ce n'est pas une opposition dans le sens ordinaire. L'arrêté du conseil de préfecture statuant sur ce recours doit être motivé. Le conseil n'est pas tenu de convoquer les parties, mais il peut les entendre. L'arrêté soit du président, soit du conseil de préfecture,

ne comporte que la fixation des sommes à allouer. L'attribution de la part de frais à supporter par chaque partie est faite dans l'arrêté définitif, conformément aux art. 62 à 66, L. 22 juill. 1889.

2361. — L'arrêté du président tient lieu d'exécutoire contre la partie qui a requis l'expertise, ou contre les parties solidairement, quand l'expertise est ordonnée d'office. L'exécution peut en être demandée même avant que le jugement soit rendu sur le fond. — Même circulaire.

2362. — Il n'appartient pas au conseil de préfecture de se substituer à son président pour faire la liquidation des frais d'expertise. Il excéderait les limites de sa compétence en le faisant. On aurait pu soutenir que la procédure organisée par l'art. 23, L. 22 juill. 1889, n'avait d'autre objet que de donner aux experts le moyen d'obtenir la liquidation de leurs frais avant le jugement du fond, mais n'empêchait pas le conseil, investi par l'art. 63 de la même loi du droit de liquider les dépens, qui comprennent les frais d'expertise, de faire la liquidation de ces frais aux lieu et place de son président. Le Conseil d'Etat statuant au contentieux n'a pas admis ce système. Il a décidé que la procédure organisée par l'art. 23 et rappelée par l'art. 63 était obligatoire. — Cons. d'Et., 19 janv. 1894, Dumortier, [Leb. chr., p. 48]; — 16 juin 1894, Tessier, [Leb. chr , p. 419]; — 29 déc. 1894, Dumas-Pruisbault, [Leb. chr., p. 739]

2363. — L'arrêté du vice-président du conseil de préfecture opérant la liquidation des frais d'expertise ne peut être directement déféré au Conseil d'Etat. Il doit au préalable être porté devant le conseil de préfecture. — Cons. d'Et., 20 janv. 1894, Fercot, [Leb. chr., p. 64]; — 3 mars 1894, [Leb. chr., p. 177]

2364. — La décision rendue par le conseil de préfecture sur l'opposition formée contre l'ordonnance du président est-elle susceptible d'appel devant le Conseil d'Etat? Le Conseil n'a pas eu encore à se prononcer sur cette question. On pourrait dire qu'il s'agit d'une décision prise en chambre du conseil, et que, dès lors, il n'y a pas d'appel possible; mais il nous est impossible d'admettre cette opinion. Les frais d'expertise peuvent s'élever à des sommes considérables, plus importantes parfois que l'objet principal du litige. Leur fixation et les difficultés auxquelles elle donne lieu constituent à notre avis un nouveau procès qui se détache du premier, qui prend naissance par la décision du président et qui doit se poursuivre devant les tribunaux compétents suivant les règles ordinaires. De ce que la loi de 1889 a décidé que le conseil de préfecture statuerait en chambre du conseil, il n'en résulte pas pour nous, qu'elle ait entendu déroger à ce principe que jamais le conseil de préfecture ne statue en dernier ressort. Nous ne voyons aucune raison pour priver soit les experts, soit les parties d'un degré de juridiction.

2365. — Pas plus depuis la loi de 1889 qu'auparavant, on ne peut saisir directement le Conseil d'Etat d'une demande en taxation de frais d'expertise. — Cons. d'Et., 17 juin 1892, Colombani, [Leb. chr., p. 530]

2366. — Pour que les experts aient droit à des honoraires, il faut qu'ils aient été régulièrement nommés et qu'ils aient rempli leur mission avec soin. Ainsi un expert qui, malgré une récusation formelle, a persisté à assister à l'expertise n'a droit à aucun honoraire. — Cons. d'Et., 12 juin 1874, Piédoye, [Leb. chr., p. 547]

2367. — Il en est de même d'un individu désigné comme expert par une personne qui n'avait pas qualité à cet effet et que les parties présentes à l'expertise refusent d'accepter. — Cons. d'Et., 4 juin 1875, Breuillé, [Leb. chr., p. 531]

2368. — Au contraire, quand un expert a été nommé par le conseil de préfecture, s'il a rempli sa mission, il a droit à ses honoraires, alors même que plus tard le Conseil d'Etat viendrait à annuler l'arrêté qui lui a donné sa mission. — Cons. d'Et., 26 févr. 1875, Rigaud et Lemoth, [S. 76.2.305, P. adm. chr., D. 75.3.115]

2369. — Le fait par un expert de n'avoir pas déposé son rapport dans le délai de cinq jours prescrit par le décret du 2 mess. an VII ne suffit pas à motiver la privation d'honoraires. Il a même été décidé que les honoraires étaient dus dans une espèce où, l'expert n'ayant déposé son rapport qu'après l'expiration du délai ci-dessus indiqué, le conseil de préfecture n'en avait pas eu connaissance par suite d'une omission de transmission. — Cons. d'Et., 27 mai 1892, Laborde, [D. 93.5.172]

2370. — Les honoraires peuvent être alloués aux experts dans des proportions inégales. Leur montant dépend de l'im-

portance du travail, de sa valeur. — Cons. d'Et., 13 janv. 1888, Béranger, [Leb. chr., p. 17]

2371. — Que doivent comprendre les frais d'expertise? Les experts ont droit au remboursement de leurs débours et notamment à leurs frais de déplacement. Toutefois, ils n'y ont droit que dans les limites du département où l'expertise a eu lieu. S'il plaît à l'une des parties de faire venir un expert d'un département voisin, les frais effectués jusqu'à la limite de ce département n'entreront pas en taxe. — Cons. d'Et., 28 déc. 1877, précité; — 17 juin 1887, précité; — 8 juin 1888, précité; — 9 août 1889, Laborde, [Leb. chr., p. 966]

2372. — Les frais de déplacement d'un expert peuvent être calculés d'après la distance parcourue en chemin de fer, quoique la voie de terre soit plus courte. — Cons. d'Et., 28 mars 1890, Mouton, [Leb. chr., p. 347]

2373. — Il y avait lieu, avant la loi du 17 juill. 1895, de faire entrer en taxe les frais de déplacement des experts qui avaient été invités par le tiers expert à assister à ses opérations. — Cons. d'Et., 18 avr. 1890, Durand, [Leb. chr., p. 403]

2374. — Les experts ont droit au remboursement des frais de timbre et d'enregistrement de leurs rapports. — Cons. d'Et., 10 avr. 1883, Charles, [Leb. chr., p. 371]

2375. — Mais si une contestation s'élève sur la perception de ces droits, elle n'est pas de la compétence des tribunaux administratifs. — Cons. d'Et., 18 mars 1881, Vidal, [Leb. chr., p. 300]

2376. — L'expert qui, dans la rédaction d'un rapport, a commis une contravention aux lois sur le timbre, n'est pas fondé à demander que l'amende et les frais de poursuite mis à sa charge soient compris dans le règlement des frais dont le remboursement lui est dû. — Cons. d'Et., 28 déc. 1877, Piédoye, précité.

2377. — Lorsque le remboursement des frais de copie a été alloué à l'un des experts, l'autre a droit à la même allocation. — Cons. d'Et., 5 nov. 1886, Bleichner, [D. 87.5.123]

2378. — Les experts n'étant pas tenus de rédiger leur rapport séance tenante, il peut être alloué deux vacations, l'une pour la visite des lieux, l'autre pour la rédaction du rapport. — Cons. d'Et., 13 juill. 1877, Chapuis, [Leb. chr., p. 686]

2379. — Les sommes allouées aux experts ne sont pas productives d'intérêts. — Cons. d'Et., 26 févr. 1875, Rigaud et Lemuth, [S. 76.2.305, P. adm. chr., D. 75.3.115]; — 28 déc. 1877, Piédoye, [D. 78.3.34]; — 8 juin 1888, Gouault, [D. 89.3.92]

2380. — III. *Tarif des frais d'expertise.* — Jusqu'au décret du 18 janv. 1890, aucun texte ne réglait le tarif des frais devant les conseils de préfecture, le décret du 16 févr. 1807 qui fixe le tarif des frais des procès jugés par les tribunaux civils n'ayant été déclaré par aucune disposition de loi ou de règlement applicable aux instances portées devant les conseils de préfecture. Aussi dans chaque département y avait-il un tarif différent qui se rapprochait ou s'éloignait plus ou moins du tarif civil. Les préfets appliquaient parfois le dernier, mais ce n'était pas pour eux une obligation. — Cons. d'Et., 25 déc. 1840, Cordier, [P. adm. chr.]; — 16 juill. 1863, Féchoz, [S. 64.2.88, P. adm. chr., D. 63.3.82]; — 4 déc. 1874, Gaguelié, [Leb. chr., p. 952]; — 31 mars 1876, Piédoye, [Leb. chr. p. 318]; — 16 mars, 18 juin 1877, Mathelin, [Leb. chr., p. 271 et 548]; — 13 juill. 1877, Chapuis, [Leb. chr., p. 686]; — 28 déc. 1877, Piédoye, [D. 78.3.34]; — 3 juin 1881, Boiscourbeau, [Leb. chr., p. 589]; — 15 janv. 1886, Malaval, [Leb. chr., p. 29]; — 9 avr. 1886, Malaval, [S. 88.3.4, P. adm. chr.]; — 5 nov. 1886, Berthier, [Leb. chr., p. 755]; — 17 juin 1887, Bleichner, [Leb. chr., p. 484]; — 8 juin 1888, Gouault, [D. 89.3.92]

2381. — D'après le décret du 18 janv. 1890, il est alloué à chaque expert, par vacation de trois heures, s'il est domicilié dans le département de la Seine ou dans une ville dont la population excède 100,000 habitants, 8 fr.; s'il est domicilié dans une ville dont la population excède 30,000 habitants, 7 fr.; ailleurs, 6 fr. Il ne peut être taxé aux experts plus de trois vacations par jour à la résidence, et quatre hors de la résidence. Les experts ont, en outre, droit à une vacation pour la prestation de serment et une pour le dépôt du rapport indépendamment de leurs frais de transport (art. 2).

2382. — La mise au net du rapport est taxée conformément à l'art. 1, c'est-à-dire à raison de 50 cent. par rôle de vingt-cinq lignes à la page et de douze syllabes à la ligne.

2383. — Il est alloué aux experts, pour frais de transport : 1° en chemin de fer, 20 cent. par kilomètre; 2° sur les routes ordinaires, 40 cent. par kilomètre. La première taxe est applicable de droit quand le parcours est desservi par une voie ferrée. En matière de contributions directes et de taxes assimilées, le parcours effectué en dehors des limites du département n'entre pas en compte (art. 5). Chaque kilomètre donne droit à une indemnité pour l'aller et à une autre pour le retour. Les experts ne peuvent rien réclamer pour les frais de séjour. — Cons. d'Et., 17 janv. 1891, Daviau, [Leb. chr., p. 17]; — 7 févr. 1891, Ernerarity, [Leb. chr., p. 98]; — 7 nov. 1891, Arnoud, [Leb. chr., p. 642]

2384. — Si les experts sont appelés, par application de l'art. 22, L. 22 juill. 1889, à comparaître devant le conseil de préfecture, ils sont rémunérés conformément aux art. 2 et 3 du présent décret (art. 6).

2385. — Les frais divers dont les experts auront dû faire l'avance, tels que le papier timbré, l'enregistrement, les ports de lettres et de paquets, et le coût de tous travaux et opérations indispensables à l'accomplissement de leur mission, leur sont remboursés sur état (art. 7).

2386. — Le président, en procédant à la taxe des vacations et autres frais, les réduit s'ils lui paraissent excessifs. Il ne doit admettre en taxe, ni les opérations, visites et plans inutiles, ni les longueurs dans les rapports (art. 9).

2387. — Sur recours des parties, le conseil de préfecture et le Conseil d'État peuvent réduire les honoraires alloués aux experts s'ils les jugent exagérés. — Cons. d'Et., 6 janv. 1894, Guitton, [Leb. chr.., p. 15]; — 23 nov. 1894, Constantin, [Leb. chr., p. 621]

2388. — Les dispositions qui précèdent seront applicables à la tierce expertise prévue en matière de contributions directes par l'art. 5, L. 29 déc. 1884 (art. 10).

§ 5. *Mesures d'instruction autres que l'expertise.*

2389. — Les réclamants peuvent être admis à refuser la vérification par experts et à fournir devant le conseil de préfecture telles autres justifications qu'ils jugent convenables; mais dans tous les cas, ces justifications doivent être communiquées aux agents. — Cons. d'Et., 28 mai 1840, Chapelle, [S. 40.2.432, P. adm. chr.]

2390. — Les agents de l'administration, ni les experts ne peuvent exiger des patentables la production de leurs livres de commerce, mais les patentables peuvent offrir de fournir ce moyen de preuve à l'appui de leurs obligations. Pour que le conseil de préfecture soit tenu de répondre à cette demande, il faut qu'elle fasse l'objet de conclusions écrites. — Cons. d'Et., 19 juill. 1878, Decourt, [Leb. chr., p. 710]; — 23 déc. 1884, Jacquier, [Leb. chr., p. 933]

2391. — Il a été décidé que le conseil de préfecture est seul juge de la question, de savoir si une visite de lieux est nécessaire et que les réclamants ne peuvent l'exiger. — Cons. d'Et., 26 déc. 1891, de Beauséjour, [D. 93.3.161]

2392. — ...Qu'un conseil de préfecture ne pourrait ajouter aux frais d'expertise les frais de transport et de visite sur les lieux faits par les membres du conseil de préfecture. — Cons. d'Et., 13 mars 1872, Lemuth, [D. 75.3.115]

§ 6. *Jugement des réclamations.*

1° *Comment les affaires sont instruites et jugées devant le conseil de préfecture.*

2393. — I. *Instruction devant le conseil de préfecture et confection du rôle.* — Les enquêtes sont peu usitées en cette matière. Cependant il peut en être ordonné au sujet des réclamations auxquelles donnent lieu les taxes de pâturage, mais cette mesure d'instruction n'est pas obligatoire. — Cons. d'Et., 6 juill. 1865, Commune de la Ferté-Imbault, [Leb. chr., p. 696]; — 20 avr. 1883, Ducrist, [Leb. chr., p. 369]; — 27 févr. 1885, Varinole, [Leb. chr., p. 232]

2394. — Lorsque le directeur a donné son avis sur les résultats de l'expertise, le dossier est renvoyé au conseiller-rapporteur qui fait son rapport, lequel est transmis ensuite par le

secrétaire-greffier au commissaire du gouvernement, il doit en principe être fait un rapport sur chaque affaire. En pratique cependant il est d'usage, dans la plupart des cas, de faire le rapport sur la feuille d'instruction.

2395. — Avant 1889, le rapporteur préparait en même temps un projet de décision qui était soumis aussi au commissaire du gouvernement avant l'audience. La loi du 22 juill. 1889 modifie cette procédure, en vue de laisser une plus grande liberté tant au ministère public qu'au rapporteur lui-même.

2396. — Le rôle de la séance est arrêté par le président du conseil de préfecture; il est communiqué au commissaire du gouvernement et affiché à la porte de la salle d'audience (L. 22 juill. 1889, art. 43). La confection du rôle doit précéder de quelques jours la séance publique. En effet, il faut avoir le temps de convoquer à l'audience les parties qui l'ont demandé.

2397. — II. *Avertissement du jour de l'audience.* — La loi du 22 juill. 1889 n'a pas modifié l'ancienne législation en matière de contributions directes. Après avoir rendu la convocation des parties obligatoire dans les affaires ordinaires, l'art. 44 ajoute qu'en matière de contributions directes ou de taxes assimilées, l'avertissement n'est donné qu'aux parties qui ont fait connaître, antérieurement à la fixation du rôle, leur intention de présenter des observations orales.

2398. — Pour que les réclamants soient mis à même de manifester leur intention de présenter des observations orales, l'art. 11, § 2, L. 22 juill. 1889, reproduisant l'art. 6, Décr. 12 juill. 1865, dispose que « lorsque les parties seront appelées à fournir des observations en exécution de l'art. 29, L. 21 avr. 1832, elles devront être invitées à faire connaître si elles entendent user du droit de présenter des observations orales à la séance publique où l'affaire sera portée pour être jugée. »

2399. — Cette double mise en demeure est faite par le même acte. Il suit de là que s'il n'y a pas lieu de déposer le dossier à la sous-préfecture, par exemple lorsque l'avis du directeur est favorable à la réclamation, le réclamant ne doit pas être averti du jour de l'audience. — Cons. d'Et., 9 mai 1873, Souquet, [Leb. chr., p. 393]; — 2 août 1878, Grimon, [Leb. chr., p. 778]; — 18 juill. 1884, Coindre, [Leb. chr., p. 609]

2400. — Mais de la réunion de ces deux mises en demeure sur le même acte, il ne résulte pas que les obligations du réclamant soient les mêmes en ce qui touche chacune d'elles. Pour demander l'expertise, il a dix jours. Pour présenter de nouvelles observations écrites, il a jusqu'au jour de l'audience. Pour demander à être entendu par le conseil de préfecture, il a jusqu'à la fixation du rôle. — Cons. d'Et., 25 mai 1894, Caire, [Leb. chr., p. 358] — La loi de 1889 apporte ici une légère restriction au droit du réclamant qui, d'après la jurisprudence, pouvait s'exercer tant que le conseil de préfecture n'avait pas statué sur la réclamation. — Cons. d'Et., 20 juin 1879, Lemoine, [Leb. chr., p. 518]

2401. — Le contribuable qui n'a pas demandé à présenter des observations orales ne peut se plaindre de n'avoir pas été convoqué à l'audience. — Cons. d'Et., 29 nov. 1872, Picard, [Leb. chr., p. 652]; — 17 mai 1890, Mathevon, [Leb. chr., p. 512]; — 24 janv. 1891, Blanceau, [Leb. chr., p. 43]; — 29 janv. 1892, Renard, [Leb. chr., p. 67]

2402. — Le contribuable qui, en réponse à l'avis de dépôt du dossier à la sous-préfecture, s'est borné à demander une expertise, n'est pas fondé à se plaindre de n'avoir pas été informé du jour où sa réclamation serait portée à l'audience publique du conseil de préfecture. — Cons. d'Et., 6 juin 1879, Arnould-Drappier, [Leb. chr., p. 455]

2403. — Lorsqu'au contraire le réclamant a fait connaître en temps utile l'intention d'user du droit que la loi lui confère, l'arrêté par lequel le conseil de préfecture statuerait sur sa réclamation sans qu'il eut été convoqué à l'audience serait entaché d'une nullité radicale. — Cons. d'Et., 26 janv. 1865, Desmet, [S. 65.2.317, P. adm. chr.]; — 13 mai 1874, de Verdal, [Leb. chr., p. 447]; — 3 août 1883, Mourey, [Leb. chr., p. 712]; — 29 nov. 1889, Syndicat de l'Orge inférieur, [Leb. chr., p. 1189]; — 22 févr. 1890, Locamus, [Leb. chr., p. 248]; — 7 mars 1890, Boulet, [Leb. chr., p. 251]; — 31 janv. 1891, Husson, [Leb. chr., p. 72]; — 13 janv. 1892, Barignand, [Leb. chr., p. 4]

2404. — Mais pour que l'arrêté soit vicié, il faut que la demande ait été formelle. Il a été décidé qu'un conseil de préfecture avait pu valablement se dispenser de convoquer le réclamant ou son mandataire à l'audience, dans une espèce où la requête, bien qu'elle portât dans sa formule imprimée que le mandataire avait reçu mission de présenter des observations orales, n'indiquait pas qu'il avait entendu user de cette faculté. — Cons. d'Et., 29 déc. 1872, Rouillé, [Leb. chr., p. 656]

2405. — Si la partie a été avertie du jour où son affaire serait portée à l'audience publique, il importe peu qu'elle ait été préalablement mise en demeure de faire connaître si elle entendait présenter des observations orales. Son droit est complètement sauvegardé. — Cons. d'Et., 21 nov. 1873, Syndicat de la Grande-Camargue, [S. 75.2.279, P. adm. chr.]

2406. — Dans le cas où le réclamant a constitué un mandataire, à qui du mandataire ou du mandant doit être notifié l'avis du jour de l'audience? Le décret de 1865 ne tranchait pas cette question, la notification devant être faite au domicile de la partie ou à celui de son mandataire (art. 12), et il a été de ce point la jurisprudence du Conseil d'Etat avait varié sur ce point. C'est ainsi qu'on avait commencé par décider que l'avertissement notifié au domicile du contribuable suffisait; et qu'il n'était pas nécessaire d'aviser à la fois le mandant et le mandataire. — Cons. d'Et., 6 mars 1874, Davenat, [Leb. chr., p. 118]; — 24 avr. 1874, Rouillé-Glétrais, [Leb. chr., p. 364]; — 15 mai 1874, Connin-Douine, [Leb. chr., p. 440]

2407. — Puis on était revenu sur cette jurisprudence et on exigeait, à peine de nullité, que la notification fût faite au domicile du mandataire. — Cons. d'Et., 18 déc. 1874, Wilson, [S. 76.2.185, P. adm. chr., D. 75.3.81-82]; — 8 janv. 1875, Lacombe, [Leb. chr., p. 15]; — 5 févr. 1875, Archelais, [Leb. chr., p. 96]; — 12 févr. 1875, Taillandier, [Leb. chr., p. 134]; — 19 févr. 1875, Delorme, [Leb. chr., p. 169]; — 16 avr. 1875, Lachène, [Leb. chr., p. 324]; — 28 janv. 1876, Coince et autres, [Leb. chr., p. 84]; — 11 févr. 1876, Bavera, [Leb. chr., p. 138]; — 22 juill. 1887, Société financière de Paris, [Leb. chr., p. 591]; — 27 juill. 1888, Collière, [Leb. chr., p. 666]; — 3 août 1888, Lanet, [Leb. chr., p. 70]; — 16 nov. 1888, Estève, [Leb. chr., p. 83]

2408. — L'art. 44 de la loi du 22 juill. 1889 a consacré cette dernière jurisprudence en disposant que, lorsque le contribuable est représenté devant le conseil, la notification est faite à son mandataire ou défenseur, domicilié dans le département. C'est seulement dans le cas où le mandataire serait domicilié hors du département que l'avis pourrait être valablement notifié à la partie.

2409. — Si le contribuable n'a pas constitué de mandataire, le vice de forme justifié par le défaut de convocation à l'audience est couvert si en fait il a assisté aux débats et a pu présenter des observations orales. Il n'en est pas de même dans le cas où il a constitué un mandataire. Le fait qu'il a présenté lui-même des observations orales ne suffit pas pour faire disparaître la nullité provenant du défaut de convocation du mandataire. — Cons. d'Et., 18 mars 1881, Pouchain, [Leb. chr., p. 305]

2409 bis. — En aucun cas, il n'est nécessaire d'avertir les experts du jour de l'audience. — Cons. d'Et., 1er déc. 1894, Lefranc, [Leb. chr., p. 649]

2410. — La convocation est notifiée en la forme administrative. Cependant, dans la matière qui nous occupe, l'art. 44 admet que l'avertissement peut être donné par lettre recommandée exempte de toute taxe postale.

2411. — Cet avertissement doit toujours être donné quatre jours au moins avant l'audience (L. 22 juill. 1889, art. 44). Ce délai est franc et prescrit à peine de nullité de l'arrêté. — Cons. d'Et., 1er mai 1869, Pebernard, [S. 70.2.168, P. adm. chr.]; — 11 août 1870, Jodot, [Leb. chr., p. 1062]; — 26 févr. 1872, Oulmière, [Leb. chr., p. 107]

2412. — Comment doit-il être justifié de l'envoi de l'avertissement du jour de l'audience au réclamant? A cet égard, la loi ne prescrit aucune forme sacramentelle et la jurisprudence du Conseil d'Etat suppose montre très-accommodante. Lorsque la notification aura eu lieu en la forme administrative, la remise de l'avertissement sera prouvée par le récépissé ou le procès-verbal de notification. Lorsqu'elle aura eu lieu par la poste, on pourra se contenter d'une attestation du préfet. — Cons. d'Et., 7 févr. 1865, Feytaud et Pinoau (2 arrêts), [Leb. chr., p. 157]

2413. — ... Ou du secrétaire-greffier. — Cons. d'Et., 3 nov. 1872, Ruffo, [Leb. chr., p. 561]; — 4 avr. 1873, Debaigt, [Leb. chr., p. 995]; — 19 mai 1876, Pelletier, [Leb. chr., p. 464]; — 2 août 1878, Roux, [Leb. chr., p. 780]; — 20 déc. 1878, Pesci, [Leb. chr., p. 1044]; — 13 janv. 1888, Bonjour, [Leb. chr., p. 26]

2414. — En tout cas, l'allégation du réclamant qui se plaint de n'avoir pas été convoqué à l'audience du conseil de préfec-

turé est suffisamment contredite par sa comparutiou ou celle de son mandataire. — Cons. d'Et., 24 janv. 1879, Breton-Noël, [Leb. chr., p. 54]; — 9 mai 1879, Delesolle, [Leb. chr., p. 371]; — 27 févr. 1880, Ouvré, [Leb. chr., p. 222]; — 18 mars 1881, Pouchain, [Leb. chr., p. 305]; — 2 févr. 1883, Chagnoux, [Leb. chr., p. 105]

2415. — Les réclamants ne sont pas fondés à se plaindre si, l'avis leur ayant été notifié en temps utile, ils ne l'ont pas reçu par suite de circonstances non imputables à l'administration, si, par exemple, ils étaient absents à ce moment ou s'ils ont refusé la lettre. — Cons. d'Et., 19 mars 1870, Huc, [Leb. chr., p. 313]; — 18 juill. 1873, Arnail, [Leb. chr., p. 646]

2416. — Le contribuable qui a demandé à présenter des observations orales, et qui a été convoqué à l'audience dans laquelle le conseil de préfecture a prescrit une expertise, doit l'être à nouveau à l'audience dans laquelle le conseil statuera au fond. — Cons. d'Et., 30 mai 1873, Piédoye, [Leb. chr., p. 480]; — 27 juill. 1894, Bazin, [Leb. chr., p. 509]

2417. — Lorsque le réclamant a été averti du jour de l'audience et qu'il a présenté des observations orales, il n'est pas fondé à se plaindre de n'avoir pas reçu de convocation à l'audience suivante pour l'audition des conclusions du commissaire du gouvernement. — Cons. d'Et., 4 juin 1875, Derville, [S. 77.2.158, P. adm. chr., D. 76.3.20]

2418. — ... Ou pour le prononcé de l'arrêté. — Cons. d'Et., 28 mai 1880, Bladinières, [S. 81.3.79, P. adm. chr., D. 81.3.3]; — 2 févr. 1894, Salinier, Leb. chr., p. 92]

2419. — Quand le Conseil d'Etat est appelé à annuler un arrêté du conseil de préfecture qui a statué au fond sans que le réclamant ait été convoqué à l'audience, il doit en principe renvoyer l'affaire devant le conseil de préfecture. En effet, la loi a donné aux réclamants la garantie du double degré de juridiction. Permettre à la juridiction d'évoquer le fond dans tous les cas serait priver les plaideurs du premier degré. Le Conseil d'Etat ne doit donc évoquer le fond de l'affaire que si la réclamation du contribuable lui paraît fondée. — Cons. d'Et., 12 mars 1875, Société des pompes funèbres, [Leb. chr., p. 238]; — 19 mai 1882, Saint-Yves, [Leb. chr., p. 504]; — 3 août 1883, Mourey, [Leb. chr., p. 712]; — 25 janv. 1884, Ninliat, [Leb. chr., p. 72]; — 19 juill. 1890, Gérin, [Leb. chr., p. 699]

2420. — Mais nous aurions quelque peine à admettre le droit pour le Conseil de rejeter *de plano* la réclamation du contribuable, ainsi que le Conseil l'a fait en plusieurs occasions. — Cons. d'Et., 19 févr. 1875, Deport, [Leb. chr., p. 171]; — 3 déc. 1875, Roy, [Leb. chr., p. 964]; — 10 déc. 1875, Cie d'Orléans, [Leb. chr., p. 989]

2421. — III. *Jugement.* — L'art. 28, L. 21 avr. 1832, dispose « que le réclamant doit joindre à sa demande la quittance des termes échus, sans pouvoir, sous prétexte de réclamation, différer le paiement des termes qui viendront à échoir pendant les trois mois qui suivront la réclamation et dans lesquels elle devra être définitivement jugée ». Faut-il admettre, comme il a été soutenu à plusieurs reprises devant le Conseil d'Etat, qu'après l'expiration de ce délai, le conseil de préfecture est dessaisi de plein droit de la réclamation et que l'arrêté qu'il rend ultérieurement est nul? Le Conseil d'Etat ne l'a jamais admis. Il a maintes fois décidé que l'art. 28 ne donnait aux contribuables réclamants qu'un droit, celui de refuser de payer les termes qui venaient à échéance plus de trois mois après le dépôt de leur réclamation si le conseil de préfecture n'a pas statué. — Cons. d'Et., 5 août 1848, Vivent, [S. 49.2.60, P. adm. chr.]; — 30 nov. 1852, Dardenne, [Leb. chr., p. 545]; — 7 août 1869, Cabissole, [S. 70. 2.180, P. adm. chr.; — 14 avr. 1864, de Faultrier, [Leb. chr., p. 404]; — 31 mai 1870, Petitjean, [Leb. chr., p. 659]; — 2 juill. 1870, Desombes, [Leb. chr., p. 857]; — 27 avr. 1872, Bouché, [Leb. chr., p. 254]; — 15 nov. 1872, Jousserand, Piédoye, Alizard (3 arrêts), [Leb. chr., p. 607]; — 29 nov. 1872, Rouillé, [Leb. chr., p. 655]; — 17 janv. 1873, Taillandier, [Leb. chr., p. 56]; — 29 mai 1874, Monet, [Leb. chr., p. 496]; — 19 mai 1876, Gouyer, [Leb. chr., p. 457]; — 23 nov. 1877, Berthelot, [Leb. chr., p. 899]; — 19 nov. 1886, Le Diberder, [Leb. chr., p. 805]; — 20 avr. 1888, Boisgontier, [Leb. chr., p. 360]; — 11 mai 1888, Piédoye, [Leb. chr., p. 423]; — 17 janv. 1891, Shéa, [Leb. chr., p. 17]; — 23 nov. 1894, Constantin, [Leb. chr., p. 621]

2422. — A l'égard des taxes dont le paiement n'a pas lieu par douzièmes, l'administration n'est pas tenue, si aucun juge-

ment n'est intervenu sur la réclamation dans les trois mois du jour où elle a été présentée, de surseoir aux poursuites. — Cons. d'Et., 3 août 1877, Leblond, [S. 79.2.223, P. adm. chr.]

2423. — Le jour de l'audience publique arrivé, le rapporteur donne lecture de son rapport ou de la feuille d'instruction. Le contribuable présente ensuite ses observations orales, s'il y a lieu. L'art. 43 de la loi de 1889 confère formellement au conseil de préfecture le droit qui, au reste, ne lui avait jamais été contesté en pratique, d'entendre les agents de l'administration compétente ou de les appeler devant lui pour fournir des explications. D'après la circulaire de l'administration des contributions directes du 1er févr. 1890, le droit du conseil de préfecture serait limité aux agents qui résident dans le chef-lieu du département. Cette restriction ne nous paraît pas conforme au texte de la loi, qui est absolu.

2424. — Les mentions que doivent contenir les arrêtés des conseils de préfecture sont les mêmes en matière de contributions directes qu'en toute autre matière. Nous nous bornons à signaler les applications spéciales de la jurisprudence.

2° Conditions de validité des arrêtés.

2425. — I. *Mentions nécessaires.* — Les mentions de l'arrêté font foi jusqu'à preuve contraire. Par exemple, lorsqu'un arrêté mentionne que certaines conclusions ont été prises par une partie, et que la pièce même sur laquelle le Conseil a statué ne puisse pas être reproduite, la partie ne peut contester l'exactitude de cette mention. — Cons. d'Et., 20 févr. 1874, Ville de Paris, [Leb. chr., p. 176]

2426. — Il n'est pas nécessaire que l'arrêté reproduise complètement les moyens des réclamants; il est régulier s'il mentionne leurs conclusions et le vu des avis des agents de l'administration. — Cons. d'Et., 10 mai 1851, Nicolaï de Bercy, [S. 51. 2.591, [Leb. chr., p. 339]; — 19 mai 1882, Darolle, [Leb. chr., p. 500]

2427. — Lorsque l'instruction a été régulière, l'absence du visa des pièces et des textes de lois n'entraîne pas la nullité de l'arrêté. — Cons. d'Et., 17 déc. 1875, Carbonnel, [Leb. chr., p. 1015]

2428. — Comme toutes les autres décisions des conseils de préfecture, celles qui statuent en matière de contributions doivent être motivées. Ici encore, nous nous bornons à signaler les applications spéciales qui ont été faites de ce principe.

2429. — II. *Motifs.* — L'absence de motifs est une cause de nullité de la décision. — Cons. d'Et., 18 juill. 1834, Delaunay, [Leb. chr., p. 551]; — 8 août 1834, Min. Finances, [Leb. chr., p. 568]; — 7 févr. 1891, Innénarity, [Leb. chr., p. 98] — En matière de contributions directes, il est de jurisprudence constante que le conseil de préfecture motive suffisamment sa décision quand il se décide « par les motifs énoncés dans le rapport du directeur ou des agents de l'administration ou des experts ». — Cons. d'Et., 16 janv. 1822, Boissiers, [Leb. chr., p. 159]; — 19 juin 1828, Taudière, [Leb. chr., p. 351]; — 14 déc. 1832, Sanselme, [Leb. chr., p. 256]; — 28 déc. 1836, Ausianne, [Leb. chr., p. 475]; — 5 sept. 1838, Min. Finances, [Leb. chr., p. 190]; — 6 août 1839, Damonvelle, [Leb. chr., p. 425]; — 28 janv. 1848, Aguado, [Leb. chr., p. 36]; — 11 nov. 1852, Llanas, [Leb. chr., p. 443]; — 31 janv. 1861, Morel, [Leb. chr., p. 68]; — 6 déc. 1866, Hauriot, [Leb. chr., p. 1113]; — 20 févr. 1869, Mosnier, [Leb. chr., p. 175]; — 31 mars 1870, Thévenin, [Leb. chr., p. 390]; — 2 mars 1877, Massicot, [Leb. chr., p. 214]; — 3 août 1877, Guérisseau, [Leb. chr., p. 787]; — 20 déc. 1878, Pesci, [Leb. chr., p. 1044]; — 19 mai 1882, Darolle, [Leb. chr., p. 500]; — 10 nov. 1882, Peyré, [Leb. chr., p. 854]; — 2 juill. 1886, Paquet, [Leb. chr., p. 536]; — 6 août 1886, Thalotte, [Leb. chr., p. 715]; — 22 juill. 1887, Société financière de Paris, [Leb. chr., p. 584]; — 4 nov. 1887, Crozei, [Leb. chr., p. 684]; — 23 janv. 1892, Mouton, [Leb. chr., p. 52]; — 25 mars 1892, Malemond, [Leb. chr., p. 304]

2430. — Mais un arrêté ne serait pas motivé s'il se bornait à viser ces avis des agents sans s'y référer expressément et en adopter les motifs. — Cons. d'Et., 7 déc. 1850, Rabourdin, [Leb. chr., p. 913]; — 14 juin 1851, Valette, [S. 51.2.750, Leb. chr., p. 438]; — 11 janv. 1853, Lison, [Leb. chr., p. 79]; — 10 janv. 1865, Pioch, [Leb. chr., p. 18]; — ... ou s'il se référait aux conclusions du commissaire du gouvernement, sans indiquer les motifs donnés par celui-ci à l'appui de ses conclusions. — Cons.

d'Et., 7 sept. 1864, Sénéchault, [Leb. chr., p. 835] ; — 7 sept. 1864, Gourdineau, [Leb. chr., p. 874]

2431. — Il a été décidé qu'un conseil de préfecture motivait suffisamment ses décisions en déclarant, sur le vu des rapports des ingénieurs, qu'un ruisseau était un cours d'eau naturel auquel la loi du 14 flor. an XI était applicable, — Cons. d'Et., 12 juill. 1882, Montier, [Leb. chr., p. 675] — ... ou qu'une contribution n'était pas exagérée, — Cons. d'Et., 8 mars 1866, Brucasté, [Leb. chr., p. 223] — ... ou qu'il était incompétent pour statuer. — Cons. d'Et., 12 févr. 1868, [Leb. chr., p. 148]

2432. — Un arrêté qui se fonde à tort sur une décision rendue précédemment par le Conseil d'Etat au sujet d'un autre litige ne peut être considéré comme non motivé. — Cons. d'Et., 23 juill. 1892, Say, [Leb. chr., p. 661]

2433. — Enfin l'arrêté doit contenir un dispositif, faute de quoi il est inexistant. — Cons. d'Et., 5 août 1854, Robin-Delforge, [Leb. chr., p. 763] ; — 11 mai 1888, Armand, [Leb. chr., p. 425]

2434. — Une erreur purement matérielle contenue dans un arrêté ne le vicie pas. — Cons. d'Et., 4 août 1876, Lecomte, [Leb. chr., p. 751]

2435. — Les conseils de préfecture doivent fixer le montant de la réduction qu'ils accordent. Tout au moins les agents de l'administration doivent-ils trouver dans les motifs de la décision les bases d'après lesquelles la cote doit être établie. Le Conseil d'Etat a décidé que, les conseils de préfecture devant, aux termes de l'art. 4, L. 28 pluv. an VIII, prononcer sur les demandes en décharge ou en réduction, un conseil de préfecture ne se conformait pas à l'obligation que cette loi lui impose en renvoyant un contribuable à se pourvoir ainsi et comme il aviserait pour faire déterminer la quotité du dégrèvement qu'il admettait en principe. — Cons. d'Et., 16 avr. 1880, Min. Finances, [Leb. chr., p. 367]

2436. — III. *Omission de statuer.* — Le juge doit statuer sur toutes les conclusions des parties, soit par un motif unique et d'ensemble, soit par des motifs spéciaux afférents à chaque chef de la demande. C'est par la comparaison du dispositif de l'arrêté avec les conclusions du réclamant que l'on voit si le juge n'a pas omis de statuer sur un des chefs de la demande. L'omission de statuer est un vice de forme qui n'entraîne pas nécessairement l'annulation intégrale de l'arrêté, mais le laisse subsister. Cependant il n'en peut être ainsi qu'autant que les différents chefs de la réclamation peuvent être facilement distingués et ne sont pas la conséquence les uns des autres. On n'annulera pas en son entier un arrêté qui, statuant sur une réclamation relative à plusieurs contributions, aura omis de statuer sur les conclusions qui concernent l'une de ces cotes. — Cons. d'Et., 1er juin 1869, Drevet, [Leb. chr., p. 342] — Cette décision va même jusqu'à déclarer qu'on ce qui touche la contribution omise, le pourvoi n'était pas recevable faute de production d'une décision du conseil de préfecture.

2437. — Au contraire, s'il s'agit de conclusions principales et de conclusions subsidiaires, — Cons. d'Et., 14 avr. 1859, Delair-Brissy, [Leb. chr., p. 291] — ... ou de conclusions ayant entre elles une relation de connexité, — Cons. d'Et., 5 févr. 1875, Garrigue, [Leb. chr., p. 98] ; — 7 août 1875, Chambre de commerce de Lyon, [P. adm. chr.] ; — 3 déc. 1886, Léchelle, [S. 88. 3.44, P. adm. chr., D. 88.3.14] — l'omission de statuer doit entraîner l'annulation de l'arrêté dans son intégralité.

2438. — Quand un arrêté est annulé en tout ou en partie pour avoir omis de statuer sur un chef de réclamation, il y a lieu, le plus souvent, de renvoyer l'affaire devant le conseil de préfecture pour qu'il statue à nouveau sur ce point. — Cons. d'Et., 27 mai 1847, Hubert, [Leb. chr., p. 330] ; — 16 sept. 1848, Sénac, [Leb. chr., p. 593] ; — 14 avr. 1859, précité ; — 5 févr. 1875, précité ; — 7 août 1875, précité ; — 31 mars 1876, Durand, [Leb. chr., p. 327] ; — 18 janv. 1878, Jouan, [Leb. chr., p. — 30 janv. 1880, Mangin, [Leb. chr., p. 122] ; — 6 nov. 1885, Genteur, [Leb. chr., p. 815] ; — 2 mars 1888, Varnier, [Leb. chr., p. 219] ; — 25 mars 1892, Quenouille, [Leb. chr., p. 309]

2439. — Toutefois, lorsque l'affaire est en état d'être jugée, le Conseil d'Etat évoque parfois le fond de l'affaire et statue immédiatement. — Cons. d'Et., 21 nov. 1884, Bardou, [Leb. chr., p. 812] ; — 23 déc. 1884, Glatigny, [Leb. chr., p. 933] ; — 3 déc. 1886, Léchelle, [S. 88.3.44, P. adm. chr.]

2440. — On ne peut pas soutenir qu'un conseil de préfecture a omis de statuer sur certains chefs de réclamation, lorsque

les rectifications demandées ont été opérées par l'administration avant la décision du conseil. — Cons. d'Et., 20 juin 1844, Petit des Rochettes, [P. adm. chr.]

2441. — ... Ou bien lorsque le chef omis, contenu dans une première requête irrégulière en la forme, ne se trouvait pas reproduit dans la nouvelle requête sur laquelle a été rendu l'arrêté attaqué. — Cons. d'Et., 30 nov. 1852, Grainville et Dardenne, [Leb. chr., p. 345]

2442. — Il a été décidé encore, à propos d'une demande en réduction de taxes d'endiguement fondée sur une erreur de contenance, qu'en ordonnant que la cotisation du réclamant serait établie d'après les bases arrêtées par la commission spéciale, laquelle avait tenu compte de la contenance des propriétés, le conseil de préfecture n'avait pas omis de statuer sur ce chef de la demande. — Cons. d'Et., 21 févr. 1870, Foriel, [Leb. chr., p. 161]

2443. — Il n'y a pas omission de statuer quand il y a décision implicite. Ainsi un arrêté qui déclare une expertise régulière rejette implicitement une demande de récusation d'un expert, et n'a pas omis de statuer sur ces conclusions. — Cons. d'Et., 24 janv. 1891, Mouton, [Leb. chr., p. 43]

2444. — IV. *Ultra petita.* — Si le conseil de préfecture est tenu de statuer sur toutes les conclusions présentées par les réclamants, il doit se renfermer dans les limites de ces conclusions et ne pas statuer *ultra petita* en accordant plus ou autre chose que ce qui lui est demandé. Tout arrêté qui statue au delà de la demande doit être annulé. Ainsi décidé, à l'égard d'arrêtés qui avaient accordé décharge de contributions contre lesquelles aucune réclamation n'était formée par les contribuables, ou qui avaient fait porter le dégrèvement demandé sur d'autres exercices que ceux visés dans la requête. — Cons. d'Et., 29 mars 1845, Paillet, [Leb. chr., p. 112] ; — 2 mai 1845, Bail, [Leb. chr., p. 224] ; — 12 juin 1845, Hesse, [Leb. chr., p. 341] ; — 25 août 1848, Mairie de Montpellier, [Leb. chr., p. 534] ; — 29 juin 1853, Besnard, [Leb. chr., p. 635] ; — 29 nov. 1854, Bourrières, [Leb. chr., p. 899] ; — 22 mars 1855, Delbouys, [Leb. chr., p. 208] ; — 11 mai 1864, Delattre, [Leb. chr., p. 436] ; — 25 mai 1864, Gastaldi, [Leb. chr., p. 487] ; — 14 juin 1864, Lemerle, [Leb. chr., p. 357] ; — 6 août 1864, Valory, [Leb. chr., p. 739] ; — 9 sept. 1864, Thedenat, [Leb. chr., p. 862] ; — 12 janv. 1865, Benoit, [Leb. chr., p. 46] ; — 18 août 1866, Isoard, [Leb. chr., p. 1034] ; — 23 mai 1873, Clerc Renaud, [Leb. chr., p. 454] ; — 6 août 1880, Vigne, [Leb. chr., p. 719] ; — 8 juill. 1887, Peuvergne, [Leb. chr., p. 548]

2445. — De même, lorsqu'un contribuable a demandé une réduction, le conseil de préfecture ne peut, sans excéder ses pouvoirs, lui accorder, soit une réduction plus forte, soit la décharge entière. — Cons. d'Et., 31 mai 1848, Fabre, [P. adm. chr.] ; — 11 janv. 1853, Touche, [Leb. chr., p. 88] ; — 6 août 1857, Révol, [Leb. chr., p. 634] ; — 14 janv. 1858, Labbé-Godefroy, [Leb. chr., p. 69] ; — 30 juin 1858, Lemarquand, [Leb. chr., p. 474] ; — 19 janv. 1859, Barrault, [Leb. chr., p. 39] ; — 28 mars 1860, Alquié, [Leb. chr., p. 259] ; — 11 juill. 1864, Guerbor, [Leb. chr., p. 604] ; — 26 janv. 1865, Buhot de Kersers, [Leb. chr., p. 92] ; — 26 déc. 1865, Châtelain, [Leb. chr., p. 1010] ; — 19 juill. 1866, Gaspard, [Leb. chr., p. 856] ; — 19 mars 1870, Cie des chemins de fer du Midi, [Leb. chr., p. 319] ; — 19 mai 1882, Verdellet, [Leb. chr., p. 498] ; — 18 juill. 1884, Champigny, [Leb. chr., p. 618] ; — 10 juin 1887, Fauvet, [Leb. chr., p. 460] ; — 18 juill. 1891, Delhom-Friard, [Leb. chr., p. 568]

2446. — ... Et ce alors même qu'il eût été fondé à réclamer la décharge. — Cons. d'Et., 13 juin 1879, Maupetit, [Leb. chr., p. 487] ; — 6 nov. 1880, Baroz, [Leb. chr., p. 829] ; — 23 mai 1884, Arnaud, [Leb. chr., p. 407] ; — 5 mars 1886, Société centrale des laiteries, [Leb. chr., p. 205] ; — 31 janv. 1890, Mimalé, [Leb. chr., p. 95] ; — 7 mars 1890, Joly, [Leb. chr., p. 254]

2447. — Mais lorsque le conseil de préfecture a statué sur des questions qui ne lui étaient pas soumises, cette irrégularité ne peut être déférée au Conseil d'Etat par le réclamant qui est sans intérêt, et par suite sans qualité. — Cons. d'Et., 20 juill. 1888, Dudeffand, [Leb. chr., p. 656]

2448. — Un conseil de préfecture ne statue pas *ultra petita* quand il accorde aux réclamants le bénéfice de ses conclusions par un moyen relevé d'office. Il ne fait qu'user de son droit. — Cons. d'Et., 1er déc. 1888, Palade, [Leb. chr., p. 908]

2449. — Un conseil de préfecture statue *ultra petita* lors-

qu'en accordant à un réclamant décharge de sa contribution, conformément à ses conclusions, il décide que cette cote sera mise à la charge d'une autre personne. — Cons. d'Et., 9 janv. 1846, Simon, [P. adm. chr.]; — 24 janv. 1846, Oury, [S. 46.2.343, P. adm. chr.]; — 25 mars 1846, Bedcaud, [P. adm. chr.]; — 27 mai 1846, Hiérard, [Leb. chr., p. 297]; — 27 mai 1846, Bazin, [Leb. chr., p. 301]; — 23 juin 1846, Philbert, [P. adm. chr.]; — 3 juin 1863, Elias Robert, [Leb. chr., p. 482]; — 4 juin 1867, Erhmann, [Leb. chr., p. 549]; — 26 nov. 1880, Syndicat de la Selle, [Leb. chr., p. 925]

2450. — Il n'appartient pas à un conseil de préfecture, à propos d'une réclamation afférente à la contribution d'un exercice, de statuer pour l'avenir et par voie de règlement sur des rôles non encore publiés. — Cons. d'Et., 26 avr. 1851, Hubert, [Leb. chr., p. 295]; — 15 nov. 1851, Mougenat, [Leb. chr., p. 669]; — 4 janv. 1866, Schneider, [Leb. chr., p. 4]

2451. — V. *Demandes reconventionnelles. Compensations.* — En matière de contributions directes, les demandes reconventionnelles ne sont pas admises. Nous avons vu quelles règles président à la confection des rôles. Ceux-ci, une fois émis et publiés, constituent la créance nette et liquide de l'administration. Ils limitent sa demande tant que le contribuable n'a pas fait tomber le rôle en ce qui le touche; l'administration a droit aux sommes qui sont portées sur la cote, mais à celles-là seulement, et elle ne serait pas recevable à en demander l'augmentation par voie de demande reconventionnelle. — Cons. d'Et., 16 avr. 1856, Garnier, [P. adm. chr.]; — 12 janv. 1860, d'Osmond, [P. adm. chr.]; — 15 août 1860, Bollot, [Leb. chr., p. 607]; — 1er mai 1862, Docks Napoléon, [Leb. chr., p. 365]; — 24 juill. 1863, Sirot, [Leb. chr., p. 570]; — 2 sept. 1863, Munaut, [Leb. chr., p. 746]; — 13 févr. 1866, Cie P.-L.-M., [Leb. chr., p. 92]

2452. — C'est par la même raison que la jurisprudence interdit aux conseils de préfecture de compenser les dégrèvements qui sont dus aux réclamants avec des impositions émises qu'ils pourraient devoir. En effet, c'est seulement par la voie d'un rôle émis et publié dans les formes légales que l'administration peut faire valoir sa créance de contribution. La décision du conseil de préfecture qui déclarerait un contribuable imposable d'après certains éléments omis par l'administration équivaudrait à un rôle et constituerait une véritable usurpation de pouvoir. C'est par la voie d'un rôle supplémentaire, dans les cas où la loi en autorise l'émission, que les omissions de cette nature peuvent être réparées.

2453. — Un contribuable ne peut, à raison de ce qu'il aurait été indûment imposé à une taxe pour une année, obtenir décharge de la même taxe pour une année postérieure. — Cons. d'Et., 20 févr. 1835, Pourbaix, [S. 35.2.508, P. adm. chr.]; — 26 juin 1867, Druet-Delcourt, [Leb. chr., p. 598]

2454. — De même, en matière de contributions foncières ou des portes et fenêtres, de taxes sur les chevaux et voitures ou les prestations, il est établi par de nombreux monuments de jurisprudence qu'il n'appartient pas au conseil de préfecture de faire des compensations entre les éléments imposés et ceux qui ne le sont pas. — Cons. d'Et., 18 févr. 1839, de Venevelles, [P. adm. chr.]; — 29 juill. 1852, Poyart, [P. adm. chr.]; — 19 nov. 1852, Deshaires, [Leb. chr., p. 467]; — 19 nov. 1852, Trochain, [Leb. chr., p. 472]; — 10 nov. 1853, Foch, [Leb. chr., p. 936]; — 20 juin 1855, Etasse, [Leb. chr., p. 430]; — 23 mai 1860, Maillard, [Leb. chr., p. 407]; — 9 janv. 1861, Nugues, [Leb. chr., p. 6]; — 1er mai 1862, précité; — 19 mars 1864, Jourdan, [Leb. chr., p. 281]; — 7 avr. 1866, de Panthou, [Leb. chr., p. 321]; — 4 juin 1867, Goussé, [Leb. chr., p. 548]; — 31 juill. 1867, Puichand, [Leb. chr., p. 719]; — 29 janv. 1868, Jacques, [Leb. chr., p. 98]; — 20 févr. 1869, Noroy, [Leb. chr., p. 172]; — 14 août 1869, Condamin, [Leb. chr., p. 812]; — 31 mars 1870, Magneville, [Leb. chr., p. 388]; — 6 août 1870, le Mengnonnet, [Leb. chr., p. 1022]; — 8 juin 1877, Castillon, [Leb. chr., p. 566]; — 26 déc. 1879, Poutrel, [Leb. chr., p. 850]; — 23 janv. 1880, Mougel-Coudray, [Leb. chr., p. 92]

2455. — Cette jurisprudence nous paraît absolument juridique et conforme au principe de la séparation des pouvoirs de l'administration active et de l'administration juridictionnelle. Aussi avons-nous quelque peine à admettre, autrement que comme des décisions d'espèce inspirées par les circonstances spéciales, certaines décisions du Conseil d'Etat, d'ailleurs fort peu nombreuses, où il semble avoir dérogé à la jurisprudence que nous venons d'exposer. Il a décidé notamment que, lorsqu'un

prestataire possédait, indépendamment de l'animal qui faisait l'objet de sa réclamation, d'autres bêtes de trait en nombre suffisant pour atteler ses voitures et justifier son imposition, le conseil de préfecture pouvait rejeter sa réclamation sans même ordonner la vérification demandée. — Cons. d'Et., 12 sept. 1853, Payen, [Leb. chr., p. 912]

2456. — ... Que le propriétaire imposé à raison d'animaux qu'il ne possède pas, mais non imposé à raison d'autres éléments qu'il possède, ne devait obtenir décharge que de l'excédent de sa cotisation primitive sur celle afférente à ces éléments omis. — Cons. d'Et., 23 avr. 1853, Guillot, [Leb. chr., p. 305]

2457. — ... Que, lorsqu'un propriétaire contestait le revenu cadastral assigné à divers bâtiments de son usine, les classificateurs et le conseil de préfecture avaient le droit de considérer l'usine dans son ensemble et de tenir compte des atténuations ou omissions constatées sur certains éléments pour fixer la valeur locative totale de l'établissement. — Cons. d'Et., 27 avr. 1869, Stéhélin, [S. 70.2.96, P. adm. chr.]; — 27 déc. 1890, Cie du Midi, [Leb. chr., p. 1022] — Ces décisions, comme les précédentes, peuvent s'expliquer par l'idée de l'unité de cote et on pourrait à la vérité admettre cette distinction : les compensations, absolument prohibées entre des cotes distinctes, seront possibles entre les éléments d'une même cote. Nous croyons cependant qu'il vaudrait mieux appliquer les principes dans toute leur rigueur et prohiber d'une manière absolue les compensations.

2458. — Dans tous les cas, il nous est impossible d'admettre, comme l'a fait en 1880 le Conseil d'Etat, une compensation entre des cotes distinctes afférentes aux maisons d'un contribuable. — Cons. d'Et., 12 mars 1880, Beveraggi, [Leb. chr., p. 223]

2459. — Les contribuables ne peuvent pas non plus opposer la compensation à l'Etat, aux syndicats qui leur réclament le montant des taxes auxquelles ils sont assujettis. La loi n'admet que deux modes d'extinction de l'obligation d'acquitter l'impôt : le paiement et la prescription. La compensation n'est pas admise. C'est ainsi que le Conseil d'Etat a rejeté la réclamation de propriétaires syndiqués demandant à ne pas payer les taxes d'endiguement jusqu'à ce que le syndicat leur eût payé les indemnités qui leur étaient dues à raison d'apports faits à l'association. — Cons. d'Et., 25 juin 1880, Consorts Beauregard, [Leb. chr., p. 602]; — 2 juill. 1880, Séguin et autres, [Leb. chr., p. 628]; — 10 janv. 1890, Cierc et Tessier, [Leb. chr., p. 6]

2460. — VI. *Connexité.* — Lorsqu'il y a connexité entre plusieurs instances portées séparément devant un conseil de préfecture, il lui appartient de les joindre pour y statuer par une seule décision. En matière de contributions directes, on admet que le conseil de préfecture puisse joindre les réclamations présentées par un contribuable pour des exercices différents ou contre les diverses contributions d'un même exercice.

2461. — Il peut même, lorsqu'il y a connexité entre les réclamations de divers contribuables, tels que des associés imposés à la contribution des patentes, statuer par un seul arrêté, et la circonstance que la jonction de ces demandes n'aurait pas été prononcée par une disposition spéciale de l'arrêté ne suffirait pas pour en entraîner l'annulation. — Cons. d'Et., 8 févr. 1878, Stoecklin et autres, [Leb. chr., p. 139]

2462. — Il arrive assez souvent encore que les conseils de préfecture opèrent la jonction de plusieurs réclamations de contribuables ayant des intérêts absolument distincts, lorsque ces réclamations tendent la même question à juger. Assurément il n'y a dans cette pratique aucune violation de loi ou de règlement, aucune irrégularité. Toutefois, nous pensons que les conseils de préfecture doivent se garder d'abuser de ces jonctions qui, entre autres inconvénients, ont bien souvent celui d'induire les contribuables en erreur et de les inciter à former contre l'arrêté unique un pourvoi collectif que la jurisprudence du Conseil d'Etat déclare non recevable.

2463. — La jonction de plusieurs instances, même connexes, n'est jamais obligatoire pour le juge. S'il se refuse à la prononcer, aucun recours n'est possible contre sa décision. — Cons. d'Et., 29 janv. 1886, Verdier, [Leb. chr., p. 83]

3° *Expédition des arrêtés.*

2464. — Les parties en cause ont le droit de prendre communication des décisions rendues par le conseil de préfecture. De même, toute personne peut se faire délivrer une expédition

de l'arrêté rendu. C'est le secrétaire-greffier du conseil de préfecture qui, d'après l'art. 51, L. 22 juill. 1889. est chargé de délivrer les expéditions. Il n'est pas tenu de le faire gratuitement, mais il ne peut refuser une expédition à celui qui offre de payer les droits de copie qui s'élèvent à 0 fr. 75 par rôle (L. 2 mess. an VII). — Cons. d'Et., 11 août 1849, de Chastelin, [Leb. chr., p. 499]; — 26 mai et 15 déc. 1876, Paradan, [Leb. chr., p. 480 et 874]

2465. — Ces expéditions ne sont pas assujetties à l'enregistrement, mais doivent être écrites sur papier timbré, lorsqu'elles sont délivrées aux particuliers ou aux personnes morales, qui ne peuvent les faire notifier que par ministère d'huissier, quel que soit le montant de la cote contestée (L. 13 mai 1818, art. 80; Circ. min. Fin. 14 févr. 1825).

4° Notification des arrêtés.

2466. — Après avoir réglé les formes de la notification dans les affaires ordinaires soumises au conseil de préfecture, l'art. 51, L. 22 juill. 1889, contient une disposition finale, d'après laquelle il n'est pas dérogé aux règles spéciales établies pour la notification des décisions en matière de contributions directes.

2467. — C'est au directeur qu'incombe le soin d'informer les contribuables des décisions rendues par le conseil de préfecture sur leurs réclamations (Circ. 17 sept. 1825 et 22 avr. 1829; Règl. 10 mai 1849, art. 89). Ces lettres d'avis doivent énoncer explicitement les motifs de la décision et indiquer aux parties qu'elles ont le droit de se pourvoir devant le Conseil d'Etat (L. 2 mess. an VII, art. 28). Il y a lieu d'ajouter à la formule de la lettre d'avis les divers renseignements que le contribuable peut avoir besoin pour former un pourvoi régulier (indications sur le timbre, le délai d'appel, le lieu où doit être déposé le recours, la production de l'arrêté attaqué ou de la lettre d'avis). Bien que cette forme de notification n'ait été prescrite que par des instructions ministérielles, c'est elle tellement établie dans la pratique que c'est elle que l'art. 51 de la loi de 1889 a entendu consacrer. C'est ce qu'a décidé le Conseil d'Etat, le 29 mars 1895 (Société des raffineries de la Méditerranée). — V. Circ. 12 mai 1851, 3 mars 1854, 9 mars 1863.

2468. — L'administration n'est pas obligée de joindre à cette lettre une copie intégrale de l'arrêté attaqué. Si le contribuable tient à en avoir une expédition, il peut la demander au secrétaire-greffier en la lui délivrera moyennant l'acquittement d'un droit de 0 fr. 75 par rôle. — Cons. d'Et., 26 mai 1876, Paradan, [Leb. chr., p. 480]; — 9 mars 1877, Dejauchy, [Leb. chr., p. 251]; — 29 juin 1877, Guillon, [Leb. chr., p. 635]

2468 bis. — Il n'est même pas indispensable que la notification énonce les motifs de la décision. L'art. 28, L. 2 mess. an VII, prescrit seulement de donner avis aux réclamants de la décision intervenue. — Cons. d'Et., 1er déc. 1894, Bernier, [Leb. chr., p. 630] — Mais la lettre portant notification d'une décision du conseil de préfecture doit contenir une analyse suffisante de ses dispositions pour permettre à la partie de se rendre compte des motifs qui ont inspiré le juge. — Cons. d'Et., 10 févr. 1888, Société du gaz de Rochefort, [Leb. chr., p. 133]

2469. — La notification se fait en la forme administrative non seulement pour les contributions directes et les taxes assimilées dont l'assiette est confiée au service des contributions, mais aussi pour les autres. Un agent de la commune ou du syndicat fera la notification, sans qu'il soit nécessaire de recourir au ministère des huissiers.

2470. — La notification doit être faite au domicile réel du contribuable (L. 22 juill. 1889, art. 51). — Sur l'application de ce principe, V. infrà, n. 2481 et s.

2471. — Il va sans dire que les irrégularités dont peut être entachée la notification sont sans influence sur la décision rendue : elles ne peuvent avoir d'autre effet que de prolonger les délais d'appel. — Cons. d'Et., 28 nov. 1824, Pinondel, [P. adm. chr.]; — 2 mars 1877, de Kermaingant, [Leb. chr., p. 212]; — 4 nov. 1887, Bourguignon, [Leb. chr., p. 689]; — 23 mars 1892, Sorlin-Lotte, [Leb. chr., p. 311] — Sur la question de savoir comment se prouve la notification, V. infrà, n. 2486 et s.

§ 7. Voies de recours.

1° Effets des recours.

2472. — D'après l'art. 49 in fine, L. 22 juill. 1889, les arrêtés des conseils de préfecture sont exécutoires et emportent hy-

pothèque. Aussitôt qu'ils ont été notifiés, on peut en poursuivre l'exécution. Cependant l'opposition formée contre les arrêtés rendus par défaut en suspend l'exécution, à moins que le conseil de préfecture n'ait ordonné que sa décision serait exécutoire nonobstant opposition. Quant à l'appel devant le Conseil d'Etat, il n'est pas suspensif, sauf dans les cas où une disposition législative formelle en a décidé autrement.

2473. — Du caractère non suspensif de l'appel il résulte que si un conseil de préfecture a ordonné une expertise, cette mesure d'instruction doit avoir lieu malgré le recours formé contre l'arrêté qui l'a prescrite. — Cons. d'Et., 30 mai 1873, Piédoye et Jousserand, [Leb. chr., p. 480]

2474. — De même, si le conseil de préfecture a statué sur le fond sans ordonner d'expertise et que le Conseil d'Etat croie devoir ordonner une vérification, le conseil de préfecture, saisi d'une nouvelle réclamation pour un autre exercice, n'est pas tenu de surseoir à statuer jusqu'à ce que l'expertise ordonnée par le Conseil d'Etat ait été effectuée. — Cons. d'Et., 4 avril, 2 mai, 20 juin, 27 juin, 1er août 1873, C¹ᵉ P.-L.-M., [Leb. chr., p. 306, 307, 367, 563, 593, 704]

2475. — Quand un conseil de préfecture a rejeté la réclamation d'un contribuable, l'administration des contributions directes est fondée à exiger le paiement immédiat de tous les douzièmes échus. Elle n'est pas tenue d'attendre l'expiration des délais d'appel. — Cons. d'Et., 29 mai 1874, Monet, [Leb. chr., p. 496]; — 18 nov. 1881, de Saint-Ours, [Leb. chr., p. 894]

2476. — L'appel n'étant pas suspensif, l'exécution de l'arrêté du conseil de préfecture par la partie qui a succombé ne peut être considérée comme un acquiescement et ne saurait lui être opposée. On trouve, il est vrai, une décision du Conseil d'Etat du 7 avr. 1859, Syndicat de la Maqueline d'Ambès, [P. adm. chr.], dans laquelle la désignation par une partie de son expert est considérée comme un acquiescement à l'arrêté qui ordonne cette mesure d'instruction. Mais cette décision isolée ne saurait prévaloir contre les nombreuses décisions rendues en sens contraire qui constituent une véritable jurisprudence. — Cons. d'Et., 22 juin 1825, de Chauvet, [P. adm. chr.]; — 24 août 1858, Ville de Rouen, [Leb. chr., p. 576]; — 12 août 1859, Lacave, [P. adm. chr., D. 60.3.69]; — 22 déc. 1882, Syndicat de Laucev, à Grenoble, [Leb. chr., p. 1063]; — 9 avr. 1886, Oudin, [D. 87. 3.143]

2477. — S'il en est ainsi à l'égard du réclamant qui a exécuté l'arrêté qui le condamne, à plus forte raison en est-il de même à l'égard du ministre des Finances, à qui le remboursement fait par un percepteur ne saurait évidemment être opposé. — Cons. d'Et., 25 avr. 1839, Genson, [P. adm. chr.]; — 15 janv. 1849, Lacordaire, [P. adm. chr.]; — 10 nov. 1852, Reboul, [Leb. chr., p. 548]; — 15 déc. 1852, Motheau, [Leb. chr., p. 613]; — 26 août 1858, Cⁱᵉ des houillères de l'Aveyron, [P. adm. chr.]; — 18 août 1866, Biguot, [Leb. chr., p. 1034]; — 8 nov. 1872, Caffarel, [Leb. chr., p. 551]; — 16 juin 1876, Supply, [Leb. chr., p. 562]; — 27 avr. 1877, Maurice Richard, [P. adm. chr.]; — 23 avr. 1885, Roux-Lavergne, [Leb. chr., p. 73]; — 5 mai 1894, Min. Finances, [Leb. chr., p. 383]

2477 bis. — On trouve cependant quelques décisions déclarant le recours du ministre non recevable quand le remboursement a été effectué en exécution de l'arrêté. — Cons. d'Et., 18 août 1866, précité; — 23 janv. 1874, Marquet, [Leb. chr., p. 77]

2478. — Mais comme nous l'avons dit, les arrêtés des conseils de préfecture ne sont susceptibles d'exécution que lorsqu'ils ont été portés officiellement à la connaissance des parties par la notification. Jusque-là ils sont réputés ne pas exister, et les délais d'opposition ou d'appel ne courent pas contre les contribuables (L. 22 juill. 1889, art. 52 et 57). — Cons. d'Et., 23 janv. 1820, Desjardins et Dollard, [S. chr., P. adm. chr.]; — 28 févr. 1831, Commune d'Agde, [P. adm. chr.]

2° Arrêtés susceptibles de recours.

2479. — Les arrêtés des conseils de préfecture se divisent en arrêtés définitifs et arrêtés d'avant-dire droit. Les premiers sont ceux qui statuent sur le fond de l'affaire et mettent fin au procès. Les arrêtés d'avant-dire droit sont ceux qui interviennent avant le jugement du fond, soit pour ordonner une mesure d'instruction, soit pour vider un incident. Dans ce dernier cas, ils

peuvent avoir le caractère de décisions définitives, si, par exemple , ils rejettent une exception d'incompétence ou une fin de non-recevoir ou statuent sur la récusation d'un expert ou d'un juge.

2480. — Les arrêtés par lesquels les conseils de préfecture ordonnent une mesure d'instruction sont préparatoires ou interlocutoires. Cette distinction est importante au point de vue des voies de recours admises contre ces arrêtés : les premiers ne peuvent être attaqués qu'après l'arrêté définitif et conjointement avec lui, les autres peuvent l'être immédiatement et séparément.

2481. — Sont préparatoires les arrêtés qui ordonnent une mesure d'instruction sans préjuger le fond. Il n'ont d'autre but que d'éclairer le juge et de mettre l'affaire en état d'être jugée. De ce nombre sont ceux qui ordonnent une expertise, — Cons. d'Et., 17 déc. 1870, Cie P.-L.-M., [Leb. chr., p. 1108]; — 23 févr. 1877, Roca, [Leb. chr., p. 196]; — 3 août 1877, Rousset, [Leb. chr., p. 758]; — 11 juill. 1879, Cochois-Marsilly, [Leb. chr., p. 593]; — 28 mars 1881, Braine, [Leb. chr., p. 250]; — 21 nov. 1884, Chagot, [Leb. chr., p. 828]; — 8 janv. 1886, Tassy, [Leb. chr., p. 5]; — 8 août 1888, Leclerq, [Leb. chr., p. 738] — ... ou un complément d'expertise, — Cons. d'Et., 13 févr. 1892, Péquart, [Leb. chr., p. 152] — ... ou une seconde expertise. — Cons. d'Et., 12 mai 1819, Surcouf, [Leb. chr., p. 303]

2482. — Il a été décidé de même à l'égard d'un arrêté intervenu à propos du curage d'un cours d'eau et qui avait sursis à statuer sur la demande en décharge de riverains, jusqu'à ce que le préfet eût fixé les limites légales du cours d'eau. En effet, cet arrêté ne préjugeait pas le fond, le conseil de préfecture pouvant toujours vérifier si les limites indiquées par le préfet étaient réellement les limites anciennes du cours d'eau. — Cons. d'Et., 9 févr. 1869, Merger, [Leb. chr., p. 133]

2483. — Les arrêtés qui ordonnent une mesure d'instruction sont interlocutoires lorsqu'ils préjugent le fond, lorsqu'ils subordonnent la décision à intervenir aux résultats de la vérification ordonnée, lorsqu'ils déterminent et limitent la mission des experts. Un arrêté qui refuse une preuve ou qui ordonne une mise en cause peut aussi être interlocutoire.

3° Chose jugée.

2484. — Quand ils ne sont pas attaqués dans les délais légaux, les arrêtés des conseils de préfecture ont force de chose jugée. Les principes du Code civil sont applicables sur ce point (art. 1351, C. civ.).

2485. — Par suite, un contribuable dont la réclamation aura été rejetée par le conseil de préfecture ne sera pas recevable à lui en adresser une seconde portant sur la même contribution et sur le même exercice. — Cons. d'Et., 12 août 1863, Gon, [Leb. chr., p. 681]; — 13 juill. 1877, Deniel, [Leb. chr., p. 697]; — 20 juill. 1877, Meunier, [Leb. chr., p. 717]; — 4 juin 1886, Birebent, [Leb. chr., p. 480]

2486. — Il faut cependant faire une exception pour le cas où , la première requête ayant été rejetée par une fin de non-recevoir, le contribuable présenterait sa demande régularisée dans les délais légaux. — Cons. d'Et., 28 juill. 1866, de Carbonnel, [Leb. chr., p. 893]

2487. — Conformément aux principes de la chose jugée, pour obtenir décharge de contributions maintenues par le conseil de préfecture, un contribuable ne peut se prévaloir de décisions qui auraient été rendues par le Conseil d'Etat et qui auraient fait droit aux requêtes d'autres contribuables. — Cons. d'Et., 27 déc. 1854, Raynard, [Leb. chr., p. 1004]

2488. — En principe, la chose jugée ne résulte pas d'une décision rendue sur une réclamation relative à un exercice précédent. C'est là une conséquence de l'annualité des rôles. La cote de chaque exercice doit être considérée en elle-même. Il n'y a pas identité d'objet dans les deux réclamations. — Cons. d'Et., 5 févr. 1873, Archelais, [Leb. chr., p. 96]

2489. — Le Conseil d'Etat a cependant dérogé à ce principe en ce qui touche des demandes en révision du classement cadastral de propriétés non bâties. On sait que ces demandes ne peuvent être formées plus de six mois après la mise en recouvrement du premier rôle cadastral. Si la première réclamation d'un contribuable est rejetée, le conseil de préfecture peut rejeter celles qu'il formera les années suivantes par l'exception de la chose jugée. — Cons. d'Et., 1er août 1834, Aujoin, [Leb. chr., p. 563]; — 6 mars 1835, Trubert, [Leb. chr., p. 66]; — 10 déc.

1836, Lauzun, [S. 57.2.591, P. adm. chr., D. 57.3.45]; — 25 avr. 1866, Mattéi, [Leb. chr., p. 400]; — 17 juin 1868, Georjon, [Leb. chr., p. 673]; — 27 avr. 1871, Beaumier, [Leb. chr., p. 20]

2489 bis. — Le même principe a été appliqué à la contribution foncière des propriétés bâties. La loi du 8 août 1890 donne aux contribuables un délai de six mois à dater de la mise en recouvrement du premier rôle et trois mois à dater de la publication du second rôle pour constater les évaluations. Le Conseil d'Etat a interprété cette disposition en ce sens que le contribuable qui n'avait pas contesté les évaluations en 1891 pouvait le faire en 1892 pour la première fois, mais que celui qui avait usé de son droit dès 1891, et dont les bases d'imposition avaient été fixées par une décision juridictionnelle définitive, avait épuisé son droit. Les réclamations faites les années suivantes ne sont pas recevables. — Cons. d'Et., 2 mars 1894, Winaud, [Leb. chr., p. 167]; — 3 mars 1894, de Vaux, [Leb. chr., p. 177]; — 16 mars 1894, Langlois, [Leb. chr., p. 212]

2489 ter. — Tant qu'il n'est pas intervenu une décision définitive, le contribuable peut renouveler ses réclamations contre les rôles qui viennent à être émis. Si pour la première année une réduction lui est accordée, elle devra lui être allouée aussi les années suivantes. — Cons. d'Et., 7 juill. 1894, Bourgeot, [Leb. chr., p. 476]; — 10 nov. 1894, L'huillier, [Leb. chr., p. 567]; — 7 déc. 1894, L'héritier, [Leb. chr., p. 658]

2490. — L'exception de chose jugée peut être opposée à un moyen tiré de l'incompétence du conseil de préfecture, et qui aurait déjà été repoussé par une décision du Conseil d'Etat. — Cons. d'Et., 23 juin 1824, Commission syndicale des marais de Montferrant, [P. adm. chr.]

2491. — De même, quand une décision du Conseil d'Etat a, sur la réclamation d'un riverain, déclaré légal un arrêté préfectoral ordonnant le curage d'un cours d'eau, ce riverain n'est plus recevable à contester dans une requête ultérieure la légalité de cet arrêté. — Cons. d'Et., 1er déc. 1882, Reynaud, [Leb. chr., p. 971]; — 28 nov. 1884, Martin du Gard, [Leb. chr., p. 840]

2492. — Un contribuable n'est pas recevable à reproduire les conclusions d'un recours formé contre la même taxe par sa mère et repoussées par le Conseil d'Etat. — Cons. d'Et., 1er juill. 1884, Holdrinet, [Leb. chr., p. 659]

2493. — Lorsque le Conseil d'Etat a déclaré une profession imposable à la patente et a renvoyé le réclamant devant le préfet pour qu'il soit imposé par voie d'assimilation, le conseil de préfecture ne peut, sans excéder ses pouvoirs, accorder à ce contribuable décharge intégrale malgré la décision de principe rendue par le Conseil d'Etat. — Cons. d'Et., 6 août 1880, Fournier, [Leb. chr., p. 723]

2494. — De même, lorsque les bases de répartition des dépenses d'une association syndicale ont été fixées par une décision de la commission spéciale passée en force de chose jugée, le conseil de préfecture excède ses pouvoirs s'il statue sur une demande en réduction des taxes syndicales sans tenir compte de la décision de la commission. — Cons. d'Et., 12 juill. 1866, Bernard, [Leb. chr., p. 806]

2495. — La décision par laquelle un conseil de préfecture reconnaît, en faisant droit à leur demande, que les percepteurs ont intérêt et qualité pour, à la requête des syndics d'une association formée pour le dessèchement des marais, poursuivre contre l'un des associés le paiement des cotisations échues et arriérées, ne viole pas l'autorité de la chose jugée par un précédent arrêté du conseil de préfecture, lequel décidait que ces syndics avaient qualité purement et simplement pour agir, et qu'ils ne pouvaient s'immiscer dans les opérations du recouvrement exclusivement attribuées aux percepteurs. — Cons. d'Et., 12 févr. 1847, Association des vidanges d'Arles, [Leb. chr., p. 87]

2496. — De même deux demandes tendant, la première à faire déclarer que les propriétaires d'un bois ne doivent pas être imposés aux taxes de défrichement parce qu'ils ne profitent pas des travaux, la seconde à faire décider que ce bois ne sera pas compris dans le périmètre d'une des sections du syndicat, ne peuvent être considérées comme ayant le même objet et reposant sur la même cause. L'exception de la chose jugée n'est donc pas opposable à la seconde. — Cons. d'Et., 24 juill. 1847, de Montmorency, [P. adm. chr.]

2497. — Enfin l'arrêté qui se borne à ordonner une expertise pour déterminer le degré d'intérêt que peut avoir un propriétaire à des travaux d'endiguement ne viole pas la chose jugée par la

18

décision qui a compris la propriété du réclamant dans le syndicat. — Cons. d'Et., 9 nov. 1877, Syndicat de Saint-Fromond, [Leb. chr., p. 851]

4° *Opposition.*

2498. — D'après l'art. 52, L. 22 juill. 1889, les arrêtés non contradictoires des conseils de préfecture en matière contentieuse peuvent être attaqués par la voie de l'opposition. Devant les conseils de préfecture, pour qu'un arrêté soit rendu par défaut, il faut que le défendeur ait été mis en cause et n'ait pas produit de défenses écrites.

2499. — Le défendeur seul peut faire défaut. En effet, la procédure devant les tribunaux administratifs étant une procédure écrite, le conseil de préfecture est nécessairement saisi par la requête du réclamant, et il importe peu qu'au moment du jugement le demandeur ne présente pas d'observations orales devant le conseil. La décision est toujours contradictoire à son égard. — Cons. d'Et., 3 sept. 1844, Roussel, [Leb. chr., p. 551]; — 18 mai 1861, Alexandre, [Leb. chr., p. 380]; — 4 mars 1868, Ayasse, [Leb. chr., p. 242]; — 9 août 1869, Debayar, [S. 70.2.304, Leb. chr., p. 763]; — 8 août 1873, Foussemagne, [Leb. chr., p. 743]; — 15 mai 1874, de Verdal, [Leb. chr., p. 447]; — 23 avr. 1875, Dufau, [Leb. chr., p. 356]; — 28 janv. 1876, Coince, [Leb. chr., p. 84]; — 23 nov. 1877, Beaupré, [Leb. chr., p. 915]; — 12 mars 1886, Renouard, [Leb. chr., p. 224]; — 2 août 1890, Nougaillac, [Leb. chr., p. 743]

2500. — Il faut pour que le défendeur ait été mis en cause, qu'il ait reçu notification de la requête du demandeur. Autrement le jugement qui le condamnerait serait pour lui *res inter alios judicata*, et il pourrait l'attaquer par la voie de la tierce-opposition. — Laferrière, *Traité de la juridiction administrative*, t. 1, p. 295 ; Teissier et Chapsal, *Procédure devant les cons. de préf.*, p. 401.

2501. — Il faut enfin que le défendeur appelé en cause n'ait pas présenté de défenses écrites. Sont réputés contradictoires les arrêtés rendus sur les requêtes ou mémoires en défense des parties, alors même que les parties ou leurs mandataires n'auraient pas présenté d'observations orales (L. 22 juill. 1889, art. 53, § 1). — Cons. d'Et., 24 oct. 1832, Arrosants de Saint-Chamas, [Leb. chr., p. 228] ; — 26 août 1890, Société des mines de la Chapelle, [Leb. chr., p. 427]

2502. — En matière de contributions directes proprement dites, les réclamations étant instruites par l'administration des contributions, qui est défenderesse, les arrêtés ne peuvent jamais être rendus par défaut. A propos d'impôts de répartition, les communes ont prétendu faire opposition à des arrêtés qui préjudiciaient selon elles à leurs droits. Ces oppositions ont été déclarées irrecevables par le motif que les répartiteurs et classificateurs ayant donné leur avis sur les réclamations, les communes avaient été représentées dans l'instance et y avaient défendu. — Cons. d'Et., 4 nov. 1835, Commune de Cette, [Leb. chr., p. 204]

2503. — Mais lorsqu'il s'agit de réclamations relatives à des taxes incomplètement assimilées aux contributions directes, l'opposition peut très-bien se concevoir de la part des communes ou des associations syndicales.

2503 bis. — L'opposition peut encore se produire contre des arrêtés ordonnant des mutations de cotes ou des transferts de patente.

2504. — L'opposition ne peut être employée qu'à l'égard des arrêtés par défaut. Si l'arrêté est contradictoire, elle n'est pas recevable. — Cons. d'Et., 19 mars 1880, Chéry et Leveaux, [Leb. chr., p. 322]; — 12 mars 1886, Renouard, [Leb. chr., p. 224]

2505. — Inversement, des arrêtés rendus par défaut ne peuvent être attaqués directement par voie d'appel devant le Conseil d'Etat tant que la voie de l'opposition reste ouverte. — Cons. d'Et., 31 août 1830, Ruffin, [Leb. chr., p. 638]; — 20 sept. 1871, Arnaud, [Leb. chr., p. 167]

2506. — L'opposition est introduite et instruite comme la requête primitive. Elle est formée suivant les règles établies par les art. 1 à 4, L. 22 juill. 1889. Les communications sont ordonnées comme pour les requêtes introductives d'instance (art. 52, § 3).

2507. — L'opposition doit être formée dans le délai d'un mois, à dater de la notification qui est faite à la partie de l'arrêté du conseil de préfecture. L'acte de notification doit indiquer à la partie qu'après l'expiration dudit délai, elle sera déchue du droit de former opposition (L. 22 juill. 1889, art. 52).

2508. — L'opposition suspend l'exécution à moins qu'il n'eu ait été ordonné autrement par la décision qui a statué par défaut (art. 55). Elle a pour effet, quand elle est recevable, de remettre l'affaire en l'état où elle était avant l'arrêté par défaut. Le Conseil reprend l'examen complet de l'affaire. Il peut confirmer ou réformer sa précédente décision. L'arrêté qu'il rend sur l'opposition n'est pas susceptible d'une nouvelle opposition et ne peut être attaqué que par la voie de l'appel.

5° *Tierce-opposition.*

2509. — La tierce-opposition est une voie de recours ouverte aux personnes auxquelles un préjudice est causé par un arrêté intervenu dans une instance où ni elles ni leurs représentants n'ont été appelés. Pour être recevable il faut prouver qu'on n'a été ni partie, ni représenté dans l'instance, qu'on aurait dû y être appelé et enfin que l'on subit un préjudice.

2510. — La tierce-opposition se conçoit difficilement à propos d'une décision rendue sur une demande en décharge ou réduction. Le Conseil d'Etat avait cependant admis que les contribuables d'une commune étaient recevables à former tierce-opposition contre un arrêté qui avait accordé à un contribuable un dégrèvement pour un impôt de répartition. — Cons. d'Et., 8 mai 1822, Folgas, [Leb. chr., p. 215] — Aujourd'hui, il est admis que seule la commune représentée par son maire peut être admise à se pourvoir contre les arrêtés qui accordent à tort décharge ou réduction. — Cons. d'Et., 27 mai 1831, Brangues, [Leb. chr., p. 541] — Le maire et les répartiteurs sont les représentants légaux de la collectivité des habitants. S'ils ont été consultés, l'arrêté est contradictoire pour la commune. S'ils ne l'ont pas été, la commune n'ayant pas été appelée en cause, est recevable à former tierce-opposition. — Cons. d'Et., 27 mai et 9 sept. 1864, Commune de Berthonville, [Leb. chr., p. 860]; — 12 déc. 1866, Commune de Saint-Pierre-les-Bitry, [Leb. chr., p. 1130]

2511. — Quand il s'agit de taxes perçues pour le compte des communes ou des associations, la tierce-opposition est recevable toutes les fois que la requête n'aura pas été communiquée à la commune ou à l'association.

2512. — Quand la voie de la tierce-opposition est ouverte, le recours par voie d'appel n'est pas recevable. — Cons. d'Et., 12 déc. 1866, Commune de Saint-Pierre, [Leb. chr., p. 1130] ; — 13 avr. 1883, Commune de Sainte-Blandine, [Leb. chr., p. 332]; — 13 févr. 1892, Arnal, [Leb. chr., p. 151]

2512 bis. — Il peut aussi être formé tierce-opposition par un percepteur à la charge duquel un arrêté met les frais de poursuite ou le remboursement de sommes indûment perçues.

2513. — Dans quel délai doit être formée la tierce-opposition? La loi ne le dit pas. Il est certain qu'elle n'est plus recevable lorsque le tiers a acquiescé expressément ou tacitement à la décision du conseil de préfecture, alors même qu'elle ne lui aurait pas été notifiée. D'autre part elle est recevable même après l'exécution de l'arrêté par la partie condamnée. Toutefois, le silence du tiers lésé lors de l'exécution de l'arrêté pourra être considéré comme un acquiescement. La tierce-opposition doit-elle être formée dans un délai déterminé à peine de déchéance ? D'après MM. Teissier et Chapsal (p. 428), l'ancienne jurisprudence du Conseil d'Etat qui faisait courir le délai de la tierce-opposition soit du jour de la notification de l'arrêté, soit du jour de la connaissance acquise par le tiers opposant, doit être abandonnée, comme provenant d'une confusion entre l'appel et la tierce-opposition. Le tiers non appelé doit avoir un délai plus long que celui qui, peut-il, a fait défaut. En l'absence d'un délai fixé par le législateur, il faut s'en tenir au droit commun et admettre que la tierce-opposition peut être formée pendant trente ans (art. 2262, C. civ.), à compter de la date de l'arrêté.

2514. — Quand la tierce-opposition est rejetée, le conseil de préfecture ne peut prononcer contre le tiers opposant téméraire ni amende ni condamnation à des dommages-intérêts, la loi 22 juill. 1889 ne contenant pas de disposition analogue à celle de l'art. 38, Décr. 22 juill. 1806.

2515. — Si elle est reconnue fondée, le conseil de préfecture réforme sa première décision, mais seulement en tant qu'elle concerne le tiers opposant. A l'égard des autres personnes qui ont été parties ou représentées, il y a chose jugée et la décision

première doit subsister. L'arrêté qui rejette ou admet la tierce-opposition est susceptible d'être attaqué par la voie de l'appel.

6° Révision des arrêtés.

2516. — Lorsque le conseil de préfecture a rendu sa décision, sa juridiction est épuisée et il ne lui appartient pas de connaître à nouveau de la même affaire, à moins que sa décision ne soit susceptible d'opposition ou de tierce-opposition. En effet, le recours en révision ou requête civile n'est admis que devant les juridictions de dernier ressort. Or, les décisions des conseils de préfecture sont toujours susceptibles d'appel. De nombreuses décisions du Conseil d'Etat ont consacré ce principe dans des cas où des conseils de préfecture avaient cru pouvoir régulariser par un second arrêté une précédente décision rendue sur une procédure irrégulière, par exemple sans que le réclamant eût été convoqué à l'audience publique. En procédant ainsi, le conseil de préfecture excède ses pouvoirs. — Cons. d'Et., 14 déc. 1844, Duměny-Chevalier, [P. adm. chr.]; — 16 janv. 1846, Bacon, [Leb. chr., p. 18]; — 17 janv. 1846, Debras, [Leb. chr., p. 38]; — 20 févr. 1846, Jullemier, [P. adm. chr.]; — 7 avr. 1846, Chéron, [P. adm. chr.]; — 1er mai 1846, Billette, [Leb. chr., p. 267]; — 18 mai 1846, Marbeau, [Leb. chr., p. 285]; — 27 mai 1846, Meyrnes, [Leb. chr., p. 300]; — 9 juill. 1846, Brossard, [Leb. chr., p. 389]; — 8 juin 1847, Renaudière, [Leb. chr., p. 351]; — 2 juill. 1847, Bayard, [Leb. chr., p. 421]; — 24 juill. 1847, Caron, [Leb. chr., p. 496]; — 22 avr. 1848, Delbarro, [P. adm. chr.]; — 22 mars 1855, Ginisty, [P. adm. chr.]; — 13 sept. 1855, Boullaud, [Leb. chr., p. 646]; — 19 déc. 1855, Laboureix, [Leb. chr., p. 753]; — 15 août 1860, Manière, [Leb. chr., p. 608]; — 6 janv. 1864, Courties, [Leb. chr., p. 3]; — 30 janv. 1867, Commune de Villamblain, [Leb. chr., p. 112]; — 10 déc. 1875, Aron, [Leb. chr., p. 989]; — 17 déc. 1875, Piédoye, [Leb. chr., p. 1016]; — 18 mai 1877, Gaucher, [Leb. chr., p. 464]; — 24 déc. 1883, Dagot-Lamoureux, [Leb. chr., p. 954]; — 16 juill. 1886, Quélen, [Leb. chr., p. 622]; — 12 nov. 1886, Moriotti, [Leb. chr., p. 777]; — 17 févr. 1888, Bordel, [Leb. chr., p. 145]; — 16 mars 1888, Pasquet, [P. adm. chr.]; — 27 avr. 1888, Bidal, [Leb. chr., p. 374]; — 25 avr. 1891, Armaz, [Leb. chr., p. 319]; — 16 janv. 1892, Colas des Francs, [Leb. chr., p. 20]; — 9 avr. 1892, Dropsy, [Leb. chr., p. 396]; — 14 mai 1892, Furon, [Leb. chr., p. 453]; — 11 nov. 1892, Buisson, [Leb. chr., p. 742]; — 16 juin 1892, Min. Finances, [Leb. chr., p. 419]

2516 bis. — Tout ce qu'il est permis au conseil de préfecture, c'est de rectifier de simples erreurs matérielles, ou de compléter son premier arrêté en réglant les détails d'exécution qu'il avait omis, ou d'interpréter les décisions qui seraient obscures ou ambiguës. Mais il ne doit pas se servir de son pouvoir d'interprétation pour réformer sa décision précédente.

7° Recours au Conseil d'Etat.

2517. — I. Contre quels arrêtés l'appel est possible. — A la différence des voies de recours que nous venons d'examiner et qui ont pour objet d'amener le conseil de préfecture à rétracter sa première décision, l'appel a pour objet la réformation de la décision du premier juge par une juridiction supérieure. C'est le Conseil d'Etat qui est juge d'appel de toutes les décisions des conseils de préfecture. Ceux-ci ne jugent jamais qu'en premier ressort. — Cons. d'Et., 7 janv. 1838, Ville d'Alger, [S. 38.2.713, Leb. chr., p. 23]

2517 bis. — Contre quels arrêtés peut-il être interjeté ? D'après l'art. 60, L. 22 juill. 1889, les dispositions du Code de procédure civile, relatives à l'appel des jugements préparatoires et interlocutoires sont applicables aux recours formés contre les décisions des conseils de préfecture. En conséquence, l'appel n'est pas recevable contre les arrêtés préparatoires, qui ne peuvent être attaqués qu'après le jugement définitif et conjointement avec lui. — Cons. d'Et., 23 déc. 1892, Nachbaur, [Leb. chr., p. 937]. — Les arrêtés interlocutoires peuvent être attaqués séparément sans qu'il soit besoin d'attendre le jugement sur le fond; mais les parties ne sont pas tenues de se pourvoir immédiatement et ont le droit d'attaquer l'arrêté interlocutoire conjointement avec l'arrêté définitif. Enfin nous avons vu que, tant qu'une partie pouvait attaquer un arrêté par la voie de l'opposition ou de la tierce-opposition, elle ne pouvait recourir à la voie de l'appel.

2518. — II. Qui a qualité pour se pourvoir devant le Conseil d'Etat. — Pour que l'appel soit recevable, il faut que l'arrêté du conseil de préfecture n'ait pas acquis l'autorité de la chose jugée, soit par l'expiration du délai d'appel, soit par l'acquiescement exprès de la partie avant l'expiration de ce délai.

2518 bis. — On n'est pas recevable à attaquer un arrêté auquel on a acquiescé. Il a été décidé qu'une commune, après avoir conclu devant le conseil de préfecture, à ce que décharge fût accordée à un réclamant, n'était pas recevable à déférer au Conseil l'arrêté qui avait statué conformément à ses conclusions. — Cons. d'Et., 20 févr. 1874, Ville de Paris, [Leb. chr., p. 176]

2519. — Pour être recevable à se pourvoir devant le Conseil d'Etat, il faut d'abord avoir capacité pour ester en justice (V. suprà, v° Action [en justice], n. 238 et s.). Ainsi, un mineur ne peut présenter de requête sans l'assistance de son tuteur. — Cons. d'Et., 17 juin 1852, Joyaux, [S. 52.2.702, P. adm. chr., D. 52.3.44]

2520. — Cependant il a été admis qu'une femme mariée pouvait, sans autorisation de son mari, se pourvoir contre un arrêté qui l'avait déclarée responsable de la contribution mobilière imposée au nom de son mari. — Cons. d'Et., 12 mars 1880, Salin, [S. 81.3.64, P. adm. chr., D. 80.3.115]

2521. — Il a été décidé qu'une commission syndicale, qui n'avait pas été instituée dans les formes voulues par la loi, n'avait pas qualité pour présenter une requête devant le Conseil d'Etat. — Cons. d'Et., 20 janv. 1843, Bourmizien, [Leb. chr., p. 29]

2522. — Quant aux personnes morales qui peuvent ester en justice, il faut que leurs requêtes soient présentées par les personnes qui ont qualité pour les représenter. S'agit-il, par exemple, de contributions perçues pour le compte de l'Etat, les pourvois faits en son nom ne peuvent être introduits que par les ministres. C'est ainsi que le Conseil d'Etat a déclaré non recevables des pourvois formés par un conservateur des forêts. — Cons. d'Et., 19 mai 1876, Conservateur des forêts du 23e arrondissement, [Leb. chr., p. 458]

2523. — ... Ou par un directeur des contributions directes. — Cons. d'Et., 23 août 1838, Directeur des contributions directes de la Creuse, [P. adm. chr.]

2524. — Il semblerait naturel que le ministre des Finances fût seul compétent pour se pourvoir contre des arrêtés rendus à propos de contributions ou de taxes perçues pour le compte de l'Etat. Le Conseil d'Etat avait paru vouloir tendre vers cette unification de la compétence ministérielle en matière de taxes assimilées en déclarant non recevable un recours formé par le ministre des Travaux publics à propos de redevances minières, et ce, par le motif que cette taxe constitue une perception en faveur du Trésor. — Cons. d'Et., 8 juin 1877, Schneider et Cie, [P. adm. chr.]

2525. — Toutefois, il a été décidé ultérieurement, à propos des droits de vérification des poids et mesures, que c'était le ministre du Commerce qui avait qualité pour se pourvoir contre les arrêtés qui accordaient décharge ou réduction de cette taxe. — Cons. d'Et., 9 nov. 1889, Marinot et Guillaumin, [S. et P. 92.3.7]

2526. — De même, on reconnaît qualité au ministre de l'Agriculture quand il s'agit de taxes perçues pour le recouvrement des frais d'un curage effectué par l'Etat. — Cons. d'Et., 7 nov. 1890, Rey et Laforgue, [Leb. chr., p. 819]

2527. — Il faut de même reconnaître qualité au ministre de l'Intérieur, qui a dans son département l'hygiène publique, quand il s'agit des taxes d'inspection des fabriques et dépôts d'eaux minérales ou des droits de visite des pharmacies, drogueries ou épiceries.

2528. — En tous cas, il est nécessaire que le recours du ministre soit signé par le ministre lui-même. Il est de principe que seuls les ministres peuvent former au nom de l'Etat des recours au Conseil d'Etat. C'est par application de ce principe que le conseil a déclaré des recours portant la mention : pour le ministre des Finances et par autorisation, le directeur du contrôle de l'inspection générale et de l'ordonnancement. — Cons. d'Et., 8 avr. 1892, Min. Finances, [Leb. chr., p. 369]

2529. — ... Ou pour le ministre de l'Agriculture et par autorisation, le directeur de l'hydraulique agricole. — Cons. d'Et., 14 mai 1892, Dubroca, [Leb. chr., p. 455]

2530. — Lorsqu'un conseil de préfecture a statué sur une demande formée par un agent sans qualité, le ministre des Finances, en se pourvoyant contre cette décision, ne peut de-

mander au Conseil d'Etat de statuer au fond. — Cons. d'Et., 1er juill. 1887, Collet, [Leb. chr., p. 523]

2531. — Les communes ne peuvent agir que dans la personne de leur maire à ce dûment antorisé par une délibération du conseil municipal. A défaut de cette autorisation, la requête du maire n'est pas recevable. — Cons. d'Et., 12 déc. 1834, Maire de Beussent, [P. adm. chr.]; — 2 janv. 1835, Maire d'Hénin-Lieutard, [P. adm. chr.]; — 20 févr. 1835, Maire d'Humières, [P. adm. chr.]; — 9 mai 1838, Commune de Bosville, [Leb. chr., p. 91]; — 13 janv. 1858, Maire de Deyrançon, [Leb. chr., p. 46]; — 7 avr. 1858, Maire de Coulonges, [Leb. chr., p. 268]; — 12 août 1861, Maire de Sainte-Geneviève-des-Bois, [D. 64.5.79]; — 28 août 1865, Maire d'Auradé, [Leb. chr., p. 867]; — 8 mai 1866, Maire de Bispuig, [Leb. chr., p. 440]; — 30 mai 1866, Maire d'Amboise, [Leb. chr., p. 542]; — 26 févr. 1875, Commune de Carly, [Leb. chr., p. 190]; — 11 juill. 1891, Ville de Paris, [Leb. chr., p. 547]; — 26 févr. 1892, Maire de Porcheris, [Leb. chr., p. 188]

2532. — Un maire ne peut se pourvoir devant le Conseil d'Etat si le conseil municipal, quand il s'est agi de délibérer sur le recours, s'est partagé par moitié. — Cons. d'Et., 22 févr. 1890, Commune de Saint-Martin, [S. et P. 92.3.78, D. 91.3.83]

2533. — Un contribuable logé dans un bâtiment communal ne peut se pourvoir au nom de la commune devant le Conseil d'Etat pour demander décharge de l'impôt qu'elle paie. — Cons. d'Et., 18 mars 1881, Chaumier, [Leb. chr., p. 299]

2534. — Les répartiteurs sont sans qualité pour se pourvoir devant le Conseil d'Etat contre un arrêté qui, contrairement à leur avis, accorderait un dégrèvement. — Cons. d'Et., 14 déc. 1839, Répartiteurs de Quincy-Basse, [P. adm. chr.]; — 28 juin 1860, Répartiteurs du Puy, [P. adm. chr.]; — 12 août 1861, Répartiteurs de Sainte-Geneviève, [Leb. chr., p. 722]; — 13 févr. 1862, Répartiteurs de Plouha, [P. adm. chr.]; — 16 juin 1876, Maire et répartiteurs de Circoux, [Leb. chr., p. 565]; — 14 juill. 1876, Maire et répartiteurs de Cornot, [Leb. chr., p. 673]

2535. — De même, quand il s'agit de taxes communales, les ministres de l'Intérieur ou des Finances n'ont pas qualité pour déférer au Conseil d'Etat les arrêtés qui accordent décharge ou réduction. — Cons. d'Et., 5 févr. 1841, Aviat, [P. adm. chr.]; — 5 mars 1841, de la Bretèche, [P. adm. chr.]; — 21 janv. 1842, Lamort-Laperelle, [P. adm. chr.]; — 17 nov. 1843, Balaillon, [P. adm. chr.]; — 9 déc. 1843, Calvé, [P. adm. chr.]; — 10 août 1844, Tessier, [P. adm. chr.]; — 28 août 1844, Richard, [P. adm. chr.]; — 19 mars 1845, Roche, [P. adm. chr.]

2536. — Le Conseil d'Etat ne reconnaît pas qualité au ministre de l'Agriculture pour se pourvoir contre un arrêté qui a accordé décharge d'une taxe syndicale. C'est aux représentants légaux des syndicats seuls qu'appartient ce droit. — Cons. d'Et., 6 août 1886, Sentupery, [D. 87.3.34]

2537. — Les fabriques ne peuvent agir que dans la personne de leur trésorier. Elles ne peuvent même pas, par une délibération, donner qualité au desservant pour agir en leur nom. Avec ou sans mandat du conseil de fabrique, les desservants ou curés sont également irrecevables. — Cons. d'Et., 15 mars 1878, Fabrique de l'église de Cadenac, [S. 80.2.31, P. adm. chr., D. 78.3.86]; — 6 déc. 1890, Marillier, [Leb. chr., p. 932]

2537 bis. — Cependant le conseil a admis implicitement, en statuant au fond, qu'un chanoine, chancelier d'un archevêché, avait qualité pour former pourvoi au nom de cet archevêché sans un mandat de l'archevêque. — Cons. d'Et., 16 juin 1894, Archevêché de Lyon, [Leb. chr., p. 418]

2538. — Dans les affaires ordinaires, les personnes qui veulent former un pourvoi devant le Conseil d'Etat doivent faire présenter leurs requêtes par un avocat au Conseil d'Etat (Décr. 22 juill. 1806, art. 1). Mais les pourvois en matière de contributions directes ont été dispensés du ministère des avocats par les lois des 26 mars 1831 et 21 avr. 1832, et cette dispense a été aussitôt appliquée même aux pourvois relatifs à des contributions émises antérieurement à la promulgation de ces lois. — Cons. d'Et., 25 janv. 1833, Noury, [S. 34.2.655, P. adm. chr.]; — 8 févr. 1833, Lasserre, [P. adm. chr.]

2539. — Pour pouvoir déférer au Conseil d'Etat un arrêté du conseil de préfecture, il faut, en principe, avoir été partie dans l'instance engagée devant ce conseil. Les personnes qui ont été touchées par une décision sans avoir été appelées en cause devant le premier juge ayant à leur disposition la voie de la tierce-opposition pour faire tomber les dispositions qui leur préjudicient ne peuvent pas recourir à la voie de l'appel. — Cons. d'Et., 7 mai 1880, Percepteur de Baume-les-Dames, [Leb. chr., p. 434]; — 1er déc. 1894, Legoud, [Leb. chr., p. 650] — C'est ainsi que le Conseil a déclaré non recevable une requête présentée par un contribuable contre un arrêté rendu sur une réclamation qu'un tiers sans mandat avait formée en son nom. — Cons. d'Et., 17 mai 1854, Lavier, [Leb. chr., p. 435]

2540. — De même, un individu qui a été récusé en qualité d'expert par le conseil de préfecture comme étant le mandataire du réclamant n'est pas recevable à attaquer cet arrêté par la voie de l'appel, par la raison qu'il n'y était pas partie. — Cons. d'Et., 13 juin 1873, Piédoye, [Leb. chr., p. 329]

2541. — De même encore, celui qui a figuré en première instance comme mandataire et qui, par suite, n'y était pas personnellement partie n'est pas recevable à se pourvoir en son nom personnel contre l'arrêté rendu contre son mandant. — Cons. d'Et., 3 déc. 1886, Ravel, [Leb. chr., p. 831]

2542. — Les représentants d'une association syndicale libre d'arrosants formée depuis l'émission d'un rôle de taxes ne peuvent, l'association n'ayant pas été partie devant le conseil de préfecture, attaquer un arrêté rendu sur la réclamation des arrosants agissant en leur nom individuel. — Cons. d'Et., 2 févr. 1883, Latil-Teissier, etc., [Leb. chr., p. 109]

2543. — Le Conseil d'Etat a enfin rejeté le pourvoi formé par une société non partie devant le conseil de préfecture contre un arrêté rendu sur la demande de son prête-nom. — Cons. d'Et., 23 nov. 1889, La Graineterie française, [Leb. chr., p. 1071]

2544. — Quand un arrêté a rejeté la réclamation du contribuable, il peut être attaqué par le contribuable lui-même, par son mandataire ou par ses ayants-cause.

2545. — Le mandataire peut être légal ou conventionnel. Par exemple, un syndic de faillite, un liquidateur, un tuteur, ont qualité pour se pourvoir devant le Conseil d'Etat au nom du failli ou du mineur. — Cons. d'Et., 1er juin 1883, Armand, [Leb. chr., p. 309]

2546. — Le mari représentant sa femme a qualité pour se pourvoir en son nom contre un arrêté relatif aux impositions d'un contribuable dont elle est héritière. — Cons. d'Et., 21 mars 1891, Coulnon, [Leb. chr., p. 258]

2547. — Quant aux mandataires conventionnels, il faut que le mandat qui leur est conféré mentionne spécialement le recours au Conseil d'Etat. Il a été décidé, par exemple, que le mandat donné à un agent d'affaires de suivre une affaire devant le conseil de préfecture ne lui donnait pas qualité pour interjeter appel devant le Conseil d'Etat. — Cons. d'Et., 13 déc. 1890, Beaufils, [Leb. chr., p. 966]; — 27 déc. 1890, Dreux, [Leb. chr., p. 1020]; — 17 janv. 1891, Nicoux, [Leb. chr., p. 17]; — 11 nov. 1892, Garretta, [Leb. chr., p. 742]

2548. — Il en est de même du mandat de faire auprès de qui de droit toutes les démarches nécessaires à l'obtention du dégrèvement. — Cons. d'Et., 25 janv. 1892, Hyllested, [Leb. chr., p. 7]; — 14 mai 1892, Rouillon, [Leb. chr., p. 449]

2548 bis. — Et même de celui donnant pouvoir de poursuivre devant toute juridiction compétente. — Cons. d'Et., 10 févr. 1894, Borel, [Leb. chr., p. 122]

2549. — Au contraire, le mandat donné à celui qui a représenté le contribuable devant le conseil de préfecture de poursuivre sa réclamation lui donne qualité pour se pourvoir devant le Conseil d'Etat. — Cons. d'Et., 10 déc. 1892, Bion, [Leb. chr., p. 891]

2550. — Est également irrecevable le recours formé par le cédant alors que devant le conseil de préfecture la réclamation a été formée par le cessionnaire. — Cons. d'Et., 8 avr. 1892, Miège, [Leb. chr., p. 366]

2551. — Un contribuable n'est recevable à attaquer un arrêté rendu sur la réclamation d'un tiers que s'il justifie que ce tiers a agi en son nom et comme son mandataire. — Cons. d'Et., 22 avr. 1817, Chevroulet, [Leb. chr., p. 292]; — 2 juill. 1861, Trubert, [Leb. chr., p. 544]

2552. — Il faut que le mandataire institué se présente lui-même devant le Conseil d'Etat. A moins d'une mention du mandat qui l'autorise expressément, il ne peut se substituer une autre personne pour représenter le contribuable et présenter une requête en son nom. — Cons. d'Et., 8 févr. 1890, Payen, [D. 91.3.71]; — 27 déc. 1890, Jauqueux par Malaval, [Leb. chr., p. 1020]; — 24 janv. 1891, Nicolas, [Leb. chr., p. 43]; — 7 mars

1891, Dolet, [Leb. chr., p. 202]; — 26 févr. 1892, Société des eaux et du gaz de Meulan, [Leb. chr., p. 193]

2553. — Il va sans dire que les requêtes présentées au nom de contribuables par des tiers qui ne justifient pas avoir reçu un mandat à cet effet doivent être rejetées comme non recevables. — Cons. d'Et., 6 août 1840, Malot, [P. adm. chr.]; — 19 juill. 1854, Viala, [Leb. chr., p. 643]; — 11 févr. 1857, Gratteau, [Leb. chr., p. 125]; — 28 mars 1860, Gandillière, [Leb. chr., p. 237]; — 18 août 1864, Durand, [Leb. chr., p. 797]; — 16 avr. 1870, Jouve, [Leb. chr., p. 473]; — 13 déc. 1871, Tennequin, [Leb. chr., p. 312]; — 6 févr. 1874, Fauger, [Leb. chr., p. 125]; — 23 nov. 1877, Massip, [Leb. chr., p. 912]; — 30 nov. 1888, Conacault, [Leb. chr., p. 889]; — 12 avr. 1889, Alaux, [Leb. chr., p. 498]; — 31 oct. 1890, Hupier, [Leb. chr., p. 807]; — 22 nov. 1890, Dubois, [Leb. chr., p. 868]; — 6 déc. 1890, Cormel, [Leb. chr., p. 932]

2554. — Ni la parenté ni l'alliance ne font présumer l'existence du mandat ni ne suppléent à son absence. Ainsi le Conseil d'Etat a déclaré non recevables des pourvois formés par des parents au nom de leurs enfants majeurs, ou réciproquement. — Cons. d'Et., 30 nov. 1848, Cunéo, [Leb. chr., p.652]; — 15 févr. 1864, Lannes, [Leb. chr., p. 133]; — 6 août 1864, Guberteau, [Leb. chr., p. 739]; — 18 juin 1866, Donot, [Leb. chr., p. 688]; — 13 avr. 1884, Romain, [Leb. chr., p. 437]; — 10 févr. 1882, Parbled, [Leb. chr., p. 141]; — 21 janv. 1887, Géromini, [Leb. chr., p. 53]; — 11 mai 1888, Saillard, [Leb. chr., p. 419]; — 24 mars 1891, Marissal, [Leb. chr., p. 267]; — 26 févr. 1892, Cardot, [Leb. chr., p. 193]

2555. — Le Conseil d'Etat ne reconnaît pas qualité, à moins d'un mandat spécial des contribuables les constituant, à un avoir devant lui, à un huissier. — Cons. d'Et., 31 mars 1849, Vast, [Leb. chr., p. 203]

2556. — ... A un avoué. — Cons. d'Et., 9 mars 1836, Coulbeaux, [P. adm. chr.]; — 30 oct. 1848, Guérin, [Leb. chr., p. 622]; — 22 juin 1858, Magnon, [Leb. chr., p. 427]; — 12 févr. 1867, Willemot, [Leb. chr., p. 167]; — 31 mars 1868, Berthemy, [Leb. chr., p. 352]; — 10 juill. 1890, Bompard, [Leb. chr., p. 658]; — 29 déc. 1894, Simonens, [Leb. chr., p. 736]

2557. — ... A un avocat. — Cons. d'Et., 19 juill. 1867, Maglione, [Leb. chr., p. 677]; — 21 mars 1868, Lesguillon, [Leb. chr., p. 339]; — 23 mars 1880, Bresson, [Leb. chr., p. 340]; — 10 févr. 1894, Rivalant, [Leb. chr., p. 122]

2558. — Le Conseil déclare également non recevables les requêtes présentées par un propriétaire au nom de ses fermiers ou locataires même illettrés. — Cons. d'Et., 6 déc. 1844, Lartet, [P. adm. chr.]; — 29 juill. 1852, de Fréminville, [P. adm. chr.]; — 26 juin 1890, Le Révérend et Guillot, [Leb. chr., p. 611]

2559. — ... Par des fermiers ou locataires au nom de leur propriétaire. — Cons. d'Et., 12 déc. 1834, Lefebvre, [P. adm. chr.]; — 3 mai 1831, Dlle Justine, [Leb. chr., p. 322]; — 27 juill. 1883, Delassiat, [Leb. chr., p. 689]

2560. — ... Par un cédant au nom de son cessionnaire et réciproquement. — Cons. d'Et., 15 févr. 1864, Authourde, [Leb. chr.]; — 10 mars 1876, Chavernac, [Leb. chr., p. 236]; — 1er déc. 1882, Journet, [Leb. chr., p. 970]; — 26 juin 1891, Passé, [Leb. chr., p. 610]

2560 bis. — ... Par la personne qui a acquis un immeuble en cours d'année, dans une instance engagée devant le conseil de préfecture relativement à cet immeuble. — Cons. d'Et., 2 févr. 1894, Bayard, [Leb. chr., p. 94]

2561. — ... Par le membre d'une association syndicale au nom de ses coassociés. — Cons. d'Et., 14 mai 1891, Gay, [Leb. chr., p. 384]

2562. — Mais les ayants-cause du contribuable réclamant ont qualité pour agir. Ainsi une veuve est recevable à se pourvoir contre l'arrêté qui est intervenu sur une réclamation faite par son mari. — Cons. d'Et., 2 déc. 1881, Grimardias, [Leb. chr., p. 951] — Il en est de même des héritiers.

2563. — La circonstance qu'un arrêté aurait été notifié à une personne qu'il ne concerne pas, ne saurait la rendre recevable à l'attaquer. — Cons. d'Et., 13 déc. 1889, Dufour, [Leb. chr., p. 1157]

2564. — Les ministres sont sans qualité pour se pourvoir devant le Conseil d'Etat dans l'intérêt des contribuables dont les réclamations ont été rejetées par le conseil de préfecture. Leurs conclusions ne peuvent aller au delà de celles du requérant. —

Cons. d'Et., 14 déc. 1853, Frères de la Doctrine chrétienne de Châlon-sur-Saône, [D. 54.3.87]; — 28 nov. 1855, Leroyer, [D. 56.3.38]; — 22 déc. 1863, Dabot, [D. 64.3.19]; — 18 févr. 1865, Villette, [Leb. chr., p. 222]; — 27 mars 1865, Genestoux, [Leb. chr., p. 348]; — 24 avr. 1865, Thiérard, [Leb. chr., p. 480]; — 26 déc. 1879, Lavalé, [Leb. chr., p. 849]; — 3 nov. 1882, Guigaud, [Leb. chr., p. 824]; — 18 avr. 1890, Durand, [Leb. chr., p. 403] — V. cependant Cons. d'Et., 28 janv. 1841, Min. Finances, [Leb. chr., p. 15]

2565. — On sait que les honoraires dus par les particuliers aux ingénieurs ou agents placés sous leurs ordres, à raison des travaux que ces fonctionnaires ont faits pour eux sont recouvrés comme en matière de contributions au moyen d'états rendus exécutoires par les préfets. Si le conseil de préfecture a accordé décharge, il n'appartient qu'aux ingénieurs ou agents de se pourvoir : le ministre des Travaux publics est sans qualité pour se substituer à eux. — Cons. d'Et., 28 mai 1857, Bouquelan, [Leb. chr., p. 436]

2566. — Lorsque le conseil de préfecture a accordé le dégrèvement demandé, qui peut se pourvoir? Le ministre, la commune, l'association, suivant qu'il s'agit de taxes perçues au nom de l'Etat, de la commune ou d'un syndicat. En outre, en ce qui touche les premières des taxes, il faut distinguer entre les impôts de répartition et ceux de quotité. Quand un arrêté a accordé décharge ou réduction d'un impôt de répartition, le montant de ce dégrèvement devant être réimposé l'année suivante sur les autres contribuables de la commune, celle-ci a qualité pour se pourvoir contre l'arrêté qui l'a accordé. — Cons. d'Et., 15 oct. 1826, Dommergues, [P. adm. chr.]; — 7 sept. 1848, Maire de Montpellier, [P. adm. chr.]; — 14 juill. 1876, Maire de Carnot, [Leb. chr., p. 678]

2567. — Il en est autrement quand il s'agit d'impôts de quotité : les communes n'ont pas qualité pour se pourvoir devant le Conseil d'Etat contre les arrêtés qui accordent des dégrèvements. — Cons. d'Et., 28 janv. 1836, Ville de Lyon, [Leb. chr., p. 262]; — 23 juill. 1840, Ville de Verdun, [P. adm. chr.]; — 18 mars 1842, Ville de Pau, [P. adm. chr.]; — 16 juin 1876, Maire de Cercoux, [Leb. chr., p. 565]; — 9 juill. 1886, Commune de Liart, [Leb. chr., p. 584]

2568. — Si, en vertu d'une loi particulière, le dégrèvement accordé par un conseil de préfecture devait être réparti, non sur les autres habitants de la commune, mais sur toutes les communes du département, le département aurait qualité pour déférer l'arrêté au Conseil d'Etat. — Cons. d'Et., 18 mars 1842, Département de la Meurthe, [P. adm. chr.]

2569. — En aucun cas, de simples contribuables n'ont qualité pour attaquer devant le Conseil, soit en leur nom personnel, soit au nom de la commune, des arrêtés qui accordent des dégrèvements à certains contribuables de leur commune. En cette matière, c'est la commune elle-même qui représente les intérêts de la collectivité des habitants. Ceux-ci ne peuvent se substituer à elle. — Cons. d'Et., 21 mars 1821, de Grignon, [S. chr., P. adm. chr.]; — 27 mai 1831, Brengues, [P. adm. chr.]; — 22 juin 1848, Laverzanne et Gaillardat, [Leb. chr., p. 403]; — 19 janv. 1866, Lucaznac, [Leb. chr., p. 30]; — 6 févr. 1874, de Peyraud, [Leb. chr., p. 134]; — 1er août 1884, Daussy, [Leb. chr., p. 668]

2570. — Ce que nous disons du ministre est également applicable aux maires ou aux syndics, qui ne peuvent se substituer aux principaux intéressés dans l'exercice de leurs actions. — Cons. d'Et., 11 oct. 1833, Commune de Guérande, [P. adm. chr.]; — 6 déc. 1880, Ligier, [Leb. chr., p. 1147]

2571. — Lorsque certaines taxes établies pour payer les frais de certains travaux exécutés par l'Etat, soit par des associations, doivent être réparties entre certaines personnes déterminées, le Conseil d'Etat admet que chaque contribuable intéressé est recevable à lui déférer l'arrêté qui accorde un dégrèvement à un de ses codébiteurs. — Cons. d'Et., 16 juin 1876, Vassal, [Leb. chr., p. 572] — Mais il nous semblerait plus conforme aux principes de leur reconnaître le droit de former tierce-opposition.

2572. — Les percepteurs sont-ils recevables à attaquer les arrêtés qui accordent des dégrèvements aux contribuables et, en cas d'affirmative, quelle voie de recours leur est ouverte? La jurisprudence a varié et ne paraît pas encore nettement fixée. En principe, il faut décider que le percepteur n'a pas qualité pour contester le dégrèvement, par la raison qu'il n'a pas été partie dans l'instance. C'est au ministre, seul représentant des

intérêts du Trésor, que ce droit appartient. — Cons. d'Et., 20 juill. 1850, Percepteur de Belabre, [P. adm. chr.]

2573. — En outre, la loi ne mettant pas à la charge des percepteurs le montant des dégrèvements accordés, ils sont sans intérêt et par suite sans qualité pour attaquer l'arrêté qui équivaut à un paiement. — Cons. d'Et., 13 avr. 1853, Beaudot, [Leb. chr., p. 421]; — 31 mars 1868, d'Esclans, [Leb. chr., p. 352]; — 1er juill. 1881, de Lestapis, [D. 82.3.118]

2574. — Quant aux arrêtés qui annulent des actes de poursuite faits par le percepteur, la question est plus délicate. La responsabilité du percepteur peut se trouver engagée par les poursuites qu'il a exercées. Nous serions donc disposés à lui reconnaître qualité pour se pourvoir contre l'arrêté qui aura annulé ces actes de poursuite. C'est en ce sens, d'ailleurs, que le Conseil d'Etat s'est prononcé en 1876. — Cons. d'Et., 21 juill. 1876, Ducatel, [S. 78.2.308, P. adm. chr., D. 77.3.2]

2575. — Il est vrai que l'année suivante il a rendu une décision dans laquelle : 1º il refuse qualité à un receveur municipal pour déférer au Conseil d'Etat un arrêté qui avait annulé une contrainte parce que cet arrêté n'avait pas eu pour effet de mettre à sa charge les sommes non acquittées par le contribuable; 2º lui reconnaît qualité pour attaquer une disposition du même arrêté qui le condamnait aux frais de l'instance. — Cons. d'Et., 27 avr. 1877, Berge, [Leb. chr., p. 373]

2576. — Enfin certains arrêtés entraînent le remboursement au contribuable des sommes par lui versées. Parfois même l'arrêté contient une disposition expresse à cet égard. En ce cas, la jurisprudence reconnaît au percepteur le droit de se pourvoir contre l'arrêté qui le condamne à restituer des sommes indûment perçues. Mais quelle voie de recours devra-t-il employer? Cela dépend. Si l'affaire a été instruite comme une demande en décharge ou en réduction et que le percepteur n'ait pas été mis en cause, il pourra employer que la voie de la tierce-opposition. — Cons. d'Et., 3 nov. 1882, Percepteur de Livry, [Leb. chr., p. 824]; — 26 févr. 1886, Monnier, [Leb. chr., p. 168]; — 13 févr. 1892, Arnal, [Leb. chr., p. 132]

2577. — Si, au contraire, devant le conseil de préfecture, l'instance a été liée contradictoirement avec le percepteur, s'il a reçu communication de la réclamation et y a répondu, il pourra déférer l'arrêté au Conseil d'Etat. — Cons. d'Et., 24 mai 1890, Le Gentil, [Leb. chr., p. 547]

2578. — Une autre condition pour que le recours au Conseil d'Etat soit recevable, c'est que celui qui le forme ait un intérêt à le faire. Autrement il n'a pas d'action (V., sur le principe, *suprà*, vº *Action* [en justice], nº 64 et s.). Si, par exemple, le requérant a obtenu gain de cause devant le conseil de préfecture et si le dégrèvement qu'il sollicitait lui a été accordé, son pourvoi est sans objet et il n'y a lieu de statuer. — Cons. d'Et., 16 déc. 1868, Foureau, [Leb. chr., p. 1044]; — 7 janv. 1870, Laporte, [Leb. chr., p. 15]; — 19 juill. 1878, Schneider, [Leb. chr., p. 729]; — 26 déc. 1879, Descoties, [Leb. chr., p. 847]; — 11 mars 1881, Combe, [Leb. chr., p. 281]; — 22 juill. 1881, Pétain, [Leb. chr., p. 721]; — 12 mai 1882, Laberon, [Leb. chr., p. 458]; — 28 nov. 1884, Martin du Gard, [Leb. chr., p. 840]; — 17 juill. 1885, Carraud, [Leb. chr., p. 688]; — 8 janv. 1886, Tassy, [Leb. chr., p. 5]; — 8 juill. 1887, Cie d'Orléans, [Leb. chr., p. 551]; — 13 janv. 1888, Blézeau, [Leb. chr., p. 19]; — 11 mai 1888, Marce, [Leb. chr., p. 430]; — 29 juin 1888, Giraud, [Leb. chr., p. 573]; — 30 mars 1889, Reversat, [Leb. chr., p. 445]; — 9 nov. 1889, Staatha, [Leb. chr., p. 1008]; — 18 avr. 1890, Schivol, [Leb. chr., p. 404]; — 31 oct. 1890, Lucambre, [Leb. chr., p. 807]; — 7 févr. 1891, Brebron, [Leb. chr., p. 101]; — 4 juill. 1891, Glasser, [Leb. chr., p. 329]; — 27 févr. 1892, Avon, [Leb. chr., p. 229]; — 25 mars 1892, Quenouille, [Leb. chr., p. 309]; — 2 juill. 1892, Ville de Paris, [Leb. chr., p. 595]; — 22 juill. 1892, Ribet, [Leb. chr., p. 635]

2579. — Il en est de même si le requérant n'est pas imposé au rôle de la contribution contre laquelle il réclame. — Cons. d'Et., 14 mars 1879, Broquin, [Leb. chr., p. 210]; — 25 juin 1880, Cie générale des omnibus, [Leb. chr., p. 596]; — 27 juin 1884, Société générale, [Leb. chr., p. 526]; — 10 juin 1887, Fabre de Cahuzac, [Leb. chr., p. 461]; — 7 août 1889, Cie d'Orléans, [Leb. chr., p. 948]; — 9 nov. 1889, Boubon, [Leb. chr., p. 1008]; — 13 févr. 1892, Blancon, [Leb. chr., p. 158]

2580. — ... Ou si son imposition est conforme à ses prétentions. — Cons. d'Et., 8 juill. 1887, Cie d'Orléans, [Leb. chr., p. 551]; — 27 déc. 1890, Cie d'Orléans, [Leb. chr., p. 1021]

2581. — Il n'y a pas lieu non plus de statuer sur une pièce qui ne constituerait pas un véritable pourvoi, comme serait par exemple une lettre dans laquelle le contribuable exprimerait l'espoir de voir accueillir sa demande à la suite d'un arrêté du conseil de préfecture donnant acte de son désistement. — Cons. d'Et., 6 août 1892, Vanderstin, [Leb. chr., p. 692]

2582. — Le Conseil d'Etat a décidé plusieurs fois que lorsque le requérant obtenait, soit de l'administration des contributions directes, soit du conseil municipal une remise gracieuse de son imposition, ou bien lorsque celle-ci était portée sur l'état des cotes irrecouvrables, le pourvoi du contribuable devenait sans objet. — Cons. d'Et., 15 févr. 1864, Bard, [Leb. chr., p. 134]; — 23 févr. 1877, Frères de la Doctrine chrétienne de Boulay, [Leb. chr., p. 165]; — 11 mars 1881, Guillon, [Leb. chr., p. 276]; — 3 nov. 1882, Marie, [Leb. chr., p. 821]; — 16 mars 1883, Grandjouan, [Leb. chr., p. 275]; — 10 mai 1890, Laurent-Champy, [Leb. chr., p. 489] — Jugé, de même, si la cote est portée sur un état de cote irrécouvrable dressé par le directeur par application de la loi du 24 juill. 1887 (art. 8). — Cons. d'Et., 30 janv. 1893, [Leb. chr., p. 63]

2583. — Nous avons quelque peine à admettre cette jurisprudence. Il est vrai que le réclamant se voit dispensé d'acquitter la cote litigieuse et qu'à ce point de vue on peut soutenir que son but est atteint. Mais ce n'est là qu'un examen superficiel. Le contribuable pouvait avoir intérêt à faire juger son imposition par les tribunaux compétents, et à obtenir une décision de principe dont il aurait pu se prévaloir à l'encontre d'une imposition ultérieure, tandis qu'il ne pourra invoquer ni les motifs, ni le dispositif de la décision gracieuse dont il aura été l'objet. Il nous semble donc que la remise gracieuse accordée soit avant le pourvoi, soit depuis son introduction ne peut avoir pour effet de le rendre sans objet.

2584. — Le Conseil d'Etat a encore déclaré sans objet un recours formé contre un arrêté par lequel un préfet enjoignait à un directeur des contributions directes de modifier le rôle, alors que le rôle avait été ultérieurement mis en recouvrement tel qu'il avait été arrêté par les répartiteurs. — Cons. d'Et., 14 mars 1867, Lepage, [Leb. chr., p. 284]

2585. — Enfin pour former un pourvoi devant le Conseil d'Etat, il faut justifier d'un intérêt né et actuel. Tel n'est pas le cas d'un individu qui prétend avoir un droit éventuel de propriété sur un terrain compris dans le périmètre d'une association. Il n'a donc pas qualité pour déférer au Conseil d'Etat la décision de l'autorité qui a exigé ce classement. — Cons. d'Et., 18 août 1857, Canal de Craponne, [P. adm. chr.]

2586. — C'est ainsi encore que les propriétaires non riverains des cours d'eau sont sans qualité pour attaquer les arrêtés qui prescrivent un curage. — Cons. d'Et., 15 mai 1869, Greset, [S. 70.2.197, P. adm. chr., D. 70.3.82]

2587. — L'intérêt qu'un requérant pouvait avoir à former un pourvoi peut disparaître par la survenance d'un événement postérieur à la présentation de la requête, tel que la conclusion d'une transaction. Le pourvoi devient alors sans objet, et il n'y a plus lieu d'y statuer. — Cons. d'Et., 18 août 1862, Lejeune, [Leb. chr., p. 694]

2588. — Un défendeur n'est pas recevable à présenter des conclusions tendant au maintien des dispositions d'un arrêté contre lesquelles aucun pourvoi n'est dirigé. — Cons. d'Et., 16 mars 1892, précité.

2588 bis. — Enfin quand le requérant renonce à un moyen soulevé dans sa requête il n'y a lieu d'y statuer. — Cons. d'Et., 10 nov. 1894, Poulet, [Leb. chr., p. 885]

2589. — III. *Délai du recours.* — Dans quel délai doit être formé le recours au Conseil d'Etat? D'après l'art. 11, Décr. 22 juill. 1806, ce délai était de trois mois à compter du jour de la notification de l'arrêté du conseil de préfecture. La loi du 22 juill. 1889 (art. 57) a réduit ce délai à deux mois. — Cons. d'Et., 31 oct. 1890, Moussu, [Leb. chr., p. 806]; — 27 déc. 1890, Robin, [Leb. chr., p. 1017]; — 6 juin 1891, Lebeaud, [Leb. chr., p. 421]; — 23 janv. 1892, Société des téléphones, [Leb. chr., p. 35]

2589 bis. — Toutefois, le délai est encore de trois mois à l'égard des requérants qui habitent l'Algérie. — Cons. d'Et., 2 juill. 1892, Durand, [Leb. chr., p. 595]

2590. — La déchéance résultant de l'expiration du délai d'appel est d'ordre public et peut être opposée d'office par le Conseil d'Etat. — Lafarrière, *Traité de la juridiction adminis-*

trative, t. 1, p. 289; Dufour, *Traité de droit administratif*, t. 2, p. 342, n. 321; Teissier et Chapsal, *Procédure devant les conseils de préfecture*, p. 438.

2591. — Le point de départ du délai d'appel est différent suivant que l'arrêté est rendu par défaut ou contradictoirement. Dans le premier cas il court du jour de l'expiration du délai d'opposition (L. 22 juill. 1889, art. 57). Si une partie se pourvoit mal à propos par la voie de l'opposition contre un arrêté contradictoire, le délai d'appel court à son égard du jour de la notification de la première décision et non du jour où son opposition est rejetée. — Cons. d'Et., 27 août 1817, Bosteller, [S. chr., P. adm. chr.]; — 15 avr. 1863, Debruyère, [P. adm. chr.]; — 17 nov. 1870, Rivière, [Leb. chr., p. 1073]

2592. — Quand les arrêtés sont rendus contradictoirement, le délai d'appel court à dater de la notification (L. 22 juill. 1889, art. 57). Cette disposition consacre le dernier état de la jurisprudence du Conseil d'Etat et rend impossible tout retour à la doctrine qui faisait courir le délai du jour où le requérant avait eu connaissance de l'arrêté du conseil de préfecture. C'est ainsi que le Conseil d'Etat avait déclaré non recevables des recours présentés plus de trois mois après le jour où le requérant s'était présenté au bureau du percepteur pour profiter des dégrèvements que le conseil de préfecture lui accordait. — Cons. d'Et., 7 mai 1856, Rozau, [P. adm. chr.]; — 26 juill. 1878, Launay, [Leb. chr., p. 743]

2593. — Tant que la notification n'a pas été faite, l'appel est recevable contre les décisions de premier ressort. — Cons. d'Et., 8 sept. 1819, Defrance, [P. adm. chr.]; — 12 juin 1860, Tissuyre, [Leb. chr., p. 429]; — 3 mars 1876, Chabbert, [Leb. chr., p. 220]; — 27 juin 1884, Syndicat de Lancey à Grenoble, [Leb. chr., p. 533]

2594. — En matière de contributions directes, la notification résulte de la lettre que le directeur adresse au réclamant pour lui faire connaître la décision du conseil de préfecture. — Cons. d'Et., 28 déc. 1858, Millet, [Leb. chr., p. 746] — V. *supra*, n. 2374 et s.

2595. — Lorsqu'il s'agit de taxes assimilées autres que celles assises par le service des contributions directes, il faut que la notification de la décision du conseil de préfecture soit faite au réclamant à la requête de la commune ou de l'association au profit de laquelle elle a été rendue. Autrement elle ne ferait pas courir les délais d'appel. — Cons. d'Et., 5 août 1861, Gou, [Leb. chr., p. 661]

2596. — La notification, pour faire courir les délais, doit être complète. Lorsqu'un conseil de préfecture statue par un seul arrêté sur les cotes foncières afférentes à divers immeubles d'un même contribuable, et que cet arrêté est notifié partiellement et distinctement pour les divers immeubles, le délai d'appel ne court que du jour de la dernière notification qui complète cette formalité. — Cons. d'Et., 24 févr. 1894, Assistance publique, [Leb. chr., p. 162]

2597. — Quand une notification est rédigée de manière à induire en erreur le réclamant au sujet du délai de recours, elle ne fait pas courir ce délai. — Cons. d'Et., 30 août 1867, Pastré, [Leb. chr., p. 850]

2598. — Nous avons vu *supra*, n. 2377, que la notification doit être faite au domicile réel de la partie. La loi semble exclure ainsi la possibilité de faire la notification au domicile du mandataire, pratique que la jurisprudence antérieure du Conseil d'Etat considérait comme régulière. — Cons. d'Et., 13 avr. 1877, Dumas, [Leb. chr., p. 334]; — 23 juin 1882, de Castries, [Leb. chr., p. 593]; — 4 nov. 1887, Société des fermiers réunis, [Leb. chr., p. 671]; — 30 déc. 1887, Boussus, [Leb. chr., p. 857] — Toutefois, on peut dire que l'art. 51 ayant pris soin de maintenir expressément les règles relatives aux notifications des arrêtés rendus en matière de contributions directes, la jurisprudence antérieure doit continuer à s'appliquer. Nous admettrions donc encore aujourd'hui une notification faite non au domicile d'un patentable, mais au siège de son établissement. — Cons. d'Et., 19 avr. 1866, Cellard, [Leb. chr., p. 390]

2599. — C'est ainsi que le Conseil d'Etat a décidé que le délai d'appel court du jour de la notification lorsqu'elle a été faite, non au domicile réel, mais au domicile élu chez le mandataire chargé de poursuivre la réclamation. Peu importe que le mandat contenant élection de domicile soit conforme à l'art. 8, L. 22 juill. 1889. — Cons. d'Et., 21 nov. 1891, Sanguin, [S. et P. 93.3.109, D. 93.3.11]

2599 bis. — Que si le contribuable est absent au moment de la notification, celle-ci peut être faite au régisseur de la propriété. — Cons. d'Et., 5 oct. 1857, Fourtanier, [Leb. chr., p. 737]

2600. — Mais la notification de l'arrêté faite à l'avocat qui a plaidé devant le conseil de préfecture ne fait pas courir le délai d'appel. — Cons. d'Et., 18 juill. 1891, The Algiers land, [S. et P. 93.3.94]

2601. — Quand il s'agit d'une personne morale, la notification, pour faire courir les délais, doit être faite à son représentant légal.

2602. — Le gérant d'une société commerciale qui figure dans la raison sociale et qui a signé la réclamation devant le conseil de préfecture n'est pas fondé à soutenir que la notification qui lui est faite personnellement ne fait pas courir les délais d'appel contre la société. — Cons. d'Et., 25 juill. 1860, Forges de Chatillon, [P. adm. chr., D. 60.3.82]

2603. — Comment peut-être établi le fait matériel de la notification? A cet égard le Conseil d'Etat accepte comme une preuve suffisante un certificat du maire ou de l'adjoint, du garde champêtre ou du percepteur attestant que cette formalité a été remplie. — Cons. d'Et., 28 mars 1860, Chaulin, [Leb. chr., p. 256]; — 29 mai 1861, Taupin, [Leb. chr., p. 435]; — 16 juill. 1863, Delucruez, [Leb. chr., p. 544]; — 27 nov. 1869, Monuchay, [Leb. chr., p. 938]; — 12 juin 1874, Barrière, [Leb. chr., p. 556]; — 2 mars 1883, Allain, [Leb. chr., p. 229]

2604. — Toutefois, le conseil a décidé que des déclarations faites tardivement par un concierge de mairie ou un garde champêtre ne suffisaient pas pour établir que la notification avait été faite. — Cons. d'Et., 13 juin 1873, Richard, [Leb. chr., p. 526]

2605. — En tous cas, les certificats des agents de l'administration ne font foi que jusqu'à preuve contraire. — Cons. d'Et., 18 nov. 1887, Thaon, [Leb. chr., p. 721]

2606. — Ainsi, à l'égard des particuliers, le délai d'appel ne court qu'à partir de la notification qui leur est faite de l'arrêté. En est-il de même pour l'administration au profit de qui la taxe est établie? Il faut distinguer. En ce qui concerne les contributions perçues au nom de l'Etat, le pourvoi au Conseil d'Etat ne pouvant être formé que par un ministre, le délai d'appel ne peut courir contre l'Etat que du jour où le ministre a eu connaissance de la décision rendue au profit du contribuable. Si l'on s'en était tenu à la rigueur des principes, il aurait fallu exiger que le contribuable notifiât au ministre la décision rendue en sa faveur. Mais, d'une part, le législateur ayant dispensé de frais les instances en matière de contributions directes, il était contraire à l'esprit de la législation de forcer les contribuables à recourir, à leurs frais, au ministère des huissiers pour faire faire la notification. D'autre part, les agents de l'administration ne pouvaient être mis à la disposition des contribuables pour faire la notification des arrêtés des conseils de préfecture en la forme administrative. Dans ces conditions, le Conseil d'Etat devait être amené à ne faire courir le délai d'appel contre l'administration que du jour de la connaissance acquise. Il va sans dire que, s'il plaît à un contribuable de signifier par ministère d'huissier au ministre une décision qui lui accorde un dégrèvement, le ministre devra se pourvoir dans les deux mois à dater de cette signification.

2607. — A quel moment le ministre est-il réputé avoir connaissance de la décision du conseil de préfecture? Aussitôt que le conseil a statué, le dossier et la décision sont renvoyés au directeur qui, d'une part, prépare les ordonnances de dégrèvement, et, d'autre part, transmet à l'administration centrale la décision avec le dossier et un rapport contenant tous les renseignements propres à éclairer le ministre. C'est du jour où ces pièces et ce rapport arrivent au ministère, ou plus généralement du jour où le ministre a une connaissance officielle de la décision, que le délai d'appel court contre lui. — Cons. d'Et., 8 juin 1847, Witasse, [P. adm. chr.]; — 7 déc. 1847, de Bettignies, [D. 48.3.55]; — 31 mai 1848, Tussan, [Leb. chr., p. 336]; — 5 août 1848, Grand, [Leb. chr., p. 495]; — 24 mars 1849, Gaubert, [P. adm. chr.]; — 13 sept. 1864, Chéron, [Leb. chr., p. 919]; — 30 janv. 1868, Godin, [Leb. chr., p. 113]; — 28 févr. 1870, Dessiaux, [Leb. chr., p. 127]; — 16 juin 1876, Supply, [Leb. chr., p. 562]; — 8 juin 1877, Schneider, [Leb. chr., p. 576]; — 9 nov. 1877, Martin, [Leb. chr., p. 860]; — 14 mars 1883, Weiss, [Leb. chr., p. 280]; — 27 avr. 1883, Bouruet-Aubertot, [Leb. chr., p. 403]; — 23 janv. 1885, Roux-Lavergne, [Leb. chr., p. 72]; — 22 janv. 1886, Maria, [Leb. chr., p. 67]; — 11 juin 1886, C¹ᵉ du Nord, [Leb. chr., p. 513]; — 9 juill. 1886, Colonna,

[Leb. chr., p. 579]; — 7 août 1886, Cie du Nord, [Leb. chr., p. 730]; — 8 juill. 1887, Habitants de Fraissé, [Leb. chr., p. 548]; — 7 déc. 1888, Thomas, [Leb. chr., p. 931]

2608. — On peut se demander si cette pratique est encore légale après la loi du 22 juill. 1889. L'art. 39 de cette loi dispose, en effet, que « le délai de pourvoi court contre l'Etat ou contre les administrations représentées par le préfet, soit à dater du jour où la notification de l'arrêté a été faite par les parties au préfet, soit à dater du jour où la notification a été faite aux parties par les soins du préfet ». Si cette disposition s'appliquait à la matière des contributions directes, le délai d'appel courrait contre l'Etat, non du jour de l'arrivée du dossier au ministère, mais du jour où l'arrêté du conseil de préfecture est notifié au réclamant. Nous ne pensons pas qu'il en soit ainsi. D'une part, l'art. 51 de la même loi, en réglant les divers modes de notification des décisions des conseils de préfecture, dispose qu'il n'est pas dérogé aux règles spéciales établies pour la notification des décisions en matière de contributions directes (V. suprà, n. 2373). D'autre part, le texte même de l'art. 59 montre que le législateur n'a pas entendu l'appliquer à la matière qui nous occupe. Cet article fait courir le délai de la notification faite aux parties par les soins du préfet. Or, en matière de contributions, c'est le directeur et non le préfet qui est chargé de faire les notifications.

2609. — Nous pensons donc qu'après comme avant la loi de 1889, le délai d'appel ne court contre l'Etat que du jour où notification de la décision a été faite au ministre, ou du jour où le ministre en a eu connaissance officielle par le rapport du directeur. Toute notification de l'arrêté à des agents de l'administration ne pourrait avoir pour effet de faire courir le délai contre le ministre. C'est ce que le Conseil d'Etat a décidé à l'égard de la transmission de l'arrêté faite par le secrétaire-greffier du conseil de préfecture au directeur des contributions directes. — Cons. d'Et., 31 juill. 1874, Bourdeau, [Leb. chr., p. 739]

2610. — ...Ou de la signification faite par exploit d'huissier au directeur. — Cons. d'Et., 12 mai 1876, Bourdeau, [S. 78.2.191, P. adm. chr., D. 76.3.87]; — 23 janv. 1885, Duhamel, [Leb. chr., p. 73]; — 8 mars 1890, Prévost, [Leb. chr., p. 268] — ... ou au percepteur. — Cons. d'Et., 28 févr. 1890, Leroy, [Leb. chr., p. 226]; — 30 janv. 1894, Min. Finances, [Leb. chr., p. 438]

2611. — A plus forte raison n'admettrons-nous pas que la notification faite par le directeur à la partie, d'une ordonnance de dégrèvement, puisse avoir pour effet de faire courir le délai du recours contre le ministre, alors même qu'elle serait faite sans réserve. — Cons. d'Et., 16 avr. 1880, Lebon, [Leb. chr., p. 368]

2611 bis. — Appelé à statuer sur la question de savoir si la notification d'un arrêté par le directeur à un réclamant faisait courir le délai du recours contre le ministre, le Conseil d'Etat s'est prononcé pour la négative. Le point de départ du délai pour le ministre est le jour de l'arrivée au ministère du rapport du directeur lui signalant l'arrêté. — Cons. d'Et., 13 janv. 1893, Min. Finances, [Leb. chr., p. 8]; — 6 avr. 1894, Min. Finances, [Leb. chr., p. 244]; — 20 avr. 1894, Min. Finances, [Leb. chr., p. 264]; — 30 juin 1894, Min. Finances, [Leb. chr., p. 438]

2612. — Toutefois ce que nous venons de dire du délai d'appel et de son point de départ à l'égard du ministre, ne s'applique qu'autant que celui-ci agit comme représentant du Trésor. Ainsi dans une affaire où le ministre agissait comme représentant du domaine contre une décision qui avait maintenu l'Etat au rôle d'une contribution, le Conseil d'Etat a décidé que le délai d'appel courait du jour où cette décision avait été notifiée au directeur départemental des domaines. — Cons. d'Et., 8 févr. 1860, Directeur des domaines d'Indre-et-Loire, [Leb. chr., p. 90]

2613. — Que faut-il décider à l'égard des communes? Doivent-elles, en matière de contributions directes, être assimilées aux particuliers ou à l'administration? En d'autres termes, le délai d'appel ne court-il que du jour où une notification régulière de l'arrêté a été faite à la commune, ou bien court-il du jour où elle en a eu connaissance? La jurisprudence du Conseil d'Etat paraît assez hésitante. Tandis que, d'une part, dans les affaires ordinaires, il est admis qu'une notification régulière à la requête de la partie adverse est nécessaire pour faire courir le délai d'appel (Cons. d'Et., 27 juill. 1877, Collin, [Leb. chr., p. 740]; — 2 févr. 1877, Lefebvre-Deumier, D. 77.3.48), et que, d'autre part, l'art. 59, L. 22 juill. 1889, ne s'applique certainement pas aux communes, le Conseil d'Etat a décidé qu'en matière de contributions directes ou de taxes assimilées, le délai d'appel court contre les communes du jour où le conseil municipal a eu connaissance

de la décision. — Cons. d'Et., 16 déc. 1881, Ville de Paris, [S. 83.3.42, P. adm. chr., D. 83.3.37]

2614. — Il faut, toutefois, que cette connaissance ait un caractère officiel : par exemple que la décision ait été transmise par le directeur ou par le préfet au maire de la commune. Il a été décidé qu'un simple avertissement, donné officieusement par un contrôleur à un maire et communiqué par celui-ci au conseil municipal, ne faisait pas courir le délai d'appel contre la commune. — Cons. d'Et., 23 déc. 1882, Commune d'Aubervilliers, [S. 83.3.52, P. adm. chr., D. 83.3.37]

2615. — D'un autre côté, le Conseil d'Etat a décidé que le fait par le maire de notifier à un contribuable des arrêtés rendus sur leurs réclamations, qu'il s'agisse de taxes communales ou de contributions perçues au nom de l'Etat, faisait courir le délai d'appel aussi bien contre la commune que contre le contribuable. — Cons. d'Et., 13 janv. 1858, Ville de Rouen, [S. 58.3.69]; — 14 nov. 1873, Ville de Marseille, [S. 75.2.277, P. adm. chr., D. 74.3.65]

2616. — Le délai d'appel est un délai franc. Ce principe, consacré par la jurisprudence sous l'empire du décret du 22 juill. 1806, n'a pas été modifié par la loi du 22 juill. 1889. Au contraire, le rapporteur de la loi au Sénat a formellement déclaré que le délai était franc et que ni le jour de la notification, ni le jour de l'échéance ne devaient être comptés. Le délai doit se compter de quantième à quantième. Si un arrêté a été notifié le 2 janvier, l'appel pourra être formé valablement le 3 mars. — Cons. d'Et., 20 juill. 1832, Ville de Troyes, [P. adm. chr.]; — 8 août 1892, Henrict, [Leb. chr., p. 705]

2617. — Les délais d'appel expirés, le recours au Conseil d'Etat n'est plus recevable que de la part du ministre et seulement dans l'intérêt de la loi. Ce recours exceptionnel n'est pas recevable tant que les parties sont encore dans les délais utiles pour interjeter appel. — Cons. d'Et., 26 déc. 1879, Lavalé, [Leb. chr., p. 849]

2618. — Les parties ne peuvent, pour repousser la fin de non-recevoir tirée de la tardiveté de leur pourvoi, alléguer que ce recours n'est que la reproduction d'un autre recours présenté en temps utile contre une décision identique du conseil de préfecture rendue relativement à la contribution d'un autre exercice. De même que le contribuable est tenu de renouveler pour chaque exercice sa réclamation devant le conseil de préfecture, de même il doit se pourvoir contre chaque arrêté dudit conseil, alors même que le Conseil d'Etat aurait déjà fait droit à ses requêtes précédentes. — Cons. d'Et., 16 mars 1850, Thomas, [P. adm. chr.]; — 13 août 1851, Langlade, [Leb. chr., p. 626]; — 23 avr. 1852, Delvaille, [Leb. chr., p. 114]; — 3 mars 1864, Métras, [Leb. chr., p. 217]; — 23 janv. 1878, Vigneau, [Leb. chr., p. 84]; — 22 mars 1878, Buisset, [Leb. chr., p. 317]

2619. — Si les recours au Conseil d'Etat ne sont plus recevables après l'expiration des délais d'appel, il en est de même des recours formés prématurément avant que le conseil de préfecture ait statué sur la réclamation. — Cons. d'Et., 13 déc. 1872, Gigot, [Leb. chr., p. 703]; — 23 juin 1882, Laxogue, [Leb. chr., p. 598]; — 10 nov. 1882, Langlois, [Leb. chr., p. 853]; — 20 avr. 1883, Bordet, [Leb. chr., p. 378]; — 27 juin 1884, Cie d'Orléans, [Leb. chr., p. 519]; — 19 mars 1886, Cavarrot, [Leb. chr., p. 253]; — 11 mai 1888, Bodiger, [Leb. chr., p. 423]; — 20 juill. 1888, Lefebvre, [Leb. chr., p. 654]; — 20 juill. 1888, Held, [Leb. chr., p. 660]; — 13 juill. 1889, Jaume, [Leb. chr., p. 453]; — 4 août 1890, Thiéry, [Leb. chr., p. 775]; — 26 déc. 1891, d'Ilumières, [Leb. chr., p. 802]; — 26 févr. 1892, Bernard, [Leb. chr., p. 189]; — 18 mars 1892, Luzurier, [Leb. chr., p. 284]

2620. — Un recours formé contre un arrêté par lequel un conseil de préfecture ajourne sa décision est prématuré. — Cons. d'Et., 28 févr. 1870, Senié, [Leb. chr., p. 211]

2621. — IV. *Lieu de dépôt de la requête.* — Où doivent être déposés les recours au Conseil d'Etat? Avant la loi du 22 juill. 1889, il fallait distinguer, d'une part, entre les recours des ministres et les requêtes des particuliers ou des communes et, d'autre part, en ce qui touche cette seconde catégorie de pourvois, entre ceux qui étaient formés par le ministère d'avocat au Conseil d'Etat et ceux qui étaient formés par les parties elles-mêmes. Les recours des ministres et ceux des particuliers qui étaient formés par ministère d'avocat pouvaient être déposés au secrétariat du contentieux du Conseil d'Etat. — Cons. d'Et., 7 déc. 1888, Thomas, [Leb. chr., p. 931]

2622. — Quant aux requêtes signées par les contribuables ou par les représentants des communes ou des associations, elles devaient être déposées avant l'expiration du délai d'appel au secrétariat de la préfecture, à peine de déchéance. — Cons. d'Et., 18 juill. 1838, Ville de Laval, [Leb. chr., p. 143]; — 30 mars 1844, Mesmer, [P. adm. chr.]; — 6 déc. 1848, Renard, [Leb. chr., p. 664]; — 20 déc. 1848, Carpentier, [Leb. chr., p. 705]; — 23 nov. 1850, Pavy, [Leb. chr., p. 858]; — 8 mars 1851, Morel-Béthune, [P. adm. chr.]; — 9 mars 1853, Raoul, [P. adm. chr.]; — 16 janv. 1874, Lunel-Poutingou et autres, [Leb. chr., p. 49]; — 8 nov. 1878, Thiébaud, [Leb. chr., p. 856]

2623. — En conséquence, ne pouvaient être considérés comme valables les pourvois enregistrés, soit à la sous-préfecture... — Cons. d'Et., 22 mars 1855, Raynaud, [S. 55.2.634, P. adm. chr., D. 55.3.57]; — 26 déc. 1861, Launay, [D. 63.5.97]; — 4 avr. 1862, Taupin, [P. adm. chr.]; — 8 déc. 1864, Fontani, [D. 66.3.89]; — 7 nov. 1873, Casing, [Leb. chr., p. 785]; — 7 août 1874, Duvivier, [Leb. chr., p. 784]; — 24 mai 1878, Lefèvre, [Leb. chr., p. 500]

2624. — ... Soit au ministère. — Cons. d'Et., 18 août 1855, Tusson, [S. 56.2.319, P. adm. chr.]; — 11 févr. 1859, Plaguien, [P. adm. chr., D. 63.5.97]; — 7 mai 1875, Lecouvreur, [Leb. chr., p. 428]

2625. — ... Soit dans une autre préfecture que celle où l'arrêté avait été rendu. — Cons. d'Et., 27 févr. 1880, Hirsch, [S. 81.3.60, P. adm. chr., D. 80.3.88]

2626. — D'après la jurisprudence du Conseil d'Etat, les lois du 26 mars 1831 et du 21 avr. 1832, en dispensant de tous droits d'enregistrement et du ministère des avocats au Conseil d'Etat les pourvois en matière de contributions directes, n'avaient autorisé cette forme exceptionnelle que pour les recours qui seraient transmis par l'intermédiaire des préfets. — Cons. d'Et., 2 janv. 1835, Fage, [S. 35.2.508, P. adm. chr.]; — 3 févr. 1835, Teullade, [S. 35.2.309, P. adm. chr.]; — 27 févr. 1835, Leclerc, [S. 41.2.159, ad notam, P. adm. chr.]; — 20 nov. 1840, Girardin, [S. 41.2.159]; — 9 août 1869, Debayser, [S. 70.2.304, P. adm. chr.]; — 17 janv. 1873, Nancey, [Leb. chr., p. 57]; — 6 août 1874, Lacroix, [S. 76.2.190, P. adm. chr., D. 75.3.72]; — 6 août 1875, Robert, [Leb. chr., p. 770]; — 3 août 1877, Tholimet, [Leb. chr., p. 777]; — 28 avr. 1882, Alix, [Leb. chr., p. 397]

2627. — En conséquence, les recours adressés directement par les parties au Conseil d'Etat étaient renvoyés aux requérants pour qu'ils les fissent parvenir au Conseil par l'intermédiaire du préfet ou par le ministère ou l'avocat au Conseil d'Etat. Si, par suite de ce renvoi, ces recours n'étaient enregistrés à la préfecture qu'après l'expiration du délai d'appel, ils étaient non recevables. — Cons. d'Et., 21 févr. 1855, Cabarrau, [Leb. chr., p. 131]; — 4 juill. 1857, Clandorez, [P. adm. chr.]; — 6 août 1857, Paris, [Leb. chr., p. 633]; — 13 janv. 1858, Arnail, [Leb. chr., p. 48]; — 7 août 1874, précité; — 29 juin 1877, Révillon, [Leb. chr., p. 637]; — 23 mars 1880, Ribou, [Leb. chr., p. 344]; — 30 déc. 1887, Bonhier, [Leb. chr., p. 857]; — 21 déc. 1889, Ferrer, [Leb. chr., p. 1204]

2628. — Les recours devaient être marqués d'un timbre indiquant la date de leur arrivée à la préfecture. Cette mesure avait pour effet de donner date certaine au recours et de contredire le plus souvent d'une façon péremptoire les allégations des contribuables qui prétendaient avoir envoyé dans les délais légaux une requête qui aurait été égarée à la préfecture. Il est arrivé cependant que les requérants aient pu justifier, au moyen d'un récépissé de la poste, qu'ils avaient envoyé en temps utile leur requête à la préfecture. — Cons. d'Et., 9 mai 1884, C¹ᵉ d'Orléans, [D. 85.5.143]

2629. — Si le dernier jour du délai est un jour férié, et que, par suite, la requête arrivant à la préfecture ne puisse y être enregistrée que le lendemain, c'est-à-dire en dehors des délais, elle sera néanmoins recevable. — Cons. d'Et., 22 janv. 1892, Becker, [Leb. chr., p. 32]; — 8 août 1892, Henriet, [D. 93.5.153]

2630. — Mais il n'en résulte pas qu'on puisse appliquer, en matière de contributions directes, l'art. 1033, C. proc. civ., modifié par la loi du 3 mai 1862, aux termes duquel, si le dernier jour d'un délai est un jour férié, le délai sera prorogé au lendemain. — Cons. d'Et., 24 déc. 1892, Limonaire, [S. et P. 94. 3.108]

2631. — La loi du 22 juill. 1889 (art. 61) a simplifié pour les parties la formation du recours au Conseil d'Etat en disposant

que le recours pourrait être déposé, soit au secrétariat général du Conseil d'Etat, soit à la préfecture, soit à la sous-préfecture. Dans ces deux derniers cas, il est marqué d'un timbre qui indique la date de l'arrivée et il est transmis par le préfet au secrétariat général du Conseil d'Etat. Il en est délivré récépissé à la partie qui le demande.

2632. — V. *Formes de la requête.* — Le recours doit contenir, aux termes du décret du 22 juill. 1806 (art. 1), l'exposé des faits et moyens, les conclusions, les noms et la demeure des parties, enfin l'énumération des pièces dont on entend se servir. Lorsque les parties ne présentent aucun moyen à l'appui de leur requête, et qu'elles ne suppléent pas à l'insuffisance de celle-ci par le dépôt ultérieur d'un mémoire ampliatif, leur requête doit être déclarée non recevable. — Cons. d'Et., 4 août 1882, Devienne, [Leb. chr., p. 748]; — 24 nov. 1882, Fouquet, [Leb. chr., p. 918]; — 2 juill. 1886, Lambin, [Leb. chr., p. 539]; — 11 févr. 1887, Berruet, [Leb. chr., p. 126]; — 13 mai 1887, C¹ᵉ d'Orléans, [Leb. chr., p. 329]; — 13 déc. 1889, Rouvre, [Leb. chr., p. 1156]; — 21 déc. 1889, C¹ᵉ foncière, [Leb. chr., p. 1204]; — 8 févr. 1890, Cannes, [Leb. chr., p. 153]; — 2 août 1890, Gaspard, [Leb. chr., p. 743]; — 27 déc. 1890, C¹ᵉ d'Orléans, [Leb. chr., p. 1024]; — 24 janv. 1891, Amar ben Ahmed, [Leb. chr., p. 41]; — 23 janv. 1892, Langlois, [Leb. chr., p. 57]

2633. — Le Conseil d'Etat a également déclaré non recevables des requêtes où les conclusions n'étaient pas suffisamment précisées. — Cons. d'Et., 8 juill. 1887, C¹ᵉ d'Orléans, [Leb. chr., p. 551]

2634. — La simple référence à des motifs développés dans une requête précédemment soumise au Conseil d'Etat suffit-elle pour rendre la requête régulière? La jurisprudence du Conseil d'Etat paraît assez hésitante. A quelques semaines de distance, nous trouvons deux décisions en sens contraire. — Cons. d'Et., 13 févr. 1892, Gauchy, [Leb. chr., p. 157]; — 8 avr. 1892, Jullien, [Leb. chr., p. 373] — Cependant le conseil tend à se montrer plus sévère. Aussi trouvons-nous plusieurs décisions postérieures rejetant comme non recevables des requêtes ne contenant qu'une référence à une requête précédente. — Cons. d'Et., 2 févr. 1894, Barban, [Leb. chr., p. 90]; — 23 nov. 1894, Dumouchel et autres, [Leb. chr., p. 618]

2635. — Le Conseil d'Etat admet que le vice de forme résultant du défaut de motifs peut être couvert par la production d'un mémoire ampliatif motivé. Mais on ne peut considérer comme constituant un mémoire ampliatif un recours relatif aux contributions d'un exercice subséquent, dans lequel le requérant demande la jonction des deux recours et déclare que les motifs produits à l'appui du second s'appliquent au premier. — Cons. d'Et., 7 févr. 1891, C¹ᵉ d'Orléans, [Leb. chr., p. 101]

2635 bis. — Peu importe que le mémoire ampliatif soit produit en dehors des délais de recours; l'irrégularité se trouve couverte. — Cons. d'Et., 17 févr. 1892, de Gramont, [Leb. chr., p. 150]

2636. — Il a été décidé qu'un recours préfectoral qui ne contenait pas l'indication des noms et demeures des défendeurs, lesquels se trouvaient énumérés dans un bordereau signé du directeur des contributions directes, mais non visé par le préfet, ne satisfaisait pas aux prescriptions du décret du 22 juill. 1806 et devait être déclaré non recevable. — Cons. d'Et., 9 nov. 1888, Préfet d'Oran, [Leb. chr., p. 797]

2637. — Les requêtes présentées au Conseil d'Etat doivent, à peine de déchéance, être signées, soit par le requérant lui-même, soit par son mandataire. — Cons. d'Et., 18 avr. 1860, Pasquier, [Leb. chr., p. 312]; — 16 juill. 1870, Blois, [Leb. chr., p. 909]; — 28 avr. 1876, Guigouet, [Leb. chr., p. 394]; — 8 nov. 1878, Bertrand, [Leb. chr., p. 862]; — 7 nov. 1879, Samat, [Leb. chr., p. 670]; — 2 févr. 1883, Delarbeyrette, [Leb. chr., p. 103]; — 17 juin 1887, Thoulouse, [Leb. chr., p. 486]; — 14 juin 1890, Dersu, [Leb. chr., p. 574]; — 9 avr. 1892, Castaing, [Leb. chr., p. 391]; — 21 mai 1892, Lemaître, [Leb. chr., p. 472]; — 27 mai 1892, Mansuy, [Leb. chr., p. 488]

2638. — La signature de la personne qui a rédigé le pourvoi ne suffit pas à régulariser la requête. — Cons. d'Et., 21 avr. 1882, Périn, [Leb. chr., p. 345]; — 29 déc. 1894, Campredon, [Leb. chr., p. 740]

2639. — Mais lorsque le requérant se fait représenter par un avocat au Conseil d'Etat, l'administration ne peut plus lui opposer une fin de non-recevoir tirée du défaut de signature de sa réclamation au conseil de préfecture et de sa requête au Conseil

d'État. — Cons. d'Et., 2 mai 1879, Augier, [Leb. chr., p. 332]

2640. — D'après l'art. 30, L. 21 avr. 1832, les recours contre les arrêtés des conseils de préfecture ne sont soumis qu'au droit de timbre. Le Conseil d'État a interprété cette disposition en la rapprochant de celle de l'art. 28 de la même loi, qui exempte même du droit de timbre les réclamations relatives à des cotes inférieures à 30 fr. On doit donc appliquer la même distinction aux recours qu'aux réclamations. — Cons. d'Et., 9 déc. 1857, Millet, [S. 58.2.607, P. adm. chr.]; — 13 févr. 1862, Jumbois, [Leb. chr., p. 102]; — 7 févr. 1865, Benoît, [Leb. chr., p. 148]; — 30 avr. 1870, Paillié, [Leb. chr., p. 513]; — 28 nov. 1873, Pastourel, [Leb. chr., p. 875]; — 1er mai 1874, Colein, [Leb. chr., p. 396]; — 7 août 1874, Lesens de Morsan, [Leb. chr., p. 783]; — 15 déc. 1876, Chotier, [Leb. chr., p. 882]; — 8 mars 1878, Faivre, [Leb. chr., p. 265]; — 28 févr. 1879, Augé, [Leb. chr., p. 187]; — 6 févr. 1880, Verdeaux, [Leb. chr., p. 142]; — 28 janv. 1881, Nortier, [Leb. chr., p. 114]; — 16 févr. 1883, Manteau, [Leb. chr., p. 185] — V. suprà, n. 1687 et s.

2641. — L'obligation de former le recours sur papier timbré s'impose aux communes aussi bien qu'aux particuliers. — Cons. d'Et., 31 mars 1870, Lagarde, [Leb. chr., p. 391]

2642. — L'emploi du papier timbré est nécessaire alors même que la réduction accordée par le conseil de préfecture aurait ramené la contribution au-dessous de 30 fr. — Cons. d'Et., 29 juin 1888, Giraud, [S. 90.3.42, P. adm. chr.]

2643. — Une requête sur timbre non motivée, relative à une cote de 30 fr. ou au-dessus, ne peut être régularisée par la production d'un mémoire ampliatif produit sur papier timbré. — Cons. d'Et., 23 juill. 1892, Caron, [Leb. chr., p. 658]

2643 bis. — Nous arrivons à l'examen d'une question assez délicate : les requêtes collectives sont-elles recevables ? Nous entendons par requêtes collectives, d'une part, celles qui sont présentées en commun par plusieurs contribuables contre un ou plusieurs arrêtés, par lesquels un conseil de préfecture a statué sur leurs réclamations; d'autre part, celles qu'un contribuable forme contre plusieurs arrêtés par lesquels un conseil de préfecture a statué sur ses réclamations relatives, soit à diverses contributions pour la même année, soit à la même contribution pour des exercices différents.

2644. — Sur la recevabilité de ces pourvois la jurisprudence a varié et ne paraît fixée que depuis peu de temps. Jusqu'en ces dernières années, le Conseil d'État avait admis qu'un contribuable était recevable à former une requête unique contre les divers arrêtés rendus par un conseil de préfecture sur ses réclamations. — Cons. d'Et., 22 déc. 1882, Syndicat de Lancey, à Grenoble, [Leb. chr., p. 1065]; — 19 juill. 1890, Thierre, [Leb. chr., p. 700]; — 19 juill. 1890, Augé, [Leb. chr., p. 705]; — 15 juill. 1890, Karkowki, [Leb. chr., p. 702]; — 29 nov. 1890, Gevelot, [Leb. chr., p. 900]

2645. — ... Que lorsque le conseil de préfecture avait statué par une seule décision sur les réclamations individuelles ou collectives de plusieurs contribuables, les communes, les syndicats ou les ministres étaient recevables à ne former qu'un seul recours contre cet arrêté. — Cons. d'Et., 22 févr. 1866, Ville d'Estaires, [Leb. chr., p. 123]; — 6 août 1870, Ville d'Orange, [Leb. chr., p. 1034]; — 14 mars 1873, Commune de Mauguio, [Leb. chr., p. 249]; — 25 mars 1881, Greel Borde et autres, [Leb. chr., p. 337]

2646. — A l'égard des pourvois formés par plusieurs contribuables ayant des intérêts distincts contre l'arrêté du conseil de préfecture qui avait joint leurs réclamations, le Conseil d'État se montrait moins favorable. Il a rejeté comme non recevable une requête présentée au nom de cent trente-deux propriétaires parce qu'elle ne portait pas les signatures de tous les propriétaires dénommés et ne contenait pas des renseignements précis sur le degré d'intérêt de chacun d'eux ni sur les moyens que chacun d'eux pouvait invoquer. — Cons. d'Et., 28 août 1865, Prairies de la Basse-Veyle, [Leb. chr., p. 871]

2647. — Puis il fut conduit à appliquer aux recours devant le Conseil d'État la distinction qu'il appliquait à l'égard des réclamations collectives présentées devant les conseils de préfecture. Ces dernières étaient déclarées recevables ou irrecevables suivant que les cotes des réclamants étaient ou non inférieures à 30 fr. Une réclamation signée par plusieurs contribuables ayant des cotes, les unes supérieures, les autres inférieures à ce chiffre, était recevable pour le premier signataire ayant une cote supérieure à 30 fr., et pour tous les contribuables dont la cote n'attei-

gnait pas ce chiffre. — Cons. d'Et., 22 févr. 1866, précité; — 6 août 1870, précité; — 14 mars 1873, précité; — 23 nov. 1877, Fabre, Colombie et autres, [Leb. chr., p. 912]; — 25 mars 1881, précité.

2648. — Lors donc que les cotes des requérants étaient toutes de 30 fr., ou au-dessus, la requête collective qu'ils présentaient contre la ou les décisions du conseil de préfecture n'était recevable qu'à l'égard du premier signataire de la requête. — Cons. d'Et., 11 févr. 1876, Sabatier, Clouton et autres, [Leb. chr., p. 143]; — 27 juill. 1888, Figuier-Serre, [Leb. chr., p. 673]; — 14 juin 1890, Martin et Pourroy, [Leb. chr., p. 580]

2649. — Cette jurisprudence était fondée uniquement sur un motif fiscal, le Trésor étant intéressé à percevoir autant de droits de timbre que le conseil de préfecture avait rendu d'arrêtés concernant des cotes de plus de 30 fr. On fut amené logiquement à appliquer la même distinction lorsqu'il s'agissait de pourvois émanant du même contribuable. Il fut décidé que la requête ne serait recevable que pour le premier arrêté qui y était visé. — Cons. d'Et., 13 déc. 1889, Cie P.-L.-M. (Gare de Chantenay), [Leb. chr., p. 1158]; — 7 févr. 1891, Détouche, [Leb. chr., p. 98]; — 14 mars 1891, Florens, [Leb. chr., p. 219]

2650. — Le Conseil d'État a admis la recevabilité d'une requête unique formée contre plusieurs arrêtés dans une affaire où le requérant avait employé du papier timbré pour une somme égale à celle qu'aurait coûtée la rédaction de cinq requêtes distinctes. — Cons. d'Et., 31 janv. 1891, Husson, [Leb. chr., p. 72]

2651. — L'obligation du timbre s'imposant aussi bien aux communes ou aux syndicats qu'aux particuliers, il fut décidé que lorsqu'un conseil de préfecture avait accordé par un ou plusieurs arrêtés, à divers contribuables, des dégrèvements de cotes supérieures à 30 fr., la commune ou l'association devait former sur timbre autant de pourvois distincts qu'il y avait de contribuables. — Cons. d'Et., 6 févr. 1880, Commune de Castelmayran, [S. 81.3.55, P. adm. chr.]; — 1er juill. 1887, Syndicat du canal de Carpentras, [Leb. chr., p. 531]

2652. — Au contraire, les ministres étant dispensés de former leurs recours sur papier timbré pouvaient attaquer par un seul recours des arrêtés concernant des contribuables différents, alors même que les cotes de ces derniers étaient égales ou supérieures à 30 fr. — Cons. d'Et., 7 janv. 1890, Larozière, Levallart et Cie, [Leb. chr., p. 30]

2653. — Cette jurisprudence, fondée uniquement sur l'intérêt fiscal, est aujourd'hui complètement abandonnée. Dans le dernier état de la jurisprudence, il est de principe que chaque arrêté rendu par un conseil de préfecture doit faire l'objet d'un pourvoi spécial de la part de chacune des personnes qu'il concerne, à moins que ces personnes n'aient un intérêt commun à l'attaquer. Ainsi lorsqu'un conseil de préfecture a joint les réclamations de plusieurs contribuables ayant des intérêts distincts, pour y statuer par une seule et même décision, chacun d'eux doit former un pourvoi séparé contre celles des dispositions de cet arrêté qui l'atteignent personnellement. — Cons. d'Et., 4 juin 1875, Boyard et autres, [Leb. chr., p. 532]; — 23 janv. 1892, Opoix, Delaplace et autres, [Leb. chr., p. 51]; — 30 janv. 1892, Signobos et autres, [Leb. chr., p. 100]; — 21 mai 1892, Vrignonaux et autres, [S. 94.3.43, P. adm. chr.]

2654. — A plus forte raison doit-il en être de même si le conseil de préfecture a rendu des arrêtés distincts sur les réclamations de ces contribuables. — Cons. d'Et., 18 avr. 1891, Tillette de Clermont-Tonnerre, Gellé et autres, [S. et P. 93.3.43]; 5 mars 1892, Hincelin, Dumont et autres, [Leb. chr., p. 235]

2655. — La nouvelle jurisprudence est applicable à la requête présentée par un contribuable contre les divers arrêtés par lesquels un conseil de préfecture a statué sur ses réclamations. Il faut que le contribuable présente autant de requêtes que le conseil a rendu d'arrêtés, à condition toutefois que chacun de ces arrêtés ait fait l'objet d'une notification distincte. En conséquence, la requête collective ne sera recevable qu'à l'égard du premier arrêté dénommé dans la requête ou, en l'absence de toute désignation de la part du requérant, à l'égard de l'arrêté qui a statué sur la réclamation afférente à la contribution dénommée la première sur l'avertissement. — Cons. d'Et., 21 mars 1891, Blanc, [Leb. chr., p. 257]; — 24 mars 1891, Mattei, [Leb. chr., p. 266]; — 24 mars 1891, Guérin, [Leb. chr., p. 270]; — 13 juin 1891, Carrot, [Leb. chr., p. 447]; — 11 juill. 1891, Cambon, [Leb. chr., p. 547]; — 5 déc. 1891, Cantagrel, [Leb. chr., p. 745]; — 26 déc. 1891, Loncol, [Leb. chr., p. 806]; — 15 janv.

1892, Daux et Lombard, [Leb. chr., p. 7]; — 22 janv. 1892, Grosset et Larousse, [Leb. chr., p. 31]; — 9 avr. 1892, Sebire-Leguay, [Leb. chr., p. 397]; — 23 juill. 1892, Borredon-Féminy, [Leb. chr., p. 656]; — 6 août 1892, Colcin, [Leb. chr., p. 693]

2656. — ... Ou à l'égard de la contribution dénommée la première, soit dans la requête... — Cons. d'Et., 14 mars 1891, Florins-Orville, [Leb. chr., p. 219]; — 14 mai 1891, Gaborit, [Leb. chr., p. 373]; — 14 mai 1891, Rabourdin, [Leb. chr., p. 374]; — 7 nov. 1891, Kermeneur, [Leb. chr., p. 642]; — 5 déc. 1891, Piax, [Leb. chr., p. 746]; — 23 janv. 1892, Bloch, [Leb. chr., p. 55]; — 5 févr. 1892, Gaborit, [Leb. chr., p. 100]; — 27 févr. 1892, Saint-Hilaire et Saint-Belin, [Leb. chr., p. 225]; — 18 nov. 1892, Fages, [Leb. chr., p. 772]; — 9 déc. 1892, Boué, [Leb. chr., p. 875]; — 24 déc. 1892, Docks de Marseille, [Leb. chr., p. 976]

2657. — ... Soit dans la réclamation primitive. — Cons. d'Et., 27 févr. 1892, Blanc-Duquesnay, [Leb. chr., p. 223]; — 27 mai 1892, Lataste, [Leb. chr., p. 488]

2658. — ... Ou, en l'absence de toute désignation de contributions, à l'égard de l'arrêté qui a statué sur la contribution de la commune. — Cons. d'Et., 29 janv. 1892, Saphore, [Leb. chr., p. 67]; — 26 nov. 1892, Coruble, [S. et P. 94.3.93]

2659. — ... Ou de l'année première dénommée, toujours en l'absence de toute désignation. — Cons. d'Et., 21 nov. 1891, Lorel, [Leb. chr., p. 693]; — 30 janv. 1892, Mongredieu, [Leb. chr., p. 90]; — 12 févr. 1892, Garin, [Leb. chr., p. 133]; — 19 févr. 1892, Sermet, [Leb. chr., p. 170]; — 5 mars 1892, Duvillard, [Leb. chr., p. 260]; — 6 août 1892, Avice, [Leb. chr., p. 697]; — 25 nov. 1892, Mutel, [Leb. chr., p. 800]

2660. — ... Ou encore, à défaut de toute indication dans la requête ou la réclamation, à l'égard de l'arrêté qui a statué sur la réclamation afférente à l'avertissement. — Cons. d'Et., 24 mars 1891, Blanc, [Leb. chr., p. 257]

2661. — Si l'un seulement des arrêtés contre lesquels est dirigé le pourvoi est produit, la requête n'est recevable qu'à son égard. — Cons. d'Et., 24 déc. 1892, Coutier, [Leb. chr., p. 980]

2662. — Si le Conseil d'Etat a exigé, pour opposer aux requérants une fin de non-recevoir, que chacun des arrêtés attaqués dans la requête collective eût fait l'objet d'une notification distincte, c'est sans doute parce que les contribuables, à la réception d'une lettre unique de notification, lettre qui, d'après la jurisprudence, doit être jointe à la requête, pouvaient se croire autorisés à former un recours unique. — Cons. d'Et., 13 déc. 1889, Cie P.-L.-M. (gares du Jura), [Leb. chr., p. 1158]; — 14 mars 1890, Cie P.-L.-M. (gares de la Drôme), [Leb. chr., p. 281]; — 9 avr. 1892, Dropsy, [Leb. chr., p. 396]

2663. — L'obligation de former autant de requêtes qu'il existe de contribuables ayant un intérêt distinct s'impose aux communes et aux associations, que le conseil de préfecture ait statué par des arrêtés spéciaux sur chaque réclamation ou qu'il les ait toutes jointes pour y statuer par une seule décision. — Cons. d'Et., 16 mars 1888, Hélou et autres, [Leb. chr., p. 261]

2664. — La logique absolue conduirait à appliquer exactement les mêmes règles aux recours formés par les ministres. Mais le Conseil d'Etat a cru devoir déroger sur ce point aux principes qu'il avait posés. Sans doute, il a décidé que lorsqu'un conseil de préfecture avait statué par des arrêtés distincts sur les réclamations de contribuables différents, le recours collectif formé par le ministre n'était recevable qu'à l'égard du premier contribuable qui y était dénommé. — Cons. d'Et., 9 nov. 1889, Marinot et Guillaumin, [S. et P. 92.3.7]; — 8 nov. 1890, Rey et Laforgue, [Leb. chr., p. 818]; — 14 mai 1892, Fage de Pontis et autres, [Leb. chr., p. 453]

2665. — Mais il a admis que lorsque les arrêtés multiples attaqués dans le recours du ministre concernaient le même contribuable, aucune fin de non-recevoir n'était opposable au ministre. — Cons. d'Et., 21 mars 1890, Association artistique des concerts du Châtelet, [S. et P. 92.3.86]; — 5 févr. 1892, Renard, [Leb. chr., p. 109]

2665 bis. — Il a exigé aussi, même en cas d'arrêté unique, un recours spécial pour chaque partie ayant un intérêt distinct. — Cons. d'Et., 21 mai 1892, Vrignonaux, [Leb. chr., p. 498]

2666. — D'autre part, il a admis la recevabilité d'un recours collectif formé contre un arrêté par lequel un conseil de préfecture avait réuni les réclamations de plusieurs contribuables pour y statuer par une seule décision, parce que l'intérêt des parties était commun. — Cons. d'Et., 9 avr. 1892, Chambrouillat, [Leb. chr., p. 401]; — 14 mai 1892, Furon et autres, [Leb. chr., p. 454]

2667. — Le Conseil d'Etat plaçait ainsi les ministres dans une situation différente de celle qui était faite aux particuliers, aux syndicats et aux communes. Ces dérogations apportées par le Conseil à sa nouvelle jurisprudence nous semblent constituer un dernier vestige de la jurisprudence précédente qui, fondée uniquement sur l'intérêt fiscal, devait faire une situation différente aux communes et particuliers, assujettis au droit de timbre, et d'autre part au ministre qui en était dispensé. La nouvelle jurisprudence se justifie par un intérêt de bonne procédure. Il ne faut pas, en effet, que la décision à intervenir à l'égard d'un des contribuables soit retardée par la communication du dossier aux autres intéressés. En outre, les intérêts des divers contribuables étant distincts, le conseil peut être amené à statuer a leur égard par des motifs différents pour chacun d'eux. Il en résulterait une très-grande complication et peut-être de l'obscurité dans la rédaction des décisions, dont la première qualité doit être la clarté. Si tels sont les motifs qui ont inspiré la nouvelle jurisprudence, ils nous paraissent s'appliquer aussi bien aux recours des ministres qu'à ceux des parties.

2667 bis. — Le Conseil a fait un pas de plus vers l'unification de sa jurisprudence. Dans une affaire jugée le 30 juin 1894, Min. Finances, [Leb. chr., p. 458] tout en admettant la recevabilité du recours unique, le Conseil d'Etat prend soin de relater des circonstances de fait (unité de contribuable et de contribution, notification au ministre par un rapport unique du directeur, absence de signification spéciale et séparée faite par le contribuable au ministre) qui permettent de croire que le Conseil eût opposé la fin de non-recevoir si elles ne s'étaient pas rencontrées.

2668. — Il ne peut dépendre d'un conseil de préfecture de rendre nécessaire la présentation d'autant de requêtes qu'il jugera bon de rendre d'arrêtés. Il est arrivé qu'un fabricant de sucre ayant le centre de son établissement dans une commune et ses dépendances, passibles seulement du droit proportionnel, éparses dans des communes voisines, a demandé en bloc réduction de la valeur locative attribuée à l'ensemble de son établissement. Le conseil de préfecture ayant cru devoir prendre sur cette réclamation, dont l'objet était unique, autant d'arrêtés qu'il y avait de non-recevoir à la requête collective dirigée contre ces arrêtés. — Cons. d'Et., 7 févr. 1891, Jaluzot, [Leb. chr., p. 100]

2669. — Les parties qui se pourvoient devant le Conseil d'Etat doivent, en principe, joindre à leur requête la décision qu'elles attaquent. Cette obligation qui n'est pas énoncée formellement dans l'art. 1, Décr. 22 juill. 1806, résulte d'une jurisprudence constante. En conséquence, dans les affaires ordinaires, les parties doivent joindre à leur requête une expédition de l'arrêté du conseil de préfecture contre lequel leur pourvoi est dirigé. Mais, en matière de contributions directes, la jurisprudence, s'inspirant de l'esprit de la législation qui a voulu faciliter le plus possible les réclamations, n'exige pas des requérants la production d'une expédition de l'arrêté attaqué, mais seulement de la lettre par laquelle le directeur leur a notifié la décision du conseil de préfecture. En conséquence, la mention que portent ces lettres « qu'en cas de pourvoi au Conseil d'Etat, les contribuables auront à joindre à leur requête une expédition de l'arrêté attaqué, qui leur sera délivrée moyennant 75 cent. par rôle » n'a pas un caractère obligatoire. — Cons. d'Et., 26 avr. 1851, Saphy, [S. 51.2. 590, P. adm. chr.]; — 5 oct. 1857, Othon, [P. adm. chr.]; — 22 déc. 1863, d'Escayrac de Lauture, [Leb. chr., p. 830]; — 10 juin 1887, Fauvet, [Leb. chr., p. 450]; — 1er févr. 1890, de Gramont, [Leb. chr., p. 116]; — 21 mars 1890, Concerts du Châtelet, [Leb. chr., p. 309]; — 17 mai 1890, Chappée, [Leb. chr., p. 513]; — 6 déc. 1890, Détouche, [Leb. chr., p. 932]; — 17 janv. 1891, Deligny, [Leb. chr., p. 21]; — 16 janv. 1892, Chenoz, [Leb. chr., p. 24]

2670. — La production, faite par l'administration, du texte de l'arrêté attaqué ne supplée pas à celle que le requérant aurait dû faire. — Cons. d'Et., 15 nov. 1890, Doyen, [Leb. chr., p. 842]

2671. — Le fait qu'un arrêté n'aurait pas été notifié peut prolonger les délais du recours, mais ne dispense pas le requérant de produire une expédition de l'arrêté attaqué. — Cons. d'Et., 29 janv. 1892, Tariscon, [Leb. chr., p. 70]

2672. — VI. *Instruction du pourvoi devant le Conseil d'Etat.* — *Recours incident.* — *Demandes nouvelles.* — Les pourvois, qui sont transmis au Conseil d'Etat par l'intermédiaire des préfets, sont accompagnés d'un rapport du directeur résumant toutes les circonstances de l'affaire et donnant son avis. Le préfet y joint parfois le sien (Instr. 10 mai 1849).

2673. — Quant aux pourvois enregistrés au secrétariat du contentieux du Conseil d'Etat le Conseil ordonne, sur la proposition du rapporteur, leur communication aux parties intéressées. Tous les pourvois relatifs à des contributions directes ou à des taxes assimilées perçues au nom de l'Etat sont communiqués au ministre des Finances, à l'exception : 1° de ceux qui portent sur les droits de vérification des poids et mesures, alcoomètres et densimètres, lesquels sont communiqués au ministre du Commerce ; 2° de ceux qui concernent les droits de visite des pharmacies, etc., des fabriques et dépôts d'eaux minérales, qui sont communiqués au ministre de l'Intérieur ; 3° de ceux afférents aux taxes de curage, qui sont communiqués au ministre de l'Agriculture. Les pourvois afférents aux taxes communales sont tous communiqués au ministre de l'Intérieur. Ceux qui concernent des taxes non établies par le service des contributions directes sont au préalable communiqués à la commune. Enfin, les pourvois relatifs aux taxes syndicales sont communiqués au syndicat et ensuite au ministre des Travaux publics ou de l'Agriculture. Les recours des ministres, des communes et des syndicats sont communiqués aux contribuables qu'ils concernent, ceux des syndicats et des communes sont ensuite communiqués au ministre compétent.

2674. — Les recours des ministres sont notifiés aux contribuables en la forme administrative. — Cons. d'Et., 16 avr. 1880, Lapeyrie, [Leb. chr., p. 363]

2675. — En réponse à la communication qui leur est donnée du pourvoi, les parties intéressées peuvent présenter des observations en défense et même former un recours incident si elles s'y croient fondées (V. *infrà*, v° *Demande incidente*). Si, par exemple, le ministre ou une commune s'est pourvue contre un arrêté qui a accordé à un contribuable une partie du dégrèvement qu'il réclamait, celui-ci peut former un recours incident pour obtenir le surplus de sa demande. Le recours incident n'est pas soumis au délai de l'appel principal. Il est recevable en tout état de cause, alors même que plus de deux mois se seraient écoulés depuis la notification de l'appel principal. — Cons. d'Et., 23 juin 1824, Brannens, [P. adm. chr.]; — 4 nov. 1835, Commune de Cette, [P. adm. chr.]; — 12 févr. 1847, Association des vidanges d'Arles, [P. adm. chr.]; — 26 févr. 1875, Langel et Pommé, [Leb. chr., p. 197]; — 17 déc. 1875, Piédoye, [Leb. chr., p. 1016]; — 5 janv. 1877, Bergeon, [Leb. chr., p. 19]; — 21 nov. 1891, Vachon, [S. et P. 93.3.110]

2676. — La recevabilité du recours incident est subordonnée à celle du recours principal. Si celui-ci est déclaré non recevable, le premier tombe également. — Cons. d'Et., 2 nov. 1888, Champagne, [Leb. chr., p. 781]; — 7 févr. 1891, Cⁱᵉ d'Orléans, [Leb. chr., p. 101]

2677. — Il en résulte que le recours incident doit être rejeté lorsque l'arrêt attaqué est annulé pour vice de forme et que l'affaire est renvoyée devant le conseil de préfecture. — Cons. d'Et., 13 juin 1884, Crédit Lyonnais, [Leb. chr., p. 484]

2678. — Le ministre peut, par voie de recours incident, demander la réformation d'un arrêté dans une de ses dispositions qui, tout en donnant gain de cause à l'administration, a été prise en violation de la loi, telle que celle qui opérerait la liquidation des frais d'une expertise aux lieu et place du préfet. — Cons. d'Et., 21 janv. 1876, Vallet, [Leb. chr., p. 62]

2679. — On ne peut attaquer par la voie du recours incident que les dispositions qui font déjà l'objet du recours principal. Il a été décidé, par exemple, que lorsqu'un arrêté avait statué sur des réclamations afférentes à trois exercices et que les contribuables n'attaquaient cet arrêté que dans celles de ses dispositions afférentes à deux exercices, le ministre n'était pas recevable à former pour le troisième un recours incident. — Cons. d'Et., 18 déc. 1885, Chagot, [Leb. chr., p. 971]

2680. — Il n'est pas permis d'étendre par voie de recours incident les conclusions présentées devant le conseil de préfecture. — Cons. d'Et., 28 nov. 1873, Ville de Nice, [Leb. chr., p. 861]; — 13 févr. 1885, Cognet, [Leb. chr., p. 170]

2681. — Il a cependant été admis que le ministre pouvait demander le redressement d'une erreur commise dans l'assiette des droits assignés au contribuable, bien que l'administration n'eût pris aucune conclusion à cet égard en première instance. — Cons. d'Et., 21 nov. 1891, précité.

2682. — Le ministre présente des conclusions ou émet de simples observations, suivant qu'il est ou non partie dans l'instance. Il est admis cependant que dans certaines taxes communales, telles que la taxe des prestations ou la taxe sur les chiens, le ministre de l'Intérieur représente les communes et conclut en leur nom sur les pourvois intentés par des contribuables contre les arrêtés qui ont rejeté leurs réclamations. Lorsqu'au contraire la commune se pourvoit contre un arrêté qui a accordé un dégrèvement, le ministre se borne à donner un simple avis.

2683. — La loi du 28 pluv. an VIII (art. 4) ayant attribué aux conseils de préfecture compétence pour connaître en premier ressort des demandes en décharge ou en réduction, les parties ne sont pas recevables à saisir directement le Conseil d'Etat de conclusions tendant à obtenir un dégrèvement. — Cons. d'Et., 5 août 1854, Limosin, [Leb. chr., p. 764]

2684. — Les contribuables ne sont pas recevables à attaquer directement devant le Conseil, par la voie du recours pour excès de pouvoir, les décrets ou arrêtés qui établissent une imposition même en alléguant que ces actes sont entachés d'illégalité. Ce mode de procéder aurait pour effet de supprimer le premier degré de juridiction. — Cons. d'Et., 15 juin 1870, Garros, [Leb. chr., p. 764]; — 16 juill. 1886, Picquet, [Leb. chr., p. 616]

2685. — Ils ne peuvent pas non plus étendre les conclusions qu'ils avaient présentées devant le conseil de préfecture en substituant à une demande en réduction une demande en décharge en une demande tendant à une réduction plus forte. — Cons. d'Et., 28 nov. 1873, Ville de Nice, [Leb. chr., p. 861]; — 12 juill. 1878, Bossu, [D. 79.3.9]; — 23 mai 1879, Syndicat de l'Arc, [Leb. chr., p. 412]; — 12 juin 1885, Gaussen, [Leb. chr., p. 567]; — 28 juin 1889, Peyralbe, [Leb. chr., p. 391]; — 20 déc. 1889, Lebel, [Leb. chr., p. 1186]; — 14 juin 1890, Louvot, [Leb. chr., p. 576]; — 14 févr. 1891, Pflumio et Brochot, [Leb. chr., p. 123]; — 24 mars 1891, Taillandier, [Leb. chr., p. 263]; — 9 avr. 1892, Cariou, [Leb. chr., p. 397]; — 2 nov. 1892, Eiffel, [Leb. chr., p. 763]; — 6 janv. 1894, Pillon, [Leb. chr., p. 14]

2686. — ... Ou en substituant une demande en réduction à une demande en modération. — Cons. d'Et., 30 nov. 1889, Sentuberry, [Leb. chr., p. 1115]

2687. — ... Ou une demande en mutation de cote ou en transfert à une demande en décharge. — Cons. d'Et., 16 mars 1888, Fabre, [Leb. chr., p. 270]; — 9 nov. 1894, Williams, [Leb. chr., p. 582]

2688. — ... Ou réciproquement en transformant une demande en réduction en une demande en mutation. — Cons. d'Et., 23 nov. 1894, Renard, [Leb. chr., p. 618]

2689. — ... Ou en présentant une demande en réduction des frais d'expertise. — Cons. d'Et., 25 mars 1881, Quergoale, [Leb. chr., p. 330]; — 3 août 1883, Paulet, [Leb. chr., p. 716]; — 3 août 1883, Latapie, [Leb. chr., p. 721]

2690. — ... Ou en faisant porter les conclusions de leur pourvoi sur une autre contribution ou sur un autre exercice ou sur une autre partie de la même contribution que dans leur réclamation primitive. — Cons. d'Et., 16 janv. 1861, Gradis, [Leb. chr., p. 26]; — 26 janv. 1865, Renoux-Guillaud, [Leb. chr., p. 93]; — 20 juill. 1867, Hadont, [Leb. chr., p. 685]; — 10 avr. 1869, Jégou, [S. 70.2.95, P. adm. chr.]; — 11 févr. 1876, Morin, [Leb. chr., p. 140]; — 19 mai 1882, Giraud, [Leb. chr., p. 497]; — 16 nov. 1883, Tournaire, [Leb. chr., p. 811]; — 30 nov. 1883, Lesougeux, [Leb. chr., p. 865]

2691. — De même, quand un contribuable imposé dans deux communes a réclamé contre ces deux impositions et que le conseil de préfecture a statué sur l'une d'elles, il ne peut réclamer directement au Conseil d'Etat contre la seconde, tant que le conseil de préfecture n'a pas statué. — Cons. d'Et., 24 janv. 1868, Thiriot, [Leb. chr., p. 88]

2692. — ... A plus forte raison, s'il n'a réclamé que contre l'une d'elles. — Cons. d'Et., 28 nov. 1873, Grandmangin, [Leb. chr., p. 879]

2693. — Cette règle s'applique même aux demandes tendant à obtenir une mesure d'instruction. Nous avons vu que, pour les contributions directes proprement dites, l'expertise devait, à peine de déchéance, être réclamée dans un certain délai. Mais même dans les affaires où cette disposition ne s'applique pas, telles que celles qui concernent des taxes non assises par le service des contributions directes, il a été décidé que les contri-

huables n'étaient pas recevables à demander l'expertise pour la première fois devant le Conseil d'Etat, cette demande n'ayant pas été soumise préalablement au conseil de préfecture. — Cons. d'Et., 20 janv. 1882, Maurel, [D. 83.3.124]; — 21 juin 1890, Soustre et Gibert, [Leb. chr., p. 604]

2694. — Ce principe s'applique aussi aux communes. Une commune qui reconnaît qu'un contribuable a été justement dégrevé par le conseil de préfecture, mais demande pour la première fois au Conseil d'État que la cote de ce contribuable soit reportée sur un autre, doit voir sa demande déclarée non recevable. — Cons. d'Et., 13 mai 1869, Commune de Tarxé, [Leb. chr., p. 462]

2695. — Il ne faut pas confondre avec les demandes nouvelles les moyens nouveaux, lesquels sont toujours recevables. Il a été décidé, par exemple, que des contribuables étaient recevables à se prévaloir pour la première fois devant le Conseil d'Etat, pour obtenir décharge de taxes de pavage, de ce que les ressources ordinaires de la ville étaient suffisantes pour pourvoir aux frais du pavage. — Cons. d'Et., 21 déc. 1877, Portier, Rozé et Saunier, [Leb. chr., p. 1015]

2696. — Mais les moyens nouveaux ne peuvent avoir pour effet, s'ils sont reconnus fondés, de faire accorder aux contribuables une réduction plus forte que celle qu'ils avaient primitivement demandée. — Cons. d'Et., 1er févr. 1884, Société des mines de Kefoum Theboul, [Leb. chr., p. 107]

2697. — De même le ministre, en se pourvoyant contre les arrêts qui ont accordé des dégrèvements, n'est pas recevable à demander le relèvement des droits auxquels les contribuables étaient primitivement imposés. — Cons. d'Et., 6 janv. 1853, Lecomte, [P. adm. chr.]; — 11 janv. 1853, Duverger, [Leb. chr., p. 92]; — 29 juin 1853, Boucly, [Leb. chr., p. 639]

2698. — Il ne peut pas non plus demander pour la première fois devant le Conseil d'Etat qu'une cote dont il reconnaît qu'un contribuable a été justement dégrevé, soit transférée au nom d'un autre. — Cons. d'Et., 27 juin 1866, Min. Finances, [Leb. chr., p. 731]

2699. — Il a été décidé encore que lorsqu'un patentable, sans contester la qualification sous laquelle il avait été imposé, s'était borné à demander l'application d'une disposition de la loi qui réduit les droits de moitié pour les marchands ambulants, et que le conseil de préfecture avait fait droit à sa demande, le ministre ne pouvait, pour le faire rétablir aux droits qui lui avaient été primitivement assignés, soutenir qu'il exerçait une autre profession que celle à raison de laquelle il avait été porté au rôle. — Cons. d'Et., 27 déc. 1890, Cribier, [Leb. chr., p. 1049]

2700. — La renonciation par une partie au bénéfice d'un arrêté qui lui est favorable, mais qui a fait l'objet d'un recours de la part du ministre, n'a pas pour effet de dessaisir le Conseil d'Etat de ce recours. — Cons. d'Et., 20 févr. 1835, Bujon, [P. adm. chr.]

2701. — Le Conseil se borne en pareil cas à déclarer que l'arrêté du conseil de préfecture sera considéré comme nonavenu. — Cons. d'Et., 3 mai 1851, Philipponat, [Leb. chr., p. 312]; — 28 déc. 1853, Ravier, [Leb. chr., p. 1104]; — 13 févr. 1856, Guinot, [Leb. chr., p. 136]

2702. — ... Et que le recours est devenu sans objet. — Cons. d'Et., 14 mai 1891, Peigné, [Leb. chr., p. 379]

2703. — Les parties ne sont plus recevables à reprendre devant le Conseil d'Etat des conclusions qui ont fait devant le conseil de préfecture l'objet d'un désistement dont ce conseil a donné acte. — Cons. d'Et., 6 mai 1857, Goubert, [Leb. chr., p. 341]; — 9 mai 1860, Dutruc, [Leb. chr., p. 371]; — 7 déc. 1877, Blain, [Leb. chr., p. 970]; — 8 févr. 1878, Moutet, [Leb. chr., p. 132]; — 17 mai 1878, Fournier, [Leb. chr., p. 464]; — 28 mars 1879, Jeanney, [Leb. chr., p. 249]; — 4 juill. 1879, Malatiré, [Leb. chr., p. 555]; — 27 mai 1881, de Verdal, [Leb. chr., p. 560]; — 6 janv. 1882, Collet; — 20 janv. 1882, Cie des entrepôts de Paris, [Leb. chr., p. 58]; — 4 août 1882, Granger, [Leb. chr., p. 748]; — 28 janv. 1887, Martel, [Leb. chr., p. 82]; — 16 mars 1888, Bécheux, [Leb. chr., p. 259]; — 23 nov. 1894, Serre, [Leb. chr., p. 622]

2704. — Le désistement pur et simple d'une réclamation met fin au mandat qui avait été donné pour la présenter. En conséquence, lorsqu'on conseil de préfecture a donné acte du désistement d'une partie et mis à sa charge les frais de l'expertise, le mandataire qui avait présenté la réclamation devant le conseil de

préfecture a besoin d'un nouveau mandat devant le Conseil d'Etat pour attaquer la disposition de l'arrêté relative aux frais d'expertise. — Cons. d'Et., 18 mars 1881, Boutemy, [Leb. chr., p. 298]

2705. — Le Conseil d'Etat n'est tenu de donner acte du désistement des requérants que lorsque ce désistement est pur et simple. S'il est fait sous conditions, il est réputé non-avenu et l'affaire suit son cours. — Cons. d'Et., 24 mai 1890, Gagnerou, [Leb. chr., p. 547]; — 23 mai 1894, Caire, [Leb. chr., p. 358]

2706. — Le conseil de préfecture ne doit donner acte du désistement que lorsqu'il est saisi d'un acte émanant du réclamant ou de son mandataire. Le Conseil d'Etat a annulé un arrêté qui avait donné acte d'un désistement sur une simple déclaration du maire que le contribuable renonçait à ses réclamations. — Cons. d'Et., 13 mars 1862, Puiaguy, [Leb. chr., p. 200]

2707. — Lorsque le dossier revient au Conseil d'Etat après avoir été communiqué aux parties et aux ministres compétents, il est envoyé au rapporteur. Celui-ci rédige les visas de l'arrêté et le projet de décision qui doit être soumis aux délibérations du Conseil. Il n'est fait de rapport que dans les affaires où s'est constitué un avocat au Conseil d'Etat et qui doivent être jugées en séance publique. Le dossier est ensuite envoyé au commissaire du gouvernement pour qu'il prépare ses conclusions. Quand un avocat s'est constitué, les questions soumises au Conseil lui sont communiquées quatre jours au moins avant l'audience publique (L. 24 mai 1872, art. 18; Décr. 12 nov. 1888, art. 4).

2708. — C'est ici le lieu d'exposer comment sont jugées les affaires de contributions directes ou de taxes assimilées devant le Conseil d'Etat. Des lois récentes ont modifié sur ce point les dispositions de la loi du 24 mai 1872. Sous l'empire de cette loi, les affaires dans lesquelles un avocat s'était constitué étaient soumises à l'assemblée du Conseil d'Etat statuant au contentieux. Les affaires pour lesquelles il n'y avait pas de constitution d'avocats n'étaient portées à l'audience publique que si ce renvoi était demandé par l'un des conseillers d'Etat de la section ou par le commissaire du gouvernement à qui elles avaient été préalablement communiquées. Si le renvoi n'était pas demandé, ces affaires étaient jugées par la section du contentieux (en séance non publique) sur le rapport de celui de ses membres que le président en avait chargé et après les conclusions du gouvernement (art. 19).

2709. — La loi du 26 oct. 1888 a créé un nouvel organe de jugement en disposant que, lorsque les besoins du service l'exigeraient, il serait formé, par décret en Conseil d'Etat, une section temporaire qui concourrait au jugement des affaires d'élections et de contributions directes ou taxes assimilées (art. 1).

2710. — L'art. 3 de cette loi étend les pouvoirs de juridiction de la section du contentieux en lui donnant, ainsi qu'à la section temporaire, le droit de statuer, en audience publique, sur les affaires d'élections et de contributions directes ou taxes assimilées dans lesquelles il y aurait constitution d'avocat. Toutefois, le renvoi de ces affaires à l'assemblée du Conseil d'Etat, statuant au contentieux, peut avoir lieu dans les conditions prévues par l'art. 19, L. 24 mai 1872.

2711. — Lorsqu'une affaire soumise à la section temporaire est renvoyée par elle à l'assemblée du Conseil d'Etat statuant au contentieux, conformément à l'art. 3, L. 26 oct. 1888, le dossier est immédiatement transmis à la section du contentieux qui est chargée d'en préparer le rapport. Le renvoi est établi par un extrait du procès-verbal de la séance dans laquelle le renvoi a été ordonné (Décr. 12 nov. 1888, art. 8).

2712. — Aux termes de l'art. 6, Décr. 12 nov. 1888, la section du contentieux et la section temporaire ne peuvent statuer que si cinq au moins de leurs membres, ayant voix délibérative conformément à la loi du 24 mai 1872, sont présents. En cas de partage, on appellera le plus ancien des maîtres des requêtes assistant à la séance. D'après la loi de 1872, les auditeurs ont voix délibérative en section dans les affaires dont ils sont les rapporteurs. Ils n'ont que voix consultative à l'assemblée du Conseil d'Etat statuant au contentieux (art. 11).

2713. — A l'audience publique, sur l'appel qui est fait de l'affaire par le secrétaire du contentieux, le rapporteur donne lecture du rapport et des questions que le Conseil aura à juger. Les avocats présentent, s'ils le jugent à propos, des observations orales, et le commissaire du gouvernement donne ses conclusions. L'affaire est mise en délibéré. Quand l'audience publique est levée, l'assemblée du Conseil d'Etat, la section du contentieux ou la section temporaire, suivant les cas, entendent la lecture du

projet de décision qui, dans le premier cas, a déjà été adopté par la section du contentieux, et dans les autres, est l'œuvre du rapporteur seul. Ce projet de décision sert de base à la discussion. Quand celle-ci est épuisée, le président met le projet aux voix (L. 24 mai 1872).

2714. — La décision du Conseil d'Etat doit contenir les noms, demeure et conclusions des parties avec une analyse sommaire de leurs moyens. Elle vise l'arrêté attaqué, les avis des agents de l'administration, le procès-verbal d'expertise et les rapports des experts, s'il y a lieu, le rapport du directeur sur le pourvoi, les observations présentées par le ministre (avec ses conclusions s'il est partie dans l'instance), enfin les dispositions de loi ou de règlement dont il est fait application. Elle mentionne ensuite l'audition du rapport, les observations des avocats (s'il y a lieu) et des conclusions du commissaire du gouvernement. Puis viennent les motifs de la décision et enfin son dispositif. La décision mentionne encore les noms des conseillers qui ont pris part à la délibération. Elle est signée par le président, le rapporteur et le secrétaire.

2715. — Comme toutes les décisions contentieuses rendues par le Conseil d'Etat elle porte en tête la mention : Au nom du peuple français, le Conseil d'Etat statuant au contentieux ou la section du contentieux ou la section temporaire... L'expédition des décisions délivrée par le secrétaire du contentieux porte la formule exécutoire suivante : « La République mande et ordonne aux ministres de (ajouter le département ministériel désigné par la décision) en ce qui les concerne, et à tous huissiers à ce requis, en ce qui concerne les voies de droit commun contre les parties privées, de pourvoir à l'exécution de la présente décision » (Décr. 2 août 1879, art. 24 et 25, et 12 nov. 1888).

2716. — VII. *Jugement.* — Le Conseil d'Etat ne statue, en principe, que sur les conclusions des parties. Toutefois, le Conseil d'Etat a admis parfois qu'il pouvait d'office annuler certaines dispositions évidemment illégales d'un arrêté contre lesquelles aucune conclusion spéciale n'avait été prise. C'est ainsi qu'à propos d'un pourvoi formé par un contribuable contre un arrêté qui avait rejeté sa demande en décharge de ses impositions dans une commune, le Conseil a annulé d'office une disposition du même arrêté qui autorisait le réclamant à former une autre réclamation contre son imposition dans une autre commune, et ce, malgré l'expiration des délais. — Cons. d'Et., 7 févr. 1848, Bénassy, [Leb. chr., p. 72]

2717. — Lorsqu'un arrêté a accordé au contribuable une partie de sa demande et que celui-ci le défère au Conseil d'Etat pour obtenir le surplus de ses conclusions, le Conseil peut relever d'office les vices d'ordre public dont cet arrêté est entaché et, en l'annulant, faire perdre au contribuable le bénéfice de la décision qu'il attaquait. — Cons. d'Et., 16 janv. 1892, Colas des Francs, [S. et P. 93.3.147]

2718. — Il appartient toujours au Conseil d'Etat de soulever d'office des moyens ou des fins de non-recevoir que le premier juge aurait dû opposer à la réclamation. — Cons. d'Et., 17 janv. 1873, Giraud, [Leb. chr., p. 55]

2719. — Le Conseil d'Etat, étant juge d'appel des affaires soumises au conseil de préfecture, peut non seulement annuler les décisions des premiers juges, mais encore substituer à la décision à la leur. S'il estime que l'instruction de l'affaire est insuffisante, il ordonne le renvoi devant le conseil de préfecture. — Cons. d'Et., 7 mai 1875, de Champvallier, [Leb. chr., p. 430]

2720. — Le renvoi a lieu le plus souvent, nous l'avons vu, lorsqu'une formalité substantielle de l'instruction devant le conseil de préfecture a été omise, lorsque, par exemple, le réclamant n'a pas été averti du dépôt à la sous-préfecture de l'avis du directeur contraire à sa réclamation, ou qu'il n'a pas été mis en demeure de demander l'expertise, ou qu'ayant manifesté l'intention de présenter des observations orales, il n'a pas été averti du jour de l'audience publique. Cependant le Conseil d'Etat évoque parfois le fond de l'affaire lorsque, malgré cette instruction irrégulière, l'affaire lui semble en état et que la réclamation lui paraît fondée.

2721. — Lorsque le Conseil d'Etat annule un arrêté pour un vice de forme ou lorsqu'il relève le requérant d'une déchéance prononcée à tort par le conseil de préfecture, l'évocation est la règle. — Cons. d'Et., 31 mars 1848, Friot, [Leb. chr., p. 158]; — 6 août 1878, Altazin, [Leb. chr., p. 813]

2722. — ... A moins que le requérant n'ait demandé en temps utile une expertise, auquel cas le renvoi doit être pro-

noncé. — Cons. d'Et., 31 oct. 1890, Pelletier, [Leb. chr., p. 806]

2723. — Le Conseil d'Etat peut joindre, pour y statuer par une seule et même décision, les pourvois formés par un contribuable relativement à la même contribution pour plusieurs exercices et qui soulèvent la même question. — Cons. d'Et., 18 avr. 1844, Lange, [P. adm. chr.]; — 13 juin 1845, Sourdeau de Beauregard, [P. adm. chr.]; — 12 mars 1875, Gélin-Véry, [Leb. chr., p. 240]; — 7 janv. 1876, Valabrègue, [Leb. chr., p. 14]; — 9 mars 1877, Duchêne-Journet, [Leb. chr., p. 257]; — 5 avr. 1878, Lederlin, [Leb. chr., p. 365]; — 7 mai 1880, Cie des mines de la Grand-Combe, [Leb. chr., p. 442]; — 14 janv. 1887, Vitry, [Leb. chr., p. 25]

2724. — ... Ou relativement à des contributions de diverses natures de même contribuable, pour le même exercice. — Cons. d'Et., 22 nov. 1878, Révillon, [Leb. chr., p. 912]; — 6 févr. 1880, Houssin, [Leb. chr., p. 144]; — 27 févr. 1880, Despeyroux, [Leb. chr., p. 221]; — 24 juill. 1885, Chardon, [Leb. chr., p. 710]; — 21 janv. 1887, Houdet, [Leb. chr., p. 56]

2725. — ... Ou relativement aux contributions imposées au même contribuable dans diverses communes. — Cons. d'Et., 9 janv. 1880, Abraham Sarassin, [Leb. chr., p. 15]; — 27 févr. 1880, Ouvré, [Leb. chr., p. 222]; — 12 mars 1880, Méry, [Leb. chr., p. 291]; — 19 mars 1880, Chéry, [Leb. chr., p. 322]; — 14 mai 1880, Cie centrale du gaz, [Leb. chr., p. 458]; — 3 déc. 1880, de Saint-Ours, [Leb. chr., p. 954]; — 4 mars 1881, Durandet, [Leb. chr., p. 249]; — 25 mars 1881, Tavera, [Leb. chr., p. 331]; — 19 mai 1882, Saint-Yves, [Leb. chr., p. 501]

2726. — ... Ces communes, fussent-elles même situées dans des départements différents. — Cons. d'Et., 25 avr. 1879, Jacob, [Leb. chr., p. 323]

2727. — Le Conseil d'Etat joint même quelquefois des pourvois émanant de contribuables différents, non seulement quand ils ont des intérêts communs (des associés, par exemple)... — Cons. d'Et., 21 nov. 1879, Chemardin-Desvignes et Chamal, [Leb. chr., p. 735]; — 15 nov. 1890, Hapert, Iriguyen et Pucheu, [Leb. chr., p. 874]

2728. — ... Mais même lorsque leurs intérêts sont distincts, pourvu que les pourvois soient fondés sur les mêmes moyens et dirigés contre le même arrêté. — Cons. d'Et., 25 nov. 1831, Torterat et Thourou, [P. adm. chr.]; — 22 mars 1878, Eydoux et autres, [Leb. chr., p. 321]; — 2 juill. 1880, Seguin et autres, [Leb. chr., p. 628]; — 29 janv. 1886, Hugumin et autres, [Leb. chr., p. 88]; — 28 févr. 1891, Cie d'assurances néerlandaises, [Leb. chr., p. 171]

2729. — Toutes les décisions contentieuses du Conseil d'Etat sont lues en séance publique. Une expédition est transmise au ministre compétent, qui est chargé de faire exécuter la décision et de la faire notifier. Il n'existe aucune disposition précise, en ce qui touche la forme qui doit être suivie pour la notification des décisions rendues par le Conseil d'Etat en matière de contributions directes. L'usage a néanmoins consacré certaines règles, et l'on ne saurait considérer comme officielle que la signification faite par le préfet dans la forme usitée pour les communications, sur la mise en demeure spéciale que l'administration lui adresse avec une copie de la décision et les pièces jointes à la requête. Une ampliation de la décision est transmise par l'administration au directeur des contributions. — Lemercier de Jauvelle, v° *Réclamations*, p. 1179.

2730. — VIII. *Voies de recours.* — Les décisions du Conseil d'Etat peuvent être attaquées par la voie de l'opposition, de la tierce-opposition et de la révision (Décr. 22 juill. 1806).

2731. — L'opposition est la voie de recours ouverte aux intimés qui, ayant reçu communication de la requête de l'appelant, n'ont pas produit d'observations en défense. Elle doit être formée dans le délai de deux mois de la notification (Décr. 2 nov. 1864, art. 4). L'opposition est présentée dans les mêmes formes que la requête.

2732. — L'opposition n'a pas d'effet suspensif, à moins qu'il n'en ait été autrement ordonné. Elle a pour effet, quand elle est recevable, de remettre les parties dans le même état où elles étaient auparavant (Décr. 22 juill. 1806, art. 30).

2733. — Ceux qui voudront s'opposer à des décisions du Conseil d'Etat rendues en matière contentieuse, et lors desquelles ni eux ni ceux qu'ils représentent n'ont été appelés, ne pourront former leur opposition que par requête en la forme ordinaire (Décr. 22 juill. 1806). Tel est le cas des contribuables au profit desquels a été rendu un arrêté de conseil de préfecture

que le Conseil d'Etat a ensuite annulé sans que le pourvoi de leur adversaire leur ait été communiqué. — Cons. d'Et., 3 juin 1881, Fournier, [Leb. chr., p. 586]

2734. — L'opposition et la tierce-opposition ont été souvent confondues. Il est cependant très-utile de les distinguer, les règles qui sont applicables à chacune d'elles étant très-différentes, notamment quant au délai dans lequel elles doivent être formées. Nous trouvons un exemple de cette confusion dans une affaire où une ville, n'ayant pas été appelée à défendre au pourvoi d'un contribuable, a été admise à former *opposition* dans le délai de deux mois à dater de la connaissance acquise de la décision. — Cons. d'Et., 14 mai 1870, Ville de Rouen, [Leb. chr., p. 576]

2735. — Pour être recevable à attaquer un arrêté par la voie de la tierce-opposition, il faut subir un préjudice de par cet arrêté. Il a été décidé qu'un département était sans qualité pour faire tierce-opposition à une décision du Conseil, qui avait accordé un dégrèvement de contribution à un contribuable. — Cons. d'Et., 8 août 1838, Département de la Nièvre, [Leb. chr., p. 169]

2736. — De même, les membres d'une association syndicale ne sont pas recevables à former tierce-opposition à la décision par laquelle le liquidateur du syndicat a été condamné à payer des sommes dues par le syndicat aux ingénieurs chargés de rédiger les plans et devis des travaux de curage, sommes reconnues par des décisions passées en force de chose jugée. — Cons. d'Et., 1er juin 1883, Arnaud, [Leb. chr., p. 509]

2737. — Un propriétaire forain, qui prétend ne pas avoir à contribuer à une imposition extraordinaire mise sur une commune pour acquitter les frais d'un procès, est recevable à faire tierce-opposition à la décision qui maintient cette opposition. — Cons. d'Et., 7 mai 1823, Lépine, [Leb. chr., p. 357]

2738. — D'après l'art. 38, Décr. 22 juill. 1806, la partie qui succombera dans sa tierce-opposition sera condamnée à 150 fr. d'amende, sans préjudice des dommages et intérêts de la partie, s'il y a lieu. Le Conseil d'Etat a fait rarement l'application de cette amende. — Cons. d'Et., 9 janv. 1828, Prévost, [Leb. chr., p. 264] — Quant aux dommages-intérêts, il n'en est alloué que si le défendeur à la tierce-opposition justifie qu'un préjudice lui a été causé. — Cons. d'Et., 1er juin 1883, Armand, [Leb. chr., p. 509]

2739. — Le recours en révision devra être formé dans le même délai et admis de la même manière que l'opposition à une décision par défaut. Ce délai est de deux mois, d'après l'art. 4, Décr. 2 nov. 1864.

2740. — A la différence de l'opposition et de la tierce-opposition, le recours en révision est une voie de recours extraordinaire, qui n'est admise que contre les décisions en dernier ressort et dans les cas expressément prévus par le législateur. Défenses sont faites, sous peine d'amende, et même, en cas de récidive, sous peine de suspension de substitution, aux avocats au Conseil d'Etat de présenter requête en recours contre une décision contradictoire, si celle-ci est en deux cas : si elle a été rendue sur pièces fausses ; si la partie a été condamnée faute de représenter une pièce justificative qui était retenue par son adversaire (Décr. 22 juill. 1806, art. 32). L'art. 23, L. 24 mai 1872, a ajouté à ces cas celui de l'inobservation des dispositions édictées par ses art. 15 et 17-22. Toute demande qui n'est pas fondée sur l'un de ces motifs doit être déclarée non recevable. — Cons. d'Et., 15 nov. 1872, Taupin, [Leb. chr., p. 609] ; — 4 juin 1875, Piédoye, [Leb. chr., p. 533] ; — 16 juin 1876, Renault, [Leb. chr., p. 564] ; — 11 mars 1881, Min. de l'Intérieur, [Leb. chr., p. 269] ; — 10 nov. 1882, Cie des Eaux, [Leb. chr., p. 855] ; — 8 juin 1883, Reynaud, [Leb. chr., p. 540] ; — 23 nov. 1883, Taupin, [Leb. chr., p. 837] ; — 7 nov. 1884, Dupin, [Leb. chr., p. 747] ; — 26 nov. 1886, Cie d'Orléans, [Leb. chr., p. 827] ; — 27 avr. 1888, Thoulouze, [Leb. chr., p. 375] ; — 6 juill. 1888, Rougiéras, [Leb. chr., p. 623]

2741. — Un requérant n'est pas recevable à se pourvoir par la voie du recours en révision contre une décision qui a mis les frais d'expertise à la charge de l'administration, pour faire décider que les frais de timbre et les honoraires des avocats seront aussi supportés par l'administration. — Cons. d'Et., 12 août 1879, Roux, [Leb. chr., p. 624]

2742. — Dans la plupart des affaires, le recours en révision étant irrecevable, le Conseil d'Etat n'avait pas eu à se préoccuper de la forme dans laquelle ce pourvoi devait être introduit. Il a eu récemment à examiner cette question, à propos d'un recours en révision qui paraissait fondé. Le Conseil d'Etat avait

déclaré non recevable un recours formé sur papier libre par un contribuable contre un arrêté relatif à une taxe supérieure à 30 fr. Or, il fut établi que ce requérant avait adressé à la préfecture deux requêtes, l'une sur timbre, l'autre sur papier libre et que la préfecture avait retenu la première, en transmettant seulement la seconde. Le Conseil se trouvait en présence d'un des cas prévus par le décret du 22 juill. 1806. Il dut alors se demander si la dispense du ministère des avocats au Conseil d'Etat, édictée par la loi du 24 avr. 1832 en faveur des recours contre des arrêtés rendus en matière de contributions directes, pouvait être étendue au recours en révision contre une décision du Conseil d'Etat. Se fondant sur le caractère extraordinaire de cette voie de recours, sur l'obligation où se trouvent les parties d'avoir recours au ministère des avocats, sauf dans les cas expressément et limitativement énumérés par les lois, sur les pénalités édictées par le décret de 1806 contre les avocats qui introduiraient des requêtes en révision téméraires, pénalités qui seraient inapplicables aux particuliers, le Conseil d'Etat a décidé que ces recours ne pouvaient être introduits que par le ministère d'un avocat. — Cons. d'Et., 24 avr. 1891, de Biermont, [Leb. chr., p. 396]

2743. — Le Conseil d'Etat peut être appelé aussi à interpréter ses propres décisions, à raison des difficultés que soulève leur exécution. — Cons. d'Et., 26 juill. 1878, Launay, [Leb. chr., p. 743]

Section II.

Réclamations autres que les demandes en décharge ou réduction.

§ 1. *Demandes en inscription.*

2744. — L'art. 28, L. 21 avr. 1832, a reconnu aux contribuables omis sur le rôle d'une commune le droit de réclamer leur inscription par la voie contentieuse. Cette disposition a été édictée dans un but électoral. Pendant longtemps l'électorat était subordonné au paiement d'une certaine somme de contributions directes. Les contribuables étaient par suite très-intéressés à être inscrits sur les rôles, leur omission pouvant entraîner leur radiation des listes électorales. Depuis l'établissement du suffrage universel, cet intérêt est moindre, mais cependant n'a pas complètement disparu. En effet, les diverses lois électorales promulguées depuis cette époque ont fait de l'inscription au rôle des contributions directes, non plus la condition unique de l'électorat, mais un moyen de déterminer le lieu où un individu doit être inscrit sur les listes électorales. La loi du 8 avr. 1884 (art. 14) dispose, à cet égard, que la liste électorale comprend ceux qui dans la commune ont été inscrits au rôle d'une des quatre contributions directes ou au rôle des prestations en nature, et qui, s'ils ne résident pas dans la commune, auront déclaré vouloir y exercer leurs droits électoraux. D'autre part, l'art. 31 de la même loi dispose que, pour être éligible au conseil municipal, il faut être électeur dans la commune ou bien y être inscrit au rôle des contributions directes ou justifier qu'on devait y être inscrit au 1er janvier de l'année de l'élection. Les contribuables ont donc encore aujourd'hui un intérêt électoral à se voir inscrits sur les rôles d'une commune déterminée et peuvent réclamer lorsqu'il s'agit, soit d'une des quatre contributions directes, soit de la taxe des prestations. — Cons. d'Et., 4 mai 1877, Gentil, [Leb. chr., p. 416]

2745. — Lorsque la cote mobilière qui aurait dû être inscrite au nom d'un contribuable a été par erreur portée au nom d'un autre, le premier, qui se trouve omis, peut réclamer son inscription au rôle. Cette demande ne pourra avoir l'effet d'une demande en mutation de cote. Le contribuable inscrit au rôle y sera maintenu, à moins qu'il ne réclame dans les délais légaux, et le contribuable omis y sera inscrit pour la part qui lui incombe. — Cons. d'Et., 25 avr. 1855, Souchon, [P. adm. chr., D. 55.3.60]

2746. — Pour pouvoir réclamer son inscription au rôle, il faut justifier qu'au 1er janvier de l'année on était imposable dans la commune. — Cons. d'Et., 25 avr. 1866, Commune de Monfréville, [Leb. chr., p. 402] ; — 4 mai 1877, précité.

2747. — Celui qui ne s'est installé dans une commune que postérieurement au 1er janvier n'est pas recevable à y réclamer son inscription au rôle. — Cons. d'Et., 8 déc. 1857, Cadran, [Leb. chr., p. 772]

2748. — D'après l'art. 28, L. 21 avr. 1832, les demandes en

inscription doivent être présentées dans le même délai que les demandes en décharge ou réduction, c'est-à-dire dans les trois mois de la publication des rôles. — Cons. d'Et., 4 déc. 1874, Danède, [Leb. chr., p. 950]; — 2 juill. 1892, Combet, [Leb. chr., p. 597]

2749. — L'instruction des demandes est soumise aux mêmes règles que les demandes en décharge ou réduction.

2750. — La décision par laquelle un conseil de préfecture statue sur la demande d'un particulier tendant à l'inscription de son nom au rôle de la taxe d'affouage de sa commune est une décision contentieuse et non un simple avis. — Cons. d'Et., 20 mars 1874, Galimard, [Leb. chr., p. 272]

2751. — L'inscription sur les rôles des contributions directes pouvant, dans certains cas, donner droit à des jouissances communales, aux affouages, à des parts de marais ou autres biens communaux, etc., la commune peut avoir intérêt et par suite qualité pour contester le fondement des demandes et pour se pourvoir au Conseil d'Etat contre leur admission. — Cons. d'Et., 25 avr. 1866, précité.

2752. — Le droit reconnu à chaque contribuable de réclamer contre son omission ne lui donne pas le droit de réclamer contre l'omission d'autres contribuables. Les demandes de cette nature n'ont que la valeur de renseignements auxquels l'administration pourra avoir égard dans la confection du rôle de l'année suivante. — Cons. d'Et., 14 juin 1878, Bodet, [Leb. chr., p. 566]; — 6 mai 1881, Blanchon, [Leb. chr., p. 466]; — 18 janv. 1884, Delamarre, [Leb. chr., p. 54]; — 22 janv. 1886, Péculier, [Leb. chr., p. 62]

§ 2. Demandes en mutation de cote.

2753. — Les demandes en mutation de cote ont pour objet, soit le transfert au nom d'un tiers d'une imposition inscrite au nom du réclamant, soit l'inscription au nom du réclamant d'une contribution établie au nom d'un tiers. Suivant les cas, elles comportent une demande en décharge ou une demande en inscription. Mais elles diffèrent des réclamations précédentes en ce que, au lieu de se débattre uniquement entre le contribuable imposé et l'autorité qui a profit de la taxe est établie, elles entraînent la mise en cause d'un tiers.

2754. — Les demandes en mutation de cote ne sont pas recevables à propos de toute espèce de contribution ou de taxe assimilée. Il est au contraire de principe, qu'elles ne sont admises que lorsqu'un texte de loi précis les a autorisées. Ce texte existe pour la contribution foncière et celle des portes et fenêtres. « Lorsqu'une propriété foncière aura été cotisée sous un autre nom que celui du propriétaire, l'administration municipale (aujourd'hui le conseil de préfecture), sur la réclamation, soit du propriétaire, soit de celui sous le nom duquel la propriété aura été mal à propos cotisée, et après avoir pris les renseignements convenables et l'avis des répartiteurs, prononcera la mutation de cote (L. 2 mess. an VII, art. 5; Arr. 24 flor. an VIII, art. 2).

2755. — A la suite de plusieurs décisions du Conseil d'Etat portant qu'aucune disposition législative n'autorisait les tribunaux administratifs à prononcer des mutations de cote en matière de contribution des portes et fenêtres (Cons. d'Et., 9 mai 1845, Vaudois, [S. 45.2.622, ad notam, P. adm. chr.]; — 5 juin 1845, Dupont, [P. adm. chr.]; — 12 juin 1845, Ducommun, [S. 45.2.622, P. adm. chr.]; — 16 mars 1850, Rachis, P. adm. chr.], le législateur a introduit dans la loi du 8 juill. 1852 un art. 13 aux termes duquel les dispositions de l'art. 5, L. 2 mess. an VII et l'art. 2, Arr. 24 flor. an VIII, concernant les mutations de cote en matière de contribution foncière, seront appliquées à la contribution des portes et fenêtres.

2756. — En l'absence d'une disposition analogue relative à la contribution personnelle et mobilière, le Conseil d'Etat a maintes fois décidé qu'il ne pouvait être opéré de mutation de cote en cette matière. — Cons. d'Et., 17 août 1836, Reverchon, [P. adm. chr.]; — 1er nov. 1838, de Rozières, [Leb. chr., p. 207]; — 23 févr. 1839, Bataillard, [Leb. chr., p. 165]; — 22 août 1844, Belin, [S. 44.2.673, P. adm. chr., D. 45.3.71]; — 18 janv. 1845, Laurent et Paillard, [P. adm. chr.]; — 31 mai 1848, Delafontan, [Leb. chr., p. 343]; — 17 mars 1869, Thiriot, [Leb. chr., p. 260]; — 7 août 1874, Delavand, [Leb. chr., p. 790]; — 9 juin 1876, Morair, [Leb. chr., p. 132]; — 16 avr. 1886, Henry, [S. 88.3.7, P. adm. chr., D. 87.3.94]

2757. — Le droit de faire la mutation de cote n'appartient pas plus au préfet qu'au conseil de préfecture. — Cons. d'Et., 17 juin 1852, Jacquet, [P. adm. chr., D. 52.3.44]

2758. — Le Conseil d'Etat a également déclaré ces demandes inadmissibles en matière de taxes sur les chevaux et voitures. — Cons. d'Et., 12 janv. 1865, Capdevillé, [Leb. chr., p. 38]

2759. — ... De taxe des prestations. — Cons. d'Et., 8 mars 1851, de Saint-Aignan, [P. adm. chr.]; — 29 juill. 1859, Baudessus, [P. adm. chr.]; — 22 janv. 1864, Debois, [P. adm. chr.]; — 27 juin 1879, Vitalis, [S. 81.3.6, P. adm. chr.]

2760. — ... De taxe de pavage. — Cons. d'Et., 14 janv. 1869, Favare, [Leb. chr., p. 36]

2761. — ... De taxe de balayage. — Cons. d'Et., 30 juin 1876, Ville de Paris, [S. 78.2.279, P. adm. chr.]

2762. — Le Conseil d'Etat a cependant dérogé au principe ci-dessus indiqué en admettant la possibilité d'opérer des mutations de cote à propos de taxes telles que les redevances minières, les taxes établies pour payer les frais de travaux de desséchement des marais, ou autres de même nature. Ces taxes en effet sont plutôt assises sur les fonds que sur les propriétaires, et, dès lors, c'est au détenteur de ces fonds que doit incomber la charge d'acquitter l'impôt. Cette charge a un caractère réel pour ces taxes comme pour la contribution foncière. Le Conseil d'Etat a donc été conduit à leur appliquer les règles suivies en matière de contribution foncière. — Cons. d'Et., 2 févr. 1825, [P. adm. chr.]; — 29 mai 1874, Bousquet et Fajal, [S. 76.2.124, P. adm. chr.]; — 23 nov. 1888, Société des mines de Méria, [S. 90.3.65, P. adm. chr.]; — 21 juin 1890, Hospices de Lille, [D. 92.3.10]

2763. — Les demandes en mutation de cote peuvent être formées, soit par celui qui prétend n'être plus propriétaire de l'immeuble à raison duquel il a été imposé. — Cons. d'Et., 13 déc. 1854, Taupin, [Leb. chr., p. 958]; — 9 nov. 1877, Donati, [Leb. chr., p. 836]; — 12 avr. 1878, Dallonqueville, [Leb. chr., p. 396]; — 18 juill. 1884, Rousseau de Martroy, [Leb. chr., p. 611]; — 4 juin 1886, Poumeyrol, [Leb. chr., p. 483]; — 27 mai 1887, Blondel, [Leb. chr., p. 432]; — 18 juill. 1891, The Algiers land Compagny, [Leb. chr., p. 856]

2764. — ... Soit par celui qui prétend n'avoir qu'un droit de nu-propriétaire et veut faire transférer l'imposition au nom de l'usufruitier. — Cons. d'Et., 3 mai 1890, Guyon, [Leb. chr., p. 450]

2765. — ... Soit par le propriétaire d'un terrain sur lequel le locataire a élevé des constructions. — Cons. d'Et., 24 févr. 1894, Challey, [Leb. chr., p. 163]

2766. — Elles peuvent aussi être présentées par celui qui se prétend propriétaire de l'immeuble imposé au nom d'un tiers. — Cons. d'Et., 18 mars 1881, Rey, [Leb. chr., p. 302]; — 19 mai 1882, Verdellet, [Leb. chr., p. 498]

2767. — Autrefois, la jurisprudence du Conseil d'Etat refusait qualité à l'acquéreur d'un immeuble, tant que son nom n'était pas substitué sur le rôle à celui du vendeur, pour demander réduction de l'imposition assise sur cet immeuble. — Cons. d'Et., 24 mars 1849, de La Rochefoucauld, [S. 58.2.224, ad notam, P. adm. chr.]; — 19 janv. 1850, Bouquet, [Ibid., D. 51.3.14]

2768. — Mais la jurisprudence a changé. Elle considère aujourd'hui ces demandes comme des demandes en mutation de cote et les instruit comme telles, sauf à statuer ultérieurement ce qu'il appartiendra sur la demande en réduction. — Cons. d'Et., 22 mars 1854, Mayran, [P. adm. chr.]; — 22 avr. 1857, Pagart-Defrance, [S. 58.2.223, P. adm. chr., D. 58.3.19]; — 20 juill. 1888, Ville de Paris, [Leb. chr., p. 654]

2769. — Lorsqu'un immeuble a été partagé entre plusieurs héritiers et que le revenu matriciel d'un des lots se trouve survalué par rapport aux autres, son possesseur peut demander que le montant de la surtaxe soit réparti par voie de mutation de cote au nom des autres héritiers. — Cons. d'Et., 14 juin 1878, Nouronet, [Leb. chr., p. 565]

2770. — Si devant le Conseil d'Etat l'état de l'instruction ne permet pas de fixer la répartition de la cote entre les propriétaires actuels, les parties doivent être renvoyées devant le conseil de préfecture. — Cons. d'Et., 11 juin 1875, Maraud et Gatiguan, [Leb. chr., p. 567]

2771. — Lorsque deux époux sont mariés sous le régime de la séparation de biens, le mari, imposé à raison d'immeubles appartenant à sa femme, est fondé à demander la mutation de cote. En effet, l'art. 1536, C. civ., dispose que la femme mariée sous

ce régime conserve l'entière administration de ses biens meubles et immeubles et la jouissance libre de ses revenus; elle doit donc être imposée à raison de ces immeubles. — Cons. d'Et., 24 juill. 1864, Cardanne, [Leb. chr., p. 636]

2772. — De même, après le décès de son conjoint, le conjoint survivant peut demander la mutation de cote au nom des héritiers du prédécédé. — Cons. d'Et., 25 avr. 1879, Gosset, [Leb. chr., p. 319]

2773. — Lorsqu'un bâtiment d'habitation est acheté pour être transformé en bâtiment rural par l'acquéreur, il ne devra y avoir de mutation de cote que pour le sol. — Cons. d'Et., 1er avr. 1892, Lemaitre, [Leb. chr., p. 234]

2774. — La mutation de cote ne doit porter exactement que sur ce qui a fait l'objet de la vente. — Cons. d'Et., 2 juill. 1892, Ville de Paris, [Leb. chr., p. 600]

2775. — En matière de contributions des portes et fenêtres, la mutation de cote peut être demandée, non seulement par l'ancien et le nouveau propriétaire, mais encore par celui qui, avant l'ouverture de l'exercice, a abandonné le logement à raison duquel il était assujetti à cette contribution et aussi par son successeur. Le fait que celui-ci aurait été maintenu à tort dans le lieu de son ancienne résidence ne saurait mettre obstacle à ce qu'il soit imposé dans la nouvelle par voie de mutation de cote, sur la demande de son prédécesseur ou de ses représentants. — Cons. d'Et., 20 sept. 1859, Piquemal, [P. adm. chr.]; — 28 juin 1870, Chaumette, [Leb. chr., p. 849]; — 26 déc. 1870, Lavit, [Leb. chr., p. 1110]; — 18 déc. 1874, Legrée, [Leb. chr., p. 1008]; — 19 mai 1876, Gouyer, [Leb. chr., p. 457]; — 28 mai 1880, Nicolas, [Leb. chr., p. 494]; — 26 juin 1890, Lamouroux, [Leb. chr., p. 612]; — 14 févr. 1891, Laurans, [Leb. chr., p. 128]

2776. — Un percepteur n'a pas qualité pour présenter au conseil de préfecture les demandes en mutation de cote aux lieu et place des parties intéressées. — Cons. d'Et., 25 janv. 1870, de Roquemaurel et Bergis, [S. 71.2.128, P. adm. chr.]

2777. — La mutation de cote ne peut être opérée qu'au nom de la personne qui est légalement débitrice de l'impôt. Un propriétaire débiteur de l'impôt ne pourrait avoir recours à cette procédure pour faire exécuter les clauses d'un bail passé avec un fermier, clauses qui mettent l'impôt foncier à la charge de ce dernier. C'est aux tribunaux civils qu'il devra s'adresser afin d'obtenir, par application de son bail, le remboursement des taxes qu'il aura payées en l'acquit de son fermier. — Cons. d'Et., 3 juin 1852, Commune de Cambo, [S. 52.2.558, P. adm. chr.]

2778. — Cependant s'il s'agit de terrains cédés à une compagnie de chemins de fer, c'est au nom de cette compagnie, imposable d'après les clauses de son cahier des charges, et non à celui de l'Etat que la mutation de cote doit être opérée. — Cons. d'Et., 21 sept. 1859, Département de l'Aveyron, [Leb. chr., p. 631]

2779. — Pour qu'il y ait lieu à mutation de cote, il faut qu'il y ait ou erreur sur la personne du contribuable ou changement de propriétaire ou changement de résidence quand il s'agit de la contribution des portes et fenêtres. Mais une réduction, fondée sur ce qu'un terrain a perdu de sa valeur par suite de fouilles exécutées par l'administration des ponts et chaussées, n'autoriserait pas le conseil de préfecture à mettre à la charge de cette administration le montant de ce dégrèvement. En effet, elle n'est pas devenue propriétaire du terrain dégradé. — Cons. d'Et., 1er juin 1850, Gauvry, [P. adm. chr.]

2780. — Les faits qui servent de fondement à une demande en mutation de cote doivent être antérieurs à l'ouverture de l'exercice. Autrement dit celui qui demande que la cote qui lui a été imposée soit transférée au nom d'un tiers doit justifier qu'antérieurement au 1er janvier de l'année courante, il avait cessé d'être imposable. Les changements de propriété ou de résidence qui surviennent en cours d'année ne peuvent donner lieu à des mutations de cote. — Cons. d'Et., 3 avr. 1856, Charles, [P. adm. chr.]; — 29 juill. 1857, Chanterelle, [P. adm. chr.]; — 7 août 1874, Delavaud, [Leb. chr., p. 790]; — 17 mai 1878, Chabut, [Leb. chr., p. 465]; — 24 janv. 1891, Andrieux, [Leb. chr., p. 43]; — 13 juin 1891, Carrot, [Leb. chr., p. 449]

2781. — Lorsqu'une ville exproprie des terrains pour cause d'utilité publique, elle devient propriétaire du jour du jugement d'expropriation. La mutation de cote doit donc être opérée à son nom au rôle de l'année suivante, si au 1er janvier les terrains expropriés n'ont pas encore été affectés au domaine public. —

Cons. d'Et., 27 janv. 1888, Lebaudy, [Leb. chr., p. 90]; — 20 juill. 1888, Ville de Paris, [Leb. chr., p. 654]

2782. — Il y a lieu en conséquence d'annuler des arrêtés qui ont transféré une cote au nom d'un contribuable qui n'est venu s'installer dans une commune qu'après le 1er janvier. — Cons. d'Et., 7 janv. 1859, Clave, [Leb. chr., p. 7]; — 3 mai 1878, Charlier, [Leb. chr., p. 423]

2783. — ... Ou qui, au lieu de déclarer un contribuable imposable à partir du 1er janvier à raison des ouvertures du logement qu'il avait à sa disposition à cette date, ne font courir son imposition que d'une date postérieure, sous prétexte qu'il n'est pas auparavant entré en possession dudit logement. — Cons. d'Et., 5 févr. 1870, Jacquemot, [Leb. chr., p. 40]

2784. — Les mutations de cote se règlent annuellement comme la contribution elle-même. C'est pourquoi le conseil a décidé qu'une compagnie de chemins de fer, qui prétendait ne devoir être imposée à la contribution foncière qu'au milieu d'une année, parce que son cahier des charges disposait qu'elle ne devrait l'impôt de l'année qui suivrait la réception définitive des travaux, devait y être assujettie dès le 1er janvier de cette année. — Cons. d'Et., 23 nov. 1854, Cie des chemins de fer de Strasbourg, [Leb. chr., p. 881]

2785. — Nous avons déjà vu, en étudiant le travail des mutations, que la loi du 3 frim. an VII (art. 36) interdit aux agents des contributions directes d'effectuer les mutations de cote d'office. Ils sont tenus d'attendre que la mutation soit demandée par l'ancien ou par le nouveau propriétaire. — Cons. d'Et., 2 juill. 1861, Taupin, [Leb. chr., p. 543]; — 20 mars 1875, Doré, [Leb. chr., p. 278]; — 8 juin 1888, Vuillerna, [S. 90.3.37, P. adm. chr., D. 89.3.84]; — 9 nov. 1889, Troussel-Dumanoir, [Leb. chr., p. 1013]

2786. — Le propriétaire qui a vendu sa propriété avant le 1er janvier, mais qui n'a pas fait déclaration de la mutation aux agents de l'administration, doit être maintenu au rôle de l'année suivante, et lui ou ses héritiers seront tenus tant qu'ils n'auront pas demandé la mutation de cote. L'acquéreur ne pourra être poursuivi par l'administration en paiement de l'impôt. — Cons. d'Et., 5 avr. 1889, Awaro, [Leb. chr., p. 466]; — 9 nov. 1889, Brissot, [Leb. chr., p. 1013]; — 9 nov. 1889, précité; — 8 nov. 1890, Barreyre, [Leb. chr., p. 816]

2787. — Les héritiers sont tenus, même en l'absence de toute mutation de cote. — Cons. d'Et., 4 mai 1883, Allégier, [Leb. chr., p. 424]

2788. — C'est au conseil de préfecture qu'appartient, après l'émission des rôles, le droit de prononcer sur les demandes en mutation de cote. — Cons. d'Et., 2 févr. 1856, Régy, [S. chr., P. adm. chr.]; — 27 déc. 1854, Tournié, [Leb. chr., p. 1009]; — 9 mars 1870, Troplong, [S. 71.2.232, P. adm. chr., D. 70.3.65]; — 24 févr. 1870, Jourdan, [Leb. chr., p. 154]; — 29 juin 1888, Vallière, [Leb. chr., p. 565]

2789. — Le préfet excéderait ses pouvoirs en statuant sur une telle demande, et le ministre des Finances pourrait annuler son arrêté sans même être tenu de mettre les parties intéressées en demeure de fournir leurs observations. — Cons. d'Et., 9 mars 1870, précité.

2790. — Si toutefois la demande adressée au préfet n'avait d'autre but que d'obtenir administrativement et conformément à la loi du 3 frim. an VII, la mutation pour le rôle de l'année suivante, le conseil de préfecture serait incompétent pour y statuer. — Cons. d'Et., 17 sept. 1854, Protin, [Leb. chr., p. 828]

2791. — Le droit de réclamer la mutation de cote par la voie contentieuse est ouvert aux contribuables, sans qu'il soit besoin de distinguer entre le cas où il y aurait eu fausse attribution de propriété et celui où il y aurait eu changement de propriété. Le Conseil d'Etat a repoussé les prétentions du ministre qui soutenait que, dans ce dernier cas, les demandes devaient être suivies administrativement, sauf le recours en remboursement par la voie civile contre le nouveau propriétaire. — Cons. d'Et., 27 déc. 1854, précité.

2792. — Ces demandes doivent être présentées dans les trois mois de la publication des rôles. — Cons. d'Et., 1er déc. 1864, Tanière, [Leb. chr., p. 936]; — 18 juill. 1866, Giudicelli, [Leb. chr., p. 846]; — 20 nov. 1869, Liot, [Leb. chr., p. 945]; — 14 juin 1873, Maraud et Gatignan, [Leb. chr., p. 567]; — 10 mars 1876, Sainte-Marie-Gaudens, [Leb. chr., p. 235]; — 1er juin 1877, Foucaud, [Leb. chr., p. 511]; — 9 mai 1879, Billaut, [Leb. chr., p. 363]; — 17 mars 1882, Ciccioni, [Leb. chr., p. 254]

20

2793. — Ces demandes peuvent-elles bénéficier de la prolongation de délai établie par la loi du 29 déc. 1884, en cas de faux ou double emploi ? A notre avis, il faut distinguer. Quand il s'agit de contribution foncière, la loi nouvelle ne peut s'appliquer, puisque, l'ancien propriétaire devant être maintenu au rôle tant qu'il n'a pas fait inscrire le changement de propriété au lieu des mutations, son imposition au rôle de l'année qui suit celle de la vente ne constitue pas un faux emploi. Il n'en est pas de même en matière de contribution des portes et fenêtres. Le contribuable qui quitte sa résidence avant le 1er janvier, est fondé à croire qu'il n'y sera pas maintenu au rôle de l'année suivante. Il n'est tenu de faire aucune déclaration. Son imposition constitue donc un faux emploi.

2794. — On ne peut en dehors du délai de trois mois de la publication des rôles, substituer une demande en mutation de cote à une demande en décharge ou en réduction. — Cons. d'Et., 14 juin 1895, Lacroix, [Leb. chr.]

2795. — En matière de contribution foncière, celui qui prétend n'être plus propriétaire du fonds à raison duquel il est imposé, est tenu, pour obtenir la mutation de cote, de désigner au conseil de préfecture le nom du nouveau propriétaire. — Cons. d'Et., 29 juill. 1857, Chanterelle, [P. adm. chr.]; — 7 janv. 1859, de Bonabry, [P. adm. chr.]; — 26 févr. 1872, Laffranque, [Leb. chr., p. 106]; — 22 mars 1872, Henry, [Leb. chr., p. 181]; — 6 juin 1879, Migouney, [S. 81.3.2, P. adm. chr., D. 79.3.109]; — 4 févr. 1887, Metge, [D. 88.5.131]; — 7 mars 1890, Laurent, [Leb. chr., p. 251]; — 28 févr. 1891, des Etangs, [Leb. chr., p. 174]; — 16 janv. 1892, Barreyre, [Leb. chr., p. 25]

2796. — Cette désignation peut être faite valablement pour la première fois devant le Conseil d'Etat, qui doit renvoyer l'affaire au conseil de préfecture. — Cons. d'Et., 4 févr. 1887, précité; — 7 mars 1890, précité; — 14 févr. 1891, Girardin, [Leb. chr., p. 127]

2797. — Si le propriétaire désigné par le réclamant est le domaine public, le conseil de préfecture doit vérifier si les terrains litigieux ont été réunis au domaine public, afin de pouvoir, par le même arrêté, rayer du rôle le contribuable indûment imposé et retrancher lesdits terrains du nombre des propriétés imposables, conformément à l'art. 103, L. 3 frim. an VII. — Cons. d'Et., 5 janv. 1850, Cahours, [S. 50.2.234, P. adm. chr.]

2798. — La désignation des propriétaires actuels n'est imposée à celui qui réclame la mutation de cote que s'il est ancien propriétaire de l'immeuble imposé. S'il a été imposé par erreur à raison d'un immeuble qui ne lui a jamais appartenu, on ne peut équitablement l'obliger à rechercher le nom du véritable propriétaire. — Cons. d'Et., 4 mai 1894, Villet, [Leb. chr., p. 307]

2799. — Les requérants doivent aussi désigner les parcelles sur lesquelles porte leur demande. — Cons. d'Et., 19 déc. 1861, Comte, [Leb. chr., p. 906]

2800. — En cas d'aliénation partielle d'une propriété ou de partage d'une propriété entre plusieurs ayants-droit, lorsque la mutation de cote a été faite administrativement, chaque intéressé est recevable à réclamer par la voie contentieuse la rectification de cette mutation, s'il prétend que la division de la cote originaire a été mal faite. Tous les autres intéressés doivent être appelés devant le conseil. — Cons. d'Et., 13 juill. 1858, Millet, [P. adm. chr.]

2801. — La désignation imposée aux réclamants du nom de la personne à qui ils prétendent faire transférer leur cote a pour but de faciliter la mise en cause de cette personne. L'instruction de ces demandes ne diffère de celle des demandes en décharge que par la mise en cause nécessaire du tiers qui, selon le réclamant, aurait dû être imposé. Elle doit avoir nécessairement le caractère contradictoire. Le conseil de préfecture ne pourrait, sans excéder ses pouvoirs, opérer la mutation de cote avant que le tiers eût reçu communication de la réclamation et eût été mis en demeure d'y répondre. — Cons. d'Et., 18 avr. 1845, Desbirans, [P. adm. chr.]; — 21 déc. 1847, Noyon, [P. adm. chr.]; — 22 juill. 1848, Levaillant, [S. 50.2.234, P. adm. chr.]; — 5 août 1848, Fromage, [S. 50.2.234, ad notam]; — 16 sept. 1848, Min. Finances, [Leb. chr., p. 595]; — 20 sept. 1848, Vimany, [S. 50.2.234, ad notam, P. adm. chr.]; — 20 déc. 1848, Garnier, [S. 50.2.234, ad notam]; — 28 juill. 1849, Cie de Paris à Strasbourg, [P. adm. chr.]; — 5 janv. 1850, Cahours, [S. 50.2. 234, P. adm. chr.]; — 26 janv. 1850, Delteil, [P. adm. chr.]; — 7 déc. 1850, Lebreton, [Leb. chr., p. 905]; — 24 mars 1865,

Meissonier, [Leb. chr., p. 314]; — 26 janv. 1870, Commune de Massat, [S. 71.2.232, P. adm. chr.]; — 8 nov. 1872, Flory, [Leb. chr., p. 553]; — 23 mai 1873, Nougué, [S. 75.2.151, P. adm. chr., D. 73.3.94]; — 27 févr. 1874, Farnoux, [Leb. chr., p. 195]; — 6 août 1875, Brullon, [Leb. chr., p. 773]; — 6 juin 1879, Migouney, [S. 81.3.2, P. adm. chr.]; — 13 févr. 1880, Peloux, [Leb. chr., p. 164]; — 11 mars 1881, Mille, [Leb. chr., p. 280]; — 18 mars 1881, Rey, [Leb. chr., p. 302]; — 19 mai 1882, Verdellet, [Leb. chr., p. 498]; — 27 nov. 1885, Czernichowska, [Leb. chr., p. 878]; — 4 févr. 1887, précité; — 9 nov. 1889, Fournier, [Leb. chr., p. 1012]; — 26 juin 1890, Tixier, [Leb. chr., p. 611]; — 27 déc. 1890, Gess, [Leb. chr., p. 1017]; — 28 févr. 1891, précité; — 14 nov. 1891, Bonnemaison, [Leb. chr., p. 671]; — 27 mai 1892, Cie nouvelle d'éclairage, [Leb. chr., p. 489]

2802. — La demande en décharge de contribution foncière fondée sur la négation de la propriété constitue une demande en mutation de cote et doit être instruite contradictoirement. — Cons. d'Et., 20 juill. 1894, Toysonnier, [Leb. chr., p. 489]

2803. — De même, la demande du contribuable qui réclame son inscription au rôle, à raison d'une parcelle, doit nécessairement être communiquée à celui qui a été porté au rôle et qui peut avoir des motifs pour s'y faire maintenir. — Cons. d'Et., 2 mars 1888, Blancon, [Leb. chr., p. 219]

2804. — Si par suite d'une double erreur, une parcelle est inscrite sous le nom du propriétaire d'une autre parcelle, et réciproquement, la rectification n'en peut être opérée qu'après mise en cause des deux intéressés. Le conseil ne pourrait ni se borner à accorder au réclamant décharge de la taxe indûment imposée. — Cons. d'Et., 16 mars 1859, Lébé, [P. adm. chr.]

2805. — ... Ni rejeter sa réclamation par le motif que la cote inscrite par erreur à son nom serait inférieure à celle qu'il aurait dû payer. — Cons. d'Et., 21 avr. 1858, Taupin, [P. adm. chr.]

2806. — Lorsque le conseil de préfecture ordonne la mutation de cote sans avoir préalablement mis en cause le nouveau contribuable, son arrêté doit être annulé sur la réclamation de celui-ci et l'affaire doit être renvoyée devant lui pour qu'il y statue à nouveau après une instruction contradictoire. — Cons. d'Et., 27 févr. 1874, précité; — 21 févr. 1879, Jourdan, [Leb. chr., p. 154]; — 6 juin 1879, précité; — 18 mars 1881, précité; — 1er juin 1883, Badois, [Leb. chr., p. 502]; — 27 juill. 1883, Durbach, [Leb. chr., p. 689]; — 3 août 1883, Janvier, [Leb. chr., p. 716]; — 16 nov. 1883, Badon, [Leb. chr., p. 810]; — 14 mars 1884, Morin, [Leb. chr., p. 198]; — 5 nov. 1886, Fontaine, [Leb. chr., p. 757]; — 9 nov. 1889, précité; — 3 mai 1890, Guyon, [Leb. chr., p. 450]

2807. — Dans la plupart de ces décisions, le Conseil d'Etat a admis implicitement la recevabilité de l'appel formé par les contribuables au nom desquels avait été effectuée, à leur insu, la mutation de cote. D'autres décisions plus anciennes, qui nous paraissent plus juridiques et plus conformes aux principes généraux de la procédure, ont opposé à ces requérants une fin de non-recevoir tirée de ce que la voie de la tierce-opposition leur était seule ouverte. — Cons. d'Et., 16 mars 1850, Rachis, [P. adm. chr.]; — 5 avr. 1851, d'Auteville, [P. adm. chr.]; — 20 sept. 1871, Armand, [S. 73.2.159, P. adm. chr.]

2808. — Il n'est rien prescrit de particulier relativement à la forme de la mise en cause du nouveau propriétaire. La communication du rapport fait par le directeur sur la réclamation constitue une mise en cause suffisante. — Cons. d'Et., 27 févr. 1892, Legrand-Morel, [Leb. chr., p. 231]

2809. — Lorsque la mise en cause a été faite, de deux choses l'une : 1° ou la personne désignée par le réclamant ne s'oppose pas à ce que la mutation soit opérée. Dans ce cas le conseil peut l'ordonner. Il est même arrivé plusieurs fois que la désignation du nouveau contribuable et la communication de la demande n'eussent lieu que devant le Conseil d'Etat. Même dans ce cas, le Conseil a ordonné la mutation sans renvoyer l'affaire au conseil de préfecture lorsque le défendeur déclarait ne pas s'y opposer. — Cons. d'Et., 21 déc. 1847, précité; — 22 juill. 1848, précité; — 5 août 1848, précité; — 16 sept. 1848, précité; — 20 sept. 1848, précité; — 20 déc. 1848, précité; — 7 janv. 1859, de Bonabry, [P. adm. chr.]; — 25 avr. 1879, Gosset, [Leb. chr., p. 319]

2810. — 2° Ou bien ou une contestation s'élève sur la mutation de cote. La plupart du temps, en matière de contribution

foncière, cette contestation soulève une question de propriété. Le conseil de préfecture et le Conseil d'Etat doivent alors surseoir à statuer jusqu'à ce que les parties aient fait juger leurs droits respectifs par l'autorité judiciaire. — Cons. d'Et., 25 juill. 1848, Oré, [P. adm. chr.]; — 13 mars 1852, de Préaux, [P. adm. chr.]; — 9 mai 1860, Choppin, [P. adm. chr., D. 60.3.47]; — 10 août 1868, Maldiney, [Leb. chr., p. 877]; — 26 janv. 1870, Commune de Massat, [S. 71.2.232, P. adm. chr.]; — 7 nov. 1873, Lebeau, [Leb. chr., p. 790]; — 15 mai 1874, Ailland, [Leb. chr., p. 437]; — 22 nov. 1878, Verdollet, [Leb. chr., p. 910]; — 16 avr. 1880, Siani, [Leb. chr., p. 369]; — 4 mars 1881, Vételay, [Leb. chr., p. 248]; — 18 mars 1881, précité; — 7 mars 1890, Pernot, [Leb. chr., p. 252]; — 27 déc. 1890, Luvs, [Leb. chr., p. 1025]; — 7 déc. 1894, Société de la Grande-Bretagne, [Leb. chr., p. 658]

2811. — Quand par un premier arrêté un conseil de préfecture a sursis à statuer sur une demande en mutation de cote et imparti un délai aux parties pour saisir les tribunaux judiciaires de la question litigieuse de propriété, et qu'à l'expiration de ce délai il n'est justifié d'aucune diligence, la réclamation doit être rejetée purement et simplement. — Cons. d'Et., 27 févr. 1892, Pernot, [Leb. chr., p. 226]

2812. — Mais lorsque l'une des parties rapporte une décision de l'autorité judiciaire passée en force de chose jugée, qui tranche la question de propriété, la juridiction administrative ne doit pas surseoir, mais au contraire statuer conformément à cette décision. — Cons. d'Et., 24 févr. 1888, Châtillon, [Leb. chr., p. 188]; — 13 févr. 1892, Blancon, [Leb. chr., p. 158]

2813. — Lorsqu'un contribuable demande que sa cote soit transférée au nom d'une commune, la communication qui est faite de sa demande au maire et aux répartiteurs, conformément à l'art. 5, L. 2 mess. an VII, n'équivaut pas à la mise en demeure qui doit être adressée à la commune pour l'inviter à présenter des observations en défense. — Cons. d'Et., 26 janv. 1870, précité.

2814. — Dans quel délai doivent être attaquées les décisions qui ordonnent une mutation de cote? Si le défendeur a été mis en cause devant le conseil de préfecture à défendu, dans les délais ordinaires d'appel. De même, s'il a été mis en cause et n'a pas défendu, il pourra former opposition à l'arrêté rendu par défaut dans les délais ordinaires fixés par la loi du 22 juill. 1889. Mais s'il n'a pas été mis en cause et si la mutation a été opérée à son insu, va-t-il avoir trente ans pour contester la contre-régularité de la mutation? Il ne semble pas que le Conseil d'Etat ait voulu admettre cette conséquence. Il a décidé, notamment, qu'un contribuable qui avait payé plusieurs années, sans réclamer, une contribution à laquelle il avait été assujetti par voie de mutation de cote, n'était plus recevable à demander décharge par le motif que cette mutation aurait été opérée irrégulièrement. — Cons. d'Et., 13 déc. 1854, Taupin, [Leb. chr., p. 958]

2815. — De même il a été décidé que le contribuable, qui ne s'était pas pourvu contre l'arrêté ordonnant la mutation, ne pouvait plus réclamer ultérieurement contre la contribution à laquelle il avait été imposé conformément aux bases établies par l'arrêté de mutation. — Cons. d'Et., 11 déc. 1867, Thierry, [Leb. chr., p. 912]

2816. — Dans une autre décision il a admis que lorsqu'une mutation avait été opérée à l'insu d'un contribuable, celui-ci était fondé à la contester dans les trois mois de la publication du premier rôle qui suivait cette mutation. — Cons. d'Et., 10 août 1868, Maldiney, [Leb. chr., p. 877]

§ 3. Demandes en transfert de patente.

2817. — Ces demandes sont bien aussi des demandes en mutation de cote, mais elles sont soumises à des règles spéciales. C'est pourquoi nous ne les avons pas réunies. D'après l'art. 28, L. 15 juill. 1880, il n'y a lieu à transfert qu'en cas de cession d'établissement. Ce n'est pas ici le lieu d'indiquer ce qu'il faut entendre par cession d'établissement. Nous n'avons à nous occuper que de la procédure à suivre pour faire opérer le transfert.

2818. — Qui a qualité pour demander le transfert? Sous l'empire de la loi du 25 avr. 1844, ce droit n'était reconnu qu'au cédant. Mais il arrivait souvent que le cédant, après avoir mis à la charge du cessionnaire dans l'acte de vente les droits de patente, négligeait de demander le transfert. Le cessionnaire se trouvait alors avoir à supporter deux patentes, celle de son pré-

décesseur et celle qui lui était imposée personnellement par un rôle supplémentaire. La loi du 15 juill. 1880 a remédié à cette situation. « En cas de cession d'établissement, la patente sera, sur la demande du cédant ou du cessionnaire, transférée à ce dernier » (art. 28, § 2).

2819. — La demande de transfert sera recevable dans le délai de trois mois à partir, soit de la cession de l'établissement, soit de la publication du rôle supplémentaire dans lequel le cessionnaire aura été personnellement imposé pour l'établissement cédé (art. 28, § 3). Cette disposition soulève plusieurs questions. Le délai est-il le même pour le cédant et le cessionnaire? Le cédant a deux délais successifs : d'abord trois mois pour demander le transfert à l'expiration du délai de trois mois à partir de la cession de l'établissement; s'il n'a pas fait cette demande, la publication du rôle supplémentaire lui ouvre un nouveau délai pour réclamer décharge des douzièmes de patente qui font double emploi avec ceux imposés à son cessionnaire. — Cons. d'Et., 20 janv. 1888, Journiac, [Leb. chr., p. 51]

2820. — Il résulte de là qu'une demande présentée par le cédant plus de trois mois après la cession d'établissement et antérieurement à l'imposition du cessionnaire n'est pas recevable. — Cons. d'Et., 21 mars 1883, Bort, [Leb. chr., p. 313] — Nous avons vu que le dernier état de la jurisprudence semblait autoriser les réclamations pendant toute la période comprise entre la cession et l'expiration du délai de trois mois à partir de l'imposition du cessionnaire au rôle supplémentaire. Passé cette dernière date, toute demande est tardive. — Cons. d'Et., 18 mai 1877, Tourtel et Bouchon, [Leb. chr., p. 463]; — 14 févr. 1891, Séguin, [Leb. chr., p. 123]

2821. — Quant au cessionnaire, s'il peut évidemment réclamer le transfert à son nom de la patente du cédant dans les trois mois à dater de la cession de l'établissement, on pourrait se demander s'il est recevable à former cette demande dans les trois mois de la publication du rôle où il est imposé. Ne pourrait-on soutenir, en effet, que le transfert étant effectué, du moins en ce qui le concerne, il n'est plus recevable à le demander; que, d'autre part, la loi ne lui confère pas mandat pour demander décharge des droits qui sont maintenus à la charge du cédant; qu'enfin il ne peut demander décharge de l'imposition à laquelle il a été assujetti sur le rôle supplémentaire et qu'il doit comme tout patentable à partir du 1er jour du mois où il a commencé à exercer sa profession? — Cette opinion se heurte à un obstacle, suivant nous, invincible : c'est le texte de l'art. 28, L. 15 juill. 1880, qui est conçu en termes absolus et qui, sans distinguer, donne au cédant et au cessionnaire les mêmes droits. Ils ne seront pas cependant dans une situation identique. Le cédant qui, après l'imposition du concessionnaire au rôle supplémentaire, se bornera à demander décharge des douzièmes non échus de sa patente, verra sa demande accueillie.

2822. — Le cessionnaire, au contraire, devra nécessairement demander le transfert et ce n'est que lorsqu'il justifiera du transfert ou tout au moins d'une demande faite à cet effet qu'il pourra demander décharge de la taxe qui lui est imposée par voie de rôle supplémentaire. S'il se borne à présenter une demande en décharge avant d'avoir rempli cette formalité, elle devra être rejetée.

2823. — On peut encore se demander si, une fois le transfert effectué, le cessionnaire qui se trouve imposé par double emploi peut bénéficier du délai imparti par l'art. 4, L. 29 déc. 1884.

2824. — En cas de cession d'établissement dans le cours de l'année, le transfert de patente peut être proposé d'office par le contrôleur sur un état spécial (L. 8 août 1890, art. 29; Circ. 31 déc. 1890; Instr. 31 janv. 1892, art. 13).

2825. — On voit que le transfert de patente diffère déjà sur un point important de la mutation de cote : c'est qu'il peut être motivé par des faits survenus en cours d'année et qu'il donne lieu à un partage de la même contribution entre deux contribuables.

2826. — A qui le transfert de patente doit-il être demandé? Au préfet et non au conseil de préfecture. C'est le préfet qui prononce le transfert. La décision, qui a un caractère administratif et non juridictionnel, est prise par lui sans communication préalable à l'autre partie intéressée. Elle est notifiée par le directeur aux parties et au percepteur (L. 15 juill. 1880, art. 28; Instr. 1881, art. 132).

2827. — Le renvoi par le préfet au conseil de préfecture d'une demande en transfert doit être considéré comme un refus

de l'ordonner, et, dans ce cas, le conseil de préfecture est compétent pour connaître de la réclamation. — Cons. d'Et., 13 févr. 1856, Min. Finances, [Leb. chr., p. 138] ; — 18 août 1864, Min. Finances, [Leb. chr., p. 804] ; — 6 déc. 1889, Silhol, [Leb. chr., p. 1126]

2828. — Le conseil de préfecture ne peut statuer avant que le préfet ait réglé la mutation de cote. — Cons. d'Et., 27 juin 1884, Guichou, [Leb. chr., p. 524]

2829. — Le recours contre la décision du préfet doit être porté devant le conseil de préfecture et non directement devant le Conseil d'Etat. — Cons. d'Et., 23 mai 1844, Lalande, [Leb. chr., p. 284] ; — 11 janv. 1851, Béatrix, [Leb. chr., p. 31] ; — 19 juin 1854, Souteyran, [Leb. chr., p. 635] ; — 31 janv. 1855, Blouet, [Leb. chr., p. 88] ; — 25 août 1858, Justin, [Leb. chr., p. 595] ; — 24 mars 1859, Dubois, [Leb. chr., p. 233] ; — 25 mai 1861, Dupirc, [Leb. chr., p. 426] ; — 19 mars 1864, Tellier, [Leb. chr., p. 289] ; — 12 juill. 1882, Aubertin, [Leb. chr., p. 670] ; — 31 juill. 1885, Blois, [Leb. chr., p. 729] ; — 9 nov. 1889, Dumée, [Leb. chr., p. 1011] ; — 23 janv. 1892, Société des téléphones, [Leb. chr., p. 53] ; — 22 juill. 1892, Delaunay, [Leb. chr., p. 635]

2830. — Le délai de recours contre l'arrêté qui prononce le transfert est de trois mois à dater du jour où il est notifié. Cet arrêté, en effet, tient lieu de rôle supplémentaire. Il a les mêmes effets. — Cons. d'Et., 15 nov. 1851, Min. Finances, [Leb. chr., p. 667] ; — 19 juill. 1854, Robert, [Leb. chr., p. 656] ; — 25 févr. 1863, Pascouë, [Leb. chr., p. 170]

2831. — Le décret du 27 déc. 1871 (art. 2), relatif à la taxe sur les billards, dispose qu'en cas de cession d'un établissement renfermant un ou plusieurs billards publics, la taxe afférente à ces billards est, si le cédant en fait la demande, transférée à son successeur.

§ 4. Demandes en rappel à l'égalité proportionnelle.

2832. — Ces demandes étaient organisées par les art. 96 à 201, L. 2 mess. an VII. Elles pouvaient être présentées dans deux cas : lorsqu'il y avait inégalité dans l'évaluation des revenus imposables entre les diverses cotes, soit par comparaison d'une cote avec une ou plusieurs autres cotes, soit entre tous les fonds de terre de la commune d'une part, et toutes les maisons et usines de l'autre (art. 96).

2833. — Cette demande pouvait être présentée par tout contribuable lésé, par simple mémoire adressé à l'administration municipale. Ce mémoire devait être accompagné, dans le premier cas, d'un extrait de la matrice du rôle contenant la cote du réclamant et chacune de celles auxquelles il voulait la comparer, une indication détaillée pour chaque cote de la somme à laquelle il prétendait que devait être porté le revenu imposable pour que l'égalité proportionnelle fût rétablie ; la quittance des termes échus. Dans le second cas, le demandeur devait joindre : 1º un relevé de la matrice du rôle, délivré par le secrétaire et certifié par le président de l'administration municipale, portant que, d'après ladite matrice, le total du revenu imposable des fonds de terre de toute nature est de la somme....; le total du revenu imposable des maisons et usines, de la somme.....; 2º une déclaration de la somme à laquelle il prétendait que devait être porté respectivement, pour qu'il y eût égalité proportionnelle, l'évaluation du revenu imposable de chacun de ces deux éléments; 3º la quittance des termes échus (art. 96-98). Toutefois, la production de ces pièces n'était pas prescrite à peine de déchéance. — Cons. d'Et., 18 oct. 1833, Curtille, [P. adm. chr.]

2834. — Dans une affaire où un conseil de préfecture avait déclaré non recevable une réclamation parce qu'elle n'était pas accompagnée des pièces énumérées dans les art. 97 et 98, L. 2 mess. an VII, le Conseil d'Etat a évité de se fonder sur cette raison de droit, et s'est borné à confirmer l'arrêté en disant que le requérant ne justifiait pas que sa cote fût exagérée. — Cons. d'Et., 24 mai 1890, Achard, [Leb. chr., p. 542]

2835. — Mais ultérieurement il a décidé que, pour demander le rappel de sa cote à l'égalité proportionnelle, le réclamant n'avait pas à joindre à sa demande un extrait de la matrice du rôle contenant sa cote et chacune de celles auxquelles il entendait la comparer. — Cons. d'Et., 25 avr. 1891, Maurel, [Leb. chr., p. 317]

2836. — D'après les art. 126 et 127, L. 2 mess. an VII,

le rappel à l'égalité proportionnelle pouvait être demandé pendant les trois années qui suivaient celle de la publication du dépôt de la matrice du rôle au secrétariat de l'administration municipale. La réclamation devait être adressée à cette administration soit dans les trois mois de publication, soit pendant les trois années suivantes, avant le 1er thermidor. Dans le cas où aucune matrice de rôle n'avait été publiée, les contribuables ne pouvaient réclamer que décharge ou réduction. — Cons. d'Et., 23 juill. 1823, Dunoyer, [P. adm. chr.]

2837. — Ces délais expirés, et pas avant, l'administration municipale envoyait les réclamations à l'agent municipal de la commune ou à l'un des officiers municipaux nommés répartiteurs. En même temps, avis de cet envoi était donné au réclamant et aux contribuables dont les cotes avaient été désignées. L'agent municipal ou le répartiteur entendait, en présence de deux autres répartiteurs, les observations du réclamant et des autres contribuables, et rédigeait un procès-verbal qu'il transmettait à l'administration municipale. Si l'accord s'établissait entre les parties en présence, l'administration municipale chargeait les répartiteurs de rappeler l'égalité proportionnelle entre la cote du réclamant et chacune des cotes comparées. Si, au contraire, l'accord ne s'établissait pas, l'administrateur nommait deux experts pour procéder à une évaluation comparative. S'agissait-il de demandes portant sur les propriétés non bâties d'une part, et les propriétés bâties d'autre part, l'instruction était faite contradictoirement entre le réclamant et les répartiteurs. Les experts devaient remettre leur procès-verbal dans les cinq jours de la clôture de leur opération. Puis l'administration municipale statuait, sauf recours à l'administration centrale du département (art. 99-113), dans le délai d'un mois à dater de la notification (art. 120).

2838. — Ces demandes n'étaient pas subordonnées à l'exécution du cadastre. — Cons. d'Et., 1er juin 1828, Noël, [P. adm. chr.]

2839. — Elles différaient des demandes en réduction en ceci, qu'au lieu de se débattre entre le réclamant et l'administration, elles se débattaient entre le réclamant et le contribuable dont il avait pris les cotes pour termes de comparaison. Lorsque la réclamation était reconnue fondée, le dégrèvement accordé au réclamant était reversé, non sur la totalité des contribuables de la commune, mais seulement sur ceux qu'il avait désignés dans sa requête (art. 103). C'étaient des demandes en mutation partielle de cote. — Cons. d'Et., 19 déc. 1821, Raguilet, [S. chr., P. adm. chr.]

2840. — L'art. 129 de la loi avait subordonné l'admission de ces demandes à plusieurs conditions. Elles n'étaient pas fondées : 1º lorsqu'elles avaient pour objet de faire réduire la cote du réclamant au taux de la proportion générale établie par la loi entre la contribution foncière du revenus territoriaux ; 2º lorsque les cotes prises en comparaison se trouvaient elles-mêmes imposées dans cette proportion ou plus fortement taxées ; 3º lorsqu'il ne se trouvait pas entre la cote du réclamant et l'une ou plusieurs des cotes prises en comparaison, une différence proportionnelle d'un dixième au moins. Dans les deux premiers cas, c'est par voie de demande en réduction que le réclamant aurait dû se pourvoir (art. 129 et 130). — Cons. d'Et., 17 mars 1825, Commune de Crolles, [S. chr., P. adm. chr.]

2841. — Toutes les fois qu'un rappel à l'égalité proportionnelle avait été ordonné, la cote du réclamant et celles qu'il avait prises en comparaison devaient rester entre elles dans la proportion où les avait placées ce rappel, jusqu'à ce qu'il eût été procédé à une nouvelle évaluation générale du revenu imposable de tout le territoire de la commune (art. 133). Pour maintenir ce rapport entre ces diverses cotes, si l'une d'elles était une autre année prise en comparaison par un autre réclamant, le versement qui pouvait être ordonné par suite de ce nouveau rappel devait être fait, non seulement sur ladite cote prise en comparaison, mais encore sur toutes les cotes ci-devant comparées à celle-ci (art. 134).

2842. — Depuis la confection du cadastre, substituant des évaluations immuables aux évaluations périodiques de la loi du 2 mess. an VII, le Conseil d'Etat a été peu à peu conduit à décider que les demandes en rappel à l'égalité proportionnelle ne pouvaient plus être formées, ou devaient au moins être instruites comme de simples demandes en réduction, conformément à l'arrêté du 24 flor. an VIII. Il a été décidé, notamment, que le montant des dégrèvements devait être réimposé sur tous les con-

tribuables de la commune, et non sur ceux dont les cotes avaient été prises pour termes de comparaison. — Cons. d'Et., 8 sept. 1830, Jarré, [P. adm. chr.]

2843. — ... Que ces demandes étaient soumises aux mêmes délais que les réclamations ordinaires et que l'art. 126 était désormais inapplicable. — Cons. d'Et., 26 déc. 1840, Durct, [Leb. chr., p. 450]

2844. — ... Qu'une demande ne pouvait être rejetée parce que l'écart existant entre l'imposition du réclamant et celle des autres contribuables de la commune était inférieur à un dixième. — Cons. d'Et., 30 mai 1834, Machart, [S. 25.2.151, *ad notam*, P. adm. chr.]; — 29 août 1834, Guyot, [P. adm. chr.]; — 10 juin 1835, de Ranglandre, [P. adm. chr.]; — 29 janv. 1839, Ville de Charleville, [Leb. chr., p. 82]; — 5 juin 1845, Millart, [S. 45.2.623, P. adm. chr.]; — 25 mars 1858, N..., [P. adm. chr.]

§ 5. *Demandes en annulation de poursuites et en décharge de frais de poursuites.*

2845. — Ces demandes, comme celles relatives aux frais d'expertise, sont un accessoire des demandes en décharge ou réduction. C'est la jurisprudence qui leur a appliqué les règles édictées par la loi pour les réclamations ordinaires. Nous n'indiquerons ici que les points sur lesquels elles s'en différencient.

2846. — Les poursuites ayant plusieurs degrés, le point de départ du délai de réclamation varie suivant l'acte qui est attaqué. Mais ce délai est uniformément de trois mois à dater de la signification de l'acte de poursuite. — Cons. d'Et., 23 juin 1853, Hairault, [P. adm. chr.]

2847. — Comment sont instruites ces demandes? Il faut distinguer : si le réclamant se fonde pour demander l'annulation des poursuites, sur ce que celles-ci manquent de base, la contribution qui a motivée n'étant pas due ou étant due par un autre contribuable, cette question est préjudicielle à celle de la régularité des poursuites. Elle doit donc être instruite comme une demande en décharge ou en réduction ordinaire, et l'annulation des actes de poursuite sera une conséquence du dégrèvement qui pourra être accordé.

2848. — Si au contraire les poursuites sont critiquées en elles-mêmes, si le réclamant allègue qu'elles sont faites par un agent ou à la requête d'un agent sans qualité, ou que les délais n'ont pas été observés, ou qu'un degré de poursuite a été omis, ou que les actes contiennent des vices de forme, etc., l'instruction ne doit plus être confiée aux agents chargés de l'assiette des contributions. C'est le service du recouvrement qui est seul en cause. Il faut donc que le conseil de préfecture communique la réclamation au percepteur, qui présentera des observations en défense, et ensuite, s'il y a lieu, au receveur ou au trésorier-payeur général, qui aura son avis sur la régularité de la procédure suivie. En pareil cas, le percepteur est une véritable partie, car si ses actes sont annulés, il en est responsable.

2849. — La décision rendue par le conseil de préfecture peut être attaquée, soit par le contribuable, soit par le ministre des Finances dans l'intérêt du Trésor, soit par le percepteur lorsque les frais des actes annulés ont été mis à sa charge par la décision. — Cons. d'Et., 4 juin 1870, Christophe, [S. 72.2.88, P. adm. chr.]; — 27 avr. 1877, Berge, [D. 77.3.71]

2850. — Ces pourvois peuvent être formés sans le ministère d'un avocat au Conseil. Les décisions précitées montrent que le Conseil est revenu sur sa jurisprudence primitive. Il exigeait alors que les poursuites fussent présentés dans les formes ordinaires du décret de 1806. — Cons. d'Et., 25 avr. 1839, Lebreton, [P. adm. chr.]

2851. — La lettre par laquelle le ministre des Finances écrit à un percepteur qu'il peut se pourvoir, s'il le juge à propos, contre l'arrêté qui a annulé des actes de poursuite, n'est pas une décision, mais une instruction qui n'est susceptible d'aucun recours. — Cons. d'Et., 16 juill. 1817, Caron, [S. chr., P. adm. chr.]

2852. — Le délai du pourvoi court pour le percepteur du jour où il a reçu copie de l'arrêté du conseil de préfecture. — Cons. d'Et., 13 févr. 1856, Cornibert, [Leb. chr., p. 132]

2853. — Le recours au Conseil d'Etat contre les décisions rendues en cette matière par les conseils de préfecture est commu-

niqué au ministre, qui donne ses conclusions, non plus sur l'avis du conseil d'administration des contributions directes, mais sur celui du directeur général de la comptabilité publique.

2854. — Il va sans dire que si le conseil de préfecture a ordonné la mise des frais de poursuites à la charge du percepteur sans que celui-ci ait reçu communication de la réclamation et ait été mis en demeure de se défendre, c'est par la voie de la tierce-opposition qu'il devra se pourvoir. — Cons. d'Et., 23 juin 1824, Lochallerie, [Leb. chr., p. 485]; — 7 mai 1880, Percepteur de Baume-les-Dames, [Leb. chr., p. 434]

2855. — Lorsqu'un contribuable poursuivi demande aux tribunaux civils de prononcer l'annulation pour vice de forme d'actes de poursuites judiciaires, il n'est pas tenu de soumettre un mémoire préalable à l'autorité administrative, conformément à l'art. 13, L. 5 nov. 1790. Cette formalité n'est exigée, d'après l'art. 4, L. 12 nov. 1808, qu'au cas de revendication par un tiers de meubles saisis. — Aix, 20 mars 1838, Ferrari, [cité par Durieu, *Poursuites*, t. 2, p. 144]

§ 6. *Demandes en remboursement.*

2856. — Les demandes en remboursement sont des demandes en répétition de l'indu. Tantôt elles se présentent comme l'accessoire et la conséquence d'une demande en décharge. Les réclamants étant tenus de payer les termes échus jusqu'au jour où il a été statué sur leur réclamation, le dégrèvement qui leur est finalement accordé entraîne nécessairement la restitution de ces sommes par le Trésor. Le remboursement est une conséquence forcée de la décharge. Il n'est même pas besoin de conclusions spéciales à cet effet dans la demande. — Cons. d'Et., 12 févr. 1868, Reillet, [Leb. chr., p. 148]; — 9 août 1869, Leduc, [Leb. chr., p. 765]

2857. — Tantôt aussi ces demandes se présentent sous forme de demandes principales. Il faut alors distinguer suivant qu'elles émanent de contribuables portés aux rôles ou de personnes qui ont acquitté une cote inscrite au nom d'un tiers. Dans le premier cas, elles ne sont jamais recevables. Le contribuable porté au rôle a connu son imposition par la remise de l'avertissement ou tout au moins par les poursuites que le percepteur a exercées contre lui. La loi lui a imparti des délais pour contester l'imposition mal établie. Il a payé. Et on l'admettrait, plusieurs années peut-être après ce paiement, à venir arguer d'une irrégularité du rôle ou d'une cause d'exemption dont il aurait pu s'apercevoir plus tôt! Ce serait un moyen trop facile de retirer au Trésor une contribution définitivement acquise au Trésor. — Cons. d'Et., 7 sept. 1864, Jeansebuc, [Leb. chr., p. 833]; — 7 juill. 1882, de Pange, [Leb. chr., p. 640]; — 9 juill. 1886, Dussaud, [Leb. chr., p. 584]; — 4 nov. 1887, Lefèvre, [Leb. chr., p. 670]; — 7 févr. 1890, Delamare, [S. et P. 92.3.61]

2858. — La voie de l'action en remboursement ne doit pas être ouverte à ceux qui avaient d'autres voies de recours à leur disposition. Ainsi un légataire universel avait été maintenu au rôle foncier à raison d'immeubles légués par le testateur à la ville, jusqu'au décret autorisant l'acceptation du legs. Au lieu de demander au conseil de préfecture la mutation de cote au nom de la ville, il s'adressa administrativement au ministre des Finances pour obtenir le remboursement des sommes versées. Cette demande fut rejetée et la décision ministérielle fut déclarée non susceptible de recours contentieux. — Cons. d'Et., 31 mai 1870, Duvigneaux, [Leb. chr., p. 661]

2859. — Au contraire, la demande en remboursement est la seule voie de recours utile ouverte aux personnes non inscrites sur les rôles qui ont acquitté la cote portée au nom d'un autre. La voie de la demande en décharge ne leur est pas ouverte, la juridiction administrative ne reconnaissant que dans des cas extrêmement rares aux créanciers le droit d'exercer les actions de leur débiteur. Le plus souvent, d'ailleurs, cette voie de recours leur serait inutile, par suite de l'expiration des délais impartis aux contribuables dont ils exerceraient les droits. Les tiers ont à leur disposition deux voies de recours : l'opposition aux poursuites avant le paiement, et la demande en remboursement après.

2860. — Il faut donc, pour que la demande en remboursement soit recevable, que leur auteur justifie n'avoir payé que sur des poursuites dirigées contre lui personnellement ou tout au moins pour éviter des poursuites dont il était menacé. — Cons. d'Et., 16 févr. 1853, Laurent-Mignard, [Leb. chr., p. 201]; — 2 juill.

1861, Cagnier, [P. adm. chr.]; — 15 juin 1866, Cavex, [S. 67.2. 208, [P. adm. chr., D. 67.5.106]; — 13 avr. 1867, Guerrier, [Leb. chr., p. 390]; — 9 juin 1868, Durand, [Leb. chr., p. 629]; — 4 août 1868, Châtenet, [S. 69.2.248, P. adm. chr., D. 70.3.93]; — 28 janv. 1869, Tison, [Leb. chr., p. 81]; — 9 juin 1869, Ducret, [Leb. chr., p. 586]; — 30 juin 1869, Jammès, [S. 70.2.256, P. adm. chr.]; — 28 févr. 1870, Lambert, [Leb. chr., p. 208]; — 19 nov. 1880, Beaugé, [D. 82.3.48]; — 16 avr. 1886 (motifs), Henry, [S. 88.3.7, P. adm. chr., D. 87.3.94]; — 7 févr. 1890, Massebœuf, [S. et P. 92.3.61, D. 91.3.75]

2861. — Ceux au contraire qui acquittent la cote portée au nom d'un tiers, soit sur la remise de l'avertissement, soit sur une simple réclamation du percepteur, sont réputés avoir fait un paiement volontaire, lequel ne leur ouvre pas la voie du recours en remboursement. Ces demandes ne sont pas recevables. C'est ce qui a été décidé à l'égard d'un particulier qui, étant en procès avec l'Etat relativement à la propriété d'un bois, avait payé les contributions y afférentes, et venait demander la restitution de ces contributions lorsque le bois fut jugé appartenir à l'Etat. — Cons. d'Et., 1er déc. 1853, de Germigny, [Leb. chr., p. 970]

2862. — De même, lorsque des poursuites sont dirigées contre le contribuable nominativement inscrit au rôle, le tiers qui a payé cette contribution pour éviter que des meubles à lui appartenant ne soient compris dans la saisie pratiquée sur le contribuable, fait un paiement volontaire et ne peut réclamer le remboursement de la somme payée. — Cons. d'Et., 18 août 1864, Durand, [Leb. chr., p. 797]; — 22 nov. 1890, Maillochou, [D. 92.5.196]

2863. — Mais ne constitue pas un paiement forcé celui qui est fait par un tiers pour un autre contribuable sur le refus du percepteur de lui délivrer quittance pour l'acquit de sa propre contribution. — Cons. d'Et., 2 juill. 1861, précité.

2864. — Un contribuable n'est pas recevable à demander restitution d'une somme par lui remise au percepteur en vue d'acquitter ses propres contributions, alors que le percepteur l'a affectée par prélèvement à l'acquittement d'une taxe inscrite au nom d'un tiers pour lequel il l'avait payé jusqu'alors. — Cons. d'Et., 14 août 1869, Egret, [Leb. chr., p. 811]

2865. — Le mari d'une femme séparée de biens ne peut demander remboursement des sommes que la femme a été contrainte de payer sur les poursuites dirigées personnellement contre elle. — Cons. d'Et., 8 janv. 1875, Descave, [D. 76.5.137]

2866. — De même, lorsque sur le produit de la vente des meubles d'un locataire, un commissaire-priseur paie au percepteur les contributions dues par le saisi, le propriétaire ne peut demander le remboursement des sommes ainsi payées. Les poursuites n'étaient pas dirigées personnellement contre lui. — Cons. d'Et., 4 juill. 1879, Erhard, [D. 79.3.109]; — 14 mai 1886, Riverin, [S. 88.3.13, P. adm. chr., D. 87.3.93]; — 16 juill. 1886, Bernard, [D. 87.3.120]

2867. — Le légataire universel ou l'héritier qui, après l'expiration du délai légal, renonce à une succession qu'il avait d'abord acceptée sous bénéfice d'inventaire, ne peut demander le remboursement des sommes qu'il avait payées en l'acquit du testateur. — Cons. d'Et., 18 juill. 1884, Veyret, [D. 86.3.19]

2868. — Cette distinction entre le paiement volontaire et le paiement forcé a une très-grande importance au point de vue de la compétence. Si le paiement a été obtenu par contrainte, la demande qui, si elle est reconnue fondée, obligera le Trésor à restituer les sommes indûment perçues, doit être portée devant le conseil de préfecture comme s'il s'agissait d'une demande en décharge. — Cons. d'Et., 16 févr. 1853, précité; — 15 juin 1866, précité; — 13 avr. 1867, précité; — 9 juin 1868, précité; — 4 août 1868, précité; — 28 janv. 1869, précité; — 9 juin 1869, précité; — 30 juin 1869, précité; — 28 févr. 1870, précité; — 19 nov. 1880, précité; — 16 avr. 1886, précité; — 7 févr. 1890, précité.

2869. — Dans le cas contraire, le Trésor se trouvant complètement désintéressé, le débat s'agite entre particuliers. La compétence de l'autorité judiciaire s'impose.

2870. — Dans quel délai doivent être présentées les demandes en remboursement? Nous croyons qu'il y a lieu de distinguer. Si la demande émane de contribuables inscrits au rôle, nous avons vu qu'ils n'ont d'autre recours que la demande en décharge. Leurs demandes en restitution ne peuvent donc être recevables que si elles sont présentées dans les trois mois de la publication des rôles. — Cons. d'Et., 26 déc. 1830, Boigues, [P. adm. chr.];

— 23 août 1838, Commune de Longeville-les-Saint-Avold, [S. 39.2.363, P. adm. chr.]; — 8 sept. 1864, Payet, [Leb. chr., p. 849]; — 6 nov. 1880, Heilmann et Poncet, [D. 82.3.32]; — 2 juill. 1886, Commune de Cram-Chaban, [D. 88.3.4]

2871. — Quant aux demandes formées par des personnes non inscrites sur les rôles, la jurisprudence du Conseil d'Etat paraît très-hésitante. Elle décide qu'elles ne sont pas soumises au délai de trois mois à dater de la publication des rôles; mais, d'autre part, elle semble les assimiler à des demandes en décharge spéciales en les assujettissant à un délai de trois mois qui courrait soit du jour de la contrainte, — Cons. d'Et., 15 juin 1866, Cavex, [S. 67.2.208, P. adm. chr., D. 67.5.105]; — 4 août 1868, Chatenet, [S. 69.2.248, P. adm. chr., D. 70.3.93]; — 30 juin 1869, Jammès, [S. 70.2.256, P. adm. chr.]; — 22 févr. 1870, Bougeant, [S. 71.2.288, P. adm. chr.]; — 8 nov. 1872, Rouget, [Leb. chr., p. 586] — ... soit du jour du paiement, — Cons. d'Et., 3 juill. 1885, Guigné, [S. 87.3.16, P. adm. chr., D. 86.3.93] — ... soit du jour de la clôture de l'exercice. — Cons. d'Et., 31 mars 1847, Jacquier, [Leb. chr., p. 147]

2872. — Mais les déchéances sont de droit étroit et ne doivent pas être étendues par voie d'analogie. Nous croyons qu'il faut distinguer. La demande en remboursement est-elle dirigée contre le Trésor? Elle doit être soumise aux règles générales des créances sur l'Etat. Elle se prescrit par cinq ans (L. 29 janv. 1831, art. 9 et 10). Les demandes dirigées contre le percepteur pour avoir poursuivi à tort le réclamant seront soumises à la prescription de trois ans édictée par la disposition finale de la loi de finances. — Cons. d'Et., 6 nov. 1880, précité. — Enfin, contre le contribuable qui l'acquit duquel il aura payé, le réclamant aura une action qui ne se prescrira que par trente ans (art. 1235, C. civ.). — Cass., 3 janv. 1849.

2873. — Le patentable qui acquitte volontairement les termes de la contribution de son cédant et qui vient à être imposé ne peut demander le remboursement des sommes qu'il a ainsi payées. — Cons. d'Et., 5 janv. 1858, Lépagney, [Leb. chr., p. 2]

§ 7. *Demandes en remise ou modération.*

2874. — Jusqu'à présent toutes les réclamations que nous venons de passer en revue ont le caractère contentieux parce qu'elles sont fondées sur la violation d'un droit. Les demandes en remise ou modération visent au contraire des cotes justement établies dans le principe, mais que la perte totale ou partielle de ses revenus a mis le contribuable dans l'impossibilité d'acquitter. La remise et la modération tiennent plutôt à la bienfaisance et à l'humanité qu'à la justice distributive (Instr. 24 prair. an VIII).

2875. — Quels sont les cas qui, d'après la loi, permettent de former une demande en remise? Celui où, par des événements extraordinaires, un contribuable aura éprouvé des pertes (Arr. 24 flor. an VIII). Celui où, par des grêles, des gelées, inondations ou autres intempéries, des contribuables perdraient la totalité ou une partie de leur revenu (L. 15 sept. 1807, art. 37). Des circulaires ministérielles du 1er mars 1830 et du 21 janv. 1836 reconnaissent qu'il y a lieu à remise ou modération, lorsque cette perte provient d'une épizootie générale. — Fournier, *Contributions directes*, n. 451. — Cons. d'Et., 19 déc. 1860, Pradel, [P. adm. chr.]; — 7 févr. 1890, Delamare, [S. et P. 92.3.61]; — 30 janv. 1892, Solacroup, [Leb. chr., p. 93]

2876. — Peuvent donner lieu à une remise d'impôt les pertes causées par des sécheresses extraordinaires (22 juill. 1870, Basses-Alpes); par des gelées (9 juill. 1870, Seine-Inférieure); par l'oïdium (27 déc. 1860, Basses-Pyrénées), par la maladie des oliviers (26 janv. 1870, Alpes-Maritimes); par le phylloxéra (Déc. min. 25 févr. 1881). Cette dernière décision expose la situation des propriétaires de vignes atteintes par le phylloxéra. L'art. 37, L. 15 sept. 1807, leur permet de se pourvoir en remise totale ou modération partielle de leur cote de l'année pendant laquelle ils auront éprouvé la perte. Cette disposition, qui n'a jamais été invoquée que pour les pertes de récoltes survenues dans le cours de l'année, s'applique au phylloxéra comme à l'égard des autres fléaux. Il semble que des remises ou modérations ne peuvent être accordées, chaque année, à raison des ravages du phylloxéra, qu'aux propriétaires dont les vignobles existaient encore au 1er janvier. Quant aux terrains anciennement plantés en vignes qui, au 1er janvier, ne présentaient plus de ceps vivants, ils ne peu-

veut donner lieu à une remise ou modération. Ou bien ils ne figuraient pas au cadastre comme vignes, et le propriétaire qui n'a pas subi d'augmentation d'impôts peut reprendre l'ancien mode de culture et n'a droit à aucun dégrèvement, ou bien ils figuraient au cadastre comme vignes. Alors, de deux choses l'une : ou ils sont mis en culture, et dans cette hypothèse c'est seulement en cas de perte d'une récolte que l'on pourra allouer une remise. Ou ils sont abandonnés sans culture, et alors ils ne peuvent être considérés comme ayant eu leur récolte annuelle endommagée ou détruite par un événement extraordinaire.

2877. — Les demandes en dégrèvement fondées sur la perte totale ou partielle de revenus par suite d'événements extraordinaires peuvent exceptionnellement être renouvelées, si l'événement survenu a étendu ses effets à l'année ou aux années suivantes (Déc. min. 7 juin 1880; Instr. 30 janv. 1892, art. 11).

2878. — Quant aux propriétés bâties, la loi du 3 frim. an VII (art. 84), disposait que les maisons qui auraient été inhabitées pendant toute l'année seraient cotisées seulement à raison du terrain qu'elles enlèvent à la culture, évalué sur le pied des meilleures terres labourables de la commune. L'art. 38, L. 15 sept. 1807, décida que les propriétaires des propriétés bâties continueraient d'être admis à se pourvoir en remise ou modération dans le cas de perte totale ou partielle de leur revenu d'une année. D'après une décision ministérielle du 14 mai 1845, les expressions de l'art. 38, L. 15 sept. 1807 (perte totale ou partielle du revenu d'une année) durent être entendues des pertes occasionnées par la vacance trimestrielle comme par la vacance annuelle, ainsi que des pertes résultant de l'inhabitation totale des maisons dont les propriétaires ne sont pas dans l'usage de se réserver la jouissance. — Cons. d'Et., 25 janv. 1833, Noury (motifs), [S. 34.2.655, P. adm. chr.]; — 1er nov. 1838, Bazin, [Leb. chr., p. 206]; — 9 janv. 1839, Pety, [Leb. chr., p. 1]; — 3 mars 1840, Jacquet, [P. adm. chr.]; — 2 mars 1849, Bourgeois, [P. adm. chr.]; — 22 mars 1855, Bochet, [Leb. chr., p. 210]; — 29 mai 1861, Alexandre, [Leb. chr., p. 436]; — 13 déc. 1889, Danei, [Leb. chr., p. 1161]; — 11 nov. 1892, Daude, [Leb. chr., p. 742]; — 25 nov. 1892, Briant, [Leb. chr., p. 800]; — 25 mai 1894, Boiscourbeau, [Leb. chr., p. 337]; — 23 nov. 1894, Serra, [Leb. chr., p. 622]

2879. — Dans un cas déterminé les vacances de maisons peuvent droit à obtenir décharge ou réduction : « Dans les villes de 20,000 âmes et au-dessus, et lorsque les conseils municipaux en auront fait la demande, les vacances, pendant un trimestre au moins, de tout ou partie des maisons dont les propriétaires ne sont pas dans l'usage de se réserver la jouissance, pourront, en cas d'insuffisance des sommes allouées sur le fonds de non-valeurs, donner lieu au dégrèvement de la portion d'impôt afférente au revenu perdu. Ces dégrèvements seront prononcés par les conseils de préfecture à titre de décharges et réductions, et réimposés au rôle foncier de l'année qui suivra la décision (L. 28 juin 1833, art. 5).

2880. — Mais cette disposition n'était édictée que pour l'impôt foncier. Même dans les villes où fonctionnait cette disposition, elle ne s'appliquait pas aux demandes relatives à la contribution des portes et fenêtres. — Cons. d'Et., 7 août 1835, Rousselin, [P. adm. chr.]; — 3 sept. 1836, Deforceville, [P. adm. chr.]; — 26 oct. 1836, Lenormand, [P. adm. chr.]

2881. — Enfin, la loi du 8 août 1885 (art. 35) a restreint l'étendue du droit des contribuables. A partir du 1er janv. 1886, les vacances de maisons ou de parties de maisons ne donnent lieu à remise ou à modération d'impôt foncier que lorsque l'inhabitation aura duré une année au moins. Toutes les dispositions des lois antérieures, contraires à cette disposition, sont abrogées.

2882. — A ces différentes causes prévues par la loi, la jurisprudence en a ajouté d'autres. D'après elle, il faut considérer comme des demandes en remise ou modération les demandes fondées sur la démolition totale ou partielle en cours d'exercice d'une propriété bâtie. — Cons. d'Et., 1er déc. 1849, Tuffin, [P. adm. chr., D. 50.3.26]; — 1er déc. 1849, Berrover, [S. 50. 2.422, P. adm. chr., D. Ibid.]; — 1er juin 1850, Bechetoille, [P. adm. chr.]; — 11 janv. 1853, Zéder, [P. adm. chr., D. 53.3.42]; — 10 nov. 1853, Ville de Bar-le-Duc, [P. adm. chr.]; — 18 févr. 1854, Bonnet, [D. 54.5.197]; — 29 nov. 1854, Berloud, [P. adm. chr., D. 55.5.116]; — 10 nov. 1856, Turban, [P. adm. chr.]; — 5 janv. 1858, Jobier, [D. 58.3.44]; — 18 mai 1858, Saillau, [Leb. chr., p. 387]; — 30 juin 1858, Turc, [Leb.

chr., p. 466]; — 9 mars 1859, Médard, [P. adm. chr.]; — 6 mars 1861, Mariau, [P. adm. chr.]; — 9 juill. 1861, Delbassée, [Leb. chr., p. 585]; — 24 janv. 1866, Batut, [Leb. chr., p. 1180]; — 14 mars 1873, Rabourdin-Grévot, [Leb. chr., p. 240]; — 14 nov. 1873, Huguet, [Leb. chr., p. 808]; — 9 nov. 1877, Labourot, [Leb. chr., p. 852]

2883. — ... Ou sur des grosses réparations pouvant entraîner la diminution du revenu pendant une année. — Cons. d'Et., 16 janv. 1861, Gradis, [Leb. chr., p. 26]

2884. — ... Sur le chômage d'une usine. — Cons. d'Et., 5 janv. 1858, précité; — 10 janv. 1865, Grousselle, [Leb. chr., p. 17]; — 18 juin 1873, Jourdan, [Leb. chr., p. 594]; — 12 mai 1876, Touzet, [Leb. chr., p. 433]; — 9 nov. 1877, Pascal, Alexandre et Aubineau, [Leb. chr., p. 832]; — 11 déc. 1885, Villain, [Leb. chr., p. 946]

2885. — ... Sur la situation malheureuse du réclamant. — Cons. d'Et., 7 juin 1853, Richard, [Leb. chr., p. 394]; — 28 mars 1860, Barousse, [Leb. chr., p. 270]; — 12 août 1861, Sabattier, [Leb. chr., p. 723]; — 15 févr. 1864, Despeaux, [Leb. chr., p. 134]; — 28 janv. 1869, Delplace, [Leb. chr., p. 83]

2886. — ... Sur son grand âge ou ses infirmités. — Cons. d'Et., 17 sept. 1854, Guérin, [P. adm. chr.]; — 9 janv. 1856, Droz, [Leb. chr., p. 2]; — 29 févr. 1860, Perpere, [Leb. chr., p. 157]

2886 s. — ... Sur ses charges de famille. — Cons. d'Et., 17 sept. 1854, Gavarry, [P. adm. chr.]

2887. — ... Sur son état de gêne (Instr. min. 26 prair. an VIII). — Cons. d'Et., 25 janv. 1851, Barre, [P. adm. chr., D. 51. 3.43]; — 3 mai 1851, Jacquet, [P. adm. chr.]; — 27 déc. 1854, Burlart, [P. adm. chr.]

2888. — ... Ou d'indigence. — Cons. d'Et., 13 juin 1845, Syndic de la faillite Guilbert, [P. adm. chr.]; — 15 déc. 1868, Andrieu, [Leb. chr., p. 1030]; — 28 mars 1884, Raguet, [Leb. chr., p. 249]

2889. — ... Sur le défaut, la modicité ou l'insuffisance des ressources du réclamant. — Cons. d'Et., 25 janv. 1851, précité; — 3 mai 1851, précité; — 15 avr. 1852, Salager, [P. adm. chr.]; — 16 févr. 1853, Mochet, [Leb. chr., p. 152]; — 17 sept. 1854, précité; — 9 janv. 1856, précité; — 28 mars 1860, précité; — 12 août 1861, précité; — 15 févr. 1864, précité; — 15 déc. 1868, précité; — 28 janv. 1869, précité; — 28 févr. 1870, Dessaux, [Leb. chr., p. 210]; — 5 févr. 1875, Mairot, [Leb. chr., p. 97]; — 10 mars 1876, Bernard, [Leb. chr., p. 241]; — 31 mars 1876, Boulouzac, [Leb. chr., p. 321]; — 23 févr. 1877, Lefeuve, [Leb. chr., p. 170]; — 5 déc. 1879, Coupaz, [Leb. chr., p. 772]; — 19 déc. 1879, Grandvoinet, [Leb. chr., p. 814]; — 3 févr. 1883, Allorty, [Leb. chr., p. 129]; — 4 mai 1883, Kérimel, [Leb. chr., p. 425]; — 1er juin 1883, Masson, [Leb. chr., p. 499]; — 15 juin 1883, Michel, [Leb. chr., p. 559]; — 27 juill. 1883, Pacotte, [Leb. chr., p. 689]; — 5 févr. 1886, Duchozal, [Leb. chr., p. 109]; — 27 juill. 1888, Dournel, [Leb. chr., p. 669]; — 14 déc. 1888, Bourbon-Busset, [Leb. chr., p. 963]; — 19 juill. 1890, David, [Leb. chr., p. 695]; — 27 déc. 1890, Desgouttes, [Leb. chr., p. 1020]

2890. — ... Sur le peu d'importance de l'industrie ou du commerce exercé. — Cons. d'Et., 7 févr. 1845, Peyre, [Leb. chr., p. 53]; — 28 mars 1860, précité; — 12 août 1861, précité; — 15 févr. 1864, précité; — 15 déc. 1868, précité; — 9 janv. 1874, Baudier, [Leb. chr., p. 8]; — 7 août 1874, Colin, [Leb. chr., p. 799]; — 18 déc. 1874, Bernard, [Leb. chr., p. 1019]

2891. — Ont encore été considérées comme telles des demandes formées sur ce que le préfet aurait refusé au réclamant de lui renouveler l'autorisation d'ouvrir un cabaret. — Cons. d'Et., 6 août 1864, Lecarpentier, [Leb. chr., p. 540]

2892. — ... Sur les dépenses occasionnées par le logement des troupes allemandes. — Cons. d'Et., 8 nov. 1872, Gadouet, [Leb. chr., p. 556]

2893. — De même encore celles où le réclamant tout en reconnaissant que son imposition est justement établie ou qu'il n'est plus dans les délais pour demander décharge ou réduction, fait appel à l'équité ou à la bienveillance de l'administration. — Cons. d'Et., 24 avr. 1863, Petitpas, [Leb. chr., p. 481]; — 30 juin 1869, Martin, [Leb. chr., p. 664]

2894. — Lorsque les pertes résultant d'événements extraordinaires, tels que gelée, grêle, inondation, incendie, etc., ont frappé une partie notable du territoire de la commune, la demande de remise ou modération peut être collective et formée

par le maire au nom des contribuables (Arr. 24 flor. an VIII, art. 26). Il peut aussi réclamer au nom des habitants s'il s'agit d'un incendie ou de tout autre sinistre ayant atteint un certain nombre de propriétés bâties (Instr. 30 janv. 1892, art. 12).

2895. — Les demandes formées par les maires indiquent la nature des pertes, les parties de la commune où elles ont eu lieu et le nombre approximatif d'individus atteints (art. 22).

2896. — Lorsque la demande est fondée sur une perte de matière imposable survenue en cours d'exercice, elle doit être présentée dans les quinze jours à partir de l'époque où l'événement calamiteux s'est produit ou du jour où la démolition a été achevée. S'il s'agit de pertes de récoltes, la demande doit être présentée au plus tard quinze jours avant l'époque habituelle de l'enlèvement des récoltes. Les demandes fondées sur la vacance de maisons ou le chômage d'usines doivent être présentées dans les quinze jours qui suivent, soit la cessation de la vacance ou du chômage, soit l'expiration d'une année d'inhabitation (Règl. 30 janv. 1892, art. 49 à 51).

2897. — Les demandes en remise pour cause de gêne ou d'indigence peuvent être formées à toute époque (Instr. 30 janv. 1892, art. 53).

2898. — Des circulaires ministérielles du 1er nov. 1808 et du 31 mars 1824, ont donné aux officiers sans troupe appelés en cours d'année au commandement d'une troupe, le droit de demander, par la voie gracieuse, le dégrèvement des douzièmes non échus. — Cons. d'Et., 24 avr. 1865, Maucourant, [Leb. chr., p. 485]

2899. — Les demandes en remise ou modération présentées après l'expiration du délai accordé, sont renvoyées avec le rapport du directeur au préfet qui prononce les rejets pour cause de déchéance, à moins qu'en raison de circonstances exceptionnelles, il ne juge à propos d'en référer au ministre (art. 28). Le directeur ne doit pas faire instruire les demandes en remise ou modération de toute nature qui auraient été présentées après les délais, à moins d'une autorisation spéciale du ministre et, si les dégrèvements étaient accordés sans sa participation, il devrait en donner avis immédiatement à l'administration (Règl. 30 janv. 1892, art. 52).

2900. — Les demandes en dégrèvement pour vacance de maisons ou chômage d'usines sont passibles du timbre, sauf quand il s'agit de cotes inférieures à 30 fr. Mais ce droit n'est pas exigible pour les demandes motivées, soit par des pertes de récoltes ou autres événements extraordinaires, soit par la situation gênée ou malheureuse des imposés. Les demandes collectives des maires pour pertes de revenus sont aussi exemptes du droit de timbre (Instr. 30 janv. 1892, art. 21; Circ. 14 févr. 1872 et 27 déc. 1826).

2901. — Toutes les demandes en remise ou modération sont communiquées au maire de la commune (art. 36).

2902. — Les demandes pour pertes collectives sont instruites dans les communes par le contrôleur assisté du maire et de deux commissaires nommés par le sous-préfet (Arr. 24 flor. an VIII, art. 26 et 27; Règl. 10 mai 1849, art. 45). La vérification doit avoir lieu à une date aussi rapprochée que possible des sinistres. Toutefois, s'il s'agit de pertes susceptibles d'être naturellement réparées ou atténuées par le temps, on ne procède à la vérification qu'au moment où il est possible de bien apprécier la perte réelle. Le directeur fixe les jour et heure de la vérification et les notifie immédiatement au maire, aux commissaires et au contrôleur. Le maire donne la plus grande publicité à cet avis, qu'il renouvelle la veille et le jour de la vérification (art. 46).

2903. — Le contrôleur et les commissaires se font assister par le maire et, au besoin, par quelques habitants non intéressés, choisis, autant que possible, parmi les répartiteurs. Ils visitent les lieux de manière à acquérir des notions exactes sur la nature, l'étendue et l'intensité du sinistre; ils entendent les perdants et reçoivent leurs déclarations auxquelles ils apportent les modifications qui leur paraissent justes; ils suppléent aux déclarations qui n'auraient pas été faites. Ils dressent le procès-verbal des pertes qui doit contenir des renseignements précis sur la position des perdants et sur le montant des indemnités qu'ils auraient à recevoir des compagnies d'assurances ou autres institutions semblables (Circ. 16 févr. 1828, art. 47).

2904. — Les pertes doivent être estimées avec modération et sincérité; il n'y a pas lieu de constater les pertes minimes qui ne dépassent pas celles que l'ordre ordinaire des choses peut amener dans les récoltes ou occasionner dans la valeur des propriétés (art. 48 et 49).

2905. — Le directeur fait son rapport sur les demandes en remise ou modération dès que l'instruction en est terminée et le transmet immédiatement au préfet (Circ. 16 juill. et 27 nov. 1827, art. 72).

2906. — Quand il s'agit de demandes en remise ou modération formées individuellement par les contribuables ou collectivement par les maires, le directeur peut proposer un dégrèvement, alors même qu'il s'agirait de contributions soldées en tout ou en partie; il ne doit prendre en considération, dans son rapport, que la nature et l'importance des pertes de revenu et des facultés (Instr. 20 juin 1859, art. 215).

2907. — Il ne doit pas être proposé de remises ou modérations de patente en faveur d'industries dont les usines ont éprouvé des chômages, lorsque les contribuables ne sont d'ailleurs dans une situation précaire. Il est de règle constante, en effet, que les dégrèvements ne peuvent être prononcés, en ce qui concerne la contribution des patentes, qu'à l'égard des contribuables qui, par suite d'événements imprévus ou de pertes de facultés, se trouvent dans l'impossibilité d'acquitter en tout ou en partie leur dette envers le Trésor (Lettre de l'administration, 30 mars 1880, Hérault).

2908. — Ces demandes doivent être instruites de telle sorte qu'elles puissent être jugées assez tôt pour que les dégrèvements soient imputés sur le fonds de non-valeurs de l'exercice auquel elles se rapportent (Circ. 13 déc. 1831; Règl. 10 mai 1849, art. 73).

2909. — Hors le cas spécial prévu par l'art. 5, L. 28 juin 1833, c'est au préfet et non au conseil de préfecture qu'il appartient de statuer sur les demandes de cette nature (Arr. 24 flor. an VIII, art. 28).

2910. — Tout tribunal administratif est radicalement incompétent pour connaître de ces sortes de demandes. — Cons. d'Et., 7 mars 1891, de Cacqueray, [Leb. chr., p. 200]; — 15 janv. 1892, Germain, [Leb. chr., p. 7]

2911. — Lorsqu'une réclamation contient en même temps une demande en décharge ou réduction et une demande en remise ou modération, l'instruction est scindée, afin que le conseil de préfecture et le préfet puissent prononcer chacun selon sa compétence (Règl. 10 mai 1849, art. 76). — Cons. d'Et., 18 oct. 1832, Mangars, [P. adm. chr.]

2912. — ... La décision qui rejette la demande en décharge d'un contribuable ne peut faire obstacle à ce qu'il se pourvoie ultérieurement en remise devant le préfet. — Cons. d'Et., 9 févr. 1850, Royer, [P. adm. chr.]

2913. — Les lettres d'avis de maintenue de taxe sur les demandes en remise ou modération ne portent pas les mêmes indications que celles relatives aux décharges ou réductions. Le directeur doit faire connaître aux réclamants les motifs pour lesquels leurs demandes n'ont pu être admises (art. 94).

2914. — Les recours contre les arrêtés des préfets rendus en cette matière doivent être portés devant le ministre des Finances et non devant le Conseil d'Etat. Les décisions des préfets et du ministre sont des actes de pure administration qui ne sont pas susceptibles de recours par la voie contentieuse. — Cons. d'Et., 21 nov. 1834, Noury, [P. adm. chr.]; — 23 févr. 1841, Jérôme, [P. adm. chr.]; — 9 mars 1853, Duhaut, [Leb. chr., p. 289]; — 5 janv. 1858, Jobier, [S. 58.3.44]; — 22 janv. 1868, Varenne, [Leb. chr., p. 59]; — 5 févr. 1870, Vivant, [Leb. chr., p. 39]; — 14 mars 1890, Gil, [S. et P. 92.3.84]; — 26 nov. 1892, Durand, [Leb. chr., p. 827]

2915. — Il en est de même des décisions rendues par le ministre sur le pourvoi des contribuables. — Cons. d'Et., 29 avr. 1848, Cie d'Anzin, [Leb. chr., p. 241]

2916. — Lorsqu'une demande en remise a été rejetée par le préfet, le fait que, dans une lettre d'avis adressée au réclamant pour lui notifier cette décision, il serait indiqué par erreur qu'elle émanait du conseil de préfecture et que le requérant pouvait la déférer au Conseil d'Etat ne saurait changer la nature du débat. En conséquence, cette décision ne peut être déférée qu'au ministre. — Cons. d'Et., 26 mai 1809, Barrigues, [Leb. chr., p. 519]; — 4 avr. 1873, Durand, [Leb. chr., p. 298]; — 10 févr. 1882, Brugère, [Leb. chr., p. 142]

2917. — La loi du 21 avr. 1810 (art. 38), prévoit aussi l'allocation de remises. « Le gouvernement accordera, s'il y a lieu, pour les exploitations qu'il en jugera susceptibles, et par un ar-

ticle de l'acte de concession ou par un décret spécial rendu en Conseil d'Etat pour les mines déjà concédées, la remise de tout ou partie de la redevance proportionnelle pour le temps qui sera jugé convenable; et ce, comme encouragement, en raison de la difficulté des travaux; semblable remise pourra être aussi accordée comme dédommagement, en cas d'accident de force majeure qui surviendrait pendant l'exploitation. L'art. 54, Décr. 6 mai 1811, règle la procédure à suivre : Lorsque, par des événements extraordinaires, un exploitant aura éprouvé des pertes, il adressera sa pétition détaillée au préfet, qui la renverra à l'ingénieur des mines. L'ingénieur se transportera sur les lieux, vérifiera les faits en présence des maires, constatera la quotité de la perte et en adressera un procès-verbal détaillé au préfet qui prendra l'avis du sous-préfet et du directeur des contributions.

2918. — En dehors des redevances minières, il ne peut être accordé de remise ou modération des taxes assimilées. Il a été décidé à propos de la taxe des biens de mainmorte que la loi n'ayant pas constitué de fonds de non-valeurs pour cette taxe, il ne saurait être accordé de remise ou modération par les préfets sur demandes individuelles; les préfets ne peuvent accorder de dégrèvement de ce genre que sur la demande des percepteurs et en cas d'irrecouvrabilité dûment constatée (Déc. admin. citées par Lemercier de Jauvelle, v° *Biens de mainmorte*, p. 83).

2919. — A l'égard des taxes communales, la même raison serait applicable, car la loi ne prévoit pas de fonds de non-valeurs. En tous cas, ce n'est pas au préfet qu'appartiendrait de statuer sur les demandes en remise ou modération, mais au conseil municipal. — Cons. d'Et., 28 déc. 1858, Géraud, [P. adm. chr.]; — 19 mars 1864, Commune de Brasseuse, [P. adm. chr.]; — 14 juin 1864, Collé, [Leb. chr., p. 556]

§ 8. Demandes formées par les percepteurs. — Etats de cotes indûment imposées et de cotes irrecouvrables.

2920. — Les percepteurs sont responsables du recouvrement de l'impôt porté sur le rôle, lequel a été établi en dehors d'eux. Sans doute, le droit de réclamer ouvert largement aux contribuables permettrait bien de rectifier la plupart des erreurs que ce rôle aurait pu contenir. Cependant, il fallait prévoir le cas où un contribuable imposé ne réclamerait pas contre son imposition et celui où il lui serait impossible d'acquitter sa contribution. Qu'adviendrait-il du montant de ces cotes? Le percepteur devait-il en demeurer responsable? Un tel résultat eût été absolument inique. En conséquence, une instruction ministérielle du 15 déc. 1826 autorisa les comptables à saisir, à défaut des parties, les conseils de préfecture des réclamations qu'ils estimaient fondées. L'art. 97 de cette instruction disposait que les cotes de contributions foncière, personnelle-mobilière et des portes et fenêtres, dont l'existence au rôle est une erreur matérielle, attendu que les individus qu'elles concernent n'étaient pas imposables au 1er janvier de l'année à laquelle s'applique le rôle, seraient allouées en décharge au nom de ces individus, sur la demande des percepteurs, laquelle devrait être présentée dans les deux mois à dater de la publication des rôles.

2921. — L'art. 98 ajoutait que les cotes des différentes contributions qui peuvent, dans le cours de l'année, devenir irrecouvrables pour cause d'absence, décès, insolvabilité, tomberaient en non-valeurs. Les percepteurs seraient tenus de dresser, dans les deux premiers mois de la seconde année, et par nature de contribution, des états des cotes dont il s'agit, et de les remettre appuyées de toutes les pièces propres à justifier l'impossibilité du recouvrement, aux receveurs des finances, qui demeureraient chargés de les faire parvenir aux sous-préfets et au préfet.

2922. — Une nouvelle instruction, du 18 août 1827, autorisa les percepteurs à comprendre dans les états de cotes irrecouvrables les cotes indûment imposées qui avaient été omises dans les états dressés dans les trois premiers mois de l'année. Il n'est pas toujours possible, en effet, de savoir, dès le lendemain de la publication des rôles, si une cote est dûment ou indûment établie. L'état de cotes irrecouvrables de fin d'année devait comprendre deux parties : l'une destinée aux cotes indûment imposées, et l'autre aux cotes simplement irrecouvrables.

2923. — Telle était la pratique suivie par l'administration lorsque le Conseil d'Etat fut appelé à en examiner la légalité. Il

commença d'abord par établir une distinction entre les diverses cotes portées sur les états. A l'égard de celles établies à la charge de contribuables contre lesquels des poursuites pouvaient être légalement exercées, il décida que les percepteurs devaient poursuivre, sauf à être admis, en cas d'inefficacité des poursuites, à porter en fin d'exercice, ces cotes sur l'état des cotes irrecouvrables et à en demander l'imputation sur le fonds de non-valeurs. A l'égard des cotes établies à la charge de contribuables qui n'existeraient point ou sans désignation du contribuable, le percepteur ne pourrait exercer aucune poursuite légale; dans ce cas, comme il était seul responsable du montant de la cote, le Conseil lui reconnaissait le droit d'agir comme le contribuable lui-même aurait pu le faire, dans les formes et délais fixés par les lois. En conséquence, le Conseil d'Etat admit les demandes des percepteurs à l'égard de contribuables décédés dans le cours de l'année précédente, ou d'une cote foncière établie sur une propriété inconnue. Il rejeta celles qui étaient fondées sur l'indigence notoire des contribuables ou sur la cessation des professions sujettes à patente, parce que ces contribuables pouvaient réclamer eux-mêmes. — Cons. d'Et., 15 août 1839 (4 arrêts), Percepteurs d'Aubagne, de Montfort, de Rochefort, [P. adm. chr.]; — 20 janv. 1843, Percepteur d'Argentan, [S. 43.2. 207, P. adm. chr.]

2924. — Le Conseil d'Etat rendit un grand nombre de décisions dans lesquelles, après avoir constaté qu'aucune disposition législative n'avait conféré aux percepteurs le droit de demander au conseil de préfecture la décharge ou la réduction des taxes inscrites sur les rôles des contributions, rendues exécutoires, dont le recouvrement leur est confié, il ajoutait que la responsabilité imposée aux percepteurs pour le recouvrement des contributions cessait de peser sur eux pour les cotes à l'égard desquelles, après toutes les diligences requises, ils justifiaient en fin d'exercice, de l'impossibilité dûment constatée; d'en opérer le recouvrement; et que, dès lors, en statuant sur une demande en décharge formée par un percepteur, le conseil de préfecture avait excédé les limites de sa compétence et de ses pouvoirs. — Cons. d'Et., 19 avr. 1844 (3 arrêts), Percepteurs de Jussey, de Limoges et de Couzeix, [P. adm. chr.]; — 10 août 1844, Percepteur d'Essavilly, [P. adm. chr.]; — 3 sept. 1844, Percepteur de Châteaudun, [P. adm. chr.]; — 23 déc. 1844, Percepteur d'Issoudun, [P. adm. chr.]; — 27 déc. 1844, Percepteur de Limoges, [P. adm. chr.]; — 19 mars 1845 (6 arrêts), Percepteurs de Condé et autres, [Leb. chr., p. 111-112]; — 2 mai 1845, Tamain, [P. adm. chr.]; — 13 déc. 1845, Alleaume, [P. adm. chr.]; — 30 mars 1846, Ancelot, [P. adm. chr.]; — 18 mai 1846, Bertrand, [P. adm. chr.]; — 8 sept. 1846, Morellet, [P. adm. chr.]; — 10 déc. 1846, Chevreul, [P. adm. chr.]; — 24 juill. 1847, Rouvière, [P. adm. chr.]; — 22 avr. 1848, Lulin, [P. adm. chr.]

2925. — Mais l'administration persistait dans ses instructions. Celle du 17 juin 1840 portait que les cotes personnelles et mobilières concernant des contribuables dont l'indigence existait avant le commencement de l'année que le rôle concerne pouvaient être comprises avec les cotes indûment imposées. « Les imprimés délivrés aux percepteurs indiquaient, parmi les cotes qui devaient être portées sur ces états : les cotes personnelles, mobilières et de patentes portant sur des individus qui, étant décédés, faillis, absents, sans domicile connu ou notoirement indigents avant le 1er janvier, n'étaient pas imposables à cette époque. »

2926. — Ce dissentiment, affirmé par de nombreuses décisions, détermina le gouvernement à faire consacrer la pratique administrative par le législateur. La loi de finances, du 3 juill. 1846, contient un article ainsi conçu : « Dans les trois mois de la publication des rôles, les percepteurs des contributions directes formeront, s'il y a lieu, pour chacune des communes de leur perception, des états présentant, par nature de contribution, les cotes qui leur paraîtront avoir été indûment imposées et adresseront ces états aux préfets et aux sous-préfets, par l'intermédiaire des receveurs des finances ». Nous verrons plus loin quelle était la portée de cette disposition dans l'intention du législateur (V. *infra*, n. 2942) et comment le Conseil d'Etat l'a interprétée.

2927. — On s'aperçut bientôt que l'art. 6, L. 3 juill. 1846, était insuffisant. Il avait bien, il est vrai, consacré le droit des percepteurs de présenter des états de cotes indûment imposées dans les trois mois de la publication des rôles. Mais que fallait-il décider à l'égard des cotes indûment imposées qui n'avaient pas

21

été comprises dans les états présentés dans les trois mois de la publication des rôles. Nous avons dit précédemment qu'une circulaire du 18 août 1827 autorisait les percepteurs à les faire figurer dans les états de cotes irrecouvrables présentés en fin d'année, mais que, pour éviter de faire supporter par le fonds de non-valeurs des cotes qui auraient dû être réimposées, on les soumettait aux conseils de préfecture pour qu'il en accordât décharge aux percepteurs. La loi de 1846 était muette sur ce point, qu'allait-il advenir de cette pratique administrative ? Le Conseil d'Etat eut bientôt à se prononcer sur cette question. Il décida que si, d'après la loi de 1846, les conseils de préfecture étaient compétents pour prononcer sur les états de cotes indûment imposées qui étaient présentés par les percepteurs dans les trois mois de la publication des rôles, aucune disposition législative ne conférait à ces conseils le droit de prononcer sur les états de cotes irrecouvrables qui sont présentés après la fin de l'année, en exécution des art. 98 et 99, Instr. min. 17 juin 1840.

2928. — ... Qu'en conséquence le conseil de préfecture était incompétent pour statuer sur ces cotes, alors même qu'elles auraient pu être comprises dans les états présentés dans les trois mois de la publication des rôles. — Cons. d'Et., 18 juin 1852, Cloître, [P. adm. chr.]; — 24 juill. 1852, Bernard, [P. adm. chr.]; — 17 mars 1853, Leharivel, [P. adm. chr., D. 55.3.35]; — 17 mars 1853 (2 arrêts), Rouilly et de Puymirol, [D. 55.3. 35]; — 17 sept. 1853, Percepteur de Périgueux, [Leb. chr., p. 826]

2929. — Cette jurisprudence avait pour effet d'aboutir à une alternative également fâcheuse. Ou bien le fonds de non-valeurs serait détourné de sa destination et devrait supporter des cotes qui n'auraient pas dû être établies et dont par suite le montant devrait être réimposé : ou bien les percepteurs devraient être déclarés responsables de cotes dont l'établissement erroné était le fait d'un autre service. Cette jurisprudence aurait conduit les percepteurs à multiplier les inscriptions aux états de cotes indûment imposées et à y porter toutes les cotes douteuses. Pour obvier à cet inconvénient, le législateur a introduit dans la loi de finances du 22 juin 1854, un art. 16 ainsi conçu : « Les cotes indûment imposées aux rôles des contributions directes qui n'auraient pas été comprises dans les états présentés par les percepteurs dans les trois premiers mois de l'exercice, et dont l'irrecouvrabilité serait, d'ailleurs, dûment constatée, peuvent être portées sur les états de cotes irrecouvrables rédigés en fin d'année et être allouées en décharge par les conseils de préfecture. »

2930. — Après avoir exposé l'historique des dispositions des lois de 1846 et de 1854, nous allons examiner leur application et leur interprétation telles qu'elles résultent de la jurisprudence du Conseil d'Etat. Et d'abord pour quelles contributions les percepteurs sont-ils autorisés à dresser des états de cotes indûment imposées et de cotes irrecouvrables ? — Pour toutes les contributions directes et toutes les taxes qui leur sont assimilées pour le recouvrement, lorsque ces taxes sont perçues au nom de l'Etat, des départements, des communes, des établissements publics et des communautés d'habitants dûment autorisées. Cette faculté est implicitement comprise dans la disposition en vertu de laquelle ces taxes sont recouvrées comme des contributions directes. — Leleu, *Mémorial des Percepteurs*, 1877, p. 1 et s.

2931. — Le Conseil d'Etat a décidé cependant que les dispositions de la loi de 1846, étaient inapplicables à des taxes d'arrosage perçues en vertu d'un rôle rendu exécutoire par le préfet, mais au profit d'un particulier déclaré concessionnaire d'un canal. — Cons. d'Et., 22 févr. 1855, Pagès, [S. 55.2.519, P. adm. chr.]

2932. — Le droit de dresser des états de cotes indûment imposées et irrecouvrables n'a pas pour conséquence nécessaire l'existence d'un fonds de non-valeurs. Ainsi la circulaire du 31 juill. 1837, relative aux prestations, celle du 26 sept. 1855, relative à la taxe sur les chiens, celle du 15 juill. 1833, relative à la taxe de vérification des poids et mesures, celle du 30 déc. 1867, relative aux droits de visite chez les pharmaciens et droguistes, autorisent formellement les percepteurs à présenter des états de cotes indûment imposées pour toutes ces taxes, à l'égard desquelles les dégrèvements accordés s'imputent sur le principal à défaut de fonds de non-valeurs. — Leleu, *loc. cit.*, p. 5.

2933. — Pour les droits de vérification des poids et mesures et pour les droits de visite, les demandes des percepteurs, tant pour les cotes indûment imposées que pour les cotes irrecouvrables, sont l'objet d'un seul et même état, qui doit être présenté dans les trois mois de l'année qui suit celle pendant laquelle

les rôles ont été publiés (Circ. 15 juill. 1833 et 30 déc. 1867

2934. — Les états de cotes indûment imposées doivent être présentés par les percepteurs dans les trois mois de la publication de rôles (art. 6, L. 3 juill. 1846). Passé ce délai, leurs réclamations sont frappées de déchéance et le conseil de préfecture ne pourra les en relever sans excéder ses pouvoirs. — Cons. d'Et., août 1838, Percepteur de La Rochelle, [Leb. chr., p. 185]; — juin 1852, Percepteur d'Agen, [Leb. chr., p. 247]; — 17 sep 1854, Simon, [P. adm. chr.]

2935. — Lorsque le rôle a été publié dans une commun antérieurement au 1er janvier, c'est de cette date seulement qu court le délai des réclamations pour les percepteurs comme pou les contribuables. — Cons. d'Et., 24 juill. 1852, Gardier, [S. 2.92, P. adm. chr.]; — 27 avr. 1854, Fontaine, [P. adm. chr.

2936. — Pour que les états soient recevables, il n'est pa nécessaire qu'ils aient été enregistrés à la sous-préfecture dar les trois mois de la publication des rôles. Il suffit que dans c délai ils aient été adressés au receveur des finances. Il est ain satisfait aux prescriptions de l'art. 6 de la loi de 1846, qui pr voit que ces états sont transmis au préfet et aux sous-préfe par l'intermédiaire des receveurs des finances. — Cons. d'Et 28 déc. 1850, Mary, [S. 53.2.92, ad notam]; — 24 juill. 185 précité; — 27 avr. 1854, précité; — 26 juill. 1860, Ambrosin [Leb. chr., p. 865]

2937. — Néanmoins, les percepteurs sont invités à ne pa attendre les derniers jours pour déposer leurs états; une pr duction tardive en retarderait l'instruction et le jugement. O il est de l'intérêt des percepteurs d'obtenir le plus tôt possib la décharge des cotes indûment imposées, de même qu'il impor au service de l'assiette d'assurer la réimposition de ces cotes a rôles de l'année suivante (Circ. 27 déc. 1859). Les receveurs d finances doivent veiller à ce que les percepteurs forment leu états en temps utile (Instr. 20 juin 1859, art. 188).

2938. — Il est interdit aux percepteurs de communiquer ce états aux maires et répartiteurs avant d'en effectuer le dépôt la recette particulière (Instr. 30 janv. 1892, art. 29).

2939. — Les receveurs des finances sont tenus d'enregi trer les états de cotes indûment imposées sur un carnet spéci et de les transmettre dans les dix jours de leur réception sous-préfet ou au préfet (Instr. 20 juin 1859, art. 136).

2940. — Les états de cotes indûment imposées sont rédig pour chaque commune, par nature de contributions et da l'ordre des articles du rôle. Ils doivent contenir, dans la color à ce destinée, tous les renseignements et détails propres à étab que les cotes ont été imposées à tort, notamment les actes d décès, départs, faillites, etc. Les percepteurs doivent fournir c états en double expédition (Instr. 30 janv. 1892, art. 29; Cir 27 déc. 1826; 29 sept. 1854; Instr. 20 juin 1859, art. 132 et 134

2941. — Les percepteurs conservent les minutes au moi pendant trois ans et ils y annotent les admissions en dégrèv ment, ainsi que les rejets (art. 135). La minute et les expéditi sont exemptes de la formalité du timbre (Circ. 29 déc. 1826).

2942. — Quelles sont les cotes que les percepteurs peuve inscrire sur les états de cote indûment imposées? Les cotes q leur paraissent avoir été indûment imposées, dit la loi de 184 Qu'entendait par là le législateur? Nous trouvons la répons cette question dans le rapport fait par M. Magne à la Chamb des députés (*Moniteur* des 1er et 2 juin 1846) : « D'après l'artic proposé, disait-il, les percepteurs seront chargés de dresser l états des cotes qui leur paraîtront avoir été indûment imposée et d'en réclamer d'office la décharge dans les trois mois de publication des rôles. Cette marche expéditive aura le trip avantage de dispenser les individus indûment cotisés de récla mer personnellement et de faire l'avance de plusieurs douziem d'un impôt qu'ils ne doivent pas; de prévenir des poursuites in tiles; d'assurer la réimposition, dès l'année suivante, de manié à la faire supporter, autant que possible, par les contribuabl qui auront profité de l'erreur commise dans la répartition. »

2943. — Le droit conféré par la loi aux percepteurs éta donc très-large. C'est en ce sens que l'administration avait i terprété le droit nouvelle dans sa circulaire du 31 juill. 1846 « Ces cotes sont celles qui n'existeraient pas s'il était possib de rédiger les matrices à la date précise du 1er janvier. Ell concernent généralement des individus qui sont décédés ou q ont quitté la commune, ou qui sont tombés dans une indigen notoire, ou qui ont cessé d'exercer leur profession entre moment où l'on arrête les bases de cotisation et le 1er janvier

Il semble que les percepteurs aient le droit de faire figurer dans leurs états toutes les cotes indûment imposées sans exception. Cependant, malgré les termes formels de la loi et la netteté du rapport, le Conseil d'Etat s'est toujours refusé à reconnaître aux percepteurs une action aussi étendue et il a posé des distinctions dans le détail desquelles il nous faut entrer.

2944. — Il admet que les percepteurs fassent figurer dans ces états les cotes personnelles et mobilières et de patente de contribuables décédés antérieurement au 1er janvier de l'exercice en recouvrement, sans qu'il y ait lieu de distinguer suivant qu'ils laissent ou non des héritiers. — Cons. d'Et., 12 sept. 1853, Littardi, [P. adm. chr.]; — 27 avr. 1854, précité; — 27 avr. 1854 (3 arrêts), Percepteurs d'Unverre, de Cloyes, d'Orgères, [Leb. chr., p. 353 et s.]; — 27 avr. 1854, Mauduit, [D. 55.3. 33]; — 11 févr. 1857, Fouleux, [Leb. chr., p. 117]

2945. — A l'égard des contribuables qui ont quitté la commune avant le 1er janvier, le Conseil d'Etat avait d'abord étendu aux percepteurs la jurisprudence appliquée aux contribuables et d'après laquelle les cotes ne sont indûment imposées dans le lieu de l'ancienne résidence qu'autant que le contribuable est aussi imposé dans la nouvelle. Dans le premier cas, il n'admettait pas ces cotes à figurer dans les états dressés par les percepteurs. — Cons. d'Et., 20 avr. 1849, Percepteurs de Saint-Parisse-le-Châtel et autres, [Leb. chr., p. 245]; — 6 avr. 1850 (2 arrêts), Percepteurs de la Maison-Dieu et d'Imphy, [P. adm. chr.]

2946. — Il décide d'ailleurs que lorsque la maison imposée au nom d'un contribuable décédé avant le 1er janvier continuait, après cette date, à être occupée par sa veuve ou ses héritiers, la jurisprudence donnant ce cas au percepteur le droit de réclamer à ces ayants-droit la contribution mobilière imposée à tort au nom de leur auteur, le percepteur ne pouvait comprendre cette cote dans ses états de cotes indûment imposées. — Cons. d'Et., 7 janv. 1857, Pérodeau, [P. adm. chr., D. 57.3.39]

2947. — Mais le Conseil d'Etat ne tarda pas à se placer à un point de vue différent pour juger si les cotes des contribuables qui avaient changé de résidence entre le travail des mutations et le 1er janvier pouvaient ou non figurer sur les états de cotes indûment imposées. Il distingua suivant que le nouveau domicile de ces contribuables était connu ou inconnu. Dans le premier cas, le percepteur devait leur transmettre l'avertissement qui les concernait de manière à les mettre en demeure de réclamer personnellement la décharge. — Cons. d'Et., 12 sept. 1853, du Tillet, [P. adm. chr., D. 54.3.87]; — 12 sept. 1853, précité; — 27 avr. 1854, précité; — 7 mai 1880, Echelard, [S. 81. 3.73, P. adm. chr., D. 81.3.6]; — 12 mai 1882, Pelte, [D. 83.3. 140]

2948. — Il était au contraire fondé à les comprendre dans les états lorsque le nouveau domicile était inconnu. — Cons. d'Et., 12 sept. 1853, précité; — 27 avr. 1854, précité; — 14 avr. 1859, Lafage, [Leb. chr., p. 281]; — 28 mai 1872, Percepteur de Chancelade, [Leb. chr., p. 332]; — 12 mai 1882, précité.

2949. — D'une manière générale, le Conseil d'Etat décidait que la disposition de la loi de 1846 n'avait été édictée que dans l'intérêt du fonds de non-valeurs et n'avait pas eu pour objet de dispenser les contribuables de réclamer eux-mêmes la décharge ou la réduction. En conséquence, le Conseil d'Etat rejetait des états de cotes indûment imposées les cotes inscrites au nom de contribuables qui étaient à même de réclamer, notamment celle d'un individu interné, avant le 1er janvier, dans une maison de santé. — Cons. d'Et., 2 août 1851, Percepteur de Revin, [P. adm. chr.]

2950. — ... Celles de gardiens d'une maison de détention qui devaient être assimilés aux hommes de troupe. — Cons. d'Et., 14 déc. 1853, Bouché, percepteur d'Aniane, [D. 54.3.87]

2951. — ... Celles de contribuables qui résidaient dans la commune. — Cons. d'Et., 12 sept. 1853, précité; — 12 sept. 1853, Maudet, percepteur des Ponts-de-Cé, [D. 54.3.87]; — 27 avr. 1854, précité; — 18 mars 1857, Taquet, [D. 57.3.85]

2952. — ... Alors même qu'ils seraient victimes d'un double emploi. — Cons. d'Et., 18 janv. 1860, Percepteur de Vergt, [P. adm. chr.]

2953. — ... Enfin, celles de contribuables qui avaient personnellement réclamé. — Cons. d'Et., 27 avr. 1854, précité.

2954. — Quand une cote, même indûment imposée, a été acquittée par les héritiers d'un contribuable, le percepteur ne peut en demander décharge. — Cons. d'Et., 15 août 1839, Percepteur d'Aubagne, [Leb. chr., p. 438]

2955. — Les demandes en exemption temporaire de contribution foncière ne sont pas de celles que les percepteurs peuvent former aux lieu et place des contribuables. — Cons. d'Et., 20 déc. 1848, Percepteur de Chalais, [P. adm. chr.]

2956. — La loi du 22 juin 1854 qui, nous l'avons vu, avait pour objet de faciliter pour les percepteurs la réparation des erreurs commises dans la confection du rôle en leur permettant de dresser à la fin de l'année un état supplémentaire des cotes indûment imposées qu'ils auraient omises dans leur premier état, a été pour le Conseil d'Etat l'occasion de restreindre encore la portée de la loi de 1846. Il s'est, en effet, prévalu de ce que, pour figurer dans cet état supplémentaire, les cotes devaient être tout à la fois indûment imposées et irrecouvrables, pour exiger que ces deux conditions se trouvassent réunies dans les états de cotes indûment imposées présentées dans les trois mois de la publication des rôles. — Cons. d'Et., 7 mai 1880, Percepteur de Baume-les-Dames, [Leb. chr., p. 434]; — 12 mai 1882, précité.

2957. — A notre avis, la jurisprudence du Conseil d'Etat est beaucoup trop rigoureuse à l'égard des états de cotes indûment imposées. Elle nous paraît surtout en opposition absolue avec le texte et l'esprit des lois de 1846 et de 1854. Suivant nous, dans les trois mois de la publication des rôles, les percepteurs peuvent comprendre dans leurs états toutes les cotes indûment imposées, recouvrables ou non, sans qu'il y ait lieu de savoir si les contribuables sont ou non à même de réclamer en personne. L'intention du législateur, affirmée dans les Exposés des motifs et les rapports qui ont précédé le vote des lois de 1846 et de 1854, a été de dispenser les contribuables du soin de réclamer eux-mêmes. S'ils réclament néanmoins et qu'une décision soit intervenue sur leur réclamation, la demande du percepteur sera sans objet en ce qui les concerne. Mais cette dualité d'action n'a pas préoccupé le législateur. Si des cotes indûment imposées ont échappé au percepteur lorsqu'il a présenté son état primitif, il peut les faire figurer dans l'état de cotes irrecouvrables présenté au commencement de l'exercice suivant, mais à la condition qu'elles seront en même temps irrecouvrables. L'intérêt du contribuable disparaît, puisqu'il est déchu du droit de réclamer. Si sa résidence est connue, ou s'il a des représentants solvables, il faut poursuivre. Dans le cas contraire, l'intérêt du fonds de non-valeurs exige que celles des cotes irrecouvrables qui ont été indûment imposées puissent être réimposées. C'est pourquoi la loi de 1854 a été faite. Voilà comment nous comprenons le fonctionnement de ces deux lois.

2958. — Il est un autre point sur lequel un dissentiment grave s'est produit entre l'administration et le Conseil d'Etat; c'est au sujet des cotes des indigents. Nous verrons à propos de la contribution personnelle et mobilière que le Conseil d'Etat n'admet de recours contentieux fondés sur l'indigence que lorsqu'un contribuable a été imposé malgré une décision du conseil municipal l'exemptant comme indigent. L'administration au contraire prescrivant à ses agents de ne pas comprendre dans les projets de rôle les personnes d'une indigence notoire, admettait que l'imposition de ces personnes, avant même que le conseil municipal eût examiné le rôle, constituait un faux emploi et que par suite elles pouvaient demander décharge ou qu'à leur défaut, le percepteur pouvait les faire figurer aux états des cotes indûment imposées. Le Conseil d'Etat n'a jamais accepté sur ce point la doctrine de l'administration, et il a toujours rayé des états des cotes indûment imposées, les cotes d'individus réputés indigents par le percepteur depuis une époque antérieure au 1er janvier, mais non désignés comme tels par le conseil municipal. — Cons. d'Et., 20 avr. 1849, Percepteurs de Saint-Parisse, le Châtel et autres, [Leb. chr., p. 245]; — 6 avr. 1850, Percepteur d'Imphy, [P. adm. chr.]; — 27 avr. 1854, Percepteur de Chateaudun, [Leb. chr., p. 360]; — 30 juin 1858 (2 arrêts), Percepteurs de Lamballe et de Lannion, [P. adm. chr., D. 59.3.1]

2959. — Il est rare que des cotes foncières ou de portes et fenêtres puissent être comprises aux états de cotes indûment imposées, puisque tant que la mutation n'est pas opérée, l'imposition doit être maintenue au nom de l'ancien propriétaire. Ce n'est que dans le cas où un terrain aurait disparu, que le percepteur pourrait comprendre la cote y afférente dans son état, à la condition toutefois que le propriétaire fût décédé ou eût disparu sans laisser de représentants solvables. — Leleu, loc. cit., p. 13 et 14.

2960. — Un percepteur qui serait en même temps receveur d'un bureau de bienfaisance ou d'un autre établissement public

n'est pas fondé à demander, par voie d'inscription sur un état de cotes indûment imposées, le dégrèvement d'une cote qui aurait été inscrite à tort au nom dudit établissement. Il doit présenter cette demande par la voie ordinaire. — Cons. d'Et., 22 avr. 1857, Percepteur d'Allanche, [P. adm. chr.]

2961. — L'instruction des états des percepteurs est faite dans les communes par les contrôleurs qui procèdent avec les répartiteurs à la vérification des faits allégués par le comptable. Ils donnent leur avis, après avoir pris celui du maire et des répartiteurs. Le directeur des contributions fait son rapport et le conseil de préfecture statue. La décision doit intervenir avant le 15 septembre, afin que la réimposition des décharges et réductions puisse avoir lieu dans les rôles de l'année suivante (L. 3 juill. 1846, art. 6; Instr. 20 juin 1859, art. 141 et 30 janv. 1892, art. 158). Des avis spéciaux font connaître aux percepteurs les cotes rejetées de leurs états par le conseil de préfecture (Instr. 30 janv. 1892, art. 179).

2962. — Qui peut se pourvoir devant le Conseil d'Etat contre les arrêtés des conseils de préfecture rendus sur des états de cotes indûment imposées? Un point certain, c'est que le contribuable, que le percepteur a compris, dans son état de cotes indûment imposées, n'a pas qualité pour déférer au Conseil d'Etat l'arrêté qui l'a rayé dudit état. — Cons. d'Et., 25 août 1848, Blanc, [Leb. chr., p. 532]; — 1er juin 1850, Peyrandel, [P. adm. chr.]; — 1er janv. 1853, Lageyre, [P. adm. chr.]; — 24 janv. 1857, Dallet, [P. adm. chr.]; — 23 janv. 1872, Nauce, [Leb. chr., p. 8]; — 7 mai 1880, Pernot, [Leb. chr., p. 434]

2963. — Quant aux percepteurs, la jurisprudence a beaucoup varié. Le Conseil d'Etat avait d'abord admis que, dans les cas où ils pouvaient être déclarés responsables de l'imposition mal établie, ils étaient recevables à demander décharge et, en cas de recours contre la décision du conseil de préfecture, à transmettre leur recours au gouvernement par l'intermédiaire du préfet, conformément à l'art. 30, L. 21 avr. 1832, ou à se pourvoir par le ministère d'un avocat au conseil, conformément aux dispositions du décret du 22 juill. 1806. — Cons. d'Et., 15 août 1839, Percepteur d'Aubagne, [P. adm. chr.]

2964. — Mais peu de mois après, le Conseil modifiait sa jurisprudence et refusait qualité aux percepteurs pour se pourvoir devant lui. Ses décisions étaient motivées de la façon suivante: « Considérant que la loi du 3 juill. 1846 a autorisé les percepteurs, dans un intérêt administratif, à former, dans les trois mois de la publication des rôles, des états des cotes qui leur paraissent avoir été indûment imposées, pour faire prononcer par le conseil de préfecture, s'il y a lieu, la décharge desdites cotes; mais qu'au cas où le conseil de préfecture ne croit pas devoir prononcer la décharge, aucune disposition législative n'autorise les percepteurs à attaquer ces décisions devant le Conseil d'Etat ». En conséquence, le Conseil d'Etat ne pouvait réformer les décisions des conseils de préfecture que lorsque les ministres des Finances ou de l'Intérieur déclaraient s'approprier les conclusions du percepteur sur la communication qui leur était donnée du pourvoi. — Cons. d'Et., 29 oct. 1839, Langlois, [S. 40.2.237, P. adm. chr.]; — 17 mars 1853, Riquet, [P. adm. chr.]; — 3 nov. 1853, Sibiloie, [D. 54.3.62]; — 27 avr. 1854, Prévon, [P. adm. chr., D. 54.3.62]; — 27 avr. 1854, de Berby, [D. 54.3.62]; — 5 août 1854, Godefroy, [P. adm. chr., D. 55.5.118]; — 27 déc. 1854, Ulliac, [P. adm. chr.]; — 11 févr. 1857, Fouleux, [Leb. chr., p. 117]; — 22 avr. 1857 (2 arrêts), Percepteurs d'Allanche et de Saint-Flour, [P. adm. chr.]; — 14 avr. 1859, Lafage, [Leb. chr., p. 282]; — 17 mars 1865, Percepteur d'Yssingeaux, [Leb. chr., p. 281]; — 23 juin 1865, Percepteur de Tardets, [Leb. chr., p. 646]; — 7 août 1872, Baize, [Leb. chr., p. 491]; — 23 juill. 1875, Echelard, [Leb. chr., p. 712]

2965. — Depuis 1880 le Conseil d'Etat cesse d'opposer aux percepteurs la fin de non-recevoir tirée de leur défaut de qualité. Il statue au fond sur leurs pourvois (Instr. 30 janv. 1892, art. 196). — Cons. d'Et., 7 mai 1880, Echelard, percepteur de Baume-les-Dames, [Leb. chr., p. 434]; — 12 mai 1882, Pelte, percepteur de Spincourt, [Leb. chr., p. 435]; — 8 juin 1888, Marx, percepteur de Belfort, [D. 89.5.432]

2966 — Quand le Conseil d'Etat reconnaît que c'est à tort que le conseil de préfecture a, sur la demande d'un percepteur, accordé décharge de cotes qu'il considérait comme indûment imposées, il doit réformer l'arrêté du Conseil et ordonner le rétablissement de ces cotes sur les rôles. — Cons. d'Et., 14 janv. 1863, Percepteur de Lanslebourg, [Leb. chr., p. 22]

2967. — Nous passons maintenant aux états de cotes irrecouvrables. On entend par cotes irrecouvrables celles qui, quoique bien établies au 1er janvier d'un exercice, ne pourraient être recouvrées en totalité ou en partie pour des causes survenues depuis la mise en recouvrement du rôle (Circ. 27 déc. 1826). C'est la circulaire ministérielle du 15 déc. 1826, qui a autorisé les percepteurs à dresser ces états. La loi de 1854 leur a permis d'y comprendre les cotes indûment imposées qu'ils auraient omises et dont l'irrecouvrabilité aurait d'ailleurs été dûment constatée.

2968. — Ces états doivent être présentés dans les deux premiers mois de la seconde année de chaque exercice, c'est-à-dire avant le 1er mars de l'année qui suit celle à laquelle ils se rapportent (Circ. 27 déc. 1826 et 18 août 1833; Instr. 17 juin 1840, art. 98; Circ. 27 déc. 1854). Les états de cotes irrecouvrables concernant les rôles supplémentaires du quatrième trimestre peuvent être présentés jusqu'au 1er mai (Instr. 20 juin 1859, art. 129).

2969. — Les états relatifs à la taxe des prestations et à la taxe sur les chiens doivent être présentés au moment de la clôture de l'exercice, c'est-à-dire le 31 mars de la seconde année (Circ. 17 mai 1857; Instr. 20 juin 1859, art. 888).

2970. — Enfin, nous avons vu que pour les droits de vérification des poids et mesures et les droits de visite chez les pharmaciens, l'état comprend tout à la fois les cotes indûment imposées et les cotes irrecouvrables, et doit être présenté dans les trois premiers mois de la seconde année de l'exercice.

2971. — Ces états, excepté ceux qui concernent les taxes communales lesquels doivent être soumis directement au conseil municipal, sont remis aux receveurs des finances qui les enregistrent, les examinent et s'assurent si l'impossibilité du recouvrement des cotes dont les percepteurs demandent l'admission en non-valeurs est suffisamment constatée et si, avant que l'impossibilité du recouvrement fût reconnue, les comptables avaient exercé les poursuites exigées par la position de chaque contribuable (Instr. 20 juin 1859, art. 136). Ils constatent le résultat de leur examen sur chaque état et les transmettent à l'autorité administrative.

2972. — Les états doivent être déposés à la préfecture ou à la sous-préfecture avant le 1er avril de l'année qui suit celle à laquelle ils se rapportent. Lorsqu'un percepteur est entré en fonctions dans les deux premiers mois de l'année, le dépôt de ces états de cotes irrecouvrables peut être différé de deux mois à partir du jour de son installation. Ce dépôt ne peut donc être retardé au-delà du 1er mai. Ils peuvent exceptionnellement demander au ministre de les relever de la déchéance pour la présentation hors délai d'états de cotes irrecouvrables (Circ. 18 avr. 1889; 26 févr. 1891; Instr. 30 janv. 1892, art. 35).

2973. — Les états de cotes irrecouvrables doivent être rédigés par nature de contribution et dans l'ordre des articles du rôle. Ils doivent contenir tous les renseignements et détails propres à établir que les cotes sont devenues irrecouvrables, notamment les dates précises des décès, départs, faillites, etc., et l'indication des époques auxquelles remonte l'indigence des contribuables. Aux états de cotes irrecouvrables sont joints les certificats d'indigence ou d'absence, les procès-verbaux de carence, les contraintes extérieures revenues impayées et tous autres documents relatifs aux cotes présentées, ainsi que les états de règlement des frais de poursuites non recouvrés, ou des extraits certifiés de ces états de règlement (Instr. 30 janv. 1892, art. 29). Ils sont rédigés en double expédition. Les percepteurs conservent trois ans les minutes (Circ. 27 déc. 1826; Instr. 20 juin 1859, art. 135).

2974. — Quelles cotes peuvent être portées sur ces états? En matière de contribution foncière (propriétés bâties ou de portes et fenêtres), celles qui concernent des maisons possédées et occupées par des indigents, ou des maisons vacantes appartenant à des indigents; en matière de contribution foncière (propriétés non bâties), celles qui frappent des parcelles laissées incultes par leur propriétaire, si ce propriétaire est indigent ou inconnu; celles relatives à des immeubles improductifs, dépendants d'une succession non acceptée ou en déshérence; en matière de contribution personnelle-mobilière, celles des individus décédés en cours d'année, et dont les héritiers sont indigents, celles des contribuables tombés dans l'indigence avant ou après le 1er janvier, celles dues par des locataires non logés en garni qui ont déménagé furtivement sans laisser de mobilier saisissable, si, d'ailleurs, leur nouveau domicile est inconnu et que

les propriétaires aient rempli leurs obligations; les termes à échoir de ces cotes, les cotes dindividus inscrits par le conseil municipal sur la liste des indigents et ayant négligé de réclamer décharge; en matière de patentes, les cotes ou portions de cotes des patentables devenus indigents, les portions de cotes restant dues par les patentables ayant déménagé furtivement, et les termes échus ou à échoir, sauf le dernier terme échu et le terme courant, quand le propriétaire est responsable; enfin, les cotes indûment imposées et irrecouvrables. — Leleu, *loc. cit.*, p. 21 et s.

2975. — Le contrôleur procède, dans la commune, à l'instruction des demandes des percepteurs. Il doit s'assurer que ceux-ci ont fait, en temps utile, les diligences nécessaires pour parvenir au recouvrement, soit sur les imposés eux-mêmes, soit sur les tiers responsables. A l'égard des cotes foncières, il constate la nature des propriétés imposées, recherche si elles n'appartiennent pas à d'autres contribuables que ceux portés aux rôles et vérifie si elles ont produit des fruits ou loyers pouvant servir de gage à l'impôt. Il s'assure, en outre, si les frais de poursuites dont la remise est demandée n'ont pas été faits abusivement. Enfin, il vise les rôles pour constater la situation du recouvrement (Instr. 30 janv. 1892, art. 82).

2976. — Le jugement des états de cotes irrecouvrables appartient au préfet et au conseil de préfecture. Le préfet statue sur les côtes dûment imposées mais irrecouvrables; le conseil de préfecture sur les cotes à la fois indûment imposées et irrecouvrables. Les états doivent être jugés avant le 1er octobre (Circ. 27 avr. 1852; Instr. 20 juin 1859, art. 130).

2977. — Le conseil de préfecture ne peut statuer sur des cotes comprises dans les états qui lui sont soumis et pour lesquelles la demande de dégrèvement serait motivée par l'inefficacité des poursuites. — Cons. d'Et., 23 août 1838, Percepteur de La Rochelle, [Leb. chr., p. 185]

2978. — Ou l'insuffisance des ressources des contribuables. — Cons. d'Et., 29 juill. 1847, Percepteur de Saint-Pierre-des-Corps, [P. adm. chr., D. 48.3.5]; — 26 mai 1848, Percepteur de Saint-Sauveur, [Leb. chr., p. 307]; — 7 sept. 1864, Percepteur de Martinvast, [Leb. chr., p. 833]

2979. — Ou l'insolvabilité de ses héritiers. — Cons. d'Et., 20 avr. 1849, Percepteur de Saint-Parisse, le Châtel et autres, [P. adm. chr., D. 49.3.67]

2980. — Les arrêtés rendus par les préfets sur les états de cotes irrecouvrables portant refus d'admission de certaines cotes en non-valeurs sont des actes d'administration qui ne sont pas susceptibles d'être déférés au Conseil d'Etat par la voie contentieuse. C'est devant le ministre des Finances que les percepteurs doivent se pourvoir. La décision rendue par le ministre sur ce pourvoi échappe aussi au recours contentieux. — Cons. d'Et., 28 déc. 1850, Torchet, [Leb. chr., p. 977]; — 8 mars 1831, Percepteur de Thézan, [P. adm. chr.]; — 24 juill. 1852, Bernard, [P. adm. chr.]; — 9 mars 1853, Saudo, [P. adm. chr.]; — 24 mars 1853, Revelière, [Leb. chr., p. 373]; — 13 avr. 1853, Izernes, [P. adm. chr.]; — 27 mai 1857, Percepteur de Condat, [Leb. chr., p. 409]; — 6 janv. 1858, Magisson, [P. adm. chr.]; — 26 mai 1863, Linas, [P. adm. chr.]; — 17 mars 1865, Percepteur d'Yssingeaux, [P. adm. chr.]; — 6 oct. 1871, Percepteur de La Machine, [Leb. chr., p. 189]

2981. — La loi du 21 juill. 1887 (art. 3) a investi le directeur du droit de dresser des états de cotes indûment imposées dans un cas déterminé. « Les cotes ou portions de cotes qui sont reconnues former double emploi ou avoir été réel établies par suite d'erreurs matérielles d'écritures ou de taxation peuvent être inscrites d'office, par le directeur, sur des états particuliers de cotes indûment imposées » (Décr. 30 déc. 1890, art. 38; Circ. 19 nov. 1887; Instr. 30 janv. 1892, art. 16).

2982. — Des états analogues sont dressés par le directeur pour les cotes de contribution personnelle-mobilière dont le dégrèvement doit être accordé, d'office, aux familles comptant sept enfants mineurs pour lesquelles cet impôt ne dépasse pas 10 fr. en principal (L. 8 août 1890, art. 31; Circ. 14 févr. 1891; Instr. 30 janv. 1892, art. 16). Ces états peuvent être produits à toute époque (art. 56).

2983. — Si des réclamations ont été produites par les intéressés, ces états ne doivent être formés qu'après le rejet définitif de ces réclamations dont les dossiers y sont alors annexés. Dans le cas contraire, ils reçoivent l'avis du maire ou des répartiteurs et celui du contrôleur. Lorsque l'erreur commise s'étend à deux départements, celui des directeurs qui l'a relevé le premier se concerte avec son collègue pour en assurer la rectification. Les états spéciaux de dégrèvement au profit des familles de sept enfants sont dressés par le directeur à l'aide des relevés établis dans les communes par les contrôleurs. Ils sont ensuite, comme les précédents, transmis au conseil de préfecture pour décision (Instr. 30 janv. 1892, art. 123).

Section III.

Frais des instances.

2984. — Les sommes dues à titre de contributions directes ne sont jamais productives d'intérêts. Ainsi les retards qu'une réclamation a pu apporter au recouvrement d'un impôt direct ou d'une taxe assimilée ne peuvent autoriser la personne morale au profit de laquelle est perçu l'impôt à réclamer les intérêts des sommes dues. — Cons. d'Et., 29 nov. 1866, Chemin de fer P.-L.-M., [Leb. chr., p. 1082]; — 21 nov. 1873, Syndicat de la Grande-Camargue, [S. 75.2.279, P. adm. chr., D. 74.3.66]; — 13 mai 1881, Syndicat des molières du Mollinet, [D. 82.3.104]; — 19 juin 1885, Chemin de fer P.-L.-M., [Leb. chr., p. 596]

2985. — Inversement, lorsque le contribuable indûment imposé obtient de la juridiction administrative la décharge ou la réduction qu'il sollicite et le remboursement des sommes indûment versées par lui, il n'est pas fondé à réclamer les intérêts des sommes ainsi restituées. — Cons. d'Et., 6 nov. 1839, Balguerie, [S. 40.2.238, P. adm. chr.]; — 15 mai 1857, Robert, [P. adm. chr., D. 60.3.45]; — 12 janv. 1860, Jisson, [P. adm. chr.]; — 23 févr. 1861, Dubuc, [P. adm. chr.]; — 31 août 1863, Lecoq, [D. 64.3.9]; — 8 août 1865, Ville du Mans, [Leb. chr., p. 749]; — 25 juin 1868, Commune de Fontenay-sous-Bois, [D. 69.3.62]; — 29 juill. 1868, Hébert, [Leb. chr., p. 810]; — 3 juin 1869, Trône, [D. 71.3.9]; — 3 juin 1869, Quisnot, [Leb. chr., p. 572]; — 21 juill. 1869, Noël, [Leb. chr., p. 695]; — 16 mars 1870, Frères de Saint-Nicolas, [Leb. chr., p. 290]; — 22 juin 1883, de Roys, [S. 83.3.33, P. adm. chr., D. 84.3.114]; — 9 avr. 1886, Oudin, [Leb. chr., p. 317]; — 27 mai 1887, Cellerier, [Leb. chr., p. 425]; — 31 janv. 1890, Société des ponts et travaux en fer, [Leb. chr., p. 97]

2986. — Toutefois, il a été décidé que lorsqu'une ville avait fait exécuter un pavage par des riverains et qu'il était ensuite reconnu que ceux-ci n'avaient pas à supporter cette charge, ils étaient fondés à réclamer à la ville les intérêts des sommes par eux avancées, parce qu'il ne s'agissait plus du paiement d'une taxe, mais d'une avance faite pour l'exécution d'un travail public. — Cons. d'Et., 8 août 1865, Commune de Fontenay-sous-Bois, [P. adm. chr., D. 66.3.28]

2987. — Ils ne peuvent non plus réclamer de dommages-intérêts. — Cons. d'Et., 25 déc. 1840, Cordier, [P. adm. chr.]; — 4 mars 1865, Ville du Mans, [Leb. chr., p. 262]; — 22 févr. 1884, Richard-Zénon, [Leb. chr., p. 185]

2988. — Les sommes dues par les parties à titre d'honoraires à raison d'expertises faites en matière de contributions directes ne sont pas productives d'intérêts. — Cons. d'Et., 26 févr. 1875, Rigaud et Simon Lemuth, [S. 76.2.303, P. adm. chr., D. 75.3.115]

2989. — Après avoir passé en revue les diverses réclamations auxquelles peuvent donner lieu l'assiette et le recouvrement des contributions directes, disons un mot des frais de ces instances. Les réclamations en matière de contributions ne comportent pas d'autres dépens que le droit de timbre et les frais d'expertise et tierce expertise (Art. 24 févr. an VIII; L. 21 avr. 1832 et 29 déc. 1884). — Cons. d'Et., 25 juill. 1848, Rossignol, [P. adm. chr.]; — 20 juill. 1853, Robinet, [Leb. chr., p. 718]; — 29 juill. 1868, Syndicat de la vallée de la Dives, [Leb. chr., p. 810]

2990. — On ne peut, en conséquence, faire entrer dans les dépens les frais d'une visite sur lieux faite par les membres du conseil de préfecture. — Cons. d'Et., 15 mars 1872, Lemuth, [D. 75.3.115]

2991. — Les frais d'expertise et de tierce expertise sont les seuls frais dont le remboursement puisse être accordé aux réclamants au cas où leur demande est admise. — Cons. d'Et., 26 févr. 1875, précité; — 25 juin 1880, François, [Leb. chr., p. 600]; — 6 nov. 1880, Arnaud, [Leb. chr., p. 835]; — 23 déc. 1884, Carraud, [Leb. chr., p. 933]

2992. — Ils ne sont pas fondés à demander le rembourse-

ment des frais du papier timbré employé pour la rédaction de leur réclamation et de leur pourvoi, non plus que les frais d'envoi des pièces du dossier. — Cons. d'Et., 6 nov. 1839, précité ; — 25 déc. 1840, précité ; — 5 juin 1845, Millart, [S. 45.2.623, P. adm. chr.] ; — 24 nov. 1876, Villedary, [Leb. chr., p. 833] ; — 18 janv. 1884, Torterue, [S. 85.3.72, P. adm. chr., D. 85. 3.60]

2993. — Le Conseil d'Etat n'exigeant pas la production d'une expédition intégrale de l'arrêté du conseil de préfecture et se contentant de la production de l'avis de maintenue de taxe, le contribuable, qui a cru devoir demander une expédition de l'arrêté et des rapports sur lesquels il a été rendu, ne peut exiger le remboursement de ces dépenses qu'il aurait pu s'épargner. — Cons. d'Et., 14 juill. 1841, Vintant, [S. 42.2.33, P. adm. chr.] ; — 26 avr. 1851, Saphy, [S. 51.2.590, P. adm. chr.] ; — 5 oct. 1857, Othon, [D. 58.3.100] ; — 22 déc. 1863, d'Escayrac de Lauture, [Leb. chr., p. 850]

2994. — Par la même raison, s'il a cru devoir faire signifier par huissier à l'administration l'arrêté du conseil de préfecture, il supportera définitivement ces frais. — Cons. d'Et., 31 mars 1868, d'Esclans, [Leb. chr., p. 352]

2995. — De même encore, s'il a cru devoir recourir au ministère d'un avocat au Conseil d'Etat.

2996. — Le principe qu'il n'est pas prononcé de condamnation aux dépens en matière de contributions directes a été appliqué par la jurisprudence à toutes les contributions ou taxes sans distinction. La loi du 22 juill. 1889 n'ayant pas modifié sur ce point la législation antérieure, l'ancienne règle doit être maintenue aussi bien pour les taxes dont l'assiette n'est pas confiée au service des contributions directes que pour les autres. — Teissier et Chapsal, *Proc. cons. de préf.*, p. 466. — Cons. d'Et., 17 févr. 1848, Dupuis, [S. 48.2.411, P. adm. chr.] ; — 23 juin 1849, Syndical des marais de Donges, [P. adm. chr.] ; — 8 févr. 1851, Chemins de fer du Centre, [P. adm. chr.] ; — 26 juill. 1851, Fouassier, [P. adm. chr.] ; — 27 févr. 1852, Laurentie, [P. adm. chr.] ; — 5 janv. 1854, Syndicat des digues de Saint-Froment, [Leb. chr., p. 10] ; — 4 mai 1854, Rousselle, [P. adm. chr., D. 54.3.65] ; — 22 févr. 1855, Cie de l'entrepôt des douanes, [D. 55. 3.67] ; — 5 mars 1856, Charrière, [Leb. chr., p. 181] ; — 22 avr. 1865, Canal de Craponne, [Leb. chr., p. 469] ; — 8 nov. 1872, Commune de Nicev, [Leb. chr., p. 526] ; — 13 juin 1873, Bureau de bienfaisance de Saint-Etienne de Rouvray, [S. 75.2.157, P. adm. chr., D. 73.3.93] ; — 7 déc. 1877, Min. Travaux publics, [Leb. chr., p. 970] ; — 5 déc. 1884, Commune de Levroux, [D. 86.3.80] ; — 8 nov. 1890, de Juge de Montespieu, [Leb. chr., p. 811] ; — 31 janv. 1891, Min. Agriculture, [Leb. chr., p. 76] ; — 12 juin 1891, Bureau de bienfaisance de Vesse-sur-Allier, [S. et P. 93.3.67, D. 92.3.105] ; — 21 mai 1892, Vrignonneau, [S. et P. 94.3.42, D. 93.3.94] ; — 17 juin 1892, Sergeant, [Leb. chr., p. 547]

2997. — L'exemption de frais s'applique à l'opposition formée contre une décision du Conseil d'Etat. — Cons. d'Et., 10 août 1850, Syndicat de la rive droite de la Durance, [Leb. chr., p. 749] — *Contrà*, Dufour, t. 1, n. 337.

2998. — Il n'est pas alloué de dépens alors même qu'il s'agirait d'une taxe qui aurait été recouvrée à tort dans les formes suivies pour les contributions directes. — Cons. d'Et., 19 juill. 1878, Ville d'Issoudun, [Leb. chr., p. 716] ; — 10 mars 1894, Courtin, [Leb. chr., p. 194]

2999. — Dans les colonies, il a été décidé par le Conseil d'Etat sous l'empire de l'ordonnance du 31 août 1828, relative à la procédure suivie devant les conseils privés constitués en conseils du contentieux administratif, que l'art. 25 prescrivant d'une manière générale l'application de l'art. 130, C. proc. civ. sur les dépens, la partie qui succombait pouvait être condamnée aux dépens. — Cons. d'Et., 9 août 1870, Crédit foncier colonial, [Leb. chr., p. 1038]

Section IV.

Exécution des décisions.

§ 1. *Ordonnances de dégrèvement.*

3000. — On sait que, lorsqu'il n'a pas été statué sur une réclamation dans les trois mois du jour où elle a été déposée, l'exigibilité des termes venant à échoir à partir de ce moment

est suspendue et que les poursuites qui seraient exercées contre les contribuables pour leur recouvrement seraient illégales. Les frais auxquels elles auraient donné lieu devraient être remboursés aux contribuables, quel que fût d'ailleurs le sort de leurs réclamations. Si le conseil de préfecture rejette la réclamation l'arrêté étant exécutoire, nonobstant appel, les termes échus deviennent exigibles et le percepteur peut immédiatement en poursuivre le recouvrement.

3001. — Au contraire si le conseil de préfecture ou le préfet admet les réclamations, les dossiers, accompagnés des décisions rendues, sont renvoyés au directeur, qui établissait les ordonnances de dégrèvement au vu de ces décisions et les soumettait à la signature du préfet. S'il avait été émis des rôles spéciaux, le directeur en tenait compte dans le calcul des dégrèvements (Instr. 30 janv. 1892, art. 172 ; Circ. 15 sept. 1828 et 24 févr. 1890).

3002. — La loi du 26 juill. 1893 a modifié cette procédure. A partir du 1er janv. 1894, les ordonnances de dégrèvement et non-valeurs sur contributions directes et taxes assimilées doivent être délivrées par le directeur et envoyées par lui au trésorier-payeur général, qui les transmet au percepteur. Le directeur prévient de cet envoi par une lettre d'avis la partie intéressée en l'invitant à se présenter au bureau pour émarger l'ordonnance après en avoir reçu le montant (art. 74). Les dispositions contraires contenues dans l'arrêté du 24 flor. an VIII sont expressément abrogées.

3003. — Il est délivré des ordonnances de dégrèvement distinctes pour chaque contribution et pour chaque nature de fonds ; elles peuvent être collectives au profit des contribuables d'une même commune. On peut comprendre dans une même ordonnance les dégrèvements accordés sur plusieurs années, lesquels doivent ne former qu'un article de réimposition. Elles contiennent le décompte qui constate les droits des contribuables. Elles doivent comprendre les réductions de cotes qui ont été prononcées pendant chaque quinzaine au profit des contribuables d'une même commune (Instr. 1859, art. 177). — Lemercier de Jauville, v° *Ordonnance*, p. 862.

3004. — Les ordonnances de dégrèvement ne comprennent pas les frais de poursuites reconnus irrecouvrables. Les préfets délivrent pour ces frais, au profit des percepteurs, des mandats imputables sur les fonds de non-valeurs (Instr. 1859, art. 144 et 184).

3005. — Les crédits nécessaires à l'imputation régulière des ordonnances de dégrèvement à délivrer par les préfets, ordonnateurs secondaires de cette nature de dépenses, leur sont délégués tous les trois mois, d'après les états de situation des dépenses et des crédits envoyés à l'administration par les directeurs : ceux-ci recevaient de l'administration des lettres d'avis d'ouverture des crédits délégués aux préfets. C'est seulement après l'ouverture de ces crédits que les ordonnances pouvaient être soumises à la signature du préfet (Circ. 22 févr. 1858).

3006. — Depuis que le fonds de réimposition et le fonds de non-valeurs sont réunis et n'en forment plus qu'un seul, les ordonnances sont délivrées au fur et à mesure, sans qu'il soit nécessaire d'attendre la promulgation de la loi de finances (Circ. 29 févr. 1884).

3007. — Les dégrèvements de toute nature sont consignés sur le registre de comptabilité tenu par exercice. Dès qu'elles sont arrêtées, les ordonnances sont annotées par le directeur sur le registre de comptabilité et adressées ensuite au trésorier-payeur général. Le directeur adresse aux parties intéressées, par l'intermédiaire des contrôleurs et des maires, les lettres d'avis des dégrèvements accordés. Le trésorier-payeur général transmet les ordonnances aux percepteurs (Instr. 1859, art. 179, 181 et 207).

3008. — Le montant de chaque ordonnance est émargé au rôle par le percepteur jusqu'à concurrence de la somme dont pour la cote à laquelle l'ordonnance se rapporte ; si cette somme est excédée par le montant de l'ordonnance, l'excédent est imputé sur d'autres cotes du même contribuable au même rôle ou à un autre rôle, ou enfin remboursé au contribuable dégrevé (Instr. 1859, art. 207, 209).

3009. — Quant aux ordonnances délivrées sur états de cotes irrecouvrables, le percepteur procède à l'émargement des rôles pour chacun des articles que les ordonnances concernent, mais toutefois jusqu'à concurrence seulement de la somme alors due sur chaque cote : si le comptable est parvenu à obtenir quelques

recouvrements dans l'intervalle de temps écoulé entre la rédaction de l'état des cotes irrecouvrables et la réception de l'ordonnance de dégrèvement, cette dernière pièce n'est émargée que pour le solde restant à recouvrer. Le percepteur constate alors à la suite de l'ordonnance la réduction qu'elle a dû subir en cas de recouvrements effectués et le net émargé à la décharge des contribuables.

3010. — Pour constater l'imputation des sommes dégrevées au profit du titulaire, l'ordonnance de dégrèvement reçoit la signature des contribuables y dénommés, ou, à leur défaut, celle du maire de la commune, de son adjoint ou de son délégué. Le percepteur atteste, au bas de l'ordonnance, que les émargements ont été faits par lui sur le rôle; le maire certifie en outre sur la même pièce, en ce qui concerne les contribuables au nom desquels il est intervenu, que les déclarations tenant lieu de quittances, souscrites pour l'application des dégrèvements au paiement des contributions, lui ont été remises par le percepteur, afin qu'il les fasse parvenir aux parties intéressées (Instr. 1859, art. 214).

3011. — Les ordonnances sont, dans le délai d'un mois à partir de la date de leur envoi aux percepteurs, versées par ces comptables aux receveurs des finances qui en inscrivent le montant en recette et en dépense dans leurs écritures (Circ. 20 juin 1823; Instr. 1859, art. 180).

3012. — Les ordonnances de dégrèvement qui restent à payer à la clôture de l'exercice sont acquittées sur les crédits de l'exercice courant (Circ. 24 avr. 1865). Dans les cas où la réimputation sur les fonds de l'exercice courant de dépenses des exercices clos est admise par les règlements, c'est le préfet qui la prononce, l'autorisation du ministre n'est pas nécessaire. Le préfet peut faire usage, pour ces réimputations, des crédits ouverts par provision chaque trimestre sur la demande des directeurs. — Lemercier de Jauville, p. 863.

3013. — Les percepteurs sont autorisés à rembourser aux parties intéressées, sur le produit de leurs recettes courantes, jusqu'au 30 novembre de la seconde année de l'exercice, les excédents de versements constatés par suite de la délivrance d'ordonnances de dégrèvement demeurées impayées. Les excédents sont appliqués au compte de l'exercice correspondant à l'année pendant laquelle ils ont été constatés, de telle sorte que les ordonnances inscrites aux rôles depuis le 1er janvier jusqu'au 31 décembre de chaque année forment le compte de l'exercice correspondant à cette année et peuvent dès lors être remboursées ou appliquées aux rôles jusqu'au 30 novembre de l'année suivante (Instr. 20 juin 1859, art. 212).

3014. — Si, à l'époque du 30 novembre de la seconde année de l'exercice, il reste des excédents dont le montant n'ait pas été réclamé, afin que ces remboursements aux parties puissent être faits avec plus de facilité et dans un moindre délai, les trésoriers-payeurs généraux devront transporter les excédents de versements non plus au compte des recettes accidentelles, mais au compte des reliquats, créé par la circulaire du 21 déc. 1860. Après ce transport, les trésoriers-payeurs généraux continueront d'effectuer les remboursements comme auparavant, c'est-à-dire sans autorisation préalable, d'après les règles propres à chaque service. Les sommes remboursées seront portées au compte des reliquats. Tous les cinq ans, il sera procédé, par la direction générale de la comptabilité publique, à l'apurement du compte des reliquats. Les sommes qui y auront été portées depuis plus de cinq ans seront portées au compte des recettes accidentelles (Circ. compt. publ. 24 déc. 1861). Ce transport au compte des reliquats des excédents de versements existant au 31 décembre de la seconde année de l'exercice a eu pour objet de rendre possible le remboursement de ces excédents sans autorisation préalable (Circ. 23 janv. 1864).

3015. — L'inscription d'une créance sur l'état des restes à payer ne suffit pas pour mettre l'administration à même d'en provoquer l'ordonnancement. Il faut, en outre, qu'une demande spéciale soit adressée au ministre, soit par les parties intéressées, soit par les préfets ou les trésoriers-payeurs généraux (Instr. gén. de 1840, art. 162). Les mandats pour le paiement, sur le fonds des exercices clos, d'ordonnances de dégrèvement non employées en temps utile, doivent être préparés dans les bureaux des préfectures, les ordonnances ne sont valables que jusqu'à la fin de l'année pendant laquelle elles sont émises. Celles relatives aux exercices périmés sont valables jusqu'à la fin de l'exercice.

3016. — Quand le directeur a omis de comprendre dans les rôles des réimpositions pour lesquelles il a lui-même expédié des ordonnances qui ont été acquittées, il doit couvrir de ses deniers le déficit qui se présente à cet égard dans les rôles, et verser à la trésorerie générale le montant des sommes dont la réimposition a été omise. En échange de la somme versée, le trésorier-payeur général remet au directeur l'ordonnance non réimposée, si elle est encore entre ses mains ou dans celles de la comptabilité générale, qui la lui renvoie, ou un récépissé, si l'ordonnance acquittée antérieurement a été transmise à la Cour des comptes, d'où il n'est plus possible d'en faire le retrait. Après que la réimposition a été faite sur le rôle de l'année suivante, le versement fait par le directeur lui est restitué soit sur la présentation de l'ordonnance, soit sur une ordonnance que lui délivre le préfet sur la caisse du trésorier-payeur général.

3017. — Lorsque l'arrêté du conseil de préfecture qui a accordé un dégrèvement est déféré au Conseil d'État, de deux choses l'une : ou il est confirmé, dans ce cas le dégrèvement est définitif, ou bien il est annulé : le préfet prend alors un arrêté de reversement qui est transmis au percepteur pour lui servir de titre de recette (Instr. 30 janv. 1892, art. 204).

3018. — L'exécution de ces décisions a pour conséquence une seconde perception des cotes qui ont été déjà soldées, soit par voie de réimposition, soit sur le fonds de non-valeurs. S'il y a eu réimposition, la somme doit être déduite du montant des cotes à payer par les contribuables l'année suivante; elle est inscrite au rôle dans un dernier article, sous la désignation : *le percepteur pour somme perçue en double emploi;* cet article est soldé au moyen d'une ordonnance de restitution délivrée par le ministre sur la demande du trésorier-payeur général. S'il y a eu imputation sur le fonds de non-valeurs, le rétablissement de la taxe n'est que la compensation du préjudice qu'avait éprouvé le Trésor, et la double perception doit être maintenue (Circ. 12 déc. 1850).

3019. — La délivrance des ordonnances de dégrèvement peut donner lieu à des questions contentieuses. Par exemple, si les parties contestent leur conformité à la décision rendue. Cette réclamation, nécessitant l'interprétation de la décision qu'il s'agit d'exécuter, doit être portée devant l'autorité même qui l'a rendue. — Cons. d'Et., 15 juin 1841, Fabrique de Saint-Epvre de Nancy, [P. adm. chr.]; — 26 juill. 1878, Launay, [Leb. chr., p. 743]

3020. — Il a été décidé qu'un contribuable n'était pas recevable à déférer directement au Conseil d'État une ordonnance de dégrèvement, qu'il prétendait n'être pas conforme à l'arrêté du conseil de préfecture. C'est devant le conseil de préfecture qu'il aurait dû porter sa demande. — Cons. d'Et., 2 nov. 1888, Champagne, [Leb. chr., p. 781]

3021. — Les contributions indûment recouvrées par un percepteur sur un tiers et dont la juridiction administrative ordonne la restitution, doivent être remboursées par le percepteur de ses deniers personnels. Il n'y a donc pas lieu dans ce cas à la rédaction d'une ordonnance de dégrèvement, et l'administration des contributions directes n'a pas à intervenir dans l'exécution d'une décision de cette nature. C'est au réclamant qu'il appartient d'agir contre le percepteur pour obtenir le remboursement ordonné, sauf au percepteur à attaquer l'arrêté intervenu. — Lemercier de Jauville, v° *Recouvrement*, p. 1213.

3022. — Il est également délivré des ordonnances de dégrèvement sur les taxes assimilées. Pour les taxes communales, leur montant est déduit du montant des rôles, après que ces ordonnances ont été inscrites aux articles des contribuables dégrevés. Si quelques-uns des individus dégrevés ont payé une partie ou la totalité des sommes allouées en dégrèvement, il en résulte des excédents que le receveur municipal doit régulariser. Il opère à cet effet une réduction de recette au compte de la commune d'une somme égale à ces excédents et il la transporte au compte des excédents de versements, avec désignation des parties intéressées (Instr. 1859, art. 888). La même marche doit être suivie si la cote a été acquittée en nature.

3023. — Le mode de réduction de recette ne peut être employé après la clôture de la première année de l'exercice, que s'il existe des recouvrements réalisés depuis le 1er janvier de l'année suivante, ou des restes à recouvrer prochainement réalisables qui puissent supporter la déduction des remboursements d'excédents auxquels auraient droit les contribuables dégrevés. Dans le cas contraire, les remboursements devraient être imputés, soit sur le crédit des dépenses des chemins vicinaux, s'il

s'agit de prestations ou de subventions, soit sur celui des dépenses imprévues, ou faire l'objet d'un crédit spécial.

3024. — L'état des restes à recouvrer dressé à l'époque de la clôture de l'exercice, de concert entre le maire et le receveur, fournit le moyen de statuer sur les articles de non-valeurs par la décision même qui règle les chapitres additionnels et de faire disparaître, dans le compte de l'exercice qui suit immédiatement l'exercice clos, les produits appartenant à ce dernier, dont la perception est démontrée impossible. Pour obtenir l'allocation de ces produits en non-valeurs, les receveurs municipaux doivent justifier, dans les formes voulues par les règlements, notamment par l'arrêté du 6 mess. an X, de l'insolvabilité des débiteurs ou de la caducité des créances. Le conseil municipal statue, sauf approbation du préfet, sur l'admission en non-valeurs.

§ 2. Imputation des dégrèvements.

1° Fonds de non-valeurs.

3025. — Les dégrèvements accordés aux contribuables pourraient avoir pour résultat de diminuer le rendement de l'impôt, si le législateur n'y avait pourvu. Les premiers impôts directs étaient des impôts de répartition. En ce matière le contingent assigné à une commune constitue envers l'État une dette indivise dont chaque habitant imposable doit payer une part proportionnelle. Si donc, dans la répartition, une surtaxe comparative, une erreur de calcul, un double emploi, un faux emploi sont commis, le contribuable qui en est victime se trouve supporter en partie la dette de ses codébiteurs; il a contre eux le droit de répétition et c'est par voie de réimposition que ce droit est exercé. Toute surtaxe commise dans un impôt de répartition prouve que, si un contribuable est trop imposé, d'autres ne l'ont pas été assez. En conséquence, le contingent de la commune pour l'année suivante sera augmenté du montant des dégrèvements accordés sur l'exercice courant et sera réimposé sur les contribuables qui ont profité de l'erreur commise.

3026. — Mais si ce procédé suffisait à garantir pour l'avenir les droits du Trésor, il n'aurait pas suffi à combler immédiatement le déficit que les dégrèvements accordés pouvaient créer dans le rendement de l'impôt. C'est pour parer à cet objet que la loi des 23 nov.-1er déc. 1790 créa le fonds de non-valeurs au moyen de centimes additionnels au principal de la contribution foncière. Ce fonds devait supporter aussi, mais sans réimposition, le montant des remises et modérations accordées à raison de fléaux calamiteux.

3027. — Ce procédé ne pouvait s'appliquer aux impôts de quotité; car le fait qu'un contribuable a été surtaxé ne prouve pas que les autres aient été insuffisamment imposés. On ne pouvait donc réimposer le montant des dégrèvements. Mais le produit des patentes étant calculé par prévision dans la loi de finances, on aurait pu avoir de graves mécomptes s'il avait fallu imputer les dégrèvements sur le produit de l'impôt. On fut donc conduit à créer aussi un fonds de non-valeurs pour la contribution des patentes. Ce fonds produit une somme assez considérable pour couvrir le montant des décharges et réductions des remises et modérations accordées. Si cependant il est insuffisant, l'excédent serait imputé sur le principal de l'impôt (L. 13 flor. an X, art. 24). C'est aussi sur ce fonds qu'étaient imputés les frais de confection des rôles.

3028. — La contribution des portes et fenêtres est aussi dotée d'un fonds de non-valeurs par la loi du 13 flor. an X (art. 15 et 16). Quoiqu'aujourd'hui cette contribution soit un impôt de répartition, le fonds de non-valeurs y afférent supporte non seulement le montant des remises et modérations, mais encore le montant des décharges et réductions. Il n'y a lieu à réimposition qu'en cas d'insuffisance du fonds de non-valeurs. Cette anomalie s'explique par cette circonstance qu'au moment où ce fonds a été créé, la contribution des portes et fenêtres était un impôt de quotité. Les excédents que présente le fonds de non-valeurs des portes et fenêtres sont réunis au fonds de non-valeurs des contributions foncière, personnelle et mobilière (Ord. 14 août 1844).

3029. — La loi du 8 août 1890 (art. 27), en transformant la contribution foncière sur les propriétés bâties en impôt de quotité, l'a dotée d'un fonds de non-valeurs spécial.

3030. — Il a été créé des fonds de non-valeurs spéciaux pour certaines taxes assimilées, telles les redevances minières

(L. 21 avr. 1810, art. 36), les taxes pour frais de bourses et chambres de commerce (L. 23 juill. 1820, art. 15); la taxe sur les chevaux et voitures (L. 2 juill. 1862, art. 13; L. 23 juill. 1872, art. 28); la taxe militaire (L. 15 juill. 1889, art. 3).

3031. — Les autres taxes assimilées (taxes des biens de mainmorte, taxes sur les billards et les cercles, droits de vérification des poids et mesures, droits de visite chez les pharmaciens), n'ont pas de fonds de non-valeurs. Les dégrèvements accordés sur ces taxes sont imputés sur un crédit ouvert à cet effet au budget.

3032. — Pendant longtemps, les centimes pour fonds de non-valeurs n'avaient été perçus que sur le principal de l'impôt. La loi du 8 juill. 1852 (art. 14), décida qu'ils porteraient aussi sur le produit des centimes additionnels départementaux et communaux, ordinaires et extraordinaires.

3033. — Quant aux taxes communales, les dégrèvements sont alloués en déduction du montant des rôles.

2° Fonds de réimposition.

3034. — Nous avons dit que le fonds de non-valeurs créé par la loi des 23 nov.-1er déc. 1790 avait une double destination : il supportait définitivement le montant des remises et modérations, et faisait l'avance, jusqu'à la réimposition, des décharges et réductions accordées.

3035. — L'arrêté du 24 flor. an VIII, en ce qui touche le fonds afférent aux contributions foncière et personnelle-mobilière, modifia un peu cet état de choses. A partir de ce moment, les ordonnances de décharges ou de réductions devant être réimposées aux rôles de l'année suivante au profit de ceux qui les avaient obtenues, cessèrent d'être imputées provisoirement sur le fonds de non-valeurs. Les ordonnances de dégrèvement n'étaient délivrées qu'après que le vote de la loi de finances avait ordonné la réimposition et mis le Trésor à l'abri de toute perte.

3036. — La loi de finances du 29 déc. 1883, pour assurer le paiement immédiat des dégrèvements réimposables, réunit le fonds de réimposition au fonds de non-valeurs qui a repris sa double destination comme en 1790. Les contribuables qui auront obtenu des dégrèvements ne seront plus obligés d'attendre l'année suivante pour être remboursés de leurs avances.

3037. — Depuis 1884, tous les dégrèvements sont imputés sur le fonds de non-valeurs. Toutefois, les uns sont réimposables et non les autres. Quels sont les dégrèvements réimposables? Ce sont les décharges et réductions prononcées sur la contribution foncière (propriétés non bâties), sur la contribution personnelle-mobilière et sur celle des portes et fenêtres.

3038. — Toutefois, même en ce qui touche ces impôts de répartition, certaines décharges et réductions sont imputées sur le fonds de non-valeurs, ce sont : 1° celles qui sont accordées pour perte de matière imposable (corrosions, incorporation au domaine public, etc.); 2° celles qui sont accordées pour surévaluation de propriétés nouvellement imposées pendant la première année de l'imposition; 3° celles qui sont accordées à titre d'exemptions temporaires pour des améliorations agricoles; 4° celles qui sont accordées aux familles de sept enfants (Arr. 24 flor. an VIII, art. 4 et 9; Circ. 23 juin 1852; 24 janv. 1856; 12 août 1862; L. 8 août 1890, art. 31; Instr. 30 janv. 1892, art. 173).

3039. — Sont imputées, selon les cas, sur les fonds de non-valeurs ou sur les crédits spéciaux ouverts à cet effet, les décharges et réductions prononcées sur la contribution foncière (propriétés bâties), sur celle des patentes et sur les taxes assimilées (Circ. 2 oct. 1853; 18 juill. 1857; 29 févr. 1884; 21 août 1890; 14 mars 1891; Instr. 30 janv. 1892, art. 173).

3040. — C'est enfin sur les fonds de non-valeurs que s'imputent les remises et modérations accordées pour toutes les contributions, et les frais de poursuites reconnus irrecouvrables. Les frais d'instance judiciaire sont imputés sur un crédit spécial (Instr. 30 janv. 1892, art. 173; Arr. 24 flor. an VIII, art. 28; Instr. 20 juin 1859, art. 144).

3041. — Par qui et comment est réparti chaque fonds de non-valeurs? Il est fait deux parts de ces fonds : l'une est mise, dès le commencement de l'exercice, à la disposition des préfets, pour faire face aux décharges, réductions, remises et modérations qui seraient accordées pendant le cours de l'année, à raison de pertes occasionnées par des incendies ou autres accidents graves; l'autre, qui comprend les deux tiers du fonds, demeure à la disposition

du ministre des Finances, et sert à fournir des suppléments aux départements ou communes qui auraient éprouvé des pertes extraordinaires. Les modérations pour pertes partielles de récoltes et revenus sont ajournées jusqu'à la fin de l'année; il faut en effet que l'année soit révolue pour que le total des pertes puisse être établi. Il ne faut pas confondre cette partie du fonds de non-valeurs, qui est à la disposition du ministre des Finances, avec le fonds de secours, qui est mis à la disposition du ministre de l'Agriculture et qui sert à distribuer des secours effectifs aux départements, communes et particuliers victimes de fléaux calamiteux (L. 17 juill. 1819).

3042. — On s'est demandé si un contribuable, qui a perdu la totalité ou une partie de son revenu par l'effet d'un événement extraordinaire, conserve ses droits à la distribution du fonds de non-valeurs, lorsque, sa propriété étant assurée, il se trouve indemnisé par les compagnies avec lesquelles il a traité. La question a été résolue négativement en ce qui concerne les secours effectifs à accorder aux victimes d'événements imprévus. Le fonds de secours étant destiné aux individus qui, par suite de leurs pertes, éprouvent des besoins réels, on conçoit qu'ils perdent leurs droits à ces secours lorsqu'ils ont un moyen d'indemnité dans le traité qu'ils ont fait avec une société d'assurance. Mais il n'en peut être de même de la portion du fonds de non-valeurs destinée à couvrir les remises et modérations reconnues justes et nécessaires. Si donc les contribuables ont perdu la totalité ou une forte partie des revenus sur lesquels était assise la contribution, il convient de les faire participer à la distribution des fonds de non-valeurs (Déc. min. 12 oct. 1824).

3043. — Le préfet réunit les différentes demandes en remise ou modération qui lui ont été faites dans le cours de l'année et, l'année expirée, il fait connaître à l'administration le montant des pertes et la quotité des contributions y afférente (Arr. 24 flor. an VIII; Circ. 1er mars 1830). Le bordereau des pertes est dressé par le directeur (Circ. 17 nov. 1831).

3044. — Un département ne peut prétendre à recevoir annuellement dans la distribution des fonds de non-valeurs une part égale à celle qu'il y apporte. Ce fonds est la propriété de tous les départements et n'appartient à aucun en particulier. Destiné au service général des remises, modérations et non-valeurs, il est réparti entre les divers départements proportionnellement aux contributions afférentes à leurs pertes, quelle que soit d'ailleurs la mise de chacun dans la masse commune. Il en résulte que tels départements où les désastres sont fréquents, absorbent, tous les ans, dans les distributions générales, une somme beaucoup plus forte que celle qu'ils ont apportée dans la composition du fonds commun, tandis que d'autres, où le tiers de centime mis à la disposition des préfets suffit à tous les besoins du service, ne participent pas à ces distributions. Cette solidarité établie entre les départements a eu pour but d'assurer la rentrée au Trésor de l'intégralité de l'impôt (Déc. min. 6 déc. 1825 et 8 oct. 1831).

3045. — Lorsque le préfet a reçu avis de la somme mise à sa disposition, il en fait la répartition entre les communes et les contribuables dont les réclamations ont été reconnues justes et fondées (Arr. 24 flor. an VIII). Le montant des cotes irrecouvrables portées sur les états des percepteurs est prélevé par le gouvernement sur les deux tiers de centime dont la distribution lui est réservée.

3046. — Les fonds de non-valeurs étaient un des éléments du budget sur ressources spéciales. Ils sont en effet formés du produit de centimes additionnels, levés spécialement en vue de couvrir les dégrèvements d'impôts auxquels donnent lieu les faux et doubles emplois existant dans les rôles et les pertes résultant d'événements extraordinaires. Ces centimes ont une affectation nettement déterminée dont ils ne sauraient être détournés. Il était donc tout naturel qu'ils constituassent, en fait, un budget spécial. Ce budget se soldait en général par un excédent de recettes reporté d'année en année, lequel constituait une réserve assez importante. A deux reprises cette réserve a fait l'objet d'un prélèvement de la part du législateur (LL. 13 mai 1863 et 18 juill. 1866). En outre, depuis 1884, on imputait sur ce fonds les frais d'impression et de confection des rôles et avertissements des contributions qui, jusqu'alors, étaient à la charge de l'Etat. Les recettes annuelles de ce fonds, de même que sa réserve, étaient considérées la propriété exclusive des contribuables, l'Etat se chargeant seulement d'en effectuer la gestion pour leur compte, et leur restituant sous forme de dégrèvements d'impôts, les produits en-

caissés à titre de centimes additionnels, seulement après qu'il les avait encaissés. — Stourm, *Budget*, p. 241.

3047. — La loi du 18 juill. 1892, en supprimant le budget sur ressources spéciales, a modifié la constitution et le fonctionnement du fonds de non-valeurs. La réserve est supprimée. Dorénavant, si les dégrèvements accordés pendant un exercice n'épuisent pas le crédit ouvert pour les non-valeurs, l'excédent est annulé, et le boni tombe dans les produits directs du budget. Si, au contraire, le crédit est insuffisant, on ouvrira un crédit supplémentaire.

3048. — L'imputation des dégrèvements peut-elle donner lieu à des instances contentieuses? La loi du 5 avr. 1884 dispose que le particulier qui a gagné un procès contre une commune ne doit pas être imposé au rôle des taxes établies pour payer les frais de ce procès. Il est arrivé que des membres d'associations syndicales ont prétendu bénéficier de cette disposition. Le Conseil d'Etat a refusé d'accueillir cette prétention — Cons. d'Et., 13 mars 1856, Pison, Imbert et autres, [S. 57.2.73, P. adm. chr., D. 56.3.57]; — 23 févr. 1877, Roca, [Leb. chr., p. 196]

3049. — Sur qui doit porter la réimposition? D'après l'arrêté du 24 flor., an VIII, c'est sur *les autres* propriétaires ou contribuables de la commune. L'arrêté a évidemment prévu le cas où une décharge totale serait accordée. Mais si un contribuable n'obtient qu'une décharge partielle pour un des articles de contribution auxquels il est assujetti, il devra supporter sa part contributive dans la réimposition. — Cons. d'Et., 14 févr. 1839, de Mélignan, [Leb. chr., p. 129]; — 19 déc. 1863, Miette, [Leb. chr., p. 827]

3050. — La réimposition sur les contribuables d'une commune du montant des dégrèvements accordés à certains d'entre eux s'incorpore au contingent de la commune et peut faire l'objet d'un recours contentieux. Mais il est nécessaire de distinguer. En effet le contribuable ne peut, ni remettre en question le dégrèvement qui a été accordé définitivement, ni soutenir que le contingent communal est exagéré. — Cons. d'Et., 19 janv. 1866, Lucazeau, [Leb. chr., p. 30]

3051. — Mais il peut discuter, si, à raison de leur nature, les dégrèvements prononcés devaient être réimposés ou imputés sur le fonds de non-valeurs. Ainsi, on sait que les propriétés qui deviennent imposables viennent parfois grossir le contingent des départements, arrondissements et communes. Pendant la première année qui suit leur imposition, les décharges ou réductions qui seront prononcées sur ces cotes viendront en déduction du contingent et seront imputées sur le fonds de non-valeurs. Mais, cette année écoulée, l'évaluation donnée à ces cotes devient définitive ou plutôt ces cotes sont entrées dans le contingent qu'elles ont grossi définitivement. L'Etat a un droit acquis à cet accroissement. Dorénavant, si un dégrèvement vient à être opéré partiel sur ces cotes, le montant devra en être réimposé, et, si un des contribuables de la commune se plaint d'être surtaxé par le fait de la réimposition, il appartient à la juridiction administrative de décider si elle devait ou non être faite. — Cons. d'Et., 22 janv. 1857, Sibour, [P. adm. chr., D. 57.3.49]; — 4 déc. 1885, Marie, [D. 87.3.47]

3052. — La réimposition doit être attaquée dans les trois mois de la publication du rôle dans lequel elle est faite. Passé ce délai, elle est définitive. — Cons. d'Et., 4 déc. 1837, Commune de Baugy, [P. adm. chr.]

3053. — Une révision administrative des évaluations cadastrales ne peut donner aux propriétaires dont les revenus sont abaissés le droit de réclamer le remboursement des sommes qu'ils avaient payées en exécution du tarif précédent. — Cons. d'Et., 6 août 1840, Bouvery, [Leb. chr., p. 285]; — 26 mai 1848, Barbin de Broyes, [P. adm. chr.]

3054. — Le conseil de préfecture ne peut, lorsqu'il prononce des dégrèvements, décider sur quel fonds le montant en sera imputé. C'est à l'administration qu'il appartient de faire cette imputation, sauf au conseil à vérifier s'il est saisi d'une réclamation, son bien ou mal fondé. — Cons. d'Et., 24 janv. 1845, de Brouilly, [S. 57.2.236, *ad notam*, P. adm. chr.]; — 3 mai 1861, de Gouvello, [P. adm. chr.]; — 16 avr. 1856, Ursulines d'Angers, [S. 57.2.236, P. adm. chr.]; — 22 janv. 1857, précité.

3055. — La distribution du fonds de non-valeurs, soit par les préfets, soit par le ministre des Finances, constitue une opération administrative contre laquelle aucun recours contentieux n'est ouvert. — Cons. d'Et., 13 avr. 1836, Tuffier, [P. adm. chr.]

3056. — Lorsqu'un dégrèvement ne doit pas faire l'objet

22

d'une réimposition, mais doit être imputé sur le fonds de non-valeurs, la commune est sans qualité pour attaquer l'arrêté qui l'a accordé. — Cons. d'Et., 30 déc. 1887, Commune de Saint-Boës, [S. 89.3.60, P. adm. chr., D. 89.3.12]

3057. — Une commune peut s'adresser au préfet pour que le montant d'une décharge ou d'une réduction, au lieu d'être réimposée, soit passée en non-valeurs. — Cons. d'Et., 4 déc. 1837, précité. — Mais elle ne peut adresser pareille demande au conseil de préfecture. — Cons. d'Et., 26 janv. 1865, Commune de Saint-Pern, [Leb. chr., p. 93]

CHAPITRE V.

RÈGLES DE COMPÉTENCE.

3058. — La compétence des tribunaux se détermine, soit à raison du lieu dans lequel le fait à juger s'est produit, soit à raison de la nature de ce fait. Nous allons parler d'abord de la compétence *ratione loci*, qui donne lieu à moins de difficultés et d'observations que l'autre. Il y a un conseil de préfecture par département. Ce conseil est compétent pour juger toutes les réclamations relatives à des cotes de contributions imposées dans les communes de son département. Mais ses pouvoirs s'arrêtent aux limites de ce département. Lorsque, par suite d'un changement de résidence ou de tout autre motif, un contribuable se trouve imposé à raison des mêmes éléments dans des communes appartenant à des départements différents, il ne peut demander décharge que devant le conseil de préfecture du département dans lequel il est indûment imposé. Le conseil de préfecture du lieu de sa nouvelle résidence ne pourrait, sans excès de pouvoir, lui accorder décharge de la taxe indûment imposée dans une commune d'un autre département. — Cons. d'Et., 5 janv. 1858, Thouvenot, [Leb. chr., p. 13]; — 14 févr. 1873, Moutarde, [Leb. chr., p. 159]; — 26 déc. 1879, Poutrel, [Leb. chr., p. 850]; — 4 févr. 1887, Bacon, [Leb. chr., p. 1071; — 22 févr. 1890, Pugin, [S. et P. 92.3.76]; — 14 juin 1890, Mayoux, [Leb. chr., p. 573]; — 17 janv. 1891, Trunel, [Leb. chr., p. 17]; — 14 mai 1891, Pastrie et Girard, [Leb. chr., p. 382]; — 2 juill. 1892, Combet, [S. et P. 94.3.61]

3059. — En Algérie, les conseils de préfecture n'ont eu de compétence pendant longtemps que dans l'étendue du territoire civil. Dans les territoires de commandement, soumis à l'autorité militaire, il n'appartenait qu'à cette autorité de statuer sur les questions contentieuses que peut soulever la perception de l'impôt. — Cons. d'Et., 23 déc. 1858, Maklouf-ben-Ohel, [P. adm. chr.]; — 13 août 1863, Salomon Sarfati, [Leb. chr., p. 685] — Mais depuis un décret du 7 juill. 1864 (art. 26), leur compétence a été étendue même au territoire militaire.

3060. — Les règles de compétence en matière de contributions directes sont éparses dans un petit nombre de textes, dont le plus important est l'art. 4, L. 28 pluv. an VIII, ainsi conçu : « Le conseil de préfecture prononcera sur les demandes des particuliers tendant à obtenir la décharge ou la réduction de leur cote de contributions directes. »

3061. — Il faut encore citer l'art. 5, L. 2 mess. an VII, et l'art. 2, Arr. gouv. 24 flor. an VIII, aux termes desquels lorsqu'une propriété foncière aura été cotisée sous un autre nom que celui du propriétaire, le conseil de préfecture prononcera la mutation de cote. Ces dispositions sont étendues à la contribution des portes et fenêtres par l'art. 13, L. 8 juill. 1852.

3062. — L'art. 28, L. 15 juill. 1880, attribue encore compétence au conseil de préfecture pour statuer sur les réclamations auxquelles donne lieu un arrêté préfectoral ordonnant un transfert de patente.

3063. — L'art. 6, L. 3 juill. 1846, et l'art. 16, L. 22 juin 1854, disposent qu'il statue sur les états de cotes indûment imposées qui lui sont présentés par les percepteurs et l'art. 3, L. 21 juill. 1887, lui attribue compétence pour statuer sur les états de cotes constituant double emploi dressés par les directeurs des contributions directes.

3064. — Enfin, d'après les art. 24 à 28, Arr. 24 flor. an VIII, les demandes en remise ou modération sont de la compétence des préfets, sauf recours au ministre des Finances.

Section 1.

Compétence sur les contestations relatives à l'assiette des contributions.

3065. — Telles sont les seules dispositions législatives (des principes de compétence soient posés. De ces principes, la j risprudence a déduit les conséquences dans le détail desquel nous allons entrer. Deux règles générales dominent ce suje pour que le conseil de préfecture soit compétent, il faut : 1° qu s'agisse de contributions directes ou de taxes assimilées au dites contributions par une disposition législative, c'est-à-dire contributions ou taxes perçues en vertu d'un rôle nomina rendu exécutoire par le préfet; 2° que la demande constitue u demande en décharge ou réduction ou puisse être assimilée ces demandes.

§ 1. Compétence à raison de la nature de la taxe.

3066. — Il faut qu'il s'agisse de contributions directes (de taxes assimilées à ces contributions. Nous n'avons pas refaire ici l'énumération des taxes assimilées que nous avo déjà donnée plus haut. Ce qu'il est important de faire rema quer, c'est que l'assimilation doit être prononcée par une disp sition législative. Cette assimilation peut résulter de l'insert au tableau des taxes assimilées annexé aux lois de financ Le Conseil d'Etat a affirmé ce principe d'une manière très-net en 1885. Deux décrets des 7 fruct. an XII (art. 75), et 27 m 1854, relatifs à l'organisation du corps des mines et des pon et chaussées, disposaient que les honoraires dus aux ingénieu ou agents subalternes qui sont commis pour exécuter des tr vaux, des vérifications dans l'intérêt des particuliers, seraie recouvrés en vertu d'un mandat rendu exécutoire par le préfe dans la forme des contributions publiques. Pendant longtem le Conseil d'Etat appliqua cette disposition. — Cons. d'Et., mars 1816, Depinchault, [S. chr., P. adm. chr.]; — 1er dé 1849, Syndicat de Balafray, [P. adm. chr.]; — Trib. des Conf 20 nov. 1850, Daube, [S. 51.2.219, P. adm. chr.] — Cons. d'E 12 déc. 1851, Crispon, [P. adm. chr.]; — 14 août 1874, Cou laud, [D. 72.3.49]; — 3 févr. 1882, Clerc, [Leb. chr., p. 119]

3067. — Mais, en 1885, le Conseil d'Etat reconnut que l décrets de l'an XII et de 1854 n'avaient pas force de loi et qu'a cune loi de finances n'avait rangé parmi les contributions p bliques, dont le recouvrement est autorisé, les frais et honorair dus aux ingénieurs à raison de leur intervention dans les affair d'intérêt communal ou privé. En conséquence, il accorda au contribuables décharge des taxes qui leur avaient été réclamée — Cons. d'Et., 30 janv. 1885, Mangeot, [D. 86.5.412]; — juill. 1885, Clerc, [D. 86.5.413]; — 11 févr. 1887, Grimau [Leb. chr., p. 144]

3068. — Par suite, la loi de finances, du 30 juill. 1885, co prit ces honoraires et frais de déplacement au nombre des tax assimilées. Depuis cette loi, le Conseil d'Etat a décidé que l'i sertion au tableau des taxes assimilées et le visa des décre de l'an XII, de 1851 et de 1854, constituaient à cette taxe u base légale. — Cons. d'Et., 19 juin 1893, Marie, [Leb. chr., p. 399]

3069. — Jusqu'à la loi de finances de 1894, les frais c travaux exécutés d'office, dans un but de police, aux ouvrag établis sur les cours d'eau non navigables, étaient recouvrés comme contributions directes. — Cons. d'Et., 27 jan 1894, Nan, [Leb. chr., p. 78]

3070. — Il a été décidé par le Conseil d'Etat que le recou vrement par les concessionnaires de travaux de dessèchement de marais des indemnités de plus-value qu'ils sont autorisés réclamer des propriétaires n'était pas assimilé à celui des cont butions directes. — Cons. d'Et., 24 févr. 1843, Comte Dume niel, [S. 43.2.255, P. adm. chr.]; — 7 févr. 1843, Concessio naires du dessèchement des marais de la vallée de l'Authié, [45.2.380, P. adm. chr.]

3071. — De même, le Conseil a refusé d'étendre les form admises pour le recouvrement des contributions directes au r couvrement des droits de stationnement établis par des commun sur les ports et quais fluviaux. — Cons. d'Et., 12 août 185 Brettmayer, [S. 55.2.216, P. adm. chr., D. 55.3.36]; — 19 m 1865, Barthélemy, [S. 66.2.204, P. adm. chr., D. 66.3.59];

19 févr. 1868, Chemin de fer d'Orléans, [S. 68.2.356, P. adm. chr., D. 69.3.17]

3072. — ... Ou au recouvrement des droits de voirie. — Cons. d'Et., 30 avr. 1867, Condas, [S. 68.2.128, P. adm. chr., D. 68.3.92]; — 27 mai 1892, Ville de Rouen, [S. et P. 94.3.48, D. 93.3.85]

3073. — ... Ou de frais de mesurage. — Cons. d'Et., 28 févr. 1866, Lavenant, [S. 67.2.63, P. adm. chr.]

3074. — Le conseil a encore décidé qu'on ne pouvait recouvrer dans la forme des contributions directes les frais de logement militaire sur un habitant qui avait refusé de fournir ce logement en nature. — Cons. d'Et., 10 mars 1894, Courtin, [Leb. chr., p. 144]

3075. — Pour toutes ces créances communales, les lois du 18 juill. 1837 (art. 63), et du 5 avr. 1884 (art. 154), ont institué un autre mode de recouvrement. Il est dressé par le maire des états que le sous-préfet ou le préfet, suivant qu'on est dans tel ou tel arrondissement, rend exécutoires. Ces états présentés aux débiteurs sont-ils frappés d'opposition, perdent leur force exécutoire, et la commune doit s'adresser aux tribunaux pour faire lever l'opposition. Le fait qu'on aurait employé un rôle au lieu d'un état ou réciproquement, ne peut changer l'ordre des compétences. C'est ainsi que le Conseil d'Etat, saisi d'un recours relatif à une taxe de pavage qui avait été recouvrée en vertu d'un état, ne s'est pas déclaré incompétent, mais a décidé que les contribuables étaient fondés à refuser de payer une taxe recouvrée contrairement à la loi. — Cons. d'Et., 21 sept. 1859, Borsat de Lapeyrouse, [P. adm. chr.]

3076. — Ce mode de recouvrement (V. *supra*, n. 2911) n'est pas applicable non plus au recouvrement de subventions offertes par des particuliers pour l'exécution de travaux publics. — Cons. d'Et., 31 mars 1882, Maillebian, [S. 84.3.23, P. adm. chr., D. 83. 3.82]

3077. — ... Ou de redevances établies par des villes pour la jouissance de parts de marais communaux. — Cons. d'Et., 21 mai 1886, Baillon, [D. 87.3.107]

3078. — ... Ou pour la distribution de l'eau ou du gaz. — Cons. d'Et., 23 mai 1890, Ville de Granville, [S. et P. 92.3.108, D. 92.3.4]

3079. — ... Ou pour l'entretien de routes cédées par des propriétaires à la commune. — Cons. d'Et., 28 févr. 1890, Gauchot, [D. 91.3.84]

3080. — On ne peut assimiler aux contributions directes les frais par une commune pour creuser des fossés d'écoulement pour les eaux d'un marais communal, en vertu d'engagements pris par elle envers ses concessionnaires. — Cons. d'Et., 7 déc. 1848, Briard-Lalande, [Leb. chr., p. 559]

3081. — De même, quand un propriétaire possède, en vertu d'un titre privé et pour l'entretien de la prise d'eau de son moulin, le droit de prélever des pieux et fascines sur le produit des coupes de bois communaux, le fait que ce prélèvement aurait eu lieu sur le produit d'une coupe affouagère no peut autoriser la commune à réclamer, sous forme de taxe d'affouage, les frais de coupe et de façonnage de ces pieux et fascines. — Cons. d'Et., 19 juin 1857, Foriel, [P. adm. chr.]

3082. — Les villes ne sont pas autorisées à recourir à ce mode pour recouvrer, soit les frais du curage d'un fossé appartenant à un particulier. — Cons. d'Et., 26 mars 1886, Michaud, [D. 87.3.90]

3083. — ... Soit les frais de comblement d'une carrière. — Cons. d'Et., 11 janv. 1866, Ogier, [S. 67.2.61, P. adm. chr.]

3084. — ... Ou plus que pour faire payer à des riverains, à titre de taxe de pavage, la fourniture de gargouilles. — Cons. d'Et., 11 juin 1886, Pacqueteau, [S. 88.3.21, P. adm. chr., D. 87.3.119]

3085. — Une commune ne peut recouvrer, sous forme de contributions directes, les sommes dont elle est créancière en vertu de décisions des tribunaux judiciaires, et la circonstance qu'un rôle aurait été dressé et rendu exécutoire par le préfet ne saurait avoir pour effet de changer l'ordre des compétences. — Trib. des Confl., 11 déc. 1875, Dép. des Pyrénées-Orientales, [S. 78.3.27, P. adm. chr., D. 76.3.52] — Cons. d'Et., 19 juill. 1878, Ville d'Issoudun, [D. 79.3.11]

§ 2. *Compétence à raison de la nature de la réclamation.*

3086. — Il faut que la demande présentée au conseil de préfecture soit une demande en décharge ou en réduction de la cote du réclamant. Il en résulte qu'un contribuable n'est pas recevable à réclamer contre la fixation du contingent du département, de la commune. Le premier est souverainement fixé par le législateur. Celui des arrondissements et des communes est le résultat d'opérations administratives qui ne peuvent être attaquées ni directement par les collectivités intéressées, ni indirectement par les contribuables. La loi du 10 août 1871 (art. 38), a d'ailleurs organisé un recours devant le conseil général contre la fixation des contingents des arrondissements et des communes. Les conseils municipaux sont les représentants légaux des contribuables. — Cons. d'Et., 29 août 1834, Salines de l'Est, [P. adm. chr.]; — 14 juin 1837, Witz-Witz, [S. 37.2.510, P. adm. chr.]; — 17 févr. 1848, Quinon, [S. 48.2.415, P. adm. chr., D. 48.3. 56]; — 21 avr. 1864, Senequier, [P. adm. chr.]; — 19 janv. 1866, Lucazeau, [P. adm. chr.]; — 6 janv. 1894, Guillemot et Saint, [Leb. chr., p. 16]; — 13 janv. 1894, de Challemaison, [Leb. chr., p. 38]; — 26 févr. 1894, Mayran de Chamisso, [Leb. chr., p. 135] — Laferrière, *Jurid. adm.*, t. 2, p. 254.

3087. — Dans un département où le conseil général a assigné à des salines, situées sur le territoire de plusieurs arrondissements, un contingent spécial qui est réparti ensuite entre chaque saline par les conseils d'arrondissement, le conseil de préfecture ne peut accorder aux exploitants de ces salines un dégrèvement qui modifierait la répartition faite par les conseils locaux. — Cons. d'Et., 31 déc. 1838, Cᵗᵉ des salines de l'Est, [Leb. chr., p. 253]; — 22 juin 1843, Cᵗᵉ des salines de l'Est, [P. adm. chr.]

3088. — Le conseil de préfecture est incompétent pour statuer sur une réclamation tendant à ce que les cotisations des contribuables d'une ancienne commune ou section réunie à une autre commune soient ramenées au taux fixé pour les années précédentes. C'est, en effet, au conseil général et au conseil d'arrondissement seuls qu'il appartient de connaître des difficultés auxquelles donne lieu la réunion des contingents des deux communes réunies. — Cons. d'Et., 23 janv. 1864, Giraud, [P. adm. chr., D. 65.3.27]

3089. — Chaque contribuable ne pouvant réclamer que contre sa part contributive, les demandes tendant à la refonte générale du rôle ne sont pas recevables. — Cons. d'Et., 28 janv. 1836, Schultz, [P. adm. chr.]

3090. — Une demande tendant uniquement à l'imposition d'autres contribuables qui auraient été indûment omis n'est pas de celles que le conseil de préfecture puisse juger. — Cons. d'Et., 31 déc. 1828, Dessoliers, [P. adm. chr.]; — 3 mars 1876, Raymond, [Leb. chr., p. 247]

3091. — Lorsque les réclamations présentées devant le conseil de préfecture tendent non à la décharge de taxes de pâturage ou d'affouage, mais à la participation du réclamant au droit de jouissance reconnu aux habitants ou à l'exclusion du droit qui lui a été reconnu, les recours qui sont formés contre les arrêtés rendus par les conseils de préfecture ne peuvent être portés devant le Conseil d'Etat dans les formes usitées en matière de contributions directes. Ils ne sont pas dispensés du ministère d'avocat. — Cons. d'Et., 1ᵉʳ déc. 1882, Pinson, [D. 84.3.59]; — 6 août 1887, Commune de Giry, [D. 88.5.117]

3092. — Un contribuable qui demande une réduction de contribution à raison de la diminution de revenu que des travaux publics auraient causée à sa propriété, n'est pas recevable à joindre à sa demande et à faire instruire dans les mêmes formes une demande tendant à être indemnisé des dommages subis. — Cons. d'Et., 19 juill. 1867, Chapuis, [Lcb. chr., p. 663]; — 11 nov. 1881, Deloynes, [S. 83.3.32, P. adm. chr., D. 83.3.21]

3093. — Inversement si dans une instance tendant à l'allocation d'une indemnité, il est produit des conditions additionnelles au dégrèvement de taxes, le conseil de préfecture doit renvoyer le réclamant à se pourvoir sur ce point par voie d'action principale. — Cons. d'Et., 27 juin 1873, Boivin, [S. 75.2. 185, P. adm. chr., D. 74.3.55]

3094. — C'est pour la même raison qu'il a été décidé par de nombreux monuments de jurisprudence que des demandes en dommages-intérêts dirigées, soit contre l'Etat, soit contre ses agents, à raison de poursuites considérées comme abusives et vexatoires, ne pouvaient être présentées devant le conseil de préfecture. C'est à l'autorité judiciaire seule qu'il appartient de connaître de telles actions. — Cons. d'Et., 31 mai 1834, Robert, [Leb. chr., p. 517]; — 30 juill. 1857, Lejeune, [P. adm. chr.]; — 30 juin 1877, Monet, [Leb. chr., p. 660]; — 22 mars 1878,

Seillon, [Leb. chr., p. 318]; — 30 juill. 1880, Maurel, [S. 82.3. 10, P. adm. chr.]; — 25 janv. 1884, Edoux, [S. 85.3.75, P. adm. chr., D. 85.3.78]; — 15 mai 1885, Tallon et Esprande, [Leb. chr., p. 509]; — 3 déc. 1886, Léchelle, [S. 86.3.44, P. adm. chr., D. 88.3.14]; — 21 janv. 1887, Bonnier, [D. 88.3.50]; — 22 juin 1888 (3 arrêts), Caizergues-Estier-Fabry, [Leb. chr., p. 548]; — 7 févr. 1890, Delamare, [S. et P. 92.3.64] — Trib. paix Marseille, 14 oct. 1869, Castelle, [S. 71.2.181, P. 71.565, D. 71.3. 21] — Contrà, Bordeaux, 17 juin 1830, Birolle, [S. et P. chr., Durieu, t. 2, p. 128]

3095. — Le seul cas où la juridiction administrative puisse allouer des dommages-intérêts à l'occasion d'un pourvoi en matière de contributions directes, c'est celui où il aurait été fait, contre une décision du Conseil d'Etat, une tierce-opposition téméraire (Décr. 22 juill. 1806, art. 38). — Cons. d'Et., 1er juin 1883, Armand (2e arrêt), [S. 85.3.28, P. adm. chr., D. 85.3.4]

3096. — On ne peut considérer comme entrant dans le contentieux des contributions directes la contestation qui s'élève, entre un géomètre employé au cadastre et un particulier qui l'a chargé d'arpenter sa propriété, au sujet du règlement des frais de cette opération. C'est là un procès purement civil qui ressortit aux tribunaux judiciaires. — Cons. d'Et., 17 juin 1835, Chevalet, [P. adm. chr.]

3097. — Il a été décidé encore qu'un conseil de préfecture était incompétent pour statuer sur la demande formée par un notaire contre un maire et tendant au paiement d'opérations relatives à la confection de la matrice des rôles de la commune. Il s'agissait d'un travail matériel demandé à un particulier étranger à l'administration. — Cons. d'Et., 4 prair. an XIII, Commune de Liersberg, [P. adm. chr.] — V. cependant, Cons. d'Et., 14 fruct. an X, Ludoviey, [P. adm. chr.]

3098. — Il ne faut pas que la demande soumise au conseil de préfecture constitue une demande en remise ou modération. On sait que seuls les préfets sont compétents pour statuer sur les demandes de cette nature. L'arrêté du conseil de préfecture qui statuerait au fond sur une telle demande serait entaché d'incompétence et devrait être annulé. — Cons. d'Et., 28 janv. 1836, Poncet, [P. adm. chr.]; — 30 août 1842, Godard, [P. adm. chr.]; — 6 sept. 1843, Lefebvre, [P. adm. chr.]; — 18 août 1855, Mustel, [Leb. chr., p. 603]; — 18 janv. 1860, Hospices de Rouen, [Leb. chr., p. 39]; — 28 févr. 1870, Dessaux, [Leb. chr., p. 210]; — 30 nov. 1889, Sentuberry, [Leb. chr., p. 1113]

3099. — Le préfet ne pourrait même pas déléguer au conseil de préfecture le droit de statuer sur les demandes en remise. Les compétences sont d'ordre public et il ne dépend pas de la volonté d'un fonctionnaire ou d'un particulier de les modifier. — Cons. d'Et., 14 déc. 1837, Dames de la Congrégation de Saint-Michel, [P. adm. chr.]

3100. — Certaines demandes sont des demandes en décharge ou des demandes en remise suivant l'année à laquelle elles s'appliquent. Tel est le cas des demandes fondées sur la démolition d'une maison ou sur sa transformation en bâtiment rural, qui constituent des demandes en remise, si elles s'appliquent à la contribution de l'exercice courant, et des demandes en décharge si elles visent la contribution de l'exercice suivant. — Cons. d'Et., 7 déc. 1859, Gués, [Leb. chr., p. 695]; — 7 janv. 1876, Buteau, [Leb. chr., p. 11]

3101. — Il arrive parfois que des préfets se trompent sur la nature d'une réclamation et statuent sur des demandes en décharge. Leur arrêté est entaché d'incompétence et doit être annulé. Le fait qu'il a été statué par une autorité incompétente ne change pas la nature de la demande, qui doit continuer à bénéficier des avantages édictés pour les recours en matière de contributions directes. Ainsi le contribuable pourra déférer au Conseil d'Etat l'arrêté du préfet pour incompétence et excès de pouvoir sans être tenu de suivre les formes prescrites pour ces recours, c'est-à-dire d'acquitter les droits de timbre et d'enregistrement. — Cons. d'Et., 15 juill. 1842, Régnier, [P. adm. chr.]; — 11 mars 1843, Laroche, [P. adm. chr.]; — 26 avr. 1847, Berthier, [P. adm. chr.]; — 31 mars 1849, Chenille et Rogier, [Leb. chr., p. 206]; — 17 mai 1850, Martin, [Leb. chr., p. 458]; — 25 mai 1850, Leroux, [Leb. chr., p. 491]; — 26 avr. 1851, Biche, [Leb. chr., p. 291]; — 17 mai 1851, Pellaroque, [Leb. chr., p. 364]; — 7 août 1852, Batelier, [Leb. chr., p. 363]; — 5 janv. 1853, Ruby, [Leb. chr., p. 2]; — 3 juin 1863, Vincentini, [Leb. chr., p. 479]; — 9 avr. 1867, Delarue, [Leb. chr., p. 358]; — 7 janv. 1876, précité; — 9 nov. 1877, Durandet, [Leb. chr., p. 855]

3102. — Le Conseil d'Etat a de même annulé, pour excès de pouvoir, un arrêté par lequel un préfet avait statué sur une demande en décharge des taxes auxquelles des habitants avaient été assujettis pour leur droit de parcours dans une forêt. — Cons. d'Et., 3 juin 1863, précité.

3103. — Il peut y avoir doute sur la nature de certaines réclamations. Il y a lieu de considérer comme demandes en décharge les réclamations tendant à une exemption temporaire ou perpétuelle. — Cons. d'Et., 6 août 1875, Ragey, [Leb. chr., p. 772] — 9 nov. 1877, précité.

3104. — ... Une demande relative au droit proportionnel de patente établi sur les dépendances d'un établissement industriel. — Cons. d'Et., 7 août 1865, Chausson, [Leb. chr., p. 740]

3105. — ... Des demandes en décharge de responsabilité. — Cons. d'Et., 2 mars 1849, Bourgeois, [P. adm. chr.]; — 1 févr. 1863, de Calvière, [P. adm. chr., D. 63.3.19]

3106. — ... Des demandes fondées sur un double emploi. — Cons. d'Et., 8 oct. 1810, Commune de Montjaux, [S. adm. chr.]

3107. — Une lettre adressée au préfet par un contribuable et accompagnée de ses avertissements, et dans laquelle il demande au préfet d'égaliser la taxe des chevaux et voitures dans sa commune constitue une demande en décharge ou en réduction. — Cons. d'Et., 14 févr. 1891, Lavaletto, [D. 92.5.196]

3108. — Le préfet qui se refuse à transmettre une réclamation au conseil de préfecture sous prétexte que cette juridiction serait incompétente pour en connaître, commet un excès de pouvoir. — Cons. d'Et., 27 févr. 1852, Laurentie, [S. 52.2.382, P. adm. chr.]

§ 3. *Compétence respective du conseil de préfecture et des tribunaux judiciaires pour vérifier la légalité des bases de l'impôt.*

3109. — De la compétence absolue et exclusive des conseils de préfecture pour juger les demandes en décharge ou réduction, la jurisprudence a déduit cette conséquence que le conseil de préfecture est compétent pour rechercher et vérifier si l'impôt établi a une base légale. S'il lui apparaît que l'impôt a été établi contrairement à la loi, il accordera le dégrèvement sollicité.

3110. — Les arrêtés par lesquels les conseils de préfecture se déclarent incompétents pour vérifier, à propos d'une demande en décharge, la légalité de l'impôt, doivent être annulés. En ce faisant, les conseils méconnaissent l'étendue de leurs pouvoirs. — Cons. d'Et., 22 déc. 1863, Piquesnal, [S. 64.2.152, P. adm. chr., D. 63.3.11]; — 7 mai 1867, Riches, [S. 68.2.196, P. adm. chr.]; — 8 févr. 1884, Dommanget, [Leb. chr., p. 119]

3111. — Il ne faut pas confondre cette action en dégrèvement avec l'action en répétition créée par la loi de finances du 15 mai 1818 (art. 94), et que chaque année la loi de finances confirme : « Toutes contributions directes ou indirectes autres que celles autorisées ou maintenues par la présente loi, à quelque titre et sous quelque dénomination qu'elles se perçoivent, sont formellement interdites ; à peine, contre les autorités qui le ordonneraient, contre les employés qui confectionneraient le rôle et tarifs, et ceux qui en feraient le recouvrement, d'être poursuivis comme concussionnaires, sans préjudice de l'action en répétition pendant trois années ». D'après cette disposition quand un impôt est perçu sans avoir été autorisé par la loi de finances, le contribuable peut demander aux tribunaux de condamner les agents du recouvrement à lui restituer, sur leurs deniers personnels, le montant de la taxe indûment perçue. Mais il peut aussi s'adresser aux tribunaux administratifs pour obtenir décharge en se fondant sur l'illégalité de la taxe. Les deux juridictions sont compétentes pour vérifier si l'impôt a une base légale. — Cons. d'Et., 14 déc. 1862, Grelleau, [S. 63.2.23, P. adm. chr.]; — 24 oct. 1871, Lacave, Laplagne-Barriot, [S. 73. 2.159, P. adm. chr.]

3112. — Il a été décidé que l'action en répétition devant les tribunaux civils était une garantie supplémentaire donnée aux contribuables, mais n'avait eu, ni pour but, ni pour effet de modifier les attributions conférées aux conseils de préfecture par la loi du 28 pluv. an VIII. — Cons. d'Et., 26 juill. 1854, Laurentie, [S. 55.2.218, P. adm. chr., D. 55.3.48]; — 16 déc. 1868, Mourchon, [S. 69.2.143, P. adm. chr.]

3113. — La disposition finale des lois de finances prévoit

deux actions distinctes que les contribuables pourront diriger contre les percepteurs : l'une pénale, tendant à les faire poursuivre comme concussionnaires; l'autre civile, tendant uniquement à obtenir le remboursement des sommes indûment versées. Ces deux actions supposent l'exécution préalable des contraintes. On ne peut les intenter avant d'avoir payé. Elles ne font donc pas double emploi avec la demande en décharge qui a pour objet d'échapper au paiement de la taxe. — Cons. d'Et., 16 févr. 1832, Préfet de l'Orne, [P. adm. chr.]; — 4 sept. 1841, de Champigny et de Clermont-Tonnerre, [S. 42.2.191, P. adm. chr.]

3114. — Pour que l'autorité judiciaire puisse connaître d'une action en répétition d'un impôt direct illégalement établi, il faut que cette action soit dirigée contre le percepteur personnellement et non contre l'autorité au profit de qui l'impôt a été perçu. — Cass., 25 mars 1874, Ville de Chaumont, [S. 76.1.73, P. 76.153, D. 76.1.201] — Dijon, 17 juill. 1872, [S. 73.2.41, P. 73.211, D. 72.1.201]

3115. — Quelle est l'étendue des pouvoirs de contrôle que la disposition finale de la loi de finances confère aux tribunaux judiciaires? La question s'est posée en 1885 devant la Cour de Paris et en 1888 devant la Cour de cassation au sujet d'une taxe de pavage que les riverains prétendaient avoir été illégalement établie. La cour de Paris, conformément aux conclusions du ministère public, avait décidé que si l'autorité judiciaire était pleinement compétente lorsque la taxe perçue n'était pas autorisée par la loi de finances ou par une loi spéciale, il ne lui appartenait pas, lorsque la taxe avait été légalement autorisée et perçue en vertu de rôles régulièrement émis par l'autorité compétente, de connaître de griefs tirés de ce que la taxe n'aurait pas dû être autorisée, par suite de l'absence de certaines conditions nécessaires à son établissement. Ces griefs, d'après l'arrêt de la cour de Paris, ne pouvaient être discutés que devant les tribunaux administratifs. En résumé, pour que le percepteur pût être actionné, il fallait qu'on pût lui imputer une faute, une négligence, telle que la perception d'une taxe non autorisée, faute ou négligence qui n'existait pas s'il avait perçu une taxe mise en recouvrement en vertu de décisions de l'autorité compétente.

3116. — La Cour de cassation, saisie d'un pourvoi contre cet arrêt, n'en a pas admis la doctrine, et a décidé que la disposition finale de la loi de finances donnait aux tribunaux judiciaires une compétence absolue pour vérifier si l'impôt avait une base légale et par suite pour connaître des griefs de toute nature articulés contre la légalité de cet impôt. Ils ne sont tenus de renvoyer aucune question préjudicielle à l'examen des tribunaux administratifs. — Cass., 12 mars et 16 juill. 1888, Héritiers Martin, [S. 90.1.533, P. 90.1.1278, D. 88.1.369] — Paris, 13 nov. 1885, Delaperche et de Margerie, [S. 87.2.105, P. 87.1.582, D. 86.2.273] — Laferrière, *Jur. adm.*, t. 2, p. 269.

3117. — L'autorité judiciaire, saisie d'une action en répétition ou en concussion dirigée contre un percepteur, a pleine compétence pour vérifier si la taxe a été légalement établie. C'est une dérogation apportée intentionnellement par le législateur au principe de la séparation des pouvoirs. — Cons. d'Et., 14 déc. 1862, précité; — 10 déc. 1868, précité.

3118. — Lorsque des actes de poursuites sont faits en vue du recouvrement de taxes qui n'ont pas été autorisées, les contribuables peuvent demander aux tribunaux judiciaires d'annuler ces actes, comme ayant été faits sans titre régulier. En faisant droit à cette demande, les tribunaux ne commettront aucun empiétement sur les attributions de l'autorité administrative. — Cons. d'Et., 5 nov. 1828, Roger, [S. chr., P. adm. chr.] — Angers, 21 janv. 1847, Deschères, [S. 49.1.548, D. 47.2.104]

3119. — Le percepteur qui connaît l'illégalité de la perception dont il a été chargé doit la cesser aussitôt et ne peut être recherché pour avoir négligé de le faire. — Cons. d'Et., 26 mars 1842, Blanchard, [P. adm. chr.]

3120. — Le fait par un percepteur des contributions directes d'avoir réclamé et perçu une somme excédant la taxe imposée au contribuable n'est pas susceptible d'être déféré au Conseil d'Etat par la voie contentieuse. — Cons. d'Et., 7 août 1872, Pihan, [Leb. chr., p. 486]

3121. — Le conseil de préfecture doit, à l'occasion d'une demande en dégrèvement, se prononcer sur l'existence et la validité de tous les actes administratifs en vertu desquels l'impôt est perçu. En ce qui touche les contributions directes proprement dites, il lui appartient de décider si la commission des répartiteurs qui a participé à la confection des rôles a été régu-

lièrement nommée et composée conformément à la loi. — Cons. d'Et., 3 juin 1881, Boiscourbeau, [Leb. chr., p. 586]; — 15 févr. 1884, Lamy, [Leb. chr., p. 129]

3122. — Mais il ne saurait se fonder sur une irrégularité pour annuler ces rôles : il doit se borner à accorder au réclamant le dégrèvement sollicité. — Cons. d'Et., 27 févr. 1880, Clerc-Tessier, [Leb. chr., p. 231]

3123. — A propos d'une réclamation à laquelle avait donné lieu le recouvrement des droits de visite chez un pharmacien, la juridiction administrative a dû se prononcer sur la régularité de la composition du jury médical chargé d'effectuer cette visite. — Cons. d'Et., 21 juin 1851, Falin, [P. adm. chr.]

3124. — Le conseil de préfecture ne peut statuer pour des exercices à venir. Autrement, il empiéterait sur les attributions des répartiteurs qui sont les agents de l'administration qui seuls sont chargés par la loi de fixer les valeurs locatives pouvant servir à l'établissement des rôles annuels. — Cons. d'Et., 19 déc. 1834, Vasilières, [P. adm. chr.]; — 20 déc. 1836, Mory, [P. adm. chr.]

3125. — Il peut également examiner si, par suite de la réunion de deux communes, les contingents assignés à chacune d'elles ont été convenablement répartis. — Cons. d'Et., 23 janv. 1864, Giraud, [P. adm. chr., D. 63.3.27]

3126. — Le Conseil a accordé décharge à des exploitants de sources d'eaux minérales dont les taxes qui leur étaient imposées sur des rôles rendus exécutoires par le préfet sans que le revenu net de leurs établissements, base légale de l'impôt, eût été préalablement déterminé par le ministre compétent. — Cons. d'Et., 18 janv. 1884, Peychaud, [S. 85.3.74, P. adm. chr., D. 85.3.76]

3127. — La compétence du conseil de préfecture, juge de l'impôt, est si absolue qu'elle exclut celle du Conseil d'Etat. Il est de jurisprudence constante que les contribuables ne sont pas recevables à demander l'annulation, pour excès de pouvoir, des actes qui ont établi l'impôt. — Cons. d'Et., 12 févr. 1863, Grelleau, [S. 63.2.23, P. adm. chr.]; — 14 août 1867, Delbrel, [Leb. chr., p. 767]; — 14 déc. 1868, Fabien, [Leb. chr., p. 1016]; — 7 sept. 1869, Lepage, [Leb. chr., p. 863]; — 13 juin 1870, Garros, [Leb. chr., p. 764]; — 30 nov. 1877, de Séri, [S. 79.2.276, P. adm. chr.]; — 8 févr. 1878, Bizet, [Leb. chr., p. 126]; — 6 août 1878, Bernichon, [Leb. chr., p. 807]; — 27 févr. 1880, Godard, [Leb. chr., p. 214]; — 27 févr. 1880, précité; — 7 mai 1880, Poujaud, [Leb. chr., p. 436]; — 29 juill. 1881, Ginotat, [Leb. chr., p. 742]; — 12 janv. 1883, Guicheux, [Leb. chr., p. 27]; — 27 avr. 1883, Ratier, [Leb. chr., p. 396]; — 8 juin 1883, Raba, [Leb. chr., p. 528] — Ces décisions sont rendues par application du principe du recours parallèle, d'après lequel le recours pour excès de pouvoir n'est pas recevable contre un acte administratif lorsque les intéressés peuvent le critiquer en paralyser les effets par un recours porté devant une autre juridiction.

3128. — Ce n'est que très-exceptionnellement que le Conseil d'Etat a admis la recevabilité du recours pour excès de pouvoir dirigés contre des arrêtés de préfet mettant des rôles en recouvrement. On ne peut guère citer en ce sens que deux décisions rendues sur les recours de propriétaires ou exploitants de sources d'eaux minérales contre les arrêtés préfectoraux qui avaient mis en recouvrement des rôles des taxes représentatives du traitement des médecins-inspecteurs, alors que, contrairement à la loi du 14 juill. 1856 et au décret du 28 janv. 1860, l'excédent des revenus sur les dépenses, base légale de la taxe, n'avait pas été déterminé par le ministre de l'Agriculture, après avis de la commission départementale et de la commission centrale instituées à cet effet. — Cons. d'Et., 7 juin 1866, Verdier et Brosson, [Leb. chr., p. 628] — Il est certain qu'aujourd'hui le Conseil d'Etat n'accueillerait pas de pareils recours.

3129. — Le conseil a déclaré non recevable le recours pour excès de pouvoir formé contre la délibération d'un conseil municipal, ressortissant une taxe de pâturage entre les habitants d'une section, et contre l'arrêté du préfet et la décision du ministre approuvant ladite délibération. — Cons. d'Et., 18 août 1849, Habitants de Tanyot, [P. adm. chr., D. 50.3.9]

3130. — ... Ou contre la délibération d'un conseil municipal fixant le montant d'une taxe d'affouage. — Cons. d'Et., 31 janv. 1867, Commune de Chapois, [S. 68.2.29, P. adm. chr.]

3131. — De même, en matière de taxes de pavage, il a été décidé qu'un conseil de préfecture était incompétent pour connaître de l'opposition formée par un contribuable contre un arrêté préfectoral déclarant d'utilité publique l'établissement de trottoirs et l'arrêté du maire qui a pris les dispositions nécessai-

res pour en assurer l'exécution. — Cons. d'Et., 27 févr. 1862, Gouley, [S. 65.2.244. *ad notam*, P. adm. chr.]

3132. — ... Et que le recours pour excès de pouvoir contre l'arrêté d'un maire prescrivant à un riverain de construire un trottoir, et contre l'arrêté du préfet et la décision du ministre confirmant l'arrêté du maire, était non recevable. — Cons. d'Et., 16 janv. 1880, Lefebvre, [S. 81.3.45, P. adm. chr., D. 80.3.86] ; — 18 nov. 1881, Pascal, [S. 83.3.33, P. adm. chr.]

3133. — Cependant le Conseil semble disposé à revenir sur cette jurisprudence. En 1886, il a admis un recours pour excès de pouvoir dirigé principalement contre un arrêté préfectoral qui avait déclaré d'utilité publique l'établissement de trottoirs dans une commune. La même décision rejette comme non recevables les conclusions des requérants tendant à la décharge des taxes, ces conclusions devant être soumises au conseil de préfecture. — Cons. d'Et., 7 août 1886, Besnier, [S. 88.3.35, P. adm. chr., D. 87.3.117]

3134. — On peut assimiler à l'émission d'un rôle l'arrêté préfectoral qui rend exécutoires les contraintes décernées contre les entrepreneurs de spectacles pour le recouvrement du droit des pauvres. Il ne fait pas obstacle à ce que les intéressés fassent valoir leurs droits devant le conseil de préfecture et, dès lors, n'est pas susceptible d'un recours direct par la voie contentieuse. — Cons. d'Et., 11 nov. 1831, Théâtre du Vaudeville, [P. adm. chr.]

3135. — De même, les décisions prises par les préfets au sujet des opérations préparatoires à l'établissement des rôles, sur le point de savoir si certains individus ou certaines propriétés doivent être assujetties à l'impôt, échappent au recours direct devant le Conseil d'Etat. — Cons. d'Et., 8 avr. 1842, Ville de Chartres, [P. adm. chr.]

3136. — Comme aussi celles par lesquelles le ministre refuse d'admettre un conseil municipal à apporter dans la matrice de la contribution personnelle-mobilière d'autres changements que la radiation des indigents ou des contribuables peu aisés ou la réduction de leur contribution à la cote mobilière seulement. — Cons. d'Et., 9 mai 1828, Ville de Rouen, [Leb. chr., p. 91]

§ 4. *Vérification de la légalité des taxes communales.*

3137. — Les lois sur l'organisation municipale ont donné aux conseils municipaux le droit de voter des centimes additionnels au principal des contributions directes pour en affecter le produit à des dépenses d'utilité communale. Suivant que ces centimes ordinaires ou extraordinaires, sont en deçà ou au delà d'un maximum fixé par la loi de finances, les délibérations du conseil municipal sont définitives ou doivent être approuvées, tantôt par le préfet, tantôt par un décret, tantôt par une loi. Le conseil de préfecture doit rechercher si les conditions légales sont remplies. Ainsi, il a été décidé : que des centimes additionnels destinés à pourvoir à l'acquittement de dépenses obligatoires ne pouvaient être imposés d'office par le préfet sans que le conseil municipal eût été mis en demeure de voter le crédit nécessaire. — Cons. d'Et., 22 nov. 1878, Soulier, [S. 80.2.153, P. adm. chr., D. 79.3.73]

3138. — Que des centimes additionnels ne pouvaient être mis en recouvrement sans avoir fait l'objet d'un vote du conseil municipal. — Cons. d'Et., 17 janv. 1890, Azaïs, [D. 91.3.62]

3139. — Des questions semblables peuvent se présenter à propos de taxes locales que les conseils municipaux sont autorisés à établir. C'est ainsi que le Conseil d'Etat a accordé décharge de taxes pour jouissance de fruits communaux, établies sans que le conseil municipal en ait délibéré. — Cons. d'Et., 27 mai 1868, Pinelli, [Leb. chr., p. 573]

3140. — Il appartient au conseil de préfecture de reconnaître si une taxe est ou non communale. Il a été décidé, que des dépenses relatives aux pâtres et au troupeau commun n'étant pas classées dans les dépenses communales, d'après la loi du 11 frim. an VII, les contestations qui s'élevaient entre un pâtre et des particuliers qui avaient traité directement avec lui au lieu de provoquer un règlement du conseil municipal, étaient de la compétence des tribunaux judiciaires. — Cons. d'Et., 26 août 1818, Bertrand, [P. adm. chr.]

3141. — La juridiction administrative peut apprécier les raisons pour lesquelles la délibération qui a établi une taxe ne peut être produite : c'est ainsi qu'après les incendies de 1871 des délibérations de la commission municipale de Paris ayant disparu,

des propriétaires se sont prévalus de cette circonstance pour refuser de payer des taxes de pavage qui leur étaient réclamées. Il a été décidé que l'existence de la délibération attestée par préfet suffisait pour rendre légale la perception des taxes. — Cons. d'Et., 26 déc. 1879, Mesquitti, [Leb. chr., p. 845]

3142. — A l'égard des taxes locales, il appartient à la juridiction administrative de vérifier la compétence des autorités qui les ont établies. C'est ainsi que le Conseil d'Etat a décidé qu'au colonies, les conseils généraux pouvaient valablement adopter, p à l'établissement des taxes locales qui, en France, sont perçues à profit de l'Etat, telles que la taxe des biens de mainmorte, de bases différentes de celles qui existent dans la métropole. — Cons. d'Et., 23 nov. 1888, Crédit foncier colonial, [D. 90.3.18]

3143. — Les délibérations que prennent à cet effet les conseils généraux peuvent, tout en étant soumises à l'approbation définitive du gouvernement, être exécutées quand elles ont reçu l'approbation provisoire du gouverneur. Le Conseil d'Etat a reconnu la légalité de la perception d'une taxe dont le gouverneur avait approuvé provisoirement l'établissement et a décidé que le refus d'approbation par le gouvernement qui était intervenu ultérieurement ne pouvait faire considérer la taxe provisoire comme illégalement établie. — Cons. d'Et., 23 nov. 1888, précité, et 8 déc. 1888, Crédit foncier colonial, [D. 90.3.18]

3144. — La juridiction administrative peut apprécier si les taxes ont été établies par l'autorité compétente. Il a été décidé que les commissions syndicales chargées d'administrer les biens indivis entre plusieurs communes avaient, pour ces biens, les mêmes pouvoirs que les conseils municipaux sur les propriétés communales ; que, dès lors, une taxe de pâturage établie par une commission syndicale était établie par l'autorité compétente. — Cons. d'Et., 22 déc. 1863, Piquesnal, [S. 64.2.152, P. adm. chr., D. 65.3.11]

3145. — La juridiction administrative peut vérifier si le conseil municipal était régulièrement composé. Un conseiller n'a pas été convoqué, la délibération étant nulle, il faut accorder décharge. — Cons. d'Et., 8 août 1894, Ranim, [Leb. chr., p. 555]

3146. — Jusqu'à la loi des 28 mars-5 avr. 1882, les contribuables les plus imposés devaient être adjoints, en nombre égal à celui des membres composant le conseil municipal, quand il fallait voter l'établissement d'une contribution extraordinaire. Lorsque cette adjonction n'avait pas eu lieu, ou lorsque l'ordre des plus imposés n'avait pas été observé, les contribuables étaient fondés à demander décharge de la taxe ainsi établie. — Cons. d'Et., 9 mars 1883, Broët et autres, [Leb. chr., p. 246] ; 29 janv. 1886, Huguenin, [Leb. chr., p. 88]

3147. — En tous cas, le conseil de préfecture était compétent pour vérifier l'exactitude des allégations du contribuable. — Cons. d'Et., 20 avr. 1883, Deflers Geffroi, [Leb. chr., p. 379]

3148. — Le conseil de préfecture peut vérifier si le nombre de centimes imposés n'excède pas le nombre que les lois de finances autorisent les communes à s'imposer. — Cons. d'Et., 26 juill. 1854, Laurentie, [S. 55.2.219, P. adm. chr.]

3149. — Le Conseil d'Etat a été ainsi amené à décider que le maximum de 10 cent. fixé dans les lois de finances pour les centimes extraordinaires communaux visait les impositions extraordinaires d'office par le préfet, à défaut par le conseil municipal ou sur son refus de voter ces impositions dans les cas prévus par la loi, mais ne s'appliquait pas à des impositions extraordinaires destinées à faire face à des dépenses obligatoires et annuelles. — Cons. d'Et., 13 déc. 1872, Taupin, [Leb. chr., p. 700]

3150. — Sous l'empire des lois du 11 mars 1850 et du 5 avr. 1867, il a été décidé qu'un conseil municipal avait pu légalement voter un centime pour en affecter le produit au paiement d'une subvention à l'institutrice libre de la commune. — Cons. d'Et., 30 janv. 1885, Séguin, [Leb. chr., p. 103]

3151. — Le fait que la lettre de convocation adressée à un conseiller municipal aurait indiqué d'une manière inexacte l'objet de la réunion ne peut l'autoriser à soutenir que l'imposition extraordinaire votée dans cette réunion et approuvée ultérieurement par l'autorité compétente est irrégulière et qu'il doit lui être accordé décharge de ladite taxe. — Cons. d'Et., 8 févr. 1884, Dommanget, [Leb. chr., p. 119]

3152. — Le défaut de transcription sur le registre des délibérations du conseil municipal de la délibération qui a voté une imposition ne suffit pas à entraîner la nullité de cette délibéra-

tion ou à faire accorder aux habitants décharge de l'imposition. — Cons. d'Et., 5 févr. 1886, Dommanget, [S. 87.3.48, P. adm. chr., D. 87.5.92]

3153. — Il a été accordé décharge de centimes extraordinaires établis par un décret qui n'avait pas été promulgué. La même décision à propos d'une autre contribution extraordinaire, rejetait la réclamation parce que la taxe, régulièrement votée par le conseil général, avait été approuvée par un décret promulgué suivant le mode usité à cette époque. — Cons. d'Et., 14 févr. 1873, Morel, [S. 73.2.62, P. adm. chr.]

3154. — Le conseil de préfecture est encore compétent pour vérifier la régularité de l'acte administratif qui a approuvé la délibération par laquelle l'imposition a été votée. Quand le vote qui aurait dû être approuvé par décret, ne l'a été que par arrêté préfectoral, décharge est due aux réclamants. — Cons. d'Et., 6 août 1881, Latou, [D. 83.3.14]; — 16 avr. 1886, Féron, [S. 88. 3.7, P. adm. chr., D. 87.3.102]

3155. — La juridiction administrative est même compétente pour faire entre les centimes votés le départ de ceux qui ont été régulièrement approuvés et de ceux qui l'ont été par une autorité incompétente. Il lui appartient de décider dans quelle catégorie certains centimes doivent être classés. — Cons. d'Et., 6 août 1881, précité; — 28 janv. 1887, Société immobilière de Marseille, [D. 88.3.50]

3156. — Lorsque l'arrêté ou le décret approbatif de l'imposition est intervenu postérieurement à l'émission des rôles, l'imposition est irrégulièrement établie et la décharge doit être prononcée. D'une manière générale, tous les actes qui ont pour but de régulariser une imposition mal établie ne peuvent lui donner rétroactivement une base légale. — Cons. d'Et., 26 mars 1870, Bois-Poisson, [D. 71.3.75]; — 24 janv. 1879, Commune de Cexeau, [S. 80.2.224, P. adm. chr., D. 79.3.47]; — 16 avr. 1886, précité.

3157. — Lorsque des impositions extraordinaires sont établies à la charge d'une section de commune, il appartient au conseil de préfecture en appel au Conseil d'Etat, de déterminer les limites et de fixer l'étendue des sections sur lesquelles doit porter l'imposition. En conséquence, le conseil de préfecture qui renvoie à l'administration la question préjudicielle de délimitation des sections, avant de statuer sur la demande en décharge de contribuables qui prétendent que leurs propriétés ne font pas partie des sections imposées, méconnaît l'étendue de ses pouvoirs. — Cons. d'Et., 10 juill. 1885, Legrand-Moussard, etc., [S. 87.3.18, P. adm. chr., D. 87.3.9]

3158. — En matière de taxes d'affouage, le Conseil d'Etat a décidé que le conseil de préfecture pouvait être saisi d'une demande tendant à faire déclarer que les rôles étaient régulièrement dressés, ladite demande présentée par les entrepreneurs des coupes, qui avaient fait l'avance de la taxe au receveur municipal et auxquels les affouagistes refusaient de la rembourser. Le même arrêt, statuant sur la validité desdits rôles, a décidé que s'ils se portaient la mention que les taxes devraient être payées avant l'enlèvement des lots, aucune disposition législative ne prescrivait cette condition et que, dès lors, l'inobservation de cette prescription ne pouvait entacher de nullité les rôles. — Cons. d'Et., 13 mai 1865, Chatenu, [S. 66.2.72, P. adm. chr., D. 67.3.28]

3159. — La juridiction administrative doit examiner si toutes les formalités prescrites avant l'établissement d'une taxe ont été remplies. Elle examine donc si elles ont ou non prescrites à peine de nullité. C'est ainsi qu'il a été décidé qu'une taxe de pavage pouvait être établie, sans qu'au préalable il eût été procédé à une enquête. — Cons. d'Et., 18 août 1849, Brossard, [P. adm. chr., D. 50.3.8]

3160. — De même, lorsque des travaux de salubrité sont exécutés dans une commune en vertu d'une décision gouvernementale, les art. 35, 36 et 37, L. 16 sept. 1807, autorisent les communes à faire dresser un rôle destiné à faire contribuer les habitants intéressés aux dépenses en proportion des avantages qu'ils retirent des travaux. En conséquence, si des taxes de cette nature sont réclamées aux habitants il appartient à la juridiction administrative de vérifier si toutes les conditions exigées par la loi de 1807 sont remplies. Ainsi le Conseil d'Etat a plusieurs fois accordé décharge de taxes qui avaient été établies soit en vertu d'une délibération du conseil municipal, soit en vertu d'un arrêté du maire ou du préfet sans qu'un décret fût intervenu pour en autoriser la perception. — Cons. d'Et., 14

août 1867, Lagoutte, [Leb. chr., p. 782]; — 16 juill. 1870, Péter, [D. 72.3.1]; — 25 juin 1875, Boné, Lionard et autres, [S. 77.2.191, P. adm. chr., D. 76.3.42]; — 3 déc. 1875, Habourdin, [S. 77.2.342, P. adm. chr., D. 76.3.42]

3161. — Les taxes de pavage ne peuvent être établies que dans les villes où d'anciens usages permettent de mettre les frais, soit du premier pavage, soit de l'entretien du pavé, à la charge des propriétaires riverains. Il appartient à la juridiction administrative, à propos d'une demande en décharge, de vérifier l'existence et la portée des anciens usages, de s'assurer si leurs dispositions sont appliquées. Les villes ne sont pas tenues, avant d'appeler les propriétaires riverains à contribuer aux frais du pavage, de faire constater les usages locaux. L'arrêté préfectoral approuvant la délibération du conseil municipal portant qu'il y a lieu de déclarer l'ancien usage, ne lie pas le conseil de préfecture. — Cons. d'Et., 3 janv. 1834, Cognet, [P. adm. chr.]; — 2 janv. 1838, Laforge, [P. adm. chr.]; — 2 mars 1839, Vinée, [S. 40.2.45, P. adm. chr.]; — 16 déc. 1852, Crouzet, [P. adm. chr.]; — 12 janv. 1860, Fisson, [P. adm. chr.]; — 4 mars 1865, Ville du Mans, [Leb. chr., p. 262]; — 8 août 1863, Commune de Fontenay-aux-Roses, [S. 66.2.168, P. adm. chr., D. 66.3.28]; — 30 juin 1894, Ville de Saint-Etienne, [Leb. chr., p. 454]

3162. — Lorsque l'usage local n'autorise les communes à exécuter les travaux de pavage aux frais des riverains que faute par ceux-ci de les faire exécuter eux-mêmes, la commune ne peut, sans avoir mis les propriétaires en demeure, se fonder sur l'ancien usage pour réclamer une taxe pour les travaux qu'elle a fait exécuter directement. — Cons. d'Et., 16 déc. 1852, précité.

3163. — De plus, l'avis du Conseil d'Etat du 25 mars 1807, qui a force de loi, a subordonné l'établissement de taxe de pavage à l'insuffisance des ressources ordinaires des communes pour subvenir aux dépenses d'établissement, d'entretien et de restauration du pavé. Il en résulte que les conseils de préfecture sont appelés, sur les demandes en décharge des propriétaires, à vérifier, d'après les budgets et comptes des communes, si l'insuffisance de ressources alléguée par la commune existe réellement. — Cons. d'Et., 15 avr. 1843, Houdet, [P. adm. chr.]; — 9 mars 1853, Raoul, [S. 53.2.729, P. adm. chr.]; — 14 avr. 1853, Ville de Paris, [P. adm. chr.]; — 28 déc. 1853, Bourse, [P. adm. chr.]; — 23 févr. 1854, Giverne, [P. adm. chr.]; — 31 août 1863, Lecoq, [S. 66.2.168, ad notam, P. adm. chr., D. 64.3.9]; — 8 août 1865, Ville du Mans, [Leb. chr., p. 149]; — 12 févr. 1867, Ville de Nîmes, [Leb. chr., p. 162]; — 28 avr. 1869, Ville de Nantes, [S. 70.2.168, P. adm. chr., D. 71.3.2]; — 6 août 1886, Gauthier, [S. 88.3.30, P. adm. chr., D. 87.3.113]; — 23 mars 1888, Leroux, [D. 89.5. 354]

3164. — Toutefois, ce droit d'interprétation n'appartient au conseil de préfecture que lorsqu'il est juge du fond et non pas s'il est saisi sur renvoi de l'autorité judiciaire, à l'occasion d'une poursuite dirigée contre des propriétaires qui ont refusé d'obtempérer à un arrêté prescrivant l'établissement de trottoirs. — Cons. d'Et., 22 août 1868, Basquin, [S. 69.2.342, P. adm. chr.]; — 6 août 1886, précité.

3165. — Les mêmes questions se posaient devant la juridiction administrative à l'occasion de la perception des centimes spéciaux établis en vue des dépenses de l'enseignement primaire et qui ne pouvaient être établis qu'en cas d'insuffisance des ressources ordinaires pour pourvoir, soit aux dépenses ordinaires, soit aux dépenses extraordinaires obligatoires. — Cons. d'Et., 30 mai 1861, Couppé d'Aboville, [Leb. chr., p. 452]; — 11 août 1869, Cie des voitures de Paris, [S. 70.2.279, P. adm. chr., D. 70.3.71]; — 18 juin 1875, Fabien, [S. 77.2.158, P. adm. chr., D. 76.3.4]; — 14 déc. 1877, Ville de Nantes, [S. 79.2.280, P. adm. chr., D. 78.3.34]; — 24 janv. 1879, Dieu, [S. 80.2.272, P. adm. chr., D. 78.3.59]; — 21 mai 1886, Gailhard, [S. 88.3.15, P. adm. chr., D. 87.3.113]

3166. — De même, les produits des coupes affouagères étant affectés au paiement de certaines dépenses, il ne peut être voté d'imposition extraordinaire pour solder ces dépenses qu'autant que le produit de la coupe est insuffisant et jusqu'à concurrence de son insuffisance. — Cons. d'Et., 10 déc. 1886, Chabert, [S. 88.3.45, P. adm. chr., D. 88.3.44]

3167. — La juridiction administrative a varié sur le point de savoir à qui incombe la preuve de la suffisance ou de l'insuffisance des ressources ordinaires. Le Conseil d'Etat a d'abord dé-

cidé que c'était à la ville qui réclamait la taxe à prouver que ses revenus étaient insuffisants. — Cons. d'Et., 17 avr. 1856, Chollet, [Leb. chr., p. 303]

3168. — Il décide aujourd'hui, et cette nouvelle jurisprudence nous paraît plus conforme au principe que foi est due au rôle jusqu'à preuve contraire, que le fardeau de la preuve incombe aux réclamants. — Cons. d'Et., 21 juill. 1870, Carcenac, [S. 72.2.254, P. adm. chr., D. 72.3.19]; — 29 déc. 1871, Le Mengnonnet, [Leb. chr., p. 328]; — 18 juin 1875, précité; — 24 janv. 1879, précité.

3169. — Il détermine à ce propos les recettes qui doivent être comptées dans les recettes ordinaires et celles qui n'y peuvent être admises. — Cons. d'Et., 9 avr. 1886, Oudin, [D. 87. 3.113]; — 21 mai 1886, précité; — 6 août 1886, précité.

3170. — Les taxes do pâturage peuvent donner lieu à des questions préjudicielles qui sont de la compétence de l'autorité judiciaire. Il en sera ainsi lorsque la propriété du pâturage sur lequel les bestiaux ont été conduits est litigieuse. — Cons. d'Et., janv. 8 1875, Thirby, [Leb. chr., p. 5]

3171. — ... Ou bien lorsque des habitants ou des concessions voisines se prévalent d'anciens titres, qui leur donneraient droit de faire pacager leurs bestiaux sans être assujettis à aucune redevance. — Cons. d'Et., 9 août 1869, Queheille, [Leb. chr., p. 760]

3172. — Il en est de même si cette perception soulève une question de propriété. — Cons. d'Et., 18 sept. 1813, Commune de Beaufays, [P. adm. chr.]; — 9 juin 1894, Commune de Ghisoni, [Leb. chr., p. 399]

3173. — La juridiction administrative est encore compétente, à propos des demandes en décharge, pour interpréter le sens et la portée de certains contrats, quand ils ont le caractère de contrats administratifs. C'est ainsi que le Conseil a reconnu qu'un conseil de préfecture avait été compétent pour apprécier le sens et la portée d'une convention entre une ville et un propriétaire, convention par laquelle celui-ci s'était engagé à céder à la ville une voie percée sur ses propres terrains, à la condition que la ville exécuterait à ses frais tous les travaux de pavage, une telle convention constituant une offre de concours. — Cons. d'Et., 27 mai 1887, Ville de Bordeaux, [D. 88.3.96]

3174. — Décidé, de même, à l'égard d'un contrat de concession intervenu entre une ville et une société. — Cons. d'Et., 2 déc. 1887, The Algiers land and Warehouse limited Company, [D. 89.3.23]

3175. — Le Conseil d'Etat a reconnu qu'une convention passée entre les entrepreneurs de pavage et une ville, par laquelle cette dernière s'engageait à leur tenir compte des sommes payées par les riverains, ne mettait pas obstacle à l'émission de rôles par la ville elle-même. — Cons. d'Et., 2 mars 1877, Ville de Paris, [S. 77.2.340, P. adm. chr., D. 77.3.49]; — 1er juin 1877, Truchot, [Leb. chr., p. 507]

3176. — Mais ce droit d'examen et de contrôle reconnu au juge de la taxe ne porte, bien entendu, que sur la légalité et la régularité des actes qui ont été faits pour l'établissement de la taxe. Il ne doit pas s'étendre sur les faits qui ont motivé l'imposition. En effet, il en était autrement, l'administration active passerait aux mains des tribunaux administratifs. C'est pourquoi la juridiction administrative s'est toujours déclarée incompétente pour examiner, à l'occasion de demandes en décharge, l'opportunité d'une imposition, la réalité des dettes auxquelles elle était destinée à pourvoir, la régularité des contrats qui avaient rendu nécessaire l'imposition, le mode d'administration des biens communaux, le mode d'exécution du travail dont la taxe est la représentation. — Cons. d'Et., 26 juill. 1878, Heuzé, [Leb. chr., p. 738]; — 26 juill. 1878, Delamare, [Leb. chr., p. 752]; — 4 juill. 1879, Delamare, [Leb. chr., p. 562]; — 12 nov. 1880, Delamare, [Leb. chr., p. 864]; — 3 déc. 1886, Des Etangs, [S. 88.3.43, P. adm. chr., D. 88.3.45]; — 17 mai 1890, Lafosse et autres, [Leb. chr., p. 542]

3177. — Cependant, en matière de taxes de pavage, le Conseil d'Etat a admis que les conseils de préfecture pouvaient connaître des questions relatives au coût et à la bonne exécution des travaux. — Cons. d'Et., 15 avr. 1843, Houdet, [P. adm. chr.]

3178. — A plus forte raison, le droit de contrôle de la juridiction administrative cesse-t-il, une cas qui touche les actes postérieurs à l'établissement de la taxe, par exemple à l'emploi qui en est fait. Les changements d'affectation que subit une imposition ne peuvent, en aucun cas, servir de fondement à une demande en décharge. Ni le conseil de préfecture ni le Conseil

d'Etat ne sont compétents pour examiner ces questions à propos de demandes en décharge. — Cons. d'Et., 16 déc. 1868, Mouchon, [S. 69.2.343, P. adm. chr.]; — 5 nov. 1875, Laroze, [Leb. chr., p. 856]; — 7 août 1883, d'Aboville, [D. 84.5.98]; — 25 juill. 1884, Guilham de Pothuau, [Leb. chr., p. 654]; — 28 janv. 1887, Société immobilière marseillaise, [D. 88.3.50]; — 20 juill. 1888, Bertrand, [S. 90.3.50, P. adm. chr., D. 89.3.100]; — 14 févr. 1890, Hérit. Guilloteaux, [S. et P. 92.3.64, D. 91.3.77]

§ 5. *Vérification de la légalité des taxes de curage.*

3179. — Le recouvrement des taxes de curage donne fréquemment lieu d'appliquer les principes que nous venons de poser. Tout d'abord l'utilité, l'opportunité du curage ne peuvent être discutées devant la juridiction administrative. Les pouvoirs de l'administration active sont absolus sur ce point. — Cons. d'Et., 10 févr. 1816, Guillermin, [S. chr., P. adm. chr.]; — 1 juin 1848, Brossard de Renneval, [S. 48.2.700, P. adm. chr.] — 16 avr. 1852, Crignon-Bonvallet, [S. 52.2.472, P. adm. chr.] — 19 nov. 1868, Meplain, [D. 69.3.86]; — 24 déc. 1886, Romand, [Leb. chr., p. 927]

3180. — Il en est de même du mode d'exécution des travaux de curage. Les assujettis ne peuvent fonder une demande en réduction sur ce que la taxe réclamée serait exagérée par rapport à l'importance des travaux exécutés. — Cons. d'Et., 12 mai 1882, Aubineau, [S. 84.3.36, P. adm. chr., D. 83.3.104] — 16 juin 1882, Ferlat, [Leb. chr., p. 377]; — 13 févr. 1886 (2 arrêts), Lebreton et Pignat, [D. 86.3.90]

3181. — Le principe du recours parallèle s'applique, mais avec un tempérament. Lorsque l'exécution de l'arrêté aura pour conséquence de porter atteinte à la propriété du riverain, ce qui arrivera si le préfet a prescrit un élargissement ou l'abatage de plantations, ou encore s'il soumet les propriétaires au curage d'émissaires n'ayant pas le caractère de cours d'eau, le recours pour excès de pouvoir sera recevable. — Cons. d'Et., 29 juin 1894, Berger, [Leb. chr., p. 441]

3182. — Lorsqu'au contraire il s'agit d'actes imposant le paiement de la taxe, il n'y a pas lieu d'accueillir le recours pour excès de pouvoir, la voie de la demande en décharge donnant satisfaction au réclamant. — Cons. d'Et., 25 avr. 1868, Gobert, [S. 69.2.127, P. adm. chr., D. 69.3.65]; — 26 nov. 1880, Mainemare, [Leb. chr., p. 926]; — 16 mai 1884, Perrin des Iles, [D. 86.3.6]; — 20 juin 1884, Faure, [Leb. chr., p. 496]; — 20 nov. 1885, Decamps, [Leb. chr., p. 854]; — 19 nov. 1886, Neu, [Leb. chr., p. 808]

3183. — Il en est de même de la décision du ministre, refusant d'ordonner le remboursement des taxes payées par le contribuable. Cette décision ne fait pas obstacle à ce que le conseil de préfecture soit saisi de la demande en décharge desdites taxes. — Cons. d'Et., 31 mars 1882, Verdellet, [Leb. chr., p. 307]

3184. — ... De même, encore, de l'arrêté du préfet qui, en réglant le régime des eaux d'une usine impose à l'usinier l'obligation d'effectuer le curage du bief de l'usine dans toute l'étendue du remous. Cette disposition, en effet, n'empêche pas l'usinier de réclamer devant le conseil de préfecture contre la taxe qui lui sera imposée en vertu de cette disposition, en soutenant qu'elle est contraire aux anciens règlements ou usages et qu'elle met à sa charge des frais hors de proportion avec son intérêt. — Cons. d'Et., 28 sept. 1858, Boyssan d'Ecole, [Leb. chr., p. 629] — 26 janv. 1870, Verdellet, [S. 71.2.128, P. adm. chr.]

3185. — A l'occasion de la mise en recouvrement des rôles, le conseil de préfecture, saisi de demandes en décharge ou en réduction, a pleine compétence pour examiner si la taxe a une base légale, si tous les actes qui ont contribué à son établissement sont réguliers. — Cons. d'Et., 20 juill. 1854, de Briges, [S. 55.2.154, P. adm. chr.]; — 29 mai 1867, Dulioust, [Leb. chr., p. 527]; — 8 août 1888, Leclercq, [Leb. chr., p. 737]

3186. — Le conseil de préfecture peut examiner notamment si le curage a été prescrit par l'autorité compétente. Il a été décidé par exemple que l'arrêté pris par un maire pour ordonner le curage d'un fossé ne pouvait équivaloir à l'arrêté préfectoral mettant les riverains en demeure d'y procéder. — Cons. d'Et., 7 août 1874, Laburthe, [S. 76.2.220, P. adm. chr., D. 75.3.76] — 26 mars 1886, Michaut, [D. 87.3.90]

3187. — Le conseil doit vérifier si, en ordonnant le curage, le préfet s'est conformé aux anciens règlements et aux anciens usages, dans le cas où il en existe. En effet, il n'appartient pas au

préfet ni au ministre d'apporter des modifications aux dispositions qui règlent le curage. Ce droit n'appartient qu'au président de la République en Conseil d'État. — Cons. d'Ét., 27 mai 1816, Masson, [S. chr., P. adm. chr.]; — 9 avr. 1817, Marais de Bordeaux, [S. chr., P. adm. chr.]; — 1er juill. 1840, Rambault, [Leb. chr., p. 190]; — 20 janv. 1843, Dubourg, [S. 43.2.204, P. adm. chr.]; — 17 févr. 1848, Dupuis, [S. 48.2.411, P. adm. chr.]; — 23 avr. 1849, Delangueval, [Leb. chr., p. 251]; — 28 déc. 1849, Besnard, [S. 50.2.186, P. adm. chr.]; — 12 juill. 1855, Garnier, [S. 56.2.251, P. adm. chr., D. 56.3.1]; — 29 févr. 1860, Courtois, [S. 60.2.634, P. adm. chr.]; — 17 août 1866, Riverains du Petit-Odon, [Leb. chr., p. 1022]; — 5 avr. 1878, Rouzé, [Leb. chr., p. 368]; — 22 déc. 1882, d'Herbigny, [Leb. chr., p. 1069]; — 13 juill. 1883, Vasse, [S. 85.3.44, P. adm. chr., D. 85.3.35]; — 16 mai 1884, Defourdrinoy, [Leb. chr., p. 395]; — 5 nov. 1886, Bodeau, [Leb. chr., p. 766]; — 26 juin 1890, Association de la rivière d'Ingon, [S. et P. 92.3.123]

3188. — Quand les anciens règlements ou usages locaux existent, le préfet peut, à condition de se conformer à leurs dispositions, prendre des arrêtés réglementant le curage d'une manière permanente. — Cons. d'Ét., 24 déc. 1886, précité; — 9 mars 1888, Gouthière, [Leb. chr., p. 238]

3189. — S'il n'en existe pas, il ne peut prendre que des arrêtés spéciaux ordonnant le curage d'un cours d'eau déterminé, en se conformant au principe posé par la loi du 14 flor. an XI, d'après laquelle aucun riverain ne peut être imposé au delà de son intérêt.

3190. — Lorsqu'un décret en Conseil d'État a fixé à nouveau les règles d'un curage et ses dispositions qui doivent être appliquées et non celles des anciens règlements. Le préfet qui introduirait dans son arrêté des dispositions contraires à celles du décret excéderait ses pouvoirs et les riverains seraient fondés à réclamer décharge ou réduction des taxes qui leur seraient imposées de ce chef. — Cons. d'Ét., 20 juill. 1836, Tulasne, [S. 36.2.513, P. adm. chr.]; — 1er mars 1842, Paillet, [P. adm. chr.]; — 26 mai 1853, Association des vidanges d'Arles, [P. adm. chr.]; — 14 nov. 1853, Watel, [Leb. chr., p. 952]; — 8 juill. 1881, Communes de Breuil-le-Vert et de Breuil-le-Sec, [D. 82.3. 118]

3191. — Les anciens règlements ou usages doivent être appliqués tant qu'ils n'ont pas été modifiés par l'autorité compétente. Les riverains ne peuvent se fonder sur ce que des règles nouvelles seraient nécessaires pour refuser de payer les taxes établies en conformité des règlements ou des usages locaux. — Cons. d'Ét., 2 févr. 1846, Troguin, [P. adm. chr.]; — 17 juill. 1867, Lacarrière, [Leb. chr., p. 654]

3192. — Le conseil de préfecture méconnaît l'étendue de ses pouvoirs quand il se refuse à examiner si les bases d'imposition indiquées soit dans les décrets, soit dans les arrêtés réglementaires sont conformes à la loi. — Cons. d'Ét., 16 avr. 1832, Crignon-Bonvallet, [S. 52.2.472, P. adm. chr.]; — 26 janv. 1870, Verdellet, [S. 71.2.128. P. adm. chr.]; — 4 août 1876, Lhotte [Leb. chr., p. 770]; — 13 mai 1884, Arrérat, [Leb. chr., p. 489]

3193. — Le conseil de préfecture peut encore vérifier, à l'occasion des demandes en décharge, si les travaux exécutés sous le nom de travaux de curage rentraient bien dans la catégorie de ceux qui peuvent être ordonnés par le préfet. Si, en effet, le préfet se borne à prescrire un curage à vieux fonds et à vieux bords, il n'excède pas ses pouvoirs. — Cons. d'Ét., 23 juin 1824, Lachalerie, [S. chr., P. adm. chr.]; — 23 juin 1864, Izard, [Leb. chr., p. 580]; — 3 août 1877, Rémery, [S. 79.2.222, P. adm. chr., D. 78.3.12]; — 9 mars 1888, précité.

3194. — Il peut même prescrire le rétablissement du lit d'un cours d'eau qui aurait été comblé. — Cons. d'Ét., 11 févr. 1876, de Nédonchel, [Leb. chr., p. 147]

3195. — Il a été décidé que, malgré la création d'un nouveau lit, un préfet pouvait, sans excéder ses pouvoirs, prescrire le curage de l'ancien lit, qui continuait à servir à l'écoulement des eaux. — Cons. d'Ét., 30 juin 1876, Reynaud, [Leb. chr., p. 621]

3196. — Mais il en est autrement si, sous prétexte d'effectuer le curage du cours d'eau, le préfet a ordonné son redressement, son élargissement ou son approfondissement. Il appartient au conseil de préfecture de se prononcer sur la nature des travaux prescrits, et, s'ils ne constituent pas un curage proprement dit, il doit accorder décharge. — Cons. d'Ét., 1er févr. 1851, Richard de Vesvrotte, [P. adm. chr.]; — 22 déc. 1859, Gauchon, [P. adm. chr.]; — 18 avr. 1860, Flandin, [Leb. chr.,

p. 326]; — 10 sept. 1864, de Cès-Caupenne, [Leb. chr., p. 882]; — 27 mai 1868, Rouyer, [Leb. chr., p. 580]; — 28 mai 1868, Marais de l'Isac, [Leb. chr., p. 592]; — 6 mars 1869, Mauduit de Fay, [Leb. chr., p. 208]; — 14 mars 1873, Commune de Mauguio, [Leb. chr., p. 249]

3197. — Le conseil de préfecture déterminera encore les cours d'eau auxquels peut s'appliquer l'arrêté de curage. Il décide par exemple la question de savoir si des fossés constituent des dépendances de cours d'eau ou de simples rigoles d'écoulement auxquelles la loi du 14 flor. an XI ne serait pas applicable. — Cons. d'Ét., 12 févr. 1857, Gabillot, [P. adm. chr., D. 57.3. 81]; — 18 avr. 1860, Chauveau, [Leb. chr., p. 328]; — 11 févr. 1887, Beau, [D. 88.3.67]

3198. — Le conseil de préfecture ne doit s'arrêter que devant les questions de propriété. Lorsqu'un propriétaire riverain prétend que les travaux de curage ont empiété sur sa propriété, il y a lieu de renvoyer aux agents de l'administration le soin de vérifier si les travaux ont été exécutés conformément à l'arrêté ou s'ils ont empiété sur les propriétés. — Cons. d'Ét., 22 mai 1869, Selignac, [S. 70.2.197, P. adm. chr.]

3199. — Mais si l'empiètement est constaté, il ne peut annuler, ni l'arrêté du préfet en tant qu'il a ordonné l'élargissement du cours d'eau, ni l'arrêté qui a opéré la délimitation. — Cons. d'Ét., 21 oct. 1874, Allendy, [S. 73.2.128, P. adm. chr., D. 72. 3.82]; — 11 févr. 1887, précité. — Seul le Conseil d'État, juge des excès de pouvoir, aurait compétence pour annuler ces actes.

3200. — Le conseil de préfecture ne peut pas davantage se fonder sur l'empiètement constaté pour accorder aux riverains une indemnité pour la dépossession des parcelles qui leur ont été enlevées. C'est à l'autorité judiciaire, seule juge des questions de propriété, qu'il appartient de le faire. — Cons. d'Ét., 26 févr. 1867, Vern, [S. 68.2.30, P. adm. chr.]

3201. — L'obligation du curage pour les riverains n'est pas une servitude de droit civil. Il en résulte qu'il n'y a pas lieu de renvoyer aux tribunaux judiciaires les questions de mitoyenneté ou de servitude que soulèvent les propriétaires riverains. — Cons. d'Ét., 14 juill. 1852, Martel, [P. adm. chr.]; — 11 juill. 1879, Emmery, [S. 81.3.9, P. adm. chr., D. 80.3.17]

3202. — Le conseil de préfecture est encore incompétent pour statuer sur les difficultés auxquelles donnent lieu les conventions privées passées entre les diverses personnes intéressées au curage au sujet de la répartition des charges. Il n'a qu'à appliquer le rôle et à vérifier si ce rôle est dressé conformément aux prescriptions de l'arrêté, et si ces dernières sont conformes aux prescriptions de la loi. Il n'a pas à appliquer les conventions qui ont modifié ces principes et, s'il préfet en a tenu compte dans la répartition, il doit accorder décharge ou réduction de manière à ramener la cote au taux résultant de l'application de la loi. — Cons. d'Ét., 4 juin 1816, Oursin de Monichevrel, [S. chr., P. adm. chr.]; — 10 mars 1868, Germain, [Leb. chr., p. 322]; — 26 janv. 1870, Verdellet, [S. 71.2.128, P. adm. chr.]

3203. — Enfin, il appartient au conseil de préfecture de vérifier si toutes les formalités prescrites par la loi pour assurer la publicité du curage ont été remplies, et si quelques-unes ont été omises, de déterminer celles qui sont substantielles et dont l'inobservation doit entraîner la nullité des taxes imposées. C'est ainsi qu'il a été décidé, que lorsqu'un préfet se bornait à prescrire un curage conformément aux usages locaux, son arrêté ne devait pas nécessairement être précédé d'une enquête et de l'avis des conseils municipaux, alors que les anciens usages n'exigeaient pas l'accomplissement de ces formalités. — Cons. d'Ét., 23 janv. 1864, Delauzon, [Leb. chr., p. 47]; — 9 mars 1864, Bourbon, [P. adm. chr.]; — 13 févr. 1885, Lebreton, [D. 86.3.90]

3204. — De même, les arrêtés préfectoraux ordonnant le curage d'un cours d'eau ne doivent pas nécessairement être notifiés individuellement aux intéressés. Il suffit qu'ils soient publiés. — Cons. d'Ét., 22 nov. 1889, Briau, [S. et P. 92.3.10, D. 91.3.37]

3205. — Mais le Conseil a décidé au contraire que lorsque l'arrêté ordonnant le curage prescrivait une enquête et la consultation des conseils municipaux, et que les travaux avaient été exécutés sans que ces formalités eussent été observées, les cotisations étaient irrégulièrement établies. — Cons. d'Ét., 4 mars 1858, Brion, [P. adm. chr.]; — 23 janv. 1864, Picotteau, [Leb. chr., p. 49]

3206. — Le conseil de préfecture examine si, en cas d'inexécution des travaux par les riverains dans le délai prescrit, une mise en demeure doit leur être adressée avant que les travaux

puissent être exécutés d'office par l'administration. — Cons. d'Et., 13 févr. 1885, précité; — 24 déc. 1886, Romand, [Leb. chr., p. 927]; — 11 févr. 1887, précité.

3207. — ... Ou si des travaux exécutés d'office l'ont été régulièrement, quand les ingénieurs les ont fait procéder sans attendre l'arrêté spécial du préfet prescrit par l'acte constitutif. — Cons. d'Et., 20 juill. 1894, Toulet, [Leb. chr., p. 491]

3208. — Enfin, le conseil de préfecture est compétent pour vérifier si les rôles ont été dressés régulièrement. — Cons. d'Et., 14 mai 1852, précité; — 21 mai 1880, Grandjean, [Leb. chr., p. 474]

3209. — ... Si des contribuables y ont été inscrits après leur approbation par le préfet. — Cons. d'Et., 9 févr. 1860, Haffen, [Leb. chr., p. 107]

3210. — Le conseil de préfecture qui refuserait de statuer sur une demande en dégrèvement, au motif qu'il ne lui appartiendrait pas de réformer un rôle rendu exécutoire par le préfet, méconnaîtrait l'étendue de ses pouvoirs. — Cons. d'Et., 26 avr. 1844, David de Penarun, [Leb. chr., p. 253]

§ 6. Vérification de la légalité des taxes syndicales.

3211. — Lorsqu'il s'agit du recouvrement des taxes syndicales, le pouvoir de contrôle du conseil de préfecture est encore plus étendu. Il doit d'abord vérifier si l'association syndicale qui perçoit le taux est légalement constituée. Suivant l'époque à laquelle l'association a été fondée, suivant les travaux qu'elle a en vue, les règles diffèrent. Ce n'est pas ici le lieu d'exposer les principes qui président à la formation des associations syndicales. Il suffit de rappeler que, sous l'empire des lois du 14 flor. an XI et du 16 sept. 1807, il fallait un décret en Conseil d'Etat pour constituer les syndicats de défense contre la mer ou les cours d'eau, des syndicats pour le dessèchement des marais et pour le curage des cours d'eau. Le décret du 25 mars 1852 (tableau D) a transféré au préfet le pouvoir d'autoriser la formation d'associations syndicales lorsque tous les intéressés seraient d'accord, ou même malgré eux s'il s'agissait de travaux de curage. La loi du 21 juin 1865 a d'une manière générale conféré aux préfets le droit d'autoriser les associations syndicales, qu'elle a divisées en deux catégories : celles qui ont pour objet des travaux de défense, et celles qui ont en vue des travaux d'amélioration. L'intérêt de cette distinction était dans le pouvoir de coercition que la majorité des intéressés exerçait sur la minorité quand il s'agit de syndicats de défense. Depuis la loi du 22 déc. 1888 à laquelle il faut joindre celles du 20 août 1881, du 4 avr. 1882, et du 15 déc. 1888, ce pouvoir de coercition de la majorité existe quel que soit l'objet du syndicat. Toutefois, la majorité exigée diffère suivant la nature des travaux à exécuter.

3212. — La juridiction administrative a fait application de ces distinctions, en accordant aux contribuables décharge des taxes qui leur étaient réclamées par des associations irrégulièrement constituées. Elle a considéré comme telle une association constituée par arrêté préfectoral au moyen de la fusion d'anciennes associations organisées par ordonnances royales. En opérant cette réunion, le préfet avait excédé ses pouvoirs. — Cons. d'Et., 5 juill. 1865, Lebarbier, [D. 66.3.42]

3213. — ... De même à l'égard d'une association ayant pour objet, non des travaux de simple curage, mais des travaux de redressement et de rectification d'un cours d'eau et qui avait été constituée par simple arrêté préfectoral, alors que tous les propriétaires n'étaient pas d'accord. — Cons. d'Et., 30 mai 1868, Renaud, [S. 69.2.186, P. adm. chr.]

3214. — De même encore à l'égard d'un syndicat de défense constitué avant la loi du 21 juin 1865 par arrêté préfectoral sans qu'il y eût accord entre les intéressés. — Cons. d'Et., 23 mai 1879, Chemin de fer P.-L.-M., [Leb. chr., p. 412]; — 12 mai 1882, Théry, [Leb. chr., p. 465]

3215. — De même, enfin, à l'égard de syndicat d'irrigation, dans lequel le préfet avait, antérieurement à la loi de 1888, compris des propriétaires qui refusaient d'en faire partie. — Cons. d'Et., 2 mai 1866, Rigaud, [S. 67.2.268, P. adm. chr., D. 67.3. 151]; — 13 juin 1867, de Salvador, [S. 68.2.198, P. adm. chr., D. 68.3.83]; — 5 août 1868, Bouisson, [Leb. chr., p. 843]

3216. — Mais il a été décidé que lorsque, le réclamant ou ses auteurs avaient fait depuis longtemps partie de l'association et avaient payé les taxes sans observations, ils ne pouvaient plus

venir demander décharge en se fondant sur la constitution illégale du syndicat. — Cons. d'Et., 22 août 1868, O'Tard de la Grange, [S. 69.2.341, P. adm. chr.]; — 21 juill. 1869, Roca, [Leb. chr., p. 702]; — 8 avr. 1881, Bellon, [D. 82.3.79]

3217. — Il appartient d'ailleurs à la juridiction administrative d'apprécier le sens et la portée de l'acte dont la légalité est contestée. Il a été décidé, par exemple, qu'un arrêté préfectoral approbatif d'un règlement, délibéré et adopté par tous les intéressés, et coordonnant les dispositions réglementaires antérieurement suivies par l'association, ne pouvait être considéré comme créant une association nouvelle et comme étant, par suite, entaché d'excès de pouvoir. — Cons. d'Et., 20 avr. 1888, Coulet, [S. 90.3.289, P. adm. chr., D. 89.3.77]

3218. — Le conseil de préfecture est compétent pour examiner si les terrains à raison desquels un propriétaire est imposé sont compris dans le périmètre de l'association. Ce droit qui, avant la loi du 21 juin 1865, appartenait aux commissions spéciales, a été transporté à cette époque aux conseils de préfecture avec les autres attributions contentieuses de ces commissions. — Cons. d'Et., 7 nov. 1814, Héritiers Binault, [P. adm. chr.]; — 9 sept. 1818, de Forbin-Janson, [S. chr., P. adm. chr.]; — 24 déc. 1850, Héritiers Doria, [P. adm. chr.]; — 16 janv. 1862, Syndicat des marais mouillés de la Vendée, [S. 63.2.46, P. adm. chr.]; — 8 févr. 1864, Péponnet, [P. adm. chr.]; — 29 janv. 1868, de Saint-Arcous, [S. 68.2.355, P. adm. chr., D. 70.3.23]; — 8 août 1872, Chemin de fer P.-L.-M., [Leb. chr., p. 503]; — 4 avr. 1873, Même partie, [Leb. chr., p. 306]; — 1er août 1873, Même partie, [Leb. chr., p. 704]; — 8 août 1873, Itier, [Leb. chr., p. 755]; — 12 mars 1875, Chemin de fer P.-L.-M., [Leb. chr., p. 249]; — 3 mars 1876, de Bernis, [Leb. chr., p. 221]

3219. — Mais lorsqu'un terrain a été compris dans le périmètre d'une association, la circonstance qu'il ne serait pas intéressé aux travaux ne peut autoriser le conseil de préfecture à prononcer la décharge. Il faut demander une modification du périmètre du syndicat à l'autorité qui l'a fixé. — Cons. d'Et., 4 mars 1819, Vincent, [S. chr., P. adm. chr.]; — 22 nov. 1836, Association des eaux de Trélou, [S. 37.2.173, P. adm. chr.]; — 7 mars 1873, Syndicat des marais de Bordeaux et de Bruges, [Leb. chr., p. 214]; — 9 mai 1890, Coudroyer, [S. et P. 92.3.100]; — 4 août 1894, Reynaud, [Leb. chr., p. 543]

3220. — Inversement, un syndicat ne peut imposer d'office le propriétaire d'un domaine qui profiterait des travaux sans avoir été compris dans le périmètre du syndicat. Il doit s'adresser à l'autorité compétente pour faire étendre le périmètre. — Cons. d'Et., 9 sept. 1818, précité; — 13 mars 1858, Imbert, Pison et autres, [S. 57.2.73, P. adm. chr., D. 56.3.57]; — 7 sept. 1869, Chemin de fer P.-L.-M., [Leb. chr., p. 850]; — 7 août 1874, Syndicat de dessèchement de la vallée de la Haute-Deule, [Leb. chr., p. 828]

3221. — Quand il s'agit de syndicats d'amélioration antérieurs à la loi de 1888, il appartient au conseil de préfecture de vérifier si le réclamant ou ses auteurs ont consenti à faire partie de l'association, et si ce consentement n'est pas établi, décharge doit être accordée, alors même qu'en fait le réclamant aurait profité des travaux exécutés par le syndicat. Dans ce cas, le syndicat peut s'adresser aux tribunaux judiciaires pour obtenir une indemnité. — Cons. d'Et., 15 sept. 1848, Esmenjaud, [P. adm. chr.]; — 24 janv. 1867, Dussard, [S. 67.2.367, P. adm. chr.]; — 13 juin 1867, de Salvador, [S. 68.2.198, P. adm. chr., D. 68. 3.83]

3222. — D'ailleurs, après un certain délai, les propriétaires syndiqués ne peuvent plus contester l'étendue du périmètre. Il en est de ces réclamations comme de celles relatives à la légalité de la constitution de l'association. — Cons. d'Et., 19 nov. 1880, Lhanas, [Leb. chr., p. 903]

3223. — Les taxes syndicales sont établies en proportion de l'intérêt que les travaux présentent pour les associés. A cet effet, les terrains sont répartis en plusieurs classes, à chacune desquelles correspond un taux différent d'imposition. Ce classement donne lieu à des réclamations qui sont de la compétence du conseil de préfecture. Il appartient audit conseil de vérifier le classement et de le modifier, s'il y a lieu, en ce qui touche le propriétaire réclamant. — Cons. d'Et., 16 déc. 1835, Cuynat, [P. adm. chr.]; — 1er juill. 1839, Gay, [Leb. chr., p. 381]; — 24 janv. 1861, Chemin de fer P.-L.-M., [S. 61.2.426, P. adm. chr., D. 61.3.38]; — 15 janv. 1886, Arnaud, [Leb. chr., p. 39]

3224. — Toutefois, lorsque des syndiqués demandent des

modifications au classement des terrains, à raison de changements survenus dans les lieux ou de toute autre cause ayant pour effet de diminuer les avantages qu'ils retirent des travaux de l'association, cette demande n'est pas de la compétence des conseils de préfecture, mais de l'autorité qui a approuvé le classement. — Cons. d'Et., 26 mai 1853, Association des vidanges d'Arles, [P. adm. chr.]

3225. — Le conseil de préfecture est compétent pour vérifier, à propos des demandes en décharge, si les taxes ont été établies conformément aux principes posés par l'acte constitutif de l'association, s'il a été fait une exacte application aux réclamants du classement adopté. — Cons. d'Et., 22 juin 1854, Chitier, [P. adm. chr.]; — 1er avr. 1868, Parnet, [S. 69.2.94, P. adm. chr.]

3226. — Le conseil de préfecture veille à ce que les bases de répartition régulièrement fixées par l'autorité compétente soient observées dans l'établissement des taxes, etc., alors même qu'elles ne seraient plus en rapport avec l'intérêt actuel des associés, tant qu'elles n'ont pas été modifiées par la même autorité. — Cons. d'Et., 11 févr. 1824, Assoc. de Notre-Dame de la mer, [P. adm. chr.]; — 4 juill. 1827, Blaucamp, [S. chr., P. adm. chr.]; — 8 févr. 1864, Péponnet, [P. adm. chr.]; — 15 janv. 1875, de Brunet, [Leb. chr., p. 39]; — 19 juin 1895, Chemin de fer P.-L.-M., [Leb. chr., p. 596]; — 20 janv. 1888, Vaqué, [Leb. chr., p. 53]

3227. — Il doit se refuser à appliquer les modifications apportées aux bases de répartition légales par une autorité incompétente. Il en serait ainsi, par exemple, dans le cas où un préfet fixerait d'autres bases de répartition que celles résultant d'anciens usages ou de règlements émanés du chef de l'Etat. — Cons. d'Et., 16 avr. 1851, Thomassin de Saint-Paul, [P. adm. chr.]; — 26 août 1865, Canal Alaric, [Leb. chr., p. 858]

3228. — S'il n'existe pas de bases de répartition édictées par d'anciens règlements ou usages, le conseil de préfecture doit s'assurer que les bases fixées par le syndicat sont conformes au principe de proportionnalité posé par la loi du 14 flor. an XI. — Cons. d'Et., 12 juill. 1864, Desgrotte, [Leb. chr., p. 624]

3229. — Le conseil de préfecture est compétent pour statuer sur les contestations qui s'élèvent entre les syndicats et leurs membres au sujet des apports de terrains des ouvrages que ceux-ci auraient pu faire et qui peuvent être de nature à faire réduire leurs cotisations. — Cons. d'Et., 6 mai 1850, Gariel, [P. adm. chr.]; — 18 mars 1881, Syndicat des digues de la Grèce, [D. 82.3.78]; — 7 août 1883, Syndicat de Senestis, [D. 85.3.13]; — 9 nov. 1889, Syndicat de Couthures, [S. et P. 92.3.4]

3230. — Il est de l'office du préfet quand il y a fixé par la loi ou par les actes constitutifs de l'association au sujet de l'établissement des taxes et déterminer celles dont l'inobservation entraîne la nullité des rôles. C'est ainsi que le rôle dressé contrairement aux conditions du décret constitutif, sans que le plan parcellaire et le rapport du conseil aient été soumis à une enquête, est irrégulier. — Cons. d'Et., 2 mars 1877, Leduc, [S. 79.2.93, P. adm. chr., D. 77.3.46]

3231. — De même, le défaut d'enquête préalable et de convocation des intéressés en assemblée générale est de nature à rendre nulle la transformation prononcée par le préfet d'une association libre en association autorisée. — Cons. d'Et., 4 nov. 1887. Canal des Faïsses. [Leb. chr., p. 694]

3232. — L'absence d'homologation par une commission spéciale des modifications apportées au périmètre ou au classement des terrains d'une association soumise au régime de la loi du 16 sept. 1807 est de nature à entraîner décharge des taxes ainsi établies. — Cons. d'Et., 27 mai 1863, Capelle, [Leb. chr., p. 499]; — 18 juill. 1876, Chemin de fer P.-L.-M., [D. 77.3.48]; — 16 févr. 1878. Rey, [Leb. chr., p. 160]

3233. — Il a été décidé au contraire, que, lorsque les dépenses de travaux de défense avaient été réparties par une commission spéciale sur le rapport dressé par un expert avec le concours des ingénieurs et à la suite d'une enquête contradictoire, il avait été satisfait aux dispositions de la loi du 16 sept. 1807, autant qu'elles sont applicables à la répartition des taxes d'endiguement. — Cons. d'Et., 9 mai 1866. Messié. [Leb. chr., p. 435]

3234. — Les formalités prescrites par la loi du 21 juin 1865, pour l'adhésion des propriétaires d'immeubles dotaux à la formation d'associations syndicales ne sont pas applicables aux syndicats créés sous l'empire de la loi du 16 sept. 1807. En conséquence, il a été jugé que l'inobservation de ces formalités ne

pouvait autoriser une femme mariée sous le régime dotal à refuser de payer les taxes. — Cons. d'Et., 29 juill. 1881, Guillot de Suduirault, [S. 83.3.19. P. adm. chr., D. 83.3.10]

3235. — Il n'appartient pas à la juridiction administrative d'ordonner la révision d'un classement régulièrement opéré par la commission spéciale. — Cons. d'Et., 27 avr. 1877, de Baciocchi, [Leb. chr., p. 393]; — 25 mars 1881, Tessier et autres, [D. 82.3.80]

3236. — Le conseil de préfecture peut encore, à l'occasion des demandes en décharge ou réduction de taxes, vérifier la composition du syndicat chargé d'administrer les intérêts de l'association et de dresser les rôles des taxes. Il est évident, en effet, qu'un syndicat irrégulièrement composé n'a pas qualité pour faire la répartition des dépenses entre les membres de l'association. — Cons. d'Et., 1865, Canal de Crillon, [Leb. chr., p. 117]; — 27 juill. 1888, de la Garde, [D. 89.3.99]

3237. — Mais il apprécie la gravité de l'irrégularité commise. Ainsi il a été décidé que, lorsque le règlement d'un syndicat d'irrigation impose à tous ses membres la déclaration des contenances des terrains qu'ils veulent irriguer, la présence dans le syndicat de plusieurs membres qui n'auraient pas fait cette déclaration ne suffirait pas à rendre irrégulière la composition de ce syndicat. — Cons. d'Et., 27 janv. 1865, précité; — 23 juill. 1868, Canal de Crillon, [S. 69.2.275, P. adm. chr.]

3238. — De même, quand un règlement stipule que les membres du syndicat seront choisis parmi les plus imposés, le fait que l'un des syndics ne remplirait plus cette condition n'entacherait pas d'irrégularité la composition du syndicat, s'il était établi qu'il était bien des plus imposés au moment de sa nomination. — Cons. d'Et., 1er mai 1869, Chamski, [Leb. chr., p. 408]

3239. — Lorsque la nomination du directeur n'a pas été attaquée, un associé ne peut se prévaloir pour obtenir décharge de ce que cette nomination serait irrégulière. — Cons. d'Et., 2 mars 1883, du Mas, [D. 84.3.95]

3240. — Alors même que l'ordonnance constituée d'un syndicat prescrirait le remplacement du syndic chaque année, l'inobservation de cette formalité n'entraînerait pas nécessairement la nullité des rôles de répartition des dépenses. — Cons. d'Et., 26 juill. 1855, Fabrique de l'Eglise métropolitaine de Tours, [P. adm. chr.]; — 2 févr. 1884, Latil, Tessier, [Leb. chr., p. 109]; — 9 juin 1894, Syndicat de la Cabanasse, [Leb. chr., p. 398] — En sens contraire. V. Cons. d'Et., 27 juill. 1888, de la Garde, [Leb. chr., p. 677]

3241. — Il appartient au conseil de préfecture de vérifier la nature des travaux pour l'objet de l'association et d'examiner si l'autorité qui a autorisé l'association était compétente pour le faire, à raison de la nature des travaux. Ainsi, ayant la loi de 1888, le préfet pouvait bien autoriser une association en vue d'exécuter des travaux de curage, mais non des travaux d'approfondissement ou d'élargissement. — Cons. d'Et., 8 mars 1866, Simonnet, [S. 67.2.29, P. adm. chr.]; — 14 août 1867, Rame, [S. 68.2.259, P. adm. chr.]; — 9 févr. 1872, Cosnard-Desclosets, [S. 73.2.239, P. adm. chr., D. 72.3.66]

3242. — Le conseil de préfecture est compétent pour apprécier si les travaux dont les frais sont réclamés aux syndiqués ont été ordonnés par l'autorité compétente il a été accordé décharge de taxes établies pour payer les frais de travaux qui avaient été ordonnés par un syndicat provisoire, qui n'avait d'autre mission que de fixer le devis des travaux projetés et de dresser un projet de répartition. Il a même été décidé que cette irrégularité ne pouvait être couverte par la ratification ultérieure du syndicat définitif. — Cons. d'Et., 18 avr. 1890, Castaing, [D. 91.3.99]

3243. — De même, lorsque l'ordonnance constitutive d'un syndicat dispose que la portion des dépenses à la charge des associés sera remboursée par annuités, il ne peut appartenir au syndicat de changer ce mode de remboursement et de réclamer des taxes supérieures au montant desdites annuités. — Cons. d'Et., 23 juin 1853, Hairault, [P. adm. chr.]

3244. — Le conseil de préfecture est compétent pour apprécier si l'arrêté du préfet qui rend exécutoire les rôles de taxes syndicales est régulier et si les dépenses que ces taxes sont destinées à couvrir ont été régulièrement faites. — Cons. d'Et., 1er mars 1869, Chamski, [S. 70.2.228, P. adm. chr.]

3245. — Quand une demande fondée sur l'illégalité de la taxe paraît fondée au conseil de préfecture, il doit accorder dé-

charge, mais non prononcer l'annulation du rôle. — Cons. d'Et., 18 juill. 1873, Pauleau, [Leb. chr., p. 659]

3246. — Quand l'arrêté constitutif d'un syndicat a été annulé par le Conseil d'Etat, les rôles qu'il a émis ne sont pas valables. Décharge doit être accordée aux intéressés. — Cons. d'Et., 24 juin 1881, Nicolau, [Leb. chr., p. 637]

3247. — Lorsqu'au cours d'une demande en décharge de taxes syndicales, il s'élève une difficulté sur le sens et la portée des décrets ou ordonnances qui ont constitué le syndicat, le conseil de préfecture doit surseoir à statuer jusqu'à ce que l'interprétation de ces actes ait été donnée par le Conseil d'Etat. — Cons. d'Et., 13 juin 1827, de Brézé, [P. adm. chr.]; — 6 déc. 1860, Legier, [Leb. chr., p. 735]; — 6 déc. 1860, Dervieux, [Leb. chr., p. 739]

3248. — Si l'acte à interpréter est une concession de travaux publics, c'est au conseil de préfecture qu'il appartient de donner l'interprétation. — Cons. d'Et., 9 mai 1890, Syndicat supérieur de la rive gauche de l'Isère, [S. et P. 92.3.100, D. 91.3.104]

3249. — Tels sont les pouvoirs de contrôle du conseil de préfecture, juge des demandes en décharge. Ils ont pour effet de rendre inutile et, par conséquent, non recevable le recours pour excès de pouvoir, soit contre les actes constitutifs de l'association, soit contre ceux qni concourent à l'établissement des taxes. Ainsi décidé à l'égard de l'arrêté qui constitue un syndicat. — Cons. d'Et., 20 janv. 1888, Gardès, [S. 90.3.1, P. adm. chr., D. 89.3.28] — V. cependant Cons. d'Et., 6 juin 1879, de Vilar, [S. 81.3.2, P. adm. chr., D. 79.3.90]

3250. — De l'estimation par classes arrêtée par la commission spéciale et de l'approbation du périmètre des classes donnée par le préfet. — Cons. d'Et., 23 mai 1879, Chemin de fer P.-L.-M., [S. 80.2.343, P. adm. chr., D. 69.3.90]

3251. — ... De la délibération d'une commission syndicale qui refuse de procéder à la révision du classement des terrains. — Cons. d'Et., 30 mai 1884, Consorts de Florans, [Leb. chr., p. 453]

3252. — Le recours pour excès de pouvoir n'est pas recevable non plus, contre la décision par laquelle le ministre des Travaux publics refuse de prescrire certains travaux. — Cons. d'Et., 2 mai 1879, Balguerie, [Leb. chr., p. 343]

3253. — ... Ni contre celle par laquelle il met à la charge du syndicat le salaire d'un garde. — Cons. d'Et., 27 févr. 1862, Association des marais de Moëze, [P. adm. chr.]

3254. — Enfin, les délibérations du syndicat, les arrêtés des préfets pris pour l'établissement ou l'émission des rôles ne sont pas susceptibles d'être déférés au Conseil d'Etat par la voie du recours pour excès de pouvoir. — Cons. d'Et., 22 juin 1854, Chitier, [P. adm. chr.]; — 28 juin 1855, Pagès, [P. adm. chr.]; — 24 déc. 1863, Magnier, [Leb. chr., p. 875]; — 29 juill. 1868, Magloire, [Leb. chr., p. 810]

3255. — Il en est de même de l'arrêté qui fixe la part contributive du propriétaire dans les dépenses d'un syndicat. — Cons. d'Et., 9 févr. 1870, Chemin de fer du Nord, [S. 71.2.189, P. adm. chr.]

3256. — Le conseil de préfecture n'est pas compétent pour régler, à l'occasion des demandes en décharge ou réduction dont il est saisi, l'administration des associations syndicales. C'est l'affaire des commissions syndicales et de l'administration préfectorale. Ainsi donc, il ne lui appartient d'ordonner des travaux. — Cons. d'Et., 2 déc. 1829, Société de desséchement des marais de Bouin, [S. chr., P. adm. chr.]; — 27 juin 1873, Boivin, [S. 75.2.185, P. adm. chr., D. 74.3.55]

3257. — Il ne peut même apprécier si les frais de curage sont exagérés ou non justifiés. C'est le préfet qui a qualité pour régler les dépenses diverses de l'association. — Cons. d'Et., 28 mai 1868, Marais de l'Isac, [Leb. chr., p. 592]

3258. — Le conseil de préfecture se borne à examiner si ces dépenses sont de nature à être mises à la charge des associés. — Cons. d'Et., 20 févr. 1869, Digues de Moirans, [Leb. chr., p. 184]

3259. — Il est incompétent pour décider si les dépenses mises à la charge des syndiqués auraient pu être acquittées avec les sommes produites par les rôles précédemment émis. La vérification des opérations et des comptes des commissions syndicales lui est interdite. — Cons. d'Et., 22 août 1868, O'Tard de la Grange, [Leb. chr., p. 970]; — 27 juill. 1870, Nébout, [Leb. chr., p. 913]

3260. — Il ne peut connaître d'une demande fondée sur ce qu'un syndicat aurait dû, avant d'exiger une cotisation de ses membres, réclamer au propriétaire d'un canal voisin le paiement de frais d'entretien, et tenir compte des dommages que les actes de ce voisin avaient causés aux propriétés des réclamants. — Cons. d'Et., 23 juill. 1868, Constantin, [Leb. chr., p. 799]

3261. — Enfin, la compétence des conseils de préfecture est limitée par celle de l'autorité judiciaire, qui peut être appelée à résoudre certaines questions préjudicielles à la solution des demandes en décharge. Quand ces questions se présentent, le conseil de préfecture doit, tout en retenant le fond de l'affaire, renvoyer les parties devant les tribunaux compétents pour faire résoudre la question d'où dépend la solution du litige.

3262. — Tout d'abord, on doit réserver aux tribunaux judiciaires tout le contentieux des associations libres ou volontaires. Qu'il s'agisse de savoir si la société est valablement constituée, si tel ou tel propriétaire en fait partie, ou d'apprécier l'étendue et la portée des souscriptions, le conseil de préfecture est incompétent. — Cons. d'Et., 15 sept. 1848, Esmenjaud, [P. adm. chr.]; — 17 avr. 1856, Nouvène, [S. 57.2.157, P. adm. chr., D. 56.3.68]

3263. — C'est seulement la constitution de l'association syndicale en vertu d'actes administratifs, qui a pour effet de transformer les souscriptions en contrats administratifs et de changer les compétences. — Trib. des Confl., 20 déc. 1879, Ville de Beaucaire, [S. 81.3.35, P. adm. chr., D. 80.3.102] — Cons. d'Et., 24 juin 1881, Cie des canaux agricoles, [S. 83.3.10, P. adm. chr., D. 83.3.2]

3264. — Constituent des questions préjudicielles à la demande en réduction : une contestation qui s'élève entre un réclamant et un syndicat d'irrigation au sujet de la propriété ou de la jouissance des eaux d'un ruisseau qui sert à arroser une partie des propriétés du réclamant. — Cons. d'Et., 3 déc. 1880, Syndicat du canal de Carpentras, [Leb. chr., p. 958]

3265. — L'interprétation des contrats de droit civil passés entre une commune et des particuliers pour la rétrocession consentie par la commune à un tiers d'une concession qui lui aurait été faite. — Cons. d'Et., 26 juill. 1889, Syndicat de Cadenet, [D. 91.3.20]

3266. — De même, les tribunaux civils seuls sont compétents, dès lors que la question de savoir si un propriétaire fait partie d'un syndicat dépend de l'examen de contrats de société ou de conventions passées entre les intéressés sans intervention de l'administration. — Cons. d'Et., 6 févr. 1822, Loubier, [P. adm. chr.]; — 14 mars 1873, Hugues, [S. 75.2.86, P. adm. chr., D. 73.3.82]

3267. — Il a été décidé qu'un conseil de préfecture était compétent pour statuer sur la demande d'un syndicat tendant à faire payer aux associés une cotisation supplémentaire, à titre d'avances de fonds pour l'achèvement des travaux, et pour apprécier si les propriétaires étaient tenus de ces dépenses en leur qualité de membres de l'association ; mais qu'il devait se déclarer incompétent si, après que décharge avait été accordée, le syndicat réclamait les mêmes sommes aux mêmes propriétaires en se fondant sur un quasi-contrat de gestion d'affaires, parce que seule l'autorité judiciaire pouvait se prononcer sur cette question. — Cons. d'Et., 17 févr. 1865, Canal de Carpentras, [Leb. chr., p. 214]; — 16 janv. 1874, Lunel, Poutiagou, [D. 75.3.5]

3268. — Quand un associé refuse de payer la taxe en se fondant sur ce qu'il n'est pas propriétaire des terrains assujettis, le conseil de préfecture doit surseoir à statuer jusqu'à ce que les tribunaux judiciaires aient résolu la question de propriété, ou jusqu'à ce que le syndicat ait mis en cause ceux au nom de qui devrait être opérée la mutation de cote. — Cons. d'Et., 8 janv. 1886, Tassy, [Leb. chr., p. 5]

3269. — Mais le contribuable qui se reconnaît détenteur de l'immeuble ne peut demander au conseil de préfecture de surseoir à statuer jusqu'à ce que les tribunaux judiciaires se soient prononcés sur la possession de cet immeuble. — Même arrêt.

3270. — Lorsqu'un propriétaire soutient que l'engagement qu'il a pris de contribuer aux dépenses du desséchement est devenu sans effet par suite de la séparation de biens opérée entre lui et sa femme, la question de savoir si l'engagement est obligatoire pour la femme et si la propriété litigieuse n'a pu passer entre ses mains qu'avec les charges que le mari y avait attachées, est de la compétence des tribunaux judiciaires. — Cons.

d'Et., 22 févr. 1838, Société de Guy, [S. 38.2.396, P. adm. chr.]

3271. — L'autorité judiciaire est incompétente pour statuer sur une demande en dissolution d'une association régulièrement constituée. — Cons. d'Et., 17 févr. 1865, précité.

Section II.
Compétence sur les difficultés relatives au recouvrement.

§ 1. *Contestations entre la régie et les contribuables.*

3272. — Après avoir passé en revue les règles de compétence relatives aux contestations qui portent sur l'établissement de l'obligation du redevable et sur la validité du titre invoqué contre lui, il nous faut examiner les règles de compétence relatives aux contestations qui portent sur le recouvrement de l'impôt.

3273. — Ce ne sont plus les pouvoirs de l'administration active, mais ceux de l'autorité judiciaire qui limitent sur ce point ceux des tribunaux administratifs. Deux observations préliminaires sont nécessaires pour fixer les règles générales de la compétence.

3274. — 1° Les poursuites qui assurent le recouvrement de l'impôt sont divisées en deux phases : l'une, administrative, qui comprend la contrainte et la sommation avec frais ; l'autre judiciaire, qui comprend les voies d'exécution du droit commun : commandement, saisie, vente. La nature de l'acte de poursuite détermine la compétence. Aucun texte législatif n'a fait ce départ entre l'autorité administrative et l'autorité judiciaire. Au contraire, la loi du 22 déc. 1789 (sect. 3, art. 1), chargeait les administrations de département de régler et de surveiller tout ce qui concerne, tant la perception et le versement du produit des contributions directes que le service et les fonctions des agents qui en seront chargés. Peut-être aurait-on pu se prévaloir de la généralité de cette disposition pour attribuer aux conseils de préfecture, juges des demandes en décharge et réduction, le jugement de toutes les contestations auxquelles donne lieu le recouvrement des contributions directes. Cette compétence n'aurait rien d'incompatible avec le caractère administratif du tribunal. En effet, dans certaines colonies, les conseils du contentieux administratif connaissent de l'ensemble des difficultés relatives aux poursuites en matière de contributions, qu'il s'agisse de commandement et de saisie ou de contrainte et de sommation. — Cons. d'Et., 19 mars 1880, Jablin, [D. 81.3.5] — Trib. des Confl., 7 avr. 1884, Jablin, [S. 86.3.9, P. adm. chr., D. 85.3.89]

3275. — Quoi qu'il en soit, ce départ de compétence a été fait par la jurisprudence. Il peut se justifier par cette considération qu'il ne s'agit plus d'appliquer des lois spéciales, mais les dispositions du Code de procédure civile, avec lesquelles les tribunaux judiciaires sont plus familiarisés que les tribunaux administratifs. En attribuant pleine compétence aux conseils de préfecture, on pourrait se trouver, pour l'application des mêmes dispositions, en présence de deux jurisprudences différentes. D'autre part, la saisie, la vente des biens du redevable mettent le Trésor aux prises avec des tiers qui ont des intérêts contraires aux siens, tels que les créanciers du contribuable. Pour eux, la contribution est *res inter alios acta*, le Trésor, un créancier quelconque. Il n'y avait donc pas de raison pour distraire ces personnes de leurs juges naturels.

3276. — 2° Le recouvrement des contributions directes met le Trésor en présence, non seulement des contribuables, mais des tiers. Parmi ces derniers, les uns peuvent être considérés comme débiteurs personnels du Trésor. Il en est ainsi des héritiers du redevable, de ses fermiers pour la contribution foncière, des propriétaires ou principaux locataires en cas de déménagement de leurs locataires, des dépositaires ou débiteurs de deniers provenant du fait du redevable. Les autres, ou bien ne sont tenus envers le Trésor que comme détenteurs d'un objet mobilier (autre que des deniers) ou des fruits d'un immeuble provenant du contribuable et affectés au privilège du Trésor ; ou bien sont des créanciers du redevable ayant des intérêts opposés à ceux de l'E-tat. On peut dire que, d'une manière générale, tout ce qui concerne l'obligation envers le Trésor soit du contribuable, soit des tiers débiteurs personnels, rentre dans la compétence des tribunaux administratifs. Au contraire, les contestations qui s'élèvent

au sujet des rapports de l'Etat avec les tiers ou des tiers avec le contribuable seront de la compétence des tribunaux judiciaires.

3277. — Les conventions qui interviennent entre les contribuables et des tiers au sujet du paiement de l'impôt échappent à la connaissance des tribunaux administratifs. L'administration ne connaît et ne peut poursuivre que l'individu inscrit sur le rôle, sauf les cas particuliers prévus par les lois de 1808, 1832, 1880. — Cons. d'Et., 4 mai 1854, Fabus, [P. adm. chr.]

3278. — Lorsqu'une réclamation tendant, soit à l'inscription du nom d'un contribuable sur le rôle, soit à une décharge ou réduction, rend nécessaire l'interprétation des clauses d'un bail emphytéotique, cette question doit être renvoyée à l'examen des tribunaux judiciaires. — Cons. d'Et., 23 nov. 1808, Orcel, [S. chr., P. adm. ch.]; — 26 juill. 1837, Austruy, [S. 38.2.41, P. adm. chr.]

3279. — Lorsque la perception nécessite l'interprétation d'un contrat de droit commun, c'est à l'autorité judiciaire qu'il appartient de statuer. — Cons. d'Et., 10 févr. 1863, Bayeux, [S. 63. 2.360, P. adm. chr.]; — 4 févr. 1869, Dassier, [Leb. chr., p. 99]; — 26 nov. 1869, Joily, [S. 70.2.304, P. adm. chr.]; — 26 janv. 1870, Huré, [Leb. chr., p. 22]

3280. — « La division des poursuites en deux phases, dit M. Laferrière (*Juridiction administrative*, t. 2, p. 266), ne doit pas être interprétée comme créant deux périodes de temps, l'une antérieure et l'autre postérieure au commandement, pendant lesquelles tout le contentieux des poursuites appartiendrait successivement à la juridiction administrative et aux tribunaux judiciaires. Un pareil système serait doublement inexact : d'abord parce qu'il peut y avoir, avant le commandement, des actes de poursuite et même des actes d'exécution faits en vertu de la contrainte, par exemple des saisies-arrêts qui, par leur nature même, relèvent toujours de la compétence judiciaire ; en second lieu, parce que les oppositions faites aux poursuites, pendant la période postérieure au commandement, peuvent soulever des questions relatives à la dette du contribuable envers le Trésor, lesquelles sont toujours du domaine de la juridiction administrative. Il ne faut donc pas s'attacher à la date des contestations, mais à leur objet ; or, on peut dire d'une manière générale que la compétence judiciaire ne s'applique qu'aux contestations dirigées contre la validité intrinsèque des actes de poursuite et d'exécution judiciaire et non à celles qui ont pour objet les causes de ces poursuites, c'est-à-dire l'existence et la quotité de la dette du contribuable envers l'Etat. »

3281. — Les redevables peuvent demander soit la suspension, soit l'annulation des poursuites. Dans le premier cas, sans contester la régularité intrinsèque des poursuites, ils cherchent à paralyser le recouvrement. Ces demandes doivent être adressées, d'abord au sous-préfet, qui a visé la contrainte, puis au conseil de préfecture. Seules, en effet, l'autorité et la juridiction administratives ont qualité pour accorder des sursis aux poursuites. — Cons. d'Et., 28 juill. 1819, Reybaud, [S. chr., P. adm. chr.]; — 3 déc. 1846, de Genoude, [S. 47.2.188, P. adm. chr.]; — 9 déc. 1858, Syndicat de la Chalaronne, [P. adm. chr., D. 59.3.43]; — 21 déc. 1858, Pébernard, [P. adm. chr., D. 59.3.43]; — 18 juill. 1872, Eyglument, [D. 73.3.9]

3282. — Une demande de sursis fondée sur l'insuffisance des ressources du contribuable est de la compétence du préfet et échappe absolument à la juridiction contentieuse. — Cons. d'Et., 24 déc. 1894, Lalubie, [Leb. chr., p. 707]

3283. — Quant aux tribunaux, ils doivent s'abstenir d'ordonner la suspension des poursuites. En effet, l'art. 7, L. 22 déc. 1789 (sect. 3), dispose que les administrations de département chargées de régler la perception des contributions directes ne pourront être troublées dans l'exercice de leurs fonctions administratives, par aucun acte du pouvoir judiciaire. Ainsi, même lorsqu'il s'agit d'un commandement ou d'une saisie, l'autorité judiciaire ne peut ordonner de sursis. Décider le contraire serait lui reconnaître le pouvoir de paralyser la contrainte administrative. — Cons. d'Et., 19 mars 1808, Commune de Wolfersweiler, [S. chr., P. adm. chr.] — Cormenin, v° *Contr. dir.*, 4° éd., p. 257.

3284. — Mais si la juridiction administrative peut, dans certains cas, accorder des sursis aux poursuites, il ne lui appartient pas d'accorder des sursis pour le paiement des douzièmes échus. — Cons. d'Et., 27 mai 1887, Husson, [D. 88.5.142]

3285. — Pour demander l'annulation des poursuites dirigées contre eux, les contribuables peuvent alléguer, soit des

moyens du fond, tirés de ce que la dette n'existe pas ou est acquittée, soit des moyens de forme, tirés de ce que les actes de poursuites ne sont pas réguliers, comme étant faits par des agents sans qualité ou en violation des règles de procédure.

3286. — Tant qu'on est dans la phase administrative des poursuites, c'est au conseil de préfecture qu'il faut s'adresser. Il a pleine compétence pour les moyens de fond comme pour les moyens de forme. Il doit annuler ces actes de poursuite s'ils ne reposent pas sur une créance régulière de l'Etat, s'ils sont entachés d'un vice de forme, s'ils sont faits par un agent sans qualité. — Cons. d'Et., 22 févr. 1821, de Villenouvette, [S. chr., P. adm. chr.]; — 24 juill. 1876, Ducatel, [S. 78.2.308, P. adm. chr., D. 77.3.2]; — 3 déc. 1886, Léchelle, [S. 86.3.44, P. adm. chr.]

3287. — Le fait qu'un percepteur aurait renoncé à la compétence administrative, et consenti à suivre devant les tribunaux judiciaires le contribuable ayant formé opposition à la contrainte, ne saurait permettre à ces tribunaux de connaître de cette opposition. — Cass., 29 therm. an XI, Bauzon, [cité par Durieu, *Poursuites*, t. 2, p. 70, S. et P. chr.]

3288. — On rencontre, il est vrai, d'anciennes décisions d'après lesquelles les questions relatives à l'illégalité ou à la nullité des contraintes sont de la compétence des tribunaux judiciaires. — Cons. d'Et., 15 oct. 1826, Chambon, [S. chr., P. adm. chr.] — Mais la jurisprudence s'est depuis longtemps fixée en sens contraire.

3289. — Mais il faut que la contrainte émane d'un agent administratif. Ainsi, antérieurement à l'année 1854, l'administration de l'enregistrement avait été chargée d'opérer le recouvrement des mandats exécutoires, délivrés par les préfets contre les communes ou particuliers qui avaient eu recours aux services des ingénieurs ou agents des ponts et chaussées. Lorsque les oppositions portaient sur le fond du droit ou la qualité de la dépense, le conseil de préfecture était compétent; si, au contraire, elles étaient fondées sur l'irrégularité de la procédure suivie pour la délivrance de la contrainte ou sa signification, c'était aux tribunaux civils qu'il fallait s'adresser. — Trib. des Confl., 20 nov. 1850, Daube, [S. 51.2.219, P. adm. chr.]; — 12 déc. 1851, Crispon, [P. adm. chr.]

3290. — De même, il a été décidé qu'il n'appartenait qu'aux tribunaux judiciaires de connaître d'une opposition à un acte intitulé contrainte, rédigé et signé par le fermier des droits de pâturage et déclaré exécutoire par le juge de paix. — Cons. d'Et., 13 mars 1860, Galy, [Leb. chr., p. 213]

3291. — La compétence sur la légalité des actes de poursuite implique la compétence sur les frais auxquels ils donnent lieu. C'est ainsi que les conseils de préfecture ont été reconnus compétents pour statuer sur les demandes en décharge ou en restitution des frais de poursuites administratives. — Cons. d'Et., 6 frim. an VII, [cité par Durieu, *Jur.*, 69]; — 22 fruct. an XII, Lefebvre, [P. adm. chr.]; — 25 janv. 1807, Grandjean, [S. chr., P. adm. chr.]; — 25 mars 1807, Favre, [S. chr., P. adm. chr.]; — 28 févr. 1810, Desnoyer, [S. chr., P. adm. chr.]; — 18 janv. 1813, Constant, [S. chr., P. adm. chr.]; — 22 janv. 1824, Masson, [S. chr., P. adm. chr.]

3292. — Ils ont au contraire été déclarés incompétents pour connaître des demandes tendant à la restitution des frais de poursuites judiciaires. — Cons. d'Et., 30 juin 1877, Nugues, [Leb. chr., p. 660]; — 3 août 1877, Villain-Moisnel, [D. 78.3. 10]; — 4 nov. 1887, Lefèvre, [Leb. chr., p. 670]; — 22 juin 1888, Fabry, [Leb. chr., p. 548]

3293. — Les salaires des gardiens des saisies sont réglés par les sous-préfets. Ces agents ne seraient pas recevables à s'adresser aux tribunaux judiciaires pour obtenir le règlement de leurs frais de garde. — Cons. d'Et., 22 fruct. an XII, précité; — 8 mars 1811, Moudoux, [S. chr., P. adm. chr.] — Macarel, *Eléments*, t. 1, p. 260.

3294. — Pendant longtemps la jurisprudence avait admis que lorsque les oppositions aux actes de poursuite judiciaire étaient fondées sur des raisons tirées de l'inexistence de la dette ou de son extinction par suite de paiement ou de son inexigibilité, ces oppositions pouvaient être portées directement devant le conseil de préfecture. — Cons. d'Et., 22 févr. 1821, de Villenouvette, [S. chr., P. adm. chr.]; — 27 janv. 1843, Chanard, [S. chr., P. adm. chr.]; — 10 sept. 1843, Richemont, [Leb. chr., p. 480]; — 17 janv. 1846, Debras, [Leb. chr., p. 39]; — 3 déc. 1846, de Genoude, [S. chr., P. adm. chr.]; — 31 mars

1847, Laurent, [P. adm. chr.]; — 8 juin 1847, Vilcoq, [P. adm. chr.]; — 30 oct. 1848, Bénassy, [P. adm. chr.]

3295. — Mais dans le dernier état de la jurisprudence, lorsque les poursuites sont entrées dans la phase judiciaire, les oppositions ne peuvent plus être portées que devant l'autorité judiciaire, alors même qu'elles seraient fondées sur l'inexistence de la dette ou l'irrégularité des actes de poursuites antérieurs au commandement. Pour savoir devant quel tribunal doit être portée l'opposition, il faut considérer les poursuites dans leur dernier état. — Cons. d'Et., 3 déc. 1886, Léchelle, [S. 88.3.44, P. adm. chr., D. 88.3.14]

3296. — De nombreuses décisions du Conseil d'Etat ont consacré ce principe que la nullité d'un commandement ne pouvait être demandée qu'aux tribunaux judiciaires, quel que fût le grief soulevé contre cet acte. — Cons. d'Et., 25 févr. 1818, Chartin-Amand, [P. adm. chr.]; — 9 déc. 1858, Association syndicale de la Chaleronne, [P. adm. chr., D. 59.3.43]; — 19 déc. 1861, Fruitet, [Leb. chr., p. 905]; — 26 déc. 1862, Ville d'Alger, [D. 63.3.10]; — 4 juin 1870, Christophe, [S. 72.2.88, P. adm. chr., D. 71.3.76]; — 7 août 1872, Poncet, [Leb. chr., p. 491]; — 25 juin 1875, Corpet, [P. adm. chr.]; — 9 mars 1877, Fillaire, [Leb. chr.. p. 254]; — 2 août 1878, de Béarn, [S. 80.2.123, P. adm. chr.]; — 30 juill. 1880, Maurel, [S. 82.3.10, P. adm. chr., D. 81. 3.95] — Trib. des Confl., 2 avr. 1881, Busselet, [S. 82.3.78, P. adm. chr., D. 82.3.75]; — 18 nov. 1881, de Saint-Ours, [D. 83. 5 136]; — 14 mai 1886, Poutet, [Leb. chr., p. 401]; — 21 mai 1886, Baillon, [D. 87.3.107]; — 29 avr. 1887, Larrieu, [Leb. chr., p. 337]; — 7 déc. 1888, Vinsonnaud, [D. 89.5.76]; — 13 déc. 1890, Blancon, [Leb. chr., p. 965]

3297. — Il en est de même à l'égard de la saisie. D'anciennes décisions ont, il est vrai, admis la compétence du conseil de préfecture. — Cons. d'Et., 24 vend. an XI, Boissier, [P. adm. chr.]; — 28 févr. 1810, Desnoyer, [S. chr., P. adm. chr.]

3298. — Mais la jurisprudence, tant des tribunaux administratifs que des tribunaux judiciaires, n'a pas tardé à s'affirmer en sens contraire. — Bordeaux, 5 juin 1832, Lamarque, [S. 32.2. 487, P. chr.; Durieu, t. 2, p. 131]; — 10 févr. 1835, Rognault, [S. 35.2.508, P. adm. chr.]; — 31 mai 1854, Robert, [P. adm. chr.]; — 22 mars 1878, Seillon, [Leb. chr., p. 318]; — 24 déc. 1886, Laval, [S. 88.3.15]; — 18 nov. 1887, Thaon, [Leb. chr., p. 721]; — 2 mars 1888, Queyrel, [Leb. chr., p. 217]; — 27 avr. 1888, Bidal, [Leb. chr., p. 375]; — 22 juin 1888, Estier, [Leb. chr., p. 551]; — 22 juin 1888, Fabry, [Leb. chr., p. 531]; — 7 déc. 1888, Vinsonnaud, précité. — Bruxelles, 19 févr. 1821, Cornélis, [P. adm. chr.]; — 28 juill. 1823, Dewattines, [cité par Durieu, t. 2, p. 113]; — 15 mars 1826, Pétiniaud, [S. chr., P. adm. chr.]

3299. — C'est encore ainsi qu'il a été décidé que le conseil de préfecture était incompétent pour débouter des contribuables des oppositions qu'ils avaient formées, devant le président du tribunal, statuant en référé, aux poursuites exercées contre eux à la diligence des percepteurs. — Cons. d'Et., 3 mai 1845, Lefébure, [P. adm. chr.]; — 5 juin 1843, Petit-Huguenin, [P. adm. chr.]; — 26 août 1848, Sellier, [P. adm. chr.]

3300. — Mais si l'opposition doit être formée contre le dernier acte de poursuite, et portée devant le tribunal compétent pour annuler cet acte, il n'en résulte pas que ce tribunal puisse apprécier tous les moyens invoqués à l'appui de l'opposition. A dire vrai, il n'a une compétence absolue que pour apprécier la régularité intrinsèque des actes judiciaires, pour vérifier si les formalités, les délais prévus par le Code de procédure civile, ont été observés.

3301. — Si, au contraire, l'opposant se fonde sur des moyens relatifs à sa situation envers l'Etat, ou sur d'autres moyens rentrant dans la compétence administrative, le tribunal civil doit surseoir à statuer sur l'opposition jusqu'à ce que la question préjudicielle ait été tranchée par le conseil de préfecture.

3302. — C'est ainsi que l'autorité administrative est compétente pour décider si l'agent qui a exercé les poursuites avait qualité à cet effet. — Cons. d'Et., 17 janv. 1814, Pons, [P. adm. chr.]

3303. — Nous devons toutefois signaler deux arrêts dans lesquels le Conseil d'Etat décide que si les requérants se croient fondés à se plaindre de ce que des poursuites aient été dirigées contre eux par des percepteurs qui n'auraient point eu qualité à cet effet, c'est devant l'autorité judiciaire qu'ils devaient porter leurs réclamations contre la légalité des poursuites. — Cons.

d'Et., 28 mai 1808, Duval de la Houssaie, [S. 69.2.127, P. adm. chr., D. 69.3.73]; — 27 févr. 1874, Hardy, [Leb. chr., p. 203]

3304. — Dans les termes absolus où elle est formulée, il nous est impossible d'admettre la doctrine de ces arrêts. Mais nous croyons qu'ils n'ont d'autre objet que de dessaisir la juridiction administrative d'une action dirigée contre des actes de poursuite judiciaire, et de la renvoyer aux tribunaux civils, sauf à ceux-ci à renvoyer à leur tour devant la juridiction administrative la question de qualité de l'agent des poursuites.

3305. — Lorsque le contribuable soutient dans son opposition que les poursuites sont irrégulières parce qu'il n'est pas débiteur de la taxe, cette exception constitue une question préjudicielle administrative que les tribunaux doivent renvoyer aux conseils de préfecture, seuls compétents pour décider si l'individu poursuivi est réellement débiteur du Trésor. — Cons. d'Et., 16 juill. 1817, Ruffié-David, [S. chr., P. adm. chr.]; — 22 févr. 1821, de Villenouvette, [S. chr., P. adm. chr.]; — 15 mars 1826, précité. — Trib. des Confl., 2 avr. 1881, précité.

3306. — Il en est de même si le contribuable poursuivi allègue qu'il a déjà payé la taxe qui lui est réclamée. Le contentieux auquel peuvent donner lieu la délivrance des quittances, les émargements opérés sur les rôles, l'imputation des paiements effectués par les contribuables sont des questions essentiellement administratives, dont la connaissance échappe par conséquent aux tribunaux judiciaires. — Cass., 26 janv. 1793, Intérêt de la loi, [S. et P. chr.] — Angers, 18 mai 1827, Brouard, [S. et P. chr.]. — Douai, 25 janv. 1875, V....., [cité par Durieu, t. 2, p. 178] — Cons. d'Et., 18 juill. 1809, Bringuier, [S. chr., P. adm. chr.]; — 3 mai 1810, Duplessis, [S. chr., P. adm. chr.]; — 24 mars 1820, Pujois, [S. chr., P. adm. chr.]; — 30 juin 1824, Bressler, [S. chr., P. adm. chr.]; — 15 juin 1825, Baudot, [P. adm. chr.]; — 15 mars 1826, Pétiniaire, [S. chr., P. adm. chr.]; — 21 juill. 1876, Ducatel, [S. 78.2.308, P. adm. chr.]. — Cormenin, *Questions*, t. 2, p.264 et 276; Foucart, *Éléments*, t. 1, p. 308.

3307. — Cette doctrine nous paraît encore consacrée par une décision du Tribunal des Conflits dans une affaire où un particulier, après avoir versé une première fois le montant de sa cotisation entre les mains de la femme du percepteur, avait dû payer une seconde fois sur poursuites et actionnait le percepteur en restitution du paiement effectué. Avant de décider qu'il ne s'agissait que d'une contestation entre simples particuliers, soumise aux modes de preuve du droit commun, le Tribunal des Conflits a pris soin de constater que le contribuable lui-même reconnaissait que la quittance à lui délivrée par la femme du percepteur n'avait pas force libératoire et n'avait pu le décharger de sa dette envers l'État. — Trib. des Confl., 15 déc. 1888, Moreau, [S. 91.3.1, P. adm. chr., D. 90.3.22]

3308. — Enfin, la régularité des actes de poursuite antérieurs au commandement constitue une question préjudicielle qui ne peut être tranchée que par les tribunaux administratifs. — Cons. d'Et., 22 févr. 1821 précité; — 3 déc. 1886, Léchelle, [S. 88. 3.44, P. adm. chr., D. 88.3.14]

3309. — Si le contribuable poursuivi appuie son opposition au commandement ou à la saisie d'une décision du conseil de préfecture ou du Conseil d'État qui lui accorde décharge de la taxe réclamée, ou qui annule la contrainte en vertu de laquelle la saisie est exécutée, le tribunal civil devra annuler la saisie. Il ne fait qu'assurer, en ce qui le concerne, l'exécution d'une décision émanée de la juridiction compétente. Il n'aurait à surseoir que si le sens et la portée de cette décision étaient contestés et donnaient lieu à une question préjudicielle d'interprétation. — Laferrière, *Jur. adm.*, t. 2, p. 373.

3310. — Mais s'il n'existe pas de décision administrative libérant le contribuable, et que celui-ci demande la nullité de la saisie parce qu'il a été mal imposé ou qu'il a déjà payé, M. Laferrière se demande si le tribunal doit rejeter *de plano* cette demande ou la retenir en renvoyant à la juridiction administrative les questions préjudicielles dont la solution lui paraîtrait nécessaire. Il fait la distinction suivante. Si la validité de la saisie dépend de la régularité des poursuites administratives, il admet qu'il existe une question préjudicielle. — Cons. d'Et., 3 déc. 1886, précité. — Il admet encore le renvoi si le contribuable allègue un paiement qu'il aurait effectué postérieurement à la contrainte, parce que, dans cette hypothèse, le paiement invoqué ne tend pas à infirmer la contrainte, mais seulement la saisie. — Laferrière, t. 2, p. 373.

3311. — « Mais, d'après M. Laferrière, il en doit être autrement si la validité de la saisie n'est pas l'objectif réel de la réclamation portée devant le tribunal, et si elle n'est mise en question qu'à raison de difficultés pendantes entre le contribuable et l'administration au sujet de la taxe, ou de paiements antérieurs à la contrainte. Dans ce cas, en effet, la véritable question est de savoir si le contribuable a été bien imposé ou si la contrainte décernée contre lui l'a été pour le chiffre réel de sa dette. De telles questions ne peuvent être portées devant la juridiction administrative que par voie d'action principale, parce qu'elles aboutissent réellement soit à une demande en dégrèvement, soit à une demande en annulation d'actes de poursuites administratives ; or, ces deux sortes de réclamations ne peuvent se produire que dans un délai de trois mois qui court de la publication des rôles, s'il s'agit d'une demande en dégrèvement, ou de la signification de l'acte de poursuite, s'il s'agit de l'annulation de cet acte. Si donc on admettait que ces réclamations peuvent se produire incidemment, au cours d'une contestation sur la saisie, et sous forme de questions préjudicielles affranchies de tout délai, on permettrait au contribuable de faire revivre, au moyen d'une procédure judiciaire, des contestations qui sont définitivement éteintes en vertu des lois administratives » (*Jurid. admin.*, t. 2, p. 374). Et M. Laferrière conclut en disant que le tribunal doit rejeter *de plano* l'opposition faite au commandement ou à la saisie, toutes les fois que le contribuable conteste la dette mise à sa charge par le rôle ou par la contrainte.

3312. — Cette doctrine nous paraît absolument juste en principe. Cependant, il nous semble qu'il peut se présenter des hypothèses où l'opposition fondée sur l'existence ou la quotité de la dette présentera une question préjudicielle. C'est, par exemple, le cas où le contribuable prétend qu'il est victime d'un faux ou double emploi ; ou bien celui où, n'étant pas inscrit personnellement au rôle, il n'a eu connaissance de l'imposition que par les poursuites. Il pourra, il est vrai, former une demande en décharge devant le conseil de préfecture. Mais la réclamation ne suspend pas de plein droit les poursuites. Pour échapper aux inconvénients d'une saisie ou d'une vente, le contribuable poursuivi devra donc s'adresser aux tribunaux judiciaires en soutenant qu'il n'est mal imposé. Nous ne voyons pas de raison pour que le tribunal refuse de surseoir jusqu'à ce que le conseil de préfecture ait statué sur l'existence de la dette.

3313. — Les poursuites peuvent être frappées de déchéance quand elles n'ont pas été exercées dans les trois années à dater de la remise du rôle au percepteur ou quand elles ont été suspendues pendant plus de trois ans (L. 3 frim. an VII, art. 147; Arr. 16 therm. an VIII, art. 17). Pendant longtemps il a été admis dans la doctrine et la jurisprudence que seule l'autorité judiciaire était compétente pour décider si la prescription était acquise. Aucune distinction n'était faite suivant la nature des poursuites. — Cons. d'Et., 14 nov. 1821, Héraud, [S. chr., P. adm. chr.]; — 26 déc. 1862, Ville d'Alger, [P. adm. chr., D. 63.3.10]; — 10 juin 1868, Camoin de Vence, [Leb. chr., p. 636]

3314. — Mais il résulte d'autres décisions du Conseil d'État que cette prescription spéciale ne doit pas être assimilée à celle du droit commun; que, dès lors, l'autorité judiciaire n'a pas une compétence absolue et entière sur ce point; mais, qu'au contraire, quand les tribunaux compétents pour prononcer sur la validité des poursuites qu'il appartient de statuer sur l'application de la déchéance édictée par les textes précités. Les conseils de préfecture seront donc compétents si les poursuites se sont arrêtées à la phase judiciaire, et les tribunaux judiciaires, si l'on est entré dans la phase judiciaire. — Cons. d'Et., 2 mars 1877, Ville de Paris, [S. 77.2.340, P. adm. chr.]; — 2 août 1878, de Béarn, [S. 80.2.423, P. adm. chr., D. 79.3.37]; — 4 févr. 1881, Dazet, [S. 82.3.41, P. adm. chr., D. 82.3.65]

3315. — Nous croyons qu'aucune poursuite n'a été retentée pendant le délai légal à dater de la remise du rôle au percepteur, le conseil de préfecture pourra la déclarer la contribuable libéré. — Cons. d'Et., 22 févr. 1855, Piollet, [P. adm. chr., D. 55.3.67]

3316. — Le fait par un percepteur d'avoir réclamé et perçu une somme excédant la taxe imposée à un contribuable n'est pas susceptible d'être déféré au Conseil d'État par la voie contentieuse. C'est au conseil de préfecture ou aux tribunaux judiciaires, suivant les cas, que cette action en restitution pourra être présentée. — Cons. d'Et., 7 août 1872, Pihan, [Leb. chr., p. 480]

3317. — Les hésitations de la jurisprudence ont été plus grandes encore en ce qui touche les actions qui peuvent être intentées contre les contribuables en retard par les percepteurs qui, conformément aux règlements sur la comptabilité, ont dû faire l'avance des cotes en souffrance de leurs deniers personnels. Dans le même temps, on trouve des décisions qui admettent la compétence judiciaire. — Cons. d'Et., 23 oct. 1806, Doheu, [S. chr., P. adm. chr.]; — 8 oct. 1810, Descosseau, [S. chr., P. adm. chr.]; — 30 janv. 1812, Bourchany, [S. chr., P. adm. chr.]; — 16 févr. 1826, Cleret, [S. chr., P. adm. chr.]

3318. — ... Et d'autres qui attribuent compétence à l'autorité administrative. — Cons. d'Et., 18 août 1807, Thro, [S. chr., P. adm. chr.]; — 10 mai 1813, Pin, [P. adm. chr.]; — 20 nov. 1815, Bertrand, [S. chr., P. adm. chr.]; — 5 nov. 1823, Commune de Montagnac, [P. adm. chr.]; — 30 juin 1824, Bresler, [S. chr., P. adm. chr.]

3319. — Aujourd'hui, il paraît admis par la doctrine que lorsque, à la fin de la troisième année qui suit la remise du rôle, le percepteur a soldé de ses deniers personnels le montant des cotes restant à recouvrer (Circ. compt. publ. 31 mai 1862), il devient créancier particulier des contribuables, et est subrogé aux droits du Trésor qu'il exerce par les moyens ordinaires de poursuites à l'aide d'un état de restes à recouvrer qui tient lieu des rôles déposés à la sous-préfecture (art. 95). Ces règles s'appliquent même au cas où il y aurait un mutation de receveurs ou de percepteurs. — Cons. d'Et., 4 sept. 1840, Bricoignac, [Leb. chr., p. 370] — Fournier et Daveluy, *Contrib. dir.*, n. 443. — S'il en est ainsi, il faut admettre que les contestations qui s'élèveront entre le percepteur et les contribuables seront de la compétence des tribunaux judiciaires.

3320. — Quant aux contestations qui s'élèvent entre les percepteurs et les receveurs au sujet des comptes de la perception, de la responsabilité des percepteurs, etc., elles sont jugées par le ministre des Finances, et non par le conseil de préfecture. — Cons. d'Et., 28 avr. 1824, Landu, [S. chr., P. adm. chr.]; — 2 mars 1849, Bourgeois, [P. adm. chr.]

§ 2. Contestations entre la régie et les tiers

3321. — La situation des tiers devenus débiteurs personnels du Trésor est semblable à celle des contribuables inscrits nominativement sur les rôles. Ils peuvent être poursuivis par la voie administrative de la contrainte. Tout ce qui est relatif à leur situation à l'égard du Trésor sera donc de la compétence des conseils de préfecture. C'est ainsi que cette juridiction connaîtra des poursuites dirigées contre les héritiers. — Cons. d'Et., 1er nov. 1826, Héraud, [S. chr., P. adm. chr.]

3322. — ... Contre les fermiers. — Cons. d'Et., 16 juill. 1817, Caron, [S. chr., P. adm. chr.]

3323. — ... Contre les propriétaires qui ont laissé déménager leurs locataires. — Cons. d'Et., 2 mars 1849, Bourgeois, [P. adm. chr.]; — 31 juill. 1856, Ardisson, [S. 57.2.400, P. adm. chr.]; — 19 févr. 1863, de Calvière, [P. adm. chr.]; — 8 nov. 1878, Pierlot, [S. 80.2.126, P. adm. chr., D. 79.3.37]; — 26 janv. 1889, de Cerjat, [S. 91.3.7, P. adm. chr., D. 90.3.47]

3324. — ... Contre les débiteurs du contribuable, teneurs dépositaires de deniers provenant de son fait. — Cons. d'Et., 19 juill. 1837, Hamel, [P. adm. chr.]

3325. — C'est le conseil de préfecture qui sera compétent pour dire si le Trésor peut poursuivre par voie de contrainte directe l'adjudicataire d'un immeuble pour le recouvrement des contributions de l'exercice précédent qui restaient dues par l'ancien contribuable. — Même arrêt.

3326. — Toutefois, les contestations que soulèvent ces individus poursuivis au sujet de leurs rapports avec les contribuables échappent à la compétence du conseil de préfecture et constituent des questions préjudicielles qui doivent être renvoyées à l'autorité judiciaire Il en est ainsi, par exemple, si l'individu poursuivi comme héritier du contribuable conteste cette qualité ou prétend qu'il a renoncé à la succession. — Cons. d'Et., 14 nov. 1821, Héraud, [S. chr, P. adm. chr.]; — 1er nov. 1826, précité; — 10 févr. 1833, Regnault, [S. 33.2.508, P. adm. chr.]; — 3 août 1877, Villain-Moisnel, [D. 78.3.10]; — 24 mai 1890, le Gentil, [S. et P. 92.3.111, D. 92.3.18]

3327. — Il en est de même si la qualité de détenteur de fruits, loyers ou revenus des immeubles soumis à la contribution et affectés au privilège du Trésor est contestée. — Cons.

d'Et., 3 avr. 1856, Veullemenat, [S. 57.2.237, P. adm. chr., D. 56.3.30]; — 11 janv. 1865, Gallut, [P. adm. chr.]

3328. — Ce sont les tribunaux judiciaires qui déterminent la proportion dans laquelle la créance du Trésor doit se répartir entre les diverses personnes reconnues débitrices de la taxe. Il a été décidé qu'un conseil de préfecture excédait ses pouvoirs en déclarant une taxe payable solidairement par un mari et une femme séparés de biens — Cons. d'Et., 9 avr. 1817, Hainguerlot, [P. adm. chr.]

3329. — ... Qu'il appartenait aux tribunaux de régler dans quelle proportion les propriétaires successifs d'un immeuble devaient contribuer au paiement des impôts. — Cons. d'Et., 23 janv. 1820, Desjardins et Dollard, [S. chr., P. adm. chr.]

3330. — ... Ou de quelle manière les personnes qui se partagent les fruits d'un immeuble doivent en répartir entre elles les charges et notamment les impôts. — Metz, 26 févr. 1850, Commune de Vitry, [S. 51.2.258, P. 51.1.5, D. 50.2.124]

3331. — ... Qu'en ce qui concerne les tiers qui ne sont envers le Trésor que comme détenteurs d'un objet mobilier appartenant aux contribuables, la compétence de l'autorité judiciaire est absolue. En effet, les personnes ne peuvent pas être l'objet de poursuites administratives : les percepteurs sont obligés de recourir aux voies de droit commun.

3332. — Il arrive assez souvent que dans les saisies pratiquées chez un contribuable se trouvent compris des meubles qui appartiennent à des tiers; ou bien encore le percepteur peut avoir fait saisir chez un tiers un objet qu'il croit appartenir au contribuable. Pour obtenir la distraction des meubles compris à tort dans la saisie, la loi du 12 nov. 1808 (art. 4) a organisé une procédure particulière. La revendication doit être portée devant les tribunaux, mais seulement après avoir été soumise par l'une des parties intéressées à l'autorité administrative, aux termes de la loi du 5 nov. 1790. Cette autorité est le préfet, et non le conseil de préfecture. — Cons. d'Et., 17 sept. 1844, Paloque, [Leb. chr., p. 574] — Ce préalable administratif n'a pas de caractère contentieux. Il n'a d'autre objet que de permettre au préfet, si la réclamation lui paraît fondée, de suspendre les poursuites, ou même de donner mainlevée de la saisie. Mais la question de savoir à qui les meubles appartiennent ne peut être jugée que par les tribunaux. — Cons. d'Et., 16 sept. 1806, Palegry, [S. chr., P. adm. chr.]; — 23 oct. 1816, Commune de la Rochefoucauld, [S. chr., P. adm. chr.]; — 9 avr. 1817, Hainguerlot, [P. adm. chr.]; — 4 nov. 1824, Robez, [S. chr., P. adm. chr.]; — 30 août 1845, Vital Huc, [P. adm. chr.]; — 31 mars 1847, Laffitte et Cordier, [S. 42.2.428, P. adm. chr.]; — Trib. des Confl., 30 juin 1877, Monet, [Leb. chr., p. 660] — Cons. d'Et., 12 mars 1880, Salin, [S. 81.3.64, P. adm. chr., D. 80.3.115]

3333. — Les demandes en distraction de meubles prétendus insaisissables sont soumises aux mêmes formalités et jugées aussi par l'autorité judiciaire. — Cons. d'Et., 29 août 1809, Buquet, [S. chr., P. adm. chr.]

3334. — Lorsque les poursuites exercées par le Trésor donnent lieu à des contestations au sujet de la propriété des valeurs sur lesquelles le Trésor prétend obtenir son paiement, c'est aux tribunaux judiciaires qu'il appartient de connaître de ces difficultés. — Riom, 14 mai 1852, Lamouroux, [D. 52.2.229]

3335. — Les tribunaux judiciaires étant compétents pour statuer sur la revendication par les tiers des meubles saisis à la requête du percepteur, le juge des référés n'excède pas sa compétence en donnant mainlevée de la saisie. — Cons. d'Et., 9 avr. 1817, Morin, [S. chr., P. adm. chr.]

3336. — L'envoi direct de l'action en revendication devant le tribunal civil, sans que le préfet ait été saisi du mémoire préalable, est un vice de forme qui doit faire déclarer l'action non recevable par le tribunal, ou motiver l'annulation de la procédure, mais ne permet pas au préfet d'élever le conflit. — Cons. d'Et., 20 nov. 1816, Decombredet, [S. chr., P. adm. chr.]; — 18 mars 1818, Cazenaud, [S. chr., P. adm. chr.]; — 20 janv. 1819, Dubourg, [S. chr., P. adm. chr.]; — 20 févr. 1822, Tripier, [S. chr., P. adm. chr.]

3337. — Un conseil de préfecture excède ses pouvoirs en statuant, à l'occasion de l'envoi au préfet du mémoire préalable, sur une demande en revendication de meubles saisis, et en autorisant le percepteur à continuer les poursuites jusqu'au paiement. — Cons. d'Et., 17 févr. 1833, Brosse, [S. 53.2.735, P. adm. chr., D. 34.3.18]; — 31 mai 1834, Robert, [P. adm. chr.]; — 28 févr. 1856, Peyte, [S. 57.2.78, P. adm. chr.]

3338. — Enfin, au cours des poursuites exercées contre les contribuables en retard, le Trésor peut se trouver en présence d'autres créanciers de son débiteur. Les difficultés auxquelles donneront lieu l'ordre dans lequel ces diverses créances doivent être payées et la distribution des fonds du redevable entre les divers créanciers sont de la compétence exclusive des tribunaux judiciaires, comme toutes celles qui se rattachent à l'exercice du privilège du Trésor public.

3339. — C'est aux tribunaux judiciaires que les percepteurs qui interviennent par voie d'opposition dans une saisie-exécution pratiquée à la requête d'autres créanciers du contribuable doivent demander la distribution des fonds provenant de la vente en conformité du privilège du Trésor. — Cons. d'Et., 5 brum. an XI, Vilhorgue, [P. adm. chr.]; — 1er mai 1816, Morand, [S. chr., P. adm. chr.]

3340. — Le Trésor n'étant pas privilégié sur les immeubles, lorsqu'un immeuble est exproprié à la requête de créanciers, le Trésor est primé par les créanciers privilégiés et hypothécaires, et vient en concours avec les créanciers chirographaires. Le percepteur doit s'adresser aux tribunaux pour obtenir le paiement des contributions dues par le vendeur. — Cons. d'Et., 23 juin 1819, Falcou, [S. chr., P. adm. chr.]; — 19 mars 1820, Ogier, [S. chr., P. adm. chr.]; — 30 juin 1824, Mahault, [S. chr., P. adm. chr.]; — 26 août 1824, Lafaille, [P. adm. chr.]

3341. — Les tribunaux civils sont compétents pour connaître d'une question de préférence entre le percepteur et des créanciers hypothécaires ou privilégiés. — Riom, 4 mai 1832, Lamouroux, [D. 52.2.229] — Cons. d'Et., 25 févr. 1818, Chastin-Amiaud, [S. chr., P. adm. chr.]; — 27 déc. 1878, Collard, [Leb. chr., p. 4087]; — 6 déc. 1889, Grou, [S. et P. 92.3.27, D. 91.3.50]

3342. — Si, à la suite d'une saisie-arrêt pratiquée pour contributions arriérées dans les mains de l'adjudicataire d'un immeuble vendu judiciairement sur un contribuable, cet adjudicataire a payé le montant des causes de la saisie, à la condition, consentie par le percepteur, que les fonds seraient restitués si le Trésor n'était pas colloqué dans l'ordre sur le prix, cet engagement, étant personnel au percepteur, doit être apprécié par les tribunaux. — Cons. d'Et., 23 juin 1819, précité.

3343. — Les tribunaux judiciaires sont compétents pour dire si le privilège du Trésor pour le recouvrement des contributions personnelle-mobilière et des patentes s'étend sur les loyers dus par des sous-locataires à un locataire principal. — Cons. d'Et., 22 juin 1888, Caizergues, [Leb. chr., p. 548]

3344. — Seuls les tribunaux judiciaires peuvent décider si le droit pour le percepteur de poursuivre contre le syndic le recouvrement des contributions dues par le failli est subordonné à l'accomplissement des formalités prescrites par le Code de commerce pour la production et l'affirmation des créances en cas de faillite. — Cons. d'Et., 4 juin 1870, Christophe, [S. 73.2.88, P. adm. chr., D. 81.3.76]; — 24 avr. 1874, Nancey, [Leb. chr., p. 359]

3345. — Ce sont les tribunaux qui, seuls, peuvent décider si un percepteur est déchu de son privilège sur le prix d'une vente par expropriation forcée pour ne s'être pas fait colloquer dans le délai légal. — Cons. d'Et., 11 août 1808, Morin, [S. chr., P. adm. chr.]

3346. — La question de savoir si l'acquéreur d'un immeuble est tenu, vis-à-vis du Trésor, de payer, aux lieu et place du vendeur, les douzièmes de la contribution foncière échus avant la vente, présente une question de privilège qui échappe à la connaissance des tribunaux administratifs. — Cons. d'Et., 22 août 1838, Hamel, [Leb. chr., p. 179]

3347. — Il en est de même de la question de savoir si le propriétaire qui s'est rendu adjudicataire du mobilier et du matériel industriel laissé par un locataire est par là même devenu responsable de l'impôt mobilier et des droits de patente laissés impayés par le contribuable. — Cons. d'Et., 19 févr. 1863, de Calvière, [P. adm. chr., D. 63.3.19]

3348. — Quand un percepteur prétend exercer les droits du Trésor sur l'actif d'une société considérée comme détenteur d'objet provenant du fait d'un des associés redevable de sa cote de patente, les tribunaux judiciaires doivent être saisis de l'examen de cette question. — Cons. d'Et., 22 déc. 1882, Percepteur de Lille, [D. 84.3.87]

3349. — Les tribunaux judiciaires sont compétents pour décider si un officier ministériel, en ne se conformant pas aux prescriptions des lois des 5-18 août 1791 et 12 nov. 1808, est

devenu responsable des contributions dues par le propriétaire des deniers qu'il détenait et dont il s'est dessaisi. — Cons. d'Et., 7 août 1872, Poncet, [Leb. chr., p. 491]; — 22 janv. 1875, Chévallier, [Leb. chr., p. 63]

3350. — Lorsque le détenteur de fonds provenant du redevable s'est, à la requête du percepteur, dessaisi des fonds qu'il avait entre les mains jusqu'à concurrence des contributions dues par le propriétaire des deniers, les réclamations que forment les autres créanciers du contribuable contre ce paiement sont de la compétence des tribunaux judiciaires. — Cons. d'Et., 18 juill. 1838, Faillite Cournand, [S. 39.2.170, P. adm. chr.]; — 8 nov. 1872, Barthélemy, [Leb. chr., p. 550]

3351. — Un conseil de préfecture, chargé de prononcer sur la responsabilité encourue par un propriétaire dans les cas prévus par les art. 22 et 23, L. 21 avr. 1832 et 30, L. 15 juill. 1880, ne peut, sans commettre un excès de pouvoir, se saisir de la question de savoir si les meubles du locataire étaient affectés au privilège du Trésor, et si, par la vente de ces meubles, le propriétaire s'est emparé du gage du Trésor. — Cons. d'Et., 31 juill. 1856, Ardisson, [S. 57.2.400, P. adm. chr.]

3352. — Le conseil de préfecture est incompétent pour statuer sur une demande en restitution des sommes prélevées par le percepteur en vertu du privilège du Trésor, pour l'acquit des taxes dues par un contribuable, poursuivi à la requête d'un autre créancier. — Cons. d'Et., 9 mai 1890, de Bersolles, [S. et P. 92. 3.104, D. 91.5.138]; — 24 mai 1890, Debord, [S. et P. 92.3.111, D. 91.5.138]; — 26 juin 1890, Le Révérend, [Leb. chr., p. 611]

3353. — Avant l'abolition de la contrainte par corps, il n'appartenait qu'aux tribunaux judiciaires de prononcer contre les contribuables qui, constitués gardiens des meubles saisis sur eux, ne les représentaient pas. — Cons. d'Et., 30 mai 1821, Morel, [S. chr., P. adm. chr.]; — 14 juill. 1824, Dusserech, [S. chr., P. adm. chr.]

3354. — Lorsque les porteurs de contraintes dans l'exercice de leurs fonctions commettent des actes délictueux, l'arrêté du 16 therm. an VIII prescrit aux contribuables d'adresser leurs plaintes à l'autorité administrative. Mais il a été jugé que le préalable administratif n'empêchait pas les contribuables de saisir directement les tribunaux compétents, si l'acte reproché constituait un délit prévu par la loi. — Cons. d'Et., 5 sept. 1810, Champion, [S. chr., P. adm. chr.]; — 8 janv. 1813, Carletti, [S. chr., P. adm. chr.] — Macarel, *Eléments*, t. 1, p. 266.

3355. — Il arrive assez souvent que, sur les poursuites exercées par les percepteurs ou même sur la simple menace de poursuites, la cote d'un contribuable en retard soit acquittée par un tiers. En étudiant les réclamations, nous avons vu que ces tiers ont à leur disposition, non la demande en décharge, mais seulement l'action en remboursement. Quelle est la juridiction compétente pour statuer sur ces réclamations ? En principe, il semble que le Trésor, se trouvant désintéressé par le fait du paiement, il ne s'agisse plus que d'une contestation entre le percepteur et celui qui a payé en l'acquit du contribuable, ou entre ce tiers et le contribuable lui-même. Dans les deux cas, c'est un débat entre particuliers. La compétence judiciaire paraît s'imposer. Cependant la jurisprudence a été très-hésitante sur ce point. Si l'on se reporte aux décisions primitives du Conseil d'Etat et de la Cour de cassation, on constate que ces deux juridictions reconnaissaient la compétence de l'autorité administrative pour les actions en restitution dirigées contre les percepteurs. Ces demandes étaient considérées comme se rattachant au contentieux des contributions directes. — Cass., 13 vend. an IX, Magnen, [S. et P. chr.] — Cons. d'Et., 16 mai 1810, Passageon-Gendre, [S. chr., P. adm. chr.]; — 30 sept. 1811, Moreau, [S. chr., P. adm. chr.] — Toulouse, 30 janv. 1824, Fossé, [S. chr., Durieu, t. 2, p. 115]

3356. — C'est ainsi que le Conseil d'Etat reconnaissait au conseil de préfecture compétent pour connaître des réclamations intentées, soit par le vendeur, soit par l'acquéreur d'un immeuble, à l'effet de faire décider si le premier était tenu de payer les douzièmes échus postérieurement à la vente, et si le second était tenu de payer les termes échus à l'époque de la vente. — Cons. d'Et., 19 juin 1813, Poustès, [P. adm. chr.]; — 11 févr. 1818, Maire, [P. adm. chr.]

3357. — M. de Cormenin, discutant, dans ses *Questions de droit administratif* (t. 2, p. 280), la valeur des décisions que nous venons d'indiquer, soutenait que la question de savoir si celui qui avait payé pour un autre était fondé à lui réclamer le rem-

boursement de la somme payée, était du ressort des tribunaux.

3358. — Aussi voyons-nous la jurisprudence se modifier peu à peu. Le Conseil d'État proclame la compétence des tribunaux civils pour statuer sur la contestation qui s'élève entre un propriétaire et un fermier, et tendant au remboursement des sommes que le premier a payées en l'acquit du second, contrairement aux clauses du bail. — Cons. d'Et., 7 nov. 1814, Hadrat, [S. chr., P. adm. chr.]; — 23 janv. 1820, Roussel, [S. chr., P. adm. chr.] — Chevalier, *Jur. adm.*, t. 1, p. 279; Foucart, *Eléments*, t. 2, n. 115.

3359. — Puis il semble admis que toutes les demandes en remboursement sont de la compétence des tribunaux civils, sauf à ceux-ci à renvoyer devant le conseil de préfecture, la question de savoir laquelle des deux parties en présence devait payer et a payé la contribution. — Cons. d'Et., 23 févr. 1820, Monnoye, [S. chr., P. adm. chr.]; — 22 janv. 1823, Peytavin, [S. chr., P. adm. chr.]; — 27 avr. 1826, Vivier, [S. chr., P. adm. chr.]

3360. — Enfin, cette dernière restriction apportée à la compétence judiciaire disparaît, et pendant près de trente années une jurisprudence constante déclare irrecevables devant les tribunaux administratifs les demandes tendant à la répétition des sommes payées en l'acquit d'un contribuable par un tiers. — Cons. d'Et., 22 janv. 1823, précité; — 2 févr. 1825, Regy, [S. chr., P. adm. chr.]; — 31 mars 1825, Lacaze, [S. chr., P. adm. chr.]; — 6 sept. 1825, Commune de Velaine, [P. adm. chr.]; — 18 sept. 1833, Héritiers Cordelier, [P. adm. chr.] — V. aussi Cons. d'Et., 21 juin 1834, Dionis, [S. 54.2.798, P. adm. chr., D. 55.3.35]

3361. — En 1858, se produit un revirement de jurisprudence. Le Conseil d'Etat, saisi d'un pourvoi dirigé contre un arrêté de conseil de préfecture qui avait rejeté au fond une demande en restitution d'impôt, annule cet arrêté pour incompétence, mais au lieu de renvoyer devant les tribunaux judiciaires, il ajoute que les demandes de cette nature sont de la compétence du ministre des Finances. — Cons. d'Et., 5 janv. 1858, Lépagney, [Leb. chr., p. 2]

3362. — Mais, dès l'année suivante, le ministre des Finances déclinait l'attribution que semblait lui reconnaître la décision précédente, et le Conseil d'État décidait que les arrêtés pris par le ministre sur des demandes en restitution n'étaient pas susceptibles de recours contentieux, parce qu'ils ne faisaient pas obstacle à ce que les réclamations des intéressés fussent portées devant l'autorité compétente. — Cons. d'Et., 21 sept. 1859, Blin, [Leb. chr., p. 632]

3363. — Enfin, à partir de 1860, la jurisprudence se précise et s'affirme de la manière suivante. Elle distingue suivant que le tiers a payé la contribution volontairement ou sur des poursuites dirigées personnellement contre lui par le percepteur. Dans ce dernier cas, c'est le conseil de préfecture qui connaît de la demande en remboursement, d'abord parce qu'il est juge des poursuites administratives et, en second lieu, parce que le Trésor pouvant, si la réclamation est reconnue fondée, être obligé de restituer les sommes indûment versées, la demande a les mêmes effets que la demande en décharge. — Cons. d'Et., juill. 1861, Cagnier, [P. adm. chr.]; — 13 mars 1862, Tourni, [S. 62.2.187, P. adm. chr., D. 62.3.55]; — 15 juin 1866, Cave, [S. 67.2.208, P. adm. chr., D. 67.5.106]; — 13 avr. 1867, Guenier, [Leb. chr., p. 390]; — 9 juin 1868, Durand, [Leb. chr., p. 208]; — 4 août 1868, Châtenet, [S. 69.2.248, P. adm. chr., D. 70.3.93]; — 28 janv. 1869, Tison, [Leb. chr., p. 81]; — juin 1869, Ducret, [Leb. chr., p. 586]; — 30 juin 1869, Jammes, [S. 70.2.256, P. adm. chr.]; — 28 févr. 1870, Lambert, [Leb. chr., p. 208]; — 19 nov. 1880, Beaugé, [D. 82.3.18]; — 16 avr. 1887, Henry, [S. 88.3.7, P. adm. chr., D. 87.3.94]; — 21 janv. 1887, Bonnier, [D. 88.3.50]

3364. — Au contraire, quand le paiement a été fait volontairement par le tiers (et par paiement volontaire on entend tout paiement fait en l'absence de poursuites effectives dirigées personnellement contre le tiers), la compétence des tribunaux judiciaires pour connaître de l'action en remboursement est maintenue. — Cons. d'Et., 7 sept. 1864, Jeauseline, [Leb. chr., p. 833]; — 11 déc. 1867, Thiéry, [Leb. chr., p. 912]; — févr. 1868, Reillet, [Leb. chr., p. 148]; — 7 juill. 1882, de Pange, [D. 84.3.4]; — 2 nov. 1888, Rupp, [Leb. chr., p. 781]; — 7 févr. 1890, Delamare, [S. et P. 92.3.61]

3365. — Les conseils de préfecture ne sont pas compétents non plus pour connaître de la demande d'un contribuable qui, après avoir laissé expirer les délais légaux sans demander décharge, réclame le remboursement des sommes payées en fondant sur ce que les taxes étaient indûment imposées. — Cons. d'Et., 9 juill. 1886, Dussaud, [D. 88.3.4]

TITRE III.

RÈGLES SPÉCIALES A CHACUNE DES CONTRIBUTIONS DIRECTES.

CHAPITRE I.

CONTRIBUTION FONCIÈRE.

SECTION I.

Assiette de la contribution foncière.

§ 1. Généralités.

3366. — La contribution foncière est assise « sur toutes les propriétés foncières, à raison de leur revenu net imposable, sans autres exceptions que celles déterminées par la loi pour l'encouragement de l'agriculture ou pour l'intérêt général de la société (L. 3 frim. an VII, art. 2). Cette disposition est à peu de chose près la reproduction de l'art. 1, tit. 1, L. 23 nov.-1er déc. 1790, qui réunit sous le nom de contribution foncière les divers impôts qui pesaient sur la propriété immobilière.

3367. — Pendant la discussion de cette loi, quelques représentants demandèrent que la contribution foncière fût perçue en nature au moment de la récolte. Ce mode avait l'avantage, d'après eux, de n'obliger le propriétaire à payer l'impôt que quand il récoltait. Quand le champ restait en friche ou qu'un fléau venait à le dévaster, il était quitte de la contribution. Ce système fut repoussé. On fit observer que l'impôt en nature avait le grand vice de porter sur le produit brut, alors que seul le produit net devait la contribution ; qu'en ne tenant pas compte des frais de semence et de culture faits par les propriétaires, on s'exposait à tarir les ressources de la reproduction. D'ailleurs, l'égalité qui recommandait ce mode de perception n'était qu'apparente ; car en prélevant la même quotité sur toutes les récoltes, on n'avait égard ni au plus ou moins de fertilité du sol, ni au plus ou moins d'industrie du cultivateur. On découragerait ainsi, disait-on, les propriétaires intelligents, et on mettrait obstacle aux progrès de la culture et au développement des cultures difficiles et coûteuses. Ce mode avait d'autres inconvénients : il était dispendieux pour l'État et incommode pour le cultivateur dont la récolte était troublée par le percepteur et qui se trouvait privé des avantages que lui aurait procurés une vente faite à un autre moment. Enfin, en édictant la perception en nature on paraîtrait rétablir les dîmes et champarts dont la suppression avait été saluée dans les campagnes par une joie universelle (Rapport de M. de La Rochefoucauld, séance du 11 sept. 1790, A. P. 1, XVIII, p. 696 et s.). L'Assemblée constituante décida que la contribution foncière serait perçue en argent et serait assise sur le revenu net.

3368. — A la suite des désordres causés par les nombreuses émissions d'assignats, le numéraire se faisant rare, la loi du 8 mess. an IV autorisa les contribuables à acquitter en nature une partie de leur contribution foncière ; mais les inconvénients de ce mode de perception ne tardèrent pas à apparaître et la loi du 3 frim. an VII (art. 1) décida que la contribution foncière serait perçue en argent.

3369. — Au cours de la discussion de cette dernière loi, on proposa de substituer au revenu net, comme base de la contribution foncière, le chiffre de la population. Chaque localité serait réputée d'autant plus riche qu'elle avait plus d'habitants et serait taxée en conséquence. On fit remarquer que la population était un indice trompeur de la richesse d'une contrée ; qu'en effet, dans les pays où la propriété était plus divisée, il fallait pour un produit égal plus de bras que dans les pays de grande culture.

3370. — D'autres proposèrent de cotiser les propriétés d'après leur valeur vénale. Les partisans de ce système se divisaient en deux catégories : les uns, en vue d'arriver au nivellement des fortunes, voulaient imposer réellement chaque propriétaire à raison du prix de vente de son immeuble. Ce mode eût condamné à une prompte destruction les châteaux et les propriétés de luxe ou d'agrément.

3371. — Les autres, en cherchant la valeur vénale de chaque propriété, n'y voyaient qu'un moyen plus facile d'en déterminer le revenu. Ils estimaient que la valeur vénale d'un immeuble était plus facile à connaître que son produit net. Cette valeur fixée, on supposerait que des fonds d'égale valeur donnent un revenu égal. Ce système fut écarté avec raison : le prix de vente des immeubles était un revenu très-incertain, la proportion du prix au revenu de l'immeuble n'étant pas la même dans deux départements (Rapport de Malès au Conseil des Cinq Cents, séance du 16 vend. an VII).

3372. — On s'en tint donc aux bases adoptées par l'Assemblée constituante. Le revenu net, pour les terres, est ce qui reste au propriétaire, déduction faite sur le produit brut, des frais de culture, semence, récolte et entretien (L. 3 frim. an VII, art. 2). Mais ce revenu net variant chaque année, il eût fallu recommencer annuellement les évaluations. Cette méthode était impraticable. La loi décide qu'il sera formé une année commune en additionnant ensemble un certain nombre de produits et en divisant la somme totale par le nombre d'années. On obtient ainsi le produit net moyen. C'est sur ce produit que doit être assise la contribution. Le revenu imposable est le revenu net moyen calculé sur un nombre d'années déterminé (L. 3 frim. an VII, art. 4).

3373. — Le revenu net imposable des maisons et celui des fabriques, forges, manufactures et autres usines est ce qui reste au propriétaire, déduction faite sur leur valeur locative calculée sur un nombre d'années déterminées, de la somme nécessaire pour l'indemniser du dépérissement et des frais d'entretien et de réparation (L. 3 frim. an VII, art. 5).

3374. — L'impôt foncier ne porte, en principe, que sur les immeubles bâtis et non bâtis. Par exception, il porte aussi sur quelques meubles d'une nature particulière tels que les bacs, bateaux-lavoirs, moulins sur bateaux, etc. Les immeubles imposés doivent être distingués suivant qu'ils sont bâtis ou non bâtis. En effet, ils ne sont pas soumis au même régime, l'impôt sur les propriétés bâties étant aujourd'hui un impôt de quotité et l'impôt sur les propriétés non bâties étant demeuré un impôt de répartition. Au point de vue du classement des fonds, il faut comprendre dans les propriétés non bâties les fonds de terre et toutes les cultures diverses, les bâtiments ruraux, les dépendances des canaux de navigation et des voies ferrées principales. Les propriétés bâties comprennent les bâtiments d'habitation, les usines, les bacs et bateaux, etc., et les terrains non bâtis affectés à un usage industriel.

3375. — La contribution foncière est due dans la commune où est situé l'immeuble. Ainsi un pavillon situé sur une commune y est imposable, alors même qu'il dépendrait d'un hôtel situé dans une autre commune. — Cons. d'Ét., 16 juill. 1886, Varnier, [S. 88.3.25, P. adm. chr., D. 88.3.2]

3376. — Une difficulté s'est élevée à propos de bacs établis sur une rivière servant de limite entre deux départements, sur le point de savoir dans quelle commune l'imposition foncière était due. Le Conseil d'État a décidé qu'elle était due dans le département auquel appartenait la commune dont le chef-lieu était le plus rapproché du passage. — Cons. d'Ét., 11 mai 1825, Régie des contributions directes, [S. chr., P. adm. chr.]

§ 2. *Evaluation du revenu des propriétés non bâties.*

1° Ce qu'on entend par propriétés non bâties.

3377. — La contribution foncière étant aujourd'hui soumise à des règles différentes suivant qu'elle s'applique à des propriétés bâties ou non bâties, il importe de déterminer à quel régime sont soumises les différentes catégories de propriétés foncières.

3378. — On entend par propriétés non bâties tous les terrains qui n'ont pas été couverts d'ouvrages construits par la main des hommes. Exceptionnellement et par mesure de faveur envers l'agriculture, les bâtiments ruraux, servant exclusivement à une exploitation agricole, sont considérés comme propriétés non bâties et ne sont imposés que d'après la valeur du sol qu'ils couvrent.

3379. — *Bâtiments ruraux.* — Les bâtiments consacrés aux exploitations rurales, tels que granges, écuries, greniers, caves, celliers, pressoirs et autres, destinés à loger les bestiaux des fermes et métairies, ou à serrer les récoltes, ainsi que les cours desdites fermes et métairies, ne seront soumis à la contribution foncière qu'à raison du terrain qu'ils enlèvent à la culture, évalué sur le pied des meilleures terres labourables de la commune (L. 3 frim. an VII, art. 85).

3380. — Le bénéfice des dispositions de l'art. 85, L. 3 frim. an VII, est étendu aux bâtiments qui servent à loger, indépendamment des bestiaux des fermes et métairies, le gardien de ces bestiaux (L. 8 août 1890, art. 5). Ces bâtiments n'étant évalués qu'à raison de leur superficie et la valeur de l'édifice n'entrant point en compte, il n'y a pas lieu de faire de déduction pour les frais d'entretien (R. M., art. 544).

3381. — L'énumération de l'art. 85 n'est qu'énonciative. La jurisprudence a donc eu maintes fois à apprécier la nature et le caractère de bâtiments que leurs propriétaires prétendaient faire bénéficier de l'exemption. A quelles conditions cette exemption est-elle accordée? Il faut d'abord qu'il s'agisse de propriétés rurales. Les caves, greniers, granges, pressoirs et autres locaux dénommés dans l'art. 85 ne sont pas exemptés s'ils dépendent d'une maison située dans une agglomération urbaine. — Cons. d'Et., 20 avr. 1850, Dupin, [Leb. chr., p. 373]; — 25 mai 1894, Caire, [Leb. chr., p. 357]

3382. — Même à l'égard des bâtiments situés à la campagne il faut qu'ils dépendent d'une exploitation agricole et non d'une exploitation commerciale ou industrielle ou d'une maison d'habitation. C'est ainsi que le caractère de bâtiment rural a été reconnu à des étables. — Cons d'Et., 19 mai 1843, Arnaud-Vialatte, [Leb. chr., p. 204]; — 4 juin 1870, Tréfouel, [Leb. chr., p. 703]

3383. — ... A un hangar. — Cons. d'Et., 25 mai 1894, Schell, [Leb. chr., p. 357]

3384. — ... A une pièce servant de laiterie. — Cons. d'Et., 12 déc. 1866, Augé, [Leb. chr., p. 1122]

3385. — ... A un bâtiment affecté à l'élevage des porcs. — Cons. d'Et., 30 août 1865, Peyras, [Leb. chr., p. 892]

3386. — ... A un bâtiment servant de magnanerie. — Cons. d'Et., 27 déc. 1854, Maze, [Leb. chr., p. 1007]; — 1er août 1865, Couloubie, [Leb. chr., p. 723]

3387. — ... Aux bâtiments employés à serrer des récoltes. — Cons. d'Et., 10 sept. 1836, Dejust, [Leb. chr., p. 600]

3388. — ... A un local employé à la fabrication des barriques nécessaires pour l'exploitation de vignobles. — Cons. d'Et., 16 juin 1882, Roux, [Leb. chr., p. 571]

3389. — ... A un bâtiment utilisé pour le logement du bétail, la resserre des fourrages et du matériel agricole. — Cons. d'Et., 29 janv. 1892, Toysonnier, [Leb. chr., p. 67]

3390. — On a même étendu l'exemption à un fournil servant à faire cuire le pain destiné aux habitants d'une ferme. — Cons. d'Et., 14 mai 1870, Min. Finances, [Leb. chr., p. 579]

3391. — Au contraire, l'exemption doit être refusée aux bâtiments qui constituent des dépendances de maisons d'habitation, par exemple à une buanderie. — Cons. d'Et., 12 avr. 1844, Jousselin, [P. adm. chr.]; — 8 nov. 1872, Picard, [Leb. chr., p. 555]; — 16 avr. 1886, Moulin, [Leb. chr., p. 347]; — 5 févr. 1892, Chaumillon, [Leb. chr., p. 109]

3392. — ... A un bûcher. — Cons. d'Et., 5 mars 1848, Blanc, [Leb. chr., p. 256]

3393. — ... A une écurie. — Cons. d'Et., 10 juin 1887, Bergeret, [Leb. chr., p. 464]

3394. — ... A un cellier. — Cons. d'Et., 5 févr. 189... précité.

3395. — ... A une glacière. — Cons. d'Et., 19 mars 1880, D... lettre, [Leb. chr., p. 322]; — 30 déc. 1887, de Maleyssie, [S... 89.3.61, P. adm. chr., D. 89.3.12]

3396. — ... A des chambres de domestiques. — Cons. d'Et... 5 févr. 1892, précité.

3397. — ... Aux bâtiments renfermant une machine élévatoire qui fournit de l'eau pour arroser les pelouses et le potage d'un château. — Cons. d'Et., 18 janv. 1884, Corterue, [S. 85.3.7... P. adm. chr., D. 85.3.60]; — 12 juin 1885, Torterue, [Leb. chr. p. 76]; — 12 nov. 1886, Même partie, [Leb. chr., p. 778]

3398. — ... Aux bâtiments renfermant des balances hydrauliques et des réservoirs servant à alimenter, en même temp... qu'une ferme, la maison d'habitation. — Cons. d'Et., 6 nov... 1885, Montéage, [S. 87.3.28, P. adm. chr., D. 87.3.32]

3399. — ... A un fournil servant à cuire le pain. — Cons. d'Et., 4 juill. 1857, Appert, [Leb. chr., p. 536]; — 5 août 186... Augé, [S. 69 2.64, *ad notam*, P. adm. chr.]; — 5 févr. 189... Chaumillon, [Leb. chr., p. 109]

3400. — ... A des serres. — Cons. d'Et., 29 nov. 1890, Geve... lot, [Leb. chr., p. 900]; — 17 janv. 1891, Lantier, [Leb. chr... p. 18]

3401. — Il en sera de même à plus forte raison des bâtiment... qui constituent des maisons d'habitation tels qu'un pavillon ... chasse. — Cons. d'Et., 28 nov. 1845, Lafaurie, [P. adm. chr.]

3402. — ... Ou d'agrément. — Cons. d'Et., 17 déc. 186... Taupin, [Leb. chr., p. 787]; — 4 juill. 1867, Joulin, [Leb... chr., p. 628]; — 2 juill. 1892, Savattier, [S. et P. 94.3.60]

3403. — ... Alors même qu'ils seraient inhabités et serv... raient à serrer les meubles. — Cons. d'Et., 12 avr. 1844, Jous... selin, [P. adm. chr.]

3404. — ... Ou ses outils de jardinage. — Cons. d'Et., ... juill. 1866, Planson, [Leb. chr., p. 794]; — 4 juill. 1867, pr... cité; — 19 juill. 1867, Thériat, [Leb. chr., p. 662]; — 31 juil... 1867, Billy, [Leb. chr., p. 717]

3405. — L'exemption devra être refusée aux bâtiments affe... tés au service d'un commerce ou d'une industrie, tels que l'... curie d'un marchand de chevaux. — Cons. d'Et., 25 avr. 186... Peyronnet, [Leb. chr., p. 401]

3406. — ... La bergerie d'un nourrisseur de chèvres ou d... brebis. — Cons. d'Et., 4 janv. 1884, Bonels, [S. 85.3.69, P. adm... chr., D. 85.3.76]

3407. — ... Les serres d'un horticulteur-pépiniériste ou d'u... jardinier-fleuriste. — Cons. d'Et., 29 nov. 1851, Paumard, [P... adm. chr.]; — 30 juin 1869, Paré, [Leb. chr., p. 665]; — 30 jui... 1876, Morlet, [Leb. chr., p. 615]; — 16 févr. 1894, Girau... [Leb. chr., p. 136]; — 3 mars 1894, Morel, [Leb. chr., p. 179... — 9 nov. 1894, Comte, [Leb. chr., p. 584]

3408. — ... Les locaux renfermant le matériel nécessaire a... commerce du houblon. — Cons. d'Et., 22 déc. 1876, Moreau... [Leb. chr., p. 924]

3409. — Le distillateur d'alcool de betteraves qui n'opérera... que sur les produits de sa récolte et bénéficierait par suite ... l'exemption de patentes édictée par l'art. 17, L. 15 juill. 188... en qualité de cultivateur, ne pourrait s'en prévaloir pour fai... exempter de contribution foncière, à titre de bâtiments ruraux... les constructions qui renferment sa distillerie. Le caractère indu... triel de ces bâtiments subsiste. — Cons. d'Et., 30 avr. 188... Sainte-Beuve, [S. 81.3.73, P. adm. chr., D. 84.3.6]; — 8 avr. 188... Sainte-Beuve, [Leb. chr., p. 419]; — 25 juill. 1884, Brunet... [S. 86.3.26, P. adm. chr., D. 85.3.124]; — 9 déc. 1887, Pithor... [D. 88.5.131]

3410. — De même, les moulins ont toujours le caractère d'u... sines et doivent être imposés, alors même que leur propriétai... n'y moudrait que ses propres récoltes. — Cons. d'Et., 21 ma... 1883, Lefranc, [D. 81.3.6]

3411. — ... Ou que l'on ne s'en servirait que pour moudre ... nourriture des bestiaux ou pour mettre en mouvement des ma... chines agricoles. — Cons. d'Et., 13 mai 1887, Min. Finance... [D. 88.5.130]

3412. — Le chômage d'un moulin ne peut à lui seul suffi... à le faire considérer comme bâtiment rural. — Cons. d'Et., ... déc. 1877, Piquenot, [Leb. chr., p. 1026]

3413. — Il faudrait qu'il eût subi des transformations ... dégradations telles qu'il fût désormais hors d'état de fonctionne... — Cons. d'Et., 8 mars 1878, Sière, [Leb. chr., p. 266]

3414. — Il faut encore que ces bâtiments reçoivent une affectation rurale et que cette affectation présente un caractère de permanence. Ce sont là des questions de fait. On doit s'attacher à déterminer l'usage habituel des bâtiments. Sont-ils affectés d'une manière continue et depuis longtemps à un des usages énoncés dans l'art. 85, ils doivent être exemptés, alors même qu'accidentellement ils auraient servi à l'habitation. — Cons. d'Et., 26 déc. 1830, Jarre, [Leb. chr., p. 673]; — 10 sept. 1856, Dejust, [Leb. chr., p. 600]; — 1er août 1865, Cauloubie, [Leb. chr., p. 722]

3415. — Au contraire si, à l'origine, ces bâtiments servaient à l'habitation, il faut que le propriétaire justifie que leur destination primitive a été changée et que leur affectation nouvelle a un caractère incontestable de permanence. C'est ainsi que l'exemption a été accordée au propriétaire d'une maison devenue inhabitable et dont le jardin avait été converti en herbage. — Cons. d'Et., 19 mars 1847, Pellerin, [Leb. chr., p. 128]; — 18 juill. 1855, Breby Sainte-Croix, [Leb. chr., p. 532]

3416. — Il faut qu'il s'agisse de modifications assez importantes pour rendre la maison inhabitable. — Cons. d'Et., 13 avr. 1877, Orand, [Leb. chr., p. 331]

3417. — La circonstance que la maison serait inhabitée en fait ne suffirait pas à la transformer en bâtiment rural. — Cons. d'Et., 23 déc. 1881, Vidal, [Leb. chr., p. 1027]; — 20 nov. 1885, Louis, [Leb. chr., p. 848]

3418. — Il en serait de même d'une maison que viendrait à rendre inhabitable l'établissement d'un atelier insalubre. — Cons. d'Et., 12 août 1879, Vignal, [Leb. chr., p. 625]; — 10 nov. 1882, de Gaalon, [Leb. chr., p. 856]

3419. — A plus forte raison devrait-on maintenir l'imposition de maisons qui demeurent habitables, mais qui sont affectées momentanément à serrer des récoltes. — Cons. d'Et., 12 avr. 1844, Jousselin, [P. adm. chr.]; — 30 mai 1844, Briende, [P. adm. chr.]; — 28 nov. 1845, Lafaurie, [Leb. chr., p. 508]; — 21 févr. 1855, Lesonne, [Leb. chr., p. 134]; — 13 avr. 1877, Orand, [Leb. chr., p. 331]; — 12 juill. 1878, Simonin, [Leb. chr., p. 666]; — 23 déc. 1881, Vidal, [Leb. chr., p. 1027]; — 6 avr. 1894, Min. Finances, [Leb. chr., p. 244]

3420. — ... Ou des matériaux de construction. — Cons. d'Et., 12 nov. 1886, Torterue, [Leb. chr., p. 778]

3421. — ... Ou qui sont employés à l'élevage des vers à soie. — Cons. d'Et., 30 mai 1873, Coste-Foron, [Leb. chr., p. 482]

3422. — ... Ou de la volaille. — Cons. d'Et., 28 mai 1868, Herzog, [Leb. chr., p. 588]

3423. — ... Ou du bois. — Cons. d'Et., 14 nov. 1891, Rousselot, [Leb. chr., p. 671]

3424. — Lorsqu'un bâtiment considéré comme affecté à un usage agricole est transformé en maison d'habitation, il devient passible de l'impôt sur les propriétés bâties. — Cons. d'Et., 1er août 1884, Orange, [Leb. chr., p. 765]

3425. — Dans une maison d'habitation on ne peut exempter une pièce habitable et habitée sous prétexte qu'elle relie une chambre à cuves au chai. — Cons. d'Et., 31 oct. 1890, Barboutin, [Leb. chr., p. 808]

2° Mode d'évaluation du revenu des propriétés non bâties.

3426. — Le produit brut des terres est bien inégal, puisqu'il dépend d'abord de la qualité du sol et ensuite du plus ou du moins de soin donné à sa culture. La loi a édicté un certain nombre de règles générales, tant pour procéder à l'évaluation que pour opérer les déductions nécessaires.

3427. — Terres labourables. — Pour évaluer le revenu imposable des terres labourables, cultivées ou incultes, mais susceptibles de culture, on s'assure d'abord de la nature des produits qu'elles peuvent donner, en s'en tenant aux cultures généralement usitées dans la commune, telles que froment, seigle, orge et autres grains de toute espèce, lin, chanvre, tabac, plantes oléagineuses, à teinture, etc. On suppute ensuite quelle est la valeur du produit brut ou total que ces terres peuvent rendre année commune en les supposant cultivées sans travaux ni dépenses extraordinaires, mais selon la coutume du pays avec les alternats et assolements d'usage, et en formant l'année commune sur quinze années antérieures, moins les deux plus fortes et les deux plus faibles. Le produit brut moyen ainsi déterminé, on opère la déduction des frais de culture, semence, récolte et en-

tretien pour obtenir le produit net imposable (L. 3 frim. an VII, art 36 et 57).

3428. — On a adopté cette période de quinze années parce que dans cet espace de temps les terres peuvent produire successivement tous les fruits dont elles sont susceptibles, et que des récoltes abondantes ont pu compenser des années malheureuses où des fléaux ont diminué ou détruit les récoltes.

3429. — Il faut déduire la quantité de grains employés à l'ensemencement, en évaluant les grains d'après le tarif du prix des denrées (R. M., art. 323).

3430. — Les frais de culture sont difficiles à calculer en détail. Il faut y comprendre les objets suivants : l'intérêt de toutes les avances premières nécessaires pour l'exploitation telles que les bestiaux et les autres dépenses qu'on est obligé de faire avant d'arriver au moment où l'on peut vendre ou consommer les produits; l'entretien des instruments aratoires, tels que les charrues, voitures, etc.; les salaires ou bénéfices du cultivateur qui partage et dirige leurs travaux; l'entretien et l'équipement des animaux qui servent à la culture et les renouvellements d'engrais (R. M., art. 324).

3431. — Les frais de récolte sont très-variables, suivant les méthodes usitées dans chaque pays pour chaque espèce de production : ils comprennent, par exemple, pour les blés, les salaires des moissonneurs qui les coupent, les lient, les transportent à la grange ou à l'aire, les battent, les serrent dans les greniers jusqu'au moment où ces blés pourront être portés au marché ou au moulin (art. 326).

3432. — Les frais d'entretien d'une propriété sont ceux qui sont nécessaires à sa conservation, tels que les digues, les écluses, les fossés et autres ouvrages sans lesquels les eaux de la mer, des rivières, des torrents, pourraient détériorer ou même détruire la propriété (art. 327).

3433. — Antérieurement au règlement du 10 oct. 1821, le calcul de toutes ces déductions était établi dans les procès-verbaux d'expertise; mais aujourd'hui les classificateurs ne sont plus tenus de donner le détail de ces déductions. Ils se bornent à déterminer et à consigner dans le procès-verbal le revenu net de l'hectare de chaque nature de culture et de chaque classe.

3434. — Cultures diverses. — Les rizières, cultures en maïs, houblonnières, chenevières, cultures en tabac, champs de colza, de pommes de terre et autres légumes, et toutes les autres cultures particulières à quelques départements, s'évaluent d'après les mêmes principes et par les mêmes procédés que les terres cultivées en froment, seigle, etc.

3435. — Ces cultures doivent faire l'objet d'une classification particulière lorsqu'elles sont permanentes. Si elles ne sont que momentanées, on les fait entrer dans le calcul de l'assolement des terres labourables (art. 376).

3436. — Jardins potagers. — Ils seront évalués d'après le produit net de leur location possible, année commune, en prenant cette année commune sur quinze, comme pour l'évaluation du revenu des terres labourables. Ils ne pourront, dans aucun cas, être évalués au-dessous du taux des meilleures terres labourables de la commune (L. 3 frim. an VII, art. 58).

3437. — Le prix de fermage de ces jardins étant rarement connu, on fixe leur estimation au maximum des meilleures terres labourables de la commune, parce que leur situation ordinaire auprès des habitations les rend susceptibles de recevoir plus d'engrais et de soins journaliers et de donner de plus abondantes productions.

3438. — S'ils sont situés sur un terrain de première qualité, ils peuvent être portés au double ou au triple des meilleures terres labourables, puisque les terrains les plus médiocres servant de jardin ne peuvent être portés au-dessous des terres labourables de première classe de la commune.

3439. — Le jardin du laboureur, de l'artisan, du journalier, occupés ailleurs de travaux continuels, n'est ordinairement cultivé qu'en gros légumes, les plus nécessaires et qui demandent le moins de soin; de sorte que sa valeur ne peut guère différer de celle de la terre de première qualité. Mais celui qui est cultivé par un jardinier de profession acquiert plus de valeur et est susceptible d'une plus forte estimation (R. M., art. 349-351).

3440. — Pépinières. — Les pépinières doivent être évaluées comme terres labourables de première classe (R. M., art. 372).

3441. — Vergers. — Les vergers sont des terrains dont la plantation en arbres fruitiers, tels que pommiers, poiriers, etc., forme la culture dominante et donne le principal revenu. Ils doi-

vent être évalués d'abord d'après le produit de la plantation, ensuite en y ajoutant la plus-value de la culture intermédiaire ou accessoire (R. M., art. 373).

3442. — *Terrains mêlés d'arbres.* — Les terres labourables, vignes, prés, pâtures, etc., sur lesquelles se trouvent des arbres forestiers, soit épars, soit en bordure, sont évalués à leur taux naturel, sans égard, ni à l'avantage que le propriétaire peut retirer de ces arbres, ni à la diminution qu'ils peuvent apporter dans la fertilité du sol; le sol occupé par les arbres doit, dans tous les cas, être évalué (L. 3 frim. an VII, art. 74).

3443. — Si ces arbres épars ou en bordures sont des arbres fruitiers, mais qu'ils ne forment pas le principal revenu, il faut ajouter à la valeur donnée à la terre, à raison de sa culture dominante, la plus-value résultant du produit des arbres.

3444. — Les terrains mêlés de plantations donnant un produit sensible doivent, sous la dénomination de *labours plantés*, *prés plantés* ou *terrains plantés*, faire l'objet d'une classification particulière.

3445. — Si les arbres forment le produit principal, le terrain rentre dans la classe des vergers (R. M., art. 364).

3446. — *Vignes.* — Lorsqu'il s'agira d'évaluer le revenu net imposable des vignes, on supputera d'abord quelle est la valeur du produit brut total qu'elles peuvent rendre année commune, en les supposant cultivées sans travaux ni dépenses extraordinaires, mais selon la coutume du pays, en formant l'année commune sur quinze, comme pour les terres labourables.

3447. — L'année commune du produit brut des vignes étant déterminée, on fera déduction sur ce produit brut des frais de culture, de récolte, d'engrais et de pressoir. On déduira, en outre, un quinzième de ce produit, en considération des frais de dépérissement annuel, de replantation partielle et des travaux à faire pendant les années où chaque nouvelle plantation est sans rapport. Ce qui restera du produit brut après ces déductions formera le revenu net imposable (L. 3 frim. an VII, art. 60 et 61).

3448. — Lorsque les vignes ne durent qu'un certain nombre d'années après lesquelles il faut les renouveler entièrement ou même les arracher pour laisser reposer le terrain par une autre culture, on doit combiner la quantité et la qualité de vin que la vigne produit, la qualité du terrain sur lequel elle est plantée, et les produits que ce terrain pourrait donner s'il était cultivé comme terre labourable; la durée effective de la vigne et le nombre d'années pendant lequel le terrain est sans rapport comme vigne (R. M., art. 347).

3449. — L'évaluation des vignes est très-difficile, tant à cause de la variété des modes et des conditions de la culture que des différences dans la quantité et la qualité des produits dans une même commune et la durée des vignes. On peut rarement recourir au prix de fermage parce que l'usage n'est pas de donner la vigne à ferme en argent. Il faut rechercher la quantité moyenne des récoltes, le prix moyen du vin. L'évaluation des frais de culture est aussi très-difficile à faire.

3450. — Dans les pays où il est d'usage d'échalasser les vignes, on s'assure de la durée de l'échalassement et l'on déduit un dixième des frais d'échalas s'ils se renouvellent tous les dix ans; il n'est fait aucune déduction pour la taille des vignes et pour les frais de vendanges, attendu qu'on ne calcule ni les bois ni les revins (R. M., art. 525).

3451. — *Cultures mêlées.* — On donne ce nom aux terrains qui contiennent à la fois diverses productions, telles que des terres labourables ou des prés mêlés de vignes et d'arbres sans que l'on puisse reconnaître quelle est la culture dominante; ces cultures mêlées doivent être évaluées en réunissant leurs divers produits (R. M., art. 374).

3452. — *Terrains enclos.* — A l'Assemblée constituante on avait proposé d'imposer au maximum les terrains enclos, c'est-à-dire les parcs des châteaux, qui paraissaient des objets de luxe. Mais on considéra que ces enclos enlevaient très-peu du sol aux productions utiles, qu'ils contenaient des bois taillis, des futaies, des prairies, des étangs; et que loin de les proscrire il fallait les encourager comme étant très-favorables à l'élevage des bestiaux. C'est pourquoi les terrains enclos sont évalués d'après les mêmes règles, dans les mêmes proportions que les terrains non enclos de même qualité et donnant le même genre de productions; on n'aura égard, dans la fixation de leur revenu imposable, ni à l'augmentation du produit, qui ne serait que l'effet des clôtures, ni aux dépenses d'établissement ou d'entretien de ces clôtures.

3453. — Si un enclos contient diverses natures de biens, telles que prés, bois, terres labourables, jardins, vignes, étangs, chaque nature de biens est évaluée séparément, comme si le terrain n'était pas clos (L. 3 frim. an VII, art. 77 et 78).

3454. — *Terrains de pur agrément.* — L'évaluation des terrains enlevés à la culture pour le pur agrément, tels que parterres, pièces d'eau, avenues, etc., doit être portée au taux de celui des meilleures terres labourables de la commune (L. 3 frim. an VII, art. 59). Il en est de même des promenades publiques appartenant à des particuliers (R. M., art. 399).

3455. — *Prairies naturelles.* — Le revenu imposable des prairies naturelles, qu'on les tienne en coupes régulières, ou qu'on en fasse consommer les herbes sur pied, sera calculé sur la valeur de leur produit, année commune prise sur quinze, comme pour les terres labourables, déduction faite de ce produit, des frais d'entretien et de récolte (L. 3 frim. an VII, art. 62).

3456. — Toutes les coupes, s'il y en a plusieurs chaque année, doivent être évaluées. Le produit brut d'un pré est la combinaison de la quantité, de la qualité et du prix du foin qu'il rapporte.

3457. — La production du pré étant spontanée, il n'y a pas de frais de culture à déduire, si ce n'est les frais d'irrigation, les dépenses d'engrais ou de terrage, suivant l'usage du pays, et le curage des fossés. Les frais de récolte, fauchage, fanage, bottelage doivent être déduits sur le total du produit. Ceux de transport au marché sont compris dans l'évaluation du prix du foin (R. M., art. 357 et 358).

3458. — Les prés employés au blanchissage des toiles ne sont évalués que d'après leur valeur naturelle comme prés, sans avoir égard au produit des blanchisseries qui est purement industriel (R. M., art. 389).

3459. — Les prés grevés d'un droit de parcours, dont la première herbe appartient au propriétaire, et la seconde soit aux habitants de la commune, soit à d'autres particuliers, doivent être évalués en raison du produit total de la terre, sauf au propriétaire à se faire tenir compte de la portion d'imposition qui frappe sur la partie dont il ne jouit pas, à moins qu'il n'y ait un titre contraire (R. M., art. 527).

3460. — Les prés qui ne se fauchent pas et servent de champs de foire sont évalués à raison de leur valeur locative et non de la superficie enlevée à la culture. — C. préf. Ain, 24 mars 1831, [Lemercier de Jauvelle, v° *Prairies*].

3461. — *Herbages.* — Les prairies dont on fait consommer les herbes sur pied sont communément appelées herbages et doivent être évaluées d'après le produit qu'elles représentent (R. M., art. 359).

3462. — *Prairies artificielles.* — Elles ne sont évaluées que comme les terres labourables d'égale qualité (L. 3 brum. an VII, art. 63).

3463. — *Marais, pâtis, bas-prés, palus.* — L'évaluation du revenu imposable des terrains connus sous le nom de pâtis, palus, marais, bas-prés et autres dénominations quelconques, qui, par la qualité inférieure de leur sol ou par d'autres circonstances naturelles, ne peuvent servir que de simples pâturages, sera faite d'après le produit que le propriétaire serait présumé pouvoir en obtenir année commune, selon les localités, soit en les louant sans fraude à un fermier auquel il ne fournirait ni bestiaux ni bâtiments, et déduction faite des frais d'entretien (L. 3 frim. an VII, art. 64).

3464. — Il y a bien des variétés dans la valeur des pâtures, soit sèches, soit marécageuses, depuis celles qui sont immédiatement inférieures aux prairies ou herbages jusqu'à celles qui ne diffèrent guère des terres vaines et vagues. Leur valeur peut être déterminée d'après le nombre des bestiaux qu'elles peuvent nourrir (R. M., art. 362).

3465. — *Terres vaines et vagues.* — Les terres vaines et vagues, les landes et bruyères et les terrains habituellement inondés ou dévastés par les eaux, seront assujettis à la contribution foncière d'après leur produit net moyen, quelque modique qu'il puisse être; mais, dans aucun cas, leur cotisation ne pourra être moindre d'un décime par hectare (L. 3 frim. an VII, art. 65). Leur évaluation ne peut être moindre de 50 cent. par arpent métrique (R. M., art. 377).

3466. — Quelques représentants avaient demandé à la Constituante l'exemption totale de ces terrains; mais ces propositions ont été rejetées parce qu'on a considéré que le produit de ces terrains, quelque minime qu'il fût, n'était pas cependant abso-

lument nul et que, même dans cette hypothèse, leur propriétaire devait payer pour la protection publique dont il bénéficiait. — Dauchy, Séance 4 nov. 1790.

3467. — *Bois.* — Les bois se divisent en taillis et en futaies. Sont réputés taillis tous les bois au-dessous de l'âge de trente ans (L. 3 frim. an VII, art. 69).

3468. — L'évaluation des bois taillis en coupes réglées est faite d'après le prix moyen de leurs coupes annuelles, déduction faite des frais de garde, d'entretien et de repeuplement (L. 3 frim. an VII, art. 67). — Cons. d'Et., 21 juin 1839, Goupilleau, [Leb. chr., p. 336]

3469. — Pour évaluer les bois en coupes réglées, on constate la quantité de bois que donne la coupe annuelle, et on l'évalue d'après le tarif du prix des denrées (R. M., art. 528). Si le bois est divisé en quinze coupes annuelles, on calcule le produit de ces quinze coupes, et le quinzième de ce produit total forme le produit moyen duquel on déduit les frais de garde, d'entretien et de repeuplement (R. M., art. 366). En d'autres termes, en divisant la valeur moyenne de la coupe annuelle par l'âge du bois, on obtient le revenu brut.

3470. — Les bois taillis qui ne sont pas en coupes réglées s'évaluent par comparaison avec les autres bois de la commune et du canton (L. 3 frim. an VII, art. 68). On les compare avec ceux en coupes réglées situées dans la commune ou le canton; s'il ne s'en trouve pas, ils seront évalués d'après la quantité de bois que peut produire chaque arpent, eu égard à la nature du sol et à la qualité des arbres (R. M., art. 529).

3471. — Les bois doivent être appréciés d'après leur valeur réelle et sans égard au mode d'exploitation. — Cons. d'Et., 31 déc. 1838, de Richemont, [Leb. chr., p. 252]

3472. — Il n'y a pas à tenir compte des droits d'usage dont ils sont grevés. — Cons. d'Et., 27 juill. 1853, Didion, [Leb. chr., p. 777]

3473. — Il n'y a pas à déduire de leur valeur les frais de poursuites contre les délinquants insolvables. — Cons. d'Et., 31 déc. 1838, précité.

3474. — D'après l'art. 70, L. 3 frim. an VII, les bois âgés de trente ans ou plus devaient être cotisés comme s'ils produisaient un revenu égal à 2 1/2 p. 0/0 de leur valeur. Mais une instruction ministérielle du 22 janv. 1811, reproduite par le *Recueil méthodique* du cadastre, a décidé que tous les bois, quel que fût leur âge, ne devaient être évalués que comme bois taillis.

3475. — La plus-value que les bois de haute futaie acquièrent sur les bois taillis étant accidentelle et pouvant cesser après la coupe, n'est pas des lors susceptible d'un allivrement cadastral fixe et immuable et ces bois doivent être évalués sur le même pied que ceux qui se trouvent dans la commune ou dans les communes voisines (R. M., art. 368).

3476. — En assimilant les futaies aux taillis, on doit néanmoins avoir égard à la classe de taillis à laquelle la futaie correspond. Si, par exemple, une futaie est par la nature du sol et la qualité des arbres, d'une classe supérieure à la première classe des taillis, l'estimation doit être faite à raison de ce que produirait un taillis de même classe; si, au contraire, la meilleure classe des futaies ne correspond qu'à la deuxième du taillis, elle doit recevoir l'estimation de cette seconde classe (R. M., art. 369). — Cons. d'Et., 6 août 1839, d'Amoneville, [Leb. chr., p. 425] — Si un taillis contient des arbres de haute futaie, on ne doit pas estimer la place que ces arbres occupent comme si elle était couverte de taillis, mais évaluer comme si ces arbres n'étaient pas plus âgés ni plus forts que les autres, l'intention du gouvernement étant de favoriser les propriétaires qui laissent croître leurs bois ou partie de leurs bois en futaies (R. M., art. 368, 369 et 370).

3477. — Cependant il a été décidé que, dans un bois taillis qui comprend des baliveaux et de vieilles écorces, on doit tenir compte dans l'évaluation de l'accroissement de revenu produit par ces baliveaux et ces vieilles écorces. — Cons. d'Et., 4 juill. 1837, Holterman, [P. adm. chr.] — Cette décision isolée paraît en désaccord avec les principes.

3478. — On ajoute au produit des coupes de taillis, non le produit de la futaie, mais ce que le taillis produirait de plus si la futaie n'existait pas. — Cons. d'Et., 31 déc. 1838, de Richemont, [Leb. chr., p. 252]

3479. — *Bois de sapins.* — Les bois de pins, de sapins, les plants de mûriers, les châtaigneraies, olivets, saussaies, etc., ne sont point compris sous le nom de futaies et doivent être estimés d'après leur produit réel.

3480. — Tous les plants de cette nature ou de nature analogue comme les aulnaies, oseraies, etc., doivent être évalués en estimant d'abord cette culture dominante et en y ajoutant les produits des cultures accessoires, s'il s'en trouve (R. M., art. 374 et 375). — Sur l'évaluation du revenu des bois, V. *Bulletin des contributions directes*, une série d'articles de M. Puton.

3481. — *Etangs.* — Le revenu imposable des étangs permanents est évalué d'après le produit de la pêche, année commune formée sur quinze, moins les deux plus fortes et les deux plus faibles, sous la déduction des frais d'entretien, de pêche et de repeuplement (L. 3 frim. an VII, art. 79).

3482. — Les étangs se pêchant ordinairement tous les trois ans, on établit le produit annuel en prenant le tiers des prix de la pêche. Si la pêche n'avait lieu que tous les quatre ou cinq ans, on prendrait le quart ou le cinquième (R. M., art. 382).

3483. — L'évaluation du revenu imposable des terrains alternativement en étangs et en culture, sera combinée d'après ce double rapport (L. 3 frim. an VII, art. 80), c'est-à-dire, d'une part le prix de la pêche, d'autre part, le produit de la culture (R. M., art. 383).

3484. — La superficie tant en eau qu'en ce qu'on appelle queue d'étang doit être déterminée et on doit répartir le produit annuel de l'étang sur cette superficie pour en diviser la valeur par arpent métrique. Cependant lorsque les queues d'étang sont affermées séparément, soit comme pâtures, soit pour y faucher de grosses herbes, elles doivent être estimées distinctivement de la superficie en eau (R. M., art. 384).

3485. — Mais de ce que l'assec et l'évolage doivent être évalués à part il ne s'ensuit pas qu'on puisse assimiler ces étangs à des propriétés bâties. — Cons. d'Et., 13 mai 1865, Monnier, [Leb. chr., p. 523]

3486. — *Lais de mer.* — Les sables de la mer, les lais de mer ou terrains abandonnés par ses eaux, lorsqu'ils sont réunis à des propriétés et devenus productifs, doivent être évalués à raison de ce produit (R. M., art. 378).

3487. — *Mines et carrières.* — Les mines et carrières ne seront évaluées qu'à raison de la superficie du terrain occupé pour leur exploitation et sur le pied des terrains environnants (L. 3 frim. an VII, art. 81).

3488. — On entend par le terrain qu'elles occupent, non seulement celui de leur ouverture, mais tous ceux où sont les réserves d'eau, les déblais et les chemins qui ne sont qu'à leur usage (R. M., art. 379).

3489. — *Tourbières.* — Lorsqu'un terrain sera exploité en tourbière, on évaluera, pendant les dix années qui suivront le commencement du tourbage, son revenu au double de la somme à laquelle il était évalué l'année précédente (L. 3 frim. an VII, art. 75).

3490. — En pratique, cette règle n'est pas suivie. D'après l'art. 380 du *Recueil méthodique*, les tourbières ne doivent être évaluées qu'à raison de la superficie et sur le pied des terrains environnants. On entend par terrains environnants, non les bords qui sont des bruyères, mais l'ensemble du sol sur lequel se trouve la tourbière (Circ. min. 10 déc. 1811). — Macarel et Boulatignier, *Fort. publ.*, t. 2, n. 607.

3491. — Dans les marais tourbeux, les entailles abandonnées, improductives et isolées des parties exploitées, doivent être évaluées au même taux que les propriétés de même nature existant dans la commune; les parties en exploitation doivent seules être évaluées comme marais tourbeux. — Cons. d'Et., 30 mai 1834, Commune de Daours, [P. adm. chr.]

3492. — *Salins, salines et marais salants.* — Ces terrains avaient été omis dans l'énumération de la loi du 3 frim. an VII. Un décret, du 15 oct. 1810, a décidé qu'ils seraient imposés sur le pied des meilleures terres labourables. La loi du 17 juin 1840 (art. 17), a consacré cette disposition.

3493. — Tous les terrains affectés à la fabrication du sel et formant avec le reste des salines un seul et même système d'exploitation, doivent être imposés sur le pied des terres labourables de première classe. — Cons. d'Et, 28 févr. 1834, Commune d'Agde, [P. adm. chr.]

3494. — *Canaux.* — Il faut distinguer entre les canaux de navigation et les canaux non navigables. La loi des 23 nov.-1er déc. 1790 n'avait pas parlé des canaux de navigation. On ne savait encore si l'on considérerait les produits qu'on en retire comme de véritables revenus fonciers; mais, enfin, la question fut décidée par l'affirmative, et une autre loi du 25 févr. 1791

ordonna qu'ils seraient imposés à raison de leur revenu. Cette disposition se trouve confirmée par la loi du 3 frim. an VII.

3495. — D'après l'art. 6 de cette loi, le revenu net imposable des canaux de navigation est ce qui reste au propriétaire, déduction faite sur le produit brut ou total calculé sur un nombre d'années déterminé, de la somme nécessaire pour l'indemniser du dépérissement des diverses constructions et ouvrages d'art et des frais d'entretien et de réparations.

3496. — Les canaux de navigation ont été taxés comme toutes les autres propriétés foncières, en raison de leur produit, déduction faite des charges, et c'étaient les départements qui devaient évaluer ce produit et ces charges et cotiser les canaux. Il en résulta de grands abus. On s'en fit partout un moyen de dégrèvement et les canaux furent surtaxés.

3497. — C'est en vue de faire cesser un abus que le premier consul fit voter la loi du 5 flor. an XI. Cette loi dispose (art. 1) que tous les canaux de navigation qui seront faits à l'avenir, soit aux frais du domaine public, soit aux dépens des particuliers, ne seront taxés à la contribution foncière qu'en raison du terrain qu'ils occuperont, comme terres de première qualité. L'art. 2 étend cette faveur aux anciens canaux de navigation dépendant du domaine public, à leurs francs-bords, magasins et maisons d'éclusiers.

3498. — Le rapporteur du projet de loi au Tribunat, Malès, exposait ainsi les raisons qui recommandaient l'adoption de cette mesure. « De quoi se compose le revenu d'un canal de navigation? D'une taxe réglée par la loi, c'est-à-dire d'un impôt sur la circulation des marchandises. Exiger la contribution foncière en raison du revenu d'un canal de navigation, ne serait autre chose que lever un impôt sur un impôt. »

3499. — En 1790 et 1791, on pensait que les canaux, comme les droits concédés à des entrepreneurs de ponts ou d'autres ouvrages, pouvaient entrer à perpétuité dans le domaine des particuliers. Mais depuis la loi du 24 vend. an V, relative au canal du midi, tous les grands canaux de navigation à l'usage du public font aujourd'hui essentiellement partie du domaine public. Les entrepreneurs, quelle que soit la durée de la concession qu'on leur a faite, ne sont plus que des possesseurs à temps, qui se remboursent peu à peu du prix de leurs travaux et de l'argent qu'ils ont avancé. Il ne fallait donc pas maintenir une taxe foncière sur un revenu qui ne résulte que d'un impôt et qui n'est lui-même tolérable que par son affectation précise à la conservation et à l'entretien du canal. On percevra désormais en raison seulement du terrain enlevé à la culture; la terre seule sera taxée.

3500. — L'art. 26, L. 23 juill. 1820, étendit les dispositions de la loi du 5 flor. an XI à tous les canaux de navigation existants comme à tous ceux qui seraient construits à l'avenir.

3501. — Cette imposition, même ainsi atténuée, a été critiquée par MM. Macarel et Boulatignier (*Fort. publique*, t. 2, n. 605). « Ce sont, il est vrai, disent-ils, des immeubles productifs de revenus; mais, d'abord, ils acquittent déjà un impôt spécial, l'octroi de navigation; il existe, d'ailleurs, des immeubles qui sont exempts de la contribution foncière, quoi qu'ils produisent un revenu considérable : tels les bois et forêts de l'Etat. Le véritable motif qui a fait refuser l'exemption n'est-il pas qu'on a pensé que les canaux seraient le plus souvent exécutés par des compagnies d'entrepreneurs, que les communes verraient avec déplaisir exemptées d'une portion d'impôt qui retomberait à leur charge? Reste à savoir si l'Etat ne devrait pas faire un sacrifice dans l'intérêt d'entreprises qui, en définitive, profitent surtout au pays dont elles accroissent la prospérité. »

3502. — Ce souhait a été exaucé. Les droits établis sur la navigation intérieure ayant été supprimés par la loi du 21 déc. 1879 (art. 3, § 2), et par celle du 19 févr. 1880 (art. 1), les canaux de navigation appartenant à l'Etat ont cessé d'être des propriétés productives de revenus et, par suite, ne sont plus passibles de la contribution foncière.

3503. — Toutefois, leurs francs-bords continuent à être imposés quand ils sont productifs de revenus. L'exemption ne s'applique du reste, qu'aux canaux de navigation appartenant à l'Etat; et ceux qui appartiennent ou ont été concédés à des particuliers ou à des compagnies qui les exploitent continuent à être imposables.

3504. — Doit être considéré comme un canal de navigation, un cours d'eau concédé à un particulier et canalisé. — Cons. d'Et., 9 avr. 1867, Lucas, [Leb. chr., p. 357]

3505. — Les bordigues ou pêcheries dépendant du canal,

les terrains inutiles à la navigation et qui figurent comme annexes de la concession ne sont imposables qu'en raison de leurs produits particuliers. — Cons. d'Et., 4 nov. 1835, Commune Cette, [P. adm. chr.]

3506. — Sont considérés comme dépendances des canaux de navigation et imposés à ce titre d'après la superficie du terrain occupé, c'est-à-dire comme propriétés non bâties, les maisons d'éclusiers et les magasins servant à remiser les outils mais cette exemption n'est pas étendue à la maison occupée par le chef de section du canal. — Cons. d'Et., 2 juill. 1892, Ville de Paris, [Leb. chr., p. 596]

3507. — Les canaux destinés à conduire les eaux à des moulins, forges et autres usines, ou à les détourner pour l'irrigation sont évalués, à raison de l'espace seulement qu'ils occupent sur le pied des terres qui les bordent (L. 3 frim. an VII, art. 10

3508. — Cette disposition s'applique aux canaux de desséchement qui sont la propriété collective des propriétaires de terrains desséchés. — Cons. d'Et., 20 févr. 1835, Moyroux, [P. adm. chr.]; — 10 déc. 1856, Commission des Wateringues, [57.2.390, P. adm. chr., D. 57.3.44]

3509. — La cotisation des canaux de desséchement doit être réglée d'après le tarif applicable aux terrains habituellement couverts par les eaux, dans les communes où il existe des terrains de cette nature. — Cons. d'Et., 18 août 1862, et 16 mars 1866, Syndicat de la vallée de la Scarpe, [D. 84.3.109]

3510. — Le *Recueil méthodique* (art. 387) avait étendu aux canaux non navigables les dispositions de la loi du 5 flor. an XI, mais le Conseil d'Etat (5 mai 1831, Moyroux) n'a pas admis cette distinction a déclaré que ces canaux ne pouvaient être imposés que conformément à l'art. 104, L. 3 frim. an VII.

3511. — *Chemins de fer.* — Les chemins de fer n'ont pu se trouver mentionnés dans les lois relatives à l'assiette de la contribution foncière. Leur cotisation a été réglée par assimilation avec celle des canaux.

3512. — Les cahiers des charges des compagnies contiennent tous la disposition suivante : « la contribution foncière sera établie en raison de la surface des terrains occupés par le chemin de fer et ses dépendances; la cote en sera calculée comme pour les canaux, conformément à la loi du 5 flor. an XI. »

3513. — Les entreprises de chemins de fer comprennent comme les exploitations minières et les canaux de navigation, des propriétés bâties et des propriétés non bâties. Nous ne nous occuperons en ce moment que de ces dernières.

3514. — Le principe étant seul posé dans les cahiers des charges, la jurisprudence a eu à établir une classification entre les dépendances de la voie ferrée et les bâtiments.

3515. — Doivent être imposés seulement à raison de leur superficie, comme constituant des dépendances de la voie ferrée : les rails et plaques tournantes de la voie ferrée principale — Cons. d'Et., 11 janv. 1866, Cie de P.-L.-M., [Leb. chr., 14]; — 2 mai 1891, Cie du Midi, [Leb. chr., p. 342]

3516. — ... Les quais découverts établis le long de la voie ferrée pour le service des voyageurs et des marchandises. — Cons. d'Et., 17 août 1864, Cie de P.-L.-M., [S. 65.2.120, P. adm. chr.]; — 25 août 1865, Cie du Nord, [Leb. chr., p. 843]; — 11 janv. 1866, précité; — 2 mai 1891, précité.

3517. — ... Les quais découverts et les trottoirs établis le long de la voie principale et des voies de garage. — Cons. d'Et., 11 janv. 1866, précité.

3518. — ... Les quais à coke. — Cons. d'Et., 12 août 1864, Cie de P.-L.-M., [Leb. chr., p. 907]

3519. — ... Les quais aux bestiaux, attenant à la voie ferrée. — Cons. d'Et., 27 janv. et 25 août 1865, Cie de P.-L.-M., [Leb. chr., p. 104 et 843]; — 25 févr. 1881, Cie du Midi, [Leb. chr., p. 228]

3520. — ... Les machines élévatoires servant à charger les wagons placés sur les voies principales. — Cons. d'Et., 6 juin 1879, Cie de P.-L.-M., [Leb. chr., p. 501]

3521. — ... Les guérites en bois des aiguilleurs ou des surveillants. — Cons. d'Et., 17 août 1864, Cie de P.-L.-M. (Salins de Besançon), [P. adm. chr.]

3522. — ... Les voies de garage avec leurs plaques tournantes. — Cons. d'Et., 13 mai 1887, Cie d'Orléans, [Leb. chr., 379]; — 25 avr. 1890, Cie du Midi, [Leb. chr., p. 415]

3523. — ... Les voies de triage servant uniquement à la formation des trains de marchandises et à leur stationnement jus-

qu'au moment de leur expédition. — Cons. d'Et., 14 mars 1890, Cie de P.-L.-M., [Leb. chr., p. 281]

3524. — ... La construction qui, dans certaines gares, renferme l'appareil Saxby destiné à réunir et à mettre en mouvement le système des changements de voie et des signaux de la gare. — Cons. d'Et., 17 févr., 27 juill. et 3 août 1888, Cie de P.-L.-M. (gares de Cercy-la-Tour et de Nevers), [Leb. chr., p. 157, 668, 706]

§ 3. Évaluation du revenu des propriétés bâties.

1° Ce qu'on entend par propriétés bâties.

3525. — Les propriétés bâties comprennent les maisons d'habitation, les usines. La loi du 29 déc. 1884 (art. 1) a assimilé aux propriétés bâties les terrains qui ont une destination industrielle, tels que chantiers, hangars, etc.

3526. — Toute propriété bâtie comprend deux choses : le sol et l'élévation. De là une double évaluation. La superficie est évaluée sur le pied des meilleures terres labourables de la commune, l'élévation d'après la valeur locative, déduction faite de l'estimation de la superficie (L. 15 sept. 1807, art. 34).

3527. — La jurisprudence a considéré comme propriétés bâties un pavillon établi sur le bord de la mer à perpétuelle demeure et servant de cabine de bains. — Cons. d'Et., 24 avr. 1865, Caillé, [Leb. chr., p. 484]

3528. — ... Un bâtiment construit en planches, mais établi sur fondations. — Cons. d'Et., 3 juin 1865, Laurent, [D. 66. 3.20]

3529. — ... Un hangar clos et fixé au sol à perpétuelle demeure. — Cons. d'Et., 19 juill. 1867, Couturier, [Leb. chr., p. 663]

3530. — ... Des serres fixées au sol à perpétuelle demeure et dont la charpente est soutenue par des murs en maçonnerie. — Cons. d'Et., 30 juin 1869, Paré, [Leb. chr., p. 665]

3531. — ... Une machine à mâter établie sur un quai et dont les appareils sont scellés en terre au moyen de travaux de maçonnerie. — Cons. d'Et., 2 févr. 1859, Chambre de commerce de Bordeaux, [P. adm. chr.]

3532. — ... Doivent encore être considérées comme propriétés bâties ; des bordigues. — Cons. d'Et., 18 mars 1841, Cie des canaux et étangs de Cette, [P. adm. chr.]

3533. — ... Des cales de radoub en maçonnerie. — Cons. d'Et., 24 déc. 1892, Docks de Marseille, [Leb. chr., p. 976]

3534. — ... Une construction mi-partie en maçonnerie, mi-partie en vitrage et renfermant une machine à vapeur. — Cons. d'Et., 24 avr. 1865, Duchemin, [Leb. chr., p. 483]

3535. — ... Des constructions couvertes et closes servant à abriter des ouvriers chargés de nettoyer les vannes d'une usine. — Cons. d'Et., 28 mai 1868, Herzog, [Leb. chr., p. 588]

3536. — Au contraire, la jurisprudence a refusé de reconnaître le caractère de propriété bâtie aux kiosques lumineux établis sur les voies publiques à Paris et qui peuvent être facilement enlevés. — Cons. d'Et., 20 juin 1865, Cie de publicité, [S. 65.2.276, P. adm. chr.]

3537. — ... Aux guérites d'aiguilleurs, qui, sur les lignes de chemin de fer, ne sont fixées au sol par aucune fondation. — Cons. d'Et., 17 août 1864, Cie P.-L.-M. (gare de Salins), [P. adm. chr.]; — 27 janv. 1866, Cie P.-L.-M. (gare de Dôle), [Leb. chr., p. 104]; — 11 janv. 1886, Cie P.-L.-M. (gare de Saint-Etienne), [Leb. chr., p. 12] — Ces constructions ne sont pas incorporées au sol.

3538. — La jurisprudence ne considère pas comme propriétés bâties les constructions établies sur le sol des voies publiques, mais reposant sans fondation ni maçonnerie. — Cons. d'Et., 25 juin 1880, Cie générale des omnibus, [Leb. chr., p. 596]; — 5 janv. 1883, Cie des tramways-sud de Paris, [D. 84.5.125]

3539. — Ces constructions sont au contraire imposables si elles sont incorporées au sol au moyen d'assises en maçonnerie. Elles sont alors considérées comme propriétés bâties. — Cons. d'Et., 4 juill. 1879, Cie Lyonnaise des omnibus, [S. 81.3.9, P. adm. chr.]; — 25 juin 1880, précité.

3540. — Des propriétaires de carrières ont prétendu que la loi du 3 frim. an VII (art. 84), ne les ayant imposés qu'à raison de la superficie, il y avait lieu de ne pas considérer comme propriétés bâties les fours à plâtres, sans lesquels l'exploitation d'une carrière serait impossible. — Le Conseil d'Etat a repoussé

cette prétention par le motif qu'aucune exemption n'était édictée en faveur des fours à plâtre. — Cons. d'Et., 8 janv. 1836, Joly, [P. adm. chr.]

3541. — Le Conseil d'Etat a également repoussé des prétentions analogues formulées par des exploitants de mines. Il a décidé qu'il y avait lieu d'imposer comme propriétés bâties les bâtiments établis au-dessus des fosses d'extraction et ceux qui recouvraient les machines à vapeur servant à l'exploitation des mines. — Cons. d'Et., 26 avr. 1862, Cie d'Anzin, [Leb. chr., p. 335]; — 2 sept. 1863, Cie de Vicoigne, [Leb. chr., p. 737]; — 26 sept. 1871, Denier, [S. 73.2.158, P. adm. chr., D. 73.3.84]; — 14 févr. 1873, Mines de Blanzy, [Leb. chr., p. 158]; — 7 juin 1878, Cie d'Anzin, [S. 80.2.87, P. adm. chr.]

3542. — Sont aussi imposables les autres constructions servant à l'exploitation des mines, telles que fours à coke, bureau de bascule, maison dépendant d'un puits, atelier de forge, bureaux, écurie, manège de puits. — Cons. d'Et., 21 juill. 1854, Société des houillères de Rive-de-Gier, [S. 59.2.333]

3543. — Les bâtiments et magasins, gares, stations, etc., dépendant de l'exploitation des chemins de fer doivent être assimilés aux propriétés bâties de la localité. La jurisprudence a reconnu le caractère de propriété bâtie à tout ce qui ne peut être considéré comme dépendance de la voie ferrée, notamment à l'embarcadère des voyageurs comprenant les quais couverts. — Cons. d'Et., 21 mars 1866, Cie du Nord (gare de Lille), [Leb. chr., p. 259]

3544. — ... Aux marquises et toitures abritant les quais d'une gare. — Cons. d'Et., 6 sept. 1869, Cie d'Orléans (gare de Vannes), [Leb. chr., p. 833]; — 2 mai 1891, Cie du Midi, [Leb. chr., p. 343]

3545. — ... Aux maisons des gardes-barrières. — Cons. d'Et., 21 avr. 1882, Cie d'Orléans (Ivry), [D. 83.5.136-137]

3546. — ... Aux rails, plaques tournantes, fosses à chariots et à piquer des voies conduisant aux ateliers ou existant dans ces ateliers, à l'outillage fixe qu'ils renferment, aux réservoirs, conduites d'eau, grues hydrauliques. — Cons. d'Et., 11 janv. 1866, Cie P.-L.-M. (gare de Clermont), [Leb. chr., p. 14]; — 13 déc. 1889, Cie P.-L.-M., [Leb. chr., p. 1160]; — 14 mars 1890, Cie P.-L.-M., [Leb. chr., p. 281]

3547. — ... Aux plaques tournantes situées sur les voies conduisant à la remise des locomotives et aux ateliers de réparation. — Cons. d'Et., 6 juin 1873, Cie P.-L.-M. (gare de Lyon-Vaise), [Leb. chr., p. 505]

3548. — ... Aux voies et plaques tournantes conduisant aux remises de wagons et de locomotives ou affectées au service de la gare des marchandises et des chantiers de dépôt. — Cons. d'Et., 10 déc. 1875, Cie d'Orléans, [Leb. chr., p. 989]

3549. — ... Aux voies, plaques tournantes, etc., servant à amener les wagons aux halles à marchandises ou au pont à bascule. — Cons. d'Et., 25 avr. 1890, Cie du Midi (gares de Campagnan, Nissan, Pézenas, Espondeilhan), [Leb. chr., p. 415]; — 12 févr. 1892, Cie du Midi), [Leb. chr., p. 133]

3550. — ... Aux plaques tournantes servant à relier entre elles des voies imposables. — Cons. d'Et., 25 avr. 1890, Cie du Midi (gare de Pézenas), [Leb. chr., p. 415]

3551. — ... Aux quais découverts des halles aux marchandises, et généralement à tous les quais découverts servant de lieux de dépôt ou de magasinage pour les marchandises. — Mêmes déc. (gares de Campagnan, Nissan, Pézenas et Espondeilhan). — Cons. d'Et., 13 févr. 1892, Cie du Midi, [Leb. chr., p. 133]

3552. — ... Aux terrains employés comme lieux de dépôt permanents pour les rails et les matériaux de réparation de la voie. — Même déc. (gare de Nessan).

3553. — ... A un beffroi avec pompe et à un bâtiment servant d'abri. — Cons. d'Et., 25 avr. 1890, Cie du Midi (gares de Campagnan et de Pézenas), [Leb. chr., p. 415 et 418]

3554. — Cependant on ne doit pas considérer comme bâtiments des travaux souterrains exécutés pour l'exploitation de salines. — Cons. d'Et., 18 mars 1842, Département de la Meurthe, [P. adm. chr,]

3555. — Les terrains non cultivés, employés à un usage commercial ou industriel, tels que chantiers, lieux de dépôt de marchandises et autres emplacements de même nature, soit que le propriétaire les occupe, soit qu'il les fasse occuper par d'autres, à titre gratuit ou onéreux, seront cotisés à la contribution foncière : 1° à raison de leur superficie, sur le même pied que les

terrains environnants; 2°. d'après leur valeur locative déterminée à raison de l'usage auquel ils sont affectés, déduction faite de l'estimation donnée à leur superficie.

3556. — Les art. 82 et 88, L. 3 frim. an VII, et généralement toutes les dispositions relatives aux propriétés bâties leur sont applicables, en tant qu'elles ne sont pas contraires au présent article (L. 29 déc. 1884, art. 1). Dans les communes actuellement cadastrées, l'évaluation de la superficie des terrains dont il s'agit ne pourra être modifiée que si les opérations cadastrales sont renouvelées ou révisées. Dans les mêmes communes, les propriétés imposées à la contribution foncière, sous la dénomination de chantier ou sous toute autre désignation analogue correspondant à une destination commerciale ou industrielle, conservent également leur revenu matriciel, sauf dans le cas de renouvellement ou de révision des opérations cadastrales.

3557. — La circulaire ministérielle qui a commenté cette disposition dispose que le revenu cadastral de l'élévation doit être déterminé d'après la valeur locative moyenne, calculée sur dix années, sous la déduction d'un quart. Que les chantiers et autres emplacements analogues soient affectés au commerce ou à l'industrie, qu'ils dépendent d'une maison ou d'une usine, il n'existe, en faveur de ces terrains, aucune exemption basée sur leur nature ou leur situation. Il n'y a pas lieu de rechercher s'ils sont ou ne sont pas clos, s'ils se distinguent ou non des terrains environnants. Ce qui les caractérise, c'est leur affectation à un usage commercial ou industriel.

3558. — Pour que ces chantiers et autres emplacements deviennent imposables comme propriétés bâties, il faut que leur affectation présente un caractère de permanence. C'est du moins ce qui résulte des débats devant la Chambre des députés (Séance du 27 déc. 1884).

3559. — L'imposition ne s'appliquera pas aux emplacements où sont déposés des bois, fourrages, engrais et autres objets réservés pour l'usage de l'agriculture, les besoins du ménage ou le service personnel des propriétaires ou des occupants. L'imposition ne serait de droit que si ces objets faisaient la matière d'un commerce, ou servaient à l'exercice d'une industrie.

3560. — Avant la loi du 29 déc. 1884, l'administration avait tenté d'assimiler aux propriétés bâties les terrains non bâtis ayant une destination industrielle. Elle se fondait sur des instructions approuvées par le ministre des Finances, le 24 mars 1831. Le Conseil d'Etat avait paru d'abord admettre la légalité de cette assimilation. Nous citerons, en ce sens, une décision du 29 janv. 1863, Cie d'Orléans, [Leb. chr., p. 73], dans laquelle le Conseil, faisant application à des terrains que la compagnie cessait d'affecter à une destination industrielle, des dispositions édictées par l'art. 38, L. 15 sept. 1807, a admis la compagnie à demander décharge de la partie de la contribution afférente à la valeur locative de ces terrains, tout comme s'il s'était agi de constructions qui auraient été démolies.

3561. — Le Conseil a décidé que la clôture d'un terrain par une palissade en planches est à location ne suffisaient pas pour donner à ce terrain le caractère d'un chantier et pour le faire considérer comme propriété bâtie. — Cons. d'Et., 20 juill. 1881, Pozezdziecki, [Leb. chr., p. 713]; — 27 avr. 1883, Legal, [D. 84.5.125]; — 18 mars 1887, Cambuzat, [Leb. chr., p. 236].

3562. — Depuis 1884, le Conseil d'Etat a fait application de l'art. 1, L. 29 déc. 1884, à un terrain dépendant d'une fabrique de faïence et occupé par un hangar et des séchoirs. — Cons. d'Et., 23 nov. 1888, Guion, [D. 90.3.1].

3563. — ... A un terrain loué à un marchand de fourrages pour servir de lieu de dépôt.— Cons. d'Et., 12 avr. 1889, Conscience, [Leb. chr., p. 505].

3564. — Sont imposés comme terrains industriels, c'est-à-dire assimilés aux propriétés bâties, les quais découverts et les voies dépendant des halles aux marchandises qui servent au chargement, au déchargement, au dépôt des marchandises, au remisage des wagons vides. — Cons. d'Et., 27 déc. 1890, Cie du Midi, [Leb. chr., p. 1021].

3565. — Au contraire ne sont pas considérés comme terrains industriels les emplacements qui ne servent pas habituellement de lieux de dépôt. — Cons. d'Et., 12 févr. 1892, Cie du Midi, [Leb. chr., p. 133].

3566. — Avant la loi du 18 juill. 1836, le Conseil d'Etat avait eu à décider si les bacs étaient soumis à la contribution foncière. On réclamait pour eux l'exemption accordée par l'art. 103, L. 3 frim. an VII. Le ministre invoquait l'ancien droit; il soutenait

que les bacs devaient la contribution foncière, parce qu'ils étaient imposés au vingtième; il ajoutait que les bacs étaient imposés en vertu de l'art. 397 du *Recueil méthodique*.

3567. — Le Conseil d'Etat par une première décision du août 1834 condamna le sieur Carrier, fermier du bac d'Auteville à payer l'impôt, attendu qu'à l'époque de l'adjudication ledit bac était soumis à l'impôt; que, dans le procès-verbal d'adjudication il avait été déclaré que la mise à prix était réduite de 1,400 à 1,3 fr. à raison de l'imposition à la charge du fermier; que ce procès-verbal avait été signé par l'adjudicataire qui ne pouvait, d lors, être admis à en prétexter ignorance. Mais une décision térieure décida que les fermiers de bacs n'étaient pas imposable — Cons. d'Et., 19 janv. 1836, Bresson, [P. adm. chr.] — V. s *prà*, v° *Bail*, n. 431 et 345.

3568. — C'est cette décision qui engagea le ministre à p poser aux Chambres la disposition qui est devenue l'art. 2, 18 juill. 1836, et qui déclare les bacs imposables à la contribu tion foncière. La jurisprudence a étendu cette disposition tous les bacs publics indistinctement, alors même qu'ils présenteraient aucune trace d'installation immobilière, nota ment à un batelet libre et allant d'une rive à l'autre à force rames. — Cons. d'Et., 27 mai 1839, Delaunay, [S. 40.2.95, adm. chr.]

3569. — D'après l'art. 397 du *Recueil méthodique* les ba sont évalués comme usines et par voie de comparaison. Si manque d'usines rend ce procédé impossible, on détermine valeur locative en appliquant au produit brut des recettes proportion moyenne qui existe entre le revenu brut des propriét et leur valeur locative normale. On déduit ensuite du résul obtenu le revenu cadastral. — Déc. admin., 18 août 1874, Ch rente-Inférieure, [cité par Lemercier de Jauville, v° *Bacs*]

3570. — Le Conseil d'Etat a appliqué les dispositions la loi de 1836 à un bac desservi par des bateaux à vapeur. Cons. d'Et., 9 nov. 1894, Williams, [Leb. chr., p. 582]

3571. — La loi du 18 juill. 1836 (art. 2) a également décla imposables les bains et moulins sur bateaux, les bateaux blanchisserie et autres de même nature, lors même qu'ils sont pas construits sur piliers ou pilotis et qu'ils sont seuleme retenus par des amarres.

3572. — Avant 1836, le Conseil d'Etat les avait déclaré imposables par les motifs que l'art. 531, C. civ., les classait par les biens meubles; qu'aucune loi de finances ne les avait assi lés aux biens-fonds et que l'art. 96, L. 3 frim. an VII, ne s'appl quait qu'aux établissements sur bateaux fondés sur piliers. — Co d'Et., 28 juill. 1819, Reybaud, [Leb. chr., p. 546]; — 22 juill. 18 Peyrat, [P. adm. chr.] — Une disposition formelle était donc r cessaire pour rendre ces objets passibles de la contribution fo cière.

3573. — Un dock ou une cale flottante destiné à radou les navires et amarré au quai d'un port doit être assimilé a bacs et bateaux imposables. — Cons. d'Et., 24 déc. 1892, Doc de Marseille, [Leb. chr., p. 976]

3574. — Les ponts appartenant à des compagnies d'actic naires ou à des particuliers ne sont évalués qu'à raison des t rains qu'occupent les deux culées, et sur le pied des meilleur terres labourables (R. M., art. 390). Un décret du 24 févr. 17 avait assujetti les droits de péage à la contribution foncière raison de leur revenu net; mais ce décret a été abrogé par l' 154, L. 3 frim. an VII. Ainsi les quelques ponts à péage o subsistent encore ne sont pas imposés comme propriétés bâties.

2° Eléments qui doivent entrer en compte dans l'évaluation des propriétés bâties.

3575. — Le revenu net imposable des maisons et celui d fabriques, forges, moulins et autres usines est tout ce qui res au propriétaire, déduction faite sur leur valeur locative, calcu sur un nombre d'années déterminé, de la somme nécessaire po l'indemniser du dépérissement et des frais d'entretien et réparation (L. 3 frim. an VII, art. 5).

3576. — Dans la détermination du revenu net imposable d propriétés bâties, il y a deux choses à considérer : 1° les él ments dont il doit être tenu compte dans l'évaluation, et 2° l valuation proprement dite, ou la manière d'y procéder.

3577. — Dans les maisons d'habitation on évalue toutes l constructions qui en constituent des dépendances, écuries,

mises, communs, pavillons de jardin, loges de concierges, etc. En fait, dans les villes on comprend même dans l'évaluation du sol des cours. Cette manière de procéder nous paraît plus pratique que correcte. Aussi ne serions-nous nullement disposés à l'étendre à des jardins. Depuis la loi du 8 août 1890, les jardins ne sont plus compris dans les dépendances de la propriété bâtie. Leur superficie est déduite de la valeur locative de la maison. — Cons. d'Et., 17 févr. 1894, [Leb. chr., p. 150]; — 17 mars 1894, Bodin [Leb. chr., p. 235]; — 16 juin 1894, Tessier, [Leb. chr., p. 419]; — 10 nov. 1894, Guérincand, [Leb. chr., p. 588]

3578. — Les caves et souterrains des maisons d'habitation doivent entrer dans leur évaluation. Les caves ou bâtiments souterrains isolés des maisons doivent être évalués à raison de leur valeur locative et sous les mêmes déductions (R. M., art. 394).

3579. — Dans les établissements industriels, il n'y a pas à évaluer que les bâtiments. Il faut aussi tenir compte des machines et appareils qui garnissent les usines. La jurisprudence a fait une distinction entre celles qui sont attachées au fonds à perpétuelle demeure et en font partie intégrante, et le matériel mobile qui ne peut être considéré comme incorporé à l'usine.

3580. — Sont imposables les machines à vapeur qui font partie intégrante de l'usine. — Cons. d'Et., 18 mai 1838, Lefèvre, [P. adm. chr.]; — 8 mai 1841, Montaru-Pothée, [S. 41.2.459, P. adm. chr., D. 41.3.375]; — 24 avr. 1865, Duchemin, [Leb. chr., p. 483]; — 23 nov. 1894, Vaury, [Leb. chr., p. 623]

3581. — Dans un moulin, il faut tenir compte de la valeur locative de la chute d'eau qui constitue la force motrice. — Cons. d'Et., 26 mars 1886, Brunet, [Leb. chr., p. 278]

3582. — ... Les meules, roues et transmissions de mouvement. — Cons. d'Et., 12 août 1867, Quézac, [Leb. chr., p. 743]; — 14 nov. 1879, Vachon, [D. 80.5.108]

3583. — Les presses, turbines, chaudières et autres appareils attachés dans une fabrique de sucre, fixés au sol, au mur ou encastrés dans les parquets et reliés entre eux par un système non interrompu de tuyaux et de conduites, doivent être compris dans l'évaluation du revenu cadastral. — Cons. d'Et., 18 août 1860, Legru, [Leb. chr., p. 610]; — 12 déc. 1861, Lebaudy, [Leb. chr., p. 880]; — 1er févr. 1878, Linard, [Leb. chr., p. 483]; — 1er mai 1885, Sucrerie d'Autilly, [Leb. chr., p. 454]

3584. — Il en est de même, dans une scierie mécanique, des chariots avec leurs montants de scies. — Cons. d'Et., 22 juin 1858, Lemire, [P. adm. chr.]

3585. — ... De l'outillage fixe de l'atelier de montage d'une gare de chemin de fer. — Cons. d'Et., 8 juill. 1887, Cie d'Orléans (gare de Bordeaux-La Bastide), [Leb. chr., p. 550]

3586. — ... D'un bouilleur non scellé au sol mais relié à une machine à vapeur fixe faisant marcher une scierie. — Cons. d'Et., 2 nov. 1888, Sube, [Leb. chr., p. 783]

3587. — Des rails, branchements, plaques tournantes, etc., enlevées des gares de chemins de fer. — Cons. d'Et., 14 mars 1890, Cie P.-L.-M., [Leb. chr., p. 284]

3588. — La circonstance que les machines pourraient être enlevées sans détériorer l'usine ne suffirait pas à les faire considérer comme n'en faisant pas partie intégrante. — Cons. d'Et., 27 avr. 1869, Stéhelin, [S. 70.2.96, P. adm. chr.]

3589. — Pour évaluer la valeur locative de cales de radoub, il faut tenir compte de la valeur de bateaux-portes qui en forment partie intégrante. — Cons. d'Et., 24 déc. 1892, Docks de Marseille, [Leb. chr., p. 976]

3590. — L'outillage mobile qui garnit les établissements industriels ne doit pas entrer en compte dans l'évaluation de la valeur locative. — Cons. d'Et., 10 févr. et 24 mars 1882, Massignon et Dufour, [Leb. chr., p. 143 et 282]

3591. — Ainsi décidé pour les cylindres destinés à étirer le fer, les métiers servant à la fabrication des chevilles, une cisaille horizontale et d'autres objets non scellés aux murs ni fixés au sol. — Cons. d'Et., 22 déc. 1863, Sirot-Wagret, [Leb. chr., p. 854]

3592. — ... Pour une machine à percer mobile établie dans une scierie à vapeur. — Cons. d'Et., 2 nov. 1888, Sube, [Leb. chr., p. 783]

3593. — ... Pour les grues à pivot non scellées au sol qui existent dans les gares de chemins de fer. — Cons. d'Et., 27 janv. 1865, Cie P.-L.-M. (gare de Châlons), [Leb. chr., p. 104]

3594. — ... Pour des grues et guérites à bascule. — Cons. d'Et., 12 août 1868, Cie P.-L.-M. (gare de Bercy), [Leb. chr., p. 907]

3595. — ... Pour les chariots et l'outillage mobile. — Cons. d'Et., 11 janv. 1866, Cie P.-L.-M. (gare de Clermont), [Leb. chr., p. 12]

3596. — ... Pour un pont mobile existant dans la remise des locomotives. — Cons. d'Et., 6 juin 1873, Cie P.-L.-M. (gare de Lyon-Vaise), [Leb. chr., p. 505]

3597. — En ce qui touche l'outillage fixe, la jurisprudence a fait une exception en faveur des machines à vapeur servant à l'exploitation des mines. Elle s'est fondée sur ce que ces machines ne produisent pas de revenus propres et sur ce que le revenu qu'elles peuvent indirectement donner se confond avec les produits de l'exploitation et est atteint par la redevance proportionnelle calculée sur le produit net. — Cons. d'Et., 26 sept. 1871, Denier, [S. 73.2.158, P. adm. chr., D. 73.3.84]; — 8 nov. 1872, Mines de Littry, [Leb. chr., p. 554]; — 14 févr. 1873, Mines de Blanzy, [Leb. chr., p. 158]; — 7 juin 1878, Cie d'Anzin, [S. 80.2.87, P. adm. chr.]

3o Bases et moyens d'évaluation avant la loi du 8 août 1890.

3598. — I. *Détermination du revenu net imposable.* — Sous l'empire des lois des 3 frim. an VII et 15 sept. 1807, l'impôt foncier était assis sur le revenu cadastral des maisons et usines. Ce revenu cadastral était en principe le revenu net imposable de l'immeuble, c'est-à-dire la valeur locative moyenne calculée sur dix années et déduction faite de certains frais. Le revenu net imposable des maisons d'habitation, portait la loi, en quelque lieu qu'elles soient situées, soit que le propriétaire les occupe ou les fasse occuper par d'autres, à titre gratuit ou onéreux, est déterminé d'après leur valeur locative, calculée sur dix années, sous la déduction d'un quart de cette valeur locative, en considération du dépérissement et des frais d'entretien et de réparation (L. 3 frim. an VII, art. 82).

3599. — Le revenu net imposable des fabriques, manufactures, forges, moulins et autres usines est déterminé d'après leur valeur locative, calculée sur dix années, sous la déduction d'un tiers de cette valeur, en considération du dépérissement et des frais d'entretien et de réparation (L. 3 frim. an VII, art. 87).

3600. — D'après les art. 5, 82 et 87, L. 3 frim. an VII, le revenu net imposable des propriétés bâties se déterminait d'après leur valeur locative. On ne pouvait donc prendre pour base de l'imposition l'étendue de la propriété. — Cons. d'Et., 26 févr. 1872, Marsan, [Leb. chr., p. 109]; — 27 juin 1884, Peyrebire, [Leb. chr., p. 519]

3601. — ... Ni le prix de construction de l'immeuble. — Cons. d'Et., 7 sept. 1861, Launay, [Leb. chr., p. 798]; — 16 févr. 1866, Sœurs de l'Instruction chrétienne, [S. 66.2.375, P. adm. chr.]; — 8 mai 1867, Coudere, [Leb. chr., p. 452]; — 3 juin 1881, Lamarque, [Leb. chr., p. 588]

3602. — Quant il s'agissait d'usines, leur revenu imposable devait être déterminé d'après la valeur locative de l'établissement considéré comme usine, et non sur les produits de l'exploitation, qu'il s'agit du produit brut ou du produit net. De nombreuses décisions ont consacré ce principe. — Cons. d'Et., 6 sept. 1825, de Jauzé, [P. adm. chr.]; — 6 juin 1834, Schlumberger, [P. adm. chr.]; — 20 juin 1839, Stokoffer, [P. adm. chr.]; — 8 juin 1877, Cie des Entrepôts et magasins généraux de Paris, [Leb. chr., p. 563]

3603. — Cependant, le nombre de fuseaux ou de métiers existant dans une fabrique pouvait servir d'indice pour apprécier son importance. — Cons. d'Et., 18 févr. 1839, Faugier, [P. adm. chr.]

3604. — On ne pouvait en général prendre pour base du revenu imposable l'intérêt à un taux déterminé de la valeur vénale de l'immeuble. Ce mode d'évaluation, condamné en principe par la jurisprudence. — Cons. d'Et., 30 mai 1844, Dumont, [P. adm. chr.]; — 27 janv. 1865, Cie P.-L.-M. (gare de Mâcon), [Leb. chr., p. 105] — ne pouvait être admis que d'une manière exceptionnelle et à défaut de toute autre base. — Cons. d'Et., 27 avr. 1869, Stéhelin, [S. 70.2.96, P. adm. chr.]

3605. — La valeur locative des halles d'une ville était déterminée par le produit des locations d'emplacement dans l'intérieur de ces bâtiments, qu'elles fussent permanentes ou accidentelles. Il n'y avait pas à tenir compte des perceptions autres que ces locations, par exemple du produit des droits de pesage, mesurage et jaugeage que la ville était autorisée à prélever. — Cons. d'Et., 31 mai et 30 oct. 1848, Ville de Beaune, [S. 48.2. 655, P. adm. chr.]

3606. — Il en était de même de la valeur locative d'abattoirs communaux ou de bâtiments de poids public. On ne devait pas

tenir compte du produit des taxes municipales d'abatage ou de pesage. — Cons. d'Et., 28 ma. 1862, Ville de Thiers, [P. adm. chr.]

3607. — ... Ni du produit de la concession des droits d'étalage. — Cons. d'Et., 18 juin 1872, Ville de Châteaulin, [Leb. chr., p 377]

3608. — ... Ni du prix de ferme exigé du concessionnaire investi du droit d'exploiter les abattoirs et de percevoir les taxes. — Cons. d'Et., 16 avr. 1863, Passant, [Leb. chr., p. 362]

3609. — ... Ni du produit de l'exploitation. — Cons. d'Et., 28 juin 1889, Ville de Paris, [Leb. chr., p. 782]

3610. — Le revenu cadastral d'un bac devait être établi, non d'après la redevance annuelle payée à l'Etat, mais d'après la valeur locative de l'outillage servant à l'exploitation. — Cons. d'Et., 9 nov. 1894, Williams, [Leb. chr., p. 582]

3611. — De ce qu'il n'y a pas à tenir compte de la perception des droits dans l'estimation de la valeur locative, il résultait que cette valeur ne devait pas être augmentée ou réduite par le fait que la durée de la concession serait plus ou moins longue ou qu'une partie du produit de ces droits serait affectée chaque année à l'amortissement du capital dépensé. — Cons. d'Et., 6 juin 1844, Pérabon, [P. adm. chr.]

3612. — Les bordigues établies soit dans des étangs, soit dans des canaux de navigation devaient être évaluées d'après leurs produits particuliers. — Cons. d'Et., 4 nov. 1835, Commune de Cette, [P. adm. chr.]; — 18 mars 1841, Cie des canaux et étangs de Cette [P. adm. chr.]

3613. — Mais il n'en était pas de même de simples postes de pêche existant dans un canal de navigation, devaient être compris dans l'évaluation de ce canal (propriété non bâtie). — Cons. d'Et., 18 mars 1841, précité.

3614. — Les machines ne devaient être évaluées qu'en raison des services effectifs qu'elles rendaient et non en raison de leur valeur locative absolue. Il en devait être ainsi par exemple d'une machine à vapeur, destinée à suppléer, en cas de besoin, à l'insuffisance du cours d'eau sur lequel est construite l'usine. — Cons. d'Et., 16 juill. 1861, Allenou, [P. adm. chr.]

3615. — Pour déterminer la valeur locative imposable des machines, on employait souvent le mode d'évaluation en capital, qui consiste à appliquer à la valeur des objets un taux plus ou moins élevé suivant qu'ils sont exposés à des chances de dépérissement plus ou moins nombreuses. Ce taux est ordinairement de 5 p. 0/0 pour les bâtiments et pour l'outillage fixe. Ce mode d'évaluation très-usité en matière de patente a été admis par le Conseil d'Etat pour la contribution foncière. — Cons. d'Et., 12 févr. 1892, Cie du Midi, [Leb. chr.]

3616. — La valeur locative déterminée, la loi du 3 frim. an VII prescrivait qu'il serait fait une déduction à raison du dépérissement et des frais d'entretien et de réparation. Cette déduction qui a été maintenue par la loi du 8 août 1890, est du quart de la valeur locative pour les maisons d'habitation et du tiers pour les usines. Elle a pour but d'arriver à la détermination du revenu net.

3617. — Cette différence a rendu nécessaire une classification souvent assez délicate des propriétés bâties. Il a été jugé qu'il y avait lieu de considérer comme usines : un établissement d'eaux thermales. — Cons. d'Et., 20 juin 1837, Lasserre, [P. adm. chr.]

3618. — ... Des bordigues. — Cons. d'Et., 18 mars 1841, Cie des canaux et étangs de Cette, [P. adm. chr.]

3619. — ... Les bâtiments d'exploitation d'abattoirs et de marchés communaux. — Cons. d'Et., 19 juill. 1837, Tessier, [P. adm. chr.]; — 6 juin 1844, précité; — 16 avr. 1863, Passant, [Leb. chr., p. 362]

3620. — ... Un bâtiment loué à l'administration des contributions indirectes et servant à l'emmagasinage des tabacs. — Cons. d'Et., 24 déc. 1862, Tarioto, [Leb. chr., p. 847]

3621. — Au contraire les théâtres, malgré le caractère industriel de leur exploitation, ont paru se rapprocher davantage des maisons que des usines. — Cons. d'Et., 11 mai 1838, Théâtre des variétés de Bordeaux, [S. 39.2.124, P. adm. chr., D. 39.3.95]; — 18 mars 1857, Gymnase dramatique de Paris, [P. adm. chr., D. 57.3.86]

3622. — Il en est de même des bâtiments d'habitation qui se trouvent dans les abattoirs, les marchés et généralement toutes les autres usines. — Cons. d'Et., 18 août 1861, Cash, [Leb. chr., p. 698]; — 16 avr. 1863, précité.

6223. — Dans les bâtiments appartenant aux compagnies de chemins de fer, on a dû établir une distinction entre ceux qui

avaient le caractère de maisons et ceux qui avaient le caractère d'usines. Les compagnies avaient émis la prétention de faire reconnaître ce dernier caractère à toutes leurs propriétés bâties. Cette prétention n'a pas été admise. — Cons. d'Et., 12 août 1868, Cie P.-L.-M. (gare de Bercy), [Leb. chr., p. 907]

3623 bis. — Sont considérés comme maisons d'habitation, les salles d'attentes, les buffets, les cabinets d'aisances, les bureaux, les logements des employés, les magasins de bagages et de marchandises, les remises aux voitures avec les rails et plaques tournantes des voies qui y conduisent, les pontons d'une gare maritime. — Cons. d'Et., 17 août 1864, Cie de P.-L.-M. (gares de Montereau, Moulins, Salins), [S. 65.2.120, P. adm. chr.]; — 27 janv. et 25 août 1865, Cie de P.-L.-M. (gares de Mâcon, Châlon, Dôle), [Leb. chr., p. 104 et 843]; — 14 janv. 1866, Cie de P.-L.-M. (gare de Clermont), [Leb. chr., p. 15]; — 8 juill. 1887, Cie d'Orléans (gare de Bordeaux-Bastide), [Leb. chr., p. 550]

3624. — Les maisons des gardes-barrières. — Cons. d'Et., 21 avr. 1882, Cie d'Orléans (Ivry, Choisy-le-Roi), [D. 83.5.136-137]

3625. — Doivent, au contraire, être considérés comme usines les ateliers, avec les rails qu'ils renferment ou qui y conduisent et l'outillage fixe qui y est installé; les châteaux d'eaux, bâtiments de prise d'eau, réservoirs et conduites souterraines; les conduites de gaz, les locaux renfermant les machines à vapeur ou hydrauliques, les rotondes aux locomotives, les fours à coke et leurs dépendances, les chantiers servant de dépôt de matériel. — Cons. d'Et., 17 août 1864, 27 janv. et 25 août 1865, 11 janv. 1866, 12 août 1868, précités.

3626. — Quand les preneurs à bail d'une maison ou d'une usine se sont engagés à l'entretenir à leurs frais et à la rendre en bon état, il n'y a pas lieu d'opérer les déductions prescrites par les art. 82 et 87, L. 3 frim. an VII. — Cons. d'Et., 6 sept. 1825, de Janzé, [P. adm. chr.]; — 6 févr. 1846, Pradet, [P. adm. chr.]

3627. — Ces déductions légales sont un maximum. On ne peut, pour fixer le revenu d'une usine, déduire plus du tiers de la valeur locative. — Cons. d'Et., 18 févr. 1839, Faugier, [S. 39.2.500, P. adm. chr., D. 40.3.6]

3628. — Il y a lieu de déduire du revenu brut des bâtiments, la somme représentant les frais de vidange des cabinets d'aisances. — Cons. d'Et., 12 août 1868, précité.

3629. — Au contraire, on ne peut déduire de la valeur locative d'une usine les frais d'administration et d'assurance contre l'incendie. — Cons. d'Et., 6 juin 1844, Pérabon, [P. adm. chr.]

3630. — Enfin, il y a lieu de déduire de l'estimation des propriétés bâties l'évaluation donnée à la superficie (L. 15 sept. 1807, art. 34). — Cons. d'Et., 23 mai 1879, Goix-Lacroix, [Leb. chr., p. 409]

3631. — Ce n'est pas la valeur vénale du sol qu'il y a lieu de déduire, mais son évaluation cadastrale. — Cons. d'Et., 3 juin 1881, Grenet-Mény, [S. 83.3.7, P. adm. chr. D. 82.3.105]; — 9 juin 1882, Nau, [D. 83.5.137]; — 4 mai 1883, Cie générale des eaux, [Leb. chr., p. 421]; — 13 févr. 1885, Chambre de commerce du Hâvre, [D. 86.5.122]

3632. — On décidait d'ailleurs qu'il n'y a pas lieu de faire d'autres déductions sur la valeur locative d'une maison, et qu'on n'a pas à tenir compte de la dépréciation résultant de ce que cette maison a été acquise par une ville par la voie de l'expropriation et pour être démolie. — Cons. d'Et., 4 janv. et 14 nov. 1884, Ville de Paris, [Leb. chr., p. 6 et 778]

3633. — On décidait également qu'il n'y a pas à tenir compte dans l'évaluation de la valeur locative d'une maison, de la plus-value qui résulterait pour elle de sa situation à proximité d'un parc. — Cons. d'Et., 4 août 1876, Marchand, [Leb. chr., p. 754] — Inversement, son revenu cadastral ne devrait pas être réduit par le seul fait qu'un établissement incommode ou insalubre aurait été créé dans le voisinage.

3634. — Le revenu net déterminé par ces déductions, on recherchait le revenu net des dix années précédentes et c'était la moyenne du revenu pendant ces dix années qui constituait le revenu net imposable devant servir de base à l'assiette de l'impôt.

3635. — Lorsque pour déterminer la valeur locative d'une maison, on avait pris le revenu réel de la dernière année au lieu de la valeur locative moyenne des dix dernières années, il y avait lieu d'accorder réduction. — Cons. d'Et., 21 mars 1891, Mayeur, [Leb. chr., p. 256]

3636. — Le revenu cadastral d'une usine devait être fixé, non d'après le prix du bail en cours, mais d'après la valeur locative des dix dernières années. — Cons. d'Et., 26 déc. 1894, Bazin, [S. et P. 93.3.140]

3637. — II. *Moyens d'évaluation.* — A l'aide de quels moyens évaluait-on la valeur locative des propriétés bâties? Les règles étaient tracées par le *Recueil méthodique.* Lorsque la valeur de quelques propriétés bâties était constatée par des baux, on évaluait les autres par comparaison, et en suivant la proportion qui résultait de leur étendue et de leur situation (R. M., art. 335). Lorsqu'il n'existait aucun bail, on s'attachait à reconnaître la valeur locative en combinant l'étendue des maisons, leur situation, les commodités qu'elles présentaient et le nombre de pièces dont elles étaient composées; on déclarait enfin le prix qu'on pourrait en espérer d'un particulier qui se présenterait pour les louer (R. M., art. 336).

3638. — La jurisprudence a souvent déclaré qu'il y avait lieu de fixer le revenu cadastral de maisons ou d'usines en prenant pour base le prix de location indiqué dans les baux. — Cons. d'Et., 24 août 1869, Reishofer, [Leb. chr. p. 812]; — 11 févr. 1876, Fourcade, [Leb. chr., p. 140]; — 8 mai 1885, de Beaumont, [Leb. chr., p. 488]

3639. — Quand un immeuble loué par bail principal avait fait l'objet de sous-locations, c'est le montant effectif de ces sous-locations qui devait servir de base à l'assiette du revenu cadastral. — Cons. d'Et., 21 juill. 1882, Mantin, [Leb. chr., p. 696]; — 29 janv. 1886, Giroud, [Leb. chr., p. 83]

3640. — La valeur locative d'une usine ou manufacture quelconque se constatait par elle si elle était louée ou affermée; si elle n'était pas louée, par la comparaison avec les propriétés de même nature qui se trouvaient louées dans la commune; s'il n'y avait aucune propriété du même genre louée dans la commune, s'il ne se trouvait aucun point de comparaison, on déculait le revenu brut des marchandises ou productions, on déduisait les frais d'exploitation de toute espèce et on établissait le revenu net, sur lequel on faisait ensuite les déductions spécifiées ci-dessus (R. M., art. 340). Chaque usine devait recevoir une évaluation distincte (R. M., art. 341).

3641. — Toutefois, les prix indiqués dans les baux ne devaient pas lier les juges ni l'administrateur, les baux pouvant avoir été passés dans des conditions particulières ou manquant de sincérité. Dans ce cas, le revenu cadastral devait être déterminé d'après la valeur locative réelle. — Cons. d'Et., 3 sept. 1852, Janzé, [Leb. chr., p. 643]; — 18 août 1866, Donnadieu, [Leb. chr., p. 4036]; — 9 juin 1868, Burgault, [Leb.chr., p. 630]; — 27 févr. 1880, Crédit viager, [D. 81.3.36]; — 24 juill. 1882, Mantois, [Leb. chr., p. 696]; — 4 janv. 1884, Ville de Paris, [Leb. chr., p. 6]; — 23 mai 1884, Paul, [S. 86.3.16, P. adm. chr., D. 85.3.140]; — 7 mai 1892, Bazanac, [Leb. chr., p. 429]; — 24 déc. 1892, Docks de Marseille, [Leb. chr., p. 976]

3642. — On procédait alors par voie de comparaison avec les autres immeubles de la commune, et, si les termes de comparaison faisaient défaut, par voie d'appréciation directe. — Cons. d'Et., 18 mars 1842, Dép. de la Meurthe, [P. adm. chr.]; — 7 août 1875, Petin-Gaudet, [Leb. chr., p. 799]

3643. — La loi de frimaire disposait encore qu'aucune maison d'habitation ne pourrait être cotisée, quelle que fût l'évaluation de son revenu, au-dessous de ce qu'elle le serait à raison du terrain qu'elle enlevait à la culture, évalué sur le pied du double des meilleures terres labourables de la commune, si la maison n'avait qu'un rez-de-chaussée; du triple si elle avait un étage au-dessus du rez-de-chaussée, et du quadruple si elle en avait plusieurs. Le comble ou toiture, de quelque manière qu'il soit disposé, ne devait pas être compté pour un étage (L. 3 frim. an VII, art. 43; R. M., art. 393).

3644. — Cette disposition n'avait pas d'autre effet que de fixer le minimum du revenu d'une maison. Il n'en résultait pas que la valeur locative d'une maison dût être limitée au double, au triple ou au quadruple de la valeur du terrain qu'elle enlève à la culture. — Cons. d'Et., 14 juill. 1876, Tournus, [Leb. chr., p. 680]

3645. — L'évaluation au minimum ne devait avoir pour objet que des chaumières misérables ou des maisons dans un état de dégradation absolue (R. M., art. 342).

3646. — Si une maison appartenait à deux propriétaires, dont l'un aurait le rez-de-chaussée, et l'autre l'étage supérieur, le rez-de-chaussée sera évalué: 1° pour sa superficie; 2° à raison de sa valeur locative avec les déductions énoncées ci-dessus. L'étage

supérieur étant évalué à raison de la valeur locative, à la déduction du quart, et, sans déduction pour la superficie (R. M., art. 393).

4° Bases et moyens d'évaluation depuis la loi du 8 août 1890.

3647. — La loi du 8 août 1890 en transformant la contribution foncière des propriétés bâties en impôt de quotité, a changé la base d'imposition. La loi du 8 août 1885 avait chargé l'administration de procéder au recensement général des propriétés bâties et à la détermination de leur valeur locative *actuelle.* En exécution de cette loi, les agents de l'administration ont procédé de 1886 à 1889, à ce travail d'évaluation, qui a été soumis aux répartiteurs et finalement homologué par le parlement.

3648. — L'art. 5, L. 8 août 1890, dispose que la contribution foncière des propriétés bâties sera réglée en raison de la valeur locative de ces propriétés, telle qu'elle a été établie conformément à l'art. 34, L. 8 août 1885, sous déduction d'un quart pour les maisons et d'un tiers pour les usines, en considération du dépérissement et des frais d'entretien et de réparation.

3649. — Il résulte de la combinaison de cet article avec l'art. 34 de la loi de 1885, que ce n'est plus le revenu moyen des dix dernières années qui servira de base au calcul de l'impôt, mais la valeur locative actuelle, c'est-à-dire au moment où s'est fait le travail d'évaluation.

3650. — Un nombre considérable de réclamations se sont élevées sur le point de savoir à quelle date il fallait se placer pour la détermination de la valeur locative imposable. Les travaux d'évaluation ayant exigé plusieurs années, des modifications dans la valeur locative avaient pu se produire entre le jour de l'évaluation et le 1er janv. 1891, date à laquelle la loi du 8 août 1890 devenait applicable. Les contribuables alléguaient qu'en adoptant pour base de l'impôt des évaluations faites à des dates très-différentes, on plaçait les contribuables dans des situations très-inégales, qu'on violait le principe de l'annualité de l'impôt et même celui de la décennalité des évaluations fixé par la loi des 1890. Le Conseil d'Etat a repoussé ces réclamations. Les travaux préparatoires montraient en effet que le législateur avait entendu homologuer purement et simplement les évaluations faites par l'administration. C'est donc à la date où s'est faite l'évaluation qu'il faut se reporter pour apprécier si la valeur locative est exagérée. — Cons. d'Et., 15 déc. 1893, de Vaux, [Leb. chr., p. 836]; — 16 févr. 1836, Jalasserro, [Leb. chr., p. 136, et d'innombrables arrêts rendus en 1894 et 1893]

3651. — Que fallait-il entendre par époque de l'évaluation? Cette question n'était pas sans présenter quelques difficultés par suite du manque d'unité de la procédure suivie pour le travail des évaluations. Dans toutes les petites communes et dans quelques grandes villes, notamment à Paris, l'évaluation terminée par le contrôleur avait été soumise à une révision administrative faite par les agents supérieurs de la régie. Cette commission de révision arrêtait définitivement les évaluations et rédigeait un procès-verbal de clôture. Dans d'autres grandes villes, au contraire, à Lyon notamment, il n'y eut pas de révision générale. Chaque contrôleur arrêtait le procès-verbal des évaluations de sa circonscription. Il en résultait que, dans une telle ville, les évaluations pouvaient avoir été faites à des dates très-différentes. De nombreux contribuables, d'accord avec le ministre des Finances, prétendaient que cette procédure était irrégulière et que pour assurer la proportionnalité des évaluations entre contribuables de la même commune, toutes fussent arrêtées à une date unique. Le Conseil d'Etat n'a pas admis cette prétention. Il s'est fondé sur ce que la loi du 8 août 1885, en prescrivant à l'administration d'évaluer la valeur locative actuelle, n'avait posé aucune règle pour l'exécution de ce travail, ni ordonné qu'il s'achèverait partout au même moment, et non que le travail fût évalué qu'il était fait, avait été homologué. — Cons. d'Et., 16 mars 1894, de Villiers, [Leb. chr., p. 211]

3652. — Les résultats de cette évaluation ayant été sanctionnés par la loi du 8 août 1890, nous croyons utile de reproduire quelques passages du rapport adressé au ministre des Finances par le directeur général des contributions directes, passages dans lesquels se trouvent réunis les procédés d'évaluation auxquels on a eu recours pour l'estimation des diverses catégories d'immeubles. «En principe, les baux et les déclarations de locations verbales constituent la base de cette évaluation. Lors de la dernière évaluation des propriétés bâties, ils ont servi à éva-

luer plus du cinquième de ces propriétés. Mais si l'administration a cherché à baser son travail sur le plus grand nombre d'actes de location possible, elle n'a fait usage de ces actes qu'après une étude et un examen attentif des conditions dans lesquelles ils avaient été consentis. Sans parler des ventilations opérées pour déduire les charges qui s'appliquaient à des objets étrangers à la propriété bâtie, elle n'a admis que les baux se présentant dans des conditions normales; elle a tenu compte, dans l'évaluation des immeubles destinés au logement de la population ouvrière, de l'exagération que l'on rencontre toujours dans les prix stipulés pour les locations de courte durée; elle a évité de tirer des déductions générales des baux relatifs à l'installation de certains services publics (casernes de gendarmeries, bureaux de poste), jugeant que ces prix exceptionnels ne pouvaient, en ce qui concerne les communes rurales, être pris en considération pour la détermination du cours des loyers. Dans les communes où l'administration n'avait à sa disposition ni baux, ni déclarations de locations verbales, elle a procédé, pour déterminer les évaluations, par voie de comparaison avec les propriétés des communes voisines. On s'est aidé des actes de vente et des estimations en valeur vénale : l'emploi des actes de vente a été très-restreint. Pour les usines on s'est servi tant des baux que des valeurs locatives servant de base au droit proportionnel de patente. Quant aux châteaux et maisons exceptionnelles, on s'est servi des renseignements fournis par le service de l'enregistrement. Les propriétés évaluées au moyen de ces renseignements ont été prises pour types : on a calculé la moyenne par pièce ou par mètre superficiel de la valeur locative attribuée à ces propriétés et cette moyenne a servi de régulateur pour l'évaluation des propriétés similaires. Sur d'autres points, les châteaux ont été évalués par comparaison avec les propriétés bâties les plus importantes de la contrée, en tenant compte, non seulement du nombre de pièces et de la superficie cumulée du rez-de-chaussée et des étages, mais aussi de l'état d'entretien ou de conservation des bâtiments, des avantages ou des inconvénients de leur situation et même, lorsqu'il y avait lieu, de leur style ou leur caractère historique, en un mot de tous les éléments d'appréciation dont il convient de se préoccuper dans la recherche d'un prix de location possible. Enfin, dans quelques départements, on a déterminé la valeur locative des châteaux et des maisons exceptionnelles par l'application d'un taux d'intérêt à la valeur vénale. Dans le choix du taux à employer, on s'est inspiré de cette idée que les propriétés de l'espèce, par leur situation, leur emploi ou leur destination, devaient être traitées sur le même pied que les fermes et les exploitations rurales dont elles forment en quelque sorte le complément, et c'est le taux de placement en acquisitions de propriétés non bâties dont on a fait usage » (Rapport du 5 juill. 1890, p. 10 et s.).

3653. — Le Conseil d'État a eu à apprécier les résultats de ces instructions. Il a admis que dans le cas où les baux produits par les propriétaires présentaient un caractère anormal, et imposaient au propriétaire des charges exceptionnelles, il n'y avait pas lieu d'en tenir compte et qu'on pouvait procéder par comparaison ou par évaluation directe. — Cons. d'Et., 27 juill. 1894, Auriac, [Leb. chr., p. 510] — ... Comme au cas où le bail fixait le loyer à un chiffre trop faible. — Cons. d'Et., 29 déc. 1894, Dumas-Primbault, [Leb. chr., p. 739]

3654. — On a encore admis que l'on pouvait, au moment des évaluations, tenir compte de ce qu'un bail était sur le point d'expirer et ne se trouvait plus en harmonie avec les valeurs locatives du reste de la commune.

3655. — Pour les châteaux et maisons exceptionnelles, il a été jugé que l'on pouvait les évaluer par comparaison avec les châteaux situés dans d'autres communes.

3656. — Lorsqu'une maison, louée à un locataire principal, fait l'objet de plusieurs sous-locations, la valeur locative qui sert de base à la contribution est celle qui résulte de l'ensemble des baux consentis aux sous-locataires. — Cons. d'Et., 4 mai 1894, Dauconguie, [Leb. chr., p. 306]; — 25 mai 1894, Min. Finances, [Leb. chr., p. 358]; — 27 juill. 1894, Hospices de Lyon, [Leb. chr., p. 509]

3657. — Il n'y a pas lieu de la valeur locative les frais qui constituent pour le propriétaire des charges de la propriété et qui sont couverts, en principe, par la déduction du tiers ou du quart prescrite par la loi. Les frais de balayage et d'éclairage des cours, escaliers et autres locaux communs, les frais de vidange des fosses d'aisances, les gages du concierge

constituent des charges de la propriété. C'est le propriétaire qui doit les supporter, de même que l'impôt foncier. — Cons. d'Et., 16 févr. 1894, Vaillant, [Leb. chr., p. 136]

3658. — Si par des conventions passées avec des locataires, il met ces frais à leur charge soit directement, soit sous forme de remboursement des dépenses faites par lui, la valeur locative de son immeuble doit être majorée d'autant. — Cons. d'Et., 5 mai 1894, Giraud, [Leb. chr., p. 331]

3659. — Au contraire, si le propriétaire prend à sa charge des dépenses qui constituent des charges locatives, telles que les frais de ramonage, le tapis de l'escalier, les frais de concession d'eau, il est fondé à demander que ces frais soient déduits de la valeur locative de son immeuble. En effet, les loyers qu'il reçoit représentent pour une certaine part le remboursement de dépenses qu'il a faites en l'acquit des locations. — Cons. d'Et., 16 févr. 1894, Vaillant, [Leb. chr., p. 136]; — 21 juill. 1894, Barbet, [Leb. chr., p. 505]; — 9 nov. 1894, Bertin, [Leb. chr., p. 581]

3660. — Il en est de même à l'égard de la contribution des portes et fenêtres en tant du moins qu'elle porte sur les ouvertures autres que celles qui servent à éclairer des locaux communs. D'après la loi du 4 frim. an VII, la contribution des portes et fenêtres est, en principe, une charge locative, il est donc juste que si le propriétaire la prend à sa charge, il obtienne réduction d'autant sur la valeur locative de son immeuble. — Cons. d'Et., 6 mai 1894, Vaillant, [Leb. chr., p. 136] — Il y a lieu, de même, de déduire la contribution des portes et fenêtres assise sur les ouvertures qui éclairent le logement occupé par le propriétaire dans sa propre maison. En effet, cet appartement pour lequel il n'est pas perçu de loyer sera évalué par comparaison avec les autres logements de la maison. La contribution des portes et fenêtres doit être déduite de ce loyer ainsi calculé. — Cons. d'Et., 10 mai 1895, Baudrie-Bernard, etc.

3661. — Dans les villes où l'usage fait supporter la contribution des portes et fenêtres par le propriétaire à moins de stipulations contraires, cet usage n'a pas pour effet de transformer la nature juridique de la contribution et d'en faire une charge de la propriété. Il change seulement le débiteur. Dans le silence des conventions, le propriétaire acquittera les portes et fenêtres, mais il en fera déduire le montant de la valeur locative de son immeuble. — Cons. d'Et., 10 mai 1895, Revols, Baudrie-Bernard, Galarin, etc. — Dans ces localités, il n'y a pas lieu de distinguer, comme le proposait le ministre des Finances, entre les appartements qui ont fait l'objet de baux et ceux qui ont fait l'objet de locations verbales. — Mêmes arrêts.

3662. — Enfin, quand une maison est louée en entier à un locataire unique, c'est le montant de la contribution afférent à la totalité des ouvertures qu'il faut déduire. — Cons. d'Et., 14 juin 1895, Magro, Galarin, Deljongla, Mazures, etc.

3663. — On s'est demandé s'il fallait, après comme avant la loi du 8 août 1890, déduire de la valeur locative de l'immeuble la valeur locative de la superficie. Le Conseil d'État s'est prononcé pour l'affirmative, en se fondant sur ce que la loi du 8 août 1885, qui avait prescrit l'évaluation des propriétés bâties n'était que la suite de la loi du 22 juill. 1881 qui avait séparé le contingent de la propriété bâtie de celui de la propriété non bâtie. L'art. 2 de cette loi portait que le revenu cadastral afférent pour 1882 aux propriétés bâties, abstraction faite de celui du sol, serait séparé des autres revenus figurant aux matrices. Il est bien entendu que ce sera non la valeur rurale du sol, ni sa valeur locative résultant d'un bail que l'on devra déduire, mais seulement son revenu cadastral. — Cons. d'Et., 14 juin 1895, Rabusson.

3664. — Il est juste de tenir compte, dans l'évaluation d'une maison, des réparations qui ont été faites par un locataire et qui lui donnent une plus-value. — Cons. d'Et., 16 févr. 1894, Huchet, [Leb. chr., p. 137]

SECTION II.
Exemptions.

§ 1. *Exemptions permanentes.*

1° *Domaine public.*

3665. — En principe, tous les immeubles sont passibles de la contribution foncière, sans autres exceptions, dit l'art. 2, L.

3 frim. an VII, que celles déterminées ci-après pour l'encouragement de l'agriculture ou pour l'intérêt général de la société. Les exemptions sont permanentes ou temporaires.

3666. — Les rues, places publiques servant aux foires et marchés, les grandes routes, les chemins publics vicinaux et les rivières ne sont point imposables (L. 3 frim. an VII, art. 103). L'art. 399 du *Recueil méthodique* ajoute à cette énumération les carrefours, les fontaines publiques, les ponts, les promenades publiques, les boulevards, les ruisseaux, les lacs, les rochers nus et arides. Les promenades publiques appartenant à des particuliers sont évaluées comme terrains de pur agrément.

3667. — Les rues ouvertes par un particulier sur un terrain lui appartenant sont imposables tant qu'elles n'ont pas été classées parmi les voies publiques de la commune. — Cons. d'Et., 24 janv. 1879, Collette-Payent, [D. 79.3.56-57]

3668. — Les chemins de halage restent imposables au nom des propriétaires des terrains sur lesquels ils sont établis : on doit toutefois tenir compte aux propriétaires de la dépréciation qui résulte pour ces terrains de l'établissement de la servitude. — Cons. préf. Dordogne, 9 janv. 1827, [Lemercier de Jauville, vᵒ *Halage*]

3669. — Les promenades publiques appartenant aux communes ne sont pas imposables, alors même que les communes en tireraient un revenu sous forme de droits de place, pour des locations accidentelles ou permanentes. Autrement, on serait conduit à déclarer imposables toutes les rues ou places publiques où les communes perçoivent journellement des droits de place ou de stationnement. — Lemercier de Jauville, *Rép.*, vᵒ *Promenades publiques*.

3670. — L'exemption édictée par l'art. 103, L. 3 frim. an VII, en faveur des places publiques servant aux foires et marchés, ne peut être étendue aux édifices communaux servant de halles, alors même qu'on y circulerait librement. — Cons. d'Et., 26 oct. 1836, Ville d'Alençon, [S. 37.2.126, P. adm. chr., D. 38.3.122]; — 10 mai 1851, Ville de Brest, [Leb. chr., p. 346]; — 5 août 1854, Ville de Lille, [Leb. chr., p. 747] ; — 11 févr. 1857, Ville de Mortagne, [D. 57.3.75] ; — 20 sept. 1865, Ville de Saint-Gaudens, [Leb. chr., p. 921]; — 26 juill. 1878, Ville de Gap, [Leb. chr., p. 744]

3671. — ... Non plus qu'aux abris d'un marché aux fleurs communal. — Cons. d'Et., 4 janv. et 14 nov. 1884, Ville de Paris, [Leb. chr., p. 6 et 778[

3672. — Les ponts sont considérés comme le prolongement des routes et exemptés comme elles.

3673. — Ceux pour lesquels il est perçu un péage ne sont pas imposés même quand ils appartiennent à l'Etat ou aux départements ou aux communes, par le motif que les droits de péage ne sont pas soumis à la contribution foncière. — *Bulletin des contributions directes*, 1836, p. 44.

3674. — Une rivière rendue navigable par des travaux qui la relient à un canal et lui enlèvent son caractère naturel doit être considérée comme canal et devient imposable. — Cons. d'Et., 9 avr. 1867, Lucas, [Leb. chr., p. 357]

3675. — On ne peut compter à titre de dépendance d'une rivière, une pièce d'eau destinée à recueillir le trop plein des eaux de cette rivière en vue d'augmenter la force motrice d'une usine. — Cons. d'Et., 22 nov. 1878, Verdellet, [Leb. chr., p. 910]; — 19 mai 1882, Verdellet, [Leb. chr., p. 408]

2ᵒ Immeubles appartenant à des établissements publics affectés à un service public et non productifs de revenus.

3676. — Les domaines nationaux non productifs et réservés pour un service national, tels que les deux palais du Corps législatif, celui du Directoire exécutif, le Panthéon, les bâtiments destinés au logement des ministres et leurs bureaux, les arsenaux, magasins, casernes, fortifications et autres établissements, dont la destination a pour objet l'utilité générale ne seront portés aux états de sections et aux matrices de rôles que pour mémoire : ils ne seront point cotisés (L. 3 frim. an VII, art. 103).

3677. — Les domaines nationaux non productifs seront compris, désignés et évalués aux états de sections et matrices des rôles, en la même forme et sur le même pied que les propriétés particulières de même nature; mais ils ne seront point cotisés tant qu'ils n'auront point été vendus ou loués (L. 3 frim. an VII, art. 106).

3678. — Les domaines nationaux non productifs, aliénables ou inaliénables, ne sont pas imposables (R. M., art. 401).

3679. — Les domaines nationaux productifs seront évalués et cotisés comme les propriétés particulières et d'égal revenu (L. 3 frim. an VII, art. 108). Il a été jugé que l'art. 107, aux termes duquel la cote des domaines nationaux productifs ne peut surpasser en principal le cinquième de leur produit net effectif, a eu uniquement pour objet de régler les bases de la contribution foncière pour l'an VII. Cette disposition n'ayant été reproduite par aucune loi postérieure, ces propriétés doivent être imposées conformément à l'art. 108. — Cons. d'Et., 25 août 1848, Min. Finances, [Leb. chr., p. 531]

3680. — Ainsi, en ce qui touche les domaines nationaux, les biens non productifs de revenus ne sont pas imposables, quelle que soit leur affectation, les domaines productifs sont imposables comme les autres biens improductifs. Des dunes improductives doivent être exemptées tant qu'elles ne sont ni vendues ni louées. — Cons. d'Et., 15 juill. 1842, Administration des domaines, [P. adm. chr.]

3681. — Il en est de même des lais de mer et autres domaines nationaux. — Cons. d'Et., 25 juill. 1848, Min. Finances, [Leb. chr., p. 438]

3682. — La jurisprudence a considéré comme improductifs des établissements dont les produits sont affectés exclusivement à l'approvisionnement d'un grand service public, tel que celui de la marine. — Cons. d'Et., 4 juill. 1837, Min. Marine, [P. adm. chr.] — Il s'agissait des forges de la Chaussade.

3683. — De même, un immeuble faisant partie des bâtiments militaires d'une place et affecté au logement des commandants de la garnison. — Cons. d'Et., 23 nov. 1877, Min. Finances, [Leb. chr., p. 903]

3684. — Un bâtiment militaire concédé gratuitement par l'Etat aux entrepreneurs du service des titres militaires. — Cons. d'Et., 6 août 1863, Min. Guerre, [Leb. chr., p. 633]

3685. — Au contraire, les biens domaniaux que l'Etat loue ou concède et dont il reste un revenu deviennent imposables; par exemple, les terrains dépendant des fortifications d'une place si l'autorité militaire les afferme pour en tirer quelques produits. — Cons. d'Et., 22 juill. 1839, Min. Finances, [P. adm. chr.]

3686. — Les fabriques d'allumettes chimiques concédées à la compagnie qui jouissait du monopole de la fabrication ont été déclarées imposables. — Cons. d'Et., 24 déc. 1880, Cⁱᵉ des Allumettes, [S. 82.3.42, P. adm. chr., D. 82.3.52-53]

3687. — De même, il y a lieu d'assujettir à la contribution foncière un bassin de carénage dépendant d'un port de mer pour lequel il est perçu des taxes dont le produit est concédé à une compagnie. — Cons. d'Et., 16 déc. 1868, Min. Finances, [Leb. chr., p. 1045]

3688. — Quand elle porte sur des biens exemptés d'une manière permanente de l'impôt, l'emphytéose a pour effet de faire cesser cette exemption. La section des finances du Conseil d'Etat, consultée sur cette question, a émis l'avis suivant : « Considérant que la loi du 8 nov. 1814 a déclaré les biens de la couronne inaliénables et les a exemptés du paiement des contributions; que l'art. 15 de cette même loi a mis une restriction à cette règle en permettant la concession de ces biens par bail emphytéotique; qu'une concession par bail de cette sorte a pour effet de retirer momentanément les biens de la dotation de la couronne et de les mettre dans le commerce; que, dès lors, la cause de l'exemption de contribution n'existe plus; que les biens concédés à emphytéose se trouvent par conséquent assimilés pendant la durée de ce bail aux propriétés privées, et doivent supporter les contributions imposées par les lois spéciales : Est d'avis que les biens concédés par bail emphytéotique cessent de jouir de l'exemption des contributions portée dans l'art. 12, L. 8 nov. 1814 (Av. 30 janv. 1828).

3689. — C'est comme étant productifs de revenus que les canaux de navigation avaient été imposés à la contribution foncière. Nous rappelons que les lois des 29 déc. 1879 (art. 3), 19 févr. 1880 (art. 1) ayant supprimé les droits de navigation, ces canaux sont devenus improductifs et ont cessé d'être imposés (Circ. 30 août 1880).

3690. — Les chemins de fer sont imposables pour toutes leurs dépendances parce qu'ils sont productifs de revenus. Aucune exception n'est faite en faveur des chemins de fer exploités par l'Etat. L'art. 9, L. 22 déc. 1878, dispose : « Les chemins de fer exploités par l'Etat sont soumis, en ce qui concerne les

droits, taxes et contributions de toute nature, au même régime que les chemins de fer concédés. »

3691. — Cependant, dans les gares de chemins de fer, il y a lieu d'exempter les parties qui sont affectées à un service public, notamment les bâtiments affectés au service des dépêches. — Cons. d'Et., 17 août 1864, Cie P.-L.-M. (gare de Salins), [S. 65.2.120, P. adm. chr.]

3692. — ... Au service de la douane, à moins qu'ils ne servent aussi au chargement et déchargement des marchandises. — Cons. d'Et., 26 juill. 1878, Cie du Midi, [Leb. chr., p. 745]

3693. — Une dérogation considérable au principe général a été faite par le législateur lui-même, en faveur des bois et forêts de l'Etat. La loi du 3 frim. an VII les avait imposés à la contribution foncière; la loi du 19 vent. an IX les en exempta complètement par le motif que leurs produits sont employés en nature pour les services publics. En réalité, cette exemption avait pour objet de mettre fin à l'abus suivant. Les classificateurs évaluaient très-haut le revenu des forêts et atténuaient d'autant les charges des autres contribuables de la commune. En l'an IX on exempta les forêts domaniales sans réduire les contingents. Depuis l'an IX, cette exemption n'est plus aussi absolue qu'à l'origine. La loi du 21 mai 1836 décida que les bois supporteraient les dépenses afférentes à l'entretien des chemins vicinaux comme les propriétés privées de la commune. La loi du 12 juill. 1865 contient une disposition analogue en faveur des chemins de fer d'intérêt local.

3694. — Par suite, les bois domaniaux ont acquitté les centimes ordinaires et extraordinaires, départementaux et communaux, d'abord dans la proportion de la moitié de leur revenu imposable (L. 18 juill. 1866 et 24 juill. 1867), puis pour l'intégralité de ce revenu (L. 8 mai 1869, art. 7). Aujourd'hui, ils supportent tous les centimes communaux et départementaux (L. 5 avr. 1884, art. 144). L'évaluation du revenu des bois quoique faite pour mémoire, a donc une grande importance, car, suivant le chiffre adopté, l'Etat devra payer au département et à la commune des sommes plus ou moins considérables.

3695. — Ils ne sont exemptés que du principal. L'exemption s'applique aux bois proprement dits. — Cons. d'Et., 12 juin 1845, Min. Finances, [P. adm. chr.]

3696. — ... Et à leurs dépendances. Doivent être considérées comme telles des parcelles de terrains enclavées dans une forêt et abandonnées par l'Etat aux gardes pour être livrées à la culture. — Cons. d'Et., 15 sept. 1847, Min. Finances, [P. adm. chr.]

3697. — ... A des landes contiguës à une forêt, — Cons. d'Et., 15 sept. 1847, précité; — ... à des terrains qui ont été remis à l'administration des forêts et qui ont fait l'objet de travaux de reboisement. — Cons. d'Et., 5 juill. 1865, Administration des domaines, [Leb. chr., p. 682]

3698. — ... A tout terrain dépendant du sol forestier, même s'il n'est pas planté actuellement, et est cultivé en nature de pré. — Cons. d'Et., 14 déc. 1844.

3699. — Au contraire, on ne peut considérer comme dépendant d'une forêt domaniale une scierie qui y serait établie. — Cons. d'Et., 18 juin 1860, Conservateur des forêts de Besançon, [Leb. chr., p. 477]

3700. — L'art. 105 n'exempte expressément les bâtiments affectés à un service public que s'ils appartiennent à l'Etat. Cependant, en pratique, l'administration des contributions directes, suivie par la jurisprudence du Conseil d'Etat, a étendu cette exemption aux propriétés des départements, des communes et des établissements publics affectés à une destination d'utilité générale. On s'est fondé pour agir ainsi sur un certain décret du 11 août 1808, dont l'existence a été longtemps considérée comme douteuse et dont l'histoire a été rapportée au Recueil des arrêts du Conseil d'Etat de Lebon (1856, p. 462), dans une note qui émane de M. Aucoc.

3701. — Nous croyons utile d'en reproduire les passages essentiels : « L'art. 105, L. 3 frim. an VII, n'exemptait que les domaines nationaux non productifs, et les art. 109 et 110 déclaraient imposables les bâtiments appartenant aux communes, aux hospices et autres établissements publics sans distinguer suivant qu'ils étaient ou non affectés à des services publics. Le 26 févr. 1806, l'empereur soumit au Conseil d'Etat un projet de loi complétant la nomenclature des bâtiments nationaux non imposables, comme affectés à un objet d'utilité générale, et ajoutant à l'exception les temples consacrés au culte et les cimetières.

3702. — Les art. 5 et suivants de ce projet portaient expressément que les bâtiments, terres et bois des sénatoreries, de la Légion d'honneur, des lycées et hospices, les bâtiments des préfectures et sous-préfectures, des tribunaux de justice et de commerce, des maisons d'arrêt, des archevêchés, évêchés et séminaires, les maisons communes et presbytères, seraient cotisés comme tous les autres biens.

3703. — La section des finances modifia l'art. 3 du projet en étendant beaucoup l'exemption. « Sont également compris dans l'exemption des bâtiments des préfectures et bureaux en dépendant, ceux des tribunaux de justice et de commerce, les prisons et maisons d'arrêt, les archevêchés, évêchés et séminaires, les maisons communes et presbytères, les jardins de botanique des départements, leurs pépinières et celles faites au compte du gouvernement par l'administration des forêts et les ponts et chaussées. »

3704. — Le projet de la section des finances fut inséré par elle dans le projet de la loi sur les finances pour l'an XIV et 1806.

3705. — Le 12 avr. 1806, l'Assemblée générale du Conseil d'Etat adopta les dispositions suivantes, qui formaient le titre XIII du projet de loi. Art. 74. « Conformément à l'art. 105, L. 3 frim. an VII, les palais et bâtiments impériaux, les palais du Sénat, du Corps législatif et du tribunal, parcs et jardins en dépendant, le Panthéon, la Bibliothèque impériale, l'Hôtel des Invalides, l'Ecole militaire, le Jardin des plantes, les bâtiments affectés au logement des grands dignitaires, des ministres et de leurs bureaux, aux arsenaux, magasins, casernes, fortifications, poudrières, haras, manufactures impériales au compte du gouvernement et aux autres établissements nationaux d'une utilité générale et commune à tout l'Empire ne seront portés aux états de section et aux matrices de rôles que pour mémoire; ils ne seront point cotisés ». Art. 75. « Les temples consacrés aux cultes et les cimetières, les bâtiments des préfectures, des tribunaux de justice, des archevêchés, évêchés et autres, uniquement affectés à un service public dans les départements, sont compris dans l'exemption portée par l'article précédent. »

3706. — Ce titre XIII ne fut pas soumis au Corps législatif, ayant été supprimé par ordre de l'Empereur.

3707. — Deux ans plus tard, dans un décret du 11 août 1808, qui règle les dépenses et recettes des départements, on trouve un art. 4 ainsi conçu : « Les lieux employés par les préfectures et sous-préfectures appartenant à l'Etat, ou aux départements, ou à l'arrondissement, ou à la ville, cesseront d'être portés au rôle de la contribution foncière. »

3708. — Ce décret ne contient pas d'autres dispositions concernant les exemptions. Mais à la date du 28 sept. 1808, le ministre des Finances adressait aux préfets la circulaire suivante : « Le but de l'art. 105, L. 3 frim. an VII, a été évidemment que tous les immeubles servant à l'utilité générale ne fussent pas passibles de la contribution foncière. Nul doute que d'après cette disposition, rapprochée de l'art. 4, Décr. 11 août 1808, il ne faut point comprendre dans les rôles de la contribution foncière (suit l'énumération des bâtiments que le Conseil d'Etat exemptait dans son projet de 1806, plus les hospices et lycées)

3709. — Ces exemptions, au surplus, ne s'appliquent pas aux propriétés foncières qui appartiendraient à des particuliers et qui seraient tenues d'un bail à loyer pour l'un des services ci-dessus désignés; elles doivent continuer à être cotisées sous le nom des propriétaires.

3710. — Cette circulaire ne fut sans doute pas portée à la connaissance du Conseil d'Etat, car, dans le décret du 9 avr. 1811, portant concession gratuite aux départements, arrondissements et communes de la pleine propriété des édifices et bâtiments nationaux occupés pour le service de l'administration, des cours et tribunaux et de l'instruction publique, on trouve un art. 3 qui dispose que lesdits départements, arrondissements et communes supporteront à l'avenir la contribution foncière établie sur ces immeubles.

3711. — Malgré cette disposition, l'administration des contributions directes continua à appliquer les prescriptions contenues dans la circulaire du 28 sept. 1808; elle les porta dans le Recueil méthodique. Art. 403. « Ne sont pas imposables : Les palais, châteaux et bâtiments impériaux, les palais du Sénat et du Corps législatif, les jardins et parcs en dépendant; le Panthéon, l'Hôtel des Invalides, l'Ecole militaire, l'Ecole polytechnique, la Bibliothèque impériale, le Jardin impérial des plantes; les bâtiments

affectés au logement des ministères, du grand maître de l'Université, des administrations et de leurs bureaux; les églises et les temples consacrés à un culte public; les cimetières; les archevêchés, évêchés et séminaires, les presbytères et jardins y attenant; les bâtiments occupés par les cours de justice et les tribunaux; les lycées, prytanées, écoles et maisons d'éducation impériales, les bibliothèques publiques, musées, jardins de botanique des départements, leurs pépinières et celles faites au compte du gouvernement par l'administration des forêts et les ponts et chaussées; les hôtels de préfecture, sous-préfecture et jardins y attenant, les maisons communales, maisons d'école appartenant aux communes; les hospices et jardins y attenant, dépôts de mendicité, prisons, maisons de détention; les fortifications et glacis en dépendant; les arsenaux, magasins, casernes et autres établissements militaires; les manufactures de poudre de guerre, les manufactures de tabacs et autres au compte du gouvernement; enfin, tous les bâtiments dont la destination a pour objet l'utilité publique. »

3712. — En marge de cette énumération, le *Recueil méthodique* indiquait la loi du 3 frim. an VII et le décret du 11 août 1808 édictant toutes ces exemptions. Le texte de ce prétendu décret a été inséré dans le *Recueil des lois, réglements et circulaires sur les contributions directes*, publié en 1836, chez Dupont. Pendant longtemps, le Conseil d'Etat, accordait ou refusait les exemptions réclamées pour des presbytères, des maisons d'école, des abattoirs, etc., en se fondant uniquement sur l'art. 105, L. 3 frim. an VII.

3713. — Mais depuis une décision du 5 juin 1845 (Consistoire de l'église protestante du Temple-Neuf à Strasbourg), le décret du 11 août 1808 a toujours été visé. Cependant, MM. Macarel et Boulatignier (*Fortune publique*, t. 2, p. 597, en note) mettaient en doute son existence et disaient que leurs recherches dans les archives du Conseil d'Etat avaient été infructueuses. C'est M. Reverchon qui en découvrit le texte exact en 1852.

3714. — Le Conseil d'Etat, dit M. Aucoc, pensa qu'on ne pouvait retirer aux départements, communes et autres établissements publics les exemptions dont ils jouissent depuis si longtemps; que, d'ailleurs, on pouvait admettre que le décret du 11 août 1808, reproduit par le *Recueil méthodique*, avait reçu la sanction législative par les lois des 23 sept. 1814 et 28 août 1816, aux termes desquelles les lois et règlements sur le cadastre ont dû continuer d'être exécutés. Depuis quelques années, les décisions du Conseil d'Etat ne visent plus que l'art. 105 de la loi de l'an VII et l'art. 403 du *Recueil méthodique*.

3715. — Quelles conditions doivent réunir les immeubles autres que ceux appartenant à l'Etat pour jouir de l'exemption édictée par l'art. 105 de la loi de frim. an VII. Il faut : 1° qu'ils soient propriété publique; 2° qu'ils soient affectés à un service d'utilité générale; 3° qu'ils soient improductifs.

3716. — Pendant quelque temps la jurisprudence avait interprété largement l'art. 105 de la loi de frim. an VII et s'attachait surtout à l'affectation de l'établissement, sans rechercher s'il constituait une propriété publique. — Cons. d'Et., 26 avr. 1851, Frères des Ecoles chrétiennes de Vannes, [D. 52.3.2]; — 5 mai 1851, Dames Ursulines de Château-Gontier, [Leb. chr., p. 315] — Mais en dernier lieu le Conseil d'Etat a maintenu l'imposition toutes les fois qu'il s'est agi de propriétés particulières.

3717. — Sont seules propriétés publiques celles qui appartiennent aux départements, aux communes et à certains établissements tels que les fabriques, les hospices, les bureaux de bienfaisance, que l'ancienne jurisprudence considérait comme des fractions de l'administration communale.

3718. — Le Conseil d'Etat ne distingue pas, pour accorder l'exemption aux presbytères, suivant qu'ils appartiennent aux communes ou aux fabriques. — Cons. d'Et., 12 déc. 1851, fabrique de Frelinghien, [S. 52.2.231, P. adm. chr., S. 52.3.28]; — 10 mars 1862, Fabrique de Saint-Paterne d'Orléans, [Leb. chr., p. 174]

3719. — Il suffit même que la commune ou la fabrique soit nue-propriétaire pour que l'exemption soit reconnue. — Cons. d'Et., 25 mai 1864, Billion, [Leb. chr., p. 488]

3720. — Les propriétés consacrées à un service public mais appartenant à des particuliers sont imposables (R. M., art. 404). Il en est ainsi des maisons louées par l'Etat, les départements, les communes à des particuliers pour y installer un service public. — Cons. d'Et., 10 janv. 1834, Min. Finances, [Leb. chr., p. 444]

3721. — ... Les bureaux d'une préfecture. — Cons. d'Et., 16 juill. 1863, Lamirande, [Leb. chr., p. 546]

3722. — ... Ou une caserne de gendarmerie. — Cons. d'Et., 2 nov. 1871, Maquart, [Leb. chr., p. 214]

3723. — ... Ou une école communale. — Cons. d'Et., 25 août 1848, Jeannin, [S. 49.2.58, P. adm. chr., D. 50.3.8]

3724. — ... Ou un mont-de-piété. — Cons. d'Et., 7 juin 1855, Mont-de-piété du Havre, [D. 55.3.92]

3725. — Il en est de même, à plus forte raison, des maisons que les particuliers affecteraient eux-mêmes à une destination d'utilité générale.

3726. — Ainsi décidé pour une maison particulière consacrée à la célébration du culte anabaptiste. — Cons. d'Et., 1er déc. 1882, Rich, [D. 84.3.44]

3727. — ... Pour une chapelle particulière, même si elle est ouverte au public. — Cons. d'Et., 28 mai 1868, Herzog, [Leb. chr., p. 587]

3728. — ... Pour une chapelle funéraire servant de lieu de prières aux membres d'une famille. — Cons. d'Et., 21 mai 1864, Bavière, [S. 65.2.24, P. adm. chr.]; — 24 févr. 1894, Salleix-Laboige, [Leb. chr., p. 161]

3729. — ... Pour une maison affectée à l'usage de presbytère. — Cons. d'Et., 31 janv. 1855, Ve Clicquot, [P. adm. chr.]

3730. — ... Ou d'école. — Cons. d'Et., 26 avr. 1847, Charrier, [S. 47.2 487, P. adm. chr.]; — 29 juin 1853, Besnard, [Leb. chr., p. 635]; — 27 juin 1855, Barthe, [S. 56.1.126, P. adm. chr., D. 56.3.9]; — 8 août 1855, Chazottes, [P.adm. chr., D. 56.3.8]; — 16 mai 1884, sieur Ménans, [D. 85.5.125]

3731. — ... Ou de petit séminaire. — Cons. d'Et., 15 avr. 1872, Evêque d'Amiens, [S. 74.2.32, P. adm. chr.]

3732. — ... Ou de salle d'asile. — Cons. d'Et., 15 déc. 1852, Voisine, [Leb. chr., p. 598]; — 6 mai 1857, Giraud, [Leb. chr., p. 343]; — 9 avr. 1875, Raison, [Leb. chr., p. 303]

3733. — L'exemption a été refusée à une maison de secours fondée par un évêque et destinée à loger gratuitement les malades se rendant à un établissement thermal. — Cons. d'Et., 21 avr. 1868, Maison de secours de Saint-Eugène, [Leb. chr., p. 449]

3734. — Les subventions que les communes étaient autorisées à donner aux écoles libres avant la loi de 1886 suffisaient-elles à les faire considérer comme des écoles publiques et à les faire exempter à ce titre? La jurisprudence avait varié sur ce point. D'anciens arrêts avaient accordé dans ce cas l'exemption réclamée pour des écoles appartenant à l'Institut des frères de la doctrine chrétienne. — Cons. d'Et., 26 avr. et 13 août 1851, Frères de la Doctrine chrétienne de Vannes et Saint-Brieuc, [Leb. chr., p. 291 et 623]

3735. — Mais dans le dernier état de la jurisprudence, l'exemption était refusée. — Cons. d'Et., 9 juin 1876, Fabrique de Perreux, [S. 78.2.276, P. adm. chr.]

3736. — Ainsi les établissements d'éducation appartenant à des particuliers sont imposables, alors même qu'ils sont affectés à un service d'utilité publique et gratuite. Il en est de même à plus forte raison quand ils produisent des revenus, par exemple, quant à côté des élèves ou des malades reçus gratuitement, ces établissements reçoivent des pensionnaires. — Cons. d'Et., 8 janv. 1836, Asile royale de la Providence, [P. adm. chr.]; — 2 mars 1839, Religieuses de Notre-Dame de la Charité, à Bayeux, [P. adm. chr.]; — 12 avr. 1843, Maison de refuge de Toulouse, [Leb. chr., p. 154]; — 22 août 1844, Sœurs de charité de Bourges, [S. 44.2.675, D. 45.3.64]; — 25 juin 1845, Dames de la Miséricorde de Cahors, [S. 45.2.621, P. adm. chr.]; — 13 déc. 1845, Spiers, [Leb. chr., p. 543]; — 13 déc. 1853, Spiers, [Leb. chr., p. 543]; — 13 avr. 1853, Dames de Saint-Ambroise Hulot, [P. adm. chr., D. 53.3.51]; — 29 juin 1870, Institution de Saint-Georges, à Nevers, [S. 72.2.216, P. adm. chr., D. 71.3.98]

3737. — Les propriétés des établissements particuliers de bienfaisance ou de prévoyance sont imposables, par exemple les propriétés des caisses d'épargne. — Cons. d'Et., 21 déc. 1859, Caisse d'épargne de Strasbourg, [P. adm. chr.]; — 21 mars et 19 déc. 1860, Caisses d'épargne de Montpellier et de Lyon, [Leb. chr., p. 231 et 773]

3738. — On s'est demandé si les établissements de bienfaisance ou d'éducation appartenant à des communautés religieuses légalement autorisées pouvaient bénéficier de l'exemption édictée par l'art. 105. Après quelques décisions favorables aux prétentions des communautés et fondées sur des circonstances particulières. — Cass., 3 mai 1851, Ursulines de Château-Gonthier,

26

[P. adm. chr.], le Conseil d'Etat, en 1852, à la suite des conclusions de M. Reverchon, revint sur cette jurisprudence et depuis cette époque a toujours refusé le bénéfice de l'exemption aux établissements des congrégations, qu'il s'agisse de chapelles, d'écoles ou d'hospices. — Cons. d'Et., 28 mai 1852, Congrégation des dames de Flines, [S. 52.2.559, P. adm. chr.]; — 13 avr. 1853, Frères de la Doctrine chrétienne de Tours, [D. 53. 3.51]; — 16 avr. 1856, Ursulines d'Angers, [S. 57.2.236, P. adm. chr.]; — 23 juill. 1856, Communauté de la Providence, [S. 57.2.461, P. adm. chr.]; — 7 janv. 1857, Herculan, [P. adm. chr.]; — 22 avr. 1857, Frères de la Doctrine chrétienne, [D. 58.3.19]; — 13 janv. 1858, Bransier, [P. adm. chr.]; — 24 août 1858, Communauté de la Providence, [Leb. chr., p. 578]; — 25 août 1858, Orphelines protestantes du Gard, [S. 59.2.398]; — 3 avr. 1861, Petites-Sœurs des pauvres, [P.adm.chr.]; — 6 avr. 1865, Sœurs de l'Instruction chrétienne, [Leb. chr., p. 398]; — 28 févr. 1879, Congrégation de Saint-Vincent de Paul, [Leb. chr., p. 190]

3739. — Les locaux appartenant à une compagnie commerciale et affectés par elle aux services de la douane et à l'octroi, sont imposables. — Cons. d'Et., 1er mai 1862, Docks Napoléon, [P. adm. chr.]

3740. — Le Conseil d'Etat a également refusé d'étendre le bénéfice de l'exemption à des chaussées destinées à protéger le territoire d'une ou de plusieurs communes, parce que ces chaussées étaient la propriété privée d'un syndicat de propriétaires. — Cons. d'Et., 6 janv. 1849, Association des chaussées de Tarascon, [P. adm. chr., D. 49.2.247]

3741. — Il a refusé aussi pour un canal de dessèchement appartenant collectivement aux propriétaires des terrains protégés. — Cons. d'Et., 10 déc. 1856, Commission des Waterin gues, [S. 57.2.590, P. adm. chr., D. 57.5.144]; — 18 août 1862, Syndicat de dessèchement de la vallée de la Scarpe, [D. 63. 3.66]

3742. — Les propriétés publiques elles-mêmes ne sont exemptées que lorsqu'elles sont affectées à un service d'utilité générale et pendant le temps que dure cette affectation.

3743. — Doivent être exemptés, comme affectés à un service public d'instruction, un jardin des plantes médicinales établi dans une ville et les bâtiments qui en dépendent. — Cons. d'Et., 7 févr. 1845, Ville de Nantes, [P. adm. chr.]

3744. — ... Les terrains affectés par une ville à une promenade publique et au logement du garde. — Cons. d'Et., 2 juill. 1886, Ville de Bordeaux, [Leb. chr., p. 540]

3745. — ... Les bâtiments affectés par une commune au quartier général d'une division militaire. — Cass., 29 juill. 1857, Ville de Lyon, [P. adm. chr.]

3746. — ... Les casernes départementales de gendarmerie. — Cons. d'Et., 30 avr. 1880, Départ. de Seine-et-Marne, [D. 81. 3.8]; — 2 juill. 1880, Départ. de la Manche, [D. 81.3.8]

3747. — ... Les presbytères et jardins y attenant (R. M., art. 403). — Cons. d'Et., 23 avr. 1836, Commune de Conlie, [P. adm. chr.]; — 26 nov. 1840, Geffroy, [P. adm. chr.]; — 5 mai 1858, Fabrique de Saint-Germain-Longue-Chaume, [S. 69.2.191, P. adm. chr., D. 82.5.87]

3748. — Cette exemption s'étend aux dépendances du presbytère. Doivent être considérées comme telles des parcelles léguées à une cure pour former le jardin du presbytère, alors même qu'elles n'y sont pas contiguës. — Cons. d'Et., 28 janv. 1869, Commune de Joinville, [S. 70.3.32, P. adm. chr.]

3749. — ... Ou des parcelles restituées au curé de la commune en exécution de l'art. 72, L. 18 germ. an X, et cultivées en jardin depuis cette époque. — Cons. d'Et., 26 déc. 1873, Carraud, [S. 75.2.312, P. adm. chr.]

3750. — ... Ou un verger séparé du presbytère par une rue. — Cons. d'Et., 6 avr. 1865, Fabrique de Gourin, [Leb. chr., p. 401]; — 17 mars 1869, Maton, [Leb. chr., p. 259]

3751. — La jurisprudence a refusé le caractère de dépendance des presbytères à des parcelles de prés ou de terres labourables dont la jouissance serait cependant laissée au desservant. — Cons. d'Et., 5 mai 1858, précité; — 4 août 1862, Rousseau, [Leb. chr., p. 634]

3752. — Les hospices et jardins y attenant sont exemptés (art. 403). — Cons. d'Et., 13 mars 1867, Assistance publique, [Leb. chr., p. 261]; — 19 mai 1869, Ville de Jonzac, [Leb. chr., p. 508]

3753. — Mais l'exemption ne s'applique qu'aux jardins proprement dits et ne s'étend pas à des parcelles de prés ou de

bois, alors même qu'elles seraient contiguës au jardin potager. — Cons. d'Et., 13 mars 1867, précité.

3754. — ... Ni à des terrains dont les produits sont consommés dans un établissement d'aliénés, alors même que la culture de ces terrains constitue un mode de traitement des malades. — Cons. d'Et., 18 juin 1880, Départ. de Vaucluse, [D. 81.3.59]

3755. — Les jardins eux-mêmes ne sont exempts que s'ils sont attenants à l'hospice. — Cons. d'Et., 19 mai 1869, précité.

3756. — Les bâtiments des monts-de-piété sont exemptés, ces établissements étant considérés comme des établissements de bienfaisance et d'utilité publique. — Cons. d'Et., 19 janv. 1844, Mont-de-piété de Rouen, [P. adm. chr.]

3757. — Il en est de même d'une maison appartenant à un bureau de bienfaisance et affectée à la distribution de secours aux pauvres et à l'entretien de jeunes orphelins. — Cons. d'Et., 25 nov. 1852, Bureau de bienfaisance de Beaumont-en-Beine, [Leb. chr., p. 495]; — 11 janv. 1853, Bureau de bienfaisance de Villeneuve-sur-Lot, [Leb. chr., p. 65]

3758. — Les écoles secondaires ecclésiastiques ou petits séminaires ont toujours été considérées comme établissements publics d'instruction et exemptées à ce titre. — Cons. d'Et., 14 janv. 1839, Evêque de Quimper, [P. adm. chr.]; — 1er juill. 1840, Evêque d'Angers, [P. adm. chr.]; — 26 avr. 1851, Ecole secondaire ecclésiastique du diocèse d'Orléans, [P. adm. chr.]; — 6 juin 1856, Asseline, [S. 57.2.463, P. adm. chr.]; — 10 sept. 1856, Archevêque de Reims, [P. adm. chr.]

3759. — Toutefois, cette exemption ne s'applique qu'aux parties du bâtiment affectées à l'établissement d'éducation et ne s'étend pas aux appartements de l'évêque. — Cons. d'Et., 26 avr. 1851, précité.

3760. — Elle ne s'applique pas non plus à une école ecclésiastique dans laquelle sont reçus, non seulement des élèves se préparant au grand séminaire, mais encore des jeunes gens se préparant aux carrières civiles et militaires. Cette école est imposable, parce que l'établissement ne peut être considéré comme affecté à un service public. — Cons. d'Et., 29 juin 1870, Institution de Saint-Cyr à Nevers, [S. 72.2.216, P. adm. chr., D. 71. 3.98]; — 4 mai 1888, Evêque de la Martinique, [D. 89.3.81]

3761. — Pendant longtemps, on a admis que les établissements publics tels que les bureaux de bienfaisance, les fabriques des évêchés, pouvaient recevoir des libéralités avec charge d'en affecter le produit à un objet étranger à leur destination, tel que la création d'écoles. La jurisprudence déclarait ces écoles exemptes comme constituant des propriétés publiques affectées à un service d'utilité publique. — Cons. d'Et., 19 juin 1838, Fabrique de Saint-Epvre de Nancy, [P. adm. chr.]; — 1er juill. 1840, Fabrique de Saint-Pierre de Saumur, [P. adm. chr.]; — 26 avr. 1851, Frères de la Doctrine chrétienne de Vannes, [P. adm. chr., D. 52.3.2]; — 25 nov. 1852, précité.

3762. — Mais aujourd'hui, en vertu du principe de spécialité des établissements publics, cette jurisprudence bienveillante ne se comprendrait plus. Le Conseil d'Etat a refusé le bénéfice de l'exemption à des écoles qui appartenaient à des fabriques ou à des consistoires. — Cons. d'Et., 9 juin 1876, Fabrique de Perreux, [S. 78.2.276, P. adm. chr., D. 76.3.94]; — 10 févr. 1882, Consistoire d'Orpierre, [S. 84.3.8, P. adm. chr., D. 83. 3.71]

3763. — Un département est imposable à raison des terrains en nature de bois ou de terres arables, qu'il doit affecter à la construction d'un asile d'aliénés, tant que cette affectation n'est pas réalisée. — Cons. d'Et., 25 août 1865, Départ. de l'Eure, [Leb. chr., p. 842]

3764. — La ville de Paris a été jugée imposable à raison d'une carrière qu'elle exploitait en vue du pavage de ses rues. — Cons. d'Et., 4 juill. 1868, Ville de Paris, [D. 70.3.93]

3765. — Une chapelle appartenant à un hospice, mais distincte de celle existant dans les bâtiments de l'hospice et ne servant, ni aux malades, ni aux employés de l'établissement, mais ouverte au public qui s'y rend en pèlerinage, a été déclarée imposable. — Cons. d'Et., 28 mai 1862, Hospice des Sables-d'Olonne, [D. 63.3.82]

3766. — On ne peut considérer comme affectée à un service d'utilité générale une maison appartenant à une mense épiscopale et affectée par l'évêque au logement de quelques prêtres. — Cons. d'Et., 31 mars 1859, Archevêque de Bordeaux, [P. adm. chr., D. 59.3.73]

3767. — Le Conseil d'Etat a eu à se demander si l'exemption

pouvait être étendue à des théâtres municipaux. Il a résolu négativement cette question, par le motif que les salles de spectacles ne peuvent être considérées comme affectées à un service d'utilité générale. Le plus souvent, d'ailleurs, ces établissements sont productifs de revenus. — Cons. d'Et., 26 août 1846, Ville de Toulon, [S. 46.2.664, P. adm. chr.]; — 10 mai 1851, Ville de Brest, [P. adm. chr.]

3768. — Mais la solution est la même quand la commune n'en tire aucun profit. — Cons. d'Et., 20 juill. 1864, Ville de Nantes, [S. 65.2.88, P. adm. chr., D. 65.3.53]; — 27 mars 1865, Ville de Chartres, [Leb. chr., p. 350]

3769. — Enfin, les propriétés publiques affectées à un service public ne sont exemptées qu'autant qu'elles sont improductives. C'est en vertu de ce principe que l'exemption a été refusée à une pépinière départementale dont un département tirait un revenu. Elle serait exemptée si elle était improductive. — Cons. d'Et., 13 avr. et 12 sept. 1853, Départ. des Pyrénées-Orientales, [Leb. chr., p. 429 et 879]; — 18 févr. 1854, Même partie, [Leb. chr., p. 133]

3770. — Sont imposables les terres cultivées dépendant d'un dépôt de mendicité. — Cons. d'Et., 5 janv. 1858, Départ. de la Corrèze, [Leb. chr., p. 5]

3771. — Une ville est imposable à raison d'un terrain acheté par elle pour servir à l'agrandissement du champ de manœuvres et qu'elle loue à l'administration de la guerre. — Cons. d'Et., 9 nov. 1889, Commune de Pontivy, [Leb. chr., p. 1012]

3772. — Une ville qui achète directement ou par voie d'expropriation des terrains en vue de les affecter à un usage public, reste imposable à raison de ces terrains tant que ceux-ci demeurent productifs, par exemple, si elle attend l'expiration des baux consentis aux locataires ou fermiers de ces terrains. — Cons. d'Et., 2 juill. 1886, Ville de Bordeaux, [Leb. chr., p. 540]; — 27 janv. 1888, Lebaudy, [Leb. chr., p. 90]; — 20 juill. 1888, Ville de Paris, [Leb. chr., p. 653]

3773. — Des immeubles expropriés par une ville en vue de la construction d'un édifice public doivent continuer à être cotisés si leur démolition n'est pas commencée au 1er janvier, et si, par suite, ils n'ont pas cessé d'être susceptibles de produire des revenus. — Cons. d'Et., 13 déc. 1890, Ville de Paris, [Leb. chr., p. 966]

3774. — L'exemption a toujours été refusée aux villes à raison des édifices affectés aux halles et marchés. — Cons d'Et., 26 oct. 1836, Ville d'Alençon, [S. 37.2.126, P. adm. chr., D. 38.3.122]; — 10 mai 1851, Ville de Brest, [P. adm. chr.]; — 5 août 1851, Ville de Lille, [P. adm. chr.]; — 20 nov. 1856, Ville de Versailles, [S. 57.2.589, P. adm. chr.]; — 11 févr. 1857, Ville de Mortagne, [Leb. chr., p. 110]; — 20 sept. 1865, Ville de Saint-Gaudens, [Leb. chr., p. 921]; — 26 juill. 1878, Ville de Gap, [D. 79.3.10]

3775. — Elle l'a même été à raison des abris d'un marché aux fleurs. — Cons. d'Et., 4 janv. et 14 nov. 1884, Ville de Paris, [D. 85.3.87]

3776. — Il en est de même pour les abattoirs. — Cons. d'Et., 19 juill. 1837, Tessier, [S. 38.2.41, P. adm. chr.]; — 5 sept. 1840, Ville de Caen, [S. 41.2.158]; — 12 déc. 1851, Ville de Reims, [P. adm. chr.]; — 16 avr. 1863, Passant, [Leb. chr., p. 362]; — 13 mai 1865, Ville d'Amboise, [P. adm. chr., p. 522]; — 28 juin 1865, Ville de Caen, [S. 66.2.136, P. adm. chr., D. 66.3.20]; — Ces divers établissements sont toujours imposables à quelque raison que la ville ait eu recours, soit qu'elle perçoive elle-même les droits d'abatage, soit qu'elle les concède à l'exploitant de l'abattoir, soit qu'elle ait remplacé cette perception par une élévation des droits d'octroi.

3777. — Une commune est imposable à raison d'un établissement de bains et lavoirs publics concédé par elle. — Cons. d'Et., 24 sept. 1859, Hospice de Saint-Omer, [Leb. chr., p. 629]; — 14 juin 1866, Bérard, [Leb. chr., p. 648]

3778. — Sont imposables à raison des canaux de dérivation et des réservoirs servant à l'alimentation des fontaines publiques, quand ces établissements servent aussi à fournir de l'eau aux particuliers moyennant certaines redevances ou abonnements. — Cons. d'Et., 17 juill. 1867, Ville de Châteauroux, [S. 68.2.158, P. adm. chr., D. 68.3.53]; — 29 août 1867, Ville de Paris, [D. 68.3.53]; — 22 janv. 1868, Ville de Paris, [Leb. chr., p. 58]; — 24 janv. 1868, Ville de Niort, [Leb. chr., p. 89]; — 23 avr. 1880, Ville de Saint-Etienne, [D. 81.3.8]; — 4 janv. et 14 nov. 1884, précité; — 6 févr. 1885, Ville de Paris, [Leb. chr., p. 139]

3779. — Par les mêmes motifs une chambre de commerce est déclarée imposable à raison d'une machine à mâter pour l'usage de laquelle elle perçoit des droits suivant un tarif. — Cons. d'Et., 2 févr. 1859, Chambre de commerce de Bordeaux, [P. adm. chr.]

3780. — ... Ou à raison de hangars qu'elle loue à des négociants. — Cons. d'Et., 13 févr. 1885, Chambre de commerce du Hàvre, [D. 86.3.122]

3781. — Un presbytère qui cesse momentanément d'avoir cette destination et qui est loué à un particulier devient imposable. — Cons. d'Et., 5 juin 1845, Consistoire de l'église du Temple-Neuf, [P. adm. chr.]

3782. — De même sont imposables les cryptes d'une église dans lesquelles la fabrique autorise, moyennant rétribution, certains négociants à déposer leurs marchandises. — Cons. d'Et., 5 déc. 1873, Fabrique de Sainte-Madeleine de Besançon, [Leb. chr., p. 894]; — 23 juill. 1875, Même partie, [Leb. chr., p. 713]; — 16 juin 1876, Même partie, [D. 76.5.134]

3783. — De même encore les bâtiments appartenant aux fabriques ou consistoires et servant, soit de lieux de dépôt pour les cercueils, soit d'ateliers pour la fabrication des cercueils et des corbillards, sont imposables. — Cons. d'Et., 4 juin 1886, Fabriques et consistoires de Paris, [Leb. chr., p. 483]

3784. — Les hospices et autres établissements de bienfaisance sont-ils imposables quand ils reçoivent des pensionnaires? La jurisprudence a varié. Par une décision du 10 févr. 1858, Hospices de Rouen, [P. adm. chr., D. 58.3.51], — le Conseil d'Etat avait accordé l'exemption.

3785. — Mais, en 1877, il a décidé qu'un asile ne recevant des vieillards que moyennant un prix de pension ne pouvait être exempté. — Cons. d'Et., 1er juin 1877, Hospice de Montargis, [D. 77.3.76]

3786. — Et il a persisté dans cette nouvelle jurisprudence dans une décision rendue en 1886, contrairement aux conclusions de M. le commissaire du gouvernement Gomel. — Cons. d'Et., 26 mars 1886, Assistance publique, [S. 88.3.2, P. adm. chr.]; — 2 déc. 1887, Même partie, [Leb. chr., p. 764]

3787. — De même, un hospice est imposable à raison d'un établissement de bains et lavoirs publics et d'une meunerie pour l'usage desquels il perçoit des redevances. — Cons. d'Et., 21 sept. 1859, Hospices de Saint-Omer, [Leb. chr., p. 629]

3788. — Les propriétés communales productives de revenus sont imposables dans les mêmes conditions et d'après les mêmes bases que les propriétés particulières. — Cons. d'Et., 18 juin 1872, Ville de Châteaulin, [Leb. chr., p. 377]

§ 2. Exemptions temporaires.

1° Propriétés non bâties.

3789. — La loi du 3 frim. an VII a édicté un certain nombre d'exemptions dans l'intérêt de l'agriculture. Parmi ces exemptions une est permanente : c'est celle en vertu de laquelle les bâtiments ruraux sont considérés comme propriétés non bâties et imposés seulement à raison de leur superficie (art. 85). Nous n'y revenons pas.

3790. — La cotisation des marais qui sont desséchés ne pourra être augmentée pendant les vingt-cinq premières années après le dessèchement (L. 3 frim. an VII, art. 111).

3791. — La loi a voulu favoriser les entreprises de dessèchement de marais, qui ont pour effet d'assainir des pays insalubres et de livrer à la culture des terrains généralement peu productifs. Mais ce sont des entreprises coûteuses, exigeant une mise de fonds considérables. Il fallait donc assurer aux propriétaires de marais qu'ils auraient le temps de tirer parti des améliorations apportées à leurs terrains sans voir le fisc frapper aussitôt les produits de leur industrie.

3792. — Pour que l'exemption édictée par l'art. 111 s'applique, il faut qu'il s'agisse d'un véritable dessèchement. Un propriétaire qui se borne à convertir des marais en salins sans les dessécher n'a pas droit à l'exemption. — Cons. d'Et., 26 juill. 1837, d'Albertas, [P. adm. chr.]

3793. — Mais si des marais ont été véritablement desséchés, l'exemption est due alors même qu'ultérieurement ils seraient convertis en marais salants. — Cons. d'Et., 9 nov. 1850, de Robieu, [S. 51.2.123, P. adm. chr.]; — 3 mai 1851, de Gouvelle, [P. adm. chr.]

3794. — Il va sans dire que le desséchement doit être l'œuvre des propriétaires qui réclament l'exemption. Si par suite de travaux d'endiguement effectués par l'Etat, des terrains d'alluvion jusqu'alors mouillés, ont été desséchés, l'exemption n'est pas due. — Cons. d'Et., 6 mars 1869, Castillon, [D. 70.3.35]

3795. — Le point de départ de l'exemption est l'achèvement complet des travaux de desséchement. — Cons. d'Et., 25 janv. 1839, de la Fruglaye, [Leb. chr., p. 56]

3796. — En quoi consiste l'exemption? La cotisation, dit l'art. 111, ne sera pas augmentée. Cet article prévoit qu'il s'agit de marais déjà imposés conformément aux dispositions de l'art. 64, L. 3 frim. an VII, d'un desséchement postérieur au cadastre.

3797. — Mais il peut arriver qu'avant le desséchement, ces marais, pour une raison ou pour une autre, ne soient pas imposés, soit qu'il s'agisse de terrains d'alluvion que l'administration n'avait pas encore considérés comme formés, ou bien de marais appartenant à l'Etat et, dès lors, exemptés, qui viennent à sortir du domaine de l'Etat et deviennent imposables.

3798. — L'administration est maîtresse de choisir le moment auquel elle saisira cette matière imposable nouvelle. — Cons. d'Et., 6 mars 1869, précité.

3799. — Elle peut les imposer, soit d'après leur valeur avant le desséchement, soit d'après leur valeur après le desséchement. Si elle choisit ce dernier système, l'exemption consistera à faire imposer pendant vingt-cinq ans les propriétaires d'après la valeur antérieure au desséchement. — Cons. d'Et., 15 févr. 1848, Caisse hypothécaire, [Leb. chr., p. 87] — Passé ce délai, les terrains seront imposés d'après la valeur fixée pour le premier rôle. — Cons. d'Et., 18 avr. 1891, Tillette de Clermont-Tonnerre, [Leb. chr., p. 294]

3800. — Comment déterminer la valeur avant desséchement quand il n'y a pas eu de cotisation avant ce travail? Les propriétaires ne sont pas fondés à prétendre qu'ils ne doivent être cotisés qu'au minimum de 10 cent. par hectare fixé par l'art. 65, L. 3 frim. an VII. — Cons. d'Et., 9 janv. 1846, Allonneau, [P. adm. chr., D. 46.3.50]; — 12 mars 1847, Juguet, [Leb. chr., p. 115]; — 29 juill. 1847, Rivet-Graslin, [P. adm. chr., D. 48. 3.4]; — 20 août 1847, de la Blottais, [Leb. chr., p. 566] — Si ces marais ont été loués, on se servira des baux pour déterminer leur revenu. — Cons. d'Et., 26 mai 1864, Clermont-Tonnerre, [D. 65.3.28]

3801. — Lorsque des terrains d'alluvion se forment et accroissent la propriété des riverains, conformément à l'art. 556, C. civ., l'administration des contributions directes a le droit de les saisir et d'ajouter leur allivrement à la matrice cadastrale (R. M., art. 911; LL. 17 juill. 1819 et 18 mai 1822). Ils augmentent le contingent.

3802. — Mais comment les évaluer? Le plus souvent ces terrains forment des prairies. Des propriétaires ont prétendu invoquer les dispositions de l'art. 62, L. 3 frim. an VII, aux termes duquel le revenu imposable des prairies s'établit sur le produit de quinze années pour soutenir que leurs prairies d'alluvion ne pouvaient être imposées pendant les quinze premières années de leur formation. Cette prétention a été repoussée par le Conseil d'Etat, qui a décidé que ces terrains doivent être évalués par assimilation aux propriétés de même nature déjà classées. — Cons. d'Et., 6 mars 1869, précité.

3803. — Cette valeur doit être celle qu'ont ces terrains au moment de l'évaluation, et non celle qui résulterait de leur revenu moyen depuis l'époque de leur formation jusqu'au premier rôle qui les imposerait. — Même arrêt.

3804. — L'évaluation des terrains desséchés doit avoir lieu sans qu'il soit tenu compte des frais d'entretien ou autres charges. — Cons. d'Et., 12 mars 1847, précité; — 20 août 1847, précité.

3805. — Il faut comprendre dans les terrains imposables les chemins, canaux, francs-bords établis dans l'intérêt du desséchement. — Cons. d'Et., 12 mars 1847, précité.

3806. — Lorsque des terrains compris dans une concession de desséchement sont imposés d'après un certain revenu, qui ne doit pas être augmenté pendant vingt-cinq ans, ils ne peuvent subir de réduction dans le cas où ils viendraient à être submergés par suite de la rupture des digues. — Cons. d'Et., 9 janv. 1864, Mosselmann, [Leb. chr., p. 3]

3807. — La cotisation des terres vaines et vagues depuis quinze ans qui seront mises en culture autre que celles désignées en l'art. 114 (vignes ou arbres fruitiers) ne pourra être augmentée pendant les dix premières années après le défrichement (L. frim. an VII, art 112).

3808. — La cotisation des terres vaines et vagues en friche depuis quinze ans, qui seront plantées en vignes, mûriers ou autres arbres fruitiers, ne pourra être augmentée pendant les vingt premières années de la plantation (L. 3 frim. an VII, art 114).

3809. — Le revenu imposable des terrains déjà en valeur qui seront plantés en vignes, mûriers ou autres arbres fruitiers, ne pourra être évalué, pendant les quinze premières années de la plantation, qu'au taux de celui des terres d'égale valeur non plantées (L. 3 frim. an VII, art. 115).

3810. — Le revenu des terres en friche depuis dix ans qui seront plantées ou semées en bois, ne pourra être augmenté pendant les trente premières années du semis ou de la plantation (L. 3 frim. an VII, art. 113).

3811. — Le revenu imposable des terrains maintenant en valeur, qui seront plantés ou semés en bois, ne sera évalué, pendant les trente premières années de la plantation ou du semis, qu'au quart de celui des terres d'égale valeur non plantées (L. 3 frim. an VII, art. 116).

3812. — Les art. 112 à 116 distinguent suivant que les terres améliorées étaient auparavant en friche ou en valeur. Dans le premier cas, la cotisation est maintenue d'après la valeur des terres avant l'amélioration pendant dix, vingt ou trente ans selon qu'elles sont mises en culture, plantées en vignes ou arbres fruitiers, ou plantées ou semées en bois. — Cons. d'Et., 2 mars 1849, Legonidec, [P. adm. chr.]; — 14 août 1830, Labille, [Leb. chr., p. 781]

3813. — Si des terres étaient déjà en valeur, si, par exemple des terres arables ont été changées en vignes ou en prairie, elles sont évaluées sur le même taux que les terres non plantées pendant quinze ans.

3814. — S'agit-il enfin de terres cultivées, semées ou plantées en bois, le législateur accorde une réduction. Pendant trente ans, les terres ne seront taxées qu'au quart de leur valeur. — Cons. d'Et., 17 juill. 1885, Royer, [Leb. chr., p. 689]; — 1 juill. 1890, Gerin, [Leb. chr., p. 699]

3815. — L'art. 116, L. 3 frim. an VII, ne s'applique pas à des terrains qui, lors de la confection du cadastre, ont été évalués comme bois et qui, défrichés ultérieurement, viendraient à faire l'objet d'un reboisement. — Cons. d'Et., 1er juin 1877, de Metz-Noblat, [D. 77.3.77]; — 24 mai 1878, de Tristan, [S. 80. 2.63, P. adm. chr., D. 78.3.95]; — 4 nov. 1887, Caura, [Leb. chr., p. 676]; — 17 mai 1890, de Clercq, [S. et P. 92.3.107]; — 21 juin et 22 nov. 1890, Chappe, [Leb. chr., p. 601 et 867] — 12 nov. 1892, Debacq, [Leb. chr., p. 761]

3816. — Le Code forestier de 1827 (art. 225) exemptait de tout impôt pendant vingt ans les semis et plantations, faits sur les dunes et au sommet et le penchant des montagnes. Cette disposition a été remplacée par la loi du 18 juin 1859 (art. 226 nouveau). « Les semis et plantations de bois sur le sommet et le penchant des montagnes, sur les dunes et dans les landes, seront exemptés de tout impôt pendant trente ans.

3817. — L'exemption est étendue aux landes et portée de vingt à trente ans. Cette exemption diffère des exemptions précédentes de la loi de l'an VII en ce que, au lieu de consister dans une absence d'augmentation d'impôt ou dans une réduction plus ou moins forte, elle consiste dans une décharge complète. La propriété est distraite de la matière imposable. En outre elle s'applique indistinctement aux terres en friche et aux terrains déjà en valeur. Enfin, elle est accordée sans condition de déclaration préalable. — Cons. d'Et., 27 août 1839, Tonnelier, [S. 40.2.188, P. adm. chr.]; — 24 juill. 1864, Alibert [Leb. chr., p. 635]

3818. — L'exemption édictée par l'art. 226 du Code forestier ne peut s'appliquer aux terrains qui ne peuvent être considérés comme situés sur le sommet ou le penchant d'une montagne sur les dunes ou dans les landes. — Cons. d'Et., 12 mars 1880 Cassi-Brissac, [Leb. chr., p. 284]; — 4 juill. 1884, Valbrand de la Fosse, [D. 85.5.125]; — 10 déc. 1886, Morel, [Leb. chr. p. 873]

3819. — Elle ne serait pas accordée si la plantation avait eu lieu sur le penchant de collines ou de coteaux. — Cons. d'Et. 4 juill. 1891, Jarlan, [S. et P. 93.3.84]; — 10 nov. 1864, Jarlan, [Leb. chr., p. 588]; — 29 déc. 1894, Corne, [Leb. chr. p. 740]

3820. — Il a été décidé que la loi du 18 juin 1859 n'était pas applicable aux landes ensemencées avant sa promulgation. — Cons. d'Et., 24 juill. 1861, précité; — 8 août 1873, Le Châtelier, [Leb. chr., p. 744]

3821. — L'exemption de l'art. 226 a été étendue par l'art. 6, L. 4 avr. 1882, à tous les bois créés en exécution de ladite loi, en vue de réclamer et de conserver les terrains en montagne.

3822. — Il nous reste à savoir quelle est la procédure à suivre pour jouir des exemptions édictées par la loi du 3 frim. an VII. Pour jouir des avantages accordés par les art. 111 à 116, l'art. 117 exigeait, à peine de déchéance, que le propriétaire serait tenu de faire au secrétariat de l'administration municipale dans le territoire de laquelle les biens sont situés (aujourd'hui à la sous-préfecture), avant de commencer les dessèchements, défrichements et autres améliorations, une déclaration détaillée des terrains qu'il voulait ainsi améliorer (art. 117).

3823. — D'après une instruction ministérielle du 18 mai 1831, la déclaration pouvait être faite à la mairie de la situation : elle était transcrite sur les registres et transmise au sous-préfet. Cette déclaration devait être reçue par le secrétaire de l'administration municipale, sur un registre ouvert à cet effet, coté, paraphé, daté et signé comme celui des mutations, elle devait être signée tant par le secrétaire que par le déclarant ou son fondé de pouvoir. Copie de cette déclaration était délivrée au déclarant, moyennant la somme de 25 cent., non compris le papier timbré et autres droits légalement établis (art. 118).

3824. — Dans la décade (dix jours) qui suivait la déclaration, l'administration municipale (le sous-préfet), devait charger le maire d'appeler deux répartiteurs, de faire avec eux la visite des terrains déclarés, de dresser procès-verbal de leur état présent, et de le communiquer, ainsi que la déclaration, aux autres répartiteurs. (Dans le premier état de la jurisprudence, la transmission au maire se faisait par l'intermédiaire du directeur et le contrôleur assistait à la visite des terrains). Ce procès-verbal était affiché pendant vingt jours, tant dans la commune de la situation des biens qu'au chef-lieu du canton : il était rédigé sans frais sur papier non timbré (art. 119).

3825. — Il était libre aux répartiteurs et à tous autres contribuables de la commune de contester la déclaration, et même de faire, à la mairie, des observations sur le procès-verbal de l'état présent des terrains : et si la déclaration ne se trouvait pas sincère, le préfet pouvait décider que le propriétaire n'avait pas droit aux avantages précités. Si, au contraire, la sincérité de la déclaration était reconnue, l'administration municipale pouvait accueillir la demande du propriétaire à jouir de ces avantages (art. 120).

3826. — La déclaration devait être faite avant le commencement des travaux, à peine de déchéance. — Cons. d'Et., 8 sept. 1819, Hermel, [P. adm. chr.]; — 9 mai 1838, Debureaux, [Leb. chr., p. 89]; — 31 oct. 1838, Gaigneron, [P. adm. chr.]; — 5 août 1834, Merland, [P. adm. chr.]; — 8 févr. 1865, Landry, [S. 65.2.319, P. adm. chr., D. 66.3.33]; — 4 juill. 1884, [Leb. chr., p. 356]; — 10 déc. 1886, Morel, [Leb. chr., p. 873]; — 4 nov. 1887, Dupont, [Leb. chr., p. 676]; — 21 déc. 1891, Duvilliers, [Leb. chr., p. 704]

3827. — Si le maire ou le sous-préfet refusait de donner acte de la déclaration, c'était au supérieur hiérarchique qu'il fallait s'adresser et non au conseil de préfecture, qui n'était compétent que pour reconnaître si le réclamant avait ou n'avait pas droit à l'exemption. — Cons. d'Et., 3 déc. 1880, Porteu, [Leb. chr., p. 951]; — 30 juin 1882, Hospices de Compiègne, [Leb. chr., p. 624]

3828. — Les demandes tendant à obtenir une exemption ne devaient pas nécessairement être présentées dans les six mois de la mise en recouvrement du premier rôle qui suit la fin des travaux. Elles pouvaient être faites chaque année dans les trois mois de la publication du rôle. Un propriétaire qui n'aurait pas fait valoir pendant un certain nombre d'années une cause d'exemption, aurait été recevable à l'invoquer pour le temps restant à courir. — Cons. d'Et., 28 juill. 1852, Dumortier, [P. adm. chr.]

3829. — La décision par laquelle un préfet contestait à un contribuable une exemption ne pouvait être attaquée directement devant le Conseil d'Etat. — Cons. d'Et, 24 juin 1887, Groult, [Leb. chr., p. 497] — En effet, elle ne faisait pas obstacle à ce que le réclamant s'adressât au conseil de préfecture, seul compétent

pour connaître de la demande en exemption. — Cons. d'Et., 14 févr. 1843, de Schulembourg, [P. adm. chr., D. 45.3.112]

3830. — La loi du 17 juill. 1895 (art. 13) a changé toute cette procédure. Elle abroge les art. 118 à 120, L. 3 frim. an VII, et remplace l'art. 117 par la disposition suivante. Pour jouir des divers avantages accordés par les art. 111 à 116, le propriétaire devra former une réclamation dès l'année qui suivra celle de l'exécution des travaux et dans les trois mois de la publication du rôle. Cette réclamation sera présentée, instruite et jugée comme les demandes en décharge ou réduction. Ainsi plus de déclaration à l'administration, soit avant, soit après les travaux. Le contribuable est admis à faire valoir contentieusement son droit dans un délai déterminé après l'exécution des travaux.

3831. — C'est à la juridiction contentieuse qu'il appartient d'apprécier ce qui constitue le commencement des travaux. Le Conseil d'Etat a décidé que la déclaration pouvait être faite après des études et travaux préparatoires à un dessèchement, après un travail d'endiguement exécuté par l'Etat. — Cons. d'Et., 26 mai 1864, Clermont-Tonnerre, [Leb. chr., p. 508]; — 1er juin 1864, Vuillemin, [Leb. chr., p. 524]

3832. — Lorsque le conseil de préfecture reconnaît le droit à l'exemption, le montant du dégrèvement ne doit pas être réparti sur les autres contribuables de la commune. Il doit être imputé sur le fonds de non-valeurs. — Cons. d'Et., 1er sept. 1832, de La Briffe, [P. adm. chr.]; — 14 août 1850, Labille, [Leb. chr., p. 78]

3833. — Les cotisations des contribuables auxquels sont accordées des exemptions temporaires doivent être maintenues intactes dans les matrices : c'est par voie de dégrèvements annuels imputables sur le fonds de non-valeurs qu'on doit faire bénéficier les intéressés des indemnités qu'ils ont obtenues. — Lemercier de Jauvelle, v° *Exemption*.

3834. — Il semble au premier abord que, depuis la loi du 15 sept. 1807, qui a posé le principe de la fixité des évaluations cadastrales, les exemptions édictées par la loi du 3 frim. an VII n'aient plus d'intérêt. Il est évident, en effet, que tant que le cadastre n'est pas révisé dans une commune, les propriétaires peuvent faire tous les travaux d'amélioration qu'il leur plaît d'entreprendre sans craindre de voir leurs cotisations s'élever. Mais les art. 111 à 116 de la loi de l'an VII ont encore, aujourd'hui, pour effet de garantir les contribuables contre les effets d'une réfection du cadastre. Cette réfection ayant lieu, leurs terrains seront évalués d'après leur valeur nouvelle; mais tant que durera la période d'exemption, ils seront cotisés d'après leur valeur ancienne (R. M., art. 409).

3835. — C'est seulement dans ce cas que l'obligation imposée aux directeurs des contributions directes par l'art. 123, L. 3 frim. an VII, offre de l'intérêt. « Sur chaque matrice cadastrale, y est-il dit, à l'article de chacun des propriétaires qui jouissent ou jouiront de quelques exemptions ou modérations temporaires, accordées pour l'encouragement à l'agriculture, il est fait mention de l'année où ces propriétés doivent cesser d'en jouir. »

3836. — Les terrains précédemment desséchés et défrichés ou plantés en vignes ou en bois, ou autrement améliorés, qui jouissent de quelque exemption ou modération de contribution en vertu des lois antérieures à la présente, continueront à en jouir jusqu'au jour où cette exemption de modération devait cesser (L. 3 frim. an VII, art. 124).

3837. — Le Conseil d'Etat a décidé, le 15 févr. 1848, sur la réclamation de la caisse hypothécaire, que l'art. 124, en confirmant les exemptions édictées par les anciennes lois, telles que l'arrêt du Conseil du 5 nov. 1776, et le décret des 16 et 19 nov. 1790, n'avait entendu faire bénéficier de ces exemptions que les terrains qui avaient réellement été l'objet de travaux d'améliorations et non tous ceux qui auraient été compris dans le périmètre d'une entreprise de dessèchement. — Cons. d'Et., 15 févr. 1848, Caisse hypothécaire, [P. adm. chr.]

3838. — Les désastres causés dans le Midi de la France par l'invasion du phylloxéra ont déterminé le législateur à édicter une nouvelle exemption en faveur des terrains qui, dans les départements déclarés phylloxérés, seraient plantés ou replantés en vignes (L. 2 déc. 1887). Un règlement d'administration publique a fixé les conditions de cette exemption.

3839. — Dans les arrondissements déclarés atteints par le phylloxéra, les terrains plantés ou replantés en vignes âgées de

moins de quatre ans lors de la promulgation de la loi, seront exempts de l'impôt foncier. Ils ne seront soumis à cet impôt que lorsque les vignes auront dépassé la quatrième année. Dans les arrondissements déclarés atteints ou dans ceux qui le seront postérieurement, les plantations à venir jouiront du même privilège pendant le même laps de temps. Les dispositions qui précèdent seront indépendantes de la nature des plants et du mode de culture (L. 2 déc. 1887, art. 1). Dans aucun cas, la même parcelle de terre ne pourra jouir à deux reprises du bénéfice de l'article précédent (art. 2).

3840. — Une première observation s'impose. Cette exception ne s'applique pas à toute la France, mais seulement aux départements atteints par le phylloxéra. La première condition exigée, c'est que l'arrondissement dans lequel se trouvent les terrains plantés ou replantés en vignes ait été déclaré phylloxéré. L'exemption ne peut s'appliquer qu'à partir de l'année qui suit celle au cours de laquelle l'arrondissement a été pour la première fois déclaré phylloxéré (Décr. 2 mai 1888, art. 3).

3841. — L'exemption établie par la loi de 1887 en faveur des terrains plantés ou replantés en vignes ne s'étend pas aux vignes qui sont simplement repiquées. — Cons. d'Ét., 13 juin 1891, Mel, [S. et P. 93.3.70, D. 92.3.123]

3842. — Dans les départements phylloxérés, l'exemption est accordée aussi bien aux terrains replantés en vignes qu'aux terrains nouvellement affectés à ce genre de culture. Le législateur a voulu stimuler la reconstitution des vignobles français. Toutefois, les terrains qui sont exploités à la fois en vignes et en autres natures de culture ne sont appelés à jouir de l'exemption que pour la portion du revenu cadastral afférent à la vigne (Décr. 2 mai 1888, art. 4). La durée de l'exemption semble être de quatre années. Elle est moindre dans bien des cas, par exemple pour toutes les vignes plantées avant que l'arrondissement dans lequel elles se trouvent soit déclaré phylloxéré. Il en est de même quand le propriétaire ne fait pas immédiatement la déclaration prescrite par l'art. 1, Décr. 2 mai 1888. L'exemption cesse le 31 décembre de l'année au cours de laquelle les plants ou greffes compteront quatre années révolues d'existence (Décr. 2 mai 1888, art. 6).

3843. — L'exemption est acquise à partir du 1er janvier de l'année qui suit celle pendant laquelle la plantation ou la replantation a été effectuée (Décr. 2 mai 1888, art. 3). A l'égard des vignes nouvellement plantées ou replantées pour être greffées sur place, le point de départ de l'exemption est déterminé, non par le fait de la plantation ou de la replantation des ceps, mais par le fait du greffage (art. 5). — Cons. d'Ét., 6 août 1892, Jeanjean, [S. et P., 94.3.71]

3844. — Un décret du 21 juin 1892 a modifié le point de départ de l'exemption pour certaines vignes. A partir du 1er janv. 1893, les vignes constituées ou reconstituées au moyen de porte-greffes seront admises, comme les vignes plantées ou replantées en producteurs directs, à jouir de l'exemption d'impôt prévue par l'art. 1, L. 1er déc. 1887, pendant les quatre années qui suivront celle de la plantation ou de la replantation. Toutefois les vignes déjà plantées, qui n'étaient pas encore greffées au 1er janv. 1892, jouiront de l'exemption à partir du 1er janv. 1893.

3845. — Malgré les termes absolus de la loi, le décret du 2 mai 1888 a assujetti les propriétaires à l'obligation de faire une déclaration. Tout contribuable qui veut jouir de l'exemption temporaire d'impôt foncier édictée par la loi du 1er déc. 1887, doit adresser à la préfecture, pour l'arrondissement chef-lieu, à la sous-préfecture, pour les autres arrondissements, une déclaration contenant l'indication exacte des terrains par lui nouvellement plantés ou replantés en vignes (Décr. 2 mai 1888, art. 1). Ces déclarations sont établies sur des formules imprimées tenues dans toutes les mairies à la disposition des intéressés (art. 2). La déclaration n'est pas préalable aux travaux comme celle qui était prescrite par l'art. 117, L. 3 frim. an VII.

3846. — Les déclarations n'ont pas besoin d'être renouvelées annuellement. Toute parcelle qui a été reconnue avoir droit à une exemption temporaire continue à en jouir nonobstant toute mutation (art. 8). L'exemption est réelle et n'est pas accordée à la personne du propriétaire qui opère le travail de replantation. Elle est attachée au fonds et le suit dans les mains des acquéreurs. Cette disposition est conforme au principe de la réalité de l'impôt foncier.

3847. — Ces déclarations doivent être effectuées au plus tard dans les trois mois de la publication du rôle de l'année où l'exemption est acquise aux termes des art. 3 et 5. Les déclarations qui

seraient faites après l'expiration de ce délai ne donnent droit à l'exemption que pour les années restant à courir du 1er janvier de l'année suivante (Décr. 2 mai 1888, art. 6).

3848. — Dès l'expiration du délai fixé par l'art. 6, le directeur dresse pour chaque commune un état collectif des déclarations qui lui ont été transmises par la préfecture. Cet état, accompagné des déclarations elles-mêmes, est communiqué au contrôleur, qui procède dans la commune avec les répartiteurs, à toutes les vérifications nécessaires (art. 9).

3849. — Les déclarations qui, à la suite de cette vérification, n'ont pas paru exactes en totalité, ou à l'égard desquelles il s'est produit un dissentiment entre les répartiteurs et le service des contributions directes, sont rayées de l'état collectif par le directeur de ce service et font l'objet de dossiers individuels.

3850. — L'état collectif ainsi rectifié et revêtu des propositions du directeur des contributions directes est soumis à l'approbation du préfet (art. 10).

3851. — Les dossiers individuels sont soumis à l'examen d'un comité technique institué au chef-lieu du département et qui se réunit sur la convocation du préfet. Ce comité est ainsi composé : 1° un membre du conseil général élu annuellement par le conseil général, président; 2° le directeur des contributions directes ou son représentant; 3° le professeur d'agriculture ou, à son défaut, un viticulteur désigné par le préfet.

3852. — Celles des déclarations contenues dans les dossiers individuels qui sont reconnues exactes en tout ou en partie par le comité technique font l'objet d'un état collectif supplémentaire qui est dressé et approuvé dans les conditions du § 2, art. 10 (art. 11).

3853. — Les contribuables dont les déclarations n'ont pas été accueillies en tout ou en partie, en sont avisés par le directeur des contributions directes, qui les prévient en même temps qu'un délai d'un mois leur est imparti, à peine de déchéance, pour réclamer de ce chef contre leur cotisation dans les formes prescrites par l'art. 28, L. 21 avr. 1832.

3854. — Ces réclamations sont instruites et jugées conformément aux art. 29, § 2, et 30, L. 21 avr. 1832, et 5, L. 29 déc. 1884 (art. 12). On pourrait se demander si un règlement d'administration publique pouvait légalement réduire de trois mois à un mois le délai pendant lequel les contribuables peuvent réclamer contre les rôles des contributions directes. Nous ne croyons pas que tel soit l'objet de l'art. 12, Décr. 2 mai 1888. Un propriétaire est imposé au rôle d'une année à raison de terrains qu'il vient de planter ou de replanter en vignes. Il a trois mois pour faire la déclaration prescrite par l'art. 1. On procède alors administrativement à l'instruction de sa demande, et si elle est rejetée par le comité technique, l'art. 12 lui impartit encore un délai d'un mois pour saisir le conseil de préfecture et faire décider par lui ou en appel par le Conseil d'État qu'il a droit à l'exemption. C'est une procédure analogue à celle organisée par l'art. 2, L. 21 juill. 1887.

3855. — Supposons maintenant que le droit à l'exemption de ce propriétaire ait été reconnu, et que, l'année suivante, par suite d'une erreur, il se trouve encore imposé au rôle, à raison des terrains exemptés. Comme, aux termes de l'art. 8, Décr. 2 mai 1888, il n'a pas à renouveler sa déclaration, il peut saisir directement le conseil de préfecture d'après les règles du droit commun.

3856. — Le directeur des contributions directes porte sur les documents cadastraux les annotations nécessaires pour assurer l'exécution de l'art. 2, L. 2 déc. 1887. Il inscrit sur des bulletins spéciaux les parcelles auxquelles le bénéfice de l'exemption temporaire a été accordé et détermine, à l'aide de ces bulletins, mis annuellement au courant, le montant des dégrèvements à allouer; il est chargé également de la préparation des ordonnances de dégrèvement et de la rédaction des lettres d'avis à adresser chaque année aux contribuables intéressés (art. 13)

3857. — Les dégrèvements accordés en vertu de la présente loi seront imputés sur le fonds de non-valeurs (L. 2 déc. 1887, art. 3). Tous les frais nécessités par l'application de la loi du 1er déc. 1887 sont à la charge de ce fonds. Le règlement en est effectué suivant les règles et dans les formes qui seront déterminées par le ministre des Finances (Décr. 2 mai 1888, art. 14)

2° Propriétés bâties.

3858. — *Constructions nouvelles.* — D'après l'art. 88, L. frim. an VII, les maisons, les fabriques et manufactures, forges

moulins et autres usines nouvellement construits, ne seront soumis à la contribution foncière que la troisième année après leur construction. Le terrain qu'ils enlèvent à la culture continuera d'être cotisé jusqu'alors comme il l'était avant. Il en sera de même pour tous autres édifices nouvellement construits ou reconstruits; le terrain seul sera cotisé pendant les deux premières années. L'art. 88 est applicable aux terrains non cultivés employés à un usage commercial ou industriel (L. 29 déc. 1884, art. 1).

3859. — Le sol des constructions nouvelles n'est pas évalué immédiatement au taux des meilleures terres labourables. Il reste cotisé comme il l'était auparavant jusqu'à ce qu'il soit procédé à la réfection du cadastre. — Cons. d'Et., 13 janv. 1816, Malafosse, [S. chr., P. adm. chr.]; — 24 déc. 1818, Pagés et autres, [S. chr., P. adm. chr.]

3860. — Disons seulement que les deux années d'exemption de l'art. 88 et de l'art. 9, L. 8 août 1890, ne pourront s'ajouter à la durée d'une exemption édictée pour les constructions nouvelles d'un quartier ou d'une ville.

3861. — Cette exemption a pour point de départ l'achèvement de la construction. Mais à quel moment une construction peut-elle être réputée achevée? Ceci est une question d'appréciation qu'il appartient à la juridiction administrative de résoudre. — Cons. d'Et., 28 juill. 1849, Martin, [Leb. chr., p. 425,]; — 29 nov. 1851, Paumard, [Leb. chr., p. 706]; — 12 déc. 1851, Rogelin, [Leb. chr., p. 735]; — 11 janv. 1853, Morin, [Leb. chr., p. 63]; — 12 sept. 1853, Laurence, [Leb. chr., p. 880]; — 9 déc. 1837, Blard, [Leb. chr., p. 787]

3862. — Il importe peu qu'au moment où la maison est considérée comme habitable, il n'ait encore été passé aucun bail. — Cons. d'Et., 1er avr. 1892, Vuillaume, [Leb. chr., p. 331]

3863. — En général, on peut dire qu'une construction est achevée quand elle est propre à remplir sa destination. Ainsi une maison d'habitation est achevée quand elle est habitable. — Cons. d'Et., 4 févr. 1860, Chemaillé, [Leb. chr., p. 91]; — 16 déc. 1887, Gaillard, [Leb. chr., p. 810]

3864. — Une usine ne peut être considérée comme terminée que lorsqu'elle est en état de produire un revenu. On ne doit pas prendre pour point de départ du délai d'exemption les essais faits par les constructeurs avant de la livrer aux propriétaires. — Cons. d'Et., 6 déc. 1844, Blanchard des Rosiers, [P. adm. chr.]

3865. — Une chapelle n'est achevée que lorsqu'elle est en état d'être livrée au culte. — Cons. d'Et., 28 mai 1868, Hersog, [Leb. chr., p. 587]

3866. — Le Conseil d'Etat n'a pas considéré comme achevée une maison close à l'intérieur, mais dont les aménagements intérieurs destinés à la rendre habitable sont ajournés par le propriétaire jusqu'à ce qu'il ait trouvé un locataire. — Cons. d'Et., 8 avr. 1840, Borssat de Lapérouse, [S. 40.2.379, P. adm. chr.]; — 23 déc. 1842, Levasseur, [S. 43.2.154] — ... ou dont les travaux intérieurs ne sont pas terminés. — Cons. d'Et., 17 déc. 1841, Delegorgue, [P. adm. chr.]

3867. — Il semble, toutefois, que le Conseil d'Etat tende à modifier sa jurisprudence sur ce point. Il a, en effet, déclaré imposable une maison dont l'intérieur n'était pas complètement aménagé. — Cons. d'Et., 21 mai 1892, Petitjean de Marcilly, [Leb. chr., p. 403]

3868. — Mais l'exemption cesse pour les parties d'une construction qui sont achevées, ou plutôt le délai de l'exemption a un point de départ différent pour chacune des parties de l'édifice. Au fur et à mesure qu'un étage est achevé et devient habitable, le délai commence à courir pour lui. La troisième année, le propriétaire sera imposable pour cet étage. — Cons. d'Et., 1853, Morlot, [P. adm. chr., D. 54.3.17]; — 15 déc. 1868, Pinon, [Leb. chr., D. 75.3.112]; — 5 févr. 1875, Flandin, [S. 76.2.308, P. adm. chr.]; — 27 mai 1887, Pereaux, [Leb. chr., p. 432]; — 5 avr. 1889, Busseret, [Leb. chr., p. 465]

3869. — On peut considérer comme achevés un sous-sol, un rez-de-chaussée et un entresol qui sont garnis de portes à l'extérieur et des escaliers à l'intérieur. — Cons. d'Et., 5 févr. 1875, précité.

3870. — Quand une usine a été construite par partie, l'exemption doit courir pour chaque partie terminée du moment où les meules comprises dans cette partie ont été mises en activité. — Cons. d'Et., 24 déc. 1818, Pagès, [P. adm. chr.]

3871. — Que faut-il entendre par construction nouvelle? On ne peut considérer comme telles des habitations qui, exemptées

comme appartenant à l'Etat ou aux communes, viendraient à rentrer dans le commerce. Elles seraient imposables immédiatement et ne pourraient bénéficier de l'exemption pendant deux années. — Cons. préf. Vaucluse, 1878, Lemercier de Jauville, v° *Construction nouvelle*, p. 349.

3872. — Il faut considérer comme une construction nouvelle une maison qu'on aurait agrandie en utilisant un mur de clôture qui faisait saillie sur la voie publique pour en faire un des murs extérieurs de la maison. — Cons. d'Et., 30 nov. 1841, Bonnelle, [P. adm. chr.]

3873. — Le fait qu'une construction serait édifiée en contravention aux lois et règlements relatifs à la voirie ne pourrait lui faire refuser l'exemption. — Même arrêt.

3874. — On doit encore considérer comme construction nouvelle la transformation d'un bâtiment rural en maison d'habitation. — Cons. d'Et., 16 févr. 1866, Duliège, [Leb. chr., p. 112]

3875. — Et l'affectation d'un terrain non cultivé à un usage industriel ou commercial (L. 29 déc. 1884, art. 1).

3876. — Les additions faites à une construction ancienne. — Cons. d'Et., 28 mai 1840, Borelli, [Leb. chr., p. 154]; — 4 mai 1894, Chevreuil, [Leb. chr., p. 305]

3877. — Donnent aussi droit à exemption les travaux de reconstruction. — Cons. d'Et., 2 janv. 1835, Commune de Darnetal, [P. adm. chr.]; — 31 mai 1848, Dezille, [Leb. chr., p. 341]

3878. — Peu importe que la construction ancienne ait été démolie par accident ou volontairement, l'exemption est acquise quand il y a reconstruction. — Cons. d'Et., 13 oct. 1826, Boudousquié, [S. chr., P. adm. chr.]; — 1er nov. 1838, Bougarel, [S. 39.2.511, P. adm. chr.]

3879. — Mais on ne saurait considérer comme une maison reconstruite, une maison qu'on s'est borné à agrandir en démolissant un des murs extérieurs et en le reportant plus loin. — Cons. d'Et., 30 nov. 1841, Constantin, [P. adm. chr.]

3880. — ... Ou en accroissant la hauteur d'un étage. — Cons. d'Et., 28 mai 1840, précité; — 22 déc. 1894, Renault, [Leb. chr., p. 716]

3881. — Enfin des travaux si importants qu'ils soient, de réparation ou d'aménagement intérieur, ne peuvent donner droit à l'exemption. — Cons. d'Et., 28 nov. 1834, Thibault, [P. adm. chr.]; — 22 févr. 1849, Lapouyade, [P. adm. chr.]; — 10 mai 1890, Doyennel, [Leb. chr., p. 491]; — 27 févr. 1892, Même partie, [Leb. chr., p. 226]

3882. — L'exemption est accordée pour deux années et une fraction d'année, celle qui s'écoule depuis l'achèvement de la construction jusqu'au 1er janvier de l'année suivante. — Cons. d'Et., 13 janv. 1816, Malafosse, [S. chr., P. adm. chr.]; — 6 mai 1857, Pigalle, [Leb. chr., p. 342]; — 10 mars 1862, Renaux, [Leb. chr., p. 175]; — 16 avr. 1868, Sohier, [Leb. chr., p. 438]; — 13 juill. 1870, Loiseau, [Leb. chr., p. 882]; — 13 juill. 1877, Bonnin, [Leb. chr., p. 688]; — 29 mars 1878, Lapetite, [Leb. chr., p. 341]; — 23 janv. 1880, Mougel-Coudray, [Leb. chr., p. 92]; — 16 mai 1884, Triquigneaux, [Leb. chr., p. 389]

3883. — L'exemption accordée par l'art. 88 ne peut être prolongée sous aucun prétexte au delà de la troisième année. Si pendant les années où il avait droit à l'exemption, le propriétaire a été imposé et n'a pas réclamé dans le délai, ou si sa maison ne lui a rapporté aucun revenu, il sera imposable la troisième année. — Cons. d'Et., 3 mars 1840, Visitandines de Marseille, [P. adm. chr.]; — 15 déc. 1843, Lefebvre-Davin, [P. adm. chr.]; — 21 mars 1848, Cerisier, [P. adm. chr.]

3884. — De même, si la troisième année, l'outillage d'un moulin se trouve hors d'état de servir par suite de détériorations. — Cons. d'Et., 30 mars 1844, Bonnelle, [P. adm. chr.]

3885. — A plus forte raison, des contribuables ne pourraient se prévaloir de ce qu'ils n'auraient été imposés la troisième année pour prétendre qu'ils ne peuvent l'être les années suivantes. — Cons. d'Et., 24 janv. 1868, Numa-Noël, [Leb. chr., p. 527]

3886. — A raison du principe d'annualité des rôles, les contribuables ne pouvaient réclamer le bénéfice de l'exemption que pour l'année courante et non pour toute la durée indiquée par l'art. 88. — Cons. d'Et., 24 mars 1865, Tiger de Rouffigny, [Leb. chr., p. 312]

3887. — Les réclamations par lesquelles les propriétaires de constructions nouvelles demandent décharge en se fondant sur ce que leur maison n'est pas encore achevée sont des demandes en décharge de la compétence du conseil de préfecture. — Cons. d'Et., 11 nov. 1852, Laurence, [Leb. chr., p. 432]

3888. — D'après l'art. 88, L. 3 frim. an VII, l'exemption édictée en faveur des constructions nouvelles était accordée de plein droit, sans qu'aucune déclaration fût imposée au proprié-taire. La loi du 8 août 1890 a modifié sur ce point la législation précédente et, tout en confirmant l'exemption, l'a réglementée. L'art. 88 se trouve abrogé. Les constructions nouvelles, les reconstructions et les additions de constructions ne seront sou-mises à la contribution foncière que la troisième année après leur achèvement. Pour jouir de l'exemption temporaire spécifiée au paragraphe précédent, le propriétaire devra faire à la mairie de la commune, où sera élevé le bâtiment passible de la contribu-tion, et dans les quatre mois à partir de l'ouverture des travaux, une déclaration indiquant la nature du bâtiment, sa destination et la désignation, d'après les documents cadastraux, du terrain sur lequel il doit être construit. Sont considérées comme cons-tructions nouvelles la conversion d'un bâtiment rural en maison ou en usine et l'affectation de terrains à des usages commerciaux ou industriels dans les conditions indiquées à l'art. 1, L. 29 déc. 1884 (L. 8 août 1890, art. 9). Les constructions nouvelles, les reconstructions et les additions de construction non déclarées ou déclarées après l'expiration du délai fixé par l'article précé-dent seront soumises à la contribution foncière à partir du 1er janvier de l'année qui suivra celle de leur achèvement (art. 10). Le Conseil d'Etat a fait application de la déchéance, 17 mars 1894, Drumont, [Leb. chr., p. 234]

3889. — Des exemptions temporaires ont été accordées dans certaines circonstances, soit en vue d'encourager l'industrie du bâtiment, soit en vue d'embellir certains quartiers. C'est le pre-mier de ces objets que visait le décret du 13 juill. 1848, en accor-dant aux constructions nouvelles une exemption de dix années. Parmi les dispositions édictées dans un but d'embellissement, il faut citer une déclaration du 13 août 1766 et des lettres patentes du 12 août 1774 qui exemptaient pendant vingt-cinq ans les cons-tructions nouvelles élevées à Lyon dans la presqu'île de Perra-che. Ces dispositions n'ont été abrogées que par l'art. 6, L. 29 déc. 1884. Il faut citer encore le décret du 11 janv. 1811 et la loi du 4 août 1851 relatifs aux maisons de la rue de Rivoli à Paris; les lettres patentes du 26 mai 1832 confirmées par le décret du 12 déc. 1860 en ce qui touche les constructions nou-velles élevées à Nice conformément à un plan régulateur; la loi du 22 juin 1854 relative à la ville de Lyon. Il n'y a pas lieu d'en-trer dans le détail de ces dispositions ni d'examiner les difficultés auxquelles elles ont donné lieu.

3890. — *Habitations à bon marché.* — La loi du 30 nov. 1894, en vue de favoriser la construction de maisons à bon mar-ché destinées à la classe laborieuse, édicte une nouvelle exemp-tion de contribution foncière. La durée de cette exemption sera de cinq ans à partir de l'achèvement de la construction (L. 30 nov. 1894, art. 9). C'est donc une prolongation de trois années de l'exemption accordée à toutes les constructions nouvelles. La loi indique, dans ses art. 1, 8 et 9, à quelles maisons elle en-tend appliquer l'exemption. Il ne s'agit pas de dégrever toute maison dont la valeur locative serait inférieure à un chiffre déter-miné, mais seulement celles qui, tout en restant par leur valeur locative dans certaines limites fixées par la loi, seraient, en outre, destinées à être occupées par certaines catégories de personnes. La loi poursuit un but humanitaire. Elle se propose de procurer des logements salubres et peu coûteux aux individus qui vivent principalement de leur travail ou de leur salaire, tels que les ouvriers et les employés. La seule condition qu'on exige des destinataires, c'est qu'ils ne soient pas déjà propriétaires d'une maison. Autrement, les ouvriers ou employés qui voudraient employer tout ou partie de leur capital à se construire une maison dans les limites de valeur locative prévues par la loi, pourront réclamer le bénéfice de l'exemption. En dehors d'eux, l'exemption peut être réclamée par les particuliers ou par les sociétés qui construiraient des maisons ayant pareille destination.

3891. — La loi du 30 nov. 1894 a pris soin d'indiquer dans un tableau (art. 5) quelles maisons doivent être considérées comme rentrant dans les termes de la loi. Ce sont les immeubles dont le revenu net imposable à la contribution foncière déterminé confor-mément à l'art. 5, L. 8 août 1890 (c'est-à-dire la valeur réelle dé-duction faite d'un quart), ne dépasse pas de plus d'un dixième :

Dans les communes au-dessous de 1,000 habitants 90 fr.
— de 1,001 à 5,000 — 150 fr.
— de 5,001 à 30,000 — 170 fr.
— de 30,001 à 200,000 —

et dans celles qui sont situées dans un rayon de 40 ki-lomètres autour de Paris........................ 220 fr.
Dans les communes de 200,001 habitants et au-dessus. 300 fr.
A Paris.. 375 fr.

3892. — Le règlement d'administration publique intervenu à la suite de cette loi, pour simplifier la tâche des contribuables, fait, dans son art. 11, le calcul du dixième en sus du maximum. Il est ainsi conçu : « Les immunités et atténuations d'impôts, accordées par la loi du 30 nov. 1894, sont exclusivement appli-cables aux maisons dont le revenu net imposable à la contri-bution foncière n'excèdera pas les limites fixées par l'art. 5 de la loi, c'est-à-dire dont la valeur locative, augmentée des charges accessoires imposées par le bail au locataire ne comportera pas pour l'intégralité de ces maisons ou pour chacun des logements les composant et destinés à être loués séparément, des chiffres supérieurs à ceux indiqués ci-dessous pour chaque catégorie de communes :

Dans les communes au-dessous de 1,000 habitants 132 fr.
— de 1,001 à 5,000 — 220 fr.
— de 5,001 à 30,000 — 230 fr.
— de 30,001 à 200,000 —

et dans celles qui sont situées dans un rayon de 40 ki-lomètres autour de Paris........................ 323 fr.
Dans les communes de 200,001 habitants et au-dessus. 440 fr.
A Paris.. 550 fr.

3893. — La loi distingue les maisons individuelles et les maisons collectives : les premières sont celles qui doivent être occupées dans leur intégralité par une seule famille ; les autres sont celles qui sont découpées en appartements destinés à être loués séparément. Dans ces derniers, on considère la valeur loca-tive de chaque appartement. Aux termes de l'art. 12, du rè-glement précité, pour l'application des dispositions précédentes, les catégories de communes sont déterminées d'après le chiffre de la population municipale totale, résultant du dernier dénom-brement de la population. Pour déterminer les communes situées dans un rayon de 40 kilomètres autour de Paris, on prendra la distance à vol d'oiseau qui sépare la mairie de la commune du point le plus rapproché de l'enceinte fortifiée de Paris.

3894. — L'exemption comprend à la fois le principal de l'impôt et les centimes additionnels de toute nature. Elle ne peut, dans aucun cas, être étendue au sol des maisons, ni aux cours ou jardins qui en dépendent (art. 17).

3895. — La loi trace elle-même les formalités nécessaires pour être admis à jouir du bénéfice de l'exemption. On devra produire dans les formes et les délais fixés par l'art. 9, § 3, L. 8 août 1890, une demande qui sera instruite et jugée comme les réclamations pour décharge ou réduction de contributions di-rectes. Cette demande pourra aussi être formulée dans la dé-claration exigée par le même article de ladite loi, de tout pro-priétaire ayant l'intention d'élever une construction passible de l'impôt foncier (L. 30 mai 1894, art. 9). Quand la demande d'exonération temporaire est ainsi faite à l'occasion de la cons-truction, elle doit contenir la déclaration que la maison qui en fait l'objet est destinée à être occupée par une personne qui n'est propriétaire d'aucune maison.

3896. — Le bénéfice de l'exemption dure cinq ans sans que les recensements ou les révisions décennales des évalua-tions puissent modifier la situation des immeubles exemptés. Aux termes de l'art. 13 du décret, lorsque, à la suite d'un nou-veau dénombrement, une commune passe dans une catégorie inférieure à celle dont elle faisait précédemment partie, les mai-sons reconnues exemptes de l'impôt ou ayant fait l'objet d'une déclaration d'exemption avant le 1er janvier de l'année à partir de laquelle les résultats du nouveau dénombrement doivent être appliqués en matière de contributions directes, conservent leur droit à l'exemption, même si la valeur locative est supérieure au maximum légal prévu pour la catégorie dans laquelle la com-mune se trouve actuellement rangée. Au cas de passage d'une commune dans une catégorie supérieure, le nouveau maximum légal ne devient également applicable qu'aux maisons construites postérieurement au 1er janvier de l'année pour laquelle les ré-sultats du nouveau dénombrement reçoivent leur première appli-cation dans les rôles des contributions directes. Les mêmes rè-gles sont suivies dans le cas de réunion ou de division des communes (art. 13).

3897. — Les modifications apportées à la valeur locative des maisons, à la suite d'une nouvelle évaluation des propriétés

bâties, n'auront, en aucun cas, pour effet de faire cesser avant leur terme les immunités précédemment accordées, ni de créer des droits à l'exemption en faveur de maisons précédemment construites (art. 15).

3898. — La loi dispose que l'exemption cesserait de plein droit si, par suite de transformations ou d'agrandissements, l'immeuble perdait le caractère d'une habitation à bon marché et acquérait une valeur sensiblement supérieure au maximum légal (L. 30 nov. 1894, art. 9). Le règlement d'administration publique précise ce que la disposition légale avait de trop vague et d'arbitraire. L'art. 18 est ainsi conçu : « Les immeubles admis à jouir du bénéfice de la loi qui viennent à être transformés ou agrandis sont considérés comme ayant acquis une valeur sensiblement supérieure au maximum légal, quand leur nouvelle valeur locative dépasse ce maximum de plus d'un dixième. L'exemption d'impôts dont ils bénéficiaient cesse à partir du 1er janvier de l'année qui suit celle pendant laquelle les transformations ou agrandissements ont été opérés; les impositions sont établies, s'il y a lieu, par voie de rôles particuliers.

3899. — Nous pensons que l'exemption cesserait de même si l'individu qui l'occupe est reconnu propriétaire d'un autre immeuble. Les immunités fiscales prévues par la loi ne peuvent être revendiquées que pour les maisons dont la construction a été entreprise postérieurement à la promulgation de cette loi. A l'égard de celles de ces maisons dont la construction a été entreprise depuis la promulgation de la loi du 30 nov. 1894, les demandes d'exemption qui n'auraient pas été produites dans le délai fixé par l'art. 9 de cette loi, seront exceptionnellement recevables dans les six mois qui suivront la promulgation du règlement (art. 19).

Section III.
Répartition de la contribution foncière.

§ 1. *Histoire de la répartition de l'impôt foncier.*
Tentatives de péréquation.

3900. — La contribution foncière étant assise sur le revenu des immeubles, il est indispensable, tant pour fixer le montant de l'imposition que pour assurer une répartition proportionnelle entre les contribuables, de connaître ce revenu, et, pour acquérir cette connaissance, il faut déterminer la superficie exacte des fonds et estimer leur valeur. Tel est l'objet du cadastre, qui comprend une double opération : un arpentage et une évaluation.

3901. — Le cadastre n'est pas une invention moderne. Son origine semble remonter à la fin du vie siècle. En Italie, on le trouve appliqué, notamment dans le Milanais. Il fonctionnait aussi dans quelques provinces de France. Le Dauphiné en avait un, dont Charles V fit opérer la révision en 1359. En 1491, Charles VII conçut le projet de faire faire un cadastre dans les quatre généralités du royaume (Langue d'oc, Langue d'oïl, Outre-Seine et Normandie). Ce projet ne fut exécuté qu'en Provence. En 1604, la révision de l'arpentage de l'Agenais est ordonnée; sous le ministère de Colbert, la Guyenne et le Condomois voient leurs cadastres révisés. Frappé des inégalités que présentaient l'assiette et la répartition des tailles, Colbert aurait voulu faire procéder à l'exécution d'un cadastre général sur des bases uniformes. Il chargea M. d'Aguesseau, intendant général du Languedoc, en 1679, de mettre ce projet à l'étude. Mais sa mort fit renoncer à cette entreprise. Chamillard reprit le projet, mais les difficultés contre lesquelles se débattait Louis XIV pendant les dernières années de son règne firent abandonner cette réforme si nécessaire, et l'exécution du cadastre fut ajournée à des temps plus heureux. En 1763, le contrôleur général Laverdy fit ordonner la confection d'un cadastre général de tous les biens-fonds, y compris ceux de la Couronne, du clergé, des privilégiés. Cette fois, la réforme projetée se heurta aux résistances de tous les intérêts froissés et Laverdy dut se retirer, emportant avec lui l'idée du cadastre général. Cependant l'utilité du cadastre était tellement reconnue, que plusieurs provinces; l'Ile-de-France, le Limousin, la Champagne, voulurent en avoir un. Quelques années après, la Haute-Guyenne entreprit la confection du sien. M. de Choiseul avait fait commencer le cadastre de la Corse et Necker favorisa la continuation de ce travail.

3902. — En 1789, le Languedoc, la Provence, le Dauphiné,

la Bourgogne, l'Alsace, la Flandre, l'Artois, le Quercy avaient un cadastre. Dans d'autres provinces il était commencé, comme nous venons de le voir. Dans le cahier des Etats généraux, le cadastre était demandé par 73 assemblées de la noblesse et 58 du tiers état.

3903. — Lorsque l'Assemblée constituante conçut le projet de substituer une contribution foncière unique aux charges multiples qui grevaient la propriété immobilière sous l'ancien régime, elle se trouva très-embarrassée, et pour fixer le montant total de l'impôt foncier, et pour assigner à chaque département son contingent. En effet, elle ne connaissait ni la contenance des départements, ni le nombre des propriétés bâties, ni la proportion pour laquelle entrait dans chaque nature de culture entrait dans la composition du territoire, ni le revenu des landes. Elle n'avait que des évaluations approximatives du revenu total de la France. C'est ainsi que Lavoisier, dans un mémoire dont l'Assemblée constituante ordonna l'impression, le 15 mars 1791, évaluait le revenu net territorial à 1,200,000 fr., sans y comprendre ni les maisons, ni les usines. Deux membres de l'Assemblée, MM. de Delley-d'Agier et Aubry évaluaient ce revenu à 1,074,500,000 et à 1,600,000 fr.

3904. — Après bien des hésitations, le comité d'imposition se décida à fixer le montant de la contribution à 240 millions, somme qu'il estimait représenter le sixième du revenu net total du royaume évalué 1,440,000.000 fr. Ce projet fut voté par l'Assemblée et sanctionné par le roi (Décr. 16-17 mars et 10 avr. 1791). Avec cinq sous additionnels au principal, la contribution foncière s'élevait à la somme de 300 millions.

3905. — Il fallait répartir cette somme entre les divers départements. Sur ce point l'embarras de l'Assemblée redouble. Certains députés voulaient prendre pour base l'étendue du terrain, d'autres la population; d'autres combinaient ces deux éléments; d'autres y ajoutaient le montant des impôts payés précédemment. La nécessité d'un cadastre préalable était vivement sentie et fut proclamée par plusieurs représentants, notamment par MM. de la Rochefoucauld et de Montraban. Dans un discours prononcé dans la séance du 6 oct. 1790, le député Vernier déclarait qu'en deux années on pourrait avoir un cadastre très-suffisant.

3906. — Le comité d'imposition se résolut enfin à faire masse des diverses impositions perçues sous l'ancien régime en y ajoutant celles qu'auraient dû payer les privilégiés, et à distribuer, au prorata des sommes ainsi déterminées, le contingent de 240 millions. Quand ce projet vint en discussion, le député d'André demanda qu'il fût adopté sans débat, parce qu'il fallait prendre en haine un parti. Cette proposition fut acceptée et le projet voté par acclamation (Décr. 27 mai-3 juin 1791).

3907. — La répartition des contingents départementaux entre les districts et celle des contingents des districts entre les communes furent effectuées, dans des conditions encore plus défectueuses, d'autant plus que les anciennes directions des vingtièmes ayant été supprimées, ces opérations furent confiées aux administrations locales et aux municipalités, dont la passion politique devait aggraver encore le manque d'expérience.

3908. — Aussi des réclamations nombreuses se produisirent-elles : les anciens pays d'élection se trouvaient beaucoup plus lourdement imposés que les anciens pays d'Etats, dont les contribuables avaient été protégés contre les exactions du fisc royal par leurs assemblées provinciales.

3909. — Un décret du 23 août 1791 accorda un dégrèvement de 3,480,400 fr. à dix-sept départements. Ce dégrèvement fut imputé sur le fonds de non-valeurs.

3910. — Pour couper court aux réclamations des assemblées départementales, qui toutes prétendaient que la proportion du sixième fixée par la loi des 23 nov. et 1er déc. 1790 entre l'impôt et le revenu se trouvait dépassée dans leur département, l'Assemblée législative décida que chaque cotisation ne pourrait excéder en principal le cinquième du revenu net (Décr. 30 juill.-2 août 1792).

3911. — La Constituante ne s'était pas fait d'illusion sur les vices du système de répartition qu'elle avait adopté et qui devait perpétuer les inégalités de l'ancien régime. Aussi dans le décret des 4-21-28 août 1791 relatif aux demandes en décharge et réduction de contribution foncière, ordonna-t-elle, pour le jugement des réclamations, de lever les plans des communes. Un autre décret des 16-23 sept. 1791, en fixant les règles à suivre pour le levé des plans du territoire des communes, dirigea toutes

27

ces opérations vers la confection d'un cadastre général ayant pour base les grands triangles de la carte de l'Académie des Sciences.

3912. — Par un décret du 21 mars 1793, la Convention ordonna que le comité des finances présenterait incessamment un plan d'organisation pour le cadastre général de toutes les terres et biens-fonds de la République et pour le bureau chargé de la direction de ce service.

3913. — La gravité des événements qui suivirent empêcha de donner aucune suite à ce projet. Le chiffre de 240 millions fixé en 1790 fut maintenu pendant ces années troublées par les décrets des 3 août 1793, 2 therm. an III, et 8 mess. an IV. Mais la faculté de payer les impôts en assignats ou en nature facilitait la libération des contribuables. Aussi ne se plaignit-on pas trop pendant cette période des inégalités de la répartition.

3914. — Mais du jour où le paiement en numéraire fut rétabli par la loi du 17 brum. an V, les réclamations affluèrent et le gouvernement dut se préoccuper des moyens d'arriver à une répartition plus égale.

3915. — Le ministre des Finances, Ramel, fit préparer un projet fixant à nouveau les contingents des départements. Son projet étant basé sur les éléments suivants : 1° la population de chaque département; 2° sa superficie; 3° sa part contributive dans les anciens impôts. Ce projet ne fut pas adopté par les Conseils qui, par des moyens empiriques analogues à ceux déjà employés en 1791, firent une nouvelle répartition des contingents. Cette répartition eut pour effet d'accorder à tous les départements des dégrèvements gradués suivant leur taux d'impôt et montant à 23 millions. Le total de la contribution foncière restait fixé à 240 millions; mais dans cette somme se trouvait comprise la part des départements annexés au territoire de la République (LL. 9 germ. et 18 prair. an V).

3916. — Toutes les opérations relatives à l'assiette et à la répartition des contributions étant paralysées par l'incurie et la mauvaise volonté des administrations locales, le ministre des Finances, Ramel, demanda, le 24 niv. an V, aux Conseils de l'autoriser à créer une direction générale des contributions directes qui « substituerait à un mode incohérent, sans force, sans ensemble, fatigant pour les administrateurs, dispendieux pour les administrés, presque nul pour le Trésor public, un établissement actif, instruit, marchant avec ensemble et régularité, surveillé, produisant une très-grande économie pour les peuples, allégeant le fardeau des administrateurs sans rien ôter à leurs attributions et ramenant promptement l'abondance au Trésor public. « Seule une direction générale pouvait réunir pour en tirer parti des renseignements exacts sur la quantité des terres, bois, vignes, maisons et leur revenu. »

3917. — Cette proposition fut repoussée par le Conseil des anciens ; mais la loi du 22 brum. an VI organisa une agence des contributions directes chargée de procéder aux travaux préparatoires d'assiette de l'impôt. C'est seulement la loi du 3 frim. an VIII qui consacra la proposition de Ramel.

3918. — De nouveaux dégrèvements qui eurent pour effet d'abaisser l'impôt de 240 millions à 228, puis à 210 furent accordés par les lois des 9 vend. an VI, 26 fruct. an VI, et 7 brum. an VII. Ces dégrèvements et quatre autres qui les suivirent jusqu'en l'an XIII, furent faits sans aucune donnée exacte sur le revenu territorial.

3919. — L'un des premiers actes du gouvernement consulaire fut d'appeler au ministère des Finances Gaudin. Les plaintes et les réclamations causées par les inégalités de la répartition arrivaient en foule. Le nouveau ministre chercha aussitôt un moyen de porter remède à une situation qui ne pouvait se prolonger. Il y eut bien des tâtonnements au début. Une instruction du 22 janv. 1801 ordonna la refonte générale des matrices de rôles : c'était un cadastre sans arpentage régulier, reposant uniquement sur la déclaration des propriétaires. Cette tentative échoua complètement.

3920. — Le ministre demanda ensuite par une circulaire du 14 frim. an X, aux préfets et aux directeurs des contributions directes des renseignements précis sur la richesse imposable des communes et des contribuables. Mais ces renseignements donnés furent d'une inexactitude évidente.

3921. — Un arrêté consulaire du 11 mess. an X, chargea une commission, choisie dans les diverses parties du territoire parmi les citoyens réunissant les connaissances relatives au travail de la commission, de s'occuper sans délai des moyens d'ob-

tenir, dans la répartition de la contribution foncière, la plus grande égalité. Cette commission, présidée par le conseiller d'État Dauchy, émit l'avis que, pour mettre fin aux inégalités de la répartition, la confection d'un cadastre général parcellaire était le seul remède. Mais reculant devant la dépense et la durée d'un tel travail, elle conclut à la confection d'un cadastre d'ensemble par grandes masses de culture, qui pourrait amener la péréquation de l'impôt entre les départements, les arrondissements et les communes.

3922. — Une seconde commission, composée de conseillers d'État, de tribuns et de législateurs, proposa un système moins coûteux et plus expéditif, qui consistait à faire l'arpentage et l'estimation du revenu net d'un certain nombre de communes par arrondissement et de fixer le contingent des autres par comparaison avec les premières. C'est cet avis qui prévalut. Un arrêté du 12 brum. an XI ordonna de procéder : 1° à l'arpentage par section et par nature de culture de deux communes au moins et de huit au plus par arrondissement; 2° à l'évaluation de leur revenu imposable; 3° à la détermination de la contenance et du revenu des autres communes de l'arrondissement, par comparaison avec les résultats obtenus pour les communes arpentées. Cette opération était confiée à une commission composée du souspréfet et de cinq propriétaires, nommés par le préfet et assistés de l'inspecteur des contributions directes et d'un contrôleur remplissant les fonctions de secrétaire.

3923. — Dans chaque arrondissement, les opérations étaient soumises à une commission composée du préfet, de trois propriétaires et du directeur des contributions directes.

3924. — L'arpentage des 1,800 communes désignées serait terminé le 1ᵉʳ mess. an XI et l'expertise dix mois plus tard. Mais faute de géomètres instruits et même d'instruments, le travail s'exécuta avec une grande lenteur. Au bout de deux ans, l'arpentage n'était pas achevé. D'autre part, les conseils généraux critiquaient vivement une opération qui ne pouvait donner que des résultats incertains. Le gouvernement prit alors le parti, le 27 vend. an XII, d'étendre à toutes les communes les travaux d'arpentage et d'expertise par grandes masses de culture.

3925. — Au cours de cette opération qui dura de 1803 à 1807 on reconnut que le cadastre par masses de culture pouvait amener une répartition plus exacte entre les communes, les arrondissements et les départements, mais n'avait aucun effet sur la répartition entre les contribuables, qui donnait lieu aux plus vives réclamations. Le revenu de chaque commune une fois déterminé, il eût fallu que les propriétaires s'entendissent pour répartir l'impôt proportionnellement entre eux. Le ministre essaya de faire faire quelques expertises parcellaires sur des plans par masses de culture. Cette entreprise échoua parce qu'il fallait obtenir des propriétaires la déclaration de la contenance de leurs terres.

3926. — Cependant ces essais avaient démontré l'utilité du cadastre parcellaire. Beaucoup de conseils généraux le réclamaient. Après avoir hésité longtemps à renoncer aux opérations par grandes masses de culture, à sacrifier 13,000 plans qui avaient coûté cinq années de travail et plusieurs millions, le ministre des Finances se décida à former, sous la présidence de Delambre une commission composée de directeurs des contributions et de géomètres en chef, à l'effet de délibérer sur le mode d'exécution du cadastre parcellaire.

3927. — Les conclusions de cette commission, condensées en seize articles, formèrent le titre X du projet de loi sur les finances de 1807 et furent adoptées sans discussion le 15 sept. 1807; cette loi prescrivit la confection d'un cadastre général parcellaire. Un règlement fixant les opérations à suivre fut approuvé par l'Empereur le 27 janv. 1808; en 1811 le gouvernement publia *Recueil méthodique* des lois, décrets, règlements, instructions et décisions sur le cadastre, approuvé par le ministre des Finances.

3928. — Les auteurs de la loi expliquaient en ces termes en quoi devait consister ce travail colossal : « Mesurer sur une étendue de 7,901 myriamètres carrés plus de 100 millions de parcelles ou propriétés séparées; confectionner pour chaque commune un plan en feuilles d'atlas où sont rapportées ces 100 millions de parcelles, les classer toutes d'après le degré de fertilité du sol, évaluer le produit imposable de chacune d'elles; réunir ensuite sous le nom de chaque propriétaire les parcelles éparses qui lui appartiennent; déterminer, par la réunion de leurs produits, son revenu total et faire de ce revenu un allivrement qui sera désor-

mais la base immuable de son imposition, ce qui doit l'affranchir de toutes les influences dont il avait eu si longtemps à se plaindre : tel est l'objet de cette opération. »

3929. — L'inspirateur de la loi de 1807, Gaudin, voyait dans le cadastre le moyen d'arriver à la péréquation de l'impôt foncier entre tous les contribuables. Il disait dans l'exposé des motifs de la loi : « Les inégalités de contribuable à contribuable disparaîtront sur-le-champ : celles de commune à commune seront également rectifiées, dans toutes celles qui composent une même justice de paix. Nous marcherons donc pas à pas vers le rétablissement de l'égalité proportionnelle entre les communes qui conduira par une gradation insensible au rapport à établir entre tous les départements ; ce rapport s'établira naturellement par le résultat général du cadastre qui présentera le montant du produit net imposable dans chacune des communes de l'Empire et, par conséquent, dans l'ensemble de chaque département. Ainsi, la contribution foncière reprendra le double caractère d'impôt proportionnel et d'impôt de quotité que l'Assemblée constituante avait voulu lui donner, mais dont elle ne se trouvait pas susceptible tant que la matière imposable n'était pas connue (Compte de l'admin. des Finances en l'an XIV, p. 95).

3930. — Voici comment, d'après la loi du 15 sept. 1807, il était procédé à la péréquation. Lorsque toutes les communes du ressort d'une justice de paix auront été cadastrées, chaque conseil municipal nommera un propriétaire qui se rendra, au jour fixé par le préfet, au chef-lieu de la sous-préfecture, pour y prendre connaissance des évaluations des diverses communes du même ressort (art. 28). Ces évaluations seront examinées et discutées dans une assemblée composée de ces divers délégués et présidée par le sous-préfet (art. 29).

3931. — Cette assemblée ne pourra durer plus de huit jours (art. 30). Les pièces des diverses expertises seront remises à l'assemblée, qui pourra appeler ceux des experts qu'elle désirera consulter (art. 31). Cette assemblée donnera, à la pluralité des voix, ses conclusions positives et motivées sur les changements qu'elle estimerait devoir être faits aux estimations, ou son adhésion formelle au travail. Il sera dressé procès-verbal signé des délibérations (art. 32).

3932. — Le sous-préfet enverra ce procès-verbal avec ses observations au préfet, qui, sur un rapport du directeur des contributions directes, et après avoir pris l'avis du conseil de préfecture, statuera sur les réclamations par un arrêté qui fixera définitivement l'allivrement cadastral de chacune des communes cadastrées, et répartira entre elles la masse de leurs contingents actuels au prorata de leur allivrement cadastral (art. 33).

3933. — Les nouveaux contingents ainsi déterminés seront ensuite divisés en deux parties, l'une pour les propriétés bâties, l'autre pour les propriétés non bâties.

3934. — Les matrices des rôles des communes cadastrées seront divisées en deux cahiers : le premier contiendra les propriétés non bâties et la superficie seulement des propriétés bâties ; le second contiendra l'estimation des maisons et des bâtiments, autres que ceux servant à l'exploitation rurale, des moulins, forges, usines, fabriques, manufactures et autres propriétés bâties, déduction faite de la valeur estimative de la superficie qu'ils occupent (art. 34).

3935. — Le revenu des propriétés bâties, tel qu'il aura été établi par l'expertise, distraction faite du terrain qu'elles occupent, et des déductions accordées par la loi pour les réparations, déterminera le montant de leur contingent d'après le taux de l'allivrement général des propriétés foncières de la commune (art. 35).

3936. — Le contingent des propriétés bâties, une fois réglé, sera réparti chaque année d'après les recensements, comme il en est usé aujourd'hui.

3937. — On distinguait ces deux natures de propriétés foncières, disait Defermon, parce que les revenus des bâtiments sont sujets à bien plus de variations que les fonds de terre et que, si on les confondait les cadastre avec ceux-ci, il serait trop difficile de remédier aux changements qu'ils subissent. Les répartiteurs pouvaient donc, à l'égard des propriétés bâties, en évaluer le revenu chaque année (art. 36).

3938. — La péréquation étant assurée entre les communes de chaque canton cadastré, le gouvernement tenta en 1809 d'additionner les contingents de tous les cantons cadastrés, sans distinction de département, et les répartir à nouveau au centime le franc des revenus cadastraux (Compte de l'adminis. des

Finances en 1809 et 1810, p. 75). Mais ce projet n'eut pas de suite.

3939. — On commençait à s'effrayer des tendances du gouvernement. Les propriétaires craignaient que, une fois l'opération terminée et l'impôt foncier transformé en impôt de quotité, le gouvernement, connaissant le revenu de toutes les propriétés de France, n'élevât à volonté le taux de la contribution. Ces craintes, vivement manifestées, coïncidant avec le réveil de l'esprit d'opposition en France, et aussi avec les difficultés contre lesquelles se débattait l'Empire à son déclin, décidèrent le gouvernement à ajourner ses projets, sans toutefois y renoncer définitivement.

3940. — La loi du 20 mars 1813 (art. 14) prescrivit la péréquation entre les cantons cadastrés d'un même département. La masse des contingents actuels de ces cantons sera répartie entre eux, à partir de 1814, au prorata de leur allivrement cadastral réuni. Mais la loi du 23 sept. 1814 (art. 16) suspendit cette péréquation restreinte en décidant que tous les cantons cadastrés seraient, pour 1815, imposés d'après leurs contingents de 1813.

3941. — Avec le gouvernement de la Restauration devaient disparaître les tendances à la péréquation. Grâce au régime censitaire, la majorité dans les Chambres était acquise à la grande propriété foncière et toute réforme, qui pouvait avoir pour effet d'aggraver ses charges, devait être mal accueillie. Des critiques s'élevèrent contre l'importance excessive donnée aux opérations cadastrales. On fit ressortir les inégalités qui ne pouvaient manquer de résulter d'évaluations faites sur tous les points de la France par des personnes différentes animées d'un esprit différent. Les évaluations ne pouvaient être exactes et proportionnelles.

3942. — Le baron Louis, ministre des Finances, tint compte de ces critiques, quand il étudia les moyens d'arriver à la péréquation inter-départementale.

3943. — Plusieurs méthodes étaient proposées. L'une consistait à constater dans chaque département le rapport existant entre les allivrements des cantons cadastrés et les contingents fonciers, et à appliquer ensuite le taux ainsi déterminé au contingent total du département. On obtenait ainsi son revenu net, qui, pour toute la France, fut évalué à 13,231,388 fr.

3944. — Une autre méthode consistait à faire masse des allivrements des cantons cadastrés d'un département pour diviser cette somme par le nombre d'hectares que comprenaient ces cantons. La donnée moyenne ainsi obtenue, appliquée à la contenance totale des départements donnait le revenu net. L'emploi de ce procédé fit ressortir le revenu territorial à 1,486,244,653 fr. Mais ces procédés étaient trop arbitraires et furent écartés.

3945. — Le ministre chargea, sous le titre de commissaires spéciaux, des inspecteurs généraux du cadastre de se rendre dans les départements, avec mission d'en déterminer directement le revenu net territorial. Ces commissaires prenaient pour base les résultats des cantons cadastrés en rectifiant les évaluations de ces cantons. Puis, à l'aide des baux enregistrés de 1797 à 1809, ils déterminaient le revenu des propriétés affermées, et, par voie d'analogie, celui des propriétés qui n'avaient pas fait l'objet d'actes de location. Enfin, ils corrigeaient ces évaluations par des renseignements tirés des revenus nets inscrits aux anciennes matrices, des dégrèvements déjà accordés de la valeur vénale des biens-fonds résultant des actes de vente, du taux moyen de placement, etc. Ces opérations furent terminées pendant les Cent jours. Elles firent ressortir le revenu net total de la France à 1,626,000,000 fr. Mais les Chambres reprochèrent à ce travail d'avoir été effectué sans le concours des conseils généraux et refusèrent d'en utiliser les résultats pour la fixation des contingents départementaux en 1816.

3946. — La question de la péréquation étant toujours à l'ordre du jour, la loi du 15 mai 1818 reprit en le restreignant le système abandonné en 1814. Conformément à la loi du 15 sept. 1807, la masse des contingents actuels, pour la contribution foncière des communes composant un canton définitivement cadastré, sera répartie entre elles au prorata de leur allivrement cadastral. Cette disposition est applicable à tous les cantons cadastrés d'un même arrondissement. En conséquence, la masse des contingents actuels sera répartie entre ces cantons à partir de 1819, au prorata de leur allivrement cadastral (art. 37). Mais, dès l'année suivante, cette disposition fut rapportée (L. 17 juill. 1819, art. 16).

3947. — La Chambre sentait bien qu'il fallait faire quelque

chose pour hâter la péréquation. En conséquence, elle demanda que le gouvernement lui soumit dans la session de 1819 un projet de péréquation générale, sans attendre la fin encore trop éloignée des travaux du cadastre. L'art. 38, L. 15 mai 1818, est ainsi conçu : « Il sera présenté dans la prochaine session des Chambres un nouveau projet de répartition de la contribution foncière entre les départements; les bases de cette nouvelle répartition seront les résultats déjà obtenus par le cadastre, les notions fournies par la comparaison des baux, des ventes faites dans diverses localités, et enfin tous les autres renseignements qui sont au pouvoir de l'administration et qui tendent à faire connaître l'étendue du territoire ou la matière imposable de chaque département ». Le nouveau projet de répartition devait donc avoir quatre bases : 1° le cadastre, 2° les baux, 3° les ventes, 4° les renseignements administratifs.

3948. — L'administration s'empressa de rassembler les éléments du travail demandé. Elle fit dresser : 1° une liste où tous les cantons étaient répartis en trois classes suivant leur degré de fertilité; 2° un relevé par arrondissement de tous les baux de 1797-1810. En rapprochant la contribution des biens affermés du montant net du prix des baux on obtenait une proportion qui, appliquée au contingent de l'arrondissement, permettrait d'en connaître le revenu net imposable; 3° un relevé par arrondissement des actes de vente conclus dans les dernières années. On déterminait le taux d'intérêt par arrondissement; puis on appliquait ce taux au montant des prix de ventes; on obtenait ainsi le revenu de ces propriétés. L'administration demanda en outre aux préfets et aux directeurs de lui envoyer leur avis personnel sur le revenu net de leur département.

3949. — Munie de ces divers renseignements, la division du cadastre détermina le travail en les combinant. Le travail était achevé lors du dépôt du budget de 1819. Mais le baron Louis fit observer aux Chambres que le travail était trop hâtif pour être exact; il demanda l'ajournement de la péréquation à la session de 1820.

3950. — Frappée de l'arbitraire des renseignements administratifs, la Chambre les rejeta tout d'abord. Il ne restait plus que trois bases pour la nouvelle répartition; mais se rendant aux observations du baron Louis, la Chambre se borna à proposer un dégrèvement de 4,590,098 fr. en faveur des 35 départements surchargés. « Ce dégrèvement n'est que provisoire; il sera présenté à la session prochaine des Chambres un tableau du dégrèvement définitif à répartir entre les départements qui, d'après le complément des vérifications prescrites par la loi du 15 mai 1818, auront été reconnus y avoir droit » (L. 17 juill. 1819, art. 15). C'est seulement à la session de 1821, que les travaux de vérification des commissaires spéciaux purent être soumis aux Chambres.

3951. — Le tableau C annexé au projet du budget présenté par département les revenus territoriaux, et proposait d'allouer en deux années sur le principal un dégrèvement de 13,529,123 fr. : 52 départements étaient appelés à en profiter. Après une longue discussion, et de vives critiques, le projet du gouvernement finit par triompher et les résultats du travail des six années précédentes furent adoptés pour la fixation des contingents départementaux de 1822. Toutefois, le dégrèvement fut porté à 19,619,229 fr. Le revenu foncier se trouvait déterminé par : 1° les baux; 2° les actes de vente; 3° les évaluations rectifiées du cadastre. On considéra la moyenne de ces trois résultats comme représentant aussi approximativement possible le revenu net territorial de la France.

3952. — La loi du 31 juill. 1821 (art. 19) décida que les bases prescrites par l'art. 38, L. 15 mai 1818, pour parvenir à l'évaluation des revenus imposables des départements, seraient appliquées aux communes et aux arrondissements par une commission spéciale qui serait formée dans chaque département. Ce travail devrait servir de renseignement aux conseils généraux de département et aux conseils d'arrondissement pour fixer les contingents en principal des arrondissements et des communes. »

3953. — Une ordonnance du 3 oct. 1821 régla la mise à exécution de la disposition précédente. Elle décida que les baux et les actes de vente qui serviraient de base au travail d'évaluation se rapporteraient à la période de 1812 à 1821 inclusivement.

3954. — Les travaux des contrôleurs sur les évaluations du revenu net étaient soumis à une commission cantonale composée du maire et d'un propriétaire de chaque commune. Les opérations de tous les cantons d'un département étaient contrôlées par une

commission composée de trois membres du conseil général, de deux membres du conseil de chaque arrondissement et d'un notaire par arrondissement. Ces travaux qui devaient durer trois ans se sont prolongés pendant bien plus longtemps. En outre, ils n'ont présenté aucune homogénéité, aucune proportionnalité de département à département, les commissions ayant, suivant les cas, modifié les bases d'évaluation.

3955. — Après avoir donné, par le dégrèvement accordé aux départements les plus surchargés, une satisfaction aux idées de péréquation, le législateur de 1821 crut devoir renoncer au système qui, depuis 1807, avait toujours été celui du gouvernement, et qui était de faire du cadastre l'instrument de la péréquation. « A partir du 1er janv. 1822, les opérations cadastrales destinées à rectifier la répartition individuelle seront circonscrites dans chaque département ». Le gouvernement a reconnu, était-il dit dans le Rapport sur l'administration des finances, mars 1830, qu'il ne devait intervenir dans une meilleure répartition de l'impôt direct que par la modération successive des contingents respectifs des départements, et qu'il ne lui appartenait pas de porter, en quelque sorte, atteinte à la propriété, en modifiant, par des appréciations variables et incertaines, sans l'assentiment des propriétaires, une charge qui est devenue inhérente au capital qu'elle grève depuis tant d'années, et qui se confond tous les jours davantage avec la valeur des immeubles, par les successions, les partages et les échanges qui les transmettent à des mains nouvelles.

3956. — Néanmoins, l'opinion générale continuait de réclamer avec instance l'achèvement des travaux relatifs à la réparation des inégalités existant dans l'intérieur de chaque département. « Le gouvernement ne pouvait se refuser à laisser mettre à profit les sacrifices considérables qui avaient été faits, dans toute la France, pour réaliser cette amélioration; mais, comme les opérations cadastrales prenaient alors un caractère d'intérêt communal ou départemental tout au plus, au lieu du caractère d'utilité générale qu'elles avaient précédemment, on a mis les dépenses à la charge des départements. Seulement le gouvernement a prêté le concours actif de ses agents pour accélérer les opérations. »

3957. — Les dépenses du cadastre étaient mises à la charge des départements. En conséquence, il fut décidé que les conseils généraux pourraient voter annuellement pour cet objet, des impositions dont le montant ne devait pas excéder trois centimes du principal de la contribution foncière (L. 31 juill. 1821, art. 20).

3958. — Indépendamment des centimes votés par les conseils généraux, il devait être fait annuellement un fonds commun destiné à être distribué aux départements, en proportion des fonds que les conseils généraux auraient votés, et à venir au secours de ceux qui ne trouveraient pas dans leurs ressources particulières les moyens de subvenir à toutes les dépenses que ces travaux exigeaient (art. 21).

3959. — A partir de 1821, il n'a plus été accordé de dégrèvement sur le principal de la contribution foncière jusqu'en 1890. De 240 millions en 1790, le contingent de cette contribution était successivement descendu à 154 millions. Depuis 1822, jusqu'en 1837, les contingents ne furent modifiés que par l'application des dispositions des lois des 23 sept. 1814, 17 juill. 1819 et 1er mai 1822, sur les biens sortant du domaine de l'État et y entrant. La loi du 15 sept. 1807 avait posé le principe de la fixité des contingents d'une manière absolue. La loi du 23 sept. 1814 (art. 18), apporta une première dérogation à ce principe en disposant que les bois, qui cesseraient de faire partie du domaine de l'État, accroîtraient le contingent des communes où ils seraient cotisés. Cette disposition reproduite dans les lois de finances du 25 mars 1817 (art. 50), du 15 mai 1818 (art. 33 et s.), du 17 juill. 1819, du 23 juill. 1820, du 1er mai 1822, de biens de toute nature qui sortent du domaine de l'État. Par contre, d'après l'art. 35, L. 15 mai 1818, et l'art. 23, juill. 1820, les biens qui entrent dans le domaine de l'État viennent en diminution des contingents.

3960. — Des décisions ministérielles rendues pour l'exécution des lois de 1814, 1819 et 1822 spécifièrent que le contingent des départements serait diminué seulement pour les propriétés particulières qui passeraient dans le domaine de l'État ou dans la dotation de la couronne, pour les propriétés qui disparaîtraient entièrement et pour les terrains affectés à la construction des routes royales, attendu qu'il s'agissait, dans ces différents cas, d'événements de force majeure ou de mesures d'intérêt général. Mais les terrains occupés par les routes départementales ou

affectés à des services publics départementaux ou communaux, etc., ne devaient entraîner aucune réduction du contingent départemental, par le motif qu'ils sont destinés à des usages qui profitent surtout aux départements et aux communes. Par suite, il semblait que, pour les départements et les communes, il s'établissait une compensation qui justifiait le report, sur les propriétés particulières, de la contribution afférente à celles qui cessaient d'être imposables. Mais cette interprétation souleva des réclamations, et des circulaires du 23 mai 1843 et du 6 mars 1847 décidèrent que les contingents des départements, arrondissements et communes seraient diminués de la contribution afférente à toute propriété qui, pour une cause quelconque, cesserait d'être imposable et que toute perte ou accroissement de matière imposable de propriétés non bâties donnerait lieu à diminution ou augmentation des contingents.

3961. — A cette exception près, les contingents de la contribution foncière en ce qui touche les propriétés non bâties sont immuables. C'est d'ailleurs un principe passé à l'état d'axiome que l'agriculture ne pourrait se perfectionner si les évaluations cadastrales étaient fréquemment remaniées.

3962. — Ce principe, que la loi du 15 sept. 1807 n'avait édicté que pour la propriété non bâtie, fut étendu par la loi du 31 juill. 1821 à la propriété bâtie. Désormais les deux propriétés devaient être réunies dans une matrice unique. La fixité des évaluations et des contingents devenait absolue. C'était un abus. On s'aperçut que les propriétés bâties étaient très-variables et que le principe de l'immutabilité cadastrale, loin d'avoir les avantages qu'il présentait, pour les propriétés non bâties, avait pour résultat de consacrer de véritables injustices. Des localités, jadis peu importantes, avaient vu, par suite d'un événement particulier, construction d'une route ou d'un chemin de fer, découverte d'une mine, création d'une industrie, leur population s'accroître, le nombre des maisons augmenter en proportion. Au contraire, des villes florissantes au moment du cadastre, avaient diminué d'importance. Avec la fixité des contingents, la charge de l'impôt devenait de jour en jour plus légère pour les propriétaires des villes dont l'importance croissait et de plus en plus lourd pour ceux des localités en décadence. Le gouvernement résolut de mettre fin à cet état de choses et de faire participer l'Etat aux accroissements et aux pertes de matière imposable.

3963. — La loi du 17 août 1835 dispose (art. 2) : « A dater du 1er janv. 1836, les maisons et usines nouvellement construites ou reconstruites et devenues imposables seront, d'après la matrice réglée dans la forme qui va être indiquée, cotisées comme les autres propriétés de la commune où elles sont situées, et accroîtront le contingent dans la contribution foncière de la commune, de l'arrondissement et des départements.

3964. — Les propriétés bâties, qui auront été détruites ou démolies, feront l'objet d'un dégrèvement dans la contribution foncière pour la commune, l'arrondissement et le département où elles étaient situées, jusqu'à concurrence de la part que les dites propriétés prenaient dans leurs matières imposables. On a considéré que la construction d'une maison équivalait à la création d'une matière imposable, qui doit augmenter le revenu public, et la démolition comme une perte qui devrait entraîner une diminution dans ce revenu. A partir de cette loi, il est nécessaire de distinguer pour son application entre le sol et les constructions. — Cons. d'Et., 19 févr. 1863, Cie des voitures à Paris, [Leb. chr., p. 156]

3965. — Au point de vue de la péréquation, cette loi ne devait avoir aucune influence, car les nouvelles constructions n'étaient pas évaluées d'après leur valeur réelle et virtuelle, mais par comparaison avec les autres maisons de la localité, dont les contingents ne correspondaient pas aux valeurs exactes.

3966. — En 1850, le gouvernement ayant proposé de supprimer les 17 centimes additionnels généraux au principal de la contribution foncière, ce qui équivalait à un dégrèvement de 27 millions, l'assemblée ordonna (L. 7 avr. 1850, art. 2), qu'aussitôt après la promulgation de la loi, le gouvernement prendrait les mesures nécessaires pour qu'il fût procédé, dans un bref délai, à une évaluation nouvelle des revenus territoriaux.

3967. — Avant d'entreprendre les travaux prescrits par la loi, l'administration fit procéder à une évaluation sommaire du revenu net par département à l'aide des baux, des adjudications de coupes de bois et des actes de vente de vente (L. Circ. 26 nov. 1850). On additionna, d'une part, le prix net des baux et les adjudications de coupes de bois pour un département, et

en le rapprochant de la contribution foncière de ces propriétés, on obtint un rapport qui, appliqué au contingent foncier départemental donnait le revenu net. On fit la même opération au moyen des actes de vente. Ce travail préparatoire fit ressortir le revenu net moyen des propriétés bâties et non bâties à 2,994,127,300 fr.

3968. — Le ministre des Finances nomma une commission composée de membres du Conseil d'Etat et de l'administration, à l'effet d'étudier les mesures à prendre pour procéder aux évaluations prescrites. Les règles qui devaient présider à cette opération furent tracées par un arrêté ministériel du 3 mai 1851.

3969. — Le cadastre étant terminé à cette époque, les agents de contributions directes durent se rendre dans chaque commune, se renseigner auprès des personnes compétentes, et se rendre compte par eux-mêmes, en parcourant la commune et en étudiant les matrices cadastrales, des changements survenus depuis la confection du cadastre. Cela fait, ils fixèrent directement pour chaque nature de propriété le chiffre de revenu par hectare en prix moyen.

3970. — On compara ensuite le résultat de ces évaluations avec celui provenant de la ventilation des baux, des adjudications de coupes de bois et des actes de vente, choisis dans la période 1839-1851. Le revenu net des propriétés qui avaient fait l'objet de ces divers actes s'élevait à un total de 626,158,248 fr. faisant ressortir un taux d'impôt de 6,23 p. 0/0, alors que le taux constaté par l'évaluation directe était de 6,06 p. 0/0.

3971. — Terminées vers la fin de 1854, ces évaluations constatèrent pour le territoire de la France, moins la Corse, un revenu imposable de 2,643,743,280 fr. dont 1,905,622,436 fr. pour les propriétés non bâties et 737,743,280 fr. pour les propriétés bâties. Le taux moyen de l'impôt qui était de 6,06 p. 0/0 pour l'ensemble des propriétés, était seulement de 5,24 p. 0/0 pour les propriétés bâties et s'élevait à 6,38 p. 0/0 pour les propriétés non bâties.

3972. — Aux termes de l'arrêté ministériel du 3 mai 1851, les résultats de l'évaluation devaient être soumis dans chaque département, à une commission présidée par le préfet et composée du directeur des contributions directes, du directeur de l'enregistrement, de deux conseillers généraux et de l'inspecteur ou d'un contrôleur des contributions directes, secrétaire.

3973. — Cette commission pouvait appeler pour chaque canton un notaire et plusieurs propriétaires pour s'éclairer. Les contrôleurs assistaient aux séances et fournissaient les explications nécessaires. Enfin, les procès-verbaux de ces commissions devaient être soumis à la commission supérieure qui était chargée de coordonner les résultats. Cette double sanction manqua aux évaluations de 1851, qui restèrent sans emploi. Il eût été possible à ce moment d'obtenir un taux moyen entre les départements.

3974. — Les travaux du cadastre avaient été terminés, en 1850, par ceux du département du Cantal. Mais depuis longtemps déjà il était facile de voir que les premières évaluations n'étaient pas d'accord avec les dernières. Des modifications importantes avaient été apportées aux cultures des premières communes cadastrées. La proportionnalité était détruite même à l'intérieur des communes où cependant la loi du 31 juill. 1821 circonscrivait ses effets.

3975. — En 1841, le ministre des Finances ayant déclaré en réponse aux vœux de plusieurs conseils généraux que rien ne s'opposait à la révision des opérations cadastrales, celles-ci reprirent dans plusieurs communes. Mais, par une décision du 15 mai 1848, Gelquin, [Leb. chr., p. 288], le Conseil d'Etat déclara que « la loi du 15 sept. 1807, en prenant les évaluations cadastrales pour base de la répartition de la contribution foncière à tous ses degrés entre les propriétés non bâties, avait consacré, par voie de conséquence nécessaire, la fixité de ces évaluations, et qu'aucune disposition des lois postérieures n'avait abrogé ce principe et en ce qui concerne la répartition individuelle, et autorisé la révision des opérations cadastrales régulièrement exécutées en vertu de cette loi. »

3976. — Les renouvellements partiels qui avaient eu lieu étaient donc irréguliers. Le gouvernement déposa un projet de loi, aux termes duquel le cadastre pouvait être renouvelé sur la demande du conseil général du département ou du conseil municipal de la commune, à la charge par le département ou la commune de pourvoir aux frais des nouvelles opérations.

3977. — L'Assemblée modifia le projet, qui devint l'art. 17, L. 7 août 1850. « Dans toute commune cadastrée depuis trente

ans au moins, il pourra être procédé à la révision et au renouvellement du cadastre, sur la demande du conseil municipal de la commune et sur l'avis conforme du conseil général du département, à la charge par la commune de pourvoir aux frais des nouvelles opérations ». Cette disposition qui, dans l'esprit du législateur, n'avait qu'une portée temporaire, régit encore la matière.

3978. — Quant aux cadastres révisés antérieurement à la loi de 1850, l'art. 7 les régularisa. « Toutefois, dans toute commune dont les évaluations cadastrales ont été révisées avec des fonds départementaux, les opérations pourront être régularisées par un arrêté ministériel, sur la demande des conseils généraux. Les opérations commencées dans une commune pourront également être terminées aux frais du département ». Cette loi eut l'inconvénient d'arrêter complètement, par suite de la situation embarrassée des finances de beaucoup de communes, les travaux de révision qui avaient été entrepris et d'amener la dissolution du corps des géomètres du cadastre. De nouvelles évaluations purement administratives furent faites en 1862.

3979. — La question de la péréquation fut soulevée de nouveau en 1856 à l'occasion de l'enquête agricole prescrite par le décret du 28 mars 1856. Mais la commission chargée d'examiner les résultats de cette enquête constata que la péréquation n'était pas demandée, et ne prit pas en considération la proposition de procéder à cette péréquation.

3980. — Depuis 1870, la question de la péréquation n'a pas cessé d'être à l'ordre du jour. Tout en créant des impôts nouveaux, le gouvernement se préoccupait de faire rendre aux impôts existants tout ce qu'ils étaient susceptibles de produire. La loi du 21 mars 1874 décida que les parcelles figurant sous des dénominations diverses sur les états de section des communes comme terres improductives et cotisées comme telles, et qui ont été mises en culture ou sont devenues productives depuis la confection du cadastre, seraient évaluées et cotisées comme les autres propriétés de même nature et d'égal revenu de la commune où elles sont situées et accroîtraient le contingent dans la contribution foncière de la commune, de l'arrondissement, du département et de l'Etat. Il fut stipulé qu'il n'était pas dérogé aux art. 111, 114, L. 3 frim. an VII, ni à l'art. 226, L. 18 juin 1859.

3981. — Les parcelles qui, depuis la même époque, auront cessé d'être cultivées ou productives, lit-on dans la même loi, seront l'objet d'un nouveau classement et d'une nouvelle cotisation. Elles feront l'objet d'un dégrèvement au profit des propriétaires desdites parcelles et dans la contribution foncière de la commune, de l'arrondissement, du département et de l'Etat. Les états des nouvelles cotisations et des dégrèvements par département seront annexés au budget de chaque année (art. 9). Le ministre des Finances est chargé d'établir les moyens de réaliser cette réforme et de présenter le plus tôt possible à l'approbation de l'Assemblée nationale les mesures destinées à assurer l'application de ce principe de péréquation partielle (art. 10). On avait voulu atteindre et frapper notamment les vignobles du Midi, qui, plantés dans les terrains jadis incultes, étaient toujours imposés comme tels. Cette loi était une application à certaines espèces de propriétés non bâties de la loi du 17 août 1835. Elle était inexécutable et fut abandonnée.

3982. — Le Conseil d'Etat a décidé à maintes reprises que des contribuables n'étaient pas fondés à se prévaloir de ces dispositions pour demander un nouveau classement de leurs propriétés. — Cons. d'Et., Dupont, [S. 89.3.47. P. adm. chr., D. 88.3.131]; — 16 déc. 1887, Laborie, [D. 88.3.132]; — 4 mai 1888, Milhos, [Leb. chr., p. 403]

3983. — Mais la loi de finances du 5 août 1874 (art. 2) invita le gouvernement à présenter, dans la loi de finances de 1876, un projet de nouvelle répartition du principal de la contribution foncière entre les départements. Une disposition analogue de la loi du 3 août 1875 (art. 4) reporta l'exécution de cette disposition à l'exercice 1877.

3984. — De nouvelles recherches furent effectuées par l'administration pour connaître les revenus des propriétés bâties et non bâties. On détermina le revenu de chaque commune en rehaussant son revenu cadastral d'après la proportion indiquée par la ventilation des baux et des déclarations de locations verbales relevés à l'enregistrement de 1862 à 1873. On abandonna comme bases d'évaluation les actes de vente, parce que les éléments d'appréciation provenant des baux et des déclarations de locations verbales semblaient plus exacts et que leur nombre avait

beaucoup augmenté par l'effet de la loi du 23 août 1871. On détermina encore le revenu en appliquant au contingent de chaque département le rapport existant entre le revenu net des propriétés ventilées et la contribution en principal correspondante.

3985. — L'estimation moyenne du revenu net territorial de la France était, en 1874, de 4,049,375,347 fr.; le taux moyen de l'impôt n'était plus, d'après ces estimations, que de 4,20 p. 0/0 pour les propriétés de toute nature.

3986. — Pour assurer l'exécution des lois du 5 août 1874 et 3 août 1875, M. Léon Say, ministre des Finances, déposa, le 23 mars 1876, deux projets de loi, réglant les conditions du renouvellement des opérations cadastrales. Les événements politiques les empêchèrent d'aboutir.

3987. — Cependant une disposition de l'un de ces projets, qui tendait à séparer les propriétés bâties des propriétés non bâties et à leur assigner des contingents distincts, fut reproduite dans un projet de loi rectificatif déposé le 11 janv. 1877, et dans un nouveau projet déposé le 19 mai 1879 et finit par être sanctionnée par l'art. 2, L. 29 juill. 1881, qui est ainsi conçu : « Le revenu cadastral afférent pour 1882 aux propriétés bâties, abstraction faite de celui du sol, sera séparé des autres revenus figurant aux matrices cadastrales et générales et sera inscrit à part dans lesdites matrices. Cette disposition devait permettre de résoudre, en le divisant, le problème de la péréquation.

3988. — Le second projet de loi, présenté le 23 mars 1876, proposait d'ouvrir un crédit d'un million de francs pour faire face aux frais d'une évaluation du revenu net des propriétés non bâties. Reproduit le 19 mai 1879, il aboutit à l'art. 1, L. 9 août 1879, qui allouait le crédit demandé. L'administration procéda immédiatement à cette évaluation (Instr. 20 sept. 1879). On évalua directement les revenus vrais, et on contrôla ensuite ces évaluations au moyen de la ventilation des baux de propriétés non bâties ou mixtes et d'adjudications de coupes de bois, choisis dans la période de 1869 à 1878 inclusivement, ou à défaut de ces actes, au moyen d'actes de vente, de déclarations de locations verbales, de baux fictifs. Le revenu net imposable des propriétés non bâties fut fixé à 2,643,505,365 fr., faisant ressortir à 4,49 p. 0/0 le taux moyen d'imposition.

3989. — A la fin de 1883, un travail de révision sommaire exécuté par l'administration et motivé par la crise agricole abaissa le revenu net à la somme de 2,584,592,308 fr., ce qui éleva à 4,60 p. 0/0 le taux moyen de l'impôt. Du reste, ce taux n'était qu'une moyenne, car le travail d'évaluation avait révélé que 46 départements se trouvaient payer plus que ce taux, tandis que les autres étaient ménagés.

3990. — Les conseils généraux appelés à examiner les résultats du travail d'évaluation se divisèrent. Ceux des département surchargés demandèrent l'application immédiate du travail; ceux des départements ménagés se refusèrent au contraire à en adopter les résultats (août 1883).

3991. — Un député, M. Bisseuil, proposa à la Chambre et fit adopter un amendement qui tendait à opérer la péréquation en transportant sur les départements moins imposés le montant du dégrèvement qui serait accordé aux départements surtaxés. Cette disposition fut repoussée par le Sénat. On en revint au principe formulé par le législateur de 1821, que la péréquation n'était possible que par voie de dégrèvement.

3992. — Cependant, à la suite de l'adoption par la Chambre de l'amendement Bisseuil, un décret du 12 juin 1884 chargea une commission centrale d'examiner les résultats des opérations exécutées en vertu de la loi du 9 août 1879. La commission, après une étude approfondie du travail, a émis l'avis qu'il y avait lieu : 1° de transférer sur la propriété bâtie une portion du contingent de la propriété non bâtie; 2° de faire précéder ce transfert d'un travail de révision des évaluations de la propriété bâtie (Rapport du 16 août 1884).

3993. — Dès l'année suivante, l'art 34, L. fin. 8 août 1885, chargea l'administration des contributions directes de procéder, à partir du 1er janv. 1886, au recensement de toutes les propriétés bâties, avec évaluation de la valeur locative actuelle de chacune d'elles. Le travail prescrit par cet article a commencé aussitôt et a duré quatre ans.

3994. — Pendant cette période, les agents des contributions directes accompagnés par les répartiteurs ont parcouru chaque commune, évaluant chaque maison une à une. On s'est servi autant que possible des baux ou des déclarations de location

verbale. A l'égard des propriétés non louées, on a procédé par voie de comparaison avec celles pour lesquelles on avait des baux. C'est à défaut seulement de ces éléments d'appréciation qu'on a eu recours aux actes de vente.

3995. — Les travaux de recensement ont porté sur 9,051,542 propriétés bâties, comprenant 8,914,523 maisons, boutiques et magasins et 137,019 manufactures ou usines. Ces propriétés comportent une valeur locative réelle de 2,810,412,135 fr. qui, réduite aux trois quarts pour les maisons et aux deux tiers pour les usines, conformément aux prescriptions des art. 82 et 87, L. 3 frim. an VII, donne un revenu net de 2,090,081,970 fr. La contribution foncière des propriétés bâties étant, pour 1889, de 62,683,393 fr., le taux moyen de l'impôt ressortait à 3,07 p. 0/0.

3996. — Dans le projet du budget de 1891, le ministre des Finances avait proposé de faire la péréquation des contingents départementaux en abaissant à 3,97 p. 0/0 le taux de l'impôt sur les propriétés non bâties et en élevant à ce taux le contingent sur les propriétés bâties. Mais la Chambre des députés n'accepta pas ce projet. Elle se borna à voter un dégrèvement de 15,267,977 fr. sur la contribution des propriétés non bâties qui abaissait à 4 p. 0/0 le taux moyen de l'impôt; mais elle se refusa à élever au chiffre proposé par le gouvernement le taux d'imposition de la propriété bâtie.

3997. — Cependant la Chambre a réalisé, en ce qui touche du moins la propriété bâtie, la péréquation en adoptant l'amendement de M. Terrier tendant à transformer cette partie de la contribution foncière en impôt de quotité. « A partir du 1er janv. 1891, il ne sera plus assigné de contingents aux départements, arrondissements et communes en matière de contribution foncière des propriétés bâties » (L. 8 août 1890, art. 4).

3998. — La contribution foncière des propriétés bâties sera, à partir de la même date, réglée en raison de la valeur locative de ces propriétés telle qu'elle a été établie conformément à l'art. 34, L. 8 août 1885, sous déduction d'un quart pour les maisons et d'un tiers pour les usines, en considération du dépérissement et des frais d'entretien et de réparation (art. 5). Le taux de la contribution foncière des propriétés bâties est fixé, en principal, pour 1891, à 3 fr. 20 p. 0/0 de la valeur locative établie comme il est dit à l'article précédent et après les déductions spécifiées audit article.

3999. — Le travail d'évaluation fait par l'administration des contributions directes en exécution de l'art. 34, L. 8 août 1885, a été homologué par le législateur qui lui a donné le caractère de cadastre de la propriété bâtie. La loi du 8 août 1890 a apporté une restriction au principe de l'impôt de quotité en décidant que les évaluations seraient fixées pour une période de dix ans. « Les évaluations servant de base à la contribution des propriétés bâties seront révisées tous les dix ans. (C'est la reproduction de l'art. 102, L. 3 frim. an VII, qui en pratique n'avait pas été exactement observé). Toutefois si, par suite de circonstances exceptionnelles, il se produit, dans l'intervalle de deux révisions décennales, une dépréciation générale des propriétés bâties, soit de l'intégralité, soit d'une fraction notable d'une commune, le conseil municipal aura le droit de demander qu'il soit procédé à une nouvelle évaluation des propriétés bâties de l'ensemble de la commune, à la charge pour celle-ci de supporter les frais de l'opération. Les évaluations ainsi établies seront néanmoins renouvelées à l'expiration de la période décennale en cours (art. 8). Si, au contraire, pendant la période décennale se produit dans une commune une augmentation générale de la valeur locative, « l'administration n'a pas le droit de faire procéder à une évaluation nouvelle. »

4000. — En ce qui touche la propriété non bâtie, il a été reconnu par tous les orateurs, au cours de la discussion de la loi de finances de 1891, qu'il était impossible de suivre le même procédé d'évaluation que pour la propriété bâtie. C'est seulement au moyen de la réfection du cadastre général que la péréquation pourra être réalisée. C'est une réforme qui reste à l'ordre du jour.

4001. — Un décret du 30 mai 1891 a institué au ministère des Finances une commission extraparlementaire chargée d'étudier les diverses questions que soulève le renouvellement des opérations cadastrales, notamment au point de vue de l'assiette de l'impôt, de la détermination juridique de la propriété immobilière et de son mode de transmission.

§ 2. *Répartition de la contribution foncière des propriétés non bâties entre les départements, les arrondissements et les communes.*

1° *Fixation des contingents.*

4002. — Aujourd'hui, la propriété bâtie et la propriété non bâtie font l'objet de règles tout à fait différentes. La contribution foncière assise sur les propriétés bâties est un impôt de quotité. Les répartiteurs n'ont plus aucun rôle dans l'établissement de la taxe, qui est confiée aux agents de l'administration. Les évaluations seront renouvelées tous les dix ans. Il n'est plus assigné de contingents aux départements, arrondissements et communes. L'impôt suivra les fluctuations de la matière imposable. A l'égard des propriétés non bâties, l'ancien système de la répartition est maintenu. L'impôt repose sur les évaluations immuables du cadastre. Nous allons commencer par exposer la législation relative aux propriétés non bâties.

4003. — Le contingent du département une fois fixé par la loi de finances, chaque conseil général répartit ce contingent entre les arrondissements. Les conseils d'arrondissement font la répartition entre les communes. La répartition du contingent des communes entre les contribuables est faite par le conseil des répartiteurs.

4004. — Le conseil général base la répartition de la contribution foncière entre les arrondissements sur les éléments employés par le pouvoir législatif pour la répartition entre les départements. La loi du 31 juill. 1821 (art. 19), et les bases prescrites par l'art. 38, L. 15 mai 1818, pour parvenir à l'évaluation des revenus imposables des départements, seront appliquées aux communes et aux arrondissements par une commission spéciale qui sera formée dans chaque département. Ce travail servira de renseignements aux conseils généraux de département et aux conseils d'arrondissement pour fixer les contingents en principal des arrondissements et des communes. »

4005. — Les ordonnances des 3 oct. 1821 et 19 mars 1823 ont réglé l'exécution de cette disposition. La loi du 8 août 1890 contient une disposition analogue. « Les résultats des travaux d'évaluation exécutés par l'administration des contributions directes de 1879 à 1884, en vertu de la loi du 9 août 1879, serviront de renseignements aux conseils généraux et aux conseils d'arrondissement pour fixer les contingents en principal des arrondissements et des communes » (art. 14).

4006. — Le rôle des répartiteurs en ce qui touche la contribution foncière est presque nul. Il se borne à un contrôle des calculs faits par les agents de l'administration. En divisant le contingent de la commune par son revenu, tel qu'il est donné par le cadastre, on obtient le centime le franc, c'est-à-dire le nombre de centimes que chaque contribuable doit payer par chaque franc de revenu. L'administration applique ensuite ce taux au revenu de chaque contribuable, et les répartiteurs n'ont qu'à vérifier si ce travail mathématique a été fait correctement.

4007. — Les répartiteurs n'ont un rôle plus utile que lorsqu'il se présente dans la propriété non bâtie une nouvelle matière imposable (bois sortant du domaine de l'Etat, alluvions), ou inversement quand une matière imposable disparaît, par suite de corrosions ou d'incorporation au domaine public. Ils fixent alors, de concert avec le contrôleur, le revenu imposable des parcelles nouvelles, arrêtent et signent les déclarations sur lesquelles se trouvent énoncés les changements.

4008. — Enfin, l'art. 33, L. 3 frim. an VII, les charge de dresser un état annuel des chargements survenus parmi les contribuables, et l'art. 28, L. 21 avr. 1832, exige leur avis sur les demandes en décharge ou réduction, mais nous avons déjà parlé de ces attributions.

2° *Modification des contingents.*

4009. — Les contingents des départements, des arrondissements et des communes dans la contribution foncière des propriétés non bâties ne sont susceptibles de modifications que dans trois cas : 1° lorsqu'il y a accroissement ou perte de matière imposable ; 2° lorsque des biens exemptés deviennent imposables ou que des biens imposés viennent à bénéficier d'une cause d'exemption permanente; 3° lorsqu'il se produit un changement dans le territoire des communes, arrondissements et départements.

4010. — Lorsque par le changement du lit d'un fleuve, d'une rivière ou d'un torrent, par le relèvement de la mer ou par toute autre cause, un terrain, qui n'existait pas pour l'imposition, se trouve susceptible d'être imposé, il y a lieu d'ajouter son allivrement à la matrice cadastrale (R. M., art. 911).

4011. — Cette addition de matière imposable donne lieu à une augmentation des contingents, des communes, arrondissements et départements (Circ. 10 sept. 1819, rendue en exécution de la loi du 17 juillet précédent). Le classement et l'évaluation de ce terrain sont faits par les répartiteurs assistés du contrôleur.

4012. — Les propriétés non encore imposées sont cotisées la première année dans un rôle spécial et les propriétaires peuvent réclamer contre le classement dans les délais fixés par l'ordonnance du 3 oct. 1821. Le classement une fois fixé, le directeur fait l'application du tarif de la commune au classement (R. M., art. 919). Une copie du plan du terrain nouvellement imposable est annexée à l'atlas déposé à la commune, l'autre à celui qui reste à la direction (art. 920).

4013. — Lorsqu'un terrain ou une portion de terrain disparaît totalement, soit par le changement du lit d'un fleuve ou d'un torrent, soit par l'envahissement de la mer, on doit retrancher son allivrement de la matrice cadastrale (art. 904). Cette perte de matière imposable diminue les contingents (Circ. 10 sept. 1819).

4014. — Le contribuable qui subit ces corrosions a droit à obtenir décharge à toute époque quand il s'aperçoit de la perte éprouvée par lui.

4015. — Le *Recueil méthodique* (art. 906 à 910) indique aux propriétaires la marche à suivre pour obtenir de l'administration le retranchement des parcelles disparues de la matrice. Le propriétaire doit faire sa déclaration au maire de la commune où le bien corrodé est situé, et demander un extrait de la matrice de rôle qui indique les parcelles ou portions de parcelles disparues. Il adresse cet extrait au préfet avec une pétition par laquelle il demande que ces parcelles cessent d'être comprises dans la matrice cadastrale.

4016. — Le préfet renvoie cette pétition au directeur qui la transmet au contrôleur; celui-ci se rend sur les lieux, constate les faits et rédige son rapport qu'il adresse au directeur. Le directeur fait un rapport qu'il adresse au préfet. Le préfet, sur l'avis du conseil de préfecture, prononce l'admission ou le rejet de la pétition. Des copies de ces arrêtés sont mises sous les yeux du conseil général et des conseils d'arrondissement, qui diminuent les contingents des arrondissements et des communes en raison des pertes de matière imposable qui ont eu lieu.

4017. — Une portion de propriété provenant d'atterrissements ne peut être assujettie à la contribution foncière que par voie d'imposition nouvelle et suivant les formalités prescrites par la loi. Il n'appartient pas au conseil de préfecture, saisi d'une demande en réduction motivée par la corrosion de certaines parcelles, de rejeter cette demande par le motif que cette perte de matière imposable serait compensée par des alluvions que se seraient formées sur un autre point. — Cons. d'Et., 19 nov. 1832, Deshaires, [Leb. chr., p. 467]

4018. — Nous avons vu les dispositions édictées par les lois de finances de 1814, 1818 et 1819 relativement aux biens qui sortaient des domaines de l'Etat ou qui entraient dans ce domaine et l'extension qui a été donnée en 1845 à ces articles.

4019. — Aujourd'hui, la part afférente à toute propriété qui, pour une cause ou une autre, cesse d'être imposable est diminuée de la part afférente à celles qui deviennent passibles d'imposition.

4020. — Les bois qui sortent du domaine de l'Etat pour entrer dans la propriété privée et deviennent imposables doivent être évalués, non d'après le prix moyen de leurs coupes annuelles, déduction faite des frais d'entretien, de garde et de repeuplement, comme le prescrivait l'art. 67, L. 3 frim. an VII, qui est aujourd'hui abrogé; mais, conformément à la loi du 23 sept. 1814 (art 18), ils doivent être cotisés comme les autres bois de la commune ou, s'il n'en existe pas dans la commune, comme ceux qui se trouvent dans les communes les plus voisines. — Cons. d'Et., 24 déc. 1818, Comte de Dogron, [S. chr., P. adm. chr.]; — 7 nov. 1834, Lepreux-Jarlot, [P. adm. chr.]

4021. — C'est seulement à défaut de bois dans la commune où se trouvent les bois à imposer que l'on peut prendre pour termes de comparaison les bois des communes voisines. — Cons. d'Et., 6 juin 1821, Pourtalés, [P. adm. chr.]

4022. — Les formalités prescrites par les lois sur le cadastre doivent être observées pour les bois, qui sortent du domaine de l'Etat. — Cons. d'Et., 18 déc. 1822, Mallet-Lagrange, [P. adm. chr.]

4023. — Les allivrements assignés aux bois de l'Etat n'ont pas le caractère de fixité que possèdent les évaluations cadastrales proprement dites. On ne peut maintenir ces allivrements, quand ces bois sortant du domaine de l'Etat, deviennent imposables, que s'il est reconnu qu'ils sont proportionnels aux allivrements des propriétés de même nature. Sinon il faut recourir à une nouvelle évaluation— Cons. d'Et., 22 sept. 1874, Lemercier de Jauvelle, v° *Bois vendus*, p. 92.

4024. — Les bois vendus par l'Etat doivent être cotisés par comparaison avec des biens de même nature s'il en existe dans la commune. On ne pourrait légalement prendre pour terme de comparaison des terrains non plantés, même dans le cas où les bois imposables dans cette commune n'auraient pas été évalués à leur juste valeur. — Cons. d'Et., 5 déc. 1834, Adjudicataires des bois de Mettey, [P. adm. chr.]

4025. — La comparaison ne peut être faite qu'avec des bois appartenant à des particuliers et imposés, et non avec des bois appartenant à l'Etat, qui ne sont évalués que pour la forme, et afin qu'on puisse avoir une base pour l'établissement des centimes additionnels. — Cons. d'Et., 21 avr. 1858, Mareau, [S. 59.2.192, P. adm. chr.]

4026. — L'acquéreur de bois vendus par l'Etat ne peut citer comme termes de comparaison des bois dont le classement serait le résultat d'une erreur matérielle ou des bois, qui, par suite de réclamations formées par les propriétaires, auraient depuis le classement considérablement augmenté de valeur. — Cons. d'Et., 25 mars 1858, N...., [Leb. chr., p. 255]

4027. — Les bois vendus par l'Etat doivent être rangés dans les classes établies hors de la confection du cadastre et leur revenu doit être fixé par comparaison avec celui des types adoptés à cette époque. — Cons. d'Et., 10 juin 1835, de Ranglandre, [P. adm. chr.]; — 15 mars 1837, Ferradou, [P. adm. chr.]; — 25 mars 1858, précité.

4028. — ... A moins que ces bois ne soient de nature à former une classe nouvelle. — Cons. d'Et., 25 déc. 1840, Noël, [Leb. chr., p. 438]

4029. — Lorsque l'évaluation de propriétés imposables après le cadastre donne lieu à l'établissement de nouvelles classes, le tarif des évaluations doit, comme s'il s'agissait d'opérations cadastrales primitives, être communiqué aux propriétaires. — Cons. d'Et., 8 août 1853, Min. Finances.

4030. — Il y a encore lieu à une modification des contingents quand, postérieurement au cadastre, des changements sont apportés aux territoires des communes.

4031. — Les art. 94 à 95, L. 2 mess. an VII, disposent que, quand une commune ou portion de commune est incorporée à une autre commune du même arrondissement ou à une commune du même département mais située dans un autre arrondissement, ou à une commune d'un autre département, il y a lieu de changer les mandements de contribution foncière, d'après les rôles existants.

4032. — Toutes les fois qu'une loi, un décret ou une décision du conseil général apportent des changements dans la circonscription d'un territoire, il appartient au directeur de constater la contribution en principal afférente aux propriétés qui doivent passer d'une commune dans une autre, et dont le contrôleur a fait le relevé sur les matrices et états de sections, avec leur contenance, leur nature et leur revenu imposable.

4033. — S'il s'agit de propriétés qui passent d'un département dans un autre, le préfet communique les états, qui lui ont été remis par le directeur, au préfet du département où passent les propriétés distraites. Celui-ci en vérifie l'exactitude et les renvoie avec ses observations à son collègue, qui fixe par un arrêté spécial le montant en principal des contributions à transporter. Cet arrêté est transmis au ministre des Finances, qui propose les changements nécessaires dans le contingent des deux départements.

4034. — Les préfets mettent une copie des divers états et arrêtés sous les yeux du conseil général et des conseils d'arrondissement, qui augmentent ou diminuent le contingent des arrondissements et des communes, en raison des réunions ou distractions qui ont eu lieu. La même marche est suivie quand deux ou plusieurs communes sont réunies en une seule, ou que

plusieurs portions de communes sont érigées en commune particulière (Instruction sur l'exécution des dispositions de la loi du 2 mess. an VII)).

4035. — Quelles sont pour les contribuables les conséquences de ces réunions et distractions de communes? Ces opérations créent une situation très-délicate, qui a longtemps divisé l'administration des contributions directes et le Conseil d'État et créé entre eux une sorte de conflit, qui a rendu nécessaire l'intervention du législateur. La loi du 2 mess. an VII disposait qu'en cas de modifications apportées aux territoires des communes, l'administration devrait changer les mandements de contribution foncière, d'après les rôles existants.

4036. — Le *Recueil méthodique* (art. 901 et 902) réglait ainsi les formalités matérielles du transport. « S'il arrivait que les limites d'une commune éprouvassent des changements, le terrain qui passerait d'une commune dans l'autre emporterait avec lui son contingent. Exemple : Une parcelle de la commune A passe dans la commune B, par le changement de la limite. On raie dans le volume de matrice de la commune A, où se trouve le propriétaire de cette parcelle, tout l'article de ce propriétaire et on le recopie dans le volume courant de la même commune, moins la parcelle transportée. Si ce propriétaire a dans la commune B un article de matrice, on le raie et on le retranscrit dans le volume courant, en y ajoutant la parcelle transportée. Si le propriétaire n'a pas encore d'article de matrice dans la commune B, on lui ouvre dans le volume courant de cette commune un article qui se compose de cette parcelle, objet du transport.

4037. — Depuis, on a simplifié cette manière de procéder en se bornant à rayer la parcelle de l'article des propriétaires dans la commune A. Elle est portée à son nom dans la commune B; mais elle doit être préalablement reclassée et évaluée comparativement aux fonds de la commune B.

4038. — D'après l'art. 903 du *Recueil méthodique*, si deux communes cadastrées étaient réunies en une, chacune d'elles devait conserver son allivrement et le rôle devait s'expédier en deux parties.

4039. — Mais une circulaire du 12 mai 1830 a modifié cette disposition. Il convient autant que possible, dit cette circulaire, de ne former qu'un seul rôle pour les communes réunies. Si ces communes ont été toutes deux cadastrées d'après le mode antérieur au règlement du 10 oct. 1821 (c'est-à-dire à l'époque où les travaux du cadastre étaient destinés à opérer la péréquation de l'impôt foncier entre les diverses circonscriptions territoriales) et si elles dépendent du même canton, les évaluations ayant été nivelées par la péréquation cantonale (L. de 1813, 1819), il suffit de transcrire sur la matrice de la plus grande commune les articles de la matrice de la plus petite. Si les communes ont été cadastrées d'après le système de la loi du 31 juill. 1821, il n'existe aucun rapport entre le classement et le tarif de l'une et de l'autre, et il est indispensable, avant d'opérer le rattachement, de procéder à un nouveau classement et à la confection de nouvelles pièces cadastrales dans la commune la plus petite, pour en mettre le revenu foncier en rapport avec celui de la commune la plus grande. Un tel travail entraîne des dépenses assez considérables et ne doit être exécuté qu'autant que les conseils municipaux en font la demande et s'engagent à en supporter les frais ou que le conseil général consent à ce que la dépense soit imputée sur les fonds qu'il vote pour subvenir aux frais des travaux courants.

4040. — Une circulaire du ministre des Finances du 26 déc. 1836, qui est visée dans plusieurs décisions du Conseil d'État, édicta les prescriptions suivantes : quand une ordonnance portant distraction ou réunion de territoire a été notifiée au directeur ou que toute autre circonstance entraîne un changement dans les pièces cadastrales d'une commune, le directeur doit transmettre à l'administration, par l'intermédiaire du préfet, un état indicatif du travail et de la dépense. Ce n'est qu'après que cet état a été approuvé ou, s'il y a lieu, modifié, que le directeur peut entreprendre les travaux de rectification ou de refonte.

4041. — Quand des terrains passent d'une commune dans une autre, tout se réduit à des opérations de cabinet. On détermine la proportion entre le revenu cadastral et le contingent en principal, tant dans la commune qui cède que dans la commune qui prend; si cette proportion est la même ou si elle ne diffère que dans la troisième décimale, il n'y a qu'une simple retranscription à faire d'une matrice sur l'autre.

4042. — Si la proportion diffère plus sensiblement, il est in-

dispensable de mettre les évaluations des parcelles réunies de niveau avec celles des propriétés de la commune dans laquelle elles entrent.

4043. — On opère alors comme il suit : 1° on divise le contingent foncier en principal de la commune qui perd par le centime le franc en principal de la commune qui gagne, et l'on a pour quotient un revenu imposable dont la comparaison avec le revenu cadastral de la commune perdante fait connaître la proportion, d'après laquelle le tarif des évaluations de l'hectare de chaque nature de culture de cette dernière commune doit être haussé ou baissé pour être mis en rapport avec les évaluations de la commune qui gagne; 2° on applique le tarif modifié au classement des parcelles qui changent ou ce qui revient au même, on augmente ou l'on diminue leur revenu cadastral ancien d'après la proportion ci-dessus; 3° on rectifie l'état des sections et l'on ajoute les parcelles avec leurs nouveaux revenus aux articles de la matrice cadastrale de la commune prenante; 4° on porte le tarif modifié avec l'indication de la portion du territoire à laquelle il s'applique sur la feuille de tête de la matrice cadastrale pour pouvoir ultérieurement effectuer les mutations entraînant des divisions de parcelles; 5° on refait une récapitulation générale et on rectifie la table alphabétique.

4044. — Cette pratique administrative offrait cet avantage de ne pas augmenter les cotes que les contribuables des parcelles remises avaient à payer. Si on s'était contenté d'additionner les revenus cadastraux des deux communes tels qu'ils figuraient aux matrices, les revenus des communes n'étant plus mis en concordance depuis la loi du 31 juill. 1821, il serait arrivé que l'une des communes aurait obtenu un déclassement de toutes ses propriétés tandis que l'autre aurait eu tous ses revenus rehaussés. Au moyen de l'opération prescrite par la circulaire de 1836, on nivelait les revenus matriciels de manière à conserver à la commune réunie la cotisation qui lui avait été attribuée à raison des évaluations cadastrales. On respectait ainsi le principe de la fixité des évaluations.

4045. — Mais après avoir semblé admettre la régularité de ce procédé par une décision du 28 août 1844, Fournié, [P. adm. chr.], le Conseil d'État le condamna par plusieurs décisions comme étant contraire à l'art. 2, L. 3 frim. an VII, qui prescrit la répartition de la contribution foncière par égalité proportionnelle entre tous les contribuables de la commune. « Considérant, est-il dit dans une de ces décisions, que la loi du 18 mai 1864, qui a prononcé la réunion de la section de La Bastide à la ville de Bordeaux, ne contient aucune règle particulière quant à la répartition de la contribution foncière dans la nouvelle commune : qu'après la promulgation de cette loi, un contingent unique a été attribué à cette commune, conformément à la loi du 2 mess. an VII; que pour la répartition de ce contingent, en 1866, l'administration a maintenu la séparation des contingents précédemment attribués à l'ancienne commune de Bordeaux et à la section de La Bastide; et que, pour déterminer la cote foncière de la compagnie du chemin de fer de Paris à Orléans, à raison de la gare située sur le territoire de l'ancienne section de La Bastide, l'administration a fait application de la proportion d'atténuation admise précédemment pour cette section et qui est moins élevée que celle qui avait été adoptée pour la ville de Bordeaux; considérant qu'aucune disposition législative n'autorisant ce mode de procéder, la compagnie de Paris à Orléans était fondée à demander que la cote foncière pour la gare de La Bastide fût assise d'après les règles d'évaluation et la proportion d'atténuation admises pour la généralité des propriétés bâties dans le territoire de la ville de Bordeaux, tel qu'il a été fixé par la loi du 18 mai 1864 ». — Cons. d'Ét., 15 janv. 1868, Cie d'Orléans, [S. 68.2.328, P. adm. chr.]

4046. — Le Conseil d'État reconnaissait à la compagnie requérante le droit de se prévaloir de la proportion d'atténuation des revenus réels existant dans la ville de Bordeaux et qui lui faisait une situation plus favorable que lorsqu'elle était imposée dans la commune de Canon-La-Bastide.

4047. — Dans une autre affaire, le Conseil d'État accueillit la requête d'un contribuable qui se plaignait d'avoir vu rehausser le revenu cadastral de ses propriétés. « Considérant que la loi du 2 mai 1863 qui a prononcé la réunion de la commune d'Avesnières à la commune de Laval, ne contient aucune règle particulière quant à la répartition de la contribution foncière dans la nouvelle commune; qu'après la promulgation de cette loi un contingent unique a été attribué à la nouvelle commune, confor-

mément à la loi du 2 mess. an VII; considérant qu'aux termes de l'art. 2, L. 3 frim. an VII, le contingent devait être réparti par égalité proportionnelle sur toutes les propriétés foncières de la commune, d'après leur revenu imposable, établi conformément à la loi par les expertises cadastrales, en tenant compte des atténuations opérées sur les revenus lors de la rédaction de la matrice; considérant qu'au lieu de procéder ainsi, les répartiteurs, en vue de ne pas modifier l'assiette de la contribution foncière pour les propriétés de l'ancien territoire de la commune de Laval, ont cru pouvoir rehausser les revenus imposables déterminés pour les propriétés du territoire d'Avesnières par l'expertise cadastrale; considérant que les résultats de l'expertise cadastrale ne pouvaient être modifiés pour le territoire de l'ancienne commune d'Avesnières qu'autant que la commune de Laval, usant de la faculté accordée par l'art. 7, L. 7 août 1850, aurait fait procéder à de nouvelles évaluations pour toutes les propriétés foncières comprises dans son nouveau territoire ». En consèquence, le Conseil d'Etat décide que le requérant avait droit de conserver le revenu cadastral attribué à ses propriétés par la matrice de la commune d'Avesnières tout en profitant de la proportion d'atténuation admise dans la commune de Laval. — Cons. d'Et., 19 mai 1869, Tiger de Rouffigny, [S. 70.2.232, P. adm. chr.]

4048. — Enfin, par des décisions des 7 janv. 1876, Pupil du Sablou, [S. 78.2.28, P. adm. chr.] et 25 janv. 1878, Girardon et autres, [Leb. chr., p. 85], le Conseil a décidé que l'administration ne pouvait, en cas de réunion de communes à une grande ville, laisser les choses dans l'état antérieur à l'annexion et a reconnu aux contribuables de la commune agrandie le droit d'obtenir une réduction si leur contribution était établie sur un revenu plus élevé que celui qui aurait dû être attribué à leurs propriétés par comparaison avec la généralité des propriétés du territoire actuel de la commune.

4049. — Ces dernières décisions ont décidé l'administration à faire sanctionner par le législateur le système organisé par la circulaire du 26 déc. 1836. Le ministre déposa donc un projet de loi qui est devenu la loi du 12 août 1876. Cette loi qui se compose d'un article unique est ainsi conçue : « Dans le cas de réunion d'une commune ou d'une portion de commune à une autre commune, les évaluations cadastrales des propriétés bâties et non bâties comprises dans les territoires réunis doivent être modifiées de manière à maintenir pour chaque parcelle le chiffre de la cotisation en principal qu'elle supportait antérieurement, sans préjudice du changement que pourrait éprouver cette cotisation, soit par suite d'une nouvelle répartition des contingents entre les communes, soit par suite du renouvellement total ou partiel des opérations cadastrales.

4050. — Les frais nécessités par les opérations effectuées en exécution de ces dispositions sont supportés par les communes auxquelles les territoires en question ont été annexés, à moins que le conseil général n'en autorise le prélèvement sur les fonds départementaux. Sont et demeurent confirmées les opérations exécutées conformément aux dispositions du § 1 ci-dessus dans les communes qui ont fait l'objet de réunions antérieurement à la promulgation de la présente loi.

4051. — Ainsi, en cas de réunion de communes, les revenus matriciels de l'ensemble de la commune annexée doivent être modifiés de manière qu'ils se trouvent avec l'impôt dans le même rapport que les revenus matriciels de la commune qui prend, opération qui s'effectue par un simple calcul d'arithmétique. Supposons deux communes A et B ayant, la première: un revenu matriciel total de 25,000 fr. et un contingent foncier en principal de 10,000 fr. Le centime le franc ou rapport du principal de l'impôt au revenu matriciel est de 40 cent. La seconde a un revenu matriciel de 20,000 fr. et un contingent foncier en principal de 6,000 fr. Le centime le franc dans cette commune est de 30 cent. L'opération consiste à ramener le centime le franc de la commune B au centime le franc de·la commune A. Ce résultat s'obtient en modifiant, dans un sens inverse, le revenu matriciel de la commune B. Le centime le franc de la commune A étant de 40 cent. et celui de la commune B de 30 cent., le rapport entre ces deux chiffres est représenté par 40 cent. divisé par 30 cent. et le rapport inverse par 30 cent. divisé par 40 cent. C'est par cette proportion qu'il convient de multiplier le revenu matriciel de la commune B. On obtient ainsi par le nouveau revenu $\frac{20,000 \times 30}{40}$ = 15,000 fr. Le revenu de la commune A restant fixé à 25,000 fr., on a un total de 40,000 fr.

4052. — En appliquant à ce total le centime le franc de la commune A, on obtient un contingent de 16,000 fr. dont 10,000 pour la commune A et 6,000 pour la commune B, sommes égales à celles que chacune d'elles supportait précédemment.

4053. — Enfin, pour effectuer la répartition de l'impôt entre les contribuables de l'ancienne commune B, on réduit le revenu matriciel de chacune des parcelles inscrites sous leur nom à la matrice dans la proportion suivant laquelle se trouve réduit le revenu total. Le revenu total ayant été ramené de 20,000 à 15,000, le revenu matriciel de chacune des parcelles est réduit de 25 p. 0/0 et ramené à 75 p. 0/0 de ce qu'il était.

§ 3. Répartition de la contribution foncière des propriétés non bâties dans la commune. — Cadastre.

4054. — Nous avons vu que les effets du cadastre avaient été circonscrits, par la loi du 31 juill. 1821, dans les limites de communes et restreints, par la loi du 8 août 1890, aux propriétés non bâties. En dépit de ces restrictions, les dispositions relatives aux travaux du cadastre conservent tout leur intérêt, puisque dans chaque commune le cadastre peut être renouvelé (L. 7 août 1850), sur la demande du conseil municipal, et que la réfection d'un cadastre général sera probablement ordonnée par le législateur dans un temps assez prochain.

4055. — Nous examinerons d'abord quels agents sont chargés de procéder à la confection du cadastre; puis nous passerons en revue les opérations que comporte ce travail, et nous rechercherons quelles voies de recours sont ouvertes aux contribuables contre ces opérations.

1° Des agents chargés d'exécuter les travaux du cadastre.

4056. — Le cadastre s'exécute dans chaque département sous les ordres du préfet (R. M., art. 25). Il nomme directement ou propose à la nomination du ministre des Finances les géomètres chargés des travaux d'art. Il statue sur les contestations relatives aux limites des communes. Chaque année il arrête l'état des communes à arpenter l'année suivante. Il fixe les indemnités dues aux divers agents. Il dresse le budget du cadastre et le soumet au conseil général.

4057. — Le directeur des contributions directes est chargé sous l'autorité du préfet, de la direction et de la surveillance des opérations cadastrales et de tous les agents qui y sont employés (R. M., art. 26). Il établit l'état des travaux à entreprendre et les dépenses qu'ils exigent, rédige le projet du budget annuel du cadastre qui doit être soumis au conseil général. Il règle, de concert avec le géomètre en chef, l'ordre des travaux. Il donne son avis sur les demandes des communes tendant à renouvellement de leur cadastre, sur les contestations relatives aux limites, sur le tarif des évaluations. Il examine comment les diverses opérations sont effectuées, fait son rapport sur les réclamations, tient registre des mutations, etc.

4058. — L'inspecteur est chargé plus spécialement de surveiller les géomètres et de faire un rapport sur l'arpentage. Il provoque la nomination des classificateurs, surveille les opérations de l'expertise, rend compte au directeur de la manière dont le classement a été effectué, examine le tarif des évaluations. Enfin, il est chargé d'instruire les réclamations contre le classement.

4059. — Les contrôleurs recueillent d'avance tous les renseignements nécessaires à l'évaluation des propriétés. Ils dirigent les classificateurs et, s'il y a lieu, les experts, dans les opérations de l'expertise cadastrale (Règl. 15 mars 1827, art. 65). Ils rédigent un procès-verbal des opérations. Ils opèrent les mutations sur les matrices cadastrales des communes.

4060. — L'exécution du cadastre comporte des travaux d'art et des calculs géométriques et trigonométriques, qui exigent des connaissances techniques spéciales et ne pourraient être confiés aux agents ordinaires de l'administration des contributions directes. Ces opérations sont effectuées par un corps de fonctionnaires spéciaux, celui des géomètres. Quoique ce corps ait à peu près disparu depuis l'achèvement du cadastre, en 1850, est encore utile, la réfection du cadastre étant à l'ordre du jour d'indiquer comment il était constitué et de quelle manière il comportait. M. de Martrey définissait ainsi ses attributions, son mode de fonctionnement. « Il était composé d'agents moitié fonctionnaires, moitié entrepreneurs : fonctionnaires, en ce qu'i

avaient une commission du ministre des Finances ou du préfet ; entrepreneurs, en ce qu'ils entreprenaient les travaux en quelque sorte à forfait, d'après un tarif déterminé, et répondaient de leur bonne exécution ; les travaux mal faits étaient recommencés à leurs frais. Tant que les opérations du cadastre se sont poursuivies en France, il y avait, dans tout département où le cadastre n'était pas terminé, un géomètre ou chef du cadastre, qui avait sous ses ordres les géomètres de première classe. Ceux-ci étaient un peu ses commis, un peu les agents de l'administration : ses commis, car il était responsable de leurs travaux ; les agents de l'administration, car ils tenaient leur commission des préfets, étaient rétribués d'après certains tarifs arrêtés par l'administration et recevaient le prix de leurs travaux en des mandats délivrés en leur nom. Ils étaient secondés par des arpenteurs, qu'on appelait géomètres de deuxième classe et dont le choix leur appartenait sous l'agrément du géomètre en chef ». — V. Béquet, *Rép.*, v° *Cadastre*, n. 40.

4061. — Le cadastre n'existait que dans chaque département, sous les ordres du préfet et du directeur des contributions directes ; la partie d'art était confiée à un géomètre en chef, sous le titre d'ingénieur vérificateur, et à des géomètres de première et de seconde classe ; et la partie des évaluations à des experts nommés par le préfet et aux employés des contributions directes (R. M., art. 25, 26 et 27). L'ordonnance du 3 oct. 1821 (art. 4 et 5), avait modifié sur ce point la législation antérieure en décidant que le classement des fonds serait confié à des propriétaires de la commune nommés par le conseil municipal, sous les agents des contributions directes n'auraient plus d'autre mission que de les aider.

4062. — D'après l'art. 28 du *Recueil méthodique*, l'ingénieur vérificateur ou géomètre en chef est nommé par le ministre des Finances. Le règlement du 10 oct. 1821 (art. 1) avait dérogé à cette disposition en conférant au préfet le droit de nommer ce fonctionnaire. Mais, par un arrêté du 28 juill. 1829, le ministre des Finances s'est réservé de pourvoir aux vacances qui viendraient à se produire parmi les géomètres en chef. Le géomètre en chef est pris parmi les géomètres de première classe en activité. Il est choisi parmi ceux qui se distinguent par leurs talents, leurs travaux et leur conduite, et de préférence parmi les triangulateurs (R. M., art. 43 ; Circ. min. 29 juill. 1829 ; Arr. min. 8 janv. 1833).

4063. — Le géomètre en chef devait résider dans le chef-lieu du département, y tenir ses bureaux et ne pouvait exercer d'autres fonctions (R. M., art. 28).

4064. — Le géomètre en chef était chargé de l'examen de tous les sujets employés à l'arpentage, du projet de leur distribution dans les communes, du projet de leur distribution de tous les travaux exécutés sur le terrain, de la vérification de ces opérations et de la confection de la partie des travaux de l'arpentage qui s'exécute au cabinet (R. M., art. 29).

4065. — Le géomètre en chef était responsable du travail des géomètres et des paiements qui leur étaient faits ; il supportait les frais résultant des travaux que leurs défectuosités rendaient inutiles. Il avait son recours contre les géomètres (R. M. art. 30).

4066. — C'était lui qui payait les géomètres. Leur rétribution était réglée par le préfet. Pour prévenir toute contestation dans le partage des indemnités, le géomètre en chef dressait un tarif de la rétribution afférente à chaque partie du travail, et les géomètres de toutes classes étaient payés conformément à ce tarif de subdivision (R. M., art. 6). Ce tarif était approuvé par le préfet (Règl. 15 mars 1827, art. 6).

4067. — Les contestations, s'il s'en produisait, devaient être portées devant le préfet, et en appel devant le ministre des Finances. — Cons. d'Et., 29 août 1834, Andral, [P. adm. chr.]

4068. — Les relations officielles du géomètre en chef, tant avec le préfet qu'avec le ministre ou avec le conseil général, avaient lieu par l'intermédiaire des directeurs (R. M., art. 31).

4069. — Il ne pouvait s'absenter sans un congé accordé par le ministre sur la proposition du préfet ; la demande était transmise au préfet par le directeur des contributions, qui s'assurait que le bien du service ne pouvait en souffrir (R. M., art. 32).

4070. — Le préfet réglait, après avoir entendu le directeur des contributions, la rétribution du géomètre en chef eu égard aux prix précédemment établis, de l'obligation où il était de payer ses collaborateurs, et aux difficultés plus ou moins grandes que le lieu des plans parcellaires pouvait offrir dans son département.

Les arrêtés portant règlement de l'indemnité allouée pour l'arpentage étaient soumis à l'approbation du ministre. Le préfet fixait la portion de cette indemnité que le géomètre en chef devait abandonner à ses collaborateurs (Règl. 10 oct. 1821, art. 2).

4071. — Ce mode de rémunération a fait douter que le géomètre fût un fonctionnaire et soutenir qu'il était un entrepreneur de travaux publics à forfait. Le Conseil d'Etat a décidé que le géomètre en chef était un agent de l'administration et que, par suite, sa révocation ne pouvait donner droit à l'allocation d'une indemnité. — Cons. d'Et., 19 oct. 1825, Guérin-Dubourg, [P. adm. chr.]

4072. — Le géomètre en chef était chargé d'examiner les candidats qui se présentaient pour être employés au cadastre lorsqu'il se trouvait une place vacante ou que le nombre des géomètres était insuffisant ; il donnait une attestation de capacité à ceux à qui il reconnaissait les talents nécessaires pour être géomètres de première classe et proposait leur nomination au préfet par l'intermédiaire du directeur (R. M., art. 33 ; Règl. 15 mars 1827, art. 14). Le préfet leur donnait alors une commission, d'après cette attestation, sur la proposition du géomètre en chef et le rapport du directeur (R. M., art. 34).

4073. — Les géomètres de première classe étaient chargés de la délimitation de la commune, qui était exécutée par un géomètre spécial dont la nomination était soumise à l'approbation du préfet (Règl. 15 mars 1827, art. 7) ; de la division de la commune en sections, de la triangulation, confiées aussi à un seul géomètre, lequel ne pouvait être chargé de lever le plan d'aucune commune (art. 8) ; de la reconnaissance des propriétaires, du plan parcellaire rédigé dans les bureaux (Règl. 15 mars 1827, art. 28) ; du tableau d'assemblage et de la minute du tableau indicatif des propriétaires et des propriétés.

4074. — Le nombre des géomètres de première classe était de quatre au moins et de douze au plus, selon l'étendue des travaux à exécuter annuellement dans chaque département (R. M., art. 36 ; Règl. 15 mars 1827, art. 2).

4075. — Tout géomètre commissionné devait exercer ses fonctions par lui-même, et ne pouvait être employé ni dans les bureaux de la préfecture ou de la sous-préfecture, ni dans ceux de la direction : il ne pouvait exercer aucun autre emploi, ni faire par lui-même aucun commerce. Un géomètre ne pouvait faire aucun travail d'arpentage sans l'agrément du géomètre en chef (R. M., art. 37).

4076. — Les géomètres commissionnés pouvaient, avec l'agrément du géomètre en chef, s'adjoindre pour le levé des détails deux auxiliaires au plus, soit sous le titre de géomètres secondaires, soit sous celui d'élèves. Toute adjonction d'élèves aux géomètres secondaires était interdite (R. M., art. 44 ; Règl. 15 mars 1827, art. 3).

4077. — Les traités passés entre les géomètres de moindre classe et ceux de première devaient être approuvés par le géomètre en chef (R. M., art. 44).

4078. — Les géomètres secondaires étaient payés d'après un tarif de subdivision de l'indemnité des géomètres de première classe dressé par le géomètre en chef et approuvé par le préfet (Règl. 15 mars 1827, art. 6).

4079. — Le géomètre de première classe ne pouvait s'absenter sans un congé délivré par le préfet, sur la proposition du géomètre en chef et le rapport du directeur (R. M., art. 38).

4080. — Il était responsable non seulement des travaux qu'il aurait exécutés et qui seraient reconnus défectueux, mais encore de la dépense des opérations de l'expertise, qui se trouveraient inutiles par suite de l'irrégularité du plan (R. M., art. 39).

4081. — Lorsqu'un géomètre de première classe venait à quitter un département, il ne pouvait être employé dans un autre, s'il n'était porteur d'un certificat du géomètre en chef visé par le directeur, constatant qu'il avait rempli tous ses engagements et attestant sa capacité et sa bonne conduite (R. M., 15 mars 1827, art. 5).

4082. — Le géomètre en chef pouvait proposer la révocation des géomètres dont la conduite ou les travaux donnaient lieu à des reproches. Cette révocation était prononcée par le préfet, sur le rapport du directeur (R. M., art. 41).

4083. — Le préfet se faisait rendre compte de la conduite et du travail des géomètres de seconde classe, pour élever à la première ceux qui en étaient susceptibles, lorsque l'extension des travaux le permettait, ou qu'il y avait lieu à un remplacement (R. M., art. 45).

4084. — Aucune opération d'arpentage cadastral, soit total, soit partiel, ne pouvait être exécuté que par des géomètres de première ou de deuxième classe, ou par des élèves reconnus par eux (R. M., art. 46)

4085. — Par décision ministérielle du 14 avr. 1828, des vérificateurs spéciaux avaient été institués pour s'assurer de l'exactitude des plans du cadastre. Ils se rendaient chaque année dans un certain nombre de départements désignés par le ministre. Le géomètre en chef faisait connaître au vérificateur spécial l'organisation de son service et la composition de ses bureaux. Il lui remettait l'état nominatif des géomètres attachés au service, et le vérificateur y ajoutait ses observations (Instr. 1er mars 1829).

2° Règlement de la marche des opérations.

4086. — Quand les dépenses du cadastre étaient faites par l'État, le ministre dressait chaque année le budget des sommes à dépenser dans chaque département. Ces dispositions avaient été modifiées par la loi du 31 juill. 1821. Chaque année le préfet, sur la proposition du directeur, arrêtait l'état des travaux à exécuter l'année suivante et le mettait sous les yeux du conseil général, avec l'aperçu de la dépense (Règl. 10 oct. 1821, art. 3).

4087. — Le cadastre devait marcher par canton. Les cantons étaient pris tour à tour dans les divers arrondissements. L'ordre des travaux devait être combiné de manière que les communes désignées pour être arpentées dans une année fussent expertisées l'année suivante (Règl. 10 oct. 1821, art. 4).

4088. — En observant ces deux premières conditions, savoir : celle d'opérer par canton et celle de prendre tour à tour un canton dans chacun des arrondissements, on devait choisir de préférence les communes dont les matrices de rôles étaient plus anciennes ou plus irrégulières, celles où les vices de la répartition occasionnaient plus de réclamations. On avait égard, aussi, quand c'était possible, au vœu que des communes ou des propriétaires manifestaient de voir cadastrer leur territoire (R. M., art. 51).

4089. — Lorsque le préfet avait déterminé les communes qu'il proposait de désigner pour les travaux de l'année, le directeur rédigeait l'état nominatif de ces communes en indiquant le nombre présumé d'arpents et de parcelles que contenait chacune d'elles, et il calculait en masse la dépense qui pouvait en résulter. Cet état était soumis au conseil général (R. M., art. 52).

4090. — Le budget du cadastre était rédigé par le directeur, les dépenses comprenant les opérations de délimitation et de triangulation à exécuter, les travaux entrepris et à entreprendre, l'indemnité des géomètres, les mutations (Circ. 24 déc. 1827).

4091. — Les travaux non exécutés et non payés au 31 décembre étaient reportés au budget de l'année suivante. L'arpentage des communes désignées à l'avance pour être cadastrées ne pouvait être entrepris qu'après l'achèvement sur le terrain des plans des communes comprises dans les budgets antérieurs et la représentation au directeur de toutes les pièces de l'arpentage (R. M., 15 mars 1827, art. 15).

4092. — Il ne pouvait être formé de budget supplémentaire que dans le cas où le budget primitif ne représentait pas l'emploi de la totalité des fonds disponibles. Pour ces budgets, tant primitifs que supplémentaires, les préfets devaient combiner leurs propositions de manière à éviter que l'arpentage ne prît trop d'avance sur l'expertise, cherchant au contraire à faire marcher ces deux opérations d'un pas égal, à la seule distance qui doit exister naturellement entre deux travaux dont le second ne peut commencer qu'après que le premier est terminé (R. M., art. 59).

4093. — Aucune commune ne pouvait être arpentée par anticipation sans l'autorisation spéciale du ministre sur la demande du préfet, d'après un rapport du directeur (R. M., art. 60).

4094. — Les communes qui ne faisaient pas partie des cantons désignés pouvaient demander la confection de leur cadastre par anticipation, à la condition de faire l'avance des frais, qui ne leur étaient remboursés que lorsque l'opération était portée dans le canton dont elles dépendaient (Ord. 3 oct. 1821, art. 2).

4095. — L'ensemble des travaux et, par suite, des dépenses qui résultaient du budget primitif d'une année et du budget supplémentaire de cette même année, composait l'exercice cadastral de cette année, quelle que fût ensuite la durée des travaux et à quelque époque que se soldassent les dépenses. Cette distinction d'exercices cadastraux devait être observée dans les

états de situation des bordereaux de recettes et de dépenses, et chaque exercice cadastral devait avoir sa comptabilité et sa liquidation particulière (R. M., art. 61).

4096. — La diversité des mesures anciennes ayant été l'un des principaux obstacles qui s'étaient opposés aux différents projets conçus par l'ancien gouvernement d'un cadastre général, toutes les opérations du cadastre furent faites d'après le système métrique (R. M., art. 62 et 63).

3° Travaux d'art.

4097. — Les opérations d'art comprennent quatre opérations distinctes : la délimitation, la triangulation, l'arpentage et la vérification.

4098. — I. Délimitation. — Le cadastre n'ayant d'effet que dans les limites de la commune, il est nécessaire de fixer tout d'abord ces limites. L'art. 7, Règl. 15 mars 1827, avait disposé que la délimitation précéderait toujours l'arpentage de deux années au moins ; mais comme il arrivait encore assez fréquemment que des difficultés de limites ne fussent pas jugées avant l'époque fixée pour l'ouverture des travaux d'arpentage, une circulaire du 15 oct. 1829 décida qu'il serait procédé sans interruption à la délimitation de toutes les communes non encore cadastrées.

4099. — Le règlement du 10 oct. 1821 (art. 7), et une instruction du 17 févr. 1824 avaient chargé le géomètre en chef de procéder lui-même aux opérations de délimitation : mais une circulaire du 20 mai 1827 abrogea cette disposition, qui éloignait trop longtemps cet agent de ses bureaux. Il lui est interdit depuis cette époque de s'occuper personnellement de la délimitation et de la triangulation des communes. Il soumet à la nomination du préfet un géomètre de première classe qui est chargé de la délimitation de toutes les communes désignées. Cet agent pouvait, d'après la circulaire du 20 mai 1827, participer aux travaux de l'arpentage. Mais depuis une circulaire du 21 déc. 1829, il est tenu de se consacrer exclusivement à la délimitation. L'indemnité qu'il reçoit, fixée sur la proposition du géomètre en chef et le rapport du directeur des contributions par le préfet, est comprise dans le tarif de subdivision (R. M., art. 66).

4100. — Le géomètre en chef, de concert avec le directeur, détermine l'ordre des travaux du délimitateur. Il ne peut être placé dans un nouveau canton qu'après avoir terminé ses opérations dans le canton précédent et avoir remis les procès-verbaux et les croquis figuratifs des limites au géomètre en chef. Le géomètre délimitateur se rend dans la première commune du canton désigné et demande au maire la remise du procès-verbal de la reconnaissance des limites, si ce procès-verbal existe déjà (R. M., art. 70).

4101. — S'il n'existe pas, le géomètre, assisté des maires des communes intéressées, se transporte sur les confins du territoire à délimiter ; les parcourt et trace successivement, dans l'ordre de sa marche, le croquis de la partie du périmètre formée par chaque commune limitrophe, de manière qu'après avoir fait le tour de la commune où il opère, il ait le plan visuel des limites en autant de croquis séparés qu'il y a de communes environnantes (R. M., art. 71).

4102. — L'assistance du contrôleur, qui était prescrite par cet article du Recueil méthodique, n'est plus exigée depuis le règlement du 15 mars 1827.

4103. — Le préfet fait connaître, par une lettre spéciale, aux maires des communes du canton désigné le premier, le choix du géomètre délimitateur et l'époque où il se rendra sur les lieux. Il les invite à assister à la reconnaissance des limites, à seconder le géomètre dans ses opérations, à lui fournir tous les renseignements dont il peut avoir besoin et à signer le procès-verbal de la délimitation. Cette lettre doit contenir toutes les instructions nécessaires sur la conduite que les maires doivent tenir (R. M., art. 69).

4104. — Partout où il ne se trouve pas de limites naturelles ou invariables, les croquis figuratifs indiquent les noms des propriétaires et la nature des propriétés qui forment ces limites (R. M., art. 72).

4105. — Les croquis figuratifs, que le délimitateur a chargés des notes et désignations nécessaires, le mettent à même de rédiger le procès-verbal descriptif de délimitation avec les maires qui l'accompagnent. Si des propositions de changements évidemment

nécessaires sont faites, s'il s'élève des contestations sur quelques portions de limites, il insère dans son procès-verbal les dires des maires, donne son opinion sur les propositions faites et sur les parties contentieuses, et indique par des lignes ponctuées sur son croquis visuel ces mêmes propositions et les points douteux : ces croquis figuratifs sont annexés au procès-verbal de délimitation (R. M., art. 73).

4106. — Le procès-verbal de délimitation rédigé par le géomètre, soit que les limites se trouvent régulières, soit qu'il y ait contestation ou proposition de changement, doit être signé par tous les maires et par le géomètre. Une circulaire du ministre de l'Intérieur, du 7 janv. 1830, prescrit de faire signer aussi par les indicateurs, c'est-à-dire par des individus ayant une connaissance approfondie de la localité et appelés à fournir des renseignements aux gens de l'art. Si l'un des maires refuse sa signature, ce refus et ses motifs sont consignés à la suite du procès-verbal et attestés par les autres signataires (R. M., art. 81).

4107. — Le délimitateur n'a point à reconnaître les limites déjà décrites dans les procès-verbaux des communes précédemment cadastrées : il se borne à en rapporter l'extrait certifié dans le procès-verbal qu'il rédige, sans qu'il soit besoin d'appeler les maires des communes cadastrées (Circ. 21 déc. 1829).

4108. — Le préfet examine, avant de faire procéder à la délimitation, s'il existe, entre les communes désignées, des contestations anciennes qu'il importe de faire juger avant l'arpentage (R. M., art. 68).

4109. — En cas de contestation de limites, le géomètre porte sur le croquis figuratif les limites prétendues de part et d'autre, et celle qui lui paraîtra devoir être adoptée; il consigne le tout dans le procès-verbal (R. M., art. 75).

4110. — D'après le règlement du 10 oct. 1821 (art. 8), le titre d'une commune sur le terrain contesté doit être l'imposition que ce terrain y aura supportée jusqu'alors. Si le terrain est imposé dans les deux communes, ou s'il n'est imposé dans aucune, le préfet, d'après l'avis du sous-préfet et sur le rapport du directeur des contributions directes, décide à laquelle des deux communes l'objet contentieux doit appartenir. L'usage a paru utile à cet égard, une pratique, d'après laquelle il a paru plus utile de s'en tenir aux convenances que de consulter des prétentions fondées sur des titres dont la Révolution a détruit le mérite primitif ou l'objet féodal. Les changements de limites n'ont d'effet que pour la répartition de la contribution foncière et ne préjudicient pas aux droits de pâturage, d'usage ou autre, qui appartiennent à chaque commune, lesquelles continuent à en jouir. C'est d'après ces principes que les affaires relatives aux contestations de limites sont examinées, et c'est dans ce sens que les préfets doivent diriger les opérations du géomètre délimiteur. Celui-ci doit s'attacher à amener les maires à prendre entre eux un parti à l'amiable, soit sur les points contestés, soit sur les changements proposés (R. M., art. 76).';— V. *Rép. gén. du dr. franç.*, vᵒ *Commune*, n. 129 et s.

4111. — Si les contestations sur les limites intéressent des communes qui dépendent de deux départements, le préfet du département où il a été procédé à la délimitation se concerte avec le préfet du département voisin; l'un et l'autre convoquent les conseils municipaux des communes intéressées; leurs délibérations sont envoyées, avec les avis des sous-préfets et des préfets, au ministre de l'Intérieur. La délimitation est fixée par un décret du chef de l'Etat (Régl. 10 oct. 1821, art. 8).

4112. — Avant de faire procéder à la délimitation, le préfet constate si quelques-unes des communes désignées sont, par l'exiguïté de leur territoire, le petit nombre de leurs habitants, la modicité de leurs revenus communaux, ou toute autre cause, dans le cas d'être réunies à une autre commune, attendu qu'il est très-important que toutes les réunions projetées ou convenables s'opèrent avant l'inscription au cadastre (R. M., art. 67).

4113. — Aujourd'hui, les réunions de communes sont régies par la loi du 5 avr. 1884 (art. 5 et 6). — V. *suprà*, vᵒ *Commune*.

4114. — Au cours des opérations cadastrales, il peut y avoir lieu d'opérer des rectifications aux limites existantes. Si des communes sont d'accord pour substituer aux limites existantes une rivière, un chemin, ou toute autre limite naturelle et invariable, le géomètre en trace le projet sur un croquis visuel figuratif et la proposition en est consignée sur le procès-verbal (R. M., art. 74).

4115. — D'après l'art. 77 du *Recueil méthodique*, les portions de terrains enclavées de toutes parts dans une commune

et qui auraient jusqu'à ce moment été administrées par une autre, étaient, de droit, réunies à la commune sur le territoire de laquelle elles étaient situées. Aucune réclamation contre cette réunion, de la part d'un maire, ne pouvait être consignée dans le procès-verbal. C'était donc le préfet qui, en approuvant le plan de délimitation, statuait sur la réunion de cette enclave.

4116. — Toutefois, lorsque l'enclave dépendait d'une commune située dans un autre département l'intervention du gouvernement devenait nécessaire (R. M., art. 80).

4117. — De même, s'il s'agissait d'un terrain prolongé sur un territoire étranger et ne tenant à la commune qui l'administrait que par un point de peu d'étendue, il était susceptible d'être réuni à l'administration du territoire dans lequel il se prolongeait. Toutefois, le maire de la commune qui perdait ce terrain pouvait en demander un autre en compensation. Dans ce cas, cette demande était consignée dans le procès-verbal, avec le consentement ou le refus du maire de l'autre commune d'accéder à cette demande (R. M., art. 78-79).

4118. — Les changements de limites et les réunions de territoires autres que celles des enclaves ne peuvent être opérés que de l'autorité du chef de l'Etat, sur l'avis des conseils municipaux respectifs, des sous-préfets et des préfets (R. M., art. 83'.

4119. — L'ordonnance du 3 oct. 1821 (art. 3) décida que l'intervention du gouvernement serait nécessaire même pour les changements de limites consentis par les communes, ainsi que pour les échanges et les réunions de territoire, et l'art. 8, Régl. 10 oct. 1821, prescrivait que cette ordonnance royale devrait être précédée de l'avis des conseils municipaux, des sous-préfets et préfets. Une seule exception était faite pour les enclaves, mais une circulaire du ministre de l'Intérieur du 7 nov. 1828 décida qu'une ordonnance serait nécessaire pour autoriser leur réunion à une commune, qu'elles dépendissent d'une commune située dans le même département ou d'une commune appartenant à un département voisin.

4120. — Quand intervint la loi du 18 juill. 1837, qui fixait des règles pour les réunions et les distractions de communes, on se demanda si ses dispositions n'abrogeaient pas les règles précédemment édictées. Le Conseil d'Etat consulté, émit l'avis « que les formes prescrites par la loi, pour les distractions de sections de communes, doivent être observées toutes les fois qu'il s'agit d'un assez grand nombre d'habitants ou d'une portion de territoire assez considérable pour intéresser l'existence ou la constitution de la commune et pour rendre possible l'exécution des diverses prescriptions de la loi; mais que ces formes ne sont point applicables aux opérations qui n'ont pour objet qu'une simple rectification de territoire; qu'à défaut d'une limite précise, que la loi n'a pas établie et que la nature des choses ne comporte pas, l'administration doit prendre pour règle de déterminer les formes applicables à chaque espèce, d'après le principe de la distinction qui vient d'être posée et de tenir la main à leur accomplissement toutes les fois que l'existence ou la constitution de la commune pourrait se trouver intéressée » (Av. Cons. d'Et. 28 févr. 1837).

4121. — Le ministre de l'Intérieur a prescrit aux préfets de faire procéder à une enquête, même lorsqu'il ne s'agissait que d'une simple rectification, toutes les fois que les portions de territoire atteintes par le changement proposé comptaient un certain nombre d'habitants (Déc. min. mars 1839).

4122. — Aujourd'hui encore il y a lieu de distinguer entre les changements de limites, qui modifient la constitution de la commune et qui ne peuvent être opérés que dans les formes prescrites par les art. 5 et 6, L. 5 avr. 1884, et les simples rectifications de limites, telles que suppressions d'enclaves ou de prolongements qui peuvent se rencontrer au cours d'opérations cadastrales et pour lesquelles les dispositions du *Recueil méthodique* doivent être observées. Le Conseil d'Etat a décidé que les dispositions de l'ordonnance de 1821 étaient encore en vigueur. — Cons. d'Et., 2 févr. 1877, Commune de Sotteville-lès-Rouen, [S. 79.2.32, P. adm. chr., D. 77.3.44]

4123. — Voici les formes auxquelles donnent lieu les procès-verbaux de délimitation qui comportent des changements de limites. Dès que le procès-verbal de délimitation d'une commune, qui présente des changements ou des incertitudes dans les limites, est parvenu au préfet, ce dernier fait convoquer les conseils municipaux de toutes les communes intéressées, à l'effet de délibérer dans le plus court délai sur les changements ou contestations. Le plan visuel des objets en litige et les avis du délimi-

tateur, du géomètre en chef et du directeur des contributions leur sont communiqués (R. M., art. 86).

4124. — Le sous-préfet, en les convoquant, a soin de leur bien faire connaître la nature et l'objet de la question, et le montant de l'imposition des terrains dont on proposerait la réunion ou l'échange, afin que leurs délibérations soient prises en parfaite connaissance de cause et se terminent par des conclusions positives (art. 87).

4125. — Lorsque toutes les délibérations des conseils municipaux intéressés ont été réunies par le sous-préfet, ce dernier les examine et les adresse au préfet, avec son avis et les pièces qui avaient été communiquées. Le préfet fait son rapport sur l'affaire et envoie le tout au ministre de l'Intérieur, en y joignant les extraits des croquis et autres documents que le géomètre en chef est tenu de fournir pour éclairer les difficultés. Il informe de cet envoi le ministre des Finances (art. 88 et 89)

4126. — Si les contestations sur les limites ou les changements proposés intéressent des communes qui dépendent de deux départements, le préfet de celui où il a été procédé à la délimitation s'entend avec celui du département voisin, qui doit convoquer sur-le-champ les conseils municipaux, et remplir de son côté toutes les formalités ci-dessus prescrites (art. 90).

4127. — Aussitôt que le décret qui fixe la délimitation est parvenu au préfet, il en adresse copie au directeur des contributions directes et le charge d'en donner connaissance au géomètre en chef. Le délimitateur doit alors terminer et clore le procès-verbal de délimitation, d'après le décret. Ce procès-verbal est rédigé en deux expéditions, qui doivent être jointes aux autres pièces de l'expertise (art. 91 et 92).

4128. — Lorsque, par l'effet de sa nouvelle délimitation, une commune prend sur une autre commune ou lui cède, soit une enclave, soit une portion de terrain, le délimitateur en rend compte au géomètre en chef, qui donne au directeur les indications nécessaires pour que celui-ci puisse opérer le transport des contributions (art. 93).

4129. — Le géomètre-délimitateur procède de même à la délimitation des autres communes des cantons (R. M., art. 82).

4130. — Aussitôt qu'il a terminé cette délimitation, il envoie les procès-verbaux et les croquis figuratifs au géomètre en chef, qui examine les pièces, s'assure s'il y a concordance entre les limites décrites dans les procès-verbaux et celles figurées sur les croquis, et remet le tout au directeur des contributions avec son rapport. Celui-ci fait son rapport au préfet, qui approuve les limites non susceptibles de difficultés (R. M., art. 83 et 84).

4131. — Le préfet statue définitivement sur les contestations élevées entre les communes du département, lorsque les terrains qui en sont l'objet sont imposés dans les deux communes ou ne le sont dans aucune (Règl. 10 oct. 1821).

4132. — Lorsque les limites de toutes les communes des cantons ont été définitivement réglées, le géomètre-délimitateur fait une copie des procès-verbaux et des croquis : cette copie est remise à la commune avec les autres pièces de l'expertise. Il n'est pas nécessaire que cette copie soit, comme la minute, signée par les maires des communes limitrophes ; il suffit qu'elle soit certifiée par le directeur des contributions.

4133. — Le géomètre en chef examine avec soin les procès-verbaux, s'assure de leur régularité et de la concordance qu'ils présentent avec ceux qui concernent les communes contiguës ; il est tenu de certifier l'exactitude des copies destinées aux communes. Les procès-verbaux de délimitation ainsi régularisés sont remis aux géomètres chargés du levé des plans parcellaires, qui doivent s'y conformer exactement (art. 94 et 95).

4134. — II. *Division de la commune en sections.* — La délimitation de la commune une fois achevée, il est procédé à sa division en sections. Cette opération permet aux propriétaires de reconnaître plus facilement la situation de leurs immeubles. La division de la commune en sections n'intéressant en rien ni le droit de territoire ni la propriété, le géomètre doit, de l'avis du maire, s'attacher aux convenances, aux habitudes et surtout aux limites naturelles et invariables. Il doit éviter autant que possible de partager les villages et hameaux par la division sectionnaire (R. M., art. 105).

4135. — Il importe, d'autre part, de rendre les sections à peu près égales entre elles, et de ne pas les multiplier sans utilité. Une section ne doit, en général, contenir que depuis 200 jusqu'à 400 arpents. Leur nombre doit être de trois au moins et

de sept à huit au plus. Il n'y a d'exception que pour les communes qui ont moins de 100 arpents, celles qui en ont plus de 3,000, et celles qui, par la multiplicité des parcelles, sont sur une plus grande échelle (art. 106).

4136. — Chaque section doit être désignée, non seulement par des lettres alphabétiques, mais encore par le nom usité dans la commune, ou par une dénomination que le géomètre lui donne, de concert avec le maire, d'après la contrée ou l'objet principal que la section renferme. Cette dénomination en facilite la connaissance aux contribuables, et leur indique d'une manière plus certaine la situation de leurs propriétés. L'ordre alphabétique des sections doit, autant qu'il est possible, commencer par le nord, puis l'orient, le midi, l'occident, et allant en spirale, de gauche à droite, se terminer par le centre (art. 107 et 108).

4137. — Le géomètre rédige un procès-verbal de la division de la commune en sections et le fait signer par le maire ; il l'adresse au géomètre en chef, et celui-ci au directeur, qui peut l'inviter à y faire faire des changements ou, s'ils diffèrent d'avis, en rendre compte au préfet (art. 109). La division du territoire en sections peut être retardée jusqu'après l'achèvement du plan, si le maire et le géomètre pensent ne pouvoir la fixer convenablement sans avoir sous les yeux l'image du terrain.

4138. — III. *Triangulation.* — La triangulation consiste à établir sur le sol un réseau de triangles dont les angles ne doivent pas être trop aigus ni trop obtus, et qui, partant d'une base avantageusement placée, couvrent tout le territoire de la commune et s'étendent aux principaux points extérieurs les plus rapprochés de son périmètre (R. M., art. 117). Le but de cette opération est de donner au géomètre les moyens de se diriger avec certitude et précision dans le levé du plan ; elle a cet avantage qu'elle peut se vérifier par elle-même, et qu'elle fait connaître au géomètre les fautes qu'il a commises et le met à même de les rectifier. Elle donne aussi au géomètre en chef des moyens sûrs et faciles de vérifier l'ensemble et les détails du plan.

4139. — Il est procédé à la triangulation dans l'année qui précède l'arpentage. Cette opération est confiée à un géomètre de première classe, qui ne peut être chargé de lever le plan d'aucune commune (Règl. 15 mars 1827, art. 8).

4140. — Ce triangulateur est nommé par le préfet, sur la proposition du géomètre en chef et sur le rapport du directeur des contributions ; il est accrédité auprès des maires par une lettre du préfet. Sa rétribution ne peut excéder 10 cent. par hectare. Dans les départements où l'on n'arpente pas annuellement plus de 20,000 hectares, le même géomètre peut être chargé de la délimitation et de la triangulation, pourvu que la marche des travaux n'en soit pas retardée. Mais, en aucun cas, la triangulation ne peut être confiée au géomètre en chef.

4141. — La triangulation consiste dans les opérations suivantes : 1º mesurer une base ; 2º l'orienter ; 3º choisir sur le terrain les points disposés le plus convenablement pour la formation des triangles ; 4º observer les trois angles de chaque triangle ; 5º calculer les triangles et la distance de leurs sommets à la méridienne du lieu et à sa perpendiculaire ; 6º former, avec les résultats des deux opérations précédentes, le registre des opérations trigonométriques ; 7º construire le canevas trigonométrique (R. M., art. 119).

4142. — Le géomètre choisit dans la commune ou, s'il ne s'y trouve pas d'emplacement convenable, dans les communes voisines, un terrain propre à l'établissement d'une base ; il en fixe les extrémités par de forts piquets, afin qu'elles puissent se retrouver dans tout le cours de l'opération et servir à la vérification (art. 120).

4143. — Le *Recueil méthodique* (art. 111 à 116) détermine les instruments dont les géomètres doivent se servir à l'exclusion de tous autres. Pour les calculs trigonométriques, ils doivent se servir de tables de logarithmes et de tables de sinus et de tangentes (Règl. 15 mars 1827, art. 9).

4144. — En parcourant la commune pour chercher un emplacement convenable à l'établissement d'une base et en mesurant cette base, le géomètre détermine quels sont les points immuables qu'il doit observer, place et fait placer des signaux dans les lieux les plus apparents pour former les sommets des angles (R. M., art. 122).

4145. — Il sera observé par 100 hectares au moins deux points accessibles et pouvant servir de station au géomètre chargé du levé du plan ; néanmoins, dans les communes couvertes de bois, le préfet, sur la proposition du géomètre en chef

et sur le rapport du directeur, pourra autoriser le triangulateur à n'observer qu'un point par 100 hectares (Règl. 15 mars 1827, art. 12).

4146. — Les points devront être convenablement distribués sur la surface du territoire et le triangulateur étendra ses observations, autant que possible, à des points pris dans les communes limitrophes (R. M., art. 122 et 124).

4147. — La position des clochers et des monuments principaux est déterminée dans les canevas et le registre des opérations trigonométriques (Règl. 15 mars 1827, art. 12).

4148. — Les points de la triangulation doivent être fixés par de forts piquets pour que le géomètre chargé du levé du plan puisse le retrouver facilement (Règl. 15 mars 1827, art. 11).

4149. — Enfin, ils doivent être placés sur les limites des parcelles ou sur les emplacements où ils seront le moins exposés à être dérangés par les cultivateurs (Circ. 20 mai 1827).

4150. — La base étant bien fixée, le géomètre s'en sert, en stationnant soit aux extrémités, soit à des points intermédiaires, pour observer les angles que forment avec elle les principaux points du territoire de la commune et les signaux qu'il a placés. Il s'en écarte successivement en formant la chaîne de triangles jusqu'aux limites de la commune; tous les angles de chaque triangle doivent être mesurés avec soin, à moins que les obstacles locaux ne forcent à conclure le dernier (R. M., art. 123).

4151. — Quand il a terminé ses observations sur le terrain, le géomètre fait le calcul des triangles et inscrit le résultat de ses observations et calculs, ainsi que les distances à la méridienne du lieu et à sa perpendiculaire, sur le registre des opérations trigonométriques. Puis il rapporte toutes ses observations sur un canevas trigonométrique construit à l'échelle de $\frac{1}{50,000}$ et qui est réuni au registre (R. M., art. 125 et 126).

4152. — À mesure que le triangulateur a terminé son travail dans une commune, il transmet au géomètre en chef le canevas et le registre. Celui-ci vérifie les calculs et fait part de ses observations au triangulateur. Les pièces relatives aux dernières communes seront remises au mois de septembre au plus tard (Règl. 15 mars 1827, art. 13).

4153. — Dans le mois qui suit leur réception, le géomètre en chef procède à la vérification de la triangulation sur le terrain. La vérification consiste à calculer dans chaque commune, au moyen d'une base autre que les lignes portées au registre trigonométrique, les côtés de deux triangles du canevas. Cette base est rattachée à la triangulation de la commune et les extrémités en sont fixées par de forts piquets, afin que ces nouveaux points puissent servir au levé des détails. Les opérations trigonométriques ne seront point admises lorsque le géomètre aura reconnu une différence de plus d'un millième entre les côtés des triangles qu'il aura calculés et ceux analogues dans le canevas (Règl. 15 mars 1827, art. 14).

4154. — La triangulation vérifiée, le géomètre en chef adresse au directeur son procès-verbal de vérification, dans lequel il doit certifier que les triangles du canevas remplissent les conditions fixées par le Recueil méthodique (Circ. 20 mai 1827).

4155. — Aucune opération de détail ne peut être entreprise qu'après que la triangulation est terminée et vérifiée (Instr. 17 févr. 1824, art. 11).

4156. — Il ne peut être procédé à aucune opération de détail, si, au préalable, le procès-verbal de délimitation n'a pas été approuvé, la triangulation vérifiée, et si les points trigonométriques n'ont pas été établis, par les géomètres de première classe, sur les feuilles qui doivent servir au levé du plan (Règl. 15 mars 1827, art. 19).

4157. — IV. Arpentage. — Le géomètre en chef dresse, d'accord avec le directeur des contributions, le projet de distribution des communes à arpenter entre les géomètres de première classe. Le directeur soumet ce projet à l'approbation du préfet (Règl. 15 mars 1827, art. 17).

4158. — Le géomètre en chef ne peut lever personnellement le plan d'aucune commune (Règl. 15 mars 1827, art. 24).

4159. — Un géomètre ne peut, en général, être chargé que de l'arpentage d'une seule commune; toutefois, deux communes contiguës pourront être confiées au même géomètre, lorsque leur contenance totale n'excédera pas 1,500 hectares (Règl. 15 mars 1827, art. 16).

4160. — Un plus grand nombre de communes pourront être confiées au même géomètre dans les départements où elles ont peu d'étendue, lorsque la contenance des deux communes contiguës n'excède pas 800 hectares (Circ. 20 mai 1827).

4161. — Lorsque l'étendue du territoire nécessitera le placement de plusieurs géomètres dans une commune, l'un d'eux, au choix du géomètre en chef, sera spécialement chargé de la confection de la liste alphabétique et de la communication des bulletins (Règl. 15 mars 1827, art. 23).

4162. — Le préfet adresse au directeur des contributions les lettres destinées à accréditer les géomètres de première classe auprès des maires de chacune des communes désignées pour être arpentées. Le directeur les remet au géomètre en chef à mesure que ce dernier a justifié, par la représentation des plans et des tableaux indicatifs, de l'achèvement des travaux dans des communes confiées précédemment aux géomètres de première classe, et, par le procès-verbal de vérification, de l'exactitude du travail. Les géomètres reçoivent de leur chef, avec les lettres spéciales qui les accréditent auprès des maires, les procès-verbaux de délimitation, les canevas et les registres trigonométriques relatifs aux communes qu'ils doivent arpenter (Règl. 15 mars 1827, art. 18).

4163. — L'ouverture des travaux de l'arpentage est annoncée par un avis, que le préfet fait afficher dans la commune à arpenter et dans les communes circonvoisines. Il adresse en même temps au maire une lettre instructive pour l'inviter à seconder le géomètre dans le levé du plan parcellaire et à lui fournir des indicateurs, qui l'aident à reconnaître le terrain les noms des propriétaires, la dénomination des propriétés et les limites des parcelles (Règl. 10 oct. 1821, art. 6).

4164. — Le maire doit, sur la demande du géomètre, faire publier l'avis aux propriétaires du jour où les travaux du parcellaire doivent s'exécuter dans telle ou telle partie de la commune, afin qu'ils assistent, par eux ou par leurs fermiers, régisseurs ou autres représentants, à l'arpentage de leurs propriétés, et qu'ils fournissent tous les renseignements nécessaires (R. M., art. 166).

4165. — Le géomètre en chef détermine l'ordre dans lequel les opérations sur le terrain doivent être exécutées (Règl. 15 mars 1827, art. 21).

4166. — V. Levé des plans. — Le levé des plans s'exécute d'après les règles tracées dans le Recueil méthodique (Règl. 15 mars 1827, art. 20).

4167. — Les géomètres ne peuvent employer d'autres instruments que ceux qu'il autorise (Même article).

4168. — Le plan parcellaire est celui qui représente exactement le territoire d'une commune dans ses plus petites subdivisions, soit de culture, soit de propriété (R. M., art. 129).

4169. — Une parcelle est une portion de terrain plus ou moins grande située dans un même canton, triage ou lieu dit, présentant une même nature de culture et appartenant à un même propriétaire (art. 130).

4170. — Ainsi, une masse de terres labourables qui se partage entre dix propriétaires, forme dix parcelles. Une masse de terres appartenant à un seul propriétaire, mais partagée en dix champs, chacun d'une nature absolument distincte de ceux auxquels il est attenant et devant recevoir une estimation différente, forme dix parcelles (art. 131 et 132).

4171. — Les terres qui ne diffèrent que par leur assolement ne sont pas considérées comme de nature distincte et ne forment, quand elles sont contiguës, qu'une parcelle. Cependant, on doit faire deux parcelles quand les fonds contigus dépendent de deux triages différents (art. 133).

4172. — Un champ d'une même culture, appartenant au même propriétaire, mais divisé en deux par une haie, un fossé large et profond, un chemin public, une rivière, un ruisseau ou autre limite fixe, forme deux parcelles (R. M., art. 134).

4173. — Une circulaire du 30 mars 1832 a restreint la portée de cette disposition en décidant que toute pièce de terre d'une même culture, traversée par un chemin quelconque, vicinal ou rural, ne doit être affectée que d'un seul et même numéro, à moins que les bords du chemin ne soient garnis d'une haie ou d'un fossé formant clôture. Si le chemin forme la limite d'un triage, il doit y avoir deux numéros, puisque chaque portion a un nom différent et que pour le propriétaire ils sont véritablement deux pièces de terre.

4174. — Lorsqu'un chemin servira de démarcation à une section de la commune, les parties d'une même pièce, traversée par ce chemin, seront affectées d'un numéro distinct dans chaque section, attendu que les plans, les tableaux indicatifs, les cahiers de calculs, sont faits suivant la division en sections et qu'on ne pourrait, sans confusion, inscrire sous un même numéro des parties appartenant à des sections différentes. Cette exception ne s'applique pas aux subdivisions de feuilles d'une même section (Circ. 24 juin 1832).

4175. — Les sentiers ou chemins de servitude ou d'exploitation, un simple ruisseau ou rigole d'écoulement ou d'irrigation, un mur de soutènement ou terrasse ne sont pas considérés comme divisant les propriétés (R. M., art. 135).

4176. — Les cultures, soit mêlées, soit alternes, comme une terre labourable où se trouvent quelques ceps de vigne, un pré où se trouvent des arbres épars, une friche dont une très-petite partie se trouve cultivée momentanément, ne forment qu'une parcelle (R. M., art. 136).

4177. — La culture principale ou dominante est seule indiquée, et par culture dominante on entend celle qui a le plus d'étendue. On annote seulement au tableau indicatif les cultures accessoires (Déc. min. 13 sept. 1832, art. 137).

4178. — Des petites parties de terre inculte, les haies ou broussailles sur les bords ou au milieu des parcelles, faisant partie de la propriété principale, ne sont point des parcelles. Il en est de même des bordures en arbres fruitiers et forestiers ou en vignes. Les bordures en herbe qui entourent les pièces de labour ou autres cultures doivent être comprises sous le même numéro que ces pièces, lorsque leur largeur est moindre de cinq mètres (R. M., art. 138).

4179. — Les petites portions de terre habituellement désignées par les géomètres comme pâtures, friches, saussaies, aulnaies, bois, etc., qui dépendent d'une pièce en labour, pré ou toute autre culture, ne doivent point former de parcelles séparées, lorsque la contenance de ces portions n'est pas supérieure à deux ares (Circ. 30 mars 1832).

4180. — Les rochers, amas de pierres et autres accidents de la nature détachés des propriétés particulières, sont comme les emplacements et chemins publics, si le propriétaire le réclame, soit lors de l'arpentage, soit lors de la communication du bulletin. Mais ils ne forment pas parcelles s'ils sont contigus à d'autres propriétés et si leur contenance est inférieure à deux ares (R. M., art. 140).

4181. — La superficie des maisons et bâtiments est levée comme celle des autres propriétés non bâties et forme parcelle (R. M., art. 141).

4182. — On ne fait qu'une seule et même parcelle de la maison d'habitation, de la cour et des bâtiments ruraux, lorsque le tout est contigu (art. 142).

4183. — On ne fait également dans les villes qu'une seule parcelle de la maison et du jardin d'agrément qui lui est contigu, lorsqu'il n'excède pas vingt ares : les jardins d'une plus grande étendue, les marais légumiers, doivent être levés distinctement (R. M., art. 143).

4184. — Deux maisons contiguës, ayant chacune sa porte d'entrée, font deux parcelles, quoique appartenant au même propriétaire (R. M., art. 146).

4185. — Il en est de même d'un moulin ou autre usine attenant à une maison d'habitation. Une maison appartenant à deux particuliers dont l'un est propriétaire du rez-de-chaussée et l'autre de l'étage supérieur, ne peut former deux parcelles ; la superficie appartient au rez-de-chaussée, le copropriétaire est seulement inscrit au tableau indicatif (art. 147).

4186. — Les cours ou emplacements communs à plusieurs habitations ne doivent être affectés que d'un seul numéro. Lorsque ces emplacements se divisent suivant des directions déterminées, le géomètre en chef calcule la contenance avec celle de l'habitation. S'il n'existe pas de division déterminée, les géomètres se bornent à indiquer les ayants-droit, remettent un état indicatif énonçant les proportions suivant lesquelles le partage doit être opéré au géomètre en chef, qui est ainsi mis à même d'ajouter à la contenance de l'habitation la partie de la cour qui en dépend (Circ. 12 oct. 1832).

4187. — Une cave ou un bâtiment souterrain dont la superficie ne sera point bâtie formera pour cette superficie la parcelle distincte du terrain qui l'environne ; mais si la superficie appartient à un propriétaire et la cave ou souterrain à un autre,

ils seront tous deux inscrits au tableau indicatif (R. M., art. 148).

4188. — Dans les villes où la superficie des maisons est facile à connaître d'après le titre même de la propriété, et ne peut d'ailleurs donner lieu qu'à une imposition très-modique, le préfet décidera s'il ne conviendrait pas de ne point lever cette superficie, pour accélérer l'opération et en diminuer les frais (Règl. 10 oct. 1821, art. 9).

4189. — Les églises, les monuments publics et en général tous les terrains clos employés à un service public, constituent des parcelles distinctes (R. M., art. 144).

4190. — Le géomètre n'est pas tenu de lever et de figurer sur son plan les détails d'agrément des parcs ou jardins de plaisance fermés de murs, haies ou fossés, tels que parterres, gazons, boulingrins, allées sablées, fossés, bosquets, rochers, rivières, ponts et autres objets d'un établissement ; mais on doit distinguer les bâtiments d'habitation ou ruraux qui s'y trouvent. La même distinction doit également avoir lieu pour les objets de culture qui y sont renfermés ; par exemple, un bois taillis ou futaie, une terre labourable, un pré, etc.; dans ce cas, chacune de ces natures de culture doit former une parcelle (R. M., art. 145).

4191. — Les géomètres sont tenus de rapporter successivement et sans retard, sur les plans, les résultats des opérations faites sur le terrain. Le géomètre en chef est tenu de prendre des mesures pour s'assurer de la stricte exécution de cette disposition (Règl. 15 mars 1827, art. 22).

4192. — Il est expressément défendu aux géomètres de multiplier abusivement les parcelles. Ceux qui se rendraient coupables de cette infraction aux règlements seraient privés de leur commission (Instr. 17 févr. 1824, art. 13).

4193. — Le géomètre lève, par masses, les terrains militaires dans les villes de guerre ou places fortes, sans pouvoir lever en détail les contours de la fortification, ces terrains étant d'ailleurs non imposables (R. M., art. 150).

4194. — Les rues, les places publiques, les grandes routes, les chemins vicinaux, les rivières, et généralement tous les objets non imposables, sont levés et décrits avec exactitude. Mais on ne peut figurer qu'approximativement et par des lignes ponctuées les chemins et sentiers qui font partie intégrante des propriétés (art. 151).

4195. — Les terrains connus, dans les départements où existe de très-hautes montagnes, sous la désignation de glaciers, ne sont pas susceptibles d'être levés ; les géomètres arrêtent leurs opérations à l'endroit où la terre cesse d'être productive, cette disposition, également applicable aux masses de rocher entièrement dénués de terre, ne peut avoir d'effet qu'autant que les limites de plusieurs communes aboutissent à ces masses non productives (R. M., art. 152).

4196. — L'exception s'applique aux dunes, landes, montagnes arides, fleuves, rivières, lacs, étangs non productifs et autres objets analogues situés sur les limites des communes lorsque ces terrains ont une superficie de plus de 100 hectares. Tous ces terrains, s'ils sont enclavés dans le territoire des communes, ne doivent pas être mesurés, si leur superficie excède 150 hectares (Circ. 24 juin 1828).

4197. — Néanmoins, quand le levé d'une de ces masses est reconnu nécessaire, le directeur en fait, sur la proposition du géomètre en chef, son rapport au préfet, et le ministre se réserve d'autoriser spécialement l'opération (art. 161).

4198. — Les parcelles appartenant essentiellement à l'élément de la mer ne doivent pas être levées (R. M., art. 155).

4199. — Les laisses de basses mer ou le terrain que la mer ne découvre que momentanément par l'abaissement périodique de ses eaux, sont censés appartenir toujours à cet élément et ne sont pas dans le cas d'être compris dans le territoire de la commune, dont la limite doit s'arrêter à la ligne de la haute mer (art. 156).

4200. — Les terrains qui ont été abandonnés par la mer, ou qui ont été enlevés, doivent être compris dans les plans ; mais les parcs d'huîtres couverts à chaque marée, et toutes les pêcheries qui ne consistent que dans des filets tendus le plus loin possible et que la mer recouvre deux fois par jour, sont censés appartenir à cet élément et dès lors ne doivent pas être compris dans les plans (art. 162).

4201. — Les berges des chemins ne forment en aucun cas une parcelle distincte ; elles sont confondues, soit avec les terrains adjacents, soit avec la route ou le chemin, suivant qu'elles en font ou n'en font pas partie (art. 157).

4202. — Les terrains connus sous la dénomination de prés d'assec ou étangs en eau, qui consistent en prés et terres labourables, successivement couverts d'eau et desséchés périodiquement, appartenant à divers propriétaires, les uns jouissant de la terre (droit d'assec), les autres du droit de la couvrir d'eau (droit d'évolage), doivent être détaillés pour toutes les parcelles cultivées, et le géomètre marquera toutes les parcelles soumises au droit d'évolage et les annotera sur le tableau indicatif (R. M., art. 158).

4203. — Lorsque la limite de deux départements ou de deux communes se trouve établie par une rivière, un ruisseau, ravin ou chemin, cette rivière, ce ruisseau, ravin ou chemin doit être figuré en entier sur chacun des plans, distinguant toutefois par une ligne ponctuée la limite assignée aux deux départements ou aux deux communes, et n'attribuant à chaque commune que la portion de contenance qui lui appartient (art. 159).

4204. — Chaque feuille de la minute du plan doit en général contenir une section. Si l'étendue ou la configuration d'une section est telle qu'elle ne puisse tenir sur une feuille, on fractionne cette section en deux parties, de telle sorte que chaque partie fractionnée ait des limites fixes. Les cantons, triages ou lieux dits ne doivent jamais être fractionnés. On peut aussi réunir plusieurs sections très-petites sur une même feuille, mais en traçant distinctement leur périmètre (art. 213 à 216).

4205. — Les plans parcellaires sont construits à l'échelle de $\frac{1}{5,000}$, à celle de $\frac{1}{2,500}$ et à celle de $\frac{1}{1,250}$, selon que le préfet le détermine pour chaque commune ou portion de commune, sur la proposition du géomètre en chef et du directeur. Dans aucun cas, le géomètre ne peut être autorisé à se servir pour les travaux du parcellaire d'une échelle plus petite que celle de $\frac{1}{5,000}$. L'échelle de $\frac{1}{5,000}$ ne doit être employée que pour les communes très-peu morcelées, c'est-à-dire où chaque parcelle n'a pas moins de deux hectares. L'échelle de $\frac{1}{2,500}$ est généralement adoptée. L'échelle de $\frac{1}{1,250}$ n'est nécessaire qu'au cas où le nombre des bâtiments est très-élevé, et notamment pour les plans des villes, bourgs et villages (art. 218 à 221).

4206. — Le plan contient les noms de la commune, des hameaux, des fermes, établissements ou habitations isolées, chemins, ravins, rivières, ruisseaux, ainsi que celui des sections et des cantons, triages, ou lieux dits. Les limites des sections sont fixées par un filet de couleur (art. 223). Autour du périmètre de la commune et de celui de chaque section, on désigne les communes voisines et les sections qui y sont attenantes (art. 223).

4207. — Les plans sont conservés par le géomètre en chef, jusqu'à l'entier achèvement du cadastre dans le département; une copie en est faite par lui pour être remise à la commune.

4208. — VI. *Désignation des propriétaires.* — Mesurer toutes les parcelles et en rapporter les figures sur le plan n'est pas la seule opération qui constitue l'arpentage parcellaire : il en est une autre non moins importante et qui exige de même tous les soins du géomètre ; elle consiste à indiquer les propriétaires des parcelles tels qu'ils existent au moment de l'arpentage (art. 163).

4209. — Pour assurer l'exactitude de cette opération, le géomètre doit se procurer une liste alphabétique de tous les propriétaires compris dans le rôle de la contribution foncière. Il peut rédiger d'avance cette liste à la direction des contributions; mais il doit la vérifier avec le percepteur et y faire tous les changements dont celui-ci peut avoir connaissance. Le géomètre peut, avec l'autorisation du maire, prendre communication de la matrice générale, qui est déposée à la mairie, et faire, soit avec le maire, soit avec le percepteur, le relevé des propriétaires. Ce relevé forme la liste alphabétique provisoire, et sert de renseignement au géomètre lorsqu'il recueille sur le terrain les noms des propriétaires des parcelles (art. 164).

4210. — Cette liste doit indiquer avec exactitude les noms, prénoms, surnoms, la profession et la demeure de chacun des propriétaires. Il doit ensuite être appliqué un numéro d'ordre en tête de la désignation de chaque propriétaire. Au-dessous de chaque désignation, il doit être laissé autant de lignes en blanc

qu'il y aura de sections dans la commune. Il est utile même d'espacer davantage les noms, afin de pouvoir intercaler ceux des propriétaires qui, récemment établis dans la commune, ne seraient pas compris dans le rôle (art. 165).

4211. — Conformément aux instructions adressées par le préfet au maire de la commune, celui-ci, sur la demande du géomètre, fait publier un avis aux propriétaires, du jour où les travaux du plan parcellaire doivent s'exécuter dans telle ou telle partie de la commune, afin qu'ils assistent, par eux ou par leurs fermiers, régisseurs ou autres représentants, à l'arpentage de leurs propriétés et qu'ils fournissent tous les renseignements nécessaires (art. 166).

4212. — Le géomètre doit développer aux propriétaires les avantages que leur procurera le cadastre, tant au point de vue de la répartition qu'à celui de la fixation des limites de leurs héritages. Il doit les engager à lui faciliter le mesurage de leurs terres et à lui donner tous les renseignements propres à bien établir la contenance de leurs propriétés (art. 167).

4213. — Alors même qu'aucun propriétaire ne se rendrait sur le terrain, le géomètre doit procéder à ses opérations. Il peut, après avoir profité de toutes les circonstances de nature à lui faire connaître les propriétaires de quelques parcelles, prendre des indicateurs pour parvenir à la connaissance exacte et complète de tous les autres; mais il doit les payer sur sa propre rétribution. Il ne lui est pas alloué d'indemnité spéciale pour cet objet (art. 169 et 170).

4214. — Lorsque le géomètre a levé une certaine portion de terrains, il donne sur le plan un numéro provisoire à chaque parcelle (art. 172).

4215. — Le géomètre ne doit lever les propriétés que d'après les jouissances au moment où il opère (art. 175).

4216. — Lorsqu'une portion de terrain est contestée par deux ou plusieurs propriétaires, le géomètre les appelle et cherche à les concilier, de manière à assigner à chacun sa part dans cette portion (art. 176).

4217. — En cas de non-conciliation, s'il y a sur le terrain des limites apparentes, le géomètre la figure sur le plan par des lignes ponctuées, assignant à chacun la partie qui paraît devoir lui appartenir au moment de l'arpentage; sauf, si les parties font juger leurs contestations avant l'entière confection du plan, à le rectifier d'après le jugement, et à marquer la séparation des parcelles par une ligne pleine (art. 177).

4218. — S'il n'y a point de limites apparentes, le géomètre ne fait qu'une parcelle de toute la propriété; il porte néanmoins autant de numéros qu'il y a de propriétaires prétendants; et il porte sur la feuille indicative provisoire les noms de tous ces propriétaires, sauf à diviser la contenance totale entre eux d'après le jugement de la contestation (art. 178).

4219. — Si les parties ne font pas juger leur contestation, il n'est alloué au géomètre qu'une seule parcelle.

4220. — Dans le cas où une pièce de terre, exploitée par un même fermier, contiendrait deux ou plusieurs parcelles appartenant à divers propriétaires, mais dont les limites auraient disparu par l'effet de la culture, le géomètre doit faire toutes les démarches nécessaires pour se procurer, soit par le fermier, soit par les titres, baux ou anciens arpentages, la connaissance de l'étendue et de la situation des diverses parcelles, ainsi que les noms des propriétaires, afin de pouvoir les figurer sur le plan et porter les propriétaires sur la feuille indicative provisoire. S'il n'y parvenait pas, le géomètre devrait agir comme dans le cas précédent, et ne faire qu'une seule parcelle (art. 179).

4221. — Lorsque les propriétaires se sont conciliés ou ont fait juger leurs droits réciproques, si le géomètre a fini le plan et quitté la commune et qu'il soit obligé d'y retourner pour opérer les changements, il est payé de ce nouveau travail par les parties intéressées, sur le règlement du préfet, d'après la proposition du géomètre en chef et le rapport du directeur. Il en sera de même s'il est obligé de retourner dans la commune à d'autres époques que celles fixées pour la communication des bulletins, pour la rectification des erreurs relevées au cours de l'expertise, et pour l'examen des réclamations formées par les propriétaires dans les six mois de la mise au recouvrement du premier rôle cadastral (art. 180).

4222. — Quand les contestations ne sont jugées qu'après la confection du cadastre du canton dont la commune dépend et que le géomètre n'est plus à portée d'y retourner, elles ne peuvent plus donner lieu à une rectification sur le plan, mais les

29

droits réciproques des parties sont réglés par le livre des mutations (art. 181).

4223. — Lorsque, dans un bois de l'Etat ou d'une commune, il existe des portions appartenant à des particuliers, les conservateurs des forêts sont chargés de fixer les limites de ces bois à cadastrer, par l'ouverture de baies de la largeur d'un mètre, lorsque les bois sont contigus à des propriétés de la même nature ; et quant aux parties découvertes, en faisant planter des piquets à tous les angles saillants et rentrants (Circ. de l'administration des forêts, 7 sept. 1830, art. 182).

4224. — Lorsqu'un bois se divise entre plusieurs particuliers, ceux-ci sont invités à consentir à l'ouverture des baies nécessaires, à moins qu'ils ne préfèrent déclarer la situation et l'étendue de la portion qui appartient à chacun d'eux, de manière que le géomètre puisse figurer toutes les portions sur le plan, et que les contenances partielles cadrent avec la contenance totale (art. 183).

4225. — En cas de contestation ou de doute, le géomètre agit comme en cas de terrains contestés (art. 184).

4226. — Lorsqu'une propriété est possédée par indivis, le géomètre fait inviter, par le maire, les propriétaires à en effectuer le partage et, s'il y a lieu, il lève séparément la portion assignée à chacun d'eux : il en forme autant de parcelles distinctes (art. 185).

4227. — Si les copropriétaires se refusent au partage, ou s'il ne peut s'effectuer pendant le levé des plans, le géomètre porte la propriété indivise sur le plan comme ne faisant qu'une parcelle et ne donne à cette parcelle qu'un seul numéro. Il la porte également sur la feuille indicative provisoire, sous le même numéro (art. 186).

4228. — D'après le *Recueil méthodique* (art. 187 à 191), le géomètre n'indiquait dans le tableau indicatif que celui des propriétaires indivis qui avait droit à la plus forte part ou celui dont le nom était le premier dans l'ordre alphabétique. Il joignait au tableau indicatif un état nominatif de tous les copropriétaires indiquant la portion de chacun dans l'indivis. Dans quelques communes, il existe des propriétés indivises possédées par les mêmes copropriétaires et dans chacune desquelles chacun de ces copropriétaires a une portion déterminée, c'est-à-dire où ceux qui ont un tiers, un quart, un huitième dans une des propriétés ont cette même portion dans toutes les autres. Le géomètre doit en ce cas inscrire au tableau indicatif le relevé de toutes les propriétés indivises et les noms de chacun des copropriétaires avec la portion qui lui est attribuée.

4229. — Le *Recueil méthodique* a été modifié sur ce point par une circulaire du 6 août 1832, d'après laquelle chaque propriétaire est imposé personnellement pour la totalité des pièces qu'il possède, soit en entier, soit par indivis. Ce mode de procéder procure à tous les propriétaires de parcelles indivises les moyens d'examiner les résultats du cadastre et de réclamer au besoin contre les erreurs qui pourraient avoir été commises dans les indications fournies aux géomètres à l'égard de leurs droits. Il fait en outre cesser une solidarité onéreuse pour les propriétaires qui étaient seuls dénommés dans les rôles, ce qui occasionnait souvent des difficultés pour le recouvrement.

4230. — Lorsqu'au-dessous d'un terrain déjà arpenté et figuré sur le plan, il se trouve des caves ou même des habitations appartenant à des propriétaires autres que ceux du sol supérieur, et que ces souterrains ne pourraient être désignés sur le plan sans occasionner un double emploi dans les surfaces, le géomètre note ces caves ou habitations souterraines, ainsi que les noms de leurs propriétaires, immédiatement au-dessous du numéro qui contient l'indication du terrain supérieur, mais sans donner aucun numéro à cette annotation ou indication surabondante, qui est uniquement destinée à servir de renseignement aux experts (art. 192).

4231. — Lorsqu'une maison a plusieurs étages appartenant à divers propriétaires, elle est portée sous les noms de tous les propriétaires, en commençant par celui du rez-de-chaussée qui seul porte un numéro (art. 193).

4232. — Le géomètre inscrit à la suite les noms des autres propriétaires. Le géomètre doit s'attacher à bien connaître les véritables propriétaires. Il ne doit faire aucune distinction des propres de la femme d'avec ceux du mari lorsqu'il y a communauté de biens ; et porte tout sous le nom de ce dernier ; mais quand il y a décès de l'un ou de l'autre, les propres du survivant doivent être mis particulièrement sous son nom (art. 194).

4233. — Quand un propriétaire est décédé et qu'il n'y a pas eu partage de ses biens, il doivent être mis sous le nom collectif de ses héritiers en faisant la distinction, s'il y a lieu, entre les nus-propriétaires et les usufruitiers. Si les biens n'ont pas été partagés entre la veuve et les héritiers, ils doivent être portés sous le nom de la veuve et des héritiers collectivement (art. 195).

4234. — On distingue, dans les départements où le domaine congéable est en usage, les tenures ou convenants d'avec les métairies : la propriété de la tenure étant divisée entre deux personnes dont les droits sont distincts, il s'ensuit que toutes deux sont contribuables ; il est donc nécessaire que leurs noms soient employés dans les matrices cadastrales et partant au tableau indicatif. Le géomètre applique donc à chaque numéro d'une même tenure le nom du propriétaire foncier et celui du tenancier (art. 196).

4235. — Cette disposition est applicable aux tenures de vignes à devoir de tiers ou de quart, aux métairies, aux closeries et aux bordages, qui se transmettent ordinairement, avec les propriétés qui les composent, sous le nom qui leur a été donné de toute ancienneté, sans que leur composition originaire éprouve de changements (art. 197).

4236. — VII. *Tableau d'assemblage.* — Le plan parcellaire terminé, il est construit dans les bureaux du géomètre en chef d'après la triangulation et en réduisant les feuilles du parcellaire un tableau d'assemblage qui doit présenter la position du chef lieu, des hameaux et des maisons isolées. On y figure les routes, les chemins vicinaux et de servitude, les sentiers, les rivières, les torrents, les ruisseaux, les lacs, les étangs, les forêts de l'Etat, des communes et des particuliers, la division du territoire en sections et subdivisions de section, les montagnes et les principaux accidents du terrain (Règl. 15 mars 1827, art. 28).

4237. — Ce tableau d'assemblage est construit à l'échelle de $\frac{1}{10,000}$, à moins que l'étendue des communes n'oblige à faire usage de l'échelle de $\frac{1}{20,000}$ (art. 242).

4238. — Pour être à portée d'y tracer les montagnes et les accidents de terrain, le géomètre en chef devra recueillir, lors de ses vérifications, tous les renseignements nécessaires (Règl. 15 mars 1827 ; Circ. 20 mai 1827).

4239. — VIII. *Vérification administrative. Contrôle des plans.* — Le géomètre en chef étant responsable du travail des géomètres, doit s'assurer par de fréquentes tournées qu'ils exécutent par eux-mêmes toutes les opérations qui leur sont confiées. L'inspecteur des contributions directes doit exercer la même surveillance, s'assurer qu'ils n'emploient que des auxiliaires agréés, qu'ils ne multiplient point abusivement les parcelles, et que le géomètre surveille et vérifie les travaux de ses collaborateurs (Règl. 15 mars 1827, art. 29).

4240. — Dès que le géomètre a terminé dans une commune toutes ses opérations, le géomètre en chef doit s'y rendre pour en faire la vérification en présence du géomètre et avant que celui-ci ait quitté la commune (art. 247).

4241. — Il est formellement interdit au géomètre en chef de borner à faire faire une vérification d'après certaines données ; il est tenu de se rendre sur le terrain. En cas de maladie ou d'empêchement valable, le géomètre en chef peut se faire suppléer dans les vérifications par un employé de confiance ; cet employé, dont il est responsable, doit être agréé par le préfet sur la proposition du directeur, et ne peut être chargé ni de la délimitation, ni de la triangulation, ni de l'arpentage d'aucune commune (Règl. 23 mars 1827, art. 26).

4242. — Le géomètre en chef doit en général mesurer trois polygones ou parcelles par section (art. 254).

4243. — Le procès-verbal de vérification constate l'exactitude des mesures de l'échelle, du numérotage, de l'orientation des grandes dimensions, des détails, des haies, des chemins et rivières. Il présente les dimensions des polygones mesurés sur les terrains et les numéros des parcelles dont les noms des propriétaires ont été vérifiés. Il doit être terminé par des conclusions positives (art. 257).

4244. — Il doit énoncer toutes les erreurs relevées, même celles qui ont été réparées immédiatement, sauf à indiquer que la rectification a été faite sur-le-champ (Circ. 25 mars 1830).

4245. — Si le plan ou une section du plan lui paraît défectueux et dans le cas d'être rejeté, le géomètre en chef donne

sur un tableau particulier, les détails de la vérification, afin que le préfet, sur le rapport du directeur, puisse apprécier les motifs de rejet et prononcer en conséquence (art. 259).

4246. — Les tolérances qui peuvent être admises sont fixées par une circulaire du 30 avr. 1833. Elles sont, pour les lignes de 1,000 mètres et au-dessus, de 1/500°; pour les lignes de 600 à 1,000 mètres, de 1/400°; pour les lignes de 200 à 600 mètres, de 1/300°; pour les lignes de 100 à 200 mètres, de 1/200°; pour les lignes au-dessous de 100 mètres, d'un centième. Aucune feuille de plan ne peut être admise à rectification si l'application des lignes de la vérification fait ressortir des différences excédant la tolérance sur un tiers des cotes relevées. Avant de conclure au rejet, le vérificateur doit mesurer une nouvelle ligne.

4247. — Jugé que le ministre des Finances peut rejeter les plans levés par un géomètre, lorsque les vérificateurs spéciaux du cadastre y relèvent des erreurs qui excèdent la tolérance accordée par les règlements. — Cons. d'Et., 4 déc. 1837, Dubois, [P. adm. chr.]

4248. — IX. *Contrôle des vérificateurs spéciaux.* — Une décision ministérielle du 14 avr. 1828 a créé des vérificateurs spéciaux ayant pour mission de s'assurer de l'exactitude des plans du cadastre. Leurs fonctions consistent à vérifier les plans de quelques-unes des communes nouvellement cadastrées, à inspecter le service de la partie d'art, à s'assurer si les instructions sont exactement suivies et si les opérations sont exécutées avec régularité. Ils proposent au préfet les mesures qu'ils croient propres à accélérer les travaux en retard et adressent au ministre une copie de leurs rapports (Instr. 1er mars 1829, art. 1).

4249. — Les départements dans lesquels les vérificateurs devront se rendre seront désignés chaque année par le ministre, sur la proposition du directeur général des contributions directes (Même instr., art. 2).

4250. — Le vérificateur réunit le directeur des contributions et le géomètre en chef pour prendre connaissance de la situation du service en général. Il choisit les communes qu'il vérifiera. Il examine toutes les pièces de l'arpentage et les procès-verbaux de vérification. Ce premier examen terminé, le vérificateur se transporte dans les communes pour procéder à la vérification des plans. Cette opération a toujours lieu en présence du géomètre en chef et du géomètre de première classe, qui a été chargé du levé du plan. L'un et l'autre donnent au vérificateur tous les renseignements que celui-ci peut leur demander. La vérification des plans sur le terrain consiste principalement dans l'établissement d'une charpente géométrique composée, autant que possible, de grandes lignes droites ou de lignes brisées, qui embrasseront le territoire de la commune (art. 9 et 10).

4251. — La comparaison des lignes mesurées sur le terrain avec leurs analogues sur le plan devra toujours être faite avant de quitter la commune, et en présence des géomètres qui auront assisté à la vérification. Ceux-ci, ayant assisté au mesurage des lignes et à leur application sur le plan, ne pourront être admis à contester les conclusions du vérificateur, auquel ils auront dû faire part de leurs remarques durant les opérations (art. 12).

4252. — Les opérations sur le terrain étant terminées, le vérificateur procède à l'examen de toutes les parties du service des bureaux du géomètre en chef. Il fixe particulièrement son attention sur la manière dont les atlas sont confectionnés et s'assure de leur exactitude, en les comparant aux plans minutes. Lorsqu'il reconnaît dans ces pièces des irrégularités nombreuses, il propose au préfet d'ordonner la réfection des feuilles défectueuses aux frais du géomètre (art. 13).

4253. — Le vérificateur ayant terminé toutes ses opérations dans le département, adresse au préfet un rapport contenant ses remarques sur les différents points qu'il a examinés et les propositions qu'il croit devoir faire. Ce rapport est accompagné d'un état présentant pour chaque commune la comparaison des lignes mesurées sur le terrain avec leurs analogues sur le plan; il est terminé par des conclusions positives. Il transmet au ministre un double de ce travail avec son opinion sur la marche du service, et il joint à cet envoi un état du personnel des géomètres, auquel il ajoute ses observations particulières (art. 16).

4254. — S'il y a lieu à rejet du plan ou d'une partie des plans, les feuilles défectueuses et les calques sont remis au préfet, qui en ordonne la reconfection et les fait détruire. Le géomètre de première classe qui a levé le premier plan ne peut être chargé du second (art. 17).

4255. — Les frais de reconfection sont à la charge du géomètre en chef, sauf son recours contre les géomètres de première classe. Toutefois, il ne peut exercer ce recours s'il n'existe sur la feuille rejetée aucune trace de sa vérification ou s'il est constaté que la partie du plan vérifiée par lui présente des irrégularités excédant la tolérance (art. 18).

4256. — Lorsqu'il y aura lieu seulement à rectifications, elles seront opérées par le géomètre de première classe, sous la surveillance du géomètre en chef. Ce dernier certifiera, à la suite du tableau rédigé par le vérificateur, que le plan a été régularisé (art. 19).

4257. — X. *Calcul des contenances.* — Après la vérification des plans, il faut calculer les contenances. Ces opérations doivent être exécutées dans les bureaux et sous les yeux du géomètre en chef, à mesure que les plans lui sont livrés par le géomètre (Règl. 15 mars 1827, art. 34).

4258. — Comme ces calculs sont la base première sur laquelle reposent les autres travaux du cadastre, il est essentiel de s'assurer de leur parfaite exactitude. A cet effet, il est dressé un double cahier de calculs qui se contrôlent l'un par l'autre (R. M., art. 274). Dans le premier, dressé par le géomètre en chef, on procède par parcelles; dans le second, qui est fait dans les bureaux du directeur des contributions, on procède par masses (Circ. 22 avr. 1828). Ces masses ne doivent pas être inférieures à quinze hectares ni supérieures à trente (Circ. 24 juin 1828). Le géomètre en chef détermine la contenance des routes, chemins, rivières et autres objets non imposables.

4259. — Le cahier des parcelles est communiqué au directeur qui, en comparant, par feuille de plan, le calcul des masses au calcul des parcelles, s'assure que la différence n'excède pas 1/300°. Lorsque cette différence dépasse le 1/300°, le directeur s'assure de l'entière exactitude des calculs par masses, avant d'inviter le géomètre en chef à recommencer le calcul des parcelles (Circ. 30 avr. 1828; Règl. 15 mars 1827, art. 34, 35, 36).

4260. — Si les résultats du calcul des parcelles, comparés avec ceux du calcul des masses, n'excèdent pas la tolérance fixée par les instructions, le directeur y appose son visa, et le remet au géomètre en chef, qui en reste dépositaire jusqu'à l'entier achèvement du cadastre (Instr. 17 févr. 1824, art. 25).

4261. — S'il arrivait qu'après la communication des bulletins du cadastre ou après l'expertise, la rectification des erreurs de contenance signalées par les propriétaires ou par les contrôleurs détruisît l'accord qui doit exister entre le calcul des masses et celui des parcelles, le géomètre en chef sera tenu de réviser toutes les parcelles comprises dans les feuilles où la tolérance du 1/300° serait dépassée (Circ. 20 mai 1827, art. 35).

4262. — Les deux cahiers de calculs terminés, le géomètre en chef fait le calcul de la contenance, d'après les mesures effectives prises sur le terrain, des trois numéros qu'il a vérifiés et compare ces contenances avec celles établies au premier cahier (R. M., art. 279). Le résultat de la comparaison entre la contenance obtenue d'après les mesures effectives et celle établie dans le cahier de calculs des parcelles, en ce qui concerne les trois numéros vérifiés dans chaque section, est consigné à la fin du cahier de calculs. Le géomètre en chef porte également sur ce cahier, et par section, le calcul des chemins, rivières et autres objets non imposables.

4263. — Le géomètre en chef est chargé de la conservation des cahiers de calculs des parcelles jusqu'à l'entier achèvement des opérations cadastrales dans le département. Les cahiers des masses restent dans les archives de la direction.

4264. — XI. *Tableau indicatif.* — Le plan parcellaire donne exactement la position et la figure de chaque parcelle. Il reste à connaître le nom de son propriétaire, la nature de sa culture, sa contenance, sa classe, son produit, et son revenu imposable. Tel est l'objet du tableau indicatif des propriétaires et des propriétés, qui est le complément nécessaire du plan parcellaire. La copie correcte, qui en est faite à la fin des opérations, s'appelle état de sections (R. M., art. 198). Un tableau indicatif est rédigé pour chaque section (art. 199).

4265. — L'indication de la culture et du propriétaire concerne le géomètre chargé du levé du plan; c'est à lui, en conséquence, de remplir les premières colonnes de la minute du tableau indicatif. Lorsqu'il a terminé une section, il donne sur la minute du plan un numéro définitif à chaque parcelle, en suivant l'ordre topographique qui lui paraît le plus convenable pour l'intelligence du plan. Il doit autant que possible éviter, dans le

numérotage, de séparer des parcelles contiguës appartenant au même propriétaire (R. M., art. 200 à 202). D'après une circulaire du 30 avr. 1828, le numérotage des feuilles du parcellaire doit être disposé de manière que chaque triage, canton, lieu dit ou enclave de chemins, présente une série de numéros non interrompue.

4266. — Reprenant toutes les feuilles indicatives provisoires qu'il a rédigées dans le cours de ses opérations, le géomètre reporte sur le tableau indicatif le canton, triage ou lieu dit, le numéro définitif qu'il substitue au numéro provisoire, les noms, prénoms, professions et demeures des propriétaires et la nature de la propriété. Il ajoute le numéro que chaque propriétaire a sur la liste alphabétique, puis sur cette liste alphabétique il porte la section où est située la parcelle et le numéro qu'elle a sur le plan, de manière que lorsque la liste alphabétique est finie, on voie d'un coup d'œil ce que chaque propriétaire possède de parcelles dans chaque section (R. M., art. 203 et 204).

4267. — Les propriétés appartenant aux communes, les marais et terres vaines et vagues situés dans l'étendue de leur territoire, qui n'ont aucun propriétaire particulier, ou qui ont été légalement abandonnés, les terrains connus sous le nom de biens communaux, sont portés sous le nom de la commune propriétaire. Les terrains qui ne seraient communs qu'à une portion des habitants d'une commune sont portés sous une indication collective, comme il suit : *Les habitants de tel village, de tel hameau, propriétaires.*

4268. — Lorsque le géomètre a bien rectifié la minute du tableau indicatif, qu'il a, par exemple, divisé une parcelle qu'il aurait cru d'abord appartenir à un seul propriétaire, ou réuni deux parcelles qu'il aurait divisées mal à propos; lorsqu'enfin le nombre et l'ordre des parcelles est bien fixé, et qu'il a été donné au tableau indicatif toute l'exactitude et la perfection possibles, le géomètre en rédige la copie au net sur une feuille imprimée, et y porte, à l'encre, le numérotage définitif (art. 208).

4269. — Le tableau indicatif servant de minute aux états de sections pour la direction, doit présenter sur deux lignes distinctes le revenu relatif au sol des maisons et usines et celui qui est attribué à l'évaluation. Cette dernière évaluation est indiquée par le directeur (Circ. 20 mai 1827).

4270. — Le géomètre achève la rédaction de la liste alphabétique en portant à l'encre les numéros définitifs. Il doit s'attacher à la faire concorder parfaitement avec le tableau indicatif. La somme totale des numéros compris dans la liste, comparée à celle des numéros compris dans le tableau, fait connaître s'il y a quelques omissions dans l'un ou l'autre, et donne les moyens d'établir la concordance entre ces deux pièces (R. M., art. 209).

4271. — Si, après toute vérification faite, il se trouve encore quelques parcelles dont le géomètre n'ait pu connaître les propriétaires, il rédige un procès-verbal, qui est signé du maire présent, constatant les démarches qu'il a faites pour l'exécution des règlements. Il porte alors ces propriétés au tableau indicatif, comme appartenant au domaine public, et en forme un relevé qu'il adresse, avec le procès-verbal, au géomètre en chef, qui les remet au directeur (R. M., art. 210 et 211).

4272. — Aussitôt que les calculs de contenances sont terminés, le géomètre en chef remplit, dans le tableau indicatif des propriétaires et des propriétés, les colonnes relatives aux contenances (art. 284).

4273. — On supprime dans le tableau indicatif les fractions existant dans les centiares (art. 211).

4274. — Le géomètre en chef fait la récapitulation des contenances et des évaluations par feuilles. Il additionne les contenances par pages et en fait le report à la récapitulation. Ce total doit cadrer avec le résumé du cahier de calculs des parcelles, sauf les légères différences résultant de la suppression des fractions dans les centiares. A la suite de cette récapitulation, il établit la contenance des parties non imposables et certifie l'exactitude du tableau indicatif (Règl. 15 mars 1827).

4275. — Le tableau indicatif se termine par la récapitulation finale des contenances et des revenus de la section, qui est faite sans distinction des natures de culture. Le géomètre en chef était chargé par le *Recueil méthodique* de faire un relevé des numéros de même nature de culture dans chaque section. D'après le règlement du 10 oct. 1821, ce relevé est fait par le directeur. Toutes les contenances doivent être portées en mesures métriques (art. 286).

4276. — Le géomètre en chef doit remettre au directeur le tableau indicatif parfaitement correct. En effet, ce tableau doit tenir lieu de minute des états de sections et servir de base pour la confection de la matrice cadastrale (art. 287).

4277. — Si ce tableau manquait de netteté et de correction, le directeur ne pourrait se dispenser d'en faire une copie dont le géomètre en chef supporterait les frais, sauf son recours contre les géomètres pour les erreurs qui proviendraient de leur fait (Règl. 15 mars 1827, art. 75).

4278. — XII. *Bulletins de cadastre.* — Aussitôt que le tableau indicatif a été dressé et approuvé par le préfet, on met les propriétaires à même de contrôler et de discuter les travaux de l'arpentage. A cet effet, le géomètre en chef fait rédiger autant de bulletins qu'il existe de propriétaires dans la commune. Chaque bulletin contient en tête le nom du propriétaire et réunit toutes les parcelles qui sont éparses sous son nom dans le tableau indicatif (R. M., art. 684 et 685).

4279. — Ces bulletins ne sont autre chose que le dépouillement, par propriétaire, de tous les articles rangés par ordre topographique dans le tableau indicatif. Ils indiquent la section, le numéro du plan, le canton, triage ou lieu dit, la nature de propriété, la contenance, et présentent une colonne d'observations dans laquelle le géomètre de première classe inscrit les observations des propriétaires, le résultat de ses vérifications et tous les renseignements nécessaires pour mettre le géomètre en chef à même de régulariser les bulletins. Les colonnes des contenances tant métriques que locales, doivent être additionnées exactement. Les résultats, en ce qui concerne les mesures métriques, sont reportés à la liste alphabétique, en regard de l'article de chaque propriétaire, et sont récapitulés de manière à offrir la preuve qu'il existe une concordance parfaite entre le total et le résumé des tableaux indicatifs, et qu'il n'y a ni omissions ni doubles emplois (Règl. 15 mars 1827).

4280. — La communication des bulletins aux propriétaires est faite directement par le géomètre de première classe qui a levé le plan. Il porte lui-même les bulletins dans la commune, appelle les propriétaires ou, en leur absence, leurs fermiers ou régisseurs; il examine avec eux les différentes parcelles qui ont été portées en leur nom et fait les vérifications qui lui sont demandées (Règl. 10 oct. 1821, art. 14).

4281. — La communication des bulletins doit être faite en général pendant l'hiver, afin que les géomètres puissent consacrer toute la belle saison au levé des plans (Circ. 20 déc. 1826). Elle a lieu autant que possible simultanément dans la totalité des communes dont chaque canton est composé, et doit être entreprise assez à temps pour que les pièces rectifiées puissent être remises à la direction dans les trois premiers mois de l'année qui suit celle où l'arpentage a été commencé (Règl. 15 mars 1827, art. 39).

4282. — Le géomètre de première classe doit être muni des plans-minutes, des tableaux indicatifs et de la liste alphabétique qu'il est chargé de rectifier. La communication ne doit pas être faite sur les atlas qui ne présentent pas une précision suffisante (Règl. 15 mars 1827, art. 39).

4283. — Quinze jours au moins à l'avance, le maire est prévenu, par un avis signé du géomètre en chef, de l'époque précise à laquelle le géomètre de première classe doit se rendre sur les lieux pour procéder à la communication des bulletins. Ces avis, signés du géomètre en chef, sont adressés aussi aux maires des communes avoisinantes par le directeur, avec invitation de leur donner toute la publicité nécessaire. Indépendamment de cet avis, le géomètre en chef, toujours par l'intermédiaire du directeur, envoie au maire de la commune une lettre particulière destinée à chaque propriétaire, et par laquelle il indique l'époque à laquelle le géomètre se rendra dans la commune pour examiner, en présence des propriétaires, les parcelles comprises dans leurs articles et leur en faire reconnaître la situation. Cette lettre informe les propriétaires que le géomètre est tenu de faire gratuitement les vérifications demandées et d'opérer les rectifications reconnues nécessaires (Règl. 15 mars 1827, art. 40). Le maire fait remettre ces lettres aux propriétaires ou à leurs fermiers aussitôt qu'elles lui sont parvenues.

4284. — Les propriétaires, les régisseurs, fermiers, locataires ou autres représentants sont tenus de fournir leurs réclamations, s'ils en ont à former, avant l'expiration du mois. Le maire peut également réclamer relativement aux biens communaux (R. M., art. 697).

4285. — En ce qui concerne les bois domaniaux, le géomètre en chef est tenu de rédiger un bulletin dans la forme ordinaire, lequel est transmis, par l'intermédiaire du préfet, au conservateur (Circ. 24 juin 1832).

4286. — Le délai de communication et d'observation est d'un mois, d'après l'art. 700 du *Recueil méthodique.* Ce délai, donné aux propriétaires pour réclamer contre les résultats de l'arpentage, était un délai de rigueur, passé lequel ils étaient forclos. Cette disposition a été annulée par différentes décisions ministérielles. Il a été décidé que les propriétaires se trouvaient, lors de l'émission du premier rôle cadastral, placés dans la même position qu'à l'époque de la communication des bulletins et, qu'en conséquence, ils conservaient, pendant les six mois qui suivent la mise en recouvrement de ce rôle, le droit de réclamer le redressement de toutes les erreurs quelconques commises à leur préjudice, aussi bien celles résultant de l'arpentage que celles provenant du classement.

4287. — Le propriétaire peut réclamer contre l'arpentage, lorsque son bulletin lui assigne une propriété qui ne lui appartient pas ou ne lui donne pas toutes ses propriétés, ou lorsque quelques parcelles ne sont pas portées pour leur véritable contenance, ou enfin lorsque la nature de la culture est mal indiquée. Pour les erreurs commises par le géomètre dans l'indication ou la contenance des parcelles, le géomètre de première classe consigne dans la colonne des observations les renseignements fournis par le propriétaire, nécessaires pour mettre le géomètre en chef à même de rectifier les bulletins (R. M., art. 701 et 702).

4288. — Toutes les corrections à opérer sur les bulletins, le calcul des contenances des parcelles dont la forme a été modifiée, la rédaction des bulletins, des tableaux indicatifs et de la liste alphabétique, et la formation de l'état balancé des changements concernant le géomètre en chef, le géomètre de première classe est seulement tenu de rectifier la partie du travail qu'il a primitivement exécutée, savoir : le plan, le tableau indicatif jusqu'à la colonne des contenances exclusivement et la liste alphabétique, également non compris les contenances par propriétaire (Circ. 30 av. 1833).

4289. — Tout propriétaire peut prendre communication du plan et du tableau indicatif déposés à la mairie (R. M., art. 704).

4290. — Le géomètre est tenu de faire, en présence des propriétaires, les vérifications qu'ils réclament et d'opérer les rectifications reconnues justes sur le plan, le tableau indicatif et la liste alphabétique (Règl. 15 mars 1827, art. 40).

4291. — Le géomètre fait signer chaque bulletin par le propriétaire ou par le maire pour ceux qui ne savent pas signer (Règl. 10 oct. 1821, art. 14).

4292. — Il rapporte les bulletins au géomètre en chef avec un certificat du maire constatant que les affiches ont été apposées, que les lettres d'avis ont été remises aux propriétaires, que le géomètre leur a donné toutes les explications nécessaires pour leur faire bien reconnaître leurs propriétés et qu'il a fait droit à leurs réclamations. Ce certificat constate, en outre, le temps passé dans la commune pour la communication ; il est remis à la direction avec les bulletins (Instr. 17 févr. 1824, art. 26).

4293. — Le géomètre doit faire, pendant la communication, toutes les recherches et démarches nécessaires pour connaître les propriétaires des parcelles dont les noms n'ont pu lui être indiqués à l'époque de l'arpentage.

4294. — Les bulletins sont remis au géomètre de première classe, qui les rapporte au géomètre en chef, et celui-ci, après avoir opéré sur les bulletins toutes les corrections nécessaires et avoir régularisé le tableau indicatif et la liste alphabétique, adresse le tout au directeur des contributions directes.

4295. — Le géomètre de première classe dresse un état indicatif de tous les changements qu'il a opérés, d'après les observations des propriétaires, sur les plans, les tableaux indicatifs et la liste alphabétique, et le remet avec les bulletins au géomètre en chef, qui demeure chargé de régulariser les bulletins et d'accorder toutes les pièces avant d'en faire l'envoi au directeur (Règl. 15 mars 1827, art. 41 et 43).

4296. — Le géomètre en chef surveille personnellement la communication des bulletins et pendant qu'elle s'exécute, il est tenu de se transporter dans les différentes communes des cantons pour s'assurer que les formalités prescrites sont ponctuellement observées. Il adresse au directeur un rapport sur cet objet. L'inspecteur des contributions directes se rend également sur les lieux pour surveiller la communication des bulletins, et il adresse aussi un rapport au directeur (Règl. 15 mars 1827, art. 44).

4297. — Si le directeur est instruit que la communication ait été faite avec négligence ou avec trop de précipitation, il entend les observations du géomètre en chef et propose, s'il y a lieu, au préfet d'ordonner une nouvelle communication (R. M., art. 711).

4298. — Si le géomètre a laissé incertaines les propriétés contestées et qu'à l'époque de son retour dans la commune, il soit intervenu un jugement, il conforme le plan et le tableau indicatif au résultat de ce jugement.

4299. — Le géomètre examine d'abord toutes les observations des propriétaires sur les erreurs de noms, prénoms, ou de mesures, celles relatives aux fausses indications de cantons, triages ou lieux dits, et celles relatives aux parcelles omises dans l'article du propriétaire, ou faussement attribuées à un autre. Il rectifie ensuite ces diverses erreurs. Il rectifie également les fausses indications de cultures, quoiqu'il ne soit pas responsable des changements survenus depuis l'achèvement du plan (R. M., art. 723 et 724).

4300. — Le géomètre de première classe, avant de se transporter sur les parcelles dont la contenance est contestée, a soin de s'assurer si les erreurs dont se plaignent les propriétaires ne proviennent pas des calculs. Dans ce cas, le géomètre de première classe l'indique dans la colonne d'observations, et le géomètre en chef refait les calculs et rectifie le tableau indicatif, le bulletin et la liste alphabétique.

4301. — Si, après que le géomètre a fait, en présence du propriétaire, la vérification des parcelles dont la contenance ne lui paraît pas exacte, celui-ci persiste à penser qu'il y a erreur, il peut requérir le réarpentage par un géomètre autre que celui qui a levé le plan, en s'engageant à en payer les frais si sa réclamation ne se trouve pas fondée. Cette demande est consignée sur le bulletin. Le géomètre en chef adresse au directeur les bulletins portant demande de réarpentage et désigne le géomètre qu'il propose de charger de cette opération sur le ordonnée par le préfet, sur le rapport du directeur. Le géomètre en chef prévient le réclamant du jour où il sera procédé au réarpentage, afin que, par lui ou par son fermier, il y assiste et fournisse les renseignements nécessaires. Dans tous les cas, les résultats de l'opération sont communiqués à la partie intéressée et le géomètre en chef rectifie, s'il y a lieu, le plan, le tableau indicatif et le bulletin. Le maire atteste le temps que le géomètre a employé au réarpentage.

4302. — Si par le réarpentage le travail du premier géomètre est reconnu régulier et la réclamation du propriétaire mal fondée, celui-ci en paie les frais. Ils sont au contraire à la charge du premier géomètre si son travail est reconnu irrégulier. Le montant des frais est réglé par le préfet, sur la proposition du géomètre en chef et le rapport du directeur (R. M., art. 731).

4303. — Les frais de la charge du propriétaire sont versés, en vertu de l'arrêté du préfet, entre les mains du percepteur ; celui-ci les délivre au géomètre de première classe sur un mandat du préfet.

4304. — XIII. *Atlas.* — Lorsqu'après l'expertise toutes les rectifications ont été opérées sur les plans-minutes, le géomètre en chef en fait une copie pour la commune sur des feuilles qui sont réunies en atlas. Cette copie est précédée d'un tableau d'assemblage (R. M., art. 288).

4305. — Le *Recueil méthodique* (art. 288) prescrivait l'exécution d'une seconde copie, destinée à la direction des contributions directes ; mais elle a été supprimée par le règlement du 10 oct. 1821, la minute devant suffire aux besoins de l'administration. Toutefois, cette seconde copie peut être faite, d'après une autorisation spéciale du ministre, lorsque le conseil général en a formé la demande.

4306. — La confection de l'atlas ne doit avoir lieu qu'après que le classement est terminé et que le directeur a mis le géomètre en chef à portée d'opérer sur les minutes des plans parcellaires les rectifications auxquelles les notes fournies par le contrôleur peuvent donner lieu (Instr. 17 févr. 1824 ; Règl. 15 mars 1827).

4307. — Les atlas des communes doivent être livrés au plus tard dans le courant de décembre, afin que ces pièces puissent être déposées dans les communes en même temps que les matrices cadastrales (Circ. 20 mai 1827).

4308. — En attendant, aussitôt que l'arpentage d'une commune est terminé, le plan calculé et la première partie du tableau indicatif rédigée, le géomètre en chef livre, pour le travail de l'expertise, un atlas portatif qui est précédé d'un tableau d'assemblage. Dans aucun cas on ne peut employer pour l'expertise la minute du plan (R. M., art. 304). Le géomètre en chef ne peut, en aucun cas, être dispensé de construire le tableau d'assemblage d'après les feuilles du parcellaire, et d'en fournir les copies.

4309. — Toutes les pièces relatives à l'arpentage doivent être remises à la direction par le géomètre en chef, savoir : 1° la copie du procès-verbal de délimitation destinée à la commune, aussitôt que ce procès-verbal a été définitivement arrêté; 2° le procès-verbal de vérification de la triangulation, aussitôt après la rentrée du géomètre en chef de sa tournée; 3° les feuilles des plans parcellaires, le procès-verbal de vérification et l'état définitif énonçant par sections la contenance des chemins, rivières, etc., aussitôt que les pièces sont livrées par le géomètre en chef et que le géomètre en chef s'est assuré de leur régularité; 4° les bulletins, la liste alphabétique, les tableaux indicatifs et l'atlas portatif, après la communication des bulletins; le géomètre en chef joint à cet envoi son rapport sur la communication; 5° l'atlas destiné à la commune et la copie du tableau d'assemblage pour la carte de France, après l'expertise.

4310. — Le géomètre en chef est chargé de la conservation d'une copie du procès-verbal de délimitation, du canevas et registre des opérations trigonométriques, des minutes des plans et des cahiers de calculs des parcelles jusqu'à l'entier achèvement des opérations cadastrales dans le département (Règl. 10 oct. 1821).

4311. — Tout géomètre en chef qui cesse ses fonctions, pour quelque cause que ce soit, est tenu de remettre à son successeur, au plus tard dans le délai d'un mois, les minutes des plans et tous les autres papiers dépendant de son service. Il est dressé par les deux géomètres en chef, en présence du directeur, un inventaire ou procès-verbal de remise constatant le nombre, la nature et la situation des pièces. Indépendamment de cet inventaire, il est dressé par les deux géomètres un décompte de ce qui revient au géomètre sortant, pour les parties du travail qu'il a exécutées ou entreprises, en prenant pour base le tarif annexé à la circulaire du 11 déc. 1821, dont les prix sont rehaussés ou diminués, selon que l'indemnité totale, accordée pour les travaux d'arpentage dans le département, est supérieure ou inférieure à celle mentionnée dans ce tarif. Si les deux géomètres ne s'accordent pas sur quelques points, et si les difficultés ne peuvent être amiablement résolues par le directeur, il en est rendu compte au préfet qui prononce et, s'il y a lieu, soumet la difficulté au ministre.

4312. — Cette circonstance ne peut néanmoins retarder la délivrance des pièces au nouveau titulaire, ni empêcher son entrée en fonctions. La reprise du service effectuée, le nouveau géomètre en chef demeure seul et pour son compte chargé de l'achèvement des opérations commencées par son prédécesseur; et celui-ci ne peut, aucun prétexte, même par accord entre les deux géomètres en chef, conserver aucune part, ni aucun intérêt dans le travail. Une copie de l'inventaire et du décompte est adressée au directeur général des contributions directes (Arr. min. 24 août 1816).

4313. — XIV. *Extrait des plans demandés par les propriétaires.* — Un des avantages du cadastre parcellaire est de pouvoir procurer aux propriétaires la copie des parties du plan qui les intéressent. Le propriétaire qui désire se procurer un extrait du plan parcellaire, en ce qui concerne ses propriétés, doit s'adresser au géomètre en chef. Les extraits du tableau indicatif ou de la matrice cadastrale sont délivrés par le directeur des contributions directes (Règl. 10 oct. 1821).

4314. — L'extrait, ne présentant que les figures des parcelles et leurs numéros, ne remplirait pas seul l'objet des propriétaires; mais en y ajoutant une copie de la partie du tableau indicatif qui y correspond, ils y trouveront à peu de frais le terrier de leurs propriétés. Ce terrier serait encore plus complet si on substituait à la copie du tableau indicatif celle de l'état de classement, qui réunit à l'indication de la nature de culture et de la contenance celle de la classe de chaque parcelle et de son évaluation ou allivrement (R. M., art. 310).

4315. — Le plan levé par le géomètre pouvant être susceptible de la rectification des erreurs que l'expertise et la commu-

nication des bulletins font découvrir, le géomètre en chef, qui seu en a la minute rectifiée, est seul en état d'en donner des copie ou extraits exacts et corrects. Il est interdit aux géomètres de première classe de délivrer aux propriétaires, soit des copies de leurs bulletins, soit des copies ou extraits des plans du cadastre. Tout propriétaire, qui désire se procurer une copie des parties du plan qui l'intéressent, doit s'adresser au géomètre en chef (R. M., art. 311).

4316. — Les prix des copies ou extraits sont réglés aux tau suivants :

Pour dix parcelles et au-dessous, réunies sur une même feuille	2f. »
Pour tout nombre de parcelles excédant dix réunies sur une même feuille, par parcelle	» 20
Pour chaque parcelle sur une feuille séparée, avec indication des tenants et aboutissants	» 50
Pour copie d'une section entière, par parcelle	» 10
Pour copie du plan entier d'une commune, par parcelle	» 05

Les mêmes copies en trait colorié, moitié en sus du prix précédent (R. M., art. 312).

4317. — Ces dispositions sont demeurées en vigueur, sau les modifications que les préfets ont pu proposer dans les prix et qui ont été approuvées par le ministre, et celles mentionnées dans la circulaire du 8 juill. 1832. D'après cette circulaire, les extraits demandés par des compagnies pour servir aux études du tracé des routes et canaux coûtent 5 cent. par parcelle; ceux réclamés par les administrations publiques ne donnent lieu qu'au remboursement des déboursés.

4318. — Sur la portion du prix revenant au géomètre en chef, il est prélevé un quart pour le géomètre qui a levé le plan; et, s'il n'est plus dans le département, l'indemnité est partagée entre tous les géomètres de première classe en exercice. Le géomètre en chef est tenu d'inscrire les sommes qu'il reçoit pour les extraits et la part qui revient aux géomètres. Ce registre indique le nom des communes et celui des personnes qui ont demandé des extraits. Il doit être représenté aux inspecteurs des finances et aux vérificateurs spéciaux des plans du cadastre lorsqu'ils le requièrent (Circ. 8 juill. 1832).

4319. — Les prix réglés par l'art. 312 sont un minimum. Les propriétaires qui désirent plus de détails sur les plans peuvent traiter de gré à gré avec le géomètre en chef. En cas de difficultés, il est statué par le préfet, sur le rapport du directeur (R. M., art. 314 et 315).

4° Travaux d'expertise.

4320. — Quand les travaux d'art sont achevés, que la contenance de toutes les parcelles est connue, il y a lieu de déterminer leur revenu pour en déduire l'impôt foncier dont elles sont susceptibles. Tel est l'objet de l'expertise cadastrale.

4321. — Nous avons vu d'après quels principes pour chaque nature de culture ces évaluations étaient faites en vertu des dispositions combinées de la loi du 3 frim. an VII et du *Recueil méthodique*. Il nous reste à examiner par qui et comment sont faites les opérations de l'expertise cadastrale.

4322. — Tout d'abord, il convient de faire remarquer que les propriétaires n'ont point à redouter que l'expertise favorise un au détriment des autres, puisque les évaluations de chaque espèce de culture et de chaque classe, une fois déterminées, sont applicables à tous, d'après l'étendue, la culture et la classe de la propriété de chacun (R. M., art. 416).

4323. — Pour donner aux contribuables une garantie contre la partialité possible des évaluations, celles-ci doivent être faites, non sur chaque propriété prise individuellement, mais sur chaque nature de culture considérée abstraitement; ce n'est pas la terre de tel propriétaire qu'il s'agit d'évaluer; mais le produit de l'arpent de telle culture et de telle classe (R. M., art. 414).

4324. — L'expertise a lieu ordinairement l'année qui suit l'arpentage (R. M., art. 53). Elle ne doit être entreprise qu'après que les résultats de l'arpentage ont été communiqués aux propriétaires (Règl. 15 mars 1827, art. 62).

4325. — Le soin de rassembler, préparer et mettre en ordre les matériaux relatifs à l'expertise, est confié aux agents des contributions directes (Règl. M., art. 422).

4326. — Les directeurs font former par les contrôleurs des relevés des baux, des actes de vente et de partage. Il est fai

deux actes séparés pour chaque commune : l'un comprend les baux, l'autre les actes de vente et de partage (art. 425). Ces relevés sont faits pour une période qui est déterminée par le directeur. Les contrôleurs compulsent les registres dans lesquels les actes sont enregistrés pour avoir les détails des fermages (art. 428).

4327. — Si parmi les baux relevés, ils ne trouvent pas de renseignements suffisants, ils s'adressent au directeur de l'enregistrement, en l'invitant à faire compulser ces baux chez les notaires par un inspecteur, qui prendra note de toutes les charges du bail (art. 429).

4328. — Les contrôleurs prennent communication, chez les receveurs de l'enregistrement, des adjudications concernant les domaines nationaux, ainsi que des registres d'actes et de déclarations des héritiers, donataires et légataires; ils recueillent près de ces receveurs, tous les renseignements que ceux-ci peuvent leur fournir. Les contrôleurs prennent communication des baux et des registres tenus par les économes des biens des hospices et des établissements publics de bienfaisance, aux bureaux de l'administration de ces biens (art. 430 et 434).

4329. — Les directeurs doivent rassembler des annonces de biens à vendre qui sont insérées dans les papiers oubliés ou affranchis. Ils doivent, d'autre part, noter les renseignements relatifs à la valeur certaine des biens résultant d'expertises faites et de décisions rendues par les conseils de préfecture sur les réclamations des propriétaires (art. 436 à 438).

4330. — Le classement des fonds est confié à des propriétaires de la commune, assistés des agents de la direction des contributions directes (Ord. 3 oct. 1821, art. 4).

4331. — I. *Agents chargés de procéder à l'expertise.* — D'après le *Recueil méthodique* (art. 27), la partie des évaluations était confiée à des experts nommés par le préfet et aux agents des contributions directes. Le règlement du 10 oct. 1821 a substitué à un expert les propriétaires eux-mêmes. L'Exposé des motifs indique les raisons de cette modification : « On pouvait, y est-il dit, avoir quelque intérêt à charger de cette opération des experts salariés et étrangers aux communes, lorsqu'il fallait coordonner les expertises sur tous les points de la France, pour en faire le régulateur des quatre degrés de la répartition, mais aujourd'hui qu'elles ne doivent servir qu'à rectifier la répartition individuelle et qu'il suffit, lors, qu'elles soient proportionnelles dans l'intérieur de chaque commune, sans qu'elles aient encore besoin de l'une commune à l'autre, cette proportionnalité, devenue simplement locale, ne peut être mieux établie que par les propriétaires, à qui les expertises peuvent désormais être confiées sans aucun inconvénient. Ce n'est, d'ailleurs, que les réintégrer dans l'exercice d'un droit qu'ils tenaient des lois constitutives de la contribution foncière. Les premières évaluations faites en 1791 ont donné de mauvais résultats, c'est à cause de l'inexpérience des populations à cette époque, à cause des passions, à cause du manque de documents et aussi parce que les propriétaires craignaient que l'on ne voulût arriver à rectifier tous les degrés de la répartition. Aujourd'hui les administrations municipales auront des plans qui indiqueront la position respective de toutes les propriétés et des tableaux indicatifs de chaque propriétaire, de la contenance et de la nature de ses fonds : elles seront assistées par les agents de l'administration, qui tiendront les écritures et leur donneront tous les renseignements nécessaires. Enfin, les matrices des rôles ne devront plus servir qu'à rectifier les cotes individuelles dans l'intérieur de chaque commune; et, dès lors, il suffira qu'elles soient proportionnelles, sans qu'il soit besoin qu'elles mettent en évidence le revenu réel de chaque propriété. »

4332. — Aussitôt que le plan d'une commune est terminé, le préfet, sur la proposition du directeur, autorise le maire à convoquer le conseil municipal (Règl. 15 mars 1827, art. 58). D'après l'ordonnance du 3 oct. 1821 (art. 4), le conseil municipal devait s'adjoindre les plus fort imposés de la commune en nombre égal à celui des membres du conseil. Mais la loi du 5 avr. 1882, a abrogé toutes les dispositions législatives ou réglementaires relatives à l'adjonction des plus imposés. Nous n'avons donc plus à indiquer les règles édictées pour la désignation et le remplacement de ces adjoints.

4333. — La première réunion du conseil municipal a lieu, autant que possible, au moment où l'inspecteur se rend dans les communes pour surveiller la communication des bulletins (Règl. 15 mars 1827, art. 59).

4334. — L'inspecteur assiste à l'assemblée du conseil municipal et l'invite à nommer les commissaires classificateurs. Ces commissaires doivent être au nombre de cinq, et choisis parmi les possesseurs des cultures principales et prédominantes du territoire; deux sont pris dans les non résidants et sont remplacés, en cas d'absence, par leurs régisseurs ou fermiers, et les trois autres dans les domiciliés. Le conseil municipal nomme aussi cinq classificateurs suppléants, dont trois habitant la commune et deux forains. L'inspecteur rédige en double expédition le procès-verbal de la nomination, qui mentionne le nom de chaque membre présent et doit être signé par eux. Une des expéditions est remise au maire, l'autre au directeur (art. 60).

4335. — Un père et son fils, deux frères ou beaux-frères ne peuvent être nommés classificateurs dans la même commune qu'autant qu'aucun autre propriétaire ne serait en état de remplir convenablement cette fonction. L'exception doit être autorisée par le préfet, sur le rapport du directeur (art. 61).

4336. — Quand un conseil municipal refuse de nommer les classificateurs, il a été décidé qu'il y avait lieu de faire un dernier appel au conseil municipal à l'effet de savoir s'il entendait ou non user du droit qui lui était conféré par l'ordonnance du 3 oct. 1821. S'il persiste dans son refus de nommer des classificateurs, ou si ceux-ci désignés refusent de prendre part à l'opération, le directeur fera procéder à l'expertise par un expert nommé par le préfet, assisté d'indicateurs désignés par le maire et rétribués sur les fonds de la commune. Il ne peut en effet appartenir à la commune d'arrêter l'exécution des lois et règlements sur le cadastre (Décis. min. 16 août 1833, Corrèze).

4337. — La nomination des classificateurs est un acte qui ne peut être l'objet d'un recours direct par la voie contentieuse. — Cons. d'Et., 19 déc. 1838, Gérand-Fort. [r. adm. chr.]

4338. — Les experts institués par le *Recueil méthodique* n'ont pas été supprimés d'une manière absolue par l'ordonnance du 3 oct. 1821. Il est libre au conseil municipal de proposer un expert pour aider les propriétaires classificateurs dans l'opération du classement. La nomination de cet expert est faite par le préfet, qui règle le taux de son indemnité, laquelle est acquittée par la commune (art. 5).

4339. — L'ordonnance du 23 avr. 1823 dispose que, lorsque le conseil général en aura exprimé le vœu, il sera procédé, par experts, au classement des biens-fonds dans toutes les communes du département. Les experts seront assistés des propriétaires classificateurs et des agents de l'administration (art. 1). Ils seront nommés par le préfet et rétribués sur les fonds généraux affectés dans le département aux dépenses du cadastre (art. 2). Dans les départements où l'emploi des experts n'aura pas été généralisé, la rétribution des experts facultatifs demandés par les conseils municipaux restera à la charge des communes (art. 3).

4340. — Dans les départements où le conseil général a réclamé l'emploi des experts comme dans ceux où ils n'interviennent que sur la demande spéciale des conseils municipaux, ils ont voix délibérative, et, en cas de partage, voix prépondérante. Ils assistent aux délibérations du conseil municipal ayant pour objet la formation du tarif des évaluations (Règl. 15 mars 1827, art. 63).

4341. — Les fonctionnaires publics salariés par le gouvernement et les employés des diverses administrations ne peuvent pas être experts. Ils ne peuvent être employés dans une commune où ils ont leurs principales propriétés (R. M., art. 488 et 489).

4342. — Les diverses parties qui constituent l'expertise d'une commune ne peuvent être faites que par un seul et même expert (art. 486).

4343. — Les obligations de l'inspecteur ne permettent pas qu'il se livre personnellement au classement des biens-fonds, sous aucun prétexte cette opération ne pourra lui être confiée. C'est un contrôleur qui sera chargé d'assister les classificateurs dans les opérations d'expertise (Règl. 15 mars 1827, art. 64 et 65; Circ. 20 mai 1827).

4344. — Quant au concours d'un agent de l'administration, il est indispensable, attendu que les classificateurs ont, dans leurs opérations, à appliquer les dispositions multiples des lois sur l'assiette de la contribution foncière, qu'ils connaissent ou comprennent mal.

4345. — Le préfet fait afficher, dans chaque commune à expertiser et dans les communes circonvoisines, un avis indiquant l'époque de l'ouverture des travaux, le nom du contrôleur et de l'expert, s'il y a lieu, et l'invitation aux maires de seconder leurs

opérations et aux propriétaires, régisseurs, fermiers ou ayants-
cause, d'assister au classement de leurs terres et de fournir tous
les renseignements qui pourront être utiles à ce classement. —
Cet avis doit être inséré dans le journal du département (R. M.,
art. 492).

4346. — Aussitôt que le contrôleur a reçu le tableau indicatif, le calque des plans et une copie du procès-verbal de la première réunion du conseil municipal, il se transporte dans la
commune et réunit les propriétaires classificateurs et l'expert,
si son concours est autorisé, à l'effet de procéder, conjointement
avec eux : 1° à la reconnaissance générale du territoire et à la
classification, c'est-à-dire à la division de chaque nature de culture en classes; 2° au choix des types; 3° au classement des
propriétés; 4° à la formation du tarif des évaluations (Règl. 15
mars 1827, art. 492).

4347. — Trois classificateurs au moins, titulaires ou suppléants, doivent toujours prendre part à l'opération (Règl. 15
mars 1827, art. 68).

4348. — Si, par suite de refus de la part des propriétaires
désignés, le contrôleur ne pouvait parvenir à réunir le nombre
de classificateurs nécessaire pour valider l'opération, il dresserait procès-verbal pour constater le refus, et le travail serait
suspendu jusqu'à ce que le préfet eût décidé ce qu'il conviendrait
de faire (Circ. 6 juin 1834).

4349. — Les classificateurs sont autorisés, s'ils en ont besoin, à s'adjoindre des indicateurs (R. M., art. 493), choisis
parmi les individus connaissant le mieux les localités (art.
495).

4350. — II. *Opérations de l'expertise cadastrale.* — L'expertise comprend : 1° la classification; 2° le classement; 3° le tarif
des évaluations.

4351. — A. *Classification.* — La classification sera toujours
précédée d'une reconnaissance générale du territoire, qui sera
faite par les classificateurs et le contrôleur (Règl. 10 oct. 1821,
art. 20; Règl. 15 mars 1827, art. 65).

4352. — La classification consiste à déterminer en combien
de classes chaque nature de propriétés doit être divisée, à raison
des divers degrés de fertilité du terrain et de la valeur du produit. Il ne faut pas confondre cette opération avec le classement,
qui consiste à distribuer, entre les classes établies par la classification, tous les terrains que chaque propriété occupe. Ainsi on
classifie les cultures, on classe les parcelles; et le classement
est l'application de la classification à chaque partie du territoire
(R. M., art. 506 et 507).

4353. — Le règlement du 10 oct. 1821 (art. 20) chargeait le
conseil municipal de faire la classification; mais depuis le règlement du 15 mars 1827 (art. 65), cette opération est confiée aux
classificateurs.

4354. — Quelques variétés que présentent les propriétés de
même espèce, on ne peut diviser chaque nature de culture qu'en
cinq classes au plus. Cette limite impose donc la nécessité de
ranger dans la même classe des parcelles qui n'ont pas un produit absolument égal (Règl. 10 oct. 1821, art. 20; Règl. 15 mars
1827, art. 66). Les classificateurs doivent négliger les différences
légères, et surtout ne compter pour rien celles qui ne proviennent
que d'une culture mieux entendue ou d'une plus grande avance
de fonds (R. M., art. 511).

4355. — Les bois de haute futaie, les bois de pins, les châtaigneraies, olivets, plants de mûriers, oseraies, aulnaies, saussaies, etc., les rizières, cultures de maïs, houblonnières, chenevières et autres cultures diverses font l'objet de classifications
particulières (R. M., art. 530, 532, 533).

4356. — De même, dans les communes où il existe des terres
de vallée et des terres de montagne, dont le produit diffère essentiellement, il est permis d'établir une classification particulière pour chacune de ces espèces de terres.

4357. — La qualification de première, deuxième, troisième,
quatrième et cinquième classe, n'a de rapport qu'à la comparaison des terrains de la commune entre eux, et non avec ceux
des autres communes du canton, de l'arrondissement ou du département; telle terre est de première classe dans la commune
où elle est située, qui serait peut-être de cinquième classe dans
une autre commune du canton (R. M., art. 512).

4358. — Afin de fixer d'une manière exacte les limites des
classes et pour faciliter le classement, ainsi que la vérification
des réclamations auxquelles il peut donner lieu, on choisira pour
chaque classe deux parcelles destinées à servir de types. La pre-

mière sera prise dans les meilleures propriétés de la classe et
sera le type supérieur; la seconde, choisie dans les plus mauvais
fonds de la même classe, sera le type inférieur (Règl. 15 mars
1827, art. 66).

4359. — Avant ce règlement, les étalons étaient choisis dans
la partie moyenne de chaque classe et rien n'indiquait d'une manière précise la séparation qui doit exister entre les moindres
propriétés d'une classe et les meilleures de la classe suivante,
en sorte que les classificateurs et les experts étaient quelquefois
embarrassés pour déterminer le classement des parcelles qui
semblaient se rapprocher autant l'une que l'autre. Grâce au nouveau système, toute incertitude disparaît, puisque,
ces points de comparaison marquant les degrés extrêmes de fer-
tilité de chaque classe, toutes les autres parcelles, considérées
sous le rapport du produit seulement, ne sont que des intermédiaires auxquels il est facile d'assigner un rang par leur comparaison avec les types dont ils se rapprochent le plus.

4360. — La véritable difficulté repose tout entière dans le
choix des types. Le contrôleur doit s'attacher à reconnaître si les
propriétés prises pour étalons représentent exactement les degrés
extrêmes de fertilité des différentes classes, et si le type inférieur
de chaque classe est réellement d'un plus grand produit que le
type supérieur de la classe suivante (Circ. 20 mai 1827).

4361. — La classification terminée, les classificateurs établissent le revenu de chaque nature de culture et de chaque classe,
en prenant pour base de leur estimation le terme moyen, par
hectare, du produit net des parcelles choisies pour types. Dans
un procès-verbal destiné à faire connaître la manière dont il a
été procédé à la classification, le contrôleur consigne les évaluations provisoires adoptées par les classificateurs, et il désigne
les parcelles choisies pour types ou étalons en indiquant pour
chacune d'elles le numéro du plan, la nature de culture, le cli-
mat ou le lieudit, le nom du propriétaire et la classe (Règl. 15
mars 1827, art. 67).

4362. — Pour obtenir des évaluations proportionnelles, les
classificateurs s'attachent avant tout à établir le plus juste rapport entre les quatre principales natures de culture (terres labourables, prés, vignes, bois). Ils fixent le rapport de la première
classe des prés, bois et vignes à la première classe des terres.
Puis ils procèdent à la fixation du prix des classes subséquentes,
d'après les mêmes procédés (Règl. 10 oct. 1821, art. 21). Les
autres cultures sont évaluées eu égard aux prix des cultures
principales avec lesquelles elles ont une espèce d'analogie (Même
article).

4363. — B. *Classement.* — Le classement est immédiatement entrepris (Règl. 15 mars 1827, art. 68). Il consiste, nous
l'avons dit, à distribuer entre les classes établies et reconnues,
tous les terrains que chaque genre de propriété occupe, et à déterminer de quelle classe est chaque parcelle ou portion de parcelle (R. M., art. 546).

4364. — Les classificateurs ne doivent jamais perdre de vue
un principe général, c'est que la contribution foncière n'atteint
point l'industrie extraordinaire du cultivateur, et que, par une
juste conséquence, elle est sans égard pour sa négligence. Ils
doivent donc rechercher avec soin la cause des différences qu'ils
aperçoivent et s'assurer si elles dérivent d'une culture bien ou
mal soignée, relativement aux travaux agricoles usités dans le
pays, ou si elles sont inhérentes à la qualité ou à la situation
du sol. Ce n'est que dans ce dernier cas qu'ils doivent faire une
distinction (art. 547 et 548).

4365. — Ils doivent tenir compte des dépenses extraordinaires particulières à certaines propriétés. Ainsi des terrains
exposés aux inondations, des terrains en pente rapide, d'autres
soutenus, garantis et rendus fertiles par des ouvrages d'art,
nécessitent des frais extraordinaires; là il faut fréquemment rapporter les terres déplacées ou enlevées; ici il faut réparer, réé-
difier, entretenir les ouvrages qui servent d'appui et conservent
la propriété (art. 523).

4366. — Les classificateurs, assistés du contrôleur, qui doit
être muni du plan ou du tableau indicatif, se transportent successivement sur toutes les parcelles, examinent et décident dans
laquelle chacune d'elles doit être rangée en totalité ou en partie;
le contrôleur en porte l'indication dans la colonne de l'état de
classement à ce destinée (art. 549).

4367. — Les propriétaires ou leurs fermiers ou régisseurs
peuvent, si bon leur semble, assister au classement et présenter
leurs observations (Règl. 10 oct. 1821, art. 24).

4368. — Le contrôleur, à mesure qu'il arrive sur chaque parcelle, appelle les noms, prénoms et professions des propriétaires, la nature et la contenance des propriétés (R. M., art. 550; Règl. 15 mars 1827, art. 69).

4369. — Si la parcelle se trouve être une maison, le contrôleur indique la classe de cette parcelle comme maison. Si dans la commune où l'on opère, les maisons ne sont pas divisées en classes, le contrôleur porte sur le tableau indicatif l'évaluation donnée sur le terrain même à chaque maison par les classificateurs (Règl. 10 oct. 1821, art. 25). Il en est de même pour les usines et manufactures.

4370. — Le contrôleur accompagne les classificateurs dans toutes leurs opérations et doit se transporter sur toutes les parcelles sous peine d'être privé de son indemnité. Ils sont en outre garants des frais que pourrait entraîner une nouvelle expertise. Le contrôleur éclaire les classificateurs de ses conseils, leur signale les erreurs à éviter ou à rectifier. Si ses observations ne sont pas accueillies, il les consigne sur un rapport particulier qu'il adresse au directeur (Circ. 20 mai 1827; R. M., art. 610 à 612).

4371. — Le contrôleur porte, dans la colonne du tableau indicatif à ce destinée, la classe assignée à chaque parcelle (Règl. 10 oct. 1821, art. 23).

4372. — En parcourant le terrain, il fait cette mention au crayon. Si une parcelle est divisée en deux ou plusieurs classes, il indique ces classes au crayon, et autant que possible, leur position et leur contenance. Chaque soir il marque à l'encre les indications de classes. Il est également tenu d'en transcrire le classement en toutes lettres avant de quitter la commune (R. M., art. 629 et 631).

4373. — L'inspecteur surveille les opérations de l'expertise. Il rend compte au directeur de la manière dont le classement a été effectué dans chaque commune (Règl. 15 mars 1827, art. 72 et 73).

4374. — En parcourant le terrain, le contrôleur tient note de toutes les erreurs qu'il remarque, soit dans le plan, soit dans le tableau indicatif, telles qu'erreurs de situation, de désignation, de numération, omission, confusion de natures de culture, contenance, etc. (R. M., art. 623). Il lui est interdit de faire aucune espèce de correction sur le tableau indicatif (Règl. 13 mars 1827, art. 69).

4375. — Il transmet ses notes au directeur, pour que les rectifications reconnues nécessaires soient faites sans retard par les géomètres (R. M., art. 625).

4376. — Il s'assure si le plan ne prescrit pas plus de parcelles que le terrain n'en comporte et rend compte au directeur du résultat de cette vérification (R. M., art. 626). Tout contrôleur qui ne signalerait pas les parcelles abusives serait privé de son indemnité (Circ. 30 mars 1832).

4377. — Il s'assure que les individus portés aux tableaux indicatifs sont réellement propriétaires des parcelles inscrites sous leur nom (Circ. 15 avr. 1829). Il tient note des parcelles dépendant des baux dont il a le relevé (R. M., art. 554).

4378. — Le contrôleur doit profiter des opérations de l'expertise qui lui permettent d'examiner dans le plus grand détail le territoire d'une commune pour porter sur le tableau indicatif le nombre des portes et fenêtres de chaque propriété (R. M., art. 636).

4379. — Il porte sur la liste alphabétique, à l'article de chaque propriétaire, le numéro sous lequel il est inscrit à la matrice générale, le montant de son loyer d'habitation, ou bien il indique qu'il n'est imposé qu'à la contribution personnelle (Règl. 15 mars 1827, art. 70).

4380. — Il relève en outre, sur un état particulier, les noms de tous les contribuables imposés aux contributions personnelle-mobilière et des patentes, et qui ne possèdent aucune propriété foncière; il indique sur cet état les articles de la matrice générale, ainsi que les loyers d'habitation de ces contribuables; enfin, il forme un résumé qui doit présenter un total égal au nombre des taxes personnelles et au montant des valeurs locatives de la commune (Même art.).

4381. — C. *Tarif des évaluations.* — Lorsque le classement est terminé, le contrôleur et les classificateurs procèdent au choix d'un certain nombre de domaines affermés, ou dont la valeur est notoirement constatée; ils font un relevé des parcelles dont ces domaines sont composés; ils appliquent le tarif provisoire suivant le procédé prescrit par l'art. 584 du *Recueil méthodique*, et ils s'assurent, pour chaque domaine, de l'exactitude de

la proportion existant entre le revenu constaté par le bail ou par la déclaration des classificateurs et le revenu résultant des évaluations provisoires. Si l'évaluation cadastrale de quelques propriétés s'écarte sensiblement de la proportion la plus générale, le contrôleur recherche la cause de cette différence. A cet effet, il revoit avec les classificateurs et l'expert le classement des parcelles qui composent ces domaines; et si cet examen faisait découvrir des erreurs, les classificateurs et l'expert devraient s'assurer que les mêmes imperfections ne se sont pas reproduites sur les autres parties du territoire. Après avoir, s'il y avait lieu, rectifié le classement, ils vérifieraient si le tarif provisoire ne doit pas être changé sous le rapport des évaluations par nature de culture et par classe (Règl. 15 mars 1827, art. 71).

4382. — L'administration a décidé que les ventilations prescrites à l'effet de s'assurer de la proportionnalité des évaluations devaient porter généralement sur le dixième au moins du territoire de chaque commune. Les prix des baux doivent, en général, être le régulateur des évaluations, parce qu'en général la somme stipulée par le bail est le revenu que le propriétaire retire de son bien. Le contrôleur doit avoir soin de prendre des baux de toutes les espèces, de manière qu'il y ait compensation entre ceux qui sont exagérés et ceux qui sont affaiblis (R. M., art. 557 et 560).

4383. — Le prix d'un bail se compose, non seulement de la somme stipulée en argent, mais encore de toutes les charges et redevances dont le fermier peut être tenu, telles que grains, volailles, charrois, contributions, etc. Le contrôleur doit en présenter le tableau, en évaluant les redevances en denrées d'après les mercuriales et les autres charges, d'après le prix notoirement connu (art. 570 et 571).

4384. — Quant aux contributions, on doit ajouter au bail celles de la première année de ce bail ou, si on ne les connaît pas, celles de l'année courante (art. 572).

4385. — Quoique dans l'évaluation des revenus on ne déduise rien pour l'entretien des bâtiments servant à l'exploitation rurale, attendu qu'on n'estime que la superficie de ces bâtiments et non leur élévation, il y a lieu de déduire sur le prix du bail la somme qu'exige réellement l'entretien de c es bâtiments, attendu qu'ils ont dû influer sur le prix du bail (art. 573). Les déductions pour l'entretien et les réparations des bâtiments ruraux ne doivent guère varier que du 15e au 30e (Instr. 5 oct. 1821).

4386. — Cette déduction ne doit avoir lieu que sur les baux par lesquels l'entretien des bâti ments reste aux frais du propriétaire, et non sur ceux par lesquels le fermier s'en est chargé. Il est évident dans ce cas que le fermier, à raison de cette charge, a diminué le prix de son bail et que la déduction est faite d'avance (art. 577).

4387. — Dans les départements où le fermage en argent est remplacé par le colonage à portion de fruits, on ne peut appliquer le tarif provisoire aux baux. Les classificateurs et le contrôleur doivent cependant opérer une ventilation sur quelques domaines en constatant, pour chacun deces domaines, la portion de fruits que retire le propriétaire et en la convertissant en argent d'après le tarif du prix des denrées. Ils ajoutent les charges dont le fermier peut être tenu et les évaluant d'après le prix notoirement connus. Inversement, le revenu du propriétaire est diminué des charges qu'il a contractées envers le colon. Une fois que le revenu en argent est déterminé, il est procédé à la ventilation de ces domaines, et à l'application du tarif provisoire (R. M., art. 592 à 595).

4388. — La valeur vénale des propriétés peut être utilement consultée pour estimer relativement et par comparaison les produits des divers genres de propriétés. On la consulte s'il n'existe aucun bail. De même, le contrôleur peut chercher des éléments de connaissance dans les décisions rendues p ar les conseils de préfecture, dans les actes de partage (art. 620 , 621).

4389. — Le contrôleur joint aux frais de chaque exp ertise une expédition du relevé des baux, annotant ceux qui ont été rejetés et faisant connaître les motifs qui les ont fait écarter (R. M., art. 591).

4390. — Le tarif modifié est appliqué une seconde fois aux propriétés choisies pour épreuve, et lorsqu'il a été régularisé dans toutes ses parties, le contrôleur invite le maire à réunir le conseil municipal pour l'examiner. L'inspecteur assiste à cette réunion du conseil municipal toutes les fois que le directeur juge que sa présence y est nécessaire (Règl. 15 mars 1827, art. 71 et 72).

4391. — Le contrôleur et les classificateurs rendent compte au conseil de leurs estimations, qui peuvent être modifiées. Il est dressé procès-verbal de la délibération. Le tarif voté par le conseil reste déposé à la mairie.

4392. — Après que le conseil municipal a arrêté le tarif des évaluations, le maire annonce aux propriétaires, dans les formes usitées pour les autres publications, qu'ils peuvent prendre connaissance de ce tarif au secrétariat de la mairie, et que, pendant le délai de quinze jours, ils seront admis à présenter sur papier libre, les observations qu'ils croiront devoir faire. Ce délai expiré, l'inspecteur, ou, à son défaut, le contrôleur qui aura été chargé du classement, se rendra dans la commune. Si le travail n'a donné lieu à aucune réclamation, le maire lui délivrera un certificat constatant ce fait. Dans le cas contraire, le conseil municipal examinera, en présence de l'agent de l'administration, les réclamations des propriétaires, consignera à la suite de chacune d'elles son avis motivé et proposera, s'il y a lieu, des modifications au tarif (Circ. 25 mai 1827).

4393. — Le tarif des évaluations est envoyé au directeur par le contrôleur, avec un rapport circonstancié sur toutes les parties de l'opération (Règl. 15 mars 1827, art. 71; Circ. 25 mai 1827). C'est lui qui est chargé de faire le procès-verbal de l'expertise (R. M., art. 628). L'inspecteur fournit ses observations sur le tarif des évaluations, fait connaître au directeur si les ventilations ont été faites avec soin et discernement et si elles ont été aussi étendues qu'il était possible.

4394. — Le directeur est particulièrement chargé de l'examen des expertises. Il fait cet examen quand il a reçu du contrôleur les pièces de l'expertise et ne doit les admettre que lorsqu'elles sont signées par ceux qui ont concouru à leur formation. Il vérifie si, par suite de l'expertise, le plan et le tableau indicatif sont susceptibles d'être corrigés; dans ce cas, il prend des mesures pour que le géomètre en chef opère ou fasse opérer toutes les rectifications. Il examine la manière dont la classification a été faite et les états de classement dressés. Pour s'assurer de l'exactitude de cette dernière opération, il compare le classement de l'expertise avec celui de l'ancienne matrice. Il vérifie, avec le plus grand soin, l'application du tarif provisoire aux propriétés comprises dans les baux (R. M., art. 646, 650, 654 à 657).

4395. — Il fait ensuite un rapport qui se divise en deux parties : l'une présente le résultat de l'examen matériel des pièces de l'expertise; l'autre, le résultat de l'examen moral des évaluations. Dans la première partie, le directeur atteste la régularité de chacune des opérations des classificateurs et du contrôleur, ou explique en quoi il les trouve irrégulières. Dans la seconde partie, il discute les évaluations, présente leur rapprochement avec les renseignements qu'il a recueillis; il détaille enfin toutes les considérations qui lui paraissent propres à établir le degré de confiance que ces évaluations peuvent inspirer. Ce rapport doit être terminé par des conclusions positives pour l'admission ou le rejet de l'expertise (art. 669 et 670).

4396. — Jusqu'en 1871, c'était le préfet qui approuvait ou modifiait en conseil de préfecture le tarif des évaluations. La loi du 10 août 1871 (art. 87), a transféré cette attribution à la commission départementale. Toutes les fois que, soit sur le rapport du directeur, soit d'après d'autres renseignements, la commission départementale croira devoir faire subir quelques modifications aux tarifs, il devra en être donné connaissance au conseil municipal, afin qu'il puisse fournir ses observations. Si, après un délai de vingt jours, le conseil n'a pas envoyé ses observations, son silence est considéré comme une adhésion, et il est passé outre (Règl. 10 oct. 1821, art. 22; Circ. 5 juill. 1832).

4397. — Lorsqu'il est constaté que les formalités prescrites n'ont pas été observées ou que le classement a été généralement mal fait, le préfet ordonne une nouvelle expertise. Elle ne doit avoir lieu que quand l'expertise présente des erreurs graves, des erreurs générales dans la classification ou le classement (R. M., art. 680).

4398. — Cette contre-expertise s'exécute sous la surveillance de l'inspecteur; elle est confiée à un contrôleur autre que celui qui a fait la première opération (R. M., art. 676 et 679).

4399. — Aussitôt que le tarif des évaluations a été définitivement arrêté, il est transmis au directeur; celui-ci procède, pour chaque commune, à l'application du tarif au classement. Cette opération est un travail purement mathématique. Il con-

siste à déterminer le revenu net imposable de chaque parcelle, d'une part, à raison de sa contenance, de sa culture et de sa classe, et, d'autre part, à raison de l'évaluation portée au tarif définitif (R. M., art. 798 et 799).

4400. — Le revenu ou allivrement cadastral est le chiffre résultant de l'application du tarif des évaluations au classement. On l'appelle aussi revenu matriciel. Les revenus portés à la matrice cadastrale ne sont pas les revenus vrais de chaque propriété. Ils pourraient l'être; mais le plus souvent ils représentent un tant pour cent du revenu net imposable, qui est déterminé au moment de l'expertise cadastrale. Le rapport du revenu cadastral au revenu net s'appelle la proportion d'atténuation. Il suffit, pour que l'objet de la loi soit atteint, pour que la contribution soit répartie proportionnellement aux revenus des contribuables, que l'atténuation que l'on fait subir aux revenus nets en vue d'obtenir les revenus cadastraux soit rigoureusement proportionnelle pour toutes les natures de propriété d'une même commune. Les revenus vrais ne sont utiles à connaître que pour la fixation des contingents des départements, arrondissements et communes. Nous avons vu par qui et comment ils étaient déterminés.

5° Travaux administratifs.

4401. — I. *États de sections.* — Muni du tableau indicatif dans lequel toutes les propriétés ont été classées, et du tarif d'évaluation, le directeur procède à la formation des états de sections. Ces états de sections, qui doivent comprendre les propriétés non bâties et le sol des propriétés bâties, contiennent : 1° les noms des propriétaires; 2° les numéros du plan; 3° les cantons ou lieux dits; 4° la nature de la propriété; 5° la contenance de chaque parcelle; 6° l'indication des classes; 7° le revenu de chaque parcelle de propriété. Le directeur copie sur ces états tous les détails compris dans les tableaux indicatifs et n'a plus à remplir sur ceux-ci que la dernière colonne, qui présente le revenu de chaque parcelle. Chaque état de sections se termine par une récapitulation des contenances et des revenus imposables (Règl. 10 oct. 1821, art. 26).

4402. — Les états de sections sont rédigés en simple expédition destinée à la commune. Le tableau indicatif tient lieu de minute et sert de base pour la confection de la matrice cadastrale. S'il manquait de correction et de netteté, le directeur en ferait faire une copie. Il n'est fait qu'une seule expédition du relevé par nature de culture; ce relevé, comme le tableau indicatif, est conservé à la direction (Règl. 15 mars 1827, art. 75 à 77).

4403. — Les états de sections sont rédigés dans l'ordre des sections et des numéros du plan. Le directeur y puise les renseignements nécessaires pour rédiger les matrices cadastrales. Celles-ci réunissent, sous le nom de chaque propriétaire, toutes les propriétés à lui appartenant qui sont disséminées dans les états de sections.

4404. — II. *Rédaction des matrices cadastrales.* — D'après le *Recueil méthodique*, il était prescrit de dresser deux matrices, l'une pour les propriétés non bâties et le sol des propriétés bâties, l'autre pour les propriétés bâties. Cette disposition avait été abrogée par l'art. 27, Règl. 10 oct. 1821, mais la loi du 29 juill. 1881 (art. 2) a décidé que le revenu cadastral afférent aux propriétés bâties, abstraction faite de celui du sol, serait séparé des autres revenus figurant aux matrices cadastrales générales, et inscrit à part dans ces matrices. Si les deux natures de propriétés étaient depuis cette époque séparées dans les matrices, elles étaient réunies dans toutes les autres pièces cadastrales. Depuis la loi du 8 août 1890, la séparation est absolue.

4405. — Les matrices, à l'exception de celles des villes de quelque importance, sont rédigées par ordre alphabétique. Chaque propriétaire y occupe un article séparé et il ne peut y avoir plus d'un article par page, alors même que le propriétaire ne posséderait qu'une seule parcelle (Circ. 10 mars 1823, art. 5 et 6).

4406. — La réunion de toutes les parcelles d'un propriétaire forme un article de la matrice. Il y a autant d'articles de matrice qu'il y a de propriétaires dans la commune, et chaque article de matrice est subdivisé en autant d'articles de classement qu'il y a de parcelles.

4407. — La matrice cadastrale des propriétés non bâties contient ce qui se trouve dans les bulletins remis au directeur par le géomètre en chef, c'est-à-dire, pour chaque propriétaire,

ses noms et demeure, l'indication des sections, le numéro du plan, chaque parcelle de fonds, sa contenance ; le directeur y ajoute, d'après l'état de sections, l'indication des classes dans lesquelles chaque parcelle est distribuée. Il porte ces classes dans la matrice, sous la simple désignation de première, deuxième, troisième, etc., sans faire une ligne particulière pour chaque classe, et met à côté le revenu total de la parcelle qu'il trouve dans les états de sections.

Ainsi, dans la section A du plan, une parcelle de terre de trois arpents a été classée et évaluée, savoir :

1 arpent	1re classe	10 fr.
1 arpent	2e classe	8 fr.
1 arpent	3e classe	6 fr.
3 arpents		24 fr.

Le directeur porte cette parcelle sur la matrice, comme il suit :
Section A, n. 1, terre : 3 arpents, 1re, 2e, 3e cl...... 24 fr.

4408. — Les propriétés appartenant aux communes, les marais et terres vaines et vagues, situés dans l'étendue de leur territoire, qui n'ont aucun propriétaire particulier ou qui ont été légalement abandonnés, les terrains connus sous le nom de biens communaux, sont portés, pour la contenance et le revenu, sous le nom de la commune propriétaire, et la contribution en est acquittée par elle. Les terrains qui ne seraient communs qu'à une portion des habitants d'une commune sont portés sous une indication collective, comme il suit : les habitants propriétaires ; la contribution est acquittée par eux (R. M., art. 817 et 818).

4409. — Pour les pays où le domaine congéable est en usage, on établit sur la matrice cadastrale, par des articles particuliers, les teneurs en domaine congéable, en indiquant, à la suite du nom du propriétaire foncier, celui du tenuyer : celui-ci acquitte la contribution, sauf à retenir au foncier sur la redevance convenancière la portion de cette contribution relative à la redevance (R. M., art. 813).

4410. — S'il y a des consorts au foncier ou tenancier ou à tous deux, il n'est pas nécessaire de les nommer tous ; il suffira d'inscrire : un tel, foncier, et consorts ; un tel, tenuyer, et consorts (art. 814).

4411. — Ces dispositions sont applicables aux tenues des vignes et autres propriétés à devoir, de tiers ou de quart, aux métairies, aux closeries, aux bordages qui se transmettent ordinairement avec les propriétés qui les composent, sous le nom qui leur a été donné de toute ancienneté, sans que leur composition originaire éprouve de changement (art. 815).

4412. — Ils sont également applicables pour les biens qui, sous d'autres dénominations, seraient régis par un principe analogue (art. 816).

4413. — En cas d'usufruit, il y a lieu de porter d'abord le nom du propriétaire, en ajoutant ces mots : représenté par N..., usufruitier (Corse, 5 mai 1829).

4414. — Les propriétaires étant portés dans la matrice cadastrale à raison du revenu qu'ils possèdent au moment de la confection du cadastre, il est juste que ceux à qui la loi a accordé des exemptions ou modérations temporaires de contribution, et qui en jouissent à cette époque, continuent d'en jouir pour le reste du temps fixé par la loi. Le propriétaire qui se trouve dans ce cas en justifie par un certificat du maire, visé par le sous-préfet, attestant qu'il a rempli toutes les formalités prescrites par la loi, et spécifiant la propriété qui jouit de cette exemption ou modération, son objet, son titre, l'année où elle a commencé et celle où elle doit finir. Ce certificat reste attaché à la matrice jusqu'à l'expiration de l'exemption (L. 3 frim. an VII, art. 123 ; R. M., art. 820).

4415. — Quant aux propriétés indivises, d'après une circulaire du 6 août 1832, l'article de chaque propriétaire doit comprendre la totalité des propriétés qu'il possède, soit en entier, soit par indivis. Il n'est pas d'article spécial dans la matrice pour ces sortes de propriétés.

4416. — La matrice porte en tête un tableau des contenances et des revenus pour toute la commune (Règl. 10 oct. 1821, art. 27), et se termine par une récapitulation des contenances et des revenus, dont le résultat doit être même que celui du tableau placé en tête. Les totaux généraux de cette récapitulation présentent, d'une manière immuable, la contenance du territoire de la commune et de son revenu imposable ou son allivrement (R. M., art. 810).

4417. — A la fin de la matrice, on place une table, par ordre alphabétique, des noms des propriétaires compris dans la matrice cadastrale. La première colonne contient les nom, prénoms et profession de chaque propriétaire ; la seconde, l'article et le volume de la matrice cadastrale. Cette table est nécessaire pour retrouver en tout temps sous quel article et dans quel volume de matrice un propriétaire est porté (R. M., art. 824 et 825).

4418. — La matrice cadastrale est certifiée par le directeur, vérifiée et arrêtée par le préfet (R. M., art. 811 ; Règl. 10 oct. 1821, art. 27).

4419. — La matrice cadastrale est faite en double expédition : l'une est envoyée à la commune en même temps que les plans, les états de sections et le premier rôle cadastral ; l'autre reste à la direction (R. M., art. 812 ; Règl. 10 oct. 1821, art. 29).

4420. — Une fois la matrice cadastrale rédigée, le directeur adresse à la commune une copie des états de sections, de la matrice cadastrale, en même temps qu'il y envoie le premier rôle cadastral arrêté et rendu exécutoire par le préfet (Règl. 10 oct. 1821, art. 29).

4421. — Il se faisait jusqu'alors deux communications aux propriétaires du travail d'expertise. Chaque propriétaire recevait d'abord un bulletin de classement de chaque article de ses propriétés et le tarif de ces évaluations, puis plus tard l'avertissement. Mais il a été reconnu que cette simple communication du classement n'éclairait qu'imparfaitement les propriétaires, et ce n'est qu'au moment où ils ont leur revenu et leur cote sous les yeux, qu'ils sont réellement à portée de juger s'ils sont ou non surtaxés. Il n'y a plus qu'une seule communication, qui est faite au moment de l'envoi du rôle. Le directeur joint à l'avertissement ordinaire, qui doit être adressé à chaque contribuable, une lettre particulière pour lui donner avis de la remise des états de sections et matrices à la mairie, ainsi que du délai accordé pour les réclamations contre le classement des fonds (Règl. 10 oct. 1821, art. 29).

4422. — Les propriétaires qui désirent joindre aux copies de plans qu'ils sont autorisés à demander les extraits des états de sections doivent s'adresser au directeur. Ces extraits sont payés par les propriétaires qui les demandent, suivant un tarif fixé par une décision ministérielle du 9 mars 1818. Ils doivent être signés par le directeur (R. M., art. 839 à 841).

6° Comptabilité cadastrale.

4423. — I. *Rémunération des agents.* — Le personnel employé aux diverses opérations d'art est rémunéré à raison du nombre et de la difficulté des travaux exécutés ; le géomètre en chef en est responsable et c'est lui qui établit le compte du prix de revient. Il dresse un tarif de la rétribution afférente à chaque partie du travail, et les géomètres de toutes classes sont payés conformément à ce tarif de subdivision, que le préfet approuve sur la présentation du directeur ; une copie en est adressée au directeur général (Règl. 15 mars 1827, art. 6).

4424. — Le tarif est dressé de manière qu'il puisse servir à régler les intérêts des géomètres, en cas de décès, d'absence, etc. Les principaux articles qui doivent y être relatés sont : 1° délimitation ; 2° triangulation ; 3° reconnaissance des propriétaires, levé et rapport du plan, confection du cahier des calculs par masses ; 4° rédaction des tableaux indicatifs et de la liste alphabétique ; 5° communication des bulletins et rectification ; 6° direction, surveillance des géomètres de première classe (Circ. 20 mai 1827, art. 6).

4425. — La rétribution du géomètre en chef est fixée par hectare et parcelle, d'après le tarif du 11 déc. 1821, dressé par le préfet et approuvé par le ministre et modifié depuis par le département. Quant à l'indemnité des géomètres, elle est fixée pour chaque canton par un arrêté du préfet dont copie est renvoyée au ministre. Cet arrêté règle la division de l'indemnité entre le délimitateur, le triangulateur et les géomètres de première classe ; chacun d'eux est payé directement par un mandat délivré en son nom par le préfet et présenté par le directeur (R. M., art. 54, 984 ; Arr. 25 mai 1823, art. 8 ; Règl. 15 mars 1827, art. 6).

4426. — L'indemnité est la même pour toutes les communes du département (R. M., art. 54 ; Ord. 3 oct. 1821, art. 13). Cependant il peut être accordé un supplément pour les villes d'une grande importance et pour celles qui n'ont pas de banlieue, avec le consentement du conseil général et l'approbation du ministère.

4427. — Les grandes parcelles, qui ne sont susceptibles de recevoir que le minimum de l'évaluation fixée par la loi du 3

frim. an VII, ne donnent lieu à aucune indemnité lorsque leur contenance excède, pour les masses situées sur les limites des communes, 100 hectares; pour celles situées dans l'intérieur du territoire, 150 hectares (Circ. 24 juin 1828).

4428. — Il n'est fait aucune diminution de prix, par hectare, pour les chemins, rues, rivières, ruisseaux, et autres objets non imposables, sauf le cas où, en raison de leur contenance, ces objets rentreraient dans le cas précédent. — Béquet, *Rép. de dr. adm.*, v° *Cadastre*, n. 237.

4429. — Les états à produire à l'appui des demandes de paiement, concernant les agents chargés des travaux d'art, sont rédigés par le géomètre en chef et certifiés par le directeur, qui atteste que toutes les conditions exigées ont été remplies.

4430. — Les frais d'impression et de rédaction de ces états sont à la charge du géomètre en chef. Il est tenu d'avoir un registre, sur lequel il inscrit, par commune, les différentes propositions de paiement des indemnités acquises au délimitateur, au triangulateur, aux géomètres de première classe et à lui-même. Ces indemnités ne sont soldées que par acomptes successifs, au fur et à mesure de l'avancement des travaux, de leur vérification et de leur approbation définitive.

4431. — En ce qui touche l'expertise cadastrale, les indemnités des agents de la direction des contributions directes sont réglées par le préfet, sur l'avis du directeur, sauf approbation du ministre (Ord. 3 oct. 1821, art. 14; R. M., art. 54).

4432. — L'indemnité du contrôleur est de 20 fr. par commune, 4 cent. par hectare et 3 cent. par parcelle (R. M., art. 965).

4433. — Il n'est dû aucune indemnité par hectare pour les objets non imposables (R. M., art. 966), sauf pour les bois de l'Etat.

4434. — L'indemnité de l'expert, quand il est adjoint aux classificateurs, est payée à raison du nombre de journées employées à l'expertise. Le préfet, sur le rapport du directeur, règle le taux du prix par jour. Le nombre des journées que l'expert a employées dans la commune est constaté par un état que dresse le contrôleur; cet état est signé par le contrôleur et l'expert, et certifié exact par le maire (R. M., art. 957 et 958).

4435. — L'indemnité de l'inspecteur est de 20 fr. par commune et de 2 cent. par hectare (R. M., art. 972).

4436. — Si, pendant le cours des opérations, il est appelé dans un autre département, le directeur partage l'indemnité entre les deux inspecteurs d'après l'ensemble du travail et en raison de la part que chaque inspecteur y a prise et du temps qu'il y a employé (Règl. 15 mars 1827, art. 105).

4437. — L'indemnité du directeur est fixée, dans la généralité des départements, à 12 cent. par parcelle, y compris celles des bois de l'Etat (R. M., art. 975).

4438. — Elle est de 5 cent. pour les divisions de parcelles possédées par indivis, auxquelles il n'est donné sur le plan qu'un seul numéro. Elle est réglée sur le nombre des parcelles imposables du plan plus que sur celui des propriétés bâties également imposables (R. M., art. 976).

4439. — II. *Recettes du budget cadastral.* — De 1808 à 1821, le service du cadastre a été assuré, tantôt au moyen de centimes généraux additionnels à la contribution foncière, tantôt par un crédit imputé sur le budget de l'Etat. La loi du 31 juill. 1821 (art. 20) ayant circonscrit les opérations cadastrales dans chaque département, les conseils généraux furent autorisés à voter pour cet objet des centimes additionnels à la contribution foncière, dont le maximum, fixé d'abord à 3, fut porté à 5 par l'art. 4, L. 2 août 1829. L'art. 21, L. 31 juill. 1821, ouvrait en outre un crédit annuel au budget de l'Etat, pour permettre de subventionner les départements. Enfin, les communes et les particuliers qui demandaient la confection du cadastre par anticipation étaient tenus de faire l'avance des fonds (Ord. 3 oct. 1821, art. 2; Circ. 11 févr. 1822). Dans les départements où le cadastre est terminé, il ne peut être renouvelé qu'aux frais des communes (L. 7 août 1850, art. 7). Telles sont les recettes du budget cadastral.

4440. — Dans les départements dont le cadastre n'est pas terminé (il ne reste dans ce cas que la Corse, la Savoie et la Haute-Savoie), le conseil général fixe annuellement le nombre des centimes spéciaux, lors du vote du budget départemental, auquel les recettes et les dépenses cadastrales sont rattachées. Le préfet met sous les yeux du conseil général l'état des communes dont les opérations peuvent être entreprises et celui des dépenses qu'elles exigeront (Ord. 3 oct. 1821, art. 15).

4441. — Les délibérations des conseils généraux relatives au cadastre sont transmises par le préfet au ministre des Finances, qui détermine le montant de la subvention à allouer à chaque département (Ord. 3 oct. 1821, art. 16). Un crédit est ouvert chaque année au budget du ministère des Finances pour fixer le montant total de ces subventions.

4442. — Un décret règle définitivement les budgets départementaux (L. 10 août 1871, art. 57). Des extraits de ce décret sont envoyés aux préfets et aux directeurs.

4443. — En ce qui concerne les renouvellements de cadastre, le conseil municipal doit tout d'abord voter le montant de la dépense. Lorsque les autres conditions déterminées par l'art. 7, L. 7 août 1850, ont été remplies, le receveur municipal verse, à la caisse du receveur des finances, une somme qui, en général, ne doit pas être inférieure à la moitié des frais de renouvellement. Les opérations peuvent être entreprises aussitôt après ce premier versement. Le directeur provoque les versements complémentaires au fur et à mesure des besoins. Il lui appartient aussi d'adresser à l'administration centrale un duplicata du récépissé de chaque somme versée, afin qu'elle puisse être rattachée au budget du ministère des Finances.

4444. — Les sommes provenant des versements effectués par les communes ou par les particuliers étaient, jusqu'à la loi du 18 juill. 1892, rattachées au budget aux ressources spéciales, dans lequel figurait déjà le produit des centimes départementaux. Ces ressources, de même que le montant de la subvention allouée à certains départements sur le crédit inscrit pour le cadastre au budget ordinaire, étaient mises à la disposition du préfet au moyen d'ordonnances de délégation, de l'émission desquelles le directeur était avisé. La loi du 18 juill. 1892, en supprimant le budget des ressources spéciales, a modifié les règles du budget cadastral. « Le cadastre, disait l'Exposé des motifs, est une œuvre d'Etat, puisqu'il sert de base à l'assiette de l'impôt foncier, et il appartient dès lors au gouvernement d'en assurer la régularité, ce qu'il ne peut faire qu'en conservant le contrôle direct des fonds affectés à sa confection. En conséquence, les centimes départementaux imposés pour le service du cadastre, afin de subvenir, concurremment avec les subventions de l'Etat, aux frais des opérations cadastrales, seront soumis au régime des fonds de concours. On suivra, à l'égard des départements, la marche déjà suivie à l'égard des communes qui font procéder au renouvellement de leur cadastre : le produit des centimes départementaux affectés aux dépenses cadastrales sera versé dans des caisses du Trésor et rattaché au budget au compte de fonds de concours conformément à l'art. 52, Décr. 31 mai 1862. L'emploi de ces fonds aura lieu sous l'autorité du ministre des Finances qui en restera l'ordonnateur principal (L. 18 juill. 1892, art. 21; Décr. 12 juill. 1893; Instr. compt. dép.)

4445. — Le préfet devra mandater les sommes votées par le conseil général au profit du Trésor, qui en encaissera le montant au compte fonds de concours pour dépenses publiques.

4446. — III. *Acquittement des dépenses du cadastre.* — Toutes les dépenses du cadastre sont acquittées sur des mandats du préfet, délivrés en vertu des délégations du ministre des Finances et sur le rapport du directeur des contributions directes (Arr. 25 mai 1823; Règl. 10 oct. 1821, art. 17 et 34).

4447. — A l'appui de chaque proposition de paiement, le directeur produit un état indiquant les noms, qualités et demeures des ayants-droit, les noms des communes auxquelles se rapportent les travaux effectués, les baux, le taux et le montant des indemnités, les sommes acquises, celles déjà payées et celles restant à payer (Arr. 25 mai 1823, art. 9).

4448. — S'il est reconnu que le montant total des mandats touchés par un agent pour une commune dépasse le produit des indemnités auxquelles il avait droit, les sommes payées en trop doivent être déduites des indemnités restant à mandater, pour la même commune, au nom du géomètre en chef ou du directeur (Circ. 24 déc. 1829).

4449. — S'il est impossible de procéder par voie de compensation, le directeur provoque le reversement de la somme payée en trop (Règl. 26 déc. 1866, art. 141). Il adresse à l'administration centrale un récépissé de la somme ainsi restituée, pour qu'elle soit déduite du montant des paiements effectués.

4450. — Les remboursements des sommes avancées pour le

cadastre par anticipation se font au moyen de mandats délivrés au nom de qui de droit (Instr. 30 mai 1823).

4451. — Les ordonnances de délégation relatives au cadastre ne sont valables que jusqu'au 31 mars de la seconde année de l'exercice et les paiements imputables sur les crédits délégués aux préfets par ces ordonnances ne peuvent être effectués que jusqu'au 30 avril suivant (Décr. 18 déc. 1867).

4452. — Les mandats non acquittés à cette date doivent être considérés comme nuls. Les sommes non payées peuvent être mandatées à nouveau sur les crédits de l'exercice courant (R. M., 26 déc. 1866, art. 190).

4453. — Les créances relatives au cadastre ne sont pas assujetties à la déchéance quinquennale (Même article).

4454. — Après le 30 avril de chaque année, l'administration centrale fait établir par le préfet, ainsi que par le directeur, un tableau présentant le montant définitif des ressources de l'exercice qui vient d'expirer, le détail des ordonnances de délégation délivrées et le total des dépenses. Pour établir cette dernière indication, le directeur, après avoir établi le total des sommes mandatées, rapproche ses écritures de celle du trésorier-payeur général. Il constate le montant des mandats non payés, dont il inscrit le détail au verso de l'état de situation, et le retranche des sommes mandatées. Il indique aussi sur cet état les sommes reversées pour cause de trop payé, lesquelles doivent venir en déduction des paiements effectués; il détermine enfin le montant net des dépenses. En retranchant ce chiffre du total des ressources, on obtient le montant des fonds disponibles à la clôture de l'exercice. Ces fonds restent affectés au service du cadastre; ils sont mis de nouveau par le ministre à la disposition du préfet au moyen d'ordonnances de délégation sur l'exercice courant. Le report est ultérieurement régularisé par la loi de règlement du compte général des dépenses de l'exercice expiré (Décr. 31 mai 1862, art. 120 et 121).

4455. — Dans les départements où le conseil général vote des centimes additionnels spéciaux pour le cadastre, le compte de ce service pour l'exercice est rattaché au compte des recettes et des dépenses départementales; il est soumis par le préfet au conseil général (L. 31 juill. 1821, art. 22) dans la deuxième session ordinaire de cette assemblée. Il est ensuite définitivement réglé par décret (L. 10 août 1871, art. 66). Ce n'est qu'après l'accomplissement de ces formalités que le reliquat est réordonnancé sur l'exercice courant

4456. — Indépendamment du budget sommaire dressé pour l'exercice, le directeur établit, pour l'année, un budget détaillé destiné à régler l'ordre des travaux et à déterminer, aussi approximativement que possible, le montant des dépenses pour chaque commune et pour chaque canton (Circ. 17 déc. 1836). Il prépare cet état au mois de décembre et le complète après avoir terminé le compte détaillé des ressources et des dépenses du cadastre pour l'année écoulée.

4457. — Dans les départements où le cadastre n'est pas terminé, les ressources à comprendre dans le budget se composent : 1° de tous les fonds disponibles au 31 décembre, d'après le compte de l'année écoulée, quels que soient les exercices et l'origine dont ils proviennent; 2° du produit des centimes spéciaux; 3° de la subvention allouée au département sur les fonds de l'État (Circ. 24 déc. 1829). Le directeur calcule le montant de ces diverses ressources et règle leur total sur les dépenses à effectuer dans l'année (Circ. 28 déc. 1833).

4458. — Le budget doit comprendre d'abord les cantons où il reste quelques travaux à faire ou quelques soldes à payer; le directeur y porte ensuite ceux où l'arpentage est en cours d'exécution; il termine, s'il y a lieu, par les cantons où les travaux doivent être entrepris dans l'année. L'ordre des cantons est réglé par le conseil général et, à défaut, par le préfet (Circ. 21 déc. 1835). Pour éclairer leur choix, le directeur dresse un tableau présentant, par arrondissement, l'état d'avancement des opérations (Circ. 24 déc. 1827).

4459. — Chaque canton est inscrit sur une page distincte du budget. Toutes les communes du canton doivent y être portées, lors même que quelques-unes d'entre elles, les opérations d'arpentage ne devraient pas être entreprises, ou qu'au contraire, les cantons seraient entièrement soldées. Le budget présente, par commune et par agent, les bases des indemnités, leur montant, les sommes déjà payées, d'après le compte de l'année précédente, et enfin, la quotité et le montant des indemnités à payer dans l'année. On totalise par canton et on récapitule. Les bases des

indemnités doivent être déterminées d'après les indications les plus récentes (Circ. 26 déc. 1836).

4460. — On doit mentionner pour mémoire, dans le tableau relatif à la délimitation, tous les cantons où cette opération est terminée et où l'arpentage ne doit pas encore être entrepris (Circ. 5 janv. 1833).

4461. — Les dépenses extraordinaires sont inscrites à la suite de la récapitulation générale; elles doivent être détaillées, article par article, avec la mention des décisions qui les autorisent (Circ. 26 déc. 1836). Le budget se termine par la balance des ressources et des dépenses prévues pour l'année.

4462. — Dans les départements où il est seulement procédé à des renouvellements de cadastre, le directeur commence par établir, d'après la marche des travaux, le tableau détaillé des dépenses à effectuer dans l'année. Il compare ensuite pour chaque commune, le montant de la dépense prévue avec la somme restant disponible sur les fonds de l'année précédente et il détermine ainsi le chiffre des versements à provoquer pour l'année. Pour les communes qui figurent pour la première fois au budget, le premier versement ne doit pas être inférieur à la moitié des frais de renouvellement. Puis il récapitule les ressources, et établit la balance.

4463. — Le directeur rédige le budget et l'adresse au préfet assez tôt pour que ce magistrat puisse l'arrêter et en transmettre une expédition à l'administration centrale pour approbation, avant le 16 janvier.

4464. — Dans le cas où des travaux, dont la dépense n'a pas été prévue au budget primitif, devraient être entrepris avant la fin de l'année, il serait établi un budget supplémentaire.

4465. — Le directeur tient un registre d'ordre des recettes et des dépenses du cadastre (Instr. 30 mai 1823), et tous les trois mois adresse à l'administration un état de situation des travaux et des dépenses (Circ. 11 juin 1827).

4466. — Enfin il dresse un compte d'année présentant, sans distinction d'exercices, le détail des recettes afférent à l'année écoulée et celui des paiements effectués du 1er janv. au 31 déc. (Circ. 17 déc. 1836).

7° De la fixité des évaluations cadastrales.

4467. — Lorsque le cadastre d'une commune est achevé, les propriétés non bâties conservent l'allivrement qui leur a été attribué jusqu'à la réfection du cadastre. Le principe de la fixité des évaluations cadastrales a toujours été considéré comme fondamental pour la contribution foncière. Dans les premières années du fonctionnement de cette imposition, on taxait les propriétaires chaque année, d'après les revenus qu'ils étaient présumés retirer de leurs terres pour l'année. Les répartiteurs diminuaient ou élevaient la cote des contribuables suivant que leurs récoltes avaient été mauvaises. Ces fluctuations de l'impôt furent signalées comme étant de nature à décourager les efforts des agriculteurs intelligents et à les faire renoncer à améliorer leurs terres s'ils devaient voir leurs impôts augmenter en proportion de leurs revenus. Déjà les lois des 23 nov.-1er déc. 1790 et du 3 frim. an VII, en édictant de nombreuses exemptions ou modérations temporaires d'impôt, avaient cherché à encourager les progrès de l'agriculture.

4468. — Les assemblées de la Révolution ont édicté d'autres dispositions tendant à assurer la fixité des évaluations pendant un temps plus ou moins long. En 1791, l'Assemblée constituante décida que lorsque, sur une demande en réduction formée par une contribuable, la modération de son revenu avait été fixée par une expertise, sa cotisation ne pouvait plus être changée pendant dix ans. À l'égard des communes dont le revenu avait été déterminé par le levé du plan et l'expertise, l'évaluation de leur revenu était fixée pour quinze ans. La loi du 2 mess. an VII a porté ces périodes de fixité à vingt ans pour les particuliers, à vingt-cinq pour les communes. Le législateur de 1807 fit plus. Il voulut fixer définitivement les revenus territoriaux au moyen du cadastre parcellaire.

4469. — Le texte de l'art. 37, L. 15 sept. 1807, n'est peut-être pas d'une netteté parfaite. Mais la doctrine et la jurisprudence ont été d'accord pour en tirer le principe de la fixité des évaluations cadastrales des propriétés non bâties. En dehors de certains cas que nous examinerons plus loin, toute réclamation pour cause de surtaxe est interdite aux propriétaires de fonds de terre. L'art. 38 faisait un traitement différent aux proprié-

taires d'immeubles bâtis. Nous trouvons d'ailleurs dans deux articles du *Recueil méthodique* la preuve que telle était bien l'intention du législateur. L'art. 409 est ainsi conçu : « les exemptions accordées par la loi du 3 frim. an VII pour les desséchements et défrichements et pour les plantations de bois et de vignes, qui auront lieu après la confection du cadastre de la commune, n'ont plus besoin d'être spécifiées, puisque ces terrains conserveront l'allivrement fixe qu'ils avaient avant cette amélioration, laquelle ne donnera lieu à aucune augmentation d'imposition jusqu'au renouvellement du cadastre. »

4470. — Et l'art. 606 : « les experts ne peuvent ajouter aux tableaux des expertises aucune colonne destinée à offrir l'indication des améliorations possibles. L'intention du gouvernement est de chercher, par la fixité de l'impôt, à ôter à l'agriculteur la crainte d'augmenter son imposition en améliorant ses terres. Il importe que les experts dissipent à cet égard les craintes des cultivateurs, et qu'ils fassent connaître que l'un des principaux avantages du cadastre est de fixer l'allivrement de chaque propriété, c'est-à-dire son revenu net imposable, de manière qu'il ne puisse augmenter, quand même le revenu foncier augmenterait par l'industrie du cultivateur. »

4471. — Ainsi, une fois que le délai des réclamations ouvert contre les évaluations cadastrales est expiré, et sauf les cas exceptionnels prévus par la loi du 15 sept. 1807, l'ordonnance du 3 oct. 1821 et le règlement du 10 octobre suivant, c'est seulement par une réfection complète du cadastre dans la commune que le revenu cadastral de chaque parcelle pourra être modifié. Supposons, par exemple, un terrain non bâti au moment du cadastre et évalué comme terre vaine et vague. Le propriétaire y construit une maison. Sans le principe de fixité des évaluations, le sol sur lequel est élevée cette construction devrait passer dans la classe des meilleures terres labourables de la commune. Au contraire, il conserve son évaluation et son classement primitif jusqu'à la réfection du cadastre. Il en est de même des terrains non cultivés qui viennent à être employés à un usage commercial ou industriel (L. 29 déc. 1884, art. 1). — Cons. d'Et., 9 janv. 1880, Bâcle, [Leb. chr., p. 7]

4472. — Inversement, si une construction existant au moment de la confection du cadastre vient à être démolie, le propriétaire pourra obtenir décharge de la contribution afférente à l'élévation disparue, mais il ne pourra demander que le revenu attribué au sol et évalué sur le taux des meilleures terres labourables soit réduit et ramené à sa valeur réelle.

4473. — Les terrains qui sont occupés par des canaux ou des chemins de fer et par leurs dépendances doivent, après la construction du chemin de fer ou du canal, conserver leur évaluation primitive. Si cette évaluation est inférieure à celle des meilleures terres labourables, la compagnie en profite; si elle est supérieure, elle en pâtit. Mais elle a à sa disposition, en vertu de la loi du 5 flor. an XI, la faculté de faire procéder à une révision du cadastre sur toute l'étendue de la ligne du chemin de fer. Elle ne peut toutefois réclamer une révision partielle pour quelques parcelles. — Cons. d'Et., 3 févr. 1853, Cⁱᵉ du chemin de fer d'Amiens à Boulogne, [P. adm. chr.]

4474. — La loi du 3 frim. an VII a, par un certain nombre de dispositions, garanti les cultivateurs qui amélioraient leurs terres contre une augmentation d'impôt pendant une période déterminée. Grâce au principe de la fixité des évaluations cadastrales, ces exemptions se trouvent prolongées jusqu'à la réfection du cadastre dans la commune.

4475. — Il a été jugé que, si, d'après la loi du 15 sept. 1807 et l'ordonnance du 3 oct. 1821, les particuliers pouvaient demander déclassement de leurs propriétés lorsque celles-ci avaient subi une détérioration qui en réduisait le revenu d'une manière permanente, aucune disposition législative ou réglementaire n'autorisait les répartiteurs à rehausser le revenu imposable des propriétés qui auraient été améliorées par un événement extraordinaire et indépendant de la volonté des propriétaires, tant qu'il n'était pas procédé à une révision des opérations cadastrales de toute la commune. — Cons. d'Et., 27 avr. 1847, Andras de Béost, [S. 47.2.488, P. adm. chr.]; — 13 janv. 1888, Cestrières, [D. 89.5.136]; — 20 juill. 1888, Roche, [S. 90.3.50, P. adm. chr., D. 89.3.100]

8° *Réclamations cadastrales.*

4476. — I. *Généralités.* — Nous avons dit que les opérations cadastrales présentaient à certains moments le caractère contra-

dictoire. La communication des bulletins du cadastre permet aux propriétaires de vérifier si toutes les parcelles qui leur appartiennent leur sont attribuées ; s'il ne leur en est pas attribué qui appartiendraient à d'autres contribuables ; si les contenances de ces parcelles sont exactes. Les propriétaires peuvent faire des observations sur les bulletins, et le géomètre est tenu de faire les vérifications qu'ils demandent, et de procéder à un réarpentage si les propriétaires le réclament. Ceux-ci ont pendant l'expertise une autre garantie : ils peuvent, par eux-mêmes ou par leurs fermiers ou régisseurs, assister au classement et présenter leurs observations. Lorsque le tarif des évaluations a été arrêté par le conseil municipal, les propriétaires sont invités à en prendre connaissance au secrétariat de la mairie, où il demeure déposé pendant quinze jours. Ils peuvent présenter des observations sur lesquelles le conseil municipal est tenu de délibérer, en présence d'un agent de l'administration.

4477. — Enfin, lorsque les états de sections et les matrices cadastrales sont rédigés, le directeur les envoie au maire avec le premier rôle. A chaque avertissement est joint une lettre qui avertit le contribuable du dépôt à la mairie des pièces cadastrales et du délai qui lui est accordé pour réclamer. Nous allons examiner, en reprenant les diverses périodes de la confection, à quelles réclamations ces opérations peuvent donner lieu.

4478. — Tant que les opérations cadastrales ne sont pas closes par l'approbation du tarif des évaluations, c'est devant le préfet et en appel devant le ministre des Finances que les contribuables doivent porter toutes les réclamations auxquelles ces opérations peuvent donner lieu. — Cons. d'Et., 8 nov. 1829, Commune de Moutiers, [P. adm. chr.]; — 18 déc. 1867, Chabert, [S. 68.2.293, P. adm. chr.]

4479. — Quand le cadastre est devenu définitif, c'est au conseil de préfecture que ces réclamations doivent être adressées. — Cons. d'Et., 29 août 1821, de Boubers, [P. adm. chr.] — Cormenin, *Questions*, t. 2, p. 261.

4480. — Tant que le cadastre n'est pas achevé, tous les intéressés, y compris les communes, le maire et les classificateurs, peuvent réclamer contre les erreurs commises au cours des opérations. Mais après qu'il est devenu définitif, le maire, les classificateurs, les communes ne peuvent plus faire réformer ces erreurs. Ils ne sont pas recevables à réclamer devant le conseil de préfecture comme les particuliers. — Cons. d'Et., 18 août 1842, Rondel, [S. 42.2.549, P. adm. chr.]; — 24 juill. 1862, Commune de Beaubray, [P. adm. chr.]

4481. — Les opérations cadastrales ne peuvent faire l'objet d'un recours direct devant la juridiction contentieuse. C'est seulement par voie de demande en décharge ou réduction des contributions établies en vertu desdites opérations, que les contribuables sont recevables à faire valoir toutes les irrégularités qui ont pu se produire. C'est une application de la jurisprudence sur le recours parallèle. — Cons. d'Et., 19 mars 1880, Jablin, [Leb. chr., p. 312]

4482. — Les réclamations auxquelles donne lieu le cadastre d'une commune doivent être personnelles et individuelles. Elles doivent avoir un caractère de spécialité. Il n'appartient pas à un contribuable de demander par la voie contentieuse la révision de l'ensemble des opérations cadastrales de la commune ni la refonte du rôle. — Cons. d'Et., 5 mai 1831, Dupasquier, [P. adm. chr.]; — 15 mars 1838, Lebeschu, [P. adm. chr.]; — 7 févr. 1848, Marouat, [P. adm. chr.]; — 15 mai 1848, Gelquin, [S. 48.2.571, P. adm. chr.]; — 28 mai 1852, Bureau, [S. 52.2.538, P. adm. chr.] — Ces sortes de demandes doivent être adressées au préfet, qui y donnera la suite qu'elles comportent. — Cons. d'Et., 6 janv. 1838, Garnier, [P. adm. chr., D. 58.3.44]

4483. — De ce que chaque contribuable ne peut critiquer les opérations cadastrales qu'en ce qui le touche personnellement, il résulte qu'il ne peut demander au conseil de préfecture de rehausser le classement des propriétés d'un autre contribuable. La réclamation ne peut tendre qu'à obtenir pour son auteur un dégrèvement et non à aggraver l'impôt d'autrui. — Cons. d'Et., 14 févr. 1839, de Mélignan, [P. adm. chr.]

4484. — Tout contribuable de la commune peut attaquer les opérations cadastrales en tant qu'elles l'atteignent directement. On ne saurait opposer à un réclamant une fin de non-recevoir tirée de ce qu'il aurait pris part aux évaluations cadastrales comme classificateur. — Cons. d'Et., 8 août 1834, Bordet-Giey, [P. adm. chr.]

4485. — II. *Réclamations contre les travaux d'art.* — La déli-

mitation des communes est, en principe, une opération purement administrative qui échappe à tout recours contentieux. Par exemple, un propriétaire dont le domaine se trouverait coupé en deux par les opérations de délimitation d'une commune ne serait pas recevable à se plaindre de ce morcellement devant la juridiction administrative. — Cons. d'Et., 30 juill. 1831, Joly de Bévy, [P. adm. chr.]

4486. — Les arrêtés par lesquels les préfets fixent les limites d'une commune ne sont pas susceptibles de recours par la voie contentieuse, parce qu'ils ne portent aucune atteinte aux droits de propriété que les communes ou les particuliers peuvent prétendre sur les parcelles qui sont comprises dans les limites d'une commune voisine. — Cons. d'Et., 27 févr. 1836, Commune de Gajan, [P. adm. chr.]; — 18 nov. 1838, Commune de Ploumilliau, [S. 39.2.547, P. adm. chr.]; — 4 sept. 1840, Commune de Fons, [P. adm. chr.]

4487. — Quand une contestation s'élève entre deux communes sur les limites de leurs territoires, c'est au préfet qu'il appartient de trancher cette contestation, si les deux communes font partie du même département, et au gouvernement, si elles sont situées dans deux départements différents (Ord. 3 oct. 1821, art. 3; Régl. 10 oct. 1821, art. 8).

4488. — Les arrêtés par lesquels les préfets statuent sur ces différends ne peuvent être attaqués devant la juridiction administrative; ils doivent être portés devant le supérieur hiérarchique, c'est-à-dire devant le ministre de l'Intérieur et non devant le ministre des Finances. — Cons. d'Et., 19 déc. 1834, Demangeat, [P. adm. chr.]; — 4 sept. 1840, précité; — 2 févr. 1877, Commune de Sotteville, [S. 79.2.32, P. adm. chr., D. 77.3.44] — En effet, dans cette phase des travaux de confection du cadastre, les opérations intéressent directement la constitution matérielle des communes. C'est donc à l'autorité du ministre de l'Intérieur que relèvent ces opérations. D'ailleurs le règlement du 10 oct. 1821 (art. 8) décide, à propos des enclaves, que les avis des conseils municipaux, des sous-préfets et préfets sont envoyés au ministre de l'Intérieur. « Considérant, est-il dit dans la dernière de ces décisions, que les questions relatives à la délimitation administrative des communes rentrent, par leur nature, dans les attributions du ministre de l'Intérieur chargé de l'administration départementale et communale; qu'il n'a pas été apporté de dérogation à cette règle pour le cas où ces questions naissent à l'occasion d'opérations cadastrales, ce qui résulte notamment de l'art. 8, Régl. 10 oct. 1821, pour l'exécution de l'ordonnance du 3 du même mois, qui charge le ministre de l'Intérieur de l'instruction des affaires dans les cas où la délimitation doit être fixée par une décision du chef de l'Etat... »

4489. — Il a été jugé, en conséquence, qu'un contribuable n'est pas recevable à demander à la juridiction administrative d'ordonner une révision de la délimitation, quelque intérêt qu'il puisse avoir à ce que ses propriétés se trouvent dans une commune plutôt que dans une autre. — Cons. d'Et., 18 août 1864, Tomasini, [Leb. chr., p. 798] — C'est à l'autorité administrative active qu'il devra adresser sa demande.

4490. — Si, lors de la confection du plan cadastral d'une commune, des parcelles qui faisaient partie de son territoire ont été omises et comprises ensuite par erreur dans les limites d'une commune voisine, elles ne peuvent être cotisées dans la première de ces communes tant qu'il n'aura pas été procédé à une révision régulière de la délimitation. Si donc les deux communes appartiennent à des départements différents, un procès-verbal dressé par le géomètre en chef, de l'avis des maires des deux communes, et approuvé par le préfet du département auquel appartient la commune dont le territoire avait été diminué, serait insuffisant pour réparer l'erreur commise. — Cons. d'Et., 18 juill. 1838, Bayard-Poizeaux, [Leb. chr., p. 140]

4491. — Il peut arriver que des erreurs se produisent dans les opérations cadastrales, que des parcelles se trouvent imposées dans deux communes. Comment cette irrégularité peut-elle être réparée? D'abord le préfet peut, d'office sur la réclamation d'une des communes ou du propriétaire intéressé, décider au territoire de quelle commune le terrain appartient. En agissant ainsi, le préfet use des droits qu'il tient de l'ordonnance du 3 oct. 1821, et sa décision ne relève que de son supérieur hiérarchique, le ministre de l'Intérieur, qui peut l'annuler d'office ou sur la réclamation des intéressés. — Cons. d'Et., 2 févr. 1877, précité.

4492. — D'autre part, le propriétaire imposé par double emploi dans les deux communes peut s'adresser directement au conseil de préfecture par voie de demande en décharge. En ce cas, la juridiction administrative peut-elle statuer immédiatement ou bien est-elle tenue de renvoyer à l'autorité administrative la question préjudicielle de savoir à quelle commune appartient le terrain litigieux? A cet égard, la jurisprudence du Conseil d'Etat a varié. Par une décision du 30 juin 1843, Deschamps, [P. adm. chr.], le Conseil accorde décharge provisoire de la taxe imposée au requérant dans l'une des communes, jusqu'à ce qu'il ait été procédé à une délimitation régulière de ces communes.

4493. — A plusieurs reprises, le Conseil a accordé décharge immédiate de la taxe imposée dans l'une des communes, en appréciant les pièces jointes au dossier, se reconnaissant ainsi compétent pour déterminer la limite contestée, sans être tenu de renvoyer cette question à l'autorité administrative active. — Cons. d'Et., 14 déc. 1859, de Marcieu, [Leb. chr., p. 726]; — 21 déc. 1859, Mehaye, [Leb. chr., p. 753]; — 16 juill. 1886, Varnier, [S. 88.3.25, P. adm. chr.]; — 3 mai 1890, Rougevin, [Leb. chr., p. 449]

4494. — La question de savoir qui, du Conseil d'Etat statuant au contentieux ou du pouvoir exécutif statuant par voie de décret, était compétent pour interpréter les actes de délimitation des circonscriptions administratives, s'est posée nettement en 1883 devant le Conseil d'Etat. La duchesse de Galliéra avant fait élever un orphelinat sur les limites des communes de Clamart et de Meudon, on s'aperçut que certaines parcelles se trouvaient comprises dans les limites des deux communes, qui réclamaient l'une et l'autre des droits d'octroi à l'entrepreneur. Celui-ci s'adressa au juge de paix qui sursit à statuer jusqu'à ce que l'autorité administrative eût décidé à laquelle des deux communes le terrain litigieux appartenait. Le commissaire du gouvernement, M. le Vavasseur de Précourt, avait conclu à l'incompétence du Conseil d'Etat en soutenant que, par application des dispositions combinées de la loi des 12-20 août 1790 et de l'ordonnance du 3 oct. 1821, c'était par un décret qu'il devait être statué sur la contestation pendante entre les deux communes. Contrairement à ces conclusions, le Conseil d'Etat a donné l'interprétation demandée, se reconnaissant ainsi compétent pour interpréter les procès-verbaux de délimitation. — Cons. d'Et., 7 août 1883, Commune de Meudon, [S. 85.3.52, P. adm. chr., D. 85.3.37]

4495. — Lorsque les lois ou décrets qui délimitent les circonscriptions administratives manquent de précision, il y a lieu de s'en référer aux procès-verbaux de délimitation dressés à l'occasion du cadastre et de s'en référer aux énonciations du procès-verbal le plus ancien. — Même arrêt.

4496. — L'arpentage des parcelles peut donner lieu à des réclamations. Nous avons vu qu'après l'arpentage, les propriétaires étaient appelés, par la communication des bulletins du cadastre, à vérifier les contenances qui leur étaient assignées. L'art. 700 du *Recueil méthodique* donnait au propriétaire un délai d'un mois pour réclamer contre l'arpentage; passé ce délai, ils étaient forclos. Des décisions ministérielles et la jurisprudence du Conseil d'Etat ont étendu ce délai. Pendant longtemps les réclamations motivées sur des erreurs de contenance ont été assimilées aux réclamations dirigées contre le classement et, comme celles-ci, étaient recevables dans le délai de six mois à dater de la mise au recouvrement du premier rôle cadastral. Ce délai expiré, elles étaient rejetées comme n'étant pas fondées sur des causes étrangères et postérieures au classement. De nombreuses décisions avaient consacré cette manière de voir. — Cons. d'Et., 28 août 1844, Fréel, [S. 46.2.345, *ad notam*, P. adm. chr.]; — 17 janv. 1846, Chauvelot, [S. 46.2.345, P. adm. chr.]; — 30 mars 1846, Brogné, [Leb. chr., p. 193]; — 27 mai 1846, Nicoullaud, [P. adm. chr.]; — 1er juin 1849, Boulan, [P. adm. chr.]; — 9 mars 1853, Josserand, [P. adm. chr., D. 53.3.34]; — 19 juill. 1854, Clément, [P. adm. chr.]; — 19 déc. 1855, Obzewoki, [Leb. chr., p. 739]; — 18 juin 1856, Chabrol, [P. adm. chr., D. 56.5. 116]; — 28 mars 1860, Loisel, [Leb. chr., p. 257]; — 3 avr. 1861, Gonnet, [S. 62.2.91, P. adm. chr.]

4497. — La jurisprudence était bien établie en ce sens lorsqu'en 1864 elle a changé, par une décision d'après laquelle le contribuable qui s'aperçoit d'une erreur commise dans la contenance attribuée aux parcelles dont il est propriétaire peut, à toute époque, la signaler et réclamer une réduction. — Cons. d'Et., 11 juill. 1864, Hudelet, [S. 65.2.55, P. adm. chr., D. 65.3.54]; — 18 juin 1866, Joismel, [Leb. chr., p. 689]

4498. — Nous devons signaler une décision du 28 janv. 1876, Pernin, [Leb. chr., p. 86] qui applique l'ancienne jurisprudence ; mais nous ne croyons pas, cependant, que le Conseil d'Etat ait entendu revenir sur la jurisprudence établie par la décision fortement motivée de 1864. — *Contrà*, Laferrière, *Jur. adm.*, t. 2, p. 262 en note.

4499. — Il est arrivé à des propriétaires de ne s'apercevoir de l'erreur commise à la matrice sur la contenance qu'au moment où ils vendaient leur propriété. Une propriété avait été portée à la matrice cadastrale pour une contenance double de sa contenance réelle. Après qu'elle eût été vendue, le nouveau propriétaire fut porté au rôle pour la contenance réelle et l'ancien fut maintenu pour une contenance égale. Le Conseil d'Etat a décidé que cette erreur pouvait être rectifiée en accordant décharge à l'ancien propriétaire et sans qu'il fût nécessaire d'ordonner une mutation de cote au nom du nouveau. — Cons. d'Et., 14 janv. 1863, Angebault, [Leb. chr., p. 24]

4500. — Lorsqu'à propos d'une demande tendant à la rectification d'un plan cadastral, une question de propriété est soulevée, le conseil de préfecture saisi, soit d'une demande en décharge, soit d'une demande en mutation au nom du réclamant de la cote afférente à la parcelle litigieuse, doit surseoir à statuer et renvoyer les parties devant les tribunaux civils pour faire rancher la question de propri été. — Cons. d'Et., 26 nov. 1880, Aymonier, [Leb. chr., p. 924]

4501. — Si un recours est ouvert à toute époque quand on s'aperçoit qu'une erreur a été commise dans les contenances portées au plan cadastral, à plus forte raison doit-il en être ainsi lorsque, postérieurement au cadastre, une propriété se trouve entamée, diminuée dans sa contenance, soit par des corrosions de la mer ou d'un fleuve, soit par une réunion au domaine public, route ou chemin de fer. Dans ce dernier cas, la réclamation est recevable à toute époque, n'importe à quel moment on s'aperçoit qu'on est imposé pour une parcelle qu'on ne possède plus. Ce ne sera pas une réclamation contre le classement, mais une demande en réduction de la contenance. — Cons. d'Et., 1er juill. 1839, de Sainte-Maure, [S. 40.2.140, P. adm. chr.] ; — 23 juin 1846, Bertin, [P. adm. chr.] ; — 16 sept. 1848, Sénoc, [Leb. chr., p. 593] ; — 29 janv. 1863, Chemin de fer d'Orléans, [Leb. chr., p. 73]

4502. — Mais il faut qu'il y ait réunion de la propriété à la voie publique. L'établissement d'une servitude de halage sur une propriété ne donnerait pas au propriétaire le droit de demander décharge à toute époque, parce qu'il reste propriétaire du sol. Il ne pourrait demander qu'un déclassement. — Cons. d'Et., 6 mars 1835, Trubort, [Leb. chr., p. 66] ; — 4 juin 1870, Benoist, [Leb. chr., p. 703]

4503. — III. *Réclamations contre la classification et le tarif des évaluations.* — La nomination des classificateurs peut motiver des réclamations, non pas directement, mais sous forme de demandes en décharge fondées sur les irrégularités commises dans l'établissement de la taxe. Un contribuable peut, à cette occasion, contester la régularité de la nomination des classificateurs. Il peut réclamer si cette commission ne comprend pas deux propriétaires forains ; mais il n'est pas fondé à se plaindre de ce que les classificateurs n'auraient pas été choisis parmi les plus imposés de la commune. — Cons. d'Et., 23 déc. 1844, Dumouchel, [P. adm. chr.]

4504. — ... Ni de ce que trois seulement des classificateurs auraient pris part aux opérations du classement, l'art. 68, Règl. 15 mars 1827, n'exigeant pas la présence des cinq classificateurs. — Cons. d'Et., 23 déc. 1844, Vauchel, [P. adm. chr.]

4505. — Il ne peut réclamer si le renouvellement décennal des évaluations des propriétés bâties a été confié à des classificateurs au lieu d'être fait par les répartiteurs. — Cons. d'Et., 23 déc. 1844, précité.

4506. — La classification est une opération purement administrative qui ne peut donner lieu à aucun recours par la voie contentieuse. Les classificateurs apprécient souverainement en combien de classe il y a lieu de diviser chaque nature de culture. Il a été jugé, à cet égard, qu'un contribuable n'était pas recevable à demander par la voie contentieuse l'établissement d'une classe nouvelle en se fondant sur ce qu'une partie de sa propriété serait d'une qualité inférieure au type inférieur de la dernière classe. — Cons. d'Et., 10 avr. 1869, Perrier, [Leb. chr., p. 345]

4507. — Comme la classification, le tarif des évaluations est

une opération purement administrative. D'après le *Recueil méthodique*, un propriétaire ne peut réclamer individuellement contre l'évaluation de sa propriété autrement qu'en réclamant contre son classement ; car si la propriété est bien classée, l'évaluation est la même pour cette propriété que pour toutes celles de même nature et de même classe. En effet, si un propriétaire possédant un pré de seconde classe, évalué à raison de 60 fr. l'arpent, convient que la contenance et le classement de ce pré sont exacts, mais qu'il croit ce pré trop évalué, tous les autres prés de seconde classe de la commune doivent être également trop évalués ; car ils sont tous estimés de même, à raison de 60 fr. l'arpent. Ainsi un propriétaire n'est pas fondé à réclamer sur l'évaluation sans que tous les autres qui ont des terres de même nature et de même classe le soient aussi bien que lui. Par une conséquence nécessaire, lorsque les autres propriétaires ne réclament pas, c'est une preuve que celui-ci n'est pas fondé à réclamer (art. 714).

4508. — Le tarif des évaluations ne peut, en principe, faire l'objet d'un recours par la voie contentieuse, soit de la part des particuliers... — Cons. d'Et., 8 janv. 1836, Barbault de la Motte, [P. adm. chr.] ; — 30 juill. 1839, Rouguié, [P. adm. chr.] ; — 22 janv. 1849, Commune de Verniolle, [P. adm. chr.] — ... soit de la part des communes, — Cons. d'Et., 4 nov. 1836, Commune de Troissy, [P. adm. chr.] ; — 23 juill. 1841, Ville de Bar-sur-Seine, [P. adm. chr.] — ... soit de la part des maires. — Cons. d'Et., 28 nov. 1834, Ville de Lille, [P. adm. chr.]

4509. — Il en était ainsi alors même que les arrêtés préfectoraux et ministériels avaient modifié sur la réclamation d'un particulier les tarifs arrêtés par les conseils municipaux. — Cons. d'Et., 13 avr. 1836, Poinsot, [P. adm. chr.] ; — 9 nov. 1836, de Bryas, [P. adm. chr.] ; — 22 nov. 1836, de Graindorge, [P. adm. chr.] ; — 30 nov. 1836, Guilain, [P. adm. chr.] ; — 11 avr. 1837, Commune d'Epernay, [P. adm. chr.] ; — 26 juill. 1837, Commune de Savigny-sous-Beaune, [P. adm. chr.] ; — 21 juin 1839, Commune d'Aigurande, [P. adm. chr.]

4510. — Quand des modifications étaient apportées par le préfet au tarif des évaluations fixé par le conseil municipal, il n'y avait de recours que devant le ministre des Finances, supérieur hiérarchique. Mais aujourd'hui que les attributions des préfets ont été transférées à la commission départementale, les délibérations de cette commission portant modification du tarif des évaluations peuvent être déférées au Conseil d'Etat statuant au contentieux, soit par les particuliers, soit par les communes, pour cause d'excès de pouvoir ou de violation de la loi ou d'un règlement d'administration publique, par application de l'art. 88, L. 10 août 1871. — Cons. d'Et., 2 déc. 1887, Commune de Féron, [S. 89.3.52, P. adm. chr., D. 89.3.9]

4511. — Si l'œuvre du préfet était inattaquable pour la commune, celle-ci pouvait la défendre devant le conseil de préfecture contre les réclamations d'un propriétaire dans le cas de l'art. 81, Règl. 15 mars 1827. Si le tarif était modifié, elle pouvait se pourvoir devant le Conseil d'Etat pour lui demander de le rétablir, mais elle ne pouvait demander que ce tarif fût rehaussé ou modifié en aucun point. — Cons. d'Et., 24 juill. 1862, Commune de Beaubray, [P. adm. chr.]

4512. — Il est cependant des cas où un propriétaire peut réclamer contre une évaluation, individuellement, sans que les autres propriétaires y soient intéressés ; c'est lorsqu'il s'agit d'une propriété, seule dans ce genre sur le territoire de la commune, telle qu'un château, une usine, une manufacture (R. M., art. 717). L'art. 81, Règl. 15 mars 1827, a étendu la portée de cette disposition : « Les réclamations contre les évaluations ne sont admises qu'autant qu'elles concernent des maisons ou des usines ou qu'elles sont formées par un propriétaire possédant à lui seul la totalité ou la presque totalité d'une nature de culture ». Dans ces cas, en effet, le tarif des évaluations se confond avec le classement, et la réclamation conserve le caractère d'individualité exigé par l'art. 714 du *Recueil méthodique*.

4513. — Le tarif des évaluations peut alors être contesté devant le conseil de préfecture dans les six mois de la mise en recouvrement du premier rôle cadastral. — Cons. d'Et., 27 févr. 1835, Holtermann, [P. adm. chr.] ; — 8 août 1853, [P. adm. chr.] ; — 24 juill. 1862, précité.

4514. — En dehors de ce cas, le conseil de préfecture est incompétent pour statuer sur une réclamation dirigée contre le tarif. — Cons. d'Et., 11 juill. 1834, Héritiers Bouvery, [P. adm. chr.] ; — 1er août 1834, Aigoin, [P. adm. chr.]

4515. — Lorsqu'un conseil de préfecture est saisi d'une demande formée par un propriétaire contre le classement de ses fonds, il excède sa compétence s'il prescrit la révision du tarif des évaluations. — Cons. d'Et., 9 mars 1836, Torcheux, [P. adm. chr.]

4516. — Un débat contentieux va s'engager devant la juridiction administrative sur la question de savoir si le réclamant est ou non propriétaire de la totalité ou d'une nature de culture. Le conseil de préfecture et le Conseil d'Etat peuvent alors ordonner toutes les mesures propres à les éclairer sur ce point, par exemple, ordonner la production de la matrice cadastrale. — Cons. d'Et., 4 juill. 1837, Holtermann, [P. adm. chr.]

4517. — Que doit-on entendre par ces mots « propriétaire de la presque totalité d'une nature de culture » ? Le Conseil d'Etat a refusé de connaître cette qualité à un contribuable qui, sur 445 hectares de bois existant dans une commune, en possédait 215. — Cons. d'Et., 23 avr. 1836, Marbeau, [P. adm. chr.]

4518. — ... A un autre qui possédait 50 hectares sur 227. — Cons. d'Et., 30 nov. 1836, Guilain, [P. adm. chr.]

4519. — ... A un autre qui possédait 461 hectares dans une commune où un autre propriétaire en possédait 258. — Cons. d'Et., 17 sept. 1838, de Chavagnac, [P. adm. chr.]

4520. — Il a rejeté également les réclamations d'un contribuable qui possédait 90 hectares sur 323 ; 153 sur 381 ; 80 sur 412 ; 49 sur 165 ; 116 sur 398 ; 20 sur 163 et 236 sur 344. Au contraire, il a déclaré recevables les réclamations d'un contribuable qui possédait 106 hectares sur 118. — Cons. d'Et., 9 févr. 1837, Lemire, [P. adm. chr.]

4521. — Pour pouvoir bénéficier de l'art. 84, Règl. 15 mars 1827, il suffit d'être copropriétaire de la presque totalité d'une nature de culture. — Cons. d'Et., 18 avr. 1845, Millart, [P. adm. chr.]

4522. — Mais il faut absolument qu'il y ait tout au moins indivision. Ainsi plusieurs propriétaires possédant entre eux la totalité ou presque totalité d'une nature de culture ne pourraient pas, en formant une réclamation collective, la rendre recevable. — Cons. d'Et., 13 avr. 1842, Montangon, [P. adm. chr.]

4523. — Lorsqu'un propriétaire se trouve dans le cas de l'art. 81 du règlement de 1827, sa réclamation est recevable quant à la partie du tarif afférente à la nature de culture dont il possède la plus grande partie. Mais il ne lui appartient pas de contester le tarif en ce qui touche les autres natures de culture. — Cons. d'Et., 4 juill. 1838, d'Escars, [S. 39.2.169, P. adm. chr.]

4524. — Dans le cas prévu par l'art. 84, Règl. 15 mars 1827, la juridiction administrative est compétente pour modifier le tarif, si elle trouve les évaluations exagérées. — Cons. d'Et., 18 juill. 1838, Duvette-Grandpré, [Leb. chr., p. 141] ; — 8 mars 1844, de Chavagnac, [P. adm. chr.]

4525. — Mais pour que la réclamation soit accueillie, il faut qu'il soit justifié que les évaluations du tarif sont exagérées par comparaison avec celles appliquées aux autres natures de culture de la commune. — Cons. d'Et., 1er sept. 1860, d'Albon, [Leb. chr., p. 693]

4526. — Nous avons vu que là circulaire du 25 mai 1827 prescrivait d'avertir les contribuables lorsque le conseil municipal avait arrêté le tarif des évaluations, pour qu'ils puissent présenter leurs observations et faire modifier, s'il y avait lieu, par le conseil les tarifs. *Quid* si cette formalité n'a pas été remplie et que le tarif ait été envoyé directement à l'autorité compétente pour l'approuver ? Il a été jugé que les réclamations qui venaient à se produire dans ce cas après la mise en recouvrement du premier rôle de la part des propriétaires quelconques étaient recevables ; mais qu'il n'appartenait pas au conseil de préfecture d'en connaître et qu'il devait les renvoyer devant le préfet pour y être statué après une instruction faite conformément au règlement du 15 mars 1827. — Cons. d'Et., 8 août 1855, Marchant et Hamoir, [P. adm. chr.]

4527. — Nous pensons que cette décision ne serait plus légale aujourd'hui, par la raison que du jour où le cadastre a été achevé, que le premier rôle cadastral a été mis en recouvrement, il n'est plus possible de revenir à la procédure organisée au cours des opérations. Toutes les réclamations qui peuvent se produire doivent être portées, soit devant le conseil de préfecture si l'on se trouve dans le cas prévu par l'art. 84, Règl. 15 mars 1827, soit devant le Conseil d'Etat dans les formes et délais prévus par l'art. 88, L. 10 août 1871, si l'on estime que la délibération

de la commission départementale approuvant le tarif est entachée d'excès de pouvoirs ou rendue en violation d'une loi ou d'un règlement d'administration publique. Au surplus, le Conseil d'Etat a décidé que le défaut de communication à un propriétaire du tarif des évaluations n'était pas une circonstance de nature à lui faire accorder décharge. — Cons. d'Et., 16 mars 1883, de Bouteville. [D. 84.3.109]

4528. — IV. *Réclamations contre le classement.* — Parmi les opérations cadastrales, le classement est celle qui atteint le plus directement les contribuables. Il est donc naturel que la loi leur ait donné un délai spécial pour le critiquer. Le *Recueil méthodique* (art. 712) disait que le propriétaire, qui croit avoir quelques réclamations à faire contre la classe dans laquelle on a porté une ou plusieurs de ses parcelles, devait en faire l'objet d'une pétition particulière, et il organisait toute une procédure spéciale pour ces réclamations antérieures à l'approbation définitive du cadastre.

4529. — L'art. 37, L. 15 sept. 1807, semble, par les termes dans lesquels il est conçu, exclure toute possibilité de recours contre le classement, après l'approbation du cadastre, à moins d'événements extraordinaires. « Les propriétaires, compris dans le rôle cadastral pour des propriétés non bâties, ne seront plus dans le cas de se pourvoir en surtaxe, à moins que, par un événement extraordinaire, leurs propriétés ne vinssent à disparaître ; il y serait pourvu alors par une remise extraordinaire ; mais ceux d'entre eux qui, par des grêles, gelées, inondations, ou autres intempéries, perdraient la totalité ou une partie de leur revenu, pourront se pourvoir, comme par le passé, en remise totale ou en modération partielle de leur cote de l'année dans laquelle ils auront éprouvé cette perte. Le montant de ces remises ou modérations sera pris sur le fonds de non-valeurs ». Ce texte ne semblait ouvrir aux propriétaires qu'un recours par la voie gracieuse devant le préfet. C'était pour les propriétaires une garantie insuffisante. Aussi les auteurs de l'ordonnance du 3 oct. 1821 ont-ils cru nécessaire d'ouvrir un recours contentieux. Ils l'ont fait en termes exprès : « Tout propriétaire est admis à réclamer contre le classement de ses fonds, pendant les six mois qui suivront la mise en recouvrement du rôle cadastral. Passé ce délai, aucune réclamation ne pourra être admise qu'autant qu'elle portera sur des causes postérieures et étrangères au classement » (art. 9).

4530. — Les réclamations contre le classement sont instruites et jugées dans les formes prescrites par l'arrêté du 24 flor. an VIII (art. 10).

4531. — Enfin, l'art. 31, Règl. 10 oct. 1821, dispose que les propriétaires sont admis à réclamer à toute époque, lorsque la diminution qu'ils éprouvent dans leur revenu imposable provient de causes postérieures et étrangères au classement, telles que démolition ou incendie de maison (nous ne nous occupons ici que des propriétés non bâties), cession de terrain à la voie publique, disparition de fonds par suite de corrosion ou d'envahissement par les eaux, enfin perte de revenus dans quelque propriété dont la valeur, justement évaluée dans le principe, aura été détériorée par suite d'événements imprévus et indépendants de la volonté du propriétaire. »

4532. — De la combinaison de ces dispositions est sortie toute une jurisprudence que nous allons exposer. Le principe fondamental est celui-ci : pendant les six mois qui suivent la mise en recouvrement du premier rôle cadastral, toutes les réclamations peuvent être faites contre le classement, toutes les erreurs commises dans cette opération peuvent être signalées. Ce délai expiré, le classement est définitif, les erreurs qu'il contient sont couvertes. Les réclamations tendant à obtenir soit un abaissement de classe, soit la réparation d'une erreur, sont frappées de déchéance. Les décisions en ce sens sont si nombreuses qu'il serait inutile de les citer toutes. — V. notamment : Cons. d'Et., 23 mai 1834, Calvet, [P. adm. chr.] ; — 30 juin 1839, Noël, [Leb. chr., p. 353] ; — 21 mai 1840, Barre, [Leb. chr., p. 141] ; — 8 févr. 1878, Vorger, [Leb. chr., p. 133] ; — 26 juin 1890, Bruyère, [Leb. chr., p. 611] ; — 11 févr. 1893, Tasso, [Leb. chr., p. 133] ; — 17 mars 1894, Valette, [Leb. chr., p. 235]

4533. — Ces réclamations, qui tendent à obtenir un nouveau classement, comme celles qui ont pour objet de contester à l'administration le droit de refaire le classement, doivent être présentées dans le délai de six mois à compter de la mise en recouvrement du premier rôle cadastral. — Cons. d'Et., 24 juin 1865, Jal, [S. 66.2.135, P. adm. chr.]

4534. — Ce principe souffre cependant quelques exceptions.

Lorsque, par suite de la rectification d'une erreur matérielle, un propriétaire se trouve surtaxé, il peut réclamer dans les six mois du premier rôle qui suit cette rectification. — Cons. d'Et., 30 juill. 1840, Montrond, [P. adm. chr.]; — 18 août 1842, Hondel, [S. 42.2.549, P. adm. chr.]

4535. — S'agit-il de biens appartenant autrefois à l'Etat et qui viennent à être aliénés? Nous avons vu que les lois du 17 juill. 1819 et du 1er mai 1822 décidaient que ces biens devenaient imposables au moyen de rôles spéciaux et qu'ils doivent être évalués et classés comme les biens de même nature existant dans la commune. Les propriétaires de ces terrains auront six mois à dater de la mise en recouvrement du premier rôle dans lequel ils seront imposés pour réclamer contre le classement. — Cons. d'Et., 23 juill. 1841, Roquelaine, [P. adm. chr.]; — 24 août 1858, Forgeot, [P. adm. chr.]; — 10 mars 1862, Belle, [Leb. chr., p. 176]; — 19 mars 1870, Lalandre, [Leb. chr., p. 320]

4536. — Il en est ainsi même si ces biens font partie du domaine de l'Etat productif de revenu et par suite imposé. Il a été jugé qu'un terrain classé comme terre labourable de première classe à titre de dépendance de la voie ferrée, venant à être aliéné, l'acquéreur pouvait demander le déclassement de ce terrain dans les six mois de la mise en recouvrement du premier rôle qui suit cette aliénation. — Cons. d'Et., 26 mars 1870, Subtil, [Leb. chr., p. 353]

4537. — Il a été décidé de même à l'égard des biens situés dans les départements réunis à la France en 1860 et qui, comptés sous la législation sarde à titre de biens nobles et de biens communaux, sont imposés en France sous le nom de leurs véritables propriétaires. Ceux-ci ont six mois pour réclamer, à dater de la publication du premier rôle où ils sont cotisés. — Cons. d'Et., 23 févr. 1877, Dupraux, [D. 77.3.59]

4538. — De même à l'égard de biens qui, quoique évalués pour mémoire au cadastre, n'ont été portés au rôle que plusieurs années après. — Cons. d'Et., 25 avr. 1855, Cie de dessèchement de la vallée de l'Authie, [S. 55.2.729, P. adm. chr.]

4539. — Le classement est indépendant de la fixation des contingents. Par conséquent, les modifications apportées aux contingents communaux par les conseils généraux ou les conseils d'arrondissement ne peuvent donner aux propriétaires le droit de réclamer contre le classement de leurs propriétés plus de six mois après la publication du premier rôle cadastral. — Cons. d'Et., 13 juill. 1858, Fay, [S. 59.2.334, P. adm. chr.]

4540. — La déchéance encourue à raison du défaut de réclamation contre le classement dans le délai prescrit est de rigueur. L'autorisation qui aurait été donnée par le ministre de suivre l'instruction d'une réclamation ne saurait relever le contribuable de cette déchéance. — Cons. d'Et., 31 oct. 1838, Marquis d'Espinay-Saint-Luc, [Leb. chr., p. 201]

4541. — La déchéance, tirée de l'expiration du délai de six mois fixé par l'art. 9, Ord. 3 oct. 1821, est opposable à toutes les réclamations, sans qu'il y ait lieu de distinguer suivant que le réclamant était ou non propriétaire au moment du cadastre. Le propriétaire actuel n'est pas recevable à alléguer que, si son auteur n'a pas réclamé dans le délai, c'est parce qu'il était infirme, ou en état de démence, ou parce que sa jeunesse ou, au contraire, son âge avancé l'empêchaient de réclamer. — Cons. d'Et., 9 mai 1838, Debureaux, [Leb. chr., p. 89]; — 21 févr. 1855, Nodin, [P. adm. chr., D. 55.3.20]; — 18 avr. 1860, Monnier, [Leb. chr., p. 312]; — 30 avr. 1870, Helly, [Leb. chr., p. 515]

4542. — La déchéance est opposable même aux propriétaires qui ne sont pas domiciliés dans la commune. — Cons. d'Et., 5 janv. 1853, Oyon, [S. 53.2.525, P. adm. chr.]

4543. — Un propriétaire ne peut non plus échapper à la déchéance sous prétexte qu'au moment des opérations cadastrales il n'était propriétaire que par indivis. — Cons. d'Et., 4 nov. 1836, Commune de Gelacourt, [P. adm. chr.]

4544. — ... Ou que, par suite d'une erreur, ce terrain n'était pas imposé à son nom. — Cons. d'Et., 9 nov. 1883, de Lafontan, [D. 85.5.126]

4545. — La déchéance est opposable aux acquéreurs, alors même qu'ils réclament dans les six mois de leur acquisition. — Cons. d'Et., 20 juin 1855, Noury Genty, [D. 56.3.2]; — 18 juill. 1855, Martin, [P. adm. chr., D. 56.5.116]; — 9 avr. 1875, Mennesson, [Leb. chr., p. 303]; — 20 déc. 1889, Roy-Bidault, [Leb. chr., p. 1186]

4546. — Le délai de réclamation ne s'ouvre pas en effet à chaque mutation de propriété. Le propriétaire qui laisse périmer ses droits engage tous ses successeurs. — Cons. d'Et., 2 mai 1865, Beautier, [Leb. chr., p. 566]; — 14 avr. 1870, Deletain, [Leb. chr., p. 327]; — 30 avr. 1870, précité.

4547. — La fin de non-recevoir tirée du défaut de réclamation contre le classement du premier rôle cadastral est opposable même au propriétaire qui aurait formé dans le délai une réclamation d'une autre nature, par exemple, relative à la contenance de l'immeuble — Cons. d'Et., 5 sept. 1838, Dejean, [Leb. chr., p. 190]

4548. — De même, le Conseil d'Etat a déclaré que la réclamation contre le classement de la partie d'un canal d'irrigation située dans une commune était non recevable plus de six mois après la publication du premier rôle cadastral, alors même que le contribuable aurait, dans le délai, contesté le classement d'une autre partie du canal située sur le territoire d'une commune voisine. — Cons. d'Et., 11 avr. 1837, Canal des Alpines, [P. adm. chr.]

4549. — Il peut arriver qu'au moment du classement, des terrains se trouvent dans une période d'exemption ou dans le cas d'être exemptés. Supposons, par exemple, d'anciens marais qui viennent d'être défrichés ou qui, sans l'être encore, ont fait de la part de leurs propriétaires, l'objet d'une déclaration de défrichement, conformément à l'art. 117, L. 3 frim. an VII. Ces terrains, au moment de la confection du cadastre, sont évalués et classés d'après leur valeur actuelle, mais, en vertu de l'exemption accordée par l'art. 111, L. 3 frim. an VII, leur ancienne imposition se trouvera maintenue jusqu'à l'expiration de la période d'exemption. Les propriétaires doivent distinguer leur classement de l'exemption. Il est arrivé plusieurs fois que des propriétaires, à la suite des opérations cadastrales, se bornaient à faire valoir l'exemption à laquelle ils avaient droit sans contester le classement attribué à leurs fonds d'après leur valeur actuelle. Puis la période d'exemption écoulée, ils venaient, au bout de vingt-cinq ans, contester le classement. Le Conseil d'Etat a toujours déclaré ces réclamations tardives comme n'ayant pas été formées dans les six mois de la publication du premier rôle cadastral. — Cons. d'Et., 24 juill. 1852, Friquant, [S. 53.2.89, P. adm. chr.]; — 23 avr. 1853, Cie de dessèchement de la vallée de l'Authie, [Leb. chr., p. 293]; — 7 avr. 1858, Mallet, [S. 59.2.122, P. adm. chr., D. 59.3.53]; — 7 sept. 1861, Trudouet, [Leb. chr., p. 797]; — 18 avr. 1891, Tillette de Clermont Tonnerre, [S. et P. 93.3.43, D. 92.3.102]; — 5 déc. 1891, Gellé, [Leb. chr., p. 743]

4550. — Les réclamations contre le classement ne peuvent être admises, plus de six mois après la mise en recouvrement du premier rôle cadastral, que si elles sont fondées sur des causes postérieures et étrangères au classement. C'est pourquoi les erreurs, même matérielles, commises dans le classement relativement à la nature de la propriété, par exemple un bois classé comme vigne ou une terre labourable comme pré, ne peuvent être réparées. — Cons. d'Et., 12 avr. 1844, Arnaud, [S. 44.2.357, P. adm. chr.]; — 23 août 1845, Chaussé, [P. adm. chr.]; — 7 juin 1847, Chanoine, [S. 47.2.619]; — 13 avr. 1853, Jouffrault, [D. 53.3.50]; — 4 août 1862, Auvion, [P. adm. chr.]; — 13 avr. 1867, Taillotte, [Leb. chr., p. 391]; — 8 févr. 1878, Vorgor, [Leb. chr., p. 133]

4551. — Il ne faut pas cependant confondre les erreurs de classement avec de simples erreurs matérielles, qui peuvent être rectifiées à toute époque. — Cons. d'Et., 12 déc. 1834, Commun d'Ornel, [P. adm. chr.]

4552. — Ainsi, par suite d'erreur, les indications du rôle peuvent ne pas concorder avec celles de la matrice cadastrale. Une propriété portée à la matrice comme terre labourable peut être indiquée au rôle comme jardin. — Cons. d'Et., 12 avr. 1844 Aury-Tonnard, [S. 44.2.858, P. adm. chr.]

4553. — ... Ou bien on a appliqué à une propriété, portée à la matrice comme terre labourable, le tarif des évaluations applicable aux prés. — Cons. d'Et., 27 déc. 1854, Bureau de la Malle, [P. adm. chr.]; — 3 oct. 1857, Carmié, [Leb. chr., p. 705]; — 19 nov. 1880, Ville de Salins, [D. 82.3.15]; — 20 juill. 1882 Roche, [D. 89.3.100]

4554. — Ces erreurs peuvent être rectifiées à toute époque car loin de chercher à modifier les énonciations de la matrice cadastrale, on en demande l'application. Il résulte de ce qui précède qu'un propriétaire, aux dépens duquel une erreur de cette nature a été rectifiée, n'est pas fondé à s'en plaindre. — Cons.

d'Et., 5 août 1854, Jérusalem, [Leb. chr., p. 750]; — 9 avr. 1867, Pigeon, [Leb. chr., p. 357]

4555. — Ce que nous disons des réclamations fondées sur des erreurs matérielles, il faut le dire des réclamations dirigées non contre le classement, mais contre la cote. Ces dernières sont recevables chaque année dans les trois mois à dater de la publication du rôle. — Cons. d'Et., 7 août 1874, Chazel, [D. 75.3.76]

4556. — Il en est de même de la réclamation formée par un contribuable qui prétend n'être pas propriétaire d'une parcelle pour laquelle il serait imposé. — Cons. d'Et., 11 juin 1875, Morand et Gatignon, [Leb. chr., p. 567]

4557. — Il en est de même encore des réclamations dans lesquelles un contribuable, qui a vendu ou acheté une fraction de propriété, se plaint de la manière dont la cote a été divisée entre lui et le propriétaire du reste du fonds. Ces contestations, relatives à la division des cotes, peuvent se renouveler chaque année, et doivent faire l'objet d'une instruction contradictoire. — Cons. d'Et., 5 mai 1831, Dupasquier, [P. adm. chr.]; — 18 févr. 1854, Vaudon, [Leb. chr., p. 131]; — 27 janv. 1859, Cambray, [P. adm. chr.]; — 28 déc. 1859, Mante, [P. adm. chr.]; — 22 nov. 1878, Verdellet, [D. 79.3.37]

4558. — Lorsqu'un domaine se trouve morcelé et partagé entre plusieurs personnes, chacun des nouveaux propriétaires peut demander qu'il soit procédé à des évaluations nouvelles de la valeur de chaque lot, pour que la cote foncière établie sur le domaine soit répartie entre eux proportionnellement à cette valeur. — Cons. d'Et., 13 avr. 1883, Commune de Sainte-Blandine, [Leb. chr., p. 332]

4559. — Nous avons déjà dit que, pour qu'un propriétaire fût recevable à demander un déclassement de ses propriétés plus de six mois après la mise en recouvrement du premier rôle, il fallait que la diminution de revenu fût due à une cause étrangère au classement. Il faut en outre qu'elle provienne de circonstances imprévues, extraordinaires et indépendantes de la volonté du propriétaire. Il faut que la diminution de revenu soit permanente ou que la valeur de la propriété soit changée. Enfin, d'après la jurisprudence, il faut qu'elle soit spéciale à la propriété du réclamant. On peut a fortiori réclamer si la propriété disparaît par suite de corrosions ou de cession au domaine public.

4560. — Il faut que ces réclamations soient fondées sur des circonstances imprévues, extraordinaires. La jurisprudence a refusé de reconnaître ce caractère à des réclamations fondées sur l'état de vétusté d'un bois ou d'une vigne, sur un déclassement dont la cause remontait à une époque antérieure au cadastre, sur la mauvaise qualité d'une terre, sur les difficultés de la culture. — Cons. d'Et., 3 mars 1837, Morel de Saint-Léger, [Leb. chr., p. 491]; — 4 avr. 1856, Garnier, [Leb. chr., p. 260]; — 30 avr. 1870, Foussemagne, [Leb. chr., p. 516]; — 30 juill. 1880, Subvieille, [Leb. chr., p. 697]; — 23 mai 1884, Montagnol, [Leb. chr., p. 409]

4561. — Elle n'admet pas non plus qu'une demande de révision de classement soit fondée sur la diminution de valeur ou de revenu d'une propriété. — Cons. d'Et., 26 févr. 1862, La Chataigneraie, [Leb. chr., p. 135]; — 12 sept. 1864, Même partie, [Leb. chr., p. 908]

4562. — ... Ou même sur l'absence de revenu pendant une période déterminée. — Cons. d'Et., 27 juin 1873, Poncellon, [Leb. chr., p. 584]

4563. — On ne peut fonder une demande en décharge sur le motif que des fonds de terre et des bâtiments d'exploitation ne seraient ni loués ni exploités. — Cons. d'Et., 12 sept. 1864, précité.

4564. — Un propriétaire ne peut se fonder, pour demander le déclassement de ses bois, sur ce qu'ils seraient grevés de droits d'usage au profit des communes et sur ce que leur revenu en serait diminué. — Cons. d'Et., 27 juill. 1853, Didion, [Leb. chr., p. 777]

4565. — Il faut que la diminution de revenu provienne d'une cause indépendante de la volonté du propriétaire. Par conséquent, les changements apportés par les propriétaires aux cultures existant sur leurs fonds ne peuvent jamais donner lieu à une demande de révision de classement. — Cons. d'Et., 9 mars 1836, Chenest, [P. adm. chr.]; — 13 févr. 1840, Leblanc-Devan, [P. adm. chr.]; — 16 sept. 1848, Sonnet-Vaillant, [Leb. chr., p. 596]; — 21 avr. 1882, Dernoncourt, [D. 83.5.138]; — 19 mai 1882, Accart, [D. 83.5.137]; — 4 mai 1883, Mira, [Leb. chr., p. 421]

4566. — Ainsi jugé pour un propriétaire qui convertit son

jardin en terre labourable. — Cons. d'Et., 17 avr. 1834, Benoît, [P. adm. chr.]; — 1er août 1834, Jacob, [P. adm. chr.]

4567. — ... Ou un pré en terre. — Cons. d'Et., 14 févr. 1834, Delamotte, [P. adm. chr.]

4568. — ... Ou qui substitue des céréales à une plantation d'osiers. — Cons. d'Et., 7 sept. 1864, Brunet, [Leb. chr., p. 834]

4569. — Il en est de même du propriétaire qui fait défricher ses bois. — Cons. d'Et., 4 juill. 1834, d'Espinay, [P. adm. chr.]; — 16 mars 1837, Bavoux, [P. adm. chr.]; — 23 juin 1841, de Colnet, [P. adm. chr.]; — 18 avr. 1845, Bérat, [P. adm. chr.]; — 27 mai 1846, Philippoteaux, [P. adm. chr.]; — 16 févr. 1853, Cenot, [Leb. chr., p. 194]; — 24 août 1858, Forgeot, [P. adm. chr.]; — 24 avr. 1865, Costil, [Leb. chr., p. 483]; — 22 janv. 1868, Larcher, [Leb. chr., p. 59]; — 17 mai 1890, Thibaudot, [Leb. chr., p. 511]

4570. — ... Ou qui fait couper ses futaies. — Cons. d'Et., 21 nov. 1834, Croq, [P. adm. chr.]; — 30 avr. 1880, Charpentier, [P. adm. chr., p. 413]

4571. — ... Ou dessécher ses étangs. — Cons. d'Et., 15 mai 1867, Dumas, [Leb. chr., p. 487]; — 10 juin 1868, Meillet-Montessuy, [Leb. chr., p. 638]; — 11 févr. 1870, Morgon, [Leb. chr., p. 66]; — 7 nov. 1873, Givord, [D. 74.3.77]

4572. — ... Ou qui change la destination d'un parc à huîtres, — Cons. d'Et., 12 avr. 1889, du Bourdieu, [Leb. chr., p. 506]; — ... ou qui démolit la maison dont la superficie se trouvait imposée au taux des meilleures terres labourables. — Cons. d'Et., 14 mai 1891, Fournier-Catrice, [Leb. chr., p. 309]

4573. — D'autre part, les extractions de matériaux et autres dommages causés en vue de l'exécution de travaux publics ne donnent pas lieu à révision du classement s'ils ont été consentis par le propriétaire ou par ses auteurs. — Cons. d'Et., 7 févr. 1845, Modas, [P. adm. chr.]; — 21 déc. 1847, Saint-Léger, [Leb. chr., p. 701]; — 9 févr. 1850, Boyer, [P. adm. chr.]

4574. — La jurisprudence assimile au fait du propriétaire son abstention. Ainsi le Conseil d'Etat a déclaré non recevable la réclamation d'un propriétaire qui alléguait que, depuis la confection du cadastre, un étang qu'il possédait avait été détérioré par les sables provenant d'une rivière voisine, parce qu'il était établi par l'instruction que la cause de détérioration provenait du défaut d'entretien et de curage de cet étang. — Cons. d'Et., 30 mars 1844, Hilden, [P. adm. chr.]

4575. — Il a repoussé de même la réclamation d'un propriétaire de prairie dont le revenu n'avait diminué que par suite de son refus de payer la redevance moyennant laquelle la commune lui concédait l'eau d'un canal d'irrigation. — Cons. d'Et., 7 déc. 1847, Doré, [Leb. chr., p. 664]

4576. — ... Ou par suite de l'interdiction faite par le propriétaire au fermier d'apporter du fumier pour améliorer une terre. — Cons. d'Et., 25 août 1848, Administration des domaines, [P. adm. chr.]

4577. — Le Conseil d'Etat a rejeté la réclamation de propriétaires de marais salants qui demandaient un déclassement de leurs marais devenus improductifs par suite de l'abandon momentané de leur exploitation. — Cons. d'Et., 8 nov. 1878, Durandet, [Leb. chr., p. 863]; — 24 nov. 1882, Delavau, [Leb. chr., p. 920]

4578. — Il a jugé, encore, que, lorsqu'un arrêté préfectoral, en interdisant sur la rivière des barrages mobiles établis en vue des irrigations, laissait aux riverains la faculté d'établir un système particulier de vannes, les propriétaires qui n'usaient pas de cette faculté n'étaient pas recevables à arguer d'un fait indépendant de leur volonté pour demander une révision du classement. — Cons. d'Et., 18 nov. 1863, Gence, [Leb. chr., p. 762]

4579. — Il faut que ces événements imprévus et indépendants de la volonté du propriétaire causent à la propriété un dommage direct et matériel, qu'ils l'atteignent dans son essence. Le Conseil d'Etat a toujours refusé d'accueillir les réclamations de propriétaires de bois, qui demandaient que le classement de leurs propriétés fût révisé à raison de la diminution de revenus qui résultait pour eux, soit des modifications apportées aux tarifs des douanes. — Cons. d'Et., 9 janv. 1861, Turbé, [S. 61.2. 527, P. adm. chr., D. 61.3.13]; — 27 avr. 1869, Colliot, [S. 70. 2.168, P. adm. chr.]

4580. — ... Soit de la suppression d'un débouché commercial. — Cons. d'Et., 11 juill. 1866, Ducros, [Leb. chr., p. 794]

4581. — ... Soit de la substitution de la houille au bois dans

le chauffage, du fer au bois dans les constructions. — Cons. d'Et., 22 déc. 1853, de Nonjon, [P. adm. chr.]; — 5 janv. 1855, Lecerf, [P. adm. chr.]; — 10 sept. 1855, de Gourcuff, [Leb. chr., p. 612]; — 6 juill. 1858, Monneau, [P. adm. chr., D. 61.3.13]

4582. — ... Soit des nouvelles conditions de l'industrie métallurgique. — Cons. d'Et., 11 juill. 1866, précité.

4583. — Le fait que, par suite de changements de propriétaires, une parcelle de terre appartenant à un contribuable se trouverait complètement enclavée et devenue inaccessible, ne saurait avoir pour effet de lui faire accorder décharge. — Cons. d'Et., 12 nov. 1880, Delamare, [Leb. chr., p. 864]

4584. — Le Conseil d'Etat a rejeté, par le même motif, la réclamation d'un propriétaire d'étang, qui alléguait que les arrêtés de desséchement pris par le préfet à l'égard d'étangs analogues du même département avaient jeté sur cette nature de propriété une défaveur qui produisait une dépréciation de sa propriété. — Cons. d'Et., 13 mai 1865, Mounier, [Leb. chr., p. 523]

4585. — Le Conseil a décidé qu'on ne pouvait fonder une révision de classement sur un arrêté préfectoral qui réduit les heures d'arrosage d'une prairie. — Cons. d'Et., 12 mars 1870, Vcau, [Leb. chr., p. 282]

4586. — Ou sur un arrêté ordonnant la suppression d'un barrage, qui a pour effet de priver une prairie des eaux servant à l'arroser. — Cons. d'Et., 29 juin 1877, Broutin, [S. 79.2.158, P. adm. chr., D. 77.3.91] — Nous avons quelque peine à admettre sur ce point la décision du Conseil. Il nous semble que les arrêtés préfectoraux qui empêchent d'une manière permanente l'arrosage d'une prairie constituent un événement de force majeure au même titre que les arrêtés préfectoraux ordonnant le desséchement d'un étang ou autorisant un entrepreneur à extraire des matériaux d'une propriété.

4587. — Il faut encore que la diminution de revenu ait un caractère de permanence. Si l'événement de force majeure a seulement détruit la récolte d'une année, ou causé des dommages facilement réparables, sans changer la nature de la propriété, le propriétaire pourra demander une remise ou une modération, conformément à l'art. 37, L. 15 sept. 1807, mais il ne pourra réclamer le déclassement de sa propriété. — Cons. d'Et., 31 oct. 1833, de Galliffet, [P. adm. chr.]; — 4 juin 1867, Hérail, [Leb. chr., p. 551]; — 21 juin 1867, Thierry, [Leb. chr., p. 600]; — 27 juin 1879, Cuisinier, [Leb. chr., p. 533]; — 6 févr. 1880, Commune de Castelmayran, [Leb. chr., p. 143]; — 19 mars 1880, Jablin, [Leb. chr., p. 312]; — 14 nov. 1891, Pansier, [Leb. chr., p. 671]

4588. — Il en est de même si, dans une plantation d'oliviers, une partie seulement des arbres a été atteinte par le froid. — Cons. d'Et., 27 nov. 1838, Comte de Montvalon, [Leb. chr., p. 222]

4589. — ... Ou si l'exploitation d'un marais salant a dû être momentanément abandonnée. — Cons. d'Et., 28 févr. 1870, Pied, [Leb. chr., p. 214]

4590. — Enfin, la jurisprudence exige que la diminution de revenu subie par une propriété lui soit spéciale. Le Conseil d'Etat a rejeté, par application de ce principe, la demande de déclassement présentée par un contribuable dont les terres labourables avaient été stérilisées par des efflorescences salines, l'envahissement de ces efflorescences s'étant produit d'une manière générale dans la contrée. — Cons. d'Et., 1er juin 1870, d'Arricl, [S. 72.2.88, P. adm. chr., D. 71.3.75]

4591. — La même jurisprudence a été appliquée par de nombreuses décisions aux réclamations des propriétaires dont les vignes avaient été détruites par le phylloxéra sans espoir de reproduction. Le Conseil estime que c'est seulement par une révision du cadastre qu'il peut être apporté remède à cette situation. — Cons. d'Et., 26 nov. 1880, Saucerotte, [S. 80.3.49, P. adm. chr., D. 82.3.14]; — 18 juill. 1884, de Baritault, [Leb. chr., p. 611]; — 5 déc. 1884, Langier, [Leb. chr., p. 869]; — 3 juill. 1885, Roques, [S. 87.3.16, P. adm. chr.]; — 22 janv. 1886, Gauthier, [Leb. chr., p. 60]; — 16 déc. 1887, Laborie, [D. 88.3.131]; — 4 mai 1888, Milhas, [Leb. chr., p. 403]; — 20 juill. 1888, Lefebvre, [Leb. chr., p. 653]; — 26 juill. 1895, Lambert.

4592. — A notre avis, cette jurisprudence ajoute aux exigences de la loi. Celle-ci permet de demander un nouveau classement quand il se produit un fait imprévu et indépendant de la volonté du propriétaire. Il n'est dit nulle part que ce fait doit atteindre telle ou telle propriété déterminée. Une inondation peut s'étendre sur un grand nombre de départements. Chaque pro-

priétaire riverain sera cependant atteint directement. Repousserait-on les réclamations de ces propriétaires en se fondant sur ce que le fleuve a débordé sur tout son parcours? Assurément non. La solution nous paraît devoir être la même, en ce qui touche la destruction des vignes par le phylloxéra. En effet, les vignes ne sont nulle part l'unique nature de culture d'un pays. C'est sur les propriétaires des autres natures de culture qu'il faut rejeter le fardeau résultant du déclassement de la propriété. D'autre part, dire que les évaluations seront maintenues jusqu'à réfection du cadastre, c'est dire qu'elles se perpétueront indéfiniment, car les communes ruinées par le phylloxéra ne sont généralement pas en état de faire l'avance des dépenses qu'exige cette opération (L. 7 août 1850). La jurisprudence rigoureuse du Conseil d'Etat a motivé le vote de la loi du 1er déc. 1887. Mais celle-ci n'apporte qu'un remède insuffisant, car elle n'accorde d'exemption qu'aux propriétaires qui auront été assez riches pour replanter.

4593. — Le Conseil d'Etat a reconnu le caractère d'événements de force majeure pouvant donner lieu à une révision du classement aux inondations d'un fleuve. — Cons. d'Et., 26 août 1846, Tron de Bouchony, [Leb. chr., p. 441]; — 6 janv. 1849, Assoc. territoriale des chaussées de Tarascon, [S. 49.2.247, P. adm. chr.]

4594. — ... A des orages jetant sur une propriété des sables, des blocs de pierre, de marne, des troncs d'arbres. — Cons. d'Et., 29 mai 1874, Joubert, [D. 75.3.48]

4595. — ... A des ouragans. — Cons. d'Et., 11 janv. 1853, Viel, [Leb. chr., p. 63]

4596. — Il a admis encore que des détériorations, causées par la neige et un bois, qui avaient forcé le propriétaire à changer la nature de culture de certaines parcelles, pouvaient donner lieu à une révision de classement. — Cons. d'Et., 16 déc. 1863, Sanial, [Leb. chr., p. 815]

4597. — La jurisprudence considère encore comme événements de force majeure : les dommages causés aux propriétaires par l'exécution de travaux publics, par exemple, les fouilles exécutées en vertu d'un arrêté préfectoral. — Cons. d'Et., 19 juill. 1837, Maussion, [P. adm. chr.]; — 5 oct. 1857, de Lafontan, [Leb. chr., p. 724]; — 13 juill. 1858, Millet, [Leb. chr., p. 503]

4598. — ... Ou la submersion de propriétés résultant de l'exécution de travaux publics dans le lit d'un fleuve. — Cons. d'Et., 16 nov. 1850, Pecourt, [Leb. chr., p. 817]; — 2 août 1878, Huiard, [S. 80.2.123, P. adm. chr., D. 79.3.7]

4599. — Elle reconnaît encore le caractère aux mesures administratives qui imposent à un propriétaire d'étang l'obligation de le dessécher. Ce propriétaire peut demander un nouveau classement. — Cons. d'Et., 10 juin 1868, Millet-Montessuy, [Leb. chr., p. 638]; — 31 août 1868, Roussel, [Leb. chr., p. 684]

4600. — Nous devons signaler une décision du 4 nov. 1887, Dupont, [S. 89.3.47, P. adm. chr., D. 88.3.131] — par laquelle le Conseil d'Etat a décidé que l'obstacle apporté à l'écoulement des eaux d'une propriété par la construction d'un remblai d'une voie ferrée ne rentrait pas dans les événements imprévus pouvant motiver une demande en réduction de classement. Nous ne pensons pas que cette décision, d'ailleurs isolée, constitue un changement de jurisprudence. Il est probable qu'elle a été inspirée par des circonstances de fait qui n'apparaissent pas dans la rédaction de l'arrêt.

4601. — Un propriétaire ne peut réclamer contre le classement de ses propriétés, à raison d'un fait extraordinaire qui a diminué le revenu de sa propriété, que s'il est imposé d'après la nature de culture que celle-ci a été détruite. Supposons, par exemple, un propriétaire (il y en a beaucoup dans les départements du Midi) dont le fonds, au moment de la confection du cadastre, a été classé comme terres labourables. Depuis, les propriétaires ont converti ces terres en vignes. Si ces vignes viennent à être détruites par un événement de force majeure, le propriétaire ne pourra réclamer contre le classement, car pour le cadastre ces terres sont considérées comme n'ayant jamais porté de vignes. — Cons. d'Et., 3 juill. 1885, Roques, [S. 87.3.16, P. adm. chr.]

4602. — Lorsqu'un de ces événements, de nature à motiver une demande en révision de classement se produit, dans quel délai cette demande doit-elle être présentée? A toute époque, dit l'art. 31, Règl. 10 oct. 1821. Que signifient ces mots : à toute époque? Doit-on les interpréter en ce sens que, pour les diminutions de revenu comme pour les erreurs de contenance, les corrosions ou les cessions au domaine public, le propriétaire pourra

réclamer, dès qu'il s'apercevra de la surtaxe qu'il éprouve? C'est en ce sens que la jurisprudence du Conseil d'Etat s'était fixée jusqu'en 1865. — Cons. d'Et., 20 nov. 1836, Commune de Saint-Hélen, [P. adm. chr., D. 57.3.26]

4603. — C'est ainsi que le Conseil d'Etat avait accueilli des demandes en révision de classement pour l'année 1846 à raison d'inondations survenues en 1840. — Cons. d'Et., 6 janv. 1849, Assoc. territoriale des chaussées de Tarascon, [S. 49.2.247, P. adm. chr.]

4604. — Dans une autre affaire, les travaux publics d'où provenait la dépréciation avaient été exécutés en 1833, et la réclamation n'était faite qu'en 1849. — Cons. d'Et., 16 mars 1850, Pécourt, [Leb. chr., p. 817] — Aucun délai n'était prescrit.

4605. — En 1863, le Conseil d'Etat commença à restreindre la durée du délai de réclamation en décidant que, si on pouvait réclamer pour n'importe quelle année après les événements, du moins la réclamation devait-elle être présentée dans les trois mois de la publication du rôle de l'année pour laquelle on réclamait, à moins que les événements dont on avait à exciper ne fussent postérieurs à la publication du rôle. — Cons. d'Et., 31 mars 1863, Joud, [Leb. chr., p. 300]

4606. — Enfin, depuis 1865, la jurisprudence est fixée en ce sens que les réclamations contre le classement, fondées sur un événement de force majeure qui a déprécié le revenu des fonds, doivent être présentées dans les six mois de la mise en recouvrement du premier rôle qui suit ledit événement. — Cons. d'Et., 11 janv. 1865, Laurent, [S. 65.2.248, P. adm. chr.]; — 7 août 1865, Mignot, [Leb. chr., p. 741]; — 24 nov. 1869, Polonnier, [S. 70.2.280, P. adm. chr.]

4607. — C'est dans ce délai que doivent être présentées des demandes fondées sur l'établissement d'une servitude de halage. — Cons. d'Et., 4 juin 1870, Benoist, [Leb. chr., p. 703]

4608. — ... Ou sur des fouilles exécutées dans l'intérêt d'une compagnie de chemin de fer. — Cons. d'Et., 7 août 1874, de Lafontan, [Leb. chr., p. 786]; — 6 nov. 1885, Pezeril, [Leb. chr., p. 813]; — 10 avr. 1890, Lamaison, [Leb. chr., p. 404]; — 28 févr. 1891, Durtigues, [Leb. chr., p. 171]

4609. — ... Sur le détournement d'une source. — Cons. d'Et., 6 août 1875, Planson, [Leb. chr., p. 772]; — 3 août 1883, Perreau, [Leb. chr., p. 715]

4610. — ... Ou sur l'établissement d'un caniveau par une commune. — Cons. d'Et., 13 avr. 1877, Perreau, [Leb. chr., p. 338]

4611. — ... Ou sur l'élargissement d'un chemin, travail qui a pour effet de rendre plus difficile l'exploitation du reste de la propriété. — Cons. d'Et., 6 avr. 1886, Duruflé, [Leb. chr., p. 710]

4612. — ... Ou sur une inondation. — Cons. d'Et., 17 mai 1890, Mieulet, [Leb. chr., p. 513]

4613. — Lorsqu'une demande en descente de classe a été repoussée, soit par le conseil de préfecture, soit par le Conseil d'Etat, il y a chose jugée et, à moins de faits nouveaux, la même réclamation ne peut être renouvelée l'année suivante. Le principe de la fixité des évaluations cadastrales l'emporte sur celui de l'annualité des rôles, en vertu duquel les faits relatifs à un exercice ne peuvent être invoqués ni en faveur, ni à l'encontre des contribuables à l'occasion d'un autre exercice. — Cons. d'Et., 1er août 1834, Aujous, [Leb. chr., p. 563]; — 6 mars 1835, Trubert, [P. adm. chr.]; — 10 déc. 1856, Lauzern, [S. 57.2.591, P. adm. chr., D. 57.3.45]; — 25 avr. 1866, Mattei, [P. 400]; — 17 juin 1868, Georjon Genest, [Leb. chr., p. 673]; — 27 avr. 1871, Beaumier, [Leb. chr., p. 20]

4614. — Les demandes tendant à obtenir un changement de classe sont de la compétence du conseil de préfecture. Le préfet est incompétent pour y statuer. — Cons. d'Et., 19 août 1835, Gard, [P. adm. chr.]

4615. — Si le conseil de préfecture estime que la demande en déclassement est fondée, il lui appartient d'apprécier le nouveau classement qui peut résulter de la dépréciation de la propriété et de déterminer le revenu imposable qui doit être assigné aux immeubles détériorés. Il peut même, si ce revenu est devenu inférieur à celui des immeubles compris dans la dernière classe d'une nature de propriété, décider que ces immeubles auront un classement particulier. — Cons. d'Et., 16 nov. 1850, Pécourt, [P. adm. chr.]; — 12 août 1859, Gressin, [P. adm. chr.]; — 8 nov. 1889, Delory, [Leb. chr., p. 999]

4616. — Les événements calamiteux qui sont de nature à motiver une révision du classement ne peuvent être invoqués

sous forme de demandes en décharge que pour la contribution de l'année qui suit l'événement. A l'égard de la contribution de l'année courante, ils ne peuvent motiver que des demandes en remise ou modération. — Cons. d'Et., 17 mai 1890, précité; — 28 avr. 1893, Delamare, [Leb. chr., p. 341]

4617. — V. *Instruction des réclamations.* — Comment sont instruites les réclamations dirigées contre le classement cadastral? Nous avons dit que la loi du 15 sept. 1807 avait entendu que, le cadastre une fois achevé, le classement des fonds fût définitif et ne pût plus faire l'objet d'un recours par la voie contentieuse. Le *Recueil méthodique*, fait en vue de l'exécution de cette loi, avait organisé toute une procédure destinée à permettre aux propriétaires de réclamer contre le classement de leurs fonds. Il faut bien observer que cette réclamation et l'instruction à laquelle elles donnaient lieu n'avaient pas le caractère contentieux. C'était le préfet qui statuait, après avoir pris l'avis du conseil de préfecture. La classe de chaque propriété n'en restait pas moins invariablement fixée, et ne pouvait plus changer que par l'effet d'une révision générale du cadastre (R. M., art. 743).

4618. — Les auteurs de l'ordonnance du 3 oct. 1821, en décidant que la communication des bulletins de classement, des états de sections et des matrices ne se ferait plus qu'après l'envoi du rôle rendu exécutoire, c'est-à-dire après l'achèvement du cadastre, furent amenés à changer la nature des réclamations. Le rôle étant publié, il semblait naturel de renvoyer toutes les réclamations, aussi bien celles dirigées contre le cadastre que celles dirigées contre la cote elle-même, à la même juridiction. L'ordonnance conféra aux réclamations contre le classement le caractère contentieux et décida (art. 10) qu'elles seraient instruites et jugées dans les formes prescrites par l'arrêté du 24 flor. an VIII. Ce dernier, en effet, n'avait pas prévu toutes les réclamations auxquelles pouvait donner lieu l'établissement de la contribution foncière. Il visait seulement le cas où un propriétaire se trouvait imposé dans une commune pour un bien situé dans une autre (art. 1), celui où une erreur avait été commise dans le rôle touchant la désignation du propriétaire (art. 2), enfin celui où un propriétaire se croyait imposé dans une proportion plus forte qu'un ou plusieurs contribuables de la commune (art. 3). L'assimilation édictée par l'art. 10 de l'ordonnance de 1821 était donc nécessaire. L'art. 30, Règl. 10 oct. 1821, détermine les règles de l'instruction, mais ces règles ont été modifiées encore par le règlement du 15 mars 1827, qui les a fixées définitivement. Nous allons les faire connaître.

4619. — Au 1er juin de chaque année, le directeur invite les maires à prévenir les propriétaires qu'ils n'ont plus qu'un mois pour présenter leurs réclamations (art. 79).

4620. — Les réclamations sont présentées sur papier libre. Elles sont adressées au préfet ou aux sous-préfets. Il n'est pas nécessaire qu'elles soient accompagnées des extraits de matrices et derôles exigés par la loi du 2 mess. an VII (Règl. 10 oct. 1821).

4621. — A l'expiration du délai fixé pour l'admission des réclamations, le préfet ou le sous-préfet en fait l'envoi au directeur, qui les transmet à l'inspecteur avec ordre de procéder à leur vérification (art. 82).

4622. — Jusqu'alors c'étaient les contrôleurs qui instruisaient ces réclamations. Mais il arrivait que ces employés se trouvaient retenus dans leurs divisions par des travaux urgents au moment où ils auraient dû se transporter pour vérifier les réclamations cadastrales, ce qui retardait le jugement des affaires. D'autre part, ils se trouvaient appelés à instruire des réclamations dirigées contre la confection duquel ils avaient coopéré. Ces inconvénients disparaissaient par la substitution de l'inspecteur au contrôleur. L'inspecteur ayant dû surveiller les opérations cadastrales pouvait donner un avis aussi éclairé, et se trouvant étranger aux discussions que le classement avait pu faire naître, il serait plus impartial (Circ. 15 mars 1827).

4623. — L'inspecteur adresse au maire un état nominatif des réclamants, lui donne avis du jour de son arrivée et l'invite à réunir les classificateurs, pour le jour et l'heure qu'il désigne. Le maire avertit les pétitionnaires, afin que ceux-ci assistent à la vérification ou s'y fassent représenter par leurs fondés de pouvoirs (art. 83).

4624. — L'inspecteur communique son itinéraire au directeur (art. 84).

4625. — Avant de se mettre en tournée, il rédige, en suivant l'ordre topographique, un tableau de toutes les parcelles

contre le classement desquelles on a réclamé. Il se rend ensuite dans la commune et de concert avec les classificateurs, et par comparaison avec les types ou étalons des classes où les parcelles sont rangées, il procède à la vérification des classements contestés. Il inscrit successivement, dans l'une des colonnes du tableau qu'il a préparé, l'avis des classificateurs sur le classement de chaque parcelle. Lorsque la vérification est terminée sur le terrain, il rédige, pour chaque réclamant, un état présentant le classement primitif de chaque parcelle, objet de la réclamation et l'avis des classificateurs sur chacune de ces parcelles; il donne connaissance aux propriétaires des demandes que les classificateurs ne sont point d'avis d'admettre ou qu'ils n'admettent qu'en partie (art. 85).

4626. — Si les propriétaires adhèrent à l'avis des classificateurs, cette adhésion est signée d'eux ou de leurs fondés de pouvoirs, sur l'état spécial rédigé par l'inspecteur (art. 86).

4627. — Les réclamations dont la vérification est entièrement terminée, sont renvoyées au directeur conformément à l'art. 29, L. 21 avr. 1832; la suite de l'instruction a lieu dans les formes ordinaires (art. 88).

4628. — Dans le cas d'absence des réclamants ou de refus d'adhérer à l'avis des classificateurs, l'inspecteur doit prévenir les propriétaires que, suivant les dispositions des art. 17 et 18, Arr. 24 flor. an VIII, ils peuvent requérir la contre-expertise dans le délai de vingt jours. Il leur fait connaître que cette opération s'exécute aux frais de la commune, lorsque la réclamation est reconnue fondée, tandis qu'elle est à la charge des réclamants, quand les demandes sont rejetées (art. 87).

4629. — Lorsque les classificateurs ont émis un avis défavorable à la réclamation du propriétaire, l'inspecteur doit informer le réclamant de ce refus et le mettre en demeure de demander l'expertise. Cette mise en demeure est de rigueur. Si elle n'avait pas été faite, l'instruction serait irrégulière et l'arrêté du conseil de préfecture devrait être annulé. — Cons. d'Et., 29 janv. 1839, Caillan, [P. adm. chr.]; — 25 avr. 1842, Stephan, [Leb. chr., p. 228]

4630. — Si les classificateurs refusent de donner leur avis sur une réclamation, le préfet peut nommer d'office un expert pour procéder aux avis des réclamants. — Cons. d'Et., 25 nov. 1831, Torterat, [P. adm. chr.]

4631. — L'inspecteur conserve entre ses mains les pétitions qui, pour la totalité ou pour une partie des classements contestés, peuvent éventuellement donner lieu à une contre-expertise (art. 89).

4632. — A l'expiration du délai de vingt jours, si le réclamant n'a point fait connaître ses intentions, son silence est considéré comme une adhésion à l'avis des classificateurs, et la pétition est immédiatement renvoyée au directeur (art. 90). — Cons. d'Et., 20 juin 1844, Petit des Rochettes, [P. adm. chr.]; — 21 mars 1848, de Noyans, [P. adm. chr.]

4633. — Comme les réclamations relatives au classement, celles qui sont dirigées contre la classification ou le tarif des évaluations doivent être soumises, en cas d'avis défavorable des classificateurs, à l'examen d'experts. — Cons. d'Et., 2 mai 1834, de Freytag et commune d'Avize, [P. adm. chr.]

4634. — L'expertise contradictoire, en cas d'avis contraire des classificateurs, est un droit pour le propriétaire. Lorsqu'il l'a demandée le conseil de préfecture ne pourrait statuer au fond sans l'ordonner. — Cons. d'Et., 2 août 1838, Gallouin, [S. 39. 2.315, P. adm. chr.] — 14 févr. 1839, de Melignan, [P. adm. chr.]

4635. — Même alors qu'il l'a demandée par avance avant que les classificateurs aient émis leur avis, le conseil ne peut se dispenser de l'ordonner. — Cons. d'Et., 28 mai 1857, Rossignol, [S. 58.2.304, P. adm. chr.]

4636. — Le réclamant seul peut demander l'expertise. S'il accepte l'avis des agents des contributions, moins favorable que celui des répartiteurs, le préfet ne peut ordonner une expertise. Il est obligé, s'il a besoin de renseignements, de les faire recueillir par des agents de l'administration. S'il a prescrit une expertise, le réclamant n'en supportera pas les frais. — Cons. d'Et., 6 févr. 1839, Gard, [Leb. chr., p. 104]

4637. — Si le réclamant persiste dans sa demande, il doit désigner son expert dans le délai fixé par l'art. 87. L'inspecteur informe le sous-préfet qu'il y a lieu à contre-expertise : cet administrateur nomme, dans les dix jours, l'expert de la commune, en prévient l'inspecteur, et ce dernier fixe et fait connaître aux

deux experts le jour où il sera procédé à la vérification (art. 91).

4638. — Il avait été jugé que les expertises sur les réclamations relatives au classement devaient être faites dans les formes prévues par l'arrêté du 24 flor. an VIII et la loi du 21 avr. 1832, et non pas selon les prescriptions de la loi du 2 mess. an VII. — Cons. d'Et., 30 juin 1846, Desmarets, [P. adm. chr.]; — 31 mai 1848, Fabre, [P. adm. chr.] — Aujourd'hui on devra suivre les règles posées par la loi du 17 juill. 1895.

4639. — Les propriétaires ne peuvent réclamer contre le classement de leurs propriétés que par comparaison avec les types ou étalons choisis pour chaque classe (art. 80). — Cons. d'Et., 14 avr. 1831, Larmagnac, [P. adm. chr.]; — 14 févr. 1839, précité; — 7 févr. 1848, Marouat, [P. adm. chr.]

4640. — Ils ne peuvent prétendre, par exemple, que des biens auraient dû être classés d'après le produit de leurs coupes des années précédentes. — Cons. d'Et., 22 juill. 1839, Riché-Judon, [Leb. chr., p. 406]

4641. — Les points de comparaison doivent être bien choisis. Ainsi, un propriétaire ne peut prendre pour terme de comparaison un bois qui aurait été classé par erreur dans une classe inférieure à celle dans laquelle il aurait dû être rangé. — Cons. d'Et., 25 mars 1858, Serrigny, [Leb. chr., p. 255]

4642. — Il ne pourra non plus indiquer des bois qui, n'ayant pas cessé d'appartenir à l'État, ne sont pas imposables et, dès lors, ne sont évalués que très-superficiellement et pour mémoire. — Cons. d'Et., 21 avr. 1858, Mareau, [S. 59.2.192, P. adm. chr., D. 59.3.104]

4643. — Les contribuables ne peuvent aller chercher des points de comparaison dans les communes voisines, parce qu'il n'y a pas de proportionnalité dans les évaluations de commune à commune. — Cons. d'Et., 8 janv. 1836, Le Blanc, [P. adm. chr.]

4644. — Au reste, les propriétaires des fonds qui ont été choisis pour types par les classificateurs, peuvent comme les autres attaquer le classement. — Cons. d'Et., 26 mars 1870, Chabert, [Leb. chr., p. 354]

4645. — Une ancienne décision déclare nulle une expertise à laquelle les classificateurs n'avaient pas assisté et dans laquelle on avait visité d'autres parcelles que celles visées dans la réclamation. — Cons. d'Et., 22 août 1839, Trippier-Montreuil, [P. adm. chr.]

4646. — Les experts doivent, à peine de nullité de l'expertise, vérifier les revenus de tous les termes de comparaison ou désignés par les requérants. Ils doivent avoir sous les yeux les états de sections et les matrices. Ils doivent refaire les évaluations d'après les règles prescrites par les lois et règlements sur le cadastre. — Cons. d'Et., 26 févr. 1823, Commune de Rognac, [P. adm. chr.]; — 25 déc. 1840, Noël, [P. adm. chr.]; — 12 avr. 1844, Falque, [P. adm. chr.]; — 31 mai 1848, Grulet-Mahin, [S. 48.2.635, P. adm. chr.]; — 9 juin 1868, Burgault, [S. 69.2.192, P. adm. chr.]

4647. — L'inspecteur fait des rapports particuliers sur chacune des demandes qui ont nécessité une contre-expertise (art. 92).

4648. — Si, dans la suite de l'instruction, il y a lieu de procéder à une contre-vérification, l'inspecteur qui a été chargé d'instruire la réclamation peut en être chargé. La disposition de l'art. 29, L. 21 avr. 1832, relative au contrôleur ne doit pas être étendue à l'inspecteur. — Cons. d'Et., 5 août 1854, Lefort, [Leb. chr., p. 749]

4649. — Les frais de vérification par experts demeurent à la charge de la commune, quel que soit, d'ailleurs, le nombre de parcelles vérifiées, lorsque le réclamant, par l'effet de la contre-expertise, obtient, dans son revenu cadastral, une réduction quelconque (art. 93).

4650. — Les réclamations contre le classement sont jugées par le conseil de préfecture dans les dix jours qui suivent la remise des rapports faits au préfet, afin que la réimposition ait lieu et que l'erreur ne se reproduise pas sur le rôle de l'année suivante (art. 94).

4651. — Le conseil de préfecture et le Conseil d'Etat en appel peuvent modifier le revenu cadastral assigné aux propriétés des réclamants. — Cons. d'Et., 5 janv. 1877, Bugeau, [Leb. chr., p. 19]

4652. — Si, par l'effet de la vérification des réclamations ou par suite des observations verbales ou écrites des propriétaires, il est reconnu que des propriétés ont été trop faiblement clas-

aés, l'inspecteur indique sur un tableau le classement primitif et les rectifications proposées. Ce tableau est arrêté par les classificateurs (art. 95).

4653. — Avant de quitter la commune, l'inspecteur informe les propriétaires de ces parcelles du changement proposé dans le classement de leurs fonds (art. 96).

4654. — Le propriétaire des parcelles dont le classement est rehaussé a le droit de demander qu'une nouvelle vérification ait lieu en sa présence, conformément aux dispositions de l'art. 83 (Déc. min. 16 sept. 1834).

4655. — Si les propriétaires n'adhèrent point immédiatement au changement de classe, l'inspecteur leur fait connaître, par écrit, qu'ils peuvent, dans les vingt jours suivants, réclamer contre la proposition des classificateurs, et désigner un expert pour qu'il soit procédé à la contre-expertise, dans les formes prescrites par l'arrêté du 24 flor. an VIII (aujourd'hui modifié par la loi du 17 juill. 1895) (art. 97).

4656. — Le délai de vingt jours expiré, si les propriétaires n'ont pas réclamé, leur silence est considéré comme une adhésion à la proposition des classificateurs, et le préfet autorise le directeur à opérer les rectifications nécessaires sur les matrices (art. 98).

4657. — Après la vérification des réclamations présentées dans les délais ordinaires, aucune rectification ne peut plus avoir lieu dans le classement primitif des parcelles (art. 99).

4658. — En résumé, les réclamations dirigées contre le classement cadastral diffèrent des autres réclamations sur quatre points : 1° le délai est de six mois au lieu de trois; 2° l'instruction est confiée à l'inspecteur et non au contrôleur; 3° ce sont les classificateurs et non les répartiteurs qui sont invités à donner leur avis; 4° enfin le délai pour demander l'expertise est de vingt jours au lieu de dix. Nous renvoyons pour le surplus au chapitre relatif aux réclamations.

Section IV.

Imposition des propriétés bâties.

4659. — Deux systèmes ont été suivis pour l'assiette de l'impôt sur les propriétés bâties : le système de la répartition, le système de la quotité. Nous allons en exposer successivement l'économie.

§ 1. Système de la répartition.

1° Des matrices cadastrales.

4660. — Le système de la répartition a été le premier et est resté longtemps en usage. Jusqu'à la loi du 8 août 1890, la contribution foncière sur les propriétés bâties est restée un impôt de répartition. Nous avons vu d'après quelles règles ces propriétés étaient évaluées. Comme les fonds de terre, les maisons et les usines étaient soumises à la législation cadastrale. Leur évaluation était faite par les mêmes personnes, c'est-à-dire par les classificateurs assistés par un contrôleur.

4661. — Les maisons pouvaient, dans les communes rurales, être divisées en dix classes au plus. Dans les villes, bourgs et communes très-peuplés, elles n'étaient point susceptibles d'être divisées en classes; chaque maison était évaluée séparément. Cette division n'était pas applicable non plus aux usines, fabriques et manufactures; chacune de ces propriétés devait recevoir une évaluation particulière (R. M., art. 539, 540, 541; Régl. 10 oct. 1821, art. 20).

4662. — Dans les communes où les maisons étaient évaluées séparément et non rangées en classes, un propriétaire avait le droit d'exiger que chacun de ses immeubles, alors même qu'ils seraient situés à la banlieue, fût évalué séparément. — Cons. d'Et., 27 déc. 1854, Maze et Junca, [Leb. chr., p. 1007]

4663. — Dans les villes de quelque importance, la matrice était faite en deux parties. La première comprenait les maisons et jardins situés à l'intérieur des villes. Cette partie était rédigée par rue et par numéro des maisons. Il y était ouvert autant d'articles que les propriétaires possédaient de maisons, sauf le cas où un propriétaire de maisons contiguës en demandait la réunion en un seul article. La table alphabétique des noms des propriétaires indiquait le nom des rues et le numéro des maisons. La seconde partie des matrices des villes comprenait les propriétés situées dans le territoire rural et la banlieue. Elle était

rédigée comme celle des matrices rurales (Circ. 10 mars 1825, art. 11).

4664. — Les évaluations des propriétés bâties étaient consignées, au lendemain de la loi du 15 sept. 1807, sur une matrice cadastrale spéciale. Le contingent de la commune était réparti par le directeur entre la propriété bâtie et la propriété non bâtie au prorata de leur allivrement cadastral. La loi du 31 juill. 1821 réunit les deux matrices en une seule et ce régime subsista jusqu'en 1881.

4665. — Depuis la loi du 29 juill. 1881, il est fait une matrice spéciale pour les propriétés bâties. Elle présente les noms des propriétaires et réunit, sous le nom de chacun, les propriétés bâties lui appartenant, ainsi que les chantiers, lieux de dépôt de marchandises estimés en raison de leur valeur locative. Cette matrice a été dressée à l'aide de bulletins préparés à la direction, pour chaque folio de la matrice cadastrale unique qui comprenait des propriétés bâties (Circ. 22 avr. 1882). Chaque nature de propriété a son contingent spécial.

2° Proportionnalité des évaluations.

4666. — La contribution foncière étant un impôt de répartition, il fallait, pour que cette opération fût correcte, que les évaluations fussent proportionnelles entre elles. On se rappelle que par des réunions graduelles des contingents et des revenus matriciels des cantons cadastrés, les auteurs de la loi de 1807 espéraient arriver à une péréquation de l'impôt dans toute la France. Mais depuis la loi de 1821, qui limitait au territoire de chaque commune les effets du cadastre, il importait assez peu que les revenus portés sur les matrices fussent en correspondance avec les revenus réels, déduction faite des frais de dépérissement et de réparation. L'usage s'était introduit de réduire d'une quotité déterminée à l'avance tous les revenus : cela s'appelait la proportion d'atténuation. Pour que l'impôt fût convenablement réparti, il fallait et il suffisait que la même proportion d'atténuation, c'est-à-dire le rapport existant entre le revenu réel et le revenu cadastral, eût été appliqué à toutes les propriétés de la commune.

4667. — Avant la loi du 8 août 1890, il fallait que la valeur locative de chaque immeuble fût proportionnelle à celle attribuée à la généralité des immeubles de la commune. On devait procéder par comparaison, non avec un certain nombre de maisons ou même avec toutes les maisons d'un quartier, mais avec l'ensemble des propriétés bâties. — Cons. d'Et., 24 juin 1857, Arthaud, [S. 58.2.302, P. adm. chr.]; — 7 août 1869, Faleimagne, [Leb. chr., p. 750]

4668. — Il fallait aussi tenir compte de la proportion d'atténuation admise dans la commune. — Cons. d'Et., 5 janv. 1877, Salase, [Leb. chr., p. 18]; — 26 mars 1886, Truffaut, [Leb. chr., p. 277]

4669. — Cette règle de la proportionnalité des évaluations avait reçu une nouvelle consécration de la loi du 17 août 1835. Le revenu foncier des nouvelles constructions devait être établi proportionnellement de telle sorte que ces propriétés fussent cotisées comme les autres propriétés bâties de la commune (L. 17 août 1835, art. 2; Instr. 20 sept. 1853, art. 78; Instr. 2 mars 1886, art. 89).

4670. — Le Conseil d'Etat avait décidé que lorsque le revenu cadastral attribué aux constructions nouvelles d'une ville n'était pas proportionnel aux évaluations contemporaines soit du cadastre, soit de la dernière évaluation générale des propriétés bâties, il y avait lieu de renvoyer les réclamants devant l'administration pour y être procédé à un nouveau calcul du revenu foncier de leurs immeubles. — Cons. d'Et., 9 août 1889, Borelly, [Leb. chr., p. 967]

4671. — Voici quelles étaient les instructions données aux agents chargés d'évaluer les constructions nouvelles. Pour imposer à la contribution foncière, conformément à l'art. 2, L. 17 août 1835, les maisons et usines nouvellement construites ou reconstruites et revenues imposables, on devait déterminer le revenu cadastral à assigner à ces bâtiments par comparaison directe avec les revenus cadastraux des autres propriétés bâties de la commune (Instr. 2 mars 1886, art. 89).

4672. — Lorsque, notamment dans les grandes villes, la fixation du revenu cadastral des constructions nouvelles par voie de comparaison directe présenterait des difficultés, on pourrait le calculer en appliquant au revenu net imposable des immeubles une proportion d'atténuation établie par le directeur d'après les

ventilations des propriétés bâties de la dernière période décennale. Mais on devrait, autant que possible, donner la préférence au mode de procéder indiqué dans l'article précédent. Le contrôleur pourrait substituer à la proportion d'atténuation qui lui aurait été communiquée par le directeur une proportion différente s'il avait acquis la certitude que la proportion établie par la direction n'exprimait pas exactement le rapport existant entre le revenu cadastral des propriétés bâties et leur revenu net imposable (art. 90).

4673. — Les propriétés bâties nouvellement construites devaient être cotisées eu égard à l'ensemble des autres propriétés bâties de la commune et non eu égard aux maisons voisines prises pour seuls termes de comparaison. — Cons. d'Et., 29 juin 1853, Rochon, [Leb. chr., p. 634]; — 25 avr. 1855, Jarre, [Leb. chr., p. 294]; — 23 févr. 1877, Turq, [Leb. chr., p. 173]

4674. — Dans le cas où il était fait usage de la proportion d'atténuation pour la fixation du revenu cadastral des propriétés bâties, on déterminait, pour chacun des bâtiments à imposer, un revenu moyen conclu de la valeur locative dont ce bâtiment aurait été susceptible, s'il avait existé dans les dix dernières années; ce revenu moyen, réduit d'un quart pour les maisons et d'un tiers pour les usines, formait le revenu net imposable auquel la proportion dont il s'agit devait être appliquée (art. 91).

4675. — Le Conseil d'État a eu à se prononcer sur cette question dans une série d'affaires où les réclamants, propriétaires de maisons à Paris, construites antérieurement à la dernière évaluation décennale, se plaignaient de ce que leurs maisons étaient évaluées d'après une proportion d'atténuation inférieure à celle qui était appliquée aux maisons nouvelles construites dans d'autres quartiers. Il a reconnu aux agents de l'administration le droit de ne pas appliquer une proportion d'atténuation uniforme à toutes les maisons d'une grande ville, parce que dans certains quartiers les baux ne représentent pas la valeur locative réelle des immeubles. — Cons. d'Et., 29 nov. 1889, de Lauverjat, [St. et P. 92.3.23]; — 18 avr. 1890, Pérignon, [Leb. chr., p. 404]; — 27 juin 1891, Lecasble, [Leb. chr., p. 497]; — 26 déc. 1891, Richard, [Leb. chr., p. 807]; — 9 déc. 1892, Société immobilière marseillaise, [Leb. chr., p. 877]

4676. — Une circulaire du 22 mars 1883 a fixé les règles d'évaluation du revenu cadastral des constructions nouvelles. Quelques agents avaient pensé que, pour obtenir la valeur locative moyenne des nouvelles constructions d'une ville pendant les dix dernières années, il fallait rechercher dans quelle proportion l'ensemble des valeurs locatives de la commune avait augmenté ou diminué pendant la dernière période décennale et appliquer ensuite indistinctement à la valeur locative réelle actuelle de tous les nouveaux bâtiments les résultats de ce calcul. Cette manière de voir était erronée. En procédant ainsi, on serait arrivé, dans une même localité, à atténuer abusivement le revenu cadastral des maisons édifiées dans les quartiers prospères, au détriment des immeubles situés dans les quartiers moins favorisés. Il fallait au contraire considérer isolément chaque maison à imposer et rechercher, en la comparant aux maisons plus anciennes qui se trouvaient dans des conditions identiques au point de vue de la situation et de l'importance, dans quelle mesure sa valeur locative actuelle eût été modifiée, soit en plus, soit en moins, si elle eût existé pendant la dernière période décennale.

4677. — Dans les communes où les maisons étaient divisées en classes, les nouveaux bâtiments devenus imposables devaient être rangés dans celles de ces classes renfermant des termes de comparaison de même valeur, ou, du moins, ne présentant pas avec les immeubles qu'il s'agissait d'imposer, des différences plus grandes que celles pouvant exister entre le type supérieur et le type inférieur d'une même classe. Mais s'il ne se rencontrait pas de classes dans lesquelles pussent être rangées les constructions à imposer, il y avait lieu d'attribuer à celles-ci des évaluations proportionnelles à leur valeur réelle comparée à la valeur des maisons préexistantes, soit que ces évaluations dussent prendre place entre les classes établies, soit qu'elles dussent être portées au-dessus de la première classe ou au-dessous de la dernière (art. 92). — Cons. d'Et., 16 juill. 1861, Ellie, [Leb. chr., p. 592]

4678. — Dans les communes ou portions de communes qui avaient été réunies postérieurement au cadastre, il ne fallait pas considérer la nouvelle commune dans son ensemble, que l'on opérât par voie de comparaison ou que l'on eût recours à la proportion d'atténuation. On devait, jusqu'à la révision des évalua-

tions des propriétés bâties de la commune, agir à l'égard de chaque section comme si elle formait une commune distincte (R. M., art. 903) (art. 93).

4679. — Lorsque les additions de construction affectaient sensiblement la consistance et la valeur de l'immeuble agrandi, elles pouvaient donner lieu à une nouvelle évaluation de l'ensemble de la propriété. Mais on devait se borner à déterminer l'augmentation en raison du revenu particulier de l'addition de construction, lorsque cette addition ne constituait pas une modification importante ou lorsqu'elle consistait dans une construction accessoire, comme celle de bureaux, d'écuries, de remises, ajoutés à une maison. Dans tous les cas le revenu cadastral total afférent à la maison agrandie était inscrit en un seul chiffre sur la feuille de mutation, à moins que les nouvelles constructions ne fissent pas corps avec les anciennes, auquel cas elles devaient recevoir une évaluation cadastrale distincte (art. 94).

4680. — S'il avait été commis une erreur dans l'évaluation primitive d'une propriété bâtie, ou si cette évaluation ne se trouvait plus en rapport avec celles des autres propriétés bâties de la commune, on ne pouvait, à l'occasion d'une addition de construction ou d'une démolition partielle, ni réparer l'erreur, ni rétablir l'égalité proportionnelle, sauf le cas où, par suite de la modification totale de l'immeuble, l'ensemble des constructions devait être évalué à nouveau. L'agrandissement ou la diminution de la propriété devait être apprécié intrinsèquement et les contingents modifiés en conséquence : c'était au contribuable à réclamer, le cas échéant, par la voie contentieuse (art. 95). — Cons. d'Et., 15 avr. 1863, Charrier, [P. adm. chr.]

4681. — En cas de surtaxe reconnue par suite de réclamation présentée contre l'imposition d'une construction, le dégrèvement accordé n'était pas réimposé; il était imputé sur le fonds de non-valeurs (art. 96).

4682. — Mais il y avait lieu de rechercher, quand il s'agissait d'une surtaxe affectant une maison qui avait reçu une addition de construction, si l'exagération était applicable à l'estimation de cette addition ou si elle provenait de l'évaluation ancienne de l'immeuble. Dans cette dernière hypothèse, le dégrèvement devait être réimposé comme il l'aurait été si la réclamation avait précédé l'augmentation de construction, et le contingent ne devait pas être modifié (art. 96).

4683. — En cas de démolition partielle, lorsqu'il n'était plus possible d'apprécier l'importance de la portion disparue, il devait être procédé à une nouvelle évaluation de la construction restée debout (art. 98).

4684. — Quand une maison évaluée en bloc au moment du cadastre venait à être démolie partiellement, il devait être opéré sur la masse du revenu cadastral une diminution correspondante à la démolition, alors même qu'en maintenant l'ancien revenu total le bâtiment restant n'aurait pas été surtaxé. — Cons. d'Et., 4 mai 1839, Laurent, [Leb. chr., p. 323]

3° *Inapplicabilité du principe de la fixité des évaluations.*

4685. — Le principe de la fixité des évaluations n'était pas appliqué aux propriétés bâties. « Les revenus des propriétés bâties, disait Defermon en présentant au Corps législatif le projet de loi qui devint la loi du 15 sept. 1807, sont sujets à bien plus de variations que les propriétés rurales et, si on les confondait dans le cadastre avec celles-ci, il serait trop difficile de remédier aux changements qu'elles subissent : aussi, quoiqu'on propose de déclarer inadmissible toute réclamation ou surtaxe pour des propriétés rurales, à moins que par un événement extraordinaire elles ne vinssent à disparaître, on propose de continuer d'admettre ces réclamations pour les propriétés bâties. »

4686. — Les propriétaires des propriétés bâties, portait l'art. 38, L. 15 sept. 1807, continueront d'être admis à se pourvoir en décharge ou en réduction, dans le cas de surtaxe ou de destruction totale ou partielle de leurs bâtiments, et en remise ou modération dans le cas de la perte totale ou partielle de leur revenu d'une année. Le montant des décharges et réductions continuera d'être réimposé pour la partie qui ne se trouverait pas couverte par la portion du fonds de non-valeurs qui n'aurait pas été consommée en remises ou modérations.

4687. — Par suite, au lieu que par cette loi les évaluations des propriétés non bâties étaient fixées une fois pour toutes et désormais immuables, les propriétés bâties restaient soumises à l'art. 102, L. 3 frim. an VII, aux termes duquel l'évaluation du

revenu imposable des maisons et usines serait revisée et renouvelée tous les dix ans. Mais cette prescription n'avait jamais été considérée par l'administration comme impérative. La révision n'avait lieu que lorsque le conseil municipal l'avait demandée et avait voté les ressources nécessaires pour y faire face. Lorsqu'elle était autorisée par le préfet, il y était procédé par des classificateurs assistés du contrôleur, et il était procédé aux évaluations conformément aux prescriptions des règlements sur le cadastre. L'état des évaluations, arrêté par le conseil municipal, était soumis à l'approbation de la commission départementale.

4688. — Dans l'intervalle même de ces révisions décennales, des modifications pouvaient être apportées au revenu cadastral des propriétés bâties. Les propriétaires ayant chaque année le droit de réclamer contre le revenu cadastral attribué à leurs maisons, la jurisprudence en avait conclu que les répartiteurs avaient chaque année le droit de rectifier les évaluations qui leur paraissaient erronées et insuffisantes. — Cons. d'Ét., 11 avr. 1837, Cannet des Aulnois, [P. adm. chr.]; — 6 nov. 1839, Délibéré-Duret, [Leb. chr., p. 516]; — 12 avr. 1844, Jousselin, [P. adm. chr.]; — 26 déc. 1891, Journot, [Leb. chr., p. 803]

4689. — Mais, en 1848, la jurisprudence avait changé par le motif que si l'art. 102, L. 3 frim. an VII, disposait que l'évaluation du revenu imposable des maisons et usines serait revisée et renouvelée tous les dix ans, aucune disposition de loi ni de règlement n'autorisait les répartiteurs à modifier le revenu imposable d'une maison ou d'une usine, hors le cas de changement apporté à ladite maison ou usine, tant qu'il n'avait pas été procédé à la révision des opérations cadastrales de toute la commune. — Cons. d'Ét., 7 sept. 1848, Poisson, [P. adm. chr., D. 48.3.2]; — 23 mars 1855, Pinel-Pagès, [S. 55.2.651, P. adm. chr., D. 55.3.89]; — 4 mai 1859, Cordier, [Leb. chr., p. 324]; — 28 juin 1865, Godeau, [Leb. chr., p. 671]; — 6 juin 1866, Benoit, [Leb. chr., p. 602]; — 15 juill. 1868, Ville de Montpellier, [Leb. chr., p. 780]; — 27 avr. 1872, Gauthier, [Leb. chr., p. 248]; — 13 janv. 1888, Cestrières, [Leb. chr., p. 18]; — 25 avr. 1890, Cie du Midi, [Leb. chr., p. 448]

4690. — Le Conseil d'État avait d'ailleurs décidé que l'inobservation de la prescription contenue dans l'art. 102, L. 3 frim. an VII, ne pouvait servir de base à une demande en décharge ou réduction. — Cons. d'Ét., 9 août 1889, Borelly, [Leb. chr., p. 967]

4691. — Lorsque le revenu cadastral d'une maison a été fixé par une décision en Conseil d'Etat ou sur une décision du conseil de préfecture passée en force de chose jugée, ce revenu ne pouvait plus être modifié que par une révision générale des évaluations cadastrales, si aucune modification n'était apportée à l'immeuble. — Cons. d'Ét., 18 juill. 1855, Coiffier, [S. 56.2.250, P. adm. chr., D. 56.3.16]; — 20 juill. 1888, Dudellaud, [Leb. chr., p. 656]

4692. — Les additions de construction, les changements et améliorations qui accroissaient la valeur locative d'une maison, donnaient aux répartiteurs le droit d'élever le revenu cadastral. — Cons. d'Ét., 27 avr. 1838, Lasserre, [Leb. chr., p. 82]; — 18 mars 1857, Horeau, Lasserre, [Leb. chr., p. 218]; — 5 janv. 1858, Rougé, [Leb. chr., p. 4]; — 21 sept. 1859, Beuret, [Leb. chr., p. 630]; — 6 juin 1866, précité; — 14 nov. 1873, Lorain, [Leb. chr., p. 809]; — 4 mars 1881, Deilhes, [Leb. chr., p. 251]; — 16 janv. 1885, Badil, [Leb. chr., p. 42]; — 1er mai 1885, Mercier, [Leb. chr., p. 453]; — 12 juin 1885, Fontaine, [Leb. chr., p. 568]; — 8 nov. 1878, Juintini, [Leb. chr., p. 461]; — 27 déc. 1890, Chassefière, [Leb. chr., p. 1024]; — 2 avr. 1892, Dugué, [Leb. chr., p. 345]

4693. — Cependant, tous les changements apportés à un immeuble n'étaient pas de nature à élever le revenu cadastral. Nous indiquerons, à titre d'exemple, les cas dans lesquels le Conseil d'Etat avait reconnu aux répartiteurs le droit de modifier le revenu cadastral. Quand il s'agissait d'une maison d'habitation : la construction d'un corps de bâtiment nouveau, d'une remise ou d'une écurie, d'un pavillon de jardin, d'une cuisine. — Cons. d'Ét., 6 août 1875, Fouinat, [Leb. chr., p. 773]; — 18 fév. 1876, Lombard-Manluy, [Leb. chr., p. 174]; — 22 mars 1878, Champagne, [Leb. chr., p. 320]; — 20 déc. 1878, Brémond, [Leb. chr., p. 1046]; — 27 fév. 1880, Dupeyroux, [Leb. chr., p. 221]; — 4 août 1882, Nédouchelle, [Leb. chr., p. 749]; — 1er fév. 1890, Postel, [Leb. chr., p. 117]; — ... L'addition d'un étage, l'établissement d'une terrasse, — Cons. d'Ét., 16 avr. 1870, Oulmière-Gauthier, [Leb. chr., p. 474]; — 27 avr. 1872, Gauthier, [Leb.

chr., p. 248]; — 7 août 1874, Hamel, [Leb. chr., p. 788]; — 9 juin 1882, Méric, [Leb. chr., p. 539]

4694. — ... La transformation d'une serre, d'un rez-de-chaussée, d'un grenier, de magasins en pièces destinées à l'habitation — Cons. d'Ét., 13 déc. 1854, Vauchel, [P. adm. chr.]; — 19 déc. 1855, Guillet, [Leb. chr., p. 738]; — 23 mai 1860, Blondel, [Leb. chr., p. 410]; — 28 juin 1865, de Biliotti, [Leb. chr., p. 671]; — 16 avr. 1870, précité; — 27 avr. 1872, précité; — 7 août 1874, précité; — 23 févr. 1877, Baudesson de Vieux-champs, [Leb. chr., p. 172]; — 22 mars 1878, précité; — 13 avr. 1881, Niquevert, [Leb. chr., p. 440]

4695. — ... La démolition d'anciennes constructions et leur remplacement par des constructions d'une valeur locative supérieure. — Cons. d'Ét., 18 fév. 1876, précité; — 8 juill. 1887, C. d'Orléans, [Leb. chr., p. 550]

4696. — Quand il s'agissait d'une usine : toutes les améliorations qui augmentent la valeur locative. — Cons. d'Ét., 21 sept. 1859, précité; — 12 mai 1876, Touzet, [Leb. chr., p. 433]; — 17 mai 1878, Lamorte, [Leb. chr., p. 465]; — 1er fév. 1878, Linard, [Leb. chr., p. 105]; — 27 juin 1879, Caubain, [Leb. chr., p. 534]

4697. — ... L'établissement de machines faisant partie intégrante de l'usine. — Cons. d'Ét., 15 mars 1878, Linard, [Leb. chr., p. 294]; — 23 janv. 1880, Paris, [Leb. chr., p. 94]; — 23 juin 1882, Benil-Lefèvre, [D. 84.3.10]; — 8 févr. 1884, Runel, [D. 85.3.126]

4698. — Mais on ne pouvait se fonder sur ce qu'un propriétaire avait effectué dans sa maison des travaux qui n'ajoutaient rien à sa valeur locative pour relever un revenu cadastral jugé insuffisant et réparer ainsi une erreur d'évaluation. — Cons. d'Ét., 28 juin 1865, Godeau, [Leb. chr., p. 671]; — 11 févr. 1876, Pernot, [Leb. chr., p. 141]

4699. — Ainsi, lorsque des constructions nouvelles avaient accru la valeur locative d'une maison, le revenu cadastral devait être élevé dans la proportion de l'accroissement de valeur locative qui en résultait pour la maison, et il y avait lieu de tenir compte de la plus-value que ces constructions avaient pu donner au reste de la maison ; mais les répartiteurs ne devaient pas profiter de cette occasion pour reviser l'évaluation de la maison tout entière. — Cons. d'Ét., 15 avr. 1863, Charrier, [P. adm. chr.]

4700. — De même, des modifications apportées aux dispositions intérieures d'un appartement et n'ayant nécessité que des travaux de minime importance ne devaient pas donner lieu à la révision du revenu cadastral en dehors d'une révision générale. — Cons. d'Ét., 1er fév. 1890, Saint-Arroman, [Leb. chr., p. 117]

4701. — A l'égard des établissements industriels dont la côte se composait d'un grand nombre d'éléments, bâtiments d'habitation, bâtiments industriels, magasin, outillage fixe, les agents de l'administration avaient chaque année le droit de vérifier si tous les éléments étaient imposés et de réparer les omissions qui avaient pu être commises. — Cons. d'Ét., 13 févr., 14 mai, 22 juill. et 11 nov. 1892, Cie d'Orléans, [Leb. chr., p. 154, 450, 635, 742]; — 26 févr. 1892, Dugué, [Leb. chr., p. 189]; — 27 mai 1892, Mamour, [Leb. chr., p. 489]

4702. — D'après l'art. 38, L. 15 sept. 1807, les propriétaires de propriétés bâties pouvaient chaque année contester le revenu assigné à leurs maisons. — Cons. d'Ét., 23 juin 1830, Abet, [S. chr., P. adm. chr.]; — 8 févr. 1833, Lasserre, [P. adm. chr.]; — 8 août 1834, Bordel-Giey, [S. chr., P. adm. chr.]; — 28 déc. 1836, Morin d'Anvers, [P. adm. chr.]

4703. — Le délai de six mois fixé par l'art. 9, Ord. 3 oct. 1821, pour les réclamations dirigées contre le classement des propriétés non bâties ne s'appliquait pas aux réclamations relatives à l'évaluation du revenu cadastral des propriétés bâties. — Ces réclamations n'étaient soumises à aucundélai. — Cons. d'Ét., 6 mars 1835, Brulé, [Leb. chr., p. 66]; — 22 juill. 1835, Delagarde, [Leb. chr., p. 163]; — 19 janv. 1836, Milliard, [Leb. chr., p. 256]; — 26 déc. 1840, Duret, [Leb. chr., p. 450]; — 30 nov. 1841, Parpaite, [Leb. chr., p. 525]; — 23 déc. 1845, Changeur, [S. 46.2.219, P.adm.chr., D. 46.3.84]; — 25 mars 1846, Jousset, [P. adm. chr.]; — 26 avr. 1847, Bertin, [P. adm. chr.]; — 21 mai 1847, Lefèbvre, [P. adm. chr.]; — 27 août 1854, de Choiseul, [Leb. chr., p. 467]; — 5 janv. 1858, Vieillard, [Leb. chr., p. 3]; — 7 déc. 1859, Guès, [Leb. chr., p. 69]; — 25 avr. 1860, Thiry, [Leb. chr., p. 346]; — 20 févr. 1880, Abeille, [Leb. chr., p. 193]

4704. — Quand une réclamation relative à une propriété

32

bâtie avait été rejetée pour une année, le propriétaire pouvait la renouveler l'année suivante sans qu'on pût lui opposer, comme aux propriétaires de fonds de terres, l'exception de chose jugée. — Cons. d'Et., 6 mars 1835, Trubert, [P. adm. chr.]

4705. — Cependant le Conseil d'Etat décidait qu'un contribuable, qui avait accepté l'évaluation faite du revenu de sa maison, ne pouvait plus, tant qu'il ne s'était pas produit de changement dans l'état de sa propriété, réclamer contre cette évaluation. — Cons. d'Et., 27 juin 1834, Modas, [Leb. chr. p. 539]

4706. — Lorsqu'une maison était démolie, le propriétaire devait obtenir décharge de la taxe afférente à l'élévation. Il n'y avait pas lieu de distinguer entre les destructions provenant d'un événement de force majeure et les démolitions volontaires. L'art. 38, L. 15 sept. 1807, était conçu en termes absolus. — Cons. d'Et., 1er nov. 1838, Bougarel, [S. 39.2.511, P. adm. chr.]

4707. — Toutefois, la décharge ou la réduction n'était due qu'à partir du 1er janvier de l'année qui suivait celle de la démolition. — Cons. d'Et., 8 févr. 1890, Quatremain, [Leb. chr., p. 153]; — 2 juill. 1892, Fournier, [Leb. chr., p. 596]

4708. — Jusque-là le principe d'annualité, qui s'applique à toutes les contributions directes, s'opposait à ce qu'il fût accordé au propriétaire de la maison qui venait à être détruite, soit par un incendie, soit par une démolition volontaire, décharge des douzièmes restant à échoir jusqu'à la fin de l'année. Pendant quelque temps, la jurisprudence du Conseil d'Etat avait décidé que le propriétaire avait droit à obtenir décharge du jour où la démolition était terminée. — Cons. d'Et., 1er nov. 1838, précité; — 5 févr. 1841, Dessaigne, [P. adm. chr.]; — 17 août 1841, Cardenier-Poitevin, [P. adm. chr.]; — 24 mars 1843, Granger, [Leb. chr., p. 99]; — 24 mars 1849, Mer, [P. adm. chr., D. 49.3.31]

4709. — D'après cette jurisprudence, les demandes en dégrèvement fondées sur une démolition effectuée en cours d'année constituaient des demandes en décharge de la compétence du conseil de préfecture. — Cons. d'Et., 9 avr. 1849, Guest, [S. 49.2.446, P. adm. chr., D. 49.3.51]; — 27 mai 1857, Delermoy, [P. adm. chr., D. 58.3.60]

4710. — ... Et qui devaient être présentées dans les trois mois à compter du jour de la destruction de la maison. — Cons. d'Et., 6 avr. 1849, précité.

4711. — Il avait été jugé que si, au 1er janvier, la démolition était commencée et se poursuivait, le propriétaire avait droit d'obtenir décharge, même s'il occupait encore une pièce de la quelle il surveillait les travaux. — Cons. d'Et., 31 mai 1833, Auguin, [S. 34.2.635, P. adm. chr.]

4712. — Mais dès cette époque, la jurisprudence était hésitante. On trouve des décisions conçues dans le sens qui avait fini par prévaloir, à savoir que les réclamations afférentes aux contributions de l'année même où s'opérait la démolition constituaient des demandes en remise ou modération de la compétence du préfet. — Cons. d'Et., 22 juin 1848, Perchain, [S. 48.2.704, D. 49.3.51]; — 1er déc. 1849, Taffin, [P. adm. chr., D. 50.3.26]; — 1er juin 1850, Béchetoille, [P. adm. chr.]; — 11 janv. 1853, Zéder, [P. adm. chr., D. 53.3.42]; — 10 nov. 1853, Ville de Bar-le-Duc, [P. adm. chr.]; — 14 déc. 1853, Blain, [Leb. chr., p. 1052]; — 18 févr. 1854, Bonnet, [D. 54.5.197]; — 29 nov. 1854, Berland, [P. adm. chr., D. 55.3.116]; — 10 sept. 1856, Turban, [P. adm. chr.]; — 5 janv. 1858, Delgutte, [D. 58.3.44]; — 9 mars 1859, Médard, [S. 59.2.304]; — 6 mars 1861, Mareau, [P. adm. chr.]; — 14 nov. 1873, Huguet, [Leb. chr., p. 808]; — 9 nov. 1877, Labouret, [Leb. chr., p. 852]; — 8 févr. 1878, Legrand, [Leb. chr., p. 134]; — 22 mars 1878, Boulot, [Leb. chr., p. 322]

4713. — A partir du 1er janvier qui suivait la démolition, décharge était due. Les réclamations constituaient des demandes en décharge ou réduction sur lesquelles il n'appartenait qu'aux conseils de préfecture de statuer. — Cons. d'Et., 22 nov. 1836, de Schulemberg, [P. adm. chr.]; — 1er nov. 1838, précité; — 27 déc. 1854, Albouy, [P. adm. chr.]; — 29 mars 1878, Lapetite, [Leb. chr., p. 341]; — 25 févr. 1881, Larrigan, [Leb. chr., p. 221]; — 10 mars 1882, Pagel, [Leb. chr., p. 233]; — 14 mars 1884, Morin, [Leb. chr., p. 198]; — 18 juill. 1884, Bonnau du Martroy, [Leb. chr., p. 611]; — 1er août 1884, Aumont, [Leb. chr., p. 674]; — 10 juill. 1885, Delamare, [Leb. chr., p. 655]; — 8 févr. 1890, précité; — 21 mai 1892, Lebourgeois, [Leb. chr., p. 473]

4714. — Le préfet qui se saisissait d'une réclamation tendant à obtenir un dégrèvement pour une démolition effectuée l'année

précédente et qui y statuait comme sur une demande en remise, commettait un excès de pouvoir; et son arrêté devait être annulé et le réclamant renvoyé devant le conseil de préfecture. — Cons. d'Et., 27 déc. 1854, précité; — 22 mars 1878, précité.

4715. — La contribution établie au 1er janvier était due pour l'année entière, quels que fussent les événements qui venaient à se produire dans le cours de l'année, démolition, transformation en bâtiment rural, cessation d'exploitation, expiration d'un bail. — Cons. d'Et., 7 juin 1855, Terpau, [D. 55.3.92]; — 29 août 1871, Legrain, [Leb. chr., p. 133]; — 22 févr. 1878, Ruteau, [Leb. chr., p. 197]; — 18 mars 1881, Société céramique, [Leb. chr., p. 302]; — 6 nov. 1885, Wagner, [Leb. chr., p. 813]; — 26 déc. 1885, Picard, [Leb. chr., p. 1004]; — 8 févr. 1890, Morosolli, [Leb. chr., p. 147]

4716. — La destruction complète d'une maison n'était pas le seul motif de décharge. Elle était due encore si une maison d'habitation devenait inhabitable soit à raison de sa vétusté. — Cons. d'Et., 29 juin 1883, Giafferi, [Leb. chr., p. 606]; — 27 févr. 1892, Rousselot, [Leb. chr., p. 226]; — 27 mai 1892, de la Forêt, [Leb. chr., p. 488]

4717. — ... Soit par suite de la transformation en bâtiment d'exploitation rurale. — Cons. d'Et., 9 avr. 1867, Delarue, [Leb. chr., p. 358]; — 23 mai 1873, Jalabert, [Leb. chr., p. 444]; — 7 janv. 1876, Ruteau, [Leb. chr., p. 11]; — 6 août 1880, Bridel, [Leb. chr., p. 723]

4718. — Mais, dans ce cas, il était nécessaire que le caractère nouveau de la maison ne fût pas douteux. Si les pièces restaient cloisonnées, plafonnées, ou étaient employées seulement comme magasins ou lieux de dépôt, l'imposition devait être maintenue. — Cons. d'Et., 8 nov. 1872, Taille, [Leb. chr., p. 555]; — 15 mai 1874, Augé, [Leb. chr., p. 438]; — 19 juin 1874, Beigbeder, [Leb. chr., p. 572]

4719. — La transformation d'un établissement industriel en bâtiment rural ne résultait pas seulement de la cessation de l'industrie qui y était exercée. — Cons. d'Et., 16 nov. 1825, Salmon, [P. adm. chr.]; — 4 nov. 1887, Moreau, [Leb. chr., p. 676]

4720. — Tant que la maison restait habitable, l'imposition était due même si elle était dégradée et, en fait, inhabitée. — Cons. d'Et., 8 juill. 1887, Cie d'Orléans, [Leb. chr., p. 530]; — 2 mars 1888, Varnier, [Leb. chr., p. 219]; — 13 févr. 1892, Malet, [Leb. chr., p. 158]; — 27 févr. 1892, précité; — 6 août 1892, Grée, [Leb. chr., p. 695]

4721. — Si les détériorations étaient telles qu'on ne pût plus utiliser l'usine, le propriétaire pouvait seulement solliciter une remise. — Cons. d'Et., 7 janv. 1858, Jackson, [Leb. chr., p. 31]; — 30 déc. 1869, Moreau, [S. 71.2.80, P. adm. chr.]; — 15 mai 1874, Thomas, [Leb. chr., p. 438]

4722. — Tant que subsistaient les principaux appareils de fabrication, l'imposition devait être maintenue. — Cons. d'Et., 3 août 1877, Menut, [Leb. chr., p. 774]; — 9 nov. 1877, Pascal, [Leb. chr., p. 852]; — 6 nov. 1880, Vramant, [Leb. chr., p. 832]; — 22 mai 1885, Société des usines de Sarthe et Mayenne, [Leb. chr., p. 527]; — 10 juin 1887, Bastien, [Leb. chr., p. 464]; — 8 juill. 1887, Cie d'Orléans, [Leb. chr., p. 532]

4723. — Mais décharge était due si une usine était parvenue à un état de délabrement tel qu'elle ne pouvait plus fonctionner ni ne répondait plus à sa destination. — Cons. d'Et., 17 févr. 1843, Carvillon-Destillières, [P. adm. chr.]; — 30 nov. 1852, Girardey, [S. 53.2.366, P. adm. chr.]; — 5 févr. 1864, Bougueret, [P. adm. chr.]; — 11 févr. 1870, Lemarié, [Leb. chr., p. 65]; — 12 mai 1876, Touzet, [Leb. chr., p. 433]; — 8 mars 1878, Sicre, [Leb. chr., p. 266]; — 3 nov. 1882, Mallevoue, [Leb. chr., p. 824]; — 11 févr. 1887, Riscle, [Leb. chr., p. 127]; — 29 nov. 1890, Vevelot, [Leb. chr., p. 900]

4724. — Décharge était due si des chantiers, lieux de dépôt de marchandises et autres terrains affectés à un usage industriel ou commercial perdaient cette destination.

4725. — Mais il fallait que le changement d'affectation fût définitif. Le Conseil d'Etat avait jugé que la circonstance que, pendant une année, un terrain habituellement affecté à un usage industriel n'avait pas été loué, ne suffisait pas à le faire exempter. — Cons. d'Et., 25 avr. 1890, Cie du Midi, [Leb. chr., p. 419]

4726. — Les diminutions de revenu pouvaient également donner lieu à des demandes de dégrèvement. Quand il s'agissait d'usines, la juridiction administrative pouvait prendre en considération, non seulement les pertes matérielles subies par l'usine, telles qu'une suppression de machines, la démolition d'une partie des bâtiments,

mais encore une diminution d'importance résultant soit de la construction d'autres usines, soit de la faiblesse d'un cours d'eau produisant la force motrice. — Cons. d'Et., 22 févr. 1821, Prince d'Arenberg, [S. chr., P. adm. chr.]; — 29 juill. 1847, Desmichels, [Leb. chr., p. 499]; — 23 janv. 1880, Paris, [Leb. chr., p. 94]

4727. — Mais le Conseil d'Etat exigeait, pour accorder réduction, que la diminution de revenu provînt de causes particulières à l'immeuble que faisait l'objet de la réclamation. Si les causes s'étendaient à la généralité des immeubles d'une ville, il repoussait les réclamations. — Cons. d'Et., 17 févr. 1856, Fresnais de Coustard, [S. 56.2.734, P. adm. chr.]; — 7 mai 1856, Bigot d'Esteville, [S. 57.2.237, P. adm. chr.]

4728. — Pour que les dérogations subies par une maison pussent donner droit à une décharge ou à une réduction, il fallait qu'elles donnassent lieu à une reconstruction totale ou partielle. Si elles n'entraînaient que de grosses réparations, elles pouvaient seulement donner ouverture à des demandes en remise ou modération pour perte du revenu d'une année. — Cons. d'Et., 17 sept. 1854, Baril, [Leb. chr., p. 830]; — 16 janv. 1861, Gradis, [Leb. chr., p. 26]; — 9 juill. 1861, Delbassère, [Leb. chr., p. 585]; — 4 avr. 1873, Belle, [Leb. chr., p. 298]; — 16 juin 1882, Lamothe, [Leb. chr., p. 570]

4729. — Il en était de même des transformations intérieures qu'un propriétaire faisait subir à son habitation si elles n'entraînaient pas une démolition totale ou partielle. — Cons. d'Et., 6 févr. 1880, Lesueur, [Leb. chr., p. 146]

4730. — De même en était-il du changement d'industrie dans une usine, par exemple si une forge était transformée en tréflerie. — Cons. d'Et., 5 févr. 1863, Bougueret, [P. adm. chr.]

4731. — Ajoutons que divers textes avaient donné aux propriétaires de maisons droit à obtenir une modération en cas de vacance ou de chômage. L'art. 84, L. 3 frim. an VII, était ainsi conçu : « Les maisons qui ont été inhabitées pendant toute l'année sont cotisées seulement à raison du terrain qu'elles enlèvent à la culture, évalué sur le pied des meilleures terres labourables de la commune ». Chaque année les rôles étaient revisés et si la prescription de l'art. 84 n'était pas observée, le propriétaire surtaxé pouvait s'adresser à la juridiction contentieuse. Mais l'arrêté du 24 flor. an VIII et l'art. 38, L. 15 sept. 1807, avaient donné à ces réclamations le caractère de demandes en remise. « Les propriétaires de propriétés bâties continueront d'être admis à se pourvoir en remise ou modération dans le cas de la perte totale ou partielle de leur revenu d'une année ». — Cons. d'Et., 28 janv. 1835, Lauvin, [P. adm. chr.]

4732. — Cependant dans certains cas la vacance d'une maison d'habitation donnait ouverture à un recours contentieux. « Dans les villes de 20,000 âmes et au-dessus, et lorsque les conseils municipaux en auront formé la demande, les vacances, pendant un trimestre au moins, de tout ou partie des maisons dont les propriétaires ne sont pas dans l'usage de se réserver la jouissance pourront, en cas d'insuffisance des sommes allouées sur le fonds de non-valeurs, donner lieu au dégrèvement de la portion d'impôt afférente au revenu perdu. Ces dégrèvements seront prononcés par les conseils de préfecture, à titre de décharges et réductions, et réimposés au rôle foncier de l'année qui suivra la décision (L. 28 juin 1833, art. 5). — Cons. d'Et., 7 août 1835, Rousselin-Cavey, [P. adm. chr.]; — 3 sept. 1836, Deforceville, [P. adm. chr.]; — 3 déc. 1875, Fabien, [Leb. chr., p. 957]

4733. — Pour qu'un propriétaire de maison inhabitée eût droit à obtenir une remise, il fallait que cette vacance lui causât réellement un préjudice. Si, par exemple, une maison dont le propriétaire se réservait habituellement la jouissance demeurait inhabitée, il n'y avait pas fondé à demander un dégrèvement. — Cons. d'Et., 10 juill. 1832, Béthune, [Leb. chr., p. 178]

4734. — Mais l'art. 35, L. 8 août 1885, a disposé qu'à partir du 1er janv. 1886, les vacances de maisons ou de parties de maison ne donneront lieu à remise ou modération d'impôt foncier que lorsque l'inhabitation aura duré une année au moins. Toutes les dispositions des lois antérieures contraires au présent article sont abrogées.

4735. — « Aujourd'hui toutes les demandes fondées sur la vacance d'une maison d'habitation ou sur le chômage d'une usine constituent des demandes en remise ou modération qui ne peuvent faire l'objet d'un recours par la voie contentieuse. Ce principe est appliqué journellement par le Conseil d'Etat. — Cons. d'Et., 30 déc. 1869, Moreau, [S. 71.2.80, P. adm. chr.]

§ 2. Système de la quotité (L. 8 août 1890).

4736. — La loi du 8 août 1885, en chargeant l'administration de procéder à une révision générale des évaluations des propriétés bâties, était le prélude logique de la transformation de la contribution foncière en impôt de quotité. Le travail fut fait dans toute la France par les agents de l'administration. Dans un grand nombre de communes, ils furent assistés dans leurs tournées par les répartiteurs. Dans d'autres communes, on se contenta de soumettre le travail d'ensemble aux conseils de répartition, qui le plus souvent l'homologuèrent.

4737. — Avec le système de l'impôt de quotité, chaque propriété doit être évaluée séparément, considérée en elle-même, sans lien nécessaire avec les maisons voisines. Néanmoins, imbue des souvenirs de la législation cadastrale et afin d'assurer l'exacte proportionnalité des évaluations, l'administration a cru devoir conserver certaines des règles fixées par le Recueil méthodique. Sans s'astreindre à diviser les immeubles de chaque commune en un certain nombre de classes, elle a eu soin de choisir des types dont les revenus étaient sûrement déterminés et entre lesquels les différentes propriétés de la commune venaient se classer.

4738. — En outre, dans chaque commune, le travail d'évaluation fait par les contrôleurs, une fois terminé, a été soumis à une commission de révision et c'est seulement après ce travail de révision que le procès-verbal des évaluations a été arrêté définitivement. Bien que les évaluations individuelles aient été faites à des dates différentes, on a voulu, par cette révision, déterminer les valeurs locatives à une date déterminée, la même pour tous les immeubles de la commune. C'est ainsi qu'on a procédé dans la plupart des communes et même à Paris.

4739. — Il est vrai que dans quelques autres grandes villes, telles que Lyon, Rouen, Marseille, on a procédé aux évaluations par quartiers ou arrondissements municipaux ou par ressorts de contrôle et on a arrêté des procès-verbaux partiels.

4740. — Nous trouvons d'autres réminiscences de la législation cadastrale dans la loi elle-même. « Les constructions nouvelles, les reconstructions et les additions de construction seront, à la fin de la période d'exemption de deux années, qui est maintenue à leur égard, imposées par comparaison avec les autres propriétés bâties de la commune où elles seront situées. La même règle sera appliquée aux bâtiments ruraux transformés en maisons ou en usines et aux terrains affectés à un usage industriel » (art. 9).

4741. — Au lieu d'être cotisés d'après leur valeur locative réelle et actuelle, ces objets le seront d'après la valeur qu'ils auraient eue au moment de la dernière évaluation générale. Cette disposition, qui n'est que la reproduction sur ce point de la loi du 17 août 1835, constitue une dérogation aux principes de l'impôt de quotité. D'après l'impôt de quotité, chaque unité imposable doit être considérée en elle-même, à part. Ici, au contraire, on maintient le système de la proportionnalité dans les évaluations.

4742. — La fixation des bases d'imposition doit être faite par le contrôleur assisté du maire et des répartiteurs (L. 8 août 1890, art. 11).

4743. — Une autre conséquence logique de la transformation de l'impôt eût été de permettre aux agents de l'administration de reviser chaque année les évaluations qui leur paraissaient insuffisantes, d'élever ou d'abaisser le chiffre de la valeur locative suivant que dans une ville, dans un quartier, elle s'élevait ou s'abaissait, comme ils peuvent le faire à l'égard des patentables. Mais le législateur a reculé devant cette conséquence. Il a voulu conserver aux évaluations qu'il prenait pour base de l'impôt une certaine fixité. Tel est l'objet des art. 7 et 8. Les évaluations servant de base à la contribution des propriétés bâties seront révisées tous les dix ans. Toutefois si, par suite de circonstances exceptionnelles, il se produit dans l'intervalle de deux révisions décennales une dépréciation générale des propriétés bâties, soit de l'intégralité, soit d'une fraction notable d'une commune, le conseil municipal aura le droit de demander qu'il soit procédé à une nouvelle évaluation des propriétés bâties de l'ensemble de la commune, à la charge pour celle-ci de supporter les frais de l'opération. Les évaluations ainsi établies seront néanmoins renouvelées à l'expiration de la période décennale en cours (art. 8).

4744. — Ainsi la loi de 1890 reproduit les termes de l'art.

102, L. 3 frim. an VII, mais en donnant à cette disposition le caractère impératif qui ne lui avait pas été reconnu. Désormais, l'administration est tenue tous les dix ans de procéder à une révision totale des évaluations des propriétés bâties. L'art. 8 a prévu le cas où, par suite de circonstances imprévues, une dépréciation générale atteindrait les propriétés bâties d'une ville ou d'un quartier. Dans ce cas, le conseil municipal pourra demander la révision en s'engageant à prendre les frais de l'opération à la charge de la commune. S'il fait cette demande, l'administration ne peut se refuser à faire l'évaluation. C'est une obligation pour elle. Ces évaluations ne vaudront que pour la fin de la période décennale en cours.

4745. — L'art. 8 n'a pas donné à l'administration le droit de faire procéder à une révision des évaluations dans l'intervalle de deux révisions décennales dans le cas où viendrait à se produire une hausse générale des valeurs locatives dans la commune. Elle ne pourra pas devancer l'époque de la révision générale. A son égard, les évaluations sont fixées pour dix ans. Elles ne peuvent être rehaussées dans cet intervalle.

4746. — Sous l'empire de ces souvenirs de la législation cadastrale, le législateur de 1890 a restreint sensiblement le droit de réclamation reconnu aux propriétaires par l'ancienne législation. L'art. 7 est ainsi conçu : « Tout propriétaire de propriété bâtie est admis à réclamer contre l'évaluation attribuée à son immeuble pendant les six mois, à dater de la publication du premier rôle dans lequel cet immeuble aura été imposé, et pendant trois mois à partir de la publication du rôle suivant. En ce qui concerne es rôles subséquents, les propriétaires sont admis à réclamer pendant les trois mois de la publication de chaque rôle lorsque, par suite de circonstances exceptionnelles, leur immeuble aura subi une dépréciation. En dehors des cas prévus aux deux paragraphes précédents, aucune demande en décharge ou en réduction ne sera recevable, sauf dans le cas où l'immeuble serait en tout ou en partie détruit ou converti en bâtiment rural. »

4747. — Ainsi, pour l'année qui suit la première imposition ou la révision générale des évaluations, les propriétaires ont six mois pour critiquer l'évaluation, comme s'il s'agissait du classement cadastral de propriétés non bâties. — Cons. d'Et., 23 juill. 1892, Caïphas, [Leb. chr., p. 656]; — 5 mai 1894, Humbert, [Leb. chr., p. 331]

4748. — La seconde année, ils peuvent encore contester cette évaluation pendant trois mois à compter de la publication du rôle. — Cons. d'Et., 21 juill. 1894, Lejeune, [Leb. chr., p. 503] — A l'expiration de ce délai, les évaluations sont inattaquables, et une fin de non-recevoir absolue sera opposée aux réclamations, jusqu'à la révision suivante des évaluations, à moins qu'elles ne soient fondées sur des faits nouveaux. La loi de finances de 1892 a encore prolongé d'une année le droit de réclamer contre les évaluations de 1890. L'art. 7, L. 8 août 1890, a été interprété par le Conseil d'Etat en ce sens qu'un contribuable qui n'avait contesté les évaluations ni en 1891 ni en 1892 était encore recevable à le faire en 1893, mais que s'il avait usé dès la première année de son droit de réclamation, il avait épuisé ce droit et ne pouvait plus les années suivantes contester à nouveau la valeur locative fixée définitivement sur sa première réclamation. Cette valeur locative, fixée par une décision de justice passée en force de chose jugée, se substitue pour le reste de la période décennale au chiffre primitivement adopté par les agents chargés des évaluations. — Cons. d'Et., 2 mars 1894, Winaud, [Leb. chr., p. 167] — Est-ce à dire que le contribuable qui a réclamé en 1891 ne pourra sa réclamation en 1892 et en 1893 et tant que le chiffre primitif continuera à être porté sur les rôles ? Evidemment non. Tant que sa première réclamation n'est pas jugée, il peut la reproduire et même, croyons-nous, demander une réduction plus forte en faisant joindre les réclamations suivantes à la première. Ces demandes successives n'ont d'autre but que de conserver son droit aux réductions éventuelles qu'il pourrait obtenir. Nous admettrions même que si, en 1891 et 1892, ses réclamations avaient été rejetées par des fins de non-recevoir, il serait recevable en 1893 à discuter au fond le chiffre des évaluations.

4749. — Quant aux juridictions qui ont statué sur la première réclamation sont-elles tenues par le chiffre qu'elles ont fixé ? Assurément oui, si la première décision a acquis l'autorité de la chose jugée. Que le Conseil d'Etat ait rejeté la requête d'un contribuable pour l'exercice 1891, ni le conseil de préfec-

ture ni le Conseil d'Etat ne pourront accorder une réduction en 1892. Si une réduction a été accordée en 1891, ils doivent accorder la même les années suivantes. — Cons. d'Et., 10 nov. 1894, Lhuillier, [Leb. chr., p. 387]; — 7 déc. 1894, Lhéritier, [Leb. chr., p. 658] — Nous serions cependant disposés à admettre que la décision prise sur la première réclamation par le conseil de préfecture et frappée d'appel ne lie pas cette juridiction tant que le Conseil d'Etat n'a pas statué. En effet jusqu'à ce moment, la valeur locative n'est pas fixée définitivement. Même si le recours contre le premier arrêt du conseil de préfecture est rejeté par une fin de non-recevoir, la valeur locative sera fixée jusqu'à la fin de la période décennale. — Cons. d'Et., 26 juill. 1895, Doué.

4750. — L'art. 7 admet trois causes qui justifient les réclamations après l'expiration du délai fixé par le § 1er : la démolition ou destruction totale ou particlle de l'immeuble, sa conversion en bâtiment rural ; enfin la dépréciation résultant de circonstances exceptionnelles. Il nous semble que cette énumération, sous sa forme limitative, a compris tous les cas qui pouvaient se produire. En somme, l'évaluation en elle-même peut être contestée pendant les deux premières années. Pendant les huit années suivantes, on ne pourra demander une décharge ou une réduction que si l'immeuble a subi une dépréciation provenant d'un fait postérieur aux évaluations. Mais que faut-il entendre par *circonstances exceptionnelles?* Doit-on donner à cette expression vague le même sens et la même portée qu'aux dispositions de l'ordonnance du 3 oct. 1821 ? Ne pourra-t-on réclamer que si la dépréciation provient d'un événement de force majeure étranger et postérieur au classement, indépendant de la volonté du propriétaire et si cette dépréciation est spéciale à la propriété du réclamant ? Le Conseil d'Etat a eu à se prononcer sur cette question. La raison de douter se trouvait dans la comparaison des art. 7 et 8, l'art. 7 énumérant des cas de réclamations individuelles, et l'art. 8 semblant réserver à la commune le droit de réclamer si un événement quelconque amenait une dépréciation de tout ou partie des immeubles de la localité. Mais les travaux préparatoires de la loi de 1890 ont permis de traduire dans un sens plus large l'expression *circonstances exceptionnelles.* En effet, ces mots avaient été ajoutés sur un amendement de M. Vilfeu, qui avait soutenu que l'action individuelle pourrait s'exercer, parallèlement à l'action de la commune, dans le cas où la dépréciation ne s'étendrait qu'à deux ou trois maisons particulières. La simultanéité de l'action individuelle et de l'action collective a donc été admise par le Conseil d'Etat. — Cons. d'Et., 28 déc. 1894, Lambert, [Leb. chr., p. 729]

4751. — A été considéré par le conseil comme des circonstances exceptionnelles pouvant motiver une réclamation : le déplacement d'un marché occasionnant une diminution de valeur locative des immeubles qui l'avoisinaient. — Même arrêt. — Au contraire, le Conseil d'Etat a rejeté des réclamations fondées sur la Caisse générale des loyers dans la commune, — Cons. d'Et., 17 mars 1894, Hann, [Leb. chr., p. 235]; — 2 mai 1894, Jacquier, [Leb. chr., p. 305]; — 21 juill. 1894, Barbet, [Leb. chr., p. 505] — ... ou dans une fraction de la commune. — Cons. d'Et., 20 avr. 1894, Baudry, [Leb. chr., p. 265] — ... Sur la résiliation d'un bail par suite de la déconfiture d'un locataire. — Cons. d'Et., 4 mai 1894, Ramet, [Leb. chr., p. 306] — ... Sur le voisinage d'un puits de mine où s'est produite une explosion de grisou. — Cons. d'Et., 30 juin 1894, Dubost, [Leb. chr., p. 456]

4752. — Les démolitions ne donnent lieu à réduction qu'à partir du 1er janvier de l'année suivante. — Cons. d'Et., 16 mars 1894, Langlois, [Leb. chr., p. 212]

4753. — Les réclamations relatives à la contribution foncière des propriétés bâties ne comportent aucune règle spéciale. Nous renvoyons donc l'examen de ces règles au chapitre des réclamations.

Section V.

Sur qui doit porter la contribution foncière.

4754. — Qui est passible de la contribution foncière? En réalité c'est l'immeuble. Le propriétaire est chargé d'acquitter l'impôt qui pèse sur les terres ou les bâtiments qu'il possède. En principe, c'est donc toujours et uniquement le propriétaire qui doit être inscrit sur les rôles. Celui qui se reconnaît pro-

priétaire d'un immeuble doit acquitter la contribution foncière qui lui est réclamée. — Cons. d'Et., 24 mai 1890, Gagneron, [Leb. chr., p. 347]

4755. — Un propriétaire ne peut se prévaloir de ce que quelques parcelles de ses propriétés sont occupées temporairement par l'administration des ponts et chaussées pour demander à être déchargé de la contribution foncière y afférente. — Cons. d'Et., 17 mai 1890, Mieulet, [Leb. chr., p. 513]

4756. — La contribution foncière étant assise sur les propriétés immobilières à raison de leurs revenus, elle suit la propriété utile et incombe à celui qui en a la jouissance. C'est pourquoi lorsque le droit de propriété est divisé entre un nu propriétaire et un usufruitier, ce dernier doit seul être imposé. Ceci n'est d'ailleurs que l'application de l'art. 608, C. civ., aux termes duquel l'usufruitier est tenu, pendant sa jouissance, de toutes les charges annuelles de l'héritage, telles que les contributions et autres qui, dans l'usage, sont censées charges des fruits. Il en est de même, aux termes de l'art. 635, de l'usager s'il absorbe tous les fruits ou s'il occupe la totalité de la maison. Il est assujetti au paiement des contributions comme l'usufruitier. En pratique, l'administration, tenant à conserver la trace du proprié taire, inscrit sur le rôle : N..., propriétaire par N..., usufruitier; mais l'imposition est régulièrement inscrite au nom de l'usufruitier. — Cons. d'Et., 8 nov. 1878, Durandet, [Leb. chr., p. 863]

4757. — Le contribuable imposé à raison d'un immeuble qui ne lui appartient pas doit obtenir décharge. — Cons. d'Et., 5 sept. 1846, Gambu, [Leb. chr., p. 462]

4758. — Lorsque, dans une société, des immeubles demeurent la propriété personnelle d'un associé, la société doit être déchargée de l'imposition à raison de ces immeubles. — Cons. d'Et., 8 juill. 1887, Perraud, [Leb. chr., p. 349]

4759. — Les canaux de dessèchement ou d'irrigation doivent être cotisés au nom de la commission administrative chargée de la conservation des travaux et de la défense des intérêts communs. — Cons. d'Et., 10 déc. 1856, Commission du Wateringues, [Leb. chr., p. 687]

4760. — Il en est ainsi alors même que les propriétaires du canal n'auraient que la jouissance du lit dont la propriété appartiendrait aux riverains. — Cons. d'Et., 5 mai 1831, Moyroux, [P. adm. chr.]

4761. — *Quid* au cas de bail emphytéotique?

4762. — En 1809, le ministre des Finances s'adressa au Conseil d'Etat pour lui demander qui, du bailleur ou du preneur à emphytéose, était imposable à la contribution foncière? Le Conseil a émis l'avis que les contributions imposées sur les propriétés tenues à bail emphytéotique doivent être à la charge de l'emphytéote, alors même qu'il n'a pas été astreint expressément à ce paiement par l'acte de bail, par ce motif que le paiement des contributions étant une charge inséparable de la propriété utile, il ne doit être supporté que par celui qui en jouit, c'est-à-dire par le preneur ou ses ayants-droit (Av. Cons. d'Et., 21 janv. 1809, approuvé le 2 fév. suivant et inséré au *Bulletin des lois*).

4763. — Par application de ce principe, il a été jugé que le contribuable qui fait construire une maison sur le terrain qu'il tient à bail emphytéotique est nominativement imposable pour l'intégralité du revenu de la maison, sans qu'il y ait lieu de distinguer entre le sol et l'élévation. — Cons. d'Et., 14 juin 1855, Hantoy, [S. 56.2.123, D. 56.3.2]

4764. — Les simples usagers, sauf dans le cas prévu par l'art. 635, C. civ., ne sont pas tenus d'acquitter la contribution foncière. Le Conseil d'Etat a toujours accordé décharge aux individus qui jouissaient de droits d'usage moyennant une redevance annuelle et que l'administration prétendait imposer. — Cons. d'Et., 13 juill. 1825, Martin de Villers, [S. chr., P. adm. chr.]; — 29 nov. 1833, Seiler, [P. adm. chr.]; — 22 juill. 1848, Commune de Wagney, [S. 48.2.766, P. adm. chr.]

4765. — Il n'en serait autrement que si l'acte de concession du droit d'usage mettait l'impôt à la charge de l'usager. Si la question fait doute, l'interprétation du contrat est du ressort de l'autorité judiciaire. — Cons. d'Et., 15 oct. 1830, Seiler, [P. adm. chr.]; — 8 fév. 1833, Ville de Gray, [S. 34.2.634, P. adm. chr.]; — 14 mars 1834, de Béthune, [P. adm. chr.]

4766. — Que fallait-il décider à l'égard des concessionnaires? Le contrat de concession ne confère qu'un droit mobilier au concessionnaire. Le concédant conserve la propriété de l'objet concédé. L'application stricte des principes aurait conduit à imposer le concédant et non le concessionnaire. Le Conseil d'Etat a ce-

pendant décidé que la concession, faite pour vingt-neuf ans, de tous les droits de péage établis ou à établir sur des canaux, ainsi que de la pêche et des produits des francs-bords, implique un abandon sans réserve de toute la propriété utile des canaux, devant entraîner la mise de la contribution foncière à la charge du concessionnaire. — Cons. d'Et., 22 oct. 1830, Usquin, [P. adm. chr.]

4767. — A l'égard des chemins de fer, lorsque la construction en était faite dans le système de la loi du 11 juin 1842, c'est-à-dire lorsque les travaux d'infrastructure étaient exécutés par l'Etat, c'est lui qui devait supporter la contribution foncière pendant toute la période de construction. La compagnie ne devenait imposable qu'à partir du 1er janvier qui suivait la reconnaissance de chaque section, opérée conformément aux clauses des cahiers des charges. — Cons. d'Et., 7 mars 1849, Cie de Tours à Nantes, [P. adm. chr.]; — 7 août 1852, Même partie, [P. adm. chr.]; — 13 mars 1852, Cie de Paris à Strasbourg, [Leb. chr., p. 32]; — 15 déc. 1852, Même partie, [Leb. chr., p. 597]; — 29 juill. 1881, Chem. de fer de Mont-de-Marsan, [S. 83.3.20, P. adm. chr., D. 83.3.5]

4768. — Mais lorsque avec la construction des chemins de fer les concessions se multiplièrent, une analyse plus exacte de la nature du contrat de concession conduisit le gouvernement à insérer dans les cahiers des charges une disposition précise imposant aux concessionnaires le paiement de la contribution foncière (art. 63, Cahier des charges).

4769. — Toutefois, le concessionnaire n'est tenu de l'impôt que lorsque la ligne est en exploitation et lui a été remise.

4770. — A l'égard des canaux de navigation, une circulaire du 3 oct. 1826 décidait que, pendant la période de construction, ils devaient être imposés au nom de l'administration des ponts et chaussées, et après leur achèvement, au nom de l'administration des contributions indirectes, alors chargée de percevoir les droits de navigation. — Cons. d'Et., 20 sept. 1848, L'Etat, [P. adm. chr.]

4771. — Lorsque la compagnie est chargée de la construction elle devient imposable dès le 1er janvier qui suit l'expropriation. — Cons. d'Et., 21 sept. 1859, Départ. de l'Aveyron, [Leb. chr., p. 634]

4772. — Il a été jugé que lorsqu'une ville concède à un entrepreneur, pour une certaine durée et moyennant le paiement d'annuités, le service de la distribution des eaux en le chargeant d'acheter les terrains, de construire les ouvrages et de ces entretenir, mais en se réservant la jouissance de l'établissement et la perception des revenus, c'est la ville et non le concessionnaire qui est imposable. — Cons. d'Et., 29 juill. 1884, Pasquet, [Leb. chr., p. 748]; — 28 mai 1886, Ville d'Issoudun, [Leb. chr., p. 452] — *Contrà*, Cons. d'Et., 2 févr. 1859, Chambre de commerce de Bordeaux, [Leb. chr., p. 78]

4773. — Il a été décidé, d'autre part, qu'un concessionnaire de travaux publics qui conserve pendant 99 ans, à titre de remboursement de ses avances, la jouissance des constructions qu'il a édifiées, n'est pas imposable à raison de ces bâtiments. — Cons. d'Et., 9 mai 1890, *The Algiers land and Warehouse company limited*, [Leb. chr., p. 471]

4774. — Il ne faut pas confondre les concessions avec de simples permissions de voirie. Il a été décidé qu'une convention par laquelle une ville autorise la construction d'un bâtiment sur le domaine public communal pour une durée déterminée, moyennant le paiement d'une redevance annuelle, et sous la condition que la ville pourrait, avant le terme convenu, retirer l'autorisation et faire supprimer les constructions sans indemnité, constitue une simple permission de voirie, alors même que le permissionnaire est tenu de laisser au terme convenu les constructions en bon état d'entretien et d'en abandonner sans indemnité la propriété à la ville. La conséquence en est que la ville n'étant pas propriétaire des bâtiments au moment de leur construction, c'est le permissionnaire qui est imposable. — Cons. d'Et., 29 nov. 1890, Dorian, [Leb. chr., p. 90]

4775. — Il a été jugé que lorsque l'Etat est propriétaire d'un canal d'irrigation, la contribution foncière assise sur ce canal ne peut être mise à la charge du concessionnaire des travaux d'entretien. — Cons. d'Et., 23 avr. 1862, Canal des Alpines, [Leb. chr., p. 311]

4776. — Les adjudicataires ou fermiers de bacs appartenant à l'Etat ne peuvent être tenus de payer l'impôt foncier que si une clause de leur cahier des charges l'a stipulé. — Cons. d'Et.,

5 avr. 1851, Dumontet, [S. 51.2.578, P. adm. chr.]; — 13 avr. 1853, Min. Finances, [D. 53.3.51]

4777. — ... Ou s'il a été déclaré dans le procès-verbal d'adjudication signé de lui que la mise à prix était réduite à raison de ce que l'impôt était à la charge du foncier. — Cons. d'Et., 1er août 1834, Carrive, [P. adm. chr.]

4778. — Même dans ce cas la contribution foncière doit rester inscrite au nom de l'Etat. — Cons. d'Et., 7 févr. 1865, Cobourg, [Leb. chr., p. 148] — V. aussi Cons. d'Et., 9 nov. 1894, Wilharns, [Leb. chr., p. 582]

4779. — Les fermiers et locataires ne sont pas, en principe, imposables à la contribution foncière. Ils ont cependant certaines obligations définies par les lois du 3 frim. an VII (art. 147), du 26 germ. an XI et du 4 août 1844, et que nous avons examinées en étudiant le recouvrement.

4780. — Alors même que le bail mettrait l'impôt à la charge du preneur, c'est le propriétaire qui doit être inscrit au rôle. Il n'appartiendrait pas à la juridiction administrative de statuer sur une demande du preneur ou du bailleur tendant à faire substituer sur le rôle, par voie de mutation de cote, le nom du preneur à celui du bailleur. — Cons. d'Et., 20 juin 1844, Petit des Rochettes, [P. adm. chr.]; — 3 juin 1852, Commune de Cambo, [S. 52.2.558, P. adm. chr.]

4781. — Si, alors que le fermier était tenu d'acquitter l'impôt, c'est le propriétaire qui a dû le payer, c'est devant les tribunaux civils que le propriétaire devra assigner son fermier. C'est aussi devant eux que devront être portées les questions relatives à l'interprétation du contrat. — Cons. d'Et., 20 juin 1844, précité.

4782. — La contribution foncière, étant de droit à la charge du propriétaire, ne peut être mise à la charge du locataire que par une clause expresse du bail; c'est une charge qui s'ajoute au prix. — Cass., 30 janv. 1867, Roger-Girardière, [S. 67.1. 179, P. 67.410, D. 67.1.301]

4783. — Mais les conventions qui peuvent intervenir relativement au paiement de l'impôt foncier entre le preneur et le bailleur, n'ont aucune influence sur les droits du Trésor. — Duvergier, n. 350.

4784. — Si un particulier fait construire une maison ou une usine sur un terrain dont il est locataire, il est personnellement imposable pour ce bâtiment, pendant la durée du bail même emphytéotique, alors même qu'aux termes de la convention intervenue, le bâtiment devrait, à l'expiration du bail, faire retour au propriétaire du sol, que ce soit l'Etat, la commune ou un particulier (R. M., art. 391).

4785. — Malgré cette disposition il a été décidé que, quand un bail est fait à charge par le locataire d'élever des constructions sur le terrain, et que ces constructions doivent à la fin du bail appartenir au propriétaire, l'augmentation du revenu cadastral qui en est la conséquence doit être supportée par le propriétaire. S'il est procédé à une révision générale des évaluations, le propriétaire ne pourra demander que son immeuble soit estimé déduction faite de la valeur locative des nouvelles constructions. — Cons. d'Et., 7 avr. 1866, Marbaud, [Leb. chr., p. 320]; — 22 mai 1866, Landry, [P. adm. chr.]; — 9 juin 1868, Burgault, [S. 69.2.192, P. adm. chr.]; — 13 févr. 1892, Société anonyme de l'hôtel des chambres syndicales, [Leb. chr., p. 139]

4786. — Il n'en sera pas de même si le locataire, à ses risques et périls, a fait élever des constructions ou installé des machines ou opéré des modifications que rien dans son bail ne l'obligeait à faire et qui, à la fin du bail, devront disparaître ou devront être cédées au propriétaire moyennant une indemnité. Le locataire ne peut prétendre que dès à présent le propriétaire du terrain doit être considéré comme propriétaire des constructions et rejeter sur lui le poids de la contribution. — Cons. d'Et., 17 sept. 1854, Lazère, [S. 55.2.286, P. adm. chr., D. 55.3.73]; — 13 févr. 1856, Fresnais de Coutard, [S. 56.2.734, P. adm. chr.]; — 7 janv. 1857, Ledrin, [P. adm. chr., D. 57.3.59]; — 24 juin 1857, Roanne, [S. 58.2.302, P. adm. chr.]; — 14 juin 1861, Sarget, [P. adm. chr., D. 61.3.56]; — 3 juin 1865, Laurent, D. 66.3.20]; — 26 juin 1866, Gonaux, [Leb. chr., p. 722]; — 7 avr. 1866, précité; — 16 avr. 1868, Maurice, [S. 69.2.192, P. adm. chr.]; — 8 févr. 1884, Runel, [Leb. chr., p. 112]; — 9 déc. 1887, Pithon, [Leb. chr., p. 782]; — 13 juill. 1889, Vidal, [Leb. chr., p. 855]

4787. — De même, le propriétaire d'un terrain sur lequel un

entrepreneur de travaux publics a établi des fours à chaux n'est pas imposable à raison de ces fours s'il ne s'en est jamais servi. — Cons. d'Et., 31 juill. 1867, Miramon, [Leb. chr., p. 718]

4788. — Le propriétaire d'une maison élevée sur le terrain d'autrui est fondé à demander que le revenu cadastral du sol soit déduit de la valeur locative assignée à sa maison. — Cons. d'Et., 14 juin 1895, Rabusson.

CHAPITRE II.

CONTRIBUTION PERSONNELLE-MOBILIÈRE.

SECTION I.

Notions historiques.

4789. — Le principe des physiocrates, d'après lequel toute richesse vient du sol, eût conduit à l'établissement d'un impôt unique qui eût été l'impôt foncier. Bien que beaucoup de membres de l'Assemblée constituante fussent imbus de ces idées, et quoique la fortune mobilière n'eût pas au siècle dernier le développement qu'elle a pris de nos jours, quelques représentants démontrèrent à l'Assemblée nationale qu'une nation possède autre chose que le sol et des bâtiments; qu'elle a aussi une fortune mobilière qui, étant protégée par l'Etat aussi bien que la fortune immobilière, doit comme celle-ci prendre sa part des charges publiques. C'est pourquoi, après avoir imposé la propriété foncière, l'Assemblée constituante se mit à chercher les moyens d'imposer la fortune mobilière.

4790. — Mais ici se présentait une grave difficulté. Comment saisir cette richesse qui par sa nature même, échappe si facilement aux investigations du fisc? Fallait-il s'en remettre, pour connaître le revenu des contribuables, à leurs propres déclarations? Le Trésor eût été bien exposé. Fallait-il, au contraire, autoriser les agents du fisc à pénétrer dans les archives des familles pour y vérifier l'état des fortunes, à feuilleter les livres des commerçants pour rechercher le montant des bénéfices réalisés? Ce régime inquisitorial aurait soulevé contre lui l'indignation de tous les contribuables. Il ne restait qu'un moyen auquel le législateur s'arrêta : c'était de s'attacher à quelques signes visibles et faciles à évaluer, et permettant de déterminer la fortune mobilière des contribuables.

4791. — Le comité de l'imposition pensa qu'il fallait prendre une base certaine, commune à tous les habitants du royaume et facile à déterminer : il prit le loyer d'habitation. Voici en quels termes, dans l'adresse du 24 juin 1791, l'Assemblée exposait les motifs de son choix : « Les produits des capitaux mobiliers ne sont point faciles à connaître, surtout dans un pays où la constitution, les principes, les droits, les lois et les mœurs proscrivent toute espèce d'inquisition. Cependant il est une indication sinon parfaitement exacte, du moins assez régulièrement approximative; cette indication est le logement destiné à l'habitation personnelle : il est si naturel à l'homme de chercher à embellir le séjour où il passe la plus grande partie de sa vie, que presque personne n'est arrêté dans ce penchant que par l'impuissance de le satisfaire et que, à très-peu d'exceptions près, le prix des logements d'habitation indique la graduation des richesses.

4792. — On fait observer néanmoins que, plus les hommes sont pauvres, plus leur logement absorbe une portion considérable de leur fortune; car le besoin de se loger étant indispensable, le prix du loyer ne pouvant être restreint au-dessous de ce qui est moyennement nécessaire pour rembourser aux propriétaires l'intérêt du capital de leurs maisons, les citoyens très-pauvres sont obligés de partager leurs dépenses entre leur subsistance et leur logement. On a examiné quelle est la proportion la plus ordinaire du loyer avec les différents degrés de richesse, et l'Assemblée nationale a fait dresser une table qui, à partir des citoyens qui n'ont que 100 fr. de loyer et au-dessous et qui sont supposés n'avoir en revenu que le double du prix annuel de leur logement, s'élève, par dix-huit graduations, jusqu'à ceux qui ont plus de 12,000 fr. de loyer ou de valeur locative d'habitation, et dont on estime que le revenu est de douze fois et demi cette valeur.

4793. — « L'Assemblée nationale, en adoptant cette table, qui

a paru l'expression des faits les plus communs, n'a cru devoir l'appliquer qu'aux prix des logements d'habitation. Elle a entendu qu'ils fussent distingués de ceux qui servent au travail ou au commerce. Ceux-ci sont soumis au droit de patente, plus convenable de les exempter de la contribution qui a pour objet le revenu des capitaux mobiliers, à quelque usage qu'on les emploie. C'est ce revenu, jusqu'à présent fugitif et qui n'avait pu encore être imposé, que l'Assemblée nationale a voulu atteindre par la cote de contributions relatives aux facultés mobilières; elle a voulu que cette cote ne portât précisément que sur cette espèce de revenu, comme la contribution foncière ne porte que sur les revenus territoriaux : c'est la loi qu'avait clairement dictée le vœu public. On y a satisfait avec une entière exactitude, en autorisant les propriétaires fonciers, dont les facultés mobilières auraient été présumées par le prix de leur logement, à prouver, par la quittance de leur contribution foncière, que ces facultés leur viennent, en tout ou en partie, de leurs biens-fonds et à obtenir, en conséquence, une déduction proportionnelle. Il en résulte que les facultés mobilières qui proviennent de capitaux fonciers ne sont assujetties qu'à la contribution foncière, et que celles qui viennent de capitaux mobiliers, ne pouvant prouver leur origine, restent exclusivement soumises à la cote de contribution pour facultés mobilières. »

4794. — L'Assemblée, pensant que cette taxe ne produirait pas la somme de 60 millions à laquelle elle avait fixé la part contributive de la richesse mobilière, ajouta à cette première taxe trois autres branches de contributions. « Deux de ces taxes, disait-elle, ont quelque rapport avec la capitation; mais elles ont, sur elle, l'avantage de n'être aucunement arbitraires. La première est la taxe équivalente à trois journées de travail, qui doit porter uniformément sur tous les citoyens actifs, quelle que soit leur fortune, indépendamment des autres contributions relatives à leurs richesses, et qui doit s'étendre aussi sur les femmes jouissant de leurs droits et sur les mineurs qui sont contribuables quoiqu'ils ne soient pas citoyens actifs. La seconde est la taxe progressive sur les domestiques et sur les chevaux qui ne sont pas employés aux exploitations rurales. On a regardé cette taxe comme un surcroît de contributions que ne serait pas regretté par la richesse et qui tendrait d'autant plus au soulagement de la pauvreté. La troisième était la cote d'habitation, qui devait être également imposée aux propriétaires de biens-fonds et sur ceux de capitaux mobiliers. En effet, la principale charge sociale ayant été égalisée autant qu'elle pouvait l'être, entre ces deux espèces de propriétaires, par la contribution foncière sur ceux qui ont des terres et des maisons, et par la cote à raison des facultés mobilières sur ceux qui n'ont que des capitaux mobiliers, il est juste que tout surcroît de taxe nécessaire pour assurer le service public porte également, et dans les mêmes proportions sur les uns et sur les autres. »

4795. — La loi des 13 janv.-18 févr. 1791 établit la contribution mobilière d'après ces bases. La taxe de trois journées de travail était due par tout individu non réputé indigent. Le prix de la journée était déterminé par l'administration locale.

4796. — La taxe sur les domestiques était, pour les hommes, de 3 fr. pour le premier, de 6 fr. pour le second et de 12 fr. pour chacun des autres. Pour les femmes, la taxe était réduite de moitié. On ne devait point compter les apprentis et compagnons d'arts et métiers, les domestiques de charrue et autres destinés uniquement à la culture ou à la garde et au soin des bestiaux, ni les domestiques âgés de plus de soixante ans.

4797. — La taxe sur les chevaux et mulets était de 3 fr. par chaque cheval ou mulet de ville; de 12 fr. par chaque cheval ou mulet de carrosse, cabriolet et litière. On ne devait compter pour les chevaux et mulets servant habituellement au contribuable pour ses usages.

4798. — La taxe en raison de l'habitation était fixée au 3/100e du revenu présumé d'après le loyer d'habitation. Cette partie de la taxe avait la même base que celle portant sur les revenus d'industrie et de richesses mobilières. Cette dernière cote était du vingtième du revenu, déduction faite du montant du revenu foncier dont le contribuable justifierait avoir payé l'impôt.

4799. — Ce système était trop compliqué. Les matrices ne purent être établies avec exactitude, et l'impôt ne rendit pas la moitié de ce qu'on avait espéré. Il fallait alors reporter la différence sur les deux dernières taxes, opération qui donnait lieu à des calculs d'une complication inextricable. Les cinq taxes furent

alors réduites de moitié. Les trois premières restèrent fixes : les deux autres le devinrent et furent respectivement portées au quarantième et au dix-huitième du revenu mobilier (Décr. 9 frim. an II).

4800. — Mais l'année suivante, l'impôt fut supprimé par la loi du 23 niv. an III. L'instruction législative qui accompagnait cette loi motivait ainsi la suppression de l'impôt : « la contribution mobilière était déjà condamnée dans l'opinion publique; injuste dans ses résultats elle grevait les citoyens peu fortunés; ceux qu'elle aurait dû atteindre trouvaient les moyens de s'y soustraire. »

4801. — Ce n'est qu'en 1795 que, cherchant de nouveaux moyens de perception, le législateur rétablit en la simplifiant cette contribution. D'après la loi du 7 therm. an III, cette contribution se composait d'une taxe personnelle de cinq livres, payée par tous les Français jouissant de leurs droits et par les étrangers après une année de résidence.

4802. — Seuls étaient exempts les manœuvres ne subsistant que de leur travail et ayant un salaire journalier inférieur à 30 sous.

4803. — Indépendamment de cette taxe personnelle, il était établi sur les cheminées, sur les poêles, sur les domestiques mâles, sur les chevaux de luxe et les voitures, des taxes somptuaires progressives.

4804. — Les cheminées autres que celles des cuisines, fours, devaient être taxées : 1° dans les villes de 50,000 âmes et au-dessus, à 5 livres pour la première, 10 livres pour la seconde, 15 livres pour chacune des autres; 2° dans les villes au-dessous de 50,000 âmes jusqu'à 15,000, la taxe devait être de moitié de celle ci-dessus; 3° dans les communes au-dessous de 15,000 habitants, la taxe devait être du quart. Le calcul des cheminées pour la taxation devait se faire par ménage. Nulle cheminée ne pouvait être exempte, alors même qu'on n'y faisait pas habituellement du feu, à moins qu'elle ne fût fermée dans l'intérieur et scellée en maçonnerie. Les poêles devaient payer la moitié des taxes imposées sur les cheminées, dans les mêmes proportions eu égard à la population.

4805. — Les domestiques mâles, uniquement attachés à la personne et aux soins du ménage, autres que ceux habituellement et principalement occupés aux travaux de la culture, à la garde et aux soins des bestiaux, devaient payer une taxe de 10 livres pour le premier, 30 livres pour le second, 90 livres pour le troisième et ainsi de suite dans une proportion triple. Les domestiques âgés de plus de soixante ans ou incapables de travailler à raison de leurs infirmités, n'étaient pas sujets à la taxe.

4806. — Les chevaux et mulets de luxe ne servant pas habituellement aux commerce, manufactures, usines, labour, charrois, postes, messageries, transports et roulage, devaient payer, sans distinction de chevaux de selle et de trait, 20 livres pour le premier, 40 livres pour le second, 80 livres pour le troisième, et ainsi de suite, en suivant la proportion double. On exemptait les étalons, juments poulinières et poulains au-dessous de trois ans, et les chevaux des marchands de chevaux patentés.

4807. — A l'égard des voitures, la taxe était réglée ainsi : pour les voitures suspendues, carrosses, cabriolets, et par paire de roues, 20 livres pour la première voiture, 40 livres par paire de roues pour la seconde voiture, 120 livres aussi par paire de roues pour la troisième, en augmentant dans la même proportion, à raison du nombre des voitures, que le propriétaire eût ou non des chevaux pour les atteler simultanément ou qu'il n'en eût pas pour son seul attelage. Les litières portées par des chevaux ou mulets devaient payer comme une voiture à deux roues. Les voitures à deux roues devaient être comptées les premières pour la taxation. Les loueurs de chevaux, de carrosses et de fiacres, les entrepreneurs de messageries ou voitures particulières, autres que ceux qui avaient traité avec le gouvernement, devaient payer seulement 5 livres pour chaque cheval et 10 livres par roue de voiture, sans progression pour le nombre. Les selliers, carrossiers ne devaient pas être compris dans l'imposition relative aux voitures ou équipages.

4808. — Ce tarif souleva d'universelles réclamations. Les taxes somptuaires ont pour effet, surtout lorsqu'elles sont aussi élevées que celles de la loi de l'an III, de détruire la matière imposable. Les contribuables s'empressèrent de renvoyer leurs domestiques mâles ou les déguisèrent en valets de charrue. Ils vendirent leurs chevaux, leurs voitures, et, comme il est dit dans

un rapport au roi sur l'administration des finances, ce tarif força la richesse elle-même à prendre les attributs de la misère.

4809. — Dès 1797, il fallut encore changer de système. La loi du 14 therm. an V remplaça l'impôt de quotité par un impôt de répartition dont le montant était fixé à 60 millions. La répartition entre les contribuables dans l'intérieur de chaque commune devait être faite par un jury d'équité nommé par l'administration municipale du canton. La contribution comprenait trois espèces de cotes : la cote personnelle, la cote mobilière et les taxes somptuaires. La cote mobilière devait porter sur les salaires publics et privés, sur les produits de l'industrie, de l'exploitation, du commerce et des fonds mobiliers et, en général, sur tous les revenus non soumis à la contribution foncière. Les contribuables étaient astreints à une déclaration de ces revenus. Les taxes somptuaires portaient sur les domestiques (hommes et femmes), sur les chevaux et mulets et sur les voitures de luxe. La taxe sur les cheminées était supprimée. Le tarif était modifié.

4810. — Quant à la cote personnelle, le jury d'équité pouvait la régler depuis 30 sous jusqu'à 120 livres. La cote mobilière devait être au moins du double de la cote personnelle. Ces procédés arbitraires soulevèrent encore de vives réclamations qui eurent pour premier résultat de faire abaisser à 30 millions le contingent général (L. 26 fruct. an VI), et amenèrent le législateur à entreprendre une nouvelle réforme de l'impôt.

4811. — D'après deux lois du 3 niv. an VII, l'impôt se divisa en quatre branches : contribution personnelle, contribution mobilière, taxe somptuaire et retenue du vingtième sur les salaires et traitements publics. Les deux premières taxes demeuraient à l'état d'impôt de répartition, les deux autres étaient des impôts de quotité. Le rendement de ces contributions était évalué à 19,855,000 fr. pour la taxe personnelle, 5,643,000 fr. pour la taxe mobilière, 1,500,000 fr. pour la taxe somptuaire, et 3 millions pour la retenue.

4812. — La contribution personnelle était de trois journées de travail, dont le prix fut fixé à raison de la richesse relative de chaque département, depuis 50 cent. jusqu'à 1 fr. 50. Elle était due dans chaque commune par chaque habitant de tout sexe, domicilié depuis un an, jouissant de ses droits et non réputé indigent. On évaluait qu'un sixième seulement de la population serait imposable.

4813. — La taxe somptuaire devait être perçue à raison des domestiques hommes et femmes, âgés de moins de soixante ans, employés au service de la personne ou du ménage et aussi à raison des chevaux, mulets et voitures de luxe. La taxe à raison des domestiques était uniforme pour tout le territoire; elle ne variait que selon le sexe et l'âge.

4814. — A l'égard des chevaux et mulets, la taxe était combinée d'après la population et le nombre des animaux. Pour les voitures, il n'y avait pour toutes les localités qu'un seul tarif réglé d'après le nombre des roues. Etaient exemptés les chevaux des militaires, des fonctionnaires auxquels la loi accorde des rations pour l'entretien des chevaux nécessaires à leur service, les chevaux employés à l'agriculture, au commerce, à l'industrie, ceux des messageries, des postes, ceux des marchands et loueurs de chevaux, les reproducteurs et les chevaux au-dessous de quatre ans. Quant aux voitures, étaient exemptées celles affectées aux entreprises publiques de transports, celles des carrossiers et loueurs patentés.

4815. — La retenue du vingtième sur les traitements dispensait les fonctionnaires de la contribution mobilière pour leur salaire. Ils ne pouvaient y être assujettis que d'après leurs autres facultés s'ils en avaient; dans ce cas, leurs loyers d'habitation devaient être diminués d'un quart, à cause de la retenue opérée sur leur traitement. Cette retenue ne fut que passagère : la loi du 17 fruct. an VII la fit cesser et fixa la contribution mobilière et somptuaire à 40 millions pour l'an VIII.

4816. — La contribution mobilière était établie au marc le franc de la valeur du loyer d'habitation personnelle de chaque habitant déjà porté à la contribution personnelle.

4817. — Quant aux taxes somptuaires, malgré les nombreuses exemptions qui avaient été édictées et qui réduisaient à une somme insignifiante le rendement de l'impôt, elles ne cessaient de soulever de continuelles réclamations. Les grandes villes, Paris, Lyon, pour faire cesser ces plaintes, se firent autoriser à reporter ces taxes sur l'octroi (LL. 26 germ. an XI; 5 vent. an XII; Arr. du gouvernement du quatrième jour complémentaire

an XI et 13 vend. an XII; L. 13 pluv. an XIII; Décr. 25 ther. an XIII).

4818. — Enfin, le gouvernement y renonça et les abolit par la loi du 24 avr. 1806. Toutes les villes ayant un octroi purent demander le remplacement de la contribution personnelle et mobilière par une perception sur les consommations, dont le mode était réglé provisoirement par le pouvoir exécutif, sauf approbation par le Corps législatif (art. 73 et 74).

4819. — La contribution personnelle et mobilière, quoique bien simplifiée, conservait encore des vices nombreux. La répartition était fort inégale entre les départements. Lorsque l'Assemblée constituante l'avait établie, elle manquait de toutes les données sur l'importance des revenus mobiliers. Elle avait fixé au hasard le contingent mobilier à 60 millions. Puis, pour répartir ce contingent entre les départements, elle avait, comme pour la contribution foncière, opéré cette répartition au prorata de ce que chaque département payait d'impôts sous l'ancienne monarchie. Or, les provinces étant plus ou moins imposées selon qu'elles étaient pays d'élection ou pays d'États, il y avait là une première source d'inégalité. En outre, les contingents restant fixes alors que les fluctuations de la population augmentaient ou diminuaient les ressources de certaines localités, les inégalités originaires allaient s'accroissant. Dans certains départements, la moyenne de la contribution mobilière représentait 0 fr. 95 par tête, alors que dans d'autres elle atteignait près de 2 fr. Ici la contribution personnelle suffisait pour fournir le contingent imposé à la commune; là elle dépassait le contingent et on n'imposait qu'une partie des contribuables, ou bien l'on réduisait le taux de la taxe personnelle au-dessous du minimum légal.

4820. — Une autre cause d'inégalité dans la répartition provenait de la violation perpétuelle de la loi du 3 niv. an VII par les répartiteurs. D'après cette loi, le contingent personnel et mobilier devait être réparti entre les départements, les arrondissements et les communes, d'après le chiffre de la population pour un tiers et d'après le montant des rôles de patentes pour les deux autres tiers. La répartition entre les contribuables devait être faite au marc le franc du loyer d'habitation. Or, les répartiteurs, encore sous l'empire de la législation précédente qui voulait par l'impôt personnel-mobilier atteindre les capitaux mobiliers, refusaient de s'en tenir au loyer comme base d'appréciation et faisaient la répartition d'après les facultés présumées des contribuables.

4821. — Les abus provenant de ce mode de répartition devinrent tels, qu'en 1819, un député, M. Cornet d'Incourt, demanda qu'une disposition formelle vînt rappeler les autorités locales au respect de la loi. Son discours et les faits qu'il révélait firent une telle impression sur la Chambre et le gouvernement que, dès l'année suivante, celui-ci, renonçant au système compliqué imaginé par la loi de l'an VII, fit adopter par les Chambres une disposition portant que le contingent des départements, des arrondissements et des communes serait dorénavant fixé d'après les valeurs locatives d'habitation (L. 23 juill. 1820, art. 29). Désormais, il ne devait plus y avoir d'autre base légale que les valeurs locatives. Le principe était édicté. Restait à en assurer l'exécution.

4822. — Les évaluations par les autorités locales des valeurs locatives d'habitation n'ayant donné que des résultats insuffisants et inexacts, le ministre des Finances chargea les agents des contributions directes d'y procéder. Cette opération, facile à exécuter dans les villes où il existait un cours de location connu et constaté au moyen de recensements annuels, et où, d'ailleurs, les termes de comparaison abondaient, était beaucoup plus délicate dans les campagnes. Là on eut recours à un autre procédé d'évaluation. Une commission de trois propriétaires, pris dans chaque arrondissement et assistés des agents de l'administration, eut pour mission d'apprécier le nombre de journées de travail que chaque habitant était censé abandonner pour se loger; le nombre de ces journées devait être fixé entre un minimum de quinze et un maximum de soixante-quinze. Ce nombre, multiplié par le prix de la journée de travail assigné à chaque commune, donnait la valeur du loyer par habitant. En multipliant le loyer par le nombre d'individus imposables, on obtenait le montant des loyers passibles de la contribution mobilière.

4823. — Ces opérations furent imparfaitement exécutées et donnèrent un total de valeurs locatives de 133,286,836 fr., chiffre évidemment atténué. Le ministre des Finances décida qu'il serait procédé à une révision complète de ces opérations et

confia cette mission aux inspecteurs généraux du cadastre. Une instruction du 28 févr. 1824 prescrivit de reviser attentivement les valeurs locatives déterminées dans les villes, bourgs et communes importantes en consultant les baux de 1815 à 1820. L'art. 24, L. 31 juill. 1821, disposa qu'une nouvelle répartition de la contribution personnelle-mobilière entre les départements serait présentée aux Chambres, après que les résultats des travaux en cours d'exécution auraient été complétés et vérifiés. C'était un ajournement de la réforme votée l'année précédente. Les inspecteurs généraux, après avoir soumis leur travail aux directeurs des contributions directes, arrêtèrent le tableau des valeurs locatives par département. Ce travail fut en dernier lieu soumis à une commission spéciale formée auprès du ministre pour centraliser et reviser les calculs.

4824. — Un recensement général des portes et fenêtres exécuté en 1822 vint contrôler et confirmer les résultats obtenus. Cependant, avant d'en faire l'objet d'un projet de loi, on voulut en faire l'épreuve. La loi du 6 juill. 1826 accordant un dégrèvement sur les centimes additionnels de la contribution personnelle et mobilière, les évaluations furent offertes aux conseils généraux pour les guider dans la diminution qu'ils avaient à faire des cotes individuelles. Soixante-quinze conseils acceptèrent immédiatement cette base. Huit commissaires spéciaux furent alors chargés, en 1828, de procéder à une nouvelle révision, afin de tenir compte des changements survenus depuis 1822 dans la matière imposable par suite, des constructions et des démolitions. Les contrôleurs firent de nouveaux recensements, effectuèrent le relevé des baux et des actes de vente conclus dans la période de 1822 à 1828. Ces travaux, vérifiés et centralisés par les directeurs, furent contrôlés par les commissaires spéciaux d'abord, puis par une commission présidée par le ministre.

4825. — Un tableau général des valeurs locatives assignées à chaque département fut dressé et définitivement arrêté. D'après ce tableau, le nombre des maisons se trouvait, en 1826, de 6,396,008 ; les loyers, non compris ceux affectés à l'industrie, étaient estimés à 384,008,125 fr., dont 211,806,483 fr. pour les villes et 172,021,642 fr. pour les communes rurales. Une révision dernière porta à 393,097,331 fr. le montant total des valeurs locatives d'habitation.

4826. — Ces longues opérations une fois terminées et ces documents rassemblés, qu'allait-on faire? Fallait-il s'en servir pour diminuer le contingent de certains départements et relever celui des autres. Le ministre d'alors, M. de Chabrol, se demanda s'il était juste d'assujettir les capitaux mobiliers au système immuable de l'impôt de répartition. Alors que l'importance relative des localités se modifie sans cesse, les contingents resteraient fixes, et bientôt les inégalités reparaîtraient. Il songea à transformer cette contribution en impôt de quotité. Mais il recula devant cette réforme et dans son rapport au roi du 15 mars 1830, M. de Chabrol en explique ainsi les raisons. « Il n'y aurait point eu à balancer, disait-il, si la contribution avait pu s'asseoir sur une base exacte et positive, qui eût permis au gouvernement de demander un tribut justifié d'avance aux yeux mêmes des contribuables ; mais exiger une redevance incertaine et mal établie par l'action directe d'un tarif rigoureux contre les personnes, sans être armé d'un droit incontestable et défendu par l'égalité proportionnelle, c'était courir le risque de mettre l'administration et les contribuables dans une sorte de position hostile qu'il est toujours sage d'éviter. »

4827. — Sur ces entrefaites éclata la révolution de Juillet. Le nouveau gouvernement, ayant opéré un dégrèvement de 40 millions sur les contributions indirectes et étant obligé de pourvoir à des dépenses extraordinaires, demanda un supplément de ressources à la contribution personnelle-mobilière. Au mois de novembre 1830, le ministre des Finances déposa un projet tendant à la conversion de cette contribution en impôt de quotité. La taxe personnelle était fixée, d'après le prix de trois journées de travail, suivant un tarif gradué en raison de la population et variant de 1 fr. 50 à 70 cent.

4828. — La taxe mobilière devait être établie sur la valeur locative de l'habitation personnelle de chaque contribuable, suivant la quotité annuellement déterminée par la loi. Pour 1831, cette quotité était fixée à 6 cent. par franc de valeur locative. La constatation de la valeur locative devait être faite par les contrôleurs, d'après les déclarations des contribuables et l'avis des autorités municipales. Les contrôleurs devaient, dans leurs évaluations, se guider sur les baux, les actes de vente et autres documents. Un recours était ouvert devant le préfet contre ces évaluations.

4829. — Ce projet rencontra dans les Chambres une opposition passionnée. Ce qu'on lui reprochait, ce n'était pas tant de chercher à tirer de nouvelles ressources de la contribution personnelle et mobilière et de la contribution des portes et fenêtres, que d'enlever, en les transformant en impôts de quotité, aux conseils généraux, aux conseils d'arrondissement et aux répartiteurs leur principale attribution. Dans toute la discussion, les adversaires du projet assimilèrent le droit d'évaluation donné aux contrôleurs à l'exercice en matière de contributions indirectes. Quelques députés critiquaient la transformation opérée en l'an VII, affirmée en 1820, et achevée par le projet d'un impôt sur le revenu en une simple taxe sur les loyers. Cette discussion aboutit à une transaction. D'après la loi du 26 mars 1831, la taxe personnelle seule fut transformée en impôt de quotité : la contribution mobilière conserva son caractère d'impôt de répartition. Le contingent mobilier était fixé à la somme produite en 1830 par les deux contributions réunies (27 millions), déduction faite de 3 millions distribués en dégrèvement aux départements les plus surchargés.

4830. — Le moment était mal choisi pour opérer une réforme de cette importance. Les esprits n'étaient pas encore remis de la secousse de 1830 ; l'état du commerce et de l'industrie était précaire, la situation troublée au dedans et au dehors. La loi du 26 mars 1831 suscita d'universelles clameurs : le recensement des contribuables assujettis à la contribution personnelle fut peut-être poursuivi avec trop de rigueur. Des troubles éclatèrent sur plusieurs points. Dès l'année suivante, on abandonna la réforme et l'on revint au système de la répartition. « On s'est emparé du mot de quotité, disait le rapporteur de la commission des finances de la Chambre, M. Humann, sans rien comprendre à la chose, pour animer et soulever les passions, c'est ainsi que l'impôt de quotité a été proscrit, mais non point jugé ». Mais, en revenant à l'ancien système, on voulut essayer d'en rectifier les inégalités. Pour former les contingents, trois éléments s'offraient aux Chambres : 1° l'ancienne répartition, dont les inégalités avaient soulevé tant de réclamations ; 2° le produit de la taxe personnelle recouvré en 1831 sous le régime de la quotité ; 3° les valeurs locatives d'habitation arrêtées en 1829, dont l'application pouvait augmenter le contingent des départements trop ménagés. Aucun de ces éléments, pris isolément, ne parut pouvoir donner une solution satisfaisante de la question : on résolut de les combiner.

4831. — La taxe personnelle et la contribution mobilière avaient fourni au Trésor, en 1831, 39 millions au lieu de 27 en 1830. On fixa le contingent, pour 1832, à 34 millions. Cette somme fut répartie entre les départements : pour un tiers, au centime le franc du montant des taxes personnelles des rôles de 1831 ; pour un tiers, d'après les contingents de 1830 ; pour un tiers, d'après les valeurs locatives réelles d'habitation.

4832. — Pour que les anciennes inégalités ne pussent plus se reproduire dans l'avenir, l'art. 31, L. 21 avr. 1832, disposait qu'il serait soumis aux Chambres, dans la session de 1834 et ensuite de cinq en cinq ans, un nouveau projet de répartition entre les départements, tant de la contribution personnelle et mobilière que de la contribution des portes et fenêtres. A cet effet, les agents des contributions devraient compléter et tenir au courant les renseignements destinés à faire connaître le nombre des individus passibles de la contribution personnelle et mobilière, le montant des loyers d'habitation et le nombre des portes et fenêtres imposables.

4833. — En exécution de cette disposition, une ordonnance du 18 déc. 1832 édicta un ensemble de mesures permettant au gouvernement de recueillir des indications statistiques ne laissant aucun doute sur la force contributive de chaque département. D'après cette ordonnance, deux commissaires désignés par le conseil municipal devaient, dans chaque commune, avec l'assistance du maire et du contrôleur des contributions directes, reviser les matrices des valeurs locatives établies en exécution de la loi du 26 mars 1831 pour l'assiette de la contribution mobilière et procéder à la formation des matrices là où elles faisaient défaut. Ces matrices, complétées et rectifiées, restaient déposées dans les secrétariats des mairies, où les propriétaires pouvaient les consulter et présenter leurs observations dans le délai d'un mois. Puis ces matrices étaient soumises au conseil

municipal, qui en prenait connaissance et y apportait les modifications nécessaires. Une commission cantonale, composée du maire et d'un délégué du conseil municipal de chaque commune, vérifiait les estimations et déterminait les augmentations ou diminutions qu'elle croyait devoir leur faire subir pour établir entre elles l'égalité proportionnelle. Les conseils municipaux pouvaient formuler leurs observations sur ces évaluations ainsi arrêtées. Le nivellement entre les communes une fois terminé, deux experts nommés, l'un par le ministre, l'autre par le préfet, portaient les évaluations faites par les assemblées cantonales à leur juste valeur. Puis ils procédaient au nivellement des évaluations entre les cantons. Enfin, une commission nommée par le préfet et composée de conseillers généraux ou de conseillers d'arrondissement en nombre égal à celui des arrondissements, donnait son avis sur la proportionnalité des valeurs locatives attribuées à chacun de ces cantons. Le travail de cette commission était soumis ensuite à des commissaires spéciaux nommés par le ministre et qui étaient chargés de vérifier et de comparer les résultats obtenus dans tous les départements. S'ils proposaient des modifications, elles étaient soumises aux experts qui faisaient leurs observations. Le ministre statuait définitivement. Ces opérations préliminaires achevées, le directeur des contributions de chaque département rédigeait un tableau général des valeurs locatives.

4834. — Ces opérations ne purent être achevées pour 1834. La nouvelle répartition fut donc ajournée à 1836. A cette époque, un nouvel ajournement fut reconnu nécessaire et même M. d'Argout, qui était alors ministre des Finances, faisant remarquer que la péréquation ne pourrait se faire qu'en dégrevant les départements surchargés, exprima la crainte que, une fois le travail achevé, il fût impossible de s'en servir. Cependant, les opérations suivaient leur cours. Les commissaires spéciaux, nommés au mois de juin 1836, terminèrent leurs travaux à la fin de ladite année.

4835. — Malgré le soin apporté à ces travaux, le ministre des Finances ne crut pas pouvoir les utiliser. En 1838, dans l'Exposé des motifs du budget, il disait que des inexactitudes existaient encore et qu'en faisant une nouvelle répartition d'après ces bases on ne ferait que déplacer les inégalités. Il demanda l'ajournement jusqu'en 1842. Conformément à sa proposition, l'art. 2, L. 14 juill. 1838, abrogea l'art. 31, L. 21 avr. 1832, et décida qu'il serait soumis aux Chambres, dans la session de 1842 et ensuite de dix années en dix années, un nouveau projet de répartition entre les départements, tant de la contribution personnelle et mobilière que de la contribution des portes et fenêtres. C'était une disposition analogue à l'article abrogé de la loi de 1832, avec cette différence que les répartitions étaient espacées de dix ans au lieu de cinq. Par une circulaire du 7 sept. 1838. le ministre prescrivit la formation d'un registre, sur lequel étaient inscrites les valeurs locatives arrêtées par le département des finances à la suite des rapports des commissaires spéciaux. Ce registre devait être modifié en raison des constructions nouvelles et des démolitions.

4836. — Pour obéir aux prescriptions de la loi de 1838, M. Humann procéder, en 1841, à un recensement général des valeurs locatives d'habitation et des portes et fenêtres. Une circulaire du 26 févr. 1841 chargea les directeurs de faire dresser dans les communes cadastrées pour chaque propriété bâtie imposable, un bulletin présentant toutes les indications nécessaires pour reconnaître l'immeuble. Muni de ces bulletins, auxquels étaient jointes les valeurs locatives précédemment établies et les indications des recensements antérieurs pour la contribution des portes et fenêtres, le contrôleur se présentait chez le maire pour requérir son assistance et se transportait de maison en maison en corrigeant au fur et à mesure les erreurs existant dans les évaluations. Dans les communes non cadastrées, le contrôleur établissait lui-même les bulletins et les transmettait à la direction.

4837. — L'opération se poursuivit avec une grande activité. Elle devait révéler l'omission aux rôles de la contribution foncière de 541,232 maisons. Mais, au mois de juillet, la presse commença à discuter la légalité de l'opération, sous prétexte que les recensements auraient dû être exécutés par les répartiteurs et par les municipalités, que l'opération n'était pas soumise au contrôle des corps électifs, contrairement aux dispositions de l'ordonnance du 18 déc. 1832. A partir de ce moment, le travail des agents de l'administration fut gravement entravé. Des troubles sérieux se produisirent à Toulouse, puis à Bordeaux, Ca-

hors, Grenoble, Libourne, Lille, Montpellier. A Clermont-Ferrand, le 9 sept. 1841, une émeute éclata qui coûta la vie à beaucoup de soldats et d'habitants. L'opération fut cependant menée à terme. Elle fit ressortir les valeurs locatives à une somme de 534,116,000 fr.

4838. — L'échéance fixée par la loi de 1838 était arrivée. Le ministre demanda encore un ajournement, fondé sur ce que beaucoup de conseils généraux avaient demandé que les résultats du recensement leur fussent communiqués. L'art. 2, L. ? juin 1842, renvoya à la session de 1844 la présentation des projets de nouvelle répartition.

4839. — Mais en 1844, le ministre des Finances, qui était alors M. Lacave-Laplagne, se refusa à se servir des résultats du recensement de 1841, pour en faire la base d'une péréquation. Il estimait que la répartition faite en 1832 n'était pas aussi mauvaise qu'on le croyait et, dans ces conditions, il proposait d'introduire dans la loi de finances une disposition par laquelle la péréquation se ferait peu à peu et pour ainsi dire d'une manière automatique. Cette disposition est devenue l'art. 2, L. 4 août 1844 ainsi conçu : « A dater du 1er janv. 1846, le contingent de chaque département dans la contribution personnelle et mobilière sera diminué du montant en principal des cotisations personnelles et mobilières afférentes aux maisons qui auront été détruites. A partir de la même époque, ce contingent sera augmenté proportionnellement à la valeur locative des maisons nouvellement construites ou reconstruites, à mesure que ces maisons seront imposées à la contribution foncière. L'augmentation sera du vingtième de la valeur locative réelle des locaux consacrés à l'habitation personnelle. Il sera procédé à cet égard de la manière prescrite par l'art. 2, L. 17 août 1835. L'état par département des diminutions et augmentations sera annexé au budget de chaque année ». L'art. 5 de la même loi abrogeait l'art. 2, L. 14 juill. 1838, prescrivant les révisions décennales. Par le mécanisme de cette loi, au fur et à mesure que les anciennes constructions disparaissent et sont remplacées par des nouvelles, la péréquation s'opère entre les contingents. Ceux-ci, lorsque toutes les maisons évaluées antérieurement à 1846 auront été détruites, se trouveront fixés d'après les valeurs locatives réelles des maisons d'habitation. Depuis cette époque jusqu'en 1889, il n'a plus été procédé à aucun recensement des valeurs locatives d'habitation. Le recensement effectué en 1889 a fait ressortir ces valeurs locatives à la somme de 1,572,901,791 fr. au lieu de 534,116,000 fr. en 1841. Au cours de la discussion du budget de 1892, il a été déposé, par M. Rey, une proposition tendant à la conversion de la contribution personnelle-mobilière en impôt de quotité. Ce serait, suivant nous, la seule manière de faire disparaître les inégalités existant dans la répartition et qui font varier le taux de l'impôt entre 6,83 p. 0/0 et 3,03 p. 0/0.

4840. — Depuis 1890, le remaniement de nos divers impôts directs est à l'ordre du jour. A la suite de la suppression de la contribution des portes et fenêtres par la loi du 18 juill. 1892, le ministre des Finances présenta en 1893 un projet qui remplaçait cet impôt par une taxe représentative établie sur les mêmes bases que l'impôt foncier, mais pouvant être recouvrée par les propriétaires sur leurs locataires. Ce projet, repoussé par la commission du budget, n'aboutit pas. Au cours de la discussion, la Chambre des députés adopta un amendement de M. Rey tendant à reporter les contingents départementaux dans la contribution personnelle-mobilière au prorata des valeurs locatives d'habitation. La réforme fut alors disjointe du budget. L'année suivante, M. Burdeau, ministre des Finances, proposa de supprimer les contributions personnelle-mobilière et des portes et fenêtres et de les remplacer par une taxe d'habitation, assise sur les valeurs locatives constatées pendant l'évaluation de propriétés bâties faite de 1885 à 1889, mais d'après des bases graduées en raison inverse du chiffre de la population. Ces bases devaient servir à déterminer les contingents départementaux. Cette contribution restait un impôt de répartition. On maintenait aux répartiteurs dans chaque commune le droit d'exonérer de la taxe la partie du loyer considérée comme le minimum irréductible. En outre, ils pouvaient accorder des réductions partielles en tenant compte des charges de famille des contribuables peu aisés. La taxe d'habitation était majorée pour ceux des contribuables qui auraient des domestiques à leur service. Ce projet fut abandonné par le ministère suivant. La discussion de la loi de finances de 1894 n'aboutit qu'à la formation d'une commission extra-parlementaire chargée de procéder à la classi-

fication et à l'étude des moyens de taxation des diverses natures de revenus, en vue de la réforme de l'assiette de l'impôt. En 1895, M. Ribot, ministre des Finances, reprit, en le modifiant, le projet d'une taxe sur les domestiques, mais cette année encore, la commission du budget refusa d'accepter le projet du gouvernement et la loi du 17 juill. 1895 a été votée sans qu'aucune des réformes proposées dans le cours des années précédentes ait été réalisée. Le Parlement aura sans doute, dans la prochaine session, à choisir entre les projets suivants : impôt progressif sur le revenu fondé sur le principe de la déclaration, et proposé par M. Cavaignac, ou transformation de la contribution mobilière. De nombreuses propositions émanant de l'initiative parlementaire ont été déposées sur cette question.

Section II.
Assiette de la contribution personnelle-mobilière.

§ 1. Assiette de la taxe personnelle.

1° En quoi consiste cette taxe.

4841. — Comme son nom l'indique, la contribution personnelle et mobilière est la réunion de deux taxes : la taxe personnelle et la taxe mobilière. La première est assise sur les individus remplissant certaines conditions que nous examinerons plus loin ; la seconde est assise sur la valeur locative des locaux affectés à l'habitation des contribuables passibles de la taxe personnelle.

4842. — La taxe personnelle se compose de la valeur de trois journées de travail. Le conseil général, sur la proposition du préfet, détermine le prix moyen de la journée de travail dans chaque commune, sans pouvoir néanmoins le fixer au-dessous de 50 cent. ni au-dessus de 1 fr. 50 (L. 21 avr. 1832, art. 10).

4843. — Cette disposition a son origine et trouve sa justification dans le régime électoral établi par l'Assemblée constituante, qui avait conféré l'électorat et le titre de citoyen actif à tout individu acquittant une contribution directe représentant le montant de trois journées de travail. C'est une disposition censitaire. La journée de travail dont il s'agit est celle que gagnent communément l'homme de peine, le journalier employé aux travaux communs de la terre (Instruction jointe à la loi des 13 janv.-18 févr. 1791).

4844. — La loi du 26 mars 1831, en transformant la contribution personnelle en impôt de quotité, avait enlevé aux conseils généraux le droit de fixer le taux de la journée de travail. Ce taux variait suivant la population de la commune. On appliquait un tarif fixé par le législateur lui-même. Pour le calcul de la population, on faisait entrer non seulement la population du chef-lieu, mais toute la population de la commune. — Cons. d'Et., 28 févr. 1834, Commune d'Estaires, [P. adm. chr.] — Mais, dès l'année suivante, le rétablissement du mode de répartition fit rendre aux conseils généraux leur ancienne attribution.

4845. — La taxe personnelle est établie sans égard aux facultés des contribuables. C'est une véritable capitation qui, dans une commune, frappe également le riche et le pauvre, et mérite toutes les critiques adressées par les économistes aux impôts de cette nature. Ce qui la rend supportable, c'est la modération de son taux, qui varie entre 1 fr. 50 et 4 fr. 50. Elle est considérée comme la rémunération des services dont tous les citoyens jouissent au même degré et dans les mêmes proportions, par exemple la liberté et la sûreté personnelles.

4846. — La loi de 1791 avait confié aux municipalités le soin de fixer le taux de la journée de travail. En 1820, cette attribution a été transférée au conseil général, dont les décisions en cette matière sont souveraines.

2° Conditions requises pour être passible de la taxe personnelle.

4847. — La contribution personnelle-mobilière est due par chaque habitant français et par chaque étranger de tout sexe, jouissant de ses droits et non réputé indigent. Sont considérés comme jouissant de leurs droits : les veuves et les femmes séparées de leur mari, les garçons et filles majeurs ou mineurs ayant des moyens suffisants d'existence, soit par leur fortune personnelle, soit par la profession qu'ils exercent, lors même qu'ils habitent avec leur père, mère, tuteur ou curateur (L. 21 avr. 1832, art. 12).

4848. — Ainsi la loi ne fait aucune distinction entre le Français et l'étranger. Ce dernier est imposable dans les mêmes conditions que le Français, pourvu qu'il jouisse de ses droits et ne soit pas réputé indigent. Un étranger qui a des moyens suffisants d'existence n'est donc pas fondé à exciper de sa nationalité pour prétendre qu'il n'est pas imposable. — Cons. d'Et., 18 janv. 1844, d'Odiardy, [P. adm. chr.]; — 7 mars 1868, Tocfaert, [Leb. chr., p. 273]; — 7 nov. 1884, Canova, [Leb. chr., p. 748]; — 9 déc. 1887, Leitner, [Leb. chr., p. 781]; — 17 janv. 1891, Shea, [Leb. chr., p. 18]

4849. — Il en est ainsi alors même qu'on qualité de réfugié politique, il serait soumis à une certaine surveillance restrictive de ses droits. — Cons. d'Et., 12 mai 1847, Brianski, [P. adm. chr.]; — 11 mai 1864, Gutierrez, [Leb. chr., p. 437]; — 24 janv. 1866, Calléja, [Leb. chr., p. 1181]

4850. — Le Conseil d'Etat a également décidé qu'en l'absence d'un traité avec un gouvernement étranger exemptant formellement nos nationaux des contributions de ce pays, un étranger ne pouvait se prévaloir, pour obtenir décharge, de l'usage établi dans son pays de ne pas imposer les Français qui y seraient établis. — Cons. d'Et., 13 mai 1832, Picot, [S. 52.2.479, P. adm. chr.]

4851. — Ce qui précède s'applique-t-il aux agents diplomatiques ? Il faut distinguer entre les ambassadeurs, ministres plénipotentiaires, chargés d'affaires, d'une part, et les consuls et agents consulaires, de l'autre. Les premiers, représentant en France le souverain de leur nation, sont, en vertu du principe d'exterritorialité, exempts de toute contribution.

4852. — A l'égard des consuls et agents consulaires, il en est différemment. On sait qu'ils ne représentent que les intérêts commerciaux de leurs nationaux. Ils n'ont aucun caractère politique ou gouvernemental. Aussi les règles suivies à leur égard sont-elles différentes suivant les traités qui lient la France aux diverses nations. Le principe général, c'est que l'exemption est accordée aux consuls des nations étrangères chez lesquelles nos consuls ne paient point l'impôt équivalent. — Cons. d'Et., 17 nov. 1843, Ullern, [P. adm. chr.]; — 7 sept. 1848, Maire de Montpellier, [P. adm. chr.]

4853. — Ces conventions peuvent être divisées en deux catégories : les unes n'accordent l'exonération aux consuls que s'ils n'exercent aucun commerce ou industrie et s'ils sont sujets de l'Etat qui les nomme (Autriche-Hongrie, Espagne, Grèce, Italie, Russie, République dominicaine, Salvador). — Cons. d'Et., 20 sept. 1865, Boozo, [Leb. chr., p. 917]

4854. — Les autres accordent l'exonération sans exiger que les consuls soient sujets de l'Etat qui les nomme et à la seule condition qu'ils ne soient ni Français ni commerçants (Danemark, Etats-Unis, Portugal, Allemagne, Pays-Bas, Serbie, Suède, Norvège, etc.) (Circ. 28 déc. 1892).

4855. — Actuellement, les consuls anglais seuls paient l'impôt personnel-mobilier. Le Conseil d'Etat a eu à examiner, en 1881, la question de savoir si le principe de réciprocité devait faire exempter les agents consulaires du gouvernement britannique. L'instruction a révélé, contrairement aux prétentions du requérant, que les consuls français en Angleterre acquittaient, non seulement les taxes locales, mais en outre l'income-tax. Les consuls anglais sont donc imposables. — Cons. d'Et., 28 janv. 1881, Vereker, [S. 82.3.40, P. adm. chr.]

4856. — Pour être imposable à la contribution personnelle-mobilière, il faut jouir de ses droits. Qu'entend-on par cette expression ? Il ne s'agit pas ici de la jouissance des droits politiques. — Cons. d'Et., 8 avr. 1881, D^lle Hubertine Auclert, [S. 82.3.81, P. adm. chr., D. 82.3.77]; — 5 mars 1886, Mercier, [Leb. chr., p. 209]

4857. — ... Ni même de la jouissance des droits civils au sens juridique du mot. Cette expression a un sens complexe. D'une part, un contribuable jouit de ses droits, au sens fiscal du mot, quand il a des moyens personnels d'existence suffisants pour faire face aux nécessités de la vie. D'autre part, il jouit de ses droits quand il ne dépend de personne. Le législateur de 1832 a indiqué lui-même (art. 12) l'interprétation qui devait être donnée à l'expression qu'il employait en énumérant certaines catégories de personnes qui devraient être considérées comme jouissant de leurs droits.

4858. — Nous allons passer en revue ces diverses catégories en faisant sur chacune d'elles les observations que nous fournira la jurisprudence. Sont à considérer comme jouissant de leurs

droits : les veuves..... Cela va de soi. Elles deviennent le chef
de la famille, si elles ont des enfants, et dans tous les cas elles
reprennent la libre disposition de leur personne et de leurs biens.
Les mêmes raisons s'appliquent aux femmes divorcées.

4859. — ... Les femmes séparées de leur mari..... A notre avis,
il ne peut s'agir que d'une séparation de corps prononcée judiciairement. Une séparation de fait ne saurait suffire à rendre à
la femme mariée la jouissance de ses droits. Telle nous paraît
être la doctrine qui résulte d'une décision du Conseil d'Etat qui,
en décidant qu'une femme mariée, non séparée judiciairement,
était imposable, a eu soin de retenir cette circonstance que la
résidence du mari était inconnue. — Cons. d'Et., 21 juin 1839,
d'Aubigny, [P. adm. chr.]

4860. — Le Conseil a confirmé cette jurisprudence par une
décision rendue en 1882 dans les circonstances suivantes : l'immeuble occupé dans une commune par un contribuable ayant été
vendu judiciairement, il avait quitté cette commune pour aller
s'établir dans une autre résidence. Mais sa femme avait refusé
de le suivre et, malgré plusieurs mises en demeure d'avoir à réintégrer le domicile conjugal, elle avait continué à habiter la maison vendue. Le mari réclamait contre l'imposition, qui avait été
maintenue à son nom à raison de ce logement. Le Conseil d'E-
tat a rejeté sa demande en se fondant sur ce qu'en fait sa femme
avait conservé une habitation meublée dans le lieu de son ancienne résidence. En l'absence de séparation judiciaire, le ré-
quérant devait la contribution mobilière à raison du logement
occupé par sa femme. — Cons. d'Et., 21 avr. 1882, Héluisse,
[S. 84.3.23, P. adm. chr, D. 83.3.99.]

4861. — La séparation de biens ne saurait avoir pour effet
de rendre la femme mariée personnellement imposable. Si, en
effet, elle reprend l'administration de ses biens, le mari n'en
reste pas moins le chef de l'association conjugale, et la femme demeure soumise à son autorité et n'a pas d'autre habitation que
celle de son mari. — Cons. d'Et., 31 mai 1848, Bélot, [S. 48.2.
636, P. adm. chr., D. 48.3.103]

4862. — Le chef de la famille est, en principe, seul imposable. Les enfants, tant qu'ils habitent avec leurs parents, quel
que soit leur âge, ne sont pas passibles de la taxe, s'ils n'ont pas
de moyens d'existence personnels. A cet égard, la loi n'établit
pas de distinction entre le majeur et le mineur. Tout au plus y
aurait-il une présomption favorable au mineur, défavorable au
majeur. Mais c'est une question d'appréciation de circonstances.
— Cons. d'Et., 28 mai 1835, de la Bourdonnaye, [P. adm. chr.];
— 19 oct. 1837, Vaufrey, [P. adm. chr.]; — 22 juin 1848, Simon, [Leb. chr., p. 406]; — 30 nov. 1852, Crevel, [Leb. chr.,
p. 539]; — 8 déc. 1857, Lemé, [Leb. chr., p. 772]; — 4 mai
1859, Renaut, [Leb. chr., p. 325]; — 8 avr. 1869, Huret, [Leb.
chr., p. 331]; — 27 avr. 1872, Gatet, [Leb. chr., p. 249]; — 10
févr. 1888, Orinel, [Leb. chr., p. 135]; — 8 août 1894, Thabard,
[Leb. chr., p. 551]

4863. — Quand une fille majeure habite chez son frère, elle
est imposable, si le logement meublé qui lui est propre n'a pas
été compris dans les locaux dont la valeur locative a servi de
base à l'assiette de la taxe mobilière de son frère, car elle n'est
placée sous l'autorité de personne et elle doit être considérée
comme ayant une fortune personnelle. — Cons. d'Et., 21 juin
1858, Adam, [P. adm. chr.]

4864. — Si, au contraire, les parents vivent encore et s'il
n'est pas établi que la fille majeure ait une fortune personnelle
et exerce une profession, elle ne devra pas être imposée. —
Cons. d'Et., 9 mars 1853, Grégoire, [Leb. chr., p. 296]

4865. — Mais s'il est établi que l'enfant, mineur ou majeur,
a des moyens d'existence personnels et suffisants, il devient
imposable à la contribution personnelle. — Cons. d'Et., 12 avr.
1838, Bonnefoy, [Leb. chr., p. 72]; — 7 nov. 1884, Bousquet,
[Leb. chr., p. 749]

4866. — C'est ainsi que le Conseil d'Etat a toujours déclaré
passibles de la contribution personnelle les mineurs qui ont
recueilli dans la succession d'un parent une fortune suffisante
pour pourvoir à leurs besoins. — Cons. d'Et., 31 mai 1848, Fitz-
Gérald, [Leb. chr., p. 344]; — 26 juill. 1851, Guidon, [D. 51.3.
67]; — 27 avr. 1872, Viel, [Leb. chr., p. 250]

4867. — La question s'est posée de savoir s'il fallait considérer comme ayant des moyens personnels d'existence, le mineur qui avait hérité de la fortune d'un de ses auteurs décédés,
fortune dont l'auteur survivant avait l'usufruit aux termes de
l'art. 385, C. civ. Cette question a été résolue affirmativement

par la jurisprudence — Cons. d'Et., 14 mai 1856, Gal, [S.
2.318, P. adm. chr., D. 57.3.56]; — 20 janv. 1835, Boileau
Castelnau, [P. adm. chr.]; — 16 déc. 1835, Bonnefoy, [P. adm.
chr.]; — 25 mars 1846, Trumeau, [P. adm. chr., D. 46.3.131]
— 22 juin 1848, Lemaire, [S. 48.2.703, P. adm. chr., D. 49.
52]; — 3 mai 1851, Mahaut, [P. adm. chr., D. 51.3.56]; —
mai 1858, Savineau, [P. adm. chr.]; — 7 août 1869, Caminad
[S. 70.2.279, P. adm. chr.]; — 8 juin 1883, Maubaillarcq, [
84.5.127]

4868. — Est imposable également l'enfant, majeur ou m
neur, qui tire des moyens d'existence de l'exercice d'un métier
d'une profession. — Cons. d'Et., 7 déc. 1850, Bathol, [Le
chr., p. 906]; — 9 mars 1859, Michaud, [Leb. chr., p. 167];
24 mai 1878, Tierce, [Leb. chr., p. 504]

4869. — A fortiori en est-il de même si la profession exe
cée entraîne l'imposition à la contribution des patentes. — Cons.
d'Et., 8 juin 1877, Bodhuile, [Leb. chr., p. 550]

4870. — Le Conseil a décidé qu'il fallait considérer comm
jouissant de ses droits un jeune homme inscrit au barreau
qualité d'avocat. L'exercice de cette profession fait présum
l'existence de ressources propres et d'un établissement distinc
circonstances qui, d'après l'art. 2, L. 26 mars 1831, entraî
naient l'imposition. — Cons. d'Et., 16 août 1833, Levgue, [
adm. chr.]; — 4 juin 1875, Belton, [Leb. chr., p. 535]; —
avr. 1892, Gineste, [Leb. chr., p. 367]

4871. — Les mêmes raisons ont fait imposer un jeune prêt
habitant avec ses parents. — Cons. d'Et., 13 mai 1852, Toudes
[Leb. chr., p. 156]

4872. — ... Des clercs de notaire appointés. — Cons. d'Et.,
23 nov. 1877, Barthelot, [Leb. chr., p. 899]; — 28 avr. 186
Girard, [D. 83.3.98]

4873. — Toutefois, pour que la profession exercée par l
enfants mineurs ou majeurs d'un contribuable les rende pe
sonnellement imposables à la contribution personnelle, il fa
qu'ils l'exercent pour leur compte. Ainsi le Conseil d'Etat a dé
claré non imposables, comme n'ayant pas de moyens d'existenc
personnels, des filles qui géraient, sans rémunération d'ailleur
un bureau de tabac pour le compte de leur père. — Cons. d'Et
24 juill. 1872, Goyet, [Leb. chr., p. 452]

4874. — Enfin, l'imposition doit disparaître si l'enfant cess
d'exercer sa profession et retombe à la charge de ses parents. —
Cons. d'Et., 23 mars 1853, Bessac, [Leb. chr., p. 354]

4875. — Sont considérés encore comme jouissant de leu
droits les jeunes gens qui, tout en habitant avec leurs parent
exercent une fonction, ou sont employés dans une administratio
publique. La jurisprudence a déclaré imposables : un jeune homm
employé à la voirie vicinale. — Cons. d'Et., 11 mars 1863, Tave
[Leb. chr., p. 223]

4876. — Le commis d'un conservateur des hypothèqu
— Cons. d'Et., 12 juill. 1851, Moulin, [Leb. chr., p. 506]

4877. — ... Le jeune homme employé dans une recette g
nérale. — Cons. d'Et., 20 sept. 1865, Battut, [Leb. chr., p. 9

4878. — ... Un contrôleur des contributions directes en di
ponibilité. — Cons. d'Et., 12 févr. 1875, Ville de Lons-le-Sau
nier, [Leb. chr., p. 136]

4879. — Il n'y a pas lieu de distinguer si le fonctionnai
est en activité ou dans une position différente. Il suffit qu'il touc
un traitement. Ainsi, le Conseil d'Etat a déclaré imposable u
ancien régent de collège, qui touchait un traitement de réform
— Cons. d'Et., 17 mars 1853, Cabarrou, [Leb. chr., p. 342]

4880. — On s'est demandé toutefois s'il fallait considér
comme jouissant de leurs droits les jeunes gens employés dan
une administration publique à titre de surnuméraires, c'est-à-
dire ne recevant aucun traitement. La jurisprudence distingu
suivant que le jeune homme habite chez ses parents ou au
hors. Dans le premier cas, elle l'exempte. — Cons. d'Et., 5 jan
1858, Gréterin, [D. 58.3.46]; — 14 janv. 1858, Lautard, [D. 5
3.46] — Dans le second, elle maintient l'imposition. — Con
d'Et., 5 août 1854, de la Mure, [Leb. chr., p. 753]; — 20 no
1856, Blondel, [D. 58.3.46]; — 13 févr. 1862, Le Garrec, [Le
chr., p. 104]

4881. — Il appartient d'ailleurs à la juridiction administr
tive, d'apprécier si les ressources que l'enfant logé chez se p
rents tire, soit de sa fortune personnelle, soit de sa professio
sont suffisantes pour lui permettre de subvenir à ses besoins. —
Cons. d'Et., 13 déc. 1854, Mousarrat, [Leb. chr., p. 963]

4882. — A l'égard des enfants qui ont une habitation di

tincle de celle de leurs parents, la jurisprudence se montre infiniment plus rigoureuse. La présomption est qu'ils ont des ressources personnelles. Le Conseil d'Etat se refuse à entrer dans le secret des arrangements de famille et à examiner s'il est exact que les réclamants n'ont d'autres ressources que celles qu'ils tirent de leur famille. — Cons. d'Et., 29 nov. 1833, Pons, [P. adm. chr.]; — 23 avr. 1836, Delimal, [P. adm. chr.]; — 11 févr. 1887, Hay, [S. 88.3.39, P. adm. chr.]; — 8 mars 1890, Leduc, [Leb. chr., p. 268]

4883. — C'est ainsi que le Conseil d'Etat a déclaré passibles de la taxe personnelle les élèves d'un grand séminaire, qui ont au séminaire un logement distinct de celui de leurs parents, et où ils résident la plus grande partie de l'année, qui paient un prix de pension et sont inscrits sur les listes électorales. Quoiqu'ils ne soient pas sûrs d'obtenir un emploi rétribué à leur sortie du séminaire, ils sont présumés avoir des ressources personnelles. — Cons. d'Et., 22 juill. 1892, Féminy et autres, [Leb. chr., p. 659]

4884. — En tous cas, doit être considéré comme ne jouissant pas de ses droits un individu sans ressources personnelles qui habite chez des parents où il n'a pas d'habitation distincte. — Cons. d'Et., 14 févr. 1891, Donzée, [Leb. chr., p. 124]; — 14 mai 1891, Monnerot, [Leb. chr., p. 376]

4885. — Il faut par raison d'analogie maintenir à la taxe personnelle un individu qui a des moyens suffisants d'existence, mais qui a été interdit pour cause de folie et interné dans une maison de santé. — Cons. d'Et., 21 avr. 1882, Delcenserie, [S. 84.3.24, P. adm. chr., D. 83.3.99]—V. aussi Cons. d'Et., 2 août 1851, Percepteur de Revin, [P. adm. chr.]

4886. — Les détenus ne sont pas imposables, parce qu'ils ne jouissent pas de leurs droits, mais les personnes internées dans une ville ne sont pas exemptes. — Cons. d'Et., 17 mars 1858, Gros, [Leb. chr., p. 212]

4887. — C'est la même raison qui a fait considérer comme jouissant de leurs droits des réfugiés politiques auxquels le séjour de certaines villes était interdit. — Cons. d'Et., 11 mai 1864, Gutierrez, [Leb. chr., p. 437]

4888. — La loi n'exempte pas expressément les domestiques. Cependant la jurisprudence les considère comme ne jouissant pas de leurs droits. Il est assez difficile d'expliquer cette dérogation au droit commun, autrement que par des raisons historiques. Dans la législation intermédiaire, les domestiques attachés à la personne n'étaient ni électeurs ni éligibles. Par suite, ils n'avaient pas à contribuer aux charges de l'Etat. Mais aujourd'hui peut-on dire que les domestiques ne jouissent pas de leurs droits? A part le droit d'être élus membres d'un conseil municipal, les domestiques ont tous les droits des autres citoyens. Ils ne sont pas plus dépendants que les ouvriers d'une usine ou des employés d'une maison de commerce. On ne peut non plus prétendre qu'ils n'ont pas de moyens d'existence personnels. Cependant la jurisprudence est fermement établie en faveur de l'exemption.

4889. — Toutefois la jurisprudence ne déclare non imposables, comme ne jouissant pas de leurs droits, que les domestiques attachés au service de la personne, du ménage ou de l'exploitation rurale. Certaines catégories de personnes, telles que précepteurs, dames de compagnie, institutrices, intendants, hommes d'affaires, gardes particuliers, maîtres-valets, quoique logées, nourries et à gages, ne doivent pas, d'après l'instruction du 30 sept. 1831, être considérées comme des domestiques, et doivent être imposées. MM. Fournier et Daveluy (p. 34) estiment que cette règle, ainsi formulée, est trop absolue. Beaucoup de personnes, il est vrai, comprises dans ces désignations, occupent une position qui est plutôt celle d'un employé que celle d'un domestique. Cependant il est des cas où elles se rapprochent de la domesticité. Il y a là des nuances très-délicates qu'il appartient au juge de saisir et d'apprécier.

4890. — Le Conseil d'Etat a accordé décharge de la contribution personnelle à raison de leur état de domesticité : à un compagnon boulanger, logé et nourri chez son maître, payé au mois et employé à différents travaux.—Cons. d'Et., 15 avr. 1863, Gehanne, [Leb. chr., p. 350]

4891. — ... Au palefrenier en chef d'une compagnie de tramways logé dans les bâtiments de la compagnie. — Cons. d'Et., 30 mars 1889, Delamarre, [Leb. chr., p. 446]

4892. — ... Aux concierges d'un séminaire ou d'un archevêché. — Cons. d'Et., 17 mai 1819, Etienne, [P. adm. chr.]; — 19 juill. 1867, Ville de Bourges, [Leb. chr., p. 665]

4893. — La jurisprudence du Conseil d'Etat a également

considéré comme domestique à gages : un cocher, — Cons. d'Et., 5 mars 1880, Dartiguelongue, [Leb. chr., p. 250; — ... même s'il est logé en dehors de l'habitation de son maître. — Cons. d'Et., 14 nov. 1891, Ville de Chaumont, [Leb. chr., p. 675]

4894. — ... Des jardiniers logés dans des bâtiments dépendant de l'habitation de leur maître. — Cons. d'Et., 20 juin 1844, Hardouin, [P. adm. chr.]; — 7 sept. 1848, Maire de Villebadin, [P. adm. chr.]; — 18 juill. 1866, Boucher, [Leb. chr., p. 847]; — 15 avr. 1872, Marger, [Leb. chr., p. 236]; — 6 nov. 1880, Coutard, [D. 82. 3.54]; — 1er juill. 1887, Cohet, [Leb. chr., p. 525]; — 4 nov. 1887, Lemerez, [Leb. chr., p. 679]

4895. — ... Une gouvernante logée et nourrie chez ses maîtres. — Cons. d'Et., 20 déc. 1889, Moreau, [Leb. chr., p. 1188]

4896. — ... Un valet attaché à l'exploitation d'une ferme. — Cons. d'Et., 1833, Dutaillis, [P. adm. chr.]

4897. — ... Un individu employé aux travaux de la maison et du jardin moyennant des gages mensuels, logé dans des dépendances de l'habitation. — Cons. d'Et., 3 déc. 1867, Goron, [Leb. chr., p. 896]; — 29 mars 1889, Garo, [Leb. chr., p. 425]

4898. — L'état de domesticité peut se concilier avec la parenté ou l'alliance. Le Conseil a accordé décharge de contribution à un individu qui était domestique chez son beau-père. — Cons. d'Et., 3 juin 1863, Pioger, [Leb. chr., p. 484]

4899. — Le domestique à gages ne perd pas cette qualité par le seul fait que, dans l'année, il aurait fait quelques actes de commerce. — Cons. d'Et., 31 janv. 1866, Joly, [Leb. chr., p. 63]

4900. — Par contre, le Conseil d'Etat a considéré comme jouissant de leurs droits : un concierge exerçant la profession de cordonnier. — Cons. d'Et., 10 nov. 1882, Commune de Chesnay, [Leb. chr., p. 858]

4901. — .. Le concierge d'une chambre de commerce. C'est plutôt un employé qu'un domestique. — Cons. d'Et., 20 déc. 1889, Cassio, [Leb. chr., p. 1188]

4902. — ... Le concierge d'un palais de justice. — Cons. d'Et., 3 juin 1865, Pollet, [Leb. chr., p. 606]

4903. — ... Un jardinier payé à l'année, mais ayant une habitation distincte, vivant à son ménage et à ses frais. — Cons. d'Et., 13 juill. 1870, Mestreau, [Leb. chr., p. 884]

4904. — ... Le concierge d'une préfecture, figurant sur l'état des employés de la préfecture et rétribué sur les fonds d'abonnement. — Cons. d'Et., 7 sept. 1848, Fleury, [P. adm. chr.]

4905. — Les individus, chargés par un propriétaire de gérer en son absence l'exploitation d'un ou de plusieurs domaines et de diriger le travail des ouvriers, sont considérés comme des domestiques ou comme des employés, suivant qu'ils sont logés dans l'habitation du maître, en commun avec les serviteurs, ou qu'ils ont un logement distinct. — Dans le premier sens, Cons. d'Et., 12 sept. 1853, Arnaud, [P. adm. chr.]; — 31 mai 1854, Soulier, [P. adm. chr.] — Dans le second, Cons. d'Et., 10 janv. 1862, Ribière, [Leb. chr., p. 2]; — 18 juill. 1873, Duc, [Leb. chr., p. 651]; — 15 juin 1877, Gamblin, [Leb. chr., p. 587]; — 8 mars 1889, Soubeyran, [Leb. chr., p. 317]

4906. — On ne peut considérer comme domestiques à gages les gardes particuliers chargés de la surveillance des propriétés. — Cons. d'Et., 28 janv. 1835, Lauvin, [P. adm. chr.]; — 25 févr. 1863, Vigier, [Leb. chr., p. 171]

4907. — Ni un garde assermenté gérant la cantine des ouvriers d'une carrière. — Cons. d'Et., 8 août 1890, Petitjean, [Leb. chr., p. 777]

4908. — Est passible de la taxe personnelle une femme de ménage occupant un logement loué par elle et se nourrissant à ses frais. — Cons. d'Et., 17 juin 1892, Le Scour, [Leb. chr., p. 552]

4909. — Que faut-il décider à l'égard des domestiques qui possèdent, soit en propriété, soit en location, pour leur famille, une maison d'habitation? D'après l'instruction du 30 sept. 1831, ils devaient être imposés. Cependant le Conseil d'Etat, par plusieurs décisions, les a déclarés non imposables à la taxe personnelle, tout en les maintenant à la contribution mobilière. — Cons. d'Et., 29 févr. 1860, Woisselin, [P. adm. chr.]; — 7 déc. 1860, Dellès, [D. 61.3.43]; — 6 mars 1861, Acard, [P. adm. chr.]; — 28 févr. 1870, Carpentier, [Leb. chr., p. 212]

4910. — Il nous semble que cette jurisprudence fait une fausse appréciation de l'art. 12, L. 21 avr. 1832. Cette loi ne prévoit pas des personnes imposables à la taxe personnelle et

des personnes imposables à la contribution mobilière. L'art. 12 vise les personnes passibles de la contribution personnelle-mobilière. Nul ne peut être imposé à cette seconde taxe s'il ne remplit la condition indispensable pour être imposé à la première, c'est-à-dire s'il ne jouit pas de ses droits. Par conséquent, de deux choses l'une : ou la qualité de domestique à gages doit l'emporter sur celle de propriétaire, et alors les individus dont il s'agit doivent n'être imposés ni à la taxe personnelle ni à la taxe mobilière; ou bien ils doivent, et nous inclinons vers cette opinion, être considérés, dans ce cas, comme jouissant de leurs droits et dès lors être imposés à la contribution personnelle-mobilière.

4911. — Comme on le voit, la distinction à établir entre le domestique à gages et le serviteur ou l'employé qui conserve la jouissance de ses droits est très-difficile à faire. Le *criterium* est impossible à déterminer. Le meilleur serait peut-être le fait d'avoir un logement distinct et indépendant de celui du maître. — Cons. d'Et., 2 juill. 1847, Meitivier, [Leb. chr., p. 420]

4912. — La jurisprudence a toujours décidé que les religieux ou religieuses jouissaient de leurs droits. La plupart du temps une dot est exigée de ces personnes à leur entrée au couvent. Donc elles pourvoient à leur subsistance par des revenus propres. D'autre part, leur dépendance est toute volontaire et il ne tient qu'à elles de la faire cesser. Elles jouissent donc de leurs droits dans le sens de la loi du 21 avr. 1832. Elles ne peuvent échapper à l'impôt que si elles en sont exemptées par le conseil municipal à titre d'indigentes. — Cons. d'Et., 10 sept. 1855, Dame Petit-Poisson, [S. 56.2.318, P. adm. chr., D. 56.3.32]; — 21 avr. 1858, Supérieure des sœurs hospitalières de Saint-Charles à Nancy, [P. adm. chr., D. 59.3.13]; — 31 janv. 1856, Daussy, [P. adm. chr., D. 56.3.71]; — 11 déc. 1856, Sœurs de la Sainte-Enfance, [P. adm. chr.]; — 10 mars 1876, Sœurs de la Miséricorde de Bellême, [Leb. chr., p. 236]; — 13 juin 1883, Sœurs de l'hospice de Beaune, [D. 84.5.127]; — 16 mai 1884, Sœurs de Saint-Vincent-de-Paul, [D. 85.5.128]; — 6 nov. 1885, Sœurs dominicaines de Saint-Nicolas, [Leb. chr., p. 819]; — 23 juill. 1892, Binet, [Leb. chr., p. 660]

4913. — A maintes reprises, des religieux ou religieuses remplissant dans les communautés les emplois subalternes (sœurs converses ou tourières, frères coadjuteurs), ont émis la prétention de se faire considérer comme des domestiques pour obtenir l'exemption de la taxe personnelle. Le Conseil d'Etat a toujours repoussé ces demandes. — Cons. d'Et., 11 déc. 1856, précité; — 4 juill. 1868, Médier, [Leb. chr., p. 769]; — 16 mai 1884, précité; — 16 déc. 1887, Ragut (Ursulines de Villefranche), [S. 89.3.36, P. adm. chr.]; — 11 mai 1888, Société civile de l'école libre de Mongré, [S. 90.3.33, P. adm. chr., D. 89.3.34]; — 30 nov. 1888, Sœurs de Sainte-Catherine-de-Sienne, [Leb. chr., p. 890]

4914. — La circonstance que les services auxquels les communautés se consacrent seraient gratuits n'est pas de nature par elle-même à entraîner la non imposition à la taxe personnelle. Ainsi décidé à l'égard de religieuses qui se vouaient à l'enseignement gratuit des pauvres. — Cons. d'Et., 19 juill. 1854. Houttement, [S. 55.2.159, P. adm. chr.]; — 12 févr. 1867, Supérieure des sœurs de Saint-Vincent-de-Paul, [Leb. chr., p. 165]; — 7 nov. 1884, Biou, [Leb. chr., p. 749]

4915. — ... Ou au soulagement des malades dans les hôpitaux, à l'entretien des enfants dans les crèches ou des vieillards dans un hospice. — Cons. d'Et., 2 juill. 1861, Sœurs de Saint-Vincent-de-Paul, [Leb. chr., p. 545]; — 30 août 1861, Jolivet, [D. 62.3.69]

4916. — La dernière condition pour être imposable à la taxe personnelle, c'est de n'être pas réputé indigent, c'est-à-dire de n'avoir pas été désigné par le conseil municipal comme ne devant pas acquitter cette contribution. Nous verrons plus loin comment fonctionne cette exemption et à quelles discussions elle a donné lieu.

4917. — En principe, c'est la personne imposable elle-même qui doit être inscrite. Il est fait cependant une exception à cette règle générale en ce qui touche les communautés d'hommes ou de femmes, pour lesquelles on admet la régularité d'une imposition collective faite au nom du supérieur ou de la supérieure. C'est en effet la manière la plus simple d'assurer le recouvrement de l'impôt, car si le personnel total de l'établissement varie peu, les individus changent continuellement. — Cons. d'Et., 18 juill. 1834, Clément, [P. adm. chr.]; — 31 janv. 1856, précité; — 11

déc. 1856, précité; — 5 mai 1858, Bonnafé, [S. 59.2.191, P. adm. chr., D. 59.3.13]; — 30 août 1861, précité; — 11 mai 1888, précité.

4918. — Mais ce mode d'imposition doit être strictement limité aux membres de la communauté. Ainsi les novices d'une communauté, qui ne font pas partie de la congrégation, ne peuvent être imposées au nom de la supérieure. — Cons. d'Et., 26 janv. 1865, Communauté de Saint-Pern, [Leb. chr., p. 93]; — 29 mai 1874, Belon (Dominicains de Saint-Maximin), [S. 76.2.123, P. adm. chr., D. 75.3.42]

4919. — De même, les professeurs d'un établissement secondaire ecclésiastique ne peuvent faire l'objet d'une cote collective. — Cons. d'Et., 11 mai 1888, précité.

4920. — Il a été jugé que le logeur en garni qui tient une maison de tolérance n'était pas imposable, en son nom, à raison du personnel de son établissement. — Cons. d'Et., 14 mai 1856, Toulouse, [D. 57.3.3]

§ 2. *Assiette de la taxe mobilière.*

1° *Conditions requises pour être passible de la taxe mobilière.*

4921. — I. *Imposition à la taxe personnelle.* — Pour être imposable à la taxe personnelle, il suffit de jouir de ses droits. Pour être imposable à la taxe mobilière, il faut : 1° être imposable à la taxe personnelle; 2° avoir à sa disposition une habitation meublée. Il peut donc se faire qu'un individu jouissant de ses droits soit imposé à la taxe personnelle et ne soit pas passible de la contribution mobilière, parce qu'il sera logé chez un parent où il n'aura pas d'appartement distinct. Au contraire, en dehors du cas exceptionnel où le conseil municipal exempte un contribuable de la contribution personnelle, nul ne peut être imposé à la contribution mobilière, s'il ne l'est déjà à la taxe personnelle.

4922. — Il faut être imposable à la taxe personnelle, c'est-à-dire jouir de ses droits. Nous ne revenons pas sur ce point qui a été développé plus haut. A l'égard des garçons et filles majeurs ou mineurs qui ont, hors de la maison paternelle, un logement qui leur soit personnel, nous avons dit que cette circonstance faisait présumer chez eux l'existence de ressources personnelles et qu'ils étaient considérés, dans tous les cas, comme jouissant de leurs droits. Ils sont imposables personnellement à la contribution mobilière, alors même qu'ils résideraient habituellement dans la maison paternelle. — Cons. d'Et., 21 avr. 1836, Noël, [P. adm. chr.]; — 31 janv. 1845, Roland, [P. adm. chr.]

4923. — II. *Habitation personnelle.* — Les enfants jouissant de leurs droits, qui habitent chez leurs parents, sont imposables à la taxe personnelle, mais ils ne le sont à la taxe mobilière que s'ils ont, dans l'habitation commune, un appartement ou une chambre tout au moins, qui leur soit spécialement réservée. — Cons. d'Et., 14 nov. 1834, Jordan, [P. adm. chr.]; — 1er juin 1853, Clerc, [Leb. chr., p. 569]; — 28 déc. 1853, Gris, [Leb. chr., p. 1105]; — 9 avr. 1867, Duhail, [Leb. chr., p. 362]; — 10 avr. 1869, Charleux, [Leb. chr., p. 347]; — 4 juin 1875, Belton, [Leb. chr., p. 535]; — 5 déc. 1879, Dumas, [Leb. chr., p. 777]; — 21 avr. 1882, Caisso, [Leb. chr., p. 356]; — 27 juin 1884, Angellier, [Leb. chr., p. 521]

4924. — Ceux qui, déjà imposés à raison d'un appartement qu'ils occupent en dehors de l'habitation paternelle, ont dans cette maison un logement affecté à leur usage personnel, sont également imposables personnellement à raison de la valeur locative de ces locaux. — Cons. d'Et., 31 mars 1835, Lepipre, [P. adm. chr.]; — 7 déc. 1843, Dutemple de Chevrigny, [P. adm. chr.]

4925. — Lorsque cette affectation spéciale à l'usage personnel du contribuable est établie, il n'est pas nécessaire d'examiner s'il a été passé bail en son nom. — Cons. d'Et., 9 mai 1836, de Montigny, [Leb. chr., p. 326]; — 5 août 1841, Padioleau, [P. adm. chr.]

4926. — Ni s'il a la propriété des meubles qui garnissent les locaux affectés à son usage. — Cons. d'Et., 22 avr. 1857, Gaucher, [Leb. chr., p. 303]; — 10 févr. 1858, Vitrant, [Leb. chr., p. 134]; — 23 déc. 1892, Autin, [P. adm. chr., p. 940]

4927. — Si, au contraire, les enfants jouissant de leurs droits n'ont pas dans la maison de leurs parents un logement qui leur soit spécialement affecté, ils ne doivent pas supporter la taxe mobilière. — Cons. d'Et., 20 sept. 1865, Battut, [Leb.

chr., p. 923]; — 17 juill. 1867, Longis, [Leb. chr., p. 652]; — 6 avr. 1869, Boutonnier, [Leb. chr., p. 307]; — 13 févr. 1874, Marland, [Leb. chr., p. 155]; — 15 janv. 1875, Greneyroux, [Leb. chr., p. 34]; — 19 nov. 1875, Julien, [Leb. chr., p. 903]; — 31 mars 1876, Renou, [Leb. chr., p. 319]; — 14 févr. 1879, Paxion, [Leb. chr., p. 130]; — 12 août 1879, Godey, [Leb. chr., p. 627]; — 4 févr. 1881, de Saint-Ours, [Leb. chr., p. 151]; — 20 mai 1884, Courty, [Leb. chr., p. 527]; — 9 avr. 1892, Santolini, [Leb. chr., p. 399]; — 6 août 1892, Maine, [Leb. chr., p. 696]

4928. — Tant que des époux, même séparés de biens, occupent le même appartement, le mari doit être imposé pour la totalité de l'appartement. — Cons. d'Et., 4 mai 1859, Bouschet, [Leb. chr., p. 326]; — 15 févr. 1864, de Missois, [Leb. chr., p. 136]; — 23 janv. 1880, Carvalho, [S. 81.3.32, P. adm. chr., D. 80.3.101]; — 12 mars 1880, Phily, [S. 81.3.66, P. adm. chr., D. 80.3.102]; — 13 déc. 1890, Léturgeon, [Leb. chr., p. 967]; — 24 mars 1891, Aubertin, [Leb. chr., p. 269]

4929. — La femme ne peut être imposée en même temps que son mari. — Cons. d'Et., 14 févr. 1872, Lepauvre, [Leb. chr., p. 81]

4930. — Toutefois, si l'époux est venu habiter l'appartement que la femme occupait avant son mariage, et si ce logement continue à être imposé l'année suivante au nom de la femme, celle-ci n'est pas fondée à se prévaloir de son mariage pour demander décharge. Dans cette espèce, le mari avait été imposé à raison de l'appartement qu'il occupait avant son mariage, et il n'avait pas réclamé en temps utile décharge de cette imposition. — Cons. d'Et., 8 févr. 1869, Lemaître, [Leb. chr., p. 118]

4931. — Il a été jugé, d'autre part, qu'alors même que la maison appartiendrait à la femme, si elle est entièrement commune aux époux, le mari est imposable. — Cons. d'Et., 7 mai 1892, Forestat, [Leb. chr., p. 430]

4932. — C'est au 1er janvier de l'année à laquelle se rapporte l'imposition qu'il faut avoir une habitation meublée à sa disposition. En conséquence, celui qui n'a pas d'habitation meublée au 1er janvier dans une commune, n'est pas imposable. — Cons. d'Et., 17 oct. 1834, Castel, [P. adm. chr.]; — 9 juill. 1846, Cardaillac, [Leb. chr., p. 388]; — 8 août 1873, Barbe-Chartier, [Leb. chr., p. 739]; — 31 juill. 1874, Ménage, [Leb. chr., p. 738]; — 3 nov. 1882, Jourdain, [Leb. chr., p. 824]; — 30 nov. 1883, Commune de la Talandière, [Leb. chr., p. 866]; — 27 nov. 1885, Czernichowska, [Leb. chr., p. 879]

4933. — Au contraire, le seul fait de la possession au 1er janvier d'une habitation meublée entraîne l'imposition à raison du principe d'annualité. — Cons. d'Et., 17 août 1836, Reverchon, [P. adm. chr.]; — 3 mai 1839, Daverne, [Leb. chr., p. 257]; — 20 mars 1861, Bourcier, [P. adm. chr.]; — 23 nov. 1877, Alvernhe, [Leb. chr., p. 898]; — 4 nov. 1881, Bonini, [Leb. chr., p. 831]; — 3 févr. 1882, Grifeuille, [Leb. chr., p. 110]; — 10 mai 1890, Vattement, [Leb. chr., p. 491]; — 29 janv. 1892, Renard, [Leb. chr., p. 70]; — 26 févr. 1892, Boulhors, [Leb. chr., p. 193]; — 6 août 1892, Tabard, [Leb. chr., p. 696]

4934. — Il n'est pas nécessaire, pour que l'imposition soit due, que l'habitation soit meublée et occupée au moment où se fait le travail annuel des mutations. Il suffit qu'elle se trouve à ce moment à la disposition du contribuable et qu'elle soit meublée et habitée dans le cours de l'exercice. — Cons. d'Et., 12 juill. 1837, Commune de Ligugé.

4935. — Que faut-il entendre par cette expression : avoir à sa disposition? Elle ne se trouve pas dans la loi, mais dans de très-nombreuses décisions de jurisprudence. Elle veut dire qu'il n'est pas indispensable que le logement soit occupé effectivement, mais qu'il suffit que le contribuable puisse à sa volonté aller s'y installer pour en faire son habitation. — Cons. d'Et., 31 oct. 1890, Bonnet, [Leb. chr., p. 808]; — 17 févr. 1891, Détouche, [Leb. chr., p. 100]

4936. — Ce qui est nécessaire, c'est que le logement soit à la disposition du contribuable à titre d'habitation meublée. Il n'en sera pas ainsi, par exemple, d'un local qui servirait de dépôt de meubles. — Cons. d'Et., 16 juill. 1863, Labarthe, [Leb. chr., p. 549]

4937. — De même, le propriétaire d'une maison n'est pas imposable à raison des appartements vacants, meublés ou non, qu'il destine à la location. Quoiqu'il puisse s'y installer s'il le juge convenable, il ne les possède pas à titre d'habitation. — Cons. d'Et., 9 nov. 1850, Cousin, [S. 51.2.222, P. adm. chr.];

23 nov. 1851, Lejeune, [S. 52.2.160, P. adm. chr.]; — 16 avr. 1870, Couly, [Leb. chr., p. 476]; — 27 juill 1883, Labro, [Leb. chr., p. 690]; — 22 janv. 1892, Petit-Zuttre, [Leb. chr., p. 35]

4938. — C'est l'éditeur d'un journal et non le caissier qui doit être considéré comme le locataire des bureaux, tenu, par suite, d'acquitter la contribution mobilière. — Cons. d'Et., 30 nov. 1836, Despréaux, [P. adm. chr.]

4939. — Le directeur ou gérant d'un cercle ne peut se soustraire à l'obligation d'acquitter la contribution mobilière en alléguant que le cercle est une personne civile. — Cons. d'Et., 8 avr. 1881, Roget-Ballière, [Leb. chr., p. 420]

4940. — Si la contribution mobilière est due pour toute habitation meublée à la disposition des contribuables, encore faut-il que cette affectation ait un certain caractère de permanence. Ainsi le Conseil d'Etat a refusé de considérer comme donnant lieu à l'imposition les séjours momentanés faits par un contribuable dans une habitation qui ne reste pas à sa disposition le reste de l'année. — Cons. d'Et., 11 nov. 1830, Beynaguet de Saint-Pardoux, [P. adm. chr.]; — 3 mai 1858, de Lesgues, [Leb. chr., p. 338]; — 23 mai 1860, de Clavière, [Leb. chr., p. 410]; — 11 juill. 1864, de Loynes, [Leb. chr., p. 607]; — 24 janv. 1891, Lamy, [Leb. chr., p. 43]

4941. — Par suite, les locations faites pour une saison, à la campagne ou aux bains de mer, ne donnent pas lieu à l'imposition des locataires. — Cons. d'Et., 2 sept. 1863, Audiganne, [S. 64.2.131, P. adm. chr.]; — 19 déc. 1863, Demachy, [Leb. chr., p. 832]; — 24 déc. 1863, Lamaille, [Leb. chr., p. 808]; — 4 juin 1877, Panescorse, [Leb. chr., p. 519]; — 3 juill. 1885, Gaudry, [D. 86.5.123]

4942. — Alors même que la location se renouvellerait plusieurs années de suite. — Cons. d'Et., 28 févr. 1879, de Beauchamp, [Leb. chr., p. 187]; — 20 mai 1881, Aldrophe, [D. 82.5.133]

4943. — Il a été jugé qu'un individu qui avait loué une maison meublée dans une commune pour la saison d'été, mais en stipulant la faculté pour lui d'occuper à sa volonté la maison pendant toute l'année et l'interdiction pour le bailleur de louer à une autre personne, ne pouvait, malgré ces clauses spéciales, être considéré comme ayant la maison à sa disposition, alors qu'il n'avait pas usé de ces facultés. — Cons. d'Et., 5 mai 1894, Lamy, [Leb. chr., p. 332]

4944. — De même, on n'est pas imposable pour un logement qu'on occupe un mois pendant l'hiver dans une ville. — Cons. d'Et., 22 janv. 1892, Compana, [Leb. chr., p. 32]

4945. — Au contraire, l'individu qui passe un an dans un logement n'est pas fondé à prétendre qu'il n'a eu qu'une installation provisoire et n'avait pas l'intention d'établir son domicile dans cette commune. — Cons. d'Et., 6 juin 1874, de Fonteuberta, [Leb. chr., p. 48]

4946. — Lorsqu'il est établi qu'un logement meublé reste toute l'année à la disposition d'un contribuable celui-ci est imposable, qu'il ait occupé ou non ce logement. L'occupation effective importe peu. Sont imposables, par exemple : le propriétaire qui se réserve dans la maison de son fermier une chambre meublée, où il vient de temps à autre pour surveiller l'exploitation de ses domaines. — Cons. d'Et., 21 avr. 1836, Guérin, [Leb. chr., p. 314]; — 28 déc. 1836, Ausianne, [P. adm. chr.]; — 25 avril 1865, Arlin, [Leb. chr., p. 854]

4947. — ... Celui qui, en cédant une maison à un parent ou à un sous-locataire, s'y réserve une chambre meublée. — Cons. d'Et., 7 avr. 1846, Beauregard, [S. 46.2.479, P. adm. chr.]; — 23 avr. 1862, Rapet, [Leb. chr., p. 312]; — 12 mars 1870, de Morcourt, [Leb. chr., p. 284]; — 2 juill. 1886, Debos, [Leb. chr., p. 344]

4948. — De nombreuses décisions ont consacré ce principe que la taxe est due par ceux qui conservent à leur disposition des logements meublés qu'en fait ils ont laissés inhabités. — Cons. d'Et., 7 déc. 1832, Brossand, [P. adm. chr.]; — 18 oct. 1833, Leloup de la Biliais, [Leb. chr., p. 409]; — 23 oct. 1833, Deluse de Montmeyan, [Leb. chr., p. 414]; — 24 janv. 1834, Lelièvre de l'Aubépin, [P. adm. chr.]; — 4 nov. 1836, Kermarce, [P. adm. chr.]; — 11 avr. 1837, Lemor, [S. 37.2.381, P. adm. chr.]; — 27 juin 1838, Moisset-Passapous, [P. adm. chr.]; — 23 déc. 1842, Legendre, [Leb. chr., p. 533]; — 20 juill. 1859, Pons, [Leb. chr., p. 503]; — 12 août 1867, Commune de Sa-

vigny-sur-Orge, [Leb. chr., p. 744]; — 8 nov. 1872, le Plé, [P. adm. chr.]; — 28 juin 1889, Battle, [Leb. chr., p. 785]; — 31 oct. 1890, Bonnet-Rattoz, [Leb. chr., p. 808]

4949. — C'est par application du même principe que les contribuables qui ont eu à leur disposition la totalité d'une habitation ne sont pas fondés à alléguer pour obtenir réduction qu'ils n'en ont occupé qu'une partie. Ainsi décidé à l'égard de fonctionnaires préfets, sous-préfets, desservants), qui se plaignaient que leur cote mobilière fût établie sur la totalité de l'hôtel de la préfecture, de la sous-préfecture ou du presbytère, alors qu'une partie seulement de ces immeubles était affectée à leur habitation. — Cons. d'Et., 17 mai 1833, Ville de Cambray, [P. adm. chr.]; — 30 nov. 1836, Salaville, [P. adm. chr.]; — 29 oct. 1839, Mauget, [Leb. chr., p. 510]; — 31 mai 1848, de Barante, [Leb. chr., p. 342]; — 23 juin 1863, Autran, [Leb. chr., p. 650]; — 15 mars 1872, Huraut de Ligny, [Leb. chr., p. 173]; — 16 avr. 1880, Capponi, [Leb. chr., p. 371]; — 27 févr. 1892, Tujaque, [Leb. chr., p. 232]

4950. — Jugé également que celui qui a à sa disposition la totalité d'une habitation est imposable même à raison des pièces qu'il n'occupe pas et qui sont dégarnies de meubles. — Cons. d'Et., 27 déc. 1890, Richard, [Leb. chr., p. 1026]; — 27 juin 1891, Lalive, [Leb. chr., p. 501]

4951. — Ainsi, d'une façon générale, la contribution est due pour tout logement meublé mis d'une manière permanente à la disposition des contribuables. — Cons. d'Et., 28 nov. 1884, Perrin, [Leb. chr., p. 838]

4952. — En conséquence, la contribution est due pour les chambres meublées servant de pied-à-terre à un contribuable quand il se rend à la ville. — Cons. d'Et., 7 déc. 1877, Lessens, [Leb. chr., p. 964]; — 15 mai 1885, Moutier, [Leb. chr., p. 510]; — 2 juill. 1886, Gavelle, [Leb. chr., p. 541]

4953. — Inversement, l'habitant de la ville qui possède une maison de campagne meublée est imposable à raison de cette habitation. — Cons. d'Et., 6 déc. 1836, Ramé, [P. adm. chr.]

4954. — Il en est de même de celui qui a pris à bail pour plusieurs années une maison de campagne, où il va seulement passer plusieurs mois chaque année. — Cons. d'Et., 9 déc. 1887, Duber, [Leb. chr., p. 783]

4955. — La contribution est également due à raison de petites maisons établies au milieu des vignes, où le propriétaire vient s'installer à l'époque des vendanges. — Cons. d'Et., 5 mars 1841, Brichau et Trésarrien, [P. adm. chr.]

4956. — ...A raison de pavillons de jardin meublés, servant à l'habitation du propriétaire. — Cons. d'Et., 16 août 1865, Flogny-Tallon, [Leb. chr., p. 831]; — 2 juill. 1886, précité.

4957. — La circonstance que la plus grande partie d'une maison serait affectée à un usage agricole, par exemple à un pressoir, ne saurait entraîner la non imposition d'une chambre meublée, que le propriétaire se serait réservée au premier étage de cet immeuble. — Cons. d'Et., 4 juill. 1884, Cournand, [Leb. chr., p. 557]; — 29 juin 1888, Bartoli, [Leb. chr., p. 575]

4958. — Quand une maison qui dépend d'une succession est habitée, non par les héritiers collectivement, mais par quelques-uns d'entre eux ou par des tiers, c'est à tort que les héritiers pris collectivement sont imposés sur le rôle. — Cons. d'Et., 9 avr. 1892, Héritiers Daurès, [Leb. chr., p. 400]

4959. — III. *Habitation meublée.* — La condition essentielle, pour qu'un logement soit imposable, est qu'il soit meublé. Les locaux non garnis de meubles, les anciens logements démeublés, quoique demeurant à la disposition du contribuable, ne donnent pas lieu à l'établissement ou au maintien de la taxe. — Cons. d'Et., 30 avr. 1870, Héry, [Leb. chr., p. 512]; — 12 juill. 1882, Dupeyron, [Leb. chr., p. 669]; — 10 nov. 1882, Verdun, [Leb. chr., p. 860]; — 7 juin 1889, Grandjean, [Leb. chr., p. 717]; — 22 juill. 1892, Canezza, [Leb. chr., p. 638]

4960. — Ainsi le propriétaire qui se réserve une chambre dans la maison de son fermier n'est pas imposable à raison de cette pièce si, tout le temps qu'il ne l'occupe pas, elle reste à la disposition du fermier, qui la démeuble et y dépose des grains. — Cons. d'Et., 2 mars 1858, Bardoul, [Leb. chr., p. 180]

4961. — La jurisprudence va même plus loin. Elle admet que le fait de laisser quelques meubles dans une maison que l'on a cessé d'occuper ne suffit pas pour la faire considérer comme conservant le caractère d'habitation meublée, au sens de la loi. — Cons. d'Et., 13 nov. 1841, Commune de Luchapt, [P. adm. chr.]; — 16 mai 1866, Verdier, [Leb. chr., p. 469]; — 20 févr.

1867, Royet, [Leb. chr., p. 180]; — 29 déc. 1871, Chassagne-Desforges, [Leb. chr., p. 330]; — 27 févr. 1892, Lambert, [Leb. chr., p. 233]

4962. — La loi attachant l'application de l'imposition au seul fait de la possession d'une habitation meublée, il importe peu que le contribuable ait ou non la propriété des meubles qui la garnissent, qu'il paie un loyer ou que le logement soit gratuit, qu'il possède cette habitation en propre ou qu'il l'occupe en commun avec des tiers.

4963. — Ainsi, tout d'abord, la circonstance que le contribuable, qui a un logement affecté d'une manière spéciale et permanente à son usage personnel, n'est pas propriétaire des meubles qui garnissent ce logement, ne le dispense pas d'acquitter la contribution. De nombreuses décisions ont consacré ce principe. — Cons. d'Et., 6 août 1857, Maniquet, [Leb. chr., p. 638]; — 18 mai 1858, Langlois, [Leb. chr., p. 388]; — 11 déc. 1861, Bajanowski, [Leb. chr., p. 870]; — 18 nov. 1863, Tournier, [Leb. chr., p. 763]; — 26 mars 1870, Villeneuve et Dupin, [Leb. chr., p. 358]; — 30 avr. 1870, Laffitte, [Leb. chr., p. 519]; — 4 avr. 1873, Treynet, [Leb. chr., p. 300]; — 1er mai 1874, Boulou, [Leb. chr., p. 399]; — 15 mai 1874, Guilio-Lohan, [Leb. chr., p. 439]; — 19 juin 1874, Paillardou, [Leb. chr., p. 573]; — 10 juill. 1874, Penhouet, [Leb. chr., p. 654]; — 11 déc. 1874, Vialle, [Leb. chr., p. 972]; — 19 févr. 1875, Caussil, [Leb. chr., p. 172]; — 12 mai 1876, Roques, [Leb. chr., p. 434]; — 5 juill. 1878, Le Texier, [Leb. chr., p. 633]; — 30 mai 1879, Ferraris, [Leb. chr., p. 425]; — 11 juill. 1879, Boubals, [S. 81. 3.9, P. adm. chr.]; — 5 févr. 1886, Camus, [Leb. chr., p. 113]; — 8 août 1890, Petitjean et Boileau, [Leb. chr., p. 777]

4964. — La circonstance que les meubles d'un contribuable déclaré en état de faillite auraient été mis sous scellés et que, par suite, le contribuable ne pourrait plus en disposer, ne saurait non plus enlever à l'habitation que ces meubles garnissent, le caractère d'une habitation meublée. Dès lors, le failli doit continuer à être imposé à raison de cette habitation si, au moment de la publication des rôles, les meubles n'étaient pas encore vendus. — Cons. d'Et., 24 févr. 1843, Fourneris, [P. adm. chr.]

4965. — Les individus logés en garni sont imposables. A leur égard un doute aurait pu s'élever, parce que les locaux qu'ils occupent servent de base à l'établissement du droit proportionnel de patente. L'art. 16, L. 21 avr. 1832, a tranché la question en indiquant de quelle manière la valeur locative de ces appartements devait être calculée. Mais alors même que l'art. 16 n'existerait pas, nous croyons que les personnes logées en garni auraient néanmoins été imposables et que la circonstance que leurs logements serviraient de base à un autre impôt payé par d'autres contribuables ne pouvait suffire à les affranchir de la contribution mobilière. — Cons. d'Et., 13 juin 1845, Vigan, [S. 45. 2.621. P. adm. chr.]; — 7 déc. 1859, Coste, [Leb. chr., p. 696]; — 14 déc. 1883, Thierry, [Leb. chr., p. 917]; — 24 juin 1887, Sorlin, [Leb. chr., p. 498]; — 7 févr. 1891, Pinaud, [Leb. chr., p. 102]; — 26 déc. 1891, Commercon, [Leb. chr., p. 842]

4966. — Toutefois, si les personnes logées en garni sont imposables, c'est à la condition que leur habitation soit permanente. L'observation que nous avons faite plus haut s'applique avec plus de force encore à cette catégorie de contribuables. La jurisprudence est bien fixée en ce sens qu'on ne doit pas imposer celui qui occupe temporairement un appartement dans un hôtel garni. — Cons. d'Et., 26 déc. 1834, Blacque, [Leb. chr., p. 649]

4967. — Le Conseil d'Etat a accordé décharge de la contribution mobilière à un général, imposé dans une ville où il n'occupait que quelques pièces louées à la journée. — Cons. d'Et., 8 nov. 1872, Aubinais, [Leb. chr., p. 559]

4968. — ...A un habitant de Paris imposé dans une ville de province où il était venu occuper une chambre pendant la durée du siège de Paris. — Cons. d'Et., 17 janv. 1873, Milan, [Leb. chr., p. 58]

4969. — ...A des contribuables qui viennent passer un ou plusieurs hivers dans une maison garnie, louée par eux au mois et qui, le reste du temps, demeure à la disposition du propriétaire. — Cons. d'Et., 25 mars 1858, Lefranc, [Leb. chr., p. 260]; — 14 avr. 1870, Derrey, [Leb. chr., p. 466]

4970. — ...A des colporteurs qui, sans faire de location à l'année, avaient dans une auberge une chambre qu'on leur donnait toujours lors de leur passage, mais qui, le reste du temps, restait à la disposition du maître de l'auberge. — Cons. d'Et., 31 juill. 1867, Feutrier, [Leb. chr., p. 721]

4971. — C'est la condition de permanence de l'affectation qui doit ici servir de critérium. Si, en dehors du temps pendant lequel ils occupent leur logement, celui-ci reste à leur disposition, ils sont imposables. — Cons. d'Et., 6 janv. 1869, Davelu, [Leb. chr., p. 7]

4972. — Un individu logé en garni ne peut, pour échapper à la contribution mobilière, se prévaloir d'un usage local qui mettrait l'impôt mobilier à la charge du propriétaire des logements meublés et non des individus qui les occupent. — Cons. d'Et., 23 avr. 1837, Girardot, [Leb. chr., p. 518]

4973. — La loi ne se demande pas non plus si le logement meublé est occupé à titre onéreux ou à titre gratuit. Elle n'a pas à entrer dans le détail des arrangements privés. Elle s'attache à un fait d'une constatation facile, la possession d'un logement meublé. — Cons. d'Et., 19 mai 1843, Capdessus, [Leb. chr., p. 209]; — 28 juill. 1849, Cavallier, [S. 50.2.121, P. adm. chr., D. 50.3.1]; — 7 déc. 1859, Poplineau, [Leb. chr., p. 697]; — 13 août 1860, Garnier, [P. adm. chr.]; — 31 déc. 1862, Lagrolet, [Leb. chr., p. 877]; — 16 févr. 1866, Delpy, [Leb. chr., p. 112]; — 20 déc. 1866, Larrieu, [Leb. chr., p. 1171]; — 21 août 1868, Letissier, [S. 69.2.343, P. adm. chr.]; — 10 mai 1890, Fleury, [Leb. chr., p. 491]; — 16 janv. 1892, Viola, [Leb. chr., p. 21]

4974. — Sur ce point encore, la loi du 21 avr. 1832 contient une disposition qui ne constitue pas une dérogation au droit commun, mais qui a eu pour objet de résoudre une question qui pourrait se poser. L'art. 15 de cette loi dispose que les fonctionnaires, les ecclésiastiques et les employés civils et militaires, logés gratuitement dans les bâtiments appartenant à l'Etat, aux départements, aux arrondissements, aux communes ou aux hospices, sont imposables d'après la valeur locative des parties de ces bâtiments affectées à leur habitation personnelle.

4975. — Cette disposition est générale. Elle s'applique à tous les fonctionnaires, depuis les plus haut placés jusqu'aux plus humbles. La jurisprudence en a fait l'application : des préfets et sous-préfets. — Cons. d'Et., 17 mai 1833, de Grouchy, [Leb. chr., p. 31]; — 30 nov. 1836, Salaville, [P. adm. chr.]; — 31 mai 1848, de Barante, [D. 48.3.103]

4976. — ... Au secrétaire particulier d'un préfet logé à la préfecture. — Cons. d'Et., 7 sept. 1848, Gohier, [D. 49.3.2]; — 17 mars 1869, Arnault de Praneuf, [Leb. chr., p. 260]

4977. — ... Aux desservants.

4978. — ... A l'aumônier d'un lycée. — Cons. d'Et., 4 févr. 1876, Dalod, [Leb. chr., p. 109]

4979. — ... A l'aumônier d'un hospice. — Cons. d'Et., 4 févr. 1836, Vallet, [P. adm. chr.]

4980. — ... Aux employés des régies financières de l'Etat, par exemple à un employé de l'administration des tabacs. — Cons. d'Et., 8 janv. 1875, Vernaz, [Leb. chr., p. 16]

4981. — ... Ou des postes. — Cons. d'Et., 15 mars 1872, Aubert, [Leb. chr., p. 173]

4982. — ... Aux instituteurs et institutrices de la commune. — Cons. d'Et., 30 avr. 1870, Laffitte, [Leb. chr., p. 519]; — 24 juill. 1886, Gascon, [Leb. chr., p. 924]

4983. — ... Aux employés des hospices. — Cons. d'Et., 2 juill. 1886, Fine, [Leb. chr., p. 542]

4984. — ... A un directeur d'octroi. — Cons. d'Et., 15 mars 1872, Hurant de Ligny, [Leb. chr., p. 173]

4985. — ... Aux répétiteurs ou maîtres élémentaires d'un lycée. — Cons. d'Et., 27 févr. 1880, Agostini, [Leb. chr., p. 226]

4986. — A un interne des hôpitaux pour la chambre qui lui est affectée dans un asile d'aliénés. — Cons. d'Et., 3 nov. 1882, Nolé, [Leb. chr., p. 830]

4987. — ... Aux concierges des bâtiments publics (hôtels de préfecture, palais de justice, chambre de commerce). — Cons. d'Et., 7 sept. 1848, Fleury, [P. adm. chr., D. 49.3.2]; — 3 juin 1865, Pollet, [Leb. chr., p. 506]; — 20 déc. 1889, Cassio, [Leb. chr., p. 1188]

4988. — Quant aux fonctionnaires et employés militaires logés gratuitement, nous renvoyons les observations que comporte leur situation au paragraphe qui leur est consacré et où toutes les dispositions qui les concernent seront examinées d'ensemble.

4989. — A l'égard des personnes jouissant de leurs droits, qui habitent chez des tiers, le critérium pour savoir si elles sont ou non passibles de la taxe mobilière, c'est l'affectation exclusive à leur usage personnel d'une partie de l'habitation commune. Le Conseil d'Etat a maintes fois appliqué ce principe à des person-

nes logées chez des parents. — Cons. d'Et., 26 mai 1863, de Montesquiou, [Leb. chr., p. 435]; — 10 janv. 1865, Picard, [Leb. chr., p. 18]; — 18 juin 1872, Aupècle, [Leb. chr., p. 380]; — 30 mai 1873, Bontemps, [Leb. chr., p. 484]; — 3 mars 1876, Duval, [Leb. chr., p. 208]

4990. — ... Et, par exemple, à des beaux-parents logés chez leur gendre. — Cons. d'Et., 15 mars 1872, Vincent, [Leb. chr., p. 172]; — 23 juill. 1875, Wilbert, [Leb. chr., p. 714]; — 19 nov. 1875, Delattre, [Leb. chr., p. 904]; — 11 mars 1887, Barillet, [Leb. chr., p. 216]; — 24 déc. 1892, Cauvin, [Leb. chr., p. 980]

4991. — ... A des gendres logés chez leurs beaux-parents. — Cons. d'Et., 1er juin 1836, Goupil, [P. adm. chr.]; — 4 nov. 1836, de Nesle, [P. adm. chr.]; — 12 avr. 1838, Landais, [S. 39. 2.63, P. adm. chr.]; — 4 janv. 1855, Rostang, [Leb. chr., p. 3]; — 31 janv. 1856, Guille, [Leb. chr., p. 107]; — 19 déc. 1863, Isaac, [Leb. chr., p. 832]; — 13 janv. 1888, Le Nindre, [Leb. chr., p. 20]; — 20 avr. 1888, Fournier, [Leb. chr., p. 358]

4992. — ... A des frères ou beaux-frères logés chez leur sœur ou belle-sœur, et réciproquement. — Cons d'Et., 14 déc. 1837, Signeux, [P. adm. chr.]; — 18 févr. 1839, Raguideau, [P. adm. chr.]; — 3 sept. 1844, Cordier, [P. adm. chr.]; — 8 juin 1877, Blanchard, [Leb. chr., p. 532]; — 7 mai 1880, Bontemps, [Leb. chr., p. 436]

4993. — ... A des vicaires logés chez leur curé. — Cons. d'Et., 13 mars 1860, Bouyer, [D. 60.3.85]; — 28 mai 1872, Kulec, [Leb. chr., p. 332]; — 1er mai 1874, Boulon, [Leb. chr., p. 399]; — 15 mai 1874, Guillo-Lohan, [Leb. chr., p. 439]; — 19 juin 1874, Paillardou, [Leb. chr., p. 573]; — 10 juill. 1874, Penhouët, [Leb. chr., p. 654]; — 11 déc. 1874, Vialle, [Leb. chr., p. 972]; — 16 janv. 1892, Viala, [Leb. chr., p. 25]

4994. — ... A des religieuses employées et logées dans un séminaire. — Cons. d'Et., 25 nov. 1892, Supérieure des sœurs de Saint-Joseph, [Leb. chr., p. 802]

4995. — La circonstance que la personne chez laquelle un contribuable jouissant de ses droits possède un logement distinct et séparé serait imposée pour la totalité de l'habitation occupée en commun, n'est pas de nature à faire exempter celui qui est logé. Il n'en peut résulter que le droit, pour celui qui a été imposé à raison de la totalité d'un logement dont en réalité il n'a qu'une partie à sa disposition, de demander une réduction proportionnelle à la valeur locative des locaux dont son hôte a la jouissance exclusive. — Cons. d'Et., 11 mai 1850, Chaigneau, [S. 50.2.551, P. adm. chr.]; — 8 juill. 1852, Clément de Grandprey, [S. 53. 2.91, P. adm. chr.]; — 28 déc. 1853, Mestepès, [S. 54.2.414]; — 4 janv. 1855, Foulon, [Leb. chr., p. 4]; — 13 mai 1857, Louis, [S. 58.2.303, P. adm. chr.]; — 24 juin 1857, Guérard, [Leb. chr., p. 490]; — 9 mars 1859, Grassien, [Leb. chr., p. 167]; — 9 mai 1860, Fleury, [Leb. chr., p. 373]; — 16 juill. 1863, Lecarpentier, [Leb. chr., p. 549]; — 23 juill. 1863, Fortier, [Leb. chr., p. 561]; — 20 déc. 1866, Larrieu, [Leb. chr., p. 1171]; — 28 mai 1872, précité; — 30 mai 1873, Bontemps, [Leb. chr., p. 484]; — 13 janv. 1888, précité; — 13 nov. 1890, Faure, [Leb. chr., p. 842]; — 4 juill. 1891, Humblot, [Leb. chr., p. 531]

4996. — Par contre, les personnes qui, logées chez autrui, n'y ont pas d'appartement distinct, ne sont pas imposables. — Cons. d'Et., 13 févr. 1856, Bruley, [Leb. chr., p. 135]; — 20 déc. 1860, Boissel, [P. adm. chr.]; — 6 août 1866, Berne, [Leb. chr., p. 955]; — 17 juin 1868, Antié, [Leb. chr., p. 674]; — 19 mai 1869, Delafargue, [Leb. chr., p. 509]; — 16 avr. 1870, Henry, [Leb. chr., p. 476]; — 27 avr. 1872, Vallée, [Leb. chr., p. 231]; — 27 janv. 1889, Morin, [Leb. chr., p. 91]; — 16 févr. 1889, Dollet, [Leb. chr., p. 231]

4997. — ... Alors même que celui chez qui elles habitent ne serait pas imposé pour la totalité de l'habitation commune. — Cons. d'Et., 4 juin 1870, Rohrer de Kreuzenach, [Leb. chr., p. 704]

4998. — Le contribuable qui, tout en logeant chez lui des personnes imposables personnellement, ne leur affecte pas en propre un logement distinct et séparé du sien, continue à être imposable pour la totalité de l'immeuble. Cette disposition s'applique aussi bien à l'administration religieuse qu'aux particuliers. — Cons. d'Et., 22 janv. 1868, Société de Marie, [Leb. chr., p. 60]; — 27 avr. 1877, Henriot, [Leb. chr., p. 383]; — 14 févr. 1882, Liais, [Leb. chr., p. 175]; — 1er août 1884, de Lamotte, [Leb. chr., p. 675]

4999. — Par application des mêmes règles, le contribuable qui affecte une partie de son habitation au logement d'une per-

sonne jouissant de ses droits est fondé à demander que la cote mobilière afférente à cette habitation soit divisée entre lui et cette personne. — Cons. d'Et., 28 déc. 1836, Laserve, [P. adm. chr.]; — 29 juill. 1852, Senequier, [Leb. chr., p. 342]; — 27 mai 1857, Vialettes, [P. adm. chr.]; — 7 nov. 1891, Van Gausewinckel, [Leb. chr., p. 647]; — 27 févr. 1892, Girod, [Leb. chr., p. 234]

5000. — Cette division doit être faite au prorata de la valeur locative des locaux affectés à l'usage de chacun des occupants. A l'égard des pièces dont ils jouissent en commun, chacun d'eux doit supporter part égale dans la taxe y afférente. — Cons. d'Et., 24 juin 1857, Peynaud, [Leb. chr., p. 489]; — 18 avr. 1860, Révol, [Leb. chr., p. 314]; — 3 avr. 1861, Borie, [Leb. chr., p. 223]; — 1er juin 1866, Gaultier, [Leb. chr., p. 568]; — 30 juin 1869, Duperret, [Leb. chr., p. 667]; — 4 juin 1875, Belton, [Leb. chr., p. 535]; — 9 juin 1882, Mérié, [Leb. chr., p. 539]; — 29 juin 1888, Forcioli, [Leb. chr., p. 575]

5001. — Il va, d'ailleurs, sans dire qu'au cas de cohabitation, le contribuable imposé pour la totalité peut demander la division, mais non la décharge. — Cons. d'Et., 14 mai 1870, Deparis, [Leb. chr., p. 583]; — 13 juin 1879, Cavrois, [Leb. chr., p. 486]

2e *Bases de la taxe mobilière.*

5002. — I. *Eléments dont il doit être tenu compte dans l'évaluation.* — Les parties de bâtiments consacrées à l'habitation personnelle doivent seules être comprises dans l'évaluation des loyers (L. 21 avr. 1832, art. 17). En d'autres termes, la contribution mobilière a pour base la valeur locative des locaux affectés à l'habitation personnelle du contribuable. Nous allons examiner, aidés par la jurisprudence, quels sont les locaux dont il faut tenir compte et quels sont ceux qui doivent être écartés.

5003. — Pour établir la cote mobilière d'un contribuable, il faut tenir compte, non seulement des locaux servant à son habitation personnelle, mais encore de ceux qui sont affectés au logement des personnes non imposables qui habitent avec lui (femme, enfants, domestiques). — Cons. d'Et., 15 juin 1886, de Cosnac, [Leb. chr., p. 664]; — 1er août 1884, précité.

5004. — Mais c'est dans le cas seulement où les domestiques sont attachés à la personne du contribuable que celui-ci peut être imposé à raison de leur logement. Ainsi, il a été jugé que le gérant d'un hôtel ne pouvait être tenu personnellement de l'imposition mobilière à raison des chambres occupées par les domestiques de l'hôtel. — Cons. d'Et., 28 juill. 1869, Dunal, [Leb. chr., p. 714]

5005. — Nous avons déjà dit que celui qui donne dans son habitation un logement distinct à des personnes jouissant de leurs droits n'est pas imposable à raison de ces locaux. Ainsi décidé à l'égard d'un fabricant qui, dans les bâtiments de son usine, avait des logements pour ses ouvriers ou employés. — Cons. d'Et., 29 janv. 1862, Japy, [S. 62.2.429., P. adm. chr., D. 62.3.44]; — 4 avr. 1873, Carabasse, [Leb. chr., p. 300]

5006. — Il y a lieu, de même, et à plus forte raison, de déduire de la valeur locative d'une habitation celles des pièces que le possesseur a sous-louées à un tiers. — Cons. d'Et., 16 mars 1888, Guénard, [Leb. chr., p. 263]

5007. — Les pièces non occupées et dégarnies de meubles d'une habitation, mais qui font partie de l'appartement et en constituent une dépendance nécessaire et restent à la disposition du locataire, doivent être comprises dans l'évaluation. — Cons. d'Et., 19 janv. 1836, Van Elsberg, [P. adm. chr.]; — 21 mai 1840, Durand, [S. 40.2.432, P. adm. chr.]; — 9 juin 1842, Tripon, [P. adm. chr.]; — 12 avr. 1843, Franziol, [S. 43.2.360, P. adm. chr.]; — 12 déc. 1866, de Beaucourt, [Leb. chr., p. 1123]; — 7 août 1874, Malézieux, [Leb. chr., p. 794]; — 21 nov. 1879, Ornano, [Leb. chr., p. 730]; — 17 févr. 1882, Fine, [D. 83. 5.138]; — 26 févr. 1886, de Larrard, [Leb. chr., p. 170]; — 21 mai 1886, Bufleteau, [Leb. chr., p. 442]; — 16 mars 1888, Lépine, [Leb. chr., p. 263]; — 27 avr. 1888, Henriet, [Leb. chr., p. 377]

5008. — Si les locaux inoccupés ne constituent pas une dépendance nécessaire de l'habitation et peuvent faire l'objet d'une location spéciale, leur valeur locative doit être déduite de la cote du contribuable. — Cons. d'Et., 22 janv. 1886, Dreyfus, [Leb. chr., p. 63]

5009. — Mais quelles sont les pièces qui doivent être considérées comme une dépendance nécessaire de l'habitation? Le

Conseil d'Etat a décidé qu'il fallait considérer comme telles : une chambre de débarras. — Cons. d'Et., 30 déc. 1887, de Saint-Belin, [Leb. chr., p. 862]

5010. — ... Une pièce servant de pharmacie. — Cons. d'Et., 21 déc. 1877, Goullay, [Leb. chr., p. 1030]

5011. — ... Des ateliers de peintre ou de sculpteur, même s'ils sont situés à un autre étage ou dans une autre maison que le reste de l'appartement. — Cons. d'Et., 2 juill. 1836, Raffort, [Leb. chr., p. 370]; — 31 janv. 1866, Pichel, [Leb. chr., p. 64]

5012. — ... Une buanderie. — Cons. d'Et., 12 avr. 1844, Jousselin, [P. adm. chr.]

5013. — ... Une galerie de tableaux et une bibliothèque. — Cons. d'Et., 18 mai 1838, Marquis Lever, [Leb. chr., p. 100]

5014. — ... Les écuries et remises qui ne sont pas exclusivement affectées à l'exercice d'une profession patentable alors même qu'elles ne se trouveraient pas dans la même maison. — Cons. d'Et., 18 mai 1838, Olive, [Leb. chr., p. 101]; — 12 juin 1860, Daudin, [P. adm. chr., D. 60.3.70]; — 6 déc. 1865, Clapier, [S. 66.2.272, P. adm. chr.]; — 28 mars 1884, Salinis, [D. 85.5.427]; — 9 mai 1891, Jumeau, [Leb. chr., p. 361]

5015. — Mais, par contre, on ne peut considérer comme des dépendances de l'habitation d'un contribuable des écuries et remises qu'il loue dans la ville où il n'a aucune habitation, pour y loger ses chevaux et voitures quand il vient de la campagne. — Cons. d'Et., 18 juin 1892, de Méhérenc de Saint-Pierre, [Leb. chr., p. 560]

5016. — Quant aux jardins, les Chambres ayant écarté de la loi la disposition qui assujettissait les jardins d'agrément et les jardins potagers à la contribution mobilière, il semble qu'ils ne devraient jamais être compris dans le calcul de la valeur locative (Instr. 30 sept. 1831, n. 108).

5017. — Cependant, le Conseil d'Etat a décidé que les jardins doivent être imposés quand ils constituent des dépendances nécessaires de l'habitation. — Cons. d'Et., 12 juin 1874, Chaigneau, [Leb. chr., p. 548]; — 23 juin 1882, Laona, [S. 84.3.44, P. adm. chr., D. 84.3.6]; — 1er août 1884, de Lamotte, [Leb. chr., p. 675]; — 1er mai 1885, Boursaud, [D. 86.5.423]; — 8 mai 1885, Lecoq, [Leb. chr., p. 488]; — 17 juin 1887, Ville de Paris, [Leb. chr., p. 488]; — 20 avr. 1888, Braine, [Leb. chr., p. 359]; — 17 janv. 1891, Shea, [Leb. chr., p. 49]

5018. — Au contraire, il n'y a pas à tenir compte d'un jardin qui serait indépendant de l'habitation, par exemple, qui en serait séparé par une cour et un escalier. — Cons. d'Et., 23 juin 1882, Gufflet, [S. 84.3.6, P. adm. chr., D. 84.3.6]; — 14 nov. 1885, du Martray, [Leb. chr., p. 818]; — 26 déc. 1891, de Beauséjour, [Leb. chr., p. 808]

5019. — Les bâtiments servant aux exploitations rurales qui, d'après l'art. 8, L. 26 mars 1831, ne doivent pas être compris dans l'évaluation des loyers d'habitation, sont ceux qui sont énumérés dans l'art. 85, L. 3 frim. an VII (granges, greniers, caves, etc.). — Cons. d'Et., 4 févr. 1836, Carmignac-Descombes, [P. adm. chr.]; — 16 août 1865, Flogny-Tailon, [Leb. chr., p. 832]; — 12 mars 1867, Pelegray, [Leb. chr., p. 247]; — 6 avr. 1867, Leroy, [Leb. chr., p. 341]; — 30 avr. 1870, Soulès, [Leb. chr., p. 518]; — 6 mars 1872, Chaussemiche, [Leb. chr., p. 126]; — 15 déc. 1876, Rouget, [Leb. chr., p. 886]

5020. — De même, les parties de bâtiment, qui, par suite de réparation ou de destruction, sont inhabitables au 1er janvier, ne rendent pas imposables à la contribution mobilière leurs possesseurs. La cote mobilière doit être réduite de la part afférente à la valeur locative de ces pièces. — Cons. d'Et., 13 avr. 1833, Lecarpentier, [P. adm. chr.]; — 16 avr. 1856, Leleu, [Leb. chr., p. 273]; — 20 nov. 1856, Lecorps, [Leb. chr., p. 638]; — 10 févr. 1858, Chevallier, [Leb. chr., p. 135]; — 20 juin 1871, Jacquemet, [Leb. chr., p. 52]; — 8 nov. 1872, Aubinais, [Leb. chr., p. 559]

5021. — Mais il faut que la maison soit devenue matériellement inhabitable, impropre à toute habitation. Le fait qu'elle serait momentanément occupée par un détachement et ne serait pas à la disposition du propriétaire ne serait pas un motif de décharge. — Cons. d'Et., 23 mai 1873, Audiffred, [Leb. chr., p. 449]

5022. — La loi du 26 mars 1831 énumérait, dans son art. 8, les bâtiments non susceptibles d'être compris dans l'évaluation des loyers d'habitation. Ce sont les magasins, boutiques, auberges et ateliers, à raison desquels les contribuables paient patente; les bâtiments servant aux exploitations rurales; les locaux destinés au logement des élèves dans les écoles et pensionnats et les bureaux des fonctionnaires publics. Il semble résulter de cette

énumération que tous les locaux qui ne peuvent y entrer sont imposables.

5023. — C'est ainsi que le Conseil d'Etat a décidé que les locaux occupés par des cercles étaient imposables, parce qu'ils sont meublés et destinés à l'habitation, des hommes, et qu'ils ne rentrent dans aucun des cas d'exemption prévus par la loi du 26 mars 1831. — Cons. d'Et., 31 juill. 1833, Cercle de la Rochelle, [P. adm. chr.]; — 8 janv. 1836, Cercle de Châteauroux, [P. adm. chr.]; — 10 déc. 1875, Cercle Limousin, [Leb. chr., p. 992]; — 19 nov. 1880, Darquié, [D. 82.3.14]; — 8 avr. 1881, Roy et Balp. 675 lière, [Leb. chr., p. 420]; — 8 juill. 1881, Leclerq, [Leb. chr., corps], [Leb. chr., p. 989]; — 28 févr. 1891, Cercle des officiers de Périgueux, [Leb. chr., p. 175]

5024. — Sont également imposables, quoique appartenant à un être collectif et impersonnel, les locaux affectés aux bureaux d'un journal. — Cons. d'Et., 12 déc. 1866, Le Constitutionnel, [S. 67.2 368, P. adm. chr.]; — 5 mars 1886, Le Journal amusant, [Leb. chr., p. 210]; — 9 mai 1891, Chailan, [Leb. chr., p. 339] ... ou d'une société commerciale. — Cons. d'Et., 21 mars 1866, Compagnie immobilière, [S. 67.2.32, P. adm. chr.]; — 1er juin 1888, Société des Salines de Saint-Valdrée, [Leb. chr., p. 480]; — 24 janv. 1891, Crédit mutuel, [Leb. chr., p. 46]

5025. — Le Conseil d'Etat a maintenu également la contribution mobilière imposée à la Chambre des notaires, à raison des locaux servant de bibliothèque et de lieu de réunion et d'étude pour les notaires. — Cons. d'Et., 17 juill. 1874, Compagnie des notaires de Paris, [S. 76.2.186, P. adm. chr., D. 75.3.68]

5026. — Il a été décidé de même à l'égard d'une partie de maison, disposée en chapelle pour servir aux réunions d'une œuvre de piété, sans qu'il y eût consécration légale à l'exercice public d'un culte. — Cons. d'Et., 6 juill. 1843, Coulin, [P. adm. chr.]

5027. — ... D'un local affecté aux réunions de l'armée du Salut. — Cons. d'Et., 9 juill. 1886, Maurin, [D. 87.5.131]

5028. — ... D'une loge de francs-maçons. — Cons. d'Et., 13 juill. 1883, Loge maçonnique de Versailles, [D. 83.3.43]

5029. — Dans les écoles et pensionnats, les locaux destinés au logement des élèves sont exemptés. Mais cette exemption ne doit pas être étendue outre mesure. Elle porte sur les locaux affectés tant à l'instruction qu'au logement des élèves. — Cons. d'Et., 6 avr. 1865, Sœurs de l'Instruction chrétienne, [Leb. chr., p. 398]

5030. — Le Conseil d'Etat a décidé que, dans un grand séminaire, les pièces non destinées à l'habitation, réservées au directeur et aux professeurs, ne devaient pas être évaluées comme étant affectées à un service public d'instruction au même titre que les locaux spécialement affectés à l'usage des élèves (salles de récréation, de conférences, réfectoires, dortoirs). — Cons. d'Et., 26 juin 1869, Grand séminaire de La Rochelle, [Leb. chr., p. 638]; — 30 avr. 1870, Benoît, [Leb. chr., p. 519]

5031. — Tous les locaux non exclusivement affectés à l'usage des élèves sont imposables. — Cons. d'Et., 4 mai 1888, Evêque de la Martinique, [D. 89.3.81]

5032. — Il en est ainsi, par exemple, du logement des professeurs d'une école libre. — Cons. d'Et., 11 mai 1888, Société civile de l'école de Notre-Dame de Mongré, [S. 90.3.33, P. adm. chr. D. 89.3.34]

5033. — Dans les communautés religieuses, l'imposition ne doit pas porter sur une chapelle consacrée à l'exercice du culte et ouverte au public. — Cons. d'Et., 20 juill. 1858, Lemaire, [Leb. chr., p. 528]

5034. — Mais les communautés religieuses doivent être imposées à raison des locaux servant : au logement du supérieur et des membres de la communauté. — Cons. d'Et., 20 juill. 1858, précité.

5035. — ... Au logement des novices, qui ne peuvent être assimilés à des élèves — Cons. d'Et., 6 avr. 1865, précité.

5036. — ... Au logement des religieux étrangers à la maison qui viennent accidentellement dans le couvent. — Cons. d'Et., 6 avr. 1865, précité.

5037. — Dans les communautés religieuses vouées à l'enseignement, l'imposition ne doit pas porter sur les locaux exclusivement réservés aux élèves, mais sur ceux affectés à l'usage exclusif des religieuses et sur la partie des locaux dont elles jouissent en commun avec les élèves. — Cons. d'Et., 16 déc. 1887, Ragut, [S. 89.3.56, P. adm. chr., D. 89.3.33]

5038. — Une personne, chargée de la direction et de la surveillance d'une maison charitable par les propriétaires de cet établissement qui s'en réservent l'administration, n'est imposable que pour la partie de l'établissement affectée à son usage personnel et non pour sa totalité. — Cons. d'Et., 12 août 1862, Josseau, [Leb. chr., p. 677]

5039. — En établissant la contribution mobilière, l'intention du législateur de 1791 avait été d'atteindre les revenus qui n'étaient pas déjà frappés soit par la contribution foncière, soit par la contribution des patentes. De là le droit donné aux propriétaires de faire déduire, après justification de leur cote mobilière, les revenus sur lesquels portait la contribution foncière. Quand la contribution mobilière se transforma et devint une taxe sur les loyers d'habitation, ce droit donné aux propriétaires fut supprimé. Mais la loi du 26 mars 1831 (art. 8) laissa subsister l'exemption de contribution mobilière pour les locaux servant de base au droit de patente. Ces locaux sont les magasins, boutiques, ateliers, etc. — Cons. d'Et., 22 août 1838, Castel, [Leb. chr., p. 178]; — 13 déc. 1890, Leturgeon, [Leb. chr., p. 967]; — 14 févr. 1891, Martin, [Leb. chr., p. 128]; — 18 mars 1892, Modino, [Leb. chr., p. 289]

5040. — C'est ainsi qu'un aubergiste n'est pas imposable à raison des pièces dans lesquelles il reçoit les voyageurs. — Cons. d'Et., 5 déc. 1833, Devaux, [S. 34.2.636, P. adm. chr.]

5041. — De même en est-il des maîtres d'hôtels garnis et loueurs de chambres meublées. — Cons. d'Et., 9 nov. 1850, Cousin, [P. adm. chr.]; — 22 nov. 1851, Lejeune, [P. adm. chr.]

5042. — La question s'est posée en 1889 devant le Conseil d'Etat à propos des maisons de tolérance. Les propriétaires de ces établissements avaient été imposés tout ensemble à la contribution des patentes comme logeurs en garni et à la contribution mobilière pour la totalité des locaux occupés par eux. Ils demandèrent décharge de la contribution des patentes en alléguant que leur profession n'était pas celle de logeur en garni et ne figurait pas aux tarifs annexés à la loi des patentes. Ils demandèrent, en outre, que la contribution mobilière fût établie uniquement sur les locaux servant à leur habitation personnelle et non sur les chambres affectées à leur personnel. On aurait pu soutenir qu'en effet leur profession, étant immorale, ne pouvait les rendre passibles de la contribution des patentes, mais qu'en revanche il y avait lieu de les imposer à la contribution mobilière sur la totalité des locaux de l'établissement. C'est ainsi que le Conseil d'Etat avait jugé dans une affaire analogue. — Cons. d'Et., 14 mai 1856, Toulouse, [D 57.3.3]

5043. — Toutefois, le Conseil ne crut pas pouvoir persister dans cette jurisprudence. Il décida que les requérants n'étaient pas recevables à se prévaloir en justice du fait inavouable qu'ils alléguaient pour contester la qualification sous laquelle ils avaient été imposés à la contribution des patentes; mais, par voie de conséquence, il leur accorda décharge de la contribution mobilière pour la partie des locaux compris dans leur bail non affectée à leur usage personnel. — Cons. d'Et., 25 juin 1889, Dame Beloin et autres, [Leb. chr., p. 786]; — 2 août 1889, Gacon, [Leb. chr., p. 917]; — 7 mars 1890, Migne, [Leb. chr., p. 253]

5044. — On sait que l'administration des contributions et la jurisprudence assimilent en cette qualité à la patente les propriétaires qui, dans les villes d'eau ou les stations balnéaires, louent habituellement pendant la saison les maisons qu'ils occupent le reste de l'année. La question a été agitée de savoir si un propriétaire, imposé depuis plusieurs années à la patente à raison d'un chalet qu'il louait meublé, au 1er janvier, cette maison n'était pas louée et se trouvait à sa disposition. Le Conseil a résolu affirmativement cette question. — Cons. d'Et., 2 avr. 1892, Degouy, [Leb. chr., p. 348]

5045. — Cette décision nous paraît avoir été justement critiquée par l'arrêtiste. Elle nous paraît en effet contraire au texte de la loi qui ne veut pas de superposition des deux contributions sur les mêmes locaux. — V. cep. Rev. gén. d'adm., juin 1892, p. 174.

5046. — A l'époque où fut rédigé l'art. 8, L. 26 mars 1831, les officiers ministériels et les individus exerçant des professions libérales n'étaient pas encore imposés à la contribution des patentes. Aussi, avant 1850, les locaux servant à l'exercice de ces professions étaient-ils compris dans l'évaluation du loyer de ceux qui les exerçaient, comme étant des habitations meublées à la

disposition de ces contribuables. — Cons. d'Et., 17 mai 1833, Michel, [P. adm. chr.]; — 8 avr. 1842, Bonnet, [P. adm. chr.]

5047. — Depuis la loi du 18 mai 1850, qui assujettit tous ceux qui exercent les professions libérales à un droit proportionnel établi sur la valeur. locative de leur habitation, le Conseil d'Etat a eu à se prononcer souvent sur la question de savoir s'il fallait continuer à comprendre dans les locaux passibles de la contribution mobilière les cabinets des avocats, des médecins, des architectes, les études des officiers ministériels. La jurisprudence fait une distinction. Quand ces contribuables ont leur cabinet ou leur étude dans des bâtiments séparés de leur habitation personnelle, ils ne sont pas imposables à la contribution mobilière à raison de ce lieu de travail, de lecture, sera considéré comme une dépendance de l'habitation personnelle. — Cons. d'Et., 22 mars 1855, Mathieu Saint-Laurent, [S. 55.2.652, P. adm. chr., D. 55. 3.53]

5048. — Au contraire, le cabinet de l'officier ministériel, du médecin dans lequel les clients sont reçus, mais qui le reste du temps sert de lieu de repos, de travail, de lecture, sera considéré comme une dépendance de l'habitation personnelle.

5049. — On doit ranger dans la première catégorie les locaux professionnels qui, quoique situés dans la même maison, sont cependant complètement distincts de l'habitation, ce qui a lieu par exemple s'ils sont situés à un autre étage, s'ils ont une entrée particulière, s'il n'existe pas de communication intérieure entre eux et les locaux servant à l'habitation. — Cons. d'Et., 3 avr. 1861, Jullemier, [S. 62.2.91, P. adm. chr.]; — 17 juill. 1861, Jacotot, [D. 63.3.83]; — 12 août 1861, Leconte, [S. 61.2.570, P. adm. chr., D. 63.5.92]; — 13 août 1861, Ville de La Rochelle, [Leb. chr., p. 738]; — 30 août 1861, Braine, [Leb. chr., p. 756]; — 26 mars 1863, Bigeat, [P. adm. chr., D. 63.3.83]; — 31 août 1863, Durandeau, [S. 63.2.271, P. adm. chr.]; — 24 févr. 1864, Clavier, [Leb. chr., p. 175]; — 9 sept. 1864, Mariou, [Leb. chr., p. 863]; — 23 janv. 1868, Pillon, [Leb. chr., p. 78]; — 1er mai 1869, Primaire, [D. 70.3.92]; — 6 sept. 1869, Marestant, [Leb. chr., p. 834]; — 27 juin 1879, Coste, [Leb. chr., p. 535]; — 28 nov. 1879, Dayma, [Leb. chr., p. 754]

5050. — Lorsqu'au contraire les locaux professionnels font partie de l'habitation personnelle, ils doivent être compris dans la cote mobilière de celui qui les occupe. — Cons. d'Et., 20 mars 1852, Doublet de Boisthibault, [S. 52.2.334, P. adm. chr.]; — 29 juill. 1857, Ville de Caen, [S. 58.2.509, P. adm. chr., D. 58.3.25]; — 2 juill. 1861, Vailhé, [Leb. chr., p. 546]; — 9 juill. 1861, Ville de Rennes, [Leb. chr., p. 586]; — 24 déc. 1862, Guiral, [Leb. chr., p. 851]; — 30 mars 1865, Coste, [Leb. chr., p. 363]; — 14 mai 1880, Fieschi, [Leb. chr., p. 454]; — 9 mars 1883, Person, [D. 84.5.127]; — 17 mai 1890, Nizery, [Leb. chr., p. 515]

5051. — Le Conseil considère comme constituant des dépendances de l'habitation personnelle les locaux professionnels qui ont avec elle une communication intérieure, alors même qu'ils possèderaient une entrée spéciale. — Cons. d'Et., 30 mars 1865, précité; — 19 févr. 1875, Gired, [Leb. chr., p. 172]; — 9 janv. 1880, Bertin, [Leb. chr., p. 9]

5052. — Ou auxquels on accède par la même porte d'entrée et les mêmes escaliers. — Cons. d'Et., 13 août 1861, précité; — 26 mai 1863, Verniaux, [Leb. chr., p. 434]; — 23 mars 1865, Mauras, [Leb. chr., p. 299]

5053. — De même en est-il du salon d'un avocat dans lequel il fait attendre ses clients. — Cons. d'Et., 18 mars 1869, Salveton, [Leb. chr., p. 269]

5054. — Le Conseil d'Etat a également décidé que, lorsqu'une pièce sert à la fois à l'habitation et à l'exercice de la profession, sa valeur locative doit être comprise en entier dans la cote mobilière et ne peut être réduite de moitié à raison de son imposition au droit proportionnel de patente. — Cons. d'Et., 18 mai 1858, Lemaître, [S. 59.2.267, P. adm. chr.]

5055. — Les dépendances ordinaires d'une habitation, telles que les écuries et remises qui appartiennent à un patentable, ne sont exemptées de contribution mobilière que si les chevaux et voitures qu'elles renferment sont exclusivement consacrés à l'exercice de la profession. — Cons. d'Et., 2 juill. 1861, précité.

5056. — Le Conseil d'Etat a étendu cette jurisprudence à d'autres patentables que ceux visés dans la loi du 18 mars 1850. Il a généralisé la distinction et l'a appliquée au bureau d'un agent d'affaires. — Cons. d'Et., 30 mai 1879, Saugues, [Leb. chr., p. 425]; — 22 déc. 1882, Jacob, [Leb. chr., p. 1058]; — 1er mai 1885, Boursaud, [Leb. chr., p. 455]

5057. — ... Au cabinet d'un dentiste. — Cons. d'Et., 14 nov. 1879, Vercheré, [Leb. chr., p. 687]

5058. — ... À l'atelier d'un photographe. — Cons. d'Et., 9 juin 1882, Cavayé, [Leb. chr., p. 542]

5059. — Le patentable qui est domicilié dans une commune, mais qui a dans une autre commune le siège de ses affaires, un bureau, auquel se trouvent annexés une cuisine et un cabinet de toilette, n'est pas imposable à raison de ces locaux à la contribution mobilière. — Cons. d'Et., 5 déc. 1884, Ville de Tours, [Leb. chr., p. 870]

5060. — Les patentables, qui feraient de leur boutique à la fois leur cuisine et leur salle à manger et se logeraient dans une chambre située dans une autre maison, devraient être imposés à la contribution mobilière, non seulement pour cette chambre, mais encore pour la valeur locative afférente à la salle à manger et à la cuisine. — Fournier, 42.

5061. — Les patentables qui, comme les courtiers ou certains commissionnaires, opèrent à la Bourse, dans certains marchés, et n'ont ni magasins ni bureaux, sont imposables à la contribution mobilière sur la totalité de leur prix de location (Instr. 30 mars 1831).

5062. — L'art. 8, L. 26 mars 1831, mentionne, dans les locaux non imposables à la contribution mobilière, les bureaux des fonctionnaires publics. Mais cette disposition n'étant pas reproduite dans la loi du 21 avr. 1832, il n'y a plus lieu d'exempter ces bureaux que lorsqu'ils sont distincts de l'habitation personnelle. Nous ferons observer toutefois que, dans beaucoup de décisions, le Conseil d'Etat a, postérieurement à la loi de 1832, continué à appliquer et à viser l'art. 8 de la loi de 1831. Nous inclinerions donc à penser que, même lorsqu'ils font partie de l'habitation personnelle, les bureaux des fonctionnaires publics ne doivent pas entrer en compte dans la valeur locative du loyer d'habitation.

5063. — Le Conseil d'Etat a déclaré imposables, comme faisant partie de l'habitation personnelle du fonctionnaire, le cabinet d'un ingénieur des ponts et chaussées. — Cons. d'Et., 24 mars 1859, Rougeul, [P. adm. chr., D. 59.3.59]; — 15 déc. 1876, Boyeldieu, [Leb. chr., p. 836]

5064. — ... Le bureau d'un percepteur. — Cons. d'Et., 3 déc. 1880, Mollet-Delatire, [Leb. chr., p. 953]

5065. — ... Le cabinet de travail d'un sous-inspecteur de l'enregistrement. — Cons. d'Et., 29 nov. 1890, Mahé-Desportes, [Leb. chr., p. 902]

5066. — L'exemption ne peut être accordée qu'aux fonctionnaires à qui la loi ou les règlements imposent l'obligation d'avoir un bureau. Ainsi le Conseil d'Etat a rejeté la réclamation d'un contrôleur des contributions directes, par le motif qu'il n'était pas établi que son bureau fût affecté à un service public. — Cons. d'Et., 11 janv. 1853, Durand de la Borderie, [Leb. chr., p. 74]

5067. — Au contraire, décharge a été accordée à raison des bureaux d'une succursale de la Banque de France. — Cons. d'Et., 9 mars 1859, Gros, [P. adm. chr., p. 168]

5068. — ... D'un receveur particulier des finances. — Cons. d'Et., 31 mai 1859, Gouget-Desfontaines, [P. adm. chr., D. 63. 3.83]

5069. — ... D'un percepteur des contributions directes. — Cons. d'Et., 15 févr. 1864, Lambinet, [Leb. chr., p. 135]; — 18 juin 1875, Loy, [Leb. chr., p. 593]

5070. — ... D'un receveur buraliste. — Cons. d'Et., 11 mai 1888, Carbillet, [Leb. chr., p. 429]

5071. — ... Du receveur d'un bureau de bienfaisance. — Cons. d'Et., 13 janv. 1882, Chevassier, [Leb. chr., p. 33]

5072. — ... D'un trésorier de corps de troupe. — Cons. d'Et., 12 déc. 1871, Blanc, [Leb. chr., p. 298]

5073. — ... D'un officier du cadre permanent de l'armée territoriale. — Cons. d'Et., 15 juin 1877, Crochon, [D. 78.5.454]

5074. — ... Des locaux affectés, dans la maison d'un entreposeur des contributions indirectes, au service de l'entrepôt. — Cons. d'Et., 19 janv. 1836, Van Elsberg, [P. adm. chr.]

5075. — Mais le Conseil d'Etat a refusé d'étendre l'exemption de contribution mobilière, accordée aux fonctionnaires pour leur bureau, aux écuries que des officiers ou des fonctionnaires civils sont tenus de louer pour loger le cheval que les règlements administratifs leur imposent. — Cons. d'Et., 11 mars 1863, Laurent, [Leb. chr., p. 226]; — 7 janv. 1876, Bonaventure, [Leb. chr., p. 12]; — 26 févr. 1892, Bertelé, [Leb. chr., p. 195]; — 5 mars 1892, Chanet, [Leb. chr., p. 259]

5076. — ... Ou bien encore aux appartements de réception qui sont à la disposition du commandant d'une division militaire. — Cons. d'Ét., 28 nov. 1855, Gudin, [S. 36.2.382, P. adm. chr., D. 56 3.33]

5077. — II. *Bases d'évaluation.* — Nous avons dit que, sous l'empire de la loi du 3 niv. an VII, les répartiteurs s'étaient accoutumés à répartir la contribution mobilière, non d'après la valeur locative des loyers d'habitation, comme le prescrivait la loi, mais d'après les facultés présumées des contribuables. Ce mode vicieux et arbitraire s'est perpétué dans beaucoup de communes malgré la loi, les règlements, les décisions de jurisprudence, et encore aujourd'hui cet abus subsiste, quoiqu'à un degré moindre, dans beaucoup de petites localités. Les partisans de ce système soutenaient que les loyers d'habitation n'étaient pas, surtout dans les communes rurales, un signe certain de la richesse des contribuables; que les répartiteurs, choisis dans la commune, devaient connaître à merveille la situation respective de fortune de leurs voisins. Il était facile de répondre que c'était cette faculté d'appréciation que le législateur n'avait pas voulu laisser aux répartiteurs, de peur que les jalousies locales, les passions personnelles ne vinssent se mêler aux travaux de la répartition. Au moins, avec les loyers d'habitation, on aurait une base d'appréciation fixe et commune à tous. Si des erreurs ou des injustices étaient commises, on pourrait par des comparaisons avec les autres immeubles de la commune les rectifier. Si, au contraire, on laissait les répartiteurs taxer les contribuables selon leurs facultés présumées, ceux-ci ne pourraient obtenir réduction qu'en déposant leur bilan, en laissant pénétrer le fisc dans le secret de leur fortune. En outre, comme la contribution mobilière est due pour chaque habitation possédée, un contribuable aurait pu être imposé plusieurs fois à raison de sa fortune entière.

5078. — Les partisans du système de répartition d'après les facultés présumées avaient cru trouver la consécration de ce mode dans l'arrêté du 24 flor. an VIII, où il est parlé des facultés des contribuables, et dans l'article de la loi du 21 avr. 1832 qui autorisait les répartiteurs à faire usage, pour 1832, des éléments d'après lesquels étaient fixées les cotes individuelles antérieurement à 1831. — Cons. d'Ét., 14 juill. 1841, Vintant, [S. 42.2.33, P. adm. chr.]

5079. — Mais le Conseil d'État a toujours condamné ce mode de répartition. Il a répondu aux prétentions des communes que l'arrêté du 24 flor. an VIII, relatif seulement à la forme et à l'instruction des réclamations, n'avait rien pu changer à l'assiette de la contribution établie par la loi du 3 niv. an VII; que la disposition de la loi de 1832, spéciale d'ailleurs sur ce point à l'exercice 1832, n'avait entendu permettre l'emploi des éléments de nature à amener une juste appréciation de la valeur locative de l'habitation. — Cons. d'Ét., 29 nov. 1833, Cauvet, [S. 34.2.63, P. adm. chr.]; — 28 nov. 1834, Morel, [P. adm. chr.]; — 15 août 1839, Hervouet, [P. adm. chr.]; — 26 nov. 1841, Dartaud, [P. adm. chr.]; — 5 sept. 1842, Quenelle, [P. adm. chr.]; — 9 févr. 1850, Picart, [P. adm. chr.]; — 19 avr. 1854, Pizay, [P. adm. chr.]; — 3 août 1854, Génissieu, [Leb. chr., p. 750]; — 23 août 1858, Langlois, [Leb. chr., p. 573]; — 31 janv. 1866, Serres, [Leb. chr., p. 65]; — 27 avr. 1888, Gamard, [Leb. chr., p. 376]; — 8 juin 1888, Galesne, [Leb. chr., p. 497]; — 9 mai 1890, Girard, [Leb. chr., p. 474]

5080. — Même lorsqu'il est constaté que la contribution mobilière a été répartie eu égard aux facultés présumées des contribuables, le Conseil d'État, s'il a des éléments d'appréciation suffisants, statue immédiatement, et même il lui est arrivé de rejeter la réclamation si la cotisation, quoique établie d'après un mode illégal, ne se trouvait pas exagérée par rapport à la part des autres contribuables de la commune. — Cons. d'Ét., 15 mars 1849, Le Capelain, [Leb. chr., p. 149]; — 13 août 1850, Arnaud, [Leb. chr., p. 763]; — 20 juill. 1853, Robinet, [Leb. chr., p. 718]; — 24 juin 1857, Mérie, [Leb. chr., p. 491]; — 15 août 1860, Carfantaïs, [Leb. chr., p. 614]

5081. — Mais le plus souvent il est impossible de déterminer la quotité de la contribution du réclamant, alors que les cotes qui serviraient de termes de comparaison auraient été aussi mal établies. Le Conseil renvoie les requérants dans ce cas au conseil de préfecture pour y être procédé à l'établissement de leur cote mobilière conformément aux prescriptions de la loi. — Cons. d'Ét., 1er déc. 1864, Commune de Leer, [Leb. chr., p. 938]; — 3 juin 1865, Longière, [Leb. chr., p. 607]; — 15 juin 1866, Batier, [Leb. chr., p. 665]; — 6 avr. 1867, Sabatier, [Leb. chr., p.

342]; — 4 juill. 1867, Laton, [Leb. chr., p. 630]; — 29 janv. 1868, Robert, [Leb. chr., p. 99]; — 27 mai 1868, Daudée, [Leb. chr., p. 575]; — 19 mai 1869, Stennion, [Leb. chr., p. 511]; — 16 avr. 1870, Bonhomme, [Leb. chr., p. 477]; — 18 juin 1872, Le Bayon, [Leb. chr., p. 381]; — 17 déc. 1880, Locard, [Leb. chr., p. 1022]

5082. — La cote mobilière des contribuables ne doit pas être déterminée non plus par le revenu de leurs propriétés foncières. — Cons. d'Ét., 4 juill. et 12 déc. 1834, Salomon, [P. adm. chr.]; — 19 oct. 1837, Schultz, [P. adm. chr.]; — 16 août 1863, Camus, [Leb. chr., p. 834]

5083. — ... Ni d'après l'importance plus ou moins grande de l'exploitation agricole. — Cons. d'Ét., 21 sept. 1839, Commune de Ploubalay, [Leb. chr., p. 634]

5084. — Comment détermine-t-on la valeur locative servant de base à la contribution mobilière? Il ne faut pas s'en tenir à l'évaluation du revenu net qui a servi de base à l'établissement de la contribution foncière. Ce dernier ne s'établit pas d'après les mêmes éléments que la valeur locative qui doit servir de base à la contribution mobilière. Les résultats de l'expertise cadastrale doivent donc être écartés. — Cons. d'Ét., 8 août 1834, Commune de Parmentier, [P. adm. chr.]; — 17 oct. 1834, Commune de Thélus, [P. adm. chr.]; — 29 oct. 1839, Vintant, [P. adm. chr.]; — 22 déc. 1869, Luce, [Leb. chr., p. 1009]; — 29 nov. 1872, Borel, [Leb. chr., p. 660]

5085. — Il en serait de même des évaluations faites en exécution de la loi du 2 août 1885. Ni les répartiteurs, ni la juridiction administrative ne sont liés, pour fixer la valeur locative d'une habitation, par la valeur ocative qui lui a été attribuée pour le calcul du droit proportionnel de patente. — Cons. d'Ét., 10 avr. 1867, Léon Duval, [Leb. chr., p. 373]

5086. — On ne doit pas davantage prendre pour base unique de l'évaluation la superficie de l'habitation. — Cons. d'Ét., 21 févr. 1890, Morel, [Leb. chr., p. 192]

5087. — Il n'est pas légal non plus de prendre pour base de la contribution le prix de construction de l'immeuble en calculant son revenu d'après un taux déterminé. — Cons. d'Ét., 7 sept. 1861, Launay, [Leb. chr., p. 799]; — 7 févr. 1865, Dégoutin, [S. 65.2.319, P. adm. chr.]

5088. — La valeur locative doit être calculée d'après le loyer dont les locaux servant à l'habitation des contribuables sont susceptibles dans leur ensemble, et non d'après l'application d'un chiffre qui représenterait le prix moyen du loyer d'une chambre dans la commune. — Cons. d'Ét., 31 mars 1870, Thévenin, [Leb. chr., p. 390]

5089. — Les prix de location indiqués dans les baux sont une indication qui doit servir aux répartiteurs pour leurs évaluations. — Cons. d'Ét., 9 mai 1879, Largeteau, [Leb. chr., p. 366] — Cependant ils ne sont pas liés par ces prix. Souvent les prix de location sont atténués par des raisons diverses, dans le détail desquelles l'administration ne doit pas entrer. Si la valeur locative réelle d'une habitation est supérieure à celle qui est indiquée dans le bail, c'est à la première qu'il faut s'attacher. Le Conseil d'État l'a maintes fois décidé. — Cons. d'Ét., 9 mai 1836, de Montigny, [Leb. chr., p. 326]; — 14 déc. 1859, Baudin, [S. 60.2.511, P. adm. chr.]; — 28 mars 1860, Rhoné, [Leb. chr., p. 261]; — 20 nov. 1874, Eschassériaux, [Leb. chr., p. 893]; — 2 déc. 1887, Lanjouy, [Leb. chr., p. 766]

5090. — Cette règle est fort sage. S'il en était autrement, il dépendrait des arrangements intervenus entre propriétaires et locataires de réduire à néant la valeur locative d'un logement, ce qui est inadmissible, étant donné le caractère d'impôt de répartition que la contribution mobilière a conservé. Les contribuables ne sont donc pas fondés à se prévaloir des conventions, qui interviennent entre eux et leurs propriétaires ou principaux locataires, pour obtenir décharge ou réduction. — Cons. d'Ét., 15 janv. 1875, Fine, [Leb. chr., p. 34]; — 23 nov. 1877, Ville de Périgueux, [Leb. chr., p. 900]; — 13 févr. 1880, Laffond, [Leb. chr., p. 174]; — 5 août 1887, Ruelle, [Leb. chr., p. 628]

5091. — C'est par le même motif que le Conseil a repoussé la prétention d'officiers sans troupe, qui demandaient que la valeur locative de leur logement fût calculée d'après leur indemnité de logement et non d'après le loyer réel. — Cons. d'Ét., 10 sept. 1856, Batbedat, [P. adm. chr., D. 57.3.32]

5092. — ... Ou les conclusions d'un entrepositaire de tabacs logé par l'État, tendant à être imposé d'après le montant de la retenue proportionnelle à son traitement qu'on lui faisait subir

sur ses appointements à titre de loyer. — Cons. d'Et., 21 nov. 1891, Verheylewegen, [Leb. chr., p. 691]

5093. — Peu importe donc que le logement soit occupé à titre onéreux ou à titre gratuit; la valeur locative doit être déterminée d'après la comparaison avec les autres logements de la commune. — Cons. d'Et., 18 juin 1834, Agnel, [P. adm. chr.]

5094. — Il n'y a pas lieu de faire entrer dans le calcul de la valeur locative d'une habitation la valeur du mobilier qui la garnit. — Cons. d'Et., 25 août 1851, Arlin, [Leb. chr., p. 851]; — 19 mai 1868, Vaudoré, [Leb. chr., p. 554]; — 20 avr. 1877, Chaix, [Leb. chr., p. 366]; — 12 août 1879, Tardivel, [Leb. chr., p. 628]

5095. — ... Ni du matériel et du bétail qui sont employés à l'exploitation du domaine, s'il s'agit d'une propriété rurale. — Cons. d'Et., 8 mars 1851, Forge, [P. adm. chr.]; — 26 mars 1856, Curtet, [Leb. chr., p. 208]

5096. — L'art. 16, L. 21 avr. 1832, aux termes duquel les habitants qui n'occupent que des logements garnis ne seront assujettis à la contribution mobilière qu'à raison de la valeur locative de leur logement, évalué comme un logement non meublé, ne doit pas être entendu en ce sens que pour les autres logements la valeur du mobilier doit entrer en compte. Cet article veut dire que pour les logements garnis il ne faudra pas s'en tenir au prix de location, qui contient une part afférente à la location du mobilier. C'est ainsi que cette disposition a toujours été entendue. — Cons. d'Et., 26 déc. 1839, Mermet, [P. adm. chr.]; — 8 mars 1847, Fisler, [P. adm. chr.]; — 30 nov. 1848, de Salabert, [Leb. chr., p. 653]; — 5 juill. 1851, Leguer, [P. adm. chr.]; — 21 févr. 1890, Touzet, [Leb. chr., p. 193]; — 28 févr. 1890, Pinaud, [Leb. chr., p. 227]; — 8 mars 1890, Leduc, [Leb. chr., p. 268]; — 26 déc. 1891, Commerçon, [Leb. chr., p. 812]

5097. — Pour déterminer la valeur locative d'une maison d'habitation, les répartiteurs ne sont pas tenus cependant de s'en tenir à la valeur nue du bâtiment. Ils peuvent tenir compte de l'importance de l'habitation et de sa destination. — Cons. d'Et., 4 juill. 1834, Deslandes, [P. adm. chr.]; — 24 oct. 1834, Roudeau, [P. adm. chr.]

5098. — ... De sa situation dans la commune, dans un quartier plus ou moins élégant, plus ou moins excentrique. C'est ainsi que le Conseil a admis que la valeur locative d'une maison devait être réduite à raison de sa situation en dehors de l'agglomération. — Cons. d'Et., 18 nov. 1887, Commune de Pailhès, [Leb. chr., p. 723]

5099. — Ils peuvent tenir compte encore du bon ou mauvais état des bâtiments. — Cons. d'Et., 14 mai 1870, Commune d'Entraigues, [Leb. chr., p. 584]

5100. — En résumé, ils peuvent tenir compte de tous les éléments dont la combinaison peut conduire à une appréciation plus juste de la valeur locative. — Cons. d'Et., 28 nov. 1834, Commune d'Embry, [P. adm. chr.]; — 12 déc. 1834, Commune de Laventie, [P. adm. chr.]; — 18 févr. 1839, Cormier, [P. adm. chr.]; — 29 oct. 1839, Vintant, [P. adm. chr.]

Section III.
Des exemptions.

§ 1. Militaires.

1° Généralités.

5101. — Sous l'ancien régime, les officiers des armées de terre et de mer étaient soumis à l'impôt de capitation, qui était perçu au moyen d'une retenue sur leurs traitements. Lorsque cet impôt fut remplacé par la contribution mobilière en vertu de la loi des 13 janv.-18 févr. 1791, les officiers se trouvèrent cotisés à cette contribution comme tous les autres citoyens, au lieu de leur domicile, à raison de l'universalité de leurs facultés. Nous en trouvons la preuve dans une Proclamation du roi en date du 10 avr. 1791. Il semble même, si l'on se reporte au texte de la loi du 28 févr. 1790, sur la constitution de l'armée, qu'à cette époque les hommes de troupe eux-mêmes étaient inscrits sur les rôles. L'art. 6 de cette loi dispose que *tout militaire* en activité conserve son domicile, nonobstant les absences nécessitées par

son service, et peut exercer les fonctions de citoyen actif, s'il a d'ailleurs les qualités exigées par les décrets de l'Assemblée nationale.

5102. — Or parmi les conditions requises pour être citoyen actif se trouvait l'imposition à une contribution directe, égale au prix de trois journées de travail (L. 22 déc. 1789). L'art. 7 ajoutait que tout militaire, qui aurait servi l'espace de seize ans sans interruption et sans reproches, jouirait de la plénitude des droits de citoyen actif et serait dispensé des conditions relatives à la propriété et à la contribution. L'état militaire ne conférait donc pas par lui-même une exemption. Toutefois, il est probable qu'en pratique l'usage s'établit de ne porter aux rôles que les officiers.

5103. — En ce qui touche ces derniers, la loi des 8-10 juill. 1791 (tit. 3, art. 58) vint restreindre leur obligation et conférer une première exemption. « Nul officier en activité, dispose cet article, ne sera tenu de payer sa part des impositions directes et personnelles dans sa garnison, qu'autant qu'elle serait au même temps le lieu de son domicile habituel ou de ses propriétés ». Ainsi la loi posait le principe de la distinction entre les officiers à résidence fixe, qui seraient considérés comme des habitants de la commune, et les officiers des corps de troupe, qui n'avaient de résidence que celle de leur garnison. A l'égard de ceux-ci, la loi, dans son titre 5 relatif au logement des troupes, prescrivait qu'ils seraient en principe logés avec leur troupe dans les bâtiments militaires, et qu'à défaut de place dans les bâtiments, il leur serait alloué une indemnité de logement.

5104. — Un peu plus tard, nous trouvons un décret du 10 mars 1793, par lequel la Convention nationale renvoie aux comités de la guerre et des finances une proposition tendant à exempter de la contribution mobilière les traitements de tous les militaires employés au service de la République. Il est probable que la Convention n'a pas statué spécialement sur cette proposition, à laquelle elle donna cependant satisfaction par la loi du 23 niv. an III qui supprima la contribution mobilière.

5105. — Depuis cette époque, tous les textes de loi ou de décret relatifs à l'imposition des membres des armées de terre ou de mer sont muets sur les hommes de troupe et ne parlent que des officiers. La jurisprudence est fixée en ce sens que les hommes de troupe, tant qu'ils sont sous les drapeaux, sont exempts de la contribution personnelle et mobilière. C'est ainsi que le Conseil d'Etat a accordé décharge à un soldat se trouvant dans ses foyers en vertu d'un congé, mais n'ayant pas cessé d'être à la disposition du ministre de la Guerre. — Cons. d'Et., 20 sept. 1865, Godart, [Leb. chr., p. 920]

5106. — A un individu qui, quoique nommé ouvrier d'Etat avant le 1er janvier, avait continué pendant plusieurs mois après cette date à être inscrit sur les contrôles d'une compagnie d'ouvriers constructeurs des équipages militaires, c'est-à-dire à appartenir jusqu'à ce moment à un corps de troupe. — Cons. d'Et., 24 mars 1865, Dabault, [Leb. chr., p. 315]

5107. — C'est par la même raison que le Conseil a refusé de considérer comme des employés militaires logés gratuitement dans des bâtiments publics les gendarmes casernés. Le Conseil d'Etat n'a fait d'ailleurs que se conformer sur ce point à une circulaire du ministre des Finances du 15 déc. 1831. — Cons. d'Et., 30 mai 1868, Durel, [D. 71.5.96]; — 3 juin 1881, Thévenet, [Leb. chr., p. 887]

5108. — Plusieurs décisions ont affirmé ce principe que le fait d'être, au 1er janvier d'un exercice, sous les drapeaux, entraînait pour cet exercice l'exemption de la contribution personnelle et mobilière. — Cons. d'Et., 28 mai 1872, Ville de Bourges, [S. 74.2.64, P. adm. chr., D. 73.3.49]; — 18 juin 1872, Colas, [S. 74.2.95, P. adm. chr., D. 73.3.49] — Par ces deux décisions le Conseil d'Etat faisait bénéficier de l'exemption des contribuables appartenant à la garde nationale mobile appelés à l'activité par la loi du 17 juill. 1870.

5109. — Mais par d'autres décisions il refusait d'étendre ce même bénéfice aux gardes nationaux, mobilisés ou sédentaires. — Cons. d'Et., 6 oct. 1871, Piédoye, [Leb. chr., p. 187]; — 24 juill. 1872, Malafosse, [S. 74.2.128, P. adm. chr., D. 73.3.49]

5110. — Pour être exempté il faut faire partie de l'armée active. Par conséquent, c'est avec raison qu'on a imposé et maintenu au rôle un militaire renvoyé dans ses foyers comme soutien de famille. — Cons. d'Et., 19 févr. 1863, Garitan, [Leb. chr., p. 159]

5111. — ... Un soldat de la réserve laissé dans ses foyers,

— Cons. d'Et., 5 juill. 1865, Bouchaud, [Leb. chr., p. 685]; — 7 avr. 1870, Laisné, [Leb. chr., p. 429]

2° Des officiers.

5112. — Nous avons dit que la loi des 8-10 juill. 1791 avait établi une distinction entre les officiers à résidence fixe et les officiers de troupe. Cette distinction subsiste encore aujourd'hui. Un décret du 28 therm. an X avait ainsi réglé le mode d'imposition des diverses catégories d'officiers : « les officiers d'état-major des divisions et des places, les officiers sans troupe, les commissaires ordonnateurs et ordinaires, les inspecteurs en chef, les inspecteurs et sous-inspecteurs aux revues, les officiers civils, tant du département de la guerre que du département de la marine, seront cotisés à la contribution personnelle et mobilière au lieu de la résidence où les fixe leur service. Cette cotisation sera de 2 cent. pour franc de leur traitement (art. 1). Un décret du 11 avr. 1810 assimile à cette catégorie d'officiers les officiers de gendarmerie.

5113. — Le décret du 28 therm. an X continuait ainsi (art. 3) : « les autres officiers, soit de terre, soit de mer, qui n'ont point de résidence fixe, et n'ont d'habitation que celle de leur garnison, ne seront pas compris aux rôles des contributions personnelle-mobilière et somptuaire. Ceux desdits officiers qui auront des habitations particulières, soit pour eux, soit pour leur famille, seront cotisés, comme les autres citoyens, au rôle de la commune où ces habitations et des objets de luxe se trouveront ». Cette dernière disposition avait évidemment pour but d'atteindre les officiers qui possédaient, hors du lieu de leur garnison, un château ou une maison où habitait leur famille. Comme on le voit, ils étaient imposés d'après les bases communes à la généralité des citoyens, c'est-à-dire d'après la valeur locative de leur habitation et non d'après le chiffre de leur traitement comme les officiers à résidence fixe.

5114. — Il y avait dans cette différence de traitement une anomalie, que rien ne justifiait et que fit cesser la loi du 23 juill. 1820 en disposant (art. 30) que « tous les officiers qui, en vertu de décrets et d'arrêtés auraient jusqu'à présent payé la contribution personnelle et mobilière en raison de leur traitement ou de leur indemnité de logement, seraient imposés d'après le mode et dans la proportion arrêtés pour les autres contribuables ». Cette règle a été maintenue par les lois du 26 mars 1831 et du 21 avr. 1832.

5115. — La disposition qui régit aujourd'hui les officiers, au point de vue de la contribution personnelle-mobilière, est l'art. 14, L. 21 avr. 1832, qui est ainsi conçu : « Les officiers de terre et de mer ayant des habitations particulières soit pour eux, soit pour leur famille, les officiers sans troupe, officiers d'état-major, officiers de gendarmerie et de recrutement, les employés de la guerre et de la marine dans les garnisons et dans les ports, les préposés et de l'administration des douanes seront imposables à la contribution personnelle et mobilière d'après le même mode et dans la même proportion que les autres contribuables. »

5116. — Il faut ajouter à ce texte l'art. 60, L. 26 déc. 1890, aux termes duquel, à partir du 1er janv. 1891, les officiers appartenant au service d'état-major établi par les lois des 20 mars 1880 et 24 juin 1890 seront traités, au point de vue de l'assiette de la contribution personnelle-mobilière, sur le même pied que les officiers de troupe.

5117. — I. *Classification des officiers.* — A. *Armée de terre.* — La loi n'a pu faire elle-même le départ entre les officiers sans troupe et les officiers avec troupe. L'énumération des officiers sans troupe s'est trouvée longtemps dans les règlements sur la solde. Leur classement a été remanié à plusieurs reprises, notamment par l'ordonnance du 25 déc. 1837 (art. 367) et par les décrets du 25 déc. 1875 (art. 24) et du 8 juin 1883 (art. 339). Le dernier règlement, celui de 1890, ne contient plus cette énumération. Pour déterminer à quelle classe appartient telle ou telle catégorie d'officiers, il faut maintenant s'attacher à la nature de leurs fonctions, d'après la loi du 13 mars 1875. Cependant, il est permis de puiser, dans les anciens décrets sur la solde, tout au moins des indications.

5118. — D'après l'art. 339, Décr. 8 juin 1883, les officiers sans troupe et les employés militaires étaient rangés, pour l'ordre de la comptabilité, en quatorze classes. Nous allons en donner l'énumération en indiquant à la suite de chacune d'elles les déci-

sions de jurisprudence qui s'y rapportent et les difficultés qui se sont produites sur chaque cas.

5119. — *Première classe.* — Les maréchaux de France, les officiers-généraux des cadres d'activité et de réserve, les officiers détachés dans le service d'état-major or, les archivistes d'état-major, le personnel de la télégraphie militaire. — Cette première classe comprend tout l'état-major de l'armée. Toutes les personnes qui y sont énumérées tombent donc sous l'application de l'art. 14, L. 21 avr. 1832, qui déclare formellement les officiers d'état-major imposables. Cette mention dans la loi n'était pas inutile. En effet, si les officiers du service d'état-major sont évidemment des officiers sans troupe, plusieurs officiers-généraux commandant une division ou une brigade ont émis la prétention d'être considérés comme officiers avec troupe. Sans entrer dans cette discussion, le Conseil d'Etat s'est borné à constater qu'ils faisaient partie de l'état-major général de l'armée. — Cons. d'Et., 14 déc. 1853, gén. Beltramin, [P. adm. chr.]; — 14 janv. 1867, gén. de Bonnemain, [Leb. chr., p. 64]; — 11 juill. 1879, gén. Péan, [S. 81.3.8, P. adm. chr., D. 79.3.109]; — 23 janv. 1880, gén. Aveline, [Leb. chr., p. 95]; — 9 avr. 1892, gén. Colonieu, [D. 93.5.168]

5120. — A l'égard des officiers d'état-major autres que les officiers-généraux, il n'y a pas eu de question tant que le corps d'état-major a été un corps fermé se recrutant d'après certaines règles et que ses membres ne quittaient plus après y être entrés. — Cons. d'Et., 19 avr. 1854, Jardot, [P. adm. chr.]; — 11 juill. 1866, de Fayet, [P. adm. chr., D. 67.3.40]. — 15 nov. 1866, Linet, [D. 67.3.40]; — 8 janv. 1867, Dumas, [Leb. chr., p. 9]; — 14 janv. 1867, Brunet de Rouvre, [Leb. chr., p. 64]; — 26 mars 1870, Séguier, [Leb. chr., p. 358]; — 10 déc. 1875, Fabre et autres, [Leb. chr., p. 992]; — 16 mars 1883, Castex, [Leb. chr., p. 377]

5121. — Mais on sait que la loi du 24 mars 1880 a supprimé le corps d'état-major et a disposé que le service d'état-major serait fait, dorénavant, par des officiers appartenant aux diverses armes, ayant passé trois ans à l'Ecole supérieure de guerre et ayant obtenu à leur sortie le brevet d'état-major. En outre, ces officiers, une fois entrés dans l'état-major, n'y demeurent pas et rentrent jamais. Après une période de quatre années, ils doivent rentrer dans un corps de troupe. Le décret du 1er juin 1883, rendu en vue de l'exécution de la loi du 24 mars 1880, divisa les officiers détachés dans le service d'état-major en deux catégories : ceux qui étaient placés hors cadre et dont le nombre était limité (300), et ceux qui continuaient à figurer à leur corps et étaient appelés à pourvoir à l'insuffisance numérique du personnel d'état-major. En 1886, des officiers de cette seconde catégorie, placés comme officiers d'ordonnance auprès de généraux, soutinrent qu'ils n'avaient pas cessé d'être des officiers de troupe. Malgré l'avis du ministre des Finances, favorable à leur réclamation, le Conseil d'Etat les a maintenus sur les rôles en se fondant sur les termes absolus de la loi de 1832 et du décret du 8 juin 1883. — Cons. d'Et., 24 déc. 1886, Poitevin, [S. 88.3.48, P. adm. chr., D. 88.3.34]; — 28 nov. 1891, Mirepoix, [S. et P. 93.3.115] — C'est sans doute cette décision qui a motivé l'intervention du législateur. Dorénavant, en vertu de l'art. 60, L. 26 déc. 1890, les officiers d'état-major doivent être considérés comme les officiers avec troupe. Mais cette disposition ne s'applique ni aux officiers-généraux, ni aux officiers des états-majors particuliers du génie et de l'artillerie.

5122. — *Deuxième classe.* — Les fonctionnaires du corps de l'intendance et, en ce qui concerne les frais de bureau, les suppléants de ces fonctionnaires. — Cons. d'Et., 3 mars 1864, Le Kreuser, [Leb. chr., p. 248]

5123. — *Troisième classe.* — Les officiers encore en activité de l'ancien état-major des places, et en ce qui concerne les frais de bureau, les commandants d'armes, majors de garnison et commandants de camps permanents. — Cons. d'Et., 20 juin 1853, Humbel, [S. 56.2.127, P. adm. chr., D. 55.5.117]; — 4 avr. 1872, Desaleux, [Leb. chr., p. 203]

5124. — *Quatrième classe.* — Les officiers de l'état-major particulier de l'artillerie, les gardes et employés d'artillerie, les professeurs des écoles d'artillerie et tous officiers détachés à cet état-major. — Cons. d'Et., 27 févr. 1835, Joffre, [S. 39.2.509, ad notam, P. adm. chr.]; — 17 sept. 1838, Laprairie, [S. 39.2.509, P. adm. chr.]; — 16 juill. 1840, de Grave, [P. adm. chr.]; — 19 nov. 1892, Sandier, [S. et P. 94.3.87, D. 94.3.7] — L'art. 60, L. 26 déc. 1890, ne les concerne pas.

5125. — *Cinquième classe.* — Les officiers de l'état-major particulier du génie, les adjoints, employés et sous-officiers stagiaires du génie, les portiers-consignes, les professeurs des écoles régimentaires du génie. — Cons. d'Et., 28 avr. 1882, Tock, [D. 83.5.139]; — 5 janv. 1883, Thomas, [Leb. chr., p. 9]; — 2 févr. 1883, Kreitmann, [Leb. chr., p. 105]; — 5 mars 1886, Mercier, [Leb. chr., p. 209]; — 1er févr. 1890, Brion, [S. et P. 92.3.59]

5126. — *Sixième classe.* — Les officiers du service du recrutement, les officiers du cadre administratif permanent et soldé de l'armée territoriale, les officiers employés dans le service des remontes, dans les bureaux indigènes de l'Algérie, les officiers et assimilés et les employés militaires du service des étapes et des réquisitions.

5127. — ... Les officiers du service du recrutement... Nous ferons, à l'égard de ces officiers, une observation analogue à celle que nous avons faite sur les officiers d'état-major. La loi de 1832 les déclarait expressément imposables, et cette disposition était nécessaire, car jusqu'au décret du 25 déc. 1875, ils n'étaient pas classés dans les officiers sans troupe. Jusqu'alors, le service du recrutement était confié à des officiers de troupe détachés temporairement de leur corps, continuant à figurer sur les contrôles, d'après les ordonnances des 1er janv. 1836, 15 nov. 1839, 13 mars et 15 déc. 1841; les capitaines, lieutenants et sous-lieutenants, étaient assimilés aux officiers avec troupe, et les officiers supérieurs aux officiers en mission. Ceci explique que jusqu'en 1875, de nombreuses décisions ont accordé décharge de la contribution personnelle-mobilière à des officiers détachés temporairement dans le service du recrutement. Seuls les officiers supérieurs étaient imposés. — Cons. d'Et., 31 oct. 1838, Mallarmé, [P. adm. chr.]; — 18 févr. 1839, Papirer, [Leb. chr., p. 133]; — 12 avr. 1844, Thibaut, [P. adm. chr.]; — 18 janv. 1845, Martin de Saint-Romain, [P. adm. chr.]; — 19 mars 1845, Forest, [P. adm. chr.]; — 18 avr. 1845, Simonnot, [P. adm. chr.]; — 30 mars 1846, Ferrières, [S. 46.2.479, P. adm. chr.]; — 31 mai 1859, Stauber, [Leb. chr., p. 392]; — 13 mai 1869, Maïsse, [Leb. chr., p. 463]

5128. — Mais la loi du 13 mars 1875 (art. 18) a abrogé les dispositions des ordonnances de 1836, 1839 et 1841, en disposant que les officiers de tout grade, sous-officiers, caporaux et brigadiers désignés pour entrer dans le service du recrutement, cessent de compter au corps de troupe dont ils faisaient partie et y sont remplacés.

5129. — En conséquence, le décret du 25 déc. 1875 range tous les officiers du recrutement sans distinction parmi les officiers sans troupe. Depuis cette époque, la loi de 1832 a été appliquée par le Conseil d'Etat dans toute sa rigueur. — Cons. d'Et., 25 janv. 1878, Lacombe, [Leb. chr., p. 88]; — 8 nov. 1878, Roy, [S. 80.2.126, P. adm. chr., D. 79.3.27]; — 24 janv. 1879, Arnaud, [Leb. chr., p. 57]; — 29 juill. 1881, Lefebvre, [D. 83.3.24]; — 5 mai 1882, Tristani, [D. 83.5.139]; — 18 juill. 1884, Joncour, [D. 85.5.127]; — 28 janv. 1887, Brochier, [Leb. chr., p. 83]; — 20 juill. 1888, Vasseur, [Leb. chr., p. 657]; — 29 juin 1889, Ville de Poitiers, [Leb. chr., p. 819]; — 29 mars 1890, Nortet, [Leb. chr., p. 384]; — 22 janv. 1892, Vassel, [Leb. chr., p. 31]; — 9 nov. 1894, David, [Leb. chr., p. 580]

5130. — ... Les officiers du cadre administratif permanent et soldé de l'armée territoriale. — Cons. d'Et., 15 juin 1877, Crochon, [D. 78.5.154]

5131. — ... Les officiers et vétérinaires employés dans le service des remontes... La situation de ces officiers a varié. Sous l'empire de l'ordonnance du 15 oct. 1832, ils étaient considérés comme officiers sans troupe. — Cons. d'Et., 30 juin 1835, Verrier, [P. adm. chr.]

5132. — Un décret du 26 févr. 1852 ayant créé des compagnies de cavaliers de remonte, les officiers de ces compagnies furent considérés comme officiers avec troupe. — Cons. d'Et., 5 août 1854, Massicot et de Veslud, [P. adm. chr.]

5133. — Aujourd'hui, la jurisprudence fait une distinction. Elle considère comme officiers sans troupe les officiers attachés à titre fixe au service d'un dépôt de remonte. — Cons. d'Et., 23 janv. 1880, Foucher, [D. 80.5.109]

5134. — Mais elle décide que les officiers appartenant à un régiment de cavalerie, détachés comme acheteurs dans des dépôts de remonte, soit à titre temporaire, soit même à titre permanent, ne perdent pas la qualité d'officiers avec troupe lorsqu'ils continuent à figurer sur les contrôles de leur corps. —

Cons. d'Et., 4 juill. 1838, Salse et Descarrières, [Leb. chr., p. 127]; — 23 mars 1845, Noirot, [P. adm. chr.]; — 4 juin 1886, Stiégelmann, [D. 87.5.131] — Depuis 1892, on peut même se demander s'il ne faudrait pas considérer comme officiers avec troupe les commandants des dépôts de remonte qui, par la suppression du cadre des compagnies de cavaliers de remonte, ont été chargés du commandement direct de cavaliers. Nous ne pensons pas cependant que la condition juridique de ces officiers ait été modifiée.

5135. — *Septième classe.* — Les aumôniers militaires payés sur les fonds de la solde.

5136. — *Huitième classe.* — Les membres du corps de santé autres que ceux des corps de troupe, par exemple ceux qui sont employés dans les hôpitaux militaires. — Cons. d'Et., 26 févr. 1892, Bertelé, [D. 93.5.168]

5137. — Les médecins majors des régiments sont officiers avec troupe. — Cons. d'Et., 23 févr. 1877, Virlet, [Leb. chr., p. 176]; — 23 nov. 1883, Legagneux, [Leb. chr., p. 839]; — 6 juill. 1888, Lamoaille, [Leb. chr., p. 616]

5138. — *Neuvième classe.* — Les officiers d'administration des bureaux de l'intendance, des hôpitaux, des subsistances, de l'habillement et du campement, les officiers d'administration, employés et sous-officiers de la justice militaire attachés aux parquets et aux tribunaux. — Cons. d'Et., 8 avr. 1867, Ceccaldi, [S. 68.2.158, P. adm. chr.]

5139. — Le Conseil d'Etat a décidé que le fait qu'un officier d'administration commandait une section de commis et ouvriers militaires ne pouvait le faire considérer comme un officier avec troupe. — Cons. d'Et., 31 juill. 1874, Chopard, [Leb. chr., p. 740]; — 27 janv. 1888, Béranger, [D. 89.5.137]

5140. — *Dixième classe.* — Les vétérinaires militaires non compris dans les cadres du personnel des corps de troupe.

5141. — *Onzième classe.* — Les interprètes militaires.

5142. — *Douzième classe.* — Les officiers fonctionnaires et employés militaires non en activité.

5143. — *Treizième et quatorzième classes.* — Ceux jouissant d'une solde ou d'un traitement de réforme. — Cons. d'Et., 28 nov. 1855, Souchon, [Leb. chr., p. 671]; — 19 janv. 1866, Vernhes, [Leb. chr., p. 29]; — 12 mars 1867, Josset, [Leb. chr., p. 246]; — 8 févr. 1890, Raynaud, [Leb. chr., p. 153]

5144. — De même, les officiers en congé. — Cons. d'Et., 6 mars 1874, Rochas, [Leb. chr., p. 220]

5145. — L'énumération contenue dans le décret de 1883 n'est pas complète. Il n'est pas question des professeurs des écoles militaires. Sur ce point les décisions de la jurisprudence sont contradictoires. Le Conseil d'Etat a considéré comme officier sans troupe un lieutenant d'infanterie détaché comme surveillant au Prytanée militaire de la Flèche. — Cons. d'Et., 10 janv. 1845, Laforge, [P. adm. chr.] — Au contraire, le commandant du Prytanée a été exempté comme officier avec troupe.

5146. — Au contraire, les officiers instructeurs dans les écoles de Saint-Cyr et de Saumur sont assimilés aux officiers avec troupe. — Cons. d'Et., 23 juin 1849, Rialland, [P. adm. chr.]; — 23 févr. 1877, de Witte et autres, [S. 79.2.92, P. adm. chr., D. 77.3.58]; — 23 nov. 1894, Buisson, [Leb. chr., p. 619]

5147. — De même, un officier du génie détaché comme professeur à l'école de Saint-Cyr, mais n'ayant pas cessé d'appartenir à son corps. — Cons. d'Et., 26 févr. 1892, Klein, [D. 93.5.168] — Il n'y a qu'une contradiction apparente entre ces divers arrêtés. Il y a lieu de distinguer dans les officiers des écoles militaires : 1° les professeurs chargés de cours, qui n'exercent aucun commandement et sont évidemment des officiers sans troupe, à moins qu'ils ne continuent à compter à leur corps; 2° les officiers instructeurs qui encadrent le bataillon ou l'escadron formé par les élèves de l'école.

5148. — Le Conseil d'Etat a encore considéré comme officiers sans troupe un officier du train des équipages faisant partie d'un cadre attaché à une résidence fixe. — Cons. d'Et., 15 juill. 1835, Maron, [P. adm. chr.]

5149. — De même, un officier détaché de son corps pour commander une maison militaire d'arrêt et de correction. — Cons. d'Et., 11 déc. 1867, Germain, [Leb. chr., p. 914]

5150. — Quant aux officiers de gendarmerie, nous avons déjà dit qu'un décret du 11 avr. 1810 les avait rangés parmi les officiers à résidence fixe. La loi du 21 avr. 1832 a confirmé expressément cette assimilation, et cette disposition était indispensable, car ils sont sans contredit des officiers avec troupe.

— Cons. d'Et., 30 mai 1866, de Vignerie, [Leb. chr., p. 543]; — 15 juin 1866, Passoit, [Leb. chr., p. 663]; — 5 févr. 1892, de Lormel, [S. et P. 93.3.156, D. 93.3.63]

5151. — Il y a lieu de traiter comme officiers de gendarmerie ceux de la garde républicaine qui font partie intégrante de cette armée aux termes du décret du 1er févr. 1849. — Cons. d'Et., 24 nov. 1869, Gorout, [Leb. chr., p. 913]

5152. — A part les officiers de gendarmerie, tous les officiers qui ne rentrent dans aucune des classes du décret du 8 juin 1883 sont des officiers avec troupe, et alors même qu'ils seraient momentanément détachés dans un emploi où ils n'auraient aucune troupe sous leurs ordres, ils conserveraient leur caractère. C'est ainsi que le Conseil d'Etat a maintenu le bénéfice de l'exemption à un officier d'artillerie attaché momentanément à une direction. — Cons. d'Et., 17 mai 1837, Lechevallier, [P. adm. chr.]

5153. — ... A un officier du génie provisoirement détaché dans une ville. — Cons. d'Et., 16 sept. 1848, Degros, [P. adm. chr.]

5154. — ... A des officiers d'artillerie détachés temporairement dans les emplois de commandant de l'artillerie d'une place ou d'inspecteur d'une raffinerie de salpêtre. — Cons. d'Et., 25 mai 1850, Noizet-Saint-Paul, [D. 50.3.70]; — 30 nov. 1852, de Beaulaincourt, [Leb. chr., p. 536]

5155. — ... A un officier du génie détaché de son régiment dans une place pour y coopérer à des travaux. — Cons. d'Et., 19 mars 1886, Cavarrot, [D. 87.5.131]

5156. — La juridiction administrative apprécie si, dans les conditions où il est détaché, l'officier a perdu ou conservé son caractère d'officier de troupe. — Cons. d'Et., 30 avr. 1875, Josset, [Leb. chr., p. 382]; — 1er avr. 1881, Courtois, [S. 82.3.76, P. adm. chr., D. 82.2.77]; — 23 nov. 1883, Dalbe, [Leb. chr., p. 839]; — 26 févr. 1892, précité.

5157. — Les compagnies de vétérans étaient entièrement assimilées aux troupes de lignes. Leurs officiers étaient donc considérés comme officiers avec troupe. — Cons. d'Et., 5 déc. 1834, Daval, [P. adm. chr.]

5158. — B. *Armée de mer.* — Pour les officiers et assimilés de l'armée de mer, il n'existe pas de texte faisant le classement entre les officiers avec troupe et les officiers sans troupe. D'autre part, les décisions de jurisprudence sont beaucoup plus rares. Il faut, pour appliquer les termes de la loi du 21 avr. 1832 aux officiers de l'armée de mer, s'inspirer de raisons d'analogie.

5159. — En premier lieu, à l'égard des officiers embarqués, il faut distinguer suivant qu'ils continuent ou non à recevoir une indemnité de logement. En principe, cette indemnité est supprimée en cas d'embarquement, l'officier ayant son logement à bord. Si donc cet officier garde en ville une habitation meublée, il est imposable comme tout autre contribuable.

5160. — Si l'officier n'est embarqué qu'à titre transitoire sur un bâtiment armé dans le port pour réparations, désarmement, il peut continuer à toucher son indemnité de logement et dans ce cas, comme il est officier avec troupe, sa cote mobilière ne devra être calculée que sur la partie de valeur locative qui excède l'indemnité de logement. Sont de même exemptés, s'il y a lieu, de contribution, les officiers embarqués sur les bâtiments centraux de la réserve. — Cons. d'Et., 8 août 1894, Lacourmé, Magnoe, p. 552]; — Cons. préf. Finistère, 12 juill. 1889, de

5161. — ... Les officiers embarqués sur les bâtiments de deuxième catégorie de réserve dans le port. — Cons. d'Et., 22 mai 1865, Saint-Phalle, [Leb. chr., p. 567] — Cons. préf. Manche, [Leb. chr., p. 567] — Cons. préf. Manche, Lormier.

5162. — ... Les officiers embarqués sur les bâtiments de la défense mobile. Ces trois catégories d'officiers figurent sur un rôle d'équipage et sont admis à toucher les frais de logement à titre permanent.

5163. — Quant aux officiers en service à terre, les amiraux, vice-amiraux, contre-amiraux des cadres d'activité et de réserve, les généraux d'infanterie et d'artillerie de marine sont imposables comme officiers d'état-major. Il en est de même des officiers qui, dans les bureaux des préfectures maritimes, sont affectés au service d'état-major (aides-de-camp du préfet maritime, majorité générale de la division, majorité de la flotte) (Décr. 4 août 1860; Arr. min. 8 août 1860, et 5 mars 1862). — Cons. d'Et., 21 déc. 1877, Duburquois, [Leb. chr., p. 1029]

5164. — Parmi les officiers de service de la majorité générale, peut seul être considéré comme officier avec troupe le lieutenant de vaisseau commandant la compagnie des gardes-consignes.

5165. — Nous pensons qu'on peut attribuer le même caractère aux officiers de la direction du port. En effet, ces officiers commandent aux marins vétérans, qui constituent un véritable corps de troupe chargé d'assurer le service du port et de la rade. Un décret du 21 nov. 1874 les a assimilés aux équipages de la flotte.

5166. — Le service des défenses sous-marines se divise en deux parties : celui de la défense mobile (les officiers qui en font partie suivent le sort des officiers embarqués); celui de la défense fixe. Les officiers de ce dernier service commandent aux compagnies de vétérans torpilleurs et aux compagnies de torpilleurs des équipages. Ils sont donc exonérés.

5167. — Sont imposables comme officiers sans troupe les commissaires, les ingénieurs de la marine, les ingénieurs hydrographes, les mécaniciens, les trésoriers, les officiers des tribunaux maritimes, etc., employés dans les ports et les arsenaux. — Cons. d'Et., 19 juill. 1878, Fournier, [D. 79.3.19]

5168. — Ainsi ont été considérés comme officiers sans troupe les officiers du commissariat de la marine, alors même qu'ils étaient chargés d'un emploi d'officier d'administration sur un bâtiment de l'Etat. — Cons. d'Et., 2 août 1890, Daban, [D. 92.5.188]; — 13 févr. 1892, Meesemaecker, [Leb. chr., p. 155]

5169. — On peut se demander si les officiers du commissariat ne bénéficient pas de l'exemption lorsqu'ils remplissent les fonctions de trésorier de la division des équipages de la flotte. On pourrait soutenir qu'il ne faut pas assimiler les fonctions de cet officier avec celles d'un intendant, mais plutôt à un capitaine trésorier de régiment qui, comme les majors et capitaines d'habillement, sont considérés comme officiers avec troupe. — Cons. d'Et., 27 juin 1873, Bœuf, [Leb. chr., p. 586] — Mertian de Müller, *Revue maritime,* 1891, t. 100, p. 425.

5170. — On peut objecter cependant que les officiers du commissariat constituent un corps spécial absolument distinct de celui des officiers de troupe et que, quel que soit leur emploi, ils ne sont jamais appelés à commander aux troupes. A cet égard, leur situation diffère de celle des capitaines trésoriers, qui pourront être appelés, en certains cas, à prendre le commandement d'une compagnie.

5171. — Les médecins de la marine attachés aux bâtiments de guerre, aux divisions des équipages de la flotte ou aux corps de troupe de la marine, sont considérés comme officiers avec troupe. — Cons. d'Et., 13 févr. 1892, Coppin, [Leb. chr., p. 155]

5172. — Au contraire, ceux qui sont en service dans les hôpitaux maritimes ou dans les ports sont imposables.

5173. — Sont imposables comme officiers sans troupe tous les officiers de gendarmerie maritime. L'art. 14, L. 21 avr. 1832, est conçu en termes absolus.

5174. — Il en est de même des officiers de l'artillerie de la marine placés à la tête d'un établissement de l'Etat. — Cons. d'Et., 17 sept. 1838, La Prairie, [S. 39.2.509, P. adm. chr.]

5175. — Il faut, au contraire, considérer comme officiers avec troupe : 1o les officiers des troupes de la marine, infanterie et artillerie, auxquels s'appliquent toutes les règles concernant les officiers de l'armée de terre; 2o les officiers de marine qui, dans chaque port, encadrent les équipages de la flotte, lesquels forment un corps de troupe. — Cons. d'Et., 15 juill. 1868, Pigeard, [D. 70.3.93]; — 18 juill. 1873 (3 arrêts), Ville de Toulon, [Leb. chr., p. 653]; — 23 nov. 1883, Lombard, [Leb. chr., p. 839]

5176. — Le Conseil a considéré comme officier avec troupe un capitaine d'artillerie de marine commandant une compagnie d'ouvriers. — Cons. d'Et., 31 mars 1859, Thory, [P. adm. chr.]

5177. — II. *Mode d'imposition des officiers.* — A. *Officiers sans troupe.* — Les officiers sans troupe sont imposables d'après le même mode et dans la même proportion que les autres contribuables, c'est-à-dire d'après la valeur locative de leur habitation personnelle. Ils ne sont pas fondés à demander que le montant de l'indemnité de logement qui leur est allouée soit déduit de la valeur locative. — Cons. d'Et., 20 juin 1855, Humbel, [S. 56.2.127, P. adm. chr., D. 55.5.117]; — 26 juin 1862, Frey, [Leb. chr., p. 513]; — 3 mars 1864, Le Kreuser, [Leb. chr., p. 218]; — 15 juin 1866, Passoit, [Leb. chr., p. 663]; — 16 déc. 1869, Morel, [Leb. chr., p. 976]; — 15 juin 1877, Crochon, [D. 78.5.154]; — 29 mars 1889, Gain, [Leb. chr., p. 424]; — 9 nov.

35

1889, Ville de Blois, [S. et P. 92.3.5, D. 91.3.34]; — 5 févr. 1892, de Lormel, [S. et P. 93.3.156, D. 93.3.63]

5178. — Les officiers sans troupe sont imposables d'après la valeur locative, lors même qu'ils sont logés gratuitement dans des bâtiments de l'Etat. S'ils ont une habitation meublée dans une commune, lieu de leur résidence habituelle, et que, dans une commune voisine où les appellent les nécessités du service, un logement soit mis à leur disposition dans les bâtiments militaires, ils doivent être imposés à raison de chacun de ces logements. — Cons. d'Et., 13 mai 1865, Audier, [Leb. chr., p. 525]

5179. — Comme les autres contribuables ils doivent acquitter autant de cotes mobilières qu'ils ont d'habitations meublées à leur disposition. — Cons. d'Et., 27 févr. 1835, Bugeaud, [P. adm. chr.]; — 9 mai 1873, Yung, [Leb. chr., p. 399]

5180. — B. *Officiers avec troupe.* — Les officiers de troupe ne sont imposables que s'ils ont, soit pour eux, soit pour leur famille, une habitation particulière. Nous allons voir quel sens la jurisprudence a donné à cette expression; mais auparavant il est bon de remarquer que cette jurisprudence s'applique exclusivement à l'habitation que l'officier occupe au lieu de sa garnison. Si donc il possède, dans une autre commune que celle où se trouve son régiment, une habitation meublée où réside sa famille, il est imposable à raison de cette habitation comme les autres contribuables. — Cons. d'Et., 18 févr. 1829, de Noirville, [P. adm. chr.]

5181. — Le Conseil d'Etat a déclaré imposables, à raison de l'habitation qu'ils conservaient à leur disposition dans une ville, des officiers envoyés soit en Algérie, soit au Tonkin, soit en campagne. — Cons. d'Et., 24 févr. 1843, Eyroux, [P. adm. chr.]; — 9 mai 1873, précité; — 9 déc. 1887, Challan de Belval, [Leb. chr., p. 784]

5182. — Quant au logement que l'officier de troupe occupe dans la ville de sa garnison, il ne donne lieu à imposition que s'il a le caractère d'une habitation particulière au sens de la loi du 21 avr. 1832. Qu'est-ce donc qu'une habitation particulière? Comment la jurisprudence a-t-elle interprété cette expression? Nous avons dit qu'en principe les officiers avec troupe devaient être logés avec leurs soldats dans les bâtiments militaires. A cet effet, des appartements, d'une importance qui varie suivant le grade, sont mis à leur disposition. Mais dans beaucoup de villes l'insuffisance des bâtiments de l'Etat, d'autre part, la difficulté de loger les officiers mariés obligèrent l'administration militaire à allouer une indemnité de logement aux officiers qui ne recevraient pas d'elle leur logement en nature et seraient obligés d'en louer un chez les particuliers (L. 8-10 juill. 1791).

5183. — Quand l'officier avec troupe est logé dans les bâtiments militaires, il n'est pas imposable. — Cons. d'Et., 19 mars 1886, Cavarrot, [Leb. chr., p. 253]

5184. — La jurisprudence en a conclu que si l'officier peut se loger avec l'indemnité de logement qui lui est allouée, il est censé recevoir un logement en nature de l'Etat, et par suite n'est pas imposable. — Cons. d'Et., 30 oct. 1834, Lebasteur, [P. adm. chr.]; — 6 mars 1835, Graville, [P. adm. chr.]; — 16 sept. 1848, Degros, [P. adm. chr.]; — 30 nov. 1852, Demasur, [P. adm. chr.]; — 30 août 1861, Gérandon, [Leb. chr., p. 755]; — 5 déc. 1891, Prax, [Leb. chr., p. 744]; — 13 févr. 1892, Coppin, [Leb. chr., p. 155]

5185. — En vertu du principe d'annualité, c'est d'après l'indemnité afférente au grade dont l'officier est titulaire au 1er janvier, et non d'après l'indemnité afférente à un grade supérieur, auquel il aurait été promu dans le cours de l'année, que doit être appréciée la contribution qui lui a été imposée. — Cons. d'Et., 28 nov. 1855, Lambinet, [P. adm. chr.]

5186. — Pour connaître le chiffre de l'indemnité de logement afférente à chaque grade, il est nécessaire de se reporter aux règlements sur la casernement, qui sont celui de 1856 pour l'armée de terre et celui du 14 févr. 1879 pour l'armée de mer.

5187. — Mais il peut arriver qu'à raison du prix élevé des loyers dans une ville, l'indemnité de logement qui est allouée aux officiers et qui est la même pour toutes les localités, Paris excepté, ne corresponde pas à la valeur réelle des loyers. Dans ce cas la jurisprudence recherche quelle serait, par comparaison avec la généralité des loyers d'habitation dans la localité dont il s'agit, la valeur locative du logement auquel par son grade l'officier aurait droit dans les bâtiments de l'Etat, et si la valeur locative du logement qu'il occupe en ville n'excède pas sensiblement celle du logement auquel il aurait droit, il doit être exempté. — Cons.

d'Et., 25 mai 1850, André, [P. adm. chr., D. 50.3.70]; — 30 nov. 1852, Herpin, [P. adm. chr.]; — 1er sept. 1862, Roussel, [Leb. chr., p. 710]; — 14 févr. 1873, Mesnard, [Leb. chr., p. 156]; — 25 janv. 1884, Ville de Saint-Etienne, [Leb. chr., p. 76]

5188. — Ainsi les officiers avec troupe ne sont réputés avoir une habitation particulière que si la valeur locative de leur logement excède notablement, soit l'indemnité de logement qui leur est allouée, soit la valeur locative du logement auquel ils auraient droit dans les bâtiments de l'Etat. — Cons. d'Et., 8 janv. 1836, Oubré, [P. adm. chr.]; — 18 févr. 1854, Lambinet, [P. adm. chr., D. 54.5.195]; — 22 mars 1854, Herpin, [Leb. chr., p. 243]; — 17 mai 1854, Nogueira, [Leb. chr., p. 437]; — 31 mai 1854, Lucas, [D. 54.5.195]; — 7 déc. 1854, Meunier, [Leb. chr., p. 938]; — 31 janv. 1855, Chappuy, [Leb. chr., p. 82]; — 18 juill. 1860, Maréchal, [P. adm. chr.]; — 21 mai 1862, Borré-Verrier, [P. adm. chr.]; — 11 mars 1863, Laurent, [Leb. chr., p. 226]; — 11 janv. 1865, Perrault, [Leb. chr., p. 29]; — 3 févr. 1866, Aubry, [Leb. chr., p. 138]; — 27 févr. 1866, Ville de Versailles, [Leb. chr., p. 154]; — 20 déc. 1866, Moras, [Leb. chr., p. 1171]; — 8 janv. 1867, Ville de Lille, [Leb. chr., p. 7]; — 13 avr. 1867, de Vaucresson, [Leb. chr., p. 392]; — 24 janv. 1868, Millot, [Leb. chr., p. 90]; — 20 janv. 1869, Fabry, [Leb. chr., p. 59]; — 9 août 1869, Guéniot, [Leb. chr., p. 766]; — 24 juill. 1872, Ville de Toulon, [Leb. chr., p. 453]; — 27 juin 1873, Même partie, [Leb. chr., p. 585]; — 18 juill. 1873, Même partie, [Leb. chr., p. 652]; — 3 déc. 1875, Béra, [Leb. chr., p. 959]; — 23 févr. 1877, Verlet, [Leb. chr., p. 176]; — 20 avr. 1877, de La Porte, [Leb. chr., p. 366]; — 8 juin 1877, Barbaud, [Leb. chr., p. 550]; — 15 juin 1877, Sebille et autres, [Leb. chr., p. 587]; — 8 févr. 1878, Thory, [Leb. chr., p. 135]; — 17 mai 1878, Ville de Saumur, [Leb. chr., p. 467]; — 17 mai 1878, La Jousse, [Leb. chr., p. 468]; — 8 nov. 1878, Lallemant, [Leb. chr., p. 867]; — 28 mars 1879, Prévost, [Leb. chr., p. 247]; — 25 avr. 1879, Warood, [Leb. chr., p. 320]; — 6 juin 1879, Duhamel-Grandprey, [Leb. chr., p. 457]; — 12 août 1879, Foulon, [Leb. chr., p. 628]; — 1er avr. 1881, Targe, [S. 82.3.76, P. adm. chr., D. 82.3.77]; — 3 août 1883, Prévost de Lestang, [Leb. chr., p. 717]; — 23 nov. 1883, Lombard, [Leb. chr., p. 839]; — 27 juin 1884, Guinard, [Leb. chr., p. 521]; — 7 nov. 1884, Rivoiret, [Leb. chr., p. 748]; — 22 janv. 1886, Montagnac, [Leb. chr., p. 61]; — 4 juin 1886, Stiégelmann, [Leb. chr., p. 485]; — 17 déc. 1886, Damamm, [Leb. chr., p. 896]; — 24 déc. 1886, Karkowski, [Leb. chr., p. 923]; — 18 nov. 1887, Guinard, [Leb. chr., p. 722]; 16 déc. 1887, Grapin, [Leb. chr., p. 812]; — 6 juill. 1888, Lamoaille de Lachèze, [Leb. chr., p. 616]; — 7 août 1889, Rivière, [Leb. chr., p. 949]; — 20 déc. 1889, Mercier, [Leb. chr., p. 189]

5189. — Nous citerons encore dans le même sens, en ce qui concerne l'excédent de la valeur locative de l'habitation des officiers sur la valeur locative des locaux auxquels ils auraient eu droit dans les bâtiments de l'Etat : Cons. d'Et., 8 nov. 1855, précité; — 19 déc. 1855, Piédallu, [Leb. chr., p. 739]; — 3 mai 1859, Stauber, [Leb. chr., p. 140]; — 9 mai 1860, Bruyas, [Leb. chr., p. 374]; — 8 janv. 1867, précité; — 15 déc. 1876, Chabaud, [Leb. chr., p. 884]; — 2 août 1878, Ville de Blois, [Leb. chr., p. 782]

5190. — ... Et en ce qui concerne l'excédent de la même valeur locative sur le montant de l'indemnité de logement allouée. — Cons. d'Et., 27 juin 1873, précité. — Dans toutes ces espèces le Conseil d'Etat, tout en constatant que la valeur locative des logements occupés était supérieure soit à l'indemnité, soit à la valeur locative du logement réglementaire, a accordé décharge parce que la différence ne lui paraissait pas suffisante pour rendre les requérants imposables.

5191. — En somme, il est d'usage de rechercher, soit avec l'indemnité de logement, soit avec l'évaluation du logement dans les bâtiments militaires, le mode de calcul qui fait à l'officier la situation la plus favorable et de l'adopter pour base de son imposition. On déduit le chiffre le plus fort de la valeur locative du logement qu'il occupe et on n'établit sa cote mobilière, s'il y a lieu, que sur l'excédent. C'est cet excédent qui seul est considéré comme constituant l'habitation particulière.

5192. — Quelques officiers avaient émis la prétention de faire déduire de la valeur locative de leur maison d'habitation non seulement l'indemnité de logement, mais d'autres indemnités, telles que l'indemnité pour ameublement. Le Conseil d'Etat a toujours repoussé cette prétention. — Cons. d'Et., 22 mars

1854, précité; — 17 mai 1854, précité; — 18 juill. 1860, précité; — 21 mai 1862, précité; — 11 janv. 1865, précité; — 3 févr. 1865, précité; — 20 déc. 1866, précité; — 8 janv. 1867, précité; — 13 avr. 1867, précité; — 24 janv. 1868, précité; — 9 août 1869, précité; — 24 juill. 1872, pr'cité; — 27 juin 1873, précité; — 18 juill. 1873, précité; — 3 déc. 1875, précité; — 8 juin 1877, précité; — 12 août 1879, précité; — 23 nov. 1883, précité; — 24 mars 1884, Nœttinger, [Leb. chr., p. 264]; — 20 juin 1891, Mercier, [Leb. chr., p. 477]; — 23 janv. 1892, Arrghi, [Leb. chr., p. 53]; — 26 févr. 1892, Klein, [Leb. chr., p. 194]; — 5 mars 1892, Chanet, [Leb. chr., p. 257]

5193. — De même, il n'y a pas lieu de déduire de la valeur locative l'indemnité de rassemblement qui, dans quelques grandes villes, est accordée aux officiers à raison de la cherté des vivres. C'est une indemnité qui est absolument distincte de l'indemnité de logement. Elle est accordée aussi bien aux officiers qui reçoivent leur logement de l'État qu'à ceux qui sont logés en ville. — Cons. d'Et., 1er avr. 1881, précité; — 23 nov. 1883, Legagneux, [Leb. chr., p. 839]

5194. — Il en est de même de l'indemnité accordée pour frais de bureaux. — Cons. d'Et., 11 mars 1863, précité.

5195. — Ce n'est pas au nombre des pièces qui sont attribuées par les règlements militaires aux officiers avec troupe dans les bâtiments de l'État qu'il faut s'attacher pour savoir si l'officier a ou n'a pas une habitation particulière, mais à la valeur locative qui serait attribuée dans la localité à un pareil logement. — Cons. d'Et., 20 avr. 1877, précité.

5196. — Le décret du 25 déc. 1875 ayant réuni à la solde l'indemnité de logement qui auparavant en était distincte, plusieurs officiers, croyant que cette indemnité était supprimée, soutinrent que l'ancienne jurisprudence ne pouvait plus s'appliquer. Consulté sur la question par le ministre des Finances, le ministre de la Guerre émit l'avis que rien n'avait été changé au principe de l'indemnité de logement; que seul le mode de comptabilité avait été modifié. — Cons. d'Et., 23 févr. 1877, précité; — 8 févr. 1878, précité; — 3 août 1883, précité.

5197. — Ajoutons qu'en 1889, les soldes des officiers des divers corps ont été unifiées. Il a été jugé que cette unification ne supprimait pas la distinction entre les officiers sans troupe et les officiers avec troupe. — Cons. d'Et., 26 févr. 1892, Bertelé, [Leb. chr., p. 194]

3° Des sous-officiers et employés militaires.

5198. — I. Des employés militaires. — La loi du 21 avr. 1832 traite de la même manière les officiers sans troupe et les employés militaires. Le décret du 8 juin 1883 les confond dans la même énumération. A l'exception des gardes d'artillerie et des adjoints du génie, les employés militaires n'ont pas rang d'officier. La plupart sont des sous-officiers commissionnés.

5199. — Doivent-être considérés comme employés militaires, d'après la loi du 13 mars 1875 (art. 11 et 12) : les gardes d'artillerie. — Cons. d'Et., 2 mars 1839, Cuenne, [P. adm. chr.]; — 16 juill. 1840, Wuyard, [P. adm. chr.]

5200. — ... Les contrôleurs d'armes. — Cons. d'Et., 16 juill. 1840, d'Homas, [Leb. chr., p. 226]

5201. — ... Les ouvriers d'État. — Cons. d'Et., 28 déc. 1888, Masson, [Leb. chr., p. 1038]; — 20 déc. 1889, Chambonnet, [Leb. chr., p. 1189]; — 29 mars 1890, Péqueux, [Leb. chr., p. 384]; — 16 janv. 1892, Tressaud, [Leb. chr., p. 21]; — 7 mai 1892, Delaporte, [Leb. chr., p. 426]

5202. — ... Les gardiens de batterie. — Cons. d'Et., 25 avr. 1861, Dupuy, [P. adm. chr.]; — 11 janv. 1889, Marchand, [Leb. chr., p. 41]; — 17 janv. 1891, Valentin, [Leb. chr., p. 93.3.8]; — 13 juin 1891, Richard, [Leb. chr., p. 447]; — 7 nov. 1891, Kermeneur, [Leb. chr., p. 643]; — 18 juin 1892, Nicot, [Leb. chr., p. 559]. — Tous ces employés font partie de l'état-major particulier de l'artillerie.

5203. — Dans l'état-major particulier du génie, sont imposables comme employés, les sous-officiers stagiaires adjoints du génie. — Cons. d'Et., 6 nov. 1880, Miguet, [D. 81.5.99]; — 21 nov. 1891, Toussaint, [Leb. chr., p. 694]

5204. — ... Les portiers-consignes. — Cons. d'Et., 26 mars 1856, Renaud [D. 56.3.58]; — 7 juill. 1882, Jouin, [D. 83.5. 139]; — 6 juill. 1888, Plô, [Leb. chr., p. 616]; — 3 août 1888, Vialatoux, [Leb. chr., p. 701]; — 2 nov. 1888, Magnin, [Leb. chr., p. 778]; — 29 mars 1889, Gain, [Leb. chr., p. 425]; — 21 févr.

1890, Lamotte, [Leb. chr., p. 193]; — 8 août 1890, Thiéry, [Leb. chr., p. 776]; — 17 janv. 1891, Rosier, [Leb. chr., p. 18]; — 8 avr. 1892, Moussol et Lacassagne, [Leb. chr., p. 367]; — 9 avr. 1892, Hermant, [S. et P. 94.3.32]

5205. — Il faut encore ranger dans les employés militaires : les sous-officiers de la justice militaire. — Cons. d'Et., 28 juin 1878, Deyris, [D. 78.5.154]; — 10 déc. 1886, Farrer, [D. 88.5. 132]; — 14 mai 1892, Frizza, [Leb. chr., p. 450]; — 22 juill. 1892, Garaudeau, [Leb. chr., p. 635]

5206. — ... Les sous-officiers faisant fonction de greffier ou de surveillant dans les prisons militaires. — Cons. d'Et., 27 juin 1866, Sirveaux, [Leb. chr., p. 732]; — 9 mai 1890, Berthelotet, [Leb. chr., p. 474]

5207. — ... Un individu employé comme casernier dans un dépôt de remonte et n'appartenant à aucun corps de troupe. — Cons. d'Et., 23 avr. 1880, Chiron, [Leb. chr., p. 389]; — 13 déc. 1890, Millot, [Leb. chr., p. 151]

5208. — Enfin le décret du 8 juin 1883 parle aussi des employés du service des étapes et réquisitions.

5209. — On a considéré comme employé de la marine : un garde stagiaire d'artillerie de marine employé dans les bureaux de l'état-major d'un port de guerre quoique maintenu pour mémoire à la suite d'un régiment. — Cons. d'Et., 12 févr. 1892, Aubert, [D. 93.5.167] — ... Un second maître armurier attaché à la direction de l'artillerie. — Cons. d'Et., 17 févr. 1894, Moricète, [Leb. chr., p. 151]

5210. — Il faut y grouper également les gardiens de batterie, les maîtres principaux et entretenus, les adjudants principaux comptables, les gardiens de bureau, les gardes-consignes, les concierges, les syndics et gardes maritimes, les guetteurs des électro-sémaphores, les vétérans, les pompiers, les surveillants des prisons maritimes, les infirmiers et les armuriers non embarqués.

5211. — II. Sous-officiers de troupes. — La jurisprudence à l'égard des officiers avec troupes devait-elle, en l'absence d'un texte formel, être appliquée aux sous-officiers? Jusqu'à ces dernières années, la question n'avait pu se poser, les sous-officiers étant logés avec les soldats dans les casernes. Dès lors, ils n'étaient pas imposables, à moins d'être des employés militaires ou sous-officiers sans troupe. — Cons. d'Et., 11 janv. 1865, Filsjean, [Leb. chr., p. 30]

5212. — Ceux qui, étant mariés et ne pouvant loger avec leur famille dans la caserne, obtenaient l'autorisation tout à fait exceptionnelle de loger en ville, étaient considérés comme s'ils avaient eu une habitation dans une commune autre que celle de leur garnison et étaient imposés sur la valeur locative entière de leur logement. — Cons. d'Et., 25 avr. 1860, Santiaggi, [Leb. chr., p. 347]; — 4 août 1868, Martin, [Leb. chr., p. 832]

5213. — Mais depuis la loi du 23 juill. 1881, qui conféra aux sous-officiers mariés le droit de loger hors de la caserne en leur allouant une indemnité de logement, la question prit une importance plus grande, à raison du nombre relativement considérable de sous-officiers qui allaient se trouver dans cette situation. Fallait-il assimiler les sous-officiers aux simples soldats et les exempter d'une manière absolue, ou bien fallait-il leur appliquer la jurisprudence concernant les officiers? Le Conseil d'État se montra d'abord favorable à l'exemption en se fondant sur ce que l'art. 14, L. 21 avr. 1832, ne soumet à la contribution personnelle-mobilière que les officiers sans troupe et ceux des officiers avec troupe qui ont une habitation particulière, soit pour eux, soit pour leur famille. Le Conseil exempta, en conséquence, les sous-officiers, élèves d'administration, commis aux écritures. — Cons. d'Et., 4 juin 1886, Simon, [Leb. chr., p. 486]

5214. — Mais l'année suivante la jurisprudence changea. Le Conseil d'État déclara imposable à la contribution personnelle-mobilière, comme ayant un logement d'une valeur locative supérieure à celle des locaux auxquels il aurait eu droit dans les bâtiments militaires et à l'indemnité de logement qui lui était allouée à un adjudant sous-officier à l'école de Saint-Cyr. — Cons. d'Et., 4 nov. 1887, Collave, [Leb. chr., p. 679]

5215. — Enfin, en 1888, le Conseil fut appelé à trancher d'une manière définitive cette question à propos d'un grand nombre de pourvois dont il avait été saisi, tant par des villes qui demandaient le rétablissement aux rôles de sous-officiers de l'armée de terre ou d'officiers mariniers des équipages de la flotte auxquels décharge avait été accordée, que par plusieurs de ces militaires qui avaient été maintenus sur les rôles. Il s'agissait de

fixer la jurisprudence des conseils de préfecture qui manquait d'unité. Contrairement aux conclusions du ministre des Finances, qui tendaient à l'exemption absolue des sous-officiers des armées de terre et de mer, le Conseil d'État a jugé qu'en présence de la situation nouvelle créée par la loi du 23 juill. 1881, il fallait traiter les sous-officiers non casernés comme les officiers avec troupe et les exempter ou les imposer, suivant que la valeur locative de leur logement serait inférieure ou supérieure à l'indemnité de logement que l'État leur allouait. — Cons. d'Et., 16 mars 1888, Hélou, [S. 90.3.19, P. adm. chr., D. 89.3.41]; — 16 mars 1888, Le Coq, [S. 90.3.19, P. adm. chr., D. 89.3.41]; — 4 mai 1888, Méric, [D. 89.3.41]; — 8 juin 1888, Suchon, [D. 89.3.41]; — 25 janv. 1889, Ayme, [Leb. chr., p. 85]; — 9 févr. 1889, Clearec et Ménard, [Leb. chr., p. 192]; — 28 juin 1889, Le Deist, [Leb. chr., p. 785]; — 14 juin 1890, Le Jeune, [Leb. chr., p. 575]; — 5 déc. 1891, Debruyère, [Leb. chr., p. 744]; — 16 janv. 1892, Fonrobert, [Leb. chr., p. 21]; — 29 janv. 1892, Rolland, [Leb. chr., p. 67]; — 27 févr. 1892, Saint-Hilaire, [Leb. chr., p. 226]; — 18 mars 1892, Debruyère, [Leb. chr., p. 287]; — 18 nov. 1892, Jacques, [Leb. chr., p. 772]

5216. — Il va sans dire que les sous-officiers continuent à être imposables sans aucune déduction à raison de l'habitation meublée qu'ils ont à leur disposition dans une commune autre que celle de leur garnison. — Cons. d'Et., 4 nov. 1887, Touliou, [Leb. chr., p. 680]; — 11 mai 1888, Provost, [Leb. chr., p. 427]; — 28 juin 1889, précité; — 22 nov. 1889, Grimaldi, [Leb. chr., p. 1054]

5217. — Il est bon de faire remarquer qu'en ce qui concerne les militaires, la valeur locative de leur habitation les rend passibles non seulement de la contribution mobilière, mais encore de la taxe personnelle.

5218. — Cette jurisprudence nouvelle rend nécessaire la distinction entre les sous-officiers avec troupe et les employés militaires. Le Conseil a considéré comme rentrant dans la première catégorie : un adjudant maître d'armes dans un régiment. — Cons. d'Et., 16 janv. 1892, précité.

5219. — ... Un maréchal des logis employé à l'école de Saumur. — Cons. d'Et., 18 mars 1892, précité.

5220. — ... Un sous-officier surveillant dans une prison militaire. — Cons. d'Et., 29 janv. 1892, Béringuier, Leb. chr., p. 67]

5221. — ... Le concierge d'un magasin militaire n'ayant pas cessé d'appartenir à l'effectif d'activité d'une section de commis et ouvriers d'administration. — Cons. d'Et., 7 nov. 1891, Déchaland, [S. et P. 93.3.103]

5222. — ... Un sous-officier magasinier. — Cons. d'Et., 14 juin 1890, précité.

5223. — ... Un maître voilier. — Cons. d'Et., 5 févr. 1892, Kéreun, [Leb. chr., p. 110]

5224. — Les dispositions de l'art. 14, L. 21 avr. 1832, avec les distinctions qu'il comporte, sont applicables aux préposés des douanes. — Cons. d'Et., 17 août 1836, Lecouvey, [P. adm. chr.]; — 13 mai 1852, Castaing, [Leb. chr., p. 155]; — 21 juin 1854, Wacker, [Leb. chr., p. 562]; — 28 mai 1856, Frémin, [Leb. chr., p. 380]; — 9 déc. 1857, Bazuyaux, [Leb. chr., p. 789]; — 23 juill. 1863, Bœufs, [Leb. chr., p. 561]

5225. — Au contraire, les gardes maritimes ne peuvent bénéficier de l'exemption accordée aux douaniers ou aux gendarmes quand ils sont casernés. — Cons. d'Et., 29 juill. 1852, Samuel, [P. adm. chr.]

§ 2. Parents ayant sept enfants.

5226. — L'art. 23, L. 18 févr. 1791, disposait que chaque chef de famille qui aurait chez lui ou à sa charge plus de trois enfants serait placé dans la classe du tarif inférieure à celle où son loyer le ferait placer, que celui qui aurait chez lui ou à sa charge plus de six enfants serait placé dans une classe encore inférieure. D'après l'art. 26, les célibataires étaient placés dans la classe supérieure à celle où leur loyer les placerait. La loi du 7 therm. an III disposait que les célibataires, hommes et femmes, âgés de plus de trente ans, paieraient un quart en sus de leurs contributions personnelle et somptuaire. La loi du 3 niv. an VII (art. 23) décida que les loyers d'habitation des célibataires seraient surhaussés de la moitié de leur valeur, et l'art. 24 ajoutait qu'il fallait entendre par célibataires, les hommes non mariés âgés de plus de trente ans, à l'exclusion des femmes. Toutes ces dispositions furent abrogées en 1831 et ne furent pas rétablies

en 1832. — Cons. d'Et., 9 mai 1838, Devoucoux, [P. adm. chr.]

5227. — C'est tout récemment qu'une disposition analogue a été introduite de nouveau dans notre législation fiscale. L'art. 3, L. fin. du 17 juill. 1889, était ainsi conçu : « Les père et mère de sept enfants légitimes ou reconnus ne seront pas inscrits au rôle de la contribution personnelle et mobilière ». Cette disposition, due à l'adoption d'un amendement de M. Javal, avait pour objet de donner une prime aux nombreuses familles en vue d'arrêter la dépopulation de la France. L'amendement avait été adopté malgré l'opposition du ministre des Finances. Le législateur avait cru apporter un soulagement efficace aux charges pesant sur des contribuables pauvres et chargés de famille. Mais l'application de la loi révéla que le plus grand nombre des contribuables appelés à profiter de cette exemption se trouvaient faire partie de la classe aisée et étaient parfaitement en état de payer la contribution. En outre, par suite de la rédaction vicieuse de l'art. 3, L. 17 juill. 1889, le montant des cotes des contribuables exemptés dut être réimposé l'année suivante. De là ce résultat anormal que dans des petites communes le plus riche contribuable se trouvait exempté de toute contribution mobilière et que sa cote accroissait les charges des électeurs moins fortunés.

5228. — Ces diverses considérations amenèrent le législateur à modifier, dès l'année suivante, la disposition par lui adoptée en 1889. Aux termes de l'art. 31, L. 8 août 1890, le § 3 de l'art. 3, L. 17 juill. 1889, est modifié ainsi qu'il suit : « Les père et mère de sept enfants vivants, mineurs, légitimes ou reconnus, assujettis à une contribution personnelle-mobilière égale ou inférieure à 10 fr. en principal, seront exonérés d'office de cette contribution; les dégrèvements seront imputés sur le fonds de non-valeurs ». Avec ces corrections, la disposition n'a plus le même caractère. Ce n'est plus une exemption perpétuelle, mais un secours momentané accordé aux parents surchargés de famille. Il suffit qu'un des sept enfants atteigne l'âge de la majorité pour que l'exemption cesse. L'exemption ne s'applique qu'à des contribuables presque dénués de ressources. Enfin, l'exemption accordée aux uns ne viendra pas grever les autres.

5229. — Cette exemption n'est accordée qu'au contribuable ayant, le 1er janvier, sept enfants légitimes vivants. Si le septième enfant ne naît que en cours d'année, la contribution est due pour l'année entière. — Cons. d'Et., 29 janv. 1892, Duluc, [Leb. chr., p. 67]; — 8 avr. 1892, Marie, [Leb. chr., p. 367]; — 20 juill. 1894, Tainturier, [Leb. chr., p. 489]

§ 3. Indigents.

5230. — Les dispositions concernant l'exemption des indigents sont éparses dans la loi et ne présentent pas un ensemble clair et satisfaisant. Leur interprétation a divisé l'administration des contributions directes et le Conseil d'État. D'après l'art. 12, L. 21 avr. 1832, la contribution personnelle-mobilière est due par chaque habitant français et par chaque étranger de tout sexe jouissant de ses droits et non réputé indigent.

5231. — L'art. 17 dispose que les commissaires répartiteurs, assistés par le contrôleur des contributions directes, rédigeront la matrice de la contribution personnelle et mobilière. Ils porteront sur cette matrice tous les habitants jouissant de leurs droits et non réputés indigents.

5232. — Enfin, l'art. 18 est ainsi conçu : « Lors de la formation de la matrice, le travail des répartiteurs sera soumis au conseil municipal, qui désignera les habitants qu'il croira devoir exempter de toute cotisation et ceux qu'il jugera convenable de n'assujettir qu'à la taxe personnelle. »

5233. — Que faut-il entendre par *indigent*, au sens de la loi de 1832? En principe, l'impôt ne doit pas porter sur ce qui est strictement nécessaire à la subsistance du contribuable. Un décret du 9 juin 1793 l'avait formellement déclaré. L'impôt ne doit porter que sur le superflu. Par conséquent, à l'égard de ceux qui n'ont pas les ressources suffisantes pour pourvoir à leur subsistance, tels que les mendiants, les individus secourus par les bureaux de bienfaisance, l'intention du législateur a été de les exempter. Il y a en leur faveur une présomption d'indigence qui doit entraîner l'exemption. Mais la loi ne s'est pas bornée là. Elle a voulu étendre le bénéfice de l'exemption à des individus qui, sans être absolument dénués de ressources, se trouvaient dans une situation digne d'intérêt et de ménagement.

5234. — De là le système assez compliqué organisé par la loi. Chaque année les répartiteurs dressent le rôle. Ils y portent tous les contribuables jouissant de leurs droits et non réputés indigents (art. 17). Cette disposition, à notre avis, leur donne le droit et leur impose même le devoir de ne pas porter sur le rôle les individus dont l'indigence est notoire.

5235. — Le rôle ainsi dressé, le travail des répartiteurs est soumis au conseil municipal. On s'est demandé si le Conseil devait être appelé annuellement à se prononcer sur le travail des répartiteurs. L'administration, interprétant à la lettre l'art. 17 de la loi, avait d'abord pensé que l'examen du travail des répartiteurs par le conseil municipal ne devait avoir lieu que lors de la rédaction primitive de la matrice, et que les mutations annuelles devaient être opérées par les répartiteurs seuls. Mais ce système fut abandonné promptement. L'indigence est un fait transitoire et non permanent. En outre, le principe d'annualité imposait la solution qui a prévalu.

5236. — Donc, chaque année le conseil municipal doit se prononcer sur le travail des répartiteurs. Il désigne, sur la liste qui lui est soumise, les personnes qui doivent être exemptées de toute contribution et celles qu'il juge convenable de n'imposer qu'à la taxe personnelle. Il peut graduer ainsi ses faveurs, suivant l'état plus ou moins digne d'intérêt du contribuable. La mission du conseil est toute de bienveillance : il peut ajouter des exemptions à celles déjà prononcées par les répartiteurs, mais il ne peut rétablir sur le rôle un individu que les répartiteurs en auraient rayé à tort. Tout au plus peut-il faire des observations sur ce point. — Cons. d'Et., 9 mai 1838, Ville de Rouen, [Leb. chr., p. 91, et les observations du ministre des Finances sur le pourvoi]

5237. — L'exemption pour cause d'indigence est-elle un droit ou une faveur? C'est sur ce point que l'administration des contributions et le Conseil d'Etat se sont divisés. D'après l'administration des contributions directes, les indigents ont, en vertu de l'art. 12, le droit de n'être pas portés sur les rôles. S'ils y sont inscrits par les répartiteurs, ils peuvent former une demande en décharge devant le conseil de préfecture et le Conseil d'Etat et prouver leur indigence par tous les moyens en leur pouvoir. S'ils font cette preuve, la décharge sera accordée et le montant de cette décharge sera réimposé l'année suivante sur les autres contribuables de la commune. Quant aux exemptions que le conseil municipal croit devoir accorder à des individus imposables, elles ont un caractère purement facultatif et gracieux, et les décisions prises par le conseil ne sont susceptibles d'aucun recours contentieux.

5238. — Le Conseil d'Etat n'a jamais admis ce système. D'après sa jurisprudence constante, l'indigence, fût-elle constatée et évidente, ne donne par elle-même aucun droit à l'exemption. Le droit de prononcer l'exemption n'appartient en aucune façon aux répartiteurs, qui ne peuvent faire que des propositions. Le conseil municipal est souverain pour désigner les personnes qu'il entend exempter. Aucun recours par la voie contentieuse n'est ouvert contre ses décisions. Les personnes maintenues sur les rôles et qui se prétendent indigentes n'ont d'autre voie de recours que celle d'une demande en remise ou en modération formée devant le préfet, sauf recours au ministre des Finances. — Cons. d'Et., 10 nov. 1870, Commune de Boulzicourt, [Leb. chr., p. 1011]; — 24 janv. 1872, Delaruelle, [S. 73.2.189, P. adm. chr., D. 73.3.51]; — 10 mai 1889, Riboulet, [S. 91.3.58, P. adm. chr., D. 90.3.91]; — 9 août 1891, Borelly, [Leb. chr., p. 971]

5239. — Telle est la jurisprudence du Conseil d'Etat. Toutes les fois qu'il est saisi d'une demande en décharge fondée sur l'indigence, ou la modicité des ressources, etc., du contribuable, il se borne, après avoir recherché si le réclamant jouit de ses droits, à répondre que le contribuable n'a pas été désigné par le conseil municipal comme devant être exempté de la contribution personnelle et mobilière. Les décisions rendues sur ce point sont innombrables. Nous citerons les plus récentes. — Cons. d'Et., 13 janv. 1888, Le Nindre, [Leb. chr., p. 20]; — 29 juin 1888, Lidbault, [Leb. chr., p. 575]; — 6 juill. 1888, Grimm, [Leb. chr., p. 616]; — 7 mars 1891, Nellès, [Leb. chr., p. 200]; — 6 juin 1891, Doaré, [Leb. chr., p. 423]; — 19 févr. 1892, Després, [Leb. chr., p. 168]; — 25 mars 1892, Balsan, [Leb. chr., p. 309]; — 19 nov. 1892, Le Flem, [Leb. chr., p. 789]

5240. — Le Conseil se refuse ainsi à entrer dans l'examen des ressources des contribuables et se borne à constater un fait,

celui de l'inscription ou de la non inscription sur la liste dressée par le conseil municipal. Il a repoussé ainsi les requêtes de contribuables, prétendant qu'ils n'avaient d'autres ressources que les secours qu'ils recevaient de l'Etat. — Cons. d'Et., 14 déc. 1837, Massad Elias, [P. adm. chr.]; — 30 août 1843, Wyssomyrski, [P. adm. chr.]

5241. — ... Ou qu'ils avaient été réduits à l'indigence par les pertes éprouvées pendant la guerre. — Cons. d'Et., 27 juin 1873, Gosselin, [Leb. chr., p. 582]

5242. — ... Ou qu'ils avaient donné tous leurs biens à leurs enfants. — Cons. d'Et., 10 juill. 1874, Cosnefroid, [Leb. chr., p. 653]

5243. — ... Ou qu'ils exerçaient une profession peu rémunératrice. — Cons. d'Et., 17 sept. 1854, Houeix, [Leb. chr., p. 834]; — 6 oct. 1871, Rouard, [Leb. chr., p. 190]

5244. — ... Ou qu'en entrant dans un ordre religieux ils avaient fait vœu de pauvreté. — Cons. d'Et., 5 mai 1858, Bonnafé, [S. 59.2.191, P. adm. chr.]; — 14 déc. 1868, Orphelinat du Pont-Saint-Esprit, [Leb. chr., p. 1022]; — 8 nov. 1878, Grangri, [Leb. chr., p. 866]

5245. — La juridiction administrative ne permet pas aux contribuables de faire devant elle la preuve de leur indigence, alors même qu'en fait le conseil municipal n'aurait pas été appelé à se prononcer sur le travail des répartiteurs, et n'aurait pu désigner les exemptés. — Cons. d'Et., 14 janv. 1863, Viquelin, [Leb. chr., p. 31]; — 20 janv. 1869, Brochard, [S. 70.2.32, P. adm. chr.]

5246. — L'inconvénient de ce système, c'est que les personnes réellement indigentes qui auront été maintenues sur les rôles par la malveillance du conseil municipal, ou bien obtiendront du préfet la remise de leur contribution, ou ne l'acquitteront pas et laisseront leur cote tomber en non-valeurs. Dans les deux cas, c'est le fonds des non-valeurs qui devra supporter une partie du contingent communal.

5247. — Il nous semble que les deux systèmes en présence pourraient se concilier. Nous admettons avec l'administration que les répartiteurs ont le droit de ne pas inscrire sur les rôles les individus dont l'indigence est notoire. Il est bien probable que, dans la plupart des communes, ces individus seraient les premiers exemptés par le conseil. Mais enfin il faut compter avec les passions locales, et il pourrait arriver que, par incurie ou malveillance, les conseils municipaux de certaines communes refusassent l'exemption à des personnes notoirement indigentes, ce qui entraînerait une charge excessive pour le fonds de non-valeurs. Les individus que les répartiteurs n'ont pas inscrits ne peuvent être rétablis sur les rôles par le conseil municipal. Si, au contraire, il juge que, parmi les personnes non réputées indigentes par les répartiteurs, il en est qui, par leurs charges de famille ou la modicité de leurs ressources, doivent être ménagées, il les inscrit sur la liste des exemptés. Le contingent se répartit alors entre les autres contribuables de la commune.

5248. — Nous admettons, par contre, avec le Conseil d'Etat que dans aucun cas l'indigence ne peut donner ouverture à un recours par la voie contentieuse. Ceux qui se prétendent indigents peuvent s'adresser successivement aux répartiteurs, au conseil municipal, au préfet, au ministre des Finances, mais jamais le refus d'exemption ne peut être déféré au conseil de préfecture ni au Conseil d'Etat.

5249. — Il n'y a qu'un seul cas où le contribuable pourrait invoquer son indigence devant la juridiction administrative, c'est celui où il aurait été imposé malgré la désignation du conseil municipal.

5250. — Le conseil municipal a un pouvoir discrétionnaire pour désigner les personnes qu'il entend exempter, à condition toutefois que l'exemption soit accordée à titre d'indigence et individuellement. — Cons. d'Et., 14 mars 1890, Gaillard, [Leb. chr., p. 280]

5251. — Cependant, la loi n'ayant pas déterminé les signes auxquels on peut présumer l'indigence, le Conseil d'Etat a admis qu'un conseil municipal pouvait exempter à titre d'indigents tous les contribuables payant des loyers inférieurs à un certain chiffre, à la condition qu'il serait stipulé dans les délibérations certaines exceptions tirées de la situation individuelle des contribuables. — Cons. d'Et., 14 mai 1891 (2 arrêts), Tinton-Bachelet et Languellier, [S. et P. 93.3.57, D. 92.3.112]

5252. — Lorsque le conseil municipal accorde l'exemption à toute une catégorie de personnes, en attachant une présomption

d'indigence à certains signes, par exemple au chiffre du loyer, le Conseil d'Etat se réserve le droit d'examiner si, en prenant cette décision, le conseil municipal n'a pas usé des pouvoirs qu'il tient de l'art. 18, L. 21 avr. 1832, dans un but autre que celui en vue duquel ils lui ont été conférés. C'est ainsi que le Conseil d'Etat a jugé qu'en exemptant de contribution mobilière tous les contribuables payant moins de 400 fr. de loyer, y compris les propriétaires payant moins de 300 fr. de contribution foncière, le conseil municipal de Paris avait excédé ses pouvoirs, et, en conséquence, il a accordé réduction à un contribuable qui se prétendait surtaxé. — Cons. d'Et., 11 juin 1880, Lamy, [S. 81.3.100, P. adm. chr., D. 81.3.42]

5253. — Si le conseil municipal exemptait des contribuables pour un autre motif que celui tiré de leur indigence, par exemple à raison des services qu'ils rendent à la commune, il commettrait un détournement de pouvoirs. Celui-ci à la vérité ne pourrait, en vertu de la jurisprudence sur le recours parallèle, faire l'objet d'un recours direct au Conseil d'Etat, mais l'abus de pouvoir pourrait servir de fondement à une demande en réduction de la part des autres contribuables de la commune. C'est ce qui a été décidé par le Conseil d'Etat dans une espèce où une exemption avait été accordée aux sapeurs-pompiers. — Cons. d'Et., 9 juin 1869, Petit-Jean, [S. 70.2.232, P. adm. chr., D. 71.3.30]

5254. — La non inscription sur le rôle et les exemptions accordées par le conseil municipal ont pour effet d'alourdir la charge du contingent communal pour les autres contribuables de la commune. Tout contribuable a donc le droit de se prétendre surtaxé par suite du trop grand nombre d'exemptions accordées. — Cons. d'Et., 10 déc. 1870, Commune de Boulzicourt, [D. 73.3.51]; — 24 janv. 1872, Delaruelle, [S.73.2.189, P. adm. chr., D. 73.3.51]; — 23 mai 1873, Elie, [Leb. chr., p. 446]; — 10 mai 1889, Riboulet, [S. 91.3.58, P. adm. chr., D. 90.3.91]; — 9 août 1889, Borelly, [Leb. chr., p. 967]

5255. — Les exemptions accordées par le conseil municipal ne valent pour une année que si elles ont été prononcées avant la publication du rôle afférent à ladite année. — Cons. d'Et., 5 mai 1858, Bonafé, [S. 59.2.191, P. adm. chr., D. 59.3.13]; — 4 juill. 1867, Frères de la Doctrine chrétienne de Saint-Girons, [Leb. chr., p. 630]; — 2 déc. 1881, Carlet, [S. 83.3.37, P. adm. chr., D. 83.3.29]

5256. — Peut-on être inscrit malgré soi sur la liste des personnes exemptées? Au premier abord, la question semble sans intérêt, car peu de contribuables réclameront contre une faveur accordée spontanément. D'autre part, l'électorat ne dépend plus de l'inscription aux rôles des contributions directes. Cependant, cette inscription est encore exigée pour être admis à participer à certaines jouissances en nature (affouages, parts de marais, etc.). En outre, si le paiement des impôts est une charge, c'est également un droit pour tout citoyen. En conséquence, celui qui aurait été, contre son gré, exempté de la contribution personnelle-mobilière aurait le droit de réclamer devant le conseil de préfecture sa réinscription au rôle (L. 21 avr. 1832, art. 28). — Cons. d'Et., 21 avr. 1836 (2 arrêts), Noël et Guérin, [P. adm. chr.]

Section IV.

Où est due la contribution personnelle-mobilière.

§ 1. Où est due la taxe personnelle.

5257. — Dans quelle commune est due la contribution personnelle et mobilière? La taxe personnelle n'est due que dans la commune où le contribuable a son domicile réel (L. 21 avr. 1832, art. 13).

5258. — Sous l'empire de la loi du 3 niv. an VII, il fallait, pour être imposable dans une commune, y avoir son domicile depuis une année au moins. La loi du 26 mars 1831 (art. 2) réduisit à six mois la durée de domicile exigée des contribuables.

5259. — La loi du 21 avr. 1832 supprima toute condition de durée. Tout habitant jouissant de ses droits est imposable dans la commune où il a son domicile réel au 1er janvier. — Cons. d'Et., 2 mars 1832, Lecomte, [P. adm. chr.]; — 7 févr. 1834, Delmas, [P. adm. chr.]; — 21 mai 1840, Lébert, [S. 40.2.131, P. adm. chr.]; — 8 avr. 1847, de Pérès, [Leb. chr., p. 181]

5260. — Que faut-il entendre par le domicile réel dans le

sens de la loi de 1832? Nous ferons ici l'observation que nous avons faite lorsqu'il s'est agi de déterminer le sens des mots : habitants jouissant de leurs droits. Il ne faut pas appliquer strictement à la législation fiscale les dispositions du Code civil concernant le domicile. C'est au domicile de fait qu'il faut s'attacher. Sous l'empire de la loi du 21 vent. an IX, la contribution personnelle devait être perçue là où était située l'habitation principale, et par *habitation principale* on entendait celle qui était passible de la cote mobilière la plus élevée.

5261. — Aujourd'hui la question de savoir dans quelle commune un contribuable a son domicile réel dépend des circonstances de chaque affaire, et de l'appréciation des juges. — Cons. d'Et., 8 juill. 1818, Garreau-Duplanchat, [S. chr., P. adm. chr.]; — 23 janv. 1820, Deshours, [S. chr., P. adm. chr.]; — 18 avr. 1821, Huet, [P. adm. chr.]; — 16 juin 1824, de Leaumont, [P. adm. chr.]; — 8 sept. 1830, Chonet de Bollemont [P. adm. chr.]

5262. — Les circonstances auxquelles il y a lieu de s'attacher de préférence pour déterminer ce qui constitue le domicile réel ou principal établissement d'un contribuable sont les suivantes : l'exercice de la profession ou des fonctions. — Cons. d'Et., 17 nov. 1843, Bérenger, [P. adm. chr.]; — 28 nov. 1845, Hérisson, [Leb. chr., p. 508]; — 28 déc. 1853, Mestepès, [S. 54.2.444]; — 25 juin 1857, de Gennevray, [Leb. chr., p. 514]; — 14 avr. 1889, Sarazin, [Leb. chr., p. 280]; — 6 mars 1861, Pébaqué, [Leb. chr., p. 152]; — 13 févr. 1880, Le Paulmier, [Leb. chr., p. 164]; — 8 févr. 1884, Profillet, [Leb. chr., p. 112]; — 26 mars 1886, Allain, [Leb. chr., p. 274]

5263. — ... L'exercice des droits électoraux ou des fonctions municipales. — Cons. d'Et., 25 juin 1857, précité; — 30 juin 1858, Ménago, [Leb. chr., p. 470]; — 31 mars 1859, Pardes, [Leb. chr., p. 243]; — 14 mars 1867, Greffier, [Leb. chr., p. 288]; — 17 juill. 1867, Godart, [Leb. chr., p. 632]; — 13 mai 1869, Lapeyre, [Leb. chr., p. 464]; — 27 nov. 1869, Moncorgé, [Leb. chr., p. 941]; — 2 juill. 1870, Seignolles, [Leb. chr., p. 856]; — 23 janv. 1889, Commune de Maroué, [Leb. chr., p. 85]

5264. — ... La participation à certaines jouissances réservées aux habitants des communes, telles que les affouages, les droits de pâturage et autres. — Cons. d'Et., 17 juill. 1867, précité.

5265. — ... La résidence habituelle. — Cons. d'Et., 30 août 1843, La Boullaye, [P. adm. chr.]; — 10 janv. 1845, Landrieux, [P. adm. chr.]; — 12 mai 1847, Guillebert, [Leb. chr., p. 279]; — 30 mars 1865, Desnouhes, [Leb. chr., p. 362]; — 31 juill. 1867, Feutrier, [Leb. chr., p. 721]; — 13 mai 1869, précité; 26 févr. 1886, Blanche, [Leb. chr., p. 169]; — 9 avr. 1892, Pez, [Leb. chr., p. 393]

5266. — On ne peut imposer des contribuables dans des communes où ils ne font que des séjours accidentels, où ils n'ont qu'un pied-à-terre. — Cons. d'Et., 17 mai 1851, de Castelbajac, [Leb. chr., p. 365]; — 23 avr. 1854, de Béthune, [Leb. chr., p. 320]; — 23 mars 1865, de Foronda, [Leb. chr., p. 300]; — 4 févr. 1881, Gérard, [Leb. chr., p. 152]; — 17 févr. 1882, Liais, [Leb. chr., p. 175]; — 19 mai 1882, Molas, [Leb. chr., p. 495]; — 3 nov. 1882, Duchambon, [D. 84.3.128]; — 12 mars 1886, Renouard, [Leb. chr., p. 223]; — 18 mars 1892, Luzurier, [Leb. chr., p. 284]

5267. — L'élection de domicile qu'un contribuable fait dans une commune, conformément à l'art. 104, C. civ., ne saurait prévaloir contre les circonstances de fait que nous venons d'indiquer. — Cons. d'Et., 31 mars 1859, précité; — 8 avr. 1869, Renault, [Leb. chr., p. 335]

5268. — C'est seulement dans le cas où un particulier possède dans plusieurs communes des établissements d'importance à peu près égale, dans lesquels il fait des séjours sensiblement égaux, que l'on peut s'en rapporter, pour le lieu d'imposition à la taxe personnelle, à la déclaration du contribuable. — Cons. d'Et., 21 déc. 1859, d'Abzac, [Leb. chr., p. 755]; — 15 avr. 1863, Barel, [Leb. chr., p. 351]

5269. — La contribution personnelle n'étant due qu'une fois, celui qui se trouve imposé dans deux communes doit obtenir décharge dans celle où il est reconnu ne pas avoir son domicile réel. — Cons. d'Et., 18 août 1833, Desmichels, [P. adm. chr.]; — 14 nov. 1834, Jordan, [P. adm. chr.]; — 26 juin 1835, Landrevie, [P. adm. chr.]; — 7 avr. 1870, Roussy, [Leb. chr., p. 428]; — 26 mai 1876, Lartaud, [Leb. chr., p. 484]; — 13 juill. 1877, Bonnin, [Leb. chr., p. 688]; — 21 déc. 1877, Thinus, [Leb. chr., p. 1028]; — 8 févr. 1878, Roubaud, [Leb. chr., p. 134];

— 4 nov. 1881, Butor, [Leb. chr., p. 830]; — 21 avr. 1882, Molas, [Leb. chr., p. 352]

5270. — Les mineurs qui sont passibles de la contribution personnelle sont imposables dans la commune où leurs père, mère ou tuteur ont leur domicile. — Cons. d'Et., 2 août 1848, Lefèvre, [Leb. chr., p. 484]; — 26 juill. 1851, Guidon, [D. 51.3.67]; — 7 août 1869, Caminade, [S. 70.2.279, P. adm. chr.]

5271. — Lorsqu'un contribuable jouissant de ses droits est imposé à la contribution personnelle dans une commune, il ne peut obtenir décharge dans cette commune que s'il justifie qu'il est imposé en même temps dans une autre. — Cons. d'Et., 23 avr. 1836, Delimal, [P. adm. chr.]

5272. — ... Ou qu'il demande son inscription au rôle de cette autre commune. Enfin il peut encore obtenir décharge si, dans la commune où il prouve qu'il a son domicile réel, la contribution personnelle est payée par la caisse municipale au moyen d'un prélèvement sur l'octroi. — Cons. d'Et., 14 août 1813, Potesta de Valeff, [S. chr., P. adm. chr.]

5273. — Quand une maison ou une exploitation agricole est située sur le territoire de deux communes, le contribuable doit la taxe personnelle dans celle des deux communes où se trouve la maison d'habitation ou, si celle-ci est partagée en parties égales, dans la commune où le contribuable fait élection de domicile. — Cons. d'Et., 3 mars 1864, Fiquenel, [Leb. chr., p. 217]; — 23 juin 1868, Achard, [Leb. chr., p. 710]; — 2 juill. 1875, Commune de Céran, [Leb. chr., p. 647]; — 16 déc. 1887, Chaumeau, [Leb. chr., p. 807]

§ 2. Où est due la taxe mobilière.

5274. — La contribution mobilière est due dans toutes les communes où l'on possède une habitation meublée. Sous l'empire des lois du 3 niv. an VII et du 21 vent. an IX, cette taxe était due seulement dans la commune où se trouvait l'habitation principale, c'est-à-dire celle qui était passible de la cote la plus élevée. Ce système avait des inconvénients : par exemple, il arrivait souvent que des contribuables ayant maison à la ville et château à la campagne se trouvaient exemptés à raison de ce dernier. Cependant la part de contribution mobilière afférente à la valeur locative du château entrait en compte dans le calcul du contingent de la commune. Il en résultait que la part d'impôt du châtelain se trouvait payée par les autres habitants de la commune. Ce résultat inique suscita de nombreuses réclamations auxquelles le législateur donna satisfaction par l'art. 13, L. 21 avr. 1832, ainsi conçu : « La contribution mobilière est due pour toute habitation meublée située, soit dans la commune du domicile réel, soit dans toute autre commune ». Cette disposition est plus équitable que l'ancienne : en effet, il est évident que celui qui a plusieurs habitations meublées à sa disposition a plus de ressources, de fortune que celui qui n'en a qu'une. Nous renvoyons à ce que nous avons dit plus haut sur ce qu'il faut entendre par habitation meublée. — Cons. d'Et., 14 nov. 1834, Jordan, [P. adm. chr.]; — 24 févr. 1843, Eyroux, [P. adm. chr.]; — 24 janv. 1845, Morangiès, [Leb. chr., p. 29]; — 31 mars 1847, Laurent, [P. adm. chr.]; — 5 août 1848, Cabarrou, [Leb. chr., p. 498]; — 25 août 1848, Blanc, [Leb. chr., p. 532]; — 13 mars 1862, Boncompagne, [Leb. chr., p. 200]; — 21 avr. 1864, Lapeyre, [Leb. chr., p. 360]; — 19 juill. 1866, Broust, [Leb. chr., p. 856]; — 8 mai 1867, Pasquet, [Leb. chr., p. 454]; — 8 avr. 1869, Renault, [Leb. chr., p. 333]; — 15 nov. 1872, Legrand, [Leb. chr., p. 611]; — 12 mars 1880, Charbon, [Leb. chr., p. 283]; — 12 juill. 1882, Massias, [Leb. chr., p. 669]; — 21 avr. 1885, Legrand-Duchaussoy, [Leb. chr., p. 353]; — 17 mai 1889, Hamelle, [Leb. chr., p. 602]; — 24 janv. 1891, Mardello, [Leb. chr., p. 43]; — 27 févr. 1892, de Saint-Vulfran, [Leb. chr., p. 227]

5275. — La taxe mobilière est due pour chaque habitation meublée, alors même que plusieurs d'entre elles seraient situées hors du lieu du domicile réel. — Cons. d'Et., 18 mars 1892, Luzurier, [Leb. chr., p. 284]; — 1er avr. 1892, Renaud, [Leb. chr., p. 331]

5276. — Lorsqu'une maison d'habitation se trouve située sur le territoire de deux communes, la contribution mobilière dont elle est passible se partage entre les deux communes au prorata de la valeur locative afférente aux pièces situées sur le territoire de chacune d'elles. — Cons. d'Et., 23 juin 1868, précité.

5277. — ... A moins que la presque totalité de la maison ne

se trouve sur le territoire de l'une des communes. — Cons. d'Et., 9 mai 1860, Leblanc, [P. adm. chr.]

§ 3. Effets des changements de résidence.

5278. — Les personnes changent plus souvent de résidence que les propriétés ne changent de propriétaires. Les mutations sont bien plus fréquentes en matière de contribution mobilière qu'en matière de contribution foncière. Elles sont plus difficiles à connaître, la matière imposable étant plus mobile. Le législateur a donc dû prévoir que des erreurs seraient commises et l'art. 13, L. 21 avr. 1832, se termine ainsi : « Lorsque, par suite de changement de domicile, un contribuable se trouvera imposé dans deux communes, quoique n'ayant qu'une seule habitation, il ne devra la contribution que dans la commune de sa nouvelle résidence. »

5279. — Sur cette disposition s'est établie toute une jurisprudence, car les changements de résidence des contribuables donnent lieu chaque année à un nombre considérable de réclamations. Il va sans dire que le paragraphe final de l'art. 13 est inapplicable lorsque le contribuable, en transportant son domicile dans une autre commune, conserve à sa disposition dans le lieu de son ancienne résidence tout ou partie de son ancienne maison d'habitation. Dans ce cas, il devra la contribution mobilière dans chaque commune. — Cons. d'Et., 5 août 1848, Bernage, [Leb. chr., p. 497]; — 14 juin 1851, Creully, [Leb. chr., p. 434]; — 21 juin 1854, Prioret, [D. 55.3.20]; — 8 août 1855, Hébray, [Leb. chr., p. 585]; — 28 nov. 1835, Dauty, [Leb. chr., p. 670]; — 22 juin 1858, Rouyer, [Leb. chr., p. 434]; — 23 avr. 1862, Manti, [Leb. chr., p. 313]; — 13 juin 1862, Colombel, [Leb. chr., p. 471]; — 19 mars 1870, Stave, [Leb. chr., p. 323]; — 18 juin 1880, Letourneur, [Leb. chr., p. 570]; — 22 janv. 1886, Mouneron, [Leb. chr., p. 61]; — 13 févr. 1892, Boudier de la Valleinerie, [Leb. chr., p. 160]; — 21 mai 1892, Caldier, [Leb. chr., p. 474]

5280. — Mais on ne peut imposer ce contribuable dans les deux communes que s'il a conservé dans le lieu de son ancienne résidence une habitation meublée; il n'en sera pas ainsi s'il n'a laissé que quelques meubles dans son ancien logement. — Cons. d'Et., 21 déc. 1847, Bourges, [Leb. chr., p. 703]; — 4 mai 1864, Janvier, [Leb. chr., p. 403]; — 30 mars 1865, Roger, [Leb. chr., p. 360 ; — 22 mai 1866, Féron, [Leb. chr., p. 498]

5281. — Sous l'empire de la loi du 3 niv. an VII, les contribuables qui changeaient de résidence étaient tenus de déclarer le changement. A défaut de cette déclaration, ils étaient maintenus sur le rôle de la commune abandonnée. — Cons. d'Et., 10 juill. 1833, Puthod, [P. adm. chr.] — Aujourd'hui cette formalité n'est pas obligatoire et même, comme nous le verrons, son accomplissement serait insuffisant pour faire accorder un dégrèvement.

5282. — Lorsque le contribuable, en changeant de résidence, n'a qu'une seule habitation, il faut distinguer suivant l'époque de l'année à laquelle a lieu le changement. Il faut combiner les dispositions de la loi avec les règlements administratifs qui concernent le travail des mutations. On sait que chaque année les contrôleurs font une tournée dans les communes de leur circonscription et y font un relevé des mutations qui se sont produites dans la matière imposable. Ils tiennent note des changements de résidence qui sont survenus depuis le 1er janvier, inscrivant les habitants nouvellement arrivés, rayant ceux qui sont partis. C'est un travail préparatoire à la confection du rôle de l'année suivante. Mais après le travail des mutations, qui se fait dans certaines communes au milieu de l'année, de nouveaux changements peuvent se produire. Il arrive alors que les contribuables, qui cessent d'habiter une commune après le travail des mutations, sont maintenus au rôle de cette commune pour l'année suivante.

5283. — Evidemment leur maintien au rôle d'une commune qu'ils ont cessé d'habiter constitue un faux emploi. Devait-on accorder décharge à tous ces contribuables? Cette solution, qui au premier abord paraît conforme au principe de l'annualité des rôles, et à la logique, eût conduit à des résultats iniques. En effet ces contribuables, en venant s'installer dans une commune après le travail des mutations, échappaient à l'impôt dans le lieu de leur nouvelle résidence. Si on leur avait accordé décharge de leur cote mobilière dans la commune qu'ils avaient quittée, ils n'auraient, pendant une année, supporté aucun impôt mobilier. Le Conseil d'Etat, interprétant le paragraphe final de l'art. 13, L. 21 avr. 1832, a fixé sa jurisprudence en ce sens que les con-

tribuables qui changent de résidence après le travail des mutations doivent être maintenus au rôle de leur ancienne résidence tant qu'ils ne justifient pas de leur imposition au rôle de la nouvelle. Les décisions sur ce point sont innombrables. Nous citerons seulement les plus récentes. — Cons. d'Et., 8 nov. 1889, Geveaux, [Leb. chr., p. 1000]; — 8 févr. 1890, Dufour, [Leb. chr., p. 154]; — 17 janv. 1891, Vautrin, [Leb. chr., p. 21]; — 15 janv. 1892, Sauvage, [Leb. chr., p. 10]

5284. — Le Conseil d'Etat a décidé qu'une femme devait être maintenue au rôle à raison de l'habitation meublée qu'elle occupait avant son mariage, si elle ne justifiait pas que l'appartement qu'elle était venue occuper en commun avec son mari était cotisé au nom de ce dernier. — Cons. d'Et., 28 janv. 1848, Thomain, [P. adm. chr.]

5285. — Il faut, pour obtenir décharge dans le lieu de son ancienne résidence, justifier d'une imposition nominale au rôle de la nouvelle. On ne serait pas fondé à alléguer que l'obligation dans cette dernière commune la cote mobilière inscrite au nom du précédent locataire. — Cons. d'Et., 7 janv. 1857, Regnault, [Leb. chr., p. 17]; — 4 juill. 1857, Ségaud, [Leb. chr., p. 533]; — 26 déc. 1860, Pierre, [Leb. chr., p. 802]; — 12 mars 1867, Curé, [Leb. chr., p. 248]; — 31 mars 1876, Gardel, [Leb. chr. p. 320]; — 1er mars 1878, Tocquart, [Leb. chr., p. 236]; — 30 janv. 1880, Regnault, [Leb. chr., p. 124]; — 4 août 1882, Poncet, [Leb. chr., p. 750]; — 23 mai 1884, Sauterey, [Leb. chr. p. 410]; — 18 nov. 1887, Gotié, [Leb. chr., p. 723]; — 31 oct. 1890, Ramonet, [Leb. chr., p. 809]; — 7 mars 1891, Widhen, [Leb. chr., p. 203]

5286. — Certains fonctionnaires, tels que les sous-préfets, se trouvent ainsi placés dans une situation assez défavorable par suite de règlements administratifs qui leur imposent l'obligation de payer la cote mobilière des fonctionnaires qu'ils remplacent (Circ. min. Int. 17 sept. 1852, 18 févr. 1881; Circ. comp. pub. 10 oct. 1868). —Cons. d'Et., 26 oct. 1894, Constantin, [Leb. chr., p. 577]

5287. — La contribution imposée dans le lieu de l'ancienne résidence doit être incontestablement maintenue, si la cote afférente au nouveau logement du contribuable a été acquittée en entier par son prédécesseur. — Cons. d'Et., 13 juill. 1883, Petit, [Leb. chr., p. 650]

5288. — On doit être maintenu au rôle de son ancienne résidence, même si on a démeublé le logement qu'on y possédait. — Cons. d'Et., 18 déc. 1867, Bonnable, [Leb. chr., p. 928]

5289. — Celui, au contraire, qui justifie de son imposition dans le lieu de sa nouvelle résidence doit obtenir décharge dans la commune qu'il habitait précédemment. — Cons. d'Et., 3 août 1883, Ravoux, [Leb. chr., p. 717]; — 17 mai 1889, Daguière, [Leb. chr., p. 602]; — 7 juin 1889, Le Marié, [Leb. chr., p. 717]; — 14 mars 1891, Bertrand, [Leb. chr., p. 221]; — 22 janv. 1892, de Mauléon, [Leb. chr., p. 35]

5290. — Il suffit que cette justification soit faite devant le Conseil d'Etat pour la première fois. — Cons. d'Et., 14 avr. 1859, Duprez, [Leb. chr., p. 287]; — 19 déc. 1860, Diharce, [Leb. chr., p. 776]; — 3 avr. 1861, Boucherie, [Leb. chr., p. 224]; — 13 janv. 1888, Berger, [Leb. chr., p. 22]; — 24 févr. 1888, Marnier, [Leb. chr., p. 189]; — 16 nov. 1888, Giorgi, [Leb. chr., p. 838]

5291. — Le contribuable qui a changé de résidence doit obtenir décharge dans la commune qu'il a quittée s'il justifie d'une imposition inscrite sur le rôle de la commune de la nouvelle résidence au nom, soit de son conjoint.—Cons. d'Et., 28 juill. 1882, Gret, [Leb. chr., p. 718]; — 4 janv. 1884, Villard, [Leb. chr., p. 10]

5292. — ... Soit d'un parent décédé dont il est héritier. — Cons. d'Et., 30 avr. 1870, Morin, [Leb. chr., p. 521]; — 13 févr. 1885, Souriguier, [Leb. chr., p. 173]

5293. — Il suffit même d'une désignation impersonnelle, mais le désignant suffisamment, telle que : le sous-préfet, le desservant, etc. — Cons. d'Et., 7 mars 1868, Métayer, [Leb. chr., p. 271]; — 6 avr. 1869, Proust, [Leb. chr., p. 308]

5294. — Le contribuable qui a changé de résidence après le travail des mutations et qui n'a pas été porté au rôle dans sa nouvelle commune peut cependant échapper à l'obligation de continuer à acquitter sa contribution mobilière dans le lieu de son ancienne résidence, en demandant son inscription au rôle de la nouvelle, soit aux agents de l'administration avant la publication du rôle, soit au conseil de préfecture après cette publication et dans le délai de trois mois prescrit par l'art. 28, L.

21 avr. 1832. Une simple déclaration de changement de domicile ne suffirait pas pour faire accorder le dégrèvement. — Cons. d'Et., 12 mars 1868, Bernard, [Leb. chr., p. 282]; — 8 févr. 1869, Prophétie, [Leb. chr., p. 119]; — 29 juin 1889, Block, [Leb. chr., p. 819]

5295. — S'il est justifié d'une demande d'inscription au rôle de la commune de la nouvelle résidence, le conseil de préfecture doit accorder décharge dans l'ancienne résidence et ordonner l'inscription demandée. — Cons. d'Et., 7 févr. 1848, Bénassy, [P. adm. chr.]; — 29 juin 1853, Suchet, [Leb. chr., p. 636]; — 23 août 1858, Muller, [P. adm. chr.]; — 6 mars 1861, Bouveret, [P. adm. chr.]; — 6 janv. 1869, Meigné, [Leb. chr., p. 9]; — 4 avr. 1873, Lespian, [Leb. chr., p. 299]; — 12 févr., 1892, Brion, [Leb. chr., p. 138]

5296. — A défaut de cette justification, la cote mobilière imposée à raison de l'habitation abandonnée doit être maintenue. — Cons. d'Et., 20 sept. 1859, Raffait, [Leb. chr., p. 615]; — 6 avr. 1867, Raulline, [Leb. chr., p. 341]; — 27 févr. 1868, Noury, [Leb. chr., p. 235]; — 7 juin 1889, Meuriot, [Leb. chr., p. 717]; — 13 juill. 1889, Robelin, [Leb. chr., p. 856]

5297. — Il n'appartiendrait pas au conseil de préfecture d'ordonner d'office l'inscription du contribuable au rôle de la commune de sa nouvelle résidence ; il doit se borner à décider que la cote mobilière qui lui est assignée à raison de l'habitation qu'il a cessé d'occuper doit être maintenue. — Cons. d'Et., 9 mars 1859, Jeanmaire, [Leb. chr., p. 166]; — 8 févr. 1860, Vasseur, [Leb. chr., p. 92]; — 14 mai 1875, Mignot, [Leb. chr., p. 461]

5298. — Il en est de même si la demande d'inscription au rôle de la commune de la nouvelle résidence a été faite tardivement, par exemple dans la requête adressée au Conseil d'Etat. — Cons. d'Et., 16 nov. 1888, Fauchon, [Leb. chr., p. 837]; — 2 févr. 1894, Decré, [Leb. chr., p. 93]

5299. — Ainsi le principe est celui-ci : en cas de changement de résidence après le travail des mutations, il faut être imposé sur le rôle de la commune de la nouvelle résidence ou avoir demandé à y être inscrit. Cependant la jurisprudence a dû apporter quelques dérogations à la rigueur du principe. Nous avons, en effet, expliqué la raison d'équité qui avait conduit la jurisprudence à exiger la preuve de l'imposition dans la nouvelle résidence pour accorder décharge dans l'ancienne. Il ne fallait pas que des individus parfaitement imposables pussent échapper à l'impôt. Or, cette raison n'existant plus à l'égard des personnes qui n'étaient pas imposables dans le lieu de leur nouvelle résidence, le Conseil d'Etat a dû accorder décharge en ce cas. Par exemple, il a été décidé qu'un contribuable devait obtenir décharge de la contribution qui lui était assignée dans une commune qu'il avait quittée pour s'en aller en pays étranger. — Cons. d'Et., 19 juill. 1867, Daussat, [Leb. chr., p. 666]

5300. — ... Ou en Algérie, où la contribution personnelle-mobilière n'existe pas. — Cons. d'Et., 15 nov. 1872, Dumain, [Leb. chr., p. 616]; — 5 févr. 1875, Lando, [Leb. chr., p. 101]

5301. — Nous avons dit précédemment que les personnes, même jouissant de leurs droits, qui occupaient dans la maison d'un parent ou d'un ami un logement non distinct de celui de leur hôte, n'étaient pas imposables à la contribution mobilière. Les contribuables qui abandonneront une commune où ils étaient imposés, à raison d'une habitation meublée, pour venir occuper dans la maison d'un tiers un logement non distinct, devront être déchargés de la cote qui aurait été maintenue à leur nom dans le lieu de leur ancienne résidence. — Cons. d'Et., 8 mai 1866, Million, [S. 67.2.467, P. adm. chr.]; — 3 févr. 1883, Lhéritier, [Leb. chr., p. 133]; — 30 nov. 1883, Mellerin, [Leb. chr., p. 866]; — 25 juill. 1884, Poyet, [Leb. chr., p. 648]; — 6 août 1886, du Lavoüer, [Leb. chr., p. 710]; — 8 nov. 1889, Herviou, [Leb. chr., p. 1000]; — 21 mars 1891, Couënon, [Leb. chr., p. 258]; — 22 janv. 1892, Lejus, [Leb. chr., p. 34]; — 13 févr. 1892, Casedevant, [Leb. chr., p. 161]

5302. — La plupart de ces décisions mentionnent la circonstance que la contribution mobilière est acquittée pour la totalité de l'habitation commune par la personne chez qui le réclamant est venu s'établir. Mais ce n'est pas à ce critérium qu'il faut s'attacher pour reconnaître si le contribuable qui a changé de résidence doit être maintenu au rôle de son ancienne commune. Il faut rechercher s'il a à sa disposition un logement qui lui soit affecté d'une manière exclusive, et s'il en est ainsi, comme il serait imposable dans sa nouvelle résidence, alors même que son hôte serait imposé pour la totalité de l'habitation, il doit être

maintenu au rôle de la commune qu'il a cessé d'habiter. — Cons. d'Et., 11 févr. 1837, Mercier, [Leb. chr.. p. 119]; — 27 mai 1837, Billot, [Leb. chr., p. 413]; — 7 déc. 1859, Leborgne, [Leb. chr., p. 697]; — 22 mai 1861, Mareng, [Leb. chr., p. 384]; — 13 mars 1862, Parent, [Leb. chr., p. 201]; — 15 févr. 1864, Revel, [Leb. chr., p. 437]; — 28 mars 1881, Durut, [Leb. chr., p. 230]; — 11 déc. 1885, Géraud, [Leb. chr., p. 947]

5303. — Ce que nous avons dit des personnes qui n'ont pas d'habitation personnelle dans leur nouvelle résidence s'applique à plus forte raison à celles qui cessent de jouir de leurs droits, par exemple, qui quittent une commune pour aller s'établir dans une autre en qualité de domestiques attachés à la personne. Celles-là doivent obtenir dans la commune abandonnée décharge, non seulement de la taxe mobilière, mais encore de la taxe personnelle. — Cons. d'Et., 20 févr. 1880, Mengeon, [Leb. chr., p. 194]; — 14 mai 1886, Prailly, [Leb. chr., p. 405]; — 5 déc. 1891, Masset, [Leb. chr., p. 747]; — 25 mars 1892, Crouzade, [Leb. chr., p. 313]; — 7 mai 1892, Cornillot, [Leb. chr., p. 429]

5304. — Il en est de même des officiers ou sous-officiers qui justifient que dans leur nouvelle résidence ils n'ont plus d'habitation particulière. — Cons. d'Et., 24 mars 1891. Morilli, [Leb. chr., p. 270]; — 19 nov. 1892, Trémeau, [Leb. chr., p. 791]

5305. — ... De ceux qui justifient que, dans le lieu de leur nouvelle résidence, le conseil municipal les a exemptés comme indigents. — Cons. d'Et., 28 avr. 1870, Guillemin, [Leb. chr., p. 506]; — 6 févr. 1874, Mahé, [Leb. chr., p. 127]; — 29 mai 1874, Mazel, [Leb. chr., p. 499]; — 7 août 1874, Gameit, [Leb. chr., p. 792]; — 28 avr. 1882, David, [Leb. chr., p. 401]; — 30 juill. 1886, Viry, [Leb. chr., p. 669]; — 5 nov. 1886, Paccalet, [Leb. chr., p. 758]

5306. — ... Ou à tout autre titre. — Cons. d'Et., 4 mai 1883, Dupré, [Leb. chr., p. 424]

5307. — De même celui qui n'a occupé depuis le 1er janvier que des locaux à raison desquels il n'était pas imposable peut obtenir décharge dans la commune de son ancienne résidence. — Cons. d'Et., 25 mai 1864, Godot, [S. 65.2.23, P. adm. chr.]

5308. — Enfin, il en sera encore de même de ceux qui justifieront que la valeur locative de leur nouveau logement est inférieure au chiffre au-dessous duquel les habitations sont exemptées de toute contribution mobilière, par application de la loi du 3 juill. 1846. — Cons. d'Et., 16 févr. 1853, Lallemand, [P. adm. chr.]; — 9 juill. 1856, Vomarne, [P. adm. chr., D. 57.3.15]; — 18 juin 1862, Aubry, [Leb. chr., p. 497]; — 3 juin 1863, Eyssantier, [Leb. chr., p. 485]; — 6 août 1864, Piart, [Leb. chr., p. 741]; — 12 sept. 1864, Lapierre, [Leb. chr., p. 910]; — 28 mai 1867, Degranges, [Leb. chr., p. 519]; — 3 déc. 1867, Léoufre, [Leb. chr., p. 897]; — 10 avr. 1869, Baudry, [Leb. chr., p. 348]; — 19 mai 1869, Piat, [Leb. chr., p. 510]; — 14 août 1869, Aupetit, [Leb. chr., p. 813]; — 19 nov. 1869, Roux, [Leb. chr., p. 905]; — 10 déc. 1870, Fleuriot de Langle, [Leb. chr., p. 1099]; — 14 mars 1873, Farin, [Leb. chr., p. 240]; — 7 nov. 1873, Quénioux, [Leb. chr., p. 790]; — 13 févr. 1874, Godefroy, [Leb. chr., p. 153]; — 14 mai 1875, Combe, [Leb. chr., p. 462]; — 3 août 1877, Rolland, [Leb. chr., p. 771]; — 23 nov. 1877, Gaudoin, [Leb. chr., p. 903]; — 13 déc. 1878, Prieux, [Leb. chr., p. 1013]; — 9 janv. 1880, Ducastel, [Leb. chr., p. 9]; — 12 mars 1880, Ducoin, [Leb. chr., p. 285]; — 26 nov. 1880, Pichenot, [Leb. chr., p. 922]; — 23 janv. 1885, Vébert, [Leb. chr., p. 71]; — 27 nov. 1885, Le Gallo, [Leb. chr., p. 880]; — 18 déc. 1885, Duval, [Leb. chr., p. 969]; — 12 mars 1886, Villenave, [Leb. chr., p. 280]; — 26 mars 1886, Contoux, [Leb. chr., p. 226]; — 6 août 1886, Tabary, [Leb. chr., p. 510]; — 11 févr. 1887, Périchon, [Leb. chr., p. 128]; — 18 mars 1887, Galinat, [Leb. chr., p. 238]; — 7 mars 1890, Gayat, [Leb. chr., p. 777]; — 8 août 1890, Darget, [Leb. chr., p. 777]

5309. — Les contribuables qui ont changé de résidence après le travail des mutations et qui ne sont pas imposés au rôle de la commune dans laquelle ils viennent de s'établir ne peuvent demander que leur cote mobilière, à laquelle ils sont maintenus dans le lieu de leur ancienne résidence, soit calculée d'après la valeur locative de leur nouveau logement. — Cons. d'Et., 13 déc. 1854, Gastecloux, [S. 57.2.77, P. adm. chr.]; — 18 juin 1856, Tendron, [P. adm. chr.]; — 28 févr. 1856, Boulanger, [S. 57.2.77, P. adm. chr.]; — 9 déc. 1857, Guille, [Leb. chr., p. 789]; — 29 févr. 1860, Baudry, [Leb. chr., p. 162]; — 9 févr. 1861, Gaduel, [Leb. chr., p. 86]; — 26 févr. 1867, Mangin, [Leb. chr., p. 210]; — 5 mars 1870, Desportes, [Leb. chr., p. 243]; — 31 mars 1870,

Moleyre, [Leb. chr., p. 386]; — 11 août 1870, Ravaux, [Leb. chr., p. 1062]; — 6 oct. 1871, Fontaneau, [Leb. chr., p. 491]; — 4 nov. 1887, Renaux, [Leb. chr., p. 682]; — 21 mai 1892, Duchet, [Leb. chr., p. 473]

5310. — Celui qui, ayant changé de résidence, se trouve imposé dans les deux communes, doit réclamer contre la taxe qui lui est imposée dans le lieu de son ancienne résidence. S'il se trompe et forme sa réclamation contre la taxe qui lui est assignée au lieu de sa nouvelle habitation, il ne peut s'en prendre qu'à lui. — Cons. d'Et., 21 juin 1854, Pichot, [Leb. chr., p. 562]; — 22 mars 1855, Portelette, [Leb. chr., p. 211]; — 7 sept. 1861, Cantelaube, [Leb. chr., p. 790]; — 30 avr. 1862, Mathieu, [Leb. chr., p. 353]; — 15 févr. 1864, Chaix, [Leb. chr., p. 138]; — 22 juill. 1867, Barrouin, [Leb. chr., p. 712]; — 22 févr. 1870, Simonet, [Leb. chr., p. 126]; — 14 févr. 1873, Moutarde, [Leb. chr., p. 160]; — 9 avr. 1875, Legrand, [Leb. chr., p. 305]; — 21 févr. 1879, Humbert, [Leb. chr., p. 152]

5311. — Tout ce qui a été dit, à l'égard des contribuables qui changent de résidence après le travail des mutations, s'applique à ceux qui opèrent leur déménagement au cours de ce travail. — Cons. d'Et., 4 févr. 1876, Boudier, [Leb. chr., p. 108]; — 31 mars 1876, Gardel, [Leb. chr., p. 320]; — 28 mars 1879, Signoret, [Leb. chr., p. 250]

5312. — Au contraire, si le changement de résidence a eu lieu avant le travail des mutations, il doit entraîner décharge dans la commune abandonnée, alors même qu'il ne serait pas justifié d'aucune imposition au rôle de l'autre commune. — 10 févr. 1848, Dumont, [S. 43.2.255, P. adm. chr.]; — 19 avr. 1854, Mougin, [P. adm chr.]; — 3 avr. 1856, Clarenc, [P. adm. chr., D. 56.3.90]; — 9 déc. 1857, Vigne, [Leb. chr., p. 788]; — 30 juin 1869, Le Marchand, [S. 70.2.232, P. adm. chr.]; — 24 juill. 1872, Dérozié, [Leb. chr., p. 224]; — 12 mars 1886, Lenormand, [Leb. chr., p. 224]; — 30 déc. 1887, Lesourd, [Leb. chr., p. 863]; — 28 févr. 1890, de Lagasnerie, [Leb. chr., p. 228]; — 5 févr. 1892, Barret, [Leb. chr., p. 110]; — 26 févr. 1892, Jaubert, [Leb. chr., p. 196]; — 27 févr. 1892, Quillien, [Leb. chr., p. 234]

5313. — De même, celui qui change de résidence par suite de la démolition de la maison dans laquelle il avait son logement n'est pas tenu de justifier de son imposition dans une autre commune pour obtenir décharge dans la commune abandonnée. — Cons. d'Et., 18 févr. 1854, Duroseil, [P. adm. chr., D. 54.3.45]

5314. — Il n'y a pas à distinguer pour les changements de résidence entre ceux qui s'effectuent d'une commune dans une autre et ceux qui s'effectuent dans l'intérieur de la même commune. — Cons. d'Et., 9 juill. 1856, Tirard, [D. 57.3.14]; — 16 août 1865, de Lafontan, [Leb. chr., p. 833]; — 27 nov. 1867, Merighi, [Leb. chr., p. 876]

5315. — Toutes les règles que nous venons d'exposer relativement à la contribution mobilière s'appliquent aussi en ce qui touche la taxe personnelle. Le contribuable qui transporte son domicile d'une commune dans une autre ne peut obtenir décharge dans celle qu'il abandonne que s'il est imposé dans celle où il vient s'établir. — Cons. d'Et., 14 janv. 1842, Bource, [P. adm. chr.]; — 9 mars 1859, Michaud, [Leb. chr., p. 167]; — 14 mai 1875, Combe, [Leb. chr., p. 462]; — 20 janv. 1882, Guignard, [Leb. chr., p. 60]; — 4 août 1882, Jalabert, [Leb. chr., p. 750]; — 8 août 1884, Maitrot de Varenne, [Leb. chr., p. 722]; — 26 déc. 1885, Cozon, [Leb. chr., p. 1005]; — 10 déc. 1886, Vial, [Leb. chr., p. 874]

5316. — ... A moins que le changement de domicile ne soit antérieur au travail des mutations. — Cons. d'Et., 24 févr. 1843, Fourneris, [P. adm. chr.]

Section V.

Répartition de la contribution personnelle-mobilière.

§ 1. Mode de répartition normal.

5317. — Nous n'avons pas à revenir sur ce qui a été dit de la répartition; cette opération est confiée aux mêmes autorités et se fait d'après les mêmes règles et aux mêmes époques que la répartition de la contribution foncière. Le contingent assigné à chaque département est réparti entre les arrondissements par le conseil général et entre les communes par les conseils d'arrondissement d'après le nombre des contribuables passibles de

36

la taxe personnelle et d'après les valeurs locatives d'habitation (L. 21 avr. 1832, art. 9).

5318. — A cet effet, le directeur des contributions directes forme, chaque année, un tableau présentant, par arrondissement et par commune, le nombre des individus passibles de la taxe personnelle et le montant de leurs valeurs locatives d'habitation. Ce tableau sert de renseignement au conseil général et aux conseils d'arrondissement pour la répartition de la contribution personnelle et mobilière (art. 11).

5319. — La répartition individuelle est réglée par l'art. 17, qui est ainsi conçu : « Les commissaires répartiteurs, assistés du contrôleur des contributions directes, rédigeront la matrice du rôle de la contribution personnelle et mobilière. Ils porteront sur la matrice tous les habitants jouissant de leurs droits et non réputés indigents, et détermineront les loyers qui devront servir de base à la répartition individuelle ». En fait, ce sont les agents de l'administration qui rédigent la matrice. Les répartiteurs n'interviennent que pour la désignation des personnes qui jouissent de leurs droits et de celles qu'il y a lieu de réputer indigentes et pour la fixation des valeurs locatives.

5320. — Les répartiteurs ont, en outre, à relever les mutations. « Il sera formé annuellement un état des mutations survenues pour cause de décès, changement de résidence, de diminution ou d'augmentation de loyer. »

5321. — Le travail des répartiteurs et des agents de l'administration est ensuite soumis au conseil municipal, qui désigne les habitants qu'il croit devoir exempter de toute cotisation et ceux qu'il juge convenable de n'assujettir qu'à la taxe personnelle (art. 18).

5322. — Nous avons dit quelles sont les limites des pouvoirs des conseils municipaux et des répartiteurs en ce qui touche l'exemption pour cause d'indigence. L'intervention du conseil municipal n'a pas d'autre objet. Il n'a pas le droit de rectifier les erreurs ou les irrégularités qu'il croit remarquer dans le travail des répartiteurs. En 1838, le conseil municipal de Rouen porta cette question devant le Conseil d'Etat. Elle ne fut pas tranchée explicitement, mais à l'occasion de cette affaire, le ministre des Finances rappela que l'attribution conférée aux conseils municipaux par la loi du 26 mars 1831, attribution toute exceptionnelle, n'avait eu d'autre objet que de prévenir l'esprit de fiscalité que l'on craignait de voir dominer dans l'application de cette loi. — Cons. d'Et., 9 mai 1838, Ville de Rouen, [Leb. chr., p. 91]

5323. — Lorsque le conseil municipal a désigné les habitants qui doivent être exemptés de toute contribution ou de contribution mobilière seulement, on procède à la répartition du contingent entre la taxe personnelle et la taxe mobilière. On multiplie le nombre des contribuables maintenus sur les rôles par le conseil municipal par le prix de trois journées de travail fixé par le conseil général. Le résultat de cette multiplication donne le contingent personnel. Ce qui reste est réparti en cotes mobilières entre tous les contribuables non exemptés de cette taxe. A cet effet, on divise le contingent mobilier de la commune par le total des valeurs locatives des maisons d'habitation. On obtient ainsi le centime le franc dont l'application au loyer de chaque contribuable donne la taxe mobilière de chacun.

5324. — Le contingent personnel et mobilier doit être réparti entre les contribuables de la commune proportionnellement aux valeurs locatives d'habitation. Dans beaucoup de communes les valeurs locatives matricielles ne sont pas égales aux valeurs locatives réelles. Ces dernières sont réduites d'une certaine quotité, qui doit être proportionnelle pour tous les contribuables de la commune. Pour que la contribution soit régulièrement répartie, il suffit que la proportion entre les valeurs locatives réelles et les valeurs mobilières matricielles soit la même pour tous les contribuables de la même commune. Il n'est pas nécessaire que la même proportion d'atténuation soit appliquée dans les diverses communes d'un arrondissement ou d'un département. — Cons. d'Et., 9 mars 1859, Bouveret, [P. adm. chr., D. 59.3.58]

5325. — Mais il n'est pas légal d'établir dans la même commune diverses catégories d'habitation pour leur attribuer une proportion d'atténuation différente. La valeur locative de l'habitation de chaque contribuable doit être établie par comparaison avec celle de la généralité des habitations de la commune. — Cons. d'Et., 26 mars 1863, Bigeat, [P. adm. chr., D. 63.3.83]

5326. — A Paris, la proportion d'atténuation est de 20 p.

0/0. — Cons. d'Et., 30 août 1865, de Reverseaux, [Leb. chr., p. 893]; — 10 avr. 1867, Léon Duval, [Leb. chr., p. 373]; — 16 août 1867, Fabien, [Leb. chr., p. 790]; — 23 janv. 1868, Pillon, [Leb. chr., p. 78]

5327. — A Abbeville, elle est de 25 p. 0/0. — Cons. d'Et., 11 déc. 1867, Legrand, [Leb. chr., p. 915]

5328. — A Lyon, elle est de 35 p. 0/0. — Cons. d'Et., 11 avr. 1861, Bied, [Leb. chr., p. 254]; — 18 déc. 1874, Pierron, [Leb. chr., p. 1010] — ... A Toulouse, de 75 p. 0/0. — Cons. d'Et., 26 juill. 1895, de Brézins.

5329. — De ce que l'impôt personnel et mobilier est un impôt de répartition, il ne faut pas conclure que, par le fait seul que des exemptions auront été accordées par les répartiteurs, toute réclamation fondée sur ces exemptions doive être accueillie et entraîner une réduction. Il faut que le réclamant justifie ou qu'il est imposé à tort à la contribution personnelle, ou que la valeur locative attribuée à son habitation est exagérée. — Cons. d'Et., 26 mai 1863, Rouanne, [Leb. chr., p. 434]; — 22 févr. 1870, Pehose, [Leb. chr., p. 124]; — 13 juill. 1877, Chiniard, [Leb. chr., p. 684]

5330. — On ne peut de même fonder une demande en réduction sur le seul fait que des erreurs ont été commises dans l'imposition d'autres contribuables. — Cons. d'Et., 23 mai 1873, Rivière, [Leb. chr., p. 448]; — 28 nov. 1873, Chateau, [Leb. chr., p. 875]

5331. — La valeur locative d'une habitation n'est pas exagérée quand elle se trouve en rapport avec l'ensemble des habitations de la commune, alors même qu'il serait établi que les évaluations ont été trop faibles dans un hameau. — Cons. d'Et., 7 mai 1892, Fages, [Leb. chr., p. 430]

5332. — Lorsqu'une expertise a révélé des inégalités dans l'évaluation des valeurs locatives de plusieurs habitations, cette circonstance n'autorise pas le réclamant à demander qu'il soit procédé, pour l'année en cours, à une révision complète de la répartition dans la commune. L'administration aura seulement le devoir de tenir compte de ces constatations pour l'année suivante. — Cons. d'Et., 3 mars 1870, Rivière, [Leb. chr., p. 245]

§ 2. Imputation d'une partie du contingent sur l'octroi.

5333. — Les lois du 21 avr. 1832 (art. 20) et du 3 juill. 1846 (art. 5) autorisent les villes qui ont un octroi à faire la répartition de leur contingent personnel et mobilier d'une manière différente. D'après l'art. 20, L. 21 avr. 1832, « dans les villes ayant un octroi, le contingent personnel et mobilier pourra être payé en totalité ou en partie par les caisses municipales, sur la demande qui en sera faite aux préfets par les conseils municipaux. Ces conseils détermineront la partie du contingent qui devra être prélevée sur les revenus de l'octroi. La portion à percevoir au moyen d'un rôle sera répartie en cotes mobilières seulement, au centime le franc des loyers d'habitation, après déduction des faibles loyers que les conseils municipaux croiront devoir exempter de la cotisation. Les délibérations prises par les conseils municipaux ne recevront leur exécution qu'après avoir été approuvées par ordonnance royale. »

5334. — La conversion du contingent mobilier en taxes d'octroi fut autorisée pour la première fois par la loi du 26 germ. an XI. A cette époque, cette mesure avait pour objet de mettre un terme aux réclamations que la perception de l'impôt mobilier et somptuaire suscitait dans les grandes villes. L'assiette et le recouvrement de ces taxes vexatoires étaient devenus si difficiles que la ville de Paris se préoccupa de chercher une taxe de remplacement. Elle proposa un impôt sur les consommations. Les décrets du quatrième jour complémentaire de l'an XI et du 13 vend. an XII organisèrent le mode de perception. Des lois des 27 pluv. an XII et 13 pluv. an XIII autorisèrent les villes de Marseille et de Lyon à opérer ce remplacement. La loi du 24 avr. 1806 généralisa ce mode de perception, mais une loi spéciale était nécessaire pour autoriser les villes à faire la conversion. La loi du 25 mars 1817 (art. 28) disposa qu'une ordonnance suffirait. Mais lors de la discussion de la loi de finances du 26 mars 1831, de vives critiques furent formulées contre ce mode de perception, qui avait pour effet, disait-on, de reporter le poids de l'impôt sur la classe laborieuse. Les droits d'octroi, en effet, pèsent plus lourdement sur la classe pauvre que sur les classes riches.

5335. — Faisant droit à ces critiques, la loi du 26 mars 1831

(art. 16) n'autorisa la continuation du remplacement que jusqu'au 1er janv. 1833. Mais un examen plus approfondi de la question amena le législateur de 1832 à consacrer un système dont l'expérience de plusieurs années avait démontré les avantages. On fit remarquer que les taxes d'octroi atteignaient tout le monde, y compris la population flottante, qui ne pouvait être inscrite sur les rôles. En outre, le prélèvement sur les revenus d'octroi devait servir d'abord à supprimer la taxe personnelle, qui a le défaut de n'être pas proportionnelle aux revenus des contribuables. Enfin la portion du contingent à percevoir au moyen d'un rôle ne devait être répartie qu'après déduction des faibles loyers. Cette disposition permettait aux conseils municipaux d'exempter de toute contribution les personnes ayant un loyer inférieur à un chiffre déterminé.

5336. — L'art. 5, L. 3 juill. 1846, étendit encore la faculté ainsi attribuée aux conseils municipaux : « Dans les villes où, en vertu de l'art. 20, L. 21 avr. 1832, les conseils municipaux demanderont qu'une partie du contingent personnel et mobilier soit prélevée sur les caisses municipales, la portion du contingent restant à percevoir au moyen d'un rôle pourra, déduction faite des faibles loyers qui seront jugés pouvoir être exemptés de toute cotisation, être répartie, en vertu des délibérations desdits conseils, soit au centime le franc des loyers d'habitation, soit d'après un tarif gradué en raison de la progression ascendante de ces loyers. Les délibérations prises par les conseils municipaux ne recevront leur exécution qu'après avoir été approuvées par ordonnance royale ». Cet article a pour objet de permettre aux conseils municipaux de graduer les dégrèvements à accorder aux contribuables, en raison inverse de l'importance de leur loyer. Dans l'esprit de la loi, tout le montant des dégrèvements ainsi accordés doit être reporté sur l'octroi, de manière que les contribuables qui en bénéficient d'aucune exemption ne subissent en revanche aucune surcharge.

5337. — C'est en ce sens que l'administration avait d'abord interprété la loi (Circ. 5 nov. 1860). La faculté de répartir le contingent mobilier suivant un tarif gradué est subordonnée à la condition qu'aucune catégorie de loyers ne soit imposée à un taux supérieur à celui que l'on obtiendrait si le contingent mobilier était réparti proportionnellement entre tous les contribuables, en sorte que la mesure ne saurait avoir pour conséquence qu'un dégrèvement total ou partiel et jamais une aggravation de taxe.

5338. — Après 1870, quelques conseils municipaux émirent la prétention de reporter le montant des dégrèvements accordés aux contribuables qui avaient de faibles loyers sur les contribuables qui ne bénéficiaient pas de ces exemptions. Un décret du 7 févr. 1872 avait approuvé un tarif gradué pour la ville de Paris et conçu dans cette intention. Un ancien conseiller d'État, M. Bayard, contesta la légalité de ce tarif en demandant réduction de sa cotisation, et malgré les conclusions défavorables du ministre des Finances et du commissaire du gouvernement, fondées sur ce que la légalité du tarif approuvé par le gouvernement ne pouvait être contestée devant la juridiction contentieuse, le Conseil d'État fit droit à sa requête en décidant que la faculté accordée aux conseils municipaux d'exonérer certains loyers en tout ou en partie sous-subordonnée à la condition que le montant de ces exonérations totales ou partielles ne dépassera pas le prélèvement opéré sur les produits de l'octroi, de telle sorte qu'aucune catégorie de loyers ne soit imposée à une contribution supérieure à celle qui lui aurait été attribuée, si le contingent mobilier restant à répartir après déduction des cotes purement personnelles, avait été réparti proportionnellement aux valeurs locatives d'habitations entre tous les contribuables, y compris ceux auxquels le conseil municipal a entendu accorder une exonération complète et ceux qui n'ont profité que d'une atténuation de taxes. — Cons. d'Ét., 21 juill. 1876, Bayard, [S. 76.2.337, P. adm. chr.]

5339. — A la suite de cette décision, le conseil municipal de Paris a eu recours à un autre procédé de répartition qui fausse le mécanisme organisé par la loi de 1846. Ce procédé consiste à combiner les dispositions des art. 12 et 18, L. 21 avr. 1832, concernant l'exemption des indigents, avec l'art. 20 de la même loi et l'art. 5, L. 3 juill. 1846, qui vise l'exemption des faibles loyers. Par ce moyen, au lieu d'exempter certaines personnes, nominativement désignées, à raison de l'insuffisance de leurs ressources, le conseil municipal considère comme indigentes toutes les personnes dont le loyer est inférieur à un certain chiffre. On

substitue, par conséquent, l'exemption par catégories à l'exemption individuelle. Nous disons que ce procédé fausse le système organisé par la loi de 1846, et en effet les cotes des personnes exemptées pour cause d'indigence ne sont pas reportées sur l'octroi ; mais elles viennent accroître la part d'impôt des contribuables non exemptés. La légalité de ce mode de répartition fut discutée en 1880 devant le Conseil d'État par un contribuable, qui contestait au conseil municipal le droit d'exonérer par une mesure d'ensemble toute une catégorie de contribuables.

5340. — Le Conseil d'État a cependant reconnu que ce mode était légal, mais en se réservant d'apprécier si le conseil municipal n'usait pas de ses pouvoirs dans un but autre que celui en vue duquel ils lui étaient conférés. — Cons. d'Ét., 11 juin 1880, Lamy, [S. 81.3.100, P. adm. chr.] — De cette décision il résulte que les conseils municipaux peuvent attacher la présomption d'indigence à la faiblesse du loyer, à condition de ne pas faire de ce signe la base exclusive de leur décision.

5341. — Depuis cette décision, le conseil municipal de Paris s'est conformé à la jurisprudence. Le décret du 16 janv. 1890, qui règle la répartition de la contribution personnelle-mobilière pour 1890, est ainsi conçu : Les locaux d'une valeur matricielle imposable ne dépassant pas 500 fr. seront imposés au taux de 6 fr. 50 p. 0/0; ceux d'une valeur matricielle de 600 à 699 fr. au taux de 7 fr. 50 p. 0/0; ceux d'une valeur matricielle de 700 à 799 fr. au taux de 8 fr. 50 p. 0/0; ceux d'une valeur matricielle de 800 à 899 fr. au taux de 9 fr. 50 p. 0/0; ceux d'une valeur matricielle de 900 à 999 fr. au taux de 10 fr. 50 p. 0/0; ceux d'une valeur matricielle de 1,000 fr. et au-dessus, au taux de 11 fr. 74 p. 0/0. Les individus habitant des locaux d'une valeur matricielle inférieure à 400 fr. seront réputés non imposables, par application des art. 12 et 18, L. 21 avr. 1832, combinés avec l'art. 20 de la même loi. Cette exemption ne sera pas applicable : 1° aux personnes ayant à Paris un simple pied-à-terre ; 2° aux propriétaires logés en nom dans leur maison, imposés au rôle foncier de Paris et non régulièrement reconnus en état d'indigence ; 3° aux patentés, dont le loyer d'habitation réuni au loyer industriel atteint 400 fr. de valeur matricielle ou 500 fr. de valeur réelle. La somme nécessaire pour parfaire avec le produit du rôle le montant du contingent personnel et mobilier de la ville de Paris sera prélevé sur le produit de l'octroi.

5342. — La division d'un appartement habité par plusieurs personnes passibles de la contribution personnelle ne peut avoir pour effet de modifier la contribution due pour l'ensemble. — Cons. d'Ét., 10 juill. 1874 Lambert des Cilleuls et consorts, [D. 75.3.70]

5343. — Les contribuables ne sont fondés à se prévaloir de l'illégalité du tarif gradué ou des exemptions accordées que s'ils sont en réalité surtaxés. Alors même qu'il serait établi que le tarif est illégal, il y a lieu de rejeter la réclamation d'un contribuable dont la cote est encore inférieure à celle qui lui aurait été assignée si on avait suivi le mode normal de répartition. — Cons. d'Ét., 7 août 1874, Kunegel, [Leb. chr., p. 792]; — 14 mai 1891, Languellier, [Leb. chr., p. 376]

5344. — ... Ou même si, après déduction de la part de contribution afférente aux habitants exemptés à tort, le taux de la contribution répartie entre les contribuables n'est pas sensiblement modifié. — Cons. d'Ét., 1er déc. 1882, Leclercq, [S. 84.3.66, P. adm. chr., D. 84.3.44]

5345. — Dans les villes où la contribution mobilière est répartie d'après un tarif gradué, on doit considérer comme formant un seul loyer, le loyer d'un appartement et celui de ses dépendances, telles que les écuries et remises situées dans une autre maison. — Cons. d'Ét., 12 juin 1860, Daudin, [D. 60.3.70]

5346. — ... Ou un atelier de peinture situé dans une autre rue que celle où se trouve l'appartement. — Cons. d'Ét., 17 févr. 1862, Magimel, [P. adm. chr.]

5347. — L'application de l'art. 20, L. 21 avr. 1832, et de l'art. 5, L. 3 juill. 1846, est subordonnée à une demande formelle du conseil municipal. Un décret ne pourrait d'office décider que tout ou partie du contingent personnel et mobilier d'une ville sera prélevé sur les revenus de l'octroi. — Cons. d'Ét., 31 juill. 1874, Périac, [D. 76.3.57]; — 24 janv. 1879, Dieu, [P. adm. chr.]

5348. — Lorsque le paiement du contingent personnel et mobilier sur les fonds de la caisse municipale a pu être voté par le conseil municipal, un contribuable n'est pas recevable à se prévaloir, pour obtenir décharge, de ce que, depuis de longues années, la conversion aurait eu lieu, et de ce que le rétablissement de la contribution personnelle n'aurait pas été légalement

voté. — Cons. d'Et., 17 janv. 1873, Henry, [Leb. chr., p. 58]

5349. — Lorsqu'un conseil municipal a, par une délibération approuvée par décret, exempté de contribution mobilière les locaux d'une valeur locative inférieure à 150 fr. et occupés par des artisans et des ouvriers, un patentable n'est pas fondé à se prévaloir de cette disposition pour réclamer l'exemption des locaux où il exerce sa profession. — Cons. d'Et., 3 déc. 1886, Tinel, [Leb. chr., p. 852]

5350. — Il a été décidé de même qu'un géomètre du cadastre ne pouvait bénéficier d'une exemption accordée aux locaux d'un loyer peu élevé servant à la fois d'habitation et d'atelier, exemption destinée uniquement à soulager la situation des ouvriers de la ville. — Cons. d'Et., 18 juill. 1834, Delucenay, [P. adm. chr.]

§ 3. Modifications des contingents.

5351. — Depuis le 1er janv. 1846, par application de l'art. 2, L. 4 août 1844, le contingent mobilier des départements, des arrondissements et des communes est modifié chaque année par les constructions nouvelles et les démolitions qui sont effectuées dans chaque localité. Un état est dressé par le contrôleur au moment du travail des mutations et est annexé au budget.

5352. — L'exemption de deux années accordée aux constructions nouvelles par l'art. 88, L. 3 frim. an VII, ne s'applique pas à la contribution mobilière. Celui qui l'occupe est imposable dès que la maison est terminée. — Cons. d'Et., 6 mai 1857, Pigallé-Taffoiry, [Leb. chr., p. 343] ; — 31 janv. 1866, Hallais, [S. 67.2.128, P. adm. chr.]

5353. — Les constructions nouvelles sont évaluées d'après leur valeur locative réelle et actuelle. L'augmentation du contingent est du vingtième de la valeur locative des locaux servant à l'habitation personnelle (L. 4 août 1844, art. 2). Cette loi a pour effet d'opérer une péréquation graduelle et automatique entre toutes les valeurs locatives de la commune.

5354. — L'art. 10, L. 8 août 1890, a introduit une disposition nouvelle. On sait que cette loi a imposé aux propriétaires de constructions nouvelles, l'obligation de déclarer ces constructions s'ils voulaient bénéficier de l'exemption accordée par l'art. 88, L. 3 frim. an VII. L'art. 10 dispose que les constructions qui n'auraient pas été déclarées dans le délai légal seront imposées à la contribution foncière à partir du 1er janvier de l'année qui suivra celle de leur achèvement. Il ajoute qu'elles seront imposées au moyen de rôles particuliers jusqu'à ce qu'elles aient été comprises dans les rôles généraux, c'est-à-dire à l'expiration du délai d'exemption pour les constructions de la même époque qui auraient été déclarées. En ce qui touche la contribution personnelle-mobilière, le même article dispose que ces constructions n'accroîtront le contingent personnel-mobilier qu'à partir de l'année où elles seront comprises aux rôles généraux.

5355. — Quant aux démolitions, elles entraînent la déduction au contingent de la portion de contribution mobilière que les propriétés démolies supportaient la dernière année de leur occupation. Pour celles qui n'étaient plus habitées dans cette dernière année, on recherche les cotisations de la dernière année d'occupation. Quant à celles qui étaient vacantes depuis longtemps ou qui étaient occupées par les indigents, on ne leur attribue pas une portion d'impôt qu'elles ne supportaient pas en réalité.

5356. — De même, l'augmentation du contingent n'a lieu que pour les parties des constructions nouvelles donnant lieu à l'assiette d'une contribution personnelle-mobilière. Ainsi on ne doit pas augmenter les contingents pour les appartements destinés à être loués à des personnes étrangères à la commune, qui n'y viennent pas avant, après le 1er janvier, qu'une partie de l'année ; pour les appartements meublés, loués, après le 1er janvier, pour une partie de l'année seulement, aux étrangers de passage dans les villes d'eaux ; pour les locaux affectés au logement de la population indigente ; pour les maisons des particuliers louées pour un service public (Déc. adm. 8 janv. 1876, Gers). — Lemercier de Jauville, vo Constructions nouvelles.

5357. — Lorsqu'une augmentation de constructions ne porte que sur des locaux consacrés au commerce, tels qu'ateliers, magasins, etc., il n'y a pas lieu, lors de l'imposition de cette construction à la contribution foncière, de faire varier le contingent personnel-mobilier (Déc. adm. 19 janv. 1876).

5358. — Toute addition de constructions, même de faible importance, doit affecter le contingent personnel-mobilier. Il y a

intérêt à profiter de toutes les occasions qui se présentent d'appliquer le mode prescrit par la loi du 4 août 1844 pour la modification de ce contingent, pour le ramener successivement au taux de 5 p. 0/0 des valeurs locatives. Cette observation s'applique aussi aux démolitions partielles. — Hérault, 1876.

CHAPITRE III.

CONTRIBUTION DES PORTES ET FENÊTRES.

Section I.

Notions historiques.

5359. — La contribution des portes et fenêtres a été établie pour la première fois en France par la loi du 4 frim. an VII. C'était une imitation du window tax des Anglais. Cette taxe avait pour objet d'atteindre la fortune mobilière, qu'on supposait proportionnée au nombre, à la nature et à la position des ouvertures de la maison d'habitation de chaque citoyen. « Cet impôt, disait l'Exposé des motifs, a paru juste et moral et l'un des meilleurs qu'on pût établir. Il a ce caractère, que l'on doit surtout rechercher dans les impôts sur les objets déterminés, c'est de n'être point un impôt que l'on craint et d'aller l'atteindre sans l'effaroucher. Il résout le problème longtemps cherché d'une assiette proportionnelle de la contribution mobilière que l'Assemblée constituante n'avait fait qu'entrevoir, en basant cette imposition sur la valeur locative de l'habitation. L'imposition mobilière devant être très-restreinte, parce que les bases en sont toujours incertaines et prêtent à l'arbitraire, la meilleure, la seule manière peut-être de corriger ce vice était de l'établir à raison du luxe et des ouvertures d'habitation. »

5360. — Déjà la loi du 7 therm. an III avait frappé d'une taxe somptuaire les cheminées autres que celles de la cuisine et du four. Cette taxe variait suivant la population. Mais elle était d'une assiette difficile et on y renonça promptement.

5361. — D'après la loi du 4 frim. an VII, la nouvelle taxe devait frapper les portes et fenêtres des bâtiments et usines donnant sur les rues, cours et jardins. Elle était établie à un taux différent suivant l'importance de la localité, suivant la nature des ouvertures et aussi suivant l'étage auquel elles étaient situées. Etaient seules exemptées les ouvertures des locaux non destinés à l'habitation des hommes, celles de la toiture des maisons habitées et celles des bâtiments affectés à un service public.

5362. — Des lois des 18 vent. et 6 prair. an VII augmentèrent le tarif, qui fut modifié de nouveau par la loi du 13 flor. an X. Cette dernière loi transforma l'impôt sur les portes et fenêtres, d'impôt de quotité en impôt de répartition. Cette réforme était motivée par la diminution constante des produits de cette contribution, qui de 15 millions étaient tombés à 12. On fixa le principal de l'impôt à la somme de 16 millions. La répartition devait se faire d'après les rôles de l'année précédente. Cette disposition eut pour effet de consacrer de nombreuses inégalités, et omissions. Depuis plusieurs années des constatations des ouvertures étaient faites d'une manière tout à fait insuffisante. Il en résultait qu'un très-grand nombre de contribuables échappaient en tout ou en partie à l'imposition. Lorsqu'en 1822 on essaya d'atténuer ces inégalités en procédant à un recensement des ouvertures imposables, on s'aperçut qu'un tiers de celles-ci n'étaient pas assujetties à l'impôt. Il en existait 34 millions en 1822 et la répartition se faisait toujours sur le chiffre de 24 millions constaté en l'an X.

5363. — Le système de la répartition appliqué à un impôt fixé d'après un tarif ne pouvait produire que des inégalités. Aussi, en 1831, le gouvernement proposa-t-il de rendre à la contribution des portes et fenêtres son ancien caractère d'impôt de quotité. Ce projet fut adopté par les Chambres et consacré par la loi du 26 mars 1831. C'était le vrai moyen de rétablir l'égalité proportionnelle entre tous les contribuables. Le recensement auquel il fut procédé révéla l'existence de 38 millions d'ouvertures et le produit de l'impôt s'éleva de 12 millions à 27 millions.

5364. — Mais la coïncidence de la réforme de l'impôt des portes et fenêtres avec celle de la contribution personnelle suscita tant de protestations contre le mode de la quotité que, dès l'année suivante, on revint au système de la répartition. La loi du

21 avr. 1832 réduisit le principal de l'impôt de 27 à 22 millions. La répartition se fit d'après les résultats du recensement de 1831. On introduisit un nouveau tarif, qui diminua la taxe pour les maisons ayant moins de six ouvertures.

5365. — L'art. 31 de cette loi disposa qu'il serait soumis aux Chambres, dans la session de 1834, et ensuite de cinq en cinq années, un nouveau projet de répartition entre les départements; qu'à cet effet les agents des contributions directes compléteraient et tiendraient au courant les renseignements destinés à faire connaître le nombre des portes et fenêtres imposables. Mais la loi du 14 juill. 1838 reporta à l'année 1842 la présentation du premier projet de répartition et décida que le renouvellement n'aurait lieu que de dix en dix années. Enfin la loi du 11 juin 1842 recula à l'année 1844 la présentation du nouveau tableau de répartition. C'est la loi du 4 août 1844 qui l'adopta. Ce tableau de répartition est fait d'après les résultats du recensement effectué en 1841.

5366. — Entre temps, la loi du 17 août 1835 avait prescrit que les contingents départementaux seraient chaque année augmentés du montant de la taxe afférente aux ouvertures des bâtiments nouvellement construits et devenus imposables, et diminués du montant des taxes afférentes aux ouvertures des bâtiments détruits. Enfin, d'après la loi du 4 août 1844 (art. 3), lorsque, par suite du recensement officiel de la population, une commune passera dans une catégorie inférieure ou supérieure à celle dont elle faisait partie, le contingent du département dans la contribution des portes et fenêtres sera diminué ou augmenté de la différence résultant du changement de tarif.

5367. — Depuis cette époque, on a essayé d'apporter de nouvelles modifications à cet impôt; la loi du 4 août 1849 a prescrit la présentation d'un projet de loi pour en modifier l'assiette. Celle du 7 août 1850 invita les conseils généraux à donner leur avis sur la meilleure solution à donner à la disposition prescrite par l'art. 2, L. 4 août 1849. Aucune suite n'a été donnée à ces projets.

5368. — Les critiques dirigées contre le principe même de cet impôt sont de jour en jour plus vives. Lors de la création de cette contribution, en l'an VII, le rapporteur de la loi au Conseil des Anciens énumérait ainsi les avantages que présentait la taxe nouvelle : « La seule chose à laquelle le Corps législatif doit s'attacher, lorsque les circonstances le forcent à recourir à de nouvelles impositions, c'est de choisir une espèce d'impôt qui présente tout à la fois facilité dans l'assiette, égalité proportionnelle dans la répartition et économie dans la perception. L'impôt sur les portes et fenêtres nous paraît réunir ces trois avantages. Quant à l'assiette, il ne faut que voir et compter le nombre des portes et fenêtres d'une maison pour savoir combien de fois elle doit payer la taxe. Quant à l'égalité proportionnelle, c'est difficile de trouver un impôt qui en présente les bases d'une manière plus simple : le loyer est le thermomètre des facultés des contribuables. L'homme riche prend un logement cher, éclairé par de nombreuses fenêtres; mais celui qui est dans la médiocrité ou dans l'indigence proportionne son logement à ses moyens, et cette taxe, qui a cela d'avantageux qu'elle fait payer les puissances, ménage cependant le pauvre, quoiqu'elle porte sur lui; celui-ci est toujours logé au moins au troisième étage; il n'a presque jamais plus d'une croisée, d'où l'on doit conclure que, l'économie dans la perception, il ne devra à la taxe que 25 cent. Quant à de simplicité, il ne faut reconnaître qu'il est difficile de la réduire à plus son en raison du nombre des portes et fenêtres, on exigera cette somme du propriétaire ou du principal locataire, qui se la feront ensuite rembourser par les locataires particuliers, eu égard au nombre de fenêtres que ceux-ci auront. Avec ce mode de comptabilité, il ne faut ni percepteurs ni commis, tout se réduit au versement que font les propriétaires dans les mains du receveur. » (Rapport de Legrand, séance du 1er frim. an VII).

5369. — Cette contribution ne nous paraît pas mériter les éloges que faisait d'elle le rapporteur du Conseil des Anciens. S'il est vrai que le signe matériel auquel on s'attache est facile à reconnaître, il est tout à fait inexact de dire que le nombre des ouvertures soit en raison directe de l'importance du bâtiment. Dans les communes rurales, ce n'est pas là un signe caractéristique des facultés des contribuables. En effet, il n'y a pas grande différence entre les demeures des riches fermiers et celles des plus pauvres artisans. Dans les villes, les habitations ayant un nombre égal d'ouvertures peuvent représenter une valeur locative

très-différente, suivant qu'elles sont situées dans tel ou tel quartier, dans l'agglomération ou dans la banlieue. Enfin, cet impôt offre au point de vue de l'hygiène un très-grave inconvénient : beaucoup de propriétaires, dans les communes rurales surtout, réduisent au minimum le nombre des ouvertures de leurs habitations, pour éviter l'impôt, de sorte qu'à la place de logements aérés et salubres, ils ont des maisons enfumées et malsaines. Cet inconvénient existait aussi dans les villes, puisque la loi du 13 avr. 1850 a dû exempter pendant un certain nombre d'années les ouvertures pratiquées pour assainir les logements déclarés insalubres. Quoiqu'aient pu dire certains économistes, l'impôt des portes et fenêtres sera toujours considéré justement comme un impôt sur l'air et la lumière. A maintes reprises, il a été question de supprimer cet impôt et de le reporter soit sur la contribution foncière, soit sur la contribution mobilière. Mais on a toujours été arrêté par la difficulté de déterminer la nature de cette taxe. Fallait-il la considérer comme une addition à la contribution foncière établie sur les propriétés bâties? En ce sens, on faisait observer que beaucoup de propriétaires occupent leur maison, et qu'en outre, la loi les déclare seuls imposables sur les rôles. Fallait-il au contraire la considérer comme une annexe de la contribution mobilière? En ce sens, on faisait observer que les propriétaires ont, de par la loi, le droit de rejeter la charge de l'impôt sur leurs locataires. Ainsi suivant que, d'après les conventions privées intervenues entre propriétaires et locataires, l'impôt des portes et fenêtres est supporté par les uns ou par les autres, il présente le caractère d'une charge foncière ou d'une charge mobilière. On proposait alors d'ajouter le montant de l'impôt à la contribution personnelle et mobilière afin de le rendre proportionnel à la valeur locative des habitations. En 1838, le ministre des Finances objecta que ce projet amènerait une perturbation de commune à commune et de contribuable à contribuable. La proposition fut rejetée. Dans ces dernières années, on a mis à l'étude un projet tendant à répartir le montant de l'impôt des portes et fenêtres sur la contribution foncière et la contribution mobilière.

5370. — Le contingent en principal de la France, fixé, pour 1845, à 23,822,000 fr. est, pour 1896, de 43,100,000 fr.

5371. — La loi du 18 juill. 1892 dispose qu'à partir du 1er janv. 1894, la contribution des portes et fenêtres est supprimée et remplacée par une taxe représentative calculée à raison de 2,40 p. 0/0 de la valeur locative des propriétés bâties. Malgré les termes positifs de cette disposition, votée sur la proposition de M. Cornudet, et bien qu'elle n'ait pas été expressément abrogée, il n'en a pas été tenu compte, et on a continué à autoriser, dans les lois de finances ultérieures, la perception de cet impôt. En 1894, le projet de M. Burdeau, relatif à l'organisation d'une taxe de remplacement, a été disjoint du budget et n'a pu aboutir.

Section II.
Assiette de la contribution des portes et fenêtres. Ouvertures imposables.

§ 1. Ouvertures considérées au point de vue des locaux qu'elles sont destinées à éclairer.

1° Ouvertures d'immeubles passibles de la contribution foncière.

5372. — Les bases servant à l'assiette de la contribution des portes et fenêtres se trouvent dans les lois du 4 frim. an VII et du 4 germ. an XI, qui ont été maintenues, sauf quelques modifications, par l'art. 27, L. 21 avr. 1832. L'art. 4, L. 4 frim. an VII, dispose que la contribution est établie sur les portes et fenêtres donnant sur les rues, cours ou jardins des bâtiments et usines, sur tout le territoire de la République.

5373. — La loi n'assujettit à la taxe que les ouvertures des bâtiments et usines, c'est-à-dire de ce qui, dans la nomenclature législative et fiscale d'alors, constituait l'ensemble de la propriété bâtie (V. L. 3 frim. an VII, sur la contribution foncière). Les mêmes constructions qui supportaient la contribution foncière devaient être assujetties à la contribution des portes et fenêtres. Les exemptions, sauf quelques différences légères, devaient s'appliquer aux mêmes immeubles.

5374. — La première condition pour que la taxe soit assise sur les ouvertures d'une construction, c'est que celle-ci constitue un immeuble. La jurisprudence a refusé ce caractère aux kiosques lumineux établis sur les voies publiques à Paris, —

Cons. d'Et., 20 juin 1863, Cie de publicité diurne et nocturne, [S. 65.2.276, P. adm. chr.] — ... aux pavillons que les compagnies de tramways ont été autorisées à élever sur le sol des voies publiques et qui y reposent sans fondation, — Cons. d'Et., 25 juin 1880, Cie des omnibus, [D. 81.3.60]; — 5 janv. 1883, Cie des tramways de Paris, [D. 84.5.125] — ... à des guérites en planches non fixées au sol à perpétuelle demeure, — Cons. d'Et., 19 juill. 1867, Cie du Nord (gare d'Arras), [Leb. chr., p. 659] — ... à un kiosque destiné à des concerts en plein air. — Cons. d'Et., 22 janv. 1886, Hapet, [Leb. chr., p. 64]

5375. — Il n'y a pas lieu non plus d'imposer les ouvertures des constructions qui, dans certaines gares importantes, contiennent l'appareil Saxby servant à mettre en mouvement le système des changements de voie et des signaux. Ces constructions, en effet, ne sont pas considérées comme des propriétés bâties, mais comme une simple dépendance de la voie ferrée. — Cons. d'Et., 17 févr., 2 juill. et 3 août 1888, Cie P.-L.-M. (gares de Cercy-la-Tour et de Nevers), [Leb. chr., p. 157, 668 et 706]

5376. — De même encore, le Conseil a déclaré non imposables des hangars et magasins provisoires élevés par un entrepreneur de travaux publics pour les besoins de son entreprise, susceptibles d'être déplacés, et destinés à disparaître après l'achèvement des travaux. — Cons. d'Et., 20 déc. 1878, Candas, [D. 79.3.37]

5377. — C'est pour la même raison que le Conseil d'Etat avait anciennement refusé d'assujettir à la taxe les bains flottants sur rivières, qui n'étaient déclarés imposables par aucune disposition législative expresse. — Cons. d'Et., 22 juill. 1835, Peyrat, [P. adm. chr.] — Cette décision amena le gouvernement à proposer une disposition spéciale qui devint l'art. 2, L. 18 juill. 1836, et qui est ainsi conçue : « Les lois qui régissent la contribution des portes et fenêtres sont applicables aux bains et moulins sur bateau, aux bacs, bateaux de blanchisserie et autres de même nature, alors même qu'ils ne sont pas construits sur piliers ou pilotis et qu'ils sont seulement retenus par des amarres ». Mais cette disposition ne doit pas être étendue aux cabines de bains des écoles de natation ou des établissements balnéaires. — Cons. d'Et., 12 avr. 1844, Ecole de natation d'Amiens, [P. adm. chr.]

5378. — Au contraire, le Conseil a déclaré imposables les ouvertures d'un pavillon fixé sur le sol à perpétuelle demeure et dont les pièces servaient de cabines de bains. — Cons. d'Et., 24 avr. 1863, Caille, [Leb. chr., p. 484]

5379. — Les cabinets où se trouvent les baignoires d'un établissement de bains publics sont des locaux propres à l'habitation des hommes. Leurs ouvertures sont imposables. — Cons. d'Et., 16 août 1833, Sabatier, [P. adm. chr.]

5380. — Il en est de même de la salle d'un lavoir public. — Cons. d'Et., 6 mai 1881, Pelletier, [Leb. chr., p. 465]

5381. — Le Conseil a également maintenu à la taxe les ouvertures d'un bâtiment en planches sur fondations et servant de vestiaire et de lieu de repos pour les membres d'une société de jeu de paume. — Cons. d'Et., 3 juin 1865, Laurent, [D. 66.3.20] — ... ou de boule. — Cons. d'Et., 4 juill. 1891, Cercle Saint-Mathurin, [Leb. chr., p. 527]

5382. — Il en est de même, les ouvertures des baies éclairant un tir. — Cons. d'Et., 27 mai 1887, Société des tireurs méridionaux, [Leb. chr., p. 433]

5383. — Il a été décidé qu'une échoppe d'écrivain public, construite en planches et fixée au sol et au mur d'une maison à perpétuelle demeure, ayant des portes et des fenêtres munies de clôtures, et divisée par une cloison en deux pièces, était imposable comme pouvant servir à l'habitation. — Cons. d'Et., 6 juin 1866, Valette, [Leb. chr., p. 602]

5384. — Il en est de même d'une baraque en bois fixée au sol et servant d'atelier de photographie. — Cons. d'Et., 1er déc. 1882, Vigne, [D. 84.5.129]; — 9 avr. 1886, Chandeysson, [Leb. chr., p. 324]

5385. — Sont également imposables les ouvertures de châlets de nécessité, incorporés au sol par des assises en maçonnerie et déjà imposés à la contribution foncière. — Cons. d'Et., 21 mai 1892, Roumens, [Leb. chr., p. 470]

2° Ouvertures d'immeubles habitables.

5386. — Les constructions nouvelles ne sont pas exemptées de la contribution des portes et fenêtres pendant deux années comme elles le sont de la contribution foncière. Elles sont imposables à partir du 1er janvier qui suit leur achèvement. D'après la jurisprudence, elles sont réputées achevées au moment où elles sont susceptibles d'être habitées. — Cons. d'Et., 16 déc. 1835, Méhéreuc, [Leb. chr., p. 230]; — 23 août 1843, Buisson, [P. adm. chr.]; — 5 janv. 1847, Goutant, [S. 47.2.317, P. adm. chr.]; — 31 mai 1848, Dezille, [Leb. chr., p. 341]; — 16 sept. 1848, Sénac, [Leb. chr., p. 593]; — 22 févr. 1849, Lapouyade, [P. adm. chr.]; — 11 janv. 1853, Harivel, [S. 53.2.526, P. adm. chr., D. 53.3.42]; — 12 sept. 1853, Laurence, [Leb. chr., p. 880]; — 31 janv. 1853, Même partie, [Leb. chr., p. 79]; — 6 avr. 1867, Tissier, [Leb. chr., p. 340]; — 16 juin 1882, Roux, [Leb. chr., p. 571] — Il en est ainsi alors même qu'en fait elles sont inhabitées. — Cons. d'Et., 24 juill. 1872, Cazalas, [Leb. chr., p. 456] — ... ou dégarnies de meubles. — Cons. d'Et., 13 juin 1877, Druon, [Leb. chr., p. 586]

5387. — Mais tant qu'elles sont en cours de construction et inachevées, leurs ouvertures échappent à la taxe. — Cons. d'Et., 2 août 1838, Blavinhac, [S. 39.2.313, P. adm. chr.]; — 18 avr. 1843, Trucy-Aubert, [P. adm. chr.]; — 10 sept. 1845, Deplais-Boucard, [Leb. chr., p. 480]; — 12 déc. 1851, Rogelin, [Leb. chr., p. 733]; — 7 juin 1853, Rossignol, [Leb. chr., p. 399]; — 9 avr. 1867, Saffrey, [Leb. chr., p. 360]; — 14 mai 1870, Vignon, [Leb. chr., p. 581]; — 6 oct. 1871, Dissert, [Leb. chr., p. 189]; — 8 nov. 1872, Clément, [Leb. chr., p. 540]; — 23 janv. 1880, Mongel-Coudray, [Leb. chr., p. 92]; — 11 mars 1881, Grangier, [Leb. chr., p. 279]

5388. — Une maison inachevée au moment du travail des mutations, mais qui, au 1er janvier, est devenue habitable, doit être imposée. — Cons. d'Et., 9 mai 1890, Gay, [Leb. chr., p. 473]

5389. — Les parties diverses dont se compose une maison deviennent imposables au fur et à mesure de leur achèvement. — Cons. d'Et., 5 janv. 1847, précité; — 19 mars 1864, Jourdan, [Leb. chr., p. 281]

5390. — Les reconstructions sont assimilées aux constructions nouvelles, et les mêmes principes leur sont applicables. — Cons. d'Et., 5 mai 1858, Buxtorf, [Leb. chr., p. 338]; — 19 mars 1864, précité; — 10 mars 1882, Pagel, [Leb. chr., p. 233]; — 18 juill. 1884, Bonneau du Martroy, [Leb. chr., p. 611]; — 1er août 1884, Aumont, [Leb. chr., p. 674]

5391. — Inversement, quand des locaux jusqu'alors imposables deviennent inhabitables par suite de vétusté, de destruction, ou pour tout autre motif, le propriétaire est fondé à demander décharge. — Cons. d'Et., 27 févr. 1892, Rousselot, [Leb. chr., p. 226]

5392. — Mais pour que l'impropriété de locaux à l'habitation des hommes entraîne dégrèvement, il faut que ce caractère résulte de l'état même des bâtiments et non de causes extérieures. La circonstance qu'une maison serait devenue inhabitable par le voisinage d'un établissement incommode ou insalubre ne saurait entraîner décharge de la contribution des portes et fenêtres. — Cons. d'Et., 10 nov. 1882, de Gaalon, [Leb. chr., p. 856]

5393. — Il ne suffit pas, pour qu'une maison soit inhabitable, qu'elle ait subi des détériorations importantes, par exemple que ses vitres aient été brisées ou ses portes enfoncées. — Cons. d'Et., 4 avr. 1873, Belle, [Leb. chr., p. 298]; — 2 mars 1888, Varnier, [Leb. chr., p. 219]

5394. — Il a été décidé de même que la transformation intérieure d'un bâtiment ne pouvait donner lieu à une décharge, tant qu'elle n'entraînait pas sa destruction totale ou partielle. — Cons. d'Et., 6 févr. 1880, Lesueur, [Leb. chr., p. 146]

5395. — De même, un incendie qui ne fait qu'endommager une partie d'une maison, sans enlever au corps de logis principal son caractère d'habitation, ne peut entraîner la décharge. — Cons. d'Et., 9 juill. 1861, Delbassée, [Leb. chr., p. 585]

5396. — Mais si c'est par suite de l'état de vétusté et de délabrement des bâtiments que les locaux sont inhabitables, la décharge doit être accordée. — Cons. d'Et., 3 nov. 1882, Mallevoue, [Leb. chr., p. 824]; — 29 juin 1883, Giafferi, [Leb. chr., p. 606]; — 11 févr. 1887, Riscle, [Leb. chr., p. 127]

5397. — Il en est de même à plus forte raison, quand le propriétaire fait démolir sa maison. Si la démolition est commencée au 1er janvier, décharge doit être accordée. — Cons. d'Et., 5 févr. 1841, Dessaigne, [Leb. chr., p. 41]; — 27 juin 1873, de Morsan, [Leb. chr., p. 583]

5398. — Les démolitions effectuées en cours d'année ne peuvent donner lieu, pour la contribution de l'exercice courant,

qu'à des demandes en remise ou en modération. — Cons. d'Et., 1er déc. 1849, Taffin, [P. adm. chr., D. 50.3.20]; — 1er juin 1850, Béchetoille, [P. adm. chr.]; — 11 janv. 1853, Zéder, [P. adm. chr.]; — 10 nov. 1853, Ville de Bar-le-Duc, [P. adm. chr.]; — 18 févr. 1854, Bonnet, [Leb. chr., p. 132]; — 29 nov. 1854, Berland, [P. adm. chr., D. 55.5.116]; — 9 juill. 1856, Tirard, [D. 57.3.14]; — 10 sept. 1856, Turban, [P. adm. chr.]; — 5 janv. 1858, Jobier, [D. 58.3.44]; — 18 mai 1858, Sailhan, [Leb. chr., p. 387]; — 30 juin 1838, Turc, [Leb. chr., p. 466]; — 24 janv. 1866, Batut, [Leb. chr., p. 1180]; — 9 nov. 1877, Labouret, [Leb. chr., p. 852]

5399. — Les vacances totales ou partielles de maisons, pendant une ou plusieurs années, ne peuvent non plus donner aux propriétaires que le droit de former des demandes en remise. — Cons. d'Et., 21 mars 1834, Barbarin, [P. adm. chr.]; — 24 août 1849, Becquerel, [P. adm. chr.]; — 12 sept. 1853, Laurence, [Leb. chr., p. 880]; — 3 mars 1876, Pelletier, [Leb. chr., p. 207]; — 24 mai 1878, Briant, [Leb. chr., p. 503]; — 26 déc. 1883, Percevault, [Leb. chr., p. 1004]; — 17 févr. 1888, Gaclus, [Leb. chr., p. 157] — Il en est de même du chômage des usines. — Cons. d'Et., 11 déc. 1883, Villani, [Leb. chr., p. 946]

5400. — Même dans les villes où fonctionnait l'art. 5, L. 28 juin 1833, qui permettait, quand les conseils municipaux en faisaient la demande, de réimposer l'année suivante les contributions afférentes aux maisons vacantes, les propriétaires ne pouvaient se pourvoir pour ce motif en décharge ou réduction. La loi de 1833 n'avait pour objet que la contribution foncière. Dès lors, les vacances de maisons ne pouvaient donner lieu qu'à des remises ou modérations pour la contribution des portes et fenêtres. — Cons. d'Et., 7 août 1835, Rousselin-Cavey, [P. adm. chr.]; — 3 sept. 1836, Deforceville, [P. adm. chr.]; — 26 oct. 1836, Lenormand, [Leb. chr., p. 438]

5401. — Nous verrons dans le chapitre consacré aux exemptions que l'affectation momentanée de locaux habitables à des usages agricoles n'entraîne pas nécessairement le décharge.

3° Locaux destinés à l'habitation des hommes.

5402. — 1. *Maisons d'habitation proprement dites.* — Les constructions élevées dans les jardins, telles que kiosques, pavillons, maisonnettes, et destinées à servir de lieu de repos aux propriétaires de l'habitation doivent être considérées comme des dépendances de celle-ci et par suite leurs ouvertures sont imposables. Dans ce dernier cas, il suffit de déterminer la destination du bâtiment. S'il sert à l'usage, à l'agrément des habitants de la maison, ses ouvertures sont imposables. — Cons. d'Et., 8 août 1834, Rabier, [S. 35.2.508, P. adm. chr.]; — 21 mars 1860, Cacheux, [P. adm. chr., D. 60.3.78]; — 6 avr. 1867, Clugnet, [Leb. chr.]; — 3 juill. 1867, Joulin, [Leb. chr., p. 628]; — 31 juill. 1867, Billy, [Leb. chr., p. 717]; — 8 nov. 1872, Gondouet, [Leb. chr., p. 556]; — 28 nov. 1879, Thévenin, [D. 80.3. 51]; — 10 juill. 1880, Aubry, [Leb. chr., p. 652]

5403. — Elles échappent au contraire à la taxe si, par sa disposition, le pavillon ne peut servir à l'habitation des hommes ou bien est uniquement employé à un usage qui lui donne le caractère d'un bâtiment rural. — Cons. d'Et., 17 mai 1833, Michel, [P. adm. chr.]; — 23 juin 1863, Ferrand, [D. 66.3.20]; — 3 avr. 1870, Soulès, [P. adm. chr. p. 518]

5404. — C'est ainsi que les ouvertures d'une serre ou jardin d'hiver ont été déclarées non imposables par le Conseil, ce bâtiment étant impropre à l'habitation et, dans l'espèce, ne constituant pas une dépendance de la maison dont il était séparé. — Cons. d'Et., 18 janv. 1862, Prudhomme, [P. adm. chr., D. 62.3.68]

5405. — Il a été décidé que deux chapelles funéraires élevées par des particuliers non loin de leur habitation, consacrées à une sépulture de famille et permettant à plusieurs personnes de se réunir, étaient considérées comme propres à l'habitation. — Cons. d'Et., 16 juill. 1863, Tudoux, [P. adm. chr., D. 63.3.82]; — 25 mai 1864, Bavière, [S. 65.2.24, P. adm. chr.]; — 24 févr. 1894, Salleix, [Leb. chr., p. 161]

5406. — Le Conseil avait précédemment déclaré non imposables les ouvertures d'une chapelle appartenant à un hospice où la messe était dite une fois par semaine et qui servait de lieu de pèlerinage. Il l'avait considérée comme un bâtiment non destiné à l'habitation des hommes. — Cons. d'Et., 28 mai 1862, Hospice des Sables d'Olonne, [D. 63.3.82]

5407. — La loi a entendu imposer d'une manière générale toutes les ouvertures qui donnent de l'air et de la lumière ou qui donnent accès à des locaux destinés à l'habitation des hommes ou dans lesquels ceux-ci séjournent d'une manière habituelle. Ainsi l'on peut dire que toutes les ouvertures extérieures des maisons d'habitation sont imposables. La loi du 4 frim. an VII (art. 5) avait exempté toutes les ouvertures du comble ou toiture des maisons habitées. Mais dans la pratique ces mots avaient reçu une extension abusive. La dénomination de mansardes permettait d'exonérer une foule de locaux servant à l'habitation. La loi du 21 avr. 1832 dispose (art. 27) que les fenêtres dites mansardes et autres ouvertures pratiquées dans la toiture des maisons sont imposables lorsqu'elles éclairent des appartements habitables. — Cons. d'Et, 21 mars 1834, Mouren, [P. adm. chr.]; — 21 oct. 1835, Dangest, [P. adm. chr.] — 8 janv. 1836, Sauvan, [P. adm. chr.]; — 6 août 1864, Adam, [Leb. chr., p. 740]; — 21 mai 1878, Lefèvre, [Leb. chr., p. 502]; — 29 juin 1888, Bartoli, [Leb. chr., p. 573]; — 7 mars 1890, Padiou, [Leb. chr. p. 232] — ou des ateliers. — Cons. d'Et., 13 déc. 1863, Pinart, [Leb. chr. p. 978]; — 11 juill. 1867, Pinart, [Leb. chr., p. 637]; — 6 nov. 1885, Oriol, [Leb. chr., p. 816]

5408. — ... Ou des greniers destinés à l'habitation. — Cons. d'Et., 9 nov. 1877, Blot, [Leb. chr., p. 859]

5409. — ... Ou servant dans magasins dans lesquels des ouvriers se rendent continuellement. — Cons. d'Et., 30 janv. 1885, Lefèvre, [Leb. chr., p. 104]

5410. — Il en serait ainsi alors même que ces fenêtres consisteraient dans un vitrage fixe formant toiture. — Cons. d'Et, 11 juill. 1879, Ducornet, [Leb. chr., p. 584]

5411. — Sont imposables les ouvertures d'un bâtiment séparé de la maison d'habitation et renfermant des chambres des domestiques. — Cons. d'Et., 5 févr. 1892, Chaumeillon, [Leb. chr. p. 109] — ... Les ouvertures d'une chambre, même située au-dessus d'une écurie. — Cons. d'Et., 13 févr. 1892, Blancou, [Leb. chr., p. 155]

5412. — D'après l'instruction du 30 mars 1831, les portes et fenêtres des bûchers, buanderies ne devaient pas être imposées, ces locaux ne faisant point partie de l'habitation proprement dite. Il en était de même des ouvertures des fournils, à moins qu'ils ne fussent habités. Conformément à cette instruction, le Conseil d'Etat a déclaré non imposables les ouvertures de locaux transformés en cellier et en buanderie. — Cons. d'Et., 18 mars 1887, Desplanches, [Leb. chr., p. 238]; — 5 févr. 1892, précité, — d'un fournil, — Cons. d'Et., 11 févr. 1876, Pernot, [Leb. chr., p. 141] — ... d'une glacière, — Cons. d'Et., 19 mars 1880, Delettre, [D. 80.3.109] — ... d'un bûcher, — Cons. d'Et., 14 juin 1878, Bodet, [Leb. chr., p. 566] — ... d'une remise. — Cons. d'Et., 9 févr. 1861, France, [P. adm. chr.]; — 3 févr. 1865, Lallour, [S. 65.2.280, P. adm. chr.]; — 18 déc. 1874, Denogeant, [Leb. chr., p. 1009]

5413. — Cependant la jurisprudence décide autrement lorsque ces locaux, impropres par eux-mêmes à l'habitation des hommes, en font partie intégrante. Dans ce cas, leurs ouvertures sont déclarées imposables. Ainsi jugé à l'égard des ouvertures d'une buanderie. — Cons. d'Et., 2 avr. 1844, Jousselin, [Leb. chr., p. 198]; — 8 nov. 1872, Picard, [Leb. chr., p. 555]

5414. — ... D'une pièce servant de fruitier. — Cons. d'Et., 16 mai 1884, Giraud, [Leb. chr., p. 388] — ... ou de bûcher, — Cons. d'Et., 5 mars 1868, Blanc, [Leb. chr.]; — 1er mai 1874, Grimaud, [Leb. chr. p. 398] — ... ou de fournil, — Cons. d'Et., 26 févr. 1875, Martin, [Leb. chr., p. 194]; — 29 nov. 1888, Pauchat-Hutin, [S. 92.3.23, P. adm. chr.] — ... ou d'une pièce dans laquelle se trouve un four à cuire le pain, — Cons. d'Et., 16 févr. 1853, Lefillastre, [Leb. chr., p. 195] — ... ou d'une pièce qualifiée laiterie et renfermant des denrées de ménage. — Cons. d'Et., 23 juin 1865, Dolivet, [Leb. chr., p. 648]

5415. — Sont également imposables comme servant à éclairer des locaux destinés à l'habitation des hommes les ouvertures de pièces contiguës à une cuisine et servant à déposer, soit du charbon, soit des provisions, soit des ustensiles de ménage. — Cons. d'Et., 1er mai 1874, précité, — 18 juin 1875, Martin, [Leb. chr., p. 595]; — 6 févr. 1880, Harlieux, [Leb. chr., p. 147]; — 8 nov. 1889, Crueize, [Leb. chr., p. 999]

5416. — Il en est ainsi à plus forte raison des ouvertures éclairant l'escalier, qui, s'il ne sert pas continuellement à l'habitation, dessert tous les étages de la maison et en constitue un élément indispensable. Toutes les fenêtres servant à éclairer et

aérer l'escalier sont donc imposables. — Cons. d'Et., 19 août 1837, Dervillez, [P. adm. chr.]; — 22 févr. 1844, Bonfils, [P. adm. chr.]; — 1er mai 1874, précité; — 4 juin 1875, Sarazanas, [Leb. chr., p. 534]; — 18 juin 1875, précité; — 23 déc. 1887, Massé, [Leb. chr., p. 836]

5417. — ... Alors même que ces ouvertures seraient à verre dormant. — Cons. d'Et., 16 avr. 1870, Oulimère, [Leb. chr., p. 474]

5418. — ... Ou qu'elles ne prendraient jour qu'au-dessus de la toiture. — Cons. d'Et., 9 juin 1843, Martin, [Leb. chr., p. 276]; — 6 janv. 1869, Duponny, [S. 70.2.32, P. adm. chr.]; — 4 mars 1881, Deilhes, [D. 82.3.134]; — 23 déc. 1881, Videl, [Leb. chr., p. 1027]

5419. — ... Ou qu'elles appartiennent à un pavillon élevé au-dessus de l'escalier. — Cons. d'Et., 22 févr. 1867, Boucher, [Leb. chr., p. 180]

5420. — ... Alors même que cet escalier consisterait dans des échelles conduisant dans un atelier situé au sommet d'une tour à plomb. — Cons. d'Et., 25 mars 1892, Société des mines de Pontgibaud, [Leb. chr., p. 309]

5421. — A l'égard des ouvertures servant à éclairer les cabinets d'aisances, la jurisprudence fait une distinction suivant qu'ils font ou ne font pas corps avec l'habitation. Ainsi il a été décidé qu'il y avait lieu d'imposer les ouvertures de cabinets d'aisances situés au rez-de-chaussée et au premier étage d'une habitation. — Cons. d'Et., 1er juin 1864, Mangars, [Leb. chr., p. 522]; — 8 août 1884, Chambre de commerce de Bordeaux, [D. 85.5.128]

5422. — ... Ou bien ouvrant sur des galeries non closes, — Cons. d'Et., 9 avr. 1886, Dubeuf, [Leb. chr., p. 324] — ... ou sur une cour. — Cons. d'Et., 3 févr. 1888, Lorain, [Leb. chr., p. 114]

5423. — Au contraire, le Conseil d'Etat n'a pas considéré comme faisant partie de l'habitation des cabinets d'aisances situés au fond d'une cour, à côté d'une écurie, et, par suite, a accordé décharge des taxes afférentes à leurs ouvertures. — Cons. d'Et., 9 mai 1873, Paroclet, [Leb. chr., p. 397]; — 18 juin 1875, précité; — 26 nov. 1886, Cie d'Orléans, [Leb. chr., p. 828]; — 8 août 1890, Même partie, [Leb. chr., p. 776] — De ces décisions, il résulte que ces locaux ne sont pas considérés comme destinés à l'habitation des hommes, mais qu'ils n'ont cette affectation que lorsqu'ils sont incorporés dans la maison d'habitation.

5424. — Le Conseil d'Etat a même décidé, malgré les termes larges dans lesquels est conçu l'art. 5, qu'il y avait lieu d'imposer les ouvertures servant à éclairer un sous-sol, lorsque celui-ci se compose de pièces habitables et servant à l'habitation. — Cons. d'Et., 26 déc. 1870, Rouget de l'Isle, [Leb. chr., p. 1111]

5425. — Peu importe que les locaux éclairés soient petits, incommodes, bas de plafond; il suffit qu'ils soient habitables pour que leurs ouvertures soient cotisées. — Cons. d'Et., 20 avr. 1877, Chaix, [Leb. chr., p. 364]; — 8 juin 1877, Taupin, [Leb. chr., p. 549]; — 9 nov. 1877, Chaumonot, [Leb. chr., p. 836]; — 27 juill. 1888, Thévenin, [Leb. chr., p. 668]

5426. — Si cette condition est réalisée, il n'y a pas à distinguer suivant que les ouvertures sont à vitrages fixes, — Cons. d'Et., 9 nov. 1877, Blot, [D. 78.3.39]; — 3 nov. 1882, Larivière, [Leb. chr., p. 831] — ... ou consistent dans un simple châssis. — Cons. d'Et., 24 janv. 1879, Breton Noël, [Leb. chr., p. 54]; — 29 nov. 1889, Pauchat-Hutin, [S. 92.3.23, P. adm. chr.]; — 10 mai 1890, Doyennel, [Leb. chr., p. 491]; — 4 juill. 1891, Cercle de L'Union, [Leb. chr., p. 527]; — 27 févr. 1892, Doyennel, [Leb. chr., p. 226] — Elles sont imposables, quelles que soient leurs dimensions ou leur forme. — Cons. d'Et., 18 mai 1858, Bayvel, [P. adm. chr.]; — 18 févr. 1865, Berthet, [Leb. chr., p. 223]

5427. — S'il est nécessaire, pour que les ouvertures soient imposables, que les locaux qu'elles éclairent soient habitables, il est sans importance qu'ils soient habités en fait. — Cons. d'Et., 20 juin 1844, Carminand, [P. adm. chr.]; — 5 janv. 1877, Brard, [Leb. chr., p. 20]; — 9 janv. 1880, Morel, [Leb. chr., p. 6]; — 5 mars 1880, Lafont, [Leb. chr., p. 249]; — 6 nov. 1880, Vramant, [Leb. chr., p. 832]; — 29 juin 1883, Renard, [Leb. chr, p. 606]; — 20 nov. 1885, Louis, [Leb. chr., p. 848]; — 12 nov. 1886, Labarthe, [Leb. chr., p. 778]; — 24 déc. 1886, Vicot, [Leb. chr., p. 922]; — 1er juill. 1887, Bellordre, [Leb. chr., p. 524]; — 30 déc. 1887, de Saint-Belin, [Leb. chr., p. 802]; — 30 nov. 1889, Bouquier, [Leb. chr., p. 1114]; — 27 déc. 1890,

Bonnefond, [Leb. chr., p. 1025]; — 5 févr. 1892, Bonnefond, [Leb. chr., p. 109]; — 27 févr. 1892, précité.

5428. — II. Usines. — Les usines sont nommément déclarées imposables par la loi du 4 frim. an VII. Les ouvertures servant à éclairer tous les locaux dans lesquels les ouvriers sont réunis doivent être assujetties à la taxe. Nous examinerons plus loin la distinction établie par la loi du 4 germ. an XI entre les usines et les manufactures. — Cons. d'Et., 5 févr. 1863, Bougueret, [P. adm. chr.]; — 11 juill. 1864, Aubert, [Leb. chr., p. 606]; — 6 août 1864, Adam, [Leb. chr., p. 740] — Par exemple, doivent être cotisés : les ouvertures des ateliers. — Cons. d'Et., 12 août 1863, Perot Wagret, [Leb. chr., p. 675]; — 2 sept. 1863, Société de Hautmont, [Leb. chr., p. 739]; — 15 déc. 1865, Pinart, [Leb. chr., p. 978]; — 14 juin 1878, Bodet, [Leb. chr., p. 566]; — 3 nov. 1882, Larivière, [Leb. chr., p. 831]; — 8 août 1890, Cie d'Orléans, [Leb. chr., p. 776]; — 25 mars 1892, Société des mines de Pontgibaud, [Leb. chr., p. 309]

5429. — ... Des hangars et magasins où travaillent les ouvriers. — Cons. d'Et., 5 juill. 1865, Deshomme, [Leb. chr., p. 684]; — 14 mai 1891, Chambre de commerce de Marseille, [Leb. chr., p. 369] — ... d'un bâtiment en planches destiné à servir de réfectoire. — Cons. d'Et., 24 juill. 1863, Dietrich, [Leb. chr., p. 574]

5430. — Les compagnies de chemins de fer sont imposables à raison des ouvertures de tous les locaux qui servent à l'habitation ou au séjour des hommes, tels que bureaux, buffets, salles d'attente, ateliers de réparation, logements d'employés, — Cons. d'Et., 17 août 1864, Cie de Paris à Lyon et à la Méditerranée, [S. 65.2.120, P. adm. chr.]; — 30 janv. 1882, Cie d'Orléans, [Leb. chr., p. 92] — ... maisons de gardes-barrières. — Cons. d'Et., 21 avr. 1882, Cie de Paris à Orléans, [D. 83.5.136]

5431. — Au contraire, sont exemptées, comme servant à éclairer des locaux impropres à l'habitation des hommes, les ouvertures des remises à wagons et à locomotives, des réservoirs à eau, et des greniers qui sont au-dessus de ces bâtiments. — Cons. d'Et., 27 janv. et 7 août 1865, Cie de l'Ouest, [Leb. chr., p. 115 et 742]; — 21 mars 1866, Cie du Nord, [Leb. chr., p. 260]; — 26 juin 1867, Cie du Nord, [Leb. chr., p. 601]; — 19 juill. 1867, Même partie, [Leb. chr., p. 659]

5432. — Dans les exploitations minières, il n'y a pas lieu d'exempter toutes les constructions qu'elles contiennent, et la circonstance que les exploitants sont assujettis à la redevance proportionnelle ne saurait leur faire obtenir décharge de la contribution des portes et fenêtres. Ces taxes ne font pas double emploi. — Cons. d'Et., 21 juill. 1858, Société des houillères de Rive-de-Gier, [S. 59.2.333, P. adm. chr., D. 59.3.21]

5433. — Il y a lieu d'assujettir à la taxe des ouvertures servant à éclairer des locaux où les ouvriers ou employés sont constamment ou habituellement rassemblés, tels que bureaux, chauffoirs, salle de recette, ateliers, scierie mécanique, forge, etc. — Cons. d'Et., 7 août 1863, Mines de Lens, [Leb. chr., p. 649]; — 2 sept. 1863, Mines de Vicoigne, [Leb. chr., p. 737]

5434. — Mais le Conseil d'Etat a déclaré non imposables les ouvertures des bâtiments placés au-dessus des fosses à charbon et recouvrant des machines à vapeur, — Cons. d'Et., 26 avr. 1862, Mines d'Anzin, [Leb. chr., p. 335] — ... celles des locaux servant de vestiaire pour les ouvriers et d'abri pour les machines. — Cons. d'Et., 7 août 1863, précité; — 2 sept. 1863, précité.

5435. — Dans une tour à plomb, ne sont pas imposables les ouvertures qui éclairent la partie de la tour où tombent les grains jetés du sommet. — Cons. d'Et., 25 mars 1892, Société des mines de Pontgibaud, [Leb. chr., p. 309]

5436. — Ne sont pas imposables les ouvertures d'un bâtiment servant de réservoir et d'étuve pour sécher le sable. — Cons. d'Et., 8 août 1890, Cie d'Orléans, [Leb. chr., p. 776]

5437. — III. Magasins. — Doivent encore être comprises au nombre des ouvertures imposables les portes et fenêtres des magasins. Quoique ces locaux soient plutôt par leur nature destinés à la réception des marchandises qu'à l'habitation des hommes, et qu'ils ne soient pas nommément compris dans les locaux imposables en vertu de la loi du 4 frim. an VII, ils ont toujours été considérés par l'administration comme devant être cotisés. Aucune exemption n'est édictée en leur faveur. Les hommes, sans les habiter d'une manière continue, y font des séjours prolongés. Enfin, le tarif joint à la loi du 21 avr. 1832 frappe d'une taxe particulière les portes de magasins. Les locaux

affectés à un commerce ne sont l'objet d'aucune exemption. — Cons. d'Et., 16 sept. 1848, Jacquemoux, [P. adm. chr.]

5438. — Que faut-il entendre par *magasin*? Ce nom doit s'appliquer à tous les locaux dans lesquels des marchandises sont accumulées pour être vendues. Le Conseil d'Etat a eu à maintes reprises à se prononcer sur cette question. Il a reconnu le caractère de magasins à des locaux dans lesquels l'administration des tabacs déposait les feuilles achetées dans la région et leur faisait subir certaines manipulations afin d'en opérer la dessication avant de les expédier dans les manufactures. — Cons. d'Et., 17 nov. 1843, Defontaine, [P. adm. chr.]

5439. — Les locaux dans lesquels un marchand de grains amasse les blés qu'il a achetés ne peuvent être assimilés aux greniers ou aux bâtiments destinés à serrer les récoltes des cultivateurs. Leurs ouvertures sont donc imposables. — Cons. d'Et., 7 mars 1834, Jannet, [P. adm. chr.]; — 31 janv. 1853, Rabier, [Leb. chr., p. 80]

5440. — Le caractère de bâtiment rural ne peut être attribué non plus à une maison convertie en lieu de dépôt de fromages destinés à la vente. — Cons. d'Et., 4 juill. 1845, Bertin, [P. adm. chr.]

5441. — ... A un bâtiment où un tonnelier serre les cuves, cuviers et fûts qu'on lui donne à réparer et qu'il loue aux particuliers. — Cons. d'Et., 6 août 1840, de La Salle, [P. adm. chr.]

5442. — ... Aux locaux dans lesquels un fabricant d'huile serre des graines oléagineuses destinées à l'alimentation de son moulin. — Cons. d'Et., 2 févr. 1860, Ouvry, [Leb. chr., p. 82]

5443. — ... Aux chais dans lesquels les marchands de vins déposent leurs barriques. — Cons. d'Et., 23 juin 1846, Moreau, [S. 46.2.665, P. adm. chr.]

5444. — ... Au bâtiment où sont déposées les écorces nécessaires à l'exploitation d'une tannerie, — Cons. d'Et., 7 mai 1875, Blanchard, [Leb. chr., p. 432]; — 12 juin 1883, Tessier, [D. 86. 5.125]; — 18 janv. 1890, Hacquard, [D. 91.3.57] — ... à un hangar dans lequel un épicier entrepose ses marchandises. — Cons. d'Et., 25 févr. 1887, Cagnon, [Leb. chr., p. 171]

5445. — ... A une pièce dans une usine de tissage, qui ne sert qu'au dépôt des matières premières et dans laquelle quelques ouvriers viennent de temps en temps mélanger ces matières. — Cons. d'Et., 24 mai 1890, Cherpin, [Leb. chr., p. 546]

5446. — Faut-il considérer comme des magasins les chantiers dans lesquels les marchands de bois et de charbon déposent leurs marchandises? La jurisprudence a hésité. Le Conseil s'est prononcé affirmativement dans une affaire où il s'agissait d'un chantier de construction. — Cons. d'Et., 31 juill. 1833, Desdorides, [P. adm. chr.] — En sens contraire, nous voyons le Conseil exempter le chantier de bois et l'entrepôt de charbon d'un menuisier. — Cons. d'Et., 20 déc. 1836, Mory, [P. adm. chr.]

5447. — Aujourd'hui la jurisprudence administrative paraît faire une distinction, suivant que le terrain est clos de murs et de palissades et renferme une construction, hangar, etc. Dans ce cas, on le considère comme un véritable magasin. — Cons. d'Et., 24 mai 1878, Derville, [Leb. chr., p. 503]; — 29 janv. 1886, Giroud, [Leb. chr., p. 83] — Au contraire, si le terrain est complètement nu, on ne l'impose pas (Déc. adm. Aisne, 1882-1883]

5448. — Enfin, par une décision du 25 janv. 1890, le Conseil d'Etat déclare imposable la porte d'un magasin pendant les années où il est affecté à l'usage de chantier et assujetti comme tel au droit proportionnel de patente, et décide que cette même porte ne doit pas être imposée pendant les années où le terrain n'avait pas cette destination. — Cons. d'Et., 25 janv. 1890, Riffaud, [S. et P. 92.3.56, D. 91.3.70]

5449. — Le Conseil d'Etat a déclaré imposables : les ouvertures d'un bâtiment employé comme bureau et magasin pour le service de l'exploitation d'une tourbière. — Cons. d'Et., 5 août 1848, Lensoy, [P. adm. chr.]

5450. — Celles d'un magasin et d'un atelier de boulangerie. — Cons. d'Et., 30 nov. 1848, Debouis, [Leb. chr., p. 653]; — 13 févr. 1892, Blancon, [Leb. chr., p. 155]

5451. — Celles d'un bâtiment servant à la fois de séchoir, d'atelier de raccommodage et de magasin pour les draps. — Cons. d'Et., 14 févr. 1872, Mader, [D. 73.3.53]

5452. — Celles d'un séchoir de briqueterie. — Cons. d'Et., 24 mai 1890, Radot, [Leb. chr., p. 549]

5453. — Le critérium auquel on a le plus souvent recours pour savoir si un local a ou non le caractère de magasin, c'est

le fait qu'il est ou non compris dans les éléments passibles du droit proportionnel de patente. — Cons. d'Et., 7 mai 1875, précité ; — 25 juin 1875, Guyennet, [Leb. chr., p. 621]

5454. — La circonstance que des magasins seraient construits en planches et susceptibles d'être déplacés ne saurait en entraîner l'exemption. — Cons. d'Et., 8 août 1884, Chambre de commerce de Bordeaux, [Leb. chr., p. 719]

5455. — Les bâtiments destinés à recevoir, même temporairement, des marchandises, doivent être considérés comme des magasins. — Cons. d'Et., 18 juin 1866, Cie des Docks du Hâvre, [Leb. chr., p. 692]; — 31 mars 1870, Cie d'Orléans, [S. 72.2.63, P. adm. chr., D. 71.3.34]

5456. — Dans les gares de chemin de fer, il y a lieu de considérer comme magasins les halles aux marchandises, les hangars des messageries de grande vitesse. — Cons. d'Et., 27 janv. 1865, Cie de l'Ouest, [Leb. chr., p. 115]; — 8 août 1890, Cie d'Orléans, [Leb. chr., p. 776]

5457. — ... Les quais couverts. — Cons. d'Et., 8 juill. 1887, Cie d'Orléans, [Leb. chr., p. 550]; — 7 août 1889, Cie d'Orléans, [Leb. chr., p. 948]; — 27 déc. 1890, Même partie, [Leb. chr., p. 1021]

5458. — Les vitrages formant toitures au-dessus des halles, des ateliers et magasins, et, en général, de tous les bâtiments des gares, ne sont pas imposables. — Cons. d'Et., 17 août 1864, Cie P.-L.-M., [S. 65.2.120, P. adm. chr.]; — 21 mars 1866, Cie du Nord, [Leb. chr., p. 260]; — 26 juin 1867, Cie du Nord, [Leb. chr., p. 601]; — 19 mars 1870, Cie d'Orléans, [S. 72.2.63, P. adm. chr., D. 71.3.31]

5459. — Les ouvertures pratiquées dans une palissade, destinée plutôt à protéger une propriété contre l'envahissement des bestiaux qu'à servir de clôture à la propriété elle-même, ne constituent pas des ouvertures imposables. — Cons. d'Et., 18 juin 1875, Martin, [Leb. chr., p. 595]

§ 2. Ouvertures considérées au point de vue de leur situation dans l'immeuble.

5460. — Nous venons de voir que la première condition pour que les portes et fenêtres soient imposables, c'est qu'elles servent à éclairer des locaux habitables. La seconde, c'est que ces ouvertures donnent sur des rues, cours ou jardins. Ces dernières expressions ne sont pas limitatives. D'après les instructions administratives, les portes et fenêtres donnant sur des champs ou près sont également passibles de la taxe. Ce que la loi a entendu spécifier, c'est que toutes les ouvertures donnant accès à la lumière du dehors doivent être cotisées. — Cons. d'Et., 28 janv. 1835, Mandel, [S. 35.2.508, P. adm. chr.]; — 4 juin 1875, Sarazanas, [Leb. chr., p. 534]; — 21 juill. 1882, Basque. [Leb. chr., p. 695]; — 28 févr. 1890, Labro, [Leb. chr., p. 227]

5461. — Il a été jugé qu'on ne peut fonder une demande en réduction sur ce que des ouvertures donnent sur un jardin au lieu de donner directement sur la voie publique. — Cons. d'Et., 14 mai 1870, Barret, [Leb. chr., p. 581]; — 16 juill. 1870, Bouillerot-Maillard, [Leb. chr., p. 910]

5462. — ... Que doit être assujettie à la taxe des portes cochères, une porte de magasin de marchand en gros, encore bien qu'elle ouvre sur une cour exclusivement réservée à l'usage du contribuable, et trouvant elle-même accès à la voie publique par une porte cochère. — Cons. d'Et., 30 juin 1893, Charpentier frères, [S. et P. 95.3.53]

5463. — Les passages publics faisant partie de la voie publique, les ouvertures des maisons situées dans l'intérieur d'un passage de cette nature sont imposables, alors même que celui-ci serait fermé à ses deux extrémités (Instr. 30 mars 1831).

5464. — Le Conseil d'Etat a déclaré imposable une porte donnant accès sur un passage indivis entre plusieurs propriétaires riverains. — Cons. d'Et., 6 févr. 1885, Ville de Paris, [D. 86.3.92]

5465. — La circonstance qu'une redevance serait payée pour la conservation d'ouvertures donnant sur une propriété privée n'entraîne pas décharge de la taxe des portes et fenêtres. Cette redevance n'a aucun rapport et ne fait pas double emploi avec la contribution. D'autre part, si ces ouvertures donnent sur une propriété privée, elles ne peuvent cependant être considérées comme des ouvertures intérieures. — Cons. d'Et., 23 nov. 1889, de Burgues de Missiessy, [Leb. chr., p. 1074]

5466. — Comme conséquence de ce principe, les portes et

fenêtres intérieures ne doivent pas être cotisées. Dans cette catégorie, il faut comprendre, non seulement les portes qui relient
entre elles les diverses pièces d'un appartement, mais les ouvertures donnant sur une cage d'escalier couverte. Celle-ci ne peut
être assimilée à une cour intérieure. — Cons. d'Et., 26 janv.
1877, Corrèges, [Leb. chr., p. 99]

5467. — Il en est de même des ouvertures donnant sur un
couloir intérieur. — Cons. d'Et., 7 août 1883, Milon, [D. 84.5.
128]; — 16 janv. et 24 juill. 1885, Bidal, [Leb. chr., p. 42 et
708] — Il en est ainsi, par exemple, de la porte des loges des
concierges. — Cons. d'Et., 26 mai 1843, Suchetel, [Leb. chr.,
p. 281]

5468. — Le Conseil d'Etat a également considéré comme
ouvertures intérieures des fenêtres éclairant un escalier et prenant jour dans une courette couverte d'un vitrage, lequel était
imposé. — Cons. d'Et., 7 août 1883, précité.

5469. — De même une porte donnant sur une galerie non
close, mais en retrait d'un même dans cette galerie. — Cons.
d'Et., 30 oct. 1848, Druet-Desvaux, [P. adm. chr.]

5470. — Les portes donnant sur une galerie située aux étages supérieurs d'une maison et n'avant pas d'issue à l'extérieur,
ne sont pas imposables, sans qu'il y ait lieu d'examiner si la
galerie est close ou non à ses extrémités. — Cons. d'Et., 18 oct.
1832, Condamine, [P. adm. chr.] — Macarel et Boulatignier,
Fort. publ., t. 3, n. 940.

5471. — Cette décision, dans laquelle on a eu soin de noter
que les portes dont il s'agissait n'avaient pas d'issue extérieure,
n'est pas en contradiction avec d'autres décisions, par lesquelles
le Conseil d'Etat a déclaré imposables des portes ou fenêtres ouvrant sur des galeries extérieures non closes et donnant sur une
cour (Instr. 30 mars 1831). — Cons. d'Et., 5 mars 1870, Cam-
bours, [Leb. chr., p. 241]; — 4 juin 1875, Sarazanas, [Leb. chr.,
p. 534]; — 29 juin 1888, Bartoli, [Leb. chr., p. 573]

5472. — Si, entre la porte de l'habitation et la porte donnant
directement accès à la voie publique, il existe d'autres clôtures,
celles-ci sont exemptes. C'est ainsi que le Conseil d'Etat a déclaré non imposables : une porte reliant deux cours entre elles.
— Cons. d'Et., 17 sept. 1854, Postel, [Leb. chr., p. 831]

5473. — ... Une barrière faisant communiquer entre elles la
cour du propriétaire et celle du fermier, qu'il faut traverser pour
accéder à la rue. — Cons. d'Et., 20 nov. 1856, Cosnard, [D. 57.
3.26]

5474. — ... Une porte formant clôture entre le jardin d'une
maison et les propriétés voisines. — Cons. d'Et., 11 févr. 1857,
Maretheu, [S. 57.2.782, P. adm. chr.]

5475. — Les portes conduisant d'une cour dans un jardin,
les portes existant dans une avenue, entre la porte de cette avenue et celle de la maison d'habitation, ne sont pas imposables
(Instr. 30 mars 1831).

5476. — La loi assujettit à la taxe les ouvertures donnant
sur les cours. Mais on s'est demandé si cette disposition s'appliquait aux cours couvertes d'un vitrage. L'administration prétendait imposer à la fois le vitrage couvrant la cour et les ouvertures qui prenaient jour sur cette cour. Le Conseil d'Etat a décidé
que le vitrage ne constituait pas une ouverture imposable. —
Cons. d'Et., 18 mai 1861, Piedfort, [P. adm. chr.]

5477. — ... Mais qu'en revanche la circonstance que la cour
était couverte d'un vitrage ne pouvait faire considérer les ouvertures qui prenaient jour dedans comme des ouvertures intérieures. — Cons. d'Et., 21 janv. 1846, Lebesgue, [P. adm. chr.]; —
17 mars 1853, Alziary de Roquefort, [P. adm. chr.]; — 5 oct.
1857, Savournin, [Leb. chr., p. 725]; — 28 juin 1860, Loste,
[P. adm. chr.]; — 30 août 1865, Langa, [Leb. chr., p. 893]; —
9 févr. 1869, Ottonin, [S. 70.2.95, P. adm. chr.]; — 7 avr. 1870,
Morett, [Leb. chr., p. 426]; — 7 nov. 1884, Carraud, [D. 85.3.
128]

5478. — Il en est ainsi, alors même que la cour est fermée
par une porte intérieure qui la relie au vestibule de la maison.
— Cons. d'Et., 25 août 1865, Savournin, [S. 66.2.247, P. adm. chr.]

5479. — Les portes d'ateliers donnant sur des cours non
closes sont des portes extérieures et par suite imposables. —
Cons. d'Et., 9 nov. 1877, Blot, [D. 78.3.39]

5480. — Seules les ouvertures donnant accès à l'habitation
sont imposables. Il en résulte qu'il n'y a pas lieu d'imposer les
portes qui donnent accès à un jardin. — Cons. d'Et., 28 mai
1867, Ardy, [S. 68.2.237, P. adm. chr., D. 69.3.44]; — 5 mars
1866, Duruelle, [Leb. chr., p. 209]

5481. — ... A un verger. — Cons. d'Et., 12 juill. 1878, Ecoutin, [Leb. chr., p. 667]

5482. — ... A un herbage. — Cons. d'Et., 27 juin 1891, Lemaître, [Leb. chr., p. 498]

5483. — ... A un chantier inutilisé. — Cons. d'Et., 28 févr.
1891, Riffaud, [S. et P. 92.3.56, D. 91.3.70]

5484. — Mais il importe peu que l'accès à l'habitation soit
direct ou indirect. Il faut donc assujettir à la taxe les portes
donnant accès à une voie publique à une cour d'où l'on peut, par
une seconde porte, pénétrer dans l'habitation. — Cons. d'Et., 5
mars 1868, Croze, [Leb. chr., p. 272]; — 5 mars 1870, Rouchon
[Leb. chr., p. 240]; — 26 févr. 1875, Médus, [Leb. chr., p. 494]
— 12 juill. 1878, précité; — 23 avr. 1880, Rivière, [Leb. chr., p.
389]; — 4 févr. 1881, Pochet, [Leb. chr., p. 152]; — 6 mai 1881
Blanchon, [Leb. chr., p. 466]; — 28 avr. 1882, Bucaille, [Leb.
chr., p. 399]; — 22 févr. 1890, Bajot, [Leb. chr., p. 219]

5485. — Il y a lieu d'imposer une porte ouvrant sur un passage commun à divers propriétaires et donnant accès à une cour
dans laquelle se trouvent deux bergeries et d'où l'on peut, par
une seconde porte, pénétrer dans la cour des communs attenante
au jardin de l'habitation. — Cons. d'Et., 13 mai 1874, Ville de
Laon, [Leb. chr., p. 439]

5486. — Sont également imposables les portes qui donnent
accès à un jardin dans lequel se trouve située la maison. — Cons.
d'Et., 23 avr. 1862, Degeorges, [P. adm. chr., D. 63.5.97]; —
juill. 1868, de Brives, [S. 69.2.224, P. adm. chr.]; — 7 avr.
1870, Pillaud, [Leb. chr., p. 426]; — 2 juill. 1870, Coindet,
[Leb. chr., p. 854]; — 18 juill. 1873, Larochette, [Leb. chr., p.
651]; — 9 janv. 1874, Derouet, [Leb. chr., p. 7]; — 17 déc. 1875
Poinsot, [Leb. chr., p. 1019]; — 28 juin 1889, Battle, [Leb. chr.,
p. 784]; — 25 mars 1892, Pierson, [Leb. chr., p. 309]

5487. — Lorsqu'une maison d'habitation se trouve dans un
enclos, la porte de cet enclos est imposable. — Cons. d'Et., 14 août
1837, Rochoux, [P. adm. chr.]; — 19 déc. 1838, Coste, [Leb.
chr., p. 243]; — 30 déc. 1841, Brunet, [S. 42.2.236, P. adm.
chr.] — V. aussi Cons. d'Et., 28 mars 1888, Blanc, [Leb. chr.,
p. 327]

5488. — De même, les portes qui donnent accès de la voie
publique dans des bâtiments qui ne sont pas destinés à l'habitation des hommes et qui ne seraient pas cotisées si ces locaux
étaient séparés de l'habitation, doivent être imposées si elles
donnent un accès indirect à cette habitation. Ainsi décidé pour
la porte d'une grange, qui donnait accès en même temps à l'habitation. — Cons. d'Et., 15 sept. 1847, de Schacken, [Leb. chr.,
p. 632]

5489. — ... Pour des portes d'une remise ou d'un bûcher donnant accès par une autre porte à la maison. — Cons. d'Et., 29
sept. 1848, Meunier, [Leb. chr., p. 613]; — 22 mars 1854, Canon
[P. adm. chr.]; — 21 déc. 1859, Loisillon, [Leb. chr., p. 755];
— 17 déc. 1862, Huet, [P. adm. chr.]

5490. — ... Pour une porte cochère donnant accès à une cour
entourée de bâtiments ruraux et, par ces bâtiments, à l'habitation. — Cons. d'Et., 21 juill. 1853, Poucillon, [P. adm. chr.]
... Pour une porte cochère conduisant à une maison dont une aile
est transformée en bâtiment rural. — Cons. d'Et., 2 mai 1849
Bocandé, [P. adm. chr.]

5491. — Toutefois, si la maison d'habitation accède à la voie
publique par une autre porte que celle d'une grange ou d'une
remise, la circonstance que ces bâtiments communiquent avec
l'habitation ne suffit pas pour enlever à la porte donnant sur la
rue le bénéfice de l'exemption accordée aux portes des bâtiments
impropres à l'habitation des hommes. — Cons. d'Et., 7 avr. 1870,
Dalod, [S. 72.2.32, P. adm. chr.]; — 18 déc. 1874, Ville de
Laon, [Leb. chr., p. 1008]; — 23 avr. 1875, Brémond, [S. 77.
2.94, P. adm. chr., D. 75.3.101]; — 26 juin 1890, Thibaud,
[Leb. chr., p. 612]; — 10 juill. 1890, Duvivier, [Leb. chr., p.
653]

§ 3. Ouvertures considérées au point de vue
de leur nature propre.

1° Clôture.

5492. — Les portes et fenêtres pratiquées sous la partie
couverte soit d'une porte cochère, soit d'une allée, sont imposables, si les deux extrémités de la partie couverte ne sont pas
closes.

5493. — Les portes dont on ne se sert pas habituellement, mais qui ne sont ni murées ni condamnées d'une manière définitive, continuent à être imposables. — Cons. d'Et., 15 mars 1837, Rigoulet, [P. adm. chr.]; — 26 nov. 1886, Courty, [Leb. chr., p. 829]

5494. — Il en est de même d'une fenêtre fermée au moyen d'un volet retenu par des clous, mais non définitivement supprimée. — Cons. d'Et., 26 févr. 1875, Médu, [Leb. chr., p. 194]

5495. — Au contraire, il faut accorder décharge de la taxe afférente aux ouvertures qui sont définitivement condamnées. — Cons. d'Et., 4 juill. 1891, Carle, [Leb. chr., p. 527]

5496. — Les ouvertures non munies de clôture ne sont pas imposables (Instr. 30 mars 1831).

5497. — Mais pourvu que les ouvertures soient closes, il importe peu que le mode de clôture consiste en volets, en châssis dormants ou mobiles, en vitrages, en canevas, en toile ou en papier (Instr. 30 mars 1831).

5498. — Les œils-de-bœuf et vitrages placés au-dessus des portes et autres ouvertures de ce genre ne doivent pas être imposés, à moins qu'ils n'éclairent des pièces habitées. — Cons. d'Et., 18 juin 1875, Martin, [Leb. chr., p. 595]

5499. — Les impostes vitrées formées par une traverse horizontale et des meneaux verticaux ne présentant aucune solidité et formant la partie supérieure des baies donnant accès dans une gare de chemin de fer ne doivent pas être cotisées. — Cons. d'Et., 26 juin 1867, Cie du Nord, [Leb. chr., p. 601] — Mais on ne peut considérer comme telles des ouvertures placées au-dessus d'autres ouvertures, destinées à éclairer la même pièce, mais séparées d'elles par des linteaux en maçonnerie d'une hauteur d'un mètre environ. Ce sont des ouvertures distinctes qui doivent être imposées. — Cons. d'Et., 6 juin 1873, Cie P.-L.-M., [Leb. chr., p. 501]

5500. — Les ouvertures dites *jours de souffrance* sont imposables si elles sont munies de clôtures et si elles éclairent des locaux faisant partie de l'habitation.

5501. — En conséquence, le Conseil d'Etat a refusé d'exonérer de la taxe des ouvertures, sous le prétexte qu'elles étaient fermées au moyen d'un vitrage fixe. — Cons. d'Et., 19 déc. 1838, Bardin, [P. adm. chr.]; — 9 nov. 1877, Blot, [D. 78.3. 39]; — 11 juill. 1879, Ducornet, [Leb. chr., p. 585]; — 3 nov. 1882, Larivière, [Leb. chr., p. 831]; — 6 nov. 1885, Oriol, [Leb. chr., p. 816]

5502. — ... Sauf dans le cas où ces vitrages forment toiture, soit au-dessous d'une cour... — Cons. d'Et., 18 mai 1861, Piedfort, [P. adm. chr.]

5503. — ... Soit au-dessus de magasins. — Cons. d'Et., 18 juin 1866, Cie des docks du Hâvre, [Leb. chr., p. 692]

5504. — ... Soit au-dessus des divers bâtiments d'une gare. — Cons. d'Et., 17 août 1864, Cie P.-L.-M., [S. 65.2.120, P. adm. chr.]; — 26 juin 1867, Cie du Nord, [Leb. chr., p. 601]; — 19 mars 1870, Cie d'Orléans, [S. 72.2.63, P. adm. chr., D. 71.3.34]

5505. — Il a également déclaré imposables des ouvertures munies de simples châssis. — Cons. d'Et., 16 avr. 1870, Oulmière, [Leb. chr., p. 474]; — 24 janv. 1879, Breton-Noël, [Leb. chr., p. 54]; — 29 juin 1888, Bartoli, [Leb. chr., p. 573]; — 7 mars 1891, Padion, [Leb. chr., p. 252]

5506. — Des ouvertures pratiquées dans un hangar pour le séchage des bois ou des écorces, établies sur des montants fixes, formant des baies distinctes et fermées au moyen de châssis à lames de bois mobiles, sont imposables. — Cons. d'Et., 14 déc. 1868, Delavaud, [Leb. chr., p. 1024]; — 19 mai 1869, Faucon, — 9 nov. 1869, Lemancel, [Leb. chr., p. 766]; — 9 nov. 1877, précité; — 6 nov. 1880, Fleury, [Leb. chr., p. 837]; — 21 avr. 1882, Boulanger, [Leb. chr., p. 332]; — 3 nov. 1882, Bouquet, [Leb. chr., p. 830]; — 16 mars 1888, Duchesne, [Leb. chr., p. 259]

5507. — Il en est de même des ouvertures munies de volets ou persiennes mobiles. — Cons. d'Et., 3 mai 1861, Gillard, [D. 62.3.56]; — 19 juin 1874, Henneton, [Leb. chr., p. 572]; — 12 août 1875, Siney, [Leb. chr., p. 626]; — 27 mai 1887, Société des tireurs maçonnais, [D. 88.5.135]; — 25 nov. 1892, Chambre de commerce de Calais, [Leb. chr., p. 800]

5508. — Les boutiques des commerçants sont le plus souvent munies de vitrages, qui sont considérés comme des fenêtres. — Cons. d'Et., 28 janv. 1835, Prével, [S. 35.2.508, P. adm. chr.]; — 11 mars 1843, Fabre, [S. 43.2.554, *ad notam*, P. adm. chr.];

— 2 févr. 1844, Sallony, [P. adm. chr.]; — 22 févr. 1844, Bonfils et Raynaud, [P. adm. chr.]

5509. — Dans les unes, la porte d'entrée est sur le côté et le surplus de la façade est fermé par un châssis; dans les autres, la porte d'entrée est au milieu, et les deux côtés sont fermés par un vitrage. Dans le premier cas, on devra compter deux ouvertures, et trois dans le second. Enfin, il ne sera compté qu'une seule ouverture si, à droite et à gauche de la porte, il n'existe que des baies distinctes seulement de la porte par un mur ou clôture à la hauteur d'appui (Circ. 11 mars 1841).

2e De la computation des ouvertures.

5510. — Il est parfois assez délicat de déterminer le nombre des ouvertures imposables, lorsqu'il s'agit de baies d'une largeur exceptionnelle, ou de vitrages garnissant tout un étage et destinés à éclairer des locaux d'une grande étendue. Il a été décidé que, dans un magasin où les ouvertures sont fermées chacune par deux panneaux mobiles, on ne doit pas compter autant de portes qu'il y a de panneaux, mais seulement autant qu'il existe d'ouvertures. — Cons. d'Et., 4 juill. 1860, Cie des docks du Hâvre, [P. adm. chr.]

5511. — De même, une porte à deux vantaux ne compte que pour une seule ouverture. — Cons. d'Et., 1er juill. 1887, Cateland, [Leb. chr., p. 524]

5512. — A l'égard des fenêtres, l'existence de meneaux en maçonnerie qui séparent, à l'extérieur seulement, les ouvertures servant à éclairer un établissement industriel ne peut avoir pour effet de faire considérer ces ouvertures comme constituant deux fenêtres distinctes. — Cons. d'Et., 3 mai 1851, de Civras, [P. adm. chr.]

5513. — Il en est de même des meneaux ou montants en bois qui divisent les ouvertures. — Cons. d'Et., 27 janv. 1863, Cie de l'Ouest, [Leb. chr., p. 115]; — 5 juill. 1863, Duhomme, [Leb. chr., p. 684]; — 26 juin 1866, Gonaux, [Leb. chr., p. 722]; — 19 juill. 1867, Cie du Nord, [Leb. chr., p. 639]

5514. — Au contraire, il y a lieu de compter pour deux ouvertures une fenêtre divisée par une cloison et servant à éclairer deux chambres contiguës. — Cons. d'Et., 12 avr. 1865, Pelletier, [Leb. chr., p. 443]

5515. — ... Des ouvertures de hauteurs inégales, séparées par un montant et pourvues de systèmes de fermeture indépendants. — Cons. d'Et., 16 janv. et 24 juill. 1885, Bidal, [Leb. chr., p. 42 et 708]

5516. — Quand des vitrages existant à la devanture des boutiques sont divisés par des séparations solides en bois, fer ou pierre, chaque compartiment, muni d'un système indépendant de fermeture, compte pour une fenêtre. — Cons. d'Et., 8 mars 1851, Barthet, [P. adm. chr.]; — 4 août et 22 déc. 1876, Masselin, [Leb. chr., p. 755 et 925]

5517. — Quand un atelier est éclairé par douze châssis séparés par des montants en fer, il faut compter autant d'ouvertures qu'il existe de châssis. — Cons. d'Et., 8 août 1884, Journet, [Leb. chr., p. 720]

5518. — De même, dans une galerie vitrée régnant sur toute la façade d'une maison, il faut cotiser autant de fenêtres qu'il y a d'ouvertures séparées munies d'un système de fermeture spécial. — Cons. d'Et., 24 févr. 1888, Guillon, [Leb. chr., p. 188]

5519. — Lorsque l'éclairage par le toit se fait au moyen d'un pavillon formé de piliers dont l'intervalle est fermé par des vitrages, chacun de ces vitrages doit être compté pour une fenêtre. — Cons. d'Et., 9 juin 1843, Martin, [S. 43.2.554, P. adm. chr.]

5520. — Il y a lieu d'appliquer la même jurisprudence aux ouvertures des séchoirs d'une tannerie ou d'une blanchisserie, séparées entre elles par des jambages de pierre de taille. — Cons. d'Et., 3 mai 1861, Gillard, [D. 62.3.56]

5521. — ... Ou par des montants fixes en bois. — Cons. d'Et., 14 déc. 1868, Delavaud et Morel, [Leb. chr., p. 1021]; — 16 mars 1888, Duchesne, [Leb. chr., p. 259]

5522. — ... Ou par des poteaux solides encastrés dans les poutres du bâtiment. — Cons. d'Et., 9 août 1869, Lemancel, [Leb. chr., p. 766]; — 9 nov. 1878, Blot, [D. 78.3.39]; — 6 nov. 1880, Fleury, [Leb. chr., p. 837]; — 21 avr. 1882, Boulanger, [Leb. chr., p. 362]; — 3 nov. 1882, Bouquet, [Leb. chr., p. 830]

Section III.

Des exemptions.

§ 1. Ouvertures des bâtiments ruraux.

5523. — Nous avons vu, qu'en principe, étaient imposables toutes les ouvertures servant à éclairer des locaux destinés à l'habitation des hommes et que, par suite, les ouvertures des locaux impropres à l'habitation ne devaient pas être cotisées. Nous allons maintenant examiner les exceptions apportées à la loi au principe. L'art. 5, L. 4 frim. an VII, énumère, parmi les locaux exemptés, les granges, bergeries, étables, greniers, caves... Cette énumération, sans être identique à celle de l'art. 85, L. 3 frim. an VII, vise le même objet. On a voulu exempter les portes et fenêtres des bâtiments affectés au service d'une exploitation rurale. Ce n'est pas la nature du bâtiment, mais sa destination qui entraîne l'exemption.

5524. — Pour que celle-ci soit obtenue, il faut que la destination soit exclusive. Le Conseil d'Etat a accordé par ce motif décharge de la taxe afférente aux ouvertures des bâtiments ayant toujours servi uniquement à serrer les récoltes et les instruments aratoires. — Cons. d'Et., 25 oct. 1833, Maugars, [Leb. chr., p. 413]; — 29 août 1834, Villatte, [P. adm. chr.]; — 22 juin 1848, Carette-Thaler, [Leb. chr., p. 409]; — 22 mars 1855, Bochet, [Leb. chr., p. 210]; — 1er août 1865, Caulouic, [Leb. chr., p. 722]; — 13 juill. 1877, Courbet, [Leb. chr., p. 689]; — 23 déc. 1887, Massé, [Leb. chr., p. 836]; — 27 janv. 1894, Chartier, [Leb. chr., p. 77]

5525. — Ainsi décidé à l'égard d'un local exclusivement destiné à la fabrication des barriques. — Cons. d'Et., 16 juin 1882, Roux, [Leb. chr., p. 574]

5526. — ...D'un cellier affecté à des usages ruraux. — Cons. d'Et., 9 mai 1890, Loriot, [Leb. chr., p. 472]

5527. — ...D'un pressoir. — Cons. d'Et., 24 juill. 1861, Pélissier, [Leb. chr., p. 637]

5528. — ...D'une écurie à bestiaux, alors même que le domestique préposé à leur garde y coucherait. — Cons. d'Et., 30 janv. 1892, Bolliet, [Leb. chr., p. 92] — ...D'un bâtiment dépendant d'une exploitation rurale et contenant une bascule pour peser les bestiaux. — Cons. d'Et., 27 janv. 1894, Chartier, [Leb. chr., p. 77] — ...D'un hangar contenant une machine à vapeur destinée à actionner des hache-paille, des concasseurs et des coupe-racines. — Même arrêt.

5529. — Ce qui est vrai des locaux qui ont toujours une destination agricole s'applique à ceux qui, primitivement habitables, sont transformés en bâtiments ruraux. Il en est ainsi des ouvertures d'une maison d'habitation convertie en grange. — Cons. d'Et., 18 juill. 1855, Breby Sainte-Croix, [Leb. chr., p. 532]; — 8 mai 1867, Deynier, [Leb. chr., p. 453]; — 15 juill. 1868, Lambert, [Leb. chr., p. 781]

5530. — ...En magnanerie. — Cons. d'Et., 3 avr. 1836, Valette, [Leb. chr., p. 242]

5531. — ...En boulangerie. — Cons. d'Et., 25 mars 1858, Lesage, [Leb. chr., p. 257]

5532. — ...En étable à vaches. — Cons. d'Et., 4 juin 1870, Tréfoual, [Leb. chr., p. 703]

5533. — Il appartient à la juridiction administrative d'apprécier si les modifications apportées à une maison d'habitation sont suffisantes pour la faire considérer comme transformée en bâtiment rural. — Cons. d'Et., 28 nov. 1855, Moulin, [Leb. chr., p. 667]

5534. — Cette transformation ne résulte pas nécessairement de ce que des cheminées auraient été bouchées et maçonnées. — Cons. d'Et., 24 mai 1878, Briand, [Leb. chr., p. 503]

5535. — Elle ne résulte pas non plus d'une affectation plus ou moins longue à un usage agricole. Il faut que cette affectation soit définitive. — Cons. d'Et., 5 sept. 1836, Leclercq, [P. adm. chr.]; — 14 déc. 1836, Valat, [S. 37.2.253, P. adm. chr.]; — 19 août 1837, Rochoux, [P. adm. chr.]; — 18 nov. 1838, Poissant, [Leb. chr., p. 217]; — 1er mars 1842, Fabre, [P. adm. chr.]; — 21 déc. 1843, Treunet, [S. 44.2.135, P. adm. chr.]; — 29 janv. 1847, Martin de Beauci, [P. adm. chr.]; — 22 juin 1848, Lacoste, [Leb. chr., p. 410]; — 22 juin 1848, Delieux, [Leb. chr., p. 411]; — 1er déc. 1849, Davy, [P. adm. chr.]; — 2 mars 1850, Hanaux, [P. adm. chr.]; — 9 nov. 1850, Grégeois, [P. adm. chr.]; — 30

nov. 1850, Ramière, [Leb. chr., p. 881]; — 2 août 1851, Joly, [P. adm. chr.]; — 15 déc. 1852, Colomb, [D. 53.3.24]; — 24 févr. 1855, Lescune, [Leb. chr., p. 135]; — 24 févr. 1855, Dannonay, [D. 55.3.49]; — 22 mars 1855, Bochet et Farnoux (2 espèces), [D. 60.3.83]; — 3 avr. 1856, Gosselin, [D. 56.3.31]; — 5 mars 1858, Simirot, [Leb. chr., p. 260]; — 5 mai 1858, Beaubouchet, [Leb. chr., p. 337]; — 25 juill. 1860, Dupray-Beuzeville, [P. adm. chr., D. 60.3.83]; — 30 janv. 1861, Grondin, [Leb. chr., p. 63]; — 22 mai 1861, Germain, [Leb. chr., p. 384]; — 4 avr. 1862, Jacquet, [Leb. chr., p. 277]; — 18 août 1862, Cousin, [Leb. chr., p. 700]; — 6 déc. 1862, Némoz, [Leb. chr., p. 749]; — 1er août 1865, Cauloubie, [Leb. chr., p. 722]; — 19 juin 1874, Beigbeder, [Leb. chr., p. 572]; — 4 févr. 1876, Cadegros, [Leb. chr., p. 108]; — 5 janv. 1877, Brard, [Leb. chr., p. 20]; — 13 avr. 1877, Orand, [Leb. chr., p. 334]; — 15 juin 1877, Roussel, [Leb. chr., p. 386]; — 12 avr. 1878, Andaru, [Leb. chr., p. 395]; — 19 juill. 1878, Lemaître, [Leb. chr., p. 711]; — 14 mai 1880, Servant, [Leb. chr., p. 454]; — 23 déc. 1881, Vidal, [Leb. chr., p. 1027]; — 4 mai 1883, Blandineau, [Leb. chr., p. 422]; — 4 nov. 1887, Moreau, [Leb. chr., p. 676]; — 2 déc. 1887, Langerie, [Leb. chr., p. 765]; — 30 déc. 1887, de Saint-Belin, [Leb. chr., p. 862]; — 14 févr. 1891, Chouet, [Leb. chr., p. 123]; — 30 janv. 1892, Bolliet, [Leb. chr., p. 93]; — 27 oct. 1893, Alliton, [Leb. chr., p. 706]; — 27 janv. 1894, Chartier, [Leb. chr., p. 77]

5536. — De même, dès qu'un bâtiment, autrefois exempté comme bâtiment rural, est garni de meubles et devient habitable, ses ouvertures deviennent imposables. — Cons. d'Et., 9 mai 1890, Loriot, [Leb. chr., p. 472]

5537. — Nous avons dit que la loi du 4 frim. an VII exemptait d'une façon absolue les ouvertures des greniers et des caves et que cette exemption avait été restreinte, en 1832, à celles qui servaient à éclairer des greniers non destinés à l'habitation des hommes. L'exemption demeure donc la règle et doit être accordée toutes les fois que les greniers ou les caves ne sont pas habités. — Cons. d'Et., 24 janv. 1867, Harleux, [Leb. chr., p. 125]

5538. — Le Conseil d'Etat a déclaré non imposables les ouvertures de caves où sont placés des métiers de tisserand. — Cons. d'Et., 26 août 1846, Jeudy, [S. 46.2.664, P. adm. chr.]

5539. — ...D'une cave destinée à enfermer le vin du contribuable. — Cons. d'Et., 14 déc. 1868, Roux, [Leb. chr., p. 1046]

5540. — ...De cryptes d'église louées par la fabrique à des commerçants pour y déposer leurs marchandises. — Cons. d'Et., 5 déc. 1873, Fabrique de Sainte-Madeleine de Besançon, [Leb. chr., p. 894]

5541. — Il a accordé décharge de la taxe afférente à des ouvertures servant à éclairer un grenier et, par l'intermédiaire de trappes, une cave. — Cons. d'Et., 24 nov. 1882, Cormerais, [D. 84.3.129]

5542. — Quant aux greniers, l'exemption qui les concerne ne s'applique qu'à ceux qui existent dans des maisons d'habitation et ne peut être étendue aux greniers d'une usine quand ils ont la même destination que les étages inférieurs. — Cons. d'Et., 1er juill. 1840, Champault, [P. adm. chr.]; — 4 juill. 1845, Bertin, [P. adm. chr.]

5543. — Le Conseil a également refusé d'exempter les ouvertures servant à éclairer des séchoirs de tanneries, teintureries ou mégisseries. — Cons. d'Et., 31 mai 1847, Bernard, [Leb. chr., p. 148]; — 15 févr. 1848, Deschamps, [Leb. chr., p. 74]; — 16 févr. 1850, Boucher, [P. adm. chr.]; — 11 juill. 1864, Aubert, [Leb. chr., p. 606]; — 5 juill. 1865, Duhomme, [Leb. chr., p. 684]

5544. — L'exemption accordée par la loi aux bâtiments ruraux ne saurait être étendue à des locaux industriels. Il est arrivé, par exemple, que des propriétaires qui joignaient à une exploitation agricole l'exploitation d'une distillerie, prétendaient faire des bâtiments de cette dernière, une dépendance de la première. Cette prétention n'a jamais été admise. — Cons. d'Et., 30 avr. 1880, Sainte-Beuve, [S. 81.3.73, P. adm. chr., D. 81.3.6]; — 8 avr. 1881, Même affaire, [Leb. chr., p. 419]; — 25 juill. 1884, Brunet d'Evry, [S. 86.3.26, P. adm. chr., D. 85.5.124]; — 5 févr. 1886, Cuvillier, [Leb. chr., p. 112]; — 13 mai 1887, Roucoux, [Leb. chr., p. 379]; — 4 juill. 1887, Pithon, [Leb. chr., p. 782] — Contrà, Cons. d'Et., 16 mars 1836, Giraud, [P. adm. chr.]

5545. — Le Conseil d'Etat a rejeté également la demande d'un exploitant de moulin à eau qui prétendait ne s'en servir

que pour moudre le blé provenant de ses récoltes. — Cons. d'Et., 24 mars 1883, Lefranc, [D. 84.5.125]

5546. — ... Du propriétaire d'une féculerie qui n'y traitait que les pommes de terre provenant de ses propriétés. — Cons. d'Et., 11 nov. 1852, de Digoine, [P. adm. chr.]

5547. — C'est par le même motif que l'exemption a été refusée aux ouvertures de locaux servant d'abattoir à un boucher. — Cons. d'Et., 16 août 1865, Doray, [Leb. chr., p. 833]

5548. — Quand un local qui, par lui-même, n'est pas destiné à l'habitation des hommes, vient à perdre la destination industrielle qui le rendait passible de la taxe, il doit cesser d'être cotisé. — Cons. d'Et., 3 juin 1865, Barth, [Leb. chr., p. 606]

5549. — D'une manière générale, on peut dire que les ouvertures de tout local compris dans l'assiette du droit proportionnel de patente sont imposables. — Cons. d'Et., 16 juill. 1863, Derue, [Leb. chr., p. 547]

§ 2. Ouvertures des bâtiments affectés à un service public.

5550. — Une seconde cause d'exemption est édictée par l'art. 5, L. 4 frim. an VII, en faveur des portes et fenêtres des bâtiments employés à un service public civil, militaire ou d'instruction, ou aux hospices. Cet article est le pendant de l'art. 105, L. 3 frim. an VII. Il est bon cependant de faire observer que l'exemption est plus large en ce qui touche la contribution des portes et fenêtres, qu'en ce qui touche la contribution foncière. L'exemption de cette dernière n'est accordée qu'aux propriétés de l'Etat, des départements, des communes ou des établissements affectés à un service public et non producteurs de revenus. D'après la loi du 4 frim. an VII, il suffit de rechercher si un immeuble est affecté à un service public pour qu'il soit exempté. Il n'est pas nécessaire qu'il soit en outre une propriété publique. Le Conseil d'Etat distinguait autrefois suivant que, dans les conventions intervenues entre le propriétaire et l'administration publique, l'impôt des portes et fenêtres était mis à la charge du locataire ou du propriétaire. Dans ce dernier cas, il décidait que l'impôt devait être maintenu. — Cons. d'Et., 20 déc. 1836, Mory, [P. adm. chr.]

5551. — Mais cette distinction fut promptement abandonnée, et, à partir de 1843, le Conseil n'a pas cessé d'exempter les ouvertures des bâtiments affectés à un service public et simplement pris à bail par l'administration. Ainsi décidé à l'égard des bureaux de sous-préfecture. — Cons. d'Et., 19 mai 1843, Belay, [P. adm. chr.]

5552. — ... De maisons d'école publiques. — Cons. d'Et., 26 avr. 1847, Jeannin, Charrier, [S. 47.2.487, P. adm. chr.]; — 2° août 1848, Carlet, [S. 49.2.38, P. adm. chr., D. 50.3.8]; — 24 juin 1854, Fauques-Beauvilliers, [S. 54.2.798, P. adm. chr., D. 55.3.12]; — 7 juin 1855, — 9 mai 1873, Paraclet-Sarrail, [Leb. chr., p. 397]

5553. — ... De casernes de gendarmerie ou de sapeurs-pompiers. — Cons. d'Et., 28 févr. 1856, Bourlet, [D. 56.3.49]; — 26 mars 1856, Pielle, [P. adm. chr.]; — 20 févr. 1861, Dauty, [P. adm. chr., D. 61.3.78]; — 31 juill. 1867, Puichaud, [Leb. chr., p. 748]; — 2 nov. 1871, Maquart, [Leb. chr., p. 244]; — 22 févr. 1890, Lemercier de la Clémencière, [S. et P. 92.3.75, D. 91.3.84]

5554. — ... D'un bâtiment pris à bail par l'administration de la guerre et affecté à l'établissement du service des lits militaires. — Cons. d'Et., 20 nov. 1874, Cauchoix, [D. 75.5.124]

5555. — Inversement, le caractère de propriété publique ne saurait entraîner par lui seul l'exemption. Ainsi le Conseil d'Etat a refusé d'exempter comme affectées à un service public les fabriques d'allumettes chimiques appartenant à l'Etat. — Cons. d'Et., 24 déc. 1880, Min. Finances, [S. 82.3.42, P. adm. chr., D. 82 3.52]

5556. — ... Une scierie mécanique établie dans une forêt domaniale. — Cons. d'Et., 18 juin 1860, Conservateur des forêts de Besançon, [P. adm. chr., D. 60.3.51]

5557. — ... A déclaré le caractère d'établissements imposables à raison des immeubles qu'elles possèdent et qu'elles donnent à bail. — Cons. d'Et., 2 juill. 1886, Ville de Bordeaux, [Leb. chr., p. 540]

5558. — C'est ce qui a été décidé à l'égard de magasins établis par la ville de Paris dans l'entrepôt de Bercy et loués à des marchands de vin. — Cons. d'Et., 29 avr. 1887, Ville de Paris, [D. 88.3.79]

5559. — ... A l'égard de locaux compris dans l'enceinte des abattoirs et loués à des particuliers, qui les habitent et y exercent leur industrie. — Cons. d'Et., 4 nov. 1887, Ville de Paris, [D. 88.3.79]

5560. — ... A l'égard d'un immeuble concédé à une société d'horticulture. — Cons. d'Et., 11 août 1870, Ville du Mans, [Leb. chr., p. 1039]

5561. — Les communes n'ont pu parvenir à faire considérer les salles de spectacle, dont elles étaient propriétaires, comme affectées à un service public. — Cons. d'Et., 26 août 1846, Ville de Toulon, [S. 46.2.664, P. adm. chr., D. 65.5.93]; — 27 mars 1863, Ville de Chartres, [Leb. chr., p. 350]

5562. — La ville de Paris a été maintenue à la taxe à raison des ouvertures de bâtiments dépendant d'une carrière à elle appartenant et exploitée pour le pavage de ses rues et places. — Cons. d'Et., 4 juill. 1868, Ville de Paris, [D. 70.3.93]

5563. — Nous avons, en étudiant la contribution foncière, énuméré un certain nombre d'immeubles nationaux, départementaux et communaux qui sont affectés à un service public. L'art. 5, L. 4 frim. an VII, est conçu en termes généraux. Il importe de déterminer ce qui présente le caractère de service public. L'exemption sera accordée, sans qu'il y ait lieu de distinguer suivant que l'utilité présentée par le bâtiment est générale ou locale. Ainsi, devront être considérés comme affectés à un service public, les bâtiments affectés par une ville aux abattoirs. — Cons. d'Et., 26 avr. 1844, Ville de Nantes, [P. adm. chr.]; — 12 juin 1865, Ville de Caen, [S. 66.2.136, P. adm. chr., D. 66.3.20]

5564. — ... Aux halles et marchés. — Cons. d'Et., 19 déc. 1860, Tessier, [Leb. chr., p. 775]

5565. — A la distribution des eaux. — Cons. d'Et., 17 juill. 1867, Ville de Châteauroux, [S. 68.2.138, P. adm. chr., D. 68. 3.53]

5566. — ... Au pesage et au mesurage publics. — Cons. d'Et., 20 avr. 1840, Ville de Marseille, [Leb. chr., p. 109] — On voit par ces exemples qu'il n'est pas nécessaire, pour que l'exemption soit due, que ces bâtiments soient improductifs.

5567. — En ce qui concerne les bâtiments affectés à l'exercice d'un culte, à un service d'instruction, de bienfaisance ou de prévoyance, il faut distinguer suivant qu'ils ont le caractère public ou privé. Ainsi les ouvertures des églises, des temples protestants, des synagogues sont exemptées (Circ. 11 mars 1841). Mais les chapelles particulières sont imposables. — Cons. d'Et., 20 mars 1866, Nabouleix, [Leb. chr., p. 248]

5568. — Il en est de même des chapelles des communautés religieuses, même si elles sont ouvertes au public. — Cons. d'Et., 28 juin 1869, Chevalier, [Leb. chr., p. 637]

5569. — ... D'un local affecté au service du culte anabaptiste. — Cons. d'Et., 4 oct. 1882, Rich, [Leb. chr., p. 962]

5570. — A l'égard des établissements d'instruction, on doit exempter les ouvertures des lycées nationaux, des collèges communaux, des grands séminaires, des écoles primaires communales. Tous ces établissements sont sans contestation affectés au service public de l'instruction. Le Conseil d'Etat a même étendu l'exemption à une maison de campagne, qui considérait comme une annexe d'un grand séminaire, tout au moins pour tous les locaux affectés au directeur, aux professeurs et aux élèves. — Cons. d'Et., 21 oct. 1835, Evêque de Nantes, [P. adm. chr.]; — 28 juin 1869, Grand séminaire de la Rochelle, [Leb. chr., p. 638]

5571. — Les petits séminaires ou écoles secondaires ecclésiastiques ont aussi le caractère d'établissements affectés au service public de l'instruction quand ils ont été reconnus par une ordonnance ou un décret. — Cons. d'Et., 23 oct. 1835, Petit séminaire de Saint-Gaultier, [P. adm. chr.]; — 26 avr. 1851, Ecole secondaire du diocèse d'Orléans, [P. adm. chr.]; — 6 juin 1856, Algeline, [S. 57.2.463, P. adm. chr., D. 57.3.24]; — 10 sept. 1856, Card. arch. de Reims, [P. adm. chr.]

5572. — Les infractions au régime légal sous lequel ces établissements étaient placés ne pouvaient leur enlever le bénéfice de l'exemption, tant qu'elles n'avaient pas été légalement dépouillés du caractère qui leur avait été reconnu. — Cons. d'Et., 14 janv. 1839, Evêque de Quimper, [P. adm. chr.]; — 18 déc. 1839, Ville de Mortain, [P. adm. chr.]

5573. — Celui-ci s'applique à un petit séminaire dans lequel il existe des classes préparatoires aux études latines, qui ne sauraient être considérées comme faisant partie de l'enseignement

primaire. — Cons. d'Et., 15 déc. 1876, Rabotin (petit séminaire d'Orléans), [Leb. chr., p. 883]

5574. — D'après une décision déjà un peu ancienne, les petits séminaires perdraient le caractère d'établissements affectés à un service public quand ils cessent d'être entretenus sur les deniers publics et d'être dirigés par des professeurs institués par l'administration. — Cons. d'Et., 26 févr. 1832, Petit séminaire de Grenoble, [P. adm. chr.]

5575. — Au contraire, le Conseil d'Etat a maintenu à la contribution des portes et fenêtres des établissements d'enseignement secondaire fondés par des particuliers. — Cons. d'Et., 26 déc. 1834, Sauze, [P. adm. chr.]; — 27 juin 1855, Bartho, [S. 56.2.126, P. adm. chr., D. 56.3.9]

5576. — ... Ou par un hospice. — Cons. d'Et., 14 déc. 1853, Hospice de Dôle, [Leb. chr., p. 1053]

5577. — Il a également déclaré imposable un pensionnat payant, fondé par les Frères de la Doctrine chrétienne. — Cons. d'Et., 6 août 1857, de Dreux-Brézé, [P. adm. chr.]

5578. — Quant aux écoles primaires, jusqu'à ces dernières années, le Conseil d'Etat reconnaissait le caractère d'écoles publiques ayant droit à l'exemption, non seulement aux écoles communales proprement dites, mais aux écoles libres qui recevaient seulement une subvention de l'Etat, du département ou de la commune. — Cons. d'Et., 26 avr. 1847, Charrier, [S. 47.2.487, P. adm. chr.]; — 6 déc. 1848, Barry, [P. adm. chr., D. 49.3.39]

5579. — Il a été jugé qu'un bâtiment donné par un particulier à une communauté religieuse avec l'autorisation de l'Etat, et affecté à l'établissement d'une école gratuite, recevait de cette affectation et de cette autorisation le caractère d'établissement public. — Cons. d'Et., 3 févr. 1843, Congrégation des sœurs de Saint-André de la Croix, [P. adm. chr.]

5580. — Décidé, de même, à l'égard d'une école tenue par une communauté religieuse, alors qu'il résultait des statuts que cette école pouvait être considérée comme faisant partie du service public. — Cons. d'Et., 23 juill. 1856, Communauté de la Providence, [S. 57.2.461, P. adm. chr.]

5581. — Le Conseil d'Etat a fait également bénéficier de l'exemption une maison d'école ouverte par une fabrique ou un consistoire. — Cons. d'Et., 19 juin 1838, Fabrique de Saint-Epvre, [P. adm. chr.]; — 10 févr. 1882, Consistoire d'Orpierre, [Leb. chr., p. 146]

5582. — Au contraire, les ouvertures des écoles privées tenues par un particulier et non subventionnées ne devaient pas être exemptées. — Cons. d'Et., 24 avr. 1868, Dorgueille, [D. 69.3.40]; — 16 mai 1884, Ménans, [D. 85.3.125]

5583. — De même, lorsqu'un instituteur privé reçoit de la commune une indemnité pour instruire un petit nombre d'enfants pauvres désignés par le conseil municipal, cette circonstance ne suffit pas pour donner à son établissement le caractère d'une école affectée à un service public d'instruction. — Cons. d'Et., 21 déc. 1843, Carfantan, [P. adm. chr.]

5584. — Aujourd'hui, après la loi du 30 oct. 1886, qui a divisé les écoles en écoles publiques et écoles privées, en supprimant la classe mixte d'écoles subventionnées que la loi de 1850 avait autorisée, les écoles communales seules sont déclarées par le Conseil d'Etat exemptes de l'impôt. C'est en ce sens que le Conseil a statué à l'égard d'établissements fondés par des Frères de la Doctrine chrétienne à la suite de la laïcisation des écoles publiques. — Cons. d'Et., 18 juin 1875, Granjux, [S. 77.2.189, P. adm. chr., D. 76.3.20]

5585. — La même distinction est applicable en ce qui touche les établissements de bienfaisance. Les ouvertures des bâtiments appartenant aux hospices, aux bureaux de bienfaisance et affectés à l'entretien des enfants ou des vieillards ou à la distribution de secours aux pauvres sont exemptées. — Cons. d'Et., 11 janv. 1853, Bureau de bienfaisance de Villeneuve, [Leb. chr., p. 65]; — 23 juill. 1856, Communauté de la Providence, précité.

5586. — Il en est de même des ouvertures des monts-de-piété. — Cons. d'Et., 25 avr. 1843, Mont-de-piété de Saint-Omer. [P. adm. chr.]

5587. — ... Et de celles qui servent à éclairer les bureaux d'une caisse d'épargne. — Cons. d'Et., 21 déc. 1859, Caisse d'épargne de Strasbourg, [P. adm. chr.]

5588. — Le Conseil d'Etat a étendu le bénéfice de l'exemption à un orphelinat fondé par une association particulière, avec l'autorisation de l'Etat, qui lui allouait une subvention. — Cons.

d'Et., 25 août 1858, Maison des orphelines protestantes du Gard, [S. 59.2.398, P. adm. chr.]

5589. — Au contraire, le Conseil n'a pas considéré comme affectés à un service public de bienfaisance : une maison de refuge appartenant à une société particulière et dans laquelle la plupart des religieuses et des personnes qui y étaient reçues payaient pension. — Cons. d'Et., 8 janv. 1836, Asile de la Providence, [P. adm. chr.]; — 12 avr. 1843, Maison de refuge de Toulouse, [P. adm. chr.]

5590. — ... Un orphelinat fondé par un particulier. — Cons. d'Et., 9 mars 1853, Salmon, [P. adm. chr., D. 53.3.34]

5591. — ... Une maison de refuge pour des jeunes filles pauvres, même subventionnée, mais où plusieurs jeunes filles payaient pension. — Cons. d'Et., 13 avr. 1853, Dame de Saint-Ambroise Hulot, [P. adm. chr.]

5592. — ... Un établissement formé par une association particulière et autorisée par ordonnance, pour recueillir et élever gratuitement des jeunes filles pauvres. — Cons. d'Et., 24 août 1858, Communauté de la Providence d'Orléans, [Leb. chr., p. 578]

5593. — ... Un établissement consacré par un particulier à l'éducation des sourds-muets. — Cons. d'Et., 8 août 1855, Chazottes, [P. adm. chr., D. 56.3.28]

5594. — ... Un établissement privé, constitué en colonie pénitentiaire ou agricole, dans lequel sont admis, moyennant une rétribution payée par l'Etat pour chacun d'eux, de jeunes élèves soumis à tous les travaux de l'exploitation agricole, travaux dont le propriétaire de l'établissement retire des bénéfices. — Cons. d'Et., 17 janv. 1873, de la Mardière, [S. 73.2.326, P. adm. chr., D. 74.3.35]

5595. — Il a également maintenu au rôle les ouvertures d'une maison appartenant à une association particulière, dans laquelle on recevait gratuitement les jeunes filles pauvres ou abandonnées, et, moyennant un prix de journée payé par l'Etat, les femmes en état de détention ou de prévention. — Cons. d'Et., 24 déc. 1862, Galleau, [Leb. chr., p. 850]

5596. — ... D'un asile de vieillards payant. — Cons. d'Et., 1er juin 1877, Hospice de Montargis, [D. 77.3.76]

5597. — ... D'un établissement élevant gratuitement des jeunes filles, mais recevant aussi des pensionnaires payantes, et les assujettissant toutes à un travail dont les produits sont vendus au profit de l'établissement. — Cons. d'Et., 4 juill. 1879, Vissoux, [D. 80.3.3]

5598. — Il n'y a pas lieu d'exempter non plus les bâtiments dans lesquels les hospices reçoivent des pensionnaires payants. — Cons. d'Et., 26 mars 1886, l'Assistance publique, [S. 88.3.2, P. adm. chr., D. 87.3.87]; — 24 févr. 1894, l'Assistance publique, [Leb. chr., p. 162]

5599. — ... Non plus que ceux affectés à une meunerie ou à un établissement de bains ou à des lavoirs, dont l'hospice propriétaire tire un revenu. — Cons. d'Et., 21 sept. 1839, Hospice de Saint-Omer, [D. 60.3.70]

5600. — Nous avons dit plus haut qu'à la différence de la loi du 3 frim. an VII, celle du 4 frim. an VII ne subordonnait pas l'exemption au caractère improductif des établissements affectés à un service public. Il semble cependant, d'après les nombreuses décisions que nous venons de citer, qu'en ce qui touche les établissements de bienfaisance, le Conseil d'Etat ne reconnaisse le caractère d'utilité générale qu'à ceux qui sont entièrement gratuits.

5601. — Il n'y a pas lieu non plus d'exempter les bâtiments appartenant à une fabrique et servant d'atelier pour la fabrication des cercueils et de magasins de dépôt pour ceux-ci. — Cons. d'Et., 4 juin 1886, Fabriques et Consistoires de Paris, [Leb. chr., p. 483]

5602. — Dans les gares de chemins de fer, certaines parties doivent être exemptées comme affectées à un service public. Il en est ainsi, par exemple, des bureaux de la poste et de l'octroi. — Cons. d'Et., 27 janv. et 7 août 1863, Cie de l'Ouest, [Leb. chr., p. 115 et 742]

5603. — ... De la douane. — Cons. d'Et., 26 juill. 1878, Cie du Midi, [Leb. chr., p. 745]

5604. — Mais on ne peut étendre l'exemption à des halles internationales qui, tout en restant à la disposition du service de la douane, servent au chargement et au déchargement des marchandises et font par conséquent partie de l'établissement industriel. — Cons. d'Et., 26 juill. 1878, précité.

5605. — Les bâtiments servant à l'exploitation des chemins de fer de l'État avaient été considérés, tout d'abord, comme affectés à un service public d'utilité générale. Leurs ouvertures avaient été retranchées des rôles. Mais l'art. 9, L. 22 déc. 1878, ayant disposé que ces chemins de fer seraient soumis au même régime que les chemins de fer concédés au point de vue des droits, taxes et contributions de toute nature, l'immunité leur a été retirée. L'État est donc imposé pour tous les bâtiments faisant partie de l'établissement industriel. Toutefois, les bâtiments des lignes en construction ne sont imposables au nom de l'État qu'à partir de la mise en exploitation. Pendant cette période, les employés logés dans les bâtiments sont nominalement imposables, par application de l'art. 27, L. 21 avr. 1832. Lorsque l'exploitation est commencée, l'État est imposable même pour les bâtiments où ses employés sont logés.

5606. — On a exempté les ouvertures servant à éclairer des magasins dépendant d'un canal de navigation. — Cons. d'Et., 20 nov. 1893, Ville de Paris, [Leb. chr., p. 770]

5607. — De même, parmi les bâtiments appartenant à des compagnies d'entrepôts et magasins généraux, il y a lieu d'exempter ceux qui sont spécialement affectés au service de l'entrepôt réel des douanes, des sels, des sucres indigènes et de l'octroi. — Cons. d'Et., 4 mai 1870, Cⁱᵉ des docks et entrepôts de Marseille, [Leb. chr., p. 530]; — 8 juin 1877, Cⁱᵉ des entrepôts et magasins généraux de Paris, [D. 77.3.89]

5608. — Il en est ainsi, alors même que la compagnie délivre des warrants pour les marchandises d'entrepôt et dépose temporairement dans ces bâtiments des marchandises non soumises aux droits. — Cons. d'Et., 16 juill. 1875, Cⁱᵉ des docks du Hâvre, [Leb. chr., p. 688]; — 13 févr. 1880, Cⁱᵉ des entrepôts et magasins généraux de Paris, [Leb. chr., p. 169]

5609. — Au contraire, il y a lieu d'imposer les ouvertures des locaux qui ne servent pas exclusivement à l'usage d'entrepôts, mais reçoivent habituellement des marchandises non soumises aux droits et doivent être considérés par suite comme servant à l'exploitation d'un magasin général. — Cons. d'Et., 4 mai 1870, précité; — 7 mai et 5 nov. 1875, Cⁱᵉ des entrepôts et magasins généraux de Paris, [Leb. chr., p. 430 et 862]

5610. — De même, pour les ouvertures des locaux servant de bureaux aux directeurs et employés, de dépôt pour les archives de la compagnie. — Cons. d'Et., 13 févr. 1880, précité.

5611. — ... Pour les ouvertures des locaux destinés à l'emmagasinement et à la manutention des marchandises. — Cons. d'Et., 15 janv. 1868, Cⁱᵉ des docks et entrepôts de Marseille, [Leb. chr., p. 24]

5612. — Une chambre de commerce a été maintenue au rôle pour les ouvertures de bâtiments établis par elle, et qu'elle met à la disposition des armateurs pour le dépôt de leurs marchandises. — Cons. d'Et., 13 févr. 1885, Chambre de commerce du Hâvre, [D. 86.5.122]; — 25 nov. 1892, Min. Finances, [Leb. chr., p. 800]

5613. — Les bâtiments appartenant à une compagnie concessionnaire du service de distribution des eaux dans une ville, et servant à son exploitation, sont imposables. — Cons. d'Et., 14 déc. 1859, Cⁱᵉ générale des eaux, [P. adm. chr.]

5614. — Il en est ainsi des ouvertures des locaux occupés et exploités par une compagnie particulière, à ses risques et périls, pour le service de la literie militaire et du blanchissage du linge des troupes. — Cons. d'Et., 14 févr. 1872, Mader, [D. 75.5.124]

5615. — ... Des ouvertures d'un pavillon de tir appartenant à une société particulière. — Cons. d'Et., 5 avr. 1889, Société de tir de Bagnères-de-Bigorre, [Leb. chr., p. 465]

5616. — L'affectation à un service public étant la cause déterminante de l'exemption, celle-ci n'est pas due quand les propriétés publiques sont, en totalité ou en partie, affectées à un service d'intérêt privé, par exemple au logement des fonctionnaires. Cependant, comme le doute eût été possible en l'absence d'une disposition législative précise, le législateur de 1832 a pris soin de faire connaître sa volonté dans l'art. 27 de la loi de finances, qui est ainsi conçu : « Les fonctionnaires, les ecclésiastiques et les employés civils et militaires logés, gratuitement dans les bâtiments appartenant à l'État, aux départements, aux arrondissements, aux communes ou aux hospices, seront imposés nominativement pour les portes et fenêtres des parties de ces bâtiments servant à leur habitation personnelle. »

5617. — Le Conseil a bien quelquefois dérogé au principe

posé dans cet article, par exemple en considérant comme affectés à un service public un immeuble affecté par l'État au logement du commandant d'une garnison. — Cons. d'Et., 23 nov. 1877, Min. Finances. [Leb. chr., p. 903]

5618. — ... Un bâtiment communal affecté au logement du gardien d'une promenade publique. — Cons. d'Et., 2 juill. 1886, Ville de Bordeaux, [Leb. chr., p. 540] — Mais ces décisions sont isolées.

5619. — Au contraire, le Conseil d'État a déclaré imposables les ouvertures des bâtiments pris en location par des administrations publiques pour le logement de leurs préposés. — Cons. d'Et., 5 janv. 1853, Orhategaray, [Leb. chr., p. 3]; — 21 déc. 1839, Caisse d'épargne de Strasbourg, [P. adm. chr.]; — 29 juin 1888, Giraud, [Leb. chr., p. 573]

5620. — ... Les appartements de réception d'un commandant de division militaire. — Cons. d'Et., 27 mai 1857, Gudin, [Leb. chr., p. 415]

5621. — ... Les appartements qu'un évêque se réserve dans un grand séminaire ou une école secondaire ecclésiastique. — Cons. d'Et., 26 avr. 1851, Ecole secondaire ecclésiastique d'Orléans, [Leb. chr., p. 294]; — 28 juin 1869, Grand séminaire de la Rochelle, [Leb. chr., p. 638]

5622. — ... Ou les locaux destinés au logement d'un receveur des postes. — Cons. d'Et., 2 juill. 1892, Lagier, [Leb. chr., p. 596]

5623. — Dans les établissements affectés à un service d'instruction, l'exemption ne s'applique pas aux locaux servant de logements aux ecclésiastiques logés gratuitement dans l'établissement. — Cons. d'Et., 14 janv. 1839, Evêque de Quimper, [P. adm. chr.]; — 18 déc. 1839, Ville de Mortain, [P. adm. chr.]; — 20 avr. 1847, Charner, [P. adm. chr.]; — 6 déc. 1848, Barry, [P. adm. chr., D. 49.3.39]

5624. — ... Par exemple, à l'appartement de l'aumônier d'un lycée. — Cons. d'Et., 4 févr. 1876, Dalod, [Leb. chr., p. 109]

5625. — L'instituteur doit l'imposition pour les portes et fenêtres du logement que lui fournit la commune. — Cons. d'Et., 2 févr. 1894, Salinier, [Leb. chr., p. 90]

5626. — Dans les lycées et collèges, on doit recenser les ouvertures des bâtiments servant au logement des proviseurs, censeurs, professeurs, principaux, etc., y compris le cabinet et le salon de réception du proviseur, qui font partie de son habitation personnelle. — Cons. d'Et., 28 juin 1870, Lachasseigne, [Leb. chr., p. 819]; — 9 janv. 1874, Dieudonné, [Leb. chr., p. 7]

5627. — Nous venons de voir que les locaux servant à l'habitation personnelle des fonctionnaires étaient soumis à l'impôt. Cependant il faut remarquer que certains fonctionnaires, dont les bureaux font en quelque sorte partie de l'habitation, sont exemptés pour les ouvertures de ces bureaux. Le Conseil d'État regarde comme affectés à un service public : les bureaux d'un directeur des douanes. — Cons. d'Et., 14 févr. 1839, Maisonneuve, [P. adm. chr.]

5628. — ... Ou des contributions indirectes. — Cons. d'Et., 30 juill. 1847, de Montfort, [P. adm. chr., D. 48.3.6]

5629. — ... D'un percepteur. — Cons. d'Et., 18 juin 1875, Loy, [Leb. chr., p. 595]

5630. — ... D'un receveur particulier. — Cons. d'Et., 31 mai 1859, Gouget, Desfontaines, [P. adm. chr.]

5631. — ... Les bureaux et magasins d'un receveur principal entreposeur des contributions indirectes. — Cons. d'Et., 25 avr. 1855, Paquelin, [P. adm. chr., D. 55.3.81]; — 25 mars 1858, Bresson, [P. adm. chr.]

5632. — ... Ou d'un directeur de l'enregistrement. — Cons. d'Et., 27 mai 1857, Vieillard, [D. 58.3.60]

5633. — ... Les bâtiments loués pour l'administration pour y établir une manutention de tabac. — Cons. d'Et., 6 mai 1857, Kuhlmann, [D. 58.3.21]

5634. — L'administration a prévu le cas où un local sert à la fois à l'habitation personnelle du fonctionnaire et à l'exercice de sa fonction publique. Il en est ainsi, par exemple, des pièces dépendant de la maison d'un maire, où sont déposées les archives de la mairie (Circ. 11 mars 1841). Les ouvertures de ces pièces sont imposables. Il en est de même des portes et fenêtres de l'habitation des buralistes de l'octroi, qui est toujours ordinairement d'une pièce, servant tout ensemble de bureau et de logement (Instr. 30 sept. 1834).

5635. — De même, lorsqu'une porte sert d'entrée tout à la fois à l'habitation personnelle du fonctionnaire et aux locaux

affectés au service public, elle est imposable. — Cons. d'Et., 21 mars 1866, Lefrançois, [Leb. chr., p. 262]; — 2 juill. 1870, Bringer, [Leb. chr., p. 855]; — 13 févr. 1874, de Cantel, [S. 76.2.27, P. adm. chr., D. 74.3.103]; — 9 nov. 1877, Martin, [D. 78.3.14]

§ 3. *Ouvertures des manufactures.*

5636. — L'art. 2, L. 4 frim. an VII, avait nommément compris les portes et fenêtres des usines parmi les ouvertures imposables. On remarqua bientôt que, pour diminuer la charge de l'impôt, les propriétaires d'établissements industriels réduisaient le nombre des ouvertures. La réunion d'un grand nombre d'ouvriers dans des locaux insuffisamment éclairés et aérés devait produire un état d'insalubrité nuisible à la santé des ouvriers, qui, en affaiblissant peu à peu chaque individu, devait favoriser, le cas échéant, le développement des épidémies. La loi du 4 germ. an XI apporte un correctif à cet état de choses, en décidant « que les propriétaires de manufactures ne seraient taxés que pour les fenêtres de leurs habitations personnelles et de celles de leurs concierges et commis ». Mais, au lieu de définir ce qu'il entendait par *manufactures*, le législateur ajoute « qu'en cas de difficultés sur ce que l'on doit considérer comme manufactures, il y serait statué par le conseil de préfecture. »

5637. — Du rapprochement de la loi de l'an VII et de celle de l'an XI il résulte que les manufactures sont exemptées, alors que les usines restent imposables. Mais comment distinguer une usine d'une manufacture? A quel critérium faut-il s'attacher? Le législateur a laissé à la jurisprudence toute latitude pour statuer suivant les circonstances. Nous avons vu précédemment que les ateliers sont considérés comme des locaux destinés à l'habitation des hommes et que, par suite, leurs ouvertures sont imposables. D'autre part, les usines sont comprises parmi les bâtiments dont les portes et fenêtres doivent être cotisées. Les manufactures nous semblent se distinguer des ateliers par leur importance, par la réunion dans le même local d'un grand nombre d'ouvriers, et des usines par la nature des travaux qui s'y effectuent. On devra refuser le caractère de manufacture aux établissements qui n'emploieront qu'un petit nombre d'ouvriers, et même à ceux qui occupent un nombreux personnel, lorsque celui-ci se trouve réparti par petits groupes dans plusieurs ateliers. D'autre part, on ne considérera pas comme manufactures les établissements où la totalité ou du moins la plus grande partie du travail de fabrication est due à l'action des éléments ou à l'action de principes chimiques et on réservera l'exemption pour ceux où la main-d'œuvre a la part prépondérante. Il faut donc que ces deux conditions se trouvent réunies : réunion d'un grand nombre d'ouvriers dans un même local, action prépondérante du travail de l'homme.

5638. — Ceci posé, quelle est la jurisprudence? La loi du 1er brum. an VII, relative à la contribution des patentes, définissait les manufacturiers ceux qui convertissaient des matières premières en des objets d'une autre forme ou d'une autre qualité. De plus, l'art. 64, L. 25 mars 1817, qualifiait manufactures un certain nombre d'établissements, tels que les tanneries, les blanchisseries. Enfin, d'après l'instruction du 30 mars 1831, relative à la contribution des portes et fenêtres, il fallait entendre par manufactures tous les établissements désignés dans l'art. 64 de la loi de 1817 et auxquels s'appliquait la définition de la loi de l'an VII. Le Conseil d'Etat refusa d'adopter ce système. De nombreuses décisions consacrèrent ce principe que le caractère d'usine ou de manufacture ne pouvait être déterminé que par la nature des opérations de travail faites dans les établissements industriels. — Cons. d'Et., 13 févr. 1840, Dejean, [P. adm. chr.]; — 20 janv. 1843, de Bridieu, [P. adm. chr.]; — 12 janv. 1844, Dufournel, [P. adm. chr.]; — 9 févr. 1844, Rouet, [P. adm. chr.]; — 7 févr. 1845, Rousseau, [P. adm. chr.]; — 29 janv. 1847, Schnebelen, [P. adm. chr.]

5639. — Jugé qu'on ne peut se fonder, pour attribuer à une fabrique le caractère de manufacture, sur ce que cette qualification lui serait donnée par le tarif des patentes. — Cons. d'Et., 15 juin 1866, Bonnet, [S. 67.2.207, P. adm. chr., D. 68.5.106]

5640. — L'administration reconnut que l'application de la définition de la loi du 1er brum. an VII à la contribution des portes et fenêtres étendrait le bénéfice de l'exemption bien au delà des intentions du législateur de l'an XI. Aussi, dans sa circulaire du 11

mars 1841, elle restreignit le sens du mot *manufacture* aux grands établissements industriels composés d'un grand nombre d'ateliers renfermant chacun beaucoup d'ouvriers occupés à un travail manuel de fabrication. Tout ce qui ne rentrait pas dans cette définition devait être imposé à titre d'usines. Il y avait là une tentative louable pour poser certaines règles destinées à suppléer à l'insuffisance de la loi. Mais le Conseil d'Etat a refusé de s'y assujettir et dans aucune des nombreuses décisions rendues par lui sur cette disposition, on ne trouve un principe ni une définition. Les motifs sont d'une concision voulue qui rend très-difficile l'interprétation de la jurisprudence. Le Conseil se borne le plus souvent à décider que tel ou tel établissement doit être considéré comme une usine ou une manufacture. Dans quelques décisions il se fonde sur la nature des travaux exécutés, sur le nombre des ouvertures ou des ouvriers, sur la répartition de ces derniers dans les diverses parties de l'établissement, sur les conditions d'aménagement de celui-ci. Il faut absolument se reporter aux visas de chaque affaire pour déterminer, à l'aide des circonstances particulières à l'espèce, les tendances de la jurisprudence.

5641. — Parmi les établissements industriels qu'il faut considérer comme usines et non comme manufactures parce que l'action des éléments ou des machines l'emporte de beaucoup sur le travail de l'homme, il faut ranger les établissements métallurgiques. Ainsi décidé à l'égard d'une fabrique d'aciers munie de plusieurs fourneaux et fours, au moyen desquels les matières premières se transforment par l'action physique et chimique des éléments. — Cons. d'Et., 2 sept. 1863, Société de Hautmont, [Leb. chr., p. 739]

5642. — De même, le Conseil a considéré comme usines : une fabrique de broches et canelets par procédés mécaniques, où le fer en barres était converti en objets d'acier poli par l'action des éléments. — Cons. d'Et., 15 mai 1857, Lemaire, [Leb. chr., p. 397]

5643. — ... Des ateliers servant à la construction des machines, où le travail est fait au moyen de procédés mécaniques et où le rôle des ouvriers se borne à surveiller la marche des machines à vapeur. — Cons. d'Et., 20 sept. 1865, Bruneaux, [Leb. chr., p. 922]

5644. — ... Des ateliers comprenant une forge, où quelques ouvriers fabriquent de petites pièces d'ajustage et une tournerie renfermant une machine à vapeur et des machines à tarauder, à percer, à raboter, à canneler, des tours, des étaux, etc. — Cons. d'Et., 5 nov. 1875, Bergeron, [Leb. chr., p. 862]

5645. — ... Un établissement se composant d'une platinerie, où le fer est travaillé par un moteur hydraulique, et de deux poêleries où s'exécutent des travaux de main-d'œuvre. — Cons. d'Et., 20 févr. 1867, Lamothe, [Leb. chr., p. 179]

5646. — Les fonderies sont toujours des usines, quelque soit le nombre des ouvriers qui y sont employés. — Cons. d'Et., 7 févr. 1845, précité.

5647. — Des industriels avaient prétendu qu'il fallait distinguer entre le travail de création de la fonte, qui s'opère dans le haut-fourneau ou cubilot, et le travail de confection dans des ateliers de moulage d'objets manufacturés, ce dernier tout de main-d'œuvre et rentrant à l'établissement le caractère d'une manufacture. Le Conseil d'Etat a repoussé ces prétentions. — Cons. d'Et., 29 janv. 1847, Vivaux, [P. adm. chr.]; — 15 févr. 1848, Colas, [Leb. chr., p. 90]

5648. — Par le même motif, il a refusé de reconnaître le caractère de manufactures : à un établissement muni de deux machines à vapeur et de plusieurs fourneaux, où l'on coulait en cuivre et en bronze des objets de grande dimension et dans lequel 298 ouvertures servaient à éclairer des ateliers où travaillaient 250 ouvriers. — Cons. d'Et., 7 avr. 1858, Thiébault, [P. adm. chr.]

5649. — ... A une fonderie munie de neuf machines à vapeur et de cinq hauts-fourneaux, où l'on convertit du minerai de fer en fonte et la fonte en fer en barre et en objets travaillés. — Cons. d'Et., 15 déc. 1865, Pinart, [Leb. chr., p. 978]

5650. — ... A une fonderie de seconde fusion employant deux à trois cents ouvriers. — Cons. d'Et., 9 juill. 1876, Corneau, [Leb. chr., p. 770]

5651. — ... A une fonderie de fer et de cuivre avec ateliers de construction de machines et de modelage, parce que le travail s'y faisait principalement au moyen de machines à vapeur et de l'action de la chaleur. — Cons. d'Et., 24 mai 1878, Lefèvre, [D. 80.5.111]

5652. — Enfin le Conseil a refusé d'accorder l'exemption aux ouvertures des ateliers de forge, de menuiserie, d'ébarbage et de moulage faisant partie intégrante d'une fonderie de fer de seconde fusion, établissement qui avait le caractère d'une usine. — Cons. d'Et., 7 févr. 1891, Martin, [S. et P. 92.3.55, D. 91. 3.66]

5653. — La même jurisprudence s'applique aux forges et hauts-fourneaux. — Cons. d'Et., 14 janv. 1863, Malgras, [Leb. chr., p. 28]; — 19 déc. 1863, Patrot, [Leb. chr., p. 831]

5654. — ... Même pour ceux de leurs ateliers où le travail se fait à la main. — Cons. d'Et., 11 juill. 1867, Pinart, [Leb. chr., p. 637]

5655. — Au contraire, dans un établissement de tissage auquel le caractère de manufacture était reconnu, le Conseil d'Etat a déclaré imposables comme usines les locaux où étaient installés une forge et d'autres outils pour la réparation du matériel. — Cons. d'Et., 1er mars 1889, Herbin, [S. 91.3.27, P. adm. chr., D. 90.5.433]

5656. — Les tréfileries, décoperies, lamineries, fabriques de pointes et de clous, de couperoses, sont des usines parce que la fabrication se fait au moyen de métiers mis en activité par des moteurs hydrauliques. — Cons. d'Et., 16 janv. 1861, Grosdidier, [P. adm. chr.]; — 12 août 1863, Sirot-Vagrel, [Leb. chr., p. 675]; — 21 sept. 1863, Bougueret, [Leb. chr., p. 749]; — 27 févr. 1868, Commune de Mohon, [Leb. chr., p. 233]; — 23 juin 1868, Jacob, [Leb. chr., p. 709]; — 26 mars 1870, Lambert, [Leb. chr., p. 357]

5657. — Parmi les établissements qui doivent toujours être considérés comme usines, il faut ranger les moulins de toute nature, moulins à bateau. — Cons. d'Et., 3 avr. 1841, Muneret, [P. adm. chr.]

5658. — ... Moulins à blé et minoteries. — Cons. d'Et., 14 août 1838, Lecoulteux, [S. 39.2.363, P. adm. chr.]; — 6 août 1839, Michaud, [P. adm. chr.]; — 30 déc. 1839, Haren, [Leb. chr., p. 558]; — 27 juill. 1842, Besnard, [P. adm. chr.]; — 17 nov. 1843, Levannier, [P. adm. chr.]; — 26 avr. 1844, Fort, [P. adm. chr.]

5659. — ... Moulins à huile. — Cons. d'Et., 16 juill. 1840, Véron, [S. 41.2.48, P. adm. chr.]

5660. — ... Moulins à foulon. — Cons. d'Et., 5 sept. 1838, Godard, [Leb. chr., p. 190]; — 29 nov. 1872, Honnorat, [Leb. chr., p. 658]

5661. — ... Moulins à pulvériser le caolin ou le sable pour les fabriques de porcelaine. — Cons. d'Et., 6 mai 1857, Allouard, [Leb. chr., p. 344]; — 11 juill. 1866, Pilliouty, [Leb. chr., p. 796]

5662. — ... Moulins à triturer les chiffons, faisant partie d'une papeterie. — Cons. d'Et., 30 juill. 1862, Forest, [Leb. chr., p. 610]; — 6 déc. 1865, Zuber, [S. 66.2.272, P. adm. chr.]

5663. — De même, un établissement où s'opère la trituration des bois de teinture au moyen de cylindres actionnés par un moteur hydraulique. — Cons. d'Et., 13 déc. 1860, de Malortie, [Leb. chr., p. 761]

5664. — Il y a lieu de considérer comme usines : une imprimerie à vapeur. — Cons. d'Et., 22 juin 1848, Perreymond, [P. adm. chr.]; — 3 nov. 1882, Guéneux, [Leb. chr., p. 424]

5665. — ... Des ateliers affectés dans une scierie de marbre au polissage et au tournage mécaniques. — Cons. d'Et., 6 juin 1879, Bernis, [Leb. chr., p. 459]

5666. — ... Une fabrique de pâtes alimentaires, où la fabrication s'opère à l'aide de machines et de presses mises en mouvement par des chevaux. — Cons. d'Et., 6 avr. 1867, Garres, [Leb. chr., p. 340]

5667. — ... Une fabrique de crayons renfermant quatre-vingt-six machines mises en mouvement par la vapeur et par une roue hydraulique, et dans laquelle le travail est effectué principalement par ces machines. — Cons. d'Et., 6 juill. 1888, Desvernay, [Leb. chr., p. 645]

5668. — Il faut encore refuser le caractère de manufactures aux établissements dans lesquels le produit est dû au travail est dû à l'action d'agents chimiques, tels que les blanchisseries. — Cons. d'Et., 2 mai 1845, Voussen, [P. adm. chr.]; — 12 juin 1845, Solignac, [P. adm. chr.]; — 14 janv. 1858, Cambeaux, [D. 58.5.102]; — 24 juill. 1872, Marie, [Leb. chr., p. 455]; — 26 févr. 1886, Guilbert, [Leb. chr., p. 169]; — 21 janv. 1887, Société de blanchissement-teinture, [Leb. chr., p. 55]

5669. — ... Les teintureries. — Cons. d'Et., 11 août 1870, Humbert-Brino, [Leb. chr., p. 1061]; — 18 janv. 1878, Motte,

[D. 78.5.157]; — 11 juill. 1879, Quiévreux, [Leb. chr., p. 585]; — 3 juin 1881, Jaspar, [Leb. chr., p. 593]; — 20 avr. 1883, Holder-Milliant, [Leb. chr., p. 374]

5670. — Pour le même motif, les tanneries doivent être considérées comme des usines. L'action chimique des substances employées a une plus grande part dans la fabrication que le travail des ouvriers. Ceux-ci peuvent être en petit nombre dans des établissements d'une importance assez grande. — Cons. d'Et., 26 mai 1845, Boyer, [P. adm. chr.]; — 30 mars 1846, Barret, [P. adm. chr.]; — 15 févr. 1848, Raulin, [P. adm. chr.]; — 16 févr. 1850, Boucher, [P. adm. chr.]; — 26 déc. 1856, Purget, [S. 57.2.654, P. adm. chr., D. 57.3.50]; — 18 mars 1857, Tafin, [Leb. chr., p. 219]; — 3 mai 1861, Gillard, [D. 62.3.56]; — 10 mars 1862, Manson, [Leb. chr., p. 176]; — 31 août 1863, Même partie, [Leb. chr., p. 703]; — 24 mai 1865, Niederhauser, [Leb. chr., p. 584]; — 1er juin 1869, Moulx, [Leb. chr., p. 544]; — 9 nov. 1877, Blot, [D. 78.3.39]

5671. — Il en est de même des raffineries de sucre, où les opérations principales de dissolution, de cuite et de séchage sont faites au moyen de machines. — Cons. d'Et., 5 janv. 1847, Etienne et Say, [P. adm. chr.]; — 29 avr. 1848, Lecarpentier, [Leb. chr., p. 230]; — 1er juin 1853, Grandval, [P. adm. chr.]

5672. — La même jurisprudence s'applique aux établissements dans lesquels le produit est obtenu grâce à l'action de la chaleur, où le feu est, par suite, l'agent principal de la fabrication : par exemple aux brasseries. — Cons. d'Et., 23 août 1845, Vachia, [P. adm. chr.]

5673. — ... Aux sucreries, avec les râperies annexes. — Cons. d'Et., 13 févr. 1840, Dejean, [P. adm. chr.]; — 12 janv. 1844, Dufournel, [P. adm. chr.]; — 24 juill. 1863, Lelong, [Leb. chr., p. 575]; — 3 mai 1878, Briquet, [Leb. chr., p. 424]; — 3 déc. 1880, Niay, [D. 82.3.18]

5674. — ... Aux fabriques de sel ignégine, dans lesquelles le sel est obtenu au moyen de l'évaporation du liquide qui le contenait. — Cons. d'Et., 21 mai 1847, Noël, [P. adm. chr.]

5675. — ... Aux raffineries de sel. — Cons. d'Et., 13 févr. 1877, Poupart, [Leb. chr., p. 174]

5676. — ... Aux fabriques de noir animal obtenu par la calcination des os. — Cons. d'Et., 27 déc. 1878, Plantié, [Leb. chr., p. 1088]

5677. — ... Aux féculeries. — Cons. d'Et., 10 mai 1851, Guibal, [Leb. chr., p. 340]

5678. — ... Aux usines à gaz. — Cons. d'Et., 17 janv. 1868, Pariset, [Leb. chr., p. 38]

5679. — ... A des fabriques de café-chicorée. — Cons. d'Et., 18 mars 1857, Bériot, [Leb. chr., p. 249]

5680. — ... De colle-forte. — Cons. d'Et., 13 août 1867, Chabert, [Leb. chr., p. 751]

5681. — ... De conserves alimentaires. — Cons. d'Et., 27 févr. 1874, Louis, [Leb. chr., p. 197]

5682. — Décidé, de même, à l'égard de tous les établissements dont les produits sont obtenus au moyen de la cuisson de la terre, tels que les poteries. — Cons. d'Et., 25 janv. 1860, de la Chesnardière, [Leb. chr., p. 57]; — 30 janv. 1868, Godin, [Leb. chr., p. 113]; — 10 août 1868, Lionne, [Leb. chr., p. 879]; — 10 avr. 1869, Morda, [Leb. chr., p. 346]; — 31 mars 1870, Godin, [D. 71.3.30]; — 22 déc. 1876, Masselin, [D. 77.5. 130]; — 18 janv. 1878, Pilleux, [Leb. chr., p. 59]

5683. — ... Les briqueteries. — Cons. d'Et., 18 janv. 1890, Hacquard, [Leb. chr., p. 47]

5684. — ... Les tuileries. — Cons. d'Et., 20 févr. 1846, Vankerschaver, [P. adm. chr.]; — 21 mars 1868, Fénéon-Berger, [Leb. chr., p. 340]

5685. — ... Les faïenceries. — Cons. d'Et., 15 juin 1866, Bonnet, [S. 60.2.207, P. adm. chr.]; — 1er juin 1869, Eterlin, [Leb. chr., p. 544]

5686. — ... Les verreries. — Cons. d'Et., 25 mars 1858, Coutures, [Leb. chr., p. 258]

5687. — Examinons maintenant à quels établissements le Conseil d'Etat a reconnu le caractère de manufacture. Ce sont, en premier lieu, tous ceux qui se rapportent à la confection des tissus, par exemple, une filature de lins où travaillent plusieurs centaines d'ouvriers, et cela malgré l'existence d'une machine à vapeur. — Cons. d'Et., 24 janv. 1848, Valdelièvre, [P. adm. chr.]

5688. — Dans une décision plus récente, le Conseil a également décidé que, dans une filature, les ateliers affectés au triage,

38

au dévidage, à l'ourdissage et au tissage des filés devaient, à raison de la nature de ces opérations, principalement exécutées par la main de l'homme, être considérés comme des manufactures. — Cons. d'Et., 10 févr. 1888, Jouquoy-Estiérenart, [Leb. chr., p. 135]

5689. — Décidé, de même, à l'égard d'une carderie de coton. — Cons. d'Et., 2 juill. 1870, Roussel et Sarrau, [Leb. chr., p. 855]

5690. — ... D'un atelier d'ourdissage de la soie, dans lequel travaillent 80 ouvriers. — Cons. d'Et., 19 mai 1843, Balay, [P. adm. chr.]

5691. — D'une moulinerie de soie, où s'exécutaient seulement des travaux de façon, manuels ou mécaniques, sans transformation des matières par des moyens physiques ou chimiques, bien que cet établissement n'occupât que 24 ouvrières. — Cons. d'Et., 31 juill. 1856, Lacombe, [P. adm. chr.]

5692. — ... De trois ateliers affectés au tissage, à l'ourdissage et au triage des laines filés, où 54 ouvriers étaient occupés à trente-trois métiers. — Cons. d'Et., 30 mars 1865, Buffet, [Leb. chr., p. 361]

5693. — ... D'un établissement de tissage à la main contenant quatorze métiers conduits chacun par un ouvrier. — Cons. d'Et., 30 janv. 1867, Poncet-Dusserre, [Leb. chr., p. 113]

5694. — ... D'un atelier dans lequel 22 ouvriers étaient occupés à des travaux de dévidage et de tissage. — Cons. d'Et., 22 nov. 1889, Brès, [Leb. chr., p. 1053]

5695. — Le Conseil d'Etat a considéré comme manufactures : une fabrique de draps occupant 43 ouvriers. — Cons. d'Et., 26 mars 1863, Roger, [Leb. chr., p. 286]

5696. — ... Une fabrique de flanelles contenant neuf métiers et occupant 25 ouvriers. — Cons. d'Et., 22 févr. 1844, Ferry-Barthélemy, [P. adm. chr.]

5697. — ... Une fabrique de lacets. — Cons. d'Et., 24 mars 1849, Tamet, [P. adm. chr.]

5698. — Un établissement de teinture et d'apprêt d'étoffes où 300 à 400 ouvriers étaient employés, malgré le rôle important joué par la vapeur. — Cons. d'Et., 31 mars 1849, Descat-Crouzet, [P. adm. chr.]

5699. — ... Des ateliers où 71 ouvrières travaillaient à la confection, au repassage et à l'apprêt d'objets de lingerie. — Cons. d'Et., 26 févr. 1886, Guilbert, [Leb. chr., p. 169]

5700. — ... Une fabrique de jerseys. — Cons. d'Et., 14 nov. 1891, Neyret, [Leb. chr., p. 674]

5701. — Le même caractère a été reconnu à un établissement dit *fabrique d'effilochage* où 85 ouvriers étaient occupés à trier, découder, dégraisser et laver des chiffons, pour en extraire tous les fils de laine qu'ils contenaient. Toutes ces opérations de main-d'œuvre terminées, on faisait passer les chiffons par des cylindres, armés de pointes d'acier qui les effilochaient et les remettaient à l'état de fils de laine. — Cons. d'Et., 21 févr. 1855, Marcot, [D. 55.3.53]

5702. — ... A certains ateliers d'une manufacture, où une centaine d'ouvriers travaillaient à trier, découder et découper des chiffons, de manière à les rendre propres à l'usage immédiat des diverses industries auxquelles ils étaient destinés. — Cons. d'Et., 5 déc. 1879, Brunet, [D. 80.3.64] ; — 8 août 1884, Fau, [Leb. chr., p. 720]

5703. — Voici encore des établissements de nature diverse qui ont été exemptés comme manufactures : une fabrique de cordages occupant 30 ouvriers. — Cons. d'Et., 26 juin 1869, Houlbrèque, [Leb. chr., p. 606]

5704. — ... Un établissement de carrosserie comptant de 90 à 100 ouvriers. — Cons. d'Et., 11 févr. 1857, Clicquennois, [P. adm. chr., D. 57.3.73]

5705. — ... Une corroierie et une fabrique de veaux cirés comprenant quatre ateliers où travaillaient 30 ouvriers. — Cons. d'Et., 31 août 1863, Manson, [Leb. chr., p. 703] ; — 30 mars 1865, Damourette, [Leb. chr., p. 361]

5706. — ... Une fabrique de chaussures. — Cons. d'Et., 8 août 1892, Henriet, [Leb. chr., p. 704]

5707. — ... Une ferronnerie, où 110 ouvriers étaient occupés à fondre ou à fabriquer, à l'aide de presses, de tours, de forges et autres appareils, des objets de ferronnerie et de quincaillerie. — Cons. d'Et., 20 mars 1861, Camion, [P. adm. chr.]

5708. — ... Un établissement de même nature comptant 85 ouvriers. — Cons. d'Et., 18 nov. 1863, Jubert, [Leb. chr., p. 763]

5709. — ... Un établissement de construction de machines, où 900 ouvriers étaient employés. — Cons. d'Et., 3 déc. 1857, Graffenstaden, [Leb. chr., p. 751]

5710. — ... Des ateliers d'horlogerie, où 60 ouvriers étaient employés. — Cons. d'Et., 14 déc. 1853, Delépine et Cauchy, [S. 54.2.415, P. adm. chr., D. 74.3.85]

5711. — ... Une imprimerie, où 80 ouvriers étaient occupés à la composition, au tirage, au pliage, à la rognure, à la préparation des brochures et à l'expédition des imprimés. — Cons. d'Et., 29 mai 1874, Rouillé, [D. 75.5.123]

5712. — ... Une fabrique de pianos. — Cons. d'Et., 8 avr. 1840, Boisselot, [P. adm. chr.]

5713. — ... Une verrerie, où le travail se faisait par la main et le souffle des hommes. — Cons. d'Et., 14 juin 1864, Houtart, [Leb. chr., p. 557]

5714. — ... Une fabrique de faïence où cependant quatre ouvriers seulement étaient employés. — Cons. d'Et., 22 juin 1848, Boncourt, [P. adm. chr.]

5715. — ... Dans une fabrique de porcelaine, des ateliers où des ouvriers décoraient et peignaient à la main les objets qui étaient ensuite soumis à l'action du feu. — Cons. d'Et., 15 mai 1857, Haviland, [P. adm. chr.]

5716. — ... Un établissement dans lequel on transformait des ocres argileuses en mosaïques et carreaux de couleur. — Cons. d'Et., 23 juin 1865, Saunier, [Leb. chr., p. 649]

5717. — ... Une fabrique de cadres et de moulures, où 80 ouvriers étaient employés à l'ornementation et à la dorure. — Cons. d'Et., 21 avr. 1858, Rousseau, [Leb. chr., p. 315]

5718. — ... Dans une scierie de marbre, un atelier où s'exécutait le polissage à la main. — Cons. d'Et., 6 juin 1879, Bernis, [Leb. chr., p. 459]

5719. — ... Une fabrique de papiers peints, où la main de l'homme tendait les papiers, les chargeait de dessins et de couleurs, conduisait les pinceaux, brosses et cylindres et opérait la dessiccation. — Cons. d'Et, 11 janv. 1853, Eymès, [P. adm. chr.] ; — 1er mars 1878, Destrem, [Leb. chr., p. 235]

5720. — ... Une fabrique de salaisons. — Cons. d'Et., 10 janv. 1872, Cornillier, [D. 73.3.53]

5721. — ... Une fabrique de conserves alimentaires dont la plupart des ouvriers étaient employés aux opérations d'épluchage, de lavage et de mises en boîtes — Cons. d'Et., 18 juin 1856, Prélard, [P. adm. chr., D. 57.3.12]

5722. — Dans toutes les espèces que nous venons de citer, le nombre des ouvriers employés était considérable. On peut se rapprocher d'autres décisions par lesquelles le Conseil a maintenu sur les rôles des établissements de même nature, qu'à raison de leur peu d'importance, il considérait comme de simples ateliers. C'est ainsi qu'il a refusé d'admettre au bénéfice de l'exemption un atelier à battre et à peigner le chanvre. — Cons. d'Et., 28 juin 1848, Noiret, [P. adm. chr.]

5723. — ... Une fabrique à teiller le lin, où 10 à 12 ouvriers étaient employés à tenir le lin dans le métier jusqu'à ce qu'il fût teillé. — Cons. d'Et., 24 mai 1865, Delsaux, [Leb. chr., p. 585]

5724. — ... Une filature de cocons n'employant que dix-neuf bassines et 20 à 25 ouvriers. — Cons. d'Et, 9 mars 1853, Pellegrin, [Leb. chr., p. 295]

5725. — ... Des ateliers de tissage ne contenant qu'un petit nombre de métiers. — Cons. d'Et., 5 juin 1845, Tallard, [P. adm. chr.] ; — 29 janv. 1847, Schnebelen, [P. adm. chr.] ; — 9 juin 1850, Warin, [P. adm. chr.] ; — 9 mai 1855, Guilbaut-Lencrin, [Leb. chr., p. 323] ; — 2 mars 1861, Primois, [Leb. chr., p. 185]

5726. — ... Une fabrique à métiers pour le tissage des gazes en soie pour le blutage des farines n'occupant que 15 ouvriers. — Cons. d'Et., 2 juill. 1861, Luscan, [Leb. chr., p. 544]

5727. — ... Une fabrique de draps, contenant trois métiers à carder, un métier à tisser et cent dix broches, et n'occupant que 2 ouvriers. — Cons. d'Et., 8 avr. 1863, Walle, [Leb. chr., p. 340]

5728. — ... Une fabrique de galons n'occupant habituellement que douze à vingt-quatre métiers. — Cons. d'Et., 13 déc. 1834, Roux, [Leb. chr., p. 959]

5729. — ... Des ateliers de teinture. — Cons. d'Et., 14 déc. 1850, Boullier, [P. adm. chr.]; — 4 juill. 1857, Bulard, [P. adm. chr.]

5730. — Mêmes décisions en ce qui concerne des fabriques de boutons de nacre n'occupant que 15 ouvriers. — Cons. d'Et., 9 nov. 1877, Fortin, [Leb. chr., p. 857]

5731. — … De briques réfractaires où 10 ouvriers seulement étaient employés. — Cons. d'Et., 13 juill. 1877, Millioz, [Leb. chr., p. 690]

5732. — … De chandelles, avec 2 ouvriers. — Cons. d'Et., 2 juin 1843, Galtier, [P. adm. chr.]

5733. — … De maroquins, avec 15 ou 20 ouvriers. — Cons. d'Et., 13 déc. 1854, Pascal, [Leb. chr., p. 960]

5734. — … Des ateliers de ferblantiers ou de mécaniciens. — Cons. d'Et., 30 mars 1844, Tholozan, [P. adm. chr.]; — 30 juin 1858, Selle, [Leb. chr., p. 467]

5735. — … Un atelier d'horlogerie où seize ouvertures servaient à éclairer le travail de 12 ouvriers. — Cons. d'Et., 16 févr. 1894, Béné, [Leb. chr., p. 137]

5736. — … Une fabrique de pompes n'occupant que peu d'ouvriers. — Cons. d'Et., 26 mars 1870, Lambert, [Leb. chr., p. 357]

5737. — Un atelier, où s'opérait la mise en plomb des câbles téléphoniques et où 16 ouvriers travaillaient. — Cons. d'Et., 6 nov. 1885, Oriol, [D. 86.3.124]

5738. — Le Conseil d'Etat a décidé que des fabriques de produits chimiques occupant un nombre d'ouvriers inférieur à dix étaient des usines. — Cons. d'Et., 9 févr. 1844, Rouët, [P. adm. chr.]; — 18 juill. 1860, Tissier, [Leb. chr., p. 544]; — 27 mai 1868, Petit, [Leb. chr., p. 574]

5739. — … Et a considéré comme manufacture une fabrique de même nature employant 300 ouvriers. — Cons. d'Et., 9 janv. 1861, Mines de Bouxwiller, [P. adm. chr.]

5740. — De même, il a déclaré imposables comme usines une papeterie qui occupait 28 ouvriers et contenait trois machines hydrauliques qui étaient l'agent le plus actif de la fabrication. — Cons. d'Et., 29 juin 1844, Leconte et Lalance, [S. 44.2.512, P. adm. chr.]

5741. — … Une papeterie à la mécanique occupant 2 ouvriers. — Cons. d'Et., 28 févr. 1856, Mervant, [P. adm. chr., D. 56.3.48]

5742. — … Un établissement de même nature avec 30 à 40 ouvriers. — Cons. d'Et., 19 janv. 1866, Lapenne, [Leb. chr., p. 29]

5743. — Au contraire, il a reconnu le caractère de manufactures : à une papeterie occupant 138 ouvriers, quoique l'eau y fût le principal agent de la fabrication. — Cons. d'Et., 2 août 1848, Outhenin, [Leb. chr., p. 485]

5744. — … A une fabrique de papier à la main employant 42 ouvriers. — Cons. d'Et., 28 févr. 1856, Avot, [P. adm. chr., D. 56.3.48]

5745. — … A des établissements de même nature occupant un nombre d'ouvriers variant entre 40 et 300. — Cons. d'Et., 25 août 1858, Jouhaud, [Leb. chr., p. 592]; — 12 juin 1860, Geoffroy, [Leb. chr., p. 433]; — 6 déc. 1865, Zuber, [S. 66.2.272, P. adm. chr.]; — 9 juin 1869, Bourguignon, [Leb. chr., p. 587]

5746. — On voit que le nombre des ouvriers employés dans les établissements industriels est le signe auquel le Conseil d'Etat s'attache le plus volontiers pour distinguer les usines des manufactures. Ce n'est pas le nombre total des ouvriers employés dans la fabrique qu'il importe de déterminer, mais celui qui se trouve réuni dans chaque atelier. Ainsi le Conseil d'Etat a souvent refusé le caractère de manufacture à des établissements industriels d'une importance considérable, occupant parfois des centaines d'ouvriers, parce que ceux-ci étaient répartis par groupes de 8 à 10 ouvriers dans chaque atelier. Ainsi décidé à l'égard de fabriques de chandelles, de bougie et de cire, exploitées dans des bâtiments distincts et séparés et occupant la première 11 ouvriers, la seconde 31 et la troisième 2. — Cons. d'Et., 18 juin 1859, Rousselle, [Leb. chr., p. 427]

5747. — … D'une ardoisière, où 18 ouvriers étaient répartis entre neuf bâtiments séparés. — Cons. d'Et., 28 mars 1860, Riché-Goda, [P. adm. chr.]

5748. — … D'un établissement de carrosserie, comprenant un magasin de vente, une magasin de dépôt et quatre ateliers, et n'occupant que 28 ouvriers. — Cons. d'Et., 4 mai 1864, Voignier, [P. adm. chr., p. 402]

5749. — … D'un établissement de même nature, où 40 ouvriers étaient répartis dans sept ateliers distincts et séparés. — Cons. d'Et., 17 mai 1859, Lecointe, [P. adm. chr.] — V. encore Cons. d'Et., 19 févr. 1863, Cie générale des voitures de Paris, [Leb. chr., p. 158]

5750. — … D'un établissement d'apprêt pour les tulles, divisé en deux étages contenant chacun une grande salle de 40 mètres de longueur, où travaillaient seulement 10 ouvriers. — Cons. d'Et., 2 juill. 1875, Sergeant, [D. 75.3.123]

5751. — Depuis 1877, le Conseil d'Etat s'est souvent fondé sur les conditions d'aménagement et la répartition des ouvriers entre les divers ateliers pour refuser le caractère de manufacture, par exemple, à une fabrique de carton où 58 ouvriers étaient employés. — Cons. d'Et., 3 août 1877, Ardant, [Leb. chr., p. 776]

5752. — … A une fabrique de chapeaux. — Cons. d'Et., 13 juill. 1877, Lejean, [Leb. chr., p. 689]

5753. — … A une fabrique de passementerie, comprenant deux ateliers et employant 15 ouvriers. — Cons. d'Et., 26 déc. 1879, Daumas, [Leb. chr., p. 880]

5754. — … A un établissement d'ébénisterie, comprenant des ateliers de tourneurs, de menuisiers, de dessinateurs, de sculpteurs, d'ébénistes, de tapissiers et des galeries d'exposition, et occupant 188 ouvriers. — Cons. d'Et., 17 janv. 1879, Mazaroz, Ribalier, [D. 80.3.111]

5755. — … A des teintureries. — Cons. d'Et., 18 janv. 1878, Motte, [D. 78.3.157]; — 11 juill. 1879, Quiévreux, [Leb. chr., p. 585]; — 3 juin 1881, Jaspar, [Leb. chr., p. 593]; — 20 avr. 1883, Holder, [Leb. chr., p. 374]

5756. — … A une imprimerie, où 40 ouvriers étaient répartis entre trois ateliers. — Cons. d'Et., 3 nov. 1882, Guéneux, [Leb. chr., p. 830]

5757. — … A une fabrique de boutons de nacre, occupant de 40 à 50 ouvriers disséminés dans quinze ateliers. — Cons. d'Et., 1er mai 1885, Chevallier, [D. 86.3.124]

5758. — … A des ateliers d'une superficie de 690 mètres carrés, où 88 ouvriers travaillaient le bois et la pierre pour la décoration des monuments privés ou publics. — Cons. d'Et., 5 nov. 1886, Jacquier, [Leb. chr., p. 758]

5759. — … A un tissage occupant 31 ouvriers. — Cons. d'Et., 5 févr. 1886, Lecacheux, [Leb. chr., p. 112]

5760. — La jurisprudence inclinait autrefois à considérer les établissements industriels dans leur ensemble et, après en avoir déterminé le caractère, à maintenir l'imposition ou à accorder la décharge à toutes les dépendances desdits établissements. Nous voyons exempter, comme dépendance d'une fabrique de draps considérée comme manufacture, un magasin dont le rez-de-chaussée servait à renfermer du foin et des bois, et les étages supérieurs des chardons, de la laine et d'autres objets en usage dans la fabrication des draps. — Cons. d'Et., 26 mai 1845, Suchetet, [Leb. chr., p. 281]

5761. — De même, est exempté un magasin dépendant d'une filature. — Cons. d'Et., 15 déc. 1852, Duvillier-Delattre, [Leb. chr., p. 598]

5762. — La même jurisprudence a été appliquée à trois ateliers de manufactures qui, par eux-mêmes et s'ils avaient été isolés, n'auraient pas eu droit à l'exemption, par exemple, dans une fabrique de peluches, à des ateliers de teinture des peluches, et à des ateliers de construction et de réparation de métiers. — Cons. d'Et., 13 déc. 1854, Martin et Casimir, [Leb. chr., p. 961]

5763. — … Ou, dans une manufacture de draps, à des ateliers contenant des machines ou des métiers mus par un service hydraulique et servis par 3 ou 4 ouvriers. — Cons. d'Et., 8 août 1855, Banon, [Leb. chr., p. 584]

5764. — La question soumise alors aux juridictions contentieuses était celle de savoir ce qui devait être considéré comme dépendance de l'établissement industriel exempté. Le Conseil d'Etat n'admettait pas qu'on pût regarder comme dépendance d'une manufacture un bâtiment qui, tout en faisant corps avec elle, n'était pas à son usage, par exemple un bâtiment faisant partie d'une fabrique de draps loué à un tiers qui y exerçait la profession de teinturier. — Cons. d'Et., 26 mai 1845, précité.

5765. — L'exemption ne pouvait être accordée non plus, à titre de dépendance d'une manufacture, à un établissement qui en était distant de plusieurs kilomètres. — Cons. d'Et., 5 sept. 1838, Godard, [Leb. chr., p. 190]; — 27 nov. 1885, Testard, [Leb. chr., p. 879]

5766. — Mais, à partir de 1863, la jurisprudence se modifie et tend à considérer dans les établissements industriels chaque atelier isolément, et à lui attribuer ou à lui refuser le caractère de manufacture, tant à raison de la nature des opérations qui s'y effectuent que du nombre des ouvriers qui y sont rassemblés et du nombre d'ouvertures qui servent à les éclairer. C'est ainsi que nous voyons exempter, comme ayant le caractère de manu-

facture, des ateliers de corroierie dépendant d'un établissement de tannerie dans lesquels 58 ouvriers travaillent. — Cons. d'Et., 31 août 1863, Mauson, [Leb. chr., p. 703]

5767. — ... Dans une fabrique de papiers peints, un atelier où 10 ouvriers sont occupés au vernissage. — Cons. d'Et., 1er mars 1878, Destrem, [Leb. chr., p. 233]

5768. — ... Dans un établissement affecté à la vente des chiffons destinés à l'industrie, des ateliers où un nombre d'ouvrières variant de 30 à 65 sont employées à trier, découdre, découper, classer et épurer les chiffons. — Cons. d'Et., 5 déc. 1879, Brunet, [D. 80.3.64]

5769. — En sens contraire nous voyons, dans des établissements considérés comme manufactures, le Conseil refuser d'étendre le bénéfice de l'exemption à certains ateliers qui lui paraissent présenter le caractère d'usines : par exemple, dans un établissement comprenant une filature et un tissage, un atelier dans lequel on construit les machines à filer et à tisser, est considéré comme usine. — Cons. d'Et., 20 sept. 1865, Bruneaux, [Leb. chr., p. 922]

5770. — Décidé, de même, à l'égard des bâtiments dépendant d'un tissage, où fonctionnent les machines à vapeur et où sont installés une forge et divers autres outils pour la réparation du matériel. — Cons d'Et., 1er mars 1889, Herbin, [S. 91.3.27, P. adm. chr., D. 90.5.133]

5771. — L'exemption a encore été refusée, dans une fabrique de coutils, aux ouvertures des ateliers affectés à la teinture et au blanchiment des coutils. — Cons. d'Et., 29 juill. 1881, Boissard, [D. 82.5.133]

5772. — ... Dans une fabrique de draps, à un atelier dans lequel 3 ouvriers trient et apprêtent la matière première et reçoivent les draps. — Cons. d'Et., 3 nov. 1882, Clergue, [Leb. chr., p. 830]

5773. — La jurisprudence nouvelle apparaît très-nettement dans plusieurs décisions où le Conseil d'Etat a eu à faire lui-même le départ entre les locaux imposables et les locaux exemptés. Dans un établissement de carrosserie comprenant, trois ateliers, un pour la construction des voitures, où se trouvaient 23 ouvriers et comptant 2 portes cochères et 18 fenêtres, un pour la peinture comptant 12 ouvertures et où 4 ouvriers seulement étaient occupés, et un pour la sellerie éclairé par 3 ouvertures et ne renfermant que 3 ouvriers, le Conseil d'Etat a accordé le bénéfice de l'exemption au premier et l'a refusé aux deux autres. — Cons. d'Et., 4 juill. 1867, Benoist, [Leb. chr., p. 629]

5774. — Dans un établissement comprenant plusieurs corps de bâtiments, dans lesquels on se livrait à la fabrication des chaussures et à diverses industries accessoires de cette fabrication, telles que le tannage et le corroyage des peaux, et à la confection des malles, le Conseil d'Etat, examinant séparément chaque nature d'atelier, a considéré comme manufactures la corroierie et son séchoir, la fabrique de malles, l'atelier de piquage et de cordonnerie, et ses dépendances (magasins de formes, local pour la réception des chaussures faites au dehors, dépôt de chaussures, emballage, machines à vapeur pour le treuil, magasin de cuirs) et divers locaux affectés aux services généraux (scierie, machines à vapeur, forge, magasin du sous-sol), mais il a refusé ce caractère aux autres dépendances de l'établissement, telles que la tannerie. — Cons. d'Et., 14 févr. 1872, Fanien, [D. 73.3.53]

5775. — Dans une scierie de marbre comprenant deux bâtiments distincts affectés, l'un au polissage du marbre à la main, l'autre à la scierie, au polissage et au tournage mécaniques, le premier a été exempté, le second déclaré imposable. — Cons. d'Et., 6 juin 1879, Bernis, [Leb. chr., p. 459]

5776. — Dans une papeterie à vapeur, le Conseil d'Etat a reconnu le caractère de manufacture aux ateliers de tissage à la main et de blutage des chiffons, de satinage, de pliage et d'empaquetage du papier, de chaudronnerie, de serrurerie, de menuiserie, de construction, etc., et au contraire il a déclaré imposables, comme constituant des usines, les bâtiments renfermant les machines à vapeur, les turbines et le gazomètre, ceux où s'effectuent la trituration, le raffinage et le collage des pâtes, ceux où fonctionnent les machines à vapeur, la halle et dépôt des chiffons. — Cons. d'Et., 6 mai 1881, Firmin-Didot, [D. 82.5.134]

5777. — Enfin, dans un établissement consacré à la confection d'objets de lingerie et de broderie, où il était procédé à diverses opérations accessoires, telles que le blanchiment, le repassage et l'apprêt, le Conseil a exempté les ateliers affectés à la confection, au repassage et à l'apprêt, et imposé les ateliers servant au blanchiment et au séchage des objets confectionnés. — Cons. d'Et., 26 févr. 1886, Guilbert, [Leb. chr., p. 169]

5778. — A Paris, en vertu d'une disposition du décret-loi du 17 mars 1852 approuvant le tarif spécial, les ouvertures des usines ne sont pas imposées. On ne peut considérer comme usine, dans une fabrique de chaussures, une pièce unique contenant une machine à vapeur mettant en mouvement des machines à coudre. — Cons. d'Et., 8 août 1892, Henriet, [Leb. chr., p. 705]

5779. — Nous rappelons que, d'après les termes de la loi du 4 germ. an XI, l'exemption n'est pas applicable aux habitations personnelles des propriétaires des manufactures, à celles de leurs concierges et commis. Cette disposition doit être étendue à tous les locaux habitables, aux bureaux des manufacturiers... — Cons. d'Et., 15 déc. 1852, Duvillier-Delattre, [Leb. chr., p. 598] ; — 20 mars 1861, Camion, [P. adm. chr.] ; — 18 nov. 1863, Jubert, [Leb. chr., p. 763] ; — 11 juill. 1891, Deloye, [Leb. chr., p. 546] ; — 8 août 1892, précité.

5780. — ... Aux logements des ouvriers. — Cons. d'Et., 25 oct. 1833, Maugars, [P. adm. chr.] ; — 31 juill. 1856, Lacombe, [P. adm. chr.] ; — 15 mai 1857, Haviland, [Leb. chr., p. 396] ; — 20 mars 1861, précité.

5781. — ... Aux magasins de dépôt, de vente et d'emballage que les industriels possèdent dans leurs fabriques (Circ. 11 mars 1841). — Cons. d'Et., 20 mars 1861, précité ; — 1er mars 1878, Destrem, [Leb. chr., p. 235] ; — 5 déc. 1879, Brunet, [D. 80.3.64]

§ 4. Exemptions diverses.

5782. — Ajoutons, pour en finir avec les exemptions, que le décret du 13 juill. 1848 et la loi du 4 août 1831 en un décret du 12 déc. 1860, ont accordé pour la contribution des portes et fenêtres, des exemptions temporaires correspondant à celles qui étaient accordées pour la contribution foncière. — Cons. d'Et., 17 févr. 1863, Barberis, [Leb. chr., p. 133]

5783. — Enfin, aux termes de l'art. 8, L. 13 avr. 1830, sur les logements insalubres, les ouvertures pratiquées pour l'exécution des travaux d'assainissement sont exemptées pendant trois ans. Il s'agit seulement des travaux qui sont exécutés par mesure d'ordre ou de police, en vertu d'une délibération du conseil municipal ou d'un arrêté du conseil de préfecture. Les travaux qu'un propriétaire ferait faire dans ses immeubles pour les assainir ne lui conféreraient aucun droit à obtenir l'exemption.

Section IV.
Répartition de la contribution des portes et fenêtres.

§ 1. Des tarifs.

1° Du tarif général. — Classification des ouvertures.

5784. — I. Maisons ayant moins de six ouvertures. — La contribution des portes et fenêtres présente une particularité : c'est qu'elle combine avec l'application de tarifs, qui constitue le propre des impôts de quotité, les principes généraux de la répartition. Cette anomalie s'explique historiquement. Quand fut établi l'impôt sur les portes et fenêtres en l'an VII, il avait le caractère d'un impôt de quotité. Un tarif faisait la classification des ouvertures et fixait la somme à payer pour chacune d'elles en tenant compte de la population de la commune et de l'étage auquel ces ouvertures étaient placées. La raison qui fit substituer à ce mode, le seul normal, eu égard à ce genre d'impôt, le mode de la répartition, fut toute fiscale. Les administrateurs chargés de la taxe se montraient négligents; le rendement de l'impôt diminuait d'année en année. La loi du 13 flor. an X fixa à 16 millions le contingent général qui dut être réparti par le législateur entre les départements, par les préfets entre les arrondissements et par les sous-préfets entre les communes. A l'intérieur de la commune, on appliquait le tarif. Si, par l'effet de l'application du tarif, la somme était supérieure au contingent de la commune, chaque cote subissait une réduction proportionnelle. Inversement, si l'application du tarif donnait un produit inférieur au contingent, chaque cote était augmentée. Ce système ingénieux a pour effet d'accroître les inégalités inhérentes au mode de répartition. Pendant de longues années, le contingent général demeura stationnaire, alors que le nombre des ouvertures augmentait chaque année, plus ou moins vite,

selon les localités. Dans les villes, l'impôt devenait de moins en moins lourd ; dans les campagnes et dans les villes dont l'importance diminuait, la charge s'aggravait. Il en fut ainsi jusqu'à la loi du 26 mars 1831, qui rendit à cet impôt son caractère primitif d'impôt de quotité. L'effet de cette réforme éphémère fut de porter le rendement de l'impôt de 16 à 27 millions. L'année suivante ou rétablit le système de la répartition, mais en tenant compte des résultats obtenus. Enfin, la loi du 17 mars 1835 est venue corriger un des vices de cette contribution en décidant que les ouvertures des constructions nouvelles seraient recensées chaque année et viendraient en augmentation du contingent des communes, des arrondissements et des départements, et que celles des constructions démolies viendraient en diminution des mêmes contingents.

5785. — Examinons maintenant le tarif et la classification des ouvertures. A partir du 1er janv. 1832, dit l'art. 24, L. 21 avr. 1832, la contribution des portes et fenêtres sera établie par voie de répartitions entre les départements, les arrondissements, les communes et les contribuables, conformément au tarif ci-dessous, sauf les modifications proportionnelles qu'il sera nécessaire de lui faire subir pour remplir les contingents.

5786. — Dans la loi du 4 frim. an VII, le tarif distinguait deux espèces de portes : 1° les portes ordinaires, qui payaient à raison de la population de la commune ; 2° les portes cochères, charretières, de magasins, de marchands en gros ou de négociants, qui payaient le double des portes ordinaires. Quant aux fenêtres, celles du rez-de-chaussée, de l'entresol, des 1er et 2e étages étaient taxées d'après le chiffre de la population. Dans les communes de plus de 10,000 âmes, les fenêtres des étages supérieurs ne payaient qu'une taxe uniforme de 0,25 cent. (L. 4 frim. an VII, art. 3 et 4).

5787. — La loi du 18 vent. an VII doubla la taxe établie sur les portes et fenêtres ordinaires, sauf pour les maisons n'ayant qu'une porte et une fenêtre. La taxe sur les portes charretières, cochères et de magasins fut, au lieu de varier entre 1 fr. et 10 fr. Une autre loi du 6 prair. an VII doubla encore une fois la taxe à titre de subvention extraordinaire de guerre.

5788. — La loi du 13 floréal an X établit un tarif plus modéré, divisé en quatre parties : 1° les portes cochères payaient dans les villes de　5.000 âmes et au-dessous　　1,60
　　　—　　de　5.000 à 10.000...........　3,50
　　　—　　de 10.000 à 25.000...........　7,40
　　　—　　de 25.000 à 50.000...........　11,20
　　　—　　de 50.000 à 100.000...........　15,00
　　au-dessus de 100.000...........　　18,80

2° Les portes ordinaires et fenêtres autres que celles des 3e, 4e et 5e étages payaient de 0 fr. 60 à 1 fr. 80 ;

3° Les fenêtres du 3e étage et au-dessus payaient dans les villes de 5.000 âmes et au-dessous 0,60, au-dessus 0,75 ;

4° Enfin, les maisons n'ayant qu'une porte et qu'une fenêtre jouissaient d'un tarif spécial. La porte était taxée de 0,40 à 1,20, la fenêtre de 0,20 à 0,60. Ce tarif fut maintenu par la loi du 26 mars 1831.

5789. — Mais la loi de 1832 en introduisit un nouveau. Les

POPULATION des VILLES et des COMMUNES	POUR LES MAISONS A					POUR LES MAISONS à 6 ouvertures et au-dessus		
	1 Ouverture	2 Ouvertures	3 Ouvertures	4 Ouvertures	5 Ouvertures	Portes cochères, charretières et de magasins.	Portes ordinaires et fenêtres du rez-de-chaussée, de l'entresol, des 1er et 2e étages.	Fenêtres du 3e étage et des étages supérieurs.
Au-dessous de 5.000 âmes....	0 30	0 45	0 90	1 60	2 50	1 00	0 60	0 60
De 5.000 à 10.000 âmes....	0 40	0 00	1 35	2 20	3 25	3 50	0 75	0 75
De 10.000 à 25.000 âmes....	0 50	0 80	1 80	2 80	4 »	7 40	0 90	0 75
De 25.000 à 50.000 âmes....	0 60	1 »	2 70	4 »	5 50	11 20	1 20	0 75
De 50.000 à 100.000 âmes....	0 80	1 20	3 00	5 20	7 »	15 »	1 50	0 75
Au-dessus de 100.000 âmes....	1 »	1 50	4 50	6 40	8 50	18 80	1 80	0 75

maisons sont divisées en deux catégories : celles qui ont de 1 à 5 ouvertures et celles qui ont 6 ouvertures et au-dessus. A l'égard des premières, le tarif ne distingue pas entre les portes et les fenêtres. Le taux varie uniquement à raison du nombre des ouvertures et du chiffre de la population. Dans les maisons à 6 ouvertures et au-dessus, le tarif distingue : 1° les portes cochères, charretières et de magasins ; 2° les portes ordinaires et fenêtres des 2 premiers étages ; 3° les fenêtres du 3e étage et des étages supérieurs. Quant à ces dernières, le taux est uniformément fixé à 0,75, sauf dans les villes de moins de 5,000 âmes où il est seulement de 0,60.

5790. — L'art. 27, L. 21 avr. 1832, ajoutait que les portes charretières, existant dans les maisons ayant moins de 6 ouvertures, seraient taxées comme portes ordinaires. Cette disposition a donné lieu à des difficultés assez sérieuses. Il est probable que, dans l'intention du législateur, aucune distinction ne devait être faite, dans les maisons n'ayant au plus que cinq ouvertures, à raison de la nature des portes et de la destination des locaux auxquels elles conduisaient. Cependant l'art. 27 ne mentionnant que les portes charretières, l'administration en conclut que les portes de magasins établis dans des maisons à cinq ouvertures et au-dessous devaient être imposées comme les portes cochères des maisons à six ouvertures. Le Conseil d'État n'admit pas cette prétention et décida que les portes n'étaient passibles que de la double taxe établie par la loi du 4 frim. an VII. En vain l'administration objecta-t-elle que la loi du 4 frim. an VII avait été remplacée sur ce point par celles des 18 vent. et 6 prair. an VII et du 13 flor. an X, le Conseil persista dans sa jurisprudence. — Cons. d'Et., 14 nov. 1834 et 3 févr. 1835, Lajard, [P. adm. chr.]

5791. — Le ministre des Finances fit alors insérer dans la lo de finances du 20 juill. 1837 (art. 3) une disposition aux termes de laquelle les portes charretières des bâtiments à moins de six ouvertures, situés dans les villes de 5,000 âmes et au-dessus et employés à usage de magasins, seront taxées comme les portes charretières des magasins établis dans les maisons à six ouvertures. Les autres ouvertures des maisons ayant moins de six ouvertures continueront d'être taxées conformément au tarif contenu dans l'art. 24, L. 21 avr. 1832. Il semble que ce texte devait mettre fin à toute difficulté d'application ; or seul le tarif de la loi de 1832 devait désormais être appliqué, en dehors des cas prévus par la loi de 1837. Cependant l'administration ne le comprit pas ainsi et appliqua la disposition nouvelle sans distinction à toutes les portes de magasins, qu'elles fussent ou non charretières. Sur un nouveau pourvoi basé sur ce que la loi de 1832 avait abrogé la loi de l'an VII et que les portes de magasins non charretières dans les maisons à moins de six ouvertures devaient être cotisées comme portes ordinaires, le Conseil d'État a rejeté le pourvoi par ces motifs « que d'après l'art. 3, § 2, L. 4 frim. an VII, les portes de magasins sont assujetties à une contribution double ; que le tableau joint à l'art. 24, L. 21 avr. 1832, n'a élevé le droit des portes de magasins que dans les maisons ayant plus de cinq ouvertures ; que l'art. 27 de la même loi n'a réduit à un droit simple, dans les maisons ayant moins de six ouvertures, le droit double établi par la loi du 4 frim. an VII, que pour les portes charretières proprement dites ; que, d'après l'art. 3, L. 20 juill. 1837, dans les villes de 5,000 âmes et au-dessus, les portes de bâtiment à moins de six ouvertures ne peuvent être imposées comme les portes charretières des magasins établis dans les maisons à six ouvertures qu'autant qu'elles sont charretières et employées à usage de magasins ; que, d'autre part, le second paragraphe du même article, en statuant que les autres ouvertures des maisons ayant moins de six ouvertures continueraient d'être taxées conformément au tarif contenu dans l'art. 24, L. 21 avr. 1832, n'a rien changé aux dispositions de cette loi, laquelle, en maintenant, par son art. 27, les bases de la loi du 4 frim. an VII, a laissé subsister la double taxe établie sur les portes de magasins ». — Cons. d'Et., 29 oct. 1839, Lajard, [Leb. chr., p. 543]. — V. aussi Cons. d'Et., 8 juill. 1852, Même partie, [S. 53.2.90, P. adm. chr.] ; — 12 sept. 1853, Même partie, [Leb. chr., p. 881] ; — 28 avr. 1876, Bucaille, [S. 78.2.190, P. adm. chr.]

5792. — Dans une ville de plus de 5,000 âmes, un magasin ayant une porte cochère et 3 fenêtres doit être imposé pour une porte cochère d'après la loi de 1837 et pour une maison à 3 ouvertures et non pour une porte cochère et 3 ouvertures ordinaires. — Cons. préf. Jura, déc. 1876.

5793. — Pour apprécier si une maison a plus ou moins de 5 ouvertures, il faut la considérer dans son ensemble sans s'arrêter à la circonstance qu'elle serait propriété indivise entre plusieurs copropriétaires. C'est à l'unité de bâtiment qu'il faut s'attacher. Les copropriétaires diviseront la cote entre eux. — Cons. d'Et., 16 juin 1882, Lagarde et Bachelard, [D. 83.5.141]

5794. — De même un hangar divisé en huit compartiments donnant tous accès sur la voie publique par une porte spéciale, a été considéré comme appartenant à la catégorie dess maions à 6 ouvertures et au-dessus. — Cons. d'Et., 23 août 1858, Lepage, [Leb. chr., p. 571]

5795. — De même encore, quand des maisons communiquent ensemble et ne forment qu'un seul corps de logis, elles doivent être taxées d'après l'ensemble des ouvertures. — Cons. d'Et., 1er déc. 1882, et 17 juill. 1885, Taupin, [Leb. chr., p. 689 et 960]

5796. — Inversement, lorsqu'un bâtiment à moins de 6 ouvertures est ajouté à une maison plus importante, mais qu'il forme un corps de logis séparé et distinct, il faut lui appliquer la première partie du tarif et non ajouter ses ouvertures à celles du logis principal. — Cons. d'Et., 27 févr. 1875, Badin d'Hurtebse, [Leb. chr., p. 195]; — 25 juin 1875, Guyennet, [D. 75.5. 124]; — 16 févr. 1889, Brunet, [Leb. chr., p. 230]

5797. — De même, lorsque les divers magasins possédés par un contribuable constituent des bâtiments distincts sans communication entre eux, on doit les envisager séparément pour le calcul des ouvertures de chacun d'eux. — Cons. d'Et., 14 nov. 1834, précité.

5798. — Pour déterminer le nombre des ouvertures d'une maison , il ne faut pas faire entrer en compte une porte qui donne également accès à la mairie, à l'école , et doit à ce titre être exemptée. — Cons. d'Et., 29 janv. 1883, Beneython, [D. 85. 3.20]

5799. — En résumé, dans les maisons ayant moins de six ouvertures, celles-ci sont comptées comme ouvertures ordinaires, y compris les portes charretières qui ne donnent pas accès dans des magasins (L. 21 avr. 1832, art. 27). — Cons. d'Et., 13 janv. 1888 Cestrières, [Leb. chr., p. 19]

5800. — Les portes de magasins non charretières sont cotisées à une double taxe (L. 4 frim. an VII). On devra, suivant nous, appliquer la même règle aux portes, même charretières, des magasins dans les communes de moins de 5,000 âmes. Enfin, dans les villes de plus de 5,000 âmes, les portes charrctières de magasins sont cotisées au même taux que si la maison avait six ouvertures (L. 20 juill. 1837, art. 3). — Cons. d'Et., 24 avr. 1874, Bucaille, [Leb. chr., p. 360]

5801. — II. *Maisons ayant six ouvertures et au-dessus.* — Dans les maisons ayant six ouvertures ou plus, il faut distinguer entre les portes cochères, charretières ou de magasins, qui sont mises sur la même ligne, et les portes ordinaires. Que faut-il entendre par portes cochères ou charretières? C'est toute porte pouvant, par sa largeur et sa disposition, donner passage aux voitures. Il n'y a pas à distinguer, pour l'application du tarif, entre les communes urbaines et les communes rurales, entre les portes charretières et les portes cochères. Le tarif s'applique à toutes suivant le chiffre de la population. — Cons. d'Et., 11 août 1833, Clavier, [P. adm. chr.]

5802. — Que la porte soit assez large pour livrer passage aux voitures , telle est la seule condition exigée par la jurisprudence. Elle reconnaît le caractère de portes cochères à des portes consistant dans une simple barrière à claire-voie, placée à l'entrée d'une avenue conduisant à l'habitation à travers le domaine, ou pratiquée dans la baie du jardin. — Cons. d'Et., 11 oct. 1833, Maze, [P. adm. chr.]; — 19 août 1837, Rochoux, [P. adm. chr.]; — 8 mars 1847, Soulas, [P. adm. chr.]; — 24 déc. 1847, Bérenger, [P. adm. chr.]; — 21 mars 1848, Brémart, [P. adm. chr.]; — 22 juin 1848, Tiger de Rouffigny, [Leb. chr., p. 410]; — 30 nov. 1848, Debouis, [Leb. chr., p. 653]; — 4 mai 1859, Lorot, [Leb. chr., p. 324]; — 4 août 1862, Launay, [Leb. chr., p. 636]; — 6 déc. 1862, Némoz, [Leb. chr., p. 749]; — 31 mars 1868, Collas de la Baronnais, [Leb. chr., p. 354]; — 1er mai 1869, de Landreville, [Leb. chr., p. 403]; — 21 janv. 1876, Maupeu, [Leb. chr., p. 57]; — 20 avr. 1877, Oddolay, [Leb. chr., p. 364]; — 1er juin 1883, Charpentier, [Leb. chr., p. 502]; — 9 nov. 1889, Pairier, [Leb. chr., p. 1014]; — 29 janv. 1892, Castanier, [Leb. chr., p. 71]; — 25 nov. 1892, Pouleau, [Leb. chr., p. 801] — Dans ces diverses affaires, le Conseil d'Etat ne s'est pas préoccupé du mode de fermeture des portes. Il a imposé aussi bien des portes sans serrure ni verrou, ou fermées au moyen de liens en osier, que celles qui étaient scellées au mur par de la maçonnerie et munies d'un mode de fermeture plus perfectionné.

5803. — Le Conseil d'Etat a déclaré imposable comme porte cochère une porte qui ne laissait passage par sa largeur qu'à des charrettes de petite dimension. — Cons. d'Et., 2 déc. 1887, Neau, [Leb. chr , p. 765]

5804. — ... Ou qu'à des voitures à bras. — Cons. d'Et., 11 déc. 1885, Darguat, [Leb. chr., p. 946]

5805. — Il a été jugé que le caractère d'une porte cochère n'est pas modifié définitivement par la condamnation d'un des vantaux. — Cons. d'Et., 23 juin 1882, Vignon, [Leb. chr., p. 603]; — 27 juin 1891 et 19 févr. 1892, Prieur, [Leb. chr., p. 501 et 171]

5806. — Nous avons dit que c'était aux dimensions des portes qu'il fallait exclusivement s'attacher et non à leur destination ou à l'usage qu'on en fait. Peu importe donc qu'une porte serve ou non en fait au passage des voitures. Dès l'instant où celles-ci pourraient passer, la porte doit être imposée comme porte cochère ou charretière. — Cons. d'Et., 6 mai 1836, Ledieu, [P. adm. chr.]; — 12 août 1861, Romé, [Leb. chr., p. 723]; — 11 févr. 1876, Bavera, [Leb. chr., p. 138]; — 10 mai 1890 et 27 févr. 1892, Doyennet, [Leb. chr., p. 491 et 226]

5807. — Mais si l'accès est devenu impossible aux voitures par l'établissement d'un obstacle permanent, tel qu'un escalier extérieur, la porte cochère n'est plus imposable que comme porte ordinaire. — Cons. d'Et., 27 juin 1891, précité; — 19 févr. 1892, précité.

5808. — Au reste, il appartient à la juridiction administrative d'apprécier si une porte ou une grille doit, à raison de ses dimensions, de sa destination et de son usage, être considérée comme porte charretière. — Cons. d'Et., 19 nov. 1852, Lefebvre-Lemaire, [Leb. chr., p. 471]; — 23 juill. 1856, Castangt, [Leb. chr., p. 469]; — 6 mai 1857, Adam, [Leb. chr., p. 345]

5809. — En ce qui concerne les portes cochères, la loi du 21 avr. 1832 (art. 27) a édicté une disposition favorable aux établissements ruraux, à savoir qu'il ne serait compté qu'une seule porte cochère pour chaque ferme, métairie ou toute autre exploitation rurale. Ainsi, il a été jugé que quand une ferme a trois portes cochères, une seule est taxée en cette qualité ; les autres sont taxées comme portes ordinaires. — Cons. d'Et., 12 juill. 1878, Ecoutin, [Leb. chr., p. 667]

5810. — Toutefois, lorsqu'un corps de ferme est exploité par plusieurs fermiers ayant des intérêts distincts, on doit compter une porte charretière pour chacun d'eux. — Cons. d'Et., 7 mars 1834, André, [P. adm. chr.]

5811. — Le bénéfice de cette disposition ne peut être étendu ni aux maisons d'habitation... — Cons. d'Et., 6 juin 1879, Porteu, [Leb. chr., p. 459]; — 26 juin 1890, Thibaud, [Leb. chr., p. 612]

5812. — ... Ni aux établissements industriels. — Cons. d'Et., 23 juin 1882, Binet-Lefèvre, [Leb. chr., p. 602]

5813. — ... Ni à un chantier. — Cons. d'Et., 24 mai 1878, Derville, [Leb. chr., p. 503] — Ces bâtiments doivent être cotisés à raison d'autant de portes cochères qu'ils en possèdent.

5814. — La loi du 21 avr. 1832 ayant, pour les maisons à six ouvertures, assimilé les portes de magasins aux portes cochères, a supprimé la distinction faite par la loi du 4 frim. an VII, entre les magasins des marchands en gros et ceux des marchands en détail. Il n'y a plus lieu de rechercher si les magasins appartiennent ou non à des marchands en gros. — Cons. d'Et., 28 févr. 1834, Tripier, [P. adm. chr.]; — 21 mars 1834, Barbarin, [P. adm. chr.]

5815. — Les portes de magasins étant passibles de la même taxe que les portes cochères, il importe peu qu'elles soient comprises au rôle sous cette dernière dénomination. — Cons. d'Et., 1er août 1834, Durand et Roux, [P. adm. chr.]

5816. — La taxe devra être maintenue malgré un changement momentané de destination. — Cons. d'Et., 29 août 1834, Benausse, [P. adm. chr.]

5817. — L'assimilation étant complète, les portes de magasins sont cotisées comme portes cochères, non seulement quand, en fait, elles peuvent donner passage aux voitures, comme celles donnant accès aux remises et aux magasins d'un carrossier... — Cons. d'Et., 19 janv. 1859, Barrault, [Leb. chr., p. 39]; — 11 mai 1888, Maneron, [Leb. chr., p. 425]; — 12 nov. 1892, Quesnel, [Leb. chr., p. 764]

5818. — ... Mais encore lorsqu'elles ne peuvent donner pas-

sage aux voitures. — Cons. d'Et., 6 janv. 1858, Lacarrière, [Leb. chr., p. 15]; — 22 juin 1858, Coutures, [P. adm. chr., D. 59.3.3]; — 1er juin 1860, Ville de Caen, [Leb. chr., p. 543]

5819. — ... Par exemple, lorsqu'il s'agit d'ouvertures en surélévation sur le sol extérieur des magasins, destinées à faciliter le chargement et le déchargement de wagons. — Cons. d'Et., 4 mai 1870, Cie des docks et entrepôts de Marseille, [Leb. chr., p. 530]; — 9 avr. 1892, Herrenschmidt, [Leb. chr., p. 398]; — 25 juin 1894, Cie P.-L.-M., [Leb. chr., p. 406]

5820. — Toutefois, quand ces ouvertures sont en surélévation à la fois sur le sol extérieur et sur le sol intérieur des magasins, elles ne doivent être taxées que comme portes ordinaires. — Mêmes arrêts.

5821. — Les ouvertures latérales de magasins, fermées au moyen de cloisons mobiles ou de panneaux volants, constituent des portes dans le sens de la loi. — Cons. d'Et., 18 juin 1866, Cie des docks du Hâvre, [Leb. chr., p. 692]

5822. — Les portes de magasins sont imposables comme portes cochères, même si elles donnent sur une cour intérieure. — Cons. d'Et., 13 août 1867, Chabert, [Leb. chr., p. 751]

5823. — ... Ou sur des terrains particuliers. — Cons. d'Et., 11 oct. 1833, Béguin, [P. adm. chr.]

5824. — ... Ou sur un passage même non classé dans les rues d'une ville. — Cons. d'Et., 18 mars 1857, Bruyas, [S. 58. 2.447, ad notam, P. adm. chr.]

5825. — ... Ou sur un couloir aboutissant à la rue. — Cons. d'Et., 8 avr. 1867, Renié, [Leb. chr., p. 330]

5826. — Le Conseil d'Etat a décidé que des portes de magasins ne pouvaient obtenir, soit l'exemption de taxe, soit la réduction à la taxe ordinaire, par suite de cette circonstance que les magasins situés dans l'intérieur d'une cour n'auraient d'accès sur la voie publique que par des portes déjà imposées comme portes cochères. — Cons. d'Et., 4 juill. 1857, Pradeau, [S. 58. 2.447, P. adm. chr.]

5827. — Dans les gares de chemins de fer, doivent être imposées comme portes cochères à raison de leurs dimensions : les grandes portes des remises aux machines. — Cons. d'Et., 27 janv. et 7 août 1865, Cie de l'Ouest, [Leb. chr., p. 115 et 742]

5828. — ... Celles par lesquelles les wagons et locomotives accèdent aux ateliers de réparation. — Cons. d'Et., 22 mai 1866, Cie du Nord, [Leb. chr., p. 495]

5829. — ... Celles des halles affectées au transbordement des colis, aux expéditions et aux arrivages; ce sont des magasins. — Cons. d'Et., 2 mars 1866, Cie du Nord, [Leb. chr., p. 260]; — 19 juill. 1867, Cie du Nord (gare d'Arras), [Leb. chr., p. 667]

5830. — ... Les portes des clôtures qui ferment sur la rue la cour des voyageurs et celle des marchandises. — Cons. d'Et., 10 juill. 1869, Cie du Midi, [Leb. chr., p. 677]

5831. — ... Une ouverture divisée par un poteau de bois et munie de deux barrières, destinées l'une à l'entrée, l'autre à la sortie des voitures. — Cons. d'Et., 19 juill. 1867, précité.

5832. — Le Conseil a assimilé aux portes cochères dans une gare les portes d'une halle aux marchandises donnant sur un quai élevé d'un mètre au-dessus du sol et impraticable aux voitures. — Cons. d'Et., 19 mars 1870, Cie du Midi, [Leb. chr., p. 349]

5833. — ... Les ouvertures d'un hangar destiné à recevoir provisoirement les marchandises, ouvertures surélevées au-dessus du sol, mais disposées de manière à recevoir les marchandises sans qu'il soit nécessaire d'y introduire les voitures. — Cons. d'Et., 31 mars 1870, Cie d'Orléans, [S. 72.2.63, P. adm. chr., D. 71.3.31]

5834. — Dans les locaux qui ne sont pas affectés à l'usage de magasins, une porte qui, par suite de l'exhaussement du sol à l'intérieur, ne saurait livrer passage aux voitures, ne peut être imposée que comme porte ordinaire. — Cons. d'Et., 8 août 1884, Ville d'Aurillac, [D. 86.3.24]; — 12 juin 1885, Tessier, [D. 86.5.125]

5835. — C'est également comme portes ordinaires que doivent être taxées : une porte à un seul vantail trop étroite pour donner passage aux voitures. — Cons. d'Et., 10 déc. 1870, Davilliers [Leb. chr., p. 1099]; — 19 juill. 1878, Lepaon, [Leb. chr., p. 712]

5836. — Ou une porte ne donnant accès à l'habitation que par une allée qui n'est pas carrossable dans toute son étendue. — Cons. d'Et., 12 juill. 1878, Ecoutin, [Leb. chr., p. 667]

5837. — A l'égard des fenêtres, l'application du tarif n'offre pas de difficultés. Il s'agit uniquement de déterminer à quel étage elles se trouvent, le tarif établissant une distinction entre es ouvertures du deuxième et celles du troisième étage. Quand des locaux situés au-dessus des magasins forment avec ceux-ci un tout indivisible, ils en sont une dépendance et ne constituent pas le véritable entresol de la maison. Leurs ouvertures doivent être taxées comme celles du rez-de-chaussée; celles du second étage doivent encore être classées dans la première catégorie. — Cons. d'Et., 8 nov. 1872, Régis, [Leb. chr., p. 558]

5838. — Quand une maison a un entresol, l'étage au-dessus est considéré comme un premier et non comme un second étage. — Cons. d'Et., 24 avr. 1874, Guillot, [Leb. chr., p. 360]

5839. — III. *Difficultés relatives au chiffre de la population.* — Il est un second ordre de difficultés auxquelles peut donner lieu l'application du tarif général. Nous voulons parler de celles relatives au chiffre de la population. L'art. 4, L. 4 août 1844, dispose que s'il s'élève des difficultés relativement à la catégorie dans laquelle une commune devra être rangée, soit pour l'application du tarif des portes et fenêtres, soit pour l'application du tarif des patentes, la réclamation du conseil général du département ou de la commune, ou celle de l'administration des contributions directes sera instruite et jugée conformément aux dispositions de l'art. 22, L. 28 avr. 1816. La procédure organisée par cet article est la suivante : « La réclamation de la commune est soumise au préfet qui, après avoir pris l'opinion du sous-préfet et du directeur, la transmettra avec son avis au directeur général, sur le rapport duquel il sera statué par le ministre des Finances, sauf le recours de droit, et la décision du préfet sera provisoirement exécutée. »

5840. — D'après une circulaire de l'administration des contributions directes, du 5 mars 1845, les réclamations du conseil général, de la commune ou de l'administration sont adressées au préfet qui, s'il y a lieu, ordonne un nouveau recensement, soit de la population totale, soit de la population agglomérée. Ce nouveau recensement est opéré contradictoirement entre les délégués de la mairie et les agents des contributions directes. Si, d'après les résultats de cette opération, l'état des choses doit être modifié, le préfet prend un arrêté, qu'il transmet au ministre de l'intérieur, qui fait rectifier le décret de dénombrement.

5841. — En dehors des parties énumérées dans l'art. 4, L. 4 août 1844, la jurisprudence ne reconnaît qualité à personne pour contester le résultat du recensement. Un contribuable n'est recevable ni à attaquer directement le décret qui homologue cette opération, ni à discuter indirectement le tableau officiel de la population assignée à sa commune. Le conseil de préfecture excède ses pouvoirs en accordant décharge à un contribuable par le motif que la population réelle de la ville est inférieure au chiffre officiel. — Cons. d'Et., 30 août 1832, Bourdeau, [P. adm. chr.]

5842. — On doit appliquer aux contribuables le décret de recensement qui est en vigueur au 1er janvier. Ainsi, le recensement fait le 31 déc. 1886, qui n'est homologué par décret que dans les premiers jours de janvier 1887, n'a d'effet pour ou contre les contribuables qu'en 1888. — Cons. d'Et., 26 juill. 1895.

5843. — La loi du 21 avr. 1832 disposait (art. 24) que, dans les villes de 5,000 âmes et au-dessus, la taxe correspondante au chiffre de leur population ne s'appliquait qu'aux habitations comprises dans les limites intérieures de l'octroi. Les habitations dépendantes de la banlieue étaient portées dans la classe des communes rurales. Une difficulté s'était élevée sur l'interprétation de cette expression : limites intérieures de l'octroi. Dans les villes où l'octroi a deux rayons, l'un comprenant seulement l'agglomération, où tous les droits sont dus, l'autre embrassant tout le territoire de la commune, et dans lequel on ne perçoit que les droits sur les boissons, les limites intérieures sont celles du premier de ces rayons. — Cons. d'Et., 14 mars 1834, Habitants des faubourgs d'Amiens, [P. adm. chr.]

5844. — Le Conseil a décidé que lorsqu'une maison était en dehors des limites intérieures de l'octroi, on ne pouvait se fonder sur ce qu'elle se trouvait dans une rue prenant naissance dans l'intérieur de la ville pour lui imposer le tarif urbain. — Cons. d'Et., 28 févr. 1834, Billaud, [P. adm. chr.]; — 14 mars 1834, Habitants d'Amiens, [P. adm. chr.]

5845. — Dans les villes qui n'ont qu'un rayon d'octroi, la

taxe est la même pour les maisons situées dans l'intérieur et pour celles de la banlieue. Toutes celles qui se trouvent dans le rayon de l'octroi sont soumises à la taxe proportionnelle à la population et ne peuvent invoquer le tarif des communes rurales. — Cons. d'Ét., 13 nov. 1841, Lebret, [P. adm. chr.]; — 22 juin 1843, Dumouchel, [P. adm. chr.]; — 17 juill. 1843, Habitants des faubourgs d'Amiens, [P. adm. chr.]; — 5 mars 1870, Géru, [Leb. chr., p. 241]; — 7 avr. 1870, Raoulx, [Leb. chr., p. 427]; — 10 nov. 1882, Lagrange, [D. 84.5.129]; — 29 juin 1883, Mulle-Watteau, [D. 84.5.129]

5846. — Quand une maison a été rangée par erreur dans la partie agglomérée par le décret de recensement, elle doit être imposée d'après le tarif urbain, et le contribuable n'a aucun moyen pour réclamer par la voie contentieuse le redressement de cette erreur. En effet, les décrets de recensement sont des actes administratifs qui peuvent être annulés pour incompétence, violation des formes ou de la loi, mais non réformés pour de simples erreurs de fait. — Cons. d'Ét., 26 févr. 1892, Marcillac, [S. et P. 94.3.12, D. 93.3.64]

5847. — La ville de Marseille, dans les limites de son octroi, avait été divisée en deux zones, comprenant, l'une la partie agglomérée, l'autre la population non agglomérée. Le Conseil d'État n'a pas admis la légalité de ce procédé. Il a décidé qu'un propriétaire de la zone extérieure, imposé d'après le tarif de la zone intérieure, n'avait pas le droit de demander l'application du premier tarif, mais pouvait demander décharge de la surtaxe résultant pour lui de l'application de ce tarif à des habitations comprises dans les limites de l'octroi. — Cons. d'Ét., 22 mars 1854, Chabert, [P. adm. chr.]; — 9 août 1889, Borelly, [Leb. chr., p. 967]

5848. — Toutefois, il est deux cas où l'application stricte de la loi entraînait des conséquences trop rigoureuses, c'est quand le rayon de l'octroi embrassait tout le territoire de la commune ou lorque la commune n'avait pas d'octroi. On était obligé d'appliquer le même tarif aux maisons de la ville et à celles des sections rurales, des hameaux isolés. L'administration, par mesure d'équité, considérait, dans ces deux cas, la limite de la partie agglomérée de la commune comme formant la démarcation entre la ville et la banlieue. C'est ce système qui a été consacré par la loi du 30 juill. 1885, qui a modifié le § final de l'art. 24, L. 21 avr. 1832, de la manière suivante : « Dans les villes et communes au-dessus de 5,000 âmes, la taxe correspondante au chiffre de leur population ne s'appliquera qu'aux habitations comprises dans la partie agglomérée telle qu'elle aura été déterminée par le dernier décret de dénombrement. Les habitations de la banlieue seront portées dans la classe des communes rurales » (art. 3). D'après l'art. 5, « les conseils municipaux auront la faculté de demander que les ouvertures de la partie non agglomérée soient, en ce qui concerne la répartition individuelle, taxées d'après le tarif afférent à la population totale. Le conseil général statuera sur leur demande, après avis du directeur des contributions directes. »

5849. — Lorsque des immeubles ont été rangés à tort parmi ceux auxquels s'applique le tarif rural, les contribuables de la partie agglomérée, dont le contingent se trouve ainsi majoré, peuvent demander réduction de leur cote. — Cons. d'Ét., 19 juill. 1890, Docks de Marseille, [Leb. chr., p. 701]; — 24 déc. 1892, Même partie, [Leb. chr., p. 979]

2° Tarif exceptionnel.

5850. — Le tarif général présente dans les grandes villes un inconvénient sérieux : c'est qu'il ne tient aucun compte de la situation respective des maisons et qu'il fait payer aussi cher aux ouvertures de la périphérie qu'à celles des maisons des beaux et riches quartiers de la ville. Ces considérations ont amené le législateur à autoriser certaines grandes villes, telles que Paris (Décr.-L. 17 mars 1852), Lyon et Bordeaux (LL. 22 juin 1854, art. 17 et 5 mai 1855, art. 14), à établir, pour la répartition de leur contingent, des tarifs spéciaux, combinés de manière à tenir compte à la fois de la valeur locative et du nombre des ouvertures. Depuis cette époque, à Paris, la contribution des portes et fenêtres se compose d'un droit fixe et d'un droit proportionnel. Le droit fixe est déterminé par le tarif suivant :

Portes cochères, charretières, de magasin ou bâtardes. 20^f »^c
Portes simples ou d'allées.......................... 5 »
Portes et fenêtres ordinaires de tous étages.......... 0 70

La partie du contingent non absorbée par l'application de ce tarif est répartie au centime du franc du revenu net de chaque location, non compris le revenu cadastral afférent aux écuries et remises, sous forme de droits proportionnels. La taxe pour les usines, chantiers, etc., est réduite au droit fixe sans droit proportionnel ; la distinction des maisons d'une à cinq ouvertures est supprimée ; la porte de ces maisons n'est imposée qu'à 70 cent.

5851. — La disposition relative aux usines a été invoquée par les compagnies de chemins de fer, qui prétendaient la faire étendre à tous les bâtiments des gares. Le Conseil d'État a repoussé cette prétention, en décidant toutefois qu'il y avait lieu de ne pas comprendre dans le revenu servant à l'assiette du droit proportionnel la valeur locative des ateliers renfermant de nombreuses machines activées par une force motrice considérable et où travaillent plusieurs centaines d'ouvriers (ces locaux ont en effet le caractère d'usines). — Cons. d'Ét., 17 août 1864, Cie P.-L.-M., [S. 65.2.120, P. adm. chr.]

5852. — La disposition concernant les usines n'est pas applicable aux dépendances d'un établissement industriel dans lequel sont logés les ouvriers, mais elle l'est pour les bureaux et magasins de dépôt des marchandises. — Cons. d'Ét., 18 août 1862, Casb, [Leb. chr., p. 698]

5853. — Pour déterminer le revenu cadastral servant de base au droit proportionnel afférent aux ouvertures des bâtiments d'une gare, il faut se référer au revenu cadastral des bâtiments passibles de la contribution foncière, en déduisant la somme afférente à ceux qui ont le caractère de manufactures et qui sont exempts de la contribution des portes et fenêtres, par application de la loi de l'an XI. — Cons. d'Ét., 24 févr. 1866, Cie du Nord, [P. adm. chr.]

5854. — On ne doit pas comprendre non plus dans ce calcul la portion des rails qui, d'après les distinctions de la jurisprudence, sont considérés comme dépendance de la voie ferrée. — Cons. d'Ét., 17 août 1864, précité.

5855. — Il a été jugé que le revenu cadastral servant de base au droit proportionnel est établi d'après celui de la contribution foncière, diminué de l'allivrement de la superficie. — Cons. d'Ét., 20 févr. 1885, Berthoumieux, [D. 86.3.92] — ... Et généralement des locaux non afférents à l'habitation. — Cons. d'Ét., 3 déc. 1875, Fabien, [Leb. chr., p. 937]

5856. — Depuis la loi du 8 août 1890, le droit proportionnel doit être calculé sur la valeur locative qui sert de base à la contribution foncière. — Cons. d'Ét., 20 avr. 1894, de Maillé, [Leb. chr., p. 265]

5857. — Le principe de la fixité des évaluations édicté pour la contribution foncière s'applique nécessairement au droit proportionnel. — Cons. d'Ét., 20 nov. 1844, Sous-galerie Vivienne, [Leb. chr., p. 589]

5858. — L'évaluation du revenu imposable doit être faite sans tenir compte des indications du bail principal, quand de l'ensemble des sous-locations résulte une valeur locative supérieure. — Cons. d'Ét., 27 févr. 1880, Crédit viager, [D. 81.3. 36]; — 21 juill. 1882, Manton et Blansini, [D. 84.3.14]

5859. — A Bordeaux, la contribution des portes et fenêtres, pour les maisons autres que celles de la banlieue et les usines, consiste aussi en un droit fixe et un droit proportionnel ; mais les deux tiers du contingent sont affectés au droit fixe et l'autre tiers au droit proportionnel. — Faivre, Notice, p. 77.

§ 2. Répartition du contingent.

5860. — Sur la répartition proprement dite il y a peu de choses à rappeler. Jusqu'en 1832, elle était faite entre les arrondissements par les préfets, et par les sous-préfets entre les communes. La loi du 21 avr. 1832 (art. 25) a transféré cette attribution aux conseils généraux et aux conseils d'arrondissement. Les répartiteurs font la répartition entre les contribuables.

5861. — Le directeur des contributions directes forme chaque année un tableau présentant : 1° le nombre des ouvertures imposables des différentes classes ; 2° le produit des taxes d'après le tarif ; 3° le projet de répartition. Ce tableau sert de renseignements au conseil général et aux conseils d'arrondissement pour fixer le contingent des arrondissements et des communes (art. 26).

5862. — Nous avons déjà indiqué que la loi du 17 mars 1835 avait mis fin à la situation anormale et inique résultant de la fixité des contingents. Les constructions nouvelles venaient alléger la charge des habitants des villes qui prospéraient. Au contraire,

dans les villes abandonnées où le nombre des démolitions l'emportait sur celui des constructions, le fardeau croissait pour les contribuables. D'après l'art. 2, L. 17 mars 1835, les contingents du département, de l'arrondissement et de la commune sont augmentés à raison des constructions nouvelles et diminués de la part afférente aux ouvertures des maisons démolies. L'affectation de maisons ou de parties de maisons à un service public ou à l'installation d'une manufacture produit les mêmes effets.

5863. — La loi du 4 août 1844 (art. 3) a édicté une autre cause de modification des contingents : « A l'avenir, dit l'article, lorsque, par suite du recensement officiel de la population, une commune passera dans une catégorie inférieure ou supérieure à celle dont elle faisait partie, le contingent du département dans la contribution des portes et fenêtres sera diminué ou augmenté de la différence résultant du changement de tarif. »

5864. — Mais si le dénombrement fait seulement passer dans la partie agglomérée d'une commune des habitations qui étaient précédemment considérées comme faisant partie de la banlieue, cette extension n'est pas de nature à augmenter le contingent. — Cons. préf. Gard, avril 1867.

5865. — Enfin, les contingents sont encore modifiés dans le cas de changements apportés aux circonscriptions territoriales.

5866. — Lorsqu'une maison se trouve bâtie sur deux communes, la répartition de la taxe entre les deux communes se fait d'après le nombre d'ouvertures situées sur le territoire de chacune d'elle. — Cons. d'Et., 16 juill. 1886, Varnier, [S. 88.3.25, P. adm. chr., D. 88.3.2]

Section V.

Sur qui porte la contribution des portes et fenêtres.

5867. — La contribution des portes et fenêtres est exigible contre les propriétaires et usufruitiers, fermiers et locataires principaux des maisons, bâtiments et usines, sauf leur recours contre les locataires particuliers pour le remboursement de la somme due, à raison des locaux par eux occupés (L. 4 frim. an VII, art. 12). Il résulte de ce texte, que lorsqu'une maison est louée en entier à une seule personne, c'est ce locataire qui doit être imposé directement; qu'au contraire, lorsqu'elle est divisée entre plusieurs locataires, chacun d'eux prend sa part dans l'impôt pour les ouvertures de l'appartement qu'il occupe. Dans ce cas, c'est le propriétaire qui doit être imposé. — Fournier, p. 330; Dufour, t. 2, n. 986.

5868. — Le Conseil d'Etat a cependant décidé que, même lorsqu'une maison était louée en entier à un même locataire, c'était le propriétaire qui devait être imposé et était débiteur envers le Trésor, sauf son recours contre le locataire. — Cons. d'Et., 27 août 1839, Jayle, [S. 41.2.502, ad notam]; — 15 juin 1841, Leclercq, [S. 41.2.502, P. adm. chr.]

5869. — Que le propriétaire paie seulement que la contribution des portes et fenêtres soit recouvrée directement contre son locataire. — Cons. d'Et., 28 févr. 1856, Bruneau, [P. adm. chr.]; — 29 juin 1877, Barnoin, [Leb. chr., p. 638]; — 26 déc. 1879, Daumas, [Leb. chr., p. 850]; — 27 févr. 1880, Reynaud, D. 80.3.112]; — 29 nov. 1889, Pauchat-Hutin, [S. et P. 92.3.23]

5870. — Ces décisions, qui paraissent contraires au texte même de la loi, s'expliquent par une instruction du 12 frim. an VII, d'après laquelle le rôle ne doit jamais comprendre nommément que le propriétaire ou l'usufruitier, ou les citoyens logés dans les bâtiments nationaux. En tout cas, le propriétaire ou l'usufruitier qui donne sa maison à loyer à plusieurs locataires retient la taxe des portes et fenêtres à ces locataires, à raison des ouvertures qui sont à l'usage de chacun d'eux; la porte d'entrée, les fenêtres du palier ou de l'escalier, les portes et fenêtres qui n'appartiennent pas plus à un locataire qu'à un autre, restent à la charge du propriétaire. S'il n'y a qu'un seul locataire pour toute la maison, le propriétaire lui retient toute la taxe. S'il y a un principal locataire, le propriétaire lui retient toute la taxe; et le principal locataire, retenant à chacun des sous-locataires sa portion contributive, prend à sa charge les portes et fenêtres d'un usage commun. — Fournier, p. 331.

5871. — Dans l'intention du législateur, la contribution des portes et fenêtres est due en définitive par le locataire. La Cour de cassation fait application de ce principe en décidant que le propriétaire qui a payé la contribution des portes et fenêtres peut exercer son recours contre les locataires particuliers pen-

dant trente ans, bien que le bail ne contienne aucune mention à cet égard et que les quittances de loyer aient été données sans réserves. — Cass., 26 oct. 1844, Rabejac, [S. et P. chr.]; — 22 janv. 1873, Lepiller, [S. 73.1.335, P. 73.814, D. 73.1. 261] — Paris, 22 juin 1876, Esnault, [S. 78.2.259, P. 78.1024, D. 79.5.103] — Caen, 14 août 1869, Guillon, [S. 70.2 207, P. 70.436, D. 74.5.141] — Cons. d'Et., 9 mai 1873, Paraclet-Sarrail, [Leb. chr., p. 397] — Merlin, Quest. de dr. admin., v° Contributions directes; Duranton, t. 17, n. 75; Troplong, t. 1, n. 334; Rolland de Villargues, Rép., v° Bail, n. 349 bis; Favard de Langlade, Rép., v° Louage, sect. 1, § 2, n. 2; Massé et Vergé, sur Zacharim, t. 4, § 702, p. 376, note 26. — V. Rép. gén. du dr. fr., v° Bail (en général), n. 1277 et s.

5872. — Mais ceci n'est exact que lorsqu'il y a bail écrit. Le droit commun étant que le locataire supporte l'impôt des portes et fenêtres, il est naturel qu'il faille une stipulation formelle pour l'affranchir de cette charge. Au contraire, quand le bail est verbal, le propriétaire qui reçoit plusieurs termes sans exiger le remboursement de l'impôt qu'il a payé, manifeste suffisamment l'existence d'une stipulation qui a mis cette contribution à sa charge. — Duvergier, Traité du louage, n° 349; Fournier et Davelny, p. 330.

5873. — Il a été jugé qu'en présence d'un usage local, les juges pouvaient induire du mode d'exécution donné au bail et notamment du fait par le propriétaire d'avoir reçu pendant plusieurs années ses loyers, sans réserve relative à l'impôt des portes et fenêtres, que l'intention des parties était d'en exonérer le locataire. — Trib. Seine, 6 juin 1864, Gaz. des Trib., 7 juin 1864; — 16 avr. 1866, Blondiaux, [S. 67.2.25, P. 67.140]; — Cass., 23 mars 1869, Pizzara, [S. 69.1.241, P. 69.609, D. 70. 1.104]

5874. — Lorsque le même bâtiment est occupé par le propriétaire et un ou plusieurs locataires, ou par plusieurs locataires seulement, la contribution des portes et fenêtres d'un usage commun est acquittée par les propriétaires ou usufruitiers (L. 4 frim. an VII, art. 15).

5875. — Quand un locataire fait élever des constructions sur un terrain qui lui a été loué, il faut appliquer les distinctions que nous avons indiquées sur le même sujet, en traitant de la contribution foncière. Ces constructions ont-elles été faites en vertu des stipulations du bail, c'est le propriétaire qui doit être imposé. — Cons. d'Et., 7 avr. 1866, Marbaud, [Leb. chr., p. 320]

5876. — Au contraire, les constructions ont-elles été élevées par le locataire à ses risques et périls et ne doivent-elles appartenir au propriétaire qu'à la fin du bail, c'est le locataire qui est tenu d'acquitter la contribution des portes et fenêtres. — Cons. d'Et., 24 juin 1857, Roanne, [P. adm. chr.]

5877. — Lorsque des portes cochères sont d'un usage commun à plusieurs propriétaires, la contribution doit être répartie entre eux proportionnellement à la contribution foncière assise sur les diverses maisons desservies par cette porte. — Cons. d'Et., 10 févr. 1835, Min. Finances, [P. adm. chr.]; — 30 déc. 1843, Godet, [P. adm. chr.]; — 9 nov. 1877, Martin, [D. 78.3.14]; — 14 nov. 1891, Fabre, [Leb. chr., p. 675]

5878. — Il a été jugé, d'autre part, que quand une maison est partagée entre plusieurs cohéritiers, la répartition de la contribution des portes et fenêtres doit se faire non pas d'après le partage nominal, mais à raison des ouvertures existant dans la partie appartenant à chacun des propriétaires. — Cons. d'Et., 24 déc. 1862, Letourneur, [D. 63.3.95]

5879. — Lorsqu'une maison à trois ouvertures est divisée entre trois propriétaires, elle doit être imposée au nom de chacun d'eux comme maison à une ouverture. — Cons. d'Et., 29 juin 1888, Bartoli, [Leb. chr., p. 572]

5880. — La loi du 21 avr. 1832 (art. 27) a apporté une dérogation au principe d'après lequel seuls les propriétaires devaient être portés au rôle de la contribution des portes et fenêtres. En vertu de cette disposition, les fonctionnaires, les ecclésiastiques et les employés civils et militaires logés gratuitement dans des bâtiments appartenant à l'Etat, aux départements, aux arrondissements, aux communes ou aux hospices, seront imposés nominativement pour les portes et fenêtres des parties de ces bâtiments servant à leur habitation personnelle.

5881. — Conformément à cet article, les instructions administratives prescrivent aux agents de recenser les portes et fenêtres des logements concédés aux préfets, sous-préfets, évêques, généraux, etc. (Instr. 30 sept. 1831 et Circ. 11 mars 1841). Les

préfets doivent être imposés à raison des ouvertures de la partie de l'hôtel de la préfecture qui a été mise à leur disposition et qu'on doit considérer comme affectée à leur habitation personnelle. — Cons. d'Et., 11 août 1833, Arnault, [P. adm. chr.] — ... ainsi qu'à raison de la porte cochère de l'hôtel de la préfecture, qui sert d'entrée aux bâtiments destinés à leur habitation personnelle. — Cons. d'Et., 10 févr. 1835, Duval, [P. adm. chr.]

5882. — Les portes et fenêtres des presbytères, celles des habitations affectées au logement des ministres des différents cultes auxquels le logement est dû, sont imposables au nom des propriétaires, sauf recours contre les ecclésiastiques, si la maison appartient à des particuliers, au nom des desservants, si le presbytère appartient aux communes. — Cons. d'Et., 16 août 1833, Commune de Saint-Porquier, [P. adm. chr.]; — 19 avr. 1838, Jullian, [P. adm. chr.]; — 1er nov. 1838, Cordier, [P. adm. chr.]; — 10 mai 1839, Clément, [S. 40.2.96, P. adm. chr.]; — 22 janv. 1840, Desfrèches, [P. adm. chr.]; — 17 déc. 1847, Crozet, [Leb. chr., p. 684]; — 31 juill. 1867, Puichaud, [Leb. chr., p. 718]

5883. — L'ecclésiastique logé gratuitement dans un bâtiment communal est imposable, alors même que ce bâtiment aurait été légué à la commune pour servir de presbytère et à la condition que la commune acquitterait toutes les contributions. — Cons. d'Et., 15 août 1860, Maître, [D. 61.3.23]

5884. — Un curé, imposé pour la totalité des ouvertures d'un presbytère qu'il habite avec ses vicaires, est fondé à demander décharge de la contribution afférente aux ouvertures de la partie affectée à l'habitation personnelle des vicaires. — Cons. d'Et., 15 avr. 1863, Le Louet, [Leb. chr., p. 350]

5885. — Parfois des ecclésiastiques, autorisés à biner dans une succursale vacante, se trouvent avoir à leur disposition personnelle deux presbytères. Un arrêt du Conseil d'État a décidé qu'ils étaient imposables à raison des portes et fenêtres de chacun d'eux. — Cons. d'Et., 10 févr. 1888, Cancoin, [D. 89.3.48] — Un autre arrêt avait décidé précédemment la question en sens contraire. — Cons. d'Et., 22 juin 1848, Renard, [D. 49.3.20]

5886. — De même, les instituteurs et institutrices publics ou privés sont imposables pour la partie de la maison d'école qui leur sert de logement. — Cons. d'Et., 14 févr. 1839, Isoré, [P. adm. chr.]; — 13 avr. 1853, Frères de la Doctrine chrétienne de Tours, [P. adm. chr., D. 53.3.51]; — 24 juin 1854, Carlet, [S. 54.2.798, P. adm. chr., D. 55.3.12]; — 13 janv. 1858, Brausier, [P. adm. chr.]; — 9 mai 1873, Paraclet-Sarrail, [Leb. chr., p. 397]; — 8 nov. 1878, Grangis, [Leb. chr., p. 866]; — 27 févr. 1880, Fabre-Desmollien, [Leb. chr., p. 224]; — 10 févr. 1882, Consistoire d'Orpierre, [S. 84.3.8, P. adm. chr., D. 83.3. 71]; — 14 mai 1886, Papon, [Leb. chr., p. 404]; — 9 avr. 1892, Clottes, [S. et P. 94.3.32, D. 93.5.170]

5887. — Mais ils doivent obtenir décharge si en fait ils n'occupent pas le logement mis à leur disposition par la commune. — Cons. d'Et., 24 mars 1891, Teissier, [Leb. chr., p. 269]

5888. — La même règle a été appliquée aux employés d'un hospice ou d'un mont-de-piété, logés gratuitement dans les bâtiments de l'hospice ou dans des locaux loués par le mont-de-piété en vue de leur assurer un logement. — Cons. d'Et., 25 avr. 1845, Mont-de-piété de Saint-Omer, [P. adm. chr.]; — 17 févr. et 16 juin 1882, Fine, [D. 83.5.141]; — 16 avr. 1886, Même partie, [Leb. chr., p. 347]

5889. — A l'égard des employés des hospices, la circulaire du 11 mars 1841 a prescrit d'imposer les ouvertures des logements des receveurs et aumôniers, mais non celles des logements occupés par les infirmiers et les sœurs hospitalières.

5890. — Le Conseil d'État a déclaré imposable pour les ouvertures de son logement le gardien d'un pont suspendu. — Cons. d'Et., 18 déc. 1874, Legrié, [Leb. chr., p. 1008]

5891. — On doit également assujettir à la taxe les portes et fenêtres des locaux occupés par les concierges des préfectures, mairies, prisons, etc. (Instr. 30 sept. 1834).

5892. — L'art. 27, L. 21 avr. 1832, décide que les fonctionnaires et employés militaires logés dans les bâtiments de l'État sont imposables. A quels officiers s'applique cette disposition ? Y a-t-il lieu de distinguer, comme pour la contribution personnelle-mobilière, entre les officiers avec troupe et les officiers sans troupe ? La jurisprudence paraît incliner vers cette distinction. En effet, le Conseil d'État a décidé que des officiers, détachés temporairement de leur régiment et conservant la qualité d'officiers avec troupe, n'étaient pas imposables à raison des ouvertures des logements qui leur étaient concédés dans des bâti-

ments de l'État. — Cons. d'Et., 30 nov. 1852, de Beaulaincourt, [Leb. chr., p. 536]; — 19 mars 1886, Cavarrot, [Leb. chr., p. 253]

5893. — Le Conseil d'État a également accordé décharge de la contribution des portes et fenêtres à des sous-officiers avec troupes, par exemple à un agent principal de prison militaire. — Cons. d'Et., 15 nov. 1890, Peltier, [Leb. chr., p. 840]

5894. — ... A un adjudant, chef des ateliers de maréchalerie à l'École de cavalerie de Saumur. — Cons. d'Et., 27 juin 1891, Dumest, [Leb. chr., p. 300]

5895. — Les officiers avec troupes, qui ont un logement dans la ville de leur garnison, sont soumis au droit commun, quel que soit le chiffre de la valeur locative de ce logement, qu'il soit inférieur ou supérieur à l'indemnité qui leur est allouée, exempt ou non de la contribution mobilière. Aucune disposition de loi ne les exempte de la contribution des portes et fenêtres. — Cons. d'Et., 28 avr. 1882, Normand d'Authon, [Leb. chr., p. 399]

5896. — Quant aux officiers sans troupe, ils sont toujours imposables, même quand ils sont logés gratuitement dans les bâtiments militaires. La jurisprudence les considère comme des employés. — Cons. d'Et., 27 févr. 1835, Joffre, [P. adm. chr.]

5897. — C'est ce qui a été décidé à l'égard d'officiers de gendarmerie. — Cons. d'Et., 13 févr. 1840, Souchet, [Leb. chr., p. 32]; — 12 août 1863, Ponsard, [Leb. chr., p. 676]; — 15 juin 1866, Pussoit, [Leb. chr., p. 663]

5898. — ... D'état-major. — Cons. d'Et., 28 nov. 1855, Gudin, [S. 56.2.382, P. adm. chr., D. 56.3.33]

5899. — ... D'administration. — Cons. d'Et., 26 juin 1862, Frey, [P. adm. chr.]; — 8 avr. 1867, Ceccaldi, [S. 68.2.138, P. adm. chr.]; — 31 juill. 1874, Chopard, [Leb. chr., p. 740]

5900. — ... A l'égard d'officiers ou sous-officiers chargés de commander une prison militaire. — Cons. d'Et., 11 déc. 1867, Germain, [Leb. chr., p. 914]; — 12 févr. 1868, Béal, [Leb. chr., p. 149]

5901. — ... De gardiens de batterie. — Cons. d'Et., 25 avr. 1861, Dupuy, [P. adm. chr.]; — 18 juin 1892, Nicol, [Leb. chr., p. 559]

5902. — ... De portiers-consignes. — Cons. d'Et., 26 mars 1856, Renaud, [D. 56.3.58]; — 16 mars 1883, Sidel, [Leb. chr., p. 276]; — 6 juill. 1888, Plô, [Leb. chr., p. 616]; — 3 août 1888, Vialatoux, [Leb. chr., p. 701]; — 29 mars 1889, Gain, [Leb. chr., p. 425]; — 21 févr. 1890, Lamotte, [Leb. chr., p. 193]; — 8 août 1890, Thiéry, [Leb. chr., p. 775]; — 24 janv. 1891, Champeaux, [Leb. chr., p. 42]

5903. — ... De caserniers. — Cons. d'Et., 23 avr. 1880, Chiron, [Leb. chr., p. 389]

5904. — ... D'officiers et de gardes du génie. — Cons. d'Et., 14 févr. 1834, Officiers du génie de Lille, [S. 49.2.379, P. adm. chr.]

5905. — ... De pharmaciens attachés aux hôpitaux de l'armée. — Cons. d'Et., 4 nov. 1887, Villard, [Leb. chr., p. 679]

CHAPITRE IV.

CONTRIBUTION DES PATENTES.

5905 bis. — La contribution des patentes fera l'objet d'un supplément.

CHAPITRE V.

CENTIMES ADDITIONNELS AU PRINCIPAL DES CONTRIBUTIONS DIRECTES.

5906. — Les centimes additionnels au principal des contributions directes ont une origine aussi ancienne que ces contributions elles-mêmes. Les lois de l'Assemblée constituante, qui substituèrent à l'ancien système d'impôts les contributions foncière et mobilière (LL. 23 nov.-1er déc. 1790 et 23 janv.-18 févr. 1791) posaient en principe qu'un certain nombre de sous seraient demandés aux contribuables en sus de leur imposition principale, afin de pourvoir à certaines destinations, telles que les frais de confection des rôles, les frais de perception et la constitution des fonds de non-valeurs et de dégrèvements. On voulait par ce moyen assurer au Trésor la rentrée intégrale de

l'impôt, en faisant supporter par les contribuables toutes ces dépenses accessoires qui, autrefois prélevées sur le produit brut de l'impôt par les agents du fisc, ne laissaient arriver dans les caisses de l'Etat qu'un produit net considérablement diminué. Les mêmes lois employèrent encore ce mode pour pourvoir à l'acquittement des dépenses des communes et des départements. Enfin, plus tard, dans des moments critiques, l'Etat, pour augmenter ses ressources, a eu recours à ce moyen, plus pratique et donnant des résultats plus certains que la création de nouveaux impôts.

5907. — De cette triple destination résulte la division des centimes additionnels en centimes généraux, départementaux et communaux.

5908. — Les centimes additionnels peuvent encore être divisés en centimes généraux et centimes spéciaux, suivant qu'ils ont ou non reçu de la loi une affectation particulière. En se plaçant à ce point de vue, on ne doit appliquer le terme de centimes généraux qu'aux centimes sans affectation spéciale, perçus pour le compte de l'Etat, et dont le nombre est fixé annuellement par la loi de finances. Tous les autres sont des centimes spéciaux.

5909. — Ces deux termes : généraux et spéciaux, ne s'excluent pas nécessairement. Il existe parmi les centimes généraux, c'est-à-dire perçus pour le compte de l'Etat, des centimes spéciaux, c'est-à-dire ayant reçu de la loi une affectation déterminée, dont ils ne peuvent être détournés. Il en est ainsi, par exemple, des centimes de l'instruction primaire, établis par la loi du 17 juill. 1889, des centimes des fonds de non-valeurs et du fonds de secours, de ceux destinés aux frais de premier avertissement, etc. Inversement, au nombre des centimes spéciaux, parmi ceux qui sont affectés aux dépenses des départements et des communes, certains ont un caractère de généralité, pouvant être appliqués à telle ou telle dépense indifféremment, tandis que d'autres sont, au contraire, en vertu d'une spécialité plus stricte, affectés nécessairement et exclusivement à la dépense particulière de vue de laquelle ils ont été créés.

5910. — La loi de finances du 2 juill. 1862 avait réuni, dans un budget distinct de celui de l'Etat, tous les centimes qui avaient une destination légale. Ce budget, dit *sur ressources spéciales*, était dans l'intention de ses inventeurs un budget d'ordre, destiné à retrancher du budget de l'Etat les dépenses et les recettes qui lui étaient étrangères et permettant néanmoins au législateur de contrôler les charges que les dépenses départementales et communales ajoutaient aux contribuables. Aux dépenses des départements et des communes on ajouta les dépenses de non-valeurs et de réimposition de premier avertissement, etc., qui ne se règlent qu'après le montant des ressources qui leur sont affectées. On comprend donc que les recettes et les dépenses de ce budget fussent toujours égales.

5911. — Depuis cette époque, la loi de finances contenait chaque année un tit. 2 relatif au *Budget sur ressources spéciales*. Ce titre s'est grossi bientôt d'un certain nombre de dépenses, qui avaient réellement le caractère de dépenses d'Etat, mais que l'on hésitait à faire rentrer dans le budget général, déjà trop considérable. C'est ainsi que l'on classa dans ce budget annexe les frais de confection et d'impression des rôles des contributions directes et de certaines taxes assimilées, les frais de perception de certaines taxes, des impôts arabes, les fonds de secours, les frais de visite de vignobles en Algérie, toutes dépenses ayant un caractère général. La loi du 18 juill. 1892 a supprimé le budget sur ressources spéciales et rattaché au budget de l'Etat toutes les dépenses dont nous venons de parler, y compris les fonds de non-valeurs, de réimpositions, etc. (art. 17 et 18).

5912. — Nous allons examiner successivement : 1° les centimes généraux sans affectation spéciale; 2° ceux affectés aux dépenses de l'instruction primaire; 3° ceux affectés aux fonds de non-valeurs et de réimposition, aux dépenses de confection et d'impression des rôles, aux frais de premier avertissement, aux frais de perception; 4° les centimes départementaux; 5° les centimes communaux.

Section I.
Centimes additionnels généraux.

§ 1. *Centimes sans affectation spéciale.*

5913. — Comme nous l'avons dit, l'origine de ces centimes, destinés uniquement à accroître les ressources de l'Etat, se trouve dans les périodes critiques qu'a traversées la France dans le cours de ce siècle, périodes de guerres ou de révolutions. Pendant les guerres du premier Empire, les conseils généraux avaient été autorisés à s'imposer des centimes destinés à subvenir aux frais de la guerre. Ces subventions plus ou moins spontanées furent converties par la loi du 2 vent. an XIII en une imposition de 10 centimes additionnels au principal de la contribution foncière, portant sur tous les départements de l'Empire. Ils furent supprimés par la loi du 15 sept. 1807.

5914. — Mais ils reparurent avec l'invasion. Deux décrets, en date de novembre 1813 et du 9 janv. 1814, prononcèrent le doublement de la contribution personnelle-mobilière et de la contribution des portes et fenêtres et l'établissement de 50 cent. sur le principal de la contribution foncière. Ces centimes devaient être acquittés pour moitié par les propriétaires et par les fermiers ou locataires. Les remises des percepteurs étaient réduites. Ces impositions furent sanctionnées et maintenues par la loi du 23 sept. 1814. Cette loi, en vue de pourvoir aux nécessités urgentes du Trésor, disposait que tous les centimes additionnels, quelle que fût leur destination, seraient centralisés dans les caisses de l'Etat, qui se chargerait de toutes les dépenses des départements. Cette mainmise sur les recettes départementales ne fut pas de longue durée. Dès l'année suivante, la loi du 28 avr. 1816 faisait cesser cette centralisation et affectait un certain nombre de centimes aux dépenses départementales. Le nombre des centimes généraux extraordinaires était réduit à 38 pour la contribution foncière, à 48 pour la contribution mobilière, à 60 pour la contribution des portes et fenêtres. Une imposition extraordinaire de 110 cent. venait frapper les patentables.

5915. — Le commerce n'eût pas pu résister au maintien d'une imposition aussi lourde. Aussi la loi du 25 mars 1817 la remplaça-t-elle par une imposition de 50 cent. extraordinaires sur la contribution personnelle-mobilière et de 90 cent. sur les portes et fenêtres. Les années de calme et de prospérité qui suivirent permirent au gouvernement de la Restauration, sinon de faire disparaître ces contributions de guerre, du moins d'en alléger le poids. Le nombre des centimes généraux, qui était encore en 1822 de 19 sur la contribution foncière, de 29 sur la contribution mobilière et de 50 sur celle des portes et fenêtres, fut ramené à 10 cent. pour chacune d'elles par la loi du 6 juill. 1826.

5916. — Mais la Révolution de 1830 amena un relèvement dans le nombre de ces centimes. Un déficit énorme était signalé. Le gouvernement avait dû recourir aux ressources de la dette flottante. Il fallait, pour diminuer celle-ci, augmenter l'impôt. La loi du 18 avr. 1831 autorisa la perception de 30 cent. additionnels au principal de la contribution foncière, pour 1831 seulement. Cette contribution devait en principe être payée par le propriétaire. Toutefois, au cas où les contrats passés entre les propriétaires et les fermiers mettaient le paiement de l'impôt à la charge de ces derniers, la contribution extraordinaire devait être supportée pour moitié par chacun d'eux.

5917. — Outre cette imposition extraordinaire et temporaire, la loi du 18 avr. 1831 contenait une autre cause de relèvement du nombre des centimes généraux. Jusqu'alors les centimes destinés aux remises des percepteurs et des receveurs. A partir de 1831, ces centimes forment un fonds commun et sont ajoutés aux centimes sans affectation spéciale. Cette addition élève à 17 le nombre des centimes additionnels portant sur les trois impôts de répartition et en établit 4 sur la contribution des patentes.

5918. — Quelques années après, les centimes généraux sont portés à 21 8/10 pour les contributions foncière et personnelle-mobilière et à 15 8/10 pour la contribution des portes et fenêtres, par suite de la prise en charge par l'Etat des dépenses fixes des départements acquittées jusqu'alors par les centimes fixes. Nous ferons à l'occasion des centimes départementaux l'histoire de ces centimes (L. 20 juill. 1837).

5919. — La même loi ajouta 2 cent. 8/10 aux 4 centimes établis sur la contribution des patentes pour tenir compte de la suppression du droit de timbre sur les livres de commerce. Cet accroissement d'impôt ne devait pas profiter aux communes, parce qu'il était destiné à remplacer une taxe qui leur était complètement étrangère.

5920. — A partir de 1839, nous voyons presque chaque année diminuer le nombre de centimes généraux sans affectation spéciale, et au contraire celui des centimes affectés aux dépenses départementales augmenter d'autant. Le système de spécialité

établi par la loi du 10 mai 1838 mettait chaque année les départements en déficit et il était nécessaire d'augmenter leurs recettes. Ainsi, le nombre de ces centimes, qui étaient de 21 8/10 sur les contributions foncière et personnelle-mobilière en 1839 est réduit à 17 centimes en 1849.

5921. — Un décret du 16 mars 1848 établit, pour cette année seulement, une imposition de 45 centimes additionnels au principal des 4 contributions directes. Les centimes portant sur la contribution foncière devaient être supportés par le propriétaire seul, nonobstant toute stipulation contraire. Le montant de cette contribution était immédiatement exigible sans nouvel avertissement aux contribuables. Cette taxe donna lieu à de vives réclamations et rendit le gouvernement très-impopulaire. Le Conseil d'Etat a interprété ce décret en ce sens que le recouvrement pouvait être poursuivi contre l'usufruitier, sauf son recours contre le nu-propriétaire. — Cons. d'Et., 12 déc. 1851, Sabourault, [Leb. chr., p. 731]

5922. — La loi du 7 août 1850, en vue d'alléger les charges de la propriété foncière, supprima les 17 centimes généraux, ajoutés au principal de l'impôt foncier.

5923. — La loi du 5 mai 1855 fit reparaître les centimes généraux additionnels à la contribution foncière. A cette époque, les budgets départementaux étaient en déficit. L'Etat prit donc à sa charge les dépenses des prisons départementales. Mais le montant de cette dépense étant supérieur au dégrèvement dont les budgets départementaux avaient besoin, la loi décida que 2 des centimes perçus sur les contributions foncière et mobilière au profit des départements, le seraient désormais au profit du Trésor. Ces centimes furent restitués aux départements par les lois de finances des exercices suivants.

5924. — La loi du 4 juin 1858 éleva les centimes généraux établis sur la contribution des patentes à 10 8/10. Cet accroissement était destiné à remplacer le droit de timbre qui frappait jusqu'alors les formules de patentes en vertu de l'art. 26, L. 23 avr. 1844.

5925. — Les désastres de 1870 devaient amener l'établissement de nouveaux impôts. Dans le courant de 1872, le gouvernement proposa l'établissement d'une imposition de 15 centimes additionnels au principal de chacune des contributions directes. En outre, il demandait l'établissement de droits de douane sur les matières premières. A cette dernière proposition, la commission parlementaire avait opposé une proposition tendant à l'établissement d'un impôt sur le chiffre des affaires. Après une longue discussion, l'Assemblée nationale se contenta de voter l'addition au principal de la contribution des patentes de 60 centimes extraordinaires (L. 16 juill. 1872), qui furent réduits à 43 dès l'année suivante (L. 24 juill. 1873) et plus tard à 20 (L. 30 juill. 1879). Les patentables des septième et huitième classes du tableau A sont exemptés du paiement de ces centimes extraordinaires.

5926. — Jugé qu'une compagnie de chemins de fer, qui paie à Paris un droit fixe supérieur à 8 fr. et qui, dans plusieurs autres communes, paie divers droits proportionnels inférieurs chacun à cette somme, est imposable dans toutes ces communes aux centimes additionnels généraux établis par la loi du 24 juill. 1873. — Cons. d'Et., 12 mars 1875, Cⁱᵉ de l'Est, [Leb. chr., p. 245]; — 9 avr. 1875, Cⁱᵉ P.-L.-M., [Leb. chr., p. 309]

5927. — Les événements de 1870 contribuèrent d'une autre manière à accroître le nombre de centimes généraux ajoutés au principal des droits de patente. Les droits de patente ayant été rehaussés en 1872, on voulait tenir compte de l'accroissement de charges qui en serait résulté pour les patentables si le timbre des formules de patentes et des livres de commerce n'avait été supprimé. On porta donc de 10 cent. 8/10 à 14 cent. 6/10 le nombre de ces centimes généraux.

5928. — Les centimes additionnels ne portent pas sur le principal de la taxe personnelle, mais seulement sur celui de la taxe mobilière (L. 21 avr. 1832, art. 19).

§ 2. Centimes ayant une affectation spéciale.

1º Centimes de l'instruction primaire.

5929. — La loi du 19 juill. 1889 a eu pour objet de répartir les dépenses de l'instruction primaire entre l'Etat, le département et la commune. Elle a entendu principalement nationali-

ser ce service en mettant à la charge de l'Etat les traitements du personnel. Comme compensation à cette charge nouvelle prise par l'Etat, la loi dispose que l'Etat percevra désormais à son profit les centimes spéciaux que les départements et les communes étaient auparavant tenus de voter pour en affecter le produit aux dépenses d'enseignement. A ces centimes locaux qui sont supprimés, la loi substitue des centimes généraux en nombre égal. Les centimes supprimés étant obligatoires, la loi ne créait aucune charge nouvelle pour le contribuable. L'état de choses antérieur était peu modifié car depuis longtemps les centimes départementaux et communaux n'étaient pas employés par les communes pour les besoins de leurs propres écoles, mais versés dans un fonds commun pour être ensuite distribués entre les communes qui ne suffisaient pas à leurs dépenses.

2º Centimes les fonds de dégrèvement et de non-valeurs et du fonds de secours.

5930. — L'origine du fonds de non-valeurs remonte à l'ancien régime. Dans les pays d'élection, lorsque le bureau des finances avait reçu du Conseil du roi le brevet de la taille et des crues qui y étaient jointes, il devait se hâter de faire l'assiette et le répartement du contingent de la généralité. La répartition se faisait d'abord entre les élections, puis par les assemblées d'élection entre les communes. On observait chaque année de diminuer les paroisses affligées de quelque fléau passager : dans ce cas, la diminution était prise sur un fonds qu'on appelait moins imposé. La portion du moins imposé afférente à chaque généralité était fixée par le Conseil du roi. Le contrôleur général faisait le rapport des tableaux, états et procès-verbaux qui avaient servi à constater la situation des élections et paroisses, et il était expédié pour chaque généralité un arrêt du Conseil, portant que quoique le brevet de la taille montât à une somme ... cependant il ne serait imposé sur la généralité que celle de... Des diminutions étaient aussi accordées aux communes surchargées. Les diminutions pour cause de surcharge étaient rejetées sur les autres communes. Mais ce mode de réductions et de rejets n'était praticable que dans les pays de taille proportionnelle; et les diminutions accordées aux communes étaient presque généralement imputées au moins imposé. — Gervaise, Contributions directes, p. 225.

5931. — L'Assemblée constituante conserva l'institution du moins imposé en la modifiant un peu. Les lois du 23 nov.-1ᵉʳ déc. 1790, sur la contribution foncière, des 13 janv.-18 févr. 1791, sur la contribution personnelle-mobilière, disposèrent que sur le principal de l'impôt il serait établi un certain nombre de centimes destinés à former un fonds, dont le produit serait affecté à payer aux contribuables le montant des décharges ou réductions obtenues par eux, ou à combler dans le Trésor le vide que les remises ou modérations y auraient creusé. Ce fonds, qui était alimenté par 1 sou sur la contribution foncière et par 2 sous sur la contribution mobilière, était divisé en deux parties : l'une, à la disposition des administrations de département, était destinée aux décharges et réductions; l'autre, réservée aux secours plus importants motivés par les pertes de récoltes, les inondations ou autres fléaux calamiteux, était laissée à la disposition de la législature. Cette fraction, qui était des deux tiers du fonds de non-valeurs de la contribution foncière, était seulement de moitié pour celui de la contribution mobilière.

5932. — La loi du 7 brum. an VII et l'arrêté du 24 flor. an VIII supprimèrent la double destination du fonds de non-valeurs, qui ne fut plus affecté aux remises et modérations. Quant au montant des décharges et réductions, il était réimposé sur le rôle de l'année suivante, et c'est alors seulement que les contribuables pouvaient obtenir le remboursement de la surtaxe.

5933. — A cette époque, le fonds de non-valeurs n'était plus alimenté que par 2 cent. portant sur chacune des contributions foncière et mobilière. Ce fonds était divisé en trois portions égales : la première, à la disposition du préfet, était accordée en remises et modérations sur les contributions en cas de perte de revenu dans la matière imposable; la seconde formait un fonds commun à la disposition du ministre des Finances, destiné à suppléer à l'insuffisance du premier fonds dans les départements qui avaient éprouvé des pertes extraordinaires; la troisième formait aussi un fonds commun à la disposition du ministre des Finances pour être accordé en secours aux départements victimes de quelques désastres.

5934. — On commençait par prélever tout ce qui était nécessaire pour combler les non-valeurs; puis les ministres des Finances et de l'Intérieur s'entendaient (Décr. 11 mai 1808) pour le partage du surplus. Mais la part du ministre de l'Intérieur étant insuffisante pour pourvoir à tous les besoins, la loi de finances de l'année 1819 sépara le centime destiné à couvrir les non-valeurs de celui destiné aux secours accordés en cas de grêle, d'inondation, d'incendie. Ce dernier centime fut mis par la loi à la disposition du ministre de l'Intérieur. Il est aujourd'hui à celle du ministre de l'Agriculture.

5935. — Un fonds de non-valeurs distinct avait été établi pour la contribution des portes et fenêtres par la loi du 13 flor. an X. Mais cette contribution étant alors un impôt de quotité, ce fonds dut pourvoir à la fois au montant des décharges et réductions et des remises et modérations. Quoique plus tard cet impôt eût été transformé en impôt de répartition, le fonds de non-valeurs conserva cette double destination. La loi du 3 mars 1812 y ajouta les frais de confection des rôles et éleva à 10 le nombre des centimes de non-valeurs. Cette dernière charge ayant été réduite de moitié par la loi du 6 juill. 1826, le nombre des centimes fut abaissé à 5, puis à 4 (L. 27 mai 1834). Il est de 3 cent. depuis la loi du 4 sept. 1871.

5936. — C'est également la loi du 13 flor. an X qui a créé le fonds de non-valeurs de la contribution des patentes. Le nombre des centimes ajoutés au principal de cette contribution avec cette destination fut fixé à cinq. Ce nombre n'a jamais varié. Cette création avait pour objet la suppression de la faculté, accordée par l'art. 40, L. 1er brum. an VII, aux administrations municipales, de faire descendre les patentables de la classe dans laquelle ils se trouvaient placés dans une classe inférieure. Toutefois ces 5 cent. étaient insuffisants pour pourvoir à toutes les décharges et réductions, remises et modérations. La loi constitutive des patentes du 7 brum. an VII prescrivait, en outre, le prélèvement, sur le principal de la contribution, de 10 cent., dont deux étaient affectés aux frais de confection des rôles et huit aux dépenses communales. En 1809, le produit de ces 15 cent. fut réuni. On commençait par faire face à tous les dégrèvements et aux frais de confection des rôles. Le surplus seulement était versé aux communes (Instr. min. 20 sept. 1820). Depuis 1893, il n'est plus fait de prélèvement sur le principal des patentes (L. 18 juill. 1892, art. 28).

5937. — Jusqu'en 1852, les centimes additionnels des fonds de non-valeurs ne portaient que sur le principal de chaque contribution. Le produit des centimes additionnels affectés aux dépenses des départements et des communes en était exempté. Cependant lorsqu'un dégrèvement était accordé sur le principal, les départements et communes étaient admis au partage du fonds de non-valeurs. Le législateur pensa qu'il fallait faire concourir ces centimes additionnels départementaux et communaux à la formation de ces fonds, à la distribution desquels ils participaient. La loi du 8 juill. 1852 décida, en conséquence, que les centimes de non-valeurs porteraient aussi sur le produit des centimes départementaux et communaux. Toutefois, ils ne portent pas sur le produit des centimes généraux.

5938. — Depuis 1869, les fonds de non-valeurs des trois impôts de répartition étaient réunis. Mais il existait deux fonds distincts : ceux des non-valeurs et ceux des réimpositions. Ces derniers ne servaient, depuis l'an VIII, qu'à couvrir les dégrèvements accordés antérieurement à la confection du rôle de l'exercice. En 1884, on revint à la pratique de 1790. Tous les dégrèvements accordés, quelle qu'en fût la nature, durent être imputés immédiatement sur le fonds de non-valeurs. La seule différence, c'est que les décharges et réductions accordées sur les impôts de répartition étaient réimposées dans le rôle de l'année suivante. Le fonds de non-valeurs en faisait l'avance aux contribuables. On réunit, en conséquence, en un seul les fonds de non-valeurs et de réimposition.

5939. — Les ressources du fonds de non-valeurs ainsi constituées étaient employées chaque année, et les excédents de recettes étaient reportés d'année en année. Ces réserves accumulées furent assez considérables pour permettre au gouvernement de prélever sur elles 13 millions qui furent affectés aux dépenses de la guerre du Mexique (LL. 13 mai 1863 et 18 juill. 1866). Depuis la loi du 18 juill. 1892, les réserves des fonds de non-valeurs sont supprimées. Il n'existe plus de caisse spéciale. Les excédents non employés sont annulés en fin d'exercice. La faculté de report est supprimée (art. 18 et 19). Si, au contraire, les crédits ouverts pour non-valeurs au budget primitif sont insuffisants, les crédits supplémentaires reconnus nécessaires dans le cours d'un exercice, pour assurer le service des dégrèvements et non-valeurs, peuvent être ouverts par décrets contresignés par le ministre des Finances. Toutefois, ces décrets doivent être soumis à la sanction du pouvoir législatif dans le délai d'un mois lorsque les Chambres sont assemblées ou, dans le cas contraire, dans la première quinzaine de leur prochaine réunion (L. 18 juill. 1892, art. 29).

5940. — A partir de 1883, le gouvernement, pour faire participer les départements et communes aux dépenses d'impression et de confection des rôles et avertissements, que l'Etat avait seul payées jusqu'à ce jour, fit décider que ces dépenses seraient transportées au budget sur ressources spéciales et supportées par le fonds de non-valeurs. Mais la loi du 18 juill. 1892 a fait cesser cet état de choses en supprimant le budget sur ressources spéciales (art. 18). Il en résulte que l'Etat paie de nouveau les frais de confection des rôles qui profitent pour une part aux départements et aux communes.

5941. — Depuis 1883, d'autres lois sont venues grossir les charges de ce fonds, par exemple la loi du 1er déc. 1887, sur les dégrèvements d'impôt foncier accordés aux propriétaires de terrains plantés en vignes; la loi du 8 août 1890 relative aux exemptions de contribution personnelle-mobilière accordées aux parents de sept enfants; la loi du 8 août 1890 transformant l'impôt foncier sur les propriétés bâties en impôt de quotité et supprimant ainsi la faculté de réimposition. Toutes ces lois ont nécessité l'élévation du nombre des centimes.

5942. — Il existe des centimes de non-valeurs pour plusieurs taxes assimilées (redevances minières, taxes militaires, sur les chevaux et voitures, etc.). Cas d'insuffisance de ces fonds, on prélevait le montant des dégrèvements sur le principal. Ce droit a été supprimé en 1892 (L. 18 juill. 1892, art. 28).

3° Centimes pour confection des rôles spéciaux.

5943. — Les frais d'impression et de confection des rôles ne sont pas, en principe, ajoutés au montant des rôles pour être recouvrés sur les contributions. Il en est différemment pour les frais de confection de rôles spéciaux d'impositions extraordinaires, communales ou départementales. A cet effet il est ajouté au montant des rôles 3 cent. par article de rôle (L. 4 août 1849, art. 9).

4° Centimes pour frais de premier avertissement.

5944. — L'art. 71, L. 15 mars 1817, en créant l'avertissement, disposait qu'il serait perçu 5 cent. pour les frais d'impression et de remise. Jusqu'en 1849, ces 5 cent. furent affectés à des dépenses spéciales. A cette époque, les 3/5 du produit de cette taxe, autrefois attribués aux directeurs, à titre de frais de confection de rôles et d'avertissements, firent retour au Trésor et entrèrent dans les recettes générales de l'Etat, qui se chargeait désormais de procéder pour son compte à ce travail. Les deux autres centimes affectés aux frais de distribution continuaient à figurer dans les fonds affectés aux dépenses spéciales. Lorsque fut créé le budget sur ressources spéciales, les centimes de premier avertissement furent répartis d'après cette proportion entre les deux budgets. La loi du 18 juill. 1892 a les a centralisés.

5° Centimes de perception.

5945. — Sous l'ancien régime, les frais de collecte des impôts étaient à la charge de chaque localité. L'Assemblée constituante maintint ce système. Les percepteurs durent être rétribués par les communes, les receveurs de département et de district par les départements, au moyen de centimes additionnels au principal des contributions (LL. 23 nov. 1790, 17 mars 1791, 5 août 1793, 9 germ. an V, 13 flor. an X).

5946. — Les percepteurs et receveurs étaient autorisés à retenir sur les fonds qui passaient entre leurs mains le montant des remises et taxations qui leur étaient allouées et qui variaient suivant chaque commune. Il résultait de cet état de choses une perte pour le Trésor, qui ne connaissait pas exactement le por-

duit brut de l'impôt. La loi du 28 avr. 1816 et les lois suivantes ordonnèrent que le produit brut de l'impôt serait porté dans les comptes de recettes et qu'il serait fait mention en dépenses des frais de perception.

5947. — Un autre inconvénient produit par cette législation était l'inégalité des frais de perception suivant les localités. Chaque commune payant les émoluments de son percepteur, les frais étaient d'autant plus élevés que les rôles étaient moins importants et les communes plus pauvres. La loi du 7 avr. 1831 décida que, dorénavant, ces centimes fourniraient un fonds commun, sur lequel l'administration rétribuerait ses percepteurs en raison de l'étendue et de l'importance de leur service et d'après un tarif général. En conséquence, les centimes de perception furent transformés en centimes généraux sans affectation spéciale.

5948. — Désormais, les frais de perception des contributions directes, aussi bien en principal qu'en centimes additionnels, retombaient exclusivement à la charge de l'État, car ces centimes généraux ne portaient que sur le principal. La loi du 20 juill. 1837 restreignit les charges de l'État aux frais de perception des impositions de l'État et des départements, en décidant qu'à l'avenir les frais de perception de tous les centimes additionnels à recouvrer pour le compte des communes seraient ajoutés au montant de ces impositions pour être recouvrés avec elles et versés dans les caisses des communes, à charge par ces dernières d'en tenir compte aux percepteurs à titre de dépense municipale.

5949. — Par suite d'une extension abusive du budget sur ressources spéciales, on y avait fait rentrer des frais de perception de taxes assimilées, perçues pour le compte de l'État et qui constituaient des dépenses générales, notamment ceux des centimes généraux de l'instruction primaire, ceux de la taxe militaire, des impôts arabes, de la redevance des délégués mineurs, etc. La loi du 18 juill. 1892 a fait rentrer toutes ces dépenses et les recettes correspondantes dans le budget de l'État (art. 18 et 19).

Section II.

Centimes additionnels départementaux.

§ 1. *Centimes généraux.*

5950. — L'Assemblée constituante estimait que les dépenses de l'État se divisaient en dépenses générales, dépenses locales et dépenses extraordinaires. Les premières, communes à tout le royaume, offrant un intérêt égal pour toutes ses parties, devaient être payées directement par le Trésor. Les dépenses locales concernaient l'administration intérieure des départements. Quoique communes à tout le royaume dans leur ensemble, elles pouvaient être plus ou moins importantes, suivant les localités. D'ailleurs, sous l'ancien régime, les provinces et généralités, indépendamment des impositions qui les grevaient, payaient par supplément la dépense de leurs chemins, les constructions des bâtiments publics, l'entretien des églises et bâtiments ecclésiastiques, la milice, les frais de collecte, enfin les dépenses arbitraires ordonnées par les intendants et leurs délégués. L'Assemblée constituante conserva donc cette division, et dans les dépenses locales furent comprises celles des assemblées administratives, des tribunaux, des prisons, de la perception des impôts directs, des hôpitaux, de l'assistance, de la construction et de l'entretien des routes et des bâtiments publics. Pour permettre aux départements de pourvoir à ces dépenses, la loi du 11 mars 1791 mit à la disposition des assemblées de département et de district un certain nombre de sous additionnels au principal des contributions foncière et mobilière. Le maximum de ces ressources était fixé par la loi de finances. Il fut d'abord de 4 sous pour la contribution foncière et de 2 sous pour la contribution mobilière.

5951. — L'esprit centralisateur de la Convention devait mettre fin à ce système. Il lui parut peu convenable que chaque district de la République eût des fonds particuliers pour ses dépenses. Un tel régime semblait contenir un germe de fédéralisme. En conséquence, la loi du 19 fruct. an II supprima la distinction qui était faite précédemment entre le principal et les sous additionnels. Ceux-ci furent réunis au principal pour ne former qu'une seule masse, versée indistinctement au Trésor public. Les frais des administrations de département et de district, et ceux des tribunaux étaient classés dans les dépenses générales de la République. La même loi centralisa également le montant des sous additionnels de la commune de Paris. Les directoires devaient au commencement de chaque mois envoyer un état des dépenses fixes et un aperçu des dépenses variables.

5952. — Ce système centralisateur eut de fâcheux effets. Les dépenses d'administration s'accrurent sans mesure. C'est dans un but d'économie que la loi du 28 mess. an IV revint aux fonds spéciaux et à la division des dépenses en dépenses générales et dépenses locales, établie par la Constituante et la Législative. Toutefois la répartition des dépenses suivant leur nature était modifiée. La loi disposa que les dépenses départementales ne pourraient excéder le cinquième du principal de l'impôt.

5953. — Les lois de finances des années suivantes (15 frim. an VI, 11 frim. an VII) s'efforcèrent d'établir une classification plus exacte des dépenses publiques. Dans cette dernière loi, les dépenses publiques étaient divisées en cinq classes. Celles du département comprenaient les dépenses des tribunaux civils, criminels, correctionnels et de commerce, des administrations centrales, des écoles centrales et bibliothèques, les dépenses d'entretien et de réparation des bâtiments affectés à ces services, ainsi que des prisons, les taxations et remises du receveur et de ses préposés. Les fonds destinés à pourvoir à ces dépenses étaient fixés uniformément pour tous les départements par la loi de finances. Mais les dépenses étant les mêmes pour tous les départements et le produit des centimes étant au contraire très-inégal, certains départements devaient se trouver en déficit. La loi du 11 frim. an VII y pourvoyait par l'établissement d'un fonds de supplément destiné à combler les insuffisances de ressources des départements et des cantons, et si ce fonds lui-même était insuffisant, par un prélèvement sur le fonds commun des départements, qui réunissait à cette époque la destination du fonds de secours et celle du fonds de non-valeurs.

5954. — Le gouvernement consulaire remania cette organisation. Les dépenses départementales furent limitées à 5 cent. par franc du principal. La loi du 21 vent. an IX, partant de ce principe juste que les dépenses d'administration et de justice étaient des dépenses d'État auxquelles le Trésor devait pourvoir, centralisa toutes les dépenses fixes, comprenant les traitements des administrateurs, des juges, des professeurs et des receveurs. En réalité, ces dépenses devenaient des dépenses d'État, puisque les fonds qui y étaient destinés ne passaient plus dans les caisses du département. Cependant elles conservaient l'apparence de dépenses départementales. En effet, elles faisaient l'objet de tableaux annexés à la loi de finances et indiquaient pour chaque département le nombre de centimes nécessaires à leur acquittement. Quant aux dépenses variables, elles faisaient l'objet d'un autre tableau contenant les mêmes indications. A l'égard de ces dernières dépenses, les conseils généraux et les préfets avaient un certain pouvoir de contrôle. Ils pouvaient réaliser quelques économies. Mais elles avaient néanmoins le caractère de dépenses obligatoires (LL. 21 vent. an IX, 13 flor. an X, 4 germ. an XI et 5 vent. an XII).

5955. — Mais les dépenses d'assistance et celles des prisons allaient toujours croissant. Les centimes variables étaient insuffisants. En l'an XIII, le gouvernement fit passer au budget de l'État les dépenses de l'instruction publique, mais obligea les départements à supporter les frais du casernement de la gendarmerie. En outre, la loi du 2 vent. an XIII autorisait les départements à s'imposer, en sus des fonds destinés aux dépenses fixes et variables, 4 cent. en plus, pour en affecter le produit soit aux réparations ou à l'entretien des bâtiments publics, soit à des allocations supplémentaires pour les frais du culte, soit à des constructions de chemins, de canaux ou de monuments. Ces impositions devaient être approuvées par le gouvernement. Elles étaient purement facultatives à l'origine. Mais le gouvernement, soit en classant de nouvelles dépenses dans les dépenses variables des départements, soit en invitant ceux-ci à contribuer à des dépenses nouvelles, paralysa les bons effets de la loi an XIII. Le produit des centimes variables était insuffisant et les départements employaient la plus grande partie de leurs centimes facultatifs à combler ces déficits.

5956. — La loi du 23 sept. 1814 supprima, pour une année, le système des fonds spéciaux, en décidant que tous les centimes additionnels autres que ceux des communes et les centimes de perception seraient versés au Trésor public, qui pourvoirait aux dépenses des départements. Mais, dès l'année suivante, le système de la spécialité fut rétabli. La loi du 28 avr. 1816 disposa

en effet que, sur les 50 cent. de la contribution foncière et de la contribution mobilière, il serait prélevé 12 cent. pour les dépenses variables des départements. Sur ces 12 cent., dix seraient immédiatement remis à la disposition des départements et employés suivant les ordonnances des préfets, qui seraient tenus de se conformer aux budgets, tels qu'ils seraient arrêtés par les conseils généraux et approuvés par le ministre de l'Intérieur. Les deux autres centimes seraient à la disposition du ministre, pour venir au secours des départements, dont les dépenses variables excèderaient le produit des centimes imposés dans le système des fonds communs (art. 23 et 24).

5957. — La loi du 25 mars 1817 revint plus complètement encore au système impérial. Les centimes destinés aux dépenses départementales furent divisés en trois parties. Sur les 14 cent. prélevés avec cette destination, 6 restaient à la disposition du ministre pour servir à l'acquittement des dépenses fixes et communes à plusieurs départements, 6 étaient mis à la disposition des préfets pour acquitter les dépenses variables. Le surplus constituait le fonds commun, avec lequel le ministre venait en aide aux départements qui ne pouvaient, avec le produit de leurs centimes variables, acquitter les dépenses correspondantes. Enfin les conseils généraux pouvaient s'imposer facultativement 5 cent. pour les dépenses facultatives. Tel est ce système, qui devait subsister jusqu'à la loi de centralisation du 18 juill. 1866, sans autre modification que l'augmentation du nombre des centimes affectés aux dépenses départementales. Ceux-ci qui étaient au nombre de 14 en 1817, étaient élevés à 19 7/8 en 1837.

5958. — La loi du 20 juill. 1837 réalisa une première réforme réclamée depuis longtemps. En faisant acquitter par les départements les dépenses des services administratifs, judiciaires, financiers, les législateurs de la Révolution étaient partis de ce principe que, les services profitant immédiatement aux habitants, les habitants devaient en acquitter les dépenses comme dépenses locales. C'était méconnaître la nature de ces dépenses, qui évidemment se rapportent à l'intérêt général de l'Etat. Successivement les services judiciaires et financiers furent retranchés des dépenses départementales et reportés dans le budget de l'Etat. En 1837, les départements supportaient encore les traitements des préfets ou sous-préfets, secrétaires généraux et conseillers de préfecture et des dépenses des maisons centrales de détention. En 1834, la Chambre des députés avait décidé que les excédents de recettes qui se produiraient sur les centimes fixes, au lieu d'être reportés à l'exercice suivant comme fonds départementaux, seraient versés dans le Trésor et se confondraient avec les ressources générales de l'Etat. Ces ressources n'avaient donc plus que l'apparence de centimes départementaux, quand la loi du 20 juill. 1837 rangea les dépenses fixes dans les dépenses de l'Etat et réunit les centimes fixes dans les centimes généraux.

5959. — La loi du 10 mai 1838, qui fixa les attributions des conseils généraux, consacra le régime existant en le codifiant. Chaque nature de dépenses avait dans le budget des ressources correspondantes. Aux dépenses ordinaires obligatoires étaient affectés spécialement les anciens centimes variables, devenus centimes ordinaires. En cas d'insuffisance de ces ressources, les départements devaient faire appel au fonds commun. Les centimes facultatifs étaient réservés aux dépenses facultatives, à moins que les conseils généraux ne voulussent en affecter une partie à combler le déficit de la première section. En vue d'encourager les départements à entreprendre des travaux d'amélioration, l'art. 17 divise le fonds commun en deux parties, dont l'une restait affectée aux dépenses obligatoires et dont l'autre devait être distribuée aux départements à titre de secours pour complément de la dépense de construction des édifices départementaux d'intérêt général et des ouvrages d'art dépendant des routes départementales. Ce n'était, on le voit, qu'une partie des dépenses facultatives qui donnait droit à une allocation sur le fonds commun. Cette division, d'ailleurs, fut supprimée par la loi du 7 août 1850.

5960. — Le système rigoureux de spécialité organisé par la loi de 1838 ne tarda pas à révéler de nombreuses imperfections. La plus grave était l'insuffisance des ressources affectées aux dépenses obligatoires, dont quelques-unes, l'entretien des routes et les frais d'entretien des aliénés et des enfants assistés notamment, grandissaient sans cesse. En dépit de l'abandon presque annuel fait par l'Etat aux départements de quelques-uns de ses centimes généraux, les déficits renaissaient sans cesse. En 1853, on crut y remédier en mettant à la charge de l'Etat les dépenses

d'entretien des prisons départementales. Quelques années après, le déficit avait reparu aussi considérable.

5961. — D'autre part, l'institution du fonds commun était absolument faussée. Destinée à l'origine à secourir les départements pauvres, elle ne profitait plus qu'aux plus riches. En effet, ceux-ci construisaient, à l'aide de leurs centimes facultatifs, des routes dont l'entretien venait grossir le montant de leurs dépenses obligatoires et le déficit de la première section de leur budget. La répartition du fonds commun se faisait proportionnellement à l'importance de ce déficit. Au contraire, les départements pauvres ne pouvaient payer des dépenses de luxe, ne touchaient aucune allocation sur le fonds commun et continuaient chaque année à l'alimenter.

5962. — La loi du 18 juill. 1866 rompit enfin les entraves dans lesquelles les conseils généraux étouffaient. Le fonds commun fut supprimé. Chaque département put appliquer désormais à ses propres besoins toutes les ressources qu'il s'imposait. La spécialité des recettes budgétaires disparut presque complètement. Les dépenses obligatoires furent notablement réduites. Enfin, la loi du 31 juill. 1867 éleva le nombre des centimes ordinaires que les conseils généraux pouvaient voter à 25 cent. portant sur les contributions foncière et mobilière. En outre, ils pouvaient voter un centime ordinaire portant sur les quatre contributions directes. Enfin la même loi permettait la création de centimes extraordinaires destinés à des dépenses extraordinaires d'utilité départementale jusqu'à concurrence d'un maximum qui serait déterminé chaque année par la loi de finances et qui a toujours été fixé à 12 cent.

5963. — Pour en finir avec cette énumération, ajoutons que lorsqu'un conseil général refuse d'inscrire à son budget une dépense obligatoire et qu'il ne reste plus de ressources disponibles qu'on puisse y affecter, un décret peut imposer d'office le département jusqu'à concurrence de 2 cent. pour faire face à la dépense omise.

§ 2. Centimes spéciaux.

1° Centimes du cadastre.

5964. — Les vicissitudes subies par le cadastre dans le cours de ce siècle ont eu une répercussion sur la nature des ressources affectées à ces travaux. La loi du 2 vent. an XIII, pour continuer la confection d'un cadastre général par masse de culture, avait décidé l'établissement d'un centime et demi par franc. La loi du 24 avr. 1806 supprima cette perception en mettant la dépense à la charge du Trésor. La loi du 23 nov. 1808 créa (art. 7) un fonds spécial destiné aux frais du cadastre parcellaire et alimenté par une contribution additionnelle égale au trentième du principal de la contribution foncière. Les communes, en effet, étaient hors d'état de supporter cette dépense que la loi du 23 sept. 1791 avait mise en principe à eur charge. Cette contribution de 3 cent. 1/2 constituait un fonds commun à la disposition du ministre des Finances.

5965. — Lorsqu'en vertu de la loi du 31 juill. 1821 les opérations cadastrales ne durent plus servir qu'à la répartition individuelle de l'impôt entre les contribuables de chaque commune, elles devinrent une dépense purement départementale. Cette loi autorisa les conseils généraux à voter annuellement, pour subvenir à ces dépenses, des impositions dont le montant ne pouvait excéder 3 cent. Le chiffre maximum fut porté à 5 par la loi du 2 août 1829 (art. 4).

2° Centimes des chemins vicinaux.

5966. — Aux termes de l'art. 8, L. 21 mai 1836, les chemins vicinaux de grande communication et, dans les cas extraordinaires, les autres chemins vicinaux pourront recevoir des subventions sur les fonds départementaux. Il sera pourvu à ces subventions au moyen des centimes facultatifs ordinaires du département et de centimes spéciaux votés annuellement par le conseil général. L'art. 12 ajoute que le maximum des centimes spéciaux qui pourront être votés par les conseils généraux en vertu de la précédente disposition, sera fixé annuellement par la loi de finances. Ce maximum a été fixé à 5 cent. jusqu'à la loi du 31 juill. 1867, qui l'a porté à 7 cent. — V. *Rép. gén. du dr. fr.*, v° *Chemin vicinal*, n. 963 et s.

5967. — L'art. 8, L. 18 juill. 1866, autorise les départements qui, pour assurer le service des chemins vicinaux et de l'instruction primaire, n'auront pas besoin de faire emploi de la totalité des centimes spéciaux établis en vertu des lois des 21 mai 1836 et 15 mars 1850, à en appliquer le surplus aux autres dépenses de leur budget ordinaire.

5968. — La loi du 21 mai 1836, entrant dans une voie qui a été suivie depuis, dispose (art. 13) que les propriétés de l'État productives de revenus contribueront aux dépenses des chemins vicinaux dans les mêmes proportions que les propriétés privées et d'après un rôle spécial dressé par le préfet. Les fonds de la vicinalité pouvant être affectés aux dépenses de construction et d'entretien des chemins de fer d'intérêt local par l'art. 3, L. 12 juill. 1865, l'art. 13, L. 21 mai 1836, fut déclaré expressément applicable aux impositions que les départements voteraient dans ce but.

5969. — La loi du 18 juill. 1866 (art. 6) étendit cette mesure à tous les centimes départementaux. A l'avenir, les forêts et les bois de l'État acquitteront les centimes additionnels ordinaires et extraordinaires affectés aux dépenses des départements dans la proportion de la moitié de leur valeur imposable. Enfin, la loi du 8 mai 1869 décida qu'ils supporteraient l'intégralité des centimes départementaux, d'après leur valeur imposable réelle.

3° Centimes de l'enseignement primaire.

5970. — L'art. 7, L. 28 juin 1833, dispose qu'en cas d'insuffisance des revenus ordinaires pour l'établissement des écoles primaires communales, élémentaires et supérieures, les conseils généraux sont autorisés à voter, à titre d'imposition spéciale destinée à l'instruction primaire, des centimes additionnels au principal des contributions foncière, personnelle et mobilière. Toutefois il ne pourra être voté à ce titre plus de 2 cent. par les conseils généraux. La loi du 15 mars 1850 rendit cette imposition obligatoire. Aux termes de l'art. 40 de cette loi, lorsque les communes, soit par elles-mêmes, soit en se réunissant à d'autres communes, n'auront pu subvenir aux dépenses de l'école communale, il y sera pourvu sur les ressources ordinaires du département ou, en cas d'insuffisance, au moyen d'une imposition spéciale votée par le conseil général, ou, à défaut du vote de ce conseil, établie par un décret. Cette imposition autorisée chaque année par la loi de finances, ne devra pas excéder 2 cent. additionnels au principal des quatre contributions directes.

5971. — Le nombre de ces centimes a été porté à 3 par la loi du 10 avr. 1867 et à 4 par celle du 19 juill. 1875. Enfin la loi du 16 juin 1881, en établissant la gratuité absolue, rendit tous ces centimes obligatoires pour le département. Ils ont été supprimés par la loi du 19 juill. 1889, qui les a convertis en centimes généraux.

4° Centimes spéciaux de l'assistance médicale.

5972. — La loi du 15 juill. 1893, sur l'assistance médicale gratuite, impose aux départements un certain nombre de dépenses obligatoires. Ils doivent les secours médicaux aux individus qui, n'ayant pas acquis de domicile de secours dans une commune, l'ont acquis dans le département par une résidence d'une année dans les diverses communes de ce département (art. 8). Ils doivent contribuer aux dépenses ordinaires et extraordinaires du service, comprenant les honoraires des médecins, chirurgiens et sages-femmes du service d'assistance à domicile, les médicaments et appareils, les frais de séjour des malades dans les hôpitaux. Les dépenses extraordinaires comprennent les frais d'agrandissement et de construction d'hôpitaux (art. 26). Enfin, outre ces frais, ils sont tenus d'accorder aux communes qui auront été obligées de recourir à des centimes additionnels ou à des taxes d'octroi des subventions d'autant plus fortes que leur centime sera plus faible, mais qui ne pourront dépasser 80 p. 0/0 ni être inférieures à 10 p. 0/0 du produit de ces centimes additionnels ou taxes d'octroi (art. 28).

5973. — En cas d'insuffisance des ressources spéciales de l'assistance médicale et des ressources ordinaires de leur budget, les départements sont autorisés à voter des centimes additionnels aux quatre contributions directes dans la mesure nécessitée par la loi (art. 28).

Centimes additionnels communaux.

§ 1. Centimes généraux.

5974. — A la différence des départements, dont les centimes additionnels constituent la principale, sinon l'unique ressource, les communes ont, pour pourvoir à leurs besoins, une multitude de ressources, revenus des propriétés, taxes directes ou indirectes. Les centimes additionnels ne sont qu'un des éléments des recettes communales. Ils furent établis par les décrets des 29 mars-3 avr. 1791 et 5-10 août 1791 pour combler le vide que créait dans les budgets des communes la suppression des octrois. Les communes étaient tenues de s'imposer ces centimes, dont le maximum n'était pas fixé (L. 17 mars 1791), soit pour assurer le paiement des intérêts et l'amortissement de leurs dettes, soit pour pourvoir aux dépenses locales mises à leur charge, telles que les rétributions et taxations des percepteurs. La loi du 3 août 1793 décida que le montant des dépenses communales à acquitter au moyen des centimes additionnels serait imputé pour les 4/5 sur l'impôt foncier et pour le surplus sur l'impôt mobilier. — V. *Rép. gén. du dr. fr.*, v° *Commune*, n. 1189 et s.

5975. — La loi du 11 frim. an VII, en classant les différentes dépenses publiques, dispose (art. 7) que les recettes communales comprennent... 4° la quantité de centimes additionnels aux contributions foncière et mobilière qu'il sera jugé nécessaire d'établir pour compléter les fonds des dépenses communales, lesquelles ne pourront, en aucun cas, excéder le maximum qui sera déterminé, chaque année, après la fixation du principal de l'une et l'autre contribution. Ce maximum fut, à partir de l'an IX, fixé à 5 cent., et, pendant toute la durée du premier Empire, aucun changement ne fut apporté à la législation sur ce point. Les conseils municipaux déterminaient le nombre de centimes qui seraient perçus pour les dépenses de l'année suivante dans les limites établies par la loi; mais ils ne pouvaient demander ni obtenir aucune imposition extraordinaire pour les dépenses ordinaires. Cependant les octrois avaient été rétablis; mais les centimes additionnels ne devaient les remplacer furent maintenus.

5976. — Les lois de finances fixant chaque année à 5 cent. le nombre des centimes que les communes pouvaient s'imposer, on finit par perdre de vue que ce n'était qu'un maximum; qu'il appartenait aux conseils municipaux de s'imposer moins de 5 cent. ou même de ne pas recourir à cette ressource. La loi du 23 sept. 1814 (art. 13) et les lois suivantes rendirent obligatoire l'établissement de ces centimes. Mais on revint bientôt à une plus saine appréciation des faits : la loi du 15 mai 1818 (art. 34) rendit cette perception facultative pour les communes en les dispensant celles qui déclareraient que cette contribution leur était inutile. Ainsi ces centimes, qualifiés de centimes facultatifs législatifs ou ordinaires, sont mis par le législateur à la disposition des communes.

5977. — L'interdiction faite aux communes de voter des impositions extraordinaires ne pouvait subsister en présence de l'accroissement nécessaire et continu des dépenses. La loi du 23 sept. 1814 leva cette interdiction en disposant que, dans le cas où, les 5 cent. ordinaires étant épuisés, la commune aurait à pourvoir à une dépense véritablement urgente, le conseil municipal pourrait voter une contribution extraordinaire avec l'approbation du ministre de l'Intérieur.

5978. — Le principe seul était posé. La loi du 15 mai 1818 régla la manière dont les impositions extraordinaires seraient établies et autorisées. Toutes les fois que les centimes ordinaires étaient insuffisants pour pourvoir à une dépense considérée comme urgente, le conseil municipal devait s'adjoindre les contribuables les plus imposés de la commune en nombre égal à celui des membres composant le conseil, et cette assemblée ainsi constituée devait reconnaître l'urgence de la dépense, l'insuffisance des revenus municipaux et des centimes ordinaires pour y pourvoir. Votait-elle les centimes extraordinaires proposés, la délibération devait être approuvée par le préfet, et transmise au ministre de l'Intérieur pour y être définitivement statué par ordonnance (art. 39 et 41). Dans les villes ayant plus de 100,000 fr. de revenus, il n'y avait pas d'adjonction des plus imposés, mais toute imposition extraordinaire devait être autorisée par une loi (art. 43).

5979. — Sous l'empire de cette législation, tout ce qui excé-

dait le produit des 5 cent. ordinaires avait le caractère d'imposition extraordinaire. La loi du 18 juill. 1837, en codifiant la législation municipale, divisa les recettes en recettes ordinaires et recettes extraordinaires; mais la division des dépenses ne concordait pas avec celle des recettes : elles étaient divisées en dépenses obligatoires et dépenses facultatives. Il en résultait que les recettes extraordinaires servaient aussi bien à acquitter des dépenses obligatoires que des dépenses extraordinaires. Toutefois la loi établissait une différence entre les centimes extraordinaires qui étaient affectés aux dépenses obligatoires et ceux qui étaient affectés à une dépense facultative. Les premiers devaient être imposés en vertu d'une approbation préfectorale ou d'une ordonnance, suivant qu'il s'agissait d'une commune ayant moins ou plus de 100,000 fr. de revenus. Pour autoriser les seconds, il fallait une ordonnance ou une loi, suivant la même distinction.

5980. — En outre l'art. 39 prévoyait le cas où, les ressources de la commune étant insuffisantes pour pourvoir à une dépense obligatoire inscrite d'office, le conseil municipal se refuserait à voter une contribution extraordinaire. Cette contribution devait être établie par une ordonnance ou par une loi, suivant qu'elle serait ou non dans les limites du maximum fixé annuellement par la loi de finances.

5981. — Le maximum des centimes extraordinaires à imposer d'office en vertu de l'art. 39, L. 18 juill. 1837, fut fixé à 10 cent., à moins qu'il ne s'agit de l'acquit de dettes résultant de condamnations judiciaires, auquel cas il put être élevé à 20 cent. (L. 14 juill. 1838, art. 8). A l'égard des centimes extraordinaires votés par les conseils municipaux, aucune limite ne leur était assignée par le législateur. Toutefois une instruction ministérielle du 18 mai 1818 en avait fixé le maximum à 20.

5982. — Jusqu'alors l'établissement des impositions extraordinaires ne relevait que du préfet ou du pouvoir central. La loi du 18 juill. 1866 y associa le conseil général. L'art. 4 de cette loi charge le conseil général de fixer, chaque année, le maximum du nombre des centimes extraordinaires que les conseils municipaux sont autorisés à voter pour en affecter le produit à des dépenses extraordinaires d'utilité communale. S'il se sépare sans l'avoir fixé, le maximum arrêté pour l'année précédente est maintenu jusqu'à la session suivante. Le maximum ne peut dépasser 20 cent., qui est la limite fixée par la loi de finances pour toutes les communes de France. Dans cette limite, le conseil général, prenant en considération l'état des finances de chaque commune de son département, fixe un maximum pour chacune d'elles (L. 10 août 1871, art. 42). — V. Rép. gén. du dr. fr., v° Conseil général, n. 393 et 394.

5983. — La loi de décentralisation du 24 juill. 1867 donna un pouvoir de décision propre aux conseils municipaux pour voter certaines impositions extraordinaires, sous la double condition de l'adjonction des plus imposés et de l'accord entre le maire et le conseil municipal. D'après l'art. 3 de la loi, les conseils municipaux purent voter souverainement, dans la limite du maximum fixé chaque année par le conseil général, des contributions extraordinaires n'excédant pas 5 cent. pendant cinq ans. En cas de désaccord entre le maire et le conseil municipal, l'approbation du préfet était exigée.

5984. — Cette approbation était encore exigée pour les contributions extraordinaires qui dépassaient 5 cent. sans excéder le maximum fixé par le conseil général et dont la durée ne serait pas supérieure à douze années (art. 5). Enfin toute contribution extraordinaire dépassant le maximum fixé par le conseil général devait être autorisée par décret ou par décret rendu en Conseil d'Etat suivant que la commune avait plus ou moins de 100,000 fr. de revenus (art. 7).

5985. — Il existait une différence entre les contributions extraordinaires votées souverainement par les conseils municipaux et celles qui devaient être autorisées par le préfet, par le gouvernement ou par le législateur : c'est que les premières ne pouvaient être affectées qu'à des dépenses extraordinaires, tandis que l'affectation des autres n'était pas déterminée.

5986. — Cette loi n'était pas le dernier terme de la décentralisation. La loi du 5 avr. 1882 abroge toutes les dispositions législatives qui exigeaient l'adjonction des plus imposés. La loi du 5 avr. 1884 dispense également le conseil municipal de l'obligation de se mettre d'accord avec le maire.

5987. — La loi du 5 avr. 1884 ne change rien à la loi de 1867 en ce qui touche les contributions extraordinaires que le conseil municipal vote souverainement. L'approbation du préfet est exigée pour l'établissement des contributions qui dépassent 5 cent. sans excéder le maximum fixé par le conseil général et dont la durée, dépassant cinq ans, ne serait pas supérieure à trente ans. Il faut un décret quand le maximum fixé par le conseil général est dépassé et un décret en Conseil d'Etat quand la durée de l'imposition est supérieure à trente ans. Il n'est plus besoin de distinguer, comme sous l'empire de la loi de 1867, suivant la quotité des revenus de la commune.

5988. — La loi du 5 avr. 1884 a fait cesser la confusion établie par la loi du 18 juill. 1837, et que nous avons signalée plus haut, entre les dépenses affectées à des dépenses ordinaires et celles affectées à des dépenses extraordinaires. Dorénavant, les recettes comme les dépenses sont divisées en ordinaires et extraordinaires. Les dépenses ordinaires sont les dépenses annuelles et permanentes d'utilité communale. Les dépenses extraordinaires sont les dépenses accidentelles et temporaires qui sont imputées sur les recettes extraordinaires ou sur l'excédent des recettes ordinaires (art. 135).

5989. — Si, loin de pouvoir acquitter des dépenses extraordinaires, les recettes ordinaires sont insuffisantes pour couvrir les dépenses ordinaires, il est pourvu à l'acquittement de ces dépenses au moyen de centimes dits pour insuffisance de revenus, qui ont le caractère de recettes ordinaires. Leur établissement est autorisé par arrêté du préfet, lorsqu'il s'agit de dépenses obligatoires et, par décret, quand il s'agit de dépenses facultatives (art. 133). La loi a consacré sur ce point la pratique administrative.

§ 2. Centimes spéciaux.

1° Centimes affectés au traitement des gardes champêtres.

5990. — Indépendamment des centimes dont nous venons de parler, les communes ont été autorisées par des lois diverses à voter des centimes avec une affectation spéciale qui ne peut être modifiée. De ce nombre sont les centimes affectés au traitement des gardes champêtres. La loi des 28 sept.-6 oct. 1791 (sect. 7, art. 3), en instituant les gardes champêtres, disposait que leurs gages seraient prélevés sur le produit des amendes appartenant à la commune. Dans le cas où ces amendes ne suffiraient pas au salaire des gardes champêtres, la somme qui manquerait serait répartie au marc la livre de la contribution foncière, mais serait à la charge de l'exploitant. Le décret du 20 mess. an III, en rendant l'institution des gardes champêtres obligatoire dans toutes les communes, ne fit que confirmer la disposition précédente.

5991. — Le décret du 23 fruct. an XIII disposa que cette imposition spéciale ne serait plus qu'une ressource subsidiaire. « Dans toutes les communes où le salaire des gardes champêtres ne pourrait pas être acquitté sur les revenus communaux, en y comprenant le produit des amendes, et lorsque les habitants ne consentiront point à former le traitement ou complément de traitement de ces gardes par une souscription volontaire, la somme qui manquera sera, en conformité de l'art. 3, sect. 7, L. 28 sept.-6 oct. 1791, répartie sur les propriétaires et exploitants de fonds non enclos au centime le franc de la contribution foncière de chacun d'eux ». Ainsi tous les contribuables fonciers de la commune n'étaient plus passibles de cette taxe, mais seulement les propriétaires de terrains non enclos.

5992. — L'exemption accordée aux propriétaires de terrains clos était motivée par cette considération que les gardes champêtres étaient des gardiens des champs et des récoltes. Or ils sont en même temps officiers de police judiciaire, chargés de veiller à la sûreté publique, de constater les délits et contraventions, de telle sorte que tout le monde profite de leurs fonctions. En conséquence, la loi du 21 avr. 1832 disposa que dorénavant les impositions relatives au traitement des gardes champêtres porteraient sur toutes les natures de propriétés de la commune. Le même article décida qu'il ne serait plus fait de rôle spécial pour ces impositions, mais qu'elles seraient comprises dans le rôle de la contribution foncière (art. 19).

5993. — La loi du 31 juill. 1867 (art. 16) fit un pas de plus dans la voie ouverte en 1832. Elle disposa que ces impositions extraordinaires seraient votées avec l'adjonction des plus imposés et porteraient sur les quatre contributions. Aujourd'hui, enfin, depuis la loi du 5 avr. 1884, ces centimes, dont la quotité n'est pas limitée, sont votés souverainement par le conseil municipal seul.

40

2° Centimes de l'enseignement primaire.

5994. — L'art. 7, L. 28 juin 1833, disposa qu'en cas d'insuffisance des revenus ordinaires pour l'établissement des écoles primaires communales élémentaires et supérieures, les conseils municipaux seraient autorisés à voter, à titre d'imposition spéciale destinée à l'instruction primaire, des centimes additionnels au principal des contributions foncière et personnelle-mobilière. Il ne pouvait être voté à ce titre plus de 3 cent. par les conseils municipaux.

5995. — La loi du 15 mars 1850 (art 40) transforma ces centimes facultatifs en centimes obligatoires : « En cas d'insuffisance des revenus ordinaires, il est pourvu aux dépenses de l'enseignement primaire dans la commune au moyen d'une imposition spéciale votée par le conseil municipal ou, à défaut du vote de ce conseil, établie par un décret du pouvoir exécutif. Cette imposition, qui devra être autorisée chaque année par la loi de finances, ne pourra excéder 3 cent. additionnels au principal des quatre contributions directes. »

5996. — La loi du 10 avr. 1867, en vue de développer l'instruction primaire gratuite, mit à la disposition des communes de nouvelles ressources. « Toute commune qui veut user de la faculté accordée par le § 3, art. 36, L. 15 mars 1850, d'entretenir une ou plusieurs écoles entièrement gratuites peut, en sus de ses ressources propres et des centimes spéciaux autorisés par la même loi, affecter à cet entretien le produit d'une imposition extraordinaire votée par le conseil municipal ou, à défaut, au principal des quatre contributions directes » (art. 8).

5997. — La loi du 19 juill. 1875 ayant accru les charges des communes par l'augmentation du traitement des instituteurs, autorisa les conseils municipaux à voter un quatrième centime ordinaire pour les dépenses de l'enseignement primaire.

5998. — La loi du 16 juin 1881, établissant la gratuité absolue de l'instruction primaire, rendit ce quatrième centime obligatoire comme les trois autres, décida qu'ils seraient perçus dans toutes les communes et non plus seulement dans celles qui n'avaient pas de ressources ordinaires suffisantes, et qu'ils seraient votés sans le concours des plus imposés, comme ressources ordinaires. Nous avons dit que la loi du 19 juill. 1889 avait mis fin à la situation anormale créée par la loi de 1881 en supprimant les centimes départementaux et communaux de l'instruction primaire et en les transformant en centimes généraux.

3° Centimes des chemins vicinaux et ruraux.

5999. — Aux termes de l'art. 2, L. 21 mai 1836, en cas d'insuffisance des revenus ordinaires des communes, il sera pourvu à l'entretien des chemins vicinaux à l'aide, soit de prestations en nature, dont le maximum est fixé à trois journées de travail, soit de centimes spéciaux en addition au principal des quatre contributions directes et dont le maximum est fixé à 5. Le conseil municipal pourra voter l'une ou l'autre de ces ressources ou toutes les deux concurremment. Le concours des plus imposés ne sera pas nécessaire.

6000. — L'entretien des chemins vicinaux étant une dépense obligatoire pour la commune, si le conseil municipal mis en demeure n'a pas voté, dans la session désignée à cet effet, les prestations et centimes nécessaires, ou si la commune n'en a pas fait emploi dans les délais prescrits, le préfet pourra d'office, soit imposer la commune dans les limites du maximum, soit faire exécuter les travaux. Le préfet communiquera chaque année au conseil général l'état des impositions établies d'office en vertu du présent article (art. 5).

6001. — La loi du 24 juill. 1867 (art. 3), qui a été maintenue sur ce point par l'art. 141, L. 5 avr. 1884, autorise les conseils municipaux à voter souverainement 3 cent. extraordinaires, exclusivement affectés aux chemins vicinaux ordinaires. Les auteurs sont d'accord pour reconnaître qu'en fait, malgré leur nom, ces centimes ont le plus souvent le caractère de recettes ordinaires, étant affectés à des dépenses d'entretien.

6002. — De même, la loi du 20 août 1881 autorise les conseils municipaux, en cas d'insuffisance des ressources ordinaires de la commune, à pourvoir aux dépenses des chemins ruraux reconnus, à l'aide soit d'une journée de prestation, soit de centimes extraordinaires en addition au principal des quatre contributions directes. Si l'imposition excède 3 cent., les délibérations du conseil municipal devront être approuvées. Cette disposition a été consacrée par l'art. 141, L. 5 avr. 1884, aux termes duquel les conseils municipaux peuvent voter 3 cent. extraordinaires exclusivement affectés aux chemins ruraux reconnus.

4° Centimes affectés à des secours aux familles des militaires réservistes et territoriaux.

6003. — D'après la loi du 21 déc. 1882 (art. 1), les conseils municipaux peuvent encore, en cas d'insuffisance de leurs ressources ordinaires et des centimes extraordinaires créés dans les limites du maximum fixé chaque année par les conseils généraux, voter annuellement et extraordinairement 3 cent. additionnels au principal des quatre contributions directes, dans le but d'accorder des secours aux familles nécessiteuses des soldats de la réserve et de l'armée territoriale retenus sous les drapeaux. Ces centimes n'ont besoin pour être établis d'aucune autorisation de l'administration supérieure. Ils n'entrent pas dans le calcul du maximum des centimes extraordinaires mis chaque année à la disposition des conseils municipaux par la loi de finances. Un préfet excéderait ses pouvoirs si, en réglant le budget, il refusait d'approuver le vote de ces centimes, sous prétexte qu'il pouvait être pourvu à la dépense au moyen du crédit sur dépenses imprévues. — Cons. d'Et., 1er juill. 1892, Ville de Rennes, [Leb. chr., p. 584]

5° Centimes pour l'assistance médicale.

6004. — Enfin, pour compléter cette énumération, il faut mentionner les centimes affectés aux dépenses d'assistance médicale. Tout individu ayant acquis son domicile de secours dans une commune dans les termes prévus par l'art. 6, L. 15 juill. 1893, a droit, s'il vient à tomber malade et s'il est privé de ressources, à recevoir des secours médicaux qui incombent à cette commune, à moins qu'il n'y existe un hôpital, auquel cas la loi du 7 août 1851 est seule applicable.

6005. — Les secours médicaux sont, autant que possible, donnés à domicile. Dans le cas cependant où il y a impossibilité absolue de soigner le malade à domicile, le médecin délivre un certificat d'admission à l'hôpital auquel la commune est rattachée pour le traitement de ses malades. Ce certificat qui doit être contresigné par le président du bureau d'assistance, sert de titre à l'hôpital pour réclamer à qui de droit le remboursement des frais de journée (L. 15 juill. 1893, art. 4).

6006. — Quand un individu privé de ressources vient à être atteint d'une maladie aiguë ou est victime d'un accident dans une commune autre que celle de son domicile de secours, l'assistance médicale de cet individu incombe à la commune où s'est produit l'accident ou la maladie, dans les conditions de l'art. 21, s'il n'existe pas d'hôpital dans la commune. L'admission de ces malades à l'assistance médicale est prononcée par le maire qui en rend compte au conseil municipal et en avise le préfet. Celui-ci accuse réception de l'avis et prononce dans les dix jours pour l'admission au secours de l'assistance (art. 20).

6007. — Cette commune est débitrice des frais du traitement pendant les dix premiers jours. Si la maladie se prolonge, elle fait l'avance des frais, sauf son recours contre qui de droit (art. 21).

6008. — Les dépenses du service de l'assistance médicale sont obligatoires. Elles sont supportées par les communes, les départements et l'Etat suivant les règles établies par les art. 27, 28 et 29 de la loi (art. 26).

6009. — Les communes, dont les ressources spéciales de l'assistance médicale et les ressources ordinaires inscrites à leur budget sont insuffisantes pour couvrir les frais de ces dépenses, sont autorisées à voter des centimes additionnels aux quatre contributions directes ou des taxes d'octroi pour se procurer le complément de ressources nécessaires. La part que les communes seront obligées de demander aux centimes additionnels ou aux taxes d'octroi ne pourra être moindre de 20 p. 0/0 ni supérieure à 90 p. 0/0 de la dépense à couvrir (art. 28).

6° Centimes pour l'administration des forêts.

6010. — Nous devons signaler aussi pour mémoire une dépense qui, pendant un certain temps, a donné lieu à l'établissement de centimes additionnels au principal de la contribution foncière : nous voulons parler des frais d'administration des bois appartenant aux communes. La loi des 15-29 sept. 1791, après

avoir soumis les bois communaux au régime forestier, c'est-à-dire après les avoir placés sous l'administration des agents de l'Etat, disposa que, pour indemniser l'Etat des frais de leur administration, il serait prélevé un décime par franc sur le montant de l'adjudication des coupes ordinaires et extraordinaires. Les vacations des arpenteurs étaient payées par les communes. Pour les coupes délivrées en nature, un droit fixe par arpent était déterminé pour les frais de balivage, martelage et récolement (L. 15 août 1792 et Décr. 29 flor. an III).

6011. — Le Code forestier adopta un autre mode de rémunération. L'art. 106 est ainsi conçu : « Pour indemniser le gouvernement des frais d'administration des bois des communes, il sera ajouté annuellement, à la contribution foncière établie sur ces bois, une somme équivalente à ces frais. Le montant de cette somme sera réglé chaque année par la loi de finances : elle sera répartie au marc le franc de ladite contribution et perçue de la même manière ». Le salaire des gardes particuliers restera à la charge des communes (art. 108). Les coupes ordinaires et extraordinaires sont principalement affectées au paiement des frais de garde, de la contribution foncière et des sommes qui reviennent au Trésor, en vertu de l'art. 106. Si les coupes sont délivrées en nature pour l'affouage et que les communes n'aient pas d'autres ressources, il doit être distrait une portion suffisante des coupes pour être vendue aux enchères avant toute distribution, et le prix en être employé au paiement desdites charges.

6012. — Ce système donna lieu à de vives réclamations. Presque toujours, à défaut de revenus, on dut prélever la taxe additionnelle sur les délivrances en nature, et les affouages durent supporter la presque totalité de la charge. Les départements où le sol forestier est riche et les frais d'administration relativement peu élevés étaient fort imposés, tandis que ceux du Midi, très-étendus mais peu productifs et-nécessitant des frais d'administration considérables, ne payaient presque rien. La loi du 20 juill. 1837 (art. 2) fit droit à ces plaintes en décidant que la somme représentant le montant des frais d'administration serait répartie par ordonnance royale entre les divers départements à raison des dépenses effectuées par l'administration des biens dans chaque département. Les frais d'administration étaient comparés, d'une part, à l'étendue des bois; d'autre part, à leur produit.

6013. — Ce fut au tour des départements pauvres de se plaindre. Aussi la loi du 25 juin 1841 (art. 5), adopta-t-elle un nouveau mode. « Il est dû à l'Etat pour remboursement des frais d'administration des bois des communes 5 cent. par hectare des produits principaux de ces bois, sans toutefois que, pour toutes les coupes d'un même exercice, la somme remboursée puisse dépasser un franc par hectare de la contenance totale. Cette taxe est versée à la caisse des receveurs des domaines par les receveurs des communes et établissements propriétaires (LL. 19 juill. 1845, art. 6, et 14 juill. 1856, art. 14).

6014. — Il a été jugé qu'il ne peut être voté d'imposition extraordinaire pour solder ces dépenses que si le produit de la coupe est insuffisant et jusqu'à concurrence seulement de son insuffisance. — Cons. d'Et., 10 déc. 1886, Chabert, [S. 88.3.45, P. adm. chr., D. 88.3.44]

7o Centimes affectés aux syndicats des communes.

6015. — L'art. 177, L. 22 mars 1890, relatif aux syndicats de communes, porte que parmi les recettes du syndicat figure la contribution des communes associées. Cette contribution est obligatoire pendant les communes pendant la durée de l'association et dans la limite des nécessités du service, telle que les délibérations initiales des conseils municipaux l'ont déterminée. Les communes associées peuvent affecter à cette dépense leurs ressources ordinaires ou extraordinaires disponibles. Elles sont, en outre, autorisées à voter, à cet effet, 5 cent. spéciaux.

Section IV.

Assiette des centimes additionnels.

§ 1. Par qui ils sont dus.

6016. — Sur qui sont établis les centimes additionnels ? A part les centimes législatifs et ordinaires, qui ne portent que sur les contributions foncière et personnelle-mobilière, tous les autres portent sur les quatre contributions directes.

6017. — En principe, tous les contribuables de la commune doivent acquitter les centimes additionnels. L'Etat, qui n'est pas imposable en principal pour ses biens, est soumis, pour celles de ses propriétés qui sont productives de revenus, aux impositions communales (L. 3 frim. an VII, art. 107).

6018. — La loi du 19 vent. an IX apporta une dérogation à ce principe, en décidant que les bois et forêts de l'Etat ne paieraient point de contributions. Ce privilège, qui se comprenait à l'égard des impôts perçus au profit du Trésor, était moins facile à justifier pour les taxes perçues au profit des départements et communes. Aussi voyons-nous des lois successives restreindre peu à peu l'exemption accordée à l'Etat.

6019. — Les propriétés de l'Etat productives de revenus contribueront aux dépenses des chemins vicinaux dans les mêmes proportions que les propriétés privées et d'après un rôle spécial dressé par le préfet, porte l'art. 13, L. 21 mai 1836. — V. *Rép. gén. du dr. fr.*, vo *Chemin vicinal*, n. 968, 969.

6020. — La loi du 12 juill. 1865, sur les chemins de fer d'intérêt local, étend la disposition de la loi de 1836 aux centimes extraordinaires votés par les conseils municipaux pour l'établissement de ces chemins.

6021. — D'après l'art. 4, L. 24 juill. 1867, « les forêts et les bois de l'Etat devront, à l'avenir, acquitter les centimes additionnels ordinaires et extraordinaires affectés aux dépenses des communes, dans la proportion de la moitié de leur valeur imposable. »

6022. — Enfin la loi du 8 mai 1869 (art. 7) inscrivit au budget un crédit destiné à faire acquitter par les forêts de l'Etat l'intégralité des centimes additionnels affectés aux dépenses des communes. C'est ce système qui a été consacré par l'art. 144, L. 5 avr. 1884, aux termes duquel ces forêts acquittent les centimes communaux dans la même proportion que les propriétés privées.

6023. — Les centimes additionnels, qu'ils soient compris dans le rôle général ou qu'ils fassent l'objet d'un rôle spécial, sont le complément des contributions auxquelles ils s'ajoutent. Il en résulte que le seul fait d'être inscrit au rôle d'une des contributions directes d'une commune pour une année entraîne nécessairement l'imposition d'un contribuable à tous les centimes ordinaires ou extraordinaires qui seront votés pour la même année. — Cons. d'Et., 2 sept. 1863, Guyot, [Leb. chr., p. 737]

6024. — Il a été jugé que le décret du 5 flor. an XI et le décret du 10 mars 1810, d'après lesquels les canaux sont exclusivement soumis à la contribution foncière et échappent à de toute autre charge, ne dispensent pas du canal de contribuer aux centimes additionnels au principal de l'impôt foncier. — Cons. d'Et., 1er juill. 1839, (Cie du Canal du Midi, [P. adm. chr.)

6025. — Un contribuable ne peut se soustraire au paiement des centimes additionnels en alléguant qu'il n'a pas son domicile dans la commune. L'imposition frappe tous les habitants portés aux rôles sans distinction. — Cons. d'Et., 19 janv. 1832, Leguigois, [P. adm. chr.]

6026. — La loi du 14 févr. 1810, qui permettait, en cas d'insuffisance de revenus des fabriques et des communes, la répartition des dépenses de la célébration du culte entre les habitants au marc la livre de leur contribution, a par suite exemptait les forains, a été modifiée par la loi du 15 mai 1818, qui prescrit l'imposition de tous les contribuables, forains ou résidants, inscrits aux rôles de la commune. — Cons. d'Et., 27 janv. 1859, Marcotte, [P. adm. chr.]

6027. — Il n'y a pas à s'occuper de la destination des centimes imposés. Par exemple, un contribuable ne peut demander décharge des centimes imposés pour subvenir aux dépenses de célébration du culte catholique sous le prétexte qu'il est protestant. — Cons. d'Et., 26 juill. 1878, Delamare, [Leb. chr., p. 752]

6028. — Un contribuable ne peut refuser sa part contributive en alléguant que l'imposition a été établie pour couvrir les charges résultant de l'acquisition, de l'entretien et de la garde des biens communaux, à la jouissance desquels il ne participe pas. Il n'est pas permis, en renonçant à l'exercice d'un droit, de se soustraire aux obligations imposées à tous les contribuables. — Cons. d'Et., 4 mai 1877, Communes de Gincla et de Montfort, [Leb. chr., p. 409]; — 3 août 1877, Commune d'Ustou, [Leb. chr., p. 751]; — 9 mai 1879, Bardou, [Leb. chr., p. 360]; — 21 nov. 1884, Même partie, [Leb. chr., p. 812]

6029. — Il en est de même, et à plus forte raison, des impositions établies pour acquitter une dette de la commune, pour payer les frais d'un procès perdu. Le Conseil a rejeté la réclamation de propriétaires forains qui refusaient de contribuer au paiement des frais d'un procès relatif au partage de propriétés dont ils étaient exclus en vertu de la loi du 10 juin 1793. — Cons. d'Et., 7 mai 1823, Lépine, [P. adm. chr.]; — 13 août 1823, Petit, [P. adm. chr.]; — 5 nov. 1886, Fuzelier, [P. adm. chr., D. 88.3. 31]; — 16 mars 1894, Gagmer, [Leb. chr., p. 211]

6030. — Tout contribuable de la commune est imposable alors même que son établissement dans la commune serait postérieur au fait qui a motivé l'imposition ou à l'imposition elle-même. — Cons. d'Et., 31 août 1828, Declercq, [P. adm. chr.]; — 6 juill. 1843, Bresson, [Leb. chr., p. 330]

6031. — Cependant quand une commune est réunie à une autre, ses habitants doivent obtenir décharge des centimes additionnels imposés dans cette dernière pour l'acquittement de dettes antérieures à l'annexion. — Cons. d'Et., 29 nov. 1872, Borel, Leb. chr., p. 660]; — 14 mai 1875, Ville de Saint-Lô, [Leb. chr., [p. 467]

§ 2. Exemptions.

6032. — Il y a des exceptions à ce principe que tout contribuable porté aux rôles doit acquitter les centimes additionnels. Nous allons les passer en revue. La loi du 10 vend. an IV, qui a édicté la responsabilité civile des communes, à raison des délits commis à force ouverte ou par violence sur leur territoire par des attroupements ou rassemblements armés ou non armés, soit envers les personnes, soit envers les propriétés nationales ou privées, décidait que la commune serait tenue de payer à l'Etat une amende, et aux victimes du dommage, le montant de la réparation et des dommages-intérêts. L'avance de ces sommes devait être faite, soit sur les fonds disponibles de la commune, soit par les vingt plus forts contribuables. Puis la répartition devait en être faite sur tous les habitants de la commune, d'après le tableau des domiciliés et à raison des facultés de chaque habitant.

6033. — L'art. 106, L. 5 avr. 1884, a conservé le principe de la loi de vend. an IV en en modifiant seulement les détails. « L'amende est supprimée ». Les dommages-intérêts dont la commune est responsable sont répartis entre tous les habitants domiciliés dans ladite commune, en vertu d'un rôle spécial comprenant les quatre contributions directes. Il ne suffit pas d'être contribuable, il faut être domicilié dans la commune. La raison de cette restriction est que les habitants sont présumés en faute pour avoir laissé commettre le crime ou le délit. C'était à eux qu'il appartenait de l'empêcher.

6034. — M. Morgand (t. 2, p. 160) pense que la question de savoir si un contribuable est ou non domicilié relève de la compétence des tribunaux judiciaires. Le Conseil d'Etat, au contraire, a proclamé la compétence administrative. — Cons. d'Et., 20 juin 1855, Hachat-Peyron, [Leb. chr., p. 426]

6035. — Il résulte de la même décision que l'on n'est imposable que si l'on était domicilié dans la commune au moment où les faits délictueux se sont accomplis. En effet, il ne peut exister aucune présomption de faute contre celui qui alors n'habitait pas encore la commune.

6036. — Lorsqu'un habitant plaide contre sa commune et gagne son procès, les frais du procès peuvent donner lieu à l'établissement d'une imposition extraordinaire ou être payés au moyen de centimes pour insuffisance de revenus. Le plaideur victorieux va-t-il avoir à payer sa quote-part des frais comme contribuable? Par une décision des 1er-10 sept. 1819 insérée au Bulletin des lois (VII, B. 308, n. 7435, Aff. Lefrère Desmaisons), le Conseil d'Etat avait résolu cette question négativement par les motifs suivants : « Considérant que des intérêts ne peuvent pas être communs lorsqu'ils sont opposés ; que lorsqu'une commune plaide avec l'un de ses habitants ils deviennent étrangers l'un à l'autre pour tout ce qui fait la matière d'un procès ; que ce sont deux propriétaires, l'un collectif, l'autre individuel, qui plaident l'un contre l'autre; que, dès lors, le requérant ne doit pas être imposé pour subvenir aux frais du procès que la commune a été condamnée à lui rembourser ». — Leb. chr., p. 582.

6037. — Mais cette jurisprudence ayant changé et le Conseil d'Etat ayant déclaré les plaideurs passibles, comme contribuables, des centimes imposés pour payer les frais du procès

gagné par eux (Cons. d'Et., 1er mars 1833, Prudot et Réclin, [P. adm. chr.]; — 4 nov. 1836, Renault, P. adm. chr.), une disposition législative devint nécessaire. De là l'art. 58, L. 18 juill. 1837, qui est devenu l'art. 131, L. 5 avr. 1884 : « La section qui a obtenu une condamnation contre la commune ou contre une autre section n'est point passible des charges ou contributions imposées pour l'acquittement des frais et dommages-intérêts qui résultent du procès. Il en est de même à l'égard de toute partie qui plaide contre une commune ou section de commune ». — Cons. d'Et., 30 avr. 1870, Bourguenod, [P. adm. chr.]; — 10 juin 1887, Aucher, [S. 89.3.30, P. adm. chr., D. 87.3.101]

6038. — La dispense de participer aux frais du procès s'applique au plaideur gagnant et à ses héritiers. — Cons. d'Et., 24 févr. 1866, Commune de Gardie, [Leb. chr., p. 139]

6039. — Mais elle a un caractère personnel et ne s'étend pas aux tiers acquéreurs. — Cons. d'Et., 29 juill. 1881, Maire de Maxou au nom des habitants de la section de Saint-Pierre-la-Feuille, [S. 83.3.20, P. adm. chr.]

6040. — Nous rappelons que, pendant un temps, les propriétaires de fonds clos étaient dispensés de contribuer au salaire du garde champêtre. Il avait été jugé que de simples fossés entourant une propriété et constituant une clôture suffisante, d'après la loi du 6 oct. 1791 pour soustraire la propriété à l'exercice du droit de parcours « ne devaient pas faire considérer le propriétaire comme dispensé de payer les centimes destinés au traitement du garde champêtre ». — Cons. d'Et., 26 déc. 1830, Ministre de l'Intérieur, [P. adm. chr.]

6041. — Un propriétaire de bois non clos, eût-il même un garde particulier, devait acquitter ces centimes. — Cons. d'Et., 22 juill. 1829, de La Rochefoucauld, [S. chr., P. adm. chr.]

Section V.

Questions contentieuses auxquelles donne lieu le recouvrement des centimes additionnels.

6042. — Les centimes additionnels n'ont pas d'individualité propre. Leur quotité dépend de celle du principal. C'est ce qui explique que les contribuables ne puissent guère fonder leurs réclamations que sur les illégalités commises dans l'établissement de ces impositions. Déjà, en traitant des règles de compétence, nous avons dit qu'il appartenait à la juridiction administrative de vérifier si l'impôt avait une base légale. Il convient d'examiner ici quels sont les griefs qui sont le plus souvent formulés contre les centimes additionnels.

6043. — Un contribuable est fondé à réclamer, si la dépense qui motive l'imposition est illégale. Le Conseil avait reconnu, en 1875, qu'un conseil municipal avait le droit de voter un centime pour assurer le paiement d'une subvention à un instituteur libre. — Cons. d'Et., 30 janv. 1885, Séguin, [Leb. chr., p. 103] — Aujourd'hui que, d'après la jurisprudence du Conseil d'Etat, ces subventions sont interdites aux communes, un contribuable serait fondé à demander décharge de la part qui lui serait réclamée dans le paiement d'une telle dépense.

6044. — De même, un certain nombre de conseils municipaux violent l'art. 136 de loi municipale en allouant à leurs membres des traitements ou indemnités. Les contribuables, qui n'ont pas qualité pour faire annuler, pour excès de pouvoir, les délibérations par lesquelles ces dépenses illégales sont établies, ont un moyen d'en faire déclarer l'illégalité, c'est de demander réduction de leur cote en centimes additionnels.

6045. — S'il est permis de contester la légalité de la dépense on ne peut en discuter l'opportunité. Un contribuable n'est pas recevable à prétendre que l'imposition eût été inutile si les finances de la commune avaient été administrées d'une manière différente. — Cons. d'Et., 26 juill. 1878, Delamare, [Leb. chr., p. 752]

6046. — ... Ni que la dépense était inutile. — Cons. d'Et., 17 mai 1890, Lafosse, [Leb. chr., p. 516]

6047. — ... Ni que les dettes qui ont motivé l'imposition étaient fictives. — Cons. d'Et., 3 déc. 1886, des Etangs, [S. 88. 3.43, P. adm. chr., D. 88.3.45]

6048. — Les contribuables ne sont pas admis non plus à discuter la régularité des actes contractuels qui ont précédé la dépense. Supposons que l'imposition soit motivée par une acquisition faite par la commune. Les contribuables ne pourront se prévaloir de vices de formes, d'irrégularités entachant la

vente, pour obtenir décharge des centimes additionnels. — Cons. d'Et., 17 mai 1890, précité.

6049. — Ce qui peut donner lieu à des réclamations, c'est tout ce qui se rapporte à l'établissement de l'imposition. Si elle n'a pas été votée par le conseil municipal, décharge est due. — Cons. d'Et., 22 nov. 1878, Souler, [P. adm. chr.]; — 17 janv. 1890, Azaïs, [D. 91.3.62]

6050. — Il en est de même si l'assemblée qui a voté l'imposition était irrégulièrement composée. Les réclamations étaient fréquentes lorsque l'adjonction des plus imposés était exigée. La loi du 15 mai 1818 disposait qu'en cas d'absence des plus imposés, il fallait appeler ceux qui venaient ensuite sur la liste. Lorsqu'on avait négligé de faire appel aux plus imposés, ou que l'on n'avait pas suivi l'ordre dans lequel ils étaient inscrits, l'assemblée était irrégulièrement composée et les contribuables étaient fondés à demander décharge. — Cons. d'Et., 9 mars 1883, Broët, [Leb. chr., p. 246]; — 29 janv. 1886, Huguenin, [Leb. chr., p. 88]

6051. — D'autres formalités prescrites par la loi pour la convocation des plus imposés, la transcription des délibérations sur le registre ont, au contraire, été considérées par le Conseil comme ne constituant pas des formalités substantielles. — Cons. d'Et., 8 févr. 1884, Dommanget, [Leb. chr., p. 119]; — 5 févr. 1886, Même partie, [P. adm. chr., D. 87.5.92]

6052. — Lorsqu'un des membres du conseil municipal n'a pas été convoqué en temps utile à la délibération dans laquelle a été votée l'imposition, les contribuables sont fondés à demander décharge, alors même que le vote aurait été unanime. — Cons. d'Et., 8 août 1884, Ramin, [Leb. chr., p. 882]

6053. — Le conseil municipal peut valablement voter le principe de l'imposition en chargeant le maire d'indiquer ultérieurement la somme à imposer. — Cons. d'Et., 20 avr. 1883, Deflers-Geffroi, [Leb. chr., p. 379]

6054. — Décharge est due quand la délibération par laquelle a été votée une imposition n'a pas été approuvée par l'autorité qui était compétente pour donner cette autorisation, eu égard à la quotité des centimes. Nous avons, en exposant l'histoire de la législation relative aux centimes communaux, indiqué les variations sur l'étendue des pouvoirs des préfets, du ministre, du gouvernement, du Parlement. L'erreur commise sur ce point pouvait être une cause de décharge. — Cons. d'Et., 6 août 1881, Latou, [Leb. chr., p. 793]; — 16 avr. 1886, Féron, [S. 88.3.7, P. adm. chr., D. 87.3.102]

6055. — C'est ainsi que le Conseil avait jugé que, pour la fixation du maximum de centimes que les conseils municipaux pouvaient voter avec l'approbation du préfet, d'après l'art. 5, L. 24 juill. 1867, dans la limite fixée par le conseil général, il n'y avait pas lieu de compter les quatre centimes spéciaux de l'instruction primaire. — Cons. d'Et., 28 janv. 1887, Société immobilière marseillaise, [D. 88.3.50]

6056. — L'imposition de centimes additionnels spéciaux étant subordonnée à l'insuffisance des revenus ordinaires, il arrive souvent que des contribuables contestent cette insuffisance. Il y a lieu par suite d'examiner les budgets des communes, et de rechercher, pour chaque année, si les revenus ordinaires étaient suffisants. Il faut déterminer quelles sont les ressources ordinaires, quelles sont les dépenses qu'elles doivent couvrir. C'est ainsi qu'il a été décidé, à propos d'une demande en décharge, que les taxes principales d'octroi avaient le caractère de recettes ordinaires, et qu'au contraire on ne pouvait considérer comme telles un excédent de recettes provenant d'exercices précédents. — Cons. d'Et., 21 mai 1886, Gailhard, [S. 88.3.13, P. adm. chr., D. 87.3.113]

6057. — D'autre part, il n'y a insuffisance de revenus que si les recettes ordinaires ne peuvent pourvoir aux dépenses ordinaires et aux dépenses extraordinaires qui ont un caractère obligatoire. — Cons. d'Et., 14 déc. 1877, Ville de Nantes, [S. 79.2.280, P. adm. chr.]; — 21 mai 1886, précité.

6058. — C'est au contribuable qui réclame à prouver que les revenus ordinaires étaient suffisants et que, par suite, l'imposition spéciale était inutile et illégale. — Cons. d'Et., 29 déc. 1871, Le Mengnonnet, [Leb. chr., p. 328]; — 18 juin 1875, Fabien, [S. 77.2.158, P. adm. chr.]; — 24 janv. 1879, Dieu, [S. 80.2.272, P. adm. chr.]

6059. — S'il fait cette preuve, il doit obtenir décharge. — Cons. d'Et., 30 mai 1861, Couppé d'Aboville et autres, [P. adm. chr.]; — 11 août 1869, Cⁱᵉ des voitures de Paris, [S. 70.2.279, P. adm. chr.]

6060. — Les actes qui établissent une imposition ont un caractère définitif. Si donc un vice de forme s'est glissé, soit dans la délibération par laquelle a été votée une imposition, soit dans l'arrêté qui approuve cette délibération, le contribuable est fondé à demander décharge, et des délibérations régulières prises ultérieurement ne pourront donner au rôle vicié dans son principe une force légale rétroactive. — Cons. d'Et., 26 mars 1870, Bois-Poisson, [Leb. chr., p. 352]; — 24 janv. 1879, Commune de Cescan, [P. adm. chr.]

6061. — L'acte qui approuve l'établissement d'une imposition doit nécessairement et à peine de nullité précéder l'émission du rôle. L'autorisation donnée ultérieurement ne peut donner rétroactivement à l'imposition la base légale qui lui manquait. — Cons. d'Et., 16 avr. 1886, précité.

6062. — Une fois que l'imposition est autorisée régulièrement, elle peut être perçue ou non par le conseil municipal, suivant qu'il n'a pas ou qu'il a des ressources suffisantes. Qu'il survienne une recette accidentelle dans le cours d'une année, le conseil municipal pourra ne pas recourir cette année-là aux ressources extraordinaires mises à sa disposition. Mais ce n'est là qu'une faculté. Il peut affecter ces ressources à d'autres dépenses, les détourner de l'emploi pour lequel elles ont été établies sans que les contribuables aient rien à réclamer. Ainsi une commune contracte un emprunt pour le paiement de dettes de guerre et une imposition extraordinaire pour gager cet emprunt, l'Etat lui remboursant le montant de cet emprunt, il semble que la contribution extraordinaire doive cesser de plein droit. Il a été décidé que la commune pouvait librement en affecter le produit à des dépenses municipales. — Cons. d'Et., 7 août 1863, D'Aboville, Combes, etc., [Leb. chr., p. 756]; — 25 juill. 1884, Guilhem de Pothuau, [Leb. chr., p. 654]; — 28 janv. 1887, précité; — 20 juill. 1888, Bertrand, [S. 90.3.50, P. adm. chr., D. 89.3.100]; — 17 janv. 1891, Gailhard, [Leb. chr., p. 25]; — 14 févr. 1891, Héritiers Guilloteaux, [S. et P. 92.3.64, D. 91.3.77]; — 2 mai 1891, Remilly, [Leb. chr., p. 347]

6063. — Le produit des centimes additionnels varie nécessairement avec les mouvements du principal de l'impôt. Il en résulte que toute modification apportée au principal de l'impôt a sa répercussion sur la valeur du centime départemental et communal. Un dégrèvement accordé sur le principal peut donc entraîner une perturbation considérable dans les budgets locaux, compromettre leur équilibre et rendre nécessaire l'augmentation du nombre des centimes votés. Cette considération a déterminé le législateur, après avoir accordé un dégrèvement de 15 millions sur le principal de la contribution foncière des propriétés non bâties, à introduire dans la loi de finances du 8 août 1890 un art. 26 ainsi conçu : « Pour le calcul du produit total des centimes départementaux et communaux à imposer dans les rôles de chaque année, en ce qui concerne la propriété foncière (propriétés bâties et non bâties), on prendra pour base le montant du principal inscrit aux rôles de 1890, en tenant compte toutefois des mouvements de la matière imposable. La part du produit total afférente à ce dernier principal sera répartie entre les contribuables, en raison du principal de leurs cotisations individuelles, telles qu'elles auront été réglées en vertu de la présente loi. Il sera ainsi procédé jusqu'à ce qu'il en soit autrement ordonné par une disposition législative spéciale.

6064. — La loi du 20 juill. 1894 (art. 5), en édictant que la contribution foncière des propriétés bâties sera désormais perçue en principal en Algérie à raison de 3 fr. 20 p. 0/0 du revenu net imposable de ces propriétés, ajoute : « Toutefois pour le calcul des centimes départementaux et communaux à imposer dans les rôles de chaque année, on continuera jusqu'à nouvel ordre de prendre pour base un principal déterminé à raison de 5 p. 0/0 du revenu net, conformément à l'art. 6, L. 23 déc. 1884.

6065. — L'effet de ces dispositions est de consolider le produit des centimes, de les asseoir sur un principal fictif, immuable ou peu s'en faut. On conçoit qu'elles doivent apporter dans la confection des rôles une extrême complication et ne peuvent avoir qu'une durée passagère. Le gouvernement avait dans le projet de budget pour l'exercice 1894 proposé d'abroger l'art. 26, L. 8 août 1890, mais les Chambres ont distrait cette réforme de la loi de finances et se sont séparées sans la voter.

6066. — L'application de cet article a donné lieu à une question intéressante. Un conseil général, en faisant le répartement du dégrèvement accordé à la propriété non bâtie, avait remanié

les contingents de ses arrondissements et décidé que le calcul des centimes départementaux serait fait d'après ces nouveaux principaux. Cette délibération a été déférée au Conseil d'Etat et un décret du 17 déc. 1892 rendu, le Conseil d'Etat entendu, l'a annulée par application de l'art. 33, L. 10 août 1871, comme constituant un empiètement sur le pouvoir législatif. Si, en effet, il appartient aux conseils généraux de répartir les contingents entre les arrondissements et de voter le nombre de centimes nécessaires dans les limites fixées par la loi de finances, ils ne peuvent modifier l'assiette ni le calcul de l'imposition additionnelle, faire porter les centimes sur d'autres contributions que celles prévues par la loi, prendre pour base de la fixation du centime un calcul autre que celui du législateur. Dans l'espèce, le conseil général aurait pu augmenter le nombre des centimes, mais il n'en pouvait changer les bases, contrairement à l'art. 26 de la loi de 1890. — Rev. d'admin., année 1893, 1re part., p. 46.

6067. — Les taxes assimilées aux contributions directes peuvent être classées de diverses manières suivant le point de vue auquel on se place. 1° On peut les classer d'après leur destination, suivant qu'elles sont perçues au profit de l'Etat, des communes, ou d'établissements publics.

6068. — 2° On peut les classer d'après leur nature. Pour ne parler que des taxes assimilées perçues au profit de l'Etat, les unes ne sont que l'équivalent d'un autre impôt non acquitté par les assujettis (taxe militaire, taxe des biens de mainmorte, redevances sur les mines). D'autres sont destinées à imposer des signes de richesse et constituent une sorte de complément de la contribution mobilière (taxes sur les chevaux et voitures, les vélocipèdes, les billards, les cercles). D'autres sont la rémunération d'un service fait par l'Etat (droits de vérification des poids et mesures, d'inspection des fabriques d'eaux minérales, d'épreuve des appareils à vapeur. D'autres ne sont que le remboursement à l'Etat de dépenses qu'il a faites en l'acquit des contribuables (taxe de curage, mesures de sécurité exécutées dans les mines, etc.). Les mêmes classifications se retrouvent dans les taxes communales. Nous les envisagerons d'abord d'après leur destination, et dans chaque catégorie (contributions perçues au profit de l'Etat, des communes, des établissements publics), nous passerons en revue chacun des impôts d'après sa nature particulière.

CHAPITRE I.

TAXES PERÇUES AU PROFIT DE L'ÉTAT.

Section I.

Taxe des biens de mainmorte.

§ 1. Notions historiques.

6069. — Dans l'ancien droit, le mot de *mainmorte* désignait tous les corps et communautés qui sont perpétuels et qui, par une subrogation successive de personnes, étant censés être toujours les mêmes, ne produisent aucune mutation par mort, et ne peuvent disposer de leurs biens sans y être autorisés par le prince ou par la justice. — Merlin, *Rép.*, v° *Mainmorte*.

6070. — Il existait alors un impôt des biens de mainmorte. Un immeuble ne pouvait être amorti, c'est-à-dire acquis par des gens de mainmorte, que moyennant le paiement d'une année de jouissance, et ce droit pouvait être exigé tous les vingt ans. Il s'appelait, suivant les cas, droit d'amortissement ou droit de nouvel acquêt. De plus, les biens de mainmorte situés dans la mouvance du roi ou dans la justice du roi payaient une indemnité annuelle représentative des droits de lods et ventes ou de censives, et les communes payaient annuellement, à titre de droit de nouvel acquêt, le vingtième des revenus des biens dont elles avaient l'usage. Une taxe semblable à la taxe d'amortissement était imposée sur les roturiers possesseurs de fiefs ; on l'appelait la taxe des francs fiefs. Toutes ces taxes étaient d'origine fort ancienne. Le recouvrement et le contentieux furent confiés de tout temps à des commissaires, d'abord de la Chambre des comptes, puis du Conseil d'Etat, et enfin aux intendants. — Dareste, *La Justice administrative en France*, p. 403.

6071. — En 1848, le gouvernement proposa l'établissement d'une taxe rappelant par certains points celles dont nous venons de parler. « Le projet de loi, disait l'Exposé des motifs, tend, par esprit de justice et d'égalité, à ce que les biens qui ne sont

pas dans le commerce et qui appartiennent aux établissements de mainmorte, soient assujettis, sinon aux mêmes droits que les propriétés particulières, du moins à un impôt équivalant aux droits que les particuliers ont à supporter. Ainsi les biens des particuliers, successivement transmis par actes entre-vifs et par décès, donnent lieu, à chaque transmission, à un nouveau droit proportionnel d'enregistrement, qui atteint tous ces biens par période moyenne de vingt à vingt-cinq ans, tandis que les propriétés de mainmorte, placées hors du commerce et improductives pour l'impôt des mutations, sont ainsi affranchies, à raison de la qualité de possesseurs qui aliènent rarement et ne meurent jamais, d'une charge à laquelle les propriétés particulières sont inévitablement soumises. Il est donc juste de rétablir l'égalité contributive entre les biens de mainmorte et ceux des citoyens, et de créer un impôt qui dédommage l'Etat de la privation des droits de mutation que les propriétés acquises par les gens de mainmorte produiraient infailliblement, si elles étaient restées dans les mains des particuliers. »

6072. — Ce projet devint la loi du 20 févr. 1849, portant qu' « il sera établi, à partir du 1er janv. 1849, sur les biens immeubles, passibles de la contribution foncière, appartenant aux départements, communes, hospices, séminaires, fabriques, congrégations religieuses, consistoires, établissements de charité, bureaux de bienfaisance, sociétés anonymes et tous établissements publics légalement autorisés, une taxe annuelle représentative des droits de transmission entre-vifs et par décès. Cette taxe sera calculée à raison de 62 cent. 1/2 pour franc du principal de la contribution foncière (art. 1) ». L'art. 2 fait de cette taxe une contribution directe, et l'art. 3 décide qu'elle sera à la charge du propriétaire, nonobstant toute stipulation contraire. Depuis 1849, aucune modification de principe n'a été apportée à cette taxe. La quotité en a été relevée. Certaines sociétés en ont été exemptées. L'administration a été autorisée à émettre des rôles supplémentaires. Tels sont les seuls changements qu'elle ait subis. C'est donc uniquement l'art. 1, L. 20 févr. 1849, commenté par la jurisprudence que nous avons à étudier.

§ 2. Conditions à remplir pour être passible de la taxe.

6073. — Pour qu'un bien soit passible de la taxe des biens de mainmorte, il faut : 1° qu'il soit immeuble ; 2° qu'il soit imposé à la contribution foncière ; 3° qu'il soit la propriété d'une personne morale ; 4° que cet établissement propriétaire se trouve compris dans l'énumération de la loi de 1849.

1° L'impôt ne peut porter que sur des biens immeubles.

6074. — Les valeurs mobilières n'en sont pas passibles. On n'a pas voulu les imposer à raison des risques attachés à leur possession. En outre, on a pensé que si ces valeurs échappent au droit de mutation par décès, leur mobilité les soumet au droit de transmission entre-vifs.

6075. — Que faut-il décider à l'égard des biens immeubles par l'objet auquel ils s'appliquent, par exemple pour l'usufruit des choses immobilières, les servitudes ou services fonciers, les actions qui tendent à revendiquer un immeuble (C. civ., art. 526)? Dans le projet qu'il avait présenté, le gouvernement comprenait au nombre des biens imposables les droits d'usage forestier. La commission n'a pas admis cette partie du projet par les motifs suivants : « Considérés dans leur nature, ces droits d'usage sont une servitude ; considérés dans leur émolument, ils sont un revenu mobilier ; sous aucun de ces deux aspects, ils ne peuvent être atteints par un impôt destiné à frapper seulement les pro-

priétés immobilières. Ils ne sont pas soumis à la contribution foncière. Ils sont d'ailleurs incessibles; comment pourraient-ils être passibles d'un impôt qui prend sa source dans la transmission? Au surplus, cet impôt est déjà supporté, soit par les forêts soumises aux droits d'usage, soit par les habitants auxquels ils sont attachés ». Le fait que ces droits réels ne sont pas passibles de la contribution foncière suffit pour les exempter de la taxe des biens de mainmorte.

6076. — Inversement, faut-il considérer comme imposables certains meubles qui, exceptionnellement, acquittent la contribution foncière, tels que les bains et moulins sur bateaux, les bacs, les bateaux de blanchisserie et autres de même nature, lors même qu'ils ne sont point construits sur piliers ou pilotis et qu'ils sont seulement retenus par des amarres? Nous pensons, avec MM. Reverchon (*Taxe des biens de mainmorte*, p. 16) et Scrrigny (*Questions*, p. 283), qu'une telle solution serait contraire au texte de la loi.

2° Les biens doivent être passibles de la contribution foncière.

6077. — En étudiant l'impôt foncier, nous avons indiqué l'une des principales exemptions, celle qui s'applique aux immeubles appartenant à des établissements publics, affectés à un service d'utilité générale et non productifs de revenus. Si l'une de ces trois conditions fait défaut, l'immeuble est passible de la contribution foncière. Il l'est, par suite, de la taxe des biens de mainmorte s'il appartient à un des établissements visés dans l'art. 1, L. 20 févr. 1849. — V. *suprà*, n. 3676 et s.

6078. — C'est ainsi que le Conseil d'État a décidé qu'un département était imposable à raison de terrains plantés en bois et productifs de revenus versés chaque année dans la caisse départementale. — Cons. d'Ét., 13 avr. 1853, Département des Pyrénées-Orientales, [Leb. chr., p. 429]; — 12 sept. 1853, Même partie, [Leb. chr., p. 879]; — 18 févr. 1854, Même partie, [D. 54.3.45]

6079. — De même, les villes sont imposables à raison des terrains traversés par les canaux d'adduction d'eau destinés à l'alimentation de leurs habitants, pour les réservoirs et autres bâtiments affectés au même service. En effet, les villes tirent un revenu de ces immeubles en faisant payer aux habitants les concessions d'eau. — Cons. d'Ét., 17 juill. 1867, Ville de Châteauroux, [S. 68.2.138, P. adm. chr.]; — 29 août 1867, Ville de Paris, [D. 68.3.53]; — 22 janv. 1868, Ville de Paris, [Leb. chr., p. 58]; — 24 janv. 1868, Ville de Niort, [Leb. chr., p. 39]; — 23 avr. 1880, Ville de Saint-Etienne, [D. 81.3.8]; — 4 janv. et 14 nov. 1884, Ville de Paris, [Leb. chr., p. 6 et 778]; — 6 févr. 1885, Même partie, [Leb. chr., p. 139]

6080. — Les villes qui acquièrent par la voie de l'expropriation, en vue d'exécuter des travaux de voirie, sont parfois contraintes d'acquérir des immeubles ou portions d'immeubles situés en dehors de l'alignement. Elles sont passibles de la taxe qui nous occupe si elles tirent un revenu de ces constructions.

6081. — Décidé ainsi à l'égard d'une ville qui avait conservé la partie des bâtiments située en dehors de l'alignement, avait fait construire des façades et exécuter les travaux d'appropriation nécessaires pour en faire des maisons nouvelles qu'elle avait louées à des particuliers. — Cons. d'Ét., 16 mars 1859, Ville de Paris, [P. adm. chr., D. 59.3.59]; — 12 août 1871, Même partie, [S. 73.2.93, P. adm. chr.]

6082. — Il en est de même si elle attend, pour démolir les immeubles expropriés, que les baux en cours arrivent à expiration. — Cons. d'Ét., 20 juill. 1888, Ville de Paris, [Leb. chr., p. 653]

6083. — Au contraire, les propriétés publiques affectées à un service d'utilité générale et improductives sont exemptes. Et il n'est pas nécessaire que la destination d'utilité générale résulte d'une loi; elle peut résulter d'une convention.

6084. — Ainsi décidé à l'égard d'une ville qui s'était engagée, en échange de la cession qui lui avait été faite de terrains domaniaux, à acquérir un immeuble et à l'affecter perpétuellement au logement du commandant de la division militaire. — Cons. d'Ét., 29 juill. 1857, Ville de Lyon, [P. adm. chr.]

6085. — Une maison appartenant à une fabrique et non assujettie à la contribution foncière n'est pas imposable. — Cons. d'Ét., 9 juin 1876, Fabrique de l'église de Perreux, [S. 78.2.276, P. adm. chr.]

6086. — ... De même une caserne départementale affectée

au logement des officiers de gendarmerie. — Cons. d'Ét., 30 avr. 1880, Département de Seine-et-Marne, [D. 81.3.8]; — 2 juill. 1880, Département de la Manche, [D. 81.3.8]

6087. — ... Ou encore des terrains affectés par une ville à l'usage de promenade publique. — Cons. d'Ét., 2 juill. 1886, Ville de Bordeaux, [D. 87.3.116]

6088. — Cette affectation peut même résulter du fait. Ainsi une ville, devenue propriétaire de maisons expropriées en vue de l'élargissement d'une voie publique, n'est pas imposable par ce seul fait que la démolition de ces immeubles n'est pas commencée au 1er janvier. — Cons. d'Ét., 14 janv. 1858, Ville de Paris, [P. adm. chr., D. 58.3.50]

6089. — Les exemptions temporaires d'impôt foncier accordées aux contribuables qui exécuteraient certains travaux entraînent de plein droit l'exemption de la taxe des biens de mainmorte.

6090. — C'est ce qui a été décidé à l'égard de l'exemption de contribution foncière accordée au 22 juin 1854 aux immeubles qui seraient construits dans un délai de quatre années sur la rue et la place impériale à Lyon. — Cons. d'Ét., 30 mai 1861, Cie de la rue impériale à Lyon, [S. 61.2.367, P. adm. chr.]

6091. — Décidé de même à l'égard de l'exemption de tout impôt accordée pendant trente ans par l'art. 226, C. for., aux semis de bois sur le sommet et le penchant des montagnes. — Cons. d'Ét., 28 mai 1867, Hospices de Strasbourg, [D. 68.3.92]

6092. — Une simple remise ou modération d'impôt foncier n'entraînerait pas nécessairement décharge de la taxe des biens de mainmorte. — Cons. d'Ét., 21 août 1868, Préfet de la Seine, [D. 70.3.94] — Reverchon, p. 20.

6093. — Les immeubles appartenant aux personnes morales énumérées par la loi, sont imposables à la contribution foncière, sont par là même passibles de la taxe de mainmorte. Ainsi décidé pour les bureaux et les compagnies d'omnibus installent sur la voie publique. — Cons. d'Ét., 4 juill. 1879, Cie lyonnaise des omnibus, [P. adm. chr., D. 80.3.2]

6094. — ... Ou pour des canaux d'irrigation appartenant à une association syndicale. — Cons. d'Ét., 16 mars 1883, de Boutteville, [Leb. chr., p. 275]

6095. — Le seul fait de n'avoir pas réclamé contre la contribution foncière à laquelle il est assujetti empêche-t-il un établissement de mainmorte de réclamer contre la taxe qui lui est assignée en cette qualité? M. Reverchon (*loc. cit.*) soutient que la réclamation est recevable. Il s'agit en effet de deux contributions distinctes. La loi ne soumet pas à la taxe de mainmorte les immeubles imposés à la contribution foncière, mais les immeubles passibles de cette contribution.

6096. — Inversement un immeuble imposable à la contribution foncière, mais omis par erreur, pourrait valablement être porté au rôle de la taxe des biens de mainmorte. Cette taxe ne doit pas être considérée comme un accessoire, une annexe inséparable de la contribution foncière, comme le sont les centimes additionnels.

6097. — Les deux taxes doivent être envisagées distinctement. Tel est le sens des instructions données aux contrôleurs par la circulaire du 10 mars 1849 : « Les contrôleurs vérifieront si, dans les articles concernant les établissements désignés en l'art. 1 de la loi, il n'existe pas des propriétés, et notamment des maisons, qu'on aurait à tort considérées comme exemptes de la contribution foncière. Ces propriétés, s'il s'en rencontre, seront évaluées dans la même proportion que les autres propriétés de la commune, et leur revenu sera compris dans le relevé ». Cette doctrine a été implicitement consacrée par le Conseil d'Etat, le 10 mai 1851, Ville de Brest, [P. adm. chr.]

3° Il faut que les biens appartiennent aux établissements qu'il s'agit d'imposer.

6098. — C'est seulement lorsque les établissements de mainmorte sont devenus propriétaires des immeubles que les droits de mutation sont perdus pour l'Etat et qu'il faut les remplacer. Nous avons vu que l'usufruit d'un immeuble n'était pas passible de la taxe : que faut-il décider à l'égard de la nue-propriété? On a soutenu que ces biens n'étaient pas imposables, par le motif que la taxe de mainmorte, comme l'impôt foncier, devait être perçue sur les revenus et que, là où il n'y a que nue-propriété il n'y a pas de revenus, et partant pas d'impôt. En outre, on faisait remarquer que la contribution foncière est payée par l'usufruitier (art. 608, C. civ.). Contrairement aux conclusions de M. le commis-

saire du gouvernement Cornudet, le Conseil d'Etat a décidé que, la loi n'ayant pas excepté de ses dispositions les biens dont la propriété a été transmise à un établissement de mainmorte avec réserve d'usufruit, la taxe devait être réclamée. — Cons. d'Et., 28 déc. 1850, Bureau de bienfaisance de Chapelle-du-Bois, [S. 51.2.301, P. adm. chr.]; — 13 août 1851, Hospices et ville d'Albi, [S. 52.2.75, P. adm. chr.]; — 14 déc. 1868, Bureau de bienfaisance de Chapelle-en-Juger, [S. 69.2.312, P. adm. chr., D. 70. 3.94]

6099. — La question de savoir qui, du nu-propriétaire ou de l'usufruitier, est passible en définitive de la taxe des biens de mainmorte, est du ressort de l'autorité judiciaire. — Cons. d'Et, 13 août 1851, précité.

6100. — Ce même arrêt a décidé que la taxe devait être réclamée au nu-propriétaire. Cependant le Conseil a décidé ultérieurement que l'usufruitier pouvait être imposé en son propre nom à la taxe de mainmorte. — Cons. d'Et., Cons. d'Et. 89.3.86]

6101. — D'autre part, il a été jugé qu'une ville est imposable à la taxe des biens de mainmorte, même à raison de biens dont elle n'est nue-propriétaire que sous condition résolutoire. — Cons. d'Et., 29 juin 1888, Ville de Pontarlier, [S.' 90.3.41, P. adm. chr., D. 89.3.86]

6102. — L'établissement propriétaire est imposable, lors même qu'il aurait fait acheter de ses deniers l'immeuble par un intermédiaire. — Cons. d'Et., 14 mai 1870, Francheterre, [Leb. chr., p. 580]

6103. — Le Conseil d'Etat se trouve fréquemment amené à examiner et à apprécier, au point de vue fiscal, des questions de propriété. Si celle-ci est formellement contestée, il doit, conformément aux principes sur la matière, surseoir à statuer jusqu'à ce que l'autorité judiciaire ait tranché cette question. — Cons. d'Et., 27 juill. 1888, Société de Carvin-Libercourt, [Leb. chr., p. 668]; — 17 nov. 1894, Société des ateliers de Fécamp, [Leb. chr., p. 602]

6104. — Mais s'il n'y a pas de contestation il peut se prononcer immédiatement. C'est ainsi qu'il accorde décharge de la taxe quand il n'est pas établi que l'immeuble imposé appartienne à l'établissement inscrit au rôle. — Cons. d'Et., 15 nov. 1872, Institution Saint-Vincent, [Leb. chr., p. 604]; — 2 nov. 1877, Chartreux de Lyon, [Leb. chr., p. 837]

6105. — De même, décharge est due : à une congrégation non autorisée, imposée à raison d'une maison appartenant à un ou plusieurs de ses membres qui l'avaient acquise en leur nom personnel. — Cons. d'Et., 15 déc. 1852, Dame Gremeret, [Leb. chr., p. 620]; — 28 déc. 1853, Dames Carmélites de Libourne, [P. adm. chr., D. 56.3.14]

6106. — A une société anonyme d'enseignement primaire libre, qui n'est propriétaire ni du sol ni des constructions. — Cons. d'Et., 9 mai 1890, Société des écoles libres de Bayeux, [Leb. chr., p. 473]

6107. — De même encore une congrégation religieuse autorisée, à qui quelques-uns de ses membres ont rétrocédé un immeuble acquis par eux en leur nom personnel, ne peut être considérée comme propriétaire de ces biens, comme imposable, tant qu'elle n'a pas été autorisée par le gouvernement à accepter cette rétrocession. — Cons. d'Et., 14 janv. 1858, Dames de l'Assomption, [P. adm. chr., D. 58.3.50]

6108. — « Dans certaines localités, des propriétés sont imposées sous le nom d'habitants qui en jouissent temporairement ou à vie, quoique le fonds ne cesse pas d'appartenir aux communautés (dans d'autres, des biens, possédés depuis longtemps par des établissements de mainmorte, sont demeurés inscrits aux articles des anciens propriétaires ou sous le nom d'un membre des établissements ou sous celui d'un fidéicommissaire. Les contrôleurs rechercheront avec soin les propriétés qui se trouveraient dans un des cas indiqués : ils consulteront à cet effet les maires, les percepteurs, les receveurs des établissements et porteront les propriétés qu'ils auront découvertes au nom des établissements qui en sont véritablement propriétaires » (Circ. 10 mars 1849, § 4).

6109. — Lorsque des immeubles sont inscrits au rôle de la contribution foncière d'une commune sous le nom d'une section, et qu'aucune réclamation n'a été élevée contre cette inscription, il y a lieu de les porter au rôle de la taxe des biens de mainmorte sous la même désignation, jusqu'à ce que les intéressés réclamants aient établi, par les voies de droit, qu'ils sont pro-

priétaires des immeubles dont il s'agit. — Cons. d'Et., 5 mars 1852, Richard, [Leb. chr., p. 24]; — 28 janv. 1876, Coince Noirel, [Leb. chr., p. 84]

6110. — Mais si la commune ou l'établissement imposé prétend n'être pas propriétaire d'un immeuble pour lequel il a été assujetti à la taxe des biens de mainmorte, alors que des particuliers sont imposés au rôle foncier sans réclamation de leur part, la juridiction administrative pourra trancher seule la question. C'est ce qui a été décidé à l'égard de communes, qui établissaient que les biens pour lesquels elles étaient imposées avaient été partagés entre les habitants en 1793, à la condition de payer une rente annuelle à la commune, que les particuliers avaient la pleine et entière disposition de ces biens et que les détenteurs ou acquéreurs payaient, à chaque transmission, les droits de mutation par décès ou entre-vifs. — Cons. d'Et., 12 déc. 1851, Communes de Schaffhausen et de Hatmatt, [Leb. chr., p. 738]

6111. — Il a été décidé, de même, que lorsque des pâtis ou landes appartiennent non à une commune ou à une section, mais indivisément aux habitants, la taxe ne doit pas être établie. — Cons. d'Et., 14 mai 1870, de Guibert, [Leb. chr., p. 579]; — 6 mars 1885, Pinelle, [D. 86.3.93]

6112. — Les sociétés anonymes imposées à la taxe pour les immeubles qu'elles possèdent, ne peuvent y échapper en alléguant que chacun de leurs membres conserve une part de propriété dans l'actif social, proportionnelle au nombre d'actions qu'il possède, et que des droits de timbre et de transfert étant perçus par le Trésor à chaque transmission de ces actions, la taxe représentative des droits de mutation ferait double emploi avec ces autres impôts. — Cons. d'Et., 2 juill. 1870, Cⁱᵉ des forges de Saint-Etienne, [S. 72.2.213, P. adm. chr. D. 71.3.97]; — 7 mai 1880, La grande brasserie de l'Est, [D. 80.5.141]

6113. — Un syndicat n'est pas imposable à raison de canaux de dessèchement sur lesquels il n'a qu'un droit de servitude pour l'écoulement des eaux. — Cons. d'Et., 26 févr. 1892, Syndicat des vidanges d'Arles, [Leb. chr., p. 189]

6114. — La taxe des biens de mainmorte est une charge qui incombe au propriétaire seul. L'art. 3, L. 20 févr. 1849, dispose expressément que, tout au moins pour les baux alors en cours, la taxe sera, à la charge du propriétaire seul, nonobstant toutes stipulations contraires. Par suite, le locataire d'un immeuble appartenant à une société passible de la taxe n'est pas imposable. — Cons. d'Et., 21 déc. 1888, Société des tuileries de Pont-Saint-Esprit, [Leb. chr., p. 1000]

6115. — De même, une société locataire n'est pas imposable. — Cons. d'Et., 13 févr. 1892, Société de l'hôtel des chambres syndicales, [S. 72.2.213, P. 94.3.8]; — 30 juin 1894, Assoc. synd. du parc de Maisons-Laffitte, [Leb. chr., p. 458]

6116. — On s'est demandé si l'art. 3 de la loi de 1849 s'appliquait au cas de bail emphytéotique. Il faut écarter le cas d'emphytéose perpétuelle, qui assimile à l'emphytéote la pleine propriété de la chose. C'est lui qui serait passible de la taxe, et il rentrait dans les catégories prévues. — Serrigny, Questions, p. 293; Reverchon, Mainmorte, p. 29.

6117. — Mais quid, en cas d'emphytéose temporaire? Ce contrat a pour effet, dit-on, de diviser la propriété en deux parties, le domaine direct ou le domaine utile : le domaine utile appartient au preneur pendant la durée du bail : le preneur peut vendre, donner, échanger, sauf résolution à la fin du bail si le bailleur ne ratifie pas; il a les actions réelles; il paie les droits de mutation à chaque transmission de son droit. Mais de ce que l'emphytéote a des droits réels, il n'en résulte pas moins que l'emphytéose ne constitue qu'un bail et que l'emphytéote n'est pas un propriétaire. Le Conseil d'Etat a donc décidé que les établissements de mainmorte étaient passibles de la taxe pour ceux de leurs immeubles qui faisaient l'objet d'un bail emphytéotique. — Cons. d'Et., 13 août 1851, Hospices de Château-du-Loir, [S. 52.2.76, P. adm. chr.]; — 5 mars 1852, Ville de Vic, [P. adm. chr.]; — 3 févr. 1853, Ville de Bordeaux, [P. adm. chr., D. 53. 3.39]; — 9 févr. 1869, Congrég. d'Ernemont, [S. 70.2.93, P. adm. chr., D. 70.3.93]; — 30 déc. 1869, Même partie, [S. 71.2. 80, P. adm. chr.]; — 22 févr. 1870, Entrepôts et magasins généraux de Paris, [S. 71.2.192, P. adm. chr.]

6118. — Une question aussi délicate a été soulevée à propos des concessionnaires. Les chemins de fer ou les canaux concédés sont-ils imposables? En ce qui touche le sol et les dépendances des voies ferrées ou des canaux, qui font partie de la grande voirie et qui appartiennent à l'Etat, il faut répondre né-

gativement à la question. En effet, les compagnies n'ont sur ces objets qu'un droit purement mobilier, elles n'en sont pas propriétaires. Si une clause de leurs cahiers des charges les oblige à acquitter l'impôt foncier, c'est une disposition contractuelle qui les engage vis-à-vis de l'Etat concédant, mais non du Trésor. C'est en ce sens que le Conseil d'Etat s'est constamment prononcé. — Cons. d'Et., 8 févr. 1851, Cie du Centre, [S. 51.2. 450, P. adm. chr., D. 51.3.49]; — 22 mars 1851, Cie des canaux d'Orléans et du Loing, [P. adm. chr., D. 51.3.50]; — Même date, Cie des canaux de Beaucaire et Aigues-Morte, [S. 51.2.430, P. adm. chr.]; — 3 mai 1851, Cie de Creil à Saint-Quentin, [P. adm. chr.]; — 24 mai 1851, Cie des canaux du Midi, [P. adm. chr.]; — 26 juill. 1851, Cie de Strasbourg à Bâle, [P. adm. chr., D. 51. 3.68]; — 29 nov. 1851, Cie d'Amiens à Boulogne, [P. adm. chr.]; — 14 sept. 1852, Cie du Nord, [D. 53.3.12]; — 2 juin 1853, Cie de Saint-Etienne à Lyon, [D. 54.3.1]; — 11 janv. 1866, Cie de Lyon, [D. 66.3.73]; — 4 mai 1894, Cie d'Orléans, [Leb. chr., p. 308]

6119. — Une autre raison pour que les chemins de fer et les canaux ne soient pas passibles de la taxe des biens de mainmorte, c'est qu'ils font partie du domaine public, c'est-à-dire qu'ils sont de leur nature inaliénables et imprescriptibles. Ils sont soumis à un service perpétuel de circulation ou de navigation. C'est pourquoi même les chemins de fer exploités par l'Etat ne sont pas soumis à cette taxe (L. 22 déc. 1878, art. 9).

6120. — Indépendamment des dépendances immédiates de la voie ferrée, le Conseil d'Etat a étendu l'exemption à tous les immeubles des compagnies, qui, en fin de concession, doivent faire retour à l'Etat, bâtiments des gares, bureaux, ateliers, buffets. — Cons. d'Et., 22 août 1853, Cie Paris à Orléans, [S. 54.2.280, P. adm. chr., D. 54.3.76]; — 11 janv. 1866, Cie de Lyon, [D. 66.3.73]

6121. — Décidé de même pour des voûtes en maçonnerie supportant la voie ferrée et dans lesquelles une compagnie avait établi des magasins qu'elle louait à des commerçants. — Cons. d'Et., 6 juill. 1888, Cie P.-L.-M., [Leb. chr., p. 614]

6122. — Les immeubles acquis par les compagnies en vue de l'agrandissement des gares ou des dépendances de leur établissement industriel ne sont même pas imposables dans l'espace de temps qui sépare leur acquisition de leur affectation au service public. A aucun moment ils ne sont considérés comme appartenant à la compagnie. — Cons. d'Et., 28 juin 1889, Cie de l'Est, [S. 91.3.82, P. adm. chr.]; — 9 mai 1891, Cie de l'Est, [S. et P. 93.3.56, D. 91.3.15]; — 17 juin 1892, Cie du Nord, [Leb. chr., p. 530]

6123. — En résumé, les compagnies de chemin de fer ne sont imposables à la taxe des biens de mainmorte que pour les immeubles qu'elles peuvent posséder, à titre de propriétaires, comme de simples particuliers, en dehors de la voie ferrée et des dépendances du chemin de fer. — Cons. d'Et., 6 janv. 1853, Cie du Nord, [P. adm. chr., D. 54.3.1]

6124. — Les mêmes principes ont été appliqués à tous les concessionnaires. Ainsi il a été décidé que le concessionnaire d'une passerelle, devant faire retour à l'Etat à la fin de la concession, n'était pas imposable. — Cons. d'Et., 20 févr. 1885, Société de la passerelle du marché Saint-Pierre à Saintes, [D. 86.3.87]

6125. — Décidé de même pour une chambre de commerce concessionnaire de hangars construits sur les quais d'un port et devant faire retour à l'Etat. — Cons. d'Et., 14 mai 1891, Chambre de commerce de Marseille, [Leb. chr., p. 375]; — 3 mai 1894, Chambre de commerce du Hâvre, [Leb. chr., p. 176]

6126. — Il arrive souvent que des villes concèdent à des sociétés l'entreprise de certains services municipaux (distribution d'eau, éclairage au gaz ou à l'électricité, abattoirs, etc.), pendant un certain nombre d'années. Moyennant cette concession de l'exploitation, ces sociétés achètent les terrains, font les constructions, font les aménagements nécessaires. Dans ces contrats, les villes stipulent ordinairement qu'à la fin de la concession, elles deviendront propriétaires de tous les ouvrages installés par le concessionnaire. En pareil cas, ce sont les villes qui sont passibles de la taxe des biens de mainmorte, quelle que soit la nature juridique de l'exploitant. — Cons. d'Et., 16 avr. 1863, Passant, [Leb. chr., p. 362]; — 26 déc. 1879, Ville de Melun, [D. 80.3. 66]; — 28 févr. 1890, Cie nouvelle d'éclairage, [S. et P. 92.3.76, D. 91.5.145]

6127. — Lorsqu'une société élève sur un terrain loué par elle une construction qui est sa propriété et qui devra disparaître

à la fin du bail, elle est passible de la taxe des biens de mainmorte. — Cons. d'Et., 5 mars 1870, Cie générale des voitures de Paris, [S. 71.2.232, P. adm. chr., D. 71.3.61]

4° Il faut que l'établissement imposé soit visé par la loi.

6128. — A l'égard des départements et des communes, il suffit, pour savoir quels sont ceux de leurs immeubles qui sont passibles de la taxe, de se reporter à la législation relative à l'impôt foncier.

6129. — La loi est applicable aux établissements publics de bienfaisance, hospices, hôpitaux, bureaux de bienfaisance, qu'ils soient ou non subventionnés par l'Etat ou par les communes. — Cons. d'Et., 1er juin 1877, Hospices de Montargis, [Leb. chr., p. 517]

6130. — Elle s'applique à tous les établissements publics religieux, non seulement à ceux qui sont expressément dénommés dans l'art. 1, c'est-à-dire aux séminaires, fabriques et consistoires, mais encore aux cures, aux menses épiscopales, aux chapitres (Décr. 6 nov. 1813). Le Conseil d'Etat a fait application de ces dispositions, en déclarant imposables les immeubles d'un séminaire. — Cons. d'Et., 29 juin 1870, Institution Saint-Cyr, [P. adm. chr., D. 71.3.98]

6131. — ... D'un consistoire. — Cons. d'Et., 10 févr. 1882, Consistoire d'Orpierre, [P. adm. chr., D. 83.3.74]

6132. — ... Ou encore un immeuble légué pour servir à la fondation de canonicats, bien que ceux-ci fussent inscrits à la contribution foncière au nom des titulaires. — Cons. d'Et., 7 avr. 1870, Arnulf, [Leb. chr., p. 424]

6133. — ... Un immeuble appartenant à un archevêché, qui en a concédé l'habitation à quelques prêtres desservant la paroisse. — Cons. d'Et., 31 mars 1859, Archevêque de Bordeaux, [P. adm. chr., D. 59.3.73]

6134. — En ce qui concerne les congrégations religieuses, on avait soutenu qu'il fallait les assujettir à la taxe, qu'elles fussent ou non légalement autorisées. Ces dernières, disait-on, ne devaient pas bénéficier de l'irrégularité de leur situation. Ce système ne fut pas adopté. On fit remarquer que, si l'autorisation n'a pas conféré à la congrégation la personnalité civile, il n'y a pas d'établissement de mainmorte. Les personnes qui composent la congrégation viennent-elles à mourir, des droits de mutation doivent être perçus (aujourd'hui convertis en une taxe d'abonnement : V. art. 4, L. 28 déc. 1880; art. 9, L. 29 déc. 1884; art. 3 et s., L. 16 avr. 1895). Le Conseil d'Etat a donc décidé, conformément d'ailleurs au texte de la loi, que les congrégations religieuses non autorisées n'étaient pas passibles de la taxe des biens de mainmorte. — Cons. d'Et., 28 déc. 1853, Dames Carmélites de Libourne, [S. 54.2.409, P. adm. chr., D. 56.3.14]

6135. — Lors de la discussion du projet de loi, on s'était demandé s'il fallait assujettir à la taxe les sociétés anonymes : « ces sociétés n'ayant qu'une durée limitée, il s'est élevé des doutes sur la justesse de leur assimilation aux établissements de mainmorte. Mais comme ces sociétés ont d'ordinaire une existence beaucoup plus longue que la période moyenne des mutations et que, pendant ce temps, les associés se succèdent les uns aux autres sans payer de droits, les sociétés anonymes ont paru devoir rester dans la loi » (Rapport de M. Grévy).

6136. — La loi du 20 févr. 1849 n'impose que les sociétés anonymes. Il suit de là que toute société civile ou commerciale qui n'a pas les caractères juridiques des sociétés anonymes ne doit pas être imposée, quand même elle présenterait avec ces sociétés certains points de ressemblance. C'est ainsi que le Conseil d'Etat a déclaré non imposables des sociétés qui n'avaient pas été constituées en sociétés anonymes, quoique le capital fût divisé par actions. — Cons. d'Et., 7 juin 1851, Cie des mines de Douchy, [S. 51.2.671, P. adm. chr., D. 51.3.60]; — 28 juin 1851, Cie des salins de Frontignan, [P. adm. chr., D. 51.3.60]; — 26 juill. 1851, Izernes, propriétaires des moulins réunis de Moissac, [P. adm. chr., D. 51.3.68]; — 13 août 1851, Langlade, [Leb. chr., p. 626]; — 20 mars 1852, Société des salins de Peccais-de-l'Abbé et de Saint-Jean, [P. adm. chr.]; — 8 avr. 1852, Société des salins du Grand-Bagnas, [P. adm. chr.]; — 15 avr. 1852, Actionnaires des moulins de Bazacle, [Leb. chr., p. 101]; — 14 juin 1852, Cie des mines de la Loire, [S. 52.2.703, P. adm. chr.]; — 15 déc. 1852, Rousseau, [D. 53.3.22]; — 21 avr. 1853, Société des propriétaires du canal de Briare, [Leb. chr., p. 489]; — 9

févr. 1854, C¹ᵉ de l'éclairage au gaz de Nevers, [D. 54.3.54]; — 26 juill. 1854, Société civile de Marseillette, [S. 55.2.249, D. 55. 3.80]

6137. — Jugé qu'une société civile par actions n'est pas passible de la taxe de mainmorte, alors même que la moitié de ces actions serait la propriété d'une société anonyme. Elle ne peut y être assujettie même dans la proportion où cette société anonyme possède des actions. — Cons. d'Et., 26 oct. 1894, Société des Quarante-Sols, [Leb. chr., p. 577]

6138. — C'est ainsi encore que décharge a été accordée à une association établie par les actionnaires de l'institut musical d'Orléans, qui s'étaient constitués en société civile. — Cons. d'Et., 22 déc. 1852, Institut musical d'Orléans, [Leb. chr., p. 646]

6139. — Les sociétés en commandite ne sont pas imposables. — Cons. d'Et., 13 févr. 1892, Société de l'hôtel des chambres syndicales, [S. et P. 94.3.8] — C'est ainsi que la compagnie du canal du Midi a été exemptée de même, quoique présentant tous les caractères d'une société anonyme, parce que le décret du 10 mars 1810 qui la constituait disposait que l'universalité des actionnaires formait une société en commandite. — Cons. d'Et., 13 août 1852, C¹ᵉ du canal du Midi, [P. adm. chr.]

6140. — Les anciennes sociétés à responsabilité limitée, constituées antérieurement à la loi du 24 juill. 1867, et qui n'ont pas usé de la faculté que leur donnait cette loi de se transformer en sociétés anonymes, ne sont pas non plus imposables. — Cons. d'Et., 9 mai 1873, Société des raffineries de la Méditerranée, [Leb. chr., p. 396]; — 9 avr. et 25 juin 1875, Grosselin, [Leb. chr., p. 302 et 623]

6141. — Mais les anciennes sociétés à responsabilité limitée qui se sont transformées en sociétés anonymes, conformément à l'art. 47, L. 24 juill. 1867, sont imposables. — Cons. d'Et., 22 déc. 1869, Lebon et Farcy, [Leb. chr., p. 1008]; — 2 juill. 1870, C¹ᵉ des forges de Saint-Etienne, [S. 72.2 245, P. adm. chr., D. 71.3.97]

6142. — Est également imposable comme société anonyme une société dans laquelle la responsabilité des actionnaires est limitée au montant de leur apport, tant par les dispositions spéciales à chaque contrat que par les dispositions générales de l'acte de société. — Cons. d'Et., 23 juill. 1892, Société immobilière Léopold, [p. 660]

6143. — Les sociétés anonymes libres, constituées postérieurement à la loi du 1867, sont imposables. — Cons. d'Et., 25 juill. 1872, C¹ᵉ des eaux minérales d'Enghien, [S. 74.2.128, P. adm. chr.]; — 22 déc. 1876, Société la Propriété urbaine, [S. 80.2. 62, P. adm. chr.]

6144. — On peut considérer comme sociétés anonymes des compagnies formées antérieurement au Code de commerce, en vertu d'actes spéciaux du gouvernement. Ainsi décidé à l'égard d'un syndicat de dessèchement de marais constitué par contrat privé, en exécution d'un édit royal antérieur à la Révolution. — Cons. d'Et., 17 janv. 1890, Syndicat des vieux marais desséchés de Champagné vers la mer, [S. et P. 92.3.44, D. 91.5.26]

6145. — La taxe atteint encore les sociétés en liquidation. On avait prétendu le contraire en alléguant qu'une société en liquidation est dissoute, puisque, ses biens sont vendus, l'acquéreur est censé devenu propriétaire du jour de la dissolution (C. civ., art. 883 et 1872). Le Conseil d'Etat n'a pas admis cette opinion. Il a pensé que, tant que la liquidation n'est pas effectuée, la société continue d'exister. — Cons. d'Et., 28 déc. 1850, Caisse hypothécaire, [P. adm. chr., D. 51.3.59]; — 7 mai 1852, Même partie, [P. adm. chr.]; — 22 déc. 1869, précité; — 20 juill. 1877, C¹ᵉ immobilière, [D. 77.3.104]

6146. — L'art. 1, L. 20 févr. 1849, se termine par cette mention..... et tous autres établissements publics légalement autorisés. Que faut-il entendre par cette expression? La jurisprudence semble l'avoir interprétée en ce sens que sont imposables les établissements affectés à une destination d'intérêt général et ayant reçu la personnalité civile d'un acte spécial de l'administration.

6147. — Parmi les établissements publics non expressément dénommés dans la loi, mais qui sont passibles de la taxe, il faut mentionner les chambres de commerce, les caisses d'épargne. — Cons. d'Et., 21 déc. 1839, Caisse d'épargne de Strasbourg, [P. adm. chr.]; — 21 mars 1860, Caisse d'épargne de Montpellier, [P. adm. chr., D. 60.3.23]; — 19 déc. 1860, Caisse d'épargne de Lyon, [Leb. chr., p. 774]; — 12 déc. 1871, Caisse d'épargne de Neuchâtel, [Leb. chr., p. 296]

6148. — A côté de ces institutions, qui sont dans une certaine

mesure préposées à la gestion d'un service public, il en est d'autres qui reçoivent la personnalité civile, à raison de leur caractère d'utilité publique, sans être soumises à la tutelle administrative. Ainsi les académies, certaines sociétés savantes, etc., sont reconnues comme établissements d'utilité publique. Nous pensons, avec M. Reverchon (p. 60), que ces établissements sont passibles de la taxe.

6149. — Certaines compagnies, qui ne sont pas imposables en qualité de sociétés anonymes, ne pourraient-elles pas être considérées, à raison de leurs opérations, du caractère d'intérêt public qui s'attache à leurs travaux, comme des établissements publics légalement autorisés, et être imposées par suite, en vertu de la disposition générale qui termine l'énumération de l'art. 1 de la loi de 1849? Dans la plupart des précédents que nous avons relevés, nous remarquons que le Conseil d'Etat décide que ces compagnies ne constituent ni des sociétés anonymes ni des établissements publics légalement autorisés dans le sens de la loi du 20 févr. 1849. Il l'a décidé notamment pour les compagnies concessionnaires de canaux. — Cons. d'Et., 13 août 1852, C¹ᵉ du canal du Midi, [P. adm. chr.]

6150. — ... Pour des compagnies concessionnaires de mines. — Cons. d'Et., 7 juin 1851, C¹ᵉ des mines de Douchy, [S. 51.2. 671, P. adm. chr., D. 51.3.60]; — 14 juin 1852, C¹ᵉ des mines de la Loire, [S. 52.2.703, P. adm. chr.]

6151. — Il semble au contraire que les associations syndicales autorisées d'après les formes établies par les lois des 21 juin 1865 et 22 déc. 1888 constituent des établissements publics présentant un caractère d'utilité publique suffisant pour les faire assujettir à la taxe. C'est pourquoi le Conseil a déclaré imposable une compagnie concessionnaire de travaux de dessèchement de marais, à raison de terrains qui lui étaient cédés par l'Etat ou par les propriétaires, et sur lesquels elle établissait ses chaussées, canaux, rigoles, ainsi que les maisons des gardes, etc. — Cons. d'Et., 6 avr. 1889, Canal de Beaucaire, [S. 91.3.49, P. adm. chr., D. 90.377]; — 13 juill. 1889, Syndicat des marais du Petit-Poitou, [S. 91.3.6, P. adm. chr.]; — 20 juin 1884, Assoc. synd. du parc des Maisons-Laffite, [Leb. chr., p. 458]

§ 3. Des exemptions.

6152. — La loi de 1849 n'avait prévu aucune exemption de la taxe des biens de mainmorte. Tout établissement était imposable à raison des immeubles qui lui appartenaient, alors même que ces immeubles auraient été destinés à être revendus dans un délai plus ou moins rapproché. — Cons. d'Et., 28 déc. 1850, Caisse hypothécaire, [P. adm. chr., D. 51.3.59]; — 28 juin 1851, Société anonyme des papeteries du Marais et de Saint-Marin, [S. 51.2.749, P. adm. chr.]; — 13 août 1851, Ville d'Avignon, [S. 52.2.74, P. adm. chr.]; — 7 mai 1852, Caisse hypothécaire, [P. adm. chr.]; — 22 déc. 1869, Lebon, [Leb. chr., p. 1008]; — 22 déc. 1876, la Propriété urbaine, [S. 80.2.62, P. adm. chr.]

6153. — La loi aboutissait à des résultats iniques. Certains des établissements ainsi frappés avaient pour objet de faire des prêts sur hypothèque. Ils n'achetaient les immeubles que pour empêcher leur gage d'être vendu à vil prix. Ils ne les achetaient que pour les revendre le plus tôt possible. Ainsi, loin d'immobiliser les biens, ces établissements les faisaient rentrer dans la circulation, et le Trésor percevait des droits de mutation à raison de ces transmissions.

6154. — Ces considérations finirent par frapper le législateur qui, par la loi du 14 déc. 1875, apporta au principe la dérogation suivante : « Sont exceptées de la taxe établie par l'art. 1, L. 20 févr. 1849, les sociétés anonymes ayant pour objet exclusif l'achat et la vente d'immeubles. Néanmoins la taxe continuera d'être perçue pour les immeubles exploités par la société ou qui ne sont pas destinés à être vendus. »

6155. — Cette disposition limite étroitement l'exemption aux sociétés qui achètent pour revendre. Une société qui s'occupe de location, d'échange, de mise en valeur, d'exploitation, de vente de terrains et bâtiments dépendant du fonds social ou pris en échange ne peut en bénéficier. — Cons. d'Et., 20 juill. 1877, C¹ᵉ immobilière, [D. 77.3.104]

6156. — Ainsi ont été jugées imposables : une société ayant pour objet, non seulement l'achat des immeubles en vue de la revente, mais encore l'acquisition, l'échange, l'exploitation industrielle, la location, la gestion, la mise en valeur de ces im-

meubles, l'édification de constructions, l'exécution de travaux de voirie, le percement de rues, l'expropriation. — Cons. d'Et., 12 nov. 1886, Société lyonnaise, [D. 88.3.26]

6157. — ... Une société ayant pour objet l'acquisition et l'exploitation de terrains, leur revente en bloc et en détail. — Cons. d'Et., 28 mars 1888, Société immobilière de Prés-de-Vaux, [Leb. chr., p. 327]

6158. — ... Une société qui, outre l'achat et la revente de terrains, a pour objet la construction et la vente de maisons, l'acquisition d'immeubles nécessaires pour la constitution de rentes viagères, l'échange de ces immeubles et toutes autres opérations de nature à faire valoir le capital de la société. — Cons. d'Et., 8 juin 1888, Société des immeubles lyonnais, [Leb. chr., p. 496]

6159. — ... Une société ayant pour objet l'acquisition de terrains et l'édification de constructions, tant pour son compte que pour le compte de tiers, la vente et la location de ces terrains ou constructions et tous les travaux de viabilité concernant ces immeubles. — Cons. d'Et., 27 juin 1891, Société des immeubles du Clos-Proudhon, [S. et P. 93.3.79]

6160. — Une société anonyme pour l'achat et la vente d'immeubles, formée pour une durée minimum de quatre-vingt-dix-neuf ans, n'a pas droit à l'exemption de taxe prévue par la loi du 14 déc. 1875, lorsqu'elle n'a pas exclusivement pour objet l'achat et la vente d'immeubles, et notamment lorsque ses statuts l'autorisent à se livrer à l'achat et à la vente d'immeubles pour le compte de tiers et à faire des prêts à des constructeurs d'immeubles. — Cons. d'Et., 30 juin 1893, Société anonyme *la Rente foncière*, [S. et P. 95.3.52]

6161. — Une société ayant pour objet des opérations de banque est imposable à raison d'un immeuble qu'elle a acquis dans la faillite d'un de ses débiteurs. — Cons. d'Et., 3 août 1888, Caisse générale de l'Industrie, [D. 89.5.138]

6162. — Toutefois, une société ayant pour objet exclusif l'achat et la revente d'immeubles ne perd pas le bénéfice de la loi du 14 déc. 1875 par le seul fait qu'elle a consenti quelques baux. Elle ne sera pas considérée comme ayant exploité ces immeubles dans le sens de la loi de 1875, si les locations n'ont eu lieu que pour faciliter l'aliénation. — Cons. d'Et., 17 mai 1878, Groussot (*la Propriété urbaine*), [S. 80.2.62, P. adm. chr., D. 78.3.93]; — 17 déc. 1886, Société des terrains du parc Monceau, [D. 88.3.26]; — 13 mai 1887, Société du parc Monceau, [Leb. chr., p. 382]; — 1er déc. 1888, Société immobilière de la rue de Clichy, [Leb. chr., p. 909]; — 13 déc. 1889, Société des constructions rationnelles, [S. et P. 92.3.30]

6163. — Des exemptions peuvent-elles résulter des conventions? La question s'est présentée aux colonies. La société de Crédit foncier colonial avait prétendu que les conventions qu'elle avait passées avec la colonie empêchaient celle-ci de l'assujettir à la taxe des biens de mainmorte. Le Conseil d'Etat a condamné cette prétention. — Cons. d'Et., 23 nov. 1888, Crédit foncier colonial [D. 90.3.18]

§ 4. *Bases, quotité et point de départ de la taxe.*

6164. — Quelle est la quotité de la taxe? Comment doit-elle être calculée? D'après l'art. 1, § 2, L. 20 févr. 1829, la taxe doit être établie à raison de 62 cent. 1/2 pour franc du principal de la contribution foncière. Voici comment, d'après l'Exposé des motifs, on est arrivé à ce chiffre. On doit considérer que, sous l'ancienne législation, les droits qu'il s'agit de remplacer se percevaient sur le pied d'une année de revenu par vingt ans; qu'en Belgique le droit d'amortissement est de 4 p. 0/0 du revenu annuel; que l'importance des mutations qui s'opèrent annuellement dans les propriétés foncières peut être portée au vingtième de la masse, en sorte que le taux de la nouvelle taxe pourrait être fixé au vingtième du revenu, c'est-à-dire à 5 p. 0/0. Liquidée sur une somme totale de 66 millions, elle produirait 3,300,000 fr. Pour éviter les frais et les difficultés que pourrait entraîner l'estimation détaillée du revenu réel des biens de mainmorte, on a pris pour base le revenu cadastral, qui n'était plus discuté. Le principal de l'impôt foncier, d'après la proportion moyenne de l'impôt au revenu, qui était alors de 8 p. 0/0, s'élevait à 5,280,000 fr., chiffre qui, multiplié par 62 cent. 5, produisait la taxe de 3,300,000 fr. Le principal foncier représentant les 8 p. 0/0 du revenu net, 62 cent. 1/2 représentaient 5 p. 0/0 du revenu net.

6165. — Pour tenir compte du rehaussement des droits de mutation, la loi du 30 mars 1872 a élevé la taxe des biens de mainmorte de 62 cent. 1/2 à 70 cent. par franc du principal de la contribution foncière. En outre, cette loi dispose que cette base serait soumise à l'avenir aux mêmes décimes auxquelles sont assujettis les droits d'enregistrement. Les lois des 30 déc. 1872 et 30 déc. 1873 ayant fixé le nombre de ces décimes à 2 1/2, le taux de la taxe des biens de mainmorte est en réalité de 87 cent. 1/2 par franc, du principal de la contribution foncière.

6166. — La quotité de la taxe est-elle toujours la même ou faut-il distinguer, suivant que l'établissement assujetti a ou n'a pas la propriété pleine et entière de l'immeuble? Le Conseil d'Etat a eu à examiner cette question en ce qui touche l'usufruit et le bail emphytéotique. On aurait pu, croyons-nous, soutenir que la loi ne faisant aucune distinction, les établissements qui n'avaient que la nue-propriété d'un immeuble n'en étaient pas moins propriétaires et par suite passibles de l'intégralité de la taxe. Cependant le Conseil d'Etat en a décidé autrement, par ces motifs que, d'après le droit commun et les dispositions de la loi du 22 frim. an VII, l'usufruit, lorsque le prix n'en a pas été déterminé par l'acte même de transmission, représente, pour la perception des droits de mutation, la moitié de la propriété pleine et entière; que dans le même cas, à l'égard de la nue-propriété, après la première mutation, lors de laquelle il est toujours payé un droit proportionnel, calculé sur la valeur entière de l'immeuble, les mutations entre-vifs ou par décès ne sont soumises qu'à un droit proportionnel calculé sur la moitié de la valeur de la pleine propriété; que, dès lors, c'est sur la moitié des biens grevés d'usufruit que doit être établie la taxe. — Cons. d'Et., 13 août 1851, Hospice et ville d'Albi, [S. 52.2.75, P. adm. chr.]

6167. — Cette décision a motivé des critiques assez vives. On a fait observer qu'il n'existe dans le Code civil aucune disposition qui fixe la valeur de l'usufruit à la moitié de la propriété pleine et entière. Même dans la législation de l'enregistrement, la base de la moitié n'est pas absolue. Néanmoins, malgré ces critiques, le Conseil d'Etat a persisté dans sa jurisprudence. — Cons. d'Et., 14 déc. 1868, Bureau de bienfaisance de Chapelle-Juger, [S. 69.2.312, P. adm. chr., D. 70.3.94] — Elle se justifie en effet par cette considération que l'usufruit pouvant être transmis et donnant lieu à la perception de droits de mutation, le Trésor ne perd pas tout espoir de recueillir des revenus de ce chef. Il y avait donc lieu d'appliquer les conséquences de la jurisprudence de la Cour de cassation, qui décide que les transmissions de la nue-propriété pendant la durée de l'usufruit ne donnent lieu qu'à un droit proportionnel calculé sur la moitié de la valeur de la pleine propriété. — Cass., 27 déc. 1847, Lallart de la Bucquière, [S. 48.1.238, D. 48.1.27]; — 21 juin 1848, Liotard, [S. 48.1.572, P. 48.2.115, D. 48.1.104]

6168. — Ce principe admis, il semble que le Conseil aurait dû en faire l'application au cas où l'immeuble appartenant à un établissement de mainmorte a fait l'objet d'un bail emphytéotique, ce contrat ayant pour effet de transmettre la jouissance des fruits et le domaine utile au preneur qui possède ce droit à titre de propriétaire et peut en disposer à son gré. Tel était le sens des conclusions de M. le commissaire du gouvernement Reverchon, qui avait proposé plusieurs solutions pour fixer la quotité de la taxe. Mais la complication de ces calculs a déterminé le Conseil à ne pas s'écarter de l'application rigoureuse du texte de la loi. Il a considéré que la loi n'a pas excepté de ses dispositions les biens dont la propriété appartient à un établissement de mainmorte, mais sur lesquels est établi un bail emphytéotique; que, quel que soit le caractère de l'emphytéose, aucune disposition de loi n'a prescrit qu'un départ serait fait entre le propriétaire et le locataire, quant à la perception des droits de mutation entre-vifs ou par décès, suivant que la transmission aurait lieu du chef de l'un ou de l'autre, ni établi les bases d'après lesquelles serait fait ce départ; qu'il n'appartient pas au Conseil de suppléer au silence des lois et d'accorder arbitrairement une réduction de taxe que les lois n'autorisent pas.

6169. — Le Conseil d'Etat a ajouté qu'en admettant qu'il fût possible de faire une répartition de la taxe entre le propriétaire et l'emphytéote, cette répartition ne pourrait être réglée, à défaut de convention amiable entre eux, que par l'autorité judiciaire. — Cons. d'Et., 9 févr. 1869, Congrégation d'Ernemont, [S. 70.2.95, P. adm. chr.]

6170. — Le Conseil d'Etat a de même repoussé la demande d'une ville qui, ayant concédé à des particuliers l'exploitation de certains immeubles, prétendait obtenir une réduction sous prétexte qu'elle n'était plus que nue-propriétaire de ces immeubles. — Cons. d'Et., 26 déc. 1879, Ville de Melun, [Leb. chr., p. 846]

6171. — Les bases de la taxe des biens de mainmorte doivent être calculées d'après celles de la contribution foncière. — Cons. d'Et., 28 juin 1889, Cⁱᵉ de l'Est, [S. 91.3.82, P. adm. chr.], — mais seulement du principal de l'impôt foncier. Il en résulte qu'un contribuable ne pourrait motiver une demande en décharge sur ce que les centimes additionnels au principal de la contribution foncière auraient été illégalement votés. — Cons. d'Et., 26 nov. 1880, Fabrique de Diey, [Leb. chr., p. 922]

6172. — Cette taxe est soumise au principe d'annualité. Il en résulte qu'un établissement n'est plus imposable pour les immeubles qu'il ne possède pas ou ne possède plus au 1ᵉʳ janvier. — Cons. d'Et., 28 sept. 1871, Commune de Wassigny, [Leb. chr., p. 166]; — 21 nov. 1884, Ville de Paris, [Leb. chr., p. 812]

6173. — Quand une société anonyme vend, avant le 1ᵉʳ janvier, à un particulier, l'acquéreur est recevable et fondé à demander décharge. — Cons. d'Et., 21 déc. 1894, Roussel, [Leb. chr., p. 705]

6174. — Au contraire, les aliénations effectuées en cours d'année ne dispensent pas l'établissement d'acquitter la taxe, qui est établie au 1ᵉʳ janvier pour l'année entière. — Cons. d'Et., 13 avr. 1853, Consistoire de Nîmes, [D. 53.3.52]; — 21 avr. 1882, Faillite de la Société céramique du Nord, [S. 84.3.24, P. adm. chr.]; — 18 mars 1887, Société des forges d'Audincourt, [Leb. chr., p. 237]

6175. — Inversement, les établissements qui, en cours d'année, devenaient imposables, ne pouvaient être, à l'origine, assujettis à la taxe que l'année suivante (Circ. 10 mars 1849). — Cons. d'Et., 22 déc. 1876, Cⁱᵉ de l'Ouest, [S. 79.2.28, P. adm. chr.]

6176. — Mais la loi du 29 déc. 1884 (art. 2) a modifié cet état de choses en disposant que ces propriétés seraient assujetties à la taxe à partir du premier du mois pendant lequel elles en sont devenues passibles et seraient cotisées par voie de rôle supplémentaire. Le même article permet de porter sur ces rôles les propriétés qui auraient été omises au rôle primitif; mais les droits ne sont dus qu'à partir du 1ᵉʳ janvier de l'année pour laquelle le rôle primitif a été émis.

6177. — Les établissements dont les acquisitions sont soumises à la formalité de l'autorisation sont imposables à compter de la date de l'autorisation ou de la date à laquelle ont été accomplies les dernières formalités nécessaires pour rendre définitive la transmission de propriété (Déc. min. 6 nov. 1890; Circ. 18 mars 1891).

6178. — Une commune ne peut réclamer contre un dégrèvement de contributions directes accordé à ses habitants qu'autant que ce dégrèvement doit donner lieu à une réimposition tombant à la charge de la généralité des contribuables de la commune. — Cons. d'Et., 30 déc. 1887, Commune de Saint-Boës, [S. 89.3.60, P. adm. chr.] — Cette réimposition n'a lieu qu'en matière d'impôts de répartition, le contingent assigné à chaque commune devant toujours être acquitté intégralement. Or, la taxe des biens de mainmorte, bien que perçue sous forme de centimes additionnels à la contribution foncière, est un impôt de quotité. Il en résulte qu'une commune est sans intérêt et, par conséquent, sans qualité pour se pourvoir devant le Conseil d'Etat contre un arrêté du conseil de préfecture accordant à un contribuable décharge de la taxe des biens de mainmorte. — Cons. d'Et., 7 nov. 1891, Commune de Saint-Jean-de-Belleville, [S. et P. 93.3.103]

6179. — Il n'a pas été créé pour la taxe des biens de mainmorte de fonds spécial de non-valeurs. Non seulement les établissements de mainmorte doivent la taxe, même pour ceux de leurs immeubles qui, par suite de vacance ou de chômage, se trouvent momentanément improductifs... — Cons. d'Et., 12 déc. 1851, Société de la Vieille-Montagne, [P. adm. chr.], mais encore l'administration n'a pas à sa disposition les moyens d'accorder en pareil cas des remises ou modérations.

SECTION II.
Redevances minières.
§ 1. Notions historiques.

6180. — Les redevances minières existaient sous l'ancien régime. A cette époque, les exploitants de mines devaient payer au roi un droit du dixième portant sur le produit brut (Lettres patentes, 30 mai 1413; Ord. sept. 1471; Décl. 17 oct. 1520). Un édit de févr. 1626 transforma le droit du dixième brut sur les mines de fer en un droit de 10 sols par quintal de fer comme droit de marque.

6181. — La loi du 28 juill. 1791, qui reconnaissait au propriétaire de la surface un droit de préférence pour exploiter la mine, avait supprimé toute espèce de redevance à l'Etat. Cependant un avis du Conseil d'Etat du 4 therm. an X reconnut que le gouvernement pouvait, en accordant une concession, imposer au concessionnaire une redevance au profit de l'Etat.

6182. — Lorsqu'en 1810 cette législation fut modifiée, on émit l'avis qu'il ne fallait frapper d'aucun impôt les mines dont on voulait encourager l'exploitation. C'est ainsi que les exploitants furent dispensés de payer l'impôt foncier autrement que pour la superficie, et la contribution des patentes. Mais, d'autre part, comme on attribuait au concessionnaire un véritable droit de propriété sur la mine, et que l'exploitation devait donner des bénéfices assez analogues à ceux que donne l'exercice d'un commerce ou d'une industrie, on fut amené à créer pour les mines des taxes spéciales correspondant à l'impôt foncier et aux droits de patente. De là l'établissement de la redevance fixe et de la redevance proportionnelle.

6183. — Ces redevances ne sont que des impôts. Il ne faut pas y voir des annuités produisant l'amortissement d'un prix de vente. C'est en ce sens que s'est prononcé le Conseil d'Etat, consulté sur cette question : « Les différents articles de la loi du 21 avr. 1810 et du décret du 6 mai 1811 relatifs aux redevances établissent, d'une manière positive, que les redevances fixe et proportionnelle des mines, qui sont de véritables contributions, dont l'assiette, la perception, les remises et réductions s'opèrent de la même manière et par les mêmes agents que les autres contributions, ne peuvent en aucune manière être considérées comme le prix de la vente de ces mines » (Av. Comité des Finances du Cons. d'Et., 5 janv. 1831).

6184. — Les dispositions de la loi de 1810, relatives aux redevances, ne concernent que les mines et non les minières et carrières (Circ. 30 juin 1819). — Cons. d'Et., 5 sept. 1821, Caron, [P. adm. chr.]

6185. — L'art. 39, L. 21 avr. 1810, portait que le produit des redevances formerait un fonds spécial, dont il serait tenu un compte particulier au Trésor public, et qui serait appliqué aux dépenses de l'administration des mines, et à celles des recherches, ouvertures et mises en activité des mines nouvelles, ou du rétablissement de mines anciennes. Cette spécialisation a été supprimée par la loi du 23 sept. 1814 (art. 20).

§ 2. Redevance fixe.

6186. — La redevance fixe est annuelle et réglée d'après l'étendue de la concession : elle est de 10 fr. par kilomètre carré (art. 34). Les art. 1 à 10, Décr. 6 mai 1811, règlent les mesures imposées aux exploitants et aux agents de l'administration pour arriver à la connaissance exacte de la superficie des mines concédées. Chaque préfet a dû faire dresser un tableau de toutes les mines de son département, tableau indiquant, entre autres renseignements, l'étendue de la concession. Les exploitants doivent déposer, à la préfecture, un double de leur titre de concession. Si leur titre n'indique pas la contenance, ils doivent faire procéder à un arpentage, faute de quoi ils sont taxés par provision. Les déclarations sont vérifiées par les ingénieurs. Enfin ces tableaux des concessions, arrêtés par les préfets, doivent servir de matrices de rôles.

6187. — La première année de la concession, la redevance est due, non à partir du 1ᵉʳ janvier, mais à partir du 1ᵉʳ du mois dans lequel la concession est instituée (Circ. 1ᵉʳ juill. 1877).

6188. — La redevance fixe doit être réglée d'après l'étendue totale du périmètre concédé et non d'après l'étendue de l'exploitation. — Cons. d'Et., 5 déc. 1833, Mine de Saint-Julien, Molin, Moletties, [Leb. chr., p. 433] — Cons. des mines de Belgique, 1ᵉʳ déc. 1837. — De Fooz, p. 261; Biot, p. 142; Naudier, p. 221; Dupont, t. 1, p. 340; Féraud-Giraud, n. 397.

6189. — Si plusieurs concessions sont superposées sous la même superficie, doit-il être payé autant de redevances fixes qu'il existe de concessionnaires? Dans l'intention du législateur de 1810, si l'on s'en réfère au rapport de M. Stanislas de Girardin, il semble que la redevance fixe dût être, en pareil cas, ré-

partie entre les divers concessionnaires. Mais l'administration n'a pas tardé à considérer chaque concessionnaire comme débiteur de la redevance totale (Instr. 3 août 1810). La légalité de ce procédé n'a pas été contestée. — Richard, n. 221 et s.; Bury, n. 360; Delebecque, t. 2, n. 943; Dupont, t. 1, p. 335; Dufour, n. 102; de Fooz, p. 261; Biot, n. 142; Naudier, p. 221; Aguillon, t. 1, p. 368; Féraud-Giraud, t. 1, n. 399.

6190. — La redevance fixe est due jusqu'à ce que la renonciation de l'exploitant ait été régulièrement acceptée. Une simple renonciation demandée ou offerte ne suffit pas à le décharger. — Cons. d'Et., 8 janv. 1817, Bragouze de Saint-Sauveur, [P. adm. chr.] — ... Encore moins une simple cessation des travaux. — Cons. d'Et., 15 juill. 1853, Giraud, [S. 54.2.218, P. adm. chr.]; — 6 févr. 1874, Berthounieu, [Leb. chr., p. 140]

§ 3. Redevance proportionnelle.

1° Assiette de cette redevance.

6191. — Les propriétaires de mines sont tenus de payer à l'État une redevance proportionnée aux produits de l'extraction (L. 21 avr. 1810, art. 33). La redevance proportionnelle sera une contribution annuelle, à laquelle les mines seront assujetties sur leurs produits (art. 34). Elle sera réglée chaque année par le budget de l'État comme les autres contributions publiques : toutefois, elle ne pourra jamais s'élever au-dessus de 5 p. 0/0 du produit net (art. 35). Elle sera imposée et perçue comme la contribution foncière. Le dégrèvement sera de droit quand l'exploitant justifiera que sa redevance excède 5 p. 0/0 du produit net de son exploitation (art. 37).

6192. — Quelle est la nature de cette imposition? Quelle en est l'assiette? D'après le texte même de la loi, on voit que le législateur avait entendu faire de cette taxe un impôt de répartition dont le montant serait fixé chaque année par la loi de finances et réparti dans l'intérieur de chaque département entre les divers exploitants de mines. Ayant pris pour modèle la législation relative à la contribution foncière, on avait posé le principe d'un maximum au delà duquel la cote de chaque contribuable ne pourrait être élevée.

6193. — Le caractère de cette taxe a été changé par le décret du 6 mai 1811, qui en a fait un impôt de quotité. Aux termes de l'art. 39, « le directeur des contributions directes imposera sur chaque exploitant ou abonné une somme égale au vingtième du produit net de son exploitation ». Le taux de 5 p. 0/0 qui, d'après la loi, était un maximum, est devenu la règle pour l'établissement de la redevance. — Dupont, p. 225; Aguillon, t. 1, n. 430.

6194. — Quant à l'assiette de la redevance, on a beaucoup hésité lors de son établissement. Les articles de la loi ont été remaniés sept fois par le Conseil d'État. Dans la dernière rédaction, le Conseil s'était arrêté au système suivant : la redevance était établie sur le produit brut de l'extraction, mais ne devait pas dépasser le vingtième du produit net. Les travaux préparatoires montrent que l'établissement de la taxe sur la base du produit net avait été repoussé à raison du caractère inquisitorial qu'il donnerait à l'impôt et parce qu'on ne voulait pas contraindre les exploitants à produire leurs livres pour justifier de leurs dépenses et de leurs recettes. Cependant la loi ne parle pas de produit brut, mais de *produits* sans épithète. C'est ce qui a permis au décret du 6 mai 1811 de changer la base adoptée et de décider que la redevance serait fixée au vingtième du produit net de chaque exploitation (art. 39). — Aguillon, t. 1, n. 427 et s.

6195. — Que faut-il entendre par le produit net de l'exploitation? Sur ce point le décret du 6 mai 1811 est muet et pour trouver la réponse à cette question, il faut consulter les circulaires ministérielles, les décisions du Conseil d'État et la doctrine.

6196. — Mais un point est acquis tout d'abord, c'est que si les dépenses dépassent les recettes, s'il n'y a pas de produit net, aucune redevance ne peut être réclamée à l'exploitant. — Cons. d'Et., 21 déc. 1861, Houillères et fonderies de l'Aveyron, [Leb. chr., p. 920]; — 6 août 1863, Bestion, [Leb. chr., p. 638]; — 4 avr. 1884, Mines de Cavallo, [D. 85.3.315]; — 30 juill. 1886, Mines de Kef-oum Theboul, [Leb. chr., p. 676]

6197. — Selon M. Aguillon, la jurisprudence du ministère et du Conseil d'Etat a fait subir une transformation au produit

net. Sous l'empire du décret du 6 mai 1811, le produit net devait être déterminé, comme le revenu net des propriétés foncières, au moyen d'évaluations faites *ex æquo et bono* par des personnes compétentes, munies des renseignements qu'elles auraient pu recueillir. D'après la circulaire du 26 mai 1812, il fallait retrancher du produit brut les frais moyens d'extraction sans tenir compte des travaux ou dépenses extraordinaires. Peu à peu on voit dans la jurisprudence se développer une évolution qui tend à abandonner ce revenu fiscal et conventionnel pour arriver à trouver le revenu net proprement dit, le bénéfice réalisé (Circ. 12 avr. 1849).

6198. — Le produit net, qui sert de base à l'établissement de la redevance proportionnelle, s'obtient en déduisant les dépenses de l'exploitation proprement dite du produit brut formé par la valeur sur le carreau de la mine des produits extraits. — Aguillon, t. 1, n. 446.

6199. — La redevance due pour une année se calcule sur les produits de l'extraction pendant l'année précédente. On appelle année d'exercice celle pour laquelle l'impôt est dû et année de produits celle dont les résultats servent à établir la taxe. — Cons. d'Et., 29 juin 1866, Mines de Saint-Georges d'Hustières, [P. adm. chr.]; — 5 déc. 1879, Cⁱᵉ de la Vieille-Montagne, [D. 80.3.53]

6200. — Les pertes d'un exercice ne doivent pas être reportées d'un exercice sur l'autre. Les dépenses mêmes de premier établissement doivent venir en déduction des recettes de l'exercice pendant lequel elles ont été faites (Déc. min. 28 févr. 1835 ; Circ. 12 avr. 1849). — Dufour, n. 105; Dupont, t. 1, p. 366; Féraud-Giraud, t. 1, n. 418.

6201. — Lorsqu'une concession n'est instituée qu'en cours d'exercice, la redevance doit être calculée d'après le produit net présumé de l'année en cours à partir du jour de l'institution (Circ. 12 avr. 1849). La même règle est suivie pour les anciennes mines abandonnées qui, en chômage, dont l'exploitation est reprise en cours d'exercice (Circ. 1ᵉʳ juill. 1877).

6202. — Alors même que plusieurs concessions sont réunies dans les mains du même exploitant, chacune d'elles doit être considérée à part et individuellement. — Cons. d'Et., 21 déc. 1861, précité.

2° Calcul du produit brut.

6203. — Comment se calcule le produit brut? Faut-il s'attacher aux produits extraits ou aux produits vendus? Depuis 1810 jusqu'en 1860, l'administration et le Conseil d'Etat avaient été d'accord pour adopter les produits extraits comme base du calcul (Circ. 26 mai 1812 et 14 juin 1852). Une circulaire du 1ᵉʳ déc. 1860, pour faire droit aux réclamations des exploitants, décida que dorénavant le calcul se ferait sur les produits vendus. Mais le Conseil d'Etat n'admit pas cette modification qu'il estima contraire aux dispositions de la loi de 1810, dont l'art. 33 dispose que la redevance sera proportionnée aux produits de l'extraction. — Cons. d'Et., 29 juin 1866, Mines de Saint-Georges d'Hustières, [P. adm. chr.]

6204. — Malgré cette décision, c'est seulement par la circulaire du 1ᵉʳ juill. 1877 que l'administration revint officiellement au système suivi avant 1860. Ce changement de procédé amena une difficulté relativement aux stocks. La première fois qu'on revint à l'application de l'ancien système, le ministre des Travaux publics prescrivit de tenir compte, non seulement des produits extraits pendant l'année 1876, mais encore du stock existant au 1ᵉʳ janvier 1876 et qui, n'étant pas encore vendu, n'avait pas été compris dans la redevance de l'année précédente. C'était la seule manière de frapper ces stocks de l'impôt. Mais le Conseil d'Etat a jugé ce mode de procéder contraire au principe de l'annualité de l'impôt, d'après lequel on ne peut réparer dans un rôle ultérieur les erreurs commises dans un rôle précédent et qui, dans la matière spéciale qui nous occupe, exige que le produit brut ne soit calculé que sur les produits extraits dans l'année. — Cons. d'Et., 26 déc. 1879, Comp. des mines d'Aniche, [D. 80.3.53]; — 7 mai 1880, Mines de la Grand-Combe, [D. 81.3.57]; — 9 juill. 1880, Mines de Saint-Gobain, [Leb. chr., p. 654]; — 1ᵉʳ févr. 1884, Mines de Kefoum-Theboul, [D. 85.3.315]; — 19 déc. 1884, Mines de Mokta-el-Hadid, [Leb. chr., p. 920]

6205. — Quels sont les produits extraits imposables? M. Aguillon (t. 1, n. 452) traite cette question avec une grande

netteté. « Avant d'être livrée ou livrable au commerce, dit-il, ou d'être consommée en nature par le concessionnaire lui-même, la substance abattue dans la mine, amenée à l'orifice au jour du puits ou de la galerie de sortage, peut être soumise à diverses opérations ayant toutes pour but d'augmenter la valeur des produits restants. Les minerais métalliques seront soumis à une préparation mécanique plus ou moins complète, ayant pour objet de les trier et de les enrichir; la préparation mécanique pourra être suivie d'autres opérations ayant plutôt un caractère métallurgique, telles que les grillages, fontes, crues, etc.; opérations qui ne sont que des opérations préparatoires ne donnant pas des métaux à l'état marchand. Les combustibles peuvent être criblés et lavés; ils peuvent être ensuite transformés en coke et agglomérés. A quelle période de ces opérations successives faut-il s'arrêter pour l'évaluation de la valeur dans le calcul des redevances et partant pour le calcul du produit brut? Il y a lieu de considérer comme des opérations accessoires se rattachant à l'extraction au point d'en faire partie intégrante, dont on devra, par suite, faire état dans les redevances, toutes celles qu'en dépenses, toutes celles qui ne peuvent pas être considérées comme constituant des industries distinctes auxquelles un tiers, non exploitant de mines, pourrait se livrer en payant patente. Le caractère, qui peut servir à distinguer les unes des autres ces opérations, c'est que, dans celles qui ne sont que des accessoires de l'extraction, la matière brute extraite ne subit que des manipulations ayant pour but de l'enrichir mécaniquement par la soustraction de matières stériles, tandis que, dans les autres, la matière subit des transformations, soit par suite d'addition d'autres substances, soit par suite d'élaborations métallurgiques. C'est ainsi que la loi du 15 juill. 1880 (art. 17), exempte les concessionnaires de mines, pour le seul fait de l'extraction et de la vente des matières par eux extraites, l'exemption ne pouvant, en aucun cas, être étendue à la transformation des matières extraites. »

6206. — Il a été décidé que les dépenses faites pour l'établissement d'un atelier de lavage des minerais de cuivre rentraient dans celles qui sont admises dans le calcul des redevances; il suit de là que le minerai sortant de cette préparation mécanique dont il y a lieu exclusivement de tenir compte. — Cons. d'Et., 27 déc. 1855, Mines de Presles, [Leb. chr., p. 1026]; — 11 févr. 1870, Clapier, [Leb. chr., p. 72]

6207. — Il en serait de même des frais faits pour le lavage de la houille. — Aguillon, t. 1, n. 453.

6208. — Pendant longtemps le Conseil d'Etat avait considéré la transformation de la houille en coke et agglomérés comme une opération accessoire de l'extraction. Elle était donc passible de la redevance proportionnelle et exemptée de la contribution des patentes. — Cons. d'Et., 21 janv. 1847, Mines de Chaney, [P. adm. chr.]; — 7 déc. 1850, Mines de la Loire, [P. adm. chr.]; — 30 avr. 1863, Mines de Blanzy, [P. adm. chr.]; — 17 févr. 1865, Mines d'Anzin, [Leb. chr., p. 210]

6209. — Mais la jurisprudence a changé. La fabrication de coke et d'agglomérés constitue aujourd'hui une industrie distincte passible de patente (Circ. 12 juill. 1880). — Cons. d'Et., 7 mai 1880, Mines de la Grand-Combe, [D. 81.3.57]

6210. — Il en est de même du traitement métallurgique des minerais métalliques dans les fonderies de métaux. C'est une industrie tout à fait distincte de l'exploitation des mines. — Cons. d'Et., 11 févr. 1870, précité.

6211. — La redevance proportionnelle, ne frappant que l'exploitation des mines, ne saurait être calculée en prenant en considération les produits des fusains alimentés par les produits de la mine. — Cons. d'Et., 4 juin 1839, de Broglie, [S. 40.2.92, P. adm. chr.]; — 19 juill. 1878, Schneider, [S. 80.2. 121, P. adm. chr., D. 79.3.11]

6212. — ... Ou ceux d'une exploitation agricole. — Cons. d'Et., 30 juill. 1886, Mines de Kef-oum-Thboul, [Leb. chr., p. 676]

6213. — Toutefois M. Aguillon admet que, dans certains cas, la transformation peut être considérée comme un accessoire nécessaire de l'extraction. Il donne comme exemple le minerai d'antimoine. Ce minerai ne se vend pas à l'état brut. Il doit être fondu pour être transformé en sulfure. La vente du produit extrait étant économiquement impossible avant la fusion, on peut rattacher cette opération à l'extraction. — Aguillon, t. 1, n. 432.

6214. — Appliquant la distinction que nous avons posée, il faut dire que les minerais déposés sur le carreau de la mine,

mais n'ayant pas encore subi les opérations, manipulations sans lesquelles ils ne sont pas vendables, ne doivent pas être considérés comme extraits et ne doivent pas entrer dans le calcul des redevances. — Aguillon, t. 1, n. 456.

6215. — Le cube des produits extraits étant connu, il faut en déterminer la valeur sur le carreau de la mine pour connaître le produit brut. Le revenu net qui sert de base à l'impôt est celui que donne l'exploitation même de la mine. C'est donc la valeur sur le carreau de la mine qu'il faut rechercher. Les ventes hors du carreau de la mine sont des opérations commerciales étrangères à l'exploitation, dont il n'y a pas à tenir compte dans le calcul des redevances. — Aguillon, t. 1, n. 438.

6216. — Cinq hypothèses peuvent se présenter dans la pratique : 1° les produits sont vendus au commerce sur le carreau de la mine; 2° ils sont vendus hors du carreau de la mine; 3° ils ne sont pas vendus au commerce, mais utilisés par l'exploitant dans des industries annexes; 4° ils sont utilisés pour le service même de la mine; 5° ils restent en stock en fin d'année.

6217. — 1° Lorsque les produits sont vendus au commerce sur le carreau de la mine, la détermination de leur valeur ne soulève pas de difficulté. Il faut appliquer aux diverses qualités, et suivant leurs quantités, leurs prix de vente respectifs. On ne doit pas prendre la moyenne des prix de toutes les ventes faites dans l'année. — Cons. d'Et., 16 juin 1853, Mines de la Loire, [P. adm. chr.]

6218. — Pour qu'il y ait lieu de s'attacher aux prix des ventes faites sur le carreau de la mine, il faut que ces ventes représentent une partie notable des opérations de l'exploitant. Si elles étaient peu nombreuses, ou ne portaient que sur des quantités infinitésimales, il se pourrait que l'exploitant eût à se plaindre de l'application au cube total de l'extraction de prix de vente trop élevés, tels que ceux de la vente au détail. M. Féraud-Giraud (t. 1, p. 367 et s.) pense qu'on peut, tout en ayant égard à ces prix, les rectifier en prenant en considération les circonstances dans lesquelles les ventes ont eu lieu et qui influent directement sur elles. Il invoque dans ce sens l'art. 28, Déc. 6 mai 1811, qui invite le préfet et l'ingénieur à réunir tous les renseignements de nature à éclairer le comité d'évaluation, notamment ceux concernant les ports et lieux d'exportation ou de consommation. Mais la jurisprudence du Conseil d'Etat est nettement fixée en ce sens qu'il faut s'attacher exclusivement à la valeur sur le carreau de la mine.

6219. — Les prix de vente aux tiers dont il faut tenir compte sont les prix réels au comptant et non les prix nominaux figurant sur les prix courants lesquels diffèrent des prix réels par des escomptes ou rabais, normalement consentis et implicitement sous-entendus, suivant les circonstances, d'après les usages commerciaux. Si l'acheteur a la faculté de payer à terme, il sera stipulé pour ces ventes un prix spécial différant du premier par les intérêts que le terme fait perdre à l'exploitant. — Aguillon, t. 1, n. 460.

6220. — 2° Les produits extraits peuvent être vendus hors du carreau de la mine, soit en partie (c'est ce qui arrive le plus souvent), soit en totalité (c'est ce qui se produit pour certaines mines de fer). En cas de ventes simultanées sur le carreau et hors du carreau, doit-on appliquer des prix différents aux quantités vendues de l'une ou de l'autre manière, ou doit-on appliquer au cube total de l'extraction les prix des ventes faites sur le carreau de la mine? C'est ce dernier système qui nous paraîtrait devoir être suivi et qui l'a été par le Conseil d'Etat pendant longtemps. — Cons. d'Et., 21 juill. 1853, Mines de Ronchamp, [S. 54.2.217, D. 54.3.35]; — 13 déc. 1855, Mines de Carmaux, [S. 56.2.443, P. adm. chr.]

6221. — Il est vrai que la jurisprudence, pénétrant de jour en jour davantage dans la recherche du bénéfice réalisé, a une tendance à appliquer des prix différents, suivant que les produits étaient vendus sur place ou au dehors. Mais, il semble que le dernier état de la jurisprudence soit un retour pur et simple au système des arrêts de 1853 et 1855. — Cons. d'Et., 21 nov. 1884, Chagot, [D. 85.5.315]; — 2 mai 1891, Chagot, [S. et P. 93.3.35]

6222. — L'administration n'a pas à rechercher si les prix de vente auraient pu être plus élevés. De même que pour les dépenses, elle ne peut se prononcer que sur leur réalité et non sur leur utilité; en ce qui touche les prix, elle doit accepter ceux qui sont justifiés. — Cons. d'Et., 27 déc. 1863, Mines de la Presle, [Leb. chr., p. 1026]

6223. — Il en est autrement, toutefois, si les ventes hors du

carreau de la mine sont faites par des entrepôts ou agences gérés par l'exploitant ou confiés à un régisseur intéressé. En pareil cas, le prix auquel, dans sa comptabilité, l'exploitant facture ses produits à ces agences n'est plus un prix de vente, mais un simple prix d'ordre que l'administration peut rectifier. — Cons. d'Et., 4 juin 1880, Chagot, [S. 81.3.99, P. adm. chr., D. 81.3.58]; — 21 nov. 1884, précité. — *Sic*, Aguillon, t. 1, n. 465.

6224. — Peut-on, pour le calcul du produit brut, relever des prix comportant une réduction sur les prix normaux, qui auraient été consentis par un concessionnaire à un tiers en échange de certains avantages? Dans une espèce qu'il a eu à juger, le Conseil d'Etat a décidé que les prix conventionnels devaient être admis. Les avantages consentis par le tiers dans cette espèce ne visaient que l'exploitation de la mine. En réparation des dommages que cette exploitation pouvait causer à un propriétaire, celui-ci renonçait à toute action en indemnité moyennant la fourniture annuelle, à un prix déterminé, d'une certaine quantité de charbon. — Cons. d'Et., 19 juill. 1878, Schneider, [S. 80.2.121, P. adm. chr., D. 79.3.11]

6225. — Le Conseil avait déjà décidé que lorsqu'une compagnie minière, en donnant à bail à d'autres industriels une verrerie, stipule qu'elle fournira toute la houille nécessaire à l'exploitation de cette verrerie, à un prix fixé par le bail, c'est ce prix qui doit être appliqué à celui fourni à la verrerie. — Cons. d'Et., 7 juin 1859, Mines de Cublac, [P. adm. chr.]

6226. — M. Aguillon (t. 1, n. 466) estime que, si la diminution du prix de vente des produits avait été consentie en échange de la réduction du prix de vente de la mine faite par le tiers à l'exploitant, on pourrait relever les prix.

6227. — Quand une compagnie, en dehors des quantités portées sur les factures, expédie une quantité supérieure pour tenir compte des déchets de route, l'administration ne peut exiger en principe que ces excédents soient pris en considération pour la fixation de la redevance : elle ne le pourrait qu'en justifiant qu'ils sont excessifs. — Cons. d'Et., 26 août 1838, Houillères de l'Aveyron, [P. adm. chr.]; — 9 janv. 1874, Mines de Blanzy, [S. 75.2.337, P. adm. chr., D. 75.3.1]

6228. — Il arrive quelquefois que des compagnies minières fassent construire et exploitent elles-mêmes des chemins de fer qui les relient soit à un lieu de consommation, soit à un port d'embarquement. Il a été admis qu'en pareil cas le carreau de la mine devait être censé à l'extrémité de la ligne. Mais il importe de distinguer suivant que le chemin de fer fait ou non partie intégrante de la mine. La première condition pour qu'il en soit ainsi, c'est que le chemin de fer soit la propriété du concessionnaire de la mine. S'agit-il d'un embranchement industriel, simplement concédé, il faudrait le considérer comme une entreprise distincte. Il en sera de même si le chemin de fer minier transporte d'autres marchandises que les produits de la compagnie. — Cons. d'Et., 17 nov. 1882, Mines de Mokta, [S. 84.3.69, P. adm. chr., D. 84.3.36]; — 19 déc. 1884, Même partie, [Leb. chr., p. 920]

6229. — Le chemin de fer fait-il partie intégrante de la mine, les dépenses afférentes à son établissement et à son exploitation entrent dans le calcul des redevances et doivent être déduites du produit brut. — Cons. d'Et., 10 sept. 1864, Mines des Karézas, [Leb. chr. p. 890]; — 19 déc. 1891, Forges de l'Est, [S. et P. 93.3.137]; — 10 mars 1894, Cⁱᵉ d'Anzin, [Leb. chr., p. 200]

6230. — Les tarifs généraux ou spéciaux, qui auraient pu être homologués pour l'usage du public appelé à se servir de ces chemins de fer, ne doivent pas nécessairement être invoqués pour le calcul de la valeur des produits rapportée au carreau de la mine. Cela dépend des circonstances. Y a-t-il un trafic similaire ou comparable de produits semblables pour le compte des tiers, il faut appliquer le tarif public pour le calcul de la redevance. Ce chemin de fer, au contraire, est-il seul à transporter de pareilles matières, l'administration pourra établir ses calculs d'après une évaluation d'appréciation. — Cons. d'Et., 17 nov. 1882, précité; — 19 déc. 1884, précité.

6231. — Lorsque la totalité des ventes se fait hors du carreau de la mine, ou que les ventes faites sur ce carreau ne portent que sur des quantités négligeables, il faut déterminer la valeur rapportée au carreau de la mine, soit par voie de comparaison avec les prix des ventes effectuées par une mine voisine, soit par voie d'appréciation directe. Les seuls éléments positifs dont on puisse tenir compte dans ce dernier cas sont les prix

de vente sur le lieu de livraison, déduction faite des prix de transport de la mine jusqu'à ce lieu. — Aguillon, t. 1, n. 467.

6232. — D'après la circulaire du 1ᵉʳ juill. 1877 « la valeur des produits extraits doit être déterminée, soit d'après le prix de vente de la substance minérale sur le carreau de la mine, soit, lorsque cette substance n'est pas vendue, d'après l'estimation qui en est faite eu égard à divers renseignements comparatifs. »

6233. — S'il existe plusieurs marchés de vente, il faut, pour calculer exactement la valeur servant de base au calcul de la redevance proportionnelle, connaître la quantité de produits vendus sur chaque marché, le prix de vente moyen, déduire de ce prix les frais de transport, et appliquer le prix locomine restant au cube vendu sur chaque marché. En additionnant tous ces produits partiels on obtient le produit total des ventes et en divisant ce total par le cube vendu, on obtient le prix moyen des produits sur le carreau de la mine. Il n'y a évidemment à tenir compte dans ce calcul que des prix de vente sur les marchés où sont vendus les produits de la mine à imposer et non des prix de vente existant sur des marchés où sont vendus des produits similaires provenant d'autres mines. — Cons. d'Et., 13 mai 1893, Soc. de Saint-Gobain, [Leb. chr., p. 394]

6234. — Dans le calcul des frais de transport, ce sont les prix effectifs payés par l'exploitant pour le transport par voie de terre, par voie ferrée ou par bateau qu'il faut compter et non un prix théorique calculé sur la distance à vol d'oiseau. — Cons. d'Et., 13 mai 1894, Soc. des glaces de Saint-Gobain, [Leb. chr., p. 394]

6235. — 3° Les produits extraits sont consommés par le concessionnaire lui-même dans les industries annexes de son exploitation (hauts-fourneaux, fonderies, fabriques de produits chimiques, etc.). Le principe admis par la jurisprudence, c'est que la mine est absolument indépendante de ces autres industries. Les usines dans lesquelles le concessionnaire consomme les produits de son exploitation doivent être considérées comme appartenant à un tiers. Ce principe posé, comment déterminer le prix auquel le concessionnaire peut délivrer ses produits? Les prix qu'il indiquera dans sa comptabilité ne sont que des prix d'ordre que peuvent être relevés par l'administration.

6236. — Si le concessionnaire fournit à des tiers des produits analogues à ceux qu'il se livre à lui-même, il n'y a qu'à appliquer ce prix (Aguillon, t. 1, n. 469). Toutefois, il faut tenir compte de ce fait que le concessionnaire peut se faire le traitement du consommateur le plus favorisé ou tout au moins se vendre ses produits à un prix moins élevé que le prix moyen des ventes faites au commerce. Le principe de cette réduction a été reconnu par le Conseil d'Etat. — Cons. d'Et., 26 août 1838, Cⁱᵉ des houillères de l'Aveyron, [P. adm. chr.]; — 21 déc. 1861, Houillères de l'Aveyron, [Leb. chr., p. 920]

6237. — Il y a lieu aussi, pour fixer ce prix, de tenir compte de ce que l'exploitant, ayant dans ses usines un débouché certain, n'a pas à supporter les frais accessoires du placement de ses produits. — Cons. d'Et., 13 mai 1893, Soc. glaces de Saint-Gobain, [Leb. chr., p. 394]

6238. — 4° Quand les produits extraits sont utilisés pour le service de la mine, ils ne figurent que pour ordre tant en recettes qu'en dépenses. Il faut ranger dans cette catégorie les combustibles consommés dans les machines servant à l'exploitation (Circ. 1ᵉʳ juill. 1877).

6239. — 5° Enfin, le stock doit être évalué sur la valeur pleine attribuée aux produits vendus; mais le stock compris dans la redevance d'une année devra être déduit des éléments servant de base au calcul de la redevance de l'année suivante.

6240. — Il ne faut pas tenir compte, dans l'évaluation des produits, de certaines recettes qui auraient un caractère exceptionnel, telles les ventes de vieux matériaux, d'outillage, d'établissements annexes, alors même que ces éléments auraient, les années précédentes, figuré dans les dépenses. C'est ainsi que le Conseil a refusé de tenir compte, dans le calcul du produit brut, d'annuités touchées par une compagnie, à raison de la cession qu'elle avait consentie à une autre compagnie de la jouissance partielle d'un chemin de fer exploité par elle. — Cons. d'Et., 3 déc. 1880, Cⁱᵉ du gaz et des hauts-fourneaux de Marseille, [D. 81.3.58]

6241. — On ne doit pas tenir compte du produit de la vente des résidus de l'extraction des années antérieures, des bénéfices réalisés sur la vente d'outils ou de fournitures aux ouvriers. —

Cons. d'Et., 30 juill. 1886, Mines de Kef-oum-Theboul, [Leb. chr., p. 676]

6242. — Cependant, la même décision fait entrer en compte le produit de la vente des vieux sacs, et des amendes infligées aux ouvriers.

3° Calcul des dépenses d'exploitation.

6243. — Lorsque le produit brut de l'extraction est déterminé, il faut en déduire les dépenses d'exploitation pour obtenir le produit net, sur lequel sera calculée la redevance proportionnelle. Comme nous l'avons dit, ce sont les frais d'exploitation constatés pendant l'année qui a précédé celle pour laquelle on arrête le rôle qu'il faut uniquement rechercher. — Cons. d'Et., 23 mai 1870, Brunier et Leborgne, [Leb. chr., p. 628]

6244. — La circulaire du 12 avr. 1849 avait donné en douze articles l'énumération limitative des dépenses qui devaient être déduites du produit brut. M. Aguillon (t. 1, n. 475) ramène ces dépenses à cinq grandes divisions qui sont les suivantes : 1° dépenses courantes d'extraction proprement dite; 2° travaux de premier établissement dans la mine; 3° voies de communication (premier établissement et entretien); 4° frais généraux; 5° dépenses diverses.

6245. — 1° Les dépenses courantes d'extraction sont celles qui sont faites pour l'abattage, le sortage, les manipulations au jour, la préparation mécanique, tant en main-d'œuvre qu'en fournitures, ainsi que les dépenses pour l'entretien des ouvrages intérieurs, des bâtiments et de l'outillage.

6246. — La circulaire du 12 avr. 1849 les comprenait sous ses six premiers chapitres : salaires d'ouvriers, — achat et entretien des chevaux servant à l'exploitation, — entretien de tous les travaux souterrains de la mine, puits, galeries et autres ouvrages d'art, — mise en action et entretien des moteurs, machines et appareils (machines d'extraction, appareils pour la descente et la remonte des ouvriers, machines d'épuisement, appareils d'aérage), — entretien des bâtiments d'exploitation, — entretien et renouvellement de l'outillage proprement dit.

6247. — La circulaire du 1er déc. 1850 ajoute à cette énumération : 1° les frais d'occupation de terrains, selon qu'ils sont occupés pour les travaux souterrains et pour les bâtiments d'exploitation; 2° les frais causés par la vente hors du carreau de la mine, lorsque les salaires des manœuvres, lorsque les lieux de dépôt où s'opère la vente sont réunis au carreau de la mine par des voies de communication qui font partie intégrante de celle-ci; 3° les indemnités pour les dommages causés par les eaux des mines ou par les éboulements; 4° les secours aux ouvriers blessés sur les travaux, soit en visites de médecins, soit en médicaments, par application des art. 15, 16 et 20, Décr. 13 janv. 1813; mais on ne doit pas compter les dépenses pour secours aux ouvriers et à leurs familles, que font spontanément les concessionnaires.

6248. — D'après une circulaire du 6 déc. 1860, on doit faire entrer en compte dans les dépenses d'exploitation les rémunérations accordées en certaines occasions aux mineurs, les frais des écoles destinées aux enfants des ouvriers, les secours donnés aux ouvriers infirmes ou à leurs familles, qu'il s'agisse ou non de secours fournis à l'occasion d'accidents arrivés dans les travaux.

6249. — Enfin, la circulaire du 1er juill. 1877 y ajoute encore les frais d'établissement et d'entretien des maisons ouvrières, de charbons de chauffage distribués gratuitement aux ouvriers, du traitement des instituteurs des écoles destinées aux enfants des ouvriers.

6250. — Dans cette dernière catégorie de dépenses ont pris place successivement toutes les améliorations faites par les compagnies minières dans l'intérêt des ouvriers. La jurisprudence du Conseil d'Etat n'est pas sur tous les points d'accord avec les instructions administratives, qui se sont montrées fort larges dans l'admission de certaines dépenses. Mais comme les exploitants ne réclament pas contre les faveurs qui leur sont accordées, on peut les considérer comme acquises.

6251. — Le Conseil a posé en principe que seuls les frais d'exploitation et d'entretien de la mine doivent être déduits du produit brut. — Cons. d'Et., 7 mai 1857, Mines d'Anzin, [S. 58.2.378, P. adm. chr., P. 58.3.22]; — 13 janv. 1859, Mines d'Anzin, [S. 59.2.638, P. adm. chr.]; — 27 juill. 1859, Mines de Vicoigne, [P. adm. chr.]; — 29 déc. 1859, Même partie, [S. 60.2.505, P. adm. chr.]

6252. — Les salaires des ouvriers sont incontestablement une dépense d'exploitation. En ce qui touche les gratifications qui peuvent leur être allouées, le Conseil avait établi une distinction entre celles qui avaient pour objet de compléter le traitement des ouvriers, qu'il admettait (Cons. d'Et., 7 mai 1857, précité), et les gratifications accidentelles accordées comme encouragements ou à l'occasion d'une fête patronale, qu'il rejetait (Même arrêt et 13 janv. 1859, précité). M. Féraud-Giraud (t. 1, n. 431) critique cette distinction en faisant remarquer qu'une gratification donnée à un employé est généralement une augmentation éventuelle du traitement et une rémunération des services rendus. Les services des mineurs étant indispensables à l'exploitation, c'est à raison de l'exploitation que les gratifications sont accordées. Elles devraient donc toujours entrer en compte.

6253. — Inversement les amendes infligées aux ouvriers doivent entrer en déduction des dépenses. — Cons. d'Et., 8 août 1888, Mines de Marles, [Leb. chr., p. 744]

6254. — Quant aux secours accordés aux ouvriers, une décision du 7 mai 1857, Mines d'Anzin, [Leb. chr., p. 369] refusait de déduire du produit brut ceux qui n'étaient pas motivés par des blessures reçues dans les travaux, mais par la cherté des subsistances, et qui avaient été distribués par l'intermédiaire des bureaux de bienfaisance. C'est cette décision qui a provoqué la circulaire de 1860 admettant les secours sans distinction.

6255. — Les dépenses faites pour la construction de maisons destinées au logement des ouvriers doivent entrer en compte, lorsque ces avantages peuvent être considérés comme une augmentation de traitement. — Cons. d'Et., 27 juill. 1859, précité; — 29 déc. 1859, précité; — 9 janv. 1874, Mines de Blanzy, [S. 75.2.337, P. adm. chr., D. 75.3.1]; — 21 nov. 1884, Chagot, [D. 85.3.345]

6256. — Si les maisons ouvrières ne sont pas occupées gratuitement, mais donnent lieu à la perception d'un loyer, ce loyer doit venir en déduction des dépenses et être compris dans le calcul du produit brut. — Cons. d'Et., 9 janv. 1874, précité; — 21 nov. 1884, précité; — 21 mai 1891, Chagot, [S. et P. 93.3.53]

6257. — La question s'est posée de savoir s'il fallait déduire les dépenses faites par une compagnie pour l'acquisition des terrains destinés à la construction d'écoles où les enfants des ouvriers et les ouvriers eux-mêmes recevraient l'instruction primaire gratuitement et pour les frais d'entretien de ces écoles. Le Conseil d'Etat avait d'abord rejeté ces dépenses comme ne présentant aucun caractère obligatoire pour les exploitants. — Cons. d'Et., 7 mai 1857, précité; — 13 janv. 1859, précité.

6258. — Mais au cours de la discussion de la loi de finances du 26 juill. 1860, un député, M. Dalloz, porta la question devant le Corps législatif, et, à la suite des observations échangées entre les députés et le ministre, la circulaire du 6 déc. 1860 indiqua qu'il serait tenu compte de ces dépenses pour le calcul de la redevance. Le Conseil d'Etat s'est incliné et a décidé qu'on pouvait déduire du produit brut les indemnités d'expropriation allouées aux propriétaires des terrains sur lesquels seraient élevées ces écoles. — Cons. d'Et., 9 janv. 1874, précité.

6259. — Entrant plus avant dans cet ordre d'idées, la même décision a admis également en compte les dépenses relatives à l'érection d'une chapelle, dans laquelle les enfants des ouvriers pourraient recevoir l'instruction religieuse et celles destinées à fournir un logement au desservant de cette chapelle.

6260. — Nous devons cependant signaler une circulaire du 26 nov. 1890, qui tend à revenir à la doctrine des arrêts de 1857 et 1859. Dorénavant, à raison des changements apportés dans ces dernières années à la législation scolaire, les frais d'établissement et d'entretien des écoles ne seront plus admis en dépenses que dans le cas spéciaux où il serait reconnu que les écoles construites et entretenues par les concessionnaires sont destinées à remédier à un trop grand éloignement, à une insuffisance notoirement établie des écoles primaires gratuites, ou à donner un enseignement professionnel que les écoles publiques ne donnent pas.

6261. — 2° Les travaux de premier établissement dans la mine et au dehors comprennent, d'après la circulaire du 12 avr. 1849, les fonçages de puits, percements de galeries et autres travaux d'art intérieurs et extérieurs, l'achat et l'établissement de machines et autres appareils à l'intérieur et à l'extérieur, l'établissement de bâtiments d'exploitation. Dans cette catégorie figurent (Circ. 1er déc. 1850) les achats de terrains destinés à recevoir les bâtiments d'exploitation, ceux où se font les opérations accessoires,

42

et ceux dont l'entretien, comme nous l'avons vu, rentre dans les dépenses d'exploitation (maisons ouvrières, écoles, chapelle). C'est à partir de 1849 que les dépenses de premier établissement ont dû être déduites du produit brut. D'après la circulaire du 26 mai 1812, elles devaient être rejetées du compte. Aujourd'hui elles sont admises, mais doivent être portées pour leur totalité dans l'année où elles sont faites, sans jamais donner lieu, soit à un rapport, soit à un prélèvement par annuités, dans le cas où elles excéderaient le produit brut.

6262. — Conformément à ces principes, le Conseil d'Etat a admis qu'il fallait tenir compte des paiements faits par le concessionnaire dans l'année pour achat de terrains ou pour les annuités stipulées dans les contrats de vente antérieurs, quand ces acquisitions sont faites en vue des besoins de l'exploitation. — Cons. d'Et., 9 janv. 1874, précité; — 3 août 1877, Chagot, [D. 78.3.10]; — 21 nov. 1884, précité.

6263. — Toutefois il décide que, lorsqu'une acquisition est faite par une société minière et stipulée payable par annuités, on ne doit pas faire figurer le prix entier de l'acquisition dans l'année où elle a lieu, mais le reporter dans les exercices où les paiements seront réellement effectués. — Cons. d'Et., 16 juin 1853, Mines de la Loire, [P. adm. chr.]; — 23 mai 1870, Brunier et Leborgne, [Leb. chr., p. 628]; — 9 janv. 1874, précité; — 3 août 1877, précité; — 21 nov. 1884, précité.

6264. — 3° La circulaire du 12 avr. 1849 faisait entrer en compte l'entretien des voies de communication (routes, chemins de fer, etc.), soit entre les différents centres d'exploitation de la mine, soit entre les centres d'exploitation et les lieux où s'opère la vente des produits, lorsque ces voies de communication font partie de la mine, ainsi que les dépenses de premier établissement de ces voies. Pour reconnaître si ces voies faisaient partie intégrante de la mine, la circulaire s'attachait à ce critérium : égalité de prix des produits sur le carreau et à la gare.

6265. — La circulaire du 1er déc. 1850 y ajouta les frais d'occupation de terrains en vue de l'établissement de voies de communication, ainsi que les frais causés par la vente hors du carreau de la mine, tels que salaires des gardes-magasins, mesureurs, manœuvres, mais seulement lorsque les lieux de dépôt où s'opère la vente sont réunis au carreau de la mine par des voies qui en font partie intégrante de telle sorte que le prix de vente, à ces lieux de dépôt et sur le carreau, soit identique. Cette circulaire précisait quelles étaient les voies pouvant faire partie intégrante de la mine : ce sont celles pour lesquelles le concessionnaire peut requérir l'expropriation, par application des art. 43 et 44 de la loi de 1810.

6266. — La circulaire du 6 déc. 1860 changea les bases du calcul de la redevance en le faisant porter sur les produits vendus. On devait prendre, pour calculer le produit brut, non plus les prix sur le carreau de la mine, mais les prix sur les lieux de vente, sauf dans le cas où il s'agirait de ventes à l'étranger. Dès lors, on était conduit à comprendre dans les dépenses à déduire l'établissement et l'entretien des voies concessionnaires des voies propres à faciliter les débouchés aux exploitations, même lorsqu'elles ne faisaient pas partie intégrante de la mine ; les frais de transport, d'entrepôt et de vente, lors même que le lieu de vente n'était pas relié à la mine par des voies qui en fussent des dépendances; les pertes de place, les frais de voyage. Mais cette extension donnée au compte des dépenses d'exploitation a disparu avec la circulaire du 1er juill. 1877.

6267. — Le Conseil d'Etat a toujours montré beaucoup de répugnance à faire entrer ces dépenses dans le compte d'exploitation. Nous avons cité la décision du 10 sept. 1864, Mines de Kardzas, [Leb. chr., p. 890], par laquelle il avait admis en compte les dépenses d'exploitation d'un chemin de fer construit par le concessionnaire pour transporter les produits de la mine au port d'embarquement. On peut encore citer une décision par laquelle il admet qu'il faut déduire du produit brut la dépense réelle du matériel roulant employé pour une compagnie sur ses propres embranchements. — Cons. d'Et., 11 mai 1889, Mines d'Anzin, [Leb. chr., p. 594]; — 10 mars 1894, Même partie, [Leb. chr., p. 200]

6268. — Mais il a décidé qu'il fallait rejeter du compte : les dépenses relatives au matériel d'embarquement, à l'acquisition et à l'entretien des navires destinés au transport des produits. — Cons. d'Et., 10 sept. 1864, précité.

6269. — ... Les appointements d'un chef mesureur et les salaires d'ouvriers chargés de l'embarquement des produits de la

mine, les dépenses faites en dehors du carreau de la mine étant la conséquence d'opérations commerciales étrangères à l'exploitation. — Cons. d'Et., 27 juill. 1859, Mines de Vicoigne, [P. adm. chr.]

6270. — ... Les frais de transports faits par le concessionnaire pour faciliter la vente en dehors du carreau de la mine de tout ou partie de ses produits. — Cons. d'Et., 16 juin 1853, précité; — 6 mars 1856, Mines de Blanzy, [Leb. chr., p. 180]; — 7 mai 1857, Mines de Carmaux, [S. 56.2.443, P. adm. chr.]

6271. — ... Les salaires des cantonniers et les matériaux de routes, lorsqu'il n'est pas justifié que ces routes ont été faites pour les besoins de l'exploitation. — Cons. d'Et., 9 juill. 1880, Mines de Saint-Gobain, [Leb. chr., p. 654]

6272. — ... Les dépenses d'exploitation d'un chemin de fer reliant la mine à un port d'embarquement et qui constitue une entreprise distincte de l'exploitation de la mine. — Cons. d'Et., 15 nov. 1878, Cie de Mokta-el-Hadid, [P. adm. chr.]; — 17 nov. 1882, Même partie, [S. 84.3.69, P. adm. chr., D. 84.3.36]; — 19 déc. 1884, Même partie, [Leb. chr., p. 920]; — 7 juin 1889, Mines de Kef-oum-Theboul, [Leb. chr., p. 733]

6273. — 4° D'après la circulaire du 12 avr. 1849, on ne devait admettre dans les dépenses d'exploitation comme frais généraux que les frais de bureau ayant eu lieu au siège de l'exploitation, mais en les réduisant à ceux qui étaient strictement nécessaires pour la marche de l'entreprise. En 1850, on y fit rentrer le traitement des agents employés à la vente des produits hors du carreau de la mine quand le lieu de vente était relié à la mine par des voies appartenant à l'exploitant; les frais de direction; — les honoraires des médecins.

6274. — La jurisprudence a toujours cherché à étendre ce chapitre de dépenses. C'est ainsi qu'ont été admis successivement : les frais de bureau et de surveillance. — Cons. d'Et., 5 mars 1856, Charrière, [Leb. chr., p. 181]

6275. — ... Les frais de direction, de comptabilité et de surveillance. — Cons. d'Et., 23 mai 1870, Brunier et Leborgne, [Leb. chr., p. 628]

6276. — ... La prime variable allouée au gérant comme complément de son traitement. — Cons. d'Et., 3 août 1877, Chagot, [D. 78.3.10]

6277. — ... Les frais de gérance, sinon pour la partie considérée comme rémunératrice des services rendus à la société, au moins pour la partie rentrant dans les frais d'exploitation, et les frais de voyages administratifs faits dans l'intérêt de la concession. — Cons. d'Et., 2 mai 1891, Chagot, [S. 93.3.55]

6278. — En ce qui touche les frais de direction, le Conseil d'Etat ne semble pas reconnaître à l'administration le droit d'arbitrer les frais généraux et paraît disposé à admettre toutes ces dépenses, pourvu que la réalité en soit constatée et que par leur nature elles puissent rentrer dans les frais d'exploitation. (Aguillon, t. 1, n. 480). — Cons. d'Et., 3 août 1877, précité. — Dans cette affaire, le Conseil n'a pas admis qu'on pût évaluer les frais de gérance par voie d'appréciation et de comparaison avec ceux d'autres établissements.

6279. — Toutefois, lorsqu'à l'exploitation de la mine sont annexées d'autres industries auxquelles le gérant donne ses soins, le Conseil d'Etat admet qu'une ventilation puisse être faite dans les frais de gérance. — Cons. d'Et., 16 juin 1853, Mines de la Loire, [P. adm. chr.]; — 4 juin 1880, Chagot, [S. 81.3.99, P. adm. chr., D. 81.3.58]; — 21 nov. 1884, Chagot, [D. 85.5.315]

6280. — La circulaire du 1er juill. 1877 rejette du compte d'exploitation les jetons de présence accordés aux membres du conseil d'administration et l'abonnement au timbre des actions. Ce ne sont pas là des dépenses d'exploitation, mais des dépenses afférentes à la constitution de la société. Le Conseil a donc été amené à faire dans les frais généraux du siège social une ventilation entre ceux qui rentrent dans les frais d'exploitation, qu'il admet... — Cons. d'Et., 21 nov. 1884, précité; — 30 juill. 1886, Mines de Kef-oum-Theboul, [Leb. chr., p. 676]

6281. — ... Et ceux qui ont un autre caractère, tels que les allocations au conseil de surveillance, les frais généraux des agences commerciales possédées en dehors de la mine, les frais généraux relatifs à des industries annexes. — Cons. d'Et., 4 juin 1880, précité; — 21 nov. 1884, précité; — 13 nov. 1885, Mines de Kef-oum-Theboul, [Leb. chr., p. 839]; — 2 mai 1891, précité.

6282. — 5° Comme dépenses diverses, la circulaire du 6 déc.

1860 admet en compte les indemnités tréfoncières en argent ou en nature que les actes de concession obligent les concessionnaires à payer aux propriétaires de la surface. Cette disposition était motivée par une décision du Conseil d'Etat du 23 juill. 1857, Mines de la Loire, [Leb. chr., p. 573], qui avait rejeté ces dépenses du compte d'exploitation. La circulaire du 1er juill. 1877 a confirmé sur ce point celle de 1860. Cependant, la jurisprudence se montrait encore hésitante. — Cons. d'Et., 24 mai 1862, Tiesserandot, [Leb. chr., p. 408]; — 14 déc. 1870, Hunolotein, [Leb. chr., p. 1105]

6283. — Plus récemment, le Conseil a refusé de déduire du produit brut la redevance payée aux inventeurs. — Cons. d'Et., 8 août 1888, Mines de Marles, [Leb. chr., p. 744]

6284. — La circulaire de 1877 exclut les frais auxquels donnent lieu les procès soutenus par la compagnie. Sur ce point la jurisprudence du Conseil n'est pas aussi absolue. Il a été décidé que, quand un procès durait plusieurs années, on pouvait déduire des dépenses les frais occasionnés dans l'année précédente. — Cons. d'Et., 23 mai 1874, Mines de Sainte-Barbe, [Leb. chr., p. 628] — Il semble que la juridiction administrative se réserve le droit d'apprécier si le procès présente ou non de l'intérêt pour l'exploitation. — Cons. d'Et., 9 juill. 1880, Mines de Saint-Gobain, [Leb. chr., p. 654]; — 8 août 1888, précité.

6285. — Une distinction analogue est faite en ce qui touche les subventions spéciales imposées pour dégradations extraordinaires causées aux chemins vicinaux. Quoique cette charge soit exclue du compte par la circulaire du 1er juill. 1877, le Conseil d'Etat semble persister dans la distinction suivante : ces subventions doivent être admises en dépenses quand elles sont imposées à raison des dégradations produites par le transport des matériaux nécessaires à l'exploitation de la mine. — Cons. d'Et., 13 janv. 1859, Mines d'Anzin, [S. 59.2.638, P. adm. chr.]; — 29 déc. 1859, Mines de Vicoigne, [S. 60.2.505, P. adm. chr.]

6286. — Au contraire, quand il n'est pas justifié que ces subventions sont motivées par des transports nécessaires à l'exploitation, mais seulement par les transports des produits de la mine, elles doivent être rejetées. — Cons. d'Et., 13 janv. 1859, précité; — 23 déc. 1859, précité; — 8 août 1888, précité.

6287. — A part les subventions spéciales qui, dans le cas que nous venons d'indiquer, peuvent être admises en dépenses, toutes les contributions payées à l'Etat ne doivent être admises en déduction du produit brut. La circulaire du 1er juill. 1877 le dit formellement pour l'impôt foncier, les taxes sur les chevaux et voitures, les redevances fixe et proportionnelle. — Cons. d'Et., 4 juin 1880, précité; — 9 juill. 1880, Cie de Saint-Gobain, [Leb. chr., p. 654]; — 21 nov. 1884, précité; — 2 mai 1891, précité.

6288. — Mais en aucun cas on ne peut admettre dans le compte d'exploitation les dépenses suivantes : les primes d'assurances (Circ. 1er juill. 1877). — Cons. d'Et., 21 nov. 1884, précité; — 2 mai 1891, précité.

6289. — Toutefois, il faut remarquer que cette exclusion ne vise que les assurances contre l'incendie. Une circulaire du 29 mars 1889 a, au contraire, compris expressément dans les dépenses d'exploitation les sommes versées par les concessionnaires comme primes d'assurances contre les accidents arrivés à leurs ouvriers, quelle que soit la caisse à laquelle a été effectué le versement, que ce soit une caisse de secours établie sur la mine ou une caisse d'assurance indépendante de l'exploitation.

6290. — Les frais de voyage nécessités par la vente des produits. — Cons. d'Et., 16 juin 1853, Mines de la Loire, [P. adm. chr.]; — 6 mars 1856, Mines de Blanzy, [Leb. chr., p. 480]; — 7 mai 1857, Mines de Carmaux, [S. 56.2.443, P. adm. chr.]; — 21 nov. 1884, précité; — 8 août 1888, précité; — 2 mai 1891, précité.

6291. — ... Les commissions consenties dans le même but aux intermédiaires. — Cons. d'Et., 16 juin 1853, précité; — 6 mars 1856, précité; — 7 mai 1857, précité; — 21 nov. 1884, précité; — 13 nov. 1885, Mines de Kef-oum-Theboul, [Leb. chr., p. 839]; — 30 juill. 1886, Même partie, [Leb. chr., p. 676]; — 2 mai 1891, précité.

6292. — ... Les frais de banque nécessités par l'envoi d'argent monnayé du siège social à la mine. — Cons. d'Et., 13 nov. 1885, précité; — 30 juill. 1886, précité.

6293. — ... Les frais de recouvrement et les pertes subies par l'exploitant sur la négociation d'effets de commerce ou par suite de faillites. — Cons. d'Et., 7 mai 1857, Mines d'Anzin, [S. 58.2.378, P. adm. chr., D. 58.3.22]; — 13 janv. 1859, Mines

d'Anzin, [S. 59.2.638, P. adm. chr.]; — 21 nov. 1884, précité; — 2 mai 1891, précité.

6294. — ... Les sommes annuellement prélevées pour assurer le paiement des intérêts et l'amortissement du capital engagé dans l'entreprise à un titre quelconque. — Cons. d'Et., 20 mars 1852, Forges et fonderies de l'Aveyron, [Leb. chr., p. 704] — Ainsi décidé pour les intérêts d'un emprunt. — Cons. d'Et., 16 juin 1853, Mines de la Loire, [P. adm. chr.]; — 27 mai 1857, Cie de l'Horme, [P. adm. chr.]; — 8 août 1888, Mines de Marles, [Leb. chr., p. 744] — ... pour les intérêts de la dette, du fonds de roulement et pour l'amortissement du capital.

6295. — Lorsqu'une mine est affermée, ce n'est pas d'après le prix du bail, mais d'après les produits de l'exploitation que la redevance doit être calculée. — Cons. d'Et., 14 déc. 1870, Hunolotein, [Leb. chr., p. 1105]

§ 4. Abonnement.

6296. — L'art. 35, L. 21 avr. 1810, dispose qu'il pourra être fait un abonnement pour ceux des propriétaires de mines qui le demanderont.

6297. — Les règles de procédure étaient fixées par les art. 31 et s., Décr. 6 mai 1811. « Les exploitants devaient présenter au préfet leur demande appuyée de pièces justificatives avant le 15 avril, à peine de déchéance ». — Cons. d'Et., 29 nov. 1872, Mines de Kef-oum-Theboul, [S. 74.2.220, P. adm. chr.] — Cette demande, soumise à l'avis du comité d'évaluation, était agréée ou rejetée par le préfet, sur l'avis de l'ingénieur des mines, quand l'évaluation du revenu ne donnait lieu à une redevance inférieure à 1,000 fr.; par le ministre, quand la redevance devait s'élever de 1,000 à 3,000 fr., et par un décret en Conseil d'Etat quand la redevance devait excéder cette somme.

6298. — Sous l'empire du décret de 1811, l'abonnement était facultatif pour l'administration, qui pouvait le refuser quand elle le jugeait désavantageux pour le Trésor. Deux décrets du 30 juin 1860 et du 27 juin 1866 en changèrent le caractère. L'abonnement devenait un droit pour les exploitants qui le demandaient.

6299. — Ces décrets fixaient les bases d'après lesquelles les abonnements devaient être calculés. Ils devaient durer cinq ans; la quotité en était déterminée par la moyenne des produits nets des deux années antérieures (cinq années depuis 1866) ayant donné un revenu.

6300. — Il a été jugé que le préfet ou le ministre ne pouvait refuser l'abonnement en alléguant que l'une des années antérieures n'aurait pas donné de revenu. Il suffisait que l'une des années eût donné un produit net pour qu'on pût établir la moyenne. — Cons. d'Et., 7 août 1863, Mines de l'Argentière, [S. 64.2.87, P. adm. chr., D. 65.5.268]; — 28 août 1865, Forges de Châtillon et Commentry, [D. 66.5.305]; — 11 janv. 1866, Mines de Moquet, [D. 66.5.305]

6301. — La décision qui accordait l'abonnement était définitive et ne pouvait être annulée par l'autorité supérieure une fois que le rôle avait été rendu exécutoire. — Cons. d'Et., 7 août 1863, Mines de Sarthe et Mayenne, [S. 64.2.87, P. adm. chr., D. 65.5.268]

6302. — Mais le régime de l'abonnement était très-onéreux pour le Trésor. Aussi un décret du 11 févr. 1874, abrogeant le décret du 27 juin 1866, en est-il revenu purement et simplement au système antérieur. Ce décret est ainsi conçu : « les soumissions d'abonnement sont présentées, acceptées ou rejetées dans les formes tracées par le décret du 6 mai 1811. Les abonnements sont approuvés par le préfet, sur l'avis de l'ingénieur des mines, du directeur des contributions directes et du comité d'évaluation, quand le taux de l'abonnement ne dépasse pas 1,000 fr. En cas de désaccord entre le comité d'évaluation et l'ingénieur des mines ou le directeur des contributions directes, il en est référé au ministre des Travaux publics, qui statue après s'être concerté avec le ministre des Finances. Au-dessus de 1,000 fr. jusqu'à 3,000 fr. les abonnements sont approuvés par le ministre des Travaux publics, qui se concerte également avec le ministre des Finances. Les abonnements au-dessus de 3,000 fr. et ceux pour lesquels un accord ne se serait pas établi entre les deux ministres, dans les cas prévus par les paragraphes précédents, sont approuvés par un décret en Conseil d'Etat. »

6303. — « L'abonnement peut toujours être refusé par l'administration; toutefois, le refus d'une soumission d'abonnement ne peut, en aucun cas, être prononcé que par une décision du

ministre des Travaux publics, après avis du conseil général des mines et des sections réunies des Travaux publics et des Finances du Conseil d'État. »

6304. — Les dispositions de ce décret, ayant le caractère de règles de procédure, ont été déclarées applicables de plein droit aux demandes qui étaient pendantes au moment de sa promulgation. — Cons. d'Et., 2 juin 1876, Société de Commentry-Fourchambault, [P. adm. chr.]; — 23 juin 1876, Forges de Châtillon et Commentry, [Leb. chr., p. 600]; — 17 nov. 1876, Cⁱᵉ houillère de Bessèges, [Leb. chr., p. 824]

6305. — Lorsqu'aucun désaccord ne s'est produit dans le comité d'évaluation, l'évaluation a un caractère définitif et ne peut être modifiée par le préfet ou le ministre. — Cons. d'Et., 15 nov. 1878, Cⁱᵉ de Mokta-el-Hadïd, [P. adm. chr., D. 79.3.25]

Section III.

Taxe militaire.

§ 1. Assiette de la taxe.

1° Qui est imposable.

6306. — Au cours de la discussion de la loi qui posait en principe l'égalité absolue du service militaire pour tous les Français, cette idée a surgi que cette égalité tant cherchée ne serait pas atteinte, si les jeunes gens qui, à un titre quelconque, bénéficiaient d'une exemption ou d'une réduction de service, n'étaient pas astreints à supporter une large compensation. Qui ne paie pas de son corps doit payer de sa bourse, a-t-on dit. C'est seulement dans le projet remanié de 1885 que le gouvernement inséra cette taxe, dont le principe fut, on peut le dire, adopté sans discussion. Elle était d'ailleurs nécessaire pour permettre au Trésor de supporter le surcroît de dépenses que devait entraîner l'augmentation des effectifs et pour combler le vide que créait dans les recettes la suppression de l'engagement conditionnel d'un an. Cette taxe d'ailleurs n'a pas une origine purement française : elle existait déjà en Allemagne, en Autriche, en Italie et en Suisse.

6307. — L'art. 35, L. 15 juill. 1889 (§ 1), dispose qu'à partir du 1ᵉʳ janvier qui suivra la mise en vigueur de la présente loi, seront assujettis au paiement d'une taxe militaire annuelle ceux qui, par suite d'exemption, d'ajournement, de classement dans les services auxiliaires ou dans la seconde partie du contingent, de dispense, ou pour tout autre motif, bénéficieront de l'exonération du service dans l'armée active.

6308. — Le § 8 de l'art. 35, L. 15 juill. 1889, dispose que l'article n'aura pas d'effet rétroactif. On avait proposé de frapper immédiatement ceux qui se trouvaient jouir actuellement d'une exemption pour les années qui les séparaient du passage de leur classe dans la réserve de l'armée territoriale. Cette proposition ne fut pas admise.

6309. — Le législateur n'a entendu insérer dans la loi que des principes, laissant à un règlement d'administration publique le soin d'indiquer tous les détails et toutes les conditions d'application de la loi. Ce règlement a été promulgué le 30 déc. 1890, de manière à permettre l'application de la taxe à partir du 1ᵉʳ janv. 1891. Il a été remplacé par un décret du 24 févr. 1894.

6310. — Quels sont les individus passibles de la taxe militaire ? Ce sont tous ceux qui ne font pas trois ans de service dans l'armée active, c'est-à-dire : 1° les hommes exemptés par les conseils de révision de tout service actif ou auxiliaire pour cause d'infirmités (art. 20, L. 15 juill. 1889);

6311. — 2° Les hommes réformés après incorporation pour motifs autres que des blessures reçues dans un service commandé ou des infirmités contractées dans les armées de terre et de mer;

6312. — 3° Les dispensés en vertu des art. 21, 22, 23, 50, 81 et 82, L. 15 juill. 1889, y compris les hommes visés par les art. 1, § 3, et 35, Décr. 23 nov. 1889, sans qu'il y ait lieu de distinguer entre les catégories de dispenses créées par l'art. 22;

6313. — 4° Les hommes ajournés à un nouvel examen par application de l'art. 27 de la loi précitée;

6314. — 5° Les hommes classés dans les services auxiliaires de l'armée;

6315. — 6° Les hommes passés dans la disponibilité en vertu des art. 39 et 46 de ladite loi;

6316. — 7° Les hommes qui, ayant moins de trois ans de

service, ont cessé d'être présents sous les drapeaux par suite de désertion ou d'insoumission;

6317. — 8° Les individus qui renoncent à la qualité d'inscrits maritimes avant d'avoir accompli les trois années de service exigées par l'art. 30 de la loi;

6318. — 9° Enfin, les hommes qui bénéficieraient de l'exonération du service dans l'armée active pour tout autre motif ne conférant pas expressément l'exemption de la taxe aux termes des dispositions législatives et réglementaires (Instr. 9 mars 1891).

6319. — Nous n'avons pas à exposer les discussions auxquelles ces dispositions ont donné lieu ni les critiques formulées notamment contre l'assujettissement à la taxe des infirmes, qu'on semble ainsi punir du malheur qui les frappe. On a reproché à la loi d'être sur ce point inique et illogique, par la raison que si ces malheureux voulaient servir la patrie de leur personne, on ne le leur permettrait pas. — V. *Rép. gén. alph. du dr. fr.,* vᵒ *Recrutement militaire.*

2° Exemptions.

6320. — Sont seuls dispensés de la taxe : 1° les hommes réformés ou admis à la retraite pour blessures reçues dans un service commandé ou pour infirmités contractées dans les armées de terre ou de mer (art. 35, § 2). Ils sont renvoyés dans leurs foyers avec un congé de réforme nᵒ 1 (Instr. 9 mars 1891).

6321. — 2° Les contribuables se trouvant dans un état d'indigence notoire. Le législateur s'est refusé, malgré plusieurs amendements, à définir ce qu'il entendait par indigence notoire. Il a laissé ce soin au règlement d'administration publique. L'art. 11 de ce règlement est ainsi conçu : Ne sont pas compris à l'état-matrice ni au rôle, les jeunes gens qui sont indigents et dont les ascendants responsables sont également en état d'indigence notoire. Pour l'application de la disposition qui précède, l'état d'indigence notoire résulte : 1° des décisions prises par les conseils municipaux pour l'assiette de la contribution personnelle-mobilière, en exécution de l'art. 18, L. 21 avr. 1832; 2° de décisions spéciales que prennent ces conseils, lorsque l'intéressé ne figure pas au rôle de la contribution personnelle-mobilière, non pour cause d'indigence, mais comme ne jouissant pas de ses droits (Décr. 24 févr. 1894, art. 10).

6322. — Ainsi, il faut que ni l'assujetti, ni aucun de ses ascendants responsables ne soit en état d'acquitter la taxe. — Cons. d'Et., 9 juin 1894, Rambaud, [Leb. chr., p. 393] — Quant à la justification de l'état d'indigence, deux hypothèses sont prévues : celle où l'assujetti est passible de la contribution personnelle-mobilière et celle où il ne l'est pas. S'agit-il d'un jeune homme ayant une fortune personnelle ou des moyens d'existence propres, en un mot jouissant de ses droits dans le sens de la loi du 21 avr. 1832, il n'est exempté de la taxe militaire que si le conseil municipal l'a compris comme indigent au nombre des contribuables dispensés de payer la contribution personnelle-mobilière. En droit, il semble contradictoire d'exempter des contribuables qui, par définition, sont supposés avoir des ressources. En fait, cette anomalie peut se produire, les conseils municipaux jouissant d'une quasi-souveraineté pour la désignation des indigents. D'autre part, il s'agira fréquemment de jeunes gens mineurs ou majeurs qui, sans avoir de ressources personnelles, ont un établissement distinct de celui de leurs parents, soit comme étudiants, soit comme apprentis.

6323. — Le plus souvent il s'agira de mineurs habitant chez leurs parents et vivant aux frais de leur famille. Ceux-là ne sont pas passibles de la contribution personnelle-mobilière. Pour qu'ils soient exemptés de la taxe militaire, il faudra que le conseil municipal examine leur situation ou plutôt celle de leur famille et prenne une décision spéciale.

6324. — Quant à l'indigence des ascendants, elle résultera presque toujours d'une dispense de payer la contribution personnelle-mobilière, par application de l'art. 18 de la loi de 1832.

6325. — La taxe fixe n'est pas due par les hommes exemptés pour des infirmités entraînant l'incapacité absolue du travail (art. 35, § 4). L'exemption n'est accordée, en pareil cas, que si l'incapacité absolue du travail a été constatée dans la décision du conseil de révision. — Cons. d'Et., 9 nov. 1894, Cougny, [Leb. chr., p. 581]

6326. — La première classe passible de la taxe militaire est la classe 1889, appelée sous les drapeaux au mois de novembre 1890. Le décret du 30 déc. 1890 contenait une disposition tran-

sitoire, qui a eu un effet rétroactif, pour les hommes dispensés de tout service actif à raison de leurs infirmités et qui étaient exemptés de la taxe fixe si cette infirmité entraînait l'incapacité absolue de travail. Ils devaient se présenter devant le conseil de révision chargé des opérations du recrutement de la classe 1800 pour faire constater cette incapacité et se faire délivrer un certificat. Sur le vu des décisions ainsi rendues par le conseil de révision, les préfets devaient prendre des arrêtés collectifs de dégrèvement.

6327. — Les hommes de la classe 1889 qui auraient été exemptés pour infirmités par le conseil de révision avant la promulgation de la loi et qui n'auraient pas usé de la faculté que leur donnait l'art. 44 du décret de 1890 de se représenter devant le conseil de révision, ne sont pas fondés à réclamer le bénéfice de l'exemption. — Cons. d'Et., 23 juin 1894, Gaudry, [Leb. chr., p. 430]

3° *Pendant combien de temps est due cette taxe.*
Faits qui en interrompent la perception.

6328. — A partir de quelle époque est due la taxe militaire et pendant combien de temps? La taxe militaire était due à partir du 1er janvier qui suit l'appel à l'activité de la classe à laquelle appartient l'assujetti. Elle est établie d'après les faits existant au 1er janvier (Décr. 30 déc. 1890. art. 1 et Décr. 24 févr. 1894). L'homme présent sous les drapeaux au 1er janvier comme incorporé dans l'armée active n'est pas imposable (art. 2). Quant à ceux qui bénéficient d'une cause d'exonération partielle de service postérieurement à l'appel de leur classe, ils deviennent imposables le 1er janvier qui suit cet événement. Celui qui est ajourné est imposé le 1er janvier qui suit l'appel de sa classe sous les drapeaux, cesse de payer l'imposition pendant l'année ou les deux années où il sert effectivement, et redevient imposable après sa libération, à raison de l'exonération partielle dont il a bénéficié.

6329. — Pendant combien de temps est-on passible de la taxe militaire? Le Sénat avait proposé d'en limiter la durée au temps passé dans l'armée active. Mais la Chambre des députés a jugé que cette durée était trop courte et son opinion a prévalu. En conséquence, la taxe cesse à partir du 1er janvier qui suit le passage de la classe de l'assujetti dans la réserve de l'armée territoriale (art. 35, § 5).

6330. — Si la date du 1er janvier a été adoptée soit comme point de départ, soit comme terme de la taxe, c'est pour soumettre celle-ci au principe d'annualité. La taxe est établie au 1er janvier pour l'année entière (art. 35, § 5), et d'après les faits existant à cette époque (Décr. 30 déc. 1890, art. 1).

6331. — Certains faits entraînent la cessation de la taxe : la mort de l'assujetti, son engagement volontaire (Décr. 30 déc. 1890, art. 31 ; Décr. 24 févr. 1894, art. 27), l'accomplissement, pour une raison quelconque, de ses trois années de service actif (L. 15 juill. 1889, art. 35, § 5); son inscription sur les registres de l'inscription maritime, cette inscription équivalant à la présence sous les drapeaux (L. 15 juill. 1889, art. 35, § 5; Décr. 30 déc. 1890, art. 30; Décr. 24 févr. 1894, art. 26). Enfin la perception est interrompue en cas de mobilisation, sauf pour les insoumis, les déserteurs et les exemptés (art. 33). — Décr. 24 févr. 1894, art. 29.

6332. — Les hommes qui n'accomplissent pas leurs trois années de service actif ne sont pas tous dans la même situation. Les uns (dispensés à titre conditionnel) dispensés pour raison de famille) font une année de service, les autres (ajournés) font un an ou deux ans suivant les cas; d'autres (soldats de la seconde portion du contingent) font tantôt dix ou quatorze mois de service; les jeunes gens placés dans les services auxiliaires ne font aucun service actif, sauf en cas de mobilisation. La quotité de la taxe devait-elle être la même pour toutes ces catégories de jeunes gens inégalement exemptés? La loi n'a pas voulu consacrer cette injustice et, dans son § 4, elle a décidé que la taxe fixe et la taxe proportionnelle seraient réduites à proportion du temps pendant lequel l'assujetti n'aurait pas bénéficié de l'exonération établie à son profit dans l'armée active.

6333. — Voici comment M. Mérillon, le premier commentateur de la loi du 15 juill. 1889, interprétait cette disposition : « On doit trois années de service actif ou la taxe entière, et l'on n'est soumis qu'à l'une ou à l'autre de ces obligations. Tout ce qu'on

donne de la première est une décharge de la seconde. Exempté de tout service, je dois la taxe entière ; dispensé de deux années, je dois les deux tiers ; renvoyé après un an, je dois les deux tiers; après deux ans, je dois un tiers; ajourné un an, je dois un tiers; deux ans, deux tiers, etc. » (*Loi milit.*, p. 389). Il semble donc, d'après M. Mérillon, que la taxe ne puisse être fractionnée que par tiers.

6334. — Le règlement d'administration publique du 30 déc. 1890, en s'inspirant des mêmes idées, a poussé plus loin le fractionnement, ce qui a permis de tenir compte de situations dignes d'intérêt. L'art. 3 est ainsi conçu : « La taxe militaire annuelle, calculée conformément aux dispositions du § 3, art. 35, L. 15 juill. 1889, est réduite, par application des dispositions du § 4 du même article, de 1/36 pour chaque mois de service accompli par l'assujetti, alors même que la durée de son service ne constituerait pas une période ininterrompue. Il n'est pas tenu compte des fractions de mois. Ainsi un homme qui aura fait dix mois de service ne devra que les 26/36 de sa cote. On a trouvé plus simple de réduire la quotité de la taxe annuelle que de diminuer la durée de la perception (Décr. 24 févr. 1894, art. 3).

6335. — La taxe ne doit être réduite qu'en proportion du service effectif. Supposons qu'un dispensé soit convoqué en cas de mobilisation et fasse campagne, c'est le temps effectif passé sous les drapeaux qui devra être considéré pour la réduction de la taxe et non cette durée majorée par le bénéfice de campagne.

6336. — D'après l'art. 4, Décr. 30 déc. 1890, et le décret du 24 févr. 1894, il n'est pas fait état, au profit de l'intéressé, de tout service accompli à titre d'exercices ou de manœuvres et de tout service accompli, en temps de paix, au titre de la réserve de l'armée active, de l'armée territoriale ou de la réserve de l'armée territoriale. Le décret du 24 févr. 1894 a apporté une restriction à cette disposition dans le cas où le gouvernement userait des pouvoirs que lui confère la loi du 26 juin 1890, c'est-à-dire maintiendrait provisoirement sous les drapeaux des hommes convoqués pour accomplir une période d'exercices.

6337. — Inversement sont considérés comme ayant accompli leurs trois années de service et ne sont pas, dès lors, imposables à la taxe militaire les hommes de l'armée active qui, par suite des nécessités budgétaires, ont été incorporés postérieurement au 1er novembre ou renvoyés dans leurs foyers avant le 31 octobre. Ces mesures relèvent du pouvoir discrétionnaire du gouvernement et ne constituent pas des exemptions légales. Les réductions de service qui en résultent ne pourraient motiver une taxation (Décr. 24 févr. 1894, art. 5). — V. cependant, en sens contraire, Instr. 9 mars 1894, Circ. min. Guerre 11 oct. 1894, et Circ. min. Fin. 11 janv. 1895.

4° *Responsabilité des ascendants.*

6338. — Les jeunes gens qui bénéficient de l'exonération totale ou partielle du service actif ne sont pas les seuls contribuables? En réalité, il y a deux contribuables : celui qui bénéficie personnellement de la dispense, et sa famille qui en profite également en conservant dans son sein un membre qui peut lui rendre des services. Sous prétexte de poursuivre le recouvrement de la taxe contre l'ascendant responsable, la loi et le décret ont créé un second débiteur qui, le plus souvent, sera le principal. C'est un contribuable. En effet, il est inscrit nominativement sur le rôle (Décr. 30 déc. 1890, art. 10; Décr. 24 févr. 1894, art. 9). De plus, dans certains cas, pour savoir si un dispensé est ou non passible de la taxe, c'est la situation de ses ascendants qu'il faudra considérer. Nous en avons vu un exemple en parlant des indigents. Il en sera de même des jeunes gens qui ne figurent pas personnellement sur les rôles et dont les parents bénéficient d'une cause d'exemption de la contribution personnelle-mobilière.

6339. — Cette responsabilité des ascendants a été très-vivement critiquée. Peut-être était-elle nécessaire pour assurer le recouvrement d'un impôt établi sur des contribuables qui pour la plupart n'ont pas encore de ressources personnelles. Mais elle a été présentée au Sénat par le rapporteur, M. Boulanger, comme étant de règle en matière d'impôt. Malgré la grande autorité de son auteur, nous ne pouvons accepter cette assertion. En matière de contributions directes tout au moins, le principe qui domine est celui de la personnalité de cette dette. Jamais on n'est pour-

suivi comme responsable des contributions d'un parent, fût-on même tenu de lui fournir une pension alimentaire, tant qu'on n'est pas devenu son héritier. Nous savons que des tiers, fermiers, débiteurs, dépositaires, peuvent être tenus dans certains cas de se dessaisir de deniers provenant du chef des contribuables et affectés au privilège du Trésor, mais ils ne deviennent pas pour cela débiteurs personnels et solidaires de l'impôt. Le seul exemple de responsabilité qui ait été cité est celui du propriétaire qui, dans certains cas, devient débiteur personnel de la contribution mobilière et d'une partie des droits de patente de son locataire. Mais cette responsabilité est l'effet d'une faute, d'une négligence du propriétaire, et d'ailleurs cette disposition, vestige de l'ancien droit fiscal, est absolument exceptionnelle et exorbitante du droit commun, et la jurisprudence l'a toujours restreinte dans les limites les plus étroites.

6340. — Nous avons tenu à montrer que l'imposition simultanée de l'assujetti et de l'ascendant responsable est une innovation dans notre législation et non l'application d'un principe de droit commun. La pratique a déjà révélé plusieurs des inconvénients de cette mesure. Le principal est de compliquer la tâche des agents chargés de l'assiette de la taxe, obligés de rechercher dans des communes ou des départements différents, les ascendants de l'assujetti.

6341. — Quel est l'ascendant responsable? C'est celui dont la contribution mobilière entre dans la composition de la cote de l'assujetti. D'après la loi de 1889, c'étaient les ascendants du premier degré qui étaient responsables. A défaut d'ascendants du premier degré, ou s'ils étaient indigents, on devait rechercher parmi les ascendants du second degré celui dont la cote personnelle-mobilière était la plus élevée. La loi du 26 juillet (art. 16) a supprimé la responsabilité des ascendants autres que ceux du premier degré.

6342. — La responsabilité de l'ascendant est encourue alors même qu'il ne retire aucun avantage de l'exonération de son fils. On sait que la loi de 1889 exempte du service militaire les jeunes gens qui avant dix-neuf ans sont allés s'établir à l'étranger. Le Conseil d'Etat a maintenu au rôle, comme responsable de la taxe imposée à un fils, un contribuable qui établissait que ce fils s'était expatrié contre son gré. — Cons. d'Et., 27 oct. 1893, Cettour, [Leb. chr., p. 711]

5° Éléments de la taxe.

6343. — D'après le § 3 de l'art. 35, la taxe militaire se compose de : 1° une taxe fixe de 6 fr.; 2° une taxe proportionnelle égale au montant en principal de la cote personnelle et mobilière de l'assujetti. Si cet assujetti a encore ses ascendants du premier degré ou l'un d'eux, cette cote est augmentée du quotient obtenu en divisant la cote personnelle et mobilière de celui de ses ascendants qui est le plus imposé à cette contribution, en principal, par le nombre des enfants vivants et des enfants représentés dudit ascendant. Au cas de non imposition des ascendants du premier degré, il devait être procédé comme il vient d'être dit sur la cote des ascendants du second degré, en tenant compte des enfants de l'ascendant de chaque degré.

6344. — L'art. 6, Décr. 30 déc. 1890, complétait ainsi la disposition précitée : « Dans le cas prévu au troisième alinéa du § 3 de l'art. 35, l'augmentation à faire subir à la cote de l'assujetti est déterminée en divisant la cote personnelle et mobilière en principal de l'ascendant du second degré par le nombre des enfants vivants ou représentés dudit ascendant et en subdivisant le quotient ainsi obtenu par le nombre des enfants vivants ou représentés de l'ascendant du premier degré. »

6345. — La taxe fixe de 6 fr. est une véritable capitation. Tout le monde la paie, sauf les jeunes gens qui ont été exemptés par le conseil de révision pour infirmités les rendant incapables de tout travail. Il faut, pour qu'ils ne soient pas portés sur les rôles à la taxe fixe, que le certificat qui leur est délivré par le conseil de révision mentionne cette incapacité absolue (Instr. 9 mars 1891).

6346. — 2° La taxe proportionnelle se subdivise en deux éléments : un premier qui égale la cote personnelle-mobilière de l'assujetti, s'il en a pour lui-même une. Tant que le jeune homme ne jouit pas de ses droits dans le sens de la loi du 24 avr. 1832, il ne paie pas cette partie de la taxe. Mais cet élément apparaîtra lorsque avec les années ce jeune homme sera devenu personnellement contribuable. Les agents des contributions directes, en relevant

pendant la tournée des mutations, les noms des nouveaux contribuables passibles de la contribution personnelle-mobilière, devront rechercher leur situation militaire.

6347. — 3° L'autre élément de la taxe proportionnelle est de beaucoup le plus difficile à établir. On aurait pu comprendre que la contribution de l'ascendant fût recherchée à défaut de contribution payée par l'assujetti; mais le cumul des deux éléments a été motivé par cette considération que le législateur a voulu non seulement la fortune de l'enfant, mais encore celle qu'il aura un jour à recueillir et qui est détenue par ses ascendants.

6348. — Si l'assujetti a ses ascendants du premier degré, c'est d'après leur cote personnelle-mobilière que sa taxe doit être établie alors même que la cote personnelle-mobilière de ses ascendants du second degré serait plus forte. Si le père et la mère sont imposés l'un et l'autre (en cas de divorce, de séparation de corps ou de biens), on prend pour base la cote la plus élevée.

6349. — Mais l'ascendant peut être imposé à la taxe mobilière dans autant de communes qu'il possède d'habitations meublées. Quelle est, de ces différentes cotes, celle qui doit servir de base au calcul de la taxe militaire? L'art. 35, § 3, dispose que les cotisations imposables sont celles qui sont portées aux rôles de la commune du domicile des contribuables. Le Conseil d'Etat aura à se prononcer sur la question de savoir de quel domicile il est ici question. Nous pensons pour notre part qu'il ne s'agit pas du domicile civil, mais du domicile réel de la loi du 24 avr. 1832, autrement dit du lieu où le contribuable a son principal établissement, sa résidence la plus habituelle et où il est déjà imposé à la contribution personnelle.

6350. — La quotité de la cote personnelle-mobilière des ascendants peut se trouver modifiée dans certaines communes par les prélèvements qui sont opérés sur l'octroi. Le § 3 de l'art. 35 in fine décide qu'il ne faut avoir aucun égard à ces prélèvements. C'est donc la cote intégrale qui pourrait être réclamée aux contribuables qui doit servir de base au calcul de la taxe militaire. Il en est de même des exemptions non fondées sur l'indigence qui sont accordées aux petits loyers.

6351. — D'après la loi de 1889, lorsque les ascendants du premier degré n'étaient pas imposés, soit parce qu'ils étaient indigents, soit parce qu'ils avaient sept enfants, soit encore parce qu'ils étaient officiers avec troupe sans habitation particulière, il fallait rechercher les ascendants du second degré. On devait prendre pour base la contribution personnelle-mobilière la plus élevée de celle que payaient ces ascendants dans la commune de leur domicile.

6352. — Mais le calcul se compliquait de la représentation des enfants des ascendants. L'assujetti ne doit cet élément de la taxe qu'en proportion de ce qu'il retirera de la fortune de l'ascendant. Supposons que l'ascendant du second degré ait eu trois enfants vivants ou représentés, c'est sur le tiers de sa cote que le calcul devait être fait. Si l'assujetti avait un frère ou une sœur, ce tiers devait être réduit au sixième et ainsi de suite.

6353. — Une hypothèse plus compliquée pouvait se présenter. L'assujetti a perdu ses ascendants du premier degré. Il a ses ascendants du second degré; l'un paie 600 fr. de contribution personnelle-mobilière, l'autre 1,200. Mais le premier n'a que deux enfants, de sorte que la taxe de l'assujetti doit être calculée sur la moitié de sa cote : 300 fr. Le second a eu six enfants, de sorte que la taxe de l'assujetti doit être calculée sur un sixième; soit : 200 fr. Quelle est la contribution qui devrait servir de base au calcul? Nous croyons que c'est la contribution la plus élevée et non celle qui devait donner la taxe la plus forte. La loi dit en effet que c'est la cote de l'ascendant qui est le plus imposé à la contribution personnelle-mobilière qui doit être prise en considération.

6354. — La loi de finances du 26 juill. 1893 (art. 16), a mis fin à ces difficultés en supprimant purement et simplement la responsabilité des ascendants autres que ceux du premier degré. Le troisième alinéa du § 3 de l'art. 35, L. 13 juill. 1889, est supprimé.

6355. — Il n'est plus tenu compte de la cote des ascendants lorsque l'assujetti a atteint l'âge de trente ans révolus et qu'il a un domicile distinct de celui de ses ascendants (art. 35, § 3). Si l'une de ces deux conditions fait défaut, tous les éléments de la taxe doivent continuer à être perçus.

6356. — Il est ajouté au montant de la taxe : 1° 5 cent. par franc pour couvrir les décharges et remises ainsi que les frais

d'assiette et de confection des rôles (en cas d'insuffisance, il est pourvu au déficit par un prélèvement sur le montant de la taxe); 2o 3 cent. par franc pour frais de perception (L. 15 juill. 1889, art. 35, § 7).

§ 2. Recouvrement.

6357. — Les assujettis qui, avant le 1er janvier, changent de résidence, sont tenus de déclarer ce changement avant le 15 février, faute de quoi ils sont maintenus au rôle de leur ancienne résidence (Décr. 30 déc. 1890, art. 12). D'après le décret du 24 févr. 1894 (art. 11), l'obligation de la déclaration incombe à l'ascendant dans le cas où l'assujetti à raison duquel il est taxé change de domicile ou a trente ans révolus.

6358. — La taxe est exigible dans la commune où le contribuable au nom duquel elle doit être inscrite à son domicile au 1er janvier. Toutefois, ceux qui bénéficient de la dispense prévue à l'art. 10 de la loi sur le recrutement sont imposables dans la commune où ils ont leur domicile au point de vue du service militaire, tel qu'il est défini à l'art. 13 de ladite loi (Décr. 30 déc. 1890, art. 8). D'après le décret du 24 févr. 1894 (art. 7), cette disposition ne devient applicable qu'au moment où ils deviennent personnellement imposables dans le sens de la loi du 26 juill. 1893, c'est-à-dire quand ils perdent leurs ascendants du premier degré ou qu'ils atteignent l'âge de trente ans.

6359. — L'imposition simultanée de l'assujetti et d'un ascendant responsable solidairement a été établie, nous l'avons dit, en vue de faciliter le recouvrement. D'une manière générale le recouvrement de cette taxe a été assimilé à celui de la contribution personnelle-mobilière. Le privilège du Trésor est le même, les obligations des dépositaires sont les mêmes. Les héritiers de l'assujetti sont également tenus de payer la taxe s'il décède en cours d'année. Toutefois l'art. 26, Décr. 30 déc. 1890, déclare inapplicables les art. 22 et 23, L. 21 avr. 1832, qui édictent la responsabilité du propriétaire et du principal locataire.

6360. — D'après l'art. 35, § 6, L. 15 juill. 1889, la taxe était due par l'assujetti. A défaut de paiement constaté par une sommation restée sans effet, elle était payée en son acquit par celui de ses ascendants dont la cotisation avait été prise pour élément du calcul de la taxe conformément au § 3 du présent article. Les ascendants n'étaient plus responsables quand la taxe cessait d'être calculée sur leur cote (art. 35, § 6).

6361. — L'art. 27, Décr. 30 déc. 1890, a complété cette disposition de la manière suivante : « Pour le recouvrement de la cote que l'assujetti n'a pas payée dans le délai fixé par la dernière sommation précédant le commandement, le percepteur s'adresse à l'ascendant responsable. Il l'informe de sa demande de paiement par un avertissement spécial, ensuite duquel il est procédé, même dans le cas de contrainte extérieure, par voie de sommation ou de commandement.

6362. — Ainsi le percepteur devait s'adresser d'abord à l'assujetti par voie de sommations sans frais et avec frais. Si ces actes restaient sans effet, la poursuite contre le principal assujetti demeurait en suspens : le percepteur était obligé d'abandonner ce débiteur et de tenter le recouvrement en faisant intervenir la garantie de l'ascendant responsable. Un avertissement spécial, qui pouvait être accompagné immédiatement d'une sommation sans frais, faisait connaître à l'ascendant le montant de la cote, le non-paiement de la taxe par l'assujetti et l'obligation qui lui était désormais imposée à lui-même d'acquitter personnellement la dette de son descendant. Pour tous les douzièmes restant à échoir, le percepteur pouvait s'adresser directement à l'ascendant. Si celui-ci ne déférait pas à la sommation sans frais, il était procédé contre lui d'après les règles ordinaires des poursuites, par voie de sommation sans frais, de commandement, de saisie, de vente.

6363. — L'art. 27 avait même pris soin d'exiger que tous les degrés seraient observés à l'égard de l'ascendant. On sait que lorsque le contribuable poursuivi n'habite plus le ressort de la perception, il est décerné contre lui une contrainte extérieure, à la suite de laquelle il est procédé directement par voie de commandement. La phase administrative des poursuites est supprimée. Il n'en est pas de même pour l'ascendant, quand il réside dans un autre ressort de perception que l'assujetti. Cette disposition est absolument équitable. L'ascendant peut ignorer que sa cote personnelle-mobilière a servi de base au calcul de la cotisation de l'assujetti et qu'il est devenu codébiteur. Il n'en est informé que par l'avertissement spécial qui lui est adressé après l'échec

des premières poursuites dirigées contre l'assujetti. Il eût été trop dur de le soumettre à des poursuites par commandement aussitôt après cet avertissement.

6364. — Cependant lorsque l'assujetti ou l'ascendant responsable se trouve dans le cas prévu à l'alinéa final du § 6 de l'art. 35 de la loi, c'est-à-dire passible de la double taxe, le percepteur provoque la délivrance par le receveur des finances d'une contrainte spéciale et personnelle. En exécution de cette contrainte, il est procédé par voie de commandement, sans passer par les autres degrés de poursuites (Décr. 30 déc. 1890, art. 28).

6365. — Le fait d'avoir dirigé des poursuites contre l'ascendant responsable ne fait pas obstacle aux poursuites que le percepteur peut diriger à nouveau contre l'assujetti en cas d'insolvabilité de l'ascendant; les frais de poursuites faits contre ce dernier s'ajoutent de plein droit à la dette de l'assujetti envers le Trésor public. Toutefois, la responsabilité de l'assujetti en ce qui concerne les frais exposés contre l'ascendant, ne s'applique qu'aux frais antérieurs à la constatation de la pénalité, c'est-à-dire aux sommations et au premier commandement (art. 29).

6366. — L'art. 16, L. 26 juill. 1893, a modifié gravement le § 6 de l'art. 35 de la loi de 1889. Les premières années de recouvrement de la taxe avaient révélé le vice du mode de recouvrement établi en 1889. Le plus souvent, dans les premières années tout au moins, l'assujetti n'ayant pas de ressources personnelles, les poursuites dirigées contre lui n'aboutissaient pas et ne faisaient qu'entraîner des frais inutiles. C'est pourquoi le législateur a remplacé le § 6 de l'art. 35 par la disposition suivante : « La taxe militaire est due par l'assujetti; toutefois, elle est imposée au nom de celui de ses ascendants dont la cotisation a été prise pour l'élément de calcul de la taxe, conformément au § 3. La taxe ainsi imposée au nom des ascendants est recouvrée sur eux, sauf leur recours contre l'assujetti. Lorsque l'assujetti n'a plus ses ascendants du premier degré, lorsqu'ils sont indigents ou sans domicile connu en France ou lorsque l'assujetti a atteint l'âge de trente ans révolus et qu'il a un domicile distinct de celui de ses ascendants, il est personnellement imposable à la taxe militaire. »

6367. — Lorsqu'un assujetti, débiteur de diverses dettes, se présente pour verser un acompte, sans désignation expresse de l'article qu'il entend acquitter, le percepteur, après avoir prélevé ses frais de poursuites, s'il y a lieu, doit imputer de préférence le paiement sur la taxe militaire. A raison de la pénalité qui lui est propre, cette taxe constitue la dette la plus onéreuse pour le débiteur (Circ. 30 juin 1891).

6368. — Si, déterminé par les poursuites faites à son ascendant, l'assujetti vient se libérer, le percepteur doit accepter les deniers offerts, même s'ils ne couvrent pas intégralement les termes exigibles. Il doit faire remarquer, le cas échéant, au débiteur, que le retard de paiement a motivé un doublement de taxe et que les poursuites seront continuées jusqu'à complète libération. De même, si une contrainte extérieure a été émise, le percepteur émetteur doit déclarer à la partie versante et inscrire sur la quittance qu'il accepte le versement, mais sans préjudice des frais et de la double taxe que le comptable qui a reçu la contrainte a pu constater à la charge de l'ascendant.

6369. — La loi avait, pour assurer le recouvrement de la taxe militaire, édicté une sanction pénale très-rigoureuse. En cas de retard du paiement de trois douzièmes consécutifs constaté par un commandement resté sans effet, il était dû une taxe double pour les douzièmes échus et non payés (art. 35, § 6). L'arrêté par lequel le préfet rend le rôle exécutoire mentionnait l'injonction aux percepteurs d'avoir à recouvrer éventuellement cette double taxe (Décr. 30 déc. 1890, art. 13). Trois jours francs après la signification du commandement, le doublement de la taxe opérait de plein droit. Mais il n'opérait que pour ceux qui étaient visés dans le commandement et non pour ceux qui viendraient à échoir.

6370. — Le lendemain de l'expiration du délai accordé par le commandement, le percepteur constatait les suppléments de taxe devenus exigibles en sus des rôles pour retards de paiement; il dressait l'état des retardataires récalcitrants que ces doubles droits concernaient, l'adressait au receveur particulier pour que le montant en fût arrêté par le chef de service et requérait la délivrance de la contrainte spéciale libellée au verso de l'état. En exécution de cette contrainte, il était procédé à la signification d'un commandement spécial. En d'autres termes, le doublement de la taxe entraînait le renouvellement du commandement, mais non des actes de poursuites précédents. Si

les retards de paiements étaient motivés par des raisons de force majeure, les contribuables pouvaient s'adresser par la voie gracieuse aux préfets (Circ. 30 juin 1891).

6371. — A raison de l'extrême difficulté que peuvent éprouver les agents des contributions directes à rassembler tous les renseignements nécessaires avant la publication des rôles généraux, l'art. 14, Décr. 30 déc. 1890, a autorisé l'émission de rôles complémentaires, sur lesquels sont portés les jeunes gens qui, passibles de la taxe à raison de leur situation au 1er janvier, n'auraient pu être inscrits aux rôles primitifs par suite de l'insuffisance de renseignements obtenus sur eux. C'est donc uniquement la réparation d'omissions qui est permise : on ne peut saisir par ces rôles des faits nouveaux. De là la dénomination de rôles complémentaires qui a été substituée à celle de rôles supplémentaires. On pourrait se demander si l'autorisation d'émettre des rôles supplémentaires aurait pu être donnée par un simple règlement d'administration publique.

6372. — Les cotes inscrites sur les rôles complémentaires ne sont pas soumises au mode de paiement par douzièmes. On leur applique l'art. 29, L. 15 juill. 1880, et l'art. 61 de l'instruction générale sur les poursuites, c'est-à-dire que la taxe se fractionne en autant de termes qu'il reste de mois à courir depuis l'émission du rôle. Il résulte de cette division que la taxe ne pouvait être doublée pour ces fractions (art. 32). — Décr. 24 févr. 1894, art. 28.

6373. — Il existait une autre exception au principe du doublement de la taxe, contenue dans l'art. 40 du décret. « Pendant l'instance en réclamation, la pénalité du doublement de la taxe prévue par le dernier alinéa du § 6 de l'art. 35 n'est pas applicable aux trois douzièmes dont le recouvrement est édicté par l'art. 28, L. 21 avr. 1832 ». Cette disposition est celle d'après laquelle une réclamation ne suspend pas l'exigibilité des termes qui viennent à échoir pendant les trois mois qui suivent son enregistrement. A l'expiration de ce délai, le contribuable n'est plus tenu de payer; mais jusque-là il doit acquitter les termes à l'échéance. Si malgré cette obligation un réclamant s'était refusé à les acquitter et avait laissé décerner contre lui un commandement, on aurait dû, sans l'art. 40 du décret, appliquer le doublement de la taxe, qui s'opérait de plein droit. Cette immunité n'était que temporaire, car si après la décision rendue un nouveau commandement décerné n'était pas suivi de paiement dans les trois jours, tous les termes échus jusqu'alors devaient être doublés (Circ. 30 juin 1891).

6374. — La double taxe constituait une amende personnelle au contribuable qui l'avait encourue. L'art. 29 du décret est formel à cet égard. Il prévoyait le cas où la taxe avait été doublée par le fait de l'ascendant. Si cet ascendant était insolvable, les poursuites reprenaient contre l'assujetti, augmentées des frais faits contre l'ascendant. Mais le montant de la double taxe et les frais corrélatifs devaient être passés en non-valeurs. Les héritiers de l'ascendant seuls pouvaient en être tenus.

6375. — La loi du 26 juill. 1893 a fait disparaître la pénalité du doublement de la taxe.

6376. — En cas de mobilisation, non seulement la perception de la taxe est suspendue, mais les douzièmes échus à la date de la mobilisation, comme ceux qui viennent à échoir pendant sa durée, sont passés en non-valeurs (Décr. 30 déc. 1890, art. 33; Décr. 24 févr. 1894, art. 29).

§ 3. Réclamations.

6377. — L'imposition simultanée de l'assujetti et de l'ascendant a motivé quelques changements aux règles relatives aux réclamations comme à celles du recouvrement. L'ascendant n'est pas tenu d'attendre les poursuites dirigées contre lui pour réclamer. D'après l'art. 35 du décret de 1890, il peut se pourvoir, soit contre la fixation de la cote de l'assujetti, soit contre l'indication concernant sa responsabilité portée au rôle. L'art. 31, Décr. 24 févr. 1894, dispose que l'assujetti peut se pourvoir, soit contre son inscription au rôle, soit contre les bases d'imposition de la taxe, y compris celles qui sont personnelles à l'assujetti. De même, l'assujetti peut réclamer, soit contre l'inscription de son ascendant au rôle, soit contre les éléments d'imposition de la taxe, y compris ceux qui sont personnels à son ascendant.

6378. — L'ascendant bénéficie pour réclamer d'un délai plus long que l'assujetti. Ce délai ne court à son égard que du jour où il a eu connaissance de sa responsabilité et de la cote de l'assujetti par les poursuites dirigées contre lui par le percepteur (art. 36). Par poursuite il faut entendre la sommation avec frais et non l'avertissement spécial et la sommation sans frais qui la précèdent. Le décret du 24 févr. 1894 (art. 32) intervertit les rôles.

6379. — L'assujetti doit, en principe, réclamer dans les trois mois de la publication du rôle, à moins qu'il n'ait été porté sur un rôle complémentaire. En ce cas, le délai ne court qu'à partir de la connaissance qu'il a eue de son imposition par les poursuites dirigées contre lui (art. 37).

6380. — L'art. 38, Décr. 30 déc. 1890, et l'art. 34, Décr. 24 févr. 1894, déclarent applicables à la taxe militaire les dispositions de l'art. 4, L. 29 déc. 1884, et celles des art. 2 et 3, L. 21 juill. 1887. En ce qui touche ces dernières, l'art. 38 ajoute que les décisions qui seraient obtenues par l'assujetti à la suite de réclamations ne font pas obstacle aux réclamations que l'ascendant responsable pourrait former par la voie contentieuse, ni réciproquement. Les réclamations sont instruites suivant les règles ordinaires. Les répartiteurs ne sont pas consultés : seul le maire est appelé à donner son avis (art. 34). — Décr. 24 févr. 1894, art. 1.

6381. — Dans le cas de réclamation formée isolément, soit par l'assujetti, soit par l'ascendant responsable, le conseil de préfecture ordonne, s'il y a lieu, la mise en cause, soit de l'ascendant responsable, soit de l'assujetti. La décision qui intervient est commune aux deux parties portées au rôle de la taxe. Il en est de même dans le cas de pourvoi au Conseil d'Etat (Décr. 30 déc. 1890, art. 39). Ces mises en cause ont pour objet d'éviter des recours en tierce-opposition.

6382. — Lorsque la réclamation est admise, le remboursement auquel le réclamant a droit comprend, en outre du montant de la partie de la taxe irrégulièrement établie, le montant correspondant de la double taxe qui aurait pu (avant la loi du 26 juill. 1893) être exigée de lui (art. 41).

§ 4. Taxe militaire en Algérie et aux colonies.

6383. — La taxe militaire est applicable en Algérie, mais avec quelques modifications. La durée du service militaire étant d'une année seulement pour les hommes qui ont satisfait en Algérie à la loi du recrutement, la taxe n'est due que s'ils comptent moins d'une année de service. La taxe est réduite d'un douzième pour chaque mois de service accompli par l'assujetti (art. 43). — Décr. 24 févr. 1894, art. 37.

6384. — Le même article prévoit une situation toute particulière. C'est celle de l'Algérien qui, après avoir accompli une année de service militaire en Algérie, revient en France avant l'âge de trente ans. Conformément à l'art. 81 de la loi, il est incorporé pour fournir les deux années qu'il doit et dont il n'avait été dispensé que comme Algérien. Toutefois, l'art. 81 le libère de tout service actif lorsqu'il atteint sa trentième année. Si donc, à ce moment, il n'a pas achevé les deux années de service dont il était redevable à la patrie, il est assujetti à la taxe militaire, déduction faite d'autant de trente-sixièmes qu'il a de mois de service tant en Algérie qu'en France.

6385. — En Algérie, la taxe militaire ne comprend que la taxe fixe, parce que la contribution personnelle-mobilière n'existe pas en Algérie, ou plutôt n'existe que sous forme de taxe municipale sur les loyers. Cependant si l'assujetti a un ascendant domicilié en France, la portion imposable de la cote de l'ascendant pourra être ajoutée à la taxe (art. 42). — Décr. 24 févr. 1894, art. 36.

6386. — Aux colonies, l'application de la taxe a été ajournée au moment où serait organisée l'armée coloniale. Un décret spécial statuera ultérieurement sur le régime qui leur sera applicable (art. 43).

Section IV.

Taxe sur les billards.

§ 1. Assiette de la taxe.

6387. — A la suite des désastres de 1870-71, il a fallu créer une foule de nouvelles ressources. Tous les impôts existants ont été accrus. On en a créé de nouveaux. Parmi ces derniers figurent la taxe sur les billards publics et privés, la taxe sur les cercles, la taxe sur les chevaux et voitures, qui fut rétablie à cette

époque. Ces diverses taxes ont un caractère commun, c'est qu'elles sont établies sur des objets ou sur des dépenses de luxe. Elles sont un vestige des impôts somptuaires de la Révolution.

6388. — Les dispositions législatives concernant la taxe sur les billards sont fort brèves. La loi du 16 sept. 1871 (art. 8) se borne à dire qu'à dater du 1er oct. 1871, les billards publics et privés seront soumis aux taxes suivantes : Paris, 60 fr. ; villes au-dessus de 50,000 âmes : 30 fr. ; villes de 10,000 à 50,000 âmes : 15 fr. ; ailleurs, 6 fr. En outre, l'art. 5, L. 18 déc. 1871, répare une omission de la loi précédente en disposant que ces taxes seront assimilées pour le recouvrement aux contributions directes.

6389. — C'est dans le règlement d'administration publique du 27 déc. 1871 qu'il faut chercher les règles relatives à l'établissement de cette taxe. Nous examinerons tout d'abord sur quels billards elle porte. Le but de la loi ayant été de frapper dans le billard un objet de délassement, il n'y a aucune distinction à établir entre les billards publics et les billards privés. Tous sont également imposables. La loi n'a édicté aucune exemption. Aussi le Conseil d'Etat a-t-il déclaré imposables des billards placés dans un asile d'aliénés, — Cons. d'Et., 28 nov. 1873, Asile de Quatre-Mares-Saint-Yon, [Leb. chr., p. 881] — ... ou dans un établissement public, tel qu'un grand séminaire. — Cons. d'Et., 5 juill. 1878, Benoît, [Leb. chr., p. 639]

6390. — Il faut cependant remarquer que la taxe n'est établie que sur les billards proprement dits et non sur les jeux de billards anglais ou hollandais qui n'ont de commun avec le billard que le nom (Instr. 27 déc. 1871).

6391. — Les fabricants et marchands de billards ne sont pas imposables à raison des billards qui sont déposés dans leurs magasins en attendant la vente. Ce ne sont pas pour eux des objets de distraction ou de récréation, mais des objets de commerce qui acquittent à ce titre l'impôt des patentes. Cette exemption n'est pas inscrite expressément dans la loi, mais elle résulte formellement de l'exposé des motifs.

6392. — Toutefois, il ne faut pas aller jusqu'à dire que le seul fait qu'un billard se trouve chez un fabricant le fait échapper à l'impôt. Le Conseil d'Etat a jugé que la taxe était due à raison d'un billard déposé chez un fabricant pour y être réparé. — Cons. d'Et., 4 juin 1886, Poydenot, [Leb. chr., p. 491]

6393. — La circonstance qu'on ne fait pas usage d'un billard n'entraîne pas la décharge de la taxe. Il suffit que le billard soit à la disposition du possesseur. — Cons. d'Et., 23 janv. 1880, Girodolle, [Leb. chr., p. 102] ; — 19 juin 1885, Jurieu, [Leb. chr., p. 595] ; — 29 janv. 1886, Boudin, [Leb. chr., p. 86] ; — 7 mai 1892, Tardivel, [Leb. chr., p. 431]

6394. — La question est plus délicate, si le billard, par suite de détériorations ou de démontage, ne peut servir actuellement. Sur ce point, la jurisprudence est assez hésitante. Elle a décidé avec raison que le mauvais état d'un billard dont le tapis était déchiré ne le rendait pas impropre à sa destination et elle a maintenu la taxe. — Cons. d'Et., 5 déc. 1873, de Lur Saluces, [Leb. chr., p. 907]

6395. — En est-il de même lorsque les bandes et le tapis sont enlevés? Ici nous trouvons des décisions absolument contradictoires. Par deux décisions, l'une du 19 juin 1874, Boursault, [S. 76.2.128, P. adm. chr.], l'autre du 23 févr. 1877, Bourse, [Leb. chr., p. 193], le Conseil considère comme hors d'état de servir et par suite non imposables des billards dont les bandes ont été démontées, alors même qu'ils auraient conservé leurs blouses et leur tapis.

6396. — Au contraire, par d'autres décisions, du 24 août 1874, Dusserre, [S. 76.2.223, P. adm. chr.], du 27 déc. 1878, Thévenon, [Leb. chr., p.1092], et du 18 nov. 1892, Chardin, [S. et P. 94.3.85], il maintient la taxe établie sur des billards dont les bandes et le tapis ont été enlevés, en se fondant sur ce qu'un rapide remontage les remettrait en état de servir. A notre avis c'est à la doctrine de ces derniers arrêts qu'il faut s'arrêter. Elle nous paraît plus conforme à l'esprit général de la jurisprudence, notamment de celle qui s'est formée pour l'application de la contribution sur les voitures.

6397. — Le tarif établi pour les villes d'après le chiffre de leur population est applicable aussi bien aux billards de la banlieue qu'à ceux de l'agglomération. La loi de 1871 n'a pas fait de distinction analogue à celle que l'on trouve pour d'autres contributions dans les lois du 21 avr. 1832 et du 25 avr. 1844 — Cons. d'Et., 28 mars 1873, de Breil le Breton, [S. 73.1.120, P.

adm. chr., D. 73.3.72]; — 9 mai 1873, André, [Leb. chr., p. 404]; — 18 juill. 1873, Halgan, [Leb. chr., p. 639]; — 5 déc. 1873, Durrieux, [Leb. chr., p. 906]; — 7 août 1874, Pontingou, [Leb. chr., p. 819]

6398. — Il n'est pas besoin d'être propriétaire d'un billard pour devoir la taxe. Les possesseurs, c'est-à-dire tous ceux qui en ont la jouissance permanente y sont assujettis. Il en est ainsi, par exemple, d'un locataire. — Cons. d'Et., 27 juin 1873, Rigaud, [S. 73.2.186, P. adm. chr., D. 73.3.92]

§ 2. *Déclaration.*

6399. — Les possesseurs de billards publics ou privés sont tenus de les déclarer. Les art. 3 à 6, Décr. 27 déc. 1871, sont consacrés à organiser cette formalité. La déclaration doit être faite à la mairie de la commune où se trouvent les billards. Les déclarations sont reçues du 1er octobre de chaque année au 31 janvier de l'année suivante (art. 3). La déclaration, inscrite sur un registre spécial, est signée par le déclarant. Il en est délivré un récépissé mentionnant le nom du déclarant, la date de la déclaration et le nombre des billards déclarés. Lorsque la déclaration est effectuée par un fondé de pouvoir, le fait est relaté sur le registre et le récépissé (art. 4).

6400. — Les déclarations produisent leur effet jusqu'à déclaration contraire, et les taxes continuent à être perçues sur le pied de l'année précédente tant qu'il n'y a pas lieu à changement dans l'établissement desdites taxes (L. 16 sept. 1871, art. 10, et Décr. 27 déc. 1871, art. 5). Les déclarations tendant à la diminution ou à la radiation des taxes doivent, à peine de nullité et conformément à l'art. 10, § 3, L. 16 sept. 1871, être faites avant le 31 du mois de janvier qui suit l'année pendant laquelle la taxe a cessé d'être due, en totalité ou en partie. Il en est de même à l'égard des billards transférés dans une localité dont le tarif est moins élevé (art. 5).

6401. — La déclaration une fois faite vaut jusqu'à déclaration contraire. Elle n'a pas besoin d'être renouvelée, tant qu'il ne survient aucune circonstance de nature à modifier la taxe. — Cons. d'Et., 28 nov. 1873, Asile de Quatre-Mares, [Leb. chr., p. 881] — Par exemple, un contribuable qui se borne à remplacer un vieux billard par un neuf n'est pas tenu d'en faire la déclaration. Mais nous croyons que tous les changements de résidence doivent faire l'objet d'une déclaration, quand bien même la quotité de la taxe n'en devrait pas être modifiée, à la condition toutefois que le changement de résidence n'ait pas lieu dans le ressort de la même perception, auquel cas le renouvellement de la déclaration est inutile.

6402. — Il a été jugé qu'un contribuable, imposé une année à la double taxe pour défaut de déclaration, n'était pas tenu l'année suivante de faire la déclaration. La déclaration étant exigée uniquement pour faire connaître à l'administration l'existence de la matière imposable, le fait par un contribuable d'avoir payé la taxe équivaut à une déclaration. — Cons. d'Et., 18 juill. 1873, Fray-Péteau, [Leb. chr., p. 819]

6403. — Il semble résulter de l'art. 10 de la loi de 1871 qu'un contribuable qui aurait vendu avant le 1er janvier son billard, mais qui aurait omis de demander la radiation de son nom du rôle avant le 31 janvier ne pourrait plus obtenir décharge pour ladite année. « Les demandes en décharge devront, à peine de nullité, être faites avant le 31 janvier de chaque année (art. 10) ». Nous ne croyons pas que la question se soit jamais posée devant le Conseil. A notre avis, cette disposition veut simplement dire que le contribuable qui n'aura pas averti l'administration avant le 31 janvier sera porté au rôle; mais nous ne croyons pas que le législateur ait entendu priver les contribuables du droit de réclamer dans le délai de droit commun.

6404. — « Les taxes établies par l'art. 8, L. 16 sept. 1871, seront doublées pour les contribuables qui auront fait des déclarations inexactes ou qui n'auront pas fait leur déclaration dans les trois mois qui suivront la promulgation de la présente loi et, à l'avenir, avant le 31 janvier de chaque année » (art. 10 de la loi). Le retard et l'inexactitude de la déclaration sont punis du doublement de la taxe. — Cons. d'Et., 27 juin 1873, précité; — 23 févr. 1877, Faillite Arnaud, [Leb. chr., p. 193]; — 23 janv. 1880, Girodolle, [Leb. chr., p. 102]; — 6 août 1880, Darit, [Leb. chr., p. 735]; — 19 juin 1885, Bouschet, [Leb. chr., p. 596]

6405. — Le cafetier qui achète en cours d'année un fonds avec le billard qu'il contient est tenu d'en faire la déclaration

l'année suivante. Il ne lui suffit pas d'acquitter la taxe de son cédant. — Cons. d'Et., 6 août 1880, précité.

§ 3. Règles diverses.

6406. — Les autres dispositions du décret sont le rappel de principes édictés à propos des contributions directes en général ou de quelques-unes d'entre elles. C'est ainsi que, d'après l'art. 1 du décret, la taxe est due, pour l'année entière, à raison de chaque billard possédé ou dont on a la jouissance à la date du 1er janvier. Il en résulte que tous les faits survenant en cours d'année, fermeture de l'établissement où se trouve le billard, faillite ou décès de son propriétaire, démontage ou vente du billard, sont sans influence sur la taxe, qui reste due. — Cons. d'Et., 5 déc. 1873, Dasse, [Leb. chr., p. 906]; — 30 juin 1876, Urweider, [Leb. chr., p. 618]; — 23 févr 1877, précité; — 7 févr. 1890, Loubet, [Leb. chr., p. 130]; — 18 nov. 1892, Chardin, [S. et P. 94.3.85]

6407. — En cas de décès du contribuable, les héritiers sont tenus au paiement de la taxe ou portion de taxe non acquittée. En cas de cession d'un établissement renfermant un ou plusieurs billards publics, la taxe afférente à ces billards est, si le cédant en fait la demande, transférée à son successeur (art. 2). La faculté de demander le transfert n'appartient, comme on voit, qu'au cédant. En outre, cette faculté n'existe que pour les propriétaires de billards publics et non pour ceux de billards privés. Et encore il ne suffit pas qu'un restaurateur ou un cafetier vende son billard, il faut qu'il cède son établissement. C'est le préfet qui opère le transfert.

6408. — La taxe est payable par portions égales, en autant de termes qu'il reste de mois à courir à la date de la publication du rôle (art. 1). Cependant en cas de déménagement du contribuable hors du ressort de la perception, la taxe ou la portion de taxe restant à acquitter est immédiatement exigible (art. 2).

6409. — L'art. 6 prévoit la possibilité pour l'administration d'émettre des rôles supplémentaires, mais seulement lorsque les faits pouvant donner lieu à des doubles taxes motivées par l'omission ou l'inexactitude des déclarations n'ont pas été constatés en temps utile pour entrer dans la formation du rôle primitif. Ainsi il n'y a pas lieu d'imposer les contribuables qui acquièrent des billards en cours d'année.

6410. — Les rôles sont établis non par commune mais par circonscription de perception (art. 7).

Section V.

Taxe sur les cercles.

§ 1. Assiette de la taxe.

6411. — « Les cercles, disait M. Casimir-Périer, rapporteur du budget rectificatif de 1871, sont des lieux de réunion, de conversation. S'ils ont l'inconvénient d'enlever trop de maris au foyer domestique, ils sont une ressource pour le célibataire. Quelques-uns sont des lieux de lecture ou d'étude; mais d'ordinaire, même pour ceux à qui leur titre semble réserver cette dernière spécialité, ils en ont l'apparence plus que la réalité. Rien ne semble plus légitime que d'astreindre à une taxe des sociétés fermées qui partagent le caractère des lieux publics sans en supporter les charges ». En conséquence l'art. 9, L. 16 sept. 1871, dispose qu'à dater du 1er oct. 1871, les abonnés des cercles, sociétés et lieux de réunions, où se paient des cotisations, supporteront une taxe de 20 p. 0/0 desdites cotisations payées par les membres ou associés. Cette taxe sera acquittée par les gérants, secrétaires ou trésoriers.

6412. — Quels sont les établissements assujettis à la taxe? C'est uniquement, d'après la loi, les cercles, sociétés ou lieux de réunions où se paient des cotisations. Le paiement de cotisations est la condition nécessaire de l'imposition.

6413. — L'instruction du 9 janv. 1872 expose de la manière suivante quels sont les établissements qui doivent être frappés : « Il ne semble pas, dit cette circulaire, que les agents puissent éprouver d'embarras pour reconnaître quelles sont les associations que la taxe doit atteindre, en tant qu'il s'agit des sociétés et des cercles. Mais, à l'égard de celles désignées dans la loi sous l'indication de lieux de réunion, il paraît utile de donner quelques explications. Cette dernière désignation comprend les centres d'association qui participent plus ou moins des cercles proprement dits et où l'on n'est admis que moyennant l'accomplissement de certaines formalités et le paiement de cotisations plus ou moins élevées, quel que soit d'ailleurs l'objet des réunions, sauf les exceptions déterminées par la loi. Ainsi la taxe atteindra les réunions ou sociétés ayant en vue des jeux d'adresse ou des exercices spéciaux, tels qu'exercices hippiques, gymnastiques, jeux de paume, de boule, tir à l'arc, aux pigeons, etc. » (Nous verrons que le législateur a corrigé ce que cette énumération pouvait avoir d'excessif).

6414. — « Il est des réunions qui peuvent donner lieu à des abonnements et qui, cependant, ne doivent pas être imposées : tels sont les casinos, cafés-concerts, théâtres ou autres lieux publics, où tout le monde sans distinction a le droit de pénétrer à la charge d'acquitter un prix fixe par soirée ou par représentation. En pareil cas, l'abonnement n'est pas une cotisation, mais le versement commutatif et anticipé du prix d'entrée pour plusieurs séances, avec certains avantages pour ceux qui le souscrivent » (Même instruction). Il est à remarquer, d'ailleurs, que ces établissements acquittent une autre contribution qui, au point de vue moral, offre avec celle qui nous occupe une certaine analogie : nous voulons parler du droit des pauvres.

6415. — Le législateur a édicté diverses exemptions. La première se trouve dans l'art. 9, § 2, L. 16 sept. 1871, qui dispose : « Ne sont pas assujetties à la taxe les sociétés de bienfaisance et de secours mutuels, ainsi que celles exclusivement littéraires, scientifiques, agricoles, musicales, dont les réunions ne sont pas quotidiennes. »

6416. — Il y a une distinction à établir entre les sociétés visées par cet article. Les sociétés de bienfaisance et les sociétés de secours mutuels sont exemptées, que leurs réunions soient quotidiennes ou non, à condition toutefois qu'elles ne s'écartent pas de leur objet. Si les personnes faisant partie d'une société de cette nature, tout en continuant de poursuivre un but charitable, se livraient pendant leurs réunions, à certains jeux ou amusements, elles deviendraient passibles de la taxe comme les membres des cercles proprement dits (Instr. 9 janv. 1872). — Cons. d'Et., 5 juin 1874, Cercle d'Oignies, [S. 76.2.124, P. adm. chr., D. 75.3.10]

6417. — Le Conseil d'Etat a appliqué l'exemption édictée en faveur des sociétés de bienfaisance à un cercle qui avait pour but, soit de conserver dans les jeunes gens un faisaient partie au moyen d'exercices religieux ayant lieu trois fois par semaine, les principes de vertu et de religion, soit de secourir ceux d'entre eux qui étaient malades ou nécessiteux. — Cons. d'Et., 7 août 1874, Cercle de Saint-Joseph, [S. 76.2.190, P. adm. chr., D. 75.3.10]

6418. — De même, à une société composée d'enfants de neuf à seize ans se réunissant le dimanche seulement, ayant pour but de former les jeunes gens au bien, de leur procurer des récréations honnêtes et agréables, et alimentée par des souscriptions. — Cons. d'Et., 14 mai 1875, Société de Saint-Louis de Gonzague, [S. 77.2.96, P. adm. chr., D. 76.3.12]

6419. — Quant aux sociétés exclusivement littéraires, scientifiques, agricoles, musicales, il faut, pour qu'elles soient exemptées, que leurs séances ne soient pas quotidiennes, et en outre, qu'elles conservent leur affectation spéciale sans offrir les mêmes moyens de récréation ou de délassement que les cercles proprement dits (Instr. 9 janv. 1872).

6420. — Par application de cette disposition ont été déclarées imposables : 1° la société de la bibliothèque d'Epernay qui, indépendamment de l'intérêt communal, avait en vue un intérêt d'utilité et d'agrément, où les sociétaires payaient un abonnement et dont les locaux étaient ouverts tous les soirs. — Cons. d'Et., 31 juill. 1874, Société de la bibliothèque d'Epernay, [S. 76.2 189, P. adm. chr., D. 75.3.10]

6421. — 2° Les cercles catholiques d'ouvriers dont les membres paient des cotisations et ont tous les jours la jouissance des salles. Le but de moralisation poursuivi par ces établissements n'a pas paru suffisant pour les faire considérer comme des sociétés de bienfaisance. — Cons. d'Et., 26 mai 1876, Cercles catholiques de Paris, [D. 76.3.73]; — 4 août 1876, Cercle catholique de Bar-le-Duc, [Leb. chr., p. 769]; — 23 févr. 1877, Cercle catholique de Lyon, [S. 79.2.91, P. adm. chr., D. 77.3.75]; — 8 juin 1877, Cercle catholique du Puy, [Leb. chr., p. 165]; — 9 mars 1877, Cercle catholique de Maxéville, [Leb. chr., p. 261]; — 22 juin 1877, Cercle catholique de Millau, [D. 78.5.439]; —

11 nov. 1893, Union chrétienne des jeunes gens de Paris, [Leb. chr., p. 746]

6422. — 3° Une société de carabiniers dont les locaux étaient ouverts tous les jours. — Cons. d'Et., 6 févr. 1874, Société des carabiniers de Givors, [S. 75.2.344, P. adm. chr., D. 75.3.10]

6423. — Au contraire, on n'a pas considéré comme lieux de réunion imposables une société dite du tir stéphanois, ayant pour but de fournir à l'arquebuserie stéphanoise les moyens de faire les essais et expériences nécessaires à la vérification des armes à feu achevées et d'étendre et de perfectionner l'art du tir. Cette société ne se réunissait pas tous les jours et les expériences se faisaient dans une vaste prairie qui ne contenait aucun local destiné à recevoir les sociétaires. — Cons. d'Et., 24 avr. 1874, Société du tir stéphanois, [S. 76.2.60, P. adm. chr., D. 75.3.10]

6424. — De même, le Conseil d'Etat a déclaré non imposable un local dépendant d'un lycée, chauffé et éclairé aux frais du lycée et mis par le proviseur à la disposition des professeurs, employés et répétiteurs qui acquittaient chacun une cotisation pour abonnement à des journaux et revues. — Cons. d'Et., 12 mars 1886, Cercle du lycée Henri IV, [Leb. chr., p. 229]

6425. — La loi du 5 août 1874 (art. 7) déclare exemptes de la taxe les sociétés ayant pour objet exclusif des jeux d'adresse ou des exercices spéciaux, tels que chasse, sport nautique, exercices gymnastiques, jeux de paume, jeux de boules, de tir au fusil, au pistolet, à l'arc, à l'arbalète, etc., et dont les réunions ne sont pas quotidiennes. On a fait remarquer que, lorsque ces sociétés ont des réunions quotidiennes, quel qu'en soit l'objet, les membres qui en font partie arrivent inévitablement à s'occuper d'objets étrangers au but particulier de la société, qu'ils sont amenés à se livrer à des jeux divers, à se faire servir des rafraîchissements, à transformer la société en un cercle. Conformément à ce commentaire, l'exemption a été refusée, même après la loi de 1874, à des sociétés ayant pour objet des jeux d'adresse (sarbacane, tir) mais possédant, en outre, des salles de réunion où l'on consommait des boissons et où l'on jouait aux cartes. — Cons. d'Et., 20 déc. 1878, Pichon, [D. 79.3.401] — 11 mars 1887, Société de tir : l'Avenir de Saint-Chamond, [Leb. chr., p. 220]

6426. — Enfin l'art. 13, L. 30 mars 1888, a édicté une dernière exemption en faveur des associations d'étudiants des facultés de l'Etat, lorsque lesdites associations seront exclusivement scientifiques et littéraires et qu'elles seront, en outre, reconnues par les autorités préfectorale et universitaire.

§ 2. Bases de la taxe.

6427. — Sur quelles bases est établie la taxe? D'après l'art. 1, L. 16 sept. 1871, cette base était unique : c'était le montant des cotisations payées par les membres ou associés, quels qu'en fussent le taux, la durée de la période à laquelle elles s'appliquaient (année, semestre, trimestre); quel que fût le titre en vertu duquel on appartenait à l'association (sociétaire, abonné, membre résidant ou non résidant, temporaire ou permanent).

6428. — Ainsi il a été décidé qu'un cercle, dont font partie de droit tous les membres d'une société de secours mutuels, et qui comprend, en outre, des membres dits honoraires, lesquels versent une cotisation, est imposable, et qu'il y a lieu de comprendre dans le calcul de la taxe ce que verse à ce cercle la société de secours mutuels pour l'admission d'un certain nombre de ses membres et qu'il prélève sur les cotisations annuelles versées par eux dans sa propre caisse. — Cons. d'Et., 5 juin 1874, Cercle d'Oignies, [S. 76.2.124, P. adm. chr., D. 75.3.10]

6429. — Que faut-il entendre par cotisations? Ce sont toutes les sommes que les sociétaires ou abonnés paient régulièrement chaque année. Elles se composent parfois d'éléments différents. En dehors du prix d'abonnement, il est perçu par les associations des frais accessoires, tels que prix des jeux, coût d'objets de consommation autres que ceux fournis gratuitement par les cercles. Ces sommes ne doivent pas, sous l'empire de la loi de 1871, être rangées dans la catégorie des cotisations d'après lesquelles la taxe est calculée.

6430. — Cependant si le prix d'abonnement se composait, indépendamment d'une cotisation ou somme fixe, avec ou sans attribution déterminée, de certaines autres sommes, variant ou

non chaque année et applicables à des dépenses habituelles ou prévues (frais de représentation, frais d'éclairage, etc.), ces dernières redevances seraient passibles de l'impôt aussi bien que la cotisation proprement dite (Instr. 9 janv. 1872).

6431. — Il a été décidé qu'on devait faire entrer dans le calcul de la taxe le produit d'une cotisation obligatoire imposée à chaque membre d'un cercle en vue d'allouer des étrennes au concierge. — Cons. d'Et., 1er août 1884, Cercle du commerce de Tours, [D. 85.5.451]

6432. — La question s'est posée de savoir si les sommes versées par les sociétaires en vue de payer les frais de réparation du local qu'ils occupent devaient entrer en compte pour le calcul de la taxe. Sur ce point, le Conseil d'Etat distingue suivant que ces sommes sont versées facultativement ou qu'elles sont obligatoires pour les associés. Dans le premier cas, la taxe n'est pas établie sur ces versements. — Cons. d'Et., 6 août 1875, Cercle de la Petite-Eglise, [D. 75.3.417]

6433. — Dans le second, ces sommes sont considérées comme des cotisations supplémentaires, et dès lors elles sont passibles de la taxe. — Cons. d'Et., 1er juin 1877, Cercle des Phocéens, [D. 78.5.439] ; — 30 mai 1879, Cercle de Saint-Julien de Vouvantes, [S. 71.3.1, P. adm. chr., D. 80.3.3]

6434. — Il arrive aussi que, la première année de leur admission, les membres d'un cercle, d'une société, etc., paient un droit d'entrée, soit distinct de la cotisation, soit se confondant avec elle. Il a été décidé que ces sommes devaient être considérées comme des cotisations, car elles sont affectées aux dépenses générales (frais de premier établissement ou dépenses annuelles) (Instr. 9 janv. 1872). — Cons. d'Et., 20 févr. 1874, Cercle catholique de Bayonne, [S. 76.2.28, P. adm. chr., D. 75.3.12]

6435. — Il peut arriver que des personnes autres que les sociétaires ou abonnés soient admises dans ces réunions en acquittant un droit d'entrée par séance; cette circonstance ne serait pas de nature à enlever aux réunions dont il s'agit le caractère de sociétés imposables; mais ces droits d'entrée ne sauraient être compris dans le montant des cotisations sur lesquelles la taxe est calculée (Instr. 9 janv. 1872).

6436. — La base de la taxe établie par la loi de 1871 a été remaniée en 1889 et 1890. La loi du 17 juill. 1889 contient une disposition ainsi conçue : « L'art. 9, L. 16 sept. 1871, est modifié ainsi qu'il suit, en ce qui concerne le § 1 : « L'impôt sur les cercles, sociétés et lieux de réunions où se paient des cotisations est perçu d'après leurs ressources totales annuelles, y compris celles qui correspondent à des avantages accordés à leurs employés. L'impôt est de 10 p. 0/0 lorsque les ressources annuelles sont inférieures à 6,000 fr., et de 20 p. 0/0 lorsqu'elles égalent ou dépassent 6,000 fr. Cette disposition, due à l'initiative parlementaire, avait été inspirée par cette considération que, dans certains cercles, et notamment dans ceux où l'on joue, il existe ce que l'on appelle vulgairement une cagnotte, c'est-à-dire une somme qui est prélevée sur les produits du jeu et qui vient en déduction des frais du cercle. La cotisation se trouve diminuée d'autant. L'art. 4, L. 17 juill. 1889, avait d'ailleurs renvoyé à un règlement d'administration le soin de déterminer les mesures nécessaires pour son exécution.

6437. — Ce règlement a été fait le 1er avr. 1890. Il énumérait dans son art. 2 les diverses ressources qui devaient faire l'objet de la déclaration annuelle des gérants : 1° montant des cotisations annuelles, temporaires, supplémentaires ou exceptionnelles des membres, membres ou associés ayant fait partie, pendant l'année précédente, du cercle, de la société ou de la réunion ; 2° montant des droits d'entrée des membres, abonnés ou associés nouvellement admis; 3° sommes payées par les personnes autres que les membres, les abonnés ou les associés pour être introduites, même temporairement ou exceptionnellement, dans le cercle, la société ou la réunion ; 4° produit des amendes imposées en conformité des statuts ou règlements; 5° produit net des collectes, quêtes, souscriptions, tombolas, expositions et fêtes diverses organisées au profit de l'établissement ou de ses employés; 6° montant brut des sommes prélevées sur les enjeux, quels que soient la destination et le mode de perception des prélèvements; 7° montant des frais, droits et redevances perçus pour l'usage des objets servant aux jeux de toute espèce, et des bénéfices réalisés sur la vente ou la revente de ces objets; 8° bénéfice réalisé sur la vente ou la fourniture des objets de consommation, s'ils sont fournis par l'établissement ou par les employés; 9° bénéfice provenant de la location de chambres ou

d'appartements meublés aux personnes qui fréquentent l'établissement; 10° produit de la concession à des tiers du droit de fournir aux personnes fréquentant l'établissement les objets de consommation, l'emplacement ou le matériel des jeux et autres objets; 11° produit brut du droit de lecture et montant de la sous-location ou de la vente des publications reçues par l'établissement; 12° loyers, redevances et indemnités perçus pour la location, l'abandon ou la concession, même temporaire, des locaux, emplacements, meubles et matériel affectés à l'usage direct du cercle, de la société ou de la réunion; 13° bénéfice provenant de la location à des tiers des immeubles autres que ceux qui sont affectés à l'usage direct du cercle, de la société ou de la réunion, autant que ce bénéfice rentrerait dans les ressources annuelles de l'établissement; 14° sommes provenant de subventions ou de libéralités et employées pendant l'année au profit de l'établissement ou de son personnel; 15° rentes et revenus produits par les valeurs et capitaux possédés par l'établissement et tous autres revenus, recettes et perceptions constituant, pour le cercle, la société ou la réunion, des ressources annuelles.

6438. — L'application de l'art. 4, L. 17 juill. 1889, et du règlement du 1er avr. 1890 a rencontré de grandes difficultés. Il est difficile en pratique de déterminer en quoi consistent les ressources d'un cercle. Malgré l'effort fait par le règlement pour en donner une énumération complète, il n'était pas certain que le but eût été atteint. D'autre part, chacun de ces articles de recettes devait soulever des difficultés d'interprétation provenant tant de la diversité des établissements que des procédés suivis par eux dans le règlement de leurs recettes et de leur comptabilité.

6439. — En conséquence, la loi du 8 août 1890 (art. 33) a abrogé l'art. 4 de la loi de 1889, et l'a remplacé par la disposition suivante : « Il est établi sur les cercles, sociétés et lieux de réunions où se paient des cotisations, une taxe réglée à la fois sur le montant des cotisations, y compris les droits d'entrée, et sur le montant de la valeur locative des bâtiments locaux et emplacements affectés à l'usage du cercle. »

6440. — Ainsi se trouve corrigé l'abus signalé en 1889. A l'égard des cercles où la cotisation est diminuée à raison des prélèvements opérés sur les enjeux, la valeur locative des bâtiments révèlera l'importance vraie des recettes du cercle et suppléera à la défaillance du premier indice. On revient au principe général de la législation des contributions directes, qui ne frappe les revenus que d'après des signes tangibles et apparents.

6441. — Quant à la quotité de la taxe, les cercles sont divisés par la loi du 8 août 1890 en trois catégories : 1° cercles dont les cotisations s'élèvent à 8,000 fr. et au-dessus, ou la valeur locative à 4,000 fr. et au-dessus : 20 p. 0/0 du montant des cotisations et 8 p. 0/0 du montant de la valeur locative.

6442. — 2° Cercles dont les cotisations sont de 3,000 fr. et au-dessus, mais inférieures à 8,000 fr., ou dont la valeur locative est de 2,000 fr. et au-dessus, mais n'atteint pas 4,000 fr. : 10 p. 0/0 du montant des cotisations et 4 p. 0/0 du montant de la valeur locative.

6443. — 3° Cercles dont les cotisations sont inférieures à 3,000 fr. et la valeur locative inférieure à 2,000 fr. : 5 p. 0/0 du montant des cotisations et 2 p. 0/0 du montant de la valeur locative (art. 33). Cette disposition a eu pour objet de proportionner la quotité de la taxe à l'importance des établissements assujettis.

§ 3. Déclarations.

6444. — Aux termes de l'art. 1, L. 16 sept. 1871, c'est aux gérants, secrétaires ou trésoriers qu'incombe l'obligation d'acquitter la taxe. A cet effet ces personnes doivent faire, chaque année, du 1er au 31 janvier, à la mairie des communes dans lesquelles se trouvent les établissements assujettis, une déclaration indiquant : 1° le nombre des abonnés, membres ou associés et le temps pendant lequel ils ont fait partie du cercle, de la société ou de la réunion dans le cours de l'année précédente, ainsi que le montant correspondant de leurs cotisations, avec mention spéciale des droits d'entrée compris dans ces cotisations; 2° les bâtiments, locaux ou emplacements affectés à l'usage de l'établissement pendant l'année précédente (Décr. 30 déc. 1890, art. 1).

6445. — La déclaration du gérant, secrétaire ou trésorier est inscrite sur un registre spécial et signée par le déclarant; il en est délivré récépissé. Lorsque la déclaration est faite par un fondé de pouvoir, le fait est relaté sur le registre et le récépissé (art. 2).

6446. — La déclaration doit indiquer le nombre des abonnés, membres ou associés ayant fait partie du cercle l'année précédente, ainsi que le montant de leurs cotisations, non celui des abonnés payant des cotisations au 1er janvier de l'année de la déclaration. — Cons. d'Et., 6 août 1880, Guasco, [Leb. chr., p. 734]

6447. — « La taxe est doublée pour les contribuables qui auront fait des déclarations inexactes ou qui n'auront pas fait leur déclaration dans les trois mois qui suivront la promulgation de la présente loi, et, à l'avenir, avant le 31 janvier de chaque année. Lorsqu'il n'y aura pas lieu à perception nouvelle ou à un changement dans la perception antérieure, la déclaration ne sera pas exigée et la taxe continuera à être perçue sur le pied de l'année précédente. Les demandes en décharge devront, à peine de nullité, être faites avant le 31 janvier de chaque année » (L. 16 sept. 1871, art. 10).

6448. — L'absence ou la tardiveté de déclaration entraîne le doublement de la taxe. — Cons. d'Et., 22 juin 1877, Cercle de Millau, [Leb. chr., p. 614]; — 9 mai 1879, Brun, [Leb. chr., p. 372]

6449. — Lorsque le trésorier d'une société a fait une déclaration sans réserve, cette société n'est plus recevable à soutenir qu'elle rentre dans la catégorie de celles qui sont exemptées de la taxe. — Cons. d'Et., 15 janv. 1875, Société de sport nautique d'Amiens, [S. 76.2.308, P. adm. chr., D. 75.3.86]

6450. — Les déclarations sont considérées, jusqu'à déclaration contraire, comme maintenues par les redevables et comme devant continuer à servir de base à leurs taxes. Mais des déclarations devront être faites toutes les fois qu'il surviendra des circonstances de nature à motiver un accroissement ou une diminution de taxe. Toutefois, il n'y aura doublement de la taxe que s'il y a augmentation dans le montant des cotisations d'une année par rapport à celle de l'année précédente. S'il y a diminution, il n'en sera pas tenu compte pour l'établissement du rôle si elle n'est pas déclarée avant le 31 janvier.

6451. — Quand un gérant a omis de déclarer seulement les membres nouveaux, le doublement de la taxe ne doit porter que sur les cotisations et les entrées nouvelles. Il n'y a pas lieu de renouveler la déclaration pour les cotisations qui ont déjà servi de base à l'impôt. — Cons. d'Et., 16 mars 1877, Cercle noyonnais, [P. adm. chr.]; — 20 déc. 1878, Pichon, [D. 79.5.401]

6452. — Il a été jugé qu'une société ne pouvait être assujettie à une double taxe pour défaut de déclaration de sommes représentant les intérêts du capital formé par les droits d'entrée antérieurement payés, alors que, dans le courant de l'année, il n'a été reçu aucun membre nouveau. Ces intérêts ne peuvent être considérés comme faisant partie des cotisations afférentes à la dite année. — Cons. d'Et., 11 déc. 1874, Société de lecture de Lisieux, [Leb. chr., p. 978]

6453. — Alors même qu'un cercle serait dissous pendant une année, l'absence de déclaration des cotisations reçues pendant cette année entraînerait l'application d'une double taxe. — Cons. d'Et., 16 avr. 1880, Ornano (cercle Sampiero Corso), [Leb. chr., p. 374]

6454. — L'art. 4, Décr. 30 déc. 1890, a comblé une lacune qui existait dans le règlement du 27 déc. 1871, en disposant que les déclarations sont vérifiées par les agents des contributions directes. Toutefois, c'est là un pouvoir plus théorique que pratique, car ils n'ont pas le droit d'exiger des administrateurs des cercles la production de leurs livres pour contrôler l'exactitude des déclarations. Ils trouveront dans les préfectures et sous-préfectures les statuts et règlements qui y sont déposés pour obtenir l'autorisation d'ouverture des réunions. Quant aux renseignements que ces actes ne leur fourniraient pas, tels que le nombre des membres, ils pourront s'adresser à l'administration des cercles; en cas de refus des contribuables ou de doute sur l'exactitude de leurs déclarations, ils prendront des informations dans les mairies, et, au besoin, ils pourront consulter la notoriété (Instr. 9 janv. 1872). Si les agents ne peuvent exiger la production des livres des cercles, les gérants, secrétaires ou trésoriers sont admis à produire, à l'appui de leurs déclarations, les livres, les comptes, bilans et tous autres documents de nature à permettre d'en apprécier l'exactitude (Décr. 30 déc. 1890, art. 4).

§ 4. Règles diverses.

6455. — Les autres dispositions du décret du 27 déc. 1871 contiennent le rappel de principes généraux applicables à toutes les contributions directes et taxes assimilées, notamment du prin-

cipe d'annualité. La taxe est établie sur les cotisations imposables dans le cours de l'année précédente. Ce n'est pas aux cotisations payées effectivement qu'il faut s'attacher, mais à celles qui devaient être perçues. D'autre part, si un cercle est détruit ou disparaît en cours d'année, la taxe continue à être due, non seulement pour l'année en cours, mais encore pendant l'année suivante. C'est la conséquence du principe que les taxes sont établies sur les cotisations perçues dans le cours de l'année. — Cons. d'Ét., 5 nov. 1875, Itié, [Leb. chr., p. 874] ; — 16 avr. 1880, précité ; — 8 avr. 1881, Delhomme, [S. 82.3.80, P. adm. chr., D. 82.3.77] ; — 3 déc. 1886, Rieutort (Cercle artistique de Nîmes), [Leb. chr., p. 857] ; — 10 juill. 1890, Cercle de l'Industrie, [Leb. chr., p. 657]

6456. — D'après l'art. 3, Décr. 30 déc. 1890, qui a remplacé l'art. 4, Décr. 27 déc. 1871, dans le cas de dissolution ou de fermeture, en cours d'exercice, d'un cercle, d'une société ou d'un lieu de réunion, la taxe est payée immédiatement. A cet effet, une déclaration spéciale est faite, selon les formes indiquées aux art. 1 et 2 du présent décret, dans les dix jours de la dissolution ou de la fermeture. Cette déclaration est immédiatement transmise par le maire au directeur des contributions directes, qui établit un rôle spécial et donne avis au redevable du montant de la somme à acquitter ; le paiement doit avoir lieu dans les dix jours de la réception de cet avis. Cette disposition est éminemment sage. Elle a pour objet de faire liquider immédiatement l'impôt de l'année courante et de faire dresser un rôle spécial, au lieu d'attendre la publication du rôle général de l'année suivante. A l'époque où ce rôle serait publié, les membres du cercle se seraient dispersés, les gérants, trésoriers, auraient pu disparaître, et le recouvrement des cotisations devenir impossible.

6457. — C'est pourquoi les personnes responsables de la taxe sont tenues de faire une nouvelle déclaration. Si elles ne la font pas, encourent-elles le doublement de la taxe ? Nous ne le pensons pas. Le doublement de la taxe est une mesure pénale, une sorte d'amende, qui ne peut être appliquée par voie d'analogie en dehors des cas où elle est expressément édictée. Si la déclaration n'a pas été faite, le cercle dissous continuera à être porté au rôle de l'année suivante et l'ancien gérant devra acquitter cette taxe. — Cons. d'Ét., 16 avr. 1880, précité ; — 10 juill. 1890, précité.

6458. — La taxe n'est pas divisible par douzièmes. Il a été jugé qu'alors même que le cercle n'aurait commencé à fonctionner que le 1er avril, la taxe de l'année suivante doit être calculée non sur neuf douzièmes, mais sur l'année entière. — Cons. d'Ét., 31 juill. 1874, Cercle des amis de Longecourt, [P. adm. chr.]

6459. — L'indivisibilité de la taxe est inscrite formellement dans la loi du 18 déc. 1871 en ce qui touche le paiement. « La taxe sur les cercles est payable par une seule fois, dans le mois qui suit la publication du rôle. »

6460. — Lorsque les faits pouvant donner lieu à des doubles taxes n'ont pas été constatés en temps utile pour entrer dans la formation du rôle primitif, il est dressé en cours d'année un rôle supplémentaire (Décr. 27 déc. 1871, art. 5). C'est le seul cas où ces rôles puissent être émis. Ces rôles, comme les rôles généraux, sont dressés par ressort de perception.

Section VI.

Taxe sur les chevaux et voitures.

§ 1. Notions historiques.

6461. — Lorsqu'en 1791, l'Assemblée constituante chercha à frapper par la contribution mobilière tous ceux des revenus des contribuables qui n'étaient pas atteints par la contribution foncière, elle s'attacha aux diverses manifestations extérieures par lesquelles pouvait se trahir la richesse. Après avoir imposé le loyer d'habitation, elle imposa les domestiques et les chevaux et mulets autres que ceux employés à l'agriculture. Cette taxe était progressive.

6462. — Supprimée avec la contribution mobilière en l'an II, la taxe sur les chevaux et mulets fut rétablie par la loi du 7 therm. an III, et les voitures y furent en outre assujetties. Voici comment ces taxes étaient réglées : « Les chevaux et mulets de luxe ne servant pas habituellement aux commerces, manufactures, usines, labours, charrois, postes, messageries, transports et roulage, de-

vaient payer, sans distinction de chevaux de selle ou de trait, 20 livres pour le premier, 40 livres pour le second, 80 livres pour le troisième, et ainsi de suite, en suivant la proportion double. On exemptait les étalons, juments poulinières et poulains au-dessous de trois ans et les chevaux des marchands de chevaux patentés. Quant aux voitures suspendues, carrosses, cabriolets, on devait payer par paire de roues 20 livres pour la première voiture, 40 livres par paire de roues pour la seconde, 120 livres par paire de roues pour la troisième, en augmentant dans la même proportion, à raison du nombre des voitures, que le propriétaire eût ou non des chevaux ou qu'il n'en eût que pour un seul attelage. Les litières portées par des chevaux ou mulets devaient payer comme une voiture à deux roues. Les voitures à deux roues devaient être comptées les premières pour la taxation. Les loueurs de chevaux, de carrosses et de fiacres, les entrepreneurs de messageries ou voitures particulières autres que ceux qui avaient traité avec le gouvernement devaient payer seulement 5 livres pour chaque cheval et 10 livres par roue de voiture sans progression pour le nombre. Les selliers, carrossiers ne devaient pas être compris dans l'imposition relative aux voitures ou équipages.

6463. — La loi du 3 niv. an VII remania encore le tarif. Pour les chevaux et mulets, la taxe était combinée d'après la population et le nombre des animaux possédés. Pour les voitures, le tarif était uniforme pour toutes les localités et réglé d'après le nombre des animaux. Étaient exemptés les chevaux et voitures employés soit aux services publics, soit à l'agriculture, au commerce, à l'industrie ou à la reproduction. Toutes ces taxes dites somptuaires furent abolies par la loi du 24 avr. 1806.

6464. — En 1856, un projet tendant à l'établissement d'une taxe sur les chevaux et voitures fut voté par le Corps législatif, mais le Sénat les déclara inconstitutionnel. En 1862, la nécessité où l'on se trouvait de combler le déficit détermina le Corps législatif à voter de nouveau cette taxe, malgré une très-vive opposition. Pour en faire accepter le principe, le gouvernement dut consentir un certain nombre d'exemptions qui en paralysèrent le recouvrement et en rendirent le produit inférieur de moitié aux évaluations. Aussi en 1865, le gouvernement proposa-t-il de renoncer à cette taxe. Toutefois, il se bornait à demander l'abandon de cette ressource aux départements, en laissant aux conseils généraux le soin de régler le tarif dans certaines limites. Mais ce moyen terme fut repoussé et la taxe supprimée purement et simplement par la loi de finances de juillet 1865.

6465. — Les désastres de la guerre de 1870 obligèrent le gouvernement à chercher partout des ressources nouvelles, la loi du 16 sept. 1871 (art. 7) remit en vigueur, à partir du 1er janv. 1872, la loi du 2 juill. 1862. Mais les inconvénients de cette loi apparurent de nouveau dès la première année et dans la loi de finances du 23 juill. 1872, des dispositions nouvelles furent édictées, qui modifièrent sur plusieurs points importants l'assiette de la taxe et en rendirent le recouvrement plus facile et le produit plus sérieux. C'est en s'étant borné à modifier certains articles de la loi du 2 juill. 1862, nous allons indiquer sur chaque question le système de ces deux lois.

§ 2. Assiette de la taxe.

1° Sous l'empire de la loi de 1862.

6466. — Quelles sont les bases de la taxe ? D'après l'art. 1, L. 2 juill. 1862, il devait être perçu une contribution annuelle par chaque voiture attelée et pour chaque cheval affecté au service personnel du propriétaire ou au service de sa famille.

6467. — On n'était pas imposable pour toutes les voitures ou pour tous les chevaux dont on avait la disposition. La taxe ne portait que sur les chevaux et voitures servant à l'usage personnel du contribuable ou de sa famille, c'est-à-dire pour sa commodité, son plaisir ou son agrément. Les faits à considérer pour l'imposition devaient avoir une certaine permanence qui les rendît notoires, leur donnât le caractère de faits habituels (Circ. 15 nov. 1862).

6468. — Le Conseil d'État a fait application de ce principe à des contribuables lorsqu'il était établi qu'ils ne faisaient de leur voiture qu'un usage accidentel, par exemple lorsque l'attelage n'avait servi pendant toute l'année. — Cons. d'Ét., 1er juin 1864, Chanoine, [Leb. chr., p. 528] ; — 20 juill. 1864, Poulain, [Leb. chr., p. 671] ; — 6 août 1864, Bailly, [Leb. chr., p.

744]; — 9 sept. 1864, Faugier, [Leb. chr., p. 866]; — 1er déc. 1864, Lorin, [Leb. chr., p. 942]; — 15 déc. 1864, Poydenot, [Leb. chr., p. 999]

6469. — Lorsqu'un contraire l'usage habituel était constaté, la taxe était due, alors même que la voiture aurait été attelée avec un cheval de louage. — Cons. d'Et., 10 mars 1864, Pujo, [S. 64.2 88, P. adm. chr., D. 64.3.33]; — 4 mai 1864, Villers, [Leb. chr., p. 407]; — 30 mars 1865, Petit, [Leb. chr., p. 367]

6470. — ... Ou d'emprunt. — Cons. d'Et., 14 juin 1864, Genestout, [Leb. chr., p. 559]; — 6 août 1864, Martel, [Leb. chr., p. 745]; — 13 sept. 1864, Brissay, [Leb. chr., p. 923]

6471. — ... Avec un cheval exempté de la taxe. — Cons. d'Et., 30 mars 1864, Courtois, [S. 64.2.213, P. adm. chr., D. 64.3.34]; — 4 mai 1864, Tourette, [Leb. chr., p. 406]; — 10 janv. 1865, Boirot, [Leb. chr., p. 20]

6472. — ... Ou avec un animal non imposable, tel qu'un âne. — Cons. d'Et., 20 juill. 1864, Clément, [Leb. chr., p. 671]

6473. — Les voitures n'étaient imposables que lorsqu'on pouvait les considérer comme attelées, c'est-à-dire qu'autant que le propriétaire pouvait les atteler simultanément. Ainsi le propriétaire qui avait deux voitures et un seul cheval, n'était imposable que pour une voiture. — Cons. d'Et., 14 juin 1864, Rodier, [Leb. chr., p. 561]; — 3 févr. 1865, Gosse de Gorre, [Leb. chr., p. 143]

6474. — Toutefois, on devait toujours imposer la taxe la plus élevée dans le cas d'emploi de nombres différents de voitures avec le même nombre de chevaux. Ainsi un propriétaire ayant deux chevaux et trois voitures devait être imposé pour deux chevaux et deux voitures, alors même qu'il aurait attelé parfois ses deux chevaux à la troisième (Circ. 13 nov. 1862).

6475. — Le Conseil d'Etat avait cependant décidé que lorsqu'un contribuable avait deux voitures et un seul cheval ou que celle de ses voitures qui devait la plus forte taxe n'avait pas été employée, c'était la voiture employée et non la plus fortement taxée qui devait être imposée. — Cons. d'Et., 1er juin 1864, Jousselin, [Leb. chr., p. 528]

6476. — Le contribuable qui attelait à sa voiture des chevaux d'emprunt ne pouvait se fonder pour obtenir décharge sur ce que ces chevaux ne pouvaient être attelés simultanément à sa voiture et à celle du propriétaire des chevaux. — Cons. d'Et., 21 avr. 1864, Schlumberger, [S. 64.2.213, P. adm. chr., D. 64.3.34]

6477. — Celui qui n'avait pas de cheval à atteler à sa voiture au 1er janvier n'était pas imposable. — Cons. d'Et., 8 sept. 1864, Titon, [Leb. chr., p. 854]

6478. — Il y avait en effet présomption que ce contribuable n'avait pas de voiture attelée. Mais ce n'était qu'une présomption, et s'il était constaté qu'il avait en cours d'année racheté un cheval ou attelé sa voiture à un cheval d'emprunt, la taxe était due. — Cons. d'Et., 14 juin 1864, Jacquet, [P. adm. chr.]

6479. — Nous nous gardons de citer tous les arrêts qui, dans les années 1864 et 1865, ont été rendus pour l'application de cette loi. Nous nous bornons à en indiquer quelques-uns afin de montrer quelle était la complication de la taxe ainsi établie et à quelles distinctions subtiles elle entraînait le juge.

2° Sous la législation actuelle.

6480. — I. *Voitures imposables.* — La loi du 23 juill. 1872 a corrigé heureusement la loi de 1862. « A partir du 1er janv. 1873, les taxes spécifiées à l'art. 5, L. 2 juill. 1862, seront appliquées : 1° aux voitures suspendues destinées au transport des personnes; 2° aux chevaux servant à atteler les voitures imposables; 3° aux chevaux de selle » (art. 5).

6481. — A l'égard des voitures, il n'y a plus à distinguer suivant qu'elles sont attelées ou non. Il suffit de posséder une voiture suspendue destinée au transport des personnes pour être passible de la taxe. Celui qui, ayant plusieurs voitures, n'a pas un nombre de chevaux suffisant pour les atteler simultanément est néanmoins imposé pour chacune d'elles. — Cons. d'Et., 13 févr. 1874, Danjard, [D. 75.3.9]; — 1er mai 1874, Bonnefond, [Leb. chr., p. 404]; — 10 juill. 1874, Levieil de la Marsonnière, [Leb. chr., p. 658]; — 7 août 1874, Bris, [Leb. chr., p. 815]; — 18 déc. 1874, Tailhade, [Leb. chr., p. 1020]; — 16 juin 1876, Larcher, [Leb. chr., p. 570]; — 22 déc. 1876, Farge, [Leb. chr., p. 929]; — 8 juin 1877, Castillon, [Leb. chr., p. 566]; — 17 mai 1878, Eudes, [Leb. chr., p. 470]; — 25 avr. 1879, Dezalay, [Leb. chr., p. 325]; — 28 juill. 1883, Brassart, [Leb. chr.,

p. 690]; — 24 janv. 1891, Blancou, [S. et P. 93.3.10]; — 12 févr. 1892, Lousteau, [Leb. chr., p. 135]

6482. — Pour être imposable, il faut que la voiture réunisse la double condition posée par l'art. 5 de la loi de 1872 : qu'elle soit suspendue et qu'elle soit destinée au transport des personnes. Par conséquent, les voitures non suspendues ne sont jamais imposables, quelle qu'en soit la destination. — Cons. d'Et., 11 juin 1875, Partois, [Leb. chr., p. 573]; — 6 août 1880, Lafaille, [Leb. chr., p. 734]

6483. — De même les voitures, même suspendues, mais destinées, non au transport des personnes mais à celui des marchandises, ne sont pas imposables. C'est ainsi qu'il ne faut pas assujettir à la taxe les voitures suspendues des agriculteurs, des négociants, des colporteurs, etc..., ne servant que pour le transport des denrées, des bestiaux, des marchandises, et n'ayant de sièges que pour le conducteur et le préposé à la surveillance ou à la distribution des objets transportés. — Cons. d'Et., 15 juin 1874, Dolivier, [Leb. chr., p. 581]; — 20 nov. 1874, Jossaud-Guédon, [Leb. chr., p. 905]; — 18 févr. 1876, Tourlet, [Leb. chr., p. 179]; — 14 juin 1890, Le Moing, [Leb. chr., p. 578]; — 27 mai 1892, Butor, [Leb. chr., p. 493]

6484. — Lorsque la destination de la voiture au transport des personnes est établie, la taxe est due, quelle qu'en soit la forme ou la dénomination. Ainsi le Conseil d'Etat a déclaré imposable une simple carriole suspendue qui transportait, non seulement des denrées ou des bagages, mais encore des personnes. — Cons. d'Et., 5 févr. 1875, d'Aboville, [Leb. chr., p. 102]

6485. — De même, il a maintenu à la taxe les voitures dites maringottes qui sont construites en vue d'un usage mixte. — Cons. d'Et., 22 déc. 1882, Gaillotte, [Leb. chr., p. 1063]

6486. — Il faut cependant qu'il s'agisse de voitures au sens propre du mot. Il a été décidé qu'un fauteuil roulant ne pouvait, à raison de la forme, être taxé comme une voiture. — Cons. d'Et., 6 août 1875, Gréau, [Leb. chr., p. 773]

6487. — Lorsque les deux conditions de la loi de 1872 sont réunies, il importe peu que la voiture renferme peu de places. On a imposé des voitures qui ne pouvaient servir qu'au transport d'une seule personne. — Cons. d'Et., 23 janv. 1880, Penevert, [Leb. chr., p. 101]; — 18 mars 1887, Colle, [Leb. chr., p. 244]

6488. — ... Ces voitures se composant seulement d'un caisson pour le transport des marchandises et d'un siège pour deux personnes. — Cons. d'Et., 7 août 1883, de Colomby, [Leb. chr., p. 736]

6489. — Il importe peu aussi que la voiture soit attelée avec un âne. On a déclaré imposable une voiture ainsi attelée qui avait été construite pour l'amusement des enfants de son possesseur. — Cons. d'Et., 27 févr. 1874, Allix, [Leb. chr., p. 201]; — 14 mai 1880, de Reverseaux, [Leb. chr., p. 458]; — 18 mars 1887, précité; — 22 janv. 1892, Thierry, [Leb. chr., p. 32] — Nous avons vu plus haut que même non attelée elle serait imposable.

6490. — Quand la voiture est suspendue et destinée au transport des personnes, il est indifférent que l'emploi en soit rendu nécessaire au propriétaire par l'état de sa santé, par ses infirmités. — Cons. d'Et., 13 sept. 1864, Delaplaco, [Leb. chr., p. 930]; — 3 nov. 1882, Pellissier, [Leb. chr., p. 843]

6491. — Il est également indifférent que le propriétaire s'en serve rarement ou même pas du tout. Le non-usage de la voiture n'entraîne pas l'exemption, comme sous l'empire de la loi du 2 juill. 1862. — Cons. d'Et., 13 févr. 1874, Daujard, [Leb. chr., p. 160]; — 7 août 1874, Léandri, [Leb. chr., p. 814]; — 20 nov. 1874, Cabirol, [Leb. chr., p. 905]; — 13 avr. 1877, Sengesse, [Leb. chr., p. 330]; — 7 nov. 1879, Prévots, [Leb. chr., p. 675]; — 13 avr. 1881, Bouscatel, [Leb. chr., p. 443]; — 22 mai 1885, Grobon, [Leb. chr., p. 534]; — 21 mai 1886, Camusat, [Leb. chr., p. 443]; — 30 juill. 1886, Barbin, [Leb. chr., p. 672]; — 6 août 1886, Léon, [Leb. chr., p. 717]; — 12 nov. 1886, Gaillotte, [Leb. chr., p. 782]; — 8 févr. 1890, Jan, [Leb. chr., p. 132]; — 12 févr. 1892, Blancou, [Leb. chr., p. 135]

6492. — La taxe continue à être due même par le propriétaire qui met sa voiture en vente chez un carrossier et manifeste ainsi l'intention de ne plus s'en servir. — Cons. d'Et., 25 janv. 1884, Doyen, [Leb. chr., p. 79]; — 6 nov. 1885, Casteret, [Leb. chr., p. 826]; — 11 févr. 1887, Puymoret, [Leb. chr., p. 133]; — 8 févr. 1890, précité.

6493. — La taxe est-elle due pour une voiture en mauvais état, pour une voiture démontée, en un mot pour une voiture qui ne peut servir dans son état actuel ? Ceci est une question

de fait. En principe, la vétusté d'une voiture,ne suffit pas, à elle seule, pour la faire considérer comme ayant perdu sa destination. — Cons. d'Et., 18 déc. 1874, Villiers, [Leb. chr., p. 1020]

6494. — Mais sur la question de savoir dans quels cas une voiture doit être réputée impropre au transport des personnes, la jurisprudence paraît assez hésitante. Le Conseil d'État a déclaré non imposables des voitures qui étaient dans un état de dégradation tel que le transport des personnes était impossible. — Cons. d'Et., 16 mars 1877, Marie, [Leb. chr., p. 281]; — 7 déc. 1877, Soulignac, [Leb. chr., p. 970]; — 8 août 1884, Chaumet, [Leb. chr., p. 729]; — 14 mars 1891, Couret, [Leb. chr., p. 220]

6495. — Mais il a maintes fois reconnu comme ayant conservé leur destination des voitures qui dans leur état actuel ne pouvaient servir, mais qui n'avaient besoin que d'un remontage rapide ou de quelques réparations, par exemple des voitures dont on avait enlevé les roues. — Cons. d'Et., 15 mai 1874, Choquet, [D. 75.3.9]; — 16 mars 1877, Levrat, [Leb. chr., p. 280]; — 8 juin 1877, Castillon, [Leb. chr., p. 566]; — 27 déc. 1878, Lacoste, [Leb. chr., p. 1092]; — 27 févr. 1880, Brante, [Leb. chr., p. 230]; — 3 déc. 1880, Bonnet, [Leb. chr., p. 956]; — 2 déc. 1881, Demay, [Leb. chr., p. 593]; — 6 mars 1885, Dupeyron, [Leb. chr., p. 272]; — 10 juill. 1885, Cabour, [Leb. chr., p. 659]; — 6 nov. 1885, Nitot, [Leb. chr., p. 826]; — 3 févr. 1888, Boschette, [Leb. chr., p. 118]; — 27 avr. 1888, Pertrizot, [Leb. chr., p. 380]; — 27 juill. 1888, Cessieux, [Leb. chr., p. 676]; — 29 mars 1890, Cointepas, [Leb. chr., p. 383]; — 14 mai 1891, Frèrejean, [Leb. chr., p. 371]; — 21 nov. 1891, Borot, [Leb. chr., p. 692]

6496. — ... Ou les essieux et les ressorts. — Cons. d'Et., 8 juin 1877, Roquefort, [Leb. chr., p. 566]

6497. — ... Ou le timon et les brancards. — Cons. d'Et., 23 nov. 1877, Coutard, [Leb. chr., p. 912]; — 24 mai 1878, Louvet-Poulain, [Leb. chr., p. 509]; — 27 déc. 1878, précité; — 2 août 1890, Meinadier, [Leb. chr., p. 748]

6498. — ... Où dont l'intérieur était complètement dégarni. — Cons. d'Et., 30 mai 1879, Bellière, [Leb. chr., p. 433]

6499. — Le Conseil d'Etat a également déclaré imposables des voitures ayant besoin, pour pouvoir servir, de grosses réparations. — Cons. d'Et., 7 août 1874, Bris, [Leb. chr., p. 815]; — 2 déc. 1887, Jammes, [Leb. chr., p. 770]; — 23 déc. 1887, Jardez, [Leb. chr., p. 840]

6500. — A plus forte raison est imposable une voiture en bon état, mais renfermée dans un local d'où elle ne peut sortir sans un démontage partiel. — Cons. d'Et., 7 août 1874, de Montval, [Leb. chr., p. 815]

6501. — II. *Chevaux et mulets imposables.* — Quant aux chevaux, l'imposition a été modifiée par la loi du 23 juill. 1872. Sous l'empire de la loi du 2 juill. 1862, était assujetti à la taxe tout cheval affecté au service du propriétaire et de sa famille. Sous l'empire de la loi du 23 juill. 1872, sont seuls imposables les chevaux destinés au transport des personnes, c'est-à-dire les chevaux de selle et les chevaux qui servent à atteler des voitures imposables.

6502. — Le Conseil d'Etat a fait application de cette disposition en dispensant de la taxe un cheval destiné à transporter à bât des engrais, denrées ou autres fardeaux. — Cons. d'Et., 12 mars 1875, Oustalet, [Leb. chr., p. 246]

6503. — ... Un cheval attelé à une voiture non suspendue. — Cons. d'Et., 31 mars 1876, Lacoste, [Leb. chr., p. 329]

6504. — ... Un cheval qui n'avait jamais été attelé à une voiture imposable ni employé comme cheval de selle. — Cons. d'Et., 19 nov. 1875, Friquet, [Leb. chr., p. 907]

6505. — Dans une décision récente, le Conseil d'Etat a déclaré passible de la demi-taxe un cheval servant à conduire une voiture non suspendue destinée au transport de bois. — Cons. d'Et., 23 janv. 1892, Peltier, [S. et P. 93.3.151] — Mais cette décision ne nous paraît conforme ni à l'esprit, ni au texte de la loi de 1872.

6506. — Au contraire, sont imposables les chevaux qui sont attelés à une voiture imposable. — Cons. d'Et., 18 juin 1875, Guy, [Leb. chr., p. 598]; — 16 mars 1877, Lalive, [Leb. chr., p. 280]; — 11 juin 1880, Frangue, [Leb. chr., p. 546]

6507. — ... Alors même que cette voiture n'appartiendrait pas au propriétaire du cheval. — Cons. d'Et., 10 mars 1876, Chevalier, [Leb. chr., p. 242]; — 26 nov. 1880, Jouault, [Leb. chr., p. 925]

6508. — Les chevaux servant alternativement à atteler une voiture imposable et une voiture non imposable. — Cons. d'Et., 16 juin 1876, Barthé, [Leb. chr., p. 570]; — 9 mai 1879, Gitton, [Leb. chr., p. 372]

6509. — ... Les chevaux sont imposables d'après le tarif afférent à la voiture qu'ils servent à atteler. — Cons. d'Et., 12 juin 1874, Bassot, [Leb. chr., p. 554]; — 31 juill. 1874, Barbier, [D. 75.5.418]; — 7 août 1874, Courtois, [Leb. chr., p. 816]; — 20 nov. 1874, d'Avon de Sainte-Colombe, [Leb. chr., p. 904]

6510. — L'art. 2, L. 22 déc. 1879, a complété la loi de 1872 en disposant que les mules et mulets de selle ainsi que les mules et mulets servant à atteler les voitures imposables à la contribution sur les voitures et les chevaux, sont passibles de cette contribution, d'après le même tarif et suivant les mêmes règles que les chevaux.

§ 3. *Exemptions.*

1° *Chevaux et voitures affectés au service d'une profession agricole ou commerciale.*

6511. — I. *Sous l'empire de la loi du 2 juill. 1862.* — La loi a édicté un certain nombre d'exemptions, totales ou partielles, de la taxe. La plus importante par le nombre d'éléments auxquels elle s'applique est celle qui vise les voitures et chevaux employés au service de l'agriculture ou d'une profession passible de patente. En 1862, le projet du gouvernement exemptait complètement de la taxe les chevaux et voitures exclusivement employés à l'agriculture ou à l'exercice d'une profession patentable et assujettissait à la demi-taxe ceux qui, tout en étant employés partiellement à l'une de ces destinations, étaient utilisés par leur propriétaire pour ses besoins ou ceux de sa famille. Le Corps législatif n'admit pas cette distinction et il vota l'exemption absolue des chevaux et voitures employés d'une manière quelconque au service de l'agriculture ou d'une profession imposable. Son intention était affirmée dans deux articles de la loi qui faisaient double emploi. L'art. 6 disposait que les chevaux et voitures qui seraient employés en partie pour le service du propriétaire ou de sa famille et en partie pour le service de l'agriculture ou d'une profession quelconque donnant lieu à l'imposition d'une patente, ne seraient point passibles de la taxe. L'art. 7, § 3, ajoutait : « Ne donnent pas lieu au paiement de la taxe les chevaux et voitures exclusivement employés aux travaux de l'agriculture ou d'une profession quelconque donnant lieu à l'application de la patente. »

6512. — Cette exemption absolue fut pour beaucoup dans l'insuccès de la taxe établie en 1862. En effet, presque tous les chevaux et voitures des petites localités de province trouvèrent moyen d'échapper à l'imposition. On trouve, il est vrai, quelques décisions dans lesquelles le Conseil d'Etat déclare qu'il ne suffit pas, pour que l'exemption soit accordée, que la voiture et le cheval servent à transporter leur propriétaire et sa famille de la ville à la campagne ou réciproquement. — Cons. d'Et., 25 mai 1864, Pantous, [Leb. chr., p. 493]; — 1er juin 1864, Pichon-Prémélé, [Leb. chr., p. 535]; — 6 août 1864, Durat-Lassalle, [Leb. chr., p. 751]; — 8 déc. 1864 (2 arrêts), Bargès de Malleville, [Leb. chr., p. 962 et 963]; — 25 janv. 1865, Prax, [Leb. chr., p. 89]

6513. — ... Ou à transporter les bois destinés à l'usage du propriétaire. — Cons. d'Et., 11 mai 1864, de Tristan, [Leb. chr., p. 444]

6514. — De même, le Conseil d'Etat refusait l'exemption lorsqu'il était établi que l'affectation au service de l'agriculture n'était qu'accidentelle. — Cons. d'Et., 21 avr. 1864, Barrois, [S. 64. 2.213, P. adm. chr., D. 64.3.36]; — 14 juin 1864 (2 arrêts), Durance et Bontemps, [Leb. chr., p. 562]; — 12 janv. 1865, Lamouroux, [Leb. chr., p. 44]

6515. — Mais si le propriétaire se faisait conduire fréquemment dans ses domaines pour en surveiller l'exploitation, si seulement il employait habituellement son attelage aux époques de la fenaison, de la moisson ou des vendanges, soit pour transporter les récoltes, soit pour les courses que ces travaux l'obligeaient à faire dans les foires et marchés, l'exemption était accordée. — Cons. d'Et., 25 mai 1864, Gourrague, [Leb. chr., p. 496]; — 1er juin 1864 (2 arrêts), Beufet-Lapierre, [Leb. chr., p. 536]; — 6 août 1864, Lefebvre, [Leb. chr., p. 749]

6516. — L'exemption avait été accordée à des chevaux servant à des travaux d'amélioration du fonds par des engrais et

par le drainage. — Cons. d'Et., 12 sept. 1864, Bernat, [Leb. chr., p. 913]

6517. — Lorsqu'un cheval servait alternativement à traîner une voiture imposable et une voiture exemptée, il bénéficiait de l'exemption. — *Même arrêt.*

6518. — Quant aux chevaux employés au service d'une profession patentable, le Conseil d'État avait adopté des distinctions analogues. C'est ainsi qu'il avait déclaré imposables, les chevaux affectés à l'exploitation des mines, cette industrie n'étant pas susceptible de patente. — Cons. d'Et., 10 mars 1865, Le Bret, [Leb. chr., p. 269]

6519. — Mais il suffisait, pour que l'exemption fût due, que la profession au service de laquelle le cheval et la voiture étaient employés, fût imposable à la contribution des patentes. Il n'était pas nécessaire qu'elle fût imposée en fait. — Cons. d'Et., 4 juill. 1879, Société de l'école de dressage de Séez, [D. 80.3.3]

6520. — De plus, le Conseil exigeait que celui qui réclamait l'exemption fût personnellement imposé à la contribution des patentes. C'est ainsi que les commis-voyageurs d'un patentable, non imposables personnellement à la patente, ont été maintenus au rôle de la taxe pour le cheval et la voiture dont ils se servaient. — Cons. d'Et., 21 avr. 1864, Lacroix, [Leb. chr., p. 831]; — 25 mai 1864, Auguet, [P. adm. chr.]; — 11 janv. 1865, Broussignac, [Leb. chr., p. 34]; — 18 févr. 1865, Leguay, [Leb. chr., p. 230]

6521. — Le Conseil exigeait, en outre, que le cheval et la voiture fussent nécessaires à l'exercice de la profession. — Cons. d'Et., 30 mars 1864, Guthmann, [S. 64.2.214, P. adm. chr., D. 64.3.34]; — 21 avr. 1864, Calemard de la Fayette, [S. 64.2.215, P. adm. chr., D. 64.3.34]; — 20 juill. 1864, Bonnecart, [Leb. chr., p. 675]; — 7 sept. 1864, Delanos, [Leb. chr., p. 844]

6522. — L'emploi accidentel au service d'une profession ne suffisait pas à faire accorder le bénéfice de l'exemption. — Cons. d'Et., 10 mars 1864, Guichard, [S. 64.2.88, P. adm. chr., D. 64.3.36]; — 21 avr. 1864, Gourbain-Delattre, [Leb. chr., p. 377]

6523. — Mais, lorsque l'emploi habituel au service de la profession était constaté, l'exemption était due, alors même que la voiture n'eût servi qu'au transport des personnes et non à celui des marchandises. Tous les patentables pouvaient également prétendre au bénéfice de l'exemption. C'est ainsi que le Conseil d'Etat y a admis des médecins. — Cons. d'Et., 1er juin 1864, Launay, [Leb. chr., p. 534]; — 7 sept. 1864, Picon-Lefresne, [Leb. chr., p. 844]

6524. — ... Des avoués. — Cons. d'Et., 12 janv. 1865, Carré, [Leb. chr., p. 38]

6525. — ... Des banquiers. — Cons. d'Et., 6 août 1864, Meurillon, [Leb. chr., p. 752]

6526. — ... Des escompteurs. — Cons. d'Et., 21 avr. 1864, Gourd-Soulage, [Leb. chr., p. 378]

6527. — ... Des agents d'affaires. — Cons. d'Et., 15 févr. 1864, Hébré, [Leb. chr., p. 153]

6528. — Une voiture dont un marchand de vin se servait pour parcourir les localités voisines devait être exemptée. — Cons. d'Et., 1er juin 1864, Doll, [Leb. chr., p. 540]

6529. — De même, une voiture servant habituellement pour la surveillance et l'exploitation de deux établissements industriels situés dans des communes différentes. — Cons. d'Et., 11 juill. 1864, Thibaut, [Leb. chr., p. 615]; — 13 sept. 1864, Courtin, [Leb. chr., p. 929]

6530. — Un cheval attelé à plusieurs voitures, dont une seule imposable, devait être exempté. — Cons. d'Et., 20 juill. 1864, Causard, [Leb. chr., p. 675]; — 8 déc. 1864, Lavarde, [Leb. chr., p. 863]

6531. — II. *Sous l'empire de la législation actuelle.* — L'exemption des art. 6 et 7, L. 2 juill. 1862, avait rendu la taxe si peu productive que lors de son rétablissement, en 1872, le législateur supprima complètement l'exemption pour les chevaux et voitures d'un usage mixte, et dans l'art. 6 disposa que la taxe serait réduite de moitié pour les voitures et chevaux imposables exclusivement employés au service de l'agriculture ou d'une profession patentable. La situation était donc la suivante : toutes les charrettes et autres voitures non suspendues ou destinées seulement au transport des marchandises continuaient à être exemptées. Quant à celles qui par leur construction pouvaient servir au transport des personnes, elles ne pouvaient plus bénéficier que d'une exemption partielle et encore seulement dans le cas où elles seraient exclusivement affectées au service de l'a-

griculture ou d'une profession patentable. C'était supprimer d'une manière presque absolue l'exemption.

6532. — L'application de l'art. 6, L. 23 juill. 1872, a soulevé de vives réclamations. Beaucoup de cultivateurs ou de patentables ayant une voiture et un cheval pour les besoins de leur profession se trouvaient perdre le bénéfice de la réduction à la demi-taxe du moment qu'il était constaté que d'une manière plus ou lmoins fréquente ils s'en étaient servis pour leur agrément ou es besoins de leur famille. La loi du 22 déc. 1879 (art. 3) a donné satisfaction à ces plaintes en disposant que la taxe serait réduite de moitié pour les chevaux et voitures imposables, lorsqu'ils seraient employés *habituellement* (et non plus exclusivement) pour le service de l'agriculture ou d'une profession quelconque donnant lieu à l'application du droit de patente.

6533. — Depuis la loi du 22 déc. 1879, les chevaux et voitures ne peuvent plus être imposés à la taxe entière qu'autant que leur emploi au service de l'agriculture ou d'une profession patentable serait purement accidentel. — Cons. d'Et., 13 mai 1881, Foucher, [Leb. chr., p. 486]; — 16 déc. 1881, Chartron, [Leb. chr., p. 988]; — 27 avr. 1883, Costes, [Leb. chr., p. 405]; — 7 déc. 1883, Ingouf, [Leb. chr., p. 893]; — 27 févr. 1885, Donal, [Leb. chr., p. 239]; — 19 nov. 1886, Hilaire, [Leb. chr., p. 808]; — 27 janv. 1888, Reullon, [Leb. chr., p. 95]; — 29 mars 1890, Lavalette, [Leb. chr., p. 385]; — 15 nov. 1890, Chauvelin, [Leb. chr., p. 845]; — 27 déc. 1890, Huzeau, [Leb. chr., p. 1030]; — 14 mai 1891, Prodhomme, [Leb. chr., p. 383]; — 12 févr. 1892, Huzeau, [Leb. chr., p. 141]; — 5 mars 1892, Heuduin, [Leb. chr., p. 262]

6534. — Si l'emploi est habituel, la taxe est réduite de moitié. — Cons. d'Et., 31 juill. 1885, Ducreux, [Leb. chr., p. 752]; — 29 avr. 1887, Bertrand, [Leb. chr., p. 344]; — 23 déc. 1887, Ollivier, [Leb. chr., p. 841]; — 6 juill. 1888, Rougiéras, [Leb. chr., p. 623]; — 21 mars 1890, Magnin, [Leb. chr., p. 309]; — 27 déc. 1890, Bocage, [Leb. chr., p. 1034]; — 26 févr. 1892, Marteau, [Leb. chr., p. 201]; — 18 mars 1892, Foget-Carlier, [Leb. chr., p. 290]

6535. — Le Conseil d'Etat a estimé qu'il y avait emploi habituel et a accordé par suite réduction à la demi-taxe pour des attelages dont le propriétaire se servait pour transporter aux foires et marchés les objets dont il faisait commerce. — Cons. d'Et., 9 nov. 1888, de Saint-Belin, [Leb. chr., p. 803]; — 28 déc. 1888, Colin, [Leb. chr., p. 1043]

6536. — Un cheval, employé pendant la plus grande partie de l'année par un fermier à des travaux agricoles et pendant deux mois par le propriétaire à son usage personnel n'est passible que de la demi-taxe pour ce propriétaire. — Cons. d'Et., 30 janv. 1885, Ameline de la Briselaine, [D. 86.5.412]

6537. — Un cheval, habituellement au service d'une exploitation agricole ou d'une profession patentable, est passible de la demi-taxe, même s'il est parfois attelé à une voiture passible de la taxe entière. — Cons. d'Et., 27 janv. 1888, Vernon, [Leb. chr., p. 96]; — 16 mars 1888, Vaillant, [Leb. chr., p. 270]

6538. — La demi-taxe une fois établie est maintenue tant qu'il ne se produit pas de changement dans la destination des voitures. Ainsi décidé à l'égard de voitures aujourd'hui non utilisées et précédemment employées exclusivement à un usage agricole ou professionnel. — Cons. d'Et., 2 févr. 1883, Masson, [Leb. chr., p. 108]

6539. — La loi de 1862 avait exempté les voitures et chevaux servant à l'exercice d'une profession patentable quelconque. La loi du 23 juill. 1872 a apporté à cette exemption une restriction qui a été maintenue en 1879. L'art. 6 de la loi de 1872, après avoir posé le principe de la réduction à la demi-taxe, exclut du bénéfice de cette exemption les professions rangées dans le tableau G annexé à la loi du 18 mai 1850 et dans les tableaux correspondants annexés aux lois de patentes subséquentes. Ces tableaux visent les professions libérales (médecins, avocats, officiers ministériels, etc.). Bien que pour quelques-uns de ces patentables, les médecins par exemple, la voiture soit un instrument de travail presque indispensable, ils doivent payer la taxe entière.

6540. — Le propriétaire d'un attelage qui n'est pas personnellement patentable ne peut se prévaloir, pour demander réduction à la demi-taxe, de ce que son cheval et sa voiture sont employés au service d'une profession patentable. — Cons. d'Et., 11 juill. 1891, Briot, [Leb. chr., p. 551]; — 15 janv. 1892, Pierre, [Leb. chr., p. 10]

6541. — La demi-taxe est accordée à une voiture qui, dans

un manège, sert à donner des leçons de guides. — Cons. d'Ét., 5 mai 1894, Chartier, [Leb. chr., p. 333]

2º Chevaux et voitures affectés à un service public.

6542. — Les lois de 1862 et de 1872 édictent un certain nombre d'exemptions totales. Aux termes de l'art. 7, L. 2 juill. 1862, ne donnaient pas lieu au paiement de la taxe : 1º les chevaux et voitures possédés en conformité des règlements du service militaire ou administratif et par les ministres des différents cultes. Le 3º de l'art. 7, L. 23 juill. 1872, reproduit cette exemption, sauf en ce qui concerne les chevaux et voitures des ministres des différents cultes. La jurisprudence avait d'ailleurs refusé d'étendre le bénéfice de cette disposition aux ecclésiastiques privés qui n'exerçaient pas les fonctions de ministres d'un culte. — Cons. d'Ét., 4 mai 1864, Isabet, [P. adm. chr., D. 64. 3.38]; — 26 janv. 1865, Truel, [Leb. chr., p. 101]; — 23 mars 1865, Yvetôt, [Leb. chr., p. 298]; — 30 mai 1873, Lemonnier, [Leb. chr., p. 487]

6543. — ... Et même au supérieur d'un séminaire. — Cons. d'Ét., 14 nov. 1873, Rouaud, [Leb. chr., p. 817]

6544. — En exécution des dispositions précitées, les divers ministres ont dressé des tableaux contenant l'énumération des fonctionnaires tenus, d'après les règlements spéciaux de leurs services respectifs, de posséder des chevaux ou voitures. Nous ne donnerons pas cette énumération qui serait dénuée d'intérêt nous bornant à renvoyer aux circulaires des 21 mars, 24 mars, 10 juin 1873, 7 janv. 1874, 21 janv. et 22 juill. 1882. — V. Lemercier de Jauville, Répertoire, vº Voitures, ch. 4, § 8.

6545. — Nous indiquerons seulement quelques décisions de jurisprudence. Parmi les fonctionnaires du ministère de l'Intérieur, sont à considérer comme tenus de posséder cheval et voiture les préfets et sous-préfets. Le Conseil d'État a refusé d'étendre l'exemption aux secrétaires généraux. — Cons. d'Ét., 13 mai 1887, Boudet, [Leb. chr., p. 392]

6546. — La même circulaire du 22 juill. 1882 impose l'obligation des chevaux et voitures aux asiles d'aliénés, aux hospices et hôpitaux, aux sous-inspecteurs du service des enfants assistés du département de la Seine. Appliquant strictement l'exemption aux fonctionnaires spécialement visés dans les tableaux, le Conseil d'État l'a accordée à un inspecteur des enfants assistés de la Seine. — Cons. d'Ét., 6 août 1864, Finot, [P. adm. chr., D. 65.3.5], — et refusée à un inspecteur des enfants assistés du département du Rhône. — Cons. d'Ét., 23 mai 1873, Duparchy, [Leb. chr., p. 454]

6547. — Certains fonctionnaires dépendant de la ville de Paris, tels que le directeur des travaux, les conservateurs des bois de Boulogne et de Vincennes, sont exemptés pour les voitures et chevaux qu'ils possèdent en exécution des règlements (Décr. 7 fruct. an XII).

6548. — Mais il a été jugé que la ville de Paris n'était pas fondée à invoquer l'exemption pour les voitures de gala qui servent de temps à autre à transporter dans les cérémonies publiques les membres du conseil municipal. — Cons. d'Ét., 10 sept. 1864, Ville de Paris, [P. adm. chr.]

6549. — Il a été décidé de même, à l'égard des voitures qui étaient employées, dans des circonstances déterminées et périodiques, par le grand référendaire du Sénat. — Cons. d'Ét., 8 déc. 1864, d'Hautpoul, [Leb. chr., p. 959]

6550. — Le décret du 7 fruct. an XII impose l'obligation d'avoir un cheval aux ingénieurs ordinaires chargés d'un service d'arrondissement. Ils sont donc exemptés de la taxe afférente à ce cheval. — Cons. d'Ét., 30 déc. 1887, Assy, [D. 89. ? 12]

6551. — Mais s'ils possèdent une voiture, ils doivent acquitter la taxe pour cette voiture. — Cons. d'Ét., 1ᵉʳ juin 1864, Ester, [S. 64.2.215, P. adm. chr., D. 64.3.37]; — 1ᵉʳ déc. 1864, Lemaire, [Leb. chr., p. 946]; — 30 déc. 1887, précité.

6552. — L'exemption a été étendue aux agents-voyers qui font dans les arrondissements un service tout à fait analogue à celui des ingénieurs ordinaires. — Cons. d'Ét., 24 mars 1865, Lassère, [Leb. chr., p. 322]

6553. — Mais l'exemption est limitée à ceux qui font le service ordinaire d'arrondissement. Ainsi elle ne concerne ni les ingénieurs en chef... — Cons. d'Ét., 13 févr. 1874, Maire, [S. 76.2.28, P. adm. chr., D. 75.3.9]

6554. — ... Ni les conducteurs des ponts et chaussées. —

Cons. d'Ét., 3 mars 1864, Beaupré, [S. 64.2.215, P. adm. chr., D. 64.3.37]

6555. — ... Ni les agents-voyers ordinaires. — Cons. d'Ét., 24 mars 1865, Brethonneau, [Leb. chr., p. 322]

6556. — Les mêmes dispositions sont applicables aux fonctionnaires du service forestier qui sont tenus d'avoir un cheval. Ils doivent donc acquitter la taxe afférente à la voiture qu'ils attellent au cheval réglementaire. — Cons. d'Ét., 18 août 1864, de Saint-Paul, [P. adm. chr., D. 65.3.5]; — 8 sept. 1864, de la Morinière, [Leb. chr., p. 855]; — 9 sept. 1864, Kiefer, [Leb. chr., p. 873]; — 15 déc. 1864, Bruny, [Leb. chr., p. 1004]; — 18 févr. 1865, Bernard, [Leb. chr., p. 230]

6557. — ... A moins cependant qu'ils ne justifient de circonstances particulières leur rendant absolument nécessaire l'usage d'une voiture. — Cons. d'Ét., 31 mars 1864, Labasque, [S. 64.2.216, P. adm. chr., D. 65.3.5]; — 11 juill. 1864, Marty de Bernage, [Leb. chr., p. 617]; — 24 mars 1865, précité.

6558. — Dans les services financiers, l'exemption n'est accordée qu'aux agents du service actif des douanes et des contributions indirectes, qui sont obligés de faire des tournées. Ils sont exemptés pour leur cheval, mais doivent la taxe pour leur voiture. — Cons. d'Ét., 20 août 1864, Sirot, [Leb. chr., p. 813]; — 18 févr. 1865, Deucausse, [Leb. chr., p. 230]

6559. — Mais cette exemption ne s'applique pas aux percepteurs ni aux receveurs particuliers. — Cons. d'Ét., 25 mai 1864, Chasles, [Leb. chr., p. 494]; — 7 sept. 1864, Andrieu, [Leb. chr., p. 838]; — 13 mai 1874, Puzin, [Leb. chr., p. 446]

6560. — Les maîtres de poste étaient exemptés à raison d'une voiture et de deux chevaux. — Cons. d'Ét., 8 déc. 1864, Embry, [P. adm. chr.]

6561. — Les chevaux que les officiers de l'armée de terre et des corps de troupes de la marine possèdent en conformité des règlements sont exemptés. — Cons. d'Ét., 26 mai 1876, Liais, [Leb. chr., p. 488]; — 6 nov. 1880, Brossé, [Leb. chr., p. 857]

6562. — L'exemption a même été étendue au cheval qu'un officier avait été autorisé à posséder en sus du complet réglementaire et à nourrir, sauf remboursement, avec les fourrages de l'État, qui était immatriculé au corps, quoiqu'en fait ce cheval fût parfois attelé à une voiture. — Cons. d'Ét., 14 mars 1879, Brugère, [Leb. chr., p. 217]

6563. — Une décision présidentielle du 9 déc. 1893 accordant une ration de fourrages aux chevaux des officiers généraux du cadre de réserve et des colonels retraités désignés pour exercer un commandement actif en campagne, ces chevaux doivent être considérés comme exemptés. — Bull. des contrib. dir., 1895.

6564. — Un ingénieur des poudres n'est pas imposable à raison d'un cheval et d'une voiture appartenant à l'État et affectés au service d'une poudrerie nationale, alors même qu'il s'en servirait en fait. — Cons. d'Ét., 27 avr. 1883, Lambert, [D. 85. 5.451]

6565. — Le Conseil a admis d'une manière générale que lorsque le ministre sous les ordres duquel un fonctionnaire était placé revendiquait pour ce fonctionnaire le droit de posséder avec complète immunité un cheval et une voiture, cet attelage pouvait être considéré comme possédé en conformité d'un règlement administratif. — Cons. d'Ét., 1ᵉʳ déc. 1864, Lemaire, [Leb. chr., p. 946]

6566. — Une école privée de dressage ne peut se prévaloir de ce qu'elle est subventionnée par l'État pour obtenir l'exemption des voitures qui servent au dressage des chevaux. — Cons. d'Ét., 4 juill. 1879, Société de l'école de dressage de Séez, [D. 80.3.3]; — 14 juin 1890, Société de l'école de dressage de la Roche-sur-Yon, [S. et P. 92.3.117]

3º Chevaux destinés à la reproduction.

6567. — Ne donnent lieu au paiement d'aucune taxe les juments et étalons exclusivement consacrés à la reproduction (L. 2 juill. 1862, art. 7-2º). Mais il faut que l'affectation soit exclusive. Ainsi ne profitent pas de l'exemption les étalons et juments servant à la reproduction, mais employés habituellement comme chevaux de selle ou d'attelage. — Cons. d'Ét., 29 mai 1874, Leroy-Bouillard, [Leb. chr., p. 506]; — 19 juin 1874, Tastayre, [Leb. chr., p. 582]; — 14 mars 1875, Coti, [Leb. chr., p. 469]; — 6 août 1875, Lalanne, [Leb. chr., p. 776]; — 22 déc.

44

1884, Manoury, [Leb. chr., p. 1063]; — 13 janv. 1888, Guillemin, [Leb. chr., p. 28]; — 6 juill. 1888, Rougiéras, [Leb. chr., p. 623]; — 21 déc. 1888, Couriault, [Leb. chr., p. 1003]

6568. — Les chevaux de courses, pendant leur carrière d'épreuve et tant qu'ils ne sont pas consacrés exclusivement à la reproduction, sont imposables. — Cons. d'Et., 7 sept. 1864, Boutton, [P. adm. chr., D. 65.3.17]; — 9 sept. 1864, Verry, [Leb. chr., p. 874]; — 12 janv. 1865, Biénave, [Leb. chr., p. 46]; — 18 févr. 1865, de Monts, [Leb. chr., p. 231]

4o Chevaux et voitures publics.

6569. — L'art. 7, L. 23 juill. 1872, a étendu l'exemption aux voitures et chevaux affectés exclusivement au service des voitures publiques qui sont soumises aux droits perçus par l'administration des contributions indirectes. — Cons. d'Et., 8 juin 1877, Drouet, [Leb. chr., p. 569]

6570. — On entend par voitures publiques celles qui sont mises à la disposition du public. Elles ont été frappées par la loi du 9 vend. an VI d'un impôt du dixième portant sur le prix des places, impôt qui a été augmenté ou modifié par les lois des 5 vent. an XII, art. 74 et 75; 25 mars 1817, art. 112 à 122; 17 juill. 1819, art. 4; 28 juin 1833, art. 8; 20 juill. 1837, art. 11; 16 sept. 1871. Elles se divisent en deux grandes catégories : celles qui font un service régulier, qui vont d'une ville à une autre ou qui font le service d'une même route, celles en un mot qui ont une destination fixe; et les voitures d'occasion ou à volonté, qui restent sur place et partent indifféremment à quelque heure, à quelque jour et pour quelque lieu que ce soit sur la réquisition des voyageurs (Décr. 14 fruct. an XII, art. 12). Cette seconde catégorie comprend, non seulement les voitures de place, mais les voitures de remise, qui sont à la disposition de tous ceux qui veulent s'en servir, moyennant un prix convenu.

6571. — Pour savoir si les voitures d'occasion ou à volonté constituent ou non des voitures publiques, la Cour de cassation distingue suivant qu'elles sont louées avec ou sans cocher. Dans le premier cas, elle les déclare passibles de l'impôt, dans le second elle les exempte. — Cass., 1er sept. 1837, Lamy, [S. 39.1.315, P. 40.1.110]; — 3 oct. 1839, Lemaire, [S. 40.1.326, P. 40.1.648]

5o Chevaux et voitures destinés à la vente ou à la location.

6572. — L'art. 7-2o, L. 23 juill. 1872, contient une dernière exemption qui vise les chevaux et voitures possédés par les marchands de chevaux, carrossiers, marchands de voitures, et exclusivement destinés à la vente ou à la location. — Cons. d'Et., 3 mai 1878, Fontaine, [Leb. chr., p. 422]

6573. — Cette exemption s'explique par cette considération que, pour les marchands, les voitures et chevaux ne sont pas un signe de fortune, mais de simples objets de commerce, des instruments de travail. A ce titre, ils sont déjà frappés par les droits de patente. Il y aurait donc double emploi. Pour que l'exemption soit due, il faut que les chevaux et voitures du marchand soient destinés exclusivement à la vente ou à la location; s'ils servent à son usage personnel, la taxe est due. — Cons. d'Et., 7 avr. 1876, Leroux, [Leb. chr., p. 358]; — 8 juin 1883, Judice, [Leb. chr., p. 539]

6574. — Ainsi, un maître de manège est imposable à raison de ses chevaux quand il s'en sert fréquemment pour son usage personnel. — Cons. d'Et., 17 janv. 1891, Duchon, [Leb. chr., p. 18]

6575. — L'exemption accordée aux marchands de chevaux, carrossiers, etc., ne survit pas à l'exercice de leur profession. Un ancien carrossier retiré des affaires n'est pas fondé à se prévaloir de cette disposition. — Cons. d'Et., 20 nov. 1874, Boucher, [Leb. chr., p. 906]

6576. — Pour bénéficier de cette exemption, il faut être marchand de chevaux ou de voitures, ou carrossier. Il faut même exercer ces professions d'une manière exclusive. Ainsi, il a été jugé qu'un maître d'hôtel qui avait dans ses écuries des chevaux qu'il louait aux habitants de l'hôtel était imposable à raison de ces chevaux et ne pouvait se prévaloir de l'exemption édictée par l'art. 7. — Cons. d'Et., 22 déc. 1882, Blanc, [D. 83.5.452]; — 7 nov. 1884, Min. Finances, [D. 85.5.452]

6577. — Il faut encore que le carrossier ou marchand possède la voiture ou le cheval à titre de propriétaire. Un particulier

qui mettrait sa voiture ou son cheval en vente continuerait à être passible de la taxe, alors même qu'il les aurait déposés chez un marchand chargé de procéder à la vente. — Cons. d'Et., 1er mai 1874, Letourneur, [S. 76.2.93, P. adm. chr., D. 75.3.10]; — 6 août 1875, Laferrière, [Leb. chr., p. 777]; — 4 févr. 1876, Lolière, [Leb. chr., p. 115]; — 21 nov. 1879, Laurent, [Leb. chr., p. 738]; — 18 mars 1881, Copeland, [Leb. chr., p. 307]; — 16 juin 1882, Delettre, [Leb. chr., p. 576]; — 22 févr. 1890, Salaman, [Leb. chr., p. 221] — V. suprà, n. 6244.

6578. — Les loueurs de voitures ne peuvent jamais être passibles de la taxe pour les voitures qu'ils louent. De deux choses l'une : ou bien la location est à longue durée et a pour effet de rendre le locataire possesseur de la voiture, et dans ce cas c'est lui qui doit être imposé; ou bien la location est de courte durée et alors ces voitures sont considérées comme des voitures publiques et acquittent les impôts indirects dont il a été parlé plus haut.

6579. — Qui doit la taxe? Sous l'empire de la loi du 2 juill. 1862 (art. 4 et 6), seul le propriétaire était imposable. Toutefois, la jurisprudence n'exigeait pas qu'on fût propriétaire à la fois de la voiture et du cheval. Celui qui attelait à sa voiture un cheval de location ou d'emprunt était imposable au moins pour la voiture. — V. suprà, n. 6221 et 6222.

6580. — L'art. 8, L. 23 juill. 1872, a modifié la loi du 2 juill. 1862. Il dispose que les possesseurs de chevaux et voitures imposables sont passibles de la taxe. Que faut-il entendre par ce mot *possesseur*? Il est certain qu'il a une portée plus grande que le mot propriétaire. Il ne sera donc plus nécessaire d'être propriétaire de la voiture pour être imposable : il suffira d'en avoir une à sa disposition. Ainsi est imposable un gendre qui a toute sa vie à sa disposition une voiture qui est la propriété de sa belle-mère. — Cons. d'Et., 18 mai 1893, Grand'Eury, [Leb. chr., p. 398]

6581. — Mais on ne peut considérer comme un possesseur dans le sens de la loi le contribuable dont la voiture au 1er janvier se trouvait dans un établissement mis sous séquestre. — Cons. d'Et., 2 mai 1879, Trotet, [D. 80.3.358]

6582. — ... Ni un propriétaire à qui son fermier prête un cheval pendant les quelques semaines qu'il passe à la campagne. — Cons. d'Et., 6 févr. 1880, Sevez, [D. 80.3.37]

6583. — ... Ou un individu qui se sert parfois de la voiture d'un ami. — Cons. d'Et., 26 févr. 1892, Gérente, [Leb. chr., p. 201]

6584. — La jurisprudence a subi sur cette question une évolution très-remarquable. Dans les premières années qui suivent la loi de 1872, on trouve encore des décisions qui sont inspirées par l'ancienne législation. Il est décidé par exemple qu'un contribuable qui attelle sa voiture avec le cheval d'un tiers n'est pas imposable à raison de ce cheval. — Cons. d'Et., 18 déc. 1874, Chevalier, [Leb. chr., p. 1020]

6585. — ... Que décharge est due à un contribuable imposé pour une voiture qui ne lui appartient pas. — Cons. d'Et., 4 févr. 1876, Formel ou De La Laurencie, [Leb. chr., p. 115]; — 4 août 1876, Leroy, [Leb. chr., p. 750]

6586. — Puis la différence entre les deux textes de loi apparaît et nous trouvons des décisions qui déclarent passibles de la taxe des locataires de chevaux ou de voitures par le motif qu'ils sont possesseurs dans le sens de la loi. — Cons. d'Et., 24 févr. 1879, Bouffay, [Leb. chr., p. 159]

6587. — Mais les locations peuvent porter tantôt sur le cheval et la voiture, tantôt sur un des deux éléments seulement. Les conventions entre le loueur et le locataire peuvent varier à l'infini. Ainsi le loueur peut mettre un cheval et une voiture déterminés à la disposition du locataire ou bien s'engager seulement à lui fournir un cheval et une voiture quelconques. Le loueur peut se réserver le soin de nourrir le cheval ou mettre ce soin à la charge du preneur. Il a été décidé qu'un contribuable était imposable à raison d'un cheval mis à sa disposition par un loueur, quoique celui-ci continuât à le nourrir et se fût réservé la faculté de le changer. — Cons. d'Et., 6 nov. 1885, Rouget, [S. 87.3.28, P. adm. chr., D. 87.3.34]; — 26 févr. 1886, Même partie, [Leb. chr., p. 172]

6588. — Toutefois le Conseil exigeait, pour que la taxe fût applicable, que la jouissance du locataire fût exclusive. — Cons. d'Et., 4 août 1882, Baret, [Leb. chr., p. 752]; — 3 nov. 1882, Même partie, [Leb. chr., p. 844]

6589. — L'administration des contributions directes, s'appuyant sur l'art. 8, L. 23 juill. 1872, et sur les décisions que

nous venons de citer, crut pouvoir imposer les personnes qui louaient des voitures et des chevaux au mois. Elle faisait remarquer que ces contribuables devenaient, par des locations renouvelées de mois en mois, les possesseurs permanents de ces voitures qui, en réalité, étaient des voitures privées. Ils avaient tous les avantages de la propriété sans en avoir les charges. Les contribuables répondaient que ces voitures n'étaient pas des voitures imposables dans le sens de la loi parce qu'elles étaient exemptées soit comme voitures publiques, soit comme appartenant à des marchands et exclusivement destinées à la location. La section du contentieux du Conseil d'Etat, saisie d'un très-grand nombre de recours présentés sur la question, crut devoir renvoyer la question au Conseil d'Etat statuant au contentieux. Le Conseil d'Etat rendit, contrairement aux conclusions du commissaire du gouvernement, M. Gauwain, une décision de principe qui résout la question posée par les distinctions suivantes : si la voiture louée au mois est conduite par une personne de la famille du locataire ou par un cocher à son service, il est imposable comme étant possesseur dans le sens de la loi. Au contraire, si la voiture et le cheval continuent à être conduits par un cocher au service du loueur, le preneur n'est pas imposable. En effet, dans ce cas et à raison de la jurisprudence de la Cour de cassation rappelée plus haut, on est en présence de voitures publiques déjà soumises aux impôts indirects. De plus, on peut soutenir que le locataire n'est pas possesseur. Que le cheval ou la voiture louée cause un accident, ce n'est pas lui, mais le loueur qui en sera responsable : il en serait différemment si le cocher était à son service. — Cons. d'Et., 27 déc. 1889, Buyssmann, [S. et P. 92.3.36, D. 90.3.25]; — 14 févr. 1890, Weisweiller, [Leb. chr., p. 160]; — 26 avr. 1890, Mathieu-Bodet, [Leb. chr., p. 433]; — 24 mai 1890, Aymon, [D. 91.5.507]; — 8 nov. 1890, Bret, [Leb. chr., p. 818]; — 6 juin 1891, Baudier, [Leb. chr., p. 428]. — La loi du 17 juill. 1895 (art. 4) a tranché la question, en ce qui concerne, du moins, les chevaux et voitures logés et remisés chez les locataires, en disposant que les voitures, chevaux, mules et mulets fournis par des loueurs, marchands ou carrossiers, à des particuliers qui les logent dans des locaux à leur disposition, seront imposés au nom de ces derniers à leur contribution sur les chevaux et voitures, alors même que les voitures, chevaux, etc., seraient toujours entretenus aux frais des loueurs, marchands ou carrossiers et conduits par une personne à leur service. L'art. 7, L. 23 juill. 1872, est modifié en ce qu'il a de contraire.

§ 4. Déclaration.

1° Objet, formes, temps et lieu de la déclaration.

6590. — Comme pour les autres taxes de même nature établies à la même époque, les possesseurs de chevaux et voitures imposables sont assujettis par la loi à une déclaration. L'art. 11, L. 2 juill. 1862, est ainsi conçu : « Les contribuables sont tenus de faire la déclaration des voitures et des chevaux à raison desquels ils sont imposables et d'indiquer les différentes communes où ils ont des habitations, en désignant celles où ils ont des éléments de cotisation en permanence. »

6591. — D'après le § 1 de l'art. 11, la déclaration porte sur le nombre des chevaux et voitures imposables, sur les communes où ils se trouvent soit en permanence, soit temporairement. Elle a pour effet de lier le déclarant, mais suivant nous, elle ne doit le lier que sur les points prévus par la loi. Par exemple, un contribuable déclare qu'il a trois chevaux au 1er janvier. Il est lié par sa déclaration, en ce sens qu'il n'est pas recevable à prétendre qu'il n'en possède qu'un. De même, après avoir déclaré posséder une voiture attelée, on ne peut alléguer que cette voiture n'a été utilisée que dans le cours de l'année. — Cons. d'Et., 15 déc. 1864, Alzan, [Leb. chr., p. 1005]

6592. — Mais le contribuable est-il tenu, en faisant sa déclaration, de mentionner les causes d'exemption dont il entend se prévaloir, et s'il a fait une déclaration sans restriction ni réserves, ne peut-il réclamer l'exemption dans les délais ordinaires de réclamations? Le Conseil d'Etat paraît s'être prononcé en ce sens. — Cons. d'Et., 21 avr. 1864, Level, [Leb. chr., p. 387]; — 14 mars 1873, Rozez, [Leb. chr., p. 244]; — 18 juill. 1873, Gelly, [Leb. chr., p. 657]; — 8 août 1873, Delmas, [Leb. chr., p. 751]; — 11 déc. 1874, Cantecor, [Leb. chr., p. 977]; — 8 janv. 1875, Boudal, [Leb. chr., p. 19]; — 3 mars 1876, Pelletier,

[Leb. chr., p. 218]; — 4 août 1876, Laumond, [Leb. chr., p. 766]

6593. — Cette jurisprudence nous paraît extrêmement rigoureuse et peu conforme aux règles généralement admises pour les autres taxes où les contribuables sont assujettis à une déclaration. Nous avons vu, à propos de la taxe sur les cercles, que, malgré les termes formels de la loi de 1871 portant que les demandes en décharge devraient, à peine de nullité, être faites avant le 31 janvier de chaque année, l'administration et la jurisprudence étaient d'accord pour reconnaître que le droit de réclamer dans les trois mois de la publication du rôle n'était pas restreint par cet article.

6594. — Les déclarations sont valables pour toute la durée des faits qui y ont donné lieu; elles doivent être modifiées dans le cas de changement de résidence hors de la commune ou du ressort de la perception et dans le cas de modifications survenues dans les bases de la cotisation (L. 2 juill. 1862, art. 11, § 2).

6595. — A cette époque le législateur ne prévoyait qu'une période pour la réception des déclarations, aucune taxe nouvelle ou supplémentaire ne pouvant être établie en cours d'année. La loi du 23 juill. 1872 (art. 8 et 9) a modifié sur ce point la législation antérieure : « Les personnes qui, dans le courant de l'année, deviennent possesseurs de voitures ou de chevaux imposables doivent la contribution à partir du premier du mois dans lequel le fait s'est produit et sans qu'il y ait lieu de tenir compte des taxes imposées au nom des précédents propriétaires ». L'art. 9 ajoute : « Dans le cas où, à raison d'une résidence nouvelle, le contribuable devient passible d'une taxe supérieure à celle à laquelle il a été assujetti au 1er janvier, il doit un droit complémentaire égal au montant de la différence et calculé à partir du premier du mois dans lequel le changement de résidence s'est produit. Dans les cas prévus au présent article et au § 2 de l'article précédent, les contribuables sont tenus de faire de nouvelles déclarations. »

6596. — D'une manière générale on peut dire que la déclaration doit être renouvelée toutes les fois qu'il y a lieu à accroissement de la taxe établie. — Cons. d'Et., 1er mars 1878, Fessard, [D. 79.5.402]; — 16 mars 1883, des Roys, [Leb. chr., p. 281] — V. infrà, n. 6366, 6376.

6597. — Il peut arriver que le même cheval doive être déclaré deux fois. Par exemple un contribuable a déclaré un cheval et une voiture. L'année suivante il vend sa voiture, et par ce fait son cheval cesse d'être imposable. Si ultérieurement il rachète une autre voiture, il doit déclarer non seulement cette voiture, mais encore le cheval qu'il a déjà déclaré autrefois.

6598. — Mais si la taxe établie au 1er janvier doit rester la même, une nouvelle déclaration est superflue. Il en sera ainsi, par exemple, si un contribuable se borne à remplacer en cours d'année les chevaux et voitures pour lesquels il a été imposé au 1er janvier. — Cons. d'Et., 22 déc. 1882, Froger, [D. 85.5.452]; — 11 déc. 1885, Foissac, [Leb. chr., p. 951]

6599. — L'héritier qui prend possession d'un cheval déjà imposé n'est pas un nouveau possesseur et n'est pas tenu de faire une nouvelle déclaration. Il ne doit que le paiement de la taxe précédemment imposée à son auteur. — Cons. d'Et., 5 févr. 1875, Cersay, [D. 75.3.119]

6600. — Nous ne croyons pas la déclaration obligatoire quand les modifications ont pour effet de réduire la taxe. Si un contribuable a obtenu une exemption de la juridiction administrative, il n'est pas tenu de faire une nouvelle déclaration. — Cons. d'Et., 30 juin 1876, Piguillem, [Leb. chr., p. 618]

6601. — Si un contribuable omet de déclarer à l'administration les modifications entraînant réduction des bases de sa cotisation, l'administration est en droit de le maintenir sur les rôles pour ces bases. Mais cette disposition ne fera pas obstacle à ce que le contribuable fasse valoir son droit à réduction dans les délais ordinaires. — Cons. d'Et., 17 mars 1865, de Metz, [Leb. chr., p. 288]

6602. — D'après l'art. 11, § 3, de la loi de 1862, les déclarations seront faites ou modifiées, s'il y a lieu, le 15 janvier au plus tard, de chaque année, à la mairie de l'une des communes où les contribuables ont leur résidence. Et l'art. 9 de la loi de 1872 ajoute dans les cas où les contribuables sont tenus de faire ou de modifier leurs déclarations pour des faits survenant en cours d'année, ces déclarations doivent être effectuées dans le délai de trente jours à partir de la date à laquelle se sont produits les faits susceptibles de motiver l'imposition de nouvelles taxes ou de suppléments de taxes. — Cons. d'Et., 18 mai 1877,

Robiou, [Leb. chr., p. 471]; — 8 juin 1877, Bérard de Lester, [Leb. chr., p. 567]; — 29 mars 1878, Auboin, [Leb. chr., p. 346]

6603. — Si les déclarations ne sont pas faites dans le délai prescrit, ou si elles sont inexactes ou incomplètes, il y sera suppléé d'office par le contrôleur des contributions directes, qui est chargé de rédiger, de concert avec le maire et les répartiteurs, l'état-matrice destiné à servir de base à la confection du rôle. En cas de contestation entre le contrôleur et le maire et les répartiteurs, il sera, sur le rapport du directeur des contributions directes, statué par le préfet, sauf référé au ministre des Finances, si la décision était contraire à la proposition du directeur, et dans tous les cas, sans préjudice pour le contribuable du droit de réclamer après la mise en recouvrement du rôle (L. 2 juill. 1862. art. 11, § 4).

6604. — Des observations faites au cours d'une instance au sujet d'une voiture non déclarée ne tiennent pas lieu de déclaration. — Cons. d'Et., 5 mai 1894, Chartier, [Leb. chr., p. 633]

2° Sanction de la déclaration.

6605. — L'obligation pour les contribuables de déclarer les chevaux et voitures qu'ils possèdent est sanctionnée par une pénalité. L'art. 12, L. 2 juill. 1862, dispose que les taxes seront doublées pour les voitures et les chevaux qui n'auront pas été déclarés ou qui auront été déclarés d'une manière inexacte. — Cons. d'Et., 20 juill. 1864, Deschodt, [Leb. chr., p. 672]; — 8 janv. 1875, Poncetton, [Leb. chr., p. 19]; — 26 juin 1885, Barrié, [Leb. chr., p. 620]; — 21 déc. 1888, Barbezal, [Leb. chr., p. 1003]; — 31 oct. 1890, Robert, [Leb. chr., p. 810]; — 23 janv. 1892, Papillon, [S. et P. 93.3.151]

6606. — Le contribuable qui n'a pas fait dans les délais la déclaration prescrite ne peut, pour échapper au doublement de la taxe, arguer de sa bonne foi. — Cons. d'Et., 11 mai 1804, Montagnon, [Leb. chr., p. 445]; — 25 mai 1864, Piller, [Leb. chr., p. 503]; — 10 janv. 1863, Maisonneuve, [Leb. chr., p. 23]; — 14 mars 1873, Durand, [Leb. chr., p. 244]; — 31 juill. 1874, Guenec, [Leb. chr., p. 757]; — 8 avr. 1892, Gacogne, [Leb. chr. p. 368]

6607. — ... Ou de son ignorance de la loi. — Cons. d'Et., 11 juin 1875, Matignon, [Leb. chr., p. 574]

6608. — Il ne peut se prévaloir de ce qu'il croyait sa voiture non imposable, soit à raison d'une prétendue cause d'exemption, soit parce qu'il ne s'en servait que d'une manière accidentelle ou même pas du tout. — Cons. d'Et., 9 mai 1873, Andelle, [Leb. chr., p. 403]; — 18 juill. 1873, Bigot, [Leb. chr., p. 657]; — 8 août 1873, Saunier, [Leb. chr., p. 750]; — 14 nov. 1873, Raynaud, [Leb. chr., p. 816]; — 5 déc. 1873, Hillairet, [Leb. chr., p. 905]; — 12 févr. 1875, Rives, [Leb chr., p. 142]; — 5 mars 1875, Chauchard, [Leb. chr., p. 213]

6609. — L'absence momentanée du contribuable au moment où la déclaration devait être faite n'est pas une cause d'exemption. — Cons. d'Et., 1er juin 1864, Villebrun, [Leb. chr., p. 543]; — 18 juill. 1873, Boucley, [Leb. chr., p. 655]; — 7 août 1874, Traynaud, [Leb. chr., p. 817]

6610. — Sont même passibles de la double taxe : celui qui prétend avoir été empêché de faire sa déclaration dans les délais par une circonstance indépendante de sa volonté. — Cons. d'Et., 7 août 1874, de Montjon, [Leb. chr., p. 817]

6611. — ... Le contribuable qui se serait borné à faire une déclaration verbale à un agent municipal. — Cons. d'Et., 20 juill. 1864, précité.

6612. — ... Alors même que celui-ci aurait pris note des éléments de cotisation. — Cons. d'Et., 31 mars 1876, Durand, [Leb. chr., p. 327]

6613. — La déclaration faite par le contribuable de ses chevaux et voitures en exécution de la loi du 3 juill. 1877 sur les réquisitions militaires ne suppléerait pas à l'omission de la déclaration prescrite par la loi de 1862. — Cons. d'Et., 30 nov. 1888, Colein, [Leb. chr., p. 891]; — 17 janv. 1891, Guillemeteau, [Leb. chr., p. 24]; — 21 avr. 1893, Michau, [Leb. chr., p. 316]

6614. — Mais si la déclaration a été faite dans les délais légaux la circonstance qu'elle n'aurait pas été enregistrée en temps utile à la mairie ne saurait autoriser l'administration à établir une double taxe. — Cons. d'Et., 31 juill. 1874, Favier, [Leb. chr. p. 756]

6615. — Il en est de même si la déclaration a été refusée par les agents de l'administration comme s'appliquant à des éléments qu'ils croyaient à tort exemptés. — Cons. d'Et., 18 juill. 1873, Dubuc, [Leb. chr., p. 655]; — 12 juin 1874, Belorgey, [Leb. chr., p. 552]; — 10 juill. 1874, Nottin, [Leb. chr., p. 658]

6616. — ... Ou si, par suite d'une omission, les éléments déclarés ne sont pas imposés. — Cons. d'Et., 16 déc. 1881, Seurin, [D. 83.3.423]

6617. — Lorsqu'un contribuable transporte en cours d'année sa résidence dans une commune où le tarif est plus élevé et qu'il omet de faire sa déclaration dans le délai légal, il doit une double taxe sur la différence des tarifs de ces deux communes. — Cons. d'Et., 14 mai 1875, Labrousse, [Leb. chr., p. 468]; — 1er mars 1878, Fessard, [D. 79.3.401]; — 16 mars 1883, des Roys, [Leb. chr., p. 281] — V. suprà, n. 6345 et infra, n. 6376.

6618. — La taxe est doublée, non seulement quand il n'y a pas de déclaration, mais encore quand celle-ci est incomplète ou inexacte. Que faut-il entendre par déclaration incomplète ou inexacte ? Il y aura déclaration incomplète lorsque le contribuable déclarera un nombre d'éléments imposables inférieur à celui qu'il possède, ou lorsqu'il omettra dans sa déclaration d'indiquer que ses chevaux ou voitures le suivent dans une commune où le tarif est plus élevé. — Cons. d'Et., 1er juin 1864, Quiquandon, [Leb. chr., p. 544]; — 14 févr. 1873, de la Rochebrochard, [Leb. chr., p. 165]; — 5 févr. 1875, Derrien, [Leb. chr., p. 103]; — 15 déc. 1876, Mercier de Sainte-Croix, [Leb. chr., p. 896]; — 18 janv. 1878, Jouan, [Leb. chr., p. 54]

6619. — Il y aura déclaration inexacte quand le contribuable déclarera des éléments d'une autre nature que ceux qu'il possède, par exemple une voiture à 2 roues au lieu d'une voiture à 4 roues. — Cons. d'Et., 6 août 1864, Richeux, [Leb. chr. p. 753]

6620. — Le Conseil d'Etat applique même le doublement de la taxe lorsque le contribuable n'a pas fait la déclaration de ses éléments imposables dans la commune où il aurait dû la faire, c'est-à-dire dans la commune où il paie la taxe personnelle. — Cons. d'Et., 7 nov. 1873, Coulet, [S. 75.2.276, P. adm. chr., D. 75.3.9]; — 14 nov. 1873, Reynaud, [Leb. chr., p. 816]; — 18 mars 1881, Copeland-Bass, [Leb. chr., p. 307]; — 12 mai 1882, Daisson, [Leb. chr., p. 465] ... ou dans celle où le tarif est le plus élevé. — Cons. d'Et., 28 févr. 1891, Pujos, [Leb. chr., p. 178]

6621. — Nous croyons que ces dernières décisions vont au delà des exigences de la loi et sont même contraires à son texte. En effet, d'après l'art. 11, § 3, L. 2 juill. 1862, les déclarations sont faites à la mairie de l'une des communes où les contribuables ont leur résidence. Les contribuables ont donc le choix de la commune où ils feront leur déclaration. Cette faculté ne lèse en rien les communes. Ce sera aux agents des contributions directes à examiner, d'après la déclaration, dans quelle commune chacun des éléments doit être imposé et d'après quel tarif, et c'est pour cela que le contribuable doit indiquer dans sa déclaration toutes les résidences où il a des éléments imposables. C'est d'ailleurs en ce sens que s'est prononcée l'administration des contributions directes. Il est dit, dans l'instruction du 31 oct. 1862, que les déclarations peuvent être faites dans une commune au choix de l'imposable, pourvu qu'il y ait une résidence. L'unité de déclaration est recommandée aux contribuables.

6622. — Quand un contribuable a déclaré que ses voitures le suivaient dans diverses résidences, il ne peut être assujetti à une double taxe si une de ses voitures n'a pas été cotisée d'après le tarif le plus élevé. — Cons. d'Et., 24 déc. 1886, de Dompierre d'Hornoy, [Leb. chr., p. 926]

6623. — Lorsqu'un contribuable fait une déclaration et qu'il prétend avoir droit à une exemption partielle ou totale, cette déclaration restrictive constitue-t-elle une déclaration inexacte ? Le Conseil d'Etat avait d'abord résolu affirmativement cette question. — Cons. d'Et., 9 janv. 1874, Ferré, [Leb. chr., p. 15] — Mais il n'a pas tardé à revenir sur cette décision en se prononçant en sens contraire par de nombreux arrêts. — Cons. d'Et., 26 juin 1874, Choquet, [D. 75.3.9]; — 10 juill. 1874. Mélard, [Leb. chr., p. 660]; — 31 juill. 1874, Deflers-Geffroy, [Leb. chr., p. 757]; — 7 août 1874, Chaput, [Leb. chr., p. 809]; — 20 nov. 1874, Ravenel, [Leb. chr., p. 903]; — 6 août 1875, Meurisse-Montfort, [Leb. chr., p. 776]; — 31 mars 1876, Cabaudié, [Leb. chr., p. 327]

6624. — Lorsqu'une personne est possesseur d'éléments imposables dans le sens de la loi, le fait que ces éléments ont été imposés au nom de leur propriétaire ne saurait le dispenser de

faire la déclaration prescrite par la loi. S'il ne l'a pas faite, il encourt la double taxe. — Cons. d'Et., 24 avr. 1893, Michau, [Leb. chr., p. 316]

6625. — De ce qui précède, on doit conclure que toutes les impositions d'office donnent lieu à l'application de la double taxe. Mais si en fait cette pénalité n'a pas été appliquée, le contribuable ainsi ménagé n'est pas fondé à se prévaloir de cette circonstance pour soutenir que son imposition à la taxe simple est irrégulière. — Cons. d'Et., 8 août 1873, Soullier, [Leb. chr., p. 752]

§ 5. *Tarif.*

6626. — Il nous reste à parler du tarif d'après lequel est établie la taxe sur les chevaux et voitures. Voici le tarif tel qu'il était fixé par la loi du 2 juill. 1862 (art. 5).

VILLES, COMMUNES OU LOCALITÉS dans lesquelles le tarif est applicable.	SOMME A PAYER PAR CHAQUE		
	voiture à 4 roues.	voiture à 2 roues.	cheval de selle ou d'attelage.
Paris...................	60 fr.	40 fr.	25 fr.
Communes autres que Paris ayant plus de 40,000 âmes de population....	50	25	20
Communes de 20,001 à 40,000 âmes...........	40	20	15
Communes de 3,001 à 20,000 âmes...........	25	10	10
Communes de 3,000 âmes et au-dessous.........	10	5	5

6627. — La loi du 22 déc. 1879 a modifié ce tarif en ce qui touche les deux dernières classes, c'est-à-dire dans les villes de moins de 20,000 âmes. Elle a adopté les divisions suivantes :

VILLES, COMMUNES OU LOCALITÉS dans lesquelles le tarif est applicable.	SOMME A PAYER PAR CHAQUE		
	voiture à 4 roues.	voiture à 2 roues.	cheval de selle ou d'attelage.
Communes de 10,001 à 20,000 âmes de population....	30 fr.	15 fr.	12 fr.
Communes de 5,001 à 10,000 âmes...........	25	10	10
Communes de 5,000 âmes et au-dessous.........	10	5	5

6628. — Comme pour la contribution des portes et fenêtres ou celle des patentes, lorsque le chiffre de la population qui sert de base à l'application du tarif est contesté, il faut se reporter au dernier décret de recensement, qui vaut pendant les cinq années qui suivent sa promulgation. — Cons. d'Et., 12 avr. 1878, Michel, [S. 80.2.61, P. adm. chr., D. 78.3.95]

6629. — Dans quel lieu est due la taxe sur les chevaux et voitures? La réponse à cette question se trouve dans l'art. 10, L. 2 juill. 1862. « Si le contribuable a plusieurs résidences, il sera, pour les chevaux et les voitures qui le suivent habituellement, imposé dans la commune où il est soumis à la contribution personnelle, conformément à l'art. 13, L. 21 avr. 1832, mais la contribution sera établie suivant la taxe de la commune dont la population est la plus élevée. Pour les chevaux et les voitures qui restent habituellement attachés à l'une de ces résidences, le contribuable sera imposé dans la commune de cette résidence et suivant la taxe afférente à la population de cette commune.

6630. — Pas de difficulté lorsque le contribuable n'a qu'une résidence : c'est là qu'il est imposable. La question est plus délicate lorsqu'il en a plusieurs. Il faut d'abord déterminer ce que la loi entend par le mot *résidence*. L'instruction du 31 oct. 1862

ne définit pas cette expression. La question de savoir si un contribuable a ou n'a pas une résidence dans une commune est une question de fait dont l'appréciation appartient aux tribunaux administratifs. Nous citerons, à titre d'exemples, quelques décisions du Conseil d'Etat. On ne peut, d'après ces décisions, considérer comme ayant une résidence dans une commune : un contribuable qui y vient de temps à autre et qui est logé chez un parent. — Cons. d'Et., 21 avr. 1864, Doré-Graslin, [Leb. chr., p. 382]; — 7 mai 1875, de Tourrette, [Leb. chr., p. 440]

6631. — ... Un contribuable qui ne fait dans une ville que de courts séjours, quoiqu'il s'y fasse suivre par ses chevaux. — Cons. d'Et., 28 janv. 1876, Bérard de Lester, [Leb. chr., p. 88]

6632. — ... Celui qui, lors des séjours qu'il fait dans une ville, réside dans un hôtel. — Cons. d'Et., 19 mai 1882, Molas, [Leb. chr., p. 495]

6633. — Au contraire, on a considéré comme ayant une double résidence un contribuable qui se fait transporter par ses chevaux de la commune de son domicile à une autre où il possède une habitation. — Cons. d'Et., 21 avr. 1864, Fournier, [Leb. chr., p. 383]; — 1er juin 1864, Quiquandon, [Leb. chr., p. 541]; — 1er déc. 1864, Darexy, [Leb. chr., p. 944]

6634. — ... Celui qui se fait suivre dans une ville par ses chevaux et voitures, quoiqu'il habite chez sa fille. — Cons. d'Et., 1er déc. 1882, Lemerre, [Leb. chr., p. 970]

6635. — ... Celui qui vient passer à Paris trois ou quatre mois par an et y loue des écuries et des remises. — Cons. d'Et., 27 avr. 1877, Maurice Richard, [S. 79.2.96, P. adm. chr., D. 77.3.75]

6636. — Lorsque le fait de la pluralité de résidences est établi, les chevaux et voitures doivent être divisés en deux catégories : ceux qui restent attachés habituellement à une résidence sont imposables dans la commune de cette résidence et d'après le tarif applicable à cette commune. Il suffit que l'affectation soit habituelle, il n'est pas nécessaire qu'elle soit permanente. Par exemple, si des chevaux suivent accidentellement leur propriétaire dans une autre commune, ou si le propriétaire se fait seulement transporter dans une autre résidence par des chevaux qui retournent ensuite à leur point d'attache, ces faits ne suffiront pas à faire appliquer le tarif afférent à la commune la plus peuplée. Ce sera celui de la résidence habituelle qui sera appliqué. — Cons. d'Et., 19 mars 1864, Lathoud, [Leb. chr., p. 290]; — 4 mai 1864, Déan de Luigné, [Leb. chr., p. 409]; — 7 sept. 1864, Frumeau, [Leb. chr., p. 847]; — 11 déc. 1874, Debia, [Leb. chr., p. 978]; — 30 avr. 1875, Bluche, [Leb. chr., p. 391]; — 6 août 1875, Dufort, [Leb. chr., p. 777]; — 21 janv. 1876, Beneyton, [Leb. chr., p. 63]; — 23 avr. 1880, Bichot, [Leb. chr., p. 394]; — 2 déc. 1881, Cazac, [Leb. chr., p. 953]; — 16 déc. 1881, Blanc, [Leb. chr., p. 987]; — 28 avr. 1882, de Wall, [Leb. chr., p. 405]; — 13 juill. 1883, Sabatier, [D. 84.5.467]; — 13 janv. 1888, de Dompierre, [Leb. chr., p. 27]; — 10 févr. 1888, Fortet, [Leb. chr., p. 138]; — 13 janv. 1890, Pralon, [Leb. chr., p. 97]; — 27 déc. 1890, Langue-Dantès, [Leb. chr., p. 1031]

6637. — Lorsque les chevaux et voitures suivent leur possesseur dans ses diverses résidences, la loi a pris soin de fixer la commune dans laquelle ils seraient cotisés. Cette disposition était nécessaire. On aurait pu soutenir qu'ils devaient être imposés dans la commune où ils avaient été déclarés, ou dans celle où le tarif était le plus élevé. La loi dispose que c'est dans la commune où le contribuable paie la contribution personnelle, mais en appliquant le plus élevé des tarifs des communes où le contribuable a une résidence. — Cons. d'Et., 11 janv. 1865, de Lafontan, [Leb. chr., p. 35]; — 24 avr. 1874, le Picard, [Leb. chr., p. 366]; — 12 juin 1874, Valière, [Leb. chr., p. 353]; — 20 nov. 1874, d'Avon de Sainte-Colombe, [Leb. chr., p. 904]; — 26 févr. 1875, du Temple, [Leb. chr., p. 200]; — 16 avr. 1875, Chapuis, [Leb. chr., p. 330]; — 2 juill. 1875, Carré, [Leb. chr., p. 651]; — 5 nov. 1875, Chevalet, [Leb. chr., p. 873]; — 21 janv. 1876, Fraix, [Leb. chr., p. 62]; — 12 juin 1876, Larcher, [Leb. chr., p. 570]; — 15 déc. 1876, Mercier de Sainte-Croix, [Leb. chr., p. 896]; — 27 avr. 1877, Richard, [S. 79.2.96, P. adm. chr., D. 77.3.75]; — 15 juin 1877, Krajewski, [Leb. chr., p. 598]; — 18 janv. 1878, Jonon, [Leb. chr., p. 54]; — 30 janv. 1880, Bonnet, [Leb. chr., p. 130]; — 9 déc. 1887, Rémond, [Leb. chr., p. 788]; — 6 juill. 1888, Labatut, [Leb. chr., p. 623]; — 3 août 1888, Argence, [Leb. chr., p. 713]; — 26 nov. 1892, Lecorbeiller, [S. et P. 94.3.94]; — 21 juill. 1894, Majolier, [Leb. chr., p. 504]

6638. — Pour que cette disposition de la loi soit appliquée, il n'est pas nécessaire que le séjour dans une ville soit de longue durée, il suffit qu'il soit habituel. Une résidence de deux ou trois mois chaque année dans une ville suffit à constituer la résidence habituelle. — Cons. d'Et., 23 déc. 1887, du Bern de Bois, [Leb. chr., p. 841]

6639. — Lorsqu'un contribuable déclare qu'il se fait suivre de ses chevaux et voitures dans ses diverses résidences, il doit être imposé d'après le tarif le plus élevé, alors même qu'en fait les agents de l'administration reconnaissent que ces chevaux ne suivent pas leur maître dans cette résidence. — Cons. d'Et., 3 févr. 1865, Montets, [Leb. chr., p. 144]

6640. — Si le contribuable se trouve imposé par erreur dans plusieurs communes à la taxe personnelle ou s'il est imposé à la taxe personnelle dans une commune et à la contribution mobilière dans une autre commune où la caisse municipale acquitte une partie du contingent, conformément à l'art. 20, L. 21 avr. 1832, il faut déterminer par des circonstances de fait la commune du domicile réel et n'imposer, dans la commune de ce domicile, que les chevaux et voitures sans résidence fixe (Instr. 31 oct. 1862). — Cons. d'Et., 15 mai 1874, de Verdal, [Leb. chr., p. 447]; — 7 août 1874, Sénac, [Leb. chr., p. 817]

6641. — Quand un conseil de préfecture accorde décharge d'une double taxe, calculée d'après le tarif d'une commune, par le motif que le contribuable n'a pas dans cette commune de résidence où le suivent ses chevaux et voitures, il doit maintenir l'imposition à la taxe simple, calculée d'après le tarif de la commune où ce contribuable a une résidence. — Cons. d'Et., 21 avr. 1864, Doré-Graslin, [Leb. chr., p. 382]

§ 6. Règles diverses.

6642. — Les autres dispositions de la loi de 1862 sont la reproduction de principes généraux applicables à toutes les contributions directes, notamment du principe d'annualité. La contribution est due pour l'année entière, d'après les faits existant au 1er janvier (L. 2 juill. 1862, art. 9). Il en résulte que le contribuable qui, au 1er janvier, ne possède pas de cheval ou de voiture, n'est pas imposable. — Cons. d'Et., 15 mai 1874, Blavot, [Leb. chr., p. 445]; — 30 avr. 1875, Martineau, [Leb. chr., p. 360]; — 21 avr. 1882, Luteau, [Leb. chr., p. 370]; — 2 juill. 1886, Colinet, [Leb. chr., p. 553]; — 28 févr. 1891, Hébert, [Leb. chr., p. 172]; — 5 mars 1892, Fayol, [Leb. chr., p. 258]

6643. — L'héritier, dont l'auteur est décédé avant le 1er janvier, est fondé à demander décharge de la taxe indûment maintenue au nom de son auteur, alors même qu'il serait personnellement imposable. Il pourra d'ailleurs être repris par voie de rôle supplémentaire comme ayant été omis. — Cons. d'Et., 18 janv. 1890, Moncassin, [Leb. chr., p. 48] — V. infra, n. 6396 et s.

6644. — D'autre part, l'imposition établie d'après les faits existant au 1er janvier est due pour l'année entière. — Cons. d'Et., 14 juin 1864, Dolain, [Leb. chr., p. 566]; — 7 août 1874, d'Halewyn, [Leb. chr., p. 815]; — 28 janv. 1887, Jolissaint, [Leb. chr., p. 86]; — 3 févr. 1888, Piault, [Leb. chr., p. 118]

6645. — Quant aux causes de décharge survenant en cours d'année, elles sont sans influence sur la taxe. — Cons. d'Et., 31 mars 1876, Chevallier, [Leb. chr., p. 329]; — 16 juin 1876, Fouasse, [Leb. chr., p. 571]; — 18 mars 1881, Bouillaux, [Leb. chr., p. 302]; — 18 avr. 1890, Vayssac, [Leb. chr., p. 408]; — 16 janv. 1892, Chéron, [Leb. chr., p. 28]

6646. — Les dégrèvements accordés sur les impositions antérieures ne constituent pas un droit acquis pour les années suivantes. — Cons. d'Et., 28 janv. 1887, Vignes, [Leb. chr., p. 86]

6647. — A l'origine, les contribuables qui achetaient en cours d'année ne pouvaient être repris par des rôles supplémentaires. — Cons. d'Et., 7 sept. 1864, Lacombe, [P. adm. chr.]

6648. — La loi de 1862 (art. 9) n'admettait l'émission de rôles supplémentaires que dans le cas où, à raison d'une résidence nouvelle, le contribuable devenait passible d'une taxe supérieure à celle à laquelle il avait été assujetti au 1er janvier. Il devait alors un droit complémentaire égal au montant de la différence. — Cons. d'Et., 18 août 1864, Perrot, [Leb. chr., p. 810]

6649. — La loi du 23 juill. 1872 (art. 8) a étendu la faculté d'imposition par voie de rôles supplémentaires au cas où dans le courant de l'année on devenait possesseur de voitures ou de chevaux imposables. La taxe est due à partir du premier du mois de l'acquisition. — Cons. d'Et., 18 mai 1877, Robiou, [Leb. chr., p. 471]; — 6 janv. 1882, Morin, [Leb. chr., p. 9]

6650. — ... Alors même que le précédent propriétaire aurait payé pour l'année entière. — Cons. d'Et., 24 mars 1891, Biliotte, [Leb. chr., p. 265]

6651. — Quand un contribuable est imposé à raison d'une voiture louée qu'il possède au 1er janvier, et qu'il la remplace en cours d'année par une voiture achetée par lui, il est imposable pour l'année entière à raison de la première voiture, et pour les mois qui ont suivi l'acquisition pour l'autre. — Cons. d'Et., 10 févr. 1888, Révillon, [Leb. chr., p. 138]

6652. — Enfin la loi du 29 déc. 1884 (art. 3) dispose : « Sont imposables au moyen de rôles supplémentaires et sans préjudice des accroissements de taxe dont ils seraient passibles pour défaut ou inexactitude de déclaration, les possesseurs de voitures, chevaux, mules ou mulets, pour ceux de ces éléments d'imposition qu'ils posséderaient depuis une époque antérieure au 1er janvier et dont l'imposition aurait été omise dans les rôles primitifs. Les droits ne sont dus qu'à partir du 1er janvier de l'année pour laquelle le rôle primitif a été émis. »

6653. — Le législateur de 1862 avait (art. 8) attribué aux communes un dixième du produit de l'impôt, déduction faite des cotes ou portions de cotes dont le dégrèvement aurait été accordé. L'art. 10, L. 23 juill. 1872, a réduit la part des communes au vingtième.

Section VII.
Taxe sur les vélocipèdes.

6654. — L'extension prise en ces dernières années par ce mode de transport a déterminé le législateur à le frapper d'une taxe analogue à celle qui porte sur les voitures, chevaux, mules et mulets. Cette taxe a ce caractère particulier d'avoir été en quelque sorte sollicitée par les contribuables eux-mêmes, qui y voyaient une sorte de reconnaissance légale de leur droit de circuler sur les voies publiques. Aussi son établissement n'a-t-il soulevé aucune discussion.

6655. — « A partir du 1er juin 1893, dit la loi du 28 avr. 1893, il sera perçu une taxe annuelle de 10 fr. par chaque vélocipède ou appareil analogue » (art. 10). Cette disposition s'applique donc aux tricycles, bicycles, bicyclettes, appareils pour une ou deux plusieurs personnes.

6656. — Le même article édicte un certain nombre d'exemptions en faveur : 1° des vélocipèdes possédés par les marchands et exclusivement destinés à la vente; 2° des vélocipèdes possédés en conformité des règlements militaires ou administratifs. Les premiers sont, en effet, un instrument de travail et sont frappés par la contribution des patentes. Quant aux seconds, on appliquera la même jurisprudence que pour les chevaux et voitures. Il appartiendra aux ministres compétents de fixer la liste de leurs fonctionnaires qui sont tenus d'avoir des vélocipèdes ou qui sont autorisés à en faire usage dans l'intérêt du service. Une discussion s'est élevée à la Chambre au sujet des facteurs ruraux. L'exemption était réclamée par voie d'amendement pour les vélocipèdes possédés par ces agents. L'amendement a été retiré sur l'assurance donnée par le ministre que les facteurs ruraux seraient compris au nombre des agents autorisés à se servir de vélocipèdes.

6657. — Les vérificateurs et vérificateurs adjoints des poids et mesures peuvent être exemptés quand ils sont désignés nominativement par l'administration comme possédant et utilisant leur vélocipède dans l'intérêt du service (Circ. 11 janv. 1895).

6658. — A la différence de la contribution sur les chevaux et voitures (V. suprà, n. 6322 et s.), la taxe sur les vélocipèdes est due pour ceux qui sont possédés par les loueurs et destinés à la location (art. 10). La loi ne dit pas qui, du loueur ou du locataire, devra acquitter la taxe. Il nous semblerait pratique de la faire payer par les loueurs, qui la recouvreraient sur leurs locataires.

6659. — Lorsque des vélocipèdes sont possédés par des personnes majeures ou mineures ne jouissant pas de leurs droits dans le sens de la loi du 21 avr. 1832, les père, mère, tuteur ou curateur de ces personnes leur sont substitués pour les obligations et les charges résultant des articles qui précèdent. La taxe est imposée en leur nom et recouvrée sur eux (art. 17).

6660. — La taxe est due dans la commune où les vélocipèdes imposables séjournent le plus habituellement (art. 12). Nous ferons observer que cette constatation ne laissera pas d'être assez délicate et de donner lieu à de nombreuses contraventions.

6661. — Les contribuables sont tenus de faire la déclaration des vélocipèdes à raison desquels ils sont imposables. Cette déclaration est faite à la mairie de la commune où la taxe est due en vertu du paragraphe précédent. Les déclarations sont valables pour toute la durée des faits qui y ont donné lieu. Elles doivent être modifiées au cas de changement, soit dans les bases de la taxe, soit dans le lieu de son imposition. Les déclarations sont faites ou modifiées, s'il y a lieu, le 31 janvier au plus tard de chaque année. Lorsque l'on devient possesseur en cours d'année, la taxe est due à partir du premier du mois dans lequel a commencé la possession et la déclaration doit être faite dans les trente jours de la date des faits qui motivent l'imposition (art. 11, § 2, et 12).

6662. — Les taxes sont doublées pour les éléments imposables qui n'ont pas été déclarés ou qui ont fait l'objet de déclarations tardives (art. 13). Les contribuables qui déclareraient leur vélocipède dans une commune autre que celle où la taxe est due nous paraissent, d'après la combinaison des art. 12 et 13, pouvoir être également frappés de la double taxe.

6663. — Les autres dispositions de la loi sont celles qui constituent les caractères généraux des taxes assimilées. D'après l'art. 11, les possesseurs de vélocipèdes imposables sont passibles de la taxe pour l'année entière, à raison des faits existant au 1er janvier. Les personnes qui, dans le courant de l'année, deviennent possesseurs de vélocipèdes imposables doivent la taxe à partir du premier du mois dans lequel le fait s'est produit et sans qu'il y ait lieu de tenir compte des taxes imposées au nom des précédents possesseurs. Sont également imposables au moyen de rôles supplémentaires les possesseurs de vélocipèdes omis dans les rôles primitifs (art. 11).

6664. — Les dispositions de l'art. 11, §§ 4 et 5, L. 2 juill. 1862, touchant la formation d'états-matrices de la contribution sur les voitures et les chevaux, sont applicables à la présente taxe (art. 14).

6665. — Il est attribué aux communes un quart du produit de la taxe, déduction faite des cotes ou portions de cotes allouées en dégrèvement (art. 15).

6666. — Il est ajouté à la taxe 5 cent. par franc pour fonds de non-valeurs et 3 cent. par franc pour frais de perception. Il est délivré des avertissements de 5 cent. par article. Les rôles sont établis et recouvrés et les réclamations sont présentées, instruites et jugées comme en matière de contributions directes (art. 16).

Section VIII.
Droits de vérification des poids et mesures.

6667. — L'uniformité des poids et mesures, vainement poursuivie par les rois de France depuis Charlemagne, a été réalisée par l'adoption, le 1er août 1793, du système métrique décimal. Ce décret fut refondu par la loi du 18 germ. an III, qui a établi le système des poids et mesures tel qu'il existe aujourd'hui.

6668. — Mais pour faire passer cette réforme dans les mœurs, il fallait triompher d'habitudes séculaires, obliger les intéressés à substituer les nouveaux poids et mesures à ceux qui étaient alors en usage. De là un certain nombre de dispositions : interdiction de la fabrication des anciennes mesures (L. 18 germ. an III, art. 24), défense aux officiers publics de mentionner dans leurs actes d'autres mesures que les mesures républicaines (L. 1er vend. an IV, art. 9).

6669. — L'œuvre poursuivie par les assemblées révolutionnaires fut malheureusement compromise ou du moins retardée dans son succès définitif par deux actes du gouvernement de Napoléon. Un arrêté du 13 brum. an IX autorisa l'emploi, dans les actes publics et dans les usages habituels, des anciennes dénominations usuelles en les appliquant aux nouvelles mesures. Un décret du 28 févr. 1812, fit une concession plus grave à l'esprit de routine en rétablissant les dénominations anciennes et en substituant aux divisions décimales les divisions du quart, du huitième. C'est seulement la loi du 4 juill. 1837 qui a fait revivre la législation de l'an III.

6670. — Cette loi fixe au 1er janv. 1840 le dernier terme où l'usage des instruments de pesage et de mesurage confectionnés en exécution du décret de 1812 sera permis. À partir de cette époque, ils sont définitivement interdits. La loi contient un certain nombre de sanctions pénales. La plus importante ou du moins la plus efficace est celle qui frappait des peines édictées par l'art. 479-6°, C. pén., non seulement l'emploi, mais la simple détention dans des boutiques, ateliers ou magasins ou dans des halles ou marchés de poids et mesures autres que ceux reconnus légaux par la loi (art. 4).

6671. — Ces mesures répressives seraient demeurées sans effet si le législateur n'avait pris soin d'organiser un système de surveillance destiné tout à la fois à assurer l'observation de la loi et la fidélité du débit de marchandises : nous voulons parler de la vérification.

§ 1. Des agents chargés de la vérification.

6672. — La vérification des poids et mesures est confiée à des agents spéciaux appelés vérificateurs. « Il y aura, disait l'art. 17, L. 18 germ. an III, dans chaque district des vérificateurs chargés de l'apposition du poinçon de la République. » La loi du 1er vend. an IV (art. 13) décida qu'il y aurait des vérificateurs dans les principales communes de la République. Leur nombre, leurs fonctions et leur salaire devaient être déterminés, d'après les localités et les besoins du service, par le pouvoir exécutif. Ils étaient nommés à cette époque par les administrations de département. Un arrêté consulaire du 29 prair. an IX chargea les sous-préfets des fonctions de vérificateurs. L'ordonnance du 18 déc. 1825 donna aux préfets le pouvoir de nommer et de révoquer ces agents. L'ordonnance du 17 avr. 1839 attribua le droit de nomination au ministre du Commerce ; le décret du 25 mars 1852 le rendit aux préfets, et enfin le décret du 26 févr. 1873 le restitua définitivement au ministre.

6673. — Le personnel de la vérification se compose de vérificateurs en chef, de vérificateurs et de vérificateurs adjoints (Décr. 26 févr. 1873, art. 2). L'art. 2, Ord. 17 avr. 1839 accordait déjà au ministre la faculté de nommer des vérificateurs adjoints soumis aux mêmes conditions que les vérificateurs et ayant les mêmes attributions. Nul ne peut être nommé vérificateur adjoint s'il n'a été déclaré admissible à la suite d'un examen public dont les conditions et le programme sont arrêtés par le ministre du Commerce, et s'il est âgé de moins de vingt-cinq ans ou de plus de trente-six ans (Décr. 26 févr. 1873, art. 4). Les vérificateurs sont divisés en cinq classes (art. 3). Les vérificateurs de cinquième classe sont pris exclusivement parmi les vérificateurs adjoints ayant au moins deux ans de service (art. 5).

6674. — Les vérificateurs ne peuvent entrer en fonctions qu'après avoir prêté, devant le tribunal de première instance de l'arrondissement pour lequel ils sont commissionnés, le serment prescrit par la loi du 31 août 1830. Dans le cas d'un changement de résidence ou de mission temporaire, ils sont tenus seulement de faire viser leur commission et leur acte de serment au greffe du tribunal dans le ressort duquel ils sont envoyés (Ord. 17 avr. 1839, art. 3).

6675. — L'emploi de vérificateur est incompatible avec toutes autres fonctions publiques et toute profession assujettie à la vérification (Ord. 17 avr. 1839, art. 4). Les vérificateurs peuvent donc, en principe, exercer toute profession non assujettie. Toutefois, par une circulaire du 30 août 1839, le ministre fait connaître qu'ils doivent s'abstenir de toute occupation qui pourrait les distraire de leurs fonctions ou les placer dans une position incompatible avec le caractère public dont ils sont revêtus.

6676. — Le traitement des vérificateurs est réglé par le ministre du Commerce ; il comprend par abonnement les frais de tournées ordinaires, ceux de bureau, ceux d'entretien et de transport des instruments de vérification, et les frais de confection de matrices de rôles. Les étalons, les poinçons, les registres et l'ameublement des bureaux sont fournis aux vérificateurs par l'administration. Les frais de tournées extraordinaires hors de leur arrondissement leur sont remboursés (Ord. 17 avr. 1839, art. 8).

6677. — Les vérificateurs peuvent être suspendus par les préfets : il est immédiatement rendu compte de cette mesure au ministre du Commerce (Ord. 17 avr. 1839, art. 9). Le ministre seul peut prononcer la révocation.

6678. — Un vérificateur est nommé par chaque arrondisse-

ment communal ; son bureau est établi autant que possible au chef-lieu. D'après l'ordonnance de 1825, il devait être installé à la préfecture ou à la sous-préfecture, mais cette prescription a été abrogée en 1839. Si les besoins du service exigent qu'il y ait plusieurs bureaux dans un arrondissement, le préfet peut proposer cette disposition au ministre, qui l'arrête définitivement s'il le juge convenable. L'avis du conseil général, qui était exigé en 1825, ne l'est plus aujourd'hui. L'ordonnance nouvelle n'admet plus que plusieurs arrondissements soient réunis en un seul ressort de vérification (Ord. 17 avr. 1839, art. 2). Un décret du 7 févr. 1887 a remplacé cet article par les dispositions suivantes : « Chaque département est divisé, par arrêté du ministre du Commerce et de l'Industrie, en un certain nombre de circonscriptions de vérification dans chacune desquelles est placé un vérificateur titulaire. Le ministre peut nommer des vérificateurs adjoints dans les circonstances où le service l'exigerait. Le nombre des vérificateurs de tout ordre est fixé au maximum à 400. »

6679. — Chaque bureau de vérification sera pourvu de l'assortiment nécessaire d'étalons vérifiés et poinçonnés au dépôt des prototypes établi près du ministère du Commerce. Ces étalons devront être vérifiés de nouveau au même dépôt au moins une fois en dix ans. Les poinçons nécessaires aux vérifications dans les départements seront fabriqués sur les ordres du ministre du Commerce ; ils porteront des marques distinctes pour chaque année d'exercice. Les poinçons destinés à la vérification des poids et mesures nouvellement fabriqués ou rajustés seront différents de ceux qui sont destinés à constater les vérifications périodiques successives. Ces derniers portent l'empreinte d'une lettre de l'alphabet : ils changent chaque année (Ord. 17 avr. 1839, art. 6).

6680. — Les étalons et les poinçons des bureaux de vérifications sont conservés par les vérificateurs, sous leur responsabilité et sous la surveillance des préfets et sous-préfets (art. 7). Les étalons seront conservés et les opérations seront faites dans le local à ce destiné par l'administration (art. 8).

§ 2. De la vérification.

1º Diverses espèces de vérification.

6681. — La vérification des poids et mesures consiste, dit l'art. 4 de l'arrêté du 29 prair. an IX, dans une comparaison exacte des poids et mesures qui sont présentés avec les étalons confiés à la garde des vérificateurs. Un règlement d'administration publique, prévu par l'ordonnance du 17 avr. 1839 (art. 12) et promulgué le 16 juin suivant, détermine la forme des poids et mesures servant à peser ou mesurer les matières de commerce ainsi que les matières avec lesquelles ces poids et mesures sont fabriqués.

6682. — La loi du 4 juill. 1837 (art. 8) dispose qu'une ordonnance royale réglera la manière dont s'effectuera la vérification des poids et mesures. Cette ordonnance est intervenue le 17 avr. 1839 et, quoique modifiée sur quelques points par le décret du 26 févr. 1873, elle est encore le texte fondamental en cette matière.

6683. — Deux vérifications doivent être distinguées : la vérification primitive et la vérification périodique. La vérification primitive a pour objet de certifier la conformité avec les étalons des poids et mesures présentés avant qu'ils soient livrés au commerce et d'en garantir l'exactitude par l'apposition du poinçon de la République (L. 18 germ. an III). A cet effet, les poids et mesures nouvellement fabriqués ou rajustés seront présentés au bureau du vérificateur vérifiés et poinçonnés avant d'être livrés au commerce (Ord. 17 avr. 1839, art. 10).

6684. — L'obligation de faire subir aux poids et mesures la vérification primitive incombe aux fabricants et marchands. Les uns et les autres ne peuvent mettre en vente ou livrer aucun instrument neuf ou rajusté, qu'il n'ait été revêtu du poinçon de la vérification primitive, sous les peines portées par les art. 479, 480 et 481, C. pén. (Ord. 18 déc. 1825, art. 17). Quoique cette ordonnance ait été abrogée en 1839, il nous semble que cette disposition est encore applicable.

6685. — Les balances romaines ou autres instruments de pesage sont soumis à la vérification primitive et poinçonnés avant d'être exposés en vente ou livrés au public (Ord. 17 avr. 1839, art. 22). Les membrures du stère et double stère destinées au commerce des bois de chauffage sont, avant qu'il en soit fait usage, vérifiées et poinçonnées dans les chantiers où elles doivent être employées (art. 23).

6686. — Cette vérification doit être faite au bureau du vérificateur et non au domicile des assujettis. La législation a souvent varié en ce qui touche les droits de vérification primitive. D'après l'arrêté du 29 prair. an IX, les fabricants payaient les droits pour les objets neufs ou rajustés. En 1825, l'art. 17 réduisit ces droits à la moitié de ceux établis pour la vérification périodique. L'ordonnance du 18 mai 1838, confirmée par celle du 17 avr. 1839, affranchit la vérification primitive du paiement de la taxe. Mais l'art. 10, Décr. 26 févr. 1873, disposa que cette vérification sera soumise aux mêmes droits que la vérification périodique.

6687. — Enfin, à partir du 1er janv. 1895, la vérification première de pesage et de mesurage des instruments neufs et rajustés sera faite gratuitement. La diminution des recettes en résultant sera compensée par une révision des taxes de la vérification périodique faite par décret rendu après du bureau national des poids et mesures (L. 21 juill. 1894, art. 5).

6688. — Les obligations imposées pour les poids et mesures neufs doivent être renouvelées pour les poids et mesures rajustés (Ord. 17 avr. 1839, art. 14). — Cass., 17 août 1878, [D. 79.1. 144, S. 79.1.336]

6689. — Indépendamment de cette vérification primitive il doit être fait une vérification périodique des poids et mesures en usage dans le public. Cette vérification a pour but d'assurer la fidélité du débit des marchandises en faisant constater si les poids et mesures sont toujours conformes aux étalons et s'ils n'ont pas subi d'altérations qui en rendent le rajustage nécessaire.

2º Personnes assujetties à la vérification.

6690. — Quelles sont les personnes assujetties à la vérification des poids et mesures ? Suffit-il d'être détenteur de quelques poids et mesures et de s'en servir pour ses besoins particuliers pour être soumis à cette formalité ? Non. Le but que s'est proposé le législateur en établissant l'uniformité et la vérification périodique des poids et mesures a été de faciliter les transactions commerciales et d'en assurer la sincérité. C'est donc l'usage public des poids et mesures qui est visé et atteint par la vérification. Il semble donc au premier abord que seuls les poids et mesures employés par les commerçants puissent être assujettis à la vérification périodique. Nous citerons à l'appui de cette assurance les textes suivants : « Les municipalités et les administrations chargées de la police feront dans leurs arrondissements respectifs, et plusieurs fois dans l'année, des visites dans les boutiques et magasins, dans les places publiques, foires et marchés, à l'effet de s'assurer de l'exactitude des poids et mesures (L. 1er vend. an IV, art. 11). Les préfets et sous-préfets continueront leur surveillance sur l'uniformité et la légalité des poids et mesures répandus dans le commerce (Ord. 18 déc. 1825, art. 1). Les maires, adjoints, commissaires et officiers de police constateront et poursuivront devant les tribunaux de simple police, soit d'office, soit à la réquisition des vérificateurs, les contraventions commises par les marchands et fabricants qui emploieraient à l'usage de leur commerce ou conserveraient dans leurs dépôts, boutiques et magasins, des mesures et poids différents de ceux qui sont établis par les lois en vigueur (art. 2). Les poids et mesures à l'usage et entre les mains des commerçants ou employés en toute industrie ou entreprise pour règle entre le marchand ou entrepreneur et le public, continueront, comme par le passé, d'être soumis à une vérification périodique (art. 10). — La vérification des poids et mesures destinés et servant au commerce, dit l'art. 1er, Ord. 17 avr. 1839. — Indépendamment de la vérification primitive, les poids et mesures dont les commerçants compris dans le tableau dressé par le préfet font usage ou qu'ils ont eu en leur possession sont soumis à la vérification périodique (art. 10). Nous citerons encore les art. 16 et 17 qui visent évidemment les commerçants. Enfin d'après l'art. 6, Décr. 26 févr. 1873, sont assujettis à la vérification les commerces, industries et professions désignés au tableau qui accompagne le décret.

6691. — Mais qui dit commerçant ou industriel dit patentable. De là une tendance naturelle à penser que la taxe de vérification est corrélative de la contribution des patentes et qu'il faut, pour être passible de la première, être imposé ou tout au moins imposable à la seconde. Il en résulterait que tous les

patentés seraient imposés aux droits de vérification et que les exemptions de la patente auraient leur répercussion sur cette taxe. Il n'en est rien. D'une part, il est une foule de professions soumises aux droits de patente qui n'ont aucun besoin d'employer des poids et mesures. Inversement certaines exemptions de la contribution des patentes sont accordées à des personnes qui sont en rapports constants avec le public et qui se servent journellement de poids et mesures.

6692. — Aussi, dès 1839, avait-on laissé à chaque préfet dans son département le soin de dresser la liste des professions qui seraient assujetties à la vérification périodique. Le tableau devait indiquer l'assortiment des poids et mesures dont chaque profession était tenue de se pourvoir (Ord. 17 avr. 1839, art. 15). Mais ces arrêtés préfectoraux manquaient d'autorité quoique faits en vertu d'une délégation de l'autorité supérieure. En outre, ils variaient suivant les régions. Telle profession exemptée dans un département était passible de la taxe dans un autre.

6693. — Le décret du 26 févr. 1873 (art. 6) mit fin à cette situation en énumérant dans un tableau les commerces, industries et professions qui seraient assujettis à la taxe. Ce tableau a force législative comme le décret lui-même et les personnes qui exercent une des professions y dénommées ne peuvent contester leur imposition. — Cons. d'Et., 21 févr. 1890, Garin, [Leb. chr., p. 201] ; — 7 mai 1892, Lacour, [Leb. chr., p. 433] ; — 17 juin 1892, Civy, [Leb. chr., p. 556] — En outre, le même article dispose que les commerces, industries et professions analogues à ceux qui sont énumérés dans le tableau et qui n'y ont pas été compris peuvent être soumis à la vérification par des arrêtés spéciaux des préfets, sauf l'approbation du ministre du Commerce. Tous les trois ans, des tableaux additionnels contenant les commerces, industries et professions assujettis en vertu de ces arrêtés, sont l'objet de décrets rendus dans la forme des règlements d'administration publique. Cette disposition est l'application à la vérification des poids et mesures des dispositions de la législation des patentes relatives aux arrêtés d'assimilation. Il suit de là que toute la jurisprudence relative à ces arrêtés est applicable aux arrêtés des préfets qui assujettissent à la vérification des professions non désignées aux tableaux annexés au décret de 1873 et aux décrets subséquents.

6694. — Dès lors, ces arrêtés ne peuvent faire l'objet d'un recours pour excès de pouvoir de la part d'une personne qui se prétendrait assujettie à tort à la vérification. Un tel recours serait non recevable par application de la théorie du recours parallèle, l'arrêté préfectoral ne faisant pas obstacle à ce que l'assujetti conteste, au moment de la perception de la taxe, la légalité de l'arrêté. Celui qui sera impo-é par arrêté préfectoral fera bien de contester cette obligation avant que l'arrêté ait été consacré par décret.

6695. — Bien qu'une profession ne soit pas comprise au tableau annexé au décret du 26 févr. 1873, un arrêté du préfet peut l'assujettir à la vérification par assimilation à l'une des professions assujetties. — Cons. d'Et., 9 mars 1877, Arbey, [Leb. chr., p. 264]

6696. — Lorsqu'une profession est imposée par un arrêté préfectoral, quelle est l'autorité de cet acte pour l'autorité judiciaire ? Avant 1873, la jurisprudence de la Cour de cassation était fixée en ce sens que ces arrêtés étaient obligatoires et que l'autorité judiciaire ne pouvait que condamner s'il y avait contravention. — Cass., 4 mars 1830, Darrieux ; — 21 déc. 1832, Fageot ; — 20 juin 1834, Thoré ; — 22 juin 1844, Benoist ; — 27 févr. 1846, Comte, [D. P. 46.4.400] ; — 23 mars 1849, Simon, [D. 49.5.309]

6697. — Depuis 1873, il nous semble que la solution devrait être différente. Les arrêtés préfectoraux n'ont plus force législative, comme sous l'empire de l'ordonnance de 1839. Ils n'ont plus que la valeur d'un acte administratif. L'autorité judiciaire, appelée à appliquer les peines de police qui punissent les contraventions à ces arrêtés, nous semble parfaitement compétente pour apprécier le sens que ces arrêtés ont pris légalement ou s'ils ont assujetti à la vérification des professions qui n'en étaient pas passibles.

6698. — Ainsi, d'une part, toutes les professions passibles des droits de patente ne sont pas par là même passibles des droits de vérification des poids et mesures. D'autre part, la jurisprudence du Conseil d'Etat a décidé que ces deux contributions étaient absolument distinctes l'une de l'autre. Il a été jugé qu'un fabricant de vins de Champagne, auquel un arrêté passé en force de chose jugée avait accordé décharge de sa contribu-

tion des patentes par le motif qu'il ne traitait que les produits de ses récoltes, pouvait cependant être assujetti à la vérification. — Cons. d'Et., 2 févr. 1883, Min. du Commerce, [Leb. chr., p. 117]

6699. — De même, les sociétés coopératives sont exemptées des droits de patente lorsqu'elles se bornent à vendre à leurs membres. Il a néanmoins été jugé qu'une société de cette nature pouvait être assujettie à la vérification par un arrêté préfectoral. — Cons. d'Et., 9 nov. 1888, Société coopérative de boulangerie du Creusot, [Leb. chr., p. 818]

6700. — Nous serions disposé pour notre part à étendre la même jurisprudence aux compagnies ou aux particuliers qui exploitent des mines. Il est certain qu'elles ne sont pas des sociétés commerciales, mais qu'elles font pour la vente des produits de leur industrie un usage constant de poids et de mesures. Cependant la Cour de cassation a refusé d'appliquer l'art. 479 à un exploitant de mine qui détenait des poids non poinçonnés. — Cass., 3 mars 1837, Lamothe. — Et le Conseil d'Etat a accordé décharge de la taxe de vérification à un propriétaire qui exploitait sa mine, par le motif qu'il n'exerçait aucune profession comprise dans le tableau des professions assujetties à la vérification dressé par le préfet. — Cons. d'Et., 24 janv. 1872, Denier, [Leb. chr., p. 36]

6701. — Une exemption de même ordre est celle qui vise les propriétaires qui vendent les produits de leurs fonds pour les poids et mesures dont ils se servent. Une circulaire du ministre du Commerce du 15 janv. 1860 dispose qu'ils ne doivent pas être assujettis à la vérification. C'est ainsi que décharge a été accordée à un propriétaire qui se bornait à vendre les produits de son fonds, — Cons. d'Et., 22 juin 1888, Faillette, [Leb. chr., p. 557] ; — ... à un agriculteur qui vendait le miel de ses ruches, — Cons. d'Et., 9 nov. 1888, Barny, [Leb. chr., p. 817] ; — 29 janv. 1892, Prudhomme, [Leb. chr., p. 84] — ... et même à une association de propriétaires réunis pour fabriquer avec le lait provenant du bétail élevé sur leurs terres ou sur des terres exploitées par eux des fromages qu'ils se partageaient ensuite pour les vendre individuellement aux acheteurs qui se présentaient. — Cons. d'Et., 1er mai 1846, Chevassus, [Leb. chr., p. 263]

6702. — De son côté la Cour de cassation a refusé d'appliquer les pénalités édictées par l'art. 479 du Code pénal aux propriétaires et cultivateurs qui vendent les produits de leur culture, — Cass., 17 mars 1855, Potentier, [S. 55.1.393, P. 55.2.306, D. 55.1.125] — ... à des maraîchers ou horticulteurs, — Cass., 22 août 1856, Allou, [D. 56.1.408] — ... à une fermière vendant le lait de ses vaches, — Cass., 8 janv. 1864, Morin, [D. 65.5. 296] — ... aux fermiers pour les produits de leur propre culture. — Cass., 25 janv. 1860, Ouachée, [S. 60.1.577, P. 60.149, D. 60.1.243]

6703. — Cependant elle admet que le propriétaire qui ne vend que le vin de son cru peut être condamné s'il a été assujetti à la vérification. — Cass., 15 avr. 1826, Mourlet ; — 17 juill. 1840, Allard. — de même que le propriétaire qui fait vendre ses produits dans les rues, marchés et places publiques. — Cass., 19 déc. 1856, Vergue, [D. 57.5.250]

6704. — Un ouvrier charpentier à la journée, n'ayant aucun rapport direct avec le public, ne peut être assujetti à la vérification. — Cass., 13 juill. 1858, Romieux, [Leb. chr., p. 510] — Il en est de même d'un ouvrier cloutier travaillant à façon pour le compte d'un commerçant et ne se servant d'un instrument de pesage que pour son usage personnel. — Cons. d'Et., 28 févr. 1870, Chemin, [Leb. chr., p. 217]

6705. — Sont passibles de la vérification les médecins qui usent de la faculté que leur accorde l'art. 27, L. du 21 germ. an XI, de fournir dans les bourgs, villages ou communes où il n'y a pas de pharmaciens ayant officine ouverte, des médicaments simples ou composés aux personnes auprès desquelles ils sont appelés, mais sans avoir le droit de tenir une officine ouverte. — Cons. d'Et., 20 sept. 1859, Min. Finances, [Leb. chr., p. 620]

6706. — Les arrêtés préfectoraux qui assujettissent une profession à la vérification des poids et mesures ont toujours été appliqués stricto sensu et non lato sensu. Ainsi il a été décidé que quand un arrêté désignait parmi les assujettis les fabricants de parapluies, on ne pouvait y assujettir un simple marchand de parapluies, alors même qu'il aurait en fait réparé ou remonté de vieux parapluies. — Cons. d'Et., 5 déc. 1863, Forges, [Leb. chr., p. 955]

45

6707. — De même, un arrêté préfectoral qui classe la profession de sabotier dans les professions assujetties ne doit pas être appliqué aux sabotiers en détail, qui, dans leurs rapports avec le public, ne font usage ni de poids ni de mesures. — Cons. d'Et., 4 janv. 1866, Briand, [Leb. chr., p. 5]

6708. — Un arrêté imposant les fabricants et marchands de chaux, il a été jugé qu'il était inapplicable à un fabricant de tuiles qui se bornait à vendre la chaux provenant des résidus de sa fabrication. — Cons. d'Et., 11 févr. 1876, Min. Finances, [Leb. chr., p. 151] — V. dans le même sens, Cons. d'Et., 27 avr. 1883, Bonnet, [Leb. chr., p. 407]

6709. — Les assujettis peuvent contester le principe de leur imposition, mais non son opportunité. Nous voulons dire par là qu'un commerçant dont la profession est assujettie à la vérification ne peut se soustraire aux obligations qui en découlent en alléguant que l'exercice de sa profession ne comporte pas l'emploi de poids et mesures. — Cons. d'Et., 4 févr. 1876, Vaguier, [Leb. chr., p. 125]; — 20 févr. 1880, Leloutre, [Leb. chr., p. 190]; — 26 févr. 1892, Arnaud, [Leb. chr., p. 211]; — 17 janv. 1892, Faurax, [Leb. chr., p. 556] — ou comporte seulement l'emploi de poids sans mesures ou de mesures sans poids. — Cons. d'Et., 27 mai 1892, Forestier, [Leb. chr., p. 506]

6710. — Parmi les assujettis à la vérification périodique il faut encore citer certains services publics, qui se servent de poids et mesures, tels que les bureaux d'octroi, bureaux de poids publics, ponts à bascules, hospices et hôpitaux, prisons et établissements de bienfaisance et tous autres établissements publics (Ord. 17 avr. 1839, art. 24).

6711. — Les poids et mesures employés dans les halles, foires et marchés, dans les étalages mobiles, par les marchands forains et ambulants, sont soumis à l'exercice des vérificateurs (Ord. de 1839, art. 25).

6712. — Les tableaux annexés au décret de 1873 et aux décrets subséquents et les arrêtés préfectoraux indiquent l'assortiment des poids et mesures dont chaque profession est tenue de se pourvoir (Ord. 17 avr. 1839, art. 15). Les assujettis doivent être pourvus de séries complètes des poids et mesures dont ils font usage d'après la nature de leurs opérations, conformément aux désignations du tableau B annexé au décret. Les poids et mesures isolés, autres que les poids et mesures hors série, ne sont point tolérés (D. 26 févr. 1873, art. 7). Cette disposition remplace les art. 16 et 17, Ord. 17 avr. 1839, qui obligeaient l'assujetti qui se livre à plusieurs genres de commerce à se pourvoir de l'assortiment exigé pour chacun d'eux, à moins que l'assortiment exigé pour l'une des branches de son commerce ne se trouvât déjà compris dans une autre branche des industries qu'il exerçait. L'art. 17 exigeait que l'assujetti, qui dans une même ville ouvrait au public plusieurs magasins, boutiques ou ateliers distincts et placés dans des maisons différentes et non contiguës, pourvût chacun de ces magasins de l'assortiment exigé pour la profession qu'il y exerçait. Nous pensons que l'art. 7, Décr. 26 févr. 1873, conçu en termes plus généraux, n'a rien changé aux obligations des assujettis.

3° Instruments assujettis à la vérification.

6713. — Sur quels poids et mesures doit porter la vérification ? Sur ceux qui composent l'assortiment obligatoire ou sur tous ceux que l'assujetti posséderait en plus ? L'art. 19, Ord. 17 avr. 1839, répond à cette question. Le vérificateur vérifie et poinçonne les poids, mesures et instruments qui lui sont exhibés, tant ceux qui composent l'assortiment obligatoire au minimum que ceux que le commerçant posséderait de surplus. Le Conseil d'Etat a même appliqué la même règle aux poids informes qui servaient à la vérification des ponts à bascule. — Cons. d'Et., 14 mai 1891, Grands moulins de Corbeil, [Leb. chr., p. 387]

6714. — Mais quid, si l'assujetti, au lieu d'avoir un excédent de poids et mesures, ne possède pas l'assortiment réglementaire ? Devra-t-il la taxe sur le nombre de poids composant cet assortiment ou seulement sur ceux qu'il possède réellement et qu'il a présentés à la vérification ? Cette question se rattache à une autre question plus générale qui est celle-ci : les droits de vérification ne sont-ils dus qu'autant que la vérification a eu lieu ?

6715. — Sur ce point la législation et la jurisprudence ont varié. L'art. 49 de l'ordonnance de 1839 disposait que les droits de la vérification périodique devaient être payés pour les poids

et mesures formant l'assortiment obligatoire de chaque assujetti et pour les instruments de pesage sujets à la vérification. Le Conseil d'Etat se fondait sur cet article pour repousser les demandes d'assujettis qui se plaignaient d'être imposés à raison de poids qu'ils ne possédaient pas et qui n'avaient pas été vérifiés. Un assortiment leur étant imposé, ils ne pouvaient se soustraire au paiement de la taxe en ne se munissant pas des poids et mesures qui étaient assignés à leur profession. — Cons. d'Et., 5 juill. 1859, Patouilly, [Leb. chr., p. 475]; — 7 déc. 1860, Lavalade, [Leb. chr., p. 757]; — 10 janv. 1862, Desflacieux, [Leb. chr., p. 12]; — 22 déc. 1863, Masson, [Leb. chr., p. 863]; — 11 déc. 1867, Min. Finances, [Leb. chr., p. 920]; — 12 févr. 1868, Vaquier, [Leb. chr., p. 156]; — 30 déc. 1869, Artier et Aurmeli, [Leb. chr., p. 1040]; — 19 mars 1870, Roy et Bidault, [Leb. chr., p. 324]; — 15 mai 1874, Ganné, [Leb. chr., p. 455]

6716. — Mais l'art. 49 se trouve au nombre des dispositions abrogées par le décret du 26 févr. 1873, lequel, dans son art. 9 porte que les droits de vérification sont perçus conformément au tarif annexé au présent décret (Tabl. 6). Ce tableau fixe le prix de la vérification pour chaque instrument, poids ou mesure. D'autre part l'art. 30, Ord. 17 avr. 1839, dispose que les vérificateurs dressent les états-matrices d'après le résultat de leurs opérations. Aussi voyons-nous depuis 1878 la jurisprudence du Conseil d'Etat subir une évolution en ce sens que la vérification ne peut donner lieu à la perception de la taxe que si elle a lieu effectivement. Si pour une raison quelconque elle n'a pu être faite, il n'y a pas lieu de distinguer suivant que la faute est imputable à l'assujetti ou à l'administration. Que l'assujetti ne se soit pas muni de l'assortiment obligatoire, ou qu'il ait refusé de laisser le vérificateur procéder à ses opérations, ou que celui-ci ait omis de venir vérifier les poids et mesures d'un assujetti, peu importe : la taxe n'est pas due. — Cons. d'Et., 5 avr. 1878, Clément, [Leb. chr., p. 380]; — 26 juill. 1878, Ginestet, [Leb. chr., p. 764]; — 4 nov. 1881, Amblard, [Leb. chr., p. 853]; — 31 janv. 1890, Tyrode, [Leb. chr., p. 101]

6717. — Déjà sous l'empire de l'ordonnance de 1839, le Conseil d'Etat avait admis qu'un individu légalement susceptible d'être assujetti ne pouvait être pour la première fois porté sur les rôles avant que la vérification eût eu lieu. — Cons. d'Et., 13 juill. 1858, Romieux, [Leb. chr., p. 510]

6718. — Cette nouvelle jurisprudence nous paraît plus conforme au caractère même de la taxe de vérification des poids et mesures, qui est moins un impôt que la rémunération d'un service rendu. Au surplus elle ne désarme pas l'administration. D'après l'art. 7 du décret de 1873, les assujettis sont tenus d'avoir des séries complètes. S'ils ne les possèdent pas, ils sont en contravention. Il appartient aux vérificateurs de dresser procès-verbal contre eux et le tribunal de simple police les condamnera. — Cass., 17 juill. 1858, Girardin, [D. 58.3.273] — Depuis la promulgation du décret de 1873, il a été décidé par la Cour de cassation que la contravention à l'art. 7, qui impose l'obligation d'avoir un assortiment complet, tombait sous l'application de l'art. 471, § 15, C. pén. — Cass., 3 mars 1877, Roca, [S. 77.1. 389]

6719. — De même, les assujettis qui, tout en possédant l'assortiment réglementaire, refusent de laisser procéder à la vérification, se trouveront aussi en contravention. La Cour de cassation applique les peines de l'art. 479, C. pén., à ceux qui emploient ou détiennent des poids et mesures non munis du poinçon de l'année. — Cass., 11 mars 1852, [D. 52.1.423]; — 14 août 1884, Min. des Trav. pub.; — Rochefort, 25 sept. 1890, [D. 7.2.253]

6720. — D'après la Cour de cassation, un commerçant ne peut détenir dans ses magasins des poids ou mesures achetés dans l'intervalle de deux vérifications périodiques qu'il ne les aurait présentés à l'examen du vérificateur. — Cass., 24 mai 1855, Chevreuil, [S. 55.1.673, D. 55.1.271]; — 31 déc. 1859, Bordier, [S. 60.1.766, P. 60.434, D. 59.5.291]; — 31 juill. 1863, Léonardi, [D. 63.5.280]

6721. — L'assujetti ne pourra échapper à la condamnation qu'en établissant que le vérificateur ne s'est pas présenté à son domicile pendant l'année. — Cass., 3 août 1854, Tavant, [S. 55. 1.673, P. 55.2.580, D. 55.1.256]

6722. — Les fabricants et marchands de poids et mesures ne sont assujettis à la vérification périodique que pour ceux dont ils font usage dans leur commerce. Les poids, mesures et instruments de pesage et mesurage, neufs ou rajustés, qu'ils des-

tinent à être vendus, doivent seulement être marqués du poinçon de la vérification primitive (Ord. 17 avr. 1839, art. 14).

6723. — L'erreur de qualification commise dans la désignation d'un contribuable ne doit pas entraîner décharge des droits quand il est constant qu'il exerce une profession assujettie à la vérification et que cette opération a été réellement faite. — Cons. d'Et., 24 mars 1891, Riffault, [Leb. chr., p. 276]; — 14 nov. 1891, Péan, [Leb. chr., p. 679]

4° Opérations de la vérification.

6724. — Comment se fait la vérification? Les préfets fixent par des arrêtés, pour chaque commune, l'époque où la vérification de l'année commence et celle où elle doit être terminée. A l'expiration du dernier délai et après que la vérification aura eu lieu dans la commune, il est interdit aux commerçants, entrepreneurs et industriels d'employer et de garder en leur possession des poids, mesures et instruments de pesage qui n'auraient pas été soumis à la vérification périodique et au poinçon de l'année (Ord. 17 avr. 1839, art. 27).

6725. — D'après l'ordonnance du 18 déc. 1825 (art. 16), la vérification périodique devait se faire tous les ans dans les communes d'un commerce considérable et de deux ans en deux ans dans les autres lieux. L'art. 18, Ord. 17 avr. 1839, décida qu'elle se ferait annuellement dans les chefs-lieux d'arrondissement et dans les communes désignées par le préfet, et tous les deux ans dans les autres lieux. Le préfet devait régler l'ordre dans lequel les diverses communes du département devaient être vérifiées. Depuis l'art. 8, Décr. 26 févr. 1873, la vérification est faite chaque année dans toutes les communes.

6726. — A la différence de la vérification primitive, la vérification périodique a lieu en principe au domicile des assujettis (Ord. 17 avr. 1839, art. 19). Cependant une ordonnance du 7 juin 1820, reproduite par l'art. 20 de l'ordonnance de 1839, dispose que la vérification périodique pourra être faite aux sièges des mairies dans les localités où, conformément aux usages du commerce et sur la proposition des préfets, le ministre du Commerce jugerait cette opération d'une plus facile exécution, sans toutefois que cette mesure puisse être obligatoire pour les assujettis et sauf le droit d'exercice à domicile.

6727. — Indépendamment des tournées à domicile, le bureau du vérificateur sera ouvert aux personnes qui préféreraient y accomplir l'obligation de vérifier les poids et mesures (Ord. 18 déc. 1825, art. 20). Malgré l'abrogation de cette ordonnance, nous pensons de la faculté laissée par elle aux assujettis subsiste.

6728. — Les vérificateurs peuvent toujours faire, soit d'office, soit sur la réquisition des maires et du procureur du roi, soit sur l'ordre du préfet et des sous-préfets, des visites extraordinaires et inopinées chez les assujettis (Ord. 17 avr. 1839, art. 20).

6729. — Les marchands ambulants qui font usage de poids et mesures sont tenus de les présenter, dans les trois premiers mois de chaque année ou de l'exercice de leur profession, à l'un des bureaux de vérification dans le ressort desquels ils colportent leurs marchandises (Ord. de 1839, art. 21).

6730. — Les balances romaines ou autres instruments de pesage sont inspectés dans leur usage et soumis sur place à la vérification périodique (art. 22). Les membrures du stère et double stère destinées au commerce du bois de chauffage sont soumises à cette vérification dans les chantiers où elles sont employées (art. 23).

6731. — Les visites et exercices, que les vérificateurs sont autorisés à faire chez les assujettis, ne peuvent avoir lieu que pendant le jour. Néanmoins ils peuvent avoir lieu chez les marchands et débitants pendant tout le temps que les lieux de vente sont ouverts au public (Ord. de 1839, art. 26).

6732. — A Paris, la vérification périodique a lieu dans les bureaux des vérificateurs ou dans tels autres locaux désignés par le préfet de police. Toutefois, ces opérations sont faites à domicile : 1° pour les poids et mesures appartenant aux établissements publics énumérés dans l'art. 24, Ord. 17 avr. 1839; 2° pour les poids et mesures d'un déplacement difficile; 3° à l'égard des assujettis qui, dans le courant des mois d'octobre ou de novembre de l'année précédente, auraient déclaré préférer la vérification à domicile (Décr. 16 févr. 1861, art. 1 et 2).

6733. — Le vérificateur est tenu d'accomplir la visite qui lui

a été assignée pour chaque année et de se transporter au domicile de chacun des assujettis inscrits au rôle qui sera dressé conformément à l'art. 50. Il vérifie et poinçonne les poids, mesures et instruments qui lui sont exhibés, tant ceux qui composent l'assortiment obligatoire au minimum que ceux que le commerçant posséderait de surplus. Il fait note de tout sur un registre portatif qu'il fait émarger par l'assujetti et si celui-ci ne sait ou ne veut signer, il le constate (Ord. 17 avr. 1839, art. 19).

6734. — Les assujettis doivent, lorsque le maire a fait connaître deux jours à l'avance, par un ban publié en la forme ordinaire, le jour de la vérification, ne pas quitter leur domicile. Il faut entendre par là qu'il faut que leur demeure reste accessible au vérificateur, afin que celui-ci puisse procéder. L'assujetti qui tient ses magasins fermés et rend impossible au vérificateur l'accomplissement de sa mission, commet une contravention. — Cass., 25 sept. 1847, Dubreil, [D. 47.4.372]

§ 3. Assiette de la taxe.

6735. — La vérification périodique donne lieu, depuis l'arrêté du 29 prair. an IX, à la perception d'une taxe établie d'après un tarif. Ce tarif, réglé par les ordonnances du 18 déc. 1825, du 21 déc. 1832 et du 18 mai 1838, a été modifié par le décret du 26 févr. 1873, qui est seul en vigueur actuellement. D'après l'art. 5, L. 5 août 1874, le tarif annexé au décret de 1873 serait un tarif maximum, qu'il appartiendrait au gouvernement de réduire en fixant les droits par des décrets.

6736. — Sous l'empire de l'ordonnance de 1825, les droits de vérification devaient simplement couvrir les dépenses du service (entretien des poinçons, traitements du personnel, etc.). Aussi quand il était reconnu que la totalité de la recette n'était pas absorbée par la dépense, il était pour l'avenir procédé à une réduction sur le tarif (art. 12). Dans les lieux où la vérification n'avait lieu que tous les deux ans, la cote de chaque contribuable était réduite de moitié pour chaque année. Le tarif n'était perçu intégralement que dans les communes où la vérification était annuelle. Toutefois, lorsqu'il y avait lieu d'appliquer l'art. 12, c'étaient les dernières communes vérifiées qui en profitaient les premières.

6737. — Une ordonnance du 21 déc. 1832 réduisit d'un dixième la rétribution attachée à la vérification, par application de l'art. 12 de l'ordonnance de 1825. En outre, l'art. 2 de cette ordonnance disposait que pour les communes où la vérification est biennale, la rétribution ne serait plus perçue chaque année par moitié, mais serait intégralement perçue une fois tous les deux ans. — Aujourd'hui les ordonnances de 1825 et de 1832 ayant été expressément abrogées, les droits sont perçus intégralement chaque année, conformément au tarif du tableau B annexé au décret du 26 févr. 1873 (art. 9).

6738. — La vérification périodique des poids, mesures et instruments de pesage appartenant aux établissements publics désignés par l'art. 24 de l'ordonnance de 1839 est faite gratuitement (Ord. 17 avr. 1839, art. 48). L'exemption était ainsi accordée sans distinction à tous les établissements publics, tandis qu'en 1825 elle n'était édictée que dans le cas où la charge de la vérification aurait incombé à l'Etat. En 1832, elle fut étendue aux établissements communaux, y compris les hôpitaux et établissements de bienfaisance.

6739. — La vérification est encore gratuite pour les poids, mesures et instruments de pesage présentés volontairement à la vérification par des individus non assujettis (Ord. 17 avr. 1839, art. 48-2°).

6740. — D'après l'art. 49 de la même ordonnance, les droits de la vérification périodique étaient payés pour les poids et mesures formant l'assortiment obligatoire de chaque assujetti et pour les instruments de pesage sujets à la vérification. Les poids et mesures excédant l'assortiment obligatoire étaient vérifiés et poinçonnés gratuitement. Cette disposition est remplacée par l'art. 11, Décr. 26 févr. 1873, aux termes duquel les droits sont payés pour tous les poids, mesures et instruments de pesage désignés au tarif et que les assujettis ont en leur possession.

6741. — Les états-matrices des rôles sont dressés par les vérificateurs d'après le résultat de leurs opérations, qui doivent être terminées avant le 1er août. Ces états sont remis aux directeurs des contributions directes à mesure que les opérations sont terminées dans les communes dépendant de la même per-

ception et au plus tard le 1er août de chaque année (Ord. 17 avr. 1839, art. 50).

§ 4. Recouvrement de la taxe.

6742. — Les directeurs des contributions directes, après avoir vérifié et arrêté les états-matrices mentionnés à l'article précédent, dressent les rôles, qui sont rendus exécutoires par le préfet pour être mis immédiatement en recouvrement par les mêmes voies et avec les mêmes termes de recours, en cas de réclamations, que pour les contributions directes (art. 51).

6743. — Avant la fin de chaque année il doit être dressé et publié des rôles supplémentaires pour les opérations qui, à raison de circonstances particulières, n'auraient pu être faites que postérieurement au 1er août (art. 52).

6744. — L'ordonnance du 18 déc. 1825 (art. 22) défendait aux vérificateurs de s'ingérer dans le recouvrement de la rétribution et de percevoir ou accepter aucun salaire de la part de ceux dont ils vérifient les poids et mesures, à peine de concussion. Cette disposition n'est pas reproduite dans l'art. 53 de l'ordonnance de 1839, qui se borne à dire que la perception sera faite par les agents du Trésor public. Le montant intégral des rôles est exigible dans la quinzaine de leur publication.

6745. — Les remises dues aux agents du Trésor pour le recouvrement des droits, ainsi que les allocations dues aux directeurs des contributions directes pour les frais de confection des rôles, sont réglées par le ministre des Finances (art. 54).

6746. — En principe, les droits de vérification sont dus dans la commune où se trouvent les poids et mesures. — Cons. d'Et., 23 nov. 1877, Zamy, [Leb. chr., p. 920] ; — 28 janv. 1881, Bonnet, [Leb. chr., p. 133]

6747. — Un assujetti ne peut se prévaloir, pour échapper au paiement de la taxe dans une commune, de ce qu'il n'y a pas d'établissement fixe ouvert au public, alors même que ces poids auraient été vérifiés et taxés au lieu de son domicile. Du moment qu'il y a pluralité d'établissements, il doit y avoir pluralité d'assortiments. — Cons. d'Et., 23 janv. 1872, Marchand, [Leb. chr., p. 16¹

6748. — Des marchands, qui achètent dans une commune une partie des matières qu'ils traitent dans un établissement situé dans une autre commune, ne sont pas imposables dans la première. — Cons. d'Et., 21 mars 1883, Serrière, [D. 84.5.389] ; — 24 juill. 1885, Doliac, [Leb. chr., p. 714]

§ 5. Règles diverses.

6749. — La taxe de vérification de poids et mesures est annuelle. Quand la vérification a été faite chez un assujetti avant son départ de la commune, il doit la taxe. — Cons. d'Et., 29 avr. 1887, Velay, [Leb. chr., p. 339]

6750. — Si l'assujetti a continué dans le cours d'une année le commerce pour lequel il avait été assujetti à la vérification l'année précédente, sa cotisation doit être maintenue. — Cons. d'Et., 25 avr. 1834, Yvelin de Béville, [P. adm. chr.]

6751. — Au contraire celui qui, au 1er janvier, n'exerce plus la profession qui l'a fait assujettir n'est plus imposable. — Cons. d'Et., 14 mars 1873, Mothérac et Brun, [Leb. chr., p. 243]

6752. — En un mot, la taxe établie au 1er janvier est due pour l'année entière malgré les événements qui pourraient survenir en cours d'année. — Cons. d'Et., 8 févr. 1860, Englinger, [D. 60.3.59] ; — 8 août 1886, Rongeard, [Leb. chr., p. 714]

6752 bis. — A plus forte raison, celui qui est assujetti pour une profession qu'il n'a pas exercée, doit obtenir décharge. — Cons. d'Et., 27 oct. 1893, Fantini, [Leb. chr., p. 714]

6753. — Un arrêté préfectoral qui, postérieurement à la publication du rôle, assujettit une profession à la vérification, n'a d'effet que pour l'année suivante. — Cons. d'Et., 11 févr. 1876, Arbey, [S. 78.2.123, P. adm. chr., D. 76.3.71] ; — 7 nov. 1891, Ballaloud, [Leb. chr., p. 649]

6754. — L'imposition telle quelle est établie pour une année ne constitue pas un droit acquis pour les années suivantes. — Cons. d'Et., 17 juin 1892, Ciry, [Leb. chr., p. 557]

Section IX.
Droits de vérification des alcoomètres.

6755. — Les alcools et eaux-de-vie donnent lieu à la perception de droits considérables au profit du Trésor. C'est d'après leur degré, c'est-à-dire d'après la quantité d'alcool pur qu'ils renferment comparativement à leur volume, que leur prix est arrêté entre acheteurs et vendeurs et que la Régie des contributions indirectes établit ses droits. L'alcoomètre est l'instrument qui sert à mesurer la quantité d'alcool pur qui existe dans un volume d'alcool. Des divers aréomètres ou alcoomètres employés dans l'industrie (aréomètres de Tessa, de Cartier, de Baumé, de Gay-Lussac), c'est ce dernier qui est considéré comme le plus exact. La pluralité des alcoomètres en usage dans le commerce pouvait être un inconvénient sérieux pour les viticulteurs, les marchands, etc., exposés à des pénalités rigoureuses en cas d'inexactitude dans leurs déclarations et à des pertes sensibles, la valeur des alcools étant déterminée par leur degré.

6756. — Ces considérations diverses ont déterminé le législateur à décider qu'à partir du 7 juill. 1882, il ne pourrait, soit dans les opérations de l'administration, soit dans les transactions privées, être fait usage que de l'alcoomètre centésimal de Gay-Lussac pour la constatation du degré des alcools et eaux-de-vie (L. 7 juill. 1881, art. 1). — V. Rép. du dr. fr., vo Alcoomètre, n. 10 et s.

6757. — Les alcoomètres centésimaux et les thermomètres nécessaires à leur usage ne pourront, à partir de la même époque, être mis en vente ni employés s'ils n'ont été soumis à une vérification préalable et s'ils ne sont munis d'un signe constatant l'accomplissement de cette formalité (art. 2).

6758. — Tout patenté faisant le commerce des alcools en gros et en demi-gros est tenu d'avoir un alcoomètre de Gay-Lussac et un thermomètre vérifiés (art. 2).

6759. — L'art. 4 renvoyant à un règlement d'administration publique le soin de fixer le mode de la vérification, les droits à percevoir à ce sujet et les mesures nécessaires pour assurer l'exécution de la loi, ce règlement a été promulgué le 27 déc. 1884.

6760. — La vérification préalable des alcoomètres et thermomètres nécessaires à leur usage a lieu à Paris par les soins des agents du ministre du Commerce. Tout instrument présenté à la vérification doit porter, gravé sur la carène, le nom du constructeur ou sa marque, un numéro d'ordre et le poids de l'alcoomètre en milligrammes. Une tolérance de un dix-millième, en plus ou en moins, est admise pour le poids. La vérification est faite par comparaison avec les instruments étalons de l'administration et la tolérance est de un dixième de degré en plus ou en moins. Les agents vérificateurs inscrivent, s'il y a lieu, sur la carène des alcoomètres, le signe de vérification à la bonne foi, le mois désigné par les deux premières lettres de l'alphabet, l'année déterminée par les deux derniers chiffres du millésime (art. 3).

6761. — Les thermomètres vérifiés par l'administration reçoivent, s'il y a lieu, les marques de vérification spécifiées à l'art. 3 (art. 4).

6762. — La taxe à percevoir est de 1 fr. pour la vérification d'un alcoomètre et de 0,50 cent. pour celle d'un thermomètre. Cette taxe est établie et recouvrée comme les droits de vérification concernant les poids et mesures. Les instruments reconnus défectueux après vérification payent la moitié des droits ci-dessous fixés. L'administration n'est pas responsable de la casse des instruments (art. 5).

6763. — Les vérificateurs des poids et mesures sont chargés de constater si les alcoomètres et leurs thermomètres mis en vente ou employés sont revêtus de la marque de vérification. Ils dressent procès-verbal contre ceux qui mettraient en vente des instruments non vérifiés ou en feraient emploi (art. 6). Les contraventions à la loi de 1881 et au règlement de 1884 sont punies des peines portées en l'art. 479 du Code pénal.

6764. — Indépendamment de cette vérification primitive, l'art. 2, L. 7 juill. 1881, avait soumis ces instruments aux vérifications périodiques exigées par les poids et mesures. Mais, dès 1883, on a dû revenir sur cette disposition. Il avait été reconnu par le bureau national des poids et mesures qu'à raison de la délicatesse des opérations qu'elle comportait, la vérification première des alcoomètres et de leurs thermomètres devait être centralisée à Paris, qu'il en était de même de la vérification périodique et que, dès lors, celle-ci était impossible, parce qu'on ne pouvait obliger chaque année les détenteurs d'alcoomètres à se priver pendant un certain temps de ces instruments. En conséquence, la loi du 28 juill. 1883 substitue à la vérification périodique de la loi de 1881 une vérification générale ou partielle des alcoomètres en circulation, prescrite par le ministre, sur l'avis conforme du bureau national des poids et mesures.

Section X.

Droits de vérification des densimètres.

6765. — Le densimètre est l'instrument qui sert à mesurer la richesse en sucre des jus de betteraves. Depuis la loi du 29 juill. 1884 sur le régime des sucres, le prix de la betterave n'est plus réglé uniquement sur son poids, mais sur sa richesse. De là l'utilité du densimètre. Mais le législateur ne se trouvait pas en présence d'un instrument aussi parfait que l'alcoomètre de Gay-Lussac. Il n'a donc pu imposer l'adoption d'un modèle unique. Il s'est borné à prescrire la vérification facultative des densimètres employés dans les fabriques de sucre. « Dans les trois mois qui suivront la promulgation de la présente loi, tous les densimètres employés dans les fabriques de sucre pour constater la richesse de la betterave devront être soumis à la vérification et au contrôle de l'Etat et munis d'un poinçon constatant l'accomplissement de cette formalité » (L. 6 juin 1889, art. 1). Malgré ses termes impératifs, ladite loi n'établit qu'une vérification facultative, parce que les fabricants de sucre restent libres de recourir soit à l'analyse chimique, soit à tout autre mode, pour apprécier la richesse du jus de betteraves. Mais s'ils emploient des densimètres, ils doivent les faire vérifier.

6766. — L'art. 2 renvoie à un règlement d'administration publique le soin d'indiquer le type adopté, le mode de vérification, les droits à percevoir pour le poinçonnage. Ce règlement a été publié le 2 août 1889. Il est pour ainsi dire calqué sur celui relatif à la vérification des alcoomètres. Aussi jugeons-nous inutile d'en reproduire les dispositions.

Section XI.

Droits de visite des pharmacies, drogueries et épiceries.

6767. — Des lettres patentes du 10 févr. 1780 prescrivirent qu'il y serait fait chez les pharmaciens, droguistes et épiciers des visites, et qu'il serait payé 6 fr. par chaque pharmacien et 4 fr. par chaque épicier ou droguiste pour frais de visite. L'art. 29, L. 21 germ. an XI sur la police de la pharmacie, rendit cette visite obligatoire chaque année. Sous la Restauration, quelques députés ayant émis des doutes sur la légalité de cette perception, l'art. 17, L. 23 juill. 1820, comprit les droits de visite au nombre des taxes assimilées, dont la perception était autorisée.

6768. — La visite des officines et magasins des pharmaciens et droguistes a pour objet de vérifier la bonne qualité des drogues et médicaments simples et composés. Les pharmaciens et droguistes sont tenus de représenter les drogues et compositions qu'ils ont dans leurs magasins, officines et laboratoires. Les drogues mal préparées ou détériorées sont immédiatement saisies (L. 21 germ. an XI, art. 29). La visite annuelle imposée aux officines a pour objet de s'assurer s'il existe dans leurs magasins des drogues médicinales, et en second lieu de vérifier la qualité des substances alimentaires mises en vente, afin d'en provoquer la saisie en cas de falsification (Circ. min. Comm. 31 janv. 1885).

6769. — Qui est assujetti à la visite? La loi du 21 germ. an XI ne l'imposait qu'aux pharmaciens et droguistes. La loi du 25 therm. an XI (art. 42) y joignit les épiciers, et l'arrêté du 14 niv. an XII (art. 8) les herboristes.

6770. — Sous l'empire de la loi de l'an XI, cette visite était faite, à Paris et dans les villes où existent des écoles de pharmacie, par une commission formée de deux docteurs et professeurs des écoles de médecine accompagnés de membres des écoles de pharmacie (art. 29). Dans les autres villes et communes, les visites devaient être faites par les membres des jurys de médecine réunis à quatre pharmaciens (art. 31). Il n'était pas nécessaire que tous les membres du jury fussent présents à la visite : la présence de la moitié plus un suffisait. — Cons. d'Et., 21 juin 1851, Palin, [Leb. chr., p. 457]

6771. — Par l'effet de l'art. 17, Décr. 22 août 1854, sur l'enseignement supérieur, les jurys médicaux ayant cessé d'être investis du droit de conférer les grades d'officier de santé, de sage-femme, de pharmacien de deuxième classe et d'herboriste, un décret du 23 mars 1839 leur enleva également l'inspection des pharmacies, drogueries et épiceries pour en charger les conseils d'hygiène et de salubrité. La visite devait être faite au moins une fois par an dans chaque arrondissement par trois membres de ces conseils, désignés spécialement par arrêté du préfet (art. 1).

6772. — Toutefois, ajoute l'art. 2, les écoles supérieures de pharmacie de Paris, de Strasbourg et de Montpellier continueront à remplir, pour la visite des pharmacies, etc., les attributions qui leur ont été conférées par l'art. 29, L. 21 germ. an XI. Ainsi en dehors des villes où existent des écoles supérieures de pharmacie, l'inspection est faite par les conseils d'hygiène. Sous aucun prétexte une personne étrangère à ces conseils ne peut être appelée à faire partie des commissions d'inspection. Les commissions doivent, autant que possible, se composer d'un docteur en médecine et de deux pharmaciens ou d'un pharmacien et d'un chimiste. Si le conseil d'hygiène de l'arrondissement ne fournit pas les éléments nécessaires pour composer la commission, on a recours au conseil voisin (Circ. 24 avr. et 30 oct. 1859).

6773. — Les professeurs des écoles supérieures de pharmacie peuvent, avec l'autorisation des préfets, sous-préfets ou maires, visiter et inspecter les magasins de drogues, laboratoires et officines situées dans le rayon de dix lieues des villes où sont établies les écoles et se transporter dans tous les lieux où l'on fabriquera, sans autorisation légale, des préparations ou compositions médicinales (L. 21 germ. an XI, art. 30).

6774. — Les inspecteurs des pharmacies chargés de la visite sont toujours assistés d'un commissaire de police (L. 21 germ. an XI, art. 29; Arr. 25 therm. an XI et 14 niv. an XII). Le commissaire peut être suppléé par le maire ou un adjoint. Les membres de la commission doivent demander aux préfets dans les départements et au préfet de police à Paris d'indiquer le jour où les visites pourront être faites et de désigner le commissaire qui devra y assister (Arr. 25 therm. an XI, art. 42). Les commissions ont la faculté de déterminer leur itinéraire pour que leurs visites soient inopinées (Circ. comm., 31 janv. 1885). Un arrêté du préfet de police du 22 sept. 1824 dispose même que le directeur de l'école de pharmacie de Paris ou ceux des membres de cette école désignés par lui peuvent se transporter d'office et sans qu'il soit nécessaire de demander aucune autre autorisation, dans tous les lieux dépendant du ressort de la préfecture de police où l'on fabriquerait ou débiterait sans autorisation légale des préparations ou compositions médicinales. Ils pourront requérir directement les fonctionnaires qui doivent les assister.

6775. — L'arrêté du 25 therm. an XI a maintenu les droits établis par les lettres patentes de 1780 : 6 fr. pour les pharmaciens, 4 fr. pour les droguistes, épiciers et herboristes. L'administration ayant émis la prétention de faire acquitter les droits de visite à tous les épiciers sans distinction, la loi du 23 juill. 1820 (art. 17), en consacrant la légalité de la perception, décida que « ne seraient pas soumis au paiement du droit les épiciers non droguistes, chez lesquels il ne serait pas trouvé de drogues appartenant à l'art de la pharmacie ». Cette disposition a été complétée par une ordonnance du 20 sept. 1820, qui a donné l'énumération des substances qui devraient être considérées comme drogues et dont la présence chez les épiciers rendrait ceux-ci passibles du droit de visite. De ces textes il résulte que tous les épiciers sont assujettis à subir la visite. Ils ne peuvent s'y opposer sous prétexte qu'ils ne posséderaient aucune drogue. Mais on ne peut réclamer les droits qu'à ceux chez qui l'on trouve des drogues.

6776. — D'après la jurisprudence du Conseil d'Etat, doivent être considérés comme non imposables : 1° un médecin qui ne tient pas d'officine de pharmacie ou de droguerie, mais qui se borne à délivrer quelques médicaments aux malades nécessiteux. — Cons. d'Et., 16 mars 1888, de France, [S. 88.3.21, P. adm. chr., D. 89.3.58]

6777. — 2° Un médecin de campagne qui tient, conformément à l'art. 29, L. 21 germ. an XI, et sous sa responsabilité, un dépôt de médicaments à son officine ouverte. — Cons. d'Et., 8 août 1890, Poulet, [S. et P. 92.3.133]

6778. — Un commerçant, qui ne vend aucune des substances énumérées dans l'ordonnance du 20 sept. 1820, n'est pas imposable. — Cons. d'Et., 19 févr. 1875, Beauvais, [Leb. chr., p. 179]

6779. — Il en est de même d'un individu qui ne serait pas épicier et qui se serait borné à vendre des plantes fourragères et potagères récoltées sur ses terres, alors même qu'il vendrait de la racine et du suc de réglisse, substances comprises au tableau annexé à l'ordonnance du 20 sept. 1820. — Cons. d'Et., 14 juin 1878, Fouchet, [D. 79.3.19]

6780. — D'autre part, un épicier ne peut être assujetti aux

droits de visite par cela seul qu'il vendrait de la farine de lin. Ce n'est pas une drogue pharmaceutique. Elle n'est pas dénommée au tableau annexé à l'ordonnance de 1820. — Cons. d'Ét., 30 janv. 1868, Charles, [Leb. chr., p. 102]

6781. — Mais un épicier qui a en magasin des produits pharmaceutiques est évidemment imposable. — Cons. d'Ét., 2 mai 1891, Brillouet, [Leb. chr., p. 353]; — 26 févr. 1892, Paul Étienne, [S. et P. 94.3.15]

6782. — Une société coopérative d'épicerie tenant des drogues appartenant à l'art de la pharmacie est imposable, bien qu'elle ne vende ses produits qu'exclusivement à ses associés. — Cons. d'Ét., 2 déc. 1887, Société coopérative d'épicerie d'Amboise, [Leb. chr., p. 770]

6783. — Pour que les droits soient dus, il faut que la visite ait eu lieu. On trouve, il est vrai, une décision du Conseil d'après laquelle les droits seraient dus, bien que la visite n'eût pas été effectivement accompli, lorsque les membres de la commission n'ont été empêchés d'y procéder que par le refus de l'assujetti lui-même. — Cons. d'Ét., 21 juin 1851, Falin, [S. 51.2.747, P. adm. chr., D. 51.3.58] — Mais nous croyons que cette décision n'est plus en harmonie avec la jurisprudence nouvelle du Conseil en ce qui touche les droits de vérification des poids et mesures et les droits d'inspection des fabriques d'eaux minérales. Il faut que la visite soit faite réellement. Sinon les droits ne sont pas dus. Si l'assujetti refuse de laisser procéder à la visite, il commet une contravention, mais on ne peut lui faire payer les droits.

6784. — La visite ne donne lieu au paiement du droit que si elle a été faite par la commission compétente. Ainsi la visite opérée par un médecin seul, sans l'assistance des deux pharmaciens membres de la commission d'inspection, ne donne pas lieu au paiement de la taxe. — Cons. d'Ét., 16 mars 1888, précité.

6785. — Les rôles pour frais de visite sont rédigés par les directeurs des contributions directes (Circ. 17 déc. 1862). Ces rôles, rendus exécutoires par le préfet, sont transmis au trésorier-payeur général pour être recouvrés par les percepteurs des contributions directes (Circ. 5 mars 1829). Il n'est pas dressé d'avertissement; les percepteurs remettent un simple avis gratuit qui tient lieu de sommation sans frais. Le montant des taxes est exigible dans la quinzaine de la publication des rôles. Les frais d'impression et de confection, à raison de 3 cent. par article, ainsi que les dégrèvements et non-valeurs, sont imputés sur les crédits spéciaux du budget ordinaire (Circ. de 1868).

6786. — Le ministre fixe la quotité des indemnités qui devront être allouées aux membres des commissions d'inspection. Le surplus des droits de visite était, jusqu'en 1867, rangé dans les produits éventuels des départements. La loi de finances du 31 juill. 1867 disposa que désormais ils seraient perçus au profit du Trésor, et que l'État se chargerait de la dépense.

6787. — Toutes les réclamations sur les droits de visite doivent être portées devant le conseil de préfecture. — Cons. d'Ét., 24 mars 1849, Marsellier, [P. adm. chr.]

Section XII.

Droits d'inspection des fabriques et dépôts d'eaux minérales.

6788. — Du jour où les effets curatifs des eaux minérales ont commencé à être étudiés, le gouvernement les a considérées comme des remèdes et a soumis leur exploitation et leur vente à des règlements destinés à protéger la santé publique. Une autorisation fut nécessaire pour tout établissement où l'on administrait et vendait des eaux minérales au public, c'est-à-dire les établissements situés près des sources et les dépôts situés dans d'autres localités. En outre, une inspection périodique était nécessaire pour vérifier si les eaux administrées ou vendues au public étaient de bonne qualité. Plus tard, la fabrication des eaux minérales artificielles ayant pris une grande extension, ces fabriques et dépôts furent soumis à la même inspection que les sources et dépôts d'eaux minérales naturelles (Ord. 18 juin 1823, art. 1).

6789. — Cette inspection avait été confiée dès l'origine à des hommes de l'art. Une déclaration du roi du 25 avr. 1772 institue une commission royale de médecine pour l'examen des remèdes particuliers et la distribution des eaux minérales. Cette commission avait la surintendance et l'inspection du commerce des eaux minérales. Des médecins, appelés d'abord intendants,

puis inspecteurs étaient placés auprès de chaque établissement (Arr. Cons. 5 mai 1781).

6790. — La nomination des médecins inspecteurs a appartenu successivement à des autorités diverses, aux administrations municipales (Arr. 29 flor. an VII), au ministre de l'Intérieur (Ord. 18 juin 1823, art. 3), aux préfets (Décr. 25 mars 1852), au ministre du Commerce (Décr. 28 janv. 1860).

6791. — D'après l'ordonnance de 1823, il ne devait y avoir qu'un inspecteur par établissement et, lorsque le service le permettait, un même inspecteur pouvait inspecter plusieurs établissements. Le ministre pouvait nommer des inspecteurs adjoints, là où ils seraient nécessaires pour remplacer les inspecteurs titulaires en cas d'absence, de maladie ou de tout autre empêchement. La loi du 14 juill. 1856 ayant délégué au pouvoir exécutif le soin de réorganiser l'inspection, un décret du 28 janv. 1860 disposa qu'un médecin inspecteur serait attaché à toute localité comprenant un ou plusieurs établissements d'eaux minérales naturelles dont l'exploitation serait reconnue donner lieu à une surveillance spéciale. Une même inspection pouvait comprendre plusieurs localités.

6792. — Là où il n'y avait pas d'inspecteur, tous les établissements d'eaux minérales naturelles ou artificielles étaient soumis aux visites ordonnées par les art. 29, 30 et 31, L. 21 germ. an XI (Ord. 18 juin 1823, art. 18).

6793. — Dans les établissements, l'inspection avait pour objet tout ce qui importe à la santé publique. Les inspecteurs faisaient, dans ce but, aux propriétaires, régisseurs ou fermiers, les propositions et observations qu'ils jugeaient nécessaires; ils portaient au besoin leurs plaintes à l'autorité et étaient tenus de lui signaler les abus venus à leur connaissance (Ord. 18 juin 1823, art. 4). Ils veillaient particulièrement à la conservation des sources, à leur amélioration (art. 5). Ils surveillaient dans l'intérieur des établissements, la distribution des eaux, l'usage qui en était fait par le malade (art. 6). Leur surveillance était permanente.

6794. — Aussi, les médecins inspecteurs ont-ils été longtemps de véritables fonctionnaires ayant un traitement fixe. Ce traitement avait été fixé par l'arrêté du 3 flor. an VIII à 1,000, 800 et 600 fr., suivant la classe de l'établissement. Le décret du 28 janv. 1860 maintint ces chiffres (art. 7), mais contient une série de dispositions relatives au classement des inspections. Celles-ci sont divisées en trois classes, suivant le revenu de l'ensemble des établissements compris dans la localité ou la circonscription. La première classe comprend l'ensemble des inspections où le revenu est de 10,000 fr.; la seconde, des inspections où ce revenu est de 5,000 à 10,000 fr. et la troisième, des inspections où ce même revenu est de 1,500 à 5,000 fr. (art. 4).

6795. — Ce traitement était une charge des établissements inspectés (Arr. 6 niv. an XI; L. 17 avr. 1822, art. 15; Ord. 18 juin 1823, art. 7). Les propriétaires, régisseurs ou fermiers devaient être entendus pour la fixation du traitement, ou du moins pour le classement de l'établissement ou de l'inspection dans la première, la seconde ou la troisième classe. Le décret du 28 janv. 1860 avait organisé un système des plus compliqués. La part contributive de chaque établissement devant être proportionnelle à son revenu net, les propriétaires, régisseurs ou fermiers devaient chaque année envoyer aux préfets les comptes de leurs dépenses et recettes de l'année. Ces états étaient soumis à une commission locale et ensuite à une commission centrale placées auprès du ministre. Sur le rapport de cette dernière, un arrêté du ministre déterminait le revenu de divers établissements et répartissait entre eux au prorata dudit revenu, le montant total des frais de l'inspection et de la surveillance médicales. Cet arrêté pouvait faire l'objet d'un recours contentieux au Conseil d'État (art. 29-32). — Cons. d'Ét., 7 juin 1866, Verdier, [Leb. chr., p. 628]; — 18 janv. 1884, Peychaud, [Leb. chr., p. 70] — L'arrêté du ministre était un préliminaire essentiel à la mise en recouvrement de la taxe. Ces dispositions n'ont plus aujourd'hui qu'un intérêt historique, la loi du 12 févr. 1883 ayant décidé que l'emploi du médecin inspecteur des établissements d'eaux minérales naturelles ne donnerait droit désormais à aucune rétribution, soit de la part de l'État, soit de la part des propriétaires des établissements.

6796. — Depuis la suppression par la loi du 12 févr. 1883, du traitement des médecins inspecteurs des établissements d'eaux minérales naturelles, la première branche de la taxe, si l'on peut s'exprimer ainsi, a été supprimée. Mais la loi de finances du

19 juill. 1886 a maintenu expressément, tout en changeant leur caractère, les droits d'inspection des fabriques d'eaux minérales artificielles et des dépôts d'eaux minérales naturelles ou artificielles. Ces taxes, qui auparavant figuraient dans les budgets des communes (Circ. 5 mars 1829), ont été rattachées au budget général de l'État.

6797. — Étudions rapidement les obligations qui ont été imposées aux directeurs des dépôts d'eaux minérales et aux fabricants. La Déclaration du roi du 25 avr. 1772 obligeait les directeurs de dépôts à tenir registre des quantités vendues, des noms des acheteurs. L'arrêt du Conseil du 1er avr. 1774 ordonnait la visite des eaux minérales dans les bureaux de distribution avant qu'on ne les livrât aux particuliers pour en faire usage. D'après l'arrêt du Conseil du 5 mai 1781, toutes les eaux minérales qui se vendaient à Paris étaient sujettes à l'inspection des commissaires de la société de médecine : les propriétaires des eaux approuvées ne pouvaient les vendre qu'à la source, il leur était interdit d'établir des dépôts. Les apothicaires, les communautés religieuses et les particuliers ne pouvaient ouvrir de dépôts qu'avec l'autorisation de la société de médecine.

6798. — L'arrêté du 29 flor. an VII dispose (art. 8) que le débit et distribution des eaux hors de la source n'auront lieu que dans les bureaux de distribution qui seront établis sous l'approbation du ministre de l'Intérieur. Ces bureaux seront sujets à l'inspection de deux commissaires choisis parmi les gens de l'art (art. 9). Les directeurs attachés aux bureaux de distribution, lorsqu'ils auront reçu des caisses d'eaux minérales, en préviendront les administrations municipales ou bureaux centraux, qui chargeront aussitôt les commissaires inspecteurs de procéder à leur examen. Les caisses ne pourront être ouvertes qu'en présence des commissaires (art. 14). Les fonctions des commissaires seront de constater l'état des eaux minérales arrivées au bureau, et de vérifier les certificats et factures relatifs à leur envoi. Ils examineront également les eaux pour s'assurer si elles sont en état d'être livrées au public. Dans le cas où elles seraient altérées, ils en rendront compte à l'autorité qui les aura nommés, laquelle prendra les mesures convenables en pareil cas; indépendamment de quoi ils feront un recensement général desdites eaux tous les ans (art. 15).

6799. — L'ordonnance du 18 juin 1823 confirme ces dispositions en décrétant que toute entreprise ayant pour but de livrer au public des eaux minérales quelconques sera soumise à une autorisation préalable et à l'inspection des hommes de l'art. Sont seuls exceptés de ces conditions les débits desdites eaux qui ont lieu dans les pharmacies (art. 1). Cette dernière disposition était une concession aux réclamations des pharmaciens qui, sous l'empire de l'arrêt du Conseil de 1781 (art. 20), étaient tenus d'obtenir une autorisation spéciale pour vendre des eaux minérales, et revendiquaient le droit de fabriquer et de vendre ces eaux comme leur appartenant exclusivement. L'art. 1 de l'ordonnance fut un moyen terme entre les prétentions des parties en présence. La dispense ne s'applique qu'aux débits qui ont lieu dans les pharmacies. Elle ne s'étend pas à ceux qui seraient tenus, même par des pharmaciens, en dehors de leur pharmacie. — Trébuchet, *Médecine*, p. 660 en note.

6800. — Sous l'empire de l'ordonnance du 18 juin 1823, les fabricants d'eaux minérales pouvaient établir deux dépôts sans avoir à payer de nouveaux droits. D'autre part, les restaurateurs qui vendaient des eaux minérales à leurs clients n'étaient point considérés comme des dépositaires. Mais les inspecteurs avaient le droit d'aller constater chez eux la qualité des eaux qu'ils vendaient au public. — Trébuchet, p. 660, ad notam.

6801. — Jugé cependant qu'un marchand de vins et liqueurs joignant à son commerce celui des eaux de Saint-Galmier, en vertu d'une autorisation administrative délivrée conformément à l'ordonnance de 1823, était imposable. — Cons. d'Ét., 5 mars 1870, Larombe, [P. adm. chr., D. 71.3.11]

6802. — Les autorisations nécessaires pour tous dépôts d'eaux minérales naturelles ou artificielles, ailleurs que dans des pharmacies et dans les lieux où elles sont puisées ou fabriquées, ne seront accordées qu'à la condition expresse de se soumettre aux règles prescrites par l'ordonnance et de subvenir aux frais d'inspection (Ord. 18 janv. 1823, art. 15).

6803. — En ce qui touche les dépôts, les fonctions des inspecteurs sont toutes de police sanitaire. Ils s'assurent que les eaux factices ne sont pas substituées aux eaux naturelles. Ils se font représenter les certificats d'origine délivrés à chaque

source, vérifient le registre où le dépositaire inscrit les entrées et les sorties des eaux. L'ordonnance de 1823 (art. 17), maintient les obligations contenues dans les règlements antérieurs.

6804. — En ce qui touche les fabriques d'eaux minérales artificielles, c'est en 1798 seulement que le premier établissement de ce genre est créé à Paris. C'est celui qui devait plus tard s'appeler Tivoli. Dès le principe et par analogie avec les établissements d'eaux minérales naturelles, le gouvernement attacha à cet établissement un médecin chargé d'inspecter cette maison et de surveiller la préparation des eaux. Puis les fabriques se développant, et les pharmaciens puisant dans leur droit exclusif de préparer et de vendre toute espèce de médicaments des prétentions au monopole de la fabrication et de la vente de ces eaux, le gouvernement crut devoir réglementer cette profession par l'ordonnance de 1823.

6805. — Les fabriques furent soumises à l'autorisation préalable et à l'inspection des hommes de l'art (art. 1). Les inspecteurs doivent veiller à ce que les eaux minérales artificielles soient toujours conformes aux formules approuvées, et à ce qu'elles ne soient ni falsifiées ni altérées. Lorsqu'ils s'aperçoivent qu'elles le sont, ils prennent ou requièrent les précautions nécessaires pour qu'elles ne puissent être livrées au public, et provoquent, s'il y a lieu, telles poursuites que de droit (art. 5).

6806. — Tous individus fabriquant des eaux minérales artificielles ne pourront obtenir ou conserver l'autorisation exigée qu'à la condition de se soumettre aux dispositions qui les concernent dans la présente ordonnance, de subvenir aux frais d'inspection, de justifier des connaissances nécessaires pour de telles entreprises ou de présenter pour garant un pharmacien légalement reçu (art. 13). Il était difficile d'abandonner la préparation de substances actives et médicamenteuses à des hommes qui n'étaient pas nécessairement des pharmaciens sans les soumettre à un contrôle, alors que les pharmaciens eux-mêmes étaient assujettis à une inspection annuelle.

6807. — La dispense d'autorisation préalable accordée aux débits tenus dans les pharmacies ne s'appliquait pas à la fabrication. Si un pharmacien dans son laboratoire fabriquait en grand des eaux minérales, il devait se pourvoir d'une autorisation et payer les droits d'inspection.

6808. — Une circulaire du 5 juill. 1823 limitait le nombre maximum des visites à douze par an, à raison d'une visite normale tous les deux mois et des visites accidentelles faites pour vérifier l'état des eaux à leur arrivée. On voulait abaisser les frais imposés aux fabricants pour lesquels la loi était muette. Jusqu'en 1829, on les avait assujettis aux droits d'inspection par assimilation avec les exploitants d'établissements d'eaux minérales naturelles. À cette époque on émit des doutes sur la légalité de cette perception et la loi de finances contint une disposition relative aux eaux artificielles. Mais cette loi laissait encore dans l'ombre quelques points, notamment la quotité de la taxe. De là, l'art. 2, L. 21 avr. 1832, portant que, pour subvenir au traitement des médecins-inspecteurs des bains, des fabriques et dépôts d'eaux minérales, le gouvernement est autorisé à imposer sur tels établissements des contributions qui ne pourront excéder 1,000 fr. pour l'établissement de Tivoli à Paris, 250 fr. pour une fabrique et 150 fr. pour un simple dépôt. Le recouvrement sera poursuivi comme celui des contributions directes.

6809. — Sous l'empire de ces textes, les fabriques comprenaient deux classes, la première comprenant les établissements produisant toutes les eaux artificielles ; la seconde comprenant les établissements ne fabriquant qu'une seule espèce d'eau. Les fabriques étant divisés en trois classes : 1° ceux où l'on trouvait toute espèce d'eaux minérales naturelles ou factices; 2° ceux où l'on trouvait toutes les eaux factices ou une seule espèce d'eau naturelle; 3° ceux où l'on ne trouvait que de l'eau de seltz (Circ. 5 juill. 1823).

6810. — À la suite de la loi du 19 juill. 1886, un décret du 9 mai 1887 est venu réorganiser l'inspection des fabriques et dépôts d'eaux minérales. L'inspection dans l'intérêt de la santé publique, d'une part, des fabriques d'eaux minérales artificielles, de seltz et eaux gazeuses et, d'autre part, des dépôts d'eaux minérales naturelles ou artificielles, eaux de selz et eaux gazeuses françaises ou étrangères, demeure confiée, dans le département de la Seine, à des inspecteurs spéciaux désignés par arrêté ministériel, et dans les départements, aux commissions d'inspection des pharmacies, drogueries et épiceries, en conformité de l'art. 18, Ord. 18 juin 1823 (art. 1).

6811. — L'inspection des fabriques et dépôts d'eaux minérales, actuellement réglementée par le décret du 9 mai 1887, n'est pas applicable aux dépôts existant dans les pharmacies légalement tenues (art. 1). Comme on le voit, les dépôts seuls sont exemptés et non pas les fabriques que pourrait tenir un pharmacien. Si une telle situation se produisait, le pharmacien pourrait être passible des droits d'inspection établis par le décret du 9 mai 1887, lesquels ne feraient pas double emploi avec le droit de visite du pharmacien. — Cons. d'Et., 30 nov. 1889. Guingeard, [D. 91.3.46]

6812. — Mais il a été jugé en fait que cette taxe n'était pas applicable à un pharmacien qui fabrique dans son laboratoire quelques siphons d'eau de seltz et de limonade qu'il vend au détail à ses clients : cette fabrication n'est pas assez importante pour faire considérer le laboratoire comme une fabrique. — Même arrêt.

6813. — Aucune disposition ne vise les personnes qui tiennent des établissements de bains d'eaux minérales ailleurs que dans la localité où sont les sources. Doit-on les considérer comme des dépositaires? Jusqu'en 1829, ils avaient été soumis en fait à l'autorisation et aux frais d'inspection. A cette époque les entrepreneurs d'établissements de bains réclamèrent et ils furent exemptés de la taxe tout en restant soumis à l'inspection. Ils ne peuvent vendre d'eau minérale au dehors et ne doivent avoir en dépôt que la consommation intérieure de leur maison.

6814. — Le montant des taxes annuelles, auxquelles sont assujettis les fabriques et dépôts à titre de droits de visite, est fixé ainsi qu'il suit :

	SEINE.	AUTRES DÉPARTEMENTS.
Fabriques......................	30 fr.	10 fr.
Dépôts dont la vente annuelle dépasse 20,000 bouteilles ou siphons.	25	3
Dépôts dont la vente annuelle est de 5 à 20,000 bouteilles ou siphons.....................	10	3
Dépôts dont la vente annuelle est de 1 à 5,000 bouteilles ou siphons (Décr. 9 mai 1887, art. 2).	4	3

6815. — Ces taxes, assimilées aux contributions directes, sont établies d'après les feuilles de visite des inspecteurs sur un rôle nominatif distinct, et recouvrées au profit du Trésor dans les mêmes formes et suivant les mêmes règles que les droits de visite des pharmacies, drogueries et épiceries.

6816. — Comme les droits de visite (V. *suprà*, n. 6783), les droits d'inspection ne sont dus que si l'inspection a été réellement faite et pour pourvoir au traitement des inspecteurs. La taxe ne peut être réclamée dans les villes où ne fonctionne aucune inspection. — Cons. d'Et., 18 janv. 1884, Paychaud, [S. 85.3.74, P. adm. chr., D. 85.3.76]; — 28 mars 1888, Godefroy, [D. 89.3.57]

Section XIII.

Droits d'épreuve des appareils à vapeur.

6817. — L'emploi des machines à vapeur a pris dans notre siècle une telle extension que le législateur a cru devoir le réglementer et le soumettre à certaines conditions en vue d'assurer la sécurité publique. Les ordonnances des 23 et 24 mai 1843, du 17 janv. 1846, un décret du 25 janv. 1865, qui longtemps ont réglementé cette matière, ont été dans ces dernières années remplacés par trois décrets : l'un, du 30 avr. 1880, sur les générateurs à vapeur autres que ceux qui sont placés à bord des bateaux à vapeur; l'autre, du 9 avr. 1883, sur les bateaux à vapeur qui naviguent sur les fleuves, rivières, canaux, lacs, etc.; le dernier, du 1er févr. 1893, sur les bateaux à vapeur qui naviguent sur mer. Ces trois décrets contiennent des dispositions communes et ne diffèrent que par les détails. Le principe commun, c'est qu'aucune chaudière à vapeur ne peut être mise en service sans avoir subi une ou plusieurs épreuves réglementaires.

6818. — Les chaudières devant être employées sur terre sont éprouvées chez le constructeur et sur sa demande. Toute chaudière venant de l'étranger est éprouvée avant sa mise en service, sur le point du territoire français désigné par le destinataire dans sa demande (Décr. 30 avr. 1880, art. 2). Les chaudières des bateaux à vapeur sont soumises à une double épreuve : l'une chez le constructeur, l'autre à bord, après que la chaudière a été entièrement montée et munie de tous ses accessoires (Décr. 9 avr. 1883, art. 11, et Décr. 1er févr. 1893, art. 12).

6819. — L'épreuve consiste à soumettre la chaudière à une pression hydraulique supérieure à la pression effective qui ne doit pas être dépassée dans le service. Cette pression d'épreuve sera maintenue pendant le temps nécessaire à l'examen de la chaudière dont toutes les parties doivent pouvoir être visitées. La surcharge d'épreuve par centimètre carré est égale à la pression effective, sans jamais être inférieure à un demi-kilogramme ni supérieure à six kilogrammes (Décr. 30 avr. 1880, art. 4; 9 avr. 1883, art. 13 et 14; 1er févr. 1893, art. 14 et 15). Pour les récipients, la surcharge d'épreuve sera, dans tous les cas, égale à la moitié de la pression maximum à laquelle l'appareil doit fonctionner sans que cette surcharge puisse excéder quatre kilogrammes par centimètre carré (Décr. 30 avr. 1880, art. 31).

6820. — Quelles sont les machines soumises aux épreuves ? 1° D'abord tout générateur de vapeur fabriqué en France et destiné à être employé soit sur terre, soit sur un bateau à vapeur; 2° toute chaudière provenant de l'étranger est éprouvée en France avant et après sa mise à bord; 3° les chaudières locomobiles (Décr. 30 avr. 1880, art. 23); 4° les chaudières locomotives (art. 27); 5° les chaudières servant à tout autre usage que la propulsion du bateau et les chaudières employées sur les bateaux stationnaires (Décr. 9 avr. 1883, art. 62); 6° les récipients de vapeur de formes diverses, d'une capacité de plus de 100 litres, au moyen desquels les matières à élaborer sont chauffées, non directement à feu nu, mais par de la vapeur empruntée à un générateur distinct, lorsque leur communication avec l'atmosphère n'est point établie par des moyens excluant toute pression effective nettement appréciable (Décr. 30 avr. 1880, art. 30; 1er févr. 1893, art. 24); 7° les chaudières dans lesquelles la vaporisation est obtenue, non par le chauffage à feu nu, mais au moyen de réactions chimiques ou d'autres sources de chaleur ne produisant jamais que des températures modérées (Décr. 9 avr. 1883, art. 23 et 25; 1er févr. 1893, art. 24); 8° les réservoirs dans lesquels l'eau à haute température est emmagasinée à l'effet de favoriser ensuite un dégagement de vapeur ou de chaleur (Décr. 30 avr. 1880, art. 33; 1er févr. 1893); 9° les chaudières placées à bord de bateaux à voiles, pontons, dragues, chalands, etc., et les récipients qui sont placés à bord de ces bateaux (Décr. 1er févr. 1893, art. 45); 10° les bateaux à vapeur acquis ou construits hors de France sont soumis, après leur francisation, à toutes les dispositions du décret du 1er févr. 1893. Toutefois, le ministre peut prononcer, par arrêté, l'équivalence entre les formalités accomplies à l'étranger et les formalités prescrites par le décret de 1893 (Décr. 1er févr. 1893, art. 47).

6821. — Les bateaux appartenant aux divers services de l'État ou ceux qui seraient affrétés par le département de la marine ne sont pas soumis aux dispositions du décret de 1893. Le ministre de la Marine pourra, après accord avec le ministre des Travaux publics, soumettre à une surveillance spéciale les appareils à vapeur employés à bord des bateaux de pêche à voiles pour la manœuvre des engins de pêche, et, dans ce cas, ces appareils cesseront d'être soumis aux dispositions du présent décret (Décr. 1er févr. 1893, art. 49).

6822. — L'épreuve n'est pas exigée pour l'ensemble d'une chaudière dont les diverses parties, éprouvées séparément, ne doivent être réunies que par des tuyaux placés, sur tout leur parcours, en dehors du foyer et des conduits de flamme et dont les joints peuvent être facilement démontés (Décr. 30 avr. 1880, art. 4; 9 avr. 1883, art. 16; 1er févr. 1893, art. 17).

6823. — Le ministre peut, sur le rapport des ingénieurs des mines, l'avis du préfet et celui de la commission centrale des machines à vapeur, accorder dispense de tout ou partie des prescriptions du présent décret dans tous les cas où à raison soit de la forme, soit de la faible dimension des appareils, soit de la position spéciale des pièces contenant de la vapeur, il serait reconnu que la dispense ne peut pas avoir d'inconvénient (Décr. 30 avr. 1880, art. 35; 1er févr. 1893, art. 46).

6824. — A l'égard des chaudières employées sur des bateaux

destinés à la navigation fluviale, le préfet peut, sur l'avis conforme de la commission de surveillance, les dispenser de la seconde épreuve lorsque, pendant le transport ou la mise en place, il ne se sera produit aucune avarie et que depuis la première épreuve, il n'aura été fait à la chaudière ni modifications ni réparations quelconques (Décr. 9 avr. 1883, art. 11).

6825. — Après qu'une chaudière ou partie de chaudière a été éprouvée avec succès, il y est apposé un timbre indiquant d'une manière très-apparente, en kilogramme par centimètre carré, la pression effective que la vapeur ne doit pas dépasser. Les timbres sont poinçonnés par l'agent chargé de procéder à l'épreuve et reçoivent, par ses soins, trois nombres indiquant le jour, le mois et l'année de l'épreuve (Décr. 30 avr. 1880, art. 5; 1er févr. 1893, art. 16). Un de ces timbres est placé de manière à être toujours apparent après la mise en place de la chaudière.

6826. — Le renouvellement de l'épreuve peut être exigé de celui qui fait usage d'une chaudière : 1° lorsque la chaudière, ayant déjà servi, est l'objet d'une nouvelle installation ; 2° lorsqu'elle a subi une réparation notable ; 3° lorsqu'elle est remise en service après un chômage prolongé. Le renouvellement de l'épreuve est exigible également lorsqu'à raison des conditions dans lesquelles une chaudière fonctionne, il y a lieu, pour l'ingénieur des mines, d'en suspecter la solidité (Décr. 30 avr. 1880, art. 3 ; 30 avr. 1883, art. 12 ; 1er févr. 1893, art. 13). Lors des renouvellements d'épreuve, la surcharge d'épreuve est égale à la moitié de la pression effective indiquée par le timbre sans jamais être inférieure à un quart de kilogramme ni supérieure à trois kilogrammes (Décr. de 1893, art. 13).

6827. — Le renouvellement des épreuves doit avoir lieu au moins tous les dix ans pour les chaudières employées à terre (Décr. 30 avr. 1880, art. 3) ; tous les deux ans pour les bateaux à voyageurs et tous les quatre ans pour les bateaux à marchandises, remorqueurs et autres bateaux naviguant sur les fleuves (Décr. 9 avr. 1883, art. 12 ; tous les ans pour les bateaux à vapeur qui naviguent sur mer (Décr. 1er févr. 1893, art. 13).

6828. — Avant l'expiration de ces délais, le propriétaire doit lui-même demander l'épreuve. Il devra avertir l'ingénieur des mines des circonstances qui motivent le renouvellement (Décr. 30 avr. 1880, art. 3 et 30 ; 9 avr. 1883, art. 12 ; 1er févr. 1893, art. 13).

6829. — Lorsque celui qui fait usage d'une chaudière conteste la nécessité d'une nouvelle épreuve, il est, après une instruction où le propriétaire est entendu, statué par le préfet (Décr. 30 avr. 1880, art. 3).

6830. — Si l'épreuve exige la démolition du massif du fourneau ou l'enlèvement de l'enveloppe de la chaudière et un chômage plus ou moins prolongé, cette épreuve pourra ne point être exigée, lorsque des renseignements authentiques sur l'époque et les résultats de la dernière visite, intérieure ou extérieure, constitueront une présomption suffisante en faveur du bon état de la chaudière. Pourront être notamment considérés comme renseignements probants les certificats délivrés aux membres des associations de propriétaires d'appareils à vapeur par celles de ces associations que le ministre aura désignées (Décr. 30 avr. 1880, art. 3).

6831. — L'épreuve est faite pour les appareils à vapeur employés sur terre, sous la direction de l'ingénieur des mines et en sa présence ou, en cas d'empêchement, en présence du garde-mines opérant d'après ses instructions (Décr. 30 avr. 1880, art. 4). Pour ceux employés à bord des bateaux, les épreuves sont faites, la première par le service de la surveillance des appareils à vapeur des départements, la seconde par les soins de la commission de surveillance (Décr. 1er févr. 1893, art. 12). Quant aux chaudières provenant de l'étranger, si la mise à bord a lieu à l'étranger, l'épreuve est faite par les soins des consuls et agents consulaires français, assistés de tels hommes de l'art qu'ils jugent à propos de désigner, lesquels reçoivent des frais de voyage qui sont réglés par le consul et payés par le capitaine (art. 43). Enfin les épreuves des chaudières employées dans les chemins de fer sont faites par le service du contrôle.

6832. — Le renouvellement des épreuves est fait par les soins de la commission de surveillance dans le port de laquelle la nécessité en a été constatée (Décr. 9 avr. 1883, art. 12 ; 1er févr. 1893, art. 13).

6833. — Pour procéder aux épreuves des bateaux à vapeur, le ministre des Travaux publics institue, dans chaque port fréquenté par des bateaux à vapeur et dans les départements où

existent des services fluviaux de bateaux à vapeur, une commission de surveillance dont il nomme les membres sur la proposition du préfet après avis de l'ingénieur en chef du port ou de la navigation (Décr. 9 avr. 1883, art 53 ; 1er févr. 1893, art. 35).

6834. — Les commissions de surveillance ont mission de faire, à bord des bateaux à vapeur, avant et après leur mise en service, toutes visites, épreuves et essais à l'effet de s'assurer qu'à toute époque les appareils à vapeur placés à bord des bateaux satisfont aux prescriptions réglementaires. Leur action s'étend sur tous les bateaux à vapeur présents dans leur port. Elles peuvent déléguer un ou plusieurs de leurs membres pour faire des visites individuelles (Décr. 1er févr. 1893, art. 36).

6835. — Le propriétaire fournit le personnel et le matériel nécessaires pour l'épreuve et en supporte tous les frais (Décr. 30 avr. 1880, art. 4 ; 9 avr. 1883, art. 16 ; 1er févr. 1893, art. 15).

6836. — Jusqu'en 1892, ces épreuves étaient considérées comme constituant des opérations pour lesquelles les ingénieurs et les agents placés sous leurs ordres avaient droit personnellement à l'allocation de frais de voyage et de séjour à la charge des intéressés, suivant le principe et d'après le tarif du décret du 10 mai 1854, c'est-à-dire toutes les fois que l'épreuve avait lieu en dehors de la commune où résidaient les agents. Ce système avait l'inconvénient de placer les industriels dans une situation plus ou moins favorable, suivant qu'ils étaient plus ou moins éloignés de la résidence des ingénieurs. D'autre part, les agents étaient inégalement traités par l'application d'un tarif qui manquait d'élasticité. On a donc renoncé à ce système en convertissant ces frais et honoraires en une taxe fixe perçue au profit de l'Etat.

6837. — A partir du 1er janv. 1893, les épreuves exigées par les règlements des appareils à vapeur autres que ceux situés dans l'enceinte des chemins de fer d'intérêt général donnent lieu à la perception, pour chaque épreuve, d'un droit de 10 fr. par chaudière ou de 5 fr. par récipient à vapeur. Ce droit est dû par la personne qui a demandé l'épreuve ou à qui l'épreuve a été imposée par application des règlements. Il est ajouté au montant du droit d'épreuve : 3 cent. par franc pour fonds de non-valeurs ; 3 cent. pour frais de perception (L. 18 juill. 1892, art. 5).

6838. — Ces droits sont recouvrés comme en matière de contributions directes. Ils sont perçus au moyen de rôles dressés à la fin de chaque trimestre par le directeur des contributions directes, au vu d'états-matrices établis par l'ingénieur des mines ou par le président de la commission de surveillance du bateau à vapeur et arrêtés par le préfet ; le montant en est exigible en une seule fois dans les quinze jours de la publication du rôle. Il est délivré des avertissements aux contribuables à raison de 5 cent. par article. Les réclamations sont jugées comme en matière de contributions directes (art. 6). On ne porte sur l'état-matrice que les épreuves réussies. Toutes les épreuves autres que les épreuves de récipients sont comptées au taux des épreuves de chaudières (Circ. 27 déc. 1892).

SECTION XIV.

Redevances à recouvrer sur les exploitants de mines pour la rétribution des délégués à la sécurité des ouvriers mineurs.

6839. — La loi du 8 juill. 1890 institue des délégués à la sécurité des ouvriers mineurs pour visiter les travaux souterrains des mines, minières ou carrières, dans le but exclusif d'en examiner les conditions de sécurité pour le personnel qui y est occupé et, d'autre part, en cas d'accident, les conditions dans lesquelles cet accident se serait produit.

6840. — Un délégué et un délégué suppléant exercent leurs fonctions dans une circonscription souterraine dont les limites sont déterminées par un arrêté du préfet rendu sous l'autorité du ministre des Travaux publics, après le rapport des ingénieurs des mines, l'exploitant entendu. Tout ensemble de puits, galeries et chantiers dépendant d'un même exploitant et dont la visite détaillée n'exige pas plus de six jours, ne constitue qu'une seule circonscription. Les autres exploitations sont subdivisées en deux, trois, etc., circonscriptions selon que la visite n'exige pas plus de 12, 18, etc., jours. A toute époque le préfet peut, par suite de changements survenus dans les travaux, modifier, sur le rapport des ingénieurs des mines, l'exploitant entendu, le nombre et les limites des circonscriptions (art. 1).

6841. — Le délégué doit visiter deux fois par mois tous les puits, galeries et chantiers de sa circonscription. Il visitera éga-

lement les appareils servant à la circulation et au transport des ouvriers. Il doit, en outre, procéder sans délai à la visite des lieux où est survenu un accident ayant occasionné la mort ou des blessures graves à un ou à plusieurs ouvriers, ou pouvant compromettre la sécurité des ouvriers (art. 2).

6842. — Lors de leurs tournées, les ingénieurs et contrôleurs des mines peuvent toujours se faire accompagner dans leurs visites par le délégué de la circonscription (art. 3).

6843. — Ce n'est pas ici la place d'exposer les règles de nomination des délégués et le fonctionnement de cette institution. Nous n'en voulons retenir que ce qui se rattache à notre étude, c'est-à-dire le traitement ou du moins l'indemnité due à ces agents. Deux systèmes se trouvaient en présence : celui des députés socialistes, qui entendaient faire des délégués mineurs les représentants et les défenseurs des intérêts de la classe ouvrière dans les exploitations minières, et celui qui a fini par triompher, d'après lequel les délégués devaient être en principe des ouvriers chargés par la confiance de leurs camarades de réclamer les mesures propres à assurer leur sécurité. Dans le premier système, les délégués choisis parmi les ouvriers devaient cesser immédiatement de travailler pour se consacrer exclusivement à leur nouvel emploi. Il fallait donc que leur circonscription fût assez étendue pour que leurs visites occupassent tout leur temps. Ils devaient recevoir de l'État un traitement fixe. Dans le second système, le délégué, pour être compétent, devait être et rester ouvrier. Son action n'était utile et efficace que dans un ressort peu étendu. Le reste du temps il conservait le caractère d'un ouvrier, touchant son salaire de la main de l'exploitant, y compris le temps consacré aux visites, qui seraient comptées comme journées de travail.

6844. — C'est ce dernier système qui a fini par prévaloir. La visite de la circonscription ne doit pas exiger plus de six jours. A raison de deux visites par mois, c'est douze jours que le délégué doit consacrer à ses visites. Le reste du temps il travaillo dans la mine ou exerce sa profession, s'il est ancien ouvrier. Toutefois, on a fait dans l'art. 16 une concession aux partisans du premier système en disposant que le prix des visites ne serait pas payé aux délégués par l'exploitant. Cet article est ainsi conçu : « Les visites prescrites par la présente loi sont payées par le Trésor au délégué comme journées de travail. Au mois de décembre de chaque année, le préfet, sur l'avis des ingénieurs des mines, et sous l'autorité du ministre des Travaux publics, fixe pour l'année suivante et pour chaque circonscription le nombre maximum des journées que le délégué doit employer à ses visites et le prix de la journée. Il fixe également le minimum de l'indemnité mensuelle pour les circonscriptions comprenant au plus 100 ouvriers. Dans les autres cas, l'indemnité à accorder aux délégués pour les visites mensuelles réglementaires ne pourra être inférieure au prix de dix journées de travail par mois. Les visites supplémentaires faites par un délégué, soit pour accompagner les ingénieurs ou contrôleurs des mines, soit à la suite d'accidents, lui seront payées en outre et au même prix. Le délégué dresse mensuellement un état des journées employées aux visites tant par lui-même que par son suppléant. Cet état est vérifié par les ingénieurs des mines et arrêté par le préfet. La somme due à chaque délégué lui est payée par le Trésor sur un mandat mensuel délivré par le préfet. Les frais avancés par le Trésor sont recouvrés sur les exploitants comme en matière de contributions directes.

6845. — La durée de la visite détaillée d'une circonscription doit s'entendre du temps, évalué en journées de travail, nécessaire pour permettre de parcourir, en les examinant chacun sans exception, avec une attention suffisante, tous les puits, galeries et chantiers situés dans la circonscription et maintenus à l'état d'entretien. Il y faut comprendre aussi le temps nécessaire à la visite des appareils servant à la circulation et au transport des ouvriers. L'évaluation du temps se fait par journée entière ou demi-journée de travail. La journée de travail du délégué est prise d'une durée égale à la durée normale d'une journée de travail des ouvriers dans l'exploitation considérée. Le préfet fixe la durée maxima que le délégué doit consacrer à ses visites par mois. Pour prix de la journée par voie d'appréciation dans chaque circonscription, on prend le salaire normal d'un ouvrier spécial du fond, piqueur, abatteur, mineur, boiseur (Circ. min. Trav. publ., 9 juill. 1890).

6846. — La loi de finances du 8 août 1890 (art. 34) dispose qu'il est ajouté au montant des redevances à recouvrer sur les exploitants des mines, en exécution de l'art. 16, L. 8 juill. 1890 : 1° 5 cent. par franc pour couvrir les décharges ou remises, ainsi que les frais de confection des rôles; 2° 3 cent. par franc pour frais de perception.

6847. — Les redevances pour la rétribution des délégués à la sécurité des ouvriers mineurs sont recouvrées au moyen de rôles mensuels. Le montant de ces rôles est exigible en une seule fois, dans les quinze jours de la publication. Il est délivré des avertissements aux redevables, à raison de 5 cent. par article (L. 26 déc. 1890, art. 14).

6848. — Les délégués dressent eux-mêmes, après chaque visite, un état indiquant le temps qu'ils y ont consacré. Cet état est visé par l'ingénieur et transmis au préfet, qui dresse l'état-matrice mensuel des redevances ou même à recouvrer. Le directeur fait à chaque visite l'application du tarif fixé pour l'année par le préfet et dresse le rôle pour perception. Les taxes sont imposées dans la commune dont dépend chaque circonscription de délégué (Circ. min. Fin., 15 et 19 janv. 1891).

Section XV.

Frais et honoraires dus aux ingénieurs.

6849. — En instituant les corps des ingénieurs des ponts et chaussées et des ingénieurs des mines, le législateur a prévu que ces fonctionnaires pourraient prêter leurs services à d'autres qu'à lui-même, aux départements, aux communes, aux associations de propriétaires ou même à de simples particuliers.

6850. — Le décret du 7 fruct. an XII sur le corps des ponts et chaussées, contient, à cet égard, les dispositions suivantes : « Les ingénieurs exécuteront ou feront exécuter ceux des travaux pour lesquels ils auront été commis par les lois, arrêtés du gouvernement, jugements des tribunaux. Ils pourront aussi être chargés, sur les demandes des préfets et sous l'approbation du directeur général, d'exécuter ou faire exécuter des travaux étrangers aux ponts et chaussées, mais dépendant de l'administration publique, de celle des départements et des communes » (art. 13).

6851. — En exécution de l'art. 13, lorsque les ingénieurs des ponts et chaussées auront prêté leur ministère pour l'exécution des lois et décrets impériaux, et des jugements des cours; et lorsqu'ils auront été commis pour des travaux dépendant de l'administration publique, de celle des départements et des communes, ils seront remboursés de leurs frais de voyage et autres dépenses et ils recevront, en outre, des honoraires proportionnés à leur travail. Ces honoraires seront déterminés par le temps qu'ils auront employé, soit à faire des plans et projets, soit à en suivre l'exécution, sans que la base puisse être établie sur l'étendue des dépenses. Les ingénieurs fourniront l'état de leurs frais et indemnités, dont ils seront remboursés d'après l'approbation, le règlement et le mandat du préfet. Ce mandat sera exécutoire contre les particuliers qui, intéressés dans une affaire administrative, contentieuse ou judiciaire, auront été déclarés devoir supporter les frais dus à l'ingénieur, et il sera procédé au recouvrement par voie de contrainte comme en matière d'administration (Décr. 7 fruct. an XII, art. 75).

6852. — Pour le service des mines, l'art. 89, Décr. 18 nov. 1810, portait : « Ils seront remboursés de leurs frais de voyage et autres dépenses, d'après la fixation qui en sera faite par les cours, les tribunaux ou le préfet, selon les cas, et d'après un mandat du préfet rendu exécutoire ou en vertu d'une ordonnance de justice »

6853. — Les décrets portant réorganisation du service des ponts et chaussées et des mines contiennent un art. 6 dont le § 4 est ainsi conçu : « Les honoraires et frais de déplacement qui seront dus aux ingénieurs des ponts et chaussées pour les travaux dont ils auront été chargés, soit pour le compte de départements, de communes ou d'associations territoriales, soit pour l'instruction des affaires où leur intervention est à la fois requise dans un intérêt général et dans un intérêt particulier, seront réglés par un décret spécial» (Décr. 13 oct.-24 déc. 1851, art. 6, § 4).

6854. — Ce règlement spécial a été fait par deux décrets du 10 mai 1854. Aux termes de l'art. 1, les ingénieurs des ponts et chaussées et les agents placés sous leurs ordres ne reçoivent aucune rémunération à titre, soit d'honoraires ou de vacations,

soit de frais de voyage et de séjour, à la charge des communes, associations ou particuliers intéressés, lorsque leur déplacement et leurs opérations ont pour objet les vérifications ou constatations à faire, dans l'intérêt public, pour assurer l'exécution des lois et règlements généraux ou particuliers, et notamment : 1° la vérification, postérieurement au récolement, des points d'eau et ouvrages régulateurs des usines hydrauliques, étangs, barrages et prises d'eau d'irrigation, à moins que la vérification n'ait lieu sur la demande d'un intéressé ; 2° les visites, postérieurement à la réception définitive, des rectifications de routes, ponts, canaux, travaux de desséchement et autres ouvrages concédés, à moins de dispositions contraires stipulées au cahier des charges des concessions ; 3° les vérifications, postérieurement à la réception définitive, des travaux de même nature exécutés par les communes ou les associations territoriales.

6855. — De même, les ingénieurs des mines et les agents placés sous leurs ordres ne reçoivent aucune rémunération, à titre soit d'honoraires ou de vacations, soit de frais de voyage et de séjour, à la charge des départements, communes, associations ou particuliers intéressés, lorsque leur déplacement et leurs opérations ont pour objet les vérifications ou constatations à faire dans l'intérêt public pour assurer l'exécution des lois et règlements généraux et particuliers, des cahiers des charges des concessions de mines et des actes de permission d'usines, notamment : 1° l'instruction des demandes en concession de mines ou des permissions d'exploitation de minières, carrières et tourbières ; 2° le bornage des concessions de mines, la surveillance et la police des appareils à vapeur, le poinçonnage du poids des leviers et des soupapes de sûreté ; 3° la vérification, postérieurement au procès-verbal de récolement, des usines dénommées à l'art. 73, L. 21 avr. 1810, et des lavoirs à mines, à moins que la vérification n'ait lieu sur la demande d'un intéressé (art. 1).

6856. — De même encore, une décision ministérielle du 14 févr. 1861 dispose que les frais d'études faites par les ingénieurs pour la mise en valeur des terrains humides et incultes appartenant aux communes seraient imputés sur le budget des travaux publics. Déjà, d'après une décision impériale du 30 août 1854, les ingénieurs du service hydraulique et les agents placés sous leurs ordres devaient fournir gratuitement leur concours aux propriétaires qui voulaient faire sur leurs terres l'application du drainage.

6857. — Le principe est que les visites faites dans l'intérêt public sont gratuites. C'est ainsi qu'il a été décidé qu'un propriétaire n'avait pas à supporter les frais d'une visite de lieux faite par un conducteur des ponts et chaussées en vue d'assurer l'exécution d'un arrêté préfectoral prescrivant le curage et l'entretien d'un cours d'eau non navigable et de constater l'utilité des travaux de recépage. — Cons. d'Et., 3 févr. 1882, Clerc, [D. 83.3.75]

6858. — Les ingénieurs des ponts et chaussées et les agents placés sous leurs ordres ont droit à l'allocation des frais de voyage et de séjour à la charge des intéressés, sans honoraires ni vacations, lorsque leur déplacement a pour objet : 1° la rédaction d'avant-projets ou rapports préparés, sur la demande des intéressés, pour constater l'utilité de travaux d'endiguement, de curage, d'irrigation ou d'autres ouvrages analogues, à l'égard desquels l'intervention des ingénieurs a été régulièrement autorisée pour le compte de communes ou d'associations territoriales ; la rédaction d'office des mêmes avant-projets, quand ils ont suivi d'exécution, après avoir été adoptés par les intéressés, ou quand les travaux sont ordonnés par l'administration, dans le cas où les règlements particuliers lui en auraient réservé le droit ; la vérification, s'il y a lieu, des projets de même nature présentés par les particuliers, les communes ou les associations territoriales ; 2° le contrôle des travaux, lorsque l'exécution n'est pas confiée à un ingénieur, ainsi qu'il est prévu à l'art. 4, et lorsque ce contrôle est expressément réservé ou prescrit par les règlements spéciaux qui autorisent les travaux ou les associations ; 3° le contrôle en cours d'exécution et la réception, après achèvement, des ouvrages exécutés par voie de concession de même nature et que rectification de routes, ponts, canaux ou autres travaux concédés, lorsque l'obligation de payer les frais de cette nature a été stipulée au cahier des charges de la concession ; 4° l'instruction de demandes relatives à l'établissement d'usines hydrauliques, d'étangs, de barrages ou de prises d'eau d'irrigation, ou à la modification de règlements déjà existants ; la réglementation, s'il y a lieu, des mêmes

établissements, lorsqu'ils existent déjà, sans être pourvus d'autorisations régulières ; le récolement des travaux prescrit par les règlements ; la vérification, postérieurement au récolement, des points d'eau et ouvrages régulateurs des usines hydrauliques, étangs, barrages et prises d'eau d'irrigation, lorsque cette vérification a lieu sur la demande d'un intéressé ; 3° l'instruction des demandes en concession de dunes ou de lais et relais de mer (art. 2).

6859. — Il a été jugé que, lorsqu'un usinier exécute des travaux pour donner aux ouvrages établis par lui sur un cours d'eau les dimensions réglementaires, il doit supporter les frais de déplacement des agents qui viennent procéder au récolement de ces travaux. Il ne doit pas d'honoraires. — Cons. d'Et., 28 mars 1879, Lemoigne Dutaillis, [S. 80.2.307, P. adm. chr., D. 79.3.51]

6860. — Les ingénieurs des mines et les agents placés sous leurs ordres ont droit à l'allocation de frais de voyage et de séjour, à la charge des intéressés, sans honoraires ni vacations, lorsque leur déplacement a pour objet : 1° la rédaction d'avant-projets ou de rapports préparés, sur la demande des intéressés, pour constater l'utilité de l'exploitation de mines, minières ou carrières, tourbières ou usines métallurgiques, ou de toute autre entreprise dont ils auraient été régulièrement autorisés à s'occuper, pour le compte des départements, des communes ou d'associations territoriales, sauf l'exception du § 2 de l'art. 4 ci-dessous ; la rédaction d'office des mêmes avant-projets, quand ils sont suivis d'exécution, après avoir été adoptés par les intéressés ou quand les travaux sont ordonnés par l'administration dans les cas où les règlements particuliers lui en auraient donné le droit ; 2° les visites de lieux à la demande des intéressés en vue de la constatation des faits relatifs à des recherches de mines ou au bornage des concessions de mines ; 3° l'instruction de demandes en autorisation d'établissements des usines dénommées dans l'art. 73, L. 21 avr. 1810, des lavoirs à mines, d'appareils à vapeur ou de toutes autres usines soumises au régime des permissions, ou la modification de règlements déjà existants ; la réglementation, s'il y a lieu, des mêmes établissements, lorsqu'ils existent déjà sans être régulièrement autorisés ; le récolement des travaux prescrits par les décrets ou arrêtés d'autorisation ou les règlements concernant les usines dénommées à l'art. 73, L. 21 avr. 1810 ; la vérification, postérieurement au procès-verbal de récolement, des mêmes établissements, lorsque cette vérification a lieu sur la demande d'un intéressé ; 4° la première épreuve, au moyen de la pompe de pression, des chaudières et autres pièces destinées à contenir la vapeur, lorsque les ingénieurs ne reçoivent pas, soit sur les fonds départementaux, soit sur les fonds communaux, des allocations spéciales pour la surveillance des appareils à vapeur (Ce dernier alinéa est abrogé par la loi du 18 juill. 1892, art. 2).

6861. — Il a été décidé qu'un ingénieur, qui avait fait à la fabrique l'épreuve d'un appareil à vapeur dans le lieu de sa résidence, n'avait droit à aucune allocation, l'ordonnance du 22 mai 1843 ne lui accordant pas d'honoraires pour la première épreuve, qui est faite autant dans l'intérêt public que dans l'intérêt de l'usinier, et aucun frais de déplacement pour les visites faites dans la commune de sa résidence. — Cons. d'Et., 4 mai 1854, Rousselle et Privat, [S. 54.2.556, P. adm. chr., D. 54.3. 65]

6862. — Les frais de voyage dus aux ingénieurs ou aux agents sous leurs ordres sont calculés d'après le nombre de kilomètres parcourus, tant à l'aller qu'au retour, à partir de leur résidence, et à raison de 50 cent. par kilomètre pour les ingénieurs en chef ; 30 cent. pour les ingénieurs ordinaires ; 20 cent. pour les conducteurs et piqueurs. Ce tarif est réduit de moitié pour tous les trajets effectués en chemin de fer. Les frais de séjour sont réglés par jour : pour les ingénieurs en chef, à 12 fr. ; pour les ingénieurs ordinaires, à 10 fr. ; pour les conducteurs et employés secondaires, à 5 fr. Lorsque les ingénieurs se sont occupés dans une même tournée de plusieurs affaires donnant lieu à l'application de frais de voyages, le montant total de ces frais est calculé d'après la distance effectivement parcourue et réparti entre les intéressés proportionnellement aux frais qu'eût exigé l'instruction isolée de chaque affaire. Il est procédé de la même manière pour les frais de séjour. Il n'est alloué de frais pour les déplacements qui n'excèdent pas les limites de la commune où résident les ingénieurs (art. 3).

6863. — Les ingénieurs des ponts et chaussées et les agents

placés sous leurs ordres ont droit à l'allocation d'honoraires à la charge des intéressés, sans frais de voyage et de séjour ni vacations, lorsqu'ils prennent part, sur la demande des communes ou des associations territoriales, et avec l'autorisation de l'administration, à des travaux à l'égard desquels leur intervention n'est pas rendue obligatoire par les lois et règlements généraux, notamment lorsqu'ils sont chargés de la rédaction des projets définitifs et de l'exécution des travaux d'endiguement, de curage, de desséchement, d'irrigation ou autres ouvrages analogues qui s'exécutent aux frais de ces communes ou de ces associations territoriales, avec ou sans subvention du gouvernement. Ces honoraires sont calculés d'après le chiffre de la dépense effectuée sous leur direction, déduction faite de la part contributive du Trésor public, et à raison de 4 p. 0/0 sur les premiers 40,000 fr. et de 1 p. 0/0 sur le surplus. Ils sont partagés entre les ingénieurs et les agents dans la proportion déterminée par arrêté ministériel. Les salaires des surveillants spéciaux sont imputés séparément sur les fonds des travaux. Il n'est pas dû d'honoraires sur les fonds fournis par des tiers pour concourir à des travaux d'intérêt général à la charge de l'Etat. Dans les cas où les ingénieurs et agents des ponts et chaussées qui ont pris part à la rédaction des projets définitifs ne sont pas chargés de l'exécution des travaux, ils reçoivent seulement la moitié des honoraires stipulés ci-dessus (art. 4). Même disposition pour les ingénieurs des mines et leurs agents lorsqu'ils sont chargés de la rédaction de projets définitifs et de la direction de travaux relatifs à des exploitations de mines, minières, carrières, tourbières ou usines métallurgiques, ou de tous autres travaux analogues dont ils auraient été régulièrement autorisés à s'occuper (art. 4).

6864. — S'il s'agit de la rédaction de projets définitifs ou de la direction de travaux relatifs à l'exploitation des mines, minières, carrières ou usines métallurgiques ou de tous autres travaux analogues, les honoraires sont fixés par le ministre, d'après la proposition du préfet (art. 5). Pour les travaux d'exploitation des tourbières exécutés pour le compte des communes ou d'associations territoriales, les honoraires sont réglés à raison de 50 cent. par pile de tourbes sèches de dix mètres cubes. Ne sont pas comprises dans ces allocations les dépenses en main-d'œuvre nécessitées par la reconnaissance et l'emparquement des terrains tourbeux. Dans le cas où les terrains tourbeux sont vendus par adjudication au profit de communes ou d'associations territoriales, sur devis estimatif dressé par les ingénieurs des mines, les ingénieurs qui ont procédé à la reconnaissance et à l'emparquement des terrains et au devis estimatif reçoivent 2 p. 0/0 du montant de la vente, lorsque le montant ne dépasse pas 40,000 fr. Si ce produit est plus élevé, il est alloué aux ingénieurs 2 p. 0/0 pour les premiers 40,000 fr. et 1 p. 0/0 pour le surplus. Ces honoraires sont partagés entre l'ingénieur en chef, l'ingénieur ordinaire, le conducteur ou surveillant des tourbages, par un arrêté du préfet qui est porté à la connaissance du ministre (art. 6).

6865. — Les honoraires réglés par l'art. 6 peuvent être remplacés par des abonnements consentis par les communes ou associations propriétaires des marais tourbeux ou d'après tout autre mode qui serait conforme aux usages locaux. Ces abonnements ou règlements particuliers ne doivent pas excéder une somme équivalente à la rémunération fixée à l'article précédent de 50 cent. par pile de tourbes sèches de dix mètres cubes : ils doivent être approuvés par le ministre (art. 7).

6866. — Quand un ingénieur a été chargé d'office par un conseil de préfecture d'une expertise dans une contestation entre deux compagnies houillères, ces frais doivent être réglés d'après les divers éléments de la cause et non d'après un arrêté préfectoral relatif aux frais de vacations des architectes, ingénieurs et autres experts, ou d'après le décret du 10 mai 1854 ou d'après le tarif civil du 16 févr. 1807. — Cons. d'Et., 21 mai 1867, Résal, [Leb. chr., p. 492]

6867. — Les règlements d'honoraires fixés par le décret du 10 mai 1854 peuvent être modifiés par des conventions passées entre les ingénieurs et les communes ou associations. Dans ce cas, c'est la convention qui doit être appliquée. Si une difficulté se produit, la compétence appartient toujours au conseil de préfecture. — Cons. d'Et., 26 déc. 1867, Ville du Mans, [S. 68.2.294, P. adm. chr.]

6868. — Lorsque les plans et projets n'ont pas été suivis d'exécution, la juridiction administrative apprécie si les honoraires sont dus. — Cons. d'Et., 21 janv. 1869, Krafft, [Leb. chr., p. 73]

6869. — Ainsi le Conseil d'Etat a refusé d'accorder le paiement de frais et honoraires réclamés par un ingénieur pour des études qu'il avait faites en vue de préparer le règlement de barrages de plusieurs particuliers, études auxquelles il n'avait été donné aucune suite par l'administration. — Cons. d'Et., 31 déc. 1869, Chauvisé, [Leb. chr., p. 1051]

6870. — La disposition du décret de 1854, qui réduit de moitié les honoraires dus aux ingénieurs lorsqu'ils ne sont pas chargés de l'exécution des travaux dont ils ont rédigé les projets définitifs, s'applique dans le cas où une ville, après avoir fait rédiger des projets définitifs et les avoir approuvés ou fait approuver par l'autorité compétente, a ultérieurement renoncé à leur exécution. — Cons. d'Et., 21 janv. 1887, Ville de Rive-de-Gier, [Leb. chr., p. 64]

6871. — Le particulier qui a été autorisé à établir un barrage et qui, après l'avoir établi, y a renoncé, doit payer aux ingénieurs tous les frais occasionnés tant par la renonciation que par sa demande d'autorisation. — Cons. d'Et., 10 sept. 1817, Depuichaud, [P. adm. chr.]

6872. — Le Conseil d'Etat a décidé que, nonobstant tous usages contraires, les honoraires dus à un ingénieur chargé de diriger les travaux de construction d'une digue devaient être déterminés par le temps qu'il y avait consacré et non par le chiffre des dépenses. — Cons. d'Et., 1er déc. 1849, Syndicat des digues de Balafray, [P. adm. chr.]

6873. — Dans tous les cas prévus par les art. 1, 2, 4 du décret relatif au service des ponts et chaussées, par les art. 1, 2, 4, 6 et 7 du décret relatif au service des mines, les frais d'opération et d'épreuve sont supportés par les intéressés (art. 5, Ponts; art. 8, Mines).

6874. — En principe, les frais de règlement d'usine, des visites de barrages ou autres ouvrages établis sur les cours d'eau sont à la charge du propriétaire de l'établissement. — Cons. d'Et. 17 janv. 1831, Waendendriès, [S. 31.2.349, P. adm. chr.]; — 27 févr. 1874, Guilot, [Leb. chr., p. 202]

6875. — La circonstance qu'une usine a une existence légale fondée sur un titre ne dispenserait pas l'usinier de payer les frais et honoraires dus aux ingénieurs pour la révision du règlement d'eau. — Cons. d'Et., 23 juill. 1857, Lepelletier, [Leb. chr., p. 566]

6876. — Il en est ainsi, alors même que le règlement serait intervenu sur la demande d'un tiers. — Cons. d'Et., 28 mars 1879, Min. Trav. publ., [Leb. chr., p. 263] — Toutefois, dans ce cas, les frais peuvent être partagés entre l'usinier et celui qui a provoqué le règlement. — Cons. d'Et., 23 juill. 1857, précité.

6877. — Il a même été jugé qu'un usinier qui n'avait pas demandé la visite de son usine et n'avait commis aucune contravention au règlement ne devait pas participer aux frais de cette visite. — Cons. d'Et., 3 févr. 1882, Clerc, [D. 83.3.75]

6878. — C'est celui qui est propriétaire de l'usine au moment où intervient le règlement qui doit acquitter les frais des visites, alors même que celles-ci auraient eu lieu antérieurement à son acquisition. — Cons. d'Et., 7 janv. 1857, Nidinger, [S. 57.2.720, P. adm. chr.]

6879. — Lorsque les visites s'appliquent à des ouvrages concédés, tels qu'un pont, les frais sont à la charge du concessionnaire. — Cons. d'Et., 17 mars 1857, Séguin, [Leb. chr., p. 204]

6880. — Les frais de voyage et de séjour, dans les cas prévus par l'art. 2, font l'objet d'états énonçant la date du déplacement, la distance parcourue et le temps employé hors de leur résidence par chacun des ingénieurs et des agents placés sous leurs ordres. Lorsqu'il y a lieu d'appliquer l'art. 4 du règlement, les honoraires sont réglés par des certificats constatant le degré d'avancement des travaux et le montant des dépenses faites. Les frais d'opération ou d'épreuve sont justifiés dans les formes prescrites pour la justification des dépenses en régie dans le service des ponts et chaussées. Le tout est soumis par l'ingénieur en chef à l'approbation du préfet (art. 6).

6881. — Pour le service des usines, dans les cas prévus à l'art. 5, les états dressés par les ingénieurs sont transmis par le préfet, accompagnés de ses propositions, au ministre qui statue. Pour les cas prévus aux art. 6 et 7 (tourbières), l'état des honoraires, calculés d'après les bases indiquées ci-dessus, est dressé par l'ingénieur ordinaire, vérifié par l'ingénieur en chef et transmis, avec toutes les pièces justificatives, au préfet du département (art. 9).

6882. — Après vérification des pièces (ou après la décision

ministérielle, pour les cas prévus à l'art. 5), le préfet arrête l'état des frais ou honoraires. Cet état est notifié aux parties, accompagné d'une expédition des pièces justificatives (art. 7 et 10).

6883. — D'après l'art. 75, Décr. 7 fruct. an XII, ces frais et honoraires étaient recouvrés au moyen d'une contrainte comme en matière d'administration. De ces termes on avait fait découler l'assimilation avec les contributions directes et la compétence du conseil de préfecture. Une décision du ministre des Finances confia le recouvrement de ces frais et honoraires à l'administration de l'enregistrement et des domaines. Il en résultait que, si le conseil de préfecture restait compétent pour connaître du fond de la taxe, les oppositions aux poursuites étaient de la compétence judiciaire. — Trib. Confl., 20 nov. 1850, Daube, [S. 51.2. 219, P. adm. chr.]; — 12 déc. 1851, Crispon, [P. adm. chr.]

6884. — Le décret du 27 mai 1854 transféra aux percepteurs des contributions directes le recouvrement de cette taxe, qui, à partir de ce moment se trouva pleinement assimilée de fait aux contributions directes (Circ. min. Int., 28 févr. 1857). De nombreuses décisions de jurisprudence avaient consacré cette assimilation lorsqu'une décision du Conseil d'État du 30 janv. 1885, Mangeot, [Leb. chr., p. 132], vint modifier la jurisprudence. D'après cet arrêt, aucun acte législatif n'avait prononcé l'assimilation aux contributions directes de ces frais et honoraires qui ne figuraient pas au nombre des taxes assimilées dans les tableaux annexés aux lois de finances. En conséquence, décharge fut accordée. La lacune signalée au législateur fut aussitôt comblée par l'insertion au tableau D, annexé à la loi de finances du 30 juill. 1885, des frais et honoraires dus aux ingénieurs et agents des ponts et chaussées et des mines.

6885. — Pendant longtemps, le montant des taxations dues pour travaux d'intérêt public à la charge des particuliers avait été centralisé à titre de cotisations municipales. Il en résultait que les trésoriers-payeurs généraux étaient obligés d'en attendre l'encaissement pour viser les mandats délivrés en faveur des ingénieurs, lesquels étaient par suite contraints à des avances onéreuses. Une décision ministérielle du 6 août 1857 prescrivit que désormais ces taxations seraient inscrites au budget départemental comme les droits de visite dans les pharmacies, et que le département ferait les avances nécessaires (Instr. gén. des Fin., art. 434).

Section XVI.

Taxes perçues pour le recouvrement de dépenses faites d'office au compte des riverains et usagers des cours d'eau non navigables et de leurs dérivations dans l'intérêt de la police et de la répartition générale des eaux.

6886. — Les taxes assimilées de la dernière catégorie ont ce caractère commun, qu'elles constituent le remboursement de dépenses faites et avancées par l'autorité publique. État ou département, qui a d'office exécuté les travaux dont la charge incombait au contribuable. De ce nombre sont les taxes établies pour travaux exécutés d'office dans les mines, dans les cours d'eau pour le curage et l'endiguement, dans les marais pour le dessèchement.

6887. — Nous venons de voir que les décrets du 7 fruct. an XII, des 27 mars et 10 mai 1854 avaient donné au gouvernement le droit de recouvrer comme en matière de contributions directes, en vertu de mandats rendus exécutoires par les préfets, le montant des frais et honoraires dus aux ingénieurs des ponts et chaussées pour leur participation à des travaux d'intérêt privé. M. Aucoc (Conférences) et M. Picard (Eaux, t. 2) constatent qu'en pratique l'administration avait étendu ce mode de recouvrement aux dépenses effectuées d'office au compte des riverains ou usagers des cours d'eau dans l'intérêt de la police ou de la répartition des eaux. Ainsi, un ingénieur appelé à vérifier la hauteur d'un barrage constatait-il qu'il était trop élevé et prescrivait-il de l'abaisser, en cas de refus de l'usager de se soumettre aux prescriptions de l'administration, les travaux étaient exécutés d'office et le même mandat comprenait à la fois le prix des travaux et les honoraires et frais de déplacement de l'agent.

6888. — A la suite de l'arrêt du Conseil d'État de 1885, aux termes duquel les décrets de 1854 n'avaient pu légalement appliquer à ces dépenses le mode de recouvrement employé pour les contributions directes, la loi du 30 juill. 1885, nous l'avons

vu (eod. loc.) comprit au nombre des taxes assimilées les honoraires et frais de déplacement alloués aux ingénieurs. La rédaction nouvelle précisait bien de quels frais il s'agissait et rendait impossible l'application des mandats aux frais des travaux effectués d'office.

6889. — A l'égard de ces frais, ils n'auraient pu être recouvrés qu'à la suite d'un jugement condamnant l'usager pour contravention à un arrêté de police. La question s'est présentée devant le Conseil d'État, qui a décidé que la procédure des contributions directes était inapplicable. — Cons. d'Ét., 27 janv. 1894, Nau, [Leb. chr., p. 78]

6890. — La loi de finances du 21 juill. 1894 a enfin comblé la lacune qui existait dans l'énumération des taxes assimilées. Ce tableau comprend désormais les taxes perçues pour le recouvrement des dépenses faites d'office au compte des riverains et usagers des cours d'eau non navigables et de leurs dérivations dans l'intérêt de la police et de la répartition générale des eaux (LL. 12-20 août 1790).

Section XVII.

Taxe pour travaux exécutés d'office dans les mines.

6891. — La loi du 18 juill. 1892 mentionne pour la première fois dans les taxes assimilées le remboursement des dépenses pour travaux exécutés d'office dans les mines, minières et carrières.

6892. — L'administration puise le droit de faire exécuter d'office certains travaux dans les mines dans l'art. 50, L. 21 avr. 1810, qui est ainsi conçu : « Si l'exploitation compromet la sûreté publique, la conservation des puits, la solidité des travaux, la sûreté des ouvriers mineurs ou des habitations de la surface, il y sera pourvu par le préfet, ainsi qu'il est pratiqué en matière de grande voirie et selon les lois ». On a conclu de ce texte que le préfet a un pouvoir réglementaire en ce qui touche la police des mines, minières et carrières de son département. Le plus souvent il agit par mesures individuelles.

6893. — Le décret du 3 janv. 1813, en réglant le mode d'application de cette disposition, semblait restreindre celle-ci au cas où l'exploitation pouvait menacer la sécurité du personnel de la mine (art. 2, 3, 4, 5). L'ordonnance du 26 mars 1843, reproduite par le décret du 25 sept. 1882, est conçue en termes plus larges : « Dans les cas prévus par l'art. 50, L. 21 avr. 1810, modifié par la loi du 27 juill. 1880, et généralement lorsque, pour une cause quelconque, les travaux de recherche ou d'exploitation d'une mine sont de nature à compromettre la sécurité publique, la conservation de la mine, la sûreté des ouvriers mineurs, la conservation des voies de communication, celle des eaux minérales, la solidité des habitations, l'usage des sources qui alimentent les villes, villages, hameaux et établissements publics, les exploiteurs ou les concessionnaires seront tenus d'en donner immédiatement avis à l'ingénieur des mines et au maire de la commune dans laquelle la recherche ou l'exploitation sera située » (art. 1).

6894. — L'ordonnance de 1843 étend l'application du pouvoir de coercition à d'autres cas. C'est ainsi que l'art. 6 dispose qu'il sera procédé comme il est dit aux art. 3, 4 et 5 à l'égard de tout concessionnaire qui négligerait de tenir sur ses exploitations le registre et le plan d'avancement journalier des travaux, qui n'entretiendrait pas constamment sur ses établissements les médicaments et autres moyens de secours, qui n'adresserait pas au préfet, dans les délais fixés, les plans des travaux souterrains et autres plans prescrits par le cahier des charges, qui présenteraient des plans qui seraient reconnus inexacts ou incomplets par les ingénieurs des mines.

6895. — La procédure réglée par le décret du 3 janv. 1813 a été rendue plus rapide par l'ordonnance de 1843. D'après le décret de 1813 (art. 3), l'exploitant était tenu de faire une déclaration au préfet; l'ingénieur des mines faisait un rapport et proposait les mesures propres à faire cesser les causes du danger; le préfet entendait les observations de l'exploitant ou de ses ayants-cause, prescrivait les mesures à adopter par un arrêté qui était transmis au ministre pour être approuvé par lui. Le préfet pouvait, en cas d'urgence, ordonner l'exécution provisoire de son arrêté. S'il y avait péril imminent, l'ingénieur pouvait, sous sa responsabilité, requérir les autorités locales pour qu'il fût pourvu sur-le-champ aux mesures convenables. La nécessité de l'approbation ministérielle dans la plupart des cas était une cause

de retards dans une matière où la célérité était le plus nécessaire. Aussi l'ordonnance de 1843 l'a-t-elle supprimée. Sur la
déclaration de l'explorateur ou de l'exploitant, l'ingénieur fait
son rapport, le maire présente ses observations, et le préfet, après
avoir entendu le concessionnaire, ordonne telles dispositions qu'il
appartiendra (art. 2 et 3).

6896. — Les actes administratifs concernant la police des
mines, minières et carrières dont il vient d'être question sont
notifiés aux exploitants, afin qu'ils s'y conforment dans les délais prescrits ; à défaut de quoi les contraventions seront constatées par procès-verbaux des ingénieurs, gardes-mines, conducteurs, maires et autres officiers de police, conformément aux
art. 93 et s., L. 21 avr. 1810 ; et, en cas d'inexécution, les mesures prescrites sont exécutées d'office aux frais de l'exploitant
dans les formes établies par l'art. 37, Décr. 18 nov. 1810 (Décr.
3 janv. 1813, art. 10).

6897. — Il a été décidé que s'il appartient au préfet, lorsque
l'exploitation d'une carrière compromet la nécessité publique,
de prendre telles mesures qu'il juge convenables, il ne peut
être pourvu d'office aux mesures prescrites et aux travaux ordonnés que si l'exploitant, sur la notification qui lui est faite de
l'arrêté, n'y obtempère pas. Si cette mise en demeure n'a pas
été faite, décharge doit être accordée à l'exploitant. (Il s'agissait de la levée d'un plan). — Cons. d'Et., 7 déc. 1877, Des-
pagne et autres, [S. 79.2.278, P. adm. chr., D. 78.3.37]

6898. — Le dernier article auquel renvoyait le décret de
1813 était tout à fait insuffisant, parce qu'il ne prévoyait qu'une
situation spéciale. Il était ainsi conçu : « Dans le cas où une exploitation serait délaissée et où il n'y aurait eu aucun acte judiciaire conservatoire, les ingénieurs surveilleront, sous les
ordres des préfets, la conservation des machines et instruments,
celle des constructions et travaux souterrains et bâtiments servant à l'exploitation de la mine. Les frais nécessaires, par suite
de ces actes conservatoires, seront à la charge des concessionnaires, et ne pourront être payés que sur les valeurs existant
dans la mine, soit en minerai, soit en machines et ustensils
servant à l'exploitation » (Décr. 18 nov. 1810, art. 37). — L'ordonnance de 1843 dispose plus simplement que si le concessionnaire, sur la notification qui lui sera faite de l'arrêté du
préfet, n'obtempère pas à cet arrêté, il y sera pourvu d'office,
à ses frais et par les soins des ingénieurs des mines (art. 4).

6899. — Pendant longtemps le recouvrement de ces frais
fut confié à l'administration de l'enregistrement et des domaines.
Une décision du ministre des Finances, du 15 oct. 1828, avait
chargé cette administration de recouvrer, sur les mandats exécutoires des préfets, les frais dus par les particuliers pour expertises, démolitions et autres opérations faites d'office concernant
la grande voirie, le dessèchement des marais, l'exploitation des
mines. Une décision de l'administration de l'enregistrement, du
29 mars 1830, porte que ces dispositions s'étendent à tous les
mandats exécutoires, soit collectifs, soit individuels, que les préfets délivrent pour frais et honoraires de toute nature auxquels
donnent lieu les travaux d'intérêt public exécutés d'office à la
charge des particuliers.

6900. — L'art. 5, Ord. 26 mars 1843, a consacré en ces
termes cette attribution de compétence. « Quand les travaux
auront été exécutés d'office par l'administration, tous frais de
confection et tous autres frais seront réglés par les préfets ; le
recouvrement en sera opéré par les préposés de l'administration
de l'enregistrement et des domaines comme en matière d'a-
mendes, frais et autres objets se rattachant à la grande voirie.
Les réclamations contre le règlement de ces frais seront portées
devant le conseil de préfecture, sauf recours au Conseil d'E-
tat. »

6901. — Le décret du 27 mars 1854 ayant transféré aux
percepteurs des contributions directes le soin de recouvrer ces
frais sur mandats exécutoires des préfets, ceux-ci devenaient
en fait de véritables contributions directes. La loi du 18 juill.
1892 a eu pour objet de consacrer législativement cette assimilation de fait.

6902. — Nous devrions parler maintenant des taxes de curage, d'endiguement et de dessèchement, mais cette étude est
tellement liée à celle des associations syndicales que nous croyons
préférable de la renvoyer au moment où nous exposerons l'ensemble des règles concernant les taxes syndicales.

Section XVIII.

Taxe pour travaux de destruction des insectes, cryptogames, etc.

6903. — Les dommages causés à l'agriculture par les insectes
et végétaux nuisibles ont attiré l'attention du législateur et l'ont
déterminé à voter la loi du 24 déc. 1888. Les préfets proscrivent
les mesures nécessaires pour arrêter ou prévenir les dommages
causés à l'agriculture par des insectes, des cryptogames ou
autres végétaux nuisibles, lorsque ces dommages se produisent
dans un ou plusieurs départements ou seulement dans une ou
plusieurs communes et prennent un caractère
envahissant ou calamiteux. L'arrêté n'est pris par le préfet qu'a-
près l'avis du conseil général du département, à moins qu'il ne
s'agisse de mesures urgentes et temporaires. Il détermine l'é-
poque à laquelle il devra être procédé à l'exécution des mesures,
les localités dans lesquelles elles seront applicables, ainsi que
les modes spéciaux à employer. Il n'est exécutoire, dans tous
les cas, qu'après l'approbation du ministre de l'Agriculture, qui
prend, sur les procédés à appliquer, l'avis d'une commission
technique instituée par décret (art. 1).

6904. — Les propriétaires, les fermiers, les colons ou métayers, ainsi que les usufruitiers et les usagers, sont tenus d'exécuter sur les immeubles qu'ils possèdent et cultivent ou dont
ils ont la jouissance et l'usage, les mesures prescrites par l'arrêté préfectoral. — Toutefois dans le bois et forêts, ces mesures
ne sont applicables qu'à une lisière de 30 mètres. Ils doivent
ouvrir leurs terrains pour permettre la vérification ou la destruction à la réquisition des agents. — L'Etat, les communes et
les établissements publics et privés sont astreints aux mêmes
obligations sur les propriétés leur appartenant (art. 2).

6905. — En cas d'inexécution dans les délais fixés, procès-
verbal est dressé par le maire, l'adjoint, l'officier de gendarmerie,
le commissaire de police, le garde forestier ou le garde champêtre, et le contrevenant est cité devant le juge de paix... Le juge
de paix peut ordonner l'exécution provisoire de son jugement,
nonobstant opposition ou appel sur minute et avant l'enregistrement (art. 3).

6906. — A défaut d'exécution dans le délai imparti par le
jugement, il est procédé à l'exécution d'office aux frais des con-
trevenants, par les soins du maire ou du commissaire de police
(art. 4). Ainsi, à la différence des travaux exécutés d'office dans
les mines ou dans les cours d'eau, la mise en demeure faite par
l'arrêté préfectoral ne suffit pas. Il faut, pour que les travaux
puissent être exécutés d'office, que la contravention ait été
constatée par le tribunal compétent et que celui-ci ait adressé
au contrevenant une nouvelle mise en demeure.

6907. — Le recouvrement des dépenses ainsi faites est
opéré par les percepteurs en vertu de mandataments exécutoires
délivrés par les préfets et conformément aux règles suivies en
matière de contributions directes (art. 4). Cette loi est applicable aux départements de l'Algérie (art. 8).

Section XIX.

**Frais d'assistance médicale avancés par l'Etat, les départements
ou les communes.**

6908. — La loi du 15 juill. 1893 a donné à tout Français
privé de ressources, tombant malade dans une commune dépourvue d'établissement hospitalier, droit à recevoir gratuitement des
secours médicaux, soit à domicile soit dans un établissement
hospitalier, de la part de la commune, du département ou de
l'Etat (art. 1). S'il tombe malade dans une commune munie d'un
établissement hospitalier, c'est à celui-ci qu'incombe la charge
du traitement.

6909. — La commune, le département ou l'Etat peuvent toujours exercer leur recours, s'il y a lieu, soit l'un contre l'autre,
soit contre toutes personnes, sociétés ou corporations tenues à
l'assistance médicale envers l'indigent malade, notamment contre
les membres de la famille de l'assisté désignés par les art. 205,
206, 207 et 212, C. civ. (art. 2). Cet article prévoit les recours
contre l'assisté lui-même s'il a des ressources, contre les parents
qui sont tenus par la loi de lui donner des soins, contre des
sociétés telles que les sociétés de secours mutuels ou les sociétés d'assurances avec lesquelles il aurait contracté.

6910. — L'art. 21 prévoit le cas où une commune a dû faire

l'avance de soins médicaux à un indigent qui n'avait pas chez elle son domicile de secours. Il organise la procédure du recours. Les frais avancés par la commune, sauf pour les dix premiers jours de traitement, lui sont remboursés par le département sur un état régulier dressé conformément au tarif dressé par le conseil général. Le département qui a fourni l'assistance peut exercer son recours contre qui de droit (commune du domicile de secours, sociétés, corporations, famille). Toutefois, si l'assisté a son domicile de secours dans un autre département, le recours est exercé contre ce département, sauf la faculté pour ce dernier d'exercer à son tour son recours contre qui de droit.

6911. — Tous les recouvrements relatifs au service de l'assistance médicale s'effectuent comme en matière de contributions directes (art. 31). Ceci ne peut évidemment s'appliquer qu'aux recours dirigés contre les assistés eux-mêmes quand il y a lieu, contre leur famille ou contre les sociétés de secours mutuels. Mais les recours de commune à département, de département à État ou de département à département ne nous semblent pas pouvoir être exercés comme en matière de contributions directes.

Section XX.

Taxe imposée aux cultivateurs de tabac.

6912. — Cette dernière taxe ne peut être classée dans aucune des précédentes catégories. La culture du tabac n'est pas libre en France. Elle n'est autorisée que dans un certain nombre de départements désignés par décret. Dans ces départements, il ne pourra se livrer à la culture du tabac sans en avoir fait préalablement la déclaration et sans en avoir obtenu l'autorisation.

6913. — D'après les art. 180 et 202, L. 28 avr. 1816, il n'était pas admis de déclaration pour moins de 20 ares en une seule pièce. La loi du 21 déc. 1872 (art. 3), admet, pour les tabacs destinés à l'approvisionnement des manufactures, des déclarations de parcelles de 5 ares au minimum, à la condition que l'ensemble de la déclaration représente au moins 10 ares.

6914. — Les permissions sont données dans chaque arrondissement par une commission spéciale, composée du préfet ou d'un de ses délégués, président, du directeur des contributions indirectes, du directeur du service des tabacs ou d'un agent supérieur du service de culture, d'un conseiller général et d'un conseiller d'arrondissement résidant dans l'arrondissement et non planteur. Ces deux derniers membres sont désignés par leur conseil respectif ou, à défaut, par le préfet (L. 12 févr. 1835, art. 2).

6915. — Chaque année le ministre des Finances fixe le nombre d'hectares à cultiver, ainsi que les quantités de tabac à demander à chacun des départements où la culture est permise (L. 12 févr. 1835, art. 3). L'administration des manufactures de l'État fait connaître au mois d'octobre de chaque année, dans chacun des départements où la culture est autorisée, le nombre d'hectares à cultiver pour produire le nombre de quintaux métriques qui lui sont nécessaires et qui devront lui être fournis sur la récolte de l'année suivante. Le préfet en conseil de préfecture fait la répartition de cette quantité entre les divers arrondissements. Il détermine si la fourniture se fera par voie d'adjudication ou par voie de traité direct avec les planteurs de tabac. Un cahier des charges est dressé dans lequel sont indiquées toutes les obligations imposées au planteur (L. 28 avr. 1816, art. 184 et s.).

6916. — Les cultivateurs autorisés à planter du tabac deviennent par ce fait comptables à l'égard de l'administration du produit de leur récolte. Ils sont tenus de représenter ce produit en totalité, à peine de payer, pour les quantités manquantes, le prix du tabac fabriqué de cantine (art. 182). Toutefois, ils seront admis à faire constater par les employés de la régie, en présence du maire et de concert avec lui, les accidents que leur récolte encore sur pied aurait éprouvé par suite de l'intempérie des saisons. La réduction à laquelle ils pourront prétendre sur la quantité ou le nombre qu'ils seraient tenus de représenter en exécution de l'art. 182 sera estimée de gré à gré au même instant, et, en cas de discussion, il sera prononcé par des experts nommés par le préfet. Ils seront de même admis à présenter au magasin de réception les tabacs avariés depuis la récolte, à en requérir la destruction en leur présence, et à la faire constater par les employés (art. 197).

6917. — Le compte du cultivateur de tabac sera déchargé des quantités ou nombres dont la détérioration ou la destruction sur pied aura été constatée, et de ceux du tabac avarié depuis la récolte qu'il aura présenté au bureau et qui aura été détruit, conformément à l'article précédent (art. 198). Lors de la livraison, le compte du cultivateur de tabac sera balancé. En cas de déficit, il sera tenu de payer la valeur des quantités manquantes, d'après ce mode arrêté par le préfet, aux taux du tabac de cantine (art. 199). Les sommes dues par les cultivateurs en vertu de l'article précédent seront recouvrées dans la forme des impositions directes, sur un état dressé par le directeur des contributions indirectes et rendu exécutoire par le préfet (art. 200). D'après une décision de la régie du 29 mars 1821, ces droits réclamés aux cultivateurs auraient le caractère, non de contributions ni d'amendes, mais de dommages-intérêts encourus par le fait de l'inexécution des conditions du contrat passé entre le planteur et l'administration. Du caractère de ces droits découle la faculté pour la régie de transiger sur l'action qui est donnée avec l'autorisation du gouvernement.

6918. — Les cultivateurs seront recevables, pendant un mois, à porter devant le conseil de préfecture leurs réclamations contre le résultat de leur décompte. Le conseil de préfecture devra prononcer dans les deux mois (art. 201). Toutefois, la décision qui interviendrait après l'expiration du délai de deux mois ne serait pas entachée de nullité. — Cons. d'Et., 10 févr. 1882, Min. Finances, [Leb. chr., p. 131]

6919. — Lorsqu'un cultivateur ne conteste ni ne justifie l'absence d'une certaine quantité de feuilles de tabac, le conseil de préfecture ne peut lui accorder décharge de la somme à laquelle il a été imposé en se fondant sur des considérations qui ne sont pas de nature à affecter le résultat matériel du décompte, par exemple sur la probité reconnue du planteur, sur ses bons antécédents. — Cons. d'Et., 23 janv. 1837, Min. Finances, [Leb. chr., p. 486]; — 15 déc. 1876, Boudy, [Leb. chr., p. 896]; — 17 janv. 1879, Min. Finances, [Leb. chr., p. 28]; — 10 févr. 1882, Min. Finances, [Leb. chr., p. 131]; — 3 août 1883, Min. Finances, [Leb. chr., p. 722] — ... sur sa situation peu aisée. — Cons. d'Et., 8 juin 1888, Min. Finances, [Leb. chr., p. 500] — ... ou sur l'inexpérience des personnes chargées de la cueillette du tabac. — Cons. d'Et., 28 déc. 1877, Min. Finances, [Leb. chr., p. 1062]

6920. — Lorsqu'un planteur, se prétendant victime d'un vol, a fait les déclarations prescrites, il doit obtenir décharge des quantités manquantes si le vol est justifié. — Cons. d'Et., 17 janv. 1879, Min. Finances, [Leb. chr., p. 28] — ... Il en est autrement si le vol n'est pas justifié. — Cons. d'Et., 5 déc. 1879, Juan, [Leb. chr., p. 782] — ... ou s'il n'a pas été déclaré. — Cons. d'Et., 28 déc. 1877, Min. Finances, [Leb. chr., p. 1063]

6921. — Le manquant relevé au décompte doit être mis à la charge du cultivateur, alors même que celui-ci invoquerait, soit la perte de feuilles sur le terrain, soit une erreur commise dans le dénombrement des feuilles ou le faible produit des pieds, s'il n'a pas demandé une contre-vérification et si d'ailleurs, il n'apporte aucune preuve à l'appui de ses allégations. — Cons. d'Et., 28 déc. 1877, Min. Finances, [Leb. chr., p. 1063]; — 10 févr. 1882, Min. Finances, [Leb. chr., p. 131]

6922. — Lorsqu'une transaction est intervenue à la suite de la saisie d'une certaine quantité de feuilles de tabac, cette quantité ne peut plus être portée au compte des manquants à la charge du cultivateur. — Cons. d'Et., 28 déc. 1877, Min. Finances, [Leb. chr., p. 1064]

CHAPITRE II.

TAXES PERÇUES POUR LE COMPTE DES COMMUNES.

6923. — Le législateur a mis de nombreuses ressources à la disposition des communes, revenus de propriétés, taxes directes ou indirectes. Ces taxes peuvent se diviser, comme celles établies au profit de l'État, en taxes portant sur les jouissances et en redevances exigées en rémunération d'un service rendu ou de travaux exécutés.

6924. — Parmi les taxes communales, il faut citer en premier lieu les cotisations imposées annuellement aux ayants-droit aux fruits qui se perçoivent en nature (L. 5 avr. 1884, art. 133-2°). Elles comprennent notamment les taxes d'affouage, de pâtu-

rage et les redevances imposées pour la participation aux produits des tourbières communales. Elles rentrent au nombre de celles qui, d'après l'art. 140, sont dues en vertu de lois, leur perception ayant été autorisée par les lois du 17 août 1828 et du 18 juill. 1837 (art. 44). Avant ces lois ces cotisations, là où il était d'usage d'en établir, ne pouvaient être recouvrées que dans les formes du droit commun en vertu d'un jugement obtenu par la commune contre les habitants qui participaient aux fruits. C'est l'art. 44, L. 18 juill. 1837, qui les a assimilées pour le recouvrement aux contributions publiques.

Section I.

Taxes d'affouage.

6925. — L'affouage communal est un mode de jouissance en vertu duquel les coupes de bois de la commune, au lieu d'être vendues au profit de celle-ci, sont réparties en nature entre les habitants. La nature du droit des habitants sur les distributions affouagères a donné lieu à de vives controverses.

6926. — Pour certains auteurs, notamment Proudhon, c'était un droit d'usage exercé sur les bois de la commune; pour d'autres, il s'agissait d'un droit d'usufruit. L'opinion qui nous paraît s'adapter le plus exactement aux divers caractères du droit d'affouage est celle qui en fait un droit de société. Dans ce système qui est celui de Migneret (*Affouage dans les bois communaux*), de Dalloz (v° *Forêts*), la commune est une société dont les habitants sont les membres et les bois le fonds social. Ce fonds doit acquitter tout d'abord les dettes de la communauté. De là les prélèvements qui sont opérés sur la coupe et qui peuvent avoir pour effet de la réduire à néant.

6927. — L'art. 109, C. for. dispose, en effet, que les coupes ordinaires et extraordinaires sont principalement affectées au paiement des frais de garde, de la contribution foncière et des sommes qui reviennent au Trésor en exécution de l'art. 106, c'est-à-dire des frais d'administration des bois par les agents forestiers. Si les coupes sont délivrées en nature pour l'affouage, et que les communes n'aient pas d'autres ressources, il sera distrait une portion suffisante des coupes pour être vendue aux enchères avant toute distribution et le prix en être employé au paiement desdites charges.

6928. — L'art. 144 de l'ordonnance réglementaire du 1er août 1827 détermine ainsi le mode d'exécution de l'art. 109. « Dans le cas prévu par le § 2 de l'art. 109, C. for., le préfet, sur la proposition de l'agent forestier local et du maire de la commune, déterminera la portion de coupe affouagère qui devra être vendue aux enchères pour acquitter les frais de garde, la contribution foncière et l'indemnité allouée au Trésor par l'art. 106. Le produit de cette vente sera versé dans la caisse du receveur municipal pour être employé à l'acquittement de ces charges. »

6929. — L'obligation imposée, au cas d'insuffisance des ressources ordinaires des communes, de vendre une partie de la coupe affouagère souleva de nombreuses réclamations. Dans beaucoup de communes, la coupe était tout juste suffisante pour les besoins des habitants. En en vendant une partie, on privait ceux-ci d'un objet de première nécessité qu'ils ne pourraient peut-être se procurer, même à prix d'argent. On les inviterait ainsi à se procurer du bois par des moyens délictueux. Le but de l'art. 109 était d'assurer le paiement des charges pesant sur les bois. Peu importait le mode ou moyen duquel ce paiement serait effectué. En conséquence, des préfets prirent le parti, pour assurer la distribution intégrale des coupes affouagères, d'autoriser les communes à acquitter les charges énoncées à l'art. 109 au moyen d'une taxe établie sur les affouagistes ou par tout autre moyen. Les conseils municipaux devaient seulement s'engager à acquitter intégralement ces frais et à les verser dans la caisse du receveur avant toute distribution du bois d'affouage. Ce procédé fut approuvé par une circulaire du ministre des Finances du 15 janv. 1828. — Baudrillart, *Règl. forest.*, v° *Affouage*, n. 248.

6930. — Cependant malgré cette approbation, certains préfets ne se croyaient pas suffisamment autorisés à arrêter et rendre exécutoires les rôles de taxes d'affouage, parce que ces taxes n'étaient pas nominativement comprises dans le tableau des perceptions autorisées par la loi de finances. Cette considération détermina la commission de la Chambre des députés à insérer, dans l'art. 1er, L. fin. 17 août 1828, la mention des taxes d'af-

fouage au nombre des perceptions autorisées. « Continuera d'être faite la perception des taxes d'affouage là où il est d'usage et utile d'en établir » (Circ. min. Int. 8 sept. 1828).

6931. — Les taxes d'affouage peuvent-elles servir à acquitter d'autres dépenses que celles indiquées dans l'art. 109, C. for., ou bien sont-elles affectées exclusivement à ces charges? Nous avons dit que quand elles n'avaient pas d'autres ressources, les communes pouvaient être autorisées à vendre une partie ou même la totalité de leur affouage pour pourvoir aux dépenses urgentes. La taxe établie en remplacement du produit de cette vente ne devait-elle pas servir à acquitter les mêmes dépenses? L'administration forestière avait d'abord soutenu que ces taxes ne pourraient représenter que le montant des frais de garde, d'exploitation, d'administration et de contribution des bois. Mais des réclamations très-vives s'étant élevées, on demanda l'avis du Conseil d'Etat qui le donna en ces termes : « Considérant que, s'il est juste de réduire à la stricte représentation des frais inhérents à la jouissance le montant des taxes affouagères, quand il s'agit de droits d'usage exercés par les communes dans les bois de l'Etat, c'est-à-dire lorsque l'usage ne doit être exercé que dans les limites et de la manière fixée par les concessions, sans aucune circonstance qui vienne aggraver soit la condition du fonds assujetti, soit la condition des usages eux-mêmes, la même règle n'est pas applicable aux taxes affouagères établies pour l'exploitation et le partage des coupes dans les bois communaux; que dans ce dernier cas la commune propriétaire du sol et des fruits qui en proviennent a le droit d'en faire l'application qu'elle jugera le plus utile à ses intérêts communaux, en se conformant aux lois et règlements et sous la réserve de l'approbation de l'autorité supérieure ; que sans doute l'exercice de ce droit doit être maintenu dans de justes bornes; qu'ainsi toute proposition municipale qui aurait pour objet de réduire, sans des causes graves, les avantages des distributions d'affouage, en exagérant des taxes imposées aux habitants, devrait être écartée; mais que ce n'est là qu'une mesure de surveillance et de bonne administration dont les limites ne doivent pas être posées à l'avance : Est d'avis que les taxes assises sur les affouages provenant de bois communaux doivent, autant que possible, n'être que la représentation des frais inhérents à la jouissance : mais que l'autorité municipale peut, pour des causes graves, dans l'intérêt général de la communauté et sauf l'approbation de l'autorité compétente, élever ces taxes à une somme supérieure à cette représentation ». — Avis, 8 avr. 1838, [Dalloz, *Rép.*, v° *Forêts*, n. 1863 en note]

6932. — Quelques jours plus tard, le Conseil d'Etat émettait un second avis au sujet des taxes d'affouage établies par les communes sur les usagers des forêts domaniales. Cet avis est ainsi conçu : « Considérant que les taxes dites d'affouage imposées aux usagers des forêts domaniales par les conseils municipaux des communes usagères, lorsqu'elles s'élèvent au-delà des charges afférentes à l'exercice du droit d'usage, ne sont, en fait, qu'une imposition extraordinaire destinée à pourvoir à des dépenses d'intérêt communal; — Considérant que les domiciliés dans la commune sont seuls appelés à contribuer à cette charge, dans la proportion de la quantité de bois qu'ils reçoivent et non en raison de leurs facultés; — Considérant que les propriétaires non domiciliés dans la commune qui, d'après la loi, doivent contribuer dans la proportion de leurs facultés, aux dépenses d'intérêt communal, ne peuvent être portés sur les rôles dit d'affouage; — Considérant que les bois délivrés aux habitants ne peuvent, d'après l'art. 83, C. for., être l'objet d'aucun trafic et que ce serait s'écarter des dispositions expresses qu'il renferme que de permettre aux conseils municipaux d'user de cette ressource dans des vues d'intérêt communal et au préjudice des usagers; ... Est d'avis que les taxes dites d'affouage imposées aux usagers des forêts domaniales par les conseils municipaux des communes usagères ne doivent être destinées qu'au remboursement de l'avance faite par la caisse municipale des frais inhérents à l'exercice du droit d'usage et non à satisfaire à des dépenses d'intérêt général; qu'en conséquence, les rôles dits d'affouage ne doivent pas dépasser la somme strictement nécessaire à l'acquittement de ces frais ». — Avis, 29 mai 1838, [*Bull. int.*, 1840, p. 310]

6933. — Dans le premier cas, le préfet pourra ne pas approuver le rôle dressé par le conseil municipal, mais il ne pourra le modifier; dans ce dernier cas, au contraire, il pourra réduire d'office le chiffre de la taxe assise sur chaque lot de manière à

obtenir la somme strictement nécessaire à l'acquittement des frais (Circ. min. Int. 25 août 1840; *Bull. int.*, 1840.310; Inst. gén. Int. 20 juin 1839, art. 870).

6934. — Mais si des taxes d'affouage sont votées par un conseil municipal pour pourvoir à des dépenses ordinaires ou extraordinaires de la commune et si elles ont été rendues exécutoires par l'approbation du préfet, y a-t-il dans ce fait une violation de loi permettant aux contribuables de demander décharge ou réduction? La question s'est posée devant le Conseil d'État qui a décidé que les délibérations prises par le conseil municipal pour fixer le montant des taxes affouagères sous l'autorité du préfet ne pouvaient être attaquées par la voie contentieuse et qu'un habitant n'était pas recevable à demander devant la juridiction administrative qu'une taxe affouagère fût réduite à la somme strictement nécessaire pour l'acquit des impôts, des frais de garde et d'exploitation. — Cons. d'Ét., 31 janv. 1867, Commune de Chapois, [Leb. chr., p. 118]; — 10 mars 1894, Bizouard, [Leb. chr., p. 196]

6935. — Cette décision se justifie par cette considération que le contribuable peut toujours en renonçant à sa part d'affouage se dispenser d'acquitter la taxe. D'où il suit qu'il n'a pas d'intérêt à critiquer sa quotité (Circ. min. Int. 10 janv. 1839; *Bull. int.*, 1839.8; Lettre min. Int. 4 mai 1839; *Bull. int.*, 1839.275)

6936. — Il nous semble cependant que les affouagistes taxés pourraient invoquer les principes contenus dans l'avis du 29 mars 1838 et qui ont une partie générale. En principe, tous les habitants et contribuables de la commune doivent contribuer aux charges communales à raison de leurs facultés. Peu importe qu'ils résident ou non dans la commune : il suffit qu'ils y aient une propriété et qu'ils soient pour cela imposables. Ils participeront à ces charges, si la commune s'impose des centimes additionnels. Mais si, au lieu de recourir à cette imposition normale, elle vote des taxes d'affouage qui, d'une part, n'atteignent que les propriétaires non domiciliés dans la commune et, d'autre part, sont établies à raison de la quantité de bois allouée à chaque feu, les charges communales vont peser sur quelques habitants seulement et non en raison des facultés respectives de chacun, mais d'une façon égale pour tous, à la manière d'une capitation. Il nous semble tout au moins que chaque contribuable peut contester à la commune le droit de recourir à des taxes d'affouage si elle a des ressources ordinaires suffisantes pour couvrir les dépenses qu'elle entend acquitter sur le produit de ces taxes. C'est ce qui se produit pour les taxes de pavage, pour certaines natures de centimes additionnels.

6937. — Quand un conseil municipal a décidé qu'une coupe de bois serait affouagée et répartie entre les habitants moyennant l'acquittement préalable d'une taxe, il ne peut, pour assurer le recouvrement de cette taxe, décider qu'à défaut de paiement dans un certain délai, les lots non acquittés seront vendus en totalité au profit de la caisse communale. Il ne peut que prélever sur le produit de cette vente le montant de la taxe et les frais de vente. Agir autrement serait supprimer l'affouage pour quelques habitants. — Cons. d'Ét., 16 févr. 1894, Commune de Brieulles, [Leb. chr., p. 129]

6938. — L'habitant qui est inscrit une année sur le rôle des taxes d'affouage, à raison de la distribution de l'année précédente à laquelle il a participé, doit acquitter cette taxe. — Cons. d'Ét., 4 juill. 1884, Derbès, [Leb. chr., p. 548]

6939. — Le particulier qui n'a pas déclaré son intention de participer aux distributions affouagères ne peut être imposé aux taxes d'affouage. — Cons. d'Ét., 21 févr. 1879, Ponsol et Ponsat, [Leb. chr., p. 150]

6940. — Avant d'établir le rôle des taxes, le conseil municipal établit la liste des ayants-droit à l'affouage. Cette liste est affichée et pendant quinze jours les réclamations s'il y a lieu sont reçues et examinées ensuite par le conseil municipal, sauf recours au conseil de préfecture et au Conseil d'État. Ces réclamations sont ou des demandes tendant à l'inscription sur la liste d'individus omis ou la radiation d'individus qui y figurent. On pourrait placer ici l'étude des conditions exigées pour avoir droit à l'affouage, et des questions de domicile, de nationalité, de résidence qu'elles soulèvent. Mais cette étude, qui nous entraînerait trop loin de notre sujet, nous paraît devoir être plus à sa place dans l'exposé des règles qui régissent soit l'administration des biens communaux, soit celle des forêts. Nous dirons seulement que dans le dernier état de la jurisprudence

du Conseil d'État, l'examen des conditions d'aptitude à l'affouage est de la compétence administrative, et que les pourvois devant le Conseil d'État sont soumis aux règles ordinaires de la procédure et notamment ne sont pas dispensés du ministère d'un avocat.

6941. — Il peut être établi des taxes d'affouage plus élevées sur les ayants-droit qui ne résident pas habituellement dans la commune. Le conseil de préfecture est alors compétent pour décider dans quelle commune le contribuable a son domicile dans le sens des lois sur l'affouage. — Cons. d'Ét., 8 avr. 1892, Trucchi, [Leb. chr., p. 358] — V., au surplus, on ce qui concerne les questions de compétence, *Rép. gén. du dr. fr.*, v° *Affouage*, n. 318 et s., 376 et s.

6942. — Nous n'avons à nous occuper que des taxes affouagères. Ici le droit à l'affouage n'est plus en question, il a été reconnu par le conseil municipal. Si le contribuable réclame, c'est pour dire qu'il n'a pas droit à l'affouage et qu'il a été inscrit à tort, ou pour soutenir que la taxe a été établie irrégulièrement. En ce cas, il n'avait qu'à ne pas retirer son lot. La réclamation contentieuse est donc superflue. C'est ce qui explique que les recours soient si rares en cette matière.

6943. — Dans les communes où la futaie ne se distribue pas par feu comme le taillis, on répartit la somme des dépenses à convrir au moyen de la taxe d'affouage, entre le taillis et la futaie, d'après leur valeur respective.

6944. — Le rôle, rendu exécutoire par le préfet, est transmis par le sous-préfet au receveur particulier, qui l'adresse au receveur municipal. Celui-ci délivre à chaque affouagiste un avertissement qui lui indique dans quel délai il doit acquitter la taxe.

6945. — Le maire fixe l'époque à laquelle les habitants pourront enlever leurs lots. Ce délai déterminé par l'arrêté préfectoral sera fixé de manière que tous les bois délivrés et vendus puissent être enlevés avant l'expiration du terme des vidanges fixé par le cahier des charges.

6946. — Par une circulaire du 31 déc. 1836 (*Bull. int.*, 2e rec., III, p. 239), le ministre de l'Intérieur avait prescrit qu'aucun habitant ne pourrait enlever son lot d'affouage qu'en présence du garde forestier, et que celui-ci ne devait consentir à cet enlèvement que sur la production de la quittance de la taxe délivrée par le receveur municipal et du permis du maire apposé au dos de la quittance. Tout enlèvement fait en violation de cette circulaire devait être poursuivi devant le tribunal compétent comme délit forestier. Une autre circulaire, du 10 janv. 1839 (*Bull. int.*, 1839.8), vint substituer aux agents forestiers, trop occupés pour surveiller à la fois les bois et la délivrance des coupes, l'entrepreneur de la coupe. A l'expiration du délai fixé, le receveur municipal transmet à l'entrepreneur un état visé par le maire indiquant les habitants qui ont acquitté la taxe et ceux qui ne se sont pas libérés. L'entrepreneur devient responsable à l'égard de la commune du paiement des lots qui auraient été enlevés avant le paiement de la taxe, à moins qu'il n'ait fait constater cet enlèvement dans le délai de trois jours par des procès-verbaux réguliers et qu'il ne les ait envoyés immédiatement au receveur municipal. Celui-ci devra alors diriger contre les débiteurs les poursuites autorisées par l'art. 44, L. 18 juill. 1837.

6947. — Les portions d'affouage non enlevées faute de paiement de la taxe sont, à la diligence du receveur municipal, mises en vente séparément par le maire, dans des adjudications publiques, mais seulement jusqu'à concurrence des montant des taxes non acquittées et des frais de vente. Le surplus sera délivré aux habitants auxquels ces mêmes portions auraient été attribuées (Circ. 10 janv. 1839, *Bull. int.*, 1839.8). Une circulaire de la comptabilité publique du 16 déc. 1853 a autorisé les maires à réunir et adjuger en un ou plusieurs lots les portions d'affouages non enlevées. On avait remarqué que les portions vendues séparément se vendaient à un prix inférieur à celui de la taxe.

6948. — Dans la circulaire du 10 janv. 1839 et surtout dans une lettre du mois suivant (*Bull. int.*, 1839.275), le ministre de l'Intérieur émettait l'avis que les conseils de préfecture n'étaient pas compétents pour statuer sur les demandes en décharge ou modération des taxes d'affouage. Ces taxes, ajoutait-il, ne constituent pas un impôt, elles représentent, soit le prix modéré du bois délivré aux affouagistes ou le simple remboursement des frais inhérents aux bois communaux. L'art. 44, L. 18 juill. 1837, ne les assimile aux contributions publiques que pour le mode de

47

leur recouvrement, ce qui exclut implicitement la même assimilation en ce qui concerne l'appréciation du principe et de l'étendue de l'obligation des taxes. A supposer qu'un habitant niât cette obligation en se fondant sur ce qu'il aurait renoncé au bénéfice de l'affouage, les contestations sur ce point de fait seraient du ressort des tribunaux judiciaires. On ne conçoit pas qu'il puisse s'élever en cette matière d'autres difficultés sur lesquelles il y eût lieu de statuer par acte de juge. En effet, lorsque la participation à l'affouage est avouée, l'usager doit payer la taxe réglée par le conseil municipal et approuvée par le préfet. Il ne saurait, à aucun titre, en réclamer ni la décharge ni la modération et aucune autorité n'aurait le pouvoir d'admettre de semblables demandes malgré le refus du conseil municipal d'y accéder. Ce conseil peut seul les accueillir, sans l'approbation du préfet, mais ce serait là un acte purement bénévole, par conséquent d'administration intérieure. »

6949. — On voit combien étaient confuses à cette époque les idées de l'administration sur la compétence. Aujourd'hui il ne fait plus doute que le conseil de préfecture soit compétent pour statuer sur les demandes en décharge de la taxe d'affouage. Nous avons indiqué que nous admettrions même la recevabilité de demandes en réduction fondées sur la suffisance des ressources ordinaires de la commune.

6950. — Le Conseil d'Etat a eu à apprécier la portée de ces circulaires. Des affouagistes soutenaient que les rôles étaient irréguliers parce que le rôle avait été dressé après l'enlèvement des lots et que néanmoins le rôle portait que le montant des taxes serait acquitté avant cet enlèvement; que l'approbation du préfet n'étant donnée qu'à cette condition, devait être considérée comme non avenue à raison de son accomplissement. Le Conseil d'Etat a décidé qu'aucune disposition législative ne prescrit de dresser les rôles d'affouage avant l'enlèvement des lots. — Cons. d'Et., 13 mai 1865, Chateu, [Leb. chr., p. 518] — Nous croyons que dans cette décision le Conseil d'Etat a été influencé par des raisons tirées du dossier. Dans cette affaire, les entrepreneurs de la coupe avaient acquitté d'avance le montant du rôle. La commune se trouvait donc désintéressée. Que les rôles eussent été dressés après l'enlèvement des lots, peu lui importait. Seul l'entrepreneur était exposé à ne pas recouvrer le montant de ses avances. C'est encore pour ce motif que le cas le Conseil d'Etat reconnaissait qualité à l'entrepreneur pour recourir contre les affouagistes et soutenir contre eux la régularité du rôle.

Section II.

Taxes de pâturage.

6951. — Beaucoup de communes possèdent des pâturages étendus. Elles pourraient les affermer et en tirer un revenu considérable, mais souvent, à raison du caractère pastoral de leur population et dans l'intérêt de l'élevage du bétail, elles préfèrent les laisser en jouissance commune à la disposition des habitants. Dans ce cas elles ont, en leur qualité de propriétaires, le droit de subordonner l'admission du bétail des habitants sur les pâturages communaux à certaines conditions et notamment au paiement d'une redevance.

6952. — Dès avant la loi de 1837, des décisions ministérielles reconnaissaient aux conseils municipaux le droit de voter des taxes de pâturage quand leurs revenus ordinaires ne suffisaient pas à leurs dépenses. Ces délibérations devaient être approuvées par le préfet et perçues d'après un rôle établi en raison du bénéfice que chaque intéressé retirait de la propriété communale. L'administration municipale pouvait fixer les époques de paiement de la taxe et charger le percepteur du recouvrement; mais elle ne pouvait stipuler que les retardataires seraient poursuivis par voie de contrainte comme en matière de contributions directes. L'occupation des usagers ne pouvant être considérée que comme une sorte de location dont les effets étaient soumis au droit commun, les communes étaient obligées d'aller demander aux tribunaux judiciaires un titre exécutoire contre les habitants qui refusaient d'acquitter la taxe (Déc. min. Int., citée par l'Ecole des communes, 1833, p. 221).

6953. — La loi du 18 juill. 1837 apporta deux modifications importantes à cet état de choses : elle conféra aux conseils municipaux un pouvoir souverain pour régler le mode de jouissance et la répartition des pâturages et fruits communaux autres que

les bois, ainsi que les conditions à imposer aux parties prenantes (art. 17). Le préfet n'avait plus à approuver les délibérations des conseils portant règlement des pâturages et il ne pouvait plus les modifier. Il ne pouvait que les annuler si elles contenaient des dispositions illégales (art. 18). En outre, l'art. 31 consacrait la légalité des cotisations imposées sur les ayants-droit aux fruits qui se perçoivent en nature, et l'art. 44 assimilait ces taxes pour le recouvrement aux contributions directes. Le préfet n'intervenait plus, d'après cet article, que pour approuver la délibération portant répartition de la taxe, c'est-à-dire pour rendre le rôle exécutoire.

6954. — Lorsque le pâturage commun s'exerçait dans les bois de la commune, sous l'empire de la loi du 18 juill. 1837, le conseil municipal ne réglait pas souverainement les conditions d'admission à la jouissance commune. Le ministre se fondait, pour leur refuser ce droit, sur les art. 144, C. for., et 169, Ord. 1er août 1827, d'après lesquels il appartient aux préfets de fixer, sur la proposition des maires, le chiffre des taxes auxquelles doivent être assujettis les bestiaux conduits à la dépaissance sur des terrains soumis au régime forestier (Bull. int., 1866, p. 70).

6955. — La loi du 5 avr. 1884 (art. 68-7°) exigeant l'approbation préfectorale pour toutes les délibérations qui établissent les tarifs des droits à percevoir en vertu de l'art. 133, il est admis qu'aujourd'hui le conseil municipal n'a plus le pouvoir réglementaire en ce qui concerne les conditions à imposer aux parties prenantes. — Morgand, t. 2, p. 282.

6956. — Si les pâturages sont indivis entre plusieurs communes, c'est la commission syndicale chargée d'administrer ces biens qui aura qualité pour voter l'établissement de la taxe de pâturage. — Cons. d'Et., 22 déc. 1863, Piquesnal, [S. 64.2.152, P. adm. chr., D. 63.3.11]

6957. — S'il s'agit de pâturages appartenant à une section, le conseil municipal de la commune aura qualité pour établir une taxe de pâturage sur ces biens et en poursuivre le recouvrement. — Cons. d'Et., 7 mai 1867, Richer, [S. 68.2.196, P. adm. chr.]

6958. — Quel doit être l'objet des taxes de pâturage? Doit-il être limité à l'acquittement des charges afférentes aux pâturages communaux et inhérentes à l'exercice du droit d'usage, ou bien les taxes de pâturage peuvent-elles être établies pour pourvoir à l'insuffisance des ressources ordinaires de la commune et être affectées aux dépenses générales de la commune? A notre avis, la taxe de pâturage est un revenu tout à fait général et aucune limitation ne doit être apportée à l'établissement de cette taxe.

6959. — Toutefois, des conseils municipaux peuvent-ils décider que la contribution foncière établie sur les biens communaux sera acquittée au moyen d'une taxe de pâturage? Il faut distinguer. Si en vertu d'usages locaux ou d'anciens règlements tous les habitants de la commune ont un droit égal à la jouissance des pâturages communaux, l'art. 2, L. 26 germ. an XI, s'oppose à ce que la contribution foncière assise sur ces biens soit acquittée au moyen d'une taxe de pâturage proportionnelle au nombre de bestiaux envoyés au pâturage. Cet article stipule, en effet, que la contribution sera répartie en centimes additionnels sur les contributions foncière et mobilière de tous les habitants. Le Conseil d'Etat a fait application de cette disposition. — Cons. d'Et., 9 août 1855, Queheille et Etcheverry, [Leb. chr., p. 396]; — 4 mars 1858, Jarin, [Leb. chr., p. 192]; — 22 déc. 1863, Piquesnal, [Leb. chr., p. 843]

6960. — Si, au contraire, tous les habitants n'ont pas un droit égal à la jouissance du bien communal, la répartition de la contribution n'est faite qu'entre les parties prenantes et toujours proportionnellement à leur jouissance respective (L. 26 germ. an XI, art. 2 et 3). Dans ce cas nous pensons qu'une taxe de pâturage serait légale, car le nombre de têtes de bétail que chaque habitant envoie au pâturage communal est la mesure la plus exacte de son intérêt.

6961. — Il a été jugé, qu'une taxe de pâturage pouvait être établie dans le but de payer le prix d'acquisition de la propriété où s'exerce le pâturage. — Cons. d'Et., 22 déc. 1863, Piquesnal, [Leb. chr., p. 843]

6962. — Toutefois, en pratique, les conseils municipaux dont les ressources ordinaires sont insuffisantes pour pourvoir à leurs dépenses feront mieux de recourir aux centimes additionnels qu'aux taxes de pâturage. Les premiers répartissent la charge au prorata des facultés de chaque contribuable ; la taxe de pâturage ne pèse que sur les propriétaires de bestiaux

et encore sur ceux seulement qui ne sont pas assez riches pour pouvoir se passer du pâturage communal.

6963. — Inversement on s'est demandé s'il fallait établir une imposition extraordinaire dans une commune pour payer le salaire du pâtre commun. Le ministre de l'Intérieur a décidé, le 12 oct. 1841 (*Bull. int.*, 1843, p. 32), que le pâturage communal ne profitant qu'à ceux des habitants qui y envoyaient des troupeaux, il ne serait pas juste de subvenir aux frais des pâtres communs de la même manière qu'on pourvoirait à une dépense générale intéressant tous les membres de la communauté. Aussi est-il d'usage, pour assurer ce service spécial, d'établir un rôle de taxes particulières à raison du nombre de bêtes que chacun envoie au pâturage.

6964. — Les conseils municipaux ont-ils le droit, quand ils votent une taxe de pâturage, d'établir un tarif progressif? Dans une commune la taxe avait été établie à raison de 0,25 cent. par tête pour les habitants qui ne possédaient que deux bêtes à laine par hectare, et de 1 fr. par tête pour ceux qui possédaient plus de deux bêtes par hectare. Le ministre de l'Intérieur a déclaré ces dispositions illégales. Les art. 542, C. civ., et 105 du Code forestier, le décret du 20 juin 1806 et celui du 6 juin 1811 reconnaissent à tout chef de ménage domicilié dans une commune le droit de participer à la jouissance des biens qu'elle abandonne les produits aux habitants; ce droit est égal pour chaque chef de famille et, s'il appartient au conseil municipal d'en régler l'exercice, il ne dépend pas de lui de l'étendre au profit des uns et de le restreindre au détriment des autres. Tel serait l'effet que produirait l'exclusion des pâturages communaux de la jouissance privée de pâturage obtiennent l'autorisation de conduire leurs privée de pâturage à raison du nombre de bêtes. Ce serait tout aussi naturel que cette dernière commune ne traite pas des étrangers taxe moins forte que sur les petits (Déc. min. Int., *Bull. int.*, 1869, p. 563).

6965. — Le conseil municipal peut cependant, en dressant le tarif de la taxe de pâturage, fixer un taux différent pour l'admission des troupeaux aux pâturages communaux suivant qu'ils appartiennent à des habitants domiciliés, c'est-à-dire résidant dans la commune, ou à des propriétaires forains, c'est-à-dire à des contribuables de la commune qui n'y résident pas, ou à des étrangers. Il arrive souvent que les habitants d'une commune privée de pâturage obtiennent l'autorisation de conduire leurs troupeaux sur les pâturages d'une commune voisine. Il est tout naturel que cette dernière commune ne traite pas des étrangers avec la même faveur que ses propres habitants. Quant aux forains, le ministre estimait qu'ils n'avaient droit de participer en cette qualité qu'au droit de parcours ou de vaine pâture, mais qu'ils ne pouvaient être admis à jouir de la vive et grasse pâture que s'ils n'y étaient autorisés par des règlements ou des conventions particulières (*Bull. int.*, 1864, p. 294).

6966. — Les règlements des pâturages faits par les conseils municipaux peuvent-ils assujettir à des surtaxes les propriétaires qui conduisent leurs troupeaux sur les pâturages communaux sans avoir fait de déclaration préalable (lorsque celle-ci est exigée) ou qui conduisent un plus grand nombre de têtes de bétail qu'ils n'en avaient déclaré, ou qui mêlent des chèvres à leurs troupeaux? D'après la jurisprudence du ministre de l'Intérieur, toutes ces dispositions sont illégales, parce que ces surtaxes constituent de véritables amendes que seul le législateur peut édicter (*Bull. int.*, 1869, p. 563).

6967. — La Cour de cassation a reconnu qu'un règlement qui réservait aux seuls habitants de la commune, à l'exclusion des propriétaires non domiciliés, le droit de mener des bestiaux sur les pâturages communaux, était obligatoire. — Cass., 11 mai 1838, Belot, [S. 38.1.656, P. 38.1.598]; — 16 mai 1867, Puyo, [S. 68.1.95, P. 68.190, D. 68.1.191]; — 5 août 1872, Commune de la Vigerie, [S. 73.1.22, P. 73.24, D. 72.1.408]

6968. — De même, le Conseil d'État a admis que le conseil municipal pouvait frapper les propriétaires de bestiaux non domiciliés dans la commune d'une taxe supérieure à celle qu'il impose aux têtes de bétail des habitants. — Cons. d'Ét., 16 nov. 1888, Commune de Tartonne, [Leb. chr., p. 832]; — 2 févr. 1889, Commune de Saint-Pargoire, [S. 91.3.17, P. adm. chr., D. 90.3.54]

6969. — On ne peut appliquer à un habitant le tarif applicable aux étrangers. — Cons. d'Ét., 24 mars 1859, Barrau, [Leb. chr., p. 223] — Il peut donc y avoir contestation, sur le point de savoir si tel individu est ou non habitant de la commune ou si les bestiaux qu'il conduit aux pâturages communaux lui appartien-

nent. Les caractères auxquels est attachée la qualité d'habitant peuvent être appréciés par la juridiction administrative. Quant à la question de propriété des bestiaux, si elle était sérieusement contestée, il faudrait la renvoyer à l'autorité judiciaire.

6970. — Le conseil municipal peut règlement assujettir les propriétaires de bestiaux à l'obligation de déclarer chaque année avant l'ouverture de la saison du pâturage la nombre de têtes de bétail qu'ils entendent y conduire. Parfois aussi le règlement n'impose pas cette déclaration préalable.

6971. — Dans ce dernier cas, c'est le seul fait de la dépaissance sur les pâturages communaux qui détermine l'imposition à la taxe. Le conseil municipal peut assujettir les propriétaires au paiement de la taxe et les inscrire d'office sur le rôle. — Cons. d'Ét., 19 mars 1880, Reybaud, [Leb. chr., p. 314]; — 16 nov. 1888, Commune de Tartonne, [Leb. chr., p. 832]

6972. — Au contraire, lorsque le règlement assujettit les habitants à une déclaration préalable, le rôle doit être dressé conformément à cette déclaration. Si ultérieurement on constate la présence sur les pâturages de la commune de troupeaux appartenant à des propriétaires qui n'ont fait aucune déclaration ou qui ont déclaré ne pas user du pâturage communal, ou si des propriétaires ont envoyé sur ce pâturage plus de têtes de bétail qu'ils n'en avaient portées dans leur déclaration, le conseil municipal ne peut se prévaloir de ce fait pour les inscrire d'office soit sur le rôle principal, soit sur un rôle supplémentaire; il doit s'adresser à l'autorité judiciaire pour obtenir telle indemnité que de droit à raison du dommage qui a été causé à la commune. — Cons. d'Ét., 25 mars 1865, Rebourseau, [Leb. chr., p. 227]; — 7 nov. 1873, Commune de Lugo-di-Nozza, [Leb. chr., p. 782]; — 14 mars 1879, Jouffrey, [Leb. chr., p. 202]; — 24 juill. 1882, Commune de Saint-Auban, [Leb. chr., p. 692]; — 1er déc. 1882, Poletti, [Leb. chr., p. 957]; — 30 nov. 1883, Commune de Saint-Mamert, [Leb. chr., p. 860]; — 13 mai 1887, Commune de Vallouise, [Leb. chr., p. 377]; — 9 déc. 1887, Jasseron, [Leb. chr., p. 780]; — 22 juin 1888, Commune d'Issor, [Leb. chr., p. 546]; — 2 nov. 1888, Commune d'Huez, [Leb. chr., p. 777]; — 2 févr. 1889, Commune de Saint-Pargoire, [Leb. chr., p. 146]; — 14 juin 1891, Ducal, [Leb. chr., p. 364]

6973. — La juridiction administrative est incompétente pour connaître de faits de pâturage antérieurs à l'approbation par le préfet de la délibération par laquelle le conseil municipal a voté la taxe. — Cons. d'Ét., 31 oct. 1890, Commune de Gadague, [Leb. chr., p. 803]

6974. — D'après la jurisprudence de la Cour de cassation, l'infraction au règlement qui prescrit la déclaration préalable ne constitue pas une contravention de police. — Cass., 27 déc. 1851, Joucachon, [D. 52.5.553], — mais peut donner lieu à une action civile. — Cass., 5 janv. 1856, Massouni, [D. 56.1.407]

6975. — Nous mentionnerons à cet égard deux autres arrêts aux termes desquels il a été jugé que le propriétaire qui a fait la déclaration prescrite par le règlement n'a pas des pâturages est passible de la taxe. — Cons. d'Ét., 19 juill. 1890, Sinibaldi, [Leb. chr., p. 694] — . Et que si au contraire il n'est pas établi que les troupeaux d'un particulier aient été conduits sur d'autres pâturages que les siens, aucune taxe n'est due. — Cons. d'Ét., 26 déc. 1856, Vilanova, [Leb. chr., p. 726]

6976. — On accorde aussi décharge quand les faits de pâturage sont purement accidentels. — Cons. d'Ét., 25 mai 1894, Commune de la Palud, [Leb. chr., p. 355]

6977. — Parfois les règlements accordent la dépaissance gratuite jusqu'à concurrence d'un certain nombre de têtes de bétail et n'exigent le paiement de la taxe que si ce nombre est dépassé. Il a été admis que deux usagers associés pour l'élève des bestiaux ont droit à la jouissance gratuite si le nombre de têtes de bétail qu'ils ont envoyées ensemble sur les pâturages communaux n'excède pas le double du maximum fixé par le règlement. — Cons. d'Ét., 21 avr. 1882, Commission syndicale des Quatre Vézians d'Aure, [D. 83.5.98]

6978. — Certaines communes sont propriétaires ou usagères des pâturages situés sur le territoire de communes voisines. Elles ont le droit de percevoir des taxes sur la jouissance de ces pâturages. Mais la commune où ces pâturages sont situés ne peut de son côté assujettir à une taxe les habitants de la commune usagère à raison de leur admission au pâturage. — Cons. d'Ét., 9 juin 1868, Mosca, [Leb. chr., p. 627]

6979. — Il y a même des communes qui possèdent des pâturages sur territoire étranger. Le Conseil d'État a eu à se pronon-

cer sur une demande en décharge de taxe qui soulevait une curieuse question de compétence. Il s'agissait d'une taxe perçue au profit de la commune de Lanslebourg (Savoie) à raison de pâturages situés sur le Mont-Cenis en territoire italien. Le juge de paix de Suze était compétent pour statuer sur les contraventions au règlement. Le conseil de préfecture de la Savoie jugeait les contestations relatives aux taxes. Le règlement édictait un supplément de taxe pour les propriétaires qui introduiraient leurs troupeaux sur les pâturages de la commune avant l'époque fixée par le règlement. Un contribuable à qui on réclamait cette surtaxe soutint que le conseil de préfecture était incompétent parce que cette surtaxe constituait une amende qui ne pouvait être encourue que si une contravention avait été constatée par le juge compétent. Le Conseil d'État a décidé que le conseil de préfecture était compétent pour apprécier la régularité du rôle et au fond il accorda décharge de la surtaxe. — Cons. d'Et., 22 févr. 1884, Richard Zénon, [D. 85.3.60]

6980. — Aux taxes de pâturage se rattachent celles qui sont établies pour l'achat ou l'entretien de taureaux communs et pour le salaire du pâtre commun. En ce qui touche ce dernier point, la loi des 28 sept.-6 oct. 1791 (tit. 1, sect. 4, art. 12 et 15), dispose que dans les pays de parcours et vaine pâture, le conseil municipal peut prescrire la réunion en un troupeau commun des bestiaux des habitants admis au pâturage. Le pâtre communal est nommé par le maire et agréé par le conseil. La nomination de ce pâtre a pour effet d'interdire aux propriétaires de se réunir pour confier leurs troupeaux à un autre pâtre. — Cass., 28 nov. 1879, Basne, [D. 80.1.89] — Toutefois, tout propriétaire ou fermier peut renoncer au pâtre commun pour faire garder par troupeau séparé un nombre de bêtes proportionné à l'étendue des terres qu'il exploite. Dans ce cas, il est dispensé de concourir au paiement des taxes perçues en vue de subvenir au paiement des dépenses relatives au troupeau commun. — Cass., 4 juill. 1821, Creuse, [S. et P. chr.]

6981. — La loi du 11 frim. an VII (tit. 2, art. 6), décidait que les dépenses relatives au pâtre et au troupeau commun ne pourraient être comprises dans les dépenses communales et qu'elles seraient supportées proportionnellement par ceux qui en profiteraient. La loi du 18 juill. 1837 ne les comprend pas non plus au nombre des dépenses communales. Il en résulte que, si elles peuvent donner lieu à l'établissement de taxes, sont seuls passibles de ces taxes ceux qui ont profité des services que ces contributions ont pour but de rémunérer, à savoir ceux qui se servent des pâturages communaux. — Cons. d'Et., 4 mars 1858, Forin, [S. 59.2.55, P. adm. chr., D. 59.3.9]

6982. — Toutefois, il ne faut pas pousser trop loin l'application de ce principe. Il a été, en effet, jugé par le Conseil d'État que l'art. 12, sect. 4, tit. 1, de la loi de 1791 qui, en cas de renonciation d'un propriétaire au pâtre commun, la dispense de contribuer au salaire de ce pâtre pouvait s'appliquer lorsque les dépaissances s'exerçaient dans des terrains soumis au parcours ou à la vaine pâture, mais ne s'appliquait plus aux grasses et vives pâtures communales dont le conseil municipal fixait les règlements. Dans ce dernier cas, le règlement peut légalement décider que tout propriétaire de bestiaux usant des pâturages communaux, même ceux qui se servent d'un pâtre particulier, contribueront au salaire du pâtre commun. — Cons. d'Et., 9 juin 1849, Lefèvre, [D. 49.3.83]

6983. — A l'égard des taxes établies pour l'achat ou l'entretien des taureaux communs, elles ne sont réparties en principe qu'entre ceux qui font saillir leurs vaches par ces taureaux ou qui conduisent leurs bêtes au troupeau commun. Il ne suffit pas, pour qu'un propriétaire soit imposable, que ses bêtes se soient mêlées accidentellement au troupeau commun. — Cons. d'Et., 19 janv. 1854, Tugend, [Leb. chr., p. 36] — V. sur ces taxes, Leb. chr., année 1881, p. 993, note.

6984. — De l'assimilation de la taxe de pâturage aux contributions directes il résulte que ces taxes sont annuelles; ainsi un propriétaire imposé régulièrement pour une année n'est pas fondé à se prévaloir, pour demander réduction, de ce qu'il aurait été surtaxé l'année précédente. — Cons. d'Et., 4 mars 1868, Guinot, [D. 69.3.94]

6985. — De même, il a été décidé que, lorsque le tarif existant au 1er janvier était encore en vigueur au moment de l'ouverture de la saison du pâturage, le conseil municipal n'a pas le droit de surélever le tarif en cours d'année ou du moins que le nouveau tarif ne pourrait être appliqué que la saison suivante.

— Cons. d'Et., 12 mai 1868, Haiguerelle, [Leb. chr., p. 540]

6986. — Il a été jugé que le fait d'avoir envoyé ses troupeaux dans les pâturages communaux pendant les premiers mois de l'année rend le propriétaire passible de la taxe pour l'année entière. — Cons. d'Et., 4 mars 1858, précité.

6987. — D'après les termes généraux des ordonnances des 17 avr. et 23 mai 1839, les taxes de pâturage ou autres pour jouissance de droits communaux donnent lieu à des remises au profit du receveur municipal chargé d'en opérer le recouvrement (Circ. min. Int. 20 avr. 1843).

Section III.

Taxes de tourbage.

6988. — L'exploitation des tourbières, présentant certains dangers, est soumise à la surveillance des ingénieurs et a lieu sous leur direction. S'agit-il de tourbières appartenant à une commune, le conseil municipal décide si elles seront mises en exploitation. Le préfet peut, dans l'autorisation qu'il doit délivrer, réduire l'étendue ou l'épaisseur que la commune pourra exploiter. Le préfet peut exiger que l'exploitation soit confiée à un entrepreneur particulier qui sera responsable vis-à-vis de l'administration. À l'ingénieur des mines est adjoint un conducteur des travaux. Tous les frais que nécessite cette exploitation pour reconnaissance de terrains, levé de plans et tracé de travaux généraux par les ingénieurs, ainsi que les appointements du conducteur des travaux, doivent être recouvrés sur les intéressés, chacun étant imposé à raison de son intérêt au moyen de rôles dressés par les ingénieurs, rendus exécutoires par les préfets. Quant aux tourbières communales, le conseil municipal décide si les produits en seront vendus au profit de la commune ou abandonnés aux habitants, soit gratuitement, soit moyennant le paiement d'une redevance qui est réglée dans les mêmes formes que les taxes d'affouage.

Section IV.

Taxe sur les chiens.

§ 1. Assiette de la taxe.

1° Comment et par qui elle est établie.

6989. — La loi du 2 mai 1855 a établi, à partir du 1er janv. 1856, dans toutes les communes et à leur profit, une taxe sur les chiens. Dix années auparavant, un député, M. Rémilly, avait déjà proposé l'établissement de cette taxe, qui, dans son projet, devait être perçue moitié au profit de l'État, moitié au profit des communes (Séance du 3 juill. 1845 : Mon., p. 2037). S'il faut s'en rapporter aux exposés de motifs et aux déclarations faites au cours des débats, le but que se proposaient les inventeurs de cette taxe était bien moins d'augmenter les ressources des communes que d'assurer la sécurité des campagnes compromise par les chiens errants. La propagation de la rage par les chiens a été le grand argument mis en avant à l'appui de cette taxe. On espérait, par le moyen indirect de l'impôt, arriver à réduire le nombre des chiens, qui était évalué, en 1855, à environ 3 millions.

6990. — Cette idée inspiratrice de la loi explique le caractère obligatoire de la taxe. C'est une recette que l'on impose aux communes. Elles ne peuvent s'y dérober. L'art. 3, L. 2 mai 1855, prévoyant le cas où un conseil municipal refuserait de délibérer sur les conditions d'établissement de la taxe, décide que le préfet prendra, à son défaut, les mesures nécessaires pour proposer le tarif à l'approbation de l'autorité supérieure.

6991. — La loi a d'ailleurs limité d'une autre manière le pouvoir des conseils municipaux en disposant que les chiens seraient divisés en deux catégories et que la taxe ne pourrait excéder 10 fr. ni être inférieure à 1 fr. (art. 2).

6992. — Le droit des conseils municipaux consiste donc uniquement dans l'initiative de la proposition d'un tarif compris dans les limites fixées par la loi, et conforme aux principes posés par elle. Ainsi, le tarif devant légalement être divisé en deux classes, les conseils municipaux ne peuvent proposer l'établissement d'une taxe unique. — Note sect. int., 9 nov. 1887, Commune de Gironde.

6993. — De même, si, en vue de prévenir les fausses déclarations, il peut y avoir intérêt à diminuer l'écart entre les taxes afférentes aux deux catégories, il ne faut pas cependant que cet écart soit insignifiant. — Note 4 janv. et Proj. décr., 27 juin 1888, Commune de l'Hérault.

6994. — Le tarif proposé par le conseil municipal est soumis au conseil général pour avis et réglé ensuite par décret en Conseil d'Etat (L. 2 mai 1855, art. 3). Il peut être révisé à la fin de chaque période triennale (art. 4).

6995. — La révision des tarifs ne peut avoir lieu que sur la demande des conseils municipaux. Les modifications aux taxes ne peuvent être prononcées d'office. — Note sect. int., 4 mai 1881, Commune de Rumilly-les-Vandes. — Il faut même que les demandes des conseils municipaux soient tout à fait spontanées. On n'admettrait pas qu'elles ne fussent faites que sous la pression d'une autorité étrangère, telle que la commission départementale. — Av. sect. int., 27 mars et 15 mai 1889, Commune des Vosges.

6996. — Les communes peuvent motiver leurs demandes d'élévation des tarifs, soit par la nécessité d'augmenter leurs ressources... — Proj. décr., 18 janv. 1888, Commune de Mouans-Sartoux.

6997. — ... Soit par la nécessité d'assurer la sécurité publique compromise par l'accroissement du nombre des chiens dans la commune (Proj. décr , 19 juin 1888, Ville de Toul). Elles doivent seulement, dans ces cas, produire des justifications à l'appui de leurs demandes. — Notes sect. int., 24 mai et 19 juill. 1887, Ville de Rennes.

6998. — La quotité de la taxe est fixée par commune. Il importe peu qu'il existe des différences de tarifications entre les communes d'un même département. — Proj. décr. et note sect. int., 4 juin 1888.

6999. — Les modifications apportées aux tarifs doivent être nécessairement soumises au conseil général. — Note sect. int., 28 juin 1887, Commune de Gérardmer.

7000. — Les décrets qui interviennent pour modifier la taxe des chiens ne peuvent avoir d'effet rétroactif. — Note sect. int., 5 avr. 1887, Commune de Verzy.

2° Quels chiens sont cotisés.

7001. — I. Chiens nourris par leur mère. — La taxe porte sur tous les chiens sans exception. Il n'y a qu'une seule cause d'exemption, c'est celle qui concerne les chiens qui, au 1er janvier, sont encore nourris par la mère (Décr. 4 août 1855, art. 2). — Cons. d'Et., 11 févr. 1870, Livet de Barville, [Leb. chr., p. 60]; — 20 mars 1875, Veyle, [Leb. chr., p. 275]; — 8 juin 1877, de Chergé, [Leb. chr., p. 544]

7002. — Au contraire, la taxe est due pour tout chien qui, avant cette date, a cessé d'être nourri par sa mère. — Cons. d'Et., 26 avr. 1890, Beaulieu, [Leb. chr., p. 426]; — 28 mars 1892, Vérité, [Leb. chr., p. 283]

7003. — ... Alors même qu'il serait encore trop jeune pour chasser. — Cons. d'Et., 13 nov. 1866, Cougnot, [Leb. chr., p. 1050]; — 17 mai 1878, Roussel, [Leb. chr., p. 462]; — 14 mars 1879, Guillemin, [Leb. chr., p. 208]; — 11 juill. 1879, Molas, [Leb. chr., p. 580]

7004. — Est-ce au fait ou au droit qu'il faut s'attacher pour savoir si un chien est imposable ou non? L'allaitement artificiel est-il à lui seul un motif d'imposition? La jurisprudence du Conseil d'Etat a d'abord incliné vers l'indulgence en décidant qu'il fallait exempter le chien qui, par suite d'un accident, avait cessé d'être nourri par sa mère, mais qui, au 1er janvier, aurait encore été dans le cas d'être allaité par elle. — Cons. d'Et., 7 avr. 1858, Neunig, [P. adm. chr.]; — 29 juill. 1859, Mouquin, [Leb. chr., p. 499]

7005. — Des arrêts postérieurs ont décidé, au contraire, que des chiens nourris artificiellement sont imposables, alors même que leur âge les ferait rentrer dans les cas d'exemption et que leur séparation d'avec leur mère serait le résultat d'un accident. — Cons. d'Et., 28 mars 1860, La Chaussée, [Leb. chr., p. 232]; — 17 mars 1865, Lecointe, [Leb. chr., p. 278]; — 1er juin 1869, de la Blotais, [Leb. chr., p. 539]; — 15 mars 1872, Bertrand, [Leb. chr., p. 168]

7006. — Quant aux chiens qui, au 1er janvier, seraient encore nourris par leur mère, mais qui auraient dépassé l'âge auquel l'allaitement doit normalement cesser, sont-ils imposables? Le Conseil d'Etat ne paraît pas s'être prononcé nettement sur ce point.

— V. Cons. d'Et., 21 avr. 1858, Commune de Luzy (Observ. du ministre), [S. 39.2.190, P. adm. chr., D. 59.3.53]; — 12 mars 1868, Delacroix, [Leb. chr., p. 277]

7007. — II. Chiens de la première catégorie. — Les chiens sont divisés, au point de vue de la taxe, en deux catégories. La taxe la plus élevée porte sur les chiens d'agrément ou servant à la chasse. La taxe la moins élevée porte sur les chiens de garde, comprenant ceux qui servent à guider les aveugles, à garder les troupeaux, les habitations, magasins, ateliers, etc., et en général tous ceux qui ne sont pas compris dans la catégorie précédente. Les chiens qui peuvent être classés dans la première ou dans la seconde catégorie sont rangés dans celle dont la taxe est la plus élevée (Décr. 4 août 1855, art. 1).

7008. — La taxe de la première classe s'applique même aux chiens possédés obligatoirement, en conformité des règlements administratifs, par les lieutenants de louveterie. — Cons. d'Et., 6 janv. 1858, de la Chapelle, [P. adm. chr., D. 58.3.42]; — 13 mars 1862, Commune de la Chataignerais, [P. adm. chr., D. 63.3.39]; — 12 mars 1875, Majou de la Débutrie, [Leb. chr., p. 237] —V. Rép. gén. du dr. fr., v° Destruction des animaux malfaisants ou nuisibles.

7009. — Au reste, tout chien qui est employé à la chasse, fût-ce d'une manière temporelle ou accidentelle, doit être rangé dans la première classe. — Cons. d'Et., 20 janv. 1882, Rochette, [Leb. chr., p. 53]; — 21 juill.1882, Rougiéras, [Leb. chr., p. 693]; — 17 janv. 1888, Filleul, [Leb. chr., p. 145]; — 22 janv. 1892, Rivet, [Leb. chr., p. 29]; — 9 avr. 1892, Fleury, [Leb. chr., p. 390]

7010. — Il en est de même du chien qui est encore trop jeune pour chasser, mais qui a été acheté et dressé pour cet usage. — Cons. d'Et., 1er et 28 juin 1869, de la Blotais, [S. 70.2.232, P. adm. chr., D. 71.3.31] — ... Et des chiens qui, par suite de leur âge ou de leurs infirmités, ne sont plus en état de chasser. — Cons. d'Et., 30 nov. 1888, Charbon, [Leb. chr., p. 888]

7011. — Sont encore classés sans difficulté dans la première catégorie, les chiens de salon, de luxe, qui rentrent dans la dénomination de chiens d'agrément.

7012. — III. Chiens de la deuxième catégorie. — Il ne saurait y avoir non plus de difficulté pour classer dans la seconde catégorie les chiens qui sont constamment tenus à l'attache dans la cour de la maison d'habitation et ceux qui sont exclusivement affectés à la garde des troupeaux. — Cons. d'Et., 13 mars 1860, Pissevin, [P. adm. chr., D. 60.5.89]; — 26 févr. 1886, Eymerie, [Leb. chr., p. 166]; — 13 déc. 1890, Parisot, [Leb. chr., p. 962]

7013. — IV. Chiens mixtes. — La question devient plus délicate quand il s'agit de chiens mixtes, c'est-à-dire qui ont une double destination, qui sont tantôt chiens de garde, tantôt chiens de chasse ou d'agrément. Le décret dispose qu'ils sont passibles de la taxe la plus élevée, mais il existe dans la multitude des circonstances diverses qui peuvent se présenter, un vaste domaine laissé à l'appréciation du juge.

7014. — Il nous paraît exister une certaine antinomie entre les §§ 3 et 4, art. 1, Décr. 4 août 1855. Le § 3 range d'abord dans la première classe les chiens de chasse et d'agrément, puis dans la deuxième les chiens de garde, de berger, d'aveugle, et en général tous ceux qui ne sont pas compris dans la catégorie précédente. Cette deuxième classe serait donc la classe de droit commun. Et cependant le § 4 dispose que, en cas de doute sur la destination du chien, il faut le ranger dans la première classe.

7015. — C'est par application de ce dernier paragraphe de l'art. 1 que la jurisprudence du Conseil d'Etat, ne tenant peut-être pas un compte suffisant de la disposition générale du § 3, a déclaré passibles de la taxe la plus élevée, non seulement les chiens employés à chercher des truffes, qui pourraient à la rigueur être assimilés à des chiens de chasse. — Cons. d'Et., 2 mars 1858, Tesson, [P. adm. chr.]; — 26 mars 1870, Leval, [Leb. chr., p. 346]

7016. — ... Mais encore ceux qui servent à l'étude des phénomènes de la rage ou aux expériences de vivisection, lesquels ne sont assurément pas des chiens d'agrément. — Cons. d'Et., 27 juill. 1888, Labbée, [D. 89.5.452]

7017. — A côté de ces décisions nous pourrions en relever d'autres qui ont au contraire classé dans la seconde catégorie des chiens employés à la destruction des fauves comme étant utiles à l'exploitation agricole. — Cons. d'Et., 29 mai 1866, Leprohon, [S. 67.2.167, P. adm. chr., D. 67.5.424]

7018. — ... Ou des chiens employés à la destruction des rats existant dans un magasin. — Cons. d'Et., 14 mars 1891, Husson,

[D. 92.3.88]; — 16 janv. 1892, Commune de Saint-Martin de Caralp, [Leb. chr., p. 18]

7019. — Quelles sont les circonstances auxquelles s'attache la jurisprudence pour décider qu'un chien est un chien de garde ou un chien mixte? C'est une question de fait et souvent l'appréciation des circonstances de fait n'est pas sans difficulté. Nous ne donnerons que quelques exemples.

7020. — S'il est établi que le chien, ordinairement affecté à la garde, a été emmené par son maître à la chasse, la taxe de première classe est due. — Cons. d'Et., 31 mars 1863, Videau, [Leb. chr., p. 297]; — 4 mai 1888, Lasalle, [Leb. chr., p. 391]; — 15 nov. 1890, Géru, [Leb. chr., p. 838]

7021. — A quels signes reconnaît-on un chien de garde? Est-ce à la taille du chien, à son espèce qu'il faut s'attacher? Ne considérera-t-on comme chien que les dogues, les molosses, les danois et autres chiens de forte taille pouvant interdire effectivement l'entrée de la maison aux malfaiteurs? Non. Le rôle du chien de garde est d'aboyer et à cet égard de petits chiens, roquets ou autres, s'acquitteront de cette fonction aussi bien que les gros. — Cons. d'Et., 13 avr. 1867, Commune de Vincelles, [Leb. chr., p. 387]

7022. — N'y a-t-il de chiens de garde que ceux qui sont constamment tenus à l'attache? Il faut distinguer suivant qu'il s'agit de la garde de la maison, des bestiaux ou de la personne des maîtres. Même dans le premier cas, cette condition n'est pas absolument nécessaire. Il a été décidé que l'absence d'une niche au dehors ne suffisait pas à faire considérer un chien comme chien d'agrément. — Même arrêt.

7023. — Le chien qui couche dans l'appartement et qui y circule librement peut donc être un chien de garde tout comme le chien tenu à la chaîne dans la cour. — Cons. d'Et., 19 déc. 1863, Thivet, [Leb. chr., p. 826]; — 30 août 1865, Chirat, [Leb. chr., p. 890]; — 4 juin 1867, Croze, [D. 67.3.101]; — 2 mai 1868, Commune de Moyvillers, [P. adm. chr.]; — 28 févr. 1870, Nardin, [Leb. chr., p. 205]; — 17 janv. 1873, Gérard, [Leb. chr., p. 51]; — 6 juin 1891, Barry, [Leb. chr., p. 421]

7024. — Il arrive même dans beaucoup de maisons qu'on détache la nuit les chiens de garde qui circulent librement dans les cours et jardins.

7025. — Il ne faut pas toutefois étendre la tolérance outre mesure. Le rôle du chien de garde est de rester dans la propriété qu'il doit protéger. Lorsqu'un chien n'est pas tenu constamment à l'attache et circule librement dans la maison, s'il n'y a pas là une preuve certaine qu'il n'est pas un chien de garde, il y a tout au moins en ce sens une présomption qu'il incombe au contribuable de détruire. — Cons. d'Et., 16 avr. 1868, Grosbert, [Leb. chr., p. 436]; — 30 mai 1873, de Rotalier, [Leb. chr., p. 477]; — 7 août 1874, Biennassit, [Leb. chr., p. 774]; — 16 mai 1884, Falaise, [Leb. chr., p. 386]

7026. — Si donc on voit fréquemment ce chien circuler en liberté dans les rues, on pourra relever cette circonstance pour le cotiser à la taxe la plus élevée. Nous rappelons que c'est en partie pour réprimer cet abus que la loi a été votée. — Cons. d'Et., 20 avr. 1888, Aubry, [Leb. chr., p. 353]; — 8 juin 1888, Jacob, [Leb. chr., p. 400]; — 20 juill. 1888, Darce, [Leb. chr., p. 651]; — 28 févr. 1891, Boisselier, [Leb. chr., p. 169]; — 14 nov. 1891, Garnier, [Leb. chr., p. 669]; — 2 juill. 1892, Maurice, [Leb. chr., p. 594]

7027. — S'agit-il de chiens destinés à la garde des troupeaux, le fait qu'ils ne sont pas tenus à l'attache devient absolument indifférent, puisqu'il est de toute nécessité qu'ils accompagnent le bétail qu'ils ont mission de garder. — Cons. d'Et., 23 févr. 1877, Chevillot, [Leb. chr., p. 162]

7028. — Enfin s'il s'agit de la garde de la personne, il faut encore interpréter différemment la loi. Le décret du 4 août 1855 ne mentionne expressément que les chiens d'aveugle comme devant être rangés dans la seconde catégorie. Faut-il étendre le bénéfice de cette disposition par voie d'analogie, par exemple à des chiens dont les maîtres seraient sourds? Sur ce point encore la jurisprudence est hésitante. Le Conseil d'Etat a maintenu à la première classe un chien dont le maître était sourd. — Cons. d'Et., 20 nov. 1874, Thibal, [Leb. chr., p. 594]

7029. — Au contraire, il a considéré comme chien de garde un chien appartenant à un ménage de sourds-muets. — Cons. d'Et., 19 déc. 1879, Gobert, [Leb. chr., p. 812]

7030. — Il a été jugé que, pour qu'un chien pût être considéré comme chargé de garder la personne de son maître, il fallait qu'il fût de taille à le défendre. — Cons. d'Et., 6 juin 1866, Fournier, [D. 67.3.101]

7031. — En règle générale le chien qui sort avec son maître, qui le suit dans ses courses ou dans ses promenades, est présumé chien d'agrément. — Cons. d'Et., 16 avr. 1868, précité; — 4 févr. 1876, Bourgeot, [Leb. chr., p. 107]; — 27 janv. 1888, Léty, [Leb. chr., p. 87]; — 30 nov. 1889, Cécillon, [Leb. chr., p. 1111]; — 13 déc. 1889, Commune de Renwez, [Leb. chr., p. 1156]; — 7 févr. 1890, Malherbe, [Leb. chr., p. 127]; — 8 août 1890, Moutonnet, [Leb. chr., p. 770]; — 14 mars 1891, Hervieu, [Leb. chr., p. 218]; — 3 déc. 1892, Reinhart, [Leb. chr., p. 865]

7032. — Cependant ce n'est encore là qu'une présomption. Il peut arriver que certaines personnes, obligées soit par leurs fonctions (gardes-forestiers, percepteurs, receveurs ambulants des contributions indirectes), soit par l'exercice de leur profession de circuler la nuit dans des endroits écartés, aient besoin d'un chien pour les défendre en cas d'attaque. Le Conseil d'Etat a admis dans des circonstances semblables la réduction à la taxe de deuxième classe. — Cons. d'Et., 11 juill. 1864, Speckhalm, [Leb. chr., p. 602]; — 13 mai 1869, Olive, [Leb. chr., p. 458]; — 23 janv. 1880, Guenon, [Leb. chr., p. 89]; — 14 mai 1891, Laroche, [D. 92.3.88] — V., cependant, Cons. d'Et., 8 août 1884, Brégeard, [Leb. chr., p. 708]

7033. — Enfin, il y a un dernier ordre de considération qui doit entrer en compte : c'est le besoin plus ou moins grand que le contribuable peut avoir d'un chien de garde. Dans les mêmes circonstances, un chien sera plus facilement considéré comme chien de garde si l'habitation de son maître est isolée que si elle est dans le centre de l'agglomération, si elle est à la campagne que si elle est à la ville. — Cons. d'Et., 6 juin 1866, précité. — Si le propriétaire du lieu habité seul ou presque seul (c'est pour cela qu'en général les chiens des curés et desservants sont considérés comme servant à garder le presbytère). — Cons. d'Et., 21 nov. 1891, Charkier, [Leb. chr., p. 689]; — 16 janv. 1892, Commune de Saint-Martin-de-Caralp, [Leb. chr., p. 18]

7034. — En résumé, c'est à la destination principale du chien qu'il faut s'attacher pour établir la taxe. L'absence ou la réunion des circonstances que nous venons de passer en revue peuvent créer des présomptions dans un sens ou dans l'autre, mais, nous le répétons, ce sont là questions de fait que le juge apprécie souverainement d'après ses impressions. Il ne peut y avoir de règles fixes en cette matière.

3° Qui doit acquitter la taxe.

7035. — Qui est passible de la taxe sur les chiens? Est-il absolument nécessaire d'être propriétaire du chien? L'art. 5, Décr. 4 août 1855, se sert du mot : possesseur. Ce terme est plus compréhensif. Que faut-il pour être possesseur dans le sens de la loi ? Il faut non seulement avoir la détention matérielle, mais l'animus domini, c'est-à-dire qu'il faut se servir du chien et non pas seulement le garder. — Cons. d'Et., 19 mars 1864, Picat, [Leb. chr., p. 271]

7036. — La question de savoir si le chien cotisé appartient ou non au contribuable imposé ne constitue pas une question préjudicielle de propriété qui doive être renvoyée aux tribunaux judiciaires. C'est aux juges administratifs qu'il appartient d'apprécier si le réclamant est possesseur dans le sens de la loi. — Cons. d'Et., 28 mai 1867, Maury, [Leb. chr., p. 516]

7037. — Celui qui, tout en ayant vendu un chien, a continué à le garder, à le nourrir et à s'en servir pour chasser, en demeure possesseur dans le sens de la loi. — Cons. d'Et., 16 févr. 1866, Micaux, [Leb. chr., p. 107]; — 6 avr. 1867, Paguère, [Leb. chr., p. 336]; — 4 déc. 1885, Bronaux, [Leb. chr., p. 944]

7038. — De même celui qui se sert pour son usage personnel d'un chien appartenant à un tiers. — Cons. d'Et., 2 mars 1888, Tillon, [Leb. chr., p. 213]

7039. — Le chef de la famille est valablement imposé à raison de chiens appartenant soit à ses enfants soit à ses domestiques quand il les garde et les nourrit. — Cons. d'Et., 25 févr. 1887, Laurière, [S. 88.3.61, P. adm. chr., D. 88.3.61]; — 4 nov. 1887, Richard, [Leb. chr., p. 670]

7040. — La simple détention d'un chien ne suffit pas pour rendre passible de la taxe. Ainsi la circonstance qu'au 1er janvier un chien se trouve chez une autre personne que son propriétaire ne permet pas d'imposer ce tiers à la taxe à raison de ce chien. — Cons. d'Et., 17 mai 1859, Magrenon, [Leb. chr.,

p. 360]; — 17 févr. 1863, Commune de Saint-Vaast, [Leb. chr., p. 127]; — 24 juill. 1863, Commune de Guichen, [D. 66.5.457]; — 8 mai 1866, Commune de Rieux, [Leb. chr., p. 439]; — 18 août 1866, Desboutins, [Leb. chr., p. 1033]; — 20 févr. 1867, Commune de Saint-Aubin, [Leb. chr., p. 176]; — 19 juill. 1867, Vaudran, [Leb. chr., p. 656]; — 6 août 1875, Paté-Varlet, [Leb. chr., p. 768]; — 25 févr. 1887, précité.

7041. — C'est ainsi que le garde particulier, qui garde habituellement chez lui les chiens de son maître et s'en sert même pour chasser, mais pour le compte de celui-ci, n'est pas imposable à raison de ces chiens. — Cons. d'Et., 8 avr. 1863, Chaulieu, [Leb. chr., p. 308]

7042. — Inversement si un fermier quitte sa ferme en y abandonnant les chiens qui lui appartiennent, le propriétaire ne devient pas *ipso facto* passible de la taxe à raison de ces chiens. — Cons. d'Et., 9 août 1869, de Milly, [Leb. chr., p. 761] — Il n'est pas responsable de la taxe due par son fermier. — Cons. d'Et., 13 mars 1862, Touriné, [S. 62.2.187, P. adm. chr., D. 62. 3.55]

7043. — Toutefois la détention au 1er janvier crée une présomption en faveur de l'imposition. C'est au détenteur qu'il appartient de la détruire en prouvant qu'il n'est pas possesseur dans le sens de la loi. — Cons. d'Et., 6 juin 1866, Grosse, [Leb. chr., p. 599]; — 21 avr. 1868, Bailly, [Leb. chr., p. 445]; — 14 mars 1873, Deboos, [Leb. chr., p. 231] — S'il fait cette preuve, il doit obtenir décharge. — Cons. d'Et., 28 déc. 1859, Commune de Saint-Philbert, [Leb. chr., p. 776]; — 8 nov. 1872, Ealet, [Leb. chr., p. 528]

7044. — Pour échapper à la taxe, le détenteur du chien doit indiquer le véritable possesseur passible de la taxe et justifier, s'il le peut, que celui-ci est imposé dans une autre commune à raison de ce chien. — Cons. d'Et., 12 sept. 1864, Commune de Pierrecourt, [Leb. chr., p. 903]; — 15 mai 1867, Laurent, [Leb. chr., p. 486]; — 3 août 1877, Guibal, [Leb. chr., p. 750]

§ 2. Déclaration.

1° Objet, formes, temps et lieu de la déclaration.

7045. — L'art. 5, L. 2 mai 1855, renvoyait à un règlement d'administration publique le soin de déterminer les formes à suivre pour l'assiette de l'impôt et les cas où l'infraction à ses dispositions donnerait lieu à un accroissement de taxe. Cet accroissement ne pourrait s'élever à plus du quadruple de la taxe fixée par les tarifs.

7046. — Le règlement du 2 mai 1855, fait en vertu de cette délégation, impose aux possesseurs de chiens l'obligation de faire chaque année, du 1er octobre au 15 janvier de l'année suivante, une déclaration indiquant le nombre de leurs chiens et les usages auxquels ils sont destinés, en se conformant aux distinctions établies en l'art. 1 du décret. Ceux qui auront fait cette déclaration avant le 1er janvier doivent la rectifier, s'il est survenu quelque changement dans le nombre ou la destination de leurs chiens (art. 5).

7047. — Sont passibles d'un accroissement de taxe : 1° celui qui, possédant un ou plusieurs chiens, n'a pas fait de déclaration; 2° celui qui a fait une déclaration incomplète ou inexacte. Dans le premier cas la taxe sera triplée, et dans le second elle sera doublée pour les chiens non déclarés ou portés avec une fausse désignation. Lorsqu'un contribuable aura été soumis à un accroissement de taxe, et que, pour l'année suivante, il ne fera pas la déclaration exigée, ou fera une déclaration incomplète, la taxe sera quadruplée dans le premier cas et triplée dans le second (Décr. 2 août 1855, art. 10).

7048. — Lorsque les faits pouvant donner lieu à des accroissements de taxe n'ont pas été constatés en temps utile pour entrer dans la formation du rôle primitif, il est dressé dans le cours de l'année un rôle supplémentaire (art. 11).

7049. — Enfin, un décret du 3 août 1861 est venu atténuer, dans une certaine mesure, les obligations des possesseurs de chiens. Ceux d'entre eux qui, dans les délais fixés par l'art. 5, Décr. 4 août 1855, auront fait à la mairie la déclaration prescrite, ne seront plus tenus de la renouveler annuellement. En conséquence, la taxe à laquelle ils auront été soumis continuera à être payée par déclaration contraire. Le changement de résidence des contribuables hors de la commune ou du ressort de la perception, ainsi que toute modification dans le nombre et la destination des chiens entraînant une aggravation de taxe, rendra une nouvelle déclaration obligatoire (art. 1).

7050. — Du 15 au 31 janvier, le contrôleur, de concert avec le maire et les répartiteurs (Décr. 22 déc. 1886) — autrefois c'était au maire et aux répartiteurs, assistés du percepteur, que ce soin incombait, — rédige l'état-matrice des personnes imposables (Décr. 4 août 1855, art. 7). Il s'agit de vérifier l'exactitude des déclarations. A cet effet, l'état-matrice relate non seulement les indications recueillies par le contrôleur, mais les déclarations faites par les possesseurs de chiens avec les détails nécessaires pour permettre d'apprécier les différences entre les déclarations et les faits constatés (art. 8).

7051. — Reprenons l'étude de ces diverses dispositions. Tous les ans, les personnes qui ont acquis des chiens doivent en faire la déclaration. Elles ont à cet effet un délai qui va du 1er octobre jusqu'au 15 janvier de l'année suivante. Passé cette date, la déclaration est tardive et les pénalités sont encourues. Le Conseil d'État avait décidé d'abord que, dans le cas où le maire, qui aurait pu refuser la déclaration, la recevait et la soumettait à l'appréciation du contrôleur avant que l'état-matrice fût rédigé, le déclarant ne devait pas être soumis à l'accroissement de taxe. — Cons. d'Et., 28 mai 1857, Thévenot, [S. 58.2.303, P. adm. chr.]; — 14 déc. 1859, Sargis, [P. adm. chr.]

7052. — Mais le Conseil est revenu à une jurisprudence plus conforme au texte de la loi. Le délai imparti pour les déclarations est un délai de rigueur, qu'il ne peut dépendre de la complaisance d'un maire de prolonger. — Cons. d'Et., 3 août 1883, Lafauche, [P. adm. chr., D. 83.3.68]; — 18 mars 1887, Fleury, [S. 88.3.4, P. adm. chr., D. 88.3.74]

7053. — Les maires doivent délivrer un récépissé de chaque déclaration. Le récépissé doit contenir les mêmes énonciations que la déclaration. Il doit être tenu dans chaque commune un registre spécial pour recevoir les déclarations. Si ce registre n'était pas tenu et que, par suite de cette irrégularité, le contribuable ne pût rapporter la preuve écrite de sa déclaration, il serait néanmoins recevable et fondé à repousser l'application de la triple taxe. — Cons. d'Et., 12 févr. 1870, Enault, [S. 71.2. 128, P. adm. chr.]; — 8 août 1873, Commune de Fléville, [Leb. chr., p. 734]

7054. — La déclaration doit indiquer le nombre et la destination des chiens. Une fois faite, elle lie celui qui l'a faite et qui n'est pas recevable à revenir sur ses termes ni à contester la taxe qui lui a été assignée conformément à cette déclaration. — Cons. d'Et., 11 févr. 1857, Lesage, [P. adm. chr.]; — 6 mai 1857, Jacquinot, [Leb. chr., p. 340]; — 17 mai 1859, Ville d'Alençon, [Leb. chr., p. 359]; — 7 sept. 1861, Commune de Saint-Jouin, [Leb. chr., p. 793]; — 15 févr. 1864, Georges, [P. adm. chr.]; — 13 avr. 1867, Langlois, [Leb. chr., p. 388]; — 3 déc. 1867, Tabaraud, [Leb. chr., p. 890]

7055. — Il ne serait ainsi alors même qu'il se serait réservé la faculté de réclamer. — Cons. d'Et., 18 mars 1857, Taupin, [P. adm. chr., D. 57.3.85]

7056. — Toutefois si la déclaration a été faite par un domestique et qu'elle soit erronée, le maître est recevable à rectifier immédiatement l'erreur commise et la commune n'est pas fondée à demander que le chiffre de la déclaration primitive soit maintenu. — Cons. d'Et., 4 août 1882, Commune de Villeneuve, [D. 83.5.423]

7057. — Les déclarations sont présumées exactes jusqu'à preuve contraire. — Cons. d'Et., 8 déc. 1857, Thiédée, [Leb. chr., p. 748]; — 5 juill. 1863, Abadie, [P. adm. chr.]; — 4 mai 1864, Brun, [D. 64.3.351]; — 3 déc. 1867, Deliys, [Leb. chr., p. 889]; — 30 juin 1869, Sarrazin, [Leb. chr., p. 661]

7058. — Du principe de la permanence des déclarations, il résulte que l'imposition établie pour une année doit être maintenue les années suivantes, s'il n'est pas établi que la déclaration était inexacte ou l'est devenue. — Cons. d'Et., 20 févr. 1867, Verdenne, [Leb. chr., p. 177]

7059. — En conséquence, le contribuable qui a été imposé une année pour un chien de la première classe et qui n'a pas fait de déclaration contraire, ne peut demander réduction que s'il établit que son chien a changé de destination. — Cons. d'Et., 2 mai 1868, Cédon, [Leb. chr., p. 324]; — 19 mai 1868, Olive, [Leb. chr., p. 549]; — 27 avr. 1872, Babeau, [Leb. chr., p. 247]; — 2 juill. 1886, Commune de Bourg-Fidèle, [Leb. chr., p. 532]

7060. — Inversement lorsqu'un chien a été déclaré et imposé plusieurs années à la deuxième classe, et qu'il vient à être im-

posé d'office à la première classe, son propriétaire peut se prévaloir des impositions antérieures pour mettre la commune en demeure de prouver le changement de destination. — Cons. d'Et., 8 avr. 1863, Demarque, [Leb. chr., p. 309]; — 8 janv. 1873, Lafarge, [Leb. chr., p. 10]; — 30 janv. 1885, Dragacci, [Leb. chr., p. 102]; — 6 déc. 1889, Marcellin, [Leb. chr., p. 1122]; — 29 nov. 1890, Duboullay, [Leb. chr., p. 899]; — 7 nov. 1891, Riverain, [Leb. chr., p. 640]; — 22 janv. 1892, Lévêque, [Leb. chr., p. 29]

7061. — Toutefois, le principe de la permanence des déclarations se combine avec celui de l'annualité des rôles. Il appartient aux agents chargés de la confection des matrices de vérifier chaque année l'exactitude des déclarations et de corriger les cotisations mal établies. — Cons. d'Et., 13 mai 1869, Olive, [Leb. chr., p. 458]; — 28 juin 1869, Lefièvre, [Leb. chr., p. 634]; — 1er déc. 1888, Larroux, [S. 90.3.68, P. adm. chr., D. 90.3.6]

7062. — Au lendemain du décret du 3 août 1861, le Conseil d'Etat avait tiré du principe de la permanence des déclarations et de l'obligation de déclarer seulement les faits donnant lieu à des changements cette conséquence que le défaut de déclaration de ces changements rendait les réclamations non recevables. Ainsi les possesseurs de chiens ne pouvaient demander décharge en alléguant qu'ils ne possédaient plus de hi ens au 1er janvier. — Cons. d'Et., 26 févr. 1863, Ville de Lille, [S. 63.2.237, P. adm. chr., D. 63.3.63]

7063. — ... Ou qu'ils en possédaient moins qu'auparavant. — Cons. d'Et., 11 mars 1863, de Beauregard, [S. 63.2.237, D. 63.3.63]

7064. — ... Ou que leurs chiens avaient changé de résidence et étaient imposés dans une autre commune. — Cons. d'Et., 16 juill. 1863, Dallis, [Leb. chr., p. 542]; — 12 sept. 1864, Ville de Lille, [Leb. chr., p. 905]

7065. — Le Conseil n'a pas tardé à revenir sur cette jurisprudence. Il décide aujourd'hui que le fait par un contribuable de n'avoir pas fait la déclaration prescrite par le décret du 3 août 1861 ne le rend pas irrecevable à réclamer dans les délais légaux. Il est à remarquer, en effet, que ce que le décret exige, c'est la déclaration des faits pouvant donner lieu à accroissement de la taxe. Les autres n'intéressent pas la commune. — Cons. d'Et., 29 mai 1866, Delache, [S. 67.2.167, P. adm. chr., D. 67. 3.85]; — 8 mai 1867, Denis, [Leb. chr., p. 449]; — 27 févr. 1868, Ville de Rouen, [S. 69.2.96, P. adm. chr.]; — 17 juin 1868, Ribard, [S. 69.2.344, P. adm. chr.]; — 23 juin 1868, Ville de Rouen, [Leb. chr., p. 705]; — 17 mars 1869, Wagner, [Leb. chr., p. 256]; — 29 août 1874, Laromiguière, [Leb. chr., p. 130]

7066. — Ainsi, à défaut de changement dans les bases de l'impôt, le possesseur de chiens qui a fait une déclaration est quitte envers le fisc. Il n'est pas tenu de la renouveler alors même que, pendant plusieurs années, on omettrait de l'inscrire sur les rôles. — Cons. d'Et., 17 juin 1868, Bertrand, [S. 69.2. 192, P. adm. chr.]

2° Sanction de l'obligation.

7067. — Quelle est la sanction de l'obligation imposée aux possesseurs de chiens? Nous l'avons indiquée supra, n. 6635, triple taxe pour l'absence ou la tardiveté des déclarations, double taxe pour les déclarations inexactes ou incomplètes. En outre, il va de soi que le contribuable est inscrit d'office sur le rôle. — Cons. d'Et., 19 mai 1868, Bonnet, [Leb. chr., p. 550]

7068. — Ainsi, la triple taxe est due pour tout chien non déclaré dans le délai légal, c'est-à-dire avant le 15 janvier. — Cons. d'Et., 15 avr. 1872, Bodrou, [Leb. chr., p. 222]; — 14 mars 1873, Ozenne, [Leb. chr., p. 232]; — 10 déc. 1875, Mozy, [Leb. chr., p. 986]; — 6 nov. 1885, Honoré, [Leb. chr., p. 809]; — 15 nov. 1890, Arrighi, [Leb. chr., p. 836]; — 15 janv. 1892, Trouppy, [Leb. chr., p. 4]

7069. — Pour échapper aux pénalités du règlement, le contribuable ne peut invoquer comme excuse, ni sa bonne foi... — Cons. d'Et., 3 mars 1858, Caron, [P. adm. chr.]; — 16 juill. 1863, Lartet, [Leb. chr., p. 542]; — 8 juin 1877, Ville de l'au, [Leb. chr., p. 543]; — 6 nov. 1880, Huguey, [Leb. chr., p. 822]

7070. — ... Ni son ignorance de la loi. — Cons. d'Et., 24 juin 1857, François, [Leb. chr., p. 483]; — 19 janv. 1859, Lefrand, [Leb. chr., p. 38]

7071. — ... Ni son état de maladie. — Cons. d'Et., 19 janv. 1859, précité.

7072. — ... Ni son absence de la commune au moment où la déclaration aurait dû être faite. — Cons. d'Et., 22 avr. 1857, Simon, [Leb. chr., p. 286]; — 16 mars 1859, Ducros, [Leb. chr., p. 197]; — 13 mars 1862, Brun, [P. adm. chr., D. 63.3.7]

7073. — ... Ni sa conviction que le propriétaire du chien avait déclaré. — Cons. d'Et., 16 juill. 1863, précité.

7074. — ... Ni la déclaration faite dans une autre commune où le chien n'était pas imposable. — Cons. d'Et., 14 janv. 1858, Gaches, [S. 58.2.714, P. adm. chr., D. 58.3.58]; — 4 mai 1864, Carrère, [D. 64.5.350]; — 26 déc. 1865, Dubeaux, [Leb. chr., p. 1009]; — 24 févr. 1866, Commune de Nantua, [Leb. chr., p. 137]; — 18 janv. 1878, Jouon, [Leb. chr., p. 54]; — 9 janv. 1880, de Vernon, [Leb. chr., p. 2]; — 26 févr. 1886, Paixhans, [Leb. chr., p. 166]; — 14 mai 1886, Noury, [Leb. chr., p. 398]

7075. — Le contribuable ne peut s'excuser non plus en alléguant qu'il a chargé un tiers de faire la déclaration. — Cons. d'Et., 30 juill. 1880, Lemasson, [Leb. chr., p. 689]

7076. — ... Ou que celle-ci a été faite au garde champêtre en l'absence du secrétaire de mairie. — Cons. d'Et., 18 févr. 1876, Durausaud, [Leb. chr., p. 168]; — 28 janv. 1881, Commune de Serquigny, [Leb. chr., p. 113]

7077. — D'autre part, il ne peut alléguer qu'il avait cru son chien trop jeune pour être tenu de le déclarer. — Cons. d'Et., 5 juill. 1859, Coutanseau, [Leb. chr., p. 468]; — 18 juin 1872, Ratte, [Leb. chr., p. 372]; — 13 janv. 1882, Basset de Belavalle, [Leb. chr., p. 374]

7078. — Il est passible de la triple taxe alors même qu'il aurait déclaré ne prendre de chien qu'à l'essai ou qu'il avait la résolution de s'en défaire. — Cons. d'Et., 22 juill. 1867, Bouis, [Leb. chr., p. 707]; — 8 août 1884, Collard, [Leb. chr., p. 708]

7079. — Le fait qu'un chien aurait quitté accidentellement au 1er janvier la résidence de son maître ne dispense pas celui-ci de faire sa déclaration. — Cons. d'Et., 14 mai 1886, précité.

7080. — Mais s'il peut prouver qu'au 1er janvier il ne possédait plus de chien, alors même qu'il aurait eu le tort de ne le déclarer précédemment, il ne doit pas être imposé à la triple taxe. — Cons. d'Et., 7 août 1874, Sarra Bournay, [Leb. chr., p. 773]

7081. — Les déclarations inexactes ou incomplètes entraînent l'application d'une double taxe. — Cons. d'Et., 8 nov. 1872, Garcia, [Leb. chr., p. 526]; — 10 déc. 1873, Musy, [Leb. chr., p. 986]; — 15 déc. 1876, Jossant, [Leb. chr., p. 874]; — 24 déc. 1892, Bordessoulles, [Leb. chr., p. 974]

7082. — Il y a déclaration incomplète quand le contribuable ne déclare pas tous les chiens qu'il possède et déclaration inexacte quand il déclare comme chien de la deuxième catégorie un chien de la première.

7083. — Dans ces deux cas le doublement de la taxe ne porte que sur la taxe afférente aux chiens omis ou inexactement déclarés et non sur la totalité de la cote. — Cons. d'Et., 11 mai 1888, Lebugle, [Leb. chr., p. 419]

7084. — Le contribuable est tenu de déclarer les changements d'affectation qui entraînent des relèvements de taxes. S'il ne fait pas cette déclaration, cette omission entraîne le doublement de la taxe. — Cons. d'Et., 4 janv. 1878, Charlet, [Leb. chr., p. 1]

7085. — Il doit de même déclarer les chiens qu'il a acquis depuis la publication du rôle précédent. S'il ne le fait pas, la taxe afférente à ces chiens est doublée et non triplée. Il y a déclaration incomplète et non absence de déclaration. En un mot le propriétaire qui est porté sur le rôle à raison d'un chien peut voir sa taxe doublée mais jamais triplée. — Cons. d'Et., 4 mai 1877, Carton, [Leb. chr., p. 410]; — 18 mars 1887, Fleury, [S. 89.3.4, P. adm. chr., D. 88.3.71]

7086. — Le contribuable est tenu de déclarer, non seulement le nombre, mais la destination de ses chiens. S'il se trompe, il encourt la double taxe. — Cons. d'Et., 28 mars 1860, Ducros, [S. 61.2.41, P. adm. chr., D. 60.3.86]; — 7 nov. 1873, Charpentier, [Leb. chr., p. 783]; — 7 août 1874, Biennassit, [Leb. chr., p. 774]; — 14 mars 1891, Herviou, [Leb. chr., p. 248]; — 5 févr. 1892, Gayan, [Leb. chr., p. 107]

7087. — Il en est de même, si le contribuable s'abstient de déclarer la destination de son chien. Il ne satisfait pas aux prescriptions de la loi en s'en remettant au maire du soin de le classer dans l'une ou l'autre des catégories. — Cons. d'Et., 27 janv. 1859, Lambert, [S. 61.2.41, ad notam, D. 59.3.68]

7088. — ... Ou en ajoutant à sa déclaration l'engagement de

se soumettre à la taxe de la première classe pour le cas où le chien y serait définitivement rangé. — Cons d'Et., 28 mars 1860, précité; — 3 avr. 1861, Harmand, [Leb. chr., p. 219]; — 4 janv. 1878, précité.

7089. — Le Conseil a même décidé que le refus par un contribuable de faire connaître la destination de son chien devait être considéré non comme une déclaration incomplète, mais comme une absence de déclaration et devait entraîner l'application de la triple taxe. — Cons. d'Et., 24 mars 1859, Gien, [S. 59.2.704, P. adm. chr.]

7090. — Cependant lorsque le maire s'est réservé d'apprécier ultérieurement les observations qui accompagnent la déclaration, la double taxe n'est pas encourue. — Cons. d'Et., 15 nov. 1866, Cougnot, [Leb. chr., p. 1051]

7091. — Le contribuable qui déclare tous ses chiens, mais demande à n'être pas imposé à raison de certains d'entre eux dont il veut se défaire, ne peut être considéré comme ayant fait une déclaration incomplète. — Cons. d'Et., 24 avr. 1868, Martineau, [Leb. chr., p. 445]

7092. — D'autre part, le propriétaire qui, après avoir fait une déclaration inexacte, la rectifie dans le délai légal, n'est pas imposable à la double taxe. — Cons. d'Et., 30 août 1867, Tondeur, [Leb. chr., p. 846]

7093. — Le contribuable qui, en cours d'année, déclare qu'il ne possède plus le chien pour lequel il a été imposé, ne doit pas être considéré comme ayant rétracté sa déclaration primitive et ne doit que la taxe simple pour l'année courante. — Cons. d'Et., 13 sept. 1864, Dubos, [Leb. chr., p. 918]

7094. — Le contribuable qui avait encouru la double ou triple taxe et qui, par suite d'un oubli, n'y a pas été assujetti, est passible et peut se prévaloir de cette omission pour soutenir que la taxe simple qui lui est réclamée est irrégulière. — Cons. d'Et., 13 déc. 1876, Paradan, [Leb. chr., p. 874]

7095. — Nous avons vu que, d'après le décret du 4 août 1855, en cas de récidive, le défaut de déclaration était puni de la quadruple taxe. Une triple taxe était due, par exemple, par le contribuable qui, deux ans de suite, déclarait comme chien de garde un chien d'agrément. — Cons. d'Et., 4 mai 1859, Bonnard, [Leb. chr., p. 321]

7096. — Mais, pour que l'inexactitude dans les déclarations entraînât triple taxe, il fallait qu'elle portât la seconde année sur le même chien que la première. — Cons. d'Et., 23 avr. 1862, Brincourt, [P. adm. chr.]

7097. — La quadruple taxe était due, non seulement par ceux qui, deux ans de suite, n'avaient fait aucune déclaration, mais par ceux qui, ayant été condamnés pour avoir fait une déclaration inexacte la première année, ne laissaient pas de déclarations du tout de l'année suivante. — Cons. d'Et., 23 août 1858, Ville de Rouen, [P. adm. chr.]

7098. — Le décret du 3 août 1861, en posant le principe de la permanence des taxes, a eu pour effet indirect de supprimer les peines de la récidive. La jurisprudence a toujours refusé de distinguer entre les contribuables inscrits sur le rôle selon que cette inscription provenait d'une déclaration ou qu'elle avait été faite d'office. Ainsi donc, le contribuable, imposé une année à la triple taxe pour défaut de déclaration, n'a pas de déclaration à faire l'année suivante. Il est valablement inscrit au rôle et ne doit être imposé qu'à la taxe simple. — Cons. d'Et., 24 juill. 1863, Commune de Guichen, [S. 64.2.87, P. adm. chr., D. 66.3.457]; — 16 août 1865, Vottier, [Leb. chr., p. 829]; — 7 déc. 1877, Miller, [Leb. chr., p. 959]

7099. — Des compensations peuvent être admises entre la taxe simple et les accroissements de taxe. Un propriétaire, qui est imposé pour plus de chiens qu'il n'en possède, qui a encouru des augmentations de taxe élevant sa cote au delà de ce qui lui est réclamé, ne peut se prétendre surtaxé. — Cons. d'Et., 14 janv. 1863, Huckel, [Leb. chr., p. 18]

§ 3. Où est due la taxe.

7100. — Dans quelle commune les chiens doivent-ils être assujettis à la taxe? Ni la loi ni le règlement ne répondent à cette question. Plusieurs systèmes seraient également admissibles et conformes aux principes. On pourrait dire, en s'appuyant sur le principe d'annualité, que la taxe est établie d'après les faits existant au 1er janvier et que, dès lors, les chiens sont imposables dans la commune où ils se trouvent à cette date, fût-ce accidentellement. On pourrait, d'autre part, en s'appuyant sur l'esprit de la loi, créer une ressource aux communes au moyen des chiens qu'elles possèdent sur leur territoire, et soutenir qu'il faut s'attacher à la résidence ordinaire du chien et le taxer là où est son chenil, quand bien même son propriétaire n'y demeurerait pas et l'emmènerait dans une autre commune au 1er janvier. Enfin, on pourrait soutenir qu'il faut faire abstraction complète du chien et ne s'attacher qu'à la résidence habituelle du propriétaire en s'inspirant des principes qui régissent la taxe personnelle.

7101. — Le Conseil d'Etat a d'abord semblé admettre qu'il était sans intérêt de rechercher la résidence principale ou le domicile du maître, et que la déclaration devait être faite et l'impôt établi dans la commune où se trouvait le chien au moment fixé pour les déclarations. — Cons. d'Et., 11 févr. 1857, Lebrun, [S. 57.2.782, P. adm. chr., D. 57.3.75]; — 11 févr. 1858, Armand, [P. adm. chr., D. 58.3.58]

7102. — Mais le Conseil d'Etat est revenu sur cette jurisprudence, et il décide d'une manière constante que le séjour accidentel d'un chien ou d'une meute dans une commune est un fait sans importance et qu'il faut s'attacher au fait de la résidence habituelle et principale. — Cons. d'Et., 14 janv. 1858, Gaches, [S. 58.2.714, P. adm. chr., D. 58.3.58]; — 14 janv. 1858, Arnail, [P. adm. chr.]; — 7 avr. 1858, Noël, [P. adm. chr., D. 58. 3.75]; — 7 janv. 1859, Leprieur, [Leb. chr., p. 4]; — 16 mars 1859, Lebrun, [Leb. chr., p. 198]; — 15 avr. 1860, Commune de Pronville, [P. adm. chr.]; — 30 avr. 1862, Martinat, [Leb. chr., p. 347]; — 28 juin 1865, Commune de Saint-Maur, [Leb. chr., p. 669]; — 11 juill. 1866, Garot, [Leb. chr., p. 793]; — 26 févr. 1867, Barreyre, [Leb. chr., p. 206]; — 27 mai 1868, Pigeard, [Leb. chr., p. 573]; — 7 août 1874, Mousset, [Leb. chr., p. 774]; — 6 août 1875, Paté Variet, [Leb. chr., p. 768]; — 3 déc. 1875, Guesnet, [Leb. chr., p. 951]; — 19 déc. 1879, Commune de Roquemont, [Leb. chr., p. 813]; — 23 janv. 1880, Commune du Fossat, [Leb. chr., p. 89]; — 1er déc. 1882, Passama, [Leb. chr., p. 959]; — 16 janv. 1885, Commune de Demigny, [D. 85.3.32]; — 24 juill. 1890, de Gramont, [S. et P. 92.3.131]; — 5 déc. 1891, de Lestrade, [S. et P. 93.3.120]; — 15 janv. 1892, Bariquand, [S. et P. 93.3.143]

7103. — Seulement il arrive souvent que le contribuable n'a pas la même résidence habituelle que ses chiens, que le chenil construit pour la meute se trouve dans une commune voisine de celle où le maître réside. En pareil cas, est-ce dans la commune où se trouve le chenil que doit être faite la déclaration? Une seule fois le Conseil d'Etat s'est prononcé dans ce sens. — Cons. d'Et., 28 avr. 1864, Glandaz, [P. adm. chr.]

7104. — Mais la plupart du temps il a été décidé que c'était dans la commune où résidait habituellement le maître des chiens que la déclaration devait être faite. — Cons. d'Et., 5 mai 1858, Commune de Fontenilles, [P. adm. chr., D. 59.3.14]; — 25 mai 1864, Fiquenel, [P. adm. chr.]; — 23 mars 1865, Commune de Caujac, [Leb. chr., p. 295]; — 23 mars 1870, Commune de Beaumont, [Leb. chr., p. 617]

7105. — De même, les chiens employés à la garde des troupeaux d'un contribuable sont imposables dans la commune où celui-ci réside habituellement et non dans celle où ils suivent les troupeaux pendant la saison du pâturage. — Cons. d'Et., 12 août 1861, Gravier, [Leb. chr., p. 719]; — 2 juill. 1875, Commune de Mézières, [Leb. chr., p. 644]

7106. — ... dans celle où ils demeurent avec le berger, alors même que celui-ci serait propriétaire du chien. — Cons. d'Et., 18 févr. 1864, Hennequin, [Leb. chr., p. 222]; — 6 avr. 1865, Commune de Castres, [Leb. chr., p. 395]; — 22 mai 1865, Lefèvre, [Leb. chr., p. 564]

7107. — A quels signes reconnaît-on la résidence habituelle? C'est le plus souvent une question de fait. Il a été jugé que ne suffit pas à constituer la résidence habituelle le fait de se transporter tous les ans dans une commune avec ses chiens pour y passer, soit les mois d'été. — Cons. d'Et., 24 déc. 1862, Zickel, [Leb. chr., p. 844]; — 31 déc. 1862, Thérouane, [Leb. chr., p. 875]; — 18 août 1864, Dumelincourt, [Leb. chr., p. 794]

7108. — ... Soit la saison des chasses. — Cons. d'Et., 1er déc. 1858, Salvayre, [Leb. chr., p. 666]; — 25 juill. 1860, Gaudrille, [Leb. chr., p. 567]; — 12 août 1861, d'Osmond, [Leb. chr., p. 719]; — 17 févr. 1863, Gabeau, [Leb. chr. p. 127]; — 20 sept. 1865, Larmet, [Leb. chr., p. 918]

7109. — D'une manière générale, il faut s'inspirer des mêmes règles que pour déterminer le lieu où est due la taxe person-

48

nelle. On pourra tantôt s'attacher au paiement de la taxe personnelle...— Cons. d'Et., 26 mai 1863, de Saint-Agy, [Leb. chr., p. 431]

7110. — ... Tantôt préférer le domicile réel, le principal établissement et l'exercice des droits politiques au fait de la résidence. — Cons. d'Et., 3 avr. 1861, Dumas, [Leb. chr., p. 219]

7111. — ... Tantôt, au contraire, faire prévaloir le fait de la résidence effective sur celui du domicile réel. — Cons. d'Et., 23 juin 1860, Commune de Bazeuville, [Leb. chr., p. 508]; — 3 déc. 1867, Commune de la Poterie, [Leb. chr., p. 889]; — 21 nov. 1871, Plantard, [Leb. chr., p. 243]

7112. — Nous pouvons donc affirmer que, d'après la jurisprudence du Conseil d'Etat, les chiens doivent être imposés dans la commune où leur possesseur réside la plus grande partie de l'année. — Cons. d'Et., 22 juin 1858, Maire de Chaudesaigues, [Leb. chr., p. 425]; — 30 juin 1858, Maurensane et Ibas, [Leb. chr., p. 464]; — 11 sept. 1858, Cabaret, [Leb. chr., p. 639]; — 27 janv. 1859, Baril du Caudert, [Leb. chr., p. 57]; — 25 avr. 1860, Bertot, [Leb. chr., p. 341]; — 18 avr. 1890, Geoffroy, [Leb. chr., p. 399]; — 26 févr. 1892, Delage, [Leb. chr., p. 187]

7113. — Un militaire, notamment, doit déclarer son chien dans le lieu de sa garnison. — Cons. d'Et., 19 janv. 1859, Chapuy, [P. adm. chr., D. 60.3.11]

7114. — Cette jurisprudence ne nous satisfait pas entièrement et nous proposerions la distinction suivante, qui nous paraît plus conforme à l'esprit de la loi de 1855 : pour les chiens d'agrément qui accompagnent leur maître et le suivent dans ses divers déplacements, la jurisprudence actuelle du Conseil nous paraît excellente. Mais, pour les chiens qui ont un chenil ou pour ceux qui sont affectés à la garde des troupeaux, ils ont en quelque sorte un domicile propre : il nous semble qu'ils devraient être imposés là où est le chenil; là où est le troupeau.

Section V.

Taxe de pavage.

§ 1. *Notions historiques.*

7115. — Dans tous les temps, il a été d'usage de faire supporter aux propriétaires des maisons riveraines des voies publiques tout ou partie des frais d'établissement, de réfection ou d'entretien du pavage. La raison de cette charge réside dans la plus-value que l'amélioration de la voie publique procure aux maisons qui la bordent. De là l'obligation imposée aux propriétaires. Cette règle existait déjà en droit romain. « *Construat ante vias publicas unusquisque secundum propriam domum* » (Loi *Aediles*, Dig., L. 1, § 3, *De via publica*).

7116. — Dans l'ancien droit français, l'usage s'établit de mettre cette dépense à la charge des riverains dans un grand nombre de villes, notamment à Paris. M. des Cilleuls (*Voirie urbaine*) cite même deux ordonnances qui paraissent avoir une portée générale et devoir s'appliquer à toutes les localités. « Avons ordonné et ordonnons que, en toutes villes, chacun soit contraint de paver devant sa maison autant qu'elle contiendra, et à l'entretenir; réservé que lesdites maisons estoient assises devant les places communes, auquel cas ils seront tenus faire le pavé que de la largeur qu'on fait aux autres grandes rues desdites villes, et le reste se fera aux dépens d'icelles villes (Ord. 14 juin 1310, art. 6). Sera pourvu au pavement desdites rues par les maîtres voyers et jurés des villes, de telle sorte que s'il y aura trois ou quatre pavés cassés, rompus ou enlevés de la rue, l'ouverture soit promptement fournie et rétablie de pavé neuf aux dépens de l'habitant et détenteur de la maison devant laquelle elle sera advenue » (Ord. 21 nov. 1377, t. 18, art. 19). L'art. 12 de l'Edit de 1607 contient une disposition analogue.

7117. — Il ne semble pas cependant qu'en fait ces textes aient été partout appliqués. Des règlements particuliers à certaines villes les ont modifiés; dans beaucoup d'autres on ne semble pas même les avoir connus.

7118. — A Paris, on fait remonter l'existence du pavé à une ordonnance de Philippe Auguste de 1185. Ce travail fut exécuté aux frais du Trésor royal (Davenne, *Voirie*, t. 1, p. 193). Mais après ce premier pavage, les habitants furent chargés de l'entretien. Seules les rues formant le prolongement des grandes routes servant aux approvisionnements de la ville étaient entretenues à ses frais (Arrêt du Parlement, de février 1285). Il

est probable que les habitants observaient peu les règlements et s'acquittaient mal de leurs obligations, car un règlement du prévôt des marchands du 3 févr. 1348, homologué par lettres patentes du 30 janv. 1350 (Isambert, p. 624, § 251), ordonne de faire paver les rues et sanctionne cette obligation d'une amende de 3 livres par famille. « Que chacun en droit soy face refaire les chaucées tantost et sans délai en la manière et selon qu'il est accoutumé à faire d'ancienneté. »

7119. — La ville acquittait les frais d'entretien à sa charge au moyen d'un droit de chaussée portant sur les marchandises à leur entrée dans la ville (Lett. pat., 1er mars 1388). Lorsque le produit de cette taxe excédait la dépense, la ville pouvait en affecter une partie à l'entretien des rues entretenues par les habitants. Quant au Trésor royal, il entretenait les routes aux abords de Paris et les rues aux abords des monuments domaniaux sur le produit du droit de barrage. — Delamare, *Police*, t. 4, p. 170 et s.; Husson, *Trav. publ.*, p. 864, 865.

7120. — De nouvelles lettres patentes du 1er mars 1388, confirmées le 5 avr. 1399 et le 20 janv. 1402, disposent que les habitants seront tenus de l'établissement du pavage et de son entretien proportionnellement à la longueur et à l'étendue de leurs maisons, y compris les gens d'église et les privilégiés. Nouvelles injonctions contenues dans les ordonnances du 15 nov. 1539, 9 sept. 1559, 22 nov. 1563, et dans les arrêts du Parlement des 28 juill. 1500, 27 avr. 1503, 10 janv. 1515, 27 nov. 1522 et 13 sept. 1533. — Husson, *Trav. publ.*, p. 864 et s.; Davenne, p. 178; Féraud-Giraud, n. 375.

7121. — A cette époque les travaux de pavage étaient exécutés par les riverains eux-mêmes ou par des paveurs choisis par eux (Arr. du Parlement, 10 mai 1538, 8 juill. 1547; Déclar. du Roi, 28 janv. 1539), sous la surveillance du grand voyer (Edit de 1607). Mais en 1606, en vue d'uniformiser le travail de pavage, on essaya de transformer l'obligation en nature des riverains en une taxe. On passa un marché avec un entrepreneur pour l'entretien du pavé de Paris. « Chacun devait contribuer à la dépense selon le toisé qu'il aurait devant sa maison ». Mais cette mesure, aggravant les charges des habitants, fut l'objet de vives réclamations et dut y renoncer.

7122. — Un arrêt du Conseil du 31 déc. 1609 inaugure un nouveau système : dorénavant le Trésor prendra à sa charge l'entretien du pavé de Paris. Il se récupérera de ses dépenses au moyen d'une taxe d'entrée sur les vins. Le premier établissement du pavé restait à la charge des riverains (Arr. du Conseil, 31 mars 1612, 26 oct. 1624, 5 févr. 1628, cités par M. des Cilleuls, *Voirie urbaine*, p. 426). Mais ces droits d'entrée furent bientôt détournés de leur affectation et on dut revenir à l'ancien système.

7123. — Cette réforme fut accomplie par un arrêt du Conseil du 27 mai 1637 et une déclaration du 9 juillet suivant, enregistrée le 31 juill. 1637. « Chaque bourgeois est tenu d'entretenir le pavé à ses dépens au-devant et dans toute l'étendue de sa maison comme avant 1609 ». Toutefois on essayait en même temps d'établir une classification entre les rues suivant qu'elles devaient être entretenues aux frais du Roi, de la ville ou des propriétaires. Cette nomenclature, préparée par le bureau de la ville et des trésoriers de France, fut homologuée par arrêt du Parlement en date du 23 déc. 1637.

7124. — Enfin un arrêt du Conseil du 21 août 1638 élève les droits de barrage et de chaussée et les réunit en un seul fonds affecté à l'entretien de tout le pavé de Paris. « Tous les droits de barrages qui se levaient en aucunes portes de la ville et faulxbourgs de Paris et autres lieux, ensemble les droits de chaussées dont jouissaient les prévôt et échevins seront confondus et perçus conjointement sur toutes les marchandises, denrées et autres choses sujettes auxdits droits et affectés, notamment, à l'entretenement des pavés de ladite ville, faulxbourgs et banlieue, ensemble les chaussées étant aux avenues de ladite ville, et payés aux adjudicataires desdits entretenements, et le surplus au nettoiement des rues, à la décharge des taxes payables pour cet effet par les bourgeois. Et ce faisant, S. M. a déchargé et décharge lesdits prévôt des marchands et échevins de ladite ville de Paris, bourgeois et habitants d'icelle, de ce à quoi ils pourraient être tenus pour la dépense du pavé, en conséquence de l'arrêt du Parlement du 23 décembre dernier » (entretien et entoitement dans les conditions antérieures au 31 déc. 1609).

7125. — Depuis cette époque l'entretien du pavé a cessé d'être à la charge des riverains à Paris. Nous ne pouvons partager l'opinion contraire émise à ce sujet par Dupin dans des con-

clusions présentées devant la Cour de cassation, le 17 mars 1838, Coignes, [S. 38.1.369, P. 38.1.437] — Cet entretien faisait l'objet d'adjudications consenties par les trésoriers de France. — Delamare, t. 4, p. 189.

7126. — Quant au premier établissement du pavé, l'obligation, mise à la charge des propriétaires riverains par les lettres patentes du 5 avr. 1399, confirmées par l'ordonnance du 20 janv. 1402, demeurait en vigueur. Perrot (*Dict.*, v° *Voirie*, p. 316) dit que l'établissement d'un nouveau pavé pour les rues et faubourgs de Paris est quelquefois ordonné par le roi, plus souvent sollicité par les propriétaires. Dans les deux cas, il est à la charge des propriétaires riverains.

7127. — Tous les baux passés avec les adjudicataires des travaux d'entretien contiennent des clauses rappelant cette obligation des propriétaires. Voici comment s'exprime le dernier de ces cahiers des charges, annexé à l'arrêt du Conseil du 30 déc. 1785. « L'entreprise embrasse tous les ouvrages, tant en pavé en neuf, relevé à neuf et simples réparations qu'en terrasses et autres ouvrages à faire chaque année dans toutes les rues, places et culs-de-sac de la ville et faubourgs de Paris, sans y comprendre les banquettes des quais et ponts, abreuvoirs et ports, qui sont à la charge du domaine de la ville; non plus que les cloîtres, qui sont à la charge des chapitres; ni les culs-de-sac ou rues fermées et revers des chaussées des faubourgs, qui sont à la charge des propriétaires riverains. L'entrepreneur sera pareillement tenu d'entretenir les rues qui, n'étant point à présent pavées, pourraient l'être dans le courant du bail, mais seulement celles qui auront été, par lui, mises en pavé neuf d'échantillon, le premier pavé desdites rues devant être fait aux dépens des particuliers propriétaires des terrains et maisons qui bordent lesdites rues. »

7128. — C'est par application de ces principes qu'ont été rendus au cours des xvii° et xviii° siècles un grand nombre d'arrêts du Conseil ordonnant le pavage de diverses rues de Paris et cités par des Cilleuls, *Voirie urbaine*, p. 429. — Arr. Cons., 15 mai 1641 (faubourg Saint-Antoine); — 16 août 1672 (rue Jean Beausire); — 25 juill. 1676 (rue de la Roquette); — 17 mai 1701 (rues de Poitiers, de l'Université, de Bellechasse); — 11 mars 1721 (rue de la Grange-Batelière); — 10 mai 1723 (rue de Bourgogne); — 23 mai 1724 (rue de Luxembourg); — 20 sept. 1735 (rue Saint-Dominique); — 30 oct. 1787 (rues Lepelletier, d'Hauteville, de Valois-du-Roule); — 17 janv. 1790 (rue d'Astorg). — Delamarre, t. 4, p. 196 et s.

7129. — Dans les faubourgs et les traverses de routes, le premier établissement du pavage était à la charge du roi; les revers devaient être entretenus par les riverains jusqu'à ce qu'ils eussent fait exécuter à leurs frais par l'entrepreneur un pavage neuf. Ils étaient alors reçus à l'entretien (Ord. bureau finances, 5 avr. 1785).

7130. — Malgré ces textes nombreux, certains auteurs ont mis en doute l'existence de l'ancien usage mettant les frais d'établissement du premier pavage à la charge des riverains. Davenne notamment (*Lois sur la voirie*, t. 1, p. 194), se prévaut de plusieurs arrêts du Parlement des 14 août 1566, 17 juin 1588, 19 mai 1590, qui font supporter cette dépense « soit par le seigneur haut justicier, soit par le seigneur censier, pour soutenir que les anciens règlements avaient laissé la question tout à fait indécise ». Cette opinion est aujourd'hui complètement abandonnée.

7131. — En résumé, voici les différents textes dans lesquels on trouve la législation relative au pavage dans la ville de Paris (Lettres patentes, 5 avr. 1399; Ord. 14 juin 1510, 29 mars 1754, 27 juin 1760; Arr. Cons., 30 avr. 1772, 2 août 1774, 27 avr. 1779; Déclar. du roi, 10 avr. 1783; Ord. bureau finances, 5 avr. 1785; Arr. Cons., 30 déc. 1785).

7132. — Quant aux villes de province, voici, d'après les visas des arrêts du Conseil d'État, celles où les règlements administratifs mettaient les frais du pavage à la charge des propriétaires riverains. — Angers (Lett. pat., févr. 1474) — Bar-le-Duc (Ord. des ducs de Lorraine, 31 déc. 1700, 31 oct. 1701, 15 mai 1702; Ord. de police, 16 nov. 1711; Délibérations de l'Hôtel-de-Ville du 26 mars 1737 et de 1771) — Bordeaux (Ord. du bureau des finances des 29 avr. 1712, 1er juin 1759, 24 janv. 1770, 15 avr. 1783; Arr. du Parlement, 29 août 1760) — Le Mans (Ord. 1er sept. 1825, reconnaissant l'existence d'un usage remontant à 1583, 1633, 1741 et 1756 et mettant les deux tiers du premier pavage à la charge des riverains) — Lille (Résolution de l'ancien magistrat de Lille, 20 déc. 1675 et 13 mars 1683; Ord. 22 mars 1687 et 25 avr. 1722) — Limoges (Ord. 7 nov. 1821 re-

connaissant l'ancien usage) — Lisle (Tarn) (Délib. du conseil municipal de 1731 et 1740) — Loudun (V. textes visés dans Cons. d'Et., 2 mars 1839) — Mâcon (Délib. du conseil municipal de 1792 et 1793) — Marseille (Ord. des intendants de Provence des 12 févr. 1675, 14 févr. 1691, 15 nov. 1712, 6 août 1781, 5 oct. 1782, 30 nov. 1782, 23 nov. 1784) — Mézières (Décr. 7 août 1810 inséré au *Bull. des Lois*) — Moulins (Ord. de l'intendant, 7 déc. 1720) — Nantes (Arr. Cons., 22 avr. 1721) — Nevers (Règl. comm., 18 juin 1839 rappelant l'ancien usage) — Nîmes (Jug. prés., 17 avr. 1685 rappelé par le règlement municipal 14 vent. an X) — Rodez (Arr. préf., 8 prair. an XIII reconnaissant l'ancien usage) — Roubaix (Ord. du lieutenant-général gouverneur du bailliage de Lille, 5 juin 1747) — Rouen et autres villes de sa généralité (Ord. du bureau des finances, 10 juin 1701, 22 mars 1715) — Vannes (Délib. du corps municipal, 2 nov. 1780, 10 et 15 mars 1790) — Saint-Etienne (V. textes visés dans Cons. d'Et., 30 juin 1894, [Leb. chr., p. 453]

7133. — La loi des 19-22 juill. 1791, en maintenant provisoirement en vigueur les anciens règlements de voirie, semblait n'avoir rien changé aux obligations des riverains concernant le pavage, quand intervint la loi du 11 frim. an VII, dont l'art. 4 dispose que les dépenses communales comprennent celle : 1° de l'entretien du pavé pour les parties qui ne sont pas grandes routes. A la suite de cette loi, quelques communes émirent la prétention d'exécuter elles-mêmes les travaux de pavage, tout en faisant supporter la dépense par les riverains, qui se trouvaient ainsi privés du droit qu'ils avaient jusqu'alors d'exécuter eux-mêmes les travaux. Alors s'élevèrent des contestations sur l'existence même de la dette des propriétaires. On se demanda si la loi du 11 frim. an VII avait abrogé les anciens usages et mettait dans tous les cas la dépense du pavé à la charge des communes.

7134. — Le Conseil d'État, consulté, donna, le 3 mars 1807, l'avis suivant : « Le Conseil d'État, sur le renvoi qui lui a été fait par S. M. l'empereur et roi du rapport de son ministre de l'Intérieur, en date du 21 janvier dernier, par lequel le ministre demande qu'il soit statué sur la question de savoir si, dans toutes les communes, le pavé des rues non grandes routes doit être mis à la charge des propriétaires ou maisons qui les bordent, lorsque l'usage l'a ainsi établi, et si l'art. 4 de la loi du 11 frim. an VII n'y apporte pas d'obstacle, estime que la loi du 11 frim. an VII, en distinguant la partie du pavé des rues à la charge de l'État de celle à la charge des villes, n'a point entendu régler de quelle manière cette dépense serait acquittée dans chaque ville; et qu'on doit continuer de suivre à ce sujet l'usage établi pour chaque localité, jusqu'à ce qu'il ait statué, par un règlement général, sur cette partie de la police publique; en conséquence, que dans les villes où les revenus ordinaires ne suffisent pas à l'établissement, restauration ou entretien du pavé, les préfets peuvent en autoriser la dépense à la charge des propriétaires, ainsi qu'il s'est pratiqué avant la loi du 11 frim. an VII ». Cet avis, approuvé par l'empereur le 25 mars 1807, a été inséré au *Bulletin des Lois*, dans les formes prévues pour les avis interprétatifs des lois.

7135. — L'interprétation donnée par le Conseil d'État a été tout d'abord vivement critiquée. On soutenait qu'il avait excédé les limites de l'interprétation demandée. La loi du 11 frim. an VII ne parlait que de l'entretien du pavé, il n'appartenait pas au Conseil de statuer sur les frais d'établissement ou de restauration. De plus, ajoutait-on, il donnait force légale à des règlements municipaux, qui n'étaient établis sur aucun principe législatif et qui variaient suivant les localités; il méconnaissait les principes du droit en mettant à la charge des riverains une dépense qui incombait autrefois aux seigneurs justiciers comme compensation des droits de voirie et qui, depuis la Révolution, avait déjà passé entre les mains des communes. On soutenait encore qu'il était injuste de faire supporter par quelques habitants seulement une dépense dont profitaient également tous les autres. Enfin, depuis la charte, on prétendait que cette charge constituait un impôt illégal. Un décret ne pouvait créer un impôt. Or les lois du 28 avr. 1816 et du 18 mai 1818, en cas d'insuffisance des recettes communales, n'autorisaient que l'établissement d'une imposition extraordinaire portant sur tous les contribuables de la commune. — Rennes, 9 avr. 1835, Lebreton. — Daubenton, *Voirie*, p. 230; Garnier, *Chemins*, p. 344; Davenne, *Voirie*, p. 197; Gaudry, *Dom. publ.*; Dufour, t. 4, n. 3083; Macarel, t. 2, p. 341; Fleurigeon, *Voirie*, v° *Pavage*.

7136. — On a répondu à ces diverses critiques en citant le rapport adressé par le ministre de l'Intérieur au Conseil d'Etat en lui demandant son avis : « La loi de frim. an VII », disait-il, « détermine positivement quelle portion du pavé des villes est à la charge de l'Etat et quelle autre est à la charge des villes : mais elle ne va point au delà. On ne doit rien induire de plus de ses dispositions et surtout on ne peut pas en conclure que le législateur ait eu l'intention de renvoyer exclusivement la dépense du pavé sur la caisse municipale. Une telle disposition eût été contraire aux règles de justice : car presque partout les propriétaires des maisons sont, comme on l'a dit, chargés de cette dépense dans une proportion plus ou moins forte : ils ont dû, par conséquent, réduire du montant de cette servitude le montant de leurs acquisitions. Or si on faisait aujourd'hui de cette même servitude une charge commune à tous les habitants d'une ville, ce serait faire un présent aux propriétaires des maisons avec la bourse de ceux qui ne le sont pas. Ensuite cette disposition eût rencontré de grands obstacles dans son exécution. En effet les caisses municipales, essentiellement dans les villes principales, ne suffiraient pas à cette dépense. On n'a donc pas eu l'intention d'intervertir et l'on n'a pas interverti, par la loi de frimaire an VII, l'ancienne jurisprudence ; elle consistait à suivre les usages admis dans chaque localité : ici, c'est la ville qui fournit les matériaux, les propriétaires la main-d'œuvre : ailleurs la distribution est toute différente. Les nombreux règlements d'administration publique ne présentent rien d'uniforme en ce point : ils s'accommodent aux besoins et aux ressources de chaque localité ». D'autre part, la dépense du pavage n'est pas un véritable impôt. C'est une charge de voirie établie en compensation des avantages tout particuliers que les propriétaires riverains retirent du voisinage de la rue. C'est une sorte d'indemnité de plus-value réclamée aux propriétaires, laquelle peut être établie par décret (L. 16 sept. 1807, art. 30). Au surplus, en admettant que le décret de 1807 eût créé un impôt, il n'a pas été annulé comme inconstitutionnel par le Sénat. — Proudhon, *Dom. publ.*, t. 1, n. 347 ; Féraud-Giraud, *Charges de voirie*, t. 2, p. 10 et s. ; Favart de Langlade, *Rép.*, v° *Pavé* ; Tarbé de Vauxclairs, *Dict.*, v° *Pavage* ; Husson, *Tr. publ.*, t. 2, p. 497 ; Gillon et Stourm, *Voirie*, n. 300 et s. ; Blanche, *Dict. d'adm.*, vⁱˢ *Commune*, *Voirie urbaine* ; Béquet, *Rép.*, v° *Commune* ; des Cilleuls, *Voirie urb.*, p. 433.

7137. — La jurisprudence tant du Conseil d'Etat que la Cour de cassation ne tarda pas à s'affirmer dans le sens de la légalité du décret de 1807. — Cass., 17 mars 1838, Coignes, [S. 38.1.369, P. 38.1.437] — Cons. d'Et., 18 avr. 1816, Harpé, [S. chr., P. adm. chr.] ; — 3 janv. 1834, Cognet, [P. adm. chr.] ; — 20 févr. 1835, Nodler, [S. 35.2.504, P. adm. chr.] ; — 2 janv. 1838, Laforge, [P. adm. chr.] ; — 2 mars 1839, Vinie, [S. 40.2. 45, P. adm. chr.] ; — 15 avr. 1843, Houdet, [P. adm. chr.] ; — 23 juin 1846, Leblais, [P. adm. chr.]

7138. — Cette jurisprudence reçut enfin une nouvelle consécration législative de la loi du 18 juill. 1837, dont l'art. 44 prévoyait l'établissement de taxes particulières dues par les habitants en vertu d'usages locaux, et surtout de la loi de finances du 20 juill. 1837 (art. 17), qui est ainsi conçu : « continuera d'être faite, pour 1838, au profit des communes, la perception des taxes et frais de pavage des rues, dans les villes où l'usage met ces frais à la charge des propriétaires riverains » dispositions combinées de la loi du 11 frim. an VII et du décret de principe du 25 mars 1807). Cette disposition, introduite pour la première fois dans les lois de finances, n'a plus cessé depuis cette époque d'y figurer.

7139. — Quelques années après, la loi du 25 juin 1841 (art. 28) confirmait encore le droit des villes de percevoir les taxes de pavage en leur permettant d'enlever aux propriétaires le droit de faire exécuter eux-mêmes les travaux.

7140. — Enfin, le décret du 26 mars 1852 (art. 8) dispose que les propriétaires riverains des voies publiques empierrées supporteront les frais de premier établissement des travaux, d'après les règles qui existent à l'égard des propriétaires riverains des rues pavées. On sait que les dispositions de ce décret, spécial à la ville de Paris, peuvent être appliquées par des décrets en Conseil d'Etat à toutes les communes qui en font la demande.

§ 2. Assiette de la taxe.

1° Par qui et comment elle est établie.

7141. — Le pavé étant un accessoire de la voie publique, c'est à l'autorité qui a dans ses attributions l'administration de cette voie qu'il appartient d'apprécier l'utilité, la nécessité du pavage, d'en ordonner l'exécution et de déterminer le mode et les conditions de ce travail. — Cons. d'Et., 15 avr. 1843, Houdet, [P. adm. chr.] ; — 18 août 1849, Brossard, [P. adm. chr., D. 50.3.8] — *Sic*, Féraud-Giraud, n. 373 ; Husson, n. 875.

7142. — Le conseil municipal, en ordonnant le pavage, n'est pas obligé de mettre les frais à la charge des riverains. Ce n'est jamais qu'une faculté pour lui. Il peut décider que toute la dépense sera imputée sur les ressources de la commune. Il pourrait même recourir à une imposition extraordinaire.

7143. — Les travaux de pavage devant nécessairement se faire sur la voie publique, et par suite étant susceptibles d'entraver la circulation, ne peuvent en principe être exécutés que sur l'ordre de la commune. Il a été décidé qu'un propriétaire commettait une contravention en exécutant sans autorisation un pavage au-devant de sa propriété. — Cass., 1ᵉʳ juill. 1848, Portois, [S. 48.1.750, D. 48.5.374] — *Sic*, Féraud-Giraud, n. 373 ; Husson, n. 875.

7144. — D'autre part, lorsque l'exécution du pavage a été prescrite, conformément aux anciens usages, par l'autorité compétente, le refus par les propriétaires riverains d'obtempérer à cette injonction constitue une contravention. — Cass., 17 mars 1838, Coignes, [S. 38.1.369, P. 38.1.437]

7145. — Si la ville peut prescrire l'exécution du pavage, elle peut également en ordonner la suppression et le remplacement par une banquette en terre ou par tel autre mode de revêtement, sans que les propriétaires riverains puissent réclamer aucune indemnité. — Cons. d'Et., 5 mars 1875, de Villiers, [S. 76.2.342, P. adm. chr., D. 76.3.2]

7146. — De même, un propriétaire ne peut fonder une demande en réduction sur ce que la ville aurait dû, au lieu d'ordonner l'établissement d'un pavage en pavés d'échantillon, prescrire la confection d'un trottoir en pavés refendus ou tel autre mode plus économique. — Cons. d'Et., 29 déc. 1859, Saint-Salvi, [P. adm. chr.]

7147. — Les travaux de pavage ne doivent pas, nécessairement et à peine de nullité, être précédés d'une enquête. — Cons. d'Et., 18 août 1849, précité.

7148. — L'intervention du conseil municipal est nécessaire tant pour décider les travaux que pour en mettre la dépense à la charge des riverains. Il est vrai qu'il a été décidé qu'un préfet n'excédait pas ses pouvoirs en approuvant un rôle répartissant des taxes de pavage entre les habitants, sans que le conseil municipal eût été appelé à donner son avis. Mais cette décision ne serait évidemment plus rendue aujourd'hui que les pouvoirs des conseils municipaux ont reçu une notable extension. — Cons. d'Et., 17 mai 1813, Bourge, [S. chr., P. adm. chr.] — Proudhon, *Dom. publ.*, n. 349 ; Garnier, *Chemins*, p. 346 ; Isambert, *Voirie*, n. 813 ; Cormenin, *Questions*, v° *Voirie*, § 2.

7149. — Il n'est cependant pas nécessaire de reproduire les textes mêmes de la délibération du conseil municipal quand, par suite d'un cas de force majeure, elle a disparu mais que l'existence en est établie. — Cons. d'Et., 26 déc. 1879, Mesquite et Cottin, [Leb. chr., p. 845]

7150. — Les travaux de pavage procurant de grands avantages aux propriétés riveraines, il intervient souvent entre les propriétaires et les communes des conventions aux termes desquelles les premiers s'engagent à contribuer soit au premier établissement seulement, soit aussi à l'entretien du pavé. De telles conventions constituent des offres de concours et, en pareil cas, les propriétaires ne sont plus tenus des frais du pavage en vertu des anciens usages et de la loi du 25 juin 1841, mais en vertu de leur engagement. — Cons. d'Et., 16 juill. 1886, Chavanne, [S. 88.3.27, P. adm. chr., D. 87.3.120]

7151. — Il s'ensuit que s'ils ont à contester l'existence ou l'étendue de leur obligation, ils devront le faire dans les formes prescrites pour les affaires de travaux publics et non dans les formes spéciales aux réclamations en matière de contributions directes. — Cons. d'Et., 1ᵉʳ mai 1891, Mélet, [S. et P. 93.3.51]

7152. — Quand une voie publique est ouverte sur des terrains qui ont fait l'objet d'un contrat d'échange entre une ville

et les riverains, et que le contrat ne contient pas une renonciation expresse de la ville à son droit d'établir des taxes de pavage, les riverains sont tenus de supporter celles-ci. — Cons. d'Et., 26 mars 1892, Ville de Paris, [Leb. chr., p. 325]; — 8 avr. 1892, Godeau, [S. et P. 94.3.29]

7153. — De même, le riverain qui, en concourant à l'établissement d'une rue, n'a fait aucune réserve au sujet des dépenses d'entretien, ne peut se fonder sur ce concours pour se dispenser d'acquitter les taxes d'entretien qui lui sont imposées conformément à l'usage local. — Cons. d'Et., 30 déc. 1869, Martin, [Leb. chr., p. 1024]

7154. — Au contraire, lorsqu'une rue a été construite par un propriétaire sur des terrains à lui appartenant et cédée par lui à une commune, à charge pour celle-ci de l'entretenir en bon état de viabilité, la juridiction administrative, compétente pour interpréter le sens et la portée de cette offre de concours, estime que les riverains sont affranchis de toute dépense relative au pavage. — Cons. d'Et., 2 août 1870, Jarsain, [Leb. chr., p. 972]; — 27 mai 1887, Ville de Bordeaux, [D. 89.3.96]

7155. — Si le propriétaire fonde son refus de payer les taxes de pavage sur les termes du contrat par lequel la commune lui a vendu son terrain, comme il s'agit d'un contrat de droit commun, la juridiction administrative doit surseoir à statuer jusqu'à ce que l'autorité judiciaire ait interprété le contrat. — Cons. d'Et., 10 févr. 1865, Bayeux, [S. 65.2.360, P. adm. chr.]; — 4 févr. 1869, Dassier, [Leb. chr., p. 99]; — 26 nov. 1869, Jolly, [S. 70.2.314, P. adm. chr.]; — 26 janv. 1870, Huré, [Leb. chr., p. 22]

7156. — Lorsque des particuliers sont autorisés conjointement à ouvrir une rue sur des terrains qui leur appartiennent, ils sont tenus des frais du premier pavage solidairement. — Cons. d'Et., 17 déc. 1841, Lebobe et Soyer, [P. adm. chr.]

7157. — L'offre de concours souscrite par un propriétaire est une obligation personnelle, qui, en cas de vente de l'immeuble, ne passe pas à l'acquéreur de plein droit. — Cons. d'Et., 16 juill. 1886, Chavanne et autres, [S. 88.3.27, P. adm. chr., D. 87.3.120]

7158. — Quand une ville a porté sur le rôle, par application des anciens usages, des riverains qui étaient tenus envers elle en vertu d'engagements particuliers, d'une offre de concours ou d'un contrat de vente, et qu'en première instance elle s'est placée sur ce terrain, elle ne peut en appel transformer le caractère du procès et faire valoir ses autres titres de créance. — Cons. d'Et., 27 avr. 1883, Piatier, [D. 84.3.123]

2° *Conditions auxquelles est subordonné l'établissement de la taxe de pavage.*

7159. — A défaut de conventions amiables passées avec les propriétaires, la commune peut décider qu'elle mettra la dépense à leur charge. Mais cette faculté est subordonnée à deux conditions par un décret du 25 mars 1807 : l'existence d'un ancien usage et l'insuffisance des ressources ordinaires de la commune.

7160. — I. *Existence d'un ancien usage.* — C'est à l'autorité administrative qu'il appartient de déclarer l'existence de l'ancien usage. Il n'est pas nécessaire que cette reconnaissance soit préalable à la délibération du conseil municipal tendant à réclamer les frais du pavage aux riverains. — Cons. d'Et., 16 déc. 1852, Crouzet et Turle, [P. adm. chr.]

7161. — En pratique on procède de la manière suivante : le conseil municipal délibère sur la proposition du maire, il est procédé à une enquête dans les formes prescrites par l'ordonnance du 23 août 1835; le conseil municipal délibère à nouveau sur les réclamations qui ont pu se produire au cours de l'enquête; puis le maire déclare l'existence de l'usage et le préfet approuve cette décision en déclarant l'existence de l'usage et en le rendant exécutoire contre les riverains. — Davenne, p. 187; Husson, n. 873; Féraud-Giraud, n. 374; Dufour, t. 7, n. 501; Daubenton, art. 192; Gillon et Stourm, n. 302, p. 281; Cotelle, t. 3, n. 225.

7162. — D'après la jurisprudence de la Cour de cassation, l'obligation n'existe à la charge des riverains que quand ces formalités sont remplies, ou tout au moins quand il y a eu une délibération du conseil municipal approuvée par le préfet. — Cass., 17 mars 1838, Coignes, [S. 38.1.369, P. 38.1.441] — Trib. Confl., 26 août 1835, annulant un arrêt de la cour de Rennes, 9 avr. 1835, Lebreton, [P. adm. chr.]

7163. — De quelle voie de recours cet arrêté préfectoral est-il susceptible? La jurisprudence du Conseil d'Etat a varié sur ce point. Au début elle considérait que ces actes ne pouvaient être attaqués que devant le ministre de l'Intérieur, sauf recours au Conseil d'Etat. — Cons. d'Et., 17 mai 1813, Bourge, [S. chr., P. adm. chr.]

7164. — D'autre part, la juridiction administrative n'admettait pas les contribuables à discuter, à l'occasion de la perception de la taxe et dans leurs demandes en décharge, les actes administratifs qui avaient déclaré l'existence de l'ancien usage. Elle se bornait à les appliquer. — Cons. d'Et., 16 déc. 1852, Crouzet, [P. adm. chr.] — Trib. Confl., 26 août 1835, précité; — 2 janv. 1838, Laforge, [P. adm. chr.]; — 2 mars 1839, Vinée, [S. 40.2.45, P. adm. chr.] — V. *Rép. gén. du dr. fr.*, v° *Conseil de préfecture*, n. 201.

7165. — Mais on reconnut peu à peu que le juge de la taxe devait être juge de sa légalité et que, dans l'espèce, la légalité de la taxe étant subordonnée à l'existence d'un ancien usage, il fallait reconnaître au conseil de préfecture le droit de s'assurer si les anciens usages invoqués existaient réellement, alors même que cette existence aurait été proclamée par un arrêté préfectoral. — Cons. d'Et., 16 déc. 1852, Crouzet, [P. adm. chr.]; — 12 janv. 1860, Fisson, [P. adm. chr.]; — 4 mars 1863, Ville du Mans, [Leb. chr., p. 263]; — 8 août 1865, Commune de Fontenay-aux-Roses, [S. 66.2.168, P. adm. chr., D. 66.3.28] — La décision de 1860 a même annulé l'arrêté du conseil de préfecture comme ayant méconnu l'étendue de sa compétence.

7166. — Cette jurisprudence est vivement critiquée par M. des Cilleuls (*Voirie urbaine*, p. 446). Cet auteur se base sur ce que les conseils de préfecture ne sont juges que des réclamations relatives à l'assiette et non à l'existence même des taxes. La légalité de la taxe, c'est-à-dire la question de savoir si elle est autorisée par la loi de finances, ne peut être discutée que devant les tribunaux judiciaires dont la compétence à cet égard a été établie depuis 1814 par la disposition finale des lois de finances. Ces critiques ne nous paraissent pas fondées. La disposition finale des lois de finances donne, il est vrai, aux contribuables la double garantie d'une action criminelle en concussion et d'une action civile en répétition pour les taxes illégales, mais s'ensuit-il qu'elle ait entendu leur interdire la voie de recours la plus rapide, la plus économique et les empêcher de soumettre le grief d'illégalité au juge de droit commun de la taxe? Assurément non. Au surplus, la jurisprudence et la doctrine sont d'accord pour condamner le système soutenu par M. des Cilleuls.

7167. — Toutefois, la compétence du conseil de préfecture ne peut s'exercer qu'à l'occasion d'une demande en décharge de la taxe. Il a été jugé qu'il ne lui appartenait pas, sur renvoi de l'autorité judiciaire, de fixer le sens et de déterminer la portée des anciens usages et de déclarer l'insuffisance des recettes ordinaires portées au budget communal. En pareils cas, c'est à l'autorité administrative qu'il faut s'adresser, sauf recours au Conseil d'Etat. — Cons. d'Et., 6 août 1886, Gauthier, [S. 88.3.30, P. adm. chr., D. 87.3.113]

7168. — La conséquence de la nouvelle jurisprudence est que c'est aux communes qu'il appartient de justifier de l'existence de l'usage qu'elles invoquent. Les autorités municipales devront donc, en réclamant des taxes de pavage, avoir soin de viser les anciens règlements sur lesquels elles s'appuient. — Cons. d'Et., 1er févr. 1866, Ville de Lunel, [Leb. chr., p. 71]; — 19 déc. 1867, Dentend, [Leb. chr., p. 933]; — 16 mars 1870, Chailly, [Leb. chr., p. 290]; — 27 nov. 1874, Commune de Vincennes, [D. 75.5237]

7169. — L'annexion d'une commune à une autre rend applicable aux habitants de la première les anciens usages qui existent dans la seconde. C'est ce qui a été jugé au sujet des communes urbaines qui ont été annexées à la ville de Paris par la loi du 16 juin 1859. — Cons. d'Et., 10 févr. 1865, Bayeux, [S. 65.2.360, P. adm. chr.]; — 22 août 1868, Basquin, [S. 69.2.342, P. adm. chr.]; — 23 janv. 1880, Cottin, [Leb. chr., p. 88]; — 11 nov. 1891, Delaperche, [Leb. chr., p. 668]; — 26 mars 1892, Ville de Paris, [Leb. chr., p. 325]

7170. — II. *Insuffisance des ressources ordinaires de la commune.* — La seconde condition pour que la dépense puisse être mise à la charge des riverains, c'est qu'il y ait insuffisance des ressources ordinaires de la commune pour suffire à cette dépense. Mais quand y a-t-il insuffisance des ressources ordinaires? Qui va déclarer cette insuffisance? Quels sont à cet égard les pouvoirs respectifs de l'administration active et de la juridiction administrative?

7171. — Sur cette question le Conseil d'Etat a opéré une évolution de jurisprudence analogue à celle que nous avons signalée pour la reconnaissance de l'usage. Il semble à la lecture des premiers arrêts que l'autorité administrative ait eu seule qualité pour déclarer l'insuffisance des revenus et que les contribuables n'aient pas été admis à contester cette déclaration par la voie contentieuse. — Cons. d'Et., 24 juill. 1845, de Ribbes et Collin, [P. adm. chr.]; — 9 mars 1853, Raoul, [S. 53.2.729, P. adm. chr.]; — 14 avr. 1853, Ville de Paris, [P. adm. chr.]; — 28 déc. 1853, Bourse, [P. adm. chr.]; — 23 févr. 1854, Giverne, [P. adm. chr.]

7172. — Cette opinion était enseignée par Dufour (t. 4, n. 3083) et elle est encore soutenue par M. des Cilleuls (*Voirie urbaine*, p. 443 et s.), qui critique assez vivement la jurisprudence nouvelle du Conseil d'Etat. Celle-ci est au contraire défendue par Féraud-Giraud (*Voirie*, t. 4, p. 371). — Av. Com. int., 17 déc. 1823. — Blanche, *Dict. d'adm.*, v° *Commune*, p. 412, et v° *Voirie*.

7173. — Le revirement de jurisprudence dont nous parlons, et qui a admis les propriétaires taxés à contester l'insuffisance des revenus des communes s'est opéré en 1856 et depuis, le Conseil d'Etat est demeuré ferme dans cette ligne. En effet, quelles qu'aient pu être les obligations du propriétaire et des communes sous l'ancien régime, il est certain que l'avis interprétatif du 25 mars 1807, qui a force de loi, a subordonné le droit des communes de rejeter la charge du pavage sur les riverains à la condition de l'insuffisance des ressources de la commune; la loi du 12 frim. an VII implique que la dépense du pavage est en principe une charge communale, et que les riverains n'en sont tenus qu'exceptionnellement. Ils sont donc recevables à soutenir que la commune qui leur réclame une taxe n'est pas dans l'exception. — Cons. d'Et., 17 avr. 1856, Chollet, [S. 57.2.452, P. adm. chr.]; — 31 août 1863, Lecoq, [P. adm. chr., D. 64.3.9]; — 12 févr. 1867, Ville de Nîmes, [Leb. chr., p. 162]; — 28 avr. 1869, Ville de Nantes, [S. 70.2.168, P. adm. chr., D. 71.3.2]; — 6 août 1886, précité; — 23 mars 1888, Leroux, [D. 89.5.354]

7174. — Cette appréciation des ressources de la commune ne peut évidemment se faire que par l'étude des budgets et comptes, qui devront être produits. En faisant cet examen, la juridiction administrative ne s'immisce nullement dans le règlement du budget. — Cons. d'Et., 31 août 1863, précité; — 8 août 1865, précité; — 12 févr. 1867, précité; — 28 avr. 1869, précité.

7175. — A qui incombe le fardeau de la preuve? Le Conseil d'Etat l'avait mis d'abord à la charge des communes, qui devaient justifier de l'insuffisance de leurs ressources. — Cons. d'Et., 17 avr. 1856, précité.

7176. — Mais depuis, il a été décidé que c'était aux contribuables demandeurs en décharge à prouver que les revenus ordinaires étaient suffisants pour subvenir à la dépense. — Cons. d'Et., 21 juill. 1870, Carcenac, [P. adm. chr., D. 72.3.19]; — 14 nov. 1894, Delaperche, [Leb. chr., p. 667]

7177. — Il y a insuffisance des ressources ordinaires lorsqu'il est constaté par les budgets et comptes que la commune a dû recourir pour acquitter ses dépenses à la création de ressources extraordinaires. — Cons. d'Et., 25 juin 1875, Carpet, [S. 77.2.490, P. adm. chr., D. 76.3.5]

7178. — Pour déterminer l'insuffisance des ressources ordinaires de la commune, on ne doit tenir compte ni des centimes additionnels autorisés par des lois spéciales, ni des subventions données par l'Etat. — Cons. d'Et., 9 avr. 1886, Gaudin, [D. 87. 3.113]; — 6 août 1886, Gauthier Reybaud, [S. 88.3.30, P. adm. chr., D. 87.3.113]

7179. — En résumé, si le recouvrement des taxes de pavage est, d'une façon générale, autorisé chaque année par la loi budgétaire, la légalité de ces taxes, dans les villes et communes, est subordonnée à une double condition : l'insuffisance des ressources communales et l'existence d'un usage en vertu duquel l'établissement et l'entretien du pavage sont à la charge des propriétaires riverains. Le comptable chargé du recouvrement de la taxe a l'obligation de vérifier si le recouvrement des taxes de pavage a été autorisé par la loi budgétaire et si les rôles ont été régulièrement établis, mais il n'a pas à vérifier si les ressources de la commune étaient ou non suffisantes et s'il a toujours été d'usage de mettre le pavage à la charge des propriétés bordant les rues. Jugé, en ce sens, que l'art. 94, L. finances 15 mai 1818, reproduit dans toutes les lois de finances postérieures, en accordant au contribuable une action personnelle en répétition

contre tous les agents de perception, n'a eu en vue que la perception d'une taxe non autorisée, et il faut entendre par là uniquement une taxe qui n'aurait pas été votée et autorisée par les pouvoirs publics compétents, ni appliquée dans les formes prescrites avec les approbations de droit. Ainsi, le receveur municipal, qui a à recouvrer des taxes de pavage, n'est uniquement à rechercher si ces taxes ont été régulièrement autorisées par les lois de finances et comprises dans des rôles régulièrement établis; en procédant au recouvrement des taxes effectivement autorisées, il n'encourt aucune responsabilité personnelle de nature à donner lieu contre lui à une action en répétition (au cas de fausse application de la taxe sur les rôles). L'autorité judiciaire, qui en déciderait ainsi, ne méconnaît pas les règles de sa compétence. — Cass., 28 mars 1895, Delaperche et de Margerie, [S. et P. 95.1.217]

3° *Etendue de l'obligation des contribuables.*

7180. — Quelle est l'étendue de l'obligation des riverains? Existe-t-elle indistinctement pour toutes les voies publiques de la commune? A quelle nature de travaux s'applique-t-elle? Comment se répartit-elle entre les riverains?

7181. — La loi du 11 frim. an VII ne met à la charge des communes la dépense d'entretien du pavé que pour les rues non grandes routes. Il résulte de cette disposition que les riverains des routes nationales et départementales, même dans la traverse des villes, ne peuvent être passibles des frais du pavage; c'est à l'Etat ou au département que cette dépense incombe. Les riverains des routes ne sont pas plus tenus du pavage des revers que de celui des routes. Il n'en serait autrement qu'en vertu d'un usage formel. — Cons. d'Et., 10 févr. 1821, Calvimont et Dupérier, [P. adm. chr.]; — 28 nov. 1873, Ville de Nice, [Leb. chr., p. 861] — Sic, Solon, *Rép. gr. voirie*, t. 4, n. 39; Davenne, p. 1583; Féraud-Giraud, n. 370.

7182. — On s'est demandé si, en présence des termes de la loi du 11 frim. an VII, les frais du pavage pouvaient être réclamés aux riverains des rues de Paris, lesquelles font toutes partie de la grande voirie. M. Cotelle (*Cours de dr. admin.*, t. 3, n. 225) a répondu à cette objection de la manière suivante : « Quoique le pavé de la ville ait été considéré de tout temps comme soumis au régime de la grande voirie, sous le rapport du régime administratif et de la police de conservation, ce n'est pas un motif pour que l'Etat supporte la dépense de l'établissement et de l'entretien du pavé, à la décharge de la ville et de ses habitants. Paris est une ville d'exception sous le rapport de sa police; tout ce qui intéresse la viabilité en fait nécessairement partie et a été mis par les lois nouvelles dans les attributions du préfet de police. Mais Paris étant envisagé comme commune, ses charges municipales sont naturellement les mêmes que celles des autres villes. Aucune loi n'a établi d'exception à cet égard » (Féraud-Giraud, n. 375). — Cette opinion a été consacrée par les nombreux arrêts qui ont appliqué à Paris les anciens usages. — Cons. d'Et., 18 avr. 1816, Harpet, [Leb. chr., p. 47]

7183. — Il existait même à Paris et dans l'étendue de la généralité de Paris un ancien usage résultant des ordonnances du bureau des finances des 29 mars 1754, 30 avr. 1772 et 17 juill. 1781, qui mettait à la charge des propriétaires riverains les frais de réparation et d'entretien des revers des grandes routes jusqu'à ce que ces revers eussent été l'objet d'un pavage en pavé d'échantillon exécuté aux frais des riverains et eussent été reçus à l'entretien par la ville de Paris. — Des Cilleuls, *Voirie urbaine*, p. 421.

7184. — La loi du 11 frim. an VII ne parlant que des rues, il n'est fait appel à la contribution des riverains que pour le pavage des voies publiques situées dans l'agglomération. Ils ne seraient pas tenus du pavage d'un ancien chemin rural. Il a été jugé que le fait de l'annexion de communes suburbaines à une grande ville n'avait eu pour effet de donner le caractère de rues à toutes les voies de communication existant sur les communes annexées. — Cons. d'Et., 1er avr. 1869, Ville de Paris, [S. 70.2.167, P. adm. chr., D. 71.3.2]; — 11 mai 1870, Deguingand, [Leb. chr., p. 559]

7185. — Que faut-il décider à l'égard des traverses des chemins vicinaux? La loi du 8 juin 1864, qui a décidé que les traverses faisaient partie intégrante des chemins vicinaux et devaient être soumises au même régime que ces chemins, a eu pour objet de rendre la dépense d'entretien de ces portions de voie obliga-

toire pour la commune, à la différence des autres rues dont l'entretien est facultatif. Mais cette loi n'a pas eu pour effet de soustraire les traverses aux règles de la voirie urbaine. C'est dire que les anciens usages s'y appliquent et que les frais du pavage peuvent y être mis à la charge des riverains. — Cons. d'Et., 2 déc. 1881, Charriant, Descrambes et autres, [S. 83.3.39, P. adm. chr.]. — Sic, Guillaume, *Voirie urbaine*, p. 153.

7186. — Dans les ports maritimes, les frais du pavage des rues latérales aux quais peuvent être répartis conformément aux anciens usages, quand ces rues n'ont pas été classées comme traverses de routes nationales ou départementales. — Cons. d'Et., 27 mai 1887, Ville de Bordeaux, [D. 88.3.96]

7187. — Dans les villes où d'anciens usages mettent les frais du premier pavage à la charge des riverains, il n'y a pas à distinguer selon qu'il s'agit des revers ou de la chaussée; les usages s'appliquent indifféremment. Lors donc que des revers n'ont jamais été régulièrement pavés, la circonstance que la rue ellemême aurait été pavée depuis longtemps ne saurait les exonérer des frais d'établissement du pavé sur les revers. — Cons. d'Et., 19 mai 1865, Dames Augustines, [Leb. chr., p. 541]; — 3 août 1877, Cie des entrepôts, [Leb. chr., p. 757]; — 26 déc. 1879, Têtu et Pougin, [Leb. chr., p. 844]; — 5 mars 1886, Lauguellier, [S. 87.3.60, P. adm. chr.]; — 14 nov. 1891, Delaperche, [Leb. chr., p. 667]

7188. — Les anciens usages doivent être considérés comme s'appliquant aux boulevards, aux avenues plantées. Nous verrons toutefois qu'une jurisprudence équitable a tempéré la rigueur de cette obligation. — Cons. d'Et., 22 avr. 1857, France de Lorne, [S. 58.2.222, P. adm. chr., D. 58.3.18] — Il en est de même pour les places et carrefours.

7189. — Pour savoir quelle nature de travaux doit être supportée par les riverains, il faut consulter les anciens usages en vigueur dans chaque localité. Dans certaines communes, les propriétaires ne doivent que les frais de premier établissement : ailleurs ils doivent en outre payer les réfections, les réparations et l'entretien.

7190. — A Paris, où, en vertu des anciens usages, l'obligation des riverains est limitée aux frais du premier pavage, les propriétaires qui faisaient partie des communes annexées et qui avaient, avant l'annexion, exécuté un premier pavage, conformément aux usages de ces localités, ont été dispensés de contribuer à la réfection des ouvrages, alors même qu'ils n'étaient pas conformes aux travaux exigés par la ville de Paris. — Cons. d'Et., 23 nov. 1865, Trappe, [Leb. chr., p. 930]; — 17 avr. 1869, Sanson, [Leb. chr., p. 376]; — 3 juin 1869, Quesnot, [Leb. chr., p. 572]; — 21 juill. 1869, Noël, [Leb. chr., p. 695]; — 18 déc. 1869, Migeon, [Leb. chr., p. 983]; — 29 déc. 1870, Duval, [Leb. chr., p. 1114]; — 14 nov. 1879, Cie des Entrepôts, [Leb. chr., p. 678]. — 22 févr. 1884, Lempérière, [Leb. chr., p. 156]

7191. — Au contraire, ils devaient contribuer lorsqu'antérieurement au décret d'annexion, les voies publiques n'étaient ni pavées, ni même revêtues d'un simple blocage. — Cons. d'Et., 11 mai 1870, précité; — 9 mars 1888, Jacquemet, [Leb. chr., p. 237]

7192. — A Marseille, l'usage ne met la dépense des revers que pour moitié à la charge des riverains. — Cons. d'Et., 6 août 1886, Gauthier, [S. 88.3.30, P. adm. chr., D. 87.3.113] — A Bordeaux, la ville ne peut réclamer le pavage aux riverains que si déjà fait l'objet d'un blocage. — Cons. d'Et., 17 nov. 1894, Ville de Bordeaux, [Leb. chr., p. 614] — A Saint-Etienne, les riverains doivent supporter les frais de reconstruction. — Cons. d'Et., 30 juin 1894, Ville de Saint-Etienne, [Leb. chr., p. 453]

7193. — Chaque riverain doit, sur l'étendue de sa propriété, la dépense du pavage jusqu'au milieu de la rue. Cette règle ne soulève aucune difficulté quand l'opération se fait simultanément dans son ensemble. Que doit-on décider quand elle se fait successivement, quand, par exemple, on a laissé sans le paver un des revers de la rue ou que l'on vient à élargir la rue d'un seul côté. A Paris, une ordonnance du bureau des finances de la généralité de Paris, du 22 juin 1751, et des arrêts du Conseil des 4 mai 1734, 27 avr. et 27 août 1779, disposent en ces termes : « Ordonne en outre S. M. que ladite rue n'ayant actuellement de largeur que 14 pieds au lieu de 24 pieds qu'elle doit avoir par la suite, à mesure que les nouvelles façades se construiront suivant les alignements qui seront donnés par le bureau des finances, le pavé qui se fera ainsi pour remplir le vide des mai-

sons reculées sera payé moitié par les propriétaires des maisons reculées et moitié par les propriétaires des héritages situés visà-vis, chacun à proportion de sa devanture ». Cet usage fut appliqué d'abord par le Conseil d'Etat. — Cons. d'Et., 17 avr. 1856, Chollet, [S. 57.2.152, P. adm. chr.]; — 29 déc. 1859, Saint-Salvi, [P. adm. chr.]

7194. — Mais quelques années après survint un changement de jurisprudence fondé sur ce que les frais de premier établissement du pavage doivent être supportés par les particuliers, propriétaires des terrains et maisons bordant, chacun en droit soi en raison de la longueur de leurs héritages sur lesdites rues. Le Conseil d'Etat en déduit que chaque riverain ne doit supporter que les frais de premier pavage exécuté devant la moitié de la rue qui borde sa propriété. Cette nouvelle jurisprudence, inaugurée par une décision du 21 juill. 1864, Cottin, [S. 65.2.118, P. adm. chr, D. 65.3.52], a été confirmée ensuite par de nombreux arrêts. — Cons. d'Et., 16 déc. 1864, Dupuis, [Leb. chr., p. 1008]; — 14 janv. 1865, Pénicaud, [D. 65.3.52]; — 9 févr. 1865, Cie de l'Ouest, [Leb. chr., p. 164]; — 19 mai 1865, Dames Augustines, [Leb. chr., p. 541]; — 14 janv. 1869, Favard, [S. 70.2.32, P. adm. chr., D. 70.3.24,]; — 3 juin 1869, Binoche, [Leb. chr., p. 571]

7195. — Le Conseil d'Etat dut cependant revenir à sa première jurisprudence en présence des termes formels de l'arrêt du Conseil du 27 avr. 1779. C'est ce qu'il fit par ses arrêts des 5 mars 1875, de Villiers, [S. 76.2.342, P. adm. chr., D. 76.3.2]; — 6 août 1875, Guibert, [Leb. chr., p. 768]; — 18 févr. 1876, Cie de l'Ouest, [Leb. chr., p. 168]; — 5 mai 1876, Ville de Paris, [Leb. chr., p. 406]

7196. — Les propriétaires de maisons situées à l'angle de deux voies publiques doivent les frais du pavage de la partie du carrefour qui correspond à l'angle de leur maison. — Cons. d'Et., 21 juill. 1870, Carcenac, [S. 72.2.254, P. adm. chr., D. 72.3.19]

7197. — Nous avons dit que la jurisprudence avait atténué l'obligation des riverains dans un cas, celui où l'administration croit devoir donner à une rue une largeur exceptionnelle. Pour Paris on avait d'abord prétendu trouver dans des lettres patentes du 10 avr. 1783 la fixation d'un maximum de largeur de 30 pieds. Cette prétention des riverains fut repoussée. Une décision du Conseil d'Etat du 14 avr. 1853, Ville de Paris, [Leb. chr., p. 470], reconnut qu'une ordonnance avait pu valablement faire supporter le pavage d'une rue de 12 mètres de largeur. Puis il a été décidé que cette largeur de 12 mètres n'était pas non plus un maximum. — Cons. d'Et., 26 nov. 1875, Fournier, [Leb. chr., p. 939]

7198. — La jurisprudence actuelle est fondée sur la distinction suivante : la largeur exceptionnelle est-elle motivée par les besoins de la circulation, les riverains sont tenus de supporter intégralement les frais du pavage. C'est ainsi que le Conseil d'Etat a déclaré normales, eu égard aux besoins de la circulation, des largeurs de 13 mètres pour le boulevard de la reine Hortense, — Cons. d'Et., 26 nov. 1875, précité; — 18 mètres pour l'avenue Laumière, — Cons. d'Et., 6 janv. 1882, Portefin, [S. 83.3.53, P. adm. chr., D. 84.5.378] — 20 mètres pour les avenues de Ségur, de Suffren, Duquesne, Philippe-Auguste, — Cons. d'Et., 25 juin 1875, Ville de Paris, [S. 77.2.190, P. adm. chr., D. 76.3.5]; — 2 mars 1877, Ville de Paris, [S. 77.2.340, P. adm. chr., D. 77.3.49]; — 3 août 1877, Fayolle, [Leb. chr., p. 756]; — 2 août 1878, Accary et Derville, [Leb. chr., p. 773]; — 26 mètres pour l'avenue Latour-Maubourg, — Cons. d'Et., 1er juin 1877, Truchot, [Leb. chr., p. 507] — 30 mètres pour le boulevard Haussmann. — Cons. d'Et., 2 mars 1877, Ville de Paris, [S. 77.2.340, P. adm. chr., D. 77.3.49] ; — 17 janv. 1879, de Faviers, [Leb. chr., p. 10]

7199. — Au contraire la ville ne poursuit-elle, en donnant une largeur exceptionnelle aux voies publiques qu'elle construit ou élargit, qu'un but d'embellissement, elle ne peut prétendre faire supporter aux riverains la totalité de cette dépense. Ils doivent être exonérés de tout ce qui constitue un excédent sur la largeur normale. — Cons. d'Et., 23 mars 1850, Ville de Paris, [Leb. chr., p. 297]; — 26 juin 1856, Ville de Paris, [S. 57.2.398, P. adm. chr., D. 57.3.13]; — 24 févr. 1866, Albouy, [D. 66.3.105]; — 4 févr. 1869, Dassier, [Leb. chr., p. 99]; — 17 juill. 1874, Ville de Paris, [D. 76.3.2]; — 20 nov. 1874, Geoffroy-Château, [D. 76.3.4]; — 26 nov. 1875, Fournier, [Leb. chr., p. 939]; — 5 mai 1876, Ville de Paris, [D. 76.5.332] ; — 3 août 1877, précité; — 27 avr. 1883, Piatier, [S. 85.3.20, P. adm. chr., D.

84.3.123] ; — 1er déc. 1888, Ville de Paris, [Leb. chr., p. 907]

7200. — L'obligation des riverains comprend l'appropriation du sol à la réception du pavé, mais elle ne s'étend pas aux travaux de déblai ou de remblai nécessaires à la création des rues nouvelles et à leur raccordement avec des rues voisines. — Cons. d'Et., 14 avr. 1853, Place-Lafond, [Leb. chr., p. 470]

7201. — On a considéré comme travaux de premier pavage l'établissement de deux ruisseaux avec double revers pavé et empierrement au milieu de la rue. — Cons. d'Et., 23 juin 1846, Leblais, [S. 46.2.604, P. adm. chr.]

7202. — Il a été jugé que l'obligation du premier pavage entraînait celle du premier relevé à bout, travail qui se fait après le premier établissement pour rectifier le nivellement compromis par le premier tassement des terres (Arr. Cons., 1er sept. 1778). — Cons. d'Et., 18 mars 1813, Simon, [P. adm. chr.]

7203. — Certains auteurs (Garnier, p. 350 ; Husson, n. 807 ; Rousset, *Dict.*, vo *Pavage*, n. 277) contestent cette obligation. Un avis du conseil général des ponts et chaussées la reconnaît juste quand le pavé doit être établi sur remblai (6 août 1816). Davenne réduit la durée de l'obligation à deux ans (*Voirie*, p. 115 et 293).

7204. — A Paris, les lettres patentes du 30 déc. 1785 mettent à la charge des propriétaires tous les raccordements qu'ils auraient rendus nécessaires par des travaux effectués à leurs immeubles et par les fouilles tranchées ou dégradations provenant de leur fait. — Cons. d'Et., 22 févr. 1855, Cie de l'entrepôt des douanes, [Leb. chr.. p. 156]

7205. — Au contraire, si la réfection du pavé est rendue nécessaire par des travaux de viabilité ou autres effectués par l'administration, les riverains ne peuvent être tenus de participer à cette dépense. — Cons. d'Et., 18 mars 1813, précité ; — 13 déc. 1860, Maisonneuve, [P. adm. chr.] ; — 21 juill. 1869, Noël, [Leb. chr., p. 695]

7206. — Les riverains, tenus de supporter l'élargissement des rues, ne sont pas tenus de payer les frais d'élargissement des égouts ni de la pose des appareils d'éclairage. — Cons. d'Et., 6 août 1878, Ville de Paris, [Leb. chr., p. 809]

§ 3. Qui est imposable à la taxe de pavage.

7207. — La condition nécessaire pour être passible de la taxe de pavage est d'être riverain de la voie publique. L'obligation ne s'étend pas aux propriétaires des maisons qui seraient séparées de la rue par un terrain qui ne leur appartiendrait pas, fût-ce même par une bande de terrain retranchée de la voie par l'effet de l'alignement et sur laquelle ils pourraient, le cas échéant, exercer leur droit de préemption. — Cons. d'Et., 22 févr. 1849, Pellerin, [P. adm. chr.] ; — 22 avr. 1857, France de Lorne, [S. 58. 2.222, P. adm. chr., D. 58.3.18] ; — 7 mai 1875, de Biencourt, [S. 77.2.124, P. adm. chr., D. 76.3.2] ; — 4 juin 1875, de Gontaut Saint-Blancard, [S. 77.2.64, P. adm. chr., D. 76.3.4]

7208. — Mais est-il nécessaire que la propriété qui borde la rue soit bâtie ? En d'autres termes, n'y a-t-il que les propriétaires de maisons qui soient tenus de contribuer aux dépenses du pavage ? A Paris, tout au moins, les anciens usages n'établissent aucune distinction. — Cons. d'Et., 6 août 1878, Ville de Paris, [Leb. chr., p. 809]

7209. — A Bordeaux, les anciens usages imposaient les frais de premier pavage à tous les propriétaires dont les maisons sont bâties sur des terrains joignant la voie publique. Il n'y a donc pas lieu de distinguer suivant que ces maisons sont en bordure ou en retrait. — Cons. d'Et., 2 déc. 1881, Charriant, [Leb. chr., p. 947]

7210. — En tous cas, il faudrait considérer comme terrains bâtis ceux qui constituent une dépendance des habitations. — Cons. d'Et., 27 mai 1887, Ville de Bordeaux, [Leb. chr., p. 423]

7211. — Quand une maison est riveraine de la voie publique, il importe peu qu'elle soit en contre-haut ou en contre-bas. La dette reste la même. — Cons. d'Et., 22 avr. 1857, précité.

7212. — Le propriétaire de bâtiments ne communiquant avec une rue que par un passage dépendant de ces bâtiments est obligé d'acquitter les frais du pavage, à raison seulement du développement du passage sur la voie publique, et non à raison de la façade des bâtiments plus ou moins éloignés de cette voie. Si le passage ne dépendait pas des bâtiments, mais était grevé d'une servitude en leur faveur, les frais de pavage incomberaient à son propriétaire et non à celui des bâtiments,

à moins de convention contraire. — *Ecole des communes*, 1860, p. 162 ; Guillaume, *Voirie urbaine*, p. 47.

7213. — On s'est demandé si les compagnies de chemins de fer dont les lignes ou les bâtiments s'étendaient en bordure de rues dans la traverse des villes devaient être assujetties aux taxes de pavage comme les autres propriétaires riverains. La jurisprudence a résolu cette question par une distinction : s'agit-il de rues s'étendant le long des gares de voyageurs ou des voies ferrées, comme il s'agit de biens du domaine public, faisant partie de la grande voirie et n'ayant aucune communication avec les rues qu'ils longent, ils ne sont pas passibles de la taxe. — Cons. d'Et., 24 mai 1860, Chemin de fer d'Orléans, [P. adm. chr., D. 60.3.45] ; — 12 déc. 1861, Chemin de fer d'Orléans, [Leb. chr., p. 880]

7214. — Les bâtiments en bordure de la rue sont-ils au contraire des dépendances de l'établissement industriel de la compagnie, tels qu'une halle aux marchandises, les compagnies peuvent être assujetties aux frais de pavage. — Cons. d'Et., 28 juill. 1864, Chemin de fer de l'Est, [D. 65.3.57]

7215. — A qui incombe le paiement de la taxe ? Il est reconnu, depuis longtemps, que cette obligation est une charge réelle qui doit suivre l'immeuble entre les mains de ses divers détenteurs, sans qu'il soit nécessaire de la mentionner dans les contrats de vente, et que, dès lors, la taxe doit être réclamée au propriétaire apparent, sauf son recours contre le propriétaire qui sera définitivement reconnu. — Cons. d'Et., 3 janv. 1834, Cognet, [P. adm. chr.]

7216. — Il suit de là que, si la maison est vendue avant que la taxe soit payée, l'acquéreur est tenu de la payer à la place du vendeur. — Paris, 4 mars 1852, André, [D. 54.5.558] — Cons. d'Et., 20 févr. 1835, Nodler et Pivent, [S. 33.2.504, P. adm. chr.]

7217. — Cette jurisprudence avait donné lieu à des abus : des villes, après avoir fait exécuter des travaux de pavage, différaient la mise en recouvrement du rôle pendant plusieurs années. Il en résultait que les nouveaux propriétaires pouvaient se trouver surpris par l'invitation de payer une taxe toujours fort considérable. Touché par cette considération, le conseil de préfecture du département de la Seine a, par des arrêtés du 1er févr. 1870, Firmin-Didot ; 19 nov. 1873, Mothiau, et 3 févr. 1874, Tellier, adopté une nouvelle jurisprudence, d'après laquelle ce n'est pas celui qui est propriétaire au moment de la mise en recouvrement du rôle qui doit être imposé, mais celui qui est propriétaire au moment de l'achèvement des travaux de pavage. C'est cette exécution qui est la source de la créance de la commune. Quant au détenteur actuel, s'il peut être poursuivi, ce sera seulement dans les termes de la loi du 12 nov. 1808, sur les fruits provenant de l'immeuble. Nous n'admettons pas pour notre part cette dernière partie de ces arrêtés, ayant montré ailleurs que les communes ne peuvent invoquer à leur profit le privilège établi par la loi du 12 nov. 1808 en faveur du Trésor.

7218. — Quant à la première partie des arrêtés, malgré les critiques dirigées contre cette nouvelle jurisprudence par M. des Cilleuls (*Voirie urbaine*, p. 469), nous pensons qu'elle est à la fois équitable et juridique. Au surplus, elle a été consacrée par le Conseil d'Etat. — Cons. d'Et., 12 mai 1876, Ville de Paris, [S. 78.2.219, P. adm. chr., D. 76.3.81] ; — 14 nov. 1879, Ville de Gray, [S. 81.3.17, P. adm. chr., D. 80.3.34]

7219. — Si la personne à qui le paiement est réclamé conteste l'existence de la dette par le motif que la commune ou l'entrepreneur aurait déjà été désintéressé par le précédent propriétaire au moyen de la remise d'un billet hypothécaire, c'est aux tribunaux judiciaires qu'il appartient d'apprécier s'il y a eu paiement libératoire et novation. — Cons. d'Et., 4 janv. 1833, Nodler et Pivent, [P. adm. chr.]

7220. — Lorsqu'une maison riveraine d'une rue appartient par indivis à plusieurs propriétaires, chacun d'eux est passible, dans la proportion de son droit de copropriété, des frais de pavage afférents à l'immeuble. Quand une maison n'est pas indivise, mais appartient à diverses personnes dont chacune possède seule un étage, les frais de pavage doivent être répartis entre les propriétaires d'après la valeur respective de ces parties. — *Ecole des communes*, 1860, p. 162.

§ 4. Modes d'exécution des travaux de pavage.

7221. — Comment s'exécutent les travaux de pavage ? Sous l'ancien régime, c'était un droit pour les propriétaires riverains

d'exécuter eux-mêmes le travail à leur charge ou de le faire faire par des paveurs de leur choix. Ils n'étaient pas tenus de s'adresser à l'entrepreneur de l'entretien du pavé dans les communes où il y en avait un. La loi du 11 frim. an VII et le décret du 25 mars 1807 n'avaient rien changé à cette situation. Aussi, à défaut d'une disposition dans les anciens usages, autorisant expressément les communes à exécuter les pavages elles-mêmes, il était admis par la jurisprudence que les propriétaires devaient être mis en demeure de faire le travail et que l'exécution d'office ne pouvait avoir lieu régulièrement qu'après l'accomplissement de cette formalité. — Cons. d'Et., 16 déc. 1852, Crouzet et Turle, [Leb. chr., p. 623] — Proudhon, *Dom. publ.*, t. 1, n. 439; Dufour, t. 7, n. 503; Féraud-Giraud, *Les voies publiques et privées*, n. 376.

7222. — En pratique, le maire convoquait les propriétaires assujettis au pavage et les invitait à déclarer s'ils entendaient exécuter eux-mêmes les travaux sous la direction de l'architecte ou de l'agent voyer communal, ou s'ils voulaient les laisser faire par la commune en payant seulement la taxe. Chaque propriétaire devait signer sa déclaration dont il lui était donné acte. — Rousset, *Dict.*, v° *Pavage*, n. 274.

7223. — Cette faculté laissée aux riverains présentait de nombreux inconvénients. Notamment le pavage, fait de pièces et de morceaux, ne présentait l'uniformité nécessaire ni dans la qualité des matériaux ni dans la perfection de l'exécution. Aussi soumit-on de bonne heure les riverains au contrôle de l'autorité chargée de la voirie. Il fut décidé que les riverains n'étaient réputés s'être acquittés de leur obligation que lorsque le travail fait par eux avait été reconnu satisfaisant et reçu par l'entretien par les agents de la ville. — Cons. d'Et., 29 janv. 1839, Commaille, [P. adm. chr.] — Féraud-Giraud, n. 377; Husson, *Traité de la législation des travaux publics et de la voirie*, n. 875. — Les travaux mal exécutés étaient aux risques et périls du propriétaire.

7224. — L'exécution par les riverains présentait de tels inconvénients qu'en 1841 le législateur a donné aux communes le droit de faire exécuter seules les travaux quand elles le jugeraient utile. L'art. 28, L. 25 juin 1841, est ainsi conçu : « Dans les villes où, conformément aux usages locaux, le pavage de tout ou partie des rues est à la charge des propriétaires riverains, l'obligation qui en résulte pour les frais de premier établissement ou d'entretien pourra, en vertu d'une délibération du conseil municipal et sur un tarif approuvé par ordonnance royale, être convertie en une taxe payable en numéraire et recouvrable comme les cotisations municipales ». Depuis le décret du 25 mars 1852, c'est le préfet qui approuve le tarif de conversion.

7225. — Il résulte de cette disposition que le préfet ne peut agir d'office. Il faut que la conversion soit demandée ou consentie par le conseil municipal. La circulaire du 5 mai 1852 énumère les formalités à suivre : délibération du conseil municipal contenant le tarif de conversion; enquête dans les formes prescrites par l'ordonnance du 23 août 1835 ; nouvelle délibération du conseil municipal, discutant les réclamations qui se seraient produites au cours de l'enquête; avis des ingénieurs et du sous-préfet. L'arrêté du préfet qui approuve le tarif doit viser toutes ces pièces.

7226. — Le tarif de conversion, voté par le conseil municipal et approuvé par le préfet, doit correspondre au montant maximum probable des travaux par mètre appliqué à le prix des marchés en vigueur ou d'après la valeur habituelle des matériaux et de la main-d'œuvre, sans que la dépense réelle soit dépassée.

7227. — Dans les villes où il a été fait usage de la loi du 25 juin 1841 et dans les autres, quand les propriétaires ont renoncé à leur droit d'exécuter eux-mêmes le pavage, la commune le fait exécuter soit en régie, soit par un entrepreneur dans les formes prescrites par les travaux communaux. Il a été décidé toutefois que l'exécution de ces travaux ne devait pas nécessairement être précédée d'une enquête. — Cons. d'Et., 18 août 1849, Brossard, [P. adm. chr., D. 50.3.8] — Le projet des travaux doit seulement être soumis au conseil municipal.

7228. — Quand la ville fait exécuter des travaux de pavage par un entrepreneur, elle peut le charger de recouvrer les taxes ou bien se réserver ce droit. En tous cas, les riverains ne peuvent contester à la ville le droit de percevoir des taxes en invoquant une clause de la convention intervenue entre elle et l'entrepreneur et aux termes de laquelle elle devrait lui tenir compte

des recouvrements par elle effectués. — Cons. d'Et., 2 mars 1877, Ville de Paris, [S. 77.2.340, P. adm. chr., D. 77.3.49] ; — 1er juin 1877, Truchot, [Leb. chr., p. 507]

7229. — La ville doit en pareil cas rembourser à l'entrepreneur les sommes qu'elle a recouvrées. Mais comme c'est en vertu d'un marché de travaux publics qu'elle est débitrice de ces sommes, elle en doit les intérêts du jour où ils sont demandés. — Cons. d'Et., 6 août 1878, Ville de Paris, [Leb. chr., p. 809]

7230. — La commune est libre de choisir la nature des matériaux, à condition de ne pas aggraver par ce moyen les obligations normales des riverains. Elle peut donc substituer au pavage tel autre mode de revêtement du sol qui lui convient. — Cons. d'Et., 20 déc. 1861, Bompois, [S. 36.2.306, P. adm. chr.]; — 19 mai 1863, Dames Augustines, [Leb. chr., p. 341]; — 22 août 1868, Basquin, [S. 69.2.342, P. adm. chr.]

7231. — Si la ville a rendu les obligations des riverains plus onéreuses en changeant les dispositions de la rue, ils doivent obtenir réduction de ce surcroît de charge. — Cons. d'Et., 2 juin 1864, Chave, [Leb. chr., p. 546]

7232. — Si, au contraire, la taxe réclamée n'excède pas le prix d'un simple pavage, le riverain ne peut se plaindre de ce qu'on ait employé des matériaux autres que le pavé. — Cons. d'Et., 25 avr. 1891, d'Erceville, [S. et P. 93.3.48, D. 92.3.102]

7233. — Le conseil de préfecture est compétent pour connaître des contestations que les riverains soulèvent sur le coût et la bonne exécution des travaux. — Cons. d'Et., 15 avr. 1813, Houdet, [P. adm. chr.]

7234. — Lorsque sur l'emplacement du pavage à exécuter il existe un pavage exécuté par le riverain, mais non reçu par la ville, il y a lieu de le sommer d'enlever les matériaux qui lui appartiennent. A défaut d'enlèvement dans le délai prescrit, cette opération a lieu d'office à ses frais par les soins de l'administration. Les frais d'enlèvement et de transport peuvent être prélevés par la ville. — Cons. d'Et., 9 mars 1853, Cormerais, [Leb. chr., p. 288]

7235. — Si les vieux matériaux sont susceptibles de réemploi, on les fait entrer en déduction de la taxe comme matériaux neufs après déduction des frais de retaille et de déchet. En principe, l'emploi des vieux pavés doit être réparti également sur les surfaces à la charge de la ville et sur celles à la charge des riverains. Le Conseil admet qu'il puisse s'établir des compensations de ce chef. — Cons. d'Et., 1er déc. 1849, Audignand, [P. adm. chr.]

7236. — Les taxes de pavage constituent le remboursement de dépenses faites, ce n'est qu'après l'achèvement et la réception des travaux que l'on peut les mettre en recouvrement (des Cilleuls, *Voirie urb.*, p. 433). Il suit de là que les riverains ne doivent la taxe que pour la superficie réellement pavée et que si, sur la largeur normale à leur charge, il est laissé une bande de terrain non pavée, cette surface doit être déduite. — Cons. d'Et., 9 janv. 1861, Ville de Nantes, [Leb. chr., p. 1]

7237. — C'est en principe le conseil municipal qui répartit les dépenses du pavage entre les propriétaires assujettis ; toutefois, quand il a été établi un tarif général fixant le prix au mètre carré de pavage, il n'y a plus qu'à appliquer ce tarif aux superficies à la charge de chaque propriétaire. Cette application sera la tâche des agents du service de la voirie compétents pour faire les mesurages nécessaires. Le conseil municipal n'interviendra en fait que pour vérifier l'exactitude de ce travail et donner son avis avant l'émission du rôle par le préfet.

7238. — Le rôle doit constater par ses visas la régularité de la taxe. Il doit donc viser les textes généraux permettant aux communes d'établir des taxes de pavage, les textes dans lesquels se trouvent les usages locaux qu'elle invoque, les budgets et comptes d'où résulte l'insuffisance de ses ressources, le plan d'alignement de la rue, l'arrêté autorisant les travaux, le bulletin du maire constatant leur achèvement, le certificat établissant le paiement de la dépense, la délibération du conseil municipal portant répartition des taxes (des Cilleuls, p. 472). Il contient en outre le nom des propriétaires, l'étendue de la façade de leur maison, la somme à payer.

7239. — La promesse faite par des agents de l'administration à un riverain qu'il n'aurait pas de taxe de pavage à acquitter ne peut engager la ville, car ces agents sont sans mandat pour faire une pareille déclaration. — Cons. d'Et., 18 août 1849, Brossard, [Leb. chr., p. 505]

49

Section VI.

Taxe pour l'établissement des trottoirs.

7240. — Les trottoirs sont des banquettes placées le long des façades des maisons, légèrement en contre-haut de la chaussée. M. Vivien, rapporteur à la Chambre du projet de loi qui est devenu la loi du 7 juin 1845, exposait ainsi leurs divers avantages. « Dans les villes et dans toutes les rues étroites, ils protègent les piétons contre les accidents graves auxquels les expose le nombre toujours croissant de voitures publiques ou particulières; partout ils leur offrent un sol plus uni, plus sec et moins exposé à toutes les dégradations qu'occasionnent l'intempérie des saisons et souvent l'incurie municipale; ils facilitent la circulation. Les trottoirs sont aussi les protecteurs de l'édifice, à l'égard duquel ils remplacent heureusement les bornes placées ordinairement dans un but analogue; au moyen d'une construction solide et imperméable, ils préviennent les infiltrations auxquelles un pavé mal joint et souvent dégradé, si même la rue est pavée, expose les fondations des maisons. Enfin, ils rendent l'accès du rez-de-chaussée plus commode et établissent des rapports plus directs et plus aisés entre la boutique qui expose et cherche à vendre, et le public qui veut voir et se propose d'acheter ». Ainsi les trottoirs présentent des avantages à la fois au public et aux riverains.

7241. — Comment et aux frais de qui peuvent s'exécuter les travaux de construction des trottoirs? Il faut distinguer suivant que l'on se trouve dans une commune qui possède d'anciens usages mettant les frais du pavage à la charge des riverains, ou dans les communes qui n'en ont pas.

§ 1. Application des anciens usages.

7242. — Dans les villes qui ont d'anciens usages sur le pavage, les trottoirs peuvent être considérés comme un pavage perfectionné. On peut donc invoquer les anciens usages; mais aux conditions exigées pour le pavage il faut en ajouter d'autres. Ainsi, il faudra non seulement que la ville prouve par la production de ses budgets et comptes l'insuffisance de ses ressources ordinaires... — Cons. d'Et., 4 mars 1865, Ville du Mans, [Leb. chr., p. 262]; — 25 juin 1875, Ville de Paris, [S. 77.2.190, P. adm. chr., D. 76.3.3]; — 28 janv. 1876, Ville de Vannes, [S. 78.2.32, P. adm. chr., D. 76.3.53]; — 5 mai 1876, Ville de Paris, [Leb. chr., p. 406]; — 1er juin 1877, Truchot, [Leb. chr., p. 507]; — 21 déc. 1877, Portier, Rozé et Saunier, [D. 78.3.34]; — 2 août 1878, Accary et Dervillé, [Leb. chr., p. 773]; — 26 déc. 1879, Mesquitte et Cottin, [Leb. chr., p. 845]; — 2 déc. 1881, Charriant, [Leb. chr., p. 946]; — 27 avr. 1883, Piatier, [S. 85.3.20, P. adm. chr., D. 84.3.123]

7243. — Mais encore il faudra que le montant de la dépense imposée aux riverains ne soit pas plus considérable que celle qui serait résultée pour lui de l'exécution d'un simple pavage. — Cons. d'Et., 1er déc. 1849, précité; — 13 août 1851, Robert, [Leb. chr., p. 617]; — 20 déc. 1853, Bompois, [S. 56.2.506, P. adm. chr.]; — 22 août 1868, Basquin, [S. 69.2.342, P. adm. chr.]; — 14 nov. 1879, Cie des entrepôts et magasins généraux de Paris, [S. 81.3.13, P. adm. chr., D. 80.3.29]; — 26 déc. 1879, Tétu et Pougin, [Leb. chr., p. 844]

7244. — Dans ces limites, l'ancien usage peut être appliqué, et s'il met à la charge des riverains, non seulement les frais de premier établissement du pavage mais encore ceux de réparation et d'entretien, les villes ont intérêt à s'en prévaloir pour faire réparer ou entretenir leurs trottoirs. — Cons. d'Et., 13 juin 1891, Ville de Bar-le-Duc, [Leb. chr., p. 443]

7245. — Il en est de même s'il existe des usages visant spécialement l'entretien des revers et accotements des chaussées et des usages qui mettent à la charge des riverains une part de la dépense supérieure à la moitié. L'art. 4, L. 7 juin 1845, a maintenu expressément ces usages.

7246. — Lorsque l'ancien usage ne met à la charge des riverains que les frais de premier établissement du pavage, la ville ne peut prétendre les faire contribuer aux frais de reconstruction ou d'élargissement des trottoirs existants. — Cons. d'Et., 5 sept. 1866, Stephanopoli, [Leb. chr., p. 1044]; — 4 mai 1870, Cati, [Leb. chr., p. 527]; — 23 janv. 1880, Ville de Paris, [Leb. chr., p. 88]; — 1er août 1884, Ville de Bourges, [D. 85.5.503]

7247. — Si donc il est établi que les rues sur lesquelles on veut construire des trottoirs sont déjà pavées depuis longtemps, aucune contribution ne pourra être réclamée aux riverains. — Cons. d'Et., 4 mars 1865, Ville du Mans, [Leb. chr., p. 262]; — 9 avr. 1886, Radiguey, [D. 87.5.332]; — 16 mars 1888, Arizzoli, [Leb. chr., p. 256]

7248. — Il a été jugé, dans le même sens, que les riverains ne sont tenus de contribuer aux frais de la construction des trottoirs établis sur des rues dépendant de la grande voirie que si l'usage relatif au pavage s'applique à ces voies. — Cons. d'Et., 20 déc. 1853, précité; — 19 nov. 1886, Ville de Saint-Etienne, [D. 88.3.29]

7249. — Que faut-il entendre par travaux de premier établissement? Une simple banquette en terre avec bordure en grès ne constitue pas un trottoir. Elle ne peut pas non plus être considérée comme un premier pavage. En aucun cas, elle ne pourra exonérer les riverains de l'obligation de contribuer aux frais de constructions du trottoir. — Cons. d'Et., 26 déc. 1884, Portefin, [D. 85.5.332]; — 9 avr. 1886, précité; — 11 juin 1886, Pacqueteau, [S. 88.3.24, P. adm. chr., D. 87.3.119]; — 7 mars 1890, Boinvilliers, [D. 94.3.90]; — 25 avr. 1891, d'Erceville, [S. et P. 93.3.48, D. 92.3.102]; — 14 nov. 1891, de la Perche, [S. et P. 93.3.107]

7250. — De même, la substitution d'un trottoir à un revers non pavé constitue un travail de premier établissement. — Cons. d'Et., 3 août 1877, Cie des Entrepôts et magasins généraux, [Leb. chr., p. 757]

7251. — Le revers pavé ne constitue pas un trottoir. En conséquence, la substitution du trottoir au revers constitue bien un premier établissement, mais à raison du pavage préexistant, ce n'est pas en vertu de l'ancien usage que la contribution pourra être réclamée aux riverains.

7252. — La substitution d'une bordure en granit à une bordure en grès ne constitue pas un travail de premier établissement. — Cons. d'Et., 11 juin 1886, précité.

7253. — Comme pour les travaux de pavage (V. suprà, n. 7203), l'obligation des riverains est renfermée par la jurisprudence dans des limites équitables. En conséquence, ils ne sont tenus de contribuer aux frais d'établissement des trottoirs qu'à raison de la largeur normale eu égard aux besoins de la circulation. Tout l'excédent de largeur donné aux trottoirs dans un but d'embellissement doit être à la charge de la ville. — Cons. d'Et., 7 sept. 1869, Lepage, [Leb. chr., p. 843]; — 26 déc. 1879, Tétu et Pougin, [Leb. chr., p. 844]; — 15 nov. 1889, Moranvillé, [S. et P. 92.3.9, D. 91.3.35]

7254. — Pour que les riverains puissent demander que la valeur des matériaux provenant du revers pavé soit déduite du montant de leur taxe, il faut qu'ils puissent prouver que ce premier pavage a été établi par eux ou par leurs auteurs. — Cons. d'Et., 25 avr. 1891, précité.

7255. — A l'occasion d'une demande en décharge de taxe, un riverain ne peut demander la restitution des matériaux provenant de l'ancien trottoir. — Cons. d'Et., 19 nov. 1886, précité.

§ 2. Application de la loi du 7 juin 1845.

7256. — La législation relative au pavage était insuffisante pour assurer le développement des trottoirs. Les communes ne pouvaient rien réclamer aux riverains, soit quand il n'existait pas d'ancien usage leur conférant ce droit, soit quand elles avaient des ressources suffisantes, soit enfin quand il s'agissait de transformer des revers pavés en trottoirs. La loi du 7 juin 1845 a eu pour objet de faciliter aux communes l'exécution de ces travaux.

7257. — L'art. 1 de cette loi permet à toutes les communes de faire contribuer les propriétaires riverains aux frais de construction des trottoirs, moyennant certaines conditions établies en vue de donner des garanties à la propriété privée.

7258. — La loi de 1845 ne subordonne pas à l'insuffisance des ressources ordinaires des villes le droit de faire contribuer les riverains aux frais de premier établissement des trottoirs. — Cons. d'Et., 3 août 1877, Rousset, [Leb. chr., p. 758]

7259. — Elle n'établit aucune distinction suivant la nature des voies. Les riverains des traverses des routes dépendant de la grande voirie sont tenus comme les riverains des rues ordinaires. — Cons. d'Et., 7 juin 1878, Imbert, [D. 78.3.70]; — 11 juin 1886, Pacqueteau, [S. 88.3.24, P. adm. chr., D. 87.3.119]

7260. — Enfin, les riverains peuvent être tenus de contribuer malgré la préexistence d'un pavage exécuté par eux ou par leurs

auteurs ou à leurs frais. Ils ne sont plus tenus en vertu des anciens usages, mais en vertu de la loi du 7 juin 1845. — Cons. d'Et., 1er août 1884, Ville de Bourges, [D. 85.5.503]

7261. — Voici d'ailleurs le texte des deux premiers articles de la loi du 7 juin 1845 : « Dans les rues et places dont les plans d'alignement ont été arrêtés par ordonnances royales, et où, sur la demande des conseils municipaux, l'établissement des trottoirs sera reconnu d'utilité publique, la dépense de construction des trottoirs sera répartie entre les communes et les propriétaires riverains, dans les proportions et après l'accomplissement des formalités déterminées par les articles suivants (art. 1).

7262. — La délibération du conseil municipal qui provoquera la déclaration d'utilité publique désignera en même temps les rues et places où les trottoirs seront établis, arrêtera le devis des travaux, selon les matériaux entre lesquels les propriétaires auront été autorisés à faire un choix et répartira la dépense entre la commune et les propriétaires. La portion à la charge de la commune ne pourra être inférieure à la moitié de la dépense totale. Il sera procédé à une enquête de commodo et incommodo. Une ordonnance du roi statuera définitivement tant sur l'utilité publique que sur les autres objets compris dans la délibération du conseil municipal (art. 2).

7263. — Reprenons l'examen de ces dispositions. L'obligation des riverains n'existe que dans les rues dont les limites ont été régulièrement arrêtées par un plan d'alignement. Il n'est pas nécessaire d'ailleurs que ce plan s'applique à toutes les rues de la commune.

7264. — Il faut que les travaux de construction de trottoirs soient reconnus d'utilité publique. Cette déclaration ne peut jamais être prononcée d'office : elle doit être provoquée par le conseil municipal.

7265. — Dans sa délibération, le conseil municipal doit désigner nettement les voies où les trottoirs sont projetés, énoncer l'évaluation des travaux d'après les diverses espèces de matériaux (granit, asphalte, pavés, cailloux) en usage dans la commune. Une enquête sur cette délibération dans les formes prescrites par l'ordonnance du 23 août 1835. Le conseil municipal délibère sur le procès-verbal d'enquête et sur les réclamations qui ont été faites. Puis les ingénieurs et le sous-préfet sont consultés. La déclaration d'utilité publique est, depuis le décret du 25 mars 1852 (art. 1, tabl. A, n. 54), prononcée par le préfet (Circ. min. Int. 5 mai 1852).

7266. — Avant d'approuver la construction des trottoirs, les préfets doivent vérifier si la commune est en état de payer sa part contributive dans la dépense (Modèle n. 51, annexé à la Circ. Min. du 5 mai 1852).

7267. — Là où il existe d'anciens usages, il n'y a pas lieu de procéder à toutes les formalités prescrites par les art. 1 et 2, L. 7 juin 1845. Il n'y a pas lieu de reconnaître l'utilité publique des travaux. — Cass., 25 avr. 1856, Wattinne, [S. 56.1.475, P. 56.2.67, D. 56.1.267]

7268. — Les actes préalables à l'exécution des travaux peuvent-ils être attaqués par les contribuables? De quelles voies de recours sont-ils susceptibles? Assurément le conseil de préfecture sera compétent pour apprécier, à propos de la mise en recouvrement du rôle, si les travaux sont ceux qui peuvent être mis à la charge des riverains. — Cons. d'Et., 7 sept. 1869, Lepage-Moutier, [Leb. chr., p. 843]

7269. — D'autre part, le conseil de préfecture sera certainement incompétent pour connaître d'une opposition formée par un propriétaire contre l'arrêté préfectoral déclarant d'utilité publique l'établissement de trottoirs et contre l'arrêté du maire pris pour en assurer l'exécution. — Cons. d'Et., 27 févr. 1862, Gouley, [S. 65.2.244, ad notam, P. adm. chr.]

7270. — Mais le recours pour excès de pouvoir est-il recevable contre les arrêtés du préfet ou du maire? Le Conseil d'Etat avait d'abord résolu négativement cette question en appliquant les règles du recours parallèle. C'était seulement à l'occasion des demandes en décharge que les moyens d'illégalité pouvaient être présentés. — V. aussi Cons. d'Et., 7 sept. 1869, précité; — 18 nov. 1881, Pascal, [S. 83.3.33, P. adm. chr.]

7271. — Mais le Conseil d'Etat est revenu sur cette jurisprudence. En 1886, il a admis la recevabilité du recours pour excès de pouvoir, sans doute parce qu'il s'agit d'actes qui ont à la fois le caractère de déclarations d'utilité publique et de règlements de police municipale, lesquels sont toujours susceptibles de recours pour excès de pouvoir. Le Conseil d'Etat a ainsi dé-

cidé que le préfet qui déclarait l'utilité publique des travaux sans enquête préalable commettait un excès de pouvoir. Il va sans dire que, dans le recours, le requérant ne peut présenter de conclusions tendant à la décharge des taxes. — Cons. d'Et., 7 août 1886, Besnier, [S. 88.3.35, P. adm. chr., D. 87.3.117]

7272. — Les villes ne peuvent avoir recours à la loi du 7 juin 1845 que s'il s'agit du premier établissement des trottoirs. Si donc il existait déjà d'anciens trottoirs au droit des immeubles des contribuables, on ne pourrait faire contribuer ceux-ci à la dépense de reconstruction. — Cons. d'Et., 5 janv. 1860, Ville de Besançon, [S. 60.2.111, P. adm. chr.]; — 13 mars 1860, Deullin-Faure, [P. adm. chr., D. 60.3.84]; — 9 avr. 1868, Ville d'Alençon, [S. 69.2.96, P. adm. chr., D. 69.3.41]; — 11 mars 1869, Bertin, [Leb. chr., p. 243]; — 2 févr. 1883, Pereire, [D. 84.3.92]; — 1er août 1884, Ville de Bourges, [D. 85.5.503]; — 18 déc. 1885, Moraud, [Leb. chr., p. 966]; — 18 janv. 1890, Dombey, [S. et P. 92.3.48]

7273. — Cependant dans une espèce où des trottoirs avaient été établis le long d'une route départementale dans la traverse d'une ville aux frais du département, sans aucun concours de la ville ou des riverains, et où ensuite la ville avait fait déclarer d'utilité publique la réfection de ces trottoirs par application de la loi du 7 juin 1845, le Conseil d'Etat a jugé que ces travaux pouvaient être considérés comme des travaux de premier établissement. — Cons. d'Et., 8 mars 1889, Espinasseau, [S. 91.3.28, P. adm. chr., D. 90.3.61] — Cette décision nous inspire quelques doutes.

7274. — Il a été décidé que la transformation de revers pavés en trottoirs constituait un premier établissement permettant l'application de la loi du 7 juin 1845. — Cons. d'Et., 2 févr. 1889, Ville de Paris, [S. 91.3.17, P. adm. chr., D. 90.3.52]; — 29 nov. 1890, Ville de Paris, [S. et P. 92.3.147]; — 20 juin 1891, Triboulet, [S. et P. 93.3.77, D. 92.3.117]

7275. — Quand le trottoir exécuté par la ville est plus large que le revers pavé antérieurement, la différence doit être mise à la charge du riverain. — Cons. d'Et., 9 avr. 1886, Demonts, [Leb. chr., p. 317]

7276. — Si l'établissement des trottoirs, régulièrement voté par le conseil municipal et approuvé par le préfet, n'a pas été exécuté, le riverain ne peut contester son imposition lorsqu'enfin les travaux sont mis à exécution. — Cons. d'Et., 3 août 1877, Rousset, [Leb. chr., p. 758]

7277. — Les riverains ne doivent supporter que les frais de construction du trottoir proprement dit. Si donc le conseil municipal a prescrit près des trottoirs se trouverait lié un système de caniveaux pour l'écoulement des eaux, les riverains peuvent faire rejeter cette dépense du montant de leur taxe. — Cons. d'Et., 1er mars 1866, Cosmao, [S. 67.2.31, P. adm. chr., D. 67.3.4]

7278. — Il en est de même du prix de gargouilles qui auraient été fournies et installées par l'entrepreneur de la construction des trottoirs. — Cons. d'Et., 11 juin 1886, Pacqueteau, [S. 88.3.21, P. adm. chr., D. 87.3.119]; — 20 juin 1891, précité.

7279. — A Paris, les riverains sont tenus, en vertu des anciens usages, de supporter les frais des raccordements des trottoirs, causés par des travaux ou des dégradations provenant de leur fait. — Cons. d'Et., 8 févr. 1890, Naveu, [D. 91.3.78]

7280. — Dans les avenues plantées, il est laissé des vides, dans la superficie couverte par le trottoir, pour le tronc des arbres et les grilles qui les entourent. La surface de ces vides ne doit pas être déduite de celle dont la construction peut être mise à la charge des riverains. — Cons. d'Et., 25 avr. 1891, d'Erceville, [S. et P. 93.3.48]

7281. — Le conseil municipal doit permettre aux riverains de choisir entre diverses espèces de matériaux. Cette faculté laissée aux riverains a été critiquée lors de la discussion de la loi de 1845. M. Vivien a répondu aux objections de la manière suivante : « La disposition ne doit pas être entendue en ce sens que les propriétaires ont une faculté illimitée pour choisir entre tous les matériaux avec lesquels le trottoir peut être construit; seulement le conseil municipal, dans sa délibération, sera tenu d'indiquer quelques-uns des matériaux avec lesquels la construction pourra avoir lieu et c'est parmi les matériaux ainsi indiqués que le choix sera circonscrit. Toutefois, le conseil municipal ne doit pas pouvoir ne désigner que des matériaux très-coûteux. M. des Cilleuls (Voirie urb., p. 486) admet que les propriétaires peuvent choisir entre les matériaux actuellement en usage dans la localité. Telle

est aussi la règle suivie par le Conseil d'Etat, qui, d'une part, a accordé décharge à des contribuables parce que le conseil municipal ne leur avait pas laissé le choix (Av. Cons. d'Et., 30 déc. 1843). — Cons. d'Et., 5 janv. 1860, précité. — Husson, *Tr. publ.*, n. 939. — ... Et d'autre part, a rejeté la réclamation des propriétaires qui prétendaient choisir en dehors des matériaux en usage. — Cons. d'Et., 9 déc. 1864, Ville de Nancy, [Leb. chr., p. 969]

7282. — Lorsque le riverain a exercé son choix, la ville peut adopter un mode plus coûteux, à condition qu'elle ne lui réclame que le prix du travail exécuté avec les matériaux choisis. — Cons. d'Et., 19 nov. 1886, Ville de Saint-Etienne, [D. 88.3.29]

7283. — Enfin, la dernière garantie donnée aux propriétaires c'est que, en aucun cas, leur contribution ne peut excéder la moitié de la dépense. Il n'en serait autrement que si le travail avait été exécuté en vertu d'une convention intervenue entre la ville et le riverain. — Cons. d'Et., 11 juill. 1871, Chenantais, [Leb. chr., p. 77]

7284. — A Paris, l'administration emploie ce dernier mode. Elle conclut des conventions avec les riverains à qui elle alloue des primes pour la construction des trottoirs. Ces primes s'élèvent au tiers de la dépense pour les trottoirs en granit, au sixième pour ceux en bitume, au quart pour ceux en pavé. Dans les ports de commerce on applique la loi de 1845.

Section VII.

Taxe de balayage.

7285. — Dans la plupart des communes de France, d'après d'anciens usages ou d'après des règlements de police, le balayage des rues à l'intérieur des agglomérations incombe aux propriétaires des fonds riverains, sauf la partie centrale des places, carrefours, avenues ou boulevards, qui doit être balayée par les soins de la municipalité. Cette obligation des riverains est sanctionnée par l'art. 471, C. pén. Mais en prat que elle était mal observée.

7286. — Aussi beaucoup de communes prirent-elles le parti, pour mieux assurer le nettoiement des voies publiques et éviter de nombreuses poursuites, de se substituer aux propriétaires riverains. Toutefois, elles exigeaient en compensation du service rendu la souscription d'un abonnement dont le tarif était voté par le conseil municipal avec l'approbation du préfet. Mais cet abonnement ne pouvait être que facultatif; les riverains conservaient le droit d'opter pour l'exécution en nature de leur obligation. En pratique, il arriva que par suite de l'emploi des balayeuses mécaniques la ville balayait entièrement les rues, et que dès lors les habitants avaient tout intérêt à ne pas s'abonner. Ils se trouvaient ainsi dispensés de leur travail sans bourse délier.

7287. — La ville de Paris, où ce système avait révélé ses abus, demanda l'obligation du balayage cessât d'être une simple prestation en nature rachetable à volonté en argent pour devenir une taxe en numéraire, obligatoire, et représentant les frais de balayage, que la ville exécuterait d'office pour le compte des particuliers. La loi du 26 mars 1873 fit droit à cette demande.

7288. — La taxe doit porter sur les propriétaires riverains des voies de Paris livrées à la circulation publique (L. 26 mars 1873, art. 1). Il a été jugé cependant que cette taxe était une charge attachée à la jouissance et que, par suite, le concessionnaire de la jouissance d'immeubles était débiteur de la taxe au lieu et place du propriétaire, même en l'absence de toute stipulation dans le cahier des charges. — Cons. d'Et., 2 déc. 1887, The Algiers land and Warehouse Company limited, [Leb. chr., p. 757]; — 9 mai 1890, Même partie, [Leb. chr., p. 462]

7289. — Une compagnie de chemins de fer est imposable à raison des terrains en bordure de la voie publique acquis en vertu d'un décret déclaratif d'utilité publique en vue de l'agrandissement d'une gare, sans qu'il y ait à distinguer suivant que ces immeubles appartiennent à la compagnie ou à l'Etat. — Cons. d'Et., 5 mai 1894, C P.-L.-M., [Leb. chr., p. 330]

7290. — L'obligation n'existe que sur les voies livrées à la circulation. Aussi la taxe doit-elle être établie suivant l'importance de la circulation existant dans chaque rue. Le décret du 24 déc. 1873 a divisé les voies de communication de Paris en sept catégories et a fixé la taxe à une somme qui varie de 70 cent. par mètre superficiel pour la première catégorie, à 10 cent. pour la septième. — Proj. décr., 21 mai 1885, Villers-sur-Mer; — 23 nov. 1886, Neuilly; — 13 nov. 1890, Montrouge.

7291. — Les propriétaires sont tenus de l'obligation du balayage au prorata de l'étendue de leur façade jusqu'à la moitié de la rue. Toutefois, en pratique, les décrets limitent toujours l'obligation des riverains à une largeur maxima de six mètres. — Proj. décr. et de note, 25 nov. 1886, Neuilly. — Le surplus du balayage est à la charge de la ville. — V. *Rép. gén. du dr. fr.*, v° *Balayage*, n. 30 et s.

7292. — Un propriétaire dont la maison forme l'angle de deux voies publiques est tenu d'acquitter la taxe à raison de la surface angulaire comprise entre les prolongements des façades de sa maison. — Cons. d'Et., 21 déc. 1877, Chabrié, [S. 79.2. 308, P. adm. chr., D. 78.3.38]

7293. — Au reste, il n'est pas nécessaire, pour que le riverain doive la taxe dans une rue, que sa propriété ait un accès sur cette rue. — Cons. d'Et., 14 mai 1892, C de Lyon, [D. 93.3. 96]; — 5 mai 1894, précité.

7294. — La loi dispose (art. 1) que la taxe totale ne pourra dépasser les dépenses occasionnées à la ville par le balayage de la superficie à la charge des habitants. Il y a donc lieu de déterminer le montant de cette dépense aussi exactement que possible au moyen de renseignements techniques. — Note Sect. int., 7 févr. 1888, Ville d'Alger.

7295. — Dans le calcul de cette dépense, il faut défalquer de la somme payée par la ville à l'entrepreneur du service du balayage tous les frais qui ne sont pas à la charge des riverains (frais d'ébouage, de raclage, de repiquage, d'arrosage, etc., et de balayage supplémentaire). — *Ibid.*, Ville d'Alger.

7296. — Les propriétaires ne sont pas recevables, quand la taxe imposée est conforme au tarif, à soutenir qu'elle excède le montant de la dépense de balayage. — Cons. d'Et., 21 déc. 1877, précité.

7297. — D'une manière générale, ils ne peuvent contester le mode d'exécution du balayage. — Cons. d'Et., 26 juill. 1878, Heuzé, [Leb. chr., p. 738]

7298. — Sur quelles bases la taxe doit-elle être calculée? La loi le dit. Il ne sera pas tenu compte, dans l'établissement de la taxe, de la valeur des propriétés, mais seulement des nécessités de la circulation, de la salubrité et de la propreté de la voie publique. A prendre cette disposition dans son sens strict, il semble que le législateur n'ait pas voulu adopter d'autre base que la longueur des façades des propriétés, quelle qu'en soit la nature. Telle paraît être l'opinion de la section de l'Intérieur du Conseil d'Etat qui a refusé d'établir des taxes différentes suivant la nature des propriétés en bordure dans les espèces suivantes : Av. Cons. d'Et., 11 août 1885, Charenton; — 20 janv. 1886, Ville de Lille. — V. aussi Cons. d'Et., 31 mars 1876, Berlin, [S. 78.2.124, P. adm. chr., D. 76.3.79] — V. *Rép. gén. du dr. fr.*, v° *Balayage*, n. 26.

7299. — Cependant, il n'en est pas toujours ainsi. A Paris, notamment, et ultérieurement à Oran, on a adopté des taxes variant suivant la nature des propriétés riveraines. Ainsi « les propriétés en bordure des voies classées dans les sixième et septième catégories obtiendront une atténuation d'un quart, quand elles seront closes uniquement par des grilles ou des murs, alors même qu'elles renfermeraient des habitations à l'intérieur des terrains. Cette atténuation sera de moitié si lesdites propriétés sont à l'état de terrains vagues ou seulement closes par des planches, des treillages ou des haies » (Décr. 24 déc. 1873, 12 févr. 1877, 4 déc. 1878, 29 déc. 1883, 6 févr. 1889). — Proj. décr., 5 mars 1891. — V. Cons. d'Et., 5 août 1894, Prégermain, [Leb. chr., p. 552] — V. *Rép. gén. du dr. fr.*, v° *Balayage*.

7300. — Quand un immeuble est séparé de la voie publique par un jardin et clos d'un mur, le propriétaire est imposable d'après le tarif applicable aux propriétés ne bordant pas la voie publique et closes par des murs, grilles, etc., et non d'après celui afférent aux propriétés en bordure. — Cons. d'Et., 9 déc. 1892, de Caix de Saint-Amour, [D. 94.3.20]; — 5 août 1894, précité.

7301. — Il n'est fait aucune distinction entre les parties des voies publiques suivant qu'elles sont pavées, empierrées ou sablées. — Cons. d'Et., 31 mars 1876, précité.

7302. — La taxe est perçue en vertu d'un tarif délibéré en conseil municipal après enquête et approuvé par décret rendu en la forme des règlements d'administration publique. Ce tarif doit être revisé tous les cinq ans (L. 26 mars 1873, art. 1).

7303. — Lors de la discussion de cette loi spéciale à la ville de Paris, le ministre de l'Intérieur avait proposé d'y introduire un article autorisant le gouvernement à déclarer, par des décrets rendus en la forme des règlements d'administration publique,

la nouvelle loi applicable aux villes qui en feraient la demande. L'Assemblée nationale n'accepta pas cette proposition et décida que les lois spéciales seraient nécessaires. C'est ainsi que la loi du 31 juill. 1880 autorisa Alger et Oran à percevoir une taxe de balayage. — V. *Rép. gén. du dr. fr.*, v° *Balayage*, n. 24.

7304. — Lors de la discussion de la loi du 5 avr. 1884, le gouvernement renouvela sa proposition de déléguer au chef de l'État le droit de rendre applicable la loi de 1873 aux villes qui en feraient la demande. L'art. 133-13° consacra cette délégation. La circulaire du 13 mai 1884 indique dans quelle mesure le gouvernement entend restreindre cette mesure. Il se réserve le droit d'appliquer la loi du 26 mars 1873, non seulement à des villes, mais même à des communes moins importantes. Toutefois l'établissement de la taxe de balayage ne présente d'avantages sérieux que dans les grandes villes, là où l'absence de balayage présenterait de graves inconvénients. Le gouvernement se réserve aussi le droit de ne pas appliquer la taxe dans les faubourgs, quartiers ou rues qui se trouveraient dans des conditions analogues à celles des communes rurales. — Av. Cons. d'Et., 27 janv. 1887, Vitry.

7305. — Lorsqu'une commune veut demander l'autorisation de percevoir une taxe de balayage, elle doit remplir les formalités suivantes : elle doit prendre une délibération qui sera soumise à une enquête faite conformément à l'ordonnance du 23 août 1835. Les pièces du projet sur lesquelles s'ouvrira cette enquête comprendront notamment le tableau des voies publiques auxquelles il s'agira d'appliquer la taxe, un plan d'ensemble de la ville ou de la commune, l'état des dépenses que doit occasionner à la ville le balayage incombant aux habitants, le tarif d'après lequel la taxe devra être perçue, l'évaluation du produit annuel qu'elle donnera, le procès-verbal de la délibération par laquelle le conseil municipal aura voté l'établissement de la taxe et adopté le tarif de perception. L'enquête terminée, le conseil municipal prendra une nouvelle délibération et se prononcera définitivement sur la demande à soumettre au gouvernement. Le dossier sera ensuite transmis au ministre de l'Intérieur avec l'avis motivé du préfet qui enverra au Conseil d'Etat le projet de décret.

7306. — Le Conseil d'Etat n'admet pas que la conversion de l'obligation du balayage en taxe puisse être autorisée en l'absence d'un ancien usage ou d'un arrêté municipal. Elle manquerait en effet de base légale. — Av. Cons. d'Et., 11 août 1885, Ville de Lille.

7307. — De même, la perception de la taxe ne peut être autorisée quand un arrêté municipal, qui avait mis le balayage à la charge des riverains, a été implicitement abrogé par une décision du conseil municipal prenant cette dépense à la charge de la commune. — Note Sect. int., 10 juill. 1889, Ivry-sur-Seine.

Section VIII.

Droits de voirie à Paris.

7308. — Ces droits sont une rétribution prélevée sur les particuliers qui projettent ou exécutent une construction ou qui modifient les façades des édifices bordant les voies publiques. A Paris, l'origine de ces droits remonte au delà d'une ordonnance du 20 sept. 1357, qui les réunit aux revenus du domaine. Plus tard, ces droits furent payés au profit du voyer. Une ordonnance de police du 22 sept. 1600 établit un tarif que reproduisit l'édit de 1607 et qui resta en vigueur jusqu'à la déclaration du 16 juin 1693, créant des offices de commissaires généraux de la voirie. Ces officiers devaient percevoir ces droits à leur profit. L'application de ce tarif donna lieu à de nombreuses difficultés, dont on trouve les traces dans des arrêts du Conseil des 8 mars 1701 et 15 juin 1706, dans une ordonnance du bureau des finances du 26 sept. 1732, dans des lettres patentes du 22 oct. 1733, enfin dans un arrêt du Parlement du 27 janv. 1780, homologué par des lettres patentes du 31 déc. 1781. Dans les autres villes, la perception se faisait au profit des arpenteurs jurés (Edit nov. 1697). — Des Cilleuls, *Voirie urbaine*, p. 382.

7309. — Supprimés en 1790, les droits de voirie furent rétablis à Paris par un arrêté du préfet de la Seine du 24 niv. an IX. Mais le ministre de l'Intérieur, jugeant cette perception illégale, interdit de la continuer, et fit rendre le décret du 27 oct. 1808, qui est encore en vigueur. Ce décret est ainsi conçu : « à partir du 1er janvier prochain, les droits dus dans la ville de Paris,

d'après les anciens règlements sur le fait de la voirie, pour les délivrances d'alignements, permissions de construire ou réparer, et autres permis de toute espèce qui se requièrent en grande ou en petite voirie, seront perçus conformément au tarif joint au présent décret » (art. 1). — V. *Rép. gén. du dr. fr.*, v° *Alignement* et *Voirie*.

7310. — La perception de ces droits sera faite à la préfecture du département pour les objets de grande voirie, et à la préfecture de police pour les objets de petite voirie, par le secrétaire général de chacune de ces administrations, à l'instant même qu'il délivrera les expéditions des permis accordés (art. 2).

7311. — Il sera tenu, dans chacune des deux préfectures : 1° un registre à souche où seront inscrits, sous une seule série de numéros pour le même exercice, les minutes desdits permis, et d'où se détacheront les expéditions à délivrer; 2° un registre de recette, où s'inscriront jour par jour les recouvrements opérés. Ces deux registres seront cotés et paraphés par les préfets, chacun pour ce qui concerne son administration. Le versement des sommes recouvrées s'effectuera de quinze jours en quinze jours, à la caisse du receveur municipal de la ville de Paris (art. 3 et 4).

7312. — Il sera de plus adressé audit receveur, dans les dix premiers jours de chaque mois, et par chacun des préfets, pour son administration, un bordereau indicatif des permis accordés dans le mois précédent, du montant des droits dus pour chacun, du recouvrement qui en a été fait ou qui reste à faire. L'envoi du bordereau prescrit par l'article précédent seront jointes les expéditions de permis qui se trouveraient n'avoir pas encore été retirées par les demandeurs et dont les droits resteraient à acquitter. Le receveur de la ville en poursuivra le recouvrement dans les formes usitées en matière de contributions directes (art. 5 et 6).

7313. — Il ne sera rien perçu en sus des droits portés au tarif ou pour autres causes que celles y énoncées, même sous prétexte de droit de quittance, de timbre ou autres, à peine de concussion (art. 7).

7314. — La loi du 28 juin 1833 (art. 3) rendit à toutes les autres communes le droit de percevoir des droits de voirie dont les tarifs seraient approuvés par le gouvernement. La loi du 18 juill. 1837 (art. 31, n. 8) leur maintint ce droit à condition que les tarifs seraient approuvés à délivrer; par le conseil d'Etat. Le décret du 25 mars 1852, tabl. A, n° 53, transféra aux préfets le droit d'approuver le tarif. L'art. 133, L. 5 avr. 1884, a maintenu ce droit. Mais ces lois n'ont pas reproduit l'assimilation aux contributions directes contenue dans le décret du 27 oct. 1808. Un avis de la section de l'intérieur du 11 janv. 1848 porte que ces droits seront recouvrés en vertu de l'art. 63 de la loi de 1837, c'est-à-dire au moyen d'états exécutoires et non comme en matière de contributions directes. M. des Cilleuls (*Voirie urbaine*, p. 389 et s.) critique cette jurisprudence.

Section IX.

Taxes pour travaux de salubrité. — Taxe de vidange.

7315. — La loi du 16 sept. 1807 (art. 35) dispose que tous les travaux de salubrité intéressant les villes et les communes seront ordonnés par le gouvernement, et les dépenses supportées par les communes intéressées. Cette disposition peut être appliquée soit pour des travaux ruraux, tels que l'assainissement des terres humides et insalubres ou le comblement de mares fétides et malsaines, soit pour des travaux urbains, tels que la construction des égouts.

7316. — S'il s'agit d'entreprises concernant un ensemble de travaux, c'est, en principe, aux communes qu'incombe le soin de les faire exécuter. Si les conseils municipaux prennent l'initiative des travaux, il sera procédé à des enquêtes faites selon les formes prescrites par les ordonnances du 18 févr. 1834 ou du 23 août 1835, selon que les travaux s'étendront sur plusieurs communes ou sur une seule. Un décret déclarera l'utilité publique des travaux. Si plusieurs communes sont intéressées à leur exécution, elles peuvent former un syndicat de communes dans les termes prévus par la loi du 22 mars 1890. Les travaux seront exécutés sous la direction de la commune ou du syndicat, dans les mêmes formes que les travaux ordinaires des communes.

7317. — Mais la loi de 1807 a donné au gouvernement un pouvoir de coercition sur les communes. Quand les conseils mu-

nicipaux négligent de faire les travaux nécessaires ou refusent de les entreprendre après mise en demeure, un décret rendu sur la proposition du ministre de l'Agriculture, après avis des conseils municipaux, des conseils d'hygiène et de salubrité, déclare l'utilité publique des travaux. Ceux-ci sont exécutés sous la direction des ingénieurs du service de l'hydraulique agricole. Quand plusieurs communes sont intéressées à l'entreprise, le décret peut constituer un syndicat forcé comprenant des représentants de chacune des communes. C'est ainsi qu'il a procédé pour les travaux d'assainissement de la vallée de la Dives. — Décr. 20 mai 1863; — 17 févr. 1866, Assainissement du bassin de Vézézy.

7318. — L'art. 36 prévoit que les particuliers peuvent être appelés à contribuer aux dépenses résultant des travaux de salubrité. « L'administration publique aura égard, lors de la rédaction du rôle de la contribution spéciale destinée à faire face aux dépenses de ce genre de travaux, aux avantages immédiats qu'acquerraient telles ou telles propriétés privées, pour les faire contribuer à la décharge de la commune, dans des proportions variées et justifiées par les circonstances ». En conséquence, les décrets qui déclarent l'utilité publique des travaux contiennent une disposition rappelant l'art. 36 de la loi de 1807 et permettant aux communes de faire contribuer les particuliers proportionnellement à leur intérêt. Les conditions de répartition de dépenses entre les communes et entre les contribuables sont réglées par le décret.

7319. — Quand les travaux sont entrepris dans un but de salubrité, tout ce qui y est relatif est réglé par l'administration publique (L. 16 sept. 1807, art. 36). Le décret peut édicter les dispositions qui lui paraissent utiles, sans être tenu d'adopter toutes celles qui sont prescrites par la même loi pour le dessèchement des marais. C'est ainsi que le Conseil d'Etat a jugé que des propriétaires ne pouvaient se prévaloir de ce que leurs terrains étaient des marais pour soutenir qu'on devait observer à leur égard toute la procédure indiquée par cette loi pour la dessèchement des marais (constitution d'une commission de plusvalue, expertise avant et après les travaux, etc.). — Cons. d'Et., 29 juill. 1868, Hébert, [Leb. chr., p. 810]; — 2 mars 1877, Leduc, [S. 79.2.93, P. adm. chr.]; — 28 janv. 1881, Porin, [D. 82.3.33]

7320. — Il ne faut pas confondre la contribution qui peut être réclamée aux particuliers en vertu des art. 35, 36 et 37, L. 16 sept. 1807, avec la plus-value que l'on peut exiger d'eux, en vertu des art. 30, 31 et 32 de la même loi. Ces derniers articles prévoient le cas où des travaux publics quelconques, entrepris dans un but d'utilité générale, procurent à certaines propriétés des avantages immédiats et une notable augmentation de valeur. Ces intéressés peuvent alors être contraints de contribuer à la dépense jusqu'à concurrence de la moitié de la plus-value. Celle-ci est déterminée par une commission spéciale dont les membres sont nommés par décret. Il faut qu'un décret spécial rendu en Conseil d'Etat ait, avant le commencement des travaux, imposé cette obligation aux intéressés.

7321. — Les art. 35, 36 et 37, L. 16 sept. 1807, permettent de réclamer aux particuliers, quand des travaux de salubrité ont été entrepris, la totalité des avantages immédiats qu'ils en retirent. — Cons. d'Et., 3 déc. 1875, Rabourdin, [S. 77.2.342, P. adm. chr., D. 76.3.42]

7322. — Comment est calculée la contribution des propriétaires ? Le décret qui ordonne les travaux décide généralement qu'il sera dressé un plan parcellaire indiquant les propriétés appelées à profiter directement des travaux. La contribution peut être établie, soit proportionnellement à l'étendue de la propriété, soit en raison de sa valeur locative, réelle ou cadastrale. Les bases de la répartition doivent être présentées dans un état dressé, soit par la commune, soit par le syndicat directeur des travaux. Une enquête est ouverte sur le projet de répartition. Le préfet rend alors le rôle exécutoire. L'inobservation des formes prescrites par le décret déclaratif d'utilité publique entraînerait la décharge des taxes. — Cons. d'Et., 15 déc. 1876, Le Conte, [Leb. chr., p. 898]

7323. — D'une manière générale, et conformément à ce qui précède, la part qui peut être mise à la charge des propriétaires doit être proportionnelle aux avantages procurés à leurs propriétés. — Cons. d'Et., 15 déc. 1876, précité.

7324. — Si les avantages ne devaient être acquis que dans un avenir plus ou moins éloigné, après l'exécution de travaux

d'aménagement exécutés par le propriétaire, celui-ci ne devrait pas être imposé. — Cons. d'Et., 12 avr. 1860, Commune de Neuilly, [Leb. chr., p. 301]

7325. — La contribution aux dépenses des travaux de salubrité ne peut être réclamée qu'après l'achèvement des travaux. C'est alors seulement que l'on peut apprécier l'étendue des avantages qu'ils procurent aux propriétés particulières. — Cons. d'Et., 29 juill. 1868, Hébert, [D. 72.3.1]

7326. — A la différence des indemnités de plus-value, la taxe est recouvrée comme les contributions directes. Les réclamations sont jugées par le conseil de préfecture et portées en appel devant le Conseil d'Etat, sans frais. Le recouvrement se fait ou par douzièmes, ou en une fois, selon ce que prescrit le décret. — Cons. d'Et., 14 août 1867, Lagoutte, [Leb. chr., p. 782]; — 29 juill. 1868, précité.

7327. — La conservation et l'entretien de ces travaux d'assainissement peuvent être assurés par la constitution d'associations syndicales provoquée par l'administration en vertu des lois des 14 flor. an XI, 21 juin 1865 et 22 déc. 1888. Ces associations peuvent être constituées même avant que les travaux d'assainissement soient achevés. — Cons. d'Et., 28 janv. 1881, précité; — 18 juill. 1884, Hébert, [D. 85.3.30] — V. Rép. gén. du dr. fr., v° Association syndicale, n. 379 et s.

7328. — C'est la construction des égouts dans les villes, qui a le plus fréquemment donné lieu à l'application des art. 35 et suivants de la loi du 16 sept. 1807. En effet les égouts, en facilitant l'écoulement des eaux de la rue qui pourraient séjourner au devant de leurs maisons et produire à la longue des infiltrations, intéressent directement les propriétaires riverains. Tel est le service principal qu'au début les égouts rendaient aux particuliers. Il était trop peu considérable pour permettre aux villes d'exiger une contribution des riverains comme pour les travaux de pavage. Aussi en fait cette disposition a-t-elle été peu appliquée. M. Picard (Traité des Eaux, t. 4) nous apprend que dans la pratique les décrets déclaratifs d'utilité publique des travaux de construction d'égouts disposent que, si les villes veulent appeler les riverains à contribuer à ces dépenses par application des art. 35-37, L. 16 sept. 1807, il devra être statué sur leur demande par un décret spécial. En outre la jurisprudence administrative ne paraît pas très-favorable à l'application de ces articles. La ville de Firminy en ayant réclamé le bénéfice, la section de l'Intérieur a, le 24 mai 1890, émis l'avis que les travaux ne procureraient pas aux riverains des avantages suffisants.

7329. — Mais depuis quelques années, les égouts sont appelés à rendre aux maisons riveraines des rues sous lesquelles ils sont établis des services directs. C'est ainsi que dans beaucoup de villes, les propriétaires sont autorisés à mettre par des branchements particuliers leurs maisons en communication directe avec les égouts, pour l'écoulement des eaux ménagères ou industrielles et même des eaux vannes.

7330. — A Paris, le décret du 26 mars 1852 (art. 6) a rendu obligatoire cet aménagement des maisons. « Toute construction nouvelle dans une rue pourvue d'égouts devra être disposée de manière à conduire ses eaux pluviales et ménagères. La même disposition sera prise pour toute maison ancienne, en cas de grosses réparations, et en tous cas, avant dix ans ». Des décrets en Conseil d'Etat ont rendu ce décret applicable à un grand nombre de villes, actuellement 166. — Picard, t. 4, p. 490.

7331. — A l'expiration de ce délai de dix ans, qui court du jour où le décret est rendu obligatoire dans une ville, les propriétaires sont mis en demeure d'opérer les travaux d'aménagement nécessaires, conformément aux dispositions imposées par le préfet et dans un délai fixé par lui. Faute par eux de se conformer à cette mise en demeure, ils peuvent être poursuivis pour contravention, ou bien l'administration peut faire exécuter les travaux d'office à leurs frais. Le montant de ces frais peut-il être recouvré comme en matière de contributions directes ? La question n'a jamais été nettement et directement posée devant le Conseil d'Etat. — Cons. d'Et., 21 juill. 1869, Pyon, [Leb. chr., p. 692] — A notre avis ce mode de recouvrement ne serait pas légal qu'autant que le décret ordonnant les travaux aurait rappelé les dispositions des art. 35-37 de la loi de 1807.

7332. — Les communes n'ont pas qualité pour imposer d'elles-mêmes des taxes de cette nature sans y être autorisées par un décret. Si elles l'ont fait, et si le préfet a consenti à rendre exécutoires les rôles émis par elles, le conseil de préfecture doit accorder décharge aux propriétaires et mettre les frais d'expertise

à la charge de la commune. C'est lui en effet qui est juge de la légalité de taxes réclamées dans la forme des contributions directes. — Cons. d'Ét., 16 juill. 1870, Peter, [D. 72.3.1]; — 25 juin 1875, Bon, [S. 77.2.191, P. adm. chr., D. 76.3.42]

7333. — La contribution établie en vertu des art. 33, 37 de la loi de 1807 ne peut être exigée que pour les travaux spécifiés dans le décret déclaratif d'utilité publique. Les villes ne peuvent se prévaloir, pour faire contribuer les riverains à des dépenses de construction d'égouts, ni d'anciens usages qui mettraient une partie de ces dépenses à la charge des propriétaires, ni d'un ancien décret qui, pour une partie du réseau d'égouts, aurait appliqué les art. 35 et suivants de la loi de 1807. — Cons. d'Ét., 11 févr. 1881, Cie P.-L.-M., [S. 82.3.42, P. adm. chr., D. 82.3.68]; — 15 déc. 1882, Ville de Saint-Étienne, [Leb. chr., p. 1023]

7334. — Enfin les égouts sont appelés à rendre dans l'avenir aux maisons riveraines des services plus considérables encore. Il est question depuis longtemps de les employer à l'écoulement des matières de vidanges. Déjà sur certains points des autorisations ont été données par un arrêté du préfet de la Seine du 10 nov. 1886.

7335. — Mais un acte plus important est intervenu. Une loi du 24 juill. 1891, autorisant la ville de Marseille à contracter un emprunt pour l'exécution de travaux d'assainissement d'une importance considérable, contient les dispositions suivantes : Art. 4. « La ville de Marseille est autorisée : 1° à percevoir des propriétaires de constructions riveraines des voies où de nouveaux égouts publics seront construits, une taxe proportionnelle à la longueur des façades de leurs immeubles et à raison de 50 fr. par mètre linéaire; 2° à percevoir des propriétaires riverains des voies desservies par les égouts anciens ou nouvellement établis, pendant cinquante ans à partir de l'achèvement des travaux, une taxe fixe et annuelle en prenant pour base d'estimation le revenu net imposable des immeubles. Le montant de cette taxe, qui sera recouvrée comme en matière de contributions directes, sera de

20 fr. pr les maisons d'une val. locative de 500 et au-dessous
42 — .... 501 à 1,500
65 — .... 1,501 à 3,000
85 — .... 3,001 à 6,000
105 — .... 6,001 à 10,000
150 — .... 10,001 à 20,000
200 — .... de plus de 20,000

7336. — Le projet de loi sur le régime des eaux qui est actuellement soumis au Sénat contient une disposition qui, d'une manière générale, autorise la perception d'une taxe municipale par tuyau de chute pour l'évacuation à l'égout des matières de vidanges. Cette taxe serait établie par décret rendu en Conseil d'État.

7337. — La loi du 10 juill. 1894, tendant à l'assainissement de la Seine, rend obligatoire le système du tout à l'égout et comporte la création d'une taxe de vidange. L'art. 2 dispose que les propriétaires des immeubles situés dans les rues pourvues d'un égout public seront tenus d'écouler souterrainement et directement à l'égout les matières solides et liquides des cabinets d'aisances de ces immeubles. Il est accordé un délai de trois ans pour les transformations à effectuer à cet effet dans les maisons anciennes.

7338. — La ville de Paris est autorisée à percevoir des propriétaires de constructions riveraines des voies pourvues d'égouts, pour l'évacuation directe des cabinets, une taxe annuelle de vidange qui sera assise sur le revenu net imposé des immeubles, conformément au tarif ci-après :
10 fr. pour les immeubles imposés à la contribution foncière ou à la contribution des portes et fenêtres pour un revenu inférieur à.................... 500
30 fr. pr les immeub. d'un rev. imposé de 500 à 1,499
60 — .... 1,500 à 2,999
80 — .... 3,000 à 5,999
100 — .... 6,000 à 9,999
150 — .... 10,000 à 19,999
200 — .... 20,000 à 29,999
330 — .... 30,000 à 39,999
500 — .... 40,000 à 49,999
750 — .... 50,000 à 69,999
1,000 — .... 70,000 à 99,999
1,500 — .... 100,000 et au-dessus.
En ce qui concerne les immeubles exonérés à un titre et pour

une cause quelconque de la contribution foncière sur la propriété bâtie, la ville pourra percevoir une taxe fixe de 50 fr. par chute. Le produit de ces taxes servira à rembourser l'emprunt en principal et intérêts, et à faire face à l'augmentation des dépenses d'entretien (art. 3).

7339. — Le taux desdites taxes pourra être revisé tous les cinq ans par décret après délibération conforme du conseil municipal, sans que ces taxes puissent dépasser le tarif fixé à l'art. 3. Le recouvrement aura lieu comme en matière de contributions directes (art. 5).

Section X.

Taxe des prestations en nature.

§ 1. Généralités.

7340. — La loi du 28 juill. 1824, codifiant pour la première fois toutes les dispositions éparses dans diverses lois relatives aux chemins vicinaux, décida qu'il serait pourvu aux dépenses de ces chemins en cas d'insuffisance des ressources ordinaires des communes, au moyen de prestations payables en argent ou en nature, au choix des contribuables.

7341. — Le principe posé par cette loi, c'est que, les chemins vicinaux ayant surtout un intérêt local, c'était aux communes qu'il appartenait de juger les dépenses de leur construction et de leur entretien. Les ressources créées pour les communes par les lois des 28 juill. 1824 et 21 mai 1836, sous la forme de trois journées de prestations et de cinq centimes additionnels au principal des quatre contributions directes, suffisaient alors amplement à couvrir les dépenses d'entretien d'un réseau encore peu développé.

7342. — Mais à partir de la loi du 11 juill. 1868, le gouvernement étant venu donner par les subventions de l'État une impulsion considérable à la construction des chemins vicinaux, les ressources créées à l'origine sont devenues insuffisantes. Les communes ont dû s'imposer des sacrifices plus considérables sous forme de contributions extraordinaires. C'est surtout depuis ce moment que les critiques les plus vives se sont élevées contre l'impôt des prestations. Depuis 1877, la Chambre des députés n'a pas été saisie de moins de vingt projets ou propositions de loi tendant les uns à supprimer, les autres à modifier profondément cette taxe.

7343. — On a fait d'abord aux prestations en nature un reproche en quelque sorte historique : celui d'être un souvenir de l'antique et odieuse corvée (Cotelle, *École des communes*, 1852, p. 96). Il a été répondu à ce reproche que les prestations ne présentent avec la corvée que des analogies lointaines. Elles atteignent sans distinction les habitants des villes et des campagnes, tandis que la corvée ne pesait que sur les habitants des campagnes et encore seulement sur ceux qui ne pouvaient invoquer aucun privilège. La corvée était exigée pour l'entretien des grandes routes, que les corvéables fréquentaient peu, tandis que les prestations ne sont réclamées aux habitants que pour les chemins de la commune ou des communes limitrophes dont ils se servent continuellement. La corvée comportait une prestation de trente à quarante journées de travail par an; ce nombre est réduit à trois. Les corvéables étaient souvent conduits fort loin de leurs demeures, dont ils devaient s'absenter pendant plusieurs journées de suite : il n'en est plus ainsi avec les prestations. Enfin, la corvée ne pouvait être rachetée : elle était due en nature, tandis que les prestataires, qui veulent se soustraire à l'obligation de quitter leurs occupations, peuvent s'acquitter en argent.

7344. — Au surplus, toutes les enquêtes auxquelles il a été procédé ont démontré que les habitants des campagnes tenaient à conserver la faculté de s'acquitter en nature, préférant consacrer quelques journées à travailler sur les routes ou à effectuer des transports de matériaux à l'obligation de débourser une somme d'argent.

7345. — Les reproches les plus graves que l'on fasse aujourd'hui à l'impôt des prestations, c'est de constituer un impôt de capitation et de n'être pas proportionnel aux facultés des contribuables. Bien plus on soutient avec raison qu'il pèse plus lourdement sur les communes pauvres que sur les communes riches, celles-ci pouvant se passer d'y recourir, et on ajoute que, dans les communes où les prestations fonctionnent, elles atteignent surtout le contribuable pauvre, alors que le contribuable riche peut s'y soustraire en établissant son domicile à la ville.

7346. — Enfin, dit-on, l'exécution de l'impôt en nature ne produit pas son équivalent en argent. Des ouvriers payés font le même travail, mieux, à moins de frais et plus vite que les prestataires.

7347. — Toutes les propositions déposées sur le bureau de la Chambre tendent à transformer les prestations en centimes additionnels au principal des quatre contributions directes. Les unes rendent cette transformation obligatoire; les autres se bornent à conférer aux conseils municipaux la faculté de l'opérer. Cette transformation aurait l'avantage de proportionner la charge aux facultés des contribuables, de faire participer à l'entretien des chemins des personnes qui actuellement n'y contribuent point et de mettre à la disposition des communes des fonds dont elles tireraient un meilleur emploi qu'elles ne font du travail des prestataires. Certains de ces projets maintiennent toutefois aux habitants le droit d'acquitter leur taxe en nature.

§ 2. Établissement des taxes.

7348. — Les prestations en nature sont établies par des délibérations souveraines du conseil municipal (L. 21 mai 1836, art. 2 et 5). Le vote a lieu dans la session de mai. A cet effet, l'agent voyer en chef prépare dans le courant du mois de mars un état sommaire des besoins auxquels il faudra pourvoir l'année suivante pour les chemins de grande communication et d'intérêt commun. Il indique les contingents que les communes pourraient être appelées à fournir et l'imputation de ces contingents tant sur les revenus ordinaires que sur le produit des prestations ou sur celui des centimes spéciaux. De son côté, l'agent voyer cantonal dresse, du 1er au 15 avril, un état indiquant la situation des chemins vicinaux ordinaires de la commune, les dépenses à faire sur ces chemins l'année suivante, les ressources qui pourront être affectées à ces dépenses. Cet état comprend les contingents demandés à la commune pour les chemins de grande communication et d'intérêt commun. Cet état, vérifié par l'agent voyer d'arrondissement et présenté par l'agent voyer en chef, est transmis au maire pour être soumis au conseil municipal, dans la session de mai. Il est accompagné d'un arrêté du préfet mettant le conseil en demeure de pourvoir à ces dépenses.

7349. — Le conseil municipal est donc appelé à voter les contingents proposés pour les chemins de grande communication et d'intérêt commun, et les ressources qu'il entend affecter aux chemins ordinaires (Règl. 6 déc. 1870, art. 66). Il va sans dire que, si en cours d'exercice, les prévisions budgétaires étaient reconnues fausses, le conseil municipal pourrait voter la taxe des prestations, si le besoin s'en faisait sentir. — Cons. d'Ét., 7 déc. 1883, Mabile, [Leb. chr., p. 888]

7350. — La délibération du conseil est transmise à la préfecture avec l'avis du sous-préfet, dans les quinze jours qui suivent la clôture de la session. L'agent-voyer en chef est consulté sur cette délibération, qui ne devient exécutoire qu'après l'approbation du conseil général pour la fixation des contingents et qu'après le règlement du budget par le préfet pour les ressources destinées aux chemins ordinaires. Le directeur des contributions directes est informé de cette approbation en ce qui concerne le vote des journées de prestation et des centimes (Règl. de 1870, art. 66).

7351. — D'après l'art. 2, L. 21 mai 1836, c'est seulement en cas d'insuffisance des ressources ordinaires des communes qu'il est pourvu à l'entretien des chemins à l'aide de prestations ou de centimes additionnels spéciaux. Le conseil municipal pourra voter l'une ou l'autre de ces ressources ou toutes les deux concurremment.

7352. — Comme nous l'avons vu déjà pour plusieurs taxes communales, les contribuables sont recevables à discuter par la voie contentieuse la suffisance ou l'insuffisance des ressources ordinaires. — Cons. d'Ét., 7 sept. 1861, Delair, [Leb. chr., p. 794]; — 21 nov. 1879, Gouyer, [Leb. chr., p. 727]

7353. — Il y a insuffisance quand les ressources ordinaires ne sont pas assez considérables pour pourvoir aux dépenses de même nature régulièrement approuvées par l'autorité supérieure. — Cons. d'Ét., 9 juin 1868, Duvivier, [Leb. chr., p. 628]; — 7 déc. 1883, Mabile, [Leb. chr., p. 888]

7354. — On ne peut considérer comme fonds disponibles un crédit destiné à des travaux déterminés, non employé dans l'exercice précédent, mais reporté à l'exercice courant avec une affectation spéciale. — Cons. d'Ét., 21 nov. 1879, Gouyer, [Leb. chr., p. 727]

7355. — Le conseil municipal peut choisir entre les centimes spéciaux et les prestations, mais il doit surtout assurer l'entretien de son réseau vicinal, qui constitue une dépense obligatoire. Si donc il néglige ou refuse de voter les ressources nécessaires, le préfet y pourvoit d'office. Après une mise en demeure adressée au conseil municipal, il prend en conseil de préfecture un arrêté inscrivant au budget le crédit nécessaire. En cas d'insuffisance des ressources ordinaires, le préfet prendra un arrêté en conseil de préfecture imposant d'office les centimes additionnels ou les journées de prestations nécessaires dans les limites du maximum fixé par la loi. Cet arrêté est notifié au maire et au directeur des contributions directes (L. 21 mai 1836, art. 5 et Règl. de 1870, art. 70). Si ces ressources étaient encore insuffisantes, le surplus de la dépense cesserait d'être obligatoire pour la commune.

7356. — Lorsque le conseil municipal a voté le maximum des centimes additionnels spéciaux mis à sa disposition par la loi et que cette ressource ne suffit pas, le préfet doit imposer d'office une ou plusieurs journées de prestation. — Cons. d'Ét., 24 juill. 1845, Commune de Boulsternère, [Leb. chr., p. 406]

7357. — D'après la loi du 28 juill. 1824 (art. 3), les conseils municipaux pouvaient voter deux journées de prestation au plus. La loi du 21 mai 1836 a porté ce nombre à trois. Celle du 11 juill. 1868 (art. 3) avait même ouvert aux conseils municipaux des communes dont les charges extraordinaires excédaient 10 cent. la faculté d'opter entre les 3 cent. extraordinaires établis par la loi du 24 juill. 1867 et une quatrième journée de prestation. Cette faculté a cessé avec la période d'exécution de la loi de 1868. Toutefois l'art. 10, L. du 20 août 1881, permet l'établissement d'une journée de prestation pour les chemins ruraux reconnus.

7358. — Les contribuables ne sont pas recevables à discuter par la voie contentieuse le nombre de journées ou de centimes imposés en alléguant que le produit de ces nombres ou de ces journées excéderait les sommes nécessaires à l'entretien des chemins. — Cons. d'Ét., 8 nov. 1878, Cie lyonnaise des omnibus, [Leb. chr., p. 836]

7359. — La prestation ne peut être votée que par journées entières jusqu'à concurrence du maximum déterminé par la loi. Le vote de fractions de journées aurait compliqué à l'excès la comptabilité. Le même nombre de journées est applicable à tous les éléments imposables. On ne veut pas, en effet, que le conseil municipal puisse favoriser telle ou telle classe de contribuables au détriment de telle autre (Règl. de 1870, art. 69).

7360. — Les contribuables pouvant acquitter leur taxe en nature ou en argent, il y a lieu de fixer l'équivalent en argent de la journée de travail pour chaque élément d'imposition. La prestation sera appréciée en argent conformément à la valeur qui aura été attribuée annuellement pour la commune à chaque espèce de journée par le conseil général sur les propositions des conseils d'arrondissement (L. 21 mai 1836, art. 4).

7361. — La loi ne prescrit pas qu'il n'y ait qu'un seul tarif pour tout le département, ni qu'il y en ait un spécial à chaque commune. Le conseil général décidera, suivant les propositions des conseils d'arrondissement, si les tarifs doivent être arrêtés, soit pour une certaine étendue de territoires, soit pour certaines catégories de communes, d'après l'importance de leur population ou le plus ou moins d'aisance de cette population (Circ. 24 juin 1836).

7362. — Dans une circulaire du 2 août 1837, le ministre de l'Intérieur a tracé aux conseils généraux les règles dont ils ne doivent pas s'écarter pour la fixation du tarif. Certains conseils avaient établi leurs tarifs en établissant des catégories dans les prix de journée des mêmes animaux, selon l'usage habituel auquel ils étaient destinés. D'autres avaient gradué le tarif des voitures attelées suivant la nature et l'importance de l'attelage. Beaucoup avaient compris dans le tarif de la journée de la voiture attelée le prix de la journée du conducteur. Le ministre, tout en laissant pleine liberté aux conseils généraux pour fixer le prix de la journée de travail, estime que le tarif ne doit comprendre que cinq grandes divisions : 1° journées d'hommes; 2° de chevaux; 3° de bœufs, de mulets et d'ânes; 4° de voitures à 2 roues; 5° de voitures à 4 roues. La taxe afférente à la voiture doit être indépendante de celle relative à l'attelage. La

valeur donnée à la journée de voiture sera la représentation du loyer de cette voiture sans attelage. De même, les bêtes de trait et de selle devront être considérées isolément et sans relation avec la journée du conducteur.

7363. — Un prestataire n'aurait pas le droit de demander réduction par le motif que le conseil général aurait établi pour les voitures de luxe un taux de rachat plus élevé que pour les voitures agricoles. — Cons. d'Et., 31 mars 1848, Iriot, [Leb. chr., p. 158]; — 23 mars 1853, Marin, [Leb. chr., p. 362]; — 28 mai 1880, Blot, [Leb. chr., p. 490]

7364. — Lorsque le tarif adopté par le conseil général ne mentionne qu'une classe de bœufs, les contribuables ne sont pas fondés à soutenir que deux génisses ne doivent compter que pour un bœuf. — Cons. d'Et., 8 avr. 1869, Nivard, [Leb. chr., p. 331] — Décidé, de même, qu'un contribuable ne peut se fonder pour obtenir réduction sur ce qu'une voiture attelée d'un âne ne peut payer la même taxe qu'une voiture attelée d'un cheval. Il n'y a pas lieu de distinguer quand le tarif ne distingue pas. — Cons. d'Et., 24 déc. 1862, Saillant, [Leb. chr., p. 844]; — 5 déc. 1879, Mazenc, [Leb. chr., p. 773]

7365. — La loi dit que le tarif doit être arrêté annuellement par le conseil général. Cela ne veut pas dire que le conseil doive modifier tous les ans le tarif, mais seulement que ce tarif doit chaque année être placé sous les yeux du conseil qui, s'il ne le modifie pas, doit déclarer qu'il le maintient pour l'année suivante. La décision du conseil général doit être insérée dans le recueil des actes administratifs de la préfecture (Circ. 2 août 1837). La plupart des conseils généraux ont pris l'habitude de considérer cet examen annuel du tarif comme une simple formalité. Alors que partout le prix effectif de la journée de travail s'est élevé, celui de la journée de prestation est resté stationnaire. Il en résulte que ceux qui optent pour l'acquittement en argent paient moins que ceux qui optent pour l'acquittement en nature (Circ. 25 juill. 1878).

7366. — L'art. 4, L. 21 mai 1836, prévoit aussi que la prestation non rachetée en argent pourra être convertie en tâches, d'après les bases et évaluations de travaux préalablement fixées par le conseil municipal. A cet effet, dans la session de mai ce conseil est invité à arrêter le tarif de la conversion des prestations en tâches.

7367. — Voici en quels termes la circulaire du 24 juin 1836 expliquait le but et la portée de cette attribution nouvelle donnée aux conseils municipaux : « On sait généralement ce que valent, lorsqu'ils sont payés en argent, les travaux de différente espèce qui se font sur les chemins vicinaux; combien on paie, par exemple, pour faire ramasser, casser et étendre un mètre cube de pierres, ou pour faire creuser un mètre courant de fossés de telles dimensions : on sait aussi combien coûte le transport à une distance déterminée d'un mètre cube de matériaux. Le conseil municipal arrêtera la valeur représentative de ces diverses espèces de travaux dans un tarif. Ce tarif rapproché de celui préalablement fixé par le conseil général pour la conversion des journées en argent, fera connaître à chaque contribuable quelle nature et quelle quantité de travail il doit fournir pour acquitter sa cote. Les délibérations du conseil municipal portant fixation de ce tarif doivent être approuvées par le préfet.

7368. — La taxe des prestations n'est pas proportionnée à l'usage effectif que les contribuables font des chemins vicinaux ni à l'importance des dégradations qu'ils y causent. Ils ne peuvent donc fonder de demandes en décharge sur ce que leurs chevaux et voitures n'emploient pas ou emploient rarement les chemins. — Cons. d'Et., 15 mai 1848, Vallade, [Leb. chr., p. 302]; — 15 mai 1852, Vallade, [Leb. chr., p. 351]; — 8 nov. 1878, Cie lyonnaise des omnibus, [Leb. chr., p. 856]; — 2 mars 1883, Delamarre, [Leb. chr., p. 227]; — 4 déc. 1885, Delamarre, [Leb. chr., p. 918]; — 17 déc. 1886, Delamarre, [Leb. chr., p. 894]; — 18 nov. 1892, Delamarre, [Leb. chr., p. 770]

7369. — Les prestations ne sont pas calculées en raison de l'importance du revenu foncier des contribuables. — Cons. d'Et., 4 déc. 1885, Labary, [Leb. chr., p. 918] — ... ou de l'étendue des exploitations. — Cons. d'Et., 18 déc. 1867, Auriot, [Leb. chr., p. 924]

§ 3. *Assiette de la taxe.*

1° *Prestation personnelle.* — *Condition d'imposition.*

7370. — Quelle est l'assiette de la taxe des prestations? Cette taxe comporte deux éléments bien distincts : l'un qui atteint l'habitant considéré comme habitant et dans sa personne seule; l'autre qui vise tout individu à raison de la famille dont il est le chef ou de l'établissement, agricole ou autre, dont il est le propriétaire ou le gérant. Ici le contribuable n'est plus atteint qu'indirectement à raison des moyens d'exploitation de son établissement.

7371. — La loi du 21 mai 1836 embrasse la prestation personnelle et la prestation de l'établissement dans un seul article, l'art. 3, qui est ainsi conçu : « Tout habitant, chef de famille ou d'établissement, à titre de propriétaire, de régisseur, de fermier ou de colon partiaire, porté au rôle des contributions directes, pourra être appelé à fournir, chaque année, une prestation de trois jours : 1° pour sa personne et pour chaque individu mâle, valide, âgé de dix-huit ans au moins et de soixante ans au plus, membre ou serviteur de la famille et résidant dans la commune; 2° pour chacune des charrettes ou voitures attelées, et, en outre, pour chacune des bêtes de somme, de trait, de selle au service de la famille ou de l'établissement dans la commune.

7372. — Tout habitant... porté au rôle des contributions directes... pourra être appelé chaque année à fournir une prestation de trois jours pour sa personne. Il suit de là qu'on ne peut imposer à la prestation un individu qui justifie ne pas habiter la commune. — Cons. d'Et., 4 avr. 1873, Coté, [Leb. chr., p. 294]; — 12 juin 1874, Coté, [Leb. chr., p. 346] — ... ou n'y faire que des séjours accidentels. — Cons. d'Et., 14 mars 1873, Contelanbe, [Leb. chr., p. 234]

7373. — Pour celui qui habite la commune, une seule condition est exigée : il faut qu'il soit porté au rôle d'une des quatre contributions directes. S'il ne figure sur aucun de ces rôles, il n'est pas passible des prestations. — Cons. d'Et., 29 oct. 1839, Qulichini, [Leb. chr., p. 516]; — 25 avr. 1855, Quériault, [Leb. chr., p. 305]; — 13 mars 1860, Breyton, [Leb. chr., p. 210]; — 4 avr. 1873, Coté, [Leb. chr., p. 290]; — 4 févr. 1881, Gérard, [Leb. chr., p. 150]; — 4 mars 1881, Geffroy, [Leb. chr., p. 248]; — 24 juin 1881, André-Lazare, [Leb. chr., p. 633]; — 4 juill. 1884, Fournel, [Leb. chr., p. 551] — ... Il en est de même s'il y a été inscrit à tort. — Cons. d'Et., 3 juin 1881, de Mijola, [Leb. chr., p. 584]

7374. — Au contraire, tout habitant porté au rôle d'une des quatre contributions directes est, par là même, reconnu imposable aux prestations en nature. — Cons. d'Et., 18 nov. 1863, de la Moussaye, [Leb. chr., p. 758]; — 13 juill. 1870, Mestreau, [Leb. chr., p. 884]; — 31 juill. 1874, Bioche, [Leb. chr., p. 735]; — 20 nov. 1874, Boissié, [Leb. chr., p. 887]; — 23 juill. 1875, Fournier, [Leb. chr., p. 709]; — 4 août 1876, Betemps, [Leb. chr., p. 743]; — 12 août 1879, Manifanir, [Leb. chr., p. 618]; — 9 janv. 1880, Bonjean, [Leb. chr., p. 23]; — 23 mars 1880, Caillin, [Leb. chr., p. 340]; — 18 mars 1881, Bazorgues, [Leb. chr., p. 296]; — 21 avr. 1882, Jean, [Leb. chr., p. 346]; — 18 juill. 1884, Fournel, [Leb. chr., p. 602]; — 27 nov. 1885, Aubry, [Leb. chr., p. 877]; — 5 mars 1886, Brict, [Leb. chr., p. 205]; — 21 mai 1886, Laurent, [Leb. chr., p. 440]; — 24 juin 1887, Lassalle, [Leb. chr., p. 493]

7375. — Un étranger, pouvant être imposé à la contribution personnelle, peut donc être passible des prestations. — Cons. d'Et., 3 févr. 1888, Bochy, [Leb. chr., p. 11]

7376. — Est imposable aussi le mari séparé de biens qui ne figure sur les rôles qu'à raison des immeubles appartenant à sa femme. — Cons. d'Et., 23 nov. 1888, Rubod, [Leb. chr., p. 865]

7377. — Il importe peu que le rôle de contributions directes sur lequel figure le réclamant ait été publié après le rôle des prestations. L'inscription sur ce dernier rôle se trouve rétroactivement validée. En effet, quelle que soit l'époque à laquelle les rôles sont publiés, ils sont censés établis d'après les faits existant au 1er janvier. — Cons. d'Et., 26 juin 1867, Garaud, [Leb. chr., p. 598]; — 22 janv. 1886, Cénac, [Leb. chr., p. 59]

7378. — L'habitant inscrit aux rôles des contributions directes est imposable aux prestations, alors même qu'il ne serait ni chef de famille ou d'établissement, ni propriétaire-régisseur, fermier ou colon partiaire. — Cons. d'Et., 30 déc. 1841, Delpy, [Leb. chr., p. 569]; — 21 janv. 1843, Guernier, [Leb. chr., p. 273]; — 29 juill. 1857, Hubert, [Leb. chr., p. 601]; — 4 août 1862, Breton, [Leb. chr., p. 632]; — 25 mai 1864, Laverrière, [Leb. chr., p. 483]; — 1er juin 1864, Cuny, [Leb. chr., p. 517]; — 17 mars 1865, Labargue, [Leb. chr., p. 278]; — 27 févr. 1868, Catala, [Leb. chr., p. 229]; — 21 mars 1868, Mourigal, [Leb. chr., p. 338]; — 30 déc. 1869, d'Albiez, [Leb. chr., p. 1026]; — 8 nov. 1878, Lefèvre, [Leb. chr., p. 859]; — 26 déc. 1891,

Nicolas, [Leb. chr., p. 796] — Un nu-propriétaire peut être imposé. — Cons. d'Et., 23 juill. 1863, Descombes, [Leb. chr., p. 557]

7379. — La perte des droits civiques par suite de faillite n'entraîne pas l'exemption des prestations. — Cons. d'Et., 20 févr. 1885, Dupuy, [Leb. chr., p. 200]

7380. — L'exemption accordée par la loi du 17 juill. 1889 aux parents qui ont sept enfants vivants ne s'étend pas de plein droit aux prestations. — Cons. d'Et., 27 févr. 1892, Berton-Vignants, [Leb. chr., p. 223] — Mais si la contribution personnelle-mobilière dont ce contribuable est exempté par cette loi est la seule que paie ce contribuable, il est *ipso facto* déchargé des prestations. — Cons. d'Et., 26 nov. 1892, Coruble, [Leb. chr., p. 825]

7381. — De même, si tout contribuable exempté comme indigent par le conseil municipal de la contribution personnelle-mobilière se trouve de plein droit dispensé de l'obligation d'acquitter les prestations, en revanche l'indigence ou la modicité des ressources n'est pas un moyen que l'on puisse faire valoir devant le conseil de préfecture pour obtenir une réduction. — Cons. d'Et., 6 déc. 1862, Cazeaux, [Leb. chr., p. 746]; — 5 mars 1863, Blondeau, [Leb. chr., p. 212]; — 17 juin 1868, Buffard, [Leb. chr., p. 671]; — 30 mai 1873, Noël, [Leb. chr., p. 478]; — 22 déc. 1882, Marcus, [Leb. chr., p. 1051]; — 21 janv. 1887, Gilles, [Leb. chr., p. 52]; — 3 févr. 1888, Bochy, [Leb. chr., p. 111]; — 2 nov. 1888, Clément, [Leb. chr., p. 778]; — 18 mai 1889, Foret, [Leb. chr., p. 630]; — 8 nov. 1889, Garson, [Leb. chr., p. 996]; — 4 juill. 1891, Mancelon, [Leb. chr., p. 526]; — 27 févr. 1892, Berton-Vignants, [Leb. chr., p. 223]

7382. — A prendre l'art. 3, L. 21 mai 1836, au pied de la lettre, il semble que, pour être passible de la prestation personnelle, il suffise d'habiter la commune et d'être porté sur les rôles des contributions directes, la loi ne parlant des conditions d'âge et de validité que pour les membres de la famille et les serviteurs, c'est-à-dire pour des éléments d'imposition. Toutefois, on a toujours considéré cette disposition comme ayant une portée générale et comme s'appliquant aussi bien à la prestation personnelle qu'à celle des éléments.

7383. — Ne doivent la prestation pour leur personne que les contribuables mâles ayant dix-huit ans au moins et soixante ans au plus au 1er janvier. Les femmes doivent donc être exemptées à raison de leur personne. — Cons. d'Et., 30 nov. 1889, Béjol, [Leb. chr., p. 1111]

7384. — L'individu qui n'atteint la soixantaine que le 1er janvier est imposable pour l'année entière. — Cons. d'Et., 22 déc. 1876, Jelivre, [Leb. chr., p. 920]; — 26 avr. 1890, Kerblat, [Leb. chr., p. 427]

7385. — Celui qui a eu soixante ans avant le 1er janvier doit obtenir décharge pour sa personne. — Cons. d'Et., 30 juill. 1840, Laurent Nicolas, [Leb. chr., p. 282]; — 19 mars 1870, Sauliner, [Leb. chr., p. 311]; — 28 mars 1879, Roussy, [Leb. chr., p. 240]; — 13 mai 1881, Ravinet, [Leb. chr., p. 481]; — 23 janv. 1885, Coradan, [Leb. chr., p. 70]; — 27 avr. 1888, Listuer, [Leb. chr., p. 372]

7386. — Les contribuables sont recevables à invoquer pour la première fois devant le Conseil d'Etat, à l'appui de leur demande en décharge, qu'ils ont plus de soixante ans. — Cons. d'Et., 16 avr. 1875, Duméreau, [Leb. chr., p. 323]

7387. — La question de savoir si un contribuable est valide ou non dépend le plus souvent d'une question de fait. On recherche si en fait le contribuable pourrait effectuer en nature le travail exigé des prestataires. S'il est constant qu'il se livre dans les champs à des travaux analogues à ceux des prestations, il devra être maintenu sur le rôle, alors même que ses infirmités seraient justifiées par la production d'actes authentiques et auraient motivé sa mise en réforme ou sa mise à la retraite de l'armée ou d'une fonction civile. — Cons. d'Et., 1er août 1834, Thomas, [Leb. chr., p. 563]; — 20 nov. 1855, Bravard, [Leb. chr., p. 686]; — 4 mai 1859, Colombet, [Leb. chr., p. 334]; — 6 janv. 1864, Milhomme, [Leb. chr., p. 1]; — 18 juill. 1873, Grossoleil, [Leb. chr., p. 644]; — 28 nov. 1873, Converset, [Leb. chr., p. 870]; — 30 juill. 1880, Ménard, [Leb. chr., p. 690]; — 9 nov. 1889, Lefebvre, [Leb. chr., p. 1005]; — 1er févr. 1890, Buisson, [Leb. chr., p. 114]; — 8 nov. 1890, Parisot, [Leb. chr., p. 812]; — 11 nov. 1893, Garnier, [Leb. chr., p. 741]; — 17 mars 1894, Emion, [Leb. chr., p. 234]

7388. — Sans prétendre donner une énumération des infirmités de nature à entraîner l'exemption des prestations, nous citerons, à titre d'exemples, un certain nombre de décisions du Conseil d'Etat. Décharge a été accordée à des contribuables à raison des infirmités suivantes : perte de l'usage d'un bras ou d'une jambe. — Cons. d'Et., 11 févr. 1876, Roy, [Leb. chr., p. 133]; — 15 déc. 1876, Billou, [Leb. chr., p. 878] — ... Carie des os d'une jambe. — Cons. d'Et., 6 juin 1891, Petit, [Leb. chr., p. 421] — ... Fracture du fémur, d'un bras ou d'une jambe. — Cons. d'Et., 16 août 1867, Domercq, [Leb. chr., p. 788]; — 6 nov. 1885, Teilloux, [Leb. chr., p. 809]; — 8 nov. 1890, Bertholin, [Leb. chr., p. 813] — ... Paralysie des doigts d'une main. — Cons. d'Et., 28 févr. 1870, Martin, [Leb. chr., p. 205] — ... Ankylose de l'épaule ou du poignet. — Cons. d'Et., 27 avr. 1888, Commune de Sommerviller, [Leb. chr., p. 373]; — 18 nov. 1892, Lagarde, [Leb. chr., p. 770] — ... Périostite du poignet. — Cons. d'Et., 8 juin 1883, Durand, [Leb. chr., p. 530] — ... Perte d'un ou de plusieurs doigts. — Cons. d'Et., 24 juill. 1865, Béchamel, [Leb. chr., p. 712]; — 26 déc. 1879, Dieudonné, [Leb. chr., p. 843]; — 15 janv. 1892, Roux, [Leb. chr., p. 5] — ... Varices. — Cons. d'Et., 18 avr. 1890, Blavignac, [Leb. chr., p. 400] — ... Pied-bot. — Cons. d'Et., 20 juill. 1865, Jaquin-Parent, [Leb. chr., p. 712] — ... Claudication prononcée. — Cons. d'Et., 19 mai 1882, Boulanger, [Leb. chr., p. 495]; — 14 déc. 1882, Comm. de Saint-Jean de Jos, [Leb. chr., p. 911]; — 8 août 1884, Dalud, [Leb. chr., p. 713]; — 30 juill. 1880, Papon, [Leb. chr., p. 667] — ... Surdité accompagnée de mutisme. — Cons. d'Et., 15 juin 1894, Clausse, [Leb. chr., p. 407] — ... Cécité. — Cons. d'Et., 22 nov. 1889, Comm. de Gaillargues, [Leb. chr., p. 1030]; — 13 mai 1881, Dieudonné, [Leb. chr., p. 481] — ... Myopie extrême. — Cons. d'Et., 20 avr. 1877, Richard, [Leb. chr., p. 361]; — 28 févr. 1890, Luce-Richard, [Leb. chr., p. 225] — ... Affaiblissement de la vue. — Cons. d'Et., 26 déc. 1885, Juilliard, [Leb. chr., p. 1001]; — 16 déc. 1893, Guillier, [Leb. chr., p. 847] — ... Gibbosité. — Cons. d'Et., 14 juin 1866, Trubelle, [Leb. chr., p. 646]; — 4 juin 1886, Blachir, [Leb. chr., p. 482]; — 8 juin 1888, Jossieu, [Leb. chr., p. 493] — ... Hernie inguinale. — Cons. d'Et., 6 janv. 1869, Blanchard, [Leb. chr., p. 3]; — 9 juin 1869, Jeanjean, [Leb. chr., p. 585]; — 26 déc. 1885, Juilliard, [Leb. chr., p. 1001]; — 16 déc. 1893, Nouël, [Leb. chr., p. 848] — ... Paralysie. — Cons. d'Et., 1889, Roffo, [Leb. chr., p. 1121] — ... Hypertrophie du cœur ou autres affections cardiaques. — Cons. d'Et., 7 mai 1880, Mallard, [Leb. chr., p. 432]; — 13 janv. 1882, Escudi, [Leb. chr., p. 31]; — 19 mai 1893, Taffet, [Leb. chr., p. 413] — ... Gastrite chronique. — Cons. d'Et., 3 mai 1861, Crévisier, [Leb. chr., p. 331] — ... Tremblement nerveux. — Cons. d'Et., 24 déc. 1880, Cassuigne, [Leb. chr., p. 1056] — ... Faiblesse de constitution. — Cons. d'Et., 28 avr. 1882, Vasseur, [Leb. chr., p. 396] — ... Idiotisme. — Cons. d'Et., 8 avr. 1869, Marçais, [Leb. chr. p. 331]; — 25 nov. 1893, Gérard, [Leb. chr., p. 786]

7389. — Au contraire, l'exemption a été refusée à des individus atteints des infirmités suivantes : Claudication légère. — Cons. d'Et., 18 janv. 1860, Gentilhomme, [Leb. chr., p. 35]; — 15 févr. 1884, Valentin, [Leb. chr., p. 125]; — 2 juill. 1886, Paquet, [Leb. chr., p. 536]; — 5 nov. 1886, Dubar, [Leb. chr., p. 753]; — 17 juin 1887, Rolland, [Leb. chr., p. 485]; — 11 nov. 1892, Dubats, [Leb. chr., p. 741] — 18 nov. 1892, Grunder, [Leb. chr., p. 770] — ... Fracture du tibia. — Cons. d'Et., 11 nov. 1893, Garnier, [Leb. chr., p. 741] — ... Perte ou ankylose d'un doigt. — Cons. d'Et., 7 janv. 1859, Véry, [Leb. chr., p. 18]; — 2 sept. 1863, Combes, [Leb. chr., p. 349]; — 19 mars 1870, Delahaye, [Leb. chr., p. 312] — ... Ankylose ou arthrite chronique du genou. — Cons. d'Et., 14 mai 1886, Cassard, [Leb. chr., p. 400]. — Cons. d'Et., 17 févr. 1888, Jean, [Leb. chr., p. 146] — ... Ankylose du coude ; — 7 déc. 1894, Courbois, [Leb. chr., p. 659] — ... Perte d'un œil. — Cons. d'Et., 10 févr. 1858, Page, [Leb. chr., p. 139]; — 26 mars 1870, Marcan, [Leb. chr., p. 347]; — 28 janv. 1876, Lacour, [Leb. chr., p. 81]; — 30 janv. 1880, Garnier, [Leb. chr., p. 121]; — 10 déc. 1880, Fontaine, [Leb. chr., p. 982]; — 28 mars 1884, Raguet, [Leb. chr., p. 522]; — 4 juill. 1884, Gilbert, Leb. chr., p. 551]; — 14 mai 1886, Galton, [Leb. chr., p. 400]; — 15 nov. 1890, Berlier, [Leb. chr., p. 839]; — 5 janv. 1892, Comm. de Justine, [Leb. chr., p. 5]; — 13 févr. 1892, Rivel, [Leb. chr., p. 151]; — 13 janv. 1893, Colomb, [Leb. chr., p. 7] — ... Surdité. — Cons. d'Et., 12 févr. 1868, Caillet, [Leb. chr., p. 146]; — 8 avr. 1868, Vittel, [Leb. chr., p. 382] — ... Maladie légère de la vue. — Cons. d'Et., 25 févr. 1881, Présilez, [Leb. chr., p. 219] — ... Inflammation des paupières. — Cons. d'Et., 8 avr. 1868, Villet, [Leb. chr., p. 382]

— ... Gastralgie. — Cons. d'Et., 4 juill. 1884, Gilbert, [Leb. chr., p. 551] — ... Carie vertébrale. — Cons. d'Et., 22 juill. 1892, Parisot, [Leb. chr., p. 652] — ... Dérivation de la colonne vertébrale. — Cons. d'Et., 5 mai 1894, Aubry, [Leb. chr., p. 330] — ... Hernie. — Cons. d'Et., 27 janv. 1888, Dalibau, [Leb. chr., p. 89] — ... Epilepsie. — Cons. d'Et., 3 févr. 1888, Martin, [Leb. chr., p. 111]

7390. — Le fait d'avoir été exempté du service militaire pour insuffisance de taille n'est pas une cause d'exemption. — Cons. d'Et., 8 août 1884, Dazum, [Leb. chr., p. 713]

7391. — C'est au contribuable qui allègue une infirmité pour échapper aux prestations qu'incombe la charge de la preuve. — Cons. d'Et., 23 janv. 1872, Fontaine, [Leb. chr., p. 8]; — 22 mars 1872, Grossoleil, [Leb. chr., p. 179]

7392. — A-t-il le droit d'exiger qu'il soit procédé à une expertise médicale à l'effet de faire établir s'il est ou non hors d'état d'acquitter ses prestations? Le Conseil d'Etat n'a pas statué expressément sur cette question. — Cons. d'Et., 2 sept. 1863, Combes, [Leb. chr., p. 734] — Il nous semble que l'affirmative n'est pas douteuse. L'expertise est obligatoire si elle est réclamée. L'examen devant porter sur une question médicale, on devra naturellement choisir de préférence des experts compétents. Au surplus, la juridiction administrative apprécie souverainement si le réclamant est ou non valide dans le sens de la loi.

7393. — L'invalidité est une cause d'exemption physique. Existe-t-il des causes morales de dispense? Chaque prestataire doit, en principe, pouvoir opter pour l'exécution en nature. Mais certaines personnes ne peuvent exercer librement cette option, soit parce que les fonctions dont elles sont investies exigent tout leur temps, soit parce que la dignité attachée à ces fonctions ne leur permet pas d'aller sur les routes casser des cailloux ou creuser des fossés comme de simples artisans? Ces habitants ne peuvent-ils se prévaloir de cette situation pour demander décharge? Le Conseil d'Etat a toujours rejeté les demandes de cette nature présentées par des desservants. — Cons. d'Et., 21 mai 1840, Papin, [Leb. chr., p. 146]; — 1er juill. 1840, Vial, [Leb. chr., p. 199]; — 30 déc. 1841, Delpy, [Leb. chr., p. 569]; — 2 juin 1843, Guernier, [Leb. chr., p. 273]; — 3 déc. 1846, Roumelle, [Leb. chr., p. 530]; — 15 mai 1848, Dannur, [Leb. chr., p. 303]; — 16 sept. 1848, Dinard, [Leb. chr., p. 611]; — 5 oct. 1857, Baraille, [Leb. chr., p. 738]; — 28 févr. 1870, Gauthier, [Leb. chr., p. 206]; — 7 mai 1880, Laplace, [Leb. chr., p. 433]; — 4 déc. 1885, Carnet, [Leb. chr., p. 947]

7394. — Même décision à l'égard des fonctionnaires civils de l'Etat, receveurs des régies financières. — Cons. d'Et., 9 nov. 1883, Nadaud, [Leb. chr., p. 791] — Un préposé des douanes même alors qu'il est caserné et en service vingt-quatre heures sur trente-six est imposable. — Cons. d'Et., 12 mars 1867, Soumié, [Leb. chr., p. 244]; — 5 mars 1870, Castel, [Leb. chr., p. 234]

7395. — Les facteurs ruraux ne sont pas exempts bien qu'ils ne puissent disposer d'aucun moment de liberté pour exécuter les prestations. — Cons. d'Et., 16 mars 1842, Lucas, [Leb. chr., p. 108]; — 5 juin 1843, Don Santo Tomasini, [Leb. chr., p. 328]; — 31 août 1865, Le Digabel, [Leb. chr., p. 900]; — 21 août 1868, Avril, [Leb. chr., p. 947]; — 6 janv. 1869, Tassel, — 30 déc. 1869, d'Albiez, [Leb. chr., p. 1026]; — 5 août 1881, Bounet, [Leb. chr., p. 774]; — 27 avr. 1883, Georges, [Leb. chr., p. 398]; — 19 juin 1885, Barreau, [Leb. chr., p. 590].

7396. — Non plus que les gardes forestiers. — Cons. d'Et., 7 déc. 1843, Schreiger, [Leb. chr., p. 573]; — 4 avr. 1863, Andriani, [Leb. chr., p. 307] — ... Les gardes-barrières. — Cons. d'Et., 8 juin 1883, Valdenaire, [Leb. chr., p. 530] — ... Les gardes-pêche. — Cons. d'Et., 8 juin 1877, Toulorge, [Leb. chr., p. 546]

7397. — A l'égard des militaires, officiers, sous-officiers ou hommes de troupe, la jurisprudence du Conseil d'Etat s'est modifiée dans ces dernières années. Auparavant elle avait appliqué aux prestations les distinctions faites pour l'application de la loi sur la contribution personnelle-mobilière. Les officiers sans troupe en résidence fixe dans la commune étaient considérés comme des habitants et acquittaient les prestations, sans pouvoir objecter que le service militaire est incompatible avec tout autre service public. — Cons. d'Et., 18 juill. 1838, Courtois, [Leb. chr., p. 449]; — 18 févr. 1839, de Verneville, [Leb. chr., p. 161]; — 19 juin 1874, Kocher, [Leb. chr., p. 570]; — 6 août 1878, Liégey, [Leb. chr., p. 806]; — 30 mai 1879, Chopard, [Leb. chr., p. 419]; — 23 janv. 1880, Joncher, [Leb. chr., p. 90]; — 24 févr. 1888, Canonge, [Leb. chr., p. 179]

7398. — Quant aux officiers avec troupe, leur imposition aux prestations dépendait de leur imposition à la contribution personnelle-mobilière. — Cons. d'Et., 8 avr. 1867, Cescaldi, [Leb. chr., p. 347] — Les officiers de troupes détachés temporairement dans des services sans troupe conservaient leur caractère et ne devaient pas être imposés aux prestations. — Cons. d'Et., 18 avr. 1845, Morlet-Simonnot, [Leb. chr., p. 178]; — 10 avr. 1869, Brun-Lafaurestie, [Leb. chr., p. 342]

7399. — Les employés militaires, tels que les sous-officiers des dépôts de remonte, les gardiens de batterie, les portiers consignes, les surveillants des prisons militaires étaient considérés comme des habitants dans le sens de la loi. — Cons. d'Et., 17 déc. 1862, Josse, [Leb. chr., p. 782]; — 6 août 1866, Racine, [Leb. chr., p. 952]; — 3 juill. 1885, Comble, [Leb. chr., p. 630]; — 11 déc. 1885, Susini, [Leb. chr., p. 938]

7400. — A fortiori tous ceux qui appartenaient à la garde nationale, même mobile ou mobilisée, étaient imposés. — Cons. d'Et., 11 févr. 1870, Lutter, [Leb. chr., p. 62]; — 6 oct. 1871, Piédove, [Leb. chr., p. 187], — à moins qu'ils ne fussent en activité au 1er janvier. — Cons. d'Et., 9 mai 1873, Roques, [Leb. chr., p. 390]

7401. — C'est en 1885 que la jurisprudence a changé. Il s'agissait d'un sous-officier des équipages de la flotte, qui avait été envoyé par l'administration de la marine dans une ville de l'intérieur pour y surveiller les achats et les expéditions de charbon. Le Conseil s'est fondé, pour lui accorder décharge, non sur le caractère temporaire de la mission, mais sur sa qualité de membre de l'armée active, constamment à la disposition du ministre, situation qui ne permettait pas de le considérer comme un habitant de la commune dans le sens de la loi du 21 mai 1836. — Cons. d'Et., 1er mai 1885, Bertrand, [Leb. chr., p. 451] — V. aussi 1er févr. 1878, Cravoisy, [Leb. chr., p. 204]

7402. — Le changement de rédaction correspondait à un changement de jurisprudence, lequel s'est affirmé dans de nombreuses décisions qui ont accordé décharge à des portiers consignes, à des gardiens de batterie, à des employés de la justice ou des prisons militaires, à des ouvriers d'Etat, par l'unique motif qu'ils font partie de l'armée active. — Cons. d'Et., 28 mars 1888, Pinte, [Leb. chr., p. 324]; — 6 juill. 1888, Auvalier, [Leb. chr., p. 601]; — 27 juill. 1888, Parisot, Leb. chr., p. 662]; — 3 août 1888, Vialatoux, [Leb. chr., p. 700]; — 16 nov. 1888, Marchand, [Leb. chr., p. 835]; — 21 févr. 1890, Lamotte, [Leb. chr., p. 192]; — 14 juin 1890, Guillemot, [Leb. chr., p. 572]; — 31 oct. 1890, Molière, [Leb. chr., p. 804]; — 15 nov. 1890, Pellier, [Leb. chr., p. 840]; — 17 janv. 1891, Valentin, [Leb. chr., p. 16]; — 24 janv. 1891, Champeaux, [Leb. chr., p. 42]; — 6 juin 1891, Tortochot, [Leb. chr., p. 421]; — 5 mars 1892, Giraud, [Leb. chr., p. 255]; — 18 juin 1892, Nicot, [Leb. chr., p. 558]; — 22 juill. 1892, Arnold, [Leb. chr., p. 630]; — 26 nov. 1892, Blossier, [Leb. chr., p. 823]; — 4 nov. 1893, Marlini, [Leb. chr., p. 714]; — 10 févr. 1894, Roussel, [Leb. chr., p. 124]; — 10 févr. 1894, Saliceti, [Leb. chr., p. 124]; — 5 mai 1894, Valet, [Leb. chr., p. 330]

7402 bis. — On a même étendu l'exemption à un officier d'administration. — Cons. d'Et., 19 mai 1893, Beaufils, [Leb. chr., p. 404]

7403. — Toutefois, cette exemption ne doit être appliquée qu'à ceux qui font effectivement partie de l'armée active. Un soldat de l'armée active renvoyé par anticipation dans ses foyers est imposable. — Cons. d'Et., 21 juin 1890, Guinot, [Leb. chr., p. 608]

7404. — Il en est de même des inscrits maritimes et des syndics des gens de mer. Certains avaient cru pouvoir invoquer une ordonnance du 21 mars 1778, qui les dispensait de toute participation aux réparations des chemins, et des dispositions d'une ordonnance du 3 oct. 1784, de la loi du 3 brum. an IV, d'une circulaire ministérielle du 15 août 1861, qui les exemptaient de tout service public autre que ceux de l'armée navale, des arsenaux et de la garde nationale. Cette prétention a été repoussée. — Cons. d'Et., 12 sept. 1853, Payer, [Leb. chr., p. 910]; — 7 avr. 1866, Bideau, [Leb. chr., p. 318]; — 27 févr. 1867, Boudrée, [Leb. chr., p. 218]; — 20 janv. 1869, Perret, [Leb. chr., p. 56]; — 21 avr. 1894, Noschi, [Leb. chr., p. 283]

7405. — Nous venons d'exposer les règles relatives à la prestation personnelle qui représente l'intérêt commun et uniforme que chaque habitant a au bon entretien des chemins de la commune. Mais si cet habitant a une famille, s'il est propriétaire, s'il gère une exploitation agricole, comme régisseur, fermier ou colon partiaire, s'il administre un établissement industriel, il a

nécessairement un intérêt plus étendu à la prospérité de la communauté et au bon état des communications. D'ailleurs l'exploitation de son établissement, quel qu'il soit, ne peut se faire sans dégrader les chemins de la commune. Il est donc juste qu'il contribue à la réparation de ces chemins dans la proportion de ses moyens d'exploitation. C'est en réalité l'exploitation et l'établissement qui sont imposés en raison de leur importance et de leur intérêt présumé au bon état des chemins et de l'usage qu'ils en font, et c'est le chef de la famille, de l'exploitation agricole ou de l'établissement industriel qui doit acquitter la contribution assise sur ce qui lui appartient ou sur ce qu'il exploite. Il en résulte qu'il n'est pas nécessaire que le chef de l'établissement soit personnellement imposable.

7406. — Ce chef d'établissement pourra être une femme. — Cons. d'Et., 18 juill. 1884, Béjol, [Leb. chr., p. 603]; — 10 févr. 1888, Béjol, [Leb. chr., p. 131]; — 30 nov. 1889, Béjol, [Leb. chr., p. 1111]; — 12 nov. 1892, Pointel, [Leb. chr., p. 759]

7407. — ... Ou un sexagénaire qui n'a plus à acquitter de sa personne les prestations. — Cons. dEt., 10 mars 1862, Leypold, [Leb. chr., p. 172]; — 25 janv. 1865, Casanbon, [Leb. chr., p. 85]; — 22 févr. 1870, Roger, [Leb. chr., p. 121]; — 19 juin 1874, Ballière, [Leb. chr., p. 569]; — 18 févr. 1876, Saby, [Leb. chr., p. 170]; — 4 juill. 1879, Chaumeil, [Leb. chr., p. 352]; — 5 déc. 1879, Coupaz, [Leb. chr., p. 772]; — 19 déc. 1879, Grandvoinet, [Leb. chr., p. 814]; — 20 févr. 1880, Alliard, [Leb. chr., p. 190]; — 3 août 1883, Burellier, [Leb. chr., p. 713]; — 14 déc. 1883, Commune de Saint-Jean-de-Fos, [Leb. chr., p. 911]; — 22 juin 1888, Jabourf, [Leb. chr., p. 547]; — 15 nov. 1890, Perthuy, [Leb. chr., p. 839]; — 6 juin 1891, Clément, [Leb. chr., p. 421]; — 19 févr. 1892, Roubrix, [Leb. chr., p. 167]; — 27 mai 1892, Poupard, [Leb. chr., p. 485]

7408. — ... Ou un mineur qui n'a pas encore dix-huit ans.

7409. — Ce peut être encore une personne morale, commune ou hospice. — Cons. d'Et., 4 mars 1865, Assistance publique de Paris, [Leb. chr., p. 262]

2° Prestations sur les éléments d'imposition.

7410. — I. *Membres de la famille.* — Quels sont les éléments à raison desquels les chefs d'établissement sont imposables? Ce sont des hommes, membres de la famille ou serviteurs, des animaux (bœufs, chevaux, mulets ou ânes), des voitures.

7411. — La première condition pour qu'un chef d'établissement soit passible des prestations à raison de membres de la famille, c'est que ceux-ci résident chez lui d'une manière habituelle. Il a été jugé notamment qu'un père n'était pas imposable pour un fils qui habitait une autre commune et qui ne venait faire dans la maison paternelle que des séjours accidentels. — Cons. d'Et., 26 nov. 1834, Dufour, [Leb. chr., p. 552]; — 11 mai 1848, Collardeau, [Leb. chr., p. 303]; — 3 oct. 1857, Sarrut, [Leb. chr., p. 716]; — 4 mai 1859, Puyches, [Leb. chr., p. 335]; — 20 mars 1861, Pitrat, [Leb. chr., p. 180]; — 4 févr. 1876, Doleau, [Leb. chr., p. 106]; — 18 juin 1880, Huc, [Leb. chr., p. 566]; — 20 janv. 1882, Gilles Garnier, [Leb. chr., p. 56]; — 28 avr. 1882, Ragueneau, [Leb. chr., p. 396]; — 1er mars 1889, Commune de Touches, [Leb. chr., p. 278]; — 23 janv. 1890, Massartie, [Leb. chr., p. 79]; — 22 févr. 1890, Boudon, [Leb. chr., p. 214]

7412. — Il faut que ce parent soit dans l'âge légal pour faire les prestations, qu'il ait plus de dix-huit ans et moins de soixante ans. — Cons. d'Et., 14 mars 1891, Thomas, [Leb. chr., p. 219]

7413. — Il faut enfin que le membre de la famille ne soit pas personnellement imposé sur l'un des rôles de contributions. S'il en était autrement, il faudrait le considérer comme un habitant de la commune personnellement tenu d'acquitter les prestations et non plus comme un simple élément d'imposition. — Cons. d'Et., 18 févr. 1854, Cabarron, [Leb. chr., p. 153]; — 21 sept. 1859, Bergeron, [Leb. chr., p. 647]; — 2 juill. 1861, Taupin, [Leb. chr., p. 540]; — 4 avr. 1862, Clémot, [Leb. chr., p. 274]; — 20 janv. 1869, Marcombe, [Leb. chr., p. 56]; — 1er juin 1869, Fourcade, [Leb. chr., p. 540]; — 30 juin 1869, Minvielle, [Leb. chr., p. 662]; — 14 mai 1886, Madoulet, [Leb. chr., p. 400] — V. Cependant Cons. d'Et., 3 juin 1832, Bucquet, [Leb. chr., p. 214]

7414. — Le père de famille est imposable pour tous ses fils majeurs de dix-huit ans qui habitent avec lui. — Cons. d'Et., 13 févr. 1880, Faure, [Leb. chr., p. 154]; — 11 déc. 1885, Manet, [Leb. chr., p. 943]; — 9 avr. 1886, Ravenet, [Leb. chr., p. 320];

— 24 déc. 1886, Cousin, [Leb. chr., p. 918]; — 21 janv. 1887, Foncier, [Leb. chr., p. 52]; — 9 déc. 1887, Leitner, [Leb. chr., p. 781]; — 9 nov. 1889, Ballière, [Leb. chr., p. 1005]; — 8 août 1890, Baylac, [Leb. chr., p. 771]; — 17 janv. 1891, Dediéval, [Leb. chr., p. 16]; — 24 janv. 1891, Maclaud, [Leb. chr., p. 42]; — 3 mars 1892, Granat, [Leb. chr., p. 255] — Alors même que le fils ne travaillerait pas chez son père, mais chez un particulier. — Cons. d'Et., 16 avr. 1886, Blanquié, [Leb. chr., p. 344]

7415. — Le père cesse d'être imposable à raison de la personne de son fils quand celui-ci est incorporé dans l'armée active. — Cons. d'Et., 27 avr. 1872, Gracieux, [Leb. chr., p. 247]; — 17 mars 1876, Robton, [Leb. chr., p. 262]; — 11 mars 1884, Courtableau, [Leb. chr., p. 276]

7416. — Mais le militaire qui, au 1er janvier, se trouve habiter chez ses parents en vertu d'un congé, quoique restant à la disposition du ministre de la Guerre, peut être compris au nombre des éléments d'imposition de son père. — Cons. d'Et., 12 mars 1867, Métras, [Leb. chr., p. 245]; — 28 janv. 1869, Baudin, [Leb. chr., p. 80]; — 19 mai 1869, Lajannie, [Leb. chr., p. 503]; — 28 juin 1869, Giovine, [Leb. chr., p. 635]; — 20 nov. 1874, Monfort, [Leb. chr., p. 888]; — 11 mars 1881, Courtableau, [Leb. chr., p. 276]; — 13 mai 1881, Dieudonné, [Leb. chr., p. 481]; — 28 avr. 1882, Favet, [Leb. chr., p. 396]; — 21 mai 1886, Jourdain, [Leb. chr., p. 439]; — 18 mars 1887, Morizot, [Leb. chr., p. 235]

7417. — Quand deux collatéraux habitent ensemble, celui qui est considéré comme chef de l'exploitation n'est imposable à raison de la personne de l'autre qu'autant qu'il emploie celui-ci au service de son établissement, qu'il lui donne la nourriture et le logement. — Cons. d'Et., 23 avr. 1852, Vairette, [Leb. chr., p. 124]; — 19 juill. 1867, Lengronne, [Leb. chr., p. 657]; — 22 févr. 1890, Reverard, [Leb. chr., p. 243]; — 22 juill. 1892, Ducuron, [Leb. chr., p. 652] — Mais si un frère n'emploie son frère que comme un simple ouvrier travaillant à la tâche sans que celui-ci ait contracté envers lui aucun engagement, il ne doit pas être imposé à raison de ce frère. — Cons. d'Et., 31 mars 1863, Clémot, [Leb. chr., p. 298]

7418. — Une femme qui habite avec son mari, mais qui est séparée de biens d'avec lui, ne peut être imposée aux prestations à raison de la personne de ce mari. — Cons. d'Et., 9 juin 1876, Charpeaux, [Leb. chr., p. 527]; — 25 janv. 1878, Chalagnier, [Leb. chr., p. 82]

7419. — On n'est imposable à raison de la personne de membres de sa famille qu'autant qu'on est encore le chef de l'établissement. En conséquence, le sexagénaire qui, avant le 1er janvier, a cédé son établissement à son fils, n'est plus imposable à raison de la personne de ce fils, alors même que celui-ci aurait continué à habiter avec lui. — Cons. d'Et., 12 avr. 1878, Théado, [Leb. chr., p. 388]

7420. — II. *Serviteurs.* — Le chef d'établissement est encore imposable pour tous les serviteurs de la famille ayant de dix-huit à soixante ans. En dehors de ces limites, ils ne sont pas considérés comme éléments d'imposition. — Cons. d'Et., 31 mars 1848, Friot, [Leb. chr., p. 138]; — 19 mars 1870, Bureau, [Leb. chr., p. 311]; — 10 juill. 1874, Monniot, [Leb. chr., p. 647]; — 20 nov. 1874, Foucaud, [Leb. chr., p. 888]; — 4 janv. 1878, Jaqualot, [Leb. chr., p. 11]; — 8 févr. 1878, Grachet, [Leb. chr., p. 129]; — 14 mai 1880, Petit, [Leb. chr., p. 453]; — 4 févr. 1887, Pougès, [Leb. chr., p. 101]; — 8 juin 1888, Lagarosse, [Leb. chr., p. 493]

7421. — Celui qui est domestique ou serviteur à gages ne doit pas être personnellement imposé aux prestations. S'il a été, décharge doit lui être accordée. — Cons. d'Et., 30 juin 1869, Dormenil, [Leb. chr., p. 661]; — 12 mars 1870, Bordat, [Leb. chr., p. 281]; — 9 avr. 1875, Buy, [Leb. chr., p. 301]; — 23 nov. 1877, Néry-Bouleau, [Leb. chr., p. 893]

7422. — Le maître est imposable à raison de la personne de ses serviteurs, alors même que par erreur ceux-ci auraient été personnellement imposés sur le rôle de la commune ou d'une commune voisine. — Cons. d'Et., 30 nov. 1883, Royer, [Leb. chr., p. 863]; — 30 nov. 1888, Marcq, [Leb. chr., p. 888]

7423. — Quelles personnes doivent être considérées comme des serviteurs de la famille dans le sens de la loi? Cette expression est plus compréhensive que celle de domestique attaché à la personne, mais il est assez difficile, à la lecture des arrêts du Conseil, de déterminer les caractères qui séparent le serviteur non imposable personnellement aux prestations, de l'ouvrier ou

du journalier ou de l'employé qui doivent les acquitter eux-mêmes. Une grande part est abandonnée à l'appréciation du juge et les décisions varient suivant les circonstances de fait que les arrêts ne relèvent pas toujours avec assez de précision.

7424. — Voici quelques-uns des caractères qui font présumer l'état de domesticité : le paiement d'un salaire permanent annuel. — Cons. d'Et., 25 mai 1861, Bergeron, [Leb. chr., p. 421]; — 3 mars 1864, Laurent, [Leb. chr., p. 214]; — 11 févr. 1870, Rabier, [Leb. chr., p. 61]; — 22 mai 1871, Blondet, [Leb. chr., p. 41]; — 30 nov. 1888, Marcq, [Leb. chr., p. 888]; — ... Ou mensuel. — Cons. d'Et., 2 mai 1868, Garou, [Leb. chr., p. 525]; — 4 avr. 1872, Chrétien, [Leb. chr., p. 190]; — 7 juin 1889, Société laitière des fermiers réunis, [Leb. chr., p. 713]; — 21 juill. 1894, Rossignol, [Leb. chr., p. 505]

7425. — On présume au contraire que celui qui travaille pour le compte d'un chef d'exploitation moyennant un prix convenu calculé à la journée ou à la tâche n'est pas un serviteur mais un ouvrier ou un journalier qui est passible personnellement des prestations. — Cons. d'Et., 23 avr. 1852, Commune de Barsac, [Leb. chr., p. 124]; — 20 nov. 1856, Fontanon, [Leb. chr., p. 655]; — 4 nov. 1887, Lascaux, [Leb. chr., p. 671]; — 15 nov. 1890, Perthuy, [Leb. chr., p. 839]; — 26 déc. 1891, Coupérié, [Leb. chr., p. 795]

7426. — Est présumé serviteur celui qui est logé chez la personne qui l'emploie. — Cons. d'Et., 24 juill. 1852, Fumey, [Leb. chr., p. 318]; — 20 nov. 1856, Babilliot, [Leb. chr., p. 654]; — 3 mars 1864, Laurent, [Leb. chr., p. 214]; — 2 mai 1868, Garon, [Leb. chr., p. 525]; — 10 déc. 1870, Langlois, [Leb. chr., p. 1097]; — 11 févr. 1870, Rabier, [Leb. chr., p. 61]; — 14 mars 1873, Ozenne, [Leb. chr., p. 232]; — 18 févr. 1876, Fabien, [Leb. chr., p. 170]; — 3 mars 1876, Mougey, [Leb. chr., p. 206]; — 5 août 1881, Grimaud, [Leb. chr., p. 774]; — 8 août 1884, Dazum, [Leb. chr., p. 713]; — 30 nov. 1888, Marcq, [Leb. chr., p. 888]; — 26 déc. 1891, Grosjean, [Leb. chr., p. 796]

7427. — De même, celui qui, est chauffé et blanchi. — Cons. d'Et., 24 juill. 1852, Fumey, [Leb. chr., p. 318]; — 18 févr. 1876, Fabien, [Leb. chr., p. 170]; — 3 mars 1876, Mougey, [Leb. chr., p. 206]; — 8 août 1884, Dazum, [Leb. chr., p. 713]

7428. — Le fait d'être nourri par son employeur est souvent retenu comme critérium. — Cons. d'Et., 24 juill. 1852, Fumey, [Leb. chr., p. 318]; — 20 nov. 1856, Babilliot, [Leb. chr., p. 654]; — 3 mars 1864, Laurent, [Leb. chr., p. 214]; — 2 mai 1868, Garon, [Leb. chr., p. 525]; — 10 déc. 1870, Langlois, [Leb. chr., p. 1097]; — 11 févr. 1870, Rabier, [Leb. chr., p. 61]; — 18 févr. 1876, Fabien, [Leb. chr., p. 170]; — 3 mars 1876, Mougey, [Leb. chr., p. 206]; — 5 août 1881, Grimaud, [Leb. chr., p. 774]; — 8 août 1884, Dazum, [Leb. chr., p. 713]; — 26 déc. 1891, Grosjean, [Leb. chr., p. 796]

7429. — Cependant la circonstance que des individus qui seraient employés toute l'année par un propriétaire, ne seraient ni logés ni nourris par lui ne suffirait pas à leur enlever la qualité de domestiques. — Cons. d'Et., 25 mai 1861, Bergeron, [Leb. chr., p. 421]; — 30 avr. 1862, Bergeron, [Leb. chr., p. 348]

7430. — Celui qui, en louant ses services à un patron, conserve une habitation personnelle, est présumé dans une situation indépendante. Il est chef de famille et non serviteur. — Cons. d'Et., 15 avr. 1852, Toutung, [Leb. chr., p. 102]; — 7 janv. 1859, Cⁱᵉ du canal de la Sambre à l'Oise, [Leb. chr., p. 19]; — 5 août 1861, Gordon, [Leb. chr., p. 654]; — 9 avr. 1867, Chapelle, [Leb. chr., p. 354]; — 12 févr. 1868, Bouleau, [Leb. chr., p. 147]; — 19 mai 1868, Nicéfort, [Leb. chr., p. 551]; — 8 août 1884, Blaise, [Leb. chr., p. 703]; — 23 déc. 1887, Darbas, [Leb. chr., p. 834]; — 15 nov. 1890, Perthuy, [Leb. chr., p. 839]; — 5 mars 1892, Hincelin, [Leb. chr., p. 255]

7431. — Il en est de même de celui qui se nourrit à ses frais et à son ménage. — Cons. d'Et., 7 janv. 1839, Lebrun, [Leb. chr., p. 17]; — 12 févr. 1868, Bouleau, [Leb. chr., p. 147]; — 19 mai 1868, Nicéfort, [Leb. chr., p. 551]; — 23 déc. 1887, Darbas, [Leb. chr., p. 834]; — 15 nov. 1890, Perthuy, [Leb. chr., p. 839]; — 5 mars 1892, Hincelin, [Leb. chr., p. 255]

7432. — Néanmoins, le fait d'être logé et nourri n'est pas nécessairement le signe de la domesticité. Le Conseil d'Etat a, en effet, refusé de reconnaître le caractère de serviteurs à des individus employés par un chef d'établissement agricole ou industriel bien qu'ils fussent logés et nourris à ses frais. — Cons. d'Et., 20 nov. 1856, Fontanon, [Leb. chr., p. 655]; — 27 janv. 1859, Buisson de Sainte-Croix, [Leb. chr., p. 72]; — 4 mai 1864, Delaruelle, [Leb. chr., p. 399]; — 5 juill. 1865, Naud, [Leb.

chr., p. 679]; — 20 déc. 1866, Castel, [Leb. chr., p. 1166]; — 16 déc. 1869, Buferne, [Leb. chr., p. 973]; — 24 avr. 1874, Bernadat, [Leb. chr., p. 358]; — 23 janv. 1880, Tardieu, [Leb. chr., p. 91]; — 8 août 1894, Commune de Monchy, [Leb. chr., p. 551]

7433. — Si l'individu employé n'est pas porté sur le rôle de la contribution personnelle, c'est une présomption de la reconnaissance de la qualité de domestique et de l'exemption des prestations. — Cons. d'Et., 10 déc. 1870, Langlois, [Leb. chr., p. 1097]; — 22 mai 1871, Blondet, [Leb. chr., p. 41]

7434. — L'imposition sur les rôles de la contribution personnelle ou même d'une autre est une présomption en sens contraire. — Cons. d'Et., 15 avr. 1852, Toutung, [Leb. chr., p. 102]; — 7 janv. 1859, Lebrun, [Leb. chr., p. 17]; — 5 août 1861, Gordon, [Leb. chr., p. 654]; — 7 août 1874, Bonnart, [Leb. chr., p. 778]; — 6 août 1878, Petit, [Leb. chr., p. 811]; — 6 juin 1879, Laly, [Leb. chr., p. 449]; — 23 janv. 1880, Tardieu, [Leb. chr., p. 91]; — 8 août 1884, Blaise, [Leb. chr., p. 713]; — 4 mai 1888, Guillon, [Leb. chr., p. 402]

7435. — Mais ce qui, à notre avis, est encore le meilleur critérium, c'est le fait de l'affectation exclusive du travail de l'employé pendant un temps indéterminé au service de l'employeur. Les individus qui travaillent chez la même personne pendant toute l'année peuvent être considérés comme des serviteurs. — Cons. d'Et., 24 juill. 1852, Fumey, [Leb. chr., p. 318]; — 25 mai 1861, Bergeron, [Leb. chr., p. 421]; — 30 avr. 1862, Bergeron, [Leb. chr., p. 348]; — 18 févr. 1876, Fabien, [Leb. chr., p. 170]; — 3 mars 1876, Mougey, [Leb. chr., p. 206]; — 31 mars 1876, Kérambrun, [Leb. chr., p. 317]; — 8 août 1884, Dazum, [Leb. chr., p. 713]; — 22 mai 1881, Dorkel, [Leb. chr., p. 525]; — 27 nov. 1885, Maraine, [Leb. chr., p. 877]

7436. — Au contraire, on ne peut attribuer ce caractère à des ouvriers qui louent leur travail à différentes personnes tour à tour et ne sont employés par chacune d'elles que pendant quelques jours ou jusqu'à concurrence d'une tâche déterminée. — Cons. d'Et., 20 nov. 1856, Fontaneau, [Leb. chr., p. 655]; — 27 janv. 1859, Buisson de Sainte-Croix, [Leb. chr., p. 72]; — 9 avr. 1867, Chapelle, [Leb. chr., p. 354]; — 9 févr. 1869, Niolle, [Leb. chr., p. 125]; — 15 avr. 1872, Boutié, [Leb. chr., p. 231]; — 21 avr. 1882, Beneton, [Leb. chr., p. 346]; — 13 mai 1887, Lavigne, [Leb. chr., p. 377]; — 4 nov. 1887, Lascoux, [Leb. chr., p. 671]; — 26 déc. 1891, Coupérié, [Leb. chr., p. 795]

7437. — Enfin, ne doivent pas être inscrits personnellement sur le rôle des prestations ceux qui sont attachés au service personnel du chef de l'établissement ou de sa famille. — Cons. d'Et., 20 nov. 1856, Babilliot, [Leb. chr., p. 654]; — 12 août 1861, Lassaseigne, [Leb. chr., p. 720]; — 12 août 1867, Cherbonneau, [Leb. chr., p. 740]; — 14 mars 1873, Ozenne, [Leb. chr., p. 232]; — 31 mars 1876, Kérambrun, [Leb. chr., p. 317]

7438. — Des palefreniers et garçons d'écurie ont été considérés comme des serviteurs d'un maître de poste. — Cons. d'Et., 27 juin 1838, Puyart, [Leb. chr., p. 125]; — 25 janv. 1839, Guyot, [Leb. chr., p. 75]

7439. — Au contraire, on ne peut considérer comme des serviteurs les individus qui mettent leurs connaissances ou leur travail au service non de la personne du maître, mais de l'établissement. C'est ainsi qu'on ne peut considérer comme des serviteurs les fonctionnaires, employés ou professeurs d'un lycée, d'un pensionnat ou d'une école. — Cons. d'Et., 18 févr. 1854, de Latour, [Leb. chr., p. 132]; — 20 nov. 1856, Babilliot, [Leb. chr., p. 654]; — 18 juill. 1860, Salgues, [Leb. chr., p. 846]; — 30 août 1867, Nevcu, [Leb. chr., p. 846]; — 28 juin 1870, Achard, [Leb. chr., p. 814]; — ... les clercs d'un notaire. — Cons. d'Et., 31 janv. 1856, Colleau, [Leb. chr., p. 118]; — 4 juin 1807, Desmazures, [Leb. chr., p. 547]; — ... les novices d'une congrégation religieuse. — Cons. d'Et., 23 janv. 1889, Bridoy, [Leb. chr., p. 84]; — ... les aides d'un pharmacien. — Cons. d'Et., 11 févr. 1876, Nègre, [Leb. chr., p. 133]; — ... les employés; chefs d'ateliers, contre-maîtres d'un établissement industriel. — Cons. d'Et., 27 août 1840, Barsalou, [Leb. chr., p. 355]; — 17 févr. 1848, Petit-Guyot, [Leb. chr., p. 112]; — ... les employés d'une compagnie concessionnaire de canaux ou de chemins de fer. — Cons. d'Et., 18 août 1857, Cⁱᵉ P.-L.-M., [Leb. chr., p. 683]; — 17 janv. 1859, Cⁱᵉ canal de la Sambre à l'Oise, [Leb. chr., p. 19]

7440. — C'est ainsi qu'on ne peut reconnaître le caractère de serviteurs à tous ceux qui s'engagent au service d'un commerçant ou d'un industriel à titre d'ouvriers, c'est-à-dire en vue de l'exercice d'un métier déterminé, et à raison de leurs con-

naissances professionnelles. — Cons. d'Et., 1er déc. 1858, Horlaville, [Leb. chr., p. 677]; — 6 août 1863, Ménin, [Leb. chr., p. 630]; — 20 déc. 1866, Cantel, [Leb. chr., p. 1166]; — 12 févr. 1868, Bouleau, [Leb. chr., p. 147]; — 19 mai 1868, Nicéfort, [Leb. chr., p. 551]; — 16 déc. 1869, Buforme, [Leb. chr., p 973]; — 24 avr. 1874, Bernadet, [Leb. chr., p. 358]; — 23 janv. 1880, Tardieu, [Leb. chr., p. 91]

7441. — Les postillons titulaires ne sont pas des domestiques des maîtres de poste. Ils sont imposables personnellement. — Cons. d'Et., 25 janv. 1839, Guyot, [Leb. chr., p. 75]; — 29 janv. 1841, Butel, [Leb. chr., p. 37]

7442. — III. *Voitures attelées.* — Le chef d'établissement est imposable pour chacune des charrettes ou voitures attelées au service de la famille ou de l'établissement dans la commune. En commentant la loi du 2 juill. 1862 sur la contribution des chevaux et voitures, nous avons déjà rencontré cette expression : voiture attelée; elle signifie que le propriétaire n'est imposable que s'il possède à la fois la voiture et l'attelage et ne peut être assujetti à la taxe s'il ne possède que la voiture sans l'attelage. — Cons. d'Et., 14 déc. 1837, Davenot, [Leb. chr., p. 636]; — 14 mai 1875, Mélie, [Leb. chr., p. 460]; — 2 déc. 1884, Labardeur, [Leb. chr., p. 930]; — 8 août 1884, Daiud, [Leb. chr., p. 713]; — 26 févr. 1886, Vaudun-Marschant, [Leb. chr., p. 167]; — 4 nov. 1887, Lascoux, [Leb. chr., p. 671]; — 20 juill. 1888, Garnaud, [Leb. chr., p. 651]; — 14 mai 1891, Ruffet, [Leb. chr., p. 365]

7443. — Les prestations ne sont pas dues à raison d'une voiture dont le propriétaire se servirait en l'attelant à des chevaux de louage ou d'emprunt. — Cons. d'Et., 12 juin 1845, Ilosse, [Leb. chr., p. 341]; — 23 avr. 1852, Epailly, [Leb. chr., p. 124]; — 27 nov. 1885, Commune de Saint-Germain de Belière, [Leb. chr., p. 877] — V. cependant, Cons. d'Et., 20 juill. 1888, Cottard-Dubois, [Leb. chr., p. 651]

7444. — De même, la voiture qui ne peut être attelée qu'avec un cheval exempté n'est pas considérée comme attelée et n'est pas imposable. Il en résulte que les fonctionnaires, qui sont autorisés ou obligés par les règlements administratifs à avoir un cheval, peuvent posséder une voiture sans être exposés à payer pour elle les prestations. — Cons. d'Et., 29 janv. 1841, Butet, [Leb. chr., p. 37]; — 8 avr. 1842, Grimaud, [Leb. chr., p. 183]; — 24 juill. 1845, Lefranc, [Leb. chr., p. 406]; — 13 févr. 1856, Lebrun, [Leb. chr., p. 141]; — 6 janv. 1858, Rivot, [Leb. chr., p. 24]; — 28 mars 1860, Sarciron, [Leb. chr., p. 252]; — 24 mai 1890, Cuissard, [Leb. chr., p. 542]

7445. — Celui qui possède plusieurs voitures et plusieurs bêtes de trait n'est imposable que pour le nombre de voitures qu'il peut atteler simultanément. Il importe peu qu'en fait il ne les attelle jamais ensemble. — Cons. d'Et., 30 nov. 1852, Payen, [Leb. chr., p. 551]; — 10 nov. 1853, Séron, [Leb. chr., p. 950]; — 3 mai 1861, Joulin, [Leb. chr., p. 332]; — 9 avr. 1867, Chapelle, [Leb. chr., p. 354]; — 18 févr. 1876, Fabien, [Leb. chr., p. 170]; — 8 févr. 1878, Grachet, [Leb. chr., p. 129]; — 8 nov. 1878, Cie lyonnaise des omnibus, [Leb. chr., p. 850]; — 30 nov. 1883, Lecourtier, [Leb. chr., p. 863]; — 20 avr. 1888, de Fontenay, [Leb. chr., p. 354]; — 22 févr. 1890, Lapeyre, [Leb. chr., p. 214]

7446. — Mais la taxe est due, quelle que soit la nature de la voiture, qu'il s'agisse d'une charrette affectée aux usages agricoles ou d'une voiture suspendue destinée au transport des personnes et même d'une voiture de luxe, absolument impropre par sa construction aux travaux des prestations. La loi, en effet, n'a établi aucune distinction. — Cons. d'Et., 20 févr. 1846, Saint-Maurice, [Leb. chr., p. 108]; — 12 mars 1847, Lemonnier, [Leb. chr., p. 126]; — 22 mars 1855, Hermier, [Leb. chr., p. 234]; — 7 janv. 1859, Vincent, [Leb. chr., p. 18]; — 29 mai 1861, Fleury, [Leb. chr., p. 435]; — 8 nov. 1872, Jacquemain, [Leb. chr., p. 531]; — 15 mai 1874, Dubarre, [Leb. chr., p. 436]; — 4 févr. 1876, Guilbert, [Leb. chr., p. 106]; — 17 mars 1876, Lesaulnier, [Leb. chr., p. 262]; — 12 mars 1880, Ville de Montbrison, [Leb. chr., p. 277]; — 23 avr. 1889, Rougiéras, [Leb. chr., p. 387]; — 14 déc. 1883, Thomas, [Leb. chr., p. 911]; — 8 févr. 1884, Debains, [Leb. chr., p. 109]; — 20 janv. 1888, Bursauit, [Leb. chr., p. 45]; — 29 juin 1888, Boulard, [Leb. chr., p. 569]; — 23 déc. 1892, Aroux, [Leb. chr., p. 934]; — 20 janv. 1894, Boilaric, [Leb. chr., p. 66]

7447. — Peu importe aussi la nature de l'attelage. Sont imposables des voitures attelées avec des poneys ou avec des ânes. — Cons. d'Et., 9 mai 1884, Perruche, [Leb. chr., p. 351]; — 17

juin 1887, Vinsonneau, [Leb. chr., p. 485]; — 8 juin 1888, Roy, [Leb. chr., p. 493]

7448. — La voiture attelée est imposable alors même que son conducteur ne serait pas imposé. — Cons. d'Et., 8 févr. 1884, Debouis et Dubus, [Leb. chr., p. 109]

7449. — IV. *Bêtes.* — Les prestations sont dues pour chacune des bêtes de somme, de trait, de selle au service de la famille ou de l'établissement dans la commune. L'imposition de ces animaux dépend d'une question de fait : leur affectation au service du chef d'établissement. Il suit de là que les chevaux trop jeunes pour pouvoir être employés comme bêtes de trait ou de selle ne doivent pas être cotisés. — Cons. d'Et., 16 janv. 1845, Séron, [Leb. chr., p. 13]; — 2 mars 1849, Drouin, [Leb. chr., p. 138]; — 6 août 1863, Horgard, [Leb. chr., p. 630]; — 15 janv. 1864, Thiébaud, [Leb. chr., p. 32]; — 14 mai 1875, Mélie, [Leb. chr., p. 460]; — 4 juin 1875, Mulet, [Leb. chr., p. 526]; — 18 févr. 1876, Cornefort, [Leb. chr., p. 171]; — 25 janv. 1878, Lemaitre, [Leb. chr., p. 83]; — 8 févr. 1878, Grachet, [Leb. chr., p. 129]; — 12 mars 1886, Comm. de Lafeuillade, [Leb. chr., p. 224]; — 29 avr. 1887, Trarieux, [Leb. chr., p. 334]

7450. — Ne sont pas imposables les poulains qui n'ont encore été montés qu'accidentellement dans un but d'essai ou de dressage. — Cons. d'Et., 1er déc. 1858, Coste, [Leb. chr., p. 679]; — 3 févr. 1883, Dommanget, [Leb. chr., p. 127]

7451. — En pratique, les chevaux ne commencent à être passibles des prestations qu'entre deux et trois ans. — Cons. d'Et., 9 févr. 1861, Boudry, [Leb. chr., p. 83]; — 24 févr. 1866, Tirel, [Leb. chr., p. 140]; — 12 août 1867, Garnier, [Leb. chr., p. 741]; — 11 févr. 1870, Comm. de Tremblay, [Leb. chr., p. 63]; — 6 juin 1871, Rimbault, [Leb. chr., p. 44]; — 13 déc. 1872, Laurent, [Leb. chr., p. 699]; — 25 avr. 1879, Gauthier, [Leb. chr., p. 314]; — 9 nov. 1889, Comm. de Lenoncourt, [Leb. chr., p. 1005]

7452. — De même, les chevaux que leur vieillesse rend impropre à tout service doivent aussi être exemptés. — Cons. d'Et., 26 juill. 1851, Théobou, [Leb. chr., p. 547]; — 18 déc. 1867, Guglielun, [Leb. chr., p. 924]; — 29 déc. 1871, Cathenaz, [Leb. chr., p. 324]; — 8 nov. 1890, Peybernat, [Leb. chr., p. 813]

7453. — Mais si les chevaux trop jeunes ou trop vieux sont présumés impropres au service, cette présomption ne résiste pas à la preuve contraire. Ils sont donc taxés si en fait ils ont été employés. — Cons. d'Et., 19 mai 1869, Lajannie, [Leb. chr., p. 503]; — 30 mai 1873, Pignolet, [Leb. chr., p. 478]; — 19 juin 1885, Léonard, [Leb. chr., p. 590]; — 6 août 1886, Jonval, [Leb. chr., p. 707]; — 8 juin 1888, Roy, [Leb. chr., p. 493]; — ... si peu important que soit leur travail. — Cons. d'Et., 28 déc. 1850, Deplanque, [Leb. chr., p. 993]

7454. — Un cheval est imposable quelle que soit sa taille : un poney notamment peut être taxé. — Cons. d'Et., 14 déc. 1883, Thomas, [Leb. chr., p. 911]

7455. — Les bœufs, vaches, bouvillons ne sont imposés que comme bêtes de trait. Ils ne devront être imposés qu'autant qu'ils auraient été employés à des travaux de l'exploitation agricole ou à des charrois. — Cons. d'Et., 25 janv. 1851, Cottrin, [Leb. chr., p. 74]; — 1er sept. 1862, Portaz, [Leb. chr., p. 711]; — 14 mars 1883, Labary, [Leb. chr., p. 918]; — 4 mai 1888, de Séré, [Leb. chr., p. 402]; — 11 mai 1888, Zueyrel, [Leb. chr., p. 422]; — 27 juill. 1888, Cardoux, [Leb. chr., p. 664]; — 9 nov. 1889, Palanque, [Leb. chr., p. 1111]; — 7 mai 1892, Marbezy et Bailly, [Leb. chr., p. 425]

7456. — ... Ne doivent pas être cotisées des vaches laitières non employées au service de l'exploitation. — Cons. d'Et., 3 nov. 1853, Berthier, [Leb. chr., p. 931]; — 28 mars 1884, Reboul, [Leb. chr., p. 248]; — 14 mai 1891, Ruffet, [Leb. chr., p. 365], — non plus que des bœufs gardés à titre de bêtes à l'engrais. — Cons. d'Et., 7 déc. 1894, Demolombe, [Leb. chr., p. 660]

7457. — Mais il n'est pas indispensable que les bœufs soient attelés pour que la taxe soit due. — Cons. d'Et., 1er juin 1883, Barmot, [Leb. chr., p. 499]; — 3 août 1883, Burellier, [Leb. chr., p. 713]; — 30 nov. 1883, Zuérel, [Leb. chr., p. 863]; — 24 juin 1887, Foucaud, [Leb. chr., p. 493]

7458. — De jeunes bœufs qui, au 1er janvier, ne sont encore que des élèves et n'ont pas encore été attelés, ne sont pas imposables. — Cons. d'Et., 26 juill. 1851, Théobon, [Leb. chr., p. 547]; — 25 août 1865, Commune de Saint-Médard, [Leb. chr., p. 840]

7459. — Des bêtes de somme qui, conformément aux usages du pays, sont employées à transporter des sacs à dos sans har-

mais sont imposables. — Cons. d'Et., 5 mars 1841, Moissette, [Leb. chr., p. 107]

7460. — Les chevaux de manège sont passibles des prestations. — Cons. d'Et., 18 août 1842, Barn, [Leb. chr., p. 412] — Il en est de même des chevaux employés exclusivement dans l'intérieur des mines. — Cons. d'Et., 19 mai 1876, Cie d'Anzin, [Leb. chr., p. 455]; — 9 mai 1891, Chagot, [Leb. chr., p. 356] — Et de ceux affectés par une compagnie concessionnaire de canaux au service du halage. — Cons. d'Et., 7 janv. 1859, Cie du canal de la Sambre à l'Oise, [Leb. chr., p. 19]

7461. — Les animaux destinés à la reproduction ne sont pas assujettis aux prestations. Il n'est pas absolument nécessaire que cette affectation soit exclusive : il suffit qu'elle soit principale. La circonstance que quelquefois ces animaux auraient été montés ou employés accidentellement aux travaux agricoles ne suffirait pas à leur faire perdre leur droit à l'exemption. — Cons. d'Et., 9 juin 1842, Bourrie, [Leb. chr., p. 297]; — 24 janv. 1845, Frigard, [Leb. chr., p. 40]; — 22 juin 1848, Villeoud, [Leb. chr., p. 416]; — 9 févr. 1861, Veillon, [Leb. chr., p. 84]; — 14 juin 1861, Escoubès, [Leb. chr., p. 487]; — 21 mai 1862, Rivière, [Leb. chr., p. 399]; — 16 févr. 1866, Bernard, [Leb. chr., p. 108]; — 25 janv. 1878, Durand, [Leb. chr., p. 83]; — 2 déc. 1881, Labardins, [Leb. chr., p. 950]; — 5 déc. 1891, Poncy, [Leb. chr., p. 741]

7462. — Toutefois, si l'emploi aux travaux de la culture ou à l'usage personnel du propriétaire ou de sa famille devenait habituel, l'animal deviendrait imposable. — Cons. d'Et., 18 nov. 1863, Bellouin, [Leb. chr., p. 759]; — 27 mars 1865, Peytavi. [Leb. chr., p. 346]; — 19 janv. 1866, Darin, [Leb. chr., p. 28]; — 8 janv. 1867, Cabandès, [Leb. chr., p. 2]; — 8 avr. 1869, Brillonet, [Leb. chr., p. 331]; — 28 nov. 1870, Dubar, [Leb. chr., p. 1082]; — 27 avr. 1872, Biaggini, [Leb. chr., p. 248]; — 31 juill. 1874, Chat, [Leb. chr., p. 735]; — 3 août 1877, Couronne, [Leb. chr., p. 767]; — 19 juin 1885, Taillefer, [Leb. chr., p. 690]; — 12 nov. 1886, Ginestet, [Leb. chr., p. 774]

3° Exemptions.

7463. — Les animaux destinés à la vente ne doivent pas être assujettis à la taxe des prestations. Ils ne sont pas au service de l'établissement. — Cons. d'Et., 15 déc. 1876, Commune de Sainte-Croix, [Leb. chr., p. 876]

7464. — En étudiant les textes qui régissent la contribution des chevaux et voitures, nous avons vu que les chevaux et voitures, possédés par des fonctionnaires civils ou militaires en vertu des règlements administratifs, étaient exempts de cette taxe. Ils le sont aussi des prestations en nature. — Cons. d'Et., 6 nov. 1839, Wuillaume, [Leb. chr., p. 527]; — 29 janv. 1841, Blondeau, [Leb. chr., p. 40]; — 8 avr. 1842, Gramand, [Leb. chr., p. 183] — Ainsi décidé pour un conducteur des ponts et chaussées faisant fonctions d'ingénieur ordinaire. — Cons. d'Et., 24 juill. 1845, Lefranc, [Leb. chr., p. 406]; — 22 mars 1834, Tourvieille, [Leb. chr., p. 221]; — et pour un garde général des forêts. — Cons. d'Et., 27 juill. 1853, Roux, [Leb. chr., p. 799]

7465. — Mais les fonctionnaires, qui ne sont pas obligés par les règlements administratifs d'entretenir un cheval, doivent la taxe. — Cons. d'Et., 4 juin 1870, Halley, [Leb. chr., p. 698]; — 8 août 1884, Bancelin, [Leb. cbr., p. 713]

7466. — Un contribuable ne peut obtenir décharge des prestations dues à raison d'une voiture attelée en alléguant que cet attelage est appelé à bénéficier de l'exemption des réquisitions militaires. — Cons. d'Et., 8 août 1884, Bancelin, [Leb. chr., p. 713]

7467. — Les chevaux affectés à un service public ne sont pas en principe imposables. C'est ainsi que les chevaux de l'armée non plus que les charrois militaires ne peuvent être passibles des prestations.

7468. — Autrefois les maîtres de poste étaient exemptés pour les chevaux qu'ils étaient obligés de tenir constamment disponibles pour le service des relais. Ils n'étaient imposables que pour ceux qui excédaient le nombre réglementaire. — Cons. d'Et., 27 juin 1838, Payard, [Leb. chr., p. 125]; — 25 janv. 1839, Gayot, [Leb. chr., p. 75]; — 16 juill. 1840, Trépagne, [Leb. chr., p. 242]; — 29 janv. 1841, Butet, [Leb. chr., p. 37]; — 12 avr. 1844, Collin, [Leb. chr., p. 226]; — 18 avr. 1845, Potel, [Leb. chr., p. 199]; — 13 juin 1845, Nabonne, [Leb. chr., p. 355]; — 3 janv. 1848, Decrept, [Leb. chr., p. 20]; — 22 mars

1854, Lefèvre, [Leb. chr., p. 222]; — 7 sept. 1861, Commune de Saudron, [Leb. chr., p. 793]; — 23 juin 1868, Demange, [Leb. chr., p. 706]

7469. — Mais cette exemption, n'étant accordée qu'en vue du service public, ne s'étend pas aux entreprises de diligence ou de voitures publiques. Les entrepreneurs de ces services et les loueurs de voitures sont imposables à raison des chevaux et voitures qu'ils emploient à l'exercice de leur profession. — Cons. d'Et., 12 mars 1880, Ville de Montbrison, [Leb. chr., p. 277]— Il en est de même d'un relayeur qui fournit des chevaux de renfort aux diligences qui traversent sa commune. — Cons. d'Et., 16 juill. 1840, Trépagne, [Leb. chr., p. 242] — ... ou d'un commerçant qui a établi dans différentes communes des relais pour le transport de la marée. — Cons. d'Et., 7 déc. 1837, Decrept, [Leb. chr., p. 681]

7470. — Les entrepreneurs d'un service de diligences ne peuvent aujourd'hui se prévaloir de ce qu'ils sont chargés accessoirement du transport des dépêches pour soutenir qu'ils ne doivent pas les prestations. — Cons. d'Et., 13 déc. 1845, Opter, [Leb. chr., p 559]; — 28 avr. 1876, Mangavelle, [Leb. chr., p. 391]; — 2 mai 1879, Vorrier, [Leb. chr., p. 330]; — 13 déc. 1889, Guinon, [Leb. chr., p. 1156]; — 12 févr. 1892, Villa, [Leb. chr., p. 131]

7471. — Que faut-il décider à l'égard des chevaux et voitures appartenant aux compagnies d'omnibus? En principe, à notre avis, ils ne sont pas exemptés. Mais le plus souvent le concessionnaire et la commune inscriront dans le cahier des charges une disposition visant l'assujettissement des prestations. Le Conseil d'Etat s'est fondé dans une affaire, pour accorder décharge à une compagnie d'omnibus, sur ce que ses transports constituaient un service public et sur ce que le traité passé avec la ville ne permettait pas à la compagnie de fournir ses prestations en nature. — Cons. d'Et., 8 nov. 1878, Cie lyonnaise des omnibus, [Leb. chr., p. 836]

7472. — Mais cela nous paraît être une décision d'espèce. Ce qui le prouve, c'est que dans le même temps les compagnies concessionnaires de tramways étaient imposables à raison de leurs chevaux et voitures, sans que l'on tînt compte de la nature du service dont elles s'acquittaient ni de cette circonstance qu'elles étaient chargées de l'établissement et de l'entretien de la voie ferrée. — Cons. d'Et., 21 févr. 1879, Commune de Mustapha, [Leb. chr., p. 148]; — 5 mars 1880, Commune de Mustapha, [Leb. chr., p. 245]; — 23 déc. 1881, Commune d'Aubervilliers, [Leb. chr., p. 1024]; — 12 juill. 1882, Commune de Montreuil, [Leb. chr., p. 665]

7473. — Il y avait là cependant un double emploi évident. Aussi le législateur crut-il devoir intervenir. L'art. 34, L. 11 juin 1880, dispose que les concessionnaires de tramway ne sont pas soumis à l'impôt des prestations à raison des voitures et des bêtes de trait exclusivement employées à l'exploitation du tramway.

7474. — Le fait que d'autres contribuables de la même commune, placés dans la même situation que le réclamant, ne seraient pas imposés, n'est pas un motif suffisant de décharge. — Cons. d'Et., 9 mai 1884, Solacroup, [Leb. chr., p. 351]

7475. — L'imposition des chevaux et voitures d'un contribuable à la contribution établie par la loi du 23 juill. 1872 ne les soustrait pas à l'application de la taxe des prestations. — Cons. d'Et., 9 mai 1884, Solacroup, [Leb. chr., p. 351]; — 26 févr. 1886, Dumas, [Leb. chr., p. 167]; — 29 avr. 1887, Odigé, [Leb. chr., p. 334]; — 9 déc. 1887, Dolivier, [Leb. chr., p. 781]; — 27 avr. 1888, Rolland, [Leb. chr., p. 373] — Peu importe aussi qu'ils soient déjà retenus comme éléments des droits de patente. — Cons. d'Et., 13 juill. 1883, Baquiry, [Leb. chr., p. 646]

4° Au nom de qui les éléments d'imposition doivent-ils être imposés?

7476. — Au nom de qui doivent être taxées les voitures ou bêtes de trait ou de somme qui sont affectées au service d'une exploitation agricole? C'est au nom de celui qui en a l'usage habituel et non pas au nom de leur propriétaire. — Cons. d'Et., 16 janv. 1861, Combe, [Leb. chr., p. 24]; — 20 févr. 1861, Commune de Ménil-Erreux, [Leb. chr., p. 124]; — 17 déc. 1862, Blanc, [Leb. chr., p. 783]; — 7 avr. 1870, Arly, [Leb. chr., p. 352]; — 11 mai 1888, Zueyrel, [Leb. chr., p. 422]; — 31 oct. 1890, Bonnefond, [Leb. chr., p. 804]

7477. — C'est par application de ce principe que sont im-

posés les locataires de chevaux, surtout lorsque les loueurs ne le sont pas déjà. — Cons. d'Et., 26 mars 1886, Skinner, [Leb. chr., p. 272]

7478. — Lorsqu'un propriétaire donne des animaux à cheptel à son colon partiaire, c'est au preneur qui profite du travail des animaux que la taxe doit être réclamée et non au propriétaire, alors même que celui-ci les emploierait accidentellement à la culture de ses terres. — Cons. d'Et., 13 avr. 1853, Lacrampe, [Leb. chr., p. 461]; — 4 juin 1870, Galli, [Leb. chr., p. 699]; — 23 mai 1884, Buy, [Leb. chr., p. 405]; — 6 nov. 1885, Ganet, [Leb. chr., p. 810]; — 26 déc. 1885, Gadaud, [Leb. chr., p. 1001]; — 19 févr. 1892, Tachard, [Leb. chr., p. 166] — Alors même que le propriétaire serait imposé s'il ne justifie pas que le fermier l'est déjà à raison de ces bêtes. — Cons. d'Et., 16 mars 1877, Viallon, [Leb. chr., p. 270]

7479. — Le propriétaire, qui se sert de son cheval pendant une partie de l'année et le confie le reste du temps à un fermier, doit être imposé s'il ne justifie pas que le fermier l'est déjà à raison du même cheval. — Cons. d'Et., 5 mars 1863, Plessier, [Leb. chr., p. 212]

7480. — Sont imposables aussi les cultivateurs à raison des chevaux mis à leur disposition par le gouvernement pour le service de leur exploitation. — Cons. d'Et., 7 déc. 1860, Reillier, [Leb. chr., p. 748]; — 24 juill. 1861, Mouganzy, [Leb. chr., p. 634]; — 23 févr. 1865, Deshaires, [Leb. chr., p. 231]

7481. — Le régisseur d'un établissement commercial, le commis-voyageur sont imposables à raison des chevaux et voitures mis à leur disposition par le commerçant qui les emploie. — Cons. d'Et., 11 juill. 1871, Raison, [Leb. chr., p. 80]; — 19 févr. 1875, Lecomte, [Leb. chr., p. 167]; — 24 déc. 1875, Brunel, [Leb. chr., p. 1044]; — 28 mars 1884, Pallier, [Leb. chr., p. 249]; — 9 avr. 1886, Société de laiterie, [Leb. chr., p. 320] — Il a été jugé cependant que l'individu, chargé de surveiller l'exploitation d'un domaine pour le compte d'un propriétaire, n'était pas imposable à raison des domestiques, des chevaux et voitures qui le conduisent à ce domaine. — Cons. d'Et., 8 nov. 1878, Lefèvre, [Leb. chr., p. 859]

7482. — Toutefois, il faut remarquer que, pour être imposable à raison de chevaux ou de voitures dont on n'est pas propriétaire, il faut en avoir l'usage habituel. Un usage accidentel ne serait pas suffisant. — Cons. d'Et., 23 juill. 1863, Ganton, [Leb. chr., p. 558]; — 27 févr. 1880, Leroux, [Leb. chr., p. 217]; — 18 mai 1889, Saulnier, [Leb. chr., p. 630]

7483. — Le propriétaire, qui emploie ses chevaux et voitures au service de son exploitation agricole, est imposable alors même que ces chevaux et voitures seraient cotisés dans une autre commune au nom d'une autre personne. — Cons. d'Et., 1887, Pichet, [Leb. chr., p. 547]

§ 4. Où est due la taxe?

1° Prestation personnelle.

7484. — Dans quelle commune sont dues les prestations? Il faut distinguer entre celles dues à raison de la personne et celles dues à raison des éléments d'imposition. Cette distinction repose sur les termes de la loi : la prestation personnelle est due par l'habitant inscrit aux rôles des contributions directes; la prestation à raison des éléments d'imposition est due pour les membres de la famille ou serviteurs résidant dans la commune et pour les voitures et bêtes au service de l'établissement dans la commune.

7485. — Donc pour savoir où un contribuable doit sa prestation personnelle, il faut rechercher où il habite. Cette détermination peut être parfois assez délicate, surtout quand un contribuable a plusieurs habitations. En général, la jurisprudence s'attache à déterminer quel est le lieu du principal établissement. — Cons. d'Et., 19 mars 1845, Lecomte, [Leb. chr., p. 118]; — 9 avr. 1849, Jarre, [Leb. chr., p. 239]; — 27 juill. 1853, Commune de Trécy, [Leb. chr., p. 800]; — 28 mai 1862, Commune du Château, [Leb. chr., p. 424]; — 19 mars 1864, Lunfranchi et Torquat, [Leb. chr., p. 274]; — 12 avr. 1878, Guglielmi, [Leb. chr., p. 387]; — 26 mars 1886, Allain, [Leb. chr., p. 274]

7486. — Par principal établissement il faut entendre le lieu de la résidence habituelle. — Cons. d'Et., 1er juin 1864, Rozier, [Leb. chr., p. 519]; — 20 juill. 1865, Sarreau, [Leb. chr., p. 712]; — 1er août 1865, Laprunière, [Leb. chr., p. 721]; — 7 févr. 1866, Martin, [Leb. chr., p. 81]; — 14 avr. 1870, Pinsard, [Leb.

chr., p. 458]; — 17 mai 1878, Buter, [Leb. chr., p. 463]; — 17 janv. 1879, Pépenice, [Leb. chr., p. 12]; — 13 avr. 1881, Omont, [Leb. chr., p. 437]; — 4 nov. 1881, Buter Guglielmi, [Leb. chr., p. 830]; — 3 févr. 1883, Jobey, [Leb. chr., p. 127]; — 27 juill. 1883, Allain, [Leb. chr., p. 686]; — 18 juill. 1884, Bonnetain, [Leb. chr., p. 603]; — 18 déc. 1885, Lefebvre, [Leb. chr., p. 1001]; — 4 nov. 1887, Jangeroux, [Leb. chr., p. 671]; — 19 mai 1893, Vingtain, [Leb. chr., p. 412]

7487. — Si le lieu de la résidence habituelle différait de celui où le contribuable a son domicile légal ou civil, c'est à la résidence de fait qu'il faudrait s'attacher de préférence. — Cons. d'Et., 19 mars 1864, Torquat, [Leb. chr., p. 274]; — 19 janv. 1866, du Rogier, [Leb. chr., p. 28]; — 17 juin 1868, Dans, [Leb. chr., p. 672]; — 24 nov. 1869, Curon, [Leb. chr., p. 909]; — 12 juin 1874, Jonty, [Leb. chr., p. 546] — Il n'y a pas lieu pour déterminer la commune dans laquelle est due la prestation personnelle, de tenir compte d'une déclaration de domicile faite par application de l'art. 104, C. civ. — Cons. d'Et., 3 nov. 1882, Butor et Duchambon, [Leb. chr., p. 821]

7488. — Le lieu du principal établissement et de la résidence habituellement sera le plus souvent celui où le prestataire est déjà imposé à la taxe personnelle. — Cons. d'Et., 12 juin 1845, Pringet, [Leb. chr., p. 341]; — 25 juin 1857, de Gumevray, [Leb. chr., p. 531]; — 3 juin 1865, Hamin, [Leb. chr., p. 603]; — 20 juill. 1865, Sarrau, [Leb. chr., p. 712]; — 1er sept. 1865, Commune de Somme-sur-Yèvre, [Leb. chr., p. 809]; — 14 avr. 1860, Pinsard, [Leb. chr., p. 458]; — 30 avr. 1875, Commune de Bletterous, [Leb. chr., p. 380]; — 16 mars 1877, Commune de Boisrobert, [Leb. chr., p. 270]; — 17 janv. 1879, Pepenie, [Leb. chr., p. 12]; — 13 avr. 1881, Omont, [Leb. chr., p. 437]; — 4 nov. 1881, Buter Guglielmi, [Leb. chr., p. 830]; — 3 févr. 1883, Jobey, [Leb. chr., p. 127]; — 27 juill. 1883, Allain, [Leb. chr., p. 686]; — 18 juill. 1884, Bonnetain, [Leb. chr., p. 603]

7489. — Un séjour accidentel, une résidence de quelques semaines ou de quelques mois dans une commune où l'on a des intérêts ne suffisent pas pour créer l'habitation dans le sens de la loi du 21 mai 1836. — Cons. d'Et., 8 juin 1842, Comte de la Chataigneraie, [Leb. chr., p. 277]; — 12 juin 1845, Pringet, [Leb. chr., p. 341]; — 28 mai 1862, Commune du Château, [Leb. chr., p. 424]; — 1er juin 1864, Rozier, [Leb. chr., p. 519]; — 1er août 1865, Laprunière, [Leb. chr., p. 721]; — 7 févr. 1866, Martin, [Leb. chr., p. 81]; — 2 août 1878, Verdier, [Leb. chr., p. 776]; — 19 mai 1882, Molas, [Leb. chr., p. 495]; — 3 nov. 1882, Duchambon, [Leb. chr., p. 821] — Un simple pied à terre dans un hôtel meublé ne suffit pas. — Cons. d'Et., 4 juill. 1884, d'Abbadie, [Leb. chr., p. 551] — ... Non plus qu'une installation provisoire. — Cons. d'Et., 20 déc. 1878, Candas, [Leb. chr., p. 1044]

7490. — Quand un contribuable a son habitation personnelle et celle de sa famille dans une commune, est-il retenu le plus ordinairement dans une autre soit par ses fonctions, soit par l'exercice de sa profession, soit par les nécessités de son exploitation, c'est néanmoins dans la première commune qu'il doit être assujetti aux prestations pour sa personne. — Cons. d'Et., 27 juill. 1853, Commune de Trécy, [Leb. chr., p. 800]; — 13 juill. 1858, Bonaston, [Leb. chr., p. 512]; — 24 août 1858, Ronylan, [Leb. chr., p. 387]; — 8 avr. 1863, Andriani, [Leb. chr., p. 307]; — 13 juin 1865, Hamin, [Leb. chr., p. 603]; — 1er sept. 1865, Commune de Somme-sur-Yèvre, [Leb. chr., p. 909]; — 14 avr. 1870, Pinsard, [Leb. chr., p. 458]; — 11 juill. 1871, Commune de Roiffi, [Leb. chr., p. 78]

2° Prestation des éléments.

7491. — Quant aux éléments d'imposition, qu'il s'agisse de serviteurs, de membres de la famille, de voitures ou d'animaux, ceux qui sont attachés d'une manière fixe au service d'un établissement doivent être taxés dans la commune où se trouve cet établissement, alors même que leur maître n'y résiderait pas, et doivent y être maintenus sur le rôle, alors que leur propriétaire aurait été imposé à raison des mêmes éléments dans d'autres communes. — Cons. d'Et., 17 août 1836, Lafontan, [Leb. chr., p. 407]; — 22 nov. 1836, Arnault de Guinyveau, [Leb. chr., p. 460]; — 28 juill. 1849, Chabouille Saint-Phal, [Leb. chr., p. 447]; — 22 mars 1854, d'Olivier, [Leb. chr., p. 220]; — 5 août 1854, Le Boyer, [Leb. chr., p. 765]; — 2 mars 1858, Guénie, [Leb. chr., p. 189]; — 7 sept. 1861, Parrot, [Leb. chr., p. 794]; — 19 mars 1864, Lanfranchi, [Leb. chr., p. 274]; — 14 avr. 1870, Commune

de Fougrave, [Leb. chr., p. 458]; — 15 mai 1874, Dubois, [Leb. chr., p. 436]; — 7 mai 1875, Perret, [Leb. chr., p. 437]; — 4 févr. 1876, Mollinjal, [Leb. chr., p. 105]; — 8 nov. 1878, Fort, [Leb. chr., p. 858]; — 12 août 1879, Etelain, [Leb. chr., p. 649]; — 7 mai 1880, Maurat-Bailange et Petit, [Leb. chr., p. 453]; — 20 avr. 1883, Pépin, [Leb. chr., p. 370]; — 10 déc. 1886, Beaucamp, [Leb. chr., p. 871]; — 4 nov. 1887, Jangeroux, [Leb. chr., p. 671]; — 23 déc. 1887, Darbas, [Leb. chr., p. 834]

7492. — Mais les chevaux et voitures d'un contribuable ne sont imposables dans une commune autre que celle où il est lui-même imposé qu'autant qu'il possède un établissement dans cette commune. A titre d'exemple, nous indiquerons plusieurs décisions rendues à propos d'entreprises de messageries ou de relais. Ces entreprises étaient taxées dans toutes les communes où elles avaient des postillons, des chevaux et voitures en résidence fixe, des stations servant de point de départ à des embranchements. — Cons. d'Et., 11 juin 1838, Dotézac, [Leb. chr., p. 113]; — 22 août 1838, Ramel, [Leb. chr., p. 184]; — 15 mai 1848, Maire de Saint-Amour, [Leb. chr., p. 302]; — 8 nov. 1878, Cie lyonnaise des omnibus, [Leb. chr., p. 856]; — 25 févr. 1881, Bonnet, [Leb. chr., p. 218]

7493. — Si, au contraire, ces entreprises n'avaient dans une commune que des chevaux et une voiture remisés dans un hôtel et constituant un simple relai, il n'y avait pas à proprement parler d'établissement et ces éléments devaient être taxés dans la commune du principal établissement de l'entrepreneur. — Cons. d'Et., 7 déc. 1847, Decrept, [Leb. chr., p. 681]; — 22 avr. 1848, Morin-Arnoul, [Leb. chr., p. 234]; — 10 août 1869, Bonnet, [Leb. chr., p. 775]; — 25 févr. 1881, Bouvet, [Leb. chr., p. 218]

7494. — Lorsqu'une exploitation agricole s'étend sur le territoire de plusieurs communes, le propriétaire doit être imposé pour tous ses éléments dans celle où se trouve située son centre d'exploitation et non dans les communes où les besoins de la culture l'obligent à conduire ses serviteurs ou ses attelages. — Cons. d'Et., 21 juill. 1839, Adam, [Leb. chr., p. 403]; — 10 août 1844, Gambault, [Leb. chr., p. 500]; — 3 janv. 1848, Brianchon, [Leb. chr., p. 19]; — 3 nov. 1853, Berthier, [Leb. chr., p. 931]; — 5 oct. 1857, Commune de Vrétot, [Leb. chr., p. 738]; — 27 janv. 1839, Boivin, [Leb. chr., p. 74]; — 22 mai 1864, Buteau, [Leb. chr., p. 382]; — 13 mai 1865, Médaillin, [Leb. chr., p. 520]; — 21 nov. 1871, Commune de Coulon, [Leb. chr., p. 245]; — 12 août 1879, Nadaud, [Leb. chr., p. 619]; — 6 mai 1881, [Leb. chr., p. 464]; — 10 juill. 1885, Glairioux, [Leb. chr., p. 654]; — 12 mai 1893, Drivon, [Leb. chr., p. 378]

7495. — Il en serait ainsi alors même que l'étable ou l'écurie où les bêtes seraient logées habituellement se trouveraient dans une autre commune que le centre de l'exploitation. — Cons. d'Et., 29 avr. 1848, Chatelet, [Leb. chr., p. 243]; — 18 août 1853, Grand, [Leb. chr., p. 610]; — 28 mars 1860, Lefebvre, [Leb. chr., p. 253]

7496. — Si un propriétaire a son château dans une commune et ses bâtiments d'exploitation dans une autre, c'est dans cette dernière qu'il sera imposable pour tous ses serviteurs et attelages. — Cons. d'Et., 27 juin 1855, de la Prunière, [Leb. chr., p. 470]

7497. — Quant aux éléments d'imposition qui suivent le maître dans ses déplacements, ils sont imposables dans la commune où il acquitte la prestation personnelle. — Cons. d'Et., 18 juill. 1855, Juhel, [Leb. chr., p. 539]; — 8 déc. 1857, Creuse, [Leb. chr., p. 783]; — 27 juin 1879, de Maistre, [Leb. chr., p. 526]

7498. — Il n'y a pas dans ce cas à s'attacher au lieu où se trouveraient l'écurie et la remise des éléments d'imposition. — Cons. d'Et., 5 oct. 1857, Viennois, [Leb. chr., p. 737]; — 5 oct. 1857, Lucas, [Leb. chr., p. 739]

7499. — Ils sont imposables au lieu du principal établissement de leur propriétaire, alors même qu'ils circuleraient habituellement sur le territoire d'une autre commune. — Cons. d'Et., 22 avr. 1857, Cauralet, [Leb. chr., p. 319]

7500. — Décidé de même pour les domestiques attachés à la personne. — Cons. d'Et., 20 déc. 1860, Boissel, [Leb. chr., p. 788]; — 15 avr. 1863, Commune d'Ormes, [Leb. chr., p. 341]; — 2 nov. 1878, Fort, [Leb. chr., p. 858]; — 27 juin 1879, de Maistre, [Leb. chr., p. 526]; — 21 mai 1886, de Carcouët, [Leb. chr., p. 440]

7501. — Toutefois, la jurisprudence n'applique pas cette règle avec une inflexible rigueur. Si le contribuable est imposé pour ces éléments mobiles dans les deux communes, elle décide que

la taxe n'est due que dans le lieu de son principal établissement, mais s'il n'a pas été imposé dans cette dernière commune, le Conseil maintient la contribution dans l'autre. Il est de toute justice que ces éléments d'imposition n'échappent pas complètement à la taxe. — Cons. d'Et., 31 mai 1854, Foulquier, [Leb. chr., p. 520]; — 4 janv. 1855, Aubrie, [Leb. chr., p. 12]; — 3 oct. 1857, Puifférat, [Leb. chr., p. 714]; — 24 janv. 1868, Benassin, [Leb. chr., p. 87]

7502. — Quand le domaine exploité par un prestataire ou la maison habitée par lui se trouvera à la limite de deux communes, il doit la prestation personnelle dans la commune où il est imposé à la contribution personnelle et où se trouve la pièce qu'il occupe, alors même que la partie principale des bâtiments se trouverait dans l'autre commune. — Cons. d'Et., 2 mars 1883, Guignant, [Leb. chr., p. 227]; — 24 déc. 1886, Commune de Moncassin, [Leb. chr., p. 918]; — 16 déc. 1887, Chaumeau, [Leb. chr., p. 807]

7503. — Quant aux éléments d'imposition ils sont dans ce cas imposés dans la commune où le prestataire acquitte déjà sa prestation personnelle. — Cons. d'Et., 30 juin 1858, Ménage, [Lebr chr., p. 482]; — 7 sept. 1864, Fiquenel, [Leb. chr., p. 832]; — 18 déc. 1867, Laborde, [Leb. chr., p. 925]; — 23 nov. 1877, Arrousez, [Leb. chr., p. 892]; — 2 mars 1883, Guignant, [Leb. chr., p. 227]; — 12 mai 1893, Drivon, [Leb. chr., p. 378] — alors même que ses attelages n'emprunteraient pas les chemins de cette commune. — Cons. d'Et., 1er avr. 1881, Chadeffaud, [Leb. chr., p. 369]

§ 5. Mode d'exécution des prestations.

1° Option pour l'exécution des prestations en nature.

7504. — Nous avons traité ailleurs ce qui concerne la confection des matrices, des rôles, le caractère annuel de ceux-ci, leur émission, leur publication et les réclamations auxquelles ils donnent lieu. Nous n'y revenons pas. Il nous reste à dire comment s'acquittent les prestations.

7505. — Le rôle publié, le directeur des contributions directes prépare les avertissements. Ceux-ci contiennent une mise en demeure aux contribuables de déclarer, dans le délai d'un mois à dater de la publication du rôle, s'ils entendent se libérer en nature, avec avis qu'à défaut de déclaration, leur cote sera de droit exigible en argent, aux termes de l'art. 4, L. 21 mai 1836. Il les transmet avec le rôle au receveur municipal par l'intermédiaire du préfet et du trésorier-payeur général. Le receveur fait publier le rôle par le maire et fait parvenir les avertissements sans frais aux contribuables (Instr. 6 déc. 1870, art. 87 et s.).

7506. — Les déclarations doivent reçues par le maire et inscrites immédiatement à leur date sur un registre spécial; elles sont constatées soit par la signature du déclarant, soit par l'annexion au registre du bulletin rempli, daté, signé par le contribuable et envoyé au maire après avoir été détaché de la feuille d'avertissement. A défaut de l'accomplissement de ces formalités, la cote sera exigible en argent (art. 90 et 91).

7507. — A l'expiration du délai d'un mois à partir de la publication du rôle, le registre des déclarations sera clos par le maire, puis transmis au receveur municipal, qui le vérifiera et en annotera les indications dans une colonne spéciale du rôle (art. 92).

7508. — Lorsque les contribuables laissent passer le délai d'un mois porté à leur connaissance par la publication du rôle, sans faire l'option, ils ne sont plus recevables à exercer cette faculté. — Cons. d'Et., 25 avr. 1879, Conillon, [Leb. chr., p. 315]; — 18 juill. 1884, Marais, [Leb. chr., p. 603]; — 13 févr. 1885, Teste, [Leb. chr., p. 169]

7509. — Dans la quinzaine qui suivra, le receveur municipal dressera et enverra au préfet, pour être transmis au maire, un extrait du rôle comprenant, suivant l'ordre des articles, le nom de chacun des contribuables qui aura déclaré vouloir s'acquitter en nature, ainsi que le nombre des journées d'hommes, d'animaux et de charrois qu'il devra exécuter et le montant total de sa cote. Cet extrait du rôle sera totalisé et certifié exact par le receveur municipal; il comportera le résumé des cotes inscrites au rôle et l'indication du total des cotes exigibles en argent par suite de la non déclaration d'option (art. 93).

7510. — Les travaux de prestation seront exécutés aux épo-

51

ques fixées par le règlement préfectoral. Sous l'empire de la loi du 28 juill. 1824, ce soin avait été abandonné aux maires qui, en vue d'atténuer le plus possible la gêne que les travaux des prestations causaient aux cultivateurs, choisissaient de préférence l'automne ou l'hiver, époque très-mauvaise pour l'exécution des prestations. Chaque année, un arrêté spécial du préfet fixera l'époque à laquelle les travaux de prestation devront être terminés sur les chemins de grande communication et d'intérêt commun. S'il devenait nécessaire de changer ces époques pour certaines communes, les modifications feraient l'objet d'un arrêté spécial du préfet, rendu sur la demande du maire, l'avis du conseil municipal et du sous-préfet et le rapport des agents voyers. Les fermiers ou colons qui, par suite de fin de bail, devraient quitter la commune avant l'époque fixée pour l'emploi des prestations, pourront être admis à effectuer leurs travaux avant leur départ (Instr. 6 déc. 1870, art. 132).

7511. — La circulaire du 24 juin 1836 (art. 21) laissait aux préfets le soin de fixer les époques auxquelles seraient exécutés les travaux de prestation. Ils devaient s'inspirer surtout des intérêts de l'agriculture. Quelques préfets avaient interprété cette disposition en ce sens que jusqu'à la fin de l'exercice les prestataires avaient la faculté de reculer l'exécution de leur obligation quand ils y avaient intérêt. Dans une circulaire du 19 nov. 1838, le ministre rappelle aux préfets que le travail de la prestation est une contribution publique, une dette de l'habitant envers la commune, qui est exigible, non à la volonté du prestataire, mais à la réquisition de l'autorité. C'est donc l'époque fixée par le préfet qui est la limite légale de l'exécution des prestations. Le ministre admettait que le préfet pouvait fixer cette limite à la fin de la période complémentaire de l'exercice. Le Conseil d'État avait d'abord admis la légalité de cette pratique. — Cons. d'Et., 20 janv. 1843, Mallot; — 3 juin 1852, Nabonne, [Leb. chr., p. 211).

7512. — Mais ultérieurement il est revenu sur cette jurisprudence et décide que les prestations ne peuvent être réclamées après l'expiration de l'année pour laquelle elles sont imposées, même dans la période complémentaire de l'exercice. Nul ne peut en effet être tenu de fournir dans une année plus de trois journées de prestation. — Cons. d'Et., 2 mars 1858, Commune de Révillon, [Leb. chr., p. 183]; — 9 sept. 1864, Commune de Berthonville, [Leb. chr., p. 861]; — 7 août 1874, Guillaume, [Leb. chr., p. 778]; — 28 mars 1884, Haillard, [Leb. chr., p. 245]; — 7 déc. 1888, Vinsonnaud, [Leb. chr., p. 917]; — 15 janv. 1892, Commune de Lesquin, [Leb. chr., p. 5]

7513. — Le Conseil avait d'abord paru admettre que les prestataires pouvaient renoncer au terme fixé en leur faveur et qu'ils pouvaient s'engager à exécuter leurs prestations même après l'expiration de l'année. — Cons. d'Et., 9 sept. 1864, Commune de Berthonville, [Leb. chr., p. 861] — Mais depuis le Conseil a reconnu que la commune ne pouvait poursuivre l'exécution d'un engagement de cette nature parce qu'il est contraire à la loi. — Cons. d'Et., 15 janv. 1892, Commune de Lesquin, [Leb. chr., p. 5] — En ce cas, les prestataires sont recevables à former leur réclamation dans les trois mois à dater de la mise en demeure qui leur est faite d'acquitter les prestations.

7514. — Le ministre de l'Intérieur s'est rallié à la jurisprudence du Conseil d'Etat. Aussi l'art. 132, Instr. 6 déc. 1870, dispose-t-il que les prestations devront être effectuées dans l'année pour laquelle elles ont été votées.

7515. — Un prestataire ne peut attaquer directement devant le Conseil d'Etat pour excès de pouvoir un arrêté préfectoral qui met le maire en demeure de faire exécuter des prestations sur un chemin de grande communication. — Cons. d'Et., 13 sept. 1864, Bonnart, [Leb. chr., p. 917]

2º Exécution des prestations à la journée ou à la tâche.

7516. — Les travaux s'exécutent à la journée ou à la tâche. La durée minimum du travail des prestataires, des bêtes de somme et de trait sera fixée par le règlement préfectoral. Lorsque les prestataires seront appelés hors des limites de la commune à laquelle ils appartiennent, le temps employé à l'aller et au retour, pour parcourir les distances excédant la limite fixée par le règlement, sera compté comme passé sur l'atelier (Instr. de 1870, art. 134). Le parcours imposé aux prestataires doit pouvoir être effectué pendant la durée de la journée de prestation. — Cons.

d'Et., 12 mai 1853, Crespel-Delisse, Sandmo et Leo, [Leb. chr., p. 531]

7517. — Le maire et l'agent voyer cantonal se concerteront chaque année, après la publication ou la notification des contingents et après la remise de l'extrait du rôle, pour déterminer : 1º la répartition des travailleurs entre chaque chemin ; 2º les jours d'ouverture et de clôture des travaux de prestation pour chaque chantier. L'agent voyer cantonal dressera pour chaque chemin de grande communication et d'intérêt commun, pour les chemins ordinaires du réseau subventionné et pour ceux du réseau non subventionné, un état indiquant les prestataires qui y seront appelés et les travaux qui leur seront demandés. Cet état sera visé par le maire (Instr. de 1870, art. 131).

7518. — Un contribuable n'est pas recevable à présenter, à l'appui d'une demande en décharge, des moyens tirés soit de l'emploi des prestations, soit de la détermination des travaux. Ce sont des mesures purement administratives. — Cons. d'Et., 7 sept. 1861, Delair, [Leb. chr., p. 794]

7519. — Cinq jours au moins avant l'époque fixée pour l'ouverture des travaux, le maire fera remettre à chaque contribuable soumis à la prestation un bulletin signé de lui, portant réquisition de se rendre, muni des outils indiqués, tel jour et à telle heure sur tel chemin (art. 135).

7520. — Le contribuable, qui a opté pour l'exécution en nature et qui n'est pas mis en demeure dans l'année de les effectuer, est libéré. Il ne peut être contraint d'acquitter sa prestation en argent. — Cons. d'Et., 26 juill. 1851, Jouassier, [Leb. chr., p. 546]; — 3 juin 1852, Nabonne, [Leb. chr., p. 211]; — 6 sept. 1869, Lefranc, [Leb. chr., p. 832]; — 27 avr. 1870, Ibled, [Leb. chr., p. 486]; — 31 mai 1870, Leroux, [Leb. chr., p. 657]; — 9 mai 1873, Rochard, [Leb. chr., p. 391]; — 8 nov. 1890, de Juge de Montespieu, [Leb. chr., p. 841]

7521. — Mais celui qui, après avoir opté pour l'exécution en nature de ses prestations, a été régulièrement mis en demeure de les effectuer et s'y est refusé sans motif plausible, est tenu d'acquitter sa cote en argent. — Cons. d'Et., 20 juill. 1853, Tusson, [Leb. chr., p. 743]; — 12 juin 1860, Rougières, [Leb. chr., p. 424]; — 8 nov. 1872, Rabot, [Leb. chr., p. 330]; — 8 mars 1878, Musson, [Leb. chr., p. 262]; — 11 juin 1880, Jean, [Leb. chr., p. 536]; — 19 juin 1885, Pigouche, [Leb. chr., p. 590]; — 11 juin 1886, Thibaut, [Leb. chr., p. 508]

7522. — Lorsqu'un prestataire sera empêché par maladie ou tout autre motif grave de se rendre sur le chantier, il devra le faire connaître au moins dans les vingt-quatre heures qui précéderont le jour fixé pour l'exécution des travaux. En ce cas le maire et l'agent voyer s'entendront pour la remise de la prestation à une autre époque qui sera fixée d'après la nature de l'empêchement (art. 136).

7523. — Le maire et l'agent voyer désigneront de concert pour la surveillance spéciale des travailleurs sur chaque chantier, les cantonniers du chemin ou, à leur défaut, toute autre personne présentant des garanties suffisantes (art. 137).

7524. — L'état d'indication des travaux à faire et des prestataires convoqués sera remis au surveillant qui fera l'appel de ces prestataires sur le lieu indiqué dans le bulletin de réquisition et tiendra note de l'emploi des journées effectuées (art. 138).

7525. — Chaque prestataire devra porter sur l'atelier les outils qui lui auront été indiqués dans le bulletin de réquisition (art. 139).

7526. — L'art. 139 exige que les bêtes de somme et de trait soient garnies de leurs harnais. Cependant, si un contribuable n'emploie ses chevaux que comme bêtes de somme sans harnais, il ne peut être tenu de les amener sur l'atelier avec l'équipement de bêtes de trait. — Cons. d'Et., 17 août 1841, Commune de Jegun.

7527. — L'art. 139 exige aussi que les voitures soient attelées et accompagnées d'un conducteur. Cette disposition n'est légale que si le propriétaire de l'attelage est imposé pour des journées d'homme. Autrement, il acquitte son obligation en amenant sur le chantier le cheval et la voiture sans conducteur. — Cons. d'Et., 12 août 1879, Lazare, [Leb. chr., p. 620]

7528. — Le prestataire est libéré de son obligation lorsqu'il a envoyé sur le chantier, à la date indiquée, ses voitures de luxe et ses chevaux de selle. L'administration n'est pas fondée à prétendre que ces attelages sont impropres à l'exécution des travaux. — Cons. d'Et., 8 nov. 1890, de Juge de Montespieu, [Leb. chr., p. 841]

7529. — Lorsqu'un contribuable, requis d'opérer des transports pour l'acquit de ses prestations, a conduit sa voiture attelée sur le chantier, conformément aux indications des bulletins de réquisition, et que sa voiture a été refusée à tort comme impropre aux travaux ou que, pour toute autre raison, elle n'a pas été employée, il doit être considéré comme libéré. — Cons. d'Et., 19 déc. 1879, Lemaire, [Leb. chr., p. 814]; — 16 juin 1882, Lemaire, [Leb. chr., p. 567]

7530. — Les prestataires pourront se faire remplacer, pour leur personne et celle des membres de leur famille, par des ouvriers à leurs gages. Les remplaçants seront valides, âgés de dix-huit ans au moins et de soixante au plus. Ils devront être agréés par le surveillant des travaux, sauf appel au maire de la commune. Les prestataires en nom restent responsables du travail de leurs remplaçants (art. 140).

7531. — Le prestataire devra fournir la journée de prestation tout entière et sans interruption, sauf les cas exceptionnels autorisés par le maire ou l'agent voyer cantonal. Si le mauvais temps exigeait la fermeture du chantier, il ne sera tenu compte que des journées ou fractions de journées effectuées et les contribuables seront tenus de compléter plus tard leurs prestations (art. 141).

7532. — La journée de prestation ne sera réputée acquittée que si le surveillant reconnaît qu'elle a été convenablement employée. Dans le cas contraire, il ne sera tenu compte au prestataire que de la fraction de journée répondant au temps pendant lequel il aura travaillé. Le surveillant indiquera, à la fin de chaque jour, au dos du bulletin de réquisition, le nombre et l'espèce de journées ou de fractions de journées dont le prestataire doit être acquitté. Il certifiera en même temps cet acquit dans la colonne d'émargement de l'extrait de rôle qui lui aura été remis. Les difficultés qui pourraient s'élever seront résolues par le maire et l'agent voyer cantonal et, en cas de désaccord, par le préfet, sur l'avis de l'agent voyer en chef, sauf recours devant l'autorité compétente (art. 142). Cette autorité, c'est le conseil de préfecture. — Cons. d'Et., 3 févr. 1888, Le Camus, [Leb. chr., p. 111]

7533. — Lorsque les prestations seront terminées sur un chemin de grande communication ou d'intérêt commun, ou sur l'ensemble des chemins vicinaux ordinaires de chaque réseau, le surveillant remettra l'état d'indication émargé à l'agent voyer cantonal. Celui-ci fera, en présence du maire, la réception des travaux effectués sur les chemins de grande communication et d'intérêt commun. Le maire fera la réception des travaux effectués sur les chemins vicinaux ordinaires. L'agent voyer cantonal inscrira le décompte résumé des divers travaux sur la dernière page de l'état d'indication, portera le résultat sur son carnet et adressera l'état à l'agent voyer d'arrondissement, après avoir émargé sur l'extrait de rôle les cotes ou parties de cotes acquittées en nature. L'agent voyer d'arrondissement, après inscription des dépenses faites, transmettra cet état au receveur municipal par l'intermédiaire du receveur des finances. Le receveur municipal émargera sur le rôle général de la commune les cotes et parties de cotes acquittées en nature, totalisera lesdites cotes et en inscrira le montant en un seul article sur son registre à souche. Il opérera ensuite le recouvrement des journées ou portions de journées restant dues. Après l'achèvement complet des travaux de prestations de la commune, l'agent voyer cantonal enverra l'extrait de rôles émargé à l'agent voyer d'arrondissement, qui le fera remettre au receveur en échange des états d'indication (art. 143).

7534. — Lorsqu'en exécution de l'art. 4, 21 mai 1836, le conseil municipal d'une commune aura adopté un tarif pour la conversion des journées de prestation en tâches, le préfet, pour les chemins de grande communication et d'intérêt commun, le maire, pour les chemins vicinaux ordinaires, décideront si ce tarif sera appliqué à tout ou partie des travaux de prestation. Le maire et l'agent voyer cantonal devront se concerter pour la fixation des délais d'exécution des travaux et pour la répartition des tâches à faire sur chaque chemin par les prestataires. L'agent voyer cantonal dressera les états d'indication des travaux à effectuer par chaque prestataire (art. 144).

7535. — Le maire adressera à chaque contribuable soumis à la prestation en tâches un bulletin de réquisition indiquant les travaux à effectuer ou les matériaux à fournir, ainsi que le délai dans lequel les tâches devront être exécutées. Le détail et l'emplacement des travaux à faire seront inscrits sur le bulletin

et indiqués sur le terrain par les soins de l'agent voyer cantonal (art. 143).

7536. — La conversion de la journée en tâches peut être faite par l'administration sans le consentement du contribuable. S'il refuse d'exécuter la tâche, il doit sa prestation en argent. — Cons. d'Et., 11 déc. 1857, Debout, [Leb. chr., p. 907] — Mais il faut lui reconnaître le droit de contester la nature de la tâche qui lui est imposée. Celle-ci n'est justement établie que si elle est en rapport avec les journées dont chaque prestataire est redevable. Par exemple, on ne peut convertir en tâches de main-d'œuvre des journées de chevaux et de voitures qui ne peuvent être converties qu'en tâches de transport. — Cons. d'Et., 15 avr. 1863, Debaut, [Leb. chr., p. 341]; — 7 mars 1868, Triger, [Leb. chr., p. 266]; — 8 nov. 1872, Rabot, — 20 mars 1875, Guillaume, [Leb. chr., p. 276]; — 6 nov. 1880, Paumier, [Leb. chr., p. 831]; — 7 juill. 1882, Bouvier, [Leb. chr., p. 639]

7537. — C'est le conseil de préfecture qui est compétent pour décider si la tâche réclamée est régulière. Si elle ne l'est pas, le refus par le contribuable de l'exécuter ne rend pas sa cote exigible en argent. — Cons. d'Et., 7 août 1874, Guillaume, [Leb. chr., p. 778]; — 20 mars 1875, Guillaume, [Leb. chr., p. 276]; — 7 juill. 1882, Bouvier, [Leb. chr., p. 639]; — 28 mars 1884, Haillard, [Leb. chr., p. 245]; — 3 févr. 1888, Le Camus, [Leb. chr., p. 111]; — 7 déc. 1888, Vinsonnaud, [Leb. chr., p. 916]

7538. — C'est devant le conseil de préfecture que le contribuable pourra contester à l'administration le droit de l'envoyer chercher des matériaux à une distance dépassant le maximum fixé par le conseil municipal. — Cons. d'Et., 13 sept. 1864, Bonnart, [Leb. chr., p. 917]

7539. — La tâche imposée aux contribuables ne doit jamais obliger ceux-ci à débourser aucune somme d'argent. Ainsi l'administration doit mettre à la disposition des prestataires une carrière où ils devront aller chercher les matériaux pour les transporter sur les chemins, mais elle ne peut obliger les prestataires à fournir eux-mêmes et à leurs frais ces matériaux. — Cons. d'Et., 6 nov. 1880, Paumier, [Leb. chr., p. 831]; — 28 mars 1884, Haillard, [Leb. chr., p. 245]; — 3 févr. 1888, Le Camus, [Leb. chr., p. 111]

7540. — Le prestataire n'est recevable à contester la tâche qui lui est assignée qu'en prouvant qu'il ne pourrait l'acquitter au moyen du nombre de journées dont il était redevable. Il ne lui suffit pas d'invoquer les évaluations faites par le conseil général en vue de la conversion en argent des prestations. — Cons. d'Et., 6 nov. 1880, Paumier, [Leb. chr., p. 831]

7541. — Un contribuable n'est pas recevable à refuser d'exécuter les prestations en nature par le motif qu'elles lui sont commandées sur un chemin dont l'entretien est assuré par l'entrepreneur, en vertu d'un traité passé avec la commune. — Cons. d'Et., 29 janv. 1892, Husson, [Leb. chr., p. 63]

7542. — Mais il peut alléguer qu'il a déjà acquitté ses prestations sur un autre chemin. Le conseil de préfecture est juge de ces différentes exceptions. — Cons. d'Et., 30 avr. 1880, Stierbois, [Leb. chr., p. 411]

7543. — Les réclamations sur le mode d'exécution des prestations en nature, sont naturellement recevables plus de trois mois après la publication du rôle. — Cons. d'Et., 28 mars 1884, Haillard, [Leb. chr., p. 245]

7544. — La réception des travaux en tâches sera faite par le maire assisté de l'agent voyer cantonal, soit au fur et à mesure de l'avancement des travaux, soit à l'expiration du délai fixé pour leur achèvement. Le prestataire sera convoqué pour cette réception. Il ne sera complètement libéré que si les travaux satisfont, pour la quantité et la qualité, aux conditions du tarif de conversion en tâches. Dans le cas contraire, sa cote ne sera acquittée que pour la valeur des travaux effectués. La retenue à faire pour mettre les travaux en état de réception sera déterminée de concert par le maire et l'agent voyer cantonal. En cas de difficultés, il sera statué par le préfet sur l'avis de l'agent voyer en chef, et sauf recours devant l'autorité compétente. L'agent voyer cantonal inscrira le décompte résumé des travaux effectués, le soumettra à la signature du maire, portera les résultats sur son carnet et adressera l'état à l'agent voyer d'arrondissement, après avoir émargé les cotes ou parties de cotes acquittées sur l'extrait de rôle. Cet état est ensuite transmis au receveur (art. 145).

§ 1. *Conditions auxquelles sont subordonnées les demandes
de subventions.*

1° *Il faut qu'elles s'appliquent à des chemins vicinaux.*

7545. — — Aux termes de l'art. 7, L. 28 juill. 1824 : « Toutes
les fois qu'un chemin sera habituellement ou temporairement
dégradé par des exploitations de mines, de carrières, de forêts
ou de toute autre entreprise industrielle, il pourra y avoir lieu
à obliger les entrepreneurs ou propriétaires à des subventions
particulières, lesquelles seront, sur la demande des communes,
réglées par les conseils de préfecture, d'après des expertises
contradictoires ». Le législateur de 1824 posait ainsi le principe
qu'à côté des prestations en nature et des centimes spéciaux,
qui devaient parer aux dépenses d'entretien des chemins vicinaux et suffire aux réparations ordinaires, il pouvait être réclamé des subventions plus fortes aux industriels et aux grands
propriétaires qui, par leurs transports, dégradaient les chemins
d'une manière anormale. C'était une ressource extraordinaire
que l'on mettait à la disposition des communes pour pourvoir
à une dépense également extraordinaire.

7546. — Mais l'art. 7, L. 28 juill. 1824, était conçu en termes trop vagues et laissait dans l'ombre un très-grand nombre
de points importants. Ainsi les subventions pourraient-elles être
réclamées, alors même que la commune n'aurait pas entretenu
ses chemins à l'état de viabilité? Les exploitations de forêts appartenant à l'Etat, aux communes ou aux établissements publics,
seraient-elles passibles de subvention? A qui des exploitants ou
des propriétaires les réclamerait-on? Comment seraient-elles
calculées? Comment les acquitterait-on? Constitueraient-elles
une ressource générale ou spéciale? Devrait-on les réclamer chaque année? Enfin, dans quelle forme ces taxes seraient-elles recouvrées? Autant de questions très-graves que la loi laissait
sans réponse.

7547. — Ce sont ces lacunes, qui avaient donné lieu à de
nombreuses réclamations, que les auteurs de la loi du 21 mai
1836 se sont proposé de combler. L'art. 14 de cette loi est ainsi
conçu : « Toutes les fois qu'un chemin, *entretenu à l'état de viabilité* par une commune, sera habituellement ou temporairement
dégradé par des exploitations de mines, de carrières, de forêts,
ou de toute autre entreprise industrielle *appartenant à des particuliers, à des établissements publics, à la commune ou à l'Etat*,
il pourra y avoir lieu à obliger aux entrepreneurs ou propriétaires, *suivant que l'exploitation ou les transports auront lieu
pour les uns ou pour les autres*, des subventions spéciales, *dont
la quotité sera proportionnée à la dégradation extraordinaire
qui devra être attribuée aux exploitations. Ces subventions pourront, au choix des subventionnaires, être acquittées en argent
ou en prestations en nature, et seront exclusivement affectées à
ceux des chemins qui y auront donné lieu. Elles seront réglées
annuellement sur la demande des communes par le conseil de
préfecture, après des expertises contradictoires, et recouvrées
comme en matière de contributions directes. Les experts seront
nommés suivant le mode déterminé par l'art. 17 ci-après. Les
subventions pourront aussi être déterminées par abonnement;
elles seront réglées dans ce cas par le préfet en conseil de préfecture.* »

7548. — Ces subventions ne sont jamais obligatoires pour
les communes. Elles doivent être réclamées par elles et ne
peuvent jamais être imposées d'office. Les communes ne sont
même pas absolument libres de les réclamer; l'établissement
de ces subventions est subordonné à un certain nombre de conditions.

7549. — A quelles voies communales peuvent-elles s'appliquer? Jusqu'à ces dernières années, le réseau vicinal seul pouvait profiter de cette ressource. Mais la loi du 20 août 1881
(art. 11) en a étendu l'application aux chemins ruraux reconnus. Cette loi reproduit exactement l'art. 14, L. 21 mai 1836,
avec cette seule différence qu'elle permet aux syndicats qui se
constituent pour la construction ou l'entretien des chemins
ruraux de réclamer les subventions à défaut des communes.

Dans aucun cas, les rues et places des villes ne peuvent bénéficier de cette ressource.

7550. — On s'est demandé, dans les premiers temps de l'application de la loi de 1836, si les subventions pouvaient être
réclamées pour dégradations aux chemins de grande communication. Le Conseil d'Etat a résolu cette question affirmativement
par le motif que l'art. 14 se trouvait dans le titre III de la loi,
lequel contient des dispositions générales applicables à toutes
les catégories de chemins vicinaux. — Cons. d'Et., 3 juill. 1832,
de Grimaldi, [Leb. chr., p. 281]; — 19 avr. 1855, Cie des houillères et fonderies de l'Aveyron, [Leb. chr., p. 289]

7551. — Les subventions peuvent être réclamées pour dégradations causées, non seulement à la chaussée des chemins, mais
aux ouvrages accessoires, tels que les ponts. — Cons. d'Et.,
20 juill. 1832, Ville de Troyes, [Leb. chr., p. 190]; — 26 août
1182, Comm. de Lescheroux et de Parey, [Leb. chr., p. 431]

7552. — Les subventions spéciales ne peuvent être réclamées pour dégradations aux chemins vicinaux qu'autant que
ceux-ci ont été reconnus et classés conformément aux lois. —
Cons. d'Et., 3 mai 1837, Comm. de Saint-Maurice-les-Char-
mecy, [Leb. chr., p. 529, Rec. Mac., 1837, p. 158] — Mais il n'est
pas nécessaire que le classement ait eu lieu avant le 1er janvier.
Il suffit qu'il soit antérieur aux transports. — Cons. d'Et., 28
mai 1886, Bullot, [Leb. chr., p. 451]

7553. — Les industriels peuvent, à l'occasion de la subvention qui leur est réclamée, contester la nature du chemin auquel
elle est destinée, si la voie du recours pour excès de pouvoir
leur est fermée. — Cons. d'Et., 4 janv. 1878, Cheilus, [Leb.
chr., p. 10]; — ils peuvent tout au moins signaler indirectement
les irrégularités dont le classement peut se trouver entaché.

7554. — C'est ainsi qu'il a été jugé, à l'occasion de demandes en décharge de subventions, qu'un conseil général ne
commettait aucune irrégularité en déclassant, par une mesure
générale, toutes .les routes du département pour les classer
comme chemins vicinaux. — Cons. d'Et., 26 janv. 1877, Massi-
gnan et Dufour, [Leb. chr., p. 96]; — 2 mars 1877, Desmarest,
[Leb. chr., p. 208]; — 27 avr. 1877, Clergeond, [Leb. chr.,
p. 374]; — 5 avr. 1878, Daniel, [Leb. chr., p. 364]

7555. — Jugé encore que les industriels ne peuvent se prévaloir d'une irrégularité de forme résultant de l'omission d'une
formalité édictée dans l'intérêt des départements, de ce que par
exemple le conseil général aurait prononcé le déclassement
sans se concerter avec les conseils généraux voisins. — Cons.
d'Et., 4 janv. 1878, Cheilus, [Leb. chr., p. 10]

7556. — Un industriel ne peut, pour échapper au paiement
de subventions, alléguer que le chemin auquel elles sont destinées est inutile. — Cons. d'Et., 15 mars 1838, Min. Finances
[Leb. chr., p. 58]

7557. — Il n'est pas nécessaire, pour que les subventions
soient exigibles, que le chemin soit achevé dans toute sa longueur. Il suffit qu'il existe des sections continues et sans lacune
mises à la disposition du public. Il est bien entendu que, dans
ce cas, les subventions ne seront réglées que proportionnellement à l'étendue des parties du chemin terminées. — Cons.
d'Et., 18 avr. 1843, Boullé, [Leb. chr., p. 201]; — 26 avr. 1851
Rémy et Courteville, [Leb. chr., p. 301]

7558. — Lorsqu'une partie du chemin dégradé vient à être
légalement supprimée, même postérieurement à l'arrêté qui a
fixé le montant de la subvention, l'assujetti peut demander
décharge de la portion afférente à cette partie du chemin. —
Cons. d'Et., 17 juin 1848, Deguerre, [Leb. chr., p. 387]

7559. — Pour que les subventions soient dues, il n'est pas
indispensable que les travaux de réparation aient été achevés. Ainsi le prix des matériaux approvisionnés peut entrer dans
l'évaluation de la subvention réclamée quand il est établi que
c'est en vue des travaux restant à exécuter que ces approvi-
nements ont été faits. — Cons. d'Et., 7 juin 1889, Jaucourt,
[Leb. chr., p. 714]

2° *Il faut que les chemins soient entretenus à l'état de viabilité.*

7560. — La loi du 28 juill. 1824 ne limitait pas le droit des
communes au cas où leurs chemins seraient entretenus en bon
état de viabilité. — Cons. d'Et., 18 déc. 1837, Min. Finances
[Leb. chr., p. 651] — Cette lacune était regrettable, car les communes négligentes pouvaient, en n'entretenant pas leurs chemins
mettre à la charge des subventionnaires tous les frais de re-

construction qui leur incombaient à elles-mêmes. La loi du 21 mai 1836 a mis une condition à l'exigibilité des subventions, c'est que les chemins seraient entretenus par les communes en bon état de viabilité. — Cons. d'Et., 30 juill. 1840, Détouillon, [Leb. chr., p. 281]

7561. — Qu'appelle-t-on un chemin entretenu en état de viabilité ? C'est celui sur lequel toute espèce de charroi peut circuler à toute époque. C'est ainsi que le Conseil d'Etat a déclaré qu'un chemin n'était pas viable quand sur quelques points de son parcours il existait de grandes flaches ou quand il était dépourvu de fossés. — Cons. d'Et., 18 août 1857, Berthominé, [Leb. chr., p. 682] — Au contraire, un chemin qui on fait est praticable doit être considéré comme étant en état de viabilité alors même qu'il ne serait pas empierré. — Cons. d'Et., 24 août 1858, Etat, [Leb. chr., p. 587]

7562. — Comment est constaté l'état de viabilité ? D'après la circulaire du 24 juin 1836, cette constatation devait être faite contradictoirement entre les parties intéressées, avant le commencement de l'exploitation s'il s'agissait d'une exploitation temporaire, au début de chaque année s'il s'agissait d'une exploitation permanente. A cet effet, le maire devait inviter par écrit le propriétaire ou l'exploitant à se rendre tel jour sur tel chemin pour, contradictoirement avec lui, reconnaître l'état de viabilité de ce chemin. L'invitation du maire devait être notifiée. Les parties intéressées s'étant rendues sur les lieux, l'état du chemin était reconnu et, si elles étaient d'accord, il était dressé un procès-verbal, lequel, signé par les parties, devait être la base des droits de la commune pour les subventions qu'elle pourrait ultérieurement réclamer. En cas de désaccord des parties ou si les intéressés dûment convoqués ne se présentaient pas, il devait être procédé à une expertise. Le sous-préfet nommait un des experts ; les intéressés étaient invités à nommer le leur ; en cas de désaccord des experts, un tiers expert serait nommé par le conseil de préfecture. Dans tous les cas, les rapports des experts ou du tiers expert devaient établir l'état du chemin avant les transports ou au début de l'année. Ainsi on devait suivre pour la constatation de l'état du chemin la même procédure que pour le règlement des subventions.

7563. — Cette procédure eût été beaucoup trop onéreuse pour les communes et les industriels. Aussi l'instruction ministérielle du 6 déc. 1870 l'a-t-elle heureusement simplifiée en édictant les dispositions suivantes : « Chaque année au commencement du mois de janvier, il sera publié et affiché dans la commune où il y aura lieu de l'appliquer (art. 14, L. 21 mai 1836, un tableau des chemins vicinaux ordinaires, d'intérêt commun et de grande communication entretenus à l'état de viabilité. Cet état, préparé par l'agent voyer cantonal, sera arrêté par le maire pour les chemins vicinaux ordinaires, et par le préfet pour les autres catégories de chemins » (art. 106). La publication et l'affichage seront constatés par un certificat délivré par le maire et contenant les énonciations du tableau. Ce certificat sera adressé au sous-préfet de l'arrondissement dix jours après sa publication (art. 107).

7564. — Dans les dix jours qui suivront la publication, les intéressés seront admis à présenter leurs observations sur l'état des chemins, et à demander que cet état soit constaté contradictoirement entre eux ou leurs représentants et les agents de la commune. Cette constatation aura lieu dans les dix jours de la réclamation. Elle sera faite par l'agent voyer cantonal, en présence du maire, pour les chemins vicinaux ordinaires, et par l'agent voyer d'arrondissement ou son délégué pour les chemins vicinaux de grande communication et d'intérêt commun. Faute par les intéressés ou leurs représentants de se rendre à la convocation qui leur sera adressée, la constatation sera faite par l'agent voyer. Le procès-verbal constatant le résultat de cette opération sera déposé, pour y rester à la disposition des parties, à la mairie, pour les chemins vicinaux ordinaires et à la préfecture pour les autres catégories de chemins. Les chemins qui ne seront l'objet d'aucune observation seront considérés comme étant en état de viabilité par le seul fait de la publication du tableau, et leur dégradation ultérieure pourra donner lieu à des demandes de subventions (art. 108).

7565. — Le droit reste ouvert à tout intéressé, dont les transports ne commenceraient que dans le courant de l'année, de demander que la constatation de l'état du chemin soit faite à une époque voisine du commencement de son exploitation. Dans ce cas, il devra adresser sa réclamation au maire pour les chemins ordinaires ou au sous-préfet pour les autres chemins, au moins vingt jours avant le commencement de ses transports. La reconnaissance de l'état du chemin aura lieu comme il a été dit à l'art. 108 (art. 109).

7566. — Quelle est la portée de ces prescriptions ? Il ne faut pas oublier que cette instruction du 6 déc. 1870 ne constitue qu'un modèle de règlement mis à la disposition des préfets, investis du pouvoir réglementaire par la loi du 21 mai 1836. Mais lorsque les règlements préfectoraux reproduisent les art. 106 et s., quel est leur effet soit à l'égard des communes, soit à l'égard des subventionnaires ?

7567. — A l'égard des subventionnaires, le fait que le tableau des chemins entretenus a été publié au commencement de l'année dans les communes, affiché, déposé à la mairie sans que les intéressés aient formulé aucune observation, crée à l'encontre des réclamations ultérieures de ceux-ci une présomption défavorable. — Cons. d'Et., 27 juill. 1859, Cauvert, [Leb. chr., p. 528]; — 15 déc. 1859, Parquin, [Leb. chr., p. 750]; — 12 avr. 1860, Piéron, [Leb. chr., p. 302]; — 25 mai 1870, Honoré, [Leb. chr., p. 634]; — 16 janv. 1874, Stiévenard, [Leb. chr., p. 47]; — 21 déc. 1877, Bureau, [Leb. chr., p. 1024]; — 8 févr. 1878, Larue, [Leb. chr., p. 130]; — 23 mai 1879, Guillotin, [Leb. chr., p. 408]; — 27 juin 1884, Bergé, [Leb. chr., p. 516]; — 4 juill. 1884, Faure, [Leb. chr., p. 552]; — 12 déc. 1884, Laurent, [Leb. chr., p. 893]; — 12 juin 1885, Brière, [Leb. chr., p. 564]; — 15 janv. 1886, Lunel, [Leb. chr., p. 27]; — 26 mars 1886, Saint-Denis, [Leb. chr., p. 274]; — 28 mai 1886, Bullot, [Leb. chr., p. 451]; — 20 déc. 1889, Société des carrières des Deux-Charentes, [Leb. chr., p. 1184]; — 18 janv. 1890, Jaluzot, [Leb. chr., p. 45]; — 18 avr. 1891, Genet, [Leb. chr., p. 291]; — 20 juin 1891, Jaluzot, [Leb. chr., p. 475]; — 7 nov. 1891, Martenot, [Leb. chr., p. 640]; — 23 janv. 1892, Breuil, [Leb. chr., p. 49]; — 29 janv. 1892, Gravier, [Leb. chr., p. 65]; — 13 févr. 1892, Montignies, [Leb. chr., p. 152]; — 19 nov. 1892, Corpet, [Leb. chr., p. 785]

7568. — Cette présomption résulte de même d'un procès-verbal de visite des lieux dressé avant l'ouverture d'une campagne de transports par l'agent voyer cantonal après convocation des intéressés. — Cons. d'Et., 5 juill. 1878, Aubineau, [Leb. chr., p. 629]

7569. — Mais le défaut de réclamation à la suite de la publication du tableau ne crée qu'une présomption et non une fin de non-recevoir. Ainsi les industriels sont recevables, au moment où une subvention leur est réclamée, à contester l'état de viabilité et à prouver leurs dires par une expertise. — Cons. d'Et., 14 juill. 1876, Préfet du Calvados, [Leb. chr., p. 671]

7570. — Inversement, il n'est pas nécessaire, pour que des subventions puissent être réclamées, que la constatation de l'état de viabilité des chemins ait eu lieu au début de l'année, soit par une visite contradictoire, soit par la publication du tableau. Il suffit que la commune établisse par tous les moyens à sa disposition que le chemin était viable au moment où les transports ont eu lieu. L'inobservation des règlements ne peut être une cause de déchéance pour les communes. — Cons. d'Et., 26 nov. 1846, Agombart, [Leb. chr., p. 514]; — 10 déc. 1846, Min. Finances, [Leb. chr., p. 549]; — 13 mai 1848, Min. Finances, [Leb. chr., p. 300]; — 17 juin 1848, Deguerre, [Leb. chr., p. 387]; — 18 juin 1848, Parquin, [Leb. chr., p. 400]; — 12 févr. 1849, Debrousse et de la Pouzaire, [Leb. chr., p. 94]; — 13 août 1850, Min. Finances, [Leb. chr., p. 740]; — 26 avr. 1851, Rémy et Courteville, [Leb. chr., p. 304]; — 16 févr. 1853, Boignes, [Leb. chr., p. 214]; — 26 mai 1853, Debouis et Colpart, [Leb. chr., p. 561]; — 5 janv. 1854, Caillet, [Leb. chr., p. 16]; — 19 avr. 1855, Cⁱᵉ des houillères de l'Aveyron, [Leb. chr., p. 289]; — 7 mai 1856, Dormay, [Leb. chr., p. 338]; — 17 mars 1858, Salorne, [Leb. chr., p. 218]; — 18 mars 1858, Rozet, [Leb. chr., p. 234]; — 22 juin 1858, Boulard, [Leb. chr., p. 94]; — 9 juill. 1859, Bourdon, [Leb. chr., p. 485]; — 20 mars 1861, Grindelle, [Leb. chr., p. 182]; — 24 janv. 1874, Sucur, [Leb. chr., p. 353]; — 11 févr. 1876, Daniel, [Leb. chr., p. 134]; — 22 déc. 1882, Civel, [Leb. chr., p. 1052]; — 4 juill. 1884, Faure, [Leb. chr., p. 552]; — 18 juill. 1884, Girard, [Leb. chr., p. 606]; — 8 août 1884, Lombardot, [Leb. chr., p. 715]; — 21 nov. 1884, Brochet, Bardaux, etc., [Leb. chr., p. 801]; — 26 nov. 1886, Sucrerie de Châlon, [Leb. chr., p. 824]

7571. — Le seul effet de l'inobservation des prescriptions des règlements préfectoraux, c'est de renverser la présomption et de mettre à la charge des communes l'obligation de prouver la viabilité du chemin. — Cons. d'Et., 4 avr. 1872, Renard, [Leb.

chr., p. 197] — Si elles ne font pas cette preuve, décharge est due aux subventionnaires. — Cons. d'Et., 21 nov. 1884, Lacroix, [Leb. chr., p. 801]; — 3 déc. 1886, Riant, [Leb. chr., p. 849]; — 27 avr. 1888, Lambert, [Leb. chr., p. 374]; — 1er juin 1888, Delarbre, [Leb. chr., p. 476]; — 7 nov. 1891, Mora, [Leb. chr., p. 640]

7572. — Les communes peuvent réclamer des subventions, alors même que leurs chemins seraient en mauvais état de viabilité au moment de la constatation annuelle, si cet état est imputable aux industriels, soit à raison de l'époque récente de leurs transports, — Cons. d'Et., 23 mars 1877, Gilbert et autres, [Leb. chr., p. 306]; — 5 août 1881, Leclerc, [Leb. chr., p. 776]; — 30 juin 1882, Préfet de la Haute-Marne, [Leb. chr., p. 620]; — 3 août 1888, André, [Leb. chr., p. 701]; — 2 nov. 1888, Bénard et Tabarant, [Leb. chr., p. 779]; — 8 déc. 1888, Bajolas, [Leb. chr., p. 948] — ... soit par suite du retard qu'ils ont apporté à s'acquitter de leurs subventions de l'année précédente. — Cons. d'Et., 6 déc. 1878, Labruyère, [Leb. chr., p. 966]; — 16 juill. 1886, Nanteau, [Leb. chr., p. 619]; — 2 nov. 1888, Bénard et Tabarant, [Leb. chr., p. 779]

3º Il faut que les dégradations aient un caractère extraordinaire.

7573. — Pour que les subventions puissent être réclamées, il faut que les transports industriels aient causé au chemin des dégradations *extraordinaires*. Qu'entend-on par ce mot? Non pas des dégradations exceptionnelles, accidentelles (la loi prévoit les dégradations habituelles aussi bien que les temporaires), mais les dégradations qui dépassent de beaucoup le dommage que cause au chemin l'usage qu'en font les habitants.

7574. — Comment appréciera-t-on le caractère et l'importance des dégradations? Tantôt le conseil apprécie l'exploitation en elle-même et, d'après son importance, sa durée, estime qu'elle n'a pu entraîner des dégradations extraordinaires. — Cons. d'Et., 10 déc. 1856, Dupuis-Vaillant, [Leb. chr., p. 698]; — 7 mars 1868, Tripier, [Leb. chr., p. 269]; — 8 mai 1869, Lainé, [Leb. chr., p. 430]

7575. — Tantôt il apprécie le caractère de ces dégradations d'après le chiffre de la subvention réclamée pour leur réparation et si ce chiffre est peu important par rapport à la distance parcourue et à la superficie dégradée par les transports, il décide que les dégradations ne sont pas extraordinaires et il accorde décharge des subventions. C'est ainsi qu'il a refusé de considérer comme telles des dégradations donnant lieu à l'établissement de subventions inférieures à 40 fr. — Cons. d'Et., 9 déc. 1857, de Tuder, [Leb. chr., p. 798]; — 17 mars 1858, Salorne, [Leb. chr., p. 217]; — 22 juin 1858, Renland, [Leb. chr., p. 442]; — 14 avr. 1859, Dubonnets, [Leb. chr., p. 292]; — 8 févr. 1860, Ardoisières de Reinague, [Leb. chr., p. 86]; — 23 févr. 1860, Gressard et Lebègue, [Leb. chr., p. 136]; — 13 mars 1860, Leclerc, [Leb. chr., p. 210]; — 12 juin 1860, de l'Estang, [Leb. chr., p. 420]; — 23 avr. 1862, Serrigny, [Leb. chr., p. 307]; — 19 juin 1863, d'Abovelle, [Leb. chr., p. 496]; — 26 nov. 1863, de Grammont, [Leb. chr., p. 776]; — 6 janv. 1864, Leclerc, [Leb. chr., p. 2]; — 28 mai 1867, Lavalle, [Leb. chr., p. 33]; — 4 août 1870, Dufour, [Leb. chr., p. 996]; — 13 mars 1874, Bouchaud, [Leb. chr., p. 254]; — 7 déc. 1877, Récot, [Leb. chr., p. 962]; — 28 févr. 1891, Gaullerin, [Leb. chr., p. 170]

7576. — Des dégradations ne sont pas extraordinaires quand elles se traduisent par des subventions de 41 fr. pour 1 kilom. — Cons. d'Et., 29 juin 1888, Praquin, [Leb. chr., p. 569] — ... de 33 fr. pour 11 kilom. — Cons. d'Et., 29 juin 1888, Vervel, [Leb. chr., p. 569] — ... de 40 fr. pour 9 kilom., — Cons. d'Et., 8 août 1888, Gros, [Leb. chr., p. 735] — ... de 54 fr. pour 6 kilom., — Cons. d'Et., 29 nov. 1890, Nicord, [Leb. chr., p. 899] — ... de 152 fr. pour 5 kil. 500, — Cons. d'Et., 23 juill. 1892, Rabier, [Leb. chr., p. 654] — ... de 30 fr. pour 3 kil. 400. — Cons. d'Et., 26 nov. 1892, Commune de Nédonchel, [Leb. chr., p. 825]

7577. — Il ne faut pas que, déduction faite des détériorations causées par la circulation normale, la subvention soit réduite à un chiffre insignifiant. — Cons. d'Et., 29 juill. 1881, Mahieu, [Leb. chr., p. 745]

7578. — M. Villers (*Subventions*, p. 23) nous fait connaître qu'en présence de cette jurisprudence, le ministre de l'Intérieur avait, en 1887, engagé l'administration à ne plus se pourvoir devant le Conseil d'Etat contre des arrêtés de conseils de préfecture rejetant des demandes de subvention ne dépassant pas 50 fr.

7579. — Pour que les dégradations soient réputées extraordinaires, il n'est pas nécessaire que le chemin soit réellement arrivé à un état de dégradation anormal, il suffit qu'il eût été dans le cas d'y arriver si la commune n'y avait pas effectué de réparation au fur et à mesure que les dégradations se produisaient. — Cons. d'Et., 7 juin 1866, Forges de Franche-Comté, [Leb. chr., p. 626]

7580. — Les communes font en général l'avance des sommes nécessaires à la réparation des dégradations. Il est en effet de bonne administration de réparer celles-ci au fur et à mesure qu'elles se produisent, au lieu d'attendre la fin de l'année où elles pourraient avoir atteint une importance beaucoup plus considérable. Cependant, c'est là une faculté pour l'administration, et les industriels ne pourraient opposer à la demande de la commune qu'elle n'a pas encore exécuté des travaux extraordinaires de réparation pour une somme correspondant à la subvention réclamée. — Cons. d'Et., 4 déc. 1883, Prévost, [Leb. chr., p. 919]; — 26 févr. 1892, Coquet, [Leb. chr., p. 188]

§ 2. A qui peut-on réclamer les subventions spéciales.

1º Exploitations de mines.

7581. — Quelles sont les exploitations qui sont passibles de subventions? C'est en principe toute entreprise industrielle, ce qui exclut les entreprises commerciales et les entreprises agricoles. La loi a cru devoir mentionner expressément les exploitations de mines, de carrières et de forêts, qui n'étant que l'exercice du droit de propriété, auraient pu échapper à la taxe.

7582. — Le législateur a cru trancher toutes les difficultés qui s'étaient élevées de 1824 à 1836 en disposant que la subvention serait due par les entrepreneurs ou les propriétaires, suivant que l'exploitation où les transports auraient lieu pour les uns ou pour les autres. Cette disposition ne résout qu'une difficulté. Mais qui devra payer quand les transports auront été faits pour le compte des acheteurs? La difficulté provient de ce que, suivant la qualité de l'acheteur, le transport peut donner ou ne pas donner lieu à l'établissement de subvention. Il en est ainsi notamment s'il est fait pour des agriculteurs, des commerçants ou de simples particuliers. Que doit-on décider en pareil cas? Si l'on s'en tenait à l'application stricte du texte, on serait conduit à ne pas établir de subvention. Mais il ne faut pas perdre de vue qu'il s'agit de réparer un dommage extraordinaire causé au chemin. Aussi la jurisprudence n'hésite-t-elle pas dans ce cas à s'écarter du texte pour appliquer l'esprit de la loi. On s'adressera donc à la cause initiale du dommage, qui est le propriétaire ou l'exploitant de l'établissement qui donne lieu aux transports. Mais il est important de préciser.

7583. — En ce qui touche l'exploitation des mines, si les transports sont faits pour le compte d'industriels passibles de subventions à raison de leurs transports, ce sont eux dans ce cas qui doivent être imposés et non l'exploitant qui a livré ses houilles sur le carreau de la mine. — Cons. d'Et., 7 janv. 1858, Mines de la Mayenne, [Leb. chr., p. 44]; — 20 mars 1861, Cie de Montet-aux-Moines, [Leb. chr., p. 180]; — 5 déc. 1863, Bally, [Leb. chr., p. 948]; — 24 févr. 1866, Devillaine, [Leb. chr., p. 138]; — 29 nov. 1866, Mines de Saint-Laur, [Leb. chr., p. 1079]; — 25 juin 1868, Courroux, [Leb. chr., p. 742]

7584. — Quant aux transports faits pour le compte de personnes non passibles de subventions, ils étaient considérés jusqu'en ces derniers temps par le Conseil d'Etat comme rentrant dans l'exploitation de la mine et, s'ils avaient causé des dégradations extraordinaires, l'exploitant en était responsable et devait payer la subvention. — Cons. d'Et., 17 juin 1848, Collamb, [Leb. chr., p. 390]; — 8 déc. 1853, Mines de Montrelais, [Leb. chr., p. 1049]; — 7 mai 1857, Cie de Vicoigne, [Leb. chr., p. 389]; — 7 janv. 1858, Mines de Lens, [Leb. chr., p. 43]

7585. — Récemment le Conseil d'Etat semble avoir introduit une distinction. Il admet encore que les exploitants de mines soient responsables des dégradations faites par les transports de leurs charbons achetés par des entrepositaires ou par des marchands, mais il estime que les transports faits par les habitants des communes voisines, qui sont venus sur le carreau de la mine faire leurs approvisionnements pour leurs besoins domes-

tiques, ne constituent pas des transports industriels et ne peuvent donner lieu à l'établissement de subventions, alors même qu'ils dégraderaient extraordinairement les chemins. — Cons. d'Et., 21 févr. 1890, Cie houillère de Béthune, [Leb. chr., p. 187]; — 15 nov. 1890, Mines de la Chapelle, [Leb. chr., p. 840] — Il nous semble qu'on perd de vue le point de départ, qui est l'existence d'une dégradation extraordinaire qu'il importe de réparer. Il est tout naturel que cette réparation soit demandée à la cause initiale de la dégradation.

7586. — L'exploitant passible de subventions peut-il rejeter le fardeau de cette obligation sur d'autres personnes, sur les entrepreneurs de transport par exemple? Assurément, mais ces conventions ne seront pas opposables au service vicinal. La subvention sera valablement réclamée à l'exploitant, qui pourra seulement exercer son recours contre ses cocontractants. — Cons. d'Et., 26 août 1867, Coll, [Leb. chr., p. 798] — Le même arrêt décide que, lorsque l'exploitation est effectuée par une société civile, la subvention peut être réclamée à l'associé propriétaire de la mine, sauf son recours contre ses associés.

7587. — Une compagnie minière à laquelle on réclame une subvention, qui ne porte que sur les transports dont elle est responsable, n'est pas recevable à demander la mise en cause d'industriels qui auraient transporté des houilles pour leur compte. — Cons. d'Et., 3 déc. 1898, Société des mines de la Chapelle Sous-Dun, [Leb. chr., p. 963] — Cela est de toute évidence, mais nous n'admettrions même pas qu'elle pût demander cette mise en cause dans le cas où par erreur on aurait calculé la subvention sur la totalité des transports effectués. Il lui suffit, en effet, de démontrer que ces transports n'ont été faits que pour le compte des industriels pour obtenir décharge de la part y afférente de la subvention. Les mutations de cote ne sont pas passibles en cette matière.

2° Exploitations de carrières.

7588. — L'exploitation des salines et celle des étangs salins donnent lieu aux mêmes questions. — Cons. d'Et., 13 mars 1849, Agard, [Leb. chr., p. 163]; — 3 juill. 1852, de Grimaldi, [Leb. chr., p. 281]

7589. — Les exploitations de carrières constituent des entreprises industrielles passibles de subvention. — Cons. d'Et., 29 avr. 1887, Desboves, [Leb. chr., p. 335]; — 21 juin 1890, Sallembien, [Leb. chr., p. 598]

7590. — Le propriétaire, qui exploite une carrière située dans son domaine, est passible de subvention à raison des dégradations causées par les transports de pierres extraites de sa carrière. On doit, pour calculer le chiffre de cette subvention, tenir compte, non seulement de tous les transports faits à son compte, mais de ceux faits au compte de consommateurs qui ne seraient pas eux-mêmes passibles de subventions. — Cons. d'Et., 10 juill. 1856, Merlet, [Leb. chr., p. 460]; — 22 janv. 1857, Merlet, [Leb. chr., p. 76]; — 28 juin 1870, Maugenot, [Leb. chr., p. 843]; — 2 juill. 1870, Blavier, [Leb. chr., p. 850]; — 17 déc. 1875, Cie des forges d'Audincourt, [Leb. chr., p. 1014]; — 13 févr. 1892, Montignies, [Leb. chr., p. 152]

7591. — Lorsque le propriétaire se borne à affermer sa carrière à un entrepreneur, moyennant le paiement par celui-ci d'une redevance, ou bien lorsque l'acheteur est un industriel passible de subvention ou un carrier exploitant déjà d'autres carrières, la subvention ne peut être réclamée au propriétaire. — Cons. d'Et., 17 mai 1853, Elleaume, [Leb. chr., p. 357]; — 15 déc. 1864, Duquesnois, [Leb. chr., p. 995]; — 15 janv. 1886, Lunel, [Leb. chr., p. 27]

7592. — Le marchand de pierres meulières, qui achète à des propriétaires de carrières qui font l'extraction et conduisent les pierres à la gare voisine, n'est pas imposable. — Cons. d'Et., 27 juin 1884, Linet, [Leb. chr., p. 516]

7593. — Une commune est imposable à raison d'une carrière qu'elle exploite, alors même que l'exploitation n'aurait lieu que pour l'entretien et l'amélioration de ses chemins vicinaux et que les transports seraient effectués, non par un entrepreneur, mais par les prestataires. — Cons. d'Et., 6 août 1857, Commune de Beauvernois, [Leb. chr., p. 650]

7594. — L'exploitation d'une cendrière est assimilée à celle d'une carrière. Les cendres noires, employées comme engrais dans l'agriculture, sont des terres pyriteuses qui figurent au nombre des carrières énumérées dans la loi du 21 avr. 1810. Leur

exploitation donne lieu à l'établissement de subventions. — Cons. d'Et., 26 avr. 1851, Rémy et Courteville, [Leb. chr., p. 301]; — 5 janv. 1854, Caillet, [Leb. chr., p. 16]; — 23 nov. 1854, Beckaert, [Leb. chr., p. 896] — Il en est de même des marnes. Peu importe qu'elles soient exploitées en vue de l'agriculture. Les exploitants de marnières sont imposables si les transports sont faits à leur compte. — Cons. d'Et., 6 mars 1856, Genty, [Leb. chr., p. 195]

7595. — Ils ne le sont pas si les marnes ou gadoues sont vendues sur place aux cultivateurs qui les emploient et les transportent à leurs frais. — Cons. d'Et., 6 août 1861, Bertrand, [Leb. chr., p. 671]; — 14 avr. 1870, Gros, [Leb. chr., p. 459] — ... ou encore si les transports sont faits exclusivement dans l'intérêt du propriétaire de la marnière, qui n'en vend aucune partie et s'en sert uniquement pour amender ses terres. — Cons. d'Et., 11 juin 1870, Battu, [Leb. chr., p. 746]

7596. — L'exploitant de sources d'eaux minérales ne peut être imposé au paiement de subvention à raison de la circulation intense que l'existence de son établissement provoque sur certains chemins. — Cons. d'Et., 30 mai 1834, Sibend de Saint-Ferréal, [Leb. chr., p. 515]

3° Exploitations de forêts

7597. — Des subventions peuvent être réclamées pour les dégradations causées par l'exploitation des forêts. Que faut-il entendre par exploitation de forêts? On considèrera comme telle celle qui est effectuée dans un parc comprenant 20 hectares de haute futaie. — Cons. d'Et., 7 juin 1859, Robineau, [Leb. chr., p. 418] — De même, une étendue de plus de 100 hectares de bois constitue une forêt. — Cons. d'Et., 5 juill. 1863, Filleul, [Leb. chr., p. 680]

7598. — On peut considérer qu'un propriétaire exploite sa forêt quand il réduit ses coupes en charbon sur place. — Cons. d'Et., 31 mars 1847, Comte de Coislin, [Leb. chr., p. 178]

7599. — Le défrichement d'un bois peut, comme l'exploitation habituelle, donner lieu à l'établissement de subventions. — Cons. d'Et., 26 mai 1833, Colpart, [Leb. chr., p. 563]

7600. — Au contraire, une coupe de bois de faible étendue ne rentre pas dans la catégorie des exploitations pouvant donner lieu à des subventions. — Cons. d'Et., 7 mars 1868, Tripier, [Leb. chr., p. 269] — Par exemple une coupe de 10 hectares. — Cons. d'Et., 27 juill. 1894, Werlé, [Leb. chr., p. 511]

7601. — L'épluchage d'un bois de 43 hectares et le transport de bourrées en provenant ne constitue pas une exploitation de forêt au sens de la loi du 21 mai 1836. — Cons. d'Et., 8 mai 1869, Lainé, [Leb. chr., p. 430]

7602. — L'exploitation des forêts domaniales ou communales peut donner lieu à l'établissement de subventions. — Cons. d'Et., 21 oct. 1835, Min. Finances, [Leb. chr., p. 195]; — 19 nov. 1837, Commune de Fontenay-le-Comte, [Leb. chr., p. 638]; — 11 mai 1850, Commune de Savigny, [Leb. chr., p. 451]

7603. — Sous l'empire de la loi du 28 juill. 1824, on s'était demandé à qui du propriétaire ou de l'entrepreneur il fallait réclamer les subventions? La jurisprudence était assez hésitante. Après avoir décidé d'abord que les communes pouvaient indifféremment s'adresser au propriétaire ou à l'exploitant, sauf à ceux-ci à exercer l'un contre l'autre le recours que de droit, — Cons. d'Et., 28 août 1827, de Béthune-Chavost, [Leb. chr., p. 221] — il était revenu sur cette décision et exigeait que la réclamation fût adressée au propriétaire, alors même que l'exploitation aurait été faite par les entrepreneurs. — Cons. d'Et., 21 oct. 1835, Min. Finances, [Leb. chr., p. 195]; — 19 janv. 1836, Min. Finances, [Leb. chr., p. 260]; — 14 févr. 1839, de Fuschères, [Leb. chr., p. 145]

7604. — Les subventions dues à raison des exploitations de forêts sont dues en général par les entrepreneurs des coupes. Du moment qu'une adjudication a eu lieu, c'est l'adjudicataire qui devient le propriétaire des bois et qui est responsable des dégradations causées par leur transport. De nombreuses applications ont été faites de ce principe. Il n'y a pas lieu de distinguer entre le cas où l'adjudication porte sur la coupe entière et celui où la coupe est divisée en plusieurs lots importants. — Cons. d'Et., 12 mai 1853, Duc d'Uzès, [Leb. chr., p. 532]; — 20 juill. 1854, Prince de Chinsay, [Leb. chr., p. 687]; — 15 avr. 1857, de Luynes, [Leb. chr., p. 279]; — 22 juin 1858, Boireau, [Leb. chr., p. 441]; — 19 avr. 1859, Werlé et de Rothschild, [Leb. chr., p. 319]; — 21 déc. 1877, Bureau, [Leb. chr., p. 1024]; — 5 mars

1880, Blandeau, [Leb. chr., p. 246]; — 23 juin 1882, Nicard, [Leb. chr., p. 596]; — 3 août 1883, Laurent, [Leb. chr., p. 714]; — 9 mai 1884, Bossu, [Leb. chr., p. 352]; — 26 nov. 1886, Defarges, [Leb. chr., p. 824]; — 14 nov. 1891, Breuil, [Leb. chr., p. 670]

7605. — L'adjudicataire d'une coupe ne peut échapper au paiement de la subvention en alléguant qu'une partie des transports a été faite pour le compte de particuliers qui sont venus s'approvisionner sur le parterre de la coupe. — Cons. d'Et., 29 juill. 1868, Barrier, [Leb. chr., p. 816]

7606. — L'adjudicataire de toutes les perches à provenir d'une coupe de bois peut être considéré comme un entrepreneur dans le sens de la loi du 21 mai 1836. — Cons. d'Et., 12 avr. 1865, Delbouve, [Leb. chr., p. 441]

7607. — La circonstance que l'adjudicataire d'une coupe a vendu à des sous-traitants une partie des produits ne peut le faire exempter de toute subvention. — Cons. d'Et., 12 mars 1880, Lemaire, [Leb. chr., p. 280]

7608. — Les propriétaires sont tenus des subventions quand l'exploitation a eu lieu pour leur compte. Il en est ainsi, d'après la jurisprudence, lorsqu'ils ont vendu une coupe par lots très-nombreux. Chacun des acquéreurs ne peut en effet être assimilé à un entrepreneur et, lors même que les transports seraient faits à leur compte, ils ne seraient pas imposables. — Cons. d'Et., 10 sept. 1856, Lemareschal, [Leb. chr., p. 624]; — 24 févr. 1860, de Luynes, [Leb. chr., p. 143]; — 16 août 1860, Nizerolles, [Leb. chr., p. 637]; — 7 déc. 1888, Molembaix, [Leb. chr., p. 930]

7609. — Il n'en serait autrement que si ces adjudicataires s'étaient engagés à effectuer les transports pour leur compte et à supporter les subventions. — Cons. d'Et., 25 juin 1868, Debaty, [Leb. chr., p. 743]

7610. — Le propriétaire, qui a exploité une forêt concurremment avec des industriels, peut demander que la totalité de la subvention ne soit pas mise à sa charge. — Cons. d'Et., 12 août 1868, Rueff, [Leb. chr., p. 904]

7611. — Le propriétaire, qui vend ses bois à un marchand et qui le transporte à ses frais jusqu'à un port ou une gare où le marchand en prend livraison, est tenu d'acquitter la subvention. — Cons. d'Et., 13 juin 1810, Duc de Valentinois, [Leb. chr., p. 447]

7612. — On ne peut considérer comme un entrepreneur un marchand qui, ayant acheté des bois à un propriétaire, les a revendus immédiatement et sur le parterre même de la coupe à d'autres marchands qui en ont effectué le transport à leur compte. — Cons. d'Et., 13 juin 1860, Lemire, [Leb. chr., p. 450]

7613. — Donc, en principe, c'est le vendeur du bois, propriétaire ou exploitant de la coupe, qui doit acquitter les subventions. Il n'en est autrement que dans le cas où l'acheteur est un industriel, passible lui-même de subventions, qui a effectué les transports à son compte. — Cons. d'Et., 14 nov. 1879, Rohr-Woitier, [Leb. chr., p. 682]; — 16 févr. 1883, Lemaire, [Leb. chr., p. 179]

4° Entreprises industrielles.

7614. — La loi assujettit au paiement de subventions toute entreprise industrielle. Il faut considérer comme établissement industriel tout établissement dans lequel des produits naturels ou manufacturés sont portés pour y être travaillés ou transformés à nouveau. A ce titre, tout produit dont le transport cause des dégradations extraordinaires peut être l'occasion d'une subvention. C'est ainsi que le Conseil d'Etat a reconnu le caractère d'établissements industriels à une fabrique de chicorée. — Cons. d'Et., 12 avr. 1865, Launois, [Leb. chr., p. 440]; — ... à une fabrique de poteaux de mines, — Cons. d'Et., 11 mai 1883, Donnard, [Leb. chr., p. 445]; — ... à une fabrique de tuiles, — Cons. d'Et., 26 juin 1885, Baujour, [Leb. chr., p. 614]; — ... à une scierie. — Cons. d'Et., 26 mars 1886, Meunier, [Leb. chr., p. 274]; — 21 févr. 1890, Lignot, [Leb. chr., p. 186]

7615. — Tous les transports qui sont faits pour le compte d'un usinier ont le caractère de transports industriels. Ce caractère s'étend aussi bien aux transports des différents objets qui sont traités dans l'établissement (charbons, bois, minerais, matières premières) qu'aux produits manufacturés qui sortent de la fabrique pour être livrés au commerce. Décidé ainsi à l'égard des objets servant de matière première. — Cons. d'Et., 25 nov. 1831, Ferriot et Thoureau, [Leb. chr., p. 101]; — 30 juill. 1840, Detouillon, [Leb. chr., p. 281]; — 9 févr. 1850, Gautier,

Leb. chr., p. 146]; — 3 juill. 1852, Grognier, [Leb. chr., p. 280]; — 9 mai 1835, Van Lempoël, [Leb. chr., p. 329]; — 7 janv. 1838, Cie des mines de la Mayenne, [Leb. chr., p. 44]; — 13 juin 1860, Parquin, [Leb. chr., p. 448]; — 18 janv. 1862, Davilliers, [Leb. chr., p. 41]; — 8 nov. 1872, Mines de la Sarthe, [Leb. chr., p. 535]; — 13 mars 1874, Thomas, [Leb. chr., p. 231]; — 3 août 1877, Drouelle, [Leb. chr., p. 769]; — 13 déc. 1878, Trion, [Leb. chr., p. 1009]; — 4 janv. 1889, Maitre, [Leb. chr., p. 8]. — Et à l'égard des produits de l'établissement. — Cons. d'Et., 21 déc. 1850, Seiler et de Geiger, [Leb. chr., p. 969]; — 16 juill. 1857, Chollet, [Leb. chr., p. 559]

7616. — Une brasserie constitue un établissement industriel dont l'exploitation peut donner lieu à la perception de subventions. — Cons. d'Et., 25 janv. 1855, Morel-Simon, [Leb. chr., p. 75]

7617. — Il faut cependant faire une distinction entre les transports de produits qui, par leur nature, sont passibles de subventions, tels que les transports de bois, de charbon ou de pierres, et ceux qui en seraient exemptés par leur nature (transports de produits agricoles) et qui n'en sont passibles que par leur destination industrielle. A l'égard des premiers, la subvention est due dans tous les cas. Elle est à la charge, soit de l'exploitant de la mine, de la carrière ou de la forêt, soit de l'usinier, suivant que les transports sont effectués pour le compte de l'un ou de l'autre. Quant aux autres transports, ils ne donnent lieu au paiement de subventions qu'autant qu'ils ont lieu à destination d'une usine et dans ce cas la subvention est toujours à la charge de l'usinier.

7618. — I. *Moulins.* — Les grains transportés par les cultivateurs constituent des transports agricoles. Mais si ces grains sont conduits à un moulin où ils seront transformés en farine, les transports revêtent le caractère de transports industriels et donnent lieu à l'établissement d'une subvention, l'exploitation d'un moulin constituant une entreprise industrielle. — Cons. d'Et., 9 févr. 1850, Verillet, [Leb. chr., p. 148]; — 18 janv. 1851, Morlet, [Leb. chr., p. 53]; — 8 mars 1851, Roger-Hutin [Leb. chr., p. 179]; — 13 avr. 1853, Vuillet, [Leb. chr., p. 463]; — 5 mars 1868, Marnat-Solenne, [Leb. chr., p. 242]; — 22 mars 1872, Guy, [Leb. chr., p. 180]; — 5 janv. 1883, Braux, [Leb. chr., p. 4]; — 8 nov. 1889, Colson, [Leb. chr., p. 996]

7619. — L'exploitant du moulin doit payer la subvention sur tous les transports de grains effectués, alors même que ces grains, achetés aux cultivateurs, auraient été conduits au moulin aux frais de ceux-ci. Ils constituent l'approvisionnement de l'usine. — Cons. d'Et., 8 mars 1851, Roger-Hutin, [Leb. chr., p. 179]; — 11 déc. 1867, Colliez, [Leb. chr., p. 908]; — 4 mars 1868, Marnat-Solenne, [Leb. chr., p. 243]; — 10 janv. 1873, Dumay-Denizart et Mellot, [Leb. chr., p. 26]; — 29 juin 1883, Devillers, [Leb. chr., p. 605]; — 14 mars 1884, Couverchel, [Leb. chr., p. 193]; — 29 mars 1890, Cordier, [Leb. chr., p. 382]

7620. — Toutefois, la jurisprudence du Conseil d'Etat n'a pas entendu étendre le caractère d'établissement industriel à tous les moulins sans distinction. C'est ainsi qu'elle a toujours distingué entre les grands moulins où des minotiers, achetant pour leur compte des blés aux cultivateurs, les transforment en farine qu'ils revendent au commerce, d'une part, et, d'autre part, les petits moulins où le meunier se borne à moudre les grains qui lui sont apportés par les cultivateurs ou par les boulangers du voisinage pour la consommation locale. Les premiers sont des industriels qui spéculent sur les prix des blés et des farines; les autres sont des loueurs de force motrice qui exécutent un travail qui leur est commandé et ne reçoivent de rémunération que pour ce travail. Les premiers sont seuls passibles de subventions. — Cons. d'Et., 6 août 1880, Barbeau, [Leb. chr., p. 722]; — 9 févr. 1883, Bourdon [Leb. chr., p. 141]; — 22 mai 1885, Vrinat, [Leb. chr., p. 525]; — 11 déc. 1885, Sébillotte, [Leb. chr., p. 944]; — 5 mars 1886, Vervel, [Leb. chr., p. 206]; — 16 déc. 1887, Godart, [Leb. chr., p. 807]; — 13 juin 1893, Visseaux, [Leb. chr., p. 6]; — 27 oct. 1893, Godart, [Leb. chr., p. 703]; — 22 déc. 1894, Millot, [Leb. chr., p. 807]

7621. — Au contraire, les exploitants de moulins dits au petit sac ne peuvent être assujettis à payer des subventions. — Cons. d'Et., 28 déc. 1858, Ancien, [Leb. chr., p. 762]; — 8 févr. 1860, Blancard, [Leb. chr., p. 85]; — 25 juill. 1860, Ancien, [Leb. chr., p. 567]; — 13 mai 1862, Arnal, [Leb. chr., p. 388]; — 8 févr. 1864, Demolon-Carré, [Leb. chr., p. 92]; — 6 déc. 1866, Egret, [Leb. chr., p. 1103]; — 10 juill. 1869, Beaufrère, [Leb. chr., p. 617]; — 7 sept. 1869, Secrétain, [Leb. chr., p. 845]; — 16 juill.

1870, Collet, [Leb. chr., p. 905]; — 29 janv. 1872, Beaufrère, [Leb. chr., p. 49]; — 24 nov. 1882, Bazin, [Leb. chr., p. 913]

7622. — Le Conseil d'Etat a même étendu l'exemption au cas où un meunier achetait des blés pour son compte et revendait les farines quand ces opérations présentaient un caractère accidentel. — Cons. d'Et., 25 mars 1865, Besancenet, [Leb. chr., p. 329]

7623. — Il est allé jusqu'à exempter un meunier qui achetait habituellement des grains et revendait les farines pour son compte, dans un cas où il ne s'était livré à ces opérations que dans les limites de la consommation locale. — Cons. d'Et., 28 mai 1862, Boulanger, [Leb. chr., p. 423]

7624. — Cette dernière décision nous paraît aller un peu loin, et faire une trop large part aux industriels. Mais il nous est tout à fait impossible d'admettre, comme l'a décidé le Conseil d'Etat, qu'il faille établir dans les transports de grains effectués par un exploitant de minoterie, une ventilation entre les transports de grains achetés par lui pour son compte et ceux des grains qui lui sont confiés pour être moulus. Peu importe que ces industriels exercent leur profession de deux manières différentes, ils sont toujours industriels. — Cons. d'Et., 17 juin 1892, Manceau-Carlier, [Leb. chr., p. 547]

7625. — II. *Distilleries.* — L'exploitation des distilleries donne lieu à des questions analogues. Les transports de pommes de terre, de fruits, de betteraves auraient par eux-mêmes le caractère de transports agricoles, n'était leur destination. Le distillateur est donc passible de subventions à raison des dégradations causées par ses transports. — Cons. d'Et., 28 déc. 1859, Minelle, [Leb. chr., p. 785]; — 17 déc. 1862, Minelle, [Leb. chr., p. 783]; — 12 févr. 1875, Bourdon, [Leb. chr., p. 130]

7626. — Le cultivateur, qui possède dans son exploitation agricole une distillerie dans laquelle il fabrique des alcools, est passible de subvention, alors même qu'il ne traiterait dans son établissement que les produits de ses récoltes. — Cons. d'Et., 14 mars 1890, Triboulet, [Leb. chr., p. 277]; — 14 mai 1891, Corbin, [Leb. chr., p. 363]

7627. — S'agit-il de transports de mélasses conduites d'une fabrique de sucre dans une distillerie, le fabricant de sucre ou le distillateur sont imposables, suivant que l'un ou l'autre acquitte le prix des transports. — Cons. d'Et., 12 févr. 1875, Bourdon, [Leb. chr., p. 130]; — 30 juin 1876, Bourdon, [Leb. chr., p. 610]

7628. — III. *Sucreries.* — L'industrie qui a soulevé le plus de questions délicates est celle de la fabrication du sucre de betteraves. Les sucreries constituent des établissements industriels et leurs exploitants sont tenus de réparer les dégradations résultant de leur exploitation. Qu'il s'agisse de transports de bois, de charbon ou de betteraves, ou de transports des produits sortant de la fabrique, l'industriel devra payer. — Cons. d'Et., 2 juin 1853, Périer, [Leb. chr., p. 597]; — 6 mai 1858, Bostane, [Leb. chr., p. 357]; — 11 juin 1870, Ducharon, [Leb. chr., p. 747]; — 26 nov. 1886, Sucrerie de Chalon-sur-Saône, [Leb. chr., p. 824]

7629. — Lorsque ce sont les cultivateurs qui apportent leurs betteraves, et causent des dégradations aux chemins, ce n'est pas eux, mais le fabricant de sucre qui est passible des subventions. — Cons. d'Et., 2 juin 1853, Périer, [Leb. chr., p. 597]; — 28 janv. 1858, Robert de Massy, [Leb. chr., p. 104]; — 6 mai 1858, Bostenne, [Leb. chr., p. 357]; — 10 févr. 1859, Champon, [Leb. chr., p. 122]; — 24 févr. 1859, Dérioz, [Leb. chr., p. 126]; — 24 mars 1859, Paulin, [Leb. chr., p. 237]; — 9 juill. 1859, Lunel, [Leb. chr., p. 486]; — 21 sept. 1859, Durel, [Leb. chr., p. 647]; — 5 janv. 1860, Blondel, [Leb. chr., p. 4]; — 1er mars 1860, Lefebvre, [Leb. chr., p. 171]; — 30 mai 1861, Pillore, [Leb. chr., p. 456]; — 31 mars 1863, Mariage, [Leb. chr., p. 298]; — 1er déc. 1876, Préfet du Pas-de-Calais, [Leb. chr., p. 847]; — 12 janv. 1877, Fabr. de Ponthierry, [Leb. chr., p. 44]; — 26 janv. 1877, Duriez, [Leb. chr., p. 97]; — 2 févr. 1877, Labruyère, [Leb. chr., p. 118]; — 2 mars 1877, Daniel, [Leb. chr., p. 208]; — 9 mars 1877, Hallette, [Leb. chr., p. 249]; — 23 mars 1877, Gilbert-Vuaflard, [Leb. chr., p. 306]; — 21 déc. 1877, Prunelier, [Leb. chr., p. 1020]; — 11 janv. 1878, Leroy, [Leb. chr., p. 36]; — 25 janv. 1878, d'Osmay, [Leb. chr., p. 6]; — 8 févr. 1878, Larue, [Leb. chr., p. 130]; — 2 août 1878, Bazin, [Leb. chr., p. 777]; — 6 déc. 1878, Labruyère, [Leb. chr., p. 966]; — 13 juin 1879, Préfet du Pas-de-Calais, [Leb. chr., p. 482]; — 9 mai 1879, Massignon et Dufour, [Leb. chr., p. 361]; — 16 mai 1879, Villers, [Leb. chr., p. 392]; — 18 nov. 1881, Arro-

chart, [Leb. chr., p. 891]; — 8 déc. 1882, Lalouette, [Leb. chr., p. 984]; — 16 nov. 1883, Préfet du Pas-de-Calais, [Leb. chr., p. 806]; — 18 juill. 1883, Truyuck, [Leb. chr., p. 607]; — 5 mars 1886, Vervel, [Leb. chr., p. 206]; — 18 mai 1888, Chappol, [Leb. chr., p. 457] — Il en est ainsi, quelle que soit l'époque ou la forme des marchés passés entre les cultivateurs et les fabricants de sucre, et alors même qu'aucun marché n'aurait été passé et que les cultivateurs seraient venus apporter eux-mêmes leurs betteraves à l'usine. La betterave n'est qu'une matière première industrielle. — Cons. d'Et., 13 juin 1888, Ansel, [Leb. chr., p. 519] — Il n'y a pas lieu non plus de distinguer suivant la nature du véhicule employé pour transporter les betteraves. L'emploi de locomotives routières ne serait pas une cause d'exemption. — Cons. d'Et., 3 août 1888, Lalouette, [Leb. chr., p. 714]

7630. — Cette jurisprudence ne s'est pas établie sans hésitation. Pendant quelque temps le Conseil d'Etat considérait les transports de betteraves faits par les cultivateurs comme des transports agricoles, sans distinguer entre le cas où elles étaient portées à la ferme et celui où elles étaient portées à l'usine. — Cons. d'Et., 7 août 1874, Arrachart, [Leb. chr., p. 779]; — 3 déc. 1875, Larue, [Leb. chr., p. 952]; — 28 janv. 1876, Laurent, [Leb. chr., p. 82] — Mais, dès 1877, il revenait à son ancienne jurisprudence qui se justifie très-bien. En effet, la création d'une distillerie ou d'une sucrerie a pour résultat de transformer la culture d'un pays. A la place des produits divers qui se récolteraient dans la belle saison et s'écouleraient par tous les chemins de la commune, on ne cultivera plus que la betterave dont la récolte se fait dans la mauvaise saison et qui circulera uniquement sur les chemins conduisant à l'usine. Il est donc évident que c'est celle-ci qui occasionne aux chemins des dégradations extraordinaires.

7631. — Quant aux produits qui sortent de la fabrique, il faut distinguer suivant leur nature. Les sucres fabriqués donnent lieu au paiement de subvention. — Cons. d'Et., 12 janv. 1850, Martini, [Leb. chr., p. 63]

7632. — Les flegmes provenant des betteraves et qui sont envoyées aux distilleries pour rectification de l'alcool qu'elles contiennent peuvent donner lieu à l'établissement de subvention soit à la charge du fabricant de sucre, soit à celle du distillateur. — Cons. d'Et., 26 mars 1886, Bizouard, [Leb. chr., p. 274]; — 11 juin 1886, Mignan, [Leb. chr., p. 509]

7633. — Que faut-il décider à l'égard des pulpes et résidus provenant des betteraves que les cultivateurs viennent acheter aux fabriques de sucre et dont ils se servent pour amender leurs terres? La jurisprudence les considère comme des transports agricoles ne pouvant donner lieu à l'établissement de subventions. — Cons. d'Et., 2 févr. 1877, Labruyère, [Leb. chr., p. 118]; — 2 mars 1877, Desmarest, [Leb. chr., p. 208]; — 23 mars 1877, Gilbert-Vuaflard, [Leb. chr., p. 306]; — 21 déc. 1877, Prunelier, [Leb. chr., p. 1020]; — 11 janv. 1878, Leroy, [Leb. chr., p. 36]; — 25 janv. 1878, Legris, [Leb. chr., p. 81]; — 12 avr. 1878, Delamarre, [Leb. chr., p. 388]; — 16 mai 1879, Villers, [Leb. chr., p. 392]; — 13 juin 1879, Préfet du Pas-de-Calais, [Leb. chr., p. 482]; — 19 mars 1880, Massignon et Dufour. [Leb. chr., p. 313]; — 13 juin 1888, Ansel, [Leb. chr., p. 519]

7634. — IV. *Fours à chaux.* — Les fabricants de chaux sont imposables pour tous les transports qu'ils effectuent à leur compte, soit qu'ils le vendent habituellement à l'industrie, — Cons. d'Et., 4 juill. 1873, Robin, [Leb. chr., p. 610] — ... soit qu'ils la vendent à des particuliers non imposables à une subvention, — Cons. d'Et., 13 juill. 1858, Dru, [Leb. chr., p. 512]; — 26 févr. 1867, Thomas, [Leb. chr., p. 207]; — 13 mars 1874, Bouchard, [Leb. chr., p. 255] — ... et alors même que ces transports seraient faits dans l'intérêt de l'agriculture. — Cons. d'Et., 5 janv. 1877, Davost, [Leb. chr., p. 12]; — 13 déc. 1878, Trion, [Leb. chr., p. 1009]; — 15 juill. 1881, Clément, [Leb. chr., p. 690]

7635. — Au contraire, lorsque les transports de chaux sont effectués par les cultivateurs qui n'ont pas pris livraison sur le carreau des fours, ils ne donnent pas lieu à l'établissement des subventions. — Cons. d'Et., 26 juin 1866, Bunel, [Leb. chr., p. 721]; — 3 déc. 1867, Féméau, [Leb. chr., p. 891]; — 21 avr. 1868, Garçonnet, [Leb. chr., p. 446]; — 31 déc. 1869, Bouchard, [Leb. chr., p. 1044]; — 24 juin 1870, Frossard, [Leb. chr., p. 796]; — 8 nov. 1873, Mines de Sarthe et Mavenne, [Leb. chr., p. 535]; — 7 févr. 1873, Drouelle, [Leb. chr., p. 125]; — 13 mars 1874, Thomas, [Leb. chr., p. 256]

5° Entreprises de travaux publics.

7636. — Les entreprises de travaux publics, par les transports de matériaux (pierres, bois de charpente, plâtres, chaux, constructions métalliques) qu'elles entraînent, sont pour les chemins une cause de dégradations extraordinaires. La loi prévoyant les exploitations temporaires aussi bien que les permanentes, des subventions peuvent être établies. Sous l'empire de la loi de 1824, le Conseil avait exempté de subventions les entrepreneurs dont les transports étaient faits pour la réparation et l'entretien des routes nationales. — Cons. d'Et., 24 avr. 1837, Min. Travaux publics, [Leb. chr., p. 524]

7637. — Mais depuis la mise en vigueur de la loi du 21 mai 1836, la jurisprudence a décidé sans varier que, quelle que fût la nature du travail, les entrepreneurs étaient passibles de subventions. — Cons. d'Et., 9 janv. 1843, Aubelle, [Leb. chr., p. 20]; — 18 janv. 1846, Malâtre, [Leb. chr., p. 393]; — 17 juin 1848, Deguerre-Boileau, [Leb. chr., p. 387]; — 18 juin 1852, Hébert, [Leb. chr., p. 261]; — 9 déc. 1852, Borgnet, [Leb. chr., p. 592]; — 7 janv. 1857, Pelletier, [Leb. chr., p. 29]; — 31 août 1863, Tauveron, [Leb. chr., p. 694]; — 3 août 1865, Burguy, [Leb. chr., p. 731]; — 22 févr. 1866, Nicoullaud, [Leb. chr., p. 122]; — 6 janv. 1882, Commune de Saint-Ouen, [Leb. chr., p. 5]; — 26 déc. 1884, Gras, [Leb. chr., p. 946]; — 12 févr. 1888, Ythier, [Leb. chr., p. 132]; — 20 avr. 1888, Prévost, [Leb. chr., p. 354]; — 2 févr. 1889, Hallier, [Leb. chr., p. 149]; — 18 avr. 1891, Ginet, [Leb. chr., p. 290]; — 16 janv. 1892, Vieujat, [Leb. chr., p. 19]

7638. — C'est l'entrepreneur des travaux et non le maître de l'ouvrage qui doit les subventions. — Cons. d'Et., 23 avr. 1862, Lorrain, [Leb. chr., p. 308]; — 11 mars 1863, Breton, [Leb. chr., p. 224]

7639. — S'agit-il de transports de pierres, les entrepreneurs qui les effectuent à leur compte ne peuvent demander que les subventions auxquelles ils donnent lieu soient reportées sur les carriers. — Cons. d'Et., 23 avr. 1862, Lorrain, [Leb. chr., p. 308]; — 11 mars 1863, Breton, [Leb. chr., p. 224]; — 8 déc. 1888, Bajalot, [Leb. chr., p. 948]; — 4 juill. 1891, Commune de Toul, [Leb. chr., p. 526] — Mais si le maître de la carrière a exécuté les transports à ses frais, c'est lui qui doit payer. — Cons. d'Et., 7 janv. 1857, Pelletier, [Leb. chr., p. 29]

7640. — Les compagnies concessionnaires des chemins de fer sont en principe responsables de toutes les dégradations que les travaux de constructions occasionnent aux chemins vicinaux. Elles conservent cette responsabilité alors même que par des marchés passés avec les sous-traitants, elles se seraient déchargées sur ceux-ci de cette obligation. Elles restent passibles de subventions sauf leur recours contre ces sous-traitants, — Cons. d'Et., 28 juill. 1849, Cie de Rouen au Havre, [Leb. chr., p. 449]; — 8 mars 1860, Cie d'Orléans, [Leb. chr., p. 194] — ... ou contre l'entrepreneur à forfait d'un lot de voie ferrée. — Cons. d'Et., 16 juill. 1886, Cie P.-L.-M., [Leb. chr., p. 619]

7641. — L'entrepreneur de travaux publics dont les travaux ont été mis en régie est responsable des dégradations commises pendant cette période. — Cons. d'Et., 17 juin 1848, Deguerre et Boileau, [Leb. chr., p. 387]

7642. — Il arrive quelquefois que, pour obtenir l'exécution à bon marché de travaux de remblai, on ouvre sur le terrain à remblayer une décharge publique, où tous les particuliers ou entrepreneurs viendront jeter leurs décombres. Ces décharges publiques provoquent nécessairement de nombreux transports sur les chemins qui y aboutissent, mais peut-on les considérer comme des entreprises industrielles ? Le Conseil d'Etat semble avoir posé la distinction suivante : quand la décharge est ouverte par un propriétaire sur son terrain, on ne pourra lui demander de subvention, alors même que les remblais seraient faits en vue d'un travail public. C'est aux entrepreneurs de travaux qui y amèneront leurs décombres qu'on devra s'adresser. — Cons. d'Et., 14 déc. 1883, Cie du Nord, [Leb. chr., p. 912] — Est-ce au contraire un entrepreneur de travaux publics chargé d'exécuter le travail qui emploie ce moyen pour le faire exécuter à meilleur compte, il devra être imposé. — Cons. d'Et., 26 mars 1886, Chabert, [Leb. chr., p. 274]

7643. — Un simple particulier, qui fait construire une maison, ne peut être assujetti au paiement d'une subvention pour les dégradations que les transports des matériaux nécessaires ont causées aux chemins. — Cons. d'Et., 29 nov. 1854, Chonmert, [Leb. chr., p. 913]; — 27 déc. 1865, Brizard, [Leb. chr., p. 1020]; — 28 juin 1878, Soubyraud, [Leb. chr., p. 607]

6° Professions commerciales.

7644. — Les professions commerciales, quelle que soit l'importance des transports auxquels elles donnent lieu, ne rendent point passibles de subventions ceux qui les exercent. La jurisprudence, tout d'abord, avait, pour exempter des marchands, relevé des circonstances de fait tirées de ce que les transports n'avaient pas été faits pour leur compte. — Cons. d'Et., 14 déc. 1834, Leconte-Dufour, [Leb. chr., p. 986]; — 19 juin 1856, Waxin-Plaquet, [Leb. chr., p. 436]; — 10 juin 1857, Lucq-Rosa, [Leb. chr., p. 476]; — 6 mai 1858, Lamarche et Schwartz, [Leb. chr., p. 356]; — 16 déc. 1858, Morel-Béthune, [Leb. chr., p. 727]; — 22 janv. 1863, Morel-Béthune, [Leb. chr., p. 51]

7645. — Mais depuis cette époque, la jurisprudence affirme plus nettement que seules les entreprises industrielles, c'est-à-dire celles où les produits transportés subissent une transformation, peuvent être passibles des subventions. C'est ainsi que le Conseil d'Etat a exempté des marchands de charbon, — Cons. d'Et., 27 févr. 1868, Trochu, [Leb. chr., p. 230]; — 26 juin 1869, Capou, [Leb. chr., p. 605]; — 7 sept. 1869, Petit-Chevalier, [Leb. chr., p. 844]; — 11 janv. 1870, Trochu, [Leb. chr., p. 1]; — 4 avr. 1873, Dantreveaux, [Leb. chr., p. 292]; — 23 juin 1882, Jaboulay, [Leb. chr., p. 596]; — 2 nov. 1888, Fangeron, [Leb. chr., p. 779] — ... de fer, — Cons. d'Et., 27 févr. 1868, Trochu, [Leb. chr., p. 230] — ... ou de plâtre et autres matériaux de construction. — Cons. d'Et., 15 déc. 1868, Labèque, [Leb. chr., p. 1029]; — 2 nov. 1888, Fougeron, [Leb. chr., p. 779]; — 7 févr. 1891, Jourdan, [Leb. chr., p. 844]

7646. — Décidé de même à l'égard des commerçants en grains, après avoir exempté ces commerçants. — Cons. d'Et., 6 déc. 1848, Descamps, [Leb. chr., p. 663] — Le Conseil avait semblé revenir sur sa jurisprudence. — Cons. d'Et., 28 juill. 1829, Cléry, [Leb. chr., p. 445]; — 21 janv. 1857, Dantcourt, [Leb. chr., p. 47] — Mais il ne tarda pas à reconnaître le droit des négociants à l'exemption, à la condition qu'ils se borneraient à acheter pour revendre les grains sans les moudre. — Cons. d'Et., 19 janv. et 7 déc. 1860, Desruelles, [Leb. chr., p. 50 et 748]; — 18 avr. 1861, Manquat, [Leb. chr., p. 279]; — 5 févr. 1867, Véret, [Leb. chr., p. 137]; — 14 mars 1867, Bru, [Leb. chr., p. 283]; — 26 mai 1869, Morlet, [Leb. chr., p. 319]; — 30 mai 1879, Tellier-Coquerel, [Leb. chr., p. 422]

7647. — ... Ne sont pas imposables non plus les marchands de lait, — Cons. d'Et., 30 janv. 1868, Brachimont, [Leb. chr., p. 111] — ... de vin, — Cons. d'Et., 13 août 1861, Bulliot, [Leb. chr., p. 737]; — 11 mars 1863, Jossier, [Leb. chr., p. 223]; — 5 janv. 1877, Brézilliat, [Leb. chr., p. 12] — ... même de vin de Champagne, — Cons. d'Et., 2 juill. 1894, [Leb. chr., p. 511] — ... de limonade, — Cons. d'Et., 7 sept. 1869, Petit-Chevalier, [Leb. chr., p. 844] — ... de pommes de terre, — Cons. d'Et., 15 avr. 1868, Voyez, [Leb. chr., p. 416] — ... ni un marchand vannier, — Cons. d'Et., 7 mai 1863, Cie P.-L.-M, [Leb. chr., p. 420] — ... ni un courtier. — Cons. d'Et., 13 juill. 1883, Thelier, [Leb. chr., p. 647]; — 15 janv. 1886, Ligny, [Leb. chr., p. 27]

7648. — Les entreprises de transports de voyageurs ou d'articles de messageries ne sont pas passibles de subvention, parce qu'elles ne font qu'user de la voie publique dans les conditions de sa destination. — Cons. d'Et., 6 août 1857, Bouché, [Leb. chr., p. 648]; — 18 févr. 1858, Pellier, [Leb. chr., p. 168]; — 5 mai 1858, Boucher, [Leb. chr., p. 346]; — 28 déc. 1859, Meunier, [Leb. chr., p. 784]; — 18 avr. 1861, Taveau, [Leb. chr., p. 279]; — 14 juin 1862, Bodelet, [Leb. chr., p. 483]; — 7 mai 1863, Busquet, [Leb. chr., p. 420]; — 8 févr. 1864, Demalon, [Leb. chr., p. 92]; — 25 mars 1865, Cie P.-L.-M, [Leb. chr., p. 328]; — 15 févr. 1866, Cie du Nord, [Leb. chr., p. 90]; — 15 déc. 1868, Labesque, [Leb. chr., p. 1029]; — 7 sept. 1869, Villet, [Leb. chr., p. 846]; — 23 mars 1877, Cie du Midi, [Leb. chr., p. 305]; — 3 août 1888, Bonnet, [Leb. chr., p. 701]

7649. — Les voituriers, qui transportent des bois pour le compte des propriétaires ou des adjudicataires de coupes, ne sont pas passibles de subventions. — Cons. d'Et., 12 mars 1880, Bureau, [Leb. chr., p. 278]

7650. — Il est bien entendu que si les produits transportés sont des produits provenant d'un établissement industriel, il pourra être établi une subvention qui sera réclamée, quelles que

soient les conventions passées entre le voiturier, et l'industriel à ce dernier. — Cons. d'Et, 10 janv. 1836, Huriez, [Leb. chr., p. 58]; — 48 janv. 1862, Davilliers, [Leb. chr., p. 41]; — 23 juin 1882, Breuil, [Leb. chr., p. 596]; — 27 juill. 1883, Breuil, [Leb. chr., p. 686]

7° Dans quel rayon peut-on réclamer des subventions?

7651. — Dans quel rayon les transports effectués par un industriel donnent-ils lieu à l'établissement de subventions? Faut-il tenir compte de la totalité des transports effectués? Faut-il ne tenir compte au contraire que de ceux effectués dans la commune même où l'établissement est situé? Y a-t-il lieu enfin de limiter à un certain périmètre le rayon d'exploitation de l'usine? La jurisprudence paraît assez flottante sur ces divers points.

7652. — Ce qui a toujours été admis, c'est que la loi ne limitait pas à la commune dans laquelle se trouve l'établissement industriel le droit de réclamer des subventions. Les communes voisines, dans lesquelles l'industriel fait ses approvisionnements, peuvent demander la réparation des dégradations causées par ces transports à leurs chemins. — Cons. d'Et., 28 oct. 1831, Ladry, [Leb. chr., p. 92]; — 29 juin 1832, Buon, [Leb. chr., p. 178]; — 19 mai 1835, Traunay, [Leb. chr., p 127]; — 19 janv. 1836, Min. Finances, [Leb. chr., p. 260]; — 6 mai 1836, Bigot, [Leb. chr., p. 329]; — 4 juill. 1837, Puton, [Leb. chr., p. 570]; — 18 juin 1848, Parquin, [Leb. chr., p. 400]; — 21 déc. 1850, Seiler et de Geiger, [Leb. chr., p. 969]; — 19 avr. 1855, Cie des houillères de l'Aveyron, [Leb. chr., p. 289]; — 31 mars et 22 déc. 1863, Mariage, [Leb. chr., p. 298 et 846]

7653. — En revanche, le Conseil d'Etat a parfois considéré comme non passibles de subvention les transports effectués dans la commune du lieu de production. Dans une affaire jugée le 12 avr. 1860, [Leb. chr., p. 302], — le commissaire du gouvernement déclarait que des produits, agricoles de leur nature, transportés sur les chemins de leur commune d'origine, destinés principalement au transport des récoltes, ne pouvaient être passibles de subventions par le seul fait qu'au lieu d'être dirigés sur la ferme, ils seraient conduits à la fabrique. Ce système fut accueilli par le Conseil quelques années après. — Cons. d'Et., 21 juill. 1860, Teruvuck, [Leb. chr., p. 696]; — 4 août 1870, Teruyuck, [Leb. chr., p. 997]; — 9 avr. 1873, Fabrique de Meaux, [Leb. chr., p. 299]; — 3 déc. 1875, Larue, [Leb. chr., p. 952]; — 28 janv. 1876, Laurent, [Leb. chr., p. 52]

7654. — A plus forte raison n'y avait-il pas lieu de tenir compte des transports de produits agricoles récoltés par un industriel sur ses propriétés et conduits à sa fabrique. Ceci résulte implicitement d'une décision du 5 mars 1886, Vervel, [Leb. chr., p. 206]

7655. — Mais la jurisprudence a changé en 1879. Le Conseil d'Etat a décidé à cette époque qu'il n'y avait pas lieu de distinguer entre les transports faits dans les limites de la commune de production et ceux faits hors de ce territoire, et qu'il fallait tenir compte de l'ensemble des transports destinés à l'approvisionnement de l'usine. — Cons. d'Et., 13 juin 1879, Préfet du Pas-de-Calais, [Leb. chr., p. 482]; — 18 mai 1888, Chappot, [Leb. chr., p. 457]; — 1er juin 1888, Paron-Grisart, [Leb. chr., p. 476]

7656. — Va-t-on alors tenir compte de tous les transports effectués par les industriels sans aucune limite? Le développement des chemins de fer et des canaux a fait naître des questions intéressantes sur ce point. Des industriels s'approvisionnent souvent très-loin de leur usine, les fournisseurs des matières premières les transportent jusqu'au canal ou au chemin de fer où l'industriel en prend livraison? Que faut-il décider à l'égard des transports effectués du lieu de production au chemin de fer et du chemin de fer à l'usine? Ce dernier transport donne évidemment lieu à l'établissement d'une subvention. Mais à l'égard du premier, la jurisprudence a varié. Après avoir admis que ces transports effectués à une grande distance de l'usine ne pouvaient être considérés comme faisant partie de son exploitation. — Cons d'Et., 13 avr. 1853, Milan, [Leb. chr., p. 462]; — 12 janv. 1860, Tilloy-Delanne, [Leb. chr., p. 21]; — 7 sept. 1861, Perron, [Leb. chr., p. 796] — le Conseil est revenu sur cette jurisprudence. — Cons. d'Et., 6 juill. 1863, Defontaine, [Leb. chr., p. 512]; — 17 juin 1892, Préfet du Pas-de-Calais, [Leb. chr., p. 547] — Une décision du Conseil d'Etat statuant au contentieux semble constituer un retour à la première jurisprudence. — Cons. d'Et., 4 mai 1894, Préfet du Pas-de-Calais.

7657. — A l'égard des transports des produits provenant de l'usine, ceux qui sont effectués de l'établissement au chemin de fer et au canal peuvent donner lieu à l'établissement de subventions au nom de l'industriel, mais celui-ci ne sera pas responsable de dégradations causées par des marchands qui ont pris livraison à des gares situées hors du périmètre qui constitue le rayon d'exploitation de l'établissement. — Cons. d'Et., 23 janv. 1892, Houillères de Béthune, [Leb. chr., p. 49]

§ 3. Calcul des subventions.

1° Eléments à déduire du montant des dépenses de réparation.

7658. — Comment se détermine la quotité des subventions? La loi du 21 mai 1836 pose en principe qu'elle doit être proportionnée à la dégradation. Elle ne peut être autre chose que la réparation du dommage causé par l'industriel, dommage qui ne se serait pas produit si l'exploitation de l'établissement n'avait pas eu lieu.

7659. — Il faut d'abord rechercher, au moyen des états produits par les agents du service vicinal, les dépenses totales qui ont été faites sur les chemins pendant l'année. Cette première opération faite, il faut répartir cette dépense entre les communes intéressées aux chemins et les industriels. — Cons. d'Et., 1er juin 1888, Poron-Grisart, [Leb. chr., p. 476]

7660. — Comment doit se faire cette répartition? Il est bien évident d'abord que tout ce qui rentre dans l'entretien normal et ordinaire doit rester à la charge de la commune. C'est ainsi qu'il n'y a pas lieu de tenir compte du montant des traitements des agents voyers. — Cons. d'Et., 22 févr. 1849, Administration des forêts, [Leb. chr., p. 117]

7661. — Quant aux salaires des cantonniers et ouvriers auxiliaires, il n'y a lieu de faire supporter aux industriels que la part correspondant aux journées employées à la réparation des dégradations extraordinaires. Celle qui correspond à la circulation générale est à la charge de la commune. — Cons. d'Et., 14 mai 1858, Desmarest, [Leb. chr., p. 371]; — 23 févr. 1883, Javril, [Leb. chr., p. 210]; — 26 juin 1885, Bonjour, [Leb. chr., p. 614]; — 25 avr. 1891, Girandier-Bootz et sucrerie de Bray, [Leb. chr., p. 314]; — 8 avr. 1892, Sucrerie de Bray, [Leb. chr., p. 365]

7662. — Tout ce qui constitue des réparations ordinaires doit être payé par les communes. — Cons. d'Et., 12 avr. 1878, Delamarre, [Leb. chr., p. 388]; — 6 août 1880, Préfet de la Haute-Marne, [Leb. chr., p. 721]

7663. — Il n'y a pas non plus à tenir compte des dépenses qui ont été payées au moyen des prestations en nature communaux, et inversement le fait par un industriel d'avoir acquitté ces taxes et contribué ainsi soit en argent, soit en nature à l'entretien des chemins vicinaux ne peut le dispenser d'acquitter les subventions. — Cons. d'Et., 27 avr. 1850, Milan, [Leb. chr., p. 410]; — 28 mai 1863, Bullot, [Leb. chr., p. 451]; — 13 févr. 1892, Montignies, [Leb. chr., p. 152]; — 27 oct. 1893, Godart, [Leb. chr., p. 703]

7664. — De même, la circonstance que des taxes d'octroi auraient été acquittées par un industriel sur les matériaux dont les transports motivent la demande de subvention n'est pas de nature à empêcher la commune de la réclamer. — Cons. d'Et., 22 juin 1888, Dubones, [Leb. chr., p. 548]

7665. — Les industriels ne peuvent non plus se prévaloir soit des subventions qu'ils auraient souscrites volontairement pour la construction du chemin. — Cons. d'Et., 25 mai 1870, Honori, [Leb. chr., p. 634] — ... soit des travaux d'entretien qu'ils auraient précédemment effectués. — Cons. d'Et., 28 janv. 1876, Laurent, [Leb. chr., p. 82]; — 5 janv. 1877, Brochard, [Leb. chr., p. 11]

7666. — Si d'ailleurs ces travaux ont été mal exécutés et n'ont fait qu'aggraver la situation du chemin, l'industriel est mal fondé à demander que ces travaux soient déduits du montant de la subvention. — Cons. d'Et., 2 févr. 1889, Hallier, [Leb. chr., p. 149]

7667. — Assez souvent cependant en fait, il est tenu compte des réparations effectuées directement par l'industriel. — Cons. d'Et., 23 mai 1879, Guillotin, [Leb. chr., p. 408]; — 5 janv. 1882, Commune de Saint-Ouen, [Leb. chr., p. 6]

7668. — Les contestations qui s'élèvent entre le service vicinal et les industriels sur la prétention de ceux-ci de faire im-

puter sur les subventions le montant des dépôts qu'ils auraient faits sur les chemins pour les améliorer sont de la compétence du conseil de préfecture. — Cons. d'Et., 6 juill. 1843, Chantreaux, [Leb. chr., p. 355]

7669. — Il en est de même des contestations qui s'élèvent sur l'interprétation d'une convention passée entre une commune et un industriel au sujet du pavage à frais communs d'un chemin vicinal, et dont l'industriel se prévaudrait pour échapper au paiement de la subvention. — Cons. d'Et., 19 déc. 1873, Leclercq, [Leb. chr., p. 952]

7670. — Il faut tenir compte aussi de l'importance de la circulation générale par rapport à la circulation industrielle. L'usure qui est le résultat de la première doit rester à la charge des communes. Et il est indispensable pour calculer les subventions d'avoir fait au préalable la part qui incombe à la circulation normale dans les dépenses d'entretien du chemin. — Cons. d'Et., 22 avr. 1857, de Lur-Saluces, [Leb. chr., p. 318]; — 5 janv. 1860, Desmarest, [Leb. chr., p. 5]; — 17 juill. 1861, Bonjour, [Leb. chr., p. 606]; — 27 janv. 1865, Bouiller, [Leb. chr., p. 121]; — 10 avr. 1867, Belin, [Leb. chr., p. 370]; — 23 nov. 1877, Quarrez, [Leb. chr., p. 893]; — 9 mai 1879, Massignon et Dufour, [Leb. chr., p. 362]; — 28 nov. 1879, Duriez, [Leb. chr., p. 751]; — 30 janv. 1880, Perronnet, [Leb. chr., p. 121]; — 19 mars 1880, Massignon, [Leb. chr., p. 315]

7671. — La part faite à la circulation générale est plus ou moins forte suivant la destination du chemin. Ainsi un chemin qui conduit à une gare de chemin de fer devant avoir une circulation plus active que les autres chemins de la commune, il est naturel de faire à l'entretien proprement dit une part plus forte. — Cons. d'Et., 10 avr. 1867, Belin, [Leb. chr., p. 370]

7672. — Il faut enfin tenir compte du droit qu'a l'industriel de se servir des chemins dans les conditions normales de leur destination. Il a le droit de circuler, d'effectuer des transports. Si l'on calculait la subvention due par les industriels sur la totalité de leurs transports, ils seraient privés de l'exercice de ce droit. La subvention, qui n'est que la réparation d'un dommage, deviendrait une sorte de droit de péage sur la circulation industrielle. — Cons. d'Et., 13 juin 1864, Rouez et Desbrosses, [Leb. chr., p. 570]; — 14 janv. 1865, Doré, [Leb. chr., p. 64]; — 28 mai 1866, Cie P.-L.-M., [Leb. chr., p. 520]; — 4 juill. 1868, Moreau, [Leb. chr., p. 764]; — 2 août 1878, Bazin, [Leb. chr., p. 777]; — 13 déc. 1878, Desjardins, [Leb. chr., p. 1008]; — 21 nov. 1884, Bardoux, [Leb. chr., p. 801]; — 28 janv. 1887, Sueur, [Leb. chr., p. 81]; — 11 nov. 1887, Thomas, [Leb. chr., p. 702]; — 7 juin 1889, Clavon, [Leb. chr., p. 713]; — 2 mai 1891, Levinstein, [Leb. chr., p. 340]

7673. — Jugé par exemple que l'industriel dont les voitures ne parcourent les chemins qu'une fois par quinzaine ou par huitaine ne fait de ces chemins qu'un usage normal. — Cons. d'Et., 14 juin 1861, Dryander, [Leb. chr., p. 488]; — 5 déc. 1863, Guilminot, [Leb. chr., p. 948]

7674. — Il ne suffit pas d'évaluer la dépense de l'année, d'en déduire le montant des dépenses ordinaires et de mettre la différence à la charge des industriels. Un tel mode de procéder aurait pour effet de mettre à la charge des industriels certaines dépenses qui ne sauraient leur incomber. Aussi toutes les fois que le Conseil d'Etat s'est trouvé en présence de subventions établies d'après ce mode de calcul, il a accordé décharge ou réduction. — Cons. d'Et., 27 avril 1854, Hébert, [Leb. chr., p. 820]; — 10 janv. 1856, Delvigne, [Leb. chr., p. 57]; — 7 mai 1857, Cie de Vicoigne, [Leb. chr., p. 389]; — 28 janv. 1858, Robert de Massy, [Leb. chr., p. 104]; — 28 déc. 1859, Minelle, [Leb. chr., p. 785]; — 20 juin 1861, Desgranges, [Leb. chr., p. 527]; — 23 janv. 1868, Cie P.-L.-M., [Leb. chr., p. 77]; — 18 août 1869, Molinas, [Leb. chr., p. 821]; — 12 févr. 1870, Potheau, [Leb. chr., p. 82]; — 4 juin 1875, Desgranges, [Leb. chr., p. 506]; — 10 déc. 1875, Fabrique de sucre de Meaux, [Leb. chr., p. 986]; — 14 nov. 1879, Hamon, [Leb. chr., p. 683]; — 16 févr. 1883, Lemaire et d'Osmoy, [Leb. chr., p. 179]; — 3 août 1888, Isabel et Mahrin, [Leb. chr., p. 702]; — 14 mai 1891, Lapoutge, [Leb. chr., p. 365]

7675. — Il est en effet certaines dépenses extraordinaires qui ne peuvent incomber aux industriels, par exemple, les dépenses d'amélioration des chemins. — Cons. d'Et., 27 avr. 1877, Albert, [Leb. chr., p. 378]

7676. — De même, les rechargements rendus nécessaires par le peu d'épaisseur de la chaussée ne doivent pas entrer en compte dans le calcul des subventions. — Cons. d'Et., 28 juin 1878, Mercier, [Leb. chr., p. 506]

7677. — Il en est de même des dépenses extraordinaires nécessitées par l'élargissement du chemin. — Cons. d'Et., 25 janv. 1878, d'Osmay, [Leb. chr., p. 81]

7678. — On peut cependant tenir compte de travaux comportant plus que des travaux de réparation, et constituant une véritable réfection du chemin, s'il est établi par l'instruction que les transports de l'industriel ont causé ces dégradations. — Cons. d'Et., 13 nov. 1883, Doé-André, [Leb. chr., p. 832]

7679. — Enfin, les dégradations qui sont le résultat de cas de force majeure, des orages, des dégels, d'une température trop sèche, ou trop humide restent à la charge des communes. — Villers, p. 68.

7680. — Lorsque le départ a été ainsi déterminé entre les dépenses qui doivent rester à la charge de la commune et celles qui incombent aux industriels, il reste à répartir cette seconde partie entre les divers industriels qui ont contribué à ces dégradations. Comment va se faire cette répartition? Un procédé simple consisterait à la faire proportionnellement au nombre de tonnes de marchandises transportées sur les chemins. Mais le Conseil d'Etat a condamné ce mode qui ne tient aucun compte des conditions particulières dans lesquelles se font les transports. Il ne serait admissible que dans le cas où la constatation directe et immédiate des dégradations imputables à chacun d'eux n'aurait pu avoir lieu. — Cons. d'Et., 14 juill. 1859, Lemaire, [Leb. chr., p. 496

2° Eléments dont il faut tenir compte pour calculer les subventions.

7681. — Pour calculer la subvention due par chaque industriel, on ne peut lui appliquer un coefficient unique de dégradation sans tenir compte des conditions particulières dans lesquelles seront faits les transports. — Cons. d'Et., 15 avr. 1868, Lechat, [Leb. chr., p. 418]; — 14 déc. 1883, Sueur, [Leb. chr., p. 913]; — 11 déc. 1885, Sueur, [Leb. chr., p. 944]; — 7août 1889, Sueur, [Leb. chr., p. 947]

7682. — Quels sont les éléments dont il doit être tenu compte pour déterminer le coefficient de dégradation? C'est l'ensemble des circonstances dans lesquelles seront effectués les transports. Ainsi le coefficient sera différent suivant l'époque de l'année à laquelle les transports auront eu lieu, ceux de la belle saison dégradant moins le chemin que ceux faits pendant la saison des pluies. De même, l'industriel dont les transports durent toute l'année aura un coefficient plus élevé que celui dont les transports ne durent que quelques mois. Il est donc indispensable de faire connaître cet élément. — Cons. d'Et., 19 mars 1857, Grimaldi, [Leb. chr., p. 192]; — 22 avr. 1857, de Lur-Saluces, [Leb. chr., p. 318]; — 25 août 1858, Merlet, [Leb. chr., p. 597]; — 17 juill. 1861, Bonjour, [Leb. chr., p. 606]; — 25 févr. 1863, Deloubes, [Leb. chr., p. 168]; — 12 août 1863, Bertin, [Leb. chr., p. 672]; — 8 févr. 1864, Marnat, [Leb. chr., p. 96]; — 7 juin 1866, Bélin, [Leb. chr., p. 624]; — 4 août 1866, Nicolas, [Leb. chr., p. 933]; — 4 juill. 1868, Marian, [Leb. chr., p. 764]; — 4 juill. 1873, Robin, [Leb. chr., p. 610]; — 13 août 1885, Préfet de la Haute-Marne, [Leb. chr., p. 832]; — 19 mars 1886, Ragon, [Leb. chr., p. 249]; — 16 juill. 1886, Bullot, [Leb. chr., p. 619]; — 26 nov. 1886, Déforges, [Leb. chr., p. 824]; — 29 avr. 1887, Saint-Rémy, [Leb. chr., p. 335]; — 23 mars 1888, Deregnancourt, [Leb. chr., p. 295]; — 14 mai 1891, Corbu, [Leb. chr., p. 365]; — 23 janv. 1862, Breuil, [Leb. chr., p. 49]; — 18 nov. 1892, Saint-Rémy, [Leb. chr., p. 771]

7683. — Il faut tenir compte aussi de la nature des voitures employées, celles à jantes étroites étant plus destructives que celles à jantes larges. — Cons. d'Et., 9 mai 1879, Massignon et Dufour, [Leb. chr., p. 362]; — 12 mars 1880, [Leb. chr., p. 280]

7684. — L'état de viabilité antérieur du chemin doit être pris en considération. Il est évident que si les communes entretiennent pas bien leurs chemins, les industriels ont une responsabilité moindre. — Cons. d'Et., 16 mars 1857, Grimaldi, [Leb. chr., p. 192]; — 4 juin 1857, Parquin, [Leb. chr., p. 459]; — 29 juill. 1881, Mathieu, [Leb. chr., p. 745]; — 16 févr. 1883, Lemaire et d'Osmay, [Leb. chr., p. 179]; — 9 juin 1893, Thomas, [Leb. chr., p. 451] — ... ou encore si le chemin est établi sur un sol peu résistant. — Cons. d'Et., 20 nov. 1893, de Pruines, [Leb. chr., p. 767]

7685. — Il est nécessaire de tenir compte de la nature des

chargements et de leurs poids moyens. — Cons. d'Et., 16 mars 1857, Grimaldi, [Leb. chr., p. 192]; — 4 juin 1857, Parquin, [Leb. chr., p. 459]; — 31 déc. 1857, Collignon, [Leb. chr., p. 713]; — 24 déc. 1859, Chiron, [Leb. chr., p. 760]; — 20 juin 1861, Desgranges, [Leb. chr., p. 527]; — 8 févr. 1864, Marnat, [Leb. chr., p. 96]; — 7 juin 1866, Bélin, [Leb. chr., p. 624]; — 4 août 1866, Nicolas, [Leb. chr., p. 935]; — 18 août 1869, Molinos, [Leb. chr., p. 821]; — 22 juin 1877, Legris, [Leb. chr., p. 613]; — 23 nov. 1877, Quarrez, [Leb. chr., p. 893]; — 21 déc. 1877, Prunelier, [Leb. chr., p. 1020]

7686. — Il faut enfin tenir compte du nombre des voitures. — Cons. d'Et., 4 juin 1857, Parquin, [Leb. chr., p. 459]; — 25 août 1858, Merlet, [Leb. chr., p. 597]; — 20 juin 1861, Desgranges, [Leb. chr., p. 527]; — 4 juill. 1868, Moreau, [Leb. chr., p. 764]; — 18 août 1869, Molinos, [Leb. chr., p. 821]

7687. — ... Et de la distance parcourue. — Cons. d'Et., 22 juin 1877, Legris, [Leb. chr., p. 613]; — 5 juill. 1878, Aubineau, [Leb. chr., p. 629]; — 2 mai 1879, Brunehaut, [Leb. chr., p. 330]; — 30 janv. 1880, Perronnet, [Leb. chr., p. 121]; — 18 mars 1881, Tanneron, [Leb. chr., p. 297]; — 6 janv. 1882, Commune de Saint-Ouen, [Leb. chr., p. 6]; — 15 juin 1883, Lalouette, [Leb. chr., p. 555]; — 14 mars 1884, Couverchel, [Leb. chr., p. 193]; — 14 mai 1891, de Wedanchel, [Leb. chr., p. 365]; — 23 janv. 1892, Bruei, [Leb. chr., p. 49]

7688. — ... Et d'une manière générale de toutes les circonstances des transports. — Cons. d'Et., 3 oct. 1857, Collignon, [Leb. chr., p. 713]; — 30 avr. 1867, Aultier, [Leb. chr., p. 411]; — 18 août 1869, Molinos, [Leb. chr., p. 821]; — 3 août 1888, Isabel et Mahrin, [Leb. chr., p. 702]

7689. — Il appartient à la juridiction administrative d'apprécier si le prix attribué à la main-d'œuvre ou aux matériaux est trop élevé et de réduire la subvention en conséquence. — Cons. d'Et., 24 déc. 1880, Ytier-Lombardier, [Leb. chr., p. 919]; — 27 juill. 1888, Giraudier-Bootz, [Leb. chr., p. 664]; — 7 juin 1889, Clavon, [Leb. chr., p. 713]

7690. — Mais il est nécessaire de combiner ensemble ces divers éléments. On ne peut répartir le montant des dépenses entre les industriels uniquement d'après le poids des matières transportées. — Cons. d'Et., 27 août 1854, Hébert, [Leb. chr., p. 820]

7691. — ... Ou d'après le nombre des colliers chargés. — Cons. d'Et., 4 juin 1857, Parquin, [Leb. chr., p. 459]; — 20 juin 1861, Desgranges, [Leb. chr., p. 527]; — 18 août 1869, Molinos, [Leb. chr., p. 821]

7692. — ... Ou d'après la distance. — Cons. d'Et., 18 août 1869, Molinos, [Leb. chr., p. 821]

7693. — En pratique, pour déterminer la subvention due par un industriel, on recherche le nombre de tonnes qu'il a transportées. Le nombre s'obtient au moyen de relevés de feuilles de pointage. A certains jours du mois, les cantonniers postés à certains endroits des chemins, pointent les voitures qui circulent en ayant soin de distinguer celles qui appartiennent à la circulation industrielle et celles qui appartiennent à la circulation générale, celles qui sont chargées et celles qui sont vides. D'après les résultats de ces pointages, on établit des moyennes qui donnent la circulation quotidienne.

7694. — Le poids des chargements est déterminé en général par le nombre de colliers ou de chevaux qui sont attelés. Les pointeurs doivent donc tenir note du nombre de chevaux attelés à chaque voiture, le transport d'une même quantité de produits causant plus de dégradations s'il est fait par un seul charroi que si le chargement est réparti sur plusieurs voitures.

7695. — Enfin, on connaît la longueur sur laquelle chaque industriel fait usage des chemins. En multipliant le nombre de voitures par le poids des chargements et par la distance parcourue, on obtient un nombre, qualifié tonne kilométrique, qui représente le produit le transport d'une tonne sur un kilomètre. — Cons. d'Et., 10 janv. 1856, Huriez, [Leb. chr., p. 58]; — 7 janv. 1857, Pelletier, [Leb. chr., p. 29] — On peut alors appliquer à chaque industriel un coefficient de dégradation différent suivant les autres circonstances dans lesquelles se sont effectués ses transports (nature des voitures, des attelages, époque des transports), attribuer par exemple aux transports faits dans la mauvaise saison un coefficient double de celui attribué aux transports faits dans la belle saison. Le taux de ce coefficient peut varier de 1 à 10 cent. au plus par tonne et par kilomètre. Le Conseil d'Etat n'a admis des coefficients supérieurs à 10 cent. que dans des cas exceptionnels où il était établi que

les transports avaient entraîné non seulement la dégradation, mais la ruine et la destruction du chemin. — Cons. d'Et., 15 juin 1888, Ancel, [Leb. chr., p. 520 en note]

§ 4. *Règlement des subventions.*

1o *Demandes des communes.*

7696. — Les subventions doivent faire l'objet d'une demande de la part des communes. Quelle sera la forme de cette demande? Pour les chemins ordinaires, elle résultera d'une délibération du conseil municipal décidant qu'il y a lieu de réclamer aux industriels la réparation des dégradations extraordinaires causées aux chemins.

7697. — Il n'y a pas de formes sacramentelles pour les demandes de subventions. — Cons. d'Et., 26 juin 1885, Bonjour, [Leb. chr., p. 615]

7698. — Un état de proposition de subvention, dressé par l'agent voyer et approuvé par le maire constitue une demande régulière, alors même que la notification aurait été faite, non par le maire, mais par l'agent voyer. — Cons. d'Et., 5 juill. 1878, Aubineau, [Leb. chr., p. 629]; — 18 nov. 1881, Arrachart, [Leb. chr., p. 891]

7699. — En ce qui touche les chemins vicinaux ordinaires, le maire seul a qualité pour les réclamer au nom de la commune. Ni les agents du service vicinal, [Leb. chr., p. 629]; — 20 févr. 1880, Maufourny-Ancelin, [Leb. chr., p. 191] — ... ni le préfet, — Cons. d'Et., 18 févr. 1864, Watel, [Leb. chr., p. 157]; — 20 févr. 1880; — 11 mai 1883, Donnard, — ... ne sont autorisés à se substituer au maire.

7700. — Toutefois, si le préfet n'a saisi de conseil de préfecture que sur la demande du maire agissant en vertu d'une délibération du conseil municipal approbative des états de proposition du service vicinal, la demande est régulière. — Cons. d'Et., 10 juill. 1890, Société des engrais agenais, [Leb. chr., p. 646]

7701. — Pour les chemins ruraux reconnus, la demande de subvention doit également être faite par le maire.

7702. — Quant aux subventions afférentes aux chemins de grande communication, le préfet a seul qualité pour les réclamer. C'est entre ses mains en effet qu'est centralisé l'administration de ces chemins (art. 9, L. 21 mai 1836) et c'est lui qui représente, dans tous les actes qui les concernent, les communes qui y sont intéressées. — Cons. d'Et., 23 janv. 1892, Breuil, [Leb. chr., p. 49]

7703. — Lorsqu'un chemin n'a été classé comme chemin de grande communication qu'en cours d'année, il importe peu que les dégradations soient antérieures au classement. Si la subvention destinée à réparer les dégradations ne doit être employée qu'après le classement, le préfet a qualité pour la réclamer. — Cons. d'Et., 18 août 1860, Nizerolles, [Leb. chr., p. 637]

7704. — En ce qui touche les chemins vicinaux d'intérêt commun, la jurisprudence du Conseil d'Etat a longtemps refusé au préfet qualité pour réclamer les subventions. Cette jurisprudence se fondait principalement sur le caractère communal des chemins et sur le silence de la loi de 1836 relativement aux droits du préfet à leur égard. — Cons. d'Et., 17 mars 1857, Vinas, [Leb. chr., p. 206]; — 18 févr. 1864, Watel, [Leb. chr., p. 157]; — 19 déc. 1873, Leclercq; — 14 juill. 1876, Préfet du Calvados, [Leb. chr., p. 671]; — 1er déc. 1876, Lemoine et Thery.

7705. — On alla même jusqu'à décider que la présentation par les maires des communes intéressées d'un mémoire tendant au maintien des subventions proposées ne pouvait couvrir la nullité résultant de ce que la demande avait été portée devant le conseil de préfecture par le préfet. — Cons. d'Et., 25 janv. 1863, Pointelet, [Leb. chr., p. 86]; — 1er déc. 1876, Préfet du Pas-de-Calais, [Leb. chr., p. 847]

7706. — Cette jurisprudence, qui s'était maintenue même après la loi du 10 août 1871, a été abandonnée en 1877. Le Conseil d'Etat, se fondant sur l'unité de régime établie par la loi du 10 août 1871 entre les chemins de grande communication et les chemins d'intérêt commun pour le classement, le déclassement, l'ouverture, le redressement et l'élargissement, la centralisation et l'emploi des ressources, la désignation des communes appelées à contribuer aux dépenses et l'autorité compétente pour fixer leurs contingents, a fini par reconnaître que le préfet avait les mêmes pouvoirs à l'égard des deux catégories de che-

mins. — Cons. d'Et., 12 janv. 1877, Préfet de l'Aude, [Leb. chr., p. 42]; — 25 mars 1884, Préfet de la Nièvre, [Leb. chr., p. 326]; — 5 août 1881, Jonquet, [Leb. chr., p. 775]; — 4 mai 1883, Préfet du Lot, [Leb. chr., p. 419]; — 16 mai 1883, Donnard, [Leb. chr., p. 445]; — 20 déc. 1889, Société des carrières réunies des deux Charentes, [Leb. chr., p. 1184]

7707. — Quand le préfet agit comme représentant les communes intéressées aux chemins vicinaux, il peut se passer de l'autorisation des conseils municipaux de ces communes. — — Cons. d'Et., 16 nov. 1883, Préfet du Pas-de-Calais, [Leb. chr., p. 806]

7708. — Le conseil de préfecture peut allouer des subventions plus élevées que celles qui sont proposées par les agents voyers, le préfet ayant seul qualité pour conclure au nom des communes intéressées. — Cons. d'Et., 10 janv. 1873, Damay-Denizart, [Leb. chr., p. 26]

7709. — Il va sans dire que le préfet agit comme mandataire légal de la réunion des communes intéressées et que, par suite, une demande de subvention faite par le préfet au nom du département ne pourrait être accueillie. L'arrêté qui l'aurait accordée devrait être annulé. — Cons. d'Et., 11 mai 1883, Donnard, [Leb. chr., p. 445]

7710. — La centralisation des intérêts des communes entre les mains du préfet a amené un abus. Devant les conseils de préfecture l'administration n'est souvent représentée que par les agents voyers. L'usage s'est introduit dans de nombreux conseils de préfecture de conférer une sorte de personnalité juridique au service vicinal. C'est là une pratique vicieuse, car ce service est un service administratif qui n'a pas qualité pour représenter en justice les communes intéressées. Il a été jugé par le Conseil d'Etat que le préfet ne pouvait demander à être déchargé des frais d'expertise par le motif qu'ils avaient été mis à la charge du service vicinal. — Cons. d'Et., 14 mai 1891, Préfet de l'Aube, [Leb. chr., p. 365]

7711. — Chaque commune ne peut réclamer de subvention que pour les chemins qui sont situés sur son territoire. Il en est ainsi alors même qu'en vertu d'une convention intervenue entre deux communes, l'une d'elles serait chargée de l'entretien des chemins situés sur le territoire de l'autre. — Cons. d'Et., 25 mai 1877, Bazin, [Leb. chr., p. 489]; — 2 août 1878, Bazin, [Leb. chr., p. 777]

7712. — La demande de subvention par les communes n'est subordonnée à aucune condition tirée de l'état des finances municipales. A la différence des centimes spéciaux et des prestations en nature, les subventions peuvent être établies sans que la commune ait à justifier de l'insuffisance de ses ressources, — Cons. d'Et., 25 août 1835, Wautier, [Leb. chr., p. 183] — ... ou de l'existence de dépenses extraordinaires, — Cons. d'Et., 26 juin 1885, Bonjour, [Leb. chr., p. 615] — ... ou de l'emploi préalable des centimes ou des prestations. — Cons. d'Et., 23 févr. 1883, Féaux, [Leb. chr., p. 210]

7713. — La circonstance que les chemins dégradés seraient entretenus en partie au moyen de subventions départementales ne leur ôte pas le caractère de chemins communaux et n'enlève pas aux communes le droit de réclamer des subventions spéciales. — Cons. d'Et., 4 juill. 1884, Faure, [Leb. chr., p. 552]; — 18 juill. 1884, Girard, [Leb. chr., p. 607]; — 8 août 1884, Lombardot, [Leb. chr., p. 716]; — 7 août 1885, Faure, [Leb. chr., p. 757]; — 4 déc. 1885, Prévost, [Leb. chr., p. 918]

2° Annualité du règlement.

7714. — Dans quel délai les subventions peuvent-elles être réclamées? Elles doivent être réglées annuellement, dit la loi de 1836. Cette disposition a été introduite au cours de la discussion pour mettre fin à une jurisprudence des conseils de préfecture déjà condamnée par le Conseil d'Etat et d'après laquelle les conseils de préfecture fixaient pour plusieurs années et même pour l'avenir la proportion d'après laquelle certains industriels devraient contribuer à l'entretien des chemins. Les subventions étant destinées à réparer les dommages causés, la juridiction ne peut les fixer par avance. — Cons. d'Et., 29 juin 1832, Buon, [Leb. chr., p. 178]; — 25 août 1835, Wautier, [Leb. chr., p. 183]; — 21 oct. 1835, Min. Finances, [Leb. chr., p. 195]; — 19 janv. 1836, Min. Finances, [Leb. chr., p. 260]; — 6 mai 1836, Bigot, [Leb. chr., p. 329]

7715. — Il résulte également du principe posé par la loi que

chaque année les communes doivent former une demande de subvention, c'est-à-dire qu'elles ne peuvent réclamer par une seule demande des subventions pour des dégradations effectuées pendant plusieurs années antérieures. — Cons. d'Et., 11 mai 1888, Commune de Gondrin, [Leb. chr., p. 422]

7716. — Il faut cependant ne pas interpréter l'art. 14 trop à la lettre. En décidant que les subventions seraient réglées annuellement, il n'a pas entendu dire qu'elles devaient être réclamées avant l'expiration de l'année à laquelle elles seraient applicables. — Cons. d'Et., 22 juin 1857, Merlet, [Leb. chr., p. 76]

7717. — Il n'est pas nécessaire qu'elles soient demandées dans le cours de cette année, il suffit qu'elles le soient dans le cours de l'année suivante. — Cons. d'Et., 5 août 1881, Leclerc, [Leb. chr., p. 776]

7718. — ... Alors même que plus d'une année se serait écoulée entre le jour où la dégradation a été commise et le jour de la demande. — Cons. d'Et., 26 juin 1885, Soupiron, [Leb. chr., p. 615]

7719. — Si le subventionnaire est l'Etat, il ne peut invoquer la règle du décret du 31 mai 1862 sur la comptabilité publique, d'après laquelle ne peuvent être rattachés à un exercice que les services faits ou les droits acquis dans la durée déterminée par la loi, pour déclarer non recevable une demande de subvention faite après la clôture de l'exercice. — Cons. d'Et., 23 nov. 1850, Min. Finances, [Leb. chr., p. 869]; — 26 juill. 1851, Min. Finances, [Leb. chr., p. 547]

7720. — Mais il y a prescription au profit des contribuables si la demande n'a pas été présentée dans l'année qui suit celle pendant laquelle les dégradations ont été faites. — Cons. d'Et., 9 févr. 1850, Vuillet, [Leb. chr., p. 148]; — 26 juill. 1851, Min. Finances, [Leb. chr., p. 547]; — 13 avr. 1853, Vuillet, [Leb. chr., p. 463]; — 26 mai 1853, Debains, [Leb. chr., p. 561]; — 26 juin 1866, Vial, [Leb. chr., p. 720]

7721. — Pour éviter la prescription, il n'est pas nécessaire que dans le délai que nous venons d'indiquer le règlement de la subvention ait eu lieu; il suffit que la demande ait été faite. — Cons. d'Et., 13 avr. 1853, Vuillet, [Leb. chr., p. 463]; — 26 mai 1853, Debains, [Leb. chr., p. 561]

7722. — Quelles sont les conséquences de l'annualité du règlement? L'industriel qui, antérieurement au 1er janvier de l'année où se sont faites les dégradations, avait cessé son exploitation, doit obtenir décharge. — Cons. d'Et., 16 juill. 1870, Gérard, [Leb. chr., p. 906]

7723. — Les conseils de préfecture doivent calculer les subventions uniquement d'après les dommages causés dans l'année à laquelle se réfère la demande et non d'après ceux qui auraient été causés pendant les années antérieures. — Cons. d'Et., 18 déc. 1840, Mandet, [Leb. chr., p. 436]; — 5 juill. 1878, Aubineau, [Leb. chr., p. 629]

7724. — Par suite, le débiteur d'une subvention n'est pas fondé à soutenir qu'on aurait dû prendre pour base de l'évaluation les dépenses d'entretien faites pendant l'année précédente ou l'année suivante. — Cons. d'Et., 14 avr. 1859, Douzin, [Leb. chr., p. 293]

7725. — Il ne doit pas être tenu compte des dégradations causées par des transports postérieurs à l'année à laquelle se rapportaient les subventions réclamées. — Cons. d'Et., 14 déc. 1877, Aubineau, [Leb. chr., p. 991]

7726. — Le conseil de préfecture ne doit pas comprendre dans une subvention unique les dégradations commises dans le cours de deux années consécutives. Le Conseil d'Etat a toujours condamné ce mode de procéder comme contraire à la loi. Il n'admettait même pas que l'on pût évaluer les dégradations causées par une exploitation intermittente dont les campagnes se trouvaient à cheval sur deux années. — Cons. d'Et., 12 févr. 1849, Monnot-Leroy, [Leb. chr., p. 95]; — 28 juill. 1849, Lempereur, Fayard, Cléry-Derniance, [Leb. chr., p. 444]; — 9 févr. 1850, Vuillet, [Leb. chr., p. 149]; — 27 avr. 1850, Milan, [Leb. chr., p. 410]; — 11 mai 1850, Huyart, [Leb. chr., p. 450]; — 18 janv. 1851, Morlet, [Leb. chr., p. 53]; — 8 mars 1851, Roger-Hutin, [Leb. chr., p. 179]; — 26 avr. 1851, Rémy et Courteville, [Leb. chr., p. 301]; — 18 juin 1852, Hébert, [Leb. chr., p. 261]; — 24 févr. 1853, Recq de Malezines, [Leb. chr., p. 279]; — 1er mars 1860, Lefebvre, [Leb. chr., p. 170]; — 24 avr. 1862, Cie d'Orléans, [Leb. chr., p. 324]

7727. — Il n'est pas nécessaire toutefois que pour chaque année de dégradation, il soit procédé à une expertise distincte. Les

mêmes experts peuvent procéder à l'examen des dégradations pourvu qu'ils fassent une évaluation séparée pour chaque année. — Cons. d'Et., 26 juill. 1851, Min. Finances, [Leb. chr., p. 547]; — 2 mai 1879, Brunehaut, [Leb. chr., p. 330]

7728. — Le mieux serait de constater les dégradations aussitôt après la fin des transports qui les ont occasionnées. C'est d'ailleurs ce qui est prescrit par l'art. 110 de l'instruction générale qui est ainsi conçu : « Dans le courant du mois de janvier de chaque année, l'agent voyer cantonal pour les chemins vicinaux ordinaires, l'agent voyer d'arrondissement pour ceux de grande communication et d'intérêt commun, prépareront un état par commune ou par chemins, de subventions à réclamer à raison des dégradations commises dans le courant de l'année précédente. Si la dégradation a été temporaire et si les transports se sont terminés avant la fin de l'année, l'agent voyer préparera l'état des subventions dans le mois qui suivra l'achèvement des transports. »

7729. — La jurisprudence a été amenée à se départir de sa rigueur relativement à l'observation du principe d'annualité. Elle admet aujourd'hui que lorsque des transports ont été faits au cours d'une campagne qui s'étend pendant les derniers mois d'une année et les premiers mois de l'année suivante, les experts peuvent évaluer les dégradations dans leur ensemble. — Cons. d'Et., 11 août 1869, C¹ᵉ du Nord, [Leb. chr., p. 786]; — 21 déc. 1877, Bureau, [Leb. chr., p. 1024]; — 12 mars 1880, Bureau, [Leb. chr., p. 278]; — 28 mai et 16 juill. 1886, Bullot, [Leb. chr., p. 451 et 619]

7730. — Si un industriel effectue des transports pendant deux périodes distinctes de l'année, rien ne s'oppose à ce qu'il soit fait une double évaluation des dégradations par lui causées. — Cons. d'Et., 11 août 1869, C¹ᵉ du Nord, [Leb. chr., p. 821]; — 5 juin 1874, Parent-Schatin, [Leb. chr., p. 528]; — 26 déc. 1891, Renard, [Leb. chr., p. 796]

7731. — Le conseil de préfecture peut, par un seul arrêté, régler les subventions dues pour deux années consécutives, pourvu qu'il détermine distinctement et séparément, le montant des cotes afférentes à chaque année. — Cons. d'Et., 3 juill. 1852, Grognier, [Leb. chr., p. 280]

7732. — L'état relatif aux chemins ordinaires est remis au maire après avoir été visé par l'agent voyer d'arrondissement; celui relatif aux chemins vicinaux de grande communication et d'intérêt commun est remis au préfet après avoir été visé par l'agent voyer en chef (Instr. gén., art. 3).

7733. — Notification de la demande de subvention est faite par voie administrative à chaque industriel ou propriétaire avec invitation de faire connaître dans le délai de dix jours au préfet pour les chemins de grande ou moyenne vicinalité, au maire pour les chemins vicinaux ordinaires, s'il adhère à la demande de subvention. Dans le cas où il ne donne pas son adhésion, il sera procédé conformément à l'art. 17, L. 21 mai 1836 (Instr. gén., art. 112).

3° Expertise.

7734. — I. *Caractère obligatoire de l'expertise.* — Aux termes de la loi du 21 mai 1836 (art. 14), les conseils de préfecture règlent les subventions après expertise. L'état des subventions, approuvé par le préfet ou le maire et notifié aux industriels contenant une mise en demeure à ceux-ci de payer la subvention ou, s'ils n'en acceptent pas le principe ou la quotité, de désigner un expert dans le délai de dix jours.

7735. — Par le seul fait que l'industriel n'acceptait pas purement et simplement la subvention réclamée, l'expertise était de droit et le conseil de préfecture ne pouvait statuer sans qu'il y eût été procédé, à peine de nullité de sa décision. — Cons. d'Et., 20 juill. 1832, Ville de Troyes, [Leb. chr., p. 190]; — 9 févr. 1844, Administration des forêts, [Leb. chr., p. 84]; — 12 févr. 1849, de la Pouzaire, [Leb. chr., p. 98]; — 28 juill. 1849, Fayard, [Leb. chr., p. 444]; — 9 févr. 1850, Vuillet, [Leb. chr., p. 148]; — 5 janv. 1854, Caillet, [Leb. chr., p. 16]; — 6 mars 1856, Genty, [Leb. chr., p. 195]; — 11 janv. 1878, Leroy, [Leb. chr., p. 36]; — 30 juill. 1886, Commune de Supt, [Leb. chr., p. 668]

7736. — Le conseil de préfecture n'avait même pas le droit, avant d'ordonner l'expertise, de statuer sur la question du principe de la dette, d'examiner par exemple si la personne à qui la subvention était réclamée était un industriel dans le sens de la loi. — Cons. d'Et., 10 janv. 1856, C¹ᵉ des mines de la Mayenne,

[Leb. chr., p. 56]; — 28 mars 1860, Delahaute, [Leb. chr., p. 253]; — 5 avr. 1862, Crémieux, [Leb. chr., p. 295]; — 16 août 1862, Courtal, [Leb. chr., p. 654]

7737. — Si un conseil de préfecture n'avait pas ordonné d'expertise, le Conseil d'Etat pouvait l'ordonner à son défaut, mais si, à raison du long temps écoulé, cette expertise ne devait pas donner de résultats utiles, il devait accorder décharge de la subvention. — Cons. d'Et., 9 févr. 1889, Nizerolle, [Leb. chr., p. 190]; — 20 déc. 1889, Société des carrières réunies des deux Charentes, [Leb. chr., p. 1184]

7738. — Il avait été décidé avant la loi du 22 juill. 1889 que le fait qu'une expertise avait été ordonnée par le sous-préfet ou le préfet et non par le conseil de préfecture, ne constituait pas une irrégularité viciant la procédure. — Cons. d'Et., 11 mai 1883, Donnand, [Leb. chr., p. 443]; — 15 juin 1888, Ansel, [Leb. chr., p. 519]

7739. — Il n'en serait plus de même aujourd'hui. L'expertise ne peut plus être ordonnée que par le conseil de préfecture.

7740. — La loi du 22 juill. 1889 a modifié la procédure en ce qui touche le jugement des demandes de subventions spéciales. Ces taxes en effet, tout en étant assimilées pour le recouvrement aux contributions directes, ne sont pas établies dans la même forme. Elles ne font pas l'objet de rôles rendus exécutoires par le préfet, mais d'états de demandes présentés par les communes intéressées aux industriels. En outre, ces états ne sont pas dressés par les agents de l'administration des contributions. Il en résulte que l'art. 11, L. 22 juill. 1889, aux termes duquel les réclamations en matière de contributions directes continuent à être présentées et instruites dans les formes prescrites par les lois spéciales de la matière, ne s'applique pas aux subventions. L'art. 11, *in fine*, dispose expressément que les réclamations relatives aux taxes assimilées dont l'assiette n'est pas confiée à l'administration des contributions directes seront instruites dans les formes prescrites par les art. 1 à 9 de la loi.

7741. — Ces formes sont les suivantes : « La demande de subvention devra être déposée au greffe du conseil de préfecture (art. 1) et le greffier délivrera sur demande un récépissé constatant la date de l'arrivée. Cette demande sera sur papier timbré si la subvention est égale ou supérieure à 30 fr. Une copie certifiée conforme sera jointe à cette demande pour être notifiée à l'intéressé, ainsi qu'une copie des pièces jointes (états de proposition, etc.), lesquelles seront sur papier libre. De même les mémoires en défense et en réplique doivent être présentés sur timbre et des copies doivent y être jointes. A défaut de production de copies dans un délai de quinze jours, le conseil de préfecture pourra déclarer la requête non recevable. Cette péremption n'empêche pas le demandeur, à moins de forclusion encourue, de reproduire sa demande. » (Instr. 31 juill. 1890, art. 1 à 3).

7742. — L'art. 13 de la même loi a introduit une autre modification. En matière de subventions spéciales pour dégradations extraordinaires aux chemins vicinaux, l'expertise doit être ordonnée, si elle est demandée par les parties ou par l'une d'elles pour faire vérifier les faits qui servent de base à l'expertise. Il résulte de cette disposition que l'expertise n'est plus obligatoire que si elle est demandée. — Cons. d'Et., 29 janv. 1892, Gravier, [Leb. chr., p. 63]

7743. — En conséquence, en notifiant la subvention qui lui est demandée, on l'avertit qu'à défaut de son adhésion dans le délai de dix jours, la demande sera introduite devant le conseil de préfecture, où l'expertise pourra être réclamée par lui en réponse à la communication qui lui sera faite de la demande.

7744. — Le conseil de préfecture doit en effet, dans les huit jours de la transmission du dossier au rapporteur désigné, régler, en chambre du conseil, la notification à faire à la partie défenderesse de la requête introductive d'instance. Il fixe le délai accordé au défendeur pour fournir sa défense et désigne l'agent qui sera chargé de la notification (L. 22 juill. 1889, art. 6).

7745. — La notification est faite dans la forme administrative. Il en est donné récépissé ou bien l'agent notificateur dresse procès-verbal (art. 7).

7746. — Quand l'expertise est réclamée, il ne peut y être suppléé par d'autres mesures d'instruction, telles qu'une enquête administrative. — Cons. d'Et., 21 avr. 1830, Michel, [Leb. chr., p. 397]; — 22 févr. 1833, de Vandeul, [Leb. chr., p. 299]

7747. — Le fait que l'agent voyer aurait, avant la demande de subvention, procédé à une visite contradictoire des lieux ne

peut empêcher le conseil de préfecture d'ordonner une expertise. — Cons. d'Et., 15 juin 1883, Lalouette, [Leb. chr., p. 535]

7748. — Malgré le caractère impératif de l'art. 13, le conseil de préfecture peut refuser l'expertise si la requête était frappée d'une fin de non-recevoir ou si la solution de l'affaire dépendait d'une question de droit et non d'une vérification de fait (Instr. 30 juill. 1890, art. 13).

7749. — La demande d'expertise doit être présentée sur papier timbré ou sur papier libre suivant les distinctions adoptées pour la requête introductive d'instance (Instr. 31 juill. 1890, art. 13).

7750. — Aucun délai n'est imparti par la loi aux parties pour demander l'expertise. Il faut donc admettre que cette demande pourra valablement être présentée jusqu'à ce que le conseil de préfecture ait statué.

7751. — II. *Formes de l'expertise.* — Aux termes de l'art. 14 de la loi de 1836, l'expertise devait être faite dans les formes prévues par l'art. 17 de la même loi, c'est-à-dire par deux experts, nommés, l'un par le sous-préfet, l'autre par l'industriel. En cas de désaccord de ces experts, une tierce expertise avait lieu.

7752. — Si c'est à l'Etat que les subventions étaient réclamées le préfet pouvait être amené, si les chemins se trouvaient dans l'arrondissement chef-lieu, à nommer les deux experts comme représentant l'Etat et les communes intéressées. Les experts étaient réputés dans ce cas avoir été nommés contradictoirement. — Cons. d'Et., 23 nov. 1850, Min. Finances, [Leb. chr., p. 869]

7753. — L'acte par lequel l'industriel est mis en demeure de désigner son expert ne doit pas nécessairement contenir la notification de la nomination de l'expert choisi par l'administration. — Cons. d'Et., 5 août 1881, Leclerc, [Leb. chr., p. 776]

7754. — L'industriel qui, mis en demeure de désigner un expert, a fait cette désignation, n'est pas censé avoir acquiescé à la demande de subvention et peut toujours en contester le principe. — Cons. d'Et., 17 mai 1855, Elleaume, [Leb. chr., p. 357]; — 1er mars 1860, Lefebvre, [Leb. chr., p. 171]

7755. — La désignation des experts peut être faite d'office quand ceux désignés par les parties ne se présentent pas. — Cons. d'Et., 17 juin 1848, Collomb, [Leb. chr., p. 390]

7756. — Lorsque l'expert désigné par l'industriel ne remplit pas la mission qui lui est confiée, l'industriel doit être mis en demeure d'en désigner un autre. Le conseil de préfecture commettrait un excès de pouvoir s'il faisait d'office la désignation sans avoir accompli au préalable cette formalité. — Cons. d'Et., 12 nov. 1886, Salin, [Leb. chr., p. 775]; — 8 août 1888, Gros, [Leb. chr., p. 735]

7757. — Si au contraire il s'agit d'un expert désigné d'office qui vient à décéder ou est mis hors d'état de remplir sa mission, le conseil de préfecture peut le remplacer sans mise en demeure préalable à l'industriel. — Cons. d'Et., 23 nov. 1877, Quarrez, [Leb. chr., p. 893]; — 5 août 1881, Leclerc, [Leb. chr., p. 776]

7758. — Si, à la suite d'une condamnation par défaut faite à la suite d'une expertise d'office, l'industriel fait opposition, et que le débat devienne contradictoire, le conseil de préfecture ne peut nommer d'office l'expert de l'industriel. Celui-ci doit être mis en demeure. — Cons. d'Et., 17 juin 1848, Deguerre, [Leb. chr., p. 387]

7759. — L'expertise qui a été faite par des experts nommés d'office sans que l'industriel ait été mis en demeure de désigner le sien, doit être annulée. — Cons. d'Et., 22 févr. 1833, de Vandeul, [Leb. chr., p. 299]

7760. — A défaut par l'industriel de désigner son expert, un expert était désigné d'office par le conseil de préfecture. Cet expert représentait valablement la partie. — Cons. d'Et., 6 mai 1836, Bigot et Pannard, [Leb. chr., p. 329]; — 28 juin 1855, Forges de la Chaussade, [Leb. chr., p. 488]; — 24 avr. 1874, Fenaille, [Leb. chr., p. 335]; — 24 nov. 1882, Paymal, [Leb. chr., p. 913]; — 16 févr. 1883, Leclerc, [Leb. chr., p. 179]; — 23 févr. 1883, Jéaux, [Leb. chr., p. 210]; — 15 juin 1883, Lalouette, [Leb. chr., p. 555]; — 11 janv. 1884, Bourdon, [Leb. chr., p. 29]; — 14 mars 1884, Couverchel, [Leb. chr., p. 193]; — 18 mai 1888, Chappot, [Leb. chr., p. 457]; — 17 juin 1892, Sergeant, Maurion-Carlier, [Leb. chr., p. 547]

7761. — Le préfet n'a pas qualité pour faire la désignation d'office à défaut de l'industriel. — Cons. d'Et., 18 avr. 1845,

Boullé, [Leb. chr., p. 204]; — 26 nov. 1846, Agombart, [Leb. chr., p. 514]; — 15 mai 1848, Min. Finances, [Leb. chr., p. 300]; — 18 juin 1818, Parquin, [Leb. chr., p. 400]

7762. — Le sous-préfet ne peut non plus désigner les deux experts. — Cons. d'Et., 17 janv. 1849, de Luynes, [Leb. chr., p. 60]; — 12 févr. 1849, Debrousse, [Leb. chr., p. 96]

7763. — L'expert de l'administration devait être désigné par le sous-préfet, alors même qu'il s'agissait d'un chemin à grande communication ou d'intérêt commun. — Cons. d'Et., 10 févr. 1882, Leclerc et Delpierre, [Leb. chr., p. 141]; — 2 nov. 1882, Paymal, [Leb. chr., p. 913]

7764. — Toutefois la circonstance qu'il avait été désigné par le préfet au lieu de l'être par le sous-préfet ne viciait pas l'expertise. — Cons. d'Et., 9 mars 1877, Hallette, [Leb. chr., p. 249]; — 11 mai 1883, Donnard, [Leb. chr., p. 445]

7765. — Mais il en était autrement si l'expert des communes avait été désigné par les maires. En ce cas l'expertise était nulle. — Cons. d'Et., 23 mars 1877, d'Osmay, [Leb. chr., p. 302]

7766. — La désignation de l'expert de l'administration peut être valablement faite postérieurement à celui de l'industriel. — Cons. d'Et., 10 févr. 1882, Leclerc et Delpierre, [Leb. chr., p. 141]

7767. — Faut-il que le nom de l'expert de l'administration soit notifié à l'industriel? Cette mesure peut être utile pour permettre à celui-ci de faire valoir les motifs de récusation qu'il pourrait avoir contre l'expert choisi. La loi de 1836 était muette sur les récusations. Aussi en avait-on conclu que la notification pourrait n'avoir lieu qu'au moment de la convocation à l'expertise. — Cons. d'Et., 12 avr. 1878, Delamarre, [Leb. chr., p. 388]

7768. — La loi du 22 juill. 1889 (art. 14) dispose que l'expertise sera faite par trois experts, à moins que les parties ne consentent à ce qu'il y soit procédé par un seul. Dans ce dernier cas, l'expert est nommé par le conseil, à moins que les parties ne s'accordent pour le désigner. Si l'expertise est confiée à trois experts, l'un d'eux est nommé par le conseil de préfecture, et chacune des parties est appelée à nommer son expert.

7769. — Depuis la loi du 22 juill. 1889, c'est donc le préfet qui nommera l'expert de l'administration quand il s'agira de chemins de grande communication ou d'intérêt commun, et le maire quand il s'agira de chemins vicinaux ordinaires. — Villers, *Subv.*, p. 102.

7770. — Les parties qui ne sont pas présentes à la séance publique où l'expertise est ordonnée ou qui n'ont pas dans leurs requêtes et mémoires désigné leur expert sont invitées par une notification faite conformément à l'art. 7, c'est-à-dire dans la forme administrative, à désigner dans le délai de huit jours. Si cette désignation n'est pas parvenue au greffe dans ce délai, la nomination est faite d'office par le conseil de préfecture.

7771. — En cas de désaccord des experts, la tierce expertise était obligatoire pour le conseil de préfecture, même en l'absence de conclusions des parties. — Cons. d'Et., 16 mars 1857, Grimaldi, [Leb. chr., p. 192]; — 1er mars 1866, Prévost, [Leb. chr., p. 195]; — 23 janv. 1868, Cie P.-L.-M., [Leb. chr., p. 77]; — 16 févr. 1870, Bonneau, [Leb. chr., p. 96]; — 3 mars 1870, Ferrand, [Leb. chr., p. 385]; — 4 juill. 1879, Adol... [Leb. chr., p. 553]

7772. — Toutefois la tierce expertise n'était pas obligatoire quand les experts, d'accord sur les constatations matérielles, ne différaient d'avis que sur un point de droit. — Cons. d'Et., ... janv. 1883, Braux, [Leb. chr., p. 4]; — 3 août 1888, Mahieu... [Leb. chr., p. 702]

7773. — Lorsque les experts étaient d'accord et que cependant le conseil de préfecture ne se jugeait pas suffisamment éclairé, il ne pouvait pas ordonner une tierce expertise. — Cons. d'Et., 2 nov. 1888, Bénard et Tabaraut, [Leb. chr., p. 779]

7774. — Mais il pouvait faire procéder à un supplément d'instruction, soit par les mêmes experts, — Cons. d'Et., 19 mars 1865, Lang-Thuit, [Leb. chr., p. 557]; — 7 avr. 1869, Chavavine... [Leb. chr., p. 324] — ... soit par un agent de l'administration. — Cons. d'Et., 14 juill. 1876, Préfet du Calvados, [Leb. chr., p. 671]

7775. — Le tiers expert était nommé par le conseil de préfecture. Il n'était pas nécessaire que les parties fussent présentes à cette nomination ni qu'elles y aient été convoquées. — Cons. d'Et., 26 avr. 1890, Mines de la Chapelle, [Leb. chr., p. 427]

7776. — Après la loi du 29 déc. 1884, qui avait introduit ...

tierce expertise dans toutes les réclamations en matière de contributions directes, on s'était demandé si le tiers expert devrait conformément à cette loi, être désigné par le juge de paix. Le Conseil d'Etat a résolu négativement cette question. — Cons. d'Et., 25 avr. 1891, Société de Bray, [Leb. chr., p. 314]

7777. — Aucune disposition de loi ou de règlement n'obligeait l'administration à notifier aux industriels le nom du tiers expert. — Cons. d'Et., 30 janv. 1892, Godart, [Leb. chr., p. 91]

7778. — Le tiers expert procédait seul à sa vérification. Rien ne l'obligeait à convoquer soit les parties intéressées, soit leurs experts. — Cons. d'Et., 13 juill. 1864, Vaux, [Leb. chr., p. 651]; — 27 févr. 1880, Massignon et Dufour, [Leb. chr., p. 217]; — 23 févr. 1883, Favril, [Leb. chr., p. 210]; — 26 juin 1885, Bonjour, [Leb. chr., p. 615]; — 15 nov. 1890, Mines de la Chapelle, [Leb. chr., p. 840]; — 25 avr. 1891, Giraudier-Bootz, [Leb. chr., p. 314]; — 20 nov. 1893, de Pruines, [Leb. chr., p. 767]

7779. — Il suffisait que l'industriel eût été averti, en temps utile, du dépôt au greffe du conseil de préfecture du rapport du tiers expert, pour que l'opération fût régulière. — Cons. d'Et., 26 juin 1885, Bonjour, [Leb chr., p. 615]

7780. — Quand elle n'avait pas été ordonnée, il y avait lieu de renvoyer les parties devant le conseil de préfecture. — Cons. d'Et., 12 nov. 1886, Salin, [Leb. chr., p. 775]; — 6 déc. 1890, Min. Agriculture, [Leb. chr., p. 930]

7781. — Pour qu'il y ait eu réellement tierce expertise, il fallait qu'il y ait eu désignation formelle par le conseil de préfecture suivie d'une prestation de serment. — Cons. d'Et., 1er mars 1866, Prévost, [Leb. chr., p. 195]

7782. — Lorsqu'une tierce expertise avait été ordonnée à tort, le rapport présenté par le tiers expert pouvait être retenu par la juridiction administrative à titre de renseignement. — Cons. d'Et., 2 nov. 1888, Bénard et Tabaraut, [Leb. chr., p. 779]

7783. — Le tiers expert n'était pas tenu d'adopter l'avis de l'un des deux experts. — Cons. d'Et., 6 janv. 1882, Commune de Saint-Ouen, [Leb. chr., p. 5]

7784. — La procédure organisée par la loi du 21 mai 1836, avait l'inconvénient de faire de deux opérations successives. Un assez long espace de temps pouvait s'écouler entre les deux périodes de cette procédure. Il en résultait des divergences d'opinions très-fréquentes entre les experts et le tiers expert. La loi du 22 juill. 1889 a mis fin à ces inconvénients en supprimant la tierce expertise. Aujourd'hui le tiers expert est nommé par les parties, ou si elles ne peuvent s'entendre, par le conseil de préfecture en même temps que les autres experts. Ils opèrent ensemble.

7785. — Depuis la promulgation de la loi de 1889, le conseil de préfecture n'a pu ordonner de tierce expertise, même dans les affaires où les opérations d'expertise étaient commencées. Il ne pouvait que prescrire une nouvelle expertise dans les formes nouvelles. — Cons. d'Et., 6 déc. 1890, Min. Agriculture, [Leb. chr., p. 930]; — 26 févr. 1892, Coquet, [Leb. chr., p. 188]; — 20 nov. 1893, de Pruines, [Leb. chr., p. 767]

7786. — III. *Des experts.* — Qui peut être nommé expert? Avant la loi du 22 juill. 1889, aucune disposition législative ne limitait le choix des parties ou du conseil de préfecture. Il avait été reconnu à maintes reprises par la jurisprudence que les fonctionnaires chargés de la surveillance et de l'entretien des chemins vicinaux pouvaient être chargés des fonctions d'expert ou de tiers expert. — Cons. d'Et., 22 févr. 1866, Nicoulland, [Leb. chr., p. 122]; — 7 sept. 1869, de Veance, [Leb. chr., p. 847]; — 20 mars 1875, Dollot et Moreau, [Leb. chr., p. 270]; — 1er déc. 1876, Labarre, [Leb. chr., p. 847]; — 27 avr. 1877, Richard, [Leb. chr., p. 377]; — 22 juin 1877, Legris, [Leb. chr., p. 613]; — 14 déc. 1877, Aubineau, [Leb. chr., p. 991]; — 28 déc. 1877, Ducharrau, [Leb. chr., p. 1053]; — 21 déc. 1877, Lemaire, etc., [Leb. chr., p. 1020]; — 11 janv. 1878, Hallette, [Leb. chr., p. 36]; — 5 juill. 1878, Aubineau, [Leb. chr., p. 629]; — 28 nov. 1879, Duriez, [Leb. chr., p. 751]; — 18 mars 1881, Tauveron, [Leb. chr., p. 297]; — 5 janv. 1883, Braux, [Leb. chr., p. 4]; — 18 nov. 1889, Lemoine, [Leb. chr., p. 996]; — 13 déc. 1889, Dubroca, [Leb. chr., p. 1156]

7787. — Décidé de même à l'égard des conducteurs des ponts et chaussées. — Cons. d'Et., 9 janv. 1874, Dallot, [Leb. chr., p. 4]; — 1er déc. 1876, Labarre, [Leb. chr., p. 847]; — 22 juin 1877, Legris, [Leb. chr., p. 613]; — 18 mars 1881, Tauveron, [Leb. chr., p. 297]

7788. — Le Conseil d'Etat ne faisait même aucune distinction entre l'agent voyer d'un canton voisin de celui où étaient situés les chemins dégradés, et l'agent voyer d'arrondissement. — Cons. d'Et., 18 mars 1881, Tauveron, [Leb. chr., p. 297]; — 3 août 1888, André, [Leb. chr., p. 702]

7789. — ... Ou l'agent voyer du canton qui, chargé de la surveillance des chemins dégradés, avait été chargé de dresser les états de proposition des subventions et de préparer tous les documents soumis à la juridiction compétente. — Cons. d'Et., 14 janv. 1863, Doré, [Leb. chr., p. 61]; — 28 déc. 1877, Ducharron, [Leb. chr., p. 1053]; — 5 juill. 1878, Aubineau, [Leb. chr., p. 629]; — 16 déc. 1887, Godart, [Leb. chr., p. 808]; — 26 déc. 1891, Cie des phosphates de France, [Leb. chr., p. 796]

7790. — On admettait aussi comme régulière la désignation d'un agent voyer qui avait été précédemment chargé d'instruire une réclamation du même industriel. — Cons. d'Et., 14 déc. 1877, Aubineau, [Leb. chr., p. 991]

7791. — Toutefois, les parties ne pouvaient être désignées comme expert dans leur propre cause. Ainsi il était décidé que les maires des communes intéressées à l'entretien d'un chemin ne pouvaient être nommés à ces fonctions. — Cons. d'Et., 23 mars 1877, Brunehaut, [Leb. chr., p. 303]; — 3 juill. 1878, Giraudier-Bootz, [Leb. chr., p 628]; — 13 déc. 1878, Legras, [Leb. chr., p. 1010]; — 31 déc. 1878, Painvin, [Leb. chr., p. 1128]; — 6 juin 1879, Giraudier-Bootz, [Leb. chr., p. 449]

7792. — L'industriel ne peut être son propre expert. Celui de l'administration peut se refuser à procéder avec lui à la constatation des dégradations. — Cons. d'Et., 26 avr. 1831, Rémy et Courteville, [Leb. chr., p. 301]

7793. — L'art. 17, L. 22 juill. 1889, corrige ce que cette jurisprudence avait d'abusif. Il dispose que les fonctionnaires, qui ont exprimé une opinion dans l'affaire litigieuse ou qui ont pris part aux travaux qui donnent lieu à une réclamation, ne peuvent être désignés comme expert. On ne pourra donc plus désigner l'agent qui a dressé l'état de proposition de subvention ni l'agent voyer d'arrondissement qui est appelé à donner son avis. D'après M. Villers (p. 108), la qualité de fonctionnaire connu de l'affaire constitue une cause de récusation que l'industriel pourra faire valoir même contre l'expert de la commune.

7794. — Le même article organise aussi la procédure de récusation des experts. « Les règles établies par le Code de procédure civile pour la récusation des experts sont applicables dans le cas où les experts sont désignés d'office par le conseil de préfecture. La récusation doit être proposée dans les huit jours de la notification de l'arrêté qui a désigné l'expert. Elle est jugée d'urgence. Passé ce délai, la partie qui voudrait récuser serait forclose. — Cons. d'Et., 16 janv. 1892, Vicujat, [Leb. chr., p. 19] — Il résulte des termes de cet article que la récusation n'est possible que contre les experts nommés d'office et non contre ceux désignés par les parties. — Teissier et Chapsal, *Proc.*, p. 137.

7795. — La nomination des experts peut être rétractée par les parties tant que la prestation de serment n'a pas eu lieu.

7796. — Si l'expert n'accepte pas la mission qui lui a été confiée, il en est désigné un autre à sa place. Ce nouvel expert est nommé de la même manière que le précédent, c'est-à-dire que la partie doit être mise en demeure de le désigner. C'est seulement après l'expiration du délai légal que le conseil de préfecture pourrait procéder d'office à cette nomination.

7797. — L'expert qui, après avoir accepté sa mission, ne la remplit pas, et celui qui ne dépose son rapport dans le délai fixé par le conseil de préfecture, peuvent être condamnés à tous les frais frustratoires et même à des dommages-intérêts s'il y a lieu. L'expert est en outre remplacé (L. de 1889, art. 18). Il doit être mis en demeure de faire valoir ses moyens de défense devant le conseil de préfecture.

7798. — Autrefois pourvu que les experts eussent procédé ensemble, l'expertise était régulière, alors même que les parties n'auraient pas été convoquées à y assister. — Cons. d'Et., 24 déc. 1877, Massignon et Dufour, [Leb. chr., p. 1020]; — 3 juin 1881, Presson-Mangin, [Leb. chr., p. 585]; — 3 août 1888, André, [Leb. chr., p. 702]

7799. — Il n'en est plus de même aujourd'hui. Aux termes de l'art. 19, L. 22 juill. 1889, les parties doivent être averties par le ou les experts des jours et heures auxquels il sera procédé à l'expertise : cet avis leur est adressé, quatre jours au moins à l'avance, par lettre recommandée. Les observations faites par les parties au cours des opérations, doivent être consignées dans le rapport.

53

7800. — Le conseil de préfecture peut, dans l'arrêté par lequel il prescrit l'expertise, désigner par avance les experts qui seraient chargés de représenter les parties au cas où celles-ci ne les désigneraient pas dans le délai légal. Il suffit que cet arrêté soit notifié aux intéressés assez tôt avant le commencement de l'expertise pour qu'ils puissent désigner leur expert. — Cons. d'Et., 27 juin 1853, Admin. des forêts, [Leb. chr., p. 469]; — 24 avr. 1874, Fenaille, [Leb. chr., p. 355]; — 18 juill. 1884, Vivier, [Leb. chr., p. 609]

7801. — Il peut y avoir plus de trois experts quand il y a plus de deux parties intéressées. Le cas se présentera quand, des dégradations extraordinaires ayant été causées à un chemin, il y a doute sur l'industriel auquel la subvention peut être réclamée. Ainsi quand il y a doute sur la situation respective du vendeur de bois et de l'industriel, il y a lieu de les appeler tous deux à l'expertise. — Cons. d'Et., 25 août 1865, Girod, [Leb. chr., p. 841]

7802. — IV. *Prestation de serment.* — A la différence de la procédure en matière de contributions directes, les experts doivent prêter serment. Cette formalité a toujours été prescrite à peine de nullité de l'expertise ou de la tierce expertise. — Cons. d'Et., 23 août 1836, Duval, [Leb. chr., p. 418]; — 14 févr. 1839, de Feuchères, [Leb. chr., p. 145]; — 30 juill. 1840, Detouillon, [Leb. chr., p. 281]; — 9 janv. 1843, Aubelle, [Leb. chr., p. 20]; — 6 juill. 1843, Chantreaux, [Leb. chr., p. 355]; — 18 juin 1846, Malatre, [Leb. chr., p. 347]; — 17 juin 1848, Deguerre, [Leb. chr., p. 387]; — 17 juin 1848, Collaub, [Leb. chr., p. 390]; — 18 juin 1848, Parquin, [Leb. chr., p. 400]; — 22 févr. 1849, Admin. des forêts, [Leb. chr., p. 117]; — 9 févr. 1850, Vuillet, [Leb. chr., p. 148]; — 21 déc. 1850, Sicler, [Leb. chr., p. 969]; — 24 févr. 1853, Rug de Malezeius, [Leb. chr., p. 279]; — 23 nov. 1854, Beckaert, [Leb. chr., p. 896]; — 11 août 1859, Collignon, [Leb. chr., p. 581]

7803. — Toutefois le moyen de nullité tiré de l'omission de cette formalité était déclaré irrecevable quand les parties avaient assisté à l'expertise sans protestation ni réserve. — Cons. d'Et., 12 mars 1880, Bureau, [Leb. chr., p. 278]

7804. — Quand il était établi que la prestation de serment avait été faite avant l'expertise, il était sans importance que l'acte de prestation de serment eût été enregistré après. — Cons. d'Et., 14 juill. 1876, Préfet du Calvados, [Leb. chr., p. 671]

7805. — Lorsque des experts ayant prêté serment étaient chargés de procéder à un supplément d'instruction, il n'était pas nécessaire de renouveler cette formalité. — Cons. d'Et., 11 août 1859, Collignon, [Leb. chr., p. 581]

7806. — Quant à l'autorité compétente pour recevoir le serment des experts, la loi ne faisant pas cette désignation, le conseil de préfecture pouvait commettre soit le sous-préfet, — Cons. d'Et., 19 mai 1835, Tramay, [Leb. chr., p. 127] — ... soit le maire de la commune, — Cons. d'Et., 18 janv. 1862, Jumel, [Leb. chr., p. 41]; — 12 avr. 1878, Delamarre, [Leb. chr., p. 388] — ... soit, à son défaut, l'adjoint. — Cons. d'Et., 11 janv. 1878, Halleth, [Leb. chr., p. 36]; — 12 mars 1880, Lemaire, [Leb. chr., p. 280] — ... soit le juge de paix. — Cons. d'Et., 5 août 1881, Leclerc, [Leb. chr., p. 776]

7807. — La loi du 22 juill. 1889 (art. 16) a réglé cette procédure. L'arrêté qui ordonne l'expertise et en fixe l'objet et qui nomme, s'il y a lieu, le ou les experts, désigne l'autorité devant laquelle ils doivent prêter serment, à moins que le conseil ne les en dispense, du consentement des parties. La prestation de serment et l'expédition du procès-verbal ne donnent lieu à aucun droit d'enregistrement. Cette exemption n'entraîne pas celle du timbre (Instr. Décr. gén. Enreg., 5 oct. 1889).

7808. — V. *Opérations de l'expertise.* — La partie qui a assisté aux opérations de l'expertise n'est pas fondée à l'arguer de nullité par le seul motif qu'elle n'aurait pas été prévenue du jour et de l'heure où elle devait avoir lieu. — Cons. d'Et., 19 mai 1835, Tramay, [Leb. chr., p. 127]

7809. — S'il y a plusieurs experts, ils procèdent ensemble à la visite des lieux (L. 22 juill. 1889, art. 20). Ils doivent opérer ensemble. S'ils se rendaient sur les lieux séparément, l'expertise serait nulle ou plutôt inexistante.

7810. — Cependant si c'est par suite du refus de procéder opposé par l'un des experts que la visite des lieux n'a pas été faite contradictoirement, l'expertise n'en sera pas moins régulière. — Cons. d'Et., 21 juill. 1870, Lacour, [Leb. chr., p. 924]

7811. — La visite des chemins dégradés par les experts est

absolument obligatoire. Cette prescription a pour but la constatation directe des dégradations quand elle est possible. En tous cas, elle tend à empêcher l'abus qui consiste à imposer les industriels en vertu de calculs établis à l'avance ou de moyennes dans lesquelles il n'est qu'insuffisamment tenu compte des faits. — Villers, p. 115.

7812. — Quand les experts n'ont pas visité le chemin dégradé, l'expertise est radicalement nulle. — Cons. d'Et., 15 déc. 1859, Parquin, [Leb. chr., p. 750]; — 28 déc. 1859, Minelle, [Leb. chr., p. 783]; — 20 juin 1861, Falatieu, [Leb. chr., p. 527]; — 25 févr. 1863, Deysson, [Leb. chr., p. 168]; — 4 juill. 1873, Robin, [Leb. chr., p. 610]

7813. — Parfois cependant le Conseil d'Etat décide qu'une expertise pouvait être régulière, malgré l'absence de visite du chemin par les experts, quand ceux-ci avaient eu à leur disposition les moyens de vérification nécessaire. — Cons. d'Et., 16 févr. 1883, Lemaire, [Leb. chr., p. 179]

7814. — Il arrive assez souvent que, malgré la visite des chemins, les experts ne puissent constater directement l'existence des dégradations. Ce fait se produit pour tous les chemins où les réparations sont effectuées au fur et à mesure des dégradations. Bien qu'alors la constatation directe soit impossible, l'expertise n'en est pas moins régulière. — Cons. d'Et., 9 mai 1879, Massignon et Dufour, [Leb. chr., p. 361]; — 12 nov. 1886, Giraudier-Bootz, [Leb. chr., p. 775]; — 11 avr. 1889, Ragon, [Leb. chr., p. 506]

7815. — En effet, les experts ne sont pas tenus de procéder à leurs opérations avant la réparation des dégradations. — Cons. d'Et., 3 déc. 1857, Merlet, [Leb. chr., p. 765]

7816. — En l'absence de constatation directe, les experts peuvent apprécier les dégradations d'après l'état du chemin dans les parties où il n'a pas encore été réparé. — Cons. d'Et., 25 févr. 1863, Deysson, [Leb. chr., p. 168]

7817. — La constatation des dégradations peut encore se faire sur des chemins formant le prolongement de ceux sur lesquels les subventions sont réclamées. — Cons. d'Et., 21 juill. 1870, Lacour, [Leb. chr., p. 924]

7818. — Pour que la constatation directe des dégradations soit possible, il est indispensable qu'il ne s'écoule pas un trop long espace de temps entre le moment où elles se produisent et l'expertise. Nous avons déjà examiné cette question à propos du délai pendant lequel les subventions peuvent être réclamées. Mais c'est surtout à propos de l'époque des expertises qu'elle s'est présentée au Conseil d'Etat.

7819. — Le fait que l'expertise a eu lieu après l'expiration de l'année dans laquelle ont été faites les dégradations n'entraîne pas la nullité de l'expertise. Il n'en serait autrement que si le règlement préfectoral avait expressément édicté cette sanction. — Cons. d'Et., 24 mai 1865, Vallier, [Leb. chr., p. 579]

7820. — La jurisprudence ne paraît pas être très-fermement fixée sur ce point. Il a été jugé maintes fois que des expertises faites au cours de la seconde année qui suit les dégradations étaient tardives. — Cons. d'Et., 8 févr. 1864, Marnat, [Leb. chr., p. 96]; — 20 août 1864, Driancourt, [Leb. chr., p. 812]; — 7 juin 1866, Bélin, [Leb. chr., p. 624]; — 15 avr. 1868, Lechat, [Leb. chr., p. 418]; — 20 nov. 1874, Lemaire, [Leb. chr., p. 889]

7821. — Toutefois on admet aujourd'hui que l'expertise peut avoir lieu dans un ou plus après les dégradations pourvu que les experts aient pu suppléer à l'insuffisance des constatations directes au moyen de documents fournis par l'administration. — Cons. d'Et., 13 mai 1862, Berthelot, [Leb. chr., p. 381]; — 7 sept. 1869, de Veance, [Leb. chr., p. 847]; — 11 mai 1870, Renault, [Leb. chr., p. 560]; — 15 juin 1877, Pottuau, [Leb. chr., p. 585]; — 27 juin 1879, Ducharron, [Leb. chr., p. 528]; — 2 juill. 1880, Perraudin, [Leb. chr., p. 621]; — 6 août 1880, Barbeau, [Leb. chr., p. 722]; — 5 août 1881, Lesbre, [Leb. chr., p. 776]; — 24 nov. 1882, Paymal-Picard, [Leb. chr., p. 913]; — 23 févr. 1883, Féaux, [Leb. chr., p. 210]; — 11 mai 1883, Donnard, [Leb. chr., p. 445]; — 21 nov. 1884, Brochet, [Leb. chr., p. 801]; — 18 mai 1888, Chappat, [Leb. chr., p. 457]; — 25 avr. 1891, Giraudier-Bootz, [Leb. chr., p. 314]; — 2 déc. 1893, Lambert, [Leb. chr., p. 807]

7822. — Quand l'expertise est tardive et n'établit pas suffisamment l'existence et l'importance des dégradations, et qu'il est impossible de faire cette constatation, à raison du long temps écoulé, on doit accorder décharge des subventions. — Cons. d'Et., 8 nov. 1872, Legrand, [Leb. chr., p. 533]; — 30 juin 1876,

Bourdon, [Leb. chr., p. 610]; — 27 avr. 1877, Lemaire, [Leb. chr., p. 379]; — 4 juill. 1879, Adol, [Leb. chr., p. 553]; — 13 avr. 1881, Commune d'Arnaville, [Leb. chr., p. 438]; — 13 mai 1881, Taponnier, Leb. chr., p. 481]; — 3 août 1888, Isabel, [Leb. chr., p. 702]; — 7 mars 1891, Vallenet, [Leb. chr., p. 198]

7823. — Les industriels ne sont pas fondés à se prévaloir de la tardiveté de l'expertise quand ils ont causé ce retard, soit par eux-mêmes, soit par leurs experts. Il en ainsi par exemple lorsqu'ils se sont refusés à nommer leur expert. — Cons. d'Et., 30 mai 1868, Devillaine, [Leb. chr., p. 618]; — 12 août 1868, Rueff, [Leb. chr., p. 904]; — 10 mars 1869, Forges de Fourchambault, [Leb. chr., p. 227]; — 10 janv. 1873, Damay, [Leb. chr., p. 26]; — 11 févr. 1876, Daniel, [Leb. chr., p. 134]; — 16 mai 1879, Cheilus, [Leb. chr., p. 392]; — 10 févr. 1882, Leclerc et Delpierre, [Leb. chr., p. 141]; — 22 déc. 1882, Civet, [Leb. chr., p. 1032]; — 16 févr. 1883, Leclerc, [Leb. chr., p. 179]; — 23 janv. 1885, Martin et Arrachart, [Leb. chr., p. 70]; — 5 févr. 1886, Bullot, [Leb. chr., p. 110]; — 5 mars 1886, Vervel, [Leb. chr., p. 200]; — 10 déc. 1886, Giraudier-Bootz, [Leb. chr., p. 871]; — 29 avr. 1887, Duhoves, [Leb. chr., p. 335]; — 3 août 1888, André, [Leb. chr., p. 702]; — 5 avr. 1889, Millot, [156]; — 13 déc. 1889, Dubroca, [Leb. chr., p. 1456]; — 23 janv. 1892, Breuil, [Leb. chr., p. 30]; — 20 nov. 1893, de Pruines, [Leb. chr., p. 767]

7824. — Quant au tiers expert, il n'était pas tenu de visiter les chemins quand le désaccord des experts ne portait que sur une question de droit ou sur le principe de l'obligation des industriels. — Cons. d'Et., 27 avr. 1877, Richard, [Leb. chr., p. 378]; — 23 févr. 1883, Favril, [Leb. chr., p. 210]

7825. — Les éléments auxquels les experts peuvent recourir, à défaut de constatation directe des dégradations, sont d'une part ceux que leur fournit l'administration, les feuilles de pointages et les carnets de circulation sur lesquels les agents du service vicinal ont pointé les colliers. — Cons. d'Et., 29 juill. 1881, Mahieu, [Leb. chr., p. 745]; — 14 mars 1884, Deligny, [Leb. chr., p. 193]; — 13 janv. 1886, Lunel, [Leb. chr., p. 27]

7826. — Quand le tonnage relevé par les carnets de circulation est inférieur à celui qui est relevé sur les livres de l'industriel, celui-ci ne peut se plaindre de ce que le pointage des voitures circulant sur le chemin n'aurait pas été fait d'une manière continue. — Cons. d'Et., 7 août 1885, Girard, [Leb. chr., p. 757]

7827. — En l'absence de carnets de circulation, on peut avoir recours aux livres des industriels pour établir le nombre des voitures, le poids des chargements, la nature des transports et la saison dans laquelle ils ont été effectués. — Cons. d'Et., 29 juill. 1881, Mahieu, [Leb. chr., p. 745]; — 18 janv. 1890, Jaluzot, [Leb. chr., p. 45]; — 20 juin 1891, Jaluzot, [Leb. chr., p. 476]

7828. — La subvention peut être fixée encore d'après les déclarations des industriels. — Cons. d'Et., 23 mars 1877, Brunehaut, [Leb. chr., p. 303]; — 5 juill. 1878, Giraudier-Bootz, [Leb. chr., p. 628]; — 31 déc. 1878, Painvin, [Leb. chr., p. 128]

7829. — ... Ou d'après l'avis des experts. — Cons. d'Et., 16 mai 1879, Cheilus, [Leb. chr., p. 392]; — 28 nov. 1879, Duriez, [Leb. chr., p. 751]; — 14 déc. 1883, Sueur, [Leb. chr., p. 813]; — 11 déc. 1885, Sueur, [Leb. chr., p. 944]

7830. — Mais en l'absence de carnets de circulation et de tout document pouvant y suppléer, il faut accorder décharge de la subvention. — Cons. d'Et, 9 nov. 1889, Pruvost, [Leb. chr., p. 1006]; — 2 mai 1894, Pruvost, [Leb. chr., p. 342]

7831. — Les experts ne pourraient en pareil cas adopter sans vérification les propositions de l'administration. — Cons. d'Et., 21 janv. 1857, Dautcourt, [Leb. chr., p. 47]

7832. — Les industriels ne peuvent exiger de l'administration la production des pièces comptables justificatives des dépenses par elle effectuées sur le chemin. — Cons. d'Et., 21 juin 1855, Beuret, [Leb. chr., p. 457]

7833. — En tous cas les experts sont tenus, à peine de nullité de l'expertise, d'indiquer dans leur rapport les éléments qui ont servi à former leur opinion. L'absence de ces indications ne permettrait pas en effet à la juridiction compétente de faire une appréciation raisonnée de l'importance des dégradations et de la quotité des subventions. — Cons. d'Et., 25 août 1858, Mangain, [Leb. chr., p. 596]; — 11 août 1859, Collignon, [Leb. chr., p. 581]; — 21 déc. 1859, Chéron, [Leb. chr., p. 760]; — 28 déc. 1859, Minelle, [Leb. chr., p. 785]; — 25 janv. 1860, Des-

cart, [Leb. chr., p. 56] ; — 13 déc. 1860, Parquin, [Leb. chr., p. 761]; — 23 févr. 1861, Collignon, [Leb. chr., p. 131]; — 12 août 1861, Deysson, [Leb. chr., p. 720]; — 13 mars 1862, Crapez, [Leb. chr., p. 197]; — 14 juin 1862, Bodilot, [Leb. chr., p. 483]; — 24 mai 1865, Munnier, [Leb. chr., p. 580]; — 8 mars 1866, Autier, [Leb. chr., p. 222]; — 12 mai 1869, Onizille, [Leb. chr., p. 440]; — 29 juin 1870, Dufour, [Leb. chr., p. 829]

7834. — VI. *Rapport d'expert.* — Le conseil de préfecture, dans l'arrêté par lequel il prescrit l'expertise, fixe le délai dans lequel les experts seront tenus de déposer leur rapport au greffe (L. 22 juill. 1889, art. 16).

7835. — Jusqu'en 1889, les experts étaient libres, lorsqu'ils ne se trouvaient pas d'accord, de déposer des rapports séparés. L'art. 20, L. 22 juill. 1889, a supprimé cette faculté. Les experts dressent un seul rapport. Dans le cas où ils sont d'avis différents, ils indiquent l'opinion de chacun d'eux et les motifs à l'appui.

7836. — Avant la loi de 1889, aucune disposition législative ou réglementaire ne prescrivait la communication aux parties des rapports des experts ou du tiers expert. — Cons. d'Et., 27 janv. 1865, Bouiller, [Leb. chr., p. 121]; — 21 déc. 1877, Lemaire, [Leb. chr., p. 1020]

7837. — On en avait conclu que la partie, qui avait demandé cette communication, n'était pas fondée à se plaindre de ce qu'elle ne lui avait pas été faite. — Cons. d'Et., 29 juill. 1868, Barrier, [Leb. chr., p. 816]; — 29 juill. 1881, Mahieu, [Leb. chr., p. 745]

7838. — L'art. 10, L. 25 juill. 1889, dispose au contraire qu'après le dépôt du rapport d'expertise au greffe, les parties sont invitées, par une notification faite conformément à l'art. 7, à en prendre connaissance et à fournir leurs observations dans le délai de quinze jours; une prorogation de délai peut être accordée.

7839. — Quand cette notification a été faite dans une commune où l'industriel n'habitait plus et qu'il n'a pas été touché par elle, l'arrêté du conseil de préfecture qui intervient sur cette instruction irrégulière doit être annulé. — Cons. d'Et., 14 nov. 1891, Breuil, [Leb. chr., p. 670]

7840. — Si après l'expertise, les parties n'ont pas été appelées à prendre connaissance du rapport des experts, elles peuvent former opposition contre la décision du conseil de préfecture (L. de 1889, art. 53). Cette opposition peut être formée dans le délai d'un mois, à dater de la notification de l'arrêté.

7841. — L'expertise ne lie en aucun cas le conseil de préfecture et lui laisse toute sa liberté d'appréciation (L. 22 juill. 1889, art. 22). — Cons. d'Et., 15 mai 1874, Ducharon, [Leb. chr., p. 435]

7842. — Si le conseil de préfecture ne trouve pas dans le rapport d'expertise des éclaircissements suffisants, il peut ordonner un supplément d'instruction, ou bien ordonner que les experts comparaîtront devant lui pour fournir les explications et renseignements nécessaires (art. 22). Ces mesures sont, bien entendu, toujours facultatives pour le conseil. — Cons. d'Et., 22 avr. 1857, de Lur-Saluces, [Leb. chr., p. 318]; — 1er sept. 1860, Ferraud, [Leb. chr., p. 690]; — 21 déc. 1877, Lalande, [Leb. chr., p. 1020]

7843. — Une vérification ordonnée sur l'ensemble de la contestation et confiée à un agent qui est assujetti à l'obligation de prêter serment constitue une véritable expertise et non une simple information : elle doit donc être annulée si cet expert unique a été nommé d'office sans mise en demeure préalable aux parties. — Cons. d'Et., 18 avr. 1891, Genet, [Leb. chr., p. 290]

7844. — VII. *Frais d'expertise.* — Qui doit supporter les frais d'expertises? C'est en principe la partie qui succombe. On s'était demandé si, à raison de l'assimilation faite pour le recouvrement entre les subventions spéciales et les contributions directes, on devait appliquer le principe posé par l'arrêté du 24 floréal an VIII, aux termes duquel toute réduction accordée au contribuable devait entraîner la condamnation de l'administration aux frais d'expertise. Le Conseil d'Etat avait d'abord adopté cette manière de voir. — Cons. d'Et., 7 janv. 1837, Pelletier, [Leb. chr., p. 29]; — 15 avr. 1837, de Luynes, [Leb. chr., p. 279]; — 17 mars 1838, Salorne, [Leb. chr., p. 228]; — 8 févr. 1860, Delombes, [Leb. chr., p. 87]; — 12 juin 1860, Grindelle, [Leb. chr., p. 423]

7845. — Mais la jurisprudence a changé par le motif que l'arrêté du 24 floréal an VIII était spécial aux contributions qui se perçoivent en vertu de rôles dressés par l'administration et ren-

dus exécutoires par le préfet et qu'aucun texte de loi ne l'avait rendu applicable aux subventions. — Cons. d'Et., 20 mars 1861, Grindelle, [Leb. chr., p. 182] ; — 28 mars 1862, Ringuier, [Leb. chr., p. 239] ; — 2 juill. 1870, Blavier, [Leb. chr., p. 850] ; — 13 mars 1874, Thomas, [Leb. chr., p. 256] ; — 26 nov. 1886, Préfet de Saône-et-Loire, [Leb. chr., p. 824]

7846. — Dès ce moment on a reconnu à la juridiction administrative le droit de faire supporter les frais d'expertise par la partie qui succombait suivant son appréciation. — Cons. d'Et., 20 mars 1861, Grindelle, [Leb. chr., p. 182] ; — 15 juin 1864, Bouez, [Leb. chr., p. 570] ; — 5 déc. 1865, Bally, [Leb. chr., p. 949] ; — 11 déc. 1867, Bordet, [Leb. chr., p. 182] ; — 3 mars 1876, Goujean, [Leb. chr., p. 206] ; — 30 juin 1876, Bourdon, [Leb. chr., p. 610] ; — 22 déc. 1876, Marbouty, [Leb. chr., p. 920] ; — 27 avr. 1877, Albert, [Leb. chr., p. 378] ; — 6 janv. 1882, Commune de Saint-Ouen, [Leb. chr., p. 5] ; — 16 févr. 1883, Leclerc, [Leb. chr., p. 179]

7847. — Même en cas de réduction accordée à l'industriel, les frais pouvaient être partagés en tenant compte de l'écart existant entre le chiffre fixé par les décisions et les prétentions des parties. — Cons. d'Et., 9 mai 1884, Labour, [Leb. chr., p. 352] ; — 4 juill. 1884, Faure, [Leb. chr., p. 552] ; — 10 déc. 1886, Giraudier-Bootz, [Leb. chr., p. 871] ; — 1er juin 1888, Parin-Grivart, [Leb. chr., p. 476] ; — 24 janv. 1891, Louis, [Leb. chr., p. 42]

7848. — Est considéré comme succombant dans ses prétentions l'industriel qui, ayant refusé le règlement amiable et même la réduction proposée transactionnellement par l'administration, n'obtient pas une réduction supérieure. — Cons. d'Et., 26 nov. 1886, Bourdon, [Leb. chr., p. 824] ; — 28 mars 1888, Rigot, [Leb. chr., p. 326]

7849. — Lorsque seules les prétentions exagérées de la commune au sujet du chiffre de la subvention ont motivé l'expertise, les frais ne peuvent être mis à la charge de l'industriel. — Cons. d'Et., 25 avr. 1861, Marion, [Leb. chr., p. 291]

7850. — Quand un conseil de préfecture a déclaré sans existence légale un syndicat formé pour l'entretien d'un chemin rural et rejeté sa demande de subvention, les frais d'expertise doivent être mis à la charge du syndicat. — Cons. d'Et., 7 nov. 1891, Bapsalle, [Leb. chr., p. 641]

7851. — Il n'y a pas lieu pour le conseil de préfecture de statuer sur les frais d'expertise avant d'avoir rendu la décision sur le fond. — Cons. d'Et., 13 juin 1879, Préfet du Pas-de-Calais, [Leb. chr., p. 482]

7852. — La loi du 22 juill. 1889 (art. 23) a réglé de nouveau la liquidation et la taxe des frais d'expertise. Nous avons indiqué ailleurs les dispositions qu'elle a édictées.

7853. — Quand un conseil de préfecture rejette une demande de subvention sans statuer sur les frais dus aux experts, ceux-ci ne sont pas recevables à se pourvoir devant le Conseil d'Etat contre cet arrêté. — Cons. d'Et., 22 juill. 1892, Thabourin, [Leb. chr., p. 633]

7854. — Avant la loi de 1889, il avait été décidé que le tarif civil n'était pas applicable au règlement des frais d'expertise. — Cons. d'Et., 26 déc. 1891, Moreau, [Leb. chr., p. 796]

7855. — Le Conseil d'Etat statuait en équité sur les frais et honoraires dus aux experts. Il n'était pas tenu d'allouer les mêmes sommes aux différents experts, appliquer un tarif plus élevé pour les experts étrangers à l'administration que pour les experts fonctionnaires. — Cons. d'Et., 5 déc. 1879, Tesson, [Leb. chr., p. 773]

4° Instruction devant le conseil de préfecture.

7856. — Le refus par le conseil de préfecture de procéder à une enquête ne constitue pas une irrégularité. La loi de 1836 ne prévoit pas d'autre mesure d'instruction que l'expertise. — Cons. d'Et., 21 déc. 1877, Prunelier, [Leb. chr., p. 1020]

7857. — Une procédure qui pourrait être avantageusement employée en matière de subventions spéciales est celle du référé organisée par l'art. 24, L. 22 juill. 1889. Les parties intéressées à faire constater d'urgence l'état des chemins peuvent demander que la constatation ait lieu aussitôt après la fin des transports, avant la réparation des dégradations. Sur cette demande le président du conseil de préfecture désigne un expert pour constater les faits qui par leur nature sont sujets à disparaître. L'expert doit se borner à constater l'état actuel des chemins.

7858. — La loi du 22 juill. 1889 (art. 44) a introduit une innovation dans l'instruction des instances portées devant le conseil de préfecture, en exigeant que les parties fussent toujours averties du jour où leur affaire est portée à la séance publique du conseil de préfecture. Toutefois elle a maintenu, pour les affaires de contributions directes et de taxes assimilées, la disposition du décret du 12 juill. 1865, d'après laquelle le conseil de préfecture n'était tenu de faire cette convocation que quand les parties avaient manifesté l'intention de présenter des observations. Dans laquelle des catégories d'affaires faut-il ranger les subventions spéciales? M. Villers (p. 146) pense qu'il faut les traiter comme des affaires ordinaires et que, par suite, la notification de l'avis d'audience est toujours obligatoire. Nous ne pensons pas. L'art. 44 a maintenu l'ancienne procédure pour toutes les affaires de taxes assimilées sans faire de distinction entre celles dont l'assiette est confiée au service des contributions directes et les autres. Or, les subventions spéciales, quelle que soit leur nature intrinsèque, sont recouvrées comme les contributions directes. C'est la formule ordinaire de l'assimilation. Cela suffit pour que nous les traitions comme taxes assimilées. La disposition de l'art. 41 n'est relative qu'à l'introduction des demandes.

7859. — Après le rapport qui est fait par un des conseillers, les parties peuvent présenter, soit en personne, soit par mandataire, des observations orales à l'appui de leurs conclusions écrites. Le conseil de préfecture peut également entendre les agents de l'administration compétent (dans l'espèce, les agents voyers) ou les appeler devant lui pour fournir des explications. Si les parties présentent des conclusions nouvelles ou des moyens nouveaux, le conseil ne peut les adopter sans ordonner un supplément d'instruction (art. 45).

7860. — Les arrêtés des conseils de préfecture doivent contenir les mentions ordinaires. Les erreurs de nom et de dates qui peuvent se glisser dans leur rédaction sont sans importance lorsqu'il n'est pas contesté que les pièces visées sont bien celles qui ont servi à l'instruction de la demande. — Cons. d'Et., 15 mai 1874, Ducharron, [Leb. chr., p. 435]

7861. — Le conseil de préfecture en cette matière motive suffisamment son arrêté en se fondant sur les constatations des pièces produites dans l'instruction. — Cons. d'Et., 15 juin 1883, Giraudier-Bootz, [Leb. chr., p. 555]

7862. — Le conseil de préfecture est lié dans une certaine mesure par la demande de la commune en ce sens qu'il ne peut condamner l'industriel à une subvention supérieure à celle qui est réclamée. — Cons. d'Et., 23 mars 1888, Deregnancourt, [Leb. chr., p. 295] ; — 13 juin 1891, Vagne, [Leb. chr., p. 443]

5° Notification des arrêtés.

7863. — L'expédition des décisions est délivrée par le secrétaire-greffier dès qu'il en est requis (art. 51). Dans quelle forme doit se faire la notification de l'arrêté aux parties? Dans les affaires ordinaires les décisions intervenues entre les communes et les particuliers doivent être notifiées par exploit d'huissier. Mais l'art. 51, in fine, dispose qu'il n'est rien changé au mode de notification des arrêtés en matière de contributions directes et de taxes assimilées. Dans son instruction du 31 juill. 1890, le ministre de l'Intérieur dit expressément que la notification des arrêtés relatifs aux taxes, même incomplètement assimilées, doit être faite dans la forme administrative et il s'appuie sur ce que l'art. 5 pas plus que l'art. 44 ne fait de distinction entre ces deux catégories de taxes. Aussi croyons-nous devoir sur ce point nous séparer de l'opinion émise par M. Villers (p. 149).

7864. — D'anciens arrêts avaient décidé que la notification administrative ne suffisait pas à faire courir le délai de recours au Conseil d'Etat et qu'il fallait une signification par exploit d'huissier à la requête de la partie qui triomphait. — Cons. d'Et., 25 nov. 1831, Ferriot et Thoureau, [Leb. chr., p. 100] ; — 20 juill. 1832, Ville de Troyes, [Leb. chr., p. 190]

7865. — Les erreurs d'indication des chemins commises dans l'acte de notification ne sont pas de nature à entraîner l'annulation de l'arrêté. — Cons. d'Et., 5 mars 1886, Vervel, [Leb. chr., p. 206]

7866. — L'absence de notification d'un arrêté ne peut en entraîner l'annulation. — Cons. d'Et., 23 mars 1888, Deregnancourt, [Leb. chr., p. 295]

7867. — La notification qui ne contient que le dispositif de

l'arrêté suffit pour faire courir le délai, du recours. — Cons. d'Et., 4 juill. 1862, Vilcoq, [Leb. chr., p. 538]

7868. — Pour faire courir le délai, il faut que la notification ait été faite à la partie elle-même. S'il s'agit d'un arrêté condamnant l'Etat pour une exploitation de forêts domaniales, la notification adressée au conservateur des forêts fait courir le délai contre le ministre. — Cons. d'Et., 22 mai 1861, Min. Finances, [Leb. chr., p. 400]

7869. — La notification peut être constatée par un certificat du cantonnier. — Cons. d'Et., 1er mai 1869, Belh, [Leb. chr., p. 402]

7870. — L'acte de notification doit indiquer aux parties qu'elles ont deux mois pour se pourvoir contre l'arrêté devant le Conseil d'Etat s'il est contradictoire, et un mois pour former opposition devant le conseil de préfecture s'il est rendu par défaut (L. de 1889, art. 52 et 57).

6° Caractère des arrêtés.

7871. — I. *Arrêtés contradictoires.* — Sont contradictoires les arrêtés qui interviennent à la suite d'une expertise à laquelle les parties ont comparu. — Cons. d'Et., 7 sept. 1861, Ambeau, [Leb. chr., p. 807]; — 13 févr. 1862, de Pérusse d'Escars, [Leb. chr., p. 111]; — 17 déc. 1862, Minelle, [Leb. chr., p. 800]; — 5 mai 1864, Demoulin, [Leb. chr., p. 422]; — 7 avr. 1865, Usiniers de l'Oise, [Leb. chr., p. 416] — ... alors même qu'elles se seraient abstenues de prendre part à la tierce expertise. — Cons. d'Et., 27 janv. 1865, Bouiller, [Leb. chr., p. 121]

7872. — Il en est de même quand l'industriel a désigné son expert. — Cons. d'Et., 17 nov. 1882, Dubourg, [Leb. chr., p. 898]

7873. — ... Ou quand il a motivé son refus d'acquitter les subventions dans un mémoire ou dans une simple lettre. — Cons. d'Et., 6 juin 1879, Leclerc d'Osmonville, [Leb. chr., p. 450]; — 10 mai 1890, Thomas, [Leb. chr., p. 488]

7874. — Quand un industriel, après avoir assisté à l'expertise et présenté des observations, vient à décéder avant que le conseil de préfecture ait statué, l'arrêté qui intervient est contradictoire à l'égard des héritiers. — Cons. d'Et., 6 juin 1879, Leclerc d'Osmonville, [Leb. chr., p. 450]

7875. — L'arrêté est contradictoire en ce sens alors même que la partie n'aurait pas produit de défense devant le conseil de préfecture. — Cons. d'Et., 1er mars 1860, Lefebvre, [Leb. chr., p. 174]; — 7 avr. 1865, Usiniers de l'Oise, [Leb. chr., p. 416]

7876. — L'opposition formée contre un arrêté contradictoire n'est pas recevable. — Cons. d'Et., 6 juin 1879, Leclerc d'Osmonville, [Leb. chr., p. 450]; — 17 nov. 1882, Dubourg, [Leb. chr., p. 898]

7877. — II. *Arrêtés par défaut. Opposition.* — Quand une partie n'a pas présenté de défenses écrites devant le conseil de préfecture et qu'elle n'a pas désigné d'expert, le fait qu'elle aurait été représentée à l'expertise par un expert nommé d'office ne suffit pas à donner à l'arrêté le caractère contradictoire. — Cons. d'Et., 6 mai 1858, Borteune, [Leb. chr., p. 357]; — 28 juill. 1859, Mines de Lens, [Leb. chr., p. 541]; — 15 déc. 1859, Parquin, [Leb. chr., p. 741]; — 27 déc. 1860, de Bayecourt, [Leb. chr., p. 821]; — 30 janv. 1861, Huot, [Leb. chr., p. 67]; — 24 avr. 1862, Cie d'Orléans, [Leb. chr., p. 324]; — 30 nov. 1862, Bélin, [Leb. chr., p. 740]; — 14 mars 1863, Cie des hauts-fourneaux et fonderies de Franche-Comté, [Leb. chr., p. 252]; — 19 juin 1863, Nizerolles, [Leb. chr., p. 500]; — 2 sept. 1863, Litaud, [Leb. chr., p. 735]; — 15 févr. 1864, Despeaux, [Leb. chr., p. 134]; — 11 févr. 1870, Thiéry, [Leb. chr., p. 63]

7878. — Les arrêtés rendus par défaut ne peuvent être attaqués que par la voie de l'opposition. Par suite l'appel au Conseil d'Etat n'est pas recevable. — Cons. d'Et., 6 août 1857, Tersouly, [Leb. chr., p. 648]; — 5 févr. 1867, Véret, [Leb. chr., p. 138]; — 11 févr. 1870, Thiéry, [Leb. chr., p. 63]; — 3 août 1877, Bourdon, [Leb. chr., p. 768]; — 9 févr. 1889, Tétevuide, [Leb. chr., p. 191]

7879. — L'opposition doit être présentée dans les mêmes formes que les requêtes introductives d'instance (L. de 1889, art. 52). Elle doit être faite sur papier timbré si la subvention est de 30 fr. au moins, et une simple lettre au préfet écrite sur papier libre ne saurait être considérée comme une opposition régulière. — Cons. d'Et., 5 févr. 1867, Véret, [Leb. chr., p. 138]

7880. — Avant la loi de 1889, aucune disposition n'avait fixé le délai de l'opposition. Aussi avait-on décidé que cette voie

de recours serait recevable tant que l'arrêté n'aurait pas été exécuté. — Cons. d'Et., 10 déc. 1880, Giraudier-Bootz, [Leb. chr., p. 982]

7881. — La loi nouvelle (art. 52) dispose que les arrêtés rendus par défaut peuvent être attaqués par voie d'opposition dans le délai d'un mois, à dater de la notification qui en est faite à la partie. L'acte de notification doit indiquer à la partie, qu'après l'expiration dudit délai, elle sera déchue du droit de former opposition.

7882. — Les arrêtés rendus sur opposition ne peuvent être attaqués que par la voie de l'appel. La règle « opposition sur opposition ne vaut » s'applique en cette matière. — Cons. d'Et., 23 juill. 1892, Rahier, [Leb. chr., p. 654]

7883. — III. *Tierce-opposition.* — Un conseil de préfecture ne peut reviser ses arrêtés quand ils seraient entachés d'une irrégularité manifeste. Il commettrait un excès de pouvoir. — Cons. d'Et., 15 mai 1848, Ferté, [Leb. chr., p. 301]; — 5 mai 1864, Dumoulin, [Leb. chr., p. 422]

7884. — Toute partie peut former tierce-opposition à une décision qui préjudicie à ses droits et lors de laquelle ni elle ni ceux qu'elle représente n'ont été appelés (L. 22 juill. 1889, art. 56). C'est ainsi qu'on a admis l'administration des ponts et chaussées à former tierce-opposition à un arrêté qui soumettrait à une subvention un entrepreneur de travaux publics. Les observations fournies par l'ingénieur devant le conseil de préfecture, à titre d'avis, ne suffisent pas pour rendre l'instance contradictoire à l'égard de l'administration. — Cons. d'Et., 24 avr. 1837, Min. Trav. publ., [Leb. chr., p. 524]

7885. — Mais le conseil de préfecture peut, à l'occasion d'une tierce-opposition, revenir sur sa première décision, alors même qu'il faudrait remettre en question la subvention mise à la charge des autres parties. — Cons. d'Et., 27 juin 1853, Commune de la Vendue-Mignot, [Leb. chr., p. 467]

7886. — Aucun délai n'est imparti pour former tierce-opposition.

7° Recours au Conseil d'Etat.

7887. — I. *Contre quels arrêtés est-il possible?* — En matière de subventions spéciales, les conseils de préfecture rendent des arrêtés d'avant-dire droit ou des arrêtés définitifs. Les arrêtés par lesquels ils ordonnent des expertises, tous droits et moyens des parties réservés, ne sont pas susceptibles d'être déférés directement au Conseil d'Etat. — Cons. d'Et., 18 févr. 1858, de Rochambeau, [Leb. chr., p. 166]; — 18 août 1866, Bordet, [Leb. chr., p. 1042]; — 5 janv. 1877, Chambard, [Leb. chr., p. 13]; — 4 janv. 1878, Cheilus, [Leb. chr., p. 10]; — 13 juin 1879, Préfet du Pas-de-Calais, [Leb. chr., p. 482]; — 11 juin 1886, Lacombe, [Leb. chr., p. 509]; — 15 nov. 1890, Mines de la Chapelle, [Leb. chr., p. 840]; — 13 déc. 1890, Mines de la Chapelle, [Leb. chr., p. 963]

7888. — Il en est de même des arrêtés qui, à défaut de désignation d'un expert par un industriel, en commettent un d'office. — Cons. d'Et., 27 déc. 1860, de Bayecourt, [Leb. chr., p. 821]; — 15 déc. 1864, Marcellin, [Leb. chr., p. 906]; — 23 déc. 1881, Macrez, [Leb. chr., p. 1025]; — 18 juill. 1884, Vivier, [Leb. chr., p. 607]

7889. — L'arrêté qui ordonne une expertise est préparatoire, alors même que le subventionnaire aurait opposé une fin de non-recevoir tirée de l'annualité du règlement des subventions et de la tardiveté de la demande. — Cons. d'Et., 29 mai 1866, de Villaine, [Leb. chr., p. 539]

7890. — Au contraire, un arrêté qui décide que seuls certains transports effectués par un industriel pourront entrer en compte dans l'établissement de la subvention et que, pour une expertise à l'effet d'en rechercher le chiffre est un arrêté interlocutoire. Les intéressés ont donc le choix entre deux partis : ou bien attendre la fin de l'expertise pour attaquer l'arrêté interlocutoire avec le fond, ou bien se pourvoir spécialement contre lui et sans délai. — Cons. d'Et., 13 juin 1879, Préfet du Pas-de-Calais, [Leb. chr., p. 842]; — 16 nov. 1883, Préfet du Pas-de-Calais, [Leb. chr., p. 806]

7891. — D'ailleurs, le recours au Conseil d'Etat n'étant pas suspensif, le pourvoi formé contre un arrêté interlocutoire qui a ordonné une expertise n'empêche pas l'administration de faire procéder à cette mesure d'instruction. Autrement les industriels auraient mille moyens dilatoires pour rendre impossible la con-

statation directe des dégradations. — Cons. d'Et., 11 déc. 1867, Bordet, [Leb. chr., p. 910]

7892. — II. *Qui a qualité pour se pourvoir devant le Conseil d'Etat?* — Nous avons précédemment exposé les règles générales de recevabilité de recours au Conseil d'État. Nous n'avons donc ici qu'à indiquer celles qui sont spéciales à la matière qui nous occupe. Le préfet seul a qualité pour se pourvoir devant le Conseil d'État au nom des communes intéressées quand il s'agit de chemins de grande communication et d'intérêt commun. — Cons. d'Et., 14 janv. 1877, Préfet de l'Aude, [Leb. chr., p. 42]; — 19 janv. 1877, Leguillou, [Leb. chr., p. 75]

7892 bis. — Mais s'il s'agit d'un chemin ordinaire, le préfet est sans qualité. — Cons. d'Et., 4 mai 1894, Préfet du Pas-de-Calais, [Leb. chr., p. 309]

7893. — Le pourvoi formé par un maire qui n'aurait pas été partie en première instance ne serait pas recevable. — Cons. d'Et., 14 juill. 1876, Préfet du Calvados, [Leb. chr., p. 674]

7894. — Le représentant légal des communes (préfet ou maire selon la nature du chemin) peut renoncer au bénéfice de l'arrêté attaqué. — Cons. d'Et., 26 janv. 1870, Marjoribouks, [Leb. chr., p. 25]; — 29 juin 1870, Dufour, [Leb. chr., p. 830]

7895. — III. *Instruction de la requête.* — La requête peut être déposée au secrétariat du contentieux, à la préfecture ou à la sous-préfecture (L. de 1889, art. 61). Dans ces deux derniers cas, elle est marquée d'un timbre qui indique la date de l'arrivée et elle est transmise par le préfet au Conseil d'État. Il est délivré récépissé à la partie qui le demande.

7896. — Les requêtes en matière de subventions ne sont pas dispensées de toute espèce de frais comme celles relatives aux prestations. Leur assimilation aux contributions directes les fait dispenser du ministère d'avocat, mais les assujettit aux frais de timbre quand la subvention réclamée est égale ou supérieure à 30 fr. — Cons. d'Et., 19 mars 1886, Ragon, [Leb. chr., p. 249]; — 12 nov. 1886, Sycinski, [Leb. chr., p. 775]; — 17 déc. 1886, Commune de Saint-Ciergues, [Leb. chr., p. 894]; — 16 nov. 1888, Bossu, [Leb. chr., p. 836]

7897. — Plusieurs industriels, condamnés par des arrêtés distincts, ne peuvent se pourvoir par une seule requête contre ces arrêtés. Le recours n'est recevable qu'en ce qui touche le premier demandeur dénommé. — Cons. d'Et., 1er juin 1888, Sarré-Maizière, [Leb. chr., p. 476]; — 3 août 1888, André, [Leb. chr., p. 702]

7898. — De même, un même contribuable ne peut déférer par une seule requête sept arrêtés le condamnant à diverses subventions. — Cons. d'Et., 19 mars 1886, Ragon, [Leb. chr., p. 249]

7899. — Mais quand des industriels ayant les mêmes moyens à présenter se seront pourvus par des requêtes distinctes, ils peuvent produire un mémoire ampliatif collectif sans encourir de déchéance. — Cons. d'Et., 15 juin 1888, Ansel, [Leb. chr., p. 519]

7900. — Le délai d'appel est le délai ordinaire de deux mois, qui court du jour de la notification de l'arrêté ou de l'expiration du délai d'opposition. Avant la loi de 1889, la jurisprudence avait admis qu'à l'égard du préfet représentant les communes intéressées aux chemins, le délai courait du jour de l'arrêté parce qu'il était chargé de le notifier. — Cons. d'Et., 13 juin 1879, Préfet du Pas-de-Calais, [Leb. chr., p. 482]; — 16 févr. 1883, Préfet de l'Isère, [Leb. chr., p. 179]

7901. — L'opposition formée contre un arrêté contradictoire n'a pas pour effet de prolonger le délai d'appel. — Cons. d'Et., 3 nov. 1882, Rigot, [Leb. chr., p. 821]

7902. — Il ne peut être présenté pour la première fois devant le Conseil d'État aucune conclusion qui n'aurait pas été préalablement soumise au conseil de préfecture. Les communes ne peuvent étendre en appel la portée de leur demande. — Cons. d'Et., 14 mars 1884, Jolie, [Leb. chr., p. 193] — Il en est de même à l'égard des demandes formulées par les industriels. C'est ainsi qu'ils ne sont pas recevables à réclamer pour la première fois l'expertise devant le Conseil d'État, ou à signaler les irrégularités dont elle serait entachée. — Cons. d'Et., 23 mars 1888, Derignancourt, [Leb. chr., p. 295]; — 15 juin 1888, Ansel, [Leb. chr., p. 519] — ... ou à demander la décharge des frais d'expertise. — Cons. d'Et., 12 févr. 1875, Bourdon, [Leb. chr., p. 130]

7903. — Quand un rapport d'expert est produit pour la première fois devant le Conseil d'État et que ce rapport contient des indications nouvelles, il y a lieu de renvoyer l'affaire au conseil de préfecture. — Cons. d'Et., 23 févr. 1861, Collignon, [Leb. chr., p. 131]; — 4 avr. 1861, Lucq-Rosa, [Leb. chr., p. 257]

7904. — Mais quand devant le conseil de préfecture, les industriels se sont bornés à discuter le principe de la subvention, ils ne sont pas recevables à soutenir en appel que l'expertise est insuffisante parce qu'elle n'a porté que sur ce point. — Cons. d'Et., 11 déc. 1885, Sibillotte, [Leb. chr., p. 944]; — 26 mars 1886, Bizouard, [Leb. chr., p. 274]

7905. — Quand un industriel a été condamné en première instance à payer une subvention, un tiers qui n'a pas été partie devant le conseil de préfecture, mais qui allègue que les transports ont eu lieu pour son compte n'est pas recevable à intervenir dans le débat. — Cons. d'Et., 6 août 1861, Bertrand et Reins, [Leb. chr., p. 674]

7906. — Une femme peut, sans y être autorisée par son mari, être appelée à défendre à une demande de subvention qui lui est adressée par les communes, et prendre part aux opérations de l'expertise. — Cons. d'Et., 13 mars 1862, Crapez, [Leb. chr., p. 197]

7907. — Le ministre de l'Intérieur reçoit communication des requêtes présentées au Conseil d'État en matière de subventions, mais il ne peut produire que de simples observations et donner son avis sur les prétentions respectives des parties. Il ne peut présenter de conclusions, n'étant pas partie en cause. Ainsi lorsqu'un moyen de nullité de l'instruction, de l'expertise par exemple, n'est soulevé que par le ministre, il n'est pas nécessaire d'annuler la procédure. — Cons. d'Et., 3 janv. 1848, d'Huart, [Leb. chr., p. 18]; — 9 févr. 1850, Gautier, [Leb. chr., p. 146]

7908. — Le pourvoi formé devant le Conseil d'État devient sans objet quand il a été donné satisfaction au requérant, lorsque, par exemple, celui-ci s'étant pourvu contre l'arrêt par la double voie de l'appel et de l'opposition, le conseil de préfecture, statuant sur cette dernière, a jugé en sa faveur. — Cons. d'Et., 7 sept. 1869, Petit-Chevalier, [Leb. chr., p. 854]; — 15 juin 1883, Giraudier-Bootz, [Leb. chr., p. 555]

7909. — Il en est de même quand l'administration est d'accord avec le requérant pour interpréter dans un sens favorable à la requête un arrêté qui contient une omission matérielle dans le dispositif. — Cons. d'Et., 6 avr. 1870, Petit-Chevalier [Leb. chr., p. 406]

7910. — Le pourvoi devient encore sans objet quand en cours d'instance intervient une convention d'abonnement entre l'industriel et l'administration. — Cons. d'Et., 16 avr. 1870, Nony, [Leb. chr., p. 474]

7911. — Quand un arrêté a été annulé par le Conseil d'État pour un vice de procédure, pour défaut de motifs ou omission de statuer par exemple, le Conseil d'État peut évoquer le fond de l'affaire. — Cons. d'Et., 5 avr. 1878, Daniel, [Leb. chr., p. 364]; — 18 avr. 1891, Genet, [Leb. chr., p. 290]

7912. — L'industriel qui obtient décharge ne peut se prévaloir de cette décision pour demander qu'on lui restitue les subventions payées par lui pour des années antérieures en vertu d'arrêtés passés en force de chose jugée. — Cons. d'Et., 31 mars 1870, Bachimont, [Leb. chr., p. 385]

7913. — Les subventions étant assimilées aux contributions directes, le conseil de préfecture et le Conseil d'État ne peuvent condamner l'industriel au paiement des intérêts des subventions dont il est reconnu débiteur. — Cons. d'Et., 5 juin 1874, Parent-Schaken, [Leb. chr., p. 528] — ... ni les communes au paiement des intérêts des sommes restituées aux industriels. — Cons. d'Et., 24 avr. 1874, Fenaille, [Leb. chr., p. 355]; — 9 avr. 1875, Fabrique de Meaux, [Leb. chr., p. 299]; — 4 juin 1875, Rives-Desgranges, [Leb. chr., p. 526]; — 2 nov. 1888, Bénard et Tabaraut, [Leb. chr., p. 555]

7914. — Aucune disposition législative n'autorise les industriels qui obtiennent décharge à demander le remboursement des frais de timbre exposés par eux. — Cons. d'Et., 18 janv. 1878, Hauts-fourneaux de la Franche-Comté, [Leb. chr., p. 57]; — 17 nov. 1882, Dubourg, [Leb. chr., p. 898]

7915. — En cette matière, il ne peut être alloué d'autres dépens que les frais d'expertise. — Cons. d'Et., 26 nov. 1846, Agombart, [Leb. chr., p. 514]; — 17 juin 1848, Deguerre, [Leb. chr., p. 387]; — 18 juin 1848, Parquin, [Leb. chr., p. 400]; — 15 avr. 1857, de Luynes, [Leb. chr., p. 279]; — 8 nov. 1872, Mines de Sarthe, [Leb. chr., p. 535]; — 1er déc. 1876, Préfet du Pas-de-Calais, [Leb. chr., p. 847]; — 21 févr. 1890, Cie houillère de Béthune, [Leb. chr., p. 187]; — Telle est l'opinion du ministre de l'Intérieur (Instr. 31 juill. 1890, qui nous paraît devoir être préférée à celle de M. Villers (p. 160) pour les raisons énoncées plus haut.

§ 6. Mode d'acquittement des subventions.

1° Exécution en nature.

7916. — Les subventions peuvent être, au choix des subventionnaires, acquittées en argent ou au moyen de prestations en nature (L. 21 mai 1836, art. 14). En conséquence, la notification des décisions du conseil de préfecture qui sera faite aux industriels, aux propriétaires ou aux entrepreneurs, contiendra l'invitation de faire connaître, dans un délai de quinze jours, s'ils entendent se libérer en nature ou en argent. Leur déclaration devra être adressée au préfet ou au maire suivant la nature du chemin. L'absence de déclaration dans le délai sera considérée comme une option pour le paiement en argent et le montant de la subvention sera immédiatement exigible (Instr. 6 déc. 1870, art. 113). — Cons. d'Et., 23 mars 1877, Brunehaut, [Leb. chr., p. 303]; — 7 août 1883, Faure-Girard, [Leb. chr., p. 757]

7917. — Un arrêté, par lequel un conseil de préfecture s'est borné à fixer le montant de la subvention due, ne doit pas être considéré comme déterminant le mode suivant lequel elle doit être acquittée et comme excluant l'acquittement en nature. — Cons. d'El., 8 août 1865, Fontaine, [Leb. chr., p. 754]

7918. — Si le subventionnaire a déclaré vouloir se libérer en nature, il sera procédé selon les règles indiquées pour l'exécution de la prestation (Instr. géa., art. 114). La subvention devra être convertie en journées de différentes espèces ou en tâches, d'après les tarifs de conversion arrêtés pour la commune. Le subventionnaire devra faire effectuer ses travaux par des hommes valides, placés sous l'autorité et l'inspection des agents du service vicinal, à des époques fixées par l'administration. Des quittances sont données au subventionnaire au fur et à mesure de l'emploi des journées. — Villers, n° 167.

7919. — L'administration ne peut se prévaloir de ce que les travaux n'ont pas été exécutés sous sa surveillance pour refuser de faire procéder à leur vérification et de tenir compte au subventionnaire des travaux effectués. — Cons. d'Et., 29 janv. 1863, Cie P.-L.-M., [Leb. chr., p. 72]

7920. — Quand, après avoir opté, pour l'exécution en nature, l'industriel n'exécute pas les travaux, la subvention devient exigible en argent. Il en est de même si les travaux faits sont reconnus mal exécutés ou incomplets. Il doit être procédé à cet effet à une réception des travaux, et si les travaux sont incomplets, on demandera au subventionnaire de payer en argent le complément des travaux nécessaires. — Cons. d'Et., 23 juill. 1892, Thouvenot, [Leb. chr., p. 654]

7921. — Les décisions qui sont prises par le préfet pour rendre exigible contre l'industriel le paiement en argent de ces compléments de subvention ne peuvent être déférées au Conseil d'Etat pour excès de pouvoir. C'est devant le conseil de préfecture, sous forme de demande en décharge ou réduction, que doivent être portées les contestations relatives au paiement en nature. — Cons. d'Et., 19 mars 1886, Ragon, [Leb. chr., p. 249]

7922. — Les industriels ne peuvent réclamer une expertise si cette mesure est devenue impossible ou inutile. — Cons. d'Et., 22 nov. 1890, Bénard et Tabaraut, [Leb. chr., p. 853]

7923. — Pour l'exécution en nature, il n'est pas prescrit de compter les matériaux au même prix que lorsqu'il s'agit d'évaluer en argent le montant des dégradations causées au chemin. — Cons. d'Et., 19 mars 1880, Massignon et Dufour, [Leb. chr., p. 315]

2° Abonnement.

7924. — L'art. 14, L. 21 mai 1836 in fine, dispose que les subventions pourront aussi être déterminées par abonnement. L'abonnement implique l'accord des communes et des industriels. Il a l'avantage de supprimer les expertises et les évaluations souvent très-difficiles dont nous avons exposé les règles. Il peut être conclu pour une période de plusieurs années.

7925. — Les abonnements qui, sous l'empire de la loi de 1836, étaient réglés par le préfet en conseil de préfecture, le sont actuellement par la commission départementale (L. 10 août 1871, art. 86). L'avis du conseil municipal est exigé quand il s'agit des chemins ordinaires (Instr. de 1870, art. 115).

7926. — On ne peut imposer l'abonnement à l'une des parties. Son caractère essentiel est d'être facultatif. — Cons. d'Et., 24 févr. 1843, Min. Finances, [Leb. chr., p. 98]

7927. — Tant qu'il n'est pas établi que l'industriel a consenti à convertir en un abonnement la subvention qui lui est réclamée, il y aurait excès de pouvoir de la part de l'autorité qui voudrait le lui imposer. — Cons. d'Et., 9 août 1869, Schmit, [Leb. chr., p. 762]

7928. — Quand l'abonnement est conclu, il est obligatoire pour les deux parties et lie le juge. Le conseil de préfecture ne pourrait, même en cas de dégradations exceptionnelles, condamner l'industriel à une subvention supérieure à l'abonnement consenti. — Cons. d'Et., 3 août 1850, Min. Finances, [Leb. chr., p. 740]; — 31 mai 1851, Cie de Decazeville, [Leb. chr., p. 412]

7929. — L'abonnement ne peut s'appliquer qu'aux années pour lesquelles il a été expressément consenti. Il ne peut donc être prolongé par tacite reconduction. — Cons. d'Et., 14 févr. 1839, de Fouchères, [Leb. chr., p. 145]; — 11 janv. 1884, Bourdon, [Leb. chr., p. 29]

7930. — Les abonnements peuvent-ils être discutés devant une juridiction? Il semble que la jurisprudence ne soit pas très-fixée. Le Conseil d'Etat a décidé que les arrêtés fixant les abonnements n'étaient pas susceptibles de lui être déférés par la voie contentieuse. Mais la même décision constate que dans l'espèce le préfet n'avait fait que régler l'abonnement sur la proposition faite par l'industriel, et que dès lors il n'avait pas excédé ses pouvoirs. Il résulte donc de cette décision que s'il avait fixé l'abonnement d'office, la juridiction compétente aurait pu l'annuler. — Cons. d'Et., 17 févr. 1863, Lelong, [Leb. chr., p. 129]

7931. — Quelle serait cette juridiction? A notre avis, ce ne peut être que le conseil de préfecture. L'abonnement n'est en somme qu'un mode d'acquittement des subventions. La compétence du conseil de préfecture est absolue en cette matière et exclut celle du Conseil d'Etat juge des excès de pouvoir. Il y a donc recours devant le conseil de préfecture, soit que la légalité de l'abonnement soit mise en doute, soit qu'il y ait lieu seulement de l'interpréter.

7932. — S'il s'agissait d'interpréter des conventions anciennes, intervenues avant la mise en vigueur des lois de 1824 et 1836 entre des industriels et les communes propriétaires au sujet de l'entretien des chemins, le conseil de préfecture devrait se déclarer incompétent et l'autorité judiciaire serait juge de l'interprétation. — Cons. d'Et., 20 juill. 1832, Ville de Troyes, [Leb. chr., p. 190]

7933. — Mais si cette convention était elle-même un acte administratif, si par exemple un exploitant de mines était tenu par sa concession de contribuer aux réparations d'un chemin, ce serait la juridiction administrative qui devrait interpréter la portée de cet engagement et décider si cet industriel est obligé de coopérer aux dépenses de transformation de ce chemin en route départementale. — Cons. d'Et., 14 nov. 1833, Min. Trav. publics, [Leb. chr., p. 424]

3° Exécution par des syndicats.

7934. — Quelquefois les industriels qui effectuent des transports sur certains chemins peuvent former entre eux un syndicat et se charger vis-à-vis des communes intéressées auxdits chemins d'effectuer les réparations au fur et à mesure que les dégradations se produisent. Cette convention n'est autre chose qu'un marché d'entretien des chemins vicinaux. Le syndicat n'est à l'égard des communes qu'un entrepreneur de travaux publics. Il en résulte que le contrat intervenu n'équivaut pas à une sorte d'abonnement collectif et ne saurait enlever aux communes le droit de réclamer les subventions à chacun des membres du syndicat individuellement. — Cons. d'Et., 6 août 1880, Préfet de la Haute-Marne, [Leb. chr., p. 720]

7935. — L'administration restant chargée de recouvrer les subventions contre les industriels, il n'est pas fondé à exiger du préfet que le produit des subventions réclamées à des industriels étrangers au syndicat soit versé entre ses mains. Le contrat ne donne aux membres du syndicat que la faculté de se libérer d'avance par un entrepreneur du montant des subventions. Il va sans dire que les difficultés que soulève l'application de ces conventions sont de la compétence du conseil de préfecture parce qu'elles sont relatives à l'acquittement des subventions. — Cons. d'Et., 13 nov. 1885, Doé-André, [Leb. chr., p. 831]

7936. — Quant aux difficultés qui s'élèvent entre le syndicat et ses membres au sujet de l'exécution de leurs engagements, elles relèvent de l'autorité judiciaire, ce syndicat ne constituant

qu'une société privée. — Cons. d'Et., 13 nov. 1885, Doé-André, [Leb. chr., p. 831]

7937. — Il en serait autrement s'il s'agissait d'un chemin rural et si les industriels intéressés s'étaient constitués en associations syndicales dans les termes prévus par la loi du 20 août 1881. L'association pourrait alors recouvrer contre ses membres le montant de leurs engagements sans former de taxe. — Cons. d'Et., 13 nov. 1885, Doé-André, [Leb. chr., p. 831]

4° Paiement en argent.

7938. — Les subventions non acquittées en nature sont recouvrées comme en matière de contributions directes. Celles dues pour les chemins de grande communication ou d'intérêt commun sont recouvrées à la diligence du trésorier-payeur général (Instr. de 1870, art. 116). Elles rentrent dans la catégorie des recettes éventuelles du service vicinal figurant au budget du département. Quand elles sont afférentes à des chemins ordinaires, elles sont recouvrées par le receveur communal et versées dans la caisse municipale. Les poursuites se font dans la même forme que pour les contributions directes. Nous retrouvons le départ de compétence entre les actes administratifs et les actes judiciaires de poursuite. — Cons. d'Et., 21 mai 1886, Lemaire, [Leb. chr., p. 441]; — 17 févr. 1888, Mathieu, [Leb. chr., p. 147]

7939. — Les subventions réclamées se prescrivent par trois ans à dater de la remise au receveur municipal de la décision qui les fixe définitivement. Cela résulte de l'assimilation faite pour le recouvrement entre ces taxes et les contributions directes. L'art. 149, L. 3 frim. an VII, s'y applique de plein droit. — Cons. d'Et., 17 févr. 1888, Mathieu, [Leb. chr., p. 147] — En note les observations du ministre de l'Intérieur.

SECTION XII.

Taxe pour frais de logement des troupes.

7940. — La loi du 3 juill. 1877, sur les réquisitions militaires, règle les obligations qui incombent aux habitants pour le logement des troupes en station ou en marche. Ce n'est pas ici le lieu d'exposer toute cette législation qui ne nous intéresse qu'à un point de vue tout spécial.

7941. — En principe, tout habitant est assujetti à cette obligation. L'art. 12 de la loi le rappelle expressément. « Dans l'établissement du logement ou du cantonnement chez l'habitant, les municipalités ne feront aucune distinction de personnes, quelles que soient leurs fonctions ou qualités. »

7942. — La loi édicte cependant un certain nombre d'exemptions : « Seront néanmoins dispensés de fournir le logement dans leur domicile, les détenteurs de caisses publiques déposées dans ledit domicile, les veuves et filles vivant seules et les communautés religieuses de femmes. Mais les uns et les autres sont tenus d'y suppléer en fournissant le logement en nature chez d'autres habitants, avec lesquels ils prendront les arrangements à cet effet; à défaut de quoi il y sera pourvu à leurs frais par les soins de la municipalité. Les officiers et les fonctionnaires militaires, dans leur garnison ou résidence, ne logeront pas les troupes dans le logement militaire qui leur sera fourni en nature; et lorsqu'ils seront logés en dehors des bâtiments militaires, ils ne seront tenus de fournir le logement aux troupes qu'autant que celui qu'ils occuperont excèdera la proportion affectée à leur grade ou à leur emploi. Les officiers en garnison, dans le lieu de leur habitation ordinaire, seront tenus de fournir le logement dans leur domicile propre, comme les autres habitants (art. 12).

7943. — Les municipalités veilleront à ce que la charge du logement ou du cantonnement soit répartie avec équité sur tous les habitants. Ceux-ci ne seront jamais délogés de la chambre et du lit où ils ont l'habitude de coucher; ils ne pourront néanmoins, sous ce prétexte, se soustraire à la charge du logement selon leurs facultés (art. 13).

7944. — Un règlement d'administration publique fixera les délais d'exécution du logement des troupes en dehors des bâtiments militaires, notamment les conditions du logement attribué aux militaires de chaque grade. Il déterminera, en outre, le prix de la journée de logement ou de cantonnement pour les hommes ou les animaux (art. 18).

7945. — Sont également exempts du logement des troupes les ministres et agents étrangers accrédités auprès du gouvernement français et non sujets français (Déc. min. Aff. étrang. 16 janv. 1826). Quant aux consuls, ils en sont, en général, exemptés par les conventions consulaires.

7946. — Mais aucune autre personne ne peut être dispensée à raison de ses fonctions : ni les préfets (Av. Cons. d'Et. 11 mars 1831); ni les ecclésiastiques (Déc. min. Int. 1er oct. 1830, 9 févr. 1831 ; Déc. min. Just. 16 juin 1840 et 12 janv. 1841); ni les inscrits maritimes (Déc. min. Int. 27 juin 1868); ni les douaniers (Déc. min. 30 sept. 1822, etc.); ni les ouvriers engagés et immatriculés des manufactures d'armes de l'Etat (malgré les dispositions des règlements des 20 nov. 1822 et 10 déc. 1841); ni les fonctionnaires de l'instruction publique (Déc. min. Int. 24 août 1829 et 27 mars 1837); ni les agents des forêts (Déc. min. Int. 20 nov. 1826 et 24 nov. 1832). — Morgand, *Régl. mil.*, p. 124 et s.

7947. — La charge du logement est due en nature. Un conseil municipal ou un maire commettrait un excès de pouvoir et une illégalité en convertissant en prestation pécuniaire l'obligation d'un habitant qui, à raison de l'éloignement ou de l'isolement de son habitation, ne recevrait pas de militaire (Déc. min. Int. 6 oct. 1834).

7948. — Sauf les exceptions énumérées dans l'art. 12, les habitants ne peuvent se dispenser de recevoir des militaires dans leur domicile (Av. sect. Int. 22 févr. 1833; Circ. Int. 13 mars 1845). L'usage d'envoyer les militaires à l'auberge ou chez les logeurs n'existe donc qu'en vertu d'une tolérance que les maires peuvent faire cesser. — Cass., 13 juill. 1860, Ducros, [S. 60.1.1023, P. 61.301, D. 60.1.365]

7949. — Les personnes qui, d'après l'art. 12, sont dispensées de fournir le logement en nature, doivent supporter la dépense de ce logement chez un autre habitant ou à l'auberge. L'art. 13 prévoit un autre cas, celui où l'habitant appelé à loger les militaires est absent. En dehors du cas de mobilisation, le maire ne peut faire ouvrir sa maison, mais il doit assurer le logement aux frais de l'absent. Le maire sera encore obligé d'assurer ce logement si l'habitant désigné refuse de recevoir le militaire muni du billet de logement.

7950. — Comment assurera-t-on le recouvrement de ces frais de logement? Avant la loi de 1877, on s'était demandé quelle était l'étendue des pouvoirs du maire. Le comité de l'intérieur du Conseil d'Etat, consulté, émit, le 22 févr. 1833, un avis portant qu'en cas de refus d'un habitant de recevoir des militaires, le maire devait désigner une autre maison où ces militaires seraient logés aux frais de celui qui devait primitivement les recevoir; et que, sur requête du logeur, le juge de paix délivrerait un exécutoire sur la présentation de la réquisition du maire et de l'état de frais par lui arrêté.

7951. — L'art. 27 du règlement d'administration publique du 2 août 1877 a organisé un autre mode de recouvrement. « Toutes les fois qu'un habitant soit obligé, par application du § 2, art. 12, ou du § 3, art. 13, L. 3 juill. 1877, de loger des militaires aux frais et pour le compte de tiers, il prend à cet égard un arrêté motivé, qui est notifié aussitôt que possible à la personne intéressée et qui fixe la somme à payer. Le paiement en est recouvré comme en matière de contributions directes. »

7952. — Cette disposition ne vise que les cas des habitants dispensés de fournir le logement en nature et celui des habitants absents. M. Morgand (*Régl. mil.*, p. 168) pense que par analogie on peut l'étendre au cas où un habitant refuse de fournir le logement. Il admet que le maire n'a plus à recourir au juge de paix pour revêtir de l'exécutoire l'état des frais. Il nous est difficile d'accepter cette opinion et nous irions même jusqu'à dénier dans tous les cas au maire le droit de suivre la procédure tracée par l'art. 27 du règlement du 2 août 1877. Ce décret a, suivant nous, outre-passé les bornes de sa délégation en créant une taxe assimilée aux contributions directes. La loi seule aurait pu créer cette assimilation. Tout au moins faudrait-il que le législateur, en insérant cette taxe dans les tableaux qui font suite à la loi de finances, régularisât cette assimilation comme il l'a fait précédemment pour d'autres taxes. Mais jusque-là nous pensons que la juridiction administrative, saisie de demandes en décharge relative au recouvrement de ces frais, devrait se déclarer incompétente. Le Conseil d'Etat a déjà décidé qu'en dehors des cas prévus aux art. 12 et 13 de la loi de 1877, on ne pouvait recourir au mode de recouvrement employé pour les contributions directes. — Cons. d'Et., 10 mars 1894, Courtin, [Leb. chr., p. 194]

CHAPITRE III.

SECTION I.

Frais d'entretien des bourses et chambres de commerce.

7953. — Les Bourses et les Chambres de commerce nécessitent des dépenses auxquelles il est pourvu par une contribution prélevée sur les commerçants patentés. — V., sur cette taxe, *Rép. gén. du dr. fr.*, vᵒˢ *Bourse de commerce*, n. 114 à 125, *Chambre de commerce*, n. 43 à 58 et *Patente*.

SECTION II.

Droit des pauvres.

§ 1. *Historique.*

7954. — L'origine de cette taxe est très-ancienne. D'après M. Cros-Mayrevieille (*Législation hospitalière*), et Durieu et Roche (*Répertoire des établissements de bienfaisance*), c'est dans des lettres patentes de Charles VI, du mois d'avril 1407, qu'on en trouve la première trace.

7955. — Le but que se proposait le créateur de cette taxe était de faire contribuer le plaisir au soulagement de la misère. Cette idée apparaît dans un arrêt de Parlement du 27 janv. 1541, concernant les confrères de la Passion. Il est ainsi conçu : « Sur lettres patentes portant permission à Charles le Royer et consorts, ministres et entrepreneurs de jeu et mystère de l'Ancien Testament, faire jouer et représenter l'année prochaine ledit jeu et mystère, suivant lesdites lettres, leur a été permis par la Cour, à la charge d'en user dûment sans y user d'aucunes fraudes, ni interposer aucunes choses profanes, lascives ou ridicules, que pour l'entrée du théâtre ils ne prendront que deux sols d'entrée de chacune personne, pour le louage de chacune loge, durant ledit mystère, que trente écus ; n'y sera procédé qu'à jours de fêtes non solennelles ; commenceront à une heure après midi, finiront à cinq ; feront en sorte qu'il n'en suive scandale ou tumulte ; et à cause que le peuple sera distrait du service divin et que cela diminuera les aumônes, ils bailleront aux pauvres la somme de mille livres, sauf à ordonner de plus grandes sommes ». — Durieu et Roche, *Répert.*, vᵒ *Spectacles* ; Lacan et Paulmier, *Lég. théâtres*, n. 129 ; Pector, *Droit des pauvres*, p. 8. — Il s'agissait, on le voit, d'un forfait ou abonnement passé avec les confrères de la Passion.

7956. — Le 20 sept. 1577, on trouve un arrêt du Parlement qui permet aux confrères de la Passion de commencer leurs représentations avant la fin des vêpres, en se fondant sur les 300 livres tournois qu'ils payaient pour le service divin et pour les pauvres. — Des Essarts, *Les trois théâtres de Paris*, p. 37 ; Pector, *loc. cit.*, p. 9.

7957. — Louis XIV, ayant créé l'Hôpital général en 1656, dut s'ingénier à lui chercher des ressources. « Sa Majesté voulait, autant que possible, contribuer au soulagement des pauvres dont l'Hôpital général est chargé, et ayant pour cet effet employé jusqu'à présent tous les moyens que sa charité lui a suggérés, elle a cru devoir encore leur donner quelque part aux profits considérables qui reviennent des opéras de musique et de comédies qui se jouent à Paris par sa permission. C'est pourquoi Sa Majesté a ordonné et ordonne qu'à l'avenir il sera levé et reçu, au profit dudit hôpital général, un sixième en sus des sommes qu'on reçoit à présent et que l'on recevra à l'avenir pour l'entrée auxdits opéras et comédies, lequel sixième sera remis au receveur dudit hôpital, pour servir à la subsistance des pauvres ». Cette ordonnance ne faisait que consacrer un usage qui s'était établi et d'après lequel les théâtres payaient aux couvents certaines rentes annuelles.

7958. — D'après l'ordonnance de 1699, les directeurs de théâtre étaient abonnés : ils payaient une somme fixée à forfait. Une ordonnance du 30 avr. 1701 change l'assiette de la taxe. « Sa Majesté a ordonné et ordonne que dorénavant il sera payé au receveur général le sixième de toutes les sommes qui seront reçues tant par ceux qui ont le privilège de l'Opéra que par les

comédiens de Sa Majesté, lequel sixième sera pris sur le produit des places desdits opéras et comédies, sans aucune diminution ni retranchement, sous prétexte de frais ou autrement ». L'impôt était assis sur la recette brute, c'est-à-dire qu'il portait non sur les directeurs, mais sur les spectateurs. Le 30 janv. 1713, la même règle était étendue à tous les spectacles.

7959. — Une nouvelle ordonnance du 5 févr. 1716 vint aggraver les dispositions des précédentes en établissant au profit de l'Hôtel-Dieu, où l'on construisait de nouvelles salles, un second prélèvement du neuvième, qui eut pour effet de porter au quart environ de la recette brute le droit des pauvres. Ce prélèvement du neuvième ne devait être perçu que pour un temps. Néanmoins la surcharge qu'il imposait aux directeurs de théâtres suscita de vives réclamations.

7960. — Ils demandaient surtout que leurs frais fussent déduits avant le prélèvement du droit. Cette autorisation leur fut refusée par une ordonnance du 4 mars 1719. Mais les théâtres faisant de mauvaises affaires, des ordonnances spéciales autorisèrent d'abord les directeurs de l'Opéra, puis les comédiens français et italiens à prélever une somme fixe pour couvrir leurs frais avant d'acquitter le droit supplémentaire du neuvième (Ord. 10 avr. 1721 et 6 oct. 1736).

7961. — A cette époque, en vertu d'ordonnances de police du 6 février et 17 mai 1732, un préposé de l'Hôpital général devait assister au compte de chaque représentation et signer les feuilles de produit avec les directeurs ; tous les mois, le double de ces feuilles et le produit du droit étaient remis au receveur de l'Hôpital général. Des contrôleurs placés dans chaque théâtre surveillaient la perception du droit. Mais, à la suite de difficultés survenues entre l'Hôpital général et l'Hôtel-Dieu et les comédiens, et qui se terminèrent par une transaction, le 28 mai 1762, on revint au système de l'abonnement. — Pector, *loc. cit.*, p. 23 et s.

7962. — La perception du neuvième avait cessé vers 1757, mais le droit du sixième continua à être perçu sur les recettes des théâtres jusqu'à la Révolution. Le décret du 4 août 1789, en abolissant les dîmes et redevances de toute nature possédées par les établissements de mainmorte, supprima le droit des pauvres. Provisoirement toutefois, et jusqu'à ce qu'il eût été pourvu d'une autre manière au soulagement des pauvres, la perception devait être continuée. Elle le fut en effet.

7963. — L'art. 4, du tit. 12, L. 16-24 août 1790, dispose que les spectacles publics ne pourront être permis et autorisés que par les officiers municipaux. Ceux des entrepreneurs et directeurs actuels qui ont obtenu des autorisations, soit des gouverneurs des anciennes provinces, soit de toute autre manière, se pourvoiront devant les officiers municipaux qui confirmeront leur jouissance pour le temps qui en reste à courir, à charge d'une redevance envers les pauvres. Cette redevance était alors du quart de la recette brute.

7964. — Le droit des pauvres disparut pendant les années de la tourmente révolutionnaire. Mais aussitôt que le calme se rétablit, le gouvernement directorial, songeant à réorganiser l'assistance, déposa un projet de loi qui rétablissait le droit des pauvres. Il motivait ainsi sa proposition. « La saison rigoureuse s'avance, les besoins de l'indigence vont s'augmenter avec elle et la diminution des travaux, moins multipliés que dans les beaux jours, affaiblira les ressources des familles laborieuses. Néanmoins ce temps, le plus dur à passer pour ceux qui ne peuvent que gagner leur pain du jour, c'est le temps des plaisirs pour les personnes favorisées de la fortune. Le Directoire exécutif a pensé qu'il serait aussi juste qu'humain de tirer parti de cette dernière circonstance pour venir au secours de ceux que leur invalidité ou le manque d'ouvrage mettraient dans le besoin : une légère augmentation du prix des billets d'entrée aux spectacles dans toute l'étendue de la République procurerait une somme assez considérable pour aider à remplir un objet aussi sacré. »

7965. — Ce projet de loi devint la loi du 7 frim. an V. « Il sera perçu un décime par franc en sus du prix de chaque billet d'entrée, pendant six mois, dans tous les spectacles où se donnent des pièces de théâtre, des bals, des feux d'artifices, des concerts, des courses et exercices de chevaux pour lesquels les spectateurs paient. La même prescription aura lieu sur le prix des places louées pour un temps déterminé (art. 1). Le produit de la recette sera employé à secourir les indigents qui ne sont pas dans les hospices (art. 2) ». Le reste de la loi est consacré à la création des bureaux de bienfaisance.

54

7966. — Le droit des pauvres n'avait été rétabli que pour six mois, mais la perception en fut prorogée de six mois en six mois, d'année en année par les lois des 2 flor. an V, 8 therm. an V, 2 frim. an VI, 19 fruct. an VI, sixième jour complémentaire an VII, 7 fruct. an VIII, 9 fruct. an IX, 18 therm. an X, 10 therm. an XI, 30 therm. an XII, 8 fruct. an XIII, 21 août 1806 et 26 nov. 1808. Le décret du 9 déc. 1809, en rendit la perception définitive. « Les droits qui ont été perçus jusqu'à ce jour en faveur des pauvres ou des hospices, en sus de chaque billet d'entrée et d'abonnement dans les spectacles, et sur la recette brute des bals, concerts, danses et fêtes publiques, continueront à être indéfiniment perçus, ainsi qu'ils l'ont été pendant le cours de cette année et des années antérieures, sous la responsabilité des receveurs et contrôleurs de ces établissements (art. 1). »

7967. — Le droit des pauvres constituant un impôt annuel, perçu au profit d'établissements publics, il devint nécessaire après l'établissement du régime parlementaire, de donner à sa perception une consécration législative. L'art. 131, L. 25 mars 1817, décida que cette taxe serait assimilée aux contributions publiques et depuis cette époque tous les ans la loi de finances en autorise la perception. Elle figure actuellement au nombre des recettes d'ordre proprement dites.

§ 2. Assiette du droit des pauvres.

7968. — Quels sont les établissements qui peuvent donner lieu à la perception du droit des pauvres? Aux termes de l'art. 1, L. 7 frim. an V, il est perçu dans tous les spectacles où se donnent des pièces de théâtre, des bals, des feux d'artifices, des concerts, des courses et exercices de chevaux pour lesquels les spectateurs paient.

7969. — La première condition pour que le droit des pauvres soit perçu à l'entrée des spectacles, c'est que l'entrée soit payante. L'art. 4, Décr. 30 déc. 1809, exempte expressément les représentations gratuites. Ce texte n'a fait que consacrer l'opinion émise dans un avis du Conseil d'Etat du 29 therm. an XIII.

7970. — Il ne faut pas cependant pousser trop loin cette exemption. Il arrive assez souvent que des directeurs de théâtres délivrent des billets qui ne sont gratuits qu'en apparence. Par exemple, en donnant une salle de spectacle à un entrepreneur, le propriétaire s'est réservé la jouissance d'une ou de plusieurs places, avec faculté d'en disposer à sa convenance. Des stipulations de ce genre ne sont pas des concessions à titre gratuit, mais des clauses à titre onéreux. Le locataire qui a consenti ce sacrifice en tient compte dans le prix de la location qu'il consent. Quant à la valeur vénale de la stipulation, elle est facile à déterminer d'après celle des places analogues du même théâtre. Le droit des pauvres doit donc porter sur la valeur de ces places tout comme si elles étaient louées. — Cons. d'Et., 8 juin 1854, Assistance publique, [Leb. chr., p. 352]

7971. — Cette doctrine a été confirmée par une autre décision qui est intervenue dans les circonstances suivantes. La ville de Paris avait loué au sieur Roger Deslandes le théâtre du Vaudeville en réservant dans le bail une loge pour le préfet de la Seine. Tant que le théâtre appartint à la ville, le droit des pauvres ne fut pas exigé par l'assistance publique sur le prix de cette loge. Mais la ville ayant vendu ce théâtre à un particulier et celui-ci ayant renouvelé le bail aux mêmes conditions, l'assistance publique émit la prétention de faire porter le droit des pauvres sur la valeur de la loge, alléguant que son droit était imprescriptible et pouvait, quoique négligé pendant un temps, être exercé à toute époque. Le Conseil d'Etat a donné gain de cause à l'assistance publique. — Cons. d'Et., 16 mai 1879, Roger et Deslandes, [Leb. chr., p. 386]

7972. — A plus forte raison en doit-il être de même quand, indépendamment du prix de la place payée au propriétaire qui s'en est réservé la jouissance, le directeur perçoit également un prix d'entrée sur les mêmes loges ou stalles. Le prix de chaque billet comprenant alors le droit payé au propriétaire et celui payé au directeur, le droit des pauvres doit porter sur la valeur totale des places. — Cons. d'Et., 24 juill. 1862, Hospice et bureau de bienfaisance de Carcassonne, [Leb. chr., p. 602]

7973. — De même, les actions qui n'attribuent à leur possesseur aucun droit dans l'entreprise d'un théâtre et lui confèrent seulement une entrée à vie et un droit à des billets, dont la valeur est évaluée dans l'acte de société et dont les coupons peuvent être détachés de l'action et vendus séparément, constituent des abonnements passibles du droit des pauvres. — Cons. d'Et., 31 août 1828, Théâtre du Gymnase, [Leb. chr., p. 397]; — 14 sept. 1830, Théâtre de l'Opéra-Comique, [Leb. chr., p. 646]

7974. — Le droit, portant sur le prix du billet, est dû sur les billets qui seraient vendus ailleurs qu'au bureau par des moyens détournés. Autrement les directeurs des spectacles auraient toute facilité pour diminuer la part des pauvres. — Cons. d'Et., 26 déc. 1830, Denis et Saint-Georges, [Leb. chr., p. 616]; — 8 janv. 1831, Cadocel-Marido, [Leb. chr., p. 4]

7975. — Dans ces deux décisions, le Conseil d'Etat était allé jusqu'à faire peser le droit sur les billets de faveur délivrés gratuitement par les directeurs. Il n'a pas tardé à revenir à une application plus exacte de la loi de frimaire an V, en décidant que les billets vraiment gratuits, ne donnant lieu au paiement d'aucun prix ou d'aucun équivalent, seraient exempts du droit. Mais il reste entendu qu'il appartient à la juridiction administrative d'apprécier si la distribution de billets de faveur n'a pas constitué un moyen de dissimuler le prix. — Cons. d'Et., 5 août 1831, Théâtre Français, [Leb. chr., p. 70]

7976. — La même distinction doit être faite pour les billets d'auteur. Lorsqu'ils sont absolument gratuits, ils constituent de simples billets de faveur; mais souvent ils sont alloués en déduction du montant des droits d'auteur. Un arrêté du 5 déc. 1820 charge les contrôleurs du droit des pauvres de relever sur les registres des théâtres le montant des sommes précomptées aux auteurs pour valeur de billets d'entrée et les autorise à percevoir la taxe sur ces sommes. — Dalloz, Jur., Théâtre, n. 134; Vivien et Blanc, n. 160; Lacan et Paulmier, t. 1, n. 138; Pector, p. 113.

7977. — Cette doctrine a été consacrée par un arrêté du conseil de préfecture de la Seine dont les termes méritent d'être rapportés : « Considérant que les billets dont s'agit forment pour les auteurs le complément de la rétribution de leurs œuvres; qu'il est même passé en jurisprudence que les billets d'auteurs, bien qu'achetés par les porteurs, doivent être admis au contrôle au même titre que les billets pris au bureau du théâtre; qu'enfin ces billets portent la mention jura emptum, différents ou même des billets purement gratuits sur lesquels on lit : « Ce billet sera déclaré nul s'il est acheté »; que c'est donc à bon droit que l'administration de l'assistance publique réclame la taxe en faveur des pauvres sur le prix de ces billets, en prenant pour base le tarif de chacun des théâtres auxquels ils se rattachent ». — Cons. préf. Seine, 25 févr. 1864, [cité par Pector, p. 113]

7978. — Il est un autre procédé employé dans les cafés-concerts. Là il n'est délivré aucun billet, mais l'entrée est libre. Tout spectateur est tenu de prendre une consommation dont le prix comprend à la fois celui de l'objet consommé et celui de la place occupée. Le Conseil d'Etat a décidé que le droit des pauvres devait être calculé sur la totalité du prix exigé du spectateur, sans faire aucune déduction du prix de la consommation. — Cons. d'Et., 6 juin 1844, Duchamp, [Leb. chr., p. 336]; — 9 déc. 1852, Masson, [Leb. chr., p. 587]; — 20 juin 1884, Coquineau et Fournier, [Leb. chr., p. 499]

7979. — Seules les consommations supplémentaires prises au cours de la représentation et auxquelles le billet d'entrée ne donne pas droit, peuvent échapper au droit des pauvres. — Cons. d'Et., 6 juin 1844, Duchamp, [Leb. chr., p. 336]

7980. — De ce qui précède, il résulte que c'est sur le prix réel des places et non sur le prix nominal que le droit des pauvres doit être établi. Si le prix des places est augmenté, le produit s'accroît; si, au contraire, il est distribué des billets à prix réduits, les directeurs seront fondés à demander que le droit ne soit pas établi d'après les tarifs normaux du théâtre. — Cons. d'Et., 12 févr. 1817, Hospices de Bordeaux, [Leb. chr., p. 176]

7981. — Le décret du 9 déc. 1809 (art. 4) a apporté une exception à ce principe. Les représentations à bénéfice seront exemptes du droit sur l'augmentation mise au prix ordinaire des billets.

7982. — De même, on avait mis en question si le droit des pauvres devait être perçu dans les jardins et autres lieux publics, où l'on entre sans payer, mais où se donnent des concerts et où se trouvent établis des danses, des jeux et autres divertissements pour lesquels des rétributions sont exigées ou par la voie de cachets ou par abonnement. Le but de la loi est de mettre les

plaisirs à contribution (Circ. min. Int., 26 fruct. an X, Watteville, Lég. charitable).

7983. — Pour que le droit des pauvres soit perçu, il faut non seulement que les places soient payantes, mais encore que ces places soient publiques, c'est-à-dire que toute personne, en payant le prix fixé, puisse obtenir sa place. Le décret du 9 déc. 1809 parle des fêtes publiques.

7984. — D'après M. Pector (p. 71), il ne faut pas considérer qu'un spectacle cesse d'être public par cela seul qu'une personne quelconque n'acquiert pas le droit d'y être admise en payant son entrée. Une telle interprétation conduirait à soustraire à la taxe toutes les réunions où les billets sont placés par des commissaires ou des dames patronnesses.

7985. — On s'est demandé s'il était nécessaire, pour que le droit des pauvres pût être perçu, que le spectacle fût donné dans un but de spéculation. Cette idée apparaît dans le décret du 26 nov. 1808, dont l'art. 2 était ainsi conçu : « Les bals et concerts de réunion et de société où l'on n'entre que par abonnements ne seront exemptés de la perception qu'autant qu'il sera constant que l'abonnement n'est point public, qu'ils ne sont point la chose d'un entrepreneur et qu'il n'entre dans les réunions aucun objet de spéculation de la part des sociétaires et abonnés ». Ce texte vise des sociétés de personnes se réunissant entre elles pour s'amuser et organisant une sorte de cercle où les cotisations serviront à couvrir les frais. — Pector, p. 73 et s.

7986. — C'est par application de ce décret que le Conseil d'Etat a accordé décharge du droit des pauvres à la société des bals de Bellevue. Dans cette société on n'admettait que des personnes domiciliées à Saint-Quentin, et jouissant d'une position honorable; leur admission avait lieu au moyen d'un vote. Les étrangers ne pouvaient être admis que gratuitement et sur présentation. Le Conseil a jugé que cette société réunissait les trois caractères exigés par le décret de 1808 pour échapper au droit des pauvres. — Cons. d'Et., 21 avr. 1816, Bureau de bienfaisance de Saint-Quentin, [Leb. chr., p. 313]

7987. — Mais la portée du décret de 1808 ne doit pas être étendue à toute fête qui serait donnée dans un but autre que la spéculation. Autrement toutes les fêtes et concerts de charité échapperaient à la perception. C'est ce que la jurisprudence a jamais admis la jurisprudence, ne voulant pas que l'intérêt des pauvres en général fût sacrifié au profit de quelques catégories d'entre eux.

7988. — C'est ainsi que le Conseil a déclaré passible du droit des pauvres la recette d'un bal de charité donné par une loge maçonnique, où le public avait été admis en payant. — Cons. d'Et., 27 juill. 1883, Caisse centrale maçonnique de Rouen, [Leb. chr., p. 699]

7989. — Décidé de même à l'égard d'un concert organisé par des particuliers au profit d'une œuvre de bienfaisance, quoiqu'il fût nécessaire, pour y être admis, de présenter une lettre d'invitation personnelle. Il était établi en fait que ces lettres étaient remises par les dames patronnesses à tous ceux qui les payaient. — Cons. d'Et., 20 nov. 1885, Bureau de bienfaisance de Saint-Servan, [Leb. chr., p. 855]

7990. — Cependant, si la fête ou le spectacle est offert dans un but d'utilité publique, faut-il percevoir le droit des pauvres? La question s'est posée pour les expositions universelles et pour les courses de chevaux. Lors de l'Exposition universelle de 1855, on se demanda si le droit des pauvres devait être prélevé sur les sommes perçues aux entrées. Le Conseil d'Etat se prononça pour la négative par le motif que l'Exposition, ordonnée par des décrets, organisée par une commission nommée par le gouvernement, constituait une œuvre exclusivement nationale et d'une utilité publique générale et ne pouvait être assimilée aux spectacles, fêtes ou autres réunions en vue desquelles la loi de l'an V avait autorisé la perception du droit des pauvres. — Cons. d'Et., 7 mai 1857, Cⁱᵉ du Palais de l'Industrie, [Leb. chr., p. 356]

7991. — Le Conseil d'Etat a appliqué le même principe aux courses de chevaux. La question plus délicate parce que la prétention des bureaux de bienfaisance trouvait un fondement dans la loi du 7 frim. an V qui comprend les courses et exercices de chevaux dans les spectacles passibles du droit des pauvres. C'est en 1873 que le Conseil d'Etat a été appelé à trancher cette question à l'occasion d'un pourvoi du bureau de bienfaisance de Saint-Etienne du Rouvray contre la société des courses rouennaises. Dans les conclusions qu'il donna sur cette affaire, M. le commissaire du gouvernement, David, fit remarquer que les courses et exercices de chevaux dont il était question

dans la loi de l'an V n'étaient pas les courses telles que nous les entendons aujourd'hui, lesquelles n'ont été organisées qu'en 1805. Elle visait des exercices équestres donnés dans des cirques ou des hippodromes. Devait-on considérer les courses comme une fête où le public est admis en payant? Non. Si elles procurent au public un divertissement, tel n'est pas le but principal qui est poursuivi. Ce but c'est, non d'attirer le public, mais d'encourager l'amélioration de la race chevaline. Le Conseil d'Etat a consacré cette doctrine en considérant que la société des courses rouennaises, approuvée par arrêté du préfet de la Seine-Inférieure en date du 8 avr. 1863, a été fondée dans le but d'encourager l'élève et l'amélioration du cheval de service et de guerre au moyen de courses de chevaux; que le gouvernement intervient dans le règlement de ces courses et dans la désignation des commissaires; qu'ainsi les courses de la société rouennaise sont organisées par cette société dans le but de poursuivre avec le gouvernement, auquel elle prête son concours, l'œuvre d'intérêt général et national de l'amélioration de la race chevaline; que, d'ailleurs, toutes les recettes de la société sont intégralement affectées, aux termes mêmes des statuts, à l'œuvre d'intérêt public, et que, dans ces circonstances, les sommes payées par les personnes admises dans l'enceinte des courses et qui contribuent ainsi à l'œuvre poursuivie ne peuvent être considérées comme le prix d'une fête ou d'un spectacle offert au public par ladite société. — Cons. d'Et., 13 juin 1873, Bureau de bienfaisance de Saint-Etienne du Rouvray, [Leb. chr., p. 543]; — 12 juin 1891, Bureau de bienfaisance de Vesse-sur-Allier, [Leb. chr., p. 436]

7992. — C'est par des motifs du même ordre qu'il a été décidé que le droit des pauvres ne pouvait être perçu sur les entrées au salon de peinture et de sculpture des Champs-Elysées. — Cons. d'Et., 7 août 1891, Assistance publique, [Leb. chr., p. 603]

7993. — Les cérémonies légales ne peuvent donner lieu à la perception du droit des pauvres, alors même que pour une raison quelconque il faudrait payer un prix d'entrée pour y assister. Il a été décidé notamment que dans aucun cas le droit des pauvres ne pouvait être perçu sur la recette faite dans une église pour le prix des chaises à l'occasion d'une messe en musique. — Cons. d'Et., 25 nov. 1806, Berlin, [S. 1.7, Leb. chr., p. 50]

7994. — Y a-t-il lieu de s'attacher à la nature du spectacle ou du divertissement qui est offert au public? A ce point de vue il a été rendu dans ces dernières années deux décisions intéressantes. Il a été jugé que l'ascenseur, qui, lors de l'Exposition universelle de 1878, servait à transporter les visiteurs au sommet du Trocadéro pour leur faire voir le panorama de Paris ne pouvait être considéré comme destiné à procurer au public un spectacle ou un divertissement dans le sens des lois de l'an V. — Cons. d'Et., 25 janv. 1884, Edoux, [Leb. chr., p. 79]

7995. — De même, on n'a pas considéré comme un spectacle ou un divertissement imposable le jeu de petits chevaux établi dans un casino et dont l'exploitant, ne percevant aucun droit à l'entrée, se rémunérait uniquement au moyen d'une quote-part des enjeux. — Cons. d'Et., 21 févr. 1890, Coudert, [Leb. chr., p. 195]

7996. — Mais il y a lieu d'imposer au droit des pauvres un établissement dans lequel le concessionnaire a organisé une exposition ethnographique où des individus de la race noire se livraient, sous les yeux du public, aux actes habituels de la vie, à l'exercice de leur profession et à diverses cérémonies. Cette exposition constituait un spectacle dans le sens de la loi du 7 frimaire an V. — Cons. d'Et., 10 mai 1895, [J. Le Droit, 16 mai 1895]

§ 3. Quotité du droit des pauvres.

7997. — Quelle est la quotité du droit à percevoir? L'art. 1, L. 7 frim. an V, ne prévoyait qu'un droit unique, qui était d'un décime par franc en sus du prix de chaque billet d'entrée ou d'abonnement. Autrement dit le droit était, pour tous les spectacles visés par la loi, du dixième du prix.

7998. — La loi du 8 therm. an V ne tarda pas à apporter une modification à ce tarif. Elle décida que le droit d'un décime par franc serait maintenu dans tous les spectacles où se donnaient des pièces de théâtre, mais que ce droit serait porté au quart de la recette brute dans les bals, feux d'artifices, concerts, courses et exercices de chevaux et autres fêtes où l'on est admis en payant.

7999. — Cette dualité de droits a fait naître la nécessité de distinguer entre les différentes catégories de spectacles. Elle permet aussi de se demander quelle est la taxe de droit commun, celle du onzième ou celle du quart. D'après M. Pector (p. 60), la disposition de l'art. 2, L. 8 therm. an V, est une disposition générale. La taxe primitive du dixième en sus est devenue une taxe exceptionnelle. Cette opinion n'est pas celle de la majorité des auteurs. Pour Durieu et Roche, Fleury-Ravarin, Cros-Mayrevieille, Béquet, à défaut de disposition formelle permettant de ranger un spectacle dans un des cas prévus par l'art. 2, L. 8 therm. an V, c'est la taxe du dixième en sus qui doit être appliquée. C'est également en ce sens que s'est fixée la pratique administrative.

8000. — Sont soumis à la taxe du dixième en sus les spectacles où se donnent des pièces de théâtre. D'après un arrêté du 10 therm. an XI, les établissements connus sous la dénomination de panorama et de théâtre pittoresque et mécanique sont assimilés aux spectacles pour la quotité du droit à percevoir.

8001. — Une décision de l'Intérieur du 9 mai 1809 a également assimilé aux spectacles : 1° les établissements où se jouent des pantomimes et des scènes équestres, comme les cirques, les hippodromes, etc., et les représentations d'actions héroïques du cirque olympique.

8002. — 2° Les salles de curiosités et d'expériences physiques, telles que les musées de personnages de cire, les représentations de prestidigitateurs, etc.

8003. — Les spectacles de marionnettes sont rangés dans les théâtres pittoresques et mécaniques. — Cons. d'Et., 16 févr. 1832, Hospices de Bordeaux, [Leb. chr., p. 120]

8004. — A l'égard des cirques, ils doivent être classés dans les théâtres lorsqu'on y représente des scènes équestres telles que celles qui sont prévues par la décision ministérielle du 9 mai 1809. — Cons. d'Et., 24 mars 1820, Hospices de Bordeaux, [Leb. chr., p. 674]

8005. — Au contraire dans les cirques où le spectacle se borne à des exercices de chevaux, le prélèvement est du quart. — Cons. d'Et., 16 juin 1841, Hospices de Bordeaux, [Leb. chr., p. 254]

8006. — Enfin la loi de finances du 16 juill. 1840 (art. 9) a assimilé aux théâtres pour la quotité du droit à percevoir, les concerts quotidiens. Cette atténuation du droit a été motivée par cette considération que les entrepreneurs de ces concerts donnent des représentations régulières et sont exposés à voir dans certains soirs leurs recettes ne pas s'élever en proportion de leurs frais (Rapp. Vustry).

8006 bis. — Le Conseil d'Etat a déclaré passibles du droit des pauvres les exploitants de cafés qui attirent les clients par des concerts, même sans faire payer de droit d'entrée ni augmenter le prix des consommations. — Cons. d'Et., 14 juin 1895, Vidau.

8007. — Les exercices de danse sur la corde sont considérés comme un divertissement public et comme une représentation dramatique. Ils donnent lieu au prélèvement du quart de la recette brute. — Cons. d'Et., 29 oct. 1809, Ribié, [S. 1. 331, Leb. chr., p. 202]

8008. — Il en est de même des bals, en quelque lieu qu'ils soient donnés. Ainsi les bals publics qui ont lieu dans un théâtre ne sont pas assimilés à une représentation ordinaire. — Cons. d'Et., 12 févr. 1817, Hospices de Bordeaux, [Leb. chr., p. 176] — Cette ordonnance a été insérée au *Bulletin des lois* VII, B. 139, n. 1737.

8009. — Enfin la loi du 3 août 1875 (art. 23) a disposé que le droit à percevoir sur la recette brute des concerts non quotidiens donnés par les artistes aux associations de charité ne pourrait excéder 5 p. 0/0. Ce que l'on a visé à cette époque, ce sont d'une part, les concerts hebdomadaires donnés par les sociétés des concerts du Conservatoire, du Châtelet, du Cirque d'hiver, d'autre part, les séances de musique de chambre que les artistes donnent à leur profit.

8010. — Mais il a été décidé que cette réduction ne pouvait s'appliquer à un concert donné par des artistes au profit d'une œuvre de bienfaisance. — Cons. d'Et., 20 nov. 1885, Bureau de bienfaisance de Saint-Servan, [Leb. chr., p. 855]

§ 4. Recouvrement.

8011. — Le droit des pauvres, étant acquitté par le spectateur à l'occasion du plaisir qu'il va prendre, constitue une véritable contribution indirecte. Mais les nécessités de la perception

ont rendu nécessaire l'interposition entre les établissements charitables et le public des directeurs des théâtres et spectacles, qui sont chargés de percevoir le droit sur le public et qui en deviennent les débiteurs directs vis-à-vis de l'administration.

8012. — Aux termes de l'arrêté du Directoire du 29 frim. an V, les directeurs, administrateurs et entrepreneurs de tous les spectacles et salles de bals, concerts, feux d'artifices, courses et exercices de chevaux à Paris sont tenus de percevoir, au profit des indigents, un décime par franc en sus du prix des billets d'entrée. Ils devaient envoyer, le premier de chaque décade, le relevé de leurs registres d'entrée au bureau central du canton de Paris pour justifier du produit de cette perception : le bureau central en vérifiait l'exactitude. C'était donc les administrations municipales qui étaient chargées d'assurer la recette. On ne prévoyait alors d'autre mode de perception que la régie.

8013. — La réorganisation de l'administration municipale par la loi du 28 pluv. an VIII amena la transformation du mode de contrôle. Un arrêté du préfet de police du 23 vent. an VIII, statuant pour Paris, décida que la surveillance des recettes des entreprises théâtrales serait désormais confiée aux comités de bienfaisance. Ces comités devaient nommer un ou plusieurs de leurs membres à cet effet. Ces délégués devaient assister chaque jour aux comptes-rendus par les buralistes des différents bureaux de recettes et autres personnes préposées à la vente des billets de supplément et d'abonnement et à la location des loges. — Les délégués certifiaient les états de recettes et les adressaient au préfet de police. Les mêmes états devaient aussi être certifiés par les caissiers des établissements passibles du droit, qui devaient souscrire, chaque année, une reconnaissance de la portion de recette appartenant aux indigents et restant entre leurs mains. Ils s'en reconnaissaient dépositaires. Muni de ces feuilles, le préfet de police les centralisait et, chaque décade, envoyait un état à l'agent comptable chargé d'en poursuivre le recouvrement. Sur les établissements momentanés le droit était prélevé immédiatement par les délégués des comités de bienfaisance, qui en versaient le produit dans la caisse centrale.

8014. — Mais nous voyons que bientôt après d'autres modes de perception s'étaient introduits, au moins à Paris, car le décret du 9 déc. 1809 dispose que la perception du droit continuera d'être mise en régie intéressée, d'après les formes, clauses, charges et conditions qui seraient approuvées par le ministre de l'Intérieur. En cas de régie intéressée, le receveur-comptable des établissements de bienfaisance et le contrôleur des recettes et dépenses seront spécialement chargés du contrôle de la régie, sous l'autorité de la commission exécutive des hospices et sous la surveillance du préfet de la Seine. art. 2).

8015. — Quand le droit des pauvres est affermé, l'administration charitable passe un traité avec un entrepreneur qui, moyennant un prix fixé à forfait, soit de gré à gré, soit aux enchères, se charge de la perception à ses risques et périls et sans allocation de frais. Le bail se passe dans les formes prévues pour les baux des hospices. — Pector, p. 123.

8016. — Le régisseur intéressé s'engage à verser à l'administration une somme fixe, plus une part proportionnelle dans les produits dépassant un certain chiffre.

8017. — D'après une décision ministérielle du 12 sept. 1827, le décret du 9 déc. 1809, en ordonnant la mise en ferme du droit des pauvres à Paris, loin d'avoir créé un privilège particulier aux hospices de cette ville, n'a eu d'autre but que de leur interdire tout autre mode d'administration, tandis que les autres établissements du royaume devaient rester soumis à cet égard aux règles générales posées dans un avis du Conseil d'Etat du 7 oct. 1809. La mise en ferme du droit des pauvres en province peut donc être autorisée par les préfets, conformément à l'art. 15 de l'ordonnance du 31 oct. 1821.

8018. — Enfin l'art. 3, Décr. 9 déc. 1809, permet d'employer un dernier mode de perception : l'abonnement. « Dans le cas où la régie intéressée jugerait utile de souscrire des abonnements, ils ne pourraient avoir créé qu'avec l'approbation du gouvernement en Conseil d'Etat, comme pour les biens des hospices à mettre en régie ; et cette approbation ne sera donnée que sur l'avis du préfet de la Seine, qui consultera la commission exécutive et le conseil des hospices. Mais d'une décision ministérielle rendue pour l'application de ce décret il résulte que le droit d'autorité sur les abonnements fut, dès le principe, transféré au préfet.

8019. — Lorsqu'un abonnement a été passé avec un théâtre,

cet arrangement s'applique à toutes les représentations ordinaires ou extraordinaires. — Cons. d'Et., 21 déc. 1888, Bureau de bienfaisance de Marseille, [Leb. chr., p. 1004]

8020. — L'abonnement consenti pour une période déterminée doit produire ses effets jusqu'au terme fixé ou jusqu'à la résiliation consentie, malgré la survenance d'événements politiques réduisant de beaucoup le nombre des représentations. Cependant le Conseil d'Etat a cru pouvoir, en raison des circonstances, accorder au directeur une réduction proportionnelle au nombre de représentations qu'il n'avait pu donner. — Cons. d'Et., 26 juill. 1854, Seveste, [Leb. chr., p. 707]

8021. — Le recouvrement est poursuivi suivant le mode fixé par l'arrêté du 16 therm. an VIII et les autres lois et règlements relatifs au recouvrement des contributions directes et indirectes. Les contraintes sont rendues exécutoires par le préfet. — Pector, p. 126.

8022. — L'arrêté du 10 therm. an XI avait attribué le jugement des réclamations au préfet en conseil de préfecture, mais le décret du 8 fruct. an XIII a transféré cette attribution aux conseils de préfecture (art. 3). — Cons. d'Et., 5 août 1831, Théâtre Français, [Leb. chr., p. 70]; — 31 déc. 1831, Parges, [Leb. chr., p. 107]; — 16 févr. 1832, Hospices de Bordeaux, [Leb. chr., p. 120]

8023. — Le produit du droit des pauvres avait été réservé aux bureaux de bienfaisance par la loi du 7 frim. an V, mais la loi du 8 therm. an V l'étendit aux hospices. La répartition entre ces établissements devait être déterminée par l'autorité municipale. L'arrêté du 7 fruct. an VIII transféra ce droit au préfet sur l'avis du sous-préfet.

CHAPITRE IV.

TAXES PERÇUES AU PROFIT DES ASSOCIATIONS SYNDICALES.

Section I.

Règles générales.

8024. — Nous n'avons pas à exposer ici dans son ensemble la législation des associations syndicales, qui a déjà fait l'objet d'un article du Répertoire. Les règles générales du fonctionnement des associations dans leurs rapports avec les tiers ne nous intéressent pas, mais nous devons nous occuper de leurs rapports avec leurs membres pour tout ce qui touche au recouvrement des taxes. A cette occasion nous signalerons les principales dispositions du règlement d'administration publique du 9 mars 1894, promulgué depuis la publication de l'article *Associations syndicales.*

8025. — Ces associations sont, comme nous l'avons vu, des sociétés de propriétaires, qui se forment en vue d'exécuter certains travaux intéressant la collectivité. Chacun des syndiqués s'oblige, en entrant dans la société, à contribuer aux dépens de premier établissement ou d'entretien des ouvrages. — V. *Rép. gén. du dr. fr.*, vᵒ *Association syndicale*, n. 1 et 437.

8026. — Pour faciliter le développement des associations syndicales, la loi entoura leur formation des plus grandes facilités. Un simple accord, constaté par acte sous seing privé et publié dans le recueil des actes de la préfecture, suffisait à créer l'association. Aux termes de l'art. 3, L. 21 juin 1865, ces sociétés ont la personnalité civile : elles peuvent ester en justice par leurs syndics, acquérir, vendre, échanger, transiger, emprunter et hypothéquer. Un avis de la section des travaux publics du 9 avr. 1889 leur a reconnu capacité pour acquérir à titre gratuit.

8027. — Moyennant l'accomplissement de certaines formalités, notamment la soumission de leurs statuts à l'approbation de l'autorité préfectorale, certaines de ces associations acquièrent des avantages particuliers : elles deviennent capables d'exproprier; les travaux qu'elles exécutent ont le caractère de travaux publics; les redevances qu'elles perçoivent sur leurs membres peuvent être recouvrées comme des contributions directes. L'ensemble de ces privilèges permet de les considérer comme de véritables établissements publics. — Picard, *Eaux*, t. 4, p. 98 et s.; Aucoc, *Conf.*

8028. — Quels sont les travaux qui peuvent donner lieu à la formation d'associations syndicales : 1ᵒ travaux de défense contre la mer, les fleuves, rivières et torrents consistant dans la réparation ou l'entretien de digues (L. 16 sept. 1807, art. 33; L. 21 juin 1865, art. 1; L. 22 déc. 1888, art. 1; Décr. 4 therm. an XIII); 2ᵒ travaux de curage, approfondissement, redressement et régularisation des canaux et cours d'eau non navigables et des canaux de desséchement et d'irrigation (L. 14 flor. an XI, art. 1 et s.; L. 16 sept. 1807, art. 33; L. 21 juin 1865, art. 1; L. 22 déc. 1888, art. 1); 3ᵒ travaux de desséchement des marais (L. 16 sept. 1807; L. 21 juin 1865 et 22 déc. 1888); 4ᵒ travaux d'exécution et d'entretien des étiers et ouvrages nécessaires à l'exploitation des marais salants (LL. 21 juin 1865 et 22 déc. 1888); 5ᵒ travaux d'assainissement des terres humides et insalubres (LL. 21 juin 1865 et 22 déc. 1888); 6ᵒ travaux d'assainissement dans les villes et faubourgs, bourgs, villages et hameaux (L. 22 déc. 1888); 7ᵒ travaux d'ouverture, d'élargissement, de prolongement et de pavage des voies publiques et toutes autres améliorations ayant un caractère d'intérêt public, dans les villes et faubourgs, bourgs, villages et hameaux (L. 22 déc. 1888); 8ᵒ travaux d'irrigation et de colmatage (LL. 21 juin 1865 et 22 déc. 1888); 9ᵒ travaux de drainage (LL. 10 juin 1854, 21 juin 1865 et 22 déc. 1888); 10ᵒ travaux de construction ou d'entretien des chemins d'exploitation et toutes autres améliorations agricoles ayant un caractère d'intérêt collectif (LL. 21 juin 1865 et 22 déc. 1888); 11ᵒ travaux d'assèchement des mines inondées (L. 27 avr. 1838); 12ᵒ travaux de défense des vignes contre le phylloxéra (LL. 2 août 1879 et 15 déc. 1888); 13ᵒ travaux d'ouverture, de redressement, d'élargissement, de réparation et d'entretien des chemins ruraux (L. 20 août 1881); 14ᵒ travaux de restauration et de conservation des terrains en montagne (L. 4 avr. 1882).

8029. — Les associations syndicales sont de trois sortes : libres, autorisées ou forcées. Les deux premières catégories peuvent se constituer pour tous les travaux que nous venons d'énumérer. Au contraire, il ne peut être créé d'associations forcées que pour les travaux de défense contre la mer, les fleuves, rivières et torrents, les travaux de curage des cours d'eau non navigables et des canaux de desséchement et d'irrigation, les travaux de desséchement des marais et les travaux d'assèchement des mines.

8030. — On entre dans une association syndicale tantôt de son propre mouvement, tantôt contraint et forcé. Il faut en principe être propriétaire pour être admis à faire partie d'une association. Celui qui a aliéné l'immeuble à raison duquel il est porté sur les rôles du syndicat cesse par la même d'être imposable. — Cons. d'Et, 11 juill. 1879, Cochois-Marcelly, [Leb. chr., p. 593]; — 9 mars 1888, Ruelle, [Leb. chr., p. 238]

8031. — Des fermiers ou locataires ne sont pas personnellement passibles des taxes syndicales. — Cons. d'Et., 12 mars 1863, Cellard, [Leb. chr., p. 239]; — 20 déc. 1872, Constantin, [Leb. chr., p. 733], — à moins de clauses spéciales contraires contenues dans les règlements ou usages ou dans les statuts de l'association. — Cons. d'Et., 18 nov. 1887, Ducasse, [Leb. chr., p. 725]

8032. — Mais alors même qu'une clause d'un bail mettrait les taxes syndicales à la charge du locataire, cette disposition ne suffirait pas à empêcher l'administration du syndicat de réclamer la taxe au propriétaire. — Cons. d'Et., 22 nov. 1889, Brian, [Leb. chr., p. 1058]

8033. — A l'égard de tous ceux qui n'ont pas le libre exercice de leur droit de propriété, la loi du 21 juin 1865 a facilité les moyens d'entrer dans une association. L'art. 4 dispose que l'adhésion à une association est valablement donnée par les tuteurs, les envoyés en possession provisoire et par tout représentant légal pour les biens des mineurs, des interdits, des absents, ou autres incapables, après autorisation du tribunal de la situation des biens, donnée sur simple requête en chambre du conseil, le ministère public entendu. Cette disposition est applicable aux immeubles dotaux et aux majorats.

8034. — La procédure à suivre consiste dans une requête présentée par le représentant de l'incapable au tribunal, qui statue en chambre du conseil, le ministère public entendu. Cette requête doit être présentée par un avoué. La décision rendue par le tribunal est susceptible d'appel. — Gain, *Associat. synd.*, n. 159.

8035. — Si le contribuable prétend n'être pas propriétaire des parcelles à raison desquelles il est imposé, le conseil de préfecture doit surseoir à statuer jusqu'à ce que les tribunaux judi-

ciaires aient tranché cette question préjudicielle ou mettre en cause les personnes au nom desquelles devrait être opérée la mutation de cote. — Cons. d'Et., 8 janv. 1886, Tassy, [Leb. chr., p. 3]

8036. — Le mari, qui a souscrit un engagement envers une association pour un immeuble de sa femme, peut être porté au rôle sans pouvoir exciper, pour échapper au paiement des taxes, de ce qu'au moment de la souscription il n'avait pas la pleine jouissance de l'immeuble. — Cons. d'Et., 31 mars 1882, Gibert, [Leb. chr., p. 306]; — 8 janv. 1886, Tassy, [Leb. chr., p. 5] — Il n'appartiendrait, en ce cas, qu'à la femme ou à ses héritiers après la dissolution du mariage de constater la validité de l'engagement. — Gain, *Assoc. synd.*, suppl., p. 84.

8037. — Quand des terrains appartenant à une femme ont été engagés dans une association par son mari et qu'ensuite une séparation de biens intervient entre eux, la question de savoir si l'engagement est obligatoire pour la femme et si la propriété litigieuse n'a pu passer entre ses mains qu'avec les charges que le mari y avait attachées, est de la compétence des tribunaux. — Cons. d'Et., 22 févr. 1838, Société de Guy, [Leb. chr., p. 117]

8038. — Un mari peut être valablement imposé à raison d'un immeuble qui appartient à sa femme commune en biens. — Cons. d'Et., 3 mars 1876, Chabbert, [Leb. chr., p. 220]

8039. — En présence d'une exception tirée, non du défaut de propriété, mais du défaut de possession, le conseil de préfecture ne serait pas tenu de surseoir à statuer sur la question de validité de l'imposition. — Cons. d'Et., 8 juin 1886, Tassy, [Leb. chr., p. 5]

8040. — L'art. 2 a comblé une lacune de la loi du 21 juin 1865, en stipulant pour les biens des personnes morales : « Pourront adhérer à une association syndicale les préfets pour les biens du département, s'ils y sont autorisés par délibération du conseil général; les maires ou administrateurs pour les biens des communes ou des établissements publics, s'ils y sont autorisés par délibération du conseil municipal ou du conseil d'administration; pour les biens de l'Etat, le ministre des Finances. »

8041. — Quel est le caractère de l'obligation contractée par le syndiqué à l'égard de l'association? L'adhésion donnée pour un terrain le suit-elle par quelques mains qu'il passe ou demeure-t-elle, en l'absence de stipulation contraire, au premier souscripteur ou à ses représentants? est-elle réelle ou personnelle? En ce qui touche les associations autorisées, la jurisprudence a admis depuis longtemps le caractère de réalité de l'engagement, du moins en ce qui touche au paiement des taxes. Elle se fonde principalement sur l'assimilation des taxes syndicales aux contributions directes, et notamment à la contribution foncière, dont le paiement incombe de plein droit au propriétaire, sans qu'il soit besoin d'aucune stipulation expresse. — Cons. d'Et., 2 mai 1873, de Salvador, [Leb. chr., p. 362]; — 21 févr. 1879, Genis-Mans, [Leb. chr., p. 179]; — 19 déc. 1879, Dassac, [Leb. chr., p. 822]; — 22 déc. 1882, Favreau, [Leb. chr., p. 1068]; — 19 déc. 1884, de Bernis; — 8 janv. 1886, Orange, [Leb. chr., p. 5]; — 18 janv. et 8 nov. 1889, Canal de Saint-Martory, [Leb. chr., p. 64 et 1003]; — 19 juill. 1890, Synd. canal sous le béal.

8042. — Décidé notamment que, lorsque des travaux de curage ont été exécutés d'office par l'administration, le montant de la dépense peut être réclamé à celui qui était propriétaire au moment où ils ont été exécutés et que ce contribuable ne pourrait échapper à cette obligation en alléguant que c'étaient ses vendeurs qui n'avaient pas exécuté les travaux prescrits.—Cons. d'Et., 23 janv. 1864, Delauzan, [Leb. chr., p. 48]

8043. — De même, lorsqu'un syndicat s'est dissous en laissant des dettes, le liquidateur a le droit de réclamer les taxes destinées à couvrir ces dettes aux détenteurs actuels des propriétés intéressées, quand bien même ils ne seraient devenus propriétaires que depuis l'époque où le syndicat a cessé de fonctionner. — Cons. d'Et., 1er juin 1883, Arnaud, [Leb. chr., p. 509]

8044. — Quant aux associations libres, en l'absence de tout texte, la plupart des auteurs étaient d'avis que les engagements constituaient des obligations personnelles. — Aucoc; Dalloz, *Rép. suppl.; Godoffre, n. 139; Gain, n. 175. — M. Picard (t. 4, p. 113) estime au contraire que ces engagements ont par eux-mêmes le caractère d'engagements réels. Il est inadmissible que les adhérents primitifs qui, en vendant leurs biens, ont perdu tout intérêt dans l'entreprise commune, puissent continuer à y être

associés, toutes les fois qu'ils ne se seraient pas subrogé leur acquéreur.

8045. — Mais cette discussion n'a plus qu'un intérêt rétrospectif, l'art. 2, Décr. 9 mars 1894, ayant tranché la question pour l'avenir : « Les obligations qui dérivent de la constitution de l'association syndicale sont attachées aux immeubles compris dans le périmètre, et les suivent, en quelques mains qu'ils passent, jusqu'à la dissolution de l'association ». Il suit de là que l'associé n'est tenu qu'à raison des parcelles qu'il détient. M. Picard (t. 4, p. 113 et s.) en déduit qu'il peut échapper au paiement des taxes en abandonnant gratuitement à l'association les parcelles taxées.

8046. — Toutefois, le caractère réel n'existe que pour les obligations dérivant de la constitution de l'association (paiement de taxes, passage des agents du syndicat sur les propriétés) et non pour tous les engagements supplémentaires que peut faire un propriétaire dans l'intérêt de l'association. Le Tribunal des Conflits a décidé que des engagements de cette nature ne constituaient que des obligations personnelles et n'étaient opposables aux tiers qu'après transcription. — Trib. des Confl., 8 juill. 1893, Bastide, [D. 94.3.70]

Section II.

Associations libres.

8047. — Des associations libres, nous n'avons que peu de chose à dire. Nous indiquerons seulement les dispositions nouvelles introduites par le règlement du 9 mars 1894. Nous avons dit que d'après les art. 4, 5 et 6, L. 21 juin 1865, l'association existait entre les syndiqués par le seul fait de leur consentement, constaté dans un acte authentique ou sous seing privé et vis-à-vis des tiers que les statuts de l'association avaient été publiés.

8048. — L'art. 4, Décr. 9 mars 1894, dispose que l'extrait de l'acte d'association qui doit être publié dans un journal doit indiquer le but de l'entreprise, le mode d'administration de la société, l'étendue des pouvoirs confiés au syndicat et les clauses essentielles de l'acte. Il est justifié de la publication au moyen de deux exemplaires du journal, certifiés par l'imprimeur dont la signature est légalisée par le maire. L'un de ces exemplaires est adressé au préfet qui en donne récépissé.

8049. — Si le consentement de chaque intéressé n'a pas été donné dans l'acte d'association, il peut résulter d'un acte spécial, authentique ou sous seing privé et qui reste annexé à l'acte d'association. Ce dernier est accompagné d'un plan périmétral des immeubles syndiqués et d'une déclaration de chaque adhérent spécifiant les désignations cadastrales, ainsi que la contenance des immeubles pour lesquels il s'engage. Une copie de toutes ces pièces, certifiée conforme par le maire, est transmise au préfet dans le délai d'un mois à partir de la constitution de l'association (art. 3).

8050. — Comme ces associations se forment en dehors de l'administration, les difficultés auxquelles peut donner lieu leur constitution, leur fonctionnement, l'exécution des travaux et le recouvrement des cotisations relèvent de la compétence judiciaire. De même après qu'elles se sont transformées en associations autorisées, s'il y a lieu dans la suite d'interpréter les engagements antérieurs à cette transformation, c'est aux tribunaux civils qu'il appartiendrait de donner cette interprétation. — Cons. d'Et., 6 févr. 1822, Loubier, [Leb. chr., t. 3, p. 167]; — 15 sept. 1848, Esmenjand, [Leb. chr., p. 389]; — 17 avr. 1856, Nouvène, [Leb. chr., p. 307]; — 10 avr. 1860, Durand, [Leb. p. 287]; — 14 mars 1873, Hugues, [Leb. chr., p. 245]; — 31 janv. 1891, Commune du Marais-Vernier, [Leb. chr., p. 79]

8051. — La loi du 21 juin 1865 (art. 8) prévoit la transformation des associations libres en associations autorisées. Cette transformation peut avoir lieu par un arrêté préfectoral en vertu d'une délibération prise par l'assemblée générale, conformément à l'art. 12, sauf les dispositions contraires de l'acte d'association.

8052. — En principe donc, ce sont les statuts de l'association libre qui règlent les conditions de sa transformation en association autorisée. A défaut de stipulation particulière sur ce point, on appliquera l'art. 8. A quelles conditions peut se faire la transformation? Il faut que l'assemblée générale des membres de l'association libre soit convoquée. Cette formalité est pres-

crite à peine de nullité. — Cons. d'Et., 4 nov. 1887, Canal des Faïsses, [Leb. chr., p 604]

8053. — La proposition doit réunir la majorité prévue par l'art. 12, L. 28 juin 1865, c'est-à-dire plus de la moitié des associés représentant les deux tiers de la superficie ou les deux tiers des associés, représentant la moitié de la superficie. Mais l'art. 5, L. 22 déc. 1888 a remplacé cet article par un article nouveau qui modifie les conditions de majorité suivant la nature des travaux poursuivis. Est-ce cette nouvelle majorité qui est nécessaire pour transformer une association libre d'irrigation par exemple, une association autorisée ? M. Picard (t. 4, p. 128), incline à penser que malgré l'erreur de rédaction commise dans la loi, le législateur a entendu maintenir les anciennes conditions de majorité.

8054. — Il n'est pas nécessaire de procéder aux enquêtes prescrites pour la constitution directe d'une association autorisée. — Av. Cons. d'Et., 9 avr. 1879, Canal du Col-de-Jou. — Picard, t. 4, p. 128.

8055. — Il n'est pas nécessaire non plus, quand il s'agit de travaux d'amélioration, de rendre le décret déclarant l'utilité publique des travaux. — Av. Cons. d'Et., 16 févr. 1893.

8056. — La transformation n'a d'autre effet que de permettre à l'association de recourir à l'expropriation et de recouvrer ces taxes comme des contributions directes. Elle ne peut lui permettre d'assujettir aux taxes des propriétaires qui avaient refusé de faire partie de l'association libre. — Cons. d'Et., 13 mai 1881, Syndicat des Agadis de Padirac, [Leb. chr., p. 499] — A l'égard de ces derniers, il faudra pour les contraindre à entrer dans le syndicat, suivre toute la procédure prévue par les lois de 1865 et de 1888 pour la constitution directe des associations.

8057. — Contre l'arrêté de transformation les intéressés ont plusieurs voies de recours : 1° Le recours administratif de l'art. 13, L. 21 juin 1865, sur lequel il est statué par décret rendu en Conseil d'Etat ; 2° Le recours pour excès de pouvoir devant le Conseil d'Etat statuant au contentieux. — Cons. d'Et., 6 juin 1879, de Vilar, Nicolau et autres, [Leb. chr., p. 463] — Aucoc, 2° édit., t. 2, n. 886; Godoffre, *Associations syndicales*, n. 187 et 188; Gain, *Associations syndicales*, n. 195; Picard, t. 4, p. 130; 3° La demande en décharge des taxes fondée sur l'irrégularité de la transformation présentée devant le conseil de préfecture dans les quatre mois de la notification du premier rôle, conformément à l'art. 17, L. 21 juin 1865.

Section III.

Associations autorisées.

§ 1. *Formation de ces associations.*

8058. — Antérieurement à la loi du 21 juin 1865, il existait des associations autorisées, constituées par l'accord de l'unanimité de leurs membres par un arrêté préfectoral ou par un décret en Conseil d'Etat, selon que l'on pouvait se passer ou non de recourir aux expropriations. Elles avaient surtout en vue des travaux d'irrigation ou de drainage.

8059. — La loi du 21 juin 1865 a étendu le droit du préfet d'autoriser les associations syndicales à tous les cas énumérés dans son art. 1. Toutefois, l'autorisation a des effets différents suivant la nature des travaux. S'agit-il de travaux d'amélioration (irrigation, colmatage, drainage, chemin d'exploitation), elle donne seulement aux associations le droit de recouvrer leurs taxes comme en matière de contributions directes : elle donne à leurs travaux le caractère de travaux publics. S'agit-il de travaux défensifs (C. civ., n. 1 à 5, art. 1), elle produit ces mêmes effets et, en outre, elle consacre le droit de la majorité d'imposer à la minorité l'obligation de participer aux travaux de l'association.

8060. — Enfin la loi du 22 déc. 1888 a étendu à toutes les associations le pouvoir de coercition exercé par la majorité sur la minorité. Toutefois, elle a maintenu une distinction entre celles qui ont pour but des travaux de défense et celles qui ont pour objet des travaux d'amélioration, exigeant pour ces dernières une majorité plus forte et la déclaration d'utilité publique par décret des travaux projetés (art. 5).

8061. — Nous devons faire connaître quelles sont, d'après le décret du 9 mars 1894, les formalités à remplir pour arriver à la constitution d'une association autorisée. L'initiative peut ap-

partenir soit à un ou plusieurs intéressés, soit au maire, soit au préfet (L. 22 déc. 1888, art. 5).

8062. — Lorsque le préfet estime qu'un projet d'association est susceptible de faire l'objet d'une instruction, il prend un arrêté pour faire procéder à l'enquête prescrite par l'art. 10 de la loi (Décr. 9 mars 1894, art. 5).

8063. — Le préfet soumet à une enquête administrative les plans, avant-projets et devis des travaux ainsi que le projet d'association. Le plan indique le périmètre des terrains intéressés et est accompagné de l'état des propriétaires de chaque parcelle. Le projet de l'association spécifie le but de l'entreprise et détermine les voies et moyens pour subvenir à la dépense (L. 22 déc. 1888, art. 10).

8064. — Le projet d'acte d'association soumis à l'enquête détermine : le siège de l'association ; le but de l'entreprise et les voies et moyens nécessaires pour subvenir à la dépense ; le minimum d'étendue de terrain ou d'intérêt qui donne à chaque propriétaire le droit de faire partie de l'assemblée générale des intéressés ; le maximum de voix à attribuer à un même propriétaire ou à chaque usinier et le maximum de voix attribué aux usiniers réunis ; le nombre de mandats dont un même fondé de pouvoirs peut être porteur aux assemblées générales ; le nombre de syndics à nommer, leur répartition, s'il y a lieu, entre les diverses catégories d'intéressés et la durée de leurs fonctions; les conditions de l'éligibilité des syndics et les règles relatives au renouvellement du syndicat ; le chiffre maximum des emprunts qui peuvent être votés par le syndicat ; l'époque de la réunion annuelle de l'assemblée générale des associés (Décr. 9 mars 1894, art. 6).

8065. — Le dossier d'enquête est déposé à la mairie de la commune sur le territoire de laquelle se trouvent les propriétés intéressées aux travaux. Si les propriétés s'étendent sur plusieurs communes, le préfet désigne celle des mairies où le dossier doit être déposé. Aussitôt après la réception de l'arrêté préfectoral qui ordonne l'ouverture de l'enquête, avis du dépôt des pièces est donné à son de trompe ou de caisse. En outre, une affiche contenant l'arrêté du préfet est apposée à la porte de la mairie et dans un lieu apparent près ou sur les portes de l'église. Il est procédé de même à l'affichage dans toutes les communes sur le territoire desquelles s'étend l'association (Décr. 9 mars 1894, art. 7).

8066. — Indépendamment de ces publications, notification du dépôt des pièces est faite par voie administrative à chacun des propriétaires dont les terrains sont compris dans le périmètre intéressé aux travaux ; il est gardé original de cette notification; en cas d'absence, la notification prescrite est faite aux représentants des propriétaires ou à leurs fermiers et métayers; l'acte de notification, à défaut de représentants ou fermiers, est laissé à la mairie. L'acte de notification invite les propriétaires à déclarer, dans les délais et dans les formes ci-après déterminées, s'ils consentent à concourir à l'entreprise. Aux notifications sont jointes des formules d'adhésion à l'association. Ces notifications doivent être faites, au plus tard, dans les cinq jours qui suivent l'ouverture de l'enquête (Décr. 9 mars 1894, art. 7).

8067. — Pendant vingt jours à partir de l'ouverture de l'enquête, il est déposé, dans chacune des mairies intéressées, un registre destiné à recevoir les observations soit des propriétaires compris dans le périmètre, soit de tous autres intéressés. Le préfet désigne, dans l'arrêté qui ordonne l'enquête, un commissaire qui ne doit avoir aucun intérêt personnel à l'opération projetée. A l'expiration de l'enquête, dont les formalités sont certifiées par le maire de chaque commune, le commissaire reçoit pendant trois jours consécutifs, à la mairie de la commune désignée par le préfet et aux heures indiquées par lui, les déclarations des intéressés sur l'utilité des travaux. Après avoir clos et signé le registre de ces déclarations, il le transmet immédiatement au préfet, avec son avis motivé et avec les autres pièces de l'instruction qui ont servi de base à l'enquête (Décr. 9 mars 1894, art. 7).

8068. — Si le périmètre de l'association doit s'étendre sur plusieurs départements, le préfet compétent pour diriger l'instruction est celui du département où a été provisoirement fixé le siège de l'association. L'autorisation est délivrée par celui du département où doit se trouver le siège définitif. Les préfets des autres départements intéressés sont appelés à faire savoir s'ils donnent leur assentiment à la constitution de l'association (Décr. 9 mars 1894, art. 7).

8069. — Après l'enquête, les propriétaires qui sont présumés devoir profiter des travaux sont convoqués en assemblée générale par le préfet, qui en nomme le président, sans être tenu de le choisir parmi les membres de l'association (L. 22 déc. 1888, art. 11). Dans son arrêté de convocation le préfet désigne les lieux, jour et heure de la réunion. Ampliation de cet arrêté est adressée au maire de chacune des communes intéressées, pour être, huit jours au moins avant la date de la réunion, publiée à son de trompe ou de caisse et affichée tant à la porte de la mairie que dans un lieu apparent, près ou sur les portes de l'église. Indépendamment de cette publication, l'arrêté est notifié individuellement comme il est dit au § 4, art. 7 (Décr. 9 mars 1894, art. 8).

8070. — Lorsque l'enquête a eu lieu et que les formalités de publicité prescrites par la loi du 21 juin 1865 pour la constitution d'une association syndicale ont été observées, les associés ne sont pas fondés à prétendre qu'ils ont ignoré sa formation. — Cons. d'Et., 21 juin 1891, Loustre, [Leb. chr., p. 604] — *A fortiori* quand une convocation individuelle a été adressée à chacun des intéressés. — Cons. d'Et., 12 févr. 1892, Garnier, [Leb. chr., p. 141]

8071. — Dans le cas où la commune ne figure pas parmi les propriétaires présumés intéressés, le maire, sur l'initiative de qui l'association syndicale a été constituée, a néanmoins entrée à l'assemblée générale, mais avec voix consultative seulement. Le même droit appartient au préfet qui a pris l'initiative, si l'Etat ou le département ne figure pas parmi les propriétaires présumés intéressés. Le préfet et le maire peuvent se faire représenter à l'assemblée générale (L. 22 déc. 1888, art. 11).

8072. — Un procès-verbal constate la présence des intéressés et le résultat de la délibération. Il est signé par les membres présents et mentionne l'adhésion de ceux qui ne savent pas signer. L'acte contenant le consentement par écrit de ceux qui l'ont envoyé en cette forme est mentionné dans le procès-verbal et y reste annexé. Le procès-verbal est transmis au préfet (L. 22 déc. 1888, art. 11).

8073. — Le procès-verbal constate le nombre des intéressés et celui des présents. Il indique, en outre, avec le résultat de la délibération : le vote nominal de chaque intéressé, l'acquiescement donné en conformité de l'art. 4 de la loi par les tuteurs, par les envoyés en possession et par tout représentant légal pour les biens des mineurs, des interdits, des absents et autres incapables ; la date des jugements qui ont autorisé cet acquiescement et les décisions ou délibérations qui contiennent l'adhésion de l'Etat, du département, des communes et des établissements publics (Décr. 9 mars 1894, art. 9).

8074. — Quelle est la majorité nécessaire pour que l'association syndicale puisse se former ? Pour les travaux spécifiés aux n. 1, 2, 3, 4 et 5 de l'art. 1, si la majorité des intéressés représentant au moins les deux tiers de la superficie des terrains ou si les deux tiers des intéressés représentant plus de la moitié de la superficie sont favorables, l'association peut être autorisée (L. de 1888, art. 12).

8075. — Pour les travaux spécifiés aux n. 6, 7, 8, 9 et 10 du même article, le préfet ne pourra autoriser l'association qu'au cas d'adhésion des trois quarts des intéressés représentant plus des deux tiers de la superficie et payant plus des deux tiers de l'impôt foncier afférent aux immeubles, ou des deux tiers des intéressés représentant plus des trois quarts de la superficie et payant plus des trois quarts de l'impôt foncier afférent aux immeubles (art. 12, § 2).

8076. — Lorsque l'ouverture, le redressement ou l'élargissement des chemins ruraux ont été régulièrement autorisés conformément à l'art. 13, L. 20 août 1881, et que les travaux ne sont pas exécutés, ou lorsqu'un chemin reconnu n'est pas entretenu par la commune, le maire peut, d'office ou sur la demande qui lui est faite par trois intéressés au moins, convoquer individuellement tous les intéressés. Il les invite à délibérer sur la nécessité des travaux à faire et à se charger de leur exécution. Le maire recueille les suffrages, constate le vote des personnes présentes qui ne savent signer et mentionne les adhésions envoyées par écrit (L. 20 août 1881, art. 19). Le maire est ici substitué au préfet.

8077. — Si la moitié plus un des intéressés représentant au moins les deux tiers de la superficie des propriétés desservies par le chemin, ou si les deux tiers des intéressés représentant plus de la moitié de la superficie consentent à se charger des

travaux nécessaires pour mettre ou maintenir la voie en état de viabilité, l'association est constituée. Elle existe même à l'égard des intéressés qui n'ont pas donné leur adhésion (L. 30 août 1881, art. 20).

8078. — Pour les travaux d'amélioration ou d'élargissement partiel, l'assentiment de la moitié plus un des intéressés représentant au moins les trois quarts de la superficie des propriétés desservies ou des trois quarts des intéressés représentant plus de moitié de la superficie, sera exigé (Même art.).

8079. — Pour les travaux d'ouverture, de redressement et d'élargissement d'ensemble, le consentement unanime des intéressés sera nécessaire (Même art.).

8080. — En ce qui touche les travaux de restauration des terrains en montagne, la loi du 4 avr. 1882 (art. 4), prévoit seulement que les propriétaires intéressés pourront, au lieu de laisser exécuter les travaux par l'Etat, se réunir en associations syndicales, conformément aux dispositions de la loi du 21 juin 1865. Mais dans quelle catégorie sont ces associations ? Si l'on s'en rapportait à l'objet des travaux, qui constituent au premier chef des travaux de défense contre les inondations, on les assimilerait aux associations prévues dans les n. 1 à 5 de l'art. 1 de la loi, c'est-à-dire qu'on reconnaîtrait à la majorité des intéressés un pouvoir de coercition sur la minorité. Mais le décret du 11 juill. 1882 (art. 9) qualifie ces associations d'associations libres. Il est vrai que dans l'article suivant elles sont dénommées associations autorisées. Il résulte de ces textes qu'il s'agit d'associations où l'unanimité des intéressés est requise pour que l'autorisation puisse être conférée.

8081. — Les associations syndicales constituées pour la défense des vignes contre le phylloxéra ne peuvent être établies que sur l'initiative des intéressés, sans aucune intervention préalable de l'administration. Les propriétaires adressent une demande au préfet, qui la communique au comité local d'études contre le phylloxéra et au professeur départemental d'agriculture, dont les avis sont absolument nécessaires, mais ne lient pas le préfet.

8082. — Un arrêté du préfet ordonne ensuite une enquête, qui est ouverte pendant quinze jours à la mairie de chacune des communes où sont situés les terrains compris dans le périmètre proposé. Les déclarations sont reçues par le maire (L. 13 déc. 1888, art. 3).

8083. — Après la clôture de l'enquête, le préfet convoque par arrêté, à la mairie de l'une des communes intéressées, tous les propriétaires des terrains compris dans le périmètre. L'arrêté de convocation désigne l'un des intéressés comme président, les deux plus âgés des membres présents l'assistent (art. 5).

8084. — La majorité des adhésions nécessaires pour parvenir à la constitution d'un syndicat doit comprendre au moins les deux tiers des intéressés et représenter les trois quarts de la superficie en vigne ou les trois quarts des intéressés et les deux tiers de la superficie. Le préfet accorde, s'il y a lieu, l'autorisation.

8085. — Aux termes d'un décret du 19 févr. 1890, les associations pour la défense des vignes sont constituées par arrêté préfectoral ou par le ministre, si elles doivent s'étendre sur plusieurs départements. Mais c'est seulement sur avis conforme du conseil général, ou, à son défaut, de la commission départementale, que cet arrêté peut intervenir.

8086. — S'il s'agit des travaux spécifiés aux §§ 6 et 7, art. 1, L. 22 déc. 1888, c'est-à-dire de travaux urbains, le dossier est transmis, suivant le cas, au conseil municipal, au conseil général ou à ces deux assemblées, pour l'accomplissement des formalités prévues par l'art. 12, § 4 de la loi. Cet article dispose, en effet, que pour ces travaux l'autorisation du préfet devra être précédée d'un avis conforme du conseil municipal, si les travaux intéressent la commune ; du conseil général, si les travaux intéressent le département ; et de ces deux assemblées, si les travaux intéressent à la fois la commune et le département.

8087. — Immédiatement après l'accomplissement de toutes ces formalités, et si les conditions de majorité requises sont remplies, le préfet statue, sauf lorsqu'il s'agit des travaux prévus aux n. 7, 8, 9 et 10, art. 1 de la loi (c'est-à-dire de travaux d'amélioration). Dans ce dernier cas, l'arrêté préfectoral doit être précédé du décret qui prononce, conformément à la loi, la reconnaissance d'utilité publique des travaux. Ce décret intervient sans qu'il soit procédé à une nouvelle enquête (Décr. 9 mars 1894, art. 11).

8088. — Un extrait de l'acte d'association et l'arrêté du pré-

fet, en cas d'autorisation, et, en cas de refus, les arrêtés du préfet sont affichés dans la commune de la situation des lieux et insérés dans le recueil des actes de la préfecture (L. 22 déc. 1888, art. 5). Cet affichage doit être effectué dans un délai de quinze jours à partir de la date de l'arrêté. L'accomplissement de cette formalité est certifié par le maire de chaque commune (Décr. 9 mars 1894, art. 12).

8089. — La majorité ayant le droit de contraindre la minorité à entrer dans une association, la loi a donné aux récalcitrants un dernier moyen d'échapper à cette obligation : c'est de délaisser leurs terrains. Ce droit ne leur est refusé que pour les travaux d'endiguement et de curage. L'art. 14 dispose que s'il s'agit de travaux spécifiés aux n. 3 à 10, art. 1, les propriétaires qui n'auront pas adhéré au projet d'association pourront, dans le délai d'un mois, déclarer à la préfecture qu'ils entendent délaisser, moyennant indemnité, les terrains leur appartenant et compris dans le périmètre. Il leur sera donné récépissé de la déclaration. L'indemnité à la charge de l'association sera fixée conformément à la loi du 3 mai 1841, pour les travaux urbains, et conformément à l'art. 16, L. 21 mai 1836, pour les travaux énumérés aux n. 3, 4, 5, 8, 9, 10.

8090. — Si les biens de mineurs, d'interdits, d'absents ou autres incapables sont compris dans le périmètre, les tuteurs, ceux qui ont été envoyés en possession et tous représentants des incapables peuvent, après autorisation du tribunal, donnée sur requête en chambre du conseil, le ministère public entendu, déclarer qu'ils entendent délaisser lesdits biens. Le tribunal ordonne les mesures de conservation. Ces dispositions sont applicables aux immeubles dotaux. Les préfets pourront, dans le même cas, délaisser les biens des départements, s'ils y sont autorisés par délibération du conseil général ; les maires ou administrateurs pourront délaisser les biens des communes et des établissements publics s'ils y sont autorisés par une délibération du conseil municipal ou du conseil d'administration ; le ministre des Finances peut délaisser les biens de l'État (L. 22 déc. 1888, art. 6).

8091. — La déclaration de délaissement est faite sur timbre, en forme d'acte sous seing privé. Elle est déposée à la préfecture, où il est donné récépissé. La signature du déclarant est légalisée par le maire ou le commissaire de police (Décr. 9 mars 1894, art. 13). L'acte de délaissement est, par les soins du préfet, publié et affiché par extrait dans la commune de la situation des biens. Cet extrait est, en outre, inséré dans un journal de l'arrondissement ou, s'il n'en existe aucun, dans un des journaux du département (art. 14). Immédiatement après l'accomplissement de ces formalités, l'acte de délaissement est transcrit au bureau de la conservation des hypothèques de l'arrondissement, conformément à l'art. 2181, C. civ. (art. 15). Il est procédé à la purge des privilèges et hypothèques dans les formes déterminées par l'art. 17, L. 3 mai 1841 (art. 16).

8092. — A défaut d'entente amiable entre le syndicat et le délaissant, le montant de l'indemnité est fixé par le jury. L'intervention du jury peut toujours être requise par les créanciers privilégiés et hypothécaires inscrits (art. 17).

8093. — L'annulation de l'arrêté préfectoral constituant l'association rend nuls et non-avenus les actes de délaissement et ceux qui en sont la conséquence (art. 18).

8094. — Les formalités de timbre, d'enregistrement et de transcription donnent lieu à l'acte de délaissement sont accomplies sans frais (art. 19).

8095. — Le préfet nomme, parmi les membres de l'association, un administrateur provisoire chargé de convoquer la première assemblée générale et de présider cette assemblée (art. 20).

8096. — Nous avons dit, à propos de la transformation des associations libres en associations autorisées, quelles voies de recours avaient les intéressés. Ces voies de recours existent aussi contre les arrêtés qui constituent directement des associations autorisées. Les intéressés, c'est-à-dire non seulement les syndiqués, mais encore les tiers, peuvent former devant le ministre le recours administratif de l'art. 13, L. 21 juin 1865, sur lequel il est statué par décret en Conseil d'Etat. Cette voie de recours ne fait pas obstacle à ce que, dans les trois mois de la publication ou de la notification de l'arrêté constitutif, ils forment un recours pour excès de pouvoir devant le Conseil d'Etat statuant au contentieux. — Cons. d'Et., 6 juin 1879, de Vilar, Nicolau, etc., [Leb. chr., p. 463]

8097. — Enfin, aux termes de l'art. 17, L. 21 juin 1865, les

associés compris malgré eux dans l'association peuvent, dans le délai de quatre mois, à compter de la notification du premier rôle des taxes, contester leur qualité d'associé ou la validité de l'association. — Cons. d'Et., 10 janv. 1872, Syndicat du canal du Bourg, à Digne, [Leb. chr., p. 5] — Mais cette voie de recours ne se cumule pas avec le recours pour excès de pouvoir. Celui qui a formé une demande en décharge n'est pas recevable à attaquer directement l'arrêté constitutif. — Cons. d'Et., 20 janv. 1888, Gardès, [Leb. chr., p. 54]

8097 bis. — D'autre part, le propriétaire qui a consenti à faire partie d'une association libre et qui a voté sa transformation en association autorisée n'est pas recevable à se prévaloir de l'irrégularité de la constitution du syndicat, irrégularité résultant de ce qu'on y aurait englobé malgré eux des propriétaires récalcitrants. Ceux-là seuls auraient qualité pour soulever ce moyen. — Cons. d'Et., 27 oct. 1893, Laurens, [Leb. chr., p. 711]

8098. — Le délai de quatre mois imparti par l'art. 17, L. 21 juin 1865 court, non de la publication, mais de la notification du premier rôle des taxes. Cette notification est faite par le receveur de l'association par acte d'huissier ou dans la forme administrative. Il est dressé procès-verbal de cette opération ou bien récépissé est donné par le syndiqué. Si cette notification n'a pas eu lieu, le délai court du jour où l'associé a eu connaissance officielle de la taxe par des poursuites dirigées contre lui. — Cons. d'Et., 17 janv. 1873, Syndicat de la Develle, [Leb. chr., p. 67]

8099. — Les intéressés peuvent ainsi, sous forme de demande en décharge des taxes, contester la compétence de l'autorité qui a constitué l'association. C'est ainsi que le Conseil d'Etat a maintes fois accordé dégrèvement des taxes à des propriétaires qui avaient, avant la loi de 1865, été réunis en association syndicale par arrêté préfectoral, sans que l'accord de tous les intéressés eût été obtenu ou, depuis cette loi, pour les travaux où la majorité n'avait pas de pouvoir de coercition sur la minorité. — Cons. d'Et., 5 juill. 1865, Lebarbier, [Leb. chr., p. 693]; — 8 mars 1866, Simonnet, [Leb. chr., p. 224]; — 2 mai 1866, Rigaud, [Leb. chr., p. 417]; — 25 avr. 1867, d'Aubonne, [Leb. chr., p. 401]; — 13 juin 1867, Canal de Crillon, [Leb. chr., p. 563]; — 14 août 1867, Raux, [Leb. chr., p. 771]; — 30 mai 1868, Renaud, [Leb. chr., p. 625]; — 5 août 1868, Bonisson, [Leb. chr., p. 845]; — 9 févr. 1872, Comard Desclosets, [Leb. chr., p. 55]; — 21 mars 1879, Adam-Lescail, [Leb. chr., p. 235]; — 23 mai et 30 nov. 1879, Cte P.-L.-M., [Leb. chr., p. 412 et 871]

8100. — L'art. 517, L. 21 juin 1865, n'a fait que consacrer, en fixant un délai relativement court, les décisions de la jurisprudence, qui n'admettait pas qu'à toute époque un associé pût venir remettre en question sa qualité d'associé ou la validité de l'association. De nombreuses décisions avaient posé en principe, que quand un associé ou ses auteurs avaient payé pendant plusieurs années les taxes sans observation, ils n'étaient plus recevables à contester la légalité de la constitution de l'association. — Cons. d'Et., 17 mars 1857, Magnan, [Leb. chr., p. 201]; — 22 août 1868, O'Tard de la Grange, [Leb. chr., p. 969]; — 21 juill. 1869, Roca, [Leb. chr., p. 702]; — 2 mai 1873, de Salvador, [Leb. chr., p. 362]; — 23 févr. 1877, Roca, [Leb. chr., p. 196]; — 19 nov. 1880, Plauces, [Leb. chr., p. 903]; — 8 avr. 1881, Bellon, [Leb. chr., p. 423]; — 16 févr. 1883, Garnier, [Leb. chr., p. 189]

8101. — Il a été cependant décidé que si, à la suite de dégrèvements accordés à des associés, le montant de ces dégrèvements est reporté par voie de réimposition sur les autres, ceux-ci, bien qu'ils n'aient pas fait valoir en temps utile les moyens tirés de l'irrégularité de l'association, sont néanmoins recevables à les soulever pour échapper à la taxe qui leur est réclamée. — Cons. d'Et., 21 mars 1879, Adam-Lescail, [Leb. chr., p. 235]

8102. — Il peut arriver que des arrêtés préfectoraux apportent quelques modifications aux associations existantes. Les syndiqués ne sont pas fondés à se prévaloir de ces actes pour soutenir qu'ils ont constitué une nouvelle association et ouvert un nouveau délai pendant lequel la légalité peut être discutée. — Cons. d'Et., 14 janv. 1869, Rioudel, [Leb. chr., p. 40]; — 20 avr. 1888, Caulet, [Leb. chr., p. 362]

8103. — Dans le cas où la majorité a un droit de coercition sur la minorité, le seul fait d'avoir refusé de faire partie de l'association ne suffit pas pour entraîner décharge si cette association

55

a été constituée après toutes les formalités légales. — Cons. d'Et., 14 mai 1870, Gromand, [Leb. chr., p. 592]

8104. — Au point de vue de la légalité de la constitution de l'association, le conseil de préfecture est compétent pour apprécier si les travaux pour lesquels elle est constituée sont de ceux prévus par les lois qui régissent la matière. — Cons. d'Et., 21 mai 1892, Vrignonneau, [Leb. chr., p. 476]; — si toutes les formes substantielles ont été observées; si l'association a été autorisée par l'autorité compétente.

8105. — L'un des actes qui doivent nécessairement précéder la constitution d'une association, c'est la fixation de son périmètre, « c'est-à-dire l'énumération de tous les terrains qui sont appelés à profiter des travaux ». Cette opération faisait l'objet des art. 5 et 6, L. 16 sept. 1807 et 10, L. 21 juin 1865. En outre, les art. 16 et 26 de cette dernière loi transféraient aux conseils de préfecture le jugement des réclamations relatives à la fixation du périmètre, lesquelles étaient précédemment jugées par les commissions spéciales organisées par la loi du 16 sept. 1807.

8106. — Dès avant cette loi, il avait été jugé que quand la fixation du périmètre était contestée à propos d'une demande en décharge de taxes, le conseil de préfecture était compétent pour connaître de ce moyen. — Cons. d'Et., 21 déc. 1850, Héritiers Doria, [Leb. chr., p. 962]

8107. — Le conseil de préfecture est compétent, alors même que la demande nécessiterait l'interprétation d'une ordonnance par laquelle le syndicat aurait été constitué. — Cons. d'Et., 16 janv. 1862, Syndicat des marais mouillés de la Vendée, [Leb. chr., p. 31]

8108. — Peut-on, à toute époque, contester l'étendue du périmètre d'une association syndicale? Gain (*Assoc. synd.*, n. 212) semble l'admettre. Nous croyons que cette opinion est trop absolue. En effet, le propriétaire qui soutient qu'aucune parcelle à lui appartenant ne doit profiter des travaux, cette demande équivaut à soutenir qu'il a été à tort compris dans l'association et à contester sa qualité d'associé. Cette demande rentre donc dans le cas prévu par l'art. 17, L. 21 juin 1865. — Cons. d'Et., 8 avr. 1881, Bellon, [Leb. chr., p. 425]; — 12 févr. 1892, Garène, [Leb. chr., p. 141]

8109. — Mais que décider si la réclamation du syndiqué porte seulement sur quelques parcelles de terrains qui, d'après lui, ne devraient pas être comprises dans le périmètre? Faudra-t-il admettre à toute époque la recevabilité de ce moyen? Il avait été jugé dans une matière assez voisine de la nôtre, à propos d'indemnités de plus-value pour desséchement de marais, que celui qui n'avait pas, lors de l'enquête, réclamé contre le périmètre et qui en outre avait payé des arrérages de la rente pendant en paiement de l'indemnité, n'était plus recevable à contester l'étendue du périmètre. — Cons. d'Et., 16 août 1859, de Castel, [Leb. chr., p. 605]; — 16 août 1859, Broussand, [Leb. chr., p. 608]

8110. — Il semble qu'en pareil cas la réclamation de l'associé porte seulement sur le degré d'intérêt qu'il peut avoir aux travaux et qu'il est en ce cas recevable à soulever ce moyen dans les trois mois de la publication de chaque rôle. Cela nous semble résulter d'une décision par laquelle le Conseil d'Etat a rejeté la demande d'un propriétaire par des moyens tirés du fond et non par la fin de non-recevoir tirée de l'inobservation du délai de l'art. 17. — Cons. d'Et., 19 nov. 1880, Lanas, [Leb. chr., p. 903] — M. Picard (t. 2, p. 358) fait remarquer qu'aucune décision contentieuse n'a consacré au profit des associations syndicales la forclusion admise pour les travaux exécutés dans les termes des art. 33 et 34, L. 16 sept. 1807.

8111. — Le périmètre qui est soumis à l'enquête avant la constitution de l'association n'est pas toujours celui de l'association. Il ne constitue qu'une limite maxima qui ne peut être dépassée par le syndicat sans excès de pouvoir. — Cons. d'Et., 21 déc. 1850, Doria, [Leb. chr., p. 962]; — 7 mai 1857, de Galliffet, [Leb. chr., p. 363]; — 8 févr. 1864, Digues de la Baudissière, [Leb. chr., p. 98]; — 27 juin 1873, de Montesquiou, [Leb. chr., p. 597]

8112. — Mais si l'association ne peut sortir des limites qui lui sont tracées par l'arrêté qui la constitue, en revanche, il est possible que dans l'intérieur de ce périmètre quelques terrains ne soient pas imposés. Il en sera ainsi notamment de tous ceux qui ne profiteraient pas des travaux. Les propriétaires peuvent faire cette justification et demander aux tribunaux compétents d'opérer la distraction de leur propriété. — Cons. d'Et., 9 sept. 1818, de Forbin-Janson, [Leb. chr., p. 413]; — 4 mars 1819,

Vincens, [Leb. chr., p. 475]; — 5 juin 1845, de Forbin, [Leb. chr., p. 322]; — 11 mai 1854, de Cambis, [Leb. chr., p. 418]; — 6 déc. 1860, Dervieux, [Leb. chr., p. 739]; — 7 sept. 1867, Cie P.-L.-M., [Leb. chr., p. 850] — Les tribunaux administratifs peuvent ordonner cette distraction. — Cons. d'Et., 8 août 1872, Cie P.-L.-M., [Leb. chr., p. 503]; — 4 avr. 1873, Cie P.-L.-M., [Leb. chr., p. 306]; — 1er août 1873, Syndicat de l'Isère, [Leb. chr., p. 704]; — 8 août 1873, Hur, [Leb. chr., p. 755]; — 12 mars 1875, Cie P.-L.-M., [Leb. chr., p. 249]; — 3 mars 1876, de Bernis, [Leb. chr., p. 221]

8113. — Le conseil de préfecture est compétent pour connaître des réclamations formées contre le périmètre primitif et tendant à faire décider que leurs terrains y ont été compris à tort. Mais s'ils se fondent sur des événements postérieurs, sur une modification des lieux qui supprime ou diminue l'intérêt qu'ils avaient à l'exécution des travaux, leur réclamation constitue une demande en révision de périmètre, qui ne peut être adressée qu'à l'autorité qui a constitué l'association. — Cons. d'Et., 22 nov. 1836, Association des vidanges de Trébon, [Leb. chr., p. 459]; — 24 janv. 1861, Cie P.-L.-M., [Leb. chr., p. 50]; — 7 mars 1873, Min. des Travaux publics, [Leb. chr., p. 214]; — 19 mars 1886, Cinquième syndicat de la Durance, [Leb. chr., p. 259]

8114. — Si un domaine est véritablement intéressé aux travaux et ne se trouve cependant pas compris dans le périmètre, le syndicat ne peut, à moins de disposition contraire dans l'acte constitutif, imposer d'office le propriétaire de ce terrain, mais il peut poursuivre administrativement la révision du périmètre et l'incorporation de ce domaine. — Cons. d'Et., 9 sept. 1818, de Forbin-Janson, [Leb. chr., p. 413]

8115. — Ce droit appartient non seulement au syndicat, mais encore à tout membre de l'association qui est intéressé à voir augmenter le nombre de ceux qui participent aux dépenses. — Cons. d'Et., 13 mars 1856, Imbert, [Leb. chr., p. 200] — Le Conseil d'Etat s'est reconnu dans cette affaire le droit de procéder lui-même à l'extension du périmètre.

8116. — Quand le périmètre primitif d'une association a été établi par un décret, il n'appartient qu'à la même autorité d'y adjoindre un périmètre supplémentaire. L'arrêté préfectoral qui procéderait à cette extension serait entaché d'excès de pouvoir. — Cons. d'Et., 7 août 1874, Syndicat d'entretien des travaux de desséchement des marais de la Haute-Deule, [Leb. chr., p. 828]

8117. — Les syndicats sont parfois amenés à exécuter des travaux qui ne profitent qu'à quelques-unes des propriétés comprises dans l'association. Il y a lieu dans ce cas de n'assujettir aux taxes que les propriétaires intéressés à ces travaux et de créer des périmètres spéciaux compris dans les limites du périmètre général. Les difficultés auxquelles peut donner lieu la formation de ces périmètres sont de la compétence des conseils de préfecture. — Cons. d'Et., 7 sept. 1869, Cie P.-L.-M., [Leb. chr., p. 850]; — 17 janv. 1879, Martin de Beaucé, [Leb. chr., p. 38]

§ 2. *Fonctionnement.*

8118. — La partie la plus neuve du règlement du 9 mars 1894 est celle qui est consacrée au fonctionnement et à l'administration des associations. La loi de 1865 ne contenait sur ce point que quelques dispositions sommaires. Bien que ce titre du décret n'intéresse que de loin les taxes, nous en donnons les prescriptions pour compléter les mots *Associations syndicales*.

8119. — L'association syndicale a pour organes administratifs l'assemblée générale, le syndicat et le directeur (art. 21).

8120. — Avant le 1er janvier de chaque année, le directeur fait constater les mutations de propriété survenues dans l'année précédente et modifier le plan parcellaire et l'état nominatif des propriétaires de l'association. La liste des membres appelés à prendre part à l'assemblée générale est ensuite dressée par ses soins et d'après les règles fixées dans les statuts. Elle est déposée pendant quinze jours à la mairie de la commune du siège social. Ce dépôt est annoncé dans chacune des communes sur le territoire desquelles s'étend l'association par des publications faites à son de trompe ou de caisse ou au moyen d'affiches. Un registre est ouvert pour recevoir les observations des intéressés. En dehors du travail annuel de révision de la liste des membres composant l'assemblée générale, le directeur doit faire porter sur cette liste le nom des nouveaux propriétaires qui justifieraient de leur droit d'inscription. La liste ainsi préparée est rectifiée, s'il y a lieu, par le directeur, sur l'avis du syndicat; elle sert de

base aux réunions des assemblées et reste déposée sur le bureau pendant la durée des séances. L'assemblée générale, au début de chacune de ses séances, vérifie la régularité des mandats donnés par les associés.

8121. — Chaque propriétaire de terrains ou de bâtiments a droit à autant de voix qu'il possède de fois le minimum de superficie ou qu'il paie de fois le minimum de contributions auxquels l'acte d'association attache le droit de prendre part aux assemblées. Toutefois, un même propriétaire ne peut disposer d'un nombre de voix supérieur au maximum déterminé par l'acte d'association (Décr. 9 mars 1894, art. 24).

8122. — Les propriétaires appelés à participer aux assemblées peuvent s'y faire représenter par des fondés de pouvoir, sans que le même fondé de pouvoir puisse disposer d'un nombre de voix supérieur au maximum admis pour un seul propriétaire. Les fondés de pouvoir doivent être eux-mêmes membres de l'association. Toutefois les fermiers ou locataires, métayers ou régisseurs, que les propriétaires auraient délégués, ne sont pas soumis à cette condition. La signature des mandats doit être légalisée par le maire ou par le commissaire de police (art. 25).

8123. — Les convocations sont adressées par le directeur du syndicat, quinze jours au moins avant la réunion, et contiennent indication du jour, de l'heure, du lieu et de l'objet de la séance. Elles sont faites : 1° collectivement dans chacune des communes intéressées, au moyen de publications et d'affiches apposées à la porte de la mairie et dans un lieu apparent près du ou sur les portes de l'église ; 2° individuellement, au moyen de lettres d'avis envoyées par le directeur à chaque membre faisant partie de l'association. Avis de la convocation doit être immédiatement donné au préfet (art. 26).

8124. — L'assemblée générale se réunit annuellement en assemblée ordinaire à l'époque fixée par l'acte d'association ou, à défaut, dans la première quinzaine d'avril. Elle peut être convoquée extraordinairement lorsque le syndicat le juge nécessaire. Le directeur est tenu de la convoquer lorsqu'il y est invité par le préfet ou sur la demande de la moitié au moins des membres de l'association. A défaut, par le directeur, d'avoir procédé à cette convocation, le préfet y pourvoit d'office, en son lieu et place (art. 27).

8125. — L'assemblée est présidée par le directeur du syndicat ou, à son défaut, par le directeur adjoint. Elle nomme un ou plusieurs secrétaires (art. 28). L'assemblée générale est valablement constituée quand le nombre des voix représentées est au moins égal à la moitié plus une des voix de l'association. Lorsque cette condition n'est pas remplie, une seconde convocation est faite à quinze jours d'intervalle au moins. L'assemblée délibère alors valablement, quel que soit le nombre des voix représentées. Les délibérations sont prises à la majorité absolue des suffrages. Toutefois, lorsqu'il s'agit de procéder à une élection, la majorité relative est suffisante au second tour de scrutin. En cas de partage, sauf si le scrutin est secret, la voix du président est prépondérante. Le vote a lieu au scrutin secret toutes les fois que le tiers des membres présents le réclame (art. 29).

8126. — L'assemblée générale nomme, conformément aux statuts, les syndics titulaires et suppléants de l'association. Elle a le droit de les remplacer avant l'expiration de leur mandat. Lorsque, dans le cas prévu par le § 3, de l'art. 22 de la loi, l'assemblée générale n'a pas procédé à l'élection des syndics, ceux-ci sont nommés par le préfet. Les réclamations contre l'élection des syndics sont jugées par le conseil de préfecture, sauf recours au Conseil d'Etat (art. 30).

8127. — L'assemblée générale délibère : 1° sur les emprunts qui, soit par eux-mêmes, soit réunis aux emprunts non encore remboursés, dépassent le maximum de ceux qui peuvent être votés par le syndicat : 2° sur les propositions de dissolution ou de modification de l'acte d'association prévues au chapitre 3 du présent titre; 3° sur toutes les questions dont la solution peut lui être réservée par les statuts. Elle se prononce sur la gestion du syndicat qui doit, à la réunion annuelle, lui rendre compte des opérations accomplies pendant l'année ainsi que de la situation financière. Dans les réunions extraordinaires, l'assemblée générale ne peut délibérer que sur les questions qui lui sont soumises par le syndicat ou le préfet, et dont expressément mentionnées dans les convocations. Copie des délibérations de l'assemblée est transmise, dans le délai de huit jours, au préfet (art. 31).

8128. — *Du syndicat.* — Aux termes de l'art. 22, L. 21 juin

1865, les syndics sont élus par l'assemblée générale parmi les intéressés. Lorsque les syndics doivent être pris dans diverses catégories, la liste d'éligibilité est divisée en sections correspondantes à ces diverses catégories. Les syndics seront nommés par le préfet, soit si l'assemblée générale, après deux convocations, ne se serait pas réunie ou n'aurait pas procédé à l'élection des syndics.

8129. — Le syndicat se compose : 1° des membres élus par l'assemblée générale conformément à l'acte d'association ou désignés par le préfet, dans le cas exceptionnel prévu à l'art. 22 de la loi; 2° des membres dont la nomination appartient soit au préfet, soit à la commission départementale, soit au conseil municipal, soit à la chambre de commerce, dans le cas prévu par l'art. 23 de la loi, c'est-à-dire quand l'association syndicale est subventionnée par ces établissements (Décr. 9 mars 1894, art. 32).

8130. — Les syndics titulaires et suppléants, élus conformément à l'art. 22 de la loi, sont rééligibles ; ils continuent leurs fonctions jusqu'à l'installation de leurs successeurs (Décr. 9 mars 1894, art. 33).

8131. — Un syndicat irrégulièrement composé n'a en principe aucune compétence pour faire les actes d'administration incombant au syndicat. Il ne peut ni faire exécuter les travaux, ni répartir les dépenses, ni faire mettre les rôles en recouvrement. S'il le fait, chaque associé est fondé à demander décharge des taxes qui lui sont réclamées. Ainsi décidé à l'égard de syndics choisis en dehors des catégories d'éligibilité. — Cons. d'Et., 26 janv. 1865, Canal de Crillon, [Leb. chr., p. 117]

8132. — Il ne faut cependant pas pousser ce principe à l'extrême. Il permettrait en effet à des associés, qui ont eu le tort de ne pas s'assurer en temps utile l'élection ou la nomination d'un syndic, de faire revivre leur action éteinte en invoquant, à l'occasion d'une demande en décharge, l'irrégularité de la composition du syndicat, alors que les travaux dont ils profitent sont exécutés. M. Picard incline à refuser tout recours contre les actes des syndics nommés irrégulièrement, tant que leur désignation n'a pas été infirmée. — Picard, t. 4, p. 149.

8133. — Alors même que le règlement d'une association d'irrigation exigerait de la part des propriétaires qui veulent user des eaux une déclaration des contenances qu'ils entendent faire arroser, l'inobservation de cette formalité même par des membres du syndicat ne suffirait pas à faire considérer celui-ci comme irrégulièrement composé. — Cons. d'Et., 27 janv. 1865, Canal de Crillon, [Leb. chr., p. 117] ; — 23 juill. 1868, Canal de Crillon, [Leb. chr., p. 792]

8134. — La jurisprudence estime qu'il n'y a pas d'irrégularité substantielle quand il n'a pas été procédé aux renouvellements partiels prescrits par l'acte d'association et que les syndics, dont les pouvoirs étaient expirés, sont restés en fonctions et ont continué à administrer les affaires du syndicat. Les syndiqués ont en effet le moyen d'empêcher cette irrégularité, c'est de requérir du syndicat ou de l'administration la convocation de l'assemblée générale. — Cons. d'Et., 26 juill. 1853, Fabrique de l'église métropolitaine de Tours, [Leb. chr., p. 557]; — 2 févr. 1883, Latil, [Leb. chr., p. 112]; — 9 juin 1894, Syndicat de la Cabanasse.

8135. — Toutefois, il a été décidé qu'à l'expiration de la période d'années au bout de laquelle les pouvoirs de tous les membres du syndicat auraient dû être renouvelés, ces syndics n'auraient plus qualité pour émettre les rôles. — Cons. d'Et., 27 juill. 1888, de la Garde, [Leb. chr., p. 677]

8136. — Les actes d'un syndicat, qui se serait attribué de sa propre autorité des pouvoirs qui ne lui auraient pas été légalement conférés, seraient nuls. Ainsi, quand un syndicat provisoire est constitué et reçoit mission de réunir des adhésions à une entreprise et de proposer un projet de répartition des dépenses, il n'a pas qualité pour engager les dépenses et faire exécuter les travaux. Décharge doit être accordée aux associés. — Cons. d'Et., 18 avr. 1890, Castaing, [Leb. chr., p. 408]

8137. — Lorsqu'il s'agit de procéder pour la première fois à la nomination du directeur et du directeur adjoint, conformément à l'art. 24 de la loi, le syndicat est convoqué par le préfet, qui désigne le président de la séance. Les autres réunions ont lieu suivant les besoins du service, sur la convocation du directeur. Elles sont présidées par lui, ou en son absence, par le directeur adjoint. Le directeur est tenu de convoquer les syndics, soit sur la demande du tiers au moins d'entre eux, soit sur l'invitation du préfet. A défaut par le directeur de réunir le syndicat quand

il est tenu de le faire, la convocation peut être faite d'office par le préfet. Le syndicat fixe le lieu de ses réunions (Décr. 9 mars 1894, art. 34).

8138. — Tout syndic nommé comme il est dit au § 1 de l'art. 32 qui, sans motif reconnu légitime, aura manqué à trois réunions consécutives, peut être déclaré démissionnaire. Les syndics démissionnaires, décédés ou ayant cessé de satisfaire aux conditions d'éligibilité, qu'ils remplissaient lors de leur nomination, sont provisoirement remplacés par des syndics suppléants dans l'ordre du tableau. Ils sont définitivement remplacés à la prochaine assemblée générale. Les fonctions du syndic ainsi élu ne durent que le temps pendant lequel le membre remplacé serait lui-même resté en fonctions (art. 35).

8139. — Le syndicat règle, par ses délibérations les affaires de l'association. Il est chargé notamment de : 1° nommer les agents de l'association et fixer leur traitement, à l'exception du receveur, dont la nomination est réglée conformément à l'art. 59 ci-après; 2° faire rédiger les projets, les discuter et statuer sur le mode à suivre pour leur exécution; 3° approuver les marchés et adjudications et veiller à ce que toutes les conditions en soient accomplies; 4° voter le budget annuel; 5° dresser le rôle des taxes à imposer aux membres de l'association; 6° délibérer sur les emprunts qui peuvent être nécessaires à l'association; 7° contrôler et vérifier les comptes présentés annuellement par le directeur et par le receveur de l'association; 8° autoriser toutes actions devant les tribunaux judiciaires et administratifs. Les délibérations du syndicat sont définitives et exécutoires par elles-mêmes, sauf celles portant sur des objets pour lesquels l'approbation générale ou de l'administration sont exigées par le présent règlement (art. 36).

8140. — Les délibérations du syndicat relatives à des emprunts excédant le maximum prévu par les statuts ne sont exécutoires qu'après avoir été approuvées par l'assemblée générale conformément aux prescriptions de l'art. 31, § 1. Les emprunts doivent, dans tous les cas, être autorisés par le ministre compétent ou par le préfet, suivant que les emprunts portent ou non, à plus de 50,000 fr. la totalité des emprunts de l'association (art. 37).

8141. — Antérieurement au règlement de 1894, le syndicat pouvait, quand les statuts l'y autorisaient, contracter un emprunt avec la seule approbation du préfet sans recourir à l'intervention de l'assemblée générale. — Cons. d'Et., 2 mai 1891, Alary, [Leb. chr., p. 347]

8142. — L'acte constitutif d'une association a pu valablement confier aux syndics chargés de l'exécution des travaux le soin de veiller à leur entretien. — Cons. d'Et., 21 mai 1892, Vrignoneau, [Leb. chr., p. 477]

8143. — Le syndicat représentant l'association dans les actes de la vie civile, c'est contre lui que doivent être dirigées les actions et non contre les membres de l'association individuellement. — Cons. d'Et., 8 août 1873, Itior, [Leb. chr., p. 755]

8144. — Lorsque les statuts d'une association disposent que le syndicat arrête les bases de la répartition, le préfet empiète sur les attributions du syndicat et excède ses pouvoirs s'il détermine ces bases d'une manière fixe et permanente, et s'il confie la rédaction des rôles aux agents des contributions directes. Le préfet ne peut pas non plus se réserver la délivrance des mandats. Ces fonctions d'ordonnateur rentrent dans les pouvoirs d'administration du syndicat. — Cons. d'Et., 26 août 1865, Canal Alaric, [Leb. chr., p. 838]

8145. — Les dépenses du syndicat peuvent être remboursées de différentes manières, suivant qu'il s'agit des dépenses de premier établissement des ouvrages ou des dépenses d'entretien. Les premières étant souvent considérables peuvent être remboursées par annuités. Quand l'acte constitutif a fixé ce mode de remboursement, il n'appartient pas au syndicat de le changer. — Cons. d'Et., 23 juin 1853, Hairault, [Leb. chr., p. 624]

8146. — Les délibérations du syndicat sont prises à la majorité des voix des membres présents. Elles sont valables lorsque, tous les membres ayant été convoqués par lettres à domicile, plus de la moitié y ont pris part. En cas de partage, la voix du président est prépondérante. Néanmoins lorsque, après deux convocations faites à cinq jours d'intervalle et dûment constatées sur le registre des délibérations, les syndics ne se sont pas réunis en nombre suffisant, la délibération prise après la seconde convocation est valable, quel que soit le nombre des membres présents. Les délibérations sont inscrites par ordre de date sur un registre coté et parafé par le président. Elles sont signées

par tous les membres présents à la séance. Copie des délibérations est adressée au préfet dans la huitaine. Tous les membres de l'association ont droit de prendre communication, sans déplacement, du registre des délibérations (art. 38).

8147. — Dans sa première réunion et dans celle qui suit immédiatement chacun de ses renouvellements partiels, le syndicat nomme, conformément à l'art. 24 de la loi, un directeur et, s'il y a lieu, un directeur adjoint. Il nomme également parmi ses membres un secrétaire des séances (art. 39).

8148. — Un associé ne peut se fonder, pour obtenir décharge de sa taxe, sur ce que le directeur aurait été irrégulièrement nommé, alors qu'il n'a pas contesté cette nomination. — Cons. d'Et., 2 mars 1883, Dums, [Leb. chr., p. 231]

8149. — *Du directeur.* — Le directeur préside les réunions de l'assemblée générale et du syndicat. Il représente l'association en justice et vis-à-vis des tiers dans tous les actes intéressant la personnalité civile de l'association. Il fait exécuter les décisions du syndicat et exerce une surveillance générale sur les intérêts de l'association et sur les travaux. Il veille à la conservation des plans, registres et autres papiers relatifs à l'administration de l'association et qui sont déposés au siège social. Il prépare le budget, présente au syndicat le compte administratif des opérations de l'association et assure le paiement des dépenses. Il passe les marchés et procède aux adjudications au nom de l'association. Et d'une manière générale il est chargé de toutes les autres attributions qui lui sont confiées par le présent règlement. Le directeur et le directeur adjoint conservent leurs fonctions jusqu'à l'installation de leurs successeurs (art. 40).

§ 3. Répartition des dépenses.

8150. — La fixation du périmètre sert à connaître le nombre des associés. Il reste à déterminer dans quelle mesure chacun d'eux contribuera aux dépenses de l'association. La fixation des bases de répartition fait l'objet d'une double opération : la classification et le classement des terrains. Le but qu'il s'agit d'atteindre au moyen de ces opérations, c'est que chacun des syndiqués contribue aux dépenses proportionnellement à son degré d'intérêt dans les travaux. Tel est le principe qui est exposé par les lois du 16 sept. 1807, et du 14 flor. an XI.

8151. — La détermination des bases de répartition varie suivant la nature des travaux : s'agit-il d'entreprises et de desséchement de marais, le degré d'intérêt se mesure au degré d'humidité des terres et à leur valeur après le desséchement; d'où nécessité d'une double estimation des terrains. S'agit-il de travaux de défense, le degré d'intérêt dépend de la situation des terrains, plus ou moins exposés aux inondations, et de leur valeur intrinsèque; d'où nécessité de combiner ces deux éléments. S'agit-il de travaux d'irrigation, le degré d'intérêt se détermine en général par la superficie irriguée ou par la quantité d'eau souscrite par hectare.

8152. — La loi du 21 juin 1865 ne contenait aucune indication sur la manière de répartir les charges de l'association entre les associés. Elle se bornait à décider que le syndicat arrêterait les bases de la répartition (art. 15). L'administration supérieure avait bien essayé de combler cette lacune en insérant des dispositions très-sages dans le modèle d'association qu'elle envoyait aux préfets. Mais ces prescriptions n'avaient aucune valeur législative. — Le règlement du 9 mars 1894 a mis un terme à cette situation.

8153. — La disposition de l'acte constitutif d'une association, d'après laquelle la commission syndicale est chargée de faire la répartition entre les intéressés proportionnellement à l'intérêt de chacun d'eux, ne suffit pas à elle seule pour modifier les anciens usages fixant un autre mode de répartition. — Cons. d'Et., 8 août 1888, Leclercq, [Leb. chr., p. 738]

8154. — Le syndicat peut même, au cours de son administration, et avec le consentement de tous les intéressés, modifier les bases de répartition fixées par le règlement de l'association. Mais cette délibération ne vaut que pour la durée convenue et ne peut être prorogée que s'il y a accord unanime des intéressés. — Cons. d'Et., 30 mars 1853, Raousset-Boulbon, [Leb. chr., p. 417]

8155. — Il pouvait être dérogé au principe de la proportionnalité des charges à l'intérêt, soit par des conventions particulières antérieures à la constitution du syndicat, soit par d'an-

ciens usages consacrés par les actes constitutifs de l'association. — Cons. d'Et., 16 avr. 1851, Thomassin de Saint-Paul, [Leb. chr., p. 277] ; — 27 avr. 1877, de Baciocchi, [Leb. chr., p. 393] — Ces anciens marais doivent même continuer à être observés par les associés et ne peuvent être modifiés que par les actes du gouvernement.

8156. — Le maintien de ces anciennes bases de répartition contraires à la stricte proportionnalité est donc parfaitement licite, surtout lorsqu'il s'agit d'associations constituées avant les lois de l'an XI et de 1807. Le Conseil d'Etat a sanctionné cette pratique dans une espèce où elle était contraire aux dispositions mêmes des statuts. — Cons. d'Et., 12 août 1868, Société d'endiguement, [Leb. chr., p. 911]

8157. — Toutefois, l'existence d'un règlement administratif visant tous les marais ou tous les cours d'eau d'un département ne saurait faire obstacle à ce que l'arrêté constituant une association syndicale adoptât des bases de répartition conformes à celles indiquées par la loi de l'an XI et de 1807. — Cons. d'Et., 8 févr. 1864, Digues de la Baudissière, [Leb. chr., p. 98]

8158. — En l'absence de règlements, d'usages ou de conventions dérogeant au principe de proportionnalité, les syndicats et les préfets doivent s'y soumettre. Il a été décidé que dans une association où les taxes devaient être réparties proportionnellement à la superficie des terrains et à leur degré d'intérêt aux travaux et où le syndicat avait fait la répartition d'après la superficie seulement, la loi avait été violée, et qu'une expertise devait être ordonnée à l'effet de déterminer la part contributive du réclamant eu égard à son degré d'intérêt. — Cons. d'Et., 1er avr. 1868, Parnet, [Leb. chr., p. 362]

8159. — Décidé encore qu'un arrêté préfectoral constituant une association syndicale dans les termes de la loi du 21 juin 1865, qui décidait que les terres seraient imposées au prorata de leur étendue sans être divisées en classes, ne faisait pas obstacle aux réclamations des propriétaires tendant à n'être imposés qu'à raison de leur intérêt. — Cass., 31 mars 1870, Syndicat de Mouteux, [Leb. chr., p. 398]

8160. — Lorsque les bases de répartition des dépenses d'une association ont été fixées par application d'anciens règlements ou d'anciens usages, le préfet est incompétent pour les modifier. Il faut qu'un décret rendu en Conseil opère ce changement. De même, la répartition conforme aux anciens règlements doit être maintenue et s'impose au conseil de préfecture tant qu'elle n'a pas été changée régulièrement. — Cons. d'Et., 11 févr. 1824, Assoc. de N.-D. de la mer, [Leb. chr., p. 446] ; — 4 juill. 1827, Biancamp, [Leb. chr., p. 190] ; — 16 avr. 1851, Thomassin de Saint-Paul, [Leb. chr., p. 277] ; — 26 août 1865, Canal-Alaric, [Leb. chr., p. 853] ; — 20 janv. 1888, Vaqué, [Leb. chr., p. 53] ; — 26 juin 1890, Syndic. de la rivière d'Ingon, [Leb. chr., p. 615]

8161. — Le classement adopté par un syndicat doit être respecté et appliqué tant qu'il n'a pas été remplacé par un nouveau classement dans les formes légales, et même pour les années postérieures à la demande de révision du classement. — Cons. d'Et., 15 juin 1875, de Brunet, [Leb. chr., p. 39] ; — 19 juin 1885, Cie P.-L.-M., [Leb. chr., p. 596]

8162. — Le conseil de préfecture, compétent pour statuer sur la quotité des taxes et leur conformité avec le degré d'intérêt des syndiqués aux travaux, ne peut décider la suppression de l'ancien règlement. — Cons. d'Et., 21 oct. 1832, Assoc. des arrosants de Saint-Chamas, [Leb. chr., p. 228]

8163. — Il n'appartient pas au conseil de préfecture ni au Conseil d'Etat statuant au contentieux d'ordonner à un syndicat de faire procéder à la révision du classement. — Cons. d'Et., 12 juill. 1866, Bernard, [Leb. chr., p. 804] ; — 27 juin 1873, Cie P.-L.-M., [Leb. chr., p. 592] ; — 25 mars 1881, Tissier, [Leb. chr., p. 334] ; — 21 mai 1892, Vrignonneau, [Leb. chr., p. 478]

8164. — Il doit être procédé à la révision du classement en observant toutes les formalités prescrites par l'acte constitutif pour son adoption. En conséquence, il a été jugé dans une affaire où une association générale avait été divisée en associations partielles, et où le décret constitutif de ces dernières prescrivait qu'il serait dressé un plan parcellaire et qu'on ferait un nouveau classement, que l'une de ces associations avait contrevenu à ces prescriptions en se bornant à maintenir purement et simplement le classement qui servait à l'association générale. — Cons. d'Et., 28 févr. 1876, Cie P.-L.-M., [Leb. chr., p. 717] ; — 2 févr. 1877, Cie P.-L.-M., [Leb. chr., p. 119] ; — 16 févr. 1878,

Bry, [Leb. chr., p. 160] — Ces bases de répartition ayant été maintenues après enquête, le Conseil les a reconnues légales. — Cons. d'Et., 2 mars 1877, Bernard, [Leb. chr., p. 219]

8165. — Un associé peut-il demander une réduction de taxe en se fondant sur ce que, par suite d'événements survenus postérieurement à la constitution de l'association ou de travaux particuliers exécutés par lui dans sa propriété, les travaux exécutés par l'association ont un intérêt moindre qu'au moment où l'association s'est formée? Il semble que la jurisprudence ait hésité sur ce point. Après avoir incliné vers l'affirmative, — Cons. d'Et., 29 mai 1832, Assoc. des eaux du Trélon, [Leb. chr., p. 223] — elle a décidé qu'une telle demande, tendant à la réformation partielle des anciennes bases de répartition, excédait les bornes de la compétence du conseil de préfecture et était du ressort exclusif du gouvernement. — Cons. d'Et., 22 nov. 1836, Assoc. des vidanges des eaux du Trélon, [Leb. chr., p. 459] ; — 26 mai, Assoc. des vidanges d'Arles, [Leb. chr., p. 559]

8166. — Cependant nous trouvons une décision plus récente qui semble constituer un retour à l'ancienne jurisprudence. Une compagnie exploitant un marais salant faisait partie d'une association d'endiguement. Elle était imposée tant d'après la superficie qu'elle occupait que d'après la valeur industrielle du salin. Ayant cessé son exploitation, mais demeurant propriétaire du marais, elle demanda à n'être plus imposée que d'après la valeur de la superficie. Le Conseil d'Etat a fait droit en partie à cette réclamation en décidant que pour la partie des taxes représentant les intérêts et l'amortissement du capital de premier établissement des travaux, la compagnie requérante, qui continuait à faire partie de l'association, devait être maintenue au rôle d'après les anciennes bases, mais qu'il n'y avait lieu de l'imposer aux taxes d'entretien que d'après la valeur foncière de ses terrains depuis la cessation de son exploitation. Il nous semble qu'il vaut mieux s'en tenir au principe que les bases de répartition ne peuvent être modifiées que par l'autorité même qui les a établies.

8167. — Les réclamations contre le classement peuvent-elles se produire lors de l'émission de chaque rôle ou bien ne sont-elles plus recevables après l'expiration du délai de trois mois qui suit la publication du premier rôle? Nous retrouvons ici la distinction, que nous avons signalée à propos des réclamations contre le périmètre, entre les syndicats de la loi de 1807 et ceux de la loi de 1865. S'agit-il des premiers, la loi elle-même pose un délai de rigueur. — Cons. d'Et., 25 mars 1881, Tissier, [Leb. chr., p. 334] — Au contraire, la loi de 1865 étant muette, la question pouvait être discutée, et il semble que le Conseil d'Etat ait voulu la trancher dans le sens le plus favorable aux syndiqués en permettant à un propriétaire qui avait acquitté les taxes sans réserve pendant plusieurs années, de se prévaloir néanmoins d'une irrégularité commise dans les formalités du classement. — Cons. d'Et., 16 mars 1883, Cie P.-L.-M., [Leb. chr., p. 282]

8168. — Les bases de répartition arrêtées, soit par une commission spéciale soit par le syndicat, peuvent être critiquées devant le conseil de préfecture par application de l'art. 16, L. 21 juin 1865. Le conseil de préfecture a le droit de les modifier et celles qu'il arrête n'ont pas besoin, pour servir à la confection des rôles ultérieurs, d'être soumises aux formalités d'homologation prescrites pour les premières. — Cons. d'Et., 27 juin 1882, Syndicat de Lancey à Grenoble, [Leb. chr., p. 532]

8169. — L'arrêté préfectoral, qui approuve les bases de répartition des dépenses d'une association, n'est pas susceptible d'être déféré au Conseil d'Etat par la voie du recours pour excès de pouvoir. La théorie du recours parallèle s'oppose à la recevabilité d'un tels recours, chaque associé ayant devant le conseil de préfecture, juge de droit commun en matière de taxes, le moyen d'obtenir pleine satisfaction. — Cons. d'Et., 9 févr. 1870, Cie du Nord, [Leb. chr., p. 54] ; — 23 mai 1879, Cie P.-L.-M., [Leb. chr., p. 411] — Il en est de même du refus opposé par le syndicat à une demande de révision du classement. — Cons. d'Et., 30 mai 1884, de Florans, [Leb. chr., p. 453]

8170. — Le règlement du 9 mars 1894 a comblé la lacune qui existait dans la loi du 21 juin 1865. Aussitôt après son entrée en fonctions, le syndicat fait procéder aux opérations nécessaires pour déterminer les bases d'après lesquelles les dépenses de l'association seront réparties entre les intéressés. Ces bases doivent être établies de telle sorte que chaque propriété soit imposée en raison de l'intérêt qu'elle a à l'exécution des travaux. Les éléments de calcul qui ont servi à l'assiette des taxes sont

indiqués dans un mémoire explicatif, accompagné, s'il y a lieu, d'un plan du classement des terrains et d'un tableau faisant connaître la valeur attribuée à chaque classe. Le dossier est complété par l'état général des associés, portant en regard du nom de chacun d'eux la proportion suivant laquelle il doit être imposé (Décr. 9 mars 1894, art. 41).

8171. — Un exemplaire du dossier et un registre destiné à recevoir les observations des intéressés sont déposés pendant quinze jours à la mairie de chacune des communes sur le territoire desquelles sont situées les propriétés syndicales. A l'expiration de ce délai, le syndicat se réunit pour entendre les réclamations et apprécier les observations. Il arrête ensuite dans un état spécial soumis à l'approbation du préfet les bases de répartition des dépenses. Cet état ne peut être modifié qu'après l'accomplissement des formalités d'instruction et d'approbation précédemment indiquées (art. 42).

8172. — Le recours au conseil de préfecture contre les opérations qui ont fixé les bases de répartition des dépenses cesse d'être recevable trois mois après la publication du premier rôle ayant fait application de ces bases (art. 43).

8173. — Une question qui se rattache étroitement à celle de la répartition des dépenses est celle des apports. Il arrive souvent, surtout dans les associations faites en vue de travaux défensifs, que certains propriétaires abandonnent à l'association la propriété des ouvrages particuliers qu'ils avaient exécutés à leurs frais pour la protection de leurs propriétés. Comment tenir compte de cet apport? Le syndicat doit-il payer une indemnité à ces propriétaires? Doit-il les imposer moins que les autres syndiqués à raison de l'état de protection relative dans lequel se trouvaient leurs propriétés? Pourra-t-on compenser l'indemnité due par le syndicat avec les taxes dues par les syndiqués? Telles sont les difficultés qui se sont le plus souvent présentées.

8174. — La jurisprudence laissait aux associations le soin de choisir entre les divers partis que nous venons d'indiquer. Mais lorsque, l'acte constitutif d'une association disposant que chacun doit contribuer aux dépenses dans la proportion de son intérêt aux travaux, le syndicat ne tenait pas compte, lors du classement, de l'état de protection relative de ces propriétés, les propriétaires pouvaient réclamer à l'association une indemnité représentant, non la valeur des digues élevées par les propriétaires, mais l'utilité qu'elles présentaient pour l'association. — Cons. d'Et., 25 juin 1880, de Beauregard, [D. 81.3.35]; — 7 août 1883, Syndicat de Senestis, [D 83.3.13]

8175. — C'était au conseil de préfecture qu'il appartenait de décider si les digues particulières constituaient ou non un apport et de fixer le montant de l'indemnité due à l'associé. — Cons. d'Et., 18 mars 1881, Syndicat des digues de la Grosse, [D. 82.3.78]; — 7 août 1883, précité; — 9 nov. 1889, Syndicat de Couthures, [S. et P. 92.3.4]; — 29 janv. 1892, Syndicat du Haut-Taillebourg, [S. et P. 93.3.152]

8176. — C'était aussi la juridiction administrative qui connaissait des prétentions des parties à compenser les annuités de l'indemnité dues par l'association avec les taxes annuelles dues par l'associé. En général, et à moins de stipulation expresse des statuts, la jurisprudence n'admettait pas de compensation. En effet, l'une des deux dettes en présence n'était pas liquide et exigible. — Cons. d'Et., 6 mai 1880, Gariel, [P. adm. chr.]; — 15 juin 1883, [D P.-L.-M., [D. 85.3.13]

8177. — Le décret du 9 mars 1894 a consacré ces principes. Le syndicat vérifie et évalue, sauf recours au conseil de préfecture, les apports qui peuvent être faits à l'association par un ou plusieurs de ses membres et qui paraîtraient susceptibles d'être utilisés par elle. Il est tenu compte de ces apports par une indemnité une fois payée, à moins qu'un accord ne soit intervenu entre les parties pour fixer un autre mode de paiement (art. 44).

§ 4. *Exécution des travaux.*

8178. — Le syndicat désigne les hommes de l'art chargés de la préparation des projets et de la direction des travaux (art. 45).

8179. — Les projets concernant les travaux neufs et les travaux de grosses réparations sont soumis à l'approbation du préfet. Les travaux de simple entretien peuvent être exécutés sans approbation préfectorale (art. 46).

8180. — Aux termes de l'art. 3, L. 21 juin 1865, dans les cas prévus par les numéros 6 à 10 (travaux urbains et travaux d'amélioration), aucun travail ne pourra être entrepris que sur

l'autorisation du préfet. Cette autorisation ne pourra être donnée qu'après le paiement préalable des indemnités de délaissement et d'expropriation et que si les membres de l'association syndicale autorisée ont garanti le paiement des travaux, des fournitures et des indemnités pour dommages, au moyen de sûretés acceptées par les parties intéressées ou déterminées, en cas de désaccord, par le tribunal civil.

8181. — Le préfet peut suspendre en cours d'exécution les travaux dont les plans et devis n'ont pas été soumis à son approbation. Pour les travaux énumérés sous les numéros 6 à 10 de l'art. 1 de la loi, l'exécution ne peut commencer avant qu'il ait donné l'autorisation spéciale prévue par l'art. 9 de la loi. Il peut prononcer la suspension des travaux entrepris avant son autorisation (Décr. 9 mars 1894, art. 47).

8182. — Par dérogation à l'art. 46 du présent règlement, l'exécution immédiate des travaux urgents peut être ordonnée par le directeur, à charge par ce dernier d'en informer aussitôt le préfet et de convoquer le syndicat dans le plus bref délai. Le préfet peut suspendre l'exécution des travaux ainsi ordonnés par le directeur (art. 48).

8183. — Le droit de prescrire d'office l'exécution des mêmes travaux et d'y faire procéder aux frais de l'association, dans les conditions fixées à l'art. 56, appartient au préfet, quand il n'y est pas pourvu par le directeur et qu'un retard peut avoir des conséquences nuisibles à l'intérêt public (art. 48)

8184. — Dans le cas où l'exécution des travaux entrepris par une association syndicale autorisée exige l'expropriation de terrains, il est procédé après déclaration d'utilité publique par décret rendu en Conseil d'Etat, conformément aux dispositions de la loi du 3 mai 1841, s'il s'agit de travaux spécifiés dans les numéros 6 et 7 de l'art. 1, L. 21 juin 1865 et conformément aux dispositions de la loi du 21 mai 1836, s'il s'agit d'autres travaux (L. 22 déc. 1888, art. 7).

8185. — Si l'exécution des travaux exige des expropriations, la déclaration d'utilité publique est prononcée conformément à l'art. 18 de la loi. L'enquête qui doit précéder la déclaration d'utilité publique a lieu dans les formes de l'ordonnance du 18 févr. 1834. Toutefois, les chambres de commerce et les chambres consultatives des arts et manufactures ne sont pas consultées (Règl. 9 mars 1894, art. 49).

8186. — Lorsque les travaux ne s'étendent que sur le territoire d'une seule commune, le dossier de l'enquête est déposé à la mairie de cette commune pendant un délai de quinze jours, qui court à dater de l'avertissement donné par voie de publication et d'affiches. A l'expiration de ce délai, un commissaire enquêteur désigné par le préfet reçoit pendant trois jours les déclarations des habitants et transmet le dossier au préfet, avec son avis. Il est justifié par le directeur de l'accomplissement de ces formalités de publication et d'affiches (art. 49).

8187. — Lorsque le directeur procède aux adjudications, il est assisté de deux syndics délégués à cet effet par le syndicat (art. 50).

8188. — Le préfet peut mettre en demeure le syndicat de faire recommencer les ouvrages qui n'auraient pas été exécutés conformément aux plans approuvés, si cette réfection est commandée par un intérêt public (art. 51).

8189. — Après achèvement des travaux, il est procédé à la réception par le directeur de l'association assisté des syndics délégués par le syndicat, en présence du directeur des travaux. Le préfet est informé du jour où il sera procédé à la réception et peut s'y faire représenter. Le même avis est adressé au maire, dans le cas où les ouvrages sont exécutés sur le domaine public municipal (art. 52).

8190. — Les ouvrages qui, aux termes de l'arrêté d'autorisation ou des conventions, devront appartenir au domaine public de la commune, du département ou de l'Etat, y sont incorporés immédiatement après leur achèvement et après remise constatée par un procès-verbal (art. 53).

8191. — Le préfet peut toujours faire procéder, quand il le juge opportun, à la visite des travaux, et faire vérifier l'état d'entretien des ouvrages. Les frais de ces visites et vérifications sont à la charge des associations. Ils sont réglés par le préfet et recouvrés comme en matière de contributions directes (art. 54).

8192. — Dans le cas où une association interrompt ou laisse sans entretien les travaux entrepris par elle, le préfet fait procéder par le service compétent à une vérification de l'état des

lieux. S'il ressort de cette vérification que l'interruption ou le défaut d'entretien peut avoir des conséquences nuisibles à l'intérêt public, le préfet indique au syndicat les travaux jugés nécessaires pour obvier à ces conséquences et le met en demeure de les exécuter (art. 55).

8193. — Le préfet assigne au syndicat dans cette mise en demeure le délai qu'il juge suffisant pour procéder à l'exécution des travaux. Faute par le syndicat de se conformer à cette injonction, le préfet ordonne l'exécution d'office aux frais de l'association et désigne, pour la diriger et la surveiller, un agent chargé de suppléer le directeur du syndicat. En cas d'urgence, l'exécution d'office peut être prescrite immédiatement après la mise en demeure et sans aucun délai (art. 56).

8194. — Sur ces différents points, le pouvoir d'appréciation de l'administration est arbitraire. La décision par laquelle le préfet ou le ministre refuserait de prescrire l'exécution d'office de certains travaux ne serait pas susceptible d'être attaquée directement par la voie contentieuse. Tout au plus l'associé réclamant pourrait-il demander décharge ou réduction de sa taxe. — Cons. d'Et., 2 mai 1879, Balguérie, [Leb, chr., p. 343]

§ 5. Budget.

8195. — Aussitôt après la constitution et ensuite avant le 1er janvier de chaque année, le directeur rédige un projet de budget, qui est déposé pendant quinze jours à la mairie de chacune des communes intéressées. Ce dépôt est annoncé par affiches et publications ou à son de trompe ou de caisse, et chaque intéressé est admis à présenter ses observations. Le projet de budget, accompagné d'un rapport explicatif du directeur et des observations du préfet, est ensuite voté par le syndicat et transmis à le préfet (Décr. 9 mars 1894, art. 57).

8196. — Les propriétaires compris dans une association sont associés en principe pour l'ensemble des travaux. Quelques-membres ne pourraient donc alléguer que la première partie des travaux exécutés ne les protège pas pour demander décharge. — Cons. d'Et., 3 déc. 1863, Syndicat des digues du Guiers Vif, [Leb. chr., p. 792]

8197. — Ils doivent participer à toutes les dépenses régulièrement effectuées par le syndicat. Si d nc des modifications étaient apportées par le syndicat d'accord avec le ministre aux travaux soumis à l'enquête, des associés ne pourraient se prévaloir de cette circonstance pour réclamer un dégrèvement. — Cons. d'Et., 27 juill. 1870, Nebout, [Leb. chr., p. 943]

8198. — La juridiction administrative peut vérifier si les dépenses que les taxes sont destinées à couvrir ont été faites régulièrement. Ainsi, quand une partie des ressources d'une association a été employée, sans autorisation de l'administration, à des travaux non prévus au budget, et qui ne profitent qu'à une partie des propriétaires compris dans l'association, ceux des associés qui n'en profitent pas peuvent demander telle réduction que de droit. — Cons. d'Et., 1er mai 1859, Chamski, [Leb. chr., p. 408]

8199. — Les tribunaux administratifs peuvent aussi vérifier si la taxe réclamée n'est pas supérieure au montant des dépenses réellement effectuées par le syndicat. — Cons. d'Et., 26 févr. 1867, Véru, [Leb. chr., p. 213]

8200. — Mais il ne leur appartient pas d'apprécier si les justifications données par la commission syndicale sont suffisantes, ou si les dépenses effectuées n'auraient pu être acquittées avec le reliquat des rôles précédents. Ce serait là des opérations de vérification des comptes des associations dont le conseil de préfecture ne peut connaître sous la forme contentieuse. — Cons. d'Et., 22 août 1868, O'Jard de la Grange, [Leb. chr., p. 970]; — 27 juill. 1870, Nebout, [Leb. chr., p. 943]

8201. — De même, quand l'acte constitutif d'une association charge le préfet de régler les dépenses diverses faites pour les traitements d'agents, les honoraires et frais de voyage des ingénieurs et les frais généraux, les tribunaux jugés de la taxe ne peuvent apprécier si ces frais sont exagérés et non justifiés. — Cons. d'Et., 28 mai 1868, Marais de l'Isac, [Leb. chr., p. 592]

8202. — Les actes administratifs, qui mettent à la charge d'un syndicat le salaire d'un garde qu'il aurait pas été choisi par lui, ne sont pas susceptibles d'être attaqués directement, parce qu'ils ne font pas obstacle à ce que les intéressés contestent devant le conseil de préfecture la régularité de cette dépense. — Cons. d'Et., 27 févr. 1862, Marais de Moëze, [Leb. chr., p. 156]

8203. — Les associations ont aussi à supporter des dépenses extraordinaires. Ainsi les frais de révision du classement constituent des frais généraux auxquels tous les associés doivent contribuer. — Cons. d'Et., 19 juin 1885, Cie P.-L.-M., [Leb. chr., p. 596]

8204. — Quand il s'agit des frais de la révision du périmètre, la dépense doit être provisoirement acquittée par l'association existante, sauf à procéder ensuite, s'il y a lieu, à une répartition définitive entre tous les propriétaires compris dans le périmètre agrandi. Le conseil de préfecture n'est pas tenu de surseoir à statuer sur les réclamations jusqu'à ce qu'il ait été procédé à la révision — Cons. d'Et., 20 févr. 1869, Syndicat de Moirans, [Leb. chr., p. 184]

8205. — De même, quand l'intervention d'un syndicat dans un procès a lieu en vertu d'une délibération régulière du syndicat, approuvée par le préfet, les frais de cette intervention sont une charge de l'association. — Cons. d'Et., 18 juill. 1873, Paulian, [Leb. chr., p. 659]

8206. — Un syndicat est même autorisé à prendre à sa charge et à répartir sur tous les syndiqués les frais d'un procès qui aurait été soutenu par quelques associés seulement, mais dont l'association entière profiterait. — Cons. d'Et., 25 janv. 1878, Syndicat de Sablet, [Leb. chr., p. 93]

8207. — L'associé, qui plaide contre l'association et qui gagne son procès, doit-il payer comme associé sa part contributive dans les frais de ce procès? La question s'est posée plusieurs fois devant le Conseil d'Etat et a été résolue diversement. Le Conseil jugeait d'abord que les associations syndicales constituant de petites communes, on pouvait leur étendre par analogie l'art. 8 de la loi municipale, aux termes duquel les parties qui ont gagné un procès contre une commune ne sont pas passibles des charges ou contributions imposées pour l'acquittement des frais résultant du procès. — Cons. d'Et., 4 juill. 1827, Forreau, [Leb. chr., p. 191] — Mais il est revenu depuis sur cette jurisprudence en reconnaissant que cette disposition exorbitante du droit commun ne pouvait être étendue par voie d'analogie. — Cons. d'Et., 14 mars 1873, Hugues, [Leb. chr., p. 246]; — 16 juin 1876, Locquin, [Leb. chr., p. 573]

8208. — Si le préfet constate qu'on a omis d'inscrire au budget un crédit à l'effet de pourvoir à l'acquittement des dettes exigibles, ainsi qu'aux dépenses nécessaires pour empêcher la destruction des ouvrages et pour prévenir les conséquences nuisibles à l'intérêt public que pourrait avoir l'interruption ou le défaut d'entretien des travaux, il peut, après mise en demeure, inscrire d'office au budget le crédit nécessaire pour faire face à ces dépenses. Il a le même droit s'il estime que les crédits inscrits pour les dépenses spécifiées ci-dessus sont insuffisants (art. 58).

§ 6. Recouvrement des taxes.

8209. — Les fonctions de receveur de l'association sont confiées, soit à un receveur spécial désigné par le syndicat et agréé par le préfet, soit à un percepteur des contributions directes de l'une des communes de la situation des lieux, nommé par le préfet, sur la proposition du syndicat, le trésorier-payeur général entendu. S'il y a un receveur spécial, le montant de son cautionnement et la quotité de ses émoluments sont déterminés par le préfet, sur la proposition du syndicat. Si le receveur est percepteur des contributions directes, son cautionnement et ses émoluments ne peuvent être fixés qu'avec l'assentiment du trésorier-payeur général, et, en cas de désaccord, par le ministre des Finances (Décr. 9 mars 1894, art. 59).

8210. — Le receveur est chargé seul et sous sa responsabilité de poursuivre la rentrée des revenus et des taxes de l'association ainsi que de toutes les sommes qui lui seraient dues (art. 60).

8211. — Les rôles sont préparés par le receveur, d'après les états de répartition établis conformément aux dispositions des art. 41 et 42. Ils sont arrêtés par le syndicat, rendus exécutoires par le préfet et publiés dans les formes prescrites pour les contributions directes. Si le syndicat refuse de faire procéder à la confection des rôles, il y est pourvu par un agent spécial désigné par le préfet. Le préfet peut, dans le cas où il a pris un arrêté d'inscription d'office et si le syndicat ne tient pas compte

de cette décision dans les rôles dressés par lui, modifier le montant des taxes de façon à assurer, en tenant compte des états de répartition précités, le paiement total de toutes les dépenses inscrites au budget (art. 61).

8212. — Les délibérations par lesquelles le syndicat dresse les rôles, les arrêtés du préfet qui les rendent exécutoires sont des actes d'administration non susceptibles d'être attaqués par la voie du recours pour excès de pouvoir. C'est seulement par voie de demandes en décharge ou en réduction que les intéressés peuvent en critiquer les dispositions. — Cons. d'Et., 24 déc. 1863, Magnier-Monchaux, [Leb. chr., p. 875]; — 29 juill. 1868, Syndic. de la vallée de la Dives, [Leb. chr., p. 810]; — 18 juill. 1873, Paulian, [Leb. chr., p. 659]

8213. — Quand un rôle a été rendu exécutoire par le préfet et publié, la mise en recouvrement est régulière. — Cons. d'Et., 27 juill. 1870, Nebout, [Leb. chr., p. 943]

8214. — Certains actes d'association exigeaient qu'avant l'émission du rôle, les plans parcellaires et le rapport du syndicat sur la répartition des dépenses fussent soumis à une enquête. L'inobservation de cette formalité n'était une cause de nullité de ce rôle que quand elle était prescrite. — Cons. d'Et., 2 mars 1877, Leduc, [S. 79.2.93, P. adm. chr., D. 77.3.46]; — 18 juill. 1884, Hébert-Desroquettes, [D. 85.5.31]

8215. — Les syndiqués ne peuvent se plaindre de ce que le compte des travaux exécutés pendant un exercice n'ait pas été déposé à la mairie dans les deux mois de la clôture de cet exercice, alors qu'ils ont pu devant le conseil de préfecture contester la légalité du rôle. — Cons. d'Et., 18 juill. 1884, précité.

8216. — Quand le Conseil d'Etat annule, pour excès de pouvoir, l'arrêté qui a constitué une association, les rôles qu'a pu émettre le syndicat tombent par voie de conséquence — Cons. d'Et., 24 juin 1881, Nicolas, [Leb. chr., p. 637]

8217. — Les taxes portées aux rôles sont payables en une seule fois, sauf décision contraire du préfet. Cette décision est publiée en même temps que les rôles et fixe les époques auxquelles les paiements doivent avoir lieu (art. 62).

8218. — Bien qu'en principe les compensations ne soient pas admises en cette matière, il a été jugé qu'un propriétaire avait le droit d'imputer sur la taxe le montant des avances que son auteur avait faites à l'association. — Cons. d'Et., 1er déc. 1852, Gille, [Leb. chr., p. 568]

8219. — Lorsque l'acte constitutif stipule que tous les travaux seront exécutés, sous la surveillance des ingénieurs, par les soins du syndicat, des associés qui ont exécuté eux-mêmes des travaux ne sont pas fondés à demander à l'association de leur en rembourser le montant.

8220. — Dans quelle mesure le principe d'annualité s'applique-t-il aux taxes syndicales? Il a été décidé que les événements qui surviennent en cours d'année ne modifient pas la taxe telle qu'elle a été établie au moment de la confection du rôle. — Cons. d'Et., 18 mars 1881, Bouilloux, [Leb. chr., p. 302]

8221. — Le paiement sans contestation d'un rôle ne fait pas obstacle aux réclamations contre les rôles ultérieurs. — Cons. d'Et., 20 avr. 1883, Grégoire Serre, [D. 84.3.125] — V. *Rép. gén. du dr. fr.*, v° *Association syndicale*, n. 503 et 504.

8222. — A l'inverse, le fait d'avoir obtenu un dégrèvement une année ne constitue pas un droit acquis pour les années suivantes. — Cons. d'Et., 8 févr. 1890, Ravelet, [D. 91.3.78]

8223. — Quand l'acte constitutif n'exige pas que les taxes à percevoir soient divisées par années, les taxes relatives à l'entretien de plusieurs années peuvent être imposées en totalité par un seul rôle et réclamées à ceux qui sont propriétaires des terrains au moment de sa publication. — Cons. d'Et., 7 août 1874, Syndic. d'entretien des travaux de dessèchement des marais de la Haute-Deule, [Leb. chr., p. 828]

8224. — Enfin la juridiction, saisie d'une demande en décharge à une taxe pour un exercice, n'est pas tenue de surseoir à statuer sur cette réclamation jusqu'à l'achèvement d'une expertise précédemment ordonnée ou jusqu'à la décision du Conseil d'Etat sur un autre pourvoi. — Cons. d'Et., 4 avr., 2 mai, 20 juin, 27 juin et 1er août 1873, Cie P.-L. M., [Leb. chr., p. 306, 307, 367, 563, 593, 704]

8225. — Toutefois, certaines décisions ont l'autorité de la chose jugée, celle notamment qui sont rendues sur la qualité de membre de l'association. Quand une décision passée en force de chose jugée a déclaré qu'une parcelle de terrain était comprise dans une association, on ne peut venir discuter cette

question lors de l'émission de chaque rôle. — Cons. d'Et., 10 mars 1869, de Cagarriga, [Leb. chr., p. 229]; — 23 juin 1893, Chatain, [Leb. chr., p. 512]

8226. — Il n'y a pas chose jugée quand un conseil de préfecture, après avoir rejeté une demande en annulation d'un rôle, est saisi d'une demande en décharge de la taxe qui y est portée. — Cons. d'Et., 1er sept. 1858, Syndic. du Cosson, [P. adm. chr.]

8227. — Mais celui dont la réclamation a été rejetée ne peut, plusieurs années après, à l'occasion d'un nouveau rôle et d'un nouvel arrêté, demander au Conseil d'Etat la restitution des sommes qu'il a payées anciennement. — Cons. d'Et., 22 févr. 1838, Société de Guy, [Leb. chr., p. 41]

8228. — Les règles établies par les maires et les receveurs des communes, en ce qui concerne l'ordonnancement et l'acquittement des dépenses ainsi que la gestion, la présentation et l'examen des comptes, sont applicables aux directeurs et aux agents comptables des associations syndicales. Toutefois, ces règles pourront être simplifiées par des instructions ministérielles concertées entre le ministre compétent et le ministre des Finances. Les agents comptables sont, pour l'exercice des attributions définies au § 1 du présent article, soumis aux conditions de surveillance et de responsabilité imposées aux comptables communaux (art. 63).

8229. — Chaque année, avant le vote du budget, le directeur soumet à l'approbation du syndicat le compte de l'exercice clos. Une copie du compte ainsi approuvé est transmise au préfet (art. 64).

8230. — Le directeur ou l'agent prévu à l'art. 56 peuvent seuls délivrer des mandats. En cas de refus d'ordonnancer une dépense régulièrement inscrite et liquide, il est statué par le préfet en conseil de préfecture. Dans ce cas, l'arrêté du préfet tient lieu de mandat (art. 65).

8231. — Les comptes annuels du receveur sont, après vérification du receveur des finances, soumis au syndicat qui les arrête, sauf règlement définitif par le conseil de préfecture ou la Cour des comptes. Une copie conforme du compte d'administration du directeur approuvé par le syndicat, est transmise par le comptable à la juridiction compétente comme élément de contrôle de sa gestion (art. 66).

8232. — A défaut par une association, d'entreprendre les travaux en vue desquels elle aura été autorisée, le préfet rapportera, s'il y a lieu et après une mise en demeure, l'arrêté d'autorisation. Il sera statué par un décret rendu en Conseil d'Etat si l'autorisation a été accordée en cette forme (L. 21 juin 1865, art. 25). Le retrait d'autorisation ne peut être prononcé qu'un mois après la mise en demeure faite par le préfet à l'association d'avoir à entreprendre les travaux en vue desquels elle a été autorisée (Décr. 9 mars 1894, art. 67). Il ne peut avoir lieu qu'autant que les travaux ne sont pas commencés.

8233. — Les propositions portant modification de l'acte social et du périmètre de l'association peuvent être faites par le préfet, par le syndicat ou par le quart au moins des associés. Elles sont soumises à l'assemblée générale. Dans le cas où la majorité des membres composant cette assemblée décide qu'il y a lieu d'y donner suite, le préfet accomplit les formalités d'enquête exigées lors de la constitution de l'association. Il convoque ensuite en assemblée générale, dans les conditions des art. 8 et 9 du présent règlement, tous les associés et, en cas d'extension du périmètre, les personnes dont les propriétés doivent être comprises dans le nouveau périmètre. Il est dressé de cette réunion, dans les formes prescrites par le § 3 de l'art. 11 de la loi, un procès-verbal qui est transmis au préfet (art. 67).

8234. — Lorsqu'il s'agit d'une extension de périmètre, il n'est procédé aux formalités énumérées aux deux paragraphes précédents que si la majorité des propriétaires à agréger s'est prononcée, après réunion en assemblée générale sur convocation individuelle, en faveur de l'extension projetée. Cette assemblée est présidée par une personne que désigne le préfet, sans être tenu de la choisir parmi les membres (art. 68). Ainsi en cas d'extension de périmètre, il faut que, d'une part, les nouveaux associés se soient en majorité prononcés en faveur de l'agrégation et qu'ensuite l'assemblée générale de tous les associés la vote.

8235. — Lorsque la proposition de modification obtient, suivant le cas, une des majorités prescrites par l'art. 12 de la loi, elle est, s'il y a lieu, autorisée par arrêté préfectoral pris et publié conformément aux § 3 et 4 de l'article précité. Toute modi-

fication comportant extension du périmètre ne peut, dans les cas prévus aux n. 7 à 10 de l'art. 1 de la loi, être autorisé qu'autant qu'un nouveau décret en Conseil d'Etat aura reconnu les travaux d'utilité publique (art. 69).

8236. — Il n'est pas procédé aux formalités qui précèdent lorsqu'il s'agit de l'agrégation volontaire, et conformément aux prévisions des statuts, de nouveaux adhérents à une association déjà existante (art. 70).

8237. — La dissolution d'une association syndicale, après avoir été votée par l'assemblée générale ordinaire, ne peut être prononcée que par une délibération de l'assemblée générale de tous les associés, prise conformément aux dispositions des art. 11 et 12 de la loi (art. 71). Il faut une majorité égale à celle qui avait été nécessaire pour la constitution de l'association, mais l'autorisation du préfet n'est pas nécessaire.

8238. — La dissolution d'une association autorisée ne peut être demandée au tribunaux judiciaires. — Cons. d'Et., 17 févr. 1865, Canal de Carpentras, [Leb. chr., p. 214]

8239. — La dissolution ne produit ses effets qu'après l'accomplissement de l'association des conditions imposées, s'il y a lieu, par le préfet, en vue de l'acquittement des dettes ou dans l'intérêt de la sécurité publique (art. 71).

8240. — L'exécution de ces conditions est assurée par le syndicat ou, à défaut, par un agent spécial désigné à cet effet par le préfet. Les rôles destinés à assurer le recouvrement des taxes mises à la charge des associés après liquidation pour désintéresser tous les créanciers ou payer les travaux exécutés en vertu des dispositions qui précèdent, sont dressés et rendus exécutoires ainsi qu'il est dit à l'art. 61 du règlement. Si, postérieurement à la décision de l'administration, l'existence de créanciers omis lors de la dissolution vient à être établie, il sera procédé à leur égard comme il est spécifié plus haut, par un agent chargé de poursuivre sur les anciens associés le recouvrement des taxes reconnues nécessaires. La répartition de l'actif qui pourrait être constaté après la liquidation définitive ne peut être faite qu'avec l'approbation du préfet (art. 72).

8241. — Cette disposition du règlement précise un droit que la jurisprudence avait déjà reconnu à l'administration dans le cas où, par suite de démissions successives des membres du syndicat, le fonctionnement de l'association ne pourrait plus être assuré. — Cons. d'Et., 1er juin 1883, Armand, [S. 85.3.28, P. adm. chr., D. 85.3.1]

Section IV.

Associations forcées.

§ 1. *Formation de ces associations.*

8242. — Nous avons dit que la loi du 21 juin 1865 avait laissé subsister, à côté des associations libres et autorisées, les associations constituées d'office par l'administration en vertu des lois du 14 flor. an XI, du 16 sept. 1807 et du 27 avr. 1838. On les appelle syndicats forcés. A vrai dire, c'est surtout la loi du 16 sept. 1807 qui armait le gouvernement de ce pouvoir en vue de l'exécution et de l'entretien de travaux de desséchement de marais, de l'exécution et de l'entretien de travaux de défense des digues contre la mer, les fleuves, rivières ou torrents. Des décrets spéciaux du 4 therm. an XIII et du 16 sept. 1806 règlent l'organisation des syndicats forcés d'endiguement dans les départements des Basses-Alpes et des Hautes-Alpes. Quant à la loi du 14 flor. an XI, visant les travaux de curage des cours d'eau non navigables et des canaux de desséchement, elle ne prévoyait pas la création d'associations syndicales, mais on a étendu à ces travaux par voie d'analogie les dispositions de la loi de 1807. Enfin, la loi du 28 mai 1858 prévoit aussi la constitution de syndicats pour la répartition des dépenses des travaux destinés à mettre les villes à l'abri des inondations.

8243. — Pour qu'il puisse être constitué une association forcée, il faut que l'objet poursuivi rentre dans les cas limitativement énumérés par la loi, c'est-à-dire qu'il s'agit de travaux d'endiguement, de desséchement de marais ou de curage. Il y aurait excès de pouvoir de la part de l'administration à user de cette arme pour poursuivre l'exécution de travaux d'assainissement de terres humides et insalubres qui ne constitueraient pas un marais et à plus forte raison des travaux de drainage, d'irrigation ou de toute autre entreprise d'amélioration. — Cons.

d'Et., 2 mai 1866, Rigaud; — 29 juill. 1868, de la Goupillière, [Leb. chr., p. 810]

8244. — Aux termes de l'art. 26, L. 21 juin 1865, la loi du 16 sept. 1807 et celle du 14 flor. an XI continueront à recevoir leur exécution, à défaut de formation d'associations libres ou autorisées, lorsqu'il s'agira des travaux spécifiés aux n. 1, 2 et 3 de l'art. 1 de la présente loi. Des termes de cette disposition la jurisprudence a conclu que l'administration ne pouvait procéder à la constitution d'une association forcée qu'après l'échec d'une tentative pour former une association autorisée. Le décret du 9 mars 1894 (art. 73) dispose que le défaut de formation d'association syndicale autorisée prévu par l'art. 26 de la loi de 1865, résulte de l'impossibilité de réunir à l'assemblée générale, tenue en conformité des dispositions de l'art. 12 de la loi, les conditions de majorité exigées par cet article.

8245. — Par qui peuvent être constituées les associations forcées? Il faut distinguer. S'agit-il de travaux d'endiguement ou de desséchement de marais, il faut qu'il intervienne un décret rendu dans la forme des règlements d'administration publique, c'est-à-dire après avis de l'assemblée générale du Conseil d'Etat. — Cons. d'Et., 5 mai 1859, Syndic de Belleperche, [Leb. chr., p. 341]; — 23 févr. 1861, Dubuc; — 13 mars 1867, Syndic de Belleperche.

8246. — Le décret rendu sur l'avis de la section des travaux publics seulement eût été irrégulier. — Cons. d'Et., 20 mai 1868, Carrieu.

8247. — Mais en ce qui touche les travaux de curage, le décret du 25 mars 1852 (art. 4) a transféré au préfet le droit de statuer sur tous les objets mentionnés au tableau D y annexé. Ce tableau comprenait les dispositions nécessaires pour assurer le curage et le bon entretien des cours d'eau non navigables ni flottables de la manière prescrite par les anciens règlements ou d'après les usages locaux et la réunion, s'il y avait lieu, des propriétaires intéressés en associations syndicales. Ainsi s'agissait-il de faire un curage conformément aux dispositions des anciens règlements ou usages, le préfet était compétent pour former le syndicat forcé. Il fallait au contraire un décret en Conseil d'Etat lorsque des dispositions nouvelles étaient édictées.

8248. — La loi de 1807 ne prévoyait pas, comme le fait celle de 1865, qu'il serait procédé à une enquête avant la constitution de l'association forcée. Cependant, les travaux d'endiguement et de desséchement de marais donnant lieu le plus souvent à des expropriations, on appliquait les dispositions de l'ordonnance du 18 févr. 1834 qui régit les enquêtes précédant les décrets déclaratifs d'utilité publique. M. Picard (t. 2, p. 303) ajoute que lorsque le décret constitutif du syndicat n'était pas en même temps déclaratif d'utilité publique, on procédait à une enquête dans les formes prescrites par la circulaire du 23 oct. 1851 sur les règlements d'usines.

8249. — L'art. 34, L. 16 sept. 1807, qui vise les syndicats pour travaux d'endiguement, dispose que les formes prescrites au règlement établies et l'intervention d'une commission seront appliquées à l'exécution de ces travaux. Cet article renvoie donc aux dispositions des art. 11 à 15, L. 16 sept. 1807, concernant les travaux de desséchement des marais. Ces dispositions sont applicables aux travaux d'endiguement et de curage en tout ce qui n'est pas spécial aux travaux de desséchement.

§ 2. *Fonctionnement.*

8250. — Aux termes de l'art. 7, lorsque le gouvernement fera un desséchement ou lorsque la concession aura été accordée, il sera formé entre les propriétaires un syndicat, à l'effet de nommer les experts qui devront procéder aux estimations statuées par la présente loi. L'art. 26 permet aussi de confier à ces syndics l'entretien des travaux après leur réception.

8251. — Les syndics sont nommés par le préfet : ils seront pris parmi les propriétaires les plus imposés. Les syndics seront au nombre de trois, et au plus au nombre de neuf, ce qui sera déterminé par l'acte de concession (L. 16 sept. 1807, art. 7). Parfois cependant l'administration a cru pouvoir adopter le système électif.

8252. — Les syndics sont pris en général parmi les plus imposés d'entre les associés. Il a été jugé que des syndicats composés sans qu'on eût tenu compte de cette prescription des actes constitutifs étaient sans qualité pour répartir les dépenses ou

dresser les rôles. — Cons. d'Et., 14 nov. 1891, de Barbentane, [Leb. chr., p. 677]

8253. — Néanmoins, la prescription contenue dans l'art. 7 de la loi de 1807 n'a pas été interprétée par la jurisprudence comme créant pour l'administration l'obligation de suivre d'une manière inflexible l'ordre d'importance des cotisations. Celui-ci, d'ailleurs, pourrait ne pas être connu au moment de la nomination des syndics, les bases de répartition n'étant pas encore arrêtées. Le préfet peut donc choisir, parmi les propriétaires les plus imposés, ceux qui lui paraissent réunir les meilleures conditions d'aptitude pour les fonctions de syndic. — Cons. d'Et., 13 janv. 1865, Marais de la Gironde; — 2 mai 1879, Balguerie; — 24 mai 1892, Vrignonneau, [Leb. chr., p. 476]

8254. — Quand le préfet doit nommer les syndics parmi les plus imposés, c'est au moment où se fait la nomination qu'il faut se placer pour apprécier si elle est régulière et si le syndicat est correctement composé. On ne serait pas fondé à se prévaloir pour le contester de ce que depuis cette époque ce propriétaire aurait cessé d'être un des plus imposés. — Cons. d'Et., 1er mai 1869, Chamski, [Leb. chr., p. 408]

8255. — De même, les associés pouvant se libérer envers l'association soit par le paiement de taxes annuelles, soit par l'abandon d'une partie de leurs propriétés, celui qui a ainsi racheté son obligation par avance et en une fois n'en reste pas moins associé et apte par conséquent à remplir les fonctions de syndic. — Cons. d'Et., 3 août 1888, Cormerais, [Leb. chr., p. 714]

8256. — Les syndics sont nommés pour neuf ans et se renouvellent par tiers tous les trois ans. Ils sont rééligibles et continuent leurs fonctions jusqu'à ce qu'ils aient été remplacés. — Cons. d'Et., 26 juill. 1855, Fabrique de l'église métropolitaine de Tours, [Leb. chr., p. 557]

8257. — Les syndics ne peuvent se faire représenter par des mandataires dans le syndicat. Des membres suppléants sont désignés par le préfet. Si l'un des titulaires décède ou donne sa démission, il est remplacé par un suppléant jusqu'à ce que le préfet ait nommé un titulaire à sa place; le mandat du nouveau titulaire prend fin au terme fixé pour son prédécesseur. — Picard, t. 2, p. 305.

8258. — Le préfet nomme parmi les syndics un directeur et un directeur adjoint. Le directeur préside les réunions du syndicat, surveille les intérêts de l'association, conserve toutes les pièces et archives nécessaires.

8259. — Le syndicat se réunit sur la convocation du directeur toutes les fois que les besoins de l'association l'exigent. Le préfet ou le tiers des syndics peuvent requérir la convocation du syndicat. Les délibérations sont prises à la majorité des membres présents. Le président a voix prépondérante en cas de partage. Il faut, pour que les délibérations soient valables, que la moitié au moins des syndics y ait pris part et que le préfet les ait revêtues de son approbation. — Cons. d'Et., 26 juill. 1854, Syndicat de Saint-Julien de Puyrôles. — Les délibérations sont inscrites sur un registre et signées par tous ceux qui y ont pris part. Elles peuvent être communiquées à tous les membres de l'association. — Picard, t. 2, p. 306.

8260. — Il semble, d'après l'art. 7 de la loi de 1807, que le syndicat n'ait d'autre attribution que de nommer l'expert qui procédera à l'estimation des terrains. Mais il a pour mission d'administrer l'association, de délibérer sur tous les actes de sa vie civile, de surveiller l'exécution des travaux, de dresser le tableau de la répartition des dépenses, de préparer et voter le budget, de contracter les emprunts, de vérifier les comptes du directeur. Il représente en justice l'association quand ses intérêts collectifs sont en jeu, mais n'a pas qualité pour défendre les intérêts particuliers d'un ou plusieurs associés. — Cons. d'Et., 8 sept. 1819, Défrance, [Leb. chr., p. 580]; — 6 août 1823, de Laubepin, [Leb. chr., p. 593]; — 6 déc. 1860, Syndic des chaussées du Trélon.

8261. — Nous avons dit, en parlant des associations autorisées, de quels pouvoirs était armé le préfet quand l'association ne pourvoyait pas aux travaux qu'elle était chargée d'exécuter. Ces pouvoirs, nous les retrouvons ici à plus forte raison. Le préfet peut prescrire les travaux urgents et les faire exécuter d'office.

8262. — Le premier acte du syndics devait être, avons-nous dit, la désignation d'un expert (L. 16 sept. 1807, art 8). Quand il s'agit de travaux de desséchement exécutés par l'Etat ou par un concessionnaire, l'expertise est contradictoire. Le concessionnaire ou l'Etat désigne son expert et le préfet ou le ministre nomme le tiers expert. Quand il s'agit de travaux d'endiguement les syndics seuls désignent un expert. — Cons. d'Et., 5 févr. 1867, de Brunet.

8263. — Le ou les experts doivent opérer de concert avec les ingénieurs. — Cons. d'Et., 27 nov. 1856, Archambaud; — 5 mai 1859, Pébernat; — 24 mai 1859, Société du pont de Pouzin; — 29 déc. 1859, Cie P.-L.-M.; — 7 janv. 1860, Cie P.-L.-M.

8264. — Les experts doivent prêter serment à peine de nullité de l'expertise. — Cons. d'Et., 20 avr. 1854, Sœurs de la Providence de Lyon; — 15 mai 1856, de l'Epine; — 16 août 1860, Monnié.

8265. — Les experts peuvent s'adjoindre, pour se renseigner sur la valeur respective des terres, des propriétaires compris dans les limites de l'association. Il n'y a pas là d'irrégularité. — Cons. d'Et., 15 janv. 1886, Arnaud.

8266. — Le travail des experts consiste à déterminer le périmètre de l'association, à classifier et classer les terrains suivant leur intérêt aux travaux. Le périmètre des classes est tracé sur le plan cadastral qui a servi de base à l'entreprise. Ce tracé est fait de concert par les ingénieurs et le ou les experts réunis (L. 16 sept. 1807, art. 10). Le plan est soumis à l'approbation du préfet, il reste déposé pendant un mois au secrétariat de la préfecture : les parties intéressées sont invitées, par affiches, à prendre connaissance des plans, à fournir leurs observations sur son exactitude, sur l'étendue donnée aux limites jusques auxquelles se feront sentir les effets des travaux et enfin sur le classement des terres (art. 14).

8267. — Le préfet, après avoir reçu les observations faites à l'enquête, celles des ingénieurs et des experts, peut ordonner les vérifications qu'il juge convenables. Dans le cas où, après vérification, les parties intéressées persistent dans leurs plaintes, les questions doivent être soumises à la commission spéciale dont nous parlerons tout à l'heure (L. 16 sept. 1807, art. 12).

8268. — Lorsque le préfet, au lieu d'ordonner lui-même les vérifications qu'il estimait nécessaires, se contente de renvoyer à la commission le soin de décider si elles auraient lieu, celle-ci est libre de les ordonner ou non. — Cons. d'Et., 13 juill. 1858, de Laubespin, [Leb. chr., p. 364]

8269. — Les propriétaires des terrains protégés compris dans le périmètre d'une association forcée sont tenus de contribuer aux dépenses par le seul fait qu'ils détiennent ces terrains. Nous ne trouvons pas, dans la loi du 16 sept. 1807, une disposition analogue à celle que nous avons rencontrée dans la loi du 21 juin 1865 concernant les biens des incapables. En conséquence, une femme mariée sous le régime dotal ne peut invoquer l'inobservation des formalités de cet article pour se refuser à payer les taxes. — Cons. d'Et., 29 juill. 1881, Guillot de Suduirault, [Leb. chr., p. 755]

8270. — Les plans définitivement arrêtés, le ou les experts se rendent sur les lieux et après avoir recueilli tous les renseignements nécessaires, ils procèdent à l'appréciation de chacune des classes. Ils procèdent en présence du tiers expert quand il s'agit d'un dessèchement de marais (art. 13).

8271. — Le procès-verbal d'estimation par classe sera déposé pendant un mois à la préfecture. Les intéressés en sont prévenus par une affiche. Dans tous les cas, l'estimation sera soumise à la commission pour être jugée et homologuée (art. 14); elle pourra décider, outre et contre l'avis des experts (art. 14). Un propriétaire ne peut, en conséquence, se prévaloir, pour demander réduction, de ce que les taxes, établies conformément aux bases arrêtées par la commission spéciale, excéderaient les prévisions des ingénieurs qui avaient servi de base au classement. — Cons. d'Et., 13 juin 1873, Launay, [Leb. chr., p. 539]

8272. — Lorsque les dépenses ont été réparties par une commission spéciale sur le rapport dressé par un expert avec le concours des ingénieurs et à la suite d'une enquête contradictoire, il a été satisfait aux dispositions du titre 2, L. 16 sept. 1807, dans la mesure où elles sont applicables aux syndicats d'endiguement. — Cons. d'Et., 9 mai 1866, Messié, [Leb. chr., p. 455]

8273. — La loi du 16 sept. 1807 pose en principe qu'elles doivent être réparties en tenant compte de la valeur des terres et du degré d'intérêt aux travaux. En conséquence, les syndicats

forcés sont obligés de tenir compte de ce double élément et ne peuvent adopter un système de taxes uniformes fixées d'après le revenu cadastral des terres. — Cons. d'Et., 12 juill. 1864, Desgrottes, [Leb. chr., p. 624]; — 26 juin 1869, Magnier-Monchaux, [Leb. chr., p. 612]

8274. — Les syndics nommés ont les mêmes attributions que les syndics élus des associations autorisées. Toutefois, ils sont placés dans une dépendance plus étroite de l'administration préfectorale. Les projets de travaux dressés par les ingénieurs sont examinés par le syndicat et approuvés par le préfet ou par le ministre, selon qu'il s'agit de travaux d'entretien ou de travaux neufs. Aucune enquête n'est exigée. — Cons. d'Et., 27 juill. 1870, Nebout.

8275. — Les projets de travaux ne sont pas soumis à la commission spéciale. — Cons. d'Et., 20 juill. 1850, Syndicat des Mottes du Bas-Médoc.

8276. — Les ingénieurs dirigent les travaux, dont le directeur surveille l'exécution. La réception est faite par les ingénieurs.

8277. — Les travaux urgents peuvent être ordonnés par le directeur qui doit en tenir compte au préfet. Celui-ci peut en suspendre l'exécution. A défaut du directeur, le préfet peut constater l'urgence des travaux et les faire exécuter. — Picard, t. 2, p. 324.

8278. — Les taxes des associations forcées se recouvrent de la même manière que celles des autres associations.

§ 3. Des commissions spéciales.

8279. — D'après la loi du 16 sept. 1807 (art. 12, 14, 42, 46), pour toutes les entreprises de dessèchement ou d'endiguement, il devait être constitué une commission spéciale composée de sept commissaires (art. 43). Ces commissaires, pris parmi les personnes présumées avoir le plus de connaissances relatives soit aux localités, soit aux divers objets sur lesquels ils auraient à prononcer, devaient être nommés par décret (art. 44).

8280. — Les avis ou décisions des commissions devaient être motivés : pour les prononcer, les commissaires devaient être au moins au nombre de cinq (art. 43). Les formes de leurs réunions, la fixation des époques des séances et des lieux où elles seraient tenues, les règles pour la présidence, le secrétariat et la garde des papiers, les frais qu'entraîneraient leurs opérations et enfin tout ce qui concerne leur organisation, étaient déterminées dans chaque cas par un règlement d'administration publique (art. 45).

8281. — Les membres des commissions spéciales pouvaient être récusés. — Cons. d'Et., 2 avr. 1828, Bernault, [Leb. chr., p. 314]

8282. — Aux termes de l'art. 46 de la loi de 1807, les commissions spéciales connaissent de tout ce qui est relatif au classement des diverses propriétés avant ou après le dessèchement des marais, à leur estimation, à la vérification de l'exactitude des plans cadastraux, à l'exécution des clauses des actes de concession relatifs à la jouissance par les concessionnaires d'une portion des produits, à la vérification et à la réception des travaux de dessèchement, à la formation et à la vérification du rôle de plus-value des terres après le dessèchement : elles arrêteront les estimations dans le cas où le gouvernement aurait à déposséder tous les propriétaires d'un marais. Ainsi les attributions de ces commissions étaient, les unes administratives (vérification et homologation du périmètre et du classement des terrains, des bases de la répartition des dépenses), les autres juridictionnelles (jugement des réclamations présentées par les associés contre ce périmètre et ce classement).

8283. — Dans les cas où il y avait lieu soit d'émettre les rôles, soit de réviser les bases de répartition des taxes, et où la commission spéciale devait être consultée, on ne pouvait repousser la réclamation de l'associé qui se plaignait de l'inobservation de cette formalité par le motif qu'il n'avait pas réclamé la formation de cette commission. — Cons. d'Et., 27 mai 1863, Capelle, [Leb. chr., p. 459]

8284. — Elles ne pouvaient en aucun cas, juger les questions de propriété, réservées aux tribunaux judiciaires, mais dans aucun cas, les opérations relatives aux travaux ou l'exécution des décisions de la commission, ne pouvaient être retardées ou suspendues (art. 47).

8285. — Les commissions spéciales décidaient juridic-

nellement qu'une propriété était ou non comprise dans le périmètre imposable. — Cons. d'Et., 31 août 1830, Ruffin, [P. adm. chr.]; — 5 juin 1845, de Forbin, [P. adm. chr.]; — 18 mai 1846, Ruffin, [P. adm. chr.]; — 11 mai 1854, de Cambis, [P. adm. chr., D. 55.3.24]

8286. — Elles fixaient contentieusement dans quelle proportion chacun des intéressés devait profiter des travaux et participer à la dépense. — Cons. d'Et., 22 mars 1827, de Brezé, [P. adm. chr.]; — 5 juin 1845, précité; — 18 mai 1846, précité.

8287. — Toutes les réclamations relatives aux apports étaient aussi jugées par elles. — Trib. Confl., 6 mai 1850, Gariel; — 23 nov. 1834, Renault de Lubières; — 13 mars 1836, Imbert; — 4 févr. 1858, de Lubières.

8288. — Elles jugeaient comme le conseil de préfecture, sauf recours au Conseil d'Etat. Toutefois, aucune disposition de loi n'ayant dispensé de frais les recours contre leurs décisions, le ministère d'un avocat au Conseil était toujours exigé. — Cons. d'Et., 18 juill. 1860, Voilquint, [Leb. chr., p. 557]; — 16 juill. 1870, Dhavernas, [Leb. chr., p. 914]

8289. — De cette attribution de compétence aux commissions spéciales, il résultait que les conseils de préfecture devaient se déclarer incompétents pour connaître des réclamations relatives au périmètre ou au classement. — Cons. d'Et., 23 juill. 1868, Glapin, [Leb. chr., p. 789]

8290. — Les recours contre les décisions des commissions spéciales devaient être formés dans un délai de trois mois. Sinon ces décisions acquéraient force de chose jugée, et dès lors, toute réclamation portant sur l'étendue du périmètre ou sur le classement du terrain devenait non recevable. — Cons. d'Et., 11 juin 1833, Fitremann, [P. adm. chr.]; — 4 févr. 1836, Commune de Saint-Joachin, [P. adm. chr.]; — 26 juill. 1855, Fabrique de Tours; — 23 juill. 1868, Constantin, [Leb. chr., p. 799]

8291. — Si le décret constitutif du syndicat était rapporté ou annulé, toutes les décisions rendues par la commission spéciale ou le conseil de préfecture tombaient par voie de conséquence. — Cons. d'Et., 9 juin 1868, Synd. de Saint-Nicolas de la Grave, [Leb. chr., p. 634]

8292. — Toutefois, la compétence des commissions spéciales ne supprimait pas la compétence du conseil de préfecture, qui jugeait les réclamations relatives aux taxes. C'était au conseil de préfecture notamment qu'il appartenait de décider si les rôles avaient été établis conformément aux bases de répartition adoptées par la commission spéciale. Celle-ci n'aurait pu, sans excéder ses pouvoirs, se saisir de pareilles réclamations. — Cons d'Et., 22 juin 1854, Chitier, [P. adm. chr., D. 55.3.2]

8293. — L'art. 26, L. 24 juin 1865, a supprimé les pouvoirs juridictionnels des commissions spéciales. Il est statué par le conseil de préfecture sur les contestations qui, d'après la loi du 16 sept. 1807, devaient être jugées par une commission spéciale. C'est donc au conseil de préfecture qu'il appartient désormais de statuer sur les réclamations dirigées contre le périmètre ou le classement. — Cons. d'Et., 29 janv. 1868, Saint-Arcons, [S. 68.2.355, P. adm. chr., D. 70.3.23]; — 18 mars 1893, Syndicat du Grand-Vey, [Leb. chr., p. 251]

8294. — Dans les premières années qui suivirent la promulgation de la loi de 1865, la jurisprudence interpréta l'art. 26 de cette loi dans le sens de la suppression pure et simple, absolue, des commissions spéciales. On peut citer en ce sens plusieurs décisions. — Cons. d'Et., 14 janv. 1869, Syndicat de Roize, [Leb. chr., p. 38]; — 26 nov. 1869, Avenard, [Leb. chr., p. 925]; — 27 juin 1873, Cie P.-L.-M., [Leb. chr., p. 593]

8295. — Mais la section des Travaux publics résista à cette jurisprudence. Elle soutenait que seules les attributions juridictionnelles des commissions spéciales avaient été transférées aux conseils de préfecture et que leurs attributions administratives étaient maintenues. La question soumise à l'assemblée générale du Conseil d'Etat fut résolue en ce sens. — Av. 26 nov. 1874, Syndicat de Teurcin à Lancey. — Av. sect. Trav. publ., 15 janv. 1878, (cité par Picard, t. 2, p. 313)

8296. — Le Conseil d'Etat statuant au contentieux n'a pas tardé à se rallier à cette opinion, qu'il a consacrée par de nombreux arrêts. — Cons. d'Et., 27 févr. 1880, Clerc et autres, [S. 81.3.60, P. adm. chr., D. 81.3.34]; — 19 mai 1882, Cie P.-L.-M., [S. 84.3.39, P. adm. chr., D. 83.3.104]; — 16 mars 1883, Cie P.-L.-M., [D. 84.3.61]; — 1er août 1884, Rey, [Leb. chr., p. 681]; — 17 janv. 1891, Syndicat de la Durance, [S. et P. 93.3.6, D. 92.3.78]

8297. — Il résulte de là que toute modification apportée soit au périmètre d'une association constituée sous l'empire de la loi de 1807, soit au classement des terrains, doit être préalablement soumise à l'homologation d'une commission spéciale constituée *ad hoc.* — Cons. d'Et., 15 févr. 1892, Signobos, [D. 93.5.41]

8298. — Quand la commission spéciale a approuvé la classification des terrains et que les rôles lui ont été soumis, le syndicat peut valablement arrêter les rôles et les faire rendre exécutoires par le préfet. — Cons. d'Et., 21 mai 1892, Vrignonneau, [S. et P. 94.3.42, D. 93.3.93]

8299. — La substitution des conseils de préfecture aux commissions spéciales a amené une modification dans les délais de réclamation. Avant la loi de 1865, les réclamations contre le classement ou l'estimation devaient être présentées dans les trois mois de la décision de la commission. Depuis cette époque, le Conseil d'Etat, étendant à ces taxes assimilées les principes de la législation cadastrale, a été admis à permettre ces réclamations jusqu'à l'expiration d'un délai de trois mois à partir de la mise en recouvrement du premier rôle des taxes. Passé ce délai on peut encore contester l'application faite des bases de taxation, mais ces bases mêmes ne sont plus attaquables. — Cons. d'Et., 19 mars 1886, Syndicat de la Durance, [D. 87.5.31]; — 9 mai 1890, Condroyer, [S. et P. 92.3.100]; — 23 déc. 1892, de Ravel d'Esclapon, [S. et P. 94.3.104]

8300. — Les fonctions des commissions spéciales doivent cesser aussitôt après l'entier accomplissement des fonctions qui leur sont confiées.

8301. — Dans le cas où les membres de la commission se refuseraient à remplir leur mission, le gouvernement pourrait par décret remplacer les commissaires. — Av. sect. Trav. publ., 27 déc. 1887.

8302. — Une ancienne décision a reconnu au préfet le droit de se substituer à la commission quand elle se refusait à accomplir une de ses fonctions administratives. — Cons. d'Et., 18 août 1833, Concess. de l'Authie, [Leb. chr., p. 390]

Section V.
Règles particulières aux diverses espèces de travaux exécutés par les associations syndicales.

8303. — Après avoir exposé les règles générales relatives aux taxes perçues au profit des associations syndicales, il nous faut indiquer les règles particulières à chaque nature de travaux poursuivis par ces associations.

§ 1. *Taxes de curage.*

8304. — Le curage a pour objet de dégager le lit d'un cours d'eau des vases, des herbes ou des détritus qui l'encombrent et de faciliter ainsi le libre écoulement des eaux. Le curage tend à empêcher les inondations et la stagnation des eaux. Qu'il soit ordonné pour assurer la sécurité des riverains ou dans un but de salubrité, il a toujours le caractère d'une opération de défense.

8305. — Les travaux de curage proprement dits consistent à ramener le cours d'eau à sa largeur et à sa profondeur naturelles : d'où l'expression de *curer à vieux fond et à vieux bords.* A ce travail se joint le *faucardement*, qui consiste à enlever les herbes qui poussent dans le lit du cours d'eau. Quelquefois, il faut y joindre certains travaux d'approfondissement, d'élargissement ou de régularisation des cours d'eau.

1° *Qui peut prescrire le curage.*

8306. — Le droit de prescrire les travaux de curage appartient à l'autorité chargée par la loi d'assurer le libre écoulement des eaux. Aux termes de la loi du 22 déc. 1789-janv. 1790 (Sect. 3, art. 2), « les administrations de département seront chargées, sous l'autorité et l'inspection du roi, comme chef suprême de la nation et de l'administration générale du royaume, de toutes les parties de cette administration, notamment de celles qui sont relatives..... 6° à la conservation des rivières et autres choses communes. »

8307. — Et la loi des 12-20 août 1790 (Ch. VI) ajoutait : « Les assemblées administratives doivent aussi rechercher et indiquer les moyens de procurer le libre cours des eaux, d'empê-

cher que les prairies ne soient submergées par la trop grande élévation des écluses, des moulins, et par les autres ouvrages d'art établis sur les rivières. »

8308. — Le curage étant un des principaux moyens d'assurer le libre écoulement des eaux, la loi du 14 flor. an XI dispose qu'il sera pourvu au curage des canaux et rivières non navigables de la manière prescrite par les anciens règlements, d'après les usages locaux (art. 1).

8309. — Lorsque l'application des règlements ou du mode consacré par l'usage éprouvera des difficultés, ou lorsque des changements survenus exigeront des dispositions nouvelles, il y sera pourvu par le gouvernement dans un règlement d'administration publique, rendu sur la proposition du préfet du département, de manière que la contribution de chaque imposé soit toujours relative au degré d'intérêt qu'il aura aux travaux qui devront s'effectuer (art. 2).

8310. — Les rôles de répartition des sommes nécessaires au paiement des travaux d'entretien... seront dressés sous la surveillance du préfet, rendus exécutoires par lui, et le recouvrement s'en opérera de la même manière que celui des contributions publiques (art. 3).

8311. — Toutes les contestations relatives au recouvrement de ces rôles, aux réclamations des individus imposés et à la confection des travaux seront portées devant le conseil de préfecture, sauf recours au Conseil d'Etat (art. 4).

8312. — Ainsi, d'après la loi du 14 flor. an XI, s'agissait-il d'un curage exécuté conformément aux dispositions des anciens règlements ou des usages locaux, le préfet pouvait puiser dans les pouvoirs qu'il tenait des lois de 1789 et de 1790 le droit de l'ordonner. Fallait-il au contraire introduire des dispositions nouvelles, un décret rendu en Conseil d'Etat était nécessaire.

8313. — Quant aux travaux de redressement, de régularisation, d'approfondissement ou d'élargissement des cours d'eau, la loi de l'an XI ne parlant que du curage, on s'était demandé si une décision administrative quelconque, arrêté ou décret, pouvait suffire à en imposer les frais aux particuliers. La Section des travaux publics avait longtemps émis un avis défavorable aux prétentions de l'administration, mais en 1835 l'assemblée générale du Conseil d'Etat se prononça en sens contraire. M. Picard (t. 2, p. 183) rappelle que c'est d'ailleurs en ce sens que les auteurs de la loi de floréal an XI s'étaient prononcés et il cite à l'appui de cette assertion plusieurs décrets (24 mess. an XI, 16 germ. an XII, 19 sept. 1806, etc., qui ordonnent des opérations de redressement et d'élargissement et en mettent les frais à la charge des intéressés.

8314. — Le Conseil d'Etat statuant au contentieux n'a pas dénié à l'administration supérieure le droit d'ordonner des travaux d'amélioration des cours d'eau : il s'est borné à exiger que dans ce cas un décret en Conseil d'Etat fût rendu. — Cons. d'Et., 25 mars 1846, Coutenot et autres, [P. adm. chr.]; — 12 mai 1847, Desgrottes, [S. 47.2.555, P. adm. chr., D. 47.3.172]; — 1er févr. 1851, Richard de Vesvrotte, [Leb. chr., p. 81]

8315. — Le décret du 25 mars 1852 apporta une certaine confusion dans les pouvoirs respectifs du gouvernement et des préfets. Dans son tableau A, n° 51, il donnait aux préfets le droit de statuer sur toutes les affaires relatives aux cours d'eau non navigables ni flottables, en tout ce qui concerne leur élargissement et leur curage. D'autre part, dans son tableau D, n° 5, les préfets devaient statuer, d'après l'avis des ingénieurs, sur les dispositions nécessaires pour assurer le curage et le bon entretien des cours d'eau non navigables ni flottables de la manière prescrite par les anciens règlements ou d'après les usages locaux. Ces dispositions étaient évidemment inconciliables. La dernière ne faisait que confirmer l'état antérieur, la première étendait les pouvoirs des préfets. Toutefois le ministre de l'Intérieur, dans sa circulaire du 5 mai 1852, avait restreint le droit des préfets de prescrire l'élargissement d'un cours d'eau au cas où il pouvait être réalisé au moyen de cessions amiables. — Cons. d'Et., 15 mars 1855, Amyot-Robillard, [S. 55.2.518, P. adm. chr., D. 55.3.52]

8316. — Mais le Conseil d'Etat ne tarda pas à revenir à son ancienne jurisprudence et à exiger, dans tous les cas où un élargissement était ordonné, qu'un décret en Conseil d'Etat fût rendu. — Av. 8 déc. 1859. — Cons. d'Et., 2 déc. 1858, Guichelet, [P. adm. chr.]; — 16 déc. 1858, Collas, [P. adm. chr.]; — 1er déc. 1859, Bonnard, [S. 60.2.305, P. adm. chr.]; — 22 déc. 1859, Gauchon, [P. adm. chr.]

8317. — Cette doctrine fut consacrée par le décret du 13 avr. 1864, qui biffa la disposition contenue dans le tableau A et remit les choses dans l'état où elles étaient avant 1852. — Cons. d'Et., 10 sept. 1864, de Cès-Caupenne, [Leb. chr., p. 882]; — 27 mai 1868, Rouyer, [S. 69.2.127, P. adm. chr.]; — 6 mars 1869, Mauduit de Fay, [Leb. chr., p. 208]; — 14 mars 1873, Commune de Maugrio, [Leb chr., p. 249]

8318. — La loi du 21 juin 1865 a eu un double résultat : d'une part, elle a mis fin à toute controverse touchant le droit du gouvernement d'imposer aux intéressés des travaux d'amélioration en disposant, par l'art. 26, que la loi du 14 flor. an XI continuerait à être appliquée lorsqu'il s'agirait des travaux spécifiés aux n. 1, 2 et 3 de son art. 1. Or, le n. 2 visait non seulement les travaux de curage. mais ceux d'approfondissement, de redressement et de régularisation.

8319. — D'autre part, elle a permis aux préfets d'ordonner des travaux d'amélioration en constituant une association autorisée. Mais, en dehors de ce cas, un décret rendu en Conseil d'Etat est nécessaire. — Cons. d'Et., 17 juill. 1862, Cauche, [P. adm. chr.]; — 30 nov. 1862, de Villeneuve-Bargemont, [S. 63. 2.72, P. adm. chr., D. 65.5.130]; — 9 févr. 1865, d'Andigné de Resteau, [S. 65.2.316, P. adm. chr., D. 65.3.66]; — 1er mars 1866, Berger, [Leb. chr., p. 197]; — 8 mars 1866, Simonnet, [S. 67.2.29, P. adm. chr.]; — 30 mai 1868, Renaud, [S. 69.2. 186, P. adm. chr.]; — 6 mars 1869, précité; — 28 juin 1870, Ménétrier, [D. 71.3.86]; — 9 févr. 1872, Cosnard-Desclosets, [S. 73.2.239, P. adm. chr., D. 72.3.66]; — 13 déc. 1872, Département d'Ille-et-Vilaine, [Leb. chr., p. 709]; — 14 mars 1873, précité; — 21 mars 1879, Lescail, [S. 80.2.305, P. adm. chr., D. 79.3.73]; — Trib. des Confl., 13 mai 1876, Ancel, [S. 78.2.220, P. adm. chr., D. 77.3.41]; — 29 juin 1894, Berger, [Leb. chr., p. 441]

8320. — Il a été jugé que, quand un propriétaire a consenti à des travaux de redressement en limitant à une certaine somme sa contribution, il ne peut être porté au rôle pour une somme supérieure. — Cons. d'Et., 1er juin 1869, Thomas, [Leb. chr., p. 551]

8321. — Lorsque le préfet se borne à ordonner un curage à vieux fond et à vieux bords, il n'excède pas ses pouvoirs. — Cons. d'Et., 23 juin 1864, Izard, [Leb. chr., p. 589]; — 3 août 1877, Rémery, [S. 79.2.222, P. adm. chr., D. 78.2.12]; — 9 mars 1888, Gouthière, [Leb. chr., p. 238]

8322. — Il peut également prescrire, conformément aux usages locaux, un faucardement. — Cons. d'Et., 11 nov. 1892, d'Oyron, [D. 94.3.14]

8323. — Le curage comprend encore le recépage et l'enlèvement des arbres, buissons et souches faisant saillie sur les berges, l'élagage des branches qui baignent dans les eaux. — Cons. d'Et., 8 avr. 1858, Moll, [Leb. chr., p. 277]; — 18 avr. 1860, Chauveau, [Leb. chr., p. 328]

8324. — D'autre part, quand au lieu de recéper les branches et arbustes anticipant sur les berges, les agents de l'administration abattent d'office des arbres plantés sur les vieux bords, les riverains doivent obtenir décharge des frais d'abattage et d'expertise. — Cons. d'Et., 9 févr. 1869, Merger, [Leb. chr., p. 133]; — 28 juin 1870, Ménétrier, [Leb. chr., p. 824]

8325. — Le refus, par le préfet et le ministre, d'autoriser un usinier à soumissionner les travaux du curage à exécuter d'office dans le but de son usine est un acte d'administration qui ne peut être critiqué par la voie contentieuse. — Cons. d'Et., 31 mars 1882, Verdellet, [Leb. chr., p. 308]

8326. — Les maires, quoique chargés de veiller au maintien de la salubrité publique, ne peuvent prescrire le curage d'un cours d'eau, même par application des anciens règlements, sans empiéter sur les attributions du préfet et commettre ainsi un excès de pouvoir. — Cass., 17 mai 1862, Ortoli, [S. 62.1.1007, P. 63.419, D. 64.5.108]; — 25 août 1882, Roy, [Bull. crim, n. 222]. — Cons. d'Et., 24 avr. 1863, Chauveau, [S. 66.2.68, P. adm. chr., D. 67.5.149]; — 7 août 1874, Laburthe, [S. 76.2.220, P. adm. chr., D. 75.3.76]

8327. — Il est arrivé parfois cependant que des curages aient été ordonnés par des maires agissant sur l'invitation et par délégation du préfet. En pareil cas, ils agissent comme délégués de l'administration supérieure et non comme représentants de la commune. Les taxes ne peuvent donc être recouvrées au nom de celle-ci. — Cons. d'Et., 27 avr. 1877, Commune d'Ambarès, [D. 77.3.71]; — 11 juin 1886, Commune de Vensat, [S. 88.3.20, P.

adm. chr., D. 87.3.118]; — 30 janv. 1891, Descours, [Leb. chr., p. 59]

8328. — L'opportunité du curage ne peut être contestée par la voie contentieuse. Le préfet, en l'ordonnant, fait un acte de pure administration. — Cons. d'Et., 18 juin 1848, Brossard de Renneval, [S. 48.2.700, P. adm. chr.]; — 19 nov. 1868, Méplain, [D. 69.3.86]; — 24 déc. 1886, Romand, [Leb. chr., p. 927]; — 14 mai 1892, Faye de Pontis, [Leb. chr., p. 452]

2° Dépenses rentrant dans les frais de curage.

8329. — Quelles sont les dépenses qui peuvent rentrer dans ces frais de curage ? Toutes les dépenses proprement dites d'exécution des travaux, telles que la réparation des gués de la rivière. — Cons. d'Et., 23 juin 1824, Lachallerie, [S. chr., P. adm. chr.]

8330. — ... Les frais et honoraires dus pour la rédaction des plans et projets d'études. — Cons. d'Et., 9 août 1851, Bryon, [S. 52.2.77, P. adm. chr.]; — 6 janv. 1853, Même partie, [Leb. chr., p. 26]; — 18 nov. 1853, Watel, [Leb. chr., p. 952]; — 7 déc. 1854, Bryon, [P. adm. chr.]

8331. — ... Le salaire des gardes. — Cons. d'Et., 18 nov. 1853, précité; — 15 déc. 1853, Biennais, [P. adm. chr., D. 54. 3.25]; — 27 févr. 1874, Tachet, [Leb. chr., p. 203]

8332. — ... Les frais de surveillance et de réception des travaux, les indemnités pour dommages.

8333. — Si une contestation s'élève sur le point de savoir si les travaux exécutés sont de nature à être mis à la charge des propriétaires intéressés, le conseil de préfecture est compétent pour statuer. — Cons. d'Et., 23 juin 1824, précité; — 18 avr. 1860, Flandin, [P. adm. chr.]; — 28 mai 1868, Marais de l'Isac, [Leb. chr., p. 592]

3° Cours d'eau soumis aux taxes de curage.

8334. — Quels sont les cours d'eau dont le curage peut être mis à la charge des intéressés ? La loi du 14 flor. an XI et celle du 21 juin 1865 mentionnent les canaux et rivières non navigables ni flottables et les canaux de desséchement et d'irrigation.

8335. — Il suit de là que les riverains des cours d'eau navigables sont dispensés de supporter cette charge et ce, non seulement lorsque la rivière a fait l'objet d'une déclaration de navigabilité conformément à l'ordonnance du 10 juill. 1835, mais encore alors même qu'elle aurait été omise dans les tableaux annexés à cette ordonnance. — Cons. d'Et., 23 mars 1877, de Savignac, [Leb. chr., p. 308]

8336. — D'autre part, la législation du curage ne s'applique pas à des fossés creusés de main d'homme pour l'égouttement des terres d'un particulier. — Cons. d'Et., 28 déc. 1858, d'Andlau, [P. adm. chr.]; — 19 janv. 1859, Adam, [Leb. chr., p. 44]

8337. — ... Ou pour la vidange de pièces d'eau. — Cons. d'Et., 19 févr. 1863, Hubert, [P. adm. chr.]

8338. — ... Ou pour l'écoulement d'une fontaine. — Cons. d'Et., 8 févr. 1864, Martinet, [Leb. chr., p. 101]

8339. — De même, un fossé qui sert d'égout à une ville à laquelle il appartient n'est pas un cours d'eau dont le curage puisse être imposé aux riverains. — Cons. d'Et., 22 févr. 1866, Ville d'Estaires, [S. 67.2.94, P. adm. chr.]

8340. — Il en est de même d'un fossé qui sert uniquement à conduire dans une rivière les eaux pluviales provenant des terres riveraines. — Cons. d'Et., 13 août 1867, Quillet, [D. 68.3. 44]

8341. — ... Ou d'un aqueduc qui conduirait à travers, en traversant souterrainement une propriété, les eaux provenant d'une voie publique. — Cons. d'Et., 28 juill. 1869, Boucher, [Leb. chr., p. 713]

8342. — La législation du curage s'applique à tout cours d'eau naturel et permanent. Un ancien arrêt en a fait l'application à une rivière flottable. — Cons. d'Et., 20 nov. 1822, Duvivier, [S. chr., P. adm. chr.]

8343. — Quand un cours d'eau se creuse un nouveau lit, l'ancien lit reste soumis à la loi de l'an XI tant qu'il n'est pas définitivement abandonné par les eaux et que les intéressés ne peuvent invoquer l'art. 563, C. civ. — Cons. d'Et., 1er févr. 1855, Tacherat, [Leb. chr., p. 97]; — 30 juin 1876, Reynaud, [Leb. chr., p. 621]

8344. — Le préfet peut même prescrire le rétablissement

d'un lit qui serait comblé depuis plusieurs années. — Cons. d'Et., 11 févr. 1876. de Nédonchel, [Leb. chr., p. 147] — V. aussi, Cons. d'Et., 3 août 1877, Remery, [D. 78.3.12]

8345. — Lorsque des étangs sont traversés par une rivière et constituent une retenue sur une eau courante, le préfet peut en prescrire le curage ou du moins imposer aux riverains l'obligation d'y entretenir un chenal suffisant. — Cons. d'Et., 7 août 1874, Laburthe, [S. 76.2.220, P. adm. chr., D. 75.3.76]

8346. — La loi du 14 flor. an XI peut s'appliquer à des dérivations artificielles, canaux, biefs d'usines, etc., pourvu qu'elles servent à l'écoulement de tout ou partie des eaux de la rivière. — Cons. d'Et., 16 janv. 1861, d'Andlau, [Leb. chr., p. 29]; — 20 août 1864, Bisson, [Leb. chr., p. 814]; — 3 juill. 1874, Ville de Douai. [Leb. chr., p. 626]; — 24 nov. 1876, Villedary, [Leb. chr., p. 833]; — 8 août 1888, Leclercq, [Leb. chr., p. 737]

8347. — Elle a été également déclarée applicable à des fossés qui servent à écouler dans une rivière les eaux provenant soit des infiltrations d'une levée ou du bief d'un moulin, soit des fossés sillonnant tout le territoire d'une commune. — Cons. d'Et., 18 avr. 1860, Mathurin-Benoist, [S. 63.2.120, P. adm. chr., D. 63.3.19]; — 3 août 1877, Leblanc, [Leb. chr., p. 797]

8348. — ... Aux fossés d'une ville servant de canaux de décharge et d'assainissement. — Cons. d'Et., 18 déc. 1848, Fabre de Rieunègre, [S. 49.2.124, P. adm. chr., D. 49.3.53]

8349. — ... A des fossés servant de canaux d'irrigation. — Cons. d'Et., 24 mars 1849, Burgaud, [S. 49.2.378, P. adm. chr., D. 49.3.53]; — 7 mai 1892, Syndicat du canal Sous-le-Béal, [Leb. chr., p. 432]

8350. — Un ruisseau, à sec pendant une partie de l'année, des fossés d'assainissement, peuvent parfois, à raison de leur longueur, être considérés comme des cours d'eau. — Cons. d'Et., 9 déc. 1864, Bourbon, [Leb. chr., p. 973]; — 5 déc. 1879, Moutier, [Leb. chr., p. 783]; — 12 juill. 1882, Même partie, [Leb. chr., p. 675]

8351. — La question de savoir si on se trouve en présence d'un cours d'eau soumis à la loi du 14 flor. an XI ou d'un cours d'eau constituant une propriété particulière est importante à résoudre, car la compétence en dépend. S'agit-il d'un fossé, le curage en peut être imposé aux riverains et si les travaux ont été exécutés par l'administration pour le compte des propriétaires, ce n'est pas par la voie spéciale aux contributions directes que le recouvrement pourra être effectué. Le conseil de préfecture sera donc incompétent. — Cons. d'Et., 26 mars 1886, Michaut, [Leb. chr., p. 289]

8352. — D'autre part, lorsque les propriétaires et l'administration sont en désaccord sur la nature d'un cours d'eau dont les riverains en revendiquent la propriété, le préfet en prescrivant le curage tranche indirectement une question de propriété, qui ne pourrait être résolue que par l'autorité judiciaire, et, dès lors, il commet un excès de pouvoir. — Cons. d'Et., 6 mars 1869, Mauduit de Fay, [Leb. chr., p. 208]

8353. — Les intéressés peuvent donc se pourvoir directement devant le Conseil d'Etat par la voie du recours pour excès de pouvoir contre l'arrêté préfectoral qui prescrit le curage d'un cours d'eau non soumis à la loi de 14 flor. an XI. — Cons. d'Et., 1er févr. 1853, Tacherat, [Leb. chr., p. 97]; — 24 janv. 1856, Aillaud, [S. 56.2.647, P. adm. chr., D. 57.3.16]; — 12 févr. 1857, Gabillot, [P. adm. chr., D. 57.3.81]; — 8 févr. 1864, Martinet, [Leb. chr., p. 101]; — 9 déc. 1864, précité; — 13 août 1867, Quillet, [Leb. chr., p. 753]; — 6 mars 1869, précité; — 28 juill. 1869, Boucher, [Leb. chr., p. 713]; — 11 févr. 1876, précité; — 3 août 1877, Hautecœur, [Leb. chr., p. 796]

8354. — Tant que les travaux ne sont pas exécutés, le conseil de préfecture est incompétent pour décider si des fossés compris dans l'arrêté de curage sont des rivières ou de simples rigoles d'écoulement. — Cons. d'Et., 12 févr. 1857, précité.

8355. — Il devient au contraire compétent pour apprécier la nature du cours d'eau lorsque les taxes sont mises en recouvrement. — Cons. d'Et., 18 déc. 1848, précité; — 24 mars 1849, précité; — 1er déc. 1853, Haine, [Leb. chr., p. 972]; — 1er févr. 1855, précité; — 28 déc. 1858, d'Andlau, [P. adm. chr.]; — 19 janv. 1859, Adam, [Leb. chr., p. 44]; — 18 avr. 1860, Chauveau, [Leb. chr., p. 328]; — 16 janv. 1861, précité; — 19 févr. 1863, Hubert, [S. 63.2.120, P. adm. chr., D. 63.3.19]; — 8 févr. 1864, précité; — 20 août 1864, précité; — 24 avr. 1865, Chauveau, [S. 66.2.68, P. adm. chr.]; — 22 févr. 1866, Ville d'Estaires, [S. 67.2.94, P. adm. chr.]; — 7 août 1874, Laburthe,

[S. 76.2.220, P. adm. chr., D. 75.3.76]; — 30 juin 1876, Reynaud, [Leb. chr., p. 621]; — 24 nov. 1876, Villedary, [Leb. chr., p. 833]; — 3 août 1877, Leblanc, [Leb. chr., p. 797]; — 12 juill. 1882, Montier, [Leb. chr., p. 675]; — 8 déc. 1882, Cie de l'Ouest, [D. 84.3.62]; — 28 janv. 1887, Autofage, [D. 88.3.53]; — 11 févr. 1887, Beau, [P. adm. chr., D. 88.3.67]; — 8 août 1888, Leclerc, [D. 89.5.188]

4° Personnes passibles des taxes de curage.

8356. — En principe tous les intéressés doivent supporter les frais de curage. La jurisprudence a interprété ce mot largement en y comprenant non seulement ceux qui doivent profiter du curage, mais encore ceux qui ont contribué à le rendre nécessaire.

8357. — Il y faut comprendre en premier lieu les riverains. Voisins du cours d'eau, exposés à ses débordements, et, d'autre part, profitant des nombreux droits que leur procure cette riveraineté, il est juste qu'ils aient à supporter comme compensation les charges du curage. Il importe peu que les propriétés soient closes ou non. — Cons. d'Et., 28 nov. 1848, Chauvet, [Leb. chr., p. 636]

8358. — On ne peut considérer comme riverains les propriétaires qui sont séparés des cours d'eau par un chemin public. — Cons. d'Et., 29 déc. 1859, Mouchet, [S. 60.2.502, P. adm. chr., D. 62.5.121]; — 28 mars 1860, Ville de Rouen, [Leb. chr., p. 271]

8359. — L'Etat, les départements, les communes sont passibles des taxes de curage, à raison des chemins dont elles sont propriétaires, et qui bordent le cours d'eau. — Cons. d'Et., 8 août 1888, Syndicat des vidanges d'Arles, [D. 89.5.34]

8360. — Quand une compagnie de chemins de fer a dérivé un cours d'eau et a substitué à son ancien lit un canal enfermé entre deux talus, elle ne peut être imposée aux taxes comme propriétaire de ces talus qui doivent être considérés comme des dépendances du nouveau lit. — Cons. d'Et., 8 déc. 1882, Cie de l'Ouest, [Leb. chr., p. 986]

8361. — Elles sont imposables à raison des terrains qu'elles ont acquis, même par une transaction. — Cons. d'Et., 8 juin 1877, Cie P.-L.-M., [Leb. chr., p. 570]

8362. — C'est au propriétaire et non au concessionnaire qu'il faut, en principe, réclamer les taxes. Ainsi, la compagnie du canal du Midi a été déchargée de l'obligation d'acquitter les taxes pour une bande de terrain longeant le nouveau lit d'un cours d'eau détourné par l'Etat pour alimenter le canal. — Cons. d'Et., 16 mars 1889. Min. Agriculture, [D. 90.5.184]

8363. — Des propriétaires riverains peuvent, quoique n'ayant aucun intérêt aux travaux de curage, être obligés d'en supporter les frais en vertu des anciens règlements. — Cons. d'Et., 9 mai 1891, Denègre, [Leb. chr., p. 381]

8364. — Au nombre des intéressés, M. Picard (t. 2, p. 231) classe les propriétaires de fonds non riverains, mais submersibles ou humides. Il est évident, en effet, qu'ils profiteront des travaux. — Cons. d'Et., 18 nov. 1853, Vatel, [Leb. chr., p. 952]; — 8 nov. 1872, Michelot, [Leb. chr., p. 587]; — 27 juin 1873, de Montesquieu, [Leb. chr., p. 597]

8365. — Mais des parcelles qui sont à l'abri des inondations et qui n'ont aucun profit à retirer des travaux ne doivent pas être cotisées. — Cons. d'Et., 9 juin 1894, Créquy, [Leb. chr., p. 397]

8366. — Les usiniers ont au curage le même intérêt que les autres riverains, et, en outre, ils doivent à un autre titre être tenus d'en supporter les charges. Les ouvrages qu'ils sont autorisés à établir, pour leur prise d'eau, dans le lit de la rivière, en modifient le cours et amènent la création de dépôts qui l'encombrent. Il est donc doublement juste que les usiniers participent aux frais du curage. — Cons. d'Et., 24 nov. 1876, précité; — 24 nov. 1882, Boyenval, [Leb. chr., p. 929]

8367. — Il a été décidé qu'un usinier dont l'usine était alimentée par les eaux provenant en partie d'un canal compris dans son syndicat, était au nombre des intéressés. — Cons. d'Et., 21 juin 1859, Villon, [Leb. chr., p. 439]; — 12 janv. 1860, de Louët, [Leb. chr., p. 24]

8368. — La responsabilité de l'usinier subsiste, alors même que son usine ne serait plus en exploitation, tant que les ouvrages régulateurs sont maintenus et que la force motrice est utilisable. — Cons. d'Et., 10 juin 1876, Vassal, [Leb. chr., p. 572]

— 25 avr. 1879, Maurel, [S. 80.2.312, P. adm. chr., D. 79.3. 91]; — 20 janv. 1882, Même partie, [Leb. chr., p. 64]

8369. — Si au contraire la force motrice a cessé d'être utilisable et si les ouvrages régulateurs ont été supprimés, le propriétaire de l'ancienne usine n'est plus passible de la taxe en tant qu'usinier, alors même qu'il aurait conservé un barrage destiné à l'irrigation. — Cons. d'Et., 23 juill. 1886, Nau, [D. 88. 3.6]; — 9 nov. 1889, Même partie, [S. et P. 92.3.4]; — 23 juill. 1892, Say, [Leb. chr., p. 664]

8370. — Enfin, il faut encore compter parmi les intéressés ceux qui rendent le curage nécessaire en contribuant à former les atterrissements qui encombrent le lit du cours d'eau, qu'il s'agisse d'usiniers y déversant les eaux résiduaires de leurs établissements ou les détritus de leur fabrication... — Cons. d'Et., 20 févr. 1867, Syndicat de Saint-Hilaire, [Leb. chr., p. 183] — ... ou de villes y déversant leurs eaux d'égouts. — Cons. d'Et., 6 août 1886, Syndicat de l'Yvrette, [Leb. chr., p. 718]

8371. — Si une opération de drainage, en apportant des eaux chargées de vase et de limon dans un cours d'eau non navigable, aggrave les frais du curage, les terrains drainés sont compris dans les propriétés intéressées et imposées conformément à la loi du 14 flor. an XI (L. 17 juill. 1856, art. 9).

8372. — Il faut cependant que l'intérêt que l'on a aux travaux soit direct. Des propriétaires simplement exposés aux fièvres sous l'influence des vents de la partie humide d'une vallée ne devraient pas être tenus pour intéressés aux dépenses du curage. — Cons. d'Et., 4 juin 1852, Gilles et autres, [P. adm. chr.]

8373. — Le préfet ne pourrait faire application à un propriétaire de conventions portant atteinte aux bases normales de répartition que si ces conventions n'étaient pas contestées. Autrement les tribunaux civils devraient auparavant statuer. — Cons. d'Et., 4 juin 1816, Oursin de Mont-Chevrel, [S. chr., P. adm. chr.]

8374. — Mais tout riverain ne peut demander son renvoi devant les tribunaux civils pour y discuter l'obligation de supporter le curage, sous prétexte qu'il s'agirait d'une question de servitude. C'est au conseil de préfecture qu'il appartient de statuer sur cette question. — Cons. d'Et., 14 mai 1852, Martel, [P. adm. chr.]; — 11 juill. 1879, Emmery, [S. 81.3.9, P. adm. chr., D. 80.3.17]

5° Répartition des dépenses.

8375. — I. *Répartition en vertu d'anciens réglements ou d'usages locaux.* — Il semblerait que les frais du curage dussent toujours être répartis entre les intéressés dans la mesure même de leur intérêt. Mais la loi du 14 flor. an XI, tout en posant ce principe dans son art. 2, ne l'a cependant édicté en quelque sorte que pour l'avenir. Dans son art. 1, en effet, elle maintenait tous les anciens règlements ou usages locaux relatifs au curage et prescrivait à l'administration préfectorale de s'y conformer.

8376. — Ainsi donc, là où il existe d'anciens règlements ou des usages locaux, les frais du curage doivent être répartis conformément à leurs dispositions, tant qu'ils n'ont pas été modifiés par un décret rendu en la forme des règlements d'administration publique. Ni le préfet, en prescrivant le curage, ni le ministre, ni le conseil de préfecture, en statuant sur les réclamations relatives aux taxes, ne peuvent apporter de dérogation à ces règles. — Cons. d'Et., 9 avr. 1817, Propr. des marais de Bordeaux, [S. chr., P. adm. chr.]; — 20 janv. 1843, Dubourg, [S. 43.2.204, P. adm. chr.]; — 25 mars 1846, Contenot, [P. adm. chr.]; — 17 févr. 1848, Dupuis, [S. 48.2.441, P. adm. chr.]; — 23 avr. 1849, Delongueval, [Leb. chr., p. 251]; — 28 déc. 1849, Besnard, [S. 50.2.186, P. adm. chr.]; — 16 avr. 1851, Thomassin de Saint-Paul, [P. adm. chr.]; — 1er déc. 1853, Haine, [Leb. chr., p. 2]; — 5 août 1854, Guilbert, [S. 61.2.141, *ad notam*]; — 12 juill. 1855, Garnier, [S. 56.2.251, P. adm. chr. D. 56.3.1]; — 29 févr. 1860, Courtois, [S. 60.2.634, P. adm. chr.]; — 5 mars 1863, Syndicat de l'Yvrette, [S. 63.2.120, P. adm. chr., D. 63. 3.17]; — 26 nov. 1863, Commune de Coudun, [Leb. chr., p. 781]; — 17 juill. 1867, Lacarrière, [Leb. chr., p. 654]; — 14 août 1867, Rame, [S. 68.2.239, P. adm. chr., D. 69.3.64]; — 19 mars 1868, Germain, [S. 69.2.93, P. adm. chr.]; — 8 août 1873, Barret, [Leb. chr., p. 754]; — 31 juill. 1874, Lepoissonnier, [D. 75.3.54]; — 5 avr. 1878, Rouzé, [Leb. chr., p. 368]; — 22 déc. 1882, d'Herbigny, [Leb. chr., p. 1069]; — 16 mai 1884,

Defourdrinay, [Leb. chr., p. 395]; — 5 nov. 1886, Bodeau, [Leb. chr., p. 766]; — 20 janv. 1888, Vagné, [Leb. chr., p. 53]

8377. — On doit considérer comme anciens règlements tous actes, émanant de l'autorité administrative, antérieurs à la loi du 14 flor. an XI. — Cons. d'Et., 1er juill. 1840. Raimbault, [Leb. chr., p. 190]; — 20 janv. 1843, précité; — 17 févr. 1848, précité; — 5 août 1854, précité.

8378. — Quant aux anciens usages, il faut, pour les établir, plus d'une opération de curage. — Cons. d'Et., 15 mai 1857, Robert, [Leb. chr., p. 406] — A défaut d'actes authentiques constatant leur existence, un assez grand nombre de précédents sont nécessaires.

8379. — Il n'est pas indispensable que l'ancien règlement ou l'ancien usage invoqué soit spécial au cours d'eau dont on projette le curage. Un règlement applicable à tous les cours d'eau d'une province, un usage suivi dans tout un département peuvent être invoqués. — Cons. d'Et., 9 déc. 1864, Bourbon, [Leb. chr., p. 973]; — 31 janv. 1891, Min. Agriculture, [Leb. chr., p. 76]

8380. — Quand il existe un ancien règlement, les intéressés ne peuvent se prévaloir de l'absence d'un règlement postérieur à la loi de l'an XI. — Cons. d'Et., 15 déc. 1853, précité.

8381. — Une convention intervenue entre particuliers au sujet de la répartition des frais du curage est un acte dont le préfet ne peut se prévaloir pour modifier les bases de répartition fixées par les anciens règlements. Le conseil de préfecture doit accorder décharge des taxes ainsi établies, mais il ne lui appartient pas d'aller plus loin et de déclarer que la convention n'a aucune force obligatoire. — Cons. d'Et., 19 mars 1868, précité.

8382. — Lorsqu'un usinier s'est obligé, en recevant le règlement de son usine, à curer la rivière dans l'étendue du fonds de son usine, il n'y a pas lieu d'examiner si l'ordonnance qui rappelle cette obligation est conforme ou non aux anciens règlements. — Cons. d'Et., 26 janv. 1870, Verdellet, [Leb. chr., p. 32]; — 7 mai 1880, Mauger, [Leb. chr., p. 438]

8383. — Lorsqu'au contraire, postérieurement à la loi de l'an XI, un décret en Conseil d'Etat a déterminé le mode de répartition des frais de curage, on ne peut plus appliquer les dispositions des anciens règlements ou usages. — Cons. d'Et., 20 juill. 1836, Tulasne, [S. 36.2.513, P. adm. chr.]; — 1er mars 1842, Paillot et de Lambel, [P. adm. chr.]; — 26 mai 1853, Assoc. des vidanges d'Arles, [P. adm. chr.]; — 18 nov. 1853, Watel, [Leb. chr., p. 932]; — 8 juill. 1881, Commune de Breuille-Vert, [Leb. chr., p. 677]

8384. — Avant les décrets de 1852, il avait été reconnu que les préfets pouvaient prescrire le curage des cours d'eau, pourvu que les dispositions de leurs arrêtés fussent conformes aux anciens règlements ou usages. Toutefois, leur pouvoir se bornait à prendre des arrêtés spéciaux pour chaque opération déterminée. — Cons. d'Et., 25 mars 1846, Contenot, [P. adm. chr.]; — 12 avr. 1866, Corbière, [S. 67.2.163, P. adm. chr. D. 67.3.81]

8385. — Les décrets du 25 mars 1852 et du 13 avr. 1861 étendirent les pouvoirs du préfet en lui donnant le droit, en cas d'existence d'anciens règlements ou usages, de faire des règlements généraux et permanents. — Cons. d'Et., 7 juin 1859, Roussel, [P. adm. chr., D. 61.3.33]; — 12 avr. 1866, précité; — 27 mai 1868, Rouyer, [Leb. chr., p. 580]; — 15 mai 1869, Griset, [Leb. chr., p. 483]; — 13 déc. 1872, Départem. d'Ille-et-Vilaine, [S. 74.2.221, P. adm. chr., D. 73.3.44]; — 24 déc. 1886, Romand, [Leb. chr., p. 927]; — 9 mars 1888, Gouthière, [Leb. chr., p. 238]

8386. — Sur ce point, les ministères de l'Intérieur et des Travaux publics se divisèrent encore. Le premier estimait que les préfets pouvaient modifier par des arrêtés permanents les anciens règlements ou usages (Circ. 5 mai 1852), et le Conseil d'Etat avait consacré cette manière de voir. — Cons. d'Et., 7 juin 1859, précité.

8387. — Mais il revint sur sa jurisprudence et un avis du 8 déc. 1859 exigea un décret pour modifier ces anciennes dispositions. — Cons. d'Et., 29 févr. 1860, précité.

8388. — Un préfet n'excède donc pas ses pouvoirs en appliquant les dispositions d'un ancien règlement, alors même que des dispositions nouvelles s'imposeraient. — Cons. d'Et., 2 févr. 1846, Troguin, [P. adm. chr.]; — 17 juill. 1867, Lacarrière, [Leb. chr., p. 654]

8389. — Ces pouvoirs seraient au contraire excédés, si en

présence d'un usage mettant les frais du curage à la charge des riverains, le préfet y assujettissait des propriétaires non riverains qui seraient intéressés aux travaux. — Cons. d'Et., 18 avr. 1860, Chauveau et Mathurin, [Leb. chr., p. 328]; — 5 mars 1863, Syndicat de l'Yvrette, [S. 63.2.120, P. adm. chr., D. 63.3.17]; — 8 août 1873, Barret, [Leb. chr., p. 754]

8390. — D'autre part, quand un ancien règlement a d pte comme base la longueur des rives, un propriétaire n'est pas fondé à soutenir que cette disposition ne doit pas être observée comme étant contraire au principe posé dans l'art. 2, L. 14 flor. an XI, à savoir que la taxe doit être proportionnelle au degré d'intérêt. — Cons. d'Et., 1er mars 1866, Berger, [Leb. chr., p. 197]

8391. — On trouve aussi fréquemment dans ces anciens règlements ou usages des dispositions qui mettent à la charge des usiniers une part des frais du curage plus importante que celle qui résulterait de leur intérêt aux travaux. — Cons. d'Et., 8 août 1888, Leclercq, [D. 89.5.188]; — 31 janv. 1869, Min. Agriculture, [Leb. chr., p. 76]

8392. — II. *Répartition en l'absence d'anciens règlements.* — A défaut d'anciens règlements ou d'usages locaux demeurés en vigueur, la contribution de chaque intéressé doit être proportionnée au degré d'intérêt qu'il a à l'exécution des travaux (L. 14 flor. an XI, art. 2).

8393. — En pareil cas, à qui appartient-il de prendre des dispositions réglementaires? Au chef de l'Etat, s'il s'agit d'un règlement permanent; au préfet, s'il s'agit d'une opération isolée de curage à ordonner. — Cons. d'Et., 12 avr. 1866, précité; 27 mai 1868, précité; — 15 mai 1869, précité.

8394. — Le principe de la proportionnalité des taxes au degré d'intérêt est absolu : les décrets eux-mêmes réglant d'une manière permanente le curage d'un cours d'eau ne peuvent pas y déroger. — Cons. d'Et., 12 juill. 1835, Garnier, [S. 56.2.251, P. adm. chr., D. 56.3.1]; — 22 déc. 1863, Audriot, [Leb. chr., p. 862] ; —12 juill. 1864, Desgrottes, [Leb. chr., p. 624]; — 20 août 1864, Bisson, [Leb. chr., p. 814]; — 22 mai 1865, Delaage, [Leb. chr., p. 574]; — 1er avr. 1868, Parnet, [Leb. chr., p. 362]; — 27 mai 1868, précité; — 8 nov. 1872, Michelot, [Leb. chr., p. 587]; — 28 juin 1878, Lerat de Magnitot, [D. 78.3.91]; — 24 nov. 1882, Boyenval, [D. 84.3.84]; — 13 juill. 1883, Vasse, [S. 85.3.44, P. adm. chr., D. 85.3.35]; — 10 juill. 1885, Min. Agriculture, [Leb. chr., p. 662]; — 10 juill. 1890, Champy, [S. et P. 92.3.130]; — 19 déc. 1891, Jeantelot, [Leb. chr., p. 782]

8395. — Pendant longtemps l'administration imposait aux usiniers dans leurs règlements d'eau une clause par laquelle ils s'obligeaient à curer la rivière dans toute l'amplitude du remous de l'usine, ce qui diminuait d'autant la part des riverains et autres intéressés, et faisait payer à l'usinier une part contributive supérieure à son degré d'intérêt. Le Conseil d'État en vint à reconnaître que cette clause était contraire au principe de l'art. 2 de la loi de l'an XI et la réputa non écrite, à moins qu'il ne fût établi que cette taxe était proportionnelle ou imposée en conformité d'un ancien règlement (V. *suprà*, n. 7078). — Cons. d'Et., 29 janv. 1857, Gutzeit, [S. 57.2.715, P. adm. chr.]; — 1er août 1838, Boysson d'Ecole, [P. adm. chr.]; — 7 juin 1859, Roussel, [P. adm. chr., D. 61.3.33]; — 5 déc. 1859, Même partie, [Leb. chr., p. 713]; — 16 août 1862, Lafforgue, [P. adm. chr.]; — 10 sept. 1864, de Lafferrière, [Leb. chr., p. 880]; — 24 févr. 1865, Damay, [S. 66.2.102, P. adm. chr.]; — 8 nov. 1872, précité; — 24 nov. 1882, précité; — 22 déc. 1882, d'Herbigny, [Leb. chr., p. 1069]; — 5 nov. 1886, Bodeau, [Leb. chr., p. 766]

8396. — A la suite de ces arrêts, le ministre des Travaux publics, par une circulaire du 24 avr. 1865, fit changer la formule de la clause relative au curage. « Toutes les fois que la nécessité en sera reconnue ou qu'ils en seront requis par l'autorité administrative, le permissionnaire ou son fermier seront tenus d'effectuer le curage à vif fond et à vieux bords du bief de la retenue, dans toute l'amplitude du remous, sauf l'application des règlements ou des usages locaux, et sauf le concours qui pourrait être réclamé des riverains, suivant l'intérêt que ceux-ci auraient à l'exécution du travail. »

8397. — D'après M. Picard (t. 2, p. 236), on ne doit pas condamner systématiquement les dispositions des règlements d'eau ou des règlements de curage qui font peser sur l'usinier la charge exclusive du curage dans toute l'étendue du remous, alors même que ces dispositions ne seraient fondées ni sur un

ancien règlement ni sur le principe de l'art. 2 de la loi de floréal an XI. Elles seront valables quand elles ne feront que constater un engagement librement consenti, ou reproduire une stipulation contenue dans un acte de vente nationale. — Cons. d'Et., 15 mars 1889, Perrin des Iles, [Leb. chr., p. 363]

8398. — La détermination du degré d'intérêt peut varier suivant les circonstances. Lorsqu'il s'agit de cours d'eau non sujets à des débordements, on peut prendre pour base la longueur des rives. — Cons. d'Et., 18 nov. 1853, Watel, [Leb. chr., p. 952]; — 27 févr. 1874, Tachet et Hardy, [Leb. chr., p. 203]

8399. — Si toutes les propriétés assujetties présentent les mêmes chances de submersion, on peut prendre pour base le revenu cadastral. Toutefois, cette base serait insuffisante en ce qui touche les établissements industriels installés sur le cours d'eau. Il faut alors cumuler la patente avec l'impôt foncier pour déterminer le degré d'intérêt des usiniers. — Cons. d'Et., 26 juill. 1866, Syndicat de la Petite-Aubette, [Leb. chr., p. 868]; — 20 févr. 1867, Syndicat de Saint-Hilaire, [Leb. chr., p. 183]

8400. — Même quand ces bases ont été adoptées, chaque propriétaire peut établir qu'elles ne sont pas proportionnelles à son degré d'intérêt dans les travaux. Ainsi un propriétaire dont les terres ont eu à souffrir des inondations est fondé à soutenir que le revenu cadastral est une base de répartition injuste à son égard. — Cons. d'Et., 12 juill. 1864, précité.

8401. — De même l'usinier, qui déverse ses eaux dans une rivière mais qui n'en retire aucun profit et ne s'en sert pas pour son usine, ne peut être imposé que comme riverain, c'est-à-dire d'après le revenu cadastral de sa propriété seulement, et non comme les usiniers d'après l'impôt foncier et la patente réunis. — Cons. d'Et., 20 févr. 1867, précité.

8402. — Les propriétaires riverains d'un canal de dérivation, qui sert d'émissaire à un cours d'eau, sont fondés à soutenir que le préfet n'a pu mettre entièrement à leur charge le curage de ce canal creusé dans l'intérêt des usiniers. — Cons. d'Et., 24 nov. 1876, Villedary, [Leb. chr., p. 833]

8403. — Il a été jugé également qu'un préfet excède ses pouvoirs en imposant à un usinier le curage total d'un canal adjoint au canal de l'usine, des fossés d'assainissement qui y aboutissent et l'entretien en bon état des berges de son canal. — Cons. d'Et., 13 juill. 1883, précité.

8404. — Le seul fait que des terrains ne sont pas au même niveau ne suffit pas pour qu'il en résulte une différence dans leur degré d'intérêt aux travaux. — Cons. d'Et., 28 mai 1868, Marais de l'Isac, [Leb. chr., p. 593]

8405. — Une commission syndicale peut prendre pour base du degré d'intérêt de chaque usinier, au lieu de la valeur locative des usines, leur position respective sur le cours d'eau et les avantages que procurera le curage à chacune d'elles. — Cons. d'Et., 17 nov. 1849, Léger de Champigny, [Leb. chr., p. 608]

8406. — Quand les taxes sont proportionnelles au degré d'intérêt que les propriétaires ont aux travaux, ceux-ci ne peuvent se plaindre que l'on n'ait pas observé les bases indiquées par le syndicat. — Cons. d'Et., 28 juin 1878, Le Rat de Magnitot, [D. 78.3.91]

8407. — Il n'appartient pas au conseil de préfecture, en l'absence d'un ancien règlement ou d'un usage local, de mettre le curage d'un ruisseau à la charge d'un usinier depuis les vannes de son usine jusqu'à un point déterminé; ce serait de sa part faire un règlement qu'il n'appartient qu'au gouvernement de faire. — Cons. d'Et., 27 mai 1810, Masson, [Leb. chr., p. 422]

8408. — Les arrêtés prescrivant le curage et fixant les bases de répartition ne font pas obstacle à ce que les intéressés soutiennent devant le conseil de préfecture que les taxes à eux imposées sont établies contrairement aux anciens règlements ou ne sont pas proportionnées à leur degré d'intérêt. — Cons. d'Et., 17 août 1866, Riverain du Petit-Odon, [Leb. chr., p. 1022]

8409. — D'une manière générale, le conseil de préfecture méconnaîtrait ses pouvoirs en refusant d'examiner si ces bases de répartition sont conformes à la loi. — Cons. d'Et., 26 janv. 1870, Verdellet, [Leb. chr., p. 32]; — 4 août 1876, Lhotte, [Leb. chr., p. 770]; — 13 mai 1881, Arrérat, [Leb. chr., p. 489]

6o Exécution des travaux.

8410. — Comment s'exécutent les travaux de curage? Nous avons dit qu'ils sont au nombre de ceux pour lesquels peuvent être constituées des associations syndicales autorisées. On s'est

demandé si, avant chaque curage, il serait nécessaire de provoquer la formation d'une association, conformément à la procédure indiquée par la loi du 21 juin 1865 et le décret du 9 mars 1894. M. Picard (t. 2, p. 188) distingue trois hypothèses : 1° celle où il s'agit d'une opération faite conformément aux anciens règlements ou aux usages locaux; 2° celle où il s'agit de travaux urgents; 3° celle où il s'agit de modifier les anciens règlements ou de faire pour la première fois un règlement de curage. Dans ce dernier cas, l'administration doit au préalable tenter de constituer une association autorisée; dans les deux autres, au contraire, elle peut appliquer immédiatement la loi du 14 flor. an XI.

8411. — Cette loi, combinée avec celle de 1807, donne à l'administration un double moyen pour faire procéder au curage : ou bien elle constituera une association forcée suivant les règles que nous avons indiquées au *Rép. gén. du dr. fr.*, v° *Association syndicale;* ou bien elle fera exécuter les travaux sous la direction de ses ingénieurs.

8412. — Quelles sont les formalités qui doivent précéder et accompagner les arrêtés ordonnant le curage? Il faut distinguer. Les arrêtés préfectoraux ordonnant un simple curage isolé, conformément aux anciens règlements ou en l'absence de ces anciens règlements, peuvent être rendus sans être précédés d'aucune enquête. — Cons. d'Et., 23 janv. 1864, Delauzon, [Leb. chr., p. 47]; — 9 déc. 1864, Bourbon, [P. adm. chr.]

8413. — Toutefois, si les anciens règlements ou les usages locaux prescrivaient une enquête ou la consultation des conseils municipaux, l'omission de ces formalités entacherait d'une irrégularité substantielle l'opération, et les intéressés pourraient obtenir décharge de la taxe. — Cons. d'Et., 4 mars 1858, Brion, [P. adm. chr. 1; — 23 janv. 1864, Picotteau, [Leb. chr., p. 49]; — 26 août 1865, Canal Alaric, [Leb. chr., p. 858]

8414. — S'agit-il d'arrêtés préfectoraux portant règlements permanents pour le curage d'un cours d'eau, l'administration prescrit à ses préfets de faire procéder à une enquête, qui a lieu dans les formes prescrites par la circulaire du 23 oct. 1851, relative aux règlements d'usines.

8415. — Veut-on substituer des dispositions nouvelles à celles des anciens règlements, il y a lieu de procéder au préalable à la procédure fixée par la loi de 1865 pour la création d'une association autorisée. En cas d'insuccès, les ingénieurs rédigent le projet de règlement d'administration publique. Le projet doit être soumis à une seconde enquête. — Av. Cons. d'Et. (Sect. Trav. publ.), 24 févr. 1880.

8416. — Il en est de même quand il s'agit d'un décret déclarant d'utilité publique des travaux d'amélioration. Il doit être procédé à une première enquête pour la formation d'une association, et à seconde enquête faite dans les formes de celles prévues par la loi du 3 mai 1841. — Av. Cons. d'Et. (Sect. Int.), 18 nov. 1872, Elarg. du Cosson.

8417. — Les projets de travaux sont dressés par les ingénieurs et soumis à l'approbation du préfet.

7° Du droit d'option conféré aux riverains.

8418. — A défaut de règlement ou d'usage contraire, les intéressés assujettis au curage d'un cours d'eau ont le droit d'opter entre l'exécution en nature des travaux ou le paiement en argent du montant de la dépense. Le travail ne peut donc, en principe, être exécuté d'office à leurs frais sans qu'ils aient au préalable été mis en demeure de faire valoir leur droit d'option. — Cons. d'Et. 18 janv. 1851, Durand, [P. adm. chr., D. 31.3. 42]; — 6 mars 1869, Jacquemet, [S. 70.2.132, P. adm. chr.]; — 6 août 1870, Commune d'Orange, [Leb. chr., p. 1034]; — 27 févr. 1874, Tachet, [Leb. chr., p. 203]; — 7 août 1874, Laburthe, [S. 76.2.220, P. adm. chr.]

8419. — L'administration ne serait pas fondée à priver les assujettis de ce droit sous prétexte d'assurer une meilleure exécution des travaux et en alléguant l'impossibilité de laisser effectuer les travaux par chaque riverain. — Cons. d'Et., 28 mai 1864, Marais de l'Isac, [Leb. chr., p. 593]

8420. — La faculté d'exécuter les travaux en nature n'appartient pas à tous les intéressés, mais seulement aux riverains. — Cons. d'Et., 18 nov. 1853, Watel, [Leb. chr., p. 952]

8421. — Quelquefois, d'après les anciens règlements, il peut être procédé d'office au curage, aussitôt après l'expiration du délai imparti aux intéressés pour exécuter les travaux et sans mise en demeure préalable. — Cons. d'Et., 13 févr. 1885, Le-

breton, [D. 86.3.90]; — 24 déc. 1886, Romand, [Leb. chr., p. 927]

8422. — Au reste, aucune forme sacramentelle n'est édictée pour la mise en demeure. Elle résulte souvent de la publication et de l'affichage de l'arrêté prescrivant le curage. La jurisprudence n'exige pas à peine de nullité une notification individuelle. — Cons. d'Et., 18 déc. 1848, Fabre de Rieunègre, [P. adm. chr.]; — 24 déc. 1886, précité; — 11 févr. 1887, Beau, [S. 88.3. 58, P. adm. chr., D. 88.3.67]; — 22 nov. 1889, Briau, [Leb. chr., p. 1058]; — 26 févr. 1892, Sainturat, [Leb. chr., p. 202]; — 14 mai 1892, Faye de Pontis, [D. 93.3.235]

8423. — On peut même se dispenser de la publication de l'arrêté de curage quand elle n'est pas prescrite par les règlements. — Cons. d'Et., 13 févr. 1885, précité.

8424. — Certains règlements spéciaux exigent au contraire une notification individuelle à chaque intéressé. — Cons. d'Et., 27 mai 1868, Rouyer, [Leb. chr., p. 580]

8425. — En général, il est donné aux intéressés un délai de dix jours pour faire connaître leur option. Quelquefois le règlement y ajoute un second délai pour l'exécution des travaux.

8426. — En cas de silence des intéressés pendant le délai d'option dans le premier cas, à l'expiration du délai d'exécution dans le second, l'administration a le droit de faire exécuter les travaux en régie aux frais des intéressés. — Cons. d'Et., 18 avr. 1860, Chauveau, [Leb. chr., p. 329]; — 26 mai 1864, Pelleterat de Bordes, [Leb. chr., p. 509]; — 17 juin 1868, Bergeron, [Leb. chr., p. 681]; — 14 mai 1870, Gromand, [Leb. chr., p. 593]; — 30 juin 1876, Reynaud, [Leb. chr., p. 621]; — 9 mai 1884, de Calonne, [D. 85.5.165]; — 6 févr. 1885, Pesez, [D. 85 5.165]; — 22 juin 1888, Michau, [Leb. chr., p. 556]; — 14 mai 1892, précité.

8427. — L'administration peut également faire exécuter d'office, à l'expiration du délai d'exécution, la partie des travaux qui ne serait pas achevée. Elle peut faire refaire celle qui serait mal exécutée. — Cons. d'Et., 13 févr. 1885, précité; — 9 nov. 1888, Lampsin, [Leb. chr., p. 806]

8428. — Un riverain qui, en présence d'un arrêté ordonnant le curage, se borne à opérer un faucardement, n'exécute pas complètement le travail qui lui incombe. — Cons. d'Et., 16 déc. 1893, Hémery, [Leb. chr., p. 851]

8429. — A l'expiration du délai d'exécution, les ingénieurs procèdent en général au récolement des travaux pour déterminer ce qui *reste à exécuter* et ce qui peut être accepté. D'ordinaire, cette opération se fait contradictoirement avec les intéressés. Le travail effectué est évalué en argent et on le déduit de la part contributive de chaque contribuable.

8430. — L'inobservation de cette formalité est-elle une cause de nullité de l'exécution d'office? Il semble qu'il ne puisse en être autrement. — Cons. d'Et., 14 mai 1892, Furon, [D. 93.5. 235]; — 2 févr. 1894, Robert, [Leb. chr., p. 94] — Il a été cependant décidé que les riverains étaient sans intérêt à se prévaloir de cette irrégularité quand ils n'établissaient pas en même temps qu'ils étaient surtaxés. — Cons. d'Et., 9 mars 1888, Ruelle, [Leb. chr., p. 238]

8431. — En tous cas, il n'est pas nécessaire que cette opération soit contradictoire. — Cons. d'Et., 14 mai 1892, précité.

8432. — En cas d'exécution défectueuse des travaux, il y a lieu de mettre à la charge de l'intéressé les frais de vérification de ces travaux par les ingénieurs. — Cons. d'Et., 14 mai 1870, précité.

8433. — Quand le curage a été exécuté d'office avant que le préfet en eût donné l'ordre et ce contrairement aux dispositions du règlement, décharge doit être accordée. — Cons. d'Et., 20 juill. 1894, Toulet, [Leb. chr., p. 488] — Mais quand l'insuffisance des travaux exécutés par les riverains a été régulièrement constatée, il peut être procédé à l'exécution d'office sans mise en demeure préalable au riverain. — Cons. d'Et., 16 déc. 1893, Hémery, [Leb. chr., p. 851]

8434. — En l'absence d'une disposition réglementaire formelle, le curage d'office peut être entrepris sans qu'il ait été dressé un procès-verbal de contravention contre les riverains qui n'ont pas exécuté complètement les travaux à leur charge. — Cons. d'Et., 9 nov. 1888, précité.

8435. — Si le riverain soutient avoir exécuté la totalité des travaux à sa charge et ne s'être arrêté qu'à la limite de sa propriété, l'administration ne peut faire exécuter d'office la partie qu'elle considère comme inachevée avant que les tribunaux com-

pétents se soient prononcés sur la question des limites du cours d'eau. — Cons. d'Et., 7 janv. 1864, Commune de Saulmory, [P. adm. chr., D. 66.3.148]

8436. — Il peut également y avoir lieu, tout en maintenant le principe de l'imposition d'office, de renvoyer devant le conseil de préfecture pour évaluer le montant de la taxe. — Cons. d'Et., 25 mars 1881, Gréel, [Leb. chr., p. 337]

8437. — Lorsque les riverains, par suite de leur refus d'exécuter eux-mêmes les travaux à leur charge, les ont laissé effectuer par l'administration, ils ne sont pas recevables à discuter par la voie contentieuse le montant des dépenses ainsi réclamé, ni les conditions des marchés passés par l'administration avec ses entrepreneurs. — Cons. d'Et, 26 janv. 1870, Verdellet, [Leb. chr., p. 32]; — 12 mai 1882, Aubineau, [S. 84.3.36, P. adm. chr. D. 83.3.104]; — 16 juin 1882, Ferlat, [Leb. chr., p. 577]; — 13 févr. 1885, Lebreton, [D. 86.3.90]; — 11 nov. 1892, Lefebvre, [Leb. chr., p. 745]; — 16 déc. 1893, Hémery, [Leb. chr., p. 851]

8° Recouvrement des taxes.

8438. — Aussitôt après l'approbation des projets de curage, le syndicat, la commission exécutive ou l'administration, dresse l'état général des intéressés en indiquant le montant de la somme due par chacun. Cet état est soumis à une enquête de quinze jours. Il est ensuite soumis à l'approbation du préfet. Les rôles sont ensuite dressés. La date de publication de la liste des intéressés n'entraînerait pas la nullité du rôle. — Cons. d'Et., 22 mai 1863, Delaage, [Leb. chr., p. 574]

8439. — Il y a lieu de distinguer entre des irrégularités sans conséquence et les irrégularités substantielles. Celles-ci doivent entraîner décharge des taxes pour les intéressés. On a considéré comme viciant le rôle le fait qu'il avait été dressé par deux commissaires au lieu de trois. — Cons. d'Et., 21 mai 1880, Grandjean, [Leb. chr., p. 474]

8440. — Les rôles de répartition dressés par le sous-préfet sont réguliers s'ils ont été ensuite approuvés et rendus exécutoires par le préfet. — Cons. d'Et., 14 mai 1852, Martel, [P. adm. chr.]

8441. — Les contribuables qui allèguent que leurs noms ont été ajoutés sur le rôle après son approbation par le préfet sont tenus de justifier leur assertion. — Cons. d'Et., 9 févr. 1860, Haffen, [Leb. chr., p. 107]

8442. — Quand un rôle se trouve entaché de vice de formes, l'administration est autorisée à en émettre un nouveau. — Cons. d'Et., 21 mai 1880, précité.

8443. — Il en serait autrement si la décharge avait été accordée à un des contribuables par un arrêté passé en force de chose jugée. — Cons. d'Et., 28 nov. 1884, Martin du Gard, [Leb. chr., p. 840]

8444. — De même, le préfet ne peut se prévaloir de ce qu'une erreur aurait été commise dans l'assiette d'une taxe pour annuler ce rôle et lui en substituer un nouveau. — Cons. d'Et., 17 déc. 1892, Syndicat de Beycheville, [D. 94.5.217]

8445. — Les conseils de préfecture ne peuvent se dérober à l'obligation d'apprécier la répartition des dépenses d'un curage, par le motif qu'il ne leur appartiendrait pas de réformer un rôle. — Cons. d'Et., 26 avr. 1844, David de Penanbrun, [Leb. chr., p. 253]

8446. — Aucune compensation n'est admise entre les taxes de curage dont les riverains sont passibles et des sommes dont ils pourraient être créanciers à l'égard de l'administration, telles qu'une indemnité pour dépossession de parcelles enlevées par le curage même. — Cons. d'Et., 25 févr. 1867, Vern, [S. 68.2. 30, P. adm. chr.]

8447. — De même, si le propriétaire a, postérieurement au curage, effectué des travaux utiles, il n'en est pas moins tenu d'acquitter les taxes. — Cons. d'Et., 23 févr. 1877, Roca, [S. 79.2.91, P. adm. chr.]

8448. — Les taxes de curage constituant un impôt de répartition, le riverain qui se plaint de ce que des omissions auraient été commises, a droit d'obtenir une réduction. — Cons. d'Et., 1er mars 1826, Méat-Dufourneau, [P. adm. chr.]

8449. — Il doit être tenu compte, dans la fixation du montant de la taxe, des travaux supplémentaires rendus nécessaires par les dégradations provenant de l'opposition faite au curage par un riverain. — Cons. d'Et., 1er déc. 1882, Reynaud, [Leb. chr., p. 971] — Celui-ci doit supporter, outre sa part contributive, ce supplément.

8450. — Quand, par suite de l'inexécution du curage par certains riverains, un nouveau curage est devenu nécessaire sur une autre partie de la rivière, les riverains de cet endroit sont recevables à se plaindre de l'inaction de leurs associés pour refuser de contribuer à cette nouvelle dépense. — Cons. d'Et., 20 janv. 1843, Bourmizien, [Leb. chr., p. 29]

8451. — Toutefois, des riverains ne sont pas fondés à demander décharge par le motif que le déversement des eaux d'égout dans un cours d'eau augmenterait les frais du curage. Ils ne peuvent que former une action en indemnité contre la ville, auteur du dommage. — Cons. d'Et., 6 juill. 1888, Ernous, [S. 90.3.45, P. adm. chr., D. 89.3.108]

§ 2. Taxes pour travaux d'endiguement.

1° Généralités.

8452. — L'endiguement a pour objet de protéger les propriétés riveraines des cours d'eau ou de la mer contre les inondations. A la différence des lois sur le curage, qui ne s'appliquent qu'aux cours d'eau non navigables, les lois sur l'endiguement concernent les travaux contre la mer, contre les rivières navigables ou non navigables, contre les torrents.

8453. — Lorsqu'il s'agira de construire des digues à la mer ou contre les fleuves, rivières et torrents navigables ou non navigables, la nécessité en sera constatée par le gouvernement et les dépenses supportées par les propriétés protégées dans la proportion de leur intérêt aux travaux, sauf le cas où le gouvernement croirait utile et juste d'accorder des secours sur les fonds publics (L. 16 sept. 1807, art. 33).

8454. — Auparavant déjà la loi du 14 flor. an XI avait disposé qu'il serait procédé à l'entretien des digues et ouvrages d'art qui y correspondent, de la manière prescrite par les anciens règlements, ou d'après les usages locaux, ou encore d'après des dispositions nouvelles en vertu de règlements d'administration publique. Dans ce dernier cas, la quotité de la contribution de chaque imposé devait toujours être relative au degré d'intérêt qu'il aurait aux travaux qui devraient s'effectuer.

8455. — La loi de l'an XI ne s'appliquant qu'aux cours d'eau non navigables ni flottables, l'art. 34, L. 16 sept. 1807, dispose que lorsqu'il y aura lieu de pourvoir aux dépenses d'entretien ou de réparation des travaux d'endiguement, il sera fait des règlements d'administration publique qui fixeront la part contributive du gouvernement et des propriétaires.

8456. — Dans les Hautes et Basses-Alpes la législation de l'endiguement est soumise à des règles spéciales contenues dans le décret du 4 therm. an XIII et du 16 sept. 1806 qui sont encore en vigueur. — Cons. d'Et., 4 avr. 1862, de Brunet, [Leb. chr., p. 285]; — 5 févr. 1867, de Brunet, [Leb. chr., p. 139]; — 20 févr. 1868, Piolle, [Leb. chr., p. 190]; — 6 janv. 1869, Eyglument, [Leb. chr., p. 10]; — 13 mai 1869, Syndicat des digues de Saint-Clément, [Leb. chr., p. 467]; — 18 juill. 1872, Eyglument, [Leb. chr., p. 430]

8457. — La loi du 28 mai 1858, dont nous avons déjà exposé les dispositions, a prescrit des règles particulières pour les travaux d'endiguement destinés à mettre les villes à l'abri des inondations.

8458. — Enfin, toute la législation relative aux associations syndicales s'applique à ces travaux.

8459. — Comment et par qui ces travaux sont-ils exécutés? Le préfet provoque la constitution d'une association autorisée, conformément à l'art. 9, L. 21 juin 1865. En cas d'insuccès, on applique les dispositions des lois de l'an XI et de 1807. Il faut qu'il intervienne un décret déclarant l'utilité publique des travaux et constituant les intéressés en association forcée. Ce décret est rendu après une enquête qui est faite dans les formes prescrites par la circulaire du 23 oct. 1851, s'il ne doit y avoir aucune expropriation, et dans les formes prescrites par les ordonnances de 1834 et 1835 si des expropriations sont nécessaires. L'Etat n'exécute directement, sauf recours contre les intéressés, que les travaux prévus par la loi du 28 mai 1858.

8460. — Les préfets et les ministres excéderaient leurs pouvoirs en établissant des taxes pour l'entretien ou la conservation des ouvrages. — Cons. d'Et., 23 août 1843, Arrosants de la Crau, [S. 44.2.44, P. adm. chr.]; — 12 mai 1882, Théry, [Leb. chr., p. 465]

8461. — Mais on ne peut soutenir que ces taxes soient illé-

gales par le motif qu'elles n'ont pas été établies par une loi. Elles sont recouvrées en vertu des pouvoirs conférés au gouvernement par la loi du 16 sept. 1807, et chaque année la loi de finances, en comprenant ces taxes dans les tableaux annexes, confirme cette délégation et autorise la mise en recouvrement des rôles. — Cons. d'Ét., 23 juin 1833, Hairault et autres, [P. adm. chr.]

2° Qui est imposable.

8462. — En principe toutes les propriétés appelées à profiter des travaux sont tenues de contribuer aux dépenses de construction ou d'entretien. Ce n'est pas là une obligation à laquelle les propriétaires puissent se soustraire par le délaissement. On conçoit qu'un propriétaire, pour échapper au paiement des taxes, ne puisse se prévaloir de conventions qu'il aurait passées avec son vendeur et d'après lesquelles il aurait acquis sa propriété franche et quitte de toutes charges relativement à l'endiguement. Il doit commencer par payer les taxes, sauf à exercer, devant l'autorité judiciaire, tel recours que de droit. — Cons. d'Ét., 21 juin 1890, Gibert, [Leb. chr., p. 605]

8463. — Tous ceux qui ont aux travaux un intérêt direct doivent acquitter les taxes, qu'il s'agisse de riverains, d'usiniers, ou, dans certaines régions, de marchands de bois. — Cons. d'Ét., 7 avr. 1819, Gallien et Romers, [P. adm. chr.]; — 12 mai 1819, Bardet, [P. adm. chr.]; — 10 janv. 1821, Delard-Buscou, [P. adm. chr.]; — 23 avr. 1823, Rabeau et autres, [P. adm. chr.]

8464. — Les usiniers notamment sont tenus tant que la force motrice qui sert à alimenter leur usine est susceptible d'être utilisée. — Cons. d'Ét., 8 févr. 1890, Ravelet, [D. 91.3.78]

8465. — Les biens du domaine public, tels que les routes et chemins, profitant tout comme les autres propriétés de la protection des digues, l'État, les départements ou les communes à qui ils appartiennent sont tenus de contribuer aux dépenses de construction et d'entretien.

8466. — Les compagnies de chemins de fer sont tenues de participer à ces dépenses pour la voie ferrée et ses dépendances. Si la voie ferrée n'est que traversée par les cours d'eau contre lesquels est exécuté l'endiguement, elles ne sont imposables que pour les portions de voie traversées. — Cons. d'Ét., 19 janv. 1885, Cie P.-L.-M., [Leb. chr., p. 596]

8467. — Mais elles ne peuvent être taxées pour les rampes d'accès conduisant aux passages à niveau ni pour les avenues des gares remises aux communes. — Cons. d'Ét., 2 mai 1873, Cie P.-L.-M., [Leb. chr., p. 364]; — 20 juin 1873, Cie P.-L.-M., [Leb. chr., p. 563]; — 1er août 1873, Cie P.-L.-M., [Leb. chr., p. 704]; — 12 mars 1875, précité.

8468. — Un concessionnaire de pont à péage, tenu, aux termes de son cahier des charges, de la construction, de la réparation et de la reconstruction, ne peut se fonder sur ce qu'il n'est que le concessionnaire des produits d'une propriété publique pour prétendre qu'il n'est pas tenu de contribuer aux travaux de défense. — Cons. d'Ét., 9 mai 1866, Messié, [Leb. chr., p. 455]

8469. — Des associations syndicales même peuvent être tenues de participer aux dépenses d'association d'une autre nature. Ainsi une association de dessèchement, dont les canaux sont compris dans le périmètre d'une association d'endiguement, doit contribuer aux dépenses de cette dernière. — Cons. d'Ét., 6 déc. 1860, Syndicat des vidanges d'Arles, [P. adm. chr.]

8470. — De même, le concessionnaire d'un canal d'irrigation peut intéresse à raison de ce canal, selon la mesure de son intérêt. — Cons. d'Ét., 18 août 1857, Œuvre du canal de Crapoune, [P. adm. chr.]

8471. — Pour pouvoir être assujetti aux taxes, il faut avoir un intérêt direct aux travaux. Lorsqu'un syndicat est formé, on détermine le périmètre dans lequel s'exercera son action. En ce cas, tout ce qui reste en dehors de ce périmètre n'est pas imposable. Ainsi, des travaux qui protégeraient les terrains contre le débordement d'une rivière non comprise dans la sphère d'action de l'association, ne peuvent donner lieu à l'établissement d'aucune taxe. — Cons. d'Ét., 25 juin 1880, Consorts Beauregard et autres, [Leb. chr., p. 603]

8472. — Le périmètre est, en général, déterminé par la baisse des eaux lors des plus grandes crues. — Cons. d'Ét., 4 mai 1894, Hedortier, [Leb. chr., p. 309]

8473. — Lorsque le périmètre n'a pas été fixé d'avance, on ne peut imposer que les propriétaires dont les terres profiteront des travaux et dans la mesure où elles en profiteront. Ainsi, celui

dont la propriété n'est protégée que pour partie ne peut être taxé à raison de la contenance totale. — Cons. d'Ét., 19 nov. 1880, Linnas, [Leb. chr., p. 903]

8474. — Spécialement, les propriétaires intéressés à l'endiguement de la partie supérieure d'un cours d'eau doivent obtenir décharge des taxes établies pour l'endiguement de la partie inférieure, qui leur est inutile. — Cons. d'Ét., 4 juill. 1868, Simler, [Leb. chr., p. 776]

8475. — Si une partie du périmètre reste submergée, il n'appartient qu'à l'administration supérieure de modifier ce périmètre. — Cons. d'Ét., 4 août 1894, Reynaud de Labarèze, [Leb. chr., p. 543]

8476. — Jugé également que, quand des parcelles de terrain ont été emportées par la rivière, décharge de la taxe imposée à raison de ces parcelles doit être accordée. — Cons. d'Ét., 19 mars 1886, Cinquième syndicat de la Durance, [Leb. chr., p. 259]

8477. — Les parcelles occupées par les travaux de défense ne doivent pas être comprises dans les terrains imposables. — Cons. d'Ét., 16 févr. 1894, de Florans, [Leb. chr., p. 138]

8478. — Lorsque l'instruction n'établit pas suffisamment l'intérêt que les terrains peuvent avoir aux travaux, décharge doit être accordée. — Cons. d'Ét., 5 janv. 1854, Digues de Saint-Fromont, [Leb. chr., p. 10]

3° Répartition des dépenses.

8479. — L'art. 33, L. 16 sept. 1807, dispose que la répartition des dépenses se fait proportionnellement au degré d'intérêt, et l'art. 34 ajoute que cette répartition aura lieu dans les formes indiquées pour le dessèchement des marais. Cependant, toutes les opérations prescrites par les art. 7 à 14 de la loi de 1807 ne sont pas indispensables quand il s'agit de travaux d'endiguement. Ainsi la double classification et la double estimation des terrains prescrites pour les travaux de dessèchement ne sont pas obligatoires. — Cons. d'Ét., 21 mai 1892, Vrignonneau et autres, [S. et P. 94.3.42, D. 93.3.93]

8480. — Une seule de ces opérations suffit, mais elle est nécessaire. Il faut toujours un classement et une estimation des terrains. Les propriétés appelées à profiter des travaux sont divisées en classes. Chaque classe constitue une zone de danger. On range dans chaque zone tous les terrains qui sont exposés à des chances égales de détérioration. Il n'y a pas lieu d'évaluer chaque parcelle séparément. On peut appliquer à tous les terrains d'une même classe le même coefficient, dit coefficient de danger. — Cons. d'Ét., 13 mai 1881, Syndicat des Molières, du Mollenel de Saint-Valéry, [Leb. chr., p. 486]; — 15 janv. 1885, Arnaud et autres, [Leb. chr., p. 39]; — 21 mai 1892, précité.

8481. — Lorsque le degré d'intérêt est fixé au moyen de deux coefficients de danger et de valeur, il faut tenir compte non seulement du danger d'inondation, mais encore de celui de corrosion. — Cons. d'Ét., 18 janv. 1878, Cie P.-L.-M., [Leb. chr., p. 60]

8482. — Il semble que le Conseil d'État exige que les terrains soient divisés en cinq classes au moins et dix au plus, comme lorsqu'il s'agit de travaux de dessèchement. — Cons. d'Ét., 29 déc. 1859, Cie P.-L.-M., [P. adm. chr.]; — 5 févr. 1862, Association de Valensole, [Leb. chr., p. 139]; — 7 sept. 1860, Cie P.-L.-M., [Leb. chr., p. 850]; — 13 mai 1881, précité.

8483. — Le projet de classement doit faire l'objet d'une expertise préalable. Il y est procédé par un expert désigné par le syndicat. — Cons. d'Ét., 2 déc. 1858, de Lamure et autres, [P. adm. chr.]; — 22 mai 1862, Meynieu et autres, [P. adm. chr.]; — 8 févr. 1864, Digues de la Baudissière, [Leb. chr., p. 98]; — 5 févr. 1867, précité.

8484. — Le périmètre une fois divisé en zones de danger, il s'agit d'estimer les immeubles compris dans chacune d'elles. Cette opération a pour objet de déterminer un coefficient de valeur qui, combiné avec le coefficient de danger, donne la mesure de l'intérêt du propriétaire aux travaux et la base du calcul de sa part contributive. — Picard, t. 2, p. 331.

8485. — L'estimation des terrains peut être faite d'après leur valeur vénale. — Cons. d'Ét., 10 déc. 1846, Roubin et consorts, [Leb. chr., p. 547]; — 18 janv. 1878, Cie P.-L.-M., [Leb. chr., p. 60]; — 15 janv. 1886, précité.

8486. — Quelquefois on prend pour base le revenu net. — Cons. d'Ét., 11 mai 1854, de Cambis, [P. adm. chr.]

8487. — D'autres fois on accepte le revenu cadastral. — Cons. d'Et., 11 mai 1854, précité.

8488. — Quand une ordonnance constitutive d'un syndicat dispose que tous les terrains compris dans le périmètre devront concourir dans la proportion de leur intérêt, le propriétaire d'un terrain nu est fondé à soutenir qu'en fixant sa part contributive, en prenant uniquement pour base la contenance de sa propriété, on a méconnu les dispositions de l'ordonnance. — Cons. d'Et., 8 avr. 1868, Féraud, [Leb. chr., p. 387]

8489. — On peut aussi prendre pour base de l'intérêt que des terrains ont aux travaux d'endiguement les avantages qu'ils retireront dans l'avenir de ces travaux. — Cons. d'Et., 29 janv. 1857, Ravanas, [P. adm. chr., D. 57.3.62]; — 18 août 1857, de Florans, [Leb. chr., p. 652]

8490. — On doit toujours estimer et taxer les constructions au même titre que les terrains. On ne peut interpréter l'art. 13, L. 16 sept. 1807, d'après lequel on doit procéder à l'estimation de chaque classe sans procéder à une évaluation détaillée pour chaque propriété, comme contenant une exemption pour les propriétés bâties. — Cons. d'Et., 10 avr. 1869, de Baciocchi, [S. 70. 2.130, P. adm. chr.]

8491. — Les terrains du domaine public soumis aux taxes doivent être imposés, comme les autres, à raison du danger qui les menace, sans qu'il puisse être tenu compte, en ce qui touche, du dommage général qui résulterait pour le public de l'interruption des communications. — Cons. d'Et., 11 mai 1854, Départ. du Gard, [S. 54.2.632, P. adm. chr., D. 54.5.70-71]; — 12 mars 1875, C¹ᵉ P.-L.-M., [Leb. chr., p. 249]; — 30 juill. 1875, Même partie, [Leb. chr., p. 744]; — 19 juin 1885, Même partie, [Leb. chr., p. 596]

8492. — Une association de desséchement, dont les canaux sont compris dans le périmètre d'une association d'endiguement, doit être imposée à raison des dangers d'inondation que courraient ces canaux si les digues n'existaient pas, et non d'après la plus-value que ces canaux procurent aux terrains desséchés. — Cons. d'Et., 6 déc. 1864, Syndicat des vidanges d'Arles, [P. adm. chr.]

8493. — Pour déterminer les bases de la cotisation d'une compagnie de chemins de fer, il faut apprécier la valeur des terrains occupés par le chemin de fer dans le périmètre de l'association et le degré d'intérêt du concessionnaire à l'exécution et à la conservation des travaux. — Cons. d'Et., 23 juin 1864, Syndicat de Picque-Pierre, [Leb. chr., p. 588]

8494. — Les intéressés peuvent former des demandes tendant à ce que leur coefficient soit abaissé et celui des autres classes relevé. — Cons. d'Et., 18 janv. 1878, C¹ᵉ P.-L.-M., [Leb. chr., p. 60]

8495. — La répartition des dépenses doit être faite d'après l'intérêt général de chaque associé dans l'association et non d'après l'intérêt qu'il peut avoir à tel ou tel ouvrage pris en particulier. — Cons. d'Et., 20 avr. 1883, Grégoire et autres, [D. 84. 3.125]

8496. — Le coefficient de valeur doit rester invariable, alors même que les propriétaires changeraient la nature ou l'affectation de leurs terres. Le classement une fois fait est une opération définitive. Il constitue comme un cadastre spécial auquel on applique les principes de la fixité des évaluations. — Cons. d'Et., 24 janv. 1861, C¹ᵉ P.-L.-M., [P. adm. chr., D. 61.3.38]; — 22 déc. 1884, Syndicat de la rive droite du Drac, [S. 84.3.72, P. adm. chr.]; — 1ᵉʳ juin 1883, Même partie, [Leb. chr., p. 508]

8497. — Mais celui qui se trouve classé dans une catégorie supérieure à l'intérêt qu'il a aux travaux est fondé à demander réduction. Il l'obtiendra en démontrant que sa taxe n'est pas établie dans une juste proportion avec celles réclamées aux autres contribuables. — Cons. d'Et., 15 déc. 1876, Le Conte, [Leb. chr., p. 898]; — 2 mars 1883, Dumas, [Leb. chr., p. 234]

8498. — Toutes les réclamations dirigées contre le classement doivent être portées devant le conseil de préfecture, qu'elles soient dirigées contre les opérations mêmes du classement ou contre l'application qui en est faite à chacun des propriétaires. — Cons. d'Et., 15 janv. 1886, Arnaud, [Leb. chr., p. 39]

8499. — C'est à la juridiction administrative qu'il appartient d'apprécier si les terrains imposés comme terrains destinés à l'agriculture doivent être considérés comme terrains industriels et réciproquement. — Cons. d'Et., 24 janv. 1861, précité.

8500. — Elle est appelée à vérifier s'il a été tenu un compte exact de l'intérêt des propriétaires compris dans le périmètre, du degré d'utilité que les travaux présentaient pour chacun d'eux, de la valeur imposable de leurs propriétés. — Cons. d'Et., 16 déc. 1835, Cuynat, [P. adm. chr.]; — 2 mai et 20 juin 1873, C¹ᵉ P.-L.-M., [Leb. chr., p. 366 et 563]; — 1ᵉʳ août 1873, Même partie, [Leb. chr., p. 704]; — 8 août 1873, Itier et consorts, [Leb. chr., p. 755]; — 22 déc. 1876, Mouthet-Thoré, [Leb. chr., p. 930]; — 15 nov. 1878, Min. Finances, [Leb. chr., p. 893]; — 29 juill. 1891, Guillot de Suduirault, [Leb. chr., p. 755]; — 29 juin 1883, Syndicat supérieur de la rive gauche de l'Isère, [P. adm. chr.]

8501. — Elle peut, si elle juge les réclamations fondées, opérer elle-même le déclassement d'une propriété. — Cons. d'Et., 1ᵉʳ juill. 1839, Gay, [Leb. chr., p. 381] — Il faut toutefois que les réclamations soient présentées dans le délai où le classement peut être attaqué. Passé ce délai, les modifications n'y pourraient être apportées que par décret en Conseil d'Etat sous forme d'une révision du classement.

8502. — Il n'appartiendrait pas à la juridiction administrative d'apprécier des conventions privées dont se prévaudrait un propriétaire pour se dispenser de payer les taxes. — Cons. d'Et., 14 mars 1873, Hugues, [S. 75.2.86, P. adm. chr., D. 73.3.82]; — 26 juill. 1889, Syndicat de Cadenet, [D. 91.3.20]

8503. — Elle n'a pas à s'occuper non plus de ce qui rentre dans les questions d'opportunité des dépenses; c'est au syndicat sous la surveillance du préfet qu'il appartient d'ordonner les travaux, de dresser les rôles, en un mot d'administrer l'association. Le conseil de préfecture ne peut se substituer à eux. — Cons. d'Et., 27 juin 1873, Boivin, [S. 75.2.185, P. adm. chr.]; — 15 déc. 1876, précité; — 16 févr. 1894, Hostein, [Leb. chr., p. 138]

8504. — Un intéressé ne peut se dispenser d'acquitter sa quote-part en se prévalant de ce que la dépense que les taxes sont destinées à couvrir ont déjà été acquittées au moyen d'un emprunt. — Cons. d'Et., 15 déc. 1876, précité.

8505. — L'inexécution des travaux d'endiguement peut entraîner décharge, mais non condamnation du syndicat à des dommages-intérêts. — Cons. d'Et., 16 févr. 1894, précité. — Toutefois, il faut, pour que décharge soit due, que l'inexécution des travaux soit définitive. Le fait que des travaux de défense ne seront exécutés que plus tard ne permet pas au propriétaire victime de cet ajournement de demander décharge. — Cons. d'Et., 5 mai 1894, Raby, [Leb. chr., p. 335]

§ 3. *Taxe pour travaux de desséchement des marais.*

1º *Généralités.*

8506. — De tout temps il a été reconnu que les marais étaient une cause d'insalubrité à raison des miasmes délétères qu'ils répandent dans leurs environs. De plus ils soustraient à la culture de vastes étendues de terrains. Aussi, depuis longtemps, les communautés et l'administration se sont-elles préoccupées de chercher les moyens de supprimer les marais en encourageant et favorisant les travaux de desséchement. Un édit du 8 avr. 1599 avait concédé au sieur Bradley l'entreprise générale des desséchements de tous les marais de France.

8507. — Un édit de janvier 1607 donne aux concessionnaires lorsqu'ils se sont entendus avec la majorité des propriétaires de marais, le droit de faire vendre la part de la minorité. Un arrêt du Conseil de 1611 crée les indemnités de plus-value payées aux concessionnaires par les propriétaires à qui les travaux profitent. Deux déclarations de 1613 règlent les conditions de majorité nécessaires pour pouvoir user du droit de coercition contre la minorité.

8508. — Un édit du 14 juin 1764 restitue aux propriétaires de marais la pleine jouissance de leurs droits et leur laisse le privilège exclusif d'entreprendre le desséchement de leurs marais.

8509. — La loi du 5 janv. 1791 charge les directoires de département de décider des desséchements qui leur paraîtraient nécessaires. Les propriétaires étaient mis en demeure de déclarer dans un délai de six mois s'ils entendaient procéder eux-mêmes aux travaux. En cas de refus ou de silence de leur part, ils étaient expropriés.

8510. — La loi du 3 frim. an VII encouragea les desséchements des marais par un dégrèvement d'impôt foncier.

8511. — Enfin, intervient la loi du 16 sept. 1807 qui est la

loi fondamentale en cette matière. Depuis cette époque, nous n'avons à citer que les lois sur les associations syndicales qui ont compris les dessèchements de marais dans leurs énumérations.

8512. — Les anciennes entreprises constituées antérieurement à la loi de 1807 continuent à s'administrer d'après les dispositions de leurs statuts. — Cons. d'Et., 13 juill. 1828, de Dreux-Brézé, [P. adm. chr.]; — 31 août 1837, Marais de la Dives, [S. 38.2.89, P. adm. chr.]; — 6 juill. 1854, Naudin et autres, [P. adm. chr.]; — 29 nov. 1855, Syndicat des marais de la Haute-Seudre, [S. 56.2.379, P. adm. chr.]; — 20 juin 1884, Simon, [Leb. chr., p. 501]!

8513. — Lorsqu'il y a lieu de modifier le périmètre, le mode d'administration ou les bases de la répartition des taxes dans l'une de ces vieilles associations, il faut qu'un décret rendu en Conseil d'Etat y pourvoie. — Cass., 28 avr. 1846, de Coppens, [D. 46.4.362] — Cons. d'Et., 14 sept. 1814, Commune de Luçon, [Leb. chr., p. 530]; — 22 nov. 1836, Assoc. des vidanges des eaux du Trélou, [P. adm. chr.]; — 26 mai 1853, Assoc. des vidanges d'Arles, [P. adm. chr.]

8514. — Les dispositions des lois de 1807 et de 1865 concernant le recouvrement des taxes imposées pour subvenir aux dépenses des associations syndicales s'appliquent aux anciennes associations. — Cons. d'Et., 22 nov. 1836, précité; — 24 juill. 1847, Commission des Watteringues, [Leb. chr., p. 486]

8515. — Les anciens actes sur la répartition des taxes restent en vigueur. Ainsi chaque commission de Watteringues devait répartir les dépenses des communes de sa section au prorata de l'intérêt de chacune d'elles. Il a été jugé qu'en présence de cette disposition la commission ne devait pas avoir égard au plus ou moins d'intérêt d'une propriété particulière. Dans de telles conditions la contribution devenait une charge communale et devait être répartie entre tous les propriétaires. — Cons. d'Et., 16 juin 1824, Pignatelli, [S. chr., P. adm. chr.]

8516. — En dehors de ce cas il faut combiner les lois de 1807 et de 1865. S'agit-il de procéder à une entreprise de dessèchement, le préfet doit essayer tout d'abord d'arriver à la constitution d'une association autorisée. En cas d'insuccès de cette tentative dans les termes prévus par l'art. 73, Règl. 9 mars 1894, il est procédé par voie de concession dans les formes prévues par la loi du 16 sept. 1807.

8517. — D'après cette loi le mode normal d'exécution des travaux de dessèchement, c'est la concession. Le gouvernement ordonne les dessèchements qu'il juge utiles et nécessaires (art. 1). Ils sont exécutés par l'Etat ou par des concessionnaires (art. 2). Les concessions sont faites par des décrets rendus en Conseil d'Etat (art. 5).

8518. — Pour que le gouvernement emploie la voie de la concession il faut qu'il s'agisse d'un véritable marais, c'est-à-dire d'un ensemble de terrains où séjournent perpétuellement des eaux stagnantes d'une faible profondeur. S'agit-il seulement de terrains humides, l'administration peut y pourvoir, selon les cas, par la législation du curage, si les terrains sont traversés par des eaux courantes, ou en provoquant la formation d'associations syndicales pour travaux d'assainissement ou de drainage. Si la salubrité exige que les terrains humides soient assainis, les communes peuvent être obligées de pourvoir à ces travaux, sauf recours contre les intéressés (art. 35 et 36, L. de 1807). Enfin, si l'eau est assez profonde pour que des poissons puissent y vivre. On se trouve en présence d'un étang, et c'est alors en vertu de la loi des 11-19 septembre 1792 que l'administration peut en prescrire la suppression quand cet étang constitue un danger pour la salubrité publique.

8519. — Réciproquement, les pouvoirs des préfets tiennent des lois des 12-20 août 1790 ne s'appliquent qu'aux eaux courantes et un préfet excéderait ses pouvoirs en s'en servant pour assurer l'écoulement des eaux de marais. — Cons. d'Et., 12 févr. 1857, Marais de Saint-Michel.

8520. — La loi du 16 sept. 1807 prend soin d'indiquer dans ses art. 3 et 4 à qui devront de préférence être concédées les entreprises de dessèchement. D'abord si le marais appartient à un seul propriétaire ou si les propriétaires sont réunis, la concession devra leur être accordée pourvu qu'ils consentent à exécuter les travaux dans les délais et aux conditions fixées. M. Picard (t. 4, p. 299), fait observer qu'aujourd'hui si les propriétaires sont d'accord il leur est plus aisé de constituer une association syndicale autorisée que de recourir à la procédure de la loi de 1807.

8521. — Lorsque les propriétaires réunis ne veulent pas se soumettre aux conditions posées par le gouvernement; ou qu'ils sont en désaccord; ou encore lorsqu'il existe parmi eux une commune, le gouvernement peut adjuger l'entreprise à celui qui fait les offres les plus avantageuses. Cependant à offres égales il doit préférer soit une des communes propriétaires soit un groupe de propriétaires (art. 4).

8522. — Dans ce dernier cas, on réserve généralement aux autres propriétaires le droit de s'agréger après coup à la société concessionnaire qui devient alors une véritable association syndicale. — Cons. d'Et., 21 juin 1890, Hospice de Lille.

8523. — De cette décision il résulte que la société concessionnaire a le caractère d'une société d'immeubles, que les obligations dérivant de la qualité d'associé sont attachées à chaque immeuble et le suivent en cas de vente dans les mains de l'acquéreur.

8524. — Les concessions sont faites par des décrets rendus en Conseil d'Etat, sur des plans levés ou sur des plans vérifiés et approuvés par les ingénieurs des ponts et chaussées, aux conditions prescrites par la présente loi, aux conditions qui seront établies par les règlements généraux à intervenir et aux charges qui seront fixées à raison des circonstances locales (art. 5).

8525. — Les plans seront livrés, vérifiés et approuvés aux frais des entrepreneurs du dessèchement : si ceux qui ont fait la première soumission et fait lever ou vérifier les plans, ne demeurent pas concessionnaires, ils seront remboursés par ceux auxquels la concession aura été définitivement accordée (art. 6), les frais de levée de plan ou de vérification donnent lieu à l'allocation aux ingénieurs de frais et honoraires qui sont recouvrés conformément au décret du 10 mars 1854 et à la loi du 30 juill. 1885.

8526. — Le plan général du marais comprendra tous les terrains qui seront présumés devoir profiter du dessèchement. Chaque propriété y sera distinguée et son étendue exactement circonscrite. Au plan général seront joints tous les profils et nivellements nécessaires; ils seront le plus possible exprimés sur le plan par des cotes particulières (art. 6).

8527. — Seul un décret en Conseil d'Etat peut modifier le périmètre fixé par le décret de concessions. — Cons. d'Et., 4 févr. 1836, Desmortiers; — 8 août 1838, Thuringer; — 10 août 1850, Syndicat de l'Authie; — 7 août 1874, Société de la vallée de la Haute-Deule.

8528. — Les actes de concession constituant des actes administratifs émanant du gouvernement, il a été décidé plusieurs fois qu'ils ne pouvaient être interprétés que par le Conseil d'Etat. — Cons. d'Et., 2 juill. 1836, Concess. du canal d'Aire-la-Bassée, [P. adm. chr.]; — 10 août 1850, Syndicat des marais de l'Authie, [Leb. chr., p. 744]

8529. — Il a été décidé notamment que le conseil de préfecture était incompétent pour donner cette interprétation aussi bien à propos des demandes en décharge des taxes d'entretien que des litiges s'élevant entre le concessionnaire et l'administration sur le sens et l'exécution des clauses du marché. — Cons. d'Et., 12 août 1845, Monnet de Lorbeau, [P. adm. chr.]; — 16 juill. 1857, Couderc, [Leb. chr., p. 548]

8530. — Cette jurisprudence est critiquée, avec raison suivant nous, par M. Laferrière (Jur. adm., t. 2, p. 252 et 583) et par MM. Picard et Colson (Eaux, t. 4, p. 263). D'après ces auteurs, les actes de concession sont des marchés de travaux publics, les taxes sont des contributions directes. Or, tout le contentieux des travaux publics et celui des contributions directes relèvent exclusivement de la compétence des conseils de préfecture.

8531. — Les travaux sont exécutés sous le contrôle et la surveillance de l'administration. Ils doivent être achevés dans le délai fixé par l'acte de concession, à moins de prolongations accordées par décret. Les ingénieurs procèdent en fin d'entreprise à la vérification et à la réception des travaux. Le procès-verbal est approuvé par le préfet, après que les intéressés ont été appelés à formuler leurs observations.

8532. — Les concessionnaires sont rémunérés par des indemnités qui leur sont payées par les propriétaires des marais desséchés et dont la proportion, fixée par l'acte de concession, ne peut excéder la moitié de la plus-value procurée à ces terrains. Ces indemnités font l'objet de rôles rendus exécutoires par les préfets, et les réclamations qui les concernent sont portées devant le conseil de préfecture; cependant elles ne sont pas assimilées aux contributions directes. C'est pourquoi nous n'insiste-

rons pas sur ce sujet. — Cons. d'Et., 27 févr. 1880, Clerc et autres, [S. 81.3.60, P. adm. chr.]

8533. — Cette indemnité s'acquitte en argent, ou par la constitution d'une rente 4 p. 0/0 ou par l'abandon d'une quantité de terrain d'une valeur égale au montant de la plus-value.

8534. — La loi du 16 sept. 1807 prévoit encore un autre mode d'exécution des travaux; c'est l'exécution par les agents de l'Etat directement. La seule différence avec le système précédent consiste dans la quotité de l'indemnité de plus-value, qui doit être calculée de manière à couvrir seulement l'Etat de ses avances.

8535. — Le conseil de préfecture ne peut fonder l'allocation de dégrèvements sur ce que le mode d'exécution des travaux serait défectueux ou sur ce que les bases de répartition, quoique conformes aux règlements existants, ne seraient pas équitables. — Cons. d'Et., 26 août 1824, Arnaud et autres, [P. adm. chr.]

8536. — D'anciens actes de concessions antérieurs à la loi de 1807 mettent l'entretien des travaux de dessèchement à la charge du concessionnaire ou de ses héritiers à perpétuité. En pareil cas l'obligation s'applique à tous les terrains compris dans la concession, alors même que des usurpations auraient été commises. Le concessionnaire peut être condamné à réparer les travaux qu'il aurait laissés dépérir. — Cons. d'Et., 23 juin 1824, Syndicat des marais de Montferrand, [Leb. chr., p. 187]

8537. — Les entrepreneurs tenus à perpétuité de l'entretien peuvent être autorisés à céder leurs droits. En ce cas, ils cessent d'être tenus personnellement de l'obligation qui pesait sur eux et qui passe à leurs acquéreurs. Toutefois, les tiers qui n'ont pas été avisés de la cession peuvent continuer à réclamer les réparations aux premiers entrepreneurs, sauf recours de ceux-ci contre leurs cessionnaires. — Cons. d'Et., 22 juin 1854, Héritiers Nodler, [Leb. chr., p. 598]

8538. — La loi de 1807 a fixé sur ce point les obligations des entrepreneurs. Durant le cours des travaux de dessèchement, les canaux, fossés, rigoles, digues et autres ouvrages seront entretenus et gardés aux frais des entrepreneurs (art. 25). Aussi jusqu'à la réception des travaux, les entrepreneurs doivent-ils rester en jouissance des digues, berges, etc. — Cons. d'Et., 2 sept. 1829, Bernault, Dubosc, [Leb. chr., p. 526]

2° Entretien des travaux.

8539. — A dater de la réception des travaux, l'entretien et la garde sont à la charge, non de l'entrepreneur, mais des propriétaires, tant anciens que nouveaux (L. 16 sept. 1807, art. 26). — Cons. d'Et., 26 nov. 1880, Clerc, Teissier et Cie, [Leb. chr., p. 932]

8540. — C'est alors que le gouvernement procède, pour les entreprises de dessèchement de marais, à la constitution d'une association syndicale forcée. Au cas où la tentative de formation d'une association autorisée échoue avant la concession, l'administration n'est pas tenue de la renouveler. — Picard, t. 4, p. 289.

8541. — Il a été nommé, après le décret de concession, des syndics chargés de désigner au nom des propriétaires l'expert qui sera chargé de procéder, concurremment avec celui du concessionnaire, à l'estimation des terres à dessécher. Le préfet peut adjoindre à ces syndics deux ou quatre syndics nouveaux, pris parmi les nouveaux propriétaires. Ils proposeront au préfet des règlements d'administration publique qui fixeront le genre et l'étendue des contributions nécessaires pour subvenir aux dépenses. La commission spéciale donnera son avis sur ces projets de règlement et, en les adressant au ministre, proposera aussi la création d'une administration composée de propriétaires qui devra faire exécuter les travaux; il sera statué le tout en Conseil d'Etat (art. 26).

8542. — Telles sont les seules formalités nécessaires pour constituer un syndicat d'entretien. Les formalités de classement et d'estimation des terrains prescrites par les art. 11 et s., L. 16 sept. 1807, n'ont d'utilité qu'au point de vue de la fixation des indemnités de plus-value. — Cons. d'Et., 12 mai 1847, Danglade, [Leb. chr., p. 288]

8543. — Ces associations s'administrent comme les syndicats forcés de curage et d'endiguement. Nous n'avons pas à revenir sur ces points déjà traités.

8544. — Les propriétaires syndiqués ne sont pas recevables à demander au syndicat par la voie contentieuse d'exécuter les travaux qu'ils jugent utiles. Le conseil de préfecture ne pourrait ordonner ces travaux sans empiéter sur les pouvoirs d'administration du syndicat et les pouvoirs de contrôle du préfet. — Cons. d'Et., 2 déc. 1829, Société de dessèchement des marais de Bonio, [Leb. chr., p. 549]

8545. — Il n'appartient pas au conseil de préfecture d'ordonner, malgré l'opposition du syndicat, des travaux jugés utiles par les propriétaires syndiqués. Mais s'il reconnaît que, par suite de l'inexécution de ces travaux, certains propriétaires ne tirent aucun profit des dépenses syndicales, il peut leur accorder décharge des taxes. — Cons. d'Et., 27 juin 1873, Boivin, [S. 75.2.185, P. adm. chr.]; — 2 mai 1879, Balguerie, [Leb. chr., p. 343]

8546. — D'autre part, le conseil de préfecture est compétent pour juger une réclamation relative à la répartition des dépenses d'entretien entre les différentes sections d'une association. — Cons. d'Et., 16 janv. 1862, Marais mouillés de la Vendée, [Leb. chr., p. 31]; — 20 mai 1868, Marais mouillés des Deux-Sèvres, [Leb. chr., p. 566]; — 17 janv. 1879, Martin de Beaucé, [Leb. chr., p. 38]

8547. — Le principe adopté par la loi du 16 sept. 1807 pour la répartition des dépenses consiste dans la combinaison de la superficie avec le degré d'intérêt aux travaux. — Cons. d'Et., 13 août 1867, Brémont-Vitaux, [Leb. chr., p. 756]

8548. — Une règle encore plus générale est que, pour être passibles des taxes d'entretien, il faut que les propriétés soient comprises dans le périmètre et intéressées aux travaux. — Cons. d'Et., 1er avr. 1868, Parnet, [Leb. chr., p. 362]; — 26 juin 1869, Magnier-Manchaux, [Leb. chr., p. 612]; — 1er juin 1870, Association des marais du Pré-Dour, [Leb. chr., p. 689]; — 7 août 1874, Syndicat d'entretien des marais de la Haute-Deule, [Leb. chr., p. 828]; — 16 févr. 1883, Garnier, [Leb. chr., p. 190]; — 9 janv. 1885, Caquet d'Avaize, [Leb. chr., p. 9]

8549. — Les voies publiques comprises dans le périmètre sont imposables au même titre que les autres terrains. — Cons. d'Et., 23 janv. 1885, Commune de Sémussac, [D. 86.3.73]; — 8 août 1888, Syndicat des vidanges d'Arles, [Leb. chr., p. 743]

8550. — En dehors du délai pendant lequel les limites du périmètre peuvent être contestées devant le conseil de préfecture, une demande en distraction du périmètre ne peut être portée que devant l'autorité concédante. — Cons. d'Et., 22 nov. 1836, Association des vidanges des eaux du Trélou, [P. adm. chr.]; — 7 mars 1873, Comm. synd. des marais de Bordeaux, [Leb. chr., p. 214]

8551. — Le syndicat peut toujours poursuivre le recouvrement des taxes contre les propriétaires, malgré les arrangements particuliers qu'ils auraient passés avec le concessionnaire. — Cons. d'Et., 31 janv. 1891, Commune du Marais-Vernier, [S. et P. 93.3.13, D. 92.3.71]

8552. — Il en serait autrement si c'était l'acte même de concession qui exonérât de la taxe ces propriétaires. Dans ce cas, le conseil de préfecture pourrait être saisi de la demande en exonération, sauf à renvoyer devant les tribunaux civils la question préalable de l'existence des traités particuliers. — Cons. d'Et., 12 août 1843, Monnet de Lorbeau et autres, [S. 45.2.678, P. adm. chr.]

8553. — Un arrêté préfectoral, en affectant spécialement à la dépense d'entretien les produits des francs-bords et de la pêche, n'a pu avoir pour effet d'affranchir les propriétaires des autres terrains desséchés de l'obligation de contribuer à cet entretien. — Cons. d'Et., 7 août 1856, Syndicat des marais de Cessieux, [S. 57.2.459, D. 57.3.20]

8554. — Les terrains desséchés doivent être imposés aussitôt après leur mise en valeur. — Cons. d'Et., 20 juin 1865, Prop. de l'île de Bouin, [Leb. chr., p. 632]

§ 4. Taxes pour travaux d'assainissement et de drainage.

8555. — Les travaux d'assainissement consistent à faciliter l'écoulement des eaux superficielles dont le sol est couvert. Les travaux de drainage consistent à poser dans le sol des tuyaux qui recueillent les eaux souterraines pour les conduire jusqu'à un cours d'eau.

8556. — C'est la loi du 10 juin 1854 sur le drainage qui a permis de constituer des associations syndicales ayant pour objet cette nature de travaux. « Les associations de propriétaires qui veulent, au moyen de travaux d'ensemble, assainir leurs héri-

lages par le drainage ou tout autre mode d'assèchement, jouissent des droits et supportent les obligations qui résultent des art. 1 et 2 de cette loi ». Elles peuvent être constituées par arrêtés préfectoraux en syndicats auxquels sont applicables les art. 3 et 4, L. 14 flor. an XI.

8557. — La loi du 21 juin 1865, rangea les travaux d'assainissement parmi les travaux définitifs et ceux de drainage parmi les travaux d'amélioration. La loi du 22 déc. 1888 a maintenu cette distinction.

8558. — Avant la loi de 1888, l'administration ne pouvait constituer une association autorisée comprenant des non adhérents qu'autant qu'il était constaté que l'humidité des terrains constituait une cause d'insalubrité (Décr. 26 janv. 1887).

8559. — Toutes les formalités prescrites par la loi du 16 sept. 1807 pour le dessèchement des marais ne sont pas nécessairement applicables quand il ne s'agit que de terres humides et insalubres à assainir. — Cons. d'Et., 22 août 1868, O'Tard de la Grange, [Leb. chr., p. 970]; — 18 juill. 1884, Hébert-Desroquettes, [Leb. chr., p. 627]

8560. — Nous avons dit que lorsque l'insalubrité établie et que l'entreprise était trop considérable pour être menée à bien par des particuliers, ou en cas d'insuccès de la formation d'une association syndicale, un décret pouvait déclarer l'utilité publique des travaux, que les communes étaient alors tenues d'exécuter, sauf à y faire contribuer les propriétaires intéressés (L. 16 sept. 1807, art. 33 à 37).

8561. — L'entretien de ces canaux ou rigoles d'assèchement rentrant dans les opérations de curage, on peut constituer une association forcée dans les termes prévus par la loi de l'an XI.

§ 5. Taxes pour travaux d'irrigation et de colmatage.

8562. — L'irrigation a pour objet de conduire des eaux à travers des terres pour les féconder. Le colmatage tend à faire passer sur des terrains arides des eaux très-limoneuses qui y déposent les matières dont elles sont chargées (V. *Rép. gén. du dr. fr*, v° *Association syndicale*, n. 390). La submersion des vignes est un moyen de combattre le phylloxéra. Actuellement les taxes perçues pour les travaux de submersion des vignes sont assimilées aux taxes d'arrosage. — Cons. d'Et., 16 juill. 1886, Cie française d'irrigation du canal des Alpines, [S. 88.3.26, P. adm. chr., D. 87.3.127]

8563. — L'irrigation peut faire l'objet d'entreprises particulières. Les propriétaires riverains de cours d'eau ont le droit de se servir des eaux de la rivière pour arroser leurs domaines. Les lois du 29 mai 1845 et du 11 juill. 1847 ont créé en leur faveur de nouvelles servitudes pour leur permettre d'établir des barrages sur le cours d'eau en vue de l'irrigation et pour conduire les eaux à travers les fonds étrangers. Ces entreprises individuelles ne donnent lieu à la perception d'aucune taxe.

8564. — Il n'en est pas de même des entreprises de canaux d'irrigation, qui ont pour but d'amener l'eau dans des contrées qui en sont dépourvues et qui nécessitent des travaux d'ensemble d'une importance considérable. Ces entreprises donnent lieu à l'établissement de taxes destinées à couvrir, soit les frais de premier établissement, soit les frais d'entretien des ouvrages. Ces taxes sont perçues, soit au profit d'associations syndicales, soit au profit de concessionnaires.

8565. — Les canaux d'irrigation comportent d'ordinaire un canal principal qui conduit les eaux depuis la source ou la rivière où se fait la prise d'eau jusqu'au centre du périmètre arrosable, et des branches secondaires qui desservent les différentes parties de ce périmètre et des rigoles ou folioles qui amènent l'eau en tête de chaque propriété. — Picard, t. 4, p. 24.

8566. — Sauf le cas où l'association syndicale libre ou autorisée a pu se constituer, grâce à l'accord de tous les intéressés, dans les termes de la loi du 21 juin 1865, il est nécessaire de déclarer l'utilité publique des travaux. Cette déclaration d'utilité publique permet à l'association ou au concessionnaire d'exproprier la source ou de droit de se servir de ses eaux.

8567. — Il ne faut pas confondre la déclaration d'utilité publique des travaux avec la reconnaissance d'utilité publique qui, aux termes de la loi du 22 déc. 1888, doit précéder la formation d'une association syndicale autorisée d'irrigation. Cette reconnaissance est faite par décret en Conseil d'Etat. Quand elle a été obtenue le préfet autorise l'association. Ensuite, lorsque les tra-

vaux doivent nécessiter des expropriations, l'association poursuit la déclaration d'utilité publique des travaux qui lui permettra de les réaliser.

8568. — Qui fait la déclaration d'utilité publique? On applique les principes posés dans la loi du 27 juill. 1870. Un décret en Conseil d'Etat suffira lorsque le canal d'irrigation aura une étendue de moins de vingt kilomètres : une loi sera nécessaire dans le cas contraire.

1° Travaux exécutés par des associations syndicales.

8569. — Il est très-difficile de déterminer par avance les propriétés intéressées aux travaux, autrement que par l'adhésion des locataires ou propriétaires. En effet, la construction d'un canal d'irrigation donne simplement aux propriétaires la faculté d'arroser. Ceux-là seuls bénéficient d'u travail qui usent de cette faculté. D'autre part, l'aménagement intérieur des propriétés en vue de l'irrigation exige des travaux coûteux dont les associations ne se chargent pas. C'est pourquoi on avait hésité jusqu'à la loi du 22 déc. 1888 à donner la majorité un pouvoir de coercition sur la minorité (Av. Cons. d'Et., 6 mai 1876). — Aucoc, *Conf.*, t. 2, n. 884.

8570. — Avant la loi de 1888, un propriétaire qui refusait de faire partie d'une association ne pouvait en aucun cas être imposé aux taxes d'arrosage. — Cons. d'Et., 13 juin 1867, de Salvador, [S. 68.2.198, P. adm. chr., D. 68.3.83]; — 2 mai 1873, Même partie, [D. 74.3.3] — V. *Rép. gén. du dr. fr.*, v° *Association syndicale*, n. 393 et s.

8571. — Il en était ainsi alors même qu'en fait il avait profité des rigoles creusées aux frais de l'association. Celle-ci ne pouvait en pareil cas que lui réclamer une indemnité devant les tribunaux civils, par application de ce principe que nul ne doit s'enrichir aux dépens d'autrui. — Cons. d'Et., 24 janv. 1867, Dussard, [S. 67.2.367, P. adm. chr.]; — 4 nov. 1887, Syndicat du canal des Faïnes et Rambois, [Leb. chr., p. 694]

8572. — C'était aux tribunaux administratifs qu'il appartenait d'apprécier si un propriétaire avait ou non donné à un tiers mandat de le représenter lors de la constitution de l'association et d'y adhérer en son nom. Il a été jugé à cette occasion que la signature d'un mandataire verbal ne pouvait engager le propriétaire. — Cons. d'Et., 2 mai 1891, Balsa, [S. 92.3.99]

8573. — Toutefois, ceux qui avaient fait partie d'une association libre et *à fortiori* ceux qui y avaient rempli les fonctions de syndic ou de directeur ne pouvaient, après sa transformation en association autorisée, être considérés comme ayant refusé d'en faire partie. — Cons. d'Et., 2 mai 1873, précité. — Ni se prévaloir d'une irrégularité dans la constitution de l'association pour demander décharge. — Cons. d'Et., 27 oct. 1893, Laurens, [Leb. chr., p. 711]

8574. — Les membres d'une association d'irrigation sont revêtus, comme le fait remarquer justement M. Picard (t. 4, p. 182), d'un double caractère : celui d'actionnaires de la société constituée pour la construction et l'exploitation du canal, et celui de clients de l'association, en tant qu'usagers des eaux.

8575. — Comme associés, les propriétaires compris dans le syndicat doivent contribuer à toutes les dépenses de l'association proportionnellement à leur degré d'intérêt aux travaux. Ce degré doit être considéré par rapport à l'ensemble du canal, et non par rapport à tel ou tel ouvrage particulier. — Cons. d'Et., 20 avr. 1883, Grégoire, [D. 84.3.125]

8576. — Il a été jugé cependant que les dommages-intérêts et les dépens auxquels avait été condamné le représentant des syndics d'une section dans un procès intéressant exclusivement cette section, devaient être répartis entre les usagers de cette section et non entre les usagers du canal. — Cons. d'Et., 14 mai 1891, Gay, [D. 92.3.44]

8577. — Les membres d'une association d'irrigation doivent contribuer à toutes les dépenses ayant pour cause des travaux destinés à faciliter l'irrigation, à entretenir ou réparer les travaux. Au nombre de ces dépenses il faut ranger : les dépenses d'entretien et de surveillance des barrages au moyen desquels se fait la distribution des eaux. — Cons. d'Et., 3 juin 1881, Syndicat des eaux de l'Ilabra, [D. 82.5.33]

8578. — ... Les dépenses nécessitées par la création de martellières destinées à prévenir la déperdition des eaux. — Cons. d'Et., 2 févr. 1883, Latil, Teissier, [S. 85.3.2, P. adm. chr., D. 84.3.94]

8579. — ... Le prix d'ouvrages acquis par l'association pour augmenter le volume des eaux servant à l'irrigation. — Cons. d'Et., 30 janv. 1812, Nicolay, [P. adm. chr.]

8580. — ... Les frais d'acquisition d'une usine destinée à faciliter et à améliorer l'exploitation des canaux. — Cons. d'Et., 2 mai 1891, Alary, [S. et P. 93.3.54, D. 92.3.114]

8581. — C'est au conseil de préfecture qu'il appartient de vérifier si les dépenses auxquelles les taxes ont pour objet de pourvoir sont de nature à être mises à la charge des associés. — Cons. d'Et., 19 mai 1811, Nevière, [S. chr., P. adm. chr.]; — 31 mars 1819, Villiard, [S. chr., P. adm. chr.]; — 2 mai 1891, précité.

8582. — Dans quelle mesure chaque associé doit-il contribuer aux dépenses syndicales? En principe, la répartition des dépenses doit être faite d'après les engagements souscrits par chacun des associés. La déclaration faite par un propriétaire au moment de la constitution d'une association du nombre d'hectares qu'il possède dans le périmètre arrosable et qu'il entend engager dans l'association a un caractère définitif et ne peut plus être modifiée après la formation de l'association. — Cons. d'Et., 2 juin 1869, Trône, [Leb. chr., p. 554]

8583. — Un propriétaire ne peut, au moment où le syndicat commence à fonctionner, retrancher certaines parcelles de l'ensemble des terrains compris dans sa souscription. — Cons. d'Et., 22 juill. 1881. Marill-Bosch, [Leb. chr., p. 724]

8584. — L'engagement souscrit devient définitif par le décret constitutif du syndicat. — Cons. d'Et., 19 déc. 1879, Dassac, [S. 81.3.32, P. adm. chr., D. 80.3.64]

8585. — Quand un engagement porte qu'il sera définitif par le fait de la publication de l'acte constitutif de l'association, le souscripteur ne peut plus, après cette date, retirer sa souscription, alors même que cet acte constitutif aurait prolongé la période d'exécution des travaux ou mis certaines dépenses à la charge des associés ou précisé les droits de l'administration. De telles modifications n'altèrent pas les conditions de l'engagement. — Cons. d'Et., 12 mai 1868, Canal de Bohère, [Leb. chr., p. 544]; — 8 janv. 1886, Tassy, [S. 87.3.42, P. adm. chr., D. 87.3.67]

8586. — L'engagement souscrit pour toute la durée de la concession est opposable aux acquéreurs de l'immeuble même en l'absence de transcription. — Cons. d'Et., 4 nov. 1893, Séquestre du canal du Drac, [Leb. chr., p. 719]

8587. — Le conseil de préfecture est compétent pour apprécier la validité des souscriptions qui constituent des contrats administratifs. — Cons. d'Et., 20 déc. 1879, Ville de Beaucaire, [S. 81.3 35, P. adm. chr., D. 80.3.50]; — 24 juin 1881, Cie des canaux agricoles, [S. 83.3.10, P. adm. chr., D. 83.3.2]

8588. — Il apprécie aussi l'étendue et la portée de ces engagements. — Cons. d'Et., 26 déc. 1884, Cie des canaux agricoles, [D. 86.3.55]; — 27 févr. 1892, Canal de Beaucaire, [Leb. chr., p. 240]

8589. — Quelquefois les actes constitutifs d'une association limitent à un certain chiffre maximum les cotisations annuelles des associés. Si, en pareil cas, une cotisation supplémentaire devient nécessaire, elle peut être autorisée par l'administration supérieure, mais elle ne peut être recouvrée que sur ceux des associés qui ont consenti à la souscrire. A l'égard des non adhérents, le montant de la dépense effectuée par le syndicat ne pourra leur être réclamé qu'en vertu des principes de la gestion d'affaires par une action portée devant le tribunal civil. — Cons. d'Et., 17 févr. 1865, Canal de Carpentras, [Leb. chr., p. 214]; — 16 janv. 1874, Lunel, [Leb. chr., p. 49]; — 17 juill. 1884, Même partie, [Leb. chr., p. 834]

8590. — La procédure indiquée par les art. 41 et 42, Décr. 9 mars 1894, pour arriver à la détermination des bases de répartition est rarement applicable en matière d'irrigation, parce que les bases ordinairement adoptées sont le volume d'eau souscrit ou le nombre d'hectares engagés.

8591. — Cependant, il peut être dérogé à la règle par des conventions particulières ou par les statuts de l'association. La part contributive peut alors varier suivant la qualité des terres, la nature des cultures. L'intérêt peut être représenté par les contributions payées pour chaque propriété, en tenant compte de la patente pour les établissements industriels. En pareil cas, si les usines sont en chômage, elles ne doivent être portées au rôle que pour leur revenu cadastral. — Cons. d'Et., 14 mai 1891, Delaquerrière, [Leb. chr., p. 383]

8592. — Ceux qui seraient entrés malgré eux dans une association d'irrigation peuvent toujours contester le degré d'intérêt qu'ils ont aux travaux.

8593. — Les statuts règlent, quand les eaux doivent servir à des usages divers, l'importance proportionnelle attribuée aux intérêts de diverse nature. C'est ainsi, dit M. Picard (t. 4, p. 184), que souvent on décide que la souscription à la submersion pour un hectare de vignes, ou à un module d'eau continue, sera considérée comme équivalente à la souscription d'un litre d'eau pour l'irrigation ou encore que, à surface égale, les céréales, qui usent moins d'eau que les prairies, ne paieront qu'une fraction de la taxe imposée à celles-ci. Parfois aussi on fixe à forfait le prix de la souscription à l'usage des eaux continues, à la submersion, à l'emploi des eaux comme force motrice; les irrigants seuls paient une taxe variable chaque année suivant les besoins de l'association. Ceux-là seuls sont de véritables associés : les premiers ne sont que des clients.

8594. — On peut stipuler dans tous les statuts des surtaxes pour ceux qui donneraient tardivement leur adhésion. Il appartient toutefois au gouvernement de limiter ces surtaxes dans le décret déclaratif d'utilité publique. — Av. Sect. Tr. publ., 9 avr. 1879, Canal du col de Jau.

8595. — Le syndicat constitué est tenu de fournir l'eau qu'il s'est engagé à livrer. Et d'autre part, toute propriété qui profite de l'eau dérivée par un canal d'irrigation doit contribuer aux dépenses. — Cons. d'Et., 31 mars 1819, Villiard, [S. chr., P. adm. chr.]; — 1er juill. 1887, Canal de Carpentras, [Leb. chr., p. 534]

8596. — Par contre, les terrains placés à un niveau supérieur au plafond des rigoles et qui ne peuvent, par conséquent, être arrosés, ne doivent pas être cotisés. — Cons. d'Et., 6 août 1887, Garène, [Leb. chr., p. 655]

8597. — Lorsqu'une association n'a pas exécuté les travaux mis à sa charge par l'acte d'engagement et que, par suite de son inaction, les terrains du souscripteur n'ont pu être arrosés, celui-ci est fondé à demander décharge des taxes d'arrosage. — Cons. d'Et., 24 nov. 1869, Coren, [Leb. chr., p. 924]; — 21 mai 1880, de Roys, [D. 80.5.25]; — 22 juill. 1881, Morill-Bosch, [Leb. chr., p. 725]; — 22 juin 1883, de Roys, [S. 85.3.33, P. adm. chr., D. 84.3.114]; — 7 août 1883, Allégier et Porcel, [D. 84.5.26]; — 19 déc. 1884, de Bernis, [D. 86.3.55]; — 26 déc. 1884, précité; — 11 févr. 1887, Canal de Saint-Martory, [Leb. chr., p. 135]

8598. — Dans cette dernière affaire le syndicat étant tenu de conduire les eaux à la limite de la propriété de chaque arrosant, il a été jugé qu'il n'avait pas rempli ses obligations, alors que le terrain engagé se trouvait séparé des canaux de distribution par des terrains non engagés et par des voies publiques. — Cons. d'Et., 11 févr. 1887, précité.

8599. — En général, la seule satisfaction accordée aux associés en pareil cas est la décharge des taxes. Il a été jugé qu'ils n'avaient pas droit à des dommages-intérêts. — Cons. d'Et., 1er juin 1888, Disdier, [S. 90.3.36, P. adm. chr., D. 89.3.95]; — 27 févr. 1892, Canal de Beaucaire, [Leb. chr., p. 240]

8600. — Cependant une décision plus récente nous paraît avoir admis qu'une indemnité pourrait être réclamée de l'association, lorsque, par suite de l'inexécution des travaux nécessaires, un associé aurait perdu sa récolte. — Cons. d'Et., 6 nov. 1891, Canal de Beaucaire, [Leb. chr., p. 634] — Mais quand il a perçu une indemnité, il ne peut demander en plus décharge de la taxe.

8601. — Si l'impossibilité d'arroser résulte d'un fait étranger au syndicat, par exemple d'une raison de force majeure, les associés ne peuvent se soustraire à l'obligation d'acquitter les taxes. Ainsi jugé à l'égard d'un chômage prescrit par le préfet en vertu de ses pouvoirs de police, d'interruption causée par des travaux exécutés par le syndicat sur une propriété en vertu de conventions particulières, ou encore d'un retard involontaire dans l'exécution des travaux. — Cons. d'Et., 30 mai 1879, Privat de Garille, [D. 80.5.25]; — 30 juill. 1886, Scalibert, [Leb. chr., p. 673]; — 14 févr. 1891, Syndicat du canal Sous-le-Béal, [Leb. chr., p. 130]

8602. — A plus forte raison le propriétaire, qui, volontairement ne fait pas usage des eaux et change la nature de sa propriété, n'est pas fondé à réclamer décharge des taxes. — Cons. d'Et., 21 févr. 1879, Genis-Mons, [D. 79.3.53]; — 22 déc. 1882, Favreau, [D. 84.3.87]; — 1er juill. 1887, précité.

8603. — D'autre part, la circonstance que des arrosants n'auraient pas été avertis en temps utile de l'époque à laquelle l'eau serait conduite à l'entrée des terrains à irriguer ne les dis-

pense pas de payer les taxes depuis le moment où ils ont été en mesure d'utiliser les eaux. — Cons. d'Et., 5 janv. 1883, Astié, [Leb. chr., p. 15]

8604. — Les taxes sont dues depuis le moment où les eaux ont pu être introduites utilement dans les canaux, alors même que depuis cette époque les arrosages auraient été irréguliers et insuffisants. — Cons. d'Et., 30 mai 1879, précité.

8605. — En cas de dissentiment sur le volume d'eau que le syndicat fournit à ses associés, le conseil de préfecture peut ordonner une expertise. — Cons. d'Et., 3 déc. 1880, Canal de Carpentras, [Leb. chr., p. 958]

8606. — Les questions relatives à la quotité des taxes relèvent exclusivement de la compétence du conseil de préfecture. — Cons. d'Et., 13 août 1823, Gabriac, [S. chr., P. adm. chr.]

8607. — Le fait par des propriétaires non compris dans le périmètre d'une association d'avoir pendant plusieurs années payé les taxes sans réclamation, ne fait pas obstacle à ce qu'ils réclament ultérieurement contre l'émission d'un nouveau rôle. — Cons. d'Et., 2 mai 1861, Canal du Pian-d'Orgon, [Leb. chr., p. 314]

8608. — Un associé ne peut se prévaloir, pour refuser de payer les taxes, d'une clause de déchéance contenue dans l'acte constitutif pour le cas où les travaux ne seraient pas exécutés dans les délais prévus. Ces dispositions ne peuvent être invoquées que par l'administration. — Cons. d'Et., 19 déc. 1879, Dassac, [S. 81.3.32, P. adm. chr., D. 80.3.64]

8609. — Le fait que l'association n'aurait pas obtempéré à certaines prescriptions de l'administration supérieure ni imposant l'obligation d'entretenir un garde et de publier annuellement un règlement, ne portant aucun préjudice aux associés, ils ne sont pas fondés à s'en prévaloir pour demander décharge. — Cons. d'Et., 14 févr. 1891, précité.

8610. — Le conseil de préfecture ne peut apprécier la gestion des syndics, prononcer la résiliation du contrat sous le prétexte que cette gestion serait mauvaise et les dépenses exagérées. — Cons. d'Et., 2 nov. 1869, Trône, [Leb. chr., p. 554]; — 16 janv. 1882, Ferlat, [Leb. chr., p. 577]

8611. — Les tribunaux judiciaires restent compétents pour statuer sur la contestation qui s'élèverait entre l'association et ses membres au sujet de la propriété d'un ruisseau. — Cons. d'Et., 3 déc. 1880, précité.

2° Travaux exécutés par un concessionnaire.

8612. — Lorsque la tentative pour constituer une association autorisée a échoué, le gouvernement ne peut constituer d'association forcée pour créer un canal d'irrigation. Si donc il estime néanmoins que ce travail est nécessaire ou utile, il faut qu'il le fasse exécuter comme un travail public ordinaire, soit par voie d'entreprise, soit par voie de concession. Quelquefois des villes ou des départements ont pris à leur charge des travaux de cette nature et ont poursuivi la déclaration d'utilité publique, mais la plupart des grandes entreprises ont été faites pour le compte de l'Etat.

8613. — Nous n'avons pas à examiner ici les rapports des concessionnaires avec le concédant ou les clauses des cahiers des charges qui concernent ces rapports. Le seul point qui nous intéresse, c'est celui des rapports des concessionnaires avec les usagers des eaux. Les bases de ces rapports se trouvent, d'une part, dans quelques dispositions du cahier des charges, mais aussi et surtout dans les actes d'engagement souscrits par les arrosants. Généralement le demandeur en concession produit à l'appui de sa demande un certain nombre de souscriptions dont le cahier des charges reproduit les termes.

8614. — En cas de désaccord entre les clauses du cahier des charges et celles de l'acte d'engagement, c'est à ce dernier qu'il faut s'attacher. C'est en effet le seul acte qui détermine juridiquement la situation du souscripteur. En effet, les traités particuliers dérogeant aux clauses générales posées dans le cahier des charges ne sont nullement interdits en cette matière. Le concessionnaire peut donc accepter des souscriptions à un prix inférieur au tarif ou accorder certains avantages à quelques souscripteurs. — Picard, t. 4, p. 53.

8615. — Les dispositions du cahier des charges ont pour but de fixer les conditions de prix et de service auxquelles le concessionnaire est tenu de livrer les eaux. Ayant accepté ces conditions, il ne peut refuser de les appliquer à un souscripteur

qui en réclame le bénéfice, sous peine d'encourir les pénalités prévues au contrat.

8616. — Pour les eaux continues, les bases des souscriptions sont d'ordinaire le *module*, correspondant à un débit d'un décilitre par seconde. Quand il s'agit de submersion de vignes, le prix est fixé d'ordinaire à un chiffre déterminé par hectare. Quand il s'agit d'irrigation, on souscrit le plus souvent pour un nombre déterminé de litres à recevoir périodiquement aux jours et heures fixés par les arrêtés réglementaires pendant la saison des irrigations. — Picard, t. 4, p. 51.

8617. — Les souscriptions sont contractées pour une période de plusieurs années. Pendant ce temps le souscripteur est tenu de payer les taxes quand bien même il n'aurait pas fait usage de l'eau. On peut faire certains avantages à ceux qui s'engagent pour une longue période ou à ceux qui s'engagent avant la concession.

8618. — Les souscriptions indiquent les parcelles en vue desquelles elles sont faites. Quel est le caractère de l'obligation qui en résulte? Nous avons vu que depuis longtemps la jurisprudence, en ce qui touche les associations syndicales, avait admis que les obligations résultant des engagements suivaient les immeubles entre les mains des acquéreurs et que cette jurisprudence avait été consacrée par l'art. 2, Règl. 9 mars 1894. En ce qui touche les souscriptions à l'arrosage contractées envers un concessionnaire, la jurisprudence inclinait déjà à admettre le caractère réel des engagements (Cons. d'Et., 8 janv. 1886, Tassy, S. 87.3.42, P. adm. chr., D. 87.3.67), quand cette doctrine a été affirmée en 1889 dans un arrêt de principe. — Cons. d'Et., 18 janv. 1889, Canal de Saint-Martory, [Leb. chr., p. 64]; — 4 nov. 1893, Séquestre du canal du Drac, [Leb. chr., p. 749] — Mais le caractère réel ne s'applique qu'au paiement des taxes.

8619. — Pour pouvoir souscrire il faut en principe être propriétaire. Toutefois un mari, même marié sous le régime dotal, peut valablement souscrire pour un immeuble appartenant à sa femme. — Cons. d'Et., 8 janv. 1886, Honnorat, [Leb. chr., p. 9]

8620. — Le concessionnaire est tenu de livrer les eaux souscrites. La distribution se fait au moyen de martellières permettant de régler, par l'ouverture et la fermeture d'une vanne d'un débit connu, le commencement et la fin de chaque arrosage. — Picard, t. 4, p. 67.

8621. — Le concessionnaire est tenu d'établir autant de prises d'eau qu'un propriétaire a souscrit d'engagements distincts pour ses propriétés. — Cons. d'Et., 26 déc. 1884, Canal de Saint-Martory, [D. 88.3.55]; — 21 févr. 1887, Même partie, [Leb. chr., p. 135]

8622. — Il remplit ses engagements en amenant l'eau à l'entrée de chaque propriété. — Cons. d'Et., 4 nov. 1893, précité.

8623. — Le concessionnaire n'est pas tenu, en l'absence de disposition formelle du cahier des charges ou de stipulation expresse de l'acte d'engagement, d'établir une réserve de canaux de colature destinés à évacuer l'excédant des eaux d'irrigation. M. Picard (t. 4, p. 72) admet qu'il en pourrait être autrement quand les cours d'eau destinés à recevoir les colatures sont insuffisants ou trop éloignés.

8624. — Au cas où le service de distribution des eaux est interrompu, il faut distinguer suivant les causes de l'interruption pour apprécier ses conséquences. D'après les clauses et conditions annexées au modèle d'acte d'engagement, l'interruption ne donne jamais lieu à indemnité au profit des usagers. Elle ne donne pas lieu à réduction de taxe quand elle n'a pas été assez durable pour diminuer l'efficacité des irrigations et qu'elle provient de causes dont la légitimité a été administrativement constatée. Sinon il y a lieu à dégrèvement partiel ou total. — Picard, t. 4, p. 73.

8625. — Si l'interruption provient du fait du concessionnaire, il y a lieu non seulement à dégrèvement, mais à indemnité. Au surplus c'est aux tribunaux qu'il appartient de statuer dans chaque affaire.

8626. — Les taxes perçues par les concessionnaires de canaux d'irrigation ont été assimilées aux contributions directes par l'art. 25, L. fin. 20 juin 1837, qui est ainsi conçu : « Les taxes d'arrosage autorisées par le gouvernement, lorsqu'elles sont perçues au profit des concessionnaires des canaux d'irrigation, sont recouvrées dans les formes déterminées par les art. 3 et 4, L. 14 flor. an XI, comme dans le cas où lesdites taxes sont perçues au profit d'associations de propriétaires inté-

ressés ». Par suite le conseil de préfecture est compétent. — Cons. d'Et., 20 déc. 1872, Constantin, [Leb. chr., p. 733]

8627. — C'est, avec les frais et honoraires dus aux ingénieurs pour leur participation à des travaux intéressant les particuliers, la seule taxe assimilée qui ne soit pas perçue au profit d'une communauté, mais d'un simple particulier ou d'une société. — Picard, t. 4, p. 76.

8628. — Le Conseil d'Etat a reconnu au préfet le droit de décider, en rendant exécutoire un rôle de taxes d'arrosage émis par un concessionnaire, que les frais de perception ne pourraient être ajoutés sur le rôle au principal des taxes et que, par suite, c'était au concessionnaire à en supporter la charge. Le concessionnaire n'est pas recevable à déférer directement l'arrêté du préfet au Conseil d'Etat. — Cons. d'Et., 28 juin 1855, Pagès, [P. adm. chr.]

§ 6. Taxes pour travaux d'assèchement dans les mines.

8629. — Nous nous bornerons à citer les articles de la loi du 27 avr. 1838, qui sont fort clairs et qui n'ont d'ailleurs jamais été appliqués. Lorsque plusieurs mines, situées dans des concessions différentes, seront atteintes ou menacées d'une inondation commune qui sera de nature à compromettre leur existence, la sûreté publique ou les besoins des consommateurs, le gouvernement pourra obliger les concessionnaires de ces mines à exécuter en commun et à leurs frais les travaux nécessaires, soit pour assécher tout ou partie des mines inondées, soit pour arrêter les progrès de l'inondation. L'application de cette mesure sera précédée d'une enquête administrative à laquelle tous les intéressés seront appelés et dont les formes seront déterminées par un règlement d'administration publique (art. 1). Ce règlement est intervenu le 23 mai 1841.

8630. — Le ministre des Travaux publics décidera, d'après l'enquête, quelles sont les concessions inondées ou menacées d'inondation qui doivent opérer, à frais communs, les travaux d'assèchement. Cette décision sera notifiée administrativement aux concessionnaires intéressés. Le recours contre cette décision ne sera pas suspensif (art. 2).

8631. — Les concessionnaires ou leurs représentants seront convoqués en assemblée générale, à l'effet de nommer un syndicat composé de trois ou cinq membres pour la gestion des intérêts communs. Le nombre des syndics, le mode de convocation et de délibération de l'assemblée générale seront réglés par arrêté du préfet. Dans les délibérations de l'assemblée générale, les concessionnaires ou leurs représentants auront un nombre de voix proportionnel à l'importance de chaque concession. Cette importance sera déterminée d'après le montant des redevances proportionnelles acquittées par les mines en activité d'exploitation, pendant les trois dernières années d'exploitation, ou par les mines inondées pendant les trois années qui auront précédé celle où l'inondation aura envahi les mines. La délibération ne sera valable qu'autant que les membres présents surpasseront en nombre le tiers des concessions, et qu'ils représenteront eux plus de la moitié des voix attribuées à la totalité des concessions comprises dans le syndicat. En cas de décès ou de cessation des fonctions des syndics, ils seront remplacés par l'assemblée générale dans les formes qui auront été suivies pour leur nomination (art. 2).

8632. — Après que les syndics auront été appelés à faire connaître leurs propositions et les intéressés leurs observations, une ordonnance royale rendue dans la forme des règlements d'administration publique déterminera l'organisation définitive et les attributions du syndicat, les bases de la répartition, soit provisoire, soit définitive, de la dépense entre les concessionnaires intéressés, et la forme dans laquelle il sera rendu compte des recettes et des dépenses (art. 3).

8633. — Un arrêté ministériel déterminera, sur les propositions des syndics, le système et le mode d'exécution et d'entretien des travaux d'épuisement, ainsi que les époques périodiques où les taxes devront être acquittées par les concessionnaires. Si le ministre juge nécessaire de modifier la proposition des syndics, le syndicat sera de nouveau entendu. Il lui sera fixé un délai pour produire ses observations (art. 3).

8634. — Si l'assemblée générale, dûment convoquée, ne se réunit pas ou si elle ne nomme point le nombre de syndics fixé par l'arrêté du préfet, le ministre, sur la proposition de ce dernier, instituera d'office une commission composée de trois ou

cinq personnes, qui sera investie de l'autorité et des attributions des syndics. Si les syndics ne mettent point à exécution les travaux d'assèchement, ou s'ils contreviennent au mode d'exécution et d'entretien réglé par l'arrêté ministériel, le ministre, après que la contravention aura été constatée, les syndics préalablement appelés, et après qu'ils auront été mis en demeure, pourra, sur la proposition du préfet, suspendre les syndics de leurs fonctions et leur substituer un nombre égal de commissaires (art. 4).

8635. — Les pouvoirs des commissaires cesseront de droit à l'époque fixée pour l'expiration de ceux des syndics. Néanmoins le ministre, sur la proposition du préfet, aura toujours la faculté de les faire cesser plus tôt. Les commissaires pourront être rétribués; dans ce cas le ministre, sur la proposition du préfet, fixera la taxe des traitements, et leur montant sera acquitté sur le produit des taxes imposées aux concessionnaires (Même article).

8636. — Les rôles de recouvrement des taxes réglées en vertu des articles précédents seront dressés par les syndics et rendus exécutoires par le préfet (art. 5).

8637. — Les réclamations des concessionnaires sur la fixation de leur quote-part dans lesdites taxes seront jugées par le conseil de préfecture sur mémoires des réclamants communiqués au syndicat, et après avoir pris l'avis de l'ingénieur des mines. Le recours au conseil de préfecture ou au Conseil d'Etat ne sera pas suspensif (art. 5).

8638. — A défaut du paiement dans le délai de deux mois, à dater de la sommation qui aura été faite, la mine sera réputée abandonnée; le ministre pourra prononcer le retrait de la concession, sauf recours au roi en son Conseil d'Etat par la voie contentieuse. L'administration pourra faire l'avance du montant des taxes dues par la concession abandonnée jusqu'à ce qu'il ait été procédé à une concession nouvelle. Il est procédé à une adjudication au plus offrant. Le prix de l'adjudication, déduction faite des sommes avancées par l'Etat, appartient au concessionnaire déchu. Celui-ci peut, jusqu'au jour de l'adjudication, arrêter les effets de la dépossession en payant toutes les taxes arriérées et en consignant la somme qui sera jugée nécessaire pour sa quote-part dans les travaux restant encore à exécuter (art. 6).

8639. — La lutte administrative contre le phylloxéra a commencé par la loi du 15 juill. 1878. Elle donnait au Président de la République le droit d'interdire l'entrée en France de plants-sarments, feuilles de vignes, etc. et autres objets qui auraient pu y transporter le phylloxéra; au ministre de l'Agriculture le droit de régler la circulation en France des mêmes objets, et de délimiter les contrées contaminées et les indemniser; au préfet le droit de faire procéder d'office ou sur l'invitation des propriétaires ou des maires, à la visite des vignes malades.

8640. — Le ministre pouvait, en outre, quand le phylloxéra était signalé dans les territoires jusqu'alors considérés comme indemnes, prescrire que la vigne malade et les vignes environnantes seraient soumises à un traitement. Les dépenses occasionnées par ce traitement devaient rester à la charge de l'Etat.

§ 7. Taxes pour travaux contre le phylloxéra.

8641. — La loi du 2 août 1879, permit aux propriétaires intéressés de s'organiser en associations syndicales temporaires approuvées par l'autorité administrative, soit en vue de la destruction du phylloxéra sur leur territoire, soit en vue de sa recherche dans les contrées indemnes ou partiellement atteintes. Ces associations devaient recevoir de l'Etat des subventions, qui ne pouvaient en aucun cas dépasser la somme votée par le syndicat pour le traitement des vignes phylloxérées.

8642. — En outre, la loi du 15 déc. 1888 est venue, développer et préciser l'institution créée par la loi du 2 août 1879. Dans les contrées où l'invasion du phylloxéra est menaçante et dans celles où son apparition se manifeste par des taches limitées au milieu des vignes, il peut être établi des associations syndicales pour l'application des moyens propres à le combattre (art. 1). Ces associations sont régies par la loi du 21 juin 1865 sous les modifications ci-après.

8643. — Ces associations autorisées ne peuvent être établies que sur la demande d'un ou de plusieurs propriétaires intéressés (art. 2). Le préfet n'a pas d'initiative.

8644. — La demande est adressée au préfet et communiquée au comité local d'études et de vigilance et au professeur dépar-

lemental d'agriculture qui donnent leur avis et proposent le périmètre du terrain à comprendre dans l'association syndicale autorisée. Un arrêté du préfet ordonne ensuite une enquête qui est ouverte pendant quinze jours à la mairie de chacune des communes où sont situés les terrains compris dans le périmètre proposé. Les déclarations sont reçues par le maire (art. 3).

8645. — Le périmètre ne doit comprendre qu'une zone de vignes représentant des conditions communes d'attaque et de défense, notamment pour les insecticides et la submersion (art. 4).

8646. — Après la clôture de l'enquête, un arrêté du préfet convoque à la mairie de l'une des communes intéressées, tous les propriétaires des terrains compris dans le périmètre, à l'effet de délibérer sur la constitution du syndicat autorisé. La réunion est présidée par l'un d'eux, désigné par l'arrêté de convocation et assisté par les deux plus âgés des membres présents (art. 5).

8647. — La majorité des adhésions nécessaires pour parvenir à la constitution du syndicat doit comprendre au moins les deux tiers des intéressés et représenter les trois quarts de la superficie en vigne ou les trois quarts des intéressés et la moitié de la superficie (art. 5). C'est donc une majorité plus forte que celle exigée par les lois de 1865 et du 22 déc. 1888 pour les travaux défensifs et plus facile cependant à réunir que celle exigée par la loi du 22 déc. 1888 pour les travaux d'amélioration puisqu'il n'y est pas question d'impôt foncier.

8648. — Les demandes, avis, registres d'enquête et délibérations sont ensuite soumis au conseil général du département ou, en son absence, à la commission départementale qui décide s'il y a lieu de constituer l'association syndicale autorisée et qui en fixe le périmètre (art. 6). Le conseil général joue le rôle du Conseil d'État proposant au gouvernement de reconnaître l'utilité publique des travaux.

8649. — Un arrêté du préfet déclare l'association syndicale définitivement constituée (art. 7).

8650. — Dans le cas où le projet d'association s'étendrait sur plusieurs départements, il est procédé, dans chacun d'eux, à l'instruction suivant les mêmes règles. Les conseils généraux ou leurs commissions départementales statuent et la constitution du syndicat est déclarée par le ministre de l'Agriculture (art. 8).

8651. — Le comité directeur de l'association syndicale choisit les moyens à employer pour combattre le phylloxéra, il peut ordonner le traitement par extinction ou arrachage, sauf à indemniser les propriétaires de la vigne arrachée. Dans tous les cas, il est seul chargé de faire exécuter les mesures qu'il a prescrites (art. 9).

8652. — Toutes les dépenses du traitement ou autres, ordonnées par le comité directeur, sont à la charge de l'association. Elles sont payées sur les ressources du syndicat ou réparties entre les propriétaires intéressés proportionnellement à l'étendue de leurs vignes syndiquées (L. 15 déc. 1888, art. 10).

8653. — Les propriétaires n'ont pas le bénéfice de délaisser leurs terrains moyennant indemnité, mais la loi reconnaît à ceux qui n'auraient pas adhéré au projet du syndicat le droit de déclarer à la préfecture qu'ils entendent renoncer, pendant toute la durée du syndicat et moyennant indemnité, à la culture de la vigne sur le terrain leur appartenant et compris dans le périmètre. Cette option doit être exercée dans le délai d'un mois à partir de l'affichage dans les communes, prescrit par la loi du 21 juin 1865, de l'extrait de l'acte d'association et de l'arrêté du préfet ou du ministre. Les indemnités à payer par l'association sont fixées conformément à l'art. 16, L. 21 mai 1836. A défaut de réclamation dans le délai ci-dessus fixé, l'adhésion des propriétaires est définitive (art. 11).

8654. — Dans le cas où des vignes peuvent être traitées par submersion, les propriétaires de terrains intermédiaires sont tenus de souffrir, après avoir été entendus, moyennant une indemnité, conformément à la loi du 29 avr. 1845, l'exécution des travaux nécessaires pour la conduite des eaux. Les terrains bâtis, les jardins et les enclos y attenant sont affranchis de cette servitude. L'indemnité sera réglée sur un rapport d'expert par le juge de paix qui statuera sauf appel (art. 12).

8655. — Ces associations sont constituées pour cinq ans; à leur expiration, elles peuvent être renouvelées par une simple déclaration des syndics à la préfecture, en justifiant du nombre des adhésions exigées par l'art. 5 (art. 13).

8656. — En Algérie, la loi du 2 août 1879 avait été rendue applicable par un décret du 12 juill. 1880. Une loi du 28 juill. 1886 en a développé les dispositions.

8657. — Aux termes de l'art. 3 de cette loi, si les propriétaires possédant plus de la moitié des surfaces complantées en vigne dans un département en font la demande, ils seront autorisés à constituer un syndicat qui comprendra la totalité des propriétés viticoles du département. Les membres du syndicat départemental seront élus par les propriétaires des vignes soumis à la taxe et leur nombre sera fixé, dans chaque arrondissement, par arrêté du gouverneur général, en proportion des surfaces complantées. Le même arrêté déterminera la durée du mandat des syndics, les délais, formes et constatations des opérations électorales, ainsi que la date et le mode de convocation de la première assemblée chargée d'élire le bureau.

8658. — Le syndicat est chargé, sous le contrôle de l'administration, de la surveillance des vignes. Ses agents sont agréés par le préfet et assermentés. Ils reçoivent de l'administration préfectorale une commission qui leur transfère le droit d'entrer dans les propriétés pour y opérer les visites prescrites par la loi et pour y faire toutes les recherches nécessaires (art. 4).

8659. — Si un syndicat constitué ne remplit pas ses obligations, il sera dissous après une mise en demeure, par arrêté du ministre pris sur la proposition du gouverneur général. Dans ce cas, comme dans celui où il ne pourrait se constituer, le préfet dispose des sommes perçues et assure le service des visites dans les conditions prévues par l'art. 2 (taxe des vignes).

8660. — Le syndicat donne son avis sur le *quantum* de la taxe à frapper pour chaque exercice; il dispose, sous le contrôle de l'administration, du produit de la taxe perçue dans le département. Il prélève sur ces ressources les sommes nécessaires pour assurer le service de la visite du vignoble. Il peut affecter les fonds libres à l'application de toutes mesures présentant pour la viticulture un intérêt général (art. 4).

§ 8. Taxes pour travaux d'ouverture, de redressement, d'élargissement, de réparation et d'entretien des chemins ruraux.

8661. — Lorsqu'une commune après avoir obtenu de la commission départementale une délibération qui autorise l'ouverture, le redressement ou l'élargissement d'un chemin rural, n'exécute pas ces travaux, ou bien lorsqu'elle n'entretient pas ses chemins ruraux reconnus, le maire peut d'office ou doit, sur la demande qui lui est faite par trois intéressés au moins, convoquer individuellement tous les intéressés. Il les invite à délibérer sur la nécessité des travaux à faire et à se charger de leur exécution, tous les droits de la commune étant réservés. Le maire recueille les suffrages, constate le vote des personnes présentes qui ne savent signer et mentionne les adhésions envoyées par écrit (L. 20 août 1881, art. 19).

8662. — Si la moitié plus un des intéressés représentant au moins les deux tiers de la superficie des propriétés desservies par ce chemin, ou si les deux tiers des intéressés représentant plus de la moitié de la superficie, consentent à se charger des travaux nécessaires pour mettre ou maintenir la voie en état de viabilité, l'association est constituée. Il existe même à l'égard des intéressés qui n'ont pas donné leur adhésion. Pour les travaux d'amélioration et d'élargissement partiel, l'assentiment de la moitié plus un des intéressés représentant au moins les trois quarts de la superficie des propriétés desservies ou des trois quarts des intéressés représentant plus de la moitié de la superficie sera exigé. Pour les travaux d'ouverture, de redressement et d'élargissement d'ensemble, le consentement unanime des intéressés sera nécessaire (art. 20).

8663. — Le maire dresse un procès-verbal et constate la formation de l'association, en spécifie le but, fait connaître sa durée, le mode d'administration qui a été adopté, le nombre des syndics, l'étendue de leurs pouvoirs et enfin les voies et moyens qui ont été votés (art. 21). Ce procès-verbal est transmis au préfet par le maire, avec son avis et celui du conseil municipal (art. 22).

8664. — Le préfet, après avoir constaté l'observation des formalités exigées par la loi, autorise l'association s'il y a lieu. Si la commune a consenti à contribuer aux travaux, il approuve, dans son arrêté, le mode et le montant de la subvention promise par le conseil municipal (art. 22).

8665. — Un extrait du procès-verbal constatant la constitution de l'association et l'arrêté du préfet en cas d'approbation

ou, en cas de refus, l'arrêté du préfet, sont affichés dans la commune où le chemin est situé et publié dans le recueil des actes de la préfecture (art. 23).

8666. — Les syndics sont élus en assemblée générale. Si la commune a accordé une subvention, le maire nomme un nombre de syndics proportionné à la part que la subvention représente dans l'ensemble de l'entreprise. Les autres syndics sont nommés par le préfet, dans le cas où l'assemblée générale, après deux convocations, ne se serait pas réunie ou n'aurait pas procédé à leur élection (art. 24).

8667. — Les associations ainsi constituées ont les mêmes pouvoirs que les autres associations syndicales. Elles peuvent ester en justice par leurs syndics; elles peuvent emprunter. Elles peuvent aussi acquérir les parcelles de terrains nécessaires pour l'amélioration, l'élargissement le redressement ou l'ouverture du chemin régulièrement entrepris ; les terrains réunis à la voie publique deviennent la propriété de la commune (art. 25).

8668. — Le syndicat détermine le mode d'exécution des travaux soit en nature, soit en taxe; il répartit les charges entre les associés proportionnellement à leur intérêt; il règle l'accomplissement des travaux en nature ou le recouvrement des taxes d'un ou plusieurs exercices (art. 26). Il peut donc imposer à ses membres soit des taxes, soit des prestations.

8669. — Aux termes de l'art. 11, le syndicat, substitué en ce qui touche le chemin pour les travaux duquel il est constitué à tous les droits de la commune, peut demander au conseil de préfecture de régler les subventions à imposer aux industriels qui dégradent extraordinairement le chemin.

8670. — Les rôles sont dressés par le syndicat, rendus exécutoires par le préfet qui peut ordonner préalablement la vérification des travaux. Ils sont recouvrés par le receveur municipal. Dans ces rôles seront compris les frais de perceptions, dont le montant sera déterminé par le préfet sur l'avis du trésorier-payeur général (art. 28).

8671. — A défaut par une association d'entreprendre les travaux pour lesquels elle a été autorisée, le préfet rapportera, s'il y a lieu, après mise en demeure, l'arrêté d'autorisation. Dans le cas où le défaut d'entretien des travaux entrepris par une association pourrait avoir des conséquences nuisibles à l'intérêt public, le préfet, après mise en demeure, pourra faire procéder d'office à l'exécution des travaux nécessaires pour obvier à ces conséquences (art. 29).

8672. — L'art. 30 ouvre aux intéressés et aux tiers un recours par la voie administrative sur lequel il est statué par décret en Conseil d'État.

8673. — Toutes contestations relatives au défaut de convocation d'une partie intéressée, à l'absence ou au défaut d'intérêt des personnes appelées à l'association, ou au degré d'intérêt des associés, ainsi qu'à la répartition, à la perception et à l'accomplissement des taxes et prestations, à la nomination des syndics, à l'exécution des travaux et aux mesures ordonnées par le préfet en vertu du dernier paragraphe de l'art. 29, sont jugées par le conseil de préfecture, sauf recours au Conseil d'État (art. 31).

8674. — Nulle personne comprise dans l'association ne pourra contester sa qualité d'associé ou la validité de l'acte d'association après le délai de trois mois à partir de la notification du premier rôle des taxes ou prestations (art. 32).

§ 9. Taxes pour travaux de restauration des terrains en montagne.

8675. — La loi du 4 avr. 1882 dispose qu'une loi est nécessaire pour déclarer d'utilité publique les travaux de restauration rendus nécessaires par la dégradation du sol et par des dangers nés et actuels (art. 2).

8676. — Cette loi qui fixe le périmètre des terrains à restaurer est publiée et affichée dans les communes intéressées; un duplicata du plan du périmètre est déposé à la mairie de chacune d'elles. Le préfet fait, en outre, notifier aux communes, aux établissements publics et aux particuliers un extrait du projet et des plans contenant les indications relatives aux terrains qui leur appartiennent (art. 3).

8677. — Dans le périmètre fixé par la loi, les travaux de restauration sont en principe exécutés par l'État qui doit, à cet effet, exproprier les terrains reconnus nécessaires dans les formes prescrites par la loi du 3 mai 1841 légèrement modifiées (art. 4).

8678. — Toutefois, la loi permet à l'État de ne pas exécuter lui-même les travaux si les propriétaires consentent à s'en charger et à les effectuer sous sa direction. « Les propriétaires, dit l'art. 4, les communes et les établissements publics pourront conserver la propriété de leurs terrains, s'ils parviennent à s'entendre avec l'État avant le jugement d'expropriation et s'engagent à exécuter dans le délai à eux imparti, avec ou sans indemnité aux clauses et conditions stipulées entre eux, les travaux de restauration qui leur seront indiqués et à pourvoir à leur entretien sous le contrôle et la surveillance de l'administration forestière (art. 4).

8679. — Aux termes de l'art. 9, Décr. 11 juill. 1882, dans le délai de trente jours après la notification prescrite par l'art. 4, L. 4 avr. 1882, les propriétaires et les associations syndicales libres qui désirent bénéficier des dispositions de l'art. 4 de la même loi doivent en informer par écrit le conservateur des forêts. Celui-ci leur notifie les travaux à effectuer sur leurs terrains, les clauses, conditions et délais d'exécution, ainsi que le montant des indemnités qui pourront leur être accordées par l'État. S'ils acceptent ces conditions, ils remettent au conservateur dans un délai de quinze jours leur engagement mentionné dans l'art. 4. Il doit contenir la justification des moyens d'exécution. Il est soumis à l'approbation du ministre de l'Agriculture. A défaut de déclaration ou d'acceptation dans les délais précités, les propriétaires sont réputés renoncer au bénéfice des dispositions du § 2, art. 4, L. 4 avr. 1882 (art. 10).

8680. — Dans le même délai de trente jours, les communes, établissements publics et associations syndicales autorisées propriétaires de terrains compris dans le périmètre, font connaître au préfet leur intention de bénéficier de l'art. 4. L'administration des forêts leur notifie, par l'intermédiaire du préfet, les travaux à effectuer sur leurs terrains, etc. Dans le délai de trente jours à compter de cette notification, ils font connaître par des délibérations motivées qu'ils acceptent ces conditions (art. 10).

8681. — Les propriétaires pourront, à cet effet, constituer des associations syndicales, conformément aux dispositions de la loi du 21 juin 1865 (art. 4). Cette disposition laisse aux propriétaires le choix entre les associations libres et les associations autorisées. La formation d'une association libre permet aux intéressés en se réunissant, de rendre plus facile l'exécution des travaux et peut-être de réaliser des économies. Quant aux associations autorisées on s'est demandé dans laquelle des deux catégories prévues par la loi du 21 juin 1865, il fallait ranger les associations formées en travaux de restauration. Si l'on s'en tenait au but que l'on se propose, il s'agit évidemment des travaux défensifs. Il faudrait alors reconnaître à la majorité un droit de coercition sur la minorité. Mais d'autre part, ce pouvoir coercitif est exorbitant du droit commun et on ne peut l'étendre par voie d'analogie. Aussi pensons-nous que l'association ne peut se former qu'entre membres adhérents. Si l'art. 11, Décr. 11 juill. 1882, parle d'associations autorisées, il ne peut s'agir, suivant nous, que d'associations libres transformées, c'est-à-dire habilitées par l'arrêté préfectoral d'autorisation à poursuivre des expropriations s'il y a lieu, et à recouvrer leurs taxes dans la forme des contributions directes.

TITRE V.

IMPOTS DIRECTS EN ALGÉRIE ET AUX COLONIES.

CHAPITRE I.

IMPÔTS DIRECTS EN ALGÉRIE.

SECTION I.

Impôts perçus au profit de l'État.

§ 1. *Contribution foncière.*

8682. — Les impôts directs perçus en Algérie au profit de l'État se divisent en impôts établis sur les Européens et en impôts établis sur les Arabes. Il ne faudrait pas croire que les indigènes n'acquittent pas d'autres impôts que les impôts arabes. Ils paient en outre la plupart des taxes assises sur les Européens. Ceux-ci au contraire ont joui, jusque dans ces dernières années, d'une exemption presque complète d'impôts. A part la contribution des patentes et les redevances minières, ils ne supportaient aucun impôt direct. La contribution foncière n'existait pas, non plus que la contribution des portes et fenêtres et que la contribution personnelle-mobilière. Toutefois cette dernière est remplacée par une taxe sur les loyers perçue au profit des communes. De même quelques villes importantes avaient été autorisées à gager des emprunts sur le produit de taxes établies sur le revenu net des immeubles bâtis (Décr. 17 janv. 1871; Alger, 4 déc. 1876; Bône, 18 mai 1878, Mustapha).

8683. — Cependant dès les premiers temps de l'organisation de la conquête, le gouvernement avait songé à établir la contribution foncière. L'art. 10, Ord. 17 janv. 1845 relative aux recettes et dépenses de l'Algérie, rangeait au nombre des revenus généraux de l'État la contribution à établir sur la propriété foncière; mais sans cadastre cette intention du gouvernement ne pouvait être que platonique.

8684. — Une décision impériale du 2 juill. 1864 disposa que la contribution foncière serait établie, à partir d'une époque et suivant les règles qui seraient déterminées ultérieurement par un décret, sur toutes les propriétés immobilières privées, urbaines ou rurales, qui ne seraient pas assujetties aux impôts arabes. A cet effet, les matrices foncières et les autres états et rôles nécessaires seraient dressés dans un bref délai. On devait se conformer pour ces opérations aux lois et règlements suivis en France, sauf à faire modifier les dispositions qui ne seraient pas susceptibles d'être appliquées en Algérie, à raison de certains détails de son organisation administrative.

8685. — Mais c'est seulement en 1868 que l'on commença à prendre les mesures nécessaires pour l'exécution de ce décret. Un arrêté du gouverneur du 8 mai 1868 organisa le service du cadastre en plaçant à sa tête dans chaque province un inspecteur des contributions directes, chargé de la direction et de la surveillance de tous les travaux. Ce chef de service devait être assisté d'un employé chargé du contrôle des travaux extérieurs; de contrôleurs; d'un vérificateur chargé de centraliser les travaux d'art; d'un triangulateur; de géomètres et d'élèves géomètres ou autres auxiliaires. Les dépenses du cadastre, mises à la charge des provinces, devaient former un budget spécial.

8686. — De 1868 à 1873, les travaux du cadastre furent poursuivis avec assez d'activité; mais à partir de ce moment ils furent à peu près abandonnés. D'autres idées avaient prévalu dans le gouvernement. Un projet d'impôt foncier sur les propriétés non bâties, préparé par le gouvernement en 1873, adopté par les conseils généraux d'Alger et de Constantine, mais re-

poussé par celui d'Oran, fut voté par le conseil supérieur avec un principal fictif en nov. 1875. Il n'aboutit pas. Repris en 1883, il fut voté de nouveau par le conseil supérieur et transmis au ministre des Finances. Ce projet fait de cet impôt un impôt de répartition. Le contingent serait réparti entre les départements par la loi de finances et entre les communes par les conseils généraux. Seuls les propriétaires, concessionnaires et usufruitiers français, étrangers ou indigènes naturalisés y seraient assujettis. Ils seraient tenus de déclarer la contenance de leurs terres et la catégorie de leurs cultures. Ces déclarations, valables pour cinq ans, seraient vérifiées par une commission de répartiteurs. Les terres seraient divisées en quatre classes : la première payant 6 fr. par hectare et comprenant les vignes, orangeries, jardins et vergers, terrains maraîchers et d'agrément, emplacements industriels; la deuxième, payant 2 fr. l'hectare, comprenant les terrains irrigués, olivettes et autres terrains plantés d'arbres fruitiers, les prairies, cultures industrielles permanentes; la troisième classe, payant 70 cent., comprenant les terres labourables, les emplacements occupés par les chemins de fer et canaux; la quatrième enfin, comprenant les pâtures, landes et friches, terres vaines et vagues, bois, broussailles, ne payant que 25 cent. par hectare. Contrairement à l'avis du conseil supérieur, le Sénat estima qu'il vaudrait mieux adopter le système de l'impôt de quotité (Rapport de M. Clamageran, *Ann.*, n. 32, Séance du 1er déc. 1892).

8687. — En attendant la réalisation de ce projet, qui mettrait fin à l'immunité dont jouissent les colons depuis la conquête, une loi du 23 déc. 1884 a établi la contribution foncière sur les propriétés bâties (art. 1).

8688. — Toutes les propriétés bâties qui jouissent en France de l'exemption de contribution foncière en vertu de lois et décrets, seront également affranchies de cette contribution en Algérie (art. 2).

8689. — Les maisons et usines nouvellement construites ne seront imposables que la sixième année après leur construction. Il en sera de même pour tous autres édifices nouvellement construits ou reconstruits, ainsi que pour les additions de constructions (art. 3).

8690. — D'autre part, les constructions visées à l'art. 1 (maisons et usines), qui seront édifiées sur les terres de colonisation bénéficieront également de l'exemption de tout impôt foncier pendant les dix années durant lesquelles l'attribution territoriale où les constructions auront été élevées jouira de l'immunité stipulée par le décret du 30 sept. 1878 (art. 30) relatif à l'aliénation des terres domaniales (art. 3). (Exemption décennale de tous impôts établis sur la propriété immobilière.)

8691. — Cette contribution foncière constitue un impôt de quotité. Elle est basée sur le revenu net imposable tel qu'il est défini, en ce qui concerne les propriétés bâties, par la loi du 3 frim. an VII. « Il y a cependant une différence avec l'impôt métropolitain ». Sera compris dans le revenu net imposable le revenu du sol sur lequel sont assises lesdites propriétés bâties (art. 4).

8692. — La loi du 23 déc. 1884 s'était bornée à édicter le principe de la contribution. L'art. 5 disposait en effet que les propriétaires ou usufruitiers des maisons, usines et autres constructions jouiraient, jusqu'à ce qu'il en fût autrement ordonné par une loi, de l'exemption totale du principal de cette contribution foncière. Les centimes additionnels seraient calculés sur le principal.

8693. — Cette immunité ne devait pas être de longue durée. Les Algériens réclamant l'exécution de travaux importants destinés à mettre en valeur les richesses de la colonie, les Chambres

de la métropole ont été amenées à cette idée que l'Algérie était assez florissante aujourd'hui pour pouvoir se suffire à elle-même. En conséquence, la loi de finances du 20 juill. 1891 (art. 5) dispose qu'à partir du 1er janv. 1892, la contribution foncière, établie par l'art. 1, L. 23 déc. 1884 sur les propriétés bâties situées en Algérie, sera perçue en principal au profit de l'Etat, sans préjudice des centimes additionnels ordinaires et extraordinaires que les conseils généraux et municipaux sont autorisés à voter par application des art. 9 et 18 de la même loi. « La loi nouvelle substitue toutefois au taux de 5 p. 0/0 du revenu établi en 1884 (art. 6) le taux de 3 fr. 20 p. 0/0 établi en 1890 pour les immeubles bâtis de la métropole. »

8694. — Pour assurer l'exécution de la disposition concernant le taux de l'impôt, c'est-à-dire le rapport qui doit exister entre le chiffre de la contribution en principal et le revenu net imposable, il sera procédé, une fois tous les cinq ans, à l'établissement du revenu net de chaque propriété bâtie par un contrôleur des contributions directes, assisté du maire ou de son délégué (art. 7).

8695. — Les changements survenus dans les propriétaires et les propriétés, par suite de mutations régulières, de constructions nouvelles ou de démolitions, seront constatés par le contrôleur des contributions directes, assisté du maire de la commune ou de son délégué (art. 8).

8696. — Le gouverneur général déterminera, par des arrêtés spéciaux, tous les détails relatifs à l'établissement de la contribution, à la confection des rôles, à leur mise en recouvrement et enfin aux frais de régie et d'exploitation (art. 16).

8697. — La perception de cette contribution sera faite, dans les communes indigènes, au fur et à mesure des recensements des propriétés bâties (art. 17).

§ 2. Taxes diverses.

8698. — La contribution des patentes a été établie en Algérie par un arrêté du 7 déc. 1830. Nous renvoyons l'examen de cette contribution au mot *Patente*.

8699. — Parmi les taxes assimilées qui, en France, sont perçues au profit du Trésor, nous ne trouvons pas en Algérie la taxe sur les biens de mainmorte ni les taxes sur les billards, sur les cercles, sur les chevaux et voitures.

8700. — Les exploitants des mines sont soumis aux redevances fixe et proportionnelle (L. 16 juin 1851 ; Décr. 7 mai 1874).

8701. — Les sources ou puits d'eau salée naturellement ou artificiellement, qu'elles appartiennent au domaine public ou aux particuliers, ne peuvent être exploitées en Algérie pour la fabrication du sel qu'en vertu d'une concession demandée et obtenue conformément à la loi du 17 juin 1840 et à l'ordonnance du 7 mars 1841. Tant que l'impôt métropolitain sur le sel ne sera pas appliqué en Algérie, les concessions de mines de sel et de sources ou puits d'eau salée naturellement ou artificiellement seront assujetties à la redevance proportionnelle comme les concessions d'autres substances (L. 21 juill. 1894, art. 7).

8702. — La législation française sur les poids et mesures a été rendue exécutoire en Algérie par l'ordonnance du 26 déc. 1842, qui reproduit la loi du 4 juill. 1837. Un arrêté ministériel du 22 mai 1846 y rend applicable l'ordonnance du 17 avr. 1839 sur la vérification des poids et mesures. Le décret du 2 nov. 1852 a été promulgué le 2 mars 1853 et enfin un arrêté ministériel du 24 déc. 1851 a dressé une liste d'assujettis. Quant aux modifications apportées depuis cette époque à la législation métropolitaine, notamment par le décret du 26 févr. 1873, elles se trouvent promulguées de plein droit. En effet, en vertu des principes généraux sur la promulgation des lois en Algérie, il n'est pas besoin de promulgation spéciale pour les textes qui apportent des changements à des lois ou décrets déjà promulgués.

8703. — En vertu d'un arrêté du gouvernement du 10 mars 1835, les art. 35 et 36, L. 19 vent. an XI ; les art. 32 à 36, L. 21 germ. an XI ; et l'art. 42, Arr. 25 therm. an XI, sur les pharmaciens et herboristes ont été déclarés applicables à l'Algérie. Un décret du 12 juill. 1851 a réglementé l'exercice de ces deux professions.

8704. — Aux termes de l'art. 7 de ce décret, les visites des officines et des magasins des pharmaciens, herboristes et droguistes, prescrites par la loi du 21 germ. an XI et par l'arrêté du 25 thermidor de la même année, sont faites dans chaque province par les membres du jury de médecine réunis aux quatre

pharmaciens adjoints. Si le jury n'est pas rassemblé ou si les circonstances ne lui permettent pas de se transporter sur les lieux, ces visites sont faites par une commission spéciale composée d'un docteur en médecine et d'un ou de plusieurs pharmaciens de la localité désignés par le préfet en territoire civil et par le général commandant la division en territoire militaire. Les membres du jury ou de la commission seront assistés d'un commissaire de police, ou à son défaut du maire ou de l'adjoint. Les taxes fixées pour frais de visites par l'arrêté du 25 therm. an XI sont perçues et recouvrées comme en matière de contributions diverses. Le produit en est versé dans la caisse du budget (art. 8).

8705. — La taxe militaire existe en Algérie. Aux termes de l'art. 42, Décr. 30 déc. 1890, pour les assujettis domiciliés en Algérie, la taxe militaire ne comprend que la taxe fixe et la portion imposable de la cote de l'ascendant responsable, si cet ascendant est domicilié dans la métropole. Cette disposition s'explique par ce fait que la contribution personnelle-mobilière n'existe pas en Algérie.

8706. — Pour les hommes ayant satisfait à la loi du recrutement, la taxe n'est due que lorsqu'ils comptent moins d'une année de service. La taxe calculée par application des dispositions du § 3, art. 35 de la loi sur le recrutement, est réduite d'un douzième par chaque mois de service accompli par l'assujetti. Les dispositions de l'art. 3 du présent décret sont applicables à l'homme qui, ayant satisfait en Algérie à la loi sur le recrutement, transporterait son établissement dans la métropole avant l'âge de trente ans accomplis. Il devient passible de la taxe dans les termes du règlement métropolitain.

8707. — La loi du 24 déc. 1888 sur la destruction des insectes, des cryptogames et autres végétaux nuisibles à l'agriculture s'applique aux départements de l'Algérie (art. 8).

§ 3. Taxe des vignes.

8708. — Le développement de la culture viticole en Algérie et la nécessité de protéger cette source de richesse contre les ravages du phylloxéra ont déterminé le législateur à voter des mesures préventives de défense qui entraînent des frais à l'encontre des propriétaires.

8709. — La loi du 21 mars 1883 oblige tout propriétaire, toute personne ayant, à quelque titre que ce soit, la charge de la culture ou la garde d'une vigne, à signaler immédiatement au maire de sa commune tout fait de dépérissement ou même tout symptôme maladif qui se seront manifestés dans ladite vigne. Une semblable déclaration est obligatoire pour les pépinières ou jardins dans lesquels il existe des pieds de vigne (art. 1).

8710. — Le maire était tenu : 1° de prévenir immédiatement le sous-préfet ou le préfet de ces déclarations et de les leur transmettre ; 2° de faire visiter par un expert, une fois par an, et plus souvent s'il était nécessaire, les vignes comprises dans le territoire de sa commune ; 3° de rendre compte immédiatement au sous-préfet ou au préfet du résultat de cette visite (art. 1 et 2).

8711. — De son côté, le préfet devait faire visiter sans délai les vignes, pépinières et jardins pour lesquels il avait reçu une déclaration ou dans lesquels il jugeait une inspection nécessaire. Son délégué avait le pouvoir de pénétrer dans ces propriétés et d'y faire toutes les recherches et travaux d'investigation jugés nécessaires. Cette visite était étendue aux vignes environnantes. Le délégué transmettait son rapport au préfet sans délai (art. 3).

8712. — L'art. 8 de la loi mettait les frais des visites ordonnées par le préfet à la charge de l'Etat et ceux des visites faites par le maire à la charge de la commune. Ces dépenses étaient obligatoires.

8713. — Le système adopté en 1883 était peu équitable. En effet, il avait l'inconvénient de faire supporter par tous les contribuables de la commune les frais d'inspection, dépense faite dans l'intérêt immédiat des seuls propriétaires de vignes. On comprend donc que les communes aient apporté assez de négligence dans l'organisation du service d'inspection qui leur incombait.

8714. — La loi du 28 juill. 1886 change de système. Elle abroge l'art. 2 et l'art. 8, § 2 de la loi de 1883, autrement dit elle supprime les inspections prescrites par le maire et exonère la commune des frais mis à sa charge. Dorénavant c'est le préfet qui doit, une fois par an, et plus souvent s'il est nécessaire, faire visiter les vignes de son département. Les agents sont investis

du pouvoir de pénétrer dans les propriétés et d'y faire les recherches et travaux d'investigation jugés nécessaires (art. 1).

8715. — Les frais de visite du vignoble algérien, précédemment mis à la charge des communes, seront désormais supportés par les propriétaires des vignes. Il y sera fait face au moyen d'une taxe spéciale et temporaire perçue dans chacun des départements de l'Algérie et portant sur toutes les vignes à partir de la troisième année de leur plantation. Les propriétaires possédant moins de 25 ares de vignes ne seront pas soumis à la taxe (art. 1). Cette taxe a été déclarée applicable à partir du 1er janv. 1887 par la loi du 5 mars 1887.

8716. — Le montant de cette taxe, dont le maximum sera de 5 fr. par hectare, devait être fixé chaque année par arrêté du gouverneur général pris en conseil de gouvernement, les conseils généraux consultés (art. 2). Le taux actuel est de 3 fr. par hectare (Rapp. Clamageran). A l'avenir le taux sera fixé par décret rendu sur la proposition des ministres de l'Agriculture et des Finances, les conseils généraux de l'Algérie entendus, sans pouvoir dépasser 5 fr. par hectare (L. 21 juill. 1894, art. 8).

8717. — La circonstance qu'un contribuable aurait cultivé sa vigne en rangs très-espacés, séparés par des cultures différentes dans les intervalles, n'est pas de nature à motiver une réduction. — Cons. d'Ét., 28 juin 1889, Jenondet, [Leb. chr., p. 778]

8718. — La taxe sera assise sur les déclarations des propriétaires contrôlées par le service des contributions directes. En cas de déclaration inexacte ou de non déclaration, la double taxe sera imposée d'office sur les surfaces dissimulées ou non déclarées (art. 3). — Cons. d'Ét., 9 nov. 1889, Descours, [Leb. chr., p. 1004]

8719. — Cette déclaration doit être faite au maire. Celle qui serait faite à une autre personne, à l'expert du service phylloxérique par exemple, ne serait pas suffisante pour exonérer le propriétaire de la double taxe. — Cons. d'Ét., 9 nov. 1889, Pelletier, [Leb. chr., p. 1005]

8720. — Le produit de la taxe encaissée par le Trésor public formera un compte particulier par département, sera rattaché pour ordre au budget de l'Algérie et sera administré par le préfet de chaque département avec le concours d'une commission composée, en majorité, de viticulteurs (art. 2).

8721. — La taxe à percevoir sur les vignes, à partir de la troisième année de leur plantation, est uniforme dans toute l'étendue d'un même département. Elle est due pour l'année entière par le propriétaire déclarant, ses héritiers ou cessionnaires. Chaque année, du 1er février au 15 mars, tout propriétaire ou représentant à un titre quelconque de propriétaire de vignes imposables et d'une étendue de 25 ares et au-dessus, doit faire la déclaration prescrite par l'art. 2, L. 28 juill. 1886, à la mairie de la commune où sont situées les vignes. Toutefois la déclaration peut ne plus être renouvelée, si ce n'est dans le cas d'un changement apporté au nombre d'hectares de vignes imposables primitivement déclarées (art. 2) (Arr. gouv. 14 oct. 1886, art. 1 et 2).

8722. — Des déclarations sont reçues sur des formules ad hoc dont un exemplaire est mis gratuitement à la disposition des propriétaires de vignes, sur leur demande. Elles font mention des nom, prénoms, profession et demeure des déclarants, de la date de la déclaration, du nombre d'hectares déclarés et des lieux-dits de la situation des vignes dans la commune. Il en est donné reçu au déclarant sous forme de copie de sa déclaration (art. 3).

8723. — A l'expiration du délai imparti pour recevoir les déclarations, les agents des contributions directes se rendront dans chaque commune du département, après avoir avisé le maire ou l'autorité en tenant lieu, du jour de leur arrivée. Ces agents vérifieront les déclarations ; ils les confronteront avec les renseignements qu'ils auront pu recueillir et, avec ceux qui leur seront fournis par l'autorité municipale ; ils suppléeront d'office, et sauf recours devant le conseil de préfecture de la part des intéressés, aux déclarations qui n'auraient pas été faites ou qui seraient reconnues inexactes ou incomplètes, et ils appliqueront, s'il y a lieu, la double taxe prévue par l'art. 2, L. 28 juill. 1886. Ils rédigeront l'état-matrice de concert avec le maire (art. 4).

8724. — Lorsque les faits pouvant donner lieu à un accroissement de taxe n'ont pas été constatés en temps utile pour entrer dans la formation du rôle primitif, il est dressé dans le cours de l'année un rôle supplémentaire (art. 7).

8725. — Les frais d'assiette, de perception et autres frais nécessaires relatifs à la taxe sur les vignes sont prélevés sur le produit de cette même taxe. Ils sont fixés par arrêté du gouverneur général pris en conseil de gouvernement (art. 8).

Section II.

Impôts arabes.

§ 1. Historique.

8726. — Les impôts arabes ont une double origine : les uns, perçus sur les terres musulmanes, en vertu des dispositions du Coran, avaient le caractère d'une sorte de dîme religieuse destinée à secourir les pauvres, les voyageurs, à racheter les malades, à propager la foi. Ces impôts portaient le nom générique de zekkat et comprenaient les taxes qui existent encore aujourd'hui sous les noms d'achour et de zekkat.

8727. — Les autres qui pesaient sur les terres conquises avaient le caractère de tributs. De ce nombre était le hockor.

8728. — Les impôts arabes étaient perçus les uns en argent, les autres en nature. Les impôts perçus en argent ou hédias avaient le caractère de présents faits aux chefs indigènes à certaines époques solennelles : de ce nombre étaient le hak-el-bournous, le hack-el-chabir, l'eussa (payée par les tribus du désert au moment où elles venaient s'approvisionner de grains dans le Tell), la besra, redevance payée au profit des tribus intermédiaires. Tous ces impôts, maintenus quelque temps après la conquête, ont été supprimés peu à peu (Circ. 6 août 1845; Déc. 28 févr. 1830).

8729. — Les impôts qui s'acquittaient en nature étaient le zekkat et l'achour. Le zekkat était établi sur les troupeaux de chameaux, de bœufs, de moutons et de chèvres possédés en toute propriété depuis un an : les animaux au pâturage, les bêtes de travail et leurs produits vivants étaient taxés.

8730. — Le tarif était le suivant : sur les chameaux : au-dessous de 5 chameaux : rien ; de 5 à 24 chameaux : une brebis ou un mouton de 2 ans; de 25 à 35 chameaux : une chamelle d'un an ou un chameau de 2 ans; de 36 à 45 chameaux : une chamelle de 2 ans. Sur les bêtes à cornes : au-dessous de 30 bêtes bovines : rien ; de 30 à 39 bêtes : un veau ou une génisse de 2 ans; de 40 à 59 bêtes : une vache de 3 ans; de 60 à 69 bêtes : 2 veaux de 2 ans. Sur les moutons et chèvres : au-dessous de 40 bêtes : rien ; de 40 à 119 bêtes : une bête; de 120 à 199 bêtes : 2 bêtes; de 199 à 299 bêtes : 3 bêtes, etc. Cet impôt était perçu au commencement de l'été, avant que les troupeaux eussent été conduits sur les terres de parcours. — Béquet, vo Algérie, n. 568.

8731. — L'achour frappait en principe les produits du sol. Il se percevait en été, après que la récolte était effectuée. Il égalait en général la dixième de la récolte.

8732. — Le hockor au contraire était fixe. Il représentait une somme d'argent déterminée par un certain espace de terre cultivée.

8733. — Enfin les lezmas sont des impôts établis depuis la conquête sur les Kabyles et les tribus sahariennes que les Turcs n'avaient jamais pu assujettir à l'impôt.

§ 2. Zekkat.

8734. — Nous allons indiquer d'abord en quoi consistent actuellement ces impôts et comment ils sont établis. Nous chercherons ensuite à quelle autorité il appartient de les établir, d'en modifier l'assiette, d'en fixer la quotité; quels sont les contribuables qui y sont assujettis, comment les rôles sont dressés et recouvrés.

8735. — L'administration française a tâché d'unifier l'impôt zekkat. Elle décida d'abord qu'il serait prélevé 1 bœuf ou 1 vache sur 30 têtes de bétail; 1 chameau sur 40; 1 mouton ou 1 chèvre sur 100 têtes. Depuis 1858, le tarif de conversion en argent est le suivant : 4 fr. par chameau, 3 fr. par bœuf, 0,20 par mouton, 0,25 par chèvre. Les chevaux et les ânes ne sont pas imposés. Il en est de même des animaux nés ou acquis depuis le 1er janvier (Rapp. Clamageran).

8736. — Le zekkat est dû d'après le nombre de têtes de bétail possédé au 1er janvier. — Cons. d'Ét., 13 févr. 1880, Lagdard-ben-Zian, [Leb. chr., p. 153]; — 25 juin 1880, Hadj-Ahmed, [Leb. chr., p. 587]; — 25 janv. 1884, Mohammed ben Amissi, [Leb. chr., p. 72]; — 22 févr. 1884, Ahmed-ben-Brahim,

[Leb. chr., p. 153]; — 30 janv. 1885, El-Hadj-Saïd, [Leb. chr., p. 102]; — 27 mars 1885, Abd-el-Kader, [Leb. chr., p. 359]; — 3 juill. 1885, Ahmed-ben-Hadj, [Leb. chr., p. 630]; — 7 août 1885, El-Hadj-Omar, [Leb. chr., p. 752]; — 26 mars 1886, El-Arbi, [Leb. chr., p. 272]; — 2 déc. 1887, Ali-ben-Mohammed, [Leb. chr., p. 753]; — 16 déc. 1887, Mohammed-ben-Taïeb, [Leb. chr., p. 802]; — 16 févr. 1889, Rabah-ben-Tramud, [Leb. chr., p. 230]; — 24 mai 1889, Djelani, [Leb. chr., p. 642]; — 15 nov. 1890, Salah, [Leb. chr., p. 836]; — 6 déc. 1890, Mohammed-ben-Doudou, [Leb. chr., p. 926]; — 13 juin 1891, Ed-Hadj-Saïd, [Leb. chr., p. 443]; — 20 juin 1891, Ahmed-ben-Amara, [Leb. chr., p. 472]; — 13 févr. 1892, Bel-Kassim, [Leb. chr. p. 151]; — 9 avr. 1892, Ahmed-ben-Daffin, [Leb. chr., p. 389]; — 3 déc. 1892, M'Barck, [Leb. chr., p. 865]

8737. — Le contribuable qui est imposé à raison des mêmes éléments dans deux communes a droit à décharge. — Cons. d'Et., 2 juill. 1892, El-Hadj-El-Arbi, [Leb. chr., p. 594]

§ 3. Achour et hockor.

8738. — L'achour est établi suivant des règles différentes dans les départements d'Alger et d'Oran d'une part, et le département de Constantine de l'autre. Dans ce dernier d'abord, il se cumule avec le hockor, qui n'est pas perçu dans les autres. En outre l'achour ne porte pas sur le produit brut réel, mais sur le rendement présumé d'une étendue déterminée de terrain. Cette étendue s'appelle djebba dans l'Est, zanidja dans l'Ouest. C'est l'étendue de terrain que peut labourer dans une saison une paire de bœufs. Elle varie entre 8 et 12 hectares. Ce n'est donc pas au nombre des instruments qu'un propriétaire possède qu'il faut s'attacher, mais au nombre d'hectares qu'il a cultivés. — Cons. d'Et., 17 déc. 1886, Ahmed-ben-el-Taïeb, [Leb. chr., p. 890]; — 27 déc. 1890, Ameur, [Leb. chr., p. 1014]; — 23 janv. 1892, Bel-Kassim, [Leb. chr., p. 48]

8739. — Il est apporté quelques tempéraments dans l'application. Ainsi les charrues traînées par des ânes ne comptent que pour une demi-charrue. Les charrues qui ne labourent qu'un quart ou une moitié de la contenance ordinaire ne paient que le quart ou la moitié. Il en est de même pour les charrues employées dans les régions montagneuses (Rapp. Clamageran, p. 6).

8740. — Les cultures autres que les céréales sont rarement imposées. Cependant dans quelques communes on y assujettit sous le nom de charrues de printemps, certaines cultures spéciales (telles que le maïs, le tabac, le sorgho). Elles sont imposées à une taxe réduite.

8741. — Le taux normal de l'achour est de 25 fr. par hectare. Parfois ce taux s'abaisse jusqu'à 3 fr. Le taux du hockor est en général de 20 fr. Il est de 10 fr. dans quelques communes. L'impôt est invariable en ce sens qu'il ne tient pas compte de la qualité de la récolte.

8742. — Dans les départements d'Alger et d'Oran, jusqu'en 1886, l'achour, après avoir au début pesé sur les différents produits de la terre, sur les fruits, la paille et même sur le miel, avait été restreint aux terres cultivées en céréales. Cet impôt tenait compte de la qualité de la récolte et de la superficie cultivée. Aux approches de la moisson les agents chargés de l'assiette parcouraient les champs et taxaient les propriétaires suivant l'apparence de leurs cultures. Le taux était en général le suivant :

Pour une récolte très-bonne... 3 quintaux de blé, 4 d'orge.
—   bonne....... 1 1/2 — 3 —
—   assez bonne. 1 — 2 —
—   mauvaise.... » 1/2 — 1 —

Le paiement, depuis 1845, étant fait en argent, le gouverneur fixent le tarif de conversion aux chiffres suivants : 22 fr. pour le quintal de blé; 11 fr. pour le quintal d'orge.

8743. — Un arrêté du gouverneur du 20 sept. 1886 a décidé qu'à partir du 1er janv. 1887, toutes les cultures seraient soumises à l'impôt achour dans les départements d'Alger et d'Oran, et imposées au même titre et dans les mêmes conditions que le blé et l'orge, c'est-à-dire en tenant compte à la fois de la superficie cultivée et de la qualité de la récolte, et d'autre part, des tarifs de conversion appliqués aux céréales. En vertu de cet arrêté, sont imposées aujourd'hui les cultures sarclées (maïs, fèves, lin, bechna), les jardins, tabacs, vignes, orangeries, olivettes, vergers, etc. Nous examinerons plus loin si cet arrêté a été pris légalement.

§ 4. Lezma.

8744. — La lezma est, comme nous l'avons dit, d'origine française. C'est le maréchal Randon, gouverneur général qui, par un arrêté du 18 juin 1858, établit pour la première fois cet impôt sur les Kabyles du Djurdjura (département d'Alger). Un autre arrêté du 4 août 1863 y assujettit les tribus Beni-Hidjer, Beni-Lekki et Illanla ou Malon. Un arrêté du 3 juin 1863 avait précédemment établi l'impôt lezma sur les palmiers appartenant aux indigènes de l'oasis de Bangaada.

8745. — L'assiette de la lezma varie suivant les régions. Il existe, on peut dire, quatre impôts différents portant ce nom. Dans l'extrême Sud des départements d'Alger et de Constantine, dans le M'Zab et l'aghalik d'Ouargla, elle consiste dans une taxe fixe payée par les tribus et calculée à raison de leur richesse en palmiers et en bestiaux (Arr. 27 nov. 1885).

8746. — Dans d'autres parties des départements d'Alger et de Constantine, elle consista dans une taxe sur les palmiers-dattiers. Ces arbres sont taxés d'après leur nombre et leur qualité. Ils sont divisés en six catégories pour lesquelles il est payé respectivement 25 cent. 287 millimes, 30, 40, 45 et 50 cent.

8747. — Dans la petite Kabylie, la lezma est une taxe fixe par feu. Elle présente cette particularité d'être à la fois un impôt de quotité pour le gouvernement, qui en fixe le chiffre d'après le nombre des feux existant dans le douar et un impôt de répartition pour les contribuables. Le contingent, une fois déterminé, est réparti par les contribuables proportionnellement à leurs facultés présumées ou d'après certains signes apparents de fortune. La taxe, acquittée par feu, varie entre 20 fr. et 22 fr. 50 (Rapport Clamageran).

8748. — Enfin dans la Kabylie du Djurdjura (département d'Alger), l'arrêté du 18 juin 1858 avait fait de la lezma une sorte de capitation graduée selon les règles suivantes. Dans chaque tribu, les hommes réputés susceptibles de porter les armes, c'est-à-dire en âge de concourir aux charges de la commune, furent divisés en quatre catégories, la première comprenant les gens riches ou jouissant d'une grande aisance relative; la seconde, ceux d'une aisance moindre; la troisième, ceux n'ayant que des ressources médiocres ; la quatrième, ceux qui ne possédaient rien. Cette dernière catégorie fut déclarée exempte de toute redevance. On n'y devait ranger que les individus vivant exclusivement de la charité publique. Les trois autres catégories furent taxées à un impôt fixe annuel de 15, 10 et 5 fr. par individu.

8749. — En 1886, le gouverneur prit, sur la proposition du conseil du gouvernement, un arrêté, en date du 9 septembre, qui, sans toucher aux trois dernières classes, divisent la première en trois catégories nouvelles, comprenant les gens ayant une réelle aisance, les gens riches et les gens très-riches. Ces trois classes nouvelles devaient acquitter respectivement les taxes suivantes : 15 fr., 50 fr., 100 fr. Nous aurons à examiner pour cet arrêté, comme pour celui relatif à l'achour, la question de légalité.

8750. — Cette capitation kabyle a plusieurs défauts : d'une part, l'impôt se double chaque fois qu'un enfant mâle devient contribuable au 1er janvier. En revanche, les femmes, quelque riches qu'elles puissent être, ne paient rien (Rapport Clamageran).

8751. — L'impôt est dû d'après les éléments possédés par le contribuable au 1er janvier. Si la vente dont il se prévaut n'a acquis date certaine qu'après le 1er janvier, le contribuable reste passible de l'impôt pour l'année entière. — Cons. d'Et., 21 mai 1892, Ahmed-ben-Messaoud, [Leb. chr., p. 469]

§ 5. Par qui sont dus ces impôts.

8752. — Les impôts arabes ne sont dus que par les indigènes. Les Européens en ont été dispensés par une décision ministérielle du 5 nov. 1845. — Av. Cons. d'Et, 25 janv. 1863.

8753. — Quant aux indigènes, ils n'y sont soumis qu'autant qu'ils restent régis par les préceptes du Coran. Ceux qui se font naturaliser français y échappent de plein droit. C'est ce qui est arrivé aux indigènes israélites. Il avait été décidé que la décision ministérielle du 5 nov. 1845 ne s'appliquait pas aux israélites indigènes. — Cons. d'Et., 1863, Abraham El-kanoui, [Leb. chr., p. 683]

8754. — Mais à partir du décret du 24 oct. 1870, qui leur a conféré en masse la nationalité française, la jurisprudence a changé et le Conseil d'Etat décide qu'ils ne sont plus passibles

des impôts arabes. — Cons. d'Et., 28 nov. 1879, Kalfallah-Assoun, [Leb. chr., p. 748]; — 26 déc. 1879, Mohammed-ben-Guerra, [Leb. chr., p. 842]; — 13 févr. 1880, Belkassen, [Leb. chr., p. 153]; — 29 juill. 1831, Min. Intérieur, [Leb. chr., p. 739]; — 7 juill. 1882, Kalfallah, [Leb. chr., p. 638]; — 12 juill. 1882, Min. Intérieur, [Leb. chr., p. 658]; — 28 juill. 1882, Min. Intérieur, [Leb. chr., p. 712]; — 21 mars 1883, Lévy, [Leb. chr., p. 308]; — 27 juin 1884, Kaddouch, [Leb. chr., p. 310]

8755. — Pour qu'un indigène soit exempté des impôts arabes, il faut que la naturalisation intervienne avant la publication du rôle. — Cons. d'Et., 4 août 1882, Min. Intérieur, [Leb. chr., p. 743]

8756. — L'Arabe du territoire militaire, qui émigre en territoire civil, demeure soumis aux impôts dus à l'Etat ou aux communes à raison des cultures, des bestiaux et autres éléments d'imposition qu'il y conserve (Arr. min. 4 déc. 1858).

8757. — Les impôts arabes n'étant assis que sur les terres cultivées, l'Arabe propriétaire, qui loue ses terres à un Européen qui les cultive, n'est pas imposable. — Cons. d'Et., Ben-Abdallah, [Leb. chr., p. 600].

8758. — Mais que faut-il décider dans le cas contraire, c'est-à-dire quand un Européen loue ses terres à des Arabes, qui deviennent ses fermiers ou ses métayers (Khammès)? Cette question est une de celles qui ont le plus vivement préoccupé le gouvernement. Une résolution du conseil du gouvernement du 5 mars 1849 avait décidé, d'une part, qu'il ne fallait établir aucune différence, au point de vue de l'impôt, entre les cultivateurs arabes du territoire civil et ceux du territoire militaire; 2° que le propriétaire européen qui louait des terres à des familles arabes ne pouvait les exempter de l'impôt arabe; 3° que le khammès devait être considéré et traité, pour l'assiette de l'impôt, à l'instar des fermiers et métayers, sauf le cas où il était établi sur une terre de propriété européenne, exploitée par son propriétaire ou par un fermier européen, habitant les uns et les autres un corps de ferme, constituant les instruments de travail et dirigeant la culture en personne; 4° que pour l'établissement de l'achour à percevoir sur la part revenant au khammès dans le produit de leur travail, cette part ne pourrait être évaluée au-dessous du cinquième de la récolte au brut.

8759. — Cette décision eut des effets économiques assez mauvais. Elle produisit notamment pour les colons un renchérissement considérable de la main-d'œuvre, les fermiers ou khammès arabes s'arrangeant de manière à faire payer l'impôt par le propriétaire au moyen d'une augmentation des fermages. Pour remédier à cet inconvénient, le ministre des Colonies et de l'Algérie par, le 23 août 1858, une décision portant que dorénavant l'achour ne serait plus perçu sur les Arabes cultivant à un titre quelconque, une terre européenne, soit comme khammès, soit comme locataire. Toutefois cette exemption ne s'appliquait pas aux Arabes locataires des terres azels ou terres du Beylick, qui devaient continuer à supporter le hockor et l'achour.

8760. — Un arrêté du gouverneur général du 22 mars 1872 a rapporté la décision du ministre de 1858 et remis en vigueur la résolution du conseil du gouvernement du 5 mars 1849. Ainsi à l'heure actuelle, les fermiers ou métayers arabes de propriétaires européens acquittent les impôts arabes. Nous examinerons si cet état de choses est légal.

§ 6. Comment et par qui sont établis les impôts arabes.

8761. — Qui a qualité pour établir les impôts arabes, pour en modifier l'assiette ou la perception? La législation a varié sur ce point. L'ordonnance du 21 août 1839 (art. 5) rangeait au nombre des revenus de la colonie les dimes, redevances et autres taxes ou contributions habituelles, payées par les Arabes, à l'administration de la France. Aux termes de l'art. 12, les taxes, perceptions ou revenus perçus au profit de la colonie ne pouvaient être établis, modifiés ou supprimés qu'en vertu d'arrêtés rendus par le ministre de la Guerre ou par le gouverneur général avec l'approbation préalable du gouvernement.

8762. — L'ordonnance du 17 janv. 1845, qui exigeait en principe une ordonnance royale pour les impôts, taxes ou revenus de toute nature créés ou à créer en Algérie comme produits généraux ou comme produits locaux, maintint cependant, jusqu'à disposition contraire, les dispositions concernant les impôts arabes, qui continuèrent à pouvoir être établis par le ministre de la Guerre.

8763. — Le décret du 10 déc. 1860 semble avoir voulu centraliser les règles relatives à l'établissement des impôts arabes. Le gouverneur général prépare l'assiette et la répartition des divers impôts (art. 11). Ces répartitions sont soumises à l'examen du conseil supérieur (art. 12). Après délibération du conseil supérieur, les répartitions sont arrêtées par le ministre et sont soumises par lui au gouvernement (art. 13).

8764. — Le gouvernement d'alors est allé plus avant dans cette voie en faisant rendre le sénatus-consulte du 22 avr. 1863 relatif à la constitution de la propriété indigène. On sait que cet acte avait pour objet de transformer en droit de propriété incommutable les droits de jouissance ou de parcours qu'avaient les tribus sur les territoires qu'elles occupaient. On devait par des délimitations successives et des partages entre les tribus, les douars, etc., arriver à constituer la propriété individuelle. Or, l'art. 4 de ce sénatus-consulte dispose que les rentes, redevances et prestations dues à l'Etat par les détenteurs des territoires des tribus continueront à être perçues comme par le passé jusqu'à ce qu'il en soit autrement ordonné par des décrets impériaux rendus en la forme des règlements d'administration publique. Sous le nom de rentes, redevances et prestations on comprenait les impôts de toute nature perçus sur les indigènes (Déclar. du général Allard et de M. de Casablanca, rapporteurs au Sénat). — Ménerville, t. 2, p. 190. — Ainsi pour le passé on consacrait toutes les dispositions concernant l'assiette et la perception. Mais pour l'avenir on exigeait des décrets en Conseil d'Etat.

8765. — Depuis cette époque aucun texte législatif n'est venu modifier les pouvoirs respectifs du chef de l'Etat, du ministre et du gouverneur général en matière d'impôts arabes. Les décrets du 25 août 1881 ont rattaché le service des finances et des impôts au ministère des Finances et le ministre des Finances a immédiatement fait déléguer les attributions qu'il venait de recevoir au gouverneur.

8766. — On peut donc se demander si, sous l'empire du sénatus-consulte de 1863, il peut appartenir soit au gouverneur général, soit au ministre des Finances de prendre des arrêtés modifiant l'assiette des impôts arabes. Cette question a été soulevée à propos des arrêtés du gouverneur des 9 et 20 sept. 1886 modifiant l'assiette de la lezma kahyle et de l'achour dans les départements d'Alger et d'Oran. Dans ses rapports annuels sur les exercices 1888 et 1889 (1888, p. 31 et 1889, p. 27), la Cour des comptes estimant que ces arrêtés créaient des impôts nouveaux ou des matières imposables nouvelles, étaient illégaux. Cette opinion a été consacrée par le Conseil d'Etat. — Cons. d'Et., 25 mai 1891, Si-Mohammed, [Leb. chr., p. 361]. — La même décision s'applique à l'arrêté du 22 mars 1872 qui a soumis de nouveau à l'achour les fermiers et métayers arabes employés par des colons.

8767. — Comment les rôles d'impôts arabes sont-ils dressés, mis en recouvrement, comment les impôts sont-ils perçus? Dans les premiers temps qui ont suivi la conquête, c'était aux commandants supérieurs, chargés de déterminer les impôts arabes dans leur taux et leur quotité, qu'il appartenait de faire établir, par une commission administrative et d'après des modèles arrêtés par le gouverneur, les rôles présentant : 1° le nom de chaque tribu; 2° celui du caïd chargé de la perception; 3° le nombre des tentes; 4° l'étendue approximative des terres cultivées; 5° la nature, la quotité et le chiffre total de chaque impôt; 6° la portion revenant aux caïds; 7° le net à percevoir en argent ou en nature (Arr. gouv. 3 sept. 1842, art. 18-20).

8768. — A partir de 1857, le gouverneur décida que l'unité imposable serait la tribu dans les tribus les plus rapprochées des centres de commandement, c'est-à-dire celles où la France avait une action immédiate et journalière; le douar ou la ferka dans les tribus plus éloignées; les tribus dans les parties où notre autorité s'exerçait plus particulièrement par des intermédiaires (Arr. 7 janv. 1857).

8769. — Un arrêté du ministre du 19 févr. 1859 partagea le soin de dresser les rôles et de préparer les bases devant servir à l'assiette de l'impôt entre les préfets en conseil de préfecture dans le territoire civil, et les généraux en conseil des affaires civiles (ce conseil a été remplacé par le conseil de préfecture).

8770. — En territoire militaire les rôles sont établis de la manière suivante : après avoir dressé, avec l'assistance de la djemaa de chaque douar, les états constatant les matières imposables et indiquant en regard de chaque groupe le nom du contribuable, les chefs indigènes les remettent au chef du bureau arabe qui, avec l'aide de ses adjoints, les contrôle et les vérifie.

59

Le commandant supérieur fixe la période pendant laquelle les indigènes sont admis à prendre communication de ces états et à porter les réclamations qu'ils se croient en droit d'élever. Les réclamations sont portées au bureau arabe ou au commandant supérieur. Les états sont traduits pour servir à l'établissement des états de base de l'impôt, puis après avoir été vérifiés et signés par le commandant supérieur, ils sont adressés au commandant de la province qui fait établir les rôles par le service des contributions diverses.

8771. — Un décret du 8 mai 1872 substitua au service des contributions diverses, qui depuis la conquête était chargé de l'assiette et de la perception de tous les impôts, un service des contributions directes et des recensements comprenant des agents de l'administration métropolitaine des contributions directes et des agents coloniaux dits recenseurs, chargés particulièrement de l'assiette des impôts (art. 2).

8772. — Ces agents devaient avoir pour attributions, sur tous les points du territoire où leur action paraîtrait utile, la préparation des listes des redevables. Ces listes, vérifiées par le contrôleur, seraient arrêtées par les djemaas ou commissions municipales. Ces agents devaient concourir à tous les travaux se rattachant à l'assiette de l'impôt arabe dans les formes et conditions indiquées par le gouverneur général. Placés sous la direction du chef du service des contributions directes, ils étaient nommés par le gouverneur général.

8773. — Toutefois ce nouveau mode de recensement et d'assiette de l'impôt arabe ne pouvant être appliqué que graduellement, au fur et à mesure de la création de nouvelles circonscriptions cantonales, transitoirement les états statistiques des matières imposables dressés sous la surveillance des officiers des bureaux arabes devaient être, pour les territoires non encore soumis à ce régime, transmis dans chaque département au chef du service des contributions directes, chargé à l'avenir de la confection des rôles des impôts directs de toute nature.

8774. — Le décret du 21 nov. 1874 modifia celui de 1872 en substituant au service central des contributions directes un service départemental et en remplaçant les recenseurs par des répartiteurs spécialement chargés de l'assiette de l'impôt arabe dans les territoires non cadastrés.

8775. — En territoire civil, depuis 1865, on tendait à substituer les rôles nominatifs aux rôles collectifs par tribu ou par douar. Cette réforme abandonnée (Décis. du commissaire de la République, 6 mars 1871) comme onéreuse et inutile, fut reprise à la suite de l'organisation du service des contributions directes. Les agents de ce service, assistés des répartiteurs et des adjoints indigènes (Décr. 7 avr. 1884), dressent les rôles de la manière suivante.

8776. — Dans chaque commune de plein exercice et dans chaque commune mixte du territoire civil, les agents du service des contributions directes doivent déposer au secrétariat de la mairie contre récépissé, les matrices concernant les impôts arabes de quotité. Dans les communes mixtes, ce dépôt est fait pour chaque douar ou fraction de tribu séparément. La durée du dépôt est de vingt jours. Pendant la durée de ce dépôt, tout contribuable de la commune peut prendre connaissance de la matrice et se faire indiquer les éléments de cotisation le concernant ou concernant d'autres membres de la collectivité. Il consignera ou fera consigner sur une feuille annexée à la matrice, toutes les observations et réclamations qu'il jugera à propos de formuler.

8777. — A l'expiration du délai de vingt jours et au plus tard dans les cinq jours qui suivront l'expiration de ce délai, le maire, après avoir pris connaissance des réclamations et avoir consigné ses propres observations, transmettra la matrice au directeur des contributions directes chargé de la confection des rôles. A l'égard des articles contestés, ce chef de service examinera les observations qui se seront produites et, après avoir entendu les explications de l'agent des recensements et au besoin fait recueillir de nouveaux renseignements par ce même agent ou par l'inspecteur, il réglera les points en contestation. Le contribuable conservera d'ailleurs le droit de réclamer comme en matière d'impôt direct (Arr. gouv. 15 nov. 1884).

8778. — Les administrateurs doivent seconder les répartiteurs dans leur travail de recensement et leur fournir un cavalier d'escorte pendant leur tournée dans les tribus pour la constatation des bases de l'impôt. Les chefs indigènes doivent aussi prêter leur concours aux agents (Circ. 30 déc. 1885).

8779. — Enfin les contribuables eux-mêmes concourent à la confection des rôles. — Depuis un arrêté du gouverneur du 16 avr. 1872, ils sont tenus de faire aux répartiteurs la déclaration exacte des matières soumises à l'impôt. Toute omission volontaire ou dissimulation sera frappée d'une double taxe à titre d'amende. La taxe sera portée au triple si le contribuable s'est opposé aux vérifications des répartiteurs, s'il a soustrait ou cherché à soustraire les matières imposables à la vérification.

§ 7. Comment les impôts arabes sont-ils recouvrés.

8780. — Les rôles des impôts arabes, qui, en vertu de l'art. 87, Ord. 2 janv. 1846, étaient rendus exécutoires par le gouverneur général ou, en vertu de ses ordres, par les commandants supérieurs, le sont, depuis un arrêté ministériel du 19 févr. 1859, par les préfets et par les généraux commandant les divisions, chacun en ce qui concerne son ressort administratif.

8781. — Les rôles d'impôt homologués sont déposés et publiés comme cela se pratique dans la métropole pour les contributions directes (Décr. 8 mai 1872, art. 7).

8782. — Comment se perçoivent les impôts arabes? Sous la domination turque, ils étaient payables en nature et dans les premiers temps de la conquête, ce mode avait été maintenu. La perception était confiée au caïd de chaque tribu. Ce caïd versait les contributions en numéraire au receveur des contributions diverses, qui délivrait une quittance spéciale pour les versements faits au nom de chaque tribu; les contributions en nature, aux comptables de l'administration militaire. Les versements en nature étaient constatés par un procès-verbal, dressé contradictoirement par le sous-intendant militaire, le receveur des contributions diverses et le caïd. Une expédition de ce procès-verbal était remise au caïd comme récépissé. Les deux autres étaient conservées par le sous-intendant et le receveur. Tous les trois mois, le directeur des finances établissait le relevé des versements en nature faits dans les magasins militaires. Le prix de remboursement était réglé sur le tarif de conversion fixé par le ministre et versé dans la caisse du receveur des contributions diverses, en vertu de mandats délivrés par les intendants de chaque province. Les denrées provenant des contributions, qui ne pouvaient être utilisées par l'administration militaire, étaient vendues par le directeur des contributions diverses (Arr. du gouverneur du 3 sept. 1842).

8783. — L'ordonnance du 17 janv. 1845 (art. 2) décida que les impôts dus par les Arabes seraient fixés en numéraire (valeurs françaises), mais qu'ils pourraient, d'après l'autorisation du gouverneur général, être acquittés en nature, soit à la demande de l'administration militaire, dans l'intérêt des approvisionnements de l'armée, soit à la demande des commandants supérieurs, si les contribuables ne pouvaient se libérer en argent. Les paiements en nature, dans le cas où ils seraient autorisés par le gouverneur général, s'effectueraient d'après un tarif arrêté, sur la proposition du gouverneur, par le ministre de la Guerre. En pratique ces tarifs de conversion en argent de l'impôt apprécié en nature sont fixés annuellement par arrêtés du gouverneur. Cela rentre dans les détails d'exécution qu'il est chargé de régler. Un arrêté ministériel du 16 janv. 1860 dispose que les tarifs de conversion pourraient être revisés après les recensements.

8784. — Les cotes, bulletins d'avertissement et les sommations sont imprimés en français et en arabe (Déc. min. 21 févr. 1859). Ces avertissements sont remis aux contribuables par les soins des répartiteurs (Décr. 8 mai 1871, art. 7).

8785. — Dans le territoire civil, les rôles étant aujourd'hui individuels, le recouvrement est poursuivi directement contre les contribuables par les receveurs des contributions diverses. Dans le territoire militaire, ce sont toujours les chefs indigènes qui sont chargés de recouvrer l'impôt. Le rôle rendu exécutoire, le chef du bureau arabe fait connaître d'après les ordres du commandant de la division, le lieu et l'époque du versement. L'ordre du paiement, écrit dans les deux langues, est établi par douar ou fraction de tribu et remis au chef collecteur après lecture à la djemaa. Cet ordre indique la cote afférente à chaque contribuable et la somme à payer par le douar. L'ordre collectif est publié sur les marchés et affiché à la porte du bureau arabe. Le chef indigène, après avoir perçu l'impôt, le verse entre les mains du receveur des contributions diverses.

8786. — Les impôts dus par les Arabes sont constatés au brut dans les écritures ; il y est fait dépense du dixième du produit brut attribué aux chefs indigènes pour frais de recouvrement (Ord. 17 janv. 1845, art. 3). Ce tarif est appliqué presque partout, sauf dans quelques parties du Sud de l'Algérie où la part des chefs est élevée au tiers du produit net.

8787. — Aux termes de l'art. 9, Ord. 17 janv. 1845, tout agent qui opère un maniement de deniers appartenant au Trésor est constitué comptable par le fait seul de la réception desdits fonds sur sa quittance ou son récépissé. Mais cette disposition ne s'applique pas aux chefs indigènes autorisés à faire dans les tribus le recouvrement direct de l'impôt arabe et tenus de compter du montant brut aux receveurs des contributions diverses.

8788. — Les demandes en décharge ou réduction sont soumises à la juridiction des conseils de préfecture. Ces conseils ne connaissaient autrefois que des demandes de contribuables habitant le territoire civil ; en territoire militaire, c'était le général commandant la division qui statuait en conseil des affaires civiles. Depuis le décret du 7 juill. 1864, la compétence des conseils de préfecture a été étendue au territoire militaire.

8789. — Les réclamations sont instruites par le service des contributions directes, qui en territoire militaire prennent l'avis du chef du bureau arabe. Une circulaire du gouverneur général du 12 févr. 1874 appliquait toutes les règles relatives à l'expertise. De plus, la loi du 22 juill. 1889 ayant été promulguée en Algérie par le décret du 31 oct. 1889, la législation métropolitaine est entièrement applicable sur ce point en Algérie.

8790. — Quant aux demandes en remises ou modération, d'après l'arrêté ministériel du 19 févr. 1889, elles étaient jugées par le ministre de l'Algérie. Aujourd'hui cette attribution appartient au gouverneur général. Les agents des contributions instruisent ces demandes. Les dégrèvements pour raison politique ou pour services rendus à l'État ils doivent être proposés par le préfet, sur avis du sous-préfet. Le gouverneur statue (Circ. min. 29 juill. 1862).

8791. — Outre le dixième prélevé sur le produit brut de l'impôt arabe pour les frais de perception alloués aux chefs indigènes, l'ordonnance du 17 janv. 1845 (art. 3) prescrivait de prélever un dixième du net, qui était attribué aux localités comme ressources locales et municipales. Ce prélèvement a été successivement porté à trois dixièmes par le décret du 25 août 1852 au profit des budgets provinciaux, puis à quatre dixièmes par décret du 18 déc. 1858, enfin à cinq dixièmes par décret du 24 sept. 1861, confirmé par celui du 22 oct. 1875.

8792. — Sur ces cinq dixièmes prélevés au profit des budgets départementaux, un décret du 23 déc. 1874 a décidé qu'un dixième serait affecté aux dépenses de l'assistance hospitalière.

Section III.
Taxes perçues au profit des localités.

§ 1. *Centimes additionnels départementaux et communaux.*

8793. — Nous avons dit qu'avant l'établissement de la contribution foncière en Algérie, plusieurs villes avaient été autorisées à gager des emprunts sous la forme de taxes établies sur le revenu net des immeubles bâtis. En vertu des décrets qui autorisaient la perception de ces taxes, elles devaient cesser d'être perçues sous cette forme dès qu'elles pourraient être remplacées par des centimes additionnels aux contributions directes. Les rôles devaient être établis d'après la matrice cadastrale (Décr. 4 déc. 1876 et 17 janv. 1871).

8794. — La jurisprudence du Conseil d'État déclara applicable à ces taxes toute la législation de la contribution foncière et notamment toutes les exemptions accordées par la loi du 3 frim. an VII. — Cons. d'Ét., 31 mars 1864, Min. Guerre, [Leb. chr., p. 214]

8795. — La dérogation en principe d'annualité établi par la loi du 45 juill. 1880 sur les patentes en cas de fermeture d'établissement par suite de faillite ne s'étendait pas à ces taxes. — Cons. d'Ét., 18 mars 1887, Franchi, [Leb. chr., p. 231]

8796. — La compétence de la juridiction administrative à l'égard de ces taxes a été reconnue — Cons. d'Ét., 2 déc. 1887, The Algiers land and Wanhouse, [Leb. chr., p. 753]

8797. — La loi du 23 déc. 1884 (art. 14), supprima expressément les taxes et les remplaça par des centimes additionnels à la contribution foncière.

8798. — De par cette loi (art. 9), les conseils généraux sont appelés à voter annuellement des centimes additionnels départementaux ordinaires et extraordinaires dans les limites fixées par la loi de finances. Ces conseils arrêtent en outre le maximum des centimes extraordinaires que les conseils municipaux seront autorisés à voter en vue des dépenses d'utilité communale. Si les conseils généraux se séparent sans avoir arrêté ce maximum, celui fixé pour l'année précédente est maintenu jusqu'à la session d'octobre de l'année suivante (art. 99).

8799. — Les conseils municipaux sont autorisés à voter, dans la limite fixée par la loi et par le conseil général, des centimes additionnels pour dépenses ordinaires et extraordinaires. Ils peuvent en outre être autorisés à voter des impositions extraordinaires spéciales dans les mêmes conditions que dans la métropole (art. 10).

8800. — Si un conseil municipal se séparait sans avoir voté les fonds pour dépenses obligatoires, il y serait pourvu conformément aux dispositions des lois métropolitaines (art. 11).

8801. — Les conseils généraux et municipaux sont tenus de se conformer, quant à l'emploi des ressources qu'ils demandent aux centimes additionnels, à la division en recettes ordinaires et extraordinaires correspondant aux dépenses de même nature. Ils doivent également se conformer, soit pour le vote, soit pour l'emploi des centimes additionnels, aux affectations spéciales établies par les lois budgétaires. En cas de nécessité, il peut être dérogé à cette règle, pour les conseils municipaux par un arrêté du gouverneur général en conseil de gouvernement et, pour les conseils généraux, par un décret en la forme d'un règlement d'administration publique (art. 13).

8802. — Il est créé un fonds de non-valeurs et de secours en ajoutant trois centimes et demi par franc au montant cumulé des centimes additionnels départementaux et communaux ordinaires et extraordinaires, mis chaque année en recouvrement. Le produit de ces trois centimes et demi est d'visé par départements en deux parties égales, dont la première est mise à la disposition du préfet pour couvrir les dégrèvements de toute nature ainsi que les frais d'expertise tombés à la charge de l'administration. La deux ème moitié forme un fonds commun, qui est distribué par le gouverneur général entre les trois départements, en cas d'insuffisance des premières allocations et en proportion des besoins constatés. Ce fonds commun, auquel viennent s'ajouter chaque année les excédents disponibles de la première moitié, constitue une réserve sur laquelle des secours peuvent être accordés aux propriétaires, fermiers ou usufruitiers atteints par des événements calamiteux (art. 13).

8803. — Le gouverneur général détermine, par des arrêtés spéciaux, tous les détails relatifs à l'établissement de la contribution, à la confection des rôles, à leur mise en recouvrement et enfin aux frais de régie et de perception (art. 16).

8804. — La perception de la contribution foncière sera faite, dans les communes indigènes, au fur et à mesure des recensements des propriétés bâties (art. 17).

8805. — L'art. 5 de cette loi exemptait jusqu'à nouvel ordre les contribuables du principal de l'impôt. Les centimes additionnels devaient être calculés sur ce principal. La loi du 11 juill. 1891 ayant abaissé le taux de l'impôt foncier de 5 p. 0/0 à 3,20 p. 0/0, cette substitution aurait produit une diminution de recettes notable dans les budgets départementaux et communaux si le législateur n'avait pris soin de décider que pour le calcul de ces centimes, on continuerait à prendre pour base un principal déterminé à raison de 5 p. 0/0 du revenu net.

8806. — *Centimes additionnels aux impôts arabes.* — L'art. 4, Ord. 17 janv. 1845 donnait au ministre de la Guerre le droit d'autoriser les tribus arabes à s'imposer des contributions extraordinaires pour des dépenses locales à faire sur leur territoire. Un arrêté ministériel du 30 juill. 1855 convertit ces taxes et contributions supplémentaires en centimes additionnels au principal de l'impôt arabe. La quotité de ces centimes était fixée par le gouverneur général. Leur produit, affecté à certaines dépenses énumérées dans l'art. 4 de l'arrêté, était intégralement consacré aux dépenses d'utilité commune spéciales aux tribus de chaque subdivision militaire.

8807. — Aux termes d'un arrêté du gouverneur du 3 sept. 1862, la taxe sur les loyers, les prestations pour chemins vicinaux et la taxe sur les chiens seront remplacées, pour les indigènes du

territoire civil qui sont inscrits aux rôles du *zekkat* et de l'*achour*, par des centimes additionnels au principal de ces contributions. Ces centimes, perçus au profit de chaque douar, ne peuvent dépasser le maximum de ceux établis en territoire militaire. Chaque année, les préfets, sur l'avis des conseils municipaux intéressés, déterminent, suivant les besoins des communes, la quotité des centimes additionnels à payer. Leurs arrêtés doivent être rendus exécutoires par le gouverneur. Cette conversion ne s'applique pas aux indigènes habitant les villes et villages et qui ne sont pas soumis aux impôts de l'*achour* et du *zekkat*.

8808. — Depuis un arrêté ministériel du 26 févr. 1858, le maximum des centimes additionnels pouvant être ajouté au principal de l'impôt arabe est de 18 cent.

8809. — Les Arabes résidant en territoire civil, dans des localités non comprises dans des circonscriptions communales, continuent à être assujettis au paiement des centimes additionnels. Le produit de ces centimes est centralisé dans la caisse du receveur des contributions diverses du chef-lieu de chaque département.

8810. — Aux termes de l'art. 14, Décr. 23 déc. 1874, le gouverneur général détermine chaque année, par des arrêtés pris en conseil de gouvernement, une certaine part à prélever sur les centimes additionnels pour les dépenses de l'assistance hospitalière.

8811. — Les dépenses résultant de l'exécution de la loi du 26 juill. 1873 sur la constitution de la propriété indigène privée sont couvertes par des centimes extraordinaires additionnels au principal de l'impôt arabe et indépendant des centimes déjà établis (Décr. 13 juill. 1874, art. 1).

8812. — La quotité de ces centimes varie suivant les régions. Pour les populations des communes de plein exercice, des communes mixtes et des communes indigènes assujetties au paiement des impôts *achour*, *zekkat* et *hockor*, la quotité était, en 1874, de 2 cent. Elle a été portée à 4 cent. par décret du 27 juill. 1875.

8813. — Elle a été portée de 10 à 20 cent. pour les populations kabyles soumises à l'impôt *lezma*.

§ 2. *Taxe sur les loyers.*

8814. — Un arrêté du Président de la République du 4 nov. 1848 a établi dans chaque commune, au profit de la caisse municipale, une taxe sur les loyers. Cette taxe a pour base la valeur locative de l'habitation ; elle ne peut dépasser le dixième de cette valeur (art. 13).

8815. — La taxe sera payée par chaque habitant français, indigène ou étranger de tout sexe et non réputé indigent (art. 13). Comme nous l'avons vu, cette disposition n'est appliquée aux indigènes que dans les communes de plein exercice. Dans les autres, la taxe est remplacée par des centimes additionnels aux impôts arabes.

8816. — Les consuls des puissances étrangères y sont soumis comme à la taxe sur les chiens et à celle des prestations. Il n'y a exception à cette règle qu'en vertu de clauses expresses de conventions ou d'après le principe de réciprocité. Seuls les consuls des Etats-Unis, d'Espagne, d'Italie, de Suède et de Norwège sont exemptés, à l'exception toutefois de ceux qui seraient Français (Déc. min. 22 déc. 1858).

8817. — Les commissaires chargés du recensement désignent ceux des habitants qui leur paraîtront devoir être exemptés de la taxe. Leur travail est soumis par le maire au conseil municipal, qui arrête le rôle des contribuables et statue souverainement sur les exemptions pour cause d'indigence (art. 22). Celui qui n'a pas été désigné comme indigent par le conseil municipal ne peut se faire exonérer de la taxe par la juridiction contentieuse. — Cons. d'Et., 8 août 1890, Teddé, [Leb. chr., p. 761]

8818. — Le conseil municipal puise dans son pouvoir d'exempter les indigents le droit d'exempter de toute taxe les loyers inférieurs à un certain chiffre. — Cons. d'Et., 13 août 1863, Fanini, [Leb. chr., p. 682]

8819. — Le conseil municipal détermine le quantum de la taxe pour l'année où le rôle sera mis en recouvrement. Le dixième de la valeur locative est un maximum qui ne peut être dépassé ; mais, dans les limites de ce maximum, le conseil municipal a le droit de se mouvoir librement, et il peut, notamment, au lieu d'un quantum unique, fixer un taux variable suivant l'importance du loyer. — Cons. d'Et., 13 août 1863, Fanini, [Leb. chr., p. 682]

8820. — La taxe sur les loyers est due pour toute habitation meublée, alors même que le propriétaire ou locataire n'y a pas établi son domicile réel et ne l'habite que temporairement (art. 14). — Cons. d'Et., 12 mai 1893, Drivon, [Leb. chr., p. 378]

8820 bis. — Elle est due pour une chambre meublée servant de pied-à-terre alors même qu'elle serait établie dans une maison dégarnie de meubles.

8821. — Toutefois, il a été jugé qu'un appartement loué au mois ne constituait pas un appartement meublé dans le sens de l'arrêté du 4 nov. 1848. — Cons. d'Et., 19 juill. 1878, Ville d'Alger, [Leb. chr., p. 699]

8822. — La cote de chaque contribuable est déterminée d'après le loyer de son habitation personnelle et de celle de sa famille (art. 13). C'est ainsi qu'un contribuable est imposable pour la totalité d'une maison, si des membres de sa famille qui en occupent une partie ne sont pas personnellement imposés. — Cons. d'Et., 27 déc. 1890, Karsenty, [Leb. chr., p. 1013]

8823. — Le fils qui occupe chez ses parents un logement non distinct du leur n'est pas personnellement imposable. — Cons. d'Et., 3 mai 1878, Bougier de Saint-Aubin, [Leb. chr., p. 420]

8824. — Au contraire, si les personnes qui occupent un logement s'y sont créé des appartements distincts et séparés, chacune d'elles doit être imposée, d'après sa quote-part, dans l'habitation commune, et d'après le taux afférent au total du loyer. — Cons. d'Et., 6 mars 1874, Garavini, [Leb. chr., p. 216] ; — 8 nov. 1890, Sugier, [Leb. chr., p. 810] ; — 19 mai 1893, Chaumard, [Leb. chr., p. 403]

8825. — Par exemple si, dans certaines villes, les loyers inférieurs à 300 fr. sont exemptés, deux contribuables, occupant indivisément un appartement d'une valeur locative supérieure à ce chiffre, ne pourront se prévaloir de l'exemption, sous prétexte que chacun d'eux ne contribuerait au paiement du loyer que pour une somme inférieure à 300 fr. — Cons. d'Et., 22 avr. 1884, Arrar, [Leb. chr., p. 153]

8826. — Ne sont pas compris dans l'évaluation des loyers d'habitation : 1º les magasins, boutiques, comptoirs, auberges, usines et ateliers, à raison desquels les habitants paient patente (art. 15). Cette disposition a été appliquée à un avocat défenseur à raison d'un local distinct de son habitation et exclusivement affecté à son étude. — Cons. d'Et., 27 mars 1858, Quinquini, [Leb. chr., p. 253]

8827. — ... 2º Les granges, bergeries, étables ou autres bâtiments servant aux exploitations rurales (art. 15).

8828. — ... 3º Les bureaux des fonctionnaires publics ou employés. Appliqué à un consul pour les pièces afférentes au service du consulat. — Cons. d'Et., 6 mars 1874, Garavini, [Leb. chr., p. 216] — Aux bureaux d'un...... — Cons. d'Et., 5 nov. 1875, Mouzen, [Leb. chr., p. 854]

8829. — ... 4º Les parties des bâtiments qui servent aux élèves dans les maisons d'éducation (art. 15).

8829 bis. — De même un maître d'études logé dans un collège n'est pas imposable. — Cons. d'Et., 5 mai 1894, Coussien, [Leb. chr., p. 335]

8830. — Les jardins d'agrément attenant à l'habitation doivent entrer dans l'évaluation du loyer. Il en est de même des remises, écuries, terrasses et autres dépenses de luxe ou d'agrément (art. 15).

8831. — Les fonctionnaires, les ministres du culte et les employés civils et militaires logés gratuitement dans les bâtiments appartenant à l'Etat ou aux communes, sont imposables d'après la valeur locative des parties de ces bâtiments affectés à leur habitation personnelle et à celle de leur famille (art. 17). — Cons. d'Et., 5 nov. 1875, Mouzen, [Leb. chr., p. 854]

8832. — On a cependant décidé qu'un sous-préfet était imposable à raison de tous les locaux mis à sa disposition dans l'hôtel de la sous-préfecture, y compris les appartements de réception et les appartements de réserve destinés aux fonctionnaires de passage. — Cons. d'Et., 18 mars 1887, Ville de Bougie, [Leb. chr., p. 231]

8833. — Les habitants qui n'occupent que des appartements garnis ne sont assujettis à la taxe qu'à raison de la valeur locative de leur logement évalué comme logement non meublé (art. 15). — Cons. d'Et., 27 avr. 1883, Hellouin, [Leb. chr., p. 395] ; — 31 oct. 1890, Fraud, [Leb. chr., p. 802]

8834. — Tout local propre à l'habitation des hommes est passible de la taxe. C'est ainsi qu'un cercle militaire est imposable. — Cons. d'Et., 1er juin 1888, Nifruecker, [Leb. chr., p. 474]

8835. — Décidé de même pour le local affecté aux réunions d'une société maçonnique. Il importe peu que ces réunions ne soient qu'hebdomadaires et que les sociétaires n'habitent pas personnellement le local. — Cons. d'Et., 6 juin 1866, Maire d'Alger, [Leb. chr., p. 597]

8836. — Les loyers sont évalués soit d'après les conventions réelles, soit par comparaison avec l'ensemble des loyers analogues et notoirement connues (art. 21). Le prix fixé dans un bail ne doit donc pas être nécessairement suivi. — Cons. d'Et., 26 mars 1886, Skinner, [Leb. chr., p. 272]

8837. — Les officiers de terre et de mer ayant des habitations particulières, soit pour eux, soit pour leur famille, les officiers sans troupe, officiers d'état-major de gendarmerie, les employés de la guerre et de la marine dans les garnisons et dans les ports, les préposés de l'administration des douanes non casernés sont imposables d'après le même mode et dans les mêmes proportions que les autres contribuables (art. 16).

8838. — On applique les mêmes distinctions que pour la contribution mobilière. Les officiers ou sous-officiers sans troupe sont imposables d'après la valeur locative de leur logement, alors même qu'il leur serait donné en nature par l'Etat. S'ils logent en ville et reçoivent une indemnité de logement, il n'y a pas lieu de la déduire de la valeur locative. — Cons. d'Et., 12 févr. 1875, Couci, [Leb. chr., p. 122]; — 7 janv. 1874, Cejesta, [Leb. chr., p. 2]; — 10 mars 1876, Béranger, [Leb. chr., p. 232]; — 6 juill. 1888, Chevalier, [Leb. chr., p. 601]; — 26 nov. 1892, Blassier, [Leb. chr., p. 823]; — 27 juill. 1894, Blache, [Leb. chr., p. 512] — Ces décisions ont été rendues contrairement à une circulaire du gouverneur général du 8 août 1853, qui décidait que les employés militaires n'étaient imposables que sur la partie de leur logement excédant l'indemnité de logement.

8839. — On a considéré comme officier sans troupe un officier d'administration des subsistances militaires commandant une section d'ouvriers militaires. — Cons. d'Et., 6 août 1878, Liégy, [Leb. chr., p. 806]; — 30 mai 1879, Chopard, [Leb. chr., p. 419] — ... un officier employé comme stagiaire dans un bureau arabe. — Cons. d'Et., 13 juill. 1877, Carles, [Leb. chr., p. 680]

8840. — De même, un sous-officier employé de la justice militaire et attaché à un pénitencier militaire est imposable comme un contribuable ordinaire. — Cons. d'Et., 14 juin 1890, Guillennat, [Leb. chr., p. 572]; — un gardien de batterie — Cons. d'Et., 10 févr. 1894, Roussel, [Leb. chr., p. 124] — un adjudant greffier à un atelier de travaux publics — Cons. d'Et., 10 févr. 1894, Saliceti, [Leb. chr., p. 124] — un sous-officier attaché à une prison militaire. — Cons. d'Et., 5 mai 1894, Valet, [Leb. chr., p. 330]

8841. — Il faut, au contraire, considérer comme officiers avec troupes ceux qui, tout en étant détachés temporairement dans un emploi d'officier sans troupe, restent attachés à un corps de troupe. C'est ce qui avait été décidé à l'égard d'un chef d'escadron d'artillerie détaché temporairement pour remplir les fonctions de chef d'état-major. — Cons. d'Et., 18 mai 1858, Fabre, [Leb. chr., p. 380]

8842. — Cette question ne se posera plus aujourd'hui, les officiers d'état-major étant assimilés aux officiers avec troupes par décret du 28 juin 1893.

8843. — Un capitaine commandant une compagnie de remonte est un officier avec troupes. — Cons. d'Et., 10 avr. 1869, Brun, [Leb. chr., p. 342]

8844. — Les officiers devaient, en principe, être logés dans les bâtiments militaires. Il en fut ainsi jusqu'à un arrêté ministériel du 29 oct. 1841, qui établit en Algérie l'indemnité de logement. Cette indemnité était fixée suivant les grades par un tarif. L'arrêté du 4 nov. 1848 ne les assujettit à la taxe qu'autant qu'ils ont une habitation particulière.

8845. — L'officier avec troupes, qui est logé dans un bâtiment appartenant à l'Etat, ne peut être considéré comme ayant une habitation particulière. — Cons. d'Et., 18 mai 1858, Fabre, [Leb. chr., p. 380]

8846. — Quant à ceux qui logent en ville, ils ne sont réputés avoir une habitation particulière qu'autant que la valeur locative de leur habitation excède sensiblement le montant de leur indemnité de logement. Si elle est inférieure ou égale à cette indemnité, ils doivent être exemptés. — Cons. d'Et., 8 janv. 1867, Lanou, [Leb. chr., p. 1]

8847. — Si elle l'excède notablement, ils sont imposables sur la différence. — Cons. d'Et., 7 août 1872, Conquet, [Leb. chr.,

p. 483]; — 8 nov. 1872, Ville d'Alger, [Leb. chr., p. 525]; — 23 juill. 1875, Siffert, [Leb. chr., p. 703]

8848. — Comme l'indemnité de logement était insuffisante en beaucoup d'endroits, à raison du prix élevé des loyers, une décision ministérielle du 25 nov. 1858 dispose que, pour que le prix du loyer payé en excédent de l'indemnité de logement puisse donner lieu à l'application de la taxe, il faut que l'appartement excède en importance celui auquel l'officier aurait droit dans les bâtiments militaires (Circ. gouv. 14 juill. 1866).

8849. — On recherche donc, d'après le montant de l'indemnité de logement ou d'après la valeur locative des locaux auxquels l'officier aurait droit dans les bâtiments militaires, si son habitation constitue une habitation particulière. — Cons. d'Et., 1er sept. 1862, Roussel, [Leb. chr., p. 710]; — 25 avr. 1866, Sicco, [Leb. chr., p. 400]; — 7 août 1874, Hoguy, [Leb. chr., p. 771]; — 6 août 1875, Barrachin, [Leb. chr., p. 766]

8850. — La même jurisprudence est applicable aux sous-officiers des corps de troupe. — Cons. d'Et., 26 déc. 1885, Baumann, [Leb. chr., p. 994]

8851. — Doit être considéré comme sous-officier avec troupe le sous-officier qui commande les hommes de troupe chargés de garder un pénitencier militaire. — Cons. d'Et., 14 févr. 1891, Risticoni, [Leb. chr., p. 122]; — 22 juill. 1892, Arnald, [Leb. chr., p. 630] — le sous-officier commandant une section de secrétaires d'état-major. — Cons. d'Et., 15 mars 1888, Rignault, [Leb. chr., p. 235]

8852. — La taxe sur les loyers est établie pour l'année entière, lorsque le contribuable viendra à décéder dans le courant de l'année, ses héritiers seront tenus d'acquitter le montant de sa cote (art. 29).

8853. — Par application du même principe le contribuable qui quitte une commune en cours d'année doit la taxe pour l'année entière. — Cons. d'Et., 28 févr. 1890, Riverard, [Leb. chr., p. 213]; — 8 août 1890, Merlet, [Leb. chr., p. 761]; — 31 oct. 1890, Bordenat, [Leb. chr., p. 809] — Il en est de même de celui dont l'habitation est occupée en cours d'année par un service public. — Cons. d'Et., 21 juill. 1882, Millet-Mougis, [Leb. chr., p. 691]

8854. — La valeur locative n'est fixée que pour une année et peut être revisée par les agents chargés de l'assiette : elle ne crée de droits ni pour les contribuables ni pour la ville. — Cons. d'Et., 13 juill. 1877, Carles, [Leb. chr., p. 680]; — 3 août 1877, Auxonay-Cugnod, [Leb. chr., p. 749]

8855. — L'arrêté du 4 nov. 1848 ne reproduit pas l'art. 13, § 2, L. 21 avr. 1832, aux termes duquel lorsque, par suite d'un changement de domicile, un contribuable est imposé dans deux communes, quoique n'ayant qu'une seule habitation, il ne doit la contribution que dans la commune de sa nouvelle résidence. De l'absence de cette disposition la jurisprudence a déduit cette conséquence que le contribuable qui se trouvait maintenu à tort au rôle d'une commune qu'il avait quittée avant le 1er janvier, devait obtenir décharge de la taxe sans être tenu de prouver son imposition au lieu de sa nouvelle résidence. — Cons. d'Et., 17 janv. 1873, Ville de Constantine, [Leb. chr., p. 44]; — 15 nov. 1889, Bocs, [Leb. chr., p. 695] — V. Contrà, Cons. d'Et., 6 déc. 1889, Roffo, [Leb. chr., p. 1121]

8856. — L'assiette de la taxe est confiée à une commission de recenseurs dont les membres sont désignés par le conseil municipal. Deux de ces recenseurs au moins doivent être pris en dehors du conseil municipal. Ces commissaires, réunis sous la présidence du maire ou de l'adjoint, rédigent la matrice du rôle, désignent les habitants qui leur paraissent devoir être exemptés et déterminent pour chacun des imposables la valeur locative de son habitation. Le travail des commissaires est soumis par le maire au conseil municipal, qui arrête définitivement le rôle des contribuables, après avoir fixé le quantum de la taxe (Arr. 4 nov. 1848, art. 19-22).

8857. — On ne peut demander décharge en se fondant uniquement sur les irrégularités qui auraient été commises au cours du recensement. — Cons. d'Et., 7 janv. 1858, Ville d'Alger, [Leb. chr., p. 25]; — 18 août 1863, Fanini, [Leb. chr., p. 682]

8858. — Le rôle, rendu exécutoire par le préfet et publié par le maire, est mis en recouvrement. La taxe est recouvrable par douzième et poursuivie comme les formes ordinaires (art. 23-25 et 28).

8859. — En cas de déménagement hors de la commune comme en cas de vente volontaire ou forcée, la taxe sera exigée du contribuable pour la totalité de l'année courante. Les proprié-

taires et, à leur place, les principaux locataires sont responsables vis-à-vis de l'administration municipale de la cotisation de leurs locataires, lorsque ceux-ci ont déménagé hors de la commune, sans satisfaire à l'obligation spécifiée dans le paragraphe précédent (Arr. 4 nov. 1848, art. 30).

8860. — Aux termes d'une décision ministérielle du 22 juin 1860, pour que les propriétaires soient responsables en cas de déménagement de leurs locataires, il faut que le rôle de la taxe ait été publié et que le locataire ait été mis en demeure d'acquitter les termes échus antérieurement à son déménagement hors de la commune.

8861. — D'après l'art. 27 de l'arrêté du 4 nov. 1848, il devait être statué en dernier ressort par le conseil de préfecture. Cette disposition n'a jamais été observée par le Conseil d'Etat, qui s'est toujours reconnu compétent pour connaître des pouvoirs formés contre les arrêtés rendus en cette matière.

§ 3. Taxes diverses.

8862. — La loi du 2 mai 1855 établissant une taxe municipale sur les chiens a été promulguée en Algérie par décret du 4 août 1856. Un arrêté ministériel du 6 août 1856 reproduit les dispositions du décret du 4 août 1855. Les tarifs sont fixés par des arrêtés du gouverneur général pris en conseil de gouvernement.

8863. — Un décret du 5 juill. 1854 reproduit toutes les dispositions de la loi du 21 mai 1836 sur les chemins vicinaux. La taxe des prestations et les subventions industrielles sont donc établies dans les mêmes formes qu'en France.

8864. — Une loi du 27 avr. 1881 dispose que les communes de l'Algérie non pourvues de garnison et trop éloignées d'un centre militaire pour pouvoir être secourues en temps utile peuvent, par décision du gouverneur général, recevoir, à titre de prêts, des armes, effets et munitions pour garantir leur sécurité. Ces armes ne devront être distribuées qu'à ceux des habitants appartenant à la réserve de l'armée active, à l'armée territoriale et à sa réserve portés sur les listes électorales (art. 1).

8865. — Les communes qui reçoivent des armes, munitions et effets sont responsables de leur conservation et de leur entretien. Elles peuvent les conserver à la mairie ou en faire la distribution immédiate. Dans ce dernier cas les détenteurs sont responsables envers les communes de leur conservation et de leur entretien (art. 2).

8866. — Chaque année un officier fait l'inspection des armes, effets et munitions distribués aux communes. Il dresse : 1° un état des armes non représentées ou des munitions dont l'emploi n'est pas justifié; 2° un état des réparations nécessaires par suite du défaut d'entretien. Le remplacement des armes et munitions et les réparations sont exécutés par l'autorité militaire, le montant de la dépense est imputé à la commune et peut être inscrit d'office au budget municipal. Il est procédé de la même manière pour les effets de grand équipement prêtés aux communes (art. 3-6).

8867. — Lorsque les armes, munitions et effets ont été distribués par la commune, aux habitants, toutes les imputations faites en vertu des articles précédents sont remboursables au profit de la commune par les détenteurs des armes, munitions ou effets qui ont été l'objet desdites imputations. Le recouvrement en est effectué et poursuivi comme en matière de contributions directes.

CHAPITRE II.

IMPÔTS PERÇUS AUX COLONIES.

§ 1. Généralités.

8868. — C'est l'Assemblée constituante qui a posé dans ses lois de 1790 et du 15 juin 1791 ce principe que toutes les contributions perçues dans une colonie devaient être appliquées aux dépenses faites dans cette colonie. Sous l'empire de cette loi, les impôts étaient établis par des lois intérieures, c'est-à-dire qu'elles étaient votées par l'assemblée coloniale, sauf approbation du gouverneur. — La Constitution de l'an III décida que la Constitution métropolitaine serait appliquée aux colonies. Spécialement en ce qui touche les contributions, cette disposition fut

mise à exécution par une loi du 12 nivôse an VI. — La Constitution de l'an VIII et la loi du 30 floréal an X placèrent les colonies sous le régime des décrets.

8869. — Une ordonnance du 26 janv. 1825 fit un départ des dépenses, mettant à la charge du Trésor les dépenses de services militaires et toutes les autres à la charge des colonies. En revanche elle abandonnait aux colonies qu'elle visait (Martinique, Guadeloupe, Réunion, Guyane et Inde) tous les revenus locaux. A cette époque les contributions étaient établies et assises par ordonnances. Le gouverneur préparait en conseil privé les projets d'ordonnance et après avoir pris l'avis du conseil général sur l'assiette et la répartition des impôts projetés, il transmettait ses propositions au ministre de la Marine.

8870. — La charte de 1830 soumit les colonies au régime des lois spéciales. Cette promesse fut réalisée par la loi du 24 avr. 1833. Cette loi introduit dans les quatre grandes colonies, en y comptant la Guyane, le système électif sous le nom de conseil colonial. Cette législature locale était chargée de légiférer sur les objets non réservés au pouvoir législatif ou au gouvernement. Les lois locales émanant des conseils coloniaux portaient le nom de décrets coloniaux. Préparés par le gouverneur, votés par le conseil colonial, rendus provisoirement exécutoires par le gouverneur, ils étaient soumis à la sanction du roi. Tous les impôts directs rentrèrent dans les attributions des conseils coloniaux. Les conseils coloniaux abusèrent de cette liberté, car leurs pouvoirs furent considérablement réduits par la loi du 25 juin 1841. Ils furent supprimés par décret du 27 avr. 1848.

8871. — La Constitution du 21 janv. 1852 soumit les colonies au régime des sénatus-consultes. En conséquence, un sénatus-consulte du 3 mai 1854 organisa la Constitution des trois grandes colonies. Il laissait dans le domaine des décrets simples toute la législation relative aux intérêts locaux. Les gouverneurs avaient des pouvoirs extraordinaires sur le budget des colonies. Ils pouvaient s'opposer à la perception de taxes qu'ils estimaient nuisibles, pouvaient établir des impositions d'office. En ce qui touche spécialement les recettes, on restitua aux colonies la totalité de leurs revenus dont une partie leur avait été enlevée en 1841. A cette époque le conseil général était appelé à voter le tarif des taxes locales. Quant aux règles d'assiette et de perception, elles étaient fixées par décrets rendus en Conseil d'Etat sans que le conseil général fût nécessairement consulté.

Ce système dura jusqu'au sénatus-consulte du 4 juill. 1866, qui peut être appelé la Charte d'émancipation de nos grandes colonies. Le conseil général de chaque colonie délibère souverainement sur les taxes et contributions de toute nature nécessaires pour l'acquittement des dépenses de la colonie. Il en fixe le tarif. Quant au mode d'assiette et de perception de ces taxes, la délibération du conseil général ne devient exécutoire qu'après avoir été approuvée par décret simple. Toutefois, un arrêté du gouvernement en conseil privé peut rendre ces délibérations provisoirement exécutoires (Sénat, 4 juill. 1866, art. 1 et 3; Décr. 11 août 1866, art. 1).

8872. — Dans les colonies qui n'ont pas de conseil général, les gouverneurs et les commandants sont autorisés à déterminer par des arrêtés pris en conseil privé ou en conseil d'administration, l'assiette, le tarif, les règles de perception et le mode de poursuites des taxes et contributions publiques. Ces arrêtés sont immédiatement soumis à l'approbation du ministre; toutefois ils sont provisoirement exécutoires (Décr. 30 janv. 1867).

8873. — Aucun délai n'étant imparti au ministre pour donner son approbation, les contributions peuvent continuer à être perçues tant que l'arrêté portant approbation provisoire n'a pas été rapporté ou annulé par décret. — Cons. d'Et., 9 août 1870, Crédit foncier colonial, [D. 72.3.31]; — 23 nov. et 8 déc. 1887, Même partie, [D. 90.3.18]

8874. — Le conseil général peut, sans excès de pouvoir, en établissant dans la colonie une taxe qui existe dans la métropole, adopter d'autres bases que celles qui existent en France. — Cons. d'Et., 23 nov. 1888, précité.

8875. — La délibération du conseil général, qui a fixé le mode d'assiette et de perception d'une contribution locale, l'arrêté du gouverneur qui l'a homologuée postérieurement, et le décret qui l'a approuvée définitivement, ayant le caractère d'actes législatifs, ne sont pas susceptibles de recours par la voie contentieuse. — Cons. d'Et., 8 déc. 1888, précité.

8876. — Tous les impôts directs aux colonies constituent

des impôts de quotité, sauf l'impôt foncier à Karikal, qui est établi suivant le système de la répartition.

8877. — Les rôles des contributions directes sont rendus exécutoires par le gouverneur. Le recouvrement s'opère par le soin des percepteurs, placés sous l'autorité des receveurs particuliers et des trésoriers-payeurs. Le gouverneur règle, par des arrêtés soumis à l'approbation du ministre des Colonies, après avis du ministre des Finances, le service des agents de poursuites, le mode de poursuites et le tarif des frais. La loi du 12 nov. 1808 sur le privilège du Trésor a été déclarée applicable par décret du 22 janv. 1852.

8878. — En attribuant aux conseils du contentieux administratif le droit de statuer sur tout ce qui rentrait dans ce contentieux, on y a fait rentrer toutes les contestations relatives à l'assiette et à la répartition des contributions et taxes assimilées. Les tribunaux civils sont compétents comme en France pour statuer sur les réclamations relatives aux poursuites judiciaires. Cette répartition de compétence, qui résulte de l'art. 176, § 13, Ord. 9 févr. 1827, et du décret du 5 août 1881, art. 100 à 104, a été modifiée dans l'Inde pour les établissements de Pondichéry et Yanaon. Par application des ordonnances du gouverneur des 4 nov. et 11 déc. 1823, des arrêtés des 1er déc. 1853, 4 juill. 1868 et 24 mai 1871, le conseil du contentieux est compétent pour toutes contestations relatives aux poursuites. — Trib. Confl., 7 avr. 1884, Jablin, [S. 86.3.9, P. adm. chr., D 85.3.89] — V. Rép. gén. de dr. fr., vo Colonie, n. 799 et 864.

8879. — Nous allons passer en revue les différentes taxes directes qui sont établies dans nos diverses colonies. — V. sur la question : Dislère, Traité des colonies ; E. Petit, Traité de l'organisation des colonies françaises, et les articles consacrés à chaque colonie dans ce Répertoire.

§ 2. Impôt foncier.

8880. — L'impôt foncier est perçu dans toutes les colonies, sauf au Congo, à Obock, à Saint-Pierre et Miquelon, à Tahiti. Nous allons indiquer brièvement pour chaque colonie les règles d'assiette de chaque contribution.

8881. — Cochinchine. — L'impôt foncier se divise en deux catégories, l'impôt des centres et celui des villages. — V. Rép. gén. de dr. fr., vo Indo-Chine, n. 748 et s. — L'impôt foncier des centres s'applique à la ville de Saïgon et à sa banlieue, à Giadinh, Aalon, Mytho, Vinhlong, Soctrang et Bachieu. Dans chacune de ces localités l'impôt varie suivant les zones et suivant la nature des constructions. Le minimum des taxes foncières à acquitter par le contribuable est fixé à 0 § 0625 pour les terrains possédés dans une même commune et situés dans les centres de Mytho, Vinlong, Soctrang, dans les parties cadastrées de l'inspection de Saïgon et dans toute la banlieue de cette ville (Arr. 7 juin 1875, 12 févr. 1877, 21 nov. 1881, 30 déc. 1882; Décr. 12 févr. 1889; Délib. conseil colonial, 10 déc. 1881).

8882. — Tous les centres autres que ceux indiqués ci-dessus sont soumis à l'impôt foncier des villages. En dehors des territoires érigés en centres, tous les terrains affectés à des industries non agricoles sont grevés d'un impôt de 0 § 20 par hectare (Délib. conseil colonial, 19 déc. 1890; Arr. 6 févr. 1891).

8883. — L'impôt foncier des villages varie suivant qu'il porte sur des rizières ou sur des cultures diverses. Les rizières sont divisées en trois catégories suivant leur degré de fertilité. Elles paient 0 § 60, 0 § 40, 0 § 20 par hectare (Arr. 13 nov. 1880).

8884. — Les cultures diverses sont divisées en trois classes et imposées à raison de 2 p. 30, 0 § 80, 0 § 40 par hectare (Arr. 9 sept. 1878).

8885. — La première classe comprend les cocotiers, les aréquiers, les poivriers, le tabac, le bétel, les ananas et d'une manière générale les plantations d'arbres fruitiers. La deuxième classe comprend les terrains d'habitation, le mûrier, la canne à sucre, les arachides, le maïs, le café, l'ortie de Chine, le sésame, les pastèques, les patates, les cultures de légumes. Les cultures de cocotiers et d'aréquiers sont comprises dans la seconde classe jusqu'au jour où elles commencent à produire (Délib. conseil colonial, 13 nov. 1882). La troisième classe comprend les palmiers d'eau.

8886. — Sont exempts d'impôt : 1o les cultures d'indigo et de coton (Délib. conseil colonial, 3 nov. et 20 déc. 1871).

8887. — 2o Les cultures du cacaoyer, du caféier, du cachou et du rocanger (cultures recommandées), à certaines conditions (Arr. 4 juin 1887).

8888. — 3o Les terrains sur lesquels sont édifiés les pagodes et temples des différents cultes et les propriétés dont les revenus sont réservés à l'entretien de ces édifices (Délib. conseil colonial, 8 déc. 1885).

8889. — On peut rattacher à l'impôt foncier l'impôt spécial sur les salines établi par les arrêtés locaux des 2 déc. 1869, 26 oct. 1870, 17 juill. 1871 et remanié par une délibération du conseil colonial du 20 nov. 1882 approuvée par décret du 5 avr. 1883. Aux termes de ce décret, l'impôt foncier des terrains en nature de salines est calculé en raison de la superficie totale des terrains imposés, sans retranchement ni déduction d'aucune espèce. Il est uniforme dans toute l'étendue de la colonie, sauf la restriction suivante : la quotité de cet impôt afférente à l'hectare est de quatre piastres. Il devient exigible à compter du 1er janvier de la troisième année qui suivra la création de la saline. Jusqu'à cette époque, les terrains de cette nature demeurent exempts d'impôts. Les salines en exploitation au moment de la mise en vigueur du décret de 1883, quelle que fût la date de leur création, ont été immédiatement taxées aux quatre piastres.

8890. — Guadeloupe. — La contribution foncière est établie à raison de 3 p. 0/0 de la valeur locative des propriétés urbaines et de celles qui leur sont assimilées, sans distinction de localités. Les constructions assises dans les campagnes sur un terrain non cultivé ou auxquelles est attenant un terrain, cultivé ou non, de moins de dix ares, et les terrains vides situés dans l'intérieur des villes et bourgs, sont passibles de cet impôt. L'impôt foncier sur les terrains cultivés est remplacé par un droit de sortie sur les produits de ces terrains, qui est perçu par l'administration des douanes. Sont exemptés : 1o les bâtiments ou cases servant de logement aux cultivateurs attachés aux plantations rurales; 2o les usines centrales à sucre; 3o les bâtiments affectés à un service public. Les évaluations sont renouvelées tous les trois ans dans chaque commune par une commission (Décr. colonial, 11 juill. 1837, 21 janv. 1841; Arr. comm. 22 déc. 1874).

8891. — Guinée (Établissements du golfe de). — Un arrêté du 10 déc. 1877 a établi un impôt sur les maisons, à raison de 3 p. 0/0 de la valeur locative. Les terrains loués et ceux situés dans les vingt-cinq mètres réservés du littoral sont assujettis à une taxe qui varie, suivant la nature des constructions qui y sont élevées, de 50 cent. à 2 fr. par mètre superficiel.

8892. — Guyane. — L'impôt foncier a été établi par décret colonial du 11 juill. 1837, modifié par décret colonial du 1er févr. 1841 et par délibérations du conseil général des 10 juin et 8 déc. 1879, approuvées par décret du 24 juin 1880, et notifié par délibération du conseil général des 11 déc. 1885 et 26 déc. 1887. Il porte uniquement sur les maisons de la ville de Cayenne et de sa banlieue. A Cayenne, les maisons d'une valeur locative inférieure à 150 fr. sont exonérées. Au delà de ce chiffre, elles sont imposées à raison de 3 p. 0/0 de la valeur locative. Dans l'ancienne banlieue, les maisons de 300 fr. et au-dessus sont taxées à raison de 3 p. 0/0 de leur valeur locative. Il en est de même dans les bourgs. La valeur locative est déterminée tous les trois ans, d'après une estimation cadastrale faite par une commission. Aucune rectification ne peut être obtenue dans l'intervalle de deux évaluations que sur la justification d'une réduction d'un quart dans le revenu évalué. Les maisons qui restent inoccupées pendant trois mois sont exonérées. En cas de fausse déclaration, le propriétaire est soumis à une double taxe. Signalons un dernier décret du 11 févr. 1882.

8893. — Inde. — L'impôt foncier varie suivant les établissements. — V. infrà, vo Inde, n. 568 et s. — A Pondichéry, l'impôt foncier est régi actuellement par deux arrêtés du gouverneur des 10 févr. 1853 et 5 juill. 1861. Il est de 25 p. 0/0 du produit brut du sol, moins une remise provisoire de 10 p. 0/0 accordée par l'arrêté de 1861. Les champs à récolte simple payent une indemnité toutes les fois qu'ils portent une seconde récolte à l'aide des eaux dépendant du domaine public. Cette indemnité est fixée à 10 p. 0/0 de l'impôt primitif, c'est-à-dire de l'impôt dont ces champs étaient passibles antérieurement à 1853.

8894. — A Chandernagor, les rentes foncières sont perçues encore aujourd'hui d'après un livre d'arpentage dit hostobande dressé en 1819 par le conseil d'administration (Arr. 21 oct. 1840). Les changements et mutations donnant lieu à une perception additionnelle et non prévue au rôle font l'objet d'un rôle supplémentaire dressé par le chef des services administratifs et rendu

exécutoire par le gouverneur. A cette rente est ajouté un droit sur les veilleurs de nuit dit *donarmachara* qui, supprimé en 1887, a été rétabli par une délibération du conseil général du 8 déc. 1888.

8895. — A Karikal, l'impôt foncier est un impôt de répartition. Autrefois perçu en nature, il est, depuis un arrêté du 27 avr. 1854, payable en argent. Il se compose : 1° des rentes établies jusqu'en 1854 sur les aldées ou terrains concédés par le gouvernement; 2° d'une somme invariable destinée à remplacer pour les terres à nellys ou rizières la redevance acquittée jusqu'alors en nature et répartie entre les aldées de l'établissement par un acte de l'autorité publique. Le contingent de chaque aldée doit être réparti entre les diverses terres imposées. La réunion des rentes foncières et de cette somme invariable forme le contingent annuel de l'impôt foncier. Ce contingent est réparti d'après le produit moyen du sol, eu égard aux diverses espèces de terres. Celles-ci sont divisées en trois catégories : *terres à nellys*, terres à menus grains ou potagères; terres à pâturages ou en friche. Les deux premières catégories se subdivisent en terres cultivées et terres incultes. Cet impôt est du tiers ou du quart du produit brut des *terres à nellys* cultivées ou incultes par vily (2 hect. 67 a. 95 cent.). Pour les terres à menus grains, il est de 7 r. 6 a. 2 p. par vily quand elles sont cultivées et de 2 r. 7 a. 4 p. quand elles sont incultes. Enfin, les terrains vagues sont taxés par vily à 0 r. 13 a. 4 p.

8896. — A Mahé, l'impôt foncier varie suivant qu'il s'agit de terrains en rizières, de terrains plantés d'arbres fruitiers ou de terrains bâtis. Pour les premiers, il est fixé au tiers du produit brut, déduction faite de la valeur des graines nécessaires aux semailles de l'année. Pour les seconds, il se perçoit sur le produit des arbres, d'après un tarif qui varie suivant leur nature et leur qualité. Quant aux maisons, l'impôt varie suivant leur nature (Arr. 20 mai 1854 et 5 juill. 1867).

8897. — A Yanaon, un arrêté du 24 mai 1871 a divisé les terres en trois catégories : terres à nellys ou rizières, terres à menus grains ou potagères, terres à pâturages ou en friche. Les deux premières classes se subdivisent en terres transplantées et non transplantées. Les terres à pâturages et les terres laissées en friche pour les bestiaux ne peuvent être transformées en terres à nellys ou en terres à menus grains que sous condition de payer l'impôt afférent à ces terres. Il est fixé à 37 roup. 1/2 (75 fr 75 cent.) par candy (3 h. 2 a. 95 c.), pour les deux premières classes. Les pâturages sont imposés à raison de 12 fr. par candy. Le propriétaire des terres des premières classes a pleine liberté dans le choix de ses cultures et peut faire plusieurs récoltes par an sans voir sa cote augmenter (Arr. 24 mai 1871 et 2 avr. 1890).

8898. — Les pertes de récoltes supérieures à 75 p. 0/0 du produit brut des terres donnent lieu au dégrèvement intégral de l'impôt si elles sont le résultat d'un cas de force majeure ou si, pour la même raison, ces terres n'ont pu être mises en culture. Ces faits doivent être constatés par une commission nommée par le chef du service de l'établissement, sauf approbation du gouverneur. La perte totale d'une des deux récoltes annuelles ne donne pas droit à la décharge de moitié de l'impôt foncier. Mais dans le cas où elle représenterait 75 p. 0/0 du produit total des deux récoltes, elle donnerait droit à un dégrèvement total. — Cons. d'Et., 19 mars 1880, Jablin, [Leb. chr., p. 312]

8899. — M. Dislère signale deux délibérations du conseil général de l'Inde, en date du 21 janv. 1886 et du 19 déc. 1887, qui semblent avoir ajouté à l'impôt foncier déjà existant un impôt sur la propriété bâtie ou non bâtie de 5 p. 0/0 de la valeur locative.

8900. — Il existe en outre un impôt sur les terres à salines dans les établissements de Pondichéry et de Karikal. Cet impôt, qui était de 32 p. 0/0 des produits de l'exploitation, en vertu de l'arrêté du 23 mai 1834, a été abaissé à 25 p. 0/0 par arrêté du 28 déc. 1872. Il vient en déduction de l'indemnité payée par le gouvernement anglais aux propriétaires de salines comme dédommagement de l'inactivité temporaire des salines de Pondichéry et de Karikal (Conv. 13 mai 1818; Délib. cons. priv. 16 mai 1832, approuvée par dép. min. 29 janv. 1833).

8901. — Martinique. — L'impôt foncier est établi sur le revenu net moyen calculé sur les trois dernières années. Le revenu net est ce qui reste au propriétaire, après déduction des frais d'exploitation et d'entretien. Il est de 7 p. 0/0 du revenu net pour les propriétés bâties ou non bâties. A l'égard des terres ou

bâtiments employés à la culture de la canne à sucre ou à la fabrication du sucre, l'impôt foncier est remplacé par un droit de sortie perçu par les agents des douanes. Les forêts et les autres propriétés de la colonie sont exemptées : les propriétés des communes sont imposables quand elles sont productives de revenu. Sont encore exemptées toutes les propriétés consacrées à un service public et les propriétés non exploitées (Arr. 16 janv. 1830).

8902. — Mayotte. — Les terrains ruraux sont imposés, quelle que soit la qualité des terres, d'après leur superficie réelle, à raison de 1 fr. 50 par hectare. Les terrains urbains aliénés, c'est-à-dire appartenant en toute propriété à des particuliers, sont taxés de 3 cent. par mètre carré, sans que la taxe puisse être inférieure à 3 fr. Les terrains domaniaux sont imposés à une taxe de 5 fr. par case servant d'habitation (Arr. 7 déc. 1880, 27 déc. 1882).

8903. — Nossi-Bé. — La contribution est établie : 1° sur les propriétés urbaines, à raison de 3 cent. par mètre carré pour les constructions et les enclos non bâtis; 2° sur les propriétés rurales autres que les propriétés sucrières, à raison de 1 fr. 50 par hectare; 3° sur les cases des villages à raison de 1 fr. 50 ou 1 fr. par an et par case. Quant aux propriétés sucrières, elles acquittent un droit de fabrication sur leurs produits (Arr. 22 oct. 1878, 24 déc. 1879, 28 déc. 1882).

8904. — Nouvelle-Calédonie. — Aux termes de l'arrêté du 2 déc. 1875, tous les terrains étaient soumis à l'impôt indistinctement, à raison de 1 p. 0/0 de leur valeur, à dater du 1er janvier qui suivrait leur aliénation ou le domaine. Une commission faisait les évaluations, les constructions nouvelles étaient exemptées pendant les trois premières années. Aujourd'hui, en vertu d'un arrêté du 21 oct. 1883, la quotité est fixée à 50 cent. p. 100 fr. *ad valorem* pour les contributions urbaines, les terrains urbains non bâtis, les terrains de la presqu'île de Nouméa. Pour les terrains ruraux la quotité est fixée à 75 cent. p. 100 fr. Il est ajouté au principal de l'impôt foncier cinq centimes additionnels par franc dont le produit est destiné à couvrir les non-valeurs et les dégrèvements ainsi que les frais d'impression des feuilles d'avertissement (Délib. cons. gén. 5 nov. 1885 et 4 sept. 1889).

8905. — Les immeubles compris dans les parties du territoire réservées pour les besoins du service de la transportation et appartenant à l'Etat sont imposables, même s'ils sont productifs de revenus. — Cons. d'Et., 16 mars 1894, Min. Marine, [Leb. chr., p. 207]

8906. — Réunion. — L'impôt foncier ne porte que sur les maisons. Il a été établi par un arrêté de 1824, réglé par les décrets coloniaux des 7 avr. 1833 et 7 déc. 1843, modifiés par les arrêtés des 29 déc. 1848 et 26 juin 1868, par le décret du 16 juin 1866 et par les arrêtés des 20 déc. 1867 et 19 mars 1887. Il est étendu à toutes les communes de la colonie. Sont exempts les bâtiments dépendant d'exploitations agricoles, ainsi que les usines servant à la manipulation des produits de ces exploitations, à l'exception des locaux affectés à l'habitation des maîtres ou des régisseurs. L'impôt est de 35 cent. p. 100 fr. de la valeur en capital des maisons. Les estimations sont renouvelées tous les cinq ans. Une commission est chargée des opérations cadastrales. Les conseils municipaux peuvent voter des centimes additionnels à cette contribution jusqu'à concurrence du quart de la valeur estimative imposable (Arr. 20 déc. 1867).

8907. — L'exemption accordée par le décret de 1866 aux usines servant à la manipulation s'applique à une distillerie dans laquelle le contribuable opère exclusivement sur des mélasses provenant des cannes à sucre récoltées sur ses terres. — Cons. d'Et., 23 nov. 1888, Crédit foncier colonial, [Leb. chr., p. 857]

8908. — Sénégal. — L'impôt foncier ne porte que sur les constructions situées à Saint-Louis, dans ses faubourgs, à Gorée, Dakar et Rufisque. Il est fixé à 4 p. 0/0 de la valeur réelle ou estimée.

8909. — Sont exemptés : 1° les terrains non bâtis et les cases en paille; 2° à Gorée, les maisons d'une valeur locative inférieure à 500 fr. et servant d'habitation à leur propriétaire (Arr. 15 mai 1837, 5 févr. 1848, 29 déc. 1871, 30 juill. 1874 et 1er févr. 1877).

8910. — Deux décimes additionnels sont ajoutés au principal (Délib. cons. gén. 29 déc. 1889 et Arr. loc. 13 mai 1890).

§ 3. *Impôt personnel*.

8911. — L'impôt personnel n'existe plus qu'en Cochinchine, au Sénégal, à Mayotte, à Nossi-Bé, à la Réunion et à Tahiti. Les

étrangers sont spécialement imposés à la Réunion, à Nossi-Bé et en Cochinchine.

8912. — COCHINCHINE. — Depuis 1873, les Asiatiques et les Africains sujets français ne sont plus imposés à l'impôt personnel, qui n'atteint plus que les Annamites indigènes (V. *Rép. gén. de dr. fr.*, v° *Indo-Chine*, n. 752 et s.). Il leur est délivré une carte-quittance. Ce droit a été fixé à 3 fr. par homme valide par arrêté du 15 nov. 1880, puis ramené à 60 cent. Mais le conseil colonial, par délibération du 15 nov. 1882, approuvée par décret du 27 oct. 1883, a abandonné le tiers du produit de la taxe aux arrondissements en remplacement des subventions allouées par la colonie. Cet impôt a été remanié par délibération du conseil colonial du 7 janv. 1887. L'impôt des inscrits à payer par village et à répartir entre les habitants, suivant leurs capacités, est à raison de 0,540 par homme valide âgé de moins de cinquante-cinq ans.

8913. — L'impôt de capitation des Asiatiques étrangers varie suivant trois catégories : la première comprend tous les Asiatiques étrangers payant un impôt foncier annuel ou une patente de 60 £ et au-dessus ; la deuxième comprend tous les Asiatiques étrangers payant un impôt foncier annuel ou une patente de 20 à 60 £ ; la troisième comprend tous les autres. La cote est de 80 piastres pour la première catégorie, de 30 pour la deuxième et de 7 pour la troisième (Délib. cons. col. 2 janv. 1890).

8914. — Les nouveaux immigrants ne sont imposables qu'à compter du premier jour du trimestre qui suit leur arrivée dans la colonie. Quand plusieurs commerçants de la première et de la deuxième catégories sont associés, un seul paie l'intégralité du droit, les autres ne paient qu'un demi droit. Les associés en nom sont tenus de déclarer les noms et domiciles de leurs associés. Toute fausse déclaration entraîne l'application d'une triple taxe. Les Chinois et autres Asiatiques étrangers ne peuvent quitter la colonie qu'après avoir acquitté leur capitation de l'année courante et s'être munis d'un passeport. Les Tagals qui se sont fait inscrire au consulat d'Espagne sont considérés comme étrangers non asiatiques (Arr. 11 sept. 1876).

8915. — MAYOTTE. — L'impôt personnel est régi par un arrêté du 24 déc. 1886, qui remplace les arrêtés du 7 déc. 1880 et du 23 déc. 1884. Il frappe tous les habitants, y compris ceux qui sont engagés par contrats, même passés devant l'administration.

8916. — NOSSI-BÉ. — L'impôt personnel atteint tous les habitants. Il est de 5 fr. par an et par contribuable. Les commissaires de police, assistés des chefs de village, font le recouvrement moyennant remises (Arr. 22 oct. 1878).

8917. — Un droit de séjour a été établi sur les étrangers. La délivrance des permis de séjour donne lieu à la perception d'un droit de 10 fr. pour les indigènes africains, et de 25 fr. pour les Indiens, Comoriens, Arabes et autres indigènes, à l'exception des Sakalaves et Antakares soumis au protectorat de la France (Arr. 22 oct. 1878).

8918. — RÉUNION. — Établi par un arrêté du 29 déc. 1848, l'impôt personnel avait été supprimé en 1882. Une délibération du conseil général, approuvée par décret du 15 déc. 1886, l'a rétabli. Après avoir essayé vainement en 1883 de donner aux contribuables la faculté d'opter entre un paiement en espèces et un paiement en journées de travail, on est revenu en 1886 au paiement en espèces. La taxe est uniformément établie à 6 fr. par tête. L'engagiste est responsable de la taxe des engagés.

8919. — Une délibération du conseil général, approuvée par décret du 10 août 1868, avait établi une taxe annuelle sur la délivrance et le renouvellement des permis de séjour accordés par l'administration locale aux travailleurs immigrants qui, leur contrat expiré, demandent à rester dans la colonie. Cette taxe a été remaniée par un décret du 17 juin 1887 et des arrêtés du 31 mars 1887 et du 27 déc. 1888. Elle n'est plus fixe comme auparavant, mais varie suivant la situation de l'étranger asiatique ou africain. L'employeur est responsable de la taxe due par son employé et passible d'une amende s'il emploie un étranger non muni du permis de séjour. La taxe de séjour n'est pas applicable aux individus soumis au régime de l'immigration. Ceux-là sont régis par le décret du 30 mars 1881 ; ils acquittent un droit d'enregistrement du contrat d'engagement.

8920. — SÉNÉGAL. — La contribution personnelle avait été établie par un décret du 4 août 1860 et réglementée par un arrêté local du 9 août 1861. Une délibération du conseil général du 8 avr. 1881 l'a supprimée pour les habitants des villes, trop nomades pour qu'il fût possible de les atteindre. Elle n'est plus perçue que dans la banlieue de Dakar, de Saint-Louis et dans

les villages sous nos postes militaires, sur chaque indigène y ayant son domicile. Le taux est de 1 fr. 50 par tête.

8921. — TAHITI. — L'impôt personnel y était établi d'après les mêmes règles qu'en France. Le taux était conformément fixé à 250 fr. Un arrêté du 22 oct. 1887 l'a supprimé.

§ 4. Impôt mobilier.

8922. — La contribution mobilière est établie d'après les règles suivies en France en ce qui touche les exemptions, le mode d'établissement et de perception. Elle n'existe plus, d'ailleurs, qu'à la Martinique et à la Guadeloupe. Un décret du 6 juin 1889 l'a supprimée à Tahiti. A la Martinique, elle est de 2 p. 0/0 de la valeur locative de l'habitation personnelle. Les loyers inférieurs à 250 fr. sont exemptés (Arr. 11 mars 1871 et 28 déc. 1887).

8923. — A la Guadeloupe, les loyers sont exemptés jusqu'à 250 fr. ; au delà ils sont imposés en vertu d'un tarif qui varie de 1 p. 0/0 à 4 p. 0/0 (Arr. 23 déc. 1868).

§ 5. Patente.

8924. — V. le Supplément.

§ 6. Taxes assimilées.

8925. — I. Taxe des biens de mainmorte. — Cette taxe n'existe qu'à la Réunion, où elle a été établie par une délibération du conseil général rendue provisoirement exécutoire par un arrêté du gouverneur du 22 nov. 1884 et approuvée par décret du 13 juin 1887. Les bases de cet impôt ne sont pas les mêmes qu'en France, parce qu'à la Réunion l'impôt foncier ne porte que sur les terrains bâtis. La délibération de 1884 l'avait fixée à 3 p. 0/0 d'un revenu calculé à raison du vingtième du capital. Dans le décret du 13 juin 1887, on a fixé à 19 cent. le maximum du coefficient que chaque année le conseil général peut adopter pour déterminer le rapport entre la contribution des maisons et la taxe de mainmorte.

8926. — De ce que des immeubles sont exemptés d'impôt foncier à la Réunion, il n'en résulte pas qu'ils doivent l'être par voie de conséquence, de la taxe des biens de mainmorte. — Cons. d'Et., 16 mars 1894, Crédit foncier colonial, [Leb. chr., p. 206]

8927. — II. Redevances minières. — Elles sont établies en Nouvelle-Calédonie et dans l'Inde. En Nouvelle-Calédonie, elles sont régies par les décrets des 22 juill. 1883, 24 juin et 13 oct. 1893. Toute concession devra payer annuellement à la colonie une redevance fixe de 3 fr. par hectare ou fraction d'hectare, pour toute mine en cours d'exploitation. Le décret prévoit aussi l'établissement d'une redevance proportionnelle dont il fixe le maximum à 3 p. 0/0 de la valeur au port d'exportation des produits extraits.

8928. — Dans l'Inde, c'est un décret du 25 nov. 1884 qui régit les mines. Les propriétaires de mines sont tenus de payer à l'Etat, pour chacune des concessions prises isolément, une redevance fixe et une redevance proportionnelle au produit net de l'extraction. La redevance fixe est annuelle et réglée sur la taxe de 10 fr. par kilomètre carré. La redevance proportionnelle est réglée annuellement par le conseil général à une fraction déterminée du produit net de l'extraction pendant l'année précédente, sans que cette fraction puisse jamais être supérieure au vingtième. Ces taxes sont assimilées aux contributions directes. Il peut être accordé le gouverneur en conseil privé, sur l'avis du commissaire des mines, pour les exploitations qui en sont jugées susceptibles une remise totale ou partielle du paiement de la redevance proportionnelle pour le temps qui est jugé convenable, et ce comme encouragement ; semblable remise peut aussi être accordée comme dédommagement en cas d'accident (art. 33). Le propriétaire peut toujours suspendre l'exploitation. Mais toute mine non exploitée doit payer, en outre de la redevance fixe, une autre redevance fixe de 10 fr. par kilomètre carré. La déchéance peut être prononcée pour défaut de paiement des redevances. Jusqu'au jour de l'adjudication de la mine, le concessionnaire peut arrêter les effets de la déchéance en payant les taxes arriérées (art. 33-35). — V. *Rép. gén. de dr. fr.*, v° *Inde*, n. 68 et s.

8929. — III. Impôt sur les voitures. — Il existe à la Guyane, à la Réunion, à Saint-Pierre et Miquelon.

8930. — GUYANE. — Aux termes d'un arrêté local du 28

déc. 1849, les cabrouets, camions à bêtes et chariots sont assujettis à une taxe de 10 fr. par roue; les voitures à bras, 5 fr. par roue. Depuis 1880, les voitures de luxe ou de louage sont imposées à raison de 5 fr. par roue. Sont exemptées les voitures destinées au service des habitations et celles jouissant d'immunités réglementaires. Les chevaux de luxe, sauf ceux appartenant aux propriétaires d'habitations situées dans les quartiers de la colonie, sont cotisés à raison de 40 fr. par cheval. Les propriétaires doivent faire une déclaration avant le 15 janvier.

8931. — Réunion. — Etabli par décret colonial du 7 déc. 1843, remanié par arrêté du 26 déc. 1861, il a été modifié complètement par décret du 15 mai 1875. Ce décret assujettit à l'impôt toutes les voitures suspendues. Elles sont réparties en sept catégories suivant leur nature et le nombre des places. Chaque année le conseil général fixe la taxe afférente à chaque catégorie. Elle varie de 10 à 100 fr.

8932. — Saint-Pierre et Miquelon. — Il paraît exister une taxe sur les voitures à raison de 10 fr. pour les voitures de charge et 20 fr. pour les voitures de luxe. Elle serait perçue au profit des communes. — Béquet, *Rép.*, v° *Colonies*, n. 952.

8933. — IV. *Taxe de vérification des poids et mesures.* — Notre système décimal a été rendu obligatoire dans la plupart des colonies. Un service de vérification y a été organisé. L'assiette des droits varie. En Cochinchine, cette taxe est régie par un arrêté du 22 mai 1882.

8934. — A la Guadeloupe, on applique la loi française (Arr. 21 oct. 1875; Décr. 17 avr. 1889).

8935. — A la Guyane, le droit est fixé d'après les professions (Arr. 12 nov. 1860).

8936. — Dans l'Inde, nos mesures n'étant pas obligatoires, les droits s'appliquent aux mesures locales (Délib. cons. gén. 20 et 23 déc. 1887 et 17 déc. 1888). A Mahé et Yanaon, la vérification est gratuite.

8937. — A la Martinique, c'est un droit fixe d'après le nombre de poids vérifiés (Arr. 23 déc. 1880).

8938. — En Nouvelle-Calédonie, la taxe est fixée d'après les poids, mesures et instruments de pesage (Arr. 21 oct. 1876).

8939. — A la Réunion, le droit varie suivant les mesures (Décr. colonial, 16 juill. 1839; Arr. 29 déc. 1840, 14 févr. 1854 et 27 déc. 1883; Décr. 17 juill. 1891).

8940. — Au Sénégal, la taxe est régie par arrêté du 20 déc. 1877.

8941. — A Tahiti, la taxe est assise comme à la Réunion; elle ne varie que pour les balances (Arr. 25 janv. 1883).

8942. — V. *Prestations.* — Elles n'existent que dans les établissements de l'Océanie. Un arrêté du 10 déc. 1874 a fixé l'obligation des contribuables à six journées de travail à 2 fr. par jour. Un arrêté du 11 oct. 1878 a établi une prestation urbaine au profit de la ville de Papeete pour assurer son entretien. Cette prestation frappe toutes les personnes passibles de l'impôt personnel, sauf les filles et les veuves. Le taux représentatif de la journée est ordinairement de 12 fr.

8943. — En Cochinchine, la corvée a existé à la charge des indigènes jusqu'au décret du 10 mai 1881.

8944. — VI. *Taxe sur les chiens.* — Elle existe à la Martinique (Décr. 16 févr. 1888), à Nossi-Bé (Arr. 27 juin 1878), à la Réunion (Décr. 16 févr. 1878), à Saint-Pierre et Miquelon (Arr. 8 déc. 1873), à Tahiti (Arr. 26 janv. 1884).

SUPPLÉMENT.

448. — Aussitôt que les agents inférieurs du service des contributions directes ont rassemblé les renseignements de nature à modifier les contingents de la contribution foncière des propriétés bâties, de la contribution personnelle-mobilière et de la contribution des portes et fenêtres, le directeur dresse un état de ces mutations qu'il transmet au ministre des Finances. Des circulaires des 10 sept. 1819, 23 mai 1843 et 6 mars 1847 lui prescrivent d'envoyer, avant le 1er avril de chaque année, l'état des accroissements et des pertes de matières imposables à l'impôt foncier (alluvions, atterrissements, corrosions, bois de l'État vendus, biens du domaine public déclassés et vendus, etc.). Le préfet doit viser cet état. Le directeur doit de même dresser l'état des constructions nouvelles et des démolitions qui peuvent modifier les départements, arrondissements et communes dans la contribution personnelle-mobilière et la contribution des portes et fenêtres. En ce qui concerne cette dernière, il peut y avoir lieu d'augmenter ou de réduire le contingent d'une commune suivant les variations du chiffre de sa population.

448 1°. — D'après ces états dressés par les directeurs et transmis à la direction générale des contributions directes, le ministre des Finances, dans le projet de budget, fixe le chiffre total du rendement des trois impôts de répartition et y joint le contingent de chaque département. Le Parlement vote sur ces propositions et la loi de finances ou plutôt la loi sur les contributions directes détermine les contingents départementaux. Le ministre des Finances notifie aux préfets et le directeur général des contributions directes aux directeurs les sommes assignées à leurs départements respectifs.

448 2°. — Ces sommes qui portent le nom de *contingents*, vont ensuite être réparties entre les arrondissements par le conseil général, entre les communes par le conseil d'arrondissement, entre les contribuables par les commissions de répartiteurs, suivant les principes posés par nos lois administratives (LL. 22 déc. 1789, 5 fruct. an III, 28 pluv. an VIII, 10 mai 1838, 10 août 1871).

448 3°. — Les règles de cette répartition se trouvent actuellement dans l'art. 37, L. 10 août 1871, et les art. 40, 45 et 46, L. 10 mai 1838. La session du conseil général est précédée et suivie par les sessions des conseils d'arrondissement. La division en deux parties de la session des conseils d'arrondissement a pour objet de permettre aux localités de faire parvenir au conseil général leurs vœux et leurs réclamations contre les contingents qui leur sont assignés. En effet les communes qui se trouvent trop imposées pendant une année peuvent réclamer pour obtenir réduction à l'exercice suivant. Ces réclamations doivent être adressées au préfet, communiquées par lui au directeur. Celui-ci, tant à l'aide des matériaux dont il est dépositaire que des renseignements qu'il fera recueillir dans les communes par l'inspecteur ou les contrôleurs, fait sur chaque réclamation un rapport motivé, qui mettra les conseils en état de se prononcer sur son mérite.

448 4°. — Le préfet fait transmettre aux conseils d'arrondissement les demandes des communes avec les rapports des directeurs. « Dans la première partie de sa session, chaque conseil d'arrondissement délibère sur les demandes en réduction de contributions formées par les communes ». Quelle est la nature de cette délibération? Est-ce une décision en premier ressort, exécutoire par elle-même, ou une simple formalité d'instruction de la demande des communes, laquelle serait jugée en premier et dernier ressort par le conseil général, devrait sans tous les cas être portée devant ce conseil? On est communément d'accord dans la doctrine pour adopter le premier système et nous pensons

qu'il est conforme aux intentions des auteurs de la loi du 10 mai 1838. Avant cette loi, on ne demandait aux conseils d'arrondissement qu'un simple avis sur les réclamations des communes (Circ. min. Int. 20 mai 1827). L'art. 40, L. 10 mai 1838, dit que le conseil d'arrondissement délibère, et si on se reporte aux travaux préparatoires on constate que les rédacteurs de la loi ont entendu créer un double degré de juridiction.

448 5°. — Le conseil d'arrondissement délibère également sur les réclamations auxquelles donnerait lieu la fixation du contingent de l'arrondissement dans les contributions directes (L. 10 mai 1838, art. 40). Alors même, en effet, que le contingent du département n'a pas varié d'une année à l'autre, la situation respective des arrondissements, elle, a pu changer. Les délibérations du conseil d'arrondissement sur les contingents des communes et sur celui de l'arrondissement sont soumises au conseil général, qui « statue » sur la demande du conseil d'arrondissement et « prononce définitivement » sur celles des communes (L. 10 août 1871, art. 37 et 38).

448 6°. — Après avoir statué sur les réclamations, le conseil général répartit le contingent départemental et fixe le contingent de chaque arrondissement conformément aux règles établies par les lois (L. 10 août 1871, art. 37). Il tient compte, pour faire cette répartition, des propositions et états dressés par les agents du service des contributions directes qui lui ont été transmis par le préfet, mais qui ne lui sont présentés qu'à titre de renseignements.

448 7°. — Les documents qui doivent être ainsi soumis au conseil général, sont les suivants : 1° état présentant, par commune, pour chaque arrondissement, le contingent total de la contribution foncière des propriétés non bâties; 2° l'état des modifications à apporter à ce contingent pour biens devenus imposables ou ayant cessé de l'être; 3° état des contributions à transporter d'une commune à une autre par suite de changements de limites, quand les communes appartiennent à des arrondissements différents; 4° l'état présentant pour la fixation du prix de la journée de travail, en raison de l'importance des communes; 5° la récapitulation par arrondissement des éléments de répartition des contributions personnelle-mobilière et des portes et fenêtres.

448 8°. — L'état de répartement, une fois voté par le conseil général, doit être signé par tous les membres du conseil. Cependant l'administration a considéré comme régulier un état de répartement portant signature du président et du secrétaire du conseil général, alors que le préfet certifiait que les opérations concernant la répartition avaient été régulièrement effectuées (Vaucluse, 1878).

449. — Le préfet expédie alors les mandements destinés à faire connaître aux sous-préfets le contingent assigné à leur arrondissement. Ces mandements sont accompagnés des décisions sur les réclamations des arrondissements et des communes (Circ. 26 déc. 1832). Le sous-préfet met sous les yeux du conseil d'arrondissement dans sa seconde session : 1° les décisions du conseil général sur les réclamations; 2° le mandement du préfet faisant connaître le contingent total de l'arrondissement; 3° les documents préparés par le service des contributions directes pour la répartition entre les communes ainsi que les états indiquant les causes qui ont pu faire varier le contingent de chaque commune depuis l'année précédente. Ces états ne sont produits au conseil d'arrondissement qu'à titre de renseignements. Il peut n'en pas tenir compte. Aux termes de l'art. 45, L. 10 mai 1838, il répartit entre les communes les contributions directes. Il a en cette matière un pouvoir propre et souverain.

449 2°. — Toutefois l'art. 46 apporte une limite à ce pouvoir du conseil d'arrondissement. Il est tenu de se conformer dans la répartition aux décisions rendues par le conseil général sur les réclamations des communes. Faute par le conseil d'arrondissement de s'y être conformé, le préfet en conseil de préfecture établit la répartition d'après lesdites décisions. En ce cas, la somme dont la contribution de la commune déchargée se trouve réduite est répartie au centime le franc sur toutes les autres communes de l'arrondissement. — Le conseil d'arrondissement arrête l'état de sous-répartement, qui est signé par tous ses membres.

449 3°. — La loi, prévoyant le cas où le conseil d'arrondissement ne s'inclinerait pas devant les décisions du conseil général, charge le préfet d'en assurer l'exécution et de rectifier la répartition. De même, lorsque dans leurs opérations de répartement et de sous répartement, le conseil général et le conseil d'arrondissement n'ont point tenu leur compte des accroissements et des pertes de matière imposable, la rectification doit être faite d'office par le préfet (Circ. 24 juill. 1838).

449 4°. — Quand un conseil d'arrondissement, qui s'est réuni régulièrement, a négligé de tenir compte, dans la répartition du contingent des portes et fenêtres entre les communes, du changement dans la population qui fait descendre une commune dans une classe inférieure, le préfet peut réduire d'office le contingent de la commune ou bien répartir le montant du dégrèvement sur toutes les communes de l'arrondissement sans exception (Finistère, 1874).

449 5°. — Quant aux constructions nouvelles, le directeur porte d'office les sommes dont les contingents doivent être augmentés ou diminués en regard de chaque commune sur les états de sous-répartement arrêtés par le conseil d'arrondissement. Les modifications apportées aux contingents sont soumises l'année suivante à la sanction du conseil général (Circ. 18 août 1835, 24 févr. 1845).

449 6°. — Si le conseil général et le conseil d'arrondissement ne se réunissent pas ou se séparent sans avoir arrêté la répartition, le préfet délivre aux sous-préfets et aux maires les mandements des contingents assignés aux arrondissements et aux communes, d'après les bases de la répartition précédente, sauf les modifications à apporter en exécution des lois (démolitions et constructions nouvelles, réunions et distractions du territoire, alluvions et corrosions et toute autre cause légale d'accroissement ou de réduction d'impôt) (L. 10 mai 1838, art. 47; L. 10 août 1874, art. 39).

449 7°. — Quel est le caractère des délibérations prises par le conseil général en matière de contributions directes? D'après M. Laferrière (t. 2, p. 255), elles n'auraient pas le caractère d'actes législatifs. « Répartir l'impôt, dit-il, est en soi un acte d'administration et nous serions plus porté à regarder la répartition faite par la loi du budget entre les départements comme un acte de haute administration accompli en forme de loi, qu'à assimiler à une décision législative les sous-répartitions opérées par les conseils locaux dans l'intérieur de chaque département ». M. Laferrière invoque à l'appui de son opinion un arrêt du Cons. d'Et., 14 juin 1837, Witz, [37.2.510, P. adm. chr.] qui a qualifié ces sous-répartitions d'opérations administratives.

449 8°. — Malgré la grande autorité qui s'attache aux opinions du savant auteur, nous croyons devoir nous rallier à l'opinion communément admise, d'après laquelle les conseils généraux et les conseils d'arrondissement agissent en cette matière comme délégués du pouvoir législatif. Dès lors leurs décisions doivent participer du caractère des actes émanés du Parlement. Les travaux préparatoires de la loi du 10 mai 1838 éclairent d'un jour très-vif les intentions des législateurs de cette époque. Prévoyant le cas où les conseils généraux répartiraient les contingents contrairement aux lois, la commission de la Chambre des pairs avait proposé d'ouvrir contre leurs décisions un recours devant le Parlement, que seul le gouvernement aurait pu exercer. Un membre de la Chambre des pairs proposa de son côté de faire statuer sur ces recours par décret en Conseil d'Etat. Après une longue discussion, ces deux propositions furent repoussées. Le recours au Parlement, dit le ministre de l'Intérieur, serait impraticable. La loi serait toujours votée trop tard et après l'ouverture de l'exercice. Quant au recours en Conseil d'Etat, il fut repoussé comme contraire aux principes constitutionnels. « Il est de principe, dit le rapporteur, que l'impôt doit être réparti à tous les degrés par les citoyens ». On a donc voulu rendre définitives et irrévocables toutes les décisions des conseils généraux concernant la répartition des contributions directes.

449 9°. — La loi du 10 août 1871 n'a modifié en rien sur ce point la loi du 10 mai 1838. Le rapporteur dit qu'elle a au contraire entendu consacrer expressément les principes posés en 1838. Aussi, en présence de cette discussion si complète de la loi de 1838, ne pouvons-nous accepter l'opinion de certains auteurs qui se fondent sur ces mots « le conseil général prononce définitivement » pour soutenir que ses décisions en pareille matière rentrent dans les cas prévus par l'art. 46, L. 10 août 1871, et peuvent dès lors être annulées par décret en Conseil d'Etat si elles ont été attaquées par le préfet dans les deux mois de la clôture de la session. La place que l'article relatif à la répartition des contributions directes occupe dans la loi, et les termes du rapport montrent bien qu'on n'a pas eu en 1871 l'intention d'assimiler les délibérations de l'art. 37 aux délibérations de l'art. 46, et suivant nous elles échappent à toute espèce de recours.

449 10°. — Déjà il a été jugé que le conseil de préfecture était incompétent pour connaître de demandes en réduction de contingent. — Cons. d'Et., 14 juin 1837, précité; — 31 déc. 1838, Cie des salines de l'Est, [Leb. chr., p. 253] — Jugé encore que la commune ne peut recourir par la voie du recours pour excès de pouvoir contre une décision du conseil général qui aurait violé une disposition de la loi. — Cons. d'Et, 28 déc. 1894, Commune de Sérignac, [Leb. chr., p. 724] — Tout au plus pourrions-nous admettre que si le conseil général avait empiété sur les attributions du pouvoir législatif ou sur les droits du conseil d'arrondissement, sa décision pourrait être annulée pour incompétence. C'est ainsi que les décrets portant règlement d'administration publique, bien qu'ayant un caractère législatif, peuvent être annulés, quand les formes légales n'ont pas été observées. — Cons. d'Et., 6 janv. 1888, Salle.

449 11°. — Quid cependant si les conseils généraux violaient la loi? M. Vivien, en 1838, a indiqué ainsi le remède. « Le pouvoir suprême des conseils généraux peut avoir des inconvénients : mais ces inconvénients ont leurs limites dans l'obligation de se soumettre aux règles établies par les lois, dans le droit qui appartiendrait au gouvernement de refuser l'exécution des actes par lesquels le conseil général serait sorti de ses attributions et aurait excédé ses pouvoirs. »

INDEX ALPHABÉTIQUE.

TABLE DES MATIÈRES.

TABLE

DES LOIS, DÉCRETS ET ORDONNANCES CITÉS DANS L'OUVRAGE.

Nos.

Art. 38. 2878, 3560, 4469, 4686, 4702, 4706, 4731
— 39.................. 264
1807. (L. 16 sept.), 782, 1976, 3211, 3232, 3233, 3234, 8150, 8242, 8244, 8272, 8273, 8461, 8511, 8534, 8559
Art. 1.................. 8028
— 3.................. 8520
— 4.................. 8521
— 5....... 8105, 8517, 8524
— 6....... 8105, 8525, 8526
— 7. 8250, 8251, 8253, 8260
— 8.................. 8262
— 10.................. 8266
— 11............ 8249, 8542
— 12............ 8267, 8279
— 13............ 8270, 8490
— 14....... 8266, 8271, 8279
— 26............ 8539, 8541
— 30............ 7136, 7320
— 31.................. 7320
— 32.................. »
— 33...... 8028, 8453, 8479
— 34...... 8249, 8455, 8479
— 35.. 778, 7315, 8518, 8560
— 36. 7318, 7319, 8518, 8560
— 37. 7320, 7321, 7328, 7333, 8560
— 42.................. 8279
— 43............ 8279, 8280
— 44.................. 8279
— 45.................. 8280
— 46.................. 8282
— 47.................. 8284
1808. (D. 11 mai).......... 5934
1808. (D. 11 août).......... 8700
1808. (D. 20 août).......... 1624
1808. (D. 27 oct.)..... 577, 1530
Art. 1.................. 7309
— 2.................. 7310
— 3.................. 7311
— 4.................. »
— 5.................. 7312
— 6.................. »
— 7.................. 7313
1808. (L. 12 nov.). 826, 943, 977, 978, 3349, 7217, 8877
Art. 1......... 905, 1515, 1601
— 2.... 936, 961, 1013, 1332, 1556
— 3............ 1516, 1641
— 4.. 1227, 1228, 2855, 3332
1808. (L. 23 nov.).
Art. 7.................. 5964
1808. (L. 26 nov.).......... 7966
Art. 2.................. 7985
1809. (Avis 21 janv. appr., D. 2 févr.).................. 4762
1809. (Avis Cons. d'Et., 7 oct. appr., D. 21 oct.)......... 1336
1809. (D. 9 déc.).
Art. 1.................. 7966
— 2.................. 8014
— 3.................. 8018
1809. (D. 30 déc.).
Art. 4............ 7969, 7981
1810. (L. 14 févr.).......... 6026
1810. (D. 10 mars).......... 6024
1810. (D. 11 avr.).......... 5112
1810. (D. 11 avr.).......... 5150
1810. (L. 21 avr.)..... 811, 6182
Art. 33............ 6191, 6203
— 34............ 6186, 6191
— 35............ 6191, 6296
— 36.................. 3030
— 37.................. 6191
— 38.................. 2917
— 39.................. 6185
— 43.................. 6265
— 44.................. 6265
— 50.................. 6892
— 73.................. 6855
— 93.................. 6896
1810. (D. 18 août).
Art. 2.................. 843
1810. (D. 15 oct.).......... 3492
1810. (D. 18 nov.).
Art. 37............ 6896, 6898
— 89.................. 6852
1811. (D. 11 janv.).......... 3889
1811. (D. 29 févr.).......... 1629
1811. (D. 9 avr.).......... 3710
1811. (D. 6 mai).......... 811
Art. 1............ 678, 6186
— 2.................. 679
— 10.................. 680
— 16............ 681, 682
— 18-20.................. 685
— 21.................. 683
— 23.................. 692
— 24.................. 693
— 25.................. 694
— 26.................. 684
— 27............ 688, 694
— 28.................. 6218
— 29.................. 698
— 31.................. 6297
— 36.................. 698
— 39............ 6193, 6194
— 45.................. 2026
— 48.................. 2026
— 54.................. 2917
1811. (D. 6 juin).......... 6964
1811. (D. 26 juin).......... 2026
1811. (Recueil méthodique). 3927
Art. 25............ 4056, 4061
— 26...... 4057, 4061, 4241
— 27............ 4061, 4331
— 28............ 4062, 4063
— 29.................. 4064
— 30.................. 4065
— 31.................. 4068
— 32.................. 4069
— 33.................. 4072
— 34.................. 4072
— 36.................. 4074
— 37.................. 4075
— 38.................. 4079
— 39.................. 4080
— 41.................. 4082
— 43.................. 4062
— 44............ 4076, 4077
— 45.................. 4083
— 46.................. 4084
— 51.................. 4088
— 52.................. 4089
— 53.................. 4324
— 54............ 4425, 4426, 4431
— 59.................. 4092
— 60.................. 4093
— 61.................. 4095
— 62.................. 4096
— 63.................. »
— 66.................. 4099
— 67.................. 4112
— 68.................. 4108
— 69.................. 4104
— 70.................. 4100
— 71.................. 4101
— 72.................. 4104
— 73.................. 4105
— 74.................. 4114
— 75.................. 4109
— 76.................. 4110
— 77.................. 4115
— 78.................. 4117
— 79.................. »
— 80.................. 4116
— 81.................. 4106
— 82.................. 4129
— 83.................. 4130
— 84.................. »
— 85.................. 4118
— 86.................. 4123
— 87.................. 4124
— 88-89.................. 4125
— 90.................. 4126
— 91-92.................. 4127
— 93.................. 4128
— 94.................. 4133
— 95.................. »
— 105.................. 4134
— 106.................. 4135

Nos.

Art. 107.................. 4136
— 108.................. »
— 109.................. 4137
— 111-116.................. 4143
— 117.................. 4138
— 119.................. 4141
— 120.................. 4142
— 122............ 4144, 4146
— 123.................. 4150
— 124.................. 4146
— 125.................. 4151
— 126.................. »
— 129.................. 4168
— 130.................. 4169
— 131.................. 4170
— 132.................. »
— 133.................. 4171
— 134.................. 4172
— 135.................. 4175
— 136.................. 4176
— 137.................. 4177
— 138.................. 4178
— 140.................. 4180
— 141.................. 4181
— 142.................. 4182
— 143.................. 4183
— 144.................. 4189
— 145.................. 4190
— 146.................. 4184
— 147.................. 4185
— 148.................. 4187
— 150.................. 4193
— 151.................. 4194
— 152.................. 4195
— 155.................. 4198
— 156.................. 4199
— 157.................. 4201
— 158.................. 4202
— 159.................. 4203
— 161.................. 4197
— 162.................. 4200
— 163.................. 4208
— 164.................. 4209
— 165.................. 4210
— 166............ 4164, 4212
— 167.................. 4211
— 169.................. 4213
— 170.................. »
— 172.................. 4214
— 175.................. 4215
— 176.................. 4216
— 177.................. 4217
— 178.................. 4218
— 179.................. 4220
— 180.................. 4221
— 181.................. 4222
— 182.................. 4223
— 183.................. 4224
— 184.................. 4225
— 185.................. 4226
— 186.................. 4227
— 187-191.................. 4228
— 190.................. 4452
— 192.................. 4230
— 193.................. 4231
— 194.................. 4232
— 195.................. 4233
— 196.................. 4234
— 197.................. 4235
— 198.................. 4264
— 199.................. »
— 200-202.................. 4265
— 203-204.................. 4266
— 208.................. 4268
— 209.................. 4270
— 210-211....... 4271, 4273
— 213-216.................. 4204
— 218-221.................. 4205
— 223.................. 4206
— 225.................. 4206
— 242.................. 4237
— 247.................. 4240
— 254.................. 4422
— 257.................. 4243
— 259.................. 4245
— 274.................. 4258
— 279.................. 4262
Art. 281.................. 4272
— 286.................. 4275
— 287.................. 4276
— 288............ 4304, 4305
— 304.................. 4308
— 310.................. 4314
— 311.................. 4315
— 312.................. 4316
— 314.................. 4319
— 315.................. 4310
— 324.................. 3430
— 325.................. 3429
— 326.................. 3431
— 327.................. 3432
— 347.................. 3448
— 349-351....... 3437, 3439
— 357.................. 3457
— 358.................. 3457
— 359.................. 3461
— 362.................. 3464
— 364............ 3443-3445
— 366.................. 3469
— 368.................. 3475
— 369.................. 3476
— 370.................. 3476
— 371.................. 3480
— 372.................. 3440
— 373.................. 3441
— 374.................. 3451
— 375.................. 3480
— 376.................. 3434
— ».................. 3435
— 377.................. 3465
— 378.................. 3486
— 379.................. 3488
— 380.................. 3490
— 382.................. 3482
— 383.................. 3483
— 384.................. 3484
— 387.................. 3510
— 389.................. 3458
— 390.................. 3574
— 391.................. 4784
— 393.................. 3643
— 394.................. 3578
— 395.................. 3646
— 397............ 3566, 3569
— 398.................. 3640
— 399.................. 3454
— ».................. 3666
— 401.................. 3678
— 403...... 328, 3711, 3747
— 404.................. 3720
— 409............ 3834, 4469
— 414.................. 4323
— 416.................. 4322
— 422.................. 4325
— 425.................. 4326
— 428.................. 4326
— 429.................. 4327
— 430.................. 4328
— 434.................. 4328
— 436-438.................. 4329
— 486.................. 4342
— 488.................. 4341
— 489.................. 4341
— 492.................. 4345
— 493.................. 4349
— 495.................. 4349
— 506.................. 4352
— 507.................. »
— 511.................. 4354
— 512.................. 4357
— 523.................. 4365
— 525............ 3449, 3450
— 527.................. 3459
— 528.................. 3469
— 529.................. 3470
— 530.................. 4355
— 532.................. »
— 533.................. »
— 535.................. 3637
— 536.................. »
— 539.................. 4661
— 541............ 3640, 4661
— 542............ 3645, 4661
— 544.................. 3380

FIN.

BAR-LE-DUC. — IMPRIMERIE CONTANT-LAGUERRE.

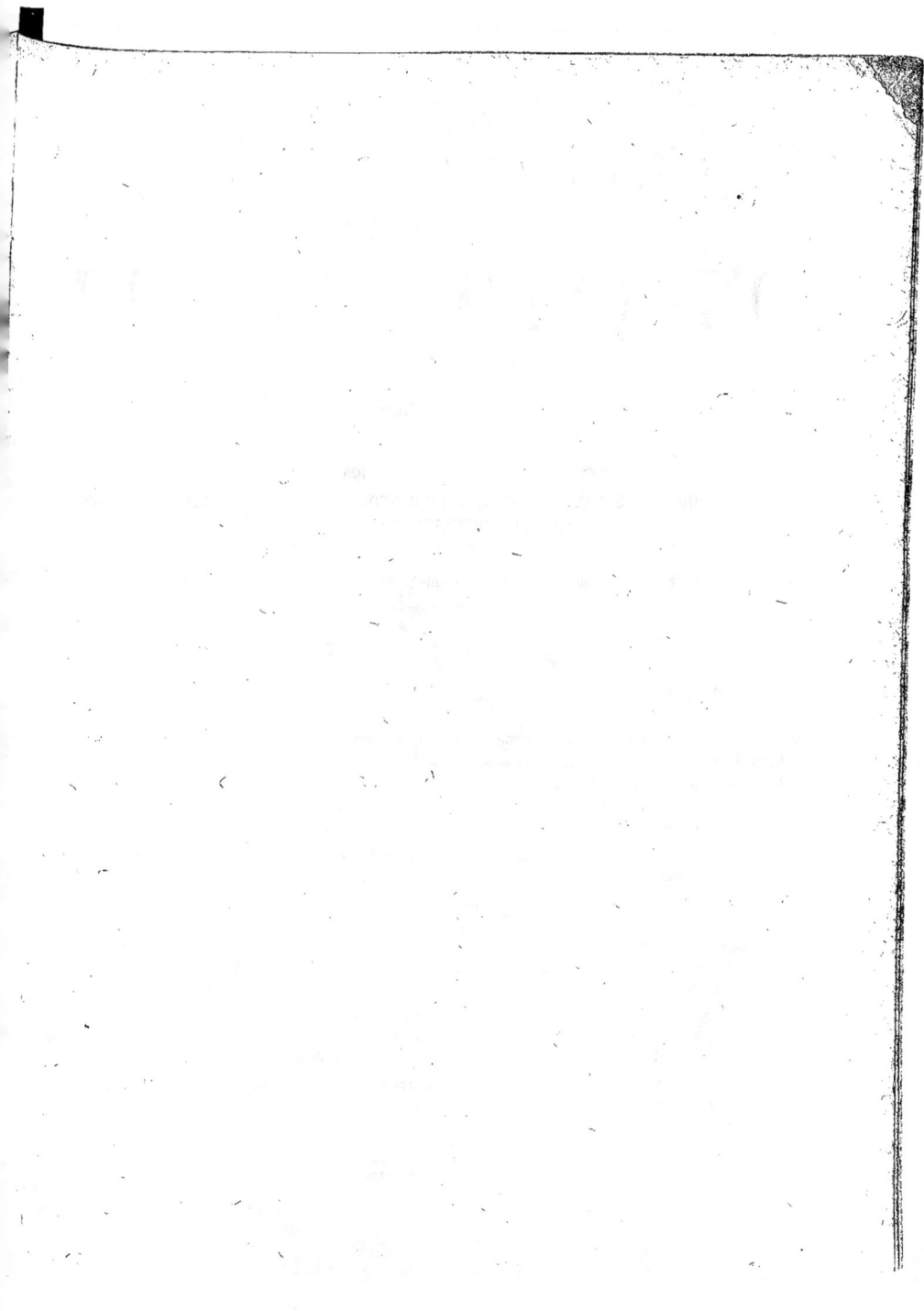

TRAITÉ
THÉORIQUE ET PRATIQUE
DE
DROIT CIVIL

PAR
G. BAUDRY-LACANTINERIE
DOYEN ET PROFESSEUR DE DROIT CIVIL À LA FACULTÉ DE DROIT DE BORDEAUX

AVEC LA COLLABORATION DE

**MM. BARDE, CHAUVEAU, M. COLIN, HOUQUES-FOURCADE, LE COURTOIS, DE LOYNES
SAIGNAT, SURVILLE, TISSIER, WAHL**
Professeurs des Facultés de droit

L'ouvrage complet formera environ **22** forts volumes in-8° de 6 à 700 pages et sera terminé à la fin de 1896

EN VENTE :

Des Successions, par G. Baudry-Lacantinerie et Albert Wahl, professeur agrégé à la Faculté de droit de Lille, 3 volumes in-8° . . . . **30 fr.**

Des Donations entre-vifs et des Testaments, par G. Baudry-Lacantinerie et Maurice Colin, avocat à la Cour d'appel et professeur agrégé à l'École de droit. 2 volumes in-8° . . . . **20 fr.**

Du Nantissement, des Privilèges et Hypothèques, de l'Expropriation forcée, par G. Baudry-Lacantinerie et P. de Loynes, professeur de Droit civil à la Faculté de droit de Bordeaux, tomes I et II, in-8°. **20 fr.**
Ce Traité formera 3 volumes, les acheteurs s'engagent à prendre le dernier.

De la Prescription, par G. Baudry-Lacantinerie et Albert Tissier, professeur agrégé à la Faculté de droit de Dijon, 1 volume in-8°. . . . . **10 fr.**

Traité théorique et pratique de Procédure, organisation judiciaire, compétence et procédure en matière civile et commerciale, par E. Garsonnet, professeur à la Faculté de droit de Paris. Les cinq premiers volumes parus, 1882-1894 (*L'ouvrage sera complet en 6 volumes*). (**Prix Volowski, 1894**). . . . . **50 fr.**

Traité théorique et pratique de Droit pénal français, par R. Garraud, avocat à la Cour d'appel, professeur de droit criminel à la Faculté de droit de Lyon, membre de la Commission de surveillance des prisons du département du Rhône, 5 volumes in-8°, 1888-1894 (**Prix Volowski, 1894**). . . . . **50 fr.**

Cours d'économie politique, contenant avec l'exposé des principes, l'analyse des questions de législation économique par Paul Cauwès, professeur à la Faculté de droit de Paris, troisième édition, 4 volumes in-8° (1893). . . . . **40 fr.**

BAR-LE-DUC. — IMPRIMERIE CONTANT-LAGUERRE.

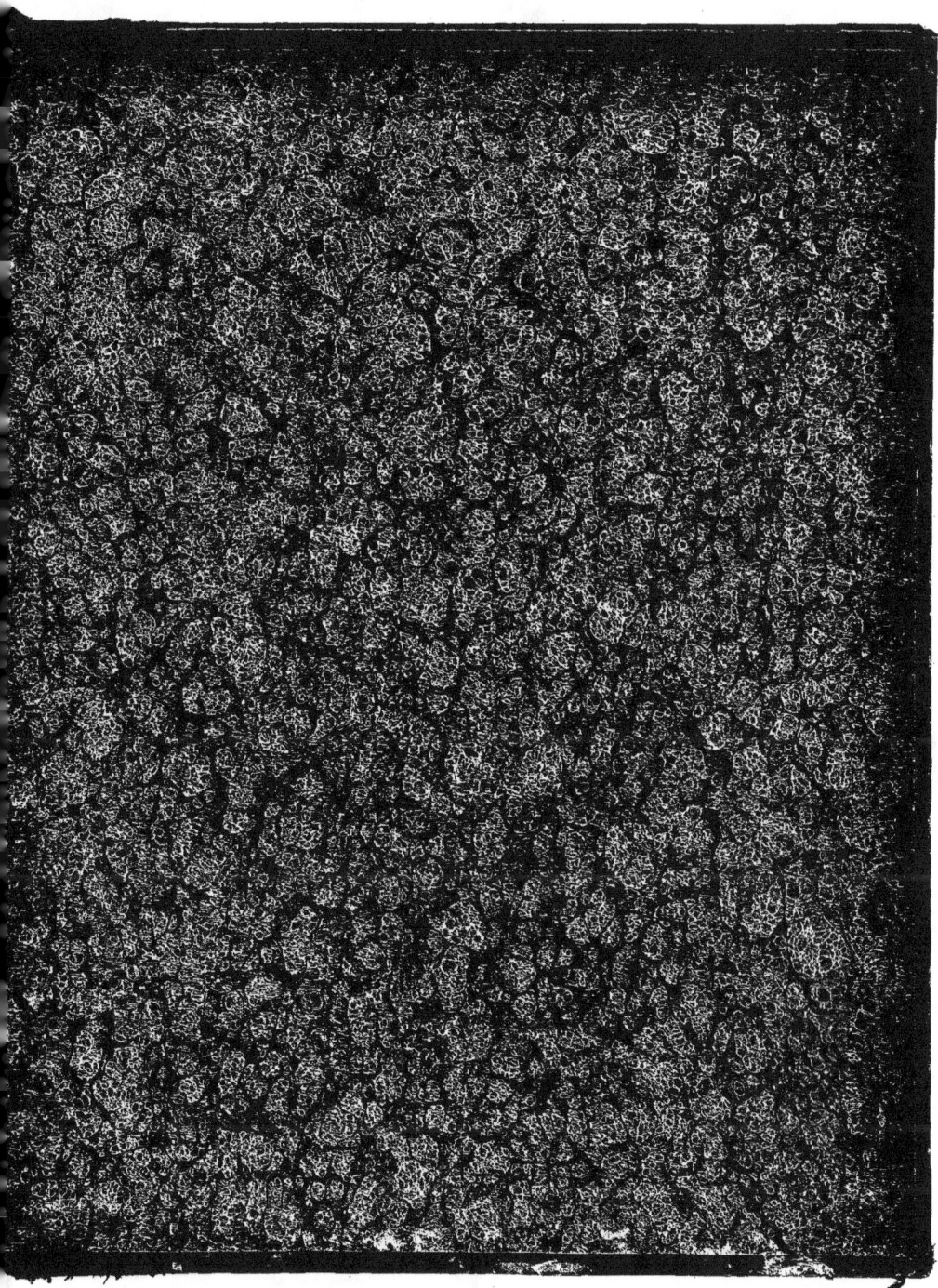